Tettinger/Wank/Ennuschat
Gewerbeordnung

Gewerbeordnung

Kommentar

von

Prof. Dr. Peter J. Tettinger †
Universität zu Köln

Prof. Dr. Rolf Wank
Ruhr-Universität Bochum

und

Prof. Dr. Jörg Ennuschat
Universität Konstanz

8. Auflage
des von Senatsdirektor Dr. Harald Sieg
und Regierungsdirektor Werner Leifermann
begründeten und zusammen mit Prof. Dr. Peter J. Tettinger
forgeführten Erläuterungswerkes

Verlag C. H. Beck München 2011

Verlag C. H. Beck im Internet:
beck.de

ISBN 978 3 406 61410 1

© 2011 Verlag C. H. Beck oHG
Wilhelmstraße 9, 80801 München

Druck und Bindung: fgb · freiburger graphische betriebe
Bebelstraße 11, 79108 Freiburg

Satz: Meta Systems, Wustermark

Gedruckt auf säurefreiem, alterungsbeständigem Papier
(hergestellt aus chlorfrei gebleichtem Zellstoff)

Vorwort zur 8. Auflage

Mittlerweile ist mehr als ein halbes Jahrhundert verstrichen, seit *Harald Sieg* und *Werner Leifermann* 1960 die erste Auflage dieses Kommentars verfassten. Ab der 5. Auflage 1988 prägte *Peter J. Tettinger* den Kommentar, ehe er ein gutes Jahr nach Erscheinen der 7. Auflage 2004 völlig überraschend verstarb. Sein viel zu früher Tod war und ist für die wissenschaftliche Aufarbeitung und Durchdringung des Öffentlichen Wirtschaftsrechts ein schmerzlicher Verlust. Die nunmehr vorgelegte 8. Auflage knüpft vor allem in der Einleitung sowie in ihrem gewerberechtlichen Teil an die Arbeiten von *Tettinger* an und führt diese fort.

Seit der Vorauflage gab es zahlreiche Änderungen der Gewerbeordnung, u. a. durch die drei Gesetze zum Abbau bürokratischer Hemmnisse insbesondere in der mittelständischen Wirtschaft von 2006, 2007 und 2009, das Gesetz zur Neuregelung des Versicherungsvermittlerrechts von 2006 sowie die Gesetze zur Umsetzung der Berufsanerkennungsrichtlinie von 2008 und zur Umsetzung der Dienstleistungsrichtlinie von 2009. Diese Gesetze führten zu vielen Neuregelungen im Bereich der allgemeinen Bestimmungen (§§ 4, 6 a, 6 b, 6 c, 11 a, 11 b, 13, 13 a, 13 b). Das stehende Gewerbe wurde um weitere Erlaubnistatbestände erweitert (§§ 34 d, 34 e). Das Reisegewerberecht erhielt eine völlig neue Ausrichtung, indem die Reisegewerbekartenpflicht auf den Prinzipal begrenzt wurde. Die meisten Novellierungen dienen der Anpassung an unionsrechtliche Vorgaben. Aber auch der verfassungsrechtliche Rahmen hat sich verändert, als im Zuge der Föderalismusreform von 2006 einige traditionelle Regelungsbereiche des Gewerberechts der Landeskompetenz zugewiesen wurden (Schaustellung von Personen, Spielhallen, Märkte und Messen).

Die Neuauflage, die sich auf dem Stand von Anfang 2011 befindet, greift diese Änderungen auf und will dem Leser, in gleicher Weise wie die Vorauflagen, sachkundige Orientierung bieten.

Konstanz/Bochum, im März 2011　　　　　　　　　　Jörg Ennuschat und Rolf Wank

Aus dem Vorwort zur 1. Auflage

In der nun bald 100jährigen Geschichte der deutschen Gewerbeordnung kommt dem 1. Oktober 1960 besondere Bedeutung zu. An diesem Tag ist dem Grundsatz der Gewerbefreiheit des Einzelnen der Grundsatz der Bindung an die Gemeinschaft gegenübergestellt worden. Wenn es jedem möglich ist, einen Beruf nach dem eigenen freien Ermessen zu ergreifen, dann muß sich die Allgemeinheit auch vor Schäden bewahren können, wenn ein Gewerbetreibender das ihm gewährte Recht mißbraucht. Der Staat muß in der Lage sein, die Gewerbeausübung bei mangelnder Zuverlässigkeit oder Fachkunde eines Gewerbetreibenden untersagen zu können. Die Verwirklichung dieses Gedankens neben manchen Verbesserungen und Vereinfachungen in dem Vierten Bundesgesetz zur Änderung der Gewerbeordnung machen zahlreiche Gesetze überflüssig, die sonst zur Ordnung der einzelnen Berufe erforderlich wären. Die Gewerbeordnung ist damit neben der Handwerksordnung zur Magna Charta für alle selbständig tätigen Gewerbetreibenden geworden.

Hamburg, im Oktober 1960   Die Verfasser

Inhaltsverzeichnis

Abkürzungsverzeichnis XI
Allgemeine Literatur XXIII

Text 1
Einleitung 75

Titel I. Allgemeine Bestimmungen

§ 1 Grundsatz der Gewerbefreiheit 127
§ 2 (weggefallen) 158
§ 3 Betrieb verschiedener Gewerbe 158
§ 4 Grenzüberschreitende Dienstleistungserbringung, Niederlassung 160
§ 5 Zulassungsbeschränkungen 168
§ 6 Anwendungsbereich 169
§ 6a Entscheidungsfrist, Genehmigungsfiktion 182
§ 6b Verfahren über eine einheitliche Stelle 185
§ 6c Informationspflichten für Dienstleistungserbringer 188
Vor §§ 7–10 191
§ 7 Aufhebung von Rechten und Abgaben 191
§ 8 Ablösung von Rechten 195
§ 9 Streitigkeiten über Aufhebung oder Ablösung von Rechten 196
§ 10 Kein Neuerwerb von Rechten 196
§ 11 Erhebung, Verarbeitung und Nutzung personenbezogener Daten 199
§ 11a Vermittlerregister 209
§ 11b Übermittlung personenbezogener Daten innerhalb der Europäischen
   Union und des Europäischen Wirtschaftsraumes bei reglementierten
   Berufen 222
§ 12 Insolvenzverfahren 232
§ 13 Erprobungsklausel 237
§ 13a Anzeige der grenzüberschreitenden Erbringung von Dienstleistungen
   in reglementierten Berufen 240
§ 13b Anerkennung ausländischer Unterlagen und Bescheinigungen 255

Titel II. Stehendes Gewerbe
I. Allgemeine Erfordernisse

Vor §§ 14 ff. 263
§ 14 Anzeigepflicht 263
§ 15 Empfangsbescheinigung, Betrieb ohne Zulassung 298
§§ 15a und 15 b (weggefallen) 310

II. Erfordernis besonderer Überwachung oder Genehmigung
A. Anlagen, die einer besonderen Überwachung bedürfen

§§ 16 bis 28 (weggefallen) 311

B. Gewerbetreibende, die einer besonderen Genehmigung bedürfen

§ 29 Auskunft und Nachschau 311
Vor §§ 30 ff. 319
§ 30 Privatkrankenanstalten 320

Inhaltsverzeichnis

§§ 30a bis 33 (weggefallen)	332
§ 33a Schaustellungen von Personen	332
§ 33b Tanzlustbarkeiten	350
Vor §§ 33c ff.	351
§ 33c Spielgeräte mit Gewinnmöglichkeit	361
§ 33d Andere Spiele mit Gewinnmöglichkeit	377
§ 33e Bauartzulassung und Unbedenklichkeitsbescheinigung	389
§ 33f Ermächtigung zum Erlaß von Durchführungsvorschriften	398
§ 33g Einschränkung und Ausdehnung der Erlaubnispflicht	404
§ 33h Spielbanken, Lotterien, Glücksspiele	405
§ 33i Spielhallen und ähnliche Unternehmen	428
§ 34 Pfandleihgewerbe	449
§ 34a Bewachungsgewerbe	456
§ 34b Versteigerergewerbe	470
§ 34c Makler, Anlageberater, Bauträger, Baubetreuer	490
§ 34d Versicherungsvermittler	512
§ 34e Versicherungsberater	551
§ 35 Gewerbeuntersagung wegen Unzuverlässigkeit	561
§§ 35a und 35b (weggefallen)	626
§ 36 Öffentliche Bestellung von Sachverständigen	626
§ 36a Öffentliche Bestellung von Sachverständigen mit Qualifikationen aus einem anderen Mitgliedstaat der Europäischen Union oder einem anderen Vertragsstaat des Abkommens über den Europäischen Wirtschaftsraum	657
§ 37 (weggefallen)	666
§ 38 Überwachungsbedürftige Gewerbe	666
§§ 39 bis 40 (weggefallen)	677

III. Umfang, Ausübung und Verlust der Gewerbebefugnisse

§ 41 Beschäftigung von Arbeitnehmern	677
§§ 41a bis 44a (weggefallen)	678
§ 45 Stellvertreter	678
§ 46 Fortführung des Gewerbes	683
§ 47 Stellvertretung in besonderen Fällen	691
§ 48 Übertragung von Realgewerbeberechtigungen	694
§ 49 Erlöschen von Erlaubnissen	695
§ 50 (weggefallen)	702
§ 51 Untersagung wegen überwiegender Nachteile und Gefahren	702
§ 52 Übergangsregelung	709
§§ 53 bis 54 (weggefallen)	709

Titel III. Reisegewerbe

Vor §§ 55 ff.	711
§ 55 Reisegewerbekarte	712
§ 55a Reisegewerbekartenfreie Tätigkeiten	727
§ 55b Weitere reisegewerbekartenfreie Tätigkeiten, Gewerbelegitimationskarte	738
§ 55c Anzeigepflicht	740
§ 55d (weggefallen)	742
§ 55e Sonn- und Feiertagsruhe	742
§ 55f Haftpflichtversicherung	744
§ 56 Im Reisegewerbe verbotene Tätigkeiten	745
§ 56a Ankündigung des Gewerbebetriebs, Wanderlager	756

Inhaltsverzeichnis

§ 57 Versagung der Reisegewerbekarte 762
§§ 57a und 58 (weggefallen) 765
§ 59 Untersagung reisegewerbekartenfreier Tätigkeiten 765
§ 60 Beschäftigte Personen 767
§ 60a Veranstaltung von Spielen 769
§ 60b Volksfest 772
§ 60c Mitführen und Vorzeigen der Reisegewerbekarte 777
§ 60d Verhinderung der Gewerbeausübung 781
§ 61 Örtliche Zuständigkeit 784
§ 61a Anwendbarkeit von Vorschriften des stehenden Gewerbes für die Ausübung als Reisegewerbe 785
§§ 62 und 63 (weggefallen) 787

Titel IV. Messen, Ausstellungen, Märkte

Vor §§ 64 ff. 789
§ 64 Messe 793
§ 65 Ausstellung 798
§ 66 Großmarkt 801
§ 67 Wochenmarkt 803
§ 68 Spezialmarkt und Jahrmarkt 809
§ 68a Verabreichen von Getränken und Speisen 815
§ 69 Festsetzung 818
§ 69a Ablehnung der Festsetzung, Auflagen 830
§ 69b Änderung und Aufhebung der Festsetzung 842
§ 70 Recht zur Teilnahme an einer Veranstaltung 849
§ 70a Untersagung der Teilnahme an einer Veranstaltung 869
§ 70b (weggefallen) 873
§ 71 Vergütung 873
§ 71a Öffentliche Sicherheit oder Ordnung 877
§ 71b Anwendbarkeit von Vorschriften des stehenden Gewerbes für die Ausübung im Messe-, Ausstellungs- und Marktgewerbe 877

Titel V. Taxen

§§ 72 bis 80 (weggefallen) 878

Titel VI. Innungen, Innungsausschüsse, Handwerkskammern, Innungsverbände

§§ 81 bis 104n (weggefallen) 878

Titel VIa. Handwerksrolle

§§ 104o bis 104u (weggefallen) 878

Titel VII. Arbeitnehmer

Vor §§ 105 ff. 879

I. Allgemeine arbeitsrechtliche Grundsätze

§ 105 Freie Gestaltung des Arbeitsvertrages 882
§ 105a a.F. Arbeiten an Sonn- und Feiertagen: Anmerkungen zum Arbeitszeitrecht .. 895
§§ 105b–105j (aufgehoben, nicht abgedruckt) 895
§ 106 Weisungsrecht des Arbeitgebers 907
§ 107 Berechnung und Zahlung des Arbeitsentgelts 918
§ 108 Abrechnung des Arbeitsentgelts 922

Inhaltsverzeichnis

§ 109 Zeugnis 923
§ 110 Wettbewerbsverbot 931
§§ 111 bis 132a (weggefallen) 935
§ 120a a.F. *Betriebssicherheit: Anmerkungen zum Arbeitsschutzrecht* 935

II. Meistertitel

§ 133 Befugnis zur Führung des Baumeistertitels 963
§§ 133a bis 139aa (weggefallen) 964

III. Aufsicht

§ 139b Gewerbeaufsichtsbehörde 964
§§ 139c bis 139m (weggefallen) 975

Titel VIII. Gewerbliche Hilfskassen

§§ 140–141f (weggefallen) 975

Titel IX. Statutarische Bestimmungen

§ 142 (weggefallen) 975

Titel X. Straf- und Bußgeldvorschriften

Vor §§ 143 ff. 977
§ 143 (weggefallen) 980
§ 144 Verletzung von Vorschriften über erlaubnisbedürftige stehende Gewerbe 980
§ 145 Verletzung von Vorschriften über das Reisegewerbe 981
§ 146 Verletzung sonstiger Vorschriften über die Ausübung eines Gewerbes ... 983
§ 147 Verletzung von Arbeitsschutzvorschriften 984
§ 147a Verbotener Erwerb von Edelmetallen und Edelsteinen 985
§ 147b Verbotene Annahme von Entgelten für Pauschalreisen 985
§ 148 Strafbare Verletzung gewerberechtlicher Vorschriften 985
§ 148a Strafbare Verletzung von Prüferpflichten 985
§ 148b Fahrlässige Hehlerei von Edelmetallen und Edelsteinen 986

Titel XI. Gewerbezentralregister

Vor §§ 149 ff. 987
§ 149 Einrichtung eines Gewerbezentralregisters 989
§ 150 Auskunft auf Antrag des Betroffenen 996
§ 150a Auskunft an Behörden oder öffentliche Auftraggeber 1001
§ 150b Auskunft für die wissenschaftliche Forschung 1006
§ 151 Eintragungen in besonderen Fällen 1012
§ 152 Entfernung von Eintragungen 1014
§ 153 Tilgung von Eintragungen 1017
§ 153a Mitteilungen zum Gewerbezentralregister 1021
§ 153b Verwaltungsvorschriften 1022

Schlussbestimmungen

§§ 154, 154a (weggefallen) 1023
§ 155 Landesrecht, Zuständigkeiten 1023
§ 155a Versagung der Auskunft zu Zwecken des Zeugenschutzes 1029
§ 156 Übergangsregelungen 1030
§ 157 Übergangsregelung zu § 34 c 1033

Sachregister 1035

Abkürzungsverzeichnis

a. A.	anderer Ansicht
aaO	am angegebenen Ort
ABl.	Amtsblatt
abl.	ablehnend
Abs.	Absatz
Abschn.	Abschnitt
a. E.	am Ende
AEU	Vertrag über die Arbeitsweise der Europäischen Union
a. F.	alte Fassung
AfP	Zeitschrift für Medien- und Kommunikationsrecht
AG	Aktiengesellschaft resp. Amtsgericht
AGB	Allgemeine Geschäftsbedingungen
AGG	Allgemeines Gleichbehandlungsgesetz
AiB	Arbeitsrecht im Betrieb
AK	Alternativkommentar zum Grundgesetz für die Bundesrepublik Deutschland
AktG	Aktiengesetz
allg.	allgemein
allg. A.	allgemeine Ansicht
AllMBl.	Allgemeines Ministerialblatt der Bayerischen Staatsregierung
Alt.	Alternative
Amtl. Anz.	Amtlicher Anzeiger
amtl. Begr.	amtliche Begründung
ÄndG	Änderungsgesetz
Anm.	Anmerkung
AO	Abgabenordnung
AöR	Archiv des öffentlichen Rechts
AP	Arbeitsrechtliche Praxis
ApBetrO	Apothekenbetriebsordnung
ApoG	Apothekengesetz
ApothekerO	Apothekerordnung
ArbG	Arbeitsgericht
ArbGG	Arbeitsgerichtsgesetz
AR-Blattei	Arbeitsrecht-Blattei
ArbSchG	Arbeitsschutzgesetz
ArbStättV	Arbeitsstättenverordnung
ArbZG	Arbeitszeitgesetz
Art.	Artikel
ArzneimittelG	Arzneimittelgesetz
ASiG	Arbeitssicherheitsgesetz
AsylVfG	Asylverfahrensgesetz
AtomG	Atomgesetz
AuA	Arbeit und Arbeitsrecht
AufenthG	Aufenthaltsgesetz
Aufl.	Auflage
AÜG	Arbeitnehmerüberlassungsgesetz

Abkürzungsverzeichnis

AuR	Arbeit und Recht
AuslG	Ausländergesetz
AuslGewVwV	Allgemeine Verwaltungsvorschrift für die Anwendung des Gewerberechts auf Ausländer
Ausn.	Ausnahme
AuswSG	Gesetz zum Schutze der Auswanderer
AZO	Allgemeine Zollordnung
AZRG	Gesetz über das Ausländerzentralregister
BaFin	Bundesanstalt für Finanzdienstleistungsaufsicht
BAG	Bundesarbeitsgericht
BAGE	Entscheidungen des Bundesarbeitsgerichts
BÄO	Bundesärzteordnung
BauGB	Baugesetzbuch
BauNVO	Baunutzungsverordnung
BauO Bln	Bauordnung für Berlin
BauO LSA	Bauordnung des Landes Sachsen-Anhalt
BauO NRW	Bauordnung für das Land Nordrhein-Westfalen
BauR	Zeitschrift für das gesamte öffentliche und zivile Baurecht
BausparkG	Gesetz über Bausparkassen
bay	bayerisch
BayAGVwGO	Bayerisches Ausführungsgesetz zur Verwaltungsgerichtsordnung
BayBO	Bayerische Bauordnung
BayLT-Drs.	Drucksachen des bayerischen Landtages
BayObLG	Bayerisches Oberstes Landesgericht
BayVBl.	Bayerische Verwaltungsblätter
BayVerfGH	Bayerischer Verfassungsgerichtshof
BayVerfGHE	Entscheidungen des Bayerischen Verfassungsgerichtshofs
BayVGH	Bayerischer Verwaltungsgerichtshof
BayVGHE	Entscheidungen des Bayerischen Verwaltungsgerichtshofs
BB	Betriebs-Berater
BBergG	Bundesberggesetz
BBG	Bundesbeamtengesetz
BbgBO	Brandenburgische Bauordnung
BbgGastG	Brandenburgisches Gaststättengesetz
BBiG	Berufsbildungsgesetz
Bd.	Band
BDSG	Bundesdatenschutzgesetz
BdVwZG	Verwaltungszustellungsgesetz des Bundes
BeckOK	Beckscher Online-Kommentar
Begr.	Begründung
Berl.	Berlin
Berlin-Bbg.	Berlin-Brandenburg
BesVwR	Besonderes Verwaltungsrecht
betr.	betreffend
BetrAVG	Gesetz zur Verbesserung der betrieblichen Altersversorgung
BetrVG	Betriebsverfassungsgesetz
BewachV	Verordnung über das Bewachungsgewerbe
BezG	Bezirksgericht
BFH	Bundesfinanzhof
BFHE	Entscheidungssammlung des Bundesfinanzhofs

Abkürzungsverzeichnis

BFH/NV	Sammlung amtlich nicht veröffentlichter Entscheidungen des Bundesfinanzhofs
BGB	Bürgerliches Gesetzbuch
BGBl.	Bundesgesetzblatt
BGH	Bundesgerichtshof
BGHZ	Entscheidungen des Bundesgerichtshofs in Zivilsachen
BhV	Allgemeine Verwaltungsvorschrift für Beihilfen in Krankheits-, Pflege-, Geburts- und Todesfällen (Beihilfevorschriften)
BImSchG	Bundes-Immissionsschutzgesetz
BKA	Bundeskriminalamt
BliWaG	Blindenwarenvertriebsgesetz
BlStSozArbR	Blätter für Steuerrecht, Sozialversicherung und Arbeitsrecht
BMA	Bundesministerium für Arbeit und Soziales
BMF	Bundesministerium der Finanzen
BMI	Bundesministerium des Innern
BMU	Bundesministerium für Umwelt, Naturschutz und Reaktorsicherheit
BMWi	Bundesministerium für Wirtschaft
BörsenG	Börsengesetz
BPersVG	Bundespersonalvertretungsgesetz
BRAK	Bundesrechtsanwaltskammer
BRAK-Mitt.	BRAK-Mitteilungen
Brandenb.	Brandenburg
BRAO	Bundesrechtsanwaltsordnung
BR-Drs.	Drucksachen des Bundesrates
BremGastG	Bremisches Gaststättengesetz
BremLBO	Bremische Landesbauordnung
BremPolG	Bremisches Polizeigesetz
BSeuchenG	Bundes-Seuchengesetz
BSG	Bundessozialgericht
Bsp.	Beispiel(e)
BStBl.	Bundessteuerblatt
BT	Besonderer Teil
BTÄO	Bundes-Tierärzteordnung
BT-Drs.	Drucksachen des Deutschen Bundestages
BUrlG	Bundesurlaubsgesetz
BVerfG	Bundesverfassungsgericht
BVerfGE	Entscheidungen des Bundesverfassungsgerichts
BVerfG[K]	Bundesverfassungsgericht [Kammerbeschluss]
BVerwG	Bundesverwaltungsgericht
BVerwGE	Entscheidungen des Bundesverwaltungsgerichts
BW	Baden-Württemberg
BWGZ	Die Gemeinde, Verbandszeitschrift des Gemeindetags Baden-Württemberg
BZRG	Bundeszentralregistergesetz
bzw.	beziehungsweise
ca.	circa
CD	Compact Disk
ChemG	Chemikaliengesetz
ChemGiftInV	Giftinformationsverordnung
ChemikalienG	Chemikaliengesetz

Abkürzungsverzeichnis

ChemPrüfV	Verordnung über Prüfnachweise und sonstige Anmelde- und Mitteilungsunterlagen nach dem Chemikaliengesetz – Prüfnachweisverordnung
ChemVerbotsV	Chemikalien-Verbotsverordnung
CR	Computer und Recht
dän.	dänisch/dänische
DB	Der Betrieb
DDR	Deutsche Demokratische Republik
Dekra	Deutscher Kraftfahrzeug Überwachungsverein
ders.	derselbe
d. h.	das heißt
dies.	dieselbe(n)
DIHK	Deutscher Industrie- und Handelskammertag
Diss.	Dissertation
DL-InfoV	Dienstleistungs-Informationspflichten-Verordnung
DM	Deutsche Mark
DÖV	Die öffentliche Verwaltung
DSG NRW	nordrhein-westfälisches Datenschutzgesetz
DStR	Deutsches Steuerrecht
DVBl.	Deutsches Verwaltungsblatt
DVP	Deutsche Verwaltungspraxis
DWW	Deutsche Wohnungswirtschaft
DZWir	Deutsche Zeitschrift für Wirtschaftsrecht
EAS	Europäisches Arbeits- und Sozialrecht, Loseblatt, Hrsg.
ebda.	ebenda
EFG	Entscheidungen der Finanzgerichte
EFTA	European Free Trade Association
EFZG	Entgeltfortzahlungsgesetz
EG	Europäische Gemeinschaft
EGBGB	Einführungsgesetz zum Bürgerlichen Gesetzbuch
EGGVG	Einführungsgesetz zum Gerichtsverfassungsgesetz
EG-Recht	Europäisches Gemeinschaftsrecht
EGV	Vertrag zur Gründung der Europäischen Gemeinschaft
EinigungsV	Einigungsvertrag
Einl.	Einleitung
einschl.	einschließlich
Eisenbahn-neuordnungsG	Eisenbahnneuordnungsgesetz
EMRK	Konvention zum Schutz der Menschenrechte und Grundfreiheiten
ErfK	Erfurter Kommentar zum Arbeitsrecht
ErfK-ArbZG	Erfurter Kommentar – Arbeitszeitgesetz
Erl.	Erläuterung
EStG	Einkommensteuergesetz
etc.	et cetera
EU	Europäische Union
EuGH	Europäischer Gerichtshof
EuGRZ	Europäische Grundrechte-Zeitschrift
EUR	Euro
EUV	Vertrag über die Europäische Union

Abkürzungsverzeichnis

EuZW	Europäische Zeitschrift für Wirtschaftsrecht
e. V.	eingetragener Verein
EWG	Europäische Wirtschaftsgemeinschaft
EWiR	Entscheidungen zum Wirtschaftsrecht
EWR	Europäischer Wirtschaftsraum
EzA	Entscheidungssammlung zum Arbeitsrecht
f.	folgend
FahrlG	Fahrlehrergesetz
FernUSG	Fernunterrichtsschutzgesetz
ff.	folgende
FG	Finanzgericht
FGO	Finanzgerichtsordnung
FreizügG/EU	Gesetz über die allgemeine Freizügigkeit von Unionsbürgern
frz.	französisch/französische
FS	Festschrift
Fußn.	Fußnote
GastG	Gaststättengesetz
GastV	Gaststättenverordnung
GATS	General Agreement on Trade in Services
GBl.	Gesetzblatt
GBO	Grundbuchordnung
GbR	Gesellschaft bürgerlichen Rechts
GedS	Gedächtnisschrift
GefStoffV	Gefahrstoffverordnung
gem.	gemäß
GEMA	Gesellschaft für musikalische Aufführungs- und mechanische Vervielfältigungsrechte
gemeins.	gemeinsamer
GenG	Gesetz betreffend die Erwerbs- und Wirtschaftsgenossenschaften
GewAnzVwV NRW	Gewerbeanzeigen-Verwaltungsvorschrift Nordrhein-Westfalen
GewArch	Gewerbearchiv
GewO	Gewerbeordnung
GewStG	Gewerbesteuergesetz
GG	Grundgesetz
ggf.	gegebenenfalls
GKG	Gerichtskostengesetz
GlüStV	Glücksspielstaatsvertrag
GMBl.	Gemeinsames Ministerialblatt, hrsg. vom Bundesministerium des Innern
GmbH	Gesellschaft mit beschränkter Haftung
GmbH & Co. KG	Gesellschaft mit beschränkter Haftung und Compagnie Kommanditgesellschaft
GmbHG	Gesetz betreffend die Gesellschaften mit beschränkter Haftung
GO	Gemeindeordnung
GPSG	Geräte- und Produktsicherheitsgesetz
GRC	Grundrechtecharta
GRUR	Gewerblicher Rechtsschutz und Urheberrecht
GS	Gesetzsammlung

Abkürzungsverzeichnis

GSG	Gerätesicherheitsgesetz
GüKG	Güterkraftverkehrsgesetz
GVBl.	Gesetz- und Verordnungsblatt
GVG	Gerichtsverfassungsgesetz
GVOBl.	Gesetz- und Verordnungsblatt
GWB	Gesetz gegen Wettbewerbsbeschränkungen
GZRVwV	Allgemeine Verwaltungsvorschrift zur Durchführung des Titels XI – Gewerbezentralregister – der Gewerbeordnung
HackfleischVO	Hackfleischverordnung
HAG	Heimarbeitsgesetz
Hamb.	Hamburg
HambOVG	Hamburgisches Oberverwaltungsgericht
HandwO	Handwerksordnung
HBauO	Hamburgische Bauordnung
HBO	Hessische Bauordnung
HdbPolR	Handbuch des Polizeirechts
HdbStR	Handbuch des Staatsrechts
HdbWiVerw-UmwR	Handbuch Wirtschaftsverwaltungsrecht und Umweltrecht
HebG	Hebammengesetz
HeilpraktikerG	Heilpraktikergesetz
HeilVfV	Heilverfahrensverordnung
HeimG	Heimgesetz
HessVGH	Hessischer Verwaltungsgerichtshof
HGB	Handelsgesetzbuch
hins.	hinsichtlich
h. L.	herrschende Lehre
h. M.	herrschende Meinung
Hrsg.	Herausgeber
Hs.	Halbsatz
i. d. F. d. B. v.	in der Fassung der Bekanntmachung vom
i. d. R.	in der Regel
i. d. S.	in diesem Sinne
i. e. S.	im engeren Sinne
IHK(n)	Industrie- und Handelskammer(n)
IHK-G	Gesetz über die Industrie- und Handelskammern
i. H. v.	in Höhe von
IMI	Internal Market Information System
insb.	insbesondere
InsO	Insolvenzordnung
InvG	Investmentgesetz
i. S. d.	im Sinne der/des
i. S. v.	im Sinne von
i. V. m.	in Verbindung mit
JA	Juristische Arbeitsblätter
JAG	Juristenausbildungsgesetz
JArbSchG	Jugendarbeitsschutzgesetz
JMBl.	Justizministerialblatt
JR	Juristische Rundschau

Abkürzungsverzeichnis

jurisPR-ITR	juris PraxisReport IT-Recht
jurisPR-VersR	juris PraxisReport Versicherungsrecht
JuS	Juristische Schulung
JuSchG	Gesetz zum Schutz der Jugend in der Öffentlichkeit
JW	Juristische Wochenschrift
JZ	Juristenzeitung
KAG NRW	Kommunalabgabengesetz für das Land Nordrhein-Westfalen
Kfz	Kraftfahrzeug
KG	Kammergericht
KG	Kommanditgesellschaft
KGaA	Kommanditgesellschaft auf Aktien
KHG	Krankenhausfinanzierungsgesetz
K&R	Kommunikation und Recht
krit.	kritisch
KSchG	Kündigungsschutzgesetz
KStZ	Kommunale Steuer-Zeitschrift
KultGüRückG	Kulturgüterrückgabegesetz
KunstUrhG	Gesetz betreffend das Urheberrecht an Werken der bildenden Künste und der Photographie
KWG	Kreditwesengesetz
LadÖG BW	Gesetz über die Ladenöffnung in Baden-Württemberg
LAG	Landesarbeitsgericht
LAGE	Entscheidungssammlung des Landesarbeitsgerichts
LBauO M-V	Landesbauordnung Mecklenburg-Vorpommern
LBauO RhPf.	Landesbauordnung Rheinland-Pfalz
LBO BW	Landesbauordnung für Baden-Württemberg
LBO Saarl.	Landesbauordnung für das Saarland
LBO S-H	Landesbauordnung für das Land Schleswig-Holstein
LebensmittelG	Lebensmittelgesetz
LFGB	Lebensmittel-, Bedarfsgegenstände- und Futtermittelgesetzbuch
LG	Landgericht
LGastG BW	Gaststättengesetz für Baden-Württemberg
LImSchG	Landesimmissionsschutzgesetz
lit.	littera (Buchstabe)
Lit.	Literatur
LKV	Landes- und Kommunalverwaltung
LKW	Lastkraftwagen
Ls.	Leitsatz
LSA	Land Sachsen-Anhalt
LSchlG	Gesetz über den Ladenschluß
Ltd.	Limited
LuftVG	Luftverkehrsgesetz
lux.	luxemburgisch/luxemburgische
m. abl. Anm.	mit ablehnenden Anmerkungen
MaBV	Makler- und Bauträgerverordnung
MarktgewVwV	Allgemeine Verwaltungsvorschrift für den Vollzug des Titels IV der Gewerbeordnung

Abkürzungsverzeichnis

m. ausführl. Nachw.	mit ausführlichen Nachweisen
max.	maximal
MBl.	Ministerialblatt
MDR	Monatsschrift für Deutsches Recht
MDStV	Staatsvertrag über Mediendienste
MedR	Medizinrecht
Milch- und MargarineG	Milch- und Margarinegesetz
Mio.	Millionen
MiStra	Anordnung über Mitteilungen in Strafsachen
MMR	Mulitmedia und Recht
m. nachf. Änd.	mit nachfolgenden Änderungen
MR-Int	Medien und Recht International
MRRG	Melderechtsrahmengesetz
MünchArbR	Münchener Handbuch zum Arbeitsrecht
MuSchG	Mutterschutzgesetz
m. w. N.	mit weiteren Nachweisen
NBauO	Niedersächsische Bauordnung
ndl.	niederländisch/niederländische
Nds.	Niedersachsen
NdsVBl.	Niedersächsische Verwaltungsblätter
NJOZ	Neue Juristische Online-Zeitschrift
NJW	Neue Juristische Wochenschrift
NJW-RR	Neue Juristische Wochenschrift, Rechtsprechungs-Report
NKAG	Niedersächsisches Kommunalabgabengesetz
NordÖR	Zeitschrift für öffentliches Recht in Norddeutschland
Nr.	Nummer
Nrn.	Nummern
NRW	Nordrhein-Westfalen
NStZ	Neue Zeitschrift für Strafrecht
NuR	Natur und Recht
NVwZ	Neue Zeitschrift für Verwaltungsrecht
NVwZ-RR	Neue Zeitschrift für Verwaltungsrecht, Rechtsprechungs-Report
NWVBl.	Nordrhein-Westfälische Verwaltungsblätter
NZA	Neue Zeitschrift für Arbeits- und Sozialrecht
NZBau	Neue Zeitschrift für Baurecht und Vergaberecht
NZI	Neue Zeitschrift für das Recht der Insolvenz und Sanierung
NZM	Neue Zeitschrift für Miet- und Wohnungsrecht
NZS	Neue Zeitschrift für Sozialrecht
o.	oben
o. Ä.	oder ähnliches
OBG NRW	nordrhein-westfälisches Ordnungsbehördengesetz
oHG	offene Handelsgesellschaft
OLG	Oberlandesgericht
OVG	Oberverwaltungsgericht
OVGE	Entscheidungen des Oberverwaltungsgerichts
OWiG	Gesetz über Ordnungswidrigkeiten

Abkürzungsverzeichnis

PartGG	Partnerschaftsgesellschaftsgesetz
PatAnwO	Patentanwaltsordnung
PBefG	Personenbeförderungsgesetz
PC	Personal Computer
PfandlV	Pfandleiherverordnung
PflanzenschutzG	Pflanzenschutzgesetz
PflSchSachKV	Pflanzenschutz-Sachkundeverordnung
PKW	Personenkraftwagen
PolG BW	Polizeigesetz Baden-Württemberg
PolG NRW	nordrhein-westfälisches Polizeigesetz
port.	portugiesisch/portugiesische
pr. ALR	preußisches Allgemeines Landrecht
PresseG NRW	nordrhein-westfälisches Pressegesetz
ProstG	Prostitutionsgesetz
pr. OVG	preußisches Oberverwaltungsgericht
pr. OVGE	Entscheidungen des preußischen Oberverwaltungsgerichts
pr. PVG	preußisches Polizeiverwaltungsgesetz
PTB	Physikalisch-Technische Bundesanstalt
RAG	Reichsarbeitsgericht
RBerG	Rechtsberatungsgesetz
RdA	Recht der Arbeit
RdE	Recht der Energiewirtschaft
RdErl.	Runderlass
RDG	Rechtsdienstleistungsgesetz
Rdn.	Randnummer(n)
RegE	Regierungsentwurf
resp.	respektive
RG	Reichsgericht
RGBl.	Reichsgesetzblatt
RG JW	Reichsgericht Juristische Wochenschrift
RhPf.	Rheinland-Pfalz
RL	Richtlinie
Rspr.	Rechtsprechung
RStV	Rundfunkstaatsvertrag
RT-Drs.	Drucksachen des Reichstages
RWG	Rennwett- und Lotteriegesetz
S.	Satz resp. Seite
s.	siehe
S-A	Sachsen-Anhalt
saarl.	saarländisch
Saarl.	Saarland
sächs.	sächsisch
SächsBO	Sächsische Bauordnung
SächsOVG	Sächsisches Oberverwaltungsgericht
SächsVBl.	Sächsische Verwaltungsblätter
SchauHV	Schaustellerhaftpflichtverordnung
SchfG	Schornsteinfegergesetz
SchlH.	Schleswig-Holstein
SchlHA	Schleswig-Holsteinische Anzeigen
SchulG NRW	Schulgesetz für das Land Nordrhein-Westfalen

Abkürzungsverzeichnis

SchwarzArbG	Gesetz zur Bekämpfung der Schwarzarbeit
SE	Societas Europaea (Europäische [Aktien-]Gesellschaft)
SeeLG	Seelotsengesetz
SeemannsG	Seemannsgesetz
SGB I	Sozialgesetzbuch Erstes Buch (Allgemeiner Teil)
SGB V	Sozialgesetzbuch Fünftes Buch (Gesetzliche Krankenversicherung)
SGB VIII	Sozialgesetzbuch Achtes Buch (Kinder- und Jugendhilfe)
SGB IX	Sozialgesetzbuch Neuntes Buch (Rehabilitation und Teilhabe behinderter Menschen)
SGB X	Sozialgesetzbuch Zehntes Buch (Verwaltungsverfahren)
SGG	Sozialgerichtsgesetz
Slg.	Sammlung
SMS	Short Message Service
sog.	sogenannte
SOG LSA	Gesetz über die öffentliche Sicherheit und Ordnung des Landes Sachsen-Anhalt
span.	spanisch/spanische
SpBG BW	Spielbankengesetz Baden-Württemberg
SpielbG NRW	Spielbankgesetz Nordrhein-Westfalen
SpielV	Verordnung über Spielgeräte und andere Spiele mit Gewinnmöglichkeit
SpkG	Sparkassengesetz
SprengG	Sprengstoffgesetz
SprengVO	Erste Verordnung zum Sprengstoffgesetz
SpuRt	Sport und Recht
StBerG	Steuerberatungsgesetz
StGB	Strafgesetzbuch
StPO	Strafprozessordnung
str.	streitig
StrahlenschutzVO	Strahlenschutzverordnung
st. Rspr.	ständige Rechtsprechung
StuGB	Städte- und Gemeindebund
StVG	Straßenverkehrsgesetz
StVO	Straßenverkehrsordnung
TDG	Teledienstegesetz
Thür.	Thüringen
ThürBO	Thüringer Bauordnung
ThürGastG	Thüringer Gaststättengesetz
Thür. OBG	Thüringisches Gesetz über die Aufgaben und Befugnisse der Ordnungsbehörden (OBG)
ThürOVG	Thüringer Oberverwaltungsgericht
ThürVBl.	Thüringer Verwaltungsblätter
TierSchG	Tierschutzgesetz
TierSeuchenG	Tierseuchengesetz
TierZG	Tierzuchtgesetz
TKG	Telekommunikationsgesetz
TMG	Telemediengesetz
TRGS	Technische Regeln für Gefahrstoffe
TÜV	Technischer Überwachungsverein
TV	Tarifvertrag

Abkürzungsverzeichnis

TVG	Tarifvertragsgesetz
Tz.	Textziffer
TzBfG	Teilzeit- und Befristungsgesetz
u.	und
u. a.	unter anderem
u. Ä.	und Ähnliche
UAbs.	Unterabsatz
UAG	Umweltauditgesetz
UEFA	Union Européenne de Football Association
UG	Unternehmergesellschaft
UIG	Umweltinformationsgesetz
umstr.	umstritten
UnbBeschErtV	Verordnung zur Erteilung von Unbedenklichkeitsbescheinigungen
UPR	Umwelt- und Planungsrecht
UR	Umsatzsteuerrundschau
Urt.	Urteil
UStG	Umsatzsteuergesetz
u. U.	unter Umständen
UV-Licht	Ultraviolettes Licht
UWG	Gesetz gegen den unlauteren Wettbewerb
v.	von resp. vom
VAG	Versicherungsaufsichtsgesetz
Var.	Variante
VBG	Vorschrift der Berufsgenossenschaft
VBlBW	Verwaltungsblätter für Baden-Württemberg
Verf.	Verfassung
VerfGH	Verfassungsgerichtshof
VersammlG	Versammlungsgesetz
VerschG	Verschollenheitsgesetz
VersR	Versicherungsrecht
VerstV	Versteigererverordnung
VersVermV	Versicherungsvermittlerverordnung
VerwArch	Verwaltungsarchiv
VerwRspr.	Verwaltungsrechtsprechung in Deutschland
VG	Verwaltungsgericht
VGH	Verwaltungsgerichtshof
vgl.	vergleiche
ViehFlG	Vieh- und Fleischgesetz
VO	Verordnung
Voraufl.	Vorauflage
Vorbem.	Vorbemerkung
VR	Verwaltungsrundschau
VRSpr.	Verwaltungsrechtsprechung
VVDStRL	Veröffentlichungen der Vereinigung der Deutschen Staatsrechtslehrer
VVG	Versicherungsvertragsgesetz
VW	Versicherungswirtschaft
VwGO	Verwaltungsgerichtsordnung
VwV	Verwaltungsvorschrift(en)

Abkürzungsverzeichnis

VwVfG	Verwaltungsverfahrensgesetz
WaffG	Waffengesetz
WEG	Wohnungseigentumsgesetz
WHG	Wasserhaushaltsgesetz
WiKG	Zweites Gesetz zur Bekämpfung der Wirtschaftskriminalität
WissR	Wissenschaftsrecht
WiVerw	Wirtschaft und Verwaltung (Vierteljahresbeilage zum Gewerbearchiv)
WM	Wertpapiermitteilungen – Zeitschrift für Wirtschafts- und Bankrecht
WpHG	Wertpapierhandelsgesetz
WPO	Wirtschaftsprüferordnung
WRP	Wettbewerb in Recht und Praxis
WRV	Weimarer Reichsverfassung
WTO	World Trade Organization
WUR	Wirtschaftsverwaltungs- und Umweltrecht
WVMBl.	Amtsblatt des Bayerischen Staatsministeriums für Wirtschaft und Verkehr
ZahnHKG	Gesetz über die Ausübung der Zahnheilkunde
z. B.	zum Beispiel
ZDF	Zweites Deutsches Fernsehen
ZfA	Zeitschrift für Arbeitsrecht
ZfBR	Zeitschrift für Baurecht
ZfV	Zeitschrift für Versicherungswesen
ZfWG	Zeitschrift für Wett- und Glücksspielrecht
ZG	Zeitschrift für Gesetzgebung
ZHR	Zeitschrift für das gesamte Handelsrecht und Wirtschaftsrecht
ZIP	Zeitschrift für Wirtschaftsrecht
zit.	zitiert
ZPO	Zivilprozessordnung
ZRP	Zeitschrift für Rechtspolitik
z. T.	zum Teil
zul.	zuletzt
ZUM	Zeitschrift für Urheber- und Medienrecht
zust.	zustimmend
zutr.	zutreffend

Allgemeine Literatur

H. W. Arndt, Wirtschaftsverwaltungsrecht, in: U. Steiner (Hrsg.), Besonderes Verwaltungsrecht, 8. Aufl. 2006, S. 875 ff.
P. Badura, Der Eigentumsschutz des eingerichteten und ausgeübten Gewerbebetriebes gegenüber der staatlichen Intervention im Bereich der Wirtschaft, in: FS 125-jähriges Bestehen der Juristischen Gesellschaft zu Berlin, 1984, S. 1 ff.
ders., Das Berufsrecht in der Rechtsprechung des Bundesverwaltungsgerichts, in: Festgabe 50 Jahre BVerwG, 2003, S. 785 ff.
J.-H. Bauer/M. Diller, Wettbewerbsverbote, 5. Aufl. 2009
A. Baumbach/K. J. Hopt, Handelsgesetzbuch mit GmbH & Co., Handelsklauseln, Bank- und Börsenrecht, Transportrecht (ohne Seerecht), 34. Aufl. 2010
W. Bayerlein, Praxishandbuch Sachverständigenrecht, 4. Auflage 2008
Beck'scher Online-Kommentar zur Gewerbeordnung, Edition 1. Januar 2011 (zit. *Bearbeiter,* in: BeckOK)
R. M. Beckmann/A. Matusche-Beckmann, Versicherungsrechts-Handbuch, 2. Aufl. 2009
M. Benda, Gewerberecht und Kodifikation, 1999
H. Bidinger, Personenbeförderungsrecht, Stand: 2010
R. Bieber/A. Epiney/ M. Haag, Die Europäische Union, 9. Aufl. 2010
J. Bloehs, Die Abgrenzung privater Vermögensverwaltung von gewerblichen Grundstücks- und Wertpapiergeschäften, 2001
G. Boeddinghaus/J. Dieckmann, Verordnung über die bauliche Nutzung der Grundstücke. Baunutzungsverordnung – BauNVO –, Kommentar, 5. Aufl. 2005
B. Boemke, Gewerbeordnung, 2003
R. Breuer, Freiheit des Berufs (§ 147), in: J. Isensee/P. Kirchhof (Hrsg.), HdbStR, Bd. VI, 1989, S. 877 ff.
ders., Die staatliche Berufsregelung und Wirtschaftslenkung (§ 148), ebda. S. 957 ff.
J. Damrau, Pfandleihverordnung, Kommentar zur Pfandleihverordnung und zu den Allgemeinen Geschäftsbedingungen im Pfandkreditgewerbe, 2. Aufl. 2005
W. Däubler/J. P. Hjort/D. Hummel/M. Wolmerath, Arbeitsrecht Handkommentar, 2. Aufl. 2010
W. Däubler/ T. Klebe/P. Wedde/T. Weichert, Bundesdatenschutzgesetz, Kommentar, 3. Aufl. 2010
S. Detterbeck, Handwerksordnung, 4. Aufl. 2008
H. Diegmann/C. Hoffmann/W. Ohlmann, Praxishandbuch für das gesamte Spielrecht, 2008
J. Dietlein/M. Hecker/M. Ruttig (Hrsg.), Glücksspielrecht, Kommentar, 2008
DIHT (Hrsg.), Gewerberecht aus einem Guß – Leitsätze für ein Gewerbegesetzbuch, 1981
H. Dreier (Hrsg.), Grundgesetz, Bd. I, 2. Aufl. 2008 (zit.: Bearbeiter, in: Dreier, GG)
B. Drews/G. Wacke/K. Vogel/W. Martens, Gefahrenabwehr, 9. Aufl. 1986
D. Ehlers, Gewerbe-, Handwerks- und Gaststättenrecht, in: N. Achterberg/G. Püttner/ Th. Würtenberger (Hrsg.), Besonderes Verwaltungsrecht, Bd. I, 2. Aufl. 2000, S. 96 ff.
M. Dauses, Handbuch des EU-Wirtschaftsrechts, Stand: Oktober 2010
H. Dörner, in: Prölss/Martin, Versicherungsvertragsgesetz (VVG), Teil II - Vermittlerrecht, 28. Aufl. 2010
G. Erbs/M. Kohlhaas, Strafrechtliche Nebengesetze, Bd. II, Stand: November 2010 (zit.: Bearbeiter, in: Erbs/Kohlhaas)
Erfurter Kommentar zum Arbeitsrecht, 11. Aufl. 2011 (zit.: Bearbeiter, in: ErfK)

Literaturverzeichnis

U. Fahr / D. Kaulbach / G. W. Bähr, Versicherungsaufsichtsgesetz (VAG) – Kommentar, 4. Aufl. 2007

H. Ferner / H. Kröninger / M. Aschke, Baugesetzbuch mit Baunutzungsverordnung, Handkommentar 2. Aufl. 2008

G. Frentzel / E. Jäkel / W. Junge, Kommentar zum Industrie- und Handelskammergesetz, 7. Aufl. 2009

T. Fischer, Strafgesetzbuch und Nebengesetze, 58. Aufl. 2011

K. H. Friauf, Kommentar zur Gewerbeordnung – GewO, Loseblatt-Komm., Stand: Dezember 2010 (zit.: Bearbeiter, in: Friauf)

K. H. Friauf / R. Wendt, Eigentum am Unternehmen, 1977

L. Fröhler, Das Recht am eingerichteten und ausgeübten Gewerbebetrieb, 1972

L. Fröhler / J. Kormann, Kommentar zur Gewerbeordnung, 1978

G. Fromm / M. Fey / K. A. Sellmann / H. Zuck, Personenbeförderungsrecht, 3. Aufl. 2002

W. Frotscher, Die Ausgestaltung kommunaler Nutzungsverhältnisse bei Anschluss- und Benutzungszwang, 1974

ders., Gewerberecht, in: R. Schmidt (Hrsg.), Öffentliches Wirtschaftsrecht – Besonderer Teil 1, 1995, S. 1 ff.

W. Frotscher / U. Kramer, Wirtschaftsverfassungs- und Wirtschaftsverwaltungsrecht, 5. Aufl. 2008

I. Gebhardt / S. M. Grüsser-Sinopoli (Hrsg.), Glücksspiel in Deutschland, 2008

R. Geiger / D.-E. Khan / M. Kotzur, EUV/AEUV, 5. Aufl. 2010

A. Gern, Deutsches Kommunalrecht, 3. Aufl. 2003

E. Göhler, Gesetz über Ordnungswidrigkeiten, 15. Aufl. 2009

P. Gola / R. Schomerus, Bundesdatenschutzgesetz, Kommentar, 10. Aufl. 2010

E. Grabitz / M. Hilf, Das Recht der Europäischen Union, Stand: Oktober 2009

K. Hailbronner, Asyl- und Ausländerrecht, 2. Aufl. 2008

K. Hailbronner / E. Klein / S. Magiera / P.-C. Müller-Graff, Handkommentar zum Vertrag über die Europäische Union (EUV/EGV), Stand: November 1998

F. W. Held / E. Becker / H. Decker / R. Kirchhoff / F. Krämer / R. Wansleben, Kommunalverfassungsrecht Nordrhein-Westfalen, Loseblatt-Komm., Stand: 2010

M. Henssler / H. J. Willemsen / H.-J. Kalb, Arbeitsrecht, Kommentar, 3. Aufl. 2008

P. M. Huber, Öffentliches Wirtschaftsrecht, in: E. Schmidt-Aßmann (Hrsg.), Besonderes Verwaltungsrecht, 14. Aufl. 2008, S. 313 ff.

H. Jäde / F. Dirnberger / J. Weiß, Baugesetzbuch, Baunutzungsverordnung, Kommentar, 6. Aufl. 2010

H. D. Jarass, Wirtschaftsverwaltungsrecht und Wirtschaftsverfassungsrecht, 3. Aufl. 1997

ders., Bundesimmissionsschutzgesetz, Komm., 8. Aufl. 2010

ders. / B. Pieroth, Grundgesetz für die Bundesrepublik Deutschland, Kommentar, 11. Aufl. 2011

W. Kluth, Jahrbuch des Kammer- und Berufsrechts 2005, 2006

ders., Jahrbuch des Kammer- und Berufsrechts 2006, 2007

H. Knaup / G.-A. Stange, Kommentar zur Baunutzungsverordnung, 8. Aufl. 1997

Chr. Koenig, Die öffentlich-rechtliche Verteilungslenkung. Grund und Grenzen einer Deregulierung am Beispiel der Vergabe von Konzessionen, Kontingenten und Genehmigungen zur unternehmerischen Nutzung öffentlich verwalteter Güter, 1994

F. O. Kopp / U. Ramsauer., Verwaltungsverfahrensgesetz, Komm., 11. Aufl. 2010

F. O. Kopp / W.-R. Schenke, Verwaltungsgerichtsordnung, Komm., 16. Aufl. 2009

P. Kramer, Der Schutz des Kundenvermögens durch die Gewerbeordnung, 1997

H. Kresse / K. Engelsberger, Recht der Messewirtschaft, 2006

R. Landmann / G. Rohmer, Gewerbeordnung, Loseblatt-Komm., Bd. I, 56. EL, Stand: Juli 2010 (zit.: *Bearbeiter*, in: Landmann/Rohmer I)

T. Langheid / M. Wandt (Hrsg.), Münchener Kommentar zum Versicherungsvertragsgesetz, 2010

Literaturverzeichnis

W. Leinemann, Kommentar zur Gewerbeordnung. Arbeitsrechtlicher Teil, begründet von E. Stahlhacke, Stand: 2003 (zit.: Bearbeiter, in: Leinemann)
F. Ley, Rechtshandbuch der Märkte und Volksfeste, 2008
H. Lisken/E. Denninger, Handbuch des Polizeirechts, 4. Aufl. 2007
W. Maaßen, Kunst oder Gewerbe?, 3. Aufl. 2001
M. Martinek/F.-J. Semler/S. Habermeier/E. Flohr, Handbuch des Vertriebsrechts, 3. Aufl. 2010
Th. Maunz/G. Dürig, Grundgesetz, Loseblatt-Komm., 60. EL Oktober 2010 (zit.: Bearbeiter in: Maunz/Dürig, GG)
H. Maurer, Allgemeines Verwaltungsrecht, 17. Aufl. 2009
R. Metzner, Gaststättengesetz, 6. Aufl. 2001
J. Meyer (Hrsg.), Charta der Grundrechte der Europäischen Union, 3. Aufl. 2011
E. Michel/W. Kienzle/R. Pauly, Das Gaststättengesetz, Komm., 14. Aufl. 2003
I. v. Münch/P. Kunig, Grundgesetz-Kommentar, Bd. I, 5. Aufl. 2000, Bd. II, 5. Aufl. 2001 (zit.: Bearbeiter, in: v. Münch/Kunig, GG)
Münchener Kommentar zum Bürgerlichen Gesetzbuch, Band 4, Schuldrecht Besonderer Teil II, §§ 611 – 704, EFZG, TzBfG, KSchG, 5. Aufl. 2009
Münchener Kommentar zum BGB, Bd. 6, Sachenrecht, 5. Aufl. 2009 (zit.: Bearbeiter, in: Münchener Kommentar, BGB)
O. Palandt, Bürgerliches Gesetzbuch, 70. Aufl. 2011 (zit.: Bearbeiter, in: Palandt, BGB)
G.-C. Pielow, Gewerbeordnung, 2009 (zit.: Bearbeiter in: Pielow, GewO) – Printausgabe des BeckOK
R. Pieper, Arbeitsschutzrecht, 4. Aufl. 2009
U. Preis, Der Arbeitsvertrag, 3. Aufl. 2009
ders., Arbeitsrecht, Praxis-Lehrbuch Individualarbeitsrecht, 3. Aufl. 2009 (zit.: Preis, Arbeitsrecht)
E. Prölss/A. Martin, Versicherungsvertragsgesetz (VVG), Teil II – Vermittlerrecht, 28. Aufl. 2010
K. Rebmann/S. Uhlig, Bundeszentralregistergesetz, 1985
R. Richardi/O. Wlotzke (Hrsg.), Münchener Handbuch zum Arbeitsrecht, 3. Aufl. 2009 (zit.: MünchArbR)
S. Robinski, Gewerberecht, 2. Aufl. 2002
J. Ruthig/St. Storr, Öffentliches Wirtschaftsrecht, 2. Aufl. 2008
M. Sachs (Hrsg.), Grundgesetz, 5. Aufl. 2009 (zit.: Bearbeiter, in: Sachs, GG)
G. Schaub, Arbeitsrechts-Handbuch, 13. Aufl. 2009 (zit.: Bearbeiter, in: Schaub)
H. Schleßmann, Das Arbeitszeugnis, 19. Aufl. 2010
U. Schliesky, Öffentliches Wirtschaftsrecht, 3. Aufl. 2008
E. Schmidt-Aßmann/F. Schoch (Hrsg.), Besonderes Verwaltungsrecht, 14. Aufl. 2008
R. Schmidt (Hrsg.), Öffentliches Wirtschaftsrecht, Besonderer Teil 1, 1995
R. Schmidt/Th. Vollmöller, Kompendium Öffentliches Wirtschaftsrecht, 3. Aufl. 2007
M. Schmidt-Preuß, Kollidierende Privatinteressen im Verwaltungsrecht, 1992
E. Schwark/D. Zimmer (Hrsg.), Kapitalmarktrechts-Kommentar, 4. Aufl. 2010
J. Schwarze, EU-Kommentar, 2. Aufl. 2009
S. Simitis, Bundesdatenschutzgesetz, 6. Aufl. 2006
P. Stelkens/ H. J. Bonk/ M. Sachs, Verwaltungsverfahrensgesetz – Kommentar, 7. Aufl. 2008
K. Stern/P. J. Tettinger, Normative Gestaltungsmöglichkeiten zur Verbesserung der Qualität der medizinischen Ausbildung, 1982
R. Stober, Allgemeines Wirtschaftsverwaltungsrecht, 16. Aufl. 2008
ders., Besonderes Wirtschaftsverwaltungsrecht, 14. Aufl. 2007
ders., Empfiehlt sich, das Recht des Privaten Sicherheitsgewerbes zu kodifizieren?, 2000
ders., Handbuch des Wirtschaftsverwaltungs- und Umweltrechts, 1989
D. Stollenwerk, Praxishandbuch zum Gewerberecht, 2. Aufl. 2002 (zit.: Stollenwerk, Praxishandbuch)

Literaturverzeichnis

R. Streinz, EUV/EGV, 2003
P. J. Tettinger, Zum Tätigkeitsfeld der Bundesrechtsanwaltskammer, 1985
ders., Kammerrecht, 1997
P. J. Tettinger/ W. Erbguth/ T. Mann, Besonderes Verwaltungsrecht, 10. Aufl. 2009
M. Wagener, Anschluss- und Benutzungszwang für Fernwärme, 1989
R. Wank, Kommentar zum technischen Arbeitsschutz, 1999 (zit.: TAS)
H. Wiedemann (Hrsg.), Tarifvertragsgesetz, Kommentar, 7. Aufl. 2007 (zit.: Bearbeiter, in: Wiedemann, TVG)
J. Ziekow, Freiheit und Bindung des Gewerbes, 1992
ders., Öffentliches Wirtschaftsrecht, 2. Aufl. 2010
W. Zöllner/K. Loritz/C. W. Hergenröder, Arbeitsrecht, 6. Aufl. 2008

Gewerbeordnung[1]

In der Fassung der Bekanntmachung vom 22. Februar 1999
(BGBl. I S. 202), geänd. durch Art. 2 Zweites Euro-EinführungsG v. 24. 3. 1999 (BGBl. I S. 385), Art. 26. 4. Euro EinführungsG v. 21. 12. 2000 (BGBl. I S. 1983), Art. 4 Zweites ReiserechtsÄndG v. 23. 7. 2001 (BGBl. I S. 1658), Art. 131 Siebente ZustAnpVO v. 29. 10. 2001 (BGBl. I S. 2785), Art. 8 Neuntes Euro-EinfG v. 10. 11. 2001 (BGBl. I S. 2992), Art. 2 GastG- und GewOÄndG v. 13. 12. 2001 (BGBl. I S. 3584), Art. 3 4. BZRGÄndG v. 23. 4. 2002 (BGBl. I S. 1406), Art. 3 G zur Vorb. einer einheitl. Wirtschaftsnummer v. 22. 5. 2002 (BGBl. I S. 1644), Art. 1 BewachungsgewerberechtsÄndG v. 23. 7. 2002 (BGBl. I S. 2724), Art. 11 G z. Erleichterung der Bekämpfung illeg. Beschäftigung v. 23. 7. 2002 (BGBl. I S. 2787), Drittes GewOÄndG v. 24. 8. 2002 (BGBl. I S. 3412), Art. 9 WaffRNeuRegG v. 11. 10. 2002 (BGBl. I S. 3970) Art. 108 Achte ZustAnpVO v. 25. 11. 2003 (BGBl. I S. 2304), Art. 67 Drittes G für mod. Dienstleistungen am Arbeitsmarkt v. 23. 12 2003 (BGBl. I S. 2848), Art. 4 HandwerksrechtsÄndG v. 24. 12. 2003 (BGBl. I S. 2934), Art. 35a Viertes G für mod. Dienstleistungen am Arbeitsmarkt v. 24. 12. 2003 (BGBl. I S. 2954), Art. 10 SchwarzarbeitsbekämpfungsG v. 23. 7. 2004 (BGBl. I S. 1842), Art. 11 Nr. 18 ZuwanderungsG v. 30. 7. 2004 (BGBl. I S. 1950), Art. 12 Kommunales OptionsG v. 30. 7. 2004 (BGBl. I S. 2014), Art. 9 DeregulierungsG v. 21 6. 2005 (BGBl. I S. 1666), Art. 2 Siebtes GWB-ÄndG v. 7. 7. 2005 (BGBl. I S. 1954), Art. 3 a GemeindefinanzreformGÄndG v. 6. 9. 2005 (BGBl. I S. 2725), Art. 11 Bürokratiehemmnisse-BeseitigungsG v. 22. 8. 2006 (BGBl. I S. 1970), Art. 144 Neunte ZustAnpVO v. 31. 10 2006 (BGBl. I S. 2407), Art. 3 JustizbundesamtsG v. 17. 12. 2006 (BGBl. I S. 3171), Art. 1 Versicherungsvermittlerrechts-NeuregelungsG v. 19. 12. 2006 (BGBl. I S. 3232), Art. 3 KulturgutG v. 18. 5. 2007 (BGBl. I S. 757, ber. S. 2547), Art. 5 FinanzmarktRL-UmsetzungsG v. 16. 7. 2007 (BGBl. I S. 1330), Art. 9 Zweites MittelstandsentlastungsG v. 7. 9. 2007 (BGBl. I S.2246), Art. 14 SGB IV-ÄndG v. 19. 12. 2007 (BGBl. I S. 3024), Art. 7 InvestmentänderungsG v. 21. 12. 2007 (BGBl. I S. 3089), Art. 9 StatistikrechteÄndG v. 17. 3. 2008 (BGBl. I S.399), Art. 11 Abs. 5 UnfallversicherungsmodernisierungsG v. 30. 10. 2008 (BGBl. I S. 2130), Art. 1 G z. Umsetzung der EG-RL über die Anerkennung v. Berufsqualifikationen v. 12. 12. 2008 (BGBl. I S. 2423), Art. 92 FGG-ReformG v. 17. 12. 2008 (BGBl. I S. 2586), Art. 9 Drittes MittelstandsentlastungsG v. 17. 3. 2009 (BGBl. I S. 550), Art. 7 ELENA-VerfahrensG v. 28. 3. 2009 (BGBl. I S. 634), Erstes MindestarbeitsbedingungenG ÄndG v. 22. 4. 2009 (BGBl. I S. 818), Art. 1 G z. Umsetzung der Dienstleistungsrichtlinie v. 17. 7. 2009 (BGBl. I S. 2091) und Art. 4 Abs. 14 G z. Reform der Sachaufklärung in der Zwangsvollstreckung v. 29. 7. 2009 (BGBl. I S. 2258)

FNA 7100-1

Titel I Allgemeine Bestimmungen

§ 1 Grundsatz der Gewerbefreiheit

(1) Der Betrieb eines Gewerbes ist jedermann gestattet, soweit nicht durch dieses Gesetz Ausnahmen oder Beschränkungen vorgeschrieben oder zugelassen sind.

---

[1] Die Änderungen durch das G v. 29. 7. 2009 (BGBl. I S. 2258) treten erst mWv 1. 1. 2013 in Kraft und sind im Text noch nicht berücksichtigt, wohl aber in der Kommentierung.

(2) Wer gegenwärtig zum Betrieb eines Gewerbes berechtigt ist, kann von demselben nicht deshalb ausgeschlossen werden, weil er den Erfordernissen dieses Gesetzes nicht genügt.

§ 2 (weggefallen)

§ 3 Betrieb verschiedener Gewerbe

[1] Der gleichzeitige Betrieb verschiedener Gewerbe sowie desselben Gewerbes in mehreren Betriebs- oder Verkaufsstätten ist gestattet. [2] Eine Beschränkung der Handwerker auf den Verkauf der selbstverfertigten Waren findet nicht statt.

§ 4 Grenzüberschreitende Dienstleistungserbringung, Niederlassung

(1) [1] Werden Gewerbetreibende von einer Niederlassung in einem anderen Mitgliedstaat der Europäischen Union oder einem anderen Vertragsstaat des Abkommens über den Europäischen Wirtschaftsraum aus im Geltungsbereich dieses Gesetzes vorübergehend selbständig gewerbsmäßig tätig, sind § 34b Absatz 1, 3, 4, 6 und 7, § 34c Absatz 1 Satz 1 Nummer 1 und 4 sowie § 38 Absatz 1 und 2 insoweit nicht anzuwenden. [2] Die §§ 14, 55 Absatz 2 und 3, die §§ 55c, 56a und 57 Absatz 3 sind in diesen Fällen ebenfalls nicht anzuwenden, es sei denn, es werden gewerbsmäßige Tätigkeiten ausgeübt, die auf Grund des Artikels 2 Absatz 2 der Richtlinie 2006/123/EG des Europäischen Parlaments und des Rates vom 12. Dezember 2006 über Dienstleistungen im Binnenmarkt (ABl. L 376 vom 27. 12. 2006, S. 36) vom Anwendungsbereich dieser Richtlinie oder auf Grund der Regelungen des Artikels 17 dieser Richtlinie von der Dienstleistungsfreiheit ausgenommen sind.

(2) [1] Absatz 1 gilt nicht, wenn die Tätigkeit aus dem anderen Mitgliedstaat der Europäischen Union oder dem anderen Vertragsstaat des Abkommens über den Europäischen Wirtschaftsraum heraus zur Umgehung der in Absatz 1 genannten Vorschriften erbracht wird. [2] Eine Umgehung liegt insbesondere vor, wenn ein Gewerbetreibender, um sich den in Absatz 1 genannten Vorschriften zu entziehen, von einem anderen Mitgliedstaat der Europäischen Union oder einem anderen Vertragsstaat des Abkommens über den Europäischen Wirtschaftsraum aus ganz oder vorwiegend im Geltungsbereich dieses Gesetzes tätig wird.

(3) Eine Niederlassung besteht, wenn eine selbständige gewerbsmäßige Tätigkeit auf unbestimmte Zeit und mittels einer festen Einrichtung von dieser aus tatsächlich ausgeübt wird.

§ 5 Zulassungsbeschränkungen

In den Beschränkungen des Betriebs einzelner Gewerbe, welche auf den Zoll-, Steuer- und Postgesetzen beruhen, wird durch das gegenwärtige Gesetz nichts geändert.

Gewerbeordnung

§ 6 Anwendungsbereich

(1) ¹Dieses Gesetz findet keine Anwendung auf die Fischerei, die Errichtung und Verlegung von Apotheken, die Erziehung von Kindern gegen Entgelt, das Unterrichtswesen, auf die Tätigkeit der Rechtsanwälte und Notare, der Rechtsbeistände, der Wirtschaftsprüfer und Wirtschaftsprüfungsgesellschaften, der vereidigten Buchprüfer und Buchprüfungsgesellschaften, der Steuerberater und Steuerberatungsgesellschaften sowie der Steuerbevollmächtigten, auf den Gewerbebetrieb der Auswandererberater und das Seelotswesen. ²Auf das Bergwesen findet dieses Gesetz nur insoweit Anwendung, als es ausdrückliche Bestimmungen enthält; das gleiche gilt für den Gewerbebetrieb der Versicherungsunternehmen, die Ausübung der ärztlichen und anderen Heilberufe, den Verkauf von Arzneimitteln, den Vertrieb von Lotterielosen und die Viehzucht. ³Ferner findet dieses Gesetz mit Ausnahme des Titels XI auf Beförderungen mit Krankenkraftwagen im Sinne des § 1 Abs. 2 Nr. 2 in Verbindung mit Abs. 1 des Personenbeförderungsgesetzes keine Anwendung.

(1a) § 6c findet auf alle Gewerbetreibenden und sonstigen Dienstleistungserbringer im Sinne des Artikels 4 Nummer 2 der Richtlinie 2006/123/EG Anwendung, deren Dienstleistungen unter den Anwendungsbereich der Richtlinie fallen.

(2) Die Bestimmungen des Abschnitts I des Titels VII finden auf alle Arbeitnehmer Anwendung.

§ 6a Entscheidungsfrist, Genehmigungsfiktion

(1) Hat die Behörde über einen Antrag auf Erlaubnis zur Ausübung eines Gewerbes nach § 34b Absatz 1, 3, 4, § 34c Absatz 1 Satz 1 Nummer 1 und 4 oder § 55 Absatz 2 nicht innerhalb einer Frist von drei Monaten entschieden, gilt die Erlaubnis als erteilt.

(2) Absatz 1 gilt auch für Verfahren nach § 33a Absatz 1 und § 69 Absatz 1 und für Verfahren nach dem Gaststättengesetz, solange keine landesrechtlichen Regelungen bestehen.

§ 6b Verfahren über eine einheitliche Stelle

¹Verwaltungsverfahren nach diesem Gesetz oder nach einer auf Grund dieses Gesetzes erlassenen Rechtsverordnung können über eine einheitliche Stelle nach den Vorschriften des Verwaltungsverfahrensgesetzes abgewickelt werden. ²Die Landesregierungen werden ermächtigt, durch Rechtsverordnung im Einklang mit Artikel 2 Absatz 2 der Richtlinie 2006/123/EG bestimmte Verfahren von der Abwicklung über eine einheitliche Stelle auszuschließen.

§ 6c Informationspflichten für Dienstleistungserbringer

¹Die Bundesregierung wird ermächtigt, durch Rechtsverordnung mit Zustimmung des Bundesrates zur Umsetzung der Richtlinie 2006/123/EG

Vorschriften über Informationen, insbesondere deren Inhalt, Umfang und Art zu erlassen, die ein Dienstleistungserbringer den Dienstleistungsempfängern zur Verfügung zu stellen hat oder zur Verfügung stellt. ²Die Rechtsverordnung kann auch Regelungen enthalten über die Art und Weise, in der die Informationen zur Verfügung zu stellen sind.

§ 7 Aufhebung von Rechten und Abgaben

(1) Vom 1. Januar 1873 ab sind, soweit die Landesgesetze solches nicht früher verfügen, aufgehoben:
1. die noch bestehenden ausschließlichen Gewerbeberechtigungen, das heißt die mit dem Gewerbebetrieb verbundenen Berechtigungen, anderen den Betrieb eines Gewerbes, sei es im allgemeinen oder hinsichtlich der Benutzung eines gewissen Betriebsmaterials, zu untersagen oder sie darin zu beschränken;
2. die mit den ausschließlichen Gewerbeberechtigungen verbundenen Zwangs- und Bannrechte;
3. alle Zwangs- und Bannrechte, deren Aufhebung nach dem Inhalt der Verleihungsurkunde ohne Entschädigung zulässig ist;
4. sofern die Aufhebung nicht schon infolge dieser Bestimmungen eintritt oder sofern sie nicht auf einem Vertrag zwischen Berechtigten und Verpflichteten beruhen:
   a) das mit dem Besitz einer Mühle, einer Brennerei oder Brenngerechtigkeit, einer Brauerei oder Braugerechtigkeit, oder einer Schankstätte verbundene Recht, die Konsumenten zu zwingen, daß sie bei den Berechtigten ihren Bedarf mahlen oder schroten lassen, oder das Getränk ausschließlich von denselben beziehen (der Mahlzwang, der Branntweinzwang oder der Brauzwang);
   b) das städtischen Bäckern oder Fleischern zustehende Recht, die Einwohner der Stadt, der Vorstädte oder der sogenannten Bannmeile zu zwingen, daß sie ihren Bedarf an Gebäck oder Fleisch ganz oder teilweise von jenen ausschließlich entnehmen;
5. die Berechtigungen, Konzessionen zu gewerblichen Anlagen oder zum Betrieb von Gewerben zu erteilen, die dem Fiskus, Korporationen, Instituten oder einzelnen Berechtigten zustehen;
6. vorbehaltlich der an den Staat und die Gemeinde zu entrichtenden Gewerbesteuern, alle Abgaben, welche für den Betrieb eines Gewerbes entrichtet werden, sowie die Berechtigung, dergleichen Abgaben aufzuerlegen.

(2) Ob und in welcher Weise den Berechtigten für die vorstehend aufgehobenen ausschließlichen Gewerbeberechtigungen, Zwangs- und Bannrechte usw. Entschädigung zu leisten ist, bestimmen die Landesgesetze.

§ 8 Ablösung von Rechten

(1) Von dem gleichen Zeitpunkt (§ 7) ab unterliegen, soweit solches nicht von der Landesgesetzgebung schon früher verfügt ist, der Ablösung:
1. diejenigen Zwangs- und Bannrechte, welche durch die Bestimmungen des § 7 nicht aufgehoben sind, sofern die Verpflichtung auf Grundbesitz haftet,

die Mitglieder einer Korporation als solche betrifft, oder Bewohner eines Ortes oder Distrikts vermöge ihres Wohnsitzes obliegt;
2. das Recht, den Inhaber einer Schankstätte zu zwingen, daß er für seinen Wirtschaftsbedarf das Getränk aus einer bestimmten Fabrikationsstätte entnehme.

(2) Das Nähere über die Ablösung dieser Rechte bestimmen die Landesgesetze.

§ 9 Streitigkeiten über Aufhebung oder Ablösung von Rechten

(1) Streitigkeiten darüber, ob eine Berechtigung zu den durch die §§ 7 und 8 aufgehobenen oder für ablösbar erklärten gehört, sind im Rechtswege zu entscheiden.

(2) Jedoch bleibt den Landesgesetzen vorbehalten, zu bestimmen, von welchen Behörden und in welchem Verfahren die Frage zu entscheiden ist, ob oder wie weit eine auf einem Grundstück haftende Abgabe eine Grundabgabe ist oder für den Betrieb eines Gewerbes entrichtet werden muß.

§ 10 Kein Neuerwerb von Rechten

(1) Ausschließliche Gewerbeberechtigungen oder Zwangs- und Bannrechte, welche durch Gesetz aufgehoben oder für ablösbar erklärt worden sind, können fortan nicht mehr erworben werden.

(2) Realgewerbeberechtigungen dürfen fortan nicht mehr begründet werden.

§ 11 Erhebung, Verarbeitung und Nutzung personenbezogener Daten

(1) [1]Die zuständige öffentliche Stelle darf personenbezogene Daten des Gewerbetreibenden und solcher Personen, auf die es für die Entscheidung ankommt, erheben, soweit die Daten zur Beurteilung der Zuverlässigkeit und der übrigen Berufszulassungs- und -ausübungskriterien bei der Durchführung gewerberechtlicher Vorschriften und Verfahren erforderlich sind. [2]Erforderlich können insbesondere auch Daten sein aus bereits abgeschlossenen oder sonst anhängigen
1. gewerberechtlichen Verfahren, Straf- oder Bußgeldverfahren,
2. Insolvenzverfahren,
3. steuer- und sozialversicherungsrechtlichen Verfahren oder
4. ausländer- und arbeitserlaubnisrechtlichen Verfahren.
[3]Die Datenerhebung unterbleibt, soweit besondere gesetzliche Verwendungsregelungen entgegenstehen. [4]Gewerberechtliche Anzeigepflichten bleiben unberührt.

(2) [1]Die für Zwecke des Absatzes 1 erforderlichen Daten sind beim Betroffenen zu erheben. [2]Ohne seine Mitwirkung dürfen sie nur erhoben werden, wenn

1. die Entscheidung eine Erhebung bei anderen Personen oder Stellen erforderlich macht oder
2. die Erhebung beim Betroffenen einen unverhältnismäßigen Aufwand erfordern würde

und keine Anhaltspunkte dafür bestehen, daß überwiegende schutzwürdige Interessen des Betroffenen beeinträchtigt werden. ³In den Fällen des Satzes 2 sind nicht-öffentliche Stellen verpflichtet, die Daten zu übermitteln, es sei denn, daß besondere gesetzliche Regelungen der Übermittlung entgegenstehen; die Verpflichtung zur Wahrung gesetzlicher Geheimhaltungspflichten oder von Berufs- oder besonderen Amtsgeheimnissen, die nicht auf gesetzlicher Vorschrift beruhen, bleibt unberührt.

(3) Die Einholung von Auskünften nach § 150a, den §§ 31 und 41 des Bundeszentralregistergesetzes und § 915 der Zivilprozeßordnung bleibt unberührt.

(4) Die nach den Absätzen 1 und 3 erhobenen Daten dürfen nur für Zwecke des Absatzes 1 gespeichert oder genutzt werden.

(5) ¹Öffentliche Stellen, die an gewerberechtlichen Verfahren nach Absatz 1 Satz 1 auf Grund des Absatzes 1 Satz 2, des § 35 Abs. 4 oder einer anderen gesetzlichen Vorschrift beteiligt waren, können über das Ergebnis informiert werden, soweit dies zur Erfüllung ihrer Aufgaben erforderlich ist. ²Diese und andere öffentliche Stellen sind zu informieren, wenn auf Grund einer Entscheidung bestimmte Rechtsfolgen eingetreten sind und die Kenntnis der Daten aus der Sicht der übermittelnden Stelle für die Verwirklichung der Rechtsfolgen erforderlich ist. ³Der Empfänger darf die übermittelten Daten nur für den Zweck verarbeiten oder nutzen, zu dessen Erfüllung sie ihm übermittelt werden oder hätten übermittelt werden dürfen. ⁴Für die Weitergabe von Daten innerhalb der zuständigen öffentlichen Stelle gelten die Übermittlungsregelungen der Sätze 1 bis 4 entsprechend.

(6) Für das Verändern, Sperren oder Löschen der nach den Absätzen 1 und 3 erhobenen Daten sowie die Übermittlung der Daten nach Absatz 1 für andere als die in Absatz 5 genannten Zwecke gelten die Datenschutzgesetze der Länder.

§ 11a Vermittlerregister

(1) ¹Jede Industrie- und Handelskammer (Registerbehörde) führt ein Register der nach § 34d Abs. 7, auch in Verbindung mit § 34e Abs. 2, Eintragungspflichtigen. ²Die örtliche Zuständigkeit richtet sich nach dem Landesrecht. ³Zweck des Registers ist es insbesondere, der Allgemeinheit, vor allem Versicherungsnehmern und Versicherungsunternehmen, die Überprüfung der Zulassung sowie des Umfangs der zugelassenen Tätigkeit der Eintragungspflichtigen zu ermöglichen. ⁴Die Registerbehörden bedienen sich bei der Führung des Registers der in § 32 Abs. 2 des Umweltauditgesetzes bezeichneten gemeinsamen Stelle (gemeinsame Stelle). ⁵Die Registerbehörde unterliegt der Aufsicht der obersten Landesbehörde.

(2) ¹Auskünfte aus dem Register werden im Wege des automatisierten Abrufs über das Internet oder schriftlich erteilt. ²Die Registerbehörden

gewährleisten, dass eine gleichzeitige Abfrage bei allen Registern nach Absatz 1 Satz 1 möglich ist.

(3) ¹Die für eine Untersagung nach § 35 zuständige Behörde teilt der Registerbehörde eine Untersagung unverzüglich mit. ²Bei Aufhebung der Erlaubnis nach § 34d Abs. 1 oder § 34e Abs. 1 oder der Erlaubnisbefreiung nach § 34d Abs. 3 oder einer Mitteilung nach Satz 1 oder § 80 Abs. 4 des Versicherungsaufsichtsgesetzes hat die Registerbehörde unverzüglich die zu dem Betroffenen gespeicherten Daten zu löschen. ³Der Familienname, der Vorname, die Registrierungsnummer sowie der Tag der Löschung werden im Register in einem täglich aktualisierten Verzeichnis gespeichert. ⁴Zugang zu diesem Verzeichnis erhalten nur Versicherungsunternehmen. ⁵Die Angaben werden einen Monat nach der Speicherung in diesem Verzeichnis gelöscht.

(4) Beabsichtigt ein Eintragungspflichtiger, in einem anderen Mitgliedstaat der Europäischen Union oder in einem anderen Vertragsstaat des Abkommens über den Europäischen Wirtschaftsraum tätig zu werden, hat er dies zuvor der Registerbehörde mitzuteilen.

(5) Das Bundesministerium für Wirtschaft und Technologie kann durch Rechtsverordnung mit Zustimmung des Bundesrates Vorschriften erlassen über die Einzelheiten der Registerführung, insbesondere über
1. die in dem Register zu speichernden Angaben; gespeichert werden dürfen nur Angaben zur Identifizierung (insbesondere Familienname, Vorname, Geschäftsanschrift, Geburtstag und Registrierungsnummer), zur Zulassung und zum Umfang der zugelassenen Tätigkeit der Eintragungspflichtigen,
2. Angaben, die nicht allgemein zugänglich sein sollen, sowie die Stellen, die Zugang zu diesen Angaben erhalten.

(6) ¹Die Zusammenarbeit der zuständigen Stellen mit den zuständigen Behörden der anderen Mitgliedstaaten der Europäischen Union sowie der anderen Vertragsstaaten des Abkommens über den Europäischen Wirtschaftsraum erfolgt nach folgenden Maßgaben:
1. Auf Ersuchen der zuständigen Behörde eines anderen Mitglied- oder Vertragsstaates übermittelt die zuständige Registerbehörde Informationen einschließlich personenbezogener Daten, die zur Überprüfung der Einhaltung der Voraussetzungen für die Tätigkeit als Versicherungsvermittler oder Versicherungsberater erforderlich sind, an die zuständige Behörde des anderen Mitglied- oder Vertragsstaates.
2. Die Registerbehörde darf ohne Ersuchen der zuständigen Behörde eines anderen Mitglied- oder Vertragsstaates Informationen einschließlich personenbezogener Daten übermitteln, wenn Anhaltspunkte dafür vorliegen, dass die Kenntnis dieser Informationen für die Überprüfung der Einhaltung der Voraussetzungen für die Tätigkeit als Versicherungsvermittler oder Versicherungsberater erforderlich ist.
3. Soweit von dem betreffenden Mitglied- oder Vertragsstaat nach Artikel 6 Abs. 2 der Richtlinie 2002/92/EG des Europäischen Parlaments und des Rates vom 9. Dezember 2002 über Versicherungsvermittlung (ABl. EG 2003 Nr. L 9 S. 3) gefordert, teilt die Registerbehörde im Falle des Absatzes 4 die Absicht des Eintragungspflichtigen der zuständigen Behörde des

anderen Mitglied- oder Vertragsstaates mit und unterrichtet gleichzeitig den Eintragungspflichtigen. Zum Zwecke der Überwachung darf die Registerbehörde der zuständigen Behörde des anderen Mitglied- oder Vertragsstaates die zu dem Eintragungspflichtigen im Register gespeicherten Angaben übermitteln. Die zuständige Behörde eines anderen Mitglied- oder Vertragsstaates ist über Änderungen übermittelter Angaben zu unterrichten.
4. Handelt es sich bei den nach Absatz 3 gelöschten Angaben um solche eines in einem anderen Mitglied- oder Vertragsstaat tätigen Gewerbetreibenden, so teilt die Registerbehörde der zuständigen Behörde des anderen Mitglied- oder Vertragsstaates die Löschung unverzüglich mit.

²Die Zusammenarbeit, insbesondere die Übermittlung von Informationen, erfolgt jeweils über das Bundesministerium für Wirtschaft und Technologie, das sich dabei der gemeinsamen Stelle bedient.

(7) Die Registerbehörde, die Bundesanstalt für Finanzdienstleistungsaufsicht und die für die Erlaubniserteilung nach § 34d Abs. 1 Satz 1 und § 34e Abs. 1 Satz 1, für die Untersagung nach § 35, die Entgegennahme der Gewerbeanzeige nach § 14 oder die Verfolgung von Ordnungswidrigkeiten nach dem Gesetz über Ordnungswidrigkeiten zuständigen Behörden dürfen einander auch ohne Ersuchen Informationen einschließlich personenbezogener Daten übermitteln, soweit dies zur Erfüllung ihrer jeweiligen mit der Tätigkeit von Versicherungsvermittlern und Versicherungsberatern zusammenhängenden Aufgaben erforderlich ist.

(8) ¹Alle Personen, die im Rahmen des für Versicherungsvermittler und Versicherungsberater geltenden Registrierungsverfahrens oder der Überprüfung der Einhaltung der Voraussetzungen für die Tätigkeit als Versicherungsvermittler oder Versicherungsberater zur Entgegennahme oder Erteilung von Informationen verpflichtet sind, unterliegen dem Berufsgeheimnis. ²§ 84 des Versicherungsaufsichtsgesetzes gilt entsprechend.

§ 11b Übermittlung personenbezogener Daten innerhalb der Europäischen Union und des Europäischen Wirtschaftsraumes bei reglementierten Berufen

(1) ¹Begibt sich ein im Inland tätiger Gewerbetreibender in einen anderen Mitgliedstaat der Europäischen Union oder in einen anderen Vertragsstaat des Abkommens über den Europäischen Wirtschaftsraum, um dort dauerhaft oder vorübergehend eine Tätigkeit auszuüben, deren Aufnahme oder Ausübung durch Rechts- und Verwaltungsvorschriften an den Besitz bestimmter beruflicher Qualifikationen gebunden ist, so übermittelt die zuständige inländische öffentliche Stelle auf Ersuchen alle personenbezogenen Daten an die zuständige Stelle des betreffenden Staates, die
1. die Rechtmäßigkeit der Niederlassung des Gewerbetreibenden betreffen;
2. zur Beurteilung der Zuverlässigkeit des Gewerbetreibenden erforderlich sind, insbesondere Daten nach § 11 Abs. 1 Satz 2;

Gewerbeordnung

3. im Fall eines Beschwerdeverfahrens eines Dienstleistungsempfängers gegen einen Gewerbetreibenden für ein ordnungsgemäßes Beschwerdeverfahren erforderlich sind.

²Die zuständige inländische öffentliche Stelle übermittelt Daten nach Satz 1 auch ohne Ersuchen, wenn tatsächliche Anhaltspunkte dafür vorliegen, dass deren Kenntnis zur Wahrnehmung der Aufgaben der zuständigen ausländischen Stelle erforderlich ist. ³Sie kann ihrerseits bei der zuständigen Stelle des betreffenden Staates Daten nach Satz 1 erheben, soweit die Kenntnis der Daten für die Wahrnehmung ihrer Aufgaben erforderlich ist, und die hierfür erforderlichen personenbezogenen Daten an die zuständige ausländische Stelle übermitteln.

(2) Absatz 1 gilt entsprechend
1. für Arbeitnehmer eines Gewerbebetriebs,
2. für den Fall, dass ein Gewerbetreibender oder ein Arbeitnehmer eines Gewerbebetriebs aus einem der genannten Staaten im Inland eine gewerbliche Tätigkeit aufnimmt oder ausübt, deren Aufnahme oder Ausübung einen Sachkunde- oder Befähigungsnachweis oder die Eintragung in die Handwerksrolle voraussetzt.

(3) Alle Daten sind mit dem Hinweis zu übermitteln, dass der Empfänger unverzüglich zu prüfen hat, ob die Daten für den angegebenen Zweck erforderlich sind, und er die Daten anderenfalls zu löschen hat.

(4) Die Absätze 1 bis 3 gelten auch für den Bereich der Viehzucht.

§ 12 Insolvenzverfahren

Vorschriften, welche die Untersagung eines Gewerbes oder die Rücknahme oder den Widerruf einer Zulassung wegen Unzuverlässigkeit des Gewerbetreibenden, die auf ungeordnete Vermögensverhältnisse zurückzuführen ist, ermöglichen, finden während eines Insolvenzverfahrens, während der Zeit, in der Sicherungsmaßnahmen nach § 21 der Insolvenzordnung angeordnet sind, und während der Überwachung der Erfüllung eines Insolvenzplans (§ 260 der Insolvenzordnung) keine Anwendung in bezug auf das Gewerbe, das zur Zeit des Antrags auf Eröffnung des Insolvenzverfahrens ausgeübt wurde.

§ 13 Erprobungsklausel

Die Landesregierungen werden ermächtigt, durch Rechtsverordnung zur Erprobung vereinfachender Maßnahmen, insbesondere zur Erleichterung von Existenzgründungen und Betriebsübernahmen, für einen Zeitraum von bis zu fünf Jahren Ausnahmen von Berufsausübungsregelungen nach diesem Gesetz und den darauf beruhenden Rechtsverordnungen zuzulassen, soweit diese Berufsausübungsregelungen nicht auf bindenden Vorgaben des Europäischen Gemeinschaftsrechts beruhen und sich die Auswirkungen der Ausnahmen auf das Gebiet des jeweiligen Landes beschränken.

§ 13a Anzeige der grenzüberschreitenden Erbringung von Dienstleistungen in reglementierten Berufen

(1) Wer als Staatsangehöriger eines Mitgliedstaates der Europäischen Union oder eines Vertragsstaates des Abkommens über den Europäischen Wirtschaftsraum eine gewerbliche Tätigkeit, deren Aufnahme oder Ausübung nach deutschem Recht einen Sachkunde- oder Unterrichtungsnachweis voraussetzt und zu deren Ausübung er in einem dieser Staaten rechtmäßig niedergelassen ist, im Inland nur vorübergehend und gelegentlich ausüben will, hat diese Absicht vorher schriftlich der für die Anerkennung der Berufsqualifikation zuständigen öffentlichen Stelle unter Beifügung der nach Absatz 5 erforderlichen Unterlagen anzuzeigen.

(2) ¹Die Tätigkeit darf sofort nach der Anzeige erbracht werden, wenn die Voraussetzungen nach Absatz 1 vorliegen und für die betreffende Tätigkeit keine Nachprüfung der Berufsqualifikation vorgeschrieben ist. ²Die zuständige öffentliche Stelle erteilt eine Eingangsbestätigung, aus der hervorgeht, ob die Voraussetzungen nach Absatz 1 vorliegen und ob die Nachprüfung der Berufsqualifikation erforderlich ist. ³Wird die Berufsqualifikation nachgeprüft, soll die zuständige öffentliche Stelle den Dienstleister innerhalb eines Monats ab Eingang der Anzeige und der vollständigen Unterlagen über das Ergebnis unterrichten. ⁴Bei einer Verzögerung unterrichtet die zuständige öffentliche Stelle den Dienstleister über die Gründe für die Verzögerung und über den Zeitplan für eine Entscheidung. ⁵Die Entscheidung ergeht spätestens innerhalb von zwei Monaten ab Eingang der vollständigen Unterlagen. ⁶Bestehen Zweifel an der Echtheit der vorgelegten Bescheinigungen und Ausbildungsnachweise oder an den dadurch verliehenen Rechten, ist der Fristablauf für die Dauer der Nachprüfung der Echtheit oder den dadurch verliehenen Rechten durch Nachfrage bei der zuständigen Stelle des Niederlassungsstaates gehemmt.

(3) Ergibt die Nachprüfung, dass ein wesentlicher Unterschied zwischen der Berufsqualifikation des Dienstleistungserbringers und der im Inland erforderlichen Ausbildung besteht, gibt die zuständige öffentliche Stelle dem Dienstleistungserbringer innerhalb eines Monats nach der Unterrichtung über das Ergebnis der Nachprüfung Gelegenheit, die für eine ausreichende berufliche Qualifikation erforderlichen Kenntnisse und Fähigkeiten insbesondere durch eine Eignungsprüfung nachzuweisen.

(4) Hält die zuständige Stelle die in den Absätzen 2 und 3 festgesetzten Fristen nicht ein, darf die Dienstleistung erbracht werden.

(5) Folgende Unterlagen sind bei der erstmaligen Anzeige zu übermitteln:
1. ein Nachweis der Staatsangehörigkeit;
2. ein Nachweis der rechtmäßigen Niederlassung zur Ausübung der betreffenden Tätigkeiten in einem der in Absatz 1 genannten Staaten und der Nachweis, dass die Ausübung dieser Tätigkeiten nicht, auch nicht vorübergehend, untersagt ist;
3. im Fall von gewerblichen Tätigkeiten im Anwendungsbereich des Waffengesetzes, des Sprengstoffgesetzes, des Bundesjagdgesetzes, des Beschussge-

setzes und des § 34a der Gewerbeordnung ein Nachweis, dass keine Vorstrafen vorliegen;
4. a) sofern der Beruf im Niederlassungsstaat durch Rechts- und Verwaltungsvorschriften an den Besitz bestimmter beruflicher Qualifikationen gebunden ist, ein Nachweis der Berufsqualifikation, anderenfalls
   b) ein Nachweis, dass die Tätigkeit im Niederlassungsstaat während der vorhergehenden zehn Jahre mindestens zwei Jahre lang ausgeübt worden ist;
5. ein Nachweis eines Versicherungsschutzes oder einer anderen Art des individuellen oder kollektiven Schutzes in Bezug auf die Berufshaftpflicht, sofern ein solcher für die betreffende Tätigkeit auch von Inländern gefordert wird.

(6) [1] Tritt eine wesentliche Änderung von Umständen ein, die die Voraussetzungen für die Dienstleistungserbringung betreffen, ist die Änderung schriftlich anzuzeigen und durch Unterlagen nachzuweisen. [2] Ansonsten ist die Anzeige formlos alle zwölf Monate seit der letzten Anzeige zu wiederholen, solange die weitere Erbringung von Dienstleistungen beabsichtigt ist.

(7) Die Regelungen gelten entsprechend für Arbeitnehmer eines Gewerbebetriebs nach Absatz 1, soweit Sachkunde- oder Unterrichtungsnachweise auch für diese vorgeschrieben sind.

§ 13b Anerkennung ausländischer Unterlagen und Bescheinigungen

(1) [1] Soweit nach diesem Gesetz oder einer auf Grund dieses Gesetzes erlassenen Rechtsverordnung die Zuverlässigkeit oder die Vermögensverhältnisse einer Person zu prüfen sind, sind als Nachweis für die Zuverlässigkeit und für geordnete Vermögensverhältnisse von Gewerbetreibenden aus einem anderen Mitgliedstaat der Europäischen Union oder einem anderen Vertragsstaat des Abkommens über den Europäischen Wirtschaftsraum Unterlagen als ausreichend anzuerkennen, die im Herkunftsstaat ausgestellt wurden und die belegen, dass die Anforderungen an die Zuverlässigkeit und die geordneten Vermögensverhältnisse des Gewerbetreibenden erfüllt werden. [2] Dabei kann verlangt werden, dass die Unterlagen in beglaubigter Kopie und beglaubigter deutscher Übersetzung vorgelegt werden. [3] Werden im Herkunftsstaat solche Unterlagen nicht ausgestellt, so können sie durch eine Versicherung an Eides statt des Gewerbetreibenden oder nach dem Recht des Herkunftsstaats vergleichbare Handlungen ersetzt werden.

(2) [1] Soweit in diesem Gesetz oder einer auf Grund dieses Gesetzes erlassenen Rechtsverordnung ein Nachweis darüber verlangt wird, dass ein Gewerbetreibender gegen die finanziellen Risiken seiner beruflichen Tätigkeit haftpflichtversichert ist, ist von Gewerbetreibenden aus einem anderen Mitgliedstaat der Europäischen Union oder einem anderen Vertragsstaat des Abkommens über den Europäischen Wirtschaftsraum als Nachweis eine Bescheinigung über den Abschluss einer Berufshaftpflichtversicherung als hinreichend anzuerkennen, die von einem Kreditinstitut oder einem Versicherungsunternehmen in einem anderen Mitgliedstaat oder Vertragsstaat aus-

gestellt wurde, sofern die in diesem Staat abgeschlossene Berufshaftpflichtversicherung im Wesentlichen vergleichbar ist zu der, die von Inländern verlangt wird, und zwar hinsichtlich der Zweckbestimmung, der vorgesehenen Deckung bezüglich des versicherten Risikos, der Versicherungssumme und möglicher Ausnahmen von der Deckung. ²Bei nur teilweiser Gleichwertigkeit kann eine zusätzliche Sicherheit verlangt werden, die die nicht gedeckten Risiken absichert.

(3) Die Absätze 1 und 2 gelten nicht, soweit Tätigkeiten nach den §§ 30, 33c, 33d, 34, 34a, 34c Absatz 1 Satz 1 Nummer 1a bis 3, den §§ 34d, 34e oder nach § 60a ausgeübt werden.

Titel II Stehendes Gewerbe

I. Allgemeine Erfordernisse

§ 14 Anzeigepflicht

(1) ¹Wer den selbständigen Betrieb eines stehenden Gewerbes, einer Zweigniederlassung oder einer unselbständigen Zweigstelle anfängt, muss dies der zuständigen Behörde gleichzeitig anzeigen. ²Das Gleiche gilt, wenn
1. der Betrieb verlegt wird,
2. der Gegenstand des Gewerbes gewechselt oder auf Waren oder Leistungen ausgedehnt wird, die bei Gewerbebetrieben der angemeldeten Art nicht geschäftsüblich sind, oder
3. der Betrieb aufgegeben wird.

³Steht die Aufgabe des Betriebes eindeutig fest und ist die Abmeldung nicht innerhalb eines angemessenen Zeitraums erfolgt, kann die Behörde die Abmeldung von Amts wegen vornehmen.

(2) Absatz 1 gilt auch für den Handel mit Arzneimitteln, mit Losen von Lotterien und Ausspielungen sowie mit Bezugs- und Anteilscheinen auf solche Lose und für den Betrieb von Wettannahmestellen aller Art.

(3) ¹Wer die Aufstellung von Automaten jeder Art als selbständiges Gewerbe betreibt, muss die Anzeige bei der zuständigen Behörde seiner Hauptniederlassung erstatten. ²Der Gewerbetreibende ist verpflichtet, zum Zeitpunkt der Aufstellung des Automaten den Familiennamen mit mindestens einem ausgeschriebenen Vornamen, seine ladungsfähige Anschrift sowie die Anschrift seiner Hauptniederlassung an dem Automaten sichtbar anzubringen. ³Gewerbetreibende, für die eine Firma im Handelsregister eingetragen ist, haben außerdem ihre Firma in der in Satz 2 bezeichneten Weise anzubringen. ⁴Ist aus der Firma der Familienname des Gewerbetreibenden mit einem ausgeschriebenen Vornamen zu ersehen, so genügt die Anbringung der Firma.

(4) ¹Für die Anzeige ist
1. in den Fällen des Absatzes 1 Satz 1 (Beginn des Betriebes) ein Vordruck nach dem Muster der Anlage 1 (Gewerbeanmeldung – GewA 1),

2. in den Fällen des Absatzes 1 Satz 2 Nr. 1 (Verlegung des Betriebes) und in den Fällen des Absatzes 1 Satz 2 Nr. 2 (Wechsel oder Ausdehnung des Gegenstandes des Gewerbes) ein Vordruck nach dem Muster der Anlage 2 (Gewerbeanmeldung – GewA 2),
3. in den Fällen des Absatzes 1 Satz 2 Nr. 3 (Aufgabe des Betriebes) ein Vordruck nach dem Muster der Anlage 3 (Gewerbeanmeldung – GewA 3)

zu verwenden. ²Die Vordrucke sind vollständig, in der vorgeschriebenen Anzahl und gut lesbar auszufüllen. ³Zur elektronischen Datenverarbeitung kann die zuständige Behörde Abweichungen von der Form, nicht aber vom Inhalt der Anzeige nach den Sätzen 1 und 2 zulassen.

(5) ¹Die Finanzbehörden teilen den zuständigen Behörden die nach § 30 der Abgabenordnung geschützten Verhältnisse von Unternehmern im Sinne des § 5 des Gewerbesteuergesetzes mit, wenn deren Steuerpflicht erloschen ist; mitzuteilen sind lediglich Name und betriebliche Anschrift des Unternehmers und der Tag, an dem die Steuerpflicht endete. ²Die Mitteilungspflicht besteht nicht, soweit ihre Erfüllung mit einem unverhältnismäßigen Aufwand verbunden wäre. ³Absatz 6 Satz 1 gilt entsprechend.

(6) ¹Die erhobenen Daten dürfen nur für die Überwachung der Gewerbeausübung sowie statistische Erhebungen verwendet werden. ²Der Name, die betriebliche Anschrift und die angezeigte Tätigkeit des Gewerbetreibenden dürfen allgemein zugänglich gemacht werden.

(7) ¹Öffentlichen Stellen, soweit sie nicht als öffentlich-rechtliche Unternehmen am Wettbewerb teilnehmen, dürfen der Zweckbindung nach Absatz 6 Satz 1 unterliegende Daten übermittelt werden, soweit
1. eine regelmäßige Datenübermittlung nach Absatz 9 zulässig ist,
2. die Kenntnis der Daten zur Abwehr einer gegenwärtigen Gefahr für die öffentliche Sicherheit oder erheblicher Nachteile für das Gemeinwohl erforderlich ist oder
3. der Empfänger die Daten beim Gewerbetreibenden nur mit unverhältnismäßigem Aufwand erheben könnte oder von einer solchen Datenerhebung nach der Art der Aufgabe, für deren Erfüllung die Kenntnis der Daten erforderlich ist, abgesehen werden muss und kein Grund zu der Annahme besteht, dass das schutzwürdige Interesse des Gewerbetreibenden überwiegt.

²Für die Weitergabe von Daten innerhalb der Verwaltungseinheiten, denen die für die Entgegennahme der Anzeige und die Überwachung der Gewerbeausübung zuständigen Behörden angehören, gilt Satz 1 entsprechend.

(8) Öffentlichen Stellen, soweit sie als öffentlichrechtliche Unternehmen am Wettbewerb teilnehmen, und nichtöffentlichen Stellen dürfen der Zweckbindung nach Absatz 6 Satz 1 unterliegende Daten übermittelt werden, wenn der Empfänger ein rechtliches Interesse an der Kenntnis der zu übermittelnden Daten glaubhaft macht und kein Grund zu der Annahme besteht, dass das schutzwürdige Interesse des Gewerbetreibenden überwiegt.

(9) ¹Die zuständige Behörde darf Daten aus der Gewerbeanzeige regelmäßig übermitteln an

Text Gewerbeordnung

1. die Industrie- und Handelskammer zur Wahrnehmung der in den §§ 1, 3 und 5 des Gesetzes zur vorläufigen Regelung des Rechts der Industrie- und Handelskammern genannten sowie der nach § 1 Abs. 4 desselben Gesetzes übertragenen Aufgaben ohne die Feld-Nummer 33,
2. die Handwerkskammer zur Wahrnehmung der in § 91 der Handwerksordnung genannten, insbesondere der ihr durch die §§ 6, 19 und 28 der Handwerksordnung zugewiesenen und sonstiger durch Gesetz übertragener Aufgaben ohne die Feld-Nummer 33,
3. die für den Immissionsschutz zuständige Landesbehörde zur Durchführung arbeitsschutzrechtlicher sowie immissionsschutzrechtlicher Vorschriften ohne die Feld-Nummern 8, 10, 27 bis 31 und 33,
3a. die für den technischen und sozialen Arbeitsschutz, einschließlich den Entgeltschutz nach dem Heimarbeitsgesetz zuständige Landesbehörde zur Durchführung ihrer Aufgaben ohne die Feld-Nummern 8, 10, 27 bis 31 und 33,
4. das Eichamt zur Wahrnehmung der im Eichgesetz, in der Eichordnung sowie in der Fertigpackungsverordnung gesetzlich festgelegten Aufgaben, und zwar nur die Feld-Nummern 1, 3, 4, 11, 12, 15 und 17,
5. die Bundesagentur für Arbeit zur Wahrnehmung der in § 405 Abs. 1 in Verbindung mit § 404 Abs. 2 des Dritten Buches Sozialgesetzbuch sowie der im Arbeitnehmerüberlassungsgesetz genannten Aufgaben ohne die Feld-Nummer 33, bei der Abmeldung ohne die Feld-Nummern 8, 10 bis 16 und 18 bis 33,
6. die Deutsche Gesetzliche Unfallversicherung e.V. ausschließlich zur Weiterleitung an die zuständige Berufsgenossenschaft für die Erfüllung der ihr durch Gesetz übertragenen Aufgaben ohne die Feld-Nummern 10, 28, 30, 31 und 33,
7. die Behörden der Zollverwaltung zur Wahrnehmung der ihnen nach dem Schwarzarbeitsbekämpfungsgesetz, nach § 405 Abs. 1 in Verbindung mit § 404 Abs. 2 des Dritten Buches Sozialgesetzbuch sowie nach dem Arbeitnehmerüberlassungsgesetz obliegenden Aufgaben ohne die Feldnummer 33, bei der Abmeldung ohne die Feldnummern 10 bis 16 und 18 bis 33,
8. das Registergericht, soweit es sich um die Abmeldung einer im Handels- und Genossenschaftsregister eingetragenen Haupt- oder Zweigniederlassung handelt, für Maßnahmen zur Herstellung der inhaltlichen Richtigkeit des Handelsregisters gemäß § 388 Absatz 2 des Gesetzes über das Verfahren in Familiensachen und in den Angelegenheiten der freiwilligen Gerichtsbarkeit oder des Genossenschaftsregisters gemäß § 160 des Gesetzes betreffend die Erwerbs- und Wirtschaftsgenossenschaften, und zwar ohne die Feld-Nummern 6 bis 8, 10 bis 13, 18, 19, 21, 22 und 27 bis 33,
9. die statistischen Ämter der Länder zur Führung des Statistikregisters nach § 1 Abs. 1 Satz 1 des Statistikregistergesetzes in den Fällen des Absatzes 1 Satz 2 Nr. 1 und 2 die in Absatz 14 Satz 4 angeführten Feld-Nummern.

[2]§ 138 der Abgabenordnung bleibt unberührt.

(10) Darüber hinaus sind Übermittlungen der nach den Absätzen 1 bis 5 erhobenen Daten nur zulässig, soweit die Kenntnis der Daten zur Verfolgung

Gewerbeordnung

von Straftaten erforderlich ist oder eine besondere Rechtsvorschrift dies vorsieht.

(11) Die Einrichtung eines automatisierten Verfahrens, das den Abruf von Daten aus der Gewerbeanzeige ermöglicht, ist nur zulässig, wenn technisch sichergestellt ist, dass
1. die abrufende Stelle die bei der zuständigen Stelle gespeicherten Daten nicht verändern kann und
2. ein Abruf durch eine in Absatz 8 genannte Stelle nur möglich ist, wenn die abrufende Stelle entweder den Namen des Gewerbetreibenden oder die betriebliche Anschrift des Gewerbetreibenden angegeben hat; der Abruf von Daten unter Verwendung unvollständiger Abfragedaten oder die Suche mittels einer Ähnlichenfunktion kann zugelassen werden.

(12) [1]Die Einrichtung eines automatisierten Verfahrens, das den Abruf von Daten ermöglicht, die der Zweckbindung nach Absatz 6 Satz 1 unterliegen, ist nur zulässig, soweit
1. dies wegen der Häufigkeit oder der Eilbedürftigkeit der Abrufe und unter Berücksichtigung der schutzwürdigen Interessen der Gewerbetreibenden angemessen ist,
2. die zum Abruf bereitgehaltenen Daten ihrer Art nach für die Aufgaben oder Geschäftszwecke des Empfängers erforderlich sein können und
3. technisch sichergestellt ist, dass Daten durch andere als die in Absatz 9 genannten Stellen nur abgerufen werden können, wenn dabei der Verwendungszweck, für den der Abruf erfolgt, sowie das Aktenzeichen oder eine andere Bezeichnung des Vorgangs, für den der Abruf erfolgt, angegeben wird.

[2]Die Datenempfänger sowie die Verwendungszwecke, für die Abrufe zugelassen werden, sind vom Leiter der Verwaltungseinheit schriftlich festzulegen. [3]Die zuständige Stelle protokolliert die Abrufe einschließlich der angegebenen Verwendungszwecke und Vorgangsbezeichnungen. [4]Die Protokolle müssen die Feststellung der für die einzelnen Abrufe verantwortlichen Personen ermöglichen. [5]Eine mindestens stichprobenweise Protokollauswertung ist durch die speichernde Stelle zu gewährleisten. [6]Die Protokolldaten dürfen nur zur Kontrolle der Zulässigkeit der Abrufe verwendet werden und sind nach sechs Monaten zu löschen.

(13) Daten, die der Zweckbindung nach Absatz 6 Satz 1 unterliegen, darf der Empfänger nur für den Zweck verwenden, zu dessen Erfüllung sie ihm übermittelt werden.

(14) [1]Über die Gewerbeanzeigen nach Absatz 1 Satz 1 und 2 Nr. 3 werden monatliche Erhebungen als Bundesstatistik durchgeführt. [2]Für die Erhebungen besteht Auskunftspflicht. [3]Auskunftspflichtig sind die Anzeigepflichtigen, die die Auskunftspflicht durch Erstattung der Anzeige erfüllen. [4]Die zuständige Behörde übermittelt die Gewerbeanzeigen monatlich an die statistischen Ämter der Länder mit den Feld-Nummern
1. 1 bis 4 als Hilfsmerkmale für den Betriebsinhaber,
2. 10 und 12 bis 14 als Hilfsmerkmale für den Betrieb,
3. 4a, 8, 15 bis 25, 27, 29 und 32 als Erhebungsmerkmale.

[5] Die statistischen Ämter der Länder dürfen die Angaben zu den Feld-Nummern 1 und 3 für die Bestimmung der Rechtsform bis zum Abschluss der nach § 12 Abs. 1 des Bundesstatistikgesetzes vorgesehenen Prüfung auswerten. [6] Ferner dürfen sie nähere Angaben zu der Feld-Nummer 15 unmittelbar bei den Auskunftspflichtigen erfragen, soweit die gemeldete Tätigkeit sonst den Wirtschaftszweigen nach Anhang I der Verordnung (EG) Nr. 1893/2006 des Europäischen Parlaments und des Rates vom 20. Dezember 2006 zur Aufstellung der statistischen Systematik der Wirtschaftszweige NACE Revision 2 und zur Änderung der Verordnung (EWG) Nr. 3037/90 des Rates sowie einiger Verordnungen der EG über bestimmte Bereiche der Statistik (ABl. EU Nr. L 393 S. 1) in der jeweils geltenden Fassung nicht zugeordnet werden kann.

§ 15 Empfangsbescheinigung, Betrieb ohne Zulassung

(1) Die Behörde bescheinigt innerhalb dreier Tage den Empfang der Anzeige.

(2) [1] Wird ein Gewerbe, zu dessen Ausübung eine Erlaubnis, Genehmigung, Konzession oder Bewilligung (Zulassung) erforderlich ist, ohne diese Zulassung betrieben, so kann die Fortsetzung des Betriebes von der zuständigen Behörde verhindert werden. [2] Das gleiche gilt, wenn ein Gewerbe von einer ausländischen juristischen Person begonnen wird, deren Rechtsfähigkeit im Inland nicht anerkannt wird.

§§ 15a und 15b *(aufgehoben)*

II. Erfordernis besonderer Überwachung oder Genehmigung

A. Anlagen, die einer besonderen Überwachung bedürfen

§§ 16 bis 28 (weggefallen)

B. Gewerbetreibende, die einer besonderen Genehmigung bedürfen

§ 29 Auskunft und Nachschau

(1) Gewerbetreibende oder sonstige Personen,
1. die einer Erlaubnis nach §§ 30, 33a, 33c, 33d, 33i, 34, 34a, 34b, 34c, 34d oder 34e bedürfen,
2. die nach § 34b Abs. 5 oder § 36 öffentlich bestellt sind,
3. die ein überwachungsbedürftiges Gewerbe im Sinne des § 38 Abs. 1 betreiben,
4. gegen die ein Untersagungsverfahren nach § 35 oder § 59 eröffnet oder abgeschlossen wurde oder

5. die ein Gewerbe nach § 18 Abs. 1 Satz 1 des Kulturgüterrückgabegesetzes betreiben.

(Betroffene), haben den Beauftragten der zuständigen öffentlichen Stelle auf Verlangen die für die Überwachung des Geschäftsbetriebs erforderlichen mündlichen und schriftlichen Auskünfte unentgeltlich zu erteilen.

(2) ¹Die Beauftragten sind befugt, zum Zwecke der Überwachung Grundstücke und Geschäftsräume des Betroffenen während der üblichen Geschäftszeit zu betreten, dort Prüfungen und Besichtigungen vorzunehmen, sich die geschäftlichen Unterlagen vorlegen zu lassen und in diese Einsicht zu nehmen. ²Zur Verhütung dringender Gefahren für die öffentliche Sicherheit oder Ordnung können die Grundstücke und Geschäftsräume tagsüber auch außerhalb der in Satz 1 genannten Zeit sowie tagsüber auch dann betreten werden, wenn sie zugleich Wohnzwecken des Betroffenen dienen; das Grundrecht der Unverletzlichkeit der Wohnung (Artikel 13 des Grundgesetzes) wird insoweit eingeschränkt.

(3) Der Betroffene kann die Auskunft auf solche Fragen verweigern, deren Beantwortung ihn selbst oder einen der in § 383 Abs. 1 Nr. 1 bis 3 der Zivilprozeßordnung bezeichneten Angehörigen der Gefahr strafgerichtlicher Verfolgung oder eines Verfahrens nach dem Gesetz über Ordnungswidrigkeiten aussetzen würde.

(4) Die Absätze 1 bis 3 finden auch Anwendung, wenn Tatsachen die Annahme rechtfertigen, daß ein erlaubnispflichtiges, überwachungsbedürftiges oder untersagtes Gewerbe ausgeübt wird.

§ 30 Privatkrankenanstalten

(1) ¹Unternehmer von Privatkranken- und Privatentbindungsanstalten sowie von Privatnervenkliniken bedürfen einer Konzession der zuständigen Behörde. ²Die Konzession ist nur dann zu versagen, wenn
1. Tatsachen vorliegen, welche die Unzuverlässigkeit des Unternehmers in Beziehung auf die Leitung oder Verwaltung der Anstalt oder Klinik dartun,
1a. Tatsachen vorliegen, welche die ausreichende medizinische und pflegerische Versorgung der Patienten als nicht gewährleistet erscheinen lassen,
2. nach den von dem Unternehmer einzureichenden Beschreibungen und Plänen die baulichen und die sonstigen technischen Einrichtungen der Anstalt oder Klinik den gesundheitspolizeilichen Anforderungen nicht entsprechen,
3. die Anstalt oder Klinik nur in einem Teil eines auch von anderen Personen bewohnten Gebäudes untergebracht werden soll und durch ihren Betrieb für die Mitbewohner dieses Gebäudes erhebliche Nachteile oder Gefahren hervorrufen kann oder
4. die Anstalt oder Klinik zur Aufnahme von Personen mit ansteckenden Krankheiten oder von Geisteskranken bestimmt ist und durch ihre örtliche Lage für die Besitzer oder Bewohner der benachbarten Grundstücke erhebliche Nachteile oder Gefahren hervorrufen kann.

(2) Vor Erteilung der Konzession sind über die Fragen zu Absatz 1 Nr. 3 und 4 die Ortspolizei- und die Gemeindebehörden zu hören.

§ 30a (weggefallen)

§ 30b *(aufgehoben)*

§§ 30c–33 (weggefallen)

§ 33a Schaustellungen von Personen

(1) ¹Wer gewerbsmäßig Schaustellungen von Personen in seinen Geschäftsräumen veranstalten oder für deren Veranstaltung seine Geschäftsräume zur Verfügung stellen will, bedarf der Erlaubnis der zuständigen Behörde. ²Dies gilt nicht für Darbietungen mit überwiegend künstlerischem, sportlichem, akrobatischem oder ähnlichem Charakter. ³Die Erlaubnis kann mit einer Befristung erteilt und mit Auflagen verbunden werden, soweit dies zum Schutze der Allgemeinheit, der Gäste oder der Bewohner des Betriebsgrundstücks oder der Nachbargrundstücke vor Gefahren, erheblichen Nachteilen oder erheblichen Belästigungen erforderlich ist; unter denselben Voraussetzungen ist auch die nachträgliche Aufnahme, Änderung und Ergänzung von Auflagen zulässig.

(2) Die Erlaubnis ist zu versagen, wenn
1. Tatsachen die Annahme rechtfertigen, daß der Antragsteller die für den Gewerbebetrieb erforderliche Zuverlässigkeit nicht besitzt,
2. zu erwarten ist, daß die Schaustellungen den guten Sitten zuwiderlaufen werden oder
3. der Gewerbebetrieb im Hinblick auf seine örtliche Lage oder auf die Verwendung der Räume dem öffentlichen Interesse widerspricht, insbesondere schädliche Umwelteinwirkungen im Sinne des Bundes-Immissionsschutzgesetzes oder sonst erhebliche Nachteile, Gefahren oder Belästigungen für die Allgemeinheit befürchten läßt.

§ 33b Tanzlustbarkeiten

Die Abhaltung von Tanzlustbarkeiten richtet sich nach den landesrechtlichen Bestimmungen.

§ 33c Spielgeräte mit Gewinnmöglichkeit

(1) ¹Wer gewerbsmäßig Spielgeräte, die mit einer den Spielausgang beeinflussenden technischen Vorrichtung ausgestattet sind, und die die Möglichkeit eines Gewinnes bieten, aufstellen will, bedarf der Erlaubnis der zuständigen Behörde. ²Die Erlaubnis berechtigt nur zur Aufstellung von Spielgeräten, deren Bauart von der Physikalisch-Technischen Bundesanstalt zugelassen ist. ³Sie kann mit Auflagen, auch im Hinblick auf den Aufstellungsort, verbunden

Gewerbeordnung

werden, soweit dies zum Schutze der Allgemeinheit, der Gäste oder der Bewohner des jeweiligen Betriebsgrundstücks oder der Nachbargrundstücke oder im Interesse des Jugendschutzes erforderlich ist; unter denselben Voraussetzungen ist auch die nachträgliche Aufnahme, Änderung und Ergänzung von Auflagen zulässig.

(2) ¹Die Erlaubnis ist zu versagen, wenn Tatsachen die Annahme rechtfertigen, daß der Antragsteller die für die Aufstellung von Spielgeräten erforderliche Zuverlässigkeit nicht besitzt. ²Die erforderliche Zuverlässigkeit besitzt in der Regel nicht, wer in den letzten drei Jahren vor Stellung des Antrages wegen eines Verbrechens, wegen Diebstahls, Unterschlagung, Erpressung, Hehlerei, Betruges, Untreue, unerlaubter Veranstaltung eines Glücksspiels, Beteiligung am unerlaubten Glücksspiel oder wegen Vergehens nach § 12 des Jugendschutzgesetzes rechtskräftig verurteilt worden ist.

(3) ¹Der Gewerbetreibende darf Spielgeräte im Sinne des Absatzes 1 nur aufstellen, wenn ihm die zuständige Behörde schriftlich bestätigt hat, daß der Aufstellungsort den auf der Grundlage des § 33f Abs. 1 Nr. 1 erlassenen Durchführungsvorschriften entspricht. ²Sollen Spielgeräte in einer Gaststätte aufgestellt werden, so ist in der Bestätigung anzugeben, ob dies in einer Schank- oder Speisewirtschaft oder in einem Beherbergungsbetrieb erfolgen soll. ³Gegenüber dem Gewerbetreibenden und demjenigen, in dessen Betrieb ein Spielgerät aufgestellt worden ist, können von der zuständigen Behörde, in deren Bezirk das Spielgerät aufgestellt worden ist, Anordnungen nach Maßgabe des Absatzes 1 Satz 3 erlassen werden.

§ 33d Andere Spiele mit Gewinnmöglichkeit

(1) ¹Wer gewerbsmäßig ein anderes Spiel mit Gewinnmöglichkeit veranstalten will, bedarf der Erlaubnis der zuständigen Behörde. ²Die Erlaubnis kann mit einer Befristung erteilt und mit Auflagen verbunden werden, soweit dies zum Schutze der Allgemeinheit, der Gäste oder der Bewohner des Betriebsgrundstücks oder der Nachbargrundstücke oder im Interesse des Jugendschutzes erforderlich ist; unter denselben Voraussetzungen ist auch die nachträgliche Aufnahme, Änderung und Ergänzung von Auflagen zulässig.

(2) Die Erlaubnis darf nur erteilt werden, wenn der Antragsteller im Besitz einer von dem Bundeskriminalamt erteilten Unbedenklichkeitsbescheinigung oder eines Abdruckes der Unbedenklichkeitsbescheinigung ist.

(3) ¹Die Erlaubnis ist zu versagen, wenn Tatsachen die Annahme rechtfertigen, daß der Antragsteller oder der Gewerbetreibende, in dessen Betrieb das Spiel veranstaltet werden soll, die für die Veranstaltung von anderen Spielen erforderliche Zuverlässigkeit nicht besitzt. ²§ 33c Abs. 2 Satz 2 gilt entsprechend.

(4) ¹Die Erlaubnis ist zurückzunehmen, wenn bei ihrer Erteilung nicht bekannt war, daß Tatsachen der in Absatz 3 bezeichneten Art vorlagen. ²Die Erlaubnis ist zu widerrufen, wenn
1. nach ihrer Erteilung Tatsachen der in Absatz 3 bezeichneten Art eingetreten sind,

2. das Spiel abweichend von den genehmigten Bedingungen veranstaltet wird oder
3. die Unbedenklichkeitsbescheinigung zurückgenommen oder widerrufen worden ist.

(5) Die Erlaubnis kann widerrufen werden, wenn bei der Veranstaltung des Spieles eine der in der Erlaubnis enthaltenen Auflagen nicht beachtet oder gegen § 8 des Jugendschutzgesetzes verstoßen worden ist.

§ 33e Bauartzulassung und Unbedenklichkeitsbescheinigung

(1) [1]Die Zulassung der Bauart eines Spielgerätes oder ihrer Nachbaugeräte und die Unbedenklichkeitsbescheinigung für andere Spiele (§§ 33c und 33d) sind zu versagen, wenn die Gefahr besteht, daß der Spieler unangemessen hohe Verluste in kurzer Zeit erleidet. [2]Für andere Spiele im Sinne des § 33d kann die Unbedenklichkeitsbescheinigung auch versagt werden, wenn das Spiel durch Veränderung der Spielbedingungen oder durch Veränderung der Spieleinrichtung mit einfachen Mitteln als Glücksspiel im Sinne des § 284 des Strafgesetzbuches veranstaltet werden kann. [3]Ein Versagungsgrund im Sinne des Satzes 2 liegt insbesondere dann vor, wenn
1. es sich um ein Karten-, Würfel- oder Kugelspiel handelt, das von einem Glücksspiel im Sinne des § 284 des Strafgesetzbuches abgeleitet ist, oder
2. das Spiel nach den zur Prüfung eingereichten Bedingungen nicht wirtschaftlich betrieben werden kann.

(2) Die Zulassung und die Unbedenklichkeitsbescheinigung sind zurückzunehmen oder zu widerrufen, wenn Tatsachen bekannt werden, die ihre Versagung rechtfertigen würden, oder wenn der Antragsteller zugelassene Spielgeräte an den in dem Zulassungsschein bezeichneten Merkmalen verändert oder ein für unbedenklich erklärtes Spiel unter nicht genehmigten Bedingungen veranstaltet.

(3) Die Zulassung und die Unbedenklichkeitsbescheinigung können mit einer Befristung erteilt und mit Auflagen verbunden werden.

(4) Bei serienmäßig hergestellten Spielen nach § 33d genügt es, wenn die Unbedenklichkeitsbescheinigung für das eingereichte Spiel und für Nachbauten ein Abdruck der Unbedenklichkeitsbescheinigung erteilt wird.

§ 33f Ermächtigung zum Erlaß von Durchführungsvorschriften

(1) Das Bundesministerium für Wirtschaft und Technologie kann zur Durchführung der §§ 33c, 33d, 33e und 33i im Einvernehmen mit den Bundesministerien des Innern und für Familie, Senioren, Frauen und Jugend und mit Zustimmung des Bundesrates durch Rechtsverordnung zur Eindämmung der Betätigung des Spieltriebs, zum Schutze der Allgemeinheit und der Spieler sowie im Interesse des Jugendschutzes
1. die Aufstellung von Spielgeräten oder die Veranstaltung von anderen Spielen auf bestimmte Gewerbezweige, Betriebe oder Veranstaltungen beschränken und die Zahl der jeweils in einem Betrieb aufgestellten Spielgeräte oder veranstalteten anderen Spiele begrenzen,

Gewerbeordnung **Text**

2. Vorschriften über den Umfang der Befugnisse und Verpflichtungen bei der Ausübung des Gewerbes erlassen,
3. für die Zulassung oder die Erteilung der Unbedenklichkeitsbescheinigung bestimmte Anforderungen an
   a) die Art und Weise des Spielvorganges,
   b) die Art des Gewinnes,
   c) den Höchsteinsatz und den Höchstgewinn,
   d) das Verhältnis der Anzahl der gewonnenen Spiele zur Anzahl der verlorenen Spiele,
   e) das Verhältnis des Einsatzes zum Gewinn bei einer bestimmten Anzahl von Spielen,
   f) die Mindestdauer eines Spieles,
   g) die technische Konstruktion und die Kennzeichnung der Spielgeräte,
   h) die Bekanntgabe der Spielregeln und des Gewinnplans sowie die Bereithaltung des Zulassungsscheines oder des Abdruckes des Zulassungsscheines, des Zulassungsbeleges, der Unbedenklichkeitsbescheinigung oder des Abdruckes der Unbedenklichkeitsbescheinigung

stellen,

4. Vorschriften über den Umfang der Verpflichtungen des Gewerbetreibenden erlassen, in dessen Betrieb das Spielgerät aufgestellt oder das Spiel veranstaltet werden soll.

(2) Durch Rechtsverordnung können ferner
1. das Bundesministerium für Wirtschaft und Technologie im Einvernehmen mit dem Bundesministerium des Innern und mit Zustimmung des Bundesrates
   a) das Verfahren der Physikalisch-Technischen Bundesanstalt bei der Prüfung und Zulassung der Bauart von Spielgeräten sowie bei der Verlängerung der Aufstelldauer von Warenspielgeräten, die auf Volksfesten, Schützenfesten oder ähnlichen Veranstaltungen aufgestellt werden sollen, und die ihrer Konstruktion nach keine statistischen Prüfmethoden erforderlich machen, regeln und
   b) Vorschriften über die Gebühren und Auslagen für Amtshandlungen der Physikalisch-Technischen Bundesanstalt erlassen;
2. das Bundesministerium des Innern im Einvernehmen mit dem Bundesministerium für Wirtschaft und Technologie und mit Zustimmung des Bundesrates
   a) das Verfahren des Bundeskriminalamtes bei der Erteilung von Unbedenklichkeitsbescheinigungen regeln und
   b) Vorschriften über die Gebühren und Auslagen für Amtshandlungen des Bundeskriminalamtes erlassen.

§ 33g Einschränkung und Ausdehnung der Erlaubnispflicht

Das Bundesministerium für Wirtschaft und Technologie kann im Einvernehmen mit den Bundesministerien des Innern und für Familie, Senioren, Frauen und Jugend mit Zustimmung des Bundesrates durch Rechtsverordnung bestimmen, daß

Text Gewerbeordnung

1. für die Veranstaltung bestimmter anderer Spiele im Sinne des § 33d Abs. 1 Satz 1 eine Erlaubnis nicht erforderlich ist, wenn diese Spiele überwiegend der Unterhaltung dienen und kein öffentliches Interesse an einer Erlaubnispflicht besteht,
2. die Vorschriften der §§ 33c und 33d auch für die nicht gewerbsmäßige Aufstellung von Spielgeräten und für die nicht gewerbsmäßige Veranstaltung anderer Spiele in Vereinen und geschlossenen Gesellschaften gelten, in denen gewohnheitsmäßig gespielt wird, wenn für eine solche Regelung ein öffentliches Interesse besteht.

§ 33h Spielbanken, Lotterien, Glücksspiele

Die §§ 33c bis 33g finden keine Anwendung auf
1. die Zulassung und den Betrieb von Spielbanken,
2. die Veranstaltung von Lotterien und Ausspielungen, mit Ausnahme der gewerbsmäßig betriebenen Ausspielungen auf Volksfesten, Schützenfesten oder ähnlichen Veranstaltungen, bei denen der Gewinn in geringwertigen Gegenständen besteht,
3. die Veranstaltung anderer Spiele im Sinne des § 33d Abs. 1 Satz 1, die Glücksspiele im Sinne des § 284 des Strafgesetzbuches sind.

§ 33i Spielhallen und ähnliche Unternehmen

(1) [1]Wer gewerbsmäßig eine Spielhalle oder ein ähnliches Unternehmen betreiben will, das ausschließlich oder überwiegend der Aufstellung von Spielgeräten oder der Veranstaltung anderer Spiele im Sinne des § 33c Abs. 1 Satz 1 oder des § 33d Abs. 1 Satz 1 oder der gewerbsmäßigen Aufstellung von Unterhaltungsspielen ohne Gewinnmöglichkeit dient, bedarf der Erlaubnis der zuständigen Behörde. [2]Die Erlaubnis kann mit einer Befristung erteilt und mit Auflagen verbunden werden, soweit dies zum Schutze der Allgemeinheit, der Gäste oder der Bewohner des Betriebsgrundstücks oder der Nachbargrundstücke vor Gefahren, erheblichen Nachteilen oder erheblichen Belästigungen erforderlich ist; unter denselben Voraussetzungen ist auch die nachträgliche Aufnahme, Änderung und Ergänzung von Auflagen zulässig.

(2) Die Erlaubnis ist zu versagen, wenn
1. die in § 33c Abs. 2 oder § 33d Abs. 3 genannten Versagungsgründe vorliegen,
2. die zum Betrieb des Gewerbes bestimmten Räume wegen ihrer Beschaffenheit oder Lage den polizeilichen Anforderungen nicht genügen oder
3. der Betrieb des Gewerbes eine Gefährdung der Jugend, eine übermäßige Ausnutzung des Spieltriebs, schädliche Umwelteinwirkungen im Sinne des Bundes-Immissionsschutzgesetzes oder sonst eine nicht zumutbare Belästigung der Allgemeinheit, der Nachbarn oder einer im öffentlichen Interesse bestehenden Einrichtung befürchten läßt.

Gewerbeordnung

§ 34 Pfandleihgewerbe

(1) ¹Wer das Geschäft eines Pfandleihers oder Pfandvermittlers betreiben will, bedarf der Erlaubnis der zuständigen Behörde. ²Die Erlaubnis kann mit Auflagen verbunden werden, soweit dies zum Schutze der Allgemeinheit oder der Verpfänder erforderlich ist; unter denselben Voraussetzungen ist auch die nachträgliche Aufnahme, Änderung und Ergänzung von Auflagen zulässig. ³Die Erlaubnis ist zu versagen, wenn
1. Tatsachen die Annahme rechtfertigen, daß der Antragsteller die für den Gewerbebetrieb erforderliche Zuverlässigkeit nicht besitzt, oder
2. er die für den Gewerbebetrieb erforderlichen Mittel oder entsprechende Sicherheiten nicht nachweist.

(2) ¹Das Bundesministerium für Wirtschaft und Technologie kann durch Rechtsverordnung mit Zustimmung des Bundesrates zum Schutze der Allgemeinheit und der Verpfänder Vorschriften erlassen über den Umfang der Befugnisse und Verpflichtungen bei der Ausübung der in Absatz 1 genannten Gewerbe, insbesondere über
1. den Geltungsbereich der Erlaubnis,
2. die Annahme, Aufbewahrung und Verwertung des Pfandgegenstandes, die Art und Höhe der Vergütung für die Hingabe des Darlehens und über die Ablieferung des sich bei der Verwertung des Pfandes ergebenden Pfandüberschusses,
3. die Verpflichtung zum Abschluß einer Versicherung gegen Feuerschäden, Wasserschäden, Einbruchsdiebstahl und Beraubung oder über die Verpflichtung, andere Maßnahmen zu treffen, die der Sicherung der Ansprüche der Darlehensnehmer wegen Beschädigung oder Verlustes des Pfandgegenstandes dienen,
4. die Verpflichtung zur Buchführung einschließlich der Aufzeichnung von Daten über einzelne Geschäftsvorgänge sowie über die Verpfänder.

²Es kann ferner bestimmen, daß diese Vorschriften ganz oder teilweise auch auf nichtgewerblich betriebene Pfandleihanstalten Anwendung finden.

(3) (weggefallen)

(4) Der gewerbsmäßige Ankauf beweglicher Sachen mit Gewährung des Rückkaufsrechts ist verboten.

§ 34a Bewachungsgewerbe

(1) ¹Wer gewerbsmäßig Leben oder Eigentum fremder Personen bewachen will (Bewachungsgewerbe), bedarf der Erlaubnis der zuständigen Behörde. ²Die Erlaubnis kann mit Auflagen verbunden werden, soweit dies zum Schutze der Allgemeinheit oder der Auftraggeber erforderlich ist; unter denselben Voraussetzungen ist auch die nachträgliche Aufnahme, Änderung und Ergänzung von Auflagen zulässig. ³Die Erlaubnis ist zu versagen, wenn
1. Tatsachen die Annahme rechtfertigen, daß der Antragsteller die für den Gewerbebetrieb erforderliche Zuverlässigkeit nicht besitzt,
2. er die für den Gewerbebetrieb erforderlichen Mittel oder entsprechende Sicherheiten nicht nachweist oder

3. der Antragsteller nicht durch eine Bescheinigung einer Industrie- und Handelskammer nachweist, daß er über die für die Ausübung des Gewerbes notwendigen rechtlichen Vorschriften unterrichtet worden ist und mit ihnen vertraut ist.

⁴Der Gewerbetreibende darf mit der Durchführung von Bewachungsaufgaben nur Personen beschäftigen, die die Voraussetzungen nach Satz 3 Nr. 1 und 3 erfüllen. ⁵Für die Durchführung folgender Tätigkeiten ist der Nachweis einer vor der Industrie- und Handelskammer erfolgreich abgelegten Sachkundeprüfung erforderlich:
1. Kontrollgänge im öffentlichen Verkehrsraum oder in Hausrechtsbereichen mit tatsächlich öffentlichem Verkehr,
2. Schutz vor Ladendieben,
3. Bewachungen im Einlassbereich von gastgewerblichen Diskotheken.

(2) Das Bundesministerium für Wirtschaft und Technologie kann mit Zustimmung des Bundesrates durch Rechtsverordnung
1. die Anforderungen und das Verfahren für den Unterrichtungsnachweis nach Absatz 1 Satz 3 Nr. 3 sowie Ausnahmen von der Erforderlichkeit des Unterrichtungsnachweises festlegen,
2. die Anforderungen und das Verfahren für eine Sachkundeprüfung nach Absatz 1 Satz 5 sowie Ausnahmen von der Erforderlichkeit der Sachkundeprüfung festlegen und
3. zum Schutze der Allgemeinheit und der Auftraggeber Vorschriften erlassen über den Umfang der Befugnisse und Verpflichtungen bei der Ausübung des Bewachungsgewerbes, insbesondere über
   a) den Geltungsbereich der Erlaubnis,
   b) die Pflichten des Gewerbetreibenden bei der Einstellung und Entlassung der im Bewachungsgewerbe beschäftigten Personen, über die Aufzeichnung von Daten dieser Personen durch den Gewerbetreibenden und ihre Übermittlung an die Gewerbebehörden, über die Anforderungen, denen diese Personen genügen müssen, sowie über die Durchführung des Wachdienstes,
   c) die Verpflichtung zum Abschluß einer Haftpflichtversicherung, zur Buchführung einschließlich der Aufzeichnung von Daten über einzelne Geschäftsvorgänge sowie über die Auftraggeber,
   d) die Unterrichtung der zuständigen Behörde durch Gerichte und Staatsanwaltschaften über rechtliche Maßnahmen gegen Gewerbetreibende und ihr Personal, das mit Bewachungsaufgaben betraut ist,
4. die Anforderungen und Verfahren festlegen, die zur Durchführung der Richtlinie 2005/36/EG des Europäischen Parlaments und des Rates vom 7. September 2005 über die Anerkennung von Berufsqualifikationen (ABl. EU Nr. L 255 S. 22, 2007 Nr. L 271 S. 18) Anwendung finden sollen auf Inhaber von in einem Mitgliedstaat der Europäischen Union oder eines Vertragsstaates des Abkommens über den Europäischen Wirtschaftsraum erworbenen Berufsqualifikationen, die im Inland das Bewachungsgewerbe vorübergehend oder dauerhaft ausüben möchten.

(3) Sofern zur Überprüfung der Zuverlässigkeit des Bewachungspersonals nach Absatz 1 Satz 4 von der zuständigen Behörde Auskünfte aus dem Bun-

deszentralregister nach § 30 Abs. 5, § 31 oder unbeschränkte Auskünfte nach § 41 Abs. 1 Nr. 9 Bundeszentralregistergesetz eingeholt werden, kann das Ergebnis der Überprüfung einschließlich der für die Beurteilung der Zuverlässigkeit erforderlichen Daten an den Gewerbetreibenden übermittelt werden.

(4) Die Beschäftigung einer Person, die in einem Bewachungsunternehmen mit Bewachungsaufgaben beschäftigt ist, kann dem Gewerbetreibenden untersagt werden, wenn Tatsachen die Annahme rechtfertigen, dass die Person die für ihre Tätigkeit erforderliche Zuverlässigkeit nicht besitzt.

(5) [1]Der Gewerbetreibende und seine Beschäftigten dürfen bei der Durchführung von Bewachungsaufgaben gegenüber Dritten nur die Rechte, die Jedermann im Falle einer Notwehr, eines Notstandes oder einer Selbsthilfe zustehen, die ihnen vom jeweiligen Auftraggeber vertraglich übertragenen Selbsthilferechte sowie die ihnen gegebenenfalls in Fällen gesetzlicher Übertragung zustehenden Befugnisse eigenverantwortlich ausüben. [2]In den Fällen der Inanspruchnahme dieser Rechte und Befugnisse ist der Grundsatz der Erforderlichkeit zu beachten.

§ 34b Versteigerergewerbe

(1) [1]Wer gewerbsmäßig fremde bewegliche Sachen, fremde Grundstücke oder fremde Rechte versteigern will, bedarf der Erlaubnis der zuständigen Behörde. [2]Zu den beweglichen Sachen im Sinne der Vorschrift gehören auch Früchte auf dem Halm und Holz auf dem Stamm.

(2) (weggefallen)

(3) Die Erlaubnis kann mit Auflagen verbunden werden, soweit dies zum Schutze der Allgemeinheit, der Auftraggeber oder der Bieter erforderlich ist; unter denselben Voraussetzungen ist auch die nachträgliche Aufnahme, Änderung und Ergänzung von Auflagen zulässig.

(4) Die Erlaubnis ist zu versagen, wenn
1. Tatsachen die Annahme rechtfertigen, daß der Antragsteller die für den Gewerbebetrieb erforderliche Zuverlässigkeit nicht besitzt; die erforderliche Zuverlässigkeit besitzt in der Regel nicht, wer in den letzten fünf Jahren vor Stellung des Antrages wegen eines Verbrechens oder wegen Diebstahls, Unterschlagung, Erpressung, Betruges, Untreue, Geldwäsche, Urkundenfälschung, Hehlerei, Wuchers oder wegen Vergehens gegen das Gesetz gegen den unlauteren Wettbewerb zu einer Freiheitsstrafe rechtskräftig verurteilt worden ist, oder
2. der Antragsteller in ungeordneten Vermögensverhältnissen lebt; dies ist in der Regel der Fall, wenn über das Vermögen des Antragstellers das Insolvenzverfahren eröffnet worden oder er in das vom Insolvenzgericht oder vom Vollstreckungsgericht zu führende Verzeichnis (§ 26 Abs. 2 Insolvenzordnung, § 915 Zivilprozeßordnung) eingetragen ist.

(5) [1]Auf Antrag sind besonders sachkundige Versteigerer mit Ausnahme juristischer Personen von der zuständigen Behörde allgemein öffentlich zu bestellen; dies gilt entsprechend für Angestellte von Versteigerern. [2]Die

Bestellung kann für bestimmte Arten von Versteigerungen erfolgen, sofern für diese ein Bedarf an Versteigerungsleistungen besteht. ³Die nach Satz 1 öffentlich bestellten Personen sind darauf zu vereidigen, dass sie ihre Aufgaben gewissenhaft, weisungsfrei und unparteiisch erfüllen werden. ⁴Für die Bestellung von Versteigerern mit Qualifikationen, die in einem anderen Mitgliedstaat der Europäischen Union oder in einem anderen Vertragsstaat des Abkommens über den Europäischen Wirtschaftsraum erworben wurden, gilt § 36a entsprechend.

(6) Dem Versteigerer ist verboten,
1. selbst oder durch einen anderen auf seinen Versteigerungen für sich zu bieten oder ihm anvertrautes Versteigerungsgut zu kaufen,
2. Angehörigen im Sinne des § 52 Abs. 1 der Strafprozeßordnung oder seinen Angestellten zu gestatten, auf seinen Versteigerungen zu bieten oder ihm anvertrautes Versteigerungsgut zu kaufen,
3. für einen anderen auf seinen Versteigerungen zu bieten oder ihm anvertrautes Versteigerungsgut zu kaufen, es sei denn, daß ein schriftliches Gebot des anderen vorliegt,
4. bewegliche Sachen aus dem Kreis der Waren zu versteigern, die er in seinem Handelsgeschäft führt, soweit dies nicht üblich ist,
5. Sachen zu versteigern,
   a) an denen er ein Pfandrecht besitzt oder
   b) soweit sie zu den Waren gehören, die in offenen Verkaufsstellen feilgeboten werden und die ungebraucht sind oder deren bestimmungsmäßiger Gebrauch in ihrem Verbrauch besteht.

(7) Einzelhändler und Hersteller von Waren dürfen im Einzelverkauf an den Letztverbraucher Waren, die sie in ihrem Geschäftsbetrieb führen, im Wege der Versteigerung nur als Inhaber einer Versteigerererlaubnis nach Maßgabe der für Versteigerer geltenden Vorschriften oder durch einen von ihnen beauftragten Versteigerer absetzen.

(8) Das Bundesministerium für Wirtschaft und Technologie kann durch Rechtsverordnung mit Zustimmung des Bundesrates unter Berücksichtigung des Schutzes der Allgemeinheit sowie der Auftraggeber und der Bieter Vorschriften erlassen über
1. den Umfang der Befugnisse und Verpflichtungen bei der Ausübung des Versteigerergewerbes, insbesondere über
   a) Ort und Zeit der Versteigerung,
   b) den Geschäftsbetrieb, insbesondere über die Übernahme, Ablehnung und Durchführung der Versteigerung,
   c) die Genehmigung von Versteigerungen, die Verpflichtung zur Erstattung von Anzeigen und die dabei den Gewerbebehörden und Industrie- und Handelskammern zu übermittelnden Daten über den Auftraggeber und das der Versteigerung zugrundeliegende Rechtsverhältnis, zur Buchführung einschließlich der Aufzeichnung von Daten über einzelne Geschäftsvorgänge sowie über die Auftraggeber,
   d) die Untersagung, Aufhebung und Unterbrechung der Versteigerung bei Verstößen gegen die für das Versteigerergewerbe erlassenen Vorschriften,

e) Ausnahmen für die Tätigkeit des Erlaubnisinhabers von den Vorschriften des Titels III;
2. Ausnahmen von den Verboten des Absatzes 6.

(9) (weggefallen)

(10) Die Absätze 1 bis 8 finden keine Anwendung auf
1. Verkäufe, die nach gesetzlicher Vorschrift durch Kursmakler oder durch die hierzu öffentlich ermächtigten Handelsmakler vorgenommen werden,
2. Versteigerungen, die von Behörden oder von Beamten vorgenommen werden,
3. Versteigerungen, zu denen als Bieter nur Personen zugelassen werden, die Waren der angebotenen Art für ihren Geschäftsbetrieb ersteigern wollen.

§ 34c Makler, Anlageberater, Bauträger, Baubetreuer

(1) ¹Wer gewerbsmäßig
1. den Abschluss von Verträgen über Grundstücke, grundstücksgleiche Rechte, gewerbliche Räume oder Wohnräume vermitteln oder die Gelegenheit zum Abschluss solcher Verträge nachweisen,
1a. den Abschluss von Darlehensverträgen vermitteln oder die Gelegenheit zum Abschluss solcher Verträge nachweisen,
2. den Abschluss von Verträgen über den Erwerb von Anteilscheinen einer Kapitalanlagegesellschaft oder Investmentaktiengesellschaft, von ausländischen Investmentanteilen, die im Geltungsbereich des Investmentgesetzes öffentlich vertrieben werden dürfen, von sonstigen öffentlich angebotenen Vermögensanlagen, die für gemeinsame Rechnung der Anleger verwaltet werden, oder von öffentlich angebotenen Anteilen an einer und von verbrieften Forderungen gegen eine Kapitalgesellschaft oder Kommanditgesellschaft vermitteln,
3. Anlageberatung im Sinne der Bereichsausnahme des § 2 Abs. 6 Satz 1 Nr.8 des Kreditwesengesetzes betreiben,
4. Bauvorhaben
   a) als Bauherr im eigenen Namen für eigene oder fremde Rechnung vorbereiten oder durchführen und dazu Vermögenswerte von Erwerbern, Mietern, Pächtern oder sonstigen Nutzungsberechtigten oder von Bewerbern um Erwerbs- oder Nutzungsrechte verwenden,
   b) als Baubetreuer im fremden Namen für fremde Rechnung wirtschaftlich vorbereiten oder durchführen

will, bedarf der Erlaubnis der zuständigen Behörde. ²Die Erlaubnis kann inhaltlich beschränkt und mit Auflagen verbunden werden, soweit dies zum Schutze der Allgemeinheit oder der Auftraggeber erforderlich ist; unter denselben Voraussetzungen ist auch die nachträgliche Aufnahme, Änderung und Ergänzung von Auflagen zulässig.

(2) Die Erlaubnis ist zu versagen, wenn
1. Tatsachen die Annahme rechtfertigen, daß der Antragsteller oder eine der mit der Leitung des Betriebes oder einer Zweigniederlassung beauftragten Personen die für den Gewerbebetrieb erforderliche Zuverlässigkeit nicht besitzt; die erforderliche Zuverlässigkeit besitzt in der Regel nicht, wer in

den letzten fünf Jahren vor Stellung des Antrages wegen eines Verbrechens oder wegen Diebstahls, Unterschlagung, Erpressung, Betruges, Untreue, Geldwäsche, Urkundenfälschung, Hehlerei, Wuchers oder einer Insolvenzstraftat rechtskräftig verurteilt worden ist, oder
2. der Antragsteller in ungeordneten Vermögensverhältnissen lebt; dies ist in der Regel der Fall, wenn über das Vermögen des Antragstellers das Insolvenzverfahren eröffnet worden oder er in das vom Insolvenzgericht oder vom Vollstreckungsgericht zu führende Verzeichnis (§ 26 Abs. 2 Insolvenzordnung, § 915 Zivilprozeßordnung) eingetragen ist.

(3) ¹Das Bundesministerium für Wirtschaft und Technologie wird ermächtigt, durch Rechtsverordnung mit Zustimmung des Bundesrates zum Schutze der Allgemeinheit und der Auftraggeber Vorschriften zu erlassen über den Umfang der Verpflichtungen des Gewerbetreibenden bei der Ausübung des Gewerbes, insbesondere über die Verpflichtungen
1. ausreichende Sicherheiten zu leisten oder eine zu diesem Zweck geeignete Versicherung abzuschließen, sofern der Gewerbetreibende Vermögenswerte des Auftraggebers erhält oder verwendet,
2. die erhaltenen Vermögenswerte des Auftraggebers getrennt zu verwalten,
3. nach der Ausführung des Auftrages dem Auftraggeber Rechnung zu legen,
4. der zuständigen Behörde Anzeige beim Wechsel der mit der Leitung des Betriebes oder einer Zweigniederlassung beauftragten Personen zu erstatten und hierbei bestimmte Angaben zu machen,
5. dem Auftraggeber die für die Beurteilung des Auftrages und des zu vermittelnden oder nachzuweisenden Vertrages jeweils notwendigen Informationen schriftlich oder mündlich zu geben,
6. Bücher zu führen einschließlich der Aufzeichnung von Daten über einzelne Geschäftsvorgänge sowie über die Auftraggeber.

²In der Rechtsverordnung nach Satz 1 kann ferner die Befugnis des Gewerbetreibenden zur Entgegennahme und zur Verwendung von Vermögenswerten des Auftraggebers beschränkt werden, soweit dies zum Schutze des Auftraggebers erforderlich ist. ³Außerdem kann in der Rechtsverordnung der Gewerbetreibende verpflichtet werden, die Einhaltung der nach Satz 1 Nr. 1 bis 6 und Satz 2 erlassenen Vorschriften auf seine Kosten regelmäßig sowie aus besonderem Anlaß prüfen zu lassen und den Prüfungsbericht der zuständigen Behörde vorzulegen, soweit es zur wirksamen Überwachung erforderlich ist; hierbei können die Einzelheiten der Prüfung, insbesondere deren Anlaß, Zeitpunkt und Häufigkeit, die Auswahl, Bestellung und Abberufung der Prüfer, deren Rechte, Pflichten und Verantwortlichkeit, der Inhalt des Prüfungsberichts, die Verpflichtungen des Gewerbetreibenden gegenüber dem Prüfer sowie das Verfahren bei Meinungsverschiedenheiten zwischen dem Prüfer und dem Gewerbetreibenden, geregelt werden.

(4) (weggefallen)

(5) Die Absätze 1 bis 3 gelten nicht für
1. Betreuungsunternehmen im Sinne des § 37 Abs. 2 des Zweiten Wohnungsbaugesetzes oder des § 22c Abs. 2 des Wohnungsbaugesetzes für das Saarland, solange sie diese Eigenschaft behalten,

Gewerbeordnung

2. Kreditinstitute, für die eine Erlaubnis nach § 32 Abs. 1 des Kreditwesengesetzes erteilt wurde, und für Zweigstellen von Unternehmen im Sinne des § 53b Abs. 1 Satz 1 des Kreditwesengesetzes,
2a. Kapitalanlagegesellschaften, für die eine Erlaubnis nach § 7 Abs. 1 des Investmentgesetzes erteilt wurde, und Zweigniederlassungen von Unternehmen im Sinne des § 13 Abs. 1 Satz 1 des Investmentgesetzes
3. Finanzdienstleistungsinstitute in bezug auf Vermittlungstätigkeiten oder Anlageberatung, für die ihnen eine Erlaubnis nach § 32 Abs. 1 des Kreditwesengesetzes erteilt wurde oder nach § 64e Abs. 2 des Kreditwesengesetzes als erteilt gilt,
3a. Gewerbetreibende im Sinne des Absatzes 1 Satz 1 Nr. 1 Buchstabe b in bezug auf Vermittlungstätigkeiten nach Maßgabe des § 2 Abs. 10 Satz 1 des Kreditwesengesetzes,
4. Gewerbetreibende, die lediglich zur Finanzierung der von ihnen abgeschlossenen Warenverkäufe oder zu erbringenden Dienstleistungen den Abschluß von Verträgen über Darlehen vermitteln oder die Gelegenheit zum Abschluß solcher Verträge nachweisen,
5. Zweigstellen von Unternehmen mit Sitz in einem anderen Mitgliedstaat der Europäischen Union, die nach § 53b Abs. 7 des Kreditwesengesetzes Darlehen zwischen Kreditinstituten vermitteln dürfen, soweit sich ihre Tätigkeit nach Absatz 1 auf die Vermittlung von Darlehen zwischen Kreditinstituten beschränkt,
6. Verträge, soweit Teilzeitnutzung von Wohngebäuden im Sinne des § 481 des Bürgerlichen Gesetzbuchs gemäß Absatz 1 Satz 1 Nr. 1 nachgewiesen oder vermittelt wird.

§ 34d Versicherungsvermittler

(1) ¹Wer gewerbsmäßig als Versicherungsmakler oder als Versicherungsvertreter den Abschluss von Versicherungsverträgen vermitteln will (Versicherungsvermittler), bedarf der Erlaubnis der zuständigen Industrie- und Handelskammer. ²Die Erlaubnis kann inhaltlich beschränkt und mit Auflagen verbunden werden, soweit dies zum Schutze der Allgemeinheit oder der Versicherungsnehmer erforderlich ist; unter denselben Voraussetzungen sind auch die nachträgliche Aufnahme, Änderung und Ergänzung von Auflagen zulässig. ³In der Erlaubnis ist anzugeben, ob sie einem Versicherungsmakler oder einem Versicherungsvertreter erteilt wird. ⁴Die einem Versicherungsmakler erteilte Erlaubnis beinhaltet die Befugnis, Dritte, die nicht Verbraucher sind, bei der Vereinbarung, Änderung oder Prüfung von Versicherungsverträgen gegen gesondertes Entgelt rechtlich zu beraten; diese Befugnis zur Beratung erstreckt sich auch auf Beschäftigte von Unternehmen in den Fällen, in denen der Versicherungsmakler das Unternehmen berät. ⁵Bei der Wahrnehmung der Aufgaben nach den Sätzen 1 und 2 unterliegt die Industrie- und Handelskammer der Aufsicht der obersten Landesbehörde.

(2) Die Erlaubnis ist zu versagen, wenn
1. Tatsachen die Annahme rechtfertigen, dass der Antragsteller die für den Gewerbebetrieb erforderliche Zuverlässigkeit nicht besitzt; die erforderli-

che Zuverlässigkeit besitzt in der Regel nicht, wer in den letzten fünf Jahren vor Stellung des Antrages wegen eines Verbrechens oder wegen Diebstahls, Unterschlagung, Erpressung, Betruges, Untreue, Geldwäsche, Urkundenfälschung, Hehlerei, Wuchers oder einer Insolvenzstraftat rechtskräftig verurteilt worden ist,
2. der Antragsteller in ungeordneten Vermögensverhältnissen lebt; dies ist in der Regel der Fall, wenn über das Vermögen des Antragstellers das Insolvenzverfahren eröffnet worden oder er in das vom Insolvenzgericht oder vom Vollstreckungsgericht zu führende Verzeichnis (§ 26 Abs. 2 der Insolvenzordnung, § 915 der Zivilprozessordnung) eingetragen ist,
3. der Antragsteller den Nachweis einer Berufshaftpflichtversicherung nicht erbringen kann oder
4. der Antragsteller nicht durch eine vor der Industrie- und Handelskammer erfolgreich abgelegte Prüfung nachweist, dass er die für die Versicherungsvermittlung notwendige Sachkunde über die versicherungsfachlichen, insbesondere hinsichtlich Bedarf, Angebotsformen und Leistungsumfang, und rechtlichen Grundlagen sowie die Kundenberatung besitzt; es ist ausreichend, wenn der Nachweis durch eine angemessene Zahl von beim Antragsteller beschäftigten natürlichen Personen erbracht wird, denen die Aufsicht über die unmittelbar mit der Vermittlung von Versicherungen befassten Personen übertragen ist und die den Antragsteller vertreten dürfen.

(3) [1] Auf Antrag hat die nach Absatz 1 zuständige Behörde einen Gewerbetreibenden, der die Versicherung als Ergänzung der im Rahmen seiner Haupttätigkeit gelieferten Waren oder Dienstleistungen vermittelt, von der Erlaubnispflicht nach Absatz 1 zu befreien, wenn er nachweisen kann, dass
1. er seine Tätigkeit als Versicherungsvermittler unmittelbar im Auftrag eines oder mehrerer Versicherungsvermittler, die Inhaber einer Erlaubnis nach Absatz 1 sind, oder eines oder mehrerer Versicherungsunternehmen ausübt,
2. für ihn eine Berufshaftpflichtversicherung nach Maßgabe des Absatzes 2 Nr. 3 besteht und
3. er zuverlässig sowie angemessen qualifiziert ist und nicht in ungeordneten Vermögensverhältnissen lebt; als Nachweis hierfür ist eine Erklärung der in Nummer 1 bezeichneten Auftraggeber ausreichend, mit dem Inhalt, dass sie sich verpflichten, die Anforderungen entsprechend § 80 Abs. 2 des Versicherungsaufsichtsgesetzes zu beachten und die für die Vermittlung der jeweiligen Versicherung angemessene Qualifikation des Antragstellers sicherzustellen, und dass ihnen derzeit nichts Gegenteiliges bekannt ist.

[2] Absatz 1 Satz 2 gilt entsprechend.

(4) Keiner Erlaubnis bedarf ein Versicherungsvermittler nach Absatz 1 Satz 1, wenn
1. er seine Tätigkeit als Versicherungsvermittler ausschließlich im Auftrag eines oder, wenn die Versicherungsprodukte nicht in Konkurrenz stehen, mehrerer im Inland zum Geschäftsbetrieb befugten Versicherungsunternehmen ausübt und
2. durch das oder die Versicherungsunternehmen für ihn die uneingeschränkte Haftung aus seiner Vermittlertätigkeit übernommen wird.

(5) Keiner Erlaubnis bedarf ein Versicherungsvermittler nach Absatz 1 Satz 1, wenn er in einem anderen Mitgliedstaat der Europäischen Union oder in einem anderen Vertragsstaat des Abkommens über den Europäischen Wirtschaftsraum niedergelassen ist und die Eintragung in ein Register nach Artikel 3 der Richtlinie 2002/92/EG des Europäischen Parlaments und des Rates vom 9. Dezember 2002 über Versicherungsvermittlung (ABl. EG 2003 Nr. L 9 S. 3) nachweisen kann.

(6) Gewerbetreibende nach den Absätzen 1, 3 und 4 dürfen direkt bei der Vermittlung mitwirkende Personen nur beschäftigen, wenn sie sicherstellen, dass diese Personen über die für die Vermittlung der jeweiligen Versicherung angemessene Qualifikation verfügen, und geprüft haben, ob sie zuverlässig sind.

(7) [1] Gewerbetreibende nach den Absätzen 1, 3 und 4 sind verpflichtet, sich unverzüglich nach Aufnahme ihrer Tätigkeit in das Register nach § 11a Abs. 1 eintragen zu lassen. [2] Wesentliche Änderungen der im Register gespeicherten Angaben sind der Registerbehörde unverzüglich mitzuteilen. [3] Im Falle des § 80 Abs. 3 des Versicherungsaufsichtsgesetzes wird mit der Mitteilung an die Registerbehörde zugleich die uneingeschränkte Haftung nach Absatz 4 Nr. 2 durch das Versicherungsunternehmen übernommen. [4] Diese Haftung besteht nicht für Vermittlertätigkeiten nach Löschung der Angaben zu dem Gewerbetreibenden aus dem Register auf Grund einer Mitteilung nach § 80 Abs. 4 des Versicherungsaufsichtsgesetzes.

(8) [1] Das Bundesministerium für Wirtschaft und Technologie kann im Einvernehmen mit dem Bundesministerium der Justiz, dem Bundesministerium der Finanzen und dem Bundesministerium für Ernährung, Landwirtschaft und Verbraucherschutz durch Rechtsverordnung mit Zustimmung des Bundesrates zur Umsetzung der Richtlinie 2002/92/EG, zur Umsetzung der Richtlinie 2005/36/EG des Europäischen Parlaments und des Rates vom 7. September 2005 über die Anerkennung von Berufsqualifikationen (ABl. EU Nr. L 255 S. 22, 2007 Nr. L 271 S. 18) oder zum Schutze der Allgemeinheit und der Versicherungsnehmer Vorschriften erlassen über

1. den Umfang der Verpflichtungen des Versicherungsvermittlers bei der Ausübung des Gewerbes, insbesondere über
   a) die Informationspflichten gegenüber dem Versicherungsnehmer,
   b) die Verpflichtung, ausreichende Sicherheiten zu leisten oder eine zu diesem Zweck geeignete Versicherung abzuschließen, sofern der Versicherungsvermittler Vermögenswerte des Versicherungsnehmers oder für diesen bestimmte Vermögenswerte erhält oder verwendet,
2. die Inhalte und das Verfahren für eine Sachkundeprüfung nach Absatz 2 Nr. 4, die Ausnahmen von der Erforderlichkeit der Sachkundeprüfung sowie die Gleichstellung anderer Berufsqualifikationen mit der Sachkundeprüfung, die örtliche Zuständigkeit der Industrie- und Handelskammern, die Berufung eines Aufgabenauswahlausschusses,
3. Umfang und inhaltliche Anforderungen an die nach Absatz 2 Nr. 3 erforderliche Haftpflichtversicherung, insbesondere die Höhe der Mindestversicherungssummen, die Bestimmung der zuständigen Stelle im Sinne des § 158c Abs. 2 des Gesetzes über den Versicherungsvertrag, über den Nach-

weis des Bestehens einer Haftpflichtversicherung und Anzeigepflichten des Versicherungsunternehmens gegenüber den Behörden und den Versicherungsnehmern,
4. die Anforderungen und Verfahren, die zur Durchführung der Richtlinie 2005/36/EG Anwendung finden sollen auf Inhaber von in einem Mitgliedstaat der Europäischen Union oder eines Vertragsstaates des Abkommens über den Europäischen Wirtschaftsraum erworbenen Berufsqualifikationen, die im Inland vorübergehend oder dauerhaft als Versicherungsvermittler tätig werden wollen, und nicht die Voraussetzungen des Absatzes 5 erfüllen.

²In der Rechtsverordnung nach Satz 1 kann ferner die Befugnis des Versicherungsvermittlers zur Entgegennahme und zur Verwendung von Vermögenswerten des Versicherungsnehmers oder für diesen bestimmten Vermögenswerten beschränkt werden, soweit dies zum Schutze des Versicherungsnehmers erforderlich ist. ³In der Rechtsverordnung nach Satz 1 kann bestimmt werden, dass über die Erfüllung der Verpflichtungen nach Satz 1 Nr. 1 Buchstabe b Aufzeichnungen zu führen sind und die Einhaltung der Verpflichtungen nach Satz 1 Nr. 1 Buchstabe b auf Kosten des Versicherungsvermittlers regelmäßig oder aus besonderem Anlass zu überprüfen und der Prüfungsbericht der zuständigen Behörde vorzulegen ist, soweit es zur wirksamen Überwachung erforderlich ist; hierbei können die Einzelheiten der Prüfung, insbesondere deren Anlass, Zeitpunkt und Häufigkeit, die Auswahl, Bestellung und Abberufung der Prüfer, deren Rechte, Pflichten und Verantwortlichkeit, der Inhalt des Prüfberichts, die Verpflichtungen des Versicherungsvermittlers gegenüber dem Prüfer sowie das Verfahren bei Meinungsverschiedenheiten zwischen dem Prüfer und dem Versicherungsvermittler, geregelt werden.

(9) Die Absätze 1 bis 8 gelten nicht
1. für Gewerbetreibende, wenn
   a) sie nicht hauptberuflich Versicherungen vermitteln,
   b) sie ausschließlich Versicherungsverträge vermitteln, für die nur Kenntnisse des angebotenen Versicherungsschutzes erforderlich sind,
   c) sie keine Lebensversicherungen oder Versicherungen zur Abdeckung von Haftpflichtrisiken vermitteln,
   d) die Versicherung eine Zusatzleistung zur Lieferung einer Ware oder der Erbringung einer Dienstleistung darstellt und entweder das Risiko eines Defekts, eines Verlusts oder einer Beschädigung von Gütern abdeckt oder die Beschädigung, den Verlust von Gepäck oder andere Risiken im Zusammenhang mit einer bei dem Gewerbetreibenden gebuchten Reise, einschließlich Haftpflicht- oder Unfallversicherungsrisiken, sofern die Deckung zusätzlich zur Hauptversicherungsdeckung für Risiken im Zusammenhang mit dieser Reise gewährt wird,
   e) die Jahresprämie einen Betrag von 500 Euro nicht übersteigt und
   f) die Gesamtlaufzeit einschließlich etwaiger Verlängerungen nicht mehr als fünf Jahre beträgt;
2. für Gewerbetreibende, die als Bausparkasse oder als von einer Bausparkasse beauftragter Vermittler für Bausparer als Bestandteile der Bausparverträge

Versicherungen im Rahmen eines Kollektivvertrages vermitteln, die ausschließlich dazu bestimmt sind, die Rückzahlungsforderungen der Bausparkasse aus gewährten Darlehen abzusichern;
3. für Gewerbetreibende, die als Zusatzleistung zur Lieferung einer Ware oder der Erbringung einer Dienstleistung im Zusammenhang mit Darlehens- und Leasingverträgen Restschuldversicherungen vermitteln, deren Jahresprämie einen Betrag von 500 Euro nicht übersteigt.

(10) Die Vorschriften für Versicherungsvermittler gelten auch für Rückversicherungsvermittler.

(11) Die Absätze 1 bis 4, 6, 7 und 9 gelten nicht für Gewerbetreibende, die
a) als natürliche Person ihren Wohnsitz in einem anderen Mitgliedstaat der Europäischen Union oder einem anderen Vertragsstaat des Abkommens über den Europäischen Wirtschaftsraum haben und dort die Tätigkeit der Versicherungsvermittlung ausüben oder
b) als juristische Person ihren satzungsmäßigen Sitz oder, wenn sie gemäß dem für sie geltenden einzelstaatlichen Recht keinen satzungsmäßigen Sitz haben, ihren Hauptverwaltungssitz in einem anderen Mitgliedstaat der Europäischen Union oder einem anderen Vertragsstaat des Abkommens über den Europäischen Wirtschaftsraum haben.

§ 34e Versicherungsberater

(1) [1] Wer gewerbsmäßig Dritte über Versicherungen beraten will, ohne von einem Versicherungsunternehmen einen wirtschaftlichen Vorteil zu erhalten oder von ihm in anderer Weise abhängig zu sein (Versicherungsberater), bedarf der Erlaubnis der zuständigen Industrie- und Handelskammer. [2] Die Erlaubnis kann inhaltlich beschränkt und mit Auflagen verbunden werden, soweit dies zum Schutze der Allgemeinheit oder der Versicherungsnehmer erforderlich ist; unter denselben Voraussetzungen ist auch die nachträgliche Aufnahme, Änderung und Ergänzung von Auflagen zulässig. [3] Die Erlaubnis beinhaltet die Befugnis, Dritte bei der Vereinbarung, Änderung oder Prüfung von Versicherungsverträgen oder bei der Wahrnehmung von Ansprüchen aus dem Versicherungsvertrag im Versicherungsfall rechtlich zu beraten und gegenüber dem Versicherungsunternehmen außergerichtlich zu vertreten. [4] Bei der Wahrnehmung ihrer Aufgaben nach den Sätzen 1 und 2 unterliegt die Industrie- und Handelskammer der Aufsicht der obersten Landesbehörde.

(2) § 34d Abs. 2 und 5 bis 8 und 11 sowie die auf Grund des § 34d Abs. 8 erlassenen Rechtsvorschriften gelten entsprechend.

(3) [1] Versicherungsberater dürfen keine Provision von Versicherungsunternehmen entgegennehmen. [2] Das Bundesministerium für Wirtschaft und Technologie kann im Einvernehmen mit dem Bundesministerium der Justiz durch Rechtsverordnung mit Zustimmung des Bundesrates zum Schutze der Allgemeinheit und der Versicherungsnehmer nähere Vorschriften über das Provisionsannahmeverbot erlassen. [3] In der Rechtsverordnung nach Satz 2 kann insbesondere bestimmt werden, dass die Einhaltung des Provisionsannahmeverbotes auf Kosten des Versicherungsberaters regelmäßig oder aus

besonderem Anlass zu überprüfen und der Prüfungsbericht der zuständigen Behörde vorzulegen ist, soweit es zur wirksamen Überwachung erforderlich ist; hierbei können die Einzelheiten der Prüfung, insbesondere deren Anlass, Zeitpunkt und Häufigkeit, die Auswahl, Bestellung und Abberufung der Prüfer, deren Rechte, Pflichten und Verantwortlichkeit, der Inhalt des Prüfberichts, die Verpflichtungen des Versicherungsberaters gegenüber dem Prüfer sowie das Verfahren bei Meinungsverschiedenheiten zwischen dem Prüfer und dem Versicherungsberater, geregelt werden. [4]Zur Überwachung des Provisionsannahmeverbotes kann in der Rechtsverordnung bestimmt werden, dass der Versicherungsberater über die Einnahmen aus seiner Tätigkeit Aufzeichnungen zu führen hat.

§ 35 Gewerbeuntersagung wegen Unzuverlässigkeit

(1) [1]Die Ausübung eines Gewerbes ist von der zuständigen Behörde ganz oder teilweise zu untersagen, wenn Tatsachen vorliegen, welche die Unzuverlässigkeit des Gewerbetreibenden oder einer mit der Leitung des Gewerbebetriebes beauftragten Person in bezug auf dieses Gewerbe dartun, sofern die Untersagung zum Schutze der Allgemeinheit oder der im Betrieb Beschäftigten erforderlich ist. [2]Die Untersagung kann auch auf die Tätigkeit als Vertretungsberechtigter eines Gewerbetreibenden oder als mit der Leitung eines Gewerbebetriebes beauftragte Person sowie auf einzelne andere oder auf alle Gewerbe erstreckt werden, soweit die festgestellten Tatsachen die Annahme rechtfertigen, daß der Gewerbetreibende auch für diese Tätigkeiten oder Gewerbe unzuverlässig ist. [3]Das Untersagungsverfahren kann fortgesetzt werden, auch wenn der Betrieb des Gewerbes während des Verfahrens aufgegeben wird.

(2) Dem Gewerbetreibenden kann auf seinen Antrag von der zuständigen Behörde gestattet werden, den Gewerbebetrieb durch einen Stellvertreter (§ 45) fortzuführen, der die Gewähr für eine ordnungsgemäße Führung des Gewerbebetriebes bietet.

(3) [1]Will die Verwaltungsbehörde in dem Untersagungsverfahren einen Sachverhalt berücksichtigen, der Gegenstand der Urteilsfindung in einem Strafverfahren gegen einen Gewerbetreibenden gewesen ist, so kann sie zu dessen Nachteil von dem Inhalt des Urteils insoweit nicht abweichen, als es sich bezieht auf
1. die Feststellung des Sachverhalts,
2. die Beurteilung der Schuldfrage oder
3. die Beurteilung der Frage, ob er bei weiterer Ausübung des Gewerbes erhebliche rechtswidrige Taten im Sinne des § 70 des Strafgesetzbuches begehen wird und ob zur Abwehr dieser Gefahren die Untersagung des Gewerbes angebracht ist.

[2]Absatz 1 Satz 2 bleibt unberührt. [3]Die Entscheidung über ein vorläufiges Berufsverbot (§ 132a der Strafprozeßordnung), der Strafbefehl und die gerichtliche Entscheidung, durch welche die Eröffnung des Hauptverfahrens abgelehnt wird, stehen einem Urteil gleich; dies gilt auch für Bußgeldent-

Gewerbeordnung

scheidungen, soweit sie sich auf die Feststellung des Sachverhalts und die Beurteilung der Schuldfrage beziehen.

(3a) (weggefallen)

(4) ¹Vor der Untersagung sollen, soweit besondere staatliche Aufsichtsbehörden bestehen, die Aufsichtsbehörden, ferner die zuständige Industrie- und Handelskammer oder Handwerkskammer und, soweit es sich um eine Genossenschaft handelt, auch der Prüfungsverband gehört werden, dem die Genossenschaft angehört. ²Ihnen sind die gegen den Gewerbetreibenden erhobenen Vorwürfe mitzuteilen und die zur Abgabe der Stellungnahme erforderlichen Unterlagen zu übersenden. ³Die Anhörung der vorgenannten Stellen kann unterbleiben, wenn Gefahr im Verzuge ist; in diesem Falle sind diese Stellen zu unterrichten.

(5) (weggefallen)

(6) ¹Dem Gewerbetreibenden ist von der zuständigen Behörde auf Grund eines an die Behörde zu richtenden schriftlichen Antrages die persönliche Ausübung des Gewerbes wieder zu gestatten, wenn Tatsachen die Annahme rechtfertigen, daß eine Unzuverlässigkeit im Sinne des Absatzes 1 nicht mehr vorliegt. ²Vor Ablauf eines Jahres nach Durchführung der Untersagungsverfügung kann die Wiederaufnahme nur gestattet werden, wenn hierfür besondere Gründe vorliegen.

(7) ¹Zuständig ist die Behörde, in deren Bezirk der Gewerbetreibende eine gewerbliche Niederlassung unterhält oder in den Fällen des Absatzes 2 oder 6 unterhalten will. ²Bei Fehlen einer gewerblichen Niederlassung sind die Behörden zuständig, in deren Bezirk das Gewerbe ausgeübt wird oder ausgeübt werden soll. ³Für die Vollstreckung der Gewerbeuntersagung sind auch die Behörden zuständig, in deren Bezirk das Gewerbe ausgeübt wird oder ausgeübt werden soll.

(7a) ¹Die Untersagung kann auch gegen Vertretungsberechtigte oder mit der Leitung des Gewerbebetriebes beauftragte Personen ausgesprochen werden. ²Das Untersagungsverfahren gegen diese Personen kann unabhängig von dem Verlauf des Untersagungsverfahrens gegen den Gewerbetreibenden fortgesetzt werden. ³Die Absätze 1 und 3 bis 7 sind entsprechend anzuwenden.

(8) ¹Soweit für einzelne Gewerbe besondere Untersagungs- oder Betriebsschließungsvorschriften bestehen, die auf die Unzuverlässigkeit des Gewerbetreibenden abstellen, oder eine für das Gewerbe erteilte Zulassung wegen Unzuverlässigkeit des Gewerbetreibenden zurückgenommen oder widerrufen werden kann, sind die Absätze 1 bis 7a nicht anzuwenden. ²Dies gilt nicht für Vorschriften, die Gewerbeuntersagungen oder Betriebsschließungen durch strafgerichtliches Urteil vorsehen.

(9) Die Absätze 1 bis 8 sind auf Genossenschaften entsprechend anzuwenden, auch wenn sich ihr Geschäftsbetrieb auf den Kreis der Mitglieder beschränkt; sie finden ferner Anwendung auf den Handel mit Arzneimitteln, mit Losen von Lotterien und Ausspielungen sowie mit Bezugs- und Anteilscheinen auf solche Lose und auf den Betrieb von Wettannahmestellen aller Art.

§§ 35a und 35b (weggefallen)

§ 36 Öffentliche Bestellung von Sachverständigen

(1) ¹Personen, die als Sachverständige auf den Gebieten der Wirtschaft einschließlich des Bergwesens, der Hochsee- und Küstenfischerei sowie der Land- und Forstwirtschaft einschließlich des Garten- und Weinbaues tätig sind oder tätig werden wollen, sind auf Antrag durch die von den Landesregierungen bestimmten oder nach Landesrecht zuständigen Stellen für bestimmte Sachgebiete öffentlich zu bestellen, sofern für diese Sachgebiete ein Bedarf an Sachverständigenleistungen besteht, sie hierfür besondere Sachkunde nachweisen und keine Bedenken gegen ihre Eignung bestehen. ²Sie sind darauf zu vereidigen, daß sie ihre Sachverständigenaufgaben unabhängig, weisungsfrei, persönlich, gewissenhaft und unparteiisch erfüllen und ihre Gutachten entsprechend erstatten werden. ³Die öffentliche Bestellung kann inhaltlich beschränkt, mit einer Befristung erteilt und mit Auflagen verbunden werden.

(2) Absatz 1 gilt entsprechend für die öffentliche Bestellung und Vereidigung von besonders geeigneten Personen, die auf den Gebieten der Wirtschaft
1. bestimmte Tatsachen in bezug auf Sachen, insbesondere die Beschaffenheit, Menge, Gewicht oder richtige Verpackung von Waren feststellen oder
2. die ordnungsmäßige Vornahme bestimmter Tätigkeiten überprüfen.

(3) Die Landesregierungen können durch Rechtsverordnung die zur Durchführung der Absätze 1 und 2 erforderlichen Vorschriften über die Voraussetzungen für die Bestellung sowie über die Befugnisse und Verpflichtungen der öffentlich bestellten und vereidigten Sachverständigen bei der Ausübung ihrer Tätigkeit erlassen, insbesondere über
1. die persönlichen Voraussetzungen einschließlich altersmäßiger Anforderungen, den Beginn und das Ende der Bestellung,
2. die in Betracht kommenden Sachgebiete einschließlich der Bestellungsvoraussetzungen,
3. den Umfang der Verpflichtungen des Sachverständigen bei der Ausübung seiner Tätigkeit, insbesondere über die Verpflichtungen
   a) zur unabhängigen, weisungsfreien, persönlichen, gewissenhaften und unparteiischen Leistungserbringung,
   b) zum Abschluß einer Berufshaftpflichtversicherung und zum Umfang der Haftung,
   c) zur Fortbildung und zum Erfahrungsaustausch,
   d) zur Einhaltung von Mindestanforderungen bei der Erstellung von Gutachten,
   e) zur Anzeige bei der zuständigen Behörde hinsichtlich aller Niederlassungen, die zur Ausübung der in Absatz 1 genannten Sachverständigentätigkeiten genutzt werden,
   f) zur Aufzeichnung von Daten über einzelne Geschäftsvorgänge sowie über die Auftraggeber,

Gewerbeordnung **Text**

und hierbei auch die Stellung des hauptberuflich tätigen Sachverständigen regeln.

(4) Soweit die Landesregierung weder von ihrer Ermächtigung nach Absatz 3 noch nach § 155 Abs. 3 Gebrauch gemacht hat, können Körperschaften des öffentlichen Rechts, die für die öffentliche Bestellung und Vereidigung von Sachverständigen zuständig sind, durch Satzung die in Absatz 3 genannten Vorschriften erlassen.

(5) Die Absätze 1 bis 4 finden keine Anwendung, soweit sonstige Vorschriften des Bundes über die öffentliche Bestellung oder Vereidigung von Personen bestehen oder soweit Vorschriften der Länder über die öffentliche Bestellung oder Vereidigung von Personen auf den Gebieten der Hochsee- und Küstenfischerei, der Land- und Forstwirtschaft einschließlich des Garten- und Weinbaues sowie der Landesvermessung bestehen oder erlassen werden.

§ 36a Öffentliche Bestellung von Sachverständigen mit Qualifikationen aus einem anderen Mitgliedstaat der Europäischen Union oder einem anderen Vertragsstaat des Abkommens über den Europäischen Wirtschaftsraum

(1) [1] Bei der Bewertung der nach § 36 Absatz 1 geforderten besonderen Sachkunde von Antragstellern sind auch Ausbildungs- und Befähigungsnachweise anzuerkennen, die in einem anderen Mitgliedstaat der Europäischen Union oder in einem anderen Vertragsstaat des Abkommens über den Europäischen Wirtschaftsraum ausgestellt wurden. [2] Wenn der Antragsteller in einem der in Satz 1 genannten Staaten für ein bestimmtes Sachgebiet
1. zur Ausübung von Sachverständigentätigkeiten berechtigt ist, die dort Personen vorbehalten sind, die über eine der besonderen Sachkunde im Sinne des § 36 Absatz 1 im Wesentlichen entsprechende Sachkunde verfügen, oder
2. in zwei der letzten zehn Jahre vollzeitig als Sachverständiger tätig gewesen ist und sich aus den vorgelegten Nachweisen ergibt, dass der Antragsteller über eine überdurchschnittliche Sachkunde verfügt, die im Wesentlichen der besonderen Sachkunde im Sinne des § 36 Absatz 1 entspricht,

ist seine Sachkunde bezüglich dieses Sachgebiets vorbehaltlich des Absatzes 2 als ausreichend anzuerkennen.

(2) [1] Soweit sich die Inhalte der bisherigen Ausbildung oder Tätigkeit eines Antragstellers auf dem Sachgebiet, für das die öffentliche Bestellung beantragt wird, wesentlich von den Inhalten unterscheiden, die nach § 36 Voraussetzung für die öffentliche Bestellung als Sachverständiger für das betreffende Sachgebiet sind, kann dem Antragsteller nach seiner Wahl eine Eignungsprüfung oder ein Anpassungslehrgang auferlegt werden. [2] Diese Maßnahme kann insbesondere auch die Kenntnis des deutschen Rechts und die Fähigkeit zur verständlichen Erläuterung fachlicher Feststellungen betreffen.

(3) [1] Soweit an den Antragsteller nach Absatz 1 Satz 2 in seinem Herkunftsstaat außerhalb der Sachkunde liegende Anforderungen gestellt wurden, die den nach § 36 Absatz 1 geltenden vergleichbar sind, sind diese nicht nochmals nachzuprüfen. [2] § 13b gilt entsprechend.

(4) ¹Die zuständige Behörde bestätigt binnen eines Monats den Empfang der von dem Antragsteller eingereichten Unterlagen und teilt gegebenenfalls mit, welche Unterlagen noch nachzureichen sind. ²Das Verfahren für die Prüfung des Antrags auf Anerkennung muss innerhalb von drei Monaten nach Einreichen der vollständigen Unterlagen abgeschlossen sein. ³Diese Frist kann in begründeten Fällen um einen Monat verlängert werden. ⁴Bestehen Zweifel an der Echtheit von vorgelegten Bescheinigungen und Nachweisen oder benötigt die zuständige Behörde weitere Informationen, kann sie durch Nachfrage bei der zuständigen Stelle des Herkunftsstaats die Echtheit überprüfen und entsprechende Auskünfte einholen. ⁵Der Fristablauf ist solange gehemmt.

§ 37 (weggefallen)

§ 38 Überwachungsbedürftige Gewerbe

(1) ¹Bei den Gewerbezweigen
1. An- und Verkauf von
   a) hochwertigen Konsumgütern, insbesondere Unterhaltungselektronik, Computern, optischen Erzeugnissen, Fotoapparaten, Videokameras, Teppichen, Pelz- und Lederbekleidung,
   b) Kraftfahrzeugen und Fahrrädern,
   c) Edelmetallen und edelmetallhaltigen Legierungen sowie Waren aus Edelmetall oder edelmetallhaltigen Legierungen,
   d) Edelsteinen, Perlen und Schmuck,
   e) Altmetallen, soweit sie nicht unter Buchstabe c fallen,
   durch auf den Handel mit Gebrauchtwaren spezialisierte Betriebe,
2. Auskunftserteilung über Vermögensverhältnisse und persönliche Angelegenheiten (Auskunfteien, Detekteien),
3. Vermittlung von Eheschließungen, Partnerschaften und Bekanntschaften,
4. Betrieb von Reisebüros und Vermittlung von Unterkünften,
5. Vertrieb und Einbau von Gebäudesicherungseinrichtungen einschließlich der Schlüsseldienste,
6. Herstellen und Vertreiben spezieller diebstahlsbezogener Öffnungswerkzeuge

hat die zuständige Behörde unverzüglich nach Erstattung der Gewerbeanmeldung oder der Gewerbeummeldung nach § 14 die Zuverlässigkeit des Gewerbetreibenden zu überprüfen. ²Zu diesem Zweck hat der Gewerbetreibende unverzüglich ein Führungszeugnis nach § 30 Abs. 5 Bundeszentralregistergesetz und eine Auskunft aus dem Gewerbezentralregister nach § 150 Abs. 5 zur Vorlage bei der Behörde zu beantragen. ³Kommt er dieser Verpflichtung nicht nach, hat die Behörde diese Auskünfte von Amts wegen einzuholen.

(2) Bei begründeter Besorgnis der Gefahr der Verletzung wichtiger Gemeinschaftsgüter kann ein Führungszeugnis oder eine Auskunft aus dem Gewerbezentralregister auch bei anderen als den in Absatz 1 genannten gewerblichen Tätigkeiten angefordert oder eingeholt werden.

(3) Die Landesregierungen können durch Rechtsverordnung für die in Absatz 1 genannten Gewerbezweige bestimmen, in welcher Weise die Gewerbetreibenden ihre Bücher zu führen und dabei Daten über einzelne Geschäftsvorgänge, Geschäftspartner, Kunden und betroffene Dritte aufzuzeichnen haben.

(4) Absatz 1 Satz 1 Nr. 2 gilt nicht für Kreditinstitute und Finanzdienstleistungsinstitute, für die eine Erlaubnis nach § 32 Abs. 1 des Kreditwesengesetzes erteilt wurde, sowie für Zweigniederlassungen von Unternehmen mit Sitz in einem anderen Mitgliedstaat der Europäischen Union, die nach § 53b Abs. 1 Satz 1 oder Abs. 7 des Kreditwesengesetzes im Inland tätig sind, wenn die Erbringung von Handelsauskünften durch die Zulassung der zuständigen Behörden des Herkunftsmitgliedstaats abgedeckt ist.

§ 39 (weggefallen)

§ 39a *(aufgehoben)*

§ 40 (weggefallen)

III. Umfang, Ausübung und Verlust der Gewerbebefugnisse

§ 41 Beschäftigung von Arbeitnehmern

(1) ¹Die Befugnis zum selbständigen Betrieb eines stehenden Gewerbes begreift das Recht in sich, in beliebiger Zahl Gesellen, Gehilfen, Arbeiter jeder Art und, soweit die Vorschriften des gegenwärtigen Gesetzes nicht entgegenstehen, Lehrlinge anzunehmen. ²In der Wahl des Arbeits- und Hilfspersonals finden keine anderen Beschränkungen statt, als die durch das gegenwärtige Gesetz festgestellten.

(2) In betreff der Berechtigung der Apotheker, Gehilfen und Lehrlinge anzunehmen, bewendet es bei den Bestimmungen der Landesgesetze.

§§ 41a, 41b (weggefallen)

§ 42 *(aufgehoben)*

§§ 42a bis 44a (weggefallen)

§ 45 Stellvertreter

Die Befugnisse zum stehenden Gewerbebetrieb können durch Stellvertreter ausgeübt werden; diese müssen jedoch den für das in Rede stehende Gewerbe insbesondere vorgeschriebenen Erfordernissen genügen.

§ 46 Fortführung des Gewerbes

(1) Nach dem Tode eines Gewerbetreibenden darf das Gewerbe für Rechnung des überlebenden Ehegatten oder Lebenspartners durch einen nach § 45 befähigten Stellvertreter betrieben werden, wenn die für den Betrieb einzelner Gewerbe bestehenden besonderen Vorschriften nicht etwas anderes bestimmen.

(2) Das gleiche gilt für minderjährige Erben während der Minderjährigkeit sowie bis zur Dauer von zehn Jahren nach dem Erbfall für den Nachlaßverwalter, Nachlaßpfleger oder Testamentsvollstrecker.

(3) Die zuständige Behörde kann in den Fällen der Absätze 1 und 2 gestatten, daß das Gewerbe bis zur Dauer eines Jahres nach dem Tode des Gewerbetreibenden auch ohne den nach § 45 befähigten Stellvertreter betrieben wird.

§ 47 Stellvertretung in besonderen Fällen

Inwiefern für die nach den §§ 33i, 34, 34a, 34b, 34c und 36 konzessionierten oder angestellten Personen eine Stellvertretung zulässig ist, hat in jedem einzelnen Falle die Behörde zu bestimmen, welcher die Konzessionierung oder Anstellung zusteht.

§ 48 Übertragung von Realgewerbeberechtigungen

Realgewerbeberechtigungen können auf jede nach den Vorschriften dieses Gesetzes zum Betriebe des Gewerbes befähigten Person in der Art übertragen werden, daß der Erwerber die Gewerbeberechtigung für eigene Rechnung ausüben darf.

§ 49 Erlöschen von Erlaubnissen

(1) (weggefallen)

(2) Die Konzessionen und Erlaubnisse nach den §§ 30, 33a und 33i erlöschen, wenn der Inhaber innerhalb eines Jahres nach deren Erteilung den Betrieb nicht begonnen oder während eines Zeitraumes von einem Jahr nicht mehr ausgeübt hat.

(3) Die Fristen können aus wichtigem Grund verlängert werden.

§ 50 (weggefallen)

§ 51 Untersagung wegen überwiegender Nachteile und Gefahren

¹Wegen überwiegender Nachteile und Gefahren für das Gemeinwohl kann die fernere Benutzung einer jeden gewerblichen Anlage durch die zuständige Behörde zu jeder Zeit untersagt werden. ²Doch muß dem Besitzer alsdann für den erweislichen Schaden Ersatz geleistet werden. ³Die Sätze 1 und 2 gelten nicht für Anlagen, soweit sie den Vorschriften des Bundes-Immissionsschutzgesetzes unterliegen.

Gewerbeordnung **Text**

§ 52 Übergangsregelung

Die Bestimmung des § 51 findet auch auf die zur Zeit der Verkündung des gegenwärtigen Gesetzes bereits vorhandenen gewerblichen Anlagen Anwendung; doch entspringt aus der Untersagung der ferneren Benutzung kein Anspruch auf Entschädigung, wenn bei der früher erteilten Genehmigung ausdrücklich vorbehalten worden ist, dieselbe ohne Entschädigung zu widerrufen.

§§ 53 bis 54 (weggefallen)

Titel III Reisegewerbe

§ 55 Reisegewerbekarte

(1) Ein Reisegewerbe betreibt, wer gewerbsmäßig ohne vorhergehende Bestellung außerhalb seiner gewerblichen Niederlassung (§ 4 Absatz 3) oder ohne eine solche zu haben
1. Waren feilbietet oder Bestellungen aufsucht (vertreibt) oder ankauft, Leistungen anbietet oder Bestellungen auf Leistungen aufsucht oder
2. unterhaltende Tätigkeiten als Schausteller oder nach Schaustellerart ausübt.

(2) Wer ein Reisegewerbe betreiben will, bedarf der Erlaubnis (Reisegewerbekarte).

(3) Die Reisegewerbekarte kann inhaltlich beschränkt, mit einer Befristung erteilt und mit Auflagen verbunden werden, soweit dies zum Schutze der Allgemeinheit oder der Verbraucher erforderlich ist; unter denselben Voraussetzungen ist auch die nachträgliche Aufnahme, Änderung und Ergänzung von Auflagen zulässig.

§ 55a Reisegewerbekartenfreie Tätigkeiten

(1) Einer Reisegewerbekarte bedarf nicht, wer
1. gelegentlich der Veranstaltung von Messen, Ausstellungen, öffentlichen Festen oder aus besonderem Anlaß mit Erlaubnis der zuständigen Behörde Waren feilbietet;
2. selbstgewonnene Erzeugnisse der Land- und Forstwirtschaft, des Gemüse-, Obst- und Gartenbaues, der Geflügelzucht und Imkerei sowie der Jagd und Fischerei vertreibt;
3. Tätigkeiten der in § 55 Abs. 1 Nr. 1 genannten Art in der Gemeinde seines Wohnsitzes oder seiner gewerblichen Niederlassung ausübt, sofern die Gemeinde nicht mehr als 10 000 Einwohner zählt;
4. *(aufgehoben)*
5. auf Grund einer Erlaubnis nach § 4 des Milch- und Margarinegesetzes Milch oder bei dieser Tätigkeit auch Milcherzeugnisse abgibt;
6. Versicherungsverträge als Versicherungsvermittler im Sinne des § 34d Abs. 3, 4 oder 5 oder Bausparverträge vermittelt oder abschließt oder

Dritte als Versicherungsberater im Sinne des § 34e in Verbindung mit § 34d Abs. 5 über Versicherungen berät; das Gleiche gilt für die in dem Gewerbebetrieb beschäftigten Personen;
7. ein nach Bundes- oder Landesrecht erlaubnispflichtiges Gewerbe ausübt, für dessen Ausübung die Zuverlässigkeit erforderlich ist, und über die erforderliche Erlaubnis verfügt;
8. *(aufgehoben)*
9. von einer nicht ortsfesten Verkaufsstelle oder einer anderen Einrichtung in regelmäßigen, kürzeren Zeitabständen an derselben Stelle Lebensmittel oder andere Waren des täglichen Bedarfs vertreibt; das Verbot des § 56 Abs. 1 Nr. 3 Buchstabe b findet keine Anwendung;
10. Druckwerke auf öffentlichen Wegen, Straßen, Plätzen oder an anderen öffentlichen Orten feilbietet.

(2) Die zuständige Behörde kann für besondere Verkaufsveranstaltungen Ausnahmen von dem Erfordernis der Reisegewerbekarte zulassen.

§ 55b Weitere reisegewerbekartenfreie Tätigkeiten, Gewerbelegitimationskarte

(1) Eine Reisegewerbekarte ist nicht erforderlich, soweit der Gewerbetreibende andere Personen im Rahmen ihres Geschäftsbetriebes aufsucht.

(2) [1]Personen, die für ein Unternehmen mit Sitz im Geltungsbereich dieses Gesetzes geschäftlich tätig sind, ist auf Antrag von der zuständigen Behörde eine Gewerbelegitimationskarte nach dem in den zwischenstaatlichen Verträgen vorgesehenen Muster für Zwecke des Gewerbebetriebes in anderen Staaten auszustellen. [2]Für die Erteilung und die Versagung der Gewerbelegitimationskarte gelten § 55 Abs. 3 und § 57 entsprechend, soweit nicht in zwischenstaatlichen Verträgen oder durch Rechtsetzung dazu befugter überstaatlicher Gemeinschaften etwas anderes bestimmt ist.

§ 55c Anzeigepflicht

[1]Wer als Gewerbetreibender auf Grund des § 55a Abs. 1 Nr. 3, 9 oder 10 einer Reisegewerbekarte nicht bedarf, hat den Beginn des Gewerbes der zuständigen Behörde anzuzeigen, soweit er sein Gewerbe nicht bereits nach § 14 Abs. 1 bis 3 anzumelden hat. [2]§ 14 Abs. 1 Satz 2 und 3, Abs. 4 bis 8 und 10 bis 13 sowie § 15 Abs. 1 gelten entsprechend.

§ 55d (weggefallen)

§ 55e Sonn- und Feiertagsruhe

(1) [1]An Sonn- und Feiertagen sind die in § 55 Abs. 1 Nr. 1 genannten Tätigkeiten mit Ausnahme des Feilbietens von Waren und gastgewerblicher Tätigkeiten im Reisegewerbe verboten, auch wenn sie unselbständig ausgeübt werden. [2]Dies gilt nicht für die unter § 55b Abs. 1 fallende Tätigkeit, soweit sie von selbständigen Gewerbetreibenden ausgeübt wird.

(2) Ausnahmen können von der zuständigen Behörde zugelassen werden.

§ 55f Haftpflichtversicherung

Das Bundesministerium für Wirtschaft und Technologie wird ermächtigt, durch Rechtsverordnung mit Zustimmung des Bundesrates zum Schutze der Allgemeinheit und der Veranstaltungsteilnehmer für Tätigkeiten nach § 55 Abs. 1 Nr. 2, die mit besonderen Gefahren verbunden sind, Vorschriften über die Verpflichtung des Gewerbetreibenden zum Abschluß und zum Nachweis des Bestehens einer Haftpflichtversicherung zu erlassen.

§ 56 Im Reisegewerbe verbotene Tätigkeiten

(1) Im Reisegewerbe sind verboten
1. der Vertrieb von
   a) (weggefallen)
   b) Giften und gifthaltigen Waren; zugelassen ist das Aufsuchen von Bestellungen auf Pflanzenschutzmittel, Schädlingsbekämpfungsmittel sowie auf Holzschutzmittel, für die nach baurechtlichen Vorschriften ein Prüfbescheid mit Prüfzeichen erteilt worden ist,
   c) (weggefallen)
   d) Bruchbändern, medizinischen Leibbinden, medizinischen Stützapparaten und Bandagen, orthopädischen Fußstützen, Brillen und Augengläsern; zugelassen sind Schutzbrillen und Fertiglesebrillen,
   e) (weggefallen)
   f) elektromedizinischen Geräten einschließlich elektronischer Hörgeräte; zugelassen sind Geräte mit unmittelbarer Wärmeeinwirkung,
   g) (weggefallen)
   h) Wertpapieren, Lotterielosen, Bezugs- und Anteilscheinen auf Wertpapiere und Lotterielose; zugelassen ist der Verkauf von Lotterielosen im Rahmen genehmigter Lotterien zu gemeinnützigen Zwecken auf öffentlichen Wegen, Straßen oder Plätzen oder anderen öffentlichen Orten,
   i) Schriften, die unter Zusicherung von Prämien oder Gewinnen vertrieben werden;
2. das Feilbieten und der Ankauf von
   a) Edelmetallen (Gold, Silber, Platin und Platinbeimetallen) und edelmetallhaltigen Legierungen in jeder Form sowie Waren mit Edelmetallauflagen; zugelassen sind Silberschmuck bis zu einem Verkaufspreis von 40 Euro und Waren mit Silberauflagen,
   b) Edelsteinen, Schmucksteinen und synthetischen Steinen sowie von Perlen;
   c) *(aufgehoben)*
3. das Feilbieten von
   a) (weggefallen)
   b) alkoholischen Getränken; zugelassen sind Bier und Wein in fest verschlossenen Behältnissen, alkoholische Getränke im Sinne von § 67 Abs. 1 Nr. 1 zweiter und dritter Halbsatz und alkoholische Getränke, die

im Rahmen und für die Dauer einer Veranstaltung von einer ortsfesten Betriebsstätte zum Verzehr an Ort und Stelle verabreicht werden;
c) (weggefallen)
d) (weggefallen)
e) (weggefallen)
4. (weggefallen)
5. *(aufgehoben)*
6. der Abschluß sowie die Vermittlung von Rückkaufgeschäften (§ 34 Abs. 4) und die für den Darlehensnehmer entgeltliche Vermittlung von Darlehensgeschäften.

(2) [1]Das Bundesministerium für Wirtschaft und Technologie kann durch Rechtsverordnung mit Zustimmung des Bundesrates Ausnahmen von den in Absatz 1 aufgeführten Beschränkungen zulassen, soweit hierdurch eine Gefährdung der Allgemeinheit oder der öffentlichen Sicherheit und Ordnung nicht zu besorgen ist. [2]Die gleiche Befugnis steht den Landesregierungen für den Bereich ihres Landes zu, solange und soweit das Bundesministerium für Wirtschaft und Technologie von seiner Ermächtigung keinen Gebrauch gemacht hat. [3]Die zuständige Behörde kann im Einzelfall für ihren Bereich Ausnahmen von den Verboten des Absatzes 1 mit dem Vorbehalt des Widerrufs und für einen Zeitraum bis zu fünf Jahren zulassen, wenn sich aus der Person des Antragstellers oder aus sonstigen Umständen keine Bedenken ergeben; § 55 Abs. 3 und § 60c Abs. 1 gelten für die Ausnahmebewilligung entsprechend.

(3) [1]Die Vorschriften des Absatzes 1 finden auf die in § 55b Abs. 1 bezeichneten gewerblichen Tätigkeiten keine Anwendung. [2]Verboten ist jedoch das Feilbieten von Bäumen, Sträuchern und Rebenpflanzgut bei land- und forstwirtschaftlichen Betrieben sowie bei Betrieben des Obst-, Garten- und Weinanbaues.

(4) Absatz 1 Nr. 1 Buchstabe h, Nr. 2 Buchstabe a und Nr. 6 findet keine Anwendung auf Tätigkeiten in einem nicht ortsfesten Geschäftsraum eines Kreditinstituts oder eines Unternehmens im Sinne des § 53b Abs. 1 Satz 1 oder Abs. 7 des Kreditwesengesetzes, wenn in diesem Geschäftsraum ausschließlich banktübliche Geschäfte betrieben werden, zu denen diese Unternehmen nach dem Kreditwesengesetz befugt sind.

§ 56a Ankündigung des Gewerbebetriebs, Wanderlager

(1) [1]Die Veranstaltung eines Wanderlagers zum Vertrieb von Waren oder Dienstleistungen ist zwei Wochen vor Beginn der für den Ort der Veranstaltung zuständigen Behörde anzuzeigen, wenn auf die Veranstaltung durch öffentliche Ankündigung hingewiesen werden soll; in der öffentlichen Ankündigung sind die Art der Ware oder Dienstleistung, die vertrieben wird, und der Ort der Veranstaltung anzugeben. [2]Im Zusammenhang mit Veranstaltungen nach Satz 1 dürfen unentgeltliche Zuwendungen (Waren oder Leistungen) einschließlich Preisausschreiben, Verlosungen und Ausspielungen nicht angekündigt werden. [3]Die Anzeige ist in zwei Stücken einzureichen; sie hat zu enthalten

Gewerbeordnung **Text**

1. den Ort und die Zeit der Veranstaltung,
2. den Namen des Veranstalters und desjenigen, für dessen Rechnung die Waren oder Dienstleistungen vertrieben werden, sowie die Wohnung oder die gewerbliche Niederlassung dieser Personen,
3. den Wortlaut und die Art der beabsichtigten öffentlichen Ankündigungen.

⁴Das Wanderlager darf an Ort und Stelle nur durch den in der Anzeige genannten Veranstalter oder einen von ihm schriftlich bevollmächtigten Vertreter geleitet werden; der Name des Vertreters ist der Behörde in der Anzeige mitzuteilen.

(2) Die nach (Absatz 1) zuständige Behörde kann die Veranstaltung eines Wanderlagers untersagen, wenn die Anzeige nach (Absatz 1) nicht rechtzeitig oder nicht wahrheitsgemäß oder nicht vollständig erstattet ist oder wenn die öffentliche Ankündigung nicht den Vorschriften des (Absatzes 1) Satz 1 zweiter Halbsatz und Satz 2 entspricht.

§ 57 Versagung der Reisegewerbekarte

(1) Die Reisegewerbekarte ist zu versagen, wenn Tatsachen die Annahme rechtfertigen, daß der Antragsteller die für die beabsichtigte Tätigkeit erforderliche Zuverlässigkeit nicht besitzt.

(2) Im Falle der Ausübung des Bewachungsgewerbes, des Gewerbes der Makler, Bauträger und Baubetreuer, des Versicherungsvermittlergewerbes sowie des Versicherungsberatergewerbes gelten die Versagungsgründe der §§ 34a, 34c oder 34d auch in Verbindung mit § 34e entsprechend.

(3) Die Ausübung des Versteigerergewerbes als Reisegewerbe ist nur zulässig, wenn der Gewerbetreibende die nach § 34b Abs. 1 erforderliche Erlaubnis besitzt.

§§ 57a und 58 (weggefallen)

§ 59 Untersagung reisegewerbekartenfreier Tätigkeiten

¹Soweit nach § 55a oder § 55b eine Reisegewerbekarte nicht erforderlich ist, kann die reisegewerbliche Tätigkeit unter der Voraussetzung des § 57 untersagt werden. ²§ 35 Abs. 1 Satz 2 und 3, Abs. 3, 4, 6, 7a und 8 gilt entsprechend.

§ 60 Beschäftigte Personen

Die Beschäftigung einer Person im Reisegewerbe kann dem Gewerbetreibenden untersagt werden, wenn Tatsachen die Annahme rechtfertigen, dass die Person die für ihre Tätigkeit erforderliche Zuverlässigkeit nicht besitzt.

§ 60a Veranstaltung von Spielen

(1) (weggefallen)

(2) ¹Warenspielgeräte dürfen im Reisegewerbe nur aufgestellt werden, wenn die Voraussetzungen des § 33c Abs. 1 Satz 2 erfüllt sind. ²Wer im Reisegewerbe ein anderes Spiel im Sinne des § 33d Abs. 1 Satz 1 veranstalten will, bedarf der Erlaubnis der für den jeweiligen Ort der Gewerbeausübung zuständigen Behörde. ³Die Erlaubnis darf nur erteilt werden, wenn der Veranstalter eine von dem für seinen Wohnsitz oder in Ermangelung eines solchen von dem für seinen gewöhnlichen Aufenthaltsort zuständigen Landeskriminalamt erteilte Unbedenklichkeitsbescheinigung oder einen Abdruck der Unbedenklichkeitsbescheinigung im Sinne des § 33e Abs. 4 besitzt. ⁴§ 33d Abs. 1 Satz 2, Abs. 3 bis 5, die §§ 33e, 33f Abs. 1 und 2 Nr. 1 sowie die §§ 33g und 33h gelten entsprechend.

(3) ¹Wer im Reisegewerbe eine Spielhalle oder ein ähnliches Unternehmen betreiben will, bedarf der Erlaubnis der für den jeweiligen Ort der Gewerbeausübung zuständigen Behörde. ²§ 33i gilt entsprechend.

(4) Die Landesregierungen können durch Rechtsverordnung das Verfahren bei den Landeskriminalämtern (Absatz 2 Satz 3) regeln.

§ 60b Volksfest

(1) Ein Volksfest ist eine im allgemeinen regelmäßig wiederkehrende, zeitlich begrenzte Veranstaltung, auf der eine Vielzahl von Anbietern unterhaltende Tätigkeiten im Sinne des § 55 Abs. 1 Nr. 2 ausübt und Waren feilbietet, die üblicherweise auf Veranstaltungen dieser Art angeboten werden.

(2) § 68a Satz 1 erster Halbsatz und Satz 2, § 69 Abs. 1 und 2 sowie die §§ 69a bis 71a finden entsprechende Anwendung; jedoch bleiben die §§ 55 bis 60a und 60c bis 61a sowie 71b unberührt.

§ 60c Mitführen und Vorzeigen der Reisegewerbekarte

(1) ¹Der Inhaber einer Reisegewerbekarte ist verpflichtet, sie während der Ausübung des Gewerbebetriebes bei sich zu führen, auf Verlangen den zuständigen Behörden oder Beamten vorzuzeigen und seine Tätigkeit auf Verlangen bis zur Herbeischaffung der Reisegewerbekarte einzustellen. ²Auf Verlangen hat er die von ihm geführten Waren vorzulegen.

(2) ¹Der Inhaber der Reisegewerbekarte, der die Tätigkeit nicht in eigener Person ausübt, ist verpflichtet, den im Betrieb Beschäftigten eine Zweitschrift oder eine beglaubigte Kopie der Reisegewerbekarte auszuhändigen, wenn sie unmittelbar mit Kunden in Kontakt treten sollen; dies gilt auch, wenn die Beschäftigten an einem anderen Ort als der Inhaber tätig sind. ²Für den Inhaber der Zweitschrift oder der beglaubigten Kopie gilt Absatz 1 Satz 1 entsprechend.

(3) ¹Im Fall des § 55a Abs. 1 Nr. 7 hat der Gewerbetreibende oder der von ihm im Betrieb Beschäftigte die Erlaubnis, eine Zweitschrift, eine beglaubigte

Gewerbeordnung **Text**

Kopie oder eine sonstige Unterlage, auf Grund derer die Erteilung der Erlaubnis glaubhaft gemacht werden kann, mit sich zu führen. ²Im Übrigen gelten die Absätze 1 und 2 entsprechend.

§ 60d Verhinderung der Gewerbeausübung

Die Ausübung des Reisegewerbes entgegen § 55 Abs. 2 und 3, § 56 Abs. 1 oder 3 Satz 2, § 60a Abs. 2 Satz 1 oder 2 oder Abs. 3 Satz 1, § 60c Abs. 1 Satz 1, auch in Verbindung mit Abs. 2 Satz 2, § 61a Abs. 2 oder entgegen einer auf Grund des § 55f erlassenen Rechtsverordnung kann von der zuständigen Behörde verhindert werden.

§ 61 Örtliche Zuständigkeit

¹Für die Erteilung, die Versagung, die Rücknahme und den Widerruf der Reisegewerbekarte, für die in §§ 55c und 56 Abs. 2 Satz 3 sowie in §§ 59 und 60 genannten Aufgaben und für die Erteilung der Zweitschrift der Reisegewerbekarte ist die Behörde örtlich zuständig, in deren Bezirk der Betroffene seinen gewöhnlichen Aufenthalt hat. ²Ändert sich während des Verfahrens der gewöhnliche Aufenthalt, so kann die bisher zuständige Behörde das Verfahren fortsetzen, wenn die nunmehr zuständige Behörde zustimmt.

§ 61a Anwendbarkeit von Vorschriften des stehenden Gewerbes für die Ausübung als Reisegewerbe

(1) Für die Ausübung des Reisegewerbes gilt § 29 entsprechend.

(2) ¹Für die Ausübung des Bewachungsgewerbes, des Versteigerergewerbes, des Gewerbes der Makler, Bauträger und Baubetreuer, des Versicherungsvermittlergewerbes sowie des Versicherungsberatergewerbes gelten § 34a Abs. 1 Satz 4 und Abs. 2 bis 5, § 34b Abs. 5 bis 8 und 10, § 34c Abs. 3 und 5, § 34d Abs. 6 bis 10, § 34e Abs. 2 bis 3 sowie die auf Grund des § 34a Abs. 2, des § 34b Abs. 8, des § 34c Abs. 3, des § 34d Abs. 8 und des § 34e Abs. 3 erlassenen Rechtsvorschriften entsprechend. ²Die zuständige Behörde kann für die Versteigerung leicht verderblicher Waren für ihren Bezirk Ausnahmen zulassen.

§§ 62 und 63 (weggefallen)

Titel IV Messen, Ausstellungen, Märkte

§ 64 Messe

(1) Eine Messe ist eine zeitlich begrenzte, im allgemeinen regelmäßig wiederkehrende Veranstaltung, auf der eine Vielzahl von Ausstellern das wesentliche Angebot eines oder mehrerer Wirtschaftszweige ausstellt und überwie-

Text Gewerbeordnung

gend nach Muster an gewerbliche Wiederverkäufer, gewerbliche Verbraucher oder Großabnehmer vertreibt.

(2) Der Veranstalter kann in beschränktem Umfang an einzelnen Tagen während bestimmter Öffnungszeiten Letztverbraucher zum Kauf zulassen.

§ 65 Ausstellung

Eine Ausstellung ist eine zeitlich begrenzte Veranstaltung, auf der eine Vielzahl von Ausstellern ein repräsentatives Angebot eines oder mehrerer Wirtschaftszweige oder Wirtschaftsgebiete ausstellt und vertreibt oder über dieses Angebot zum Zweck der Absatzförderung informiert.

§ 66 Großmarkt

Ein Großmarkt ist eine Veranstaltung, auf der eine Vielzahl von Anbietern bestimmte Waren oder Waren aller Art im wesentlichen an gewerbliche Wiederverkäufer, gewerbliche Verbraucher oder Großabnehmer vertreibt.

§ 67 Wochenmarkt

(1) Ein Wochenmarkt ist eine regelmäßig wiederkehrende, zeitlich begrenzte Veranstaltung, auf der eine Vielzahl von Anbietern eine oder mehrere der folgenden Warenarten feilbietet:
1. Lebensmittel im Sinne des § 1 des Lebensmittel- und Bedarfsgegenständegesetzes mit Ausnahme alkoholischer Getränke; zugelassen sind alkoholische Getränke, soweit sie aus selbstgewonnenen Erzeugnissen des Weinbaus, der Landwirtschaft oder des Obst- und Gartenbaues hergestellt wurden; der Zukauf von Alkohol zur Herstellung von Likören und Geisten aus Obst, Pflanzen und anderen landwirtschaftlichen Ausgangserzeugnissen, bei denen die Ausgangsstoffe nicht selbst vergoren werden, durch den Urproduzenten ist zulässig;
2. Produkte des Obst- und Gartenbaues, der Land- und Forstwirtschaft und der Fischerei;
3. rohe Naturerzeugnisse mit Ausnahme des größeren Viehs.

(2) Die Landesregierungen können zur Anpassung des Wochenmarktes an die wirtschaftliche Entwicklung und die örtlichen Bedürfnisse der Verbraucher durch Rechtsverordnung bestimmen, daß über Absatz 1 hinaus bestimmte Waren des täglichen Bedarfs auf allen oder bestimmten Wochenmärkten feilgeboten werden dürfen.

§ 68 Spezialmarkt und Jahrmarkt

(1) Ein Spezialmarkt ist eine im allgemeinen regelmäßig in größeren Zeitabständen wiederkehrende, zeitlich begrenzte Veranstaltung, auf der eine Vielzahl von Anbietern bestimmte Waren feilbietet.

Gewerbeordnung **Text**

(2) Ein Jahrmarkt ist eine im allgemeinen regelmäßig in größeren Zeitabständen wiederkehrende, zeitlich begrenzte Veranstaltung, auf der eine Vielzahl von Anbietern Waren aller Art feilbietet.

(3) Auf einem Spezialmarkt oder Jahrmarkt können auch Tätigkeiten im Sinne des § 60b Abs. 1 ausgeübt werden; die §§ 55 bis 60a und 60c bis 61a bleiben unberührt.

§ 68a Verabreichen von Getränken und Speisen

[1] Auf Märkten dürfen alkoholfreie Getränke und zubereitete Speisen, auf anderen Veranstaltungen im Sinne der §§ 64 bis 68 Kostproben zum Verzehr an Ort und Stelle verabreicht werden. [2] Im übrigen gelten für das Verabreichen von Getränken und zubereiteten Speisen zum Verzehr an Ort und Stelle die allgemeinen Vorschriften.

§ 69 Festsetzung

(1) [1] Die zuständige Behörde hat auf Antrag des Veranstalters eine Veranstaltung, die die Voraussetzungen der §§ 64, 65, 66, 67 oder 68 erfüllt, nach Gegenstand, Zeit, Öffnungszeiten und Platz für jeden Fall der Durchführung festzusetzen. [2] Auf Antrag können, sofern Gründe des öffentlichen Interesses nicht entgegenstehen, Volksfeste, Großmärkte, Wochenmärkte, Spezialmärkte und Jahrmärkte für einen längeren Zeitraum oder auf Dauer, Messen und Ausstellungen für die innerhalb von zwei Jahren vorgesehenen Veranstaltungen festgesetzt werden.

(2) Die Festsetzung eines Wochenmarktes, eines Jahrmarktes oder eines Spezialmarktes verpflichtet den Veranstalter zur Durchführung der Veranstaltung.

(3) Wird eine festgesetzte Messe oder Ausstellung oder ein festgesetzter Großmarkt nicht oder nicht mehr durchgeführt, so hat der Veranstalter dies der zuständigen Behörde unverzüglich schriftlich anzuzeigen.

§ 69a Ablehnung der Festsetzung, Auflagen

(1) Der Antrag auf Festsetzung ist abzulehnen, wenn
1. die Veranstaltung nicht die in den §§ 64, 65, 66, 67 oder 68 aufgestellten Voraussetzungen erfüllt,
2. Tatsachen die Annahme rechtfertigen, daß der Antragsteller oder eine der mit der Leitung der Veranstaltung beauftragten Personen die für die Durchführung der Veranstaltung erforderliche Zuverlässigkeit nicht besitzt,
3. die Durchführung der Veranstaltung dem öffentlichen Interesse widerspricht, insbesondere der Schutz der Veranstaltungsteilnehmer vor Gefahren für Leben oder Gesundheit nicht gewährleistet ist oder sonstige erhebliche Störungen der öffentlichen Sicherheit oder Ordnung zu befürchten sind oder

4. die Veranstaltung, soweit es sich um einen Spezialmarkt oder einen Jahrmarkt handelt, vollständig oder teilweise in Ladengeschäften abgehalten werden soll.

(2) Die zuständige Behörde kann im öffentlichen Interesse, insbesondere wenn dies zum Schutz der Veranstaltungsteilnehmer vor Gefahren für Leben oder Gesundheit oder sonst zur Abwehr von erheblichen Gefahren für die öffentliche Sicherheit oder Ordnung erforderlich ist, die Festsetzung mit Auflagen verbinden; unter denselben Voraussetzungen ist auch die nachträgliche Aufnahme, Änderung und Ergänzung von Auflagen zulässig.

§ 69b Änderung und Aufhebung der Festsetzung

(1) Die zuständige Behörde kann in dringenden Fällen vorübergehend die Zeit, die Öffnungszeiten und den Platz der Veranstaltung abweichend von der Festsetzung regeln.

(2) [1]Die zuständige Behörde hat die Festsetzung zurückzunehmen, wenn bei ihrer Erteilung ein Ablehnungsgrund nach § 69a Abs. 1 Nr. 3 vorgelegen hat; im übrigen kann sie die Festsetzung zurücknehmen, wenn nachträglich Tatsachen bekannt werden, die eine Ablehnung der Festsetzung gerechtfertigt hätten. [2]Sie hat die Festsetzung zu widerrufen, wenn nachträglich ein Ablehnungsgrund nach § 69a Abs. 1 Nr. 3 eintritt; im übrigen kann sie die Festsetzung widerrufen, wenn nachträglich Tatsachen eintreten, die eine Ablehnung der Festsetzung rechtfertigen würden.

(3) [1]Auf Antrag des Veranstalters hat die zuständige Behörde die Festsetzung zu ändern; § 69a gilt entsprechend. [2]Auf Antrag des Veranstalters hat die zuständige Behörde die Festsetzung aufzuheben, die Festsetzung eines Wochenmarktes, Jahrmarktes oder Volksfestes jedoch nur, wenn die Durchführung der Veranstaltung dem Veranstalter nicht zugemutet werden kann.

§ 70 Recht zur Teilnahme an einer Veranstaltung

(1) Jedermann, der dem Teilnehmerkreis der festgesetzten Veranstaltung angehört, ist nach Maßgabe der für alle Veranstaltungsteilnehmer geltenden Bestimmungen zur Teilnahme an der Veranstaltung berechtigt.

(2) Der Veranstalter kann, wenn es für die Erreichung des Veranstaltungszwecks erforderlich ist, die Veranstaltung auf bestimmte Ausstellergruppen, Anbietergruppen und Besuchergruppen beschränken, soweit dadurch gleichartige Unternehmen nicht ohne sachlich gerechtfertigten Grund unmittelbar oder mittelbar unterschiedlich behandelt werden.

(3) Der Veranstalter kann aus sachlich gerechtfertigten Gründen, insbesondere wenn der zur Verfügung stehende Platz nicht ausreicht, einzelne Aussteller, Anbieter oder Besucher von der Teilnahme ausschließen.

§ 70a Untersagung der Teilnahme an einer Veranstaltung

(1) Die zuständige Behörde kann einem Aussteller oder Anbieter die Teilnahme an einer bestimmten Veranstaltung oder einer oder mehreren Arten

von Veranstaltungen im Sinne der §§ 64 bis 68 untersagen, wenn Tatsachen die Annahme rechtfertigen, daß er die hierfür erforderliche Zuverlässigkeit nicht besitzt.

(2) Im Falle der selbständigen Ausübung des Bewachungsgewerbes, des Gewerbes der Makler, Bauträger und Baubetreuer, des Versicherungsvermittlergewerbes sowie des Versicherungsberatergewerbes auf einer Veranstaltung im Sinne der §§ 64 bis 68 gelten die Versagungsgründe der §§ 34a, 34c oder 34d auch in Verbindung mit § 34e entsprechend.

(3) Die selbständige Ausübung des Versteigerergewerbes auf einer Veranstaltung im Sinne der §§ 64 bis 68 ist nur zulässig, wenn der Gewerbetreibende die nach § 34b Abs. 1 erforderliche Erlaubnis besitzt.

§ 70b *(aufgehoben)*

§ 71 Vergütung

¹Der Veranstalter darf bei Volksfesten, Wochenmärkten und Jahrmärkten eine Vergütung nur für die Überlassung von Raum und Ständen und für die Inanspruchnahme von Versorgungseinrichtungen und Versorgungsleistungen einschließlich der Abfallbeseitigung fordern. ²Daneben kann der Veranstalter bei Volksfesten und Jahrmärkten eine Beteiligung an den Kosten für die Werbung verlangen. ³Landesrechtliche Bestimmungen über die Erhebung von Benutzungsgebühren durch Gemeinden und Gemeindeverbände bleiben unberührt.

§ 71a Öffentliche Sicherheit oder Ordnung

Den Ländern bleibt es vorbehalten, Vorschriften zur Aufrechterhaltung der öffentlichen Sicherheit oder Ordnung auf Veranstaltungen im Sinne der §§ 64 bis 68 zu erlassen.

§ 71b Anwendbarkeit von Vorschriften des stehenden Gewerbes für die Ausübung im Messe-, Ausstellungs- und Marktgewerbe

(1) Für die Ausübung des Messe-, Ausstellungs- und Marktgewerbes gilt § 29 entsprechend.

(2) ¹Für die Ausübung des Bewachungsgewerbes, des Versteigerergewerbes, des Gewerbes der Makler, Bauträger und Baubetreuer, des Versicherungsvermittlergewerbes sowie des Versicherungsberatergewerbes gelten § 34a Abs. 1 Satz 4 und Abs. 2 bis 5, § 34b Abs. 5 bis 8 und 10, § 34c Abs. 3 und 5, § 34d Abs. 6 bis 10, § 34e Abs. 2 bis 3 sowie die auf Grund des § 34a Abs. 2, des § 34b Abs. 8, des § 34c Abs. 3, des § 34d Abs. 8 und des § 34e Abs. 3 erlassenen Rechtsvorschriften entsprechend. ²Die zuständige Behörde kann für die Versteigerung leicht verderblicher Waren für ihren Bezirk Ausnahmen zulassen.

Titel V Taxen

§§ 72–80 (weggefallen)

Titel VI Innungen, Innungsausschüsse, Handwerkskammern, Innungsverbände

§§ 81 bis 104n (weggefallen)

Titel VIa Handwerksrolle

§§ 104o bis 104u (weggefallen)

Titel VII Arbeitnehmer

I. Allgemeine arbeitsrechtliche Grundsätze

§ 105 Freie Gestaltung des Arbeitsvertrages

[1]Arbeitgeber und Arbeitnehmer können Abschluss, Inhalt und Form des Arbeitsvertrages frei vereinbaren, soweit nicht zwingende gesetzliche Vorschriften, Bestimmungen eines anwendbaren Tarifvertrages oder einer Betriebsvereinbarung entgegenstehen. [2]Soweit die Vertragsbedingungen wesentlich sind, richtet sich ihr Nachweis nach den Bestimmungen des Nachweisgesetzes.

§ 106 Weisungsrecht des Arbeitgebers

[1]Der Arbeitgeber kann nach Inhalt, Ort und Zeit der Arbeitsleistung nach billigem Ermessen näher bestimmen, soweit diese Arbeitsbedingungen nicht durch den Arbeitsvertrag, Bestimmungen einer Betriebsvereinbarung, eines anwendbaren Tarifvertrages oder gesetzliche Vorschriften festgelegt sind. [2]Dies gilt auch hinsichtlich der Ordnung und des Verhaltens der Arbeitnehmer im Betrieb. [3]Bei der Ausübung des Ermessens hat der Arbeitgeber auch auf Behinderungen des Arbeitnehmers Rücksicht zu nehmen.

§ 107 Berechnung und Zahlung des Arbeitsentgelts

(1) Das Arbeitsentgelt ist in Euro zu berechnen und auszuzahlen.

(2) [1]Arbeitgeber und Arbeitnehmer können Sachbezüge als Teil des Arbeitsentgelts vereinbaren, wenn dies dem Interesse des Arbeitnehmers oder

der Eigenart des Arbeitsverhältnisses entspricht. ²Der Arbeitgeber darf dem Arbeitnehmer keine Waren auf Kredit überlassen. ³Er darf ihm nach Vereinbarung Waren in Anrechnung auf das Arbeitsentgelt überlassen, wenn die Anrechnung zu den durchschnittlichen Selbstkosten erfolgt. ⁴Die geleisteten Gegenstände müssen mittlerer Art und Güte sein, soweit nicht ausdrücklich eine andere Vereinbarung getroffen worden ist. ⁵Der Wert der vereinbarten Sachbezüge oder die Anrechnung der überlassenen Waren auf das Arbeitsentgelt darf die Höhe des pfändbaren Teils des Arbeitsentgelts nicht übersteigen.

(3) ¹Die Zahlung eines regelmäßigen Arbeitsentgelts kann nicht für die Fälle ausgeschlossen werden, in denen der Arbeitnehmer für seine Tätigkeit von Dritten ein Trinkgeld erhält. ²Trinkgeld ist ein Geldbetrag, den ein Dritter ohne rechtliche Verpflichtung dem Arbeitnehmer zusätzlich zu einer dem Arbeitgeber geschuldeten Leistung zahlt.

§ 108 Abrechnung des Arbeitsentgelts

(1) ¹Dem Arbeitnehmer ist bei Zahlung des Arbeitsentgelts eine Abrechnung in Textform zu erteilen. ²Die Abrechnung muss mindestens Angaben über Abrechnungszeitraum und Zusammensetzung des Arbeitsentgelts enthalten. ³Hinsichtlich der Zusammensetzung sind insbesondere Angaben über Art und Höhe der Zuschläge, Zulagen, sonstige Vergütungen, Art und Höhe der Abzüge, Abschlagszahlungen sowie Vorschüsse erforderlich.

(2) Die Verpflichtung zur Abrechnung entfällt, wenn sich die Angaben gegenüber der letzten ordnungsgemäßen Abrechnung nicht geändert haben.

(3) ¹Das Bundesministerium für Arbeit und Soziales bestimmt das Nähere zum Inhalt und Verfahren der Entgeltbescheinigung nach Absatz 1, die auch zu Zwecken nach dem Sozialgesetzbuch verwendet werden kann nach Maßgabe des § 97 Abs. 1 des Vierten Buches Sozialgesetzbuch. ²Der Arbeitnehmer kann vom Arbeitgeber zur Vorlage dieser Bescheinigung gegenüber Dritten eine weitere Entgeltbescheinigung verlangen, die sich auf die Angaben beschränkt, die zu diesem Zweck notwendig sind.

§ 109 Zeugnis

(1) ¹Der Arbeitnehmer hat bei Beendigung eines Arbeitsverhältnisses Anspruch auf ein schriftliches Zeugnis. ²Das Zeugnis muss mindestens Angaben zu Art und Dauer der Tätigkeit (einfaches Zeugnis) enthalten. ³Der Arbeitnehmer kann verlangen, dass sich die Angaben darüber hinaus auf Leistung und Verhalten im Arbeitsverhältnis (qualifiziertes Zeugnis) erstrecken.

(2) ¹Das Zeugnis muss klar und verständlich formuliert sein. ²Es darf keine Merkmale oder Formulierungen enthalten, die den Zweck haben, eine andere als aus der äußeren Form oder aus dem Wortlaut ersichtliche Aussage über den Arbeitnehmer zu treffen.

(3) Die Erteilung des Zeugnisses in elektronischer Form ist ausgeschlossen.

§ 110 Wettbewerbsverbot

¹Arbeitgeber und Arbeitnehmer können die berufliche Tätigkeit des Arbeitnehmers für die Zeit nach Beendigung des Arbeitsverhältnisses durch Vereinbarung beschränken (Wettbewerbsverbot). ²Die §§ 74 bis 75f des Handelsgesetzbuches sind entsprechend anzuwenden.

§§ 111, 112 (weggefallen)

§§ 113–132a *(aufgehoben)*

II. Meistertitel

§ 133 Befugnis zur Führung des Baumeistertitels

Die Befugnis zur Führung des Meistertitels in Verbindung mit einer anderen Bezeichnung, die auf eine Tätigkeit im Baugewerbe hinweist, insbesondere des Titels Baumeister und Baugewerksmeister, wird durch Rechtsverordnung der Bundesregierung[1] mit Zustimmung des Bundesrates geregelt.

§§ 133a bis 133d (weggefallen)

§§ 133e–139aa *(aufgehoben)*

III. Aufsicht

§ 139b Gewerbeaufsichtsbehörde

(1) ¹Die Aufsicht über die Ausführung der Bestimmungen der auf Grund des § 120e oder des § 139h erlassenen Rechtsverordnungen ist ausschließlich oder neben den ordentlichen Polizeibehörden besonderen von den Landesregierungen zu ernennenden Beamten zu übertragen. ²Denselben stehen bei Ausübung dieser Aufsicht alle amtlichen Befugnisse der Ortspolizeibehörden, insbesondere das Recht zur jederzeitigen Besichtigung und Prüfung der Anlagen zu. ³Die amtlich zu ihrer Kenntnis gelangenden Geschäfts- und Betriebsverhältnisse der ihrer Besichtigung und Prüfung unterliegenden Anlagen dürfen sie nur zur Verfolgung von Gesetzwidrigkeiten und zur Erfüllung von gesetzlich geregelten Aufgaben zum Schutz der Umwelt den dafür zuständigen Behörden offenbaren. ⁴Soweit es sich bei Geschäfts- und Betriebsverhältnissen um Informationen über die Umwelt im Sinne des Umweltinformationsgesetzes handelt, richtet sich die Befugnis zu ihrer Offenbarung nach dem Umweltinformationsgesetz.

(2) Die Ordnung der Zuständigkeitsverhältnisse zwischen diesen Beamten und den ordentlichen Polizeibehörden bleibt der verfassungsmäßigen Regelung in den einzelnen Ländern vorbehalten.

---

[1] **Amtl. Anm.:** Zuständige Stelle gemäß Artikel 129 Abs. 1 Satz 1 des Grundgesetzes.

Gewerbeordnung

(3) [1]Die erwähnten Beamten haben Jahresberichte über ihre amtliche Tätigkeit zu erstatten. [2]Diese Jahresberichte oder Auszüge aus denselben sind dem Bundesrat und dem Deutschen Bundestag vorzulegen.

(4) Die auf Grund der Bestimmungen der auf Grund des § 120e oder des § 139h erlassenen Rechtsverordnungen auszuführenden amtlichen Besichtigungen und Prüfungen müssen die Arbeitgeber zu jeder Zeit, namentlich auch in der Nacht, während des Betriebs gestatten.

(5) Die Arbeitgeber sind ferner verpflichtet, den genannten Beamten oder der Polizeibehörde diejenigen statistischen Mitteilungen über die Verhältnisse ihrer Arbeitnehmer zu machen, welche vom Bundesministerium für Arbeit und Soziales[1] durch Rechtsverordnung mit Zustimmung des Bundesrates oder von der Landesregierung unter Festsetzung der dabei zu beobachtenden Fristen und Formen vorgeschrieben werden.

(5a) (weggefallen)

(6) [1]Die Beauftragten der zuständigen Behörden sind befugt, die Unterkünfte, auf die sich die Pflichten der Arbeitgeber nach § 40a der Arbeitsstättenverordnung und nach den auf Grund des § 120e Abs. 3 erlassenen Rechtsverordnungen beziehen, zu betreten und zu besichtigen. [2]Gegen den Willen der Unterkunftsinhaber ist dies jedoch nur zur Verhütung dringender Gefahren für die öffentliche Sicherheit oder Ordnung zulässig. [3]Das Grundrecht der Unverletzlichkeit der Wohnung (Artikel 13 des Grundgesetzes) wird insoweit eingeschränkt.

(7) Ergeben sich im Einzelfall für die für den Arbeitsschutz zuständigen Landesbehörden konkrete Anhaltspunkte für
1. eine Beschäftigung oder Tätigkeit von Ausländern ohne erforderlichen Aufenthaltstitel nach § 4 Abs. 3 des Aufenthaltsgesetzes, eine Aufenthaltsgestattung oder eine Duldung, die zur Ausübung der Beschäftigung berechtigen, oder eine Genehmigung nach § 284 Abs. 1 des Dritten Buches Sozialgesetzbuch,
2. Verstöße gegen die Mitwirkungspflicht nach § 60 Abs. 1 Satz 1Nr. 2 des Ersten Buches Sozialgesetzbuch gegenüber einer Dienststelle der Bundesagentur für Arbeit, einem Träger der gesetzlichen Kranken-, Pflege-, Unfall- oder Rentenversicherung oder einem Träger der Sozialhilfe oder gegen die Meldepflicht nach § 8a des Asylbewerberleistungsgesetzes,
3. Verstöße gegen das Gesetz zur Bekämpfung der Schwarzarbeit,
4. Verstöße gegen das Arbeitnehmerüberlassungsgesetz,
5. Verstöße gegen Vorschriften des Vierten und Siebten Buches Sozialgesetzbuch über die Verpflichtung zur Zahlung von Sozialversicherungsbeiträgen,
6. Verstöße gegen das Aufenthaltsgesetz,
7. Verstöße gegen die Steuergesetze,

unterrichten sie die für die Verfolgung und Ahndung der Verstöße nach den Nummern 1 bis 7 zuständigen Behörden, die Träger der Sozialhilfe sowie die Behörden nach § 71 des Aufenthaltsgesetzes.

---

[1] **Amtl. Anm.:** Zuständige Stelle gemäß Artikel 129 Abs. 1 Satz 1 des Grundgesetzes.

(8) In den Fällen des Absatzes 7 arbeiten die für den Arbeitsschutz zuständigen Landesbehörden insbesondere mit folgenden Behörden zusammen:
1. den Agenturen für Arbeit,
2. den Trägern der Krankenversicherung als Einzugsstellen für die Sozialversicherungsbeiträge,
3. den Trägern der Unfallversicherung,
4. den nach Landesrecht für die Verfolgung und Ahndung von Verstößen gegen das Gesetz zur Bekämpfung der Schwarzarbeit zuständigen Behörden,
5. den in § 71 des Aufenthaltsgesetzes genannten Behörden,
6. den Finanzbehörden,
7. den Behörden der Zollverwaltung,
8. den Rentenversicherungsträgern,
9. den Trägern der Sozialhilfe.

§§ 139c bis 139h (weggefallen)

§ 139i *(aufgehoben)*

§§ 139k bis 139m (weggefallen)

Titel VIII Gewerbliche Hilfskassen

§ 140 *(aufgehoben)*

§§ 141 bis 141f (weggefallen)

Titel IX Statutarische Bestimmungen

§ 142 *(aufgehoben)*

Titel X Straf- und Bußgeldvorschriften

§ 143 (weggefallen)

§ 144 Verletzung von Vorschriften über erlaubnisbedürftige stehende Gewerbe

(1) Ordnungswidrig handelt, wer vorsätzlich oder fahrlässig
1. ohne die erforderliche Erlaubnis
   a) (weggefallen)
   b) nach § 30 Abs. 1 eine dort bezeichnete Anstalt betreibt,

Gewerbeordnung **Text**

c) nach § 33a Abs. 1 Satz 1 Schaustellungen von Personen in seinen Geschäftsräumen veranstaltet oder für deren Veranstaltung seine Geschäftsräume zur Verfügung stellt,
d) nach § 33c Abs. 1 Satz 1 ein Spielgerät aufstellt, nach § 33d Abs. 1 Satz 1 ein anderes Spiel veranstaltet oder nach § 33i Abs. 1 Satz 1 eine Spielhalle oder ein ähnliches Unternehmen betreibt,
e) nach § 34 Abs. 1 Satz 1 das Geschäft eines Pfandleihers oder Pfandvermittlers betreibt,
f) nach § 34a Abs. 1 Satz 1 Leben oder Eigentum fremder Personen bewacht,
g) nach § 34b Abs. 1 fremde bewegliche Sachen, fremde Grundstücke oder fremde Rechte versteigert,
h) nach § 34c Abs. 1 Satz 1 Nr. 1 oder Nummer 1a den Abschluß von Verträgen der dort bezeichneten Art vermittelt oder die Gelegenheit hierzu nachweist, nach § 34c Abs. 1 Satz 1 Nr. 4 als Bauherr oder Baubetreuer Bauvorhaben in der dort bezeichneten Weise vorbereitet oder durchführt, nach § 34c Abs. 1 Satz 1 Nr. 3 Anlageberatung betreibt oder
i) nach § 34c Abs. 1 Satz 1 Nr. 2 den Abschluss von Verträgen der dort bezeichneten Art vermittelt,
j) nach § 34d Abs. 1 Satz 1, auch in Verbindung mit § 34d Abs. 10, den Abschluss von Verträgen der dort bezeichneten Art vermittelt oder
k) nach § 34e Abs. 1 Satz 1 über Versicherungen berät oder
2. ohne die nach § 47 erforderliche Erlaubnis das Gewerbe durch einen Stellvertreter ausüben läßt.

(2) Ordnungswidrig handelt auch, wer vorsätzlich oder fahrlässig
1. einer auf Grund des § 33f Abs. 1 Nr. 1, 2 oder 4, § 33g Nr. 2, § 34 Abs. 2, § 34a Abs. 2, § 34b Abs. 8, § 34d Abs. 8 Satz 1 Nr. 1 oder 3, Satz 2 oder 3, § 34e Abs. 3 Satz 3 oder 4 oder § 38 Abs. 3 erlassenen Rechtsverordnung zuwiderhandelt, soweit sie für einen bestimmten Tatbestand auf diese Bußgeldvorschrift verweist,
2. entgegen § 34 Abs. 4 bewegliche Sachen mit Gewährung des Rückkaufsrechts ankauft,
3. einer vollziehbaren Auflage nach § 33a Abs. 1 Satz 3, § 33c Abs. 1 Satz 3, § 33d Abs. 1 Satz 2, § 33e Abs. 3, § 33i Abs. 1 Satz 2, § 34 Abs. 1 Satz 2, § 34a Abs. 1 Satz 2, § 34b Abs. 3, § 34d Abs. 1 Satz 2, auch in Verbindung mit Abs. 3 Satz 2, § 34e Abs. 1 Satz 2 oder § 36 Abs. 1 Satz 3 oder einer vollziehbaren Anordnung nach § 33c Abs. 3 Satz 3 oder § 34a Abs. 4 zuwiderhandelt,
4. ein Spielgerät ohne die nach § 33c Abs. 3 Satz 1 erforderliche Bestätigung der zuständigen Behörde aufstellt,
5. einer vollziehbaren Auflage nach § 34 c Abs. 1 Satz 2 zuwiderhandelt,
6. einer Rechtsverordnung nach § 34 c Abs. 3 oder einer vollziehbaren Anordnung auf Grund einer solchen Rechtsverordnung zuwiderhandelt, soweit die Rechtsverordnung für einen bestimmten Tatbestand auf diese Bußgeldvorschrift verweist,
7. entgegen § 34 d Abs. 7 Satz 1, auch in Verbindung mit § 34 e Abs. 2, sich nicht oder nicht rechtzeitig eintragen lässt oder

8. entgegen § 34 e Abs. 3 Satz 1, auch in Verbindung mit einer Rechtsverordnung nach Satz 2, eine Provision entgegennimmt.

(3) Ordnungswidrig handelt ferner, wer vorsätzlich oder fahrlässig bei einer Versteigerung einer Vorschrift des § 34 b Abs. 6 oder 7 zuwiderhandelt.

(4) Die Ordnungswidrigkeit kann in den Fällen des Absatzes 1 Nr. 1 Buchstabe i mit einer Geldbuße bis zu fünfzigtausend Euro, in den Fällen des Absatzes 1 Nr. 1 Buchstabe a bis h, j bis k, Nr. 2 und des Absatzes 2 Nr. 5 bis 8 mit einer Geldbuße bis zu fünftausend Euro, in den Fällen des Absatzes 2 Nr. 1 bis 4 mit einer Geldbuße bis zu zweitausendfünfhundert Euro, in den Fällen des Absatzes 3 mit einer Geldbuße bis zu eintausend Euro geahndet werden.

§ 145 Verletzung von Vorschriften über das Reisegewerbe

(1) Ordnungswidrig handelt, wer vorsätzlich oder fahrlässig
1. ohne Erlaubnis nach § 55 Abs. 2
    a) eine Tätigkeit nach § 34 c Abs. 1 Satz 1 Nr. 2 oder
    b) eine sonstige Tätigkeit als Reisegewerbe betreibt,
2. einer auf Grund des § 55f erlassenen Rechtsverordnung zuwiderhandelt, soweit sie für einen bestimmten Tatbestand auf diese Bußgeldvorschrift verweist,
2a. entgegen § 57 Abs. 3 das Versteigerergewerbe als Reisegewerbe ausübt,
3. einer vollziehbaren Anordnung nach § 59 Satz 1, durch die
    a) eine reisegewerbliche Tätigkeit nach § 34 c Abs. 1 Satz 1 Nr. 2 oder
    b) eine sonstige reisegewerbliche Tätigkeit untersagt wird,
    zuwiderhandelt oder
4. ohne die nach § 60a Abs. 2 Satz 2 oder Abs. 3 Satz 1 erforderliche Erlaubnis ein dort bezeichnetes Reisegewerbe betreibt.

(2) Ordnungswidrig handelt auch, wer vorsätzlich oder fahrlässig
1. einer auf Grund des § 60a Abs. 2 Satz 4 in Verbindung mit § 33f Abs. 1 oder § 33g Nr. 2 erlassenen Rechtsverordnung zuwiderhandelt, soweit sie für einen bestimmten Tatbestand auf diese Bußgeldvorschrift verweist,
2. Waren im Reisegewerbe
    a) entgegen § 56 Abs. 1 Nr. 1 vertreibt,
    b) entgegen § 56 Abs. 1 Nr. 2 feilbietet oder ankauft oder
    c) entgegen § 56 Abs. 1 Nr. 3 feilbietet,
3. (weggefallen)
4. (weggefallen)
5. *(aufgehoben)*
6. entgegen § 56 Abs. 1 Nr. 6 Rückkauf- oder Darlehensgeschäfte abschließt oder vermittelt,
7. einer vollziehbaren Auflage nach
    a) § 55 Abs. 3, auch in Verbindung mit § 56 Abs. 2 Satz 3 zweiter Halbsatz,
    b) § 60a Abs. 2 Satz 4 in Verbindung mit § 33d Abs. 1 Satz 2 oder
    c) § 60a Abs. 3 Satz 2 in Verbindung mit § 33i Abs. 1 Satz 2
    zuwiderhandelt,
8. einer Rechtsverordnung nach § 61a Abs. 2 Satz 1 in Verbindung mit § 34a Abs. 2, § 34b Abs. 8, § 34d Abs. 8 Satz 1 Nr. 1 oder 3, Satz 2 oder 3 oder

Gewerbeordnung **Text**

§ 34e Abs. 3 Satz 3 oder 4 oder einer vollziehbaren Anordnung auf Grund einer solchen Rechtsverordnung zuwiderhandelt, soweit die Rechtsverordnung für einen bestimmten Tatbestand auf diese Bußgeldvorschrift verweist oder
9. einer Rechtsverordnung nach § 61a Abs. 2 Satz 1 in Verbindung mit § 34c Abs. 3 oder einer vollziehbaren Anordnung auf Grund dieser Rechtsverordnung zuwiderhandelt, soweit die Rechtsverordnung für einen bestimmten Tatbestand auf diese Bußgeldvorschrift verweist.

(3) Ordnungswidrig handelt ferner, wer vorsätzlich oder fahrlässig
1. entgegen § 55c eine Anzeige nicht, nicht richtig, nicht vollständig oder nicht rechtzeitig erstattet,
2. an Sonn- oder Feiertagen eine im § 55e Abs. 1 bezeichnete Tätigkeit im Reisegewerbe ausübt,
3. entgegen § 60c Abs. 1 Satz 1, auch in Verbindung mit § 56 Abs. 2 Satz 3 zweiter Halbsatz oder § 60c Abs. 2 Satz 2 oder Abs. 3 Satz 2, die Reisegewerbekarte oder eine dort genannte Unterlage nicht bei sich führt oder nicht oder nicht rechtzeitig vorzeigt oder eine dort genannte Tätigkeit nicht oder nicht rechtzeitig einstellt,
4. entgegen § 60c Abs. 1 Satz 2, auch in Verbindung mit § 56 Abs. 2 Satz 3, die geführten Waren nicht vorlegt,
5. *(aufgehoben)*
6. entgegen § 56a Absatz 1 Satz 1 die Veranstaltung eines Wanderlagers nicht, nicht richtig, nicht vollständig oder nicht rechtzeitig anzeigt oder die Art der Ware oder der Dienstleistung oder den Ort der Veranstaltung in der öffentlichen Ankündigung nicht angibt,
7. entgegen § 56a Absatz 1 Satz 2 unentgeltliche Zuwendungen einschließlich Preisausschreiben, Verlosungen oder Ausspielungen ankündigt,
8. entgegen § 56a Absatz 1 Satz 4 als Veranstalter ein Wanderlager von einer Person leiten läßt, die in der Anzeige nicht genannt ist,
9. einer vollziehbaren Anordnung nach § 56a Absatz 2 zuwiderhandelt,
10. entgegen § 60c Abs. 2 Satz 1 eine Zweitschrift oder eine beglaubigte Kopie der Reisegewerbekarte nicht oder nicht rechtzeitig aushändigt oder
11. entgegen § 60c Abs. 3 Satz 1 eine dort genannte Unterlage nicht mit sich führt.

(4) Die Ordnungswidrigkeit kann in den Fällen des Absatzes 1 Nr. 1 Buchstabe a und Nr. 3 Buchstabe a mit einer Geldbuße bis zu fünfzigtausend Euro, in den Fällen des Absatzes 1 Nr. 1 Buchstabe b, Nr. 2, 2a, 3 Buchstabe b, Nr. 4 und des Absatzes 2 Nr. 9 mit einer Geldbuße bis zu fünftausend Euro, in den Fällen des Absatzes 2 Nr. 1 bis 8 mit einer Geldbuße bis zu zweitausendfünfhundert Euro, in den Fällen des Absatzes 3 mit einer Geldbuße bis zu eintausend Euro geahndet werden.

§ 146 Verletzung sonstiger Vorschriften über die Ausübung eines Gewerbes

(1) Ordnungswidrig handelt, wer vorsätzlich oder fahrlässig
1. einer vollziehbaren Anordnung

a) nach § 35 Abs. 1 Satz 1 oder 2,
b) nach § 35 Abs. 7a Satz 1,3 in Verbindung mit Abs. 1 Satz 1 oder 2 oder
c) nach § 35 Abs. 9 in Verbindung mit den in den Buchstaben a oder b genannten Vorschriften
zuwiderhandelt,
1a. einer mit einer Erlaubnis nach § 35 Abs. 2, auch in Verbindung mit Abs. 9, verbundenen vollziehbaren Auflage zuwiderhandelt oder
2. entgegen einer vollziehbaren Anordnung nach § 51 Satz 1 eine gewerbliche Anlage benutzt.

(2) Ordnungswidrig handelt ferner, wer vorsätzlich oder fahrlässig
1. einer Rechtsverordnung nach § 6c oder einer vollziehbaren Anordnung auf Grund einer solchen Rechtsverordnung zuwiderhandelt, soweit die Rechtsverordnung für einen bestimmten Tatbestand auf diese Bußgeldvorschrift verweist,
2. entgegen § 14 Abs. 1 bis 4 eine Anzeige nicht, nicht richtig, nicht vollständig oder nicht rechtzeitig erstattet,
3. entgegen § 14 Absatz 3 Satz 2 oder Satz 3 eine dort genannte Angabe nicht, nicht richtig, nicht vollständig, nicht in der vorgeschriebenen Weise oder nicht rechtzeitig anbringt,
4. entgegen § 29 Abs. 1, auch in Verbindung mit Abs. 4, jeweils auch in Verbindung mit § 61a Abs. 1 oder § 71b Abs. 1, eine Auskunft nicht, nicht richtig, nicht vollständig oder nicht rechtzeitig erteilt,
5. im Wochenmarktverkehr andere als nach § 67 Abs. 1 oder 2 zugelassene Waren feilbietet,
6. entgegen § 69 Abs. 3 eine Anzeige nicht, nicht richtig oder nicht rechtzeitig erstattet,
7. einer vollziehbaren Auflage nach § 69a Abs. 2, auch in Verbindung mit § 60b Abs. 2 erster Halbsatz, zuwiderhandelt,
8. einer vollziehbaren Anordnung nach § 70a Abs. 1, auch in Verbindung mit § 60b Abs. 2, zuwiderhandelt, durch die die Teilnahme an einer dort genannten Veranstaltung
a) zum Zwecke der Ausübung einer Tätigkeit nach § 34c Abs. 1 Satz 1 Nr. 2 oder
b) zum Zwecke der Ausübung einer sonstigen gewerbsmäßigen Tätigkeit untersagt wird,
9. entgegen § 70a Abs. 3 das Versteigerergewerbe auf einer Veranstaltung im Sinne der §§ 64 bis 68 ausübt,
10. *(aufgehoben)*
11. einer Rechtsverordnung nach § 71b Abs. 2 Satz 1 in Verbindung mit § 34a Abs. 2, § 34b Abs. 8, § 34d Abs. 8 Satz 1 Nr. 1 oder 3, Satz 2 oder 3 oder § 34e Abs. 3 Satz 3 oder 4 oder einer vollziehbaren Anordnung auf Grund einer solchen Rechtsverordnung zuwiderhandelt, soweit die Rechtsverordnung für einen bestimmten Tatbestand auf diese Bußgeldvorschrift verweist,
11a. einer Rechtsverordnung nach § 71b Abs. 2 Satz 1 in Verbindung mit § 34c Abs. 3 oder einer vollziehbaren Anordnung auf Grund dieser Rechtsverordnung zuwiderhandelt, soweit die Rechtsverordnung für einen bestimmten Tatbestand auf diese Bußgeldvorschrift verweist oder

Gewerbeordnung

12. entgegen einer nach § 133 Abs. 2 Satz 1 ergangenen Rechtsverordnung die Berufsbezeichnung „Baumeister" oder eine Berufsbezeichnung führt, die das Wort „Baumeister" enthält und auf eine Tätigkeit im Baugewerbe hinweist.

(3) Die Ordnungswidrigkeit kann in den Fällen des Absatzes 2 Nr. 8 Buchstabe a mit einer Geldbuße bis zu fünfzigtausend Euro, in den Fällen des Absatzes 1 und 2 Nr. 11a mit einer Geldbuße bis zu fünftausend Euro, in den Fällen des Absatzes 2 Nr. 4 und 7 mit einer Geldbuße bis zu zweitausendfünfhundert Euro, in den übrigen Fällen des Absatzes 2 mit einer Geldbuße bis zu eintausend Euro geahndet werden.

§ 147 Verletzung von Arbeitsschutzvorschriften

(1) Ordnungswidrig handelt, wer vorsätzlich oder fahrlässig
1. eine Besichtigung oder Prüfung nach § 139b Abs. 1 Satz 2, Abs. 4, 6 Satz 1 oder 2 nicht gestattet oder
2. entgegen § 139b Abs. 5 eine vorgeschriebene statistische Mitteilung nicht, nicht richtig, nicht vollständig oder nicht rechtzeitig macht.

(2) Die Ordnungswidrigkeit kann mit einer Geldbuße geahndet werden.

§ 147a Verbotener Erwerb von Edelmetallen und Edelsteinen

(1) Es ist verboten, von Minderjährigen gewerbsmäßig
1. Edelmetalle (Gold, Silber, Platin und Platinbeimetalle), edelmetallhaltige Legierungen sowie Waren aus Edelmetall oder edelmetallhaltigen Legierungen oder
2. Edelsteine, Schmucksteine, synthetische Steine oder Perlen
zu erwerben.

(2) ¹Ordnungswidrig handelt, wer vorsätzlich oder fahrlässig Gegenstände der in Absatz 1 bezeichneten Art von Minderjährigen gewerbsmäßig erwirbt. ²Die Ordnungswidrigkeit kann mit einer Geldbuße bis zu fünftausend Euro geahndet werden.

§ 147b Verbotene Annahme von Entgelten für Pauschalreisen

(1) Ordnungswidrig handelt, wer entgegen § 651k Abs. 4 Satz 1, auch in Verbindung mit Absatz 5 Satz 2 des Bürgerlichen Gesetzbuchs, ohne Übergabe eines Sicherungsscheins oder ohne Nachweis einer Sicherheitsleistung eine Zahlung des Reisenden auf den Reisepreis fordert oder annimmt.

(2) Die Ordnungswidrigkeit kann mit einer Geldbuße bis zu 5 000 Euro geahndet werden.

§ 148 Strafbare Verletzung gewerberechtlicher Vorschriften

Mit Freiheitsstrafe bis zu einem Jahr oder mit Geldstrafe wird bestraft, wer
1. eine in § 144 Abs. 1, § 145 Abs. 1, 2 Nr. 2 oder 6 oder § 146 Abs. 1 bezeichnete Zuwiderhandlung beharrlich wiederholt oder

Text Gewerbeordnung

2. durch eine in § 144 Abs. 1 Nr. 1 Buchstabe b, Abs. 2 Nr. 1, § 145 Abs. 1, 2 Nr. 1 oder 2 oder § 146 Abs. 1 bezeichnete Zuwiderhandlung Leben oder Gesundheit eines anderen oder fremde Sachen von bedeutendem Wert gefährdet.

§ 148a Strafbare Verletzung von Prüferpflichten

(1) Mit Freiheitsstrafe bis zu drei Jahren oder mit Geldstrafe wird bestraft, wer als Prüfer oder als Gehilfe eines Prüfers über das Ergebnis einer Prüfung nach § 16 Abs. 1 oder 2 der Makler- und Bauträgerverordnung falsch berichtet oder erhebliche Umstände im Bericht verschweigt.

(2) Handelt der Täter gegen Entgelt oder in der Absicht, sich oder einen anderen zu bereichern oder einen anderen zu schädigen, so ist die Strafe Freiheitsstrafe bis zu fünf Jahren oder Geldstrafe.

§ 148b Fahrlässige Hehlerei von Edelmetallen und Edelsteinen

Wer gewerbsmäßig mit den in § 147a Abs. 1 bezeichneten Gegenständen Handel treibt oder gewerbsmäßig Edelmetalle und edelmetallhaltige Legierungen und Rückstände hiervon schmilzt, probiert oder scheidet oder aus den Gemengen und Verbindungen von Edelmetallabfällen mit Stoffen anderer Art Edelmetalle wiedergewinnt und beim Betrieb eines derartigen Gewerbes einen der in § 147a Abs. 1 bezeichneten Gegenstände, von dem er fahrlässig nicht erkannt hat, daß ihn ein anderer gestohlen oder sonst durch eine gegen ein fremdes Vermögen gerichtete rechtswidrige Tat erlangt hat, ankauft oder sich oder einem Dritten verschafft, ihn absetzt oder absetzen hilft, um sich oder einen anderen zu bereichern, wird mit Freiheitsstrafe bis zu einem Jahr oder mit Geldstrafe bestraft.

Titel XI Gewerbezentralregister

§ 149 Einrichtung eines Gewerbezentralregisters

(1) Das Bundesamt für Justiz (Registerbehörde) führt ein Gewerbezentralregister.

(2) ¹In das Register sind einzutragen
1. die vollziehbaren und die nicht mehr anfechtbaren Entscheidungen einer Verwaltungsbehörde, durch die wegen Unzuverlässigkeit oder Ungeeignetheit
   a) ein Antrag auf Zulassung (Erlaubnis, Genehmigung, Konzession, Bewilligung) zu einem Gewerbe oder einer sonstigen wirtschaftlichen Unternehmung abgelehnt oder eine erteilte Zulassung zurückgenommen oder widerrufen,
   b) die Ausübung eines Gewerbes, die Tätigkeit als Vertretungsberechtigter einer Gewerbetreibenden oder als mit der Leitung eines Gewerbebetrie-

bes beauftragte Person oder der Betrieb oder die Leitung einer sonstigen wirtschaftlichen Unternehmung untersagt,
   c) ein Antrag auf Erteilung eines Befähigungsscheines nach § 20 des Sprengstoffgesetzes abgelehnt oder ein erteilter Befähigungsschein entzogen oder
   d) im Rahmen eines Gewerbebetriebes oder einer sonstigen wirtschaftlichen Unternehmung die Befugnis zur Einstellung oder Ausbildung von Auszubildenden entzogen oder die Beschäftigung, Beaufsichtigung, Anweisung oder Ausbildung von Kindern und Jugendlichen verboten wird,
2. Verzichte auf eine Zulassung zu einem Gewerbe oder einer sonstigen wirtschaftlichen Unternehmung während eines Rücknahme- oder Widerrufsverfahrens,
3. rechtskräftige Bußgeldentscheidungen, insbesondere auch solche wegen einer Steuerordnungswidrigkeit, die
   a) bei oder in Zusammenhang mit der Ausübung eines Gewerbes oder dem Betrieb einer sonstigen wirtschaftlichen Unternehmung oder
   b) bei der Tätigkeit in einem Gewerbe oder einer sonstigen wirtschaftlichen Unternehmung von einem Vertreter oder Beauftragten im Sinne des § 9 des Gesetzes über Ordnungswidrigkeiten oder von einer Person, die in einer Rechtsvorschrift ausdrücklich als Verantwortlicher bezeichnet ist,
   begangen worden ist, wenn die Geldbuße mehr als 200 Euro beträgt,
4. rechtskräftige strafgerichtliche Verurteilungen wegen einer Straftat nach den §§ 10 und 11 des Schwarzarbeitsbekämpfungsgesetzes, nach den §§ 15 und 15a des Arbeitnehmerüberlassungsgesetzes oder nach § 266a Abs. 1, 2 und 4 des Strafgesetzbuches, die bei oder im Zusammenhang mit der Ausübung eines Gewerbes oder dem Betrieb einer sonstigen wirtschaftlichen Unternehmung begangen worden ist, wenn auf Freiheitsstrafe von mehr als drei Monaten oder Geldstrafe von mehr als 90 Tagessätzen erkannt worden ist.

²Von der Eintragung sind Entscheidungen und Verzichte ausgenommen, die nach § 28 des Straßenverkehrsgesetzes in das Verkehrszentralregister einzutragen sind.

§ 150 Auskunft auf Antrag des Betroffenen

(1) Auf Antrag erteilt die Registerbehörde einer Person Auskunft über den sie betreffenden Inhalt des Registers.

(2) ¹Der Antrag ist bei der gemäß § 155 Abs. 2 bestimmten Behörde zu stellen. ²Der Antragsteller hat seine Identität und, wenn er als gesetzlicher Vertreter handelt, seine Vertretungsmacht nachzuweisen; er kann sich bei der Antragstellung nicht durch einen Bevollmächtigten vertreten lassen. ³Die Behörde nimmt die Gebühr für die Auskunft entgegen, behält davon drei Achtel ein und führt den Restbetrag an die Bundeskasse ab.

Text Gewerbeordnung

(3) ¹Wohnt der Antragsteller außerhalb des Geltungsbereichs dieses Gesetzes, so kann er den Antrag unmittelbar bei der Registerbehörde stellen. ²Absatz 2 Satz 2 gilt entsprechend.

(4) Die Übersendung der Auskunft an eine andere Person als den Betroffenen ist nicht zulässig.

(5) ¹Für die Vorbereitung der Entscheidung über einen Antrag auf Zulassung zu einem Gewerbe oder einer sonstigen wirtschaftlichen Unternehmung, auf Erteilung eines Befähigungsscheins nach § 20 des Sprengstoffgesetzes oder zur Überprüfung der Zuverlässigkeit nach § 38 Abs. 1 kann die Auskunft auch zur Vorlage bei einer Behörde beantragt werden. ²Wird die Auskunft zur Vorlage bei einer Behörde beantragt, ist sie der Behörde unmittelbar zu übersenden. ³Die Behörde hat dem Betroffenen auf Verlangen Einsicht in die Auskunft zu gewähren.

§ 150a Auskunft an Behörden oder öffentliche Auftraggeber

(1) ¹Auskünfte aus dem Register werden für
1. die Verfolgung wegen einer
   a) in § 148 Nr. 1,
   b) in § 404 Abs. 1, 2 Nr. 3 des Dritten Buches Sozialgesetzbuch, in § 8 Abs. 1 des Schwarzarbeitsbekämpfungsgesetzes, in § 23 Abs. 1 und 2 des Arbeitnehmer-Entsendegesetzes, § 18 Abs. 1 und 2 des Mindestarbeitsbedingungengesetzes und in § 16 Abs. 1 bis 2 des Arbeitnehmerüberlassungsgesetzes

   bezeichneten Ordnungswidrigkeit,
2. die Vorbereitung
   a) der Entscheidung über die in § 149 Abs. 2 Nr. 1 Buchstabe a und c bezeichneten Anträge,
   b) der übrigen in § 149 Abs. 2 Nr. 1 Buchstabe a bis d bezeichneten Entscheidungen,
   c) von Verwaltungsentscheidungen auf Grund des Straßenverkehrsgesetzes, des Fahrlehrergesetzes, des Fahrpersonalgesetzes, des Binnenschiffahrtsaufgabengesetzes oder der auf Grund dieser Gesetze erlassenen Rechtsvorschriften über Eintragungen, die das Personenbeförderungsgesetz oder das Güterkraftverkehrsgesetz betreffen,
3. die Vorbereitung von Rechtsvorschriften und allgemeinen Verwaltungsvorschriften, insoweit nur in anonymisierter Form,
4. die Vorbereitung von vergaberechtlichen Entscheidungen über strafgerichtliche Verurteilungen und Bußgeldentscheidungen nach § 21 Abs. 1 des Schwarzarbeitsbekämpfungsgesetzes, § 23 Abs. 1 und 2 des Arbeitnehmer-Entsendegesetzes und § 18 Abs. 1 und 2 des Mindestarbeitsbedingungengesetzes,

erteilt. ²Auskunftsberechtigt sind die Behörden und öffentlichen Auftraggeber im Sinne des § 98 Nr. 1 bis 3 und 5 des Gesetzes gegen Wettbewerbsbeschränkungen, denen die in Satz 1 bezeichneten Aufgaben obliegen.

(2) Auskünfte aus dem Register werden ferner

Gewerbeordnung   **Text**

1. den Gerichten und Staatsanwaltschaften über die in § 149 Abs. 2 Nr. 1 und 2 bezeichneten Eintragungen für Zwecke der Rechtspflege, zur Verfolgung von Straftaten nach § 148 Nr. 1, nach § 95 Abs. 1 Nr. 4 des Aufenthaltsgesetzes und § 12 Abs. 4 Nr. 2 des Jugendschutzgesetzes auch über die in § 149 Abs. 2 Nr. 3 bezeichneten Eintragungen,
2. den Kriminaldienst verrichtenden Dienststellen der Polizei für Zwecke der Verhütung und Verfolgung der in § 74c Abs. 1 Nr. 1 bis 6 des Gerichtsverfassungsgesetzes aufgeführten Straftaten über die in § 149 Abs. 2 Nr. 1 und 2 bezeichneten Eintragungen,
3. den zuständigen Behörden für die Aufhebung der in § 149 Abs. 2 Nr. 3 bezeichneten Bußgeldentscheidungen, auch wenn die Geldbuße weniger als 200 Euro beträgt,
4. den nach § 81 Abs. 10 des Gesetzes gegen Wettbewerbsbeschränkungen zuständigen Behörden zur Verfolgung von Ordnungswidrigkeiten nach § 81 Abs. 1 bis 3 des Gesetzes gegen Wettbewerbsbeschränkungen die in § 149 Abs. 2 Nr. 3 bezeichneten Eintragungen,

erteilt.

(3) Auskünfte über Bußgeldentscheidungen wegen einer Steuerordnungswidrigkeit dürfen nur in den in Absatz 1 Nr. 1 und 2 genannten Fällen erteilt werden.

(4) Die auskunftsberechtigten Stellen haben den Zweck anzugeben, für den die Auskunft benötigt wird.

(5) Die nach Absatz 1 Satz 2 auskunftsberechtigten Stellen haben dem Betroffenen auf Verlangen Einsicht in die Auskunft aus dem Register zu gewähren.

(6) Die Auskünfte aus dem Register dürfen nur den mit der Entgegennahme oder Bearbeitung betrauten Bediensteten zur Kenntnis gebracht werden.

§ 150b Auskunft für die wissenschaftliche Forschung

(1) Die Registerbehörde kann Hochschulen, anderen Einrichtungen, die wissenschaftliche Forschung betreiben, und öffentlichen Stellen Auskunft aus dem Register erteilen, soweit diese für die Durchführung bestimmter wissenschaftlicher Forschungsarbeiten erforderlich ist.

(2) Die Auskunft ist zulässig, soweit das öffentliche Interesse an der Forschungsarbeit das schutzwürdige Interesse des Betroffenen an dem Ausschluß der Auskunft erheblich überwiegt.

(3) Die Auskunft wird in anonymisierter Form erteilt, wenn der Zweck der Forschungsarbeit unter Verwendung solcher Informationen erreicht werden kann.

(4) [1]Vor Erteilung der Auskunft wird von der Registerbehörde zur Geheimhaltung verpflichtet, wer nicht Amtsträger oder für den öffentlichen Dienst besonders Verpflichteter ist. [2]§ 1 Abs. 2 und 3 des Verpflichtungsgesetzes findet entsprechende Anwendung.

(5) ¹Die personenbezogenen Informationen dürfen nur für die Forschungsarbeit verwendet werden, für die die Auskunft erteilt worden ist. ²Die Verwendung für andere Forschungsarbeiten oder die Weitergabe richtet sich nach den Absätzen 1 bis 4 und bedarf der Zustimmung der Registerbehörde des Generalbundesanwalts.

(6) ¹Die Informationen sind gegen unbefugte Kenntnisnahme durch Dritte zu schützen. ²Die wissenschaftliche Forschung betreibende Stelle hat dafür zu sorgen, daß die Verwendung der personenbezogenen Informationen räumlich und organisatorisch getrennt von der Erfüllung solcher Verwaltungsaufgaben oder Geschäftszwecke erfolgt, für die diese Informationen gleichfalls von Bedeutung sein können.

(7) ¹Sobald der Forschungszweck es erlaubt, sind die personenbezogenen Informationen zu anonymisieren. ²Solange dies noch nicht möglich ist, sind die Merkmale gesondert aufzubewahren, mit denen Einzelangaben über persönliche oder sachliche Verhältnisse einer bestimmten oder bestimmbaren Person zugeordnet werden können. ³Sie dürfen mit den Einzelangaben nur zusammengeführt werden, soweit der Forschungszweck dies erfordert.

(8) Wer nach den Absätzen 1 bis 3 personenbezogene Informationen erhalten hat, darf diese nur veröffentlichen, wenn dies für die Darstellung von Forschungsergebnissen über Ereignisse der Zeitgeschichte unerläßlich ist.

(9) Ist der Empfänger eine nicht-öffentliche Stelle, gilt § 38 des Bundesdatenschutzgesetzes mit der Maßgabe, daß die Aufsichtsbehörde die Ausführung der Vorschriften über den Datenschutz auch dann überwacht, wenn keine hinreichenden Anhaltspunkte für eine Verletzung dieser Vorschriften vorliegen oder wenn der Empfänger die personenbezogenen Informationen nicht in Dateien verarbeitet.

§ 151 Eintragungen in besonderen Fällen

(1) In den Fällen des § 149 Abs. 2 Nr. 1 Buchstabe a und b ist die Eintragung auch bei
1. dem Vertretungsberechtigten einer juristischen Person,
2. der mit der Leitung des Betriebs oder einer Zweigniederlassung beauftragten Person,

die unzuverlässig oder ungeeignet sind, vorzunehmen, in den Fällen des § 149 Abs. 2 Nr. 1 Buchstabe b jedoch nur, sofern dem Betroffenen die Ausübung eines Gewerbes oder die Tätigkeit als Vertretungsberechtigter eines Gewerbetreibenden oder als mit der Leitung eines Gewerbebetriebes beauftragte Person nicht selbst untersagt worden ist.

(2) Wird eine nach § 149 Abs. 2 Nr. 1 eingetragene vollziehbare Entscheidung unanfechtbar, so ist dies in das Register einzutragen.

(3) Sind in einer Bußgeldentscheidung mehrere Geldbußen festgesetzt (§ 20 des Gesetzes über Ordnungswidrigkeiten), von denen nur ein Teil einzutragen ist, so sind lediglich diese einzutragen.

(4) In das Register ist der rechtskräftige Beschluß einzutragen, durch den das Gericht hinsichtlich einer eingetragenen Bußgeldentscheidung die Wie-

Gewerbeordnung **Text**

deraufnahme des Verfahrens anordnet (§ 85 Abs. 1 des Gesetzes über Ordnungswidrigkeiten).

(5) ¹Wird durch die endgültige Entscheidung in dem Wiederaufnahmeverfahren die frühere Entscheidung aufrechterhalten, so ist dies in das Register einzutragen. ²Andernfalls wird die Eintragung nach Absatz 4 aus dem Register entfernt. ³Enthält die neue Entscheidung einen einzutragenden Inhalt, so ist dies mitzuteilen.

§ 152 Entfernung von Eintragungen

(1) Wird eine nach § 149 Abs. 2 Nr. 1 eingetragene Entscheidung aufgehoben oder eine solche Entscheidung oder ein nach § 149 Abs. 2 Nr. 2 eingetragener Verzicht durch eine spätere Entscheidung gegenstandslos, so wird die Entscheidung oder der Verzicht aus dem Register entfernt.

(2) Ebenso wird verfahren, wenn die Behörde eine befristete Entscheidung erlassen hat oder in der Mitteilung an das Register bestimmt hat, daß die Entscheidung nur für eine bestimmte Frist eingetragen werden soll, und diese Frist abgelaufen ist.

(3) Das gleiche gilt, wenn die Vollziehbarkeit einer nach § 149 Abs. 2 Nr. 1 eingetragenen Entscheidung auf Grund behördlicher oder gerichtlicher Entscheidung entfällt.

(4) Eintragungen, die eine über 80 Jahre alte Person betreffen, werden aus dem Register entfernt.

(5) Wird ein Bußgeldbescheid in einem Strafverfahren aufgehoben (§ 86 Abs. 1, § 102 Abs. 2 des Gesetzes über Ordnungswidrigkeiten), so wird die Eintragung aus dem Register entfernt.

(6) ¹Eintragungen über Personen, deren Tod der Registerbehörde amtlich mitgeteilt worden ist, werden ein Jahr nach dem Eingang der Mitteilung aus dem Register entfernt. ²Während dieser Zeit darf über die Eintragungen keine Auskunft erteilt werden.

(7) ¹Eintragungen über juristische Personen und Personenvereinigungen nach § 149 Abs. 2 Nr. 1 und 2 werden nach Ablauf von zwanzig Jahren seit dem Tag der Eintragung aus dem Register entfernt. ²Enthält das Register mehrere Eintragungen, so ist die Entfernung einer Eintragung erst zulässig, wenn für alle Eintragungen die Voraussetzungen der Entfernung vorliegen.

§ 153 Tilgung von Eintragungen

(1) Die Eintragungen nach § 149 Abs. 2 Nr. 3 sind nach Ablauf einer Frist
1. von drei Jahren, wenn die Höhe der Geldbuße nicht mehr als 300 Euro beträgt,
2. von fünf Jahren in den übrigen Fällen
zu tilgen.

(2) ¹Eintragungen nach § 149 Abs. 2 Nr. 4 sind nach Ablauf einer Frist von fünf Jahren zu tilgen. ²Ohne Rücksicht auf den Lauf der Frist nach Satz 1

wird eine Eintragung getilgt, wenn ihre Tilgung im Zentralregister nach § 49 des Bundeszentralregistergesetzes angeordnet wird.

(3) [1]Der Lauf der Frist beginnt bei Eintragungen nach Absatz 1 mit der Rechtskraft der Entscheidung, bei Eintragungen nach Absatz 2 mit dem Tag des ersten Urteils. [2]Dieser Zeitpunkt bleibt auch maßgebend, wenn eine Entscheidung im Wiederaufnahmeverfahren rechtskräftig abgeändert worden ist.

(4) Enthält das Register mehrere Eintragungen, so ist die Tilgung einer Eintragung erst zulässig, wenn bei allen Eintragungen die Frist des Absatzes 1 oder 2 abgelaufen ist.

(5) [1]Eine zu tilgende Eintragung wird ein Jahr nach Eintritt der Voraussetzungen für die Tilgung aus dem Register entfernt. [2]Während dieser Zeit darf über die Eintragung keine Auskunft erteilt werden.

(6) [1]Ist die Eintragung im Register getilgt worden oder ist sie zu tilgen, so dürfen die Ordnungswidrigkeit und die Bußgeldentscheidung nicht mehr zum Nachteil des Betroffenen verwertet werden. [2]Dies gilt nicht, wenn der Betroffene die Zulassung zu einem Gewerbe oder einer sonstigen wirtschaftlichen Unternehmung beantragt, falls die Zulassung sonst zu einer erheblichen Gefährdung der Allgemeinheit führen würde, oder der Betroffene die Aufhebung einer die Ausübung des Gewerbes oder einer sonstigen wirtschaftlichen Unternehmung untersagenden Entscheidung beantragt. [3]Hinsichtlich einer getilgten oder zu tilgenden strafgerichtlichen Verurteilung gelten die §§ 51 und 52 des Bundeszentralregistergesetzes.

(7) Absatz 6 ist entsprechend anzuwenden auf rechtskräftige Bußgeldentscheidungen wegen Ordnungswidrigkeiten im Sinne des § 149 Abs. 2 Nr. 3, bei denen die Geldbuße nicht mehr als 200 Euro beträgt, sofern seit dem Eintritt der Rechtskraft der Entscheidung mindestens drei Jahre vergangen sind.

§ 153a Mitteilungen zum Gewerbezentralregister

(1) [1]Die Behörden und die Gerichte teilen dem Gewerbezentralregister die einzutragenden Entscheidungen, Feststellungen und Tatsachen mit. [2]§ 30 der Abgabenordnung steht den Mitteilungen von Entscheidungen im Sinne des § 149 Abs. 2 Nr. 3 nicht entgegen.

(2) Erhält die Registerbehörde eine Mitteilung über die Änderung des Namens einer Person, über die das Register eine Eintragung enthält, so ist der neue Name bei der Eintragung zu vermerken.

§ 153b Verwaltungsvorschriften

[1]Die näheren Bestimmungen über den Aufbau des Registers trifft das Bundesministerium der Justiz im Einvernehmen mit dem Bundesministerium für Wirtschaft und Technologie. [2]Soweit die Bestimmungen die Erfassung und Aufbereitung der Daten sowie die Auskunftserteilung betreffen, werden sie von der Bundesregierung mit Zustimmung des Bundesrates getroffen.

Gewerbeordnung   **Text**

Schlußbestimmungen

§§ 154, 154a *(aufgehoben)*

§ 155 Landesrecht, Zuständigkeiten

(1) Wo in diesem Gesetz auf die Landesgesetze verwiesen ist, sind unter den letzteren auch die verfassungs- oder gesetzmäßig erlassenen Rechtsverordnungen zu verstehen.

(2) Die Landesregierungen oder die von ihnen bestimmten Stellen bestimmen die für die Ausführung dieses Gesetzes und der nach diesem Gesetz ergangenen Rechtsverordnungen zuständigen Behörden, soweit in diesem Gesetz nichts anderes bestimmt ist.

(3) Die Landesregierungen werden ermächtigt, ihre Befugnis zum Erlaß von Rechtsverordnungen auf oberste Landesbehörden und auf andere Behörden zu übertragen und dabei zu bestimmen, daß diese ihre Befugnis durch Rechtsverordnung auf nachgeordnete oder ihrer Aufsicht unterstehende Behörden weiter übertragen können.

(4) (weggefallen)

(5) Die Senate der Länder Berlin, Bremen und Hamburg werden ermächtigt, zuständige öffentliche Stellen oder zuständige Behörden von mehreren Verwaltungseinheiten für Zwecke der Datenverarbeitung als einheitliche Stelle oder Behörde zu bestimmen.

§ 155a Versagung der Auskunft zu Zwecken des Zeugenschutzes

Für die Versagung der Auskunft zu Zwecken des Zeugenschutzes gilt § 44a des Bundeszentralregistergesetzes entsprechend.

§ 156 Übergangsregelungen

(1) [1] Gewerbetreibende, die vor dem 1. Januar 2007 Versicherungen im Sinne des § 34d Abs. 1 vermittelt haben, bedürfen bis zum 1. Januar 2009 keiner Erlaubnis. [2] Abweichend von § 34d Abs. 7 hat in diesem Fall auch die Registrierung bis zu dem Zeitpunkt zu erfolgen, ab dem die Erlaubnispflicht besteht. [3] Wenn die Voraussetzungen des § 34d Abs. 4 vorliegen, gilt Satz 1 entsprechend für die Registrierungspflicht nach § 34d Abs. 7.

(2) [1] Versicherungsvermittler im Sinne des Absatzes 1 Satz 1 sind verpflichtet, eine Haftpflichtversicherung nach § 34d Abs. 2 Nr. 3 abzuschließen und für die Dauer ihrer Tätigkeit aufrechtzuerhalten, es sei denn, die Voraussetzungen des § 34d Abs. 4 liegen vor. [2] Die zuständige Behörde hat die Versicherungsvermittlung zu untersagen, wenn die erforderliche Haftpflichtversicherung nach § 34d Abs. 2 Nr. 3 nicht nachgewiesen werden kann.

(3) [1] Abweichend von Absatz 1 müssen Personen mit einer Erlaubnis zur Besorgung fremder Rechtsangelegenheiten auf dem Gebiet der Versiche-

rungsberatung (Artikel 1 § 1 Abs. 1 Nr. 2 des Rechtsberatungsgesetzes) die Erlaubnis nach § 34e Abs. 1 zugleich mit der Registrierung nach § 34d Abs. 7 beantragen. ²Wird die Erlaubnis unter Vorlage der bisherigen Erlaubnisurkunde beantragt, so erfolgt keine Prüfung der Sachkunde, der Zuverlässigkeit und der Vermögensverhältnisse nach § 34d Abs. 2 Nr. 1, 2 und 4. ³Die Erlaubnis nach dem Rechtsberatungsgesetz erlischt mit der bestandskräftigen Entscheidung über den Erlaubnisantrag nach § 34e Abs. 1. ⁴Bis zu diesem Zeitpunkt gilt sie als Erlaubnis nach § 34e Abs. 1.

§ 157 Übergangsregelung zu § 34c

Für einen Gewerbetreibenden, der am 1. November 2007 eine Erlaubnis für den Abschluss von Verträgen im Sinne des § 34c Abs. 1 Satz 1 Nr. 2 hat, gilt die Erlaubnis für die Anlageberatung im Sinne des § 34c Abs. 1 Satz 1 Nr. 3 als zu diesem Zeitpunkt erteilt.

Gewerbeordnung **Text**

Anlage 1
(zu § 14 Abs. 4)

Name der entgegennehmenden Gemeinde	Gemeindekennzahl Betriebsstätte (Sitz)	
Gewerbe-Anmeldung nach § 14 GewO oder § 55 c GewO	Bitte vollständig und gut lesbar ausfüllen sowie die zutreffenden Kästchen ankreuzen	**GewA 1**

Angaben zum Betriebsinhaber: Bei Personengesellschaften (z.B. OHG) ist für jeden geschäftsführenden Gesellschafter ein eigener Vordruck auszufüllen. Bei juristischen Personen ist bei Feld Nr. 3 bis 9 und Feld Nr. 30 und 31 der gesetzliche Vertreter anzugeben (bei inländischer AG wird auf diese Angaben verzichtet). Die Angaben für weitere gesetzliche Vertreter zu diesen Nummern sind ggf. auf Beiblättern zu ergänzen.

1 Im Handels-, Genossenschafts- oder Vereinsregister eingetragener Name mit Rechtsform (ggf. bei GbR: Angabe der weiteren Gesellschafter)
2 Ort und Nr. des Registereintrages

Angaben zur Person
3 Name
4 Vornamen
4a Geschlecht männl. □ weibl. □
5 Geburtsname (nur bei Abweichung vom Namen)
6 Geburtsdatum
7 Geburtsort und -land
8 Staatsangehörigkeit (en)   deutsch   andere:
9 Anschrift der Wohnung (Straße, Haus-Nr., PLZ, Ort, freiwillig: e-mail/web)   Telefon-Nr.   Telefax-Nr.

Angaben zum Betrieb
10 Zahl der geschäftsführenden Gesellschafter (nur bei Personengesellschaften)
Zahl der gesetzlichen Vertreter (nur bei juristischen Personen)
11 Vertretungsberechtigte Person/Betriebsleiter (nur bei inländischen Aktiengesellschaften, Zweigniederlassungen und unselbständigen Zweigstellen)
Name   Vornamen
Anschriften (Straße, Haus-Nr., Plz, Ort)
12 Betriebsstätte   Telefon-Nr.   Telefax-Nr.   freiwillig: e-mail/web
13 Hauptniederlassung (falls Betriebsstätte lediglich Zweigstelle ist)   Telefon-Nr.   Telefax-Nr.   freiwillig: e-mail/web
14 Frühere Betriebsstätte   Telefon-Nr.   Telefax-Nr.
15 Angemeldete Tätigkeit - ggf. ein Beiblatt verwenden (genau angeben: z.B. Herstellung von Möbeln, Elektroinstallationen und Elektroeinzelhandel, Großhandel mit Lebensmitteln usw.; bei mehreren Tätigkeiten bitte Schwerpunkt unterstreichen)
16 Wird die Tätigkeit (vorerst) im Nebenerwerb betrieben? Ja □
17 Datum des Beginns der angemeldeten Tätigkeit
18 Art des angemeldeten Betriebes   Industrie □   Handwerk □   Handel □   Sonstiges □
19 Zahl der bei Geschäftsaufnahme tätigen Personen (ohne Inhaber)   Vollzeit   Teilzeit   Keine □

Die Anmeldung wird erstattet für
20 Eine Hauptniederlassung □   eine Zweigniederlassung □   eine unselbständige Zweigstelle □
21 ein Automatenaufstellungsgewerbe □   22 ein Reisegewerbe □

Grund
23 24 Neuerrichtung/Übernahme   Neugründung □   Wiedereröffnung nach Verlegung aus einem anderen Meldebezirk □   Gründung nach Umwandlungsgesetz (z.B. Verschmelzung, Spaltung) □
Wechsel der Rechtsform □   Gesellschaftereintritt □   Erbfolge/Kauf/Pacht □
26 Name des früheren Gewerbetreibenden oder früherer Firmenname

Falls der Betriebsinhaber für die angemeldete Tätigkeit eine Erlaubnis benötigt, in die Handwerksrolle einzutragen oder Ausländer ist:
28 Liegt eine Erlaubnis vor? Ja □ Nein □   Wenn Ja, Ausstellungsdatum und erteilende Behörde:
29 Nur für Handwerksbetriebe   Liegt eine Handwerkskarte vor?   Wenn Ja, Ausstellungsdatum und Name der Handwerkskammer:
30 Liegt eine Aufenthaltsgenehmigung vor? Ja □ Nein □   Wenn Ja, Ausstellungsdatum und erteilende Behörde:
31 Enthält die Aufenthaltsgenehmigung eine Auflage oder Beschränkung? Ja □ Nein □   Wenn Ja, so enthält folgende Auflagen bzw. Beschränkungen:

Hinweis: Diese Anzeige berechtigt nicht zum Beginn des Gewerbebetriebes, wenn noch eine Erlaubnis oder eine Eintragung in die Handwerksrolle notwendig ist. Zuwiderhandlungen können mit Geldbuße oder Geldstrafe oder Freiheitsstrafe geahndet werden. Diese Anzeige ist keine Genehmigung zur Errichtung einer Betriebsstätte entsprechend dem Planungs- und Baurecht.

32   33
(Datum)   (Unterschrift)

Text Gewerbeordnung

Anlage 2
(zu § 14 Abs. 4)

Name der entgegennehmenden Gemeinde	Gemeindekennzahl Betriebsstätte (Sitz)	
Gewerbe-Ummeldung nach § 14 GewO oder § 55 c GewO	Bitte vollständig und gut lesbar ausfüllen sowie die zutreffenden Kästchen ankreuzen.	**GewA 2**

Angaben zum Betriebsinhaber Bei Personengesellschaften (z. B. OHG) ist für jeden geschäftsführenden Gesellschafter ein eigener Vordruck auszufüllen. Bei juristischen Personen ist bei Feld Nr. 3 bis 9 und Feld Nr. 30 und 31 der gesetzlichen Vertreter anzugeben (bei inländischer AG wird auf diese Angaben verzichtet). Die Angaben für weitere gesetzliche Vertreter zu diesen Nummern sind ggf. auf Beiblättern zu ergänzen.

1 Im Handels-, Genossenschafts- oder Vereinsregister eingetragener Name mit **Rechtsform** (ggf. bei GbR: Angabe der weiteren Gesellschafter)

2 Ort und Nr. des Registereintrages

Angaben zur Person

3 Name

4 Vornamen

4a Geschlecht   männl. ☐ weibl. ☐

5 Geburtsname (nur bei Abweichung vom Namen)

6 Geburtsdatum

7 Geburtsort und –land

8 Staatsangehörigkeit (en)   deutsch ☐   andere ☐

9 Anschrift der Wohnung (Straße, Haus-Nr., Plz, Ort; freiwillig: e-mail/web)   Telefon-Nr.   Telefax-Nr.

Angaben zum Betrieb

10 Zahl der geschäftsführenden Gesellschafter (nur bei Personengesellschaften)
Zahl der gesetzlichen Vertreter (nur bei juristischen Personen)

11 Vertretungsberechtigte Person/Betriebsleiter (nur bei inländischen Aktiengesellschaften, Zweigniederlassungen und unselbständigen Zweigstellen)
Name   Vornamen

Anschriften (Straße, Haus-Nr., Plz, Ort)

12 Betriebsstätte   Telefon-Nr. Telefax-Nr. freiwillig: e-mail/web

13 Hauptniederlassung   Telefon-Nr. Telefax-Nr. freiwillig: e-mail/web

14 Frühere Betriebsstätte   Telefon-Nr.

Welche Tätigkeit wird nach der Änderung (genau angeben: z. B. Herstellung von Möbeln, Elektroinstallationen und Elektroeinzelhandel, Großhandel mit Lebensmitteln usw.; bei mehreren Tätigkeiten bitte Schwerpunkt unterstreichen)

15 neu ausgeübt? (ggf. Beiblatt verwenden)

16 weiterhin ausgeübt? (ggf. Beiblatt verwenden)

16a Sonstiges (z. B. Betriebsverlegung innerhalb der Gemeinde, freiwillig: Aufgabe einer von mehreren Tätigkeiten, Namensänderung, Nebenerwerb)

17 Datum der Änderung

19 Zahl der tätigen Personen bei Ummeldung (ohne Inhaber)   Vollzeit   Teilzeit   Keine ☐

20 **Die Ummeldung wird erstattet für**   Eine Hauptniederlassung ☐   eine Zweigniederlassung ☐   Eine unselbständige Zweigstelle ☐
21   ein Automatenaufstellungsgewerbe ☐   22   ein Reisegewerbe ☐

Falls der Betriebsinhaber für die angemeldete Tätigkeit eine Erlaubnis benötigt, in die Handwerksrolle einzutragen oder Ausländer ist:

28 Liegt eine Erlaubnis vor?   Ja ☐ Nein ☐   Wenn Ja, Ausstellungsdatum und erteilende Behörde:

29 Nur für Handwerksbetriebe   Liegt eine Handwerkskarte vor?   Ja ☐ Nein ☐   Wenn Ja, Ausstellungsdatum und Name der Handwerkskammer:

30 Liegt eine Aufenthaltsgenehmigung vor?   Ja ☐ Nein ☐   Wenn Ja, Ausstellungsdatum und erteilende Behörde:

31 Enthält die Aufenthaltsgenehmigung eine Auflage oder Beschränkung?   Ja ☐ Nein ☐   Wenn Ja, sie enthält folgende Auflagen bzw. Beschränkungen:

Hinweis: Diese Anzeige berechtigt nicht zum Beginn des Gewerbebetriebes, wenn noch eine Erlaubnis oder eine Eintragung in die Handwerksrolle notwendig ist. Zuwiderhandlungen können mit Geldbuße oder Geldstrafe oder Freiheitsstrafe geahndet werden. Diese Anzeige ist keine Genehmigung zur Errichtung einer Betriebsstätte entsprechend dem Planungs- und Baurecht.

32 _____ (Datum)   33 _____ (Unterschrift)

Gewerbeordnung　　　　　　　　　　　　　　　　　　　　　　　　　　　　　　　**Text**

Anlage 3
(zu § 14 Abs. 4)

Name der entgegennehmenden Gemeinde	Gemeindekennzahl Betriebsstätte (Sitz)	
Gewerbe-Abmeldung nach § 14 GewO oder § 55 c GewO	Bitte vollständig und gut lesbar ausfüllen sowie die zutreffenden Kästchen ankreuzen.	**GewA 3**

Angaben zum Betriebsinhaber Bei Personengesellschaften (z.B. OHG) ist für jeden geschäftsführenden Gesellschafter ein eigener Vordruck auszufüllen. Bei juristischen Personen ist bei Feld Nr. 3 bis 9 der gesetzliche Vertreter anzugeben (bei inländischer AG wird auf diese Angaben verzichtet). Die Angaben für weitere gesetzliche Vertreter zu diesen Nummern sind ggf auf Beiblättern zu ergänzen.

1	Im Handels-, Genossenschafts- oder Vereinsregister eingetragener Name mit **Rechtsform** (ggf. bei GbR mit weiteren Gesellschaftern)	2	Ort und Nr. des Registereintrages

Angaben zur Person

3	Name	4	Vornamen	4a	Geschlecht männl. ☐ weibl. ☐

5 Geburtsname (nur bei Abweichung vom Namen)

6 Geburtsdatum　　　　　　　　　　7 Geburtsort und – land

8 Staatsangehörigkeit　　deutsch ☐　　andere:

9 Anschrift der Wohnung (Straße, Haus-Nr., Plz, Ort; freiwillig: e-mail/web)　　Telefon-Nr.　　Telefax-Nr.

Angaben zum Betrieb　　10 Zahl der geschäftsführenden Gesellschafter (nur bei Personengesellschaften)
　　　　　　　　　　　　　　　Zahl der gesetzlichen Vertreter (nur bei juristischen Personen)

11 Vertretungsberechtigte Person/Betriebsleiter (nur bei inländischen Aktiengesellschaften, Zweigniederlassungen und unselbständigen Zweigstellen)
　　Name　　　　　　　　　　　　　　　Vornamen

Anschriften (Straße, Haus-Nr., Plz, Ort):

12 Betriebsstätte:　　　　Telefon-Nr.　　Telefax-Nr.　　freiwillig: e-mail/web

13 Hauptniederlassung　　Telefon-Nr.　　Telefax-Nr.　　freiwillig: e-mail/web

14 Künftige Betriebsstätte, falls an einem anderen Ort eine Neuerrichtung beabsichtigt ist　　Telefon-Nr.　　Telefax-Nr.　　freiwillig: e-mail/web

15 Abgemeldete Tätigkeit - ggf. Beiblatt verwenden -(genau angeben: z. B. Herstellung von Möbeln, Elektroinstallationen und Elektroeinzelhandel, Großhandel mit Lebensmitteln usw.; bei mehreren Tätigkeiten bitte Schwerpunkt unterstreichen)

16 Wurde die aufgegebene Tätigkeit (zuletzt) im Nebenerwerb betrieben?　Ja ☐　Nein ☐　　17　Datum der Betriebsaufgabe

18 Art des abgemeldeten Betriebes　　Industrie ☐　Handwerk ☐　Handel ☐　Sonstiges ☐

19 Zahl der bei Geschäftsaufgabe/-übergabe tätigen Personen (ohne Inhaber)　Vollzeit　　　Teilzeit　　　Keine

Die Abmeldung wird erstattet für　20 Eine Hauptniederlassung ☐　eine Zweigniederlassung ☐　eine unselbständige Zweigstelle ☐
　　21 ein Automatenaufstellungsgewerbe ☐　　　　22 ein Reisegewerbe ☐

Grund　23 24 Aufgabe/Übergabe　25
| Vollständige Aufgabe ☐ | Verlegung in einen anderen Meldebezirk ☐ | Gründung nach Umwandlungsgesetz (z.B. Verschmelzung, Spaltung) ☐ |
| Wechsel der Rechtsform ☐ | Gesellschafteraustritt ☐ | Erbfolge/Verkauf, Verpachtung ☐ |

26 Name des künftigen Gewerbetreibenden oder Firmenname

27 Gründe für die Betriebsaufgabe (z.B. Alter, wirtschaftliche Schwierigkeiten, Insolvenzverfahren usw.)

Hinweis:　Eine Wiederaufnahme der abgemeldeten Tätigkeit ist erneut anzeigepflichtig.
32　　　　33
　　(Datum)　　　　　　　　(Unterschrift)

Einleitung

Übersicht

Rdn.

I. Zum Begriff und zur rechtssystematischen Einordnung des Gewerberechts 1
  1. Gewerberecht als Zentralkomplex des Wirtschaftsverwaltungsrechts 2
  2. Gewerberecht als Wirtschaftsüberwachungsrecht 4
  3. Gewerbeorganisationsrecht 5
  4. Aktuelle Änderungen im deutschen Gewerberecht 8
II. Historische Entwicklungslinien im Gewerberecht 9
III. Verfassungsrechtliche Vorgaben 13
  1. Gesetzgebungskompetenzen 13
  2. Verwaltungskompetenzen 15
  3. Gewerbefreiheit als Teilbereich der Berufsfreiheit 16
  4. Gewerbebetrieb und Eigentumsgewährleistung 18
  5. Zur Diskussion um eine „Wirtschaftsverfassung" des GG . 21
IV. Die Berufsfreiheit (Art. 12 I GG) als Basis für grundrechtliche Gewährleistungen der Gewerbefreiheit 24
  1. Allgemeine Grundeinsichten 24
    a. Einheitliches Grundrecht der Berufsfreiheit 24
    b. Art. 12 I GG als Abwehrrecht 25
    c. Objektive Gewährleistungsdimension 27
  2. Grundrechtsträger 31
    a. Natürliche Personen 31
    b. Juristische Personen und Handelsgesellschaften 33
  3. Der Inhalt der grundrechtlichen Gewährleistungen der Berufsfreiheit im Einzelnen 37
    a. Der Begriff des Berufes 37
    b. Beruf und Berufsbild 46
    c. Berufswahl und Berufsausübung 49
    d. Veränderungen der Tätigkeitspalette 53
  4. Das Spektrum relevanter Grundrechtsbeeinträchtigungen . 56
    a. Gezielte Regelungen 56
    b. Faktische Einwirkungen 57
    c. Privatautonome Beeinträchtigungen 62
  5. Der berufsbezogene Regelungsvorbehalt – formelle Anforderungen 64
    a. Regelungsvorbehalt in Art. 12 I 2 GG 64
    b. Berufsregelung durch Gesetz 66
    c. Untergesetzliche Regelungen 68
    d. Kollidierendes Verfassungsrecht 72
  6. Materielle Anforderungen an zulässige Grundrechtsbeeinträchtigungen 73
    a. Klassische Stufenlehre des BVerfG 73
    b. Aufweichungen der Stufenlehre 82
    c. Umfassend angelegte Verhältnismäßigkeitsprüfung 87
V. Gewerbeordnung und Allgemeines Verwaltungsrecht 96
VI. Deutsches Gewerberecht und Vorgaben des Europäischen Unionsrechts 101

Einl Einleitung

    1. Differenzierte Stellung von Ausländern im deutschen
       Gewerberecht 104
    2. Berufsrelevante Grundfreiheiten des AEU-Vertrages 109
    3. Berufsfreiheit als „europäisches Grundrecht" 119
    4. EU-Sekundärrecht 123
       a. Richtlinien zum Gewerberecht 123
       b. Richtlinien zum technischen Arbeitsschutz 126
       c. Bedeutung der EU-Richtlinien für das deutsche
          Recht 129

I. Zum Begriff und zur rechtssystematischen Einordnung des Gewerberechts

1   Das Gewerberecht ist eine klassische **Materie des Besonderen Verwaltungsrechts**; mit gutem Grund wird es als eine der traditionsreichsten Disziplinen des gesamten öffentlichen Rechts bezeichnet (*Frotscher*, in: R. Schmidt [Hrsg.], Öffentliches Wirtschaftsrecht, Besonderer Teil 1, 1995, S. 9). In ihrem Zentrum – umgeben von einem immer reichhaltigeren und differenzierter ausgestalteten „Gewerbenebenrecht" (dazu etwa *Arndt* Wirtschaftsverwaltungsrecht, in: Steiner [Hrsg.], Bes. Verwaltungsrecht, 8. Aufl. 2006, Rdn. 258 ff.) – steht hierzulande seit Mitte des 19. Jahrhunderts (siehe im Einzelnen unten Einl. B) die GewO (vgl. etwa *Hue de Grais/Peters* Handbuch der Verfassung und Verwaltung in Preußen und dem Deutschen Reiche, 24. Aufl. 1927, §§ 311 ff.). Das Gewerberecht umgreift jene öffentlich-rechtlichen Normen, die Zugangsvoraussetzungen für gewerbliche Tätigkeiten regeln und Organisation, Zuständigkeiten sowie Eingriffsbefugnisse der auf diesem Felde agierenden öffentlich-rechtlichen Aufgabenträger bestimmen. Der Gewerbebegriff ist dabei nicht gesetzlich festgeschrieben, sondern unter Zugrundelegung der anerkannten Elemente seines traditionellen Verständnisses entsprechend den Erfordernissen der Gegenwart zu aktualisieren (vgl. dazu im Einzelnen § 1 Rdn. 2). Dabei spielen zunehmend auch europäische und internationale Entwicklungen eine Rolle, die ihren Niederschlag in entsprechenden Veränderungen hierzulande finden.

1. Gewerberecht als Zentralkomplex des Wirtschaftsverwaltungsrechts

2   Das gesamte Gewerberecht wiederum ist ein **zentraler Komplex des Wirtschaftsverwaltungsrechts**. Diese Bezeichnung für dasjenige Spezialgebiet des Besonderen Verwaltungsrechts, das ordnende, gestaltende und leistende Einwirkungen des Staates auf das Wirtschaftsleben umgreift, dürfte sich heute durchgesetzt haben (siehe nur *Badura*, in: Schmidt-Aßmann/Schoch [Hrsg.], Besonderes Verwaltungsrecht, 13. Aufl. 2005, 3. Kapitel: Wirtschaftsverwaltungsrecht, Rdn. 1 f.; *Arndt* Wirtschaftsverwaltungsrecht, in: Steiner [Hrsg.], Bes. Verwaltungsrecht, 8. Aufl. 2006, Rdn. 1 ff.) und wird etwa in den einschlägigen Vorschriften über den Erwerb der Bezeichnung „Fachanwalt für Verwaltungsrecht" verwendet (vgl. § 8 II c der auf der Grundlage der §§ 43 c, 59 b II Nr. 2, 191 d III 1 BRAO ergangenen Fachanwaltsordnung v. 1. 9. 2003 [BRAK-Mitt. 2003, 125 f.]).

Einleitung **Einl**

Häufig wird besonderer Wert gelegt auf die Verwendung des Terminus 3
„**Öffentliches Wirtschaftsrecht**" (vgl. *Frotscher/Kramer* Wirtschaftsverfassungs- und Wirtschaftsverwaltungsrecht, 5. Aufl. 2008, Rdn. 4), um so zu signalisieren, dass es nicht nur um verwaltungsrechtliche Themenstellungen geht, sondern dass verfassungsrechtliche Direktiven eine gewichtige Rolle spielen und zunehmend auch Vorgaben des Europäischen Unionsrechts (dazu noch unten Rdn. 101 ff.) und des Internationalen Rechts (vgl. insoweit *Herdegen* Internationales Wirtschaftsrecht, 8. Aufl. 2009 zu beachten sind. Nichtsdestoweniger gehört das Gewerberecht zu den Kernelementen des Wirtschaftsverwaltungsrechts als des besonderen verwaltungsrechtlichen Teils eines so verstandenen Öffentlichen Wirtschaftsrechts (siehe denn auch *Frotscher/Kramer* Wirtschaftsverfassungs- und Wirtschaftsverwaltungsrecht, 5. Aufl. 2008, Rdn. 5).

2. Gewerberecht als Wirtschaftsüberwachungsrecht

Innerhalb dieses seit der Nachkriegszeit hierzulande besonders gewichtigen 4
Wirtschaftsverwaltungsrechts, dem durch Konjunktursteuerung, eine vielfältige, normativ abgesicherte branchenbezogene Strukturpolitik und regionale Wirtschaftsförderung weiteres Terrain erschlossen wurde, gehört das Gewerberecht – wie die ältere Formel der „Gewerbepolizei" bereits verdeutlicht und auch das Bundesverfassungsgericht bestätigt hat („Gewerberecht seit jeher weithin Sonderordnungsrecht", *BVerfGE* 41, 344 [355]) – als eher statisches, auf **Ordnungswahrung** bedachtes Teilgebiet (daher treffend *Henke* DVBl. 1983, 983: „Wirtschaftsüberwachungsrecht"; vgl. auch *Gröschner*, in: GewPolR, 1986, S. 177 ff.) zu den Materien, denen sich öffentliche Aufmerksamkeit eher selten zuwendet. Nichtsdestoweniger ist es aber wegen seiner Relevanz für den marktwirtschaftlichen Wettbewerb, für den Kunden- und den Verbraucherschutz sowie für den Schutz der Arbeitnehmer von nachhaltiger Bedeutung auch im modernen Staatswesen.

3. Gewerbeorganisationsrecht

In der hier kommentierten Gewerbeordnung finden sich nicht nur materielle Vorgaben sowie behördliche Aufgaben- und Befugnisnormen, sondern 5
auch **einzelne organisationsrechtliche Festlegungen**. Während die gewerberechtliche Überwachung gemeinhin den nach Landesrecht jeweils zuständigen Ordnungsbehörden obliegt, ist die Aufsicht über die Ausführung bestimmter Vorschriften der GewO – ausschließlich oder neben den bestehenden Polizei- und allgemeinen Ordnungsbehörden – speziellen **Gewerbeaufsichtsbehörden** zu übertragen (vgl. § 139 b GewO), wobei in den einzelnen Ländern jeweils unterschiedliche Organisationsvorgaben bestehen. Ergänzend ist auf spezifisches Gewerbeorganisationsrecht hinzuweisen, wie es sich im Recht der Industrie- und Handelskammern sowie im – speziell auf den Handwerksbereich bezogenen – Recht der Handwerkskammern und der diesen verwandten Institutionen – Innungen, Innungsverbände, Kreishandwerkerschaften – findet (dazu näher *Tettinger* Kammerrecht, 1997; *Ruffert*, in: Kluth [Hrsg.], Handbuch des Kammerrechts, 2005, Kapitel H Rdn. 1 f., m. ausführl. Nachw.).

Einl Einleitung

6 Als mit Satzungsautonomie ausgestattete Personalkörperschaften des öffentlichen Rechts wurden 1956 in Fortsetzung einer deutschen kammerrechtlichen Tradition (dazu ausführlich *Tettinger* aaO, S. 37 ff.) Industrie- und Handelskammern bundesgesetzlich anerkannt. Ihnen kommt neben der Umsetzung gesetzlich übertragener, originär staatlicher Funktionen vor allem die Aufgabe zu, das Gesamtinteresse der ihnen zugehörigen Gewerbetreibenden ihres Bezirks wahrzunehmen, für die Förderung der gewerblichen Wirtschaft zu wirken und dabei die wirtschaftlichen Interessen einzelner Gewerbezweige oder Betriebe abwägend und ausgleichend zu berücksichtigen (§ 1 IHK-G). Aus dieser Formulierung wird bereits ersichtlich, dass zentrales Gewicht die Interessenförderung erhalten hat, dass damit aber nicht etwa unzulässigerweise ein Interessenverband in öffentlich-rechtlichem Gewande institutionalisiert wurde, da den **Kammern** zugleich aufgegeben ist, abwägend und ausgleichend gemeinwohlorientiert zu agieren. Pflichtmitgliedschaft besteht für alle zur Gewerbesteuer veranlagten Personen, soweit sie nicht ein Handwerk ausüben, und zwar jeweils in derjenigen IHK, in deren Bezirk sie eine gewerbliche Niederlassung unterhalten.

7 Kammern der Wirtschaft (IHK, Handwerkskammer) und der Freien Berufe (Heilberufe, Beratungsberufe u. a.) sind neben den wissenschaftlichen Hochschulen und den Sozialversicherungsträgern klassische Formen der funktionalen Selbstverwaltung und damit der Dezentralisierung und Deregulierung in Deutschland. Anders als bei der kommunalen Selbstverwaltung (Art. 28 II GG) und der akademischen Selbstverwaltung (Art. 5 III GG) sind die Kammern als Träger wirtschaftlicher und freiberuflicher Selbstverwaltung im Grundgesetz aber nicht als solche verfassungsrechtlich abgesichert (vgl. auch *BVerwG* DÖV 2000, 1008: kein Grundrechtsschutz).

Die hinreichende demokratische Legitimation der wirtschaftlichen und freiberuflichen Kammern als gesetzlich verankerten, zur objektivierten Interessenartikulation verpflichteten Trägern der funktionalen Selbstverwaltung ist nach dem Beschluss des Bundesverfassungsgerichts v. 5. 12. 2002 (*BVerfGE* 107, 59 ff.) in Sachen Emschergenossenschaft nicht mehr zu bezweifeln. Die Rechtsprechung zur verfassungsrechtlichen Zulässigkeit einer Pflichtmitgliedschaft in Kammern in Ansehung der Freiheitsrechte der Betroffenen ist als durchgängig stabil zu bezeichnen (vgl. zur IHK bereits 1962 grundlegend BVerfGE 15, 235 sowie die Kammerbeschlüsse v. 7. 12. 2001 [NVwZ 2002, 335] u. v. 30. 9. 2003 [GewArch 2004, 64]; *BVerwGE* 122, 344 [349]; *OVG RP* Urteil vom 20. 9. 2010 – 6 A 10282/10, juris Rdn. 33, 45 ; *VG Ansbach* GewArch 2010, 301 [302] auch unter Berücksichtigung der EMRK und des Unionsrechts; zur Handwerkskammer BVerwGE 108, 169; zur Landesapothekerkammer *BVerwG* Beschluss v. 14. 1. 2008 – 6 B 58/07 – juris Rdn. 7, das die Pflichtmitgliedschaft zusammenhängenden verfassungsrechtlichen Fragen in der Rechtsprechung des BVerwG als geklärt sieht; vorgehend *BayVGH* GewArch 2007, 417 [418]; vgl. zur Doppelmitgliedschaft einer Steuerberatungsgesellschaft in der Industrie- und Handelskammer und in der Steuerberaterkammer *BVerwG* GewArch 2005, 24; *BVerwG* NVwZ-RR 2002, 187 [188] zur Doppelmitgliedschaft eines Apothekers in der Industrie- und Handelskammer und der Apothekerkammer; *BVerwG* NJW 1978, 389 [390] zur Doppelmitgliedschaft in der Handwerkskammer und der Industrie-

und Handelskammer). Die Kammern sollten auf nationaler wie auf europäischer Ebene ihre Vorzüge im Rahmen eines zunehmend favorisierten „Benchmarking"-Konzepts im Vergleich zu Kontrastmodellen (wie der Betrauung von Privatorganisationen mit einzelnen Aufsichtsfunktionen oder der Schaffung eines staatlichen Regulators) offensiver vertreten. Als Vorteile einer Kammerorganisation mit Pflichtmitgliedschaft können dabei herausgestellt werden:
1. Die Idee der Selbstverwaltung als Element der Subsidiarität und zugleich u. U. sogar in gewisser Nähebeziehung zu identitätsstiftenden Merkmalen der deutschen Verfassungsordnung i. S. v. Art. 6 III EU; kennzeichnend:
   - Orts- und Sachnähe (Bürgernähe, Bürokratiereduktion)
   - instrumentelle Flexibilität in der Reaktion auf neue Herausforderungen (insb. durch Satzungen)
   - aktive Teilnahme an der Willensbildung durch Partizipation der zugleich sachkundigen und unmittelbar Betroffenen
2. Gewährleistung präventiven Verbraucherschutzes (kontinuierliche fachspezifische Qualitätskontrolle; Überlegenheit gegenüber rein reaktiven Modellen wie zum einen staatlicher Aufsicht mit lediglich korrektiven hoheitlichen Eingriffen bis hin zu Berufsverboten und zum anderen rein haftungsrechtlichen Reaktionen)
3. Die Dichte rechtsstaatlicher Kontrolle
   - seitens der Pflichtmitglieder (Absicherung gegen Grundrechtseingriffe durch effektive verwaltungsgerichtliche Kontrolle)
   - seitens des Staates (Rechtsaufsicht)
   - seitens Dritter (Konkurrentenklage, Kundenbeschwerden).

Kammern erweisen sich nicht nur unter Zugrundelegung des nationalen Rechts, sondern auch im Rahmen des durch Grundfreiheiten wie der Dienstleistungs- und der Niederlassungsfreiheit strukturierten europäischen Binnenmarktes als in Selbstverwaltung betriebene Agenturen der Qualitätssicherung sehr wohl als zukunftsfähig, so dass vorsichtiger Optimismus angebracht ist.

4. Aktuelle Änderungen im deutschen Gewerberecht

Zu Entwicklungen im bundesdeutschen Gewerberecht siehe zunächst die 8 Berichte von *Stober* in der NJW (1984, 2499 ff.; 1986, 2613 ff.; 1989, 562 ff.; 1990, 1335 ff.; 1992, 2128 ff.), von *Kempen* in NVwZ (1997, 243 ff.; 2000, 1115 ff.) und *Hahn* in GewArch (2002, 41 ff.; 2003, 441 ff.; 2005, 393 ff.; 2007, 1 ff.; 2008, 265 ff.) sowie die kontinuierlichen Berichte über die Tagungen des Bund-Länder-Ausschusses „Gewerberecht" (z. B. GewArch 2009, 19 ff.; 294 ff.; 2010, 61 ff.; 2010, 294 ff.). Als Novellierungen der GewO seit der Vorauflage, welcher die Bekanntmachung der Neufassung der Gewerbeordnung v. 22. 2. 1999 (BGBl. I S. 202) zugrunde lag (eine vollständige Auflistung aller Änderungen der GewO findet sich bei *Kahl*, in: Landmann/Rohmer I, Einl. Rdn. 23), sind zu nennen:
- Gesetz zur Intensivierung der Bekämpfung der Schwarzarbeit und damit zusammenhängender Steuerhinterziehung v. 23. 7. 2004 (BGBl. I S. 1842).

- Gesetz zur Steuerung und Begrenzung der Zuwanderung und zur Regelung des Aufenthalts und der Integration von Unionsbürgern und Ausländern (Zuwanderungsgesetz) v. 30. 7. 2004 (BGBl. I S. 1950).
- Gesetz zur optionalen Trägerschaft von Kommunen nach dem Zweiten Buch Sozialgesetzbuch (Kommunales Optionsgesetz) v. 30. 7. 2004 (BGBl. I S. 2014).
- Gesetz zur Umsetzung von Vorschlägen zu Bürokratieabbau und Deregulierung aus den Regionen v. 21. 6. 2005 (BGBl. I S. 1666).
- Siebtes Gesetz zur Änderung des Gesetzes gegen Wettbewerbsbeschränkungen v. 7. 7. 2005 (BGBl. I S. 1954).
- Gesetz zur Änderung des Gemeindefinanzreformgesetzes und anderer Gesetze v. 6. 9. 2005 (BGBl. I S. 2725).
- Erstes Gesetz zum Abbau bürokratischer Hemmnisse insbesondere in der mittelständischen Wirtschaft v. 22. 8. 2006 (BGBl. I S. 1970).
- Neunte Zuständigkeitsanpassungsverordnung v. 31. 10. 2006 (BGBl. I S. 2407).
- Gesetz zur Errichtung und zur Regelung der Aufgaben des Bundesamts für Justiz v. 17. 12. 2006 (BGBl. I S. 3171).
- Gesetz zur Neuregelung des Versicherungsvermittlerrechts v. 19. 12. 2006 (BGBl. I S. 3232).
- Gesetz zur Ausführung des UNESCO-Übereinkommens vom 14. 11. 1970 über Maßnahmen zum Verbot und zur Verhütung der rechtswidrigen Einfuhr, Ausfuhr und Übereignung von Kulturgut v. 18. 5. 2007 (BGBl. I S. 757).
- Gesetz zur Umsetzung der Richtlinie über Märkte für Finanzinstrumente und der Durchführungsrichtlinie der Kommission (Finanzmarktrichtlinie-Umsetzungsgesetz) v. 16. 7. 2007 (BGBl. I S. 1330).
- Zweites Gesetz zum Abbau bürokratischer Hemmnisse in der mittelständischen Wirtschaft v. 7. 9. 2007 (BGBl. I S. 2246).
- Gesetz zur Umsetzung der Richtlinie 2005/36/EG des Europäischen Parlaments und des Rates über die Anerkennung von Berufsqualifikationen in der Gewerbeordnung v. 12. 12. 2008 (BGBl. I S. 2423).
- Drittes Gesetz zum Abbau bürokratischer Hemmnisse insbesondere in der mittelständischen Wirtschaft v. 17. 3. 2009 (BGBl. I S. 550).
- Gesetz zur Umsetzung der Dienstleistungsrichtlinie im Gewerberecht und in weiteren Rechtsvorschriften v. 17. 7. 2009 (BGBl. I S. 2091).
- Gesetz zur Reform der Sachaufklärung in der Zwangsvollstreckung v. 29. 7. 2009 (BGBl. I S. 2258; Änderungen treten zum 1. 1. 2013 in Kraft).

II. Historische Entwicklungslinien im Gewerberecht

9 Während noch das Preußische Allgemeine Landrecht 1794 (II 8 §§ 179 ff.) an das tradierte mittelalterliche Zunftwesen mit seinen festen gebietlichen und tätigkeitsspezifischen Ordnungen sowie mit seinen Zwangs- und Bannrechten anknüpfte und Zünfte sowie Innungen, wenn auch unter staatlicher Aufsicht, bestehen ließ, kam der Gedanke der allgemeinen Gewerbefreiheit (zu ihr

Einleitung

näher § 1 Rdn. 79 ff.) erstmals im **preußischen Gewerbesteueredikt v. 2. 11. 1810** zum Durchbruch, als die Übernahme einer gewerblichen Tätigkeit nunmehr vom Erwerb eines steuerlichen Gewerbescheins abhängig gemacht wurde. Der Staat sollte sich – so der Grundtenor der Vorstellungen des Liberalismus – im Wirtschaftsleben betont Zurückhaltung auferlegen und sich auf die Wahrung der polizeilichen Schutzgüter beschränken. Um nun den Ausgleich gewerblicher Freiheiten und staatlicher Ordnungsbelange nicht nach Maßgabe des auf diese Sachmaterie gewiss nicht zugeschnittenen allgemeinen Polizeirechts suchen zu müssen, bot es sich an, eine gesonderte Kodifikation gewerberechtlicher Bestimmungen vorzunehmen, wie dies dann auch 1845 in Preußen (GewO v. 17. 1. 1845, GS S. 41) und 1859 in Österreich geschah. Am 21. 6. 1869 (BGBl. S. 245) wurde schließlich die – von gleichem Gedankengut beherrschte – **GewO für den Norddeutschen Bund** erlassen, die in den folgenden Jahren auch in den übrigen Staaten des 1871 verfassten Deutschen Reiches sukzessiv eingeführt wurde und als solche nach einer Neubekanntmachung v. 26. 7. 1900 (RGBl. S. 871) noch heute in Geltung steht (zur historischen Entwicklung im Überblick etwa *Ziekow* Öffentliches Wirtschaftsrecht, 2. Aufl. 2010, § 2 Rdn. 1 ff.; *Frotscher/Kramer* Wirtschaftsverfassungs- und Wirtschaftsverwaltungsrecht, 5. Aufl. 2008, Rdn. 238 f.; *Scheidler* GewArch 2009, 1 f.).

Vom **NS-Staat verfügte**, einschneidende Restriktionen (Verbot mit Erlaubnisvorbehalt für alle gewerblichen Betätigungen; vgl. dazu im Einzelnen *Uber* Freiheit des Berufs, 1952, S. 127 ff.) waren nach dem Kriege alsbald wieder aufgehoben worden. 10

Zahlreiche Novellierungen (siehe die Auflistung in Landmann/Rohmer I, Einl., Rdn. 23) hatten seit den 50er und 60er Jahren freilich zu erheblichen Veränderungen der ursprünglichen Gestalt aus wirtschaftlichen, technischen oder sozialen resp. mittelstandspolitischen Erwägungen geführt. So wurden zahlreiche Materien nach und nach ausgegliedert und zu eigenen Gesetzen verselbstständigt, z. B. GüterkraftverkehrsG (1952), Handwerksordnung und GaststättenG (1953), PersonenbeförderungsG (1961), Bundes-ImmissionsschutzG (1974), ArbeitsschutzG (1996). Eine weitere Reduzierung des Regelungsbereichs der GewO könnte eine Folge der Föderalismusreform von 2006 sein (unten Rdn. 13 f.). 11

Diese **sukzessive Ausklammerung von Regelungsgegenständen** hat bewirkt, dass die heute geltende GewO (i. d. F. d. B. v. 22. 2. 1999 [BGBl. I S. 202], zuletzt geändert durch Art. 4 XIV des Gesetzes v. 29. 7. 2009 [BGBl. I S. 2258]) trotz einer wiederholten Rechtsbereinigung vielfach nur **rudimentäre Regelungen** enthält. Deshalb kann allenfalls mit gewisser Zurückhaltung von einem gewerberechtlichen „Grundgesetz" gesprochen werden (so aber *Stober* Besonderes Wirtschaftsverwaltungsrecht, 14. Aufl. 2007, S. 2 f. m. w. N.). Infolge des Wegfalls ganzer Titel sowie auf der anderen Seite der Beibehaltung des Titels VII (Arbeitnehmer), der rechtssystematisch eigentlich dem Arbeitsrecht zuzurechnen ist, lässt sie inzwischen jegliche Übersichtlichkeit vermissen, auch wenn seit dem ÄndG v. 12. 2. 1979 (BGBl. I S. 149) den Überschriften in der GewO Gesetzeskraft zukommt, wodurch immerhin die Handhabbarkeit etwas erleichtert wurde. 12

Einl Einleitung

So verwundert es nicht, dass zunächst Ende der 70er Jahre rechtspolitische Überlegungen zur Schaffung eines Gewerbegesetzbuches angestellt wurden, das aus einem übergreifenden „Allgemeinen Teil" und im Anschluss daran aus Spezialregelungen für einzelne gewerbliche Bereiche bestehen sollte (vgl. die DIHT-Initiative: „Gewerberecht aus einem Guss – Leitsätze für ein Gewerbegesetzbuch", 1981; auch bereits *Thieme* ZRP 70, 25 f.). Etwa ein Jahrzehnt später legte der DIHT (heute: DIHK) einen Entwurf für einen „Allgemeinen Teil des Gewerberechts" vor (vgl. den Bericht in NVwZ 1991, 1063 ff.). Diesen Modernisierungsvorhaben war jedoch kein Erfolg beschieden (siehe dazu auch *Benda* Gewerberecht und Kodifikation, 1999, S. 75 ff., 92 ff.). Unlängst hat es *Stober* unternommen, unter dem Titel „Gewerbeordnung 21" einen Diskussionsentwurf für einen reformierten allgemeinen Teil einer Gewerbeordnung vorzulegen, welcher den Rahmen für das gesamte Gewerberecht abstecken und eine ordnungspolitische Richtschnur für ein modernes, schlankes, effizientes und mithin zukunftsfähiges Gewerberecht liefern könnte (NVwZ 2003, 1349 ff.). Trotz des fragmentarischen Charakters der GewO heutiger Fassung (vgl. *Kahl* in: Hoffmann-Riem/Schmidt-Aßmann [Hrsg.], Verwaltungsverfahren und Verwaltungsverfahrensgesetz, 2002, S. 67 [109]: „zu einem gewerberechtlichen Rumpfgesetz verkümmert"), der weiten Streuung zusätzlicher gewerberechtlicher Regelungen (vgl. *Peine* in: FS Rauschning, 2001, S. 669 [676]: „Das heutige Gewerberecht ist zerrissen") und der im geltenden Recht nur schwer überschaubaren Verweisungsflut dürften freilich die Erfolgsaussichten eines solch umfänglichen Unterfangens angesichts unterschiedlichster Beharrungsinteressen und hier nur wenig ausgeprägter politischer Profilierungschancen nach wie vor sehr zurückhaltend zu bewerten sein (skeptisch selbst *Stober* NVwZ 2003, 1349 [1350]; siehe auch *Henke* DVBl. 1983, 983 f.; *Müller* WiVerw 1982, 228; *Frotscher* aaO, S. 9; *ders.* ebda., S. 18). Auch umfangreiche Kodifizierungsbestrebungen in benachbarten Rechtsgebieten wie dem für die gewerbliche Wirtschaft gleichfalls nachhaltig interessierenden Umweltrecht (siehe insoweit BMU [Hrsg.], Umweltgesetzbuch [UGB-KomE], 1998) waren jedenfalls bislang nicht gerade von Erfolg gekrönt (zum Scheitern des UGB im Jahre 2009 siehe *Ekardt/Weyland/Schenderlein* NuR 2009, 388 ff.; *Scheidler* UPR 2009, 173 ff.; *Weber/Riedel* NVwZ 2009, 998 ff.).

III. Verfassungsrechtliche Vorgaben

1. Gesetzgebungskompetenzen

13   Das Gewerberecht ist Teil des Rechts der Wirtschaft und unterfällt damit der konkurrierenden Gesetzgebung gem. **Art. 74 I Nr. 11 GG**. Durch die Föderalismusreform wurden freilich das Recht des Ladenschlusses, der Gaststätten, der Spielhallen, der Schaustellung von Personen, der Messen, der Ausstellungen und der Märkte aus Art. 74 I Nr. 11 GG ausgeklammert (unten Rdn. 14).

Der Kompetenztatbestand **„Recht der Wirtschaft"** ermöglicht allgemein den Erlass von Normen, „die sich in irgendeiner Form auf die Erzeugung, Herstellung und Verteilung von Gütern des wirtschaftlichen Bedarfs bezie-

Einleitung

hen" (*BVerfGE* 8, 143 [149]; 68, 319 [330]) und signalisiert so einen weit ausgreifenden Aktionsradius wirtschaftsrechtlich relevanter Rechtssetzung (*BVerfGE* 26, 246 [255]; *BVerwGE* 97, 12 [14 ff.]), der durch den folgenden Klammerzusatz nicht etwa auf spezielle Wirtschaftszweige eingeengt wird, da es sich insoweit nur um eine beispielhafte Aufzählung handelt (*Rengeling* BK, Art. 74 I Nr. 11 [1983] Rdn. 16; offen gelassen in *BVerfGE* 68, 319 [331]). Er differenziert in seinem allgemeinen Ansatz nicht zwischen öffentlich-rechtlichen und privatrechtlichen Teilmaterien und führt im erläuternden Klammerzusatz jedenfalls ausdrücklich auch die Sachmaterie **„Gewerbe"** auf. Dieser Begriff ist mit *BVerfGE* 41, 344 (352) umfassend zu verstehen, da es den Verfassungsvätern darauf ankam, zu vermeiden, dass Sondergebiete gewerberechtlicher Art von der Gesetzgebungskompetenz des Bundes nicht erreicht würden. Daher ist auch das Technische Sicherheitsrecht für Anlagen, die nicht im rechtstechnischen Sinne gewerblich betrieben, aber im Rahmen wirtschaftlicher Unternehmungen genutzt werden, im Grunde dem Gewerberecht zuzurechnen (aaO, S. 353 ff. zu Aufzugsanlagen i. S. v. § 24 III Nr. 5 GewO a. F.), auch wenn inzwischen vornehmlich im Interesse des Verbraucherschutzes erlassene spezialgesetzliche Regelungen wie das Gerätesicherheitsgesetz mit seinen Verordnungsermächtigungen ergangen sind. Die Reichsgewerbeordnung wurde gem. Art. 125 GG als der maßgeblichen Qualifikationsnorm Bundesrecht.

Auch nach der Neufassung des Art. 72 II GG wird die Bundesgesetzgebungskompetenz mit Blick auf die hier unabdingbare Rechts- und Wirtschaftseinheit unschwer bejaht werden können. Den Ländern steht im Bereich des von Art. 74 I Nr. 11 GG erfassten Gewerberechts eine Gesetzgebungsbefugnis nur zu, solange und soweit der Bund von seiner Gesetzgebungszuständigkeit nicht durch Gesetz Gebrauch gemacht hat (Art. 72 I GG). Insoweit ist hier insbesondere auf die in der GewO enthaltenen Ermächtigungen zu landesgesetzlicher Regelung aufmerksam zu machen, so namentlich in § 155 (dazu unten § 155 Rdn. 2 ff.) und § 150 II (dazu unten § 150 Rdn. 7).

Aus wirtschaftsrechtlicher wie wirtschaftspolitischer Sicht kaum überzeugend sind durch die **Föderalismusreform** (Gesetz vom 28. 8. 2006, BGBl. I S. 2034) verschiedene Materien des Rechts der Wirtschaft aus dem Kompetenztatbestand des Art. 74 I Nr. 11 GG ausgenommen worden (hierzu allgemein *Schönleiter* GewArch 2007, 108 [109]; zum Ladenschluss *Kingreen/Pieroth* NVwZ 2006, 1221; *Tegebauer* GewArch 2007, 49; zu Spielhallen *Dietlein* ZfWG 2008, 12 ff., 77 ff.; *Ennuschat/Brugger* ZfWG 2006, 292 sowie § 33 i Rdn. 2; zu Gaststättengesetzen der Länder *Dillenburg* NordÖR 2009, 298 ff.; *Dürr* GewArch 2009, 286 ff.; *ders.* NVwZ-Extra 2009, Heft 14, 1 ff.; *Lehmann* GewArch 2009, 291 ff.). Die bisherigen bundesgesetzlichen Regelungen gelten als Bundesrecht fort (Art. 125 a I 1 GG), können aber durch Landesrecht ersetzt werden (S. 2). Die Bestimmung der Reichweite der neuen Landeskompetenzen bereitet häufig Schwierigkeiten (siehe etwa § 33 a Rdn. 3, § 33 i Rdn. 3 f., vor § 64 Rdn. 16). Eine gewisse Orientierung bietet das **Erfordernis eines spezifischen Regionalbezugs zur Begründung der Landeskompetenz** (vgl. BT-Drs. 16/813, S. 9, 13). Die Länder haben von der Ersetzungsbefugnis im Bereich des Ladenschlusses zwischenzeitlich umfassend und im Gaststättenrecht teilweise Gebrauch gemacht. Landesrege-

14

lungen zum Recht der Schaustellung von Personen sowie der Märkte, Messen und Ausstellungen sind vorerst nicht zu erwarten (*Höfling/Rixen* GewArch 2008, 1 [9]; Bericht des Bund-Länder-Ausschusses „Gewerberecht" von *Schönleiter/Böhme* GewArch 2007, 108; *Schönleiter* GewArch 2006, 371). Dasselbe galt bislang für Spielhallen (siehe nunmehr aber § 33 i Rdn. 2).

2. Verwaltungskompetenzen

15   Die **Gewerbeordnung** wird **von den Ländern** gem. Art. 83, 84 GG als eigene Angelegenheit **ausgeführt**. Zu der Zuständigkeitsverteilung in den einzelnen Ländern siehe die aufgrund der Ermächtigung in § 155 GewO getroffenen Regelungen (dazu § 155 Rdn. 7), zur speziellen Gewerbeaufsichtsbehörde siehe die Kommentierung zu § 139 b, zur Einrichtung eines Gewerbezentralregisters siehe Titel XI der GewO (§§ 149 ff.) mit Erl. Soweit die Länder die in der Föderalismusreform gewonnenen Kompetenzen nutzen (Rdn. 14) führen ohnehin Landesbehörden das neue Landesrecht aus.

3. Gewerbefreiheit als Teilbereich der Berufsfreiheit

16   Mit der Verankerung der Berufsfreiheit in Art. 12 I GG erhielt das Gewerberecht eine prädeterminierende verfassungsrechtliche Vorgabe. Das *BVerfG* hat mehrfach deutlich herausgestellt, dass **Art. 12 I GG die Gewerbe- und Unternehmerfreiheit**, welche in Art. 151 III WRV speziell gewährleistet war (dazu näher *Anschütz* WRV Komm., 14. Aufl. 1933, Art. 151 Anm. 4; siehe auch Art. 52 rh.pf. Verf., Art. 44 saarl. Verf. und Art. 109 I, 151 bay. Verf.), im Sinne freier Gründung und Führung von Wirtschaftsunternehmen (dazu *BVerwGE* 71, 183 [189]) mitumfasst, allerdings weiter reicht als diese (vgl. *BVerfGE* 50, 290 [362]) und auch unselbständig ausgeübte Formen beruflicher Tätigkeit **einbezieht**.

17   Eine umfängliche Judikatur des **Bundesverfassungsgerichts** zur Auslegung des Art. 12 I GG (zu ihr ausführlich im Folgenden unter D) birgt bedeutsame Direktiven auch für die Interpretation der Vorschriften der Gewerbeordnung (siehe etwa *v. Ebner* WiVerw 1978, 2 ff.), obwohl Regelungen dieses Gesetzeswerkes selbst bislang kaum (siehe lediglich *BVerfGE* 41, 344 ff. – „Aufzugsanlage" –; 64, 217 ff. zur Gültigkeit des inzwischen aufgehobenen § 124 b; 86, 28 ff. – „öff. Bestellung von Sachverständigen" –) unmittelbar Gegenstand eines Verfahrens vor einem Senat des Bundesverfassungsgerichts waren; siehe immerhin einige Entscheidungen wie die vom 27. 9. 2000 (GewArch 2000, 480 ff. zur Grenzziehung zwischen Reisegewerbe und stehendem Gewerbe im Handwerk), vom 3. 5. 2001 (NVwZ 2001, 1264 zur erhöhten Spielautomatensteuer auf sog. Gewaltautomaten), vom 15. 8. 2002 (NJW 2002, 3691 f. zur Vergabe von Standplätzen auf Jahrmärkten), vom 15. 3. 2007 (NVwZ 2007, 1049 zum Besichtigungsrecht nach § 29 II) und vom 8. 5. 2007 (GewArch 2007, 285 zur Neuregelung der Versicherungsberater in der GewO).

4. Gewerbebetrieb und Eigentumsgewährleistung

18   Die verfassungsrechtliche **Gewährleistung des Eigentums** (Art. 14 I GG) dient dem Bestandsschutz privater Vermögenswerte und damit gewiss

Einleitung **Einl**

auch der in einem Gewerbebetrieb „in seiner konkreten Gestaltung" vorhandenen vermögenswerten Rechte, sichert allerdings nicht bloße Erwerbschancen oder Gewinnerwartungen (*BVerfGE* 45, 142 [173]). Ob der darüber hinausgehenden, sich an zivilrechtlicher Judikatur und Literatur zum „**Recht am eingerichteten und ausgeübten Gewerbebetrieb**" als sonstigem Recht i. S. v. § 823 I BGB orientierenden Auffassung, die Eigentumsgarantie erstrecke sich auch auf den Gewerbebetrieb mit all seinen Ausstrahlungen, auf Betriebsgrundstücke, Geschäftsverbindungen, den Kundenstamm und alles, was in seiner Gesamtheit den wirtschaftlichen Wert eines Betriebes ausmache (vgl. *BGHZ* 55, 261 [263]; 67, 190 [192]; *BGH* NVwZ-RR 2008, 297 [298]; *Badura* AöR 98 [1973], 160 f. m. w. N.; krit. hierzu bereits *Wolf*, in: FS F. v. Hippel, 1967, S. 665 ff.; vgl. zum Eigentumsschutz des Unternehmens *Hagen* GewArch 2005, 402 [406 ff.]), einer eingehenden verfassungsrechtlichen Prüfung standhalten würde, bezeichnete *BVerfGE* 51, 193 (221) mit gutem Grund als zweifelhaft. Bis in jüngste Zeit hin wurde dabei die Schutzfähigkeit dieses Topos sub signo Art. 14 I GG letztlich mehrfach offen gelassen (siehe *BVerfG[K]* NJW 1992, 36 [37] – „Puffreisriegel" – m. ausführl. Nachw.; in *BVerfGE 97, 228 ff.* – „Fernseh-Kurzberichterstattung" – blieb ausdrücklich offen, ob ein Eingriff in eine geschützte Rechtsposition vorliege [aaO, S. 265], obwohl gerade mit Blick auf die Rechtsfigur des eingerichteten und ausgeübten Gewerbebetriebes eine entsprechende Rüge erhoben worden war [aaO, S. 263]; siehe ferner *BVerfG[K]* GewArch 2002, 372; *BVerfG* NVwZ 2002, 1232 [kein Verstoß gegen Art. 14 GG durch Verlust des faktischen Monopols der TÜVe]; *BVerfG* NJW 2005, 589 [590]).

Eine schlichte Übernahme zivilrechtlicher Interpretationsergebnisse zur **19** Rechtsfigur des eingerichteten und ausgeübten Gewerbebetriebes als einer tatsächlichen Sachgesamtheit dürfte sich in der Tat mit Blick auf die konstituierenden Merkmale des verfassungsrechtlichen Eigentumsbegriffs verbieten. Extensive Emanationen wie die Absicherung bestehender geschäftlicher Beziehungen, die Sicherung der Position des Unternehmens am Markt, der „Goodwill" – so sinnvoll diese im zivilrechtlichen Deliktsschutz auch sein mögen (allg. dazu etwa *Wagner*, in: Münchener Komm., BGB, Bd. 5, 5. Aufl. 2009, § 823 Rdn. 184 ff.) – gingen auf der Ebene des verfassungsrechtlichen Grundrechtsschutzes eindeutig zu weit.

Zur Beantwortung der Frage, welche vermögenswerten Güter als Eigen- **20** tum i. S. v. Art. 14 GG anzusehen sind, muss „auf den Zweck und die Funktion der Eigentumsgarantie unter Berücksichtigung ihrer Bedeutung im Gesamtgefüge der Verfassung" zurückgegriffen werden; so *BVerfGE* 36, 281 (290); 42, 263 (292 f.). Klar ist, dass der Schutz des Gewerbebetriebes nicht weiter gehen kann als der Schutz, den seine wirtschaftliche Grundlage genießt (so *BVerfGE* 58, 300 [353]), dass Gewinnerwartungen oder Verdienstmöglichkeiten des Gewerbebetriebes als nicht zur Betriebssubstanz zugehörig auszuscheiden sind und dass der Schutz des Art. 14 GG im Übrigen ohnehin nicht dem Vermögen als solchem gilt (st. Rspr.: vgl. nur *BVerfGE* 4, 7 [17]; 30, 250 [271 f.]; hingegen zur Einordnung von Einkommens- und Gewerbesteuerpflichten als Inhalts- und Schrankenbestimmungen *BVerfG* NJW 2006, 1191 [1193]). Die Eigentumsgarantie will aber doch „den konkreten, vor allem den durch Arbeit und Leistung erworbenen Bestand an vermögenswerten Gütern" effizient sichern, *BVerfGE* 31, 229 [239]. Unternehmerisches Eigentum aber umfasst – auch bei der hier vertretenen eher restriktiven Sichtweise – nicht nur einzelne Vermögensgegenstände wie Grundstücke, Maschinen und Fahrzeuge, sondern bedeutet eine organisatorische Einheit als funktional zentriertes Bündel vielfältiger Elemente, der durchaus ein eigenständiger, substantiell begründbarer Vermögenswert zukommen kann, der über die bloße Addition einzelner, ihm zuzurechnender Bestandteile hinausreicht; vgl. *Badura,* in: FS Jur. Gesellschaft Berlin, 1984, S. 13 ff.; *Friauf/ Wendt* Eigentum am Unternehmen, 1977, S. 29; *Papier,* in: Maunz/Dürig, GG, Art. 14 Rdn. 96 ff.; *Bryde,* in: v. Münch/Kunig [Hrsg.], GG Bd. 1, 5. Aufl. 2000, Art. 14 Rdn. 18 f.; *Wendt,* in: Sachs [Hrsg.], GG, 5. Aufl. 2009, Art. 14 Rdn. 67. **Unternehmerisches Eigentum** ist damit – unbeschadet der berechtigten Vorbehalte gegenüber der Verwendung der Formel vom eingerichteten und ausgeübten Gewerbebetrieb, auf dessen Heranziehung im Kontext des Art. 14 I GG daher verzichtet werden sollte – durchaus als eigenständige Eigentumskategorie zu begreifen, was namentlich auch beim Rechtsschutz gegenüber solchen Gesetzesänderungen, die sich auf bestehende Gewerbebetriebe besonders nachhaltig auswirken (siehe sub signo Art. 12 GG unten Rdn. 94 zu Übergangsregelungen infolge des Postulats des Übermaßverbots), relevant wird (zu den damit zusammenhängenden Fragestellungen bereits *Schwarze* Der Eingriff in den Gewerbebetrieb durch Gesetzesänderung, Diss. Freiburg 1969). Im Zusammenhang mit der Ausgestaltung und Bemessung der Erbschaftsteuer wurde daher zu Recht auch die Existenzgefährdung von Betrieben ins Kalkül gezogen und ein Betrieb dabei als „wirtschaftlich zusammengehörige Funktionseinheit" betrachtet (so *BVerfGE* 93, 165 [175]).

5. Zur Diskussion um eine „Wirtschaftsverfassung" des GG

21 Ob etwa die Festlegungen im Maastrichter Vertrag (Art. 3 a I EGV [heutiger Art. 4 EG, ebenso Art. 120, 127 AEU]: „Grundsatz einer offenen Marktwirtschaft mit freiem Wettbewerb") oder Verfassungsänderungen hierzulande, wie die Novellierung des Art. 88 GG („Sicherung der Preisstabilität") und die Einfügung eines Art. 20 a, für die deutsche Staatsrechtslehre eine Wiederaufnahme der Generaldebatte um eine dem Grundgesetz zugrunde liegende Wirtschaftsverfassung (soziale und ökologisch orientierte Marktwirtschaft?) angezeigt sein lassen, kann hier nicht erörtert werden. Das *BVerfG* verfolgt jedenfalls durchgängig den Gedanken der **wirtschaftspolitischen Neutralität** des Grundgesetzes (vgl. *BVerfGE* 4, 7 [17 f.]; 7, 377 [400]; 50, 290 [338]; 65, 248 [256]).

22 Die ökonomisch relevanten Grundrechte, namentlich die in Art. 2 I, 9 I, 9 III, 12 I u. 14 I GG verankerten, stellen als solche freilich allein schon wichtige **verfassungsrechtliche Koordinaten** (so bereits *Friauf* DÖV 1976, 624 [625]) für den Wirtschaftsstandort Deutschland dar, deren Verbindungslinien in ihrer Unterstützungsfunktion als objektiv-rechtliche, homogene Werte verkörpernde Gewährleistungen deutlicher als bisher üblich herauszustellen sind (siehe auch im Folgenden Rdn. 29 f.).

Einleitung

Veranlassung hierzu bietet nicht zuletzt der Umstand, dass der Bundesrepublik Deutschland bei internationalen Vergleichsuntersuchungen (z. B. „Index of Economic Freedom") wiederholt attestiert wurde, der **Grad der hierzulande gewährten wirtschaftlichen Freiheit** sei rückläufig, was durchgängig zum Ausschluss aus der Spitzengruppe der Industriestaaten geführt hat (Heritage Foundation, 2004 Index of Economic Freedom: Rang 18; vgl. auch International Institute for Management Development, World Competitiveness Yearbook, 2002), während die deutsche Staatsrechtslehre nach wie vor versonnen vor allem von der hehren Freiheitsgewährleistung in Art. 12 I GG schwärmt, das *BVerfG* aber sich gerade bei diesem Grundrecht der Berufsfreiheit immer öfter eher „mit der dritten Stelle hinter dem Komma" befasst (so ausdrücklich *Herzog*, in: Burmeister u. a. [Hrsg.], Germania restituta, 1993, S. 161 [172] mit plastischem Beispiel für „ein bisschen Berufsfreiheit"; vgl. auch *Tettinger* DVBl. 1999, 679 ff.). Zustimmung verdient daher die Klarstellung von *Ruffert* AöR 134 [2009], 197 [237]: „Nur eine Wirtschaftsverfassung, die sich auf starke Grundrechte und Grundfreiheiten stützen kann, verdient diesen Namen." 23

IV. Die Berufsfreiheit (Art. 12 I GG) als Basis für grundrechtliche Gewährleistungen der Gewerbefreiheit

1. Allgemeine Grundeinsichten

a. Einheitliches Grundrecht der Berufsfreiheit. Wenngleich der Wortlaut des Art. 12 I GG eine Differenzierung zwischen **Berufswahl- und Berufsausübungsfreiheit** nahe legt (in diesem Sinne immerhin wieder *Lücke* Die Berufsfreiheit, 1994; *Hufen* NJW 1994, 2913 [2917]), bilden diese beiden Facetten aus der Sicht des *BVerfG* nur **konnexe Elemente eines einheitlichen Grundrechtes der Berufsfreiheit**, das auch die Vorstufe der Berufsausbildung umfasst (*BVerfGE* 7, 377 [401 f.]; 33, 303 [329 f.]; 92, 140 [151]; *Scholz*, in: Maunz/Dürig, Art. 12 Rdn. 14) und dessen einzelne Garantien daher nicht immer klar voneinander abgrenzbar sein sollen (so *BVerfGE* 95, 193 [214] unter Bezugnahme auf *BVerfGE* 92, 140 [151]). Berufswahl und Berufsausübung lassen sich in der Tat nicht in zeitlich separate Phasen differenzieren: So wie die Berufsaufnahme sichtbare Manifestation der Berufswahl ist und zugleich den Beginn der Berufsausübung markiert, wird durch die fortlaufende Berufsausübung die vorangegangene Berufswahl kontinuierlich bestätigt. Die sich damit grundsätzlich auf beide Emanationen der Berufsfreiheit erstreckende Grundrechtsbegrenzung des Art. 12 I 2 GG wirkt jedoch mit unterschiedlicher Intensität. Je stärker ein Eingriff den Wahlaspekt berührt, desto höhere Anforderungen sind an seine verfassungsrechtliche Rechtfertigung zu stellen (u. Rdn. 73 ff.). 24

b. Art. 12 I GG als Abwehrrecht. Art. 12 I GG enthält zunächst ein für das Arbeits- und Wirtschaftsleben zentrales Freiheitsrecht, das dem Einzelnen die freie Entfaltung seiner Persönlichkeit zur materiellen Sicherung seiner individuellen Lebensgestaltung ermöglicht (*BVerfGE* 63, 266 [286]; 81, 242 25

[254], st. Rspr.). Die primäre Gewährleistungsdimension des Art. 12 GG liegt damit in seiner Funktion als **subjektives Recht zur Abwehr** sämtlicher gezielt gegen die berufliche Freiheit gerichteter **staatlicher Ingerenzen**; nicht einbezogen ist dabei allerdings die Abwehr von Konkurrenz (st. Rspr., *BVerfGE* 34, 252 [256]; 111, 10 [33]; NJW 2005, 273 [274]; *BVerwGE* 65, 167 [173]; 71, 183 [193]; DVBl. 1983, 1251 [1252]; *OVG NRW* NWVBl. 1995, 99 [101]; *BayVGHE* 48, 95 [99]), eine Einschränkung, die nach bisheriger Rechtsprechung (dazu kritisch unten Rdn. 58) grundsätzlich auch für Aktivitäten staatlicher Eigenwirtschaft gelten soll, solange dadurch nicht die privatwirtschaftliche Betätigung in unerträglichem Maße eingeschränkt werde, eine Auszehrung der privaten Konkurrenz vorliege oder eine Monopolstellung der öffentlichen Hand entstehe (vgl. *BVerwGE* 39, 329 [336]; *BVerwG* NJW 1995, 2938 [2939]; *VGH BW* GewArch 1994, 464 f.; *HessVGH* DÖV 1996, 475 [477]; *OVG Bremen* GewArch 1996, 376 [377]; *OVG NRW* NWVBl. 2003, 462 [466]; noch strenger *OVG NRW* NVwZ-RR 2005, 738 f.; *Mann*, in: Sachs [Hrsg.], GG, 5. Aufl. 2009, Art. 12 GG Rdn. 16).

26 Als Konsequenz aus der Beobachtung, dass im sozialen Rechtsstaat staatliche Einwirkungen auf Grundrechtspositionen nicht mehr nur im Wege gezielter Ingerenzen, sondern auch durch staatliche Planung, Subventionierung oder als Folge einer Wahrnehmung von Aufgaben der Leistungsverwaltung bewirkt werden, gewährt das Abwehrrecht des Art. 12 I GG auch **Schutz vor sog. „faktischen" oder „mittelbaren" Beeinträchtigungen** (u. Rdn. 57 f.).

27 **c. Objektive Gewährleistungsdimension.** Für die Wirtschafts- und Gesellschaftsordnung bildet Art. 12 I GG zugleich eine materielle verfassungsrechtliche Grund- bzw. Wertentscheidung, eine **wertentscheidende Grundsatznorm** (*BVerfGE* 7, 377 [404]), welche in erster Linie die Gestaltungsfreiheit des einfachen Gesetzgebers bei der Ordnung des Wirtschaftslebens in nicht zu unterschätzender Weise dirigiert, zum einen Begrenzungen enthält (*Breuer* HdbStR VI, § 147 Rdn. 20), zum anderen aber auch **positive Schutzpflichten** impliziert. Bestimmte Anforderungen an die Art und das Maß des Schutzes lassen sich der Berufsfreiheit aber nicht entnehmen: Die staatlichen Organe, denen die Wahrung des GG als Ganzes anvertraut ist, haben bei der Erfüllung der Schutzpflicht einen weiten Gestaltungsspielraum. Das *BVerfG* kann mithin die Verletzung einer Schutzpflicht nur feststellen, wenn Schutzvorkehrungen überhaupt nicht getroffen wurden oder die getroffenen Regelungen und Maßnahmen gänzlich ungeeignet oder völlig unzulänglich sind, das gebotene Schutzziel zu erreichen, oder erheblich dahinter zurückbleiben (*BVerfGE* 92, 26 [46] – „Zweitregister" – m. w. N.; siehe auch *Wieland*, in: Dreier, GG, 2. Aufl. 2008, Art. 12 Rdn. 145 ff.).

28 Innerhalb gesetzlich eingeräumter Ermessensspielräume hat sodann auch die Verwaltung nicht nur Grundrechtspositionen, die aus Art. 12 GG folgen, in angemessener Weise zu berücksichtigen (*BVerwGE* 96, 302 [311 f.]), sondern auch unter Berücksichtigung der objektiven Wertentscheidung des Art. 12 I GG zu disponieren. Dem Grundrecht soll so „ein besonderer Rang" zukommen, dem zugleich eine „grundsätzliche Freiheitsvermutung" zu ent-

Einleitung

nehmen ist (*BVerfGE* 63, 266 [286]). Die These von der wirtschaftspolitischen Neutralität des Grundgesetzes (so *BVerfGE* 4, 7 [17 f.]; 7, 377 [400]; 50, 290 [338]) stellt nicht zuletzt vor diesem Hintergrund eine verfehlte Akzentuierung dar (vgl. Rdn. 22). Auch ohne explizite Garantie der Wettbewerbsordnung im Sinne einer prinzipiellen makroökonomischen Institutionalisierung vermittelt im Kranz der wirtschaftlich relevanten Grundrechte namentlich Art. 12 GG durch **Freiheitsschutz** für individuelle Berufswahl und Berufsausübung funktionstypische Elemente **einer marktorientierten und wettbewerblich organisierten Wirtschaftsordnung**. Freiheit der Berufsausübung heißt eben in der Tat notwendig zugleich Wettbewerb (*BVerfGE* 87, 363 [388]). Der **Richter** ist bei der Normauslegung an dieselben Maßstäbe gebunden, die nach Art. 12 I GG auch den Gestaltungsspielraum des Gesetzgebers einschränken (*BVerfGE* 54, 224 [235]; 97, 12 [27]; *BVerfG[K]* NVwZ 2001, 189). Berufsrelevante gesetzgeberische Einschätzungen wie differenzierende Kontrollanforderungen in der GewO bei stehendem Gewerbe und Reisegewerbe können gerichtlicherseits nicht zum Nachteil eines Gewerbetreibenden korrigiert werden (siehe *BVerfG[K]* NVwZ 2001, 189 [190]). Vielmehr müssen die entsprechenden Normen in Würdigung der Ausstrahlungswirkung des Art. 12 I GG von den Gerichten, auch den Strafgerichten, „grundrechtsfreundlich ausgelegt" und angewendet werden (*BVerfG[K]* GewArch 2000, 240 [242] zur HandwO).

29 Insoweit aber ist wesentlich deutlicher als bisher herauszustellen: Art. 12 I GG als das „Hauptgrundrecht der freien wirtschaftlichen Betätigung" (*Ossenbühl* AöR 115 [1990], 1 [5]; vgl. auch *Oppermann* VVDStRL 43 [1985], 83: „Eckstein der Verfassungsordnung in wirtschaftlicher Hinsicht"; *Schmidt-Preuß* DVBl. 1993, 239) streitet für eine **Abschirmung und Verstärkung individueller Marktchancen** (dazu aus soziologischer Sicht *Hesse* AöR 95 [1970], 453 f.) durch Innovation, Kreativität, Initiativkraft und Risikobereitschaft. Zugleich ist damit das Postulat der **Deregulierung** aufs Engste verknüpft (nach *BVerfGE* 81, 70 [85] zielt Art. 12 I GG nämlich auf eine „möglichst unreglementierte berufliche Betätigung" ab; vgl. auch *Koenig* Die öffentlich-rechtliche Verteilungslenkung, 1994, insb. S. 244 f. u. 289 ff.; *Hufen* NJW 1994, 2913 [2921] m. w. N.; *Geisendörfer* GewArch 1995, 41; *Depenheuer* FS BVerfG, Bd. 2, 2001, S. 271).

30 Für eine weiter ausgreifende Auslegung des Art. 12 I GG sind damit zugleich aber, gewissermaßen als Fortschritt induzierende Konstanten im Wandel der Zeiten, Freiheit verkörpernde und schaffende, damit Offenheit signalisierende Direktiven benannt, die in der bisherigen Rechtsprechung ganz erheblich zu kurz gekommen sind. *Steiner* sprach schon 1975 von einem besonderen Verstaatlichungsschutz des Art. 12 GG (Öffentliche Verwaltung durch Private, S. 96) und *Breuer* HdbStR VI, § 147 Rdn. 8 ortet denn auch völlig zu Recht in Art. 12 GG „eine Reihe neuer Elemente ..., denen durchweg eine freiheitsverstärkende Potenz innewohnt". Auch die **Berufsfreiheit** ist schließlich ein **überragend wichtiges Gemeinschaftsgut** (so zutr. *Hufen* NJW 1994, 2913 [2918] und *Gassner* NVwZ 1995, 449 [450]). Einschränkungen der Freiheit der Berufswahl bedürfen der Legitimation durch ein Verfassungsrechtsgut, Regelungen der Berufsausübung bedürfen der Rechtfertigung durch ihrerseits im Lichte der Berufsfreiheit zu würdi-

gende Gemeinwohlaspekte und der besonders sorgfältigen Prüfung am Maßstab des Übermaßverbots.

2. Grundrechtsträger

31 **a. Natürliche Personen.** Anders als bei Art. 12 II und III GG ist die Berufsfreiheit des Art. 12 GG I als sog. **Bürgerrecht** nur für Deutsche im Sinne des Art. 116 GG gewährleistet (dazu *BVerfGE* 78, 179 [196]; *OVG Berlin-Bbg.*, NVwZ 1987, 720; *VGH BW* NVwZ 1989, 386 [387]; *HessVGH* NVwZ 1989, 387; *OVG NRW* DVBl. 1995, 433). Im deutschen Verfassungsrecht wird die berufliche Betätigung von Ausländern allein über Art. 2 I GG geschützt (*BVerfGE* 35, 382 [399]; 78, 179 [196 f.]; 104, 337 [347]; *BVerfG* NVwZ 1990, 853 [854]; *OVG NRW* DVBl. 1995, 433). Die Ansicht, dass sich diese grundrechtliche Rechtsstellung mit zunehmender Dauer des Aufenthalts in der Bundesrepublik sukzessiv der Schutzdimension des Art. 12 GG annähern solle (so *Rittstieg* AK I, Art. 12 Rdn. 164 m. w. N.), verwischt die Konturen der im Verfassungstext angelegten Differenzierung zwischen Menschen- und Bürgerrechten, ist mithin abzulehnen.

32 In Ansehung des Diskriminierungsverbots in Art. 18 AEU wird zunehmend für eine **berufsgrundrechtliche Gleichstellung von Unionsbürgern i. S. d. Art. 20 AEU** (*OVG NRW* NWVBl. 1995, 18; vgl. auch *EuGH* Slg. 1985, 606 [613]; NJW 1988, 2165 [2166 f.]) plädiert, unter Berufung auf Assoziationsvereinbarungen der EU mit Drittstaaten auch für eine Gleichstellung von weiteren Personenkreisen (siehe *VG Frankfurt a. M.* NVwZ-RR 1997, 299). Neben den im Primärrecht ohnedies ausdrücklich verankerten Grundfreiheiten der Arbeitnehmerfreizügigkeit (Art. 45 AEU), der Niederlassungsfreiheit (Art. 49 AEU) und der Dienstleistungsfreiheit (Art. 56 AEU) hat der *EuGH* angesichts gemeinsamer Verfassungsüberlieferungen der Mitgliedstaaten darüber hinaus die Berufsfreiheit als einen allgemeinen Grundsatz des Unionsrechts anerkannt (u. Rdn. 119 ff.), was dem Unionsbürger hierzulande auch ohne formelle verfassungskräftige Gleichstellung zu einer gegenüber sonstigen Ausländern materiell erheblich verstärkten Position im Sinne einer unionsrechtlich gesicherten Gleichbehandlung mit Inländern verhilft.

Rechtsmethodisch erscheint es jedoch nicht angezeigt, das Bürgerrecht des Art. 12 GG im Wege einer extensiven Auslegung zu einem Unionsbürgerrecht umzugestalten und den eindeutigen **Wortlaut** („alle Deutschen") völlig zu ignorieren (so aber etwa *Scheuing*, in: Kreuzer/Scheuing, Die Europäisierung der mitgliedstaatlichen Rechtsordnungen in der Europäischen Union, 1997, S. 87 ff. [102 f.] unter Berufung auf eine Bewirkung von Verfassungsänderungen durch die Zustimmungsgesetze zu den Gemeinschaftsverträgen; siehe jedoch Art. 79 I 1 GG; offen lassend *BVerfG[K]* NJW 2008, 1369). Im Sinne der Rechtsklarheit und des Art. 23 I GG ist vielmehr eine Änderung des Verfassungswortlauts de constitutione ferenda erwägenswert. Wenn freilich in der Rechtsprechung zu Berufsausübungsregelungen durch Orientierung an „vernünftigen Erwägungen des Gemeinwohls" letztlich das Übermaßverbot als zentraler Maßstab verfassungsgerichtlicher Überprüfung figuriert, verkommt Art. 12 GG in diesem Bereich dann doch lediglich zu einem Unterfall des Art. 2 I GG (*Di Fabio* JZ 1993, 689 [694]). Eine stärkere

Einleitung

Beachtung der objektiven Gewährleistungsdimension des Art. 12 I GG sollte allerdings häufiger zu **Wertungspräferenzen** innerhalb dieser Prüfung führen, die bei einem Schutz der beruflichen Betätigung allein innerhalb des Spektrums der allgemeinen Handlungsfreiheit fehlen (vgl. bereits *Bachof* in: Die Grundrechte III/1, S. 155 [177 f.]).

b. Juristische Personen und Handelsgesellschaften. Da die Berufsfrei- 33
heit allgemein die Freiheit umfasst, eine Erwerbszwecken dienende Tätigkeit zu ergreifen und wahrzunehmen, ist Art. 12 I GG trotz seiner individualrechtlich-personalen Prägung gem. Art. 19 III GG jedenfalls insoweit auf **inländische juristische Personen des Privatrechts** anwendbar, als eine bestimmte Erwerbstätigkeit „ihrem Wesen und ihrer Art nach" in gleicher Weise von einer juristischen wie von einer natürlichen Person ausgeübt werden kann (*BVerfGE* 21, 261 [266]; 106, 275 [298]; DVBl. 2005, 1503 [1504]; *BVerfG[K]* NZS 2005, 479 [480]; *BVerwGE* 75, 109 [114]; 97, 12 [22 f.]; *BGHZ* 124, 224 [225]; *Mann* in: Sachs [Hrsg.], GG, 5. Aufl. 2009, Art. 12 GG Rdn. 37). Nach **a. A.** ist die juristische Person als bloßes „Organisationsmittel" ihrem Wesen nach prinzipiell ungeeignet, Träger der Berufsfreiheit zu sein; so *Rittstieg* AK I, Art. 12 Rdn. 167; *OVG Saarl.* OVGE 7, 351 [354 f.]: nur für Berufswahl). Zwar kann eine juristische Person einen Beruf nicht in dem Sinne einer Lebensaufgabe ausüben, doch ist sie sehr wohl in der Lage, wie eine natürliche Person eine Erwerbszwecken dienende Tätigkeit, insbesondere ein Gewerbe, zu betreiben (*BVerwGE* 97, 12 [23]). Auch ihr garantiert Art. 12 I GG grds. das Recht, einen Geschäftsbetrieb zu eröffnen, fortzusetzen oder zu beenden (*BVerfGE* 102, 197 [213]). Die Reduktion auf einen bloßen „ökonomischen Grundbezug" mit der Konsequenz der Erstreckung des Grundrechtsschutzes auf einen gemeinnützigen e. V. (so *BVerwG* JZ 1995, 94 [95] mit insoweit zu Recht abl. Anm. *Wieland;* ebenfalls den Schutz des Art. 12 GG für kostendeckende Tätigkeiten von Nonprofit-Organisationen bejahend *Voigt* GewArch 2005, 56 ff.), der doch nicht mit Gewinnerzielungsabsicht betrieben werden darf, geht allerdings zu weit. Für einen Verein soll nach der Rspr. des *BVerfG* Grundrechtsschutz gem. Art. 12 I GG nur dann bestehen, wenn die Führung eines Geschäftsbetriebes zu seinen satzungsmäßigen Zwecken gehört (so *BVerfGE* 97, 228 [253]; *BVerfG[K]* NJW 2002, 2091), was ihn dann jedoch in die Gefahr bringt, zu einem wirtschaftlichen Verein im Sinne von § 22 BGB zu werden, welcher zur Erlangung der Rechtsfähigkeit der staatlichen Verleihung bedarf (zur Problematik der Entziehung der Rechtsfähigkeit eines e. V. wegen Begründung eines wirtschaftlichen Geschäftsbetriebes siehe *BVerwG* NJW 1998, 1166 ff. u. *VGH BW* GewArch 2004, 191 ff. [„Scientology"]).

Ungeachtet missverständlicher Terminologie des Art. 19 III GG sind **Han-** 34
delsgesellschaften (wie oHG und KG) angesichts ihres verstärkt ausgeprägten Personalbezugs durch Art. 12 GG geschützt (*BVerfGE* 42, 212 [219]; 53, 1 [13]; *BVerwGE* 96, 302 [306]; siehe auch *Kirchesch* Die Berufsfähigkeit der Handelsgesellschaft im Gewerberecht und im Recht der Freien Berufe, 2002). **Juristische Personen des öffentlichen Rechts** können sich grundsätzlich nicht auf Art. 12 GG berufen (*BVerfGE* 45, 63 [78]; 61, 82 [100 ff.]; 68, 193 [206]; 98, 365 [400]; *BVerfG* NJW 1980, 1093; 1990, 1783). Sie sind nicht

in Ausübung von Freiheitsrechten, sondern aufgrund einer Kompetenzeinräumung tätig (*BVerfGE* 61, 82 [101]; 68, 193 [206]; 75, 192 [196]). Dies gilt auch bei erwerbswirtschaftlicher Tätigkeit, so dass kommunalrechtliche Restriktionen wirtschaftlicher Betätigung von Gemeinden aus der Perspektive des Art. 12 GG im Ansatz unbedenklich erscheinen. Ebenso bleibt Bund und Ländern die Berufung auf Art. 12 GG verwehrt, wenn sie sich zur Erfüllung ihrer Aufgaben privatrechtlicher Eigengesellschaften bedienen.

35 Problematisch erscheint allerdings, inwieweit **gemischtwirtschaftliche Unternehmen** Grundrechtsträger sein können. Hier sind diverse verfassungsrechtliche Aspekte, wie der verfassungsrechtliche Schutz privater Minderheitsaktionäre, die fehlende Verfassungsnormativität des Arguments „Daseinsvorsorge", die Bestimmtheitsdefizite des Kriteriums einer Erfüllung „öffentlicher Aufgaben" oder die Wettbewerbssituation des gemischtwirtschaftlichen Unternehmens relevant, die das *BVerfG* in dem Kammerbeschluss v. 16. 5. 1989 (*BVerfG* NJW 1990, 1783 [„HEW"]), wo eine Grundrechtsberechtigung mit Blick auf Art. 14 GG allzu pauschal verneint wurde, nicht auch nur annähernd registriert hat. Gleichwohl hält das *BVerfG* an dieser Rechtsprechungslinie fest und verneint im Beschluss vom 18. 5. 2009 (NVwZ 2009, 1282) die Grundrechtsfähigkeit eines Stromversorgungsunternehmens, das zu 75,2 % von der öffentlichen Hand gehalten wird (insoweit zust. *Engelhoven/Fuhlrott* EWiR 2009, 609 [610]; ablehnend *Kühne* JZ 2009, 1071 [1073]).

36 Besonderheiten gelten für Berufsverbände in der Rechtsform einer öffentlich-rechtlichen Körperschaft. Die Rechtsprechung hat zutreffend einer **Innung** den Grundrechtsschutz verweigert, soweit es lediglich um die Wahrnehmung gesetzlich zugewiesener und geregelter Aufgaben der öffentlichen Verwaltung ging (*BVerfGE* 68, 193 [208 f.], Bezugnahme in *BVerfGE* 70, 1 [15]). Anerkannt wurde jedoch eine berufsgrundrechtliche Grundrechtsträgerschaft von Innungen, soweit jene „nicht in ihrer Funktion als Teil der öffentlichen Verwaltung, sondern als Interessenvertreter ihrer Mitglieder betroffen" waren (*BVerfGE* 70, 1 [20 f.]; *BVerfG* GewArch 1993, 288 [289]; vgl. auch *BVerwGE* 90, 88 [95]). Diese Differenzierung wird teils auch mit Blick auf wirtschaftliche und freiberufliche **Kammern** zugrunde gelegt (etwa *BVerwG* GewArch 1995, 377 [382]; *Fröhler* FS E. Melichar, 1983, S. 9 ff.; *Tettinger* Kammerrecht, 1997, S. 101; siehe ferner *Stern* Staatsrecht III/1, S. 1162 f.: mindestens für bestimmte Aufgaben seien Kammern „staatsdistanziert", so dass eine Grundrechtsberechtigung nicht von vornherein ausscheide). Der Umstand der Pflichtmitgliedschaft in Kammern – im Unterschied zu Innungen – spricht allerdings gegen eine Zuerkennung der Grundrechtsfähigkeit (*Ennuschat/Tille* GewArch 2007, 24 [26]).

3. Der Inhalt der grundrechtlichen Gewährleistungen der Berufsfreiheit im Einzelnen

37 **a. Der Begriff des Berufes.** Das zentrale Tatbestandsmerkmal „**Beruf**" umfasst nicht lediglich gesellschaftlich oder rechtlich vorgeprägte Berufsbilder, sondern ist als ein weit auszulegender, prinzipiell offener Begriff zu verstehen (*BVerfGE* 7, 377 [397]; 14, 19 [22]; 68, 272 [281]; 78, 179 [193];

80, 70 [85]; *BVerfG* NJW 2004, 2725 [2726]; *BVerwGE* 91, 24 [31]; 96, 293 [296]; 96, 302 [307]; *BVerwG* DVBl. 1994, 760 [761]), umgreift daher auch eine Vielzahl untypischer Tätigkeitsformen, wie etwa Handeln mit loser Milch (*BVerfGE* 9, 39 [48]), gewerbsmäßiges Fremdaufstellen von Gewinnspielgeräten (*BVerfGE* 31, 8 [27 f.]), „Heilmagnetisieren" (*BVerwGE* 94, 269 [277]), den Betrieb einer Deckhengststation (*BVerfG* NJW-RR 1994, 663 [664]; NJW 1996, 1203) oder die Hufpflege (*BVerfG* GewArch 2008, 28 [29]).

Erfasst sind gleichermaßen selbständig wie unselbständig ausgeübte Tätigkeiten. Art. 12 I GG kommt so – wie schon in *BVerfGE* 7, 377 (397) nicht ohne Pathos vermerkt – „Bedeutung für alle Schichten" zu. Freilich ist die Berufsfreiheit in der Rechtsprechungspraxis zuvörderst ein **„Grundrecht des Mittelstandes"** geblieben (zu dieser Bedeutung *Ossenbühl* AöR 115 [1990], 1 [6 f.]; *Mann* FS J.F. Kirchhoff, 2002, 221 [237 ff.]). Die Formel „Arbeit als Beruf" (dazu näher *Schneider u. Lecheler* VVDStRL 43 (1985), 7 ff. u. 48 ff.; *Badura* FS Herschel, 1982, S. 21 ff.; *Bryde* NJW 1984, 2177 ff.; *Häberle* JZ 1984, 345 ff.; *Papier* DVBl. 1984, 801 ff.; *Pietzcker* NVwZ 1984, 550 ff., *Wendt* DÖV 1984, 601 ff.) bezeichnet demgegenüber im Ansatz treffend einen arbeitnehmerorientierten Teilaspekt des Grundrechtsschutzes zur Sicherung der „Selbstbestimmung in der arbeitsteiligen Industriegesellschaft" (*BVerfGE* 41, 251 [264]), der zugleich intrikate verfassungsrechtliche Kollisionslagen indiziert, die in Wahrnehmung entsprechender gesetzgeberischer Schutzpflichten (dazu o. Rdn. 27) namentlich durch Ausgestaltung der Binnenorganisation in den verfügbaren Unternehmensformen in Orientierung an jeweils unterschiedlich stringenten personalen und sozialen Schutzdimensionen auszutarieren sind (vgl. *Breuer* HdbStR VI, § 147 Rdn. 22 f., 24 f., 60 ff.). 38

Gemeinhin wird Beruf als jede auf eine gewisse Dauer angelegte, der Schaffung und Erhaltung einer Lebensgrundlage dienende Tätigkeit, der **definiert** (*BVerfGE* 7, 377 [397]; 50, 290 [362]; 54, 301 [313]; 105, 252 [265]; 110, 304 [321]; 111, 10 [28]; *BVerfG* NJW 2006, 1261 [1262]; DVBl. 2007, 1555 [1559]; *BVerwGE* 1, 92 [93]; 22, 286 [287]; 96, 136 [140]; 96, 293 [296]; 96, 302 [307]; 97, 12 [22]; *BVerwG* GewArch 1997, 287 [289]; NJW 2007, 1478 [1480]; *Mann*, in: Sachs [Hrsg.], GG, 5. Aufl. 2009, Art. 12 GG Rdn. 45). Über diese konsensuellen Elemente hinaus finden sich in Rechtsprechung und Literatur bisweilen weitere Merkmale, deren Berechtigung allerdings im Einzelnen umstritten ist (u. Rdn. 41 ff.). 39

Die Orientierung an der **Dauerhaftigkeit** verlangt nicht, dass eine Betätigung bereits in der Vergangenheit nachweisbar sein muss. Angesichts der Zukunftsgerichtetheit der Berufsfreiheit (*BVerfGE* 30, 292 [334]; *BVerwGE* 75, 109 [114]) reicht es aus, wenn die Betätigung auf eine gewisse Dauer „angelegt" ist, etwa bei einem Berufspolitiker (als Abgeordneter) oder auch bei einem zunächst für eine Probezeit eingegangenen Arbeitsverhältnis. Nach bisheriger Einschätzung genügen allerdings nicht nur gelegentliche oder vorübergehende Tätigkeiten, wie zum Beispiel die Privatdozentur (*BVerwGE* 96, 136 [139 f.]). Freilich hat *BVerfG* EuGRZ 1998, 41 (48) unlängst lapidar vermerkt: „Beruf ... jede auf Erwerb gerichtete Beschäftigung, die sich nicht in einem einmaligen Erwerbsakt erschöpft". Auch eine ursprünglich aus- 40 nahmsweise für eine Übergangszeit zugelassene Tätigkeit kann als Beruf einzustufen sein, wenn sie über längere Zeit hin aufgrund wiederholt erteilter Beschäftigungserlaubnisse ausgeübt worden ist (*BVerfGE* 32, 1 [23 f.]; 58, 358 [363]: „Kontinuität").

41 Zur Beurteilung, ob eine Tätigkeit der **Schaffung und Erhaltung einer Lebensgrundlage** dient, ist ein objektiver Maßstab ausschlaggebend: Die Tätigkeit muss – unabhängig von den subjektiven Zielsetzungen des Grundrechtsträgers – ihrer Art nach zur Existenzsicherung geeignet sein (*Scholz*, in: Maunz/Dürig, Art. 12 Rdn. 21); ob sie selbständig oder unselbständig ausgübt wird, ist dabei ebenso ohne Belang (*BVerfGE* 7, 377 [398]; 50, 290 [362 f.]; 54, 301 [322]; *BVerwGE* 89, 281 [283]; 90, 359 [362]) wie die Frage, ob die mit dem Beruf erzielten wirtschaftlichen Gewinne einen besonderen persönlichen Einsatz oder die Übernahme eines wirtschaftlichen Risikos erfordern oder nicht (*BVerwGE* 96, 302 [315]). Als Beruf im Sinne des Art. 12 GG sind etwa auch Erwerbstätigkeiten eines Soldaten im Ruhestand (*BVerwGE* 84, 194 [197]) sowie Zweit- und Nebenberufe (*BVerfGE* 21, 173 [179]; 110, 304 [321]; *BVerwGE* 21, 195 f.; *BGHZ* 97, 204 [208]) angesehen worden, was gesetzliche Inkompatibilitätsregelungen freilich nicht grundsätzlich ausschließt (*BVerfGE* 21, 173 [181 ff.]; 22, 275 [276]; 54, 237 [246]; *BGHZ* 71, 23 [27 f.]). Nicht einschlägig sind private Hobbys (*Jarass*, in: Jarass/Pieroth, GG, Komm., 11. Aufl. 2011, Art. 12 Rdn. 4).

42 Ergänzend findet sich mancherorts das zusätzliche Merkmal, die geschützte Betätigung müsse **„wirtschaftlich sinnvoll"** sein (*BVerfGE* 7, 377 [397]; 14, 19 [22]; 68, 272 [281]). Eine solche Qualifikation dürfte sich allerdings mangels Definitionsmacht des Staates prinzipiell einer objektivierbaren Bewertung entziehen, muss vielmehr der Entscheidung des Einzelnen überlassen bleiben. Als individualisierendes Kriterium führt die wirtschaftliche Sinnhaftigkeit zudem zu Wertungswidersprüchen mit der gebotenen objektiven Auslegung des Merkmals „Schaffung einer Lebensgrundlage" (o. Rdn. 41), bei dem eine betriebswirtschaftlich nicht darstellbare Aktivität unberücksichtigt blieb.

Versteht man dieses Kriterium hingegen als Umschreibung des von anderer Seite geforderten „Beitrags zur gesellschaftlichen Gesamtleistung" (*BVerfGE* 7, 377 [397]; 50, 290 [362]), so wird darin nicht ein konstitutives Merkmal des Berufs, sondern lediglich eine deskriptive Aussage über typische Wirkungen einer Berufsausübung zu sehen sein. Mit dem *BVerwG* (*BVerwGE* 1, 269 [279]; 71, 183 [189]; st. Rspr.) sollte deshalb auf beide Formeln verzichtet werden.

43 Bisweilen wird der Begriff des Berufes im Sinne des Art. 12 GG in Rechtsprechung (*BVerfGE* 7, 377 [397]; 32, 311 [317]; 48, 376 [388]; 68, 272 [281]; 81, 70 [85]; *BVerwGE* 22, 286 [287]; 71, 183 [189]; 87, 37 [40 f.]; *BVerwG* DVBl. 1994, 760 [761]; *OVG NRW* NJW 1986, 2783; *OVG RhPf*. GewArch 1991, 99 [100]; *BayVGH* NJW 1987, 727; *VG Düsseldorf* GewArch 1990, 207 [208]) und Literatur (*Badura* Staatsrecht, C Rdn. 77; *Schmidt-Bleibtreu*, in: Schmidt-Bleibtreu/Klein, 10. Aufl. 2004, Art. 12 Rdn. 6; *Gubelt*, in: v. Münch/Kunig [Hrsg.], Bd. I, 5. Aufl. 2000, Art. 12 Rdn. 8 f.) auf **„erlaubte" Tätigkeitsformen** begrenzt. Sofern dabei dieses Erfordernis allein anhand der Skala der Verbotsgesetze bemessen wird (*OVG NRW* NJW

1986, 2783; *BayVGH* NJW 1987, 727; *Frotscher/Kramer* Wirtschaftsverfassungs- und Wirtschaftsverwaltungsrecht, 5. Aufl. 2008, Rdn. 70), ist dagegen zu Recht der Vorwurf einer einfachgesetzlichen Aushöhlung der Berufsfreiheit erhoben worden (*BVerfGE* 115, 276 [300 f.] − Sportwetten; *BVerwGE* 22, 286 [288] − *Wahrsager*; 96, 293 [296 f.] − Sportwettunternehmen; 96, 302 [308] − Spielbank; *Bachof*, in: Die Grundrechte III/1, S. 155 [190]; *Breuer* HdbStR VI, § 147 Rdn. 44). Dem Grundrecht des Art. 12 GG kommt doch gerade die Funktion zu, darüber zu entscheiden, ob eine Tätigkeit durch den Gesetzgeber verboten werden darf; sein Schutzbereich kann mithin nicht bereits durch das Kriterium des Erlaubtseins begrenzt sein.

Auch sofern zur Konturierung des Erlaubtheitskriteriums auf die Legitimation durch herrschende Grundanschauungen in der Gesellschaft abgestellt wird (*BVerwGE* 22, 286 [289]; 96, 293 [297]; 96, 302 [308 f.]; *OVG RhPf.* GewArch 1991, 99 [100]; *VG Düsseldorf* GewArch 1990, 207 [208]; *VG Neustadt* NVwZ 1993, 98 [100]) oder allgemein „sozial unwertige" Tätigkeiten als im Vorfeld des Berufsbegriffs liegend ausgeklammert werden (*Manssen*, in: v. Mangoldt/Klein/Starck Grundgesetz-Komm., Bd. I, 2. Aufl., Art. 12 Rdn. 42; *Bachof*, in: Die Grundrechte III/1, S. 155 [190 f.]), kann dem nicht gefolgt werden (im Ergebnis ebenso *Jarass*, in: Jarass/Pieroth, 11. Aufl. 2011, Art. 12 Rdn. 7; *Rittstieg* AK I, Art. 12 Rdn. 67 f.; *Breuer* HdbStR VI, § 147 Rdn. 44; *Höfling* Offene Grundrechtsinterpretation, 1987, S. 150 ff.). Mit Rücksicht auf den umfassenden individualorientierten Schutzzweck des Grundrechts und die **Gefahr definitorischer Missbräuche** ist in einer pluralistischen Ordnung auf einem neutraleren Verständnis hinsichtlich der Sozialwertigkeit menschlicher Betätigungen zu bestehen, so dass grundsätzlich auch Tätigkeitsformen wie Prostitution oder Waffenhandel im Ansatz dem Schutzbereich des Grundrechts der Berufsfreiheit unterfallen (ebenso *LG Münster* [Vorlagebeschluss] StrV 1992, 581 [582]; *Scholz*, in: Maunz/Dürig, Art. 12 Rdn. 25; siehe auch *Laskowski* Die Ausübung der Prostitution, 1997; dazu nunmehr klärend § 1 des Prostitutionsgesetzes v. 20.12.2001 [BGBl. I S. 3983]; vgl. auch *EuGH* EuZW 2002, 120. Zum Waffenhandel ablehnend *Lerche*, in: FS Fikentscher, 1998, 541 [552]). Eine Erwerbstätigkeit verliert die Eigenschaft des Berufes nicht dadurch, dass sie durch Gesetz verboten oder für strafbar erklärt wird (*Badura* in: Festgabe 50 Jahre BVerwG, S. 787).

Eine definitorische Ausschaltung lässt sich nur dort vertreten, wo eine Tätigkeit evident dem Menschenbild des Grundgesetzes entgegensteht (Bsp.: Killer, Rauschgift-Dealer) und damit zentralen verfassungsrechtlichen Wertungen und nicht lediglich allgemeinen sozialethischen Vorstellungen in der Bevölkerung widerstreitet (*Tettinger* AöR 108 [1983], 92 [98]; *Langer* JuS 1993, 203 [206]; *Ehlers* Ziele der Wirtschaftsaufsicht, 1997, S. 32; vgl. auch *Gassner* NVwZ 1995, 449; *Sodan* NJW 2003, 257 [260]; ähnlich *BVerfGE* 115, 276 [301] − Sportwetten). Trotz der mit Rücksicht auf den verfassungsrechtlich gebotenen Schutz zugunsten werdenden Lebens konsequenten Bewertung der Tötung Ungeborener als rechtswidrig (vgl. § 218 a I StGB) wurde einem Abtreibungsarzt für ohne Feststellung einer Indikation nach der Beratungsregelung vorgenommenen Schwangerschaftsabbrüche berufsgrundrechtlicher Schutz zugebilligt, da diese ärztliche Tätigkeit notwendiger Bestandteil des gesetzlichen Schutzkonzeptes sei (so sehr knapp und apodiktisch das Mehrheitsvotum in BVerfGE 98, 265 [297]; dazu vorwiegend krit. Stimmen in der Lit.: *Hillgruber* MedR 1998, 2001; *Büchner* NJW 1999, 833; *Beckmann* MedR 1999, 138; *Suerbaum* NJW 2000, 849).

46 **b. Beruf und Berufsbild.** Trotz des von Art. 12 I GG grundsätzlich respektierten individuellen Berufserfindungsrecht (o. Rdn. 37) gesteht das *BVerfG* dem Gesetzgeber das Recht zu, Erscheinungsformen und Ausübungsmodalitäten eines Berufs durch rechtliche **Fixierung von Berufsbildern** zu regeln (*BVerfGE* 7, 377 [406]; 106, 62 [116]; *BVerfG[K]* NJW 2002, 3460 [3461]: *BVerwGE* 94, 352 [359]; *BVerfG[K]* NJW 2008, 1293: keine Fixierung eines neuen Berufsbild durch die §§ 164, 170 BRAO). Einen Überblick über die zahlreichen auf der Basis von § 45 HandwO ergangenen Berufsbildverordnungen zum Handwerksrecht bietet Fundstellennachweis A zum BGBl. unter den Ordnungsnummern 7110-3-1 ff. Dies hat zweifache Konsequenzen: Zum einen wird der betreffende Beruf „monopolisiert", d. h. nur mehr für Aspiranten, welche die normierten Anforderungen – z. B. subjektive Voraussetzungen der Berufsaufnahme (*BVerfGE* 7, 377 [406]; 25, 236 [247]; 80, 1 [24]) – erfüllen, zugänglich (Berufswahlaspekt; vgl. *BVerfGE* 17, 232 [241 f.]; 54, 301 [314]; 59, 302 [315 f.]; 75, 246 [265 f.]; *BVerfG* NJW 1988, 2535; *BGHZ* 97, 204 [208]; 124, 224 [227]), zum anderen wird er „typisiert", d. h. die betreffenden Tätigkeitsfelder können lediglich entsprechend den normativ formalisierten personellen und inhaltlichen Vorgaben wahrgenommen werden (Berufsausübungsaspekt; vgl. *BVerfGE* 21, 173 [180]; 25, 236 [247]; 54, 237 [246 f.]; 75, 246 [265 f.]; *BVerwGE* 89, 30 [33 f.]; *BayVGHE* 50, 27 [31]). Als Beispiel kann insoweit auf die Vorschriften über Zulassung und Beaufsichtigung der Umweltgutachter durch die Deutsche Akkreditierungs- und Zulassungsgesellschaft für Umweltgutachter (DAU) gem. §§ 4 –7 UAG verwiesen werden, welche erstmals das Berufsbild des unabhängigen Umweltgutachters prägen (siehe dazu *Schmidt-Preuß* FS Kriele, 1997, S. 1157 [1172 f.]).

47 Da Fixierungen von Berufsbildern regelmäßig als Eingriffe in den Schutzbereich der Berufsfreiheit figurieren, müssen ihre verfassungsrechtlichen Zulässigkeitsgrenzen in Ansehung der durch sie bewirkten Konsequenzen für Berufswahl und -ausübung nach Maßgabe der Stufentheorie und des Übermaßverbots unter Berücksichtigung aller **Umstände der spezifischen Sachmaterie** ermittelt werden (*BVerfGE* 54, 301 [322]; 59, 302 [315 f.]; 75, 246 [266 f.]; 78, 179 [193]; 106, 62 [116]; *Mann* in: Sachs [Hrsg.], GG, 5. Aufl. 2009, Art. 12 GG Rdn. 69). Nur dadurch kann – bei detaillierter Auseinandersetzung mit den sachimmanenten Anforderungen des jeweiligen Berufsfeldes (siehe *BVerfGE* 54, 301 [314 ff.] zum Buchführungsprivileg steuerberatender Berufe; 59, 302 [317 ff.] zur geschäftsmäßigen Lohnbuchhaltung; 78, 179 [193 f.] zur Zulassungspflicht nach dem HeilpraktikerG) – verhindert werden, dass die Kontrollintensität über Gebühr eingeengt und die verfassungsrechtliche Gewährleistung mit zusätzlichen „immanenten" Schranken versehen wird (vgl. *Scholz*, in: Maunz/Dürig, Art. 12 Rdn. 272 f.; *Lecheler* VVDStRL 43 (1985), 48 [53 f.]; *Höfling* DÖV 1989, 110 [112]; *Hufen* NJW 1994, 2913 [2916]). So verlieren etwa Erwägungen zu dem am Schutz der Volksgesundheit orientierten Berufsbild des Apothekers an Gewicht,

Einleitung **Einl**

soweit Apotheker mit Blick auf das von ihnen angebotene Randsortiment in Konkurrenz zu Kaufleuten stehen (*BVerfGE* 94, 372 [397]; *BVerfG[K]* NJW 1996, 3070 [3071]).

Zudem haben gesetzlich geformte Berufsbilder ihrerseits gewachsenen rea- **48** len Unterschieden in den Erscheinungsformen beruflicher Tätigkeiten Rechnung zu tragen und dürfen an **vorgefundenen Berufsbildern**, Spezialisierungen und Ausdifferenzierungen beruflicher Tätigkeiten nicht ohne sachlichen Grund vorbeigehen (*BVerfGE* 10, 185 [197]; 54, 301 [326]; 78, 179 [193]; 106, 62 [116 ff.]; eingehend *Tettinger* AöR 108 [1083], 92 [101 f.]; zum Insolvenzverwalter *BVerfG[K]* DVBl. 2004, 1366 [1368]; ZIP 2005, 537 [538]; *Werres* BayVBl. 2008, 134 [135 f.]). Die Unterscheidung zwischen traditionellen und rechtlich fixierten (*BVerfGE* 7, 377 [397]) bzw. zwischen autonomen und heteronomen Berufsbildern (*Scholz*, in: Maunz/Dürig, Art. 12 Rdn. 270) erscheint heutzutage, nachdem die Ansicht, die Berufsfreiheit sei nur im Rahmen der allgemein anerkannten Berufsbilder gewährleistet, nicht mehr vertreten wird, weitgehend verzichtbar. Festgehalten zu werden verdient jedoch, dass es dem Gesetzgeber unbenommen bleibt, verwandte Berufe zu vereinheitlichen (*BVerfGE* 75, 246 [265 f.]) oder für bestimmte Berufszweige in Orientierung am spezifischen Aufgabenkreis auch sog. Leitbilder zu formulieren (vgl. *BVerfGE* 46, 43 [54] zum verfassungstreuen Juristen; 54, 237 [249] zum unparteilichen Notar; *BVerwGE* 92, 172 [178] zum Apotheker in seiner [singulären] Apotheke).

Zunehmend hat der deutsche Gesetzgeber dabei nicht nur hiesige Berufstraditionen und -entwicklungen zu berücksichtigen, sondern auch spezifische Wirkungen der Liberalisierung des europäischen Dienstleistungsverkehrs mit einzukalkulieren (vgl. *BVerfGE* 97, 12 [25, 33]; *VGH BW* VBlBW 1998, 315 [317], dort freilich mit der klaren Feststellung, dass sich an der Zulässigkeit des Befähigungsnachweises für das Handwerk auch durch Liberalisierungstendenzen im Binnenmarkt nichts geändert hat; siehe auch unten § 33 h Rdn. 11 f. zum Beruf des Wettunternehmers).

c. Berufswahl und Berufsausübung. Da Art. 12 I GG ein **einheitliches** **49** **Grundrecht** der Berufsfreiheit gewährleistet (o. Rdn. 24), sind die früher insb. mit Blick auf die Berufsaufnahme geführten Diskussionen um eine Abgrenzung von Berufswahl und Berufsausübung (vgl. zum Überblick *v. Mangoldt/Klein* I, 2. Aufl. 1957, Art. 12 Anm. IV 1) für Schutzbereichszuordnung und Gesetzesvorbehalt praktisch bedeutungslos geworden (vgl. aber neuerdings wieder *Lücke* Die Berufsfreiheit, 1994; *Hufen* NJW 1994, 2913 [2917]). Eine vorstrukturierende Abschichtung dieser Phasen bleibt allerdings im Hinblick auf die verfassungsrechtliche Rechtfertigung von Grundrechtsbeeinträchtigungen (u. Rdn. 73 ff.) weiterhin bedeutsam.

Die **Freiheit der Berufswahl soll** unbeeinflusst von fremdem Willen **50** erfolgen können (*BVerfGE* 13, 181 [185]; 58, 358 [363 f.]). Sie umfasst als äußerlich wahrnehmbarer Akt der Selbstbestimmung (*BVerfGE* 7, 377 [403]; 13, 181 [185]; 43, 291 [363]; 58, 358 [363 f.]; vgl. auch *Gubelt*, in v. Münch/ Kunig [Hrsg.], Bd. I, 5. Aufl. 2000, Art. 12 Rdn. 37 m. w. N.) die erstmalige Ergreifung eines Berufes, die Wahl eines Zweit- oder Nebenberufes (*BVerfGE* 21, 173 [179]; 87, 287 [316]; 110, 304 [321]; *BVerfG* NVwZ-RR

1994, 153; *BGHZ* 97, 204 [208]), den Berufswechsel (*BVerfGE* 43, 291 [363]; 55, 185 [196]; 62, 117 [146]), die Freiheit, auf das Ergreifen eines Berufes zu verzichten und von vorhandenem Vermögen zu leben (negative Berufsfreiheit; vgl. *BVerfGE* 58, 358 [364]; 68, 256 [267]), sowie die freie Entscheidung über die Berufsbeendigung (*BVerfGE* 9, 338 [345]; 21, 173 [183]; 39, 128 [141]; 80, 257 [263]; 93, 213 [235]; *BVerfG* NJW 1993, 1575; *BVerwGE* 96, 302 [307]). Unter dem Aspekt der Berufswahl schützt Art. 12 I GG auch die Wahrnehmung von Chancen, die den Bewerber der erstrebten Berufsaufnahme in erheblicher Weise näher bringen, und gebietet deshalb, Zugangsmöglichkeiten zu einem Beruf tatsächlich und rechtlich möglichst offen zu halten und Zugangshindernisse nur insoweit zu errichten, wie es durch ein im Lichte des Art. 12 I GG hinreichend gewichtiges öffentliches Interesse geboten ist (*BVerfGE* 52, 172 [210]; *BVerwGE* 91, 24 [33 f.] u. 96, 136 [141]). Nicht durch das Recht der freien Berufswahl geschützt wird das Interesse, im erwählten Beruf dauerhaft beschäftigt zu werden (*BVerfG[K]* NJW 2002, 3460 [3461]; *BVerwGE* 97, 154 [158]; *BAG* NJW 1964, 1921). Zu Abgrenzungsproblemen bei Verengungen oder Erweiterungen des Tätigkeitsfeldes vgl. Rdn. 53 ff.

51 Die **Freiheit der Berufsausübung** gewährleistet die Gesamtheit der mit der Berufstätigkeit, ihrem Ort (z. B. bauliche Gestaltung der Betriebsräume; siehe *BVerwGE* 96, 372 [375 f.]), ihren Inhalten, ihrem Umfang, ihrer Dauer, ihrer äußeren Erscheinungsform, ihren Verfahrensweisen und ihren Instrumenten zusammenhängenden Modalitäten der beruflichen Tätigkeit und umgreift so eine Reihe von Einzelfreiheiten wie die unternehmerische Organisationsfreiheit (dazu *Breuer* HdbStR VI, § 147 Rdn. 61 f. u. § 148 Rdn. 24; *Ossenbühl* AöR 115 [1990], 1 [15 ff.]), namentlich in Gestalt der privatautonomen Rechtsformenwahl oder der Freiheit gemeinsamer Berufsausübung (siehe zu ersterer *BVerfGE* 21, 227 [232], zu letzterer *BVerfGE* 54, 237 [245]; 80, 269 [278]; 108, 150 [165]), die berufliche Dispositionsfreiheit (*BVerfGE* 50, 290 [363]; ausführlich hierzu *Ossenbühl* aaO, S. 18 ff.) einschließlich der Investitionsfreiheit, der Wahl der Produktionspalette und der Verpackung der Produkte (Nachw. hierzu bei *Tettinger* DVBl. 1995, 213 [215]), der Vertriebsfreiheit (einschl. Export und Import: Außenwirtschaftsfreiheit; dazu etwa *Starck* FS Knöpfle, 1996, S. 319) und der freien Vertrags- und Preisgestaltung, die Wettbewerbsfreiheit (*BVerfGE* 32, 311 [317]; 46, 120 [137]; 53, 135 [143 f.]; 105, 252 [265]; *BVerfG* NJW 1993, 1969 [1970]; DVBl. 2006, 694 [695]; *BVerwGE* 71, 183 [189]; 87, 37 [39]; 89, 281 [283]; *BVerwG* NJW 1996, 3161; *Mann* in: Sachs [Hrsg.], GG, 5. Aufl. 2009, Art. 12 GG Rdn. 79) und die Freiheit der beruflichen Außendarstellung einschließlich der Werbung für Produkte (siehe *BVerfGE* 95, 173 [181]; 105, 252 [266]; *BVerfG* NJW 2005, 1483; *BVerfG[K]* BayVBl. 2008, 369 [370]; *BVerwG* NJW 2005, 3510; *Tettinger* EG-rechtliche Verbote von Werbung und Sponsoring bei Tabakerzeugnissen und deutsches Verfassungsrecht, 1998, S. 23 ff. m. ausführl. Nachw.), damit insgesamt die Werbefreiheit (*BVerfGE* 9, 213 [221 f.]; 53, 96 [98]; 59, 302 [314]; 60, 215 [229]; 65, 237 [245 ff.]; 76, 196 [207]; 85, 97 [104]; 85, 248 [256]; 94, 372 [389]; 95, 173 [181]; 111, 366 [379]; *BVerfG[K]* NJW 1993, 1969; 1995, 712; DVBl. 1995, 269 f.; NJW 2005, 1483; *BGHZ* 106, 212 [213 f.]), die Führung des eigenen Namens (siehe *BVerfG* 71, 183

Einleitung **Einl**

[201]) und bestimmter Berufsbezeichnungen (*BVerfGE* 36, 212 [216]; 55, 261 [269]; 59, 213 [219]; *BVerfG[K]* NVwZ-RR 1994, 153; UPR 1996, 303; NJW 1997, 2510; *VerfGH Berlin* JR 1996, 146 [147]) sowie die wirtschaftliche Verwertung der beruflich erbrachten Leistung (so *BVerfG[K]* NJW 1998, 1776 zur Altersgrenze für vertragsärztliche Zulassung). Die Benennung derartiger **Teilfreiheiten** verdeutlicht lediglich den Schutzbereich, ohne den Schutzumfang der Berufsfreiheit der Unternehmer auf Teilaspekte zu verengen (vgl. *Wieland*, in: Dreier, GG, 2. Aufl. 2008, Art. 12 Rdn. 61). Als „**Unternehmerfreiheit**" geschützt sah so das *BVerfG* „die Dispositionsbefugnis des Unternehmers über die ihm und seinem Unternehmen zugeordneten Güter und Rechtspositionen", fügte sodann aber noch einschränkend hinzu, diese Gewährleistung verfestige nicht eine bestehende Gesetzeslage zu einem grundrechtlich geschützten Bestand (*BVerfG* NJW 1998, 1547 [1549] betr. Sonderabschreibungen für Handelsschiffe in Fortentwicklung der auf allgemeine rechtsstaatliche Anforderungen abstellenden Rückwirkungs-Rechtsprechung; vgl. dazu näher *Sachs*, in: ders. [Hrsg.], GG, 5. Aufl. 2009, Art. 20 GG Rdn. 132 ff.).

Nicht zur Berufsausübung zählen Betätigungen im rein privaten Bereich, doch soll die Entscheidung über die Grenzziehung zur privaten Sphäre noch dem beruflichen Sektor unterfallen (*Gubelt*, in: v. Münch/Kunig [Hrsg.], Bd. I, 5. Aufl. 2000, Art. 12 Rdn. 39).

In Ansehung der wirtschaftlichen Implikationen kann eine als bloße **52** Berufsausübungsregelung gedachte Normierung einer Zulassungsbeschränkung nahe kommen und damit zugleich die Freiheit der Berufswahl beeinträchtigen (*BVerfGE* 11, 30 [44 f.]; 36, 37 [58]; 50, 292 [313]; 61, 291 [311]; 65, 116 [127 f.]; 68, 155 [170 f.]; 72, 26 [32]; 77, 84 [106]; 82, 209 [229]; 86, 28 [38 f.]; 106, 181 [192 f.]; *BVerfG* NJW 2003, 879). Das ist dann der Fall, wenn die Berufsangehörigen wirtschaftlich nicht mehr in der Lage wären, ihren Beruf ganz oder teilweise zur Grundlage ihrer Lebensführung zu machen (*BVerfGE* 13, 181 [187]; 16, 147 [163, 165]; 30, 292 [313 f.]; 38, 61 [85 f.]; 68, 155 [170 f.]). Maßgeblich ist insoweit allerdings die **Regelwirkung**, nicht die singuläre Auswirkung in Sonderkonstellationen (*BVerfGE* 30, 292 [313 f.]; 68, 155 [170]; *BVerwGE* 79, 192 [199]; *VGH BW* DVBl. 1997, 958 [959]; *HessVGH* GewArch 1996, 233 [236]; vgl. auch unten Rdn. 91 ff.).

d. Veränderungen der Tätigkeitspalette. Angesichts abgestufter Anfor- **53** derungen an Ingerenzen in Berufswahl und Berufsausübung (u. Rdn. 73 ff.) erfordert die verfassungsrechtliche Beurteilung von Veränderungen der Tätigkeitspalette eine Zuordnung zu diesen Emanationen der Berufsfreiheit. So erweist sich für berufliche **Spezialisierungen** als vorentscheidend, ob ein neuer, speziellerer Beruf ergriffen werden soll (dann: normative Einschränkung als Berufswahlregelung) oder ob das nunmehr wahrgenommene Tätigkeitsfeld trotz Verengung der Tätigkeitspalette weiterhin als Teil des allgemein gefassten Berufes zu verstehen ist (dann: gesetzliche Ingerenz lediglich als Berufsausübungsregelung). Ähnliche Probleme ergeben sich für den umgekehrten Fall einer **Tätigkeitserweiterung**, wenn es also darum geht, ob eine zusätzlich übernommene Betätigung als integrative Modalität eines bereits ausgeübten Berufes oder als Zuwahl eines eigenständigen Zweitberufes (zur Zulässigkeit o. Rdn. 50) anzusehen ist.

54 Entscheidungsmaßstab dürfen insoweit nicht quantitative Aspekte, z. B. die Zahl der jeweiligen Berufsangehörigen, sondern nur inhaltliche Kriterien wie **funktionales Schwergewicht** oder **Verkehrsauffassung** sein (*BVerfGE* 7, 377 [398 f.]; 17, 269 [275]; 30, 292 [312 f.]; 86, 28 [38]; *BVerfG* NJW 1993, 1669). Einer spezialisierten Berufsausbildung, die über die Vermittlung üblicher Branchenkenntnisse hinausgeht, kommt indizielle Bedeutung zu (*BVerfGE* 17, 269 [274 f.]; 32, 1 [30]; 68, 272 [281]; *BVerfG[K]* NJW 2004, 2725 [2727]). Eine Gesamtschau der zu diesem Abgrenzungsproblem zu registrierenden, eher verwirrenden Kasuistik (vgl. die Zusammenstellung bei *Scholz*, in: Maunz/Dürig, Art. 12 Rdn. 265) zeigt, dass vieles davon abhängt, ob für bestimmte Tätigkeitsfelder vorgeprägte Berufsbilder (o. Rdn. 46 ff.) existieren oder nicht (*OVG NRW* NWVBl. 1995, 26; *BayVGHE* 50, 27 [31]; *Tettinger* AöR 108 [1983], 92 [100]).

55 Wenn der zuständige Gesetzgeber ein Tätigkeitsfeld in verfassungskonformer Weise durch separate Berufszulassungs- oder -ausübungsanforderungen typisiert hat, wird zumeist ein **eigenständiger Beruf** vorliegen (vgl. *BVerfGE* 9, 39 [48]: Handel mit loser Milch; *BVerfGE* 11, 30 [41]; *BVerfGE* 17, 371 [380]; 47, 285 [319 f.]; 54, 237 [247]; *BVerwG* NJW 1996, 1608 [1609]; *OVG RhPf.* GewArch 1994, 413; *OVG NRW* NWVBl. 1995, 26: Krankentransportunternehmer). Fehlen hingegen solche Regelungen und unterfällt die aufgenommene Betätigung einem anderen, weitergespannten Berufsbild, so wird, wie dies beim Kassen- resp. Vertragsarztrecht im Hinblick auf den Arztberuf (*BVerfGE* 11, 30 [41 f.]; 12, 144 [147]. Zur Problematik der kassenärztlichen Bedarfsplanung *BVerfG* NJW 1993, 1520; *Rüfner* NJW 1993, 753) oder beim „zugelassenen Leistungserbringer" im Hinblick auf einen Optiker (*BSG* GewArch 1997, 320 [322]) der Fall ist, regelmäßig ein **unselbständiger Teil eines Berufes** vorliegen (vgl. *BVerfGE* 9, 73 [78 f.]: Arzneimittelverkauf in Drogerie; *BVerfGE* 10, 185 [197]: Prozessagent; *BVerfGE* 16, 147 [163]: Werksfernfahrer; *BVerfGE* 16, 286 [294, 296]: Privatpraxis des Chefarztes; *BVerfGE* 18, 353 [361]: Interzonenhandel; *BVerfGE* 48, 376 [388]: operative Tierversuche; *BVerfGE* 54, 251 [270]: Anwaltsvormund; *BVerfGE* 57, 121 [130 f.]: Fachanwalt; *BVerfGE* 68, 272 [281 f.]: Erstellung von Bauvorlagen; *BVerfGE* 78, 179 [193 f.]: Heilpraktiker; *BVerfGE* 86, 28 [38]: Öffentlich bestellte Sachverständige; *BVerfG* NVwZ-RR 1994, 153: freie und baugewerbliche Architekten; *BVerwGE* 79, 192 [199]: Milchviehhaltung; *BVerwG* 84, 194 [198]: Soldat im Ruhestand; *HessVGH* GewArch 1996, 104 [105]: Pornovideokabinenbetreiber; *VGH BW* NVwZ-RR 1996, 642 [644]: Sachverständiger nach WHG). Die Indizwirkung entfällt, wenn Tätigkeiten einen funktionellen Zusammenhang vermissen lassen (vgl. *BVerfGE* 21, 173 [181 ff.]: Steuerberater und Chemikalienhandel; *BVerfGE* 82, 18 [26 ff.]: Rechtsanwalt und Architekt) oder für ein spezielles Berufsfeld noch keine Berufsbildfixierungen bestehen (vgl. *BVerfGE* 17, 269 [274 ff.] – Tierarzneimittelvertreter).

4. Das Spektrum relevanter Grundrechtsbeeinträchtigungen

56 **a. Gezielte Regelungen.** Beeinträchtigungen der Berufsfreiheit ergeben sich vorzugsweise durch Regelungen, die sich **final** auf die berufliche Betätigung beziehen und sie unmittelbar zum Gegenstand haben (*BVerfGE* 13, 181 [185]). Hierzu gehören Maßgaben zur Aufnahme bestimmter beruflicher Betätigungen, z. B. Vorschriften, die für die Aufnahme eines Berufs oder für die Fortsetzung einer Berufsausbildung das Bestehen einer Prüfung zum Nachweis beruflicher Kenntnisse und Fähigkeiten verlangen (Eingriffe in die Freiheit der Berufswahl), wie auch zur Art und Weise der beruflichen Tätigkeit (Eingriffe in die Freiheit der Berufsausübung), z. B. örtliche (*BVerfGE* 41, 378 [395 ff.]; 65, 116 [126]; *BVerfG* NJW 1992, 1093) und zeitliche (*BVerfGE* 13, 237 [240]; 22, 1 [20 f.]; 26, 259 [263 f.]; 41, 360 [370]; 59, 336 [349]; 87, 363 [382]; *BVerfG* NJW 1993, 1969; *HambOVG* GewArch 1994, 409 [412]) Vorgaben oder Entgeltregelungen (*BVerfGE* 33, 171 [182 f.]; 47, 285 [325]; 65, 248 [258 ff.]; 68, 193 [216 ff.]; 68, 237 [255 f.]; 69, 373 [378 f.]; 70, 1 [28 ff.]; 83, 1 [13]; 86, 52 [58 f.]; 88, 145 [159]; 101, 331 [347]; *BVerfG[K]* NJW 2005, 273 [274]). Diesen gezielten Ingerenzen zuzurechnen sind Erweiterungen des mit der Berufsausübung verbundenen Pflichtenkreises, etwa im Wege der sog. Indienstnahme Privater (*BVerfGE* 22, 380 [384]; 30, 292 [310 ff.]; 57, 139 [158]; 68, 155 [170]; 95, 173 [187]) oder durch Statuierung besonderer Mitteilungspflichten (*Breuer* HSTR VI, § 148 Rdn. 26 f.).

b. Faktische Einwirkungen. Darüber hinaus können aber auch andere, **57** nicht unmittelbar auf die berufliche Betätigung abzielende Maßnahmen infolge ihrer **spürbaren tatsächlichen Auswirkungen** geeignet sein, den Schutzbereich des Art. 12 GG mittelbar erheblich zu beeinträchtigen (*BVerfGE* 13, 181 [185 f.]; 16, 147 [162]; 41, 251 [262]; 46, 120 [137]; 61, 291 [308]; 81, 108 [121 f.]; allgemein *Gallwas* Faktische Beeinträchtigungen im Bereich der Grundrechte, 1970). Hier sind namentlich Wirkungen abgabenrechtlicher Regelungen (*BVerfGE* 13, 181 [186]; 29, 327 [333]; 31, 8 [29]; 38, 61 [79]; 47, 1 [21 f.]; 55, 7 [25 f.]; 75, 108 [153 f.]; 81, 108 [121 f.]; *BVerfG* DÖV 1997, 637 [639]; *HessVGH* GewArch 1996, 104 [105]; GewArch 1996, 233 [237]; *OVG Lüneburg* NVwZ-RR 2003, 706 [707]), aber auch Wirkungen von Verwaltungsvorschriften (*BVerwGE* 75, 109 [114 f.]), von Aktivitäten staatlicher Leistungsverwaltung (*BVerfGE* 46, 120 [137]; 89, 281 [283]: Existenzgründerprogramm), von staatlicher Planung (*BVerfGE* 82, 209 [223 f.]: Krankenhausbedarfsplan; *BVerfG[K]* NJW 2005, 273 [274]) oder – in jüngerer Zeit verstärkt im Blick – von behördlicher Informationstätigkeit (*BVerfGE* 105, 252 [265]; 105, 279 [302]; *BVerwGE* 71, 183 [191 f.]; *BVerwGE* 87, 37 [42]; *BVerwG* NJW 1996, 3161; s. aus einer umfänglichen Lit. *Di Fabio* JZ 1993, 689 [694 ff.]; *Schoch* DVBl. 1991, 667 ff.) zu nennen.

Voraussetzung für die Anerkennung solcher faktischen Beeinträchtigungen **58** der Berufsfreiheit ist allerdings, dass ein enger Zusammenhang (so insb. *BVerfGE* 95, 267 [302]; *BayVerfGHE* 42, 41 [45 f.]. Die in einigen Judikaten des *BVerfG* – vgl. *BVerfGE* 10, 354 [362 f.]; 13, 181 [185 f.]; 31, 255 [265]; 46, 120 [145] – erfolgte Bezugnahme auf das Begriffspaar unmittelbar/mittelbar erscheint hingegen wenig hilfreich, vgl. *Tettinger* AöR 108 [1983], 92 [116]) mit der Ausübung eines Berufes besteht und eine **objektiv berufsregelnde Tendenz** erkennbar ist (*BVerfGE* 13, 181 [186]; 38, 61 [79]; 47, 1 [21]; 49,

24 [47]; 70, 191 [214]; 82, 209 [223 f.]; 95, 267 [302]; 98, 218 [258 f.]; 111, 191 [213]; *BVerfG* NJW 2005, 1917 [1919]; *BVerwGE* 71, 183 [191]; 75, 109 [115]; 87, 37 [42 f.]; 89, 281 [283]; 115, 189 [196]; 121, 23 [27]; *Mann* in: Sachs [Hrsg.], GG, 5. Aufl. 2009, Art. 12 GG Rdn. 95) oder dass die staatliche Maßnahme als nicht bezweckte, aber vorhersehbare und in Kauf genommene Nebenfolge eine schwerwiegende Beeinträchtigung der beruflichen Betätigungsfreiheit bewirkt (*BVerwGE* 87, 37 [43 f.]; *BVerwG* NJW 1996, 3161). Dieser Spezies werden von manchen auch wirtschaftliche Aktivitäten der öffentlichen Hand zugerechnet, soweit jene außerhalb ihres verfassungsrechtlich resp. gesetzlich limitierten Kompetenzbereichs agiert. Im Blickfeld liegen dabei insbesondere kommunalwirtschaftliche Betätigungen jenseits des von öffentlicher Zwecksetzung und Subsidiaritätsklausel eingegrenzten Aufgabenfeldes, sofern von ihnen spürbare Beeinträchtigungen privater Konkurrenten ausgehen („**Eingriff durch Konkurrenz**" – in diese Richtung bereits *R. Schmidt* Öff. Wirtschaftsrecht, Allg. Teil, 1990, S. 523 u. 526: „ ... jede staatliche Wettbewerbsteilnahme unter Heranziehung des Grundsatzes der Verhältnismäßigkeit an Art. 12 Abs. 1 GG zu messen"; siehe auch *Scholz*, in: Maunz/Dürig, Art. 12 Rdn. 401 ff.; *Tettinger/Erbguth/Mann* BesVwR I, 10. Aufl. 2009, Rdn. 323 ff.; *Tettinger* NJW 1998, 3473 f.; ausführlich *Pielow* Grundstrukturen öffentlicher Versorgung, 2001, S. 511 ff.; *Mann* Die öffentlich-rechtliche Gesellschaft, 2002, S. 93 ff.; *Stamer* Rechtsschutz gegen die öffentliche Konkurrenzwirtschaft, 2007, S. 129 ff. m. ausführl. Nachw.). Die Rechtsprechung hat sich von dieser Auffassung indes bislang nicht überzeugen lassen (oben Rdn. 25) – zu Recht: Um eine Uferlosigkeit des Eingriffsbegriffs zu vermeiden, spricht vieles für eine gewisse Skepsis gegenüber dem sog. Eingriff durch Konkurrenz.

59 Hingegen sind **Akte** öffentlicher Gewalt **mit berufsneutraler Zwecksetzung**, wie sie etwa interessenausgleichenden Normen des Privatrechts (*BVerfGE* 31, 255 [265]; *BVerfGE* 55, 7 [27]), allgemeinen staatsbürgerlichen Pflichten (*BVerfGE* 54, 251 [270]), Besuchsverboten (*BVerfGE* 49, 24 [48]) oder generell an wirtschaftliche Tätigkeit anknüpfenden Pflichtmitgliedschaften (*BVerfGE* 10, 354 [363]; 32, 54 [63 f.], 41, 231 [241]; *BVerfG[K]* NVwZ-RR 2005, 297; *Mann* in: Sachs [Hrsg.], GG, 5. Aufl. 2009, Art. 12 GG Rdn. 96) zugrundeliegen, nicht an Art. 12 GG zu messen. Es genügt nach der Rspr. des *BVerfG* also nicht, dass eine Rechtsnorm oder ihre Anwendung unter bestimmten Umständen Rückwirkungen auf die Berufstätigkeit entfaltet, wie dies bei vielen Vorschriften der Fall ist (siehe *BVerfGE* 95, 267 [302] unter Bezugnahme auf *BVerfGE* 70, 191 [214]). So treten die zivilrechtlichen Folgen der Schlechterfüllung von Verträgen und die Haftung für Schäden, die aus unerlaubter Handlung entstehen, unabhängig davon ein, ob die Haftungsvoraussetzungen bei Ausübung des Berufs erfüllt werden oder nicht. Vertrags- und Deliktsrecht gehören nicht zu denjenigen Normen, die nur in Randbereichen auch nicht berufsmäßig Handelnde betreffen (*BVerfG* NJW 1998, 519 [520]).

60 Auch sind Maßnahmen **nicht** allein deshalb als Beeinträchtigung der Berufsfreiheit anzusehen, weil mit ihnen – ohne berufsregelnde Tendenz – **nachteilige Veränderungen** der wirtschaftlichen Verhältnisse betroffener Personen einhergehen (*BVerwGE* 55, 7 [25 f.]; 71, 183 [193]). Hierbei handelt

Einleitung

es sich lediglich um Beschränkungen der von Art. 2 I GG umfassten wirtschaftlichen Betätigungsfreiheit (*BVerfGE* 37, 1 [17 f.]; 55, 7 [25, 27]; 87, 153 [169]; *BVerfG* NJW 1994, 1784).

Demgegenüber will eine **weiter gehende Literaturauffassung** auf die 61 Kriterien des engen Zusammenhangs sowie der berufsregelnden Tendenz verzichten und grundsätzlich jede spezifische, rechtlich oder faktisch wirkende Betroffenheit des Bürgers bei seiner beruflichen Betätigung als relevante Grundrechtsbeeinträchtigung ansehen (*Breuer* HdbStR VI, § 148 Rdn. 31 f. m. w. N.; *Sodan* DÖV 1987, 858 [864]; *Cremer* DÖV 2003, 921 [928]. Zur Kumulation von Wirkungen vgl. *Hufen* NJW 1994, 2913 [2916]). Eine missverständliche Andeutung des *BVerfG*, die in diese Richtung wies (*BVerfGE* 61, 291 [308]: berufsregelnde Tendenz nicht zwingend erforderlich), hat das Gericht inzwischen zu Recht korrigiert (*BVerfGE* 70, 191 [214]; 82, 209 [224]; 111, 191 [213]; *BVerfG* NJW 2005, 1917 [1919]; vgl. aber auch *BVerwGE* 87, 37 [42 f.]: Berufsregelung zumindest gebilligte Nebenfolge; *BVerwGE* 90, 112 [120]: Zielrichtung als tragendes Kriterium).

c. Privatautonome Beeinträchtigungen. Angesichts der den Grund- 62 rechten infolge ihres objektiv-rechtlichen Gehaltes zukommenden **Ausstrahlungswirkung auf das Zivilrecht**, namentlich über dessen Generalklauseln (*BVerfGE* 7, 198 [205 f.]; 73, 261 [269]; 81, 242 [256]; 84, 192 [194 f.]; 89, 214 [229 f.]; 90, 27 [33]), kann ein Eingriff in den Schutzbereich des Art. 12 I GG auch dann vorliegen, wenn fachgerichtliche Entscheidungen Auslegungsfehler erkennen lassen, die auf einer grundsätzlich unrichtigen Auffassung von der Bedeutung des Grundrechts für die privatrechtlichen Rechtsbeziehungen beruhen (*BVerfGE* 18, 85 [93]; 42, 143 [149]; 66, 116 [131]; 73, 261 [269]; 81, 242 [256]; *BVerfG* NJW 1994, 36 [38]; NJW 1994, 1784 [1785]; NJW 1996, 1203; NJW 2003, 125 [126]).

Auch wenn Art. 12 I GG keine unmittelbare **Drittwirkung** zukommt, 63 kann diese Verfassungsnorm es nach neuerer Judikatur des *BVerfG* gebieten, dass der Gesetzgeber im Zivilrecht der Privatautonomie Schranken setzt und Vorkehrungen zum Schutz der Berufsfreiheit gegen vertragliche Beschränkungen schafft, namentlich wenn es an einem annähernden Kräftegleichgewicht der Beteiligten fehlt (*BVerfGE* 81, 242 [254 f.]). Arbeitsvertragliche Regelungen dürfen vor diesem Hintergrund nicht zu einer die Bedeutung der Berufsfreiheit negierenden, rechtlich oder faktisch (vgl. *BVerfGE* 81, 242 [253]; BAGE 25, 330 [342 f.]; 34, 220 [224]: Wettbewerbsverbote; *BGH* DB 1984, 2456, *BAGE* 13, 168 [177]; 42, 48 [51]: Rückzahlung von Ausbildungskosten; *LAG Berlin* NJW 1979, 2582: Ablösesumme) unlösbaren und damit schlechthin unzumutbaren Bindung an einen bestimmten Arbeitgeber führen (siehe *BGHZ* 94, 248 [256]).

5. Der berufsbezogene Regelungsvorbehalt – formelle Anforderungen

a. Regelungsvorbehalt in Art. 12 I 2 GG. Gemäß Art. 12 I 2 GG kann 64 die Berufsausübung durch Gesetz oder auf Grund eines Gesetzes geregelt werden. Mit „**Regelung**" meint die Verfassung nicht weitere Einschränkungen über die im Grundrecht selbst angelegten Grenzen hinaus (*BVerfGE* 7,

377 [403 f.]), sondern grundrechtsgeleitete Ausgestaltung, Konturierung und Konkretisierung, weshalb auch das Zitiergebot des Art. 19 I 2 GG und die Wesensgehaltsgarantie des Art. 19 II GG keine Anwendung finden sollen (*BVerfGE* 13, 97 [122]. Nur auf Art. 19 I 2 rekurrieren *BVerfGE* 28, 36 [46]; 64, 72 [80 f.]; dazu krit. *Herzog*, in: Maunz/Dürig, Art. 19 I Rdn. 20 ff., 54 ff. – Der *EuGH* hingegen sieht in der Wesensgehaltsgarantie auf EU-Ebene eine bedeutsame Sperre für Ingerenzen in die Berufsfreiheit; vgl. nur *EuGH*, Slg. 1974, 491 [508]; 1979, 3727 [3747, 3749]; 1985, 531 [549]; 1986, 2909 [2912] u. 1989, 2237 [2269]; siehe auch unten Rdn. 120). Dem Regelungsvorbehalt liegt die verfassungspolitische Erwägung zugrunde, dass Beeinträchtigungen der Berufsfreiheit nur auf der Grundlage einer parlamentarischen Entscheidung zulässig sein sollen, die sich der Gründe für und gegen eine Beeinträchtigung bewusst ist; nur unter dieser Prämisse kann ein gerechter Ausgleich zwischen der Berufsfreiheit als Ausdruck des Schutzes menschlicher Persönlichkeit (o. Rdn. 33) und den Belangen der Allgemeinheit gewährleistet werden (*BVerfGE* 33, 125 [158 f.]; 41, 251 [263 f.]; 76, 171 [184 f.]; *BVerwG* GewArch 1995, 195 [196]).

65 Da Berufswahl und Berufsausübung lediglich als Chiffren für unterschiedliche Blickwinkel innerhalb eines einheitlichen Berufsgrundrechts anzusehen sind (o. Rdn. 24), schließt laut *BVerfG* die Regelungsbefugnis des Satzes 2 über den Wortlaut hinaus auch das Thema Berufs- und Arbeitsplatzwahl ein, dies allerdings nicht in gleicher Intensität, da sie nur um der Berufsausübung willen gegeben ist (*BVerfGE* 7, 377 [402 f.]; 33, 303 [336]; 54, 237 [245 f.]) – ohne explizite Einschränkung hinsichtlich der Intensität mittlerweile *BVerfGE* 102, 197 [213]; 110, 304 [321]; *BVerfGE* 115, 276 [303 f.] – Sportwetten). Ebenso einbezogen wird die der Berufswahl vorgelagerte Wahl der Ausbildungsstätte (*BVerfGE* 33, 303 [336]; 41, 251 [261 f.]).

66 **b. Berufsregelung durch Gesetz.** Die in Art. 12 I 2 GG verankerte Regelungsbefugnis setzt in ihrer ersten Variante ein Gesetz im formellen Sinn voraus, zu dessen Erlass der nach der bundesstaatlichen Kompetenzordnung jeweils zuständige Bundes- oder Landesgesetzgeber befugt ist (*BVerfGE* 7, 377 [443]; 29, 327 [333]; 40, 371 [378]; 47, 285 [313]). Ihm allein obliegt hierbei die eigenverantwortliche Prüfung und Entscheidung, wie weit und gegenüber welchen Gemeinschaftsinteressen das Freiheitsrecht des Einzelnen zurückzutreten hat (*BVerfGE* 33, 125 [159]; 47, 285 [313]; 76, 171 [184 f.]; *BVerwG* GewArch 1995, 195 [196]; *BVerwG* 115, 189 [193 f.] – Laserdrome). Deshalb darf er auch nicht durch dynamische Verweisung auf Normen anderer Kompetenzträger Bezug nehmen (*BVerfGE* 47, 285 [313]) und diesen damit letztlich contra constitutionem Regelungsspielräume eröffnen.

67 Eine in Grundrechte eingreifende Rechtsnorm muss in Ansehung allgemeiner rechtsstaatlicher Anforderungen durch hinreichende Klarheit, **Bestimmtheit** und Vollständigkeit geprägt sein (*BVerfGE* 34, 293 [302]; 82, 209 [224]; 87, 287 [316 f., 325 f.]; *BVerfG* NVwZ-RR 1994, 153; *BVerwGE* 89, 281 [285]; *BVerwG* NJW 1995, 3161 [3162]; *BVerwG* GewArch 1997, 287 [288]), wobei an den Grad der Bestimmtheit und Erkennbarkeit gesetzlicher Beschränkungen der Berufswahl strengere Anforderungen zu stellen sind als bei bloßen Berufsausübungsregelungen (*BVerfGE* 54, 237 [247 f.]; vgl.

Einleitung

auch *BVerfGE* 87, 287 [318]). Der Schluss von einer allgemein gehaltenen gesetzlichen Kompetenznorm auf eine Eingriffsbefugnis ist nicht möglich (*BVerwG* NJW 1996, 3161 [3162] – Warentest; vgl. aber auch *BVerwG* NJW 1991, 1770 – Warnung vor Jugendsekten); dazu sodann *BVerfGE* 105, 279 ff. Ebenso ersetzt eine bloße organisationsrechtliche Regelung nicht eine spezifische materielle Inpflichtnahme, ein schlichtes gesetzliches Verbot beinhaltet nicht per se eine fachbehördliche Untersagungsbefugnis im Sinne des Art. 12 I 2 GG (vgl. zum einen *BVerwG* GewArch 1995, 195 [196] – Öffentlich bestellter Vermessungsingenieur, zum anderen *BVerwGE* 94, 269 [277] – Heilmagnetisieren: zuständig ist die allg. Ordnungsbehörde).

c. Untergesetzliche Regelungen. Seit dem Änderungsgesetz v. **68** 24. 6. 1968 erlaubt Art. 12 I 2 GG ausdrücklich auch Ingerenzen in die Berufsfreiheit auf Grund eines Gesetzes, also durch Exekutivrecht auf der Grundlage einer einfachgesetzlichen Ermächtigung. Der nach der sog. **Wesentlichkeitstheorie** zu bemessende Parlamentsvorbehalt erfordert aber, dass alle grundrechtswesentlichen Entscheidungen, soweit sie gesetzlicher Regelung zugänglich sind, vom unmittelbar demokratisch legitimierten Gesetzgeber selbst zu treffen sind (*BVerfGE* 73, 280 [295]; 80, 1 [20]; 82, 209 [224]; *BVerwGE* 90, 359 [362]; *BVerwG* NVwZ 1995, 487 [488]).

Die einschlägigen Vorgaben müssen sich allerdings nicht zwingend allein **69** aus dem Wortlaut des Gesetzes ergeben, sondern es reicht aus, wenn sie sich mit **Hilfe allgemeiner Auslegungsgrundsätze** erschließen lassen (*BVerfGE* 80, 269 [279]; 82, 209 [224 f.]; *BVerwG* NVwZ 1995, 487 [488]; vgl. auch *BVerfGE* 54, 237 [247 f.]). Das *BVerwG* hat es auch als hinreichende gesetzliche Grundlage angesehen, wenn das Gesetz lediglich eine die Berufsfreiheit beschränkende Alternative eröffnet, die Auswahl im Einzelfall aber der Entscheidung der Exekutive überlässt (*BVerwGE* 96, 302 [310 f.]: Möglichkeit einer vorzugsweisen Konzessionierung staatlicher Spielbanken). Insoweit bestehen etwa keine Bedenken dagegen, die polizei- und ordnungsrechtlichen Generalklauseln als ausreichende gesetzliche Grundlagen i. S. d. Art. 12 I 2 GG anzusehen (*BVerwGE* 94, 269 [278]; *BVerwG* DVBl. 1970, 504 [505 f.]).

Nicht nur vorkonstitutionelle (*BVerfGE* 9, 63 [70]; *VGH BW* GewArch **70** 1993, 244 [245]), sondern auch nachkonstitutionelle **Rechtsverordnungen** können somit zulässigerweise Berufsausübungsregelungen enthalten, soweit nur die betreffende gesetzliche Ermächtigung den in Art. 80 I 2 GG umrissenen Bestimmtheitsanforderungen entspricht und der Verordnungsinhalt durch die Ermächtigung gedeckt ist (*BVerfGE* 20, 283 [295]; 46, 120 [139]; 51, 166 [173]; 53, 1 [15 f.]; 53, 135 [143]; 58, 283 [290]; 65, 248 [258]; *BVerwG* NVwZ 1995, 487 [488]; *BayVerfGH* GewArch 2002, 327 f. [zu Art. 101 BayVerf]; *VGH BW* NVwZ-RR 1996, 642 [643]). Diese auf allgemeinen rechtsstaatlichen und demokratischen Grundsätzen basierenden Anforderungen sind auch für Rechtsverordnungen der Länder verbindlich (*BVerfGE* 41, 251 [266]), teilweise enthalten auch die Landesverfassungen mit Art. 80 GG inhaltsgleiche Anforderungen (z. B. Art. 61 BWVerf., Art. 70 NWVerf.).

71 Eine Berufsregelung ist so auch aufgrund kommunaler oder berufsverbandlicher **Satzung** möglich. Im ersteren Fall ist allerdings zu bedenken, dass weder die in Art. 28 II 1 GG gewährleistete kommunale Satzungsautonomie noch die in den jeweiligen Gemeindeordnungen eingeräumte, diese verfassungsrechtliche Gewährleistung lediglich deklaratorisch aufgreifende allgemeine Befugnis zum Erlass von Satzungen den Anforderungen des Art. 12 I 2 GG an eine spezifizierende formellgesetzliche Ermächtigungsnorm genügen (*BVerwGE* 90, 359 [363]; *VGH BW* UPR 1993, 157; *BayVGHE* 45, 65 [68]; *BayVGH* BayVBl 1994, 272 [273]). Als insoweit ausreichend werden aber etwa die durchgehend in Gemeindeordnungen enthaltenen Satzungsermächtigungen zur Einführung eines kommunalen Anschluss- und Benutzungszwangs angesehen (*BVerwGE* 62, 224 [225 f.]).

72 **d. Kollidierendes Verfassungsrecht.** Außer durch auf Art. 12 I 2 GG gestützte Normen kann die Berufsfreiheit auch durch Verfassungsbestimmungen selbst, insbesondere Grundrechte, beschränkt werden (*BVerwGE* 87, 37 [45]; *BVerwG* NJW 1996, 3161 [3162]). So ist über Art. 140 GG i. V. m. Art. 139 WRV der Schutz der Sonntagsruhe zu wahren (*BVerfGE* 110, 10 [50]; *BVerwGE* 79, 236 [243]). Zur Überlagerung des Art. 12 GG durch Art. 33 GG siehe *Mann* in: Sachs [Hrsg.], GG, 5. Aufl. 2009, Art. 12 GG Rdn. 40 ff. Aus den in der Verfassung verankerten Regierungskompetenzen hat das *BVerwG* zutreffend die Befugnis der Bundesregierung zur Information und Warnung der Öffentlichkeit bei Gesundheitsgefahren abgeleitet (*BVerwGE* 87, 37 [46 ff.]; *BVerwG* NJW 1996, 3161. Zur berufsrechtlichen Bedeutung der Kompetenzbestimmungen des GG ausf. *Scholz*, in: Maunz/Dürig, Art. 12 Rdn. 231 ff. – Demgegenüber kritisch *Schoch* DVBl. 1991, 667 [671 ff.]; *Leidinger* DÖV 1993, 925; *Murswiek* NVwZ 2003, 1 [7]; *Huber* JZ 2003, 290 [294 f.]). Literarischen Postulaten nach einfachgesetzlicher Bekräftigung ist entgegenzuhalten, dass damit der Normenhierarchie nicht hinreichend Rechnung getragen wird und zudem geradezu eine Ermunterung zu einer weiteren Normierungsflut erfolgt. Siehe zu marktbezogener Informationstätigkeit der BReg. auch *BVerfGE* 105, 252 ff. – Glykolliste –.

6. Materielle Anforderungen an zulässige Grundrechtsbeeinträchtigungen

73 **a. Klassische Stufenlehre des BVerfG.** Zur Beurteilung von Ingerenzen in die Berufsfreiheit wurde bereits 1958 im Apotheken-Urteil (*BVerfGE* 7, 377 [405 ff.]) eine **(Drei-) Stufentheorie** entwickelt, nach der sich die verfassungsrechtliche Rechtfertigung der Regelungsbefugnis des Gesetzgebers bei steigender Intensität der Grundrechtsbeeinträchtigung an entsprechend höherwertigen Gemeinwohlbelangen auszurichten hat. Wenngleich diese Stufentheorie seitens des *BVerfG* heute nicht mehr rigide gehandhabt wird (u. Rdn. 82 ff.), hat sie doch die Plastizität der Judikatur erhöht und verkörpert nach wie vor einprägsame Eckpfeiler für die praktische Umsetzung der verfassungsrechtsdogmatisch durchgängig gebotenen Abstufung bei Grundrechtsingerenzen.

74 Ausgangspunkt der Differenzierung war die dem klassischen Gewerberecht entlehnte Unterscheidung von Regelungen, die die Berufsausübung betreffen, und solchen, die die Freiheit der Berufswahl einschränken (o. Rdn. 50). Bloße Berufsausübungsregelungen wurden bereits durch **vernünftige Erwägungen des Gemeinwohls** legitimiert (*BVerfGE* 7, 377 [405 f.]; 16, 286 [297]; 65, 116 [125]; 70, 1 [28]; 77, 308 [332]; 78, 155 [162]; 81, 70 [84]; 85, 248 [259]; 93, 362 [369]; 101, 331 [347]; 104, 357 [364]; 106, 216 [219]; 109, 64 [85]; 111, 10 [32]; *BVerfG* DVBl. 2005, 1503 [1512]; *Mann* in: Sachs [Hrsg.], GG, 5. Aufl. 2009, Art. 12 GG Rdn. 126).

Da dem zuständigen Gesetzgeber insoweit ein weiter gefasster Einschätzungs- sowie **Gestaltungsspielraum** zugestanden wird (*BVerfGE* 39, 210 [225 f.]; 46, 246 [257]; 51, 193 [208]; 53, 135 [145]; 77, 84 [106]; 77, 308 [332]; 109, 64 [85]; 110, 141 [157]; 111, 10 [38]; *BVerfG[K]* UPR 1996, 303; NZI 2005, 618; *Mann* in: Sachs [Hrsg.], GG, 5. Aufl. 2009, Art. 12 GG Rdn. 127) und auch Gesichtspunkte der Zweckmäßigkeit ausreichen sollen (*BVerfGE* 7, 377 [406]; 23, 50 [56]; 28, 21 [31]; 77, 308 [332]), ist die Zahl der akzeptierten Gemeinwohlinteressen recht groß (z. B. *BVerfGE* 7, 377 [406]: Förderung einer höheren sozialen Gesamtleistung eines Berufszweigs; *BVerfGE* 36, 212 [219 ff.]: Schutz der Rechtsuchenden; *BVerfGE* 45, 354 [358 f.]: Vermeidung von Interessenkollisionen beim Rechtsanwalt; *BVerfGE* 46, 120 [145 f.]: Funktionsfähigkeit öffentlicher Fernrufnetzes; *BVerfGE* 53, 135 [145]: Schutz des Verbrauchers vor Täuschung; *BVerfGE* 61, 291 [312]: Erhaltung der gefährdeten Tierwelt; *BVerfGE* 70, 1 [29]: finanzielle Stabilität der gesetzlichen Krankenversicherung; *BVerfGE* 77, 84 [107]: geordneter Arbeitsmarkt; *BVerfGE* 93, 362 [370 f.]: Verbesserung des anwaltlichen Dienstleistungsangebots in den neuen Bundesländern durch Konsolidierung der Rechtsanwaltsdichte; *BVerfGE* 94, 372 [391]: Vertrauen in die berufliche Integrität der Apotheker; *BVerfGE* 95, 173 [184]: Schutz vor den Gesundheitsgefahren des Rauchens; 101, 331 [348]: Stärkung der Qualifizierung der Betreuer; 106, 216 [220]: Stärkung der Rechtspflege durch eine leistungsfähige Anwaltschaft; 109, 64 [85]: Schutz der berufstätigen Mutter und des werdenden Kindes; 110, 141 [159]: Schutz vor gefährlichen Hunden; 111, 10 [32 f.]: Arbeitsschutz; *BVerfG* DVBl. 2005, 1503, [1512]: finanzielle Stabilität der gesetzlichen Krankenversicherung; *BVerwGE* 45, 331 [335]: ordnungsgemäße Arzneimittelversorgung; *BVerwG* GewArch 1997, 287 [290]: Verhinderung illegalen Glücksspiels; *HessVGH* GewArch 1996, 233 [237]: Abfallvermeidung), während bislang nur wenigen Erwägungen die Anerkennung als sachgerecht versagt blieb (*BVerfGE* 41, 378 [396 f.]; 65, 116 [128 f.]; 86, 28 [44]: leichtere staatliche Überwachung; *BVerfGE* 76, 196 [207 f.]: Vertrauen des Rechtsuchenden [bei Rechtsanwalt-Selbstanzeige]; *BVerfGE* 82, 18 [28]; 93, 362 [370 f.]; 94, 372 [399]: Konkurrenzschutz; *BVerfGE* 86, 28 [44]: Vermeidung von Verwaltungskosten; *BVerfGE* 86, 28 [42]: unbedeutende oder rein verwaltungstechnische Zwecke; *BVerwG* NJW 2005, 1736 [1737]: Pflege der deutschen Braukunst; NJW 2005, 3510 [3511]: leichte Erkennbarkeit von Taxen).

Innerhalb der Berufswahlregelungen wird noch zwischen **subjektiven Berufszugangsvoraussetzungen** (solchen, die eine Berufsaufnahme an das Vorliegen persönlicher Eigenschaften, Fähigkeiten oder Leistungsnachweise knüpfen; dazu z. B. *BVerfGE* 9, 338 [345]; 64, 72 [82]; *BVerfG* NJW 1993, 1575; NVwZ 1997, 1207 [1208]; *BVerfG[K]* NJW 2008, 1212 [1213]; *BGH*

NJW 2008, 1229: Lebensalter; *BVerfGE* 13, 97 [106]; 34, 71 [77]; 55, 185 [196]; 69, 209 [218]; 80, 1 [23 f.]: Befähigungsnachweis/bestandene Prüfung; *BVerfGE* 19, 330 [337]; 34, 71 [77]: Sachkundenachweis; *BVerfGE* 39, 344 [370]; 46, 34 [54]: Verfassungstreue bei Beamten und im Vorbereitungsdienst; *BVerfGE* 41, 378 [390]; 69, 233 [244]: Zuverlässigkeit; *BVerfGE* 44, 105 [117]; 48, 292 [296]: Vorstrafenfreiheit; *BVerfGE* 73, 301 [316 f.]: Praxiserfahrung; *BVerwGE* 21, 197 [199]; *BVerwGE* 22, 16 [17 f.]: Kreditwürdigkeit; *BVerwGE* 101, 185 [186]: [Fach-]Hochschulabschluss; *BVerwG* GewArch 1997, 63 f.: Meisterprüfung im Handwerk; *OVG NRW* NWVBl. 1997, 145 [146]: abgeschlossene Berufsausbildung nach Hauptschulabschluss; *BayObLG* NJW 1971, 1620 [1621 f.]: Fahrgastbeförderungsnachweis) **und objektiven** (nicht an persönlicher Qualifikation, sondern an allgemeinen Kriterien orientierten) **Berufszulassungsvoraussetzungen** (z. B. *BVerfGE* 7, 377 [415 f.]; 9, 39 [48 f.]; 11, 30 [43 f.]; 11, 168 [186, 190]; 79, 208 [210 f.]: Bedürfnisprüfung; *BVerfGE* 21, 173 [181]; 87, 287 [316, 321]: Inkompatibilität; *BVerfGE* 25, 1 [15 ff.]: Mühlenerrichtungsverbot; *BVerfGE* 40, 196 [218]; Beschluss v. 4. 2. 2010 – 1 BvR 2918/09, juris Rdn. 14: bevollmächtigte Bezirksschornsteinfegermeister; *BVerwGE* 51, 235 [238 f.]: Höchstzahlen für gewerblichen Güterfernverkehr – dazu auch *Badura* FS Friauf, 1996, 529 [532 f.]; *BVerwG* NJW 1996, 1608 [1609]; *OVG NRW* NWVBl. 1997, 25 [26]: bedarfsgerechte Versorgung mit Leistungen des Krankentransports) differenziert. Für die Abgrenzung dieser beiden Modalitäten sollen deren tatsächliche Auswirkungen nicht entscheidend sein; so gelten z. B. Höchstaltersgrenzen als subjektive Voraussetzungen, auch wenn sie dem Einfluss der Betroffenen schlechthin entzogen sind (*BVerfGE* 9, 338 [345]; 64, 72 [82]; 80, 257 [264 f.]; 86, 28 [39]; *BVerfG* NJW 1993, 1575 f.; NVwZ 1997, 1207 [1208]; **a. A.** etwa *Hufen* NJW 1994, 2913 [2921 f.]; *ders.* NJW 2004, 14 [15 f.]; *Sodan* NJW 2003, 257 [258 f.]; *Tettinger* DVBl. 2005, 1397 [1402 f.]).

77 Die Aufstellung subjektiver Zulassungsvoraussetzungen bedarf nach der Stufentheorie der Rechtfertigung als gebotene Vorkehrung zum **Schutze besonders wichtiger Gemeinschaftsgüter**, die der Freiheit des Einzelnen vorgehen (*BVerfGE* 13, 97 [107]; 19, 330 [337]; 25, 236 [247]; 59, 302 [316]; 69, 209 [218]; 73, 301 [316 ff.]; 93, 213 [235]; *BVerfG* DVBl. 1996, 1367 [1368]; *BVerfG[K]* NJW 2008, 1369. – Zur Kritik unten Rdn. 92 f.). Diese Gemeinschaftsgüter können absolute, von der Tagespolitik unabhängige Werte verkörpern (z. B. *BVerfGE* 25, 236 [247]; 78, 179 [192]; 106, 181 [194]; *BVerfG[K]* NordÖR 2004, 292: Schutz der Volksgesundheit; *BVerfGE* 30, 292 [323 f.]: Sicherheit der Energieversorgung; *BVerfGE* 37, 67 [77]; 93, 213 [236]; 110, 304 [324]; *BVerfG[K]* NJW-RR 2005, 998 [999]: geordnete Rechtspflege; *BVerfGE* 54, 301 [315]; 55, 185 [196]; 59, 302 [317]: geordnete Steuerrechtspflege; *BVerfGE* 73, 301 [316 f.]: Rechtsfrieden; *BVerfGE* 93, 213 [236]: persönliche Zuverlässigkeit und Integrität der Rechtsanwälte; *BVerfG* NVwZ 1997, 1207 [1208]: effektive Bewältigung von Amtsaufgaben [als Rechtfertigung einer Höchstaltersgrenze für Bürgermeister]; *BVerwGE* 101, 185 [188]: Gesundheit von Mensch und Tier; *OVG NRW* NWVBl. 1997, 145 [146]: Verkehrssicherheit) oder auch „relative" Werte sein, die erst der Gesetzgeber selbst aufgrund seiner jeweiligen wirtschafts-, sozial- und gesellschaftspolitischen Vorstellungen und Ziele definiert hat (*BVerfGE* 13,

Einleitung **Einl**

97 [107]; *BVerwG* GewArch 1997, 63 f.: Leistungsfähigkeit des Handwerks, Sicherung des Nachwuchses der gewerblichen Wirtschaft [= Mittelstandsförderung]; *BVerfG* NJW 1993, 1575: geordnete Altersstruktur innerhalb des Notarberufs; *BVerfG* DVBl. 1996, 1367 [1368]: Hochschulreife als Nachweis der potentiellen Studierfähigkeit; *BVerwGE* 35, 146 [149]: Verteidigungsbereitschaft der Bundeswehr).

Das *BVerfG* beschränkt sich insoweit auf die **Kontrolle**, ob die Anschauungen des Gesetzgebers offensichtlich fehlsam oder mit der Wertordnung des Grundgesetzes unvereinbar sind (*BVerfGE* 13, 97 [107]). So widerspräche es etwa der in Art. 12 GG getroffenen Grundentscheidung, wollte der Gesetzgeber den Konkurrenzschutz zu einem wichtigen Gemeinschaftsgut erheben (*Wieland*, in: Dreier, GG, 2. Aufl. 2008, Art. 12 Rdn. 122 m. w. N.). Sogar ein Überschuss von Ausbildungs- und Prüfungsanforderungen soll, wenn er sich „in vernünftigen Grenzen" hält, zu tolerieren sein (*BVerfGE* 13, 97 [117 f.]; 25, 236 [248]; 54, 301 [330 f.]; 73, 301 [320]; 80, 1 [24]), ohne dass dieser Aspekt freilich in der Numerus clausus-Rechtsprechung durchweg hinreichende Beachtung gefunden hätte (vgl. *Stern/Tettinger* Normative Gestaltungsmöglichkeiten zur Verbesserung der Qualität der medizinischen Ausbildung, 1982, S. 66; *Tettinger* WissR 1990, 115). **78**

Die strengsten Anforderungen bestehen nach diesem Ansatz für objektive Berufszugangsvoraussetzungen. Solche erweisen sich nur dann als zulässig, wenn sie der **Abwehr nachweisbarer oder höchstwahrscheinlich schwerwiegender Gefahren für ein überragend wichtiges Gemeinschaftsgut** dienen (*BVerfGE* 7, 377 [408]; 11, 168 [183]; 25, 1 [11]; 40, 196 [218]; 75, 284 [296]; 84, 133 [151]; 85, 360 [374]; 97, 12 [32]; 102, 197 [214 f.]; Beschluss vom 14. 2. 2010 – 1 BvR 2918/09, juris Rdn. 15). Auch auf dieser Stufe gesteht das *BVerfG* dem Gesetzgeber einen Prognosespielraum zur Einschätzung zukünftiger Tatsachenentwicklungen zu (*BVerfGE* 25, 1 [19 f.]; vgl. auch *BVerwGE* 97, 79 [85] „Einschätzungsprärogative"; *BVerwG* GewArch 2000, 62 [63]), der jedoch nicht die Auswahl der eingriffslegitimierenden Gemeinwohlbelange betrifft (*Breuer* HdbStR VI, § 148 Rdn. 50; a. A. *OVG NRW* NWVBl. 1995, 26 [27]). **79**

Insbesondere genügen die für subjektive Berufswahlregelungen noch ausreichenden „relativen" Gemeinschaftsgüter (o. Rdn. 75) insoweit nicht mehr. In der Rspr. Anerkennung gefunden haben z. B. Volksgesundheit (in *BVerfGE* 7, 377 [414]; 17, 269 [276]; *BVerwGE* 65, 323 [339]) bzw. Gesundheit der Bevölkerung (*BVerfG* GewArch 2010, 350 [251]), öff. Verkehrsinteresse (*BVerfGE* 11, 168 [190 f.]), Reduzierung der Arbeitslosigkeit (*BVerfGE* 21, 245 [251]), Sicherung der Volksernährung (*BVerfGE* 25, 1 [16]), Funktionsfähigkeit der Bundesbahn (*BVerfGE* 40, 196 [218]; *BVerwGE* 64, 70 [72]), Funktionsfähigkeit der Rechtspflege (*BVerfGE* 87, 287 [321]), Funktionsfähigkeit des örtlichen Taxengewerbes (*BVerfGE* 11, 168 [186 f., 190]; *BVerwGE* 79, 208 [210]; 82, 295 [302]), Funktionsfähigkeit der gesetzlichen Krankenversicherung (*BVerfGE* 103, 172 [184 f.]; *BVerfG[K]* DVBl. 2002, 400 [401]; NZS 2005, 479 [480]), menschenwürdige Umwelt (*BVerwGE* 62, 224 [230]), Tierschutz (*BVerwGE* 64, 46 [51]), Schutz vor Ausnutzung der Spielleidenschaft (*BVerwGE* 96, 293 [299]; 96, 302 [311]), Schutz und Erhaltung bedrohten Lebens und bedrohter Gesundheit (*BVerwGE* 97, 79 [82]; **80**

BVerwG NJW 1996, 1608 [1609]) und Funktionsfähigkeit des öff. Rettungswesens (*BVerwG* NJW 1996, 1608 [1610]; *OVG NRW* NWVBl. 1995, 26 f.; *BayVGHE* 48, 95 [98]). Als unzulässige Belange apostrophiert wurden z. B. soziales Prestige eines Berufs (*BVerfGE* 7, 377 [408]; 75, 284 [296 f.]), wirtschafts- u. verkehrspolitische Planungsziele (*BVerfGE* 11, 168 [190]), bloße berufsständische Belange (*BVerfGE* 76, 171 [189]; 87, 287 [326]), Schutz vor Berufsrisiko (*BVerfGE* 59, 172 [210]), Konkurrenzschutz (*BVerfGE* 7, 377 [408]; 11, 168 [188 f.]; 19, 330 [342]; *BVerwGE* 79, 208 [211 f.]; *BayVGH* (*BayVGHE* n. F. 48 I, 95 [98 f.]; anders für eine spezielle Fallkonstellation *BGH* NJW 1997, 799 [801]), Gewinnabschöpfung zugunsten der Allgemeinheit (*BVerwGE* 96, 302 [315]).

81 Kann eine Gefahr für ein besonders wichtiges Gemeinschaftsgut sowohl auf der subjektiven als auch auf der objektiven Stufe bekämpft werden, hat der Gesetzgeber stets die mit einem geringeren Eingriff in die Berufswahlfreiheit verbundenen Mittel der subjektiven Berufszulassungsregelung zu wählen (*BVerfGE* 7, 377 [408]).

82 **b. Aufweichungen der Stufenlehre.** Trotz scheinbarer Stringenz dieser ausgeklügelten Einteilung hat das *BVerfG* seine Stufentheorie bereits frühzeitig weiter spezifiziert, ausgebaut und sukzessiv in eine **umfassende Verhältnismäßigkeitsprüfung** überführt (dazu bereits *Tettinger* AöR 108 [1983], 92 [117 ff.]), ohne explizit zwischen einzelnen Stufen zu unterscheiden (vgl. z. B. *BVerfGE* 115, 276 [304 ff.] – Sportwetten).

83 Der Grund hierfür mag darin liegen, dass die Bedeutung des Übermaßverbots als rechtsstaatlich zwingend vorgegebene Direktive vom *BVerfG* 1958 noch nicht realisiert worden ist. Obwohl bereits das Apotheken-Urteil durchaus Hinweise auf die insoweit einschlägigen Stufen der Geeignetheit, Erforderlichkeit und Proportionalität (Verhältnismäßigkeit i. e. S.) enthält (vgl. *BVerfGE* 7, 377 [405]: nicht weniger einschränkende Mittel, [406]: Zweckmäßigkeit, nicht zumutbare Auflagen, [408]: Stufe des geringsten Eingriffs zu wählen), wurde das Übermaßverbot erst in späteren Entscheidungen ausdrücklich als Verfassungsprinzip herausgestellt (*BVerfGE* 28, 243 [260 f.]) und die Stufentheorie als **Ableitung** aus diesem Grundsatz deklariert (*BVerfGE* 19, 330 [337]; 46, 120 [138]).

84 In dieser Phase des Ausbaus ergänzte das *BVerfG* die im Apotheken-Urteil als Maßstab für Berufsausübungsregelungen benannten vernünftigen Gemeinwohlerwägungen um **differenziertere Kriterien** wie Intensitätsgrad (*BVerfGE* 30, 292 [311]; 30, 336 [351]; 44, 103 [104]; 50, 290 [365]; 86, 28 [38 f.]; 99, 202 [211]), Wirkungsziel (*BVerfGE* 32, 311 [316 f.]; 33, 125 [170 f.]; 36, 212 [222 f.]), Zentralität (*BVerfGE* 50, 290 [365]; *BVerfG[K]* GewArch 2000, 418 [419] zu mittelbaren Gefahren) und zeitliche Dimension (*BVerfGE* 25, 1 [22]) einer Ingerenz oder stellte auf die Einbettung in ein anerkanntes Pflichtengefüge (*BVerfGE* 44, 103 [104]) ab.

85 Für objektive Zulassungsvoraussetzungen erfolgte eine **Spezifizierung** dahingehend, dass die strengen Anforderungen dieser Stufe nicht im gleichen Maße für Beschränkungen bei Eigentümlichkeiten der betreffenden Berufstätigkeiten – z. B. dem Betreiben öffentlicher Spielbanken (*BVerfGE* 102, 197 [216 f.]; *Tettinger* GewArch 2002, 89 [94 ff.] zu lotterierechtlichen Genehmi-

Einleitung **Einl**

gungsvorschriften) oder bei der Zuwahl eines zweiten Berufes – z. B. Statuierung von Inkompatibilitäten (*BVerfGE* 21, 173 [181]; vgl. aber *BVerfGE* 87, 287 [317]; *BGHZ* 92, 1 [5]) – gelten sollen.

Die Anforderungen an objektive Zulassungsanforderungen wurden von **86** der Rechtsprechung auch auf die **Überprüfung staatlicher Monopole** (o. Rdn. 25) erstreckt (*BVerfGE* 21, 245 [250 f.]; 21, 261 [267]; 46, 120 [136]; *BVerfG* NJW 2006, 1261 [1264 ff.]; *BVerwGE* 39, 159 [168]; 62, 224 [230]; 96, 302 [311]; 97, 79 [84]), obwohl es sich hierbei um eine absolute Berufssperre handelt, die eigentlich eine noch schärfere Ingerenz darstellt (vgl. *Scheuner* AfP 1977, 367 [371]; *Tettinger* AöR 108 (1983), 92 [121]; *Breuer* HdbStR VI, § 148 Rdn. 62 u. 64). Gerade die Diskussion um private Arbeitsvermittlung (vgl. *EuGH* Slg. 1991 I, 1979 [2010 ff.]) zeigt, dass die an die Begründung solcher Monopole zu stellenden Anforderungen auch in der Folgezeit kontinuierlich nachweisbar sein müssen, damit in regelmäßigen Abständen kontrolliert werden kann, ob den seinerzeit angeführten Gemeinwohlbelangen weiterhin ein die Beibehaltung des Verwaltungsmonopols rechtfertigendes Gewicht zukommt (*Tettinger* aaO, S. 122). So sprechen etwa auch gewichtige Argumente dafür, dass landesrechtlich neu begründete Staatsmonopole für den Betrieb von Spielbanken oder die Veranstaltung von Sportwetten das Grundrecht der Berufsfreiheit derjenigen privaten Bewerber mitzuberücksichtigen haben, die bereits ihre Bewährung nachweisen können (vgl. *BVerfGE* 102, 197 [217 ff.] mit Bespr. durch *Ennuschat* NVwZ 2001, 771 ff.; *Sodan* NJW 2003, 257 [259 f.]; umfassend hierzu *Papier* FS Stern, 1997, S. 543 ff.; *Thiel* GewArch 2001, 96 ff.; *Rausch* GewArch 2001, 102 ff.; vgl. auch unten § 33 h Rdn. 2 ff. Vorhandene Staatsmonopole im Glücksspielbereich müssen tatsächlich auf die sie legitimierenden Gemeinwohlgründe ausgerichtet sein (*BVerfGE* 115, 276 [304 ff.] – Sportwetten). Ist dies der Fall, ist das BVerfG bereit, einem Staatsmonopol die Vereinbarkeit mit Art. 12 I GG zu attestieren (siehe unlängst *BVerfG* NVwZ 2007, 1297 [1298 ff.] – Lotterien; ZfWG 2007, 219 [221 ff.] – Spielbanken; ZfWG 2009, 99 [102 ff.] – Sportwetten).

c. Umfassend angelegte Verhältnismäßigkeitsprüfung. Parallel zu **87** den genannten Aufweichungen einer starren Anwendung der Stufentheorie hat das *BVerfG* im zunehmenden Maße verstärkten **Durchgriff auf das Übermaßverbot selbst** und die aus ihm abgeleiteten Abstufungen genommen (*BVerfGE* 30, 292 [316]; 76, 196 [207 ff.]; 80, 1 [29]; 86, 28 [39]; 87, 287 [321]; zusammenfassend *Stern* Staatsrecht III/2, S. 801 ff.). Dies geschieht, indem entweder das Übermaßverbot als kumulatives Erfordernis herangezogen (*BVerfGE* 28, 364 [375]; 46, 120 [145]; 54, 237 [249]; 58, 283 [290]; 82, 18 [28]; 84, 133 [151 f.]; 93, 362 [369]; 95, 173 [183]; 106, 216 [218]; *BVerfG* NJW 1995, 1537 [1538]; auch *BVerwG* GewArch 1995, 195 [197]) oder die begriffliche Anknüpfung an die Stufenlehre mit einer umfassenden Verhältnismäßigkeitsprüfung verschränkt wird (*BVerfGE* 51, 193 [208]; 68, 155 [171]; 76, 196 [207 f.]; 77, 308 [332]; 86, 28 [40 ff.]; 87, 287 [321 f.]; *BVerfG* NJW 1993, 1575 f. und 1995, 951 [952]; *BVerfG[K]* NJW 2008, 1212 [1213]). Die erstere Variante verfolgte etwa der Beschluss v. 22. 1. 1997 über die gesetzliche Verpflichtung zu Warnhinweisen auf Packungen von Tabakerzeugnissen, denen Vereinbarkeit mit Art. 12 I GG attestiert werden könne, „wenn sie durch ausreichende Gründe des Gemeinwohls gerechtfertigt werden und wenn sie dem Grundsatz der Verhältnismäßigkeit entsprechen, wenn also das gewählte Mittel zur Erreichung des verfolgten Zwecks geeignet und auch erforderlich ist und wenn bei einer Gesamtabwägung zwischen der Schwere des Eingriffs und dem Gewicht der ihn rechtfertigenden Gründe die Grenze der Zumutbarkeit noch gewahrt ist" (so BVerfGE 95, 173 [183] unter Hinweis auf frühere Rspr.; BVerfGE 99, 202 [211]).

88 In letzterer Variante ordnet das Gericht die betreffende Grundrechtsbeeinträchtigung in einem ersten, strukturierenden Subsumtionsschritt einer der drei Stufen abstrakt zu, bevor anschließend eine stufenspezifische Verhältnismäßigkeitsprüfung erfolgt (BVerfGE 46, 120 [145 ff.]; 71, 183 [198 ff.]; 72, 26 [32 f.]; 73, 301 [316 ff.]; 77, 84 [105 f.]; 80, 269[278 f.]).

89 Die **Zumutbarkeit** einer grundrechtsbeschränkenden Maßnahme soll sich sodann aus einer Abwägung zwischen der Schwere des Eingriffs und dem Gewicht der ihn rechtfertigenden Gründe ergeben (BVerfGE 85, 248 [261]). Insoweit wird eine generalisierende Betrachtungsweise für geboten erachtet, die nicht auf die Interessenlage Einzelner, sondern auf Regelwirkungen, etwa für einen Wirtschaftszweig insgesamt, abstellt (BVerfGE 30, 292 [315 f.]; 68, 193 [219]; 70, 1 [30]; 77, 84 [105]).

90 Soweit es bei der Anwendung des Übermaßverbots auf **gesetzgeberische Wertungen und Prognosen** ankommt, erfolgt seitens des BVerfG eine nur eingeschränkte Überprüfung; Irrtümer des Gesetzgebers über voraussichtliche Geschehensabläufe werden in Kauf genommen (BVerfGE 25, 1 [12 f.]; 39, 210 [226]; 47, 109 [117]; 50, 290 [333 ff.]). Die Kontrollmaßstäbe des Gerichts sind freilich uneinheitlich: sie reichen von schlichter Evidenz (BVerfGE 36, 1 [17]; 37, 1 [20]; 40, 196 [223]) über Vertretbarkeitskontrolle (BVerfGE 25, 1 [17]; 39, 210 [225 f.]; 50, 290 [333]) bis hin zu intensivierter inhaltlicher Kontrolle (BVerfGE 7, 377 [415 ff.]; 87, 363 [382 ff.]; BVerfG NJW 2006, 1261 [1263 ff.]).

91 Eine mitunter zusätzlich vorgenommene Berücksichtigung atypischer konkreter Betroffenheit kann allerdings wiederum zu **Ergebniskontrollen** nötigen, so dass sich trotz theoretischer Beibehaltung der abstrakten Stufenzuordnung munter Verschiebungen zwischen den einzelnen Abwägungsmaßstäben ergeben: So ist etwa von Berufsausübungsregelungen die Rede, die in ihrer Wirkungsweise Eingriffen in die Freiheit der Berufswahl „nahekommen" (BVerfGE 7, 377 [415 ff.]; 87, 363 [382 ff.]; 103, 172 [184]), deshalb auch nur mit solchen Allgemeininteressen gerechtfertigt werden können, „die so schwer wiegen, dass sie den Vorrang vor der erheblichen Berufsbehinderung... verdienen" (BVerfGE 32, 1 [34 f.]; vgl. auch BVerfGE 82, 209 [229 f.], st. Rspr.).

92 Entsprechend soll es auch subjektive Zulassungsbeschränkungen geben, die in ihrer Wirkung objektiven entsprächen (BVerfGE 75, 246 [278 ff.]). Wenn es auch in diesen Fällen bei der Zuordnung zu einer bestimmten Stufe bleibt, so wird doch der Abwägungsmaßstab korrigiert (Breuer HdbStR VI, § 148 Rdn. 10, 35 m. w. N.).

Einleitung **Einl**

Schließlich wird die ursprünglich nur bei Berufswahlregelungen getroffene 93
Unterscheidung zwischen objektiven und subjektiven Merkmalen (o.
Rdn. 76) nunmehr als bedeutsam auch für andere Beschränkungen der
Berufsfreiheit angesehen (*BVerfGE* 86, 28 [39 f.]: konkrete Bedürfnisprüfung).
Sofern der Gesetzgeber im Rahmen zulässiger Berufsbildfixierung (o. 94
Rdn. 46 ff.) eine **Berufsreform** durchführt und das berufliche Anforderungsprofil verschärft, sind die bereits in dem Beruf Tätigen von einem solchen Schritt mitunter stärker betroffen als Neubewerber. Das Übermaßverbot erfordert daher in solchen Fällen die Einführung von Übergangsregelungen zugunsten „Altbetroffener" (*BVerfGE* 32, 1 [36 f.]; 54, 301 [331]; 55, 185 [201]; 64, 72 [83]; 68, 272 [284]; 75, 246 [278 f.]; 78, 179 [193]; 98, 265 [309 f.]; *BVerfG* NJW 1993, 1575; *BVerfG[K]* GewArch 2001, 193 [194]; NJW 2002, 3460 [3461]; *BVerwGE* 64, 46 [50 f.]; 101, 185 [188]).
Insgesamt hat die Verfassungsrechtsprechung zu Art. 12 GG somit **durch** 95
Kombination der ursprünglichen Stufentheorie mit flexiblen Legitimationskriterien des Übermaßverbots eine **verfeinerte Dogmatik** zum Segen der Einzelfallgerechtigkeit entwickelt, bei der freilich der – mindestens gleichgewichtige – Belang der Vorhersehbarkeit bei weitem zu kurz kommt.

V. Gewerbeordnung und Allgemeines Verwaltungsrecht

Soweit die Gewerbeordnung nicht spezielle Regelungen hinsichtlich der 96
Verwaltungsorganisation, des Handlungsinstrumentariums, des einzuhaltenden Verfahrensrechts u. Ä. enthält, sind diesbezüglich die anerkannten **Grundsätze des Allgemeinen Verwaltungsrechts** einschließlich der jeweils einschlägigen Vorgaben der Verwaltungsverfahrensgesetze **zur Anwendung zu bringen** (s. *Kopp* GewArch 1986, 41). Dies gilt namentlich für die bei Maßnahmen des Wirtschaftsordnungsrechts vorrangig interessierenden Regeln über staatliche Präventivkontrollen (Konzessionen, Erlaubnisse; vgl. nur vor § 30 Rdn. 3 und § 33 c Rdn. 23 ff.) sowie verhaltensorientierte Sanktionen (Untersagungsverfügungen) und damit insbesondere über gängige Tatbestandsmerkmale als Rechtmäßigkeitsvoraussetzungen, das Zustandekommen, die Rechtswirkungen und die Bestandskraft von Verwaltungsakten sowie die Beifügung von Nebenbestimmungen (siehe etwa § 15 Rdn. 14 ff., Vor §§ 30 ff. Rdn. 6, § 35 Rdn. 11 ff., § 49 Rdn. 7 ff., § 60 c Rdn. 2 ff. u. § 139 b Rdn. 7 ff.). Aus Gründen der Rechtssicherheit sieht *Kopp* GewArch 1986, 41 ff., etwa ein Bedürfnis für die – in der GewO nicht vorgesehene – Nutzung des Instruments eines Feststellungsbescheides. Bei der Festsetzung von Märkten bietet sich die Nutzung des Typs der Allgemeinverfügung an (vgl. § 69 Rdn. 25). Dies gilt aber auch für weitere **Themenfelder des Allgemeinen Verwaltungsrechts** wie für das dogmatische Verständnis von unbestimmten Gesetzesbegriffen (zum Begriff der Unzuverlässigkeit etwa siehe § 35 Rdn. 27 ff.) und Ermessensermächtigungen, für die Voraussetzungen eines subjektiv-öffentlichen Rechts (namentlich mit Blick auf den Rechtsschutz Dritter; dazu – auch zur gewerberechtlichen Konkurrentenklage – etwa *Heinrich* WiVerw 1985, 1 ff.; allgemein *Huber*

Konkurrentenrechtsschutz im Verwaltungsrecht, 1991; siehe auch unten § 15 Rdn. 29 ff., § 35 Rdn. 133 f., § 51 Rdn. 23 ff.) und für die Lehre vom Verwaltungsrechtsverhältnis, für organisationsrechtliche Fragestellungen wie die Voraussetzungen einer Beleihung resp. einer Indienstnahme Privater (vgl. § 36 Rdn. 63 und § 69 Rdn. 51), die Verwaltungsvollstreckung (zur „Vollziehungsverfügung" im Gewerberecht s. *Kopp* GewArch 1986, 43 ff.; *Mußmann* GewArch 1986, 126 und unten § 35 Rdn. 200 ff.) und für das Recht der staatlichen Schadensersatz- und Entschädigungsleistungen (siehe § 51 Rdn. 28 ff.).

97 Was die Betrachtung der **Quellen des Verwaltungsrechts** angeht, so stehen hier schon ausweislich der Vorgaben des Art. 12 GG (dazu oben Rdn. 68 ff.) und des § 1 I GewO (dazu § 1 Rdn. 87) nach wie vor nationales Verfassungsrecht und Gesetzesrecht als zentrale Rechtsquellen im Blick; Europäischem Unionsrecht (dazu im Folgenden VI) kommt freilich deutlich zunehmende Bedeutung zu. **Rechtsverordnungen** spielen eine bescheidene Rolle (siehe im Anhang die Nrn. 1 bis 9 und 13.).

98 Konsensual einheitlich formulierte **Verwaltungsvorschriften** der Länder in Gestalt von Interpretationsanweisungen stellen im Sinne der Erhöhung von Transparenz für Behörden und Normadressaten Erleichterungen zur Absicherung einer bundesweit einheitlichen Rechtsanwendungspraxis dar (dazu zuletzt GewArch 2003, 364). Diesem Ziel dienen auch die – durchgängig publizierten; siehe zuletzt GewArch 2009, 19 ff.; 294 ff.; 2010, 61 ff.; 2010, 294 ff. – Berichte über die Tagungen des Bund-Länder-Ausschusses „Gewerberecht".

99 Umgekehrt gehört das **Gewerberecht** zu den traditionellen **Referenzgebieten des Allgemeinen Verwaltungsrechts** und trägt zu dessen **Weiterentwicklung** bei, etwa bei der Bestimmung von Anforderungen des Datenschutzes (vgl. § 11 Rdn. 1 ff. u. § 14 Rdn. 73, 102 ff.), bei der Verortung von Selbstbeschränkungsverpflichtungen der gewerblichen Wirtschaft und ihrer Verbände als Basis konsensualen Verwaltungshandelns (vgl. vor §§ 33 c ff. Rdn. 12) oder bei Fragen der Privatisierung (vgl. nur § 34 a Rdn. 1 und § 36 Rdn. 8 f.) sowie der Deregulierung.

100 Was schließlich den verwaltungsgerichtlichen **Rechtsschutz** angeht, so findet das gängige Instrumentarium des repressiven sowie des vorläufigen und vorbeugenden verwaltungsgerichtlichen Rechtsschutzes – insbesondere infolge dessen enger Anknüpfung an die Handlungsform des Verwaltungsaktes – bei gewerberechtlichen Konflikten ein stets aktuelles und breitdimensioniertes Anwendungsfeld. (Vgl. etwa zur Konkurrentenklage § 70 Rdn. 71 ff.; zum Rechtsschutz des Antragstellers resp. Dritter bei der gewerberechtlichen Zulassung § 15 Rdn. 29 ff., 31 oder zum Rechtsschutz bei der Marktfestsetzung § 69 Rdn. 31, 37).

VI. Deutsches Gewerberecht und Vorgaben des Europäischen Unionsrechts

101 Wie das gesamte Wirtschaftsrecht wird auch das nationale Gewerberecht inzwischen in umfassender Weise von einschlägigen Regelungen des **primä-**

Einleitung **Einl**

ren und des sekundären Unionsrechts erfasst. Bei der Interpretation und Anwendung der deutschen Gewerbeordnung sind mithin – ohne dass freilich hier daran anknüpfend weiterreichende rechtssystematische Überlegungen hinsichtlich der Entwicklungslinien zur Formung eines Europäischen Allgemeinen Verwaltungsrechts im Einzelnen nachgezeichnet werden müssten (vgl. insoweit *v. Danwitz* Verwaltungsrechtliches System und Europäische Integration, 1996; *Schmidt-Aßmann* Das allgemeine Verwaltungsrecht als Ordnungsidee, 2. Aufl. 2004, S. 377 ff.) – immerhin die maßgeblichen Vorgaben, wie sie namentlich in der Rechtsprechung des *EuGH* zur Entfaltung gebracht wurden, zu registrieren und europaoffen konsequent umzusetzen (vgl. insoweit etwa im Überblick *Ehlers* NVwZ 1990, 810 ff.; *Hatje* Die gemeinschaftsrechtliche Steuerung der Wirtschaftsverwaltung, 1998).

Im Folgenden sei nur punktuell einigen von unionsrechtlichen Impulsen **102** besonders gesteuerten Fragenkreisen nachgegangen wie der **Stellung von Ausländern** im deutschen Gewerberecht (Rdn. 104 ff.), den Wirkungen der im AEU-Vertrag formulierten Grundfreiheiten für Gewerbetreibende (Rdn. 109 ff.), der Berufsfreiheit als einem „europäischen Grundrecht" (Rdn. 119 ff.) und schließlich den für das Berufsrecht einschlägigen Richtlinien (Rdn. 123 ff.).

Daneben verdienen im vorliegenden Kontext vor allem die **Wettbewerbs-** **103** **vorschriften** der Art. 101 ff. AEU mit speziellen Vorgaben für öffentliche Unternehmen in Art. 106 AEU (siehe dazu *Khan,* in: Geiger/Khan/Kotzur, EUV/AEUV, 5. Aufl. 2010, Art. 106 AEUV Rdn. 3 ff.; *Voet van Vormizeele,* in: Schwarze, EU-Kommentar, 2. Aufl. 2009, Art. 86 EGV Rdn. 27 ff.; *Koenig/Kühling,* in: Streinz, EUV/EGV, 2003, Art. 86 Rdn. 36 ff.; *Pernice/Wernicke,* in: Grabitz/Hilf, EU, Stand: Oktober 2009, Art. 86 EGV, Rdn. 44 ff.; *Tettinger* DVBl. 1994, 88 ff.) sowie die in Art. 107 AEU enthaltenen Restriktionen für staatliche Beihilfen Beachtung.

Auf unionsrechtskonforme Ausgestaltung des deutschen Gewerberechts wird so in Zukunft insgesamt ein besonderes Augenmerk gelegt werden müssen.

1. Differenzierte Stellung von Ausländern im deutschen Gewerberecht

Der Grundsatz der Gewerbefreiheit (§ 1 I GewO) gilt für „jedermann". **104** Geschützt sind damit aus heutiger Perspektive neben Deutschen auch Ausländer (auch ausländische juristische Personen; vgl. § 1 Rdn. 85), nachdem weiterreichende spezielle gewerberechtliche Beschränkungen – wie etwa § 55 d (a. F.) für die Ausübung des Reisegewerbes durch Ausländer (siehe dazu die Anmerkungen in der 5. Aufl.) – weggefallen sind (vgl. zu bestehenden Restriktionen Rdn. 105 ff.).

Für Bürger der Europäischen Union – siehe dazu Art. Art. 20 ff. AEU sub signo **Unionsbürgerschaft** – ergibt sich bereits aus dem allgemeinen Diskriminierungsverbot des Art. 18 AEU, aus den im AEU-Vertrag primärrechtlich eingeräumten Grundfreiheiten (dazu noch unten Rdn. 109 ff.) sowie aus den in der Charta der Grundrechte der Europäischen Union (Art. 6 I EU) sowie als allgemeine Rechtsgrundsätze des Unionsrechts in Geltung stehenden Grundrechten (Art. 6 III EU) – darunter die Handels- und Wirtschaftsfreiheit sowie die Berufsfreiheit (dazu unten Rdn. 119 ff.) – auf der Grundlage des sog. Anwendungsvorranges des EU-Rechts das unionsrechtliche Postulat der gewerberechtlichen Gleichbehandlung, dem auf der nationalen Ebene durch § 2 des Gesetzes über die allgemeine Freizügigkeit von Unionsbürgern (FreizügG/EU) i. d. F. v. 30. 7. 2004 (BGBl. I S. 1950), zul. geändert durch Art. 7 des Gesetzes v. 26. 2. 2008 (BGBl. I S. 215) Rechnung getragen wurde. Zur Rechtsstellung der Bürger von Staaten des EWR (wie Liechtenstein und Norwegen) siehe § 12 FreizügG/EU, zur Rechtsstellung von Bürgern assoziierter Staaten (wie Türkei) siehe die betreffenden sog. Europa-Abkommen.

105 Die Beurteilung der Rechtsstellung von Ausländern im Übrigen hat auch mit Blick auf gewerbliche Aktivitäten nach Maßgabe des **Ausländerrechts** (vgl. Art. 74 I Nr. 4 GG: „das Aufenthalts- und Niederlassungsrecht der Ausländer") zu erfolgen, da der Grundsatz des § 1 GewO sich nur auf spezifisch gewerberechtliche Restriktionen bezieht, Beschränkungen ausländerrechtlicher Art aber nicht entgegensteht (siehe unten § 70 Rdn. 7). Einschlägig sind hier in erster Linie die Vorschriften des Aufenthaltsgesetzes v. 25. 2. 2008 (BGBl. I S. 162); im Bund-Länder-Ausschuss „Gewerberecht" wurde der Musterentwurf einer Allgemeinen Verwaltungsvorschrift für die Anwendung des Gewerberechts auf Ausländer (AuslGewVwV) beschlossen (vgl. den Bericht über die 81. Sitzung von *Fuchs/Denner* GewArch 1997, 363 f.; *Pinegger/Krausser* GewArch 1998, 465; *Kopp/Schönleiter* GewArch 2002, 366 [367]).

106 Für den Aufenthalt im Bundesgebiet bedürfen Ausländer gemäß § 4 I 1 AufenthG grundsätzlich eines Aufenthaltstitels, für den es ausweislich des § 4 I 2 AufenthG vier unterschiedliche in abgestufter Stärke Rechtssicherheit bietende Arten gibt, nämlich Visum, Aufenthaltserlaubnis, Niederlassungserlaubnis und Erlaubnis zum Daueraufenthalt-EG. In § 21 AufenthG ist erstmals die Erteilung einer Aufenthaltserlaubnis zur Ausübung einer selbständigen Tätigkeit gesetzlich geregelt (siehe zu § 21 AufenthG *Hailbronner* Asyl- und Ausländerrecht, 2. Aufl. 2008, S. 110 ff.). Eine der Voraussetzungen für die Erteilung der in das Ermessen der Ausländerbehörde gestellten Aufenthaltserlaubnis zur Ausübung einer selbstständigen Tätigkeit ist – wie bereits nach der alten Rechtslage – das Bestehen eines übergeordneten wirtschaftlichen Interesses (oder eines regionalen Bedürfnisses, § 21 I 1 Nr. 1 AufenthG; vgl. zur alten Rechtslage *Hailbronner* Ausländerrecht, 2. Aufl. 1989, Rdn. 212: „Regelverbot selbständiger Erwerbstätigkeit"). Wegen der strengen Anforderungen des § 21 AufenthG wird in der Praxis die Aufenthaltserlaubnis regelmäßig keine Erlaubnis zur selbständigen Tätigkeit umfassen (sog. **„Gewerbesperrvermerk"**; siehe auch *Renner* Ausländerrecht, 2005, § 21 Rdn. 8 („seltene Ausnahme"). Zur Möglichkeit der Ausübung einer unselbstständigen Erwerbstätigkeit siehe näher § 18 AufenthG sowie die darauf abgestützte Beschäftigungsverordnung (BGBl. I 2004 S. 2932).

107 Hat der Ausländer eine solche Arbeitserlaubnis, so kann nach § 12 II 2 AufenthG eine unselbstständige Erwerbstätigkeit – und entsprechendes gilt für eine erlaubte selbstständige Erwerbstätigkeit – nicht dieser Erlaubnis zuwi-

Einleitung **Einl**

der durch (nachträgliche) Auflagen beschränkt oder untersagt werden, solange der Ausländer eine Aufenthaltserlaubnis besitzt.

Ein ausländischer **Asylbewerber** darf gem. § 61 I des Asylverfahrensgeset- **108** zes (AsylVfG) i. d. F. d. B. v. 2. 9. 2008 (BGBl. I S. 1798), zul. geändert durch Art. 18 des Gesetzes v. 17. 12. 2008 (BGBl. I S. 2586), für die Dauer der Pflicht, in einer Aufnahmeeinrichtung zu wohnen, keine Erwerbstätigkeit ausüben. Der in § 61 II AsylVfG unter bestimmten Voraussetzungen vorgesehene Ausschluss einer Auflage bezieht sich nur auf die Ausübung einer unselbständigen Erwerbstätigkeit.

2. Berufsrelevante Grundfreiheiten des AEU-Vertrages

Eine besondere berufsrelevante Freiheitssicherung wird auf EU-Ebene **109** über die im AEU-Vertrag verankerten sog. vier Grundfreiheiten (Waren-, Personen-, Dienstleistungs- sowie Kapital- und Zahlungsverkehrsfreiheit) vermittelt, welche auf die Schaffung eines gemeinsamen Binnenmarktes ausgerichtet sind und daher wirtschaftsrelevante Diskriminierungen innerhalb der EU verhindern sollen (zu ihnen näher statt vieler *Dauses,* Handbuch des EU-Wirtschaftsrechts, Stand: Oktober 2010, Bd. I, Abschn. C, D, E u. F. m. w. N.). Sie entfalten nach der Rechtsprechung des *EuGH* dann unmittelbare Wirkung, wenn anders die Funktionsfähigkeit des gemeinsamen Marktes nicht gesichert werden kann (vgl. *EuGH* Slg. 1995, 4921 [5068] – Bosman). Der durch die **Arbeitnehmerfreizügigkeit** gem. Art. 45 II AEU geschützte freie Zugang zur Beschäftigung innerhalb der EU ist vom *EuGH* sogar einmal – missverständlich – als Grundrecht der Arbeitnehmer in der Union bezeichnet worden (*EuGH* Slg. 1987, 4097 [4117] – Uncetef).

Das Vorhaben einer grundlegenden Neuordnung des Primärrechts bedeu- **110** tet mit Blick auf die Grundfreiheiten keine wesentlichen materiellen Änderungen. An die Stelle des gescheiterten Vertrags über eine Verfassung für Europa (VVE) trat der „**Vertrag von Lissabon** (ABl. EG Nr. C 306 v. 17. 12. 2007) zur Änderung des Vertrags über die Europäische Union und des Vertrags zur Gründung der Europäischen Gemeinschaft" vom 13. 12. 2007, der den bisherigen EU-Vertrag und EG-Vertrag nicht abgelöst, sondern formal lediglich geändert hat, inhaltlich freilich auf eine Umstrukturierung von EU und EG hinausläuft. Die (neue) EU trat als Rechtsnachfolgerin an die Stelle der EG (Art. 1 Abs. 3 S. 3 EU n. F.). Der EG-Vertrag wurde umbenannt in „Vertrag über die Arbeitsweise der Europäischen Union" (AEU).

Für das Gewerberecht von besonderem Gewicht – schon angesichts ihrer **111** gleichfalls anerkannten unmittelbaren Anwendbarkeit in den Mitgliedstaaten (vgl. bereits *EuGH* Slg. 1974, 631 – Reyners) – ist weiterhin die in Art. 49 ff. AEU gewährte **Niederlassungsfreiheit**, welche ausweislich der Umschreibung in Art. 49 II AEU die Aufnahme und Ausübung selbstständiger Erwerbstätigkeit sowie die Gründung und Leitung von Unternehmen nach den Bestimmungen, die im Aufnahmestaat für dessen eigene Angehörige gelten, umfasst (vgl. dazu *EuGH* Slg. 1991 I 3905 [3965 ff.]). Damit ist insoweit ein umfassendes Gebot zur Inländergleichbehandlung ausgesprochen (*EuGH* Slg. 1985, 1819 [1826] Tz. 14; 1987, 4469 [4484]; 1989, 1461 [1478];

1999, I-3289, Tz. 27 ff.; *Spannowsky* GewArch 1995, 265 [266]; *Roth*, in: Dauses, Handbuch des EU-Wirtschaftsrechts, Stand: Oktober 2010, E I Rdn. 81, 83), das auch versteckte Formen einer Diskriminierung (vgl. *EuGH* Slg. 1989, 4035 [4059] Tz. 8; Slg. 1996, I-3089, Tz. 36) resp. mittelbare Diskriminierungen (vgl. *EuGH* Slg. 1978, 2293 [2303] Tz. 9) untersagt. Spezifische Handlungspflichten ergeben sich aus Art. 49 und 50 AEU zum Abbau vorhandener Beschränkungen sowie aus Art. 53 AEU zur Erleichterung der Aufnahme und Ausübung selbständiger Tätigkeiten im Wege sekundärrechtlicher Vorgaben [dazu auch unten Rdn. 123]. Für die Anwendung der Vorschriften über die Niederlassungsfreiheit ist es ohne Bedeutung, „dass eine Gesellschaft in einem Mitgliedstaat nur errichtet wurde, um sich in einem zweiten Mitgliedstaat niederzulassen, in dem die Geschäftstätigkeit im Wesentlichen oder ausschließlich ausgeübt werden soll… . Die Gründe, aus denen eine Gesellschaft in einem bestimmten Mitgliedstaat errichtet wird, sind nämlich, sieht man vom Fall des Betrugs ab, für die Anwendung der Vorschriften über die Niederlassungsfreiheit irrelevant… . Der EuGH hat außerdem entschieden, dass der Umstand, dass eine Gesellschaft in einem Mitgliedstaat nur gegründet wurde, um in den Genuss vorteilhafter Rechtsvorschriften zu kommen, keinen Missbrauch darstellt, und zwar auch dann nicht, wenn die betreffende Gesellschaft ihre Tätigkeit hauptsächlich oder ausschließlich in diesem zweiten Staat ausübt… . Hieraus folgt, dass diese Gesellschaften das Recht haben, ihre Tätigkeit in einem anderen Mitgliedstaat durch eine Zweigniederlassung auszuüben, wobei ihr satzungsmäßiger Sitz, ihre Hauptverwaltung oder ihre Hauptniederlassung, ebenso wie die Staatsangehörigkeit bei natürlichen Personen, dazu dient, ihre Zugehörigkeit zur Rechtsordnung eines Mitgliedstaats zu bestimmen… . Somit schließt im Ausgangsverfahren der Umstand, dass die Inspire Art im Vereinigten Königreich gegründet wurde, um die Vorschriften des niederländischen Gesellschaftsrechts zu umgehen, die unter anderem bezüglich des Mindestkapitals und der Einzahlung der Aktien strengere Voraussetzungen enthält, nicht aus, dass die Errichtung einer Zweigniederlassung dieser Gesellschaft in den Niederlanden unter die Niederlassungsfreiheit nach den Art. 43 und 48 EG [heute: Art. 49, 56 AEU] fällt. Wie der EuGH im Urteil Centros entschieden hat (Slg. 1999, I-1459), ist die Frage der Anwendung dieser Artikel eine andere als die, ob ein Mitgliedstaat Maßnahmen ergreifen kann, um zu verhindern, dass sich einige seiner Staatsangehörigen unter Ausnutzung der durch den EG-Vertrag [heute: AEU-Vertrag] geschaffenen Möglichkeiten in missbräuchlicher Weise der Anwendung des nationalen Rechts entziehen." (So *EuGH* NJW 2003, 3331 [3333, Tz. 95 – 98] in Sachen Inspire Art).

112 Art. 52 I AEU belässt aber den Mitgliedstaaten die Befugnis zu Sonderregelungen für Ausländer, die aus Gründen der öffentlichen Ordnung, Sicherheit oder Gesundheit gerechtfertigt sind (dazu näher *Roth*, in: Dauses, Handbuch des EU-Wirtschaftsrechts, Stand: Oktober 2010, E I Rdn. 94 m. w. N.), ein Vorbehalt, der sich namentlich bei der gewerberechtlichen Überwachung als bedeutsam erweist, auch wenn diese – in Tatbestandsformulierung und Zielsetzung parallel zu Art. 45 III AEU zu sehende – „ordre public"-Klausel als Abweichung von den Regeln über die Freizügigkeit eng auszulegen ist (*EuGH* Slg. 1975, 297 [307] Tz. 6; 1999, I-11, Tz. 23). Der *EuGH* hat

Einleitung **Einl**

zudem klargestellt, dass der Rückgriff einer nationalen Stelle auf den Begriff der „öffentlichen Ordnung" voraussetzt, dass eine tatsächliche und hinreichend schwere Gefährdung besteht, die ein Grundinteresse der Gesellschaft berührt (so *EuGH* Slg. 1982, 1665 [1707 f. Tz. 8]; 1999, I-11, Tz. 21; 2000, I-1335, Tz. 17; 2000, I-1221, Tz. 28).

Ist die selbstständige Erwerbstätigkeit nicht mit einer Niederlassung in **113** einem anderen Mitgliedstaat verbunden, unterfällt sie der **Dienstleistungsfreiheit** nach Maßgabe der Art. 56 ff. AEU. Nach der Beschreibung in Art. 57 AEU sind unter Dienstleistungen solche Leistungen zu verstehen, die in der Regel gegen Entgelt erbracht werden, soweit sie nicht den Vorschriften über den freien Waren- und Kapitalverkehr und über die Freizügigkeit der Personen unterliegen. Als von dieser Freiheit umfasste Teileelemente werden üblicherweise (vgl. *Müller-Graff* FS Lukes, 1989, S. 471; *Khan*, in: Geiger/Khan/Kotzur, EUV/AEUV, 5. Aufl. 2010, Art. 57 AEUV Rdn. 8 ff.; *Randelzhofer/Forsthoff*, in: Grabitz/Hilf, EU, Stand: Oktober 2009, Art. 49/50 EGV, Rdn. 50 ff.; *Holoubek*, in: Schwarze, EU-Kommentar, 2. Aufl. 2009, Art. 49/50 EGV Rdn. 34 ff.) aufgeführt

– die aktive Dienstleistungsfreiheit (der Dienstleistungserbringer begibt sich vorübergehend in einen anderen Mitgliedstaat),
– die passive Dienstleistungsfreiheit (der Dienstleistungsempfänger begibt sich vorübergehend in einen anderen Mitgliedstaat) und
– die Produktverkehrsfreiheit (nur die Leistung selbst überschreitet eine Grenze zwischen Mitgliedstaaten).

Der Schutz dieser Gewährleistung erstreckt sich damit aber nicht auf solche Betätigungen, deren Merkmale sämtlich nicht über die Grenzen eines Mitgliedstaates hinausweisen (z. B. *EuGH* GewArch 1995, 195 unter Bezugnahme auf *EuGH* Slg. 1992 I 323 [336] Tz. 7).

Als Dienstleistungen gelten ausweislich der beispielhaften Auflistung in **114** Art. 57 II AEU insbesondere gewerbliche, kaufmännische, handwerkliche und freiberufliche Tätigkeiten. Diesem in Art. 56 AEU für den **Dienstleistungsverkehr** mit enthaltenem Diskriminierungsverbot kommt unmittelbare Geltung in den Mitgliedstaaten zu (*EuGH* Slg. 1974, 1299 – van Binsbergen; Slg. 1978, 1979 – Société Générale Alsacienne). Auch insoweit sind versteckte oder indirekte Diskriminierungen untersagt (vgl. *Hakenberg*, in: Lenz, EG, Komm., 4. Aufl. 2006, Art. 49/50 Rdn. 22.).

Die Dienstleistungsfreiheit ist durch die **Dienstleistungs-Richtlinie 115** näher entfaltet worden (unten Rdn. 125). Deren Umsetzung in deutsches Recht führt dazu, dass Gewerbetreibende mit Sitz im EU- bzw. EWR-Ausland von einigen Vorschriften der GewO freigestellt werden, welche inländische Gewerbetreibende beachten müssen (siehe etwa § 4 Rdn. 11 ff.). Konsequenz ist die sog. **Inländerdiskriminierung**, die unionsrechtlich irrelevant ist, aber den grundgesetzlichen Grundrechten standhalten muss (näher *Holoubek* Inländerdiskriminierung im Wirtschaftsrecht, in: Aicher/Holoubek/Korinek [Hrsg], Gemeinschaftsrecht und Wirtschaftsrecht, 2000, S. 176 ff.; *Bösch* Jura 2009, 91 ff.). Dabei stellt das BVerfG (GewArch 2006, 71) auf Art. 12 I GG und das BVerwG (GewArch 2004, 488) auf Art. 3 I GG ab.

Einl Einleitung

116 Da Art. 62 AEU die entsprechende Anwendbarkeit auch des Art. 52 AEU anordnet, bleibt die mitgliedstaatliche Befugnis zu Beschränkungen der Dienstleistungsfreiheit von Ausländern aus gerechtfertigten Gründen der öffentlichen Ordnung, Sicherheit oder Gesundheit gewahrt (dazu näher *Hakenberg*, in: Lenz, EG, Komm., 4. Aufl. 2006, Art. 49/50, Rdn. 24 m. w. N.; *Leible*, in: Grabitz/Hilf, EU, Stand: Oktober 2009, Art. 30 EGV, Rdn. 12 ff.). Nach der *EuGH*-Rspr. zählt zu diesen Gründen auch der Verbraucherschutz (vgl. *EuGH* Slg. 1986, 3663 [3709] Tz. 20; 1986, 3755 [3803 f.] Tz. 30; 1986, 3817 [3852] Tz. 28). Gleichfalls Gesichtspunkte der öffentlichen Sittlichkeit, die in Art. 36 AEU für Einschränkungen der Warenverkehrsfreiheit ausdrücklich gesondert herausgestellt werden („aus Gründen der öffentlichen Sittlichkeit, Ordnung und Sicherheit"; dazu etwa *Dauses*, in: ders., Handbuch des EU-Wirtschaftsrechts, Stand: Oktober 2010, C I Rdn. 195 ff. m. w. N.), sind hier einbezogen und können die Grundlage für entsprechende Beschränkungen der Dienstleistungsfreiheit sein (vgl. auch unten § 33 a Rdn. 55). Der *EuGH* hat es zu Art. 36 AEU grundsätzlich als „Sache jedes Mitgliedstaates" angesehen, „den Begriff der öffentlichen Sittlichkeit für sein Gebiet in Einklang mit seiner eigenen Wertordnung und in der von ihm gewählten Form auszufüllen" (Slg. 1979, 3795 [3813 Tz. 15]). Für einen föderalistisch strukturierten Mitgliedstaat wie die Bundesrepublik ist das Weiteren die dort getroffene Aussage wichtig: „Jeder Mitgliedstaat kann Einfuhrverbote, die aus Gründen der öffentlichen Sittlichkeit gerechtfertigt sind, für sein gesamtes Staatsgebiet im Sinne des Artikels 227 EWG-Vertrag unabhängig von seiner Verfassungsstruktur und von der Verteilung der einschlägigen Gesetzgebungszuständigkeiten erlassen" (*EuGH* aaO, Tz. 16).

117 Wenn aber ein Mitgliedstaat sich auf Art. 55 i. V. m. Art. 46 EG (= Art. 62 i. V. m. 52 AEU) beruft, um die Ausübung der Dienstleistungsfreiheit auf nationaler Ebene behindern zu dürfen, so muss die betroffene Ausnahmeregelung gleichwohl im Einklang mit den auf europäischer Ebene zu wahrenden Grundrechten (dazu im Folgenden Rdn. 119 ff.) stehen; so EuGH, Slg. 1991 I 2925 (2964 Tz. 43) – ERT –.

118 Besondere Relevanz hat die **Arbeitnehmerfreizügigkeit** durch das Bosman-Urteil des *EuGH* gewonnen, in dem das Gericht die Regeln der UEFA und der ihr angehörenden nationalen Fußballverbände, soweit sie den Transfer von Berufsspielern zwischen Vereinen in verschiedenen Mitgliedstaaten nur gegen Zahlung einer Ablösesumme zuließen und soweit sie bei Vereinswettkämpfen den Einsatz von aus anderen Mitgliedstaaten stammenden Berufsspielern nur in begrenztem Umfang erlaubten, als nicht mit Art. 45 AEU vereinbar angesehen hat (*EuGH* Slg. I 1995, 4921 [5068 ff.] – Bosman). Die Feststellung, dass die Ausübung des Sports insoweit unter das Gemeinschaftsrecht fällt, als sie zum Wirtschaftsleben gehört, was zwar nicht auf den Amateursektor, wohl aber auf die Tätigkeit von Fußballprofis oder -halbprofis zutrifft, durfte eigentlich in keiner Weise überraschen, war sie doch eine konkrete Fortentwicklung der bisherigen *EuGH*-Rechtsprechung (vgl. *EuGH* Slg. 1974, 1405 [1420] – Walrave; Slg. 1976, 1333 [1340] – Doná; Slg. 1987, 4097 [4117] – Heylens; siehe auch *Zuleeg*, in: Will [Hrsg.] Sportrecht in Europa, 1993, S. 1 ff.; *Scheuer*, in: Lenz [Hrsg.], EG, Komm., 4. Aufl. 2006,

Art. 39 Rdn. 4; *Roth* FS Everling II, 1231 [1237 ff.]). Vor diesem Hintergrund wird vom *EuGH* (Slg. 1995 I, 4921 [5062 ff.] – Bosman) ausdrücklich bekundet, dass Art. 45 AEU **nicht nur für behördliche Maßnahmen** gilt, sondern sich auch auf Vorschriften anderer Art erstreckt, die zur kollektiven Regelung unselbstständiger Arbeit dienen und denen damit horizontale Wirkung zukommt. In einer weiteren Entscheidung hat der EuGH allerdings auf das Merkmal der Kollektivität verzichtet und die Bindung eines einzelnen Arbeitgebers an die Arbeitnehmerfreizügigkeit bejaht (*EuGH* Slg. I 2000, 4139 [4155]– Angonese). Mit Blick auf die Reichweite der unmittelbaren Drittwirkung gibt es daher noch einige Unsicherheiten. Ungeklärt ist auch, ob eine Bindung Privater an andere Grundfreiheiten in Betracht kommt. Der EuGH hat dies zur Niederlassungs- und Dienstleistungsfreiheit angenommen, soweit es sich um Regelwerke handelt, die die selbstständige Arbeit und die Erbringung von Dienstleistungen kollektiv regeln sollen (Vgl. etwa *EuGH* Slg. I 2002, 1577 [1615] – Wouters u. a.; in jüngster Zeit zur Dienstleistungsfreiheit *EuGH* EuZW 2008, 246 [248] – Viking; zur Niederlassungsfreiheit *EuGH* NZA 2008, 159 [166] – Laval; vgl. hierzu auch die Anmerkung von *Huke* BB 2008, 172 ff.).

3. Berufsfreiheit als „europäisches Grundrecht"

Das Recht der Europäischen Union enthielt lange keine ausdrücklichen **119** Grundrechtsgewährleistungen im Sinne eines formulierten Grundrechtskatalogs. Der *EuGH* gewährte dessen ungeachtet allerdings seit langem prätorischen **Grundrechtsschutz** und prüfte Gemeinschaftshandlungen auf ihre Vereinbarkeit mit solchen Grundrechten, die von gemeinsamen Verfassungsüberlieferungen der Mitgliedstaaten getragen sind und sich in die Struktur und Ziele der Gemeinschaft einfügen (vgl. *EuGH* Slg. 1970, 1125 [1135] – Internationale Handelsgesellschaft). Im Rahmen des Vertragswerks von Maastricht wurde konsequenterweise in Art. F II EUV – später Art. 6 II EU a. F., heute Art. 6 III EU – dokumentiert, dass die Union die Grundrechte achtet, wie sie in der EMRK gewährleistet sind und wie sie sich aus den gemeinsamen Verfassungsüberlieferungen der Mitgliedstaaten als allgemeine Grundsätze des Gemeinschafts- bzw. Unionsrechts ergeben.

Vor diesem Hintergrund hat der *EuGH* angesichts durch Art. 12 GG, § 74 **120** dän. Verf., Art. 11 IV, VI lux. Verf., Art. 19 III ndl. Verf., Art. 47 port. Verf. u. Art. 35, 38 span. Verf. dokumentierter gemeinsamer Verfassungsüberlieferung der Freiheit der Berufsausübung als einen **allgemeinen Grundsatz des Gemeinschafts- bzw. Unionsrechts** anerkannt, den der Gerichtshof zu wahren hat (*EuGH* Slg. 1974, 491 [507] – Nold; Slg. 1979, 2749 [2750] – Eridania; Slg. 1979, 3727 [3750] – Hauer; Slg. 1984, 4057 [4058] – Biovilac; Slg. 1986, 2897 [2912] – Keller; Slg. 1987, 2289 [2338 f.] – Rau; Slg. 1989, 2237 [2263] – Schräder; Slg. 1991 I, 3633 [3637 f.] – J. Neu; Slg. 1992 I, 35 [63 f.] – Milchabgabe; Slg. 1994 I, 5555 [5581 f.] – Winzersekt; Slg. 1994 I, 4973 [5065 f.] – Bananenmarktordung; Slg. 1996 I, 3978 [3985 f.] – Bosphorus Airlines; Slg. 2004 I, 8663 [8663] – Springer). Gleichwohl ist nicht zu verkennen, dass die Rechtsprechung des *EuGH* zum Schutz der Berufsfreiheit noch recht konturenarm geblieben ist: Das Unionsrecht erkennt dieses Recht als allgemeinen Rechtsgrundsatz an, doch kann es aus vielfältigen Gemeinwohlgründen, namentlich im Rahmen einer gemeinsamen Marktorganisation (vgl. insoweit insb. *EuGH* Slg. 1994 I 4973 [5066 ff.]) eingeschränkt werden, soweit nur der **Wesensgehalt** unangetastet bleibt (*EuGH* Slg. 1986, 2909 [2912 Tz. 8] – Keller; Slg. 1989, 2237 [2269 Tz. 18] – Schräder; Slg. 1994 I, 5555 [5581 f.] – Winzersekt; siehe auch oben Rdn. 64), eine wenig griffige Sperre, namentlich gegenüber interventionistischen Vorstellungen einer weit reichenden Struktur- bzw. Industriepolitik, wobei hinzukommt, dass sich der *EuGH*, wie bereits *Everling* (FS Mestmäcker, 1996, S. 365 [370 f.] m. w. N. aus der Rspr.) ausdrücklich hervorgehoben hat, auf die Unterscheidung zwischen Berufswahl und Berufsausübung, die neben Art. 12 GG auch in Art. 19 III ndl. Verf. und Art. 47 port. Verf. anklingt, noch gar nicht erst substantiell eingelassen hat (vgl. aber frühe Ansätze in *EuGH* Slg. 1984, 2971 [2990] – Klopp; Slg. 1986, 2519 [2545] – Kommission ./. Deutschland; in den 90er Jahren Slg. 1991 I, 2357 [2380 ff.] – Vlassopoulou – sowie Slg. 1994 I, 5555 [5581 f. Tz. 22, 24] – Winzersekt –, hier immerhin mit Differenzierung zwischen dem Bestand der Berufsfreiheit und den Modalitäten ihrer Ausübung; siehe dazu auch *Bleckmann/Pieper*, in: Dauses, Handbuch des EU-Wirtschaftsrechts, Stand: Oktober 2010, Bd. I, B I Rdn. 86 m. w. N.).

121 Einen historischen Fortschritt hat die europäische Grundrechtediskussion durch die anlässlich des Europäischen Rates in Nizza im Dezember 2000 feierlich unterzeichnete **Charta der Grundrechte der Europäischen Union** erfahren, welche in Teil C des Amtsblatts der Europäischen Gemeinschaft – d. h. als nicht rechtsverbindlicher Text – veröffentlicht wurde (ABl. 2000 C-364/1). Durch den **Vertrag von Lissabon** (ABl. EG Nr. C 306 v. 17. 12. 2007) ist die Grundrechtecharta durch Verweisung in den EU-Vertrag einbezogen und damit zur unmittelbaren Rechtsquelle für den europäischen Grundrechtsschutz geworden (hierzu *Mayer* JuS 2010, 189 [192]; *Pache/Rösch* NVwZ 2008, 473 [475]; *dies.* EuR 2009, 769 [775]): Nach Art. 6 I UAbs. 1 EU erkennt die Union die Rechte, Freiheiten und Grundsätze an, wie sie in der Grundrechtecharta niedergelegt sind; die Charta der Grundrechte und die Verträge sind gleichberechtigt. Weiter bestimmt Art. 6 III EU, dass die Grundrechte, wie sie in der EMRK gewährleistet sind und wie sie sich aus den gemeinsamen Verfassungsüberlieferungen der Mitgliedstaaten ergeben, als allgemeine Grundsätze Teil des Unionsrechts sind. Daneben sieht Art. 6 II EU nun ausdrücklich den Beitritt der Europäischen Union zur Europäischen Menschenrechtskonvention vor (zur bislang fehlenden primärrechtlichen Ermächtigung zum EMRK-Beitritt siehe *EuGH* EuZW 1996, 307).

122 Die Charta enthält einige für das Gewerberecht relevante Grundrechtsnormen. So gewährleistet innerhalb ihres Kap. II „Freiheiten" Art. 15 Abs. 1 jedermann das Recht, zu arbeiten und einen frei gewählten oder angenommenen Beruf auszuüben, ein Recht, welches nur nach Maßgabe des Art. 52 Abs. 1, vor allem nur aufgrund eines Gesetzes und unter Beachtung des Grundsatzes der Verhältnismäßigkeit, eingeschränkt werden darf. Art. 16 enthält eine eigenständige Anerkennung der unternehmerischen Freiheit, von der ebenfalls Wirkungen im Bereich des Gewerberechts zu erwarten sind (näher *Frenz* GewArch 2009, 427 ff.). Ergänzt werden diese Rechte für Unionsbürgerinnen und -bürger in Art. 15 Abs. 2 durch Grundrechte auf Freizügigkeit in der Arbeitssuche und -leistung, der Niederlassung und der Dienstleistungserbringung. Die Ausübung der letztgenannten Grundrechte ist gem. Art. 52 Abs. 2 nur im Rahmen der im AEU-Vertrag festgelegten Bedingungen und Grenzen geschützt; ihre Reichweite entspricht damit der der berufsrelevanten Grundfreiheiten (dazu Rdn. 109 ff.). EuGH, Gericht 1. Instanz und sogar das BVerfG haben die Grundrechte-Charta schon als Auslegungshilfe herangezogen, als diese noch rechtlich unverbindlich war (z. B. *EuGH* NVwZ 2008, 641 [653 Rdn. 48]; EuZW 2008, 177 [179 Rdn. 41]; *EuG*, EuGRZ 2002, 266 [270 f., Rdn. 48, 57]; BVerfGE 110, 339). Angesichts dessen dürfte mit Spannung abzuwarten sein, wie der EuGH diese nunmehr rechtsverbindlich und explizit in das Primärrecht aufgenommenen Grundrechte der Berufsfreiheit und der unternehmerischen Freiheit in seiner Judikatur würdigen wird.

4. EU-Sekundärrecht

a. Richtlinien zum Gewerberecht. Das Sekundärrecht der EU stellt 123 mit der Richtlinie 2005/36/EG des Europäischen Parlaments und des Rates vom 7. 9. 2005 über die **Anerkennung von Berufsqualifikationen** (ABl. EU Nr. L 225 v. 30. 9. 2005) eine für eine Vielzahl von Berufen geltende Regelung zur Verfügung (sog. „horizontale Richtlinie; zur Richtlinie siehe etwa *Frenz* GewArch 2007, 10 ff.; *Kluth/Rieger* GewArch 2006, 1 ff.; zu den zahlreichen Vorgängerregelungen vgl. die Vorauß.). Die Richtlinie ist zunächst nur teilweise in deutsches Recht umgesetzt worden (Gesetz zur Umsetzung der Richtlinie 2005/36/EG des Europäischen Parlaments und des Rates über die Anerkennung von Berufsqualifikationen der Heilberufe vom 2. 12. 2007, BGBl. I S. 2686). Deutschland ist deswegen durch den *EuGH* auf Antrag der Kommission in einem Vertragsverletzungsverfahren wegen Verletzung der Umsetzungspflicht verurteilt worden (*EuGH* Urteil v. 17. 12. 2009 – C-505/08, NJW 2010, 358). Eine weitere Umsetzung, mit Bezug zum Gewerberecht, erfolgte durch das in Rdn. 125 genannte Gesetz zur Umsetzung der Dienstleistungsrichtlinie.

Zu nennen ist ferner die Richtlinie 2002/92/EG des Europäischen Parla- 124 ments und des Rates vom 9. 12. 2002 über **Versicherungsvermittlung** (ABl. EG Nr. L 9, S. 3), umgesetzt durch das Gesetz zur Neuregelung des Versicherungsvermittlerrechts vom 19. 12. 2006 (BGBl. I S. 3232). Neu geschaffen wurden hierzu die §§ 34 d (Versicherungsvermittler) und 34 e (Versicherungsberater). Siehe die Erläuterungen dort sowie *Adjemian/Dening/Kürn/Moraht/Neuhäuser* GewArch 2009, 137 ff.; *Durstin/Peters* VersR 2007, 1456 ff.; *Schönleiter* GewArch 2007, 265 ff.

Weitere wichtige Richtlinie mit Bezug zum Gewerberecht ist die Richtli- 125 nie 2006/123/EG des Europäischen Parlamentes und des Rates über Dienstleistungen im Binnenmarkt vom 12. 12. 2006 (ABl. EU Nr. L 376 v. 27. 12. 2006), welche durch das Gesetz zur Umsetzung der **Dienstleistungsrichtlinie** im Gewerberecht und in weiteren Rechtsvorschriften v. 17. 7. 2009 (BGBl. I S. 2091) umgesetzt worden ist (dazu *Schönleiter* GewArch 2009, 384 ff.; *Mann* GewArch 2010, 93 ff.; *Eisenmenger* NVwZ

2010, 337 ff.; *Luch/Schulz* GewArch 2009, 143 ff.). Zahlreiche Vorschriften der GewO wurden geändert oder neugefasst, einige neu aufgenommen (z. B. §§ 4, 6 a bis 6 c, 13 b, 36 a); dasselbe gilt für die auf der GewO beruhenden Verordnungen (siehe näher Verordnung zur Anpassung gewerberechtlicher Verordnungen an die Dienstleistungsrichtlinie vom 9. 3. 2010 [BGBl. I S. 264]; dazu BR-Drs. 25/10; *Glückert* GewArch 2010, 234 ff.). Kernpunkte der Richtlinie sind die Errichtung sog. Einheitlicher Ansprechpartner (siehe zur Diskussion des „Kammermodells" *Windoffer* GewArch 2008, 97 ff.), die Normenprüfung, der Aufbau eines elektronischen Binnenmarktinformationssystems, das die Amtshilfe im Bereich der Überwachung der Dienstleistungen erleichtern soll, und Regelungen, die das allgemeine Verwaltungsverfahren betreffen (*Schönleiter/Stenge/Zerbe* GewArch 2008, 242 [243]; *Windoffer* GewArch 2008, 97). Das umstrittene Herkunftslandprinzip wurde hingegen fallen gelassen (zum Richtlinienvorschlag der Kommission *Kugelmann* EuZW 2005, 327 ff.). Folge des sog. Einheitlichen Ansprechpartners wird sein, dass Dienstleister aus dem EU-Ausland unabhängig davon, ob sie eine gewerbliche, handwerkliche oder freiberufliche Dienstleistung erbringen, sich nur noch an eine zentrale Stelle wenden müssen. Die Richtlinie fordert allerdings von den Mitgliedstaaten nicht die Regelung einer Zuständigkeitskonzentration (vgl. *Windoffer* GewArch 2008, 97 [98]). Für den Dienstleister soll lediglich der Grenzübertritt erleichtert werden, indem der Einheitliche Ansprechpartner das Verwaltungsverfahren koordiniert. Die Verwaltung wird daher mehr und mehr zum „Dienstleister" des Bürgers. Die Dienstleistungsrichtlinie verlangt auch ein **Normenscreening**, welche das gesamte Recht daraufhin überprüfen soll, ob es offene oder versteckte Diskriminierungen zu Lasten von Angehörigen anderer EU-Staaten gibt. Eine erste Durchsicht der GewO durch den Bund-Länder-Ausschuss „Gewerberecht" ergab innerhalb der GewO keine solchen Diskriminierungen (*Schönleiter/Draxler* GewArch 2009, 19 [20]). Die Dienstleistungsrichtlinie beeinflusst das Wirtschaftsverwaltungsrecht aber in anderer Weise. So müssen Anträge auf Erteilung einer Erlaubnis in einer angemessenen Frist bearbeitet werden und Gebühren hierfür dürfen die Kosten des Verwaltungsverfahrens nicht übersteigen (siehe Art. 13 III und II der Richtlinie 2006/123/EG). Demnach können Gebühren nicht mehr nach dem wirtschaftlichen Wert für den Antragssteller bemessen werden (*Schönleiter/Draxler* GewArch 2009, 19 [20]).

126 **b. Richtlinien zum technischen Arbeitsschutz.** Im Bereich des technischen Arbeitsschutzrechts ergeben sich die Kompetenzen der EU aus Art. 94 (früher Art. 100), Art. 95 (früher Art. 100 a), Art. 137 (früher Art. 118 a EGV). Gerade in diesem Bereich hat die EU bereits eine Vielzahl von Richtlinien erlassen.

127 Die bedeutendste Richtlinie für den technischen Arbeitsschutz ist die Richtlinie 89/391/EWG des Rates vom 12. 6. 1989 über die Durchführung von Maßnahmen zur Verbesserung der Sicherheit und des Gesundheitsschutzes der Arbeitnehmer bei der Arbeit (ABl. EG Nr. L 183 v. 29. 6. 1989, S. 1). Es handelt sich um eine Rahmenrichtlinie, die zwischenzeitlich durch zahlreiche Einzelrichtlinien konkretisiert worden ist. Sie gilt für alle Beschäftigungsbereiche und bestimmt sowohl die Grundpflichten der Arbeitgeber

Einleitung

als auch die auf den Arbeitsschutz bezogenen Pflichten und Rechte der Beschäftigten.
Diese Rahmenrichtlinie ist in Deutschland durch das Gesetz zur Umsetzung der EG-Rahmenrichtlinie Arbeitsschutz und weiterer Arbeitsschutz-Richtlinien vom 7. 8. 1996 umgesetzt worden (BGBl. I S. 1246 mit nachf. Änd.; zu den EU-Arbeitsschutzrichtlinien s. näher unter § 120 a Rdn. 3 ff.). **128**

c. Bedeutung der EU-Richtlinien für das deutsche Recht. Die **129** Richtlinien der EU sind an die Mitgliedstaaten gerichtet. Sie sind nach Art. 288 III AEU verpflichtet, die Richtlinien in nationales Recht **umzusetzen**. Dadurch haben die Mitgliedstaaten die Möglichkeit, selbst die für ihre jeweilige Rechtsordnung geeignetsten Formen und Mittel zur Umsetzung der Richtlinien zu wählen. Allerdings müssen die Richtlinien in einer Weise durchgeführt werden, die den Erfordernissen der Eindeutigkeit und Bestimmtheit des Rechtszustandes voll gerecht werden (so *EuGH* v. 6. 5. 1980, Rs. 102/79, Slg. 1980, S. 1473 – Kommission/Belgien). Im Regelfall braucht sich also der deutsche Rechtsanwender um die EU-Richtlinien nicht zu kümmern. Wenn sie ordnungsgemäß und fristgerecht in deutsches Recht umgesetzt worden sind, ist allein die entsprechende Rechtsgrundlage im deutschen Recht für ihn maßgeblich.

Allerdings müssen die staatlichen Stellen auch in diesem Fall eine **richtli- 130 nienkonforme Auslegung** beachten (s. etwa *EuGH* Urteil v. 10. 4. 1984, Rs. 14/83, Slg. 1984, S. 1891 – von Colson und Kamann; Urteil v. 13. 11. 1990, Rs. 106/89, Slg. 1990, S. 4135 – Marleasing; Urteil v. 12. 6. 2008 – C-364/07, Tz. 40 – Vassilakis u. a.); d. h., unter mehreren möglichen Auslegungen nach deutschem Recht muss diejenige gewählt werden, die den Zielen und Wertungen der einschlägigen EU-Richtlinie am ehesten entspricht. Im Übrigen ergeben sich Besonderheiten, wenn eine Richtlinie entweder nicht fristgerecht oder unzulänglich in deutsches Recht umgesetzt wurde.

Nach ständiger Rechtsprechung des EuGH (s. etwa *EuGH* Urteil v. **131** 14. 7. 1994, Rs. 91/92, Slg. 1994, S. 3347 – Faccini Dori) kann sich der Einzelne im Falle nicht fristgerechter oder nicht vollständiger Umsetzung einer Richtlinie dem Staat gegenüber auf solche Richtlinienbestimmungen berufen, die inhaltlich unbedingt und hinreichend genau sind **(sog. vertikale Drittwirkung).** Allerdings ist die vertikale Drittwirkung auf subjektive Rechte beschränkt, sodass es staatlichen Stellen verwehrt ist, sich auf nicht umgesetzte Richtlinienbestimmungen zu berufen, die den Bürger belasten oder verpflichten (s. etwa *EuGH* Urteil v. 8. 10. 1987, Rs. 80/86, Slg. 1987, S. 3969 – Kolpinghuis).

Dagegen entfalten nach ständiger Rechtsprechung des EuGH (s. etwa **132** EuGH v. 26.2.1986, Rs. 152/84, Slg. 1986, S. 723 – Marshall; Urteil v. 19.1.2010 – C-555/07, Tz. 46 – Kücükdeveci) nicht fristgerecht oder nicht vollständig umgesetzte Richtlinienbestimmungen **keine unmittelbare (horizontale) Wirkung** unter den Bürgern. Dem folgt auch das BAG (BAG 18. 2. 2003 AP Nr. 12 zu § 611 BGB Arbeitsbereitschaft). In der Literatur wird teilweise eine horizontale Drittwirkung – sei es allgemein, sei es für bestimmte Fälle – befürwortet (s. die Nachw. bei *Kerwer*, Das europäische Gemeinschaftsrecht und die Rechtsprechung der deutschen Arbeitsgerichte,

2003, S. 103). Ein Anknüpfungspunkt hierfür könnte die Rolle des Gerichts bei der Entscheidung des Privatrechtsstreits sein, wenn man darauf abstellt, dass dieses eine nationale Rechtsnorm, die im Widerspruch zu einer EU-Vorgabe (hier: im Widerspruch zur noch nicht umgesetzten Richtlinie) steht, unangewendet zu lassen habe, wenn eine unionsrechtskonforme Auslegung nicht möglich sei (kritisch dazu *Glöckner*, in: Schulze/Zuleeg/Kadelbach, Europarecht, Handbuch für die deutsche Rechtspraxis, 2. Aufl. 2010, § 17 Rdn. 177 f., der darauf hinweist, dass der EuGH diesen Ansatz nur im Bereich von Diskriminierungsverboten verfolge, sich insoweit die Nichtanwendung aber bereits aus Art. 18 AEU ergebe). Plausibel erscheint die Auffassung, zwischen Verbotswirkung und Gestaltungswirkung zu unterscheiden: Liegen die allgemeinen Voraussetzungen für die unmittelbare Wirkung vor, so gelten in der Richtlinie ausgesprochene Verbote auch für Privatpersonen; soweit die Richtlinie dagegen dem Gesetzgeber einen Gestaltungsspielraum überlässt, wirkt sich der Richtlinienverstoß unter Privaten nicht aus (*Wank* Anm. zu BAG, aaO, RdA 2004).

133 Soweit auf diese Weise der Rechtsschutz des Bürgers nicht durchgesetzt werden kann, steht ihm nach der vom EuGH in Rechtsfortbildung entwickelten Rechtsprechung (*EuGH* Urteil v. 19. 11. 1991, Rs. 6/90 und 9/90, Slg. 1991, S. 5357 – Francovki; Urteil v. 23. 4. 2009 – C-378/07, Tz. 202 – Angelidaki u. a.) ein **Staatshaftungsanspruch** gegen die für die Umsetzung zuständigen staatlichen Stellen zu. Voraussetzung ist, dass das Ziel der in Frage stehenden Richtlinienbestimmung die Verleihung von Rechten an Bürger ist, dass der Inhalt dieser Rechte auf der Grundlage der Richtlinienbestimmung festgelegt werden kann und dass zwischen dem Verstoß gegen die dem Staat auferlegte Verpflichtung zur Umsetzung der Richtlinie und dem entstandenen Schaden des Bürgers ein Kausalzusammenhang besteht.

Titel I. Allgemeine Bestimmungen

§ 1 Grundsatz der Gewerbefreiheit

(1) **Der Betrieb eines Gewerbes ist jedermann gestattet, soweit nicht durch dieses Gesetz Ausnahmen oder Beschränkungen vorgeschrieben oder zugelassen sind.**

(2) **Wer gegenwärtig zum Betrieb eines Gewerbes berechtigt ist, kann von demselben nicht deshalb ausgeschlossen werden, weil er den Erfordernissen dieses Gesetzes nicht genügt.**

Literatur: *W. Berg*, Gewerbefreiheit und Handwerksmonopol – Am Beispiel der Abgrenzung zwischen Straßenbauerhandwerk und dem Gewerbe des Garten- und Landschaftsbaus –, GewArch 1982, 73 ff.; *B. Binder*, Der Gewerbebegriff in Deutschland und in Österreich – ein Vergleich: Bagatell- und Gelegenheitsgeschäfte, GewArch 1989, 249 ff.; *H. Buchner*, Schwarzarbeit und Rechtsordnung, GewArch 1990, 1 ff.; *H.-C. v. Ebner*, Prostitution – sozial unwertige oder gewerbliche Tätigkeit, GewArch 1979, 177 ff.; *ders.*, Moderne Landwirtschaft und GewO, GewArch 1983, 1 ff.; *ders.*, Musikanten – Musiker: Gewerblich oder freiberuflich Tätige?, GewArch 1994, 393 ff.; *A. Fischer*, Aktuelle Fragen des Gewerberechts –Vollzug in Bayern-, GewArch 2006, 109 ff.; *L. Fröhler*, Sind Sammelbesteller Gewerbetreibende i. S. d. GewO?, NJW 1963, 279 ff.; *A. Guckelberger*, Einführung in das Gewerberecht, Jura 2007, S. 598 ff.; *A. Haferkorn*, Swingerclubs als aktuelle gaststättenrechtliche Problemstellung – Beurteilung der Genehmigungsfähigkeit unter dem Aspekt der Rolle des Gewerberechts als besonderes Ordnungsrecht –, GewArch 2002, 145 ff.; *F. Hinrichs*, Prostitution und Gewerberecht, VR 2003, 257 ff.; *U. Hösch*, Café Pssst – Abschied von der Unsittlichkeit der Prostitution?, GewArch 2001, 112 ff.; *H. Jung*, Gewerbe- und straßenrechtliche Probleme der landwirtschaftlichen Direktvermarktung, Frankfurt a. M. u. a. 2001; *W. Kanther*, Gewerbeuntersagung einer Freiberufler-GmbH?, GewArch 2002, 362 ff.; *F. Kopp*, Wirtschaftliche Betätigung, Gewerberecht und Religionsausübung, GewArch 1987, 209 ff.; *J. Kormann*, Die Bagatelle im Gewerberecht, WiVerw 1981, 1 ff.; *W. Maaßen*, Kunst oder Gewerbe? Die Abgrenzung der künstlerischen von der gewerblichen Tätigkeit im Steuerrecht, Handwerksrecht, Künstlersozialversicherungsrecht, 3. Aufl. 2001; *B. Maiwald*, Sammelbesteller – gewerberechtliche Aspekte –, GewArch 1991, 326 ff.; *Th. Mann*, Der Berufsbetreuer – ein Freier Beruf?, NJW 2008, 121 ff.; *M. Mauer*, Zur Grenze zwischen gewerblichen und anderen unternehmerischen und vermögensverwaltenden Tätigkeiten im Gewerberecht, WiVerw 1981, 22 ff.; *G. Mörtel*, Zur Abgrenzung des Straßenbauerhandwerks vom Gewerbe des Garten- und Landschaftsbaues, GewArch 1982, 188 ff.; *H.-J. Odenthal*, Gesellschafter von Personengesellschaften als Gewerbetreibende, GewArch 1991, 206 ff.; *R. Pauly*, Gesetz zur Regelung der Rechtsverhältnisse der Prostituierten (Prostitutionsgesetz) sowie Vollzug der Gewerbeordnung und des Gaststättengesetzes – Ein Beitrag insbesondere auch unter Berücksichtigung der gewerberechtlichen Praxis –, GewArch 2002, 217 ff.; *D. J. Roemer-Blum*, Zur Abgrenzung zwischen Handwerk und Kunst, GewArch 1986, 9 ff.

Übersicht

	Rdn.
I. Gewerbebegriff	1
1. Allgemeines	1
a) Dynamisches Begriffsverständnis	2
b) Berücksichtigung des Gesamtbildes	3

c) Teleologische Definition des Gewerbebegriffs	4
d) Gewerbebegriff in anderen Gesetzen	5
e) Bedeutung des § 6 I GewO	6
2. Positive Merkmale des Gewerbebegriffs	7
a) Auf Dauer angelegt	8
b) Gewinnerzielungsabsicht	12
c) Selbstständigkeit	27
d) Erlaubtsein der Tätigkeit	38
3. Negative Merkmale des Gewerbebegriffs	49
a) Urproduktion	50
b) Freie Berufe	57
c) Bloße Nutzung und Verwaltung eigenen Vermögens	69
4. Gewerbetreibender	74
a) Natürliche oder juristische Person	74
b) Personenmehrheiten ohne Rechtspersönlichkeit	76
II. Gewerbefreiheit (Abs. 1)	79
1. Gestattung des Betriebes eines Gewerbes	80
a) Sachlicher Schutzgehalt der Gewerbefreiheit	81
b) Persönlicher Schutzgehalt der Gewerbefreiheit	83
2. Gesetzliche Ausnahmen oder Beschränkungen	87
a) Beschränkung durch Bundesrecht	87
b) Beschränkung durch Landesrecht	89
3. Verhältnis der Gewerbefreiheit gem. § 1 I zur Berufsfreiheit gem. Art. 12 I GG	96
4. Recht am eingerichteten und ausgeübten Gewerbebetrieb?	100
III. Verbot belastender rückwirkender Zulassungsbeschränkungen (Abs. 2)	101
1. Schutzgehalt des § 1 II	101
a) Gegenwärtige Berechtigung	101
b) Berechtigung zum Betrieb eines Gewerbes	102
c) Tatsächliche Ausübung	103
d) Rechtsfolge des § 1 II	104
2. Allgemeiner Vertrauensschutz gem. Art. 20 III GG	106

I. Gewerbebegriff

1. Allgemeines

1 Die Gewerbeordnung liefert keine Legaldefinition des Begriffs Gewerbe, sondern setzt ihn als unbestimmten Rechtsbegriff, der durch Rechtsprechung und Literatur mit Inhalt zu füllen ist, voraus. Zu Legaldefinitionen von Gewerbe in anderen Gesetzen siehe Rdn. 5.

2 **a) Dynamisches Begriffsverständnis.** Folge ist ein dynamisches Begriffsverständnis, das eine an den verfassungsrechtlichen Freiheitsgewährleistungen (siehe Einl. Rdn. 25 ff.) orientierte und den Erfordernissen der Gegenwart entsprechende Aktualisierung des Begriffsinhalts ermöglicht. Nach der st. Rspr. des *BVerwG* ist Gewerbe i. S. d. Gewerberechts jede nicht sozial unwertige, auf Gewinnerzielung gerichtete und auf Dauer angelegte selbstständige Tätigkeit, ausgenommen Urproduktion, freie Berufe (freie wissenschaftliche, künstlerische und schriftstellerische Tätigkeit höherer Art sowie persönliche Dienstleistungen, die eine höhere Bildung erfordern) und bloße Verwaltung und Nutzung eigenen Vermögens (*BVerwG* NJW 2008, 1974; DÖV 1995, 644; so auch *OVG Nds.* GewArch 2008, 34 [35]; *Kahl*, in: Landmann/Rohmer I, § 1 Rdn. 3). Der Gewerbebegriff unterfällt daher in positive (unten Rdn. 7) und negative Merkmale (unten Rdn. 49). In der Lit. werden erstere vielfach mit dem Begriff „Gewerbsmäßigkeit", letztere mit „Gewerbsfähigkeit" umschrieben (siehe *Frotscher/Kramer* Wirtschaftsverfassungs- und Wirtschaftsverwaltungsrecht, 5. Aufl. 2008, Rdn. 251 m. w. N.).

b) Berücksichtigung des Gesamtbildes. Das Vorliegen sämtlicher der 3 genannten Begriffsmerkmale ist zwar notwendige, aber nicht hinreichende Bedingung zur Bejahung des Gewerbes. Vielmehr muss das Gesamtbild der zu beurteilenden Tätigkeit den allgemeinen Vorstellungen von Gewerbe entsprechen (sog. „Gesamtbildtheorie"; h. M., vgl. *Kahl*, in: Landmann/Rohmer I, Einl. Rdn. 49 f.; kritisch Rdn. 32 *Frotscher/Kramer* Wirtschaftsverfassungs- und Wirtschaftsverwaltungsrecht, 5. Aufl. 2008, Rdn. 251 f.). Auf solche Weise können etwa Bagatellfälle, die wegen Geringfügigkeit keiner Gewerbeüberwachung bedürfen, ausgegrenzt werden (näher *Kormann* WiVerw 1981, 1 ff.; unten 13, 61).

c) Teleologische Definition des Gewerbebegriffs. Da es sich um 4 einen Gesetzesbegriff handelt, ist eine teleologische Definition geboten (s. *Wank* Die juristische Begriffsbildung, 1985, S. 87 ff.). Dabei ist auf den Sinnzusammenhang zwischen dem Tatbestand („Gewerbe") und den Rechtsfolgen auf dem Gebiet des Gewerberechts abzustellen. Wenn es Hauptzweck der gewerberechtlichen Vorschriften ist, bestimmte Betriebe angesichts von ihnen ausgehender Gefahren zu überwachen, dann ist das Vorliegen eines Gewerbebetriebes zu bejahen, wenn typischerweise derartige Gefahren eintreten, und zu verneinen, wenn typischerweise derartige Gefahren nicht zu erwarten sind. Dabei ist der Begriff des Gewerbes im Lichte der GewO als besonderem, wirtschaftsbezogenen Ordnungsrecht (siehe insoweit Einl. Rdn. 4) auszulegen. Es ist maßgeblich nicht nur für die GewO selbst, sondern auch für Spezial- und Nebengesetze, wie GastG, HandwO.

Angesichts der zahlreichen Rechtsfolgen, die an diesen einen Begriff anknüpfen, handelt es sich um einen Statusbegriff, wie bei den Begriffen des Kaufmanns, des Arbeitnehmers, des Beamten (*Wank* Arbeitnehmer und Selbständige, 1988, S. 8, 37).

d) Gewerbebegriff in anderen Gesetzen. Der Gewerbebegriff ist geset- 5 zeszweckakzessorisch und damit ein multifunktionaler Gesetzesbegriff (*Friauf*, in: ders., § 1 Rdn. 37 ff.; *Kahl*, in: Landmann/Rohmer I, § 1 Rdn. 5). Seine Definition i. S. d. GewO entspricht daher nicht vollinhaltlich den in der Rspr. entwickelten Begriffsbestimmungen zu außergewerblichen Normkomplexen (wie etwa im Handelsrecht, Steuerrecht, Kammerrecht, Baurecht); insb. die steuerliche Legaldefinition des § 15 II EStG kann nicht vorbehaltlos herangezogen werden. Auch § 2 II 1 GewStG ist nicht übertragbar: die freiberufliche Tätigkeit einer Kapitalgesellschaft wird nicht durch die Wahl dieser Rechtsform zur Gewerbeausübung i. S. der GewO; maßgeblich für das

§ 1   Titel I. Allgemeine Bestimmungen

Gewerberecht ist vielmehr die Tätigkeit der Gesellschaft an sich (*VG Darmstadt* GewArch 2003, 195 [196]; *Kanther* GewArch 2002, 362 [363 ff.]). Auf der anderen Seite ist bemerkenswert, dass zum Begriff des Gewerbes (oder vergleichbarer Begriffe, wie Kaufmann, Handelsgewerbe, Unternehmen) in den verschiedensten Rechtsgebieten ein gemeinsamer Kern besteht und dass in allen Rechtsgebieten vergleichbare Streitfragen zu einigen Untermerkmalen auftauchen. Insofern kann auf die Fragen und Lösungen bei vergleichbaren Begriffen hingewiesen werden. Insb. darf auf Erkenntnisse zum Kaufmannsbegriff und zum Begriff des Handelsgewerbes im HGB zurückgegriffen werden. Im Übrigen ist aber eine eigene Beurteilung, bezogen auf die Zwecke des Gewerberechts, erforderlich.

6   **e) Bedeutung des § 6 I GewO.** Hinzuweisen ist im vorliegenden Kontext auch auf § 6 Abs. 1: Diese Norm regelt lediglich den Anwendungsbereich der GewO bzw. einzelner gewerberechtlicher Vorschriften, enthält aber unmittelbar keine Aussage zum grundlegenden Gewerbebegriff. Allein aus der Aufnahme oder Streichung eines Berufs in § 6 kann daher nicht auf den gewerblichen Charakter einer Tätigkeit geschlossen werden (*Marcks*, in: Landmann/Rohmer I, § 6 Rdn. 2). Da § 6 eine **Spezialvorschrift** zum Anwendungsbereich ist, muss in jedem Falle § 6 vor § 1 geprüft werden. Ist danach ein Beruf vom Geltungsbereich des Gesetzes ausgenommen, so erübrigt sich die Frage, ob es sich um ein Gewerbe i. S. d. § 1 GewO handelt. Im Übrigen kann die Herausnahme aus dem Geltungsbereich des Gesetzes aus unterschiedlichen Gründen erfolgt sein: überwiegend deshalb, weil es für diese Berufe Spezialgesetze gibt, z. T. aber auch deswegen, weil die Berufe nicht als Gewerbe i. S. d. Gewerberechts angesehen werden. So sind in § 6 eine Reihe nichtgewerblicher Tätigkeiten, freier Berufe und Zweige der Urproduktion hervorgehoben (näher unten § 6 Rdn. 2).

2. Positive Merkmale des Gewerbebegriffs

7   Zu den positiven Merkmalen des Gewerbebegriffs (sog. Gewerbsmäßigkeit) gehören die Dauerhaftigkeit, die Gewinnerzielungsabsicht, die Selbstständigkeit und das Erlaubtsein einer Tätigkeit.

8   **a) Auf Dauer angelegt.** Der Gewerbebegriff fordert ein auf gewisse Dauer angelegtes Handeln. Verlangt ist eine nachhaltige, planmäßige und nicht nur eine gelegentliche, zufällige, auf vorübergehende Zeit ausgerichtete Tätigkeit (*Friauf*, in: ders., § 1 Rdn. 96; *Kahl*, in: Landmann/Rohmer I, Einl. Rdn. 59). Selbst hohe Gewinne begründen bei fehlender Dauerhaftigkeit nicht die Gewerbsmäßigkeit (*Binder* GewArch 1989, 249 [254]). Auch für den Begriff des Handelsgewerbes in § 1 HGB wird auf die Dauerhaftigkeit abgestellt (*Schmidt*, in: Münchener Kommentar, HGB, § 1 Rdn. 23).

9   **aa) Allgemeines.** Die Orientierung an der Dauerhaftigkeit bedeutet nicht, dass eine Betätigung bereits in der Vergangenheit nachweisbar sein muss. Es genügt die Intention, sie zukünftig auf eine gewisse Dauer auszuüben. Ein zeitlicher Mindestrahmen lässt sich dabei nicht generell bestimmen; es kommt auf die jeweiligen Umstände des Einzelfalls – und dabei maßgeblich auf die Überwachungsbedürftigkeit – an.

Grundsatz der Gewerbefreiheit § 1

bb) Wiederholte Tätigkeiten. Erforderlich ist nicht zwingend eine 10
ununterbrochene oder fortgesetzte Tätigkeit. Es genügt die planmäßige Wiederholung, wobei die Mindestzahl der (intendierten) Wiederholungen wiederum nicht pauschal festgesetzt werden kann. Die Vermietung von Liegewiesen am Seeufer an Wochenenden mit schönem Wetter genügt (*BayObLG* GewArch 1977, 194); ebenso die Veranstaltung regelmäßiger privater Automärkte (*Marcks*, in: Landmann/Rohmer I, § 14 Rdn. 29). Bei sog. **Sammelbestellern** liegt i. d. R. kein Gewerbe vor (*BGH* GewArch 1964, 55 [57]; *Marcks*, in: Landmann/Rohmer I, § 14 Rdn. 43; *Fröhler* NJW 1963, 279; a. A. *Maiwald* GewArch 1991, 326 [330]), ebenso wenig bei Pkw-Besitzern, die gegen eine Kostenbeteiligung bei privaten Reisen Dritte mitnehmen (vgl. *BVerwGE* 3, 178 [180]). Gewerbsmäßig handelt aber die Mitfahrerzentrale (vgl. § 38 Rdn. 23).

cc) Einmalige Tätigkeiten. Einmalige Tätigkeiten können ausnahms- 11
weise ausreichen, wenn der Einzelakt einen größeren Umfang – auch in
zeitlicher Hinsicht – annimmt, etwa bei der Abwicklung eines industriellen
Großvorhabens oder der Errichtung eines Gebäudes mit 21 Wohn- und
Geschäftseinheiten (*BVerwG* NJW 1981, 1665 [1666]) oder bei der einmaligen Veranstaltung eines Internet-Gewinnspiels (Hausverlosung), bei dem mehrere Gewinnchancen über einen längeren Zeitraum hinweg zum Kauf angeboten werden (*VG Berlin* MMR 2009, 794 [795]). Verneint wurde die Dauerhaftigkeit bei einmaligen, etwa 2 Monate in Anspruch nehmenden Renovierungsarbeiten an einigen Wohnungen (*OLG Schleswig* GewArch 1989, 333 [337]).

b) Gewinnerzielungsabsicht. Überwiegend wird angenommen, die 12
Tätigkeit müsse auf Gewinnerzielung gerichtet sein. Auch insoweit ist eine
teleologische Auslegung des Untermerkmals (zur Auslegung von Untermerkmalen s. *Wank* Die juristische Begriffsbildung, 1985, S. 133 ff.) erforderlich.
Zu fragen ist also, ob bei fehlender Gewinnerzielungsabsicht die gewerberechtliche Überwachungsbedürftigkeit entfällt. Das lässt sich so pauschal nicht sagen. Vielmehr muss man sich hier – wie bei der entsprechenden Problematik zum Begriff des Handelsgewerbes im HGB – die verschiedenen Problemkreise ansehen, die mit dem Merkmal „Gewinnerzielungsabsicht" abgedeckt werden. Im Handelsrecht wird heute mit Recht überwiegend auf dieses Merkmal verzichtet; s. die Nachw. bei *Schmidt*, in: Münchener Kommentar, HGB, § 1 Rdn. 31, Fußn. 120. Im Einzelnen sind hier, wie im Handelsrecht, folgende Problemkreise betroffen:
– Sollen Bagatellfälle erfasst werden?
– Soll die öffentliche Hand erfasst werden?
– Sollen gemeinnützige Betriebe erfasst werden?
Auf diese Fragen ist im Folgenden jeweils getrennt einzugehen.

aa) Gewinn. Soweit Rechtsprechung und Literatur an die Voraussetzung 13
der Gewinnerzielungsabsicht anknüpfen, wird unter Gewinn ein unmittelbarer oder mittelbarer wirtschaftlicher Vorteil verstanden, der zu einem nennenswerten Überschuss über den Ausgleich der eigenen Aufwendungen hinausführt (siehe etwa *OVG Nds.* GewArch 2008, 34 [35]). Folgt man dieser

§ 1 Titel I. Allgemeine Bestimmungen

Ansicht, ist zwischen den einzelnen im Folgenden behandelten Problembereichen nicht weiter zu differenzieren. Vielmehr wird generell beim Fehlen einer Gewinnerzielungsabsicht das Merkmal Gewerbebetrieb verneint. Folgerichtig liegt danach keine Gewinnerzielungsabsicht vor, wenn die Tätigkeit nur auf Kostendeckung oder sogar nur auf Kostenminderung zielt (*AG Radolfzell* NVwZ-RR 1998, 233 [234]; *Friauf*, in: ders., § 1 Rdn. 69; *Kahl*, in: Landmann/Rohmer I, Einl. Rdn. 56; *Fischer* GewArch 2006, 109; **a. A.** *OLG Hamm* GewArch 1994, 168 [169]: diese sei selbst dann zu bejahen, wenn nur höhere Verluste vermieden werden sollen; teils kritisch auch *Leisner* GewArch 2006, 188 [189 ff.] mit Blick auf § 30 GewO). Ist ein intendierter Überschuss nur geringfügig zu veranschlagen, handelt es sich um einen **Bagatell-Fall**, bei dem nach einer wertenden Gesamtbetrachtung eine gewerbsmäßige Tätigkeit zu verneinen ist (zur Gesamtbild-Theorie oben Rdn. 3).

14 Folgt man dieser Ansicht, so ist ein realer Gewinn, d. h. ein tatsächlicher, und sei es auch ein noch so geringer Vermögenszuwachs nicht nötig (*OLG Stuttgart* GewArch 1985, 194), wohl aber, dass die Tätigkeit ihrer Art nach – nicht notwendig im konkreten Fall – zur Gewinnerzielung geeignet ist (vgl. Einl. Rdn. 41; **a. A.** *Kahl*, in: Landmann/Rohmer I, Einl. Rdn. 53). Wenn jedoch ein von einem gemeinnützigen Verein eingerichteter Gaststätten- und Beherbergungsbetrieb von vornherein auf einen defizitären Betrieb angelegt ist, wobei das Defizit durch Spenden und staatliche Zuschüsse ausgeglichen werden soll, um dadurch sozial schwachen Bevölkerungskreisen Leistungen anzubieten, die diese auf dem freien Markt nicht erhalten können, fehlt es an der Gewinnerzielungsabsicht (*AG Radolfzell* NVwZ-RR 1998, 233 [234]; *Vollmöller*, in: Schmidt/Vollmöller, Kompendium Öffentliches Wirtschaftsrecht, 3. Aufl. 2007, § 8 Rdn. 7: Obdachlosen-Suppenküche einer Kirche).

15 Fordert jemand für seine Leistungen ein den ortsüblichen Marktpreisen entsprechendes Entgelt, ist seine Gewinnerzielungsabsicht zu vermuten (*Friauf*, in: ders., § 1 Rdn. 67).

16 **bb) Gewinn als Fernziel.** Die Form des intendierten wirtschaftlichen Vorteils ist unerheblich. Gewinnerzielungsabsicht hat deshalb auch der Handelsvertreter, der für einen Dritten Leistungen oder Waren verkauft und dafür ein festes Gehalt und/oder eine Umsatzbeteiligung erhält (zur Beteiligung am Verkaufserlös im Rahmen der Ausübung eines Reisegewerbes *Kahl*, in: Landmann/Rohmer I, Einl. Rdn. 58).

17 Es genügt auch eine (mittelbare) Gewinnerzielung als Fernziel. Dies ist etwa zu bejahen, wenn Waren oder Leistungen zu Werbezwecken unentgeltlich oder zum Selbstkostenpreis angeboten werden (*BVerwGE* 20, 325 [329]; *Friauf*, in: ders., § 1 Rdn. 68; *Kahl*, in: Landmann/Rohmer I, Einl. Rdn. 58)

18 **cc) Außerwirtschaftlicher Zweck der Tätigkeit.** Ob es an einer Gewinnerzielungsabsicht und damit am Vorliegen eines Gewerbebetriebes fehlt, wenn der Betrieb einen außerwirtschaftlichen Zweck verfolgt, ist in Rechtsprechung und Literatur umstritten.

Die h. M. verneint in diesem Fall das Vorliegen eines Gewerbebetriebs. Auch nach h. M. lässt aber ein mit der Tätigkeit verbundener außerwirtschaftlicher (religiöser, sozialer oder sonst ideeller) Zweck die Frage der Gewerbsmäßigkeit unberührt, solange zumindest als Nebenziel die Gewinnerzielung hinzutritt. An diesem Nebenziel fehlt es auch nach h. M., wenn zugunsten der ideellen Zwecksetzung ein defizitärer Betrieb von vornherein eingeplant ist (*AG Radolfzell* NVwZ-RR 1998, 233 [234]; oben Rdn. 14).

Nach der Gegenauffassung soll die Gewerbsmäßigkeit jedoch zu verneinen **19** sein, wenn die Tätigkeit unmittelbar gemeinnützigen, wohltätigen, sozialen, pädagogischen etc. Zwecken dient, sie also aus politischen, religiösen, sozialen oder sonstigen ideellen Motiven ausgeübt wird (*Friauf*, in: ders., § 1 Rdn. 82; *Kahl*, in: Landmann/Rohmer I, Einl. Rdn. 56; *Kopp* GewArch 1987, 209 [215]). Diese Auffassung ist abzulehnen, da sie nicht teleologisch begründbar ist. An der Überwachungsbedürftigkeit eines sich im Übrigen gewerblich betätigenden Betriebes ändert sich nichts dadurch, dass die Motive des Betreibers vorrangig auf ein anderes Ziel gerichtet sind. Bei teleologischer Betrachtung kommt es demgegenüber auf die Art der Betätigung an und nicht auf die Motive des Betreibers. Ausnahmen können sich aus Spezialvorschriften ergeben; dann folgt die Herausnahme aus dem Gewerbebegriff aber nicht aus der fehlenden Gewinnerzielungsabsicht oder aus einer angeblichen nichtgewerblichen Tätigkeit, sondern aus dem Konkurrenzverhältnis der anwendbaren Normen.

Die Problematik kann anhand der Religionsgemeinschaften neuen Typs **20** oder sog. „**Jugendsekten**" verdeutlicht werden (dazu *Abel* NJW 1996, 91 [94 f.]). Deren wirtschaftliche Betätigung – Verkauf von Büchern, Durchführung von Kursen etc. – dient nach dem zunächst allein maßgeblichen Selbstverständnis der Sekten religiösen Zwecken und unterfällt damit dem Schutzbereich der Religionsfreiheit gem. Art. 4 I, II GG. Dies gilt nach der Rechtsprechung des *BVerwG* selbst dann, wenn die geschäftlichen Zwecke die religiösen Zielsetzungen in den Hintergrund drängen. Erst wenn die religiösen Lehren bloßer Deckmantel für die Verfolgung wirtschaftlicher Ziele sind, ist der Schutzbereich der Religionsfreiheit zu verneinen (*BVerwGE* 90, 112 [117]; *BAG* NJW 1996, 143 [147]; *VGH BW* GewArch 1996, 200 [203]). Letzteres festzustellen stößt auf tatsächliche Schwierigkeiten, wird aber von gewichtigen Stimmen für die sog. **Scientology**-Kirche bejaht (*BAG* NJW 1996, 143 [147]; offen lassend *BAG* NJW 2003, 161; *VGH BW* GewArch 1996, 200 [205]; *BayVGH* NVwZ-RR 2003, 244 [245 f.]; *HambOVG* NVwZ 1994, 192; *OVG NRW* NWVBl. 1996, 447 [448]; vgl. auch *Abel* NJW 1997, 426 [431]). In jüngerer Zeit häufen sich indes Stimmen, die eine ausschließlich wirtschaftliche Zielsetzung der Scientology-Kirche und ihrer Untergliederungen nach aktuellen wissenschaftlichen Untersuchungen als nicht erwiesen erachten (*VGH BW* BWGZ 2008, 235 [236] unter Verweis auf *BayVGH* NVwZ-RR 2006, 297; *VGH BW* NVwZ-RR 2004, 904 [907]; zur Einordnung der Lehre von Scientology als Religion bzw. Weltanschauung *BVerwG* DVBl. 2006, 387 [388], allerdings ohne die Scientology-Kirche als Weltanschauungs- oder Religionsgemeinschaft anzuerkennen; i. d. S. auch *Diringer* NVwZ 2003, 901 [902 f.]).

Selbst wenn bei einer Organisation mit erheblichen wirtschaftlichen Aktivitäten die Qualifikation als Religionsgemeinschaft zu bejahen sein sollte, **21** unterliegt deren Grundrecht aus Art. 4 I, II GG jedoch der Schranke kollidierenden Verfassungsrechts, muss also mit gegenläufigen Rechtsgütern Dritter,

§ 1 Titel I. Allgemeine Bestimmungen

etwa aus Art. 1, 2 und 14 GG, in Einklang gebracht werden. Dies rechtfertigt die gewerberechtliche Einbindung der religiös motivierten, wirtschaftlichen Betätigung, um dadurch den Schutz der Allgemeinheit oder Einzelner vor Gefahren, erheblichen Nachteilen oder Belästigungen zu ermöglichen, zumal die Gewerbeaufsicht in religiöser Hinsicht wertneutral ist (*BVerwG* DÖV 1995, 644 f. u. GewArch 1998, 416; *HambOVG* DVBl. 1994, 413 [415]; *Goerlich* JZ 1995, 955 [956]). Eine Gewerbeanmeldung gem. § 14 ist daher erforderlich (*OVG Bremen* GewArch 1997, 290 [291]; *VG Hamburg* NVwZ 1991, 806 [810]; *Marcks*, in: Landmann/Rohmer I, § 14 Rdn. 19; *Goerlich* NVwZ 1991, 751 [752]), daher geht die Rechtsprechung gleichwohl von der Anwendung des Gewerberechts aus (*VGH BW* BWGZ 2008, 235 [237]; *BayVGH* NVwZ-RR 2003, 244 [245]; *OVG Bremen* NVwZ-RR 1997, 408 [409]; vgl. auch die Rechtsprechungsübersichten bei *Abel* NJW 1999, 331 [332]; NJW 2001, 410 [412 f.]; 2005, 114 [116]). Der Friseurbetrieb eines Moscheevereins ist ebenfalls Gewerbe (*Pauly/Brehm* GewArch 2000, 50 [51]).

22 **dd) Verwendungszweck des Gewinns.** In Bezug auf die Gewinnerzielungsabsicht ist der Verwendungszweck des Gewinns unbeachtlich; es ist somit zwischen Gewinnerzielungs- und Gewinnverwendungsabsicht zu trennen (*Stober* Besonderes Wirtschaftsverwaltungsrecht, 14. Aufl. 2007, S. 18). Gewinnerzielungsabsicht liegt also auch vor, wenn etwaige Gewinne gemäß Satzung an eine gemeinnützige Einrichtung überwiesen werden sollen (*OVG NRW* GewArch 1976, 236; *Friauf*, in: ders., § 1 Rdn. 82; *Kahl*, in: Landmann/Rohmer I, Einl. Rdn. 56). Anderes dürfte dann gelten, wenn der Gewinn unmittelbar „idealen" Zwecken zugutekommt, also erst gar nicht bei der gewerberechtlich bedeutsamen Tätigkeit anfällt (*Fröhler/Kormann* § 1 Rdn. 11). Zur Verwendung von Gewinnen der öffentlichen Hand für Gemeinwohlzwecke siehe unten Rdn. 26.

23 **ee) Gewinnerzielung der öffentlichen Hand.** Auch im Hinblick auf die öffentliche Hand wird verbreitet versucht, von einem allgemeinen Gewerbebegriff aus im Hinblick auf die Gewinnerzielungsabsicht eine Einordnung vorzunehmen. Bei teleologischer Betrachtung kommt es demgegenüber darauf an, in welcher Weise sich die öffentliche Hand betätigt und ob ihre Betätigung Sondervorschriften unterliegt, die dem Gewerberecht vorgehen. Nach diesen Grundsätzen ist zu unterscheiden, ob die Tätigkeit der öffentlichen Hand vorrangig der Erfüllung öffentlicher Aufgaben dient oder vorrangig gewerblichen Zwecken. Bei der Abgrenzung ist auf die allgemeinen Grundsätze des deutschen allgemeinen Verwaltungsrechts zurückzugreifen, die ihrerseits unionsrechtlichen Vorgaben (Art. 106 II, 107 AEU) zu genügen haben.

24 Wird eine Tätigkeit im Rahmen der **Leistungsverwaltung** ausgeübt, dient sie also der Erfüllung öffentlicher Aufgaben, so ist die **Gewerbsmäßigkeit** zu **verneinen** (*Friauf*, in: ders., § 1 Rdn. 88; *Kahl*, in: Landmann/Rohmer I, Einl. Rdn. 57). Auf die Frage, ob dabei Gewinne erzielt werden oder nicht, kommt es nicht an. Es geht nicht um eine rein begriffliche Abgrenzung oder um das Merkmal Gewinnerzielungsabsicht. Vielmehr ist darauf abzustellen, dass sich die Kontrolle dieser Betätigung statt nach Gewerberecht nach den Vorschriften des Organisationsrechts vollzieht. Diese Beurteilung gilt

Grundsatz der Gewerbefreiheit **§ 1**

unabhängig von der Rechtsform der öffentlichen Einrichtung und der Ausgestaltung des Benutzungsverhältnisses, also auch bei Nutzung privatrechtlicher Organisationsformen wie der GmbH oder der AG. Die Gewerbsmäßigkeit ist danach auch dann zu verneinen, wenn anstelle der öffentlichen Hand private Unternehmer die Leistungen anbieten könnten und ihrerseits dann gewerbsmäßig handelten (*Friauf*, in: ders., § 1 Rdn. 88; *Kahl*, in: Landmann/ Rohmer I, Einl. Rdn. 57). Keine Gewerbebetriebe sind so etwa das ZDF (*BVerfGE* 31, 314 [329]), die gemeindliche Abwasser- und Abfallbeseitigung (*BGHZ* 53, 222 [223]), ein öffentlicher Wasserverband (*BGHZ* 83, 382 [386 f.]), ferner **kommunale Einrichtungen der Daseinsvorsorge** wie Altenheime (*Fischer* GewArch 2006, 109), Krankenhäuser (siehe dazu § 30 Rdn. 24) oder Schwimmbäder sowie kommunale Verkehrsbetriebe, Energie- und Wasserversorgungsunternehmen und Müllabfuhr (*Friauf*, in: ders., § 1 Rdn. 88; *Kahl*, in: Landmann/Rohmer I, Einl. Rdn. 57), wohl auch die Gefängnisdruckereien (so *Bund-Länder-Ausschuss „Gewerberecht"*, zit. nach *Schönleiter* GewArch 2007, 108 [110]). Kein Gewerbe liegt vor, wenn **gesetzliche Krankenkassen** gem. § 194 Ia SGB V private Zusatzversicherungen an private Krankenversicherungen vermitteln und dafür von diesen Aufwendungsersatz erhalten (*Schulze-Werner*, in: Friauf, § 34 d Rdn. 24; **a. A.** *Schönleiter*, in: Landmann/Rohmer I, § 34 d Rdn. 45; siehe ferner *BFH/NV* 2010, 1045: steuerrechtlich sei dies als Betrieb gewerblicher Art einzuordnen; vgl. § 6 Rdn. 29 und § 34 d Rdn. 13).

Gewerbe zu verneinen ist ferner bei den **staatlichen Glücksspielanbietern**, sofern deren Tätigkeit in erster Linie auf die Bekämpfung der Spielsucht durch Kanalisierung und Eindämmung der Spiellust gerichtet ist (vgl. § 33 h Rdn. 21 f.) und deshalb der Erfüllung öffentlicher Aufgaben dient. **25**

Wenn bei wirtschaftlicher Betätigung der öffentlichen Hand kein gemeinwohlorientierter öffentlicher Zweck, sondern die **Gewinnerzielung** im Vordergrund steht (z. B. bei den Staatsbrauereien), ist die Gewerbsmäßigkeit hingegen zu bejahen. Der Grund liegt darin, dass dieser Betrieb dann in Konkurrenz zu wettbewerbsorientierten Betrieben tritt und dass ihn dann die Spezialvorschriften des öffentlichen Rechts nicht vor einer Anwendung der gewerberechtlichen Kontrolle bewahren können. An diesem Ergebnis ändert dann auch der Umstand nichts, dass die Überschüsse für öffentliche Zwecke verwendet werden sollen – der Verwendungszweck des Gewinns ist auch insofern unbeachtlich (siehe oben Rdn. 22; *Friauf*, in: ders., § 1 Rdn. 93). Bund, Länder und Kommunen veröffentlichen regelmäßig Berichte über ihre Beteiligungen an Wirtschaftsunternehmen. **26**

c) **Selbstständigkeit.** Zum Begriff des Gewerbes gehört die Selbstständigkeit der Tätigkeit (Ausnahme: § 55 I Nr. 1 hinsichtlich der Erlaubnispflicht für den Betrieb eines Reisegewerbes; dazu unten § 55 Rdn. 6; *Kahl*, in: Landmann/Rohmer I, Einl. Rdn. 34). **27**

aa) **Allgemeines.** Gegenbegriff zum Begriff des Selbstständigen ist der des abhängig Beschäftigten, des Arbeitnehmers. Die Abgrenzungsproblematik stellt sich in erster Linie für das Arbeitsrecht, daran anknüpfend auch für das Sozialversicherungs- und Handelsrecht sowie in ähnlicher Weise für das Gewerberecht. **28**

§ 1   Titel I. Allgemeine Bestimmungen

29   Wie nach Arbeitsrecht zwischen Arbeitnehmern und Selbstständigen abzugrenzen ist, ist in Rechtsprechung und Literatur umstritten. Nach der von der Rechtsprechung und von der h. M. in der Literatur vertretenen Ansicht kommt es entscheidend auf die persönliche Abhängigkeit an und damit im Einzelnen auf eine Weisungsgebundenheit in fachlicher, örtlicher und zeitlicher Hinsicht sowie eine Eingliederung in den Betrieb des Auftraggebers (siehe die Nachw. bei *Wank* Arbeitnehmer und Selbständige, 1988, S. 11 ff.).

30   In einigen Gesetzesvorschlägen (Entwurf eines Arbeitsvertragsgesetzes, Gutachten D zum 59. Deutschen Juristentag, 1992 [§ 1 Abs. 2 Satz 1]; Entwurf eines Arbeitsvertragsgesetzes des Freistaats Sachsen, BR-Drs. 293/95 [§ 1 Abs. 2, 3]; Entwurf eines Gesetzes zur Bereinigung des Arbeitsrechts des Landes Brandenburg, BR-Drs. 671/96 [§ 2]) sowie zum Teil in der neueren Rechtsprechung (*LAG Köln* AP Nr. 80 zu § 611 BGB Abhängigkeit; *LAG Niedersachsen* LAGE § 611 BGB Arbeitnehmerbegriff Nr. 24) und in der Literatur (*Wank* Arbeitnehmer und Selbstständige, 1988; *ders.* DB 1992, 90; *ders.* NZA 1999, 225; *ders.* FS Küttner, 2006, S. 5; s. auch *Kreuder* in: Däubler/Hjort u. a., HaKo Arbeitsrecht, 2. Aufl. 2010, § 611 BGB Rdn. 98 ff.) wird demgegenüber eine teleologische Begriffsbildung zugrunde gelegt. Danach werden die jeweils an den Begriff des selbstständigen Dienstnehmers und den Begriff des Arbeitnehmers anknüpfenden Rechtsfolgen des allgemeinen Zivilrechts oder Handelsrechts einerseits und des Arbeitsrechts andererseits miteinander verglichen. Nach dem Zweck dieser Rechtsfolgenbündel wird sodann als Arbeitnehmer derjenige gekennzeichnet, der auf den Schutz dieser arbeitsrechtlichen Gesetze angewiesen ist. Selbstständig und nicht auf arbeitsrechtlichen Schutz angewiesen ist demgegenüber derjenige, der freiwillig ein unternehmerisches Risiko übernimmt, wobei dem Vertrag mit dem Auftraggeber eine angemessene Verteilung von Chancen und Risiken zugrunde liegen muss.

31   Während in den meisten Fällen beide Ansichten zu demselben Ergebnis gelangen, werden nach dem Ansatz der h. M. in Randbereichen der „neuen Selbstständigkeit" vielfach „Scheinselbstständige" (siehe Empirische Befunde zur „Scheinselbstständigkeit", Hrsg. BMA 1997, S. 95) nicht zutreffend erfasst. Verbindet man für die Zwecke der Gewerbeordnung die beiden dargestellten Ansätze im Hinblick auf die traditionelle gewerberechtliche Begriffsbildung, so ist selbstständig, wer **auf eigene Rechnung und eigene Gefahr nach außen im eigenen Namen** auftritt und im Innenverhältnis in persönlicher und sachlicher **Unabhängigkeit** eigene Verantwortung trägt. Kennzeichen der Selbstständigkeit ist insb. die Übernahme des wirtschaftlichen Verlustrisikens (vgl. oben zum Unternehmerrisiko) sowie das Innehaben der Initiativ- und Weisungsbefugnisse einschließlich der Arbeitgeberstellung (siehe oben zur persönlichen Abhängigkeit).

32   In Einzelfällen kann die Abgrenzung zwischen selbstständiger und abhängiger Beschäftigung schwierig sein. Die Rechtsprechung stellt auf das **Gesamtbild der Tätigkeit** ab, d. h. auf einer Würdigung aller Umstände des Einzelfalles (*BVerwG* GewArch 1997, 14; *Kahl*, in: Landmann/Rohmer I, Einl. Rdn. 35). Auch das BAG legt einen Typusbegriff zugrunde (s. dazu *Griebeling* RdA 1998, S. 208, 209). Dieses Vorgehen ist methodisch allerdings nur dann zulässig, wenn es von einem Leitgedanken getragen ist und die Art und Zahl

Grundsatz der Gewerbefreiheit § 1

der zu berücksichtigenden Kriterien nicht beliebig ist (*Larenz* Methodenlehre der Rechtswissenschaft, 6. Aufl. 1991, S. 464 f.; *Wank* Die juristische Begriffsbildung, 1985, S. 123 ff.). Daran fehlt es (*Wank* Arbeitnehmer und Selbstständige, 1988, S. 22; Empirische Befunde, S. 59 f., 119).

bb) Strohmann. Sollen die tatsächlichen Verhältnisse in einem Betrieb 33 verschleiert und soll eine Person lediglich als „Aushängeschild" oder „Strohmann" gebraucht werden, ohne tatsächlich der entscheidend Verantwortliche zu sein, so sind die realen Machtverhältnisse maßgeblich (*BVerwG* NVwZ 2004, 103 f.; GewArch 1982, 299). Solches kann etwa bei einer Ein-Mann-GmbH der Fall sein: Grundsätzlich ist nur die GmbH selbstständig und damit – bei Vorliegen der übrigen Voraussetzungen – Gewerbetreibende. Der geschäftsführende Alleingesellschafter ist lediglich gesetzlicher Vertreter, tritt also – unselbstständig – für die GmbH auf. Wenn die GmbH nur „vorgeschoben" ist, muss (je nach Konstellation: auch/nur) der Alleingesellschafter als selbstständig und (eigentlicher) Gewerbetreibender angesehen werden (vgl. *HessVGH* GewArch 1978, 224; *Kahl*, in: Landmann/Rohmer I, Einl. Rdn. 37; siehe unten § 35 Rdn. 94).

cc) Vertriebsmittler. Abgrenzungsprobleme ergeben sich bei sog. Ver- 34 triebsmittlern, also bei den Angehörigen derjenigen Berufe, die auf den Absatz von Produkten oder Dienstleistungen gerichtet sind. Teilweise werden diese Berufe im HGB als Berufe von Selbstständigen geregelt, wie z. B. der Beruf des Frachtführers. Es ist aber heute anerkannt, dass alle diese Berufe in den beiden Formen als Selbstständiger oder als Arbeitnehmer ausgeübt werden können (s. z. B. *BAG* AP Nr. 37 zu § 5 ArbGG m. Anm. *Kreuder* zum Frachtführer). Das zeigt sich exemplarisch an § 84 HGB (betr. Handelsvertreter), der beide Beschäftigungsformen umschreibt. Im Einzelnen geht es um Handelsvertreter, Handelsmakler, Vertriebshändler, Kommissionäre, Franchisenehmer und Transportfahrer (siehe näher *Wank*, in: Martinek/Semler/Habermeier, Handbuch des Vertriebsrechts, 3. Aufl. 2010, § 12 Rdn. 23 ff.). Die Abgrenzung ist jeweils nach den oben dargelegten allgemeinen Kriterien zur Abgrenzung zwischen Arbeitnehmern und Selbstständigen zu vollziehen. Indiz – nicht aber zwingende Voraussetzung – für einen selbstständigen Maklerbetrieb i. S. d. § 34 c z. B. ist das Vorhandensein eines eigenen Maklerbüros (*Kahl*, in: Landmann/Rohmer I, Einl. Rdn. 35; *Lach* GewArch 1978, 334; siehe unten § 34 c Rdn. 6).

dd) Stellvertreter. Nicht selbstständig ist der Stellvertreter i. S. d. § 45, 35 welcher zwar nach außen mit einer gewissen Selbstständigkeit auftritt, aber im Namen und für Rechnung eines Dritten tätig wird (näher unten § 45 Rdn. 1).

ee) Weitere Einzelfälle. Wenn im Folgenden für eine Reihe von Einzel- 36 fällen aufgeführt wird, wie diese Fälle in der Rechtsprechung entschieden wurden, dann ist damit zugleich ein Vorbehalt gegenüber einer Verallgemeinerung verbunden. Wie oben dargelegt, richtet sich die Abgrenzung zwischen Selbstständigen und Abhängigen nicht nach bestimmten Berufen als solchen, sondern nach der Art der Ausübung im konkreten Fall. Nur mit diesem Vorbehalt können daher die folgenden Entscheidungen herangezogen

§ 1 Titel I. Allgemeine Bestimmungen

werden. Die Selbstständigkeit wurde **bejaht** für Einzelhändler, die in einem Großkaufhaus Verkaufsstände mieten und von dort aus Einzelhandel betreiben (*VG München* GewArch 1973, 18); Automatenaufsteller bei „Vermietung" von Warenautomaten, wenn die Automaten faktisch vom Vermieter betrieben werden (*OLG Neustadt* MDR 1964, 437); geschäftsführende Gesellschafter einer oHG oder KG (*Kahl*, in: Landmann/Rohmer I, Einl. 37) und Gesellschafter einer GbR (*BayVGH* GewArch 2004, 479 [480]; *VG Augsburg* GewArch 2004, 479; *Heß*, in: Friauf, vor § 14 Rdn. 39; *Odenthal* GewArch 2005, 132 [132 f.]).

37   Die Selbstständigkeit wurde **verneint** für Fotomodelle wegen der weitgehend weisungsgebundenen Tätigkeit (so *OLG Karlsruhe* GewArch 1979, 259). Wenn ein Fotomodell aber Fall für Fall gesonderte Verträge mit den Auftraggebern schließt und in deren Organisation über das Fotoshooting hinaus nicht eingebunden ist, ist von Selbstständigkeit auszugehen (ebenso *Heß*, in: Friauf, § 1 Rdn. 112; *ders.*, vor § 14 Rdn. 60); dies gilt erst recht für die sich selbst vermarktenden sog. Top-Models. Keine Selbstständigkeit ist gegeben bei **gesetzlichen Vertretern oder Organen einer juristischen Person** (e. V., GmbH, AG). Dort kommt grundsätzlich (zur GmbH als Strohmann siehe oben Rdn. 33) nur die juristische Person selbst als Gewerbetreibende in Betracht (*Kahl*, in: Landmann/Rohmer I, Einl. 37; zur Frage der Adressierung einer Gewerbeuntersagung siehe unten § 35 Rdn. 112). Selbstständig und Gewerbetreibender ist hingegen der geschäftsführende und persönlich haftende Gesellschafter einer GbR, oHG oder KG; diese Personengesellschaften sind keine Gewerbetreibenden (siehe § 1 Rdn. 77; vgl. ferner *BayVGH* GewArch 2004, 479 [480]; *VG Augsburg* GewArch 2004, 479; *Heß*, in: Friauf, vor § 14 Rdn. 39; *Odenthal* GewArch 2005, 132 [133]).

38   **d) Erlaubtsein der Tätigkeit.** Nach herkömmlicher Terminologie muss die selbstständige, auf Dauer angelegte und auf Gewinnerzielung gerichtete Tätigkeit erlaubt sein (*Kahl*, in: Landmann/Rohmer I, Einl. Rdn. 38; **a. A.** *Friauf*, in: ders., § 1 Rdn. 123).

39   **aa) Gesetzliches Verbot.** Eine Tätigkeit ist jedenfalls dann nicht erlaubt, wenn sie generell, etwa durch Strafgesetze, verboten ist. Insoweit bleibt die einfachgesetzliche Gewerbefreiheit gem. § 1 I hinter dem Schutzbereich des Art. 12 I GG zurück: Der verfassungsrechtliche Schutz der Berufs- und Gewerbefreiheit besteht unabhängig von einfachgesetzlichen Verboten, da ansonsten der grundgesetzliche Schutzbereich zur Disposition des einfachen Gesetzgebers stünde (siehe Einl. Rdn. 43 ff. m. w. N.; zum Verhältnis von Art. 12 I GG zu § 1 I siehe unten Rdn. 85 und *Kahl*, in: Landmann/Rohmer I, Einl. Rdn. 42).

40   Unerlaubt ist die Tätigkeit dabei nur, wenn das Verbot die Tätigkeit als solche betrifft und nicht nur eine bestimmte Ausübungsform (*VGH BW* VBlBW 2007, 471 [472]). So ist etwa auch die „Schwarzarbeit" Gewerbe (*Buchner* GewArch 1990, 1 [4]; vgl. Gesetz zur Bekämpfung der Schwarzarbeit und der illegalen Beschäftigung [Schwarzarbeitsbekämpfungsgesetz] i. d. F. d. B. v. 23 .7. 2004 [BGBl. I S. 1842]), anders als die „gewerbsmäßige" Hehlerei gem. § 260 StGB (*Stober* Besonderes Wirtschaftsverwaltungsrecht, 14. Aufl. 2007, S. 16). Wenn eine Tätigkeit genehmigungspflichtig ist und

Grundsatz der Gewerbefreiheit §1

die Genehmigung nur dem Staat erteilt werden kann (so z. B. im Bereich der Veranstaltung und Vermittlung von Sportwetten; vgl. § 33 h Rdn. 22), liegt aus Sicht eines privaten Gewerbetreibenden, der Sportwetten veranstalten oder vermitteln will, kein generelles Verbot und damit Gewerbe vor (*VGH BW* VBlBW 2007, 471 [472]; so wohl auch *Hahn*, in: Friauf, § 33 h Rdn. 3; **a. A.** *Heß*, in: Friauf, § 14 Rdn. 30 und § 15 Rdn. 3; siehe unten § 14 Rdn. 29, § 15 Rdn. 10, § 33 h Rdn. 58).

bb) Soziale Unwertigkeit. Nach ganz überwiegender Auffassung kann 41 eine Tätigkeit auch dann als unerlaubt gelten, wenn ihr kein ausdrückliches Verbot entgegensteht (*Kahl*, in: Landmann/Rohmer I, Einl. Rdn. 41). Dies betrifft sozial unwertige Tätigkeiten, d.h. solche, die den allgemein anerkannten sittlichen und moralischen Wertvorstellungen zuwiderlaufen. Derartige Erwerbsarten unterfallen also nicht dem Gewerbebegriff und unterliegen nicht der Anwendung der GewO. Das Unwerturteil muss sich auf die Tätigkeit als solche – und nicht nur auf einzelne Ausübungsformen – erstrecken (*VGH BW* VBlBW 2007, 471 [472]).

Soziale Unwertigkeit wurde mit Blick auf **Prostitution** herkömmlich 42 bejaht und ein Gewerbe dementsprechend verneint (*BVerwG* GewArch 1981, 140; *OLG Stuttgart* NVwZ 1987, 86 [87]; *HambOVG*. NVwZ 1990, 286 [287]; *HessVGH* GewArch 1996, 210 ff.; dazu ausführlich *v. Ebner* GewArch 1979, 177 ff.; ebenso zum Telefonsex *LG Mannheim* NJW 1995, 3398). Dies schloss und schließt nicht aus, dass Prostitution in anderem rechtlichen Zusammenhang als Gewerbe betrachtet wurde und wird (so etwa im Bauplanungsrecht *BVerwG* NVwZ-RR 1996, 84; *BayVGH* ZfBR 2008, 600; zur Gesetzesakzessorietät des Gewerbebegriffs siehe oben Rdn. 5). Im Laufe der Zeit mehrten sich die Zweifel, ob diese Wertung aufrecht erhalten werden kann: Stellt man auf die Mehrheitsüberzeugung ab, ist auf einen erheblichen Wandel der gesellschaftlichen Moralvorstellungen hinzuweisen, legt man einen normativen Maßstab an, ist zu berücksichtigen, dass nach der mittlerweile beinahe vier Jahrzehnte zurückliegenden Liberalisierung des Sexualstrafrechts im Jahre 1973 zwischenzeitlich durch das Gesetz zur Regelung der Rechtsverhältnisse der Prostituierten (**Prostitutionsgesetz** – ProstG) v. 20. 12. 2001 (BGBl I S. 3983) eine gewisse normative Anerkennung der Prostitution erfolgt ist. Das Prostitutionsgesetz entfaltet zwar keinen unmittelbaren Einfluss auf die Wertungen des Gewerberechts (deshalb weiter für Sittenwidrigkeit der Prostitution z. B. *Pauly* GewArch 2002, 217 [218]; *Kurz* GewArch 2002, 142 [145]; *Stühler* GewArch 2005, 129 [131]; Bund-Länder-Ausschuss „Gewerberecht", bei *Schönleiter/Stenger* GewArch 2009, 294 [295] u. 2010, 61 [62]), markiert immerhin einen weiteren Wandel der gesellschaftlichen Wertvorstellungen (*BGH* NJW 2006, 3490 [3491]). Mittlerweile überwiegt in Rspr. und Lit. die Auffassung, dass Prostitution auch im Sinne des Gewerberechts **nicht** als **sittenwidrig** und folglich als **Gewerbe** einzustufen ist (siehe etwa *BVerwG* NVwZ 2009, 909 [910] – zum GastG; *BayVGH* NVwZ 2002, 1393 [1394]; *VG Stuttgart* GewArch 2005, 431 [432 f.]; *Marcks*, in: Landmann/Rohmer I, § 14 Rdn. 15 a; *Pielow*, in: BeckOK, § 1 Rdn. 169; *Stober* Besonderes Wirtschaftsverwaltungsrecht, 14. Aufl. 2007, S. 16 f.; *Arndt*, in: Steiner, BesVwR, 8. Aufl. 2006, VI Rdn. 205; *Ehlers*, in: Achterberg/

§ 1 Titel I. Allgemeine Bestimmungen

Püttner/Würtenberger, BesVwR I, 2000, § 2 Rdn. 12; *Gurlit* VerwArch 2006, 409 [422]; *dies.* GewArch 2008, 426 [427]; *Hinrichs* VR 2003, 257 [259]; *Hösch*, GewArch 2001, 112 [117]; *Lehmann* NVwZ 2009, 888 [890]; *Renzikowski* GewArch 2008, 432 [434]).

43 Obgleich ein grundlegender Auffassungswandel empirisch nur schwer zu belegen sein mag und die Bevölkerung mehrheitlich gegenüber der Prostitution womöglich weniger liberal eingestellt sein könnte als der durch die Medien vermittelte Eindruck erwarten lässt, ist nicht zuletzt vor dem Hintergrund des Prostitutionsgesetzes von einem normativen Wertewandel auszugehen. Die Prostitution als solche ist daher nicht als schlechthin sittenwidrig anzusehen und kann deshalb Gewerbe sein. Das Idealbild der selbstbestimmten Prostituierten dürfte in der Realität jedoch selten sein. Die neue gewerberechtliche Bewertung von Prostitution darf daher nicht dazu führen, die Augen vor den Gefahren zu verschließen, die mit der Prostitution und ihrem spezifischen Milieu sowohl für die Prostituierte als auch für deren Kunden verbunden sind. Welche Mittel zur Gefahrenabwehr – einschließlich der Möglichkeit von Verboten – ergriffen werden, unterfällt der Einschätzungsprärogative des Gesetzgebers.

44 Zu Recht abgelehnt wegen sozialer Unwertigkeit wird ferner die Zuordnung zum Gewerbe beim **Betteln** (*Kahl*, in: Landmann/Rohmer I, Einl. Rdn. 46) und bei der **kommerziellen Sterbehilfe** (*VG Hamburg* MedR 2009, 550). Ob die Einrichtung einer gewerblichen **Samenbank** „wegen eines möglichen Verstoßes gegen die guten Sitten" bereits generell a priori als unerlaubt auszuscheiden hat (so *Stober* NJW 1986, 2613 [2618]; siehe auch *LG Berlin* RuS 2004, 203 [204]), ist so sicher nicht, zumal das EmbryonenschutzG v. 13. 12. 1990 (BGBl. I S. 2746) kein diesbezügliches Verbot enthält. Vgl. auch *Schweizer. Bundesgericht* EuGRZ 1989, 370 (379) u. EuGRZ 1994, 223 (234): Ein generelles Verbot von Samendepots sei verfassungswidrig; zulässig sei zumindest die Konservierung von Samenzellen zwecks späterer eigener Verwendung.

45 Soziale Unwertigkeit wurde verneint und ein **Gewerbe bejaht** bei: **Betrieb eines Dirnenwohnheims**, soweit sich der Inhaber auf die Gewährung von Unterkunft und die damit üblicherweise verbundenen Nebenleistungen beschränkt (*BVerwG* GewArch 1974, 201; **a. A.** *Kahl*, in: Landmann/Rohmer I, Einl. Rdn. 47). Nach der Streichung des § 180 a I Nr. 2 StGB a. F. sind auch Bordelle weder als verboten noch als sittenwidrig anzusehen *Gurlit* VerwArch 2006, 409 [422]; *Schönleiter* GewArch 2002, 319 [320]), oder eines **Swingerclubs** (vgl. *BVerwG* NVwZ 2003, 603 f.; *BayVGH* GewArch 2002, 296 f.; *VG Berlin* GewArch 2000, 125 f.; *Haferkorn* GewArch 2002, 145 [146 ff.]; *Pauly/Brehm* GewArch 2000, 50 [58 f.]); Wahrsagen, **Astrologie** und Hellsehen (*BVerwGE* 22, 286 [295]; *BayVGH* GewArch 1990, 172; *Kahl*, in: Landmann/Rohmer I, Einl. Rdn. 46; *Frotscher/Kramer* Wirtschaftsverfassungs- und Wirtschaftsverwaltungsrecht, 5. Aufl. 2008, Rdn. 255); Veranstaltung und Vermittlung von **Glücksspielen** (*VGH BW* VBlBW 2007, 471 [472]; *VG Stuttgart* GewArch 2004, 201 [202]; siehe auch Rdn. 25).

46 Trotz dieser Kasuistik ist es im Einzelfall schwierig zu bestimmen, wann eine Tätigkeit als sozial unwertig einzustufen ist. Während manche als Maß-

Grundsatz der Gewerbefreiheit § 1

stab für die soziale (Un-)Wertigkeit einer Tätigkeit die generelle Billigung oder Ablehnung einer Erwerbsart durch die Gesamtheit oder zumindest überwiegende Mehrheit der Staatsbürger vorschlagen (*Kahl*, in: Landmann/Rohmer I, Einl. Rdn. 43), kommt es nach anderer Ansicht auf demoskopische Umfrageergebnisse gerade nicht an, da ein normativer Maßstab gelte (*OVG Nds.* GewArch 1995, 109; vgl. auch *BVerwG* NJW 1996, 1423 [1424]).

Bemerkenswert ist ferner, dass § 33 a II Nr. 2 das Zusammenfallen von 47 Gewerbsmäßigkeit und Sittenwidrigkeit kennt (näher § 33 a Rdn. 32). Dies bedeutet, dass nicht jede Sittenwidrigkeit die Gewerbsmäßigkeit ausschließt: Die Sittenwidrigkeit des „Wie" der Tätigkeit führt nicht zwingend zur sozialen Unwertigkeit des „Ob" und lässt dann die Gewerbsmäßigkeit nicht entfallen (Rdn. 41).

Zu betonen ist schließlich, dass die einfachgesetzliche Orientierung an der 48 sozialen Unwertigkeit keine unmittelbare Bedeutung für die Bestimmung des Schutzbereiches von Art. 12 I GG hat. Zumindest auf Verfassungsebene ist mit Rücksicht auf den umfassenden individualbezogenen Schutzzweck des Grundrechts und die Gefahr definitorischer Missbräuche in einer pluralistischen Ordnung auf einem neutraleren Verständnis hinsichtlich der Sozialwertigkeit menschlicher Betätigungen zu bestehen (Einl. Rdn. 45). Selbst wenn eine Tätigkeit wegen sozialer Unwertigkeit kein Gewerbe i. S. d. § 1 ist, kann sie also noch vom Schutzbereich der Berufsfreiheit erfasst sein. Dies ist namentlich für die Prostitution von Bedeutung (Einl. Rdn. 44; vgl. auch *A. Rabe* Die Probleme des § 180 a I Nr. 2 StGB unter besonderer Berücksichtigung des Selbstbestimmungsrechts der Prostituierten, Diss. Bochum 1998, S. 71).

3. Negative Merkmale des Gewerbebegriffs

Traditionell werden die Urproduktion, die freiberufliche Tätigkeit und die 49 bloße Verwaltung und Nutzung eigenen Vermögens von dem Gewerbebegriff (negative Merkmale des Gewerbebegriffs, sog. Gewerbefähigkeit) ausgenommen (*BVerwG* DÖV 1995, 644; *VGH BW* NVwZ-RR 1996, 22; so auch *Friauf*, in: ders., § 1 Rdn. 59; *Kahl*, in: Landmann/Rohmer I, § 1 Rdn. 3).

a) Urproduktion. aa) Allgemeines. Nicht zum Gewerbe gerechnet 50 wird zunächst die sog. Urproduktion, die der Erzeugung roher Naturprodukte dient. Dazu zählen Land- und Forstwirtschaft, Garten- und Weinbau, das Sammeln wilder Früchte, die Tierzucht, Jagd, Fischerei und der Bergbau, auch Baumschulen (*Diefenbach* GewArch 1991, 281). Diese Exemtion ist mittlerweile gewohnheitsrechtlich verfestigt (*OLG Koblenz* GewArch 1991, 147 [148]; *Friauf*, in: ders., § 1 Rdn. 153; *Kahl*, in: Landmann/Rohmer I, Einl. 62).

Hintergrund ist eine vom Gewerberecht völlig verschiedene Interessenlage. 51 So ist die Landwirtschaft wegen ihrer Abhängigkeit von Grund und Boden sowie Witterung und Jahreszeiten vom Anwendungsbereich der GewO ausgenommen (*OLG Koblenz* GewArch 1991, 147 [148]). Ein weiterer Grund für die Exemtion der Urproduktion lag in der Nichtanwendbarkeit der arbeitsrechtlichen Vorschriften, insb. des Sonntagsbeschäftigungsverbotes

§ 1 Titel I. Allgemeine Bestimmungen

(§ 105 a S. 1 a. F.) auf landwirtschaftliche Arbeitsbedingungen (*v. Ebner* GewArch 1983, 1 [8]). Einzelne Vorschriften der GewO sind aber auch auf Betriebe der Urproduktion anwendbar (vgl. § 6 S. 2).

52 Diese Anknüpfung an Grund und Boden, Witterung und Jahreszeiten besteht bei modernen Agrarbetrieben häufig nicht mehr. Dies gilt etwa für moderne Tiermastbetriebe, bei denen Tiere und Futter gekauft und die Tiere bei Schlachtreife verkauft werden; ebenso für Hühnereiproduzenten. Vor diesem Hintergrund ist die Einordnung dieser Betriebe als Gewerbe (*VGH BW* GewArch 1971, 252; *Fröhler/Kormann* § 1 Rdnr. 5; *Arndt*, in: Steiner, BesVwR, 8. Aufl. 2006, VI Rdn. 215; *Friauf*, in: ders., § 1, Rdn. 165) oder Urproduktion (*Marcks*, in: Landmann/Rohmer I, § 14 Rdn. 21) umstritten. Letztlich ist dieser Streit aber kaum von praktischer Bedeutung, da § 6 S. 2 die Viehzucht ohnedies weitgehend vom Geltungsbereich der GewO ausnimmt.

53 **bb) Von der Urproduktion erfasste Folgetätigkeiten.** Über die eigentliche Gewinnung der Produkte hinaus umfasst die Urproduktion auch einige damit zusammenhängende Folgetätigkeiten, so z. B. **Zubereitung, Verarbeitung und Verkauf von Bodenerzeugnissen**. Voraussetzung ist dabei, dass diese Folgetätigkeiten mit dem eigentlichen Gewinnungsprozess nach der Verkehrsanschauung eine natürliche Einheit bilden (*VG Schleswig* GewArch 2001, 373 [374]; *LG Offenburg* NStZ 2005, 416). Nur in diesem Fall liegt mit Blick auf die Folgetätigkeit eine vom Gewerberecht völlig unterschiedliche Interessenlage vor.

54 Dies kann etwa **bejaht** werden für die Verarbeitung von Früchten zu Saft oder Wein, die Schlachtung von Vieh etc. (*Kahl*, in: Landmann/Rohmer I, Einl. 63). Selbst ein **Nebenbetrieb** – mit einer gewissen organisatorischen Verfestigung der Folgetätigkeit – zählt noch zur Urproduktion, wenn dieser Betrieb nur eine untergeordnete und dienende Funktion hat, ohne den Hauptbetrieb (= die eigentliche Gewinnung) nicht eigenständig weitergeführt werden kann (*Stober* Besonderes Wirtschaftsverwaltungsrecht, 14. Aufl. 2007, S. 22) und in dem betreffenden Betriebszweig verkehrsüblich ist (*Friauf*, in: ders., § 1, Rdn. 158; *Kahl*, in: Landmann/Rohmer I, Einl. 64). Von der Urproduktion erfasst ist so der **Verkauf vor Ort** (z. B. Erdbeeren auf dem Feld, Eier auf dem Hof) – sofern kein besonderes Ladenlokal genutzt wird (unten Rdn. 55), aber auch die Lieferung selbstgewonnener Bodenerzeugnisse an den Handel oder sogar an Endverbraucher, z. B. von selbst gepflanzten Tannen zu Weihnachten (vgl. zu Gärtnereien *Kahl*, in: Landmann/Rohmer I, Einl. Rdn. 64), und der **Probeausschank** von Wein und selbst erzeugten Schnäpsen, sofern er nicht unter gaststättenähnlichen Bedingungen vorgenommen wird (vgl. *Pauly/Brehm* GewArch 2000, 50 [52] m. w. N.). Urproduktion wurde so bejaht für den Verkauf selbst gebackenen Brotes in kleinen Mengen durch Landwirte (*BayObLG* GewArch 1970, 127 [128]), den Verkauf selbst gezogener Pflanzen (*BayObLG* GewArch 1980, 65 [66]), die Fleischerei bei Schweinemast (vgl. *OVG NRW* GewArch 1977, 196). Wenn diese Aktivitäten jedoch den in der Landwirtschaft üblichen Umfang überschreiten, liegt insoweit eine gewerbliche Tätigkeit vor (*Marcks*, in: Landmann/Rohmer I, § 14 Rdn. 21; *LG Offenburg* NStZ 2005, 416). Siehe dazu

Grundsatz der Gewerbefreiheit **§ 1**

auch *Jung* Gewerbe- und straßenrechtliche Probleme der landwirtschaftlichen Direktvermarktung, 2001.

cc) Von der Urproduktion nicht erfasste Folgetätigkeiten. Sobald 55 der Nebenbetrieb die Akzessorietät zum Hauptbetrieb verliert, wird er zum selbstständigen Gewerbebetrieb. Letzteres ist jedenfalls anzunehmen bei einem vom Hof örtlich getrennten **Ladenlokal**, in dem neben selbst gewonnenen Erzeugnissen auch Drittprodukte verkauft werden (*BayObLG* GewArch 1961, 179; LG Offenburg NStZ 2005, 416). Aber schon die Einrichtung eines besonderen Ladenlokals oder Verkaufsstandes, selbst bei räumlicher Verbindung zur Urproduktionsstätte und ausschließlichem Verkauf von Eigenprodukten, führt zur Unterstellung dieses Nebenbetriebs unter das Gewerberecht, da dann die Abhängigkeit von Witterung und Jahreszeiten – Grund für die Herausnahme der Urproduktion aus dem Gewerbebegriff – nicht mehr besteht (*VG Schleswig* GewArch 1998, 474 u. GewArch 2001, 373 f.; vgl. *Kahl*, in: Landmann/Rohmer I, Einl. Rdn. 64; **a. A.** *Pauly/Brehm* GewArch 2000, 50 [51]; LG Offenburg NStZ 2005, 416). Aus denselben Gründen ist die **Lagerung von Obst** nach der Ernte zum Zwecke des einige Monate später erfolgenden Verkaufs nicht mehr von der Urproduktion erfasst (*OLG Koblenz* GewArch 1991, 147 [148]).

Ein dem Gewerberecht unterfallender Nebenbetrieb ist ferner in der regel- 56 mäßigen **Zimmervermietung durch Landwirte** („Ferien auf dem Bauernhof"; *Kahl*, in: Landmann/Rohmer I, Einl. 63; **a. A.** *Friauf*, in: ders., § 1 Rdn. 161, bei Eingliederung der Gäste in den Hofbetrieb) sowie in der **Haltung von Pensionspferden** (*Fuchs* GewArch 2000, 105 [108]) zu sehen. Um Gewerbe handelt es sich bei **Handelsgärtnereien**, d. h. bei Betrieben, welche gärtnerische Erzeugnisse von Dritten vertreiben, und bei Landwirtschaftsgärtnereien, d. h. bei Betrieben, welche Gärten für Dritte anlegen und pflegen (*BVerwG* GewArch 1990, 128; *VGH BW* GewArch 1975, 373; *BayObLG* GewArch 1980, 65 [67]; *Marcks*, in: Landmann/Rohmer I, § 14 Rdn. 22). Liegt eine gewerbliche Landschaftsgärtnerei vor, dann zählt auch das dazugehörige Einpflanzen selbst gezogener Pflanzen für Dritte zum Gewerbe (*BVerwG* GewArch 1990, 128). Zur Abgrenzung des gewerblichen Garten- und Landschaftsbaus zum Straßenbauerhandwerk siehe *Berg* GewArch 1982, 73 ff.; *Mörtel* GewArch 1982, 188 ff.

b) Freie Berufe. Ebenfalls keine gewerbliche Tätigkeit i. S. d. GewO ist 57 die Ausübung eines freien Berufs (kritisch zur Ausklammerung der freien Berufe aus dem Gewerbebegriff *Henssler* ZHR 161 [1997], 13 [24 f.]). In anderen Gesetzen kann unter den Begriff „Gewerbe" auch die freiberufliche Tätigkeit zu subsumieren sein (z. B. § 183 ZPO; so *VerfGH Berlin* LKV 1998, 313; vgl. oben Rdn. 5).

Als freiberuflich gilt gängigerweise eine wissenschaftliche, künstlerische und schriftstellerische Tätigkeit „höherer Art" sowie eine Dienstleistung „höherer Art", die eine höhere Bildung, d. h. grundsätzlich ein abgeschlossenes Hochschul- oder Fachhochschulstudium (mindestens [akademischer] Bachelor), erfordert (*BVerwG* GewArch 1976, 293 [294]; *OVG NRW* GewArch 2001, 293; *OVG Nds.* GewArch 2002, 293 f.). Es handelt sich dabei um einen **Typusbegriff** (näher *OVG Nds.* GewArch 2008, 34 [36];

Ennuschat

§ 1 Titel I. Allgemeine Bestimmungen

Mann NJW 2008, 121 [122 ff.]). Abzustellen ist daher auf die Tätigkeit als solche, auf ihren Typus (z. B.: Erfordert diese einen Hochschulabschluss?), nicht auf die tatsächlich vorhandene individuelle Formalqualifikation (*OVG Nds.* GewArch 2008, 34 [35]) oder die konkrete Ausübung in Unabhängigkeit und Eigenverantwortung (so aber *VG Freiburg* GewArch 2009, 490 [491]).

58 In einigen Fällen erfolgt die **Zuordnung** einer Tätigkeit zu den freien Berufen **durch den Gesetzgeber**, so etwa für Rechtsanwälte (§ 2 I BRAO), Ärzte (§ 1 II BÄO), Wirtschaftsprüfer (§ 1 II WPO), Patentanwälte (§ 2 I PatAnwO) und Seelotsen (§ 21 I des Gesetzes über das Seelotsenwesen i. d. F. v. 13. 9. 1984 [BGBl. I S. 1213]; m. nachf. Änd.); vgl. ferner § 4 II UAG i. d. F. v. 4. 9. 2002 (BGBl. I S. 3490): Der Umweltgutachter übt keine gewerbsmäßige Tätigkeit aus. Bei solchen Einstufungen hat der Gesetzgeber einen weiten Gestaltungsspielraum (*BVerfGE* 46, 224 [241 f.]).

In den übrigen Fällen ist die Zuordnung nur schwer zu bestimmen. Einen gewissen Anhaltspunkt kann zunächst die Aufzählung in **§ 18 I Nr. 1 EStG** bieten, ohne dass allerdings diese steuerrechtliche Vorschrift für die gewerberechtliche Beurteilung verbindlich wäre (*BVerwG* GewArch 1970, 125 [127]; vgl. oben Rdn. 5).

Eine gesetzliche Definition findet sich in **§ 1 II 1 PartGG** (eingefügt durch Gesetz v. 22. 7. 1998 [BGBl. I S. 1878]): Danach haben freie Berufe im Allgemeinen auf der Grundlage besonderer beruflicher Qualifikation oder schöpferischer Begabung die persönliche, eigenverantwortliche und fachlich unabhängige Erbringung von Dienstleistungen höherer Art im Interesse der Auftraggeber und der Allgemeinheit zum Inhalt. Der Gesetzgeber will durch diese Umschreibung den freien Beruf in seiner Gemeinwohlverpflichtung und Bedeutung betonen und die Grenze zur gewerblichen Tätigkeit ziehen. Durch die Formulierung „im Allgemeinen" soll zum Ausdruck gebracht werden, dass es sich um eine offene Definition in Form einer Typusbeschreibung handelt (vgl. BT-Drs. 13/10955, S. 12 f.). Diese Definition gilt – wie sich aus § 1 II 2 PartGG ergibt („im Sinne dieses Gesetzes") – zunächst lediglich für das PartGG, soll aber erkennbar auf die generelle Begriffsbestimmung des freien Berufs ausstrahlen.

59 Zum **Begriff des freien Berufs,** der in der wiss. Lit. weitenteils lediglich als Antitopos zum Gewerbebegriff fungiert und ansonsten – abgesehen von Dissertationen – eher selten thematisiert wird, näher *Tettinger* Zum Tätigkeitsfeld der Bundesrechtsanwaltskammer, 1985, S. 121 ff.; *ders.* Kammerrecht, 1997, S. 2 f. u. 130 f.; *Taupitz* Die Standesordnungen der freien Berufe, 1991, S. 11 ff. u. passim. Das *BVerfG* sah bereits anfangs der 60er Jahre in dieser Bezeichnung keinen eindeutigen Rechtsbegriff, sondern einen **soziologischen Begriff** (*BVerfGE* 10, 354 [364]; *OVG Nds.* GewArch 2008, 34 [35]; *Hahn* GewArch 2006, 129). So kann es nicht überraschen, dass – unbeschadet des neuen Ansatzes in § 1 II 1 PartGG – bis heute eine einigermaßen präzise und allgemein anerkannte Begriffsbestimmung fehlt; vgl. immerhin die vom Bundesverband der Freien Berufe (BFB) mehrheitlich beschlossene Deskription (zit. nach BRAK-Mitt. 1995, 157): „Angehörige Freier Berufe erbringen aufgrund besonderer beruflicher Qualifikation persönlich, eigenverantwortlich und fachlich unabhängig geistig-ideelle Leistungen im Interesse ihrer

Auftraggeber und der Allgemeinheit. Ihre Berufsausübung unterliegt in der Regel spezifischen berufsrechtlichen Bindungen nach Maßgabe der staatlichen Gesetzgebung oder des von der jeweiligen Berufsvertretung autonom gesetzten Rechts, welches die Professionalität, Qualität und das zum Auftrageber bestehende Vertrauensverhältnis gewährleistet und fortentwickelt." Für die Zwecke des § 1 kommt es auf zwei Aspekte an: Als freiberuflich werden herkömmlich folgende Tätigkeiten angesehen: Kunst, Unterricht, Rechtsberatung, ärztliche Tätigkeit. Eine Bereichsausnahme von der GewO gilt allerdings nur dann, wenn diese Berufe nicht anstaltlich ausgeübt werden (*Wank* Handels- und Gesellschaftsrecht, 2. Aufl 2010, 1. Kap. Rdn. 32; siehe auch unten Rdn. 68).

aa) Künstlerische Tätigkeit. Kein Gewerbe ist die freie künstlerische **60** Tätigkeit. Bei der Einordnung künstlerischer Aktivitäten ist abzugrenzen zwischen „freier" künstlerischer Tätigkeit einerseits und andererseits Kunstgewerbe und Kunsthandwerk (dazu ausführlich *Roemer-Blum* GewArch 1986, 9 ff.). Unter Geltung der Kunstfreiheitsgarantie ist hierbei zunächst auf die zu Art. 5 III GG entwickelten Umreißungen des Begriffs „Kunst" zurückzugreifen (dazu näher *Bethge*, in: Sachs, GG, Art. 5 Rdn. 182 ff; *Jarass*, in: Jarass/Pieroth, GG, Art. 5 Rdn. 106 f.). Manche stellen im Wesentlichen auf den Willen des Künstlers ab, eine geistig-eigenschöpferische Leistung zu erbringen (*Pielow*, in: BeckOK, § 1 Rdn. 180; *Roemer-Blum* GewArch 1986, 9 [12]); dieser Wille muss sich aber objektiv erkennbar niedergeschlagen haben. Daneben sind für die Einstufung aber auch das Vermarktungsinteresse des Produzenten, die Art der Betriebsstätte, der Produktionsprozess, die Qualität des Produktes u. Ä. zu berücksichtigen (*Böttger* GewArch 1986, 14 [16]). Zur Abgrenzung von Kunst und Gewerbe siehe umfassend *Maaßen*, Kunst oder Gewerbe?, 3. Aufl. 2001.

Handelt es sich um Kunst, fällt auch deren Vermarktung durch den Künstler in den Bereich künstlerischer freiberuflicher Tätigkeit, ist also von der Anwendung der GewO ausgenommen (*Schönleiter*, in: Landmann/Rohmer I, § 55 Rdn. 22 f.; vgl. Rdn. 62). Demgegenüber ist der Handel mit fremden Kunstwerken dem Gewerbe zuzuordnen (*VG Freiburg* NJW 2002, 1285 [1286]; *Schönleiter*, in: Landmann/Rohmer I, § 55 Rdn. 23). Dies gilt unabhängig davon, ob die kommerzielle Verbreitung der Kunst vom Schutzbereich der Kunstfreiheit erfasst wird (vgl. zur Parallele der Religionsfreiheit oben Rdn. 21). **61**

Künstlerische Tätigkeit wurde **bejaht** bei der Anfertigung von **Scherenschnitten** in Fußgängerzonen gegen Entgelt (*VGH BW* GewArch 1988, 370 [371]), dem **Musizieren** in der Fußgängerzone (*v. Ebner* GewArch 1994, 393 [400]), bei Photo-Designern (*VG Sigmaringen* GewArch 1995, 485). Stellt ein freischaffender Künstler nebenher in geringem Umfang Gebrauchskeramik her, übt er keine vom freien Künstlerberuf zu trennende gewerbliche Tätigkeit aus (*VG Augsburg* GewArch 1986, 133). **62**

Künstlerische Tätigkeit wurde in folgenden Fällen **verneint**: Die Tätigkeit eines **Trauerredners** ist dann nicht freiberuflich (künstlerisch), wenn der Redner in der Masse der Fälle nach Redeschablonen verfährt (*BFH* BStBl. II 1982, 22; dazu *Sprenger-Richter*, in: Robinski, Gewerberecht, 2. Aufl. 2002, **63**

B. Rdn. 56). Die Ausführung von Auftragsarbeiten im Bereich der **Portrait-Photographie** ist nicht als freie künstlerische, sondern als handwerkliche Tätigkeit anzusehen (*OLG München* GewArch 1993, 204; *KG* GewArch 1983, 301). Die Restauration alter Möbel ist Gewerbe (*VGH BW* GewArch 1984, 64).

64   **bb) Unterrichtstätigkeit.** Unterrichtstätigkeit (vgl. § 6 Rdn. 12) ist nicht gewerblich, sondern freiberuflich, wenn sie als Dienstleistung höherer Art einzustufen ist. Nötig ist insoweit höhere Bildung als Voraussetzung der Befähigung zur Unterrichtstätigkeit. Unter höherer Bildung ist grundsätzlich ein abgeschlossenes Hochschul- oder Fachhochschulstudium (mindestens [akademischer] Bachelor) zu verstehen (*BVerwGE* 78, 6; *Diefenbach* GewArch 1991, 281). Abzustellen ist auf das Erfordernis der Hochschulbildung für die Tätigkeit, nicht auf die tatsächliche individuelle Formalqualifikation (Rdn. 57).

65   Im Unterrichtswesen ist die Tätigkeit eines **Repetitors,** der Studierende auf Examina vorbereitet, als freiberuflich anzusehen (*OVG NRW* GewArch 1969, 181 [182]). Dagegen sind **Nachhilfeunterricht** und Hausaufgabenbetreuung für Schüler keine Dienstleistung höherer Art (*OVG Nds.* GewArch 1977, 368; *OVG Nds.* GewArch 2002, 293 f.). Diese Tätigkeiten erfordern keine höhere Bildung, da sie auch durch ältere Schüler oder Studierende ausgeübt werden können. Insoweit handelt es sich also bei einer entsprechenden längerfristigen Aktivität (Bsp.: von Dipl.-Pädagogen geleitetes Schüler-Betreuungsstudio) um eine gewerbliche Tätigkeit (*Diefenbach* GewArch 1991, 281), für die allerdings § 6 zu beachten ist (dort Rdn. 18; zur strittigen Frage eines wettbewerbsrechtlich begründeten Rechtsschutzes solcher Gewerbetreibender gegen kommunale Initiativen zur Hausaufgabenbetreuung siehe *OLG Düsseldorf* NWVBl. 1997, 353 [m. abl. Anm. *Moraing*]; *Tettinger* NJW 1998, 1373 f.; *Otting* SächsVBl. 1998, 93 ff.). Das Gleiche gilt für Reit-, Tanz-, Yoga- und **Fahrschullehrer** (*BayVGH* GewArch 1981, 37; *OVG NRW* GewArch 2001, 293) und grundsätzlich auch für den Betrieb eines Fitness-Studios (*BFH* SpuRt 1996, 209 [210]). Wenn dort aber die individuelle Betreuung der Kunden durch den Studioinhaber über die Einweisung in die Funktionen der Geräte hinausreicht, kann u. U. eine freiberufliche – unterrichtende – Tätigkeit vorliegen (*BFH* SpuRt 1996, 209 [210]).

66   **cc) Sachverständige.** Problematisch ist die Abgrenzung freier Beruf/Gewerbe bei Architekten (dazu *Knemeyer* NJW 1983, 249 ff.) und Sachverständigen (unten § 36). Bei Schriftsachverständigen (Graphologen) bejahte *BVerwGE* 45, 235 (238) eine freiberufliche Tätigkeit mit Blick auf die wissenschaftliche Ausbildung und Arbeit auf wissenschaftlicher Grundlage. Dagegen soll ein Kfz-Gutachter gewerblich tätig sein. Bei freiberuflichen Elementen liegt trotzdem Gewerbe vor, wenn die gewerblichen Elemente dominieren (*VGH BW* GewArch 1972, 271).

67   **dd) Weitere Einzelfälle.** Den **freien Berufen** zugeordnet wird – unabhängig von der Qualität der zu übersetzenden Texte – die Tätigkeit eines **Übersetzers**, die als schriftstellerisch einzuordnen ist und zudem eine qualifizierte Ausbildung erfordert (*VG Darmstadt* GewArch 1996, 476 f.).

Gewerbe liegt hingegen trotz freiberuflichem Status des Apothekers beim 68
Betrieb einer **Apotheke** vor (BVerfGE 17, 232 [238 f.]; vgl. aber § 6). Entsprechendes gilt für den Betrieb einer **Heilpraktikerschule**, sofern der unternehmerische und organisatorische Teil der Tätigkeit die eigene Leistung des Freiberuflers hierbei verdrängt (*VGH BW* GewArch 2002, 425 ff.). Ein Gewerbe ist ferner zu bejahen bei **Unternehmensberatern** (*BGH* NJW 1996, 1833; *OVG Nds.* GewArch 1998, 239 f.; *Hess VGH* NVwZ-RR 1994, 324; *VG Darmstadt* GewArch 1996, 476 [477]; *Kempen* NVwZ 1997, 245, *ders.* NVwZ 2000, 1115 [1116], jeweils m. w. N.; **a. A.** *OLG Celle* GewArch 1996, 333; *VG Freiburg* GewArch 2009, 491 [492]; *Haake* GewArch 2010, 60 f.; *Pinegger* GewArch 1999, 463 [466]), **Promotionsberatern** (*BFH* NJW 2009, 797) oder **Berufsbetreuern** (*BVerwG* GewArch 2008, 301; *OVG Nds.* GewArch 2008, 34 [35]; *Mann* NJW 2008, 121 [124]; *Schönleiter/Draxler* GewArch 2009, 19 [20]; **a. A.** *BFH* NJW 2011, 108 [109]). Keine höhere Bildung erfordern Wahrsagen und Astrologie, so dass eine gewerbliche Tätigkeit vorliegt (*BayVGH* GewArch 1990, 172; siehe auch oben Rdn. 45). Gleiches gilt für die Tätigkeit als **Sportpromoter** (*VG Schleswig* GewArch 1999, 479 f.). Gewerblich tätig sind **Versicherungsberater** (siehe § 34 e).

c) Bloße Nutzung und Verwaltung eigenen Vermögens. In Literatur 69
und Rechtsprechung besteht Einigkeit, dass die bloße Nutzung und Verwaltung eigenen Vermögens nicht zum gewerblichen Sektor zählt; lediglich die dogmatische Einordnung differiert: Während zumeist die bloße Nutzung und Verwaltung eigenen Vermögens als eigenständiges negatives Merkmal betrachtet wird (*BVerwG* GewArch 1993, 196 [197]; *VGH BW* NVwZ-RR 1996, 22; *Friauf*, in: ders., § 1 Rdn. 192), soll nach anderer Ansicht in diesem Fall das positive Merkmal der Gewinnerzielungsabsicht fehlen (*Kahl*, in: Landmann/Rohmer I, Einl. Rdn. 61).

aa) Bagatellcharakter. Unabhängig von seiner dogmatischen Verortung 70
soll dieses Abgrenzungsmerkmal solche Tätigkeiten von dem gewerblichen Instrumentarium freistellen, die der gewerberechtlichen Überwachung nach dem Gesetzeszweck der GewO nicht bedürfen, weil sie deren Schutzzwecke nicht oder nur geringfügig berühren. Die gewerberechtliche Einbindung verfolgt zwei Hauptzwecke: den Schutz der Allgemeinheit, insb. der Verbraucher, und den Schutz der gewerblichen Arbeitnehmer vor unzuverlässigen Gewerbetreibenden sowie störenden und belästigenden Betrieben (*BVerwG* GewArch 1993, 196 [197]). Dabei ist die Notwendigkeit, die Allgemeinheit und Beschäftigte in dieser Weise zu schützen, umso geringer, je mehr sich die Betätigung im Bereich des Privaten abspielt, hingegen umso größer, je mehr sie sich nach außen entfaltet. Sie hängt schließlich auch von dem Gefahrenpotential ab, das objektiv durch den Betrieb und seine Anlagen in Bezug auf die eben angeführten Schutzgüter entsteht. Je stärker und häufiger Dritte mit der auf Erwerb gerichteten Tätigkeit in Berührung kommen, desto mehr stellt sich das Erfordernis der persönlichen Zuverlässigkeit des Betreibers (*BVerwG* GewArch 1993, 196 [197]; *VGH BW* NVwZ-RR 1996, 22).

Vor diesem Hintergrund beschreibt das negative Merkmal „bloßes Verwal- 71
ten und Nutzen eigenen Vermögens" letztlich eine **Bagatellschwelle**, unterhalb derer die Anwendbarkeit der GewO nicht geboten ist. Maßgeblich ist,

ob eine Tätigkeit ihrem Gesamtbild nach den allgemeinen Vorstellungen von einem Gewerbe im Wesentlichen gleich kommt oder nicht (*BVerwG* GewArch 1993, 196 [197]; *VGH BW* NVwZ-RR 1996, 22; *VG Schleswig* GewArch 2002, 292 [293]). Entscheidend sind demnach die umfassend zu ermittelnden Umstände des Einzelfalls. **Indizien** für eine gewerbliche Tätigkeit sind die Beschäftigung von Hilfspersonen, die Höhe des Kapitaleinsatzes, Dauer und Umfang der Tätigkeit, der Organisationsaufwand sowie das Auftreten im Rechtsverkehr (vgl. *BVerwG* GewArch 1993, 196 [198]; *VGH BW* NVwZ-RR 1996, 22 [23]; *VG Braunschweig* GewArch 2000, 485 [486]. Siehe dazu auch *Bloehs* Die Abgrenzung privater Vermögensverwaltung von gewerblichen Grundstücks- und Wertpapiergeschäften, 2002.)

72   **bb) Einzelfälle.** Eine **gewerbliche Tätigkeit** wurde **verneint** bei: Vermietung einzelner Eigentums- oder Ferienwohnungen (*BVerwG* GewArch 1977, 62 [zum weiter gefassten steuerrechtlichen Gewerbebegriff]; *VG Braunschweig* NJW 1986, 1704; *BGHZ* 74, 273 [276]; **a. A.** *Marcks*, in: Landmann/Rohmer I, § 14 Rdn. 28 b); Errichtung eines Gebäudes mit Räumen, die an einen Supermarkt vermietet werden sollen, sofern nicht der Eigentümer beabsichtigt, sich aus der Immobilienvermietung eine dauernde und berufsmäßige Erwerbsquelle zu verschaffen (*BGHZ* 63, 32 [33]; *OLG Frankfurt* DB 1982, 895 [zum weiteren Gewerbebegriff des § 196 I Nr. 1 BGB in der bis zum 31. 12. 2001 geltenden Fassung]); bei der Installation von **Photovoltaik-Anlagen auf dem eigenen Dach** (bei Installation auf fremden Dächern liegt Gewerbe vor; so *Bund-Länder-Ausschuss „Gewerberecht"*, zit. nach *Schönleiter/Sprafke* GewArch 2010, 294 [296]). Eine Gewerbetätigkeit ist dann auch bei Erhaltungsarbeiten an den vermieteten Gebäuden zu verneinen, solange es sich dabei nur um unselbstständige Nebentätigkeiten handelt; etwas anderes gilt, falls renovierungsbedürftige Gebäude zwecks späterer Vermietung in größerem Umfang gekauft und renoviert werden (vgl. *VGH BW* NVwZ-RR 1996, 22 [23]).

Als Faustformel zur Abgrenzung fungiert in der steuerrechtlichen Rechtsprechung die sog. **Drei-Objekte-Grenze**: Erwerb und Veräußerung von bis zu drei (Wohn-)Einheiten innerhalb von fünf Jahren erfolgen nicht gewerblich (*BFHE* 178, 86; NJW 2010, 2238; siehe ferner BVerfG NJW 2005, 3060; zur Relevanz der Drei-Objekte-Grenze im Gewerberecht vgl. z. B. VG Ansbach GewArch 1998, 70 [71]; VG Braunschweig GewArch 2000, 485 [486]). Dementsprechend wird verbreitet auch bei einer KG, die das (einzige) Grundstück einer GmbH verwaltet, oder einer GmbH, deren alleiniger Zweck es ist, das gemeinsame Erbe einer Erbengemeinschaft (Mietshaus) zu verwalten, das Vorliegen von Gewerbe verneint (näher *Fischer* GewArch 2006, 109 [110 f.]).

73   Eine **gewerbliche Tätigkeit** wurde **bejaht** bei: ganzjähriger Vermietung von 10 Ferienwohnungen mit insgesamt 55 Betten innerhalb eines Appartementhauses (*BVerwG* GewArch 1993, 196 [197]) bzw. 6 Ferienwohnungen mit insgesamt 30 Betten in einem Ferienpark (*VG Schleswig* GewArch 2002, 292 f.); häufigere Zimmervermietung an Feriengäste, insb. wenn zusätzliche Serviceleistungen wie Frühstück, Zimmerpflege etc. erbracht werden (*BFH* NJW 1977, 1472; *Sprenger-Richter*, in: Robinski, Gewerberecht, 2. Aufl. 2002,

Grundsatz der Gewerbefreiheit § 1

B. Rdn. 25; siehe auch – eher restriktiv – *OLG Braunschweig* GewArch 1988, 123 f.); Betrieb eines Dauercampingplatzes mit 1200 Standplätzen (*BVerwG* GewArch 1976, 293); Vermietung einer Liegewiese am Seeufer (*BayObLG* GewArch 1977, 194); Vermietung einer großen Zahl gleichartiger Objekte, bei der die Verwaltung zur Haupttätigkeit des Eigentümers wird (*OVG RhPf.* GewArch 1981, 372 [372]; vgl. auch *BVerwG* GewArch 1973, 265; *VG Braunschweig* GewArch 2000, 485 f.); Errichtung eines Ärztehauses mit 21 Wohnungs-, Büro- und Praxiseinheiten, auch wenn es sich um das einzige Bauprojekt des Eigentümers handelt (*BGH* NJW 1981, 1665: Bauherr wird als Bauträger i. S. d. § 34 c I Nr. 4 a tätig); laufendem Kauf mit anschließender Sanierung und Vermietung von Wohngebäuden, wobei jährliche Mieteinnahmen in Höhe von 200 000 DM erzielt und für die Renovierungsarbeiten bis zu 16 Personen beschäftigt wurden, für die im Jahr bis zu 65 000 DM an Lohnzahlungen zu erbringen war (*VGH BW* NVwZ-RR 1996, 22); Erwerb zweier Grundstücke und Errichtung jeweils eines Supermarktgebäudes (*BFH* NJW 1996, 2182 zu § 15 I Nr. 1 und II EStG; grundsätzlich gilt freilich die Drei-Objekte-Formel, Rdn. 72).

4. Gewerbetreibender

a) Natürliche oder juristische Person. Soweit sich keine anders lauten- 74 den gesetzlichen Bestimmungen finden, kann nur eine **natürliche oder juristische Person** Gewerbetreibende i. S. d. GewO sein. Bei einer juristischen Person (AG, GmbH, UG [haftungsbeschränkt], KGaA), ist nur diese als Gewerbetreibende anzusehen, nicht (auch) deren Gesellschafter, Geschäftsführer, Anteilseigner etc. Etwas anderes kann bei Strohmann-Verhältnissen gelten (näher Rdn. 33). Die **Vorgesellschaft** einer GmbH ist nicht Gewerbetreibende, vielmehr die unternehmerisch tätigen Gründungsgesellschafter (*BVerwG* GewArch 1993, 156). Eine GmbH kann auch nach ihrer Auflösung wegen Abweisung eines Antrages auf Eröffnung des Insolvenzverfahrens mangels Masse noch ein Gewerbe betreiben (*BVerwG* GewArch 1996, 241 [243]). Zur gewerblichen Tätigkeit eines e. V. siehe *BVerwG* GewArch 1998, 416 ff. – Scientology; vgl. auch oben Rdn. 20 f. Die Gewerbetätigkeit kann auch darin bestehen, ausschließlich mit den Vereinsmitgliedern Geschäfte zu schließen (*Hahn* GewArch 1999, 41 m. w. N.); vgl. § 33 c Rdn. 5.

Mit der Verordnung (EG) 2157/2001 vom 8. 10. 2001 (ABl. EG Nr. L 75 294 v. 10. 11. 2001, S. 1 ff.) wurde in den EU- und EWR-Staaten die Europäische Gesellschaft (**SE = Societas Europaea**) als neue Rechtsform europäischen Rechts für Unternehmen eingeführt, die grenzüberschreitend tätig werden wollen. Ergänzt wird diese Verordnung durch das nationale Gesetz zur Einführung der Europäischen Gesellschaft (SEEG) vom 29. 12. 2004 (BGBl. I S. 3675). Die Europäische Gesellschaft kann nur von juristischen Personen gegründet werden. Die Gründung durch eine GmbH ist allerdings nur unter einschränkenden Voraussetzungen als Holdinggesellschaft möglich (vgl. Art. 2 II der Verordnung [EG] 2157/2001), daher steht die Gründung einer Europäischen Gesellschaft vor allem nationalen Aktiengesellschaften offen. Sie wird daher auch als **Europäische Aktiengesellschaft** bezeichnet (*Brandt* BB Beilage 2005, Nr. 13, S. 1). Die Rechtsnatur der Europäischen Gesellschaft ist die einer juristischen Person (Art. 1 III der Verordnung (EG) 2157/2001: „eigene Rechtspersönlichkeit"). Aus Sicht der GewO ist daher die Europäische Gesellschaft selbst Gewerbetreibende. Siehe hierzu auch *Heß*, in: Beck'sches Steuer- und Bilanzrechtslexikon, 2010, Gewerbebetrieb Rdn. 14. Ins Auge gefasst ist ferner die künftige Schaffung einer Europäischen Privatgesellschaft (**SPE = Societas Privata Europaea**), die ihrem Charakter nach eine europäische Gesellschaft mit beschränkter Haftung wäre (dazu *Wedemann* NVwZ 2010, 534 ff.).

76 b) Personenmehrheiten ohne Rechtspersönlichkeit. aa) Grundsatz. Die Personenmehrheit als solche ist keine Gewerbetreibende (*BayVGH* GewArch 2004, 479 [480]; *OVG Nds.* GewArch 2009, 32 [33]; *Hahn* GewArch 1995, 89 f.; *Odenthal* GewArch 1991, 206; siehe hierzu auch die rechtspraktischen Erwägungen pro und contra bei *Schönleiter/Stenger/Zerbe* GewArch 2008, 242 [244]). Bei einer **oHG** sind die geschäftsführenden und vertretungsberechtigten Gesellschafter als Gewerbetreibende anzusehen, nicht die oHG selbst. Bei einer **KG** sind grundsätzlich nur die Komplementäre, ausnahmsweise auch sich unternehmerisch betätigende Kommanditisten als Gewerbetreibende einzustufen, nicht jedoch die KG. Entsprechendes gilt bei **BGB-Gesellschaften** (*OVG Nds.* GewArch 2009, 32 [33]; *Friauf*, in: ders., § 1 Rdn. 282, *Ziekow* Öffentliches Wirtschaftsrecht, 2. Aufl. 2010, § 10 Rdn. 15; *Guckelberger* Jura 2007, 598 [599]) sowie für den **nichtrechtsfähigen Verein** (*Ruthig/Storr* Öffentliches Wirtschaftsrecht, 2. Aufl. 2008, Rdn. 245). Nachdem der BGH der BGB-Gesellschaft Rechtsfähigkeit zuerkannt hat (*BGH* NJW 2001, 1056; siehe auch § 899 a BGB, § 47 II GBO), wird teilweise vertreten, dass diese deshalb im Gewerberecht als Gewerbetreibende einzustufen sei (*Ruthig/Storr* Öffentliches Wirtschaftsrecht, 2. Aufl. 2008, Rdn. 243 f.). Dagegen spricht allerdings, dass das *BVerfG* und das *BVerwG* klargestellt haben, dass sich aus der genannten BGH-Rechtsprechung nichts für die Auslegung des KWG ableiten lasse (*BVerfG* NJW 2006, 3340 [3341]; *BVerwG* NZG 2005, 265 [268]). Diese auf das Sondergewerberecht KWG bezogene Einsicht ist gleichermaßen relevant für das allgemeine Gewerberecht.

77 Die traditionelle Sichtweise, dass Personengesellschaften (GbR, oHG, KG) nicht als Gewerbetreibende anzusehen sind, kann sich insbes. auf systematische Erwägungen stützen: **(1)** Die Ausnahmeregelung in § 1 I 2 HandwO (Rdn. 78) wäre überflüssig. **(2)** Der Gesetzgeber der GewO ordnete in § 15 a III (aufgehoben durch Gesetz vom 17.3.2009, BGBl. I S. 550; siehe §§ 15 a, 15 b Rdn. 1 f.) an, dass bei einer oHG oder KG mit Blick auf die Anbringung von Name und Firma des Gewerbetreibenden die Vorschriften des § 15 a I „mit der Maßgabe Anwendung [finden], daß für die Namen der persönlich haftenden Gesellschafter gilt, was in betreff der Namen der Gewerbetreibenden bestimmt ist", behandelte also die Gesellschafter und nicht die Gesellschaft wie Gewerbetreibende. **(3)** Noch heute ist auf den gesetzlich vorgegebenen Formularen zur An-, Um- und Abmeldung eines Gewerbes (Anlagen 1 bis 3 zu § 14 IV) vorgesehen, dass bei Personengesellschaften für jeden geschäftsführenden Gesellschafter ein eigener Vordruck auszufüllen ist, während bei einer juristischen Person nur für diese ein Vordruck ausgefüllt werden muss (so auch *BayVGH* GewArch 2004, 479 [480]).

bb) Ausnahmen. Verschiedene gewerberechtliche Spezialgesetze kennen teilrechtsfähige Personenvereinigungen wie die oHG oder KG (vgl. § 1 I 2 HandwO), aber auch den nicht eingetragenen Verein (etwa § 2 I 2 GastG) und die Gesellschaft bürgerlichen Rechts (vgl. § 1 I 2 HandwO) als ausdrückliche Normadressaten und stufen diese damit als Gewerbetreibende ein. 78
Eine **aufgelöste juristische Person** kann sich u. U. weiterhin gewerblich betätigen und so Adressatin von Untersagungsverfügungen etc. sein (*BVerwG* GewArch 1996, 241 [243]: GmbH, die nach Ablehnung eines Antrages auf Eröffnung des Konkursverfahrens aufgelöst ist). Darüber hinaus bejaht *BVerwG* GewArch 1993, 154 (mit Anm. *Heß* GewArch 1993, 279 f.) die Möglichkeit, eine Fahrschule in der Rechtsform einer BGB-Gesellschaft zu betreiben. Zu gewerberechtlichen Folgen bei der **Umwandlung von Gesellschaften** siehe *Odenthal* GewArch 2005, 132 ff.

II. Gewerbefreiheit (Abs. 1)

§ 1 I gestattet jedermann den Betrieb eines Gewerbes, soweit nicht durch dieses Gesetz Ausnahmen oder Beschränkungen vorgeschrieben oder zugelassen sind. In § 1 I findet damit die Gewerbefreiheit ihre einfachgesetzliche Verankerung. Gewerbefreiheit i. S. d. § 1 I kommt den in § 6 aufgeführten Tätigkeiten nicht zu (vgl. *VG Bremen* NVwZ-RR 1998, 28 [29]); möglich ist insoweit freilich noch die unmittelbare Berufung auf Art. 12 GG (siehe dazu oben Einl. Rdn. 37 f.). 79

1. Gestattung des Betriebes eines Gewerbes

Zum Begriff des Gewerbebetriebes siehe oben Rdn. 2 ff. 80

a) Sachlicher Schutzgehalt der Gewerbefreiheit. Garantiert ist das Recht, ein Gewerbe zu betreiben, d. h. es zu beginnen sowie es fortzusetzen. Von diesem **„Ob"** eines Gewerbebetriebes ist das „Wie" zu unterscheiden: § 1 I lässt Regelungen der Gewerbeausübung unberührt. Der Schutzgehalt des § 1 I erfasst also nur die Zulassung zum Gewerbebetrieb, nicht die Gewerbeausübung (*BVerwGE* 38, 209 [213]; *BVerwG* GewArch 2002, 154 [155] – Laserdrome; *Friauf*, in: ders., § 1 Rdn. 205; *Kahl*, in: Landmann/Rohmer I, § 1 Rdn. 6). 81

Grundsätzlich ist die Aufnahme einer gewerblichen Betätigung lediglich anzeige- (siehe zum stehenden Gewerbe § 14), nicht aber erlaubnispflichtig. Sofern eine Erlaubnispflicht ausdrücklich gesetzlich angeordnet ist (z. B. §§ 33a ff.), besteht bei Vorliegen der tatbestandlichen Voraussetzungen ein subjektiv-öffentliches Recht auf Erteilung dieser Erlaubnis (*Friauf*, in: ders., § 1 Rdn. 217; *Kahl*, in: Landmann/Rohmer I, § 1 Rdn. 13). Aus dem staatsgerichteten Zulassungsanspruch gem. § 1 I folgt zugleich das Recht auf Teilnahme am freien Wettbewerb der Gewerbetreibenden untereinander (näher *Kahl*, in: Landmann/Rohmer I, § 1 Rdn. 20). 82

§ 1 Titel I. Allgemeine Bestimmungen

83 **b) Persönlicher Schutzgehalt der Gewerbefreiheit.** Die Gewerbefreiheit gem. § 1 I kommt jedermann zu. Geschützt sind neben Deutschen somit auch **Ausländer** (dazu *Kahl*, in: Landmann/Rohmer I, § 1 Rdn. 28 ff.; *Bender* GewArch 1976, 41 ff.; *Diefenbach* GewArch 1988, 209 ff.). Für Ausländer, die nicht Bürger eines Mitgliedstaates der EU, eines EWR zuzurechnenden oder eines durch ein Assoziierungsabkommen verbundenen Staates sind (dazu oben Einl. Rdn. 104), finden sich freilich gewisse gewerbe- resp. ausländerrechtliche Beschränkungen (unten Rdn. 88).

84 Neben natürlichen Personen kommen auch **juristische Personen** sowohl des **Zivilrechts** als auch des öffentlichen Rechts in den Genuss der hier insoweit gesetzlich (zur verfassungsrechtlichen Lage siehe Einl. Rdn. 33 ff. sowie unten Rdn. 98) deklarierten Gewerbefreiheit (*Frotscher*, in: Schmidt, Öffentliches Wirtschaftsrecht, BT I, 1995, § 1 Rdn. 241). Da **juristische Personen des öffentlichen Rechts** nicht vom persönlichen Schutzbereich des Art. 12 I GG erfasst sind, können sie ihre Gewerbefreiheit nur aus § 1 I ableiten. Bei ihnen sind jedoch verschiedene gesetzliche Beschränkungen zu beachten (unten Rdn. 95).

85 Nach früherer Rechtslage (§ 12 a. F.) bedurften **ausländische juristische Personen** für den Betrieb (also das „Ob") eines Gewerbes der Genehmigung. Seit dem 1.1.1984 gilt die Gewerbefreiheit gem. § 1 I auch für ausländische juristische Personen (näher *Kahl*, in: Landmann/Rohmer I, § 1 Rdn. 34 *Friauf*, in: ders., § 1 Rdn. 286 ff.).

86 Schließlich können sich im Ausnahmefall auch **Personenmehrheiten ohne Rechtsfähigkeit** auf die Gewerbefreiheit berufen, wenn dies gesetzlich ausdrücklich verbürgt ist (näher oben Rdn. 78).

2. Gesetzliche Ausnahmen oder Beschränkungen

87 **a) Beschränkung durch Bundesrecht.** Beschränkungen der Zulassung zu einem Gewerbe (zur Ausübung siehe oben Rdn. 81) sind nach dem Wortlaut des § 1 I nur „durch dieses Gesetz" möglich. Dies entsprach dem Willen des historischen Gesetzgebers im Jahre 1869 (*Kahl*, in: Landmann/Rohmer I, § 1 Rdn. 14), als das Gewerberecht in einem Gesetz zusammengefasst war. In den nachfolgenden Jahrzehnten führte die Diversifizierung des gewerblichen Lebens freilich sukzessiv zum Erlass zahlreicher gewerberechtlicher Spezialnormierungen (vgl. Einl. Rdn. 11), für die die GewO immerhin als „Muttergesetz" (*Kahl*, in: Landmann/Rohmer I, § 1 Rdn. 14) in gewerberechtlichen Grundfragen nach wie vor maßgeblich bleibt. Für diese späteren reichs- bzw. bundesrechtlichen Spezialnormen gilt der Grundsatz „lex posterior derogat legi priori", sodass **spätere ranggleiche Gesetze** die Aussagen in der GewO modifizieren können, auch wenn deren Wortlaut unverändert geblieben ist. § 31 GastG enthält übrigens eine ausdrückliche Generalverweisung auf die GewO; deren Vorschriften finden danach auf Betriebe des Gaststättengewerbes insoweit Anwendung, als nicht im GastG besondere Bestimmungen getroffen sind. Vor diesem Hintergrund findet die Gewerbefreiheit i. S. d. § 1 I ihre Schranken neben der GewO auch in den übrigen gewerberechtliche Materien regelnden Spezialgesetzen. Aus der Einschränkung „durch dieses Gesetz" in § 1 I folgt aber weiterhin, dass nur durch **formelle**

Grundsatz der Gewerbefreiheit **§ 1**

Bundesgesetze – nur diese sind im Rang der GewO gleich – die Gewerbefreiheit beschränkt werden kann. Beschränkungen durch Rechtsverordnungen sind allerdings dann zulässig, wenn sich in einem formellen Bundesgesetz eine Art. 80 GG entsprechende Ermächtigung findet.
Die Bedeutung von **Verwaltungsvorschriften** im Gewerberecht ist daher sehr begrenzt. Sie bieten gleichwohl willkommene Hilfestellung für eine bundesweit einheitliche Rechtsanwendungspraxis, etwa beim Vollzug des Titel IV (Messen, Ausstellungen, Märkte); siehe dazu vor §§ 64 ff. Rdn. 13 und Einl. Rdn. 99.

Beispiele für **Zulassungsbeschränkungen innerhalb der GewO** sind: **88**
§§ 30 (Privatkrankenanstalten), 33 a (Schaustellungen von Personen), 33 c (Aufstellung von Gewinnspielgeräten), 33 d (Veranstaltung von Gewinnspielen), 33 i (Betreiben einer Spielhalle), 34 (Pfandleihgewerbe), 34 a (Bewachungsgewerbe), 34 b (Versteigerergewerbe), 34 c (Maklergewerbe), 55 (Reisegewerbe). Beispiele für **Zulassungsbeschränkungen durch formelles Bundesrecht außerhalb der GewO** sind: § 2 GastG, § 1 HandwO, § 21 AufenthG (dazu *Hailbronner* Asyl- und Ausländerrecht, 2. Auflage 2008, Rdn. 190 ff.; zur Gewerbefreiheit für Ausländer näher *Friauf*, in: ders., § 1 Rdn. 247 ff; *Kahl*, in: Landmann/Rohmer I, § 1 Rdn. 28 ff.; siehe auch Einl. Rdn. 104).

b) Beschränkung durch Landesrecht. aa) Landesrechtliche Zulas- 89 sungsrestriktionen. Landesrecht kann die Gewerbefreiheit zunächst in Gestalt von Zulassungsrestriktionen begrenzen. Dies gilt einmal für die Bereiche, die seit der Föderalismusreform zum Kompetenzbereich der Länder zugeschlagen worden sind (siehe Art. 74 I Nr. 11 GG n. F; dazu Einl. Rdn. 13 f.), relevant etwa für die Schaustellung von Personen, die Zulassung von Spielhallen oder Märkte, Messen und Ausstellungen. Zum anderen kann Landesrecht die Zulassung beschränken, sofern Bundesrecht dies ausdrücklich gestattet, so etwa in § 33 b. Aber auch darüber hinaus kann Landesrecht gewerberelevante Beschränkungen enthalten:

bb) Landesrechtliche Gewerbeausübungsbeschränkungen. Zu **90** beachten ist zunächst, dass der Bundesgesetzvorbehalt gem. § 1 I nur für das „Ob" der gewerblichen Betätigung gilt (siehe oben Rdn. 81). Landesrechtliche Regelungen der Gewerbeausübung bleiben davon unberührt. Landesrechtliche Sonn- und Feiertagsgesetze, welche gewerbliche Tätigkeiten zu bestimmten Zeiten untersagen, betreffen etwa nur das „Wie" der Gewerbetätigkeit, d. h. die Ausübung, und verstoßen schon deshalb nicht gegen § 1 I (näher *Kahl*, in: Landmann/Rohmer I, § 1 Rdn. 18; vgl. ferner *VGH BW* NVwZ 2007, 1333 [1334]; *OLG Düsseldorf* NVwZ-RR 2008, 172 [173]).

Sofern die GewO **Regelungslücken** enthält, kann im Übrigen auf landes- **91** rechtliches **Polizei- und Ordnungsrecht** zurückgegriffen werden, soweit dadurch nur die **Art und Weise** der Gewerbeausübung betroffen wird (*BVerwG* ZfWG 2010, 270 [271]; *OVG LSA* Beschluss vom 24. 4. 2006 – 2 M 174/06, juris Rdn. 3; *Friauf*, in: ders., § 1 Rdn. 307). Die zuständige Behörde ist daher berechtigt, aufgrund der polizei- bzw. ordnungsrechtlichen Generalklausel die Beseitigung von Geldspielgeräten anzuordnen, die unter Verstoß gegen einschlägige Bestimmungen (wie §§ 33 c, 33 f GewO) aufge-

§ 1 Titel I. Allgemeine Bestimmungen

stellt wurden, ohne dass der Grundsatz der Subsidiarität der Anwendung dieser Generalklausel entgegenstünde, da das Gewerberecht insoweit keine spezialgesetzliche Eingriffsermächtigung enthält und der Rückgriff mit Blick auf vorgenannte Zielsetzung nicht ausgeschlossen ist (so *VGH BW* GewArch 1990, 403; siehe auch *OVG NRW* NVwZ-RR 1998, 102 zu §§ 33 i GewO, 15 OBG NRW). Nicht möglich ist es aber, durch eine auf die polizei- oder ordnungsrechtliche Generalklausel gestützte Verfügung die Gewerbetätigkeit als solche (**„Ob"**) zu untersagen (*ThürOVG* GewArch 2002, 478 f.; *Huber*, in: Schmidt-Aßmann/Schoch[Hrsg.], BesVwR, 14. Aufl. 2008, 3. Kapitel: Öffentliches Wirtschaftsrecht, Rdn. 295; **a. A.** *OVG RhPf.* GewArch 1999, 30; differenzierend *Odenthal* GewArch 2001, 448 [449 f.]).

92 Auch bei einer eigentlich als abschließend zu verstehenden gewerberechtlichen Regelung kann das allgemeine Polizeirecht anwendbar sein, wenn es sich um einen **Eilfall** (vgl. § 2 I PolG BW; *Voß* VR 1997, 80 [85]) oder um eine bloß **vorläufige Maßnahme** (*OVG RhPf.* GewArch 1999, 30) handelt.

93 **cc) Landesrechtliche Tätigkeitsverbote.** Zu berücksichtigen ist ferner, dass von der Gewerbefreiheit gem. § 1 I nur erlaubte Tätigkeiten erfasst sind (oben Rdn. 39). **Gesetzliche Tätigkeitsverbote** zum Schutz bestimmter Gemeinwohlbelange, die also nicht spezifisch gewerberechtlich motiviert sind, können durchaus dem Landesrecht entstammen, sodass dann von vornherein – mangels eines legaler gewerblicher Betätigung offen stehenden Tätigkeitsfeldes – der **Schutzgehalt** des § 1 I nicht berührt ist.

94 **dd) Landesrechtliche Monopole.** Durch den Anschluss- und Benutzungszwang verpflichten die Gemeindeordnungen der Länder zur Benutzung bestimmter Einrichtungen im Bereich der Daseinsvorsorge (dazu näher *Tettinger/Erbguth/Mann* BesVerwR I, 10. Aufl. 2009, Rdn. 267 ff.). Daraus folgt zugleich, dass nur ein – zumeist kommunaler – Anbieter diese Leistung erbringen darf, während andere Anbieter vom Markt (innerhalb dieser Gemeinde) ausgeschlossen sind. In ihrer Gewerbefreiheit gem. § 1 I (vgl. oben Rdn. 81) sind die Wettbewerber jedoch typischerweise gar nicht betroffen, da es ihnen unbenommen bleibt, in allen Gebieten außerhalb des örtlichen Anschluss- und Benutzungszwangs, etwa in anderen Gemeinden, tätig zu werden. Vor diesem Hintergrund ist lediglich eine Gewerbeausübungsregelung anzunehmen, sodass § 1 I nicht berührt ist (ebenso *Kahl*, in: Landmann/Rohmer I, § 1 Rdn. 19; auch zustimmend *Friauf*, in: ders., § 1 Rdn. 324); zu verfassungsrechtlichen Aspekten siehe *Tettinger/Erbguth/Mann* BesVerwR I, 10. Aufl. 2009, Rdn. 279).

95 **ee) Landesrechtliche Vorgaben für die gewerbliche Tätigkeit juristischer Personen des öffentlichen Rechts.** Soweit bei diesen überhaupt eine Gewerbetätigkeit zu bejahen ist (oben Rdn. 24 ff.), unterfallen auch **juristische** Personen des öffentlichen Rechts dem Schutz der Gewerbefreiheit i. S. d. § 1 I. Diese Gewährleistung greift aber nur dann, wenn ihnen eine Gewerbetätigkeit kompetentiell gestattet ist. Der Kompetenzbereich der auf Landesebene bestehenden Körperschaften, Anstalten und Stiftungen des öffentlichen Rechts wird durch Landesrecht festgelegt. Wenn Landesrecht eine gewerbliche Tätigkeit untersagt, kommt diesen juristischen Personen

Grundsatz der Gewerbefreiheit §1

des öffentlichen Rechts der Schutzgehalt des § 1 I von vornherein nicht zu. Innerhalb dieses Rahmens kann somit Landesrecht die Zulässigkeit der Aufnahme einer Gewerbetätigkeit regeln (siehe auch *Kahl*, in: Landmann/ Rohmer I, § 1 Rdn. 35). Beispiele für derartige landesrechtliche Restriktionen finden sich insb. im kommunalen Wirtschaftsrecht für die gewerbliche **Betätigung** von Gemeinden (vgl. z. B. § 102 I GemO BW, § 107 I, III GO NRW).

3. Verhältnis der Gewerbefreiheit gem. § 1 I zur Berufsfreiheit gem. Art. 12 I GG

Da das Grundrecht der Berufsfreiheit auch die **Gewerbefreiheit** mitumfasst (*BVerfGE* 50, 290 [362]; siehe oben Einl. Rdn. 16), sind Beschränkungen der Gewerbefreiheit regelmäßig unmittelbar am Maßstab des Art. 12 GG zu bewerten (hierzu ausführlich Einl. Rdn. 56 ff.). Insoweit hat § 1 I mit Inkrafttreten des GG seine herausragende Bedeutung verloren (zur historischen Entwicklung siehe *Kahl*, in: Landmann/Rohmer I, Einl. Rdn. 1 ff., 14 ff.). Eigenständige freiheitssichernde Funktion kommt § 1 I aber auch heute noch in denjenigen Bereichen zu, in denen diese Vorschrift über die Garantien des GG hinausgeht. **96**

Das betrifft zum einen **Ausländer**, die durch das Deutschen **vorbehaltene** Grundrecht der Berufsfreiheit nicht geschützt werden, sondern nur durch Art. 2 I GG (oben Einl. Rdn. 31). Zur Gewerbefreiheit von Ausländern siehe ausführlich *Kahl*, in: Landmann/Rohmer, § 1 Rdn. 28 ff. sowie oben Einl. Rdn. 104 ff. **97**

Zum anderen gilt dies für **juristische Personen des Privatrechts**, soweit ihnen Grundrechtsschutz nach Art. 12 I GG versagt wird (vgl. für den Geschäftsbetrieb eingetragener **Vereine** *BVerfGE* 97, 228 [253]; oben Einl. Rdn. 33) und vor allem für **juristische Personen des öffentlichen Rechts**, welche sich im Rahmen einer gewerblichen Tätigkeit weder auf die Berufsfreiheit des Art. 12 GG noch auf die allgemeine Handlungsfreiheit gem. Art. 2 I GG berufen können, da ihnen insoweit die Grundrechtsfähigkeit fehlt, selbst dann, wenn sie die gewerbliche Tätigkeit in privatrechtlichen Formen ausüben, etwa durch Betreiben einer GmbH oder AG (dazu *BVerfGE* 45, 63 [80]; *Mann*, in: Sachs, GG, 5. Aufl. 2009, Art. 12 Rdn. 40 f.). Trotz Verneinung der Grundrechtsfähigkeit können sich juristische Personen des öffentlichen Rechts aber auf § 1 I berufen, freilich nur dann, wenn ihnen diese gewerbliche Tätigkeit nicht gesetzlich untersagt ist (siehe oben Rdn. 95). **98**

Umgekehrt kann der Schutzumfang des § 1 hinter dem **Schutzbereich** des Art. 12 I GG zurückbleiben, so bei Tätigkeiten, denen ein gesetzliches Verbot entgegensteht (vgl. oben Rdn. 39). **99**

4. Recht am eingerichteten und ausgeübten Gewerbebetrieb?

Ob aus § 1 I unmittelbar ein dann auch zivilrechtlich geschütztes Recht am eingerichteten und ausgeübten Gewerbebetrieb folgt (so *Fröhler/Kormann* § 1 Rdn. 27), ist in Ansehung der wirtschaftsordnungsrechtlichen Zielsetzung des **100**

Ennuschat

Gesetzes zweifelhaft. § 1 I ist jedenfalls kein Schutzgesetz i. S. d. § 823 II BGB. Die Frage hat aber keine praktische Bedeutung, da das Recht am eingerichteten und ausgeübten Gewerbebetrieb als „sonstiges Recht" i. S. d. § 823 I BGB anerkannt ist (*BGHZ* 45, 307). Die Frage der grundrechtlichen Gewährleistung des Rechts am eingerichteten und ausgeübten Gewerbebetrieb im Rahmen der Eigentumsgarantie des Art. 14 I GG ist entgegen einer verbreiteten Literaturauffassung restriktiv zu beantworten; siehe oben Einl. Rdn. 18 ff.

III. Verbot belastender rückwirkender Zulassungsbeschränkungen (Abs. 2)

1. Schutzgehalt des § 1 II

101 **a) Gegenwärtige Berechtigung.** Das in § 1 II formulierte Verbot belastender rückwirkender Zulassungsbeschränkungen sollte ursprünglich den Bestandsschutz von Gewerbebetrieben garantieren, die im Zeitpunkt des Inkrafttretens der Gewerbeordnung für den Norddeutschen Bund zulässigerweise betrieben wurden (*Kahl*, in: Landmann/Rohmer I, § 1 Rdn. 39). Das Merkmal „gegenwärtig" bezog sich daher zunächst auf den 1.10.1869. Es ist jedoch allgemein anerkannt, dass § 1 II darüber hinaus als Grundregel für alle Novellierungen der GewO und gewerberechtlicher Nebengesetze gilt (grundlegend *BVerwGE* 24, 34 [36 f.]).

102 **b) Berechtigung zum Betrieb eines Gewerbes.** Berechtigt betreibt jemand ein Gewerbe, wenn dies im Einklang mit dem bisherigen Recht erfolgt (*BVerwGE* 24, 38 [42]).

Problematisch ist die Bewertung, falls jemand durch behördliches Unrecht an der Aufnahme eines Gewerbes vor Inkrafttreten einer Novellierung gehindert wurde. Dies kann relevant werden, wenn ein Antrag auf Erteilung einer gewerberechtlichen Erlaubnis nach bisheriger Rechtslage zu Unrecht abgelehnt worden ist und durch die Novellierung eingeführte zusätzliche Voraussetzungen der Erlaubniserteilung nicht vorliegen, nach neuer Rechtslage also die Erlaubnis nicht erteilt werden dürfte. In derartigen Fällen ist der Betroffene so zu stellen, als wäre ihm vor der Rechtsänderung die Erlaubnis, auf die er seinerzeit einen Anspruch hatte, erteilt worden. Er kann sich also darauf berufen, gegenwärtig zum Betrieb eines Gewerbes gem. § 1 II berechtigt zu sein (*BVerwG* DVBl. 1960, 778; *Friauf*, in: ders., § 1 Rdn. 338; *Kahl*, in: Landmann/Rohmer I, § 1 Rdn. 41 m. w. N; vgl. ferner *Kopp/Schenke* VwGO, § 113 Rdn. 223).

103 **c) Tatsächliche Ausübung.** Über den Wortlaut hinaus muss das Gewerbe tatsächlich ausgeübt worden sein. Diese normzweckbezogene Einschränkung rechtfertigt sich daraus, dass § 1 II eine Konkretisierung des Gedankens des Vertrauensschutzes ist. Vom Vertrauensschutz erfasst wird nur derjenige, der bereits einen Besitzstand verteidigt, also von dem bisherigen Recht, ein Gewerbe zu beginnen und fortzusetzen, Gebrauch gemacht hat. Geschützt sind mithin nur diejenigen, die tatsächlich im Zeitpunkt der Gesetzesänderung ein Gewerbe betrieben haben. Hingegen ist nicht geschützt, wer von der früheren Möglichkeit, (erlaubnisfrei) ein Gewerbe zu betreiben, keinen

Grundsatz der Gewerbefreiheit §1

Gebrauch gemacht hat. Nicht geschützt ist schließlich auch derjenige, der nach Aufnahme eines Gewerbes dieses im Zeitpunkt der Rechtsänderung nicht mehr ausübt (*BVerwGE* 24, 38 [42]; *Kahl*, in: Landmann/Rohmer I, § 1 Rdn. 40 m. w. N.).

d) Rechtsfolge des § 1 II. § 1 II gewährleistet das Recht zum unveränderten Weiterbetreiben des bisher zulässigerweise tatsächlich ausgeübten Gewerbebetriebes, auch wenn neu eingeführte gesetzliche Erfordernisse nicht erfüllt werden. Dies gilt jedoch nur, sofern die Gesetzesänderung nicht ausdrücklich etwas anderes bestimmt, also eine Rückwirkungsklausel enthält (*BVerwGE* 25, 204 [206]). 104

Zu beachten ist, dass § 1 II nur die Fortführung eines Gewerbebetriebes betrifft. Soll der Gewerbebetrieb verändert werden, unterliegt die **Veränderung** dem neuen Recht. Ferner werden Regelungen der **Gewerbeausübung** nicht von § 1 II berührt (*BVerwG* VRspr. 19, 226). Eine **Ortsverlagerung** des Gewerbebetriebes ist grundsätzlich keine Veränderung, sondern Fortführung, sodass insoweit die frühere Zulässigkeit fortgilt. Etwas anderes gilt aber dann, wenn die Erlaubnis an bestimmte Räume gebunden ist (etwa gem. § 3 GastG) oder eine Erlaubnis für die Verlegung als solche vorgesehen ist (*Kahl*, in: Landmann/Rohmer I, § 1 Rdn. 42). 105

Aus dem Rückwirkungsverbot für Rechtsnormen folgt auch, dass erst nach neuem Recht zulässige belastende Maßnahmen (z. B. Gewerbeuntersagung) nicht ausschließlich auf „Alttatsachen" gestützt werden dürfen, d. h. auf Ereignisse, die vor Inkrafttreten der Neuregelung geschehen sind und nach altem Recht keine Berücksichtigung finden durften (*BVerwGE* 24, 34 [36 f.]; *Kahl*, in: Landmann/Rohmer I, § 1 Rdn. 43). § 1 II steht der Berücksichtigung neuer Tatsachen jedoch nicht entgegen (*Friauf*, in: ders., § 1 Rdn. 342).

2. Allgemeiner Vertrauensschutz gem. Art. 20 III GG

§ 1 II konkretisiert für einen Teilbereich des Wirtschaftsverwaltungsrechts den allgemeinen Grundsatz des Vertrauensschutzes, welcher aus dem Rechtsstaatsprinzip des Art. 20 III GG abzuleiten ist (*Kahl*, in: Landmann/Rohmer I, § 1 Rdn. 38). Aus dem Vertrauensgrundsatz folgen die durch die bundesverfassungsgerichtliche Judikatur entwickelten Beschränkungen der Rückwirkung belastender Gesetze (dazu etwa *Herzog*, in: Maunz/Dürig, Art. 20 Abschn. VII Rdn. 65 ff.; *Sachs*, in: ders., GG, 5. Aufl. 2009, Art. 20 Rdn. 132 ff.; *Schnapp*, in: v. Münch/Kunig, GG, Bd. II, 5. Aufl. 2001, Art. 20 Rdn. 31). Außerhalb des speziellen Anwendungsbereichs des § 1 II greifen deshalb diese allgemeinen Rückwirkungsregeln. 106

Dies kann zum einen bedeutsam sein für ausdrücklich normierte Rückwirkungsregeln in gewerberechtlichen Änderungsgesetzen. Soweit diese als formelle Bundesgesetze ranggleich zu § 1 II sind, steht § 1 II einer ausdrücklich angeordneten Rückwirkung nicht entgegen (dazu oben Rdn. 87). 107

Zum anderen sind die allgemeinen Rückwirkungsbeschränkungen maßgeblich für die Beurteilung verschärfender Gewerbeausübungsregelungen. Auch insoweit scheitert eine Rückwirkung keinesfalls an § 1 II, weil der zweite Absatz von § 1 an den ersten anknüpft und ebenso nur das „Ob" der Gewerbetätigkeit betrifft (siehe oben Rdn. 81). 108

§ 2 (weggefallen)

§ 3 Betrieb verschiedener Gewerbe

¹Der gleichzeitige Betrieb verschiedener Gewerbe sowie desselben Gewerbes in mehreren Betriebs- oder Verkaufsstätten ist gestattet. ²Eine Beschränkung der Handwerker auf den Verkauf der selbstverfertigten Waren findet nicht statt.

I. Vorbemerkung

1 § 3 S. 1 garantiert das Recht, gleichzeitig verschiedene Gewerbe auszuüben, unabhängig davon, ob dies in mehreren Betriebsstätten und in unterschiedlichen Ausübungsformen (z. B. Reisegewerbe, Marktgewerbe) erfolgt. Des Weiteren kann ein Gewerbe an verschiedenen Orten ausgeübt werden. § 3 gilt für alle Formen der Gewerbeausübung und gleichermaßen für natürliche wie juristische Personen. Ein persönliches Tätigwerden des Gewerbetreibenden im Zweitbetrieb ist nicht erforderlich (*Marcks*, in: Landmann/Rohmer I, § 3 Rdn. 1).

2 Zur Zeit des Inkrafttretens der GewO – § 3 blieb seither im Wortlaut unverändert – war diese Garantie dem Liberalismus ein wichtiges Anliegen, um die freie wirtschaftliche Entwicklung nach Beseitigung der Zunftschranken zu begünstigen (*Marcks*, in: Landmann/Rohmer I, § 3 Rdn. 1; *Repkewitz*, in: Friauf, § 3 Rdn. 9). Heute ist dieses Recht im Wesentlichen bereits durch das Grundrecht der Berufsfreiheit gem. Art. 12 I GG abgesichert (vgl. *BVerwG* NVwZ 1985, 269 [270] zu Spielhallen i. S. v. § 33 i; siehe auch oben Einl. Rdn. 16; *Repkewitz*, in: Friauf, § 3 Rdn. 3). So umfasst Art. 12 I GG auch das Recht zur Ergreifung eines Zweit- oder Nebenberufs (*BVerfG[K]* NVwZ-RR 1994, 153; NJW 2004, 1935 (1936); siehe auch Einl. Rdn. 53 ff. m. w. N.).

3 Eigenständige Bedeutung hat § 3 aber noch insofern, als diese Norm wegen Art. 31 GG landesrechtliche Beschränkungen der genannten Rechte ausschließt. § 3 kann deshalb nur durch Bundesgesetz eingeschränkt werden (unten Rdn. 5). Dies gilt auch für diejenigen Teile des Gewerberechts, die durch die Neufassung des Art. 74 I Nr. 11 GG der Gesetzgebungskompetenz der Länder zugewiesen worden sind (Einl. Rdn. 13 f.). Soweit Landesrecht gewerberechtliche Materien regelt (etwa im Spielhallen- oder Gaststättenrecht), bleibt damit die Vorgabe des § 3 bedeutsam.

4 Ergänzend zu § 3 und Art. 12 GG ist noch auf Art. 49 AEU zu verweisen (vgl. dazu *Repkewitz,* in: Friauf, § 3 Rdn. 4 ff.). Die Niederlassungsfreiheit als EU-Grundfreiheit umfasst auch das Recht zur Gründung von Agenturen, Zweigniederlassungen oder Tochtergesellschaften.

II. Gleichzeitiger Betrieb verschiedener Gewerbe (S. 1 1. Var.)

1. Mehrere Gewerbe

5 Das Recht, gleichzeitig mehrere Gewerbe auszuüben, wird in einigen gewerberechtlichen Spezialvorschriften vorausgesetzt, so etwa in § 33 i I 1

GewO („überwiegend") oder in § 2 II Nr. 4 GastG. Bundesrechtliche (nicht landesrechtliche, oben Rdn. 3) Einschränkungen dieses Rechts kommen in zweifacher Hinsicht in Betracht:

Zum einen kann ein Zweit- oder Nebengewerbe schlechthin ausgeschlossen sein. Grund für dieses Verbot mag sein, dass der Gewerbetreibende zur persönlichen Leitung seines Gewerbes gesetzlich verpflichtet ist und sich daraus Inkompatibilitäten ergeben (näher *Marcks*, in: Landmann/Rohmer I, § 3 Rdn. 5). 6

Zum anderen kann ein Zweit- oder Nebengewerbe zwar als solches zulässig sein, darf aber nicht in den gleichen Räumen wie das Erstgewerbe ausgeübt werden. Derartige räumliche Beschränkungen bzw. Beschränkungsmöglichkeiten finden sich etwa in § 33 a II Nr. 3 GewO, §§ 1 ff. SpielV, § 4 ApBetrO, § 7 II 2 PfandlV. 7

Die Zulässigkeit solcher Verbote und Einschränkungen bemisst sich nach Art. 12 GG (vgl. dazu Einl. Rdn. 50; *Tettinger* AöR 108 [1983], 99 f.). Räumliche Beschränkungen können als Berufsausübungsregelung aus „vernünftigen Gründen des Gemeinwohls" zulässig sein (*BVerfGE* 7, 377 [378]). Strengere Anforderungen gelten für das Verbot eines Zweit- oder Nebengewerbes. Daher ist es der Verwaltung bei Ermessensentscheidungen untersagt, durch Nebenbestimmungen zu einer Erlaubnis den Betrieb verschiedener Gewerbe zu untersagen (so auch *Marcks*, in: Landmann/Rohmer I, § 3 Rdn. 3). 8

2. Gewerbe neben nichtgewerblicher Tätigkeit

§ 3 betrifft dem Wortlaut nach nicht das Recht, neben einer bisherigen nichtgewerblichen Berufstätigkeit nunmehr auch ein Gewerbe zu betreiben (*Repkewitz*, in: Friauf, § 3 Rdn. 16). Auch dieses Recht ist freilich von Art. 12 GG erfasst (vgl. Einl. Rdn. 50), sodass Beschränkungen im Grundsatz denselben verfassungsrechtlichen Anforderungen genügen müssen. Im Unterschied zu § 3 sind hier aber landesrechtliche Einschränkungen möglich. Bundesrechtliche Restriktionen gelten etwa für Rechtsanwälte (§§ 7 Nr. 8, 14 II Nr. 8 BRAO; dazu *BVerwG* NJW 1993, 1347; *BGH* NJW 2008, 1318: die Tätigkeit im Versicherungs-, Finanzdienstleistungs- und Maklergewerbe sei in der Regel mit dem Anwaltsberuf unvereinbar). 9

III. Betrieb eines Gewerbes an verschiedenen Orten (S. 1 2. Var.)

Sofern eine Gewerbeerlaubnis sich als nötig erweist, ist diese grundsätzlich räumlich nicht beschränkt. Deshalb verlangt die Ausweitung eines Betriebes auf weitere Betriebsstätten lediglich eine weitere Anzeige nach § 14 (*Marcks*, in: Landmann/Rohmer I, § 3 Rdn. 7; näher § 14 Rdn. 44 f.; *Pielow*, in: BeckOK, § 3 Rdn.6; *Repkewitz*, in: Friauf, § 3 Rdn. 25). Dies gilt gleichermaßen im erlaubnisfreien Bereich der Gewerbeausübung. 10

Ausnahmsweise ist eine Gewerbeerlaubnis nicht nur personen-, sondern auch raumgebunden (etwa § 3 I 1 GastG). Dann bedarf die Ausweitung des Gewerbes auf zusätzliche Betriebsräume einer weiteren Erlaubnis (*Pielow*, in: BeckOK, § 3 Rdn.8; *Repkewitz*, in: Friauf, § 3 Rdn. 27).

IV. Verkauf fremdgefertigter Waren durch Handwerker (S. 2)

11 S. 2 zielte ursprünglich auf verschiedene landesrechtliche Beschränkungen aus der Zeit vor Inkrafttreten der GewO ab und soll neue Beschränkungen durch Landesrecht verhindern (*Marcks*, in: Landmann/Rohmer I, § 3 Rdn. 9; *Repkewitz*, in: Friauf, § 3 Rdn. 29), ist heute aber ohne Praxisrelevanz. Unberührt von S. 2 bleibt die Qualifikation eines Verkaufsbetriebes als Gewerbe i. S. d. § 1, die davon abhängen kann, ob nur selbst gefertigte oder auch dazugekaufte Ware verkauft wird (oben § 1 Rdn. 50 zur Abgrenzung Urproduktion/Gewerbe).

§ 4 Grenzüberschreitende Dienstleistungserbringung, Niederlassung

(1) ¹Werden Gewerbetreibende von einer Niederlassung in einem anderen Mitgliedstaat der Europäischen Union oder einem anderen Vertragsstaat des Abkommens über den Europäischen Wirtschaftsraum aus im Geltungsbereich dieses Gesetzes vorübergehend selbständig gewerbsmäßig tätig, sind § 34b Absatz 1, 3, 4, 6 und 7, § 34c Absatz 1 Satz 1 Nummer 1 und 4 sowie § 38 Absatz 1 und 2 insoweit nicht anzuwenden. ²Die §§ 14, 55 Absatz 2 und 3, die §§ 55c, 56a und 57 Absatz 3 sind in diesen Fällen ebenfalls nicht anzuwenden, es sei denn, es werden gewerbsmäßige Tätigkeiten ausgeübt, die auf Grund des Artikels 2 Absatz 2 der Richtlinie 2006/123/EG des Europäischen Parlaments und des Rates vom 12. Dezember 2006 über Dienstleistungen im Binnenmarkt (ABl. L 376 vom 27. 12. 2006, S. 36) vom Anwendungsbereich dieser Richtlinie oder auf Grund der Regelungen des Artikels 17 dieser Richtlinie von der Dienstleistungsfreiheit ausgenommen sind.

(2) ¹Absatz 1 gilt nicht, wenn die Tätigkeit aus dem anderen Mitgliedstaat der Europäischen Union oder dem anderen Vertragsstaat des Abkommens über den Europäischen Wirtschaftsraum heraus zur Umgehung der in Absatz 1 genannten Vorschriften erbracht wird. ²Eine Umgehung liegt insbesondere vor, wenn ein Gewerbetreibender, um sich den in Absatz 1 genannten Vorschriften zu entziehen, von einem anderen Mitgliedstaat der Europäischen Union oder einem anderen Vertragsstaat des Abkommens über den Europäischen Wirtschaftsraum aus ganz oder vorwiegend im Geltungsbereich dieses Gesetzes tätig wird.

(3) Eine Niederlassung besteht, wenn eine selbständige gewerbsmäßige Tätigkeit auf unbestimmte Zeit und mittels einer festen Einrichtung von dieser aus tatsächlich ausgeübt wird.

Literatur: *P. Bleutge,* Neuer § 36a GewO geplant, Bundesregierung legt Gesetzesentwurf vor, GewArch 2009, 275 ff.; *A. D. Luch/S. E. Schulz,* Kontrolldefizite im Binnenmarkt für Dienstleistungen, GewArch 2009, 143 ff.; *M. Krajewski,* Anforderungen der Dienstleistungsrichtlinie an Genehmigungsregelungen und ihre Umsetzung im deutschen Recht, NVwZ 2009, 929 ff.; *Th. Mann,* Randnotizen zur Umsetzung der

Dienstleistungsrichtlinie im Gewerberecht, GewArch 2010, 93 ff.; *U. Schönleiter/A. Stenger*, Frühjahrssitzung 2009 des Bund-Länder-Ausschusses „Gewerberecht", GewArch 2009, 294 ff.; *U. Schönleiter*, Das neue Gesetz zur Umsetzung der Dienstleistungsrichtlinie in der GewO, GewArch 2009, 384 ff.

Übersicht

	Rdn.
I. Vorbemerkung	1
II. Gewerberechtliche Privilegierung der Wahrnehmung der Dienstleistungsfreiheit (Abs. 1)	5
1. Gewerbetreibender mit Niederlassung in einem anderen EU- oder EWR-Staat	5
2. Vorübergehende selbständige gewerbsmäßige Tätigkeit in Deutschland	6
a) Selbständig und gewerbsmäßig	7
b) Von einer Niederlassung im EU-/EWR-Ausland aus	7
c) Vorübergehend	10
3. Nicht anzuwendende Vorschriften	11
a) Ausnahmslos nicht anwendbare Vorschriften (Abs. 1 S. 1)	12
b) Grundsätzlich nicht anwendbare Vorschriften (Abs. 1 S. 2)	13
c) Sonstige, in § 4 nicht genannte Vorschriften der GewO	15
III. Umgehungsverbot(Abs. 2)	16
IV. Niederlassung (Abs. 3)	20

I. Vorbemerkung

§ 4 wurde durch das Gesetz zur **Umsetzung der Dienstleistungsrichtlinie** im Gewerberecht und in weiteren Rechtsvorschriften vom 17. 7. 2009 (BGBl. I S. 2091) in die Gewerbeordnung eingefügt und trat am 29. 12. 2009 in Kraft. Er dient insb. der Umsetzung des Art. 16 der Richtlinie 2006/123/EG des Europäischen Rates vom 12. 12. 2006 über Dienstleistungen im Binnenmarkt (ABl. EU L 376, S. 36). Dieser sieht vor, dass die Mitgliedstaaten die freie Aufnahme und Ausübung von Dienstleistungstätigkeiten für einen in einem anderen Mitgliedstaat ansässigen Dienstleistungserbringer nicht von dem Vorliegen einer Genehmigung abhängig machen dürfen, es sei denn, dass dies aus Gründen der öffentlichen Ordnung, der öffentlichen Sicherheit, der öffentlichen Gesundheit oder des Schutzes der Umwelt gerechtfertigt ist, wobei diese Begriffe jeweils unionsrechtlich zu definieren und daher nicht deckungsgleich mit den Definitionen des deutschen Polizei- und Ordnungsrechtes sind (BT-Drs. 16/12784, S. 11). Anknüpfungspunkte zum Verständnis dieser Begriffe bietet die Rechtsprechung des EuGH zu Art. 52 AEU. Die **öffentliche Ordnung** ist danach insb. dann gefährdet, wenn ein „Grundinteresse der Gesellschaft" berührt ist, welches kein rein wirtschaftliches Interesse sein darf (vgl. *EuGH* Urt. v. 9. 3. 2000, Rs. C-355/98, Slg. 2000, I-1221, Rdn. 28 – Kommission/Belgien; Urt. v. 19. 1. 1999, Rs. C-348/96, Slg. 1999, I-11,

§ 4 Titel I. Allgemeine Bestimmungen

Rdn. 21 ff. und 35 – Calfa; BT-Drs. 16/12784, S. 11). Unter „**öffentlicher Sicherheit**" fallen Regelungen, „die wesentlich sind für die Existenz eines Staates", wenn sie also für das „Funktionieren seiner Wirtschaft [...] seiner Einrichtungen und seiner wichtigen öffentlichen Dienste" erforderlich sind (*EuGH* Urt. v. 10. 7. 1984, Rs. C-72/83, Slg. 1984, 2727, Rdn. 34 – Campus Oil). Von daher wird die öffentliche Sicherheit auch als das „Schutzsystem des Staates zur Erhaltung seines Gewaltmonopols sowie den Schutz seiner Existenz und seiner zentralen Einrichtungen" (*Epiney*, in: Bieber/Epiney/Haag, Die Europäische Union, § 11 Rdn. 52, Fn. 104) definiert. Bei der Anwendung der Begriffe „öffentliche Sicherheit" und „öffentliche Ordnung" handelt es sich um die Ausfüllung von Ausnahmetatbestände, die grundsätzlich eng auszulegen sind (BT-Drs. 16/12784, S. 12). Eine weitere Einschränkung aus anderen Gründen, wie z. B. des Verbraucherschutzes, ist nicht möglich (BT-Drs. 16/12784, S. 11; *Mann* GewArch 2010, 93 [94]; *Schönleiter/Stenger* GewArch 2009, 294 [297]).

2   Gemäß der Rechtsprechung des EuGH verlangt das Vorliegen des Rechtfertigungsgrundes der öffentlichen Sicherheit oder Ordnung, dass eine tatsächliche und hinreichend schwere Gefährdung der genannten Rechtsgüter gegeben ist (*EuGH* Urt. v. 14. 10. 2004, Rs. C-36/02, Slg. 2004, I-9609, Rdn. 30 – Omega; *EuGH* Urt. v. 14. 3. 2000, Rs. C-54/99, Slg. 2000, I-1335, Rdn. 17 – Scientology; *Mann* GewArch 2010, 93 [95]); abgestellt wird also auf konkrete Gefahren. Demgegenüber sind die Beschränkungen der Gewerbefreiheit, die in der GewO normiert sind, generalpräventiv motiviert. Der Gesetzgeber musste daher befürchten, dass die Anwendung der Beschränkungen der GewO auf grenzüberschreitende Dienstleistungen einer Überprüfung durch den EuGH nicht Stand hielte (*Mann* GewArch 2010, 93 [94]). Vor diesem Hintergrund erklärt der neue § 4 eine Reihe von Bestimmungen der GewO für nicht anwendbar, soweit es um grenzüberschreitende Dienstleistungen geht (sog. **Korrespondenzdienstleistungen**). Die Nichtanwendbarkeit wurde der besseren Übersicht wegen nicht in den jeweiligen Vorschriften, sondern in einer zentralen Norm geregelt (BT-Drs. 16/12784, S. 9).

3   Die Regelung des § 4 führt zu einer unterschiedlichen Behandlung zwischen in Deutschland niedergelassenen Gewerbetreibenden und solchen, die ihre Niederlassung im europäischen Ausland besitzen und von dort aus in Deutschland in Ausübung ihrer Dienstleistungsfreiheit tätig werden: Während für die Inländer einige Restriktionen der GewO gelten, sind Gewerbetreibende mit ausländischem Sitz davon befreit. Diese **Inländerdiskriminierung** ist an der Berufsfreiheit gem. Art. 12 I GG zu messen (a. A.: Art. 3 I GG, dazu Einl. Rdn. 115). Nach Auffassung des Gesetzgebers ist sie dadurch gerechtfertigt, dass die grenzüberschreitend tätigen Dienstleister die Voraussetzungen zu erfüllen haben, die in ihrem Herkunftsland gelten. Diese sollen „für gewöhnlich strenger" als die bundesdeutschen Voraussetzungen sein (so BT-Drs. 16/12784, S. 12). Außerdem werden die in der GewO vorgesehenen Erlaubnisvorbehalte als zwingend für das Allgemeininteresse, den Verbraucherschutz, die Lauterkeit des Handelsverkehrs und die Betrugsvorbeugung betrachtet, sodass eine generelle Abschaffung für alle Gewerbetreibende nicht in Betracht komme. Die Ausnahme für Korrespondenzdienstleistungen

wurde nur eingeführt, um den europarechtlichen Vorgaben zu genügen (BT-Drs. 16/12784, S. 12).

Die Dienstleistungsrichtlinie und ihre Umsetzung durch § 4 können sich 4 in der gewerberechtlichen Praxis nur bewähren, wenn in allen EU-/EWR-Staaten eine hinreichend effektive Kontrolle der Gewerbetreibenden im jeweiligen Sitzstaat besteht, die auch greift, wenn sich der Gewerbetreibende in anderen Staaten betätigt; damit steht und fällt zugleich die Legitimierung der Inländerdiskriminierung. Stellt eine deutsche Behörde ein Fehlverhalten eines Gewerbetreibenden, der unter § 4 fällt, fest, steht ihr das klassische Eingriffsinstrumentarium der GewO nicht zur Verfügung. Sie muss vielmehr die Behörden des Sitzstaates darüber informieren, damit diese einschreiten. Hierzu dient das Internal-Market-Information-System (dazu *Schönleiter* GewArch 2009, 384 [386]). Ob sich dabei **Kontrolldefizite** einstellen werden, bleibt abzuwarten (näher zur Problematik *Luch/Schulz* GewArch 2009, 143 ff.).

II. Gewerberechtliche Privilegierung der Wahrnehmung der Dienstleistungsfreiheit (Abs. 1)

1. Gewerbetreibender mit Niederlassung in einem anderen EU- oder EWR-Staat

§ 4 I betrifft **Gewerbetreibende** (§ 1 Rdn. 74 ff.) mit einer **Niederlas-** 5 **sung** (dazu § 4 III, unten Rdn. 20 f.) in einem anderen EU- oder EWR-Staat (siehe § 11 b Rdn. 7). Wenn die Niederlassung offensichtlich den wesentlichen rechtlichen Anforderungen des Sitzstaates widerspricht, kann sich der Gewerbetreibende nicht auf die Privilegierung des § 4 berufen. Die **Staatsangehörigkeit** des Gewerbetreibenden ohne Belang. Gegen eine Ausdehnung des Anwendungsbereichs auf Ausländer ohne Unionsbürgerschaft spricht zwar, dass der Anwendungsbereich des § 4 grundsätzlich auf den Anwendungsbereich der Richtlinie 2005/36/EG begrenzt sein soll (BT-Drs. 16/9996, S. 8), welche wiederum nur für Unionsbürger gilt. Allerdings zeigt der Vergleich von § 4 mit – dem gleichzeitig eingeführten – § 13 a, dass der Anwendungsbereich bei § 4 umfassender sein soll. Der Gesetzgeber hat bei § 4 auf das einschränkende Merkmal „als Staatsangehöriger eines Mitgliedstaates" gerade verzichtet. Daher kann auch nicht unterstellt werden, dass diese Einschränkung trotz des fehlenden Merkmals gelten soll. Vielmehr reiht sich § 4 in die übrige Terminologie der Gewerbeordnung ein, die bei dem „Gewerbetreibenden" nicht nach der Staatsangehörigkeit unterscheidet. Hinzu kommt, dass durch § 4 die Funktionalität des Binnenmarksystems gestärkt werden sollte. § 4 geht davon aus, dass der Gewerbetreibende bereits in seinem jeweiligen (EU-/EWR-)Sitzstaat einer ausreichenden Überwachung unterliegt – eine solche erfolgt aber regelmäßig unabhängig von der Staatsangehörigkeit des Dienstleisters.

Aus der gleichen Überlegung heraus findet § 4 auch auf **juristische Personen** aus dem EU-/EWR-Ausland Anwendung. Der Wortlaut grenzt diese – anders als bei § 13 a (siehe dort Rdn. 4) – nicht aus, sondern reiht sich in die gewöhnliche Terminologie der Gewerbeordnung ein. Vom Begriff des Gewerbetreibenden i. S. d. § 1 werden aber sowohl natürliche wie juristische Personen erfasst (vgl. § 1 Rdn. 74).

2. Vorübergehende selbständige gewerbsmäßige Tätigkeit in Deutschland

6 Der Gewerbetreibende muss von der ausländischen Niederlassung aus vorübergehend selbständig und gewerbsmäßig tätig werden. **a) Selbständig und gewerbsmäßig.** An dem Merkmal der Gewerbsmäßigkeit kann es insb. in Bagatellfällen fehlen, wenn es sich z. B. um eine einmalige Dienstleistung von kurzer Dauer handelt (BT-Drs. 16/12784, S. 13; siehe § 1 Rdn. 8 ff.). Dieses Merkmal hat im Wesentlichen klarstellenden Charakter, weil die durch § 4 für unanwendbar erklärten Vorschriften der GewO bei fehlender Gewerbsmäßigkeit ohnehin nicht greifen.

7 **b) Von einer Niederlassung im EU-/EWR-Ausland aus.** § 4 greift nur für die Wahrnehmung der Dienstleistungsfreiheit. Die Unterscheidung zwischen Ausübung der Niederlassungsfreiheit und der Dienstleistungsfreiheit ist nicht nur von theoretischer Natur. Gilt für die Niederlassung eines Gewerbetreibenden weiterhin das „Bestimmungslandprinzip", also der Grundsatz, dass das Recht des Niederlassungsstaates vorrangig Anwendung finden soll, so tritt bei Ausübung der Dienstleistungsfreiheit seit der Dienstleistungsrichtlinie das „Herkunftslandprinzip" in den Vordergrund. Die Überwachungsverantwortung über die Tätigkeit des Gewerbetreibenden wird daher überwiegend dem Niederlassungsstaat zugeschrieben, das Aufnahmeland hat nur subsidiäre Kontrollrechte, vgl. Art. 18 der RL 2006/123/EG (*Luch/Schulz* GewArch 2009, 143 [144]).

8 Hinsichtlich des EU-Rechts, das zugleich die Auslegung von § 4 dirigiert, wird zwischen Niederlassungs- und Dienstleistungsfreiheit wie folgt unterschieden: Während die **Niederlassungsfreiheit** „die Aufnahme und Ausübung selbständiger Erwerbstätigkeit sowie die Gründung und Leitung von Unternehmen, insb. von Gesellschaften im Sinne des Art. 48 II, nach den Bestimmungen des Aufnahmestaates für seine eigenen Angehörigen" (Art. 49 AEU) erfasst, geht es bei der **Dienstleistungsfreiheit** um „Leistungen, die in der Regel gegen Entgelt erbracht werden, soweit sie nicht den Vorschriften über den freien Waren- und Kapitalverkehr und über die Freizügigkeit der Personen unterliegen" (Art. 57 AEU). Entscheidend für die Abgrenzung zwischen den Grundfreiheiten ist daher einerseits die „feste Einrichtung" (*EuGH* Urt. v. 15. 2. 1996, Rs. C-53/95, Slg. 1996, I-703 – Inasti/Kemmler; *EuGH* Urt. v. 25. 07. 1991, Rs. C-221/89, Slg. 1991, I-3905), die eine Niederlassung im Gegensatz zur reinen Dienstleistungserbringung auszeichnet. Hierunter werden insb. – aber nicht zwingend – bauliche Einrichtungen verstanden. Zur festen Einrichtung muss ergänzend noch das Element der „Dauerhaftigkeit" hinzutreten (*EuGH* Urt. v. 17. 06. 1997, Rs. C-70/95, Slg. 1997, I-3395, Rdn. 24 – Sodemare), also eine „stetige und dauerhafte" Teilnahme am Wirtschafsleben des Niederlassungsstaates erfolgen. Während der Niederlassungswillige nämlich „dauerhaft" am Wirtschaftsleben eines anderen Staates teilnehmen möchte, begibt sich der Dienstleister nur „vorübergehend" in den anderen Mitgliedstaat (*Bröhmer*, in: Callies/

Rufert, Das Verfassungsrecht der Europäischen Union, 7. Aufl. 2007, Art 43 EG Rdn. 13). Im Einzelfall kann die Abgrenzung schwierig werden. Selbst wenn der Betrieb eines Unternehmens nur darauf ausgerichtet ist, Leistungen in einem anderen Mitgliedsstaat zu erbringen, kann es sich dennoch um einen Fall der Dienstleistungsfreiheit handeln, da für eine Niederlassung eine materielle Fixierung notwendig sein soll (*EuGH* Urt. v. 5. 10. 1994, Rs. C-23/93, Slg. 1994, S. I-4795, Rdn 15 – TV10; *EuGH* Urt. v. 9. 3. 1999, Rs. C-212/97, Slg. 1999, I-1459, Rdn. 17 – Centros). Andersherum muss keine „Niederlassung" gegeben sein, selbst wenn der Dienstleister Räume im fremden Mitgliedsstaat anmietet. Auch der Dienstleister darf sich die für die Erbringung der Dienstleistung erforderliche Infrastruktur im Zielmitgliedsstaat anschaffen, ohne dass der Dienstleistungscharakter seiner Tätigkeit verloren gehen muss (*EuGH* Urt. v. 30. 11. 1995, Rs. C-55/94, Slg. 1995, S. I-4165, Rn 27 – Gebhard). Schwierig ist die Abgrenzung oft auch deshalb, weil es keine konkreten Vorgaben für das Abgrenzungsmerkmal „Dauer" gibt. So kann ein Bauunternehmer zwei Wochen oder aber auch 4 Jahre eine Baustelle in einem anderen Mitgliedstaat betreiben, ohne dass er aus dem Anwendungsbereich der Dienstleistungsfreiheit herausfallen würde (*Randelzhofer/Forsthoff*, in: Grabitz/Hilf/Nettesheim, Art. 43 EG Rdn. 25). Entscheidend ist letzten Endes eine Einzelfallabwägung anhand der Kriterien: „feste Einrichtung", „Dauer" und „Umfang und Schwerpunkt der Tätigkeit" (*EuGH* Urt. v. 30 11 1995, C-55/94Rs. C-55/94, Slg. 1995, S. I-4165, Rn 27 – Gebhard).

Hat der Gewerbetreibende zusätzlich zu seiner ausländischen Niederlassung noch eine weitere Niederlassung in Deutschland, greift § 4 nicht, wenn die Dienstleistung von der deutschen Niederlassung aus erbracht wird. Entscheidend für die Anwendung des § 4 in diesen Fällen ist daher die Bestimmung, von welcher Niederlassung aus die Dienstleistung erbracht wird (BT-Drs. 16/12784, S. 13 f.). Dabei soll derjenige Ort als Niederlassungsort angesehen werden, „an dem der Dienstleistungserbringer das Zentrum seiner Tätigkeiten in Bezug auf diese konkrete Dienstleistung hat" (Erwägungsgrund Nr. 37 der RL 2006/36/EG).

c) Vorübergehend. Das Merkmal „vorübergehend" wurde auf Ansinnen des Bundesrates in das Gesetz aufgenommen (BT-Drs. 16/13190, S. 1 f.). Es dient der Klarstellung, dass der Anwendungsbereich des § 4 auf die Ausübung der Dienstleistungsfreiheit eingegrenzt werden soll. Eine weiter reichende Bedeutung, etwa im Sinne einer nur gelegentlichen oder befristeten Tätigkeit kommt dem Wort „vorübergehend" nicht zu, da die Dienstleistungsrichtlinie nicht auf befristete oder gelegentliche Dienstleistungserbringung beschränkt ist. Der Begriff wird also gleichlaufend mit seiner Verwendung in § 13 a (siehe dort: Rdn. 9) auszulegen sein (BT-Drs. 16/13190, S. 1 f.). Zu befürchten ist dennoch, dass der Begriff „vorübergehend" der Praxis Schwierigkeiten bei der Anwendung des § 4 bereiten wird (*Krajewksi* NVwZ 2009, 929 [930]).

3. Nicht anzuwendende Vorschriften

Wenn die Tatbestandsvoraussetzungen von § 4 I 1 (Rdn. 5-10) erfüllt sind, gibt § 4 I, II differenziert vor, welche Rechtsfolgen dies für die Anwendung der übrigen Vorschriften der GewO hat. Die Regelung ist – schon wegen

§ 4 Titel I. Allgemeine Bestimmungen

ihrer Verweise auf andere Rechtsnormen, teils außerhalb der GewO, und wegen ihrer diffizilen Verschachtelung von Regel und Ausnahme – wenig übersichtlich (wie auch der Gesetzgeber erkannt hat, BT-Drs. 16/12784, S. 13), gleichwohl noch mit dem rechtsstaatlichen Bestimmtheitsgebot vereinbar.

12 **a) Ausnahmslos nicht anwendbare Vorschriften (Abs. 1 S. 1).** Einige Vorschriften werden – vorbehaltlich Abs. 2 – ausnahmslos nicht angewendet. Dies betrifft § 34 b I, III, IV, VI, VII (Versteigerer), § 34 c I 1 Nrn. 1, 4 (Makler, Bauträger, Baubetreuer), § 38 I, II (überwachungsbedürftiges Gewerbe). Soweit sich andere Vorschriften der GewO (z. B. Bußgeldbestimmungen) auf die hier genannten Normen beziehen, sind diese ebenfalls nicht anwendbar (BT-Drs. 16/12784, S. 12). Wenn sich bei einem Gewerbetreibenden, der in den Anwendungsbereich von § 4 fällt, Missstände einstellen, kann die deutsche Behörde nicht von dem klassischen Instrumentarium Gebrauch machen, also etwa nicht die Erlaubnis aufheben und nach § 15 II vorgehen. Sie kann sich nur an die Behörde im Sitzstaat wenden (oben Rdn. 4).

13 **b) Grundsätzlich nicht anwendbare Vorschriften (Abs. 1 S. 2).** Andere Vorschriften werden – wiederum vorbehaltlich Abs. 2 – im **Grundsatz** nicht angewendet. Dies ist relevant für § 14 (Anzeige im stehenden Gewerbe; beachte aber § 13 a, wenn es sich um einen reglementierten Beruf handelt, siehe § 13 a Rdn. 7), § 55 II, III (Reisegewerbekarte), § 55 c (Anzeigepflicht im Reisegewerbe), § 56 a (Wanderlager), § 57 III (Reiseversteigerer). Wenn andere Vorschriften der GewO die hier genannten Normen in Bezug nehmen oder an diese anknüpfen (z. B. § 15, § 60 c oder Bußgeldbestimmungen), sind sie insoweit gleichfalls unanwendbar (BT-Drs. 16/12784, S. 12).

14 Eine **Ausnahme** gilt – die in § 4 I 2 genannten Vorschriften sind dann doch anzuwenden –, wenn es sich um ein Gewerbe handelt, das zwar vom Normbereich der RL 2006/123/EG erfasst, aber nach Art. 2 Abs. 2 oder Art. 17 der RL 2006/123/EG vom Anwendungsbereich der Richtlinie ausgenommen wird. Daher sind Gesundheitsdienstleistungen nach § 30, Finanzdienstleistungen nach §§ 34, 34 c Abs. 1 S. 1 Nr. 1a-3, gewerbliche Glücksspielangebote nach §§ 33 c, 33 d, 60 a, Dienstleistungen im Bewachungsgewerbe nach §§ 34 a oder von Versicherungsvermittlern nach 34 d oder 34 e nicht vom Anwendungsbereich des § 4 erfasst (BT-Drs. 16/12784, S. 12). Die gewerberechtliche Anzeigepflicht (§ 14 I) und der jeweilige Erlaubnisvorbehalt gelten also uneingeschränkt weiter.

15 **c) Sonstige, in § 4 nicht genannte Vorschriften der GewO.** Die übrigen Vorschriften der GewO bleiben von § 4 unberührt, sind also auch bei Gewerbetreibenden aus dem EU-/EWR-Ausland einschlägig, sofern sie in ihrem Tatbestand nicht an eine Vorschrift anknüpfen, die in § 4 für nicht anwendbar erklärt wird (z. B. Bußgeldvorschriften, siehe Rdn. 12 f.).

III. Umgehungsverbot
(Abs. 2)

Abs. 2 dient der **Verhinderung von Missbrauch der Befreiung** nach **16**
Abs. 1. Da die Regelung des § 4 I sehr weit gefasst ist und eine Einschränkung
auf nur befristete oder gelegentliche Tätigkeiten nicht möglich ist, wurde
durch § 4 II ein Korrektiv geschaffen (BT-Drs. 16/12784, S. 14).

Die Regelung des Abs. 2 ist mit **Unionsrecht vereinbar**. Die Dienstleis- **17**
tungsrichtlinie sieht zwar keine entsprechende Vorgabe zur Verhinderung
von Missbrauch vor. Der *EuGH* (Urt. v. 9. 3. 1999, Rs. C-212/97, Slg. 1999,
I-1459, Rdn. 24 – Centros) hat jedoch anerkannt, dass die Mitgliedstaaten
befugt sind, sich gegen jeden „Missbrauch der durch den Vertrag geschaffenen
Möglichkeiten, [sich] der Anwendung des nationalen Rechts [zu] entziehen",
zu wehren. Durch § 4 Abs. 2 soll verhindert werden, dass die **Regelungen
zur Dienstleistungsfreiheit** genutzt werden, um die für eine **Niederlassung** geltenden Normen zu umgehen (BT-Drs. 16/12784, S. 14).

Nach der Rechtsprechung des *EuGH* (*Centros* Rdn. 17 und *EuGH* Urt. **18**
v. 5. 10. 1994, Rs. C-23/93, Slg. 1994, I-4795, Rdn. 26 – TV10) müssen für
die Annahme einer Umgehung zwei Komponenten vorliegen: **(1)** objektive
Komponente der überwiegenden Ausrichtung der Tätigkeit auf Deutschland,
(2) subjektive Komponente, d.h. der Wille, sich den mitgliedstaatlichen
Regelungen zu entziehen. In der Praxis soll allerdings von der objektiven
auf die subjektive Komponente geschlossen werden können (BT-Drs. 16/
12784, S. 14), was durch Abs. 2 S. 2 geregelt wurde.

Beispiel hierfür könnte ein Gewerbetreibender sein, dem in Deutschland **19**
eine Erlaubnis verweigert wird und der sich daraufhin in einem anderen
Mitgliedstaat niederlässt (in dem er entweder eine Erlaubnis erhält oder die
Tätigkeit schlicht erlaubnisfrei ist) und von dort aus fast ausschließlich in
Deutschland tätig wird (BT-Drs. 16/12784, S. 14; *Schönleiter* GewArch 2009,
284 [386]). Der Umgehungsschutz gilt für **Staatsbürger jeder Nationalität**
und ist nicht auf die soeben dargestellte Fallgestaltung begrenzt.

IV. Niederlassung
(Abs. 3)

§ 4 III enthält eine **Legaldefinition** des Begriffs der „Niederlassung". **20**
Diese Definition wurde wiederum aus Art. 4 Nr. 5 der RL 2006/123/EG
übernommen und ist vor dem Hintergrund der einschlägigen Rechtsprechung des *EuGH* (oben Rdn. 8) zu sehen. Die Abgrenzung zur Wahrnehmung der Dienstleistungsfreiheit wird über die Dauer der Leistung, die
Häufigkeit, die regelmäßige Wiederkehr und die Kontinuität der Dienstleistungserbringung vorgenommen (BT-Drs. 16/13190, S. 2). Demnach ist auch
von einer Niederlassung auszugehen, wenn ein Unternehmen nur für einen
bestimmten Zeitraum gegründet wird oder ein Gebäude nur anmietet, um
aus diesem heraus seine Tätigkeit auszuüben. Es muss sich nicht um eine
Tochtergesellschaft oder eine Zweigniederlassung handeln. Entscheidend ist

die „**tatsächliche Ausübung einer wirtschaftlichen Tätigkeit am Ort der Niederlassung**". Eine „Briefkastenfirma" stellt daher noch keine Niederlassung dar (BT-Drs. 16/12784, S. 14).

21 Infolge der Einfügung von § 4 III konnte der frühere § 42 II aufgehoben werden (§ 42 Rdn. 2). Die auf § 42 II bezogenen Einsichten können für die Auslegung von § 4 III fruchtbar gemacht werden (*Schönleiter* GewArch 2009, 384 [386]). Siehe etwa *VG Minden*, Urt. v. 25.3.2009 – 3 K 224/09, juris Rdn. 24: „Eine gewerbliche Niederlassung liegt nämlich gemäß § 42 II GewO nur dann vor, wenn der Gewerbetreibende einen zum dauernden Gebrauch eingerichteten, ständig oder in regelmäßiger Wiederkehr von ihm benutzten Raum für den Betrieb seines Gewerbes besitzt. Erforderlich ist danach zunächst ein zum dauernden Gebrauch eingerichteter Raum, der den Mittelpunkt des geschäftlichen Lebens des Gewerbetreibenden bildet. Hierauf kann auch bei Einsatz von Laptop, Handy und E-Mail nicht verzichtet werden."

§ 5 Zulassungsbeschränkungen

In den Beschränkungen des Betriebs einzelner Gewerbe, welche auf den Zoll-, Steuer- und Postgesetzen beruhen, wird durch das gegenwärtige Gesetz nichts geändert.

I. Vorbemerkung

1 § 5 erweitert den Schrankenvorbehalt des § 1 I. Während § 1 I eine Beschränkung der Gewerbefreiheit nur „durch dieses Gesetz" ermöglicht (dazu oben § 1 Rdn. 87), zielt § 5 auf Gewerbebeschränkungen in außergewerberechtlichen Gesetzen. Aber auch diese seit 1869 unveränderte Vorschrift hat mit Inkrafttreten des GG weitgehend ihre Bedeutung verloren. Neuere und/oder speziellere bundesrechtliche Regelungen sind unmittelbar an Art. 12 GG, nicht an § 5 zu messen (*Repkewitz,* in: Friauf, § 5 Rdn. 2; *Schönleiter,* in: Landmann/Rohmer I, § 5 Rdn. 3).

Eigenständige Bedeutung entfaltet § 5 aber insoweit, als er im Unterschied zu § 1 (oben § 1 Rdn. 89) auch landesrechtliche Beschränkungen ermöglicht.

II. Beschränkungen des Betriebes

2 Gemeint ist nur das „Ob" des Gewerbebetriebes, nicht das „Wie" der Gewerbeausübung. § 5 steht also – ebenso wie § 1 – Gewerbeausübungsregeln nicht entgegen (*Pielow,* in: BeckOK, § 5 Rdn. 4; *Repkewitz,* in: Friauf, § 5 Rdn. 6; *Schönleiter,* in: Landmann/Rohmer, § 5 Rdn. 1). Auch diese müssen freilich mit Art. 12 GG vereinbar sein.

III. Zoll-, Steuer- und Postgesetze

3 Das Zollwesen zählt gem. Art. 73 Nr. 5, 105 I GG, das Postwesen und die Telekommunikation gem. Art. 73 Nr. 7 GG zu den ausschließlichen Bundes-

Anwendungsbereich § 6

gesetzgebungskompetenzen. Insoweit sind Beschränkungen der Gewerbefreiheit schon über den Vorbehalt des § 1 möglich (oben § 1 Rdn. 87). Für den Anwendungsbereich des § 5 verbleibt daher nurmehr das **Steuerrecht**, soweit es auf Landesrecht beruht (*Schönleiter*, in: Landmann/Rohmer I, § 5 Rdn. 3). Steuergesetze sind alle Gesetze über die direkten und indirekten Steuern (*Schönleiter*, in: Landmann/Rohmer I, § 5 Rdn. 4). Der Begriff „Gesetz" ist hier im materiellen Sinne zu verstehen, d. h. auch Verordnungen und Satzungen werden mit umfasst. Diese Sichtweise kann historisch begründet werden (so *Repkewitz*, in: Friauf, § 5 Rdn. 10) und folgt zudem aus dem Verständnis in § 155 I, das hier bedeutsam ist (insoweit a. A. *Repkewitz* aaO.), weil § 5 nach der gegenwärtigen Kompetenzverteilung nur Relevanz für landesrechtliche Beschränkungen entfaltet. 4

Die materielle Zulässigkeit landesrechtlicher Steuern bemisst sich dann an Art. 12 GG. Selbst wenn sie nicht unmittelbar auf die gewerbliche Betätigung zielen, können sie infolge ihrer spürbaren tatsächlichen Auswirkungen geeignet sein, den Schutzbereich des Art. 12 mittelbar erheblich zu beeinträchtigen (siehe Einl. Rdn. 57; *Schönleiter*, in: Landmann/Rohmer I, § 5 Rdn. 4, jeweils m. w. N.). 5

§ 6 Anwendungsbereich

(1) ¹**Dieses Gesetz findet keine Anwendung auf die Fischerei, die Errichtung und Verlegung von Apotheken, die Erziehung von Kindern gegen Entgelt, das Unterrichtswesen, auf die Tätigkeit der Rechtsanwälte und Notare, der Rechtsbeistände, der Wirtschaftsprüfer und Wirtschaftsprüfungsgesellschaften, der vereidigten Buchprüfer und Buchprüfungsgesellschaften, der Steuerberater und Steuerberatungsgesellschaften sowie der Steuerbevollmächtigten, auf den Gewerbebetrieb der Auswandererberater und das Seelotsenwesen.** ²**Auf das Bergwesen findet dieses Gesetz nur insoweit Anwendung, als es ausdrückliche Bestimmungen enthält; das gleiche gilt für den Gewerbebetrieb der Versicherungsunternehmen, die Ausübung der ärztlichen und anderen Heilberufe, den Verkauf von Arzneimitteln, den Vertrieb von Lotterielosen und die Viehzucht.** ³**Ferner findet dieses Gesetz mit Ausnahme des Titels XI auf Beförderungen mit Krankenkraftwagen im Sinne des § 1 Abs. 2 Nr. 2 in Verbindung mit Abs. 1 des Personenbeförderungsgesetzes keine Anwendung.**

(1a) **§ 6c findet auf alle Gewerbetreibenden und sonstigen Dienstleistungserbringer im Sinne des Artikels 4 Nummer 2 der Richtlinie 2006/123/EG Anwendung, deren Dienstleistungen unter den Anwendungsbereich der Richtlinie fallen.**

(2) **Die Bestimmungen des Abschnitts I des Titels VII finden auf alle Arbeitnehmer Anwendung.**

Literatur: *H.-C. v. Ebner*, Unterrichtswesen und Gewerbeordnung, GewArch 1985, 1 ff.; *ders.*, Zur Einordnung des Nachhilfeunterrichts in die Gewerbeordnung, GewArch 1985, 376 ff.; *S. Eisenmenger*, Das Öffentliche Wirtschaftsrecht im Umbruch. Drei Jahre Dienstleistungsrichtlinie in Deutschland, NVwZ 2010, 337 ff.; *A. Gern*, Die Rechtsnatur des Fernunterrichts, GewArch 1980, 253 ff.; *P. J. Tettinger*, Das Unterrichtswesen.

§ 6 — Titel I. Allgemeine Bestimmungen

Normsystematische Erwägungen im Anschluss an eine Formulierung in § 6 GewO, in: Hanau u. a. (Hrsg), Wissenschaftsrecht im Umbruch. Gedächtnisschrift für Hartmut Krüger, 2001, S. 339 ff.

Übersicht

	Rdn.
I. Vorbemerkung	1
II. Einzelbereiche (Abs. 1)	4
1. Fischerei	4
2. Errichtung und Verlegung von Apotheken; Verkauf von Arzneimitteln	7
a) Errichtung und Verlegung von Apotheken	8
b) Verkauf von Arzneimitteln	9
c) Betrieb einer Apotheke	10
3. Erziehung von Kindern gegen Entgelt	11
4. Unterrichtswesen	12
a) Begriff	12
b) Einzelfälle	17
5. Tätigkeit der Rechtsanwälte und Notare, der Rechtsbeistände, der Wirtschaftsprüfer und Wirtschaftsprüfungsgesellschaften, der vereidigten Buchprüfer und Buchprüfungsgesellschaften, der Steuerberater und Steuerberatungsgesellschaften sowie der Steuerbevollmächtigten	21
a) Freiberufliche Tätigkeit	21
b) Gewerbliche Nebentätigkeit	24
6. Auswandererberater	25
7. Seelotsen	26
8. Bergwesen	27
9. Versicherungsunternehmen	29
10. Ausübung der ärztlichen und anderen Heilberufe, Verkauf von Arzneimitteln	31
a) Ärztliche Heilberufe	31
b) Andere Heilberufe	33
c) Keine Heilberufe	36
d) Verkauf von Arzneimitteln	38
11. Vertrieb von Lotterielosen	39
12. Viehzucht	44
13. Beförderungen mit Krankenkraftwagen	47
III. Ausdehnung des Anwendungsbereichs von § 6 c (Abs. 1a)	48
IV. Anwendungsbereich von Titel VII Abschnitt I (Abs. 2)	49

I. Vorbemerkung

1 § 6 unterscheidet zwischen Tätigkeiten (Abs. 1 S. 1), auf die die GewO keine Anwendung findet, und solchen (Abs. 1 S. 2 u. 3, Abs. 1 a, Abs. 2), für die die GewO (nur) bei ausdrücklicher Anordnung anwendbar ist. Zweck dieser häufiger novellierten Vorschrift (vgl. Übersicht bei *Marcks*, in: Landmann/Rohmer I, § 6 Rdn. 1) ist die Festlegung des Anwendungsbereichs der GewO, nicht aber die Definition des Begriffs „Gewerbe". Die Aufnahme oder Streichung einer Tätigkeit in § 6 lässt daher nicht auf ihre Zuordnung

Anwendungsbereich **§ 6**

zum Gewerbe schließen (allg. A.; z. B. *Marcks*, in: Landmann/Rohmer I, § 6 Rdn. 2; vgl. oben § 1 Rdn. 6).

Zum Teil kommt dem § 6 eine rein deklaratorische Funktion zu, wenn z. B. Abs. 1 S. 1 nichtgewerbliche Tätigkeiten (etwa die der Rechtsanwälte) vom Anwendungsbereich ausnimmt. Insoweit ist § 6 überflüssig, dient immerhin der Klarstellung in Grenzfällen, etwa im Bereich der Urproduktion (siehe oben § 1 Rdn. 52). 2

Abs. 1 S. 2, Abs. 1 a und Abs. 2 erweitern den Anwendungsbereich bestimmter Vorgaben der GewO auf einige nichtgewerbliche Tätigkeiten. 3

II. Einzelbereiche (Abs. 1)

1. Fischerei

Die Ausübung der Fischerei zählt zur Urproduktion und ist damit kein Gewerbe (oben § 1 Rdn. 50; *Marcks,* in: Landmann/Rohmer I, § 6 Rdn. 4; *Repkewitz,* in: Friauf, § 6 Rdn. 30; missverständlich *VG Bremen* NVwZ-RR 1998, 28: bei der Fischerei dürfte es sich um das älteste in Bremen ausgeübte Gewerbe handeln). Zur Fischerei wird auch in Fang von Krebsen, Muscheln, Fröschen und sonst nutzbarer Wassertiere gerechnet; eine nähere Aufzählung findet sich in den einschlägigen Spezialgesetzen. Neben dem Fischfang ist auch die Fischzucht von „Fischerei" i. S. d. § 6 erfasst (*Marcks,* in: Landmann/Rohmer I, § 6 Rdn. 4), aber nur dann, wenn noch ein Mindestbezug zu Grund und Boden – dem Anlass des Ausscheidens der Urproduktion aus dem Gewerbebegriff und der GewO – gegeben ist; letzteres ist zu verneinen, wenn die Fischzucht auf ausschließlicher Fremdfuttergrundlage erfolgt (*Repkewitz,* in: Friauf, § 6 Rdn. 32; *Sydow,* in: BeckOK, § 6 Rdn. 13). Zur Fischerei gehören schließlich noch Verarbeitung und Verkauf selbst gefangener Fischereierzeugnisse, soweit der Umfang dieser Folgetätigkeiten die üblichen Grenzen nicht überschreitet (*Marcks,* in: Landmann/Rohmer I, § 6 Rdn. 4; *Repkewitz,* in: Friauf, § 6 Rdn. 32). Nicht mehr Urproduktion, sondern Gewerbe liegt vor, wenn Ladenlokale errichtet oder drittgefangene Erzeugnisse verkauft werden (zur Abgrenzung Urproduktion – Gewerbe siehe oben § 1 Rdn. 50 ff.). 4

Aus der GewO ist gem. § 6 II lediglich der erste Abschnitt des Titels VII auf die Fischerei anwendbar. 5

Gesetzliche Vorgaben für die Fischerei finden sich vereinzelt im Bundesrecht (der Bund hat gem. Art. 74 I Nr. 17 GG nur für die Hochsee- und Küstenfischerei eine konkurrierende Gesetzgebungszuständigkeit) und überwiegend im Landesrecht. Eine detaillierte Aufzählung bietet *Marcks,* in: Landmann/Rohmer I, § 6 Rdn. 4. Zum Rechtsstatus einer bremischen Fischereizunft siehe *VG Bremen* NVwZ-RR 1998, 28 ff. 6

2. Errichtung und Verlegung von Apotheken; Verkauf von Arzneimitteln

Hinsichtlich des Betriebes einer Apotheke ist zu unterscheiden: 7

Ennuschat

§ 6 Titel I. Allgemeine Bestimmungen

8 **a) Errichtung und Verlegung von Apotheken.** Gem. § 6 I 1 sind Errichtung und Verlegung von Apotheken aus dem Geltungsbereich der GewO ausgenommen (nicht der Betrieb, unten Rdn. 10). Gesetzgeberisches Motiv ist dabei nicht etwa die fehlende, sondern die gesteigerte Überwachungsbedürftigkeit von Apotheken, sodass das Apothekenrecht einer spezialgesetzlichen Regelung bedarf (*BVerfGE* 7, 377 [389]; vgl. auch *Sydow*, in: BeckOK, § 6 Rdn. 15). Vorschriften für das Errichten und Verlegen von Apotheken enthält vor allem das Gesetz über das Apothekenwesen i. d. F. d. B. v. 15. 10. 1980 (BGBl. I S. 1993; m. nachf. Änd.).

9 **b) Verkauf von Arzneimitteln.** Gem. Abs. 1 S. 2 finden Vorschriften der GewO auf den Verkauf von Arzneimitteln nur bei ausdrücklicher Anordnung Anwendung; anwendbar ist ferner der erste Abschnitt des Titels VII. Besondere Vorschriften sind z. B. § 14 II und § 35 IX. Außerhalb der GewO ist vor allem das Arzneimittelgesetz i. d. F. d. B. v. 12. 12. 2005 (BGBl. I S. 3394; m. nachf. Änd.) zu beachten.

10 **c) Betrieb einer Apotheke.** Der Betrieb einer Apotheke im Übrigen, also außerhalb des vorgenannten speziellen Sachkomplexes des Arzneimittelverkaufs, stellt eine gewerbliche Tätigkeit dar und unterfällt der GewO (*Marcks*, in: Landmann/Rohmer I, § 6 Rdn. 5), wie sich im Übrigen auch aus § 41 II ergibt. § 6 I 1 greift insoweit nicht, da S. 1 nur Errichtung und Verlegung (also das „Ob"), nicht aber den Betrieb von Apotheken (das „Wie") thematisiert (*Marcks*, in: Landmann/Rohmer I, § 6 Rdn. 5). Außerhalb der GewO ist zuvörderst die Apothekenbetriebsordnung v. 26. 9. 1995 (BGBl. I S. 1195; m. nachf. Änd.) zu nennen.

Zu weiteren apothekenrelevanten Vorschriften siehe die Auflistung bei *Marcks*, in: Landmann/Rohmer I, § 6 Rdn. 5 ff., 66. Zur Pflichtmitgliedschaft des Apothekers in Apothekerkammer *und* IHK siehe *BVerwG* GewArch 2002, 69; *Tettinger* Kammerrecht, 1997, S. 21 ff. u. 110 f.; *Franz*, in: Kluth, Kammerrecht, 2005, Rdn. 124. Zur Vereinbarkeit der vieldiskutierten „Kettenverbots" für Apotheken: mit dem europäischen Recht siehe *EuGH* Urt. v. 19. 5. 2009, C-171/07, Slg. 2009, I-4171 – Doc Morris), jedoch sind bis zu drei Filialen je Apotheker zulässig, vgl. §§ 1 I, 2 IV, V ApoG. Zur Unzulässigkeit des Verkaufs von Arzneimitteln über Verkaufsautomaten („Terminals") – *BVerwG* Urteil v. 24. 6. 2010 – 3 C 30.09; *BayVGH* Beschl. v. 6. 8. 2008 – 9 CS 08.1391, juris Rdn. 3 ff.; *OVG RhPf.* Urt. v. 31. 7. 2009 – 6 A 11397/ 08, juris Rdn. 29 ff.; *VGH BW*, GewArch 2010, 123: unzulässig nur für verschreibungspflichtige Medikamente. Zur Zulässigkeit von Verkaufsstellen für Versandapotheken in Drogeriemärkten: *BVerwG* GewArch 2008, 313.

3. Erziehung von Kindern gegen Entgelt

11 Einige Einzelfragen der Erziehung von Kindern gegen Entgelt sind im Achten Buch des Sozialgesetzbuches (SGB VIII, Kinder- und Jugendhilfe) i. d. F. d. B. v. 14. 12. 2006 (BGBl. I S. 3134; m. nachf. Änd.) geregelt. Gem. § 44 I 1 SGB VIII ist die Annahme eines Pflegekindes erlaubnispflichtig; dasselbe gilt für den Betrieb einer Einrichtung zur stundenweisen oder ganztägigen Betreuung von Kindern und Jugendlichen (§§ 45 ff. SGB VIII). Weitere Einzelheiten sind in den gem. § 49 SGB VIII möglichen Landesgesetzen festgelegt.

4. Unterrichtswesen

a) Begriff. Unterrichtswesen umfasst unbestritten das gesamte **Schulwe-** 12
sen i. S. d. Art. 7 GG, d. h. das öffentliche Schulwesen (Grund-, Haupt-, Real-, Gesamt-, Fach-, Berufsfachschulen, Gymnasien und Volkshochschulen) gleichermaßen wie die privaten Ersatz- und Ergänzungsschulen. Schulunterricht bedeutet, dass in auf Dauer eingerichteten Bildungsstätten unabhängig vom Wechsel der Lehrer und Schüler nach einem in sich geschlossenen Bildungsgang allgemeinbildender Unterricht in einem nicht nur auf einzelne Kenntnisgebiete und Fertigkeiten beschränkten Umfang erteilt wird (*OVG NRW* NWVBl. 2008, 152; *OVG Nds.* GewArch 1977, 368; *Marcks*, in: Landmann/Rohmer I, § 6 Rdn. 16; vgl. auch *Repkewitz*, in: Friauf, § 6 Rdn. 53). Insoweit fehlt dem Bund durchweg die Gesetzgebungskompetenz, sodass die GewO schon deshalb nicht anwendbar sein kann (*Tettinger*, in: Wissenschaftsrecht im Umbruch. Gedächtnisschrift für H. Krüger, 2001, S. 339 [346]).

Schwierigkeiten bereitet die Einordnung **nichtschulischer Unterrichts-** 13
veranstaltungen. Nach einer ersten Auffassung fallen sie nicht unter § 6, sodass die GewO anwendbar wäre (so *OVG Nds.* GewArch 1977, 368; *VG Aachen* GewArch 1985, 17: nur das Schulwesen sei von § 6 erfasst). Gegen diesen Ansatz spricht schon der Wortlaut („Unterrichtswesen", nicht etwa „Schulwesen"). Eine zweite Auffassung subsumiert alle nichtschulischen Unterrichtsveranstaltungen unter § 6 – mit der Folge, dass die GewO nicht anwendbar wäre (*Repkewitz*, in: Friauf, § 6 Rdn. 61; *v. Ebner* GewArch 1985, 1 [9]). Die nichtschulischen Unterrichtsveranstaltungen sollen dann dieser Ansicht zufolge je nach Kompetenzverteilung des Grundgesetzes entweder Bundes- oder Landesregelungen unterworfen sein; wenn es keine Spezialregelungen gebe, greife das allgemeine Ordnungsrecht. Traditionell geht die h. L. davon aus, dass nichtschulische Unterrichtsveranstaltungen zum Unterrichtswesen i. S. d. § 6 zählen (insoweit wie die zweitgenannte Ansicht), aber nur dann, wenn sie landesgesetzlich geordnet sind (*BVerwG* GewArch 1987, 331 [332]; *VGH BW* GewArch 2002, 425 [426 f.]). Fehlt eine landesgesetzliche Normierung, ist die GewO anwendbar (*Tettinger* GedS Krüger, 2001, 339 [346]; *Marcks*, in: Landmann/Rohmer I, § 6 Rdn. 17; *Sydow*, in: BeckOK, § 6 Rdn. 23 ff.).

Der h. L. ist zuzustimmen. Der Bund kann sich außerhalb des Schulwesens 14
hinsichtlich gewerblicher Unterrichtsangebote auf die konkurrierende Gesetzgebungskompetenz gem. Art. 74 I Nr. 11 GG berufen und hat durch die Normierung von § 6 von dieser Kompetenz Gebrauch gemacht. Die konkrete Kompetenzausübung besteht darin, den Ländern Regelungsspielräume zu verschaffen und ihnen die Entscheidung zu überlassen, ob sie die Spielräume ausfüllen oder nicht. Zugleich ordnet der Bund an, dass bei Fehlen einer Landesregelung die GewO greift. Diese traditionelle Sichtweise ist zwar dogmatischen Bedenken ausgesetzt (näher *Repkewitz*, in: Friauf, § 6 Rdn. 57 f. unter Hinweis auf Art. 72 II GG), dennoch vorzugswürdig, weil

sie gleichermaßen dem Willen des historischen Gesetzgebers entspricht (dazu *Repkewitz*, in: Friauf, § 6 Rdn. 57 f.) wie den aktuellen praktischen Erfordernissen gerecht wird (vgl. auch B*VerwG* GewArch 1987, 331 [333], das u. a. anführt, dass sich Gesetzgebungs- und Verwaltungspraxis auf eine entsprechende Handhabung "eingestellt" haben). Die an Art. 72 II GG anknüpfenden Bedenken können überdies durch Rückgriff auf Art. 123 I, 125 GG ausgeräumt werden, da die Regelung des § 6 zum Unterrichtswesen sich schon in der Fassung der GewO von 1869 fand.

15 Sofern Aktivitäten im vorbezeichneten Sektor des Unterrichtswesens **freiberuflich** ausgeübt werden, liegt kein Gewerbe vor, sodass schon deshalb die GewO keine Anwendung finden kann. Eine freiberufliche Tätigkeit ist aber nur bei einer Dienstleistung höherer Art zu bejahen (oben § 1 Rdn. 64). Eine solche Dienstleistung höherer Art ist anzunehmen, wenn sie ihrer Art nach grundsätzlich eine höhere Bildung voraussetzt; unter höherer Bildung in diesem Sinne ist grundsätzlich ein abgeschlossenes Hochschul- oder Fachhochschulstudium – mindestens Bachelor – zu verstehen (*BVerwGE* 78, 6 [8]; *OVG NRW* GewArch 1985, 372 [373], *OVG NRW* GewArch 2001, 293; siehe § 1 Rdn. 57). Nach anderer Ansicht ist nicht auf die berufliche Qualifikation des Unterrichtenden, sondern auf die Art der Tätigkeit abzustellen (*v. Ebner* GewArch 1985, 376 [377]). Dagegen spricht jedoch, dass, gemessen am Zweck der GewO (oben Einl. Rdn. 4), gerade solche Personen, die sich nicht durch eine entsprechende Ausbildung einen „Vertrauensvorschuss" erarbeitet haben, im Interesse des Schutzes der Unterrichtsteilnehmer überwachungsbedürftig sind (*Tettinger* aaO., S. 346 f.).

16 Hingewiesen sei darauf, dass steuerrechtlich jede Art von unterrichtender Tätigkeit – also unabhängig von der Qualität der dafür erforderlichen Vorbildung – zu den freien Berufen und nicht zum Gewerbe gezählt wird (*BFH* SpuRt 1996, 209 [210] zum Fahrlehrer: *BFH* BFH/NV 1991, 848; zum Betrieb eines Tanz- und Fitnessstudios: *FG Düsseldorf* EFG 2007, 689); zu dem Auseinanderfallen des steuerrechtlichen und des gewerberechtlichen Gewerbebegriffs siehe aber bereits oben § 1 Rdn. 5).

17 **b) Einzelfälle.** Freiberufliche (Unterrichts-)Dienstleistungen höherer Art wurden bejaht bei Musik-, Gesangs- oder **Ballettunterricht** (*OVG Nds.* GewArch 1977, 368 [370]; zum Gesangs- und Musikunterricht: *BayVGHE* 51, 46) und dem Funktionskreis **juristischer Repetitorien** (OVG NRW GewArch 1969, 181 [182]; *OVG Nds.* GewArch 1977, 368 [370]). Diese Tätigkeiten unterfallen bereits mangels Gewerblichkeit nicht dem Anwendungsbereich der GewO, ohne dass es des Rückgriffs auf § 6 bedarf.

18 Keine Dienstleistung höherer Art liegt vor bei einem **Nachhilfeunterricht** oder einer Hausaufgabenbetreuung – die hierzu erforderliche Hilfeleistung kann auch ohne abgeschlossenes Studium erteilt werden, so häufig von Schülern oder Studierenden (*OVG NRW* GewArch 1985, 372 [373]; *OVG Nds.* GewArch 2002, 293 f.; *Marcks*, in: Landmann/Rohmer I, § 6 Rdn. 17; siehe auch oben § 1 Rdn. 65). Dasselbe gilt für die Tätigkeit als Reit-, Tanz-, Tennis-, Golf-, **Skilehrer** etc. Die hier genannten Tätigkeiten sind auch nicht Teil des Unterrichtswesens i. S. d. § 6, sodass sie vom Anwendungsbereich der GewO erfasst werden, sofern für die schulisch-pädagogischen Aspekte der

Anwendungsbereich § 6

betreffenden Tätigkeit keine landesrechtlichen Vorgaben bestehen (*BVerwG* GewArch 1987, 331; *OVG NRW* GewArch 1985, 372 [376]; *OVG Nds.* GewArch 1977, 368 [369 f.]; *VGH BW* GewArch 2002, 425 ff.; *Marcks*, in: Landmann/Rohmer I, § 6 Rdn. 17). Auch beim Betrieb einer **Heilpraktikerschule** handelt es sich um ein anzeigepflichtiges Gewerbe (*VGH BW* GewArch. 2002, 425; zu kinesiologischer Unterrichtstätigkeit: *VG Hamburg* Urteil vom 15.1.2001 – 14 VG 2162/2000, juris Rdn. 17 ff.), ebenso bei einer Yoga-Schule (*OVG NRW* GewArch 2001, 293). Klargestellt sei, dass die Abschichtung zwischen freiem Beruf und Gewerbe auf einer typisierenden Betrachtung beruht, sodass etwa das Vorliegen einer höheren Ausbildung im Einzelfall nichts an der Einordnung als Gewerbe ändert (siehe § 1 Rdn. 57).

Fernunterricht unterfällt, was die Regelung seiner spezifischen Modalitäten angeht, da auf diesem Wege sowohl klassische Hochschul- und Schulbildung als auch eher wirtschaftspraktische, nichtschulische Bildung vermittelt werden kann, nicht der Kulturhoheit der Länder, wird vielmehr auf der Grundlage von Art. 74 I Nr. 11 GG durch ein Bundesgesetz, das FernUSG v. 14. 12. 2000 (BGBl. I S. 1670; m. nachf. Änd.) geregelt. Mithin zählt der Fernunterricht mangels landesrechtlicher Normierung nicht zum Unterrichtswesen i. S. d. § 6. Grundsätzlich ist damit die GewO anwendbar (**a. A.** *Repkewitz*, in: Friauf, § 6 Rdn. 62), sofern das FernUSG nicht speziellere Vorschriften enthält (*Marcks*, in: Landmann/Rohmer I, § 6 Rdn. 19; **a. A.** *Gern* GewArch 1980, 253 [261]). Nicht anwendbar ist die GewO aber dann, wenn es sich um eine freiberufliche Tätigkeit handelt. **Fernuniversitäten** zählen zur Hochschulbildung (vgl. für die Fernuniversität in Hagen § 1 II Nr. 8 HG NRW i. d. F. d. B. v. 31. 10. 2006, GVBl. NRW S. 474) und unterfallen deshalb nicht § 6. 19

Fahrschulen und Fahrlehrerausbildungsstätten sind gleichfalls nicht von der Kulturhoheit der Länder erfasst, gehören vielmehr funktional zum Straßenverkehrs- und Kraftfahrwesen, für das eine konkurrierende Bundesgesetzgebungszuständigkeit gem. Art. 74 I Nr. 22 GG besteht. Sie sind also nicht Teil des Unterrichtswesens i. S. d. § 6. Um eine Dienstleistung höherer Art handelt es sich auch nicht, sodass die GewO anwendbar ist, sofern nicht bundesgesetzliche Spezialvorschriften aus dem FahrlehrerG v. 25. 8. 1969 (BGBl. I S. 1336; m. nachf. Änd.) und den dazu ergangenen Verordnungen einschlägig sind (*Marcks*, in: Landmann/Rohmer I, § 6 Rdn. 20 f.; im Ergebnis und unter Hinweis auf den Sinn und Zweck des § 6 ebenso *Sydow*, in: BeckOK, § 6 Rdn. 29.1; **a. A.** *Repkewitz*, in: Friauf, § 6 Rdn. 63). 20

5. Tätigkeit der Rechtsanwälte und Notare, der Rechtsbeistände, der Wirtschaftsprüfer und Wirtschaftsprüfungsgesellschaften, der vereidigten Buchprüfer und Buchprüfungsgesellschaften, der Steuerberater und Steuerberatungsgesellschaften sowie der Steuerbevollmächtigten

a) Freiberufliche Tätigkeit. Bei den vorgenannten Berufen handelt es sich um **freie Berufe**, die vom Gewerbebegriff (dazu oben § 1 Rdn. 2) und damit vom Anwendungsbereich der GewO ausgenommen sind. Für sie gilt 21 gem. ausdrücklicher Anordnung in § 6 II also nur der erste Abschnitt des Titels VII. Auch die Tätigkeit dieser Berufe bedarf häufig der staatlichen Überwachung (*HessVGH* NVwZ-RR 1994, 324), welche aber nicht im Rahmen der GewO, sondern gemäß den jeweiligen Spezialgesetzen wahrgenommen wird; zu nennen sind etwa BRAO, WirtschaftsprüferO, SteuerberatungsG etc. (dazu näher *Tettinger* Kammerrecht, 1997, S. 12 ff., 14 ff., 17 ff., 19 f., 57 ff. u. 131 ff.; *Marcks*, in: Landmann/Rohmer I, § 6 Rdn. 22 ff.; *Repkewitz*, in: Friauf, § 6 Rdn. 35 ff.).

22 **Rechtsbeistände** i. S. d. § 6 I 1 sind nur diejenigen, die dies als Berufsbezeichnung führen dürfen, d. h. Kammerrechtsbeistände und registrierte Rechtsbeistände (§ 6 des Einführungsgesetzes zum Rechtsdienstleistungsgesetz [RDGEG] vom 12.12.2007, BGBl. I S. 2480, m. nachf. Änd.), nicht aber sonstige Personen, die im Anwendungsbereich des Rechtsdienstleistungsgesetzes tätig werden oder über eine Erlaubnis nach dem früheren Rechtsberatungsgesetz verfügen (a. A. *Repkewitz*, in: Friauf, § 6 Rdn. 47). Die Tätigkeit als Rechtsbeistand ist freiberuflich (vgl. *BFH* BB 1998, 1093; *Tettinger* Zum Tätigkeitsfeld der Bundesrechtsanwaltskammer, 1985, S. 122, Fn. 466 mit Verweis auf *Borggreve* Die partnerschaftliche gemeinschaftliche Ausübung freier rechts- und wirtschaftsberatender Berufe, 1982, S. 36 ff.; str.), während die Erbringung von Rechtsdienstleistungen durch registrierte Personen i. S. d. § 10 RDG als gewerblich einzustufen ist (*Repkewitz*, in: Friauf, § 6 Rdn. 47; *Marcks*, in: Landmann/Rohmer I, § 6 Rdn. 29; *Sydow*, in: BeckOK, § 6 Rdn. 35). Die GewO greift dennoch nicht, weil das RDG als abschließende Spezialregelung zu verstehen ist (so *Repkewitz*, in: Friauf, § 6 Rdn. 48 a; *Sydow*, in: BeckOK, § 6 Rdn. 32).

23 Zu den freien Berufen bislang nicht gezählt wird der **Unternehmensberater**, dessen Tätigkeit nach der Rspr. als gewerblich einzuordnen ist (*BGH* NJW 1996, 1833; *OVG Nds.* GewArch 1998, 239; *HessVGH* NVwZ-RR 1994, 324; *VG Darmstadt* GewArch 1996, 476 [477]; **a. A.** *OLG Celle* GewArch 1996, 333; *VG Freiburg* GewArch 2009, 490 [491]; *Haake* GewArch 2010, 60; zu Unternehmensberatern siehe *Kempen* NVwZ 1997, 245 m. w. N. sowie § 1 Rdn. 68).

24 **b) Gewerbliche Nebentätigkeit.** § 6 I S. 1 ist allerdings nicht so zu verstehen, dass der hier genannte Personenkreis bei jeglicher Tätigkeit von gewerberechtlichen Vorgaben entbunden ist. Er wird vielmehr nur dann aus dem Anwendungsbereich der GewO herausgenommen, wenn er in seiner spezifisch freiberuflichen Funktion tätig wird. Sofern aber etwa ein Rechtsanwalt eine **gewerbliche Nebentätigkeit** ausübt, unterliegt er insoweit den Vorgaben der GewO (*BVerwG* NJW 1993, 1346 [1347]).

6. Auswandererberater

25 Dieses Gewerbe ist dem Anwendungsbereich der GewO entzogen, aus heutiger Sicht zu Recht, wo doch insoweit eine spezialgesetzliche Regelung durch das Gesetz zum Schutze der Auswanderer v. 26. 3. 1975 (AuswSG, BGBl. I S. 774, m. nachf. Änd.) existiert. Die Auswandererberatung ist nach § 1 AuswSG erlaubnispflichtig; es müssen Zuverlässigkeit und Sachkunde gegeben sein. Eine Exemtion des Gewerbebetriebes der Auswanderungsun-

Anwendungsbereich § 6

ternehmen und Auswanderungsagenten ist (anders als in der vor dem 1.4.1975 geltenden Fassung des § 6 I) nicht mehr vorgesehen, da es diese Berufe nicht mehr gibt. Sollten solche Tätigkeiten wieder aufgenommen werden, wäre die GewO darauf anwendbar (amtl. Begr., BT-Drs. 7/2418, S. 6).

7. Seelotsen

Seelotsen üben einen freien Beruf aus (§ 21 I des Gesetzes über das See- 26 lotswesen − SeeLG − i. d. F. d. B. v. 13. 9. 1984 (BGBl. I S. 1213; m. nachf. Änd.; dazu auch *BFH* DB 1987, 2020; *Tettinger* Kammerrecht, 1997, S. 27 ff.) und unterfallen deshalb − mit Ausnahme des ersten Abschnitts des Titels VII − nicht der GewO, sondern dem SeeLG (*Repkewitz*, in: Friauf, § 6 Rdn. 40). Zu den Binnenlotsen siehe *Marcks*, in: Landmann/Rohmer I, § 6 Rdn. 43.

8. Bergwesen

Das Bergwesen gehört − unbeschadet seiner im Klammerzusatz („Berg- 27 bau") ausdrücklich herausgestellten Zuordnung zum Recht der Wirtschaft i. S. v. Art. 74 I Nr. 11 GG − zur Urproduktion, ist damit kein Gewerbe (oben § 1 Rdn. 50; *Marcks*, in: Landmann/Rohmer I, § 6 Rdn. 44; *Repkewitz,* in: Friauf, § 6 Rdn. 68). Einzelne Vorschriften finden, soweit dies ausdrücklich bestimmt ist, dennoch Anwendung. So z. B. § 36 oder, wegen § 6 II, der Abschnitt I des Titels VII (für den Zeitpunkt des Inkrafttretens des Bundesberggesetzes − BBergG − v. 13. 8. 1980 [BGBl. I S. 1310] am 1.1.1982 siehe § 174 I BBergG).

Zu den speziell das Bergwesen betreffenden Vorschriften, namentlich zum 28 BBergG, näher *Tettinger*, in: Schmidt, Öffentliches Wirtschaftsrecht BT I, 1995, § 8 Rdn. 4 ff. sowie *Marcks*, in: Landmann/Rohmer I, § 6 Rdn. 46.

9. Versicherungsunternehmen

Nach Aufhebung des § 139 g gibt es für Versicherungsunternehmen keine 29 ausdrückliche Anordnung mehr, sodass die Versicherungsunternehmen eigentlich in § 6 I 1 genannt werden müssten. Der Grund der Herausnahme der Versicherungsunternehmen aus dem Anwendungsbereich der GewO ist in deren Kontrolle durch die BaFin zu sehen. Gesetzliche Krankenkassen unterstehen nicht der Aufsicht der BaFin, fallen daher nicht unter § 6 I 2 (*Schönleiter*, in: Landmann/Rohmer I, § 34 d Rdn. 44; *Moraht* jurisPR-VersR 7/2010 Anm. 1). Eine gesetzliche Krankenkasse übt kein Gewerbe aus, wenn sie gem. § 194 Ia SGB V private Krankenzusatzversicherungen an ihre Kunden vermittelt (*Schulze-Werner*, in: Friauf, § 34 d Rdn. 24; a. A. *Schönleiter*, in: Landmann/Rohmer I, § 34 d Rdn. 45; siehe § 1 Rdn. 24; § 34 d Rdn. 13).

Nach der Einfügung der Erlaubnistatbestände der §§ 34 d, 34 e zur Umset- 30 zung der Richtlinie 2002/92/EG des Europäischen Parlaments und des Rates vom 9.12.2002 über Versicherungsvermittlung (ABl. EU L 9 v. 15. 1. 2003, S. 3) wurde die bisherige Rechtslage bestätigt, dass Versicherungsvermittler (Versicherungsmakler und Versicherungsvertreter) nicht dem Begriff des Ver-

§ 6 Titel I. Allgemeine Bestimmungen

sicherungsunternehmens unterfallen (*Repkewitz*, in: Friauf, § 6 Rdn. 74). Auf sie ist die GewO anwendbar, sofern es sich um eine selbständige und damit gewerbliche Tätigkeit handelt (zur Selbständigkeit als Merkmal des Gewerbebegriffs siehe oben § 1 Rdn. 27 ff.). § 34 e stellt darüber hinaus klar, dass es sich bei dem Berufsbild des Versicherungsberaters um keinen freien Beruf handelt.

10. Ausübung der ärztlichen und anderen Heilberufe, Verkauf von Arzneimitteln

31   a) **Ärztliche Heilberufe.** Zu den ärztlichen Heilberufen zu rechnen sind sowohl der Arzt als auch der Zahnarzt und der Tierarzt (vgl. BVerfGE 33, 125 [154] zu Art. 74 I Nr. 19 GG). Diese üben eine **freiberufliche** Tätigkeit (§ 1 II BÄO i. d. F. d. B. v. 16. 4. 1987 [BGBl. I S. 1218; m. nachf. Änd.], § 1 II BTÄO i. d. F. d. B. v. 20. 11. 1981 [BGBl. I S. 1193; m. nachf. Änd.], § 1 IV ZahnHKG i. d. F. d. B. v. 16. 4. 1987 [BGBl. I S. 1225; m. nachf. Änd.]) und demzufolge kein Gewerbe aus (oben § 1 Rdn. 57). Mithin gilt für ihre Tätigkeit grundsätzlich nicht die GewO; bei ausdrücklicher Anordnung sind einzelne Vorschriften der GewO aber anwendbar. Dies gilt etwa für § 30 I.

32   Soweit Angehörige dieser Berufsgruppe separat von ihrer freiberuflichen Tätigkeit eine gewerbliche Nebentätigkeit ausüben, unterliegen sie diesbezüglich uneingeschränkt der GewO (vgl. oben Rdn. 24). Steht die Nebentätigkeit im Zusammenhang mit der konkret ausgeübten freiberuflichen Tätigkeit, ist sie zwar u. U. steuerrechtlich als gewerblich einzustufen (so etwa für den Verkauf von Kontaktlinsen nebst Pflegemitteln durch Augenärzte oder von Mundhygieneartikeln durch Zahnärzte; vgl. *Röver* MedR 1997, 549), aber nicht den an sich einschlägigen gewerbe- oder handwerksrechtlichen Vorgaben unterworfen: So können Zahnärzte im praxiseigenen Labor für den eigenen Praxisbedarf zahntechnische Produkte herstellen oder herstellen lassen (*BVerwG* NJW 1980, 1349; *BGH* NJW 1980, 1337) oder Augenärzte Kontaktlinsen anpassen und verkaufen (*BGH* Beschl. v. 12. 6. 1997 – I ZR 132/96 –; *OLG Stuttgart* Urt. v. 28. 6. 1996 – 2 U 146/95 –; zit. n. *Röver* MedR 1997, 415), jeweils ohne in die Handwerksrolle eingetragen zu sein.

33   b) **Andere Heilberufe.** Die Erweiterung der Exemtion des § 6 I 2 auf die anderen Heilberufe durch ÄndG vom 12. 2. 1979 (BGBl. I S. 149) orientierte sich am Wortlaut des Kompetenztitels in Art. 74 I Nr. 19 GG (dazu näher *Stern/Tettinger* Normative Gestaltungsmöglichkeiten zur Verbesserung der Qualität der medizinischen Ausbildung, 1982, S. 42 ff.). Dadurch sollte klargestellt werden, dass auch die nicht-ärztlichen Heilberufe (**Heilpraktiker**; vgl. dazu das HeilpraktikerG v. 17. 2. 1939 [RGBl. I S. 251; m. nachf. Änd.]) und die sog. Heilhilfsberufe erfasst werden (vgl. BR-Drs. 81/1/78, S. 3 f.).

34   Zu diesen **Heilhilfsberufen** zählt u. a. die Tätigkeit der Masseure, medizinisch-technischen Assistenten, Krankenpfleger, Logopäden und Altenpfleger. Deren Tätigkeit unterliegt daher grundsätzlich nicht der GewO, sondern den auf den jeweiligen Beruf zugeschnittenen Spezialgesetzen (z. B. KrankenpflegeG i. d. F. v. 16. 7. 2003 [BGBl. I S. 1442]; Gesetz über den Beruf des

Anwendungsbereich **§ 6**

Logopäden v. 7. 5. 1980 [BGBl. I S. 529; m. nachf. Änd.]; Altenpflegegesetz i. d. F. v. 25. 8. 2003 [BGBl. I S. 1690]).

Auch die Tätigkeit von **Hebammen** und Entbindungspflegern (vgl. dazu 35 das Gesetz über den Beruf der Hebamme und des Entbindungspflegers [Hebammengesetz – HebG] v. 4. 6. 1985 [BGBl. I S. 902; m. nachf. Änd.]) wird vom Gesetzgeber zu den „anderen Heilberufen" gerechnet (amtl. Begr., BR-Drs. 447/83, S. 13). In § 2 II HebG a. F. war noch ausdrücklich erklärt, dass der Hebammenberuf kein Gewerbe sei.

c) Keine Heilberufe. Keine Heilberufe sind zum einen die Handwerks- 36 berufe, welche in der Anlage A zur Handwerksordnung aufgezählt sind, so der Augenoptiker, **Zahntechniker** etc. Für diese gilt die GewO uneingeschränkt. Für den Orthopädieschuhmacher fand sich früher in § 30 b eine Sonderregelung (vgl. Voraufl.). Zu ambulanten Pflegediensten siehe *Schönleiter* GewArch 2011, 67 (69).

Nicht den Heilberufen zuzuordnen ist ferner der Betrieb von Kosmetikstu- 37 dios, Solarien u. Fitnesszentren. Insoweit handelt es sich um gewerbliche Leistungen im Bereich der Körperpflege, nicht um Heilhilfsbehandlungen (*Marcks*, in: Landmann/Rohmer I, § 6 Rdn. 65; *Repkewitz*, in: Friauf, § 6 Rdn. 80). Letzterem Sektor soll nunmehr die Tätigkeit des sog. Podologen (vgl. Gesetz v. 4. 12. 2001 [BGBl. I S. 3320]) zuzuordnen sein, auch wenn es lediglich um kosmetische Fußpflege geht. Dort und im Gesamtbereich der sog. Heilberufe, die in § 2 II PartGG erfasst sind und den Freien Berufen (dazu § 1 Rdn. 57 ff.) zugerechnet werden, stellt sich die Frage nach der Notwendigkeit einer gesetzlichen Neuordnung der Abschichtung zwischen dem gewerblichen und dem freiberuflichen Sektor und damit nach einer Überarbeitung auch des § 6 GewO (siehe *Schönleiter/Kopp* GewArch 2003, 53).

d) Verkauf von Arzneimitteln. Siehe oben Rdn. 9. 38

11. Vertrieb von Lotterielosen

Eine **Lotterie** liegt vor, wenn eine Mehrzahl von Personen vertragsgemäß 39 die Möglichkeit hat, nach einem bestimmten Gewinnplan gegen bestimmten Einsatz einen bestimmten Geldbetrag zu erhalten, wobei dies vom Zufall abhängt (*Marcks*, in: Landmann/Rohmer I, § 6 Rdn. 69; *Repkewitz,* in: Friauf, § 6 Rdn. 84; vgl. auch die Begriffsbestimmung in § 3 II, III GlüStV [dazu § 33 h Rdn. 72 ff.]).

Die GewO unterscheidet zwischen dem Vertrieb von Lotterielosen 40 (§ 6 I 2) und der Veranstaltung einer Lotterie (§ 33 h Nr. 2). Die **Veranstaltung einer Lotterie** fällt nicht unter § 6 I 2. Hinsichtlich der Veranstaltung ist daher zunächst zu klären, ob ein Gewerbe vorliegt (siehe hierzu § 1 Rdn. 25, 45). Ist dies zu bejahen, folgt aus § 33 h Nr. 2, dass die Erlaubnisbedürftigkeit sich nach Landesrecht richtet (dazu § 33 h Rdn. 19 ff.). Das Bundesrecht enthält Vorschriften zur Besteuerung (§§ 17 ff. RWG; siehe näher § 33 h Rdn. 15 ff.).

Eine Lotterie kann zwar nur veranstaltet werden, wenn die Lose an die 41 Spieler verteilt werden. Dennoch kann selbst der Vertrieb eigener Lose von der Veranstaltung getrennt betrachtet werden; er ist auch mit spezifischen, gewerberechtlich relevanten Gefahren verbunden (z. B. beim Vertrieb im Reisegewerbe, vgl. § 56 I Nr. 1 lit. h). Deshalb greift das Merkmal „Vertrieb" unabhängig davon, ob **eigene oder fremde Lose** vertrieben werden. Ein **Vertrieb von Lotterielosen** i. S. d. § 6 I 2 liegt nicht nur beim Verkauf von Losen, sondern auch bei anderen Handlungen vor, die auf den Abschluss eines Spielvertrages zwischen dem Veranstalter und dem Spieler gerichtet sind; erfasst sind z. B. Lotterieannahmestellen und die Lotterieeinnehmer der Klassenlotterien (vgl. § 3 V GlüStV) sowie die gewerblichen Spielvermittler (vgl. § 3 VI GlüStV; so auch *Korte* NVwZ 2009, 283 [284]; a. A. *Pieroth/ Görisch* NVwZ 2005, 1225 [1230]). Zum Vertrieb von Lotterielosen zählen Lose von Geldlotterien, aber auch Bezugsscheine bei Schneeballsystemen und Preisausschreiben, sofern ein Einsatz zu leisten ist und der Gewinn vom Zufall abhängt (vgl. *BGH* NJW 1987, 851; *Marcks*, in: Landmann/Rohmer I, § 6 Rdn. 69).

42 Für den **Vertrieb von Lotterielosen** (und damit auch die Vermittlung von Lotterien) ist die GewO gem. § 6 I 2 grundsätzlich nicht anwendbar, es sei denn, etwas anderes ist in der GewO ausdrücklich bestimmt. Anwendbar – unabhängig von der Frage der Gewerbsmäßigkeit (vgl. Rdn. 3) – sind etwa § 14 II (dazu *VGH BW* VBlBW 2007, 471 [472]) sowie §§ 35 IX und 56 I Nr. 1 lit. h. Die übrigen Vorschriften der GewO sind nicht anwendbar, selbst dann nicht, wenn es sich um den gewerblichen Vertrieb von Lotterielosen handelt. Aus § 6 I 2 ergibt sich daher auch, dass § 1 GewO nicht anwendbar ist. Demzufolge kann ein Erlaubnistatbestand für die Vermittlung von Lotterien durch Landesrecht normiert werden (siehe § 4 I GlüStV).

43 Sportwetten sind zwar an sich keine Lotterien (vgl. die bundesrechtlichen Unterscheidungen von Wetten und Lotterien in §§ 284, 287 StGB, § 19 I RWG). Dennoch soll nach der Vorstellung des Gesetzgebers das Merkmal „Vertrieb von Lotterielosen" zugleich den **Betrieb von Wettannahmestellen aller Art** (vgl. § 14 II) einschließen (so *BVerwG* NVwZ 2006, 1175 [1177] unter Hinweis auf BT-Drs. III/318, S. 14; im Ergebnis ebenso *Heß*, in: Friauf, § 14 Rdn. 30; offen lassend *VGH BW* VBlBW 2007, 471 [472]). Konsequenz ist, dass der Betrieb einer Wettannahmestelle (einschließlich der Vermittlung von Wetten, vgl. Rdn. 42) von § 6 I 2 erfasst wird, sodass die GewO nur dann anwendbar ist, wenn dies explizit angeordnet wird.

12. Viehzucht

44 Viehzucht umfasst die gesamte, also nicht nur die zur Ernährungssicherung durch Fleischbeschaffung dienende Tierzucht, sondern auch etwa die Wellensittich- oder Pelztierzucht o. Ä. Von der Tierzucht zu unterscheiden ist die Tierdressur, welche bei gewerblicher Durchführung uneingeschränkt von der GewO erfasst wird; hinzu treten Tierschutzvorschriften (*Marcks*, in: Landmann/ Rohmer I, § 6 Rdn. 72; vgl. auch *Repkewitz*, in: Friauf, § 6 Rdn. 87 f.).

45 Viehzucht unterfällt als Urproduktion nicht dem Gewerbebegriff (oben § 1 Rdn. 50) und deshalb der GewO nur im Rahmen des § 6 I 2. Anwendbar sind § 11 b (dort Rdn. 35) sowie die §§ 55 a I Nr. 2 und 67 I Nr. 3. Zu beachten sind ferner vor allem das Tierzuchtgesetz i. d. F. d. B. v. 21. 12. 2006

Anwendungsbereich **§ 6**

(BGBl. I S. 3294) und die dazu ergangenen Durchführungsverordnungen (dazu *Marcks*, in: Landmann/Rohmer I, § 6 Rdn. 73).

Die Regelung des § 6 I 2 gilt vor dem Hintergrund des dargelegten weiteren 46 Begriffsverständnisses auch für solche Viehzuchtbetriebe, welche die Verknüpfung mit Grund und Boden – Hauptgrund für die Herausnahme der Urproduktion aus dem Gewerbebegriff – verloren haben. Relevant wird dies z. B. für moderne Geflügel- und Schweinemastbetriebe, welche sowohl die Tiere als auch das Futter bei Dritten kaufen (ähnlich zur Hunde- und Katzenzucht *Schönleiter/Böhme* GewArch 2006, 407 (409). Für solche Betriebsarten ist die Zuordnung zur Urproduktion nicht unproblematisch (oben § 1 Rdn. 52). Selbst wenn sie als gewerbliche Tätigkeit einzuordnen wären, griffe aber die Exemtion des § 6 I 2 (*Marcks*, in: Landmann/Rohmer I, § 6 Rdn. 72).

13. Beförderungen mit Krankenkraftwagen

Durch Gesetz v. 16.6.1998 (BGBl. I S. 1291) wurde dem § 6 I ein S. 3 47 angefügt, wonach die GewO mit Ausnahme des Titels XI (Gewerbezentralregister) auf die entgeltliche oder geschäftsmäßige Beförderung von Personen mit Krankenkraftwagen (§ 1 I, II Nr. 2 PBefG) nicht anwendbar ist. Das gesetzgeberische Anliegen besteht freilich weniger in der Herausnahme des Krankentransports aus dem Regelungsbereich der GewO; dieser Bereich ist seit der Änderung des PBefG v. 15. 7. 1989 (BGBl. I S. 1547) ohnehin der ausschließlichen landesrechtlichen Regelung überlassen. Ziel ist vielmehr die Sicherstellung der Anwendbarkeit der Vorschriften der §§ 149 ff., damit die zuständigen Landesbehörden die Möglichkeit erhalten, Informationen über entgeltlich oder geschäftsmäßig tätige Krankentransporteure an das Gewerbezentralregister weiterzuleiten und Auskünfte daraus zu erhalten (amtl. Begr., BR-Drs. 634/97, S. 27).

III. Ausdehnung des Anwendungsbereichs von § 6 c (Abs. 1a)

Durch § 6 Ia wird der Anwendungsbereich des durch das gleiche Gesetz 48 (Gesetz zur Umsetzung der Dienstleistungsrichtlinie im Gewerberecht und in weiteren Rechtsvorschriften vom 17. 7. 2009, BGBl. I S. 2091) eingeführten § 6 c erweitert. Da die umgesetzte Richtlinie auf deutlich mehr Dienstleistungserbringer anzuwenden ist, als vom deutschen Begriff des Gewerbetreibenden erfasst werden, sollen auf diese Art und Weise die von § 6 c vorgesehenen Informationspflichten zentral auf alle der Dienstleistungsrichtlinie unterfallenden Dienstleistungen ausgedehnt werden, ohne dass die traditionelle Definition des Gewerbetreibenden verändert werden muss (BT-Drs. 12/12784, S. 14 f.; *Eisenmenger* NVwZ 2010, 337 [339]).

IV. Anwendungsbereich von Titel VII Abschnitt I (Abs. 2)

Während Absatz 1, der den früheren § 6 fast wörtlich wiedergibt, die 49 Anwendbarkeit der Vorschriften auf **Gewerbebetriebe** beschränkt, hat

Absatz 2, der im Zuge der Dritten GewO-Novelle eingefügt wurde, einen anderen Anknüpfungspunkt, nämlich die **Arbeitnehmereigenschaft**. Für die Anwendbarkeit der §§ 105 bis 110 kommt es – im Unterschied zu den übrigen Vorschriften der GewO – nicht darauf an, ob ein Gewerbebetrieb vorliegt. Diese Normen betreffen somit nicht nur die Gewerbetreibenden und die gewerblichen Arbeitnehmer. Vielmehr sind sie auf alle Arbeitsverhältnisse anwendbar.

50 Der Grund für die unterschiedliche Festlegung der Anwendungsbereiche in den Absätzen 1 und 2 ist die rechtssystematische Stellung der GewO als Ganzes einerseits und der darin enthaltenen §§ 105 bis 110 andererseits. Die GewO regelt eigentlich das **Gewerberecht**, das dem Bereich des Wirtschaftsverwaltungsrechts zuzuordnen ist (Einl. Rdn. 1 ff.).

Demgegenüber regeln die §§ 105 bis 110 einige allgemeine Prinzipien des **Arbeitsvertragsrechts** und sind in der GewO ein zivilrechtlicher „Fremdkörper" (Einzelheiten s. vor §§ 105 ff.). Die Aufgabe des Absatzes 2 ist es deshalb, die §§ 105 ff. von den übrigen Vorschriften abzugrenzen und den unbefangenen Leser auf die Existenz arbeitsrechtlicher Normen in einem Gesetz mit öffentlich-rechtlichen Vorschriften hinzuweisen.

51 Damit verbleibt es für die gewerberechtlichen Teile des Gesetzes bei einer Beschränkung des **Anwendungsbereichs** auf Gewerbebetriebe (s. § 1 Rdn. 1 ff.), während der Titel VII Abschnitt 1 eine Sonderstellung einnimmt. Das bedeutet, dass die Vorschriften dieses Titels – anders als die gewerberechtlichen – auch für Freiberufler und für die in der Urproduktion Beschäftigten gelten und dass es im Übrigen nicht darauf ankommt, ob der Betrieb den Begriff des „Gewerbes" erfüllt, mit allen Zweifelsfragen beispielsweise zur Gewinnerzielungsabsicht (s. § 1 Rdn. 12).

52 Die Fragen des **technischen Arbeitsschutzrechts** und des **Arbeitszeitrechts** werden hier ebenfalls im Rahmen des Titels VII unter § 105 a und § 120 a kommentiert, obwohl beide Bereiche inzwischen aus der GewO ausgegliedert und in arbeitsrechtlichen Spezialgesetzen (insb. Arbeitsschutzgesetz und Arbeitszeitgesetz) geregelt wurden. Das Arbeitsschutzrecht und das Arbeitszeitrecht liegen jedoch an der Schnittstelle zwischen dem öffentlichen Recht in Gestalt der „eigentlichen" GewO und dem Zivilrecht in Gestalt der §§ 105 bis 110. Deren Erörterung im Rahmen der GewO ist daher systematisch unbedenklich.

§ 6a Entscheidungsfrist, Genehmigungsfiktion

(1) Hat die Behörde über einen Antrag auf Erlaubnis zur Ausübung eines Gewerbes nach § 34 b Absatz 1, 3, 4, § 34 c Absatz 1 Satz 1 Nummer 1 und 4 oder § 55 Absatz 2 nicht innerhalb einer Frist von drei Monaten entschieden, gilt die Erlaubnis als erteilt.

(2) Absatz 1 gilt auch für Verfahren nach § 33 a Absatz 1 und § 69 Absatz 1 und für Verfahren nach dem Gaststättengesetz, solange keine landesrechtlichen Regelungen bestehen.

Literatur: *D. Bernhardt*, Fingierte Genehmigungen nach der Dienstleistungsrichtlinie – Möglichkeiten der Regelung und Einschränkung, GewArch 2009, 100 ff.; *S. Eisenmenger*, Das Öffentliche Wirtschaftsrecht im Umbruch. Drei Jahre Dienstleistungsrichtlinie in Deutschland, NVwZ 2010, 337 ff.; *A. Guckelberger*, Die Rechtsfigur der Genehmigungsfiktion, DÖV 2010, 109 ff.; *M. Krajewski*, Anforderungen der Dienstleistungsrichtlinie an Genehmigungsregelungen und ihre Umsetzung im deutschen Recht, NVwZ 2009, 929 ff.; *U. Schönleiter*, Das neue Gesetz zur Umsetzung der Dienstleistungsrichtlinie in der GewO, GewArch 2009, 384 ff.; *M. Uechtritz*, Die allgemeine verwaltungsrechtliche Genehmigungsfiktion des § 42 a VwVfG, DVBl. 2010, 684 ff.

I. Vorbemerkung

§ 6 a wurde gemeinsam mit § 6 Ia, § 6 b und § 6 c durch das Gesetz zur **Umsetzung der Dienstleistungsrichtlinie** im Gewerberecht und in weiteren Rechtsvorschriften vom 17. 7. 2009 (BGBl. I S. 2091) in die Gewerbeordnung eingeführt. Er dient der Umsetzung des Art. 13 IV der Dienstleistungsrichtlinie (RL 2006/123/EG), der eine Genehmigungsfiktion für den Fall vorsieht, dass ein Antrag auf Erteilung einer Genehmigung nicht binnen angemessener Frist bearbeitet wird (näher hierzu *Bernhardt* GewArch 2009, 100 ff.). Der Bundesgesetzgeber erwägt, das Instrument der Genehmigungsfiktion zukünftig über § 6 a hinaus auf andere Genehmigungstatbestände auszudehnen. Er will aber zunächst die Erfahrungen zu § 6 a auswerten (BT-Drs. 16/12784, S. 15). In gewisser Weise kommt § 6 a damit der Charakter einer Experimentierklausel zu. 1

II. Entscheidungsfrist, Genehmigungsfiktion (Abs. 1)

1. Anwendungsbereich

Bezogen auf den **persönlichen Anwendungsbereich** unterscheidet § 6 a I nicht zwischen Gewerbetreibenden aus Deutschland und solchen mit Sitz in einem anderen EU-/EWR-Staat; ohnehin gibt es keine Unterscheidung nach der Staatsangehörigkeit. Die Genehmigungsfiktion kommt also **allen Gewerbetreibenden** zu, nicht nur den Nutznießern der Dienstleistungsrichtlinie, sondern unter Vermeidung einer Inländerdiskriminierung auch inländischen Gewerbetreibenden. 2

In **sachlicher** Hinsicht betrifft § 6 a I die Erlaubnistatbestände des § 34 b I, III, IV (Bewachungsgewerbe), § 34 c I 1 Nrn. 1 und 4 (Makler, Bauträger, Baubetreuer) und § 55 II (Reisegewerbekarte) sowie – über § 6 II – § 33 a I (Schaustellung von Personen), § 69 I (Festsetzung) und gaststättenrechtliche Erlaubnisse nach dem Bundes-GastG. Entsprechend seiner Zuordnung zu den allgemeinen Bestimmungen in Titel I ist § 6 a damit darauf angelegt, Regelungen für alle Gewerbeformen der Titel II-IV zu enthalten (*Heß*, in: Friauf, § 6 a Rdn. 4). 3

2. Entscheidungsfrist

§ 6 a I gibt den Behörden eine **Entscheidungsfrist von drei Monaten** vor. Im Gesetzentwurf war noch eine Verkürzung der Frist im Verhältnis zu § 42 a VwVfG auf zwei Monate vorgesehen (BT-Drs. BT-Drs. 16/12784, S. 15). Der Bundesrat hat dagegen jedoch eingewandt, dass gerade bei Verfah- 4

§ 6a Titel I. Allgemeine Bestimmungen

ren mit Auslandsbezug – welche Hintergrund des § 6 a seien – eine Verkürzung der Frist „ohne Not" für die Behörden erhebliche Probleme bereiten würde (BT-Drs. 16/13190, S. 4).

5 § 6 a enthält insoweit keine abschließende Regelung, insb. sind die §§ 42 a, 71 a ff. VwVfG ergänzend heranzuziehen (näher zum Zusammenspiel mit § 42 a VwVfG siehe *Uechtritz* DVBl. 2010, 684 [687]). § 6 a wird daher auch als **Transferbestimmung** bezeichnet (*Schönleiter* GewArch 2009, 384 [387]). Die **Fristberechnung** richtet sich nach § 31 VwVfG.

6 Für den **Fristbeginn** gilt § 42 a II 2 VwVfG, wonach die Frist erst beginnt, wenn der zuständigen Behörde die erforderlichen Unterlagen vollständig vorliegen. Dies entspricht Art. 13 III der RL 2006/123/EG. Zu beachten ist ferner die Drei-Tage-Fiktion des § 71 b II 1 VwVfG, die gem. § 6 b S. 1 GewO i. V. m. § 71 a I VwVfG greift und den Fristbeginn verschiebt. Die Behörde muss im Falle unvollständiger Unterlagen gem. § 71 b IV 1 VwVfG unverzüglich mitteilen, welche Unterlagen nachzureichen sind. Die Mitteilung muss den Hinweis enthalten, dass der Lauf der Frist erst mit Eingang der vollständigen Unterlagen beginnt (§ 71 b IV 2 VwVfG). Die Behörde muss nach Erhalt des Antrags eine Empfangsbestätigung ausstellen (§ 71 b III 1 VwVfG).

7 § 42 a II 3 VwVfG ermöglicht eine **einmalige Fristverlängerung**, wenn die Schwierigkeit der Angelegenheit dies erfordert. Diese Verlängerungsmöglichkeit ist in Art. 13 III der RL 2006/123/EG vorgesehen und damit auch i. R. d. § 6 a richtlinienkonform. Für die Dauer der Fristverlängerung enthalten § 42 a II 3 und Art. 13 III 3 RL 2006/123/EG keine festen Vorgaben. Maßgeblich ist die Komplexität der Angelegenheit, nicht die personelle oder sachliche Ausstattung der Behörde. Als Richtgröße wird man davon ausgehen können, dass mehr als eine Verdoppelung der Regelfrist nur in ganz besonders gelagerten Fällen zu rechtfertigen sein wird (vgl. *Schliesky*, in: Knack/Henneke, VwVfG, 9. Aufl. 2010, § 42 a Rdn. 12).

8 Die Fristverlängerung muss gem. § 42 a II 4 VwVfG begründet und rechtzeitig mitgeteilt werden. Rechtzeitigkeit verlangt, dass die Fristverlängerung dem Antragsteller vor Ablauf der ursprünglichen Frist mitgeteilt wird (so Art. 13 III 4 RL 2006/123/EG).

9 Hinsichtlich der Bestimmung des **Fristendes** ist bei Inlandssachverhalten die Zugangsregelung § 41 II VwVfG zu beachten, dessen Drei-Tage-Fiktion die Dreimonatsfrist verkürzt (BT-Drs. 16/10493, S. 16); im Falle einer Postübermittlung ins Ausland beträgt die Verkürzung sogar einen Monat (§ 71 b VI 1 VwVfG). Um den Eintritt der Genehmigungsfiktion zu vermeiden, muss die Behörde diese Regelungen beachten.

3. Genehmigungsfiktion

10 Wird über den Antrag nicht innerhalb der Frist (drei Monate, u. U. einmalig verlängert) entschieden, so gilt die Erlaubnis als erteilt, die Genehmigung wird also **fingiert** (*Eisenmenger* NVwZ 2010, 337 [339]). Zur Genehmigungsfiktion siehe *Guckelberger* DÖV 2010, 109 ff. (speziell zur GewO auf S. 113).

Auf die fingierte Genehmigung sind nach § 42 a I 2 VwVfG die Vorschrif- 11
ten über die Bestandskraft von Verwaltungsakten entsprechend anzuwenden;
dies betrifft insb. die Aufhebung von Verwaltungsakten gem. §§ 48 ff. VwVfG.
Bei Auslegung und Anwendung der Aufhebungsvorschriften sind die Wertungen der Dienstleistungsrichtlinie und der unionsrechtliche Grundsatz des
effet utile zu berücksichtigen (*Krajewski* NVwZ 2009, 929 [934]; *Cornils*, in:
Schlachter/Ohler, Europäische Dienstleistungsrichtlinie, 2008, Art. 13
Rdn. 27).

4. Abweichendes Landesrecht

Die Vorgaben des § 6 a I zur Entscheidungsfrist und zur Genehmigungsfik- 12
tion sind Regelungen des Verwaltungsverfahrens i. S. d. Art. 84 I GG. Die
Länder haben daher gem. Art. 84 I 2 GG die Möglichkeit, durch Parlamentsgesetz hiervon abweichende Regelungen zu erlassen. Sie wären dann ihrerseits verpflichtet, die Vorgaben der Dienstleistungsrichtlinie umzusetzen,
sodass ihre Gestaltungsspielräume begrenzt sind. Angesichts der Regelung
des § 6 a I wäre die Angemessenheit längerer Fristen kaum zu begründen,
sodass am ehesten Fristverkürzungen in Betracht kommen.

III. Ausdehnung auf § 33 a Abs. 1 und § 69 Abs. 1 sowie auf das Gaststättenrecht des Bundes (Abs. 2)

§ 6 a II ordnet an, dass die Regelungen § 6 a I zur Entscheidungsfrist und 13
zur Genehmigungsfiktion auch für die Verfahren nach § 33 a I (Schaustellung
von Personen) und nach § 69 I (Festsetzung) sowie für das Gaststättenrecht
des Bundes gelten. Diese Ausdehnung erklärt sich durch die Neufassung des
Art. 74 I Nr. 11 GG infolge der Föderalismusreform (Einl. Rdn. 13 f.). Die
Gesetzgebungskompetenz für die Verfahren nach § 33 a, § 69 GewO und
nach dem Gaststättengesetz ist auf die Länder übergegangen ist. Solange die
Länder jedoch keine eigenen Regelungen treffen, gilt das Bundesrecht fort
(Art. 125 a I 1 GG). Über die schlichte Fortgeltung hinaus ist der Bund zur
Fortschreibung und Anpassung dieses Bundesrechts befugt (*Jarass*, in: Jarass/
Pieroth, GG, Art. 125 a Rdn. 7). Dies ermöglicht dem Bund, seiner fortbestehenden Verantwortung für die Unionsrechtskonformität des fortgeltenden
Bundesrechts Rechnung zu tragen (BT-Drs. 16/13190, S. 5).

§ 6 a II verliert seine Bedeutung, wenn die Länder eigene Regelungen 14
geschaffen haben, bislang nur relevant – und auch das nicht in allen Ländern –
für das Gaststättenrecht. Die Länder müssen bei ihren Regelungen unionsrechtliche Vorgaben beachten (vgl. *Heß*, in: Friauf, § 6 a Rdn. 6).

§ 6b Verfahren über eine einheitliche Stelle

¹**Verwaltungsverfahren nach diesem Gesetz oder nach einer auf
Grund dieses Gesetzes erlassenen Rechtsverordnung können über
eine einheitliche Stelle nach den Vorschriften des Verwaltungsverfahrensgesetzes abgewickelt werden.** ²**Die Landesregierungen werden**

§ 6b Titel I. Allgemeine Bestimmungen

ermächtigt, durch Rechtsverordnung im Einklang mit Artikel 2 Absatz 2 der Richtlinie 2006/123/EG bestimmte Verfahren von der Abwicklung über eine einheitliche Stelle auszuschließen.

Literatur: *S. Eisenmenger*, Das Öffentliche Wirtschaftsrecht im Umbruch. Drei Jahre Dienstleistungsrichtlinie in Deutschland, NVwZ 2010, 337 ff.; *Th. Günther*, Die Einführung des Einheitlichen Anspruchpartners in NRW, GewArch 2010, 437 ff.; *R. Jahn*, Der „Einheitliche Ansprechpartner" in Bayern – Ein erster Überblick, GewArch 2010, 150 ff.; *A. D. Luch/ S. E. Sönke*, Kontrolldefizite im Binnenmarkt für Dienstleistungen?, GewArch 2009, 143 ff.; *A. D. Luch/S. E. Schulz*, Die Gesetzgebung der Bundesländer zur Einrichtung Einheitlicher Ansprechpartner nach Art. 6 DLR, GewArch 2010, 225 ff.; *U. Schönleiter/A. Stenger*, Frühjahrssitzung 2009 des Bund-Länder-Ausschusses „Gewerberecht", GewArch 2009, 294 ff.; *U. Schönleiter*, Das neue Gesetz zur Umsetzung der Dienstleistungsrichtlinie in der GewO, GewArch 2009, 384 ff; *S. Schulz*, Der einheitliche Ansprechpartner in Bayern, BayVBl., 556 ff..

I. Vorbemerkung

1 § 6 b wurde gemeinsam mit § 6 Ia, § 6 a und § 6 c durch das Gesetz zur **Umsetzung der Dienstleistungsrichtlinie** im Gewerberecht und in weiteren Rechtsvorschriften vom 17. 7. 2009 (BGBl. I S. 2091) in die Gewerbeordnung eingefügt (dazu z. B. *Eisenmenger* NVwZ 2010, 337 ff.).

2 Die Dienstleistungsrichtlinie sieht vor, dass der Antragsteller die für die Erbringung der Dienstleistung notwendigen Verwaltungsverfahren über eine einheitliche Stelle abwickeln kann. Dieses Ziel wird durch die Einführung des § 6 b gesichert. Dabei unterscheidet § 6 b nicht zwischen den Teilen der GewO, die von der Dienstleistungsrichtlinie erfasst sind und denen, die vom Anwendungsbereich der Richtlinie ausgenommen sind. Daher können alle Verwaltungsverfahren, die in der GewO oder in einer aufgrund der GewO erlassenen Rechtsverordnung vorgesehen sind (siehe aber Rdn. 8 f.), über eine einheitliche Stelle abgewickelt werden (BT-Drs. 16/12784, S. 15), sog. **System des Einheitlichen Ansprechpartners** (*Luch/Schulz* GewArch 2009, 143 m. w. N.). Insoweit ist der Gesetzgeber über eine 1:1-Umsetzung der Dienstleistungsrichtlinie hinausgegangen (BT-Drs. 16/13190, S. 6). Dadurch sollen insb. Abgrenzungsprobleme vermieden werden, wenn in Betrieben teilweise Tätigkeiten ausgeübt werden, die von der Dienstleistungsrichtlinie erfasst sind und teilweise nicht (BT-Drs. 16/12784, S. 15). Das System des „Einheitlichen Ansprechpartners" stellt eines der zentralen Elemente der Dienstleistungsrichtlinie dar und wurde in Deutschland Anfang 2010 ins Werk gesetzt (*Schönleiter/Stenger* GewArch 2009, 294 [297]).

3 § 6 b ermöglicht die Abwicklung eines Verwaltungsverfahrens über eine einheitliche Stelle, verpflichtet den Gewerbetreibenden aber nicht zu deren Inanspruchnahme. Selbst wenn keine einheitliche Stelle eingeschaltet wird, ist § 6 b bedeutsam, und zwar mit Blick auf §§ 71 a ff. VwVfG: Diese Vorschriften gelten im Rahmen von § 71 a II VwVfG schon dann, wenn eine Rechtsvorschrift die Möglichkeit einer einheitlichen Stelle vorsieht, auch wenn im konkreten Verfahren keine einheitliche Stelle eingeschaltet wird. Wegen § 6 b S. 1 müssen die zuständigen Behörden deshalb bei der Ausführung der GewO z. B. Empfangsbestätigungen ausstellen (§ 71 b III 1

VwVfG), Hinweise auf unvollständige Unterlagen (§ 71 b IV 1 VwVfG) sowie auf Anfrage Auskünfte über die maßgeblichen Vorschriften und deren gewöhnliche Auslegung erteilen (§ 71 c II 1 VwVfG). § 6 b wird daher auch als **Transferbestimmung** zu §§ 71 a ff. VwVfG bezeichnet (*Schönleiter* GewArch 2009, 384 [387]). Unabhängig hiervon gelten weiterhin die allgemeinen Pflichten zur Beratung und Auskunft (§ 25 VwVfG) oder zur Bescheinigung des Empfangs der Gewerbeanzeige nach § 15 I.

II. Einheitliche Stelle (S. 1)

Der Wortlaut des § 6 b S. 1 bezieht „**alle Verwaltungsverfahren** nach 4 diesem Gesetz oder nach einer aufgrund dieses Gesetzes erlassenen Rechtsverordnung" ein. Aus der ratio legis folgt jedoch eine **Einschränkung des Anwendungsbereichs auf diejenigen Verfahren, die der Gewerbetreibende einleitet**: § 6 b S. 1 dient in erster Linie der Umsetzung der Dienstleistungsrichtlinie, die den einheitlichen Ansprechpartner fordert für „alle Verfahren und Formalitäten, die für die Aufnahme einer Dienstleistungstätigkeit erforderlich sind" sowie für „die Beantragung der für die Ausübung ihrer Dienstleistungstätigkeit erforderlichen Genehmigung" (Art. 6 I RL 2006/123/EG). Dementsprechend sind von § 6 b nur die Verfahren erfasst, die durch den Gewerbetreibenden eingeleitet werden (insb. Erstattung einer Anzeige oder Beantragung einer Gewerbeerlaubnis). Diese Sichtweise findet eine Bestätigung in systematischer Hinsicht in §§ 71 a ff. VwVfG, die ebenfalls lediglich Verfahrenshandlungen betreffen, die durch den Gewerbetreibenden zu erbringen sind. Der einheitliche Ansprechpartner soll es dem Gewerbetreibenden erleichtern, sich im Behördendickicht zu Recht zu finden. Dieser Zweck wird nicht berührt, wenn die Behörde von sich aus an den Gewerbetreibenden herantritt. Wird also die Behörde von Amts wegen tätig, z. B. bei der Aufhebung einer Gewerbeerlaubnis wegen Unzuverlässigkeit oder bei einer Untersagung, wird der einheitliche Ansprechpartner nicht eingeschaltet (ebenso *Heß*, in: Friauf, § 6 b Rdn. 6).

Die einheitliche Stelle wird auch **einheitlicher Ansprechpartner** 5 genannt. Wer dies ist, bestimmen nach Art. 84 I 1 GG, § 155 II die Länder (siehe hierzu die Auflistung der Landesregelungen bei *Heß*, in: Friauf, § 6 b Rdn. 10; *Luch/Schulz* GewArch 2010, 225 ff.). In Baden-Württemberg fungieren die **Kammern**, u. U. auch die Land- und Stadtkreise als einheitliche Ansprechpartner (§ 2 des Gesetzes über Einheitliche Ansprechpartner für das Land Baden-Württemberg [EAG BW] vom 1. 12. 2009, GBl. S. 679; ebenso z. B. Bayern, dazu näher *Jahn* GewArch 2010, 150 ff.; *Schulz* BayVBl. 2010, 556 ff.). Andere Länder richten für das gesamte Land einen zentralen einheitlichen Ansprechpartner ein (z. B. Hessen: Regierungspräsidium Darmstadt; Schleswig-Holstein: Einheitlicher Ansprechpartner Schleswig-Holstein Anstalt öffentlichen Rechts; siehe die Angaben im Internetportal des Bundesministeriums für Wirtschaft und Technologie unter www.dienstleisten-leichtgemacht.de) oder greifen auf **Kreise und kreisfreie Städte** zu (z. B. NRW, dazu *Günther* GewArch 2010, 437 ff.).

§ 6c Titel I. Allgemeine Bestimmungen

6   Der einheitliche Ansprechpartner erzeugt **keine Konzentrationswirkung** oder Integrationswirkung (*Heß*, in: Friauf, § 6 b Rdn. 8). Er ist **nicht die zuständige Behörde**, trifft also keine eigenen Entscheidungen über die Erteilung einer Erlaubnis etc. – relevant auch für den Rechtsschutz, der sich gegen die zuständige Behörde (oder deren Rechtsträger) richtet, nicht gegen den einheitlichen Ansprechpartner.

7   Der Gewerbetreibende – auch der Inländer – kann die einheitliche Stelle einschalten, muss dies aber nicht. Die Einzelheiten der Tätigkeit der einheitlichen Stelle und dessen Kooperation mit der zuständigen Behörde werden durch §§ **71 a ff. VwVfG** detailliert geregelt (dazu erläuternd BT-Drs. 16/10493, S. 17 ff.).

III. Abweichendes Landesrecht (S. 2)

8   Wie bei § 6 a handelt es sich auch bei § 6 b S. 1 um eine Vorschrift zum Verwaltungsverfahren. Die Länder haben daher wegen Art. 84 I 2 GG die Befugnis, durch **Parlamentsgesetz** abweichende Regelungen zu erlassen. Die Länder müssen dabei die unionsrechtlichen Vorgaben beachten (§ 6 a Rdn. 12).

9   § 6 b S. 2 erleichtert den Ländern eine Abweichung, indem eine Verordnungsermächtigung zugunsten der Landesregierungen geschaffen worden ist. Diese können durch **Rechtsverordnung** anordnen, dass bestimmte Verfahren von der Abwicklung über eine einheitliche Stelle ausgeschlossen sind, solange dies nicht mit der Dienstleistungsrichtlinie kollidiert. Diese Ermächtigungsgrundlage trägt dem Umstand Rechnung, dass der Bundesgesetzgeber über die Verpflichtungen durch die Dienstleistungsrichtlinie hinausgegangen ist und den Ländern die Möglichkeit eröffnen möchte, die umfassende Einzelzuständigkeit im Einklang mit der Dienstleistungsrichtlinie zu beschränken (BT-Drs. 16/13190, S. 6).

10 Die Möglichkeit der Beschränkung der Zuständigkeit der einheitlichen Stelle gilt im materiellen Sinne, d.h. bezüglich Dienstleistungen, die überhaupt nicht von der Richtlinie erfasst sind. Hierzu zählen unter anderem die **Finanzdienstleistungen** (also z. B. die Verfahren aufgrund der §§ 34, 34 c Abs. 2 S. 1 Nr. 1a-3), Dienstleistungen im Zusammenhang mit **Versicherungsvermittlungen** (§§ 34 d, 34 e), **Gesundheitsdienstleistungen** (z. B. § 30), **gewerbliche Glücksspiele** (§§ 33 c, 33 d, 60 a) oder **Dienstleistungen im Bewachungsgewerbe** (z. B. §§ 34 a). Darüber hinaus können die Länder auch Einschränkungen im formellen Sinne vornehmen, d.h. sie können für **rein inländische Sachverhalte** bestimmen, dass die einheitliche Stelle nicht angerufen werden kann. Einige Länder streben beschränkende Regelungen i. S. d. § 6 b S. 2 an (dazu ausführlich *Pielow*, in: BeckOK, § 6 b Rdn. 13; zu Bayern siehe *Jahn* GewArch 2010, 230 [231])

§ 6c Informationspflichten für Dienstleistungserbringer

¹**Die Bundesregierung wird ermächtigt, durch Rechtsverordnung mit Zustimmung des Bundesrates zur Umsetzung der Richtlinie**

Informationspflichten für Dienstleistungserbringer § 6c

2006/123/EG Vorschriften über Informationen, insbesondere deren Inhalt, Umfang und Art zu erlassen, die ein Dienstleistungserbringer den Dienstleistungsempfängern zur Verfügung zu stellen hat oder zur Verfügung stellt. ²Die Rechtsverordnung kann auch Regelungen enthalten über die Art und Weise, in der die Informationen zur Verfügung zu stellen sind.

Literatur: S. *Eisenmenger*, Das Öffentliche Wirtschaftsrecht im Umbruch. Drei Jahre Dienstleistungsrichtlinie in Deutschland, NVwZ 2010, 337 ff.; *U. Schönleiter/A. Stenger*, Frühjahrssitzung 2009 des Bund-Länder-Ausschusses „Gewerberecht", GewArch 2009, 294 ff.; *U. Schönleiter*, Das neue Gesetz zur Umsetzung der Dienstleistungsrichtlinie in der GewO, GewArch 2009, 384 ff.

I. Vorbemerkung

§ 6 c wurde gemeinsam mit § 6 Ia, § 6 a und § 6 b durch das Gesetz zur 1
Umsetzung der Dienstleistungsrichtlinie im Gewerberecht und in weiteren Rechtsvorschriften vom 17. 7. 2009 (BGBl. I S. 2091) in die Gewerbeordnung eingefügt (dazu z. B. *Eisenmenger* NVwZ 2010, 337 ff). Die Umsetzung europarechtlicher Vorgaben muss nicht durch formelles Gesetz, sondern kann auch durch Rechtsverordnung erfolgen. Ob die Verordnungsermächtigung des § 6 c den Anforderungen des Art. 80 I 2 GG genügt, kann bezweifelt werden (näher *Heß*, in: Friauf, § 6 c Rdn. 9). Trotz des Verweises auf eine andere Rechtsvorschrift – die Dienstleistungsrichtlinie –, der zudem nicht spezifiziert ist, können Inhalt, Zweck und Ausmaß hinreichend bestimmt werden, wenn man die Gesetzgebungsbegründung hinzuzieht.

§ 6 c ist im Zusammenhang mit § 6 Ia zu sehen und betrifft **Informations-** 2
pflichten der Gewerbetreibenden und sonstigen Dienstleistungserbringer, die neben andere Informationspflichten von Marktteilnehmern treten.

II. Verordnungsermächtigung

§ 6 c S. 1 stellt eine Ermächtigungsgrundlage für die Bundesregierung 3
dar, eine Rechtsverordnung zur Regelung der Informationspflichten von Dienstleistungserbringern zu erlassen. Diese Rechtsverordnung bedarf der Zustimmung des Bundesrates. § 6 c S. 1 zielt auf Inhalt, Umfang und Art der Informationen und ausweislich der Gesetzesbegründung auf die in Art. 22 I-IV und Art. 27 I, II, IV der Dienstleistungs-RL 2006/123/ EG vorgesehenen Informationspflichten (BT-Drs. 16/12784, S. 15) ab. Betroffen sind z. B. Angaben des Dienstleistungserbringers (Rdn. 4) gegenüber den Dienstleistungsempfängern (Vertragspartnern und Kunden) zu Name, Rechtsform, Anschrift, Registereintragung etc.

Dienstleistungserbringer sind Gewerbetreibende und darüber hinaus 4
alle sonstigen Dienstleistungserbringer, wenn diese unter Art. 4 Nr. 2 RL 2006/123/EG fallen. Daher gelten die Informationspflichten nicht nur für Gewerbetreibende, sondern auch über die GewO hinaus, vgl. auch § 6 Ia (*Schönleiter/Stenger* GewArch 2009, 294 [297]). Art. 4 Nr. 2 und damit auch

§ 6c Titel I. Allgemeine Bestimmungen

§ 6 c knüpfen an den Anwendungsbereich der Niederlassungs- und der Dienstleistungsfreiheit an, d. h. der Erbringer der Leistung muss Unionsbürger oder eine juristische Personen sein, die in einem Mitgliedstaat eine Dienstleistungstätigkeit entweder unter Inanspruchnahme der Niederlassungs- oder des Dienstleistungsfreiheit erbringt. Die juristische Person muss dabei nach den Rechtsvorschriften eines Mitgliedsstaates gegründet worden sein und ihren satzungsmäßigen Sitz, ihre Hauptverwaltung oder ihre Hauptniederlassung in der Union haben (Erwägungsgrund 36); die Rechtsform ist unerheblich (Erwägungsgrund 38). Durch die Einbeziehung der Niederlassungsfreiheit in die Regelungen ist darüber hinaus klargestellt, dass nicht nur grenzüberschreitende Sachverhalte, sondern auch solche, in denen sich ein „Marktteilnehmer in einem anderen Mitgliedsstaat niederlässt, um dort Dienstleistungen zu erbringen", erfasst werden sollen (Erwägungsgrund 36). Der **Empfänger der Dienstleistung** wiederum muss nicht zwangsläufig durch die Grundfreiheiten berechtigt, kann vielmehr auch Drittstaatsangehöriger sein (so *Streinz/Leible*, in: Schlachter/Ohler, Europäische Dienstleistungsrichtlinie, Art. 4 Rdn. 6; *Kluth*, in: Calliess/Ruffert, EUV/EGV, Art. 49, 50 EGV Rdn. 35). Voraussetzung hierfür ist, dass er „bereits in den Genuss von Rechten aus Gemeinschaftsrechtsakten" kommt. Die Richtlinie zählt hier in ihrem Erwägungsgrund 36 – jedoch nicht abschließend („etwa") – einige solcher Akte auf, namentlich die VO (EWG) Nr. 1408/71, RL 2003/109/EG des Rates vom 25. 11. 2003 über die Rechtsstellung der langfristig aufenthaltsberechtigten Drittstaatsangehörigen, VO (EG) Nr. 859/2003 des Rates vom 14. 5. 2003 zur Ausdehnung der Bestimmungen der VO (EWG) Nr. 1408/71 und VO (EWG) Nr. 574/72 auf Drittstaatsangehörige, die ausschließlich aufgrund ihrer Staatsangehörigkeit nicht bereits unter diese Bestimmungen fallen oder die RL 2004/38/EG des Europäischen Parlaments und des Rates vom 29. 4. 2004 über das Recht der Unionsbürger und ihrer Familienangehörigen, sich im Hoheitsgebiet der Mitgliedstaaten frei zu bewegen und aufzuhalten.

5 § 6 c S. 2 ermöglicht dem Verordnungsgeber, Regelungen über die Art und Weise, in der die Information zur Verfügung zu stellen ist, zu schaffen. In Betracht kommen z. B. eine schriftliche Mitteilung an den Dienstleistungsempfänger, das Zugänglichmachen der Informationen an Ort und Stelle, ein elektronisches Zugänglichmachen oder das Aufnehmen der Informationen in die Informationsunterlagen über die angebotene Dienstleistung (vgl. auch § 2 Abs. 2 der DL-InfoV; Rdn. 7).

6 Des Weiteren verfolgte der Gesetzgeber durch die Ermächtigung auch das Ziel der Umsetzung der Verpflichtung aus Art. 20 II der Dienstleistungsrichtlinie, wonach die Bedingungen für die Dienstleistungen keine diskriminierenden Bestimmungen enthalten dürfen. Die Umsetzung ist durch § 5 der DL-InfoV (Rdn. 7) erfolgt. § 6 c stellt insoweit eine ausreichende Ermächtigungsgrundlage dar, weil sie gerade auch Regelungen zum „Inhalt der Informationspflichten" umfasst. Der Umsetzung europarechtlicher Vorgaben durch Rechtsverordnung anstatt durch formelles Gesetz stehen keine Bedenken gegenüber (vgl. *EuGH* Urt. v. 28. 2. 1991, Rs. C-131/88, Slg 1991, I-825).

Die Bundesregierung hat von der Verordnungsermächtigung Gebrauch 7
gemacht durch die Verordnung über Informationspflichten für Dienstleistungserbringer (**Dienstleistungs-Informationspflichten-Verordnung – DL-InfoV**) vom 12. 3. 2010 (BGBl. I S. 267; siehe hierzu auch die amtliche Begründung in BR-Drs. 888/09). Die Verordnung normiert elf Informationspflichten, denen der Dienstleistungserbringer von sich aus nachkommen muss (§ 2 DL-InfoV). Hinzu treten vier weitere Informationspflichten, die auf Anfrage zu erfüllen sind (§ 3 DL-InfoV).

Vor §§ 7–10

Die Vorschriften der §§ 7 und 8 betreffen die Aufhebung bzw. Ablösung mit 1
dem Grundsatz der Gewerbefreiheit (§ 1 I) unvereinbarer Berechtigungen. Neuerwerb und Neubegründung dieser Berechtigungen werden durch § 10 verhindert. § 9 schließlich betrifft Streitigkeiten über die Aufhebung oder Ablösung eines Rechtes i. S. d. §§ 7 f. Zur Zeit des Inkrafttretens der GewO (1869) waren diese Vorschriften von einiger Bedeutung. Sie dienten dem Ziel, die soeben verankerte Gewerbefreiheit sich voll entfalten zu lassen. Zuvor waren allerdings viele dieser Berechtigungen bereits durch die Landesgesetzgebung aufgehoben worden (vgl. §§ 7 f.).

Unter der Geltung des Grundgesetzes erweist sich freilich Art. 12 GG als 2
wichtigste Garantie der Gewerbefreiheit (oben Einl. D). Soweit die §§ 7 f. auf Wettbewerbssicherung zielen, sind die kartellrechtlichen Vorgaben des GWB einschlägig. Auf europäischer Ebene treten die Grundfreiheiten sowie die Art. 101 ff. AEU hinzu. Vor diesem Hintergrund ist die Bedeutung der §§ 7 bis 10 heute – 140 Jahre nach Inkrafttreten der GewO 1869 – gering, weil die dort erfassten Rechtsinstitute kaum mehr gebräuchlich sind. Alte Rechte aus der Zeit des Inkrafttretens der GewO existieren nur noch vereinzelt. Immerhin verhindert § 10 II den Neuerwerb oder die Neubegründung dieser Berechtigungen.

§ 7 Aufhebung von Rechten und Abgaben

(1) **Vom 1. Januar 1873 ab sind, soweit die Landesgesetze solches nicht früher verfügen, aufgehoben:**
1. **die noch bestehenden ausschließlichen Gewerbeberechtigungen, das heißt die mit dem Gewerbebetrieb verbundenen Berechtigungen, anderen den Betrieb eines Gewerbes, sei es im allgemeinen oder hinsichtlich der Benutzung eines gewissen Betriebsmaterials, zu untersagen oder sie darin zu beschränken;**
2. **die mit den ausschließlichen Gewerbeberechtigungen verbundenen Zwangs- und Bannrechte;**
3. **alle Zwangs- und Bannrechte, deren Aufhebung nach dem Inhalt der Verleihungsurkunde ohne Entschädigung zulässig ist;**
4. **sofern die Aufhebung nicht schon infolge dieser Bestimmungen eintritt oder sofern sie nicht auf einem Vertrag zwischen Berechtigten und Verpflichteten beruhen:**

§ 7   Titel I. Allgemeine Bestimmungen

   a) das mit dem Besitz einer Mühle, einer Brennerei oder Brenngerechtigkeit, einer Brauerei oder Braugerechtigkeit, oder einer Schankstätte verbundene Recht, die Konsumenten zu zwingen, daß sie bei den Berechtigten ihren Bedarf mahlen oder schroten lassen, oder das Getränk ausschließlich von denselben beziehen (der Mahlzwang, der Branntweinzwang oder der Brauzwang);
   b) das städtische Bäckern oder Fleischern zustehende Recht, die Einwohner der Stadt, der Vorstädte oder der sogenannten Bannmeile zu zwingen, daß sie ihren Bedarf an Gebäck oder Fleisch ganz oder teilweise von jenen ausschließlich entnehmen;
5. die Berechtigungen, Konzessionen zu gewerblichen Anlagen oder zum Betrieb von Gewerben zu erteilen, die dem Fiskus, Korporationen, Instituten oder einzelnen Berechtigten zustehen;
6. vorbehaltlich der an den Staat und die Gemeinde zu entrichtenden Gewerbesteuern, alle Abgaben, welche für den Betrieb eines Gewerbes entrichtet werden, sowie die Berechtigung, dergleichen Abgaben aufzuerlegen.

(2) Ob und in welcher Weise den Berechtigten für die vorstehend aufgehobenen ausschließlichen Gewerbeberechtigungen, Zwangs- und Bannrechte usw. Entschädigung zu leisten ist, bestimmen die Landesgesetze.

Übersicht

	Rdn.
I. Aufhebung von Zwangs- und Bannrechten (Abs. 1)	1
1. Ausschließliche Gewerbeberechtigungen (Nr. 1)	2
2. Zwangs- und Bannrechte (Nrn. 2 bis 4)	4
a) Begriff	4
b) Vertraglich eingeräumte Zwangs- und Bannrechte	5
3. Berechtigungen zur Konzessionserteilung durch den Fiskus (Nr. 5)	10
4. Abgaben für den Gewerbebetrieb (Nr. 6)	11
II. Entschädigung (Abs. 2)	15

I. Aufhebung von Zwangs- und Bannrechten (Abs. 1)

1   § 7 I betrifft vor allem die Aufhebung von Zwangs- und Bannrechten. Nicht erfasst werden die in § 6 aufgeführten Gewerbearten. Dies ist relevant etwa für Apotheken, vgl. §§ 26, 27 ApoG.

1. Ausschließliche Gewerbeberechtigungen (Nr. 1)

2   Nr. 1 erfasst mit seiner Legaldefinition der bestehenden ausschließlichen Gewerbeberechtigungen punktuelle Monopolstellungen, mittels derer der Berechtigte zum Vorteil des eigenen Gewerbebetriebes anderen Personen die Ausübung eines vergleichbaren Gewerbes untersagen kann. Die ausschließliche Gewerbeberechtigung kann mit einem Grundstück verbunden oder persönlicher Art sein. Nr. 1 betrifft aber nur **rechtlich begründete Monopole**,

Aufhebung von Rechten und Abgaben § 7

nicht rein faktisch bestehende. Ein solches faktisches Monopol liegt etwa bei unmittelbar aus dem Eigentum folgenden Rechten vor, so wenn z. B. der Eigentümer eines Friedhofgrundstücks alle Bestattungshandlungen auf diesem Friedhof selbst vornimmt (vgl. *BGHZ* 19, 130 [137]; 14, 294 [303 f.]). Missbräuchliche Nutzungen eines faktischen Monopols sind allein am GWB zu messen (*Schönleiter*, in: Landmann/Rohmer I, § 7 Rdn. 8; *Schulze-Werner*, in: Friauf, § 7 Rdn. 7).

Nr. 1 bezieht sich **nicht** auf **vertraglich** begründete Ausschließlichkeits- 3 oder Konkurrenzschutzklauseln (*Schönleiter*, in: Landmann/Rohmer I, § 7 Rdn. 9; *Schulze-Werner*, in: Friauf, § 7 Rdn. 8). Zur gewerberechtlichen Beurteilung vertraglicher Beschränkungen der Gewerbefreiheit siehe unten Rdn. 5; § 10 Rdn. 2 ff.

2. Zwangs- und Bannrechte (Nrn. 2 bis 4)

a) Begriff. Zwangs- und Bannrechte sind Sammelbegriffe für Gewerbe- 4 beschränkungen in Form von Abnahmepflichten und Konkurrenzverboten. Nach h. L. (vgl. nur *Schönleiter*, in: Landmann/Rohmer I, § 7 Rdn. 10 f.; *Schulze-Werner*, in: Friauf, § 7 Rdn. 10; *Joost*, in: Münchener Kommentar zum BGB, 5. Aufl. 2009, § 1090 Rdn. 26) umfasst ein Zwangsrecht die Befugnis, einem nach allgemeinen Merkmalen abgegrenzten Personenkreis zu untersagen, gewisse wirtschaftliche Bedürfnisse bei anderen Personen als dem Rechtsinhaber zu decken (z. B. Zwang, bei bestimmten Bäcker Brot zu kaufen), während ein Bannrecht Dritten die Ausübung eines vergleichbaren Gewerbes innerhalb eines bestimmten Bezirks verbietet. Etwas verschieden davon ist die Legaldefinition von Zwangs- und Banngerechtigkeiten gem. §§ 2, 4 1. Theil, 23. Titel des pr. ALR: Zwangsgerechtigkeit ist die Befugnis, den ihr unterworfenen Personen die Anschaffung oder Zubereitung gewisser Bedürfnisse bei jedem anderen als dem Berechtigten zu untersagen. Steht diese Befugnis dem Berechtigten gegen alle Einwohner eines gewissen Bezirks oder zumindest gegen gewisse Klassen derselben zu, liegt ein Bannrecht vor. Eine genaue Abgrenzung zwischen Zwangs- und Bannrecht ist freilich nicht erforderlich, da beide Rechtsinstitute denselben rechtlichen Vorgaben unterliegen.

b) Vertraglich eingeräumte Zwangs- und Bannrechte. Umstritten 5 ist, inwieweit § 7 I Nrn. 2 – 4 auch vertraglich eingeräumte Zwangs- und Bannrechte erfassen.

Als unproblematisch erweisen sich die Zwangs- und Bannrechte i. S. d. 6 Nrn. 3 und 4: Nr. 3 betrifft Befugnisse, welche auf einer „Verleihung" beruhen, also gerade nicht auf vertraglicher Vereinbarung. Nr. 4 wiederum umfasst zwar auch vertraglich eingeräumte Zwangs- und Bannrechte, nimmt diese aber ausdrücklich von der Aufhebung durch § 7 I aus.

Hinsichtlich der Zwangs- und Bannrechte i. S. d. Nr. 2 wird zum Teil 7 vertreten, dass insoweit auch vertraglich eingeräumte Befugnisse erfasst seien (*Joost*, in: Münchener Kommentar zum BGB, 5. Aufl. 2009, § 1090 Rdn. 26). Dieser Ansicht ist zuzugeben, dass Zwangs- und Bannrechte i. S. d. § 7 I auf Vertrag beruhen können. Dies folgt schon aus § 7 I Nr. 4; eine Bestätigung findet sich in § 6 1. Theil 23. Titel i. V. m. § 87 1. Theil 7. Titel pr. ALR.

§ 7

8   Aber die Zwangs- und Bannrechte i. S. d. Nr. 2 beziehen sich auf die ausschließlichen Gewerbeberechtigungen i. S. d. Nr. 1, welche gerade nicht auf vertraglicher Grundlage beruhen (oben Rdn. 3; *Schulze-Werner*, in: Friauf, § 7 Rdn. 12). Daraus folgt, dass vertraglich eingeräumte Zwangs- und Bannrechte – oder vergleichbare Rechtsformen moderner Prägung (näher unten § 10 Rdn. 2 ff.) – nicht von Nr. 2 erfasst sind. Dies entspricht dem Gesetzeszweck des § 7 und der GewO insgesamt: Beseitigt werden sollen historische Exklusivprivilegien, nicht aber die Gestaltungsmöglichkeiten der Privatautonomie, welche auch Selbstbeschränkungen zulässt (*Schönleiter*, in: Landmann/Rohmer I, § 7 Rdn. 9).

9   Etwas anderes gilt für solche vertragliche Verpflichtungen, die nicht einzelne Rechtssubjekte treffen, sondern unbestimmte, lediglich nach allgemeinen Merkmalen bestimmbare Personenkreise (näher unten § 8 Rdn. 2 sowie *Schönleiter*, in: Landmann/Rohmer I, § 7 Rdn. 12 f. m. w. N.).

3. Berechtigungen zur Konzessionserteilung durch den Fiskus (Nr. 5)

10 Mit Fiskus ist der Staat ausdrücklich als Privatrechtssubjekt bezeichnet (*Schönleiter*, in: Landmann/Rohmer, § 7 Rdn. 17; *Schulze-Werner*, in: Friauf, § 7 Rdn. 13). Daraus folgt, dass staatliche Hoheitsrechte nicht tangiert werden (*Sydow*, in: BeckOK, § 7 Rdn. 16). § 7 I Nr. 5 steht also der Genehmigungspflichtigkeit gewerblicher Betriebe nicht entgegen.

Nicht von Nr. 5 erfasst sind ferner Befugnisse von Hoheitsträgern, welche aus ihrer Eigentümerstellung folgen und Dritten übertragen werden (wie etwa bei Konzessionsverträgen der Gemeinden mit Energieversorgungsunternehmen; *Schulze-Werner*, in: Friauf, § 7 Rdn. 13).

4. Abgaben für den Gewerbebetrieb (Nr. 6)

11 Abgaben i. S. d. Vorschrift, die „für" den Betrieb eines Gewerbes entrichtet werden, sind nur solche, deren Entrichtung die **Gegenleistung** für die Erteilung der Befugnis zum Gewerbebetrieb darstellt (*BVerfGE* 13, 181 [188]; *BVerwGE* 6, 50 [51]). Nicht von Nr. 6 erfasst sind also Abgaben, die lediglich anlässlich der Erlaubniserteilung erhoben werden. Die Abgabenentrichtung ist dabei keine Voraussetzung der Erlaubniserteilung oder des erlaubten Gewerbetreibens. Zulässig ist daher die Erhebung der Schankerlaubnissteuer (*BVerfG* u. *BVerwG* aaO), ebenso die der Vergnügungsteuer (*Schönleiter*, in: Landmann/Rohmer I, § 7 Rdn. 19; *Schulze-Werner*, in: Friauf, § 7 Rdn. 16).

12 Zulässig sind ferner kraft ausdrücklicher Anordnung in § 7 I Nr. 6 die **Gewerbesteuern**, wobei gleichgültig ist, ob diese Steuern auch ausdrücklich als „Gewerbesteuer" bezeichnet sind, sofern sie nur die klassischen Merkmale einer solchen Steuer erfüllen.

13 Zulässig bleibt ebenso die Erhebung von **Verwaltungsgebühren**, etwa für die Erteilung einer Gewerbeerlaubnis. Die Gegenleistung besteht hier im Verwaltungsaufwand, nicht in der Erlaubniserteilung als solcher (*Schönleiter*, in: Landmann/Rohmer I, § 7 Rdn. 21; *Schulze-Werner*, in: Friauf, § 7 Rdn. 17).

Unberührt von § 7 I Nr. 6 sind schließlich mit Staat oder Gemeinde in ihrer Eigenschaft als Zivilrechtssubjekt vertraglich vereinbarte Zahlungen, so etwa die irreführenderweise allgemein als Konzessionsabgaben bezeichneten Entgelte im Rahmen von Wegenutzung ermöglichenden Verträgen zwischen Gemeinde und Energieversorgungsunternehmen (siehe näher *Tettinger* DVBl. 1991, 786 ff. u. oben Rdn. 10). **14**

II. Entschädigung (Abs. 2)

§ 7 II begründet weder selbst einen Entschädigungsanspruch noch verpflichtet er die Länder zum Erlass von Entschädigungsregelungen; vgl. im Übrigen Art. 74, 109 EGBGB. Eine Zusammenstellung der entsprechenden Landesgesetze findet sich bei *Merten*, in: Staudinger, BGB-Komm., EGBGB, 15. Bearb. 2005, Art. 109 Rdn. 29. **15**

§ 8 Ablösung von Rechten

(1) Von dem gleichen Zeitpunkt (§ 7) ab unterliegen, soweit solches nicht von der Landesgesetzgebung schon früher verfügt ist, der Ablösung:
1. **diejenigen Zwangs- und Bannrechte, welche durch die Bestimmungen des § 7 nicht aufgehoben sind, sofern die Verpflichtung auf Grundbesitz haftet, die Mitglieder einer Korporation als solche betrifft, oder Bewohner eines Ortes oder Distrikts vermöge ihres Wohnsitzes obliegt;**
2. **das Recht, den Inhaber einer Schankstätte zu zwingen, daß er für seinen Wirtschaftsbedarf das Getränk aus einer bestimmten Fabrikationsstätte entnehme.**

(2) Das Nähere über die Ablösung dieser Rechte bestimmen die Landesgesetze.

I. Ablösung weiterer Rechte (Abs. 1)

§ 8 ergänzt § 7. Ablösung meint die Aufhebung der nicht bereits durch § 7 aufgehobenen Rechte gegen Entschädigung nach Maßgabe des Landesrechts (vgl. § 7 Rdn. 15). **1**

1. Zwangs- und Bannrechte außerhalb von § 7 (Nr. 1)

Dabei ist zu beachten, dass § 8 I Nr. 1 auch vertraglich eingeräumte Rechte betrifft, welche von § 7 nicht erfasst werden (dazu § 7 Rdn. 3, 5 ff.). Dies gilt aber nur dann, wenn die Voraussetzungen der Nr. 1 vorliegen, wenn also die Verpflichtung auf Grundbesitz haftet, die Mitglieder einer Korporation als solche betrifft, oder Bewohnern eines Ortes oder Distriktes vermöge ihres Wohnsitzes obliegt. Gemeint sind also Verträge, die nicht bestimmte Personen verpflichten, sondern von der einzelnen Person gelöst, d. h. verdinglicht sind oder nach allgemeinen Merkmalen bestimmte Personenkreise verpflichten **2**

§ 10 (näher *Schönleiter*, in: Landmann/Rohmer I, § 7 Rdn. 12, § 8 Rdn. 3 f.; *Schulze-Werner*, in: Friauf, § 8 Rdn. 3).

3 Praxisrelevant kann diese Norm i. V. m. dem Neubegründungsverbot gem. § 10 I sein, sofern man die Grunddienstbarkeit gem. § 1018 BGB als Verpflichtung versteht, welche „auf Grundbesitz haftet". Dann wären dinglich gesicherte Wettbewerbsbeschränkungen gewerberechtlich unzulässig und damit nichtig gem. § 134 BGB (näher unten § 10 Rdn. 2).

2. Zwangspflichten von Schankstätteninhabern (Nr. 2)

4 Zum Problem der Bierlieferungsverträge siehe unten § 10 Rdn. 3.

II. Konkretisierung durch Landesrecht (Abs. 2)

5 Vgl. § 7 Rdn. 15.

§ 9 Streitigkeiten über Aufhebung oder Ablösung von Rechten

(1) **Streitigkeiten darüber, ob eine Berechtigung zu den durch die §§ 7 und 8 aufgehobenen oder für ablösbar erklärten gehört, sind im Rechtswege zu entscheiden.**

(2) **Jedoch bleibt den Landesgesetzen vorbehalten, zu bestimmen, von welchen Behörden und in welchem Verfahren die Frage zu entscheiden ist, ob oder wie weit eine auf einem Grundstück haftende Abgabe eine Grundabgabe ist oder für den Betrieb eines Gewerbes entrichtet werden muß.**

1 In Abs. 1 ist der Rechtsweg vor die ordentlichen Gerichte gemeint (*Schönleiter*, in: Landmann/Rohmer I, § 9 Rdn. 2; *Schulze-Werner*, in: Friauf, § 9 Rdn. 1).
2 Für die in Abs. 2 angesprochenen Fälle sind, vorbehaltlich abweichender landesrechtlicher Regelungen, die Verwaltungsgerichte zuständig (§ 40 I VwGO; *Schulze-Werner*, in: Friauf, § 9 Rdn. 2).

§ 10 Kein Neuerwerb von Rechten

(1) **Ausschließliche Gewerbeberechtigungen oder Zwangs- und Bannrechte, welche durch Gesetz aufgehoben oder für ablösbar erklärt worden sind, können fortan nicht mehr erworben werden.**

(2) **Realgewerbeberechtigungen dürfen fortan nicht mehr begründet werden.**

Literatur: *J. Münch*, Die Sicherungsdienstbarkeit zwischen Gewerberecht und Kartellrecht, ZHR 157 (1993), 559 ff.

I. Verbot der Neubegründung von ausschließlichen Gewerbeberechtigungen und von Zwangs- und Bannrechten (Abs. 1)

1. Allgemeines

Zum Begriff „ausschließliche Gewerbeberechtigung" siehe oben § 7 Rdn. 2 und zu „Zwangs- und Bannrechten" oben § 7 Rdn. 4. „Durch Gesetz aufgehoben" verweist auf § 7, „für ablösbar erklärt" auf § 8. Mit Erwerb i. S. d. § 10 ist die Neubegründung gemeint (*Schönleiter*, in: Landmann/Rohmer, § 10 Rdn. 3; *Schulze-Werner*, in: Friauf, § 10 Rdn. 1). Die **Weiterveräußerung** bestehender Rechte ist mithin nicht untersagt.

2. Begründung vertraglicher Gewerbebeschränkungen

Von gewisser Praxisrelevanz ist die Frage, ob die vertragliche Vereinbarung von Wettbewerbsbeschränkungen gewerberechtlich gem. §§ 7 f., 10 I unzulässig ist. Bejahendenfalls verstießen derartige Vereinbarungen gegen ein gesetzliches Verbot und wären nichtig gem. § 134 BGB. Von § 7 werden vertragliche Wettbewerbsbeschränkungen nicht erfasst (oben § 7 Rdn. 3, 5 ff.). Insoweit scheidet ein Verstoß gegen ein gesetzliches Verbot von vornherein aus. Schwieriger ist die Vereinbarkeit mit § 8 i. V. m. § 10 I zu beurteilen. Dabei ist zwischen schuldrechtlichen und dinglichen Vereinbarungen zu unterscheiden.

a) Schuldrechtliche Wettbewerbsbeschränkungen. § 8 I Nr. 1 erfasst nur Zwangs- und Bannrechte, deren Verpflichtung an den Grundbesitz, die Mitgliedschaft in einer Korporation oder an den Wohnsitz anknüpft. § 8 I Nr. 1 i. V. m. § 10 I betrifft damit keinesfalls schuldrechtliche Vereinbarungen. Demgegenüber lässt der Wortlaut der Nr. 2 offen, ob darunter nur ein dingliches oder auch ein schuldrechtliches „Recht" zu verstehen ist. Allerdings deutet der Begriff „Ablösung" eher auf dingliche Rechte hin (*Münch* ZHR 157 [1993], 559 [580]). Vor diesem Hintergrund spricht einiges dafür, dass § 8 I Nr. 2 i. V. m. § 10 I schuldrechtliche Vereinbarungen nicht entgegensteht. Schuldrechtliche **Bierlieferungsverträge** sind daher nicht nach § 134 BGB i. V. m. §§ 10 I, 8 I Nr. 2 GewO nichtig, können aber sittenwidrig nach § 138 BGB sein (*Schönleiter*, in: Landmann/Rohmer I, § 10 Rdn. 14; *Schulze-Werner*, in: Friauf, § 10 Rdn. 6 f.).

b) Dinglich gesicherte Wettbewerbsbeschränkungen. Problematischer sind dingliche Sicherungen schuldrechtlicher Wettbewerbsbeschränkungen. Die Zivilrechtsprechung hält diese im Grundsatz für zulässig, ohne allerdings auf § 10 einzugehen (*BGHZ* 29, 244 [248]; *BayObLG* NJW-RR 1997, 912; weitere Nachweise bei *Schönleiter*, in: Landmann/Rohmer I, § 10 Rdn. 12 ff.).

Ein Verstoß gegen § 10 I i. V. m. **§ 8 I Nr. 1** liegt nur vor, wenn ein Zwangs- oder Bannrecht begründet wird. Nicht jede dingliche Sicherung einer Wettbewerbsbeschränkung ist unter § 8 I Nr. 1 subsumierbar. Nötig ist vielmehr die Vergleichbarkeit der dinglichen Sicherung mit den historischen

Zwangs- und Bannrechten. Diese Vergleichbarkeit ist gegeben, wenn die Verpflichtung kollektiv und gebietsumfassend – somit faktisch unabhängig vom Willen des einzelnen Verpflichteten – begründet wurde. Bei auf individuellem Vertrag beruhenden dinglichen Belastungen fehlt es damit an dieser Vergleichbarkeit mit den historischen Zwangs- und Bannrechten. **Tankstellen- und Bierlieferungsdienstbarkeiten** sind daher nicht als gem. § 134 BGB i. V. m. § 10 I, 8 I Nr. 1 GewO nichtig zu betrachten (*BGH* NJW 1984, 924 [925]; *Schönleiter*, in: Landmann/Rohmer I, § 10 Rdn. 12 f.; **a. A.** *Joost*, in: Münchener Kommentar zum BGB, 5. Aufl. 2009, § 1090 Rdn. 27).

6 Dasselbe gilt für **Bierlieferungsdienstbarkeiten** mit Blick auf **§ 8 I Nr. 2** (*Schönleiter*, in: Landmann/Rohmer I, § 10 Rdn. 13; **a. A.** *RG* JW 1927, 119 [120]; *BayObLG* GewArch 1955, 18 [22]; *Schulze-Werner*, in: Friauf, § 10 Rdn. 9 ff.; *Joost*, in: Münchener Kommentar zum BGB, 5. Aufl. 2009, § 1090 Rdn. 27). Auch hier sind nicht Rechte erfasst, die frei vereinbart werden. Dies ergibt sich aus dem Gesetzeszweck der §§ 7 ff.: Die Gewerbefreiheit und namentlich die §§ 7 ff. zielen gerade auf die Befreiung des einzelnen Gewerbetreibenden von kollektiven Bindungen, um die unternehmerische Eigenverantwortung zu fördern. Mit diesem Gesetzeszweck wäre es unvereinbar, aus §§ 10 I, 8 I Nr. 2 neue Bindungen der eben erst begründeten Gewerbefreiheit abzuleiten (*Münch* ZHR 157 [1993], 559 [580]).

II. Verbot der Neubegründung von Realgewerbeberechtigungen (Abs. 2)

1. Begriff

7 Realgewerbeberechtigungen sind veräußerliche und vererbliche Rechte zum Betrieb eines bestimmten Gewerbes, die entweder mit einem bestimmten Grundstück verbunden (sog. radizierte Realrechte) oder davon unabhängig sind (sog. rollierende oder einfache Realrechte); dazu *Schönleiter*, in: Landmann/Rohmer I, § 10 Rdn. 15; *Metzner* GastG, 6. Aufl. 2001, § 24 Rdn. 5 ff.; *Michel/Kienzle/Pauly* GastG, 14. Aufl. 2003, § 24 Rdn. 1.

8 Inhalt und Umfang solcher Realrechte, welche dem Privatrecht zuzurechnen sind, richten sich grundsätzlich nach Landesrecht (Art. 74 EGBGB), sofern nicht in Bundesgesetzen besondere Vorschriften bestehen. Diesbezügliche Vorschriften finden sich etwa in § 48 GewO, § 24 GastG, § 26 ApoG (dazu *Starck* VerwArch 71 [1980], 1 [34 ff.]), §§ 149 ff. BBergG.

2. Aufhebung, Erlöschen und Übertragung von Realrechten

9 § 10 II verbietet lediglich die Neubegründung von Realgewerbeberechtigungen, schreibt aber nicht deren Aufhebung vor. Auch die §§ 7 f. enthalten keine Aufhebungsanordnung. Grundsätzlich bestehen Realrechte damit fort. In einigen Sondervorschriften war aber die Aufhebung von Realrechten angeordnet, so früher in § 39 a (aufgehoben durch das Dritte Gesetz zur Änderung der Gewerbeordnung vom 24. 8. 2002, BGBl. I S. 3412).

10 Bei Nichtausübung erlöschen Realrechte. Im Anwendungsbereich des § 24 GastG erlischt ein Realrecht nach dreijähriger Nichtausübung. Ohne einschlägige bundesgesetzliche Regelung sind die jeweiligen landesrechtlichen Vorgaben maßgeblich (näher *Schönleiter*, in: Landmann/Rohmer I, § 10 Rdn. 17).

Das Verbot der Neubegründung gem. § 10 II steht dem Erwerb im Rahmen einer Rechtsübertragung nicht entgegen (vgl. auch oben Rdn. 1). Die Übertragung von Realrechten ist in § 48 geregelt. 11

3. Verbot der Neubegründung

Angesichts der Wirkkraft der Gewerbefreiheit, welche ohnehin jedermann die Ausübung eines Gewerbes gestattet, sind die historischen Realrechte von nur geringer Bedeutung. Praxisrelevanz erhalten sie nur für erlaubnispflichtige Gewerbe. Am bedeutsamsten sind Realrechte im Rahmen des Gaststättenrechts (vgl. die Kommentierung zu § 24 GastG bei *Metzner* Gaststättenrecht, 6. Aufl. 2001; *Michel/Kienzle/Pauly* GastG, 14. Aufl. 2003). Nach Verlagerung des Gaststättenrechts in die Landeskompetenz durch die Föderalismusreform im Jahre 2006 (Art. 74 I Nr. 11 GG n.F.) müsste der Landesgesetzgeber die Vorgabe des § 10 II beachten. 12

Mit Blick auf das Neubegründungsverbot sind bestehende Realrechte restriktiv zu behandeln. So ist die Erweiterung eines Gewerbes von dem fortbestehenden Realrecht nicht gedeckt; zulässig ist nur die Erhaltung des Bestehenden. 13

Die Teilung eines Realrechtes – und damit die Verteilung auf mehrere Inhaber – ist eine versteckte Neubegründung und damit gem. § 10 II unzulässig. Wird ein mit einem Realrecht verbundenes Grundstück geteilt, kann somit nur eines der neuen Grundstücke fortan mit dem Realrecht verbunden sein (*Schönleiter*, in: Landmann/Rohmer I, § 10 Rdn. 21; *Metzner* Gaststättenrecht, 6. Aufl. 2001, § 24 GastG Rdn. 11). Entsprechendes gilt im Erbfall bei mehreren Erben. 14

§ 11 Erhebung, Verarbeitung und Nutzung personenbezogener Daten

(1) [1]**Die zuständige öffentliche Stelle darf personenbezogene Daten des Gewerbetreibenden und solcher Personen, auf die es für die Entscheidung ankommt, erheben, soweit die Daten zur Beurteilung der Zuverlässigkeit und der übrigen Berufszulassungs- und -ausübungskriterien bei der Durchführung gewerberechtlicher Vorschriften und Verfahren erforderlich sind.** [2]**Erforderlich können insbesondere auch Daten sein aus bereits abgeschlossenen oder sonst anhängigen**
1. gewerberechtlichen Verfahren, Straf- oder Bußgeldverfahren,
2. Insolvenzverfahren,
3. steuer- und sozialversicherungsrechtlichen Verfahren oder
4. ausländer- und arbeitserlaubnisrechtlichen Verfahren.
[3]**Die Datenerhebung unterbleibt, soweit besondere gesetzliche Verwendungsregelungen entgegenstehen.** [4]**Gewerberechtliche Anzeigepflichten bleiben unberührt.**

§ 11

(2) ¹Die für Zwecke des Absatzes 1 erforderlichen Daten sind beim Betroffenen zu erheben. ²Ohne seine Mitwirkung dürfen sie nur erhoben werden, wenn
1. die Entscheidung eine Erhebung bei anderen Personen oder Stellen erforderlich macht oder
2. die Erhebung beim Betroffenen eine unverhältnismäßigen Aufwand erfordern würde

und keine Anhaltspunkte dafür bestehen, daß überwiegende schutzwürdige Interessen des Betroffenen beeinträchtigt werden. ³In den Fällen des Satzes 2 sind nicht-öffentliche Stellen verpflichtet, die Daten zu übermitteln, es sei denn, daß besondere gesetzliche Regelungen der Übermittlung entgegenstehen: die Verpflichtung zur Wahrung gesetzlicher Geheimhaltungspflichten oder von Berufs- oder besonderen Amtsgeheimnissen, die nicht auf gesetzlicher Vorschrift beruhen, bleibt unberührt.

(3) Die Einholung von Auskünften nach § 150 a, den §§ 31 und 41 des Bundeszentralregistergesetzes und § 915 der Zivilprozeßordnung bleibt unberührt.

(4) Die nach den Absätzen 1 und 3 erhobenen Daten dürfen nur für Zwecke des Absatzes 1 gespeichert oder genutzt werden.

(5) ¹Öffentliche Stellen, die an gewerberechtlichen Verfahren nach Absatz 1 Satz 1 auf Grund des Absatzes 1 Satz 2, des § 35 Abs. 4 oder einer anderen gesetzlichen Vorschrift beteiligt waren, können über das Ergebnis informiert werden, soweit dies zur Erfüllung ihrer Aufgaben erforderlich ist. ²Diese und andere öffentliche Stellen sind zu informieren, wenn auf Grund einer Entscheidung bestimmte Rechtsfolgen eingetreten sind und die Kenntnis der Daten aus der Sicht der übermittelnden Stelle für die Verwirklichung der Rechtsfolgen erforderlich ist. ³Der Empfänger darf die übermittelten Daten nur für den Zweck verarbeiten oder nutzen, zu dessen Erfüllung sie ihm übermittelt werden oder hätten übermittelt werden dürfen. ⁴Für die Weitergabe von Daten innerhalb der zuständigen öffentlichen Stelle gelten die Übermittlungsregelungen der Sätze 1 bis 4 entsprechend.

(6) Für das Verändern, Sperren oder Löschen der nach den Absätzen 1und 3 erhobenen Daten sowie die Übermittlung der Daten nach Absatz 1 für andere als die in Absatz 5 genannten Zwecke gelten die Datenschutzgesetze der Länder.

Literatur: *Chr. Kassmann,* Zuverlässigkeitsermittlung bei Bewachungspersonal – Darf die Gewerbebehörde auf Erkenntnisse aus anhängigen oder eingestellten Strafverfahren zurückgreifen?, GewArch 2010, 236 ff.; *M. Schulze-Werner,* Zur Regelung der Verarbeitung personenbezogener Daten durch öffentliche Stellen in der Gewerbeordnung (§§ 11, 11 a GewO), GewArch 2008, S. 63 ff.

Übersicht

	Rdn.
I. Vorbemerkung	1
1. Hintergrund	1

      2. Anwendungsbereich; Verhältnis zum BDSG 3
  II. Erhebung von Daten (Abs. 1 bis 3) 5
      1. Datenerhebende zuständige öffentliche Stelle (Abs. 1
         S. 1) 5
      2. Personenbezogene Daten des Gewerbetreibenden und solcher Personen, auf die es für die Entscheidung ankommt
         (Abs. 1 S. 1) 6
      3. Erheben von Daten (Abs. 1 S. 1, Abs. 2 und 3) 7
         a) Einholung von Auskünften (Abs. 3) 8
         b) Erhebung beim Betroffenen (Abs. 2 S. 1) 9
         c) Erhebung bei anderen Personen oder Stellen (Abs. 2
            S. 2) 10
      4. Erforderlichkeit der Datenerhebung (Abs. 1) 18
         a) Anlass für Datenerhebung (Abs. 1 S. 1) 19
         b) Umfang der Datenerhebung (Abs. 1 S. 1 und 2) 20
         c) Grenzen der Datenerhebung (Abs. 1 S. 3) 23
         d) Gewerberechtliche Anzeigepflicht (Abs. 1 S. 4) 24
  III. Verarbeitung und Nutzung der erhobenen Daten (Abs. 4 bis
      6) 25
      1. Speicherung und Nutzung durch die erhebende Stelle
         (Abs. 4) 26
      2. Verändern, Sperren und Löschen der erhobenen Daten
         (Abs. 6) 29
      3. Übermitteln und Weitergabe der erhobenen Daten (Abs. 5
         und 6) 30
         a) Übermittlung an verfahrensbeteiligte öffentliche Stellen
            (Abs. 5 S. 1) 32
         b) Übermittlung zwecks Verwirklichung der Rechtsfolgen
            (§ 11 V 2) 37
         c) Übermittlungen für andere Zwecke (Abs. 6) 41

I. Vorbemerkung

1. Hintergrund

Trotz beträchtlicher Praxisrelevanz wird § 11 in Rechtsprechung und Literatur kaum behandelt. § 11 ist durch das Gesetz zur Änderung der Gewerbeordnung und sonstiger gewerberechtlicher Vorschriften v. 23. 11. 1994 (BGBl. I S. 3475; dazu *Marcks* GewArch 1994, 444 ff.) in die GewO eingefügt und seitdem wiederholt novelliert worden. Durch Gesetz vom 19. 12. 1998 (BGBl. I S. 3836) wurde Abs. 1 S. 2 Nr. 2 an die Insolvenzordnung angepasst. Bedeutsamer war das Dritte Gesetz zur Änderung der Gewerbeordnung und sonstiger gewerberechtlicher Vorschriften vom 24. 8. 2002 (BGBl. I S. 3412), welches die Datenübermittlung neu regelte und dabei an andere Datenschutzvorschriften des Bundes und der Länder anpasste (dazu *Schönleiter/ Viethen* GewArch 2003, 129 [130]; vgl. auch BT-Drs. 14/8796, S. 17). Das Gesetz zur Reform der Sachaufklärung in der Zwangsvollstreckung vom 29. 7. 2009 (BGBl. I S. 2258) führt dazu, dass mit Wirkung zum 1. 1. 2013 in Abs. 3 die Bezugnahme auf § 915 ZPO durch eine solche auf § 882 b ZPO ersetzt wird (unten Rdn. 8). 1

§ 11 Titel I. Allgemeine Bestimmungen

2 Ziel dieses „Mammutparagrafen" (*Frotscher* NVwZ 1996, 33 [35]) ist es, die datenschutzrechtlich relevanten Vorschriften der GewO an die im Volkszählungs-Urteil des *BVerfG* v. 15. 12. 1983 (*BVerfGE* 65, 1 ff.) entwickelten Grundsätze zum Schutz der informationellen Selbstbestimmung anzupassen (amtl. Begr., BT-Drs. 12/5826, S. 13). Das *BVerfG* hatte dort u. a. folgende Anforderungen an Datenerhebung, -verarbeitung und -nutzung formuliert (*BVerfGE* 65, 1 [44, 46]): Der Bürger hat ein Recht auf informationelle Selbstbestimmung, welches in Art. 2 I i. V. m. 1 I GG wurzelt. Einschränkungen sind im überwiegenden Allgemeininteresse zulässig, wenn eine gesetzliche Grundlage besteht, aus der sich die Voraussetzungen und der Umfang der Beschränkungen klar und für den Bürger erkennbar ergeben. Der Verwendungszweck der Datenerhebung muss bereichsspezifisch und präzise bestimmt sein. Der Gesetzgeber muss den Verhältnismäßigkeitsgrundsatz beachten, d. h. die Datenerhebung muss zur Erreichung des angestrebten Zwecks geeignet, erforderlich und angemessen sein. An dieser Rechtsprechungslinie hält das *BVerfG* fest (vgl. etwa *BVerfG* NJW 2008, 1505; NJW 2008, 822; NJW 2008, 1435; NJW 2009, 2431).

2. Anwendungsbereich; Verhältnis zum BDSG

3 § 11 fungiert als **datenschutzrechtliche Generalnorm für das Gewerberecht** und gilt sowohl für die GewO als auch für gewerberechtliche Spezialgesetze, sofern eine Tätigkeit nicht durch § 6 vom Anwendungsbereich der GewO ausgenommen ist (*Schulze-Werner* GewArch 2008, 62). § 11 wird nicht durch § 34 a III verdrängt (*Kassmann* GewArch 2010, 236 [239]). Im Verhältnis zu § 11 ist § 11 a die speziellere Norm, sodass § 11 nur greift, sofern § 11 a keine eigene Regelung enthält (*Schulze-Werner* GewArch 2008, 62; siehe § 11 a Rdn. 4). Abs. 1 bis 3 regeln die Erhebung von Daten, Abs. 4 die Speicherung und Nutzung, Abs. 5 die Übermittlung an andere öffentliche Stellen und Abs. 6 das Verändern, Sperren und Löschen von Daten.

4 § 11 ist – ergänzt durch § 11 a – als eine in sich abgeschlossene datenschutzrechtliche Spezialnorm konzipiert, die einen Rückgriff auf allgemeine Datenschutzvorschriften grundsätzlich ausschließt, sofern nicht § 11 selbst andere Vorschriften in Bezug nimmt (amtl. Begr., BT-Drs. 12/5826, S. 15). Freilich sind die in § 11 verwendeten spezifisch datenschutzrechtlichen Begriffe dem Bundesdatenschutzgesetz entnommen und dementsprechend zu verstehen (*Marcks*, in: Landmann/Rohmer I, § 11 Rdn. 3; *Schulze-Werner* GewArch 2008, 62).

II. Erhebung von Daten (Abs. 1 bis 3)

1. Datenerhebende zuständige öffentliche Stelle (Abs. 1 S. 1)

5 Was **öffentliche Stellen** i. S. d. § 11 sind, kann in Orientierung an den Legaldefinitionen des § 2 BDSG bestimmt werden. Die **Zuständigkeit** zur Datenerhebung i. S. d. § 11 wird gem. § 155 II durch die Länder festgelegt. Neben den Ordnungs- oder Gewerbeämtern kommen u. a. auch die IHKn

in Betracht, so im Rahmen des § 36 bei der öffentlichen Bestellung von Sachverständigen.

2. Personenbezogene Daten des Gewerbetreibenden und solcher Personen, auf die es für die Entscheidung ankommt (Abs. 1 S. 1)

Personenbezogene Daten sind in Anlehnung an § 3 I BDSG Einzelangaben über persönliche oder sachliche Verhältnisse. Daten dürfen nur erhoben werden (zum Merkmal „erheben" unten Rdn. 7), soweit dies zur Durchführung gewerberechtlicher Vorschriften erforderlich ist (näher unten Rdn. 18). Primär kommen daher Daten des Gewerbetreibenden selbst in Betracht, soweit dies für die Beurteilung der Zuverlässigkeit etc. von Relevanz ist. Ausnahmsweise können aber auch Daten Dritter entscheidungserheblich sein. Dies gilt etwa für Strohmannverhältnisse oder bei juristischen Personen als Gewerbetreibende, für den gesetzlichen Vertreter als dritte Person, ebenso in Bezug auf Betriebsleiter und Stellvertreter (*Schulze-Werner* GewArch 2008, 62 [64]) 6

3. Erheben von Daten (Abs. 1 S. 1, Abs. 2 und 3)

Gem. § 3 III BDSG ist Erheben das Beschaffen von Daten über den Betroffenen. Betroffene sind der Gewerbetreibende und u. U. Dritte (oben Rdn. 6). 7

Zur Datenerhebung stehen den zuständigen öffentlichen Stellen drei Möglichkeiten zur Verfügung.

a) Einholung von Auskünften (Abs. 3). Zunächst darf die zuständige Stelle Auskünfte aus dem Gewerbezentralregister (§ 150 a GewO), dem Bundeszentralregister (§§ 31, 41 BZRG) und dem Schuldnerverzeichnis (§ 915 ZPO; ab dem 1. 1. 2013: § 882 b ZPO, oben Rdn. 1) einholen. Das Verfahren der Auskunftseinholung richtet sich dann nach den jeweiligen spezialgesetzlichen Grundlagen. 8

b) Erhebung beim Betroffenen (Abs. 2 S. 1). Außerhalb der Auskunftseinholung gem. Abs. 3 sind Daten gem. § 11 II 1 in erster Linie beim Betroffenen zu erheben. Dies entspricht der Regelung in § 13 I BDSG. 9

c) Erhebung bei anderen Personen oder Stellen (Abs. 2 S. 2). Ausnahmsweise gestattet § 11 II 2 – in Anlehnung an § 13 Ia BDSG – die Erhebung bei nicht betroffenen Personen oder Stellen, wobei letztere sowohl öffentliche als auch nicht-öffentliche (zum Begriff oben Rdn. 5) sein können. 10

aa) Voraussetzungen der Datenerhebung bei Dritten. Voraussetzung ist entweder gem. Nr. 1, dass die gewerberechtliche Entscheidung eine Erhebung bei der nicht betroffenen Person oder Stelle erforderlich macht. Dies kommt in Betracht, wenn der Betroffene über den zu klärenden Sachverhalt keine Angaben machen kann, eine Information verweigert oder der Verdacht besteht, dass er falsche Informationen gegeben hat (amtl. Begr., BT-Drs. 12/5826, S. 15). 11

Alternativvoraussetzung gem. Nr. 2 ist, dass die Erhebung beim Betroffenen einen unverhältnismäßigen Aufwand erfordern würde. Dabei sind die 12

§ 11 Titel I. Allgemeine Bestimmungen

Kosten in die Abwägung einzubeziehen, wobei das Kostenargument an Bedeutung verliert, je sensibler die Daten sind (*Schulze-Werner* GewArch 2008, 62 [65]).

13 Zusätzlich zur Nr. 1 oder 2 ist weitere Voraussetzung, dass keine Anhaltspunkte dafür bestehen, dass überwiegende schutzwürdige Interessen des Betroffenen beeinträchtigt werden.

14 Eine Interessenabwägung kann insb. dann zu dem Ergebnis führen auf eine Datenerhebung bei Dritten zu verzichten, wenn der Betroffene ausdrücklich bekundet hat, die Involvierung Dritter nicht zu wünschen. Dies wird regelmäßig aber nur in Betracht kommen, wenn der Betroffene eine behördliche Leistung begehrt, etwa eine Erlaubniserteilung. Folge des Verzichts auf eine Datenerhebung bei Dritten kann dann sein, dass die von ihm beantragte Erlaubnis nicht erteilt wird, wenn allein aus seinen Angaben die Erlaubnisvoraussetzungen nicht sicher festgestellt werden können (amtl. Begr., BT-Drs. 12/5826, S. 15).

15 Im umgekehrten Fall, wenn es also um einen behördlichen Eingriff in Rechte des Betroffenen geht, etwa im Zusammenhang mit einer Gewerbeuntersagung, ist hingegen den öffentlichen Interessen stärkeres Gewicht beizumessen, sodass regelmäßig die öffentlichen Interessen an der Sachverhaltsermittlung überwiegen (ebenso *Schulze-Werner* GewArch 2008, 62 [65]).

16 **bb) Übermittlungspflicht des Dritten/der dritten Stelle.** Wenn die Datenerhebung bei öffentlichen Stellen vorgenommen wird, richtet sich deren Übermittlungsbefugnis und -pflicht nach Spezialgesetzen (etwa § 69 I Nrn. 1, 2 SGB X) oder den jeweiligen datenschutzrechtlichen Übermittlungsvorschriften des Bundes und der Länder (vgl. BT-Drs. 12/5826, S. 15).

17 Werden die Daten bei privaten Dritten oder nicht-öffentlichen Stellen (oben Rdn. 5) erhoben, folgt die Übermittlungspflicht aus § 11 II 3, wobei die dort genannten Einschränkungen zu beachten sind (näher *Schulze-Werner*, in: Friauf, § 11 Rdn. 29).

4. Erforderlichkeit der Datenerhebung (Abs. 1)

18 Die Datenerhebung muss erforderlich sein. Dies ist – neben dem Erfordernis einer gesetzlichen Grundlage – die zentrale, sich aus dem Recht auf informationelle Selbstbestimmung ergebende Anforderung an eine rechtsstaatliche Datenerhebung (oben Rdn. 1). Die Betonung der Erforderlichkeit indiziert die Gewichtigkeit des **gesamten Verhältnismäßigkeitsprinzips** als eines rechtsstaatlich fundierten, hier zentralen Maßstabs, d. h., die Datenerhebung muss nicht nur der Erfüllung der spezifischen öffentlichen Aufgabe dienen, sondern hierfür auch geeignet, erforderlich und angemessen sein. Die Anforderung der Verhältnismäßigkeit betrifft sowohl das „Ob" der Datenerhebung, als auch den Umfang. Als unbestimmter Rechtsbegriff unterliegt das Merkmal der „Erforderlichkeit" voller gerichtlicher Kontrolle, **ohne** dass ein behördlicher **Beurteilungsspielraum** eröffnet wäre. Dies entspricht dem allgemeinen datenschutzrechtlichen Verständnis (vgl. *Däubler/Klebe/Wedde/Weichert* BDSG, § 13 Rdn. 15; *Gola/Schomerus* BDSG, 10. Aufl. 2010, § 13 Rdn. 3; *Sokol*, in: Simitis, BDSG, 6. Aufl. 2006, § 13 Rdn. 25) und gilt gleichermaßen für den gewerberechtlichen Datenschutz nach § 11

(*Pielow/Merkle*, in: BeckOK, § 11 Rdn. 32; a. A. *Schulze-Werner*, in: Friauf, § 11 Rdn. 18; *ders.* GewArch 2008, 62 [64], der einen Beurteilungsspielraum annimmt). Im Übrigen kennt die Gewerbordnung auch mit Blick auf § 35 I das Tatbestandsmerkmal „erforderlich", dessen Anwendung der Verwaltung keine Beurteilungsspielräume eröffnet, obwohl es dort sogar mit einem Prognoseelement verknüpft ist (§ 35 Rdn. 121).

a) Anlass für Datenerhebung (Abs. 1 S. 1). Das „Ob" ist in § 11 I 1 **19** etwas umständlich beschrieben: Eine Datenerhebung ist zulässig zur Beurteilung der Zuverlässigkeit, sowie der übrigen Berufszulassungs- und -ausübungskriterien bei der Durchführung gewerberechtlicher Vorschriften und Verfahren. Gemeint sind letztlich alle gewerberechtlichen Verwaltungsverfahren, so die Erteilung von Erlaubnissen, deren Rücknahme und Widerruf, Gewerbeuntersagung etc. (ähnlich *Schulze-Werner* GewArch 2008, 62 [64]).

b) Umfang der Datenerhebung (Abs. 1 S. 1 und 2). Der Umfang **20** der Datenerhebung unterliegt gleichfalls dem Gebot der Verhältnismäßigkeit, ohne dass sich eine eindeutige Festlegung des Umfangs zulässiger Datenerhebung dem Wortlaut des § 11 I 1, 2 entnehmen ließe, zumal dieser sich ohnehin nach dem Zweck der jeweiligen Datenerhebung richtet. Dieser flexible Maßstab führt zu gewissen Rechtsunsicherheiten, ohne das Verdikt der Unbestimmtheit auszulösen (*Schulze-Werner*, in: Friauf, § 11 Rdn. 4, der – entgegen der Vorauflage [*Müller*, in: Friauf, § 11 Erl. II. 3] – verfassungsrechtliche Bedenken verneint; ebenfalls von einer hinreichenden Bestimmbarkeit ausgehend *Pielow/Merkle*, in: BeckOK, § 11 Rdn. 30).

In Betracht kommen zum einen die Daten zur **persönlichen Identifizie-** **21** **rung** (Name, Vorname, Geburtsname, Geburtsdatum, Staatsangehörigkeit, Wohnungsanschrift, Telefon-, Fax-Nummer u. Ä.), zum anderen die Daten zum **beruflichen Werdegang**; zu letzteren zählen Angaben über die berufliche Tätigkeit, die Anschrift gegenwärtiger und früherer Betriebsstätten, die Rechtsform des Gewerbebetriebes, der im Handelsregister o. Ä. eingetragene Name, Art, Beginn und Ende der Gewerbetätigkeit, Anzahl der Beschäftigten etc. (*Marcks*, in: Landmann/Rohmer I, § 11 Rdn. 6). Die Daten zur persönlichen Identifizierung und zum beruflichen Werdegang dürften den zuständigen öffentlichen Stellen aufgrund der Gewerbeanzeige (dazu § 14 Rdn. 69) zumeist ohnehin vorliegen (amtl. Begr., BT-Drs. 12/5826, S. 14).

Dritte Gruppe der personenbezogenen Daten sind solche zum **Leumund** des **22** Gewerbetreibenden oder sonst Betroffener. Dazu stellt § 11 I 2 ausdrücklich klar, dass insoweit auf Daten aus – abgeschlossenen oder noch anhängigen – Verfahren anderer Behörden oder Gerichte zurückgegriffen werden darf. Mit Blick auf strafrechtliche Verfahren sind also anhängige oder durch Urteil oder sonst wie (z. B. Einstellung) abgeschlossene Verfahren erfasst (*Kassmann* GewArch 2010, 236). Gerade in diesem Bereich entfaltet das Verhältnismäßigkeitsprinzip nachhaltige Wirkung. So dürfen nicht Angaben aus jedem abgeschlossenen oder anhängigen Verfahren verlangt werden, sondern nur insoweit dies erforderlich ist, das gegenwärtige Verfahren abzuschließen.

c) Grenzen der Datenerhebung (Abs. 1 S. 3). § 11 I 3 soll den Vorrang **23** bereichsspezifischer Datenschutzvorschriften wahren (*Marcks*, in: Landmann/

Rohmer I, § 11 Rdn. 9; *Schulze-Werner*, in: Friauf, § 11 Rdn. 20). Angesprochen sind etwa Daten, welche dem Steuer- oder Sozialgeheimnis unterliegen. Ob diese Daten den Gewerbebehörden übermittelt werden dürfen, richtet sich nach den dafür einschlägigen Vorschriften (siehe § 35 Rdn. 57, 62). Freilich sind eben diese Daten für die Beurteilung der Zuverlässigkeit häufig von besonderer Bedeutung, da in der Praxis eine Gewerbeuntersagung oft auf dem Nichtabführen von Steuern und Sozialversicherungsbeiträgen beruht (vgl. BT-Drs. 12/5826, S. 14). Es handelt sich letztlich um eine deklaratorische Norm (*Schulze-Werner* GewArch 2008, 62 [65]).

24   **d) Gewerberechtliche Anzeigepflicht (Abs. 1 S. 4).** S. 4 stellt klar, dass für das Gewerbeanzeigeverfahren (insb. nach § 14) speziellere Vorschriften gelten (vgl. BT-Drs. 12/5826, S. 14), sodass namentlich § 14 und § 11 nebeneinander zur Anwendung kommen (*Schulze-Werner*, in: Friauf, § 11 Rdn. 7).

III. Verarbeitung und Nutzung der erhobenen Daten (Abs. 4 bis 6)

25   Abs. 4 bis 6 regeln die Verarbeitung und Nutzung der gewonnenen Daten. Unter Verarbeitung ist gem. § 3 IV 1 BDSG (zur Heranziehbarkeit des BDSG siehe oben Rdn. 4) das Speichern, Verändern, Übermitteln, Sperren und Löschen personenbezogener Daten zu verstehen. Nutzung ist gem. § 3 V BDSG jede sonstige Verwendung dieser Daten.

1. Speicherung und Nutzung durch die erhebende Stelle (Abs. 4)

26   Die Zweckbindung, welche für die Erhebung von Daten gilt, ist gem. § 11 IV auch für die Speicherung und Nutzung zu beachten. Speicherung ist dabei gem. § 3 IV 2 Nr. 1 BDSG das Erfassen, Aufnehmen oder Aufbewahren von Daten auf einem Datenträger zum Zwecke ihrer weiteren Verarbeitung oder Nutzung. Zu den Begriffen der Verarbeitung und Nutzung siehe oben Rdn. 25.

27   Dem Wortlaut nach darf die zuständige öffentliche Stelle die Daten also nur für denjenigen Zweck speichern und nutzen, für den diese – zulässigerweise – gem. Abs. 1 erhoben wurden. Diese enge Zweckbindung wäre freilich nicht praxistauglich: So dürften Daten, welche für eine Erlaubniserteilung erhoben wurden, nicht für Verfahren zur Verlängerung oder zum Widerruf dieser Erlaubnis genutzt werden. Wenn das neue Verfahren in einem engen Zusammenhang mit dem alten steht – letztlich nur als dessen Fortsetzung einzuordnen ist –, können daher die einmal erhobenen Daten weitergenutzt werden (so auch *Marcks*, in: Landmann/Rohmer I, § 11 Rdn. 15; *Schulze-Werner* GewArch 2008, 62 [68]).

28   Darüber hinaus dürfen zulässigerweise erhobene und gespeicherte Daten auch für andere Verfahren genutzt werden, wenn ihre neuerliche Erhebung wiederum zulässig wäre.

2. Verändern, Sperren und Löschen der erhobenen Daten (Abs. 6)

Verändern ist das inhaltliche Umgestalten gespeicherter Daten (§ 3 IV 2 Nr. 2 BDSG), Sperren das Kennzeichnen gespeicherter Daten, um ihre weitere Verarbeitung oder Nutzung einzuschränken (§ 3 IV 2 Nr. 4 BDSG) und Löschen das Unkenntlichmachen gespeicherter Daten (§ 3 IV 2 Nr. 5 BDSG). Für diese Verarbeitungsarten gelten die Datenschutzgesetze der Länder. 29

3. Übermitteln und Weitergabe der erhobenen Daten (Abs. 5 und 6)

§ 11 V und VI regeln die Übermittlung von Daten an andere öffentliche Stellen. Gem. § 11 V 4 gelten die Vorschriften für die Datenübermittlung gem. Abs. 5 Sätzen 1 bis 3 entsprechend für die Weitergabe von Daten innerhalb der zuständigen öffentlichen Stelle. Der weitergehende Verweis auf Satz 4 beruht auf einem Redaktionsversehen, der auch bei der Änderung des § 11 im Jahre 2002 nicht beseitigt worden ist (*Schulze-Werner*, in: Friauf, § 11 Rdn. 36). Eine Übermittlung an nicht-öffentliche Stellen ist auf der Basis von § 11 unzulässig (*Schulze-Werner* GewArch 2008, 62 [66 f.]). Auf die allgemeinen Datenschutzgesetze hinsichtlich einer Datenübermittlung in den nicht-öffentlichen Bereich darf nicht zurückgegriffen werden (*Schulze-Werner*, in: Friauf, § 11 Rdn. 36). Durch § 11 V wird die Übermittlung dieser Daten abschließend geregelt (BT-Drs. 12/5826, S. 15). 30

Datenübermittlung und -weitergabe bedingen eine Zweckänderung der Datenverwendung, für die es nach den Vorgaben des Volkszählungs-Urteils des *BVerfG* bereichsspezifischer und präziser Regelungen bedarf (*BVerfGE* 65, 1 [44, 46]). Dabei unterteilen § 11 V und VI die Datenübermittlung in drei Fallgruppen. 31

a) Übermittlung an verfahrensbeteiligte öffentliche Stellen (Abs. 5 S. 1). Öffentliche Stellen, die an gewerberechtlichen Verfahren i. S. d. § 11 I 1 aufgrund einer gesetzlichen Vorschrift beteiligt waren, können über das Verfahrensergebnis informiert werden, soweit dies zur Erfüllung ihrer Aufgaben erforderlich ist. Sie dürfen die Daten jedoch nur für den Zweck verarbeiten oder nutzen, zu dessen Erfüllung sie ihm übermittelt werden oder hätten übermittelt werden dürfen (§ 11 V 3). 32

aa) Verfahrensbeteiligung. Erste Tatbestandsvoraussetzung ist die Verfahrensbeteiligung. § 11 V 1 nennt zwei Vorschriften, welche eine Verfahrensbeteiligung anderer Behörden vorschreiben: § 11 I 2 und § 35 IV. Vorsorglich hat der Gesetzgeber aber hinzugefügt, dass auch jede andere gesetzliche Vorschrift eine Verfahrensbeteiligung i. S. d. § 11 V 1 vorsehen kann. § 11 I 2 bezieht sich auf die Erhebung von Daten aus früheren oder parallelen Verfahren anderer Behörden, wobei die Aufzählung in § 11 I 2 nicht abschließend zu verstehen ist („insbesondere"). Beteiligt ist somit jede öffentliche Stelle, deren von ihr erhobenen Daten in einem gewerberechtlichen Verfahren verwendet werden. § 35 IV betrifft die Anhörung bestimmter öffentlicher Stellen vor einer Gewerbeuntersagung. 33

34 **bb) Erforderlichkeit der Ergebnismitteilung.** Die anderen Behörden dürfen nur über das Ergebnis informiert werden, wenn dies zur Erfüllung ihrer Aufgaben erforderlich ist. Dies richtet sich wiederum nach den gesetzlichen Vorgaben, denen die Datenerhebung durch diese öffentlichen Stellen unterliegt. Das Merkmal „erforderlich" ist ein unbestimmter Rechtsbegriff ohne Beurteilungsspielraum (oben Rdn. 18; a. A. *Schulze-Werner* GewArch 2008, 62 [67]).

35 **cc) Ermessen; Information über das Ergebnis.** Selbst wenn die tatbestandlichen Voraussetzungen erfüllt sind, steht die Ergebnismitteilung im Ermessen der öffentlichen Stelle i. S. d. § 11 I 1. Etwas anderes gilt im Fall des § 11 V 2 (unten Rdn. 40).

36 Eine Ermessensgrenze findet sich darin, dass § 11 V nur eine **Information über das Ergebnis** und damit nicht über das Gesamtverfahren oder jedes Verfahrensdetail zulässt. Unzulässig ist deshalb die Übersendung des gesamten Vorgangs (*Marcks*, in: Landmann/Rohmer I, § 11 Rdn. 16; *Schulze-Werner*, in: Friauf, § 11 Rdn. 37). Das „Ergebnis" umfasst zunächst den Tenor der behördlichen Entscheidung. Allein die Mitteilung des Tenors wird aber in vielen Fällen nicht geeignet sein, der anderen öffentlichen Stelle bei Erfüllung ihrer Aufgaben zu helfen. Dies setzt aber § 11 V 1 voraus, indem er die Ergebnismitteilung an die Erforderlichkeit zur Aufgabenerfüllung knüpft, denn Vorstufe der Erforderlichkeit ist die Eignung. Deshalb zählen – soweit erforderlich – auch die tragenden Gründe der Entscheidung zum Ergebnis i. S. d. § 11 V 1 (amtl. Begr., BT-Drs. 12/5826, 15). Eine darüber hinaus gehende Erweiterung des Mitteilungsumfangs, z. B. unter Anknüpfung an das Merkmal der Erforderlichkeit, ist unzulässig (*Pielow/Merkle*, in: BeckOK, § 11 Rdn. 58).

37 **b) Übermittlung zwecks Verwirklichung der Rechtsfolgen (§ 11 V 2).** Nicht alle Rechtsfolgen einer gewerberechtlichen Entscheidung i. S. d. § 11 I 1 werden von derjenigen Stelle vollzogen, die die Entscheidung getroffen hat. Zum Beispiel ist Rechtsfolge einer Gewerbeuntersagung bei einem Handwerker u. a., dass die Voraussetzungen für die Eintragung in der Handwerksrolle nicht mehr vorliegen; zuständig für die Löschung ist nicht die Gewerbebehörde, sondern die Handwerkskammer. Diese kann die Löschung nur vornehmen, wenn sie von dem Ergebnis des Untersagungsverfahrens erfährt. Diese Fälle erfasst § 11 V 2 (vgl. amtl. Begr., BT-Drs. 12/5826, S. 15).

38 Tatbestandliche Voraussetzung der Übermittlung ist erstens, dass eine andere öffentliche Stelle am Vollzug – im weitesten Sinne – einer gewerberechtlichen Entscheidung i. S. d. § 11 I 1 mitwirkt. Nicht erforderlich ist, dass diese Stelle bereits am gewerberechtlichen Verfahren beteiligt war (vgl. den Wortlaut: „Diese und *andere* öffentliche Stellen"). Gerade in Eilfällen wird häufig von einer Beteiligung abgesehen (amtl. Begr., BT-Drs. 12/5826, S. 15).

39 Weitere Tatbestandsvoraussetzung ist, dass aus Sicht der übermittelnden Stelle – also der zuständigen öffentlichen Stelle i. S. d. § 11 I 1 (oben Rdn. 5) – die Kenntnis des Ergebnisses **erforderlich** ist, um die nötigen Vollzugsschritte zu ergreifen. Wenn der Gesetzeswortlaut auf die Sicht der übermittelnden Stelle abstellt, stellt dies zunächst klar, dass Bezugspunkt der

Erforderlichkeit eine Einschätzung der übermittelnden Stelle ist, welche den Empfänger hinsichtlich seiner Entscheidungen über die Verwirklichung der Rechtsfolgen nicht bindet. Darüber hinaus bedeutet dies, dass die Erforderlichkeit nicht entfällt, wenn der Empfänger die Rechtsfolgen nicht verwirklichen sollte. Hieraus folgt allerdings kein umfassender Beurteilungsspielraum im Verhältnis zu den Gerichten (vgl. Rdn. 18, 34; a. A. *Schulze-Werner*, in: Friauf, § 11 Rdn. 38).

Die Rechtsfolge des § 11 V 2 ist etwas unklar formuliert. Sicher ist **40** zunächst, dass die Übermittlung nicht – wie in S. 1 – im Ermessen der zuständigen öffentlichen Stelle steht (*Schulze-Werner*, in: Friauf, § 11 Rdn. 38). Vielmehr handelt es sich um eine zwingende Übermittlung. Unklarer ist, was übermittelt werden soll: Im Gegensatz zu S. 1, wo eine Information nur des „Ergebnisses" geregelt ist, betrifft S. 2 zu übermittelnde „Daten" und scheint damit weiter zu reichen. Die inhaltliche Anknüpfung des S. 2 an S. 1 spricht jedoch dafür, dass unter „Daten" i. S. d. S. 2 das „Ergebnis" des vorhergehenden Satzes zu verstehen ist (zustimmend *Schulze-Werner*, in: Friauf, § 11 Rdn. 38). Gem. § 11 V 3 darf der Empfänger die Daten nur für den Zweck verarbeiten oder nutzen, zu dessen Erfüllung sie ihm übermittelt werden oder hätten übermittelt werden dürfen. Die in S. 1 und S. 2 unterschiedlich verwendete Terminologie über die Übermittlung von Informationen über das „Ergebnis" (S. 1) bzw. über die Übermittlung von Information über „Daten" (S. 2) gibt der übermittelnden Behörde die Möglichkeit, der rechtsfolgenverwirklichenden Stelle die (ausschließlich) dafür benötigten Informationen zukommen zu lassen (so *Pielow/Merkle*, in: BeckOK, § 11 Rdn. 64).

c) Übermittlungen für andere Zwecke (Abs. 6). Abs. 6 erfasst die **41** Übermittlung an öffentliche Stellen, die weder am gewerberechtlichen Verfahren beteiligt waren, noch an der Verwirklichung der Rechtsfolgen der gewerberechtlichen Entscheidung mitwirken; eine Übermittlung an nicht öffentliche Stellen erlaubt er allerdings nicht (*Schulze-Werner* GewArch 2008, 62 [66f.]; *Marcks*, in: Landmann/Rohmer I, § 11 Rdn. 21). Zudem ist die Übermittlung nur für die nach Abs. 1, nicht aber für die nach Abs. 3, erhobenen Daten, zulässig. Im Übrigen sind für die Datenübermittlung und die weitere -verwendung nach Abs. 6 die Datenschutzgesetze der Länder maßgeblich; § 11 V 3 gilt insoweit nicht.

§ 11a Vermittlerregister

(1) ¹**Jede Industrie- und Handelskammer (Registerbehörde) führt ein Register der nach § 34 d Abs. 7, auch in Verbindung mit § 34 e Abs. 2, Eintragungspflichtigen.** ²**Die örtliche Zuständigkeit richtet sich nach dem Landesrecht.** ³**Zweck des Registers ist es insbesondere, der Allgemeinheit, vor allem Versicherungsnehmern und Versicherungsunternehmen, die Überprüfung der Zulassung sowie des Umfangs der zugelassenen Tätigkeit der Eintragungspflichtigen zu ermöglichen.** ⁴**Die Registerbehörden bedienen sich bei der Führung des Registers der in § 32 Abs. 2 des Umweltauditgesetzes bezeichne-**

§ 11a

Titel I. Allgemeine Bestimmungen

ten gemeinsamen Stelle (gemeinsame Stelle). ⁵Die Registerbehörde unterliegt der Aufsicht der obersten Landesbehörde.

(2) ¹Auskünfte aus dem Register werden im Wege des automatisierten Abrufs über das Internet oder schriftlich erteilt. ²Die Registerbehörden gewährleisten, dass eine gleichzeitige Abfrage bei allen Registern nach Absatz 1 Satz 1 möglich ist.

(3) ¹Die für eine Untersagung nach § 35 zuständige Behörde teilt der Registerbehörde eine Untersagung unverzüglich mit. ²Bei Aufhebung der Erlaubnis nach § 34 d Abs. 1 oder § 34 e Abs. 1 oder der Erlaubnisbefreiung nach § 34 d Abs. 3 oder einer Mitteilung nach Satz 1 oder § 80 Abs. 4 des Versicherungsaufsichtsgesetzes hat die Registerbehörde unverzüglich die zu dem Betroffenen gespeicherten Daten zu löschen. ³Der Familienname, der Vorname, die Registrierungsnummer sowie der Tag der Löschung werden im Register in einem täglich aktualisierten Verzeichnis gespeichert. ⁴Zugang zu diesem Verzeichnis erhalten nur Versicherungsunternehmen. ⁵Die Angaben werden einen Monat nach der Speicherung in diesem Verzeichnis gelöscht.

(4) Beabsichtigt ein Eintragungspflichtiger, in einem anderen Mitgliedstaat der Europäischen Union oder in einem anderen Vertragsstaat des Abkommens über den Europäischen Wirtschaftsraum tätig zu werden, hat er dies zuvor der Registerbehörde mitzuteilen.

(5) Das Bundesministerium für Wirtschaft und Technologie kann durch Rechtsverordnung mit Zustimmung des Bundesrates Vorschriften erlassen über die Einzelheiten der Registerführung, insbesondere über

1. die in dem Register zu speichernden Angaben; gespeichert werden dürfen nur Angaben zur Identifizierung (insbesondere Familienname, Vorname, Geschäftsanschrift, Geburtstag und Registrierungsnummer), zur Zulassung und zum Umfang der zugelassenen Tätigkeit der Eintragungspflichtigen,
2. Angaben, die nicht allgemein zugänglich sein sollen, sowie die Stellen, die Zugang zu diesen Angaben erhalten.

(6) ¹Die Zusammenarbeit der zuständigen Stellen mit den zuständigen Behörden der anderen Mitgliedstaaten der Europäischen Union sowie der anderen Vertragsstaaten des Abkommens über den Europäischen Wirtschaftsraum erfolgt nach folgenden Maßgaben:

1. Auf Ersuchen der zuständigen Behörde eines anderen Mitglied- oder Vertragsstaates übermittelt die zuständige Registerbehörde Informationen einschließlich personenbezogener Daten, die zur Überprüfung der Einhaltung der Voraussetzungen für die Tätigkeit als Versicherungsvermittler oder Versicherungsberater erforderlich sind, an die zuständige Behörde des anderen Mitglied- oder Vertragsstaates.
2. Die Registerbehörde darf ohne Ersuchen der zuständigen Behörde eines anderen Mitglied- oder Vertragsstaates Informationen einschließlich personenbezogener Daten übermitteln, wenn Anhalts-

punkte dafür vorliegen, dass die Kenntnis dieser Informationen für die Überprüfung der Einhaltung der Voraussetzungen für die Tätigkeit als Versicherungsvermittler oder Versicherungsberater erforderlich ist.
3. Soweit von dem betreffenden Mitglied- oder Vertragsstaat nach Artikel 6 Abs. 2 der Richtlinie 2002/92/EG des Europäischen Parlaments und des Rates vom 9. Dezember 2002 über Versicherungsvermittlung (ABl. EG 2003 Nr. L 9 S. 3) gefordert, teilt die Registerbehörde im Falle des Absatzes 4 die Absicht des Eintragungspflichtigen der zuständigen Behörde des anderen Mitglied- oder Vertragsstaates mit und unterrichtet gleichzeitig den Eintragungspflichtigen. Zum Zwecke der Überwachung darf die Registerbehörde der zuständigen Behörde des anderen Mitglied- oder Vertragsstaates die zu dem Eintragungspflichtigen im Register gespeicherten Angaben übermitteln. Die zuständige Behörde eines anderen Mitglied- oder Vertragsstaates ist über Änderungen übermittelter Angaben zu unterrichten.
4. Handelt es sich bei den nach Absatz 3 gelöschten Angaben um solche eines in einem anderen Mitglied- oder Vertragsstaat tätigen Gewerbetreibenden, so teilt die Registerbehörde der zuständigen Behörde des anderen Mitglied- oder Vertragsstaates die Löschung unverzüglich mit.

²Die Zusammenarbeit, insbesondere die Übermittlung von Informationen, erfolgt jeweils über das Bundesministerium für Wirtschaft und Technologie, das sich dabei der gemeinsamen Stelle bedient.

(7) Die Registerbehörde, die Bundesanstalt für Finanzdienstleistungsaufsicht und die für die Erlaubniserteilung nach § 34 d Abs. 1 Satz 1 und § 34 e Abs. 1 Satz 1, für die Untersagung nach § 35, die Entgegennahme der Gewerbeanzeige nach § 14 oder die Verfolgung von Ordnungswidrigkeiten nach dem Gesetz über Ordnungswidrigkeiten zuständigen Behörden dürfen einander auch ohne Ersuchen Informationen einschließlich personenbezogener Daten übermitteln, soweit dies zur Erfüllung ihrer jeweiligen mit der Tätigkeit von Versicherungsvermittlern und Versicherungsberatern zusammenhängenden Aufgaben erforderlich ist.

(8) Alle Personen, die im Rahmen des für Versicherungsvermittler und Versicherungsberater geltenden Registrierungsverfahrens oder der Überprüfung der Einhaltung der Voraussetzungen für die Tätigkeit als Versicherungsvermittler oder Versicherungsberater zur Entgegennahme oder Erteilung von Informationen verpflichtet sind, unterliegen dem Berufsgeheimnis. ²§ 84 des Versicherungsaufsichtsgesetzes gilt entsprechend.

Literatur: *R. Jahn/T. Klein*, Überblick über das Gesetz zur Neuregelung des Versicherungsvermittlerrechts, DB 2007, 957 ff.; *P. Koch*, Der Versicherungsmakler im neuen Vermittlerrecht, VW 2007, S. 248 ff.; *P. Reiff*, Das Gesetz zur Neuregelung des Versicherungsvermittlerrechts, VersR 2007, 717 ff.; *M. Schulze-Werner*, Zur Regelung der Verar-

§ 11a

beitung personenbezogener Daten durch öffentliche Stellen in der Gewerbeordnung (§§ 11, 11 a GewO), GewArch 2008, S. 63 ff.

Übersicht

	Rdn.
I. Vorbemerkungen	1
1. Gemeinschafts- und verfassungsrechtlicher Hintergrund	1
2. Verhältnis zu §§ 11, 14 GewO sowie zum Bundesdatenschutzgesetz	4
II. Zweck des Vermittlerregisters; Zuständigkeit und Aufsicht (Abs. 1)	6
III. Herkunft der Daten; Mitteilungen an das Register (Abs. 3 und 4)	11
IV. Auskünfte aus dem Register und Übermittlung von Daten (Abs. 2, 6 und 7)	19
1. Auskünfte aus dem Register (Abs. 2)	20
2. Übermittlung von Daten an Behörden anderer EU- und EWR-Staaten (Abs. 6)	22
3. Übermittlung von Daten an inländische Behörden (Abs. 7)	35
V. Löschen von Daten (Abs. 3 S. 2-5, Abs. 6 S. 1 Nr. 4)	37
1. Löschung aus dem Register (Abs. 3 S. 2)	38
2. Eintrag der Löschung in ein Verzeichnis (Abs. 3 S. 3-5)	42
VI. Verordnungsermächtigung (Abs. 5)	44
VII. Berufsgeheimnis (Abs. 8)	46

I. Vorbemerkungen

1. Gemeinschafts- und verfassungsrechtlicher Hintergrund

1 § 11 a wurde – zusammen mit u. a. § 34 d (Versicherungsvermittler) und § 34 e (Versicherungsberater) – durch das Gesetz zur Neuregelung des Versicherungsvermittlerrechts v. 19. 12. 2006 (BGBl. I S. 3232) mit Wirkung zum 22. 5. 2007 in die GewO eingefügt (siehe dazu die Begründung in BT-Drs. 16/1935 sowie den Bericht des zuständigen Bundestagsausschusses, BT-Drs. 16/3162). Wie § 11 präsentiert sich auch § 11 a als ein „Mammutparagraf" (*Schulze-Werner* GewArch 2008, 63 [68] im Anschluss an *Frotscher* NVwZ 1996, 33 [35]). Umfang und Detailreichtum seiner Regelungen haben ihre Ursache in den unions- und verfassungsrechtlichen Vorgaben.

2 Hintergrund für diese Änderungen ist zunächst die Richtlinie 2002/92/EG vom 9. 12. 2002 über Versicherungsvermittlung (ABl. EG L 9/3 vom 15. 1. 2004), die an sich bis zum 15. 1. 2005 hätte umgesetzt werden müssen. Die Richtlinie zielt auf das reibungslose Funktionieren eines europäischen Versicherungsmarktes und enthält u.a. Vorgaben für die Eintragung von Versicherungsvermittlern in ein Register sowie für den Informationsaustausch zwischen den Mitgliedstaaten, die nunmehr in § 11 a aufgegriffen worden sind. Anliegen der Richtlinie ist neben der Harmonisierung des Vermittlermarktes insb. der Verbraucherschutz. Die Interessen der Verbraucher sollen u.a. durch die Registrierungspflicht geschützt werden; Kunden soll eine

Überprüfung ermöglicht werden, ob ein Versicherungsvermittler zugelassen ist (BT-Drs. 16/1935, S. 13 [14]).

Aus verfassungsrechtlicher Sicht ist auf das Recht auf informationelle 3 Selbstbestimmung (Art. 2 I i. V. m. 1 I GG) hinzuweisen, das das *BVerfG* im sog. Volkszählungsurteil näher konturiert hat (*BVerfGE* 65, 1 ff.; siehe ferner *BVerfG* NJW 2008, 822, 1435 u. 1505; dazu § 11 Rdn. 1). Gesetze als Grundlage für die Rechtfertigung von Eingriffen in dieses Grundrecht müssen bereichsspezifische und präzise Regelungen bieten, die Zweck, Voraussetzungen und Reichweite der datenschutzrelevanten Maßnahmen klar festlegen. Diesen Erfordernissen genügt § 11 a i. V. m. §§ 5 ff. VersVermV, zumal es sich nicht um Daten mit gesteigerter Sensibilität handelt (im Ansatz ähnlich, aber teils auf Bedenken hinweisend *Schulze-Werner*, in: Friauf, § 11 a Rdn. 10 f., 21, 24, 29; *ders.* GewArch 2008, 63 ff.).

2. Verhältnis zu §§ 11, 14 GewO sowie zum Bundesdatenschutzgesetz

§ 11 a ist im Verhältnis zu § 11 die speziellere Norm, verdrängt diese also 4 in ihrem Regelungsbereich. Soweit Aussagen in § 11 a fehlen, ist auf die allgemeinen Vorgaben des § 11 zurückzugreifen (*Böhme*, in: Landmann/Rohmer I, § 11 a Rdn. 4; *Schulze-Werner*, in: Friauf, § 11 a Rdn. 3; *ders.* GewArch 2008, 63). Die §§ 11, 11 a enthalten eine bereichsspezifische Gesamtregelung des Datenschutzes im Gewerberecht, sodass ein Rückgriff auf das Bundesdatenschutzgesetz ausscheidet. Soweit sich die Terminologie des § 11 a jedoch an das Bundesdatenschutzgesetz anlehnt, ist das dort entwickelte Begriffsverständnis auch für § 11 a maßgeblich (*Schulze-Werner*, in: Friauf, § 11 a Rdn. 2; vgl. § 11 Rdn. 4).

Obwohl dies – anders als bei § 11 I 4 – im Wortlaut des § 11 a nicht explizit 5 klargestellt wird, bleiben gewerberechtliche Anzeigepflichten (insb. § 14) von der Registrierungspflicht gem. § 11 a unberührt (*Böhme*, in: Landmann/Rohmer I, § 11 a Rdn. 5; *Schulze-Werner*, in: Friauf, § 11 a Rdn. 4).

II. Zweck des Vermittlerregisters; Zuständigkeit und Aufsicht (Abs. 1)

Gem. §§ 34 d VII, § 34 e II müssen sich Versicherungsvermittler und Versi- 6 cherungsberater in das Register nach § 11 a I eintragen lassen (Registrierung); dies gilt auch für Versicherungsvermittler im Reisegewerbe (§ 61 a II 1). **Zweck des Registers** ist es gem. § 11 a I 3 insb. der Allgemeinheit, vor allem Versicherungsnehmern und Versicherungsunternehmen, die Prüfung der Zulassung sowie des Umfangs der zugelassenen Tätigkeit (= Vorliegen und Umfang der Erlaubnis gem. § 34 d I, 34 e I) zu ermöglichen (*Neuhäuser*, in: BeckOK, § 11a Rdn. 9; *Dörner*, in: Prölss/Martin, VVG, 28. Aufl. 2010, § 11 a GewO Rdn. 1). Versicherungsnehmer sind alle Verbraucher, auch diejenigen, die noch keinen Versicherungsvertrag abgeschlossen haben (BT-Drs. 16/1935, S. 16); siehe die Parallelterminologie in § 62 I (ggf. i. V. m. § 68) VVG. Das Vermittlerregister ist ein tätigkeitsbezogenes Register und stellt

§ 11a Titel I. Allgemeine Bestimmungen

insoweit ein **gewerberechtliches Novum** dar (*Moraht* jurisPR-VersR 5/2010 Anm. 2).

7 **Registerbehörden** sind gem. § 11 a I 1 die **Industrie- und Handelskammern**, die auch zuständig für die Erteilung der Erlaubnis an Versicherungsvermittler und -berater sind (§§ 34 d I 1, 34 e I 1). Dies soll eine zeitgleiche Zulassung und Registrierung ermöglichen (BT-Drs. 16/1935, S. 16; *Dörner*, in: Prölss/Martin, VVG, 28. Aufl. 2010, § 11 a GewO Rdn. 2) und verschafft dem einzelnen Vermittler einen einheitlichen und ortsnahen Ansprechpartner (vgl. BT-Drs. 16/3162, S. 7). Die **örtliche Zuständigkeit** richtet sich nach Landesrecht (§ 11 a I 2), siehe § 3 I Nr. 2 der Landes-VwVfG. Maßgeblich ist, in welchem IHK-Bezirk der Vermittler seine Betriebsstätte hat (vgl. § 5 Nr. 6 VersVermV: betriebliche Anschrift).

8 Gem. § 18 a VersVermV können die Industrie- und Handelskammern eines Landes mit Genehmigung ihrer obersten Landesbehörde durch Vereinbarung ihre örtliche Zuständigkeit für das Registerverfahren ganz oder teilweise auf eine IHK übertragen. § 10 Abs. 3 IHK-G ermöglicht darüber hinaus eine die Landesgrenzen überschreitende **Aufgabenübertragung** auf Industrie- und Handelskammern oder auf öffentlich-rechtliche Zusammenschlüsse mit Sitz in einem anderen Bundesland, sofern Rechtsvorschriften dies nicht verbieten (*Böhme*, in: Landmann/Rohmer I, § 11 a Rdn. 7). Diese Vorschrift dient damit der organisatorischen Flexibilisierung der Erfüllung neuer, meist europarechtlich determinierter Aufgaben; der Gesetzgeber hat dabei explizit das Versicherungsvermittlerregister im Blick gehabt (BT-Drs. 16/10493, S. 22; siehe ferner *Jahn* GewArch 2009, 177 [178]; *Möllering*, in: Frentzel/Jäkel/Junge, IHK-G, 7. Aufl. 2009, § 10 Rdn. 1 ff.).

9 Die Registerbehörden bedienen sich bei der Führung des Registers der in § 32 II UAG bezeichneten **gemeinsamen Stelle** (§ 11 a I 4). Gemeinsame Stelle i. S. d. UAG ist der Deutsche Industrie- und Handelskammertag (DIHK) e.V., der nunmehr zusätzlich zu den Aufgaben aus dem UAG auch als gemeinsame Stelle i. S. d. § 11 a fungiert (*Böhme*, in: Landmann/Rohmer I, § 11 a Rdn. 11). Die gemeinsame Stelle verknüpft die Register der einzelnen Registerbehörden, sodass eine gleichzeitige Abfrage bei allen Registern möglich ist; die Registerbehörden müssen diese Möglichkeit gewährleisten (§ 11 a II 2). Die gemeinsame Stelle ist von der einheitlichen Stelle i. S. d. § 6 b zu unterscheiden.

10 Die Registerbehörde unterliegt der **Aufsicht** der obersten Landesbehörde (§ 11 a I 5), d.h. des zuständigen Landesministeriums (i. d. R. Wirtschaftsministerium, z. B. § 2 I IHK-G BW, § 2 I IHK-G NRW). Während die allgemeine Aufsicht i. S. d. § 11 I IHK-G (Bund) auf die Rechtsaufsicht beschränkt ist, handelt es sich im Rahmen von § 11 a I 5 um eine Fachaufsicht, die über eine Rechtmäßigkeitskontrolle hinaus reicht und sich auf die Überprüfung der Zweckmäßigkeit erstreckt (*Böhme*, in: Landmann/Rohmer I, § 11 a Rdn. 12; *Schulze-Werner*, in: Friauf, § 11 a Rdn. 7; **a. A.** *Möstl*, in: Kluth [Hrsg.], Jahrbuch des Kammer- und Berufsrechts 2006, S. 33 [39 f.]; *Kluth*, in: ders. [Hrsg.], Jahrbuch des Kammer- und Berufsrechts 2005, S. 181 ff.; *Möllering* WiVerw 2006, 261 [282 ff.]). Grund für die Intensivierung der Aufsicht ist, dass die Kammer bei der Registrierung nicht im eigenen Wirkungskreis tätig wird, sondern ihr übertragene staatliche Aufgaben erfüllt.

III. Herkunft der Daten; Mitteilungen an das Register (Abs. 3 und 4)

§ 11 a enthält keine Regelungen zur Datenerhebung (*Neuhäuser*, in: BeckOK, § 11 a Rdn. 20), sondern setzt das Vorhandensein der Daten voraus. Die Datensammlung im Vermittlerregister speist sich aus mehreren Quellen, die nur teilweise in § 11 a genannt sind.

Grundlage sind zunächst die **Mitteilungen der Vermittler** gem. §§ 34 d VII, 34 e II (näher § 34 d Rdn. 116 f., § 34 e Rdn. 36). Einzelheiten hierzu sind in §§ 5 f. VersVermV geregelt (unten Rdn. 14). Mitzuteilen sind Name, Firma, Geburtsdatum, Angaben zur Erlaubnis bzw. Erlaubnisbefreiung, Registerbehörde, betriebliche Anschrift und Registrierungsnummer, bei juristischen Personen auch die genauen Namen der natürlichen Personen, die innerhalb des für die Geschäftsführung verantwortlichen Organs für die Vermittlertätigkeiten zuständig sind (*Neuhäuser*, in: BeckOK, § 11a Rdn. 11) und im Fall des § 34 d IV die Angabe des haftungsübernehmenden Versicherungsunternehmens. Der Vermittler erhält daraufhin eine Eintragungsbestätigung mit einer Registrierungsnummer (§ 6 III VersVermV).

Nach Art. 3 Abs 1 der RL 2002/92/EG sind Versicherungsvermittler in ihrem Herkunftsmitgliedstaat einzutragen. § 11 a setzt dies nicht explizit um (*Neuhäuser*, in: BeckOK, § 11 a Rdn. 6). Da die Eintragung in das Versicherungsvermittlerregister der Erlaubnis nach §§ 34 d, 34 e folgt, kann dies wegen der Möglichkeit, für ausländische Zweigniederlassungen trotz § 34 d V eine Erlaubnis zu beantragen, zu Eintragungen in mehreren EU-/EWR-Staaten führen (*Neuhäuser*, in: BeckOK, § 34 d Rdn. 132).

Nach § 11 a IV muss ein Eintragungspflichtiger (dazu §§ 34 d VII, 34 e II sowie die Erläuterungen unter § 34 d Rdn. 112 ff., § 34 e Rdn. 36), der beabsichtigt, in einem anderen Mitgliedstaat der Europäischen Union oder in einem anderen Vertragsstaat des EWR-Abkommens (Island, Norwegen, Liechtenstein) tätig zu werden, dies vor (!) Tätigwerden der Registerbehörde mitteilen (*Koch* VW 2007, 248 [251]). Dabei muss er gem. § 5 S. 1 Nr. 5 VersVermV die Staaten, in denen er ein Tätigwerden beabsichtigt, einzeln benennen. Auch § 11 a VI 1 Nr. 4 deutet darauf hin, dass eine konkrete Angabe derjenigen Staaten, in denen er tätig werden will, erforderlich ist. Will er eine Niederlassung errichten, muss er ferner die dortige Geschäftsanschrift sowie die gesetzlichen Vertreter der Niederlassung angeben (§ 5 S. 1 Nr. 5 VersVermV).

§ 80 III, IV VAG sieht pflichtige **Mitteilungen von Versicherungsunternehmen** an die Registerbehörde vor (siehe auch § 11 a III 2 sowie § 6 II VersVermV und § 34 d VII). Die Mitteilung der notwendigen Angaben nach § 5 VersVermV über gebundene Versicherungsvertreter (vgl. § 34 d IV) erfolgt in diesem Fall ausschließlich über das Versicherungsunternehmen (*Böhme*, in: Landmann/Rohmer I, § 11 a Rdn. 23; *Neuhäuser*, in: BeckOK, § 11 a Rdn. 13 und 15 ff.; Reiff VersR 2007, 717 [721]). Der Zugang der Mitteilung bei der Registerbehörde begründet gem. § 34 d VII 3 zugleich die uneingeschränkte Haftung durch das Versicherungsunternehmen (§ 34 d VII 3).

§ 11a
Titel I. Allgemeine Bestimmungen

16 Anzuführen sind ferner **Mitteilungen von Behörden**: Die jeweils zuständigen Behörden teilen der Registerbehörde auf § 35 gestützte Untersagungsverfügungen unverzüglich (vgl. § 121 BGB) mit (§ 11 a III 1), allerdings nur dann, wenn es sich um eine Untersagung der Tätigkeit als Vermittler handelt: Aus der Gesetzessystematik ergibt sich, dass die Untersagung eines anderen Gewerbes hier außer Betracht bleibt (*Schulze-Werner* GewArch 2008, 63 [65]). Gem. § 11 a VII werden den Registerbehörden Daten, die bei der Bundesanstalt für Finanzdienstleistungsaufsicht (BaFin) sowie bei den gewerberechtlich zuständigen Behörden (§ 155 II) vorhanden sind, übermittelt (näher unten Rdn. 35). Dabei handelt es sich jeweils um pflichtige Mitteilungen (*Schulze-Werner*, in: Friauf, § 11 a Rdn. 16).

17 Parallel zur Übermittlung von Registerdaten an Behörden von EU- und EWR-Mitgliedstaaten (dazu § 11 a VI, unten Rdn. 22 ff.) erhalten die Registerbehörden **Informationen von ausländischen Behörden**, und zwar vermittelt durch die gemeinsame Stelle, der sich das Bundesministerium für Wirtschaft und Technologie bedient (BT-Drs. 16/1935, 17).

18 Schließlich verfügen die Registerbehörden über **behördeneigene Informationen**, so im Zusammenhang mit der Aufhebung von Erlaubnissen oder der Befreiung vom Erfordernis einer Erlaubnis (§ 11 a III 2).

IV. Auskünfte aus dem Register und Übermittlung von Daten (Abs. 2, 6 und 7)

19 § 11 a unterscheidet zwischen der Auskunftserteilung (Abs. 2) und der Übermittlung von Daten (Abs. 6 und 7). Während eine Auskunft die Wiedergabe des Inhalts eines Datenträgers ist (vgl. *Rossi* Informationsfreiheitsgesetz, 2006, § 1 Rdn. 83), handelt es sich bei einer Übermittlung um das Bekanntgeben gespeicherter oder durch Datenverarbeitung gewonnener personenbezogener Daten an einen Dritten in der Weise, dass entweder die Daten an den Dritten weitergegeben werden oder der Dritte zur Einsicht oder zum Abruf bereitgehaltene Daten einsieht oder abruft (vgl. § 3 IV S. 2 Nr. 3 BDSG).

1. Auskünfte aus dem Register (Abs. 2)

20 Gem. § 11 a II 1 werden Auskünfte aus dem Register im Wege des automatisierten Abrufs über das Internet (www.vermittlerregister.info) oder schriftlich erteilt (*Böhme*, in: Landmann/Rohmer I, § 11 a Rdn. 27; *Jahn/Klein* Der Betrieb 2007, 957 [959]). Auskunftsberechtigt ist jedermann (z. B. Verbraucher oder Versicherungsunternehmen), ohne dass er ein Auskunftsinteresse darlegen muss. Versicherungsunternehmen können zudem Auskünfte aus dem Löschungsverzeichnis erlangen (§ 11 a III 4, unten Rdn. 42). Auskunftspflichtig ist die Registerbehörde, die sich dabei der gemeinsamen Stelle bedient (Rdn. 9).

21 Der Auskunftsinhalt richtet sich nach dem Empfänger der Auskunft, wie in § 7 VersVermV bestimmt wird. Allgemein zugänglich sind gem. § 7 S. 1 VersVermV die Angaben gem. § 5 Nrn. 1, 3-7 VersVermV (Name, Firma,

Vermittlerregister **§ 11a**

Angaben zur Erlaubnis bzw. Erlaubnisbefreiung, Registerbehörde, betriebliche Anschrift und Registrierungsnummer). Die Angaben nach § 5 Nrn. 2 und 8 VersVermV (Geburtsdatum und Angabe des haftungsübernehmenden Versicherungsunternehmens im Fall des § 34 d IV) dürfen nur schriftlich und nur den in § 11 a VII genannten Behörden (andere Registerbehörden, BaFin, Gewerbebehörden) mitgeteilt werden (§ 7 S. 2 VersVermV).

2. Übermittlung von Daten an Behörden anderer EU- und EWR-Staaten (Abs. 6)

§ 11 a VI betrifft die Übermittlung von Daten an Behörden anderer EU- 22
und EWR-Staaten. Die Übermittlung erfolgt über das Bundesministerium für Wirtschaft und Technologie, das sich dabei der gemeinsamen Stelle als Verwaltungshelfer (*Böhme*, in: Landmann/Rohmer I, § 11 a Rdn. 5) bedient (§ 11 a VI 2; oben Rdn. 17). Soweit § 11 a VI eine einzelne Registerbehörde verpflichtet, ist für diese die Pflicht mit Weiterleitung der Daten an das Bundesministerium erfüllt. Letzterem obliegt es, den Kontakt zur zuständigen ausländischen Stelle herzustellen. Die einzelne Registerbehörde gibt also keine Daten unmittelbar an ausländische Behörden weiter. Tätig wird – sei es für die Registerbehörde, sei es für das Ministerium – jeweils die gemeinsame Stelle i. S. d. § 11 a I 4 (oben Rdn. 9)

§ 11 a VI 1 sieht für die Übermittlung von Daten an ausländische Behörden 23
vier Konstellationen vor:

§ 11 a VI 1 Nr. 1: Auf Ersuchen der zuständigen Behörde eines anderen 24
EU- oder EWR-Staates übermittelt die zuständige Registerbehörde Informationen einschließlich personenbezogener Daten (zum Begriff vgl. § 3 I BDSG), die zur Überprüfung der Einhaltung der Voraussetzungen für die Tätigkeit als Versicherungsvermittler oder Versicherungsberater erforderlich sind, an die ersuchende ausländische Behörde. Es handelt sich um ein **Ersuchen im Einzelfall** (*Schulze-Werner*, in: Friauf, § 11 a Rdn. 23); z. B. wenn die Informationen im Versicherungsvermittlerregister nach § 11a GewO den Anforderungen des Registers eines anderen EU/EWR-Staates nicht genügen (*Neuhäuser*, in: BeckOK, § 11a Rdn. 39).

Die Registerbehörde ist verpflichtet, dem Ersuchen Folge zu leisten, wenn 25
die Voraussetzungen des § 11 a VI 1 Nr. 1 und hierbei insb. die Erforderlichkeit – die auf Tatbestandsseite zu prüfen ist – vorliegen (*Schulze-Werner*, in: Friauf, § 11 a Rdn. 23). Die Erforderlichkeit erstreckt sich auf alle Punkte der Verhältnismäßigkeitsprüfung (geeignet, erforderlich und angemessen; vgl. § 11 Rdn. 18). Hinsichtlich der Erforderlichkeit wird der Registerbehörde teils ein Beurteilungsspielraum zuerkannt (so *Schulze-Werner*, in: Friauf, § 11 a Rdn. 25; a. A. *Böhme*, in: Landmann/Rohmer I, § 11 a Rdn. 36). Dagegen spricht, dass es sich hier nicht um eine Konstellation handelt, die einer der Fallgruppen zugerechnet werden könnte, in denen ausnahmsweise ein Beurteilungsspielraum angenommen wird, zumal der Trend der Rechtsprechung des BVerfG in Richtung einer Reduzierung des Anwendungsbereichs dieser Fallgruppen geht (näher dazu etwa *Maurer* Allgemeines Verwaltungsrecht, 17. Aufl. 2009, § 7 Rdn. 36; siehe oben § 11 Rdn. 18).

§ 11a — Titel I. Allgemeine Bestimmungen

26 **§ 11 a VI 1 Nr. 2:** Die Registerbehörde darf den jeweiligen ausländischen Behörden (im Rahmen der EU sowie des EWR) **ohne Ersuchen** Informationen einschließlich personenbezogener Daten (vgl. zum Begriff § 3 I BDSG) übermitteln, wenn Anhaltspunkte dafür vorliegen, dass die Kenntnis dieser Informationen für die Überprüfung der Einhaltung der Voraussetzungen für die Tätigkeit als Versicherungsvermittler oder Versicherungsberater erforderlich (Rdn. 27) ist. Darunter fallen z. B. Mitteilungen nach § 11 a III (Gewerbeuntersagung, Erlaubnisentzug etc.) oder berufsbezogene Ordnungswidrigkeiten (BT-Drs. 16/1935, S. 16 f.; *Böhme*, in: Landmann/Rohmer I, § 11 a Rdn. 37; *Neuhäuser*, in: BeckOK, § 11 a Rdn. 40).

27 Diese Übermittlung steht im Ermessen der Registerbehörde (so *Schulze-Werner*, in: Friauf, § 11 a Rdn. 26). In aller Regel wird im Falle einer inländischen Gewerbeuntersagung und dem Vorliegen von Anhaltspunkten für einen Sachverhalt mit Auslandsberührung jedoch davon auszugehen sein, dass die Voraussetzungen des § 11 a VI 1 Nr. 2 gegeben sind und Anlass besteht, die Behörde des betroffenen auswärtigen EU- bzw. EWR-Staates zu informieren (vgl. Art. 9 II i. V. m. Art. 8 IV RL 2002/92/EG). Vor diesem Hintergrund kommt eine routinemäßige Übermittlung in Betracht.

28 **§ 11 a VI 1 Nr. 3:** Wenn ein inländischer Versicherungsvermittler oder -berater im EU- oder EWR-Ausland tätig werden will, hat er dies zuvor der Registerbehörde mitzuteilen (§ 11 a IV, oben Rdn. 14). Art. 6 I UAbs. 2 RL 2002/92/EG sieht hierzu vor: „Innerhalb eines Monats nach dieser Mitteilung teilen die zuständigen Behörden [des Herkunftsstaates, hier: Deutschland] den zuständigen Behörden des Aufnahmemitgliedstaates, die dies wünschen, die Absicht des Versicherungs- oder Rückversicherungsvermittlers mit und unterrichten gleichzeitig den betreffenden Vermittler darüber." Den Wunsch nach Mitteilung haben die einzelnen Mitgliedstaaten gem. Art. 6 II RL 2002/92/EG der Kommission mitgeteilt, die wiederum die übrigen Mitgliedstaaten informiert hat.

29 Diese Richtlinienvorgabe wird durch § 11 a VI 1 Nr. 3 umgesetzt, indem zum einen die Mitteilung an die zuständigen Behörden des anderen Staates, zum anderen die Unterrichtung des Vermittlers bestimmt wird (jeweils Pflicht der Registerbehörde ohne Ermessen, *Schulze-Werner*, in: Friauf, § 11 a Rdn. 27). Dabei darf die Registerbehörde der zuständigen ausländischen Behörde zum Zwecke der Überwachung alle im Register gespeicherten Angaben (dazu § 5 VersVermV; oben Rdn. 12) übermitteln. Änderungen übermittelter Daten sind gleichfalls weiterzugeben. Hierfür sollen sich die beteiligten Staaten im Rahmen der europäischen Zusammenarbeit auf entsprechende Mitteilungsformulare verständigen (BT-Drs. 16/1935, S. 17).

30 Mittlerweile ist dies im Rahmen der Zusammenarbeit der europäischen Aufsichtsbehörden und Pensionsfonds (CEIOPS = Commitee of European Insurance and Occupational Pensions Supervisors) mit dem sog. Luxemburg-Protokoll (CEIOPS-DOC-02/06) geschehen. Die zuständigen Behörden der Mitgliedstaaten der Europäischen Union einigten sich auf die Verwendung von zwei verschiedenen Mitteilungsformularen. Das eine Mitteilungsformular gilt für Versicherungsvermittler, die sich der Niederlassungsfreiheit bedienen (Annex II-A: Notification form for an Intermediary to operate under the freedom of establishment) und das andere für Versicherungsvermittler, die sich der Dienstleistungsfreiheit bedienen (Annex II-B: Notification form for an Intermediary to operate under the freedom to provide services). Ein Versicherungsvermittler, der sich der Niederlassungsfreiheit bedient, muss unter anderem angeben, welcher Kategorie von Versicherungsvermittlern er angehört und für den Fall, dass er überwiegend für ein Versicherungsunternehmen tätig wird, hat er dieses zu benennen.

Folgende Staaten haben im Kontext von § 11 a VI 1 Nr. 3 bzw. Art. 6 II RL **31** 2002/92/EG um Übermittlung gebeten: Belgien, Bulgarien, Deutschland, Estland, Frankreich, Griechenland, Großbritannien, Irland, Italien, Litauen, Luxemburg, Malta, Niederlande, Österreich, Polen, Portugal, Slowakei, Slowenien, Schweden, Spanien, Tschechien, Ungarn, Zypern. Eine Übermittlung nur hinsichtlich der Versicherungsvermittler, die sich der Niederlassungsfreiheit bedienen, haben gefordert: Dänemark, Finnland, Island, Lettland, Liechtenstein. Norwegen wünscht eine Übermittlung nur hinsichtlich Versicherungsmaklern („brokers") und nicht hinsichtlich Versicherungsagenten („agents"). Rumänien hat sich noch nicht geäußert (siehe dazu CEIOPS-DOC-02/06 Annex I-A und Annex I-B) Im Luxemburg-Protokoll (Part III – „Exchange of Information and ongoing supervision of intermediaries") haben sich die zuständigen Behörden der Mitgliedstaaten überdies auf ein „Right to warn" verständigt, d. h. dass die zuständigen Behörden in jedem Fall den Herkunftsstaat informieren können, sofern sie Grund zur Annahme haben, dass ein Versicherungsvermittler dem Versicherungsmarkt schadet.

Wünscht der Aufnahmemitgliedstaat die Information über die Tätigkeit **32** ausländischer Versicherungsvermittler nicht, darf der Versicherungsvermittler seine Tätigkeit sofort aufnehmen (*Neuhäuser*, in: BeckOK, § 11a Rdn. 36). In allen anderen Fällen kann der Versicherungsvermittler gem. Art. 6 I UAbs. 3 RL 2002/92/EG seine Tätigkeit erst aufnehmen, wenn ein Monat seit der Information über die Datenübermittlung an die ausländische Behörde gem. § 11 a VI 1 Nr. 3 verstrichen ist. Diese Vorschrift der Richtlinie 2002/92/EG ist im deutschen Recht nicht ausdrücklich aufgenommen worden. Sie wird vom DIHK aber so umgesetzt (*Böhme*, in: Landmann/Rohmer I, § 11 a Rdn. 41; *Neuhäuser*, in: BeckOK, § 11a Rdn. 35).

§ 11 a VI 1 Nr. 4: Wenn ein inländischer Vermittler im Ausland tätig ist, **33** seine inländische Berechtigung aber entfallen und sein Registereintrag gelöscht worden ist (§ 11 a III), dann muss die Registerbehörde den Behörden der betroffenen Staaten die Löschung unverzüglich (vgl. § 121 BGB) mitteilen (*Neuhäuser*, in: BeckOK, § 11a Rdn. 38). Die Nr. 4 regelt damit einen Spezialfall zu Nr. 2 (BT-Drs. 16/1935, S. 17).

Eine Weitergabe von Daten an andere ausländische Behörden, in anderen **34** Konstellationen oder auf anderem Weg als in § 11 a VI vorgesehen, ist – vorbehaltlich besonderer gesetzlicher Ermächtigung (z. B. § 4 b BDSG) – nicht zulässig.

3. Übermittlung von Daten an inländische Behörden (Abs. 7)

Die Übermittlung von Daten an inländische Behörden regelt § 11 a VII. **35** Eine Übermittlung ist möglich an folgende Behörden: andere Registerbehör-

§ 11a
Titel I. Allgemeine Bestimmungen

den, die BaFin, Gewerbebehörden sowie Bußgeldbehörden. Die Übermittlung ist nur zulässig, soweit dies zur Erfüllung der jeweiligen mit der Tätigkeit von Versicherungsvermittlern und Versicherungsberatern zusammenhängenden Aufgaben erforderlich ist (Bezugspunkt sind jeweils die Aufgaben der empfangenden Behörde). Dann kann die Übermittlung auch die personenbezogenen Daten (vgl. § 3 I BDSG) umfassen. Zum Merkmal „erforderlich" sowie zur Frage eines Beurteilungsspielraums siehe Rdn. 25 sowie *Schulze-Werner* GewArch 2008, 63 (66), der – anders als hier vertreten – einen Beurteilungsspielraum annimmt.

36 Die Aufzählung der Behörden in § 11 a VII ist abschließend. Eine Übermittlung an andere öffentliche oder nicht-öffentliche Stellen ist im Rahmen von § 11 a nicht zulässig (*Böhme*, in: Landmann/Rohmer I, § 11 a Rdn. 43; *Schulze-Werner*, in: Friauf, § 11 Rdn. 30).

V. Löschen von Daten (Abs. 3 S. 2–5, Abs. 6 S. 1 Nr. 4)

37 Das Register soll Verbrauchern die Möglichkeit verschaffen zu erfahren, ob der Vermittler nach gegenwärtigem Erkenntnisstand der Behörden die Erfordernisse der §§ 34 d, 34 e erfüllt, was – mit gewisser Vergröberung (siehe im Einzelnen die Erläuterungen zu §§ 34 d, 34 e) – nur der Fall ist, wenn entweder in einem Erlaubnisverfahren Zuverlässigkeit und Sachkunde des Vermittlers festgestellt worden sind oder ein Versicherungsunternehmen für ihn die uneingeschränkte Haftung aus seiner Vermittlertätigkeit übernommen hat. Aus Sicht der Verbraucher stellt sich die Registrierung damit als ein gewisses Qualitätsmerkmal dar. Deshalb ist es nötig, den Registereintrag unverzüglich zu löschen, wenn die Voraussetzungen für die Registrierung entfallen sind.

1. Löschung aus dem Register (Abs. 3 S. 2)

38 § 11 a III 2 bestimmt, dass bei Aufhebung der Erlaubnis nach § 34 d I oder 34 e I oder der Erlaubnisbefreiung nach § 34 d III, bei einer Mitteilung über eine Gewerbeuntersagung nach § 35 (dazu *Neuhäuser*, in: BeckOK, § 11a Rdn. 23 f.) oder bei einer Mitteilung nach § 80 IV VAG der Registereintrag unverzüglich (vgl. § 121 BGB) und vollständig zu löschen ist. Zum Begriff „löschen" vgl. § 3 IV Nr. 5 BDSG. Die Registerbehörde ist zur Löschung verpflichtet, ohne dass der Betroffene oder Dritte einen Anspruch darauf hätten (*Schulze-Werner*, in: Friauf, § 11 a Rdn. 17). Gem. § 6 IV VersVermV unterrichtet die Registerbehörde den Vermittler unverzüglich über die Datenlöschung (*Neuhäuser*, in: BeckOK, § 11 a Rdn. 27).

39 Über den Wortlaut hinaus wird man § 11 a III 2 auf alle Fälle anwenden können, in denen eine Erlaubnis erlischt, namentlich auf das Erlöschen durch Tod oder Verzicht (*Böhme*, in: Landmann/Rohmer I, § 11 a Rdn. 28; *Schulze-Werner*, in: Friauf, § 11 a Rdn. 17). Die bloße Nichtausübung der Erlaubnis führt, wie sich im Umkehrschluss aus § 49 II ergibt, nicht zum Erlöschen der Erlaubnis.

40 Der Hinweis in § 11 a III 2 auf § 80 IV VAG bezieht sich auf folgende Konstellation: Nach § 34 d IV bedarf ein Versicherungsvermittler keiner

Erlaubnis, wenn er seine Vermittlungstätigkeit ausschließlich im Auftrag eines Versicherungsunternehmens (oder mehrerer nicht in Konkurrenz stehender Unternehmen) ausübt, das für ihn die uneingeschränkte Haftung aus seiner Vermittlertätigkeit übernommen hat. Das Versicherungsunternehmen ist nach § 80 IV VAG verpflichtet, der Registerbehörde unverzüglich die Beendigung der Zusammenarbeit mit einem solchen Versicherungsvermittler mitzuteilen und dessen Löschung aus dem Register zu veranlassen (*Neuhäuser*, in: BeckOK, § 11a Rdn. 25). Die Registerbehörde unterrichtet das Versicherungsunternehmen anschließend über die Löschung (§ 6 IV VersVermV).

Die Löschung ist unter den Voraussetzungen des § 11 a VI 1 Nr. 4 ausländischen Behörden mitzuteilen (oben Rdn. 33). **41**

2. Eintrag der Löschung in ein Verzeichnis (Abs. 3 S. 3-5)

Mit der Löschung werden der Familienname, der Vorname, die Registrierungsnummer sowie der Tag der Löschung in ein täglich aktualisiertes Verzeichnis aufgenommen, zu dem nur Versicherungsunternehmen Zugang erhalten (§ 11 a III 3 und 4; sog. „Löschliste" – *Neuhäuser*, in: BeckOK, § 11a Rdn. 26). Diese Angaben werden einen Monat nach der Speicherung in diesem Verzeichnis gelöscht (§ 11 a III 5). Die Monatsfrist bemisst sich nach § 31 I VwVfG i. V. m. §§ 187 bis 193 BGB. Nicht in das Verzeichnis eingetragen werden die übrigen Angaben nach § 5 VersVermV, auch nicht der Grund der Löschung (z. B. Geschäftsaufgabe, Entzug der Erlaubnis). **42**

Hintergrund dieser Regelung ist die Prüfungspflicht der Versicherungsunternehmen gem. § 80 I, II VAG, wonach diese nur mit solchen gewerbsmäßig tätigen Vermittlern zusammenarbeiten dürfen, die entweder die nötige Erlaubnis haben (§ 34 d I), von dem Erlaubniserfordernis befreit sind (§ 34 d III) oder im Rahmen des § 34 d IV nicht der Erlaubnispflicht unterliegen (*Böhme*, in: Landmann/Rohmer I, § 11 a Rdn. 31). Es wäre mit einem unzumutbaren Aufwand verbunden, müssten die Versicherungsunternehmen kontinuierlich ihren gesamten Vermittlerbestand mit dem Gesamtbestand des Registers abgleichen. Ihnen wird daher der stark reduzierte Datensatz des Verzeichnisses zur Verfügung gestellt (BT-Drs. 16/1935, S. 16; *Neuhäuser*, in: BeckOK, § 11 a Rdn. 26). Eine Erweiterung dieses Datensatzes ist unzulässig (*Böhme*, in: Landmann/Rohmer I, § 11 a Rdn. 31). **43**

VI. Verordnungsermächtigung (Abs. 5)

§ 11 a V überlässt die Regelung von Einzelheiten der Registerführung dem Bundesministerium für Wirtschaft und Technologie. Hintergrund ist nicht nur die Entlastung des parlamentarischen Gesetzgebers, sondern auch der Erhalt der Möglichkeit, flexibel auf künftige europäische Absprachen zur grenzüberschreitenden Zusammenarbeit der Behörden zu reagieren (BT-Drs. 16/1935, S. 16). **44**

Der Bundesrat muss der Verordnung zustimmen. Um den Anforderungen des Art. 80 I GG gerecht zu werden, enthält die Verordnungsermächtigung einige präzisierende Vorgaben für den Verordnungsgeber (*Böhme*, in: Land- **45**

§ 11b Titel I. Allgemeine Bestimmungen

mann/Rohmer I, § 11 a Rdn. 15). Die Aufzählung in § 11 a V ist nicht abschließend („insbesondere"). Das Bundesministerium hat von der Verordnungsermächtigung Gebrauch gemacht durch die Verordnung über die Versicherungsvermittlung und -beratung (Versicherungsvermittlungsverordnung – VersVermV) vom 15. 5. 2007 (BGBl. I S. 733). Auf § 11 a beziehen sich §§ 5 – 7 VersVermV (näher dazu *Böhme*, in: Landmann/Rohmer I, § 11 a Rdn. 17 ff.).

VII. Berufsgeheimnis (Abs. 8)

46 Alle Personen, die im Rahmen des für Versicherungsvermittler und -berater geltenden Registrierungsverfahrens oder der Überprüfung der Einhaltung der Voraussetzungen für die Tätigkeit als Versicherungsvermittler oder -berater zur Entgegennahme oder Erteilung von Informationen verpflichtet sind, unterliegen dem Berufsgeheimnis, so § 11 a VIII 1 in Umsetzung von Art. 9 III RL 2002/92/EG. Das Berufsgeheimnis gilt deshalb nicht nur im engeren Zusammenhang mit dem Vermittlerregister i. S. d. § 11 a, sondern allgemein für die gewerberechtliche Beaufsichtigung der Versicherungsvermittler und -berater.

47 Zur Ausfüllung dieser Vorgabe wird § 84 VAG für entsprechend anwendbar erklärt (§ 11 a VIII 2). § 84 VAG enthält detaillierte Anforderungen zur Schweigepflicht von Versicherungsaufsichtsbehörden bei der Beaufsichtigung von Versicherungsunternehmen (hierzu näher *Bähr*, in: Fahr/Kaulbach/Bähr Versicherungsaufsichtsgesetz, 4. Aufl. 2007, § 84 Rdn. 1 ff.). Was für die Beaufsichtigung der Versicherungsunternehmen gilt, greift damit in ähnlicher Weise für die gewerberechtliche Aufsicht über die Versicherungsvermittler.

48 Sobald die Daten im öffentlich zugänglichen Register enthalten sind, liegt kein Geheimnis vor, sodass Abs. 8 lediglich für Daten greift, die noch nicht in das Register eingestellt sind (*Böhme*, in: Landmann/Rohmer I, § 11 a Rdn. 45; *Schulze-Werner*, in: Friauf, § 11 a Rdn. 31).

49 Verstöße gegen die Pflicht, das Berufsgeheimnis zu wahren, dürften regelmäßig nicht unter § 203 II StGB fallen (vgl. dort S. 3). In Betracht kommen arbeits- oder disziplinarrechtliche Sanktionen, ferner Schadensersatzansprüche nach § 7 BDSG oder nach allgemeinen zivilrechtlichen Vorschriften (näher hierzu *Schulze-Werner*, in: Friauf, § 11 Rdn. 41 ff.).

§ 11b Übermittlung personenbezogener Daten innerhalb der Europäischen Union und des Europäischen Wirtschaftsraumes bei reglementierten Berufen

(1) ¹Begibt sich ein im Inland tätiger Gewerbetreibender in einen anderen Mitgliedstaat der Europäischen Union oder in einen anderen Vertragsstaat des Abkommens über den Europäischen Wirtschaftsraum, um dort dauerhaft oder vorübergehend eine Tätigkeit auszuüben, deren Aufnahme oder Ausübung durch Rechts- und Verwaltungsvorschriften an den Besitz bestimmter beruflicher Qualifikationen gebunden ist, so übermittelt die zuständige inlän-

dische öffentliche Stelle auf Ersuchen alle personenbezogenen Daten an die zuständige Stelle des betreffenden Staates, die
1. die Rechtmäßigkeit der Niederlassung des Gewerbetreibenden betreffen;
2. zur Beurteilung der Zuverlässigkeit des Gewerbetreibenden erforderlich sind, insbesondere Daten nach § 11 Abs. 1 Satz 2;
3. im Fall eines Beschwerdeverfahrens eines Dienstleistungsempfängers gegen einen Gewerbetreibenden für ein ordnungsgemäßes Beschwerdeverfahren erforderlich sind.

²Die zuständige inländische öffentliche Stelle übermittelt Daten nach Satz 1 auch ohne Ersuchen, wenn tatsächliche Anhaltspunkte dafür vorliegen, dass deren Kenntnis zur Wahrnehmung der Aufgaben der zuständigen ausländischen Stelle erforderlich ist. ³Sie kann ihrerseits bei der zuständigen Stelle des betreffenden Staates Daten nach Satz 1 erheben, soweit die Kenntnis der Daten für die Wahrnehmung ihrer Aufgaben erforderlich ist, und die hierfür erforderlichen personenbezogenen Daten an die zuständige ausländische Stelle übermitteln.

(2) Absatz 1 gilt entsprechend
1. für Arbeitnehmer eines Gewerbebetriebs,
2. für den Fall, dass ein Gewerbetreibender oder ein Arbeitnehmer eines Gewerbebetriebs aus einem der genannten Staaten im Inland eine gewerbliche Tätigkeit aufnimmt oder ausübt, deren Aufnahme oder Ausübung einen Sachkunde- oder Befähigungsnachweis oder die Eintragung in die Handwerksrolle voraussetzt.

(3) Alle Daten sind mit dem Hinweis zu übermitteln, dass der Empfänger unverzüglich zu prüfen hat, ob die Daten für den angegebenen Zweck erforderlich sind, und er die Daten anderenfalls zu löschen hat.

(4) Die Absätze 1 bis 3 gelten auch für den Bereich der Viehzucht.

Literatur: *W. Frenz*, Selbstständigenfreiheit, Berufsqualifikationen und neue Richtlinien, GewArch 2007, 10 ff.; *W. Kluth/F. Rieger*, Die gemeinschaftsrechtlichen Grundlagen und berufsrechtlichen Wirkungen von Herkunftslandprinzip und Bestimmungslandprinzip, GewArch 2006, 1 ff.; *B. Lenders/P. Paplocki*, Aktuelles zum Verwaltungsverfahrensrecht – Teil II, NWVBl. 2010, 87 ff.; *U. Schönleiter*, Das neue Gesetz zur Umsetzung der Dienstleistungsrichtlinie in der GewO, GewArch 2009, 384 ff.; *M. Schulze-Werner*, Zu Umsetzung der EU-Richtlinie 2005/36/EG über die Anerkennung von Berufsqualifikationen in der Gewerbeordnung (§§ 11 b, 13 a GewO), GewArch 2009, 391 ff.

Übersicht

	Rdn.
I. Vorbemerkungen	1
II. Voraussetzungen für die Datenübermittlung (Abs. 1 S. 1 1. HS)	5
1. Im Inland tätiger Gewerbetreibender	5
2. Sich in einen anderen Mitgliedsstaat begeben	7
3. Dauerhafte oder vorübergehende Tätigkeit	9
4. Erfordernis einer beruflichen Qualifikation	10
III. Datenübermittlung auf Ersuchen (Abs. 1 S. 1 2. HS)	13

§ 11b   Titel I. Allgemeine Bestimmungen

1. Zuständige Stelle	13
2. Ersuchen	14
3. Personenbezogene Daten i. S. d. Nrn. 1 bis 3	15
a) Rechtmäßigkeit der Niederlassung (Abs. 1 S. 1 Nr. 1)	17
b) Beurteilung der Zuverlässigkeit (Abs. 1 S. 1 Nr. 2)	18
c) Ordnungsgemäßes Beschwerdeverfahren (Abs. 1 S. 1 Nr. 3)	20
4. Übermittlung aller Daten	21
IV. Datenübermittlung ohne Ersuchen (Abs. 1 S. 2)	23
1. Ohne Antrag	23
2. Tatsächliche Anhaltspunkte	24
V. Datenerhebung (Abs. 1 S. 3)	26
VI. Erweiterung des Anwendungsbereichs (Abs. 2)	30
VII. Hinweispflicht (Abs. 3)	33
VIII. Viehzucht (Abs. 4)	35

I. Vorbemerkungen

1 Der neue § 11 b wurde durch das **Gesetz zur Umsetzung der Richtlinie 2005/36/EG** des Europäischen Parlaments und des Rates über die Anerkennung von Berufsqualifikationen in der Gewerbeordnung vom 12. 12. 2008 (BGBl. I S. 2423) eingeführt. Das Gesetz zur Umsetzung der Dienstleistungsrichtlinie im Gewerberecht vom 17. 7. 2009 (BGBl. I S. 2091) ergänzte die Überschrift um den klarstellenden Passus „bei reglementierten Berufen" (dazu Rdn. 10). Hierdurch soll dem Rechtsanwender die Abgrenzung zwischen der Umsetzung der Berufsqualifikationsrichtlinie und der Umsetzung der Dienstleistungsrichtlinie erleichtert werden (*Schönleiter* GewArch 2009, 384 [387]; zur Abgrenzung der beiden Richtlinien siehe *Frenz* GewArch 2007, 10 ff.; *Kluth/Rieger* GewArch 2006, 1 ff.).

2 Die Richtlinie 2005/36/EG regelt die **gegenseitige Anerkennung von Berufsqualifikationen in** den EU/EWR-Staaten. Neben den materiellen Regelungen zur gegenseitigen Anerkennung der Berufsqualifikationen soll auch sichergestellt werden, dass die zuständigen Behörden von der beabsichtigten Tätigkeit eines Gewerbetreibenden im Inland Kenntnis erlangen und ggf. Qualitätsprüfungen nach § 13 a vornehmen können (vgl. BT-Drs. 16/10599, S. 4). § 11 b dient jedoch nicht nur zur Umsetzung unionsrechtlicher Vorgaben, sondern trägt gleichermaßen dem Grundrecht auf informationelle Selbstbestimmung i. S d. des Volkszählungsurteils Rechnung (*Schulze-Werner*, in: Friauf, § 11 b Rdn. 2; vgl. § 11 b Rdn. 2).

3 § 11 b enthält allgemeine, nicht berufsspezifische Regelungen für die **europäische Verwaltungszusammenarbeit** mit Blick auf alle von der Richtlinie 2005/36/EG erfassten Gewerbetätigkeiten, die hier in einer zentralen Vorschrift zusammengefasst werden (*Pielow*, in: BeckOK, § 11 b Rdn. 2; *Schönleiter*, in: Landmann/Rohmer I, § 11 b Rdn. 4). Demgegenüber finden sich die Anerkennungsvoraussetzungen und das Anerkennungsverfahren für die Zulassung zu den einzelnen Berufen in den jeweiligen Spezialgesetzen für den betroffenen Beruf, die insoweit die RL 2005/36/EG umsetzen (z. B. § 11 a ApothekerO).

Diese Spezialgesetze verdrängen § 11 b (BT-Drs. 16/9996, S. 8), der als 4
lex generalis anwendbar bleibt, soweit das Spezialgesetz keine entsprechende
Regelung bereithält (*Schönleiter*, in: Landmann/Rohmer I, § 11 b Rdn. 2).
§ 11 b wird ferner verdrängt durch § 11 a VI Nrn. 1 und 2 (*Schulze-Werner*,
in: Friauf, § 11 b Rdn. 5; *ders.* GewArch 2009, 391 [392]). Im Verhältnis zum
BDSG ist wiederum § 11 b die speziellere Norm und versperrt den Rückgriff
auf die allgemeinen Bestimmungen des BDSG; die dortigen Begriffsverständnisse können jedoch im Rahmen des § 11 b herangezogen werden (*Schulze-Werner*, in: Friauf, § 11 b Rdn. 6; § 11 b Rdn. 15). Schließlich ist § 11 b lex
specialis zu § 11 (*Schulze-Werner*, in: Friauf, § 11 b Rdn. 7; *ders.* GewArch
2009, 391 [392]).

II. Voraussetzungen für die Datenübermittlung (Abs. 1 S. 1 1. HS)

1. Im Inland tätiger Gewerbetreibender

Die Datenübermittlung i. S. d. § 11 b I 1 verlangt zunächst, dass ein Gewer- 5
betreibender im Inland tätig ist. Es gilt der allgemeine Gewerbebegriff (§ 1
Rdn. 1 ff.), sodass abhängig Beschäftigte von Abs. 1 nicht unmittelbar betroffen sind (siehe aber Abs. 2, unten Rdn. 30). Neben dem stehenden Gewerbe
ist auch das Reisegewerbe erfasst. Ob die Tätigkeit im Recht des anderen
Staates als Gewerbe eingestuft wird, ist unerheblich (BT-Drs. 16/9996, S. 9).

Die Pflicht zur Datenübermittlung besteht **unabhängig von der Staats-** 6
angehörigkeit des Gewerbetreibenden. Gegen eine Ausdehnung auf Ausländer ohne Unionsbürgerschaft spricht zwar, dass der Anwendungsbereich
des § 11 b grundsätzlich auf den Anwendungsbereich der Richtlinie 2005/
36/EG begrenzt sein soll (BT-Drs. 16/9996, S. 8), welche wiederum nur für
Unionsbürger gilt. Allerdings spricht der Sinn und Zweck des § 11 b, nämlich
die Unterrichtung der ausländischen Behörde über für sie relevante Tatsachen, für eine Ausweitung auf alle Staatsangehörigkeiten, wenn der Gewerbetreibende in Deutschland seine Berufsqualifikation erworben hat. Diese
Sichtweise findet eine systematische Bekräftigung in einem Vergleich von
§ 11 b mit § 13 a: Bei § 11 b hat der Gesetzgeber – im Gegensatz zu dem
gleichzeitig eingeführten § 13 a GewO – im Wortlaut auf das einschränkende
Merkmal „als Staatsangehöriger eines Mitgliedstaates" verzichtet.

2. Sich in einen anderen Mitgliedsstaat begeben

Andere Mitgliedstaaten sind die der **Europäischen Union** und des **EWR**. 7
Daher dient § 11 b als Ermächtigungsgrundlage zur Übermittlung der Daten
nach Belgien, Bulgarien, Dänemark, Estland, Finnland, Frankreich, Griechenland, Großbritannien, Irland, Island, Italien, Lettland, Liechtenstein,
Litauen, Luxemburg, Malta, Niederlande, Norwegen, Österreich, Polen,
Portugal, Rumänien, Schweden, Slowakei, Slowenien, Spanien, Tschechien,
Ungarn und Zypern. In der **Schweiz** hat der Bundesrat bereits im Juni
2008 die Übernahme der Richtlinie 2005/36/EG in den Anhang III des
Freizügigkeitsabkommens Schweiz-EU gebilligt Die Vorarbeiten zur konkre-

§ 11b

ten Umsetzung der Richtlinie waren im Januar 2011 jedoch noch nicht abgeschlossen.

8   Der Gewerbetreibende muss sich nicht körperlich in einen anderen Mitgliedsstaat begeben. Die grenzüberschreitende Erbringung von Dienstleistungen, etwa per **Internet** oder Telefon, ist ausreichend, da von der Dienstleistungsfreiheit die so genannten **Korrespondenzdienstleistungen** geschützt sind und der § 11 b die Ausübung der Dienstleistungsfreiheit flankieren soll.

3. Dauerhafte oder vorübergehende Tätigkeit

9   Durch die Art. 8 und 56 der Richtlinie 2005/36/EG werden sowohl die **Niederlassungsfreiheit** als auch die **Dienstleistungsfreiheit** berührt. Daher sind von Abs. 1 gleichermaßen Fälle der dauerhaften wie der vorübergehenden Aufnahme einer Tätigkeit im EU/EWR-Ausland betroffen (BT-Drs. 16/9996, S. 9).

4. Erfordernis einer beruflichen Qualifikation

10   Erfasst werden nur solche Tätigkeiten, deren Aufnahme oder Ausübung reglementiert ist. Unter einem **reglementierten Beruf** ist eine Tätigkeit zu verstehen, bei der die Aufnahme oder die Ausübung direkt oder indirekt durch Rechts- und Verwaltungsvorschriften an den Besitz bestimmter Berufsqualifikationen gebunden ist. **Berufsqualifikationen** sind Qualifikationen, die durch Ausbildungsnachweis, Befähigungsnachweis und/oder Berufserfahrung nachgewiesen werden (vgl. Art. 3 I lit. a und b der RL 2005/36/EG). Die Gesetzesbegründung führt dazu aus (BT-Drs. 16/9996, S. 9), dass „Terminologie und Ausgestaltung der Berufsqualifikationsanforderungen [...] in den Mitgliedsstaaten variieren. Absatz 1 Satz 1 bezieht sich auf die Aufnahme oder Ausübung einer Tätigkeit im EU-Ausland, verzichtet daher auf die Verwendung deutscher Begriffe und übernimmt stattdessen weitgehend die Definition eines reglementierten Berufes aus Artikel 3 Ia der Richtlinie."

11   § 11 b I 1 stellt mit Blick auf das Erfordernis einer beruflichen Qualifikation nicht auf die Rechtslage in Deutschland, sondern in demjenigen Staat ab, in den sich der Gewerbetreibende begeben will (BT-Drs. 16/9996, S. 9). Dieser Bezugspunkt verlangt bei den deutschen Behörden beträchtliche Kenntnisse des ausländischen Rechts – immerhin handelt es sich gegenwärtig um 29 Staaten. Ohnehin ist fraglich, ob § 11 b tatsächlich seine beabsichtigte Wirkung entfalten kann, wenn die Tätigkeit in Deutschland nicht reglementiert ist, weil die zuständige Behörde in diesen Fällen nicht über entsprechende Daten verfügen wird (*Pielow*, in: BeckOK, § 11 b Rdn. 5).

12   Allein das Erfordernis einer Gewerbeerlaubnis führt nicht dazu, von einem reglementierten Beruf auszugehen. Nach deutschem Verständnis – das für die Anwendung von § 11 b nicht maßgeblich ist (Rdn. 11), wäre etwa die Tätigkeit als Grundstücksmakler kein regulierter Beruf, wohl aber die Tätigkeit als Handwerker (*Kluth/Rieger* GewArch 2006, 1 [4]). Zu **Beispielen reglementierter Berufe** siehe § 13 a Rdn. 7.

III. Datenübermittlung auf Ersuchen (Abs. 1 S. 1 2. HS)

1. Zuständige Stelle

Welche öffentliche Stelle zuständig ist, wird gemäß § 155 II GewO durch 13
die Länder festgelegt; in Betracht kommen etwa die Stellen, welche die
berufliche Qualifikation anerkennen, oder diejenigen Behörden, welche für
die Überwachung der gewerblichen Tätigkeit zuständig sind (BT-Drs. 16/
9996, S. 9). Auch der nähere Ablauf des Verfahrens wird von den Ländern
im Rahmen ihrer Vollzugskompetenz ausgestaltet (*Schönleiter*, in: Landmann/
Rohmer I, § 11 b Rdn. 2). Der Bund hat das Verfahren für die in seiner
Zuständigkeit liegenden Ersuchen in den § 8 a ff. VwVfG geregelt.

2. Ersuchen

Grundsätzlich erfolgt eine Übermittlung an die zuständige ausländische 14
Stelle nach § 11 b I nur auf deren **Antrag** (zur sogenannten Spontanübermittlung siehe Rdn. 23 ff.). § 11 b I 1 knüpft an den Antrag keine Formerfordernisse. Die Anfrage muss sich aber auf eine konkrete Person beziehen. Anfragen z. B. zu ganzen Berufsgruppen wären aus datenschutzrechtlichen
Gründen unzulässig (*Schönleiter*, in: Landmann/Rohmer I, § 11 b Rdn. 7).
Es handelt sich um einen Anwendungsfall grenzüberschreitender Amtshilfe
unmittelbar zwischen Behörden, d. h. ohne Zwischenschaltung des diplomatischen Weges (*Schulze-Werner*, in: Friauf, § 11 b Rdn. 22).

3. Personenbezogene Daten i. S. d. Nrn. 1 bis 3

§ 11 b I 1 berechtigt und verpflichtet zur Übermittlung personenbezogener 15
Daten, welche den Zweckbindungen der Nrn. 1 bis 3 entsprechen. Zur
Ausfüllung des Merkmals der **personenbezogenen Daten** kann das datenschutzrechtliche Begriffsverständnis des § 3 I BDSG herangezogen werden
(*Schulze-Werner*, in: Friauf, § 11 b Rdn. 16). Danach sind unter personenbezogenen Daten in Anlehnung an § 3 I BDSG "Einzelangaben über persönliche oder sachliche Verhältnisse einer bestimmten oder bestimmbaren Person"
zu verstehen. Primär kommen daher Daten des Gewerbetreibenden selbst in
Betracht, soweit dies für die Beurteilung der Zuverlässigkeit etc. von Relevanz
ist (vgl. § 11 Rdn. 6). In Betracht kommen z. B. Daten zur Identifizierung
(Name, Vorname, Geburtsdatum usw.), zum beruflichen Werdegang (Berufliche Tätigkeit in den letzten drei Jahren, Rechtsform des Gewerbebetriebs,
Anzahl der Beschäftigten usw.) oder zum Leumund (anhängige Verfahren,
Erkenntnisse der Heimatgemeinde, der IHK, Handwerkskammer oder anderer Behörden usw.); siehe zum Ganzen *Schönleiter*, in: Landmann/Rohmer I,
§ 11 Rdn. 6; *Gola/Schomerus* BDSG, 10. Aufl. 2010, § 3 Rdn. 2 ff.

Die **Zweckbindungen** der Nrn. 1 bis 3 müssen nicht kumulativ vorlie- 16
gen; es genügt, dass eine der genannten Nummern greift (vgl. *Schulze-Werner*,
in: Friauf, § 11 b Rdn. 17). Datenübermittlungen zu anderen als den aufgeführten Zwecken sind rechtswidrig, wenn sie nicht auf eine andere Rechtsgrundlage gestützt werden können.

§ 11b

17 **a) Rechtmäßigkeit der Niederlassung (Abs. 1 S. 1 Nr. 1).** Das Merkmal „Niederlassung" betrifft die Tätigkeit des Gewerbetreibenden im Inland. Bezogen auf die Tätigkeit im EU-/EWR-Ausland greift Nr. 1 gleichermaßen bei dauerhafter wie vorübergehender Tätigkeit (BT-Drs. 16/9996, S. 9). Die Formulierung „Rechtmäßigkeit der Niederlassung" entspricht dem Wortlaut von Art. 8 I RL 2005/36/EG. Die Rechtmäßigkeit der Niederlassung kann bei einem erlaubnispflichtigen Gewerbe insb. folgende Umstände betreffen: Erteilung oder Aufhebung der Erlaubnis, die Verhinderung der Fortsetzung des Betriebs gem. § 15 II bzw. Daten über eine Pflichtberufshaftpflichtversicherung oder das Vorliegen der Konkursfreiheit (*Schönleiter*, in: Landmann/Rohmer I, § 11 b Rdn. 10). Bei einem erlaubnisfreien Gewerbe gilt dies z. B. für eine Gewerbeuntersagung nach § 35 I.

18 **b) Beurteilung der Zuverlässigkeit (Abs. 1 S. 1 Nr. 2).** b. . Hintergrund der Nr. 2 sind Art. 8 und 56 RL 2005/36/EG, die auf die „gute Führung des Dienstleisters" abstellen (Art. 8). Die Richtlinie spricht von Informationen über „berufsbezogene disziplinarische oder strafrechtliche Sanktionen" (Art. 8) oder „schwerwiegende, genau bestimmbare Sachverhalte" (Art. 56). Die Formulierung des § 11 b I S. 1 Nr. 2 setzt diese Anforderungen der Richtlinie in die herkömmliche gewerberechtliche Terminologie um (BT-Drs. 16/9996, S. 9) und spricht von der Zuverlässigkeit des Gewerbetreibenden. Insoweit gilt das traditionelle Verständnis von (Un-)Zuverlässigkeit, sodass die insoweit relevanten Umstände (§ 35 Rdn. 28 ff.) Daten i. S. d. Nr. 2 sind. Der Verweis auf Daten nach § 11 I S. 2 ist nicht abschließend („insbesondere"), da in Spezialgesetzen auch noch weitere Zuverlässigkeitsvoraussetzungen bestimmt sein (BT-Drs. 16/9996, S. 9) und auch andere Aspekte bei der Beurteilung der Zuverlässigkeit relevant werden können (*Schönleiter*, in: Landmann/Rohmer I, § 11 Rdn. 11 und § 11 b Rdn. 6).

19 Nr. 2 knüpft die Zweckbindung der Datenübermittlung an das Merkmal „**erforderlich**". Die Prüfung der Erforderlichkeit (= Verhältnismäßigkeit) ist auf Tatbestandsseite angesiedelt. Da es sich um einen unbestimmte Rechtsbegriff handelt, unterliegt er der vollständigen gerichtlichen Überprüfung, d. h., der Behörde wird **kein Beurteilungsspielraum** eingeräumt (a. A. *Schulze-Werner*, in: Friauf, § 11 b Rdn. 14). Dies entspricht sowohl der datenschutzrechtlichen Sichtweise (*Gola/Schomerus* BDSG, 10. Aufl. 2010, § 13 Rdn. 3) als auch dem gewerberechtlichen Verständnis (vgl. § 35 Rdn. 121, 153).

20 **c) Ordnungsgemäßes Beschwerdeverfahren (Abs. 1 S. 1 Nr. 3).** Durch Nr. 3 wird Art. 8 Abs. 2 RL 2005/36/EG umgesetzt. Das Beschwerdeverfahren eines Dienstleistungsempfängers (zum Begriff vgl. § 6 c Rdn. 4) gegen einen Gewerbetreibenden muss im EU-/EWR-Ausland vor einer dortigen Verwaltungsbehörde stattfinden. Nicht erfasst sind gerichtliche Verfahren (*Schulze-Werner*, in: Friauf, § 11 b Rdn. 21). Hintergrund der Regelung sind insb. die sich in Europa im Vormarsch befindlichen und vor allem im skandinavischen Raum weitverbreiteten Verfahren vor Ombudsmännern bzw. Beschwerdestellen (*Schönleiter*, in: Landmann/Rohmer I, § 11 b Rdn. 12). Welche Daten hierzu erforderlich (dazu Rdn. 19) sind, wird nicht genauer umrissen. Hauptsächlich wird es sich hierbei um Daten wie Anschrift oder Registernummer handeln (so *Pielow*, in: BeckOK, § 11 b Rdn. 8).

4. Übermittlung aller Daten

Wenn die Voraussetzungen der Nrn. 1 bis 3 erfüllt sind, übermittelt die zuständige inländische Stelle „**alle** personenbezogenen **Daten**"; ihr steht kein Ermessen zu, weder hinsichtlich des „ob" der Übermittlung noch hinsichtlich der Auswahl der Daten. Über die bei der Behörde vorhandenen Daten hinaus besteht jedoch keine Pflicht zur Erhebung weiterer Daten. 21

In der Praxis soll die Auskunftserteilung vorrangig (vgl. § 8 b Abs. 4 VwVfG) über das **Binnenmarktinformationssystem** IMI (Internal Market Information System) erfolgen oder zumindest durch dieses System erleichtert werden (BT-Drs. 16/9996, S. 8; zum IMI-System siehe z. B. *Lenders/Paplocki* NWVBl. 2010, 87 [93 f.]). In dessen Pilotphase sind zwischen Februar 2008 und August 2008 von deutschen Behörden 25 Anfragen gestellt und sieben Anfragen angetragen worden (22. Tätigkeitsbericht des Bundesbeauftragten für Datenschutz, BT-Drs. 16/12600, S. 39). 22

IV. Datenübermittlung ohne Ersuchen (Abs. 1 S. 2)

1. Ohne Antrag

§ 11 I 2 betrifft die sog. **Spontanübermittlung**, also eine Übermittlung ohne Antrag der ausländischen Behörde. Sie ist nur unter bestimmten Voraussetzungen möglich. Wenn die Voraussetzungen vorliegen, dann muss die deutsche Behörde die Daten auch übermitteln; es handelt sich also um eine gebundene Entscheidung. Die Pflicht erstreckt sich auf vorhandene Daten. Es besteht auch bei der Spontanübermittlung keine Pflicht zur aktiven Ermittlung von Daten zum Zweck der Information ausländischer Stellen (BT-Drs. 16/9996, S. 9). 23

2. Tatsächliche Anhaltspunkte

Der deutschen Behörde müssen tatsächliche Anhaltspunkte dafür vorliegen, dass die Kenntnis der Daten für die ausländische Behörde für die Erfüllung ihrer Aufgaben erforderlich ist. Das einschränkende Erfordernis tatsächlicher Anhaltspunkte findet sich nicht in Art. 56 II RL 2005/36/EG. Der Gesetzgeber hält es dennoch aus Gründen des Datenschutzes, der Verhältnismäßigkeit und der Bestimmtheit für notwendig und geht deshalb davon aus, dass es mit der Richtlinie vereinbar ist (BT-Drs. 16/9996, S. 9). Da dieses Merkmal letztlich nur eine Selbstverständlichkeit beschreibt, ist seine Unionsrechtskonformität in der Tat zu bejahen. 24

Das Merkmal „**tatsächliche Anhaltspunkte**" verlangt zunächst die Kenntnis der deutschen Behörde, dass ein Gewerbetreibender im Ausland tätig wird. Mangels Anzeigepflicht bei Abwanderung eines Gewerbetreibenden wird eine solche Kenntnis regelmäßig nicht gegeben sein, sodass der Hauptanwendungsbereich des § 11 b bei Anträgen der ausländischen Behörde liegen wird (*Schönleiter*, in: Landmann/Rohmer I, § 11 b Rdn. 7). Teilweise wird vertreten, diese Kenntnis würde für eine Spontanübermittlung bereits ausreichen (*Ambs*, in: Erbs/Kohlhaas, § 11 b Rdn. 4). Jedoch muss der 25

§ 11b Titel I. Allgemeine Bestimmungen

Behörde für eine rechtmäßige Datenübermittlung zusätzlich auch noch ein Sachverhalt bekannt werden, dessen Kenntnis zur Wahrnehmung der Aufgaben der ausländischen Behörde erforderlich (oben Rdn. 19) ist. Ansonsten würde der Anwendungsbereich der "Spontanübermittlung" überdehnt. Von einem solchen Sachverhalt wird man insb. dann ausgehen können, wenn dieser Sachverhalt in Deutschland zu einem Entzug der Erlaubnis führen könnte (BT-Drs. 16/9996, S. 9) oder die Behörde im Inland sogar schon gegen den Gewerbetreibenden vorgegangen ist (*Schönleiter*, in: Landmann/Rohmer I, § 11 b Rdn. 7).

V. Datenerhebung (Abs. 1 S. 3)

26   Der Europäische Gesetzgeber geht nach Art. 56 II, Art. 8 II RL 2005/36/EG von der Gegenseitigkeit der Datenübermittlung aus, d. h. deutsche Behörden sollen zur Wahrnehmung ihrer Aufgaben auch auf Daten aus dem EU-/EWR-Ausland zugreifen können. Aufgrund des Grundsatzes des Gesetzesvorbehalts benötigt die zuständige deutsche Behörde eine Ermächtigungsgrundlage, um Daten von ausländischen Behörden zu erheben. Diesem Zweck dient § 11 b I S. 3. Kenntnis von der Ausübung des Gewerbes sollte die Behörde durch die Anzeigepflicht nach § 13 a bekommen (*Schönleiter*, in: Landmann/Rohmer I, § 11 b Rdn. 14).

27   Zur Ausfüllung des Begriffs „Erheben" von Daten kann auf das Verständnis in § 3 III BDSG zurückgegriffen werden (*Schulze-Werner*, in: Friauf, § 11 b Rdn. 26; *Gola/Schomerus* BDSG, 10. Aufl. 2010, § 3 Rdn. 23). Die Erhebung – Beschaffung von Daten über den Betroffenen – erfolgt durch eine Übermittlung seitens der ausländischen Stelle. **Voraussetzung** ist, dass die Kenntnis der Daten für die Wahrnehmung der Aufgaben der deutschen Behörde erforderlich ist. Die Prüfung der Erforderlichkeit eröffnet keinen Beurteilungsspielraum (Rdn. 19). Rechte und Pflichten der Mitgliedsstaaten aus der Richtlinie sind gleichlaufend. Deshalb muss die Abfrage sich auf konkrete Fälle beziehen, sodass eine „Rasterfahndung" (vgl. Rdn. 14) ausscheidet (*Schönleiter*, in: Landmann/Rohmer I, § 11 b Rdn. 14).

28   Wenn die Voraussetzungen erfüllt sind, steht das Ersuchen an die ausländische Behörde im pflichtgemäßen Ermessen der deutschen Behörde (vgl. den Wortlaut: „kann"). Soweit das Ersuchen der deutschen Behörde oder die begehrte Übermittlung durch die ausländische Behörde erfordert, dass die deutsche Behörde personenbezogene Daten (Rdn. 15) an die ausländische Behörde übermittelt, findet dies eine gesetzliche Grundlage in § 11 b I 3, 2. Hs.

29   Die Anzahl der Dienstleister, die ihre Berufsqualifikation im EU-Ausland erworben haben und sich in Zukunft in Deutschland betätigen wollen, war im Zeitpunkt des Gesetzgebungsverfahrens noch nicht bezifferbar (BT-Drs. 16/9996, S. 8), sodass der tatsächlich eingetretene Mehraufwand für die Behörden nicht eingeschätzt werden kann. Auch hier sollen die Behörden durch das IMI (vgl. Rdn. 22) unterstützt werden. Nähere Vorgaben zum Verfahren für das Ersuchen macht der gleichzeitig mit § 11 b in Kraft getretene § 8 b VwVfG.

VI. Erweiterung des Anwendungsbereichs (Abs. 2)

§ 11 II Nr. 1 erweitert den Anwendungsbereich von Abs. 1 auf **Arbeit-** 30
nehmer eines Gewerbebetriebs. Hintergrund ist Art. 2 I RL 2005/36/
EG, die neben Selbstständigen auch abhängig Beschäftigte erfasst. Der
Gewerbebegriff der GewO (§ 1 Rdn. 2 ff.) wird hierdurch – im Unterschied
zu § 55 I Nr. 1 a. F. (dazu die Voraufl., § 55 Rdn. 2) – nicht modifiziert;
die Arbeitnehmer werden nicht (auch nicht partiell) zu Gewerbetreibenden
(*Schulze-Werner*, in: Friauf, § 11 b Rdn. 28). Vielmehr gilt § 11 b auch für
Nicht-Gewerbetreibende. Diese Erweiterung war insb. deshalb notwendig,
weil in einigen Mitgliedsstaaten Qualifizierungsnachweise nicht nur von dem
Gewerbetreibenden selbst, sondern auch von seinen Arbeitnehmern verlangt
werden (*Schönleiter*, in: Landmann/Rohmer I, § 11 b Rdn. 12).

Abs. 2 verlangt das Vorliegen eines Gewerbebetriebes; insoweit muss also 31
ein Gewerbetreibender als "Prinzipal" gegeben sein. Dessen Arbeitnehmer,
d. h. alle abhängig Beschäftigten, unterfallen über Abs. 2 dem Anwendungsbereich
von § 11 b. Die rechtmäßige abhängige Beschäftigung wird also der
rechtmäßigen Niederlassung (vgl. § 11 b I 1 Nr. 1) gleichgestellt. Rechtsfolgen
hat dies für den Betroffenen insb. dann, wenn er im Ausland Zugang für
eine nur vorübergehende Tätigkeit und ohne Überprüfung seiner Berufsqualifikation
erlangen möchte (so BT-Drs. 11/9996, S. 10 unter Hinweis auf
Art. 5 I RL 2005/36/EG).

§ 11 b zielt in erster Linie auf Daten über inländische Gewerbetreibende, 32
die im Ausland tätig sind oder sein wollen. **§ 11 II Nr. 2** trägt dem Umstand
Rechnung, dass die ausländische Stelle auch Interesse an Informationen haben
kann, „wenn ein Gewerbetreibender oder ein Arbeitnehmer eines Gewerbebetriebs
nach Deutschland kommt und hier eine reglementierte gewerbliche
Tätigkeit aufnimmt" (BT-Drs. 16/9996, S. 10). Auch in diesen Fällen ist
eine Datenübermittlung möglich und betrifft dann **ausländische Gewerbetreibende,
die im Inland tätig sind.**

VII. Hinweispflicht (Abs. 3)

Durch die Übermittlung ins Ausland verlieren die hiervon betroffenen 33
Gewerbetreibenden den Schutz des deutschen Datenschutzrechts. Ob die
ausländischen Behörden den unionsrechtlich vorgegebenen Mindeststandard
an Datenschutz beachten oder nicht, entzieht sich dem Einfluss des deutschen
Gesetzgebers und der deutschen Behörden. Um die drohende Schutzlücke
zu verkleinern, verpflichtet der Gesetzgeber die deutsche Stelle, welche Daten
ins Ausland übermittelt, die empfangende ausländische Behörde darauf hinzuweisen,
dass der Empfänger unverzüglich zu prüfen hat, ob die Daten für
den angegebenen Zweck erforderlich sind, und er die Daten anderenfalls zu
löschen hat. Die Pflicht des Empfängers zur Prüfung und Löschung wurzelt
selbstverständlich nicht im deutschen Recht, sondern im jeweiligen Recht
des EU-/EWR-Staates, der unionsrechtliche Vorgaben zu beachten hat (vgl.
den Verweis in Art. 56 II RL 2005/36/EG auf RL 95/46/EG und RL

§ 12 Titel I. Allgemeine Bestimmungen

2002/58/EG). Im Ergebnis kommt dem Hinweis gem. Abs. 3 lediglich eine **Appellfunktion** zu (*Pielow,* in: BeckOK, § 11 b Rdn. 15).

34 Der Hinweis ist mit der eigentlichen Datenübermittlung zu verbinden, erfolgt also zeitgleich. Er muss bei jeder neuen Datenübermittlung erneut erteilt werden. Fehlt er oder wird er erst später erteilt, ist die Datenübermittlung nach deutschem Recht rechtswidrig (*Schulze-Werner,* in: Friauf, § 11 b Rdn. 30).

VIII. Viehzucht (Abs. 4)

35 Das Tierzuchtgesetz kennt mittlerweile eine Umsetzung der europäischen Anforderungen an die Anerkennung von Berufsqualifikationen im Bereich der Viehzucht (siehe § 14 II, § 16 I TierZG), aber keine Regelungen zur Datenübermittlung. Da die Gewerbeordnung nach § 6 I 2 grundsätzlich nicht auf die Viehzucht anzuwenden ist (§ 6 Rdn. 44), war eine ausdrückliche Ausdehnung auf diesen Bereich notwendig.

§ 12 Insolvenzverfahren

Vorschriften, welche die Untersagung eines Gewerbes oder die Rücknahme oder den Widerruf einer Zulassung wegen Unzuverlässigkeit des Gewerbetreibenden, die auf ungeordnete Vermögensverhältnisse zurückzuführen ist, ermöglichen, finden während eines Insolvenzverfahrens, während der Zeit, in der Sicherungsmaßnahmen nach § 21 der Insolvenzordnung angeordnet sind, und während der Überwachung der Erfüllung eines Insolvenzplans (§ 260 der Insolvenzordnung) keine Anwendung in bezug auf das Gewerbe, das zur Zeit des Antrags auf Eröffnung des Insolvenzverfahrens ausgeübt wurde.

Literatur: *P. Antoni,* Gewerbeuntersagung und Insolvenzverfahren – Offene Fragen zu § 12 GewO, NZI 2003, 246 ff.; *D. Hahn,* Einige Rechtsprobleme des § 12 GewO, GewArch 2000, 361 ff.; *M. Krumm,* Die Auslegung des § 12 GewO zwischen Sonderinteresse und gemeinwohlorientierter Gefahrenabwehr, GewArch 2010, 465 ff.; *H. Schmidt,* Die Sperrwirkung des § 12 GewO im Insolvenzverfahren von Personengesellschaften ohne eigene Rechtspersönlichkeit – am Beispiel der GmbH & Co. KG –, GewArch 2003, 326 ff.

Übersicht

	Rdn.
I. Vorbemerkung	1
1. Vorrang des Insolvenzverfahrens	2
2. Anwendungsbereich	3
II. Voraussetzungen des Vorrangs der InsO	5
1. Insolvenzverfahren etc.	5
a) Während eines Insolvenzverfahrens	6
b) Während der Zeit, in der Sicherungsmaßnahmen nach § 21 InsO angeordnet sind	7
c) Während der Überwachung der Erfüllung eines Insolvenzplans	8
2. Im Zeitpunkt des Insolvenzantrages ausgeübtes Gewerbe	9
III. Rechtsfolgen des Vorrangs der InsO	11

I. Vorbemerkung

§ 12 wurde eingefügt durch Gesetz v. 5. 10. 1994 (BGBl. I S. 2911), aber **1** erst mit Wirkung zum 1. 1. 1999. Diese Änderung der GewO diente der Anpassung an die neue **Insolvenzordnung**, welche die Konkursordnung und die Vergleichsordnung abgelöst hat. § 12 weist zugleich darauf hin, dass die Eröffnung des Insolvenzverfahrens die Gewerbetreibendeneigenschaft unberührt lässt, selbst wenn die Eröffnung gem. § 60 I Nr. 4 GmbHG zur Auflösung einer GmbH führt (*BVerwG* GewArch 2006, 387 [388]).

1. Vorrang des Insolvenzverfahrens

Verschiedene Vorschriften ermöglichen der Gewerbeüberwachungsbe- **2** hörde, bei auf ungeordneten Vermögensverhältnissen beruhender Unzuverlässigkeit des Gewerbetreibenden die Ausübung des Gewerbes zu untersagen oder die erforderliche Genehmigung zurückzunehmen resp. zu widerrufen, um dann die Fortsetzung des Gewerbes zu verhindern (z. B. § 35 I, 59, 70 a GewO; §§ 48 f. VwVfG i. V. m. § 15 II GewO). Diese Vorschriften können mit den Zielen eines Insolvenzverfahrens in Konflikt geraten: Einem Beschluss der Gläubigerversammlung gem. § 157 InsO, dass das Unternehmen vorläufig fortgeführt werden solle, könnte etwa durch eine Verfügung nach § 15 II oder § 35 I die Grundlage entzogen werden; Ähnliches gilt für Aufstellung und Durchführung eines Insolvenzplans (§§ 217 ff. InsO). Vor diesem Hintergrund ordnet § 12 an, dass im Anwendungsbereich der InsO die oben genannten Vorschriften der GewO nicht anwendbar sind (vgl. amtl. Begr., BT-Drs. 12/3803, S. 103). Gerechtfertigt wird dies im Übrigen dadurch, dass der Gewerbetreibende im Anwendungsbereich des § 12 der Kontrolle durch das Insolvenzgericht unterliegt.

2. Anwendungsbereich

§ 12 betrifft die Untersagung eines Gewerbes (z. B. §§ 35, 59) sowie die **3** Aufhebung einer Gewerbeerlaubnis (insb. gem. §§ 48 f. VwVfG), soweit die Maßnahme an die Unzuverlässigkeit des Gewerbetreibenden infolge ungeordneter Vermögensverhältnisse oder unmittelbar an ungeordnete Vermögensverhältnisse (Rdn. 12) anknüpft. Der Anwendungsbereich des § 12 ist nicht auf die GewO beschränkt. Der Vorrang der InsO gilt auch für gewerberechtliche Nebengesetze des Bundes (z. B. § 15 I GastG) und der Länder (*Heß*, in: Friauf, § 12 Rdn. 5), soweit diese Vorschriften eine Betriebsstilllegung wegen finanzieller Unzuverlässigkeit ermöglichen (vgl. amtl. Begr., BT-Drs. 12/3803, S. 103). § 12 ist nicht anwendbar auf Freie Berufe, sofern nicht die für den Freien Beruf einschlägigen Gesetze auf § 12 verweisen (*BVerwG* Beschluss vom 17. 3. 2008 – 6 B 7.08, juris Rdn. 7 f. [= Buchholz 451.20 § 12 GewO Nr. 1]; *Hahn* GewArch 2008, 265 [266]). Eine analoge Heranziehung von § 12 auf andere Sanierungsverfahren außerhalb eines Insolvenzverfahrens ist nicht möglich (in diese Richtung aber *Antoni* NZI 2003, 246 [247 ff.]; wie hier *Hoffmann*, in: BeckOK, § 12 Rdn. 3).

§ 12

4   Auf die Versagung einer erstmals beantragen Erlaubnis findet § 12 nach seinem klaren Wortlaut keine Anwendung. Eine **Analogie für die Ersterteilung** ist immerhin dann zu erwägen, wenn ein Gewerbe zunächst erlaubnisfrei ausgeübt werden konnte und infolge einer Gesetzesänderung für den Gewerbetreibenden erlaubnispflichtig geworden ist (bejahend für § 34 d *Ramos*, in: BeckOK, § 34 d Rdn. 64; *Schönleiter*, in: Landmann/Rohmer I, § 34 d Rdn. 75; *Adjemian u.a.* GewArch 2009, 137 [141]; *Moraht* GewArch 2010, 186 [189]; offen lassend *VG Münster* Beschluss vom 5. 6. 2009 – 9 L 242/09, juris Rdn. 14; siehe § 34 d Rdn. 70).

II. Voraussetzungen des Vorrangs der InsO

1. Insolvenzverfahren etc.

5   Die oben genannten gewerberechtlichen Vorschriften werden nur (vgl. *BayVGH* GewArch 2007, 163: keine darüber hinausgehende Ausdehnung des Anwendungsbereichs von § 12) für drei näher bezeichnete Verfahrenssituationen für nicht anwendbar erklärt:

6   **a) Während eines Insolvenzverfahrens.** Ein Insolvenzverfahren beginnt mit dem Eröffnungsbeschluss des Insolvenzgerichts gem. § 27 I InsO und endet mit Aufhebung (§ 200 InsO) oder Einstellung durch das Insolvenzgericht (§§ 207 ff. InsO). Zum Anwendungsbereich des § 12 im Falle der Freigabe des Geschäftsbetriebs aus der Insolvenzmasse *BayVGH* GewArch 2009, 311 ff.

7   **b) Während der Zeit, in der Sicherungsmaßnahmen nach § 21 InsO angeordnet sind.** Schon vor der Entscheidung, ob ein Insolvenzverfahren eröffnet wird, kann das Insolvenzgericht alle erforderlichen Sicherungsmaßnahmen treffen (§ 21 InsO), z. B. einen vorläufigen Insolvenzverwalter bestellen, der ggf. das Unternehmen vorläufig fortführt (§ 22 I 2 Nr. 2 InsO).

8   **c) Während der Überwachung der Erfüllung eines Insolvenzplans.** Der Insolvenzplan ist in den §§ 217 ff. InsO geregelt. Nach §§ 260 f. InsO ist die Überwachung des Insolvenzplans durch den Insolvenzverwalter möglich. Ausführlich zum Insolvenzverfahren in diesem Zusammenhang *Hoffmann*, in: BeckOK, § 12 Rdn. 4 ff.

2. Im Zeitpunkt des Insolvenzantrages ausgeübtes Gewerbe

9   Der Ausschluss der gewerberechtlichen Untersagungsmöglichkeiten etc. (oben Rdn. 1; näher *Hoffmann*, in: BeckOK, § 12 Rdn. 71) bezieht sich nur auf dasjenige Gewerbe, das der Schuldner zur Zeit des Antrags auf Eröffnung des Insolvenzverfahrens ausgeübt hat. Will er danach neue Gewerbetätigkeiten beginnen, kann insoweit die Gewerbebehörde wegen der finanziellen Unzuverlässigkeit einschreiten, Erlaubnisse verweigern etc. (amtl. Begr., BT-Drs. 12/3803, S. 103). § 12 ist nicht anwendbar, wenn im Zeitpunkt des Antrags auf Eröffnung des Insolvenzverfahrens kein Gewerbe ausgeübt wird

(*BayVGH* Beschluss v. 20. 12. 2005 – 22 C 05.3222, juris Rdn. 3). Die Freigabe des Geschäftsbetriebs aus der Insolvenzmasse ändert nichts an der Anwendbarkeit des § 12 (*BayVGH* GewArch 2009, 311 [313]; *VG München* GewArch 2010, 491; *VG Trier* GewArch 2010, 453 [455]; **a. A.** *VG Ansbach* Urteil vom 4. 9. 2007 – AN 4 K 06.02519, juris Rdn. 32 f.; *Krumm* GewArch 2010, 465 [473]).

Falls Gewerbetreibender und vom Insolvenzverfahren Betroffener auseinanderfallen – etwa wenn die Komplementärin einer von insolvenzrechtlichen Maßnahmen betroffenen GmbH & Co. KG (vgl. § 11 II Nr. 1 InsO) sich in einem Gewerbeuntersagungsverfahren gem. § 35 I befindet, so ist § 12 grundsätzlich nicht anwendbar (vgl. *VG Gießen* GewArch 2003, 253 f., zustimmend *Heß*, in: Friauf, § 12 Rdn. 13). Falls aber der Geschäftsführer einer sich in einem Insolvenzverfahren befindenden rechtsfähigen Gesellschaft (z. B. GmbH) von einer Gewerbeuntersagung nach § 35 VII a betroffen ist, so ist § 12 anwendbar: Gewerbetreibender und Betroffener der insolvenzrechtlichen Maßnahmen ist hier gleichermaßen die Gesellschaft. § 35 VII a fällt insoweit unter die von § 12 erfassten Vorschriften; eine Gewerbeuntersagung darf dementsprechend auch nach dieser Vorschrift nicht ausgesprochen bzw. vollzogen werden (vgl. *Schmidt* GewArch 2003, 326 [328]; siehe insgesamt zur Anwendbarkeit des § 12 auf Vertretungsberechtigte *Marcks*, in: Landmann/Rohmer I, § 12 Rdn. 13). 10

III. Rechtsfolgen des Vorrangs der InsO

Im Anwendungsbereich des § 12 dürfen Untersagung sowie Rücknahme oder Widerruf einer Zulassung wegen auf ungeordnete Vermögensverhältnisse zurückzuführender Unzuverlässigkeit des Gewerbetreibenden nicht ausgesprochen werden, ebenso wenig wie Maßnahmen zur Vollziehung einer darauf gerichteten Verfügung getroffen werden dürfen (zum Vollstreckungsverbot siehe *Heß*, in: Friauf, § 12 Rdn. 15; *Marcks*, in: Landmann/Rohmer I, § 12 Rdn. 14 u. 16; siehe auch *Schönleiter* GewArch 2005, 236 [238]; offen lassend *OVG Nds.* GewArch 2009, 162). 11

Zum Begriff der Unzuverlässigkeit siehe § 35 Rdn. 27 ff., zum Verständnis der ungeordneten Vermögensverhältnisse siehe § 34 b Rdn. 27 ff. In einigen Erlaubnistatbeständen bilden ungeordnete Vermögensverhältnisse einen eigenständigen Versagungs- und damit Rücknahme- bzw. Widerrufsgrund, der neben die Unzuverlässigkeit tritt (z. B. § 34 b IV, § 34 c II, § 34 d II, § 34 e II). Dennoch bilden die **ungeordneten Vermögensverhältnisse** dann einen **Sonderfall der Unzuverlässigkeit** (vgl. *Heß*, in: Friauf, § 12 Rdn. 6; *Marcks*, in: Landmann/Rohmer I, § 12 Rdn. 3). Dies bedeutet: Wenn eine Rücknahme oder ein Widerruf auf das Vorliegen des Versagungsgrundes der ungeordneten Vermögensverhältnisse gestützt wird, gilt dasselbe, als wenn es sich um eine Unzuverlässigkeit infolge ungeordneter Vermögensverhältnisse handelt – mit der Folge, dass § 12 anwendbar ist. Ungeordneten Vermögensverhältnissen gleichzusetzen sind ähnlich gefasste Versagungsgründe (*Heß*, in: Friauf, § 12 Rdn. 7), etwa der **fehlende Nachweis der für den Gewerbe-** 12

§ 12

betrieb erforderlichen Mittel und Sicherheiten (z. B. § 34 I 3 Nr. 2, § 34 a I 3 Nr. 2).

13 Sofern die Unzuverlässigkeit des Gewerbetreibenden auf Vorgängen beruht, die mit seiner Vermögenslage nicht zu tun haben und aus ganz anderen Gründen die Untersagung der Gewerbeausübung oder den Widerruf der Zulassung erfordern, fehlt es hingegen an einem die Anwendbarkeit des § 12 rechtfertigenden Zusammenhang (*OVG RP* GewArch 2011, 37 [38]: Verstöße gegen steuerrechtliche Erklärungspflichten; *OVG Nds.* GewArch 2003, 383 u. GewArch 2009, 162; *Hoffmann*, in: BeckOK, § 12 Rdn. 3; *Marcks*, in: Landmann/Rohmer I, § 12 Rdn. 11). Ein Verwaltungsakt, der gegen § 12 verstößt, ist rechtswidrig, aber nicht nichtig (*Heß*, in: Friauf, § 12 Rdn. 13; *Marcks*, in: Landmann/Rohmer I, § 12 Rdn. 16, 17).

14 In zeitlicher Hinsicht gilt das Anwendungsverbot des § 12 nicht für eine bereits vor der Eröffnung des Insolvenzverfahrens bzw. vor der Zeit, in der Sicherungsmaßnahmen nach § 21 InsO angeordnet sind, ergangene Untersagungs-, Rücknahme- oder Widerrufsverfügung, da in diesem Fall die betreffende Vorschrift bereits vor dem maßgeblichen Zeitpunkt „angewandt" worden ist (*Heß*, in: Friauf, § 12 Rdn. 15; *Marcks*, in: Landmann/Rohmer I, § 12 Rdn. 14). Die Gewerbeuntersagung muss nicht bestandskräftig sein. Es genügt, dass der Sofortvollzug angeordnet wurde, da es nicht Ziel des § 12 ist, dem Gewerbetreibenden die Fortführung eines unerlaubt betriebenen Gewerbes zu ermöglichen (*OVG Nds.* GewArch 2009, 162; *Hahn* GewArch 2000, 361 [365]).

15 Dementsprechend hat § 12 auf ein eine vor diesem Zeitpunkt ausgesprochene Gewerbeuntersagung betreffendes verwaltungsgerichtliches Verfahren keine Auswirkung. Dieses wird weder gem. § 173 VwGO i. V. m. § 240 ZPO analog unterbrochen, noch führt die Eröffnung des Insolvenzverfahrens oder die Anordnung von Sicherungsmaßnahmen nach § 21 InsO dazu, dass für die Beurteilung der Zuverlässigkeit des Gewerbetreibenden auf einen anderen Zeitpunkt als den der letzten Verwaltungsentscheidung abzustellen ist (*BayVGH* Beschluss v. 3. 4. 2007 – 22 C 07.332, juris Rdn. 4 a. E.; *HessVGH* NVwZ 2003, 626 f.; *Heß*, in: Friauf, § 12 Rdn. 14; *Hoffmann*, in: BeckOK, § 12 Rdn. 72; *Hahn* GewArch 2000, 361 [363 ff.]; a. A. *Marcks*, in: Landmann/Rohmer I, § 12 Rdn. 15).

16 Aus § 295 II InsO ergibt sich nicht, dass ein Schuldner, der selbst die Eröffnung eines Insolvenzverfahrens beantragt hat, trotz einer Gewerbeuntersagung einen Gewerbebetrieb führen darf. Diese Vorschrift „bietet weder vom Wortlaut noch vom systematischen Zusammenhang her einen Anhaltspunkt dafür, dass allein die Stellung eines Eigenantrags zur Ausübung eines selbstständigen Gewerbes berechtigt. Die Regelung verhält sich ebenso wie Abs. 1 zu den Obliegenheiten, die den Schuldner treffen, wenn er eine Restschuldbefreiung erlangen will und ihm das Gericht gem. § 291 InsO durch Beschluss die Restschuldbefreiung angekündigt hat. Sie findet deshalb nur im Verfahren auf Restschuldbefreiung Anwendung und erfasst hier ausdrücklich nur den Fall (,soweit'), dass eine selbständige Tätigkeit tatsächlich ausgeübt wird. Ob sie ausgeübt werden darf, richtet sich hingegen nicht nach § 295 II InsO, sondern nach § 12 und danach, ob die Voraussetzungen des

§ 35 für eine Gewerbeuntersagung (noch) vorliegen" (so *OVG NRW* NWVBl. 2003, 479).

Im Gewerbeuntersagungsrechtsstreit einer GmbH, über deren Vermögen während des Anfechtungsprozesses das Insolvenzverfahren eröffnet worden ist, muss der beigeladene Insolvenzverwalter zur wirksamen Einlegung einer zugelassenen Sprungrevision die Zustimmungen der beklagten Behörde und der klagenden Gesellschaft der Revisionsschrift beifügen (*BVerwG* GewArch 2006, 387). 17

§ 13 Erprobungsklausel

Die Landesregierungen werden ermächtigt, durch Rechtsverordnung zur Erprobung vereinfachender Maßnahmen, insbesondere zur Erleichterung von Existenzgründungen und Betriebsübernahmen, für einen Zeitraum von bis zu fünf Jahren Ausnahmen von Berufsausübungsregelungen nach diesem Gesetz und den darauf beruhenden Rechtsverordnungen zuzulassen, soweit diese Berufsausübungsregelungen nicht auf bindenden Vorgaben des Europäischen Gemeinschaftsrechts beruhen und sich die Auswirkungen der Ausnahmen auf das Gebiet des jeweiligen Landes beschränken.

Literatur: *U. Schönleiter,* Deregulierung im Gaststätten- und Gewerberecht, GewArch 2005, 369 ff.

I. Vorbemerkungen

Die Vorschrift wurde durch Art. 9 Nr. 2 des Gesetzes zur Umsetzung von Vorschlägen zu Bürokratieabbau und Deregulierung aus den Regionen vom 21. 6. 2005 (BGBl. I S. 1666) in die Gewerbeordnung eingefügt. Parallel hierzu fand eine wortgleiche Vorschrift Eingang in das Gaststättengesetz des Bundes (§ 32 GastG; dazu *Dübbers/Jo* NVwZ 2006, 301 [303]; *Pöltl* GewArch 2005, 353 [363]). Ziel ist die Stärkung des Wirtschaftsstandortes Deutschland sowie die Entlastung der Wirtschaft durch Suspendierung und gegebenenfalls Abschaffung überflüssiger Vorschriften. 1

In der Gesetzesbegründung heißt es hierzu (BT-Drs. 15/4231, S. 18): „Eine solche **Experimentierklausel** ermöglicht, Berufsausübungsregelungen befristet aufzuheben, um deren Auswirkungen auf die Praxis zu untersuchen. Bei letztlich positiver Bewertung der Maßnahme besteht es sich dann an, diese Bestimmungen gesamthaft aufzuheben. Die Erprobungsklausel ist als Rechtsverordnung ausgestaltet, die durch die Länder zu erlassen ist. Aus grundsätzlichen Erwägungen müssen die Aufhebungsmöglichkeiten auf Berufsausübungsregelungen beschränkt bleiben, denn in der Bundesrepublik Deutschland haben alle Berufszulassungen in Form von Erlaubnissen, Konzessionen u. ä. bundesweite Geltung; Privilegierungen für Länder hätten ansonsten ungewollt bundesweit Auswirkungen. Zusätzlich dürfen diese Regelungen auch primär nur Auswirkungen auf das Gebiet des jeweiligen Landes haben. Schließlich müssen die in Aussicht genommenen Aufhebungen mit bindenden Vorgaben des Verfassungs- und des europäischen Rechts 2

§ 13   Titel I. Allgemeine Bestimmungen

kompatibel sein, da die einschlägigen Richtlinien der Europäischen Union bindendes Recht darstellen und somit nicht durch Rechtsverordnungen der Länder disponibel sind."

3   Der Bundesrat äußerte sich kritisch zur Experimentierklausel, hielt sie für unzureichend und mahnte an, Deregulierungspotenzial im Bundesrecht sofort und ohne den Umweg eines Experimentes auf Landesebene auszuschöpfen. Nachhaltige Deregulierung sei zudem nur bei den Erlaubnistatbeständen und nicht bei den Ausübungsregelungen zu erreichen (BT-Drs. 15/4231, S. 36). Die Bundesregierung wies diese Kritik zurück (BT-Drs. 15/4231, S. 45).

4   Gesetzliche Experimentierklauseln, d. h. Möglichkeiten, geltendes Recht probehalber außer Acht zu lassen, sind mittlerweile ein verbreitetes Instrument der Gesetzesfolgenabschätzung und zur Steigerung der Gesetzesqualität (siehe im Öffentlichen Wirtschaftsrecht etwa § 2 VII PBefG oder die Experimentierklauseln im Kommunalrecht oder Schulrecht). Die abweichende Regelung kann sich unmittelbar im Parlamentsgesetz finden (z. B. Art. 15 Nr. 21 BayAGVwGO: auf zwei Jahre befristeter Verzicht auf das Vorverfahren im Regierungsbezirk Mittelfranken) oder – basierend auf einer parlamentsgesetzlichen Erprobungsklausel – durch Rechtsverordnung (so im Falle des § 13 GewO) oder Verwaltungsakt (z. B. § 25 SchulG NRW) erfolgen.

5   Zu beachten sind bei Experimentierklauseln auch die verfassungsrechtlichen Anforderungen an Gesetze, etwa der Vorbehalt des Gesetzes, die Bestimmtheit oder die Voraussetzungen des Art. 80 I 1 GG für Rechtsverordnungen. § 13 nennt Inhalt, Zweck und Ausmaß der erteilten Ermächtigung, durch Rechtsverordnung von gewerberechtlichen Vorschriften abzuweichen, und genügt daher den verfassungsrechtlichen Erfordernissen.

6   Soweit das Gewerberecht infolge der Neufassung des Art. 74 I Nr. 11 GG der Gesetzgebungskompetenz der Länder zugeordnet worden ist (z. B. Recht der Spielhallen [§ 33 i] und Märkte [§§ 64 ff.]), greift § 13 nicht (*Repkewitz*, in: Friauf, § 13 Rdn. 16; *Schönleiter*, in: Landmann/Rohmer I, § 13 Rdn. 5). In diesen Bereichen können die Länder die Vorgaben der GewO ohnehin durch eigenes Recht ersetzen (Art. 125 a I 2 GG).

II. Ausnahmen von Berufsausübungsregelungen

7   Eine Zulassung von Ausnahmeregelungen i. S. d. § 13 ist nur unter bestimmten Voraussetzungen möglich: **(1)** Die Vorschrift, von der abgewichen wird, muss in der GewO oder in einer auf ihr beruhenden Rechtsverordnung enthalten sein. § 13 betrifft also sämtliche gewerbliche Betätigungsformen. **(2)** Es muss sich um eine Berufsausübungsregelung handeln (unten Rdn. 8 f.). **(3)** Die Regelung darf nicht durch zwingendes Unionsrecht vorgegeben sein. Dagegen ist § 13 anwendbar, wenn der Bundesgesetzgeber in der Umsetzung über den EU-Standard hinausgegangen ist (*Schönleiter*, in: Landmann/Rohmer I, § 13 Rdn. 4). **(4)** Die Auswirkung der Ausnahmeregelung muss auf das Gebiet des betreffenden Landes begrenzt sein, wobei die Gesetzesbegründung sekundäre (mittelbar) länderübergreifende Effekte offenbar für unschädlich hält (vgl. Rdn. 2). **(5)** Die Ausnahme darf auf maxi-

Erprobungsklausel § 13

mal fünf Jahre befristet sein. Eine darüber hinausreichende Verlängerung oder eine neue, inhaltsgleiche Ausnahmeregelung sind ausgeschlossen (*Repkewitz*, in: Friauf, § 13 Rdn. 20). **(6)** Ziel der Ausnahme muss die Erprobung vereinfachender Maßnahmen sein, wobei Bezugspunkt der Vereinfachung der Gewerbetreibende, nicht die Behörde ist (*Repkewitz*, in: Friauf, § 13 Rdn. 13).

§ 13 ermächtigt nur zu Ausnahmen von Berufsausübungsregelungen, nicht **8** aber zu Ausnahmen von Berufszulassungsregelungen. Hintergrund ist das Bestreben, einen Erlaubnistourismus zu verhindern, der die Einheit des Wirtschaftsrechtsraums Deutschland gefährden würde (*Schönleiter*, in: Landmann/ Rohmer I, § 13 Rdn. 4). *Pielow*, in: BeckOK, § 13 Rdn. 3, weist indes zu Recht darauf hin, dass ein forum shopping bei unterschiedlich (un)günstigen Berufsausübungsregelungen drohen könnte.

Herkömmlich werden der Berufsausübung die Regelungen zur Art und **9** Weise („wie") und der Berufszulassung die Regelungen zum „ob" einer Berufstätigkeit zugeordnet (näher Einl. Rdn. 24, 73 ff.). Trotz der im Ansatz klaren Unterscheidung kann die Abschichtung im Einzelfall Probleme aufwerfen. Die Erlaubnisvoraussetzungen bzw. Versagungsgründe der §§ 30, 33 a, 33 c, 33 d, 33 i, 34-34 e, 55, 69 a sind keine Berufsausübungsregelungen, ebenso wenig Tätigkeitsverbote wie z. B. § 56 oder § 1 II SpielV. Modalitäten der Berufsausübung, die zugleich Voraussetzungen der Berufszulassung sind, z. B. die Sittenwidrigkeit der (Art und Weise) einer Schaustellung von Personen (§ 33 a Abs. 2 Nr. 2), unterfallen nicht § 13.

Berufsausübungsregelungen i. S. d. § 13 sind – vorbehaltlich der übri- **10** gen genannten Voraussetzungen (!) – z. B. Anzeige-, Buchführungs- oder Hinweispflichten. Eine Durchsicht der Berufsausübungsregelungen in der GewO und den auf ihr beruhenden Rechtsverordnungen lässt erkennen, dass die einschlägigen Vorschriften entweder keinen nennenswerten Aufwand für den Gewerbetreibenden verursachen dürften (z. B. Aushang eines Abdrucks der PfandlV in den Geschäftsräumen des Pfandleihers, § 12 PfandlV) oder der behördlichen Überwachung, dem Verbraucher- oder Jugendschutz dienen (siehe etwa §§ 14, 60 c GewO, § 3 PfandlV, §§ 12 ff. VersVermV), sodass ihre zeitweilige Suspendierung vielfach kaum angezeigt ist.

Der Anwendungsbereich des § 13 in der Praxis dürfte deshalb nicht allzu **11** bedeutend sein (*Repkewitz*, in: Friauf, § 13 Rdn. 2; *Schönleiter* GewArch 2005, 369 [370]). Nach Auffassung des *BayVerfGH* (NVwZ-RR 2009, 137 [138]) ist ein Erprobungsgesetz zwar unstatthaft, wenn von vornherein nahezu keine Möglichkeit besteht, von der Erprobung Gebrauch zu machen; unschädlich sei hingegen das Nichtgebrauchmachen der tatsächlich vorhandenen Möglichkeit der Erprobung – von Letzterem ist mit Blick auf § 13 auszugehen.

Bislang gab es unter Berufung auf § 13 lediglich eine Rechtsverordnung **12** in Berlin zum Versteigerungsverbot an Sonn- und Feiertagen (*Pielow*, in: BeckOK, § 13 Rdn. 5; *Repkewitz*, in: Friauf, § 13 Rdn. 2; *Schönleiter*, in: Landmann/Rohmer I, § 13 Rdn. 5). Der Beitrag des § 13 zur Deregulierung ist daher gering (*Pielow*, in: BeckOK, § 13 Rdn. 4; siehe auch *Schönleiter*, in: Landmann/Rohmer I, § 13 Rdn. 3: Erst mit Anwendung auf gewerberechtliche Gesetze außerhalb der GewO und ihrer Verordnungen hätte die regulierende Zielsetzung des § 13 eine fühlbare Schlagkraft erhalten).

III. Rechtsverordnung der Landesregierung

13 Wenn eine Landesregierung Regelungen erkennt, die probehalber außer Geltung gesetzt werden können, muss sie diese Vorschriften sowie weitere Maßgaben in einer Rechtsverordnung bestimmen. Möglich ist auch die Weiterdelegation der Verordnungsbefugnis gem. § 155 III (*Repkewitz*, in: Friauf, § 13 Rdn. 12), etwa um den räumlichen Erprobungsbereich auf einen Regierungsbezirk zu begrenzen. Eine länderübergreifende und aufeinander abgestimmte Erprobung ist rechtlich nicht geboten, wird indes aber für empfehlenswert gehalten (so *Pielow*, in: BeckOK, § 13 Rdn. 4; *Pöltl* GewArch 2005, 353 [363] zu § 32 GastG). Sinnvoll wäre die Aufnahme von Bestimmungen zur Evaluierung der Erprobung in der Rechtsverordnung.

§ 13a Anzeige der grenzüberschreitenden Erbringung von Dienstleistungen in reglementierten Berufen

(1) **Wer als Staatsangehöriger eines Mitgliedstaates der Europäischen Union oder eines Vertragsstaates des Abkommens über den Europäischen Wirtschaftsraum eine gewerbliche Tätigkeit, deren Aufnahme oder Ausübung nach deutschem Recht einen Sachkunde- oder Unterrichtungsnachweis voraussetzt und zu deren Ausübung er in einem dieser Staaten rechtmäßig niedergelassen ist, im Inland nur vorübergehend und gelegentlich ausüben will, hat diese Absicht vorher schriftlich der für die Anerkennung der Berufsqualifikation zuständigen öffentlichen Stelle unter Beifügung der nach Absatz 5 erforderlichen Unterlagen anzuzeigen.**

(2) ¹**Die Tätigkeit darf sofort nach der Anzeige erbracht werden, wenn die Voraussetzungen nach Absatz 1 vorliegen und für die betreffende Tätigkeit keine Nachprüfung der Berufsqualifikation vorgeschrieben ist.** ²**Die zuständige öffentliche Stelle erteilt eine Eingangsbestätigung, aus der hervorgeht, ob die Voraussetzungen nach Absatz 1 vorliegen und ob die Nachprüfung der Berufsqualifikation erforderlich ist.** ³**Wird die Berufsqualifikation nachgeprüft, soll die zuständige öffentliche Stelle den Dienstleister innerhalb eines Monats ab Eingang der Anzeige und der vollständigen Unterlagen über das Ergebnis unterrichten.** ⁴**Bei einer Verzögerung unterrichtet die zuständige öffentliche Stelle den Dienstleister über die Gründe für die Verzögerung und über den Zeitplan für eine Entscheidung.** ⁵**Die Entscheidung ergeht spätestens innerhalb von zwei Monaten ab Eingang der vollständigen Unterlagen.** ⁶**Bestehen Zweifel an der Echtheit der vorgelegten Bescheinigungen und Ausbildungsnachweise oder an den dadurch verliehenen Rechten, ist der Fristablauf für die Dauer der Nachprüfung der Echtheit oder den dadurch verliehenen Rechten durch Nachfrage bei der zuständigen Stelle des Niederlassungsstaates gehemmt.**

(3) **Ergibt die Nachprüfung, dass ein wesentlicher Unterschied zwischen der Berufsqualifikation des Dienstleistungserbringers und der**

im Inland erforderlichen Ausbildung besteht, gibt die zuständige öffentliche Stelle dem Dienstleistungserbringer innerhalb eines Monats nach der Unterrichtung über das Ergebnis der Nachprüfung Gelegenheit, die für eine ausreichende berufliche Qualifikation erforderlichen Kenntnisse und Fähigkeiten insbesondere durch eine Eignungsprüfung nachzuweisen.

(4) Hält die zuständige Stelle die in den Absätzen 2 und 3 festgesetzten Fristen nicht ein, darf die Dienstleistung erbracht werden.

(5) Folgende Unterlagen sind bei der erstmaligen Anzeige zu übermitteln:
1. ein Nachweis der Staatsangehörigkeit;
2. ein Nachweis der rechtmäßigen Niederlassung zur Ausübung der betreffenden Tätigkeiten in einem der in Absatz 1 genannten Staaten und der Nachweis, dass die Ausübung dieser Tätigkeiten nicht, auch nicht vorübergehend, untersagt ist;
3. im Fall von gewerblichen Tätigkeiten im Anwendungsbereich des Waffengesetzes, des Sprengstoffgesetzes, des Bundesjagdgesetzes, des Beschussgesetzes und des § 34 a der Gewerbeordnung ein Nachweis, dass keine Vorstrafen vorliegen;
4. a) sofern der Beruf im Niederlassungsstaat durch Rechts- und Verwaltungsvorschriften an den Besitz bestimmter beruflicher Qualifikationen gebunden ist, ein Nachweis der Berufsqualifikation, anderenfalls
b) einen Nachweis, dass die Tätigkeit im Niederlassungsstaat während der vorhergehenden zehn Jahre mindestens zwei Jahre lang ausgeübt worden ist;
5. ein Nachweis eines Versicherungsschutzes oder einer anderen Art des individuellen oder kollektiven Schutzes in Bezug auf die Berufshaftpflicht, sofern ein solcher für die betreffende Tätigkeit auch von Inländern gefordert wird.

(6) [1]Tritt eine wesentliche Änderung von Umständen ein, die die Voraussetzungen für die Dienstleistungserbringung betreffen, ist die Änderung schriftlich anzuzeigen und durch Unterlagen nachzuweisen. [2]Ansonsten ist die Anzeige formlos alle zwölf Monate seit der letzten Anzeige zu wiederholen, solange die weitere Erbringung von Dienstleistungen beabsichtigt ist.

(7) Die Regelungen gelten entsprechend für Arbeitnehmer eines Gewerbebetriebs nach Absatz 1, soweit Sachkunde- oder Unterrichtungsnachweise auch für diese vorgeschrieben sind.

Literatur: *H. Haage,* Die Richtlinie 2006/36/EG über die Anerkennung von Berufsqualifikationen, MedR 2008, 70 ff.; *M. Schulze-Werner,* Zur Umsetzung der EU-Richtlinie 2005/36/EG über die Anerkennung von Berufsqualifikationen in der Gewerbeordnung (§§ 11 b, 13 a GewO), GewArch 2009, 391 ff.

Übersicht

	Rdn.
I. Vorbemerkungen	1
II. Anwendungsbereich (Abs. 1)	4

§ 13a Titel I. Allgemeine Bestimmungen

    1. Staatsangehöriger eines anderen EU-/EWR-Mitgliedsstaates 4
    2. Gewerbliche Tätigkeit und rechtmäßige Niederlassung im Herkunftsland 5
    3. Inländisches Erfordernis eines Sachkunde- oder Unterrichtungsnachweises 7
    4. Vorübergehende und gelegentliche Ausübung im Inland .. 9
  III. Anzeigepflicht (Abs. 1) 12
    1. Schriftform 13
    2. Zeitpunkt der Anzeige 14
    3. Zuständige Stelle 15
    4. Erforderliche Unterlagen 16
  IV. Rechtsfolgen der Anzeige (Abs. 2) 17
    1. Grundsätzliche Berechtigung zur sofortigen Dienstleistungserbringung (Abs. 2 S. 1) 17
    2. Empfangsbestätigung (Abs. 2 S. 2) 20
    3. Nachprüfung der Berufsqualifikation (Abs. 2 S. 3-6) 25
  V. Wesentlicher Unterschied zwischen der im Ausland erworbenen und der im Inland geforderten Berufsqualifikation (Abs. 3) 34
    1. Vergleich der Berufsqualifikation des Dienstleistungserbringers mit der im Inland erforderlichen Ausbildung 35
    2. Gelegenheit des Nachweises 42
  VI. Rechtsfolgen der Fristversäumnis durch die Behörde (Abs. 4) 50
  VII. Erforderliche Unterlagen (Abs. 5) 52
    1. Staatsangehörigkeitsnachweis (Abs. 5 Nr. 1) 53
    2. Nachweis der rechtmäßigen Niederlassung (Abs. 5 Nr. 2) . 54
    3. Negativer Vorstrafennachweis (Abs. 5 Nr. 3) 55
    4. Nachweis über Berufsqualifikationen (Abs. 5 Nr. 4) 58
    5. Versicherungsnachweis (Abs. 5 Nr. 5) 59
  VIII. Wesentliche Änderung von Umständen (Abs. 6) 60
  IX. Ausdehnung des Anwendungsbereichs auf Arbeitnehmer (Abs. 7) 62

I. Vorbemerkungen

1   § 13a wurde, wie auch § 11b, durch das Gesetz zur Umsetzung der Richtlinie 2005/36/EG des Europäischen Parlaments und des Rates über die Anerkennung von Berufsqualifikationen in der Gewerbeordnung vom 12.12.2008 (BGBl. I S. 2423) eingeführt. Der Gesetzgeber nutzte die durch Art. 7 der genannten Richtlinie eingeräumte Möglichkeit, die gelegentliche und vorübergehende gewerbliche Tätigkeit im Inland eines EU-/EWR-ausländischen Gewerbetreibenden an eine Anzeigepflicht zu knüpfen. Ergebnis ist ein unübersichtlicher „Mammut-Paragraph" geworden (*Schulze-Werner* GewArch 2009, 391 [396]).

2   Dennoch wirkt sich § 13a als bedeutende Erleichterung für Dienstleister aus dem EU-/EWR-Ausland aus. Vor Einfügung dieser Regelung war auch für die nur vorübergehende Ausübung einer reglementierten Tätigkeit eine Berufszulassung nötig (*Schulze-Werner* GewArch 2009, 391 [394]). Nunmehr genügt im Grundsatz eine Anzeige der geplanten Tätigkeit. Nur wenn eine

dauerhafte Niederlassung in Deutschland errichtet werden soll, ist im Bereich der reglementierten Berufe weiterhin eine Berufszulassung nötig.

Wie auch bei § 11 b wurden die Vorgaben der RL 2005/36/EG sowohl in spezialgesetzlichen Normen, als auch in der Gewerbeordnung umgesetzt. § 13 a erfüllt dabei die Funktion einer **nicht berufsspezifischen Auffangvorschrift**, welche die spezialgesetzlichen Regelungen, welche dem § 13 a vorgehen, ergänzen soll, um Regelungslücken im Gewerberecht zu vermeiden (*Schulze-Werner* GewArch 2009, 391 [392]). Soweit bestimmte Tätigkeiten vom Anwendungsbereich der GewO (grundsätzlich) nicht erfasst werden (wie z. B. nach § 6 I 2 die Viehzucht), ist die Anzeigepflicht ebenfalls spezialgesetzlich geregelt (vgl. §§ 14 II, 16 TierZG).

II. Anwendungsbereich (Abs. 1)

1. Staatsangehöriger eines anderen EU-/EWR-Mitgliedsstaates

Aufgrund des eindeutigen Wortlauts erstreckt sich der Anwendungsbereich auf alle **Staatsangehörigen der EU/EWR-Mitgliedsstaaten** (Belgien, Bulgarien, Dänemark, Deutschland, Estland, Finnland, Frankreich, Griechenland, Großbritannien, Irland, Island, Italien, Lettland, Liechtenstein, Litauen, Luxemburg, Malta, Niederlande, Norwegen, Österreich, Polen, Portugal, Rumänien, Schweden, Slowakei, Slowenien, Spanien, Tschechien, Ungarn und Zypern), d. h. auch **Deutsche**, die im EU-/EWR-Ausland ihren geschäftlichen Sitz haben, können in den Anwendungsbereich fallen. Anders als bei §§ 11 b, 13 b werden **Drittstaatsangehörige** mit Sitz in einem anderen EU-/EWR-Staat nicht erfasst (so für § 13 a auch: *Schulze-Werner*, in: Friauf, § 13 a Rdn. 7), wohl aber EU-/EWR Bürger, die ihren Sachkunde- oder Unterrichtungsnachweis in einem Drittstaat erworben haben. Ein solcher Nachweis ist nach Art. 2 II, Art. 3 III der RL 2005/36/EG dem Nachweis eines Mitgliedsstaates gleichgestellt, wenn der Betroffene diesen Nachweis durch das (EU/EWR-)Herkunftsland hat anerkennen lassen und seine Tätigkeit in diesem Mitgliedsstaat für mindestens drei Jahre ausgeübt hat. Die **Schweiz** sieht vor, die Richtlinie 2005/36/EG demnächst in den Anhang III des Freizügigkeitsabkommens Schweiz-EU aufzunehmen (vgl. § 11 b Rdn. 7). **Juristische Personen** sind schon vom Wortlaut her vom Anwendungsbereich ausgeschlossen (*Schulze-Werner* GewArch 2009, 391 [394]); betroffen sind aber u.U. deren Angestellte (Abs. 7).

2. Gewerbliche Tätigkeit und rechtmäßige Niederlassung im Herkunftsland

Es muss zunächst eine **gewerbliche Tätigkeit** gegeben sein, die im EU-/EWR-Ausland ausgeübt wird. Ob dies der Fall ist, richtet sich nach dem **Begriffsverständnis der GewO**, also nach deutschem Recht (*Schulze-Werner* GewArch 2009, 391 [394]; vgl. dazu § 1 Rdn.1 ff.). Dies betrifft namentlich das Erfordernis der Dauerhaftigkeit der Tätigkeit, welches im Herkunftsland erfüllt sein muss (*Pielow*, in: BeckOK, § 13 a Rdn. 2). Nur dann liegt auch eine **Niederlassung** vor, welche **rechtmäßig** ausgeübt werden muss.

§ 13a Titel I. Allgemeine Bestimmungen

Die Rechtmäßigkeit bestimmt sich hingegen allein nach den **Regelungen des Niederlassungsstaates**, also des Herkunftslandes. Der Begriff der Niederlassung ist weit zu verstehen und umfasst sowohl die Niederlassung als auch die abhängige Beschäftigung, wie sich aus Abs. 7 ergibt (vgl. BT-Drs. 16/9996, S. 12).

6   Der Gewerbetreibende i. S. d. § 13 a muss nicht in dem EU-/EWR-Staat niedergelassen sein, dessen Staatsangehörigkeit er hat; es genügt, dass er in irgendeinem EU-/EWR-ausländischen Staat seinen geschäftlichen Sitz hat. Nicht ausreichend ist der Sitz in einem Drittstaat.

3. Inländisches Erfordernis eines Sachkunde- oder Unterrichtungsnachweises

7   Des Weiteren muss es sich um eine gewerbliche Tätigkeit handeln, die **nach deutschem Recht** einen Sachkunde- oder Unterrichtungsnachweis voraussetzt (sog. **reglementierter Beruf**). Diesbezüglich ist die im Herkunftsland geltende Regelung irrelevant. Bei den von § 13 a erfassten Tätigkeiten handelt es sich vornehmlich um solche Tätigkeiten, welche die **öffentliche Gesundheit oder Sicherheit** betreffen (BT-Drs. 16/9996, S. 10). Zu nennen sind etwa das Bewachungsgewerbe (vgl. § 34 a I 3) sowie gewerbliche Tätigkeiten, welche dem Waffen- (vgl. §§ 4 I Nrn. 3, 7 WaffG), Sprengstoff- oder Beschuss- (§§ 7, 8 I Nrn. 1a, 9 SprengG), Tierschutz- (§ 11 II Nr.1 TierSchG) oder Pflanzenschutzrecht (§§ 1 ff. PflSchSachKV) unterliegen.

8   Erlaubnisfreie Tätigkeiten oder Tätigkeiten, die zwar erlaubnispflichtig sind, deren Aufnahme oder Ausübung aber nicht von bestimmten Berufqualifikationen abhängig ist (BT-Drs. 16/9996, S. 10), werden von § 13 a nicht erfasst; relevant z. B. für § 30 (*Schulze-Werner* GewArch 2009, 391 [392]).

4. Vorübergehende und gelegentliche Ausübung im Inland

9   Die Tätigkeit darf in Deutschland nur **vorübergehend und gelegentlich** ausgeübt werden. Um zur dauerhaften und regelmäßigen Tätigkeit abgrenzen zu können, wird teilweise auf das hiesige gewerberechtliche Verständnis – und dabei auf das Merkmal „dauerhaft" als Bestandteil des Gewerbebegriffs (dazu § 1 Rdn. 8 ff.) – abgestellt (*Pielow*, in: BeckOK, § 13 a Rdn. 1). Dies überzeugt nicht ohne weiteres, da § 13 a ohnehin nur für gewerbliche Tätigkeiten i. S. d. GewO gilt. Eine nicht dauerhafte Tätigkeit wäre schon gar keine gewerbliche Tätigkeit und die GewO nicht anwendbar. Wegen des unionsrechtlichen Hintergrundes von § 13 a dürfte sich die Abgrenzung daher vorrangig an der Grenzziehung zwischen Dienstleistungs- und Niederlassungsfreiheit orientieren (so auch *Schulze-Werner*, in: Friauf, § 13 a Rdn. 11; vgl. auch § 4 Rdn. 10). Nach Art. 5 II der RL 2005/36/EG muss der vorübergehende und gelegentliche Charakter **im Einzelfall**, insb. anhand der Dauer, der Häufigkeit, der regelmäßigen Wiederkehr und der Kontinuität der Dienstleistungserbringung beurteilt werden.

10 Dem vorübergehenden Charakter einer Dienstleistung steht nicht entgegen, dass sich der Dienstleister in Deutschland eine gewisse Infrastruktur aufbaut, wenn diese für die Ausübung seiner Tätigkeit erforderlich ist

Anzeige bei grenzüberschreitenden Dienstleistungen § 13a

(*EuGH* Urt. v. 30. 11. 1995, Rs. C-55/94 Slg. 1995, I-4165 Rdn. 27 – Gebhard; *Haage* MedR 2008, 70 [72]).

Ist eine Eintragung in die Handwerksrolle zur Ausübung der Tätigkeit **11** notwendig, so richtet sich das Verfahren nach der Handwerksordnung und ihren Durchführungsverordnungen (*Schulze-Werner* GewArch 2009, 391 [392]). Handelt es sich um eine nicht-gewerbliche Tätigkeit, so richtet sich das Verfahren nach dem einschlägigen Berufsrecht. Ist der Beruf nicht reglementiert, so ist der Anwendungsbereich der Richtlinie schon nicht eröffnet und dementsprechend § 13 a nicht einschlägig (BT-Drs. 16/9996, S. 10).

III. Anzeigepflicht (Abs. 1)

Die Anzeige (= Meldung i. S. d. Art. 7 I 1 der RL 2005/36/EG) ist, **12** ebenso wie die Gewerbeanzeige gem. § 14, eine einseitige, empfangsbedürftige Willenserklärung (*Schulze-Werner* GewArch 2009, 391 [395]). Die Anzeigepflicht besteht für alle Teile der Gewerbeordnung (stehendes Gewerbe, Reisegewerbe, Marktgewerbe).

1. Schriftform

Die Anzeige hat schriftlich zu erfolgen. Das Verständnis von Schriftlichkeit **13** bestimmt sich im Grundsatz nach §§ 126 ff. BGB. Aus der ratio legis des § 13 a I folgt jedoch eine Absenkung der Anforderungen. Insb. ist die Übermittlung von Schriftsätzen per **Telefax** uneingeschränkt zulässig (vgl. detailreiche Erläuterung von *Schmitz,* in Stelkens/Bonk/Sachs, VwVfG, 7. Aufl. 2008, § 22 Rdn. 31 ff.). Nach der Gesetzesbegründung soll auch die **elektronische Übermittlung** möglich sein (BT-Drs. 16/9996, S. 11). Da gesetzlich nur die Abgabe einer Erklärung mittels qualifizierter elektronischer Signatur nach dem Signaturgesetz der gesetzlichen Schriftform gleichgestellt ist und der Wortlaut des § 13 a insoweit eindeutig ist, muss davon ausgegangen werden, dass der Gesetzgeber mit diesem Hinweis auch nur die Übermittlung mit qualifizierter elektronischer Signatur und nicht die einfache elektronische Übermittlung im Blick hatte (so auch *Schulze-Werner,* in: Friauf, § 13 a Rdn. 16).

2. Zeitpunkt der Anzeige

Die Anzeige muss **vor Aufnahme** der Tätigkeit in Deutschland erfolgen, **14** d. h. vor dem Ortswechsel des Dienstleisters „von einem Mitgliedstaat in einen anderen", Art. 7 I der RL 2005/36/EG. Das Merkmal „vor Aufnahme" bezieht sich auf das Absenden der Anzeige. Erstattet ist die Anzeige erst dann, wenn sie der Behörde zugeht. Dies ist der Fall, wenn die Anzeige tatsächlich in die Verfügungsgewalt der zuständigen öffentlichen Stelle gelangt ist (*Schulze-Werner* GewArch 2009, 391 [395]). Erst dann greift Abs. 2 S. 1 (vgl. Rdn. 17 f.).

§ 13a   Titel I. Allgemeine Bestimmungen

3. Zuständige Stelle

15   Zuständige Stelle ist diejenige, die jeweils auch für die Anerkennung von Berufsqualifikationen für das betreffende Gewerbe zuständig ist. Insb. ist daneben aber auch § 6 b zu beachten, soweit seine Anwendung nicht durch den Landesgesetzgeber wirksam ausgeschlossen wurde (§ 6 b Rdn. 9). Die Anzeige hat nach § 23 I VwVfG in deutscher Sprache zu erfolgen (BT-Drs. 16/9996, S. 11), wobei das unionsrechtliche Diskriminierungsverbot zu beachten ist (*Schmitz*, in Stelkens/Bonk/Sachs, VwVfG, § 23 Rdn. 78). Diesbezüglich wird einerseits vertreten, dass, wenn es wie hier um die Verwirklichung von Grundfreiheiten geht, das Unionsrecht zur gleichberechtigten Anwendung der anderen in der Union vertretenen Sprachen zwingt (*Schmitz*, in: Stelkens/Bonk/Sachs, § 23 Rdn. 7 ff.). Allerdings ist schon aus Praktikabilitätsgründen auf eine Anzeige in deutscher Sprache zu bestehen. Da nicht erwartet werden kann, dass in jeder Behörde Fremdsprachenkompetenzen bezüglich aller Unionssprachen vorgehalten werden, müssten erhebliche Anstrengungen erbracht werden, um die knapp bemessenen Fristen des § 13 a überhaupt einhalten zu können. Außerdem spricht auch Art. 41 IV GRC, Art. 24 IV AEU für diese Ansicht. Danach hat ein Unionsbürger die freie Sprachwahl nur, wenn er sich an die Organe der Union selbst, nicht jedoch, wenn er sich an nationale Behörden eines anderen Staates wendet (*Magiera*, in: Meyer, GRC, 3. Aufl. 2011, Art. 41 Rdn. 24; *Hatje*, in: Schwarze, EU-Kommentar, 2. Aufl. 2009, Art. 21 EGV Rdn. 4).

4. Erforderliche Unterlagen

16   Die notwendigen Unterlagen sind in § 13 a V enumerativ und abschließend aufgezählt (näher Rdn. 52 ff.). Dadurch soll sichergestellt werden, dass die von der Richtlinie eingeräumten Handlungsspielräume nicht überschritten werden (BT-Drs. 16/9996, S. 10).

IV. Rechtsfolgen der Anzeige (Abs. 2)

1. Grundsätzliche Berechtigung zur sofortigen Dienstleistungserbringung (Abs. 2 S. 1)

17   Abs. 2 regelt die Folgen der Anzeige. Grundsätzlich darf die Dienstleistung **sofort nach der Anzeige** erbracht werden (S. 1). Eine Ausnahme von diesem Grundsatz greift, wenn eine Nachprüfung der Berufsqualifikation erforderlich ist. Das Anzeigeverfahren ist in diesem Fall die erste Etappe des Berufszugangsverfahrens (so BT-Drs. 16/9996, S. 10).

18   Ist keine Nachprüfung erforderlich, ist die Berechtigung zur „sofortigen" Erbringung der Tätigkeit dahingehend zu verstehen, dass die Tätigkeit unmittelbar (i. S. v. gleichzeitig) mit der Anzeige (maßgeblich ist der Zeitpunkt des Zugangs, Rdn. 14) aufgenommen werden darf (BT-Drs. 16/9996, S. 11). Der Dienstleister muss nicht den Eingang der Empfangsbestätigung nach Abs. 2 S. 2 (Rdn. 20) abwarten, trägt dann aber das Risiko, möglicherweise die Erforderlichkeit eines Nachprüfungsverfahrens verkannt zu haben (*Schulze-Werner* GewArch 2009, 391 [395]).

Ist eine Nachprüfung erforderlich, darf die Tätigkeit erst aufgenommen 19
werden, wenn entweder das Nachprüfungsverfahren der Abs. 2 und 3 abgeschlossen ist (näher Rdn. 25 ff.) oder die deutsche Behörde die dort genannten Fristen nicht eingehalten hat (Abs. 4; dazu Rdn. 50 ff.).

2. Empfangsbestätigung (Abs. 2 S. 2)

Nach Eingang der Anzeige erteilt die zuständige Stelle eine Empfangsbestä- 20
tigung (Abs. 2 S. 2), die zwei Funktionen erfüllt: Sie bietet zunächst den Nachweis, dass der Dienstleister seine Pflicht nach Abs. 1 erfüllt hat. Darüber hinaus informiert sie ihn über die (Nicht-)Erforderlichkeit eines Nachprüfungsverfahrens. Sie soll damit Unsicherheiten des Anzeigenden darüber vermeiden, ob eine Qualifikationsnachprüfung in Deutschland vorgesehen ist oder nicht (BT-Drs. 16/9996, S. 11).

Im Unterschied zu § 15 I gibt § 13 a II 2 keine Frist für die Erteilung der 21
Empfangsbestätigung vor. Laut Gesetzesbegründung ist diese jedoch **unverzüglich** (auch im unionsrechtlichen Kontext als „ohne schuldhaftes Zögern" zu verstehen, vgl. *Marly*, in: Grabitz/Hilf, Recht der EU, Art. 11 RL 2000/31/EWG Rdn. 6) zu erteilen (BT-Drs. 16/9996, S. 11). Äußerste Grenze ist die Monatsfrist des § 13 a II 3 (BT-Drs. 16/9996, S. 11; *Schulze-Werner* GewArch 2009, 391 [395]).

Es handelt sich um eine **qualifizierte Empfangsbestätigung**, die über 22
die schlichte Bestätigung des Empfangs der Anzeige hinausgeht (so bei § 15 I); vielmehr muss sie auch einen Inhalt haben, aus dem hervorgeht, ob die Voraussetzungen des Abs. 1 vorliegen und ob eine Nachprüfung der Berufsqualifikation erforderlich ist (Abs. 2 S. 2). Die Empfangsbestätigung ist daher als **feststellender Verwaltungsakt** zu qualifizieren (*Schulze-Werner* GewArch 2009, 391 [395]). Sie wird von der zuständigen Behörde erteilt und ist von der Empfangsbestätigung nach § 6 b i. V. m. § 71 b III VwVfG zu unterscheiden.

Die Empfangsbestätigung hat in **deutscher Sprache** zu erfolgen, § 23 23
VwVfG. Obwohl ein Verwaltungsakt grundsätzlich formlos erfolgen kann (§ 37 II VwVfG), ist hier aus teleologischen Gründen **Schriftform** zu verlangen. Denn die Empfangsbestätigung soll in der Praxis den Nachweis für den Gewerbetreibenden erleichtern, dass eine Anzeige erbracht wurde (BT-Drs. 16/9996, S. 11). Das ist ihm aber nur möglich, wenn er den Nachweis auch schriftlich vorweisen kann.

Der Gewerbetreibende hat einen **Anspruch** auf eine Empfangsbestäti- 24
gung. Unterbleibt deren Erteilung, muss der Gewerbetreibende **Verpflichtungsklage** erheben. Sein Rechtsschutzbedürfnis ergibt sich nicht zuletzt auch aus der soeben erwähnten Nachweisfunktion der Bestätigung im Rahmen staatlicher Kontrollen. Da die Bestätigung jedenfalls nach Ablauf der in Abs. 2 geregelten Frist zu erteilen ist, (vgl. Rdn. 21, 50) kann die Klage als **Untätigkeitsklage** bereits nach Ablauf der Monatsfrist, ohne Abwarten der dreimonatigen Regelfrist des § 75 S. 2 VwGO erhoben werden. Insoweit stellen die in § 13 a II niedergelegten Fristen „besondere Umstände" i. S. v. § 75 II VwGO dar.

§ 13a Titel I. Allgemeine Bestimmungen

3. Nachprüfung der Berufsqualifikation (Abs. 2 S. 3-6)

25   Durch Abs. 2 S. 3 wird die den Mitgliedsstaaten durch Art. 7 IV der RL 2005/36/EG eingeräumte Möglichkeit genutzt, bei Tätigkeiten, welche die öffentliche Gesundheit oder Sicherheit betreffen, die Berufsqualifikation nachzuprüfen. Ob eine solche **Nachprüfung der Berufsqualifikation** für die in Rede stehende Tätigkeit notwendig ist, muss jeweils **spezialgesetzlich** geregelt sein (vgl. § 5 f BewachV, § 40 a 1. SprengVO). Fehlt es an einer solchen Rechtsgrundlage, ist eine Nachprüfung nicht zulässig (BT-Drs. 16/9996, S. 11) und die Dienstleistung darf sofort erbracht werden. Der Gesetzgeber geht jedoch davon aus, dass von § 13 a ohnehin hauptsächlich solche Gewerbe erfasst werden, welche die öffentlichen Gesundheit oder Sicherheit betreffen (BT-Drs. 16/9996, S. 10). Die Ausnahme wird daher eher der Regelfall sein.

26   Hält die öffentliche Stelle entgegen der Auffassung des Betroffenen eine Nachprüfung für erforderlich, gilt für den **Rechtsschutz** Folgendes: Da der Gewerbetreibende bei Vorliegen der Voraussetzungen einen Anspruch auf die qualifizierte Empfangsbestätigung hat, muss er **Verpflichtungsklage** erheben (vgl. auch Rdn. 24). Aufgrund der Intensität des Eingriffs in die Grundfreiheiten des Gewerbetreibenden handelt es sich bei der Mitteilung der Erforderlichkeit einer Nachprüfung nicht nur um eine Verfahrenshandlung i. S. d. § 44 a. Immerhin darf der Gewerbetreibende während dieser Zeit die Dienstleistungen nicht erbringen.

27   Der Anzeigende „**soll**" innerhalb eines Monats nach der Anzeige über das Ergebnis der Nachprüfung unterrichtet werden (Abs. 2 S. 3). Die Behörde ist in Regelfällen deshalb verpflichtet, innerhalb der Monatsfrist zu handeln. Nur in Ausnahmefällen darf die Frist verlängert werden (so auch *Schulze-Werner*, in: Friauf, § 13 a Rdn. 27). Diese Unterrichtung ist von der Empfangsbestätigung i. S. d. Abs. 2 S. 2 zu unterscheiden. **Inhalt der Unterrichtung** ist das **Ergebnis**, ob die Berufsqualifikation vorliegt: Entweder die zuständige Stelle hält diese für gegeben, dann kann der Dienstleister seine Tätigkeit aufnehmen, oder sie sieht einen wesentlichen Unterschied zwischen der im Ausland erworbenen und der im Inland geforderten Qualifikation. Dann hat sie nach Abs. 3 (dazu sogleich unter Rdn. 34) zu verfahren.

28   Die Unterrichtung ist als **feststellender Verwaltungsakt** einzustufen (*Schulze-Werner* GewArch 2009, 391 [395]). Die Unterrichtung hat aus teleologischen Gründen **schriftlich** zu erfolgen (vgl. Rdn. 13).

29   Für die Unterrichtung gelten **Fristvorgaben**, welche der Umsetzung von Art. 7 IV, V der RL 2005/36/EG dienen (BT-Drs. 16/9996, S. 11). Wenn eine dieser Fristen versäumt wird, führt dies jeweils zur Anwendung des Abs. 4 (näher Rdn. 50 ff.).

30   Die **Monatsfrist** beginnt mit dem Eingang der Anzeige (Zugang, Rdn. 14) und der vollständigen (!) Unterlagen i. S. d. Abs. 5. Sie berechnet sich nach § 31 VwVfG. Im Ergebnis verkürzt sich die Monatsfrist durch die Zeit zwischen Absenden und Zugang der Unterrichtung. Zu beachten ist dabei insb. die Drei-Tage-Fiktion des § 41 II 2 VwVfG bei elektronischer Übermittlung in das Ausland.

Tritt eine **Verzögerung** ein, muss die Behörde dem Anzeigenden sowohl 31
die Gründe dafür als auch den weiteren zeitlichen Ablauf der Nachprüfung
mitteilen (Abs. 2 S. 4). Diese Mitteilung muss binnen Monatsfrist erfolgen.
Ansonsten gilt die Unterrichtungsfrist als versäumt, mit der Folge, dass die
Dienstleistung ausgeübt werden darf (Abs. 4). Die Unterrichtung über die
Verzögerung stellt keinen Verwaltungsakt dar, da sie noch keine endgültige
Entscheidung trifft. Vielmehr handelt es sich um eine „nicht justiziable Verfahrenshandlung" i. S. v. § 44 a VwGO (*Schulze-Werner*, in: Friauf, § 13 a
Rdn. 27).

Im Falle einer Verzögerung darf die Nachprüfung maximal einen weiteren 32
Monat in Anspruch nehmen (Abs. 2 S. 5; zu Beginn und Berechnung siehe
Rdn. 30). Spätestens **zwei Monate nach Eingang der Anzeige** ist dem
Anzeigenden das Ergebnis mitzuteilen (zur Form siehe Rdn. 13, 28).

Der einzige Sonderfall ist in § 13 a II 6 vorgesehen. Bestehen **Zweifel an** 33
der Echtheit der Nachweise i. S. d Abs. 5, so ist der Fristablauf während
der Nachprüfung der Echtheit der Papiere oder der dadurch verliehenen
Rechten durch Nachfrage bei der zuständigen Stelle des Niederlassungsstaates
gehemmt. Eine lediglich interne Überprüfung der Echtheit bewirkt dagegen
noch keine Hemmung (*Schulze-Werner* GewArch 2009, 391 [395]).

V. Wesentlicher Unterschied zwischen der im Ausland erworbenen und der im Inland geforderten Berufsqualifikation (Abs. 3)

Wenn die Nachprüfung ergibt, dass zwischen der (im Ausland erworbenen) 34
Berufsqualifikation des Dienstleistungserbringers und der im Inland erforderlichen Ausbildung ein wesentlicher Unterschied besteht, muss die zuständige
öffentliche Stelle dem Betroffenen binnen Monatsfrist die Gelegenheit bieten,
die für eine ausreichende berufliche Qualifikation erforderlichen Kenntnisse
und Fähigkeiten nachzuweisen. Das Anzeigeverfahren geht also **von Amts**
wegen in ein Nachprüfungsverfahren über (*Schulze-Werner* GewArch 2009,
391 [395]).

1. Vergleich der Berufsqualifikation des Dienstleistungserbringers mit der im Inland erforderlichen Ausbildung

Die (im EU-/EWR-Ausland erworbene) **Berufsqualifikation des** 35
Dienstleistungserbringers muss gem. Abs. 3 mit der im Inland erforderlichen Ausbildung formal anhand der Unterlagen i. S. d. Abs. 5 verglichen
werden. Zu in Drittstaaten erworbenen Qualifikationen siehe Rdn. 4.

Die Anforderungen an die **im Inland erforderliche Ausbildung** bemes- 36
sen sich anhand der jeweils einschlägigen Fachgesetze (z. B. § 7 Abs. 1 WaffG,
§ 4 ff. BewachV).

Nicht wesentliche Unterschiede – also solche, die aufgrund der unter- 37
schiedlichen Ausformung der Verfahren in den verschiedenen Ländern entstehen – zwischen der im Ausland erworbenen Berufsqualifikation und der

§ 13a Titel I. Allgemeine Bestimmungen

im Inland erworbenen Ausbildung sind grundsätzlich unerheblich. Etwas anderes gilt nur im Fall eines **wesentlichen Unterschiedes**. Hierbei handelt es sich um einen unbestimmten Rechtsbegriff, dessen Auslegung und Anwendung durch die Behörde vollständiger gerichtlicher Überprüfung unterliegt (*Pielow*, in: BeckOK, § 13 a Rdn. 11; *Schulze-Werner* GewArch 2009, 391 [396]).

38 Maßgebliche Anhaltspunkte zur Ausfüllung des Merkmals der Wesentlichkeit bietet zunächst Art. 7 IV Uabs. 3 der RL 2005/36/EG: Danach liegt ein wesentlicher Unterschied nur dann vor, wenn dieser so groß ist, „dass dies der öffentlichen Gesundheit oder Sicherheit abträglich ist". Wesentlichkeit hat also einen qualitativen (die Unterschiede müssen sich auf bestimmte Belange – öffentliche Sicherheit oder Gesundheit – beziehen) und einen quantitative Aspekt (abträglich sein).

39 Eine erste Konkretisierung des Wesentlichkeitsmerkmals kann sich aus den jeweiligen Fachgesetzen ableiten lassen (*Schönleiter*, in: Landmann/Rohmer I, § 13 a Rdn. 8; *Schulze-Werner* GewArch 2009, 391 [396]). Die Bildung von Fallgruppen, z. B. durch die Rechtsprechung, wird das Merkmal leichter handhabbar machen. Im Zweifel ist die Wesentlichkeit zu verneinen.

40 In inhaltlicher Hinsicht können die Unterschiede nur dann als wesentlich eingestuft werden, wenn sie auf Vorschriften zurückgehen, welche die öffentliche Gesundheit oder Sicherheit schützen sollen. Die Begriffe sind aufgrund ihres unionsrechtlichen Hintergrundes wie folgt zu begreifen: Der Begriff **öffentliche Gesundheit** ist weit zu verstehen; ihm unterfallen das allgemeine Gesundheitswesen und die zahlreichen Vorschriften, die zum Schutz der öffentlichen Gesundheit erlassen wurden; für einzelne Bereiche sind abschließende Definitionen im EU-Sekundärrecht zu beachten. Die **öffentliche Sicherheit** erfasst sowohl die äußere als auch die innere Sicherheit des Staates und erstreckt sich auf Regelungen, die wesentlich sind für die Existenz eines Staates; hierzu zählen auch Regelungen, die für das „Funktionieren seiner Wirtschaft […], seiner Einrichtungen und seiner wichtigen öffentlichen Dienste" erforderlich sind (*EuGH* Urt. v. 10. 7. 1984, Rs. C-72/83, Slg. 1984, 2727, Rdn. 34 – Campus Oil).

41 Das Merkmal **"abträglich sein"** wird vom EuGH in einer Vielzahl von Urteilen verwendet, ohne dass ihm hierdurch jedoch Konturen verliehen wurden (vgl. z. B. *EuGH*, Urt. v. 7. 7. 2005, Rs. C-364/03, Slg. 2005, I-6159-6180 – Kommission/Griechenland; Urt. v. 30. 4. 1998, Rs. C-37/96, Slg. 1998, I-2039; Urt. v. 28. 4. 1998, Rs. 306/96, Slg. 1998, I-1983).

2. Gelegenheit des Nachweises

42 Liegt ein wesentlicher Unterschied vor, ist dem Anzeigenden die Gelegenheit für den Nachweis zu geben, dass er über die für die deutsche Berufsqualifikation erforderlichen Kenntnisse verfügt. Dies kann insb. durch eine **Eignungsprüfung** erfolgen.

43 Die Ausgestaltung des Nachweises/der Eignungsprüfung wird in § 13 a III nicht näher präzisiert, vielmehr der zuständigen öffentlichen Stelle überlassen. Angesichts der Relevanz der Prüfung für die Grundfreiheiten und Grundrechte löst dies unions- und verfassungsrechtliche Bedenken aus.

Anzeige bei grenzüberschreitenden Dienstleistungen § 13a

Die Unionsrechtskonformität der Eignungsprüfung verlangt zunächst, dass 44
der Prüfungsgegenstand von Relevanz für die öffentliche Gesundheit oder
Sicherheit sein muss (Rdn. 40). Die Prüfung soll lediglich feststellen, dass
keine wesentlichen Unterschiede vorliegen, welche für die öffentliche
Gesundheit oder Sicherheit abträglich wären (Rdn. 37). Im Übrigen müssen
die Vorgaben des Art. 3 I lit. h RL 2005/36/EG beachtet werden; danach gilt
Folgendes: Die Prüfung „ist eine ausschließlich die beruflichen Kenntnisse des
Antragstellers betreffende und von den zuständigen Behörden des Aufnahmemitgliedstaats durchgeführte Prüfung, mit der die Fähigkeit des Antragstellers,
in diesem Mitgliedstaat einen reglementierten Beruf auszuüben, beurteilt
werden soll. Zur Durchführung dieser Prüfung erstellen die zuständigen
Behörden ein Verzeichnis der Sachgebiete, die aufgrund eines Vergleichs
zwischen der in ihrem Staat verlangten Ausbildung und der bisherigen Ausbildung des Antragstellers von dem Diplom oder den sonstigen Ausbildungsnachweisen, über die der Antragsteller verfügt, nicht abgedeckt werden."

Da die Eignungsprüfung unmittelbar der Verwirklichung der Dienstleis- 45
tungsfreiheit dient, würde eine Eignungsprüfung ausschließlich in deutscher
Sprache gegen das europarechtliche Diskriminierungsverbot verstoßen (vgl.
auch Rdn. 15). Deutsche Sprachkenntnisse dürfen vielmehr nur insoweit
verlangt werden, als deren Fehlen abträglich für die öffentliche Gesundheit
oder Sicherheit (Rdn. 40) wäre. Zu berücksichtigen ist dabei, dass der Dienstleister bei der späteren Ausübung seiner Tätigkeit auf Dolmetscher oder
sprachkundige Mitarbeiter zurückgreifen kann, wenn dies unerlässlich sein
sollte.

Aus Sicht des Grundgesetzes müssen das Verhältnismäßigkeitsprinzip (rele- 46
vant für die Prüfungsanforderungen) und die allgemeinen prüfungsrechtlichen Grundsätze der Chancengleichheit und Fairness beachtet werden.

Die Gelegenheit zum Nachweis der Berufsqualifikation muss dem Anzei- 47
genden **innerhalb eines Monats** nach der Unterrichtung über das Ergebnis
der Prüfung nach § 13 a II gegeben werden.

Wenn der Nachweis, z. B. durch eine Eignungsprüfung, erbracht worden 48
ist, muss die zuständige Stelle wiederum eine sofortige Unterrichtung i. S. d.
Abs. 2 S. 3 vornehmen und dem Dienstleister das Ergebnis mitteilen, dass
die erforderliche Berufsqualifikation gegeben ist. Danach ist der Dienstleister
zur Tätigkeit im Inland berechtigt. Wird der Nachweis nicht erbracht, enthält
die neuerliche Unterrichtung i. S. d. Abs. 2 S. 3 das negative Ergebnis. Will
der Gewerbetreibende sich gegen das negative Ergebnis wehren, kann er nach
Rdn. 26 vorgehen.

Der Dienstleister ist aber auch jederzeit berechtigt, erneut seine Absicht zu 49
bekunden, eine Dienstleistung im Inland erbringen zu wollen. Die zuständige
Behörde kann nicht auf das bereits abgeschlossene Verfahren verweisen, da
der Dienstleister in diesem Fall sonst auf Dauer aus dem Markt ausgeschlossen
wäre. Darin läge aber ein gravierender Eingriff in die Dienstleistungsfreiheit.
Ein solcher kann aber nicht ohne Rechtsgrundlage erfolgen. Bei einer erneuten Anzeige ist also das Verfahren des § 13 a erneut durchzuführen, sodass
der Dienstleister erneut die Möglichkeit erhält, seine Qualifikation nachzuweisen.

VI. Rechtsfolgen der Fristversäumnis durch die Behörde (Abs. 4)

50 § 13 a IV dient der Umsetzung von Art. 7 IV UAbs. 4 der RL 2005/36/EG und stellt unmissverständlich klar, dass die Fristversäumnis der Behörde dazu führt, dass die Dienstleistung **sofort und ohne Einschränkung** erbracht werden darf. Insoweit handelt es sich also um eine „Qualifikationsfiktion" (*Schulze-Werner*, in: Friauf, § 13 a Rdn. 33). Die erforderliche Qualifikation gilt als nachgewiesen, sodass der Dienstleister nach Abs. 1 S. 1 behandelt wird.

51 Das bedeutet wiederum, dass er analog Abs. 2 S. 1 zur sofortigen Erbringung der Dienstleistung berechtigt ist. Ihm ist analog Abs. 2 S. 2 eine Empfangsbestätigung zu erteilen, aus der hervorgeht, dass keine weitere Nachprüfung seiner Qualifikation durchgeführt werden wird. Erhält der Dienstleister die Bestätigung nicht, kann er Verpflichtungsklage erheben (vgl. zum Rechtsschutz im Übrigen Rdn. 26).

VII. Erforderliche Unterlagen (Abs. 5)

52 Die Auflistung in Abs. 5 für die erstmalige Anzeige ist abschließend. Weitere Dokumente dürfen nicht verlangt werden. Welche Dokumente im Einzelfall geeignet sind, den erforderlichen Nachweis zu führen, entscheidet sich nach dem Recht des jeweiligen Niederlassungsstaates (BT-Drs. 16/9996, S. 11), also des anderen EU-/EWR-Staates. Handelt es sich um Unterlagen aus Drittstaaten, richtet sich die Eignung nach dem Recht des Staates, in dem die Unterlagen anerkannt wurden (vgl. Rdn. 4). Die Darlegungs- und Beweislast hinsichtlich der in Abs. 5 genannten Tatsachen liegt beim Dienstleister (*Schulze-Werner* GewArch 2009, 391 [396]).

1. Staatsangehörigkeitsnachweis (Abs. 5 Nr. 1)

53 Durch Abs. 5 Nr. 1 wird Art. 7 II lit. a der RL 2005/36/EG umgesetzt.

2. Nachweis der rechtmäßigen Niederlassung (Abs. 5 Nr. 2)

54 Durch Abs. 5 Nr. 2 wird Art. 7 II lit. b der RL 2005/36/EG umgesetzt.

3. Negativer Vorstrafennachweis (Abs. 5 Nr. 3)

55 Durch Abs. 5 Nr. 3 wird Art. 7 II lit. e der RL 2005/36/EG umgesetzt. Die Richtlinie erlaubt den Mitgliedsstaaten die Erhebung dieses Nachweises nur unter der Voraussetzung, dass er auch von den eigenen Staatsangehörigen verlangt wird. Daher wurde die Nachweispflicht durch Abs. 5 Nr. 3 auch nur dort statuiert, wo die Überprüfung von Vorstrafen spezialgesetzlich geregelt ist (BT-Drs. 16/9996, S. 11); vgl. etwa § 5 I Nr. 1, II Nr. 1 WaffG oder § 8 a I Nr. 1, II 2 Nr. 1 SprengG. Die Aufzählung in Abs. 5 Nr. 3 ist abschließend, weil nach der Richtlinie ein entsprechender Nachweis nur bei sicherheitsrelevanten Tätigkeiten verlangt werden kann (BT-Drs. 16/9996, S. 11).

Weiter gehende Informationen, wie z. B. Informationen über aktuell 56
anhängige Ermittlungsverfahren dürfen nicht verlangt werden, auch wenn
solche Daten sonst bei den eigenen Staatsangehörigen erhoben werden (BT-
Drs. 16/9996, S. 11). Daraus folgt auch, dass eine Vorstrafe erst dann vorliegt,
wenn ein Urteil rechtskräftig geworden ist.

Abs. 5 Nr. 3 verlangt den Nachweis, dass keine Vorstrafen vorliegen, sodass 57
auch Taten ohne jeden *Gewerbebezug* oder Bagatelltaten diesem Nachweis
entgegenstünden. Insoweit dürfen die Anforderungen aber nicht zu einer
Benachteiligung gegenüber Inländern führen (vgl. auch das Verbot der Aus-
länderdiskriminierung in Art. 7 Abs. 2e der RL: „soweit"). Irrelevante Vorstrafen dürfen daher bei der Entscheidung nicht berücksichtigt werden, selbst
wenn formal kein negativer Vorstrafennachweis vorgelegt werden kann.

4. Nachweis über Berufsqualifikationen (Abs. 5 Nr. 4)

Durch Abs. 5 Nr. 4 wird Art. 7 II lit. c i. V. m. Art. 5 I lit. b S. 1 und 2 58
der RL 2005/36/EG umgesetzt. Soweit im Niederlassungsstaat eine Regle-
mentierung des Berufs existiert, ist ein entsprechender Qualifikationsnach-
weis zu liefern (Nr. 4 lit. a). Anderenfalls wird dieser durch einen Tätigkeits-
nachweis ersetzt (Nr. 4 lit. b). Der Gesetzeswortlaut verlangt eine mindestens
zweijährige Tätigkeit binnen eines Zeitraums von 10 Jahren. Der Zweijahres-
Zeitraum bezieht sich nach der Vorstellung des Gesetzgebers auf eine Vollzeittätigkeit, an deren Stelle eine „Teilzeitbeschäftigung von entsprechender
Dauer" (BT-Drs. 16/9996, S. 11) treten könne. Dies bedeutet aber nicht,
dass der Zweijahres-Zeitraum sich bei einer Halbtagsbeschäftigung auf vier
Jahre verdoppelt (so aber mit Blick auf § 7 b II HwO *VG München* Urt. v.
9. 12. 2008 – M 16 K 08.895, juris Rdn. 16; offen lassend *BayVGH* GewArch
2009, 313 [314]; wie hier [zu § 7 b II HwO] *Zimmermann* GewArch 2008,
334 [337] unter Hinweis auf die entsprechende Auffassung des Bund-Länder-
Ausschusses „Gewerberecht"). Vielmehr ist davon auszugehen, dass Berufs-
erfahrungen sich bei einer Halbtagsbeschäftigung annähernd so schnell einstellen wie bei einer Vollzeittätigkeit, sodass eine Verlängerung der Zweijahres-
Frist nur in Betracht kommt, wenn es konkrete Anhaltspunkte dafür gibt,
dass infolge der Teilzeitbeschäftigung die Berufserfahrung wesentlich hinter
einem Vollzeitbeschäftigten zurückbleibt, was etwa bei einer geringfügigen
Beschäftigung anzunehmen wäre (*Zimmermann* GewArch 2008, 334 [337]).

5. Versicherungsnachweis (Abs. 5 Nr. 5)

Die Möglichkeit, einen entsprechenden Nachweis zu verlangen, ergibt sich 59
aus Art. 7 I der RL 2005/36/EG. Der entsprechende Nachweis ist nur zu
liefern, wenn ein solcher aufgrund einer spezialgesetzlichen Regelung auch
von Inländern erhoben wird (vgl. z. B. § 4 Abs. 1 Nr. 5 WaffG, § 6
BewachVO). Vom Umfang her müssen nicht die Mindestsummen erreicht
werden, die nach deutschem Recht nachzuweisen sind. Es reicht eine für
das Herkunftsland übliche Abdeckung (*Schönleiter*, in: Landmann/Rohmer I,
§ 13 a Rdn. 15). Sofern die ausländische Abdeckung bei weitem nicht genügt,
um die inländischen Risiken abzudecken, können in Orientierung an § 13 b
II 2 zusätzliche Deckungsnachweise verlangt werden.

VIII. Wesentliche Änderung von Umständen (Abs. 6)

60 Durch Abs. 6 wurde Art. 7 II der RL 2005/36/EG umgesetzt. Die Änderung ist schriftlich (vgl. Rdn. 13) anzuzeigen und durch entsprechende Unterlagen nachzuweisen. Dies gilt auch, wenn die Änderung nur aus einem Mitarbeiterwechsel besteht, in dessen Person bestimmte Anforderungen erfüllt sein müssen (BT-Drs. 16/9996, S. 12). Wann eine Änderung als „wesentlich" bezeichnet werden kann, unterliegt der vollen gerichtlichen Kontrolle (*Pielow*, in: BeckOK, § 13 a Rdn. 12; vgl. Rdn. 37). Wesentlich können nur Tatsachen sein, die sich auf die Anforderungen des Abs. 1 und 5 erstrecken (*Schulze-Werner* GewArch 2009, 391 [396]). Als Beispiele werden das Nichtbestehen einer Wiederholungsprüfung, die nach dem Recht des Herkunftslandes notwendig ist oder eine zwischenzeitliche Untersagung der Gewerbeausübung angeführt (*Schönleiter*, in: Landmann/Rohmer I, § 13 a Rdn. 16).

61 Tritt keine wesentliche Änderung der Umstände ein, muss die Anzeige dennoch alle zwölf Monate formlos wiederholt werden. Diese Vorschrift dient der Verhütung des Missbrauchs von § 13 a, der nur die Wahrnehmung der Dienstleistungs-, nicht aber der Niederlassungsfreiheit privilegieren soll. Deshalb ist es angebracht, im Falle einer Dienstleistungserbringung von einer Dauer von über zwölf Monaten das Merkmal der „vorübergehenden" Dienstleistungserbringung intensiv zu überprüfen und ggf. zu entscheiden, ob ein regulärer Zulassungsantrag nach der Maßgabe der Berufsanerkennungsrichtlinie bzw. des deutschen Gewerberechts zu stellen ist (*Pielow*, in: BeckOK, § 13 a Rdn. 12; *Schulze-Werner* GewArch 2009, 391 [394]). Bei der Überprüfung soll weniger auf die zeitliche Komponente geachtet werden, als vielmehr die Frage, ob der Dienstleistungserbringer in seinem Herkunftsstaat noch verwurzelt ist, im Mittelpunkt stehen (*Schönleiter*, in: Landmann/Rohmer I, § 13 a Rdn. 4). Insoweit wird diese lang andauernde Form der „vorübergehenden" Dienstleistungserbringung also besonders für grenznahe Dienstleister oder solche, die ihre Dienstleistungen jeweils auf das Neue grenzüberschreitend anbieten (Korrespondenzdienstleister), bedeutsam sein.

IX. Ausdehnung des Anwendungsbereichs auf Arbeitnehmer (Abs. 7)

62 Die Berufsqualifikationsrichtlinie ist gleichermaßen auf Selbstständige wie auf abhängig Beschäftigte anzuwenden, vgl. Art. 2 I der RL 2005/36/EG. Daher sind die Abs. 1 bis 6 entsprechend auf Arbeitnehmer anzuwenden, soweit Sachkunde- oder Unterrichtsnachweise auch für diese vorgeschrieben sind. Relevant ist das namentlich für juristische Personen aus dem EU-/EWR-Ausland, die vorübergehend in Deutschland tätig werden wollen (*Schulze-Werner* GewArch 2009, 391 [394]).

§ 13 b Anerkennung ausländischer Unterlagen und Bescheinigungen

(1) ¹Soweit nach diesem Gesetz oder einer auf Grund dieses Gesetzes erlassenen Rechtsverordnung die Zuverlässigkeit oder die Vermögensverhältnisse einer Person zu prüfen sind, sind als Nachweis für die Zuverlässigkeit und für geordnete Vermögensverhältnisse von Gewerbetreibenden aus einem anderen Mitgliedstaat der Europäischen Union oder einem anderen Vertragsstaat des Abkommens über den Europäischen Wirtschaftsraum Unterlagen als ausreichend anzuerkennen, die im Herkunftsstaat ausgestellt wurden und die belegen, dass die Anforderungen an die Zuverlässigkeit und die geordneten Vermögensverhältnisse des Gewerbetreibenden erfüllt werden. ²Dabei kann verlangt werden, dass die Unterlagen in beglaubigter Kopie und beglaubigter deutscher Übersetzung vorgelegt werden. ³Werden im Herkunftsstaat solche Unterlagen nicht ausgestellt, so können sie durch eine Versicherung an Eides statt des Gewerbetreibenden oder nach dem Recht des Herkunftsstaats vergleichbare Handlungen ersetzt werden.

(2) ¹Soweit in diesem Gesetz oder einer auf Grund dieses Gesetzes erlassenen Rechtsverordnung ein Nachweis darüber verlangt wird, dass ein Gewerbetreibender gegen die finanziellen Risiken seiner beruflichen Tätigkeit haftpflichtversichert ist, ist von Gewerbetreibenden aus einem anderen Mitgliedstaat der Europäischen Union oder einem anderen Vertragsstaat des Abkommens über den Europäischen Wirtschaftsraum als Nachweis eine Bescheinigung über den Abschluss einer Berufshaftpflichtversicherung als hinreichend anzuerkennen, die von einem Kreditinstitut oder einem Versicherungsunternehmen in einem anderen Mitgliedstaat oder Vertragsstaat ausgestellt wurde, sofern die in diesem Staat abgeschlossene Berufshaftpflichtversicherung im Wesentlichen vergleichbar ist zu der, die von Inländern verlangt wird, und zwar hinsichtlich der Zweckbestimmung, der vorgesehenen Deckung bezüglich des versicherten Risikos, der Versicherungssumme und möglicher Ausnahmen von der Deckung. ²Bei nur teilweiser Gleichwertigkeit kann eine zusätzliche Sicherheit verlangt werden, die die nicht gedeckten Risiken absichert.

(3) Die Absätze 1 und 2 gelten nicht, soweit Tätigkeiten nach den §§ 30, 33 c, 33 d, 34, 34 a, 34 c Absatz 1 Satz 1 Nummer 1a bis 3, den §§ 34 d, 34 e oder nach § 60 a ausgeübt werden.

Literatur: *U. Schönleiter*, Das neue Gesetz zur Umsetzung der Dienstleistungsrichtlinie in der GewO, GewArch 2009, 384 ff.

Übersicht

	Rdn.
I. Vorbemerkungen	1
II. Anforderungen an Nachweise (Abs. 1)	4
1. Inhaltliche Anforderungen an den Nachweis (S. 1)	5

§ 13b Titel I. Allgemeine Bestimmungen

    2. Formale Anforderungen an den Nachweis (S. 1 bis 3) 8
      a) Ausstellung im Herkunftsstaat (S. 1) 8
      b) Beglaubigte Kopie (S. 2) 9
      c) Vorlage des Originals 15
      d) Beglaubigte Übersetzung (S. 2) 16
      e) Versicherung an Eides statt (S. 3) 18
   III. Anforderungen an die Berufshaftpflichtversicherung (Abs. 2) 19
   IV. Beschränkung des Anwendungsbereichs (Abs. 3) 22

I. Vorbemerkungen

1 § 13 b wurde durch das Gesetz zur **Umsetzung der Dienstleistungsrichtlinie** im Gewerberecht und in weiteren Rechtsvorschriften vom 17. 7. 2009 (BGBl. I S. 2091) in die Gewerbeordnung eingefügt. Dabei dient sein Absatz 1 der Umsetzung von Art. 5 III und sein Absatz 2 der Umsetzung von Art. 23 II der Dienstleistungsrichtlinie (RL 2006/123/EG). Mit § 13 b wird für den Bereich des Gewerberechts zudem Art. 10 III RL 2006/123/EG umgesetzt, wonach unnötige Doppelprüfungen unterbleiben müssen (BT-Drs. 16/12784, S. 16).

2 Deshalb haben die deutschen Behörden Nachweise aus dem EU-/EWR-Ausland, welche Umstände mit Relevanz für die Beurteilung der Zuverlässigkeit, der geordneten Vermögensverhältnisse oder das Bestehen einer Berufshaftpflichtversicherung belegen, anzuerkennen und von einer nochmaligen Prüfung der betroffenen Umstände absehen. Die deutsche Behörde prüft nur noch Echtheit und Aussagekraft der vorgelegten Nachweise. Unberührt bleiben Aufgabe und Befugnis der deutschen Behörde, diejenigen Umstände zu überprüfen, deren Vorliegen oder Fehlen nicht durch Nachweise i. S. d. § 13 b hinreichend dargetan sind.

3 § 13 b überschneidet sich teils mit den §§ 11 b und 13 a, welche die reglementierten Berufe betreffen; im Zweifel gehen die Spezialbestimmungen der §§ 11 b, 13 a vor (*Schönleiter* GewArch 2009, 384 [388]).

II. Anforderungen an Nachweise (Abs. 1)

4 § 13 b I stellt – wie Abs. 2 – auf **Gewerbetreibende** (zum Begriff siehe § 1 Rdn. 74 ff.) aus einem anderen EU-/EWR-Staat ab. Es genügt, dass der Gewerbetreibende im anderen EU-/EWR-Staat seinen geschäftlichen Sitz hat. Es ist – im Unterschied zu § 13 a (dort Rdn. 4) – nicht nötig, dass er die entsprechende **Staatsangehörigkeit** hat, sodass auch Staatsangehörige von Drittstaaten – oder auch Deutsche mit Sitz im EU-/EWR-Ausland – unter § 13 b fallen können. Gegen eine Ausdehnung des Anwendungsbereichs auf Ausländer ohne Unionsbürgerschaft spricht zwar, dass der Anwendungsbereich des § 13 b grundsätzlich auf den Anwendungsbereich der Richtlinie 2005/36/EG begrenzt sein soll (BT-Drs. 16/9996, S. 8), welche wiederum nur für Unionsbürger gilt. Allerdings zeigt der Vergleich von § 13 b mit dem – gleichzeitig eingeführten – § 13 a, dass der Anwendungsbereich bei § 13 b weiter gefasst sein soll. Der Gesetzgeber hat bei § 13 b auf das einschränkende Merkmal „als Staatsangehöriger eines Mitgliedstaates" gerade verzichtet. Daher kann nicht unterstellt werden, dass eine solche Einschränkung trotz des fehlenden Merkmals gelten soll. Außerdem soll durch § 13 b die Funktionsfähigkeit des Binnenmarktsystems gesichert und gefördert werden. Dem wäre es abträglich, wenn im Binnenmarkt tätige Gewerbetreibende ohne Unionsbürgerschaft nicht in den Genuss der Regelung in § 13 b kommen würden. Darüber hinaus wurden die Nachweise, die anzuerkennen sind – unabhängig von der Staatsangehörigkeit des Gewerbetreibenden – von Behörden eines EU-/EWR-Staates ausgestellt.

1. Inhaltliche Anforderungen an den Nachweis (S. 1)

§ 13 b I regelt die Anforderungen, unter denen Nachweise aus einem anderen Mitgliedstaat der Europäischen Union oder Vertragsstaat des EWR (Länderliste: § 13 a Rdn. 4) anerkannt werden müssen, wenn nach der GewO oder einer aufgrund der GewO erlassenen Rechtsverordnung eine Prüfung der **Zuverlässigkeit** oder der **geordneten Vermögensverhältnisse** erfolgen muss. Die (Un-)Zuverlässigkeit (dazu § 35 Rdn. 27 ff.) ist Tatbestandsmerkmal zahlreicher Erlaubnis- und Untersagungstatbestände der GewO. Jedoch wird der Anwendungsbereich des § 13 b durch seinen Abs. 3 erheblich eingeschränkt (vgl. Rdn. 22 f.). Geordnete Vermögensverhältnisse bzw. ihr Fehlen sind Teil der Zuverlässigkeit (§ 35 Rdn. 70, 203) und überdies gesondertes Merkmal einiger Tatbestände (z. B. §§ 34 b IV Nr. 2, 34 c IV Nr. 2, 34 d II Nr. 2). Nach diesen Vorschriften ist in der Regel anzunehmen, dass ein Antragsteller in ungeordneten Vermögensverhältnissen lebt, wenn über sein Vermögen das Insolvenzverfahren eröffnet worden oder er in das vom Insolvenzgericht oder vom Vollstreckungsgericht zu führende Verzeichnis eingetragen ist. 5

Die Nachweise müssen anerkannt werden, wenn sie aus einem anderen Mitgliedstaat der EU oder einem Vertragsstaat der EWR stammen und sie belegen, dass die **Anforderungen,** die das deutsche Recht an die Zuverlässigkeit (zu den Anforderungen vgl. § 35 Rdn. 27) bzw. die geordneten Vermögensverhältnisse (vgl. § 34 b Rdn. 27 ff.) stellt, erfüllt sind. Das „**belegen**" i. S. d. § 13 b I 1 ist nur anzunehmen, wenn die formellen (dazu S. 2, 3; Rdn. 8 ff.) und die sogleich beschriebenen materiellen Kriterien (Rdn. 7) erfüllt sind. 6

In **materieller Hinsicht** muss aus dem Inhalt der Nachweise hervorgehen, dass die Anforderungen, die an die Prüfung der Zuverlässigkeit oder der geordneten Vermögensverhältnisse gestellt werden, tatsächlich vorliegen. Diese Gesichtspunkte sind – vorbehaltlich der formellen Anforderungen – dann von der deutschen Behörde zugrunde zu legen. Dies bedeutet: Wenn die Umstände ausreichen, um das Tatbestandsmerkmal der Zuverlässigkeit zu bejahen, ist dies von der deutschen Behörde ohne nochmalige oder weitergehende Prüfung zu akzeptieren (*Schönleiter* GewArch 2009, 384 [388]). Wenn die vorgelegten Nachweise den erforderlichen Beleg nur teilweise erbringen, kann und muss die deutsche Behörde das Vorliegen der übrigen gesetzlichen Tatbestandsmerkmale eigenständig prüfen. 7

§ 13b Titel I. Allgemeine Bestimmungen

2. Formale Anforderungen an den Nachweis (S. 1 bis 3)

8 a) **Ausstellung im Herkunftsstaat (S. 1).** Soll der Nachweis einzelner Merkmale der Zuverlässigkeit bzw. der Vermögensverhältnisse durch Unterlagen erbracht werden, verlangt S. 1 zunächst, dass diese Unterlagen im Herkunftsstaat ausgestellt worden sind. Es genügt eine „Ausstellung im Herkunftsstaat", d. h. es muss sich nicht zwingend um Unterlagen handeln, die durch den Staat und dessen Behörden ausgestellt worden sind. Denkbar ist aber natürlich, dass solchen nichtamtlichen Urkunden die Aussagekraft fehlt, bestimmte Merkmale der Zuverlässigkeit oder Vermögensverhältnisse zu belegen. Urkunden aus anderen (EU-, EWR-) Staaten, welche die Anforderungen des § 13 b I 1 nicht erfüllen, können von der deutschen Behörde bei ihrer Prüfung freilich dennoch herangezogen werden, lösen aber nicht die Wirkungen des § 13 b I aus.

9 b) **Beglaubigte Kopie (S. 2).** Gem. Art. 5 III UAbs. 1 S. 2 RL 2006/123/EG dürfen die Mitgliedstaaten nicht verlangen, dass Dokumente eines anderen Mitgliedstaates im Original, in beglaubigter Kopie oder beglaubigter Übersetzung vorgelegt werden, außer in Fällen, in denen dies in anderen Unionsrechtsakten vorgesehen ist oder wenn zwingende Gründe des Allgemeininteresses einschließlich der öffentlichen Ordnung und Sicherheit dies erfordern. Das Unionsrechts sieht also für den Regelfall vor, dass unbeglaubigte Kopien der Nachweise genügen.

10 Als Ausnahmetatbestand relevant sind insb. die öffentliche Ordnung und Sicherheit. Diese Begriffe sind unabhängig vom deutschen Begriffsverständnis aus unionsrechtlicher Sicht auszulegen. Die **öffentliche Ordnung** ist danach insb. dann gefährdet, wenn ein „Grundinteresse der Gesellschaft" berührt ist, welches kein rein wirtschaftliches Interesse sein darf (vgl. *EuGH* Urt. v. 9. 3. 2000, Rs. C-355/98, Slg. 2000, I-1221, Rdn. 28 – Kommission/Belgien; Urt. v. 19. 1. 1999, Rs. C-348/96, Slg. 1999, I-11, Rdn. 21 ff. und 35 – Calfa; BT-Drs. 16/12784, S. 11). Unter die **öffentliche Sicherheit** fallen Regelungen, „die wesentlich sind für die Existenz eines Staates", wenn sie also für das „Funktionieren seiner Wirtschaft […], seiner Einrichtungen und seiner wichtigen öffentlichen Dienste" erforderlich ist (*EuGH* Urt. v. 10. 7. 1984, Rs. C-72/83, Slg. 1984, 2727, Rdn. 34 – Campus Oil). Von daher wird die öffentliche Sicherheit auch als das „Schutzsystem des Staates zur Erhaltung seines Gewaltmonopols sowie den Schutz seiner Existenz und seiner zentralen Einrichtungen" (*Epiney*, in: Bieber/Epiney/Haag, Die Europäische Union, § 11 Rdn. 52, Fn. 104) definiert. Bei der Anwendung der Begriffe „öffentliche Sicherheit" und „öffentliche Ordnung" handelt es sich um die Ausfüllung von Ausnahmetatbestände, die grundsätzlich eng auszulegen sind (BT-Drs. 16/12784, S. 12).

11 Auf diesen sekundärrechtlichen Ausnahmetatbestand stützt sich § 13 b I 2. Danach kann die zuständige Behörde verlangen, dass die Dokumente in **beglaubigter Kopie** und/oder in **beglaubigter Übersetzung** vorzulegen sind. Aus der Gesetzesbegründung ergibt sich, dass der Gesetzgeber davon ausgeht, dass die Behörden ohnehin nur dann Nachweise i. S. d. § 13 b I 1 verlangen werden, wenn das behördliche Verfahren dem Schutz „zwingende[r] Gründe des Allgemeininteresses wie des Verbraucherschutzes, der

Betrugsvorbeugung oder der Lauterkeit des Handelsverkehrs" dient und die Vorlage deshalb erforderlich ist (BT-Drs. 16/12784, S. 15 f.). Es gehe, so die Gesetzesbegründung weiter, „insbesondere um die erlaubnispflichtigen sowie die überwachungspflichtigen Gewerbe", bei denen „die Gefahr von »schwarzen Schafen« besonders hoch ist. Daher muss auch sichergestellt werden können, dass der Behörde ermöglicht wird, die Echtheit eines Dokuments bzw. die Richtigkeit der Übersetzung einzuschätzen. Hierfür bieten aber nur beglaubigte Dokumente bzw. Originale eine ausreichende Gewähr."

Im Ergebnis wird hier die **unionsrechtliche Ausnahme** in Deutschland **zum gesetzlichen Regelfall**. Dies ist unionsrechtskonform. Die durch Verfassungsrecht sowie durch § 1 geschützte Gewerbefreiheit wird durch die GewO mit Blick auf die Erfordernisse der Zuverlässigkeit und der geordneten Vermögensverhältnisse nur dann beschränkt, wenn dies erforderlich ist, wichtige Gemeinschaftsgüter zu schützen (so die traditionellen Anforderungen an subjektive Berufswahlbeschränkungen, d.h. an die zweite Stufe der sog. Drei-Stufen-Theorie; oben Einl. Rdn. 77). Dann sind aber zugleich zwingende Gründe des Allgemeinwohls i. S. d. Art 5 III UAbs. 1 S. 2 RL 2006/123/EG gegeben (oben Rdn. 9 ff.). 12

§ 13 b I 2 stellt das Verlangen nach einer beglaubigten Kopie in das **Ermessen** der Behörde. Unionsrechtliche Wertungen sind in die Ermessensausübung einzustellen. Deshalb darf von der Möglichkeit des § 13 b I 2 nicht schematisch Gebrauch gemacht werden. Nur in den Fällen, in denen die Echtheit des Dokuments oder die Übereinstimmung der Kopie mit dem Originaldokument nicht auf andere Weise erkennbar ist, darf die Vorlage einer beglaubigten Kopie verlangt werden (vgl. BT-Drs. 16/12784, S. 16). Dies bedeutet nicht, dass die Behörde eine beglaubigte Kopie nur verlangen darf, wenn sie konkrete Anhaltspunkte hat, dass die vorgelegten Dokumente gefälscht sind. 13

Alternative zum Verlangen, eine beglaubigte Kopie vorzulegen, kann eine Nachfrage über das IMI-System bei der Behörde des Herkunftsstaates sein. Teilweise wird vertreten, dass § 13 b I hierfür die Ermächtigungsgrundlage bietet (so *Schönleiter* GewArch 2009, 384 [388]). Hiergegen wird jedoch eingewendet, dass § 13 b nicht die Voraussetzungen erfüllt, die das *BVerfG* in seinem "Volkszählungsurteil" (*BVerfGE* 65, 1 ff.) für datenschutzrechtliche Ermächtigungsgrundlagen aufgestellt hat (so *Schulze-Werner*, in: Friauf, § 13 b Rdn. 5). Hierfür spricht letztlich auch, dass der Gesetzgeber – gleichzeitig mit dem § 13 a – mit § 11 eine umfassende Ermächtigungsgrundlage zur Datenübermittlung und -abfrage in die GewO eingeführt hat, ohne diese Möglichkeit vorzusehen. Letztlich kann die Frage jedoch offen bleiben, da eine Abfrage jedenfalls immer dann möglich sein wird, wenn der Betroffene dieser Maßnahme zustimmt. Da es seine Aufgabe ist, die geforderten Nachweise zu erbringen, wird dieses Einverständnis im Regelfall erteilt werden. 14

c) Vorlage des Originals. Die in der Richtlinie vorgesehene Möglichkeit der Vorlage von Originalen wird in § 13 b I nicht aufgeführt. Die deutsche Behörde darf daher die Vorlage des Originals nicht verlangen (BT-Drs. 16/12784, S. 16). Wird ein Original unverlangt vorgelegt, ist dieses aber „selbstverständlich ebenfalls anzuerkennen" (BT-Drs. 16/12784, S. 16). 15

§ 13b Titel I. Allgemeine Bestimmungen

16 **d) Beglaubigte Übersetzung (S. 2).** Für eine beglaubigte Übersetzung gilt im Ansatz dasselbe wie für eine beglaubigte Kopie: Gem. Art. 5 III UAbs. 1 S. 2 RL 2006/123/EG ist das Verlangen nach Vorlage einer beglaubigten Übersetzung nur für den Ausnahmefall vorgesehen. Davon unberührt bleibt, so Art. 5 III UAbs. 2 RL 2006/123/EG, das Recht der Mitgliedstaaten, nicht beglaubigte Übersetzungen von Dokumenten in einer ihrer Amtssprachen zu verlangen. Der deutsche Gesetzgeber ermöglicht durch § 13 b I 2 den Behörden, in Parallele zur beglaubigten Kopie auch eine beglaubigte Übersetzung zur verlangen (vgl. Rdn. 11).

17 Die Vorgabe des § 13 b I 2 ist auch insoweit unionsrechtskonform (Rdn. 12). Die Ermessensentscheidung, ob der Behörde die Vorlage des fremdsprachigen Dokuments genügt, oder ob sie die Vorlage einer einfachen oder einer beglaubigten Übersetzung verlangt, richtet sich u. a. nach der in der Behörde vorhandenen Fremdsprachenkompetenz. Siehe zur Ermessensausübung im Übrigen Rdn. 13.

18 **e) Versicherung an Eides statt (S. 3).** Sollten im Herkunftsland keine Unterlagen ausgestellt werden, die den Nachweis über die Zuverlässigkeit oder die geordneten Vermögensverhältnisse ermöglichen, bietet der Gesetzgeber dem Gewerbetreibenden durch Satz 2 noch die Möglichkeit, den Nachweis durch eine Versicherung an Eides statt oder durch eine im Herkunftsland vorgesehene vergleichbare Erklärung zu erbringen.

III. Anforderungen an die Berufshaftpflichtversicherung (Abs. 2)

19 Die Anforderungen, die an die **Berufshaftpflichtversicherung** eines Gewerbetreibenden (oben Rdn. 4) aus einem EU/EWR-Mitglieds-/ Vertragsstaat gestellt werden dürfen, sind nunmehr in § 13 b II geregelt.

20 Die Versicherung muss bei einem **Kreditinstitut** oder einem **Versicherungsunternehmen** eines anderen Mitgliedstaates der EU oder einem Vertragsstaat der EWR (Länderliste: § 13 a Rdn. 4) abgeschlossen worden sein. Inhaltlich muss sie im Wesentlichen vergleichbar mit derjenigen Berufshaftpflichtversicherung sein, die im konkreten Fall von einem deutschen Gewerbetreibenden verlangt wird, und zwar nach Zweckbestimmung, Deckung, der Art des versicherten Risikos, der Versicherungssumme, der Nachhaftung und – besonders wichtig! – möglicher Ausnahmen der Deckung.

21 Bleibt der ausländische Versicherungsnachweis hinter diesen Voraussetzungen zurück, ist die zuständige Behörde berechtigt, weitere Sicherheiten zu verlangen. Allerdings dürfen diese weiteren Sicherheiten nur verlangt werden, um die durch die nachgewiesene Berufshaftpflicht nicht gedeckten Risiken abzusichern (Abs. 2 S. 2).

IV. Beschränkung des Anwendungsbereichs (Abs. 3)

22 Die Absätze 1 und 2 gelten nicht, soweit Tätigkeiten nach den §§ 30, 33 c, 33 d, 34, 34 a, 34 c I 1 Nrn. 1a bis 3, den §§ 34 d, 34 e oder nach § 60 a

ausgeübt werden. Die hiervon betroffenen Gewerbetätigkeiten unterfallen nicht dem Anwendungsbereich der Dienstleistungsrichtlinie; vgl. zu § 30: Art. 2 II lit. a RL 2006/123/EG – Gesundheit; zu §§ 33 c, 33 d, 60 a: Art. 2 II lit. h – Glücksspiele; zu §§ 34 und 34 c I 1 Nrn. 1a bis 3, 34 d, 34 e: Art. 2 II lit. b – Finanzdienstleistungen; zu § 34 a: Art. 2 II lit. k: private Sicherheitsdienste. Durch § 13 b III wird so sichergestellt, dass § 13 b nur bei den gewerblichen Tätigkeiten angewendet wird, die auch von der Dienstleistungsrichtlinie erfasst sind (BT-Drs. 16/12784, S. 16). Darüber hinaus finden noch weitere Einschränkungen über § 4 I statt (ausführlich: *Schulze-Werner*, in: Friauf, § 13 b Rdn. 3).

Übrig bleiben nur wenige tatsächliche Anwendungsbereiche: Besonders **23** praxisrelevant wird diese Bestimmung für das Bewachungsgewerbe und die Zuverlässigkeitsprüfung i. R. d. § 38 werden, wo eine Berufshaftpflichtversicherung vorgeschrieben (vgl. § 34 a II Nr. 3 lit. c) und EU-/EWR-ausländische Angebote zu erwarten sind (*Schönleiter* GewArch 2009, 384 [388]).

Titel II. Stehendes Gewerbe

Vor §§ 14 ff.

Die GewO kennt drei Formen gewerblicher Tätigkeiten (sog. Trichotomie der gewerblichen Tätigkeitsformen): Stehendes Gewerbe (Titel II), Reisegewerbe (Titel III) und Marktverkehr (Titel IV). Titel II ist seinerseits in drei Abschnitte untergliedert, nämlich I (Allg. Erfordernisse, §§ 14 ff.), II (Erfordernis besonderer Überwachung oder Genehmigung, wobei die Vorschriften zur besonderen Überwachung [§§ 16 ff. a. F.] weggefallen oder aufgehoben sind, so dass nur noch die Vorschriften zur besonderen Genehmigung existieren [§§ 29 ff.]) und III (Umfang, Ausübung und Verlust der Gewerbebefugnisse, §§ 41 ff.).

I. Allgemeine Erfordernisse

§ 14 Anzeigepflicht

(1) ¹Wer den selbständigen Betrieb eines stehenden Gewerbes, einer Zweigniederlassung oder einer unselbständigen Zweigstelle anfängt, muss dies der zuständigen Behörde gleichzeitig anzeigen. ²Das Gleiche gilt, wenn
1. der Betrieb verlegt wird,
2. der Gegenstand des Gewerbes gewechselt oder auf Waren oder Leistungen ausgedehnt wird, die bei Gewerbebetrieben der angemeldeten Art nicht geschäftsüblich sind, oder
3. der Betrieb aufgegeben wird.
³Steht die Aufgabe des Betriebes eindeutig fest und ist die Abmeldung nicht innerhalb eines angemessenen Zeitraums erfolgt, kann die Behörde die Abmeldung von Amts wegen vornehmen.

(2) Absatz 1 gilt auch für den Handel mit Arzneimitteln, mit Losen von Lotterien und Ausspielungen sowie mit Bezugs- und Anteilscheinen auf solche Lose und für den Betrieb von Wettannahmestellen aller Art.

(3) ¹Wer die Aufstellung von Automaten jeder Art als selbständiges Gewerbe betreibt, muss die Anzeige bei der zuständigen Behörde seiner Hauptniederlassung erstatten. ²Der Gewerbetreibende ist verpflichtet, zum Zeitpunkt der Aufstellung des Automaten den Familiennamen mit mindestens einem ausgeschriebenen Vornamen, seine ladungsfähige Anschrift sowie die Anschrift seiner Hauptniederlassung an dem Automaten sichtbar anzubringen. ³Gewerbetreibende, für die eine Firma im Handelsregister eingetragen ist, haben außerdem ihre Firma in der in Satz 2 bezeichneten Weise anzubringen. ⁴Ist aus der Firma der Familienname des Gewerbetreibenden mit

§ 14

einem ausgeschriebenen Vornamen zu ersehen, so genügt die Anbringung der Firma.

(4) ¹Für die Anzeige ist
1. in den Fällen des Absatzes 1 Satz 1 (Beginn des Betriebes) ein Vordruck nach dem Muster der Anlage 1 (Gewerbeanmeldung – GewA 1),
2. in den Fällen des Absatzes 1 Satz 2 Nr. 1 (Verlegung des Betriebes) und in den Fällen des Absatzes 1 Satz 2 Nr. 2 (Wechsel oder Ausdehnung des Gegenstandes des Gewerbes) ein Vordruck nach dem Muster der Anlage 2 (Gewerbeummeldung – GewA 2),
3. in den Fällen des Absatzes 1 Satz 2 Nr. 3 (Aufgabe des Betriebes) ein Vordruck nach dem Muster der Anlage 3 (Gewerbeabmeldung – GewA 3)

zu verwenden. ²Die Vordrucke sind vollständig, in der vorgeschriebenen Anzahl und gut lesbar auszufüllen. ³Zur elektronischen Datenverarbeitung kann die zuständige Behörde Abweichungen von der Form, nicht aber vom Inhalt der Anzeige nach den Sätzen 1 und 2 zulassen.

(5) ¹Die Finanzbehörden teilen den zuständigen Behörden die nach § 30 der Abgabenordnung geschützten Verhältnisse von Unternehmen im Sinne des § 5 des Gewerbesteuergesetzes mit, wenn deren Steuerpflicht erloschen ist; mitzuteilen sind lediglich Name und betriebliche Anschrift des Unternehmers und der Tag, an dem die Steuerpflicht endete. ²Die Mitteilungspflicht besteht nicht, soweit ihre Erfüllung mit einem unverhältnismäßigen Aufwand verbunden wäre. ³Absatz 6 Satz 1 gilt entsprechend.

(6) ¹Die erhobenen Daten dürfen nur für die Überwachung der Gewerbeausübung sowie statistische Erhebungen verwendet werden. ²Der Name, die betriebliche Anschrift und die angezeigte Tätigkeit des Gewerbetreibenden dürfen allgemein zugänglich gemacht werden.

(7) ¹Öffentlichen Stellen, soweit sie nicht als öffentlich-rechtliche Unternehmen am Wettbewerb teilnehmen, dürfen der Zweckbindung nach Absatz 6 Satz 1 unterliegende Daten übermittelt werden, soweit
1. eine regelmäßige Datenübermittlung nach Absatz 9 zulässig ist,
2. die Kenntnis der Daten zur Abwehr einer gegenwärtigen Gefahr für die öffentliche Sicherheit oder erheblicher Nachteile für das Gemeinwohl erforderlich ist oder
3. der Empfänger die Daten beim Gewerbetreibenden nur mit unverhältnismäßigem Aufwand erheben könnte oder von einer solchen Datenerhebung nach der Art der Aufgabe, für deren Erfüllung die Kenntnis der Daten erforderlich ist, abgesehen werden muss und kein Grund zu der Annahme besteht, dass das schutzwürdige Interesse des Gewerbetreibenden überwiegt.

² Für die Weitergabe von Daten innerhalb der Verwaltungseinheiten, denen die für die Entgegennahme der Anzeige und die Überwachung

Anzeigepflicht § 14

der Gewerbeausübung zuständigen Behörden angehören, gilt Satz 1 entsprechend.

(8) Öffentlichen Stellen, soweit sie als öffentlich-rechtliche Unternehmen am Wettbewerb teilnehmen, und nichtöffentlichen Stellen dürfen der Zweckbindung nach Absatz 6 Satz 1 unterliegende Daten übermittelt werden, wenn der Empfänger ein rechtliches Interesse an der Kenntnis der zu übermittelnden Daten glaubhaft macht und kein Grund zu der Annahme besteht, dass das schutzwürdige Interesse des Gewerbetreibenden überwiegt.

(9) ¹Die zuständige Behörde darf Daten aus der Gewerbeanzeige regelmäßig übermitteln an
1. die Industrie- und Handelskammer zur Wahrnehmung der in den §§ 1, 3 und 5 des Gesetzes zur vorläufigen Regelung des Rechts der Industrie- und Handelskammern genannten sowie der nach § 1 Abs. 4 desselben Gesetzes übertragenen Aufgaben ohne die Feld-Nummer 33,
2. die Handwerkskammer zur Wahrnehmung der in § 91 der Handwerksordnung genannten, insbesondere der ihr durch die §§ 6, 19 und 28 der Handwerksordnung zugewiesenen und sonstiger durch Gesetz übertragener Aufgaben ohne die Feld-Nummer 33,
3. die für den Immissionsschutz zuständige Landesbehörde zur Durchführung arbeitsschutzrechtlicher sowie immissionsschutzrechtlicher Vorschriften ohne die Feld-Nummern 8, 10, 27 bis 31 und 33,
3a. die für den technischen und sozialen Arbeitsschutz, einschließlich den Entgeltschutz nach dem Heimarbeitsgesetz zuständige Landesbehörde zur Durchführung ihrer Aufgaben ohne die Feld-Nummern 8, 10, 27 bis 31 und 33,
4. das Eichamt zur Wahrnehmung der im Eichgesetz, in der Eichordnung sowie in der Fertigpackungsverordnung gesetzlich festgelegten Aufgaben, und zwar nur die Feld-Nummern 1, 3, 4, 11, 12, 15 und 17,
5. die Bundesagentur für Arbeit zur Wahrnehmung der in § 405 Abs. 1 in Verbindung mit § 404 Abs. 2 des Dritten Buches Sozialgesetzbuch sowie nach dem Arbeitnehmerüberlassungsgesetz obliegenden Aufgaben ohne die Feld-Nummer 33, bei der Abmeldung ohne die Feld-Nummern 8, 10 bis 16 und 18 bis 33,
6. die Deutsche Gesetzliche Unfallversicherung e. V ausschließlich zur Weiterleitung an die zuständige Berufsgenossenschaft für die Erfüllung der ihr durch Gesetz übertragenen Aufgaben ohne die Feld-Nummern 10, 28, 30, 31 und 33,
7. die Behörden der Zollverwaltung zur Wahrnehmung der ihnen nach dem Schwarzarbeitsbekämpfungsgesetz, nach § 405 Abs. 1 in Verbindung mit § 404 Abs. 2 des Dritten Buches Sozialgesetzbuch sowie nach dem Arbeitnehmerüberlassungsgesetz obliegenden Aufgaben ohne die Feld-Nummer 33, bei der Abmeldung ohne die Feld-Nummern 10 bis 16 und 18 bis 33,

§ 14 Titel II. Stehendes Gewerbe

8. das Registergericht, soweit es sich um die Abmeldung einer im Handels- und Genossenschaftsregister eingetragenen Haupt- oder Zweigniederlassung handelt, für Maßnahmen zur Herstellung der inhaltlichen Richtigkeit des Handelsregisters gemäß § 388 Absatz 1 des Gesetzes über das Verfahren in Familiensachen und in den Angelegenheiten der freiwilligen Gerichtsbarkeit oder des Genossenschaftsregisters gemäß § 160 des Gesetzes betreffend die Erwerbs- und Wirtschaftsgenossenschaften, und zwar ohne die Feld-Nummern 6 bis 8, 10 bis 13, 18, 19, 21, 22 und 27 bis 33,
9. die statistischen Ämter der Länder zur Führung des Statistikregisters nach § 1 Abs. 1 Satz 1 des Statistikregistergesetzes in den Fällen des Absatzes 1 Satz 2 Nr.1 und 2 die in Absatz 14 Satz 4 angeführten Feld-Nummern.

²§ 138 der Abgabenordnung bleibt unberührt.

(10) Darüber hinaus sind Übermittlungen der nach den Absätzen 1 bis 5 erhobenen Daten nur zulässig, soweit die Kenntnis der Daten zur Verfolgung von Straftaten erforderlich ist oder eine besondere Rechtsvorschrift dies vorsieht.

(11) Die Einrichtung eines automatisierten Verfahrens, das den Abruf von Daten aus der Gewerbeanzeige ermöglicht, ist nur zulässig, wenn technisch sichergestellt ist, dass
1. die abrufende Stelle die bei der zuständigen Stelle gespeicherten Daten nicht verändern kann und
2. ein Abruf durch eine in Absatz 8 genannte Stelle nur möglich ist, wenn die abrufende Stelle entweder den Namen des Gewerbetreibenden oder die betriebliche Anschrift des Gewerbetreibenden angegeben hat; der Abruf von Daten unter Verwendung unvollständiger Abfragedaten oder die Suche mittels einer Ähnlichenfunktion kann zugelassen werden.

(12) ¹Die Einrichtung eines automatisierten Verfahrens, das den Abruf von Daten ermöglicht, die der Zweckbindung nach Absatz 6 Satz 1 unterliegen, ist nur zulässig, soweit
1. dies wegen der Häufigkeit oder der Eilbedürftigkeit der Abrufe und unter Berücksichtigung der schutzwürdigen Interessen der Gewerbetreibenden angemessen ist,
2. die zum Abruf bereitgehaltenen Daten ihrer Art nach für die Aufgaben oder Geschäftszwecke des Empfängers erforderlich sein können und
3. technisch sichergestellt ist, dass Daten durch andere als die in Absatz 9 genannten Stellen nur abgerufen werden können, wenn dabei der Verwendungszweck, für den der Abruf erfolgt, sowie das Aktenzeichen oder eine andere Bezeichnung des Vorgangs, für den der Abruf erfolgt, angegeben wird.

²Die Datenempfänger sowie die Verwendungszwecke, für die Abrufe zugelassen werden, sind vom Leiter der Verwaltungseinheit schriftlich festzulegen. ³Die zuständige Stelle protokolliert die Abrufe einschließlich der angegebenen Verwendungszwecke und Vorgangsbe-

Anzeigepflicht § 14

zeichnungen. ⁴Die Protokolle müssen die Feststellung der für die einzelnen Abrufe verantwortlichen Personen ermöglichen. ⁵Eine mindestens stichprobenweise Protokollauswertung ist durch die speichernde Stelle zu gewährleisten. ⁶Die Protokolldaten dürfen nur zur Kontrolle der Zulässigkeit der Abrufe verwendet werden und sind nach sechs Monaten zu löschen.

(13) Daten, die der Zweckbindung nach Absatz 6 Satz 1 unterliegen, darf der Empfänger nur für den Zweck verwenden, zu dessen Erfüllung sie ihm übermittelt werden.

(14) ¹Über die Gewerbeanzeigen nach Absatz 1 Satz 1 und 2 Nr. 3 werden monatliche Erhebungen als Bundesstatistik durchgeführt. ²Für die Erhebungen besteht Auskunftspflicht. ³Auskunftspflichtig sind die Anzeigepflichtigen, die die Auskunftspflicht durch Erstattung der Anzeige erfüllen. ⁴Die zuständige Behörde übermittelt die Gewerbeanzeigen monatlich an die statistischen Ämter der Länder mit den Feld-Nummern
1. 1 bis 4 als Hilfsmerkmale für den Betriebsinhaber,
2. 10 und 12 bis 14 als Hilfsmerkmale für den Betrieb,
3. 4a, 8, 15 bis 25, 27, 29 und 32 als Erhebungsmerkmale.

⁵Die statistischen Ämter der Länder dürfen die Angaben zu den Feld-Nummern 1 und 3 für die Bestimmung der Rechtsform bis zum Abschluss der nach § 12 Abs. 1 des Bundesstatistikgesetzes vorgesehenen Prüfung auswerten. ⁵Ferner dürfen sie nähere Angaben zu der Feld-Nummer 15 unmittelbar bei den Auskunftspflichtigen erfragen, soweit die gemeldete Tätigkeit sonst den Wirtschaftszweigen nach Anhang I der Verordnung (EG) Nr. 1893/2006 des Europäischen Parlaments und des Rates vom 20. Dezember 2006 zur Aufstellung der statistischen Systematik der Wirtschaftszweige NACE Revision 2 und zur Änderung der Verordnung (EWG) Nr. 3037/90 des Rates sowie einiger Verordnungen der EG über bestimmte Bereiche der Statistik (ABl. EU Nr. L 393 S. 1) in der jeweils geltenden Fassung nicht zugeordnet werden kann.

Literatur: *K. Autenrieth,* Gewerbeanzeigen im Falle des Ein- oder Austritts von Gesellschaftern bei Personengesellschaften, GewArch 1985, 86 ff.; *H. Buchner,* Schwarzarbeit und Rechtsordnung, GewArch 1990, 1 ff.; *W. Dürr,* Vorrang Handwerksrolleneintragung vor Gewerbeanzeige, § 16 Abs. 1 HwO – §§ 14, 15 GewO, GewArch 2006, 107 ff.; *H. C. v. Ebner,* Gewerbetreibende Personengesellschaften, GewArch 1974, 213 ff.; *ders.,* Gewerbetreibende Gründergesellschaften, GewArch 1975, 41 ff.; *N. Ganske,* Keine Verjährung bei Verstoß gegen die Pflicht zur Gewerbean- oder -abmeldung?, GewArch 1985, 318 f.; *J. Herrmann,* Zum Verhältnis von Gewerbeanzeige und Handwerksrolleneintragung, GewArch 2006, 458 ff.; *R. Jahn,* Die Änderungen durch das Dritte Mittelstandsentlastungsgesetz, GewArch 2009, 230 ff.; *U. Lück,* Die Gewerbeanzeige, 1985; *L. Müller,* Verordnung über die Anzeigen nach § 14 und § 55 c der GewO, GewArch 1979, 326 f.; *H.-J. Odenthal,* Gesellschafter von Personengesellschaften als Gewerbetreibende, GewArch 1991, 206 ff.; *ders.,* Das Schicksal personenbezogener gewerberechtlicher Erlaubnisse bei der Umwandlung von Gesellschaften, GewArch 2005, 132 ff.; *A. Patzschke,* Die Scheinselbständigkeit bei der Gewerbeanzeige, GewArch 2003, 22 ff.; *H. Richter,* Bußgeldrechtliche Probleme gewerberechtlicher Anmeldungen, GewArch 1984, 78 ff.; *R. Spatscheck/J. Fraedrich,* Schwarzarbeit auf dem

Bau, NZBau 2007, 673 ff.; *A. Stenger*, Zweites Mittelstandsentlastungsgesetz: Beitrag aus dem Gewerberecht, GewArch 2007, 448 ff.

Übersicht

	Rdn.
I. Vorbemerkung	1
1. Zweck der Anzeigepflicht	2
2. Wertneutrale Ordnungsvorschrift	4
3. Geltung für im Inland tätige Gewerbetreibende aus dem Ausland	6
4. Anwendbarkeit auf landesrechtlich normierte Gewerbetätigkeit	7
5. Besondere Anzeigepflichten	8
II. Anzeigepflichtige Tätigkeiten (Abs. 1– 3)	9
1. Selbstständiger Betrieb eines stehenden Gewerbes (Abs. 1 S. 1)	10
a) Gewerbe	10
b) Selbstständig	11
c) Stehend	12
2. Selbstständiger Betrieb einer Zweigniederlassung (Abs. 1 S. 1)	15
3. Selbstständiger Betrieb einer unselbstständigen Zweigstelle (Abs. 1 S. 1)	21
4. Sonderregelung für Arzneimittel- und Lotterieloshandel (Abs. 2)	27
5. Sonderregelung für die Aufstellung von Automaten (Abs. 3)	30
a) Anwendungsbereich	30
b) Anzeigepflicht (S. 1)	31
c) Anbringung von Angaben am Automaten (S. 2 bis 4)	34
III. Anzeigepflichtige Vorgänge (Abs. 1)	35
1. Betriebsbeginn (Abs. 1 S. 1)	36
a) Vorbereitende Tätigkeiten	37
b) Personelle Veränderungen	40
2. Verlegung des Betriebes (Abs. 1 S. 2 Nr. 1)	44
3. Wechsel des Gewerbegegenstandes; Ausdehnung des Waren- und Leistungsangebotes (Abs. 1 S. 2 Nr. 2)	49
a) Wechsel des Gewerbegegenstandes	50
b) Ausdehnung des Angebots	52
4. Betriebsaufgabe (Abs. 1 S. 2 Nr. 3, S. 3)	55
a) Vollständig	56
b) Endgültig	58
c) Abmeldung von Amts wegen (S. 3)	61
d) Sonderfälle	65
IV. Anzeige (Abs. 4)	69
1. Zuständige Behörde	69
a) Sachliche Zuständigkeit	69
b) Örtliche Zuständigkeit	70
c) Sonderregelung des § 14 III	71
2. Form	72
3. Anzeigepflichtiger	75
a) Minderjährige	76
b) Personengesellschaften	77

c) Nichtrechtsfähiger Verein 81
d) Kapitalgesellschaften und rechtsfähige Vereine 82
e) Sonstige Fallgruppen 83
4. Zeitpunkt 85
5. Rechtsnatur 86
V. Rechtsfolgen bei Pflichtverletzungen 87
1. Verwaltungsvollstreckung 88
2. Ordnungswidrigkeitstatbestände 91
a) § 146 II Nr. 2 und 3 91
b) § 8 I Nr. 1 lit. d) SchwarzArbG 97
3. Sonstige Rechtsfolgen 98
VI. Mitteilungspflicht der Finanzbehörden (Abs. 5) 100
VII. Verwendung der Daten (Abs. 6 bis 14) 102
1. Zweckbindung der Datenverwendung (Abs. 6 und 13) ... 105
a) Verwendung 105
b) Verwendungszweck 106
c) Allgemeine Zugänglichkeit bestimmter Daten 107
2. Verwendung der Daten durch die Gewerbebehörden selbst (Abs. 6) 108
3. Übermittlung der Daten an öffentliche Stellen (Abs. 7 bis 9) 109
a) Öffentliche Stellen, soweit sie nicht als öffentlich-rechtliche Unternehmen am Wettbewerb teilnehmen (Abs. 7) 110
b) Übermittlung innerhalb der Verwaltungseinheit (Abs. 7 S. 2) 128
c) Öffentliche Stellen, soweit sie als öffentlich-rechtliche Unternehmen am Wettbewerb teilnehmen (Abs. 8) 129
d) Übermittlung an öffentliche Stellen, die in Abs. 9 aufgeführt sind 130
e) Übermittlung an statistische Ämter der Länder (Abs. 14) 137
4. Übermittlung der Daten an nicht-öffentliche Stellen (Abs. 8) 138
a) Übermittlungsanlass 139
b) Übermittlungsumfang 140
c) Übermittlungsvoraussetzungen 141
d) Ermessen 145
5. Sonstige Übermittlung der Daten (Abs. 10) 146
6. Vorgaben für automatisierte Verfahren zum Abruf von Daten (Abs. 11 und 12) 147
7. Bundesstatistik (Abs. 14) 150
8. Allgemeine Zugänglichkeit bestimmter Daten (Abs. 6 S. 2) 152

I. Vorbemerkung

Die für das Gewerberecht zentrale Vorschrift des § 14 ist in den letzten **1** Jahren wiederholt novelliert worden (zur geschichtlichen Entwicklung siehe *Marcks*, in: Landmann/Rohmer I, § 14 Rdn. 1 ff.). Aus jüngster Zeit zu nennen sind das Zweite Gesetz zum Abbau bürokratischer Hemmnisse insbesondere in der mittelständischen Wirtschaft vom 7. 9. 2007 (BGBl. I S. 2246,

2253; dazu *Stenger* GewArch 2007, 448 ff.), das Gesetz zur Vereinfachung und Anpassung statistischer Rechtsvorschriften vom 17. 3. 2008 (BGBl. I S. 399), das Unfallversicherungsmodernisierungsgesetz vom 30. 10. 2008 (BGBl. I S. 2130), das FGG-Reformgesetz vom 17. 12. 2008 (BGBl. I S. 2586), das Dritte Gesetz zum Abbau bürokratischer Hemmnisse insbesondere in der mittelständischen Wirtschaft vom 17. 3. 2009 (BGBl. I S. 550) und das Gesetz zur Umsetzung der Dienstleistungsrichtlinie im Gewerberecht und in anderen Rechtsvorschriften vom 17. 7. 2009 (BGBl. I S. 2091). Vor allem durch die Neufassung im Zuge des Zweiten Mittelstandsentlastungsgesetzes vom 7. 9. 2007 hat die überlange Regelung des § 14 eine neue Struktur erhalten (vgl. BT-Drs. 16/4391, S. 33). Zu erwarten sind weitere Novellierungen; so soll Absatz 4 gestrichen werden und an seine Stelle eine Rechtsverordnung treten, deren Grundlage ein neuer Absatz 15 sein soll (Referentenentwurf vom 3. 11. 2010; unten Rdn. 73).

1. Zweck der Anzeigepflicht

2   Die allgemeine Anzeigepflicht des § 14 soll der staatlichen Gewerbeaufsicht in erster Linie die **Überwachung der Gewerbeausübung** ermöglichen (*Dürr* GewArch 2006, 107). Da wegen des in § 1 niedergelegten und aus Art. 12 GG folgenden Grundsatzes der Gewerbefreiheit (Einl. Rdn. 16; § 1 Rdn. 79) keine generelle Genehmigungspflicht für gewerbliche Tätigkeiten besteht, dient die Anzeige als Grundlage für eine Prüfung, ob die gesetzlichen Voraussetzungen für die Fortführung eines Gewerbes vorliegen. Gegebenenfalls kann eine Gewerbeuntersagung nach § 35 erfolgen (unten § 35 Rdn. 2). Vor diesem Hintergrund ist die Anzeigepflicht das Korrelat zur Gewerbefreiheit (*BayVGH* GewArch 2005, 78; *Marcks*, in: Landmann/Rohmer I, § 14 Rdn. 8). Die Anzeige entfaltet **keine konstitutive Wirkung** (*VGH BW* GewArch 2004, 161; unten Rdn. 86).

3   § 14 ermächtigt zur Erhebung von Daten durch die Gewerbeanzeige (Abs. 1 bis 4) und durch Mitteilungen der Finanzbehörden (Absatz 5), sodann zu deren Verwendung zwecks Ermöglichung der Gewerbeüberwachung und für statistische Zwecke (Abs. 6 u. 14) sowie zur Übermittlung an andere Stellen (Abs. 7 bis 13).

2. Wertneutrale Ordnungsvorschrift

4   § 14 ist eine wertneutrale Ordnungsvorschrift. Dies ist in mehrfacher Hinsicht von Bedeutung. Zum einen folgt daraus, dass auch **Religions- und Weltanschauungsgemeinschaften** im Rahmen ihrer gewerblichen Tätigkeit anzeigepflichtig sind. Der mit der Gewerbetätigkeit verfolgte religiöse oder weltanschauliche Zweck ist für die Verfolgung der Schutzzwecke des § 14 unerheblich (*Hahn* GewArch 1997, 41). Dies gilt selbst dann, wenn die gewerbliche Tätigkeit dem Schutzbereich des Art. 4 I, II GG unterfällt. In der wertneutralen Pflicht zur Gewerbeanmeldung ist keine Beeinträchtigung der Religions- und Weltanschauungsfreiheit zu sehen (*BVerwG* DÖV 1995, 644 [645] u. GewArch 1998, 416 f.; *HambOVG* DVBl. 1994, 413 [416]; *OVG Bremen* GewArch 1997, 290 [291]; vgl. auch *VGH BW*, GewArch

2004, 191 [196]; zur gewerblichen Tätigkeit von Religions- und Weltanschauungsgemeinschaften siehe im Übrigen oben § 1 Rdn. 20 f.).

Zweitens löst ein **Verstoß** gegen die (wertneutrale) Anmeldepflicht gem. 5 § 14 regelmäßig keinen Verstoß gegen § 3 UWG aus, zumal der Nichtanmeldende aus diesem Gesetzesverstoß gewöhnlich keinen Wettbewerbsvorteil gegenüber gesetzestreuen Konkurrenten erzielt (*OLG Karlsruhe* GewArch 1987, 374). Dementsprechend verstieß ein Versandhaus nicht schon deshalb gegen § 1 UWG a. F., weil seine Sammelbesteller keine Anzeige nach § 14 erstattet hatten (*BGH* GewArch 1964, 55; *OLG Frankfurt* GewArch 1961, 199). Näher hierzu *Marcks*, in: Landmann/Rohmer I, § 14 Rdn. 10; siehe auch unten Rdn. 99.

3. Geltung für im Inland tätige Gewerbetreibende aus dem Ausland

Grundsätzlich gilt die Anzeigepflicht nach § 14 I auch für Gewerbetrei- 6 bende aus dem Ausland, die im Inland – im Rahmen eines stehenden Gewerbes – tätig werden. Eine Ausnahme greift gem. § 4 I 2 für **Gewerbetreibende aus einem EU-/EWR-Staat**, die nur vorübergehend in Wahrnehmung der Dienstleistungsfreiheit im Inland tätig werden: Auf sie ist § 14 grundsätzlich nicht anzuwenden (*Mann* GewArch 2010, 93 [94]; *Schönleiter* GewArch 2009, 384 [386]; näher § 4 Rdn. 5 ff.). Eine Rückausnahme gilt jedoch, wenn es sich um ein Gewerbe handelt, das zwar vom Normbereich der RL 2006/123/EG erfasst, aber gem. Art. 2 II oder Art. 17 der RL 2006/123/EG vom Anwendungsbereich der Richtlinie ausgenommen wird. Daher sind Gesundheitsdienstleistungen nach § 30, Finanzdienstleistungen nach §§ 34, 34 c I 1 1 Nr. 1a-3, gewerbliche Spiele nach §§ 33 c, 33 d oder Dienstleistungen von Versicherungsvermittlern nach §§ 34 a, 34 d oder 34 e nicht vom Anwendungsbereich des § 4 erfasst (BT-Drs. 16/12784, S. 12). Die gewerberechtliche Anzeigepflicht nach § 14 bleibt in diesen Fällen also uneingeschränkt bestehen. Siehe ferner Rdn. 8 zur Anzeigepflicht nach § 13 a.

Begründet ein **Gewerbetreibender aus dem Nicht-EU-/EWR-Ausland** eine inländische Niederlassung, greift § 4 nicht; es muss stets eine Gewerbeanzeige nach § 14 I erstattet werden.

4. Anwendbarkeit auf landesrechtlich normierte Gewerbetätigkeit

Infolge der Föderalismusreform sind einige Bereiche des stehenden Gewer- 7 bes der Gesetzgebungszuständigkeit der Länder überantwortet worden (Einl. Rdn. 13 f.): Schaustellung von Personen, Recht der Spielhallen, Gaststättenrecht. Die allgemein für das stehende Gewerbe geltenden Vorschriften der GewO (z. B. § 14) sind auch auf die vom Landesrecht erfassten Tätigkeiten anzuwenden, jedenfalls solange das Landesrecht keine gegenteilige Aussage trifft (*Heß*, in: Friauf, § 14 Rdn. 9). Die bisherigen Landes-Gaststättengesetze enthalten durchgängig einen Verweis auf § 14 (vgl. § 1 LGastG BW, § 2 I BbgGastG, § 2 I ThürGastG) oder allgemein auf die GewO und damit auch auf § 14 (§ 8 BremGastG).

§ 14 — Titel II. Stehendes Gewerbe

5. Besondere Anzeigepflichten

8 Neben der allgemeinen Anzeigepflicht nach § 14 gibt es noch verschiedene spezialgesetzlich normierte **besondere Anzeigepflichten** des Bundes- oder Landesrechts. Zu nennen sind etwa §§ 4 II, 10 S. 3 GastG oder § 16 II HandwO. Die Anzeigepflicht gem. § 14 besteht unabhängig von diesen besonderen Anzeigepflichten (*Fischer* GewArch 2006, 109 [110] zum Verhältnis von § 14 GewO und § 12 HeimG).

Die Anzeige nach § 13 a ist nicht mit der Anzeige nach § 14 gleichzusetzen. Dies liegt an den unterschiedlichen Schutzrichtungen der beiden Vorschriften. § 14 dient der Gewerbeüberwachung, während nach § 13 a das Vorliegen einer ausreichenden Berufsqualifikation des jeweiligen Gewerbetreibenden gesichert werden soll (*Schulze-Werner*, in: Friauf, § 13 a Rdn. 5), sodass es sein kann, dass der Gewerbetreibende beide Anzeigen an die jeweils zuständige Behörde erstatten muss.

II. Anzeigepflichtige Tätigkeiten (Abs. 1– 3)

9 Die anzeigepflichtigen Tätigkeiten sind in § 14 I 1, II und III genannt. In concreto anzeigepflichtige Vorgänge (unten Rdn. 35 ff.) sind in § 14 I 1 und 2 festgesetzt. Diese Regelungen sind durch Gesetz vom 7. 9. 2007 (BGBl. I S. 2246, 2253) sprachlich überarbeitet worden, ohne dass damit inhaltliche Änderungen verbunden sind.

1. Selbstständiger Betrieb eines stehenden Gewerbes (Abs. 1 S. 1)

10 **a) Gewerbe.** Erste Voraussetzung der Anmeldepflicht ist das Vorliegen eines Gewerbes. Ein Gewerbe liegt auch im Falle gewerbsmäßiger **Schwarzarbeit** vor (*Buchner* GewArch 1990, 1 [4]; zum Gewerbebegriff siehe im Übrigen oben § 1 Rdn.1 ff.). Gerade das Fehlen der Gewerbeanzeige begründet die Einordnung als Schwarzarbeit (§ 1 II Nr. 4 SchwarzArbG; dazu *Spatscheck/Fraedrich* NZBau 2007, 673 [674]).

11 **b) Selbstständig.** Nur der selbstständige Betrieb ist anzeigepflichtig. Selbstständig tätig ist, wer auf eigene Rechnung und auf eigene Gefahr nach außen im eigenen Namen auftritt und im Innenverhältnis in persönlicher und sachlicher Unabhängigkeit eigene Verantwortung trägt (oben § 1 Rdn. 31). Der Begriff „Gewerbe" setzt ohnehin die Selbstständigkeit voraus. Unter einem „Gewerbebetrieb" i. S. d. § 14 versteht man den Mittelpunkt des wirtschaftlichen Betätigungsfeldes des Gewerbetreibenden (vgl. *Marcks*, in: Landmann/Rohmer I, § 14 Rdn. 44).

12 **c) Stehend.** Als stehendes Gewerbe gelten alle Arten und Formen des Gewerbebetriebes, die weder zum Reisegewerbe (§§ 55 ff.) noch zu den in Titel IV angesprochenen Aktivitäten des Messe-, Ausstellungs- und Marktwesens (§§ 64 ff.) zu rechnen sind. Dieser negativen Begriffsbestimmung lässt sich keine positive entgegensetzen. So ist eine **gewerbliche Niederlassung** (§ 42 a. F.; ähnlich heute § 4 III) für ein stehendes Gewerbe zwar typisch,

Anzeigepflicht § 14

aber **nicht erforderlich** (*BayVGH* GewArch 2007, 158 [159]; *VG Lüneburg* GewArch 1998, 28). Nicht nötig ist ferner die Begründung eines (inländischen) Wohnsitzes (vgl. *Heß*, in: Friauf, vor § 14 Rdn. 18). Allerdings ist ein sog. gewerblicher Mittelpunkt, d.h. die Entfaltung einer gewerblichen Tätigkeit vor Ort zu verlangen, für den die bloße Anbringung eines Briefkastens nicht genügt (*BayVGH* GewArch 2007, 158 [159]).

Ein Maurer oder Zimmerer ohne eigene Betriebsstätte, der auf Bestellung 13 Arbeiten bei seinen Kunden ausführt, ist somit Inhaber eines stehenden Gewerbes (*BVerwG* GewArch 1979, 96; *Marcks*, in: Landmann/Rohmer I, § 14 Rdn. 38). Desgleichen kann eine Reisetätigkeit ohne festen Wohnsitz, die nur auf Bestellung ausgeübt wird und deshalb nach dem Wortlaut des § 55 kein Reisegewerbe ist, stehendes Gewerbe sein. Ein solches liegt schließlich auch bei einem ausländischen Unternehmen ohne inländische Niederlassung oder Zweigstelle vor, das in Deutschland Bauleistungen durchführt (*VG Lüneburg* GewArch 1998, 28).

Nach § 1 I 1 HandwO ist im Übrigen lediglich ein als stehendes Gewerbe 14 ausgeübtes Handwerk in die Handwerksrolle einzutragen (dazu *Detterbeck* Handwerksordnung, 4. Aufl. 2008, § 1 Rdn. 26).

2. Selbstständiger Betrieb einer Zweigniederlassung (Abs. 1 S. 1)

Zum selbstständigen Betrieb siehe Rdn. 11. Der Begriff der Zweignieder- 15 lassung ist in der GewO nicht definiert. Seine Bestimmung orientiert sich deshalb an zwei Eckpunkten:

Zum einen kennt die GewO eine Bestimmung des Begriffs „Niederlas- 16 sung". Gem. § 4 III besteht eine Niederlassung, wenn eine selbstständige gewerbsmäßige Tätigkeit auf unbestimmte Zeit und mittels einer festen Einrichtung von dieser aus tatsächlich ausgeübt wird (näher § 4 Rdn. 20 f.).

Zum anderen kann der – nicht gesetzlich vorgegebene, gleichwohl in 17 Rechtsprechung und Literatur anerkannte – handelsrechtliche Begriff der Zweigniederlassung gem. § 13 HGB herangezogen werden. Danach ist eine Zweigniederlassung die Niederlassung eines Kaufmanns, an der er und/oder seine Mitarbeiter teils abhängig von der Hauptniederlassung, teils unabhängig von ihr wirken (*Baumbach/Hopt* HGB, 34. Aufl. 2010, § 13 Rdn. 3).

Vor diesem Hintergrund ist unter einer Zweigniederlassung ein von der 18 Hauptniederlassung – dem Mittelpunkt des wirtschaftlichen Betätigungsfeldes – räumlich getrennter, organisatorisch verselbstständigter Teil eines Gewerbebetriebes mit gesonderter Buchführung zu verstehen, dessen Leiter selbstständig am Geschäftsverkehr teilzunehmen befugt ist, auch wenn er unternehmerischen Direktiven der Hauptniederlassung unterliegt, welche sich im Übrigen durchaus in derselben Gemeinde befinden kann (dazu ausführlich *Hüffer*, in: HGB, Staub-Großkommentar, Bd. 1, 4. Aufl. 1995, vor § 13 Rdn. 10 ff.; siehe auch *Heß*, in: Friauf, § 14 Rdn. 18).

Wenn die organisatorische Verselbstständigung soweit reicht, dass es sich 19 um eine **eigenständige Handelsgesellschaft** (AG, GmbH, KG, oHG) handelt, so liegt auch bei weitestgehender Konzernabhängigkeit keine Zweignie-

§ 14 Titel II. Stehendes Gewerbe

derlassung, sondern ein selbstständiger – und damit als solcher anzeigepflichtiger – Gewerbebetrieb vor.

20 Hinzuweisen ist darauf, dass für die handwerksrechtliche Bewertung die oben beschriebene Einordnung unmaßgeblich ist (vgl. *OVG RhPf.* GewArch 1983, 194). Das Sparkassenrecht (vgl. nur §§ 14 III lit. d, 33 SpkG NRW) kennt lediglich den Begriff der Zweigstelle als Sammelbegriff für alle von der Hauptstelle räumlich getrennten Betriebsstätten. Das Gesetz über das Kreditwesen verwendet seit der Novellierung v. 22. 10. 1997 (BGBl. I S. 2518) sowohl den Terminus „Zweigstelle" (§ 24 I Nr. 6 KWG) als auch den Begriff „Zweigniederlassung" (§ 24 a KWG).

3. Selbstständiger Betrieb einer unselbstständigen Zweigstelle (Abs. 1 S. 1)

21 Zum selbstständigen Betrieb siehe Rdn. 11. Unter einer unselbstständigen Zweigstelle ist im Grundsatz jede – von der Hauptstelle räumlich getrennte – feste örtliche Anlage oder Einrichtung zu verstehen, die der Ausübung eines stehenden Gewerbes dient oder die Abwicklung der von der Hauptstelle aus geschlossenen Geschäfte erleichtern soll (*OVG NRW* DÖV 1996, 520; siehe auch *Heß*, in: Friauf, § 14 Rdn. 18), soweit nicht bereits die Merkmale einer Zweigniederlassung erfüllt sind. Räumliche Trennung kann auch innerhalb einer Gemeinde gegeben sein.

22 Zweck der Anzeigepflicht ist die Ermöglichung gewerbeaufsichtsbehördlicher Überwachung (*OVG NRW* DÖV 1996, 520; oben Rdn. 2). Entfällt bei einer von der Hauptstelle getrennten unselbstständigen Einrichtung die Überwachungsbedürftigkeit, ist eine unselbstständige Zweigstelle i. S. d. § 14 I zu verneinen. Daher bedarf der Begriff der unselbstständigen Zweigstelle einer gewissen Einschränkung (*OVG NRW* DÖV 1996, 520; *Marcks*, in: Landmann/Rohmer I, § 14 Rdn. 44).

23 Zur (unselbstständigen) Zweigstelle wird eine von der Hauptstelle räumlich getrennte Einrichtung oder Anlage daher erst dann, wenn diese **unmittelbar dem Geschäftsverkehr nach außen dient** (so auch *Marcks*, in: Landmann/Rohmer I, § 14 Rdn. 44). Dies verlangt freilich nicht, dass von der Zweigstelle aus unmittelbar Rechtsbeziehungen zu Dritten eingegangen werden. Es genügt vielmehr, dass die Zweigstelle Geschäftsbeziehungen Dritter zu dem Hauptbetrieb anbahnt und vermittelt (*OVG NRW* DÖV 1996, 520).

24 Eine unselbstständige Zweigstelle kann daher **bejaht** werden bei einer Auslandsrepräsentanz (*OLG Düsseldorf* GewArch 1983, 331 [332]; *VG Köln* GewArch 1968, 36 [37]; *VG Darmstadt* GewArch 2001, 338). Dasselbe gilt bei einem Büroraum, der mit Sekretariat, Telefon und Fax ausgestattet ist und von einem selbstständigen Handelsvertreter dazu genutzt werden soll, dort Geschäftskontakte zwischen Dritten und einem im Ausland ansässigen Unternehmen herzustellen; das ausländische Unternehmen ist zur Anzeige verpflichtet, selbst wenn deren Hauptstelle weder Mieterin des Büros noch Arbeitgeberin des Büropersonals ist – anderenfalls könnte die Anzeigepflicht einer Auslandsrepräsentanz durch deren rechtliche Ausgestaltung umgangen werden (*OVG NRW* DÖV 1996, 520 f.). Eine unselbstständige Zweigstelle liegt ferner vor bei einem Auslieferungslager, einer Annahmestelle für einen Reinigungsbetrieb

oder bei einem Baubüro einer Großbaustelle, wenn von dort unmittelbar Geschäfte mit Dritten – etwa mit Subunternehmern – abgewickelt werden (*Marcks*, in: Landmann/Rohmer I, § 14 Rdn. 44; *Heß*, in: Friauf, § 14 Rdn. 19).

Eine unselbstständige Zweigstelle ist hingegen zu **verneinen** – mit der 25 Folge, dass insoweit keine Anzeigepflicht besteht – im Fall eines Postschließfachs oder eines Raums, in dem sich lediglich ein Telefonanrufbeantworter befindet (*Marcks*, in: Landmann/Rohmer I, § 14 Rdn. 44; ähnlich *BayVGH* GewArch 2007, 158 [159]). Selbst bei Installation eines Telefonanschlusses und Beschäftigung einer Hilfsperson zur schlichten Entgegennahme und Weiterleitung der eingehenden Anrufe von Interessenten liegt keine unselbstständige Zweigstelle vor (*OLG Stuttgart* GewArch 1985, 332 f.). Dasselbe gilt bei einem bloßen Lagerraum (ohne dass dort Ware unmittelbar an Kunden ausgegeben wird) oder bei einer schlichten Baustelle; etwas anderes kann bei einem Baubüro einer Großbaustelle gelten (Rdn. 24). Bei den hier genannten Stellen handelt es sich um anzeigefreie Bestandteile des Hauptbetriebes.

Nicht nach § 14 anzeigepflichtig ist schließlich das Wanderlager i. S. d. 26 § 56 a I (zur Abgrenzung näher *Beyer* GewArch 1976, 80 ff.).

4. Sonderregelung für Arzneimittel- und Lotterieloshandel (Abs. 2)

§ 14 I ist nur anwendbar, sofern nicht in § 6 bestimmte – auch gewerbli- 27 che – Tätigkeiten vom Anwendungsbereich der GewO ausgenommen sind. § 6 I 2 wiederum ordnet an, dass einzelne Vorschriften der GewO für einige Tätigkeiten anwendbar sind, wenn dies ausdrücklich angeordnet wird. Vor diesem Hintergrund ist § 14 II zu sehen, wonach die Anmeldepflicht auch für den Handel mit Arzneimitteln, mit Losen von Lotterien und Ausspielungen sowie mit Bezugs- und Anteilscheinen auf solche Lose und für den Betrieb von Wettannahmestellen aller Art gilt.

Soweit der **Handel mit Arzneimitteln** in Apotheken durchgeführt wird, 28 gilt die Anzeigepflicht auch für diese. § 6 I 1 entzieht nur die Errichtung und Verlegung von Apotheken dem Anwendungsbereich der GewO (siehe oben § 6 Rdn. 8). Der Apotheken-Betrieb als solcher ist jedoch gewerblich und damit anzeigepflichtig (*Marcks*, in: Landmann/Rohmer I, § 14 Rdn. 27, 49).

Der **Handel mit Losen von Lotterien** entspricht dem Vertrieb von 29 Lotterielosen i. S. d. § 6 I 2 (dort Rdn. 39, 42), sodass die Anzeigepflicht z. B. der Betreiber einer Lottoannahmestelle, den Lotterieeinnehmer einer Klassenlotterie oder einen gewerblichen Lotterievermittler trifft. Wettannahmestellen werden als Unterfall der Verkaufsstellen für Lotterielose i. S. d. § 6 I 2 verstanden (dort Rdn. 43); deren Betreiber sind ebenfalls anzeigepflichtig. Die Anzeigepflicht trifft auch denjenigen, der ohne die erforderliche Erlaubnis mit Lotterielosen handelt oder eine Wettannahmestelle betreibt (a. A. *Heß*, in: Friauf, § 14 Rdn. 30; siehe § 1 Rdn. 45, § 15 Rdn. 10)

5. Sonderregelung für die Aufstellung von Automaten (Abs. 3)

a) Anwendungsbereich. Eine Sonderregelung enthält § 14 III für Auto- 30 matenaufsteller. Wegen des Erfordernisses des *selbstständigen* Automatenaufstellens ist diese Vorschrift nicht anwendbar auf Gastwirte, die als Nebenleis-

§ 14 Titel II. Stehendes Gewerbe

tung selbst Automaten (z. B. Tabakautomaten) aufstellen (*Martinez*, in: BeckOK, § 14 Rdn. 48), wohl aber auf Aufsteller, die im räumlichen Zusammenhang eines fremden Gewerbebetriebes ihre Automaten platzieren. Sie ist angesichts der permanenten Online-Verbindung zur Bank – selbst bei räumlicher Trennung – nicht auf EC-Automaten anzuwenden (*Schönleiter/ Kopp* GewArch 2003, 361 [362]). In diesem Fall ist eine zusätzliche Anzeige für den Automaten entbehrlich; diese ist bereits durch die Gewerbeanzeige für den Hauptbetrieb erfasst (*Marcks*, in: Landmann/Rohmer I, § 14 Rdn. 51). Der „Vermieter" von Warenautomaten ist nach § 14 III anzeigepflichtig, wenn er faktisch die Automaten selbst betreibt (*OLG Neustadt* MDR 1964, 437). Ein Automat i. S. d. § 14 III liegt nur vor, wenn die Leistung ohne jedes Bedienungspersonal erbracht wird. § 14 III betrifft daher nicht eine Softeismaschine, welche bei der Abfüllung des Eises einen Bediener erfordert (*Marcks*, in: Landmann/Rohmer I, § 14 Rdn. 51; *Waldhelm* GewArch 1968, 248 [249]).

31 **b) Anzeigepflicht (S. 1).** Abs. 3 ist durch das Dritte Mittelstandsentlastungsgesetz vom 17. 3. 2009 (BGBl. I S. 550) neu gefasst worden (dazu *Jahn* GewArch 2009, 230 [231]). Nach der früheren Fassung musste der Automatenaufsteller die Anzeige allen Behörden erstatten, in deren Zuständigkeitsbereich Automaten aufgestellt wurden. Nunmehr ist die Anzeigepflicht in ihrem Umfang reduziert worden. Der Aufsteller muss nur noch in dem Bezirk seiner Hauptniederlassung eine Gewerbeanzeige erstatten (*Heß*, in: Friauf, § 14 Rdn. 33). Durch diese Regelung wird zugleich klargestellt, dass die Aufstellung von Automaten außerhalb (des Bezirks) der Hauptniederlassung nicht als eine anzeigepflichtige Eröffnung einer Zweigstelle eingeordnet werden kann (*Heß*, in: Friauf, § 14 Rdn. 33; *Marcks*, in: Landmann/Rohmer I, § 14 Rdn. 50). Die frühere Auskunftspflicht des § 14 III 2 a. F. besteht nicht mehr. Eine Überwachungslücke befürchtet der Gesetzgeber nicht, zumal für die besonders überwachungsbedürftigen Geldspielgeräte die Sonderregelung des § 33 c III greift (BT-Drs. 16/10490, S. 19; *Martinez*, in: BeckOK, § 14 Rdn. 47).

32 Eine Anzeige ist nur bei erstmaliger Aufstellung eines Automaten erforderlich (*OLG Oldenburg* BB 1965, 1333), nicht aber bei Aufstellung weiterer Automaten innerhalb oder außerhalb des Bezirks der Hauptniederlassung (*Heß*, in: Friauf, § 14 Rdn. 33). Auch die Stilllegung eines Automaten ist nicht anzeigepflichtig; erst die Demontierung des letzten Automaten eines Gewerbetreibenden muss angezeigt werden.

33 Die Sonderregelung des § 14 III beschränkt sich dabei auf die bloße Automatenaufstellung; für sonstige Haupt- oder Zweigniederlassungen oder unselbstständige Zweigstellen des Automatenaufstellers (z. B. Reparaturbetriebe) bestehen die Pflichten nach § 14 I (dazu unten Rdn. 35 ff.). Dasselbe gilt, falls das Waren- oder Leistungsangebot der Automaten sich über den Rahmen des Geschäftsüblichen hinaus ändert (§ 14 I 3 Nr. 2), so etwa bei einem Ersetzen von Warenautomaten (z. B. Zigarettenautomaten) durch Leistungsautomaten (z. B. Musikboxen). Siehe auch *Heß*, in: Friauf, § 14 Rdn. 33.

Anzeigepflicht § 14

c) Anbringung von Angaben am Automaten (S. 2 bis 4). Der frü- 34
here § 15 a verpflichtete Gewerbetreibende zur Anbringung von Namen,
Firma und (insoweit bei Automaten außerhalb der Betriebsräume des
Aufstellers, § 15 a V a. F.) Anschrift. Diese Regelung wird nunmehr durch
§ 14 III 2 bis 4 aufgegriffen (*Heß*, in: Friauf, § 14 Rdn. 33; *Marcks*, in: Land-
mann/Rohmer I, § 14 Rdn. 51). Die Pflicht der S. 2 bis 4 entsteht mit der
Aufstellung des Automaten; bei Nichtbefolgung liegt eine Ordnungswidrigkeit nach § 146 II Nr. 3 vor.

III. Anzeigepflichtige Vorgänge (Abs. 1)

Anzeigepflichtige Vorgänge sind der Betriebsbeginn (§ 14 I 1), die 35
Betriebsverlegung (§ 14 I 2 Nr. 1), der Wechsel des Gewerbegegenstandes
(§ 14 I 2 Nr. 2) und die Betriebsaufgabe (§ 14 I 2 Nr. 3). Die Anzeige entfaltet
hierfür **keine konstitutive Wirkung** (*VGH BW* GewArch 2004, 161;
Rdn. 86). Die Anzeigepflicht besteht auch dann, wenn die anzeigepflichtige
Tätigkeit der Behörde bereits bekannt ist (*OLG Köln* GewArch 1988, 124
[125]; *KG* GewArch 1994, 193 f.). Die Anzeigepflicht steht im Übrigen
unabhängig neben sonstigen Anzeige- und Genehmigungspflichten (Rdn. 8).
Eine nach Vorschriften des besonderen Gewerberechts erteilte Genehmigung
ersetzt daher nicht die Anzeige nach § 14, weil diese anderen Zwecken dient.
Die Anzeige ist schließlich auch dann erforderlich, wenn eine besondere
Gewerbeerlaubnis, z. B. die Eintragung in die Handwerksrolle, fehlt und der
Betrieb des Handwerks deshalb unzulässig ist (*BayObLG* GewArch 1962,
245; zum Verhältnis von § 14 und § 16 HwO siehe auch *Dürr* GewArch
2006, 107 ff.; *Herrmann* GewArch 2006, 458 ff.).

1. Betriebsbeginn (Abs. 1 S. 1)

Der Beginn eines Gewerbes liegt in jeder Neuerrichtung eines Betriebes, 36
d. h. einer Haupt- oder Zweigniederlassung oder einer unselbstständigen
Zweigstelle (oben Rdn. 15 ff., 21 ff.). Als Betriebsbeginn gilt dabei die erste
Handlung, die von Außenstehenden der Teilnahme am wirtschaftlichen Verkehr zugerechnet werden kann (*Heß*, in: Friauf, § 14 Rdn. 22). Von einem
solchen Beginn ist aber nur dann auszugehen, wenn die Tätigkeit auch tatsächlich ausgeübt wird oder bei Eingängen von Aufträgen ausgeübt werden
soll (*OLG Koblenz* GewArch 1981, 14).

a) Vorbereitende Tätigkeiten. Vorbereitungshandlungen sind deshalb 37
nicht ohne weiteres als Betriebsbeginn zu werten.

Kein Betriebsbeginn liegt im Abschluss des Gesellschafter- oder Grün- 38
dungsvertrages (vgl. *BVerwG* GewArch 1977, 14 [15]) oder in der bloßen
Eintragung in das Handelsregister (*BayObLG* GewArch 1982, 58); insoweit
fehlt es an einem im Geschäftsverkehr erkennbaren Vorgang.

Ein **Betriebsbeginn** kann bejaht werden bei Anbringung eines Werbe- 39
schildes „Eigene Metzgerei" (*OLG Koblenz* GewArch 1981, 14) oder bei
Aufgabe von Zeitungsinseraten, durch die zur Abgabe von Angeboten auf
Durchführung von Dienst- oder Werkleistungen aufgefordert wird. Dies gilt

§ 14 Titel II. Stehendes Gewerbe

aber nur dann, wenn bereits die sachlichen und personellen Voraussetzungen geschaffen sind, um die in Aussicht gestellten Leistungen alsbald erbringen zu können (*OLG Düsseldorf* NVwZ 1990, 1007). Der Beginn eines Betriebes liegt ferner in der Anstellung von Personal oder Beschaffung von Betriebsräumen (vgl. *BVerwG* GewArch 1993, 156 [157]) und in der Anschaffung der Ware (*Marcks*, in: Landmann/Rohmer I, § 14 Rdn. 45).

40 **b) Personelle Veränderungen.** Aus der Formulierung „Wer" in § 14 I folgt, dass die Anzeigepflicht nicht an das Unternehmen, sondern an die Person des Gewerbetreibenden anknüpft. Deshalb ist die Übernahme eines bereits bestehenden Gewerbebetriebes durch einen **neuen Eigentümer** für diesen der anzeigepflichtige Beginn des Betriebes; entsprechendes gilt für die Verpachtung eines Betriebes (*Marcks*, in: Landmann/Rohmer I, § 14 Rdn. 45).

41 Geht man davon aus, dass bei einer **Personengesellschaft** (oHG, KG, BGB-Gesellschaft, PartG) nicht die Gesellschaft, sondern die (geschäftsführungsbefugten) Gesellschafter als Gewerbetreibende anzusehen sind (näher § 1 Rdn. 3, 76 f.; unten Rdn. 77), dann ist der Eintritt eines **neuen** (geschäftsführungsbefugten) **Gesellschafters** in eine bereits tätige Personengesellschaft anzeigepflichtig (*Marcks*, in: Landmann/Rohmer I, § 14 Rdn. 45; *Martinez*, in: BeckOK, § 14 Rdn. 19; *Odenthal* GewArch 2005, 132 [135]; **a. A.** *Ruthig/Storr* Öffentliches Wirtschaftsrecht, 2. Aufl. 2008, Rdn. 243). „Anfang" i. S. d. § 14 I ist dann der Vertragsschluss. Die Anzeigepflicht trifft dabei lediglich den neuen Gesellschafter, nicht die übrigen Gesellschafter (*OLG Saarbrücken* NVwZ-RR 1992, 479). Bei einem **Gesellschafterwechsel** entsteht zusätzlich eine Anzeigepflicht des ausscheidenden Gesellschafters (dazu unten Rdn. 79). Bei **Kapitalgesellschaften** sind personelle Änderungen auf Gesellschafterseite hingegen nicht anzeigepflichtig (unten Rdn. 82).

42 Anzeigepflichtig ist schließlich die **Änderung der Rechtsform** eines Betriebes, etwa von einer oHG in eine GmbH, da dann die GmbH zur Gewerbetreibenden wird (vgl. § 1 Rdn. 74, 78; entsprechend bei Umwandlung einer GmbH in eine GmbH u. Co. KG (näher *Heß*, in: Friauf, § 14 Rdn. 13; *Odenthal* GewArch 2005, 132 [135]; *Pinegger/Kraußer* GewArch 1998, 465 [466]). Nach Mehrheitsansicht des Bund-Länder-Ausschusses „Gewerberecht" ist auch die Umwandlung einer GmbH in eine AG anzeigepflichtig (*Fuchs/Demmer* GewArch 1997, 60 [63]); **a. A.** *Pinegger/Kraußer* GewArch 1998, 465 [468]).

43 Zur Abmeldepflicht (§ 14 I 2 Nr. 3) des Betriebsveräußerers, ausscheidenden Gesellschafters etc. unten Rdn. 79.

2. Verlegung des Betriebes (Abs. 1 S. 2 Nr. 1)

44 Unter Verlegung ist die Betriebsverlagerung (der Haupt- oder Zweigniederlassung oder einer unselbstständigen Zweigstelle) zu verstehen. Der Wortlaut lässt offen, welche räumlichen Voraussetzungen gegeben sein müssen, um eine Verlegung anzunehmen. Die räumliche Komponente lässt sich jedoch aus Sinn und Zweck der Norm ermitteln: Ratio legis des § 14 I ist die Ermöglichung einer wirksamen Überwachung der Gewerbebetriebe; dies setzt voraus, dass die Behörde jederzeit Zahl, Art und Ort der in ihrem Bezirk vorhandenen Gewerbebetriebe kennt. Daraus ergibt sich:

Die Verlagerung **innerhalb eines Gebäudes** ist nicht anzeigepflichtig – 45 insoweit ist die Überwachung nicht beeinträchtigt, da die Behörde immer noch weiß, wo genau sich der Betrieb befindet (vgl. *OLG Köln* GewArch 1988, 124 [125]). Etwas anderes gilt bei Änderung der Postanschrift, ggf. auch bei sehr großen Gebäuden.

Eine Verlegung i. S. d. § 14 I 2 Nr. 1 liegt nur bei einer Verlagerung **inner-** 46 **halb des örtlichen Zuständigkeitsbereiches der überwachenden Behörde** vor, gleichgültig, ob sie innerhalb oder außerhalb der Grenzen derselben Gemeinde erfolgt (*OLG Köln* GewArch 1988, 124 [125]; *Heß*, in: Friauf, § 14 Rdn. 23; *Marcks*, in: Landmann/Rohmer I, § 14 Rdn. 46).

Eine Verlagerung **außerhalb des örtlichen Zuständigkeitsbereichs der** 47 **Behörde** unterfällt nicht der „Verlegung" i. S. d. § 14 I 2 Nr. 1; stattdessen liegt hinsichtlich des alten Standortes eine Betriebsaufgabe (§ 14 I 2 Nr. 3) und hinsichtlich des neuen Standortes ein Betriebsanfang (§ 14 I 1) vor, Akte, die jeweils anzeigepflichtig sind (*OLG Köln* GewArch 1988, 124 [125]).

Nach der Gegenauffassung orientiert sich der Begriff „Verlegung" nicht 48 am Zuständigkeitsbereich der Behörde, sondern an der Adresse, d. h. bei einem Ortswechsel – innerhalb oder außerhalb der Gemeinde – liegt danach stets eine Verlegung i. S. d. § 14 I 2 Nr. 1 vor, auch dann, wenn der Zuständigkeitsbereich der Behörde verlassen wird (so *Fröhler/Kormann* § 14 Rdn. 12; *Stober* HdbWiVerwUmwR, § 102 I 2, S. 1061). Diese Sichtweise trägt aber dem Anmeldezweck – Sicherung umfassender Kenntnis von Zahl, Art und Ort aller Gewerbebetriebe – weniger Rechnung. Dieser kann im Falle einer die behördlichen Zuständigkeitsgrenzen überschreitenden Betriebsverlagerung nur erreicht werden, wenn sowohl eine Pflicht zur Anzeige gegenüber der Behörde des alten als auch gegenüber derjenigen des neuen Standortes besteht. Wäre hier nur eine Verlegung i. S. d. § 14 I 2 Nr. 1 zu bejahen, bestünde jedoch nur eine Anzeigepflicht gegenüber der Behörde des alten Standortes, so dass die Behörde des neuen Standortes ohne Kenntnis bliebe (*Marcks*, in: Landmann/Rohmer I, § 14 Rdn. 46).

3. Wechsel des Gewerbegegenstandes; Ausdehnung des Waren- und Leistungsangebotes (Abs. 1 S. 2 Nr. 2)

§ 14 I 2 Nr. 2 kennt zwei Tatbestandsalternativen: zum einen den Wechsel 49 des Gewerbegegenstandes und zum anderen die Ausdehnung des Angebotes auf Waren und Leistungen, die bei Gewerbebetrieben der angemeldeten Art nicht geschäftsüblich sind.

a) Wechsel des Gewerbegegenstandes. Der Gegenstand des Gewerbes 50 wird gewechselt, wenn das bisherige Angebot nicht mehr fortgeführt und durch ein neues ersetzt wird, wenn also die Branche gewechselt, etwa ein Buch- in ein Fahrradgeschäft überführt wird. Selbst bei Beibehaltung des Warensortiments liegt ein Wechsel vor, wenn die Handelsstufe gewechselt wird, etwa vom Einzel- zum Großhandel (ebenso *Marcks*, in: Landmann/ Rohmer I, § 14 Rdn. 47). Ein Wechsel ist ferner zu bejahen bei einem

Betrieb, der statt Holz- und Bautenschutz nunmehr ein Stuckateurgewerbe ausübt (*OLG Düsseldorf* GewArch 1991, 198).

51 Auch wenn der Wortlaut des § 14 I 2 Nr. 2 die Geschäftsüblichkeit nur auf die Ausdehnung des Warenangebotes bezieht, gilt der Vorbehalt der Geschäftsüblichkeit auch für den Wechsel des Gewerbegegenstandes. Wer ein spezialisiertes Sortiment (etwa Bücher zur Gegenwartspolitik) durch ein zur selben Gattung gehörendes anderes Spezialsortiment (z. B. Esoterik-Bücher) ersetzt, wechselt nicht den Gewerbegegenstand. Das *AG Bad Orb* (GewArch 1964, 61) hielt bei Automatenaufstellern das Wechseln von Warenautomaten auf Unterhaltungsautomaten für geschäftsüblich und damit nicht anzeigepflichtig, da es zum Automatenaufstellergewerbe gehöre, sich den wechselnden Marktanforderungen anzupassen. Dem ist aber unter Berücksichtigung des Zwecks der Anzeigepflicht nicht zu folgen, da der Betrieb von Warenautomaten mit wesentlich anderen Gefahren verbunden sein kann als der Betrieb von Unterhaltungsautomaten (vgl. auch *BayObLG* NJW 1961, 1318). Zur Bestimmung der Geschäftsüblichkeit siehe ferner sogleich unter Rdn. 53 f.

52 **b) Ausdehnung des Angebots.** Wird das bisherige Angebot um weitere Waren oder Leistungen ergänzt, liegt eine Ausdehnung des Angebotes vor. Diese ist gem. § 14 I 2 Nr. 2 nur dann anzeigepflichtig, wenn sie bei Gewerbebetrieben der angemeldeten Art nicht geschäftsüblich ist. Die Geschäftsüblichkeit hängt von der Branchenüblichkeit und Ortsüblichkeit im Zusammenhang mit dem bisherigen Angebot ab. In Zweifelsfällen ist die zuständige Industrie- und Handelskammer oder Handwerkskammer zu hören (*Marcks*, in: Landmann/Rohmer I, § 14 Rdn. 47).

53 **Nicht geschäftsüblich** ist etwa die Ausführung von Lackier- und Reparaturarbeiten durch einen Gewerbetreibenden, der lediglich einen Abschlepp- und Wagenpflegedienst angezeigt hatte (*OLG Düsseldorf* GewArch 1960, 159); die Herstellung von Skiern in einem Sägewerk (*BayObLG* GewArch 1961, 52); das Aufstellen von Kondomautomaten in Gaststätten, obwohl lediglich Musikautomaten angezeigt waren (*BayObLG* NJW 1961, 1318).

54 Geschäftsüblichkeit ist jedenfalls zu verneinen, wenn der Geschäftsgegenstand auf Angebote erweitert wird, die einer gesonderten Genehmigung bedürfen (Bsp.: Gastwirt bietet zusätzlich die Schaustellung von Personen an) oder illegal sind.

4. Betriebsaufgabe (Abs. 1 S. 2 Nr. 3, S. 3)

55 Betriebsaufgabe ist die vollständige und endgültige Beendigung eines Gewerbes auf der Grundlage einer entsprechenden Willensentschließung des Gewerbetreibenden oder einer vollziehbaren behördlichen Gewerbeuntersagung (*BayVGH* GewArch 2007, 158 [159]; *OLG Düsseldorf* GewArch 1998, 240; *KG* GewArch 1994, 193). Auch nach Gewerbeabmeldung ist Widerruf der Erlaubnis möglich, weil die Anzeige keine konstitutive Wirkung hat (Rdn. 86) und andere Zwecke verfolgt als die Erlaubnis(aufhebung), so *VG Bayreuth* Beschluss vom 9. 9. 2005 – B 2 S 05.667, juris Rdn. 27.

Anzeigepflicht § 14

a) Vollständig. Wird lediglich ein Teil des Betriebes ersatzlos aufgegeben, ist dies weder nach § 14 I 2 Nr. 3 noch nach Nr. 2 anzeigepflichtig. Dies betrifft etwa eine Beschränkung des Waren- oder Leistungsangebotes. 56

Im Übrigen bezieht sich die Anzeigepflicht bei Betriebsaufgabe auf die jeweilige Betriebsstätte (*BayVGH* GewArch 2007, 158 [159]). Wird der Betrieb einer Zweigniederlassung oder einer unselbstständigen Zweigstelle eingestellt, ist dies anzuzeigen, selbst wenn der Betrieb der Hauptstelle fortgeführt wird. Bei Aufgabe des gesamten Betriebes ist jede der angezeigten Betriebsstätten (Haupt-, Zweigniederlassung, unselbstständige Zweigstelle) gesondert abzumelden. 57

b) Endgültig. Das vorübergehende Ruhenlassen eines Betriebes ist nicht anzeigepflichtig, solange die realisierbare Absicht der Wiederaufnahme besteht (*KG* GewArch 1994, 193). Dies betrifft vor allem ein Ruhenlassen aus saisonalen Gründen, etwa bei Eiscafés oder bei vom Tourismus lebenden Betrieben in Badeorten oder an Wintersportplätzen (*Marcks*, in: Landmann/Rohmer I, § 14 Rdn. 48). Entsprechendes gilt für ein Ruhenlassen aus konjunkturellen oder persönlichen (z. B. kürzere Strafhaft oder längerer Urlaub) Gründen (*Heß*, in: Friauf, § 14 Rdn. 26). 58

Die Absicht, den Betrieb nach dem Ruhenlassen wiederaufzunehmen, muss realisierbar sein. Daran fehlt es, wenn eine Gewerbeausübung behördlich untersagt und die sofortige Vollziehung dieser Untersagung angeordnet wurde. Selbst wenn der Betroffene sich gerichtlich sowohl gegen die Untersagung als auch gegen die Anordnung sofortiger Vollziehung wehrt, ist er nicht mehr in der Lage, gemäß eigener Entscheidung der Fortführung seines Gewerbebetriebes zu realisieren; vielmehr ist diese Möglichkeit von der Entscheidung des Gerichts abhängig (*KG* GewArch 1994, 193 [194] u. GewArch 1993, 475; vgl. ferner *OLG Düsseldorf* GewArch 1998, 240). 59

Daraus folgt zugleich, dass auch eine im Wege einer Untersagungsverfügung erzwungene Einstellung des Gewerbebetriebes die Bedeutung einer endgültigen Betriebseinstellung hat und anzeigepflichtig ist (*KG* GewArch 1994, 193 [194]). Zur Anzeigepflicht trotz bereits bestehender behördlicher Kenntnis siehe unten Rdn. 74. 60

c) Abmeldung von Amts wegen (S. 3). Durch Gesetz vom 16. 6. 1998 (BGBl. I S. 1291) wurde S. 3 eingefügt. Danach kann die Behörde die Abmeldung von Amts wegen vornehmen, wenn die Betriebsaufgabe eindeutig feststeht und die Abmeldung nicht innerhalb eines angemessenen Zeitraums erfolgt. 61

Die Betriebsaufgabe steht eindeutig fest, wenn es keinen vernünftigen Zweifel an der vollständigen und endgültigen Beendigung des Gewerbes gibt. Bei der Bestimmung des angemessenen Zeitraums ist zu beachten, dass die Abmeldepflicht gem. Abs. 1 „gleichzeitig" mit der Betriebsaufgabe entsteht, ein Handeln also unverzüglich – ohne schuldhaftes Zögern – erfolgen muss (unten Rdn. 85). Ein angemessener Zeitraum ist daher verstrichen, wenn auf Seiten des Gewerbetreibenden Unverzüglichkeit zu verneinen wäre. 62

Die Abmeldung von Amts wegen steht im **Ermessen** der Behörde. Sie kann im Vergleich zur zwangsweisen Durchsetzung der Abmeldepflicht milderes Mittel sein, so dass sich eine Verwaltungsvollstreckung verbietet. Der 63

Ordnungswidrigkeitentatbestand des § 146 II Nr. 1 wird jedoch unabhängig von der Möglichkeit einer Amtsabmeldung verwirklicht.

64 Mit der Abmeldung von Amts wegen erlischt die Anzeigepflicht des Gewerbetreibenden.

65 **d) Sonderfälle. aa) Betriebsverlagerung.** Eine anzeigepflichtige Betriebsaufgabe liegt auch bei einer Verlagerung des Betriebs in den Zuständigkeitsbereich einer anderen Gewerbebehörde vor (oben Rdn. 44).

66 **bb) Personenwechsel.** Auch die Betriebsaufgabe ist auf die Person des Gewerbetreibenden bezogen (oben Rdn. 40). Bei Fortsetzung des Betriebes durch einen Käufer oder Pächter hat der bisherige Inhaber sein Gewerbe abzumelden (für den Fall der Verpachtung *OLG Hamm* BB 1965, 1332).

67 Dasselbe gilt für das **Ausscheiden eines Gesellschafters einer Personengesellschaft**, selbst wenn diese fortbesteht (vgl. *v. Ebner* GewArch 1974, 213 [215]). Die Anzeigepflicht trifft dabei lediglich den ausscheidenden Gesellschafter, nicht die übrigen Gesellschafter (*OLG Saarbrücken* NVwZ-RR 1992, 479; **a. A.** *Honig* BB 1967, 601; *Odenthal* GewArch 1991, 206 [209]). Bei einem Gesellschafterwechsel kommt die Anzeigepflicht des eintretenden Gesellschafters hinzu (oben Rdn. 41).

68 Bei **Kapitalgesellschaften** ist die Gesellschaft selbst Gewerbetreibende, sodass personelle Änderungen auf Gesellschafterseite nicht anzeigepflichtig sind. Zu den Besonderheiten bei Gründungsgesellschaften siehe *v. Ebner* GewArch 1975, 41 ff.

IV. Anzeige (Abs. 4)

1. Zuständige Behörde

69 **a) Sachliche Zuständigkeit.** Welche Behörde sachlich zur Entgegennahme der Gewerbeanzeige zuständig ist, wird nach § 155 II durch Landesrecht bestimmt; dazu unten § 155 Rdn. 7. Daneben ist, soweit die Länder dies nicht ausgeschlossen haben, auch die einheitliche Stelle i.S.v. § 6 b zur Entgegennahme von Anzeigen geeignet (vgl. hierzu. § 6 b Rdn. 4 ff.), die aber ebenfalls durch Landesrecht zu bestimmen ist.

70 **b) Örtliche Zuständigkeit.** Örtlich zuständig ist die Behörde, in deren Bezirk der anzeigepflichtige Vorgang stattfindet, § 14 I 1. Zur die Zuständigkeitsgrenzen überschreitenden Verlagerung eines Betriebes siehe oben Rdn. 47.

71 **c) Sonderregelung des § 14 III.** Wer die Aufstellung von Automaten als selbstständiges Gewerbe betreibt, muss die Anzeige nicht nur derjenigen Behörde anzeigen, in deren Bezirk er ansässig ist, sondern allen Behörden, in deren Zuständigkeitsbereich er Automaten aufstellt (siehe zu § 14 III oben Rdn. 30 ff.).

2. Form

72 Die Anzeige muss gemäß der detaillierten Regelung in § 14 IV auf Vordrucken erfolgen, die den Anlagen 1 bis 3 zu § 14 IV entsprechen (vgl. den

abgedruckten Text der GewO). Die Vordrucke sind vollständig, in der vorgeschriebenen Anzahl und gut lesbar auszufüllen (§ 14 IV 2). Nicht nötig ist die Ausfüllung mit einer Schreibmaschine oder einem Drucker (*Müller* GewArch 1979, 326). Infolge der Regelung in S. 3, welche der Behörde die Zulassung von Formabweichungen zur elektronischen Datenverarbeitung erlaubt, kann die Gewerbeanzeige nunmehr auch per E-Mail abgegeben werden, wobei die erforderliche Unterschrift entsprechend dem Signaturgesetz zu erstellen ist (*Schönleiter/Viethen* GewArch 2003, 129 [131]).

Die gesetzliche Fixierung der Muster in Abs. 4 geht auf das Gesetz zur 73 Änderung der GewO und sonstiger gewerberechtlicher Vorschriften v. 23. 11. 1994 (BGBl. I S. 3475) zurück. Zuvor war die Festlegung der Vordrucke durch eine Verordnung des Bundesministers für Wirtschaft (Gewerbeanzeigen-Verordnung v. 19. 10. 1979 [BGBl. I S. 1761]) erfolgt, der dazu in Abs. 4 a. F. ermächtigt war (dazu *Müller* GewArch 1979, 326 f.). Hintergrund der Festschreibung der Vordrucke durch Parlamentsgesetz war das Bestreben, den Erfordernissen des Datenschutzes, wie sie durch das BVerfG im sog. Volkszählungs-Urteil beschrieben worden waren (oben § 11 Rdn. 2), gerecht zu werden (näher *Marcks*, in: Landmann/Rohmer I, § 14 Rdn. 5). Künftig soll wieder eine Regelung durch Verordnung erfolgen, um die Mustervordrucke leichter an neue Erfordernisse der Praxis anpassen zu können (oben Rdn. 1).

Eine Mitteilung ohne Nutzung der Vordrucke erfüllt nicht die Anzeige- 74 pflicht gem. § 14 I–III (*OVG Saarl.* GewArch 1992, 227; *OLG Hamm* GewArch 1991, 270). Auch eine formlose Mitteilung des neuen Betriebssitzes unter Beifügung der Kopie einer früheren Ummeldung genügt nicht (*VG Berlin* GewArch 1986, 196). Die Nutzung der Vordrucke ist selbst dann erforderlich, wenn die Behörde ohnehin Kenntnis von dem anzuzeigenden Vorgang hat (*OLG Hamm* GewArch 1991, 270; siehe auch oben Rdn. 35). Dies gilt selbstverständlich nicht, wenn und soweit die Behörde nach S. 3 Abweichungen von der Form zugelassen hat.

3. Anzeigepflichtiger

§ 14 statuiert keine betriebs-, sondern eine personenbezogene Anzeige- 75 pflicht. Sie betrifft diejenige natürliche oder juristische Person, die ein Gewerbe selbstständig betreibt (vgl. zu diesen Normadressaten auch § 34 c Rdn. 47 u. § 69 Rdn. 14). Selbstständig ist, wer nach außen verantwortlich und auf eigene Gefahr in persönlicher und sachlicher Unabhängigkeit handelt (vgl. § 1 Rdn. 27 ff.).

a) Minderjährige. Minderjährige können entsprechend § 12 I Nr. 2 76 VwVfG i. V. m. § 107 BGB die Anzeige wirksam vornehmen, da die Anzeige lediglich rechtlich vorteilhaft ist (*Marcks*, in: Landmann/Rohmer, § 15 Rdn. 9; *Martinez*, in: BeckOK, § 14 Rdn. 18; **a. A.** *Pauly/Brehm* GewArch 2000, 50 [54]). Sie erzeugt keine Verpflichtungen, vermeidet aber eine Ordnungswidrigkeit.

b) Personengesellschaften. Bei Gründung einer Personengesellschaft 77 (oHG, KG, PartG, GbR) sind alle persönlich haftenden Gesellschafter – und nicht die Gesellschaft – anzeigepflichtig, worauf auch der bis 2009 in Geltung

§ 14 Titel II. Stehendes Gewerbe

stehende § 15 a II 1 a. F. sowie die Vordrucke gemäß der Anlagen i. S. d. § 14 IV hindeuten (*BayVGH* GewArch 2004, 480 [481]; *OVG Nds.* GewArch 2009, 32 [33]; *VG Ansbach* GewArch 2004, 481; *Marcks*, in: Landmann/ Rohmer, § 14 Rdn. 55; *Martinez*, in: BeckOK, § 14 Rdn. 19; **a. A.** *Ruthig/ Storr* Öffentliches Wirtschaftsrecht, 2. Aufl. 2008, Rdn. 244: abzustellen sei auf die Gesellschaft; siehe zum Streit § 1 Rdn. 76 f.). Die Anzeigepflicht gilt jedoch nur für solche persönlich haftenden Gesellschafter, die nicht kraft des Gesellschaftsvertrages von Geschäftsführung und Vertretung ausgeschlossen sind. Bei Ausschluss von Geschäftsführung und Vertretung fehlt es an der Selbstständigkeit, sodass diese Gesellschafter trotz ihrer persönlichen Haftung keine Gewerbetreibenden und demzufolge nicht anzeigepflichtig sind (*Marcks*, in: Landmann/Rohmer I, § 14 Rdn. 55; *Odenthal* GewArch 1991, 206 [209]).

78 Bei einer KG ist der Kommanditist mangels Selbstständigkeit regelmäßig nicht als Gewerbetreibender anzusehen (*BVerwGE* 22, 16 [19]) und deshalb nicht anzeigepflichtig. Zum selbstständigen Gewerbetreibenden wird er aber dann, wenn ihm ausnahmsweise Geschäftsführungsbefugnis oder ein maßgeblicher Einfluss auf den Geschäftsbetrieb zukommt (*BVerwG* GewArch 1993, 156; *OVG Saarl.* GewArch 1992, 227 [228]; *Marcks*, in: Landmann/Rohmer I, § 14 Rdn. 55; *Heß*, in: Friauf, vor § 14 Rdn. 42; *v. Ebner* GewArch 1974, 213 [215]).

79 Bei einem **Gesellschafterwechsel** sind sowohl der ausscheidende (§ 14 I 2 Nr. 3) als auch der eintretende Gesellschafter (§ 14 I 1) anzeigepflichtig, nicht aber die übrigen Gesellschafter (näher oben Rdn. 41, 66). Wird ein Kommanditist Komplementär, muss er dies anzeigen.

80 Besonderheiten gelten im Handwerksrecht. Gem. § 1 I HandwO ist der selbstständige Betrieb eines Handwerks als stehendes Gewerbe u. a. den in die Handwerksrolle eingetragenen Personengesellschaften gestattet. Gewerbetreibende ist also die Personengesellschaft selbst und sind nicht die persönlich haftenden Gesellschafter (*Marcks*, in: Landmann/Rohmer I, § 14 Rdn. 55; *Martinez*, in: BeckOK, § 14 Rdn. 19; **a. A.** *Heß*, in: Friauf, vor § 14 Rdn. 43 im Anschluss an *v. Ebner* GewArch 1974, 213 [218]).

81 **c) Nichtrechtsfähiger Verein.** Bei einem nichtrechtsfähigen Verein sind die Vorstandsmitglieder Gewerbetreibende (*Marcks*, in: Landmann/Rohmer I, § 14 Rdn. 55; näher § 1 Rdn. 76). Anders im Gaststättenrecht: Gem. § 2 I 2 GastG können auch nichtrechtsfähige Vereine Träger von Rechten und Pflichten sein. Gewerbetreibender ist damit der nichtrechtsfähige Verein selbst, sodass nur er – und nicht die (Vorstands-) Mitglieder – anzeigepflichtig sind (vgl. *VG Düsseldorf* GewArch 1983, 222; *Marcks*, in: Landmann/Rohmer I, § 14 Rdn. 55). Dies gilt aber nur für nichtrechtsfähige Vereine, nicht für oHG, KG und GbR; bei letzteren sind wiederum die persönlich haftenden und vertretungsberechtigten Gesellschafter Adressaten einer Gaststättenerlaubnis (*Heß*, in: Friauf, vor § 14 Rdn. 43).

82 **d) Kapitalgesellschaften und rechtsfähige Vereine.** Kapitalgesellschaften (AG, SE, GmbH, UG [haftungsbeschränkt], KGaA) sind selbst Gewerbetreibende und anzeigepflichtig. Keine Anzeigepflicht besteht daher für die Vorstände oder Geschäftsführer (*Heß*, in: Friauf, vor § 14 Rdn. 36). Bei

Erstattung der Gewerbeanzeige handeln sie deshalb als Vertreter und erfüllen damit eine der Gesellschaft obliegende Pflicht (vgl. *BVerwG* GewArch 1977, 4). Entsprechendes gilt für die übrigen juristischen Personen, so insbesondere für den rechtsfähigen Verein.

e) Sonstige Fallgruppen. Führen Erben ein Gewerbe fort, sind sie trotz 83 § 46 anzeigepflichtig. Stille Gesellschafter sind nicht anzeigepflichtig, ebenso wenig Testamentsvollstrecker oder Insolvenzverwalter (*Marcks*, in: Landmann/Rohmer I, § 14 Rdn. 57). Zur GmbH & Co. KG ausführlich *Heß*, in: Friauf, vor § 14 Rdn. 44.

Im Falle der Einschaltung eines **Strohmanns** wird zumindest mit Blick 84 auf § 35 (dort Rdn. 112) nicht nur dieser, sondern auch der Hintermann als Gewerbetreibender eingestuft. Dann fragt sich, ob auch beide zur Anzeige verpflichtet sein sollen. Dafür spricht, dass dann bei unsicherem Strohmann-Verhältnis zumindest ein Verstoß des Strohmanns gegen die Anzeigepflicht nach § 14 festgestellt und geahndet werden kann.

4. Zeitpunkt

Die Anzeigepflicht entsteht gem. § 14 I „gleichzeitig" mit Erfüllung des 85 meldepflichtigen Tatbestandes. Da die Anzeige nicht exakt zeitgleich etwa mit dem Beginn des Gewerbes erfolgen kann, ist eine angemessene Frist einzuräumen (*BGH* GewArch 1957, 35); vgl. nunmehr auch § 14 I 3, wonach die Amtsabmeldung erst nach angemessener Zeit vorgenommen werden kann. Die Anzeige hat aber unverzüglich (*OLG Düsseldorf* GewArch 1998, 242), d. h. ohne schuldhaftes Zögern, zu erfolgen. Eine (vorsorgliche) Anzeige *vor* Betriebsbeginn o. ä. ersetzt nach dem eindeutigen Wortlaut des § 14 I nicht die Anzeige zum Betriebsbeginn (*Heß*, in: Friauf, § 14 Rdn. 15).

5. Rechtsnatur

Die Gewerbeanzeige ist eine einseitige empfangsbedürftige Willenserklä- 86 rung auf dem Gebiet des öffentlichen Rechts, die weder Rechte oder Pflichten des Gewerbetreibenden begründet noch seinen gewerberechtlichen Status berührt (*OVG NRW* GewArch 1964, 29 mit zust. Anm. *Brocki*; *BayVGH* GewArch 1985, 298; ebenso *BVerwG* NVwZ 2004, 103), also **keine konstitutive Wirkung** hat (*VGH BW* GewArch 2004, 161). Dementsprechend hat das BVerwG den Fortbestand einer Gewerbeanzeige nur als Indiz für eine Gewerbeausübung, nicht aber als Beweis für die Fortführung eines Gewerbes seiner Beurteilung zugrunde gelegt (aaO unter Bezugnahme auf *BVerwG* GewArch. 1982, 302). BGB-Vorschriften sind entsprechend heranzuziehen (vgl. § 130 III BGB). Bei der Entgegennahme der Anzeige handelt die Behörde schlicht-hoheitlich. Das VwVfG ist nicht unmittelbar anwendbar, da es sich hier nicht um ein Verwaltungsverfahren i. S. d. § 9 VwVfG handelt. Die Empfangsbescheinigung nach § 15 I ist keine Erlaubnis (siehe § 15 Rdn.1).

V. Rechtsfolgen bei Pflichtverletzungen

87 Die Verletzung der Anzeigepflicht zeitigt verschiedene Rechtsfolgen.

1. Verwaltungsvollstreckung

88 Wer die Anzeige noch nicht erstattet hat, muss diese nachholen. Dies gilt auch dann, wenn der Behörde ohnehin alle anzuzeigenden Tatsachen bekannt sind (oben Rdn. 35). Entsprechend dem Sinn des § 14 I, eine effektive Gewerbeüberwachung zu ermöglichen, wird man in § 14 I auch die Ermächtigung für die Verwaltung sehen können, den Gewerbetreibenden durch als Verwaltungsakt zu qualifizierende Aufforderung zur Nachholung der Anzeige anzuhalten (*BVerwG* GewArch 1993, 196 [197] u. NVwZ 1991, 267 [268]; *OVG NRW* DÖV 1996, 520). Dieser Verwaltungsakt kann wiederum im Wege der Verwaltungsvollstreckung zwangsweise durchgesetzt werden, indem ein Zwangsgeld festgesetzt wird. Der Einsatz von Zwangsmitteln kann unabhängig von einem Bußgeldverfahren und neben diesem erfolgen.

89 Selbst wenn man in der behördlichen Aufforderung zur Anzeige des Gewerbes keinen Verwaltungsakt sähe, könnte der Gewerbetreibende im Wege der Feststellungsklage gerichtlich klären lassen, ob er zur Anzeige verpflichtet ist (*VG Lüneburg* GewArch 1998, 28).

Im Falle der Betriebsaufgabe kann die Anzeige des Gewerbetreibenden durch eine Abmeldung von Amts wegen ersetzt werden (§ 14 I 3). Dies kann ein milderes Mittel im Vergleich zur Verwaltungsvollstreckung sein (vgl. oben Rdn. 63). Im Bereich der übrigen anzeigepflichtigen Tatbestände des § 14 gibt es keine Anzeige von Amts wegen.

90 Bei Rechtsstreitigkeiten, die die Pflicht zur Gewerbeanzeige nach § 14 betreffen, ist im Hauptsacheverfahren der Regelstreitwert (§ 52 II GKG: 5000 Euro) festzusetzen; im vorläufigen Rechtsschutz ist der Streitwert auf die Hälfte zu reduzieren (so jedenfalls *VGH BW* GewArch 1994, 417).

2. Ordnungswidrigkeitstatbestände

91 **a) § 146 II Nr. 2 und 3.** Wer vorsätzlich oder fahrlässig ein anzeigepflichtiges Gewerbe ausübt, ohne der Anzeigepflicht nachzukommen, handelt ordnungswidrig (**§ 146 II Nr. 2**). Diese Ordnungswidrigkeit kann mit einer Geldbuße bis zu 1000 Euro geahndet werden (§ 146 III).

92 Die Unterlassung ist ein Dauerdelikt (*Kahl*, in: Landmann/Rohmer I, § 146 Rdn. 13, 29). Deshalb ist zweifelhaft, wann bei Verwirklichung des Ordnungswidrigkeitstatbestandes die **Verjährungsfristen** zu laufen beginnen. Grundsätzlich beginnt die Verjährung erst mit Beendigung des rechtswidrigen Zustandes (*OLG Stuttgart* GewArch 1984, 84).

93 Dies bedeutet für eine Verletzung der **An- oder Ummeldepflicht** (§ 14 I 1, 2 Nrn. 1 und 2), dass die Verjährungsfrist mit Nachholung der Anzeige beginnt. Darüber hinaus wird man auch ohne Nachholung den Beginn der Verjährungsfrist auf die endgültige Einstellung des Betriebs terminieren können, da damit das behördliche Interesse an der Anmeldung entfällt (*BayObLG* GewArch 1964, 29 f.).

Schwieriger ist die Bestimmung des Beginns der Verjährungsfrist bei einem **94** Verstoß gegen die **Abmeldepflicht** (§ 14 I 2 Nr. 3). Ohne Nachholung der Abmeldung bleibt zunächst der rechtswidrige Zustand erhalten, sodass mangels Beginns einer Verjährungsfrist eine Verjährung nicht eintreten könnte (so in der Tat *OLG Stuttgart* GewArch 1984, 84, das aber bei Fahrlässigkeit den Beginn der Verjährungsfrist auf den Zeitpunkt festsetzt, in dem der Täter ohne Schuld seine Pflicht zum Handeln nicht mehr im Gedächtnis haben könne). Dieses Ergebnis soll nach einer in der Literatur vertretenen Ansicht durch eine sachangemessene Anwendung des Opportunitätsprinzips gem. § 47 OWiG korrigiert werden (*Kahl*, in: Landmann/Rohmer I, § 146 Rdn. 29; *Richter* GewArch 1984, 78 [79]). Nach der Gegenauffassung entfällt mit Einstellung des Betriebes das Überwachungsbedürfnis, sodass danach zu diesem Zeitpunkt die Verjährungsfrist zu laufen beginnt (*Ganske* GewArch 1985, 318 f.).

Nach Einfügung des § 14 I 3 besteht die Möglichkeit einer Abmeldung von **95** Amts wegen, welche den rechtswidrigen Zustand beenden kann. Daher könnte man daran denken, den Beginn der Verjährungsfrist auf den Zeitpunkt der Amtsabmeldung festzusetzen. Allerdings läge der Verjährungsbeginn dann in der Hand der Behörde. Mithin empfiehlt sich die Anknüpfung an den Zeitpunkt, an dem eine Amtsabmeldung erstmalig möglich gewesen wäre.

Mit Einfügung „zum Zeitpunkt der Aufstellung des Automaten" in § 14 **96** III 2 durch das Gesetz zur Umsetzung der Dienstleistungsrichtlinie im Gewerberecht und in anderen Rechtsvorschriften (DIRLUG) vom 17. 7. 2009 (BGBl. I S. 2091) wurde die Grundlage für den Bußgeldtatbestand des **§ 146 II Nr. 3** bei Nichtanbringung der in § 14 III 2 und 3 genannten Angaben an Automaten geschaffen (BT-Drs. 16/13399, S. 12).

b) § 8 I Nr. 1 lit. d) SchwarzArbG. Ordnungswidrig handelt, wer **97** Dienst- oder Werkleistungen in erheblichem Umfang erbringt, obwohl er die Anzeigepflicht nach § 14 nicht erfüllt hat; möglich ist eine Geldbuße bis zu 50 000 Euro (§ 8 I Nr. 1 lit. d, III SchwarzArbG i. d. F. d. B. v. 23. 7. 2004 [BGBl. I S. 1842, mit nachfolgenden Änderungen]). Die Vorschrift des § 146 II Nr. 1 tritt hinter § 8 I Nr. 1 lit. d) SchwarzArbG im Wege der Gesetzeskonkurrenz zurück (*OLG Düsseldorf* GewArch 1991, 198 [199]).

3. Sonstige Rechtsfolgen

§ 14 ist eine bloße Ordnungsvorschrift, sodass bei einem Verstoß die **98** Gewerbeausübung selbst nicht rechtswidrig wird. Deshalb kann die Behörde auch nicht die Fortsetzung des nicht angezeigten Gewerbes unterbinden, wohl aber die Erstattung der Anzeige mit Mitteln der Verwaltungsvollstreckung erzwingen (oben Rdn. 87) und im Falle der Abmeldung diese von Amts wegen vornehmen (§ 14 I 3).

Ein Verstoß gegen die Anzeigepflicht führt nicht zugleich zu einem Verstoß **99** gegen § 3 UWG (so schon *BGH* GewArch 1964, 55 zu § 1 UWG a. F.; vgl. auch *OLG Karlsruhe* GewArch 1978, 374 zu denkbaren Ausnahmen; oben Rdn. 5) und nicht zu einem unmittelbar erlangten Vermögensvorteil i. S. d. § 29 a OWiG (*LG Tübingen* NJW 2006, 3447).

VI. Mitteilungspflicht der Finanzbehörden (Abs. 5)

100 Durch die 3. GewO-Novelle vom 24. 8. 2002 (BGBl. I S. 3412) wurde der heutige Abs. 5 (seinerzeit: Abs. 1a) in § 14 eingefügt. Dieser Absatz verpflichtet die Finanzbehörden, die Gewerbebehörden über die Abmeldung von Gewerbetreibenden zu informieren. Hintergrund der Regelung ist die Tatsache, dass Gewerbetreibende der Pflicht zur Abmeldung bei der Gewerbebehörde bei Beendigung häufig nicht nachkommen, sich demgegenüber zur Vermeidung künftiger steuerlicher Verpflichtungen regelmäßig zeitnah bei der Finanzbehörde abmelden (vgl. Gesetzesbegründung, BT-Drucks. 14/8796, S. 18; *Schönleiter/Viethen* GewArch 2003, 129 [131]). Dementsprechend dürfen lediglich Name und Anschrift sowie der Zeitpunkt der Gewerbeaufgabe mitgeteilt werden, nicht jedoch weitere steuerliche Daten (Abs. 5 S. 1). Für die Verwendung gilt Abs. 6 S. 1 entsprechend (dazu Rdn. 108), wie Abs. 5 S. 3 anordnet. Dieser Verweis ist durch die Neufassung des § 14 an sich überflüssig geworden, dient immerhin der Klarstellung.

101 Die Mitteilungspflicht der Finanzbehörden entfällt, wenn ihre Erfüllung einen unverhältnismäßigen Aufwand bedeuten würde (Abs. 5 S. 2). Dass die Mitteilungen mit Aufwand verbunden sind, nimmt der Gesetzgeber hin; lediglich eine außergewöhnliche und von ihm 2002 nicht vorhersehbare Entwicklung des Verwaltungsaufwandes dürfte daher zur Unverhältnismäßigkeit führen – und ist angesichts der Möglichkeiten rationalisierender Automatisierung der Datenerhebung und Übermittlung aufseiten der Finanzverwaltung kaum zu erwarten (siehe auch *Heß*, in: Friauf, § 14 Rdn. 75).

VII. Verwendung der Daten (Abs. 6 bis 14)

102 § 14 kannte schon immer Vorschriften zur Erhebung der Daten, vornehmlich durch die Gewerbeanzeige (Abs. 1 bis 4 n.F.), später zusätzlich durch Mitteilungen der Finanzbehörden (Abs. 5 n.F.). Ursprünglich fehlte aber jegliche Vorgabe für die Verwendung der Daten. Durch das Gesetz zur Änderung der Gewerbeordnung und sonstiger gewerberechtlicher Vorschriften v. 23. 11. 1994 (BGBl. I S. 3475) wurde die GewO den datenschutzrechtlichen Anforderungen, wie sie das *BVerfG* im sog. Volkszählungs-Urteil (*BVerfGE* 65, 1 ff.) entwickelt hat, angepasst. Dies betraf einmal die Neueinführung des § 11 in die GewO (dazu dort), aber auch eine Neuformulierung und Ergänzung des § 14, der dadurch gleichfalls – allen Bestrebungen zur Gesetzestransparenz und zur Deregulierung zum Trotz – zum „Mammutparagraphen" wurde (*Frotscher* NVwZ 1996, 33 [35]). Ziel dieser Neufassung des § 14 war es, dem Recht auf informationelle Selbstbestimmung des Bürgers durch eine ausreichende Gesetzesgrundlage für die Erhebung, Verwendung und Weitergabe der durch die Gewerbeanzeige betroffenen Daten Rechnung zu tragen (BT-Drs. 12/5826, S. 13; siehe auch § 11 Rdn. 2).

103 Die einschlägigen datenschutzrechtlichen Bestimmungen sind seitdem wiederholt novelliert, durch Gesetz vom 7. 9. 2007 (BGBl. I S. 2246, 2253) und vom 17. 3. 2008 (BGBl. I S. 399) neugefasst (Rdn. 1) und im Umfang

Anzeigepflicht § 14

noch erweitert worden. Wie bei § 11 und § 11 a lehnt sich die datenschutzrelevante Terminologie auch bei den Absätzen 5 bis 14 an diejenige des Bundesdatenschutzgesetzes an. Die dort enthaltenen Begriffsbestimmungen sind deshalb auf § 14 anwendbar (vgl. § 11 Rdn. 4).

Das **Verändern, Sperren und Löschen von Daten** ist nicht in § 14 104 geregelt, sondern in den Datenschutzgesetzen der Länder, wie früher in Abs. 11 a. F. explizit, aber lediglich deklaratorisch festgestellt worden ist. Der Gesetzgeber geht davon aus, dass eine Nachfolgeregelung zu § 14 XI a. F. durch die Verwaltungsvorschriften der Länder erfolgen könne (BT-Drs. 16/ 4391, S. 35; ebenso *Stenger* GewArch 2007, 448 [451]).

1. Zweckbindung der Datenverwendung (Abs. 6 und 13)

a) **Verwendung.** Zur Ausfüllung der datenschutzrechtlichen Begriffe ist 105 auf die Terminologie des BDSG zurückzugreifen (oben Rdn. 103). Verwendung von Daten ist der Oberbegriff für Verarbeitung und Nutzung (vgl. § 3 V BDSG). **Verarbeitung** ist gem. § 3 IV 1 BDSG das Speichern, Verändern, Übermitteln, Sperren und Löschen der Daten; **Nutzung** ist gem. § 3 V BDSG jede sonstige Verwendung der Daten. Die Speicherung der Daten erfolgt etwa in einem Gewerberegister oder einer Gewerbekartei. Mit Blick auf die Datenübermittlung differenziert § 14 zwischen den verschiedenen Empfängern der Daten (näher Rdn. 109 ff.).

b) **Verwendungszweck.** Gem. § 14 VI 1 dürfen die durch die Gewerbe- 106 anzeige (Abs. 1 bis 4) und die Mitteilungen der Finanzbehörden (Abs. 5) erhobenen Daten nur für die Überwachung der Gewerbeausübung sowie für statistische Erhebungen verwendet werden (unten Rdn. 150). Diese Zweckbindung gilt für diejenigen Behörden, welche für die Gewerbeüberwachung zuständig sind. Für andere Empfänger der Daten bestimmt Abs. 13, dass dieser die Daten nur für den Zweck verwenden darf, zu dessen Erfüllung sie ihm übermittelt werden.

c) **Allgemeine Zugänglichkeit bestimmter Daten.** Ein Sonderfall ist 107 die Ermöglichung eines allgemeinen – und dann nicht länger zweckgebundenen – Zugangs zu bestimmten Daten (Name, Anschrift, angezeigtes Gewerbe; § 14 VI 2). Für diese gewerberechtlichen Grunddaten gilt die Zweckbindung des § 14 VI 1 daher nicht (so ausdrücklich die amtliche Begründung, BT-Drs. 16/4391, S. 36; ebenso *Stenger* GewArch 2007, 448 [451]).

2. Verwendung der Daten durch die Gewerbebehörden selbst (Abs. 6)

§ 14 I 4 a. F. unterschied deutlicher zwischen derjenigen Behörde, welche 108 die Daten (mittels Gewerbeanzeige) erhebt und derjenigen, gleichfalls für die Gewerbeüberwachung zuständigen Behörde, welche die Daten verwendet. Der neugefasste Abs. 6 S. 1 knüpft generell die Datenverwendung an den Zweck der Gewerbeüberwachung und deckt deshalb unmittelbar die Übermittlung (die Unterfall der Verwendung ist, vgl. § 3 IV 1 BDSG) an die andere Gewerbeüberwachungsbehörde, welche die so erlangten Daten wiederum nur zum Zwecke der Gewerbeüberwachung verwenden darf. Soweit

Ennuschat

es um die Übermittlung von Daten innerhalb des Kreises der für die Gewerbeüberwachung zuständigen Behörden geht, bedarf es daher keines Rückgriffs auf die Abs. 7 ff. (so auch explizit BT-Drs. 16/4391, S. 36).

3. Übermittlung der Daten an öffentliche Stellen (Abs. 7 bis 9)

109 Die Datenübermittlung innerhalb des Kreises der Gewerbeüberwachungsbehörden fällt unter Abs. 6, nicht unter Abs. 7 bis 9 (oben Rdn. 108). § 14 unterscheidet im Übrigen fünf Konstellationen der Datenübermittlung an öffentliche Stellen: **(a)** öffentliche Stellen, soweit sie nicht als öffentlich-rechtliche Unternehmen am Wettbewerb teilnehmen (Abs. 7 S. 1, Rdn. 110 ff.), **(b)** öffentliche Stellen ohne Bezug zur Gewerbeüberwachung, die Teil der Verwaltungseinheit sind, die für die Gewerbeüberwachung zuständig ist (Abs. 7 S. 2, Rdn. 128), **(c)** öffentliche Stellen, soweit sie als öffentlich-rechtliche Unternehmen am Wettbewerb teilnehmen (Abs. 8, Rdn. 129), **(d)** öffentliche Stellen, die in Abs. 9 aufgeführt sind (Rdn. 130 ff.) und **(e)** die statistischen Ämter der Länder (Abs. 14, Rdn. 137).

110 **a) Öffentliche Stellen, soweit sie nicht als öffentlich-rechtliche Unternehmen am Wettbewerb teilnehmen (Abs. 7). aa) Übermittlung.** Der Begriff der Übermittlung ist technikneutral und beinhaltet auch die Weitergabe der Daten in elektronischer Form, sei es auf elektronischen Datenträgern, sei es im Wege der Datenfernübertragung (so die Gesetzesbegründung, BT-Drs. 16/4391, S. 36).

111 **bb) Übermittlungsempfänger.** Es muss sich zunächst um eine **öffentliche Stelle** handeln. Der Begriff „öffentliche Stellen" orientiert sich an § 2 BDSG, sodass die dort enthaltene Legaldefinition auch auf § 14 anwendbar ist. Zu den öffentlichen Stellen zählen auch die in Abs. 9 genannten Stellen, sodass diese – bei Vorliegen der Voraussetzungen des § 14 VII 1 Nr. 2 oder 3 – die Möglichkeit haben, im Einzelfall Daten zu erhalten, die sie nicht regelmäßig übermittelt bekommen.

112 Die öffentliche Stelle unterfällt nur dann Abs. 7 – ist also insoweit tauglicher Übermittlungsempfänger –, soweit sie sich **nicht als öffentlich-rechtliches Unternehmen am Wettbewerb beteiligt**. Diesen öffentlichen Stellen können unter den Voraussetzungen des Abs. 8 Daten übermittelt werden. Öffentlich-rechtliche Unternehmen sind die Unternehmen der öffentlichen Stellen wie z. B. städtische Versorgungsbetriebe, soweit der Benutzer eine Wahlmöglichkeit mit dem Angebot anderer Anbieter hat (*Heß*, in: Friauf, § 14 Rdn. 53; *Marcks*, in: Landmann/Rohmer I, § 14 Rdn. 84). Erfasst wird somit jede wettbewerbliche, nicht hoheitliche Tätigkeit öffentlicher Stellen in den Rechtsformen des öffentlichen oder privaten Rechts (zur Rechtsformwahl *Mann* Die öffentlich-rechtliche Gesellschaft, 2002, S. 97 ff.).

113 Zur Datenübermittlung innerhalb der Behörde zu Stellen außerhalb der Gewerbeüberwachung siehe § 14 VII 2 sowie unten Rdn. 128. Aus dem Anwendungsbereich des § 14 VII auszuscheiden sind schließlich diejenigen Stellen, die Teil der gem. Abs. 1 zuständigen Gewerbeüberwachungsbehörden sind (Abs. 7, dazu unten Rdn. 128).

cc) Übermittlungsanlass. Früher unterschied § 14 (Abs. 5 bis 7 a. F.) **114** zwischen der **fallweisen** und der **regelmäßigen Übermittlung** von Daten (dazu Vorauflage Rdn. 105, 112). Bei einer fallweisen Übermittlung ist jeweils ein neues Verlangen des Übermittlungsempfängers nötig, bei der regelmäßigen Übermittlung genügt ein einmaliges Verlangen. Diese Unterscheidung ist in der Neufassung weniger deutlich erkennbar. Immerhin wird das Merkmal „regelmäßig" in Abs. 9 verwendet. Dies deutet darauf hin, dass in den übrigen Absätzen nur eine fallweise Übermittlung zulässig ist. Hierfür spricht namentlich die Regelung des § 14 VII 1 Nr. 1, die anderenfalls überflüssig wäre. Dementsprechend weist auch die Gesetzesbegründung (BT-Drs. 16/4391, S. 36) darauf hin, dass die ratio legis des § 14 VII 1 Nr. 1 in der Klarstellung bestehe, „dass in demselben Umfang, in dem nach Absatz 9 (Abs. 5 a. F.) regelmäßige Datenübermittlungen zulässig sind, auch Datenübermittlungen *im Einzelfall* zulässig sind" (Hervorhebung nicht im Original). Deshalb ist Abs. 7 dahin gehend zu verstehen, dass **nur die fallweise Übermittlung** erfasst ist (*Marcks*, in: Landmann/Rohmer I, § 14 Rdn. 83). Jede einzelne Übermittlung setzt damit ein erneutes Verlangen des Übermittlungsempfängers voraus (*Martinez*, in: BeckOK, § 14 Rdn. 64).

Aus der Beschränkung auf fallweise Übermittlung folgt, dass eine laufende **115** Übermittlung unzulässig ist. Zur fallweisen Übermittlung können auch Daten ganzer Fallgruppen zählen, so etwa sämtliche Gewerbeanzeigen eines Gewerbetreibenden innerhalb eines bestimmten Zeitraums oder sämtliche Gewerbeanzeigen (aller oder bestimmter Gruppen von Gewerbetreibenden) während eines bestimmten Zeitraums (ähnlich *Martinez*, in: BeckOK, § 14 Rdn. 64 zur Übermittlung von Daten mehrerer Gewerbetreibender). Dabei sind durchaus Fallgestaltungen denkbar, in denen die Aneinanderreihung fallweiser Übermittlungen faktisch den Umfang einer regelmäßigen Übermittlung annimmt. Der Unterschied zur regelmäßigen Übermittlung liegt dann darin, dass gem. Abs. 9 die Datenübermittlung ohne Prüfung tatbestandlicher Voraussetzungen erfolgt und lediglich die Datenverwendung durch den Empfänger durch die Zweckbindung beschränkt ist (Rdn. 133), während bei Abs. 7 schon die Übermittlung als solche an Übermittlungsvoraussetzungen gebunden ist. Diese Bindung verhütet damit zugleich eine missbräuchliche Ausdehnung des fallweisen Abrufs von Daten aus der Gewerbeanzeige.

dd) Übermittlungsvoraussetzungen. Die Übermittlungsvoraussetzun- **116** gen sind neu gefasst worden. Nötig ist das Vorliegen einer der drei alternativ genannten Voraussetzungen (§ 14 VII 1 Nrn. 1 bis 3).

Nr. 1: Eine regelmäßige Datenübermittlung nach Abs. 9 ist zulässig (dazu **117** unten Rdn. 130 ff.); Hintergrund: Was regelmäßig zulässig ist, soll ohne weitere Voraussetzungen auch im Einzelfall möglich sein.

Nr. 2: Die Kenntnis der Daten ist zur Abwehr einer gegenwärtigen Gefahr **118** für die öffentliche Sicherheit oder erheblicher Nachteile für das Gemeinwohl erforderlich. Eine Abwägung mit Interessen des Gewerbetreibenden findet – anders als bei Nr. 3 – auf Tatbestandsseite nicht statt (vgl. BT-Drs. 16/4391, S. 36; *Marcks*, in: Landmann/Rohmer I, § 14 Rdn. 81; *Martinez*, in: BeckOK, § 14 Rdn. 66).

§ 14 Titel II. Stehendes Gewerbe

119 In Orientierung an der polizeirechtlichen Terminologie ist unter der **öffentlichen Sicherheit** der Bestand des Staates sowie seiner Einrichtungen und Veranstaltungen, die objektive Rechtsordnung und der Schutz der subjektiven Rechte und Rechtsgüter des Einzelnen zu verstehen (siehe etwa *Tettinger/Erbguth/Mann* Besonderes Verwaltungsrecht, 10. Aufl. 2009, Rdn. 440).

120 Eine **Gefahr** ist bei einer Sachlage gegeben, in der bei ungehindertem Geschehensablauf ein Zustand oder ein Verhalten mit hinreichender Wahrscheinlichkeit in absehbarer Zeit zu einem Schaden führen wird (*Tettinger/Erbguth/Mann* aaO, Rdn. 463). Die Gefahr ist **gegenwärtig**, wenn die Einwirkung des schädigenden Ereignisses bereits begonnen hat oder mit an Sicherheit grenzender Wahrscheinlichkeit umgehend bevorsteht (*Tettinger/Erbguth/Mann* aaO, Rdn. 469).

121 Mit **Gemeinwohl** ist jedes öffentliche Interesse gemeint, was das öffentliche Interesse an der Vermeidung von Nachteilen für Bevölkerungsgruppen oder Einzelne einschließen kann (§ 51 Rdn. 17; ähnlich zu § 13 II Nr. 6 BDSG *Gola/Schomerus* BDSG, 10. Aufl. 2010, § 13 Rdn. 20). Das Gemeinwohl umfasst auch den Schutz der öffentlichen Ordnung. Um einen **erheblichen Nachteil** handelt es sich bei sonstigen negativen Auswirkungen unterhalb der Schadensschwelle und unterhalb der Beeinträchtigung eines Rechtsgutes, wozu auch Vermögensinteressen des Einzelnen gehören sollen, die für den Betroffenen nicht zumutbar sind (vgl. *Schmidt-Kötters*, in: BeckOK Umweltrecht, § 5 BImSchG Rdn. 59, 65).

122 Die Übersendung der Daten ist **erforderlich**, wenn die Empfängerbehörde die zu übermittelnden Daten zur Erfüllung ihrer Aufgaben benötigt und im Übrigen der Inhalt der Anfrage schlüssig ist (*Heß*, in: Friauf, § 14 Rdn. 49; *Martinez*, in: BeckOK, § 14 Rdn. 67) Die Erforderlichkeit ist im Sinne einer Verhältnismäßigkeitsprüfung zu verstehen. Weitere Anhaltspunkte bietet die datenschutzrechtliche Dogmatik zum Merkmal „erforderlich", das etwa in § 13 II Nr. 5 und 6 BDSG enthalten ist (*BVerfGE* 65, 1; *BSG* NJW 2003, 2932; *Gola/Schomerus* BDSG, 10. Aufl. 2010, § 13 Rdn. 3). Die Verantwortung für die Zulässigkeit der Übermittlung liegt beim Empfänger (vgl. § 15 II 2 BDSG: Erfolgt die Übermittlung auf Ersuchen des Empfängers, trägt dieser die Verantwortung). Der Empfänger muss aber bei Anforderung der Datenübermittlung angeben, für welche Zwecke er die Daten benötigt. Die übermittelnde Behörde prüft dann nur, ob das Übermittlungsersuchen im Rahmen der Aufgaben der Empfängerbehörde liegt, es sei denn, dass besonderer Anlass zur Prüfung der Zulässigkeit der Übermittlung besteht (vgl. § 15 II 3 BDSG; so auch *Martinez*, in: BeckOK, § 14 Rdn. 68).

123 **Nr. 3:** Die dritte alternative Übermittlungsvoraussetzung ist – in gewisser Parallele zu § 4 II Nr. 2 BDSG – differenziert ausgestaltet. Nötig ist zunächst das Vorliegen einer der beiden nachfolgend genannten Erfordernisse: Entweder der Übermittlungsempfänger könnte die Daten beim Gewerbetreibenden nur mit unverhältnismäßigem Aufwand (hohe Kosten, hoher Zeit- und Arbeitsaufwand) erheben. Oder es muss von einer Datenerhebung beim Gewerbetreibenden nach Art der Aufgabe, für deren Erfüllung die Kenntnis der Daten erforderlich ist, abgesehen werden (zu § 4 II Nr. 2 BDSG *Gola/Schomerus* BDSG, 10. Aufl. 2010, § 4 Rdn. 26 ff.).

Anzeigepflicht **§ 14**

Wenn eine der beiden Voraussetzungen erfüllt ist, tritt als weitere Voraussetzung hinzu, dass kein Grund zu der Annahme besteht, dass das **schutzwürdige Interesse des Gewerbetreibenden** überwiegt. Zunächst muss also ein schutzwürdiges Interesse des Gewerbetreibenden bestehen, das einer Datenübermittlung entgegensteht. Anhaltspunkte für die Bestimmung der Schutzwürdigkeit kann § 21 V MRRG bieten (amtl. Begr., BT-Drs. 12/5826, S. 17), wonach Melderegisterauskünfte unzulässig sind, wenn dem Betroffenen oder Dritten daraus Gefahren für Leben, Gesundheit, Freiheit und Ähnlichem drohen. Nicht schutzwürdig ist das Interesse des säumigen Schuldners, für seinen Gläubiger unauffindbar zu bleiben (vgl. *OVG NRW* BB 1988, 589; *Marcks*, in: Landmann/Rohmer I, § 14 Rdn. 81). Bei Bejahung eines schutzwürdigen Interesses ist in einem zweiten Schritt eine Abwägung zwischen dem öffentlichen Interesse an der Datenübermittlung und dem gegenläufigen privaten Interesse vorzunehmen. Die übermittelnde Behörde prüft dann nur, ob das Übermittlungsersuchen im Rahmen der Aufgaben des Empfängers liegt, es sei denn, dass ein besonderer Anlass zur Prüfung der Zulässigkeit der Übermittlung besteht (vgl. § 15 Abs 2 S 3 BDSG; *Marcks*, in: Landmann/Rohmer I, § 14 Rdn. 81). 124

ee) **Übermittlungsumfang.** Die frühere Gesetzesfassung kannte differenzierte Regelungen zum Umfang der übermittelten Daten (dazu die Voraufl. unter Rdn. 114), die nach heutiger Rechtslage fehlen. Der Übermittlungsumfang richtet sich daher insbesondere danach, inwieweit die verschiedenen Übermittlungsvoraussetzungen bezogen auf die einzelnen Daten erfüllt sind (siehe auch *Martinez*, in: BeckOK, § 14 Rdn. 65). 125

ff) **Ermessen.** Wenn die tatbestandlichen Übermittlungsvoraussetzungen für jede einzelne der gewünschten Informationen vorliegen, steht die Übermittlung auf Rechtsfolgenseite im pflichtgemäßen **Ermessen** der zuständigen Behörde (vgl. zum ähnlichen Wortlaut („darf") in § 11 I *Schulze-Werner*, in: Friauf, § 11 Rdn. 18). 126

gg) **Verwendungszweck.** § 14 XIII bestimmt hierzu, dass nach erfolgter Übermittlung der Empfänger die Daten nur für den Zweck verwenden kann, zu dessen Erfüllung sie ihm übermittelt worden sind. 127

b) **Übermittlung innerhalb der Verwaltungseinheit (Abs. 7 S. 2).** Zweck der Vorschrift ist Folgender: § 14 VI 1 ordnet an, dass die erhobenen Daten nur für Zwecke der Gewerbeüberwachung verwendet werden dürfen. Nicht alle Behörden und Organisationseinheiten der für die Gewerbeüberwachung zuständigen Verwaltungseinheiten (etwa Bürgermeister als örtliche Ordnungsbehörde) sind jedoch mit der Gewerbeüberwachung betraut. Eine Übermittlung an diese Behörden bzw. Organisationseinheiten führt damit zu einer Zweckänderung der erhobenen Daten, welche nach § 14 VI 1 unzulässig wäre. Eine Übermittlung (zum Begriff Rdn. 110) der Daten innerhalb der Verwaltungseinheit kann aber gem. § 14 VII 1 möglich sein. Über Abs. 7 S. 2 sind damit die nicht mit der Gewerbeüberwachung betrauten Behörden und Organisationseinheiten derselben Verwaltungseinheit wie andere öffentliche Stellen i. S. d. Abs. 7 zu behandeln. 128

§ 14 Titel II. Stehendes Gewerbe

129 **c) Öffentliche Stellen, soweit sie als öffentlich-rechtliche Unternehmen am Wettbewerb teilnehmen (Abs. 8).** Die als öffentlich-rechtliche Unternehmen am Wettbewerb teilnehmenden öffentlichen Stellen (zum Begriff siehe oben Rdn. 112) werden den nichtöffentlichen Stellen gleichgestellt (näher unten Rdn. 138).

130 **d) Übermittlung an öffentliche Stellen, die in Abs. 9 aufgeführt sind.** Abs. 9 S. 1 nennt eine – abschließend zu verstehende – Reihe öffentlicher Stellen, denen regelmäßig die aus den Gewerbeanzeigen stammenden Daten übermittelt (zum Begriff Rdn. 114) werden.

131 **aa) Übermittlungsanlass.** Regelmäßig bedeutet, dass jenen Stellen sämtliche Anzeigen (freilich nicht deren vollständiger Inhalt; zum Umfang siehe Rdn. 132) übermittelt werden, ohne dass diese jeweils angefordert werden müssen oder ein besonderer Übermittlungsanlass vorliegen muss. Lediglich eine einmalige generelle Bedarfsanmeldung ist erforderlich (*Marcks*, in: Landmann/Rohmer I, § 14 Rdn. 75; *Martinez*, in: BeckOK, § 14 Rdn. 59). Aus § 14 IX folgt nicht zwangsläufig, dass jede einzelne Anzeige sofort übermittelt wird. Eine gewisse Sammlung ist zulässig, sofern die gewählten Zeitintervalle nicht derart groß werden, dass die Erfüllung der den in Abs. 9 genannten öffentlichen Stellen obliegenden gesetzlichen Aufgaben erschwert wird.

132 **bb) Übermittlungsumfang.** Der vollständige Inhalt der Gewerbeanzeigen wird keiner der in Abs. 9 genannten Stellen regelmäßig übermittelt. Stattdessen wird jeweils präzise benannt, was von der Übermittlung ausgenommen werden muss, z. B. durch Schwärzung dieses Feldes der Gewerbeanzeige. Daten, die nicht von Abs. 9 erfasst sind, können jedoch – bei Vorliegen der dort genannten Voraussetzungen – nach Abs. 7 übermittelt werden, dann freilich nicht regelmäßig, sondern nur fallweise (oben Rdn. 114).

133 **cc) Verwendung der Daten durch Übermittlungsempfänger.** Der Katalog der Übermittlungsempfänger in Abs. 9 S. 1 enthält jeweils eine Festsetzung des Zwecks, für den die übermittelten Daten verwendet werden dürfen. In Abs. 13 ist klargestellt, dass die Empfänger die übermittelten Daten nur zu diesem Zweck verarbeiten oder nutzen dürfen. Damit soll den Anforderungen im sog. Volkszählungs-Urteil des *BVerfG* Genüge getan werden (*BVerfGE* 65, 1 [44, 46]).

134 **dd) Verhältnis zu § 138 AO.** Gem. Abs. 9 S. 2 bleibt § 138 AO von dieser Regelung unberührt. Nach § 138 I 1 AO hat derjenige, der einen Betrieb der Land- oder Forstwirtschaft, einen gewerblichen Betrieb oder eine Betriebsstätte eröffnet, dies auf amtlich vorgeschriebenem Vordruck der Gemeinde mitzuteilen, in der der Betrieb oder die Betriebsstätte eröffnet wird; die Gemeinde unterrichtet unverzüglich das nach § 22 I AO zuständige Finanzamt vom Inhalt der Mitteilung. Entsprechendes gilt gem. § 138 I 4 AO für Verlegung und Aufgabe eines Betriebes, einer Betriebsstätte oder einer freiberuflichen Tätigkeit.

135 Es bestehen also zwei Anzeigepflichten: zum einen gem. § 14, zum zweiten gem. § 138 AO. Letztgenannte wird jedoch durch die Anzeige nach § 14 erfüllt (*Heß*, in: Friauf, § 14 Rdn. 61; *Martinez*, in: BeckOK, § 14 Rdn. 60).

Anzeigepflicht **§ 14**

§ 14 IX 2 stellt nun klar, dass die Gewerbebehörde die Gewerbeanzeige an das Finanzamt weiterleiten darf (*Heß*, in: Friauf, § 14 Rdn. 61).

ee) Ermessen. Wenn die tatbestandlichen Übermittlungsvoraussetzungen **136** für jede einzelne der gewünschten Informationen vorliegen, steht die Übermittlung auf Rechtsfolgenseite im pflichtgemäßen **Ermessen** der zuständigen Behörde.

e) Übermittlung an statistische Ämter der Länder (Abs. 14). Einen **137** Sonderfall bildet die Übermittlung an die statistischen Ämter der Länder gem. § 14 XIV (dazu unten Rdn. 150 f.).

4. Übermittlung der Daten an nicht-öffentliche Stellen (Abs. 8)

Zum Begriff der nicht-öffentlichen Stellen vgl. § 2 IV BDSG. Ihnen sind **138** gleichgestellt öffentliche Stellen, soweit sie als öffentlich-rechtliche Unternehmen am Wettbewerb teilnehmen (oben Rdn. 129).

a) Übermittlungsanlass. Abs. 8 enthält keine präzise Aussage, ob die **139** Übermittlung (zum Begriff Rdn. 110) nur fallweise oder auch regelmäßig erfolgen kann. Da zu den Übermittlungsvoraussetzungen eine Abwägung mit den schutzwürdigen Interessen des Gewerbetreibenden zählt, die nur im Einzelfall durchgeführt werden kann, scheidet eine regelmäßige Übermittlung jedoch aus (so auch *Marcks*, in: Landmann/Rohmer I, § 14 Rdn. 84, a. A. *Heß*, in: Friauf, § 14 Rdn. 54; *Martinez*, in: BeckOK, § 14 Rdn. 71).

b) Übermittlungsumfang. Die früher differenzierte Regelung zum **140** Übermittlungsumfang (dazu Voraufl. Rdn. 125) ist heute entfallen, sodass sich der Übermittlungsumfang danach richtet, für welche Daten die Übermittlungsvoraussetzungen erfüllt sind. Die gewerberechtlichen Grunddaten (Name, betriebliche Anschrift und die angezeigte Tätigkeit des Gewerbetreibenden) können ohnehin allgemein zugänglich gemacht werden (Rdn. 152; vgl. § 14 VI 2 n. F., der an die Stelle der früheren Regelung des § 14 VIII S. 1 a. F. getreten ist).

c) Übermittlungsvoraussetzungen. Nach früherer Rechtslage gab es **141** differenzierte Übermittlungsvoraussetzungen, die mit Blick auf Name, betriebliche Anschrift und angezeigter Tätigkeit ein berechtigtes Interesse genügen ließen (Abs. 8 S. 1 a. F.), während für andere Daten ein rechtliches Interesse und eine Interessenabwägung nötig waren (Abs. 8 S. 2 a. F.; dazu die Vorauflage Rdn. 127 ff.).

Nach heutiger Gesetzesfassung ist zunächst stets ein – glaubhaft zu machen- **142** des – **rechtliches Interesse** nötig, ein bloßes berechtigtes Interesse genügt nicht. Bloße wirtschaftliche oder ideelle Interessen sind also nicht ausreichend. Das rechtliche Interesse muss gegenwärtig sein. Rechtliche Interessen können insbesondere in der Geltendmachung von Rechtsansprüchen liegen (vgl. Abs. 8 S. 2 a. F.). Dies betrifft einmal die Vorbereitung einer Klage, aber auch außergerichtliche Rechtsinteressen, z. B. das des Kreditgebers, sich ein Bild über die Solvenz eines Kreditnehmers zu machen (vgl. BT-Drs. 12/5826, S. 17).

Ennuschat

§ 14 Titel II. Stehendes Gewerbe

143 Zur **Glaubhaftmachung** genügt die in sich schlüssige Darstellung des berechtigten Interesses (*OVG RhPf.* NVwZ-RR 2004, 344 [345]). Eine bestimmte Form ist nicht erforderlich; insbesondere ist zur Glaubhaftmachung keine Versicherung an Eides statt nötig, wohl aber möglich (vgl. § 294 I ZPO).

144 Weitere Voraussetzung ist, dass kein Grund zu der Annahme besteht, dass das **schutzwürdige Interesse des Gewerbetreibenden** an der Nichtweitergabe der Daten überwiegt. Verlangt ist also erstens das Vorliegen eines schutzwürdigen Interesses. Das Interesse, nicht verklagt zu werden, ist dabei nicht schutzwürdig (vgl. oben Rdn. 124). In einem zweiten Schritt ist eine Interessenabwägung vorzunehmen (*OVG RhPf.* NVwZ-RR 2004, 344 [345]).

145 **d) Ermessen.** Wenn die tatbestandlichen Übermittlungsvoraussetzungen für jede einzelne der gewünschten Informationen vorliegen, steht die Übermittlung auf Rechtsfolgenseite im pflichtgemäßen **Ermessen** der zuständigen Behörde (*Martinez*, in: BeckOK, § 14 Rdn. 74). Werden die Daten übermittelt, ist der Empfänger hinsichtlich deren Verwendung an die Zwecke gebunden, zu dessen Erfüllung ihm die Daten übermittelt worden sind (Abs. 13).

5. Sonstige Übermittlung der Daten (Abs. 10)

146 Abs. 10 betrifft die Übermittlung von Daten für andere Zwecke außer den in Abs. 6 bis 9, 14 genannten. Dies ist nur zulässig, soweit die Kenntnis der betreffenden Daten zur Verfolgung von Straftaten erforderlich ist oder eine besondere Rechtsvorschrift dies zulässt. Nicht von der Zweckbindung des Abs. 10 erfasst sind die Grunddaten i. S. d. Abs. 6 S. 2 (BT-Drs. 16/4391, S. 37).

6. Vorgaben für automatisierte Verfahren zum Abruf von Daten (Abs. 11 und 12)

147 § 14 XI, XII enthält die Rechtsgrundlage und präzise Regelungen für ein automatisiertes Abrufverfahren. Die in Abs. 12 vorgeschriebene Protokollierung ermöglicht eine nachträgliche Überprüfung, ob die Abrufe zulässig waren. Ähnliche Bestimmungen waren zuvor in § 14 VII a. F. enthalten. Die Gesetzesbegründung führt zu Abs. 11 und 12 n.F. Folgendes aus (BT-Drs. 16/4391, S. 36 f.; siehe zum Ganzen näher *Heß*, in: Friauf, § 14 Rdn. 64 ff.; *Stenger* GewArch 2007, 448 [451 f.]):

148 „In Absatz 11 werden die bereits in Absatz 6 Satz 2 und Abs. 8 Satz 2 a. F. enthaltenen Regelungen über die technischen Mindestanforderungen an ein automatisiertes Abrufverfahren in einem Absatz zusammengefasst. Wie oben dargelegt, besteht kein schutzwürdiges Interesse des Gewerbetreibenden an der Beschränkung der Weitergabe seiner Grunddaten. Dies gilt auch für das automatisierte Abrufverfahren. Als vorrangig anzusehen ist das Interesse des Rechtsverkehrs, schnell und ohne hohe bürokratische Hindernisse verlässliche Informationen über Gewerbetreibende zu erlangen. Für die in der Praxis zuweilen auftretenden Fälle, dass Name oder Anschrift des Gewerbetreibenden nicht vollständig bekannt sind oder deren exakte Schreibweise nicht bekannt ist, können Abrufe unter Verwendung unvollständiger Abfragedaten und die Suche mittels einer Ähnlichenfunktion zugelassen werden. Um dem Regelungszweck, zu verhindern, dass die nichtöffentlichen Stellen in den Grunddaten aus den Gewerbeanzeigen wie in einem elektronischen Branchenverzeichnis nach beliebigen Suchkriterien recherchieren können, Rechnung zu tragen, werden die einzelnen Voraussetzungen, wie etwa die Mindestanforderungen an den Umfang der einzugebenden Daten zur möglichst genauen Bestimmung des gesuchten Gewerbetreibenden und der zulässige Umfang der an die ersuchende Stelle zu übermittelnden Treffer in den allgemeinen Verwaltungsvorschriften der Länder, zu regeln sein.

In Absatz 12 werden die Anforderungen an den automatisierten Abruf von anderen als den Grunddaten einheitlich geregelt. Die in Satz 1 Nr. 1 und 2 genannten Voraussetzungen sollen sicherstellen, dass nur solche Empfänger am automatisierten Abrufverfahren teilnehmen können, deren Aufgaben oder Geschäftszwecke grundsätzlich die Kenntnis der Daten aus den Gewerbeanzeigen erfordern und für die unter Abwägung mit den schutzwürdigen Interessen der Gewerbetreibenden ein Bedarf für den Zugriff im automatisierten Verfahren besteht. Satz 1 Nr. 3 soll sicherstellen, dass die Zulässigkeit der einzelnen Abrufe überprüft werden kann. Dies ist nur möglich, wenn anhand des konkreten Verwendungszwecks das Vorliegen der Voraussetzungen für die Übermittlung nachvollzogen werden kann. Da für die Übermittlung an die in Absatz 9 genannten Stellen hinsichtlich der dort aufgeführten Daten eine Darlegung von Gründen nicht erforderlich ist, entfällt für diese Stellen auch im automatisierten Abrufverfahren die Pflicht zur Angabe der in Satz 1 Nr. 3 genannten Daten. Die in den Sätzen 3 bis 6 des Absatzes 12 geregelten Verfahrensanforderungen entsprechen den im alten Absatz 7 geregelten Anforderungen."

149

7. Bundesstatistik (Abs. 14)

Die Gewerbeanzeige dient auch statistischen Zwecken (Abs. 6 S. 1). Abs. 14 ordnet eine bundeseinheitliche Gewerbeanzeigenstatistik an. Durch das Erste Gesetz zum Abbau bürokratischer Hemmnisse insbesondere in der mittelständischen Wirtschaft vom 22. 8. 2006 (BGBl. I S. 1970, 1973) ist der Umfang der Erhebungen auf Gewerbeanzeigen nach § 14 I 1 und 2 Nr. 3 reduziert worden. Die Gesetzesbegründung führt hierzu aus (BT-Drs. 16/1407, S. 13): „Bisher werden Gewerbeummeldungen an die statistischen Ämter zur Führung einer Bundesstatistik gemeldet. Auf diese Statistik kann künftig verzichtet werden. Um sicherzustellen, dass die statistischen Ämter, die die Gewerbeummeldungen auch zur Führung des Statistikregisters benötigen, diese Meldungen weiterhin erhalten, werden die Gewerbeämter zu einer entsprechenden Mitteilung verpflichtet." Das Gesetz zur Vereinfachung und Anpassung statistischer Rechtsvorschriften vom 17. 3. 2008 (BGBl. I S. 399) diente der redaktionellen Anpassung an das europäische System zur Klassifizierung von Wirtschaftszweigen für die statistische Erhebung von Daten (vgl. BR-Drs. 664/07, S. 25).

150

151 Die Gewerbeanzeigenden sind gem. S. 2 und 3 verpflichtet, die nötigen Auskünfte zu erteilen (vgl. auch § 15 BStatG). Dies erfolgt durch Weiterleitung von im Gesetzestext näher bestimmten Angaben aus der Anzeige durch die Behörde, welche die Anzeige entgegen nimmt, an die statistischen Ämter der Länder (S. 4). Satz 5 legt die Reichweite der Befugnisse der statistischen Ämter der Länder zur Auswertung der Daten vor. Satz 6 berechtigt diese zur unmittelbaren Erfragung bestimmter Angaben bei den Auskunftspflichtigen. Siehe näher zum Ganzen *Heß*, in: Friauf, § 14 Rdn. 69 ff.).

8. Allgemeine Zugänglichkeit bestimmter Daten (Abs. 6 S. 2)

152 § 14 VI 2 bestimmt, dass der Name, die betriebliche Anschrift und die angezeigte Tätigkeit des Gewerbetreibenden allgemein zugänglich gemacht werden können, z. B. im Wege des Internets. Die Kenntniserlangung durch Dritte ist dann an keine weitere Voraussetzungen oder Zwecke gebunden.

153 Diese Regelung tritt an die Stelle des früheren Abs. 8 S. 1 a. F., wonach der Auskunftssuchende auch insoweit ein berechtigtes Interesse geltend machen musste. In einem ersten Schritt (Erstes Gesetz zum Abbau bürokratischer Hemmnisse insbesondere in der mittelständischen Wirtschaft vom 22. 8. 2006, BGBl. I S. 1970, 1973) wurde die Mitteilung dieser gewerberechtlichen Grunddaten dadurch erleichtert (was auch das Ziel der Regelung war, vgl. BT-Drs. 16/2017, S. 16), indem diese generell für zulässig erklärt worden ist, sofern der Gewerbetreibende nicht widersprochen hat. Nunmehr werden diese Grunddaten voraussetzungslos öffentlich zugänglich gemacht (Zweites Gesetz zum Abbau bürokratischer Hemmnisse insbesondere in der mittelständischen Wirtschaft vom 7. 9. 2007, BGBl. I S. 2246, 2253). Der Gesetzentwurf erläutert dies folgendermaßen (BT-Drs. 16/4391, S. 35): „Es besteht kein schutzwürdiges Interesse des Gewerbetreibenden an der Beschränkung der Weitergabe der Grunddaten. Der Gewerbetreibende legt die Grunddaten im Geschäftsverkehr ohnehin offen und ist gemäß §§ 15 a und 15 b GewO zur Offenlegung des Namens grundsätzlich auch verpflichtet. Gewerbetreibende sind häufig auch in dem für jedermann einsichtbaren Handelsregister mit ihren Grunddaten eingetragen." Zum im Internet einsehbaren gemeinsamen Registerportal der Länder siehe www.handelsregister.de sowie *Stenger* GewArch 2007, 448 (451).

154 Die Eröffnung der Möglichkeit allgemeiner Zugänglichkeit steht im **Ermessen** der Behörde (*Martinez*, in: BeckOK, § 14 Rdn. 72; a. A. *Marcks*, in: Landmann/Rohmer I, § 14 Rdn. 74 b). Ermessenserwägungen sind dabei nicht Interessen des Gewerbetreibenden, sondern in erster Linie Aspekte des Verwaltungsaufwands.

§ 15 Empfangsbescheinigung, Betrieb ohne Zulassung

(1) **Die Behörde bescheinigt innerhalb dreier Tage den Empfang der Anzeige.**

(2) **[1]Wird ein Gewerbe, zu dessen Ausübung eine Erlaubnis, Genehmigung, Konzession oder Bewilligung (Zulassung) erforderlich ist, ohne diese Zulassung betrieben, so kann die Fortsetzung des Betrie-**

Empfangsbescheinigung, Betrieb ohne Zulassung § 15

bes von der zuständigen Behörde verhindert werden. ²Das gleiche gilt, wenn ein Gewerbe von einer ausländischen juristischen Person begonnen wird, deren Rechtsfähigkeit im Inland nicht anerkannt wird.

Literatur: *D. Aßfalg*, Zur Frage des maßgebenden Zeitpunktes für die gerichtliche Beurteilung der Rechtmäßigkeit des Widerrufs einer Gaststättenerlaubnis bzw. der Verhinderung der Fortsetzung eines Betriebes nach § 15 Abs. 2 GewO, GewArch 1988, 219 ff.; *ders.*, Nochmals: Zum „maßgebenden Zeitpunkt" bei der Beurteilung von Maßnahmen nach § 15 Abs. 2 GewO, GewArch 1988, 292; *W. Dürr*, Vorrang Handwerksrolleneintragung vor Gewerbeanzeige, § 16 HwO – §§ 14, 15 GewO, GewArch 2006, 107 ff.; *M. Kaufmann*, Zur Einstellung des Gewerbebetriebes der nicht rechtsfähigen ausländischen juristischen Person, GewArch 1997, 400 ff.; *U. Kischel*, Formelle und materielle Illegalität im Recht der Gefahrenabwehr, DVBl. 1996, 185 ff.; *H.-J. Odenthal*, Die Gewerbeuntersagung nach § 15 Abs. 2 GewO, GewArch 2001, 448 ff.

Übersicht

	Rdn.
I. Empfangsbescheinigung (Abs. 1)	1
1. Zweck und Rechtsnatur	1
2. Frist und Form	5
3. Anspruch	7
4. Versagungsgründe	9
5. Gebühren	12
II. Untersagung (Abs. 2 S. 1)	14
1. Gewerbe	15
2. Zulassungsbedürftigkeit	16
3. Betrieb ohne Zulassung	19
4. Rechtsfolge: Ermessen	20
a) Materielle Rechtswidrigkeit	21
b) Formelle Rechtswidrigkeit wegen ausgebliebenen Antrages auf Genehmigung	22
c) Formelle Rechtswidrigkeit wegen unterbliebener oder verweigerter Genehmigung	27
d) Teilschließung	28
5. Rechte Dritter	29
6. Verwaltungsverfahren und -vollstreckung	32
7. Rechtsschutz und Prozessuales	34
8. Verhältnis zu § 35 GewO sowie zum Polizei- und Ordnungsrecht der Länder	37
III. Ausländische juristische Personen (Abs. 2 S. 2)	41
1. Ausländisch	41
2. Anwendbarkeit der allgemeinen Gewerbevorschriften	42
3. Nichtanerkennung der Rechtsfähigkeit	43

I. Empfangsbescheinigung (Abs. 1)

1. Zweck und Rechtsnatur

Die Empfangsbescheinigung über den Erhalt der nach § 14 und § 55 c **1** erforderlichen Anzeigen hat keinen eigenständigen Regelungsgehalt und ist damit **kein Verwaltungsakt**. Die „Gewerbeanmeldeschein", kurz auch „Gewerbeschein" genannte Bescheinigung beinhaltet insb. **keine Erlaubnis** und auch keine Unbedenklichkeitsbescheinigung; ebenso wenig ersetzt sie nach anderen Vorschriften erforderliche Erlaubnisse.

2   Ihr kommt lediglich eine **Beweisfunktion** für den Gewerbetreibenden zu (*BVerwGE* 38, 160 [161]; *BayVGH* GewArch 2007, 117; *VGH BW* VBlBW 2007, 471): Zum einen gibt sie ihm Gewissheit, dass seine Anzeige bei der Behörde eingegangen ist und er seine Pflichten aus § 14 I erfüllt hat, zum anderen hilft sie ihm, in einem etwaigen Bußgeldverfahren wegen unterlassener Anzeige (vgl. § 146 II Nr. 1) nachzuweisen, dass er die Anzeige erstattet hat.

3   Die Bescheinigung wird nicht im öffentlichen, sondern allein im privaten Interesse ausgestellt. Die Bescheinigung erfolgt von Amts wegen, ist aber für den Gewerbetreibenden **verzichtbar** (*BVerwGE* 38, 160 [161]; a. A. *BayVGH* BayVBl. 1970, 260). Im Falle eines Verzichts ist die Behörde aber nicht gehindert, die Bescheinigung gleichwohl zu erteilen; ihr steht in diesem Fall damit offen, ob sie die Bescheinigung erteilt oder nicht (*BVerwGE* 38, 160 [162]; *Marcks*, in: Landmann/Rohmer I, § 15 Rdn. 4). Zur Gebührenpflichtigkeit siehe unten Rdn. 12 f.

4   Neben § 15 I treten die Vorgaben der §§ 71 a ff. VwVfG i. V. m. § 6 b (siehe dort Rdn. 3). Die Empfangsbestätigung nach § 71 b III VwVfG ist von der Empfangsbescheinigung i. S. d. § 15 I zu unterscheiden.

2. Frist und Form

5   Die Empfangsbescheinigung ist innerhalb einer **Frist von drei Tagen** nach Erhalt der Anzeige zu erteilen. Damit wird dem Interesse des Gewerbetreibenden am schnellen Erhalt der Bescheinigung Genüge getan, andererseits erhält die Behörde Zeit zu einer – wenn auch nur kursorischen – Prüfung der Anzeige. Die Zeit zur Überprüfung verkürzt sich darüber hinaus noch weiter, wenn die Anzeige bei der Einheitlichen Stelle i. S. v. § 6 b eingereicht wurde, um die Zeit, die benötigt wird, die Anzeige an die zuständige Stelle weiterzuleiten. Dass eine Prüfung im öffentlichen Interesse erfolgt, findet zwar im Gesetz keinen Ausdruck, wird aber als selbstverständlich vorausgesetzt (*BVerwG* GewArch 1973, 14). Eine abschließende Überprüfung, die auch eine Anfrage beim Gewerbezentralregister miteinschließt, findet unabhängig von der Erteilung der Bescheinigung statt.

6   Aus der Formulierung „bescheinigt" folgt die **Schriftform** der Empfangsbescheinigung (vgl. *BayVGH* GewArch 2007, 117 [118]). Teils enthalten Verwaltungsvorschriften der Länder Formvorgaben (Vordrucke) für die Empfangsbescheinigung; deren Missachtung als solche führt zu keiner Verletzung des Anspruchs des Gewerbetreibenden auf Empfangsbescheinigung (*VGH BW* VBlBW 2007, 471 [473]). Wenn die Behörde unter Hinweis auf einen (vorgeblichen) Versagungsgrund (unten Rdn. 9 ff.) es ablehnt, eine förmliche Empfangsbescheinigung auszustellen, erfüllt das Ablehnungsschreiben nicht die Anforderungen des § 15 I (*VGH BW* VBlBW 2007, 471; a. A. *BayVGH* GewArch 2007, 117 u. Beschluss v. 4. 4. 2008 – 22 B 06.3312, juris Rdn. 16), weil der Zweck der Empfangsbescheinigung u. a. darin besteht, Gewissheit

Empfangsbescheinigung, Betrieb ohne Zulassung § 15

hinsichtlich der ordnungsgemäßen Erfüllung seiner Pflichten (nur) aus § 14 I zu verschaffen (Rdn. 2). In der Empfangsbescheinigung darf die Behörde auf die Illegalität des angezeigten Gewerbes – z. B. infolge fehlender Genehmigung(sfähigkeit) – hinweisen (*BVerwG* Beschluss vom 22. 5. 2007 – 6 B 17/07, juris Rdn. 5; *Hahn* GewArch 2008, 265).

3. Anspruch

§ 15 I vermittelt dem Anzeigenden ein **subjektiv-öffentliches Recht** auf 7 die von Amts wegen erfolgende Ausstellung der Empfangsbescheinigung, da diese Norm ausschließlich den Interessen des Betroffenen zu dienen bestimmt ist (vgl. oben Rdn. 3). Die Pflicht zur Erteilung der Empfangsbescheinigung trifft die zuständige Behörde auch dann, wenn es eine einheitliche Stelle i. S. d. § 6 b geben sollte (§ 6 b Rdn. 3).

Strittig ist, in welcher **Klageart** dieser Anspruch im Falle der Weigerung 8 der Behörde (zu Versagungsgründen siehe unten Rdn. 9 ff.) durchzusetzen ist. Zwar ist die Erteilung der Bescheinigung mangels Regelungscharakters kein Verwaltungsakt, sondern Realakt. Aber die Entscheidung, ob die Erteilung der Bescheinigung mit Rücksicht auf vorgebliche Versagungsgründe entgegen der Vorgabe in § 15 I zu verweigern ist, weist Regelungscharakter auf. Deshalb zielt das Verlangen auf Erteilung einer Bescheinigung in diesen Fällen letztlich auf einen Verwaltungsakt, sodass die Verpflichtungsklage einschlägig ist (*Marcks*, in: Landmann/Rohmer I, § 15 Rdn. 7; *Fröhler/Kormann* § 15 Rdn. 4; **a. A.** *VGH BW* VBlBW 2007, 471; *Heß*, in: Friauf, § 15 Rdn. 4; *Guckelberger* Jura 2007, 598 [602]: allgemeine Leistungsklage). Liegt hingegen eine schlichte Untätigkeit der Behörde vor, ist die allgemeine Leistungsklage zu wählen.

Zum Verzicht auf die Bescheinigung siehe oben Rdn. 3.

4. Versagungsgründe

Die Empfangsbescheinigung kann bei Vorliegen eines Versagungsgrundes 9 verweigert werden. Wichtigster **Versagungsgrund** ist die nicht vollständige oder nicht den Formvorschriften des § 14 IV entsprechende Anzeige. Die Behörde hat zu prüfen, ob die Formvorgaben des § 14 IV beachtet wurden (vgl. § 14 Rdn. 74). Fehlt es daran, kann sie dem Gewerbetreibenden die Anzeige zur Nachbesserung zurückgeben. Verweigert dieser eine Ergänzung resp. Berichtigung, ist die Behörde berechtigt, die Anzeige zurückzuweisen (*Marcks*, in: Landmann/Rohmer I, § 15 Rdn. 6).

Versagungsgründe liegen darüber hinaus z. B. vor, wenn eine nicht 10 gewerbliche Tätigkeit angezeigt wird, etwa weil die angezeigte Tätigkeit nicht selbstständig ausgeübt wird. In diesen Fällen ist mangels eines Anzeigetatbestandes i. S. d. § 14 schon die „Anzeige" als solche zurückzuweisen und demnach von einer Bestätigung abzusehen. Entsprechendes gilt, wenn die Gewerbeanzeige erkennbar nur darauf abzielt, sich Gewerbetreibenden zukommende Privilegien zu verschaffen (etwa die Möglichkeit, im Großhandel einzukaufen), ohne dass tatsächlich eine gewerbliche Tätigkeit ausgeübt wird (vgl. *OVG NRW* GewArch 1969, 224 [225]; *Marcks*, in: Landmann/ Rohmer I, § 15 Rdn. 6; **a. A.** *Patzschke* GewArch 2003, 22 [26 f.]). Ein

Versagungsgrund liegt ferner vor, wenn eine (z. B. nach § 6) nicht anzeigepflichtige Tätigkeit angezeigt wird. Dasselbe gilt für eine generell verbotene Tätigkeit (oben § 1 Rdn. 38 ff), wobei letztere ohnehin kaum angezeigt werden dürfte. Wenn eine Tätigkeit genehmigungspflichtig ist und die Genehmigung nur dem Staat erteilt werden kann (so z. B. im Bereich der Veranstaltung und Vermittlung von Lotterien und Sportwetten; vgl. § 33 h Rdn. 22), liegt auch aus Sicht eines privaten Gewerbetreibenden, der Sportwetten veranstalten oder vermitteln will, kein generelles Verbot und damit kein Versagungsgrund vor (*VGH BW* VBlBW 2007, 471 [472]; **a. A.** *Heß*, in: Friauf, § 14 Rdn. 30 und § 15 Rdn. 3; siehe § 1 Rdn. 45, § 14 Rdn. 29).

11 **Kein Versagungsgrund** liegt vor, wenn die nach § 16 I HandwO erforderliche „**Handwerkskarte**" nicht vorgelegt wird, da § 16 I HandwO eine bloße Ordnungsvorschrift ist (*Marcks*, in: Landmann/Rohmer I, § 15 Rdn. 7a; *Herrmann* GewArch 2006, 458 [459 f.]; **a. A.** *Dürr* GewArch 2006, 107 [108]). Dasselbe gilt, falls eine für die Gewerbetätigkeit erforderliche **Genehmigung** nicht vorliegt (etwa § 34 c GewO, § 2 GastG; vgl. *Patzschke* GewArch 2003, 22 [26 f.]; siehe ferner *VGH BW* VBlBW 2007, 471 [472] sowie Rdn. 10 a. E.). Selbst **Ausländern**, denen durch Auflage gem. § 12 AufenthG zur Aufenthaltsgenehmigung eine selbstständige Erwerbstätigkeit verboten wird, ist im Falle der Anzeige einer gewerblichen Tätigkeit eine Empfangsbescheinigung zu erteilen (*Marcks*, in: Landmann/Rohmer I, § 15 Rdn. 8; *Heß*, in: Friauf, § 15 Rdn. 7). Die betroffenen Ausländer sind aber auf das Verbot hinzuweisen und die Ausländerbehörde ist gem. Nr. 5.1.1 AuslGewVwV zu unterrichten; unabhängig davon wird die Ausländerbehörde stets von Gewerbeanzeigen durch Ausländer unterrichtet (*Heß*, in: Friauf, § 15 Rdn. 8). Schließlich gilt Entsprechendes auch für die Gewerbeanzeige eines **Minderjährigen** (dazu oben § 14 Rdn. 76): Eine Empfangsbescheinigung ist auszustellen; wenn jedoch die Voraussetzungen des § 112 BGB (Ermächtigung eines Minderjährigen zum Betrieb eines Erwerbsgeschäfts) nicht vorliegen, muss die Behörde das Familiengericht über die Anzeige informieren (*Marcks*, in: Landmann/Rohmer I, § 15 Rdn. 9; *Heß*, in: Friauf, § 15 Rdn. 9).

5. Gebühren

12 Grundsätzlich kann die Ausstellung der Empfangsbescheinigung mit einer Gebühr belegt werden; die Einzelheiten richten sich nach Landesrecht (*BVerwGE* 38, 160). Beinahe alle Länder sehen die Gebührenpflichtigkeit vor (näher *Marcks*, in: Landmann/Rohmer I, § 15 Rdn. 5).

13 Problematisch ist, wie sich der Verzicht auf die Bescheinigung (oben Rdn. 3) auf die Gebührenpflicht auswirkt. Zunächst wurde in Teilen der Rechtsprechung für diesen Fall die Gebührenpflichtigkeit verneint (*OVG RhPf.* GewArch 1963, 99; *OVG NRW* GewArch 1967, 82). Das *BVerwG* (GewArch 1973, 14) hat jedoch entschieden, dass auch bei Verzicht auf die Bescheinigung der Gebührentatbestand verwirklicht sein kann. Die Gebührenpflicht knüpft nicht nur an die Bescheinigung an, sondern auch an die sich an die Anzeige anschließende Prüfung. Diese erfolgt von Amts wegen auch bei Verzicht auf eine Bescheinigung. Zwar dient diese Prüfung ausschließlich öffentlichen Interessen, was der Gebührenpflichtigkeit aber nicht entgegensteht (*Marcks*, in: Landmann/Rohmer I, § 15 Rdn. 5; im Ergebnis ebenso *BayVGH* GewArch 1974, 91). Dem Landesgesetzgeber steht es jedoch frei, im Falle des Verzichts auf die Empfangsbescheinigung keine Gebühren zu erheben (*Heß*, in: Friauf, § 15 Rdn. 10).

II. Untersagung (Abs. 2 S. 1)

§ 15 II 1 ermöglicht die Verhinderung eines Betriebes, für den die erforderliche Zulassung fehlt. Diese Bestimmung ist mit Art. 12 GG und mit europäischem Unionsrecht vereinbar (*BVerwG* GewArch 1996, 411). Zum maßgeblichen Zeitpunkt für die Beurteilung der Rechtmäßigkeit eines auf § 15 II 1 gestützten Verwaltungsaktes siehe Rdn. 35. Die Untersagungsverfügung kann u. a. den Inhalt haben, dass die Gewerbeerlaubnis unverzüglich an die Behörde zurückzugeben ist (*VG Neustadt* GewArch 2008, 121 [123]).   **14**

1. Gewerbe

Dem Wortlaut nach ist § 15 II 1 auf jedes Gewerbe anwendbar (zum Gewerbebegriff oben § 1 Rdn. 1 ff.). Aus der systematischen Stellung (Titel II) folgt freilich, dass lediglich **stehende Gewerbe** dieser Regelung unterfallen; für Reisegewerbe gilt § 60 d, für Messen, Ausstellungen und Märkte § 70 a bzw. Landesrecht (Einl. Rdn. 13 f.; vor §§ 64 ff. Rdn. 15 ff.). Eine weitere Beschränkung des Anwendungsbereichs des § 15 II folgt aus § 6 (dazu oben Rdn. 10). Zu nennen sind ferner speziellere Normen, welche § 15 II 1 verdrängen, so etwa § 16 III HandwO. Wenn in gewerberechtlichen Nebengesetzen zwar die Erlaubnisbedürftigkeit, nicht aber die Möglichkeit des Einschreitens bei fehlender Erlaubnis vorgesehen ist, kann auf § 15 II zurückgegriffen werden (*Huber*, in: Schmidt-Aßmann/Schoch [Hrsg.], BesVwR, 14. Aufl. 2008, 3. Kapitel: Öffentliches Wirtschaftsrecht, Rdn. 305).   **15**

2. Zulassungsbedürftigkeit

§ 15 II 1 verlangt weiter, dass zur Ausübung des Gewerbes eine Erlaubnis, Genehmigung, Konzession oder Bewilligung (Zulassung) erforderlich ist. Das Erfordernis einer besonderen Genehmigung kann sich aus der GewO selbst (etwa §§ 30, 33 a, 33 c, 33 d, 33 i, 34, 34 a, 34 b, 34 c, 34 d, 34 e) oder aus gewerberechtlichen Spezialgesetzen (z. B. §§ 2 PBefG; 2, 31 GastG) ergeben (*VGH BW* GewArch 1993, 203; *ThürOVG* GewArch. 2002, 478), nicht aber aus anderen Gesetzen nicht gewerberechtlicher Natur (*HessVGH* GewArch 2000, 198 f. m. Anm. *Jahn*). Da Piercen unter örtlicher Betäubung mittels Injektion keiner gewerblichen, sondern einer heilkundlichen Erlaubnis nach § 1 HeilprG bedarf, kommen Maßnahmen nach § 15 II 1 GewO nicht in Betracht (so *HessVGH* aaO).   **16**

Möglich ist auch, dass sich § 15 II auf einen **gewerberechtlichen Zulassungstatbestand des Landesrechts** für das stehende Gewerbe bezieht (*Heß*, in: Friauf, § 15 Rdn. 13). Dies betrifft insbesondere die gewerberechtlichen   **17**

Materien, die nach der Föderalismusreform der Landesgesetzgebungskompetenz zugeordnet worden sind (Schaustellung von Personen, Spielhallen, Gaststätten; Einl. Rdn. 13 f.). Wenn also ein Landesgesetz etwa eine Gaststättenerlaubnis, aber keine speziellen Vorschriften zur Untersagung vorsieht, bleibt § 15 II anwendbar (vgl. §§ 2, 8 BremGastG vom 24. 2. 2009, BremGBl. S. 45). Für dem Landesrecht unterfallende Glücksspiele i. S. d. § 33 h ist § 15 II im Grundsatz anwendbar (anders *VG Minden* Beschluss vom 30. 1. 2008 – 3 K 1572/06, juris Rdn. 21: § 15 II scheide aus, da die Veranstaltung und Vermittlung von Sportwetten nicht *nach der GewO* genehmigungsfähig seien), wird aber durch die speziellere Vorschrift des § 9 I 3 Nr. 3 GlüStV verdrängt (vgl. *VG Hamburg* NVwZ-RR 2009, 63 [65]; unten Rdn. 40).

18 Es werden aber nur solche Genehmigungen erfasst, die (zumindest auch) **personenbezogen** die Gewerbeausübung erlauben. Auf ausschließlich sachbezogene Anlagengenehmigungen (z. B. nach § 4 I BImSchG) findet § 15 II 1 keine Anwendung, wohl aber auf personen- und raumbezogene Erlaubnisse, z. B. gem. §§ 30, 33 a, 33 i (*Heß*, in: Friauf, § 15 Rdn. 12) oder nach dem GastG (§ 31 GastG; dazu *VG Neustadt/W.* GewArch 2007, 496 [498]; *VG Stuttgart* GewArch 2007, 42).

Im Einzelfall kann so einem Fahrschulinhaber die Ausbildung von Fahrschülern an einer bestimmten Ausbildungsstätte untersagt werden, ohne dass der Widerruf der Fahrschulerlaubnis verfügt werden muss. Das FahrlehrerG „enthält, anders als die GewO (dort § 15 Abs. 2 GewO), keine Regelungen über die Schließung von Betriebsstätten oder von Unterrichtsräumen. ... Dies schließt indes einen Rückgriff auf Regelungen, die allgemein für gewerbliche Betätigungen gelten, nicht aus. ... Das Gewerberecht enthält in § 15 GewO den allgemeinen gewerberechtlichen Grundsatz, dass die zuständige Behörde die Befugnis hat, ein Gewerbe zu dessen Ausübung eine Erlaubnis, Genehmigung, Konzession oder Bewilligung erforderlich ist, zu verhindern, wenn es ohne diese Zulassung betrieben wird. ... Demgemäß (§ 15 Abs. 2 S. 1 GewO) kann die zuständige Behörde jemandem, der ohne die erforderliche Fahrerlaubnis (§ 10 Abs. 1 FahrlG) eine Fahrschule betreibt, den Betrieb untersagen" (so *VGH BW* GewArch 2004, 34).

3. Betrieb ohne Zulassung

19 Eingriffsvoraussetzung ist nach der Neufassung des § 15 II 1 (geändert durch Gesetz v. 25. 7. 1984, BGBl. I S. 1008) der Betrieb eines Gewerbes ohne die erforderliche Zulassung. „Betrieb" umfasst sowohl den Beginn (so der Wortlaut der a. F.) eines Gewerbes als auch dessen Fortsetzung (so schon die Rspr. zur a. F., dazu *Schönleiter* GewArch 1984, 317 [324]). Die erforderliche Zulassung fehlt auch bei einem zunächst rechtmäßigen Betrieb nach Wegfall der Genehmigung oder Neueinführung einer (rückwirkenden, vgl. § 1 II) Genehmigungspflicht. Der Wegfall einer Genehmigung kann in einer Rücknahme, einem Widerruf (dazu *OVG NRW* OVGE 27, 75), im Zeitablauf einer Befristung oder in einem Bedingungseintritt liegen. § 15 II 1 ist auch anwendbar, wenn eine früher erteilte Erlaubnis nichtig und somit von Anfang an unwirksam gewesen ist (*BVerwG* GewArch 1990, 212 [214];

BayVGH GewArch 1986, 269 [271]; *VG Düsseldorf* GewArch 1984, 19); ebenso, wenn allein ein **Strohmann** über die Erlaubnis zum Betrieb eines erlaubnispflichtigen Gewerbes verfügt, nicht aber der tatsächliche Gewerbetreibende (vgl. *Odenthal* GewArch 2001, 448 f.). Die Voraussetzung des Betriebs ohne Zulassung liegt schließlich auch dann vor, wenn eine vorhandene Erlaubnis die konkrete Gewerbeausübung nicht oder nicht in dieser Form deckt, namentlich bei Vornahme einer genehmigungspflichtigen aber ungenehmigten Änderung des Gewerbebetriebes (*VGH BW* GewArch 1988, 385 f.; *Odenthal* GewArch 2001, 448). Die Tatbestandsvoraussetzungen des § 15 II 1 sind auch dann erfüllt, wenn die Genehmigung zwar fehlt, aber erteilt werden kann/muss (*VG München* Beschluss vom 11. 2. 2010 – M 16 S 10.332, juris Rdn. 22); zum Ermessen siehe Rdn. 22.

4. Rechtsfolge: Ermessen

Es ist in das Ermessen der zuständigen Behörde gestellt, ob sie bei Vorliegen 20 der Tatbestandsvoraussetzungen eingreift; sie hat also **Entschließungsermessen**. Entscheidet sie sich für ein Einschreiten, kommt ihr **Auswahlermessen** zu. Wichtigste Leitlinie bei der Handhabung von Entschließungs- und Auswahlermessen ist der Grundsatz der **Verhältnismäßigkeit**.

a) Materielle Rechtswidrigkeit. Bei materieller Rechtswidrigkeit des 21 Betriebes (wenn also eine Genehmigung wegen Fehlens einer Genehmigungsvoraussetzung ausgeschlossen ist) wird regelmäßig ein Eingreifen gerechtfertigt sein (*VGH BW* GewArch 1987, 34 [35]). Hier kommt es maßgeblich auf das „Wie" des Einschreitens an. Im Rahmen der Prüfung der Angemessenheit als zentralem Bestandteil der Verhältnismäßigkeit sind insb. Nachteile für Dritte zu berücksichtigen, so die der Arbeitnehmer. Dies kann dazu führen, dass von einer Betriebsstilllegung abgesehen wird, um eingeleitete und aussichtsreiche Verkaufsverhandlungen abzuwarten, wenn bei dem neuen Betreiber die Genehmigungsvoraussetzungen vorliegen. Auch wenn nur Nachteile des Gewerbetreibenden zu erwarten sind, sind vermeidbare Schäden zu verhindern, indem z. B. noch die Abwicklung einiger Geschäfte gestattet wird, wenn sonst unangemessen hohe Verluste drohen (*OVG Nds.* GewArch 1976, 124 [126]; *VG Köln* GewArch 1978, 60 [61]; *VG Oldenburg* GewArch 1978, 226 [227]; *Marcks*, in: Landmann/Rohmer I, § 15 Rdn. 16).

b) Formelle Rechtswidrigkeit wegen ausgebliebenen Antrages auf 22 **Genehmigung.** Schwieriger gestaltet sich die Lage bei bloß formeller Rechtswidrigkeit. Formelle Rechtswidrigkeit wird vor allem dann angenommen, wenn die Erteilung der erforderlichen Genehmigung zu erwarten, quasi nur eine „Formsache" ist, weil ersichtlich sämtliche materiellen Genehmigungsvoraussetzungen gegeben sind und lediglich der Antrag des Gewerbetreibenden auf Erteilung der Genehmigung aussteht. Eine Genehmigungserteilung von Amts wegen ohne vorherigen Antrag scheidet aus, weil es sich hier um einen sog. mitwirkungsbedürftigen Verwaltungsakt handelt. In solchen Fällen ist zweifelhaft, ob die Behörde die Fortsetzung des Betriebes – bis zur Erteilung einer Genehmigung – verhindern kann.

§ 15 Titel II. Stehendes Gewerbe

23 Nach einer Auffassung verlangt das Gebot der **Verhältnismäßigkeit** ein gestuftes Vorgehen: Zunächst sei bei erkennbarem Vorliegen der Genehmigungsvoraussetzungen der Gewerbetreibende lediglich aufzufordern, den Antrag zu stellen. Bleibe der Antrag weiterhin aus, solle durch ein Bußgeldverfahren (vgl. § 144 I Nr. 1) der Druck erhöht werden. Erst wenn auch dies fruchtlos bleibe, solle die Behörde nach § 15 II 1 einschreiten (so *Marcks*, in: Landmann/Rohmer I, § 15 Rdn. 15; ähnlich *Kischel* DVBl. 1996, 185 [192]). Anzumerken ist, dass eine selbstständige Erzwingung des Antrags nicht möglich ist (vgl. *OVG NRW* GewArch 1964, 154).

24 Diese dem Gewerbetreibenden weit entgegenkommende Ansicht dehnt das Verhältnismäßigkeitsprinzip jedoch im Individualinteresse allzu sehr aus und führt letztlich dazu, dass das Erfordernis, die Genehmigung *vor* Betriebsbeginn einzuholen, leer läuft. Festzuhalten ist zunächst, dass eine Stilllegungsverfügung gem. § 15 II 1 **geeignet** und **erforderlich** ist, die formelle Rechtswidrigkeit zu beseitigen. Wird dem Gewerbetreibenden eingeräumt, die Genehmigung unter Fortsetzung seines Betriebes nachträglich einzuholen, bedeutet dies zugleich die Fortsetzung des Zustandes der formellen Rechtswidrigkeit bis zum Zeitpunkt der Genehmigungserteilung – die Ermöglichung nachträglicher Genehmigung ist damit zwar milderes Mittel, aber nicht gleich geeignet. Die entscheidende Ermessenserwägung findet somit auf der Ebene der **Angemessenheit** (Verhältnismäßigkeit i. e. S.) statt. Dafür wird man folgende **Leitlinie** entwickeln können:

25 Unterblieb der Antrag versehentlich, wäre ein sofortiges Einschreiten nach § 15 II 1 unangemessen. Derartige geringfügige Versäumnisse kommen etwa in Betracht, wenn eine Betriebserweiterung zu einer – erstmaligen – Genehmigungspflicht führt oder sonst ein Betrieb irrtümlich für nicht genehmigungspflichtig gehalten wird (vgl. *Heß*, in: Friauf, § 15 Rdn. 28). Im letzteren Fall kommt auch ein Verwaltungsakt in Betracht, der die Genehmigungsbedürftigkeit feststellt (*BVerwG* GewArch 1991, 68 [69]).

26 Spätestens nach vergeblicher einmaliger Aufforderung zur Antragstellung ist ein Einschreiten aber im Grundsatz angemessen, ohne dass erst noch ein Bußgeldverfahren eingeleitet werden müsste (*VGH BW* GewArch 1993, 203 [204]; *VG Neustadt/W.* GewArch 2007, 496 [498]; *Heß*, in: Friauf, § 15 Rdn. 27; *Hahn* GewArch 2005, 393 [395]). Ausnahmen – die in der Praxis häufig sein können – greifen, wenn der Nachteil der Betriebsstilllegung unverhältnismäßig größer ist als ihr Nutzen: Dies gilt insb., wenn über den Gewerbetreibenden hinaus Arbeitnehmer wirtschaftlich auf die Fortsetzung des Betriebes angewiesen sind.

27 **c) Formelle Rechtswidrigkeit wegen unterbliebener oder verweigerter Genehmigung.** Eine andere Interessenlage ergibt sich, wenn der Gewerbetreibende den Antrag auf Genehmigung gestellt, dieser aber entweder nicht beschieden oder erkennbar zu Unrecht abgelehnt wurde. In diesen Fällen ist die formelle Rechtswidrigkeit dem Gewerbetreibenden nicht zuzurechnen, sodass in der Regel ein Einschreiten nach § 15 II 1 unangemessen ist (*BayVGH* GewArch 1986, 65 [66]).

28 **d) Teilschließung.** § 15 II 1 ermächtigt nicht nur zur kompletten Schließung eines Betriebes. Eine Teilschließung kann als milderes Mittel ausreichen

(dazu *Heß*, in: Friauf, § 15 Rdn. 41 f.). Auch kann angeordnet werden, einzelne Geräte aus einem Betrieb zu entfernen, wenn schon dadurch der Zweck des § 15 II 1 erfüllt wird (*VGH BW* GewArch 1986, 160; *VG Arnsberg* Beschluss vom 29. 11. 2006 – 1 L 372/06, juris Rdn. 5). Unter Umständen ist es geboten, den Betrieb nicht sofort zu schließen oder dem Betroffenen noch die Abwicklung zur Betriebsauflösung erforderlicher Geschäfte zu erlauben (siehe oben Rdn. 21), um Schäden für den Betroffenen gering zu halten. In jedem Einzelfall ist eine Abwägung zwischen dem erforderlichen Schutz der Allgemeinheit und den schützenswerten Interessen des betroffenen Gewerbetreibenden vorzunehmen. Zu berücksichtigen sind schließlich auch Interessen Dritter, namentlich der von einer Betriebsstilllegung betroffenen Arbeitnehmer (oben Rdn. 21, 26).

5. Rechte Dritter

Regelmäßig bestehen gewerberechtliche Zulassungspflichten ausschließlich im öffentlichen Interesse; als Instrument der Gefahrenabwehr sollen sie die Allgemeinheit schützen. Deshalb besteht grundsätzlich kein Anspruch Dritter (der Nachbarn, Konkurrenten o. Ä.) auf eine bestimmte Art behördlichen Einschreitens nach § 15 II 1 oder auch nur auf fehlerfreie Ermessensausübung (allg. Ansicht, vgl. nur *Marcks*, in: Landmann/Rohmer I, § 15 Rdn. 19; *Heß*, in: Friauf, § 15 Rdn. 44). Eine hierauf gerichtete Klage wäre unzulässig. 29

Abweichendes gilt dann, wenn die Zulassungspflicht ausnahmsweise – zumindest auch – im Interesse individualisierbarer Dritter erlassen wurde oder wenn eine erfolgte Zulassung aus drittschützenden Gründen zurückgenommen oder widerrufen werden muss (*Hess VGH* GewArch 1992, 344). Die Genehmigungspflicht oder die zu Rücknahme oder Widerruf ermächtigende Norm muss aber auf unmittelbaren Drittschutz gerichtet sein; ein bloß mittelbarer Vorteil im Wege eines Rechtsreflexes genügt nicht. 30

Keinen Drittschutz begründet § 15 I i. V. m. § 4 I Nr. 1 GastG (*Hess VGH* GewArch 1992, 344 [345]). In einer älteren Entscheidung ging der *BGH* davon aus, dass die Genehmigungspflicht nach § 2 I PBefG eine Schutzfunktion zugunsten der Deutschen Bundesbahn erfülle; begründet wurde dies mit der Sonderstellung der Deutschen Bundesbahn in der gesetzlichen Ordnung des öffentlichen Personenverkehrs (*BGHZ* 26, 42 [43]). Nach einer zumindest erheblichen Modifikation dieser Sonderstellung (vgl. Art. 87 e III, IV GG) ist davon auszugehen, dass § 2 I, II PBefG keinen Drittschutz zugunsten der Konkurrenten vermittelt (vgl. *VGH BW* VBlBW 1992, 436; *Fromm/Fey/Sellmann/Zuck* Personenbeförderungsrecht, 3. Aufl. 2002, § 2 PBefG Rdn. 9), zumal in unserer Rechtsordnung vor dem Hintergrund insoweit prägender verfassungsrechtlicher Vorgaben wie namentlich Art. 12 I GG ohne Hinzutreten weiterer Gesichtspunkte der schlichte **Konkurrenzschutz als solcher keine legitime staatliche Zielsetzung** sein kann (vgl. Einl. Rdn. 75, 78, 81). 31

6. Verwaltungsverfahren und -vollstreckung

Die Entscheidung über das „Ob" und das „Wie" des Einschreitens gem. § 15 II 1 enthält eine Regelung und ist damit ein **Verwaltungsakt** (*Hess VGH* 32

GewArch 1994, 116; *Marcks*, in: Landmann/Rohmer I, § 15 Rdn. 17). Für das Verwaltungsverfahren gelten die Verwaltungsverfahrensgesetze der Länder; zu nennen ist insb. die Anhörung (etwa gem. § 28 VwVfG NRW). Die Begründung für das Einschreiten gem. § 15 II 1 muss erkennen lassen, dass sich die Behörde ihres Ermessensspielraums bewusst gewesen ist (*HessVGH* GewArch 1994, 116).

33   § 15 II selbst ist keine Maßnahme der Verwaltungsvollstreckung (*OVG Brandenb.* GewArch 2002, 28 f.; *VG Gießen* GewArch 2000, 153 f.; *Odenthal* GewArch 2001, 448 [450]; *App* GewArch 1999, 55 f.; *Vollmöller*, in: Schmidt/Vollmöller, Kompendium Öffentliches Wirtschaftsrecht, 3. Aufl. 2007, § 8 Rdn. 52). Wird auf § 15 II 1 etwa eine Schließungsverfügung gestützt, muss und kann diese als Grundverfügung im Wege der Verwaltungsvollstreckung zwangsweise durchgesetzt werden. Die Zwangsmaßnahme darf aber nur den von § 15 II 1 betroffenen Betriebsteil berühren, wenn nur ein Betriebsteil ungenehmigt ist (*BayVGH* BayVBl. 1987, 437 [438]). Sie darf sich nicht gegen Dritte richten, die möglicherweise dieselbe Betriebsstätte benutzen (*HessVGH* GewArch 1996, 291 [292]). Zur Verwaltungsvollstreckung im Gewerberecht siehe *App* GewArch 1999, 55 ff.

7. Rechtsschutz und Prozessuales

34   Widerspruch und Anfechtungsklage gegen eine auf § 15 II 1 gestützte Verfügung haben aufschiebende Wirkung (§ 80 I VwGO). § 80 II 2 VwGO greift nicht, da der auf § 15 II 1 beruhende Verwaltungsakt selbst keine Maßnahme der Verwaltungsvollstreckung ist. Die aufschiebende Wirkung entfällt freilich im Falle der Anordnung der sofortigen Vollziehung gem. § 80 II 1 Nr. 4 VwGO (vgl. *HessVGH* GewArch 1994, 116; *VGH BW* GewArch 1990, 253 [254]).

35   Maßgeblicher **Zeitpunkt** für die Beurteilung der Rechtmäßigkeit eines Einschreitens gem. § 15 II 1 ist die letzte mündliche Tatsachenverhandlung vor dem Berufungsgericht (*BVerwG* NVwZ 2005, 961; *Marcks*, in: Landmann/Rohmer I, § 15 Rdn. 17; *Diefenbach* GewArch 1991, 281; *Hahn* GewArch 2005, 393) und nicht die Sach- und Rechtslage im Zeitpunkt der letzten Behördenentscheidung (so aber *Aßfalg* GewArch 1988, 219 [220 f.] u. 292). Grund hierfür ist, dass es sich bei § 15 II 1 um einen **Dauerverwaltungsakt** handelt. Zur abweichenden Rechtslage bei § 35 I siehe dort unter Rdn. 126 ff. sowie *Aßfalg* GewArch 1988, 219 ff.

36   Zur **Streitwertfestsetzung** bei § 15 II 1 siehe BVerwG GewArch 1993, 325; *OVG NRW* NVwZ-RR 1997, 196: Der Streitwert entspricht dem erzielten/erwarteten Jahresgewinn, mindestens jedoch 20 000 DM (entspräche heute etwa 10 000 Euro).

8. Verhältnis zu § 35 GewO sowie zum Polizei- und Ordnungsrecht der Länder

37   Zum Verhältnis zu § 35 siehe § 35 Rdn. 252 ff.

38   Mit Blick auf das Verhältnis des § 15 II zur polizei- und ordnungsrechtlichen Generalklausel ist zunächst zu beachten, dass § 15 II ausscheidet, wenn entweder schon der Gewerbebegriff nicht erfüllt ist (weil etwa das Verhalten generell

verboten ist; siehe *VG Stuttgart* GewArch 2004, 201) oder eine gewerberechtliche Genehmigung jedenfalls deshalb ausscheidet, weil es hierfür weder im Bundes- noch im Landesrecht (Rdn. 17) einen gewerberechtlichen Zulassungstatbestand gibt (*BayVGH* GewArch 2005, 78; *VGH BW* GewArch 2005, 113 u. 148; *OVG LSA* GewArch 2005, 288). In diesen Fällen ist die polizeiliche Generalklausel heranzuziehen. Soweit § 1 nicht greift, wären auch dessen Grenzen für landesrechtliche Verbote nicht relevant (näher § 1 Rdn. 93).

Wenn § 15 II einschlägig ist, ist es dennoch möglich, dass daneben – im **39** Rahmen der jeweiligen Behördenzuständigkeiten – die polizeiliche Generalklausel anwendbar ist (*OVG NRW* Beschluss vom 20. 4. 2007 – 4 B 2293/06, juris Rdn. 7; *VGH BW* GewArch 2004, 161; *VG Düsseldorf* GewArch 2007, 288 [289]), wobei der Anwendungsbereich des Landespolizeirechts durch § 1 limitiert wird (§ 1 Rdn. 90). Hinzu kommt, dass die Angabe einer unzutreffenden Ermächtigungsgrundlage unschädlich wäre, wenn der Verwaltungsakt dadurch nicht in seinem Wesen verändert wird, die Tatbestandsvoraussetzungen der einschlägigen Befugnisnorm vorliegen und etwaiges Ermessen fehlerfrei ausgeübt worden ist (*BVerwG* NVwZ 1990, 673 [674]; *OVG NRW* GewArch 2004, 339 [341]; krit. *Kopp/Schenke* VwGO, 15. Aufl. 2007, § 113 Rdn. 67). Auf Rechtsfolgenseite gleicht § 15 II ohnehin der polizeilichen Generalklausel (vgl. auch *VG Arnsberg* GewArch 2008, 37 [38]).

Handelt es sich um eine landesrechtliche Zulassungsnorm und kennt das **40** Landesrecht einen Untersagungstatbestand für den Fall fehlender Zulassung, sind weder die polizeiliche Generalklausel noch § 15 II anwendbar (relevant etwa für § 9 I 2, 3 Nr. 3 GlüStV; vgl. *VG Hamburg* NVwZ-RR 2009, 63 [65]; oben Rdn. 17).

III. Ausländische juristische Personen (Abs. 2 S. 2)

1. Ausländisch

Die Abgrenzung Ausland/Inland erfolgt bei einer juristischen Person tradi- **41** tionell nach dem tatsächlichen Sitz der Hauptverwaltung (sog. **Sitztheorie**; *BGH* NJW 1970, 998 [999]; NJW 2003, 1607 [1608]; *Sydow*, in: BeckOK, § 15 Rdn. 54 mit weiterführenden Hinweisen zur aktuellen Entwicklung der zivilrechtlichen Rechtsprechung; *Kaufmann* GewArch 1997, 400 [402]). Dementsprechend findet § 15 II 2 keine Anwendung auf eine nach ausländischem Recht errichtete juristische Person, die den tatsächlichen Sitz ihrer Hauptverwaltung im Bundesgebiet hat, da es hierbei nicht um eine ausländische juristische Person handelt (*Heß*, in: Friauf, § 15 Rdn. 45; vgl. auch *BayObLG* NJW 1986, 2197 f.). Entsprechend der Rechtsprechung des EuGH ist jedoch die Sitztheorie nicht anzuwenden, wenn es um eine im EU-/EWR-Ausland gegründete juristische Person geht (*EuGH* GewArch 1999, 375 ff. – Centros, GewArch 2003, 28 [31 f.] – Überseering; NJW 2003, 3331 [3333] – Inspire Art). Maßgeblich bleibt der Gründungsort (sog. **Gründungstheorie**). Die EU/EWR-ausländische juristische Person bleibt daher ausländisch, selbst wenn sie ihren tatsächlichen Sitz nach Deutschland verlegt. Deutschland muss dabei die im EU-Ausland erworbene Rechtsfähigkeit auch im Inland anerkennen. Siehe auch Einl. Rdn. 111 u. *Schönleiter/Kopp* GewArch. 2003, 51 (55 f.).

2. Anwendbarkeit der allgemeinen Gewerbevorschriften

42 Für ausländische juristische Personen gelten grundsätzlich die allgemeinen Vorgaben des Gewerberechts. Eine besondere Genehmigungsbedürftigkeit für den Betrieb eines Gewerbes im Inland durch ausländische juristische Personen besteht nach der Streichung des § 12 a. F. (durch Gesetz v. 25. 7. 1984, BGBl. I S. 1008) nicht mehr. Dies bedeutet zugleich, dass § 15 II 1 auch auf ausländische juristische Personen anwendbar ist. Sofern diese ein Gewerbe ohne eine nach allgemeinen Vorschriften erforderliche Genehmigung ausüben, kann dies also nach § 15 II 1 verhindert werden.

Zur inländischen Tätigkeit von juristischen Personen aus dem EU-/EWR-Ausland siehe ferner § 4 Rdn. 5 und § 13 a Rdn. 4.

3. Nichtanerkennung der Rechtsfähigkeit

43 § 15 II 2 erweitert die Möglichkeiten des Einschreitens: Wenn die Rechtsfähigkeit einer ausländischen juristischen Person (oben Rdn. 41) im Inland nicht anerkannt wird, kann deren Gewerbebetrieb verhindert werden (näher *Kaufmann* GewArch 1997, 400 ff.). Im Tatbestand verlangt § 15 II 2 also kein genehmigungsbedürftiges Gewerbe, erfasst vielmehr jedes Gewerbe, auch das genehmigungs- oder sogar anzeigefreie, sofern nicht § 6 diese Tätigkeit vom Anwendungsbereich der GewO ausnimmt.

44 Das Anwendungsfeld des § 15 II 2 ist allerdings beschränkt: Grundsätzlich werden ordnungsgemäß errichtete ausländische Personen vom deutschen Recht als rechtsfähig akzeptiert (vgl. *Heldrich*, in: Palandt, BGB, 70. Aufl. 2011, Art. 12 EGBGB Anh. Rdn. 20). Von § 15 II 2 sind so im Wesentlichen solche juristische Personen des Auslands erfasst, deren Anerkennung gegen die öffentliche Ordnung in der Bundesrepublik verstieße, vgl. Art. 30 EGBGB – sog. „ordre public" (so *Heß*, in: Friauf, § 15 Rdn. 45 unter Hinweis auf die amtl. Begr., BT-Drs. IV/3290). Allerdings kann eine Untersagung nicht darauf gestützt werden, dass die Anmeldung einer **Zweigniederlassung** einer im EU/EWR-Ausland ansässigen juristischen Person tatsächlich als Hauptniederlassung anzusehen ist; dies verstieße gegen die Niederlassungsfreiheit; vgl. *EuGH* GewArch 1999, 375 ff. – *Centros*; *Heß*, in: Friauf, § 15 Rdn. 45. Zur Europäischen Aktiengesellschaft siehe § 1 Rdn. 75.

§§ 15a und 15b (weggefallen)

1 §§ 15 a und 15 b sind durch das Dritte Gesetz zum Abbau bürokratischer Hemmnisse insbesondere in der mittelständischen Wirtschaft vom 17. 3. 2009 (BGBl. I S. 550) mit Wirkung zum 25. 3. 2009 aufgehoben worden.

2 § 15 a a. F. betraf die Pflicht zur Anbringung von Namen und Firma an der Betriebsstätte; bei Automaten außerhalb der Betriebsräume des Aufstellers musste auch die Anschrift angebracht werden (§ 15 a V 2). Bezogen auf Automaten ist der Regelungsgehalt des § 15 a durch den neugefassten § 14 III aufgegriffen worden (BT-Drs. 16/10490, S. 19; § 14 Rdn. 34). Im Übrigen geht der Gesetzgeber davon aus, dass die Anbringung des Namens des Gewerbetreibenden an einer offenen Betriebsstätte selbstverständlich sei, sodass die Vorschrift des § 15 a aufgehoben werden konnte (BT-Drs. 16/10490, S. 19; kritisch hierzu *Jahn* GewArch 2009, 230 [231 f.]).

§ 15 b a. F. enthielt Vorgaben zur Namensangabe im Schriftverkehr. 3 Hierzu gibt es ohnehin zivilrechtliche Regelungen (z. B. §§ 37 a HGB, 35 a GmbHG, 80 Akt, 25 a GenG), auch für ausländische juristische Personen. Selbst für Gewerbetreibende, die von diesen Vorschriften nicht betroffen sind, ist es nach Überzeugung des Gesetzgebers eine Selbstverständlichkeit, im Schriftverkehr den Namen anzugeben. Deshalb konnte § 15 b aufgehoben werden (BT-Drs. 16/10490, S. 19). Hinzuweisen ist ferner auf steuerrechtliche Vorgaben zur Namensangabe im Schriftverkehr (§ 14 UStG; *Jahn* GewArch 2009, 230 [232]).

II. Erfordernis besonderer Überwachung oder Genehmigung

A. Anlagen, die einer besonderen Überwachung bedürfen

§§ 16 bis 28 (weggefallen)

B. Gewerbetreibende, die einer besonderen Genehmigung bedürfen

§ 29 Auskunft und Nachschau

(1) **Gewerbetreibende oder sonstige Personen,**
1. **die einer Erlaubnis nach §§ 30, 33 a, 33 c, 33 d, 33 i, 34, 34 a, 34 b, 34 c, 34 d oder 34 e bedürfen,**
2. **die nach § 34 b Abs. 5 oder § 36 öffentlich bestellt sind,**
3. **die ein überwachungsbedürftiges Gewerbe im Sinne des § 38 Abs. 1 betreiben**
4. **gegen die ein Untersagungsverfahren nach § 35 oder § 59 eröffnet oder abgeschlossen wurde**
5. **die ein Gewerbe nach § 18 Abs. 1 Satz 1 des Kulturgüterrückgabegesetzes betreiben**

(Betroffene), haben den Beauftragten der zuständigen öffentlichen Stelle auf Verlangen die für die Überwachung des Geschäftsbetriebs erforderlichen mündlichen und schriftlichen Auskünfte unentgeltlich zu erteilen.

(2) ¹**Die Beauftragten sind befugt, zum Zwecke der Überwachung Grundstücke und Geschäftsräume des Betroffenen während der üblichen Geschäftszeit zu betreten, dort Prüfungen und Besichtigungen vorzunehmen, sich die geschäftlichen Unterlagen vorlegen zu lassen und in diese Einsicht zu nehmen.** ²**Zur Verhütung dringender Gefahren für die öffentliche Sicherheit oder Ordnung können die Grundstücke und Geschäftsräume tagsüber auch außerhalb der in Satz 1 genannten Zeit sowie tagsüber auch dann betreten werden, wenn sie**

zugleich Wohnzwecken des Betroffenen dienen; das Grundrecht der Unverletzlichkeit der Wohnung (Artikel 13 des Grundgesetzes) wird insoweit eingeschränkt.

(3) **Der Betroffene kann die Auskunft auf solche Fragen verweigern, deren Beantwortung ihn selbst oder einen der in § 383 Abs. 1 Nr. 1 bis 3 der Zivilprozeßordnung bezeichneten Angehörigen der Gefahr strafgerichtlicher Verfolgung oder eines Verfahrens nach dem Gesetz über Ordnungswidrigkeiten aussetzen würde.**

(4) **Die Absätze 1 bis 3 finden auch Anwendung, wenn Tatsachen die Annahme rechtfertigen, daß ein erlaubnispflichtiges, überwachungsbedürftiges oder untersagtes Gewerbe ausgeübt wird.**

Literatur: *J. Ennuschat*, Behördliche Nachschau in Geschäftsräume und die Unverletzlichkeit der Wohnung gem. Art. 13 GG, AöR 127 (2002), 252 ff.; *K. Schmitz*, Das Betretungs- und Besichtigungsrecht der Handwerkskammern gemäß § 17 Abs. 2 HwO, GewArch 2009, 237 ff.; *M. Thiel*, Auskunftsverlangen und Nachschau als Instrumente der Informationsbeschaffung im Rahmen der Gewerbeaufsicht, GewArch 2001, 403 ff.; *H. A. Wolff*, Das Betretungsrecht der Handwerkskammer gem. § 17 HwO, GewArch 2007, 231 ff.

Übersicht

	Rdn.
I. Vorbemerkung	1
II. Betroffene (Abs. 1, 4)	3
1. Katalog des Abs. 1	4
2. Erweiterung durch Abs. 4	10
III. Auskunftserteilung und -verweigerung (Abs. 1, 3)	11
1. Voraussetzungen der Auskunftpflicht (Abs. 1)	12
a) Auskunftsverlangen	12
b) Beauftragte der zuständigen öffentlichen Stelle	14
c) Erforderlichkeit	15
2. Erfüllung der Auskunftpflicht (Abs. 1)	20
3. Auskunftsverweigerung (Abs. 3)	21
IV. Nachschau (Abs. 2)	22
1. Verfassungsrechtlicher Hintergrund	22
2. Durchführung der Nachschau	25
a) Zweck der Nachschau	25
b) Ort	26
c) Zeitpunkt	27
d) Umfang der Nachschau; Verhältnismäßigkeit	29
V. Rechtsfolgen bei Pflichtverletzungen	32

I. Vorbemerkung

1 § 29 wurde durch das Zweite Gesetz zur Änderung der Gewerbeordnung und sonstiger gewerberechtlicher Vorschriften v. 16. 6. 1998 (BGBl. I S. 1291) eingefügt und trat am 1. 10. 1998 in Kraft. Dadurch wurden die bisher in den Durchführungsverordnungen zu den verschiedenen erlaubnispflichtigen Gewerben (§§ 30 ff.) und zur öffentlichen Bestellung von Sachverständigen (§ 36), im Untersagungsverfahren (§ 35 III a) sowie in den landesrechtlichen

Auskunft und Nachschau § 29

Überwachungsvorschriften (§ 38) geregelten Auskunftspflichten und Nachschaurechte zusammengefasst. Dies ermöglichte die bundesgesetzliche Aufhebung von zwei Bundesrechtsverordnungen und zahlreicher Landesrechtsverordnungen (näher Art. 4 des Zweiten Änderungsgesetzes). Der Bundesgesetzgeber wollte damit einen Beitrag zur Deregulierung leisten (BR-Drs. 634/97, S. 2). Später ist § 29 wiederholt novelliert worden (siehe Rdn. 4, 7, 8).

Unberührt von § 29 sind Auskunftspflichten nach § 14 III 2 oder Besichtigungsrechte nach § 139 b I 1, IV, VI. 2

II. Betroffene (Abs. 1, 4)

Der Gesetzgeber bezeichnet die Auskunftspflichtigen resp. diejenigen, die 3 zur Duldung der Nachschau verpflichtet sind, als Betroffene. Zu beachten ist, dass **auch Nicht-Gewerbetreibende** Betroffene i. S. d. § 29 sein können („sonstige Personen"). Als Betroffene kommen sowohl **natürliche** als auch **juristische Personen** in Betracht.

1. Katalog des Abs. 1

Wer betroffen ist, bestimmt sich grundsätzlich nach der Aufzählung in 4 Abs. 1.

Von **Nr. 1** sind diejenigen Gewerbetreibenden erfasst, die einer Erlaubnis nach der GewO bedürfen. Ersetzt wurden dadurch die Ermächtigungen zum Erlass von Durchführungsverordnungen in Bezug auf Auskünfte und Nachschau gem. §§ 33 f. I Nr. 2, 34 II 1 Nr. 4, 34 a II Nr. 2 lit. d, 34 b VIII Nr. 1 lit. c, 34 c III 1 Nrn. 7, 8, jeweils in der vor dem 1. 10. 1998 geltenden Fassung. Durch das Gesetz zur Neuregelung des Versicherungsvermittlerrechts (VersVermRNeuRG) vom 19. 12. 2006 (BGBl. I S. 3232) sind zusätzlich die §§ 34 d und 34 e in Absatz 1 Nr. 1 aufgenommen worden.

Beruht die Erlaubnispflichtigkeit auf einer Norm **außerhalb der GewO**, 5 ist **§ 29 nicht anwendbar**, sofern nicht ausdrücklich auf § 29 verwiesen wird (vgl. § 17 II HandwO).

Nr. 2 betrifft öffentlich bestellte Versteigerer (§ 34 b V) und öffentlich 6 bestellte Sachverständige (§ 36). In beiden Fällen können nur natürliche Personen bestellt werden; Sachverständige können auch nicht-gewerblich tätig sein (näher § 34 b Rdn. 33; § 36 Rdn. 6, 14).

Nr. 3 zielt auf überwachungsbedürftige Gewerbe i. S. d. § 38, **Nr. 4** auf 7 Gewerbetreibende, gegen die ein Untersagungsverfahren nach § 35 oder § 59 eröffnet oder abgeschlossen wurde. Die Nr. 4 tritt an die Stelle der früheren Auskunftsrechte gem. § 35 IIIa a. F. und § 59 S. 2 a. F. und erweitert sie um das Nachschaurecht. Zur Bestimmung des Zeitpunktes der Verfahrenseröffnung siehe § 35 Rdn. 20. Die durch Gesetz vom 24. 8. 2002 (BGBl. I S. 3412) erfolgte Erstreckung des Anwendungsbereichs auf Gewerbetreibende, gegen die ein Untersagungsverfahren abgeschlossen wurde, vermittelt der Behörde Auskunft- und Nachschaurechte auch für den Fall, dass ein Gewerbe trotz Untersagung weiter ausgeübt wird.

Durch das Gesetz zur Ausführung des UNESCO-Übereinkommens vom 8 14. November 1970 über Maßnahmen zum Verbot und zur Verhütung der

Ennuschat

rechtswidrigen Einfuhr, Ausfuhr und Übereignung von Kulturgut (Ausführungsgesetz zum Kulturgutübereinkommen – KGÜAG) vom 18. 5. 2007 (BGBl. I S. 757, berichtigt auf S. 2547) wurde die Aufzählung in Absatz 1 um eine **Nr. 5** ergänzt. Gewerbe nach § 18 I 1 Kulturgüterrückgabegesetz ist der Betrieb eines Kunst- oder Antiquitätenhandels oder eines Versteigerungsunternehmens. Gem. § 18 I 1 KultGüRückG müssen diese Unternehmen bei Erwerb und Veräußerung von Kulturgut bestimmte Aufzeichnungen machen. Was ein Kulturgut ist, bestimmt sich nach § 18 II KultGüRückG. Der Gesetzgeber (so BT-Drs. 16/1371, S. 22) hielt die Einfügung der Nr. 5 für „erforderlich, um für die Auskunfts- und Zutrittsrechte im Hinblick auf die in § 18 I KultGüRückG vorgesehenen Aufzeichnungspflichten § 29 der Gewerbeordnung zur Anwendung zu bringen. Dies dient der Einheitlichkeit von Auskunfts- und Zutrittsrechten im gewerblichen Bereich und erleichtert den zuständigen Gewerbebehörden, die zur Umsetzung der Vorschriften berufen sind, das Auffinden der anzuwendenden Regeln."

9   Gewerbetreibende, die einen Kunst- oder Antiquitätenhandel oder ein Versteigerungsunternehmen betreiben, fallen auch dann unter Nr. 5, wenn in ihrem Betrieb keine Kulturgüter i. S. d. § 18 II KultGüRückG gehandelt werden. Versteigerer werden ohnehin bereits von Nr. 1 und ggf. auch von Nr. 2 erfasst.

2. Erweiterung durch Abs. 4

10 Der Katalog des Abs. 1 wird durch Abs. 4 dahingehend erweitert, dass eine Person unabhängig von der tatsächlichen Ausübung eines erlaubnispflichtigen oder überwachungsbedürftigen Gewerbebetriebes auch dann schon Betroffene i. S. d. § 29 sein kann, wenn Tatsachen die Annahme rechtfertigen, dass ein entsprechendes Gewerbe ausgeübt wird. Ermöglicht wird damit das Einschreiten in **Verdachtsfällen** (vgl. die amtl. Begr., BR-Drs. 634/97, S. 28). Abs. 4 kann sich lediglich auf die Fallgruppen Nr. 1 und Nr. 3 sowie Nr. 4, 2. Alt. des Abs. 1 beziehen.

III. Auskunftserteilung und -verweigerung (Abs. 1, 3)

11 Über § 26 II VwVfG hinausgehend hat der Betroffene gem. Abs. 1 die Pflicht, die erforderlichen Auskünfte zu erteilen. Weiter gehende Rechte der Behörde, etwa zur Vorladung, sind aus § 29 nicht ableitbar. Die Pflicht zur Anhörung des Betroffenen gem. § 28 VwVfG bleibt von § 29 unberührt.

Im Falle der Stellvertretung (§ 45) ist der Stellvertreter auskunftspflichtig (§ 45 Rdn. 7). Andere Mitarbeiter (z. B. Betriebsleiter) des Betroffenen sind nicht zur Auskunft verpflichtet (*Ambs*, in: Friauf, § 29 Rdn. 9; *Marcks*, in: Landmann/Rohmer I, § 29 Rdn. 4).

1. Voraussetzungen der Auskunftspflicht (Abs. 1)

12 **a) Auskunftsverlangen.** Die Auskunftspflicht entsteht erst auf ein entsprechendes behördliches Verlangen, d. h. der Betroffene muss nicht von sich aus tätig werden. Die Anforderung einer Auskunft ist ein selbstständig

anfechtbarer und erzwingbarer **Verwaltungsakt** (*Ambs*, in: Friauf, § 29 Rdn. 16; *Marcks*, in: Landmann/Rohmer I, § 29 Rdn. 13; vgl. ferner *BayVGH* GewArch 1992, 183; *Laubinger* VerwArch 89 [1998], 145 [175]; kritisch *Stober* Besonderes Wirtschaftsverwaltungsrecht, 14. Aufl. 2007, S. 50).

Nicht zulässig ist ein Verlangen, Geschäftsvorgänge laufend anzuzeigen, da 13 „Auskunft" lediglich die Beantwortung im Einzelfall gestellter Fragen bedeutet (*Janssen* GewArch 1967, 193; *Thiel* GewArch 2001, 403 [404]).

b) Beauftragte der zuständigen öffentlichen Stelle. Die zuständige 14 öffentliche Stelle bestimmt sich nach § 155 II. Wer beauftragt ist, richtet sich nach der innerbehördlichen Geschäftsverteilung.

c) Erforderlichkeit. Einzige materielle Voraussetzung der Auskunfts- 15 pflicht ist die Erforderlichkeit der Auskunft für die Überwachung des Geschäftsbetriebes. Anders als bei § 35 III a a. F. („Auskunft über seinen Gewerbebetrieb") kann die Auskunft über den eigentlichen Geschäftsbetrieb hinausreichen und etwa auch den persönlichen Bereich erfassen, aber nur dann, wenn insoweit ein Gewerbebezug besteht (Rdn. 18). Selbst Auskünfte über Betriebe Dritter sind nunmehr grundsätzlich denkbar (a. A. *Ambs*, in: Friauf, § 29 Rdn. 12).

Die Auskunftspflicht besteht nur, soweit die Auskunft **erforderlich** für die 16 Überwachung des Geschäftsbetriebes des Betroffenen ist. Die Erforderlichkeit ist gerichtlich voll überprüfbar, ohne dass der Behörde ein Beurteilungsspielraum zustünde (vgl. *Marcks*, in: Landmann/Rohmer I, 29 Rdn. 7; *Meßerschmidt*, in: BeckOK, § 29 Rdn. 11).

Für die Bestimmung der Erforderlichkeit i. S. d. § 29 ist nach den einzelnen 17 Nummern des Abs. 1 zu differenzieren:

Mit Blick auf die **Nrn. 1 bis 3** – dasselbe gilt für **Nr. 5** – ist die Erforder- 18 lichkeit lediglich an den Überwachungszweck geknüpft. Die Überwachung betrifft alle Betriebe, unabhängig davon, ob ein konkreter Betrieb im Verdacht steht, gegen gewerberechtliche Vorschriften zu verstoßen. Das Auskunftsverlangen kann daher grundsätzlich **ohne konkrete Verdachtsmomente** routinemäßig an jeden Betroffenen gerichtet werden (vgl. *Marcks*, in: Landmann/Rohmer I, 29 Rdn. 6, 9). Werden jedoch Auskünfte aus dem Privatbereich oder in Bezug auf Dritte begehrt, ist die Erforderlichkeit nur dann gegeben, wenn diese Auskünfte sich auf den Geschäftsbetrieb des Betroffenen beziehen, also ein Gewerbebezug gegeben ist (*Marcks*, in: Landmann/Rohmer I, § 29 Rdn. 10; siehe auch oben Rdn. 15 sowie zum Gewerbebezug § 35 Rdn. 38, 47). In diesen Fällen ist ein Anfangsverdacht nötig, den die Auskunft bestätigen oder ausräumen soll; im Übrigen gilt das zu Nr. 4 Ausgeführte.

Ein **strengerer Maßstab** gilt für **Nr. 4**, welche § 35 III a a. F. ablöst: Bei 19 § 35 III a waren Auskünfte nur dann erforderlich, wenn sie der Überprüfung eines bereits bestehenden und in sich schlüssigen Anfangsverdachtes dienten (*Marcks*, in: Landmann/Rohmer I, 29 Rdn. 8; *Meßerschmidt*, in: BeckOK, § 29 Rdn. 11). Für diesen Verdacht mussten auch ohne die Auskunft bereits Tatsachenanhaltspunkte vorliegen (*BayVGH* GewArch 1992, 183). Nicht erforderlich waren Auskünfte, wenn sie auf Ausforschung gerichtet waren, d. h. Ermittlungen „ins Blaue hinein" ermöglichen sollten (*Ambs*, in: Friauf,

§ 29 Rdn. 13). Dies gilt auch für die heutige Rechtslage: Zwar fehlt – anders als in § 35 III a a. F. – der ausdrückliche Bezug der Erforderlichkeit auf die Durchführung des Untersagungsverfahrens. Aber auch die Nr. 4 setzt ein bereits eröffnetes Untersagungsverfahren und damit einen Anfangsverdacht voraus, sodass verdachtsunabhängige Auskunftsbegehren nicht möglich sind.

2. Erfüllung der Auskunftspflicht (Abs. 1)

20 Ob die Auskunft mündlich oder schriftlich zu erteilen ist, bestimmt die zuständige Behörde im Rahmen der Erforderlichkeit. Entsprechendes gilt für die Frist, binnen derer die Auskünfte zu erbringen sind (vgl. § 146 II Nr. 4). Der Betroffene darf für die Auskunftserteilung weder ein Entgelt noch – insoweit über den Wortlaut hinaus – Aufwendungsersatz verlangen. Die Auskünfte sind in deutscher Sprache zu erteilen (vgl. § 23 I VwVfG; *Marcks*, in: Landmann/Rohmer I, § 29 Rdn. 11).

3. Auskunftsverweigerung (Abs. 3)

21 Die Auskunftspflicht entfällt, wenn ein Auskunftsverweigerungsrecht gem. Abs. 3 vorliegt. Die Behörde ist – im Umkehrschluss zu § 22 I 3 ArbSchG – nicht zur Belehrung hinsichtlich eines Auskunftsverweigerungsrechts verpflichtet (*Ambs*, in: Friauf, § 29 Rdn. 21; a. A. *Thiel* GewArch 2001, 403 [405]).

Weitere – ungeschriebene – Grenzen der Auskunftspflicht werden in einem Rechtsstaat hiesiger Prägung dadurch gezogen, dass das Auskunftsverlangen nicht missbräuchlich und die Auskunftserteilung nicht schlechthin unzumutbar sein dürfen. Missbrauch kann vorliegen, wenn dieselbe aufwendig zu erteilende Auskunft mehrfach verlangt wird. Ein Recht zur Auskunftsverweigerung nach Absatz 3 steht der Nachschau nach Absatz 2 nicht entgegen, wie sich aus dem eindeutigen Wortlaut ergibt. Auskunft und Nachschau unterscheiden sich zudem darin, dass die Auskunftspflicht in erster Linie auf aktive Mitwirkung gerichtet ist, während die Nachschau primär Duldungspflichten begründet, sodass der Regelungszweck des Absatzes 3 nicht auf Absatz 2 übertragbar ist (*BayVGH* GewArch 2006, 34 [36]; *Ambs*, in: Friauf, § 29 Rdn. 20; *Marcks*, in: Landmann/Rohmer I, § 29 Rdn. 12).

IV. Nachschau (Abs. 2)

1. Verfassungsrechtlicher Hintergrund

22 Das Grundrecht der Unverletzlichkeit der Wohnung (Art. 13 GG) schützt – wenngleich abgeschwächt – auch Geschäftsräume (*BVerfGE* 32, 54 [69 ff.]; 44, 353 [371]; GewArch 2007, 206; NJW 2008, 2426; *Schmitz* GewArch 2009, 237). Dennoch wird überwiegend in einer behördlichen Nachschau kein Eingriff in Art. 13 GG gesehen: Um eine Durchsuchung i. S. d. Art. 13 II GG könne es sich bei einer Nachschau nicht handeln, da es bei einer Nachschau an einer für Durchsuchungen charakteristischen zielgerichteten Suche nach bestimmten Personen oder Sachen fehle (*BVerfGE* 32, 54 [73];

BVerwG GewArch 1988, 121 [122]; *Ambs*, in: Friauf, § 29 Rdn. 24; a. A. *Sachs* NVwZ 1987, 560 [561]). Eine ordnungsgemäße, insb. verhältnismäßige und während der allgemeinen Geschäftszeit stattfindende Nachschau sei auch nicht als Eingriff i. S. d. Art. 13 VII GG zu werten; einschlägig sei vielmehr Art. 2 I GG (*BVerfGE* 32, 54 [76 f.]; GewArch 2007, 206; *BVerwG* GewArch 1988, 121 [122]; *HambOVG* GewArch 1991, 423; *Thiel* GewArch 2001, 403 [408]; *Wolff* GewArch 2007, 231).

Diese Sichtweise überzeugt nicht (näher *Ennuschat* AöR 127 [2002], 252 **23** [261 ff.]), ist indes Hintergrund der differenzierten Regelung des § 29 II: S. 1 betrifft die Nachschau in reinen Geschäftsräumen während der üblichen Geschäftszeiten am Tage. Nach der Rechtsprechung des *BVerfG* liegt damit **kein Eingriff in Art. 13 I GG** vor. Der Eingriff in Art. 2 I GG findet in § 29 II 1 eine ausreichende gesetzliche Grundlage (*BVerfG* GewArch 2007, 206 f.); zu beachten ist im Übrigen lediglich der Verhältnismäßigkeitsgrundsatz (unten Rdn. 31).

Demgegenüber implizieren die Nachschaubefugnisse des **S. 2** (außerhalb **24** der üblichen Geschäftszeit; auch in Bezug auf Räume, die zugleich Wohnzwecken dienen) einen **Eingriff in Art. 13 I GG** (*Ambs*, in: Friauf, § 29 Rdn. 29; *Marcks*, in: Landmann/Rohmer I, § 29 Rdn. 17). Die verfassungsrechtliche Rechtfertigung folgt aus Art. 13 VII GG (Verhütung dringender Gefahren für die öffentliche Sicherheit und Ordnung). § 29 II 2 a. E. trägt dem Zitiergebot des Art. 19 I 2 GG Rechnung.

Eine richterliche Anordnung ist weder im Falle des S. 1 noch des S. 2 erforderlich (*Ambs*, in: Friauf, § 29 Rdn. 24).

2. Durchführung der Nachschau

a) Zweck der Nachschau. Das tatsächliche Ziel der Nachschau muss **25** von den durch den Gesetzgeber umrissenen Zwecken der Nachschau gedeckt sein, wobei eine durchaus **enge Betrachtungsweise** geboten ist (so *BVerfG* GewArch 2007, 206 [207]; *Wolff* GewArch 2007, 231 [232 f.]). Zweck ist die Gewerbeüberwachung, namentlich die Sicherstellung der Einhaltung gewerberechtlicher Vorschriften sowie die Feststellung der Zuverlässigkeit des Gewerbetreibenden, nicht jedoch die Verfolgung etwaiger Straftaten (des Betroffenen oder Dritter) ohne Gewerbebezug (*OVG NRW* GewArch 1969, 278 ff.; bestätigt durch *BVerwG* GewArch 1971, 153 ff.). Eine Nachschau kommt aber in Betracht, wenn der Verdacht besteht, dass das Gewerbe selbst in strafbarer Weise ausgeübt wird (vgl. *OLG Karlsruhe* GewArch 1989, 191 [192]). Wenn von vornherein feststeht, dass kein Gewerbe i. S. d. § 1 vorliegt, ist § 29 nicht anwendbar (vgl. *BVerfG* GewArch 2007, 206 – zu § 17 II HandwO; großzügiger noch *BayVGH* GewArch 2006, 34, *VG Würzburg* GewArch 2005, 259).

b) Ort. Grundsätzlich erfolgt die Nachschau nur im Geschäftsbetrieb **26** (Grundstücke und Geschäftsräume i. S. d. S. 1). Dient der Betriebsbereich zugleich Wohnzwecken des Betroffenen, ist die Nachschau nur zulässig, wenn dadurch dringende Gefahren für die öffentliche Sicherheit oder Ordnung verhütet werden sollen (S. 2 2. Var.). Reine Privaträume des Betroffenen sind von der Nachschau keinesfalls erfasst. Im Einzelfall kann die Abgrenzung, ob ein rei-

§ 29   Titel II. Stehendes Gewerbe

ner Privatraum oder ein auch geschäftlich genutzter Wohnraum vorliegt, problematisch sein. Wenn ein Wohnraum gezielt genutzt wird, dort nicht nur völlig vorübergehend Geschäftsunterlagen (z. B. Buchhaltungsbelege oder betriebsbezogene Steuererklärungen) oder betrieblich genutzte Werkzeuge aufzubewahren, wird dieser Raum auch für den Geschäftsbetrieb genutzt und verliert den Charakter als reiner Privatraum (a. A. *Maiwald* GewArch 2007, 208). Wenn der Gewerbetreibende über Nacht oder am Wochenende in der Wohnung den Aktenkoffer mit Geschäftsunterlagen oder den Werkzeugkasten abstellt, lässt dies den rein privaten Charakter des Raums aber nicht entfallen.

27   **c) Zeitpunkt.** Der Zeitpunkt der Nachschau muss nicht angekündigt werden, sie kann also für den Gewerbetreibenden überraschend sein (*OLG Düsseldorf* GewArch 1982, 388 [389]; *Meßerschmidt*, in: BeckOK, § 29 Rdn. 21). Die Anwesenheit des Gewerbetreibenden bei der Nachschau ist nicht erforderlich (*OLG Düsseldorf* GewArch 1982, 388), sofern andere Zeugen – namentlich Angestellte des Gewerbetreibenden – zugegen sind.

28   Im Übrigen enthält § 29 II gestufte Vorgaben für den Zeitpunkt der Nachschau: Grundsätzlich ist die Nachschau nur während der üblichen Geschäftszeiten und am Tage zulässig (S. 1). Außerhalb der üblichen Geschäftszeiten ist sie tagsüber zulässig, wenn dies der Verhütung dringender Gefahren für die öffentliche Sicherheit oder Ordnung dient (S. 2). Zur Nachtzeit ist eine Nachschau niemals zulässig, selbst dann nicht, wenn der Geschäftsbetrieb nachts nicht unterbrochen ist (anders § 139 b IV). Zu den Begriffen „tagsüber" resp. „Nachtzeit" vgl. § 5 III BdVwZG; *Meßerschmidt*, in: BeckOK, § 29 Rdn. 22.

29   **d) Umfang der Nachschau; Verhältnismäßigkeit.** Zur Nachschau gehört zunächst das Recht, Grundstücke und Geschäftsräume zu **betreten**, um dort Prüfungen und Besichtigungen vorzunehmen. Dem Betroffenen sind dabei nicht nur Duldungspflichten auferlegt, vielmehr trifft ihn eine gewisse, behördlicherseits eigenständig durchsetzbare **Mitwirkungspflicht:** Er (oder ein von ihm Beauftragter) muss Räume öffnen, allgemeine Auskünfte über Lage und Zugangsmöglichkeiten von Betriebsräumen erteilen u. Ä. (*Ambs*, in: Friauf, § 29 Rdn. 27).

30   Darüber hinaus umfassen die Nachschaubefugnisse – anders als § 139 b IV – ausdrücklich auch die Berechtigung, verlangen zu können, dass geschäftliche **Unterlagen** vorgelegt werden, um an Ort und Stelle in diese Einsicht nehmen zu können (*Marcks,* in: Landmann/Rohmer I, § 29 Rdn. 15). Nicht erfasst ist das Recht, Unterlagen zu beschlagnahmen, körperliche Durchsuchungen vorzunehmen etc.

31   Die Nachschau muss dem Grundsatz der **Verhältnismäßigkeit** Rechnung tragen. Behinderungen des Geschäftsbetriebes sind nach Möglichkeit zu vermeiden. Das Auskunftsverweigerungsrecht nach Absatz 3 steht einer Nachschau nach Absatz 2 nicht im Wege (Rdn. 21).

V. Rechtsfolgen bei Pflichtverletzungen

32   Ein Verstoß gegen die **Auskunftspflicht** kann als **Ordnungswidrigkeit** gem. § 146 II Nr. 4 geahndet werden, nicht aber die Verwehrung der Nach-

Vorbemerkungen zu §§ 30 ff. **Vor §§ 30 ff**

schau (anders etwa die Verweigerung der Besichtigung nach § 139 b I 2, vgl. § 147 II Nr. 1). Im Regierungsentwurf war auch die Nichtduldung der Nachschau als Ordnungswidrigkeit sanktionsbewehrt (BR-Drs. 634/97, S. 16). Auf Empfehlung des Ausschusses für Wirtschaft (BT-Drs. 13/10130, S. 3) hat der Bundestag im Gesetzesbeschluss aber diese Passage herausgenommen (BR-Drs. 343/98, S. 2).

Sowohl das Auskunftsverlangen als auch die Nachschau können im Wege 33 des **Verwaltungszwanges** durchgesetzt werden.

Vor §§ 30 ff.

Literatur: *H. D. Jarass*, Die Genehmigungspflicht für wirtschaftliche Tätigkeiten, GewArch 1980, 177 ff.; *H.-J. Odenthal*, Das Schicksal personenbezogener gewerberechtlicher Erlaubnisse bei der Umwandlung von Gesellschaften, GewArch 2005, 132 ff.; *M. Schulze-Werner*, Zulässigkeit von Nebenbestimmungen im Bereich der genehmigungsbedürftigen, stehenden Gewerbe (§§ 30 bis 34 c, 36 GewO), GewArch 2004, 9 ff.; *R. Strunk*, Gewerbeerlaubnis und steuerliche Bescheinigungen, GewArch 1993, 398 ff.

Das Kapitel II des das **stehende Gewerbe** betreffenden Titels II der GewO 1 regelt das Erfordernis besonderer Überwachung oder Genehmigung. Sein erster Abschnitt A, welcher die überwachungsbedürftigen Anlagen betraf, ist jedoch entfallen: Die §§ 16 bis 23 sowie die §§ 26 bis 28 waren bereits mit Inkrafttreten des Bundes-Immissionsschutzgesetzes v. 15. 3. 1974 (BGBl. I S. 721) weggefallen. Die §§ 24 bis 25 wurden durch das Gerätesicherheitsgesetz v. 26. 8. 1992 (BGBl. I S. 1564) aufgehoben und dort durch die §§ 11 ff. ersetzt; mittlerweile wurde das Gerätesicherheitsgesetz durch das Geräte- und Produktsicherheitsgesetz vom 6. 1. 2004 (BGBl. I S. 2, 219) abgelöst. In § 14 des Geräte- und Produktsicherheitsgesetzes befinden sich nun entsprechende Regelungen, die überwachungsbedürftige Anlagen betreffen. Eingangs enthält § 14 des Geräte- und Produktsicherheitsgesetzes eine Ermächtigung zum Erlass von Rechtsverordnungen. Innerhalb der GewO verblieben nur die Regelungen des zweiten Abschnitts (B. Gewerbetreibende, die einer besonderen Genehmigung bedürfen).

Die Überschrift des Abschnittes B trifft jedoch lediglich auf die §§ 30 – 34 2 e zu, in denen für bestimmte Tätigkeiten abweichend vom Grundsatz der Erlaubnisfreiheit gewerblicher Betätigung Genehmigungspflichten (dazu *Jarass* GewArch 1980, 177 ff.) normiert wurden. Im Gegensatz zu den Anlageerlaubnissen i. S. d. §§ 24 ff. a. F. handelt es sich hier um persönliche Erlaubnisse, die allerdings z. T. Anforderungen an Betriebsräume miteinbeziehen (z. B. §§ 30, 33 a, 33 i).

Verbreitet wird von einem Rechtsinstitut der gewerberechtlichen Erlaubnis 3 gesprochen. Die einschlägige **Terminologie**, wie sie in Gesetzestext und Literatur zur Verwendung kommt, ist jedoch alles andere als einheitlich. In den Abschnittsüberschriften ist die Rede von einer „Genehmigung", in den einschlägigen Normtexten tauchen die Begriffe „Konzession" (§ 30) sowie „Erlaubnis" (§§ 33 a, 33 c, 33 d, 33 i, 34, 34 a, 34 b, 34 c, 34 d, 34 e) nebeneinander auf und werden weitgehend synonym und unsystematisch verwendet

§ 30 Titel II. Stehendes Gewerbe

(so zutreffend *Frotscher/Kramer* Wirtschaftsverfassungs- und Wirtschaftsverwaltungsrecht, 5. Aufl. 2008, Rdn. 290). Begriffliche Differenzierungen, wie sie etwa bei *Koenig* Die öffentlich-rechtliche Verteilungslenkung, 1994, S. 100 ff., versucht werden, führen kaum weiter. Es erscheint vielmehr angezeigt, sich auch hier der im Allgemeinen Verwaltungsrecht üblichen Terminologie (Kontrollerlaubnis) zu bedienen und durchgängig von einem **präventiven Verbot mit Erlaubnisvorbehalt** (vgl. insoweit *Maurer* Allg. Verwaltungsrecht, 17. Aufl. 2009, § 9 Rdn. 51 ff.) auszugehen (so auch *Frotscher/Kramer* Wirtschaftsverfassungs- und Wirtschaftsverwaltungsrecht, 5. Aufl. 2008, Rdn. 290 m. w. N.).

4   Zu den bei personengebundenen Erlaubnissen im Gewerberecht, namentlich in Spezialgesetzen, gängigen tatbestandlichen Voraussetzungen gehören als spezielle Eignungskomponenten die Zuverlässigkeit (siehe insb. § 35 Rdn. 27 ff.) und die Sachkunde (= fachliche Eignung; siehe insb. § 36 Rdn. 23 ff.), teilweise auch die allgemeine Anforderung der Eignung (siehe § 36 Rdn. 40 ff.).

5   Bei der Prüfung der Zuverlässigkeit sind u. a. steuerliche Sachverhalte zu berücksichtigen. Der Antragsteller kann daher beim Finanzamt eine Unbedenklichkeitsbescheinigung anfordern (näher *Strunk* GewArch 1993, 398 ff.).

6   Zur Zulässigkeit von Nebenbestimmungen auf diesem Sektor in Distanzierung von den allgemeinen Vorgaben des § 36 VwVfG einschränkend *Schulze-Werner* GewArch 2004, 9 ff.

7   Hat der Gewerbetreibende einen Antrag bei der zuständigen Behörde zu stellen oder auf sonstigem Weg ein Verwaltungsverfahren zu initiieren, ist zu berücksichtigen, dass er dies auch über die einheitliche Stelle i. S. v. § 6 b erledigen kann, solange und soweit dies nicht aufgrund der Ermächtigung im § 6 b S. 2 durch die Länder wirksam ausgeschlossen wurde (vgl. hierzu § 6 b Rdn. 9).

§ 30 Privatkrankenanstalten

(1) ¹**Unternehmer von Privatkranken- und Privatentbindungsanstalten sowie von Privatnervenkliniken bedürfen einer Konzession der zuständigen Behörde.** ²**Die Konzession ist nur dann zu versagen, wenn**
1. **Tatsachen vorliegen, welche die Unzuverlässigkeit des Unternehmers in Beziehung auf die Leitung oder Verwaltung der Anstalt oder Klinik dartun,**
1a. **Tatsachen vorliegen, welche die ausreichende medizinische und pflegerische Versorgung der Patienten als nicht gewährleistet erscheinen lassen,**
2. **nach den von dem Unternehmer einzureichenden Beschreibungen und Plänen die baulichen und die sonstigen technischen Einrichtungen der Anstalt oder Klinik den gesundheitspolizeilichen Anforderungen nicht entsprechen,**
3. **die Anstalt oder Klinik nur in einem Teil eines auch von anderen Personen bewohnten Gebäudes untergebracht werden soll und**

durch ihren Betrieb für die Mitbewohner dieses Gebäudes erhebliche Nachteile oder Gefahren hervorrufen kann oder
4. die Anstalt oder Klinik zur Aufnahme von Personen mit ansteckenden Krankheiten oder von Geisteskranken bestimmt ist und durch ihre örtliche Lage für die Besitzer oder Bewohner der benachbarten Grundstücke erhebliche Nachteile oder Gefahren hervorrufen kann.

(2) Vor Erteilung der Konzession sind über die Fragen zu Absatz 1 Nr. 3 und 4 die Ortspolizei- und die Gemeindebehörden zu hören.

Literatur: *A. Braun,* Die ärztliche Praxis und die Privatkrankenanstalt des § 30 GewO, NJW 1985, 2739 ff.; *W. Leisner,* Die Konzessionspflicht für Privatkrankenanstalten nach § 30 GewO – eine dringend reformbedürftige Vorschrift, GewArch 2006, 188 ff.; *H. Neft,* Anforderungen an stationäre Einrichtungen des Gesundheitswesens i. S. von § 30 Gewerbeordnung, BayVBl. 1996, 40 ff.; *O. Schober,* Zur Konzessionspflicht nach § 30 GewO bei Hämo-Dialysestationen in Arztpraxen, GewArch 1977, 115 ff.

Übersicht

	Rdn.
I. Vorbemerkung	1
II. Anwendungsbereich (Abs. 1 S. 1)	6
1. Privatkrankenanstalt	7
a) Krankenhaus	8
b) Privat	19
2. Privatentbindungsanstalten und Privatnervenkliniken	26
III. Konzession	27
1. Unternehmer	28
2. Sachlicher Bezug der Konzession	30
3. Verhältnis zu anderen Genehmigungspflichten und zur Anzeigepflicht gem. § 14	31
4. Anspruch auf Konzessionserteilung	32
5. Sonstiges	33
IV. Versagungsgründe (Abs. 1 S. 2)	37
1. Unzuverlässigkeit des Unternehmers (Nr. 1)	39
a) Unternehmer	40
b) Unzuverlässigkeit	41
2. Mangelnde medizinische und pflegerische Versorgung der Patienten (Nr. 1 a)	43
a) Medizinische Versorgung	44
b) Pflegerische Versorgung	47
c) Sachliche Ausstattung	48
3. Gesundheitspolizeiliche Anforderungen (Nr. 2)	50
4. Gefahren für Mitbewohner (Nr. 3)	53
5. Schutz der Nachbarn (Nr. 4)	56
V. Anhörungspflicht (Abs. 2)	60

I. Vorbemerkung

Grundsätzlich fällt die Tätigkeit des Arztes als persönliche Dienstleistung höherer Art nicht unter den Gewerbebegriff (siehe oben § 1 Rdn. 57 f.). Darüber hinaus ist gem. § 6 S. 2 die Ausübung der ärztlichen und anderen

§ 30 Titel II. Stehendes Gewerbe

Heilberufe, vorbehaltlich abweichender gesetzlicher Regelung (wie hier in § 30), vom Anwendungsbereich der GewO ausgenommen. Den Schutz der Allgemeinheit vor Gefahren aus der Tätigkeit der Ärzte und anderer Heilberufe gewährleisten die Heilberufsgesetze und das weitere Gesundheitsrecht (InfektionsschutzG usw.).

2 Deshalb zielt die Konzessionspflicht des § 30 auch nicht in erster Linie auf eine Kontrolle ärztlicher Leistungen selbst ab, „vielmehr soll vor den Gefahren geschützt werden, die sich aus der Eingliederung des Patienten in ein betriebliches Organisationsgefüge ergeben" (*BVerwG* NJW 1985, 1414; *Diefenbach* GewArch 1991, 281 [285]). Daneben geht es um den Schutz der Allgemeinheit vor durch nicht ordnungsgemäße Führung, Einrichtung oder Lage einer Privatkrankenklinik bewirkten Gefahren (*BVerwG* DÖV 1967, 495).

3 Es besteht seit Längerem weitgehend Einigkeit darüber, dass die Vorschrift den aktuellen Anforderungen und Standards eines modernen Gesundheitswesens kaum mehr gerecht wird und ihr Standort in der GewO nicht sachadäquat ist (so unlängst *Leisner* GewArch 2006, 188: „eine dringend reformbedürftige Vorschrift"; vgl. ferner *Marcks*, in: Landmann/Rohmer I, § 30 Rdn. 4; *Braun* NJW 1985, 2741; *Neft* BayVBl. 1996, 40; *Schober* GewArch 1977, 115 [119]). Einige Länder versuchen, die Vollzugsprobleme des § 30 durch Erlass landesrechtlicher Vollzugsrichtlinien zu beheben, so Nordrhein-Westfalen (Gemeinsamer Runderlass des Ministers für Arbeit, Gesundheit und Soziales und des Ministers für Wirtschaft, Mittelstand und Technologie des Landes NRW v. 3. 1. 1989 [MBl. NRW S. 68], der durch Fristablauf am 31. 12. 2005 außer Kraft getreten ist), und Bayern (Richtlinie des Bayerischen Staatsministeriums für Arbeit und Sozialordnung, Familie, Frauen und Gesundheit v. 22. 3. 1995 [AllMBl. Nr. 7/1995, S. 280]); siehe dazu *Neft* BayVBl. 1996, 40 ff.

4 Aus unionsrechtlicher Sicht ist auf das Urteil des *EuGH* v. 10. 3. 2009 – C-169/07 (= GewArch 2009, 195 Tz. 46 ff.) – Hartlauer hinzuweisen: Der Schutz der Gesundheit der Bevölkerung gehört danach zu den zwingenden Gründen des Allgemeininteresses, die eine Beschränkung der Niederlassungsfreiheit rechtfertigen können; legitim ist namentlich das Ziel, zur Erreichung eines hohen Niveaus des Gesundheitsschutzes beizutragen, was den Mitgliedstaaten erlaubt, die Erbringung von Dienstleistungen im Bereich der ärztlichen und klinischen Versorgung einzuschränken, soweit die Erhaltung eines bestimmten Umfangs der medizinischen und pflegerischen Versorgung für die Gesundheit der Bevölkerung erforderlich ist. Vor diesem Hintergrund dürfte der Konzessionsvorbehalt des § 30 den unionsrechtlichen Anforderungen gerecht werden.

5 § 13 b ist bei **Privatkrankenanstaltsbetreibern aus einem anderen EU-/EWR-Staat** nicht anzuwenden (vgl. **§ 13 b III**, dort Rdn. 22), auch nicht § 13 a (sofern § 30 für die Ausübung der Dienstleistungsfreiheit überhaupt relevant sein kann), da für die Tätigkeit nach § 30 kein gesonderter Sachkunde- oder Befähigungsnachweis vorausgesetzt wird (vgl. § 13 a Rdn. 8).

II. Anwendungsbereich (Abs. 1 S. 1)

Die Konzessionspflicht betrifft Unternehmer von Privatkranken- und Pri- 6
vatentbindungsanstalten sowie von Privatnervenkliniken. Die Begriffe Anstalt
und Klinik sind im Kontext des § 30 deckungsgleich (*Leisner* GewArch 2006,
188).

1. Privatkrankenanstalt

Unter einer Privatkrankenanstalt wird allgemein ein privat betriebenes 7
Krankenhaus verstanden (*BVerwG* NJW 1985, 1414; *Neft* BayVBl. 1996, 40
[41]).

a) Krankenhaus. Definitionen des Begriffs Krankenhaus in anderen 8
Gesetzen sind für die Auslegung des § 30 nicht maßgeblich (*Diefenbach*
GewArch 1991, 281 [285]), können jedoch durchaus im Sinne einer Funktionsbeschreibung bei der Anwendung des § 30 herangezogen werden (*Neft*
BayVBl. 1996, 40 [41]).

aa) Betreuung von Kranken. Die Konzessionspflicht gilt zunächst ein- 9
mal nur für solche Anstalten, die „**Kranke**" betreuen. Dies ergibt sich zum
einen bereits aus der gesetzlichen Nomenklatur für entsprechende Einrichtungen, zum anderen aber auch aus den bei der Auflistung von Versagungsgründen zur Verwendung gekommenen Tatbestandsmerkmalen wie „Patienten", „Krankheiten" u. dgl. Nun ist freilich gerade der Begriff „krank" in
hohem Maße konkretisierungsbedürftig, was den Gesetzgeber mehrfach dazu
veranlasst hat, in bestimmtem Kontext Spezifizierungen vorzunehmen. Daran
fehlt es hier. Erinnert sei aber auch an im Kontext des Art. 2 II 1 GG geführte
Diskussionen um den kontrastierenden Gesundheitsbegriff (siehe zum Überblick etwa *Seewald* Zum Verfassungsrecht auf Gesundheit, 1981, S. 14 ff.,
38 ff. u. passim; *Jung* Das Recht auf Gesundheit, 1982, S. 2 ff.; *Pestalozza*
Bundesgesundhbl. 2007, 1113 ff.), der etwa von der WHO als ein „Zustand
des vollständigen körperlichen, geistigen und sozialen Wohlbefindens" verstanden wird, eine Sichtweise, die bereits über den Schutzbereich des Art. 2
II 1 GG weit hinausführt (so zutreffend *Murswiek*, in: Sachs, GG, 5. Aufl.
2009, Art. 2 Rdn. 150 m. w. N.).

Der im vorliegenden Kontext maßgebliche Personenkreis der Kranken
dürfte in Orientierung am physiologischen Gesundheitsbegriff (Freisein von
Krankheit und Gebrechen; dazu *Murswiek* in: Sachs, GG, 5. Aufl. 2009, Art. 2
Rdn. 150) solche Personen umfassen, bei denen somatische Funktionsstörungen, körperliche Schäden resp. Defizite oder psychopathische Störungen zu
besorgen sind (vgl. *Seewald* Zum Verfassungsrecht auf Gesundheit, 1981,
S. 44 ff.).

Schon dem Wortlaut des § 30 nach bezieht sich die Konzessionspflicht nur 10
auf der **Heilung** dienende Anstalten und damit nicht auf Erholungsheime
oder ähnliche Vorsorgeeinrichtungen (§ 107 II Nr. 1 a SGB V), selbst wenn
deren Patienten stationär aufgenommen werden. Denn diese sind gerade
nicht krank; deren stationäre Behandlung dient vielmehr dem Zweck, einen
Krankheitseintritt zu verhindern (*Neft* BayVBl. 1996, 40 [41]). Ein durchgän-

§ 30 Titel II. Stehendes Gewerbe

gig zu konstatierendes Mindestmaß an Krankheit ist nicht erforderlich, insb. ist keine Bettlägerigkeit nötig (*BVerwG* GewArch 1967, 164 [166]).

11 Kliniken zur kosmetischen Chirurgie unterfallen dem Begriff der privaten Krankenanstalt, auch wenn die Patienten vor der Operation nicht im eigentlichen Sinne krank sind; insoweit ist darauf abzustellen, dass mit der intendierten Operation ein Heilungsprozess notwendig wird, der einer ärztlichen Betreuung bedarf (*OVG NRW* GewArch 1990, 210). Ein Kosmetikzentrum ohne angeschlossene Schönheitschirurgie ist aber selbst bei stationärer Aufnahme der Kunden keine Krankenanstalt i. S. d. § 30 (*Marcks*, in: Landmann/Rohmer I, § 30 Rdn. 9). Dasselbe gilt für Fitnesszentren u. Ä.

12 **bb) Stationäre Behandlung.** Wichtigstes Kennzeichen eines Krankenhauses ist sodann die **stationäre** Behandlung von Kranken, bei der neben den ärztlichen insb. Unterbringungs-, Verpflegungs- und Krankenpflegeleistungen erbracht werden. Diese Begriffsbestimmung entspricht dem Schutzzweck der Vorschrift, Gefahren abzuwenden, die sich aus der Eingliederung der Patienten in ein betriebliches Organisationsgefüge und aus der nicht ordnungsgemäßen Führung, Einrichtung oder Lage einer Privatkrankenanstalt ergeben können (siehe oben Rdn. 2; ferner *Neft* BayVBl. 1996, 40 [41]). Das Erfordernis stationärer Behandlung ist im Übrigen bereits im Wortlaut des § 30 angedeutet, wenn in Abs. 1 Nr. 4 der Begriff der „Aufnahme" von Patienten enthalten ist (*OVG NRW* GewArch 1984, 84 [85]).

13 Zu Krankenhäusern im Sinne des § 30 zählen insb. die Akutkrankenhäuser (§ 107 I SGB V), die Rehabilitationseinrichtungen (§ 107 II Nr. 1 lit. b SGB V), die Kurkrankenhäuser (§ 5 I Nr. 7 KHG a. F., siehe heute noch § 4 II 2 HeilvfV) sowie die Sanatorien im Sinne der Beihilfevorschriften (z. B. § 7 IV hamb. BhV); ebenso *Schulze-Werner*, in: Friauf, § 30 Rdn. 17.

14 Der stationären Behandlung gleichgestellt ist die halb- oder **teilstationäre** Behandlung, bei der der Patient zwar zeitweise das Krankenhaus verlässt, im Übrigen aber sämtliche Krankenhausleistungen genießt (ebenso *Neft* BayVBl. 1996, 40 [41]).

15 Nicht von § 30 erfasst ist hingegen die **ambulante** Behandlung. Dies gilt auch für ambulante Operationen (§ 115 b SGB V) und sonstige Behandlungen in **Tageskliniken**, da es insoweit an der für § 30 wesentlichen stationären Eingliederung in ein betriebliches Organisationsgefüge fehlt (oben Rdn. 2; *Schulze-Werner*, in: Friauf, § 30 Rdn. 18; *Neft* BayVBl. 1996, 40 [41]). Dasselbe gilt für die vor- und nachstationäre Behandlung i. S. d. § 115 a I SGB V, die ohne Unterkunft und Verpflegung erbracht wird.

16 Maßgeblich für die **Abgrenzung** von stationärer zu ambulanter Behandlung ist, ob die Zeiten ärztlicher Behandlung und begleitender Betreuung den äußeren Tagesablauf eines Patienten entscheidend beherrschen, d. h., Therapie- und Ruhephasen müssen gegenüber frei verfügbaren Zeiten für die Patienten eindeutig überwiegen. Richtschnur mag die Sicht des Patienten sein: Empfindet er die Zeiten, die ihm unbeaufsichtigt und außerhalb des Krankenhausgeländes zustehen, lediglich als knapp bemessenen „Urlaub vom Krankenhaus", oder begreift er, selbst wenn er sich wiederholt in die Anstalt begeben muss, dies insgesamt nur als jeweils vorübergehende Unterbrechung

seines sonst frei verlaufenden Alltags (*OVG NRW* GewArch 1984, 84 [86]; *Neft* BayVBl. 1996, 40 [45]).

Nicht gem. § 30 konzessionspflichtig ist demgemäß eine **Dialysestation**, in der Patienten mehrmals wöchentlich für mehrere Stunden an künstliche Nieren angeschlossen werden (*BVerwG* NJW 1985, 1414; *OVG NRW* GewArch 1984, 84; *Schulze-Werner*, in: Friauf, § 30 Rdn. 18; *Braun* NJW 1985, 2740; *Diefenbach* GewArch 1991, 281 [285]; *Neft* BayVBl. 1996, 40 [41]). Die Gegenansicht (*VG Hannover* GewArch 1978, 56; *Schober* GewArch 1977, 115 [116 ff.]; ebenso *OLG Frankfurt* GewArch 1980, 89 für eine gynäkologische Tagesklinik) bejaht für Dialysestationen die Anwendbarkeit des § 30, indem sie auf die intensive medizinische Behandlung, die starke Abhängigkeit der Patienten von der Behandlung und die hierdurch verstärkten Gefahren hinweist, welche sich von denen einer normalen freiberuflichen ambulanten Arztpraxis wesentlich unterscheiden. Maßgeblich für die Konzessionspflicht gem. § 30 ist aber nicht das Gefahrenpotential der Behandlung als solcher, sondern die Eingliederung des Patienten in ein betriebliches Organisationsgefüge (oben Rdn. 2).

Wenn ein Krankenhaus sowohl stationäre als auch ambulante Behandlungen durchführt, ist es konzessionspflichtig (*Neft* BayVBl. 1996, 40 [41]).

b) Privat. Es muss sich um eine Privatkrankenanstalt, d. h. ein privat betriebenes Krankenhaus handeln. Als Anknüpfungspunkte für das Merkmal „privat" kommen die Ausgestaltung des Benutzungsverhältnisses zum Patienten, die Organisationsform des Krankenhauses oder die Rechtsnatur des Krankenhausträgers bzw. -inhabers in Betracht.

aa) Benutzungsverhältnis. Einigkeit besteht zunächst darüber, dass die Ausgestaltung des Benutzungsverhältnisses zwischen Krankenhaus und Patienten unerheblich ist; selbst bei privatrechtlicher Ausgestaltung kann es sich um ein öffentliches Krankenhaus handeln (*Marcks*, in: Landmann/Rohmer I, § 30 Rdn. 6).

bb) Organisationsform. Nach einer in der Literatur zu registrierenden Auffassung ist die Organisationsform des Krankenhauses entscheidend: Ist es privatrechtlich – etwa als GmbH – organisiert, handelt es sich um ein Privatkrankenhaus. Dies soll unabhängig von der Rechtsform des Trägers, d. h. selbst dann gelten, wenn Alleingesellschafterin der Krankenhaus-GmbH eine Kommune ist (*Marcks*, in: Landmann/Rohmer I, § 30 Rdn. 6; *Leisner* GewArch 2006, 188 [189]; *Neft* BayVBl. 1996, 40 [42]).

cc) Rechtsform des Trägers bzw. Inhabers. Nach der hier vertretenen Gegenauffassung ist mit Rücksicht sowohl auf den Schutzzweck der gewerberechtlichen Norm als auch auf deutsche Traditionen bei der entsprechenden Funktionszurechnung die Rechtsform des Trägers ausschlaggebend: Im Fall der von einer Kommune oder einem sonstigen öffentlichrechtlichen Aufgabenträger getragenen Krankenhaus-GmbH bedeutet dies, dass keine Privatkrankenanstalt vorliegt. Wenn eine Krankenhaus-GmbH nicht Tochter-, sondern Enkelunternehmen einer Kommune ist – mit einer zwischengeschalteten Privatrechtsperson –, handelt es sich gleichwohl um ein öffentliches Krankenhaus.

§ 30   Titel II. Stehendes Gewerbe

23   Nicht konzessionspflichtig sind damit auch kirchliche, insbesondere Ordenskrankenhäuser, wenn die Kirche als Körperschaft des öffentlichen Rechts organisiert ist. Zum selben Ergebnis gelangt die erstgenannte Auffassung (Rdn. 21) unter Rückgriff auf historische Einordnungen (vgl. *Marcks*, in: Landmann/Rohmer I, § 30 Rdn. 7 mit Verweis auf einen preußischen Ministerialerlass vom 21. 2. 1893 [MBl. S. 218]; *Leisner* GewArch 2006, 188 [189]). Ohnehin fehlt bei Krankenhäusern in kirchlicher Trägerschaft regelmäßig die Gewinnerzielungsabsicht, sodass kein Gewerbe vorliegt.

24   **dd) Insb.: Kommunale Krankenhaus-GmbH.** Im Ergebnis unterscheiden sich beide Ansichten freilich kaum: So besteht jedenfalls Einigkeit, dass ein öffentlich-rechtlich strukturiertes Krankenhaus nicht konzessionspflichtig gem. § 30 ist. Unstreitig konzessionspflichtig ist demgegenüber ein privatrechtlich organisiertes Krankenhaus, das sich auch in privater Trägerschaft befindet; dies freilich nur, solange die Merkmale des Gewerbebegriffs (näher oben § 1 Rdn.1 ff.) erfüllt sind, insb. also Gewinnerzielungsabsicht zu bejahen ist (vgl. *BVerwG* GewArch 1982, 200; *Marcks*, in: Landmann/Rohmer I, § 30 Rdn. 7).

25   Selbst im vom Ansatz her strittigen Falle der kommunalen Krankenhaus-GmbH wird im Ergebnis nach beiden Ansichten letztlich die Konzessionspflicht gem. § 30 zu verneinen sein: Die auf die Organisationsform abstellende Auffassung bejaht zwar das Merkmal „Privatkrankenanstalt", wendet gleichwohl § 30 nicht an (*Schulze-Werner*, in: Friauf, § 30 Rdn. 22; *Neft* BayVBl. 1996, 40 [42]; kritisch hierzu *Leisner* GewArch 2006, 188 [189 ff.]), da bei der öffentlichen Hand in aller Regel kein gewerbliches Handeln vorliege; vielmehr verfolge die Kommune – selbst wenn es ihr dabei immerhin *auch* auf Gewinnerzielung ankomme – primär Gemeinwohlzwecke (zum Gewerbebegriff bei wirtschaftlicher Betätigung der öffentlichen Hand siehe § 1 Rdn. 23 f.). Die Gegenauffassung, welche auf die Rechtsnatur der Alleingesellschafterin abstellt, verneint konsequenterweise bereits das Merkmal „privat" i. S. d. § 30.

2. Privatentbindungsanstalten und Privatnervenkliniken

26   Eine Privatnervenklinik liegt auch dann vor, wenn die Patienten sich nicht einer Heilbehandlung unterziehen, sondern lediglich gepflegt und ärztlich betreut werden. Eine Privatentbindungsanstalt dient der Durchführung von Entbindungen und der Leistung von Geburtshilfe, setzt aber über diesen Wortlaut hinaus, wie sich aus dem Sinn und Zweck der Vorschrift (dazu oben Rdn. 2, 12) und dem Zusammenhang mit den beiden anderen Konzessionstatbeständen ergibt, auch voraus, dass die Schwangeren dort stationär aufgenommen werden (*BayVGH* GewArch 2002, 74). Im Übrigen gilt für die Privatentbindungsanstalten und die Privatnervenkliniken das zuvor zu den Merkmalen „stationäre Behandlung" und „privat" Ausgeführte (Rdn. 12 ff., 19 ff.).

III. Konzession

27   Die zum Betrieb einer Privatklinik erforderliche Konzession ist eine personenbezogene Gewerbeerlaubnis, die dem „Unternehmer", d. h. dem selbstständigen Gewerbetreibenden (siehe oben § 1 Rdn. 74), für den Betrieb einer bestimmten Klinik in einer festgelegten Betriebsform (Kranken-, Entbindungs- oder Nervenklinik) erteilt wird. Die Erlaubnis ist also zwar primär eine persönliche, inhaltlich aber auch an Sachanforderungen orientiert, d. h., sie ist nicht nur an eine bestimmte Person, sondern zugleich auch an bestimmte Räume und an eine bestimmte Betriebsart gebunden (*Marcks*, in: Landmann/Rohmer I, § 30 Rdn. 14). § 30 normiert ein präventives Verbot mit Erlaubnisvorbehalt (*Leisner* GewArch 2006, 188 [189]).

1. Unternehmer

Der Unternehmer braucht kein Arzt zu sein. Wenn er Arzt ist und damit 28 zu den freien Berufen gehört, handelt es sich bei dem Betrieb des Krankenhausunternehmens gleichwohl um eine gewerbliche Tätigkeit (*Schulze-Werner*, in: Friauf, § 30 Rdn. 11). Auch eine juristische Person – als Trägerin des Krankenhauses – kann Konzessionsinhaberin sein. Im Falle einer Personengesellschaft gilt für die Konzessionspflicht dasselbe wie für die Anzeigepflicht i. S. d. § 14 (oben § 14 Rdn. 77). Dies bedeutet, dass die persönlich haftenden Gesellschafter als Unternehmer gelten, nicht die Personengesellschaft. Beim Wechsel des Unternehmers erlischt die Konzession. Der neue Unternehmer muss also eine auf ihn bezogene Konzession beantragen.

Bei **Gewerbetreibenden aus einem anderen EU-/EWR-Staat** ist auf 29 **§ 13 b III** hinzuweisen (Rdn. 5).

2. Sachlicher Bezug der Konzession

Bei erheblichen Änderungen der Einrichtung der Klinik oder ihres Betrie- 30 bes, bei Wechsel der Räume oder der Betriebsart erlischt die Konzession; sie muss dann neu beantragt werden.

3. Verhältnis zu anderen Genehmigungspflichten und zur Anzeigepflicht gem. § 14

Andere öffentlich-rechtliche Genehmigungspflichten, z. B. nach den Lan- 31 desbauordnungen, bleiben unberührt. Auch die Anzeigepflicht nach § 14 besteht neben der Konzessionspflicht fort (oben § 14 Rdn. 29). Als das Beherbergungsgewerbe nach dem früheren GastG noch erlaubnispflichtig war, bestand Einigkeit, dass § 30 als lex specialis zum GastG anzusehen und deshalb keine Gaststättenerlaubnis nötig war (siehe Vorauf. Rdn. 29). Dieser Vorrang des § 30 käme erneut zum Tragen, wenn ein Landesgaststättengesetz entsprechende Genehmigungsvorschriften einführte.

4. Anspruch auf Konzessionserteilung

Die zuständige Behörde (§ 155 II) darf die Erteilung der Konzession nur 32 versagen, wenn die Tatbestandsmerkmale des § 30 I 2 erfüllt sind. Es handelt sich um eine gebundene Entscheidung; Ermessen ist nicht eingeräumt. Der Antragsteller hat bei Fehlen eines Versagungsgrundes i. S. d. § 30 I 2 (dazu näher unten Rdn. 37 ff.) einen **Rechtsanspruch** auf Erteilung der Erlaubnis (*Neft* BayVBl. 1996, 40 [45]).

5. Sonstiges

33 Aus der Konzessionserteilung können keine Ansprüche nach dem Krankenhausfinanzierungsgesetz (KHG) oder dem Sozialgesetzbuch (SGB V) auf finanzielle Zuwendungen oder Belegungsgarantien etc. abgeleitet werden (*Neft* BayVBl. 1996, 40 [45]). Umgekehrt beinhalten eine Aufnahme in den Krankenhausplan und eine Förderung nach dem Krankenhausfinanzierungsgesetz keine konkludente Erlaubnis nach § 30 (*VG Hannover* GewArch 1998, 29).

34 **Nebenbestimmungen** zur Konzession sind nur nach Maßgabe des § 36 I 2. Var. VwVfG zulässig (*Schulze-Werner* GewArch 2004, 9 [10]). Zum **Erlöschen** einer Konzession siehe § 49 II. Zu **Rücknahme** und Widerruf einer Konzession gem. §§ 48 f. VwVfG siehe § 35 Rdn. 256 ff.

35 Der Betrieb einer Privatklinik ohne die erforderliche Konzession kann nach § 15 II verhindert werden. Daneben kommt eine Ahndung als Ordnungswidrigkeit (§ 144 I lit. b) oder als Straftat (§ 148) in Betracht. **Dritte** können die Konzessionserteilung anfechten, soweit sie einen drittschützenden Versagungsgrund (Abs. 1 S. 2 Nrn. 3 und 4) geltend machen können (*Schulze-Werner*, in: Friauf, § 30 Rdn. 41).

36 Die **Zuständigkeit** der Behörde richtet sich gem. § 155 II nach Landesrecht (dazu die Aufstellung bei *Schulze-Werner*, in: Friauf, § 30 Rdn. 68).

IV. Versagungsgründe (Abs. 1 S. 2)

37 Liegt auch nur einer der Versagungsgründe des § 30 I 2 vor, so darf die Konzession nicht erteilt werden. Es handelt sich um eine gebundene Entscheidung. Bei Auslegung und Anwendung der unbestimmten Gesetzesbegriffe hat die zuständige Behörde **keinen Beurteilungsspielraum** (*Marcks*, in: Landmann/Rohmer I, § 30 Rdn. 18).

38 Um das Vorliegen von Versagungsgründen prüfen zu können, ist die Erlaubnisbehörde berechtigt, die **Vorlage entsprechender Unterlagen** zu verlangen. Legt der Antragsteller die verlangten Unterlagen nicht vor, verletzt er seine Mitwirkungspflicht und der Antrag auf Konzessionserteilung ist abzulehnen (*VG Hannover* GewArch 1998, 29 [30]).

1. Unzuverlässigkeit des Unternehmers (Nr. 1)

39 Unzuverlässig ist, wer nach dem Gesamtbild seines Verhaltens nicht ausreichende Gewähr dafür bietet, das Gewerbe ordnungsgemäß auszuüben (näher zum Begriff der Unzuverlässigkeit siehe unten § 35 Rdn. 27 ff.).

40 **a) Unternehmer.** Wird die Klinik von einer natürlichen Person betrieben, ist auf diese abzustellen, bei einer Personengesellschaft auf die geschäftsführenden Gesellschafter und bei einer juristischen Person auf die gesetzlichen Vertreter. Diese Personen müssen sich jedoch die Unzuverlässigkeit dritter Personen als eigene zurechnen lassen, wenn den Dritten maßgeblicher Einfluss auf die wirtschaftliche oder medizinische Leitung der Klinik eingeräumt wird (vgl. unten § 35 Rdn. 98).

b) Unzuverlässigkeit. Unzuverlässigkeit wird dann anzunehmen sein, 41
wenn Gefahren für die Patienten oder Nachbarn nicht abgewendet werden
(vgl. Nrn. 3, 4). Dabei muss der Unternehmer nicht alle erforderlichen Maßnahmen selbst treffen können. Er ist aber, insb. wenn er selbst kein Arzt ist,
organisatorisch dafür verantwortlich, das erforderliche Personal zu beschäftigen und nach Kräften zu überwachen, um alle durch den Betrieb der Privatklinik entstehenden Gefahren abzuwenden. Die Unzuverlässigkeit des Unternehmers kann daher dann anzunehmen sein, wenn dieser sich nicht in der
Lage sieht, seinen leitenden Arzt zu veranlassen, Nachweise über die ordnungsgemäße Gewinnung von Frischzellen, die in der Klinik verabreicht
werden, vorzulegen (*BayVGH* GewArch 1976, 162 [163]).

Unzuverlässig ist ferner, wer ohne erforderliche Konzession eine schön- 42
heitschirurgische Klinik betreibt (vgl. *OVG NRW* GewArch 1990, 210 ff.),
wirtschaftlich nicht leistungsfähig (*VG Hannover* GewArch 1998, 29 [30];
Nds. OVG GewArch 2000, 420 ff.) oder einschlägig (insb. bei Straftaten gegen
Leib und Leben) vorbestraft ist (*Marcks*, in: Landmann/Rohmer I, § 30
Rdn. 20; näher unten § 35 Rdn. 36 ff.). Wird die Aufhebung der Konzession
auf wirtschaftliche Leistungsunfähigkeit gestützt, ist u. U. § 12 zu beachten.

2. Mangelnde medizinische und pflegerische Versorgung der Patienten (Nr. 1 a)

Eine ausreichende medizinische und pflegerische Versorgung der Patienten 43
setzt voraus, dass ärztliches, Pflege-, Funktions-, medizinisch-technisches und
sonstiges für die Betriebsführung erforderliches Personal entsprechend der
Größe der Klinik, der Zusammensetzung der Patienten sowie den angegebenen Indikationen zur Verfügung steht (*Neft* BayVBl. 1996, 40 [42]). Der
Begriff der ausreichenden medizinischen und pflegerischen Versorgung orientiert sich dabei am Zweck des § 30 und zielt dementsprechend primär auf
die Gefahren ab, die sich aus der stationären Aufnahme und Eingliederung
der Patienten in ein betriebliches Organisationsgefüge ergeben, weniger auf
die – keine Gewerbeausübung darstellenden – einzelnen medizinischen Leistungen. Die fachlich-medizinische Leistung einer Privatkrankenanstalt oder
Privatnervenklinik muss dementsprechend durch einen Arzt erfolgen, während nur der unternehmerische Bereich auch durch Nichtmediziner geleitet
werden kann. Bei einer Privatentbindungsanstalt kann demgegenüber die
Leitung durch eine Hebamme ausreichen (*BayVGH* GewArch 2002, 74 [75]).

a) Medizinische Versorgung. Für die Behandlung muss stets Personal 44
zur Verfügung stehen, das die den Anforderungen an die Unterbringung in
der konkreten Anstalt entsprechende Qualifikation aufweist. Die medizinische Qualifikation des ärztlichen Personals muss das gesamte Indikationsspektrum der betreffenden Klinik abdecken, sodass u. U. eine Vielzahl qualifizierter leitender Ärzte beschäftigt werden muss (*Neft* BayVBl. 1996, 40 [42]).
Bei einer Operation hat der Patient einen Anspruch auf den Operationsstandard eines erfahrenen Chirurgen (*BGH* NJW 1992, 1560 [1561]; *Neft*
BayVBl. 1996, 40 [42]). Andererseits aber genügt in einer Privatentbindungsanstalt die Anwesenheit einer Hebamme, während die Anwesenheit eines
Arztes nicht zwingend erforderlich ist (*BayVGH* GewArch 2002, 74 [75 f.]).

Ennuschat

§ 30

45 Von der materiellen Qualifikation zu unterscheiden ist – im Hinblick auf Privatkrankenanstalten und Privatnervenkliniken – die Frage der formellen Facharzt-Qualifikation. Während erstere unabdingbar ist, soll § 30 I 2 Nr. 1a nicht zwingend eine spezifische Facharztanerkennung voraussetzen (so *Neft* BayVBl. 1996, 40 [42]). Die Rechtsprechung des *BGH* verlangt jedoch auf dem Gebiet der Chirurgie die Anwesenheit und im Bereich der Anästhesie die sofortige Erreichbarkeit eines formell als Facharzt qualifizierten Arztes (vgl. *BGH* NJW 1992, 1560 [1561]; NJW 1993, 2989 [2991]). Vor diesem Hintergrund dürfte das Vorliegen einer ausreichenden medizinischen Qualifikation i. S. d. § 30 I 2 Nr. 1a am ehesten durch die formelle Facharztqualifikation nachzuweisen sein. Bei deren Fehlen sind an den Nachweis der ausreichenden medizinischen Qualifikation strenge Anforderungen zu stellen.

46 Der Unternehmer einer Privatkrankenanstalt oder Privatnervenklinik muss gewährleisten, dass jederzeit (d. h. rund um die Uhr und an jedem Wochentag) in ausreichendem Umfang qualifiziertes medizinisches Personal zur Verfügung steht, d. h., es muss auch eine hinreichend qualifizierte ärztliche Vertretung in Urlaubs- und Krankheitszeiten sichergestellt sein. Dabei bleibt es dem Klinikträger überlassen, ob er die vertretungsweise Betreuung durch klinikeigene Ärzte oder durch Belegärzte gewährleisten will. Unzureichend ist jedoch das Vertrauen auf ein eventuelles Inanspruchnehmen des kassenärztlichen Notfalldienstes (*Neft* BayVBl. 1996, 40 [43]). In einer Privatentbindungsanstalt ist zumindest die permanente Anwesenheit einer Hebamme zu fordern.

47 b) Pflegerische Versorgung. Die ständige Betreuung der Patienten durch geschultes Pflegepersonal muss gewährleistet sein. Dazu gehört, dass eine ausreichende Zahl von Pflegekräften beschäftigt wird. Nötig ist schließlich auch Personal, das für die Aufrechterhaltung der Krankenhaushygiene geschult ist (*Neft* BayVBl. 1996, 40 [43]; zur entsprechenden baulichen und technischen Ausstattung siehe unten Rdn. 51). Die Anforderungen an die Personalausstattung sind z. B. durch die Psychiatrie-Personalverordnung v. 18. 12. 1990 (BGBl. I S. 2930) sowie durch Standards des Sozialrechts (*Schulze-Werner*, in: Friauf, § 30 Rdn. 32; *Leisner* GewArch 2006, 188 [192]) präzisiert.

48 c) Sachliche Ausstattung. Jede Privatkrankenanstalt muss über ausreichende diagnostische und therapeutische Möglichkeiten verfügen. Erforderlich sind also Untersuchungs- und Behandlungsräume mit adäquater medizinisch-technischer Ausstattung, Schwesternzimmer etc. in genügender Zahl. Räumlich getrennte Dependancen müssen ein ständig besetztes Stationszimmer aufweisen. Die Patientenzimmer und alle anderen Bereiche, in denen sich Patienten (zeitweise) unbeaufsichtigt aufhalten, müssen mit Notrufsystemen ausgestattet sein, um die *jederzeitige* medizinische und pflegerische Betreuung zu ermöglichen. Empfänger eines Notrufs muss dementsprechend das klinikeigene Pflegepersonal sein; es genügt auch hier nicht die Weiterleitung zum kassenärztlichen Notfalldienst u. Ä.

49 Nicht konzessionsfähig sind deshalb reine Bettenhäuser, die sich räumlich weit entfernt von medizinischen Einrichtungen befinden, ohne über eine eigene klinikgerechte Ausstattung zu verfügen. Dependancen sind zwar nicht ausgeschlossen; erforderlich ist aber eine nach außen erkennbare organisatorisch-betriebliche Verzahnung mit der Hauptstelle, sodass die Patienten auch in der Nebenstelle ausreichend betreut sind und die Einrichtungen der Hauptstelle ohne Schwierigkeiten erreichen können (*Neft* BayVBl. 1996, 40 [44]).

3. Gesundheitspolizeiliche Anforderungen (Nr. 2)

Die Einhaltung der einschlägigen Hygiene-Vorschriften ist von größter Bedeutung. So sollen jährlich bis zu 40 000 Krankenhauspatienten an in der Klinik erworbenen Infekten versterben (*Neft* BayVBl. 1996, 40 [43 Fußn. 31]; *Siegmund-Schultze*, Deutsches Ärzteblatt 2008, Heft 18, A 921; Pressemitteilung der Deutschen Gesellschaft für Krankenhaushygiene vom 21. 4. 2008 [abrufbar unter http://www.dgkh.de/pdfdata/presse/2008/pm_hygiene.pdf]). Eine ausreichende pflegerische Betreuung verlangt somit auch die peinlich genaue Beachtung der Hygiene-Vorschriften. Dies bedingt zum einen ein entsprechend geschultes Personal (oben Rdn. 47). 50

Zum anderen müssen die baulichen und technischen Einrichtungen der Anstalt den gesundheitspolizeilichen Anforderungen genügen. § 30 I 2 Nr. 2 begründet hierzu eine Mitwirkungspflicht des Antragstellers im Konzessionserteilungsverfahren (*Fröhler/Kormann* GewO, 1978, § 30 Rdn. 9). Der Unternehmer ist unabhängig von einem etwaigen Baugenehmigungsverfahren verpflichtet, Baupläne, technische Aufzeichnungen etc. einzureichen. 51

Die zuständige Behörde kann im gewerberechtlichen Genehmigungsverfahren überprüfen, ob die technischen und baulichen Voraussetzungen eingehalten sind, die in Landesbau- und Krankenhausbetriebsvorschriften normiert sind, sofern sie besondere gesundheitliche Anforderungen, etwa zum Schutz vor Infektionskrankheiten, formulieren (vgl. *Schulze-Werner*, in: Friauf, § 30 Rdn. 35; *Marcks*, in: Landmann/Rohmer I, § 30 Rdn. 21). 52

4. Gefahren für Mitbewohner (Nr. 3)

§ 30 I 2 Nr. 3 betrifft nur Privatkliniken, die in Wohngebäuden untergebracht werden sollen, in denen noch klinikfremde Personen wohnen, also Personen, die keine unmittelbare Beziehung zur Klinik haben. Nicht zum geschützten Personenkreis zählen etwa Beschäftigte der Klinik (Ärzte, Pfleger, Hausmeister) oder Besucher. 53

Die Mitbewohner sollen nur vor erheblichen Nachteilen oder Gefahren geschützt werden. Gefahren bezieht sich auf Rechtsgüter (körperliche Unversehrtheit, Eigentum), erhebliche Nachteile auch auf wirtschaftliche Nachteile, so z. B. die Minderung des wirtschaftlichen Wertes einer Eigentumswohnung im Gebäude, das zu Teilen für die Klinik benutzt wird. Bloße Belästigungen sind jedoch nicht relevant. 54

Nr. 3 hat für die Mitbewohner **drittschützenden** Charakter. 55

5. Schutz der Nachbarn (Nr. 4)

Die Tatbestandsvoraussetzungen der 1. Alt. der Nr. 4 liegen nicht schon dann vor, wenn lediglich nicht auszuschließen ist, dass in die Privatklinik ein 56

Kranker mit einer – nicht erkannten – ansteckenden Krankheit eingeliefert wurde (*VG Freiburg* DVBl. 1958, 63). Vielmehr muss die Klinik – zumindest auch – zur Aufnahme von Personen mit ansteckenden Krankheiten bestimmt sein.

57 Zu den Begriffen Gefahr und erheblicher Nachteil siehe oben Rdn. 54. Ein erheblicher Nachteil kann hier auch die Minderung des wirtschaftlichen Wertes eines Nachbargrundstückes sein (*Schulze-Werner*, in: Friauf, § 30 Rdn. 23).

58 Benachbart ist nicht nur ein unmittelbar angrenzendes Grundstück, sondern einzubeziehen sind auch die weiteren in der Nähe und damit in der Nachbarschaft liegenden Grundstücke (*Marcks*, in: Landmann/Rohmer I, § 30 Rdn. 24).

59 Nr. 4 ist für die Nachbarn **drittschützend**.

V. Anhörungspflicht (Abs. 2)

60 Bei der gebotenen Anhörung handelt es sich lediglich um die Pflicht zur Einholung einer Stellungnahme ohne inhaltliche Bindungswirkung. Eine ohne Anhörung erteilte Erlaubnis ist rechtswidrig, aber nicht nichtig (§ 44 III Nr. 4 VwVfG). Die Anhörung kann nach § 45 I Nr. 5 VwVfG mit heilender Wirkung nachgeholt werden (*Schulze-Werner*, in: Friauf, § 30 Rdn. 43).

§§ 30a bis 33 (weggefallen)

§ 33a Schaustellungen von Personen

(1) ¹**Wer gewerbsmäßig Schaustellungen von Personen in seinen Geschäftsräumen veranstalten oder für deren Veranstaltung seine Geschäftsräume zur Verfügung stellen will, bedarf der Erlaubnis der zuständigen Behörde.** ²**Dies gilt nicht für Darbietungen mit überwiegend künstlerischem, sportlichem, akrobatischem oder ähnlichem Charakter.** ³**Die Erlaubnis kann mit einer Befristung erteilt und mit Auflagen verbunden werden, soweit dies zum Schutze der Allgemeinheit, der Gäste oder der Bewohner des Betriebsgrundstücks oder der Nachbargrundstücke vor Gefahren, erheblichen Nachteilen oder erheblichen Belästigungen erforderlich ist; unter denselben Voraussetzungen ist auch die nachträgliche Aufnahme, Änderung und Ergänzung von Auflagen zulässig.**

(2) Die Erlaubnis ist zu versagen, wenn
1. Tatsachen die Annahme rechtfertigen, daß der Antragsteller die für den Gewerbebetrieb erforderliche Zuverlässigkeit nicht besitzt,
2. zu erwarten ist, daß die Schaustellungen den guten Sitten zuwiderlaufen werden oder
3. der Gewerbebetrieb im Hinblick auf seine örtliche Lage oder auf die Verwendung der Räume dem öffentlichen Interesse widerspricht, insbesondere schädliche Umwelteinwirkungen im Sinne des Bundes-Immissionsschutzgesetzes oder sonst erhebliche

§ 33a

Schaustellungen von Personen

Nachteile, Gefahren oder Belästigungen für die Allgemeinheit befürchten läßt.

Literatur: *A. Dickersbach*, Sittenwidrigkeit im Gewerberecht, WiVerw 1986, 1 ff.; *T. Discher*, Die Peep-Show-Urteile des BVerwG, JuS 1991, 642 ff.; *A. Gern*, Menschenwürde und gute Sitten, NJW 1983, 1585 ff.; *A. Gronimus*, Noch einmal Peep-Show und Menschenwürde, JuS 1985, 174 ff.; *C. Gusy*, Sittenwidrigkeit im Gewerberecht, DVBl. 1982, 984 ff.; *ders.*, „Gute Sitten" als Grenze der Gewerbefreiheit, GewArch 1984, 151 ff; *W. Höfling*, Menschenwürde und gute Sitten, NJW 1983, 1582 ff.; *F. Hufen*, Die Menschenwürde, Art. 1 I GG, JuS 2010, 1 ff.; *C. Kirchberg*, Zur Sittenwidrigkeit von Verwaltungsakten, NVwZ 1983, 141 ff.; *H. v. Olshausen*, Menschenwürde im Grundgesetz: Wertabsolutismus oder Selbstbestimmung, NJW 1982, 2221 ff.; *P. Rädler*, Die Unverfügbarkeit der Menschenwürde in Deutschland und Frankreich, DÖV 1997, 109 ff.; *M. Redeker*, Peep-Show und Menschenwürde, BayVBl. 1985, 73 ff.; *G. Röschert*, Tanzvorführungen in Nachtlokalen, GewArch 1976, 12 ff.; *T. Starosta*, Zur Sittenwidrigkeit von Veranstaltungen i. S. d. § 33 a GewO mit geschlechtlichem Charakter, GewArch 1985, 290 ff.; *M. Stock*, „Zwergenwerfen" und Menschenwürde, NWVBl. 1994, 195 ff.; *T. Voß*, Die polizeirechtliche Legalisierungswirkung wirtschaftsverwaltungsrechtlicher Genehmigungen am Beispiel des § 33 a GewO, VR 1997, 80 ff.

Übersicht

	Rdn.
I. Vorbemerkung	1
II. Erlaubnispflichtige Schaustellungen (§ 33 a I 1)	6
1. Schaustellung von Personen	7
2. Gewerbsmäßig	11
3. Erlaubnispflichtiger	13
4. Erlaubniserteilung; Nebenbestimmungen (§ 33 a I 3)	15
a) Auflagen	17
b) Befristung	21
c) Nebenbestimmungen gem. § 36 I 2. Var. VwVfG	22
5. Rücknahme und Widerruf einer Erlaubnis	23
III. Erlaubnisfreie Schaustellungen (§ 33 a I 2)	24
1. Künstlerische Darbietungen	25
2. Sportliche Darbietungen	27
3. Artistische Darbietungen	29
IV. Unzulässige Schaustellung von Personen (§ 33 a II)	30
1. Unzuverlässigkeit des Antragstellers (Nr. 1)	31
2. Verstoß gegen gute Sitten (Nr. 2)	32
a) Inhalt	33
b) Einzelfälle	56
c) Nichtigkeit einer mit § 33 a II Nr. 2 unvereinbaren Erlaubnis	67
3. Verletzung des öffentlichen Interesses (Nr. 3)	72
a) Örtliche Lage	74
b) Verwendung der Räume	77
c) Verhältnismäßigkeit	79
4. Verstoß gegen Gesetze	80
V. Rechtsfolgen eines Verstoßes gegen § 33 a I	82

§ 33a

I. Vorbemerkung

1 § 33 a erhielt seine derzeit gültige Fassung durch Gesetz v. 27. 7. 1984 (BGBl. I S. 1008). Ziel des Gesetzgebers war es, überzogene Genehmigungserfordernisse (vgl. die frühere Fassung: „Singspiele" u. Ä.) abzubauen und den Tatbestand des § 33 a im Wesentlichen auf die vom Bundesrat als problematisch angesehene geschlechtsbezogene Darstellung von Personen zu beschränken (vgl. die amtl. Begr., BT-Drs. 10/1125, S. 29). Der Tatbestand wurde aber insofern erweitert, als er nicht mehr nur für „öffentliche" Veranstaltungen gilt, wodurch auch Darbietungen vor nur einem Zuschauer (z. B. in einer Einzelkabine) in die Erlaubnispflicht miteinbezogen sind (amtl. Begr. aaO).

2 Durch die **Föderalismusreform** (verfassungsänderndes Gesetz vom 28. 8. 2006, BGBl. I S. 2034) ist die kompetenzielle Grundlage des § 33 a verändert und die „Schaustellung von Personen" aus dem Anwendungsbereich des Art. 74 I Nr. 11 GG ausgeklammert worden (Einl. Rdn. 13 f.). Dies bedeutet, dass fortan diese Sachmaterie in die **Gesetzgebungskompetenz der Länder** fällt. Solange eine Landesregelung fehlt, bleibt § 33 a anwendbar (Art. 125 a I 1 GG). Denkbar ist damit, dass es künftig zu einem Nebeneinander von Ländern mit eigener Regelung und solchen mit Fortgeltung des § 33 a geben wird. Bislang zeichnet sich indes in keinem Land eine eigenständige Regelung ab. Erwogen wird in einigen Ländern eine Aufhebung von § 33 a durch das Landesrecht (*Schönleiter/Böhme* GewArch 2007, 108 [110]); umgekehrt könnte das neue Phänomen der Extremkämpfe Anlass für die Länder sein, hierfür ein gewerberechtliches Instrumentarium zu schaffen (Rdn. 27).

3 Die Reichweite der nunmehr eröffneten Landesgesetzgebungskompetenz ist in Orientierung an der Intention des verfassungsändernden Gesetzgebers zu bestimmen, welcher die Kompetenzverschiebung mit dem **besonderen Regionalbezug** der betroffenen Sachbereiche begründet hat (BT-Drs. 16/813, S. 9, 13; dazu Einl. Rdn. 13 f.). Dieser örtliche Bezug ist für die **Schaustellung von Personen im stehenden Gewerbe** i. S. d. § 33 a zu bejahen. Hierfür spricht schon der Wortlaut, der die Schaustellung in „Geschäftsräumen" betrifft und bei den Versagungsgründen u. a. auf die örtliche Lage abstellt (*Höfling/Rixen* GewArch 2008, 1 [5]; *Schönleiter* GewArch 2006, 371 [373]). Konsequenz ist, dass die Länder – unter Beachtung des u. a. durch die Grundrechte gezogenen Rahmens des höherrangigen Rechts – die Schaustellung von Personen abweichend von § 33 a regeln können, z. B. bislang erlaubnisfreie Schaustellungen einer Genehmigungspflicht unterwerfen oder im Bereich der sexuell ausgerichteten Schaustellungen eine Erlaubnisfähigkeit ermöglichen, die bislang u. U. fehlt (näher Rdn. 32 ff.).

4 Die – nicht von § 33 a erfasste – Schaustellung von Personen im **Marktgewerbe** könnte schon deshalb in der Zukunft landesrechtlich geregelt werden, weil das Marktgewerbe ebenfalls aus Art. 74 I Nr. 11 GG ausgeklammert worden ist (Einl. Rdn. 13 f.; vor §§ 64 ff. Rdn. 15 ff.). Problematischer ist die Zuordnung der Gesetzgebungskompetenz für die Schaustellung von Personen im **Reisegewerbe**, die (bislang) § 55 I Nr. 2 unterfällt. Für eine Regelungskompetenz des Landesgesetzgebers könnte der offene Wortlaut des Art. 74 I Nr. 11 GG anzuführen sein, der nicht auf Tätigkeiten im stehenden Gewerbe

Schaustellungen von Personen § 33a

begrenzt ist. Das Reisegewerbe als mobile, die Ländergrenzen überschreitende Form der Gewerbeausübung zeichnet sich aber gerade nicht durch eine lokale oder regionale Radizierung aus, sodass für (alle) Tätigkeiten im Reisegewerbe die Gesetzgebungskompetenz des Bundes anzunehmen ist (vgl. zum ähnlichen Problem im Reisegaststättengewerbe *Höfling/Rixen* GewArch 2008, 1 [7]; *Schönleiter/Böhme* GewArch 2007, 108 [109]).

§ 33 a unterscheidet zwischen drei Arten gewerblicher Schaustellungen von 5 Personen: (1.) erlaubnispflichtige Schaustellungen gem. § 33 a I 1, (2.) erlaubnisfreie Schaustellungen gem. § 33 a I 2 und (3.) verbotene Schaustellungen gem. § 33 a II.

II. Erlaubnispflichtige Schaustellungen (§ 33 a I 1)

Die gewerbliche Schaustellung von Personen in eigenen Geschäftsräumen 6 ist nach § 33 a I 1 grundsätzlich erlaubnispflichtig.

1. Schaustellung von Personen

Mit dem Tatbestandsmerkmal „Schaustellung von Personen" sollen Veran- 7 staltungen erfasst werden, in denen die körperlichen Eigenschaften und Fähigkeiten von Menschen zur Schau gestellt werden. Nur die Schaustellung von (lebenden) Menschen ist erfasst, nicht die von Tieren, von Menschen nachgebildeten Wachsfiguren oder von plastinierten Leichen (*Franz*, in: BeckOK, § 33 a Rdn. 10; *Marcks*, in: Landmann/Rohmer I, § 33 a Rdn. 3).

Dabei muss die Darstellung des Körpers im Mittelpunkt stehen. Die 8 Beschäftigung von Serviererinnen, die Gäste in einem **Oben-ohne-Lokal** mit unbekleidetem Oberkörper bedienen, fällt daher nicht darunter (*OVG NRW* GewArch 1974, 92). Keine Schaustellung ist nach dem Zweck der Norm die Vorführung geistiger Fähigkeiten von Menschen, z. B. Rechen- oder Zauberkünstler; so auch *Dickersbach*, in: Friauf, § 33 a Rdn. 7.

Erforderlich ist ferner, dass Ort und Zeit von Darbietung und Betrachtung 9 zusammenfallen. Keine Schaustellung liegt deshalb bei einer **Video-Peep-Show** vor, wenn eine *früher* aufgezeichnete Darbietung dem Betrachter vorgeführt wird. Etwas anderes gilt bei einer Live-Übertragung, bei der die Darbietung *zeitgleich* auf einen im *selben* Gebäude befindlichen Bildschirm übertragen wird (sog. **Live-Video-Peep-Show**). In diesem Fall wird lediglich der unmittelbare visuelle Kontakt durch eine Videotechnik ersetzt; es handelt sich aber um die Schaustellung einer Person (*VG Gelsenkirchen* GewArch 1989, 60 [61]; *Marcks*, in: Landmann/Rohmer I, § 33 a Rdn. 21). Auch wenn die Darbietung in einem anderen Gebäude stattfindet, greift § 33 a, wenn der Ort der Vorführung mit dem Gebäude, in dem sich der Besucher befindet, mittels Videotechnik verbunden ist und beide Gebäude zum Geschäftslokal des Gewerbetreibenden gehören (*HambOVG* GewArch 1992, 423 [424]). Beide Gebäude bilden eine Geschäftseinheit, sodass sich kein Unterschied zur Konstellation mit zwei Räumen innerhalb eines Gebäudes ergibt. § 33 a findet jedoch keine Anwendung bei den sog. **Live-PC-Peep-Shows** (*Marcks*, in: Landmann/Rohmer I, § 33 a Rdn. 6; so auch der

§ 33a

Bund-Länder-Ausschuss „Gewerberecht" bei *Fuchs/Demmer* GewArch 1996, 371 [375]): Bei diesen ist der Betrachter in seiner Privatwohnung über seinen PC mit der sich *anderenorts* befindenden Darstellerin verbunden, ohne dass Darbietungs- und Betrachtungsort in einem Geschäftslokal zusammengefasst sind.

10 Die Schaustellung von Personen ist zu **bejahen** bei Striptease-Shows, Peep-Shows, Table-Dance-Darbietungen (dazu *Pinegger* GewArch 2001, 24 [29]), tänzerischen Auftritten nicht gänzlich unbekleideter Damen ohne künstlerischen Charakter (*BayVGH* GewArch 2003, 420 f.), dem sog. Zwergenweitwurf, der Präsentation besonders großer, kleiner oder sonst von Normvorstellungen abweichender Menschen, aber auch bei Zirkus- und Sportveranstaltungen.

Zur Erlaubnisfreiheit bestimmter Darbietungen gem. § 33 a I 2 siehe unten Rdn. 24 ff.; zur Unzulässigkeit insb. sittenwidriger Schaustellungen siehe unten Rdn. 32 ff.

2. Gewerbsmäßig

11 Zum Merkmal „gewerbsmäßig" siehe oben § 1 Rdn.1 ff. Unerheblich ist, ob der Veranstalter oder Rauminhaber die Gewinne durch Erhebung von Eintrittsgeldern, erhöhte Getränkepreise oder erhöhten Umsatz, Mietzahlungen des Veranstalters oder sonst wie erzielen will (*Marcks*, in: Landmann/Rohmer I, § 33 a Rdn. 5).

12 Die Gewerbsmäßigkeit kann u. U. bei sittenwidriger Tätigkeit fehlen (näher § 1 Rdn. 41 ff.). Schon aus § 33 a II Nr. 2 folgt aber, dass nicht jede sittenwidrige Schaustellung zum Ausschluss der Gewerbsmäßigkeit führt. Wenn aber die Gewerbsmäßigkeit zu verneinen ist, kann eine sittenwidrige Schaustellung nicht aufgrund § 15 II 1 untersagt werden. In Betracht kommt dann die polizei- oder ordnungsrechtliche Generalklausel (z. B. § 14 I OBG NRW).

3. Erlaubnispflichtiger

13 Erlaubnispflichtig ist, wer die Schaustellung in seinen Geschäftsräumen veranstalten oder hierfür seine Geschäftsräume zur Verfügung stellen will. **Geschäftsraum** ist jeder Raum, in dem eine gewerbliche Schaustellung von Personen stattfindet, selbst wenn er außerhalb der Veranstaltung privaten und nicht geschäftlichen Zwecken dient.

14 Der **Veranstalter** ist nur erlaubnispflichtig, wenn die Schaustellung in *seinen* Räumen stattfindet. Er muss also Eigentümer oder Mieter bzw. Pächter von Räumen sein, in denen ihm die tatsächliche Sachherrschaft zukommt. Findet die Veranstaltung in den Räumen eines Dritten statt, etwa in einer Gaststätte, ist nicht der Veranstalter, sondern derjenige erlaubnispflichtig, der die tatsächliche Herrschaftsgewalt über die Räume innehat. Herrschaftsinhaber ist dabei nicht zwingend der Eigentümer, sondern etwa im Falle einer Verpachtung von Geschäftsräumen der Pächter (*BayVGH* BayVBl. 2003, 749 f. unter Hinweis auf besitzrechtliche Maßstäbe gem. § 854 I BGB; *AG Gemünden* GewArch 1973, 11). Die **Darsteller** bedürfen, unabhängig davon, ob sie gewerbsmäßig auftreten, keiner Erlaubnis nach § 33 a I 1.

4. Erlaubniserteilung; Nebenbestimmungen (§ 33 a I 3)

Die Erlaubnis ist persönlicher Natur, zugleich aber raumbezogen (*Dickersbach*, in: Friauf, § 33 a Rdn. 13), d. h., sie wird einer Person für bestimmte Räume erteilt.

Auf ihre Erteilung besteht ein **Rechtsanspruch**, wenn keiner der Versagungsgründe des Abs. 2 eingreift (dazu unten Rdn. 30). Es handelt sich also um eine gebundene Entscheidung ohne Ermessensspielraum der Verwaltung. In derartigen Fällen darf die Erlaubnis gem. § 36 I VwVfG nur dann mit einer **Nebenbestimmung** versehen werden, wenn sie durch Rechtsvorschrift zugelassen ist oder wenn sie sicherstellen soll, dass die gesetzlichen Voraussetzungen der Erlaubnis erfüllt werden. Eine Rechtsvorschrift i. S. d. § 36 I 1. Var. VwVfG ist § 33 a I 3, wodurch Befristungen und Auflagen unter bestimmten Voraussetzungen ermöglicht werden. Zu beachten ist die **Erlaubnisfiktion nach § 6 a I, II** (dort Rdn. 4 ff.), wenn der Antrag auf Erteilung der Erlaubnis nicht innerhalb einer Frist von drei Monaten beschieden ist.

a) Auflagen. aa) Adressat. Auflagen können nur an den Adressaten der Erlaubnis gerichtet werden. Wenn also der Gastwirt die Erlaubnis erhält, seine Räume einem Veranstalter einer Schaustellung von Personen zur Verfügung zu stellen (§ 33 a I 1 2. Var.), dann darf sich die Auflage nicht an den Veranstalter, sondern nur an den Gastwirt richten.

bb) Inhalt. Die Auflagen müssen den in § 33 a I 3 festgelegten Zielen dienen, d. h., sie dürfen nur zum Schutze der dort genannten Rechtsgüter vor Gefahren, die sich unmittelbar aus der Veranstaltung ergeben, erlassen werden (*VG München* GewArch 1978, 291). Auflagen können etwa dem Jugendschutz dienen (Schutz der Allgemeinheit), bau- oder feuerpolizeilicher Art sein, z. B. den Zugang zu Fluchtwegen betreffen (Schutz der Gäste), oder den höchstzulässigen Lärmpegel festlegen (Schutz der Nachbargrundstücke). Mit Blick auf die Bewohner des Betriebsgrundstückes und die Nachbarn ist § 33 a I 3 **drittschützend** (*Dickersbach*, in: Friauf, § 33 a Rdn. 14 a), nicht aber in Bezug auf die Gäste, da dieser Kreis zum Zeitpunkt der Erlaubniserteilung kaum abgrenzbar ist (*Dickersbach*, in: Friauf, § 33 a Rdn. 14 a; *Franz*, in: BeckOK, § 33 a Rdn. 40; *Tünnesen-Harmes*, in: Jarass, Wirtschaftsverwaltungsrecht, 3. Aufl. 1997, § 9 Rdn. 50).

Zum Inhalt von Auflagen siehe im Übrigen *Marcks*, in: Landmann/Rohmer I, § 33 a Rdn. 12; *Röschert* GewArch 1976, 12 ff.

cc) Bestimmtheit; Verhältnismäßigkeit. Die Auflage muss im Sinne der Rechtsstaatlichkeit hinreichend bestimmt sein, um gegebenenfalls vollzogen werden zu können. Zu unbestimmt ist etwa ein „Verbot sexueller körperlicher Kontakte zwischen mehreren Personen bei den Vorführungen" (*BayVGH* GewArch 1978, 159). Ferner muss die Auflage dem Verhältnismäßigkeitsgebot („erforderlich") entsprechen (*Franz*, in: BeckOK, § 33 a Rdn. 39).

dd) Zeitpunkt. Auflagen können sowohl mit der Erlaubnis verbunden als auch nachträglich mit der Erlaubnis verknüpft werden. Möglich ist auch

§ 33a Titel II. Stehendes Gewerbe

die spätere Änderung oder Ergänzung von Auflagen (§ 33a I 3, 2. Hs.). Erforderlich ist jeweils, dass die nachträgliche Auflage den Zielen des § 33a I 3 dient, bestimmt und verhältnismäßig ist.

21 **b) Befristung.** Eine Befristung kommt namentlich in Betracht, wenn sich im Zeitpunkt der Erlaubniserteilung noch nicht abschätzen lässt, ob die Gefahren i. S. d. S. 3 bestehen, eine (vorsorgliche) Auflage aber im konkreten Fall keinen Erfolg verspricht. Entsprechendes gilt, falls noch zu befürchten ist, dass die geplanten Schaustellungen zwar noch nicht unzulässig i. S. d. Abs. 2 sind, dies aber werden könnten, ohne dass dies durch Auflagen verhindert werden kann (*Marcks*, in: Landmann/Rohmer I, § 33a Rdn. 12). In derartigen Fällen kann eine (vergleichsweise kurze) Befristung effektiver sein als eine spätere Rücknahme oder späterer Widerruf der Erlaubnis, da Rücknahme und Widerruf anfechtbar sind. Wenn eine Auflage zwar möglich ist, aber deren Erfüllung durch den Erlaubnisnehmer unsicher ist, kann der Zeitablauf einer Befristung wirksamer sein als der Versuch der zwangsweisen Durchsetzung der Auflage oder der Widerruf der Erlaubnis gem. § 49 II Nr. 2 VwVfG.

22 **c) Nebenbestimmungen gem. § 36 I 2. Var. VwVfG.** § 33a I 3 ist eine Rechtsvorschrift i. S. d. § 36 I 1. Var. VwVfG. Selbst wenn eine Nebenbestimmung nicht durch Gesetz vorgesehen ist, ist sie gem. § 36 I 2. Var. VwVfG zulässig, sofern sie die Erfüllung der gesetzlichen Voraussetzungen der Erlaubnis sicherstellen soll. Dies betrifft zum einen Auflagen und Befristungen, die nicht den in § 33a I 3 genannten Zielen dienen. Zum anderen kommen auch die übrigen Nebenbestimmungen i. S. d. § 36 II VwVfG in Betracht, insb. also die Bedingung (*Marcks*, in: Landmann/Rohmer I, § 33a Rdn. 13; *Voß* VR 1997, 80 [85]; siehe ferner *Schulze-Werner* GewArch 2004, 9 [11]).

5. Rücknahme und Widerruf einer Erlaubnis

23 Eine Erlaubnis nach § 33a I 1 kann gem. §§ 48 ff. VwVfG zurückgenommen oder widerrufen werden (näher *Marcks*, in: Landmann/Rohmer I, § 33a Rdn. 29 ff.). Ein Widerruf kommt insb. nach § 49 II Nr. 2 VwVfG in Betracht, wenn Auflagen nach § 33a I 3 nicht erfüllt wurden und eine gesonderte Vollstreckung der Auflage erfolglos oder nicht angezeigt ist (oben Rdn. 17 ff.), aber gem. § 49 II Nr. 3 VwVfG auch dann, wenn die Behörde aufgrund nachträglich eingetretener Tatsachen berechtigt wäre, die Erlaubnis nicht zu erteilen und ohne den Widerruf das öffentliche Interesse gefährdet würde (bejaht von *VGH BW* GewArch 1990, 253 [254] für den Fall fortlaufender Sperrzeitüberschreitungen). Stellt sich eine Erlaubnis als sittenwidrig heraus, ist sie nicht zurückzunehmen; stattdessen ist ihre Nichtigkeit gem. § 44 V VwVfG festzustellen (*BVerwG* GewArch 1990, 212; siehe auch unten Rdn. 67 ff.). Der Widerruf einer Erlaubnis ist auch nach Gewerbeabmeldung i. S. d. § 14 I 2 Nr. 3 möglich (*VG Bayreuth* Beschluss vom 9. 9. 2005 – B 2 S 05.667, juris Rdn. 27).

III. Erlaubnisfreie Schaustellungen (§ 33 a I 2)

Nach § 33 a I 2 sind bestimmte privilegierte Schaustellungen von Personen 24
nicht erlaubnispflichtig, und zwar Darbietungen mit überwiegend künstlerischem, sportlichem, akrobatischem oder ähnlichem Charakter. Entscheidend ist jeweils, dass der künstlerische Charakter etc. im Vordergrund steht („überwiegend").

1. Künstlerische Darbietungen

Zu den künstlerischen Darbietungen zählen z. B. Theater- oder Ballettauf- 25
führungen. Im Übrigen hängt es von den jeweiligen Umständen des Einzelfalls ab, ob der künstlerische Charakter im Vordergrund steht. Dabei ist auch das Gewicht der grundrechtlich gewährleisteten Kunstfreiheit gem. Art. 5 III GG zu berücksichtigen. Generalisierende Aussagen verbieten sich daher etwa für Revuen mit spärlich bekleideten Hauptdarstellerinnen. Schwierig gestaltet sich ferner die Einordnung einer aus mehreren Programmpunkten zusammengesetzten Show. Insoweit ist auf den Gesamtcharakter der Veranstaltung abzustellen: Überwiegen eher künstlerische oder eher geschlechtsbezogene Darbietungen? Allein ein künstlerisches Bei- oder Rahmenprogramm führt noch nicht zur Erlaubnisfreiheit gem. § 33 a I 2; umgekehrt führen punktuelle geschlechtsbezogene oder pornographische Elemente nicht sofort zum Ausschluss der Privilegierung einer im Übrigen künstlerischen Darbietung.

Bei einer herkömmlichen **Striptease-Show** wird man ein Überwiegen 26
des künstlerischen Charakters verneinen können (*Franz*, in: BeckOK, § 33 a Rdn. 27).

2. Sportliche Darbietungen

Unproblematisch erfasst sind die klassischen Sportarten, unabhängig davon, 27
ob es sich um Männer- oder Damenwettbewerbe handelt. Sportliche Darbietungen sind selbstverständlich auch **Damen-Boxen** oder Damen-Ringen: Dabei handelt es sich um zwar relativ junge, aber anerkannte Sportarten, bei denen die Wettkämpfe von den jeweiligen Sportverbänden nach allgemein anerkannten Regeln durchgeführt werden (*Franz*, in: BeckOK, § 33 a Rdn. 28). Um Sport – mit ergänzenden künstlerischen Aspekten – handelt es sich bei Tanzturnieren. Privilegiert dürften letztlich u. U. auch Bodybuilding- oder **Wrestling**-Veranstaltungen sein, hier wiederum konsequenterweise auch Damen-Wettbewerbe. Selbst wenn man den sportlichen Charakter unter Berücksichtigung der jeweiligen Rahmenbedingungen teilweise mit gutem Grund bezweifeln mag, wird man diese Veranstaltungen immerhin partiell als Darbietungen mit „ähnlichem" Charakter einordnen können, welche wie Sportwettbewerbe unter § 33 a I 2 fallen. Dasselbe müsste dann auch für Extremkämpfe (**Ultimate Fighting**, Free Fights, Cage Fights etc.) gelten. Zwar spricht manches dafür, diese für unvereinbar mit dem grundgesetzlichen Menschenbild zu halten, sodass Verstöße gegen die Menschenwürde, die guten Sitten oder die öffentliche Ordnung nahe liegen (in diesem Sinne *Bund-Länder-Ausschuss* „*Gewerberecht*", zit. nach *Schönfelder* GewArch 2000, 319 [323]; *Müller* KommP

§ 33a Titel II. Stehendes Gewerbe

BY 2010, 419 [421]; **a. A.** *Hoven* K & R 2010, 786 [791]). Infolge der Erlaubnisfreiheit greift jedoch nicht § 33 a II Nr. 2, sodass das Gewerberecht zurzeit keine Handhabe zum Einschreiten bietet. Landesrecht könnte freilich die Privilegierung des § 33 a I 2 modifizieren (Rdn. 2).

28 Auch unter Berücksichtigung eines zeitbedingten Wandels der Anschauungen nicht privilegiert sind Frauenschlammringkämpfe (dazu *BayVGH* GewArch 1984, 61) oder **Damen-Boxkämpfe „oben ohne"** (vgl. *VG Stuttgart* GewArch 1978, 163; *VG Gelsenkirchen* GewArch 1978, 164), bei denen durchgängig der geschlechtsbezogene Charakter überwiegt. Ein Abgrenzungskriterium für das „Überwiegen" des sportlichen Charakters stellt u. a. die Bekleidung dar (anders aber u. U. im Bereich künstlerischer Darbietungen). Ein weiteres Indiz ist die Erwartungshaltung des Publikums. Der privilegierte Charakter einer Veranstaltung – etwa des Damen-Boxens – geht aber auch bei etwaigen nicht-sportlichen Interessen eines Teils des Publikums nicht verloren.

3. Artistische Darbietungen

29 Zu den artistischen Darbietungen zählen unproblematisch Zirkusveranstaltungen u. Ä. Artistische Elemente treten aber etwa beim sog. **Zwergenwerfen** in den Hintergrund, sodass sich diese Veranstaltung mit akrobatischen Vorführungen nicht vergleichen lässt, also auch keine Darbietung „ähnlichen" Charakters ist (*VG Neustadt* NVwZ 1993, 98 [99]; *Stock* NWVBl. 1994, 195 [198]; unten Rdn. 63).

IV. Unzulässige Schaustellung von Personen (§ 33 a II)

30 Da es sich um eine gebundene Entscheidung handelt, muss die Erlaubnis versagt werden, wenn einer der in § 33 a II Nrn. 1–3 aufgeführten Tatbestände erfüllt ist; ansonsten ist sie zu erteilen. Die **Versagungsgründe** enthalten eine Reihe unbestimmter Gesetzesbegriffe („Zuverlässigkeit", „gute Sitten" u. Ä.), deren Auslegung durch die Behörde vollständiger gerichtlicher Prüfung unterliegt. Der Behörde kommt also **kein Beurteilungsspielraum** zu (*Dickersbach*, in: Friauf, § 33 a Rdn. 16).

1. Unzuverlässigkeit des Antragstellers (Nr. 1)

31 Zum Begriff der Unzuverlässigkeit siehe § 35 Rdn. 27 ff. Tatsachen, die die Annahme der Unzuverlässigkeit begründen, können nicht in der Schaustellung, sondern nur in der Person des Antragstellers liegen. Unzuverlässigkeit kann etwa zu bejahen sein, wenn der Antragsteller bei jugendgefährdenden Veranstaltungen die Einhaltung von Jugendschutzbestimmungen nicht gewährleisten kann; u. U. ebenso, wenn er wiederholt Striptease-Vorführungen ohne die nötige Erlaubnis veranstaltet (*OVG NRW* GewArch 1987, 158). Dasselbe gilt, wenn der Gewerbetreibende die Prostitution entgegen im konkreten Fall bestehender Verbote und/oder im Zusammenhang mit den Darstellerinnen Verstöße gegen das Ausländerrecht duldet oder fördert (*VG Bayreuth* Beschluss vom 9. 9. 2005 – B 2 S 05.667, juris Rdn. 43). Bei Antragstellern aus dem EU-/EWR-Ausland ist § 13 b zu beachten.

2. Verstoß gegen gute Sitten (Nr. 2)

Die Erlaubnis ist zu versagen, wenn zu erwarten ist, dass die Schaustellungen den guten Sitten zuwiderlaufen. Der Begriff der guten Sitten ist ein gerichtlich voll überprüfbarer unbestimmter Gesetzesbegriff (*BVerwGE* 64, 274 [276]), über dessen Auslegung im Kontext des § 33 a freilich keine Einigkeit besteht. 32

a) Inhalt. Der Begriff der „guten Sitten" ist zunächst eine ethische Anforderung. Zur Bestimmung seines rechtlichen Gehaltes kann auf zivil- und polizeirechtliche Erkenntnisse sowie auch auf grundgesetzliche Vorgaben zurückgegriffen werden. 33

aa) Zivilrechtlicher Ansatz. In der Rechtsprechung der Zivilgerichte wird die Formel vom „Anstandsgefühl aller billig und gerecht Denkenden" zur Begriffsbestimmung herangezogen (*BGHZ* 10, 228 [232]). Bewertungsmaßstab sind die gängigen Anschauungen innerhalb der Rechts- und Kulturgemeinschaft, sodass es auf die (Un-)Sitten gewisser Kreise – namentlich des sog. Rotlichtmilieus, das am ehesten mit § 33 a II Nr. 2 in Konflikt gerät – nicht ankommt (*Marcks*, in: Landmann/Rohmer I, § 33 a Rdn. 19). Die inhaltlichen Anforderungen an den Begriff der guten Sitten unterliegen so aber ihrerseits einem ständigen Wandel, da auch das in einer Gesellschaft gängige Anstandsgefühl zeitbedingten Änderungen unterworfen ist. 34

Einen wichtigen Anhaltspunkt vermag diese zivilrechtliche Begriffsbestimmung auch hier durchaus zu bieten. Gleichwohl darf sie nicht unbesehen in das Verwaltungsrecht transferiert werden. Sie kann bei Verwendung in einer Eingriffsnorm der Wirtschaftsaufsicht nicht zur Durchsetzung dessen dienen, was eine staatliche Stelle oder auch die Mehrheit der Bevölkerung für „tugendhaft" oder sittlich erstrebenswert hält (vgl. *BVerwG* GewArch 1975, 385 [386]). Zu beachten ist in diesem Zusammenhang, dass gemäß dem Wortlaut von § 33 a II Nr. 2 die Schaustellung von Personen nicht etwa den guten Sitten entsprechen muss, sondern ihnen lediglich nicht zuwiderlaufen darf. 35

bb) Polizeirechtlicher Ansatz. Der Rechtsbegriff der guten Sitten hat nur die aus ethischen Grundlagen in die Rechtssphäre übertragenen Regeln zum Inhalt; nur diese werden mit rechtlicher Verbindlichkeit ausgestattet. Schon in Teilen der zivilrechtlichen Literatur werden hierunter diejenigen ungeschriebenen Normen verstanden, „die für ein geordnetes Zusammenleben unerlässlich sind, die also das ethische Minimum bilden" (so etwa *Dilcher*, in: Staudinger, BGB, 12. Aufl. 1980, § 138 Rdn. 5). Bei einer solchen Sichtweise orientiert sich der Begriff der guten Sitten an der aus dem Polizei- und Ordnungsrecht bekannten und anerkannten Definition der **öffentlichen Ordnung**. Für die Heranziehung polizei- und ordnungsrechtlicher Maßstäbe spricht die Zuordnung der GewO zum Sonder-(Wirtschafts-)Ordnungsrecht, wonach § 33 a als grundrechtsbeschränkende Verbotsnorm im Wesentlichen dem Schutz ordnungsrechtlicher Schutzgüter dient. 36

Aber auch dieser Begriff der öffentlichen Ordnung (dazu *Tettinger/Erbguth/ Mann* Besonderes Verwaltungsrecht, 10. Aufl. 2009, Rdn. 452 ff. mit ausführlichen Nachweisen zur Entwicklung der Rspr. von *BVerwGE* 1, 303 [Sünderin, 1954] und *OVG NRW* OVGE 8, 320 [Bordell gegenüber der Mädchen- 37

§ 33a Titel II. Stehendes Gewerbe

schule] bis zu *OVG NRW* DÖV 1996, 1052 [Nacktauftritt in der Öffentlichkeit]) orientiert sich gleichfalls an den jeweils herrschenden Anschauungen über Sitte und Moral, die in der zeitlichen Dimension erheblichen **Wandlungen** unterliegen und auch nicht von der gesamten Rechtsgemeinschaft geteilt werden (vgl. zur Kritik an der Legitimität der Formel „öffentliche Ordnung" im Polizeirecht etwa *Denninger*, in: Lisken/Denninger, HdbPolR, 4. Aufl. 2007, E 35 ff.).

38   Zur Identität des Begriffs der guten Sitten in § 33 a II Nr. 2 und des Begriffs der Unsittlichkeit gem. § 4 I Nr. 1 GastG siehe *BVerwGE* 71, 24 (36); *VG Minden* NVwZ 1988, 666.

39   **cc) Grundrechtlicher Ansatz – Entscheidung des 1. Senats des *BVerwG* v. 15. 12. 1981.** Sowohl die zivil- als auch die polizeirechtliche Terminologie nehmen gewisse ungeschriebene Grundüberzeugungen in Bezug und sind daher mit gewissen Auslegungsunsicherheiten behaftet. Der 1. Senat des *BVerwG* versuchte in seinem „Peep-Show"-Verdikt vom 15. 12. 1981, diesen Schwierigkeiten zu entgehen, indem er mit dem Begriff der guten Sitten an den der Menschenwürde i. S. d. Art. 1 I GG anknüpfte (*BVerwGE* 64, 274 [276 f.]): Mit dem Begriff der guten Sitten verweise das Gesetz auf die dem geschichtlichen Wandel unterworfenen sozialethischen Wertvorstellungen, die in der Rechtsgemeinschaft als maßgebliche Ordnungskriterien anerkannt seien. Den Kern des insoweit maßgeblichen sozialethischen Ordnungsgefüges bildeten die wertethischen Prinzipien, über deren Verbindlichkeit sich die Rechtsgemeinschaft im **Verfassungskonsens** befunden habe. Die Wertordnung des Grundgesetzes teile sich somit dem Inhalt der guten Sitten mit; dazu zähle insb. die Verpflichtung des Staates zum Schutz der Menschenwürde nach Art. 1 I 2 GG.

40   Dieser Ansatz zielt somit weniger auf den Schutz der herrschenden Anschauungen etwa in Fragen der Sexualmoral als auf den Schutz der zur Schau gestellten Personen, deren Menschenwürde gewahrt werden soll. Da die Menschenwürde ein objektiver, unverfügbarer Wert sei, könne der Einzelne auf deren Beachtung auch nicht wirksam verzichten (*BVerwGE* 64, 274 [279] unter Bezug auf *BVerfGE* 45, 187 [229]). Der staatliche Schutzauftrag richte sich dabei auch gegen von Privaten ausgehende Beeinträchtigungen der Menschenwürde (*BVerwGE* 64, 274, [278]). Völlig der Privatsphäre zuzurechnen ist im Falle des § 33 a ein privater Angriff auf die Menschenwürde ohnehin nicht, da immerhin eine staatliche Erlaubnis i. S. d. § 33 a I 1 in Rede steht.

41   Eine Verletzung der Menschenwürde ortete das *BVerwG* insb. bei den sog. **Peep-Shows**. Dabei stellte es auf eine Kombination tatsächlicher Umstände ab (*BVerwGE* 64, 274 [278 f.]): die durch die Art der Bezahlung vermittelte Atmosphäre eines mechanisierten und automatisierten Geschäftsvorganges, bei dem der Anblick der nackten Frau wie die Ware eines Automaten durch Münzeinwurf verkauft und gekauft wird; die durch den Fensterklappenmechanismus und den einseitigen Sichtkontakt hervorgehobene verdinglichende Isolierung der als Lustobjekt zur Schau gestellten Frau vor im Verborgenen bleibenden Voyeuren; der durch diesen Geschehensablauf besonders krass hervortretende Eindruck einer entpersonifizierenden Vermarktung der Frau; die Isolation auch des allein in der Kabine befindlichen Zuschauers und das

Schaustellungen von Personen § 33a

damit verbundene Fehlen einer sozialen Kontrolle; die durch das System der Einzelkabine bewusst geschaffene Möglichkeit der Selbstbefriedigung und deren kommerzielle Ausnutzung.

dd) Rezeption und Fortentwicklung der Rechtsprechung des 42
BVerwG. Die Entscheidung des *BVerwG* v. 15. 12. 1981 (*BVerwGE* 64, 274 ff.) hat in Literatur und Rechtsprechung ein lebhaftes Echo gefunden.

Die Rechtsprechung der **Instanzgerichte** ist der Auffassung des *BVerwG* 43
überwiegend – anfangs nur zögernd – gefolgt; vgl. *VGH BW* NVwZ 1988, 640; *BayVGH* GewArch 1986, 269 u. BayVBl. 1986, 559; *OVG NRW* GewArch 1983, 262 u. GewArch 1984, 332; *VG Düsseldorf* GewArch 1984, 19 u. NVwZ 1983, 176; *VG Berlin* GewArch 1986, 89). Aus der **Literatur** äußerten sich **zustimmend** u. a. *Discher* JuS 1991, 642 (647); *Gern* NJW 1983, 1585 ff.; *Gronimus* JuS 1985, 174 (176); *Redeker* BayVBl. 1985, 73 (78); *Starosta* GewArch 1985, 290 (294).

Keine Korrektur fand die Entscheidung im Ergebnis vor dem ***BVerfG*** 44
(GewArch 1987, 194; GewArch 1990, 275): Zwar hat das *BVerfG* die Rechtsprechung des *BVerwG* nicht ausdrücklich gebilligt, aber doch konstatiert, sie sei weder unverständlich noch beruhe sie auf unsachlichen Erwägungen und sei daher vom *BVerfG* „hinzunehmen".

Gleichwohl sah sich das *BVerwG* in der **Literatur** alsbald vehement vorgetra- 45
gener **Kritik** ausgesetzt (vgl. dazu *Dickersbach*, in: Friauf, § 33 a Rdn. 29). Soweit nicht besondere Umstände hinzuträten (etwa Jugendschutz, Nachbarschutz) sei der Staat nicht nach Art. 1 I 2 GG verpflichtet, die Aktrice einer Peep-Show von ihrem Tun oder den Zuschauer vom Zuschauen abzuhalten (*Kunig*, in: v. Münch/Kunig, Bd. 1, 5. Aufl. 2000, Art. 1 Rdn. 36 [Stichwort: Peep-Show]). Des Weiteren wurde dem *BVerwG* verschiedentlich vorgeworfen, es verkenne den freiheitlichen Charakter des Grundrechtsschutzes, wenn es meine, die Menschenwürde auch gegenüber freier Entscheidung des Würdeträgers schützen zu müssen, sodass das Grundrecht auf Menschenwürde zu einer Grundpflicht zur Menschenwürde umgeformt werde (etwa *Gusy* DVBl. 1982, 984 ff. u. GewArch 1984, 151 [155]; *Höfling* NJW 1983, 1582 ff.; *v. Olshausen* NJW 1982, 2221 ff.; ähnlich *Hufen* JuS 2010, 1 [7]) – und dies nur, um ein im Grunde städtebauliches Problem zu lösen (vgl. *Gronimus* JuS 1985, 174 [175]; *Dickersbach* WiVerw 1986, 1 [15]). Auch sei zweifelhaft, ob durch die Anbindung an die Menschenwürde Auslegungsunsicherheiten vermieden würden; vielmehr sei zu befürchten, dass wiederum individuelle Wertungen (der Behördenvertreter bzw. Richter) eine pseudoobjektive Scheinlegitimation erhielten (*Hoerster* JuS 1983, 93 [95]). Eine Veranstaltung, die von unbeteiligten Dritten nicht wahrgenommen werden könne, sei nicht sittenwidrig (*Voß* VR 1997, 80 [85]).

Auch einige **Instanzgerichte** widersetzten sich der Rechtsprechungslinie 46
des *BVerwG* hartnäckig (so insb. *HambOVG* NVwZ 1985, 841 u. GewArch 1987, 298 ff.; ferner *VG Stuttgart* GewArch 1986, 89; *VG München* GewArch 1983, 332 u. NVwZ 1983, 175; *VG Oldenburg* GewArch 1985, 124).

In die Defensive geriet die Rechtsprechung des *BVerwG* aber vor allem 47
durch die **Reaktion der Peep-Show-Betreiber:** Diese passten ihre Shows der Rechtsprechung an, indem sie auf den Fensterklappenmechanismus verzichteten, einen Sicht- und sogar Körperkontakt zwischen Darstellerin und

§ 33a
Titel II. Stehendes Gewerbe

Besucher ermöglichten und – angeblich – deren sexuelle Selbstbefriedigung unterbanden (vgl. *HambOVG* GewArch 1987, 298 [300]).

48 Das *BVerwG* wurde dadurch zu einer **Fortentwicklung seiner Rechtsprechung** veranlasst, welche bislang in zwei Schritten verlief:

49 In einem ersten Schritt löste der 1. Senat des *BVerwG* das Verdikt der Sittenwidrigkeit von der Frage der Vereinbarkeit mit der Menschenwürde (*BVerwGE* 84, 314 [317 f.] = GewArch 1990, 212 [213 f.]): Um einen Maßstab der Sittenwidrigkeit zu gewinnen, stellt es zwar weiterhin auf die sozialethischen Wertvorstellungen ab, die in der Rechtsgemeinschaft als Ordnungsvoraussetzungen anerkannt sind, greift aber zur näheren Konturierung nicht mehr auf verfassungskonsensuale, eher kompakte Gewährleistungsdimensionen der Menschenwürde in Art. 1 I GG (siehe dazu näher *Höfling*, in: Sachs, GG, 5. Aufl. 2009, Art. 1 Rdn. 19 ff.) zurück. Stattdessen bezieht sich das *BVerwG* nunmehr auf die Mehrheitsüberzeugung innerhalb der Bevölkerung, wonach Peep-Shows für anstößig gehalten würden (ähnlich *Kirchberg* NVwZ 1983, 141 [143]; dazu kritisch *Discher* JuS 1991, 642 [649]). Im Übrigen folge die Sittenwidrigkeit aus der kommerziellen Offerierung der nach wie vor bei solchen Veranstaltungen gegebenen Möglichkeit der Selbstbefriedigung (ebenso *BVerwG* GewArch 1998, 419 [420]).

50 In einem zweiten Schritt hat der 1. Senat des *BVerwG* (NJW 1996, 1423 [1424]) sodann die Bedeutung der tatsächlichen Mehrheitsüberzeugung relativiert und demoskopisch ermittelte Umfrageergebnisse für irrelevant erklärt (wobei im konkreten Fall die Umfrage methodisch sehr angreifbar war). Damit bestätigte das *BVerwG* die Auffassung des *OVG Nds.* (GewArch 1995, 109), wonach nicht die tatsächliche Übung oder Gewohnheit maßgeblich sei, sondern das ethisch Gesollte, das in der Gesellschaft Anerkennung gefunden habe. Letztlich läuft diese Rechtsprechung darauf hinaus, dass – vor dem Hintergrund des ethisch Gesollten – die Ermöglichung, Stimulierung und kommerzielle Ausnutzung der sexuellen Selbstbefriedigung Dritter sittenwidrig ist (*Kempen* NVwZ 2000, 1115 [1119]). Irrelevant ist, welcher prozentuale Anteil der Besucher tatsächlich die Möglichkeit der Selbstbefriedigung nutzt (so *BVerwG* GewArch 1998, 419 [420]).

51 **ee) Konsequenzen.** Der Maßstab der guten Sitten in § 33a II Nr. 2 ist normativer Natur, zwar dem geschichtlichen Wandel unterworfen, doch soweit verfestigt (*BVerwGE* 64, 274 [277]), dass er unabhängig von der tatsächlichen Übung auch weiter Bevölkerungskreise das ethisch Gesollte fixiert. Alle drei genannten Ansätze zur Bestimmung des Gesollten – zivil-, polizei- und grundrechtliche Betrachtung – leiden zwar jeweils unter gewissen Auslegungsunsicherheiten, ergänzen sich jedoch, sodass letztlich immerhin ein hinreichend praktikabler Maßstab zu gewinnen ist. Dies tritt am deutlichsten zutage, soweit unantastbare Elemente der Menschenwürde i. S. d. Art. 1 I GG tangiert sind. Aber auch unterhalb der Schwelle einer Beeinträchtigung der Menschenwürde gibt es – ungeschriebene, aber bestimmbare – Normen ethischen Sollens, welche ungeachtet der grundsätzlichen Wandelbarkeit eine gewisse Kontinuität aufweisen (so denn auch *Kunig*, in: v. Münch/Kunig, Bd. 1, 5. Aufl. 2000, Art. 1 Rdn. 36).

§ 33a

Aktuelle – möglicherweise tolerantere – Meinungsbilder in der Bevölke- 52
rung ändern so zunächst nichts an der rechtlichen Qualifizierung gewisser
Schaustellungen von Menschen als sittenwidrig (*OVG Nds.* GewArch 1995,
109; bestätigt durch *BVerwG* NJW 1996, 1423 [1424]). Insb. unerheblich
sind quantitative Veränderungen, wenn etwa die Einordnung einer Peep-
Show als sittenwidrig nach – methodisch gesicherten – **demoskopischen
Erkenntnissen** nur noch von etwa der Hälfte der Bevölkerung geteilt würde
(*BVerwG* NJW 1996, 1423 [1424]; *Kempen* NVwZ 1997, 243 [248]).

Irrelevant für die bundesweit maßgebliche Bewertung als sittenwidrig ist 53
ferner, ob Milieu und **Nachbarschaft** des Ortes, an dem die Schaustellung
stattfindet, diese für sittenwidrig halten (vgl. *BVerwGE* 84, 314 [320] =
GewArch 1990, 212 [213]; GewArch 1998, 419: Maßgeblich sind die Vorstellungen in der Rechtsgemeinschaft; a. A. *HambOVG* GewArch 1987, 298
[300]). Nur geringe Wertungskonsequenz verrät dann aber die Erwägung,
ob nicht in einer besonders sittenstrengen Umgebung auch bei nicht allgemein als sittenwidrig qualifizierten Veranstaltungen der Versagungsgrund der
Nr. 3 greift (so aber *Dickersbach*, in: Friauf, § 33 a Rdn. 25).

Ohne Bedeutung ist, ob die zur Schau gestellten Personen selbst ihre Men- 54
schenwürde beeinträchtigt sehen oder in eine potentielle Verletzung **einwil-
ligen** (*VG Neustadt* NVwZ 1993, 98 [99]; a. A. *HambOVG* GewArch 1987,
298 f.).

Unmaßgeblich ist schließlich selbst unter **unionsrechtlichen Aspekten**, 55
ob die zur Schau gestellten Personen aus solchen EU-Ländern stammen, in
denen die Schaustellung nicht als sittenwidrig eingestuft wird (*BVerwG* NJW
1996, 1423 [1425]; *OVG Nds.* GewArch 1995, 109 [110]). Bereits aus den
Art. 36, 52 AEU geht schließlich deutlich genug hervor, dass Gründe der
öffentlichen Sittlichkeit ausdrücklich zu denjenigen Gemeinwohlelementen
zu zählen sind, die selbst Restriktionen der Grundfreiheiten im Ausnahmefall
zu rechtfertigen vermögen. Der *EuGH* hat es schließlich bereits als „Sache
jedes Mitgliedstaats" bezeichnet, „den Begriff der öffentlichen Sittlichkeit für
sein Gebiet im Einklang mit seiner eigenen Wertordnung und in der von
ihm gewählten Form auszufüllen" (*EuGH* Slg. 1979, 3795 [3813 Tz. 15];
ähnlich *EuGH* Slg. 2004, I-9609 [9637 Tz. 101]).

b) Einzelfälle. aa) Nicht erlaubnisfähige Schaustellungen. Weitge- 56
hende Einigkeit besteht darin, dass sog. **Live-Shows**, in denen Geschlechts-
verkehr auf offener Bühne vorgeführt wird, sittenwidrig sind (*BVerwGE* 64,
280 [284]; *OVG Berlin* GewArch 1980, 162; *BayVGH* GewArch 1978, 159;
VGH BW GewArch 1978, 263; *BAG* GewArch 1976, 295; *Marcks*, in: Land-
mann/Rohmer I, § 33 a Rdn. 20 m. w. N.).

Menschenunwürdig und damit sittenwidrig ist auch die **Zurschaustel-** 57
lung von Frauen in einem Gitterkäfig, weil diese damit auf die gleiche
Stufe von zur Schau gestellten Tieren und damit zum Objekt herabgewürdigt
werden (*BayVGH* GewArch 1992, 228; *VG Minden* NVwZ 1992, 76).

In **Foto-Logen** wird dem Kunden gegen Entgelt erlaubt, eine unbeklei- 58
dete oder besonders aufreizend gekleidete, stimulierend posierende Darstellerin zu fotografieren. Dies ist nach Ansicht des *VG Gelsenkirchen* sittenwidrig
(GewArch 1989, 60 [61]): Das Fotografieren in einer Foto-Loge sei nicht

§ 33a

mit der Aktfotografie zu vergleichen, weil ein Aktmodell dem Fotografen nicht als Schaustellungsobjekt im Sinne einer selbstständigen gewerblichen Leistung präsentiert werde.

59 Nach der Rechtsprechung des *BVerwG* (*BVerwGE* 64, 274; 84, 314 [317] = GewArch 90, 212 ff. u. 96, 19 ff.), welche im Ergebnis vom *BVerfG* (GewArch 1987, 194; GewArch 1990, 275) ausdrücklich „hingenommen wird", sind **Peep-Shows** sittenwidrig (siehe oben Rdn. 44). Dies gilt uneingeschränkt aber nur dann, wenn die Peep-Show den unter Rdn. 41 genannten tatsächlichen Umständen entspricht (u. a. Einzelkabinen, münzeinwurfgesteuerter Klappenmechanismus). Fehlt es an einer solchen Mechanisierung und Automatisierung, kann allenfalls noch auf die kommerzielle Ausnutzung der Selbstbefriedigung abgestellt werden, um den Vorwurf der Sittenwidrigkeit zu begründen (so *BVerwGE* 84, 314 [321] = GewArch 1990, 212 [214]; GewArch 1998, 419 [420]).

60 Nach alledem ist es durchaus zweifelhaft, ob gegen Peep-Shows heutzutage generell ein Einschreiten geboten ist oder ob nicht durch **Auflagen** besonderen Auswüchsen begegnet werden kann und soll. Nicht auszuschließen ist, dass aufgrund dieser Judikatur Frauen in die Prostitution abgedrängt werden, was womöglich eine ungleich schwerere Verletzung der Menschenwürde befürchten lässt (*VG Oldenburg* GewArch 1985, 124; *HambOVG* GewArch 1985, 126; *Gusy* DVBl. 1982, 989). Dem kann mit Blick auf deutliche Wertungsdiskrepanzen nicht in formaler Sichtweise entgegengehalten werden, dass der Staat für die Peep-Show eine Erlaubnis erteilen müsse, während er die Prostitution nur dulde (vgl. *BVerwGE* 64, 274 [279]), da bei dem durch § 33 a I errichteten präventiven Verbot mit Erlaubnisvorbehalt die Erlaubnis erteilt werden muss, wenn keine zwingenden Versagungsgründe vorliegen. Zu beachten ist bei einem solchen Verbot im Übrigen nicht nur das Grundrecht der allgemeinen Handlungsfreiheit, Art. 2 I GG, das immerhin durch das Sittengesetz ausdrücklich beschränkt ist (siehe dazu *BVerfGE* 6, 389 [434]; 49, 286 [299 f.]), sondern auch das Grundrecht der Berufsfreiheit, Art. 12 I GG, aus dessen Schutzbereich „sozial unwertige" Betätigungen nicht leichter Hand definitorisch ausgeklammert werden dürfen (vgl. Einl. Rdn. 43 ff.; *Tettinger* AöR 108 [1983], 98 m. w. N.).

61 Die Auswirkungen des **Prostitutionsgesetzes** vom 20. 12. 2002 dürfen zwar nicht überschätzt werden, weil dessen Aussagen und Wertungen nicht unbesehen in das Gewerberecht transferiert werden dürfen (§ 1 Rdn. 42). Immerhin weist es auf sich – in Richtung Tolerierung ehemals als anstößig empfundener Handlungen – wandelnde Wertvorstellungen hin, worin eine zusätzliche Bekräftigung für die Einschätzung gesehen werden kann, dass eine Peep-Show nicht vornherein den guten Sitten zuwiderläuft.

62 Eine **Video-Peep-Show** mit früher aufgezeichneten Darbietungen oder eine Live-PC-Peep-Show fallen nicht unter § 33 a (oben Rdn. 9); im Falle der Sittenwidrigkeit greifen also weder § 33 a II Nr. 2 noch § 15 II. Eine Video-Peep-Show mit einer live-übertragenen Darbietung aus demselben Gebäude ist wie eine herkömmliche Peep-Show zu bewerten (oben Rdn. 9), aus der Sicht der Rspr. also sittenwidrig (*HambOVG* GewArch 1992, 423).

63 Sittenwidrig ist schließlich der sog. **Zwergenweitwurf** (*VG Neustadt* NVwZ 1993, 98; ebenso im frz. Recht, dazu *Rädler* DÖV 1997, 109 ff.).

Schaustellungen von Personen § 33a

Kennzeichnend für diese Veranstaltung ist, dass Personen aus dem Publikum den Kleinwüchsigen zum Zwecke der allgemeinen Belustigung möglichst weit werfen. Der Geworfene wird dann wie ein Sportgerät gehandhabt. In dieser Objektstellung ist eine Verletzung der Menschenwürde zu sehen. Daran ändert weder eine Selbsteinstufung des Kleinwüchsigen als Artist etwas (oben Rdn. 29) noch seine Einwilligung (oben Rdn. 54).

bb) Erlaubnisfähige Schaustellungen. Nicht sittenwidrig und deshalb 64 erlaubnisfähig (zur Erlaubnispflichtigkeit siehe oben Rdn. 28) sind bloße Geschmacklosigkeiten, etwa Damen-Schlammringkämpfe, **Oben-ohne-Damen-Boxen** etc. (*Marcks*, in: Landmann/Rohmer I, § 33 a Rdn. 24; **a. A.** *BayVGH* GewArch 1984, 61).

Dasselbe gilt für das sog. **Liliputaner-Catchen** u. Ä. (*Marcks*, in: Land- 65 mann/Rohmer I, § 33 a Rdn. 24). Der Unterschied zum Zwergenwerfen liegt darin, dass der Kleinwüchsige dort bloßes Wurfobjekt ist, während er beim Show-Kampf gegen einen anderen Kleinwüchsigen agierendes Subjekt ist.

Grundsätzlich erlaubnisfähig sind schließlich sog. **Striptease**-Shows. Dies 66 gilt jedenfalls dann, wenn sie sich im Rahmen der Tradition der Bühnen- und Tanzschau bewegen (*BVerwGE* 64, 274 [278]). Die Schwelle zur Sittenwidrigkeit soll jedoch erreicht sein, wenn die Darstellerinnen geschlechtliche Aktivitäten andeuten und nachahmen (*BVerwG* GewArch 1985, 161 [162] – zweifelhaft). Die Darbietung bleibt hingegen selbst dann erlaubnisfähig, wenn sie in der Pause der Vorführung von pornographischen Filmen stattfindet (*BVerwG* GewArch 1985, 161 [162]; **a. A.** noch *OVG NRW* GewArch 1983, 58, vgl. nunmehr aber *OVG NRW* GewArch 1987, 158). Erlaubnisfähig sind Striptease-Vorführungen mit Rücksicht auf die Maßgeblichkeit allgemeiner Anschauungen konsequenterweise auch dann, wenn sie in einer Kleinstadt stattfinden sollen (*VGH BW* GewArch 1971, 203; siehe auch unten Rdn. 74 ff.).

c) Nichtigkeit einer mit § 33 a II Nr. 2 unvereinbaren Erlaubnis. 67 Ein Verwaltungsakt, der eine den guten Sitten zuwiderlaufende Schaustellung von Personen erlaubt, ist gem. § 44 II Nr. 6 VwVfG nichtig (*BVerwG* GewArch 1987, 297 [298]; *VGH BW* NVwZ 1988, 640; *BayVGH* GewArch 1986, 269 f. u. BayVBl. 1986, 559; *OVG NRW* GewArch 1984, 332; *VG Düsseldorf* NVwZ 1983, 176; *Marcks*, in: Landmann/Rohmer I, § 33 a Rdn. 22).

Voraussetzung der Nichtigkeitsfolge gem. § 44 II Nr. 6 VwVfG ist nicht, 68 dass der Verwaltungsakt seinem Inhalt oder Zweck nach selbst gegen die guten Sitten verstößt. Es genügt vielmehr, dass er dem Bürger ein sittenwidriges Verhalten erlaubt (*Kopp/Ramsauer* VwVfG, 11. Aufl. 2010, § 44 Rdn. 47). Die Nichtigkeitsfolge tritt bei § 44 II **unabhängig von der Evidenz** der Fehlerhaftigkeit ein, wie sich bereits aus dem Wortlaut („ohne Rücksicht auf das Vorliegen der Voraussetzungen des Absatzes 1") ergibt (*BVerwG* GewArch 1987, 297 [298]; *Kopp/Ramsauer* VwVfG, 11. Aufl. 2010, § 44 Rdn. 31).

Die Behörde kann die Nichtigkeit der erteilten Erlaubnis jederzeit von 69 Amts wegen feststellen (§ 44 V 1. Hs. VwVfG), dies auch dann, wenn sie selbst zuvor die Frage der Sittenwidrigkeit geprüft und ausdrücklich verneint

§ 33a Titel II. Stehendes Gewerbe

hat (*BVerwGE* 84, 314 [315 f.] = GewArch 1990, 212; **a. A.** *HambOVG* GewArch 1987, 298 [302]). Ferner kann sie die Fortsetzung des Betriebes gem. § 15 II verhindern. Einem Einschreiten nach § 15 II kann vom Gewerbetreibenden nicht entgegengehalten werden, dass die Behörde Bordelle dulde; hierin liegt kein Verstoß gegen Art. 3 I GG (*BVerwG* NJW 1996, 1423 [1425]).

70 Problematisch ist, wenn der Gewerbetreibende im Vertrauen auf die Wirksamkeit der ihm erteilten Erlaubnis besondere Investitionen getätigt hat. Dem Aspekt des **Vertrauensschutzes** kann in manchen Einzelfällen – in Abhängigkeit von Art und Umfang des Sittenverstoßes – im Rahmen des Einschreitens nach § 15 II Rechnung getragen werden, z. B. indem nicht die sofortige Schließung angeordnet, sondern eine halbjährige Übergangsfrist eingeräumt wird (*BVerwGE* 84, 314 [211] = GewArch 1990, 212 [214]).

71 Das Vertrauen auf die Wirksamkeit einer Erlaubnis schließt im Übrigen die vorsätzliche Verwirklichung des Ordnungswidrigkeitentatbestandes gem. § 144 I Nr. 1 lit. c aus. In Betracht kommt allenfalls Fahrlässigkeit, welche bei ungeklärter Rechtslage in Bezug auf die Sittenwidrigkeit aber zu verneinen sein dürfte. Zu den Rechtsfolgen bei unerlaubter Schaustellung siehe ferner unten Rdn. 82.

3. Verletzung des öffentlichen Interesses (Nr. 3)

72 Die Erlaubnis ist zu versagen, wenn der Gewerbebetrieb im Hinblick auf seine örtliche Lage oder auf die Verwendung der Räume dem öffentlichen Interesse widerspricht. § 33 a II Nr. 3 konkretisiert das öffentliche Interesse („insbesondere") dahingehend, dass schädliche Umwelteinwirkungen i. S. d. § 3 I BImSchG oder sonst erhebliche Nachteile, Gefahren oder Belästigungen für die Allgemeinheit oder die Nachbarschaft zu befürchten sind. **Schädliche Umwelteinwirkungen** können akustische oder optische Belästigungen – etwa durch grelle Neon-Reklame – sein (*Marcks*, in: Landmann/Rohmer I, § 33 a Rdn. 28). **Sonstige Nachteile** etc. sind grundsätzlich bereits von den schädlichen Umwelteinwirkungen i. S. d. § 3 I BImSchG erfasst. Inhaltsleer ist diese Tatbestandsvariante dennoch nicht, da sonstige Nachteile etc. auch solche sittlicher Natur sein können.

73 Da § 3 I BImSchG (auch) die Nachbarschaft schützen will, ist auch § 33 a II Nr. 3 für Nachbarn **drittschützend**, die daher eine nach § 33 a erteilte Erlaubnis anfechten können (*Frers* GewArch 1989, 73 [74]).

74 **a) Örtliche Lage.** Das Merkmal „örtliche Lage" zielt auf die Vermeidung spezifischer Gefahren, die durch den Standort des Betriebes in seiner Umgebung verursacht werden (*BVerwG* GewArch 1989, 138 [139]); verhindert werden sollen Ausstrahlungen des Gewerbebetriebes, die wegen vorrangiger **öffentlicher Interessen** nicht hingenommen werden können (*Marcks*, in: Landmann/Rohmer I, § 33 a Rdn. 26). Dies kann der Fall sein wegen der Nähe von öffentlichen Bauten, Kirchen, Schulen oder Krankenhäusern oder auch im Interesse eines reibungslosen und übersichtlichen Straßenverkehrs (amtl. Begr. zu § 4 GastG, BT-Drs. V/205, S. 14). Die Lage eines Betriebes widerspricht den öffentlichen Interessen, wenn durch ihn die Straßenprostitution oder die Begehung von Straftaten gefördert werden kann (*BVerwG*

GewArch 1989, 138 [139]; *OVG NRW* GewArch 1980, 56 [57 f.]), Erwachsene ungewollt mit den angebotenen Schaustellungen konfrontiert werden, die sittliche Gefährdung von Kindern und Jugendlichen zu befürchten ist (*BVerwG* GewArch 1985, 161 [162] u. 169 [170]; GewArch 1975, 386 [386]; *OVG NRW* GewArch 1983, 272 [273]) oder das religiöse Empfinden von Gottesdienstbesuchern gestört werden kann (*BVerwG* GewArch 1961, 125 [126]). Allein der Umstand, dass sich der Striptease-Betrieb in einer Kleinstadt befindet, steht der Erlaubnisfähigkeit jedoch nicht entgegen (*VGH BW* GewArch 1971, 203).

Die örtliche Lage des Gewerbebetriebes widerspricht dem öffentlichen 75 Interesse insb. dann, wenn der Betrieb **bauplanungsrechtlich** unzulässig ist (*BVerwG* GewArch 1993, 374 [375]; *OVG NRW* GewArch 1987, 158; *Franz*, in: BeckOK, § 33 a Rdn. 55; *Marcks*, in: Landmann/Rohmer I, § 33 a Rdn. 26). Die bauplanungsrechtliche Unzulässigkeit muss auch von der für die Erlaubnis nach § 33 a zuständigen Behörde geprüft werden.

Ein Betrieb mit Schaustellungen von Personen in Form von Striptease- 76 Aufführungen ist regelmäßig für ein größeres und allgemeines Publikum erreichbar, hat einen größeren Einzugsbereich und dient nicht nur der Entspannung und Freizeitbetätigung in einem begrenzten Stadtteil, ist also nach Zwecksetzung und Umfang als **kerngebietstypische Vergnügungsstätte** zu werten (vgl. *BVerwG* GewArch 1984, 139 [141]; *VGH BW* GewArch 1992, 70 [71]). Kerngebietstypische Vergnügungsstätten sind lediglich in Kerngebieten (vgl. § 7 II Nr. 2 BauNVO) und ausnahmsweise in Gewerbegebieten (§ 8 III Nr. 3 BauNVO) bauplanungsrechtlich zulässig (*Aschke*, in: Ferner/Kröninger/Aschke, Hk-BauGB, 2. Aufl. 2008, § 4 a BauNVO Rdn. 29; *Jäde*, in: Jäde/Dirnberger/Weiß, BauGB/BauNVO, 6. Aufl. 2010, § 8 BauNVO Rdn. 17). Zur bauplanungsrechtlichen Zulässigkeit von ebenfalls als Vergnügungsstätten i. S. d. BauNVO einzustufenden Spielhallen siehe vor §§ 33 c ff. Rdn. 15 ff.

b) Verwendung der Räume. Dieses Merkmal betrifft Fälle, in denen es 77 mit dem öffentlichen Interesse unvereinbar wäre, die Räume, auf die sich die begehrte Erlaubnis bezieht (oben Rdn. 15), für den geplanten Betrieb zu verwenden (*BVerwG* GewArch 1989, 138 [139]). Ziel ist die Vermeidung der **Zweckentfremdung von Wohnraum** (*Marcks*, in: Landmann/Rohmer I, § 33 a Rdn. 26, der auf die geringe Bedeutung dieses Merkmals hinweist).

Die mangelnde **Einhaltung bau- und feuerpolizeilicher Anforderun-** 78 **gen** etc. rechtfertigt **keine** Versagung nach § 33 a II Nr. 3. Dies folgt aus der Konkretisierung des öffentlichen Interesses durch das Merkmal der schädlichen Umwelteinwirkungen, welches eine gewisse Außenwirkung beinhaltet und daher nicht die Ausgestaltung der Räume erfasst (ähnlich *Marcks*, in: Landmann/Rohmer I, § 33 a Rdn. 27). Die zuständige Behörde kann die Einhaltung dieser Vorschriften durch Auflagen i. S. d. § 33 I 3 sicherstellen, diese gegebenenfalls zwangsweise durchsetzen oder bei Nichterfüllung der Auflagen die Erlaubnis gem. § 49 II Nr. 2 VwVfG widerrufen.

c) Verhältnismäßigkeit. § 33 a II Nr. 3 eröffnet kein Versagungsermessen 79 (oben Rdn. 16). Im Rahmen der Gewichtung der entgegenstehenden öffentlichen Interessen ist aber der **Verhältnismäßigkeitsgrundsatz** zu beachten.

Daher kann die Erlaubnis nur versagt werden, wenn Auflagen nach § 33 a I 3 als milderes Mittel keinen Erfolg versprechen.

4. Verstoß gegen Gesetze

80 In der seit 1984 geltenden Fassung des § 33 a II ist zwar nicht mehr der Verstoß der beabsichtigten Veranstaltungen gegen die Gesetze als allgemeiner Versagungsgrund enthalten (vgl. § 33 II Nr. 1 a. F.: „den Gesetzen oder guten Sitten zuwiderlaufen"). Gleichwohl ergibt sich aus dem Grundsatz der Einheit der Rechtsordnung, dass eine Veranstaltung mit nach anderen Gesetzen, z. B. Strafvorschriften, absolut verbotenem Inhalt nicht nach § 33 a erlaubnisfähig sein kann. Insoweit handelt es sich um einen ungeschriebenen Versagungsgrund (*Franz*, in: BeckOK, § 33 a Rdn. 58).

81 Nach *OVG NRW* (GewArch 1979, 60 [61]) sollte eine kostenlose Striptease-Vorführung als Zugabe zum Kauf von Waren gegen § 1 I der mittlerweile aufgehobenen ZugabeVO verstoßen und deshalb nicht erlaubnisfähig sein (**a. A.** *Marcks*, in: Landmann/Rohmer I, § 33 a Rdn. 17, der darin einen Missbrauch des Gewerberechts zur Durchsetzung wettbewerbsrechtlicher Ansprüche sieht).

V. Rechtsfolgen eines Verstoßes gegen § 33 a I

82 Wenn Personen ohne die gem. § 33 a I 1 erforderliche Erlaubnis zur Schau gestellt werden, kann die zuständige Behörde die Fortsetzung des Betriebes gem. **§ 15 II** verhindern; bei der Anwendung des § 15 II ist danach zu unterscheiden, ob die Schaustellung erlaubnisfähig ist oder nicht (näher oben § 15 Rdn. 20 ff.). Wer ohne die erforderliche Erlaubnis handelt, begeht zudem gem. § 144 I Nr. 1 lit. c eine **Ordnungswidrigkeit** (zur Fahrlässigkeit bei nicht erkannter Nichtigkeit einer erteilten Erlaubnis siehe oben Rdn. 71).

§ 33b Tanzlustbarkeiten

Die Abhaltung von Tanzlustbarkeiten richtet sich nach den landesrechtlichen Bestimmungen.

I. Tanzlustbarkeit

1 Tanzlustbarkeiten sind nur solche Tanzveranstaltungen, bei denen die Besucher selbst tanzen können (im Gegensatz zu Tanzvorführungen, worin eine Schaustellung von Personen i. S. d. § 33 a I 1 zu sehen ist, welche gegebenenfalls erlaubnisfrei gem. § 33 a I 2 sein kann).

II. Bundesrechtliche Vorgaben

2 Die Verweisung auf das Landesrecht bedeutet lediglich, dass diesbezüglich keine speziellen bundesgewerberechtlichen Regelungen, insb. Erlaubnis-

pflichten, bestehen. Sonstige bundesrechtliche Vorschriften, namentlich solche des Jugendschutzes (vgl. § 5 JuSchG), bleiben unberührt.

III. Landesrechtliche Vorgaben

Eine Pflicht zum Erlass landesrechtlicher Bestimmungen besteht nicht, weshalb nur in einem Teil der Bundesländer entsprechende Spezialregelungen existieren (Nachweise bei *Marcks*, in: Landmann/Rohmer I, § 33 b Rdn. 2 f.; *Dickersbach*, in: Friauf, § 33 b Rdn. 2). Zu landesrechtlichen Erlaubnispflichten für Tanzveranstaltungen vgl. *BVerwG* GewArch 1959, 57 f.; *OVG RhPf.* AS 5, 95 (= GewArch 1956, 237 mit Anm. *de Clerck*) und AS 7, 59. Im Übrigen gilt allgemeines Polizei- und Ordnungsrecht (zur ordnungsbehördlichen Erlaubnis näher *Tettinger/Erbguth/Mann* Besonderes Verwaltungsrecht I, 10. Aufl. 2009, Rdn. 703 f.). 3

Vor §§ 33c ff.

Literatur: *M. Bahr*, Glücks- und Gewinnspielrecht, 2. Auflage 2007; *H. Diegmann/ C. Hoffmann/W. Ohlmann*, Praxishandbuch für das gesamte Spielrecht, 2008; *J. Dietlein/ F. Hüsken*, in: Dietlein/Hecker/Ruttig, Glücksspielrecht, 2008, §§ 33 c ff. GewO; *R. Dübbers*, Die Spieleinsatzsteuer – ein Irrweg, ZfWG 2006, 7 ff.; *D. Hahn*, Neuregelungen zum gewerblichen Spielrecht, GewArch 2007, 89 ff.; *M. Hauth*, 3 = 1? Zum Problem von Mehrfachspielhallen, BauR 2009, 1223 ff.; *H. Kaldewei*, Der Konzentrationsprozess des Spielhallenmarktes – Fluch oder Segen der städtebaulichen Entwicklung?, BauR 2009, 1227 ff.; *B. Köster*, Der Stückzahlmaßstab bei der Vergnügungssteuererhebung – ein Abschied auf Raten, KStZ 2007, 81 ff.; *H. Kummer*, Zur Entwicklung des gewerblichen Spielrechts, GewArch 1988, 264 ff.; *T. Lieber*, Genehmigung und planungsrechtliche Steuerung von Spielhallen, VBlBW 2011, 6 ff.; *P. Marcks*, Vortrag über das gewerberechtliche Spielrecht, GewArch 1991, 376 ff.; *H.-J. Odenthal*, Zur Reform des gewerblichen Spielrechts, GewArch 2001, 276 ff.; *ders.*, Das gewerbliche Spielrecht, in: Gebhardt/Grüsser-Sinopoli, Glücksspiel in Deutschland, 2008, S. 399 ff.; *J. Peter*, Zur Änderung des gewerblichen Spielrechts, GewArch 1994, 187 ff.; *M. Reeckmann*, Gewerbliches Automatenspiel am Scheideweg, ZfWG 2010, 229 ff.; *T. Schröer*, Bauplanungsrechtliche Zulässigkeit von Spielhallen in Gewerbegebieten, NZBau 2009, 366 ff.; *H.-U. Stühler*, Alte Probleme im neuen Gewand – das Bauleitplanungsrecht und die Genehmigung von Mehrfachspielhallen, BauR 2009, 54 ff.; *ders.*, Zur planungsrechtlichen Zu- und Unzulässigkeit von Mehrfachspielhallen, BauR 2011, 54 ff.

I. Entwicklung

Das Spielrecht der Gewerbeordnung wurde in der Vergangenheit mehrfach geändert, namentlich durch Einfügung der §§ 33 d – 33 h anstelle des § 33 d a. F. im Jahre 1960 sowie durch das Änderungsgesetz v. 12. 2. 1979 (BGBl. I S. 149) mit Erweiterung des § 33 f, Umgestaltung des § 33 h, Aufspaltung des vormaligen § 33 d in § 33 c (Spielgeräte) und § 33 d (andere Spiele). In jüngerer Zeit wurden die parlamentsgesetzlichen Vorschriften kaum verändert. Hingegen wurde im Jahre 2006 die auf § 33 f beruhende Spielverordnung novelliert (näher § 33 f Rdn. 4). Zur historischen Entwicklung siehe 1

Vor §§ 33c ff. Titel II. Stehendes Gewerbe

Marcks, in: Landmann/Rohmer I, vor § 33 c Rdn. 1 ff.; *Hahn*, in: Friauf, vor § 33 c Rdn. 4 ff.; *Kummer* GewArch 1988, 264 ff.; *Odenthal*, in: Gebhardt/Grüsser-Sinopoli, Glücksspiel in Deutschland, 2008, S. 399 (400); *Reeckmann* ZfWG 2010, 229 ff.

II. Spiel

2   Vom „Spiel" i. S. d. GewO ist streng der Bereich des „Sports" zu trennen, der nicht – wie das Spiel – allein der Geselligkeit, Zerstreuung oder dem Zeitvertreib gilt, sondern zugleich auf Erhaltung oder Förderung körperlicher Fähigkeiten abzielt und damit sozialen und gesundheitlichen Zwecken dient (*BVerwG* GewArch 2005, 292 [293]; *VGH BW* GewArch 1993, 475 [476]; *Fröhler/Kormann* § 33 d Rdn. 2).

3   Die Abgrenzung zwischen Sport und Spiel hängt von Organisationsstruktur, Teilnehmerkreis und Veranstaltungszweck im Einzelfall ab. Die Organisation von Fußballspielen, Pferderennen, u. U. auch von Kegelturnieren, Schieß- und Minigolfwettbewerben, Schachturnieren sowie leistungsbetonten und entsprechend den Regeln der Deutschen Billard-Union ausgetragenen Billardturnieren (zu Billard siehe auch *BayVGH* GewArch 1993, 349 [350] und unten § 33 i Rdn. 23) fällt regelmäßig selbst dann nicht unter die Vorgaben der GewO, wenn Berufsspieler mitwirken oder hohe Preisgelder ausgesetzt werden. Bowling ist Sport, auch wenn es sich nicht um Turnierveranstaltungen handelt (*BVerwG* GewArch 1994, 108 [109]; *VGH BW* GewArch 1993, 475 [476]).

4   Bei der Abgrenzung ist den Besonderheiten der Organisation des Sports in einer gesellschaftliche Freiräume respektierenden Verfassungsordnung in angemessener Weise Rechnung zu tragen. In der Verfassungsordnung des Grundgesetzes – und dies gilt mutatis mutandis auf europäischer Ebene – ist der Sport als staatliche Betreuung rechtfertigende öffentliche Aufgabe anerkannt (hierzulande weisen nicht nur die Landesverfassungen der neuen Länder – vgl. Art. 32 S. 1 berl. Verf., Art. 35 brandenb. Verf., Art. 16 I mv. Verf., Art. 11 I, II sächs. Verf., Art. 36 I, III s.-anh. Verf., Art. 30 III thür. Verf. –, sondern inzwischen auch die übrigen, so etwa diejenigen von Bayern [Art. 140 III] und Nordrhein-Westfalen [Art. 18 III] – außer Hamburg –, die Verpflichtung aus, dass Sport durch Land und Gemeinden zu pflegen und zu fördern ist; hierbei handelt es sich jeweils nicht nur um eine programmatische Bekundung, sondern um eine als verpflichtend anzusehende Zielbestimmung; vgl. dazu näher *Tettinger* SpuRt 2003, 45 ff.; *Unger/Wellige* NdsVBl. 2004, 1 ff.). Zugleich besteht jedoch die vor allem aus Art. 2 I, 9 I u. 12 I GG resultierende „Rechtspflicht des Staates, die Selbstregulierungskompetenz der gesellschaftlichen Institutionen im Bereich des Sportwesens prinzipiell zu achten und so substantiell unangetastet zu lassen. ... Für unser Sportwesen ist Eigenständigkeit bei der organisatorischen Gestaltung sowie Autonomie bei der Statuierung sportlicher Verhaltensnormen durch die Verbände und Vereine ein unabdingbares Element" (so *Stern*, in: Schroeder/Kauffmann, Sport und Recht, 1972, S. 142 [143]; ähnlich *Ennuschat* ZfWG 2006, 4 [6]). Hoheitliche Aktivitäten haben sich dementsprechend auf Hilfs- und Unterstützungsfunk-

tionen zur Gewährleistung des Sportbetriebes sowie auf die Wahrnehmung des Amtes eines Wächters über die ordnungsgemäße Ausübung des Selbstorganisations- und Selbstregulierungsrechtes der autonomen Organisationseinheiten zu beschränken. In der so umrissenen freiheitlichen Konzeption des Sportwesens ist die Selbstdefinition sportlicher Ziele wie die Aufrechterhaltung eines diesen Zielen entsprechenden Sportbetriebes eine Angelegenheit staatsfreier Selbstverwaltung. Es besteht eine **Primärkompetenz des verbands- und vereinsorganisierten Sports zur Bestimmung des Begriffes „Sport" unter sportfachlichen und sportethischen Gesichtspunkten** (so *Steiner* NJW 1991, 2733).

III. Systematik

Ein Überblick über das gewerberechtliche Spielrecht findet sich z. B. bei 5 *Bahr* Glücks- und Gewinnspielrecht, 2. Aufl. 2007, S. 64 ff.; *Diegmann/Hoffmann/Ohlmann* Praxishandbuch für das gesamte Spielrecht, 2008, S. 81 ff.; siehe auch *Dietlein/Hüsken*, in: Dietlein/Hecker/Ruttig, Glücksspielrecht, 2008, vor § 33 c GewO Rdn. 2. §§ 33 c ff. unterscheiden drei Spielformen (dazu *Höfling* GewArch 1987, 222): Spielgeräte mit Gewinnmöglichkeit (§ 33 c), andere Spiele mit Gewinnmöglichkeit (§ 33 d) und Unterhaltungsspiele ohne Gewinnmöglichkeit (§ 33 i). Wer gewerbsmäßig Spielgeräte mit Gewinnmöglichkeit aufstellt (§ 33 c) oder andere Spiele mit Gewinnmöglichkeit veranstaltet (§ 33 d), bedarf der Erlaubnis. Nach § 33 g kann durch Rechtsverordnung die Veranstaltung bestimmter Spiele von der Erlaubnispflicht ausgenommen werden oder auch nicht gewerbsmäßiges Handeln über die §§ 33 c und 33 d hinaus einer Erlaubnispflicht unterworfen werden.

Die Aufstellung eines Spielgerätes (§ 33 c) setzt die Bauartzulassung durch 6 die Physikalisch-Technische Bundesanstalt voraus; die Erlaubnis der Veranstaltung eines anderen Spiels (§ 33 d) verlangt eine Unbedenklichkeitsbescheinigung des Bundeskriminalamtes. Erteilung, Versagung, Rücknahme und Widerruf von Bauartzulassung bzw. Unbedenklichkeitsbescheinigung werden durch § 33 e geregelt. § 33 f enthält eine Verordnungsermächtigung zum Erlass von Durchführungsvorschriften. Zu nennen sind die SpielV sowie die UnbBeschErtV (Anhänge 2 und 3). Auf Länderebene bestehen zudem Verwaltungsvorschriften, die sich am Musterentwurf einer allgemeinen Verwaltungsvorschrift für den Vollzug der §§ 33 c, 33 d, 33 i und 60 a II und III (SpielVwV) orientieren (dazu *Hahn*, in: Friauf, vor § 33 c Rdn. 277).

§ 33 h betrifft Spielbanken, Lotterien und andere Glücksspiele (z. B. Sport- 7 wetten und Poker), auf welche die §§ 33 c bis 33 g keine Anwendung finden. § 33 i normiert die Erlaubnispflichtigkeit des Betriebes einer Spielhalle. An dieser Stelle wirkt die **Föderalismusreform** (verfassungsänderndes Gesetz vom 28. 8. 2006, BGBl. I S. 2034) auf die gewerberechtlichen Vorgaben ein: Das Recht der Spielhallen ist nunmehr der Landesgesetzgebungskompetenz zugewiesen. Bis zum Erlass von Landesregelungen gilt das bisherige Bundesrecht fort (Art. 125 a I GG); näher Einl. Rdn. 14, § 33 i Rdn. 2 ff. Zu nennen ist schließlich noch § 60 a II 4, III 2, wonach viele Regelungen der – unmit-

Vor §§ 33c ff. Titel II. Stehendes Gewerbe

telbar nur für das stehende Gewerbe geltenden – §§ 33 c bis 33 h und 33 i entsprechend für das Reisegewerbe anwendbar sind.

8 Die Regelungen der §§ 33 c ff. sind nicht auf **Online-Spiele** zugeschnitten (*Hahn*, in: Friauf, § 33 c Rdn. 4; *Spindler* K&R 2010, 450). Aus dieser Einsicht folgt aber nicht bereits, dass Online-Spiele generell gewerberechtlich unzulässig sind. Vielmehr ist daran zu erinnern, dass das etwaige Fehlen oder Nichteingreifen eines einschlägigen gewerberechtlichen Zulassungstatbestandes im Grundsatz dazu führt, dass es sich um genehmigungsfreies Gewerbe handelt (BVerwG GewArch 1985, 62; oben § 1 Rdn. 82).

9 Mit Blick auf Online-Spiele ist zunächst sorgsam zu prüfen, ob diese von § 33 h erfasst und deshalb dem Landesrecht unterstellt sind (näher § 33 h Rdn. 65, 75, 97 ff.). Das Landesrecht normiert für Glücksspiele ein allgemeines Online-Verbot (§ 4 IV GlüStV), ermöglicht aber gem. § 8 a i. V. m. § 58 IV RStV Online-Gewinnspiele (siehe hierzu § 33 h Rdn. 26 ff.).

10 Ist § 33 h nicht einschlägig, bleiben die §§ 33 c ff. – sofern der jeweilige Normtatbestand erfüllt ist – anwendbar. § 33 c greift bei Online-Spielen nicht (dort Rdn. 18). Online-Spiele können jedoch andere Spiele i. S. d. § 33 d sein, sind dann aber nicht erlaubnisfähig (§ 33 d Rdn. 15). Online-Unterhaltungsspiele (ohne Gewinnmöglichkeit) finden im Gewerberecht keine Schranken, können auch etwa an Computern in (ihrerseits erlaubnispflichtigen) Spielhallen gespielt werden (§ 33 i Rdn. 34).

IV. Normzweck

11 Leitgedanke der §§ 33 c ff. ist der **Schutz vor übermäßiger gewerbsmäßiger Ausnutzung des menschlichen Spieltriebes**. Besonders deutlich heißt es in § 33 f I: „zur Eindämmung der Betätigung des Spieltriebs, zum Schutze der Allgemeinheit und der Spieler sowie im Interesse des Jugendschutzes" (dazu auch *VG Gelsenkirchen* GewArch 1982, 24 [25]). §§ 33 c ff. kanalisieren das gewerbliche Spielwesen und beugen Missbräuchen vor, ohne die gewerbliche Nutzung des Spieltriebes generell zu verbieten. Zur Gefahr der **Spielsucht** im Zusammenhang mit den Spielen, die den §§ 33 c ff. unterfallen, siehe etwa *Diegmann/Hoffmann/Ohlmann* Praxishandbuch für das gesamte Spielrecht, 2008, S. 107 f.

12 Die Hersteller und Aufsteller von Geldspielautomaten erkennen diese Gefahren und hatten sich 1989 und 1993 deshalb – angeregt durch Bundesregierung und Bundetag (BT-Drs. 11/3999 u. 4244) – sog. **Freiwilligen selbstbeschränkenden Vereinbarungen** unterworfen (näher hierzu die Vorausfl. unter Rdn. 10). Deren Inhalte sind in die Novellierung der SpielV im Jahre 2006 eingeflossen, sodass die Verbände der Hersteller und Aufsteller von Geldspielautomaten in Abstimmung mit dem BMWi zum 1. 1. 2006 die Freiwilligen selbstbeschränkenden Vereinbarungen gekündigt haben (*Vieweg* ifo-Studie zur Wirtschaftsentwicklung Unterhaltungsautomaten 2006 und Ausblick 2007, S. 26; wiedergegeben unter www.spielv.de/vdai/ifo2007.pdf).

13 Im Zusammenhang mit der Diskussion um den am 1. 1. 2008 in Kraft getretenen Glücksspielstaatsvertrag wird die Frage nach der **Kohärenz des deutschen Glücksspielregimes** gestellt, wenn etwa die vergleichsweise

harmlosen Lotterien zum Zwecke der Gefahrenabwehr in der Hand des Staates monopolisiert, die mit Blick auf die Spielsucht deutlich gefährlicheren Geldspielautomaten und Spielhallen aber dem freien Wettbewerb überantwortet werden (näher § 33 h Rdn. 49). In der Begründung zum Glücksspielstaatsvertrag heißt es immerhin (wiedergegeben z. B. in BayLT-Drs. 15/8486, 9 [12]; *Ennuschat* Aktuelle Probleme des Rechts der Glücksspiele, 2008, S. 171 [178]): „Die Länder gehen jedoch davon aus, dass der Bund aus den Feststellungen im Urteil vom Bundesverfassungsgericht vom 28. 3. 2006 [dazu § 33 h Rdn. 37] für das gewerbliche Spiel in Spielhallen und Gaststätten die Konsequenzen zieht und in gleicher Weise wie der vorliegende Staatsvertrag die notwendigen Bedingungen zum Schutz der Spieler und zur Vermeidung und Bekämpfung der Spielsucht sicherstellt."

Diese Diskussion hat durch die **EuGH-Entscheidungen zum deutschen** **14** **Glücksspielrecht vom 8. 9. 2010** (dazu § 33 h Rdn. 44) zusätzliche Brisanz erhalten. Der EuGH hat zum einen ausgeführt, dass die Rechtfertigung der mit dem Staatsmonopol verbundenen Eingriffe in Grundfreiheiten eine Gesamtkohärenz des deutschen Glücksspielregimes verlangt, zum anderen klargestellt, dass die Verteilung der Gesetzgebungskompetenzen auf Bund (Gewerberecht) und Länder (Glücksspielrecht) die Anforderungen an die Gesamtkohärenz nicht mindert. Sollte sich in der politischen Diskussion der Wille zur Beibehaltung der staatlichen Glücksspielmonopole – als Instrument der Gefahrenabwehr – durchsetzen, könnte die Kluft zwischen dem vergleichsweise liberalen gewerblichen Spielrecht und dem streng (bis hin zu Verbot und Monopol) regulierten Recht der Sportwetten, Lotterien und Spielbanken in zweifacher Weise verringert werden: Der Bund könnte zur verbesserten Bekämpfung der Gefahren der Spielsucht die SpielV verschärfen, die Länder könnten mit demselben Motiv ihre neue Kompetenz für das Recht der Spielhallen nutzen (§ 33 i Rdn. 2 ff.). Bei etwaigen Gesetzesinitiativen sind neben den Aspekten des Spielerschutzes, der Suchtbekämpfung und der Stimmigkeit des deutschen Glücksspielrechts freilich auch die Grundrechtspositionen der Gewerbetreibenden (insb. Art. 12 Abs. 1 GG) im Blick zu behalten.

V. Baurechtliche Grenzen

Das Aufstellen von Spielgeräten und die Veranstaltung von Spielen findet **15** nicht nur Grenzen in den gewerberechtlichen Vorgaben der §§ 33 c ff., sondern namentlich auch im Bauplanungsrecht, das den Kommunen gewisse, wenn auch bescheidene Steuerungsmittel zur Verfügung stellt (vgl. *BVerwG* GewArch 1996, 240; *Lieber* VBlBW 2011, 6 ff.; *Stühler* BauR 2009, 54 ff.; *ders.* BauR 2011, 54 ff.). So kann die Einrichtung neuer Vergnügungsstätten u. U. generell durch Aufstellung oder Änderung von Bebauungsplänen verhindert werden (dazu *OVG NRW* GewArch 1992, 141 ff.; *OVG Nds.* DÖV 1987, 211 f.; *OVG SchlH* SchlHA 1993, 193 ff.). Auch aufgrund von Erhaltungssatzungen gem. § 172 BauGB können sich Beschränkungen ergeben.

Die BauNVO enthält im Rahmen ihrer Aussagen zur Art der baulichen **16** Nutzung auch für Spielhallen relevante Vorgaben, welche gem. § 1 III 1 und 2 BauNVO regelmäßig Bestandteil der Bebauungspläne sind. Spielhallen sind

Vor §§ 33c ff. Titel II. Stehendes Gewerbe

Vergnügungsstätten i. S. d. BauNVO und daher von vornherein dort ausgeschlossen, wo die einzelnen Baugebiete der BauNVO (§§ 2 –11 BauNVO) nicht ausdrücklich Vergnügungsstätten erwähnen (*BVerwG* GewArch 1991, 77; DVBl. 1995, 515 [516]; *HessVGH* ZfWG 2006, 331 [332]; *Aschke*, in: Ferner/Kröninger/Aschke, Hk-BauGB, 2. Aufl. 2008, § 4 a BauNVO Rdn. 19; *Boeddinghaus* BauNVO, 5. Aufl. 2005, § 4 a Rdn. 23; *Jäde*, in: Jäde/Dirnberger/Weiss, BauGB/BauNVO, 6. Aufl. 2010, § 4 a BauNVO Rdn. 16, 21), so in reinen Wohngebieten (§ 3 BauNVO) und in allgemeinen Wohngebieten (§ 4 BauNVO).

17 **Große Spielhallen** ab einem Schwellenwert von ca. 100 qm sind als **kerngebietstypische Vergnügungsstätten** einzuordnen (vgl. *BVerwG* NVwZ-RR 1993, 287; *BayVGH* GewArch 1992, 36 [37] und Urteil vom 17. 3. 2005 – 25 B 01.624, juris Rdn. 25; *VGH BW* NVwZ-RR 2010, 45 [46]; BauR 2007, 1373 [1375]; GewArch 2003, 214; *OVG NRW* GewArch 1991, 76 [77]; *SächsOVG* LKV 1994, 336 [338]; *VG München* Urteil vom 3. 3. 2008 – M 8 K 07.1827, juris Rdn. 26; *VG Neustadt* GewArch 2009, 257 [258]; *Aschke*, in: Ferner/Kröninger/Aschke, Hk-BauGB, 2. Aufl. 2008, § 4 a BauNVO Rdn. 23; *Boeddinghaus* BauNVO, 5. Aufl. 2005, § 4 a Rdn. 23; *Jäde*, in: Jäde/Dirnberger/Weiss, BauGB/BauNVO, 6. Aufl. 2010, § 4 a BauNVO Rdn. 26) und deshalb nur in Kerngebieten (§ 7 II Nr. 2 BauNVO) und ausnahmsweise in Gewerbegebieten (§ 8 III Nr. 3 BauNVO) zulässig (hierzu *Schröer* NZBau 2009, 366 ff.; vgl. für Striptease-Shows § 33 a Rdn. 75 f.). Der Schwellenwert von 100 qm ist auch nach Novellierung der SpielV zum 1. 1. 2006 relevant (*VGH BW* BauR 2007, 1373 [1375]; *Odenthal* ZfWG 2006, 286 [287]; krit. *Lieber* VBlBW 2011, 6 [10]). Es handelt sich freilich lediglich um einen **Orientierungswert**, der nicht streng schematisch anzuwenden ist; maßgeblich ist letztlich die auf der Einschätzung der tatsächlichen örtlichen Situation beruhende Beurteilung (*VGH BW* BauR 2007, 1373 [1375]; jüngst etwa *VG München* Urteil vom 19. 11. 2009 – M 11 K 07.1761, juris Rdn. 25).

18 **Kleinere Spielhallen** sind darüber hinaus generell zulässig in Mischgebieten, wenn sie in den Teilen liegen, die überwiegend durch gewerbliche Nutzungen geprägt sind (§ 6 II Nr. 8 BauNVO; dazu *BVerwG* NJW 1984, 1572; GewArch 1986, 242; *VGH BW* BRS 35, Nr. 36; BauR 2007, 1373 [1375]; *HessVGH* GewArch 1987, 67 ff.; *VG Augsburg* Urteil vom 28. 10. 2009 – Au 4 K 08.1163, juris Rdn. 33 ff.; *Aschke*, in: Ferner/Kröninger/Aschke, Hk-BauGB, 2. Aufl. 2008, § 4 a BauNVO Rdn. 23; *Jäde*, in: Jäde/Dirnberger/Weiss, BauGB/BauNVO, 6. Aufl. 2010, § 4 a BauNVO Rdn. 27) und ausnahmsweise zulässig in besonderen Wohngebieten (§ 4 a III Nr. 2 BauNVO) sowie in Dorfgebieten (§ 5 III BauNVO).

19 Es entspricht einem allgemeinen städtebaulichen Erfahrungssatz, dass sich Vergnügungsstätten (namentlich Spielhallen) negativ auf ihre Umgebung auswirken können. Dieser Effekt kann auch schon durch eine Spielhalle oder wenige Spielhallen ausgelöst werden. Die Verhinderung dieses sog. **trading-down-Effekts** stellt einen besonderen städtebaulichen Belang i. S. d. § 1 IX BauNVO dar, der den Ausschluss derartiger Vergnügungsstätten selbst in Kerngebieten rechtfertigen kann (*BVerwG* BauR 2009, 76 [78]; *Stühler* BauR 2011, 54 [59]).

Werden mehrere Spielhallen im unmittelbaren räumlichen Zusammenhang 20 errichtet (sog. **Mehrfachspielhallen**) stellt sich die Frage, ob es sich aus **bauplanungsrechtlicher Sicht** um *eine* Spielhalle (die dann regelmäßig weit über dem Schwellenwert von 100 qm liegt) oder um mehrere einzelne Spielhallen handelt (die für sich betrachtet jeweils unterhalb dieses Schwellenwertes bleiben); siehe hierzu ausführlich *Stühler* BauR 2009, 54 ff., ferner *Hauth* BauR 2009, 1223 ff.; *Kaldewei* BauR 2009, 1227 ff. Zwei selbstständige Spielhallen sind nicht schon deshalb bauplanungsrechtlich als ein Vorhaben i. S. d. § 29 BauGB anzusehen, weil sie sich in einem Gebäude befinden (*BVerwG* NVwZ-RR 1993, 66). Maßgeblich ist vielmehr die **konkrete bauliche Ausgestaltung**; siehe hierzu etwa *VG München* Urteil vom 3. 3. 2008 – M 8 K 07.1827, juris Rdn. 27: „Im vorliegenden Fall ist aufgrund der besonderen baulichen Ausgestaltung der beiden geplanten Betriebe von einer einheitlichen ... Spielhalle ... auszugehen. Die Betriebe sind voneinander räumlich nicht vollständig getrennt, sondern lediglich abgesondert. Zwar haben sie getrennte Eingänge im Erdgeschoss und in jedem Geschoss je einen Toilettenraum, jedoch ist eine gemeinsame Aufsichtstheke im Erdgeschoss vorgesehen und Kunden können einen Aufenthaltswechsel dergestalt vornehmen, dass sie von dem ca. 25 m² großen Erdgeschoss der Spielothek 1 aus über die neu zu schaffende Treppe ins Untergeschoss derselben Spielothek mit ca. 80 m², von dort aus den Kellerflur entlang durch drei Türen in das vorhandene Treppenhaus und an dessen oberem Austritt durch eine weitere Tür in die vollständig im Erdgeschoss geplante Spielothek 2 sowie auf demselben Weg wieder zurück gelangen."

Parallele Fragen stellen sich mit Blick auf das Gewerberecht, weil § 3 II 21 SpielV die Höchstzahl von 12 Spielgeräten je Spielhalle vorgibt, sodass eine Mehrfachspielhalle ein Versuch sein kann, diese Höchstzahl zu umgehen. Die bauplanungsrechtliche und die gewerberechtliche Beurteilung von Mehrfachspielhallen sind voneinander unabhängig (*Lieber* VBlBW 2011, 6 [9]; *Stühler* BauR 2009, 54 [60]). Dies folgt aus den unterschiedlichen Zwecken von Bauplanungs- und Gewerberecht. Das Bauplanungsrecht dient insb. der Gebietserhaltung und legt, bezogen auf die betroffenen Spielhallen, eine betriebsbezogene Betrachtungsweise an, während im Gewerberecht ein raumbezogener Spielhallenbegriff gilt, um im Sinne des Spielerschutzes die Umgehung der Vorgabe des § 3 II SpielV (Höchstzahl von 12 Spielgeräten) zu verhindern (dazu näher § 33 i Rdn. 13 ff.). Die baurechtliche Behandlung als *ein* Vorhaben gem. § 29 BauGB entfaltet daher keine Bindungswirkung für die gewerberechtliche Frage, wie vieviele Spielhallen i. S. d. § 33 i es sich handelt (*VG München* GewArch 2010, 36 [37]; *Klestil/Volino* ZfWG 2010, 297 [298 f.]). Umgekehrt können mehrere gewerberechtlich selbstständige Spielhallen bauplanungsrechtlich als Einheit zu betrachten sein (*Stühler* BauR 2009, 54 [60]; kritisch hierzu *Hauth* BauR 2009, 1223 [1224 ff.]; *Kaldewei* BauR 2009, 1227 [1230 ff.]).

Innerhalb unbeplanter Innenbereiche greift § 34 BauGB. Wenn die Eigen- 22 art der näheren Umgebung der Spielhalle einem der Baugebiete i. S. d. BauNVO entspricht, beurteilt sich die bauplanungsrechtliche Zulässigkeit einer Spielhalle („Art" der Nutzung) gem. § 34 II BauGB nach den Vorgaben der BauNVO (oben Rdn. 16 f.). Im Übrigen sind Spielhallen zulässig, wenn sie sich gem. § 34 I BauGB in die Eigenart der näheren Umgebung einfügen. Dabei sind ausschließlich städtebauliche Kriterien maßgebend. Wenn in der näheren Umgebung keine weitere Vergnügungsstätte vorhanden ist, fügt sich eine neue Vergnügungsstätte nur ein, wenn sie die gegebene Situation nicht negativ in Bewegung bringt (*BVerwG* DVBl. 1995, 515 [516]; vgl. auch *VG Würzburg* Urteil vom 23. 5. 2006 – W 4 K 05.1348, juris Rdn. 26 f.).

23 Aus **bauordnungsrechtlicher** Sicht könnte sich die konsequente Durchsetzung der **Stellplatzverpflichtung** als Steuerungsmittel gegen eine ungewollte Spielhallenansiedlung im Kerngebietsbereich anbieten. Für die Erteilung einer Baugenehmigung ist eine für die ordnungsgemäße Grundstücksnutzung ausreichende Anzahl von Stellplätzen zu schaffen – ein unbestimmter Rechtsbegriff, der in den Ländern durch Rechtsverordnung oder Verwaltungsvorschriften konkretisiert wird (vgl. in BW VwV Stellplätze vom 4. 8. 2003, Anlage Nr. 6.3: pro 10–20 m² Nutzfläche des Ausstellungsraums ein Stellplatz, insgesamt mindestens 3). Gerade in den dicht bebauten Innenstadtbereichen, in denen die attraktivsten Standorte liegen, stößt der Nachweis des Gesamtbedarfs jedoch nicht selten auf unüberwindbare Schwierigkeiten (*Schneider* DÖV 1989, 611 [619]).

24 Als Ausweg kommt der Abschluss eines sog. Ablösevertrags zwischen Bauherrn und Gemeinde in Frage (§ 37 V LBO BW, Art. 47 III Nr. 3 BayBO, § 50 III BauO Bln, § 43 III BbgBO, § 49 VI BremLBO, § 49 HBauO, § 44 I S. 2 Nr. 8 HBO, § 49 II LBauO M-V, § 47 a NBauO, § 51 V BauO NRW, § 47 IV LBauO Rh-Pf, § 47 III LBO Saar, § 49 II SächsBO, § 48 II BauO LSA, § 55 VI LBO S-H, § 49 III ThürBO). Diese Ablösezahlung stellt als öffentlich-rechtliche Sonderabgabe ein „Erfüllungssurrogat" i. S. d. § 364 I BGB an Stelle des nicht erbringbaren Parkplatznachweises dar. Neben der Unmöglichkeit aufgrund der tatsächlichen Verhältnisse kann es zum Anwendungsfall von Ablöseverträgen auf andere Weise kommen: In den Landesbauordnungen ist vorgesehen, dass durch örtliche Bauvorschriften die Herstellung von Stellplätzen untersagt oder eingeschränkt werden können (vgl. z. B. § 74 II LBO BW, § 83 I Nr. 7 ThürBO). Eine entsprechende Regelung lässt sich auch nach § 12 VI BauNVO durch Festsetzungen im Bebauungsplan erreichen. Macht die Gemeinde von dieser Regelung Gebrauch, so bewirkt eine solche Regelung für den Bauherrn eine rechtliche Unmöglichkeit zur Erfüllung seiner gesetzlichen Pflicht zur Herstellung von Stellplätzen.

25 Unabhängig davon, ob eine tatsächliche oder eine rechtliche Unmöglichkeit besteht, erstarkt in beiden Fällen die Stellplatzverpflichtung zum Steuerungsinstrument: Denn zum Abschluss eines Ablösevertrags ist die Gemeinde gesetzlich keineswegs verpflichtet; vielmehr ist ihr bei der Entscheidung Ermessen eröffnet (vgl. § 37 V S. 1 LBO BW). Sie ist insbesondere nicht daran gehindert, Ablösungen nur für Nutzungen anzubieten, die in die von ihr angestrebte und mit der Stellplatzherstellung zu fördernde städtebauliche Nutzungsstruktur passen, sie jedenfalls nicht stören oder gefährden. Dies gilt unabhängig davon, ob das Vorhaben bebauungsrechtlich zulässig ist oder nicht (*Schneider* DÖV 1989, 611 [619]).

26 Ein Ermessensfehlgebrauch wegen sachfremder Gründe läge aber vor, wenn andere als baurechtliche Aspekte wie etwa Suchtprävention oder Jugendschutz zur Ablehnung führten. Auch kann sich ein genereller Aus-

Vorbemerkungen zu §§ 33c ff. **Vor §§ 33c ff.**

schluss nicht mithilfe der landesrechtlichen Stellplatzregelung erzielen lassen. Hierin läge nicht nur ein Ermessensnichtgebrauch, sondern auch ein Verstoß gegen die Entscheidung des Bundesgesetzgebers, Spielhallen in Kerngebieten grundsätzlich zuzulassen (*Schumacher* Eindämmung des Spielhallengewerbes, 1997, S. 174).

Die zu leistende Ablösesumme wird durch die Gemeinde festgelegt. Sie 27 orientiert sich generell an den durchschnittlichen Herstellungskosten je abgelösten Stellplatzes einschließlich des Grunderwerbs (*BVerwGE* 122, 1 ff.). Eine andere Vorgehensweise müsste als ermessensfehlerhaft eingestuft werden, denn es rückte in die Nähe des verwaltungsvertraglichen Koppelungsverbotes, wenn die Gemeinde mit einer Ablösezahlung ungewollte Nutzungen „abstrafte". Der erzielte Geldbetrag fließt zwar der Gemeinde zu. In seiner Verwendung ist sie aber insoweit eingeschränkt, als er zweckgebunden und zeitnah für die Herstellung von Parkeinrichtungen im Gemeindegebiet oder die Förderung von Konzepten zur Entlastung des Individualverkehrs einzusetzen ist (vgl. § 37 V S. 2 LBO BW, § 51 VI BauO NRW).

VI. Vergnügungssteuer

Nach Art. 105 II a GG haben die Länder die Befugnis zur Gesetzgebung 28 über die örtlichen Verbrauch- und Aufwandsteuern, solange und soweit sie nicht bundesgesetzlich geregelten Steuern gleichartig sind. Auf Grundlage entsprechender landesgesetzlicher Ermächtigungen (vgl. etwa § 3 II KAG NRW; § 3 II NKAG) erheben die Kommunen traditionell die **Vergnügungssteuer**. Die Vergnügungssteuer wird als indirekte Steuer beim Geräteaufsteller erhoben (*BVerwGE* 123, 218 [219]: Veranstalter des Vergnügens), die in der Regel auf den Verbraucher abgewälzt wird (*Paschke* GewArch 2007, 280 [281]; zur kalkulatorischen Abwälzbarkeit *BVerfGE* 110, 274 [295]; *BVerfG* GewArch 2009, 301 [302]; *BVerwGE* NVwZ 2005, 1322 [1324]; *BVerwG* Beschluss vom 23. 6. 2008 – 9 B 43/07, juris Rdn. 9). Auch illegale Spielgeräte werden besteuert (zur Besteuerung von „Fun-Games" *VG Minden* Urteil vom 28. 3. 2007 – 11 K 2637/06, juris Rdn. 26).

Sofern die Rechtsordnung nicht widersprüchlich wird, dürfen die Kom- 29 munen dabei auch **Lenkungszwecke** verfolgen. §§ 33 c ff. stehen insoweit einer an die Aufstellung von Spielautomaten anknüpfenden kommunalen Steuersatzung nicht entgegen, auch dann nicht, wenn diese Gewaltspielautomaten mit einem höheren Steuersatz als andere Automaten belegt. Dies wird durch die Ziele, der Verbreitung der Spielsucht entgegenzuwirken sowie die Aufstellung von gewalt- und kriegsverherrlichenden Automaten einzudämmen, gerechtfertigt (*BVerfG[K]* NVwZ 2001, 1264 f.; *BVerwG* GewArch 2001, 70 ff.; *BVerwG* GewArch 2000, 242 ff.).

Die Gemeinden haben aus Praktikabilitätsgründen häufig die Stückzahl 30 zur Bemessung der Höhe der Vergnügungssteuer herangezogen. Als Aufwandsteuer verlangt die Vergnügungssteuer jedoch einen hinreichenden Bezug zwischen Steuer und Aufwand. Dieser Anforderung wird der **Stückzahlmaßstab** nicht gerecht (so *BVerfG* GewArch 2009, 301 [302] u. NVwZ 2010, 313 [318]; anders noch *BVerwGE* 110, 237 [240 ff.]). Hintergrund dieser Rechtsprechungsänderung ist die technische und wirtschaftliche Entwicklung im Bereich der Spielautomatenwirtschaft. So ermöglichen die Zählwerke an den Automaten zwischenzeitlich die Erhebung des tatsächlichen Spielaufwands. Die Gemeinden haben also einen anderen Steuermaßstab zu wählen. Als verfassungsmäßige Bemessungsgrundlagen anerkannt sind der **Spieleinsatz** (*BVerwG* LKV 2010, 223 [224 f.]; *BFH* BFH/NV 2010, 692 [695]; *FG Hamburg* Urteil vom 13. 4. 2010 – 2 K 11/09, juris Rdn. 23; kritisch zur Spieleinsatzsteuer *Dübbers* ZfWG 2006, 7 ff; *Paschke Frhr. v. Senden* GewArch 2007, 280 ff.) und das **Einspielergebnis** (*BVerfG* NVwZ 2010, 313 [317]). Zum Spieleinsatz zählen auch Gewinne, die sich der Spieler nicht auszahlen lässt, obwohl er dies könnte, sondern unmittelbar zum Weiterspielen verwendet. Das Einspielergebnis betrifft quasi den Kasseninhalt des Spielgerätes (näher *Birk*, in: Dietlein/Hecker/Ruttig, Gücksspielrecht, 2008, Steuerrecht Rdn. 44; zum Begriff des Einspielergebnisses siehe auch *Köster* KStZ 2007, 81 [83 f.]). Möglich ist auch die Festsetzung einer **Mindeststeuer** pro Spielgerät (*BVerfG* NVwZ 2010, 313 [318]: 120 Euro/Monat je Spielgerät einer Spielhalle). Eine Satzung, welche dem Steuerschuldner die Wahl zwischen Stückzahlmaßstab und Einspielergebnis lässt, ist unzulässig (so *HessVGH* KStZ 2008, 35 f.; *OVG SchlH* NVwZ-RR 2008, 561). Zur (im Ansatz zulässigen) **Rückwirkung** neu gefasster Vergnügungssteuersatzungen für Geldspielgeräte siehe *BVerfG* NVwZ 2010, 313 (314).

31 Eine Kommune verstößt nicht gegen **Art. 3 I GG**, wenn sie nach der Vergnügungssteuersatzung Vergnügungssteuer für Spielgeräte in Spielhallen erhebt, nicht aber auf solche, die in Spielbanken aufgestellt sind (*BVerwG* BayVBl. 2008, 381 [382]; vgl. auch *BFH* Beschluss vom 27. 11. 2009 – II B 102/09, juris Rdn. 49; *FG Hamburg* Urteil vom 13. 4. 2010 – 2 K 11/09, juris Rdn. 37; *OVG NRW* Urteil vom 23. 6. 2010 – 14 A 597/09, juris Rdn. 51 ff.). Spielgeräte in Spielhallen unterscheiden sich von solchen in Spielbanken, weil ihre technische Ausstattung die Gefahr unangemessen hoher Verluste in kurzer Zeit verhindern soll (§ 33 e Rdn. 11 f.). Ein weiterer Unterschied besteht darin, dass die Aufstellung von Spielgeräten in Spielhallen zwar erlaubnispflichtig ist, dort aber – anders als bei Spielbanken – ein Rechtsanspruch auf Erteilung der Erlaubnis besteht (§ 33 c Rdn. 30). Diese Unterschiede rechtfertigen die unterschiedliche steuerliche Behandlung hinsichtlich der Vergnügungssteuer (ähnlich schon *BFHE* 160, 61 [67]). Hinzu kommt, dass ein Vergleich der steuerlichen Belastung, der nur auf die Vergnügungssteuer und nicht auf die im Ergebnis eintretende Belastungswirkung aller Steuern abstellt, zu kurz greift (*BFH* Beschluss vom 27. 11. 2009 – II B 102/09, juris Rdn. 49).

32 Fraglich ist, ob die unterschiedliche vergnügungssteuerliche Behandlung von Spielbanken und Spielhallen mit **Unionsrecht** vereinbar ist. Der *EuGH* hat zwar die unterschiedliche Besteuerung von Glücksspielen bereits gebilligt (siehe etwa *EuGH*, Urteil vom 10. 6. 2010 – C-58/09 [*Leo-Libera*], dort Tz. 39), verlangt aber, dass miteinander im Wettbewerb stehende Leistungen – jedenfalls mit Blick auf die **Umsatzsteuer** – steuerlich nicht unterschiedlich behandelt werden dürfen.

33 Dementsprechend sah der EuGH einen Verstoß gegen den Grundsatz der steuerlichen Neutralität in der unterschiedlichen Besteuerung von Umsätzen aus Glücksspielgeräten der öffentlichen Spielbanken und der gewerblichen Glücksspielanbieter (*EuGH* EuZW 2005, 210 [211]; zur Vorlagefrage *BFHE* 200, 149 [154]). In seiner Entscheidung ging der EuGH nicht weiter auf die Frage der Vergleichbarkeit der in Spielbanken und anderen Orten wie gewerblichen Spielhallen oder Gaststätten aufgestellten Spielgeräte ein (dazu *BFHE* 200, 149 [154]). Vielmehr unterstellte der EuGH die Gleichartigkeit der betriebenen Glücksspielgeräte (*EuGH* EuZW 2005, 210 [211]; kritisch *Dziadkowski* UR 2005, 482 [485]; *Kahle* ZfWG 2006, 45 [50]). Zu berücksichtigen ist indes, dass europarechtlich bereits ein potenzielles Wettbewerbsverhältnis genügt. Der EuGH konnte daher auf die rein rechtliche Situation, die es den Spielbanken ermöglicht, auch solche Spiele zu veranstalten, die in Gaststätten und Spielhallen angeboten werden, abstellen (*Birk/Jahndorf* UR 2005, 198 [199]; *Leonard/Szczekalla* UR 2005, 420 [422]; *Thym/Heckeler* EuZW 2005, 212 f.). Mit der Änderung des § 4 Nr. 9 lit. b S. 1 UStG hat der nationale Gesetzgeber auf die Rechtsprechung des EuGH reagiert und nunmehr auch das Spiel in den Spielbanken der Umsatzsteuer unterworfen (dazu *Dziadkowski* DStR 2006, 1678 ff.; *Kahle* ZfWG 2006, 45 [51]).

Trotz dieser Rechtsprechung des EuGH zur Umsatzsteuer sieht die Rechtsprechung in der kommunalen Vergnügungssteuer keinen Verstoß gegen Unionsrecht (*BFH* BFH/NV 2010, 692 [698]; *BVerwG*, Beschluss vom 10. 6. 2010 – 9 BN 3/09, juris Rdn. 4; im Ergebnis ebenso *NdsOVG* NVwZ-RR 2009, 350 [351]) und stellt dabei u. a. darauf ab, dass die Spielvergnügungssteuer keine Umsatzsteuer ist. 34

§ 33c Spielgeräte mit Gewinnmöglichkeit

(1) **¹Wer gewerbsmäßig Spielgeräte, die mit einer den Spielausgang beeinflussenden technischen Vorrichtung ausgestattet sind, und die die Möglichkeit eines Gewinnes bieten, aufstellen will, bedarf der Erlaubnis der zuständigen Behörde. ²Die Erlaubnis berechtigt nur zur Aufstellung von Spielgeräten, deren Bauart von der Physikalisch-Technischen Bundesanstalt zugelassen ist. ³Sie kann mit Auflagen, auch im Hinblick auf den Aufstellungsort, verbunden werden, soweit dies zum Schutze der Allgemeinheit, der Gäste oder der Bewohner des jeweiligen Betriebsgrundstücks oder der Nachbargrundstücke oder im Interesse des Jugendschutzes erforderlich ist; unter denselben Voraussetzungen ist auch die nachträgliche Aufnahme, Änderung und Ergänzung von Auflagen zulässig.**

(2) **¹Die Erlaubnis ist zu versagen, wenn Tatsachen die Annahme rechtfertigen, daß der Antragsteller die für die Aufstellung von Spielgeräten erforderliche Zuverlässigkeit nicht besitzt. ²Die erforderliche Zuverlässigkeit besitzt in der Regel nicht, wer in den letzten drei Jahren vor Stellung des Antrages wegen eines Verbrechens, wegen Diebstahls, Unterschlagung, Erpressung, Hehlerei, Betruges, Untreue, unerlaubter Veranstaltung eines Glücksspiels, Beteiligung am unerlaubten Glücksspiel oder wegen Vergehens nach § 12 des Jugendschutzgesetzes rechtskräftig verurteilt worden ist.**

§ 33c

(3) ¹Der Gewerbetreibende darf Spielgeräte im Sinne des Absatzes 1 nur aufstellen, wenn ihm die zuständige Behörde schriftlich bestätigt hat, daß der Aufstellungsort den auf der Grundlage des § 33 f Abs. 1 Nr. 1 erlassenen Durchführungsvorschriften entspricht. ²Sollen Spielgeräte in einer Gaststätte aufgestellt werden, so ist in der Bestätigung anzugeben, ob dies in einer Schank- oder Speisewirtschaft oder in einem Beherbergungsbetrieb erfolgen soll. ³Gegenüber dem Gewerbetreibenden und demjenigen, in dessen Betrieb ein Spielgerät aufgestellt worden ist, können von der zuständigen Behörde, in deren Bezirk das Spielgerät aufgestellt worden ist, Anordnungen nach Maßgabe des Absatzes 1 Satz 3 erlassen werden.

Literatur: *M. Bahr*, Glücks- und Gewinnspielrecht, 2. Auflage 2007; *H. Dahs/A. Dierlamm*, Unterhaltungsautomaten ohne Gewinnmöglichkeit mit Ausgabe von Weiterspielmarken – unerlaubtes Glücksspiel?, GewArch 1996, 272 ff.; *H. Diegmann/C. Hoffmann/W. Ohlmann*, Praxishandbuch für das gesamte Spielrecht, 2008; *J. Dietlein/F. Hüsken*, in: Dietlein/Hecker/Ruttig, Glücksspielrecht, 2008, §§ 33 c ff. GewO; *J. Ennuschat*, Zur Unterscheidung der Glücksspiele von Geschicklichkeitsspielen, in: Ennuschat/Geerlings/Mann/Pielow, Wirtschaft und Gesellschaft im Staat der Gegenwart, Gedächtnisschrift für Peter J. Tettinger, 2007, S. 41 ff.; *H.-J. Odenthal*, Rechtsfragen der Geeignetheitsbestätigung nach § 33 c Abs. 3 GewO, GewArch 1988, 183 ff.; *ders.*, Die Strafbarkeit der regelwidrigen Veranstaltung gewerberechtlich erlaubter Spiele, GewArch 1989, 222 ff.; *ders.*, Virtuelle Geldspielgeräte im Internet, GewArch 2006, 58 ff.; *ders.*, Das gewerbliche Spielrecht, in: Gebhardt/Grüsser-Sinopoli, Glücksspiel in Deutschland, 2008, S. 399 ff.; *Chr. Schmitt*, Geldspielgeräte im Internet – nicht erlaubnisfähig nach der GewO, verboten durch den GlüStV?, ZfWG 2010, 235 ff.; *M. Schulze-Werner*, Zulässigkeit von Nebenbestimmungen im Bereich der genehmigungsbedürftigen, stehenden Gewerbe (§§ 30 bis 34, 36 GewO), GewArch 2004, 9 ff.; *G. Spindler*, Online-Spiele auf dem Prüfstand des Gewerberechts. Zur Anwendbarkeit der §§ 33 c, 33 d GewO auf Online-Spiele, K&R 2010, 450 ff.

Übersicht

Rdn.

I. Gegenstand der Erlaubnispflicht (Abs. 1 S. 1) 1
  1. Gewerbsmäßigkeit 3
  2. Spielgerät 7
    a) Technische Vorrichtung 8
    b) Gewinnmöglichkeit 10
    c) Online-Spiele 18
    d) Handy-Spiele 19
  3. Aufstellen 20
II. Erlaubnis (§ 33 c I 1– 3) 23
  1. Inhaber der Erlaubnis 23
  2. Inhalt der Erlaubnis (S. 2) 24
  3. Nebenbestimmungen (S. 3) 27
  4. Erteilung, Rücknahme und Widerruf 30
  5. Verhältnis zu anderen Erlaubnis- und Anzeigepflichten ... 32
III. Persönliche Versagungsgründe (Abs. 2) 33
  1. Unzuverlässigkeit (S. 1) 35
  2. Regelbeispiele (S. 2) 38
    a) Straftatenkatalog 39
    b) Rechtskräftige Verurteilung 41

Spielgeräte mit Gewinnmöglichkeit § 33c

    c) Drei-Jahres-Frist 42
    d) Regelfall 46
IV. Bestätigung (Abs. 3) 48
   1. Zweck der Bestätigung 49
   2. Rechtsnatur der Bestätigung 50
   3. Inhalt der Bestätigung 52
     a) Eignung des Aufstellungsortes (S. 1 und 2) 52
     b) Nebenbestimmungen (S. 3) 58
   4. Rücknahme und Widerruf einer Bestätigung 64
   5. Behördliches Einschreiten bei fehlender Bestätigung 65
V. Rechtsfolgen bei Pflichtverletzungen 66

I. Gegenstand der Erlaubnispflicht (Abs. 1 S. 1)

Die Erlaubnispflicht nach § 33 c I 1 betrifft nur bestimmte Spielgeräte und **1** nur deren gewerbsmäßiges Aufstellen. Aber auch bei fehlender Gewerbsmäßigkeit kann durch eine auf § 33 g Nr. 2 gestützte Rechtsverordnung die Erlaubnispflichtigkeit angeordnet werden (näher § 33 g Rdn. 4).

Nach früherer Rechtslage waren Geldspielgeräte in Zügen und auf Grund- **2** stücken der Deutschen Bundesbahn (insb. in **Bahnhofsgaststätten**) nicht von § 33 c erfasst (vgl. § 6 S. 1 a. F.). Durch das EisenbahnneuordnungsG v. 27. 12. 1993 (BGBl. I S. 2378) wurde diese Sonderbestimmung gestrichen, sodass seitdem Geldspielgeräte in Bahnhöfen und Bahnhofsgaststätten der Regelung der §§ 33 c ff. unterliegen (dazu *Freise/Wittenberg* GewArch 1996, 353 [358]).

1. Gewerbsmäßigkeit

Gewerbsmäßigkeit setzt die Absicht fortgesetzter Gewinnerzielung voraus **3** (näher § 1 Rdn. 12 ff.).

Nicht gewerbsmäßig ist etwa die Nutzung eines Spielgerätes durch einen **4** Verein im Rahmen eines Vereinsfestes zu wohltätigen Zwecken (*Marcks*, in: Landmann/Rohmer I, § 33 c Rdn. 9). Dies gilt aber nur dann, wenn tatsächlich wohltätige und nicht nur schlicht gemeinnützige Zwecke verfolgt werden und zudem die Tätigkeit sich zeitlich und quantitativ in engen Grenzen hält (*HessVGH* GewArch 1991, 343 [344]).

Gewerbsmäßigkeit bejaht wurde so bei der Aufstellung von 10 – 15 **5** Geldspielgeräten durch einen gemeinnützigen Verein, der durch die Gewinne eine Finanzkrise bewältigen, insb. mit ihnen die Miete der Vereinsräume und die Leasing-Raten für Billardtische bestreiten wollte. Dem stand nicht entgegen, dass nur Vereinsmitglieder an den Geräten spielten, da jedermann schnell und ohne Hinderungsgründe Mitglied werden konnte (*HessVGH* GewArch 1991, 343 [344]). Gewerbsmäßigkeit liegt ferner vor, wenn ein Verein bewusst die Gewinnerzielung Dritter bzw. der Vorstandsmitglieder fördert (*BayVGH* GewArch 1979, 373 [374]).

Auch bei fehlender Gewerbsmäßigkeit sind landesrechtliche Regelungen **6** (näher *Marcks*, in: Landmann/Rohmer I, § 33 c Rdn. 9) und gegebenenfalls § 33 g Nr. 2 (dort Rdn. 4) zu beachten.

§ 33 c

Titel II. Stehendes Gewerbe

2. Spielgerät

7 Erfasst werden nur bestimmte Spielgeräte. Ein einschlägiges Spielgerät muss erstens mit einer den Spielausgang beeinflussenden technischen Vorrichtung ausgestattet sein und zweitens die Möglichkeit eines Gewinns bieten. Der Gesetzeswortlaut verlangt nicht die Entgeltlichkeit des Spiels (*Pfeifer/Fischer* GewArch 2002, 232 [234]).

8 **a) Technische Vorrichtung.** Die – mechanische oder elektronische – technische Vorrichtung muss den Spielausgang (und damit Gewinn und Verlust) beeinflussen, d. h. neben den allgemeinen physikalischen Gesetzen einen eigengesetzlichen Ablauf entwickeln und damit selbstwirkend den Spielerfolg ausschlaggebend beeinflussen können (*BVerwG* NJW 1960, 1684 [1685]; BVerwGE 25, 204 [205]; *Odenthal* GewArch 1989, 222 [223]). Unschädlich ist die Möglichkeit der Beeinflussung *auch* durch den Spieler (z. B. Stopp-Taste), sofern Gewinn und Verlust nicht entscheidend von dessen Geschicklichkeit abhängen (so auch *Meßerschmidt,* in: BeckOK, § 33 c Rdn. 4; *Dietlein/ Hüsken,* in: Dietlein/Hecker/Ruttig, Glücksspielrecht, 2008, § 33 c GewO Rdn. 4; *Diegmann/Hoffmann/Ohlmann* Praxishandbuch für das gesamte Spielrecht, 2008, S. 91). Es muss sich also um ein **Glücksspielgerät** handeln (*Marcks,* in: Landmann/Rohmer I, § 33 c Rdn. 4; **a. A.** *Schumacher* Eindämmung des Spielhallengewerbes, 1997, S. 15: Es komme nicht auf die Unterscheidung zwischen Geschicklichkeit und Zufall an). Bei der **Abgrenzung Glücksspiel-/Geschicklichkeitsspielgerät** ist ein Glücksspiel immer dann anzunehmen, wenn das Geschicklichkeitsmoment nicht eindeutig überwiegt, wie sich aus dem Wortlaut ergibt, der nur ein „beeinflussen" verlangt, nicht etwa ein „bestimmen" oder „maßgeblich beeinflussen" (siehe auch *Ennuschat* GedS Tettinger, 2007, S. 41 [45]; § 33 d Rdn. 4, § 33 h Rdn. 82). Beispiele für Glücksspielgeräte sind etwa Geldspielautomaten oder Glücksräder, nicht aber Tischfußballgeräte oder auch Flippergeräte, soweit bei denen die Geschicklichkeit im Vordergrund steht.

9 Wenn die **Geschicklichkeit** des Spielers maßgeblich für den Spielausgang ist, greift nicht § 33 c. Dann kann es sich entweder um ein erlaubnispflichtiges anderes Spiel i. S. d. § 33 d (näher dort Rdn. 3 ff.) oder um ein erlaubnisfreies Spiel i. S. d. § 5 a SpielV handeln (§ 33 d Rdn. 12; *Diegmann/Hoffmann/ Ohlmann* Praxishandbuch für das gesamte Spielrecht, 2008, S. 91). Kritisch zur gesetzgeberischen Unterscheidung zwischen Glücks- und Geschicklichkeitsspiel *Dickersbach* GewArch 1998, 265 [266].

10 **b) Gewinnmöglichkeit.** Der mögliche Gewinn umfasst Geld- und Sachpreise. Unerheblich ist, wer den Gewinn anbietet (Aufsteller oder andere Person). Ein Sachpreis muss einen geldwerten Vorteil enthalten. Daran fehlt es etwa beim sog. Fotoschießen, bei dem der erfolgreiche Schütze lediglich eine Fotografie von sich erhält (*Marcks,* in: Landmann/Rohmer I, § 33 c Rdn. 6; *Meßerschmidt,* in: BeckOK, § 33 c Rdn. 5.3).

11 Das Erfordernis der „Möglichkeit eines Gewinns" grenzt die Spielgeräte i. S. d. § 33 c von Unterhaltungsspielgeräten ohne Gewinnmöglichkeit (vgl. § 33 i Rdn. 29) ab. Da für die Aufstellung von Spielgeräten i. S. d. § 33 c Höchstgrenzen normiert sind (z. B. max. 12 in einer Spielhalle, § 3 II SpielV), nicht aber für Unterhaltungsspiele ohne Gewinnmöglichkeit, ist in der Praxis der (Umgehungs-)Versuch zu beobachten, Geräte derart auszugestalten, dass sie nicht unter § 33 c fallen sollen. Infolgedessen gibt es eine reichhaltige Judikatur zur Abgrenzung sowie präzisierende Regelungen in der SpielV, die wiederum Auslegungsfragen aufwerfen, welche die Gerichte seit langem beschäftigen. Die Rechtsprechung hat als Geldspielgeräte i. S. d. § 33 c I 1 eingestuft: z. B. sog. **Fun Games**, die mit geldwerten **Token** oder aufladbaren Chipkarten bespielt werden (*BVerwG* GewArch 2006, 123 [124]; ebenso zu Token *HessVGH* GewArch 2005, 255 [256]; *HambOVG* GewArch 2004, 246 [247]; siehe zu den Fun Games auch *Odenthal,* in: Gebhardt/Grüsser-Sinopoli, Glücksspielrecht, S. 399 [405]), und sog. **PEP-Systeme** (*BVerwG* GewArch 2006, 153 [156 f.]; *HambOVG* GewArch 2005, 252 [253]). Siehe zur älteren Rechtsprechung die Nachweise in der Vorauflage unter Rdn. 11 sowie § 33 f Rdn. 11 ff. zur Vereinbarkeit derartiger Spiele mit §§ 6 a, 9 SpielV.

Ausgangspunkt zur **Abgrenzung der Geldspiele mit und ohne Gewinnmöglichkeit** sind zunächst folgende Einsichten des *BVerwG* aus drei grundlegenden Entscheidungen vom 23. 11. 2005 – noch zur alten SpielV (*BVerwG* GewArch 2006, 123 [124 f.]; 153 [156 f.] u. 158 [161 f.]; ebenso zur neuen SpielV *BVerwG* GewArch 2007, 425; *OVG RP* GewArch 2007, 38 f.; siehe zum Ganzen auch z. B. *Diegmann/Hoffmann/Ohlmann* Praxishandbuch für das gesamte Spielrecht, 2008, S. 92): Die „Möglichkeit eines Gewinns" i. S. d. § 33 c besteht, wenn das Gerät dem Spieler die Möglichkeit bietet, seine Vermögenslage durch ein erfolgreiches Spiel zu verbessern. Bei reinen Unterhaltungsspielgeräten besteht diese Möglichkeit nicht; mit dem Einsatz wird hier das Spielendürfen bezahlt. Einen anderen Vorteil erhält der Spieler, abgesehen von Freispielen, nicht. Bei Gewinnspielgeräten erwirbt der Spieler mit seinem Einsatz über die Befugnis zu spielen hinaus die Chance, sein Vermögen gegenüber dem Zeitpunkt unmittelbar nach Leistung des Einsatzes zu vermehren, indem entweder der getätigte Einsatz ganz *oder teilweise* wieder ausgeglichen oder darüber hinaus ein Ertrag erzielt wird. Gewinn im Verständnis des § 33 c bedeutet also nicht, dass dem Spieler nach einer wie auch immer zu definierenden Zeitspanne ein Nettogewinn im Sinne eines Überschusses addierter Einzelgewinne über die addierten Einsätze verbleiben muss. Bei einem Geldspielgerät mit Gewinnmöglichkeit erwirbt der Spieler mit seinem Einsatz damit über die Gelegenheit für ein Spielvergnügen hinaus die Chance auf einen Gewinn. Schon die Chance auf den (zumindest teilweisen) Rückgewinn des Einsatzes bietet dabei den für Gewinnspiele typischen besonderen Spielanreiz.

Ein Gewinnspiel liegt also schon dann vor, wenn das Spiel die Chance eröffnet, irgendeine Geldsumme zu gewinnen. Diese Summe muss den Spieleinsatz nicht erreichen oder übersteigen (so *BVerwG* GewArch 2007, 425 u. GewArch 2006, 123 [124]; *Meßerschmidt,* in: BeckOK, § 33 c Rdn. 5; a. A. die Vorauf. Rdn. 10).

Die Möglichkeit, **Freispiele** zu erlangen, ist dabei nicht als Gewinn zu werten (*BVerwG* GewArch 2006, 123 [124], 153 [157] u. 158 [161]: „abgesehen von Freispielen"]; *BVerwG* GewArch 2007, 425), wohl aber die **Möglichkeit einer Spielzeitverlängerung**, wenn die Aussicht auf den Gewinn

§ 33 c Titel II. Stehendes Gewerbe

in Form einer Spielzeitverlängerung (z. B. durch ein Punktesystem) das Spielgeschehen prägt (*BVerwG* GewArch 2007, 425; *VGH BW* Gemeindetag BW 2008, 106 [107]; *OVG NRW* Beschluss vom 2. 3. 2007 – 4 B 2758/06, juris Rdn. 20, 23 = DVBl. 2007, 519 Ls.; *SächsOVG* ZfWG 2008, 46 [47]; a. A. *Marcks*, in: Landmann/Rohmer I, § 33 c Rdn. 6; *Meßerschmidt*, in: BeckOK, § 33 c Rdn. 5). Während ein Freispiel ein vom zunächst begonnenen Spiel unterscheidbares neues Spiel ist, ist die Spielzeitverlängerung integraler Bestandteil des einmal begonnenen Spiels (*OVG NRW* NVwZ-RR 2007, 390 [391]; Beschluss vom 2. 3. 2007 – 4 B 2758/06, juris Rdn. 23 = DVBl. 2007, 519 Ls.; siehe auch *VGH BW* NVwZ-RR 2008, 461 [462]). Die Einbindung der Spielzeitverlängerung in das Spiel wird etwa deutlich, wenn der Spieleinsatz zu einem bestimmten Punktestand führt, der einerseits im Spiel durch Zeitablauf abgebaut wird, während andererseits im Laufe des Spiels kontinuierlich neue Punkte erworben werden können und das Spiel erst beendet ist, wenn der Punktevorrat völlig verbraucht ist (vgl. *SächsOVG* ZfWG 2008, 46 f.). Die Möglichkeit einer Spielverlängerung führt also zur Einstufung als Geldspielgerät mit Gewinnmöglichkeit i. S. d. § 33 c I (*OVG NRW* Beschluss vom 2. 3. 2007 – 4 B 2758/06, juris Rdn. 17 ff. = DVBl. 2007, 519 Ls.; ähnlich *BVerwG* GewArch 2007, 425).

15 Um Grauzonen auszuschließen (*HessVGH* GewArch 2007, 290 [291]; in diesem Sinne auch *Marcks*, in: Landmann/Rohmer I, § 33 c Rdn. 6 a), bestimmt § 6 a S. 1 lit. a SpielV, dass Spielgeräte ohne Bauartzulassung (also insb. Unterhaltungsspiele ohne Gewinnmöglichkeit) verboten sind, „wenn diese als Gewinn Berechtigungen zum Weiterspielen ... anbieten" (siehe auch § 33 f Rdn. 11 ff.). Gem. § 6 a S. 3 SpielV sind immerhin max. sechs Freispiele zulässig, die ausschließlich in unmittelbarem zeitlichen Anschluss an das entgeltliche Spiel abgespielt werden. Strittig ist, ob ein Punktesystem, das ein Weiterspielen lediglich in einem Umfang ermöglicht, der sechs Freispielen i. S. d. § 6 S. 3 SpielV entspricht, zulässig ist (bejahend *Odenthal* ZfWG 2006, 286 [288]; verneinend *OVG NRW* NVwZ-RR 2007, 390 f.; offen lassend *SächsOVG* ZfWG 2008, 46 [47]). Wegen des skizzierten Unterschiedes zwischen Freispielen und Spielzeitverlängerung (Rdn. 12) und unter Zugrundelegung der Annahme, dass gerade das kontinuierliche Ansammeln von Punkten den Reiz zum Weiterspielen intensiviert und deshalb das mit dem Spiel generell verbundene Gefahrenpotenzial (insb. Suchtgefahren) vergrößert, spricht viel dafür, auf ein solches Punktesystem § 6 a S. 3 SpielV nicht anzuwenden.

16 Für die Einstufung als Spielgerät mit Gewinnmöglichkeit ist es im Übrigen nicht nötig, dass der Gewinn unmittelbar am Gerät in Geld ausgeschüttet wird; es genügt, dass – z. B. unter Zwischenschaltung von Wertmarken oder durch Ablesen einer Anzeige auf dem Gerät – ihn der Geräteaufsteller oder ein Dritter auszahlt (*SächsOVG* Beschluss vom 4. 10. 2007 – 3 BS 128/06, juris Rdn. 10; vgl. *Hahn*, in: Friauf, § 33 c Rdn. 6). Solche Geräte unterfallen daher § 33 c, sind aber wegen § 13 I Nr. 7 SpielV nicht erlaubnisfähig.

17 Wenn ein Gewinnspielgerät technisch dauerhaft umgerüstet wird, um fortan die Gewinnmöglichkeit zu beseitigen, muss neu geprüft werden, ob es weiterhin ein Gerät ist, das unter § 33 c fällt (*OVG NRW* NVwZ-RR 2007, 390 u. 522; zum Erfordernis der Dauerhaftigkeit auch *OVG RhPf.*

GewArch 2007, 38 [39]; *VG Dresden* GewArch 2006, 476 [477]); etwas anderes gilt, wenn die Umrüstung jederzeit revisibel ist – dann bleibt es ein Gewinnspielgerät (*OVG Nds.* GewArch 2007, 205).

c) Online-Spiele. Ein **Internet-Terminal** kann Spielgerät i. S. d. § 33 c **18** sein (*Hahn*, in: Friauf, § 33 c Rdn. 4; *Odenthal* GewArch 2006, 58 [59]). Hiervon zu unterscheiden sind über das Internet betriebene Spiele (z. B. in **Online-Spielhallen**; vgl. zu diesen § 33 i Rdn. 20), die am privaten PC gespielt werden. Selbst wenn diese gewerblich angeboten, aber am privaten PC genutzten Internet-Spiele sich in ihrer Gestaltung an stationären Spielgeräten orientieren, werden sie von § 33 c nicht erfasst (*OVG Nds.* ZfWG 2010, 430 [434]; *OVG LSA* GewArch 2006, 163 f.; *AG Wiesbaden* GewArch 2005, 485; *Hahn*, in: Friauf, § 33 c Rdn. 4; *Hüsken* GewArch 2010, 336 [343]; *Odenthal* GewArch 2006, 58 [59]; *Postel* ZfWG 2009, 246 [247 f.]; *Schmitt* ZfWG 2010, 235 [236 f.]; *Spindler* K&R 2010, 450 [454]; *Bund-Länder-Ausschuss „Gewerberecht"*, zit. nach *Kopp/Schönleiter* GewArch 2003, 361 [363]). Dies folgt schon aus dem Begriff „Spiel*gerät*", dem eine gegenständliche Komponente eigen ist, ferner aus dem Merkmal „aufstellen", worunter zunächst die räumliche Positionierung zu verstehen ist (vgl. *Postel* ZfWG 2009, 246 [248]; *Schmitt* ZfWG 2010, 235 [236]; siehe zur weiteren Ausfüllung des Begriffs „aufstellen" Rdn. 20, 22). Bei Online-Spielen wird es sich zumeist um Glücksspiele i. S. d. § 284 StGB handeln (*OVG LSA* GewArch 2006, 163 mit Anm. *von Coelln* jurisPR-ITR 3/2006 Anm. 6; *Schmitt* ZfWG 2010, 235 [238]; a. A. *AG Wiesbaden* GewArch 2005, 485: erlaubnisfreies Glücksspiel). Sie unterfallen daher § 33 h Nr. 3 und damit Landesrecht, welches in § 4 IV GlüStV (i. V. m. den Zustimmungs- und Umsetzungsgesetzen der Länder) bestimmt, dass das Veranstalten öffentlicher Glücksspiele im Internet generell verboten ist. Wenn § 284 StGB nicht greift, ist § 33 d anwendbar (dort Rdn. 3; so auch *Hahn*, in: Friauf, § 33 c Rdn. 4).

d) Handy-Spiele. Für das Bespielen virtueller Spielautomaten via Tele- **19** kommunikation (insb. Mobiltelefonie) ist § 33 c ebenfalls nicht anwendbar. Zur Frage, ob § 33 d greift, siehe dort Rdn. 16. Zu Telefon-Gewinnspielen i. S. d. § 8 a RStV siehe § 33 h Rdn. 26 ff.

3. Aufstellen

Erlaubnispflichtig ist nicht schon das Aufstellen i. S. d. räumlichen Positio- **20** nierung der Spielgeräte, sondern erst der beabsichtigte Betrieb der positionierten Spielgeräte. Erlaubnispflichtiger Aufsteller ist derjenige, welcher für das Gerät (oder die Geräte) das Unternehmerrisiko trägt (*Diegmann/Hoffmann/Ohlmann* Praxishandbuch für das gesamte Spielrecht, 2008, S. 93). Besitz an den Aufstellungsräumen oder Eigentum am Gerät ist nicht notwendig. Eine bloße Umsatzbeteiligung begründet keine Mitunternehmerposition. Wenn also ein Gastwirt gegen Gewinnbeteiligung dem A die Aufstellung von Spielgeräten gestattet, die dieser vom Eigentümer der Geräte B gemietet hat, erfüllt lediglich A das Merkmal „aufstellen" i. S. d. § 33 c I 1 (ebenso *Hahn*, in: Friauf, § 33 c Rdn. 9).

§ 33c   Titel II. Stehendes Gewerbe

21   Zum Mit-Aufsteller wird der Gastwirt erst dann, wenn er nicht nur am Gewinn beteiligt wird, sondern darüber hinaus auch am Risiko, also z. B. an den Investitions-, Reparatur- oder Mietkosten. Im Falle der Mitunternehmer- bzw. Mitaufstellerschaft sind beide erlaubnispflichtig.

22   Der Begriff „aufstellen" darf nicht nur auf den rein tatsächlichen Vorgang des Verbringens von Spielgeräten an Ort und Stelle bezogen werden, sondern betrifft auch das spätere Betreiben von Geräten (*Thür. OLG* GewArch 2000, 486 f.; *Marcks*, in: Landmann/Rohmer I, § 33 c Rdn. 8). Aufsteller ist daher auch, wer ein bereits installiertes Gerät erwirbt und weiter betreibt (*BayObLG* GewArch 1960, 159; *OLG Düsseldorf* NJW 1959, 1936; *Dietlein/Hüsken*, in: Dietlein/Hecker/Ruttig, Glücksspielrecht, 2008, § 33 c GewO Rdn. 6).

II. Erlaubnis (§ 33 c I 1– 3)

1. Inhaber der Erlaubnis

23   Inhaber der Erlaubnis kann nur eine natürliche oder juristische Person sein (*Marcks*, in: Landmann/Rohmer I, § 33 c Rdn. 13). Bei Personengesellschaften (oHG, KG) bedarf jeder der geschäftsführenden Gesellschafter einer gesonderten Erlaubnis (*VG Düsseldorf* GewArch 1983, 222 [223]; vgl. oben § 1 Rdn. 37, § 14 Rdn. 77). Bei einer GmbH muss diese und nicht der Geschäftsführer die Erlaubnis besitzen (*HambOVG* GewArch 2004, 299). Die Erlaubnis ist personengebunden und nicht übertragbar. Es bedarf daher einer neuen Genehmigung, wenn ein bereits installiertes Gerät durch einen anderen übernommen wird (*Hahn*, in: Friauf, § 33 c Rdn. 7). Zur möglichen Bestellung eines Stellvertreters siehe §§ 45, 47.

Bei **Gewerbetreibenden aus einem anderen EU-/EWR-Staat** ist zu beachten, dass § 13 a (dort Rdn. 8) und § 13 b (§ 13 b III, dort Rdn. 22) nicht anwendbar sind.

2. Inhalt der Erlaubnis (S. 2)

24   Die Erlaubnis gilt allgemein, d. h. für die Aufstellung nicht nur eines einzelnen Gerätes, sondern beliebig vieler im Geltungsbereich der GewO. Dabei gelten jedoch zwei Einschränkungen:

25   Erstens berechtigt die Erlaubnis gem. § 33 c I 2 nur zur Aufstellung von Spielgeräten, deren Bauart von der Physikalisch-Technischen Bundesanstalt zugelassen ist. Die Zulassung betrifft also nicht das einzelne Spielgerät, sondern die Bauart, d. h. die Gattung. Die Einzelheiten der **Bauartzulassung** werden durch § 33 e geregelt (näher dort Rdn. 2 ff.). Dabei ist die PTB nur zuständig, die Zulassungsprüfung durchzuführen und die Zulassung zu erteilen oder zu versagen, nicht aber zuständig für die Beurteilung der Frage, ob das Gerät in den Anwendungsbereich des § 33 c fällt (*HessVGH* GewArch 2007, 290 [291]; *OVG NRW* NVwZ-RR 2007, 522; *VG Dresden* GewArch 2006, 476; *Odenthal* ZfWG 2006, 286 [289]).

26   Und zweitens ist vor der Aufstellung von Automaten an einem bestimmten Platz noch die **Bestätigung** gem. Abs. 3 nötig (unten Rdn. 48).

Spielgeräte mit Gewinnmöglichkeit § 33c

3. Nebenbestimmungen (S. 3)

§ 33 c I 3 sieht die Möglichkeit von **Auflagen** vor, die mit der Erlaubnis 27
verbunden werden, wobei die Auflagen auch geändert, ergänzt oder nachträglich hinzugefügt werden können. § 33 c I 3 knüpft an § 36 I 1.Var. VwVfG an und lässt Auflagen zu bestimmten Zwecken zu (näher Rdn. 59 ff.); denkbar – aber kaum praxisrelevant – sind gem. § 36 I 2. Var. VwVfG unter den dort genannten Voraussetzungen auch sonstige Auflagen und die weiteren Nebenbestimmungen. Siehe umfassend *Schulze-Werner* GewArch 2004, 9 ff.

Die möglichen Zwecke einer Auflage i. S. d. § 33 c I 3 sind abschließend – 28
aber weit gefasst – aufgezählt: Schutz der Allgemeinheit, der Gäste, der Bewohner des jeweiligen Betriebsgrundstückes oder der Nachbargrundstücke und Jugendschutz. Nach Sinn und Zweck der Vorschrift ist es aber darüber hinaus möglich, Nebenbestimmungen zu erlassen, durch welche die tatbestandlichen Voraussetzungen für einen nach § 33 c I erlaubten Spielhallenbetrieb erst geschaffen bzw. wiederhergestellt werden (*VGH BW* GewArch 2003, 248 ff.; a. A. *VG Darmstadt* GewArch 2004, 124: analoge Anwendung des § 15 II 1 GewO); die Nebenbestimmung stellt insoweit das mildere und damit dem Verhältnismäßigkeitsgrundsatz entsprechende Mittel gegenüber der Versagung bzw. dem Widerruf der Erlaubnis dar. Der Gesetzestext hebt hervor, dass die Auflagen auch den Aufstellungsort betreffen können. Zu beachten ist aber, dass die Erlaubnis nach § 33 c I 1 sich auf die Person des Aufstellers und nicht auf ein einzelnes Gerät und seinen Aufstellungsort bezieht (oben Rdn. 23 f.). Auch die Auflage kann daher nicht die konkreten Verhältnisse eines einzelnen Aufstellungsortes in den Blick nehmen. In Betracht kommen also nur **generelle Auflagen,** etwa dergestalt, dass jedes Gerät so aufgestellt werden muss, dass dessen Benutzung vom Gastwirt etc. jederzeit kontrolliert werden kann, um so die gem. § 6 II JuSchG verbotene Nutzung durch Kinder oder Jugendliche zu verhindern. Sollen konkrete Umstände der Aufstellung eines bestimmten Gerätes geregelt werden, ist eine Anordnung nach § 33 c III 3 zu treffen (*Marcks*, in: Landmann/Rohmer I, § 33 c Rdn. 18; *Diegmann/Hoffmann/Ohlmann* Praxishandbuch für das gesamte Spielrecht, 2008, S. 96).

Die Auflagen müssen schließlich erforderlich sein, also den Anforderungen 29
des Verhältnismäßigkeitsgebotes genügen. Zum Verhältnis zu § 33 i I 2 siehe dort Rdn. 37 und *Gallwas* GewArch 1993, 41 (45).

4. Erteilung, Rücknahme und Widerruf

Liegen keine Versagungsgründe vor (unten Rdn. 33 ff.), hat der Antragstel- 30
ler einen **Anspruch** auf Erteilung der Erlaubnis. Diese Erlaubnis (**Verwaltungsakt**) ist gem. § 33 c I 1 von der zuständigen (§ 155 II) Behörde zu erteilen, und zwar – trotz des insoweit offenen Wortlauts – **schriftlich** (*Marcks*, in: Landmann/Rohmer I, § 33 c Rdn. 31). Nur so kann der Gewerbetreibende seiner Pflicht genügen, den Erlaubnisbescheid zur Einsichtnahme bereitzuhalten (§ 6 II 2 SpielV).

Die Erlaubnis kann gem. § 48 VwVfG zurückgenommen und gem. § 49 31
VwVfG widerrufen werden. Als Widerrufsgrund kommt insb. die Nichterfüllung einer Auflage in Betracht (§ 49 II Nr. 2 VwVfG).

§ 33c

5. Verhältnis zu anderen Erlaubnis- und Anzeigepflichten

32 Die Erlaubnis nach § 33 c I steht neben anderen Erlaubnissen, wird also etwa von einer Erlaubnis nach § 33 a oder § 33 i nicht mit umfasst (vgl. *OLG Celle* GewArch 1969, 225 [226]). Von der personenbezogenen Erlaubnis nach § 33 c I ist die zusätzlich erforderliche Bestätigung gem. Abs. 3 zu unterscheiden (dazu unten Rdn. 48 ff.). Unberührt von § 33 c bleibt die Anzeigepflicht nach § 14 I, III.

III. Persönliche Versagungsgründe (Abs. 2)

33 Der Antragsteller hat einen **Rechtsanspruch** auf Erteilung der Erlaubnis, sofern nicht der Versagungsgrund des § 33 c II vorliegt. Versagungsgrund ist die Unzuverlässigkeit des Aufstellers. Irrelevant ist – anders als bei § 33 d III – eine eventuelle Unzuverlässigkeit desjenigen, in dessen Räumen die Geräte aufgestellt werden; etwas anderes gilt freilich dann, wenn der Aufsteller dadurch unzuverlässig wird, dass er Räume eines Unzuverlässigen nutzt.

34 Vor dem Hintergrund der Berufs- und Gewerbefreiheit des Art 12 I GG stellt sich die Erlaubnispflicht als eine Berufswahlregelung dar, wobei es sich um eine **subjektive Zulassungsvoraussetzung** handelt (*Marcks*, in: Landmann/Rohmer I, § 33 c Rdn. 12; näher zur verfassungsrechtlichen Rechtfertigung von Berufszulassungsschranken siehe Einl. Rdn. 77 f.). Bei **Gewerbetreibenden aus einem anderen EU-/EWR-Staat** ist zu beachten, dass § 13 b nicht anwendbar ist (oben Rdn. 23).

1. Unzuverlässigkeit (S. 1)

35 Die Erlaubnis ist zu versagen, wenn Tatsachen die Annahme rechtfertigen, dass der Antragsteller die für die Aufstellung von Spielgeräten erforderliche Zuverlässigkeit nicht besitzt. In vielen Fällen muss auf S. 1 nicht zurückgegriffen werden, weil bereits ein Regelbeispiel nach S. 2 vorliegt (näher Rdn. 38 ff.).

36 Wenn keines dieser Regelbeispiele verwirklicht ist, bleibt die Möglichkeit einer Unzuverlässigkeit nach S. 1. Zum Begriff der Zuverlässigkeit siehe § 35 Rdn. 27 ff. Unzuverlässig ist etwa ein Spielhallenbetreiber, der nicht verhindert, dass sich die Drogenszene in der Spielhalle einnistet und verfestigt (*HessVGH* GewArch 1992, 336 [337]), oder ein Aufsteller, der über einen längeren Zeitraum seine steuerlichen Pflichten nicht erfüllt (*BVerwG* GewArch 1995, 111).

37 Unzuverlässigkeit kann in besonders gelagerten Fällen auch dann zu bejahen sein, wenn der Normbereich eines Regelbeispiels betroffen ist, dessen Voraussetzungen jedoch gerade nicht erfüllt sind, so wenn nur eine nicht in S. 2 genannte Straftat oder nur eine Ordnungswidrigkeit nach § 28 JuSchG (also kein „Vergehen", zum Straftatbestand des § 27 JuSchG siehe Rdn. 40) verwirklicht ist. Die Tat muss aber auf eine Unzuverlässigkeit schließen lassen, die sich auf den die Aufstellung von Spielgeräten betreffenden konkreten Gefahrenbereich bezieht. Sie muss ferner ein erhebliches Gewicht aufweisen, welches dem Gewicht eines verwirklichten Regelbeispieles gleichkommt.

Spielgeräte mit Gewinnmöglichkeit **§ 33c**

Entsprechendes gilt bei einer länger als drei Jahre zurückliegenden Verurteilung, die über S. 1 u. U. berücksichtigt werden kann. Insoweit ist aber § 52 I Nr. 4 BZRG abschließende Ausnahme zu § 51 BZRG, da nur § 33 c II 2 als lex specialis zu werten ist, nicht aber § 33 c II 1 (näher unten Rdn. 45).

2. Regelbeispiele (S. 2)

S. 2 führt beispielhaft Voraussetzungen auf, bei denen Unzuverlässigkeit 38 des Antragstellers im Regelfall vorliegt.

a) Straftatenkatalog. Die Regelbeispiele erfordern zunächst das Vorlie- 39 gen einer bestimmten Straftat. Relevant sind zum einen alle **Verbrechen.** Verbrechen sind gem. § 12 I StGB rechtswidrige Taten, die im Mindestmaß mit Freiheitsstrafe von einem Jahr oder darüber bedroht sind, wobei gem. § 12 III StGB Schärfungen oder Milderungen, die nach den Vorschriften des Allgemeinen Teils des StGB oder für besonders schwere oder minder schwere Fälle vorgesehen sind, für die Einordnung als Verbrechen außer Betracht bleiben (näher *Fischer* StGB, 58. Aufl. 2011, § 12 Rdn. 9 ff.).

Zur Unzuverlässigkeit führen zum anderen **bestimmte Vergehen**, welche 40 sämtlich einen gewissen Bezug zur Tätigkeit eines Geldspielgeräteaufstellers aufweisen: Diebstahl, Unterschlagung, Hehlerei, Betrug, Untreue, unerlaubte Veranstaltung eines Glücksspiels oder Beteiligung an einem solchen, Vergehen nach § 27 JuSchG (der an die Stelle des im Versagungsgrund genannten § 12 JÖSchG tritt: § 12 I-III JÖSchG betraf Ordnungswidrigkeiten [heute: § 28 JuSchG], § 12 IV JÖSchG eine Straftat [heute: § 27 JuSchG], näher § 33 d Rdn. 41). Für das Vorliegen eines Regelbeispiels irrelevant sind sonstige Straftaten oder Ordnungswidrigkeiten, insb. auch solche nach § 28 I JuSchG. Sonstige Straftaten oder Ordnungswidrigkeiten können gleichwohl – auch ohne Erfüllung eines Regelbeispiels – zur Unzuverlässigkeit des Antragstellers i. S. d. § 33 c II 1 führen (siehe Rdn. 37).

b) Rechtskräftige Verurteilung. Allein maßgeblich für das Vorliegen 41 eines Regelbeispiels ist der Schuldspruch im rechtskräftigen Strafurteil. Einer rechtskräftigen Verurteilung durch Strafurteil steht ein rechtskräftiger Strafbefehl gleich (§ 410 III StPO). Unerheblich sind Strafmaß und Strafaussetzung zur Bewährung. Selbst bei einer geringen Geldstrafe oder Bewährungsstrafe liegen die Voraussetzungen des Regelbeispiels zunächst vor; eine andere Frage ist, ob dann Unzuverlässigkeit ausnahmsweise nicht indiziert ist (unten Rdn. 46). An einer Verurteilung fehlt es in den Fällen der §§ 153 ff. StPO, ferner bei einer Verwarnung mit Strafvorbehalt oder bei einem Absehen von Strafe (§§ 59 ff. StGB).

c) Drei-Jahres-Frist. Die Frist beginnt nicht mit Vollendung oder Been- 42 digung der Tat, sondern mit Rechtskraft des Urteils. Dieser Anknüpfungszeitpunkt wirkt sich zu Lasten des Antragstellers aus, wenn er Rechtsmittel gegen ein Urteil einlegt (siehe unten Rdn. 44).

Strittig ist, wie bei einer Kollision der Drei-Jahres-Frist des § 33 c II 2 43 mit der Fünf-Jahres-Frist des **Verwertungsverbotes** gem. §§ 51 i. V. m. 46 BZRG zu verfahren ist: Gem. § 51 I BZRG darf eine Verurteilung nicht mehr zum Nachteil des Betroffenen verwertet werden, wenn sie im Bundes-

§ 33c

zentralregister getilgt oder zu tilgen ist. Zu tilgen ist sie frühestens fünf Jahre nach dem Tag des ersten Urteils (§§ 45 I, 46 I Nr. 1 i. V. m. §§ 47 I, 36 BZRG). Die Fünf-Jahres-Frist läuft also schon während des Rechtsmittelverfahrens, während die Drei-Jahres-Frist erst ab Rechtskraft zu laufen beginnt, so dass die Fünf-Jahres-Frist u. U. eher endet als die Drei-Jahres-Frist.

44 In vielen Fällen wird eine Kollision durch **§ 52 I Nr. 4 BZRG** vermieden: Danach darf die Tat trotz Ablauf der Verwertungsfrist berücksichtigt werden, wenn der Betroffene die Zulassung zu einem Gewerbe beantragt, falls die Zulassung oder Erteilung der Erlaubnis sonst zu einer **erheblichen Gefährdung der Allgemeinheit** führen würde. Problematisch sind Konstellationen, in denen zwar eine Gefährdung vorliegt, diese aber nicht erheblich ist.

45 Nach einer Auffassung gebührt § 51 I BZRG der Vorrang, d. h. die Drei-Jahres-Frist des § 33 c II 2 endet u. U. schon vorher, nämlich bei Ablauf der Fünf-Jahres-Frist (*Marcks*, in: Landmann/Rohmer I, § 33 c Rdn. 29). Vorzugswürdig ist jedoch die Gegenansicht, wonach § 33 c II 2 als gesetzlich fixierte Ausnahme des Verwertungsverbotes nach § 51 I BZRG zu verstehen ist (*Hahn*, in: Friauf, § 33 c Rdn. 30). Denn § 33 c II 2 enthält eine eigenständige zeitgebundene Verwertungssperre für bestimmte Straftaten und ist insoweit **lex specialis** zu § 51 I BZRG. Auch der eine abschließende Regelung nahe legende Wortlaut des § 52 I Nr. 4 BZRG („nur") steht dem nicht entgegen: Dieser Ausnahmetatbestand bezieht sich auf gewerberechtliche Regelungen *ohne* eigenständige zeitgebundene Verwertungssperre. Angemerkt sei, dass § 33 c II 1 keine Spezialregelung zu §§ 51 f. BZRG ist, so dass insoweit § 52 I Nr. 4 BZRG als abschließende Regelung zu verstehen ist (oben Rdn. 37).

46 **d) Regelfall.** Die Verwirklichung eines Regelbeispieles **indiziert** lediglich die Unzuverlässigkeit. Dies bedeutet einerseits, dass auch ohne Verwirklichung eines Regelbeispiels Unzuverlässigkeit vorliegen kann (oben Rdn. 36); andererseits mag im Ausnahmefall trotz Vorliegen eines Regelbeispiels die Zuverlässigkeit bejaht werden. Dies dürfte etwa der Fall sein, wenn zwar eine Verurteilung wegen Diebstahls etc. vorliegt, die Strafe aber sehr niedrig blieb, oder wenn die Tat offensichtlich als singuläres Ereignis in einer im Übrigen makellosen Biographie zu bewerten ist (so auch *Diegmann/Hoffmann/Ohlmann* Praxishandbuch für das gesamte Spielrecht, 2008, S. 94). Entsprechendes gilt, wenn die Tat schon lange zurückliegt, etwa weit mehr als drei Jahre, weil das Strafverfahren bis zum rechtskräftigen (Revisions-)Urteil sich über Jahre hingezogen hat; insoweit kann das Verstreichen der Fünf-Jahres-Frist nach dem BZRG Anlass sein, die Frage der *gegenwärtigen* Unzuverlässigkeit besonders eingehend zu prüfen (vgl. auch *Hahn*, in: Friauf, § 33 c Rdn. 30).

47 Hierbei lassen sich aber **keine festen Maßstäbe** (für Strafhöhe, Zeitablauf) angeben, vielmehr kommt es auf eine Würdigung der besonderen Umstände des Einzelfalls an (*BVerwG* GewArch 1993, 414). Vor diesem Hintergrund muss die Behörde auch bei Vorliegen eines Regelbeispiels stets prüfen, ob nicht besondere Umstände gegen die Annahme der Unzuverlässigkeit sprechen (*Marcks*, in: Landmann/Rohmer I, § 33 c Rdn. 22).

Spielgeräte mit Gewinnmöglichkeit § 33 c

IV. Bestätigung (Abs. 3)

Während die Erlaubnispflicht nach Abs. 1 und 2 eine subjektive Berufs- **48**
wahlschranke beinhaltet, enthält Abs. 3 – wie die Bauartzulassung nach Abs. 1
S. 2 – lediglich eine Berufsausübungsregelung (*Hahn*, in: Friauf, § 33 c
Rdn. 42; *Marcks*, in: Landmann/Rohmer I, § 33 c Rdn. 32 i. V. m. 34; zu
den im Lichte des Art. 12 GG zu stellenden Anforderungen siehe Einl.
Rdn. 74 ff.).

1. Zweck der Bestätigung

Die Erlaubnis nach Abs. 1 S. 1 bezieht sich auf die Person des Aufstellers, **49**
nicht aber auf den Aufstellungsort. Diese Lücke schließt die Bestätigung nach
Abs. 3, wodurch die **Geeignetheit des Aufstellungsortes** mit Blick auf die
Voraussetzungen der §§ 1, 2 SpielV gegenüber dem Aufsteller behördlich
bestätigt wird. Dadurch sollen rechtliche Zweifel schon vor Aufstellung des
Gerätes geklärt werden (BT-Drs. 8/1863, S. 8). Letztlich zielt die Bestätigung
auf behördliche Übernahme der Verantwortung für die Eignung des Aufstellungsortes (vgl. *Marcks*, in: Landmann/Rohmer I, § 33 c Rdn. 34).

2. Rechtsnatur der Bestätigung

Die Bestätigung ist ein feststellender **Verwaltungsakt**, für den die Vor- **50**
schriften des VwVfG gelten (*Odenthal* GewArch 1988, 183 [184 f.]; näher
unten Rdn. 62 ff.). Adressat der Bestätigung ist der Aufsteller. Adressaten
können – anders als bei der Erlaubnis – auch mehrere BGB-Gesellschafter
gemeinsam, nicht aber die BGB-Gesellschaft als solche sein (*VG Düsseldorf*
GewArch 1983, 222 f.; a. A. *Odenthal* GewArch 1988, 183 [184]; siehe § 1
Rdn. 37). Die Bestätigung bezieht sich auf den Aufstellungsort und nicht
etwa auf ein einzelnes Gerät: Für mehrere Geräte an einem Ort ist also
nur eine Bestätigung erforderlich. Wenn eine Bestätigung sich auch auf die
Zulässigkeit einer bestimmten Anzahl von Geräten bezieht, ist dies zwar
zunächst bedeutungslos, kann aber u. U. Vertrauensschutz begründen (*VG Braunschweig* GewArch 1988, 159).

Wenn die Voraussetzungen der Bestätigung vorliegen, hat der Antragsteller **51**
einen **Rechtsanspruch auf Erteilung** einer schriftlichen Bestätigung
(anders als bei der Erlaubnis ist die Schriftform hier gesetzlich ausdrücklich
fixiert, vgl. oben Rdn. 30).

3. Inhalt der Bestätigung

a) Eignung des Aufstellungsortes (S. 1 und 2). Der – feststellende – **52**
Verwaltungsakt bestätigt dem Aufsteller, dass der Aufstellungsort den auf der
Grundlage des § 33 f I Nr. 1 erlassenen Durchführungsvorschriften entspricht;
angesprochen sind die Voraussetzungen der SpielV. Die geeigneten Aufstellungsorte sind in § 1 für Geldspiel- und in § 2 für Warenspielgeräte abschließend aufgezählt. Wenn ein Ort als geeignet bestätigt wird, gilt die Bestätigung
auch bei baulichen oder räumlichen Veränderungen fort, sofern nicht der

§ 33 c　　　　　　　　　　Titel II. Stehendes Gewerbe

Charakter (etwa als Speisegaststätte u. Ä.) verändert wird (*Odenthal* GewArch 1988, 183 [185]).

53　　**aa) Geeignete Standorte.** Geeignet sind – neben Spielhallen (unten Rdn. 56 und § 33 i) und Wettannahmestellen konzessionierter Buchmacher – vor allem **Gaststätten**, d. h. Schank- und Speisewirtschaften oder Beherbergungsbetriebe i. S. d. § 1 I Nr. 1 SpielV (aber Ausnahmen, siehe Rdn. 55), auch erlaubnisfreie Gaststätten (*Pöltl* GewArch 2005, 353 [358]). Bei Gaststätten ist § 33 c III 2 zu beachten, wonach in der Bestätigung anzugeben ist, ob es sich um eine Schank- oder Speisewirtschaft oder um einen Beherbergungsbetrieb handelt (zum Zweck dieser Vorschrift siehe *Marcks*, in: Landmann/Rohmer I, § 33 c Rdn. 37). Zu den Speisewirtschaften zählen auch Betriebskantinen, Bundeswehrkantinen u. Ä. (*Odenthal* GewArch 1988, 183 [186]).

54　　**Keine Schank- oder Speisewirtschaft i. d. S. § 1 I Nr. 1 SpielV** liegt bei einem Gewerberaum vor, bei dem Getränke oder Speisen nur als Nebenleistung angeboten werden, unabhängig von einer evtl. bestehenden Gaststättenkonzession (*BVerwG* GewArch 1991, 225; *Odenthal* GewArch 1988, 183 [186]). Nicht geeignet ist etwa der Hauptraum eines Tankstellenshops, selbst wenn dort verabreichte Getränke oder Speisen verzehrt werden (*VG Kassel* GewArch 2010, 310). Eine Warenhausgaststätte, die dem sonstigen Ladengeschäft zu- und untergeordnet ist und mit diesem auch optisch eine Einheit bildet, ist kein geeigneter Aufstellungsort (*VGH BW* GewArch 1997, 294). Eine Schank- oder Speisewirtschaft i. S. d. § 1 I Nr. 1 SpielV liegt auch dann nicht vor, wenn der Besucher primär das Spielangebot im Blick hat und die Einnahme von Getränken und Speisen nur noch als zusätzliches Angebot wahrnimmt, der Gaststättencharakter also in den Hintergrund tritt (vgl. hierzu *Bund-Länder-Ausschuss "Gewerberecht"*, zit. nach *Schönleiter/Sprafke* GewArch 2010, 294 [296]; siehe auch *VG Gießen* GewArch 2011, 81).

55　　Eine Gaststätte (Schank- oder Speisewirtschaft oder Beherbergungsbetrieb i. S. d. § 1 I Nr. 1 SpielV) ist freilich nicht länger geeigneter Standort, wenn sie sich in einer Sportstätte befindet (**§ 1 II Nr. 3 SpielV**). Der Begriff Sportstätte (-halle oder -platz) ist umfassend zu verstehen. Sportstätten sind daher nicht nur Wettkampf-, Schulsport- und Trainingsstätten, sondern auch Freizeitsporteinrichtungen. Die Gaststätte befindet sich in einer Sporthalle, wenn sie dieser Einrichtung räumlich zu-, aber auch untergeordnet ist. Ein Bowling-Center (mit angeschlossener Gaststätte) ist eine Sporthalle und damit ungeeigneter Standort für Glückspielgeräte (*BVerwG* DÖV 1994, 436 u. GewArch 1995, 113; *VGH BW* GewArch 1993, 475 [476]), nicht aber eine Gaststätte mit angeschlossener Kegelbahn (*BVerwG* DÖV 1994, 436).

56　　Geeignete Standorte sind gem. § 1 I Nr. 2 SpielV auch **Spielhallen**. Deren Betreiber benötigen eine Bestätigung i. S. d. § 33 c III (*BVerwG* GewArch 1989, 163). § 33 c III 1 bietet jedoch keine Rechtsgrundlage für einen feststellenden Verwaltungsakt hinsichtlich der Größe einer Spielhalle (*BVerwG* GewArch 1992, 62 [63]; *OVG RhPf.* GewArch 1991, 105; **a. A.** *VG Koblenz* GewArch 1990, 169 ff.).

57　　**bb) Ungeeignete Standorte.** Ungeeignet sind neben Sportstätten (oben Rdn. 55) insb. Speiseeiswirtschaften (§ 1 II Nr. 2 SpielV; dazu *VGH BW*

GewArch 1993, 247; *VG Stuttgart* GewArch 2011, 38 f.) und Trinkhallen (§ 1 II Nr. 1 SpielV; dazu *BVerwG* GewArch 1964, 9; *HessVGH* GewArch 1975, 268 [269]) oder ein Imbissstand in einem Großmarkt (*VG Düsseldorf* GewArch 1991, 300), ferner Tankstellenshops (*Pauly/Brehm* GewArch 2003, 57 [59]), Friseurgeschäfte, Lebensmittelläden (*BVerwG* GewArch 1991, 225) oder ein Sportwettbüro, in dem alkoholfreie Getränke als Nebenleistung angeboten werden (*VG Stuttgart* GewArch 2009, 41). Ungeeignet ist auch eine Erwachsenen-Videothek, selbst wenn die Anwesenheit von Jugendlichen ausgeschlossen ist (*BVerwG* GewArch 1991, 225; *Odenthal* GewArch 1988, 183 [186]).

b) Nebenbestimmungen (S. 3). Gem. § 33 c III 3 kann die zuständige **58** (§ 155 II) Behörde Anordnungen nach Maßgabe des Abs. 1 S. 3 erlassen. Zum Verhältnis zu § 33 i I 2 siehe *Gallwas* GewArch 1993, 41 (45).

aa) Auflagen. Angesprochen sind vor allem Auflagen i. S. d. Abs. 1 S. 3. **59** Zu den zulässigen Zwecken und zur Erforderlichkeit derartiger Auflagen siehe oben Rdn. 28. Im Vergleich zum in Bezug genommenen Abs. 1 S. 3 bestehen aber einige Unterschiede:

Erstens kann gem. § 33 c III 3 auf die konkrete Örtlichkeit Bezug genommen werden (anders bei den Auflagen zur Erlaubnis, näher oben Rdn. 28), z. B. die exakte Festlegung des Anbringungsortes, um die jederzeitige Einsehbarkeit zu gewährleisten, damit Jugendliche an der Nutzung gehindert werden können (*Odenthal* GewArch 1988, 183 [185]).

Zweitens können Anordnungen nach Abs. 3 S. 3 nur nachträglich getroffen **60** werden, wie sich aus dem Wortlaut („aufgestellt worden ist") ergibt (*Odenthal* GewArch 1988, 183 [185]).

Und drittens können im Unterschied zu Abs. 1 S. 3 sich die Anordnungen **61** nach Abs. 3 nicht nur gegen den Aufsteller, sondern auch gegen denjenigen richten, in dessen Betrieb sich der Aufstellungsort befindet (also etwa ein Gastwirt, vgl. oben Rdn. 20 f.). In diesem Fall handelt es sich freilich mangels „Haupt-Verwaltungsakt" nicht um eine Auflage, sondern um einen eigenständigen Verwaltungsakt. In Betracht kommt vor allem die Anordnung, das Gerät so zu beaufsichtigen, dass keine Jugendlichen es nutzen können (vgl. *Odenthal* GewArch 1988, 183 [185]).

bb) Andere Nebenbestimmungen. Andere Nebenbestimmungen sind **62** im Rahmen von § 36 I 2. Var. VwVfG zulässig (vgl. oben Rdn. 27). Denkbar ist etwa ein Widerrufsvorbehalt für den Fall einer Umwandlung des Betriebsform in einen nicht unter § 1 I SpielV fallenden Typ (*Marcks*, in: Landmann/Rohmer I, § 33 c Rdn. 35; **a. A.** *Hahn*, in: Friauf, § 33 c Rdn. 51; *Odenthal* GewArch 1988, 183 [185]: nur Widerruf nach § 49 II Nr. 3 – nicht Nr. 1 – VwVfG). Entsprechendes gilt für den Vorbehalt des Widerrufs für den Fall, dass die Gaststätte vorwiegend von Kindern und Jugendlichen besucht wird (vgl. *VGH BW* GewArch 1993, 247).

Eine Befristung wäre gem. § 36 III VwVfG unzulässig, da sie dem Zweck **63** der Regelung – das frühere Verfahren zu vereinfachen und Mehrfachprüfungen der Behörden zu vermeiden – zuwiderlaufen würde. Das Aufstellen von Spielgeräten soll an dem für geeignet erklärten Ort so lange gewährt werden,

§ 33c

Titel II. Stehendes Gewerbe

wie dieser sich nicht für die Beurteilung der Rechtmäßigkeit maßgeblich ändert. In Betracht kommt ein Widerrufsvorbehalt für den Fall, dass der Aufstellungsort in eine nach § 1 II SpielV ungeeignete Betriebsart umgewandelt wird (näher *Marcks*, in: Landmann/Rohmer I, § 33 c Rdn. 35).

4. Rücknahme und Widerruf einer Bestätigung

64 Die Bestätigung ist ein Verwaltungsakt, so dass die §§ 48 ff. VwVfG anwendbar sind (zu § 48 VwVfG siehe *VG Gießen* GewArch 2011, 81). In Betracht kommt insb. ein auf die Nichterfüllung einer Auflage gestützter Widerruf nach § 49 II Nr. 2 VwVfG oder ein Widerruf wegen nachträglich eingetretener Tatsachen (zu letzterem *VGH BW* GewArch 1993, 247 f.). Das öffentliche Interesse (an einem wirksamen Jugendschutz) i. S. d. § 49 II 1 Nr. 3 VwVfG ist regelmäßig dann gefährdet, wenn Geldspielgeräte in anderen als den in § 1 I SpielV genannten Einrichtungen aufgestellt werden (*VGH BW* GewArch 1993, 247 [248]; *Odenthal* GewArch 1988, 183 [185]). Vor einem Widerruf ist zu prüfen, ob nicht eine vorherige Abmahnung das mildere Mittel ist (*BVerwG* GewArch 1992, 24 [25]; *HessVGH* GewArch 1992, 336 [337]).

5. Behördliches Einschreiten bei fehlender Bestätigung

65 Die Bestätigung i. S. d. § 33 c III ist keine Zulassung zu einem Gewerbe, so dass bei fehlender Bestätigung ein Einschreiten nach § 15 II nicht in Betracht kommt, sofern die Erlaubnisse nach § 33 c I 1, § 33 i etc. vorliegen. Ein einmaliger Verstoß gegen § 33 c III rechtfertigt auch noch nicht die Annahme von Unzuverlässigkeit, so dass weder eine Untersagungsverfügung gem. § 35 I noch ein auf § 49 II gestützter Widerruf der Erlaubnis gem. § 33 c I 1 möglich sind. Die Gewerbebehörden können dann entweder ein Bußgeldverfahren einleiten (§ 144 II Nr. 4, unten Rdn. 65) oder aufgrund der ordnungsrechtlichen bzw. polizeirechtlichen Generalklausel (etwa §§ 1, 3 PolG BW, § 14 I OBG NRW) einschreiten (*VGH BW* GewArch 1990, 403; bestätigt durch *BVerwG* GewArch 1990, 326). Der Rückgriff auf das allgemeine Polizei- und Ordnungsrecht ist durch die GewO nicht ausgeschlossen, sofern die betreffende Regelung der GewO nicht als eine abschließende zu verstehen ist (näher § 1 Rdn. 91).

V. Rechtsfolgen bei Pflichtverletzungen

66 Ein Verstoß gegen die Erlaubnispflicht ist eine Ordnungswidrigkeit gem. § 144 I Nr. 1 lit. d (dazu *Thür. OLG* GewArch 1997, 327) und – bei beharrlicher Wiederholung – eine Straftat gem. § 148 Nr. 1. Verstöße gegen Auflagen nach § 33 c I 3 oder gegen Anordnungen nach § 33 c III 3 sind ebenfalls als Ordnungswidrigkeit zu ahnden (§ 144 II Nr. 3). Ein Aufstellen ohne Bestätigung ist eine Ordnungswidrigkeit gem. § 144 II Nr. 4. Verstöße gegen die SpielV können u. U. als Ordnungswidrigkeit gem. § 144 II Nr. 1 verfolgt werden (§ 19 SpielV). Zur Höhe der Geldbuße siehe § 144 IV.

Die genannten Ordnungswidrigkeiten- und Straftatbestände sind gegen- 67
über § 284 StGB als lex specialis zu verstehen (ähnlich *Odenthal* GewArch
1989, 222 [226 f.]: *eigener Ordnungswidrigkeitenkatalog* für Verstöße gegen
§ 33 c I 1, III). Eine Strafbarkeit nach § 284 StGB kommt daher nur im
Zusammenhang mit Geräten ohne Bauartzulassung i. S. d. § 33 c I 2 in
Betracht. Teils wird § 284 StGB nur dann bejaht, wenn eine Bauartzulassung
von vornherein ausscheidet (*Marcks*, in: Landmann/Rohmer I, § 33 c
Rdn. 44; *Hahn*, in: Friauf, § 33 c Rdn. 57; *Voßkuhle* VerwArch 1996, 395
[406]; *Dietlein/Hüsken,* in: Dietlein/Hecker/Ruttig, Glücksspielrecht, 2008,
§ 33 c GewO Rdn. 22), teils ungeachtet einer etwaigen Zulassungsfähigkeit
schon dann, wenn die Bauartzulassung fehlt oder ein Geldspielgerät abweichend von der zugelassenen Bauart betrieben wird (*Krehl*, in: LK-StGB, 12.
Aufl. 2008, § 284 Rdn. 22; *Ambs*, in: Erbs/Kohlhaas, Stand: Juli 2010, § 33 c
Rdn. 7; *Odenthal* GewArch 1989, 222 [227]). Der Wortlaut von § 284 StGB
stellt lediglich auf das Fehlen der Erlaubnis ab, sodass der zweitgenannten
Auffassung zu folgen ist.

Denkbar sind schließlich wettbewerbsrechtliche Unterlassungsansprüche, 68
wenn ein Gewerbetreibender unzulässige Geräte einsetzt; § 33 c ist eine
Gesetzesvorschrift, die auch dazu bestimmt ist, im Interesse der Marktteilnehmer das Marktverhalten zu regeln (siehe etwa *OLG Hamm* WRP 2005,
1570).

§ 33d Andere Spiele mit Gewinnmöglichkeit

(1) ¹**Wer gewerbsmäßig ein anderes Spiel mit Gewinnmöglichkeit
veranstalten will, bedarf der Erlaubnis der zuständigen Behörde.** ²**Die
Erlaubnis kann mit einer Befristung erteilt und mit Auflagen verbunden werden, soweit dies zum Schutze der Allgemeinheit, der Gäste
oder der Bewohner des Betriebsgrundstücks oder der Nachbargrundstücke oder im Interesse des Jugendschutzes erforderlich ist; unter
denselben Voraussetzungen ist auch die nachträgliche Aufnahme,
Änderung und Ergänzung von Auflagen zulässig.**

(2) **Die Erlaubnis darf nur erteilt werden, wenn der Antragsteller
im Besitz einer von dem Bundeskriminalamt erteilten Unbedenklichkeitsbescheinigung oder eines Abdruckes der Unbedenklichkeitsbescheinigung ist.**

(3) ¹**Die Erlaubnis ist zu versagen, wenn Tatsachen die Annahme
rechtfertigen, daß der Antragsteller oder der Gewerbetreibende, in
dessen Betrieb das Spiel veranstaltet werden soll, die für die Veranstaltung von anderen Spielen erforderliche Zuverlässigkeit nicht besitzt.**
²**§ 33 c Abs. 2 Satz 2 gilt entsprechend.**

(4) ¹**Die Erlaubnis ist zurückzunehmen, wenn bei ihrer Erteilung
nicht bekannt war, daß Tatsachen der in Absatz 3 bezeichneten Art
vorlagen.** ²**Die Erlaubnis ist zu widerrufen, wenn**
1. **nach ihrer Erteilung Tatsachen der in Absatz 3 bezeichneten Art
eingetreten sind,**

§ 33 d

2. das Spiel abweichend von den genehmigten Bedingungen veranstaltet wird oder

3. die Unbedenklichkeitsbescheinigung zurückgenommen oder widerrufen worden ist.

(5) Die Erlaubnis kann widerrufen werden, wenn bei der Veranstaltung des Spieles eine der in der Erlaubnis enthaltenen Auflagen nicht beachtet oder gegen § 8 des Jugendschutzgesetzes verstoßen worden ist.

Literatur: *M. Bahr*, Glücks- und Gewinnspielrecht, 2. Auflage 2007; *S. Bolay*, Internet-Geschicklichkeitsspiele – Zulassungsfrei, durch den RStV beschränkt oder nach der GewO genehmigungspflichtig?, ZfWG 2010, 88 ff.; *A. Dickersbach*, Der Geschicklichkeitsautomat als Problem des gewerblichen Spielrechts, GewArch 1998, 265 ff.; *H. Diegmann/C. Hoffmann/W. Ohlmann*, Praxishandbuch für das gesamte Spielrecht, 2008; *J. Ennuschat*, Zur Unterscheidung der Glückspiele von Geschicklichkeitsspielen, in: Ennuschat/Geerlings/Mann/Pielow, Wirtschaft und Gesellschaft im Staat der Gegenwart, Gedächtnisschrift für Peter J. Tettinger, 2007, S. 41 ff.; *O. Fischer*, Zur rechtlichen Beurteilung von Sportwettbüros – Rechtsprechung und ordnungsbehördliches Vorgehen in Berlin, GewArch 2001, 157 ff.; *S. Fischhaber/T. Manz*, Grenzen der Zulässigkeit von Pokerturnieren, GewArch 2007, 405 ff.; *W. Hambach/M. Hettich/T. Kruis*, Verabschiedet sich Poker aus dem Glücksspielrecht?, MR-Int 2009, 41 ff.; *B. Holznagel*, Poker – Glücks- oder Geschicklichkeitsspiel?, MMR 2008, 439 ff.; *F. Hüsken*, Zur Zulässigkeit von Turnierpokerveranstaltungen nach dem Glücksspielstaatsvertrag und dem gewerblichen Spielrecht, ZfWG 2009, 77 ff.; *ders.*, Die verwaltungsrechtliche Zulässigkeit von Gewinnspielen im Internet, GewArch 2010, 336 ff.; *C. Koenig/S. Ciszewski*, Texas Hold'em Poker – Glücksspiel oder Geschicklichkeitsspiel?, GewArch 2007, 402 ff.; *B. Kretschmer*, Poker – ein Glücksspiel?, ZfWG 2007, 93 ff.; *H. Lesch*, Die Sportwette als Glücksspiel im Sinne des § 284 StGB?, GewArch 2003, 321 ff.; *A. Leupold/P. Bachmann/C. Pelz*, Russisches Roulette im Internet, MMR 2000, 648 ff.; *M. Liesching*, VG Berlin zur Gewerbeerlaubnis für Internet-Gewinnspiele, MMR 2009, 795 ff.; *A. Lober/C. Neumüller*, Verkehrte Gewinnspielwelt, MMR 2010, 295 ff.; *G. Meyer/T. Hayer*, Poker – Glücksspiel mit Geschicklichkeitsanteil und Suchtpotential, ZfWG 2008, 153 ff.; *H.-J. Odenthal*, Die Strafbarkeit der regelwidrigen Veranstaltung gewerberechtlich erlaubter Spiele, GewArch 1989, 222 ff.; *ders.*, Die Veranstaltung erlaubnisfreier Spiele, GewArch 1990, 165 ff.; *ders.*, Virtuelle Geldspielgeräte im Internet, GewArch 2006, 58 ff.; *D. Postel*, Spielhallen im Internet?, ZfWG 2009, 246 ff.; *J.-D. Rausch*, Die verfassungsrechtliche Unzulässigkeit staatlicher Monopole bei Sportwetten, GewArch 2001, 102 ff.; *M. Reeckmann*, Zur Zulässigkeit des Pokerspiels außerhalb konzessionierter Spielbanken, ZfWG 2008, 296 ff.; *K. Schaeffer*, Erlaubnisfähige andere Spiele im Sinne des § 33 d Abs. 1 GewO und Glücksspiele im Sinne des § 284 StGB, GewArch 1980, 112 ff.; *F. Schilling*, Zur Abgrenzung von Zufall und Geschicklichkeit bei „anderen Spielen" mit Gewinnmöglichkeit (§ 33 d GewO), GewArch 1995, 318 ff.; *ders./D. Meurer* (Hrsg.), Automatenspiel und Recht, Tagungsergebnisse, 1998; *D. Schmidt/H. Wittig*, Poker: Alles nur Glück?, JR 2009, 45 ff.; *M. Schulze-Werner*, Zulässigkeit von Nebenbestimmungen im Bereich der genehmigungsbedürftigen, stehenden Gewerbe (§§ 30 bis 34, 36 GewO), GewArch 2004, 9 ff.; *G. Spindler*, Online-Spiele auf dem Prüfstand des Gewerberechts. Zur Anwendbarkeit der §§ 33 c, 33 d GewO auf Online-Spiele, K&R 2010, 450 ff.

Übersicht

Rdn.

I. Gegenstand der Erlaubnispflicht (Abs. 1 S. 1) 1
 1. Gewerbsmäßigkeit 2

2. Andere Spiele	3
a) Abgrenzung Geschicklichkeits-/Glücksspiel	4
b) Erlaubnisfreie andere Spiele	12
c) Online-Spiele	13
d) Handy-Spiele	16
e) TV-Gewinnspiele	17
3. Gewinnmöglichkeit	18
4. Veranstalten	19
II. Erlaubnis	21
1. Erlaubnisnehmer	21
2. Inhalt der Erlaubnis	22
3. Nebenbestimmungen zur Erlaubnis (33 d I 2)	24
III. Erlaubnisvoraussetzungen (Abs. 2 und 3)	25
1. Unbedenklichkeitsbescheinigung (Abs. 2)	26
2. Keine Unzuverlässigkeit (Abs. 3)	29
a) Unzuverlässigkeit des Antragstellers	30
b) Unzuverlässigkeit des Betriebsinhabers	31
3. Vorgaben der SpielV	33
IV. Rücknahme und Widerruf einer Erlaubnis (Abs. 4 und 5)	34
1. Rücknahme gem. Abs. 4 S. 1	34
2. Widerruf gem. Abs. 4 S. 2	37
3. Widerruf gem. Abs. 5	41
4. Rücknahme und Widerruf gem. §§ 48 ff. VwVfG	45
5. Verhältnis zur Untersagung nach § 35 I	46
V. Rechtsfolgen bei Pflichtverletzungen	47

I. Gegenstand der Erlaubnispflicht (Abs. 1 S. 1)

Erlaubnispflichtig ist die gewerbsmäßige Veranstaltung eines anderen Spiels 1
mit Gewinnmöglichkeit.

1. Gewerbsmäßigkeit

Zum Begriff der Gewerbsmäßigkeit vgl. § 33 c Rdn. 3 ff. 2

2. Andere Spiele

§ 33 d fungiert als **Auffangvorschrift** (*Odenthal* GewArch 2006, 58 [59]; 3
Spindler K&R 2010, 450 [454]). Andere Spiele i. S. d. § 33 d sind nur solche,
die weder unter die Spielgeräte des § 33 c I 1 noch unter die Glücksspiele
des § 284 StGB (vgl. § 33 h Nr. 3) fallen. Eine weitere Eingrenzung ergibt
sich daraus, dass Veranstaltungen mit überwiegend sportlichem Charakter
ohnehin ausscheiden (vgl. vor § 33 c Rdn. 2 ff.). In Betracht kommen damit
vor allem Geschicklichkeitsspiele, aber auch Glücksspiele, die weder unter
§ 33 c noch unter § 284 StGB fallen (*VG Neustadt* Beschluss vom 9. 7. 2008 –
5 L 592/08.NW, juris Rdn. 10 f.; *Odenthal* GewArch 2006, 58 [60]; z. B.
um geringwertige Gegenstände, *Schaeffer* GewArch 1980, 112 [116 f.]; siehe
ferner unten Rdn. 10). Nicht haltbar ist die Auffassung, dass § 33 d ausschließlich Geschicklichkeitsspiele erfasse (so aber *AG Wiesbaden* GewArch
2005, 485; *Bahr* Glücks- und Gewinnspielrecht, 2. Auflage 2007,
Rdn. 234 a). So sind etwa Sportwetten (im Internet oder im Wettbüro) ein

§ 33d

anderes Spiel i. S. d. § 33 d, die freilich unter § 33 h Nr. 3 fallen (*OVG Hamburg* Beschluss vom 22. 3. 2007 – 1 Bs 133/06, juris Rdn. 11 m. w. N.; *VG Augsburg* Urteil vom 18. 7. 2007 – Au 4 K 06.1474, juris Rdn. 23; *VG Wiesbaden* GewArch 2007, 490; siehe § 33 h Rdn. 96).

4 **a) Abgrenzung Geschicklichkeits-/Glücksspiel.** Notwendig ist vielfach eine Abgrenzung des Geschicklichkeitsspiels vom Glücksspiel (kritisch zu dieser gesetzgeberischen Unterscheidung *Dickersbach* GewArch 1998, 265 [266]). Eine Legaldefinition für das Glücksspiel bietet § 3 I GlüStV (siehe auch § 33 h Rdn. 82, 90): „Ein Glücksspiel liegt vor, wenn im Rahmen eines Spiels für den Erwerb einer Gewinnchance ein Entgelt verlangt wird und die Entscheidung über den Gewinn ganz oder überwiegend vom Zufall abhängt. Die Entscheidung über den Gewinn hängt in jedem Fall vom Zufall ab, wenn dafür der ungewisse Eintritt oder Ausgang zukünftiger Ereignisse maßgeblich ist. Auch Wetten gegen Entgelt auf den Eintritt oder Ausgang eines zukünftigen Ereignisses sind Glücksspiele." Diese Definition gilt zwar unmittelbar nur für den GlüStV, vermag aber zugleich Hinweise zur Auslegung der einschlägigen gewerberechtlichen Vorschriften zu liefern.

5 Bei einem **Geschicklichkeitsspiel** lässt sich das Spielergebnis durch körperliche Geschicklichkeit, geistige Fähigkeiten (kombinieren, abschätzen, berechnen, Erinnerungsvermögen, Beherrschung der Spielregeln, sonstige Kenntnisse) sowie Übung und Spielerfahrung maßgeblich beeinflussen. Demgegenüber hängt beim **Glücksspiel** die Entscheidung über Gewinn oder Verlust nach den Spielbedingungen (Umstände, deren Überwindung unter Zugrundelegung normaler menschlicher Lernfähigkeit nicht in verhältnismäßig kurzer Zeit möglich ist) allein oder maßgeblich vom **Zufall** ab (*BVerwGE* 115, 179 [185]; 114, 92 [94]; *BVerwG* GewArch 1985, 59 [60]; *Hahn*, in: Friauf, § 33 d Rdn. 7; *Diegmann/Hoffmann/Ohlmann* Praxishandbuch für das gesamte Spielrecht, 2008, S. 97; *Dickersbach* GewArch 1998, 265 [267]; *Holznagel* MMR 2008, 439 [440]).

6 Mangels Trennschärfe der Begriffe richtet sich die Abgrenzung danach, welche Elemente bei **wertender Betrachtung** überwiegen. Die meisten Geschicklichkeitsspiele enthalten durchaus Zufallsmomente. Wenn die Geschicklichkeitsanforderungen so hoch gesetzt sind, dass dies für den Durchschnittsspieler faktisch darauf hinausläuft, dass der Zufall entscheidet, liegt ein Glücksspiel (im Rechtssinne) vor, auch wenn es sich im mathematischen Sinne um ein Geschicklichkeitsspiel handeln sollte (z. B.: „hole in one"-Spiel auf Golfplatz). Letztlich entscheidet damit der Schwierigkeitsgrad, ob ein Geschicklichkeits- oder Glücksspiel vorliegt (*VG Wiesbaden* GewArch 1996, 68). Zumeist wird eine Trefferquote bei einem Durchschnittsspieler von über 50 % verlangt, um ein Geschicklichkeitsspiel bejahen zu können (vgl. *BVerwGE* 115, 179 ff.; *Fuchs* GewArch 1998, 60 [62]; *Dickersbach* GewArch 1998, 265 [268]; kritisch dazu *Benischke* ZG 1997, 369 [373 ff.]; *Diegmann/Hoffmann/Ohlmann* Praxishandbuch für das gesamte Spielrecht, 2008, S. 97; *Holznagel* MMR 2008, 439 [440]). Den Bezugspunkt für den Durchschnittsspieler bilden nicht die tatsächlichen Spieler, sondern die potenziellen Spieler, d. h. der Personenkreis, dem das Spiel offeriert wird, regelmäßig also das allgemeine Publikum: Gerade der unbedarfte Spieler bedarf des Schutzes vor

Andere Spiele mit Gewinnmöglichkeit § 33d

den Gefahren des Glücksspiels (*BGH* NStZ 2003, 372 [373]; *BVerwG* Buchholz 451.20 § 33 h GewO Nr. 5; *BayVGH* GewArch 2001, 65 [66]; *HessVGH* NVwZ 2005, 99 [102]; *OVG Nds.* GewArch 2003, 247; *Ennuschat* GedS Tettinger, 2007, 41 [46]).

Bei der Abgrenzung Glücksspiel-/Geschicklichkeitsspielgerät ist **im Zweifel ein Glücksspiel** anzunehmen, es sei denn, das Geschicklichkeitsmoment überwiegt eindeutig (§ 33 c Rdn. 8). Zu den weiteren Voraussetzungen des Glücksspielbegriffs i. S. d. § 284 StGB siehe § 33 h Rdn. 80 ff. **7**

Sind nach den Spielregeln verschiedene Spielweisen möglich, von denen **8** einige den Charakter eines Geschicklichkeitsspiels, andere den eines Glücksspiels haben, so ist das Spiel insgesamt als Glücksspiel zu werten (*BVerwG* GewArch 1976, 87 [89] u. 1983, 63 [64]; *Hahn*, in: Friauf, § 33 d Rdn. 9).

Zu den **Geschicklichkeitsspielen** gerechnet werden manche Kartenspiele **9** (z. B. **Skat**, so *Holznagel* MMR 2008, 439 [441]; vgl. auch *BFHE* 172, 227; *BFH/NV* 1994, 622 [624]; siehe aber § 33 h Rdn. 94) oder Wurfspiele. **Glücksspiele** sind viele Kartenspiele (z. B. Black Jack; *Hahn*, in: Friauf, § 33 d Rdn. 17), ferner insb. **Roulette** oder Lotterien, aber auch etwa **Sportwetten** (oben Rdn. 3, § 33 h Rdn. 96; siehe ferner *BVerfG* NJW 2006, 1261 [1263]; *VGH BW* ZfWG 2010, 24 [26]; GewArch 2005, 113 f.; *BayVGH* GewArch 2001, 65 [66]; *HessVGH* GewArch 2005, 17 [18]; *OVG Nds.* GewArch 2005, 282 [283]; *Janz* NJW 2003, 1694 [1696]; *Fischer* GewArch 2001, 157 [158]; *Scheidler/Büttner* GewArch 2006, 401 [406]; **a. A.** *Lesch* GewArch 2003, 321 ff.; *Rausch* GewArch 2001, 102 [104 f]; differenzierend *Voßkuhle/Bumke*, Rechtsfragen der Sportwette, 2002, S. 24 f.). Um Glücksspiel handelt es sich vielfach bei den verbreiteten **Plüschtierkrangreifer-Geräten** (*AG Cottbus* GewArch 2010, 79 [80]). Zu weiteren Beispielen aus der Rechtsprechung zur Abgrenzung Geschicklichkeits-/Glücksspiel siehe *Marcks*, in: Landmann/Rohmer I, § 33 d Rdn. 3 a, 4; *Hahn*, in: Friauf, § 33 d Rdn. 13 ff.; *Voßkuhle/Bumke* aaO, S. 17 ff.

Schwierigkeiten wirft die Einordnung des **Poker**-Spiels auf, auch im Vergleich zum herkömmlich als Geschicklichkeitsspiel eingeordneten Skat-Spiel **10** (oben Rdn. 9). Traditionell wird Poker nicht als Geschicklichkeits-, sondern als Glücksspiel aufgefasst (so schon *RG* JW 1906, 789 f.; ebenso heute *OVG Berlin-Bbg.* ZfWG 2009, 190; *OVG Nds.* NVwZ-RR 2010, 104; *OVG NRW* ZfWG 2008, 204 [205] und MMR 2010, 350 [351]; *OLG Köln* Urteil vom 12. 5. 2010 – 6 U 142/09, juris Rn. 36 ff.; *Fischhaber/Manz* GewArch 2007, 405 [406]; *Reeckmann* ZfWG 2008, 296; siehe auch aus psychologischer Sicht *Meyer/Hayer* ZfWG 2008, 153 ff.: „Glücksspiel mit Geschicklichkeitsanteil und Suchtpotential").

In jüngerer Zeit mehren sich die Stimmen, die – teils differenziert nach **11** einzelnen Spielvarianten oder der Zahl der „Hände" (= Spielrunden), die gespielt werden – von einem Geschicklichkeitsspiel ausgehen (so für **Texas Hold'em** *Hambach/Hettich/Kruis* MR-Int 2009, 41 ff.; *Koenig/Ciszewski* GewArch 2007, 402 [404]; ebenso für das **Turnier-Poker** *Kretschmer* ZfWG 2007, 93 [101]; siehe ferner *Holznagel* MMR 2008, 439 [444]; *Rock/Fiedler* ZfWG 2008, 412; *Schmidt/Wittig* JA 2009, 45 [46 ff.]). Die vorstehend genannten Maßstäbe (Rdn. 4-8) legen die Einordnung als **Glücksspiel** nahe. Wenn zugleich die Voraussetzungen des § 284 StGB erfüllt sind, greift § 33

§ 33d

h Nr. 3 (dort Rdn. 91 ff.). Wenn trotz Glücksspielcharakters kein Glücksspiel i. S. d. § 284 StGB vorliegt (etwa weil der ausgeschüttete Gewinn nicht aus dem Spieleinsatz der Teilnehmer gespeist wird), ist § 33 d I 1 anwendbar – mit der Folge der Erlaubnispflicht (*OVG NRW* ZfWG 2008, 204 [206]; *OVG RhPf* ZfWG 2009, 413 [417]; *VG Hamburg* ZfWG 2008, 220 [222]; *VG Trier* ZfWG 2009, 66 [68]; dazu *Hüsken* ZfWG 2009, 77 ff.; *Reeckmann* ZfWG 2008, 296 [298]). Eine Erlaubnis scheidet freilich aus, weil die Unbedenklichkeitsbescheinigung wegen § 33 e I 3 Nr. 1 nicht erteilt werden kann; letzteres gilt auch dann, wenn man Poker als Geschicklichkeitsspiel einordnen sollte (näher § 33 e Rdn. 19). § 5 a SpielV greift nicht (Rdn. 12).

12 **b) Erlaubnisfreie andere Spiele.** Gem. § 33 g Nr. 1 i. V. m. § 5 a SpielV sind bestimmte „andere Spiele" i. S. d. § 33 d nicht erlaubnispflichtig. Dies gilt für Preis- und Gewinnspiele (Geschicklichkeitsspiele mit Gewinnmöglichkeit) sowie Ausspielungen (Glücksspiele wie Verlosungen etc.). Privilegiert sind so Tischfußball- oder Flipperturniere (*Marcks*, in: Landmann/Rohmer I, § 33 d Rdn. 3), **Skatturniere** (so die Rechtsprechungs- und Verwaltungspraxis, vgl. *VG Neustadt* ZfWG 2008, 293 [294]; *Bahr* Glücks- und Gewinnspielrecht, 2. Auflage 2007, S. 65 – zu Preisskat; siehe aber § 33 h Rdn. 94), nicht aber Poker-Turniere (*VG Hamburg* ZfWG 2008, 220 [223 ff.]; siehe ferner § 33 e Rdn. 19, § 33 g Rdn. 3). Auf diese Spiele sind auch die übrigen Vorschriften der SpielV nicht anwendbar (*Odenthal* GewArch 1990, 165 [167]).

13 **c) Online-Spiele.** Noch nicht abschließend geklärt ist, ob § 33 d auch Online-Spiele erfasst. Dies wird von manchen für Online-Glücksspiele mit der Begründung verneint, § 33 d betreffe nur Geschicklichkeitsspiele (so *AG Wiesbaden* GewArch 2005, 485; siehe aber Rdn. 3). Andere verneinen gleichermaßen für Internet-Geschicklichkeitsspiele wie für Internet-Glücksspiele die Anwendbarkeit von § 33 d und begründen dies damit, dass die Erlaubnisvoraussetzungen (insb. § 4 SpielV) bei Online-Spielen nicht erfüllt werden können, sodass erkennbar sei, dass § 33 d seiner Konzeption nach offensichtlich nicht auf virtuelle Spiele zugeschnitten sei (so etwa *Brehm/ Pauly* GewArch 2003, 57 [59]; *Leupold/Bachmann/Pelz* MMR 2000, 648 [649]; *Liesching* MMR 2009, 795 [796]; *Lober/Neumüller* MMR 2010, 295 [298]; *Spindler* K&R 2010, 450 [456]; ähnlich *Bolay* ZfWG 2010, 88 [93]). Auch einzelne Judikate lehnen eine Anwendung der §§ 33 c ff. auf Internet-Spiele generell ab (*LG Köln* ZfWG 2010, 149 [150]). Demgegenüber gehen einige andere Stimmen davon aus, dass der Erlaubnistatbestand des § 33 d I greife (in diese Richtung auch *Postel* ZfWG 2009, 246 [249]), eine Erlaubnis aber wegen §§ 4, 5 SpielV nicht erteilt werden könne (*VG Berlin* MMR 2009, 794 [795]; *Fischer/Pfeifer* GewArch 2002, 232 [233]; *Hüsken* GewArch 2010, 336 [340 f.]; ähnlich *VG Wiesbaden* GewArch 2007, 490 [491]). Dies gelte namentlich auch für Online-Geldspielautomaten, die sich in ihrem virtuellen Erscheinungsbild an den Spielgeräten i. S. d. § 33 c orientieren (*Odenthal* GewArch 2006, 58 [59 f.]; *Bund-Länder-Ausschuss „Gewerberecht"*, zit. nach *Schönleiter/Kopp* GewArch 2003, 361 [363]; vgl. § 33 c Rdn. 18; zu Sportwetten als anderes Spiel siehe Rdn. 3).

Für die Beantwortung der Frage, ob § 33 d Online-Spiele erfasst, ist **14** zunächst klarzustellen, dass auch Glücksspiele unter § 33 d fallen können (Rdn. 3). Unzulässig ist ferner ein Schluss von der Nichterfüllbarkeit der Erlaubnisvoraussetzungen auf die Erlaubnisbedürftigkeit (*OVG RP* ZfWG 2009, 413 [417]). Der Wortlaut von § 33 d ist – anders als im Falle von § 33 c (dort Rdn. 18) und § 33 i (dort Rdn. 20) – offen genug gefasst, um Online-Spiele einzuschließen. Aus systematischer Sicht könnte man indessen anführen, dass sämtliche Vorgaben des gewerblichen Spielrechts – sowohl in der Gewerbeordnung selbst als auch in der Spielverordnung und in der Unbedenklichkeitsbescheinigungsverordnung – ersichtlich auf das terrestrische Spiel ausgerichtet sind (vgl. §§ 4, 5 SpielV, § 4 UnbBeschErtV). Hieraus folgt aber nicht, dass Gesetz- und Verordnungsgeber das Internetspiel nicht im Blick gehabt hätten. Die Begründung zur letzten Änderung der SpielV aus dem Jahre 2005 wird etwa mit folgender Beschreibung der Ausgangslage eingeleitet (BR-Drs. 655/05, S. 9): „Der deutsche Glücksspielmarkt ist seit einigen Jahren geprägt von neuen und erweiterten Spielangeboten (Internetspielen, Sportwetten, TV-Spielen), verändertem Spielverhalten wie auch grenzüberschreitenden Spielofferten aus anderen EU- oder Drittstaaten." Anlass für die Novellierung der Spielverordnung ist also u. a. das neue Spielangebot in Form von Internetspielen. Als Ziele der Neuregelung werden u. a. benannt (BR-Drs. 655/05, S. 12): Ziehung einer klaren Grenze zwischen dem staatlich konzessionierten großen Spiel und dem gewerblichen kleinen Spiel, Schließen von „Lücken im Recht" und Verhinderung von „unkontrollierten Fehlentwicklungen", Beseitigung von „Grauzonen", Sicherstellung einer effizienten Überwachung. Wenn der Verordnungsgeber einerseits die Existenz von Internetspielen zugrunde legt, andererseits Rechtslücken und Grauzonen sowie unkontrollierte Entwicklungen ausschließen will, deutet dies darauf hin, dass die fehlende Erlaubnisfähigkeit von Internetspielen beabsichtigt ist. Mangels planwidriger Regelungslücke scheidet dann auch eine analoge Anwendung der Vorschriften aus (a. A. *Bolay* ZfWG 2010, 88 [92]).

Zusammengefasst bedeutet dies: Online-Spiele – unabhängig davon, ob es **15** sich um Geschicklichkeits- oder Glücksspiele handelt – fallen unter § 33 d, sofern diese Norm nicht nach § 33 h Nr. 3 unanwendbar ist. Sie sind aber nicht erlaubnisfähig (vgl. Rdn. 13). Diese Sichtweise sichert mit Blick auf Online-Glücksspiele die Kohärenz zwischen Gewerberecht und Glücksspielrecht (vgl. § 4 IV GlüStV: Verbot von Online-Glücksspielen; dazu § 33 h Rdn. 24). Zum Spannungsverhältnis der gewerberechtlichen Wertung zur rundfunkstaatsvertraglichen Regelung der §§ 8 a, 58 IV RStV siehe Rdn. 17 sowie § 33 h Rdn. 33. Zu beachten ist ferner, dass für **Online-Geschicklichkeitsspiele** (anders bei Online-Glücksspielen, siehe § 3 IV Nr. 4 TMG) **von Veranstaltern aus EU-Staaten** gem. § 3 II 1 TMG im Grundsatz das Recht des Herkunftsstaates gilt (*Bolay* ZfWG 2010, 88 [93]; *Raitz von Frentz/Masch* ZUM 2006, 189 [197]; *Spindler* K&R 2010, 450 [457]; a. A. wohl *Tettenborn u. a.* BB Beilage 2001/10, 1 [11]).

d) Handy-Spiele. Werden Geschicklichkeits- oder Glücksspiele mit **16** Gewinnmöglichkeit via Telekommunikation (insb. Mobiltelefonie) angebo-

§ 33d

Titel II. Stehendes Gewerbe

ten, kann – sofern kein Glücksspiel i. S. d. § 284 StGB i. V. m. § 33 h Nr. 3 vorliegt – § 33 d anwendbar sein. Solche Handy-Spiele sind daher erlaubnisbedürftig, aber nicht erlaubnisfähig (a. A. *Schulz* CR 2006, 164 [165], die aber unzulässigerweise von der Nichterfüllbarkeit der Erlaubnisvoraussetzungen auf die Nichtanwendbarkeit des Erlaubnistatbestandes schließt; siehe hierzu Rdn. 14).

17 **e) TV-Gewinnspiele.** Für Gewinnspiele im Rundfunk hält das Rundfunkrecht der Länder in § 8 a RStV (dazu § 33 h Rdn. 26 ff.) eine Regelung bereit, deren Verhältnis zu den gewerberechtlichen Bestimmungen nicht ohne Schwierigkeiten bestimmt werden kann. Manches spricht dafür, dass bei Einhaltung seiner Vorgaben (insb.: Einsatzhöhe max. 50 Cent) § 8 a RStV lex specialis zu §§ 33 c ff. ist (so *Hüsken* ZfWG 2009, 153 [162]). Ein TV-Gewinnspiel, das hinsichtlich der Einsatzhöhe die Grenzen des § 8 a RStV überschreitet, kann, wenn es sich um ein Geschicklichkeitsspiel handelt, unter § 33 d fallen und somit wegen Unvereinbarkeit mit §§ 4 f. SpielV gewerberechtlich unzulässig sein (*Hüsken* ZfWG 2009, 153 [162]). Bei Glücksspielen dürfte bei Überschreiten der 50 Cent-Grenze ein Glücksspiel i. S. d. § 284 StGB vorliegen, sodass § 33 h Nr. 3 greift (dort Rdn. 86 ff.) und § 33 d nicht anwendbar ist.

3. Gewinnmöglichkeit

18 Zum Begriff der Gewinnmöglichkeit siehe oben § 33 c Rdn. 10 ff. Der Betrieb eines sog. Laserdromes ist kein Spiel mit Gewinnmöglichkeit i. S. d. § 33 d I (*BayVGH* NVwZ-RR 1995, 32).

4. Veranstalten

19 Veranstalter ist, wer das Unternehmerrisiko trägt; siehe im Übrigen die Ausführungen zum Parallelbegriff des Aufstellens in § 33 c Rdn. 12 ff. Vom Veranstalter ist der Vermittler zu unterscheiden (*VG Stuttgart* GewArch 2007, 202).

20 Erlaubnispflichtig ist die jeweilige konkrete Veranstaltung, nicht das Veranstalten als solches. Die Erlaubnispflicht fungiert daher nicht als Anforderung der Zulassung zum Beruf des Spieleveranstalters. Sie ist vielmehr lediglich eine Berufsausübungsregelung (*BVerwG* VerwRspr. 19 Nr. 56; *Marcks*, in: Landmann/Rohmer I, § 33 d Rdn. 11).

II. Erlaubnis

1. Erlaubnisnehmer

21 Erlaubnisnehmer können natürliche und juristische Personen sein. Siehe im Übrigen § 33 c Rdn. 23. Bei **Gewerbetreibenden aus einem anderen EU-/EWR-Staat** ist zu beachten, dass § 13 a (dort Rdn. 8) und § 13 b (§ 13 b III, dort Rdn. 22) nicht anwendbar sind.

2. Inhalt der Erlaubnis

Dem Inhaber wird die Erlaubnis zur Veranstaltung eines bestimmten anderen Spiels an einem bestimmten Ort erteilt. Die Erlaubnis hat so ein persönliches und ein sachliches Element. Sie hat daher nur solange Bestand, wie Veranstalter, Veranstaltungsort, Nutzung des Veranstaltungsortes und Spiel jeweils unverändert bleiben (*Marcks*, in: Landmann/Rohmer I, § 33 d Rdn. 13). 22

Die Erlaubnis steht selbständig neben anderen Erlaubnissen (insb. gem. § 33 i), kann diese also weder ersetzen noch durch diese ersetzt werden. 23

3. Nebenbestimmungen zur Erlaubnis (33 d I 2)

Gem. § 33 d I 2 sind Befristungen (insoweit weiter als § 33 c I 3) und Auflagen (sofort oder nachträglich) möglich, sofern dies zu bestimmten Zwecken erforderlich ist. Diese Zwecke sind identisch mit denen des § 33 c I 3 (näher dort Rdn. 28); zum Verhältnismäßigkeitsgebot siehe § 33 c Rdn. 29. Zu weiteren Nebenbestimmungen gem. § 36 I 2. Var. VwVfG vgl. oben § 33 c Rdn. 27. Siehe zum Ganzen *Schulze-Werner* GewArch 2004, 9 ff. 24

III. Erlaubnisvoraussetzungen (Abs. 2 und 3)

Erlaubnisvoraussetzungen sind eine Unbedenklichkeitsbescheinigung i. S. d. Abs. 2, das Nichtvorliegen von Unzuverlässigkeit i. S. d. Abs. 3 und die Einhaltung von in der SpielV normierten räumlichen Erfordernissen. Wenn die Erlaubnisvoraussetzungen vorliegen, muss die zuständige Behörde (dazu § 155 II) die Erlaubnis erteilen; der Antragsteller hat darauf also einen **Rechtsanspruch** (gebundene Verwaltung). 25

1. Unbedenklichkeitsbescheinigung (Abs. 2)

Die Unbedenklichkeitsbescheinigung bezieht sich auf das Spiel, das veranstaltet werden soll; insoweit handelt es sich also um eine objektive Erlaubnisvoraussetzung (vgl. *Marcks*, in: Landmann/Rohmer I, § 33 d Rdn. 17), welche verfassungsrechtlich unbedenklich ist (*BVerwG* GewArch 1983, 60). Die Erteilung der Unbedenklichkeitsbescheinigung (= Verwaltungsakt) durch das Bundeskriminalamt richtet sich nach § 33 e und den auf § 33 f gestützten Durchführungsvorschriften (näher § 33 e Rdn. 2 ff., § 33 f Rdn. 16). Der Abdruck einer Unbedenklichkeitsbescheinigung (§ 33 d II 2. Var.) genügt nur im Falle des § 33 e IV, also bei serienmäßig hergestellten Spielen (näher § 33 e Rdn. 9). 26

Der Veranstalter muss nur im Besitz der Unbedenklichkeitsbescheinigung (oder ihres Abdruckes) sein; beantragt werden kann sie von Dritten, insb. vom Hersteller eines Spiels (vgl. *VG Wiesbaden* GewArch 1996, 68). 27

Derzeit ist die Erteilung einer Unbedenklichkeitsbescheinigung durch das BKA für acht Spiele möglich (siehe die Auflistung in der Bekanntmachung des BMI vom 7. 3. 2006 – IS 7 – 641 102/5, in GMBl 2006, S. 443). Da in den letzten Jahren für die benannten Spiele keine Erlaubnisse mehr beantragt 28

§ 33d Titel II. Stehendes Gewerbe

wurden, behalten sich die zuständigen Behörden für den Fall einer Neubeantragung eine Nachprüfung vor. Für unentgeltliche Spiele, auf die § 33 d GewO von vornherein nicht anwendbar ist, kann keine Unbedenklichkeitsbescheinigung erteilt werden (*Bund-Länder-Ausschuss „Gewerberecht"*, zit. nach *Schönleiter/Sprafke* GewArch 2010, 294 [296]).

2. Keine Unzuverlässigkeit (Abs. 3)

29 § 33 d III orientiert sich an der Parallelvorschrift des auch in Bezug genommenen § 33 c II. Bei **Gewerbetreibenden aus einem anderen EU-/EWR-Staat** ist zu beachten, dass § 13 b nicht anwendbar ist (Rdn. 13).

30 **a) Unzuverlässigkeit des Antragstellers.** Die Erlaubnis muss im Falle der Unzuverlässigkeit des Antragstellers versagt werden. Antragsteller ist gem. § 33 d I 1 der Veranstalter. Zum Begriff der (Un-)Zuverlässigkeit siehe § 35 Rdn. 27 ff. und § 33 c Rdn. 35 ff. Die Unzuverlässigkeit wird durch eine Reihe von Regelbeispielen indiziert (§ 33 d III 2 i. V. m. § 33 c II 2; dazu § 33 c Rdn. 46), kann aber auch ohne Verwirklichung eines Regelbeispiels vorliegen (§ 33 d III 1; oben § 33 c Rdn. 36 f.).

31 **b) Unzuverlässigkeit des Betriebsinhabers.** § 33 d III erfasst aber – anders als § 33 c II – nicht nur die Unzuverlässigkeit des Veranstalters, sondern auch die des Inhabers des Betriebes, in dem die Spiele veranstaltet werden sollen. Relevant wird dies bei Spielen, die ein Veranstalter etwa in einer von einem Dritten betriebenen Gaststätte veranstaltet.

32 Die Erlaubnis ist kein Verwaltungsakt gegenüber dem Betriebsinhaber (etwa dem Gastwirt). Gleichwohl kann dieser sich gegen die Versagung der Erlaubnis gerichtlich zu Wehr setzen, wenn die Behörde seine Unzuverlässigkeit zur Begründung für die Nichterteilung herangezogen hat. Eine Verpflichtungsklage auf Erlass der Erlaubnis an den Veranstalter kommt zwar nicht in Betracht, weil die Erlaubnis für ihn keine eigene Rechtsposition schafft, er also durch deren Versagung auch nicht in eigenen Rechten verletzt sein kann (vgl. § 42 II VwGO). Gleichwohl ist er in seinen rechtlich geschützten Interessen berührt: Zum einen ist an sein Grundrecht der Berufs- und Gewerbefreiheit (Art. 12 I GG) zu denken, da er seinen Betrieb nicht mehr als Veranstaltungsort für Spiele i. S. d. § 33 d zur Verfügung stellen kann. Zum anderen kann je nach Begründung für die Unzuverlässigkeit auch sein allgemeines Persönlichkeitsrecht (Art. 2 I i. V. m. Art. 1 I GG; dazu näher etwa *Murswiek*, in: Sachs, GG, 5. Aufl. 2009, Art. 2 Rdn. 59 ff., 103 ff. u. 121 ff.) betroffen sein. Jeweils sind rechtliche und auch wirtschaftliche Interessen berührt, die ein Feststellungsinteresse i. S. d. § 43 I VwGO begründen können. Er kann daher Feststellungsklage mit dem Ziel erheben, die Rechtswidrigkeit der Ablehnung festzustellen (im Ergebnis ähnlich *Marcks*, in: Landmann/Rohmer I, § 33 d Rdn. 23); in Betracht kommt auch eine isolierte Drittanfechtungsklage gegen die Versagung der Erlaubnis (*Hahn*, in: Friauf, § 33 d Rdn. 30). Nicht klagebefugt oder feststellungsberechtigt sind jedoch weitere Dritte (Arbeitnehmer etc.).

Andere Spiele mit Gewinnmöglichkeit § 33d

3. Vorgaben der SpielV

Nur wenn die Voraussetzungen der SpielV (Anhang 2) erfüllt sind, darf 33
die Erlaubnis nach § 33 d I 1 erteilt werden (*Hahn*, in: Friauf, § 33 d Rdn. 28).
Im Abschnitt II der SpielV legt § 4 fest, dass Spiele mit Geldgewinnen nur
in Spielhallen oder ähnlichen Unternehmen stattfinden dürfen. Ferner sind
in einer Spielhalle oder in einem ähnlichen Unternehmen höchstens drei
andere Spiele zulässig. Zu Warengewinnspielen siehe § 5 i. V. m. § 3 sowie
§ 5 a SpielV.

IV. Rücknahme und Widerruf einer Erlaubnis (Abs. 4 und 5)

1. Rücknahme gem. Abs. 4 S. 1

Gem. § 33 d IV 1 ist die Erlaubnis zurückzunehmen, wenn bei ihrer Ertei- 34
lung nicht bekannt war, dass Antragsteller oder Betriebsinhaber unzuverlässig
sind, insb. eines der Regelbeispiele des § 33 c II 2 verwirklichen (**unerkannt
gebliebene anfängliche Unzuverlässigkeit** im Unterschied zu Abs. 4 S. 2
Nr. 1). Worauf die behördliche Unkenntnis beruht, ist irrelevant. Kein Rücknahmegrund i. S. d. Abs. 4 S. 1 liegt aber vor, wenn die Behörde alle Tatsachen kennt, die zur Annahme der Unzuverlässigkeit führen, sie aufgrund
falscher rechtlicher Würdigung aber die Zuverlässigkeit bejaht und Erlaubnis
erteilt hat (*Hahn*, in: Friauf, § 33 d Rdn. 37; *Diegmann/Hoffmann/Ohlmann*
Praxishandbuch für das gesamte Spielrecht, 2008, S. 99).

§ 33 d IV 1 ist lex specialis zu § 48 I 1 VwVfG, da er die ansonsten 35
grundsätzlich im Ermessen stehende Rücknahme zwingend vorschreibt. Die
Regelung in § 33 d ist aber nicht abschließend. Dies bedeutet, dass § 48 III
VwVfG (u. U. Ausgleich von Vermögensnachteilen) auch für die Rücknahme
nach § 33 d IV 1 anwendbar ist.

Nicht anwendbar ist jedoch die Jahresfrist des § 48 IV VwVfG, da dies mit 36
der zwingenden Rechtsfolge des § 33 d IV 1 nicht vereinbar wäre (vgl. *Hahn*,
in: Friauf, § 33 e Rdn. 35).

2. Widerruf gem. Abs. 4 S. 2

§ 33 d IV 2 normiert einen Katalog zwingender Widerrufsgründe und ist 37
lex specialis zu § 49 VwVfG. Auch bei einem Widerruf nach § 33 d IV 2 ist
§ 49 VI VwVfG im Grundsatz anwendbar (oben Rdn. 35).

Nr. 1 betrifft die **nachträgliche Unzuverlässigkeit** von Veranstalter oder 38
Betriebsinhaber und verschärft die Widerrufsregelung des § 49 II Nr. 3
VwVfG, indem das Merkmal der Gefährdung öffentlicher Interessen und
das behördliche Ermessen entfallen. Nicht erfasst ist der Fall anfänglicher
Unzuverlässigkeit, die trotz richtiger Tatsachenfeststellung von der Behörde
aufgrund fehlerhafter rechtlicher Würdigung nicht erkannt wurde (vgl. auch
oben Rdn. 34).

Nr. 2 zwingt zum Widerruf, wenn das Spiel **abweichend von den** 39
genehmigten Bedingungen, wie sie in der Unbedenklichkeitsbescheini-

Ennuschat

§ 33d

gung fixiert sind, veranstaltet wird. Dabei ist unerheblich, wer die Abweichung verursacht hat. Auf ein Verschulden des Veranstalters kommt es nicht an (*Hahn*, in: Friauf, § 33 d Rdn. 38). Entscheidend ist allein die objektive – nicht völlig unerhebliche – Abweichung. Ratio legis ist die Verhinderung des Missbrauchs eines genehmigten Spiels durch Änderung der Spielbedingungen (*Marcks*, in: Landmann/Rohmer I, § 33 d Rdn. 26).

40 Nr. 3 betrifft den Widerruf nach **Rücknahme oder Widerruf der Unbedenklichkeitsbescheinigung**, welche sich nach § 33 e II richten (dort Rdn. 24 ff.). Nr. 3 erfasst nicht das Erlöschen der Unbedenklichkeitsbescheinigung durch Zeitablauf bei Befristung u. Ä. (*Marcks*, in: Landmann/Rohmer I, § 33 d Rdn. 26).

3. Widerruf gem. Abs. 5

41 § 33 d V räumt für einen weiteren Widerrufsgrund Ermessen ein: Die Erlaubnis kann gem. Abs. 5 widerrufen werden, wenn gegen eine Auflage i. S. d. Abs. 1 S. 2 (oben Rdn. 24) oder gegen „§ 8 des Jugendschutzgesetzes" verstoßen wird. Insoweit bezieht sich § 33 d auf den vormaligen § 8 des Gesetzes zum Schutze der Jugend in der Öffentlichkeit v. 25. 2. 1985 (BGBl. I S. 425), das zwischenzeitlich außer Kraft getreten und durch das Jugendschutzgesetz vom 23. 7. 2002 (BGBl. I S. 2730) ersetzt worden ist. Der gewerberechtliche Gesetzgeber hat diese Änderung des Jugendschutzrechts noch nicht berücksichtigt. Die inhaltliche Aussage des § 8 JÖSchG a. F. findet sich nunmehr in § 6 JuSchG. § 6 JuSchG enthält eine Reihe von Jugendschutzvorschriften, u. a. das Verbot, Kindern und Jugendlichen die Anwesenheit in öffentlichen Spielhallen u. Ä. zu gestatten (Abs. 1); die Teilnahme an Gewinnspielen in der Öffentlichkeit darf ihnen nur auf Volksfesten u. Ä. und nur dann gestattet werden, wenn der Gewinn in Waren von geringem Wert besteht (Abs. 2). Siehe im Übrigen *Marcks*, in: Landmann/Rohmer I, § 33 d Rdn. 27.

42 Zu beachten ist, dass ein Widerrufsgrund nur vorliegt, wenn „bei der Veranstaltung" gegen eine Auflage oder gegen § 6 JuSchG – der § 8 JÖSchG, auf den sich der Wortlaut des § 33 d V bezieht – verstoßen wird. Es kommt auf Tatbestandsseite nicht darauf an, ob Verschulden gegeben ist. Im Falle des Nichtverschuldens kann die Ermessensausübung aber zum Ergebnis führen, die Erlaubnis nicht zu widerrufen. Zu denken ist namentlich an eine vorherige Abmahnung als milderes Mittel.

43 Sollte ein Verstoß gegen § 6 JuSchG gem. § 27 II JuSchG strafbar – und nicht nur eine Ordnungswidrigkeit – sein, kann der zwingende Widerrufsgrund gem. § 33 d IV 2 Nr. 1, III 2 i. V. m. § 33 c II 2 vorliegen (näher oben Rdn. 30 und § 33 c Rdn. 38 ff.; siehe auch *Diegmann/Hoffmann/Ohlmann* Praxishandbuch für das gesamte Spielrecht, 2008, S. 99).

44 Bei einem Widerruf nach § 33 d V ist § 49 VI VwVfG im Grundsatz anwendbar (oben Rdn. 37).

4. Rücknahme und Widerruf gem. §§ 48 ff. VwVfG

45 Die speziellen Rücknahme- und Widerrufsgründe des § 33 d IV und V bilden keine abschließende Regelung, so dass auch die allgemeinen Rücknahme- und Widerrufsgründe der §§ 48 ff. eingreifen können, wenn die Rücknahme- und Widerrufsvoraussetzungen des § 33 d nicht vorliegen (*Hahn*, in: Friauf, § 33 d Rdn. 40; *Marcks*, in: Landmann/Rohmer I, § 33 d Rdn. 28; **a. A.** *Laubinger/Repkewitz* VerwArch 1998, 337 [355]).

5. Verhältnis zur Untersagung nach § 35 I

Fraglich ist, ob neben den Aufhebungsmöglichkeiten gem. § 33 d IV, V **46** auch eine Untersagung nach § 35 I in Betracht kommt. Gem. § 35 VIII wäre eine solche dann unzulässig, wenn die Abs. 4 und 5 des § 33 d eine Aufhebung der für das Gewerbe erteilten Zulassung ermöglichen. Jedoch wird durch § 33 d IV und V dem Gewerbetreibenden nur die Erlaubnis zur Veranstaltung eines bestimmten Spiels entzogen, der Spieleveranstalter damit u. U. lediglich in Teilbereichen seiner Gewerbetätigkeit betroffen (vgl. oben Rdn. 19 f.). Ihm wird aber nicht die grundsätzliche Möglichkeit zur Ausübung seines Gewerbes versperrt (vgl. § 35 Rdn. 143), denn ein Gewerbetreibender kann Erlaubnisse bezüglich mehrerer Spiele i. S. d. § 33 d beantragen. Damit steht die Gewerbeuntersagung nach § 35 I neben den Aufhebungsmöglichkeiten nach § 33 d IV und V (*Hahn*, in: Friauf, § 33 d Rdn. 41; *Marcks*, in: Landmann/Rohmer I, § 33 d Rdn. 29; **a. A.** *OVG NRW* GewArch 1979, 330 f.).

V. Rechtsfolgen bei Pflichtverletzungen

Verstöße gegen § 33 d I 1, 2 können nach § 144 I Nr. 1 lit. d, II Nr. 3, IV **47** als Ordnungswidrigkeiten und gem. § 148 Nr. 1 bei beharrlicher Wiederholung als Straftat geahndet werden. § 284 StGB findet bei für unbedenklich erklärten oder erklärbaren Spielen keine Anwendung, auch dann nicht, wenn die Erlaubnis zur Spielveranstaltung fehlt (*Marcks*, in: Landmann/Rohmer I, § 33 d Rdn. 31). Kann ein Spiel nicht für unbedenklich erklärt werden, greift von vornherein nur § 284 StGB, nicht aber § 33 d (vgl. § 33 h Nr. 3). Zur Strafbarkeit der regelwidrigen Veranstaltung gewerberechtlich erlaubter Spiele siehe umfassend *Odenthal* GewArch 1989, 222 ff. Ordnungswidrig ist ferner der Verstoß gegen eine vollziehbare Auflage nach § 33 d I 2 (§ 144 II Nr. 3). Zu wettbewerbsrechtlichen Ansprüchen vgl. § 33 c Rdn. 68.

§ 33e Bauartzulassung und Unbedenklichkeitsbescheinigung

(1) ¹Die Zulassung der Bauart eines Spielgerätes oder ihrer Nachbaugeräte und die Unbedenklichkeitsbescheinigung für andere Spiele (§§ 33 c und 33 d) sind zu versagen, wenn die Gefahr besteht, daß der Spieler unangemessen hohe Verluste in kurzer Zeit erleidet. ²Für andere Spiele im Sinne des § 33 d kann die Unbedenklichkeitsbescheinigung auch versagt werden, wenn das Spiel durch Veränderung der Spielbedingungen oder durch Veränderung der Spieleinrichtung mit einfachen Mitteln als Glücksspiel im Sinne des § 284 des Strafgesetzbuches veranstaltet werden kann. ³Ein Versagungsgrund im Sinne des Satzes 2 liegt insbesondere dann vor, wenn

§ 33e

1. es sich um ein Karten-, Würfel- oder Kugelspiel handelt, das von einem Glücksspiel im Sinne des § 284 des Strafgesetzbuches abgeleitet ist, oder
2. das Spiel nach den zur Prüfung eingereichten Bedingungen nicht wirtschaftlich betrieben werden kann.

(2) Die Zulassung und die Unbedenklichkeitsbescheinigung sind zurückzunehmen oder zu widerrufen, wenn Tatsachen bekannt werden, die ihre Versagung rechtfertigen würden, oder wenn der Antragsteller zugelassene Spielgeräte an den in dem Zulassungsschein bezeichneten Merkmalen verändert oder ein für unbedenklich erklärtes Spiel unter nicht genehmigten Bedingungen veranstaltet.

(3) Die Zulassung und die Unbedenklichkeitsbescheinigung können mit einer Befristung erteilt und mit Auflagen verbunden werden.

(4) Bei serienmäßig hergestellten Spielen nach § 33 d genügt es, wenn die Unbedenklichkeitsbescheinigung für das eingereichte Spiel und für Nachbauten ein Abdruck der Unbedenklichkeitsbescheinigung erteilt wird.

Literatur: *H. J. Benischke,* Die Zulassung industriell hergestellter Geschicklichkeitsspielgeräte mit Gewinnmöglichkeit, ZG 1997, 369 ff.; *H. Diegmann / C. Hoffmann / W. Ohlmann,* Praxishandbuch für das gesamte Spielrecht, 2008; *J. Dietlein / F. Hüsken,* in: Dietlein/Hecker/Ruttig, Glücksspielrecht, 2008, §§ 33 c ff. GewO; *D. Hahn,* Neuregelungen zum gewerblichen Spielrecht, GewArch 2007, 89 ff.; *H.-J. Odenthal,* Die Strafbarkeit der regelwidrigen Veranstaltung gewerberechtlich erlaubter Spiele, GewArch 1989, 222 ff.

Übersicht

	Rdn.
I. Vorbemerkung	1
II. Zulassungs- und Bescheinigungsverfahren	2
1. Bauartzulassung	2
a) Antrag	3
b) Zulassungsprüfung	4
c) Zulassung	5
2. Unbedenklichkeitsbescheinigung	6
a) Antrag	7
b) Unbedenklichkeitsprüfung	8
c) Bescheinigung	9
III. Voraussetzungen von Bauartzulassung und Unbedenklichkeitsbescheinigung (Abs. 1)	10
1. Gefahr unangemessen hoher Verluste in kurzer Zeit (S. 1)	11
2. Zusätzlicher Versagungsgrund bei anderen Spielen (S. 2 und 3)	14
a) „kann" (S. 2); „insbesondere" (S. 3)	16
b) Regelbeispiele des S. 3	18
c) Mit einfachen Mitteln veränderbar (S. 2)	22
IV. Rücknahme und Widerruf von Bauartzulassung und Unbedenklichkeitsbescheinigung (Abs. 2)	24
1. Bekanntwerden von die Versagung rechtfertigenden Tatsachen (Abs. 2 1. Var.)	26

§ 33e

2. Veränderung der Spielgeräte oder -bedingungen durch den Antragsteller (Abs. 2 2. Var.)	27
3. Rücknahme und Widerruf gem. §§ 48 f. VwVfG	29
V. Nebenbestimmungen (Abs. 3)	30
VI. Abdruck der Unbedenklichkeitsbescheinigung (Abs. 4)	33
VII. Rechtsfolgen einer Pflichtverletzung	34

I. Vorbemerkung

§ 33 e knüpft an § 33 c I 2 und § 33 d II an: Die Erlaubnis für ein Spielgerät **1** i. S. d. § 33 c berechtigt nur zur Aufstellung von solchen Spielgeräten, deren Bauart von der Physikalisch-Technischen Bundesanstalt (PTB) zugelassen ist; die Erlaubnis für ein anderes Spiel i. S. d. § 33 d darf nur erteilt werden, wenn der Antragsteller im Besitz einer von dem Bundeskriminalamt (BKA) erteilten Unbedenklichkeitsbescheinigung oder eines Abdruckes der Unbedenklichkeitsbescheinigung ist.

II. Zulassungs- und Bescheinigungsverfahren

1. Bauartzulassung

Die Bauartzulassung ist zu unterscheiden von der an den Aufsteller adres- **2** sierten Erlaubnis i. S. d. § 33 c I 1 (vgl. oben § 33 c Rdn. 25). Das Zulassungsverfahren ist in den §§ 11 ff. SpielV geregelt (VO über Spielgeräte und andere Spiele mit Gewinnmöglichkeit i. d. F. d. B. v. 27. 1. 2006 [BGBl. I S. 280]. Siehe dazu ausführlich *Marcks*, in: Landmann/Rohmer II/220, Erl. zu §§ 11 ff. SpielV; ferner *Diegmann/Hoffmann/Ohlmann* Praxishandbuch für das gesamte Spielrecht, 2008, S. 86 ff.; *Kim* ZfWG 2006, 1 [3]; *Odenthal* ZfWG 2006, 286 [291]).

a) Antrag. Die Bauartzulassung beantragt im Allgemeinen der Hersteller **3** eines Spielgerätes i. S. d. § 33 c, nicht erst der Aufsteller (*VG Berlin* GewArch 1968, 206; *Hahn*, in: Friauf, § 33 e Rdn. 4; *Diegmann/Hoffmann/Ohlmann* Praxishandbuch für das gesamte Spielrecht, 2008, S. 86). Der Antragsteller muss seinem **Antrag** die in § 12 I 1 SpielV genannten Unterlagen beifügen (Beschreibung des Spielgerätes, Bauplan, Bedienungsanweisung, technische Beschreibung der Komponenten und ein Mustergerät) und mit dem Antrag eine Erklärung nach § 12 II SpielV vorlegen (u. a. zur durchschnittlichen stündlichen Gewinn- bzw. Verlusthöhe).

b) Zulassungsprüfung. Gem. § 12 III SpielV findet die Zulassungsprü- **4** fung grundsätzlich in der PTB statt. Die PTB ist nur zuständig, die Zulassungsprüfung durchzuführen und die Zulassung zu erteilen oder zu versagen, nicht aber zuständig für die Beurteilung der Frage, ob das Gerät in den Anwendungsbereich des § 33 c fällt (*HessVGH* GewArch 2007, 290 [291]; *OVG NRW* NVwZ-RR 2007, 522; *VG Dresden* GewArch 2006, 476; *Odenthal* ZfWG 2006, 286 [289]). Zu den Zulassungsvoraussetzungen siehe unten Rdn. 10 ff. Vor der beabsichtigten Entscheidung über die Zulassung muss sich

§ 33e

Titel II. Stehendes Gewerbe

die PTB ins Benehmen mit dem BKA setzen (§ 11 SpielV). Ein Benehmen ist mehr als die bloße Gelegenheit zur Stellungnahme, ist vielmehr auf Konsens gerichtet, ohne dass ein Einvernehmen erforderlich ist. Fehlt das Benehmen, begründet dies freilich keine Rechtsverletzung des Antragstellers (*BVerwG* Buchh. 451.20 § 33 h GewO Nr. 5; vgl. *Hahn*, in: Friauf, § 33 e Rdn. 5; *Diegmann/Hoffmann/Ohlmann* Praxishandbuch für das gesamte Spielrecht, 2008, S. 87).

5   **c) Zulassung.** Über die Zulassung entscheidet die PTB durch gebührenpflichtigen (§ 17 SpielV) **Verwaltungsakt**. Wenn das Mustergerät den gesetzlichen Anforderungen entspricht, ist die Bauart zuzulassen und der Hersteller erhält einen **Zulassungsschein** (§ 15 I 1 SpielV). Dieser Zulassungsschein berechtigt ihn zu Herstellung und Vertrieb von Nachbaugeräten (*Diegmann/Hoffmann/Ohlmann* Praxishandbuch für das gesamte Spielrecht, 2008, S. 88). Für jedes Nachbaugerät der zugelassenen Bauart erhält der Hersteller einen **Zulassungsbeleg** und ein Zulassungszeichen (§ 15 I 2 SpielV), die er dem Aufsteller überlässt, der damit gegenüber den zuständigen Behörden seine Berechtigung i. S. d. § 33 c I 2 nachweisen kann. Das **Zulassungszeichen** ist an dem Geldspielgerät anzubringen (§ 6 I 1 SpielV). Zum Inhalt von Zulassungsschein, -beleg und -zeichen siehe § 16 SpielV.

2. Unbedenklichkeitsbescheinigung

6   Das Verfahren zur Bescheinigung der Unbedenklichkeit ist im Einzelnen in der auf § 33 f II Nr. 2 gestützten Verordnung zur Erteilung von Unbedenklichkeitsbescheinigungen (UnbBeschErtV) i. d. F. d. B. v. 10. 4. 1995 (BGBl. I S. 510) geregelt. Die Erteilung einer Unbedenklichkeitsbescheinigung i. S. d. § 18 SpielV bezieht sich im Gegensatz zur früheren Rechtslage nicht mehr auf Spiele i. S. d. § 33 d, sondern auf solche i. S. d. § 33 h Nr. 2 (dazu *Peter* GewArch 1994, 187 [188]). Zum Verfahren siehe näher *Marcks*, in: Landmann/Rohmer II/223, Erl. zur UnbBeschErtV; *Diegmann/Hoffmann/Ohlmann* Praxishandbuch für das gesamte Spielrecht, 2008, S. 89 f.

7   **a) Antrag.** Das Verfahren beginnt mit der Einreichung eines Antrags beim BKA, dem eine Spielbeschreibung, die Spielregeln und, soweit nach Art des Spiels erforderlich, eine Berechnung der Auszahlungs- und Treffererwartung beizufügen sind (§ 2 UnbBeschErtV). **Antragsteller** ist der spätere Adressat der Unbedenklichkeitsbescheinigung (dazu § 3 I UnbBeschErtV), also entweder Hersteller oder Veranstalter. Der Hersteller kann eine Unbedenklichkeitsbescheinigung jedenfalls dann beantragen, wenn es sich um ein serienmäßig herzustellendes Spiel handelt. Serienmäßige Herstellung erfordert dabei keine industrielle Fertigung, sondern den Bau von Spielgeräten nach einer bestimmten Bauart (*BVerwG* GewArch 1997, 287 [288]). Beantragt der Hersteller die Unbedenklichkeitsbescheinigung, fallen Antragsteller für die Unbedenklichkeitsbescheinigung und Antragsteller für die Erlaubnis der Spielveranstaltung auseinander.

8   **b) Unbedenklichkeitsprüfung.** Vor seiner Entscheidung über die Unbedenklichkeit setzt sich das BKA ins Benehmen mit der PTB und einem Ausschuss von vier auf dem Gebiete des Spielwesens erfahrenen Kriminalbe-

amten der Länder (§ 1 S. 1 UnbBeschErtV). Zur Rechtsfolge fehlenden Benehmens siehe oben Rdn. 4; zu den materiellen Voraussetzungen der Erteilung der Unbedenklichkeitsbescheinigung siehe unten Rdn. 10 ff.

c) Bescheinigung. Die Erteilung der Unbedenklichkeitsbescheinigung 9 erfolgt durch gebührenpflichtigen **Verwaltungsakt** (§ 6 UnbBeschErtV). Adressat ist der Hersteller, wenn es sich um ein serienmäßig zu fertigende Spieleinrichtung handelt und sichergestellt ist, dass die Nachbauten mit dem geprüften Muster übereinstimmen; in allen anderen Fällen ist Adressat der Veranstalter (vgl. § 3 I UnbBeschErtV). Sofern der Hersteller Adressat ist, erhält er für jeden serienmäßigen Nachbau der Spieleinrichtung einen **Abdruck der Unbedenklichkeitsbescheinigung** (§ 33 e IV; § 3 II UnbBeschErtV), den er dem Veranstalter überlässt. Diese benötigt der Veranstalter, um eine Erlaubnis zur Spielveranstaltung zu erhalten (§ 33 d II 2. Var.). Zum Inhalt der Unbedenklichkeitsbescheinigung siehe § 4 UnbBeschErtV.

III. Voraussetzungen von Bauartzulassung und Unbedenklichkeitsbescheinigung (Abs. 1)

Der Antragsteller hat einen **Rechtsanspruch** auf Zulassung der Bauart 10 bzw. Bescheinigung der Unbedenklichkeit, wenn kein Versagungsgrund vorliegt (*BVerwG* GewArch 1997, 287 [288]; *Diegmann/Hoffmann/Ohlmann* Praxishandbuch für das gesamte Spielrecht, 2008, S. 90). § 33 e I 1 enthält einen Versagungsgrund für die Bauartzulassung und die Unbedenklichkeitsbescheinigung; S. 2 und 3 normieren einen weiteren Versagungsgrund in Bezug auf die Unbedenklichkeitsbescheinigung. Über diese Regelungen hinaus gibt es keine weiteren Versagungsgründe; insb. kommt es nicht auf die Zuverlässigkeit des Antragstellers an (vgl. *BVerwG* GewArch 1976, 87 f.).

1. Gefahr unangemessen hoher Verluste in kurzer Zeit (S. 1)

Bauartzulassung und Unbedenklichkeitsbescheinigung sind zu versagen, 11 wenn die Gefahr besteht, dass der Spieler unangemessen hohe Verluste in kurzer Zeit erleidet. Dabei handelt es sich um **gerichtlich voll überprüfbare unbestimmte Gesetzesbegriffe**, die der Verwaltung keinen Beurteilungsspielraum einräumen (*Marcks*, in: Landmann/Rohmer I, § 33 e Rdn. 4; *Diegmann/Hoffmann/Ohlmann* Praxishandbuch für das gesamte Spielrecht, 2008, S. 90). Dabei ist aufgrund der Tatsache, dass § 33 e I 1 einen einheitlichen Versagungsgrund sowohl für die Bauartzulassung für Spielgeräte mit Gewinnmöglichkeit i. S. d. § 33 c als auch für die Unbedenklichkeitsbescheinigung für andere Spiele i. S. d. § 33 d aufstellt, von einem einheitlichen Maßstab für beide Anwendungsbereiche auszugehen (*BVerwG* GewArch 2002, 76 [77]; *Hahn* GewArch 2002, 41 [42]).

Bei der Frage nach der Gefahr unangemessen hoher Verluste ist nicht auf 12 den theoretischen Maximalverlust, sondern auf den bei realistischer Betrachtungsweise möglich erscheinenden Verlust abzustellen (*BVerwG* GewArch 1985, 59 [61]); zu berücksichtigen sind dabei auch die durchschnittlich zu erwartenden Gewinne (*BVerwG* GewArch 1983, 60 [62]). Hinsichtlich der

§ 33e

Unangemessenheit ist die allgemeine Verkehrsauffassung, nicht etwa die Auffassung einzelner Spielerkreise maßgeblich (*BVerwG* GewArch 1983, 60 [62]). Für **unangemessen** gehalten wurde der Verlust von – je nach Setzart – 20, 40, 60, 80 oder 120 DM in knapp einer Minute (*BVerwGE* 25, 204 [209]), der Verlust von 210 DM innerhalb einer Stunde (*HessVGH* GewArch 1978, 222 [223]). **Unbedenklich** seien Verluste von 70 DM pro Stunde (*BVerwG* GewArch 1983, 63 [65]) resp. 144 DM je Stunde (*HessVGH* GewArch 1979, 90 [91]). Heute wären entsprechende Eurobeträge einzusetzen. Als nicht unangemessen hoch erachtet wurde ein Verlust von 50 Euro pro Stunde und pro Gerät bei zulässigem Bespielen zweier Geräte (*BVerwG* NVwZ 2002, 862 [863]; zum Ganzen *Diegmann/Hoffmann/Ohlmann* Praxishandbuch für das gesamte Spielrecht, 2008, S. 90). Mittlerweile folgt aus § 13 Abs. 1 Nr. 3 SpielV, dass ein Maximalverlust von 80 Euro pro Stunde zulässig ist.

13 Für die Zulassung von Geldspielgeräten i. S. d. § 33 c wird der Versagungsgrund des § 33 e I 1 konkretisiert durch § 13 SpielV (*Marcks*, in: Landmann/Rohmer II/220, § 13 SpielV Rdn. 1); bei Warenspielgeräten greift § 14 SpielV. Eine vergleichbare Konkretisierung für andere Spiele i. S. d. § 33 d existiert nicht (*Hahn*, in: Friauf, § 33 e Rdn. 17).

2. Zusätzlicher Versagungsgrund bei anderen Spielen (S. 2 und 3)

14 Bisweilen wird aus einem klassischen Glücksspiel ein Geschicklichkeitsspiel entwickelt, dafür eine Unbedenklichkeitsbescheinigung beantragt und dann durch – unangezeigte und ungenehmigte – Veränderung der Spielbedingungen oder -einrichtung das Spiel wieder zu einem Glücksspiel umgewandelt. Früher war umstritten, ob allein leichte Manipulierbarkeit der Spielregeln zur Versagung der Unbedenklichkeitsbescheinigung führen konnte; die Rechtsprechung verneinte dies (Nachweise bei *Marcks*, in: Landmann/Rohmer I, § 33 e Rdn. 5; vgl. auch *Odenthal* GewArch 1989, 222 [224 f.]). Daraufhin hat der Gesetzgeber durch Gesetz v. 20. 12. 1993 (BGBl. I S. 2254) die Regelung des § 33 e I um den weiteren Versagungsgrund des Abs. 1 S. 2 und 3 ergänzt (vgl. BT-Drs. 12/4488, S. 5 f.; *Peter* GewArch 1994, 187 ff.): Gem. § 33 e I 2 kann für ein anderes Spiel i. S. d. § 33 d die Unbedenklichkeitsbescheinigung auch versagt werden, wenn das Spiel durch Veränderung der Spielbedingungen oder durch Veränderung der Spieleinrichtung mit einfachen Mitteln als Glücksspiel i. S. d. § 284 StGB veranstaltet werden kann. Dieser Versagungsgrund wird durch S. 3 näher konkretisiert: Danach liegt er „insbesondere" vor, wenn (1.) es sich um ein von einem Glücksspiel i. S. d. § 284 StGB abgeleitetes Karten-, Würfel- oder Kugelspiel handelt, oder (2.) das Spiel nach den eingereichten Unterlagen nicht wirtschaftlich betrieben werden kann.

15 Diese Regelungen stellen zulässige **Berufsausübungsregelungen** i. S. d. Art. 12 I 2 GG dar (*BVerwG* GewArch 1997, 287 [289]; *HessVGH* GewArch 1995, 198 [199 f.]), die überdies dem Bestimmtheitsgebot genügen (*BVerwG* GewArch 1997, 287 [288]). Beobachtet wird allerdings, dass die Behörden- und Gerichtspraxis die Unbedenklichkeit in aller Regel verneint, so dass – obwohl dies der Gesetzgeber nicht intendiert hat – es bereits als nahezu ausgeschlossen bezeichnet wurde, für neu entwickelte andere Spiele mit

Gewinnmöglichkeit eine Unbedenklichkeitsbescheinigung zu erhalten (so jedenfalls *Benischke* ZG 1997, 369).

a) „kann" (S. 2); „insbesondere" (S. 3). Wenn die Voraussetzungen 16 des in S. 2 genannten Versagungsgrundes vorliegen, **muss** die Unbedenklichkeitsbescheinigung versagt werden. Die Formulierung „kann" weist vorliegend nicht auf Ermessen, sondern auf eine Ermächtigung im Sinne einer Befugnisnorm hin (*BVerwG* GewArch 1997, 287 [289]; *HessVGH* GewArch 1995, 198; *Diegmann/Hoffmann/Ohlmann* Praxishandbuch für das gesamte Spielrecht, 2008, S. 91).

S. 3 („insbesondere") nennt zwei Fälle, in denen das Vorliegen der Voraus- 17 setzungen des S. 2 unwiderleglich vermutet wird (*Marcks*, in: Landmann/Rohmer I, § 33 e Rdn. 6). Wenn diese Fälle nicht greifen, muss im Einzelnen geprüft werden, ob die Tatbestandsmerkmale des S. 2 erfüllt sind (*Diegmann/Hoffmann/Ohlmann* Praxishandbuch für das gesamte Spielrecht, 2008, S. 91). Zunächst ist daher stets S. 3 in den Blick zu nehmen.

b) Regelbeispiele des S. 3. aa) Von einem Glücksspiel abgeleitetes 18 **Karten-, Würfel- oder Kugelspiel (Nr. 1).** Einschlägig sind z. B. aus Roulette, Black Jack oder Baccara abgeleitete Spiele (*Marcks*, in: Landmann/Rohmer I, § 33 e Rdn. 6; vgl. auch *Peter* GewArch 1994, 187 [188]). Zum gesetzgeberischen Hintergrund siehe oben Rdn. 14. Ob ein Spiel aus einem Glücksspiel i. S. d. § 284 StGB „abgeleitet" ist, unterliegt vollständiger gerichtlicher Überprüfung. Liegt eine solche Ableitung vor, kommt es nicht darauf an, ob bei dem abgeleiteten Spiel die Rück-Veränderung zu einem Glücksspiel mit einfachen Mitteln möglich ist; dies wird aber regelmäßig der Fall sein.

Relevanz hat dieses Regelbeispiel namentlich für das **Poker**-Spiel: Bei 19 manchen Spielvarianten ist umstritten, ob es sich um ein Glücks- oder Geschicklichkeitsspiel handelt (näher § 33 d Rdn. 10, § 33 h Rdn. 91 ff.). Geht man davon aus, dass das klassische Poker-Spiel ein Glücksspiel ist, wären die – als solche möglicherweise als Geschicklichkeitsspiel einzustufenden – Varianten aus einem Glücksspiel abgeleitet, sodass keine Unbedenklichkeitsbescheinigung erteilt werden darf und damit auch eine Erlaubnis nach 33 d ausscheidet (so *VG Hamburg* ZfWG 2008, 220 [222] zu „Texas Hold'em no limit"; *VG Wiesbaden* ZfWG 2008, 285 [286 f.] zu „Texas Hold'em" und zum Omaha-Spiel; ebenso *Dietlein/Hüsken*, in: Dietlein/Hecker/Ruttig, Glücksspielrecht, 2008, § 33 e GewO Rdn. 6; *Reeckmann* ZfWG 2008, 296 [298]). Die Privilegierung des § 5 a SpielV greift nicht für Poker-Turniere (vgl. § 33 g Rdn. 3).

bb) Unwirtschaftliche Betriebsweise (Nr. 2). Verschiedentlich stellte 20 sich heraus, dass Veranstalter die Unbedenklichkeitsbescheinigung für Spiele beantragten, von denen sie wussten, dass sie bei Zugrundelegung der eingereichten Spielbedingungen nicht wirtschaftlich zu betreiben waren und auch für die Spieler uninteressant gewesen wären. Nach Erhalt der Unbedenklichkeitsbescheinigung wurden denn auch die Bedingungen sofort geändert (*Peter* GewArch 1994, 187 [188]). Diesem Missbrauch will S. 3 Nr. 2 wehren.

§ 33e

21 Das Tatbestandsmerkmal „wirtschaftlich" ist gerichtlich voll überprüfbar. Wirtschaftlich ist ein Spiel nur zu betreiben, wenn es einerseits für den Veranstalter Gewinne erwarten lässt, andererseits aber zugleich für Spieler interessant ist.

22 **c) Mit einfachen Mitteln veränderbar (S. 2).** Wenn sich keines der beiden Regelbeispiele des S. 3 als einschlägig erweist, ist auf S. 2 zurückzugreifen. Diese Norm ist mit dem Bestimmtheitsgebot vereinbar (*BVerwG* GewArch 1997, 287 [288 f.]; *HessVGH* GewArch 1995, 198 [199]).

23 Voraussetzung ist zunächst die grundsätzliche Möglichkeit der Veränderbarkeit von Spielbedingungen oder Spieleinrichtung. „Spielbedingungen" sind alle Elemente, die von der jeweiligen Eigenart des Spieles geprägt sind, z. B. Spielablauf, Spielregeln, Gewinnplan, Zahl der Teilnehmer, Anordnung der Spielplätze (*BVerwG* GewArch 1997, 287 [289]). In einem zweiten Schritt ist zu prüfen, ob die Veränderung mit leichten Mitteln zu erreichen ist, was im jeweiligen Einzelfall näher zu konkretisieren ist.

IV. Rücknahme und Widerruf von Bauartzulassung und Unbedenklichkeitsbescheinigung (Abs. 2)

24 Die Bauartzulassung und die Unbedenklichkeitsbescheinigung sind Verwaltungsakte (oben Rdn. 5, 9; *Meßerschmidt*, in: BeckOK, § 33 e Rdn. 9). Abs. 2 normiert für diese Verwaltungsakte zwei zwingende Rücknahme- bzw. Widerrufsgründe und ist deshalb lex specialis zu §§ 48 f. VwVfG. Die Regelung des Abs. 2 ist aber nicht abschließend, so dass ergänzend die Entschädigungsregeln der §§ 48 III, 49 V VwVfG anwendbar sind, nicht aber die Jahresfrist des § 48 IV VwVfG (*Hahn*, in: Friauf, § 33 e Rdn. 35).

25 Zu beachten ist, dass für Rücknahme und Widerruf **kein Benehmen** angeordnet ist (anders § 11 SpielV, § 1 UnbBeschErtV für den Erlass).

1. Bekanntwerden von die Versagung rechtfertigenden Tatsachen (Abs. 2 1. Var.)

26 Handelt es sich um nachträglich entstandene Tatsachen, liegt ein zwingender Grund vor, den ursprünglich rechtmäßigen Verwaltungsakt zu widerrufen; handelt es sich um zunächst nicht erkannte Tatsachen, die aber schon im Zeitpunkt des Erlasses des Verwaltungsaktes vorlagen, liegt ein zwingender Rücknahmegrund vor. Tatsachen i. d. S. sind Versagungsgründe gem. § 33 e I.

2. Veränderung der Spielgeräte oder -bedingungen durch den Antragsteller (Abs. 2 2. Var.)

27 Der erste Unterfall bezieht sich auf Spielgeräte i. S. d. § 33 c, der zweite auf andere Spiele i. S. d. § 33 d. Jede Veränderung der Spielgeräte an den in dem Zulassungsschein bezeichneten Merkmalen (näher § 16 I SpielV) durch den Antragsteller löst diesen zwingenden Widerrufsgrund aus; entsprechen-

des gilt für die Veranstaltung eines für unbedenklich erklärten Spiels unter nicht genehmigten Bedingungen.

Die Veränderung muss auf den **Antragsteller** zurückzuführen sein. Dies 28 ist bei Spielgeräten und bei serienmäßigen „anderen Spielen" der Hersteller, bei sonstigen „anderen Spielen" der Veranstalter. Wird die Veränderung bei einem Spielgerät durch den Aufsteller oder bei einem serienmäßigen Spiel durch den Veranstalter vorgenommen, greift der Widerrufsgrund des § 33 e II nicht. In derartigen Fällen kommt ein auf § 49 II Nr. 3 VwVfG gestützter Widerruf der Erlaubnis nach § 33 c I bzw. § 33 d I in Betracht (*Marcks*, in: Landmann/Rohmer I, § 33 e Rdn. 12). Darüber hinaus kommt auch eine Auflage nach § 33 c I 3 in Betracht, da insoweit der Zweck verfolgt wird, die tatbestandlichen Voraussetzungen für einen nach § 33 c I erlaubten Spielhallenbetrieb zu schaffen bzw. wiederherzustellen (*VGH BW* GewArch 2003, 248 ff.; *VG Sigmaringen* GewArch 2002, 469 f.; siehe oben § 33 c Rdn. 28).

3. Rücknahme und Widerruf gem. §§ 48 f. VwVfG

Neben den zwingenden Rücknahme- und Widerrufsgründen des § 33 e 29 II sind die allgemeinen Vorschriften der §§ 48 f. VwVfG anwendbar. Ein Widerruf kann so auf § 49 II Nr. 2 VwVfG gestützt werden, wenn ein Antragsteller eine Auflage gem. § 33 e III nicht erfüllt. § 49 II Nr. 3 VwVfG ist einschlägig, wenn nicht der Antragsteller, sondern der Aufsteller bzw. Veranstalter Veränderungen i. S. d. § 33 e II vornimmt (oben Rdn. 27).

V. Nebenbestimmungen (Abs. 3)

Abs. 3 sieht für die Bauartzulassung und die Unbedenklichkeitsbescheini- 30 gung (beides Verwaltungsakte, siehe oben Rdn. 5, 9) die Möglichkeit von Befristungen und Auflagen vor. Diese Vorschrift ist nötig, da gem. § 36 I VwVfG bei gebundenen Verwaltungsakten Nebenbestimmungen nur eingeschränkt möglich sind.

Die Zulassung von Spielgeräten i. S. d. § 33 c wird in der Praxis nur **befris-** 31 **tet** erteilt. Die sog. Zulassungsdauer bezieht sich auf den Zeitraum, in dem von einem Gerät bestimmter Bauart Nachbaugeräte produziert und in den Verkehr gebracht werden können. Davon zu unterscheiden ist die Aufstelldauer, welche festlegt, wie lange ein innerhalb der Zulassungsdauer in den Verkehr gebrachtes Gerät aufgestellt werden darf. Die Aufstelldauer kann nach Ablauf der Zulassungsdauer enden (dazu *Marcks*, in: Landmann/Rohmer I, § 33 e Rdn. 11).

Üblich sind ferner **Auflagen** (vgl. § 16 I Nr. 8 SpielV). Weitere Nebenbe- 32 stimmungen sind im Rahmen von § 36 I 2. Var. VwVfG möglich, aber in der Praxis kaum denkbar.

VI. Abdruck der Unbedenklichkeitsbescheinigung (Abs. 4)

Dazu siehe oben Rdn. 9. 33

§ 33f   Titel II. Stehendes Gewerbe

VII. Rechtsfolgen einer Pflichtverletzung

34   Wer gegen eine Auflage i. S. d. § 33 e IV verstößt, begeht eine Ordnungswidrigkeit (§§ 144 II Nr. 3, IV). Zu weiteren Sanktionen siehe § 33 c Rdn. 66 f. und § 33 d Rdn. 47.

§ 33f Ermächtigung zum Erlaß von Durchführungsvorschriften

(1) Das Bundesministerium für Wirtschaft und Technologie kann zur Durchführung der §§ 33 c, 33 d, 33 e und 33 i im Einvernehmen mit den Bundesministerien des Innern und für Familie, Senioren, Frauen und Jugend und mit Zustimmung des Bundesrates durch Rechtsverordnung zur Eindämmung der Betätigung des Spieltriebs, zum Schutze der Allgemeinheit und der Spieler sowie im Interesse des Jugendschutzes
1. die Aufstellung von Spielgeräten oder die Veranstaltung von Spielen auf bestimmte Gewerbezweige, Betriebe oder Veranstaltungen beschränken und die Zahl der jeweils in einem Betrieb aufgestellten Spielgeräte oder veranstalteten anderen Spiele begrenzen,
2. Vorschriften über den Umfang der Befugnisse und Verpflichtungen bei der Ausübung des Gewerbes erlassen,
3. für die Zulassung oder die Erteilung der Unbedenklichkeitsbescheinigung bestimmte Anforderungen an
   a) die Art und Weise des Spielvorganges,
   b) die Art des Gewinnes,
   c) den Höchsteinsatz und den Höchstgewinn,
   d) das Verhältnis der Anzahl der gewonnenen Spiele zur Anzahl der verlorenen Spiele,
   e) das Verhältnis des Einsatzes zum Gewinn bei einer bestimmten Anzahl von Spielen,
   f) die Mindestdauer eines Spieles,
   g) die technische Konstruktion und die Kennzeichnung der Spielgeräte,
   h) die Bekanntgabe der Spielregeln und des Gewinnplans sowie die Bereithaltung des Zulassungsscheines oder des Abdruckes des Zulassungsscheines, des Zulassungsbeleges, der Unbedenklichkeitsbescheinigung oder des Abdruckes der Unbedenklichkeitsbescheinigung
   stellen,
4. Vorschriften über den Umfang der Verpflichtungen des Gewerbetreibenden erlassen, in dessen Betrieb das Spielgerät aufgestellt oder das Spiel veranstaltet werden soll.

(2) Durch Rechtsverordnung können ferner
1. das Bundesministerium für Wirtschaft und Technologie im Einvernehmen mit dem Bundesministerium des Innern und mit Zustimmung des Bundesrates

a) das Verfahren der Physikalisch-Technischen Bundesanstalt bei der Prüfung und Zulassung der Bauart von Spielgeräten sowie bei der Verlängerung der Aufstelldauer von Warenspielgeräten, die auf Volksfesten, Schützenfesten oder ähnlichen Veranstaltungen aufgestellt werden sollen, und die ihrer Konstruktion nach keine statistischen Prüfmethoden erforderlich machen, regeln und

b) Vorschriften über die Gebühren und Auslagen für Amtshandlungen der Physikalisch-Technischen Bundesanstalt erlassen;

2. das Bundesministerium des Innern im Einvernehmen mit dem Bundesministerium für Wirtschaft und Technologie und mit Zustimmung des Bundesrates

a) das Verfahren des Bundeskriminalamtes bei der Erteilung von Unbedenklichkeitsbescheinigungen regeln und

b) Vorschriften über die Gebühren und Auslagen für Amtshandlungen des Bundeskriminalamtes erlassen.

Literatur: *S. Kim*, Das Ende der „Fun Games" – Die neue Spielverordnung, ZfWG 2006, 1 ff.; *H.-J. Odenthal*, Rechtsprobleme der neuen Spielverordnung, ZfWG 2006, 286 ff.; *ders.*, Verbotene Vergünstigungen – zur Auslegung des § 9 Abs. 2 SpielV, WiVerw 2008, 115 ff.

Übersicht

Rdn.

I. Vorbemerkung 1
II. Schutzgüter 5
III. Rechtsverordnung zur Durchführung der §§ 33 c – 33 e, 33 i (Abs. 1) 9
   1. Beschränkung der Aufstellung von Spielgeräten und Veranstaltung von Spielen; Höchstzahlbegrenzungen (Nr. 1) 9
   2. Vorschriften über den Umfang der Befugnisse und Verpflichtungen bei der Gewerbeausübung (Nr. 2) 11
   3. Bauartzulassung, Unbedenklichkeitsbescheinigung (Nr. 3) 16
   4. Umfang der Verpflichtungen des Betriebsinhabers (Nr. 4) 17
IV. Rechtsverordnung hins. Verfahren und Gebühren (Abs. 2) .. 18
V. Rechtsfolgen bei Pflichtverletzungen 19

I. Vorbemerkung

§ 33 f ermächtigt zum Erlass von Rechtsverordnungen, um die allgemeinen **1** Vorgaben der §§ 33 c, 33 d, 33 e und 33 i näher zu präzisieren. § 33 i wurde durch Gesetz v. 23. 11. 1994 (BGBl. I 3475) in die Aufzählung aufgenommen, um Unsicherheiten hinsichtlich der Anwendung der SpielV für Spielhallen zu beseitigen (vgl. *BVerwG* GewArch 1985, 62). Über § 60 a II 4 gilt § 33 f auch für derartige Tätigkeiten im Reisegewerbe. Die Norm wurde durch die Neunte Zuständigkeitsanpassungsverordnung vom 31. 10. 2006 (BGBl. I S. 2407) mit Blick auf die Bezeichnung des ermächtigten Ministeriums marginal verändert.

§ 33f Titel II. Stehendes Gewerbe

2   Aus Art. 80 I 2 GG und dem Rechtsstaatsgebot (Art. 20 III GG) folgt, dass eine Ermächtigung an den Verordnungsgeber so bestimmt sein muss, dass schon aus ihr erkennbar und vorhersehbar ist, was von dem Bürger gefordert werden kann (st. Rspr. seit *BVerfGE* 7, 282 [302]). Diesen Erfordernissen genügt § 33 f (*BVerfG* NVwZ 1987, 1067; *BVerwG* GewArch 1990, 241 [243]; *VGH BW* GewArch 1994, 417; jeweils zu § 33 f I Nr. 1).
3   Die aufgrund von § 33 f erlassenen Rechtsverordnungen müssen sich im Rahmen ihrer Ermächtigung halten. So darf insb. das durch § 33 f I Nr. 3 ermächtigte Bundesministerium für Wirtschaft und Technologie durch die ihm übertragene Rechtssetzungsbefugnis den gesetzlich verbürgten Anspruch auf Zulassung oder Erteilung der Unbedenklichkeitsbescheinigung nicht dadurch einschränken, dass er strengere Anforderungen als die in § 33 e genannten stellt (*BVerwGE* 29, 82 [85]).
4   Aufgrund der Ermächtigung des § 33 f wurden die SpielV i. d. F. d. B. v. 27. 1. 2006 (BGBl. I S. 280) und die Verordnung zur Erteilung von Unbedenklichkeitsbescheinigungen i. d. F. d. B. v. 10. 4. 1995 (BGBl. I. S. 510) erlassen. Zu diesen siehe *Marcks*, in: Landmann/Rohmer II/220 u. 223; *Bahr* Glücks- und Gewinnspielrecht, 2. Auflage 2007, S. 66 ff. Beide Verordnungen sind inhaltlich von der Ermächtigung in § 33 f gedeckt (vgl. z. SpielV a. F. *BVerfG* NVwZ 1990, 1067; *BVerwG* GewArch 1990, 241; *OVG NRW* GewArch 1989, 233; teils krit. zur SpielV n. F. *Odenthal* ZfWG 2006, 286 [291]).

II. Schutzgüter

5   Als Schutzgüter der ins Auge gefassten Verordnungen werden in § 33 h I ausdrücklich
   – die Eindämmung der Betätigung des Spieltriebs,
   – der Schutz der Allgemeinheit und der Spieler sowie
   – das Interesse des Jugendschutzes (siehe dazu bereits Art. 5 II GG und unten § 33 i Rdn. 64 ff.)
   herausgestellt. Ersichtlich ist es damit ein gesetzgeberisches Anliegen, die Betätigung des Spieltriebes einzudämmen, um dessen übermäßige Ausnutzung zu verhindern (vgl. *BVerwG* GewArch 1998, 116 [117] und § 33 i Rdn. 67 ff.).
6   Dabei verlässt der Gesetzgeber sich nicht auf die Eigenverantwortlichkeit des Spielers. Stattdessen will er den Spieler vor sich selbst schützen. Dementsprechend finden sich in Absatz 1 etwa räumliche Vorgaben für die Aufstellung von Geldspielgeräten oder Vorschriften für den Höchsteinsatz pro Zeiteinheit und Gerät, ferner Vorgaben, um das gleichzeitige Bespielen mehrerer Geräte zu verhindern.
7   Als weitere gewerbliche Norm, die (auch) der Eindämmung der Betätigung des Spieltriebes dient, ist § 18 GastG (siehe auch § 6 BremGastG vom 24. 2. 2009, Brem.GBl. 2009, 45 ff.; § 5 ThürGastG vom 9. 10. 2008, GVBl. 2008, 367 ff.) zu nennen, soweit für öffentliche Vergnügungsstätten Sperrzeiten festgesetzt werden können (*BVerwG* GewArch 1995, 155 [156]; *Metzner*

GaststättenG, Komm., 6. Aufl. 2001, § 18 Rdn. 4. – Zu damit verbundenen Gleichbehandlungsfragen näher *Hahn* GewArch 2003, 241 f. m. w. N.).

Die Eindämmung der Betätigung des Spieltriebes ist also ein bundesgesetz- **8** lich anerkanntes Schutzziel; es umfasst dabei, wie bereits erwähnt, auch den Schutz des Spielers vor sich selbst. Hiergegen können keine grundsätzlichen Einwände dergestalt vorgebracht werden, dass auch Spieler als mündige Bürger zu behandeln sind und dem Staat nicht die Aufgabe zukommt, die Menschen in irgendeiner Weise zu „bessern". In der Tat erscheint es äußerst fraglich, ob in einer freiheitlichen Rechtsordnung von einer *Pflicht* des Staates ausgegangen werden kann, den Einzelnen vor Selbstgefährdungen oder Selbstschädigungen zu schützen (dazu allgemein etwa *Hillgruber* Der Schutz des Menschen vor sich selbst, 1992). Die *Befugnis*, vorbeugend Suchtgefahren abzuwehren und diesbezüglich geeignete organisatorische Maßnahmen zu treffen, ist aber auch dem freiheitlich orientierten Staatswesen, das gleichwohl effektiv für Sicherheit und Ordnung zu sorgen hat, nicht abzusprechen (vgl. etwa mit Blick auf staatliche Handlungsmöglichkeiten zur Dopingbekämpfung im Leistungssport *Steiner* DÖV 1983, 173 [177]; *Tettinger,* in: Verfassungsrecht im Wandel, 1995, S. 525 ff.; zu einem mit Gesundheitsschutz begründeten Tauchverbot *VGH BW* NJW 1998, 2235 f.).

III. Rechtsverordnung zur Durchführung der §§ 33 c – 33 e, 33 i (Abs. 1)

1. Beschränkung der Aufstellung von Spielgeräten und Veranstaltung von Spielen; Höchstzahlbegrenzungen (Nr. 1)

Die **Aufstellplätze** für Spielgeräte sind in den §§ 1 und 2 SpielV abschlie- **9** ßend genannt. Für andere Spiele i. S. d. § 33 d gelten §§ 4 f. SpielV (näher *BVerwG* GewArch 1987, 333 f.; *VGH BW* GewArch 1993, 247 f.; siehe auch oben § 33 d Rdn. 33). Hieraus folgt, dass Online-Spiele gewerberechtlich nicht genehmigungsfähig sind (*VG Wiesbaden* GewArch 2007, 490; siehe § 33 c Rdn. 18; § 33 d Rdn. 15).

Höchstzahlen von Spielgeräten pro Aufstellungsort sind in § 3 SpielV **10** festgesetzt (dazu *BVerwG* GewArch 1993, 64 u. GewArch 1992, 61; zur Berechnung der Höchstzahl in Spielhallen siehe § 33 i Rdn. 26). Zur Vereinbarkeit einer Begrenzung der Aufstellung von Spielgeräten mit Art. 12 I, 3 I GG vgl. *BVerfG* NVwZ 1987, 1067; *VGH BW* GewArch 1963, 80. Für andere Spiele gilt § 4 S. 2 SpielV.

2. Vorschriften über den Umfang der Befugnisse und Verpflichtungen bei der Gewerbeausübung (Nr. 2)

Die Verpflichtungen bei der Aufstellung von Spielgeräten und Veranstal- **11** tung anderer Spiele sind in §§ 6 bis 10 SpielV geregelt. Die frühere Ermächtigung für Rechtsverordnungen in Bezug auf Auskunft und Nachschau ist durch § 29 abgelöst worden.

Eine bedeutsame Regelung enthält **§ 6 a SpielV**, der gegen die sog. **Fun-** **12** **Games**, d. h. gegen solche Unterhaltungsspielgeräte gerichtet ist, die einer-

§ 33f   Titel II. Stehendes Gewerbe

seits derart konstruiert worden sind, um nicht unter § 33 c zu fallen, andererseits in der Wirkungsweise den Geldspielgeräten mit Gewinnmöglichkeit möglichst nahe kommen sollen (näher *Kim* ZfWG 2006, 1 [2]; *Odenthal* ZfWG 2006, 286 [287 f.]; oben § 33 c Rdn. 11 ff.). Einer Übergangsvorschrift zugunsten der Hersteller und Aufsteller der Fun-Games bedurfte es nicht (*HessVGH* GewArch 2007, 290 [291]; kritisch *Kim* ZfWG 2006, 1 [2]). Für das Verbot des § 6 a S. 1 lit. a SpielV genügt es, wenn die angezeigten Spielpunkte nicht unmittelbar in maximal sechs **Freispiele** umgesetzt, sondern aufaddiert und zum Weiterspielen genutzt werden können, sodass unter Umgehung von § 6 S. 3 SpielV eine potentiell unbegrenzte Weiterspielberechtigung entsteht (*OVG Nds.* NVwZ-RR 2008, 460). Wenn der erreichte und aufaddierte Punktestand auf ein sog. **Highscore-Konto** gebucht wird und die später in Geld eingelöst werden kann, liegt ein Verstoß gegen § 6 a S. 1 lit. b SpielV vor (*VGH BW* NVwZ-RR 2008, 461).

13   § 9 I SpielV, der nicht für Geldspielgeräte ohne Gewinnmöglichkeit greift (*AG Sigmaringen* GewArch 2010, 84), verbietet, dem Spieler für weitere Spiele hinsichtlich der Höhe der Einsätze Vergünstigungen, insbesondere unentgeltliche Spiele, Nachlässe auf den Einsatz oder darüber hinausgehende sonstige finanzielle Vergünstigungen zu gewähren. § 9 I 1 SpielV betrifft den Mittelfluss vom Spieler zum Aufsteller oder Veranstalter, während der Rückfluss von Mitteln vom Aufsteller bzw. Veranstalter an den Spieler nicht unter § 9 I SpielV, sondern unter dessen Abs. 2 fällt (*BVerwG* GewArch 2010, 302 [304] mit zust. Anm. *Ruttig* ZfWG 2010, 270 [274 f.]). Deshalb verstößt die Gutschrift einlösbarer Bonuspunkte für getätigte Spiele (sog. **Bonus- und Informationssystem**) nicht gegen § 9 I 1 SpielV (wohl aber gegen § 9 II SpielV, unten Rdn. 15). Bonus- bzw. Rabattsysteme, die unabhängig von der Zahl der Spiele und der Spieldauer gewährt werden, sind nach § 9 I SpielV zulässig und können aus systematischen Gründen auch nicht unter das Verbot des § 9 II SpielV subsumiert werden (so *BayVGH* GewArch 2009, 36 [37 f.]).

14   Nach **§ 9 II SpielV** darf der Aufsteller eines Spielgerätes oder Veranstalter eines anderen Spiels dem Spieler neben der Ausgabe von Gewinnen i. S. d. §§ 33 c, 33 d keine sonstigen Gewinnchancen in Aussicht stellen und keine Zahlungen oder sonstigen finanziellen Vergünstigungen gewähren. Ziel des § 9 II SpielV ist es, gefährdeten Spielern nicht noch zusätzliche Anreize zu geben, Spielhallen aufzusuchen und dort im Spiel zu verweilen (*OVG NRW* GewArch 2007, 288). Verstöße gegen § 9 II SpielV durch einen Spielhallenbetreiber können im Wege einer auf die polizeiliche Generalklausel gestützten Ordnungsverfügung verhindert werden (*BVerwG* ZfWG 2010, 270 [271]; *OVG NRW* GewArch 2007, 288 [289]; *VG Hannover* GewArch 2009, 360; siehe § 1 Rdn. 91).

15   Die Vorgabe des § 9 II SpielV wendet sich insb. gegen sog. **Jackpots** in Spielhallen (näher *Kim* ZfWG 2006, 1 [3]; *Odenthal* ZfWG 2006, 286 [290 f.]). Das Jackpot-Verbot greift auch bei unentgeltlicher Teilnahmemöglichkeit und ohne unmittelbare Bindung an das Bespielen eines Gerätes, differenziert also weder nach (Un-)Entgeltlichkeit noch nach (Ent-)Kopplung (*VG Würzburg* Beschluss vom 7. 3. 2006 – W 5 S 06.162, juris Rdn. 19; vgl. auch *OVG Berlin-Brandenburg* Beschluss vom 12. 10. 2007 – 1 S 121.07, juris Rdn. 11, 14). Zeitungsinserate zur Bewerbung einer Spielhalle, die einen

unentgeltlichen **Testcoupon** für das Bespielen eines Gerätes enthalten, verstoßen gegen § 9 II SpielV (*NdsOVG* NVwZ-RR 2010, 143; *VG Hannover* GewArch 2009, 360 [361 f.]; **a. A.** *VG München* ZfWG 2008, 56 [58]). Wenn durch das bisherige Spiel Bonuspunkte gesammelt werden, die anschließend beim Zahlen von Getränken eingelöst werden können (sog. **Bonus- und Informationssystem**), liegt eine nach § 9 II SpielV unzulässige sonstige finanzielle Vergünstigung vor; ist auch eine Einlösung in Bargeld möglich, handelt es sich um eine gegen § 9 II SpielV verstoßende Zahlung (*BVerwG* ZfWG 2010, 270 [273]). Wenn die Kundenkarte einer Spielhalle zur Teilnahme an einer täglich stattfindenden **Verlosung** berechtigt, liegt ein Verstoß gegen § 9 II SpielV vor (*OVG Nds.* NVwZ-RR 2008, 460 [461]). Dies gilt selbst dann, wenn ein Dritter die Verlosung veranstaltet (*OVG NRW* GewArch 2007, 288 [289]). Kurzfristige Verlosungsaktionen zur Bewerbung von Produkten, die nicht in unmittelbarem Zusammenhang mit den Spielangeboten der Spielhalle stehen, sollen hingegen mit § 9 II SpielV vereinbar sein (so *Odenthal* ZfWG 2006, 286 [291]).

3. Bauartzulassung, Unbedenklichkeitsbescheinigung (Nr. 3)

Einschlägig sind die §§ 13 bis 16 SpielV. Zur Anpassung der Verwaltungspraxis im Zusammenhang mit der max. Gewinnsumme gem. § 13 I Nr. 4 SpielV siehe *Schönleiter* GewArch 2008, 109 (110); zur Umgehung der normativen Vorgaben durch sog. Multigamer vgl. *Dietlein/Hüsken*, in: Jahrbuch Uni Düsseldorf 2009/2010, 345 ff. **16**

4. Umfang der Verpflichtungen des Betriebsinhabers (Nr. 4)

Nicht nur der Geräteaufsteller bzw. Spielveranstalter ist an die einschlägigen Vorschriften gebunden, sondern auch der Gewerbetreibende, in dessen Betriebsräumen die Geräte aufgestellt bzw. Spiele veranstaltet werden (z. B. der Gastwirt). Näheres regelt § 3 a SpielV. **17**

IV. Rechtsverordnung hins. Verfahren und Gebühren (Abs. 2)

Regelungen hierzu finden sich in der SpielV (§§ 11, 12 [Verfahren] und 17 [Gebühren]) sowie in der UnbBeschErtV (§§ 1– 5 [Verfahren], 6 [Gebühren]). **18**

V. Rechtsfolgen bei Pflichtverletzungen

Verstöße gegen § 33 f I Nrn. 1, 2 oder 4 i. V. m. SpielV können gem. § 144 II Nr. 1, IV mit Geldbuße geahndet werden; zu den einzelnen Ordnungswidrigkeitstatbeständen siehe den Katalog des § 19 SpielV. Über § 148 Nr. 2 kann eine Zuwiderhandlung als Straftat geahndet werden, wenn Leben oder Gesundheit eines anderen oder fremde Sachen von bedeutendem Wert gefährdet werden. **19**

§ 33g Einschränkung und Ausdehnung der Erlaubnispflicht

Das Bundesministerium für Wirtschaft und Technologie kann im Einvernehmen mit den Bundesministerien des Innern und für Familie, Senioren, Frauen und Jugend mit Zustimmung des Bundesrates durch Rechtsverordnung bestimmen, daß
1. für die Veranstaltung bestimmter anderer Spiele im Sinne des § 33 d Abs. 1 Satz 1 eine Erlaubnis nicht erforderlich ist, wenn diese Spiele überwiegend der Unterhaltung dienen und kein öffentliches Interesse an einer Erlaubnispflicht besteht,
2. die Vorschriften der §§ 33 c und 33 d auch für die nicht gewerbsmäßige Aufstellung von Spielgeräten und für die nicht gewerbsmäßige Veranstaltung anderer Spiele in Vereinen und geschlossenen Gesellschaften gelten, in denen gewohnheitsmäßig gespielt wird, wenn für eine solche Regelung ein öffentliches Interesse besteht.

I. Vorbemerkung

1 § 33 g ermöglicht für bestimmte Fallgruppen die Einschränkung (Nr. 1) bzw. Ausdehnung (Nr. 2) der Erlaubnispflicht durch Rechtsverordnung. § 33 g genügt den Anforderungen des Art. 80 I 2 GG (*Marcks*, in: Landmann/Rohmer I, § 33 g Rdn. 2). Zu den verfassungsrechtlichen Anforderungen an eine Verordnungsermächtigung siehe näher § 33 f Rdn. 2. Durch die Neunte Zuständigkeitsanpassungsverordnung vom 31. 10. 2006 (BGBl. I S. 2407) wurde die Bezeichnung des ermächtigten Ministeriums geändert.

II. Einschränkung der Erlaubnispflicht (Nr. 1)

2 Die Erlaubnisfreiheit bestimmter anderer Spiele i. S. d. § 33 d I 1 (dazu § 33 d Rdn. 12) ist durch § 5 a SpielV i. V. m. einer Anlage angeordnet (näher *Marcks*, in: Landmann/Rohmer II/220, § 5 a SpielV Rdn. 1 ff.). Für diese Spiele ist dann auch keine Unbedenklichkeitsbescheinigung i. S. d. § 33 d II erforderlich (*Hahn*, in: Friauf, § 33 g Rdn. 5).

3 § 5 a SpielV erfasst nur gewerbliche Spiele (zum Gewerbebegriff siehe oben § 1 Rdn. 2 ff.). **Nicht-gewerbliche Spiele** sind gewerberechtlich unbeachtlich und erlaubt. Dies kann etwa für eine Preisveranstaltung eines gemeinnützigen Vereins gelten, wenn der Einsatz lediglich der Kostendeckung dient (*Marcks*, in: Landmann/Rohmer I, § 33 g Rdn. 4). Wenn aber ein Gastwirt ein – für sich gerade kostendeckendes – Preisskatturnier veranstaltet, liegt gewerbsmäßiges Handeln vor, da er durch die Veranstaltung zugleich zur Steigerung seines Getränkeumsatzes etc. beiträgt (vgl. § 1 Rdn. 17). Derartige **Preisskatturniere** sind aber unter den Voraussetzungen der Anlage zu § 5 a SpielV erlaubnisfrei (näher *Marcks*, in: Landmann/Rohmer II/220, § 5 a SpielV Rdn. 7 ff.; zur Frage, ob Skat als Glücks- oder Geschicklichkeitsspiel einzuordnen ist, siehe § 33 d Rdn. 9, § 33 h Rdn. 94). **Poker-Turniere** lassen sich nicht unter § 5 a SpielV subsumieren (*VG Hamburg* ZfWG 2008, 220 [223]; *Reeckmann* ZfWG 2008, 206 [209]; zu Poker siehe § 33 d Rdn. 9 a ff., § 33 h Rdn. 91 ff.).

III. Ausdehnung der Erlaubnispflicht (Nr. 2)

Nr. 2 ermöglicht die Ausdehnung der Erlaubnispflichtigkeit gem. §§ 33 c **4** f. durch Rechtsverordnung auf nicht gewerbsmäßiges Handeln. Von dieser Ermächtigung ist bislang kein Gebrauch gemacht worden (*Hahn*, in: Friauf, § 33 g Rdn. 8).

§ 33h Spielbanken, Lotterien, Glücksspiele

Die §§ 33 c bis 33 g finden keine Anwendung auf
1. **die Zulassung und den Betrieb von Spielbanken,**
2. **die Veranstaltung von Lotterien und Ausspielungen, mit Ausnahme der gewerbsmäßig betriebenen Ausspielungen auf Volksfesten, Schützenfesten oder ähnlichen Veranstaltungen, bei denen der Gewinn in geringwertigen Gegenständen besteht,**
3. **die Veranstaltung anderer Spiele im Sinne des § 33 d Abs. 1 Satz 1, die Glücksspiele im Sinne des § 284 des Strafgesetzbuches sind.**

Literatur: *M. Arendts*, Europäisches Glücksspielrecht: Das Jahr der Entscheidungen – Die beim EuGH anhängigen Vorlageverfahren zu Wetten und Glücksspielen, ZfWG 2010, 8 ff.; *M. Bahr*, Glücks- und Gewinnspielrecht, 2. Auflage 2007; *B. Berberich*, Das Internet-Glücksspiel, 2004; *H. Bethge*, Die begrenzte Legitimation von „DDR-Lizenzen" für das Unternehmen von Glücksspielen in den alten Ländern, BayVBl. 2008, 97; *S. Bolay*, Glücksspiel, Glücksspiel oder doch Gewinnspiel? Einheitlichkeit zwischen straf- und glücksspielstaatsvertraglichem Gewinnspielbegriff, MMR 2009, 669 ff.; *ders.*, Internet-Geschicklichkeitsspiele – Zulassungsfrei, durch den RStV beschränkt oder nach der GewO genehmigungspflichtig?, ZfWG 2010, 88 ff.; *C. Brugger*, Die Erlaubnispflichtigkeit von Glücksspielen nach dem neuen Staatsvertrag, ZfWG 2008, 20 ff.; *H. Diegmann/C. Hoffmann/W. Ohlmann*, Praxishandbuch für das gesamte Spielrecht, 2008; *J. Dietlein/M. Hecker/M. Ruttig (Hrsg.)*, Glücksspielrecht, 2008; *J. Dietlein/W. Woesler*, Spielbank goes „online" – Zu den rechtlichen Problemen so genannter „Internet-Casinos", K&R 2003, 458 ff.; *S. Engels*, Glücksspielstaatsvertrag 2008, WRP 2008, 470 ff.; *J. Ennuschat*, Vor dem Ende des Staatsmonopols im Glücksspielbereich? – Zugleich Anmerkung zu BVerfG, Beschluss vom 27. 4. 2005 – 1 BvR 223/05 –, DVBl 2005, 1288 ff.; *ders.*, Zur Unterscheidung der Glücksspiele von den Geschicklichkeitsspielen, in: GS Tettinger, 2007, 41 ff.; *ders.*, Aktuelle Rechtsfragen des staatlichen Lotteriemonopols, ZfWG 2008, 83 ff.; *J. Ennuschat/S. Klestil*, Der Glücksspielstaatsvertrag auf dem Prüfstand der Rechtsprechung, ZfWG 2010, 153 ff.; *S. Fischhaber/T. Manz*, Grenzen der Zulässigkeit von Pokerturnieren, GewArch 2007, 405 ff.; *I. Gebhardt/ S. M. Grüsser-Sinopoli (Hrsg.)*, Glücksspiel in Deutschland, 2008; *U. Haltern*, Gemeinschaftsrechtliche Aspekte des Glücksspiels, 2007; *W. Hambach/M. Hettich/T. Kruis*, Verabschiedet sich Poker aus dem Glücksspielrecht?, MR-Int 2009, 41 ff.; *M. Hecker*, Zum BGH Kartell-Beschluss vom 08. 05. 2007 (Az. KvR 31/06), ZfWG 2007, 276 ff.; *P. Heermann*, Werbebeschränkungen für öffentliches Glücksspiel nach dem Glücksspielstaatsvertrag, WRP 2008, 479 ff.; *J. Hilf/B. Ploeckl*, Der Nichtannahmebeschluss des BVerfG vom 14. 12. 2008 (Az. 1 BvR 928/08) – Nur die Nichtannahme ist beschlossene Sache –, ZfWG 2009, 8 ff.; *J. Hilf/ B. Ploeckl/M. Gindler*, Untersagung von Internetglücksspiel nach dem GlüStV. Kein Halt an Landesgrenzen?, ZfWG 2010, 1 ff.; *B. Holznagel*, Poker – Glücks- oder Geschicklichkeitsspiel?, MMR 2008, 439 ff.; *H.-D. Horn*, Zum Recht der gewerblichen Veranstaltung und Vermittlung von Sportwetten, NJW 2004, 2047 ff.; *F. Hüsken*, Staatsaufsicht über die Landesmedienanstalten und Sportwettenwerbung im Privatfernsehen, 2008; *ders.*, Das Verhältnis zwischen glücksspielstaatsvertraglichem Glücks-

§ 33h

Titel II. Stehendes Gewerbe

spielbegriff gem. § 3 Abs. 1 GlüStV und rundfunkstaatsvertraglichem Gewinnspielbegriff gem. § 8 a Abs. 1 RStV – Echte Konkurrenz oder kollisionsloser Gleichlauf?, ZfWG 2009, 153 ff.; *ders.*, Die Auswirkungen des Welthandelsrechts (WTO) auf die deutsche Glücksspielregulierung, GewArch 2010, 49 ff.; *ders.*, Die verwaltungsrechtliche Zulässigkeit von Gewinnspielen im Internet, GewArch 2010, 336 ff.; *C. Klam*, Die rechtliche Problematik von Glücksspielen im Internet, 2002; *C. Koenig/S. Ciszewski*, Texas Hold'em Poker – Glücksspiel oder Geschicklichkeitsspiel?; GewArch 2007, 402 ff.; *S. Korte*, Das staatliche Glücksspielwesen, 2004; *B. Kretschmer*, Poker – Ein Glücksspiel?, ZfWG 2007, 93 ff.; *H. Lesch*, Sportwetten via Internet – Spiel ohne Grenzen?, wistra 2005, 241 ff.; *M. Liesching*, 50 Cent-Games im Internet und im Rundfunk – Straf- und ordnungswidrige Glücksspiele oder zulässige Medien-Gewinnspiele?, ZfWG 2009, 320 ff.; *H. Mende*, Rennwett- und Lotteriegesetz, 1922; *G. Meyer/T. Hayer*, Poker – Glücksspiel mit Geschicklichkeitsanteil und Suchtpotential, ZfWG 2008, 153 ff.; *L. Mintas*, Glücksspiele im Internet, 2009; *W. Ohlmann*, Lotterien in der Bundesrepublik Deutschland, WRP 1998, 1043 ff.; *ders.*, Lotterien und Glücksspiele in Deutschland – Schlaglichter der rechtshistorischen Entwicklung vom 18. bis zum 20. Jahrhundert, ZfWG 2007, 101 ff.; *H.-J. Papier*, Staatliche Monopole und Berufsfreiheit – dargestellt am Beispiel der Spielbanken, in: FS Stern, 1997, 543 ff.; *B. Pieroth (Hrsg.)*, Der Glücksspielstaatsvertrag – Drei verfassungs- und europarechtliche Gutachten, 2007; *G. Pischel*, Verfassungsrechtliche und europarechtliche Vorgaben für ein staatliches Glücksspielmonopol – Aktuelle Entwicklungen und Tendenzen, GRUR 2006, 630 ff.; *D. Postel*, Glücksspielrechtliche Wirkungen des tatsächlichen Inhalts der nach dem DDR-Gewerbegesetz erteilten Erlaubnisse – Teil 1, ZfWG 2007, 181 ff.; *M. Reeckmann*, Zur Zulässigkeit des Pokerspiels außerhalb konzessionierter Spielhallen, ZfWG 2008, 296 ff.; *C. Schmitt*, Anmerkung zum Kartellbeschluss des Oberlandesgerichts Düsseldorf vom 06. 06. 2007, VI U 26-06, ZfWG 2007, 375 ff.; *R. Scholz/C. Weidemann*, Die bundesweite Tatbestandswirkung von DDR-Sportwettenerlaubnissen und ihre Konsequenzen für den geplanten Glücksspielstaatsvertrag – Zur Kritik des BVerwG-Urteils vom 21. Juni 2006, ZfWG 2007, 83 ff.; *A. Schwan*, Trotz Kammerbeschluss des BVerfG alles offen? – Erwiderung zu Hilf/Ploeckl, ZfWG 2009, S. 8 ff., ZfWG 2009, 80 ff.; *M. Steegmann*, Die Haftung der Basisinfrastruktur bei rechtswidrigen Internetangeboten – Verantwortlichkeit von Internet- und Finanzdienstleistern im Rahmen des illegalen Online-Glücksspiels, 2010; *P. J. Tettinger*, Lotterien im Schnittfeld von Wirtschaftsrecht und Ordnungsrecht, DVBl 2000, 868 ff.; *P. J. Tettinger/J. Ennuschat*, Grundstrukturen des deutschen Lotterierechts, 1999; *A. Voßkuhle/M. Baußmann*, Die Veranstaltung und Vermittlung von Sportwetten auf der Grundlage einer DDR-Gewerbegenehmigung, GewArch 2006, 395 ff.; *A. Voßkuhle/C. Bumke*, Rechtsfragen der Sportwette, 2002; *R. Wiring*, Das deutsche Glücksspielmonopol – Politisch gewollt, gemeinschaftsrechtlich nicht haltbar?, ZfWG 2007, 203 ff.

Übersicht

	Rdn.
I. Vorbemerkungen	1
1. Traditionelle Zweiteilung des deutschen Glücksspielrechts	2
2. Überblick über das einfachrechtliche Glücksspielregime in Deutschland	5
a) Bundesrechtliche Vorgaben zum Glücksspielrecht	6
b) Landesrechtliche Vorgaben zum Glücksspielrecht	19
c) Landesrechtliche Vorgaben zum Gewinnspielrecht	26
3. Verfassungsrechtlicher Rahmen	36
4. Unionsrechtlicher Rahmen	40
5. WTO- und GATS-Recht	54
II. Keine Anwendung der §§ 33 c bis 33 g	57
III. Zulassung und Betrieb von Spielbanken (Nr. 1)	60

Spielbanken, Lotterien, Glücksspiele § 33h

    1. Spielbanken 60
    2. Zulassung 67
    3. Betrieb 69
  IV. Veranstaltung von Lotterien und Ausspielungen (Nr. 2) 72
    1. Lotterien und Ausspielungen 72
    2. Veranstaltung 76
    3. Ausspielungen auf Volksfesten, Schützenfesten und ähnlichen Veranstaltungen 78
  V. Veranstaltung anderer Spiele i. S. d. § 33 d I 1, die Glücksspiele i. S. d. § 284 StGB sind (Nr. 3) 79
    1. Glücksspiel i. S. d. § 284 StGB 80
    2. Poker und Skat 91
    3. Sportwetten 96
    4. Online-Glücksspiel 97

I. Vorbemerkungen

§ 33 h klammert einige Glücksspiele aus dem Anwendungsbereich der §§ 33c ff. aus und ist damit Grundlage der traditionellen Zweiteilung des deutschen Glücksspielrechts (unten 1., Rdn. 2 ff.). Das Glücksspielrecht verteilt sich auf eine Vielzahl von Rechtsgebieten des Bundes- und Landesrechts (unten 2., Rdn. 5 ff.), die wiederum vor dem Hintergrund der Vorgaben des Verfassungsrechts (unten 3., Rdn. 36 ff.), des Unionsrechts (unten 4., Rdn. 40 ff.) sowie des WTO-Rechts zu sehen sind (unten 5., Rdn. 54 ff.). **1**

1. Traditionelle Zweiteilung des deutschen Glücksspielrechts

Traditionell werden im Glücksspielrecht zwei Materien unterschieden (sog. **duale Ordnung der Spielrechtsmaterie**; dazu *Tettinger/Ennuschat* Grundstrukturen des Lotterierechts, 1999, S. 18 ff.; *Ennuschat* GedS Tettinger, 2007, S. 41 [44]; *Höfling* GewArch 1987, 222): zum einen das gewerberechtliche Spielrecht der §§ 33 c ff., das kompetenziell auf Art. 74 I Nr. 11 GG („Recht der Wirtschaft") gestützt wird, zum anderen das Recht der Spielbanken, Sportwetten und Lotterien, welches bislang primär ordnungsrechtlich verstanden und deshalb der Gesetzgebungskompetenz der Länder zugeordnet wurde (*BVerfGE* 28, 119 [148]; 102, 197 [213 ff.]; *BVerwGE* 96, 293 [297 f.]; 96, 302 [308 f.]; *Ennuschat* DVBl 2005, 1288 [1290]; *Tettinger/Ennuschat* Grundstrukturen des deutschen Lotterierechts, 1999, S. 5; *Tettinger* DVBl. 2000, 868 [876]). Während die gewerblichen Spielangebote von der Gewerbefreiheit erfasst und im Wettbewerb erbracht werden, sind Spielbanken, Sportwetten und Lotterien zumeist in der Hand des Staates monopolisiert. **2**

Diese Zweiteilung prägt zwar noch heute § 33 h, sie wurde aber in einigen Bereichen relativiert. Zum einen wurde i.R.d. Föderalismusreform (Einl. Rdn. 14) das Recht der Spielhallen der Regelungskompetenz des Landesgesetzgebers zugewiesen, sodass derzeit diskutiert wird, welche der früher bundesrechtlichen Regelungsgegenstände im gewerblichen Spielrecht noch in der GewO verbleiben oder auf den Landesgesetzgeber übergehen (dazu § 33 i Rdn. 2 ff.). Zum anderen wurde der Annahme, dass Lotterien, Sportwetten und Spielbanken eine originär landesrechtliche Materie sind, durch folgende **3**

§ 33h Titel II. Stehendes Gewerbe

Aussage des *BVerfG* im Sportwetten-Urteil vom 28. 3. 2006 (ZfWG 2006, 16 [25]) zumindest teilweise der Boden entzogen: „Der Freistaat Bayern war unabhängig von der Regelungszuständigkeit des Bundes für das Strafrecht für den Erlass des Staatslotteriegesetzes zuständig. Das gilt schon deshalb, weil der Bund von einer möglichen Gesetzgebungszuständigkeit nach Art. 74 I Nr. 11 GG (Recht der Wirtschaft) ... jedenfalls keinen Gebrauch gemacht hat (Art. 72 I GG)." Das BVerfG wich damit von seiner früheren Rechtsprechungslinie ab (siehe Nachweise in Rdn. 2).

4   Dieser Sichtweise des BVerfG ist zuzugeben, dass der Umstand, dass das Glücksspielrecht in erster Linie der Bekämpfung von Spielsucht und Kriminalität dient, seiner Zuordnung zum Recht der Wirtschaft nicht entgegenstehen muss (so schon *BVerfGE* 8, 143 [148]). Dennoch missfällt, dass des BVerfG seinen Rechtsprechungswechsel in keiner Weise begründet oder auch nur als solchen offen legt (*Ennuschat* ZfWG 2006, 31 [32]; siehe auch *Kment* NVwZ 2006, 617 [618]; *Pestalozza* NJW 2006, 1711 [1713]). Unabhängig davon, ob diese Sichtweise des BVerfG überzeugt (krit. etwa *Fackler* K&R 2006, 313 [315]), ist sie jedenfalls für Sportwetten zugrunde zu legen (*Hecker* ZfWG 2006, 35 [37]; *Vallone/Dubberke* GewArch 2006, 240). Dies dürfte dann gleichermaßen für Lotterien und Spielbanken gelten (siehe *Pieroth,* in: Jarass/Pieroth, GG, 11. Auflage 201, Art. 74 Rn. 25 f.; **a. A.** zu Spielbanken *Dietlein,* in: Dietlein/Hecker/Ruttig, Glücksspielrecht, 2008, Art. 70 ff, 123 ff. Rdn. 7: originäre Landeskompetenz).

2. Überblick über das einfachrechtliche Glücksspielregime in Deutschland

5   Das Glücksspielrecht ist eine Querschnittsmaterie. Seine Regelungen verteilen sich auf das Bundes- und Landesrecht und dabei auf das Zivil-, Straf- und Verwaltungsrecht.

6   **a) Bundesrechtliche Vorgaben zum Glücksspielrecht. aa) Strafrecht.** Seinen Ausgangspunkt hat das deutsche Glücksspielrecht im Strafrecht. Die Vorschrift des **§ 284 StGB** untersagt das Veranstalten eines Glücksspiels sowie das Bereitstellen der hierzu erforderlichen Einrichtungen. Für Lotterien enthält **§ 287 StGB** eine Spezialvorschrift zu § 284 StGB. Auf die Teilnehmer an einem unerlaubten Glücksspiel zielt **§ 285 StGB**, der allerdings nicht für die Teilnahme an ungenehmigten Lotterien gilt (*Eser,* in: Schönke/Schröder, StGB, 27. Aufl. 2006, § 285 Rdn. 1). Hingewiesen sei ferner auf den Bankrottstraftatbestand des **§ 283 I Nr. 2 StGB**. Danach wird bestraft, wer bei Überschuldung oder bei drohender oder eingetretener Zahlungsunfähigkeit durch unwirtschaftliche Ausgaben, Spiel oder Wette übermäßige Beträge verbraucht oder schuldig wird. Durch die Existenz dieser Strafrechtsnorm wird erkennbar, dass der Bundesgesetzgeber Ausgaben für Glücksspiele schon im Ansatz als unwirtschaftlich einstuft (*Tettinger/Ennuschat* Grundstrukturen des deutschen Lotterierechts, 1999, S. 12). Zu strafrechtlichen Fragen siehe etwa *Brandl* Spielleidenschaft und Strafrecht, 2003; *Mosbacher,* in: Gebhardt/Grüsser-Sinopoli, Glücksspiel in Deutschland, 2008, S. 137 ff.

Spielbanken, Lotterien, Glücksspiele § 33h

bb) Zivilrecht. Auch im Zivilrecht sah der Gesetzgeber die Notwendig- 7
keit, für den Bereich der Glücksspiele Sonderregelungen zu schaffen (hierzu
Bahr Glücks- und Gewinnspielrecht, 2. Aufl. 2007, Rdn. 529 ff.; *Diegmann/
Hoffmann/Ohlmann* Praxishandbuch für das gesamte Spielrecht, 2008,
S. 52 ff.; *Gebhardt*, in: Gebhardt/Grüsser-Sinopoli, Glücksspiel in Deutschland, 2008, S. 133 ff.; *Kröner* ZfWG 2006, 71 ff.; *von Selle/Kretschmer* ZfWG
2006, 294 [297 ff.]). Nach § 762 I BGB werden durch Spiel und Wette keine
Verbindlichkeiten begründet. Dagegen ist gem. § 763 S. 1 BGB ein Lotterieoder ein Ausspielvertrag dann verbindlich, wenn die Veranstaltung staatlich
genehmigt ist. Auch diese Vorschriften sollen ausweislich der Materialien zur
Entstehungsgeschichte des BGB dazu beitragen, „dem schädlichen Lotteriespiele in gewissen Grenzen thunlichst zu steuern" (*Mugdan* Die gesamten
Materialien zum BGB, Bd. II, 1899, S. 362; hierzu *Tettinger/Ennuschat*
Grundstrukturen des deutschen Lotterierechts, 1999, S. 12 f; *Ennuschat*
ZfWG 2008, 83 [84]).

cc) Kartellrecht. Im Rahmen des Zivilrechts hat insbesondere das Kar- 8
tellrecht Bedeutung für das gegenwärtige Glücksspielrecht. Schon 1999 stufte
der *BGH* die Entscheidung der Landeslotteriegesellschaften, gewerblichen
Spielgemeinschaften keinen Zugang zu den staatlichen Lotterieprodukten zu
gewähren, als unzulässige Wettbewerbsbeschränkung nach § 1 GWB a. F. ein
(*BGH* NJW-RR 1999, 1266 ff., näher dazu *Mailänder*, in: Gebhardt/Grüsser-
Sinopoli, Glücksspiel in Deutschland, 2008, S. 288 [295]; *Ristelhuber/Schmitt*,
in: Dietlein/Hecker/Ruttig, Glücksspielrecht, 2008, KartellR Rdn. 21; zu
älteren Verfahren siehe *Diegmann/Hoffmann/Ohlmann* Praxishandbuch für das
gesamte Spielrecht, 2008, S. 59 ff.).

Viel Aufsehen erregte der Beschluss des Bundeskartellamts vom 23. 8. 2006 9
(B 10-92713-Kc-148/05). Dieser wertete die Aufforderung des Deutschen
Lotto-Toto-Blocks an die Landeslotteriegesellschaften, keine Spieleinsätze aus
gewerblicher terrestrischer Spielvermittlung anzunehmen, ferner die Vereinbarung, Lotterien und Sportwetten nur in dem Land anzubieten, in dem sie eine
Genehmigung haben, und schließlich die nach dem Regionalisierungsstaatsvertrag vorgesehene Aufteilung der Spieleinsätze unter den Bundesländern als Verstöße gegen europäisches (Art. 101 f. AEU) und deutsches Kartellrecht (§§ 1, 21
I GWB). Dieser Beschluss wurde durch das *OLG Düsseldorf* (ZfWG 2007,
277 ff.) und den *BGH* im vorläufigen Rechtsschutzverfahren (NJW-RR 2007,
1491 [1493]) weitgehend bestätigt (näher *Diegmann/Hoffmann/Ohlmann* Praxishandbuch für das gesamte Spielrecht, 2008, S. 60; *Ristelhuber/Schmitt*, in: Dietlein/Hecker/Ruttig, Glücksspielrecht, 2008, KartellR Rdn. 22; *Klees* EWiR
2007, 493 f.). Der *BGH* führte allerdings aus, dass kartellrechtliche Vorgaben die
Lotteriegesellschaften nicht zwingen könnten, die landesrechtlichen Erlaubnisvorbehalte im Glücksspielwesen zu missachten (*BGH* NJW-RR 2007, 1491
[1496]; zust. *Ristelhuber/Schmitt*, in: Dietlein/Hecker/Ruttig, Glücksspielrecht,
2008, KartellR Rdn. 23; *Hecker* ZfWG 2007, 276 f.).

Der GlüStV sieht eine Ausdehnung des Regionalitätsprinzips auf gewerbli- 10
che Spielvermittler vor, was im Ergebnis dazu führt, dass die Frage nach
einem möglichen Wettbewerb zwischen den Lotteriegesellschaften unterschiedlicher Bundesländer weitgehend hinfällig geworden ist (*Mailänder*, in:

§ 33h

Titel II. Stehendes Gewerbe

Gebhardt/Grüsser-Sinopoli, Glücksspiel in Deutschland, 2008, S. 288 [305]; *Dietlein*, in: Dietlein/Hecker/Ruttig, Glücksspielrecht, 2008, § 3 GlüStV Rdn. 13; *Schmitt*, ebd., § 1 GlüStV Rdn. 38 ff.; *Ristelhuber/Schmitt*, ebd., KartellR Rdn. 24). Zur europäischen Dimension des Kartellrechts mit Relevanz für das Glücksspielrecht siehe ferner *Ennuschat*, in: Gebhardt/Grüsser-Sinopoli, Glücksspiel in Deutschland, 2008, S. 216 (221 ff.).

11 **dd) Gewerberecht.** Neben den zentralen Vorschriften der §§ 33 c – 33 i enthält die Gewerbeordnung auch an anderer Stelle Vorschriften zum Glücksspielrecht, und zwar zum Vertrieb von Lotterielosen (§§ 6 I S. 2, 14 II, 35 IX, 56 I lit. h GewO) sowie zur Veranstaltung von Spielen im Reisegewerbe (§ 60 a).

12 **ee) Rennwett- und Lotteriegesetz (RWG).** Bereits seit dem 8. 4. 1922 gilt das Rennwett- und Lotteriegesetz (RWG; RGBl. 335, 393, zuletzt geändert durch Gesetz vom 31. 10. 2006, BGBl. I 2006, S. 2407). Ergänzt wird das RWG durch auf § 25 I RWG beruhenden Ausführungsbestimmungen (ABRWG vom 16. 6. 1922, Zentralblatt für das Deutsche Reich, S. 351, zul. geändert durch Gesetz vom 21. 8. 2002, BGBl. I 2002, S. 3322), die heute als Rechtsverordnungen zu qualifizieren sind (vgl. Art. 35, 72 des genannten Gesetzes).

13 Bemerkenswert ist die Kontinutität der Normzwecke: Ausweislich der Begründung zum Gesetzesentwurf von 1921 (RT-Drs. 1/2870; abgedruckt bei *Mende* Rennwett- und Lotteriegesetz, 1922, S. 8 ff.) zielt das RWG darauf, „einerseits das Buchmacherunwesen zu bekämpfen, die Wettleidenschaft einzudämmen und in gewissermaßen legalisierte und einwandfreie Formen zu leiten", „andererseits die einmal vorhandene Wettleidenschaft für das Reich finanziell nutzbar zu machen". Damit ist bereits ein Gesetzeszweck angesprochen, der noch heute § 1 GlüStV prägt.

14 Während das Gros der glücksspielrechtlichen Vorgaben in Deutschland auf Ebene des Landesrechts angesiedelt ist, gilt das RWG gem. Art. 123 I GG als Bundesrecht fort (*BVerwGE* 97, 12 [13]; *Tettinger/Ennuschat* Grundstrukturen des deutschen Lotterierechts, 1999, S. 3). Die Zugehörigkeit zum Bundesrecht resultiert nicht schon daraus, dass das RWG als Reichsgesetz erlassen worden ist, sondern aus den Art. 124 ff. GG. Danach ergibt sich die Fortgeltung als Bundesrecht aus Art. 125 Nr. 1 GG: Das RWG galt einheitlich innerhalb mehrerer Besatzungszonen und betrifft Gegenstände der konkurrierenden Gesetzgebung.

15 Das Gesetz vereint zwei unterschiedliche Regelungsgegenstände: zum einen gewerberechtliche und steuerrechtliche Regelungen für Pferdewetten (§§ 1-16 RWG), zum anderen Steuervorschriften für Lotterien, Ausspielungen und Oddset-Wetten (§§ 17-23 RWG). Soweit das RWG die Zulassung von Totalisatorunternehmen und Buchmachern betrifft, handelt es sich um Recht der Wirtschaft i. S. d. Art. 74 I Nr. 11 GG. Hinsichtlich der Steuervorschriften folgt die konkurrierende Bundeskompetenz aus Art. 105 II GG.

16 Das RWG enthält im Schwerpunkt Vorschriften für „Rennwetten", d. h. Pferdewetten (§§ 1 – 16 RWG). In den §§ 1 – 7 RWG finden sich dabei allgemeine (gewerberechtliche) Vorschriften (Erlaubnis für Totalisatoren, § 1; Buchmachererlaubnis, § 2; Wettschein, § 4; Strafvorschriften, §§ 5, 6; Ordnungswidrigkeiten, § 7). Die §§ 10 – 16 RWG sind Steuervorschriften. Siehe näher *Ennuschat*, in: Dietlein/Hecker/Ruttig, Glücksspielrecht, 2008, RWG, S. 381 ff.

Entgegen seiner irreführenden Überschrift regelt das RWG nicht das 17
eigentliche Lotteriewesen (*Wache*, in: Erbs/Kohlhaas, Bd. III, R. 70, Stand:
10/2009, Vorbem. Rdn. 2), das seine Vorgaben vielmehr im GlüStV findet.
Insoweit bietet das RWG lediglich steuerliche Regelungen, aber nicht nur
für Lotterien, sondern – seit dem Änderungsgesetz vom 17. 5. 2000 (BGBl.
I 2000, S. 715 ff) – auch für Oddset-Sportwetten. Der Glücksspielstaatsvertrag
im Range von Landesrecht lässt das bundesrechtliche RWG im Übrigen
unberührt (*Marcks*, in: Landmann/Rohmer I, GewO, § 33 h Rdn. 9).

ff) Fortgeltende DDR-Lizenzen. Als Störfaktor innerhalb des deut- 18
schen Sportwettenmonopols erweisen sich bis heute vier Lizenzen, die privaten Sportwettenanbietern kurz vor dem Untergang der DDR erteilt wurden.
Ihre Geltungswirkung und ihr Inhalt sind umstritten. Mehrheitlich wird den
Genehmigungen eine Erlaubniswirkung für die Veranstaltung und Vermittlung von (Internet-)Sportwetten zumindest im Bereich der alten Länder
abgesprochen (*BVerfG* ZfWG 2006, 307 f.; *BVerwG* NVwZ 2006, 1175 ff.;
OVG NRW NVwZ-RR 2004, 653 ff.; *BayVGH* GewArch 2005, 78 ff.;
VGH BW ZfWG 2007, 432 ff.; für eine Wirkung im gesamten Bundesgebiet
dagegen *BVerwG* NVwZ 2006, 1423 ff.; *Scholz/Weidemann* ZfWG 2007,
83 ff.; *Voßkuhle/Baußmann* GewArch 2006, 395 ff.; siehe hierzu näher *Hüsken*
Staatsaufsicht über die Landesmedienanstalten, 2008, S. 139 ff.; ferner *Bethge*
BayVBl. 2008, 97 ff.; *Dietlein/Postel,* in: Dietlein/Hecker/Ruttig, Glücks-
spielrecht, 2008, SlgLottVO-DDR Rdn. 15 ff.).

b) Landesrechtliche Vorgaben zum Glücksspielrecht. Dem Landes- 19
recht unterliegen die Spielbanken, Lotterien und Sportwetten mit Ausnahme
der Pferdewetten (dazu Rdn. 16). Zentrale Rechtsquelle ist der Glücksspielstaatsvertrag, der durch landesrechtliche Ausführungsgesetze sowie durch
Spielbankengesetze der Länder ergänzt wird.

aa) Glücksspielstaatsvertrag (GlüStV). Zum 1. 1. 2008 trat der Staats- 20
vertrag zum Glücksspielwesen in Deutschland (Glücksspielstaatsvertrag –
GlüStV) in Kraft, der den seit 2004 geltenden Lotteriestaatsvertrag (zu diesem
Ohlmann WRP 2005, 48 [54 ff.]) ablöste. Der neue Staatsvertrag bündelt die
Regelungen für mehrere Arten von Glücksspielen; umfasst sind – wie unter
der Vorgängervorschrift – Lotterien und Sportwetten sowie als Neuerung
teilweise auch Spielbanken. Gem. § 28 I 1 GlüStV tritt der GlüStV zum
1. 1. 2012 außer Kraft, sofern er nicht nach Evaluierung verlängert wird. Im
Rahmen der Evaluierung sind insb. die Konsequenzen aus den Entscheidungen des EuGH vom 8. 9. 2010 zum deutschen Glücksspielrecht zu berücksichtigen (unten Rdn. 44).

Ratio legis des GlüStV ist ausweislich seines § 1 die **Gefahrenabwehr,** 21
und zwar die Bekämpfung der Glücksspielsucht, die Eindämmung und Kanalisierung des natürlichen Spieltriebs, die Gewährleistung des Jugend- und
Spielerschutzes sowie die Bekämpfung von Kriminalität.

Zentrales Instrument der Gefahrenabwehr ist das **Staatsmonopol.** Dem- 22
entsprechend hält der GlüStV an dem bisherigen Staatsmonopol für die Veranstaltung von Lotterien und Sportwetten fest (§ 10 II, V GlüStV). Lediglich
Lotterien (nicht: Sportwetten) mit geringerem Gefährdungspotential können

§ 33h Titel II. Stehendes Gewerbe

auch durch Private veranstaltet werden, freilich nur durch gemeinnützige Veranstalter und für gemeinnützige Zwecke (§§ 12 I Nr. 3, 14 I Nr. 1 GlüStV). Diese Ausnahme vom Staatsmonopol kommt insb. den traditionellen **Soziallotterien** (Aktion Mensch, ARD Fernsehlotterie) zugute.

23 Veranstaltung und Vermittlung von Lotterien und Sportwetten sind **erlaubnispflichtig** (§ 4 I GlüStV). Auf die Erteilung der Erlaubnis besteht kein Rechtsanspruch; es handelt sich somit nach herkömmlicher verwaltungsrechtlicher Terminologie um ein **repressives Verbot mit Befreiungsvorbehalt** (*Ennuschat* ZfWG 2008, 85 f.; *Wiring* ZfWG 2007, 203 [205]). Einer Erlaubnis bedürfen nicht nur private, sondern auch staatliche Veranstalter (vgl. § 9 III GlüStV). Ein Novum ist die Erlaubnispflichtigkeit für die Vermittlung von Glücksspielen. Hintergrund ist die Einsicht, dass die Vermittlung mit Blick auf Spielsucht, Manipulation oder Veruntreuung von Spieleinsätzen gleichermaßen gefährlich sein kann wie die Veranstaltung (vgl. auch *OLG Düsseldorf* ZfWG 2007, 368 [371]; *Schmitt* ZfWG 2007, 375 [376]).

24 Weiteres Mittel der Gefahrenabwehr ist das **Verbot der Veranstaltung, Vermittlung und Bewerbung von Glücksspielen im Internet** gem. §§ 4 IV, 5 III GlüStV. § 5 GlüStV sieht umfassende **Werbebeschränkungen** vor (*Hüsken* Staatsaufsicht, 2008, S. 167 ff.; *Engels* WRP 2008, 470 [475]; *Heermann* WRP 2008, 479; *Schmits* ZfWG 2007, 197 ff.). Den Regelungen der §§ 4 I, IV, 5 GlüStV kommt gegenüber dem Staatsmonopol (§ 10 V GlüStV) eine eigenständige Bedeutung zu, sodass sie ungeachtet von dessen etwaiger Unionsrechtswidrigkeit anwendbar sind (*BVerwG* Urteil vom 24. 11. 2010 – 8 C 13.09, Tz. 77; *OVG Berlin-Bbg.* Beschluss vom 19. 11. 2011 – OVG 1 S 204.10, juris Rdn. 8 f.; *OVG Nds.* Beschluss vom 11. 11. 2010 – 11 MC 429/10, juris Rn. 25; *OVG NRW* Beschluss vom 15. 11. 2010 – 4 B 733/10, juris Rdn. 148, 160; *OVG RP* Beschluss vom 8. 12. 2010 – 6 B 11013/10, juris Rdn. 3, 6; **a. A.** *Streinz/Kruis* NJW 2010, 3745 [3749]).

25 **bb) Weitere Regelungen des Landesrechts.** Die Länder haben **Ausführungsgesetze zum GlüStV** erlassen (z. B. GlüStV AG BW vom 4. 3. 2008, GBl BW 2008, S. 81; GlüStV AG NRW vom 30. 10. 2007, GVBl, S. 445; dazu ein inhaltlicher Überblick bei *Brugger* ZfWG 2008, 20 ff.). Ferner gibt es Spezialregelungen für **Klassenlotterien** (dazu *Rombach*, in: Gebhardt/Grüsser-Sinopoli, Glücksspiel in Deutschland, 2008, S. 501 ff.; *Ohlmann* WRP 1998, 1043 [1049, 1054 ff.]) und **Spielbanken** (z. B. SpielbankG BW i. d. F. v. 9. 10. 2001, GBl. BW 2001, S. 571; SpielbankG NRW i. d. F. v. 30. 7. 2007, GVBl, S. 445).

26 **c) Landesrechtliche Vorgaben zum Gewinnspielrecht.** Gem. § 8 a RStV sind unter bestimmten Voraussetzungen **Gewinnspiele im Rundfunk** (insb. Fernsehen) zulässig, solange für ihre Teilnahme nur ein Entgelt bis zu 50 Cent verlangt wird. Für **Gewinnspiele in vergleichbaren Telemedien** (Telemedien, die an die Allgemeinheit gerichtet sind) gilt § 8 a RStV entsprechend (§ 58 IV RStV). Gem. § 2 Nr. 1 der Satzung der Landesmedienanstalten über Gewinnspielsendungen und Gewinnspiele (Gewinnspielsatzung) – die nach Auffassung des *BayVGH* AfP 2010, 204 ff. teilweise nichtig ist – ist im Sinne dieser Satzung ein Gewinnspiel ein Bestandteil eines Rundfunkprogramms oder eines Telemedienangebotes, der den Nutzerinnen und Nutzern

§ 33h

im Falle der Teilnahme die Möglichkeit auf den Erhalt eines Vermögenswertes, insbesondere in Form von Geld, Waren oder Dienstleistungen, bietet.
Teils werden unter Gewinnspiele i. S. d. §§ 8 a, 58 IV lediglich Geschick- 27
lichkeitsspiele gefasst, um Normkollisionen mit dem GlüStV zu vermeiden (*Hüsken* ZfWG 2009, 153 [160]; im Ergebnis ebenso *Bahr* Glücks- und Gewinnspielrecht, 2. Aufl. 2007, Rdn. 39). Andere verstehen **Gewinnspiele als Oberbegriff zu Glücks- und Geschicklichkeitsspielen** (*BayVGH* AfP 2010, 204 [205]; *VG Münster* Beschluss vom 14. 6. 2010 – 1 L 155/10, juris Rdn. 40, 42; *Bolay* MMR 2009, 669 [671] und ZfWG 2010, 88; *Liesching* ZfWG 2009, 320 [323]). Die zweitgenannte Auffassung überzeugt. Dies folgt aus der amtlichen Begründung zu § 8 a RStV (BayLT-Drs. 15/9667, S. 15), die den Glücksspielstaatsvertrag im Blick hat: Die Vertragsparteien ordnen daher den Gewinnspielen augenscheinlich auch die Glücksspiele zu. Bestätigt wird diese Sichtweise durch die offene Formulierung des § 2 Nr. 1 der Gewinnspielsatzung (Rdn. 26). Die geltend gemachte Normkollision kann im Übrigen auf Konkurrenzebene gelöst werden (unten Rdn. 33 ff.), sodass es keiner Korrektur auf Tatbestandsseite bedarf.

Unter die **Gewinnspiele i. S. d. § 8 a RStV** fallen insb. die bekannten 28 Fernsehgewinnspiele (Call-in-Formate, Televoting mit Gewinnmöglichkeit etc.). Die Einsatzhöhe darf max. 50 Cent betragen.

Ein **Internet-Gewinnspiel i. S. d. § 58 IV RStV** liegt vor, wenn es „in 29 vergleichbaren Telemedien (Telemedien, die an die Allgemeinheit gerichtet sind)" veranstaltet wird. Der rundfunkstaatsvertragliche Begriff der **Telemedien** (§ 2 I 3 RStV) entspricht der Legaldefinition von Telemedien in § 1 I TMG (= alle elektronischen Informations- und Kommunikationsdienste, soweit sie nicht Telekommunikationsdienste nach § 3 Nr. 24 des Telekommunikationsgesetzes, die ganz in der Übertragung von Signalen über Telekommunikationsnetze bestehen, telekommunikationsgestützte Dienste nach § 3 Nr. 25 des Telekommunikationsgesetzes oder Rundfunk nach § 2 des Rundfunkstaatsvertrages sind). Ein Internetportal mit dem Angebot von Glücks- oder Geschicklichkeitsspielen kann diesem Begriff subsumiert werden (vgl. *VG Münster* Beschluss vom 14. 6. 2010 – 1 L 155/10, juris Rdn. 24; *Nagel*, in: Dietlein/Hecker/Ruttig, Glücksspielrecht, 2008, § 9 GlüStV Rdn. 35).

Das Merkmal „**vergleichbar**" wird zunächst durch den Klammerzusatz 30 („Telemedien, die an die Allgemeinheit gerichtet sind") erläutert. Man könnte darauf abstellen, dass die Internetportale von Glücksspielanbietern (z. B. eine Internet-Spielhalle mit virtuellen Spielautomaten) sich an Jedermann wenden, deshalb an die Allgemeinheit gerichtet und insoweit dem Rundfunk vergleichbar sind (so *VG Münster* Beschluss vom 14. 6. 2010 – 1 L 155/10, juris Rdn. 51, 55).

Näher liegt folgendes Verständnis: Die Formulierung „**an die Allgemein-** 31 **heit gerichtet**" knüpft ersichtlich an die frühere Unterscheidung zwischen Telediensten (= elektronische Informations- und Kommunikationsdienste, die für eine *individuelle Nutzung* bestimmt sind, so der frühere § 2 I TDG) und Mediendiensten (= *an die Allgemeinheit gerichtete* Informations- und Kommunikationsdienste, so der frühere § 2 I 1 MDStV) an. Teledienste dienten der Individualnutzung, Mediendienste der Massenkommunikation und der öffentlichen Meinungsbildung (dazu *Schmitz*, in: Hoeren/Sieber, Multime-

§ 33h Titel II. Stehendes Gewerbe

dia-Recht, 22. Aufl. 2009, 16.4 Rdn. 28-30). Ein Telemedium, das an die Allgemeinheit gerichtet ist, ist somit in ähnlicher Weise zu verstehen wie früher ein Mediendienst, d. h. es muss der **Massenkommunikation** und der **öffentlichen Meinungsbildung** dienen.

32 Diese Überlegungen finden eine systematische Bekräftigung durch andere Vorschriften, welche den Begriff „vergleichbare Telemedien" verwenden. Zu nennen sind etwa §§ 2 V, 27 III TKG („Belange von Rundfunk und vergleichbaren Telemedien") sowie §§ 52 a III 1, 52 c I RStV (in denen der Begriff „vergleichbare Telemedien" ebenfalls in unmittelbarem Kontext mit Rundfunk[programmen] genannt wird). Diese Vorschriften werden vom Gesetzgeber jeweils im Zusammenhang mit der Sicherung der Meinungsvielfalt gesehen (vgl. BT-Drs. 15/2316, S. 109, 113 zu §§ 2 V, 27 III TKG sowie explizit § 52 c I RStV: „vielfältiges Angebot ... zur Sicherung der Meinungsvielfalt"). Vergleichbare Telemedien sind deshalb solche, welche den Schutz von Art. 5 I GG genießen (so BT-Drs. 15/2316, S. 109). Bezugspunkt für das Merkmal „vergleichbar" ist also der Rundfunk. Die **Rundfunkähnlichkeit** hinsichtlich des Inhalts wäre bei Internet-Portalen, die sich im Angebot von Glücks- oder Geschicklichkeitsspielen erschöpfen (z. B. bei einer Online-Spielhalle) nicht gegeben (ebenso *Bolay* MMR 2009, 669 [673]; *Hüsken* GewArch 2010, 336 [337]). Diese Angebote könnten sich daher nicht auf § 58 IV RStV stützen. Derartige Online-Angebote unterfallen vielmehr entweder § 33 d (dort Rdn. 15) oder dem GlüStV (Rdn. 35).

33 Schwierigkeiten bereitet die Bestimmung des **Verhältnisses der landesrechtlichen Vorschriften der §§ 8 a, 58 IV RStV zu den Regelungen der GewO**. Manches spricht dafür, dass bei Einhaltung seiner Vorgaben (insb.: Einsatzhöhe max. 50 Cent) § 8 a RStV die Vorschriften der §§ 33 c ff. verdrängt (*Hüsken* ZfWG 2009, 153 [162]). Ein TV-Gewinnspiel, das hinsichtlich der Einsatzhöhe die Grenzen des § 8 a RStV überschreitet, kann, wenn es sich um ein Geschicklichkeitsspiel handelt, unter § 33 d fallen und dann auch gewerberechtlich unzulässig sein (*Hüsken* ZfWG 2009, 153 [162]; näher § 33 d Rdn. 17). Bei Glücksspielen dürfte dann ein Glücksspiel i. S. d. § 284 StGB vorliegen, sodass § 33 h Nr. 3 greift (Rdn. 86 ff.) und § 33 d nicht anwendbar ist. Entsprechendes gilt für § 58 IV RStV.

34 Ebenfalls noch nicht abschließend geklärt ist das **Verhältnis der §§ 8 a, 58 IV RStV zum GlüStV**. In der amtlichen Begründung zu § 8 a RStV heißt es lapidar (BayLT-Drs. 15/9667, S. 15): „Die Regelungen des Glücksspielstaatsvertrages der Länder bleiben unberührt." Die amtliche Begründung zu § 3 GlüStV lässt wiederum erkennen, dass die Länder auch die Telefongewinnspiele in Fernsehen und Hörfunk im Blick hatten (BayLT-Drs. 15/8486, S. 13).

35 Vor diesem Hintergrund ist der Wille der Länder als Vertragsparteien sowohl des RStV als auch des GlüStV dahingehend zu interpretieren, dass jedenfalls die herkömmlichen Glücksspiele (d. h. die Casinospiele der Spielbanken [Roulette, Poker etc.], Lotterien und Sportwetten) selbst dann nicht unter die Regelungen des RStV fallen, wenn die Einsatzhöhe weniger als 50 Cent beträgt; vielmehr ist der GlüStV insoweit als lex specialis zu verstehen (*BVerwG* Urteil vom 24. 11. 2010 – 8 C 13.09, Tz. 58; *VG München* ZfWG 2010, 204 [210 f.]; *Ruttig* WRP 2011, 174 [179]). Handelt es sich hingegen

Spielbanken, Lotterien, Glücksspiele **§ 33h**

um die herkömmlichen Fernsehgewinnspiele und werden die Vorgaben des § 8 a RStV eingehalten (Einsatzhöhe max. 50 Cent), ist der GlüStV selbst dann nicht anwendbar, wenn der Spielerfolg zufallsabhängig ist. Übersteigt der Einsatz die Vorgabe des § 8 a RStV (max. 50 Cent), ist das Spiel unvereinbar mit dem RStV; zugleich ist der GlüStV anwendbar.

3. Verfassungsrechtlicher Rahmen

Welches Regulierungsmodell – Monopol, Konzessionierung weniger Wettbewerber oder freier Wettbewerb? – für das Glücksspielwesen in Deutschland gewählt werden soll, unterliegt im Ansatz der Gestaltungsfreiheit des Gesetzgebers, der dabei freilich den unions- und verfassungsrechtlichen Rahmen beachten muss. Aus verfassungsrechtlicher Perspektive steht das **Grundrecht der Berufsfreiheit** gem. Art. 12 I GG im Vordergrund. 36

Das *BVerfG* hat in seiner Sportwetten-Entscheidung vom 28. 3. 2006 zur Verhältnismäßigkeit der früheren Gesetzeslage klargestellt, dass das Glücksspielmonopol geeignet und erforderlich zur Gefahrenabwehr ist. Lediglich die Verhältnismäßigkeit i. e. S. hat das BVerfG verneint, weil die damaligen Maßnahmen der staatlichen Anbieter und Behörden nicht konsequent genug auf die Bekämpfung der Spielsucht ausgerichtet gewesen seien (*BVerfG* ZfWG 2006, 16 [27 f.]). Dabei hat das *BVerfG* u. a. die jederzeitige Verfügbarkeit und Präsenz von Glücksspielangeboten kritisiert, bezogen auf die Verbreitung der Annahmestellen, die Werbung und Online-Angebote. 37

Seitdem hat das *BVerfG* in einer Reihe von Entscheidungen den staatlichen Anbietern und Behörden attestiert, sichtbare Fortschritte auf dem Weg zur konsequenten Bekämpfung der Spielsucht gemacht zu haben (So *BVerfG* ZfWG 2006, 134 [135] – BW; ZfWG 2006, 307 [308] und 308 [311] – Bayern, ZfWG 2007, 28 [32] – NRW). Im Beschluss vom 2. 8. 2007 – 1 BvR 1896/99 hat es das Lottomonopol in Hessen unbeanstandet gelassen. Unter Hinweis auf die im Sportwettenurteil statuierten Grundsätze hat das *BVerfG* auch das Spielbankenmonopol in Bayern gebilligt, *BVerfG* ZfWG 2007, 219 ff. An dieser Linie hält das *BVerfG* in weiteren Entscheidungen, nunmehr mit Blick auf den GlüStV mit dem dort erneuerten Staatsmonopol, fest (*BVerfG* ZfWG 2009, 99 [102] – Sportwetten; ZfWG 2008, 351 [354] – Lotterien, näher hierzu *Hilf/Ploeckl* ZfWG 2009, 8 ff. und *Schwan* ZfWG 2009, 80 ff.). 38

Damit kann von der **Verfassungsmäßigkeit** der grundlegenden Regelungen **des GlüStV** ausgegangen werden, wovon auch die Rechtsprechung ganz überwiegend ausgeht (siehe hierzu die Nachweise bei *Ennuschat/Klestil* ZfWG 2010, 153 ff.). 39

4. Unionsrechtlicher Rahmen

Die Veranstaltung oder Vermittlung von Glücksspielen unterfallen, sofern ein grenzüberschreitender Bezug gegeben ist, den **Grundfreiheiten des AEU-Vertrages**, namentlich der Dienstleistungsfreiheit gem. Art. 56 AEU sowie ggf. der Niederlassungsfreiheit nach Art. 49 AEU. Hinzu kommen ggf. die Vorgaben des **EU-Wettbewerbsrechts** der Art. 101 f. AEU (siehe oben Rdn. 9). Zum unionsrechtlichen Rahmen siehe etwa *Ennuschat*, in: Geb- 40

§ 33h Titel II. Stehendes Gewerbe

hardt/Grüsser-Sinopoli, Glücksspiel in Deutschland, 2008, S. 216 [217 ff.]; *Haltern* Gemeinschaftsrechtliche Aspekte des Glücksspiels, 2007).

41 **Sekundärrechtliche Vorgaben** sind kaum zu verzeichnen, weil Glücksspiele in der Dienstleistungsrichtlinie (RL 2006/123/EG) oder e-commerce-Richtlinie (RL 2000/31/EG) explizit ausgeklammert worden sind (näher z. B. *Ennuschat*, in: ders., Aktuelle Probleme des Rechts der Glücksspiele, 2008, S. 55 [60]; *Diegmann/Hoffmann/Ohlmann* Praxishandbuch für das gesamte Spielrecht, 2008, S. 35). Bedeutung können Vorschriften zur Notifizierung gemäß der Informationsrichtlinie (RL Nr. 98/34/EG) erlangen (siehe hierzu etwa *Dietlein*, in: Dietlein/Hecker/Ruttig, Glücksspielrecht, 2008, InformationsRL, S. 283 ff.).

42 Ein Staatsmonopol, aber auch bereits ein Erlaubnisvorbehalt sind als Eingriff in die Grundfreiheiten zu werten, der nur bei Vorliegen eines legitimierenden Gemeinwohlbelangs und Einhaltung des Verhältnismäßigkeitsgrundsatzes zulässig ist. Mit der Frage, ob diese beiden Voraussetzungen im Falle nationalstaatlicher Beschränkungen vorliegen, hat sich der *EuGH* bereits seit dem Jahre 1994 in einer beachtlichen Anzahl von Entscheidungen befasst.

43 Zu nennen sind die Urteile vom 24. 3. 1994 – C-275/92 [*Schindler*], Slg. 1994, I-1039 = NJW 1994, 2013 ff.; vom 21. 9. 1999 – C-124/97 [*Läärä*], Slg. 1999, I-6067 = DVBl 2000, 211 ff.; vom 21. 10. 1999 – C-67/98 [*Zenatti*], Slg. 1999, I-7289 = GewArch 2000, 19 ff.; vom 11. 9. 2003 – C-6/01 [*Anomar*], Slg. 2003 I-8621 = GewArch 2004, 26 ff.; vom 6. 11. 2003 – C-243/01 [*Gambelli*], Slg. 2003, I-13031 = DVBl. 2004, 300 ff.; vom 13. 11. 2003 – C-42/02 [*Lindman*], Slg. 2003, I-13519 = DVBl. 2004, 330 (Ls.); vom 17. 2. 2005 – verb. Rs. C-453/02, C-462/02 [*Linneweber*], Slg. 2005, I-1131 = DVBl. 2005, 567 ff.; vom 26. 10. 2006 – C-65/05 [*Kommission ./. Griechenland*], Slg. 2006, I-10341 = ZfWG 2007, 22 ff.; vom 6. 3. 2007 – verb. Rs. C-338/04, C-359/04, C-360/04 [*Placanica u. a.*], Slg. 2007, I-1891 = ZfWG 2007, 125 ff.; vom 13. 3. 2007 – C-432/05 [*Unibet*], Slg. 2007, I-2271; vom 13. 9. 2007 – C-260/04 [*Kommission ./. Italien*], Slg. 2007, I-7083; vom 8. 9. 2009 – Rs. C-42/07 [*Liga Portuguesa*], ZfWG 2009, 304 ff.; vom 3. 6. 2010 – C-203/08 [*Sporting Exchange*], ZfWG 2010, 250 ff.; vom 3. 6. 2010 – C-258/08 [*Ladbrokes*], ZfWG 2010, 256 ff; vom 8. 7. 2010 – C-447/08, C-448/08 [*Sjöberg und Gerdin*], ZfWG 2010, 264 ff. Zu weiteren anstehenden glücksspielrechtlichen Entscheidungen siehe *Arendts*, ZfWG 2010, 8 ff.

44 Den vorläufigen Abschluss dieser Rechtsprechung bilden die Entscheidungen des *EuGH* vom 8. 9. 2010 – Rs. C-409/06 [*Winner Wetten GmbH*]; Rs. C-46/08 [*Carmen Media Group Ltd.*] und Rs. C-316/07 [*Markus Stoß u.a.*] zu den deutschen Vorlageverfahren sowie die Entscheidung vom 9. 9. 2010 – Rs. C-64/08 [*Ernst Engelmann*] zur österreichischen Rechtslage (siehe hierzu etwa *Dederer* EuZW 2010, 771 ff.; *Ennuschat* GewArch 2010, 425 ff.; *Klöck/Klein* NVwZ 2010, 22 ff.; dies. ZfWG 2010, 356 ff.; *Koenig* EWS 2010, 449 ff.; *Krause* GewArch 2010, 428 dd.; *Stein* ZfWG 2010, 353 ff.; *Streinz/Kruis* NJW 2010, 3745 ff.; *Stejcek* ZFWG 2010, 421 ff.)..

45 Zusammengefasst sind folgende **Grundlinien der Rechtsprechung des EuGH zu Glücksspielen** festzuhalten (dazu *Ennuschat*, in: ders., Aktuelle Fragen des Rechts der Glücksspiele, 2008, S. 55 [61 ff.]; *ders.*, in: Gebhardt/

Grüsser-Sinopoli, Glücksspiel in Deutschland, 2008, S. 216 ff.; ders. GewArch 2010, 425 f.): **(1)** Der *EuGH* erkennt das dem Glücksspiel innewohnende **Gefahrenpotenzial** an. Im Blick hat er namentlich Gefahren für den Verbraucherschutz, Straftaten wie Betrug, den Anreiz zu überhöhten Ausgaben sowie Störungen der sozialen Ordnung im Allgemeinen. Das Gefahrenpotenzial betrifft alle Glücksspiele, nicht nur Sportwetten, sondern auch Lotterien. Besondere Gefahren erkennt der *EuGH* für das Glücksspiel im Internet.

(2) Die Restriktionen im Glücksspielrecht können durch zwingende 46 Gründe des Allgemeinwohls legitimiert sein. Bei deren Bestimmung und Rangfestlegung könnten nämlich die sittlichen, religiösen oder kulturellen Erwägungen, die in allen Mitgliedstaaten zu Lotterien ebenso wie zu den anderen Glücksspielen angestellt werden, nicht außer Betracht bleiben. Als legitimen Grund des Allgemeinwohls akzeptiert der *EuGH* insb. die **Bekämpfung der glücksspielimmanenten Gefahren** durch Regelungen, die darauf abzielen, eine Anregung der Nachfrage zu vermeiden und vielmehr die Ausnutzung der Spielleidenschaft der Menschen zu begrenzen.

(3) Der *EuGH* verlangt, dass die einzelnen mitgliedstaatlichen Maßnahmen 47 tatsächlich den geltend gemachten Zielen entsprechen. Dabei lässt er unbeanstandet, dass der Staat mit den gesetzgeberischen Restriktionen für private Glücksspielanbieter **fiskalische Interessen** verknüpft, sofern dies „**nur eine erfreuliche Nebenfolge**, nicht aber der eigentliche Grund der betriebenen restriktiven Politik" ist.

(4) Der *EuGH* billigt den Mitgliedstaaten ein Ermessen zu, ob sie Glücks- 48 spielbeschränkungen für nötig halten und welche Mittel sie wählen, sofern diese verhältnismäßig und nicht-diskriminierend sind. Hervorzuheben ist dabei Folgendes: Diese Ermessensausübung kann von Land zu Land zu unterschiedlichen Ergebnissen führen. Der *EuGH* ist auf Grund der eingeräumten **Einschätzungsprärogative** bereit, unterschiedliche nationale Regelungen hinzunehmen: Selbst ein Totalverbot bestimmter Glücksspiele oder ein Totalausschluss privater Veranstalter kann verhältnismäßig sein, obwohl in anderen Mitgliedstaaten größere Freiheiten bestehen, ohne dass sich dort unerträgliche Missstände eingestellt.

(5) Der *EuGH* verlangt, dass das mitgliedstaatliche Glücksspielregime 49 kohärent und systematisch ausgestaltet ist. Das Erfordernis der **Kohärenz** erstreckt sich zunächst auf den einzelnen Glücksspielzweig: Der *EuGH* anerkennt, dass die verschiedenen Arten von Glücksspielen erhebliche Unterschiede aufweisen, sodass es innerhalb der nationalen Glücksspielregimes divergierende Regelungen für die jeweiligen Spiele geben kann. Über die Betrachtung der einzelnen Glücksspielarten hinaus verlangt der *EuGH* eine Gesamtkohärenz des nationalen Glücksspielrechts. Das Erfordernis der Kohärenz hat also eine sektorielle und eine horizontale Komponente. Als zentrale Maximen eines Glücksspielregimes akzeptiert der *EuGH* zwei Ziele: die Begrenzung und die Kanalisierung des Glücksspiels, d.h. die Lenkung der natürlichen Spielleidenschaft hin zu legalen Angeboten. Die Kanalisierung lässt auch **Werbung** zu, solange sie der Lenkung dient und „nicht darauf abziel[t], den natürlichen Spieltrieb der Verbraucher dadurch zu fördern, dass sie zu aktiver Teilnahme am Spiel angeregt werden, etwa indem das Spiel verharmlost oder ihm ein positives Image verliehen wird, das daran anknüpft,

§ 33h

Titel II. Stehendes Gewerbe

dass die Einnahmen für Aktivitäten im Allgemeininteresse verwendet werden, oder indem die Anziehungskraft des Spiels durch zugkräftige Werbebotschaften erhöht wird, die bedeutende Gewinne vorspiegeln." **Rechtstatsächliche Probleme bei der Durchsetzung glücksspielrechtlicher Restriktionen** stehen der Kohärenz nicht von vornherein entgegen. Dies gilt namentlich für die Schwierigkeiten, die sich nationalen Behörden stellen, wenn sie das seinem Wesen nach transnationale Internetglücksspiel regulieren wollen. Der *EuGH* hebt hierbei hervor, „dass den Mitgliedstaaten durchaus rechtliche Mittel zur Verfügung stehen, die es ihnen erlauben, die Beachtung der von ihnen erlassenen Normen gegenüber im Internet tätigen und in der einen oder anderen Weise ihrer Hoheitsgewalt unterstehenden Wirtschaftsunternehmen so wirkungsvoll wie möglich zu gewährleisten." Dementsprechend hält der *EuGH* auch ein **Internetverbot** für zulässig.

50 (6) Die in einem EU-Mitgliedstaat erteilte Genehmigung entfaltet in Bezug auf andere Mitgliedstaaten keine zwingende Legalisierungswirkung, sodass die Mitgliedstaaten ungeachtet vorhandener EU-ausländischer Genehmigungen ein eigenes Kontrollregime errichten können.

51 Auch der **EFTA-Gerichtshof** bejahte in den bisherigen Verfahren die Vereinbarkeit nationaler Glücksspielmonopole mit den Grundfreiheiten (Urteil vom 14. 3. 2007 – E-1/06 [*EFTA ./. Norwegen*], ZfWG 2007, 134; Urteil vom 30. 5. 2007 – E-3/06 [*Ladbrokes*], ZfWG 2007, 218); hierzu etwa *Ennuschat* ZfWG 2007, 77; *Winkelmüller* GewArch 2007, 411).

52 Diese Eckpunkte der EuGH-Rechtsprechung belassen genügend Raum für ein staatliches Lotterie- und Sportwettenmonopol, wenn es konsequent auf die Bekämpfung der glücksspielbezogenen Gefahren ausgerichtet ist. Dementsprechend legt die Rechtsprechung in Deutschland ganz überwiegend zugrunde, dass der GlüStV mit den unionsrechtlichen Vorgaben vereinbar ist (siehe die Nachweise bei *Ennuschat/Klestil* ZfWG 2010, 153 ff.).

53 Anderer Auffassung ist die EU-Kommission, die gegen Deutschland mehrere Vertragsverletzungsverfahren eingeleitet hat, die sich sowohl auf den früheren Lotteriestaatsvertrag als auch auf den späteren Glücksspielstaatsvertrag beziehen (siehe zuletzt Aufforderungsschreiben der Kommission vom 31. 1. 2008 – 2007/4866, ZfWG 2008, 32 ff.; Mitteilung der Bundesregierung an die Kommission vom 20. 5. 2008 – 2007/4866, ZfWG 2008, 94 ff.). Abzuwarten bleibt, wie sich die Entscheidungen des *EuGH* vom 8. 9. 2010 (Rdn. 44) auf die Fortführung der Vertragsverletzungsverfahren auswirken.

5. WTO- und GATS-Recht

54 Jedenfalls im Internet hat sich ein globaler Glücksspielmarkt herausgebildet, sodass die Vorschriften des WTO-Rechts in den Blick geraten. Innerhalb des WTO-Rechts kommt im vorliegenden Kontext dem GATS-Abkommen zentrale Bedeutung zu. Online-Glücksspiele fallen in seinen Anwendungsbereich. Für das deutsche Glücksspielrecht ist das GATS-Recht dennoch ohne besondere Bedeutung, weil die EU und ihre Mitgliedstaaten – anders als die USA – den Bereich „Glücksspiel und Wetten" explizit aus den GATS-Verpflichtungen ausgenommen haben (BGBl. 1994 II, S. 1718).

Soweit Verpflichtungen künftig begründet werden sollten, wären insb. Art. 55
XIV, XVI GATS für das Glücksspielrecht relevant. Art. VI betrifft den Marktzugang. Art. XIV enthält Rechtfertigungsgründe für die Verweigerung des Marktzugangs, so die Aufrechterhaltung der öffentlichen Moral und Ordnung, den Schutz der Gesundheit und die Verhinderung irreführender oder betrügerischer Geschäftspraktiken. Art. XIV knüpft die Verweigerung des Marktzugangs ferner an das Erfordernis der Verhältnismäßigkeit sowie die Freiheit von Willkür und Diskriminierung.

Die Reichweite des Art. XIV zur Beschränkung des Zugangs von Online- 56
Glücksspielanbietern aus Antigua auf den US-amerikanischen Markt ist Gegenstand eines Streitbeilegungsverfahrens Antigua vs. USA, an dem sich die Europäische Union als sog. Third Participiant beteiligt hat. Im Ergebnis wurden von den Streitbeilegungsorganen der WTO ähnliche Anforderungen an die Beschränkungen für Online-Anbieter formuliert wie sie auch aus Unionsrecht und Grundgesetz folgen. Siehe zu diesem Rechtsstreit sowie zum Rahmen des WTO- und GATS-Rechts für Glücksspiele *Ennuschat*, in: Dietlein/Hecker/Ruttig, Glücksspielrecht, 2008, GATS Rdn. 1 ff.; *Hüsken* ZfWG 2010, 49 ff.

II. Keine Anwendung der §§ 33 c bis 33 g

Gem. § 33 h finden die §§ 33c bis 33 g keine Anwendung. Hieraus folgt, 57
dass die übrigen Vorschriften der GewO für Spielbanken, Lotterien und Glücksspiele i. S. d. § 284 StGB anwendbar bleiben, sofern der jeweilige Normtatbestand erfüllt ist (*Hahn*, in: Friauf, § 33 h Rdn. 3).

Relevanz hat dies zunächst für die Geltung der **Gewerbefreiheit** gem. 58
§ 1. Der Betrieb von Spielbanken, die Veranstaltung von Lotterien und von anderen Glücksspielen i. S. d. § 33 h ist zwar strafbewehrt, wenn die erforderliche Erlaubnis fehlt (§§ 284, 287 StGB). Hieraus folgt aber kein generelles Verbot, welches das Merkmal „erlaubt" i. S. d. Gewerbebegriffs entfallen ließe. Vielmehr fällt die Veranstaltung von Glücksspielen selbst dann in den Schutzbereich der Gewerbefreiheit gem. § 1, wenn es sich um einen privaten Veranstalter handelt, der in dem Bereich tätig wird, der durch das Landesrecht einem Staatsmonopol (oben Rdn. 22) zugeordnet wird (*Hahn*, in: Friauf, § 33 h Rdn. 3; siehe § 1 Rdn. 40, § 15 Rdn. 10).

Trotz § 33 h anwendbar bleiben weitere Vorschriften der GewO, so etwa 59
die **Anzeigepflicht** gem. § 14 (vgl. BVerwG NVwZ 2006, 1175 [1177]; *Hahn*, in: Friauf, § 33 h Rdn. 3), sofern es sich um Gewerbe handelt (dazu § 1 Rdn. 25). Lediglich auf den Vertrieb von Lotterielosen ist die GewO wegen § 6 I 2 nur eingeschränkt anwendbar (siehe dort Rdn. 39 ff.; § 14 Rdn. 29; § 35 Rdn. 263).

III. Zulassung und Betrieb von Spielbanken (Nr. 1)

1. Spielbanken

Was eine Spielbank ist, wird nicht in der GewO und auch sonst in keinem 60
anderen Gesetz definiert (so auch *Hahn*, in: Friauf, § 33 h Rdn. 4). Hingewie-

§ 33h Titel II. Stehendes Gewerbe

sen sei immerhin auf die Begriffsbestimmung in Art. 7 des Schweizerischen Bundesgesetzes über Glücksspiele und Spielbanken vom 18. 12. 1999 (AS 2000, 677): „Die Spielbank ist eine Unternehmung, die gewerbsmäßig Gelegenheit zum Glücksspiel anbietet."

61 Nötig ist die **Abgrenzung zu Spielhallen** i. S. d. § 33 i. **Zentrales Abgrenzungsmerkmal** ist das **Spielangebot** mit der Möglichkeit sehr hoher Geldeinsätze und der Gefahr unangemessen hoher Verluste (*BVerwG* BayVBl. 2008, 381 [382]; *Diegmann/Hoffmann/Ohlmann* Praxishandbuch für das gesamte Spielrecht, 2008, S. 69; vgl. § 33 e Rdn. 11 f.).

62 In **Spielhallen** finden sich Spielgeräte und Spiele i. S. d. §§ 33 c, 33 d GewO, wobei Geldspielgeräte den Restriktionen der SpielV (insb. § 13 SpielV) genügen müssen. Wegen der Gefahr zu hoher Spielverluste ist beispielsweise die Aufstellung des Gerätetyps der Slot-Maschinen (Einarmige Banditen) in einer Spielhalle nicht zulässig (*BayVGH* NVwZ-RR 1996, 21 f.). **Spielbanken** bieten dagegen Geldspielautomaten, die nicht unter die Genehmigungserfordernisse der SpielV fallen an, darunter auch die sog. Slot-Maschinen. Typisch sind ferner das Roulette-Spiel (Französisches Roulette, American Roulette) und Kartenspiele (z. B. Black Jack, Poker).

63 Von der Spielhalle i. S. d. § 33 i unterscheidet sich eine Spielbank ferner durch **Größe und großzügigeres Erscheinungsbild** (*Hahn*, in: Friauf, § 33 h Rdn. 4). Zudem wird bei einer Spielbank hinsichtlich Ambiente und Erscheinungsbild der Gäste auf eine gewisse Gediegenheit und Etikette geachtet.

64 Vor diesem Hintergrund wird in der glücksspiel- und gewerberechtlichen Rechtsprechung und Literatur unter einer Spielbank ein Unternehmen verstanden, in dem geschäftsmäßig Gelegenheit zu öffentlichem Glücksspiel (Roulette, Poker, Slot-Maschinen etc.) gegeben wird (vgl. dazu *VGH BW* GewArch 1978, 387 ff.). Zu (illegalen) Spielclubs siehe *Wettling* GewArch 1978, 361 ff.

65 Fraglich ist, ob **Online-Spielbanken** unter § 33 h Nr. 1 fallen. Der Wortlaut ist offen genug gefasst, um auch virtuelle Angebote einzuschließen. Aus systematischer Sicht könnte die raumbezogene Betrachtungsweise, welche sich mit Blick auf Spielhallen i. S. d. § 33 i durchgesetzt hat (dort Rdn. 10), gegen eine Subsumtion unter § 33 h Nr. 1 sprechen. Konsequenz einer Ausklammerung der Online-Spielbanken aus dem gewerberechtlichen Spielbankenbegriff wäre, dass Nr. 3 einschlägig wäre, was nur für den Bereich unterhalb der strafrechtlichen Bagatallschwelle (dazu Rdn. 86 ff.) von Relevanz wäre. Da die raumbezogene Betrachtung an Spezifika des § 33 i anknüpft, ist deren Übertragung auf § 33 h Nr. 1 nicht zwingend. Die Schutzzwecke des Spielbankenrechts – wirksame Überwachung, Schutz vor Manipulation, Bekämpfung der Spielsucht – sind bei Online-Spielbanken von gesteigerter Bedeutung. Somit liegt es nahe, Online-Spielbanken unter § 33 h Nr. 1 zu fassen (ähnlich *Leupold/Bachmann/Pelz* MMR 2000, 648 [651]). Dies entspricht auch der Einschätzung einiger Landesgesetzgeber, die in den Spielbankgesetzen teils explizite Regelungen für Online-Angebote normiert hatten (zu diesen Regelungen siehe *Bahr* Glücks- und Gewinnspielrecht, 2. Aufl. 2007, Rdn. 770 ff.; zur Möglichkeit der Länder, im Spielbankengesetz

Regelungen zu Online-Angeboten zu treffen, vgl. ferner *VerfG Hamb.* NVwZ 2004, 1484 f.).
Zu **Online-Glücksspielangeboten aus dem Ausland** siehe Rdn. 98 ff.; 66
zu Online-Geschicklichkeitsspielen EU-ausländischer Veranstalter vgl. § 33 d Rdn. 15.

2. Zulassung

Die Zulassung zum Betrieb einer Spielbank richtet sich nicht nach der 67
GewO, sondern nach Landesrecht, das verschieden ausgestaltet ist. Teilweise
ist der Spielbankbetrieb nur der öffentlichen Hand gestattet (so z. B. in Bayern, Brandenburg). Einige Länder erlauben auch den Betrieb durch Private
(z. B. Hessen, Niedersachsen) auf Grundlage einer staatlichen Konzession.

Die Unionsrechts- und Verfassungskonformität dieser landesrechtlichen 68
Restriktionen – bis hin zum völligen Ausschluss – privater Spielbankangebote
ist umstritten (Rdn. 36 ff.). Das *BVerfG* hat die Verfassungsmäßigkeit des
Staatsmonopols für Spielbanken bejaht (*BVerfG* ZfWG 2007, 219). Noch
2001 hat das BVerfG ausgeführt, dass – ungeachtet der Geltung der Berufsfreiheit – der Betrieb einer Spielbank eine an sich unerwünschte Tätigkeit ist,
die der Staat gleichwohl erlaubt, um das illegale Glücksspiel einzudämmen,
dem nicht zu unterdrückenden Spieltrieb des Menschen staatlich überwachte
Betätigungsmöglichkeiten zu verschaffen und dadurch die natürliche Spielleidenschaft vor strafbarer Ausbeutung zu schützen (*BVerfGE* 102, 197 [215]
unter Bezugnahme auf *BVerfGE* 28, 119 [148]).

3. Betrieb

Das Betreiben einer Spielbank setzt das Zurverfügungstellen funktionieren- 69
der Spielgelegenheiten in den dafür vorgesehenen Räumlichkeiten voraus
(zu den Anforderungen *Hahn*, in: Friauf, § 33 h Rdn. 4).

Das Spielbankenaufsichtsrecht ist zum einen spielbetriebsbezogen i.S. einer 70
ordnungsrechtlichen Aufsicht, zum anderen abgabenbezogen i.S. einer
Finanzaufsicht (*Gebhardt/Gohrke*, in: Gebhardt/Grüsser-Sinopoli, Glücksspiel
in Deutschland, 2008, S. 464 [488 ff.]). In allen Ländern findet sich als ultima
ratio eine Ermächtigungsgrundlage für den Entzug der Spielbankenerlaubnis.
Unterhalb dieser Schwelle sind die Aufsichtsbefugnisse teils in Form von
Auskunfts-, Vorlage-, Betretungs- und Prüfungsrechten explizit geregelt, teils
werden sie aus Verhältnismäßigkeitserwägungen auch dort zulässig sein, wo
nur der Widerruf einer Erlaubnis explizit genannt wird (*Gebhardt/Gohrke*, in:
Gebhardt/Grüsser-Sinopoli, Glücksspiel in Deutschland, 2008, S. 464 [489]).

Der Ausschluss der §§ 33 c bis 33 g gilt auch, wenn in Spielbanken, was 71
freilich gegenwärtig nicht der Fall ist, Spielgeräte i. S. d. § 33 c aufgestellt
oder Spiele i. S. d. § 33d GewO veranstaltet werden sollten. Zwar könnte
man darauf abstellen, eine Betätigung i. S. d. § 33 c und § 33 d zähle eben
nicht zum eigentlichen Betrieb einer Spielbank und deshalb nicht zum Regelungsbereich des § 33 h. Indessen lässt sich den Gesetzesmaterialien entnehmen, dass der Gesetzgeber die Aufstellung von Gewinnspielgeräten i. S. d.
§ 33 c in Spielbanken durchaus für möglich gehalten hat und aus dem gewerberechtlichen Ordnungsrahmen herausnehmen wollte (hierzu überzeugend

§ 33h

Titel II. Stehendes Gewerbe

Hahn, in: Friauf, § 33 h Rdn. 9). Wird aber lediglich im losen Zusammenhang mit einer Spielbank ein Gewerbebetrieb geführt, in dem Spielgeräte i. S. d § 33 c aufgestellt und/oder Spiele i. S. d. § 33 d veranstaltet werden, gilt das gewerbliche Spielrecht, vor allem § 33 i GewO (siehe wiederum *Hahn*, in: Friauf, § 33 h Rdn. 10).

IV. Veranstaltung von Lotterien und Ausspielungen (Nr. 2)

1. Lotterien und Ausspielungen

72 Was unter Lotterien und Ausspielungen i. S. v. Nr. 2 zu verstehen ist, wird in der GewO nicht definiert; anzuknüpfen ist somit an das herkömmliche Begriffsverständnis. Anhaltspunkte zur Begriffsbestimmung finden sich (auf Ebende des Landesrechts) z. B. in § 3 III 1 GlüStV: Danach ist eine Lotterie „ein Glücksspiel…, bei dem einer Mehrzahl von Personen die Möglichkeit eröffnet wird, nach einem bestimmten Plan gegen ein bestimmtes Entgelt die Chance auf einen Geldgewinn zu erlangen". Wenn anstelle von Geld Sachen oder andere geldwerte Vorteile gewonnen werden können, handelt es sich um eine Ausspielung (§ 3 III 2 GlüStV). In der glücksspiel- und gewerberechtlichen Literatur finden sich vergleichbare Definitionen (z. B. *Marcks*, in: Landmann/Rohmer, § 33 h Rdn. 7a; *Hahn*, in: Friauf, § 33 h Rdn. 12; ebenso zu § 287 StGB *Eser/Heine*, in: Schönke/Schröder, StGB, 27. Aufl. 2006, § 287 Rdn. 2 ff.; ebenso zu § 763 BGB *Sprau*, in: Palandt, BGB, 70. Aufl. 2011, § 763 Rdn. 1a).

73 Im früheren Landesrecht wurde die Lotterie auch als Unterfall der Wette – hier über die Ziehung von Zahlen – eingeordnet (z. B. § 3 I NLottG i. d. F. v. 15. 12. 2006, Nds. GVBl. S. 289). Zum anderen Verständnis von Lotterie im – mit Blick auf die strittige Frage der Fortgeltung alter Gewerbeerlaubnisse weiterhin relevanten – DDR-Recht siehe *Postel* ZfWG 2007, 181 (193).

74 Das Angebot einer Lotterie richtet sich zwar an eine Mehrzahl von Personen. Es genügt aber, dass jeweils nur ein einzelner Spieler dem Anbieter gegenübersteht, z. B. bei einer Glücksbude auf einem Jahrmarkt (*Marcks*, in: Landmann/Rohmer I, § 33 h Rdn. 7 a).

75 **Online-Lotterien** werden von § 33 h Nr. 2 erfasst; zur Anwendbarkeit deutschen Rechts bei ausländischen Online-Angeboten siehe Rdn. 98 ff.). Das Landesrecht (§§ 4 IV, 5 III GlüStV) ordnet gegenwärtig an, dass die Veranstaltung, Vermittlung und Bewerbung von Lotterien (wie auch bei anderen Glücksspielen) im Internet verboten ist.

2. Veranstaltung

76 Auf die Veranstaltung einer Lotterie sind die §§ 33 c ff. nicht anzuwenden. Von der Veranstaltung einer Lotterie zu unterscheiden ist der **Vertrieb von Lotterielosen** (siehe § 6 Rdn. 39 ff.). Anwendbar sind gem. § 6 I 2 die Vorschriften der GewO auf den Vertrieb von Lotterielosen nur dann, wenn dieses explizit angeordnet wird (z. B. §§ 14 II, 35 IX, 56 I Nr 1 lit. h, siehe hierzu im Einzelnen § 14 Rdn. 29; § 35 Rdn. 263; § 56 Rdn. 11 ff.). Wird im äußeren Zusammenhang mit einer Lotterieveranstaltung ein Spielgerät

Spielbanken, Lotterien, Glücksspiele **§ 33h**

i. S. d. § 33 c aufgestellt, unterliegt letzteres der Genehmigungspflicht des § 33 c I 1 (*Marcks* GewArch 1987, 328; a. A. *Höfling* GewArch 1987, 222 ff.). Folge des Ausschlusses der §§ 33 c bis 33 g ist, dass Lotterien und grds. auch Ausspielungen nach der Gewerbeordnung nicht erlaubnisfähig sind (*Hahn*, in: Friauf, § 33 h Rdn. 13). Ihre Zulassung richtet sich nach Landesrecht, das staatlichen Angeboten eine Vorrangstellung einräumt (siehe oben Rdn. 22). Private dürfen nur unter engen Voraussetzungen Lotterien veranstalten (näher §§ 12 ff. GlüStV; dazu *Ennuschat* ZfWG 2008, 83 [85]). Die unions- und verfassungsrechtliche Beurteilung der Regelungen zu Lotterien und Ausspielungen ist seit längerem lebhaft umstritten (oben Rdn. 36 ff., 40 ff.). Das *BVerfG* hat die Verfassungskonformität des Lotteriemonopols bejaht (*BVerfG* ZfWG 2008, 351 ff.; zuvor bereits *BVerfG* Beschl. v. 2. 8. 2007 − 1 BvR 1896/99, juris Rn. 73 ff. vgl. oben Rdn. 38).

77

3. Ausspielungen auf Volksfesten, Schützenfesten und ähnlichen Veranstaltungen

Nr. 3 enthält eine Ausnahme − mit der Folge, dass das Gewerberecht greift − für gewerbsmäßig betriebene Ausspielungen auf Volksfesten, Schützenfesten oder ähnlichen Veranstaltungen, bei denen der Gewinn in geringwertigen Gegenständen besteht. Wann eine solche Veranstaltung gewerbsmäßig ist, richtet sich nach § 1. Die Frage der Geringwertigkeit beantwortet Ziffer 4 der Anlage zu § 5 a SpielV: die Gestehungskosten eines Gewinnes dürfen 60 Euro nicht übersteigen (*Marcks*, in: Landmann/Rohmer I, § 33 h Rdn. 7; *Hahn*, in: Friauf, § 33 h Rdn. 17). Sofern diese Voraussetzungen erfüllt sind, handelt es sich um eine nach § 5 a SpielV erlaubnisfreie Veranstaltung.

78

V. Veranstaltung anderer Spiele i. S. d. § 33 d I 1, die Glücksspiele i. S. d. § 284 StGB sind (Nr. 3)

§ 33 d I 1 ermöglicht die gewerberechtliche Genehmigung der Veranstaltung anderer Spiele mit Gewinnmöglichkeit. Keine „anderen Spiele" sind die Spielgeräte mit Gewinnmöglichkeit i. S. d. § 33 c I; dabei handelt es sich um Glücksspiele (§ 33 c Rdn. 8). Vom Anwendungsbereich des § 33 d werden durch § 33 h Nr. 3 ferner die Glücksspiele i. S. d. § 284 StGB ausgenommen. Konsequenz ist, dass unter § 33 d nur Geschicklichkeitsspiele sowie Glücksspiele fallen, die weder von § 33 c noch von § 284 StGB erfasst werden; letzteres kommt nur im Bagatellbereich in Betracht (näher hierzu Rdn. 86 ff.).

79

1. Glücksspiel i. S. d. § 284 StGB

Glücksspiele i. S. d. § 284 StGB sind Spiele, bei denen vier Voraussetzungen erfüllt sind (zum Folgenden siehe *OVG NRW* ZfWG 2008, 204 [205]):
(1) Das Spiel ist **öffentlich**. Dies ist der Fall, wenn es für einen größeren, nicht geschlossenen Personenkreis eröffnet wird oder es sich um gewohnheitsmäßig veranstaltete Spiele in Vereinen oder sonstigen geschlossenen Gesellschaften handelt (vgl. § 284 II StGB).

80

81

§ 33h
Titel II. Stehendes Gewerbe

82 (2) Die Entscheidung über Gewinn und Verlust wird nicht wesentlich von den Fähigkeiten und Kenntnissen und vom Grade der Aufmerksamkeit der Spieler bestimmt, sondern hängt allein oder hauptsächlich vom **Zufall** ab (vgl. hierzu auch § 3 I GlüStV). Nur wenn das Geschicklichkeitsmoment eindeutig überwiegt, ist ein Glücksspiel zu verneinen; im Zweifel handelt es sich um ein Glücksspiel (näher § 33 d Rdn. 4 ff.; *Ennuschat* GedS Tettinger, 2007, 41 [45]).

83 (3) Das Spiel ist auf die Erzielung eines **Gewinns** ausgerichtet. Anderenfalls liegt ein schlichtes Unterhaltungsspiel vor (*Holznagel* MMR 2008, 449).

84 (4) Für den Erwerb der Gewinnchance wird ein **Entgelt** verlangt. Das Entgelt kann auch in Form des Erwerbs einer Eintritts- oder Verzehrkarte entrichtet werden. Deckt ein Eintrittsgeld lediglich die Organisationskosten, nicht aber die Gewinne, fehlt es an der viertgenannten Voraussetzung (*Hecker/Schmitt*, in: Dietlein/Hecker/Ruttig, Glückspielrecht, 2008, § 284 StGB Rdn. 10; vgl. auch *OVG Nds.* NVwZ-RR 2010, 104 zu § 3 I GlüStV). Etwas anderes gilt jedoch, wenn die Teilnahmegebühr zugleich die Chance eröffnet, Spielberechtigungen für andere Poker-Turniere mit der dort gegebenen Möglichkeit hoher Gewinne zu gewinnen (*OVG Nds.* NVwZ-RR 2010, 104 [105]). Kein Entgelt liegt vor, wenn anlässlich eines Charity-Pokerturniers kein Eintrittsgeld gefordert, lediglich eine (freiwillige) Spende für einen wohltätigen Zweck erbeten wird (*OVG NRW* ZfWG 2008, 204 [205]; *Dietlein*, in: Dietlein/Hecker/Ruttig Glückspielrecht, 2008, § 3 GlüStV Rdn. 6).

85 Das Entgelt darf **nicht ganz unbeträchtlich** sein (*BGH* NJW 1987, 851 [852]; *Fischer* StGB, 58. Aufl. 2011, § 284 Rdn. 5). Glücksspiele mit Bagatalleinsätzen verwirklichen also nicht den Straftatbestand und unterfallen damit auch nicht § 33 h Nr. 3 (siehe aber *OVG S-A* NVwZ-RR 2006, 470 [471]: § 284 StGB enthalte keine ungeschriebene Geringfügigkeitsgrenze; ähnlich auch *VG Wiesbaden* GewArch 2007, 490).

86 Wo aber ist die Bagatellgrenze zu ziehen? Eine höchstrichterliche Grenzziehung steht noch aus. In Rechtsprechung und Literatur werden zumeist Beträge zwischen 49 Cent und 5 Euro, vereinzelt auch 20 Euro genannt (siehe etwa *LG Freiburg* MMR 2005, 547: 0,49 Euro; *Liesching* ZfWG 2009, 320 [321]: 0,50 Euro; *Fischer* StGB, 58. Aufl. 2011, § 284 Rdn. 5; *Krehl*, in: LK-StGB, 12. Aufl. 2006, § 284 Rdn. 11: 0,55 Euro; *OLG Düsseldorf* Urteil vom 23. 9. 2003 – 20 U 39/03, juris Rdn. 34: 1,83 Euro; *Kleinschmidt* MMR 2004, 654 [657]: 1,89 Euro; *Groeschke/Hohmann*, in: MüKo-StGB, 2006, § 284 Rdn. 8 und *Eichmann/Sörup* MMR 2002, 142 [145]: 2,50 Euro; *Brandl* Spielleidenschaft und Srafrecht, 2003, S. 46: 5 Euro; *Hoyer*, in: SK-StGB, § 284 Rdn. 6: 40 DM).

87 Dabei neigt die überwiegende Ansicht dazu, eine Folge mehrerer Spiele als Einheit zu betrachten, jedenfalls dann, wenn das Spiel tatsächlich auf die Mehrfachteilnahme ausgerichtet ist (*OLG Düsseldorf* Urteil vom 23. 9. 2003 – 20 U 39/03, juris Rdn. 34; *Fischer* StGB, 58. Aufl. 2011, § 284 Rdn. 5; *Groeschke/Hohmann*, in: MüKo-StGB, 2006, § 284 Rdn. 8; *Hüsken* GewArch 2010, 336 [337]; *Krehl*, in: LK-StGB, 12. Aufl. 2006, § 284 Rdn. 12a; *Hüsken* ZfWG 2009, 153 [157]; **a. A.** *Ernst* MMR 2005, 735 [739]; zweifelnd auch *Beckemper*, in: BeckOK-StGB, § 284 Rdn. 12). Dasselbe wird mit Blick auf die max. Einsatzhöhe von 50 Cent gem. § 8 a RStV vertreten (*VG Düsseldorf*

Spielbanken, Lotterien, Glücksspiele § 33h

ZfWG 2009, 300 [302]; *LG Köln* ZfWG 2009, 131 [132]; offen lassend *VG München* ZfWG 2010, 204 [209 f.]).

Manches spricht zudem dafür, die Bagatellgrenze – bei § 284 StGB; anderes **88** gilt mit Blick auf § 285 StGB – deutlich niedriger anzusetzen als bei 50 Cent. Maßgeblich für die Markierung der Bagatellgrenze ist das geschützte Rechtsgut. Es gibt zwar in der strafrechtlichen Literatur einige Unsicherheiten bei der Bestimmung des Schutzgutes (hierzu im Überblick *Eser/Heine*, in: Schönke/Schröder, StGB, 27. Aufl. 2006, § 284 Rdn. 2). Nimmt man den Gesetzgeber beim Wort (vgl. die Überschrift des 25. Abschnitts: „Strafbarer Eigennutz"), soll Eigennutz bestraft werden. Dies deckt sich mit den gesetzgeberischen Motiven, welche in der Gesetzesbegründung zur Neufassung der §§ 284 ff. StGB im Jahre 1998 angeführt worden sind (BT-Drs. 13/8587, S. 67): Die übermäßige Anregung und Ausnutzung des natürlichen Spieltriebs zu privaten oder gewerblichen Zwecken soll verhindert werden. Zentrales Motiv des Gesetzgebers ist also die Bekämpfung der Gefahren der Spielsucht. Diese Gefahren können aber auch und gerade bei Kleinbeträgen als Einsatz entstehen.

Hinzu kommt Folgendes: Der Eigennutz besteht nicht nur darin, einen **89** einzelnen Spieler spielen zu lassen. Vielmehr können viele Spieler parallel spielen. Dies spricht dafür, die unter Rdn. 87 genannte – quasi vertikal ausgerichtete – Gesamtbetrachtung um die Horizontale zu erweitern: Zu addieren sind nicht nur mehrere Einsätze desselben Spielers, sondern auch die Einsätze mehrerer Spieler.

Die hier vertretene Auffassung führt damit zu einer deutlichen Absenkung **90** der Bagatallgrenze, sodass u. U. selbst Kleinsteinsätze den Straftatbestand des § 284 StGB erfüllen. Damit wird zugleich ein Auseinanderfallen der Glücksspielbegriffe in § 284 StGB und in § 3 I 1 GlüStV vermieden (zur umstr. Frage, ob die Glücksspielbegriffe in § 3 Abs. 1 S. 1 GlüStV und § 284 StGB deckungsgleich sind, siehe bejahend etwa *OVG RhPf.* ZfWG 2009, 413 ff.; *OVG NRW* ZfWG 2008, 204 ff.; *Hambach/Münstermann* K&R 2009, 457 [461]; *Liesching* ZfWG 2009, 320 [322]; verneinend *Hüsken* ZfWG 2009, 153 [155 f.]).

2. Poker und Skat

Das Poker-Spiel erfüllt – in allen Varianten – die zweitgenannte Voraussetzung **91** (Rdn. 82) und ist daher bei Vorliegen der übrigen Voraussetzungen ein Glücksspiel i. S. d. § 33 h Nr. 3 GewO, § 284 StGB. Diese Sichtweise entspricht einer langjährigen Rechtsprechungstradition (vgl. *RG* JW 1906, 789 f., ebenso *OVG Berlin-Bbg.* ZfWG 2009, 190; *HessVGH* ZfWG 2008, 269 [271 f.]; *OVG Nds.* NVwZ-RR 2010, 104; *OVG NRW* ZfWG 2008, 204 [206]; aus der Lit. siehe *Dietlein*, in: Dietlein/Hecker/Ruttig Glücksspielrecht, 2008, § 3 GlüStV Rdn. 4; *Ennuschat* GedS Tettinger, 2007, 41 [49]; *Fischhaber/Manz* GewArch 2007, 405 [406]; *Lackner/Kühl* StGB, 26. Aufl. 2007, § 284 Rdn. 3; *Meyer/Hayer* ZfWG 2008, 153 [154 ff.]; *Reeckmann* ZfWG 2008, 296).

In der Literatur wird bisweilen nach den einzelnen Varianten des Poker- **92** Spiels differenziert (siehe etwa *Holznagel* MMR 2008, 439 [442 ff.]; *Rock/*

Fiedler ZfWG 2008, 412) und dabei die Poker-Variante **Texas Hold'em** (so *Hambach/Hettich/Kruis* MR-Int 2009, 41 ff.; *Koenig/Ciszewski* GewArch 2007, 402) oder das **Turnier-Poker** bzw. eine Aneinanderreihung vieler Spiele (etwa *Kretschmer* ZfWG 2007, 93 [101]) als Geschicklichkeitsspiel eingestuft. Gegen diese Sichtweise ist einzuwenden, dass das Geschicklichkeitsmoment dann zwar an Bedeutung gewinnen mag, dennoch nicht eindeutig überwiegt, sodass weiterhin von einem Glücksspiel auszugehen ist (Rdn. 82).

93 Selbst wenn man entgegen der hier vertretenen Ansicht einzelne Poker-Varianten als Geschicklichkeitsspiel einstufen wollte, bliebe § 33 e I 3 Nr. 1 zu beachten, sodass eine Genehmigung nach § 33 d ausschiede (näher § 33 d Rdn. 11, § 33 e Rdn. 19).

94 Probleme wirft die Einstufung von **Skat** auf: Einerseits wird Skat vielfach als Geschicklichkeitsspiel eingestuft (z. B. *BFH/NV* 1994, 622 ff.; *VG Neustadt* ZfWG 2008, 293 [294]; *Dietlein*, in: Dietlein/Hecker/Ruttig Glücksspielrecht, 2008, § 3 GlüStV Rdn. 4; *Meßerschmidt*, in: BeckOK, § 33 d Rdn. 5.1; *Holznagel* MMR 2008, 439 [441]; siehe aber die von *BVerwGE* 17, 182 [190] nicht beanstandete instanzgerichtliche Ansicht, dass Skat erst ab einer Serie von 20-30 Spielen zum Geschicklichkeitsspiel werde), andererseits werden Skatturniere (Preisskat) verbreitet als Unterfall des Glücksspiels betrachtet (*Sprau*, in: Palandt, BGB, 70. Aufl. 2011, § 763 Rdn. 1a; *Kaeser* UR 1998, 175, [176]; a. A. *BFHE* 55, 335).

95 Entsprechend zu den Ausführungen zum Poker-Spiel liegt es näher, von einem **Glücksspiel** auszugehen. Selbst dann wäre in Orientierung am herkömmlichen Verständnis zu erwägen, Skat – anders als Poker – nicht zum sog. großen Spiel, das den Spielbanken vorbehalten ist, sondern zum sog. **kleinen Spiel** zu rechnen (so im Ergebnis die Einschätzung der *Bundesregierung*, BT-Drs. 16/6551, S. 2). Konsequenz wären die traditierte Zuordnung zu § 33 d und vor allem die Möglichkeit der Subsumtion unter § 5 a SpielV (dazu § 33 g Rdn. 3).

3. Sportwetten

96 Von großer Praxisrelevanz im Zusammenhang mit § 33 h Nr 3 GewO sind neben dem Poker-Spiel insb. Sportwetten. Soweit es sich um Pferdewetten handelt, greift das Rennwett- und Lotteriegesetz vom 8. 4. 1922 (oben Rdn. 12 ff.). Anders ist die Situation bei sonstigen Sportwetten, die landesrechtlichen Regeln unterworfen sind. Gem. §§ 4 I, 10 I, II, V GlüStV sowie dem einschlägigen Landesrecht sind Veranstaltung und Vermittlung von Sportwetten der öffentlichen Hand vorbehalten. Sportwetten sind keine Geschicklichkeits-, sondern Glücksspiele (ausführlich *Ennuschat* GedS Tettinger, 2007, S. 41 ff.; oben § 33 d Rdn. 9). Das BVerfG hat die Verfassungskonformität des Sportwettenmonopols anerkannt (*BVerfG* ZfWG 2009, 99 ff.; siehe Rdn. 38). Zu den sog. DDR-Lizenzen siehe Rdn. 18.

4. Online-Glücksspiel

97 Online-Glücksspiele werden von § 33 h Nr. 3 erfasst. Gem. § 4 IV GlüStV ist die Veranstaltung und Vermittlung von Online-Glücksspielen gegenwärtig

verboten; zu Gewinnspielen im Internet gem. §§ 8 a, 58 IV RStV siehe Rdn. 26 ff.

Besondere Rechtsfragen stellen sich, wenn das **Online-Angebot aus dem** 98 **Ausland** stammt, was in der Praxis namentlich für Poker und Sportwetten von Bedeutung ist. Deutsches Recht ist anwendbar, wenn sich das Internetangebot an einen Teilnehmerkreis in Deutschland richtet. Kriterien dafür können z. B. sein: Das Angebot wird im Internet in deutscher Sprache gehalten und ist auf den deutschen Nutzer zugeschnitten; dem potentiellen Spieler wird für die Zahlung der Einsätze ein Konto eines deutschen Bankinstitutes genannt; dem Spieler wird Werbung zugesendet oder es wird auf dem deutschen Markt das Internetangebot beworben (siehe näher *OLG Hamburg* MMR 2002, 471 [472 f.]; *OLG Köln* GRUR 2000, 538 [539]; *LG Köln* ZUM-RD 2005, 580 ff.; *Bahr* Glücks- und Gewinnspielrecht, 2007, S. 174 ff.; *Hecker/Schmitt,* in: Dietlein/Hecker/Ruttig, Glücksspielrecht, 2008, § 284 Rdn. 50 ff.; *Steegmann* Die Haftung der Basisinfrastruktur bei rechtswidrigen Internetangeboten, 2010, S. 116 ff.). Im Bereich der Online-Glücksspiele gilt **nicht** das unionsrechtliche **Herkunftslandprinzip** (siehe § 3 IV Nr. 4 TMG sowie Art. 1 V lit. d tir. 3 RL 2000/31/EG; siehe oben Rdn. 41).

Soweit ausländische Online-Angebote deutschem Recht unterliegen, sind 99 sie innerhalb Deutschlands gem. § 4 IV GlüStV verboten (Ausnahme: Pferdewetten, Rdn. 12 ff.). An diesem Befund vermag eine ausländische Erlaubnis nichts zu ändern (Rdn. 50).

Beträchtliche Schwierigkeiten wirft die **praktische Durchsetzung des** 100 **Online-Verbotes** auf. Die Glücksspielaufsichtsbehörden einiger Länder gehen auf der Grundlage des § 9 I 2 (i. V. m. § 9 I 3 Nr. 3) GlüStV mit **Ordnungsverfügungen unmittelbar gegen Online-Anbieter** vor und geben diesen auf, das Veranstalten und Vermitteln von Online-Glücksspielen zu unterlassen, ihr Angebot also für private Nutzer mit Aufenthalt im entsprechenden Bundesland unzugänglich zu machen. Ob diesen Verfügungen überhaupt entsprochen werden kann und der Ausschluss von Spielinteressenten bezogen auf ein bestimmtes Bundesland rechtlich und tatsächlich möglich ist, ist umstritten (bejahend z. B. *BayVGH* Beschluss vom 22. 7. 2009 – 10 CS 09.1184, juris Rdn. 25 f.; *OVG Berlin-Brandenburg* Beschluss vom 16. 3. 2009 – 1 S 224.08, juris Rdn. 19; *OVG NRW* Beschluss vom 12. 11. 2009 – 13 B 959/09, juris Rdn. 32 ff. und Beschluss vom 12. 1. 2010 – 13 B 939/09, juris Rdn. 49 f.; *VG Ansbach* Beschluss vom 18. 8. 2009 – AN 4 S 09.01413, juris Rdn. 44 und Beschluss vom 23. 2. 2010 – AN 4 S 09.01848, juris Rdn. 28 ff.; *VG Düsseldorf* ZfWG 2009, 211 [217 f.]; siehe insofern auch den Nichtannahmebeschluss des *BVerfG* vom 14. 7. 2009 – 1 BvR 880/09 [unveröffentlicht]; verneinend z. B. *OVG Nds.* ZfWG 2009, 184 [187 f.]; *VG Mainz* ZfWG 2008, 299 [300], siehe auch *Hilf/Ploeckl/Gindler,* ZfWG 2010, 1 ff.). Zu den technischen Möglichkeiten der sog. Geolokalisation siehe *Hoeren* ZfWG 2008, 229 ff., 311 ff. Zu völkerrechtlichen Aspekten beim Vorgehen gegen ausländische Anbieter vgl. *VG Düsseldorf* ZfWG 2009, 211 (212); *Winkelmüller* GewArch 2009, 181 (182).

101 Weitere ordnungsrechtliche Optionen zur – mittelbaren – Durchsetzung des Internetverbotes ergeben sich aus § 9 I 3 Nr. 4 und 5 GlüStV (**Inanspruchnahme von Finanzdienstleistungs- bzw. Kreditinstituten** sowie von Diensteanbietern i. S. d. § 3 TMG, siehe ausführlich hierzu *Korte*, in: Gebhardt/Grüsser-Sinopoli, Glücksspiel in Deutschland, 2008, S. 359 [387 ff.] sowie *Steegmann* Die Haftung der Basisinfrastruktur bei rechtswidrigen Internetangeboten, 2010, S. 124 ff.).

102 Aktuell in der Diskussion ist insb. die Blockierung der illegalen Internetangebote durch die **Inanspruchnahme von Access-Providern**, gestützt auf § 9 I 3 Nr. 5 (hierzu *Dietlein* GewArch 2005, 89 ff.; *Ennuschat/Klestil* ZfWG 2009, 389 ff.; *Büssow/v. Schmeling* ZfWG 2010, 239 [242 ff.]; zur parallelen Fragestellung der Blockierung kinderpornographischer Inhalte im Internet siehe das Gesetz zur Erschwerung des Zugangs zu kinderpornographischen Inhalten in Kommunikationsnetzen vom 17. 2. 2010 [BGBl. I S. 78; dazu BT-Drs 16/12850 und 13411]; *Schnabel* JZ 2009, 996 ff.; *Frey/Rudolph* CR 2009, 644 ff.). Zum Access-Blocking illegaler rechtsradikaler Webseiten siehe *VG Düsseldorf* MMR 2005, 794 ff.; *VG Köln* MMR 2005, 399 ff.; zu den praktischen Schwierigkeiten der Blockierung illegaler Internetangebote vgl. *Schöttle* K&R 2007, 366 ff.; *Kahl* SächsVBl. 2010, 180 ff.

§ 33i Spielhallen und ähnliche Unternehmen

(1) ¹**Wer gewerbsmäßig eine Spielhalle oder ein ähnliches Unternehmen betreiben will, das ausschließlich oder überwiegend der Aufstellung von Spielgeräten oder der Veranstaltung anderer Spiele im Sinne des § 33 c Abs. 1 Satz 1 oder des § 33 d Abs. 1 Satz 1 oder der gewerbsmäßigen Aufstellung von Unterhaltungsspielen ohne Gewinnmöglichkeit dient, bedarf der Erlaubnis der zuständigen Behörde.** ²**Die Erlaubnis kann mit einer Befristung erteilt und mit Auflagen verbunden werden, soweit dies zum Schutze der Allgemeinheit, der Gäste oder der Bewohner des Betriebsgrundstücks oder der Nachbargrundstücke vor Gefahren, erheblichen Nachteilen oder erheblichen Belästigungen erforderlich ist; unter denselben Voraussetzungen ist auch die nachträgliche Aufnahme, Änderung und Ergänzung von Auflagen zulässig.**

(2) **Die Erlaubnis ist zu versagen, wenn**

1. **die in § 33 c Abs. 2 oder § 33 d Abs. 3 genannten Versagungsgründe vorliegen,**
2. **die zum Betrieb des Gewerbes bestimmten Räume wegen ihrer Beschaffenheit oder Lage den polizeilichen Anforderungen nicht genügen oder**
3. **der Betrieb des Gewerbes eine Gefährdung der Jugend, eine übermäßige Ausnutzung des Spieltriebs, schädliche Umwelteinwirkungen im Sinne des Bundes-Immissionsschutzgesetzes oder sonst eine nicht zumutbare Belästigung der Allgemeinheit, der Nachbarn oder einer im öffentlichen Interesse bestehenden Einrichtung befürchten läßt.**

Spielhallen und ähnliche Unternehmen § 33i

Literatur: *G. Buchholz,* Zum Begriff der Spielhallen und ähnlichen Unternehmen nach § 33 i GewO, GewArch 2000, 457 ff.; *A. Dickersbach,* Probleme des gewerblichen Spielrechts, WiVerw 1985, 23 ff.; *ders.,* Sperrzeit für Spielhallen und Öffnungszeiten für Spielbanken, GewArch 2006, 138 ff.; *H. Diegmann/C. Hoffmann/W. Ohlmann,* Praxishandbuch für das gesamte Spielrecht, 2008; *J. Dietlein,* Die Gesetzgebungszuständigkeit der Länder für das Spielhallenwesen, ZfWG 2008, 12 ff., 77 ff.; *J. Dietlein/F. Hüsken,* in: Dietlein/Hecker/Ruttig, Glücksspielrecht, 2008, §§ 33 c ff. GewO; *H.-C. v. Ebner,* "Zwickel"-Erlasse für Spielhallen?, GewArch 1990, 343 ff.; *ders.,* Geldspielgeräte: Aufstellung in Zweier- oder Dreiergruppen?, GewArch 1992, 324 ff.; *J. Ennuschat/C. Brugger,* Gesetzgebungskompetenzen im Spielhallenrecht nach der Föderalismusreform, ZfWG 2006, 292 ff.; *H.-U. Gallwas,* Aufteilung von Geldspielgeräten auf verschiedene Räume als Auflage zu einer Spielhallenerlaubnis, GewArch 1993, 41 ff.; *U. Klapproth,* Rechtliche Steuerungsmöglichkeiten bei der Errichtung von Spielhallen, DVP 1988, 63 ff.; *T. Lieber,* Genehmigung und planungsrechtliche Steuerung von Spielhallen, VBlBW 2011, 6 ff.; *W. Lippstreu,* Gewerbe- und sicherheitsrechtliche Zulassung von "Laserdromes", GewArch 1993, 311 ff.; *H.-J. Odenthal,* Erlaubnispflicht und Erlaubnisfähigkeit benachbarter Spielhallen, GewArch 1985, 257 ff.; *ders.,* Die Umwandlung bestehender Spielhallen und das Baurecht – ein gewerberechtliches Problem?, GewArch 1992, 261 ff.; *ders.,* Räumliche Verteilung von Geldspielgeräten – eine Bilanz, GewArch 1998, 193 ff.; *W. Orlob,* Spielhallenerlaubnis nach den Urteilen des Bundesverwaltungsgerichts, GewArch 1985, 41 ff.; *D. Postel,* Spielhallen im Internet? – Zugleich Anwemrkung zum Urteil des VG Halle vom 26. 3. 2009, ZfWG 2009, 246 ff.; *M. Reeckmann,* Gewerbliches Automatenspiel am Scheideweg, ZfWG 2010, 229 ff.; *H.-P. Schneider,* Das Recht der "Spielhallen" nach der Föderalismusreform – Zur Auslegung des Art. 74 Abs. 1 Nr. 11 GG, GewArch 2009, 265 ff. und 343 ff.; *M. Schulze-Werner,* Eindämmung des Spielhallengewerbes. Die isolierte und synergetische Wirkung rechtlicher Steuerungsinstrumente am Beispiel der Spielhallen, 1997; *ders.,* Zulässigkeit von Nebenbestimmungen im Bereich der genehmigungsbedürftigen, stehenden Gewerbe (§§ 30 bis 34, 36 GewO), GewArch 2004, 9 ff.; *R. Strohmeier,* Die Spielhallen-Urteile des Bundesverwaltungsgerichts – Auswirkungen und Folgerungen, BayVBl. 1985, 649 ff.; *H.-U. Stühler,* Alte Probleme in neuen Gewand – das Bauplanungsrecht und die Genehmigung von Mehrfachspielhallen, BauR 2009, 54 ff.; *ders.,* Zur planungsrechtlichen Zu- und Unzulässigkeit von Mehrfachspielhallen BauR 2011, 54 ff.

Übersicht

Rdn.

I. Vorbemerkungen	1
II. Tatbestandsvoraussetzungen der Erlaubnispflicht (Abs. 1 S. 1)	6
1. Gewerbsmäßigkeit	7
2. Spielhalle oder ähnliches Unternehmen	8
a) Spielhalle	8
b) Ähnliche Unternehmen	19
3. Betreiben	24
4. Zulässige Art und Anzahl der Spiele und Spielgeräte	25
a) Gewinnspielgeräte	26
b) Andere Spiele mit Gewinnmöglichkeit	28
c) Unterhaltungsspiele ohne Gewinnmöglichkeit	29
d) Ermöglichung des Zugriffs zu Online-Spielen	34
III. Erlaubnis	35
1. Rechtsanspruch auf Erteilung	35
2. Verhältnis zu anderen Erlaubnissen	37
3. Zuständige Behörde	38

§ 33i

Titel II. Stehendes Gewerbe

  4. Inhalt, Inhaber und Erlöschen der Erlaubnis 39
  5. Nebenbestimmungen (§ 33 i I 2) 40
   a) Bestimmte Zwecke 41
   b) Befristungen 43
   c) Auflagen 44
  6. Rücknahme und Widerruf einer Erlaubnis 55
 IV. Versagungsgründe (§ 33 i II) 56
  1. Versagungsgründe i. S. d. § 33 c II oder § 33 d III (Nr. 1)   57
  2. Beschaffenheit oder Lage der Betriebsräume (Nr. 2) 59
   a) Allgemeines 59
   b) Beschaffenheit 61
   c) Lage 62
   d) Auswirkung auf andere Betriebsstätten 63
  3. Jugendgefährdung, übermäßige Ausnutzung des Spieltriebes, schädliche Umwelteinwirkungen etc. (Nr. 3) 64
   a) Jugendschutz 64
   b) Übermäßiges Ausnutzen des Spieltriebes 67
   c) Schädliche Umwelteinwirkungen 71
 V. Rechtsfolgen bei Pflichtverletzungen 74

I. Vorbemerkungen

1 Die Einführung einer besonderen Erlaubnispflicht gem. § 33 i im Jahre 1960 bezweckte, das Spielhallengewerbe einer umfassenden vorbeugenden Kontrolle zu unterwerfen (vgl. BT-Drs. III/318, S. 16). Über § 60 a III 2 gilt § 33 i auch für das Reisegewerbe.

2 Die **Föderalismusreform** (verfassungsänderndes Gesetz vom 28. 8. 2006, BGBl. I S. 2034) hat Auswirkungen auf das Recht der Spielhallen, das in Art. 74 I Nr. 11 GG n. F. aus dem Bereich der konkurrierenden Gesetzgebung ausgeklammert und damit der Landesgesetzgebungskompetenz unterstellt worden ist. Gem. Art. 125 a I GG bleibt § 33 i als Bundesrecht gültig, bis er durch Landesrecht abgelöst wird (dazu Einl. Rdn. 14). Bislang sind keine entsprechenden Landesnormen zu verzeichnen (*Schneider* GewArch 2009, 265). Anlässlich der Neuordnung des Rechts der Lotterien und Sportwetten durch den zum 1. 1. 2008 in Kraft getretenen Glücksspielstaatsvertrag wurde in Baden-Württemberg erwogen, in das Landesglücksspielgesetz auch Regelungen zu Spielhallen aufzunehmen (siehe bw.LT-Drs. 14/2350, S. 2 f.). Der Gesetzgeber entschied sich jedoch gegen einen Alleingang und wollte etwaige Landesregelungen zum Spielhallenrecht mit den anderen Ländern abstimmen. Neue **Impulse für ein Spielhallenrecht der Länder** könnten durch die EuGH-Entscheidungen vom 8. 9. 2010 (§ 33 h Rdn. 44) ausgehen, weil die Länder versuchen könnten, die Friktionen zwischen dem vergleichsweise liberalen gewerblichen Spielrecht und dem streng regulierten Glücksspielrecht zu verringern (näher vor § 33 c Rdn. 13, 14). Schon heute ist **Landesrecht** für Spielhallen von Relevanz. So darf etwa in einer Spielhalle keine Annahmestelle für die Vermittlung von Sportwetten oder Lotterien errichtet werden (so z. B. § 5 III AGGlüStV NRW; siehe auch *OVG RhPf.* ZfWG 2008, 276 [280]; *VG Trier* ZfWG 2009, 151).

§ 33i

Die **Reichweite der nunmehr eröffneten Landesgesetzgebungskom-** 3
petenz ist in Orientierung an der Intention des verfassungsändernden
Gesetzgebers zu bestimmen, welcher die Kompetenzverschiebung mit dem
besonderen Regionalbezug der betroffenen Sachbereiche begründet hat (BT-
Drs. 16/813, S. 9; dazu Einl. Rdn. 14). Wie weit die neue Landeskompetenz
reicht, ist umstritten. Ein enges Verständnis reduziert die Landeskompetenz
auf den Normbereich des § 33 i und unmittelbar darauf bezogene untergesetzliche Regelungen (der SpielV) auf Grundlage des § 33 f (*Hahn*, in: Friauf,
§ 33 i Rdn. 2 a; *Schönleiter* GewArch 2006, 371 [373]). Eine mittlere Sichtweise (*Ennuschat/Brugger* ZfWG 2006, 292 f.; *Höfling/Rixen* GewArch 2008,
1 [7]; *Reeckmann* ZfWG 2010, 229 [234 f.]) teilt im Wesentlichen diesen
Ansatz, zieht den Kreis der erfassten Regelungen der SpielV indessen weiter,
sodass namentlich auch § 3 II SpielV (Höchstzahl von Spielgeräten pro Spielhalle) einbezogen ist. Weiter reicht eine Auffassung, die den Verfassungsbegriff „Recht der Spielhallen" losgelöst vom einfachrechtlichen Begriffsverständnis bestimmt (*Dietlein* ZfWG 2008, 12 [14 ff.]). Teils wird sogar versucht,
das Recht der Spielhallen auf das gesamte gewerbliche Spielrecht auszudehnen (*Brückner/Scheel*, in: Sander/Sasdi, Sport im Spannungsfeld von Recht,
Wirtschaft und Europa, 2009, S. 77 [94 ff.]).

Die entstehungsgeschichtlichen Hinweise sind zwar vage, lassen immerhin 4
erkennen, dass der verfassungsändernde Gesetzgeber davon ausging, dass die
Normen der §§ 33 c bis 33 g sowie § 33 h von der Verfassungsänderung nicht
tangiert werden (BT-Drs. 16/2691, S. 3; *Schneider* GewArch 2009, 265 [270];
ähnlich *Pieroth*, in: Jarass/Pieroth, GG, Art. 70 Rdn. 23; *Rengeling/Szczekalla*,
in: BK, GG, Art. 74 I Nr. 11 Rdn. 154). Dies legt nahe, dass sich der verfassungsändernde Gesetzgeber bei der Neuformulierung des Art. 74 Abs. 1
Nr. 11 GG an der einfachrechtlichen Regelungssystematik orientierte und
kein neues Begriffsverständnis entwickeln wollte (vgl. *Schneider* GewArch
2009, 265 [274]). Die Landeskompetenz erstreckt sich daher auf alle Regelungen, die an den Betrieb der Spielhalle einschließlich räumlicher Gegebenheiten anknüpfen, während der Bund im Rahmen der konkurrierenden
Gesetzgebungskompetenz aus Art. 74 I Nr. 11 GG die Zuständigkeit für
Regelungen beanspruchen kann, die sich auf die Spielgeräte als solche beziehen. Reisegewerberechtliche Regelungen mit Bezug zu Spielhallen (§ 60 a
III) verbleiben mangels örtlicher Radizierung bzw. Regionalbezugs in der
Bundeskompetenz (*Hahn*, in: Friauf, § 33 i Rdn. 2 a; *Höfling/Rixen* GewArch
2008, 1 [7]; § 60 a Rdn. 10).

Die Landesgesetzgeber haben so die Gesetzgebungskompetenz, etwa die 5
Erlaubnisvoraussetzungen für den Betrieb einer Spielhalle zu lockern oder
zu verschärfen, z. B. Sachkundenachweise zu verlangen, die Versagungsgründe zu präzisieren, Mehrfachkonzessionen zu erleichtern oder auszuschließen oder gar Spielhallenerlaubnisse zu kontingentieren (näher *Dietlein*
ZfWG 2008, 12 [19]; *Reeckmann* ZfWG 2010, 229 [234 f.]). Sie dürfen dabei
auch im Regelungsbereich der Verordnungsermächtigung des § 33 f tätig
werden, solange ein unmittelbarer Bezug zu § 33 i besteht. Letzteres ist mit
Blick auf die Höchstzahl von Spielgeräten pro Spielhalle zu bejahen (*Dietlein*
ZfWG 2008, 12 [19]; *Ennuschat/Brugger* ZfWG 2006, 292 [293]; *Höfling/
Rixen* GewArch 2008, 1 [7]; *Reeckmann* ZfWG 2010, 229 [234]; **a. A.** *Schön-*

§ 33i Titel II. Stehendes Gewerbe

leiter GewArch 2006, 371 [373]), weil die Höchstzahl nicht an der Beschaffenheit des einzelnen Gerätes, sondern an der Spielhalle als solcher anknüpft. Sollte ein Landesgesetzgeber von der nunmehr eröffneten Kompetenz Gebrauch machen und sich zur landesrechtlichen Neujustierung des Rechts der Spielhallen entschließen, muss er namentlich bei Verschärfungen zur Wahrung der materiellen Verfassungskonformität insb. die Grundrechte der Betreiber beachten und ggf. Bestandsschutz- oder zumindest Übergangsregelungen vorsehen (näher *Dietlein* ZfWG 2008, 77 [78 ff.]; *Ennuschat/Brugger* ZfWG 2006, 292 [293]).

II. Tatbestandsvoraussetzungen der Erlaubnispflicht (Abs. 1 S. 1)

6 Einer Erlaubnis bedarf, wer gewerbsmäßig eine Spielhalle oder ein ähnliches Unternehmen betreiben will, das ausschließlich oder überwiegend der Aufstellung von Spielgeräten (§ 33 c I 1) oder der Veranstaltung anderer Spiele (§ 33 d I 1) oder der gewerbsmäßigen Aufstellung von Unterhaltungsspielen ohne Gewinnmöglichkeit dient.

1. Gewerbsmäßigkeit

7 Zum Begriff der Gewerbsmäßigkeit siehe § 33 c Rdn. 3 ff., § 1 Rdn. 2 ff. sowie *BayObLG* GewArch 1994, 485 [486] u. *HessVGH* GewArch 1991, 343 f. Zur Gewerbsmäßigkeit eines „offenen Vereins", bei dem der Vereinsmitgliedschaft faktisch keine zutrittsbeschränkende Wirkung zukommt, siehe *OVG NRW* DVBl. 1998, 1229 f.; vgl. auch § 1 Rdn. 74.

2. Spielhalle oder ähnliches Unternehmen

8 **a) Spielhalle.** Das Angebot von Spielhallen ähnelt in gewisser Weise dem Angebot der Automatensäle der **Spielbanken**, zumal manche Spielbanken lediglich aus einem Automatensaal bestehen oder einen solchen ohne räumlichen Zusammenhang mit dem übrigen Spielbankangebot (Roulette etc.) an anderer Stelle errichtet haben. Spielbanken sind jedoch keine Spielhallen und auch nicht etwa „ähnliche Unternehmen" i. S. d. § 33 i (*Dietlein* ZfWG 2008, 12 [14]). Vielmehr gibt es völlig unterschiedliche Rechtsregelungen: Spielhallen sind (bislang) bundesrechtlich geregelt (oben Rdn. 2) und der Gewerbefreiheit zugeordnet, während Spielbanken dem Landesrecht unterstellt sind und dem freien Wettbewerb durch ein Staatsmonopol oder staatlich verliehenes Privatmonopol entzogen sind (siehe § 33 h Rdn. 67 f.). Zur unterschiedlichen Behandlung hinsichtlich der kommunalen Vergnügungssteuer sowie zur Umsatzsteuer siehe vor §§ 33 c ff. Rdn. 31, hinsichtlich der Sperrzeiten (kritisch) *Dickersbach* GewArch 2006, 138 ff.

9 In tatsächlicher Hinsicht unterscheiden sich Spielhallen und Spielbanken im **Gefahrenpotenzial**: Spielhallenbetreiber dürfen – anders als der Betreiber einer Spielbank – nur Geräte aufstellen, bei denen nicht die Gefahr unangemessen hoher Verluste in kurzer Zeit besteht (§ 33 e I); hierin besteht das zentrale Abgrenzungsmerkmal zwischen Spielhallen und Spielbanken

Spielhallen und ähnliche Unternehmen § 33i

(*BVerwG* BayVBl. 2008, 381 [382]; *Diegmann/Hoffmann/Ohlmann* Praxishandbuch für das gesamte Spielrecht, 2008, S. 69. Von einer Spielbank unterscheidet sich eine Spielhalle ferner durch geringere **Größe** und anderes **Ambiente** (§ 33 h Rdn. 63; vgl. auch unten Rdn. 12: spezifisches **Spielhallenfluidum**). Aus der Unterscheidung hinsichtlich des Ambiente werden Anforderungen an die Außen- und Innengestaltung der Spielhallen abgeleitet, die nach ihrem Erscheinungsbild nicht das Ambiente einer Spielbank erreichen dürften (so *Hahn*, in: Friauf, § 33 i Rdn. 8 a). Gegen diese Ansicht spricht, dass die Anforderungen an die Räume in § 33 i II Nr. 2 abschließend genannt sind, ohne dass das Ambiente diesem Versagungsgrund subsumiert werden könnte (unten Rdn. 61). Mehrfachspielhallen drohen hinsichtlich der Größe die Unterschiede zu Spielbanken zu verwischen (siehe dazu Rdn. 13 ff., 68); der Landesgesetzgeber könnte im Rahmen seiner neuen Gesetzgebungskompetenz (Rdn. 5) insoweit gegensteuern.

aa) Raum- oder betriebsbezogener Spielhallenbegriff. Umstritten 10 ist, ob der Begriff Spielhalle raum- oder betriebsbezogen zu verstehen ist. In der früheren Rechtsprechung wurde teils ein betriebsbezogener Spielhallenbegriff vertreten: „Eine Spielhalle erfordert *nicht nur* räumlich-bauliche, *sondern auch* organisatorische Voraussetzungen. Sie muss eine selbstständige, in sich geschlossene, räumlich-bauliche und organisatorische Einheit bilden und auch bei natürlicher Betrachtungsweise als ein Betrieb angesehen werden können" (*VGH BW* NVwZ 1983, 297 [298] – Hervorhebungen nicht im Original). Demgegenüber präferiert das *BVerwG* (GewArch 1985, 62, 64 u. 65; bestätigt z. B. durch GewArch 2005, 292 [293]) einen raumbezogenen Spielhallenbegriff und lässt genügen, dass es einen Raum gibt, in dem das Spielhallengewerbe ausgeübt wird, ohne die weitergehenden organisatorischen Kriterien eines betriebsbezogenen Verständnisses anzulegen. Im Anschluss daran hat sich ein **raumbezogenes Verständnis** des Spielhallenbegriffs durchgesetzt (*Hahn*, in: Friauf, § 33 i Rdn. 7; *Martinez*, in: BeckOK, § 33 i Rdn. 6; *Odenthal*, in: Gebhardt/Grüsser-Sinopoli, Glücksspiel in Deutschland, 2008, S. 399 [410]; ebenso die Voraufl. Rdn. 6). Der Wortlaut des § 33 i I 1 legt indessen nahe, dass neben raum- auch betriebsbezogene Elemente den Spielhallenbegriff prägen („ähnliches *Unternehmen*"; in diesem Sinne auch *Marcks*, in: Landmann/Rohmer I, § 33 i Rdn. 4; *Dietlein/Hüsken*, in: Dietlein/Hecker/Ruttig, Glücksspielrecht, § 33 i GewO Rdn. 5). Selbst die Rechtsprechung geht z. B. bei der rechtlichen Würdigung von Mehrfachspielhallen über eine rein raumbezogene Betrachtung hinaus und berücksichtigt auch betriebsbezogene Aspekte, etwa die Betriebsfähigkeit des Raums (näher Rdn. 13).

Klargestellt sei im Übrigen, dass auch der betriebsbezogene Spielhallenbe- 11 griff als Mindestvoraussetzung räumlich-bauliche Voraussetzungen zugrunde legt; dassebe gilt für das „ähnliche Unternehmen" (Rdn. 19). Aus dieser Raumbezogenheit folgt zugleich, dass **Online-Spielhallen nicht** unter § 33 i fallen (*Hüsken* GewArch 2010, 336 [343]; *Postel* ZfWG 2009, 246 [248]; unten Rdn. 20). Auch wer ein internetbasiertes Strategiespiel veranstaltet, das zahlreichen Mitspielern offen steht, bleibt außerhalb des Anwen-

§ 33i

Titel II. Stehendes Gewerbe

dungsbereichs von § 33 i (*Bund-Länder-Ausschuss* „*Gewerberecht*", zit. nach *Schönleiter/Böhme* GewArch 2007, 108 [111]).

12 Ein Raum ist selbst dann eine Spielhalle, wenn neben den Spielgeräten etc. i. S. d. § 33 i noch weitere Einrichtungen vorhanden sind. Dies gilt namentlich für Billardtische u. Ä. Darin sind zwar (auch) **Sportgeräte** zu sehen; durch sie geht der „Spiel"-Hallencharakter aber nicht verloren, zumal gerade Billardtische typischerweise in Spielhallen zu finden sind (*BayObLG* GewArch 1992, 231; *Diegmann/Hoffmann/Ohlmann* Praxishandbuch für das gesamte Spielrecht, 2008, S. 100; siehe auch unten Rdn. 23). Entscheidend soll sein, dass der Raum nach seinem Gesamteindruck durch den Spielbetrieb geprägt und deswegen geeignet ist, das „typische Spielhallenfluidum" zu vermitteln (so *OVG NRW* DVBl. 1998, 1229 [1230]; *VGH BW* VBlBW 2004, 34 [35]; einschränkend *Buchholz* GewArch 2000, 457 [460 ff.]; vgl. auch unten Rdn. 17, 21 f.).

13 **bb) Mehrheit von Räumen.** Problematisch ist häufig die rechtliche Bewertung, wenn jemand das Spielhallengewerbe in mehreren Räumlichkeiten betreiben will oder wenn mehrere Spielhallen im unmittelbaren räumlichen Zusammenhang errichtet werden (sog. **Mehrfachspielhallen**). Zunächst ist festzuhalten, dass die baurechtliche Beurteilung (ein oder mehrere Vorhaben?) die gewerberechtliche Bewertung nicht präjudiziert (*VG München* GewArch 2010, 36 [37]; *Stühler* BauR 2009, 54 [60]; näher vor § 33 c Rdn. 18).

Aus **gewerberechtlicher Perspektive** gilt Folgendes: Sofern die Räumlichkeiten voneinander unabhängig sind, ist jede dieser Spielstätten als „Spielhalle" einzuordnen, bedarf sodann jeweils einer gesonderten Spielhallenerlaubnis (*Diegmann/Hoffmann/Ohlmann* Praxishandbuch für das gesamte Spielrecht, 2008, S. 101), was aber auch die Aufstellung von jeweils bis zu 12 Geräten ermöglicht (§ 3 II SpielV). **Räumliche Unabhängigkeit** liegt dann vor, wenn die einzelnen Betriebsstätten räumlich so getrennt sind, dass bei natürlicher Betrachtungsweise die Sonderung der einzelnen Betriebsstätte optisch in Erscheinung tritt und die Betriebsfähigkeit jeder Betriebsstätte durch die Schließung der anderen nicht beeinträchtigt wird (*BVerwG* GewArch 1985, 62 [63]; *OVG NRW* Beschluss vom 28. 1. 2004 – 4 B 1942/03, juris Rdn. 5; *Hahn,* in: Friauf, § 33 i Rdn. 9; *Strohmeier* BayVBl. 1985, 649 ff.; *Lieber* VBlBW 2011, 6 [12]). Für die Beurteilung der räumlichen (Un-)Abhängigkeit ist eine umfassende Würdigung aller Umstände des Einzelfalls vonnöten, ohne dass es ein einzelnes trennscharfes Abgrenzungskriterium gäbe. Stellt man auf die ratio legis von § 3 II SpielV ab, welcher der Suchtbekämpfung dient (vor § 33 c Rdn. 11), und behält die Zielrichtung der SpielV, Grauzonen zu verringern (§ 33 c Rdn. 15), im Blick, dürfte selbst unter Berücksichtigung der Berufsfreiheit der Spielhallenbetreiber **im Zweifel** von **einer Spielhalle** auszugehen sein.

14 Die **räumliche Unabhängigkeit** ist **verneint** worden bei einer Raummehrheit, die nur durch einen gemeinsamen Vorraum und Eingang zu erreichen ist und eine einheitliche Außenreklame aufweist (*VGH BW* GewArch 1985, 334); deren nebeneinander liegende Räume jeweils offen zu einem gemeinsamen Aufsichtsgang sind (*BVerwG* GewArch 1989, 264 [265]); die

§ 33i

eine gemeinsame Aufsichtskanzel, ein gemeinsames Lager und eine gemeinsame Hartgeldaufbewahrung haben (vgl. *BVerwG* GewArch 1993, 374 [375]; **a. A.** *OVG Nds.* GewArch 1993, 115 [116]); deren Trennwände nicht bis zur Decke hochgezogen sind (*VGH BW* GewArch 1985, 334); die eine offene Garagenverbindung aufweist (*OLG Hamm* Urteil vom 3. 3. 2009 – 4 U 186/08, juris Rdn. 26 ff.). Wird ein von festen Mauern umgebener und nur mit einem Besuchereingang versehener Raum durch Leichtbauwände in eine Vielzahl kleinerer Räume aufgeteilt, in denen sämtlich das Spielhallengewerbe ausgeübt werden soll, so sind die einzelnen Räume i. d. R. keine selbständigen erlaubnisfähigen Spielhallen (*OVG NRW* GewArch 1986, 325). Der Einbau einer von jedermann benutzbaren Verbindungstür zwischen zwei genehmigten benachbarten Spielhallen führt zum Entstehen einer neuen, größeren Spielhalle, die einer neuen Genehmigung bedarf (*VG Hannover* GewArch 2000, 66). Dies gilt auch dann, wenn an der Tür die Aufschrift „Nur für Personal" angebracht wird, die Tür tatsächlich von den Spielern benutzt wird. Eine (neue) Spielhalle kann auch dadurch entstehen, dass die Trennwände zwischen bislang selbständigen Spielhallen entfernt werden; in diesem Fall ist eine neue Spielhallenerlaubnis nötig (*OVG NRW* GewArch 1992, 141 [142]). Zwei Spielstätten (mit insgesamt 20 Geldspielgeräten) sind als eine Spielhalle zu werten, wenn sie in einem einheitlichen Gebäudekomplex zusammengefasst sind und trotz getrennter Außenzugänge und unterschiedlicher farblicher Außengestaltung über eine gemeinsame Garage, die nur den Spielern zur Verfügung steht, infolge der „offenen Türengestaltung" wechselseitig „mit der Kaffeetasse in der Hand" erreichbar sind; die trennenden Umstände werden dann durch zahlreiche verbindende Umstände überlagert, sodass die beiden Spielstätten als eine Einheit erscheinen (*OLG Hamm* Urteil vom 3. 3. 2009 – 4 U 186/08, juris Rdn. 26 f. [= GRUR-RR 2010, 38 Ls.]; ähnlich zu miteinander verbundenen Gaststätten, in denen jeweils drei Spielautomaten stehen, *VG Gießen* GewArch 2010, 452 [453]).

Die **räumliche Unabhängigkeit** kann hingegen **bejaht** werden trotz 15 gemeinsamer Klima- oder Toilettenanlage (*VGH BW* GewArch 1985, 334), u. U. auch trotz eines gemeinsamen Zugangs (so jedenfalls *Odenthal* GewArch 1985, 257 [258]). Das *OVG NRW* (Beschluss vom 28. 1. 2004 – 4 B 1942/03, juris Rdn. 6 ff.) hat die Unabhängigkeit in einem Fall bejaht, obwohl dort ein gemeinsamer Parkplatz, eine einheitlich gestaltete Außenreklame und eine gemeinsame Aufsichtskanzel mit Kaffeebar vorhanden waren und der Rettungsweg sowie der Zugang zur einzigen Personaltoilette für eine der Hallen im Bereich der anderen waren. Das *OVG NRW* ließ für die Unabhängigkeit in diesem Fall genügen, dass die Fassadenfarben unterschiedlich waren, beide Hallen einen separaten, jeweils unmittelbar zum Parkplatz führenden Außeneingang hatten, durch eine raumhohe Trennwand – mit Ausnahme der Aufsichtskanzel – getrennt waren und für die Besucher ein Wechsel von der einen in die andere Halle nur durch die Außenzugänge möglich war.

Zur Heranziehung des **Versagungsgrundes des § 33 i II Nr. 3 bei Mehrfachspielhallen** siehe unten Rdn. 68.

cc) Spielgeräte in Nebenräumen anderer Gewerbebetriebe. Zwei- 16 felhaft kann sein, ob es sich um eine Spielhalle handelt, wenn in dem betref-

§ 33i   Titel II. Stehendes Gewerbe

fenden Raum noch andere gewerbliche Tätigkeiten ausgeübt werden sollen (dazu *Schumacher* Eindämmung des Spielhallengewerbes, 1997, S. 28 ff.). Gem. § 33 i I sind „andere Unternehmen" den Spielhallen gleichgestellt, wenn sie „ausschließlich oder überwiegend" der Aufstellung von Spielgeräten oder Veranstaltung von Spielen dienen. Daraus folgt zugleich, dass auch bei einer Spielhalle das Aufstellen der Spielgeräte etc. eindeutig im Vordergrund stehen muss.

17   Eine **Gaststätte** wird durch die Aufstellung von Spielgeräten dann zur Spielhalle (oder zu einem ähnlichen Unternehmen), wenn dadurch die Bewirtschaftung der Gäste mit Speisen und Getränken in den Hintergrund gedrängt und der Schwerpunkt des Betriebes auf die Bereitstellung der Spielgeräte verlagert wird (*BayObLG* GewArch 1990, 354; siehe ferner *Schönleiter/Sprafke* GewArch 2010, 294 [296]; § 33 c Rdn. 53); besonders deutlich ist dies, wenn eine Gaststätte nur geöffnet ist, wenn § 33 i unterfallende Spiele veranstaltet werden (*VG Hamburg* ZfWG 2008, 220 [223]). Mit Spielgeräten ausgestattete Räume einer Gastwirtschaft bzw. eines Camping-Platzes sind aber keine Spielhallen i. S. v. § 33 i, wenn es sich nur um unselbständige Bestandteile des sie umgebenden, übergeordneten Betriebs zu dessen Förderung handelt (*BVerwG* DÖV 1983, 734; *OVG* RhPf. GewArch 1968, 277 [278]; *BayVGH* GewArch 1973, 119 [120]; *OLG Stuttgart* GewArch 1981, 370; zur Kombination von Spielhalle und Gaststätte siehe ferner *Orlob* GewArch 1984, 255 ff.). Entsprechendes gilt für Spielgeräte in Vorräumen eines **Kinos** oder Warenhauses (*Marcks*, in: Landmann/Rohmer I, § 33 i Rdn. 8). Zum **Billard-Café** siehe unten Rdn. 23.

18   Wenn der Nebenraum eine gewisse Eigenständigkeit erreicht, kann in ihm eine Spielhalle zu sehen sein, die dann isoliert von dem Hauptbetrieb (etwa der Gaststätte) zu betrachten und demzufolge erlaubnispflichtig i. S. d. § 33 i I 1 ist (*BayObLG* GewArch 1992, 231: Gaststätte im Untergeschoss, überwiegend Spielgeräte im Obergeschoss; vgl. auch *OVG SchlH* GewArch 1992, 380). Dasselbe gilt für eine **Videothek**, die in einem gesonderten Raum Computer zum Spielen (von PC-Unterhaltungsspielen ohne Gewinnmöglichkeit) vor Ort bereithält (*Fischer* GewArch 2005, 62 [63]; unten Rdn. 21).

19   **b) Ähnliche Unternehmen.** Den Spielhallen gleichgestellt sind ähnliche Unternehmen, die ausschließlich oder überwiegend der Aufstellung von Spielgeräten oder der Veranstaltung anderer Spiele i. S. d. §§ 33 c I 1, 33 d I 1 oder der gewerbsmäßigen Aufstellung von Unterhaltungsspielen ohne Gewinnmöglichkeit dienen. Das Merkmal „ähnliches Unternehmen" soll eine Umgehung der Erlaubnispflicht verhindern (*Marcks*, in: Landmann/Rohmer I, § 33 i Rdn. 11). Erfasst werden insb. Betriebe, in denen Spiele i. S. d. § 33 d im Vordergrund stehen (*Martinez*, in: BeckOK, § 33 i Rdn. 11). Nach *VGH BW* VBlBW 2004, 34 soll der Begriff des „spielhallenähnlichen Unternehmens" nicht das Vorliegen eines durch bauliche Elemente abgegrenzten, überwiegend durch den Spielbetrieb geprägten Raumes voraussetzen. Bei Aufstellung von Spiel- und Unterhaltungsautomaten in einem **Flughafengebäude** wird dieses Merkmal erfüllt, wenn durch die Zahl und räumliche Konzentration von Spielgeräten die für die Spielhalle charakteristische animierende Atmosphäre geschaffen wird (*VGH BW* VBlBW 2004,

34 [35]; a. A. *Marcks*, in: Landmann/Rohmer I, § 33 i Rdn. 11). Ähnliche Unternehmen können auch ein Wohnwagen (*BayVGH* GewArch 1984, 289) oder ein unter deutscher Flagge laufendes **Fährschiff**, selbst wenn es deutsche Häfen nicht anfährt und der Spielbetrieb nur außerhalb nationaler Hoheitsgewässer stattfindet (*OVG Hamb.* GewArch 1992, 424 f.), sein.

Keine ähnlichen Unternehmen sind **Spielbanken** (Rdn. 8) oder **Online-Spielhallen**, welche die Spieler von ihrem privaten PC aus aufsuchen. Der Ausschluss der Online-Spielhallen aus dem Anwendungsbereich des § 33 i folgt aus dem Erfordernis der Raumbezogenheit (Rdn. 11). Hinzu kommt, dass ähnliche Unternehmen u. a. der **Aufstellung von Spielgeräten** und von **Unterhaltungsspielen ohne Gewinnmöglichkeit** dienen. Unter „Aufstellung" ist die räumliche Positionierung zu verstehen, sodass Online-Spiele ausscheiden (*Postel* ZfWG 2009, 246 [248]; näher § 33 c Rdn. 18). Lediglich bei der Veranstaltung eines anderen Spiels ist eine räumliche Komponente nicht erforderlich; virtuelle Spiele unterfallen dementsprechend zwar § 33 d, sind aber nicht erlaubnisfähig (§ 33 d Rdn. 15) und deshalb kein tauglicher Gegenstand für ein ähnliches Unternehmen i. S. d. § 33 i.

Wenn jedoch in einer Betriebsstätte Computer aufgestellt werden, die als **Internet-Terminals** dazu dienen, Online-Spiele zu spielen, kann dies als Aufstellung von Unterhaltungsspielen ohne Gewinnmöglichkeit zu werten sein, sodass eine Spielhalle oder ein ähnliches Unternehmen vorliegt (*BVerwG* GewArch 2006, 292 [294]; siehe zu Internetcafés Rdn. 22).

20

Problematisch sind **Mischbetriebe**, z. B. eine Gaststätte, in welcher auch Spielgeräte aufgestellt sind, oder eine Spielhalle, in der auch Getränke und Speisen angeboten werden. Zu prüfen ist zunächst, ob es sich wirklich um einen Mischbetrieb und nicht etwa um zwei selbstständig zu betrachtende Betriebe handelt, die lediglich in einer größeren Einheit zusammengefasst sind (vgl. *BayObLG* GewArch 1992, 231 und oben Rdn. 17). Liegt ein Mischbetrieb vor, ist nach dem Wortlaut des § 33 i der Schwerpunkt des Betriebes („**überwiegend**") für die Abgrenzung entscheidend. Danach wird eine Gaststätte mit nur wenigen Spielgeräten nicht zur Spielhalle und auch nicht zu einem ähnlichen Unternehmen i. S. d. § 33 i (*Diegmann/Hoffmann/Ohlmann* Praxishandbuch für das gesamte Spielrecht, 2008, S. 101). Umgekehrt ändert ein zusätzliches Getränke- und Speisenangebot nichts an der Einordnung als Spielhalle oder spielhallenähnliches Unternehmen (vgl. *BVerwG* GewArch 1989, 23). Ähnliches gilt für eine **Videothek**, die nicht nur Videos, sondern auch PC-Spiele zum Verleih anbietet: Wenn in den Räumen mehrere Computer verteilt sind, an denen die PC-Spiele lediglich ausprobiert werden können, fehlt es am Merkmal „überwiegend"; etwas anderes gilt, wenn nach den Umständen des Einzelfalls das Spielen vor Ort die Videothek überwiegend prägt (*Fischer* GewArch 2005, 62 [63]).

21

Im Einzelfall kann auch die Abgrenzung eines **Internetcafés** von einem spielhallenähnlichen Betrieb Probleme aufwerfen. Sind auf den Computern Unterhaltungsspiele ohne Gewinnmöglichkeit installiert, fallen sie in den Normbereich des § 33 i, sodass es darauf ankommt, ob die Computer überwiegend zur Internetnutzung oder überwiegend zu dem Zweck aufgestellt sind, als Unterhaltungsspielgeräte genutzt zu werden (*BVerwG* GewArch 2005, 292 [294]; siehe ferner *OVG Berlin* GewArch 2003, 118 f.; *VG Berlin*

22

§ 33i Titel II. Stehendes Gewerbe

GewArch 2002, 427 f.; *Hahn* GewArch 2005, 393 ff.; *Tettinger* GewArch 2005, 49). Zu ähnlich gelagerten Abgrenzungsfragen bei Videotheken siehe Rdn. 18, 21. Zum Angebot von Online-Spielen siehe Rdn. 34. Dienen die Computer dazu, den Kunden zu ermöglichen, im Internet (illegale) Sportwetten abzuschließen, handelt es sich um eine (illegale) Vermittlung von Sportwetten (*OVG Nds.* ZfWG 2008, 48).

23 Ähnliche Erwägungen gelten für die Abgrenzung einer Sporteinrichtung von einem spielhallenähnlichen Unternehmen (zu Grundsatzfragen der Abgrenzung von Sport und Spiel siehe oben vor § 33 c Rdn. 2 ff.). Relevant wird dies vor allem für die sog. **Billard-Cafés**. Billard kann primär der Geselligkeit dienen oder aber – vor allem bei Einhaltung des Regelwerks der Deutschen Billard-Union – als Sport ausgeübt werden. In einem Billardstudio ist grundsätzlich eine nicht nach § 33 i erlaubnispflichtige Sportstätte zu sehen (*BayVGH* GewArch 1993, 349 [350]). Wenn zu den Billardtischen Geldspielgeräte hinzukommen, kann das Studio zu einem spielhallenähnlichen Betrieb i. S. d. § 33 i werden (so bejaht vom *OVG Hamb.* GewArch 1987, 59 bei 9 Billardtischen und 2 Geldspielgeräten; weitere Nachweise bei *Buchholz* GewArch 2000, 457 [459]), bei dem nicht der Sport, sondern Geselligkeit und Unterhaltung im Vordergrund stehen. Treten die Geldspielgeräte nach der Art der Aufstellung und der Gesamtgestaltung des Raumes neben den Billardtischen kaum in Erscheinung, ist wiederum von einer Sporthalle auszugehen (*OVG Hamb.* GewArch 1987, 302 [303] – mit der Folge, dass dann Geldspielgeräte gem. § 1 II Nr. 3 SpielV unzulässig sind; dazu § 33 c Rdn. 55). Eine starre Abgrenzung zwischen Sportstätte und spielhallenähnlichem Unternehmen ist auch hier nicht möglich; vielmehr sind alle Umstände des Einzelfalls zu berücksichtigen und namentlich das Gesamtgepräge der Einrichtung festzustellen.

3. Betreiben

24 Betreiber – und damit Erlaubnispflichtiger – ist, wer das Unternehmerrisiko der Spielhalle trägt (*Martinez*, in: BeckOK, § 33 i Rdn. 18). Er muss nicht notwendigerweise Aufsteller bzw. Veranstalter sein (*HessVGH* GewArch 1976, 267; *VG Aachen* GewArch 1982, 264 [265]). Zum Erlaubnisnehmer siehe unten Rdn. 39.

4. Zulässige Art und Anzahl der Spiele und Spielgeräte

25 In Spielhallen und in ähnlichen Unternehmen können drei Spielkategorien angeboten werden: Spiele i. S. d. § 33 c I 1, andere Spiele i. S. d. § 33 d I 1 und Unterhaltungsspiele ohne Gewinnmöglichkeit. **Unzulässig** sind **Glücksspiele i. S. d. § 284 StGB**, u. a. auch das **Poker**-Spiel (*Reeckmann* ZfWG 2008, 296 [298]); ebenso z. B. **Jackpots** (§ 9 II SpielV, oben § 33 f Rdn. 15).

26 **a) Gewinnspielgeräte.** Zulässig sind zunächst die Gewinnspielgeräte i. S. d. § 33 c, d. h. Geld- und Warenspielgeräte. Gem. § 3 II SpielV (§ 33 f Rdn. 10) darf in Spielhallen oder in ähnlichen Unternehmen je 12 qm Grundfläche (ohne Nebenräume) höchstens ein Geld- oder Warenspielgerät

Spielhallen und ähnliche Unternehmen **§ 33i**

aufgestellt werden; die Gesamtzahl darf 12 Geräte nicht übersteigen (zur Problematik der Mehrfachspielhallen zwecks Umgehung der **Höchstzahl** siehe oben Rdn. 13 ff. sowie vor § 33 c Rdn. 20). Damit soll der Expansionsdrang des Spielhallengewerbes gebremst und die Zahl der in Spielhallen aufgestellten Geldspielgeräte reduziert werden. Mitzuzählen sind alle Geräte, die funktionsfähig oder zwar aktuell funktionsunfähig sind, aber mit wenigen Handgriffen wieder betriebsbereit gemacht werden können, nicht aber vollständig funktionsunfähige, lediglich der Dekoration dienende historische Geräte (*OLG Köln* GewArch 2009, 206 f.; *OLG Hamm* Beschluss vom 2. 1. 2008 – 3 Ss OWi 872/07, juris Rdn. 5). Mitzuberücksichtigen sind auch etwaige „Reservegeräte", die nur bei Ausfall eines anderen Gerätes eingesetzt werden sollen (*Pfeifer/Fischer* GewArch 2002, 232 [234]). Dasselbe gilt für vorübergehend zu Werbe- oder Probezwecken aufgestellte „Kennlerngeräte" oder Promotionspielgeräte (im „Kennlernmodus"), wenn diese echte Gewinne auswerfen, auch dann, wenn sie kostenfrei ausprobiert werden können (*OLG Köln* GewArch 2009, 206 f.; großzügiger *Pfeifer/Fischer* aaO). Doppelspielgeräte (2 Spiele in einem Gehäuse) sind als zwei Spielgeräte i. S. d. § 3 SpielV zu werten (*BVerwG* GewArch 1968, 129 f.).

Wenn in einer Spielhalle unter Verstoß gegen § 3 II SpielV zu viele Geräte 27 stehen, hat die Behörde die Möglichkeit, gem. § 33 i I 2 eine Auflage (nachträglich) zu erteilen, überzählige Geräte zu entfernen, oder aufgrund der ordnungsrechtlichen Generalklausel einzugreifen (*BVerwG* GewArch 1995, 111 f.; unten Rdn. 44); zu letzterer Handlungsoption näher oben § 1 Rdn. 91. Zu berücksichtigen sind dabei die Anforderungen des Übermaßverbotes.

b) Andere Spiele mit Gewinnmöglichkeit. Andere Spiele gem. § 33 28 d, bei denen der Gewinn in Waren besteht, sind in Spielhallen nicht zulässig (§ 5 SpielV). Zulässig sind nur andere Spiele mit der Möglichkeit von Geldgewinnen, freilich nur dann, wenn die Voraussetzungen des § 33 d erfüllt sind. Pro Spielhalle sind höchstens 3 andere Spiele zulässig (§ 4 S. 2 SpielV).

c) Unterhaltungsspiele ohne Gewinnmöglichkeit. Zum Versuch 29 einer Definition siehe *BVerwG* GewArch 2005, 292 [293]): Die Spieleinrichtung muss in irgendeiner Weise im Raum platziert, d. h. stationär sein; ein In-Gang-Setzen des Spielablaufs durch Energie/technische Einrichtungen sei möglich, aber nicht nötig. Von maßgeblicher Bedeutung ist die Abgrenzung zu Spielen *mit* Gewinnmöglichkeit; dazu sowie zu sog. **Fun-Games** siehe § 33 c Rdn. 11 ff. Unterhaltungsspiele ohne Gewinnmöglichkeiten sind Flipper, Videospiele, Tischfußballspiele etc. Auch Billard kann Unterhaltungsspiel und nicht Sport sein (siehe oben Rdn. 23).

Zu den Unterhaltungsspielen zählen ferner die sog. **Kriegsspielgeräte**, 30 welche nicht a priori unzulässig sind, sondern nur dann, wenn die betreffenden Geräte eine polizeirechtlich relevante Gefahr implizieren oder zu konkreten und erkennbaren erheblichen Belästigungen für die Allgemeinheit (oder die Gäste) führen können (vgl. *BayVGH* GewArch 1981, 294 [295]). In diesem Rahmen wird darauf hingewiesen, dass im Gegensatz zu einem Angriffskrieg (vgl. insoweit Art. 26 I GG) ein Verteidigungskrieg allgemein als moralisch gerechtfertigt angesehen wird, Kriegshandlungen (hier: in simu-

§ 33i

lierter Form) also nicht als generell verwerflich zu werten sind. Ferner sei die Sozialschädlichkeit der gängigen Kriegsspielautomaten mit Blick auf die Möglichkeit, Aggressionen abzureagieren, ohnedies zu bezweifeln (vgl. *BayVGH* GewArch 1981, 294 [295]; *Marcks*, in: Landmann/Rohmer I, § 33 i Rdn. 14). Verboten sind allerdings Kriegsspielgeräte, welche verherrlichend oder verharmlosend exzessive Gewaltdarstellungen enthalten (vgl. § 131 StGB) oder solche, bei denen simulierte Gewaltakte gegen auf dem Bildschirm konkret sichtbare Menschen vorgenommen werden können, z. B. Totfahren von Fußgängern mit dem Auto, Abschießen von Menschen (vgl. § 118 I OWiG); dazu näher *Marcks*, in: Landmann/Rohmer I, § 33 i Rdn. 14.

31 Als problematisch erweisen sich sog. **Laserdromes**, d. h. Räume, in denen Spieler in einer futuristischen Landschaft mit Laserwaffen aufeinander zielen und auf dem Körper Sensoren tragen, welche die Treffer anderer Mitspieler registrieren. Es handelt sich mangels Gewinnmöglichkeit weder um Spielgeräte i. S. d. § 33 c noch um andere Spiele i. S. d. § 33 d I 1. In Betracht kommt allenfalls die Tatbestandsvariante „Unterhaltungsspiel ohne Gewinnmöglichkeit" (so *LG Stuttgart* NVwZ-RR 1994, 427 [428]). Aber § 33 i verlangt das „Aufstellen" von derartigen Unterhaltungsspielen, d. h. stationäre Spielgeräte. Laserdromes unterfallen daher nicht der Erlaubnispflichtigkeit i. S. d. § 33 i I 1 (*BayVGH* NVwZ-RR 1995, 32; *OVG RhPf.* GewArch 1994, 374; *Hahn*, in: Friauf, § 33 i Rdn. 15; *Marcks*, in: Landmann/Rohmer I, § 33 i Rdn. 12 a, b m. w. N.; *Lippstreu* GewArch 1993, 311 ff.; *Scheidler* GewArch 2005, 312 [317]; *Schumacher* Eindämmung des Spielhallengewerbes, 1997, S. 38). Entsprechendes gilt für sog. **Quasar-Anlagen**, welche den Laserdromen ähneln (*OVG RhPf.* GewArch 1994, 374), und die **Gotcha**- und **Paintball**-Spiele (Schießen mit Farbmunition auf Gegenspieler; dazu *Hahn*, in: Friauf, § 33 i Rdn. 15).

32 Ein behördliches Einschreiten gegen derartige Spiele kann im Wege der Abstützung auf die **ordnungsrechtliche Generalklausel** erfolgen, wenn man darin eine Gefahr für die öffentliche Ordnung sieht, z. B. gestützt auf die Unvereinbarkeit des Spiels mit der Menschenwürde (so *BVerwG* GewArch 2002, 154 [157]; *BayVGH* BayVBl. 2001, 689 u. NVwZ-RR 1995, 32 [33]; *OVG NRW* GewArch 2001, 71 f. u. NWVBl. 1995, 473; *OVG RhPf.* GewArch 1994, 374; a. A. *OVG Nds.* BauR 2010, 1060 [1062 f.]; *Kramer/Strube* ThürVBl. 2003, 265 [266 f.]; *Scheidler* GewArch 2005, 312 [319]; *ders.* Jura 2009, 575 [578]; einen Verstoß gegen die Menschenwürde offen lassend *VGH BW* NVwZ-RR 2005, 472 [473]; *VG Dresden* NVwZ-RR 2003, 848 [851]). Der *EuGH* hat die Sichtweise des *BVerwG*, dass das spielerische Töten als Verstoß gegen die öffentliche Ordnung zu werten sei, unter Hinweis auf mitgliedstaatliche Beurteilungsspielräume gebilligt (*EuGH* NVwZ 2004, 1471; dazu *Frenz* NVwZ 2005, 48 ff.; *Jestaedt* Jura 2006, 127 ff.); zur Thematik umfassend *Beaucamp* DVBl. 2005, 1174 ff.

33 **Rechtspolitisch** dürfte diese Thematik weiter in der Diskussion bleiben. Ein Gesetzentwurf der SPD-Bundestagsfraktion (BT-Drs. 13/619) zielte darauf ab, mit Blick auf „Laserdromes" bestehende Rechtsunsicherheiten im Gewerberecht, Bauordnungsrecht sowie Polizei- und Ordnungsrecht zu beseitigen und durch entsprechende gewerberechtliche Vorgaben die gewerbsmäßige Veranstaltung von Spielen dann zu verbieten, wenn diese

darauf ausgerichtet sind, Menschen durch andere Menschen (Mitspieler) fiktiv zu töten oder zu verletzen. Nach einer ablehnenden Beschlussempfehlung im Wirtschaftsausschuss (BT-Drs. 13/3304) ist über diesen Gesetzentwurf jedoch nicht weiter beraten worden. Die Bundesregierung beobachtet nach eigener Aussage die Entwicklung sorgfältig, ohne derzeit gesetzgeberischen Handlungsbedarf zu erkennen (*Schönleiter* GewArch 2008, 109 [111]).

d) Ermöglichung des Zugriffs zu Online-Spielen. Online-Glücksspiele (i. S. d. § 284 StGB) unterfallen nicht § 33 c und insoweit auch nicht § 33 i, werden nach § 33 h Nr. 3 vielmehr dem Landesrecht unterstellt, das gegenwärtig die Veranstaltung und Vermittlung von Glücksspielen im Internet untersagt (§ 4 IV GlüStV; § 33 c Rdn. 18; *Hahn*, in: Friauf, § 33 c Rdn. 4). Auch von einer Spielhalle aus wäre der Zugriff auf ein Online-Glücksspiel daher illegal. Online-Geschicklichkeitsspiele mit Gewinnmöglichkeit i. S. d. § 33 d kommen gleichfalls nicht in Betracht (§ 33 d Rdn. 15). Es bleibt die Möglichkeit, in einer Spielhalle Online-Angebote von Unterhaltungsspielen ohne Gewinnmöglichkeit bereit zu halten (vgl. oben Rdn. 20). Vom virtuellen Spiel mittels des PC-Terminals in einer Spielhalle ist die virtuelle Spielhalle zu unterscheiden; letztere wird von § 33 i nicht erfasst (oben Rdn. 11). 34

III. Erlaubnis

1. Rechtsanspruch auf Erteilung

Die Erlaubnis betrifft die Zulassung zum Beruf, also die Berufswahl (*Marcks*, in: Landmann/Rohmer I, § 33 i Rdn. 18). Liegen keine Versagungsgründe vor (dazu unten Rdn. 56 ff.), besteht daher ein Rechtsanspruch auf ihre Erteilung. Diese verfassungsrechtliche Erkenntnis blockiert im Übrigen rechtspolitische Vorhaben, die Kommunen zu ermächtigen, für ihren Bereich die Anzahl der Spielhallen und -automaten festzulegen (siehe auch *Klapproth* DVP 1988, 63 [64 f.]; siehe aber oben Rdn. 4). 35

Wenn eine Rechtsänderung bevorsteht, nach welcher ein noch zulässiges Vorhaben unzulässig würde, darf die Behörde das Verfahren nicht verzögern, will sie sich nicht Amtshaftungsansprüchen aussetzen (*BGH* NVwZ 1991, 298). 36

2. Verhältnis zu anderen Erlaubnissen

Die Erlaubnis nach § 33 i schließt keine andere Erlaubnis mit ein (*Martinez*, in: BeckOK, § 33 i Rdn. 22). Neben der Erlaubnis nach § 33 i ist so nicht nur die Aufstellererlaubnis gem. § 33 c I 1, sondern auch noch die Bestätigung i. S. d. § 33 c III nötig (*BVerwG* NVwZ 1989, 560). Die Eigenständigkeit der vorliegend im Blick stehenden Erlaubnis gilt insb. auch im Verhältnis zur Baugenehmigung; weder der Spielhallengenehmigung nach § 33 i I noch der Baugenehmigung kommt eine Konzentrationswirkung zu (*OVG NRW* GewArch 1995, 124 [125]). 37

3. Zuständige Behörde

38 Siehe § 155 II.

4. Inhalt, Inhaber und Erlöschen der Erlaubnis

39 Die Erlaubnis nach § 33 i ist persönlicher und sachlicher Natur, d. h. an bestimmte Personen und bestimmte Räume gebunden (*VGH BW* GewArch 1994, 417 [418]; *Hahn*, in: Friauf, § 33 i Rdn. 26). Die Erlaubnis kann daher nicht übertragen werden und erlischt, wenn sich in Bezug auf eine der genannten Bezugsgrößen (insbesondere die Räumlichkeit) eine wesentliche Änderung ergibt (*OVG Berlin-Bbg.* Beschluss vom 16. 11. 2009 – 1 S 137.09, juris Rdn. 4; *OLG Düsseldorf* GewArch 1999, 247). Eine das **Erlöschen der Erlaubnis** bewirkende wesentliche Änderung ist bei der Errichtung einer Trennwand anzunehmen, wodurch eine Spielhalle in zwei Einrichtungen geteilt wird (*OVG Berlin-Bbg.* aaO, Rdn. 5). Allein der Umstand, dass ein Spielhallenbetreiber einzelne Teilräume vorübergehend oder dauerhaft nicht mehr mit Spielgeräten nutzt, führt jedoch zu keiner wesentlichen Änderung, die Auswirkungen auf den Bestand der Genehmigung haben könnte (*OVG Nds.* NVwZ-RR 2009, 678).

5. Nebenbestimmungen (§ 33 i I 2)

40 Die Erlaubnis nach § 33 i I 1 ist ein **Verwaltungsakt**. Gem. § 33 i I 2 kann sie in bestimmten Fällen mit einer Befristung erteilt und/oder mit Auflagen verbunden werden. Gem. § 33 i I 2 a. E. können Befristungen oder Auflagen dann auch nachträglich mit der Erlaubnis verknüpft werden. Über § 33 i I 2 hinaus sind Nebenbestimmungen nur im Rahmen von § 36 I 2. Var. VwVfG möglich. Siehe umfassend *Schulze-Werner* GewArch 2004, 9 ff.

41 **a) Bestimmte Zwecke.** Befristung oder Auflage müssen bestimmten in § 33 i I 2 genannten Zwecken dienen (dazu § 33 c Rdn. 28) und dem **Verhältnismäßigkeitsgebot** entsprechen. Das *OVG NRW* stützt die Anwendung des Verhältnismäßigkeitsgrundsatzes auf § 15 OBG NRW (DÖV 1997, 1055); das allgemeine Ordnungsrecht sei ergänzend heranzuziehen, soweit § 33 i Regelungslücken enthalte. Eine solche ergänzende Heranziehung allgemeinen Ordnungsrechts ist zwar im Ansatz in der Tat möglich (vgl. § 1 Rdn. 91), hier aber nicht nötig, da sich das Postulat der Verhältnismäßigkeit bereits aus dem Wortlaut des § 33 i I 2 ergibt („erforderlich"), zudem generell als Emanation des Rechtsstaatsprinzips gilt.

42 Die Erforderlichkeit einer Auflage, die der Ausräumung eines Versagungstatbestandes dienen soll, setzt zunächst voraus, dass ohne sie in überschaubarer Zukunft mit hinreichender Wahrscheinlichkeit der Versagungstatbestand eintritt (*OVG NRW* GewArch 1994, 20 [21] u. 166). Dabei sind an den Grad der Wahrscheinlichkeit keine strengen Anforderungen zu stellen (*BVerwG* GewArch 1993, 323 [324]). Zur Erforderlichkeit siehe ferner *VG Oldenburg* GewArch 1986, 229 (230) und *Gallwas* GewArch 1993, 41 (44). Milderes Mittel als eine Befristung kann auch eine Auflage sein.

b) Befristungen. Befristungen kommen in Betracht, wenn sich im Ein- 43
zelfall noch nicht abschließend beurteilen lässt, ob eines der Schutzgüter des
§ 33 i I 2, II Nr. 3 zukünftig bedroht ist und Gefahren allein durch Auflagen
nicht bekämpft werden können (*Martinez*, in: BeckOK, § 33 i Rdn. 28). Eine
Befristung kann so zulässig sein, wenn eine ortsfremde Person erstmalig eine
Erlaubnis verlangt (so jedenfalls *Marcks*, in: Landmann/Rohmer I, § 33 i
Rdn. 22) oder eine Spielhalle in einem Gebiet eröffnet werden soll, das einen
Brennpunkt der Kriminalität darstellt (*OVG NRW* GewArch 1977, 303).
Unter Umständen kann nach Ablauf der Frist eine wiederholte Befristung
angebracht sein (*OVG NRW* aaO). Eine nachträgliche (erstmalige) Befristung
kann zulässig sein, wenn Vorfälle mit Besuchern der Spielhalle in der Vergangenheit nur durch Polizeieinsatz beigelegt werden konnten und Wiederholungen zu befürchten sind (*OVG NRW* GewArch 1969, 273; **a. A.** *VG Oldenburg* GewArch 1986, 229 [230]).

c) Auflagen. Auflagen beziehen sich häufig auf die Verhinderung des 44
Eintritts des Versagungsgrundes i. S. d. § 33 i II Nr. 3. Dies setzt zunächst
voraus, dass ohne die Auflage ein Schutzgut i. S. d. § 33 i II Nr. 3 gefährdet
ist und hierfür konkrete Anhaltspunkte bestehen (*BVerwG* GewArch 1995,
473 [474]; *OVG NRW* GewArch 1994, 20 [21] u. 166). Die Möglichkeit
einer nachträglichen Auflage schließt ein ordnungsbehördliches Vorgehen
aufgrund der polizeilichen Generalklausel nicht aus, sodass z. B. gleichermaßen eine Auflage i. S. d. § 33 i II wie eine **ordnungsbehördliche Beseitigungsverfügung** in Betracht kommen, ein bestimmtes Spiel zu entfernen
(*BVerwG* ZfWG 2010, 270 [271] u. GewArch 2006, 123 [124]; oben Rdn. 27
sowie § 1 Rdn. 91). Eine näher präzisierte Auflage, ein Spielgerät so zu verändern, dass es zulässig wird, kann u. U. milder sein als die Auflage oder Verfügung, es zu beseitigen (vgl. *SächsOVG* Beschluss vom 4. 10. 2007 – 3 BS
128/06, juris Rdn. 12).

aa) Jugendschutz. Ziel kann etwa der Jugendschutz sein, z. B. bei der 45
Auflage der Bestellung einer oder mehrerer **Aufsichtspersonen**, um so zu
verhindern, dass Jugendliche die Spielhalle nutzen. Grundsätzlich ist dabei
nur eine Aufsichtsperson erforderlich (*BVerwG* GewArch 1991, 429 [430];
Martinez, in: BeckOK, § 33 i Rdn. 26): Selbst wenn diese – etwa abgelenkt
durch andere Arbeiten – nicht stets schon das Eintreten Jugendlicher verhindern kann, wird sie regelmäßig doch in kürzester Zeit jugendliche Besucher
erkennen und vom (Weiter)Spielen abhalten können. Etwas anderes gilt,
wenn die Spielhalle groß oder unübersichtlich ist (vgl. *OVG Nds.* GewArch
1993, 115 [116]; *OVG NRW* GewArch 1986, 371 f.).

Als eine andere dem Jugendschutz dienende Auflage kommen **Personal-** 46
ausweiskontrollen in Betracht, d. h. die Maßgabe, das Alter jüngerer Besucher anhand von Personalausweisen, Führerscheinen etc. vor Zutrittsgestattung zu kontrollieren (*VGH BW* GewArch 1983, 88 [89]).

Eine Auflage, **keine Kriegsspielgeräte** aufzustellen, ist grundsätzlich 47
unzulässig (siehe oben Rdn. 30). Die Beschränkung der Auflage darauf, keine
gegen § 131 StGB verstoßenden Spielgeräte aufzustellen, beschriebe lediglich
die ohnehin geltende Rechtslage. In Betracht kommt allenfalls eine Auflage

§ 33i Titel II. Stehendes Gewerbe

in Bezug auf zwar straflose, aber die öffentliche Ordnung gefährdende Spielgeräte (*Hahn*, in: Friauf, § 33 i Rdn. 53; vgl. oben Rdn. 30, 32).

48 **bb) Ausbeutung des Spieltriebes.** Auflagen sind ferner möglich, wenn sie auf die Verhinderung einer übermäßigen Ausnutzung des Spieltriebes zielen (dazu *BVerwG* GewArch 1994, 109 f. u. 471 f.). Diesem Zweck dienen zunächst die Bestimmungen der SpielV (oben § 33 f Rdn. 9 f.). Eine Auflage nach § 33 i I 2 darf daher keine zusätzlichen Anforderungen in Bezug auf Gegenstände enthalten, die bereits in der SpielV abschließend geregelt sind (*Martinez*, in: BeckOK, § 33 i Rdn. 27). Hinsichtlich solcher Umstände, für die in der SpielV keine abschließende Regelung enthalten ist, sind dagegen Auflagen grundsätzlich zulässig; allein die Einhaltung der SpielV verhindert noch nicht die Ausbeutung des Spieltriebes (*BVerwG* GewArch 1993, 323 [324]).

49 Unter Geltung der SpielV a. F. billigte die Rechtsprechung daher z. B. Anweisungen, wie die Geldspielgeräte innerhalb einer Spielhalle auf verschiedene Räume resp. Raumteile zu verteilen waren (z. B. **flächenproportionale Verteilung**), um Massierungen in einzelnen Räumen/Raumteilen zu vermeiden (*BVerwG* GewArch 1993, 323 [324]; *OVG NRW* GewArch 1994, 20; *OVG NRW* NWVBl. 2001, 246 f.; zurückhaltender *Hahn* GewArch 1997, 41 [43] m. w. N. aus der Rspr. des *BVerwG*). Die Anordnung flächenproportionaler Verteilung war aber nicht in jedem Falle, sondern nur dann geboten, wenn sie sich als erforderlich erwies, um eine Massierung zu verhindern; entscheidend waren so stets die räumlichen Gegebenheiten des Einzelfalls (*BVerwG* GewArch 2001, 476; *OVG Hamb.* GewArch 1999, 279 f. m. Anm. *Augstein*; *OVG NRW* GewArch 1998, 198 [199] m. Anm. *Augstein*; *Odenthal* GewArch 1998, 193 [194]). Mittlerweile enthält § 3 II SpielV selbst detaillierte Vorgaben (z. B. 1 Meter Mindestabstand zwischen den Geräten; Sichtblenden), sodass vielfach die Auflage einer flächenproportionalen Verteilung nicht erforderlich sein wird (*Odenthal* ZfWG 2006, 286 [287]), ohne dass sie generell ausgeschlossen wäre.

50 Auf Grundlage der früheren SpielV bejahte die Rechtsprechung ferner Auflagen, durch Sichtblenden u. Ä. das **gleichzeitige Bespielen von mehr als zwei Geräten** zu verhindern (*BayVGH* GewArch 2001, 377 f.; *OVG NRW* GewArch 1994, 164; *Marcks* GewArch 1993, 325). Die Betreiber haben sich ohnehin verpflichtet, durch bestimmte Vorkehrungen (Abstände/Sichtblenden) darauf hinzuwirken, dass lediglich zwei Geräte zeitgleich bespielt werden können (*Odenthal* ZfWG 2006, 286 [287]; *Kim* ZfWG 2006, 1). Nunmehr schreibt die heutige Fassung von § 3 II SpielV Mindestabstände und Sichtblenden sowie eine Gruppierung von höchstens zwei Geräten vor, verbietet aber nicht explizit die Ermöglichung des zeitgleichen Bespielens von mehr als zwei Geräten. Sofern die Vorgaben in § 3 II SpielV bei einer bestimmten Spielhalle nicht genügen sollten, das übermäßige Ausnutzen des Spieltriebs zu verhindern, wären zusätzliche Auflagen denkbar, die u. U. auch darauf gerichtet sein könnten, das parallele Bespielen von mehr als zwei Geräten strikt zu unterbinden. Dies setzt freilich voraus, dass die Möglichkeit gleichzeitigen Bespielens von mehr als zwei Geldspielgeräten als übermäßiges Ausnutzen des Spieltriebes i. S. d. § 33 i II Nr. 3 zu werten ist (bejahend *OVG NRW* aaO; **a. A.** *VG Hamburg* GewArch 1991, 26; *Gallwas* GewArch 1993, 41 [43]: erst ab vier Geräten; zweifelnd auch

Spielhallen und ähnliche Unternehmen § 33i

Schumacher Eindämmung des Spielhallengewerbes, 1997, S. 49 f.; *v. Ebner* GewArch 1990, 343 ff.). Das *BVenvG* (GewArch 1995, 112; vgl. auch GewArch 1995, 473 [474] u. GewArch 1994, 471 f.; *BayVGH* aaO) stellt auch hier wiederum auf die jeweiligen Umstände des Einzelfalls ab und lehnt generalisierende Grenzwerte ab; je nach den Umständen kann dabei die Möglichkeit des gleichzeitigen Bespielens von mehr als zwei Geräten als übermäßiges Ausnutzen des Spieltriebes zu werten sein, sodass Auflagen zulässig sind, die dem entgegenwirken sollen.

De lege ferende ist ein explizites Verbot des Multispielens zu erwägen, dem dann ein Verbot von durch einmaliges Betätigen einer Taste ausgelösten automatischen Wiederholungen beigefügt werden könnte.

Eine mit einer Spielhallenerlaubnis verbundene „Auflage", dass in der **51** Spielhalle nicht mehr als eine bestimmte, nach der Grundfläche zulässige Anzahl von Geldspielgeräten aufgestellt werden darf (hierzu früher *BVenvG* GewArch 1992, 62 [63]), ist nach Regelung der zulässigen Spielgeräteanzahl in § 3 II SpielV inhaltlich nur noch ein Hinweis auf die bestehende Rechtslage (*Odenthal* ZfWG 2006, 286) und nicht länger erforderlich (*Hahn*, in: Friauf, § 33 i Rdn. 49); sie wäre dann lediglich als Hinweis auf die dann geltende Rechtslage zu verstehen (*Odenthal* ZfWG 2006, 286). Der Inhalt der Auflage muss **hinreichend bestimmt** sein. Eine Auflage zur Anordnung der Spielgeräte derart, „dass ein Spieler zur gleichen Zeit nicht mehr als maximal zwei derartige Geräte bedienen und optisch überwachen kann", wurde von der Rspr. gebilligt (*Hahn* GewArch 1995, 89 [93]; *Odenthal* GewArch 1998, 193 [194]). Zur (fehlenden) Bestimmtheit einer Auflage siehe *VG München* ZfWG 2008, 56 [57]).

In jedem Fall ist die **Erforderlichkeit** der Auflage sorgfältig zu prüfen **52** (*OVG NRW* GewArch 1994, 166).

cc) Weitere Auflagen. Ohne einen konkreten Anlass darf dem Betreiber **53** einer Spielhalle nicht aufgegeben werden, der Behörde Namen und Anschriften des beschäftigten Personals mitzuteilen. Selbst wenn die Auflage dazu dienen soll, die Zuverlässigkeit von Betreiber und Personal zu überprüfen, ist sie nur gerechtfertigt, wenn konkrete Anhaltspunkte für fehlende Zuverlässigkeit vorliegen. Quasi „ins Blaue hinein" fehlt es an einer Gefahr und damit an der Erforderlichkeit der Auflage (*OVG NRW* GewArch 1994, 20 [21]; siehe auch oben Rdn. 44). Zu weiteren Auflagen siehe *Marcks*, in: Landmann/Rohmer I, § 33 i Rdn. 23.

Zur Möglichkeit, eine Auflage nach § 33 i I 2 isoliert anzufechten, in **54** bejahendem Sinne *BVenvG* GewArch 1996, 22 (23) u. GewArch 1995, 473; *Hahn*, in: Friauf, § 33 i Rdn. 43; **a. A.** *OVG NRW* GewArch 1994, 164.

6. Rücknahme und Widerruf einer Erlaubnis

Rücknahme und Widerruf richten sich nach §§ 48, 49 VwVfG. Zu denken **55** ist insb. an einen Widerruf wegen nicht erfüllter Auflage (§ 49 II Nr. 2 VwVfG). Zuvor ist aber regelmäßig eine Abmahnung als milderes Mittel vorzunehmen (*BVenvG* GewArch 1992, 24 [25]; *HessVGH* GewArch 1992, 336 [337]).

IV. Versagungsgründe (§ 33 i II)

56 Wenn kein Versagungsgrund vorliegt, muss die Erlaubnis erteilt werden (gebundene Verwaltung).

1. Versagungsgründe i. S. d. § 33 c II oder § 33 d III (Nr. 1)

57 Nr. 1 betrifft die **Zuverlässigkeit** des Antragstellers, ist also ein persönlicher Versagungsgrund. Im Falle fehlender Identität von Veranstalter eines Spiels i. S. d. § 33 d und Inhaber der Räumlichkeiten des Veranstaltungsortes kann auch die Unzuverlässigkeit des Rauminhabers einen Versagungsgrund bilden. Siehe im Einzelnen § 33 c Rdn. 35 ff., § 33 d Rdn. 31 f. und allgemein zur Zuverlässigkeit § 35 Rdn. 27 ff. Bei **Gewerbetreibenden aus einem anderen EU-/EWR-Staat** ist zu beachten, dass **§ 13 b I** anwendbar ist (siehe die Erläuterungen dort); § 13 a greift nicht (dort Rdn. 8).

58 Die Unzuverlässigkeit kann sich aus der Beschäftigung einer ungeeigneten Aufsichtsperson ergeben (*OLG Hamm* GewArch 1973, 121), ferner wegen Duldung des Rauschgifthandels in der Spielhalle (*HessVGH* GewArch 1992, 336 [337]) oder wegen Betriebes der Spielhalle ohne Erlaubnis (*OVG Hamb.* GewArch 1992, 424 [425]).

2. Beschaffenheit oder Lage der Betriebsräume (Nr. 2)

59 a) **Allgemeines.** Der in Nr. 2 – ebenso Nr. 3 – genannte Versagungsgrund ist betriebsbezogen. Nr. 2 kommt erst dann in Betracht, wenn wegen der Beschaffenheit oder der Lage der Betriebsräume konkrete Anhaltspunkte für polizeirechtlich relevante Gefahren erkennbar sind, ohne dass aber eine konkrete Gefahr im polizeirechtlichen Sinne erforderlich wäre (*VG Gelsenkirchen* GewArch 1982, 24 [25]). Dabei sind polizeiliche Anforderungen jeder (etwa bau-, feuerpolizeilicher) Art gemeint (*Martinez*, in: BeckOK, § 33 i Rdn. 31); zu den polizeilichen Anforderungen siehe auch *VG Düsseldorf* GewArch 1982, 331 f.

60 Allein lagebedingte Schwierigkeiten der Kontrolle, ob die Erfordernisse des § 33 i II Nr. 2 eingehalten werden können, schließen die Erlaubniserteilung nicht aus (*OVG Hamb.* GewArch 1994, 424 [425]: deutsches Fährschiff außerhalb deutscher Gewässer).

61 b) **Beschaffenheit.** Das Kriterium der Beschaffenheit der Räume zielt auf die Sicherheit der Besucher und des Personals ab, betrifft also Belüftung, Fluchtwege, sanitäre Einrichtungen u. Ä.

62 c) **Lage.** Die Lage der Räume betrifft die Anforderungen an die Spielhalle im Hinblick auf ihre Umgebung (*VG Düsseldorf* GewArch 1982, 331). In diesem Zusammenhang sind **bauplanungs-**, aber auch **bauordnungsrechtliche Fragen** von Bedeutung (*BVerwG* GewArch 1993, 374 [375]; *OVG NRW* GewArch 1992, 141 [142]; *Marcks*, in: Landmann/Rohmer I, § 33 i Rdn. 27; *Hahn*; in: Friauf, § 33 i Rdn. 74). Die bei einer Umwandlung dreier selbstständiger Spielhallen durch Herausnahme der Trennwände in eine einzige Spielhalle nötige (oben Rdn. 39) Spielhallenerlaubnis ist daher zu

Spielhallen und ähnliche Unternehmen § 33i

versagen, wenn vor der Umwandlung ein Bebauungsplan in Kraft getreten ist, der Spielhallen ausschließt (*OVG NRW* GewArch 1992, 141 [142] mit krit. Anm. *Odenthal* GewArch 1992, 261 ff.). Demgegenüber ist der Versagungsgrund des § 33 i II Nr. 2 nicht schon deshalb gegeben, weil die Spielhalle in einem kriminalitätsgeneigten Umfeld betrieben werden soll, ohne dass eine Polizeiwidrigkeit der Betriebsräume selbst gegeben wäre (*BVerwG* GewArch 2003, 165; *BayVGH* GewArch 2002, 471 f.; *Hahn* GewArch 2003, 441).

Soweit baurechtliche Vorschriften zur Beschaffenheit und Lage der Betriebsräume drittschützend sind, kann sich der Drittschutz auch auf § 33 i Abs. 2 Nr. 2 erstrecken (*Hahn*, in: Friauf, § 33 i Rdn. 74).

d) Auswirkung auf andere Betriebsstätten. Versagungsgründe, die der 63 Gewerbeausübung in einer Betriebsstätte entgegenstehen, dürfen die gleichartige Gewerbeausübung in einer anderen Betriebsstätte nicht hindern. Beabsichtigt ein Bewerber die Ausübung eines erlaubnispflichtigen Gewerbes in zwei Betriebsstätten und rechtfertigen nur Lage und/oder Beschaffenheit einer dieser Betriebsstätten die Erlaubnisversagung, so hat der Antragsteller einen Anspruch darauf, dass ihm die Erlaubnis zur Gewerbeausübung in der zweiten Betriebsstätte erteilt wird, unabhängig davon, ob die verschiedenen Betriebsstätten in unterschiedlichen Orten oder an unterschiedlichen Stellen innerhalb desselben Ortes oder innerhalb eines Gebäudekomplexes liegen. Er hat also einen Anspruch darauf, dass das rechtliche Schicksal der Betriebsstätten nicht miteinander verbunden wird und ihm eine Erlaubnis für jede einzelne Betriebsstätte, bezüglich der keine Versagungsgründe vorliegen, erteilt wird (so *BVerwG* NVwZ 1985, 269 [270]; siehe aber Rdn. 68).

3. Jugendgefährdung, übermäßige Ausnutzung des Spieltriebes, schädliche Umwelteinwirkungen etc. (Nr. 3)

a) Jugendschutz. Vorschriften zum Jugendschutz enthält § 6 I JuSchG, 64 wonach Jugendlichen und Kindern der Aufenthalt in Spielhallen u. Ä. nicht gestattet werden darf. Ehe eine Erlaubnis versagt wird, ist jedoch im Sinne des Verhältnismäßigkeitsprinzips zunächst zu versuchen, dem Jugendschutz durch Auflagen zu genügen. So kann etwa den Betreibern eines größeren und in mehrere Räume aufgeteilten Spielhallenkomplexes die ständige Anwesenheit mehrerer Aufsichtspersonen zur Auflage gemacht werden (*Klapproth* DVP 1988, 63 [65]; näher oben Rdn. 45).

Zum Aspekt der Jugendgefährdung siehe ferner *BayVGH* NVwZ 1984, 65 455; zu Jugendschutz und Verhältnismäßigkeit siehe *VGH BW* GewArch 1983, 88 [89] und – in der Konsequenz bedenklich – *OVG NRW* GewArch 1986, 369; zu Kriegsspielgeräten siehe oben Rdn. 30, 47.

Da der durch das Schutzgut „Jugend" begünstigte Personenkreis im Zeit- 66 punkt der Erlaubniserteilung kaum abgrenzbar sei, soll nach einer Literaturstimme insoweit dem § 33 i II Nr. 3 keine **drittschützende Wirkung** zukommen (*Tünnesen-Harmes*, in: Jarass, Wirtschaftsverwaltungsrecht, 3. Aufl. 1997, § 9 Rdn. 50). Dem ist unter Hinweis darauf entgegenzutreten, dass der in Art. 5 II GG als Schranke der Kommunikationsfreiheiten ausdrücklich aufgeführte Jugendschutz nach der Rspr. des *BVerfG* vor allem aufgrund des

§ 33i

Titel II. Stehendes Gewerbe

in Art. 6 II 1 GG verbrieften elterlichen Erziehungsrechts Verfassungsrang genießt (so *BVerfGE* 83, 130 [139]), daneben aber aus dem „Recht" der Kinder und Jugendlichen auf Entfaltung ihrer Persönlichkeit (so *BVerfG* aaO, S. 140). Trotz abstrakter Formulierung des Schutzgutes ist daher auch hier der drittschützende Charakter nicht von vornherein zu negieren.

67 **b) Übermäßiges Ausnutzen des Spieltriebes.** Das Tatbestandsmerkmal (zu ihm kritisch *Dickersbach* WiVerw 1985, 23 [44]: „unreflektierte Angstklausel") soll nicht die zu ausgedehnte spielerische Unterhaltung, sondern nur die in wirtschaftlichem Sinne ausbeuterische Ausnutzung eines durch übersteigerte Gewinnerwartung geschaffenen Anreizes, sich mit unkontrollierter Risikobereitschaft einer großen Verlustgefahr auszusetzen, verhindern.

68 Die Befürchtung einer übermäßigen Ausnutzung des Spieltriebes muss nach h. L. durch das Betreiben der konkreten Spielhalle begründet sein (*Hahn*, in: Friauf, § 33 i Rdn. 81; *Martinez*, in: BeckOK, § 33 i Rdn. 33). Benachbarte Spielhallen sollen außer Betracht bleiben (vgl. *BVerwG* GewArch 1985, 64; *VG Gelsenkirchen* GewArch 1982, 25). Rechtspraktischer Vorzug der Gegenauffassung (*Dietlein/Hüsken*, in: Dietlein/Hecker/Ruttig, Glücksspielrecht, 2008, § 33 i GewO Rdn. 22; *Marcks*, in: Landmann/Rohmer I, § 33 i Rdn. 29; *Orlob* GewArch 1985, 41 [46]; wohl auch *VG Potsdam* GewArch 2010, 208; *Stühler* BauR 2011, 54 [63]) wäre, dass dann über § 33 i II Nr. 3 die Bildung von Mehrfachspielhallen (oben Rdn. 13 ff.) verhindert werden könnte, soweit diese eine übermäßige Ausnutzung des Spieltriebs befürchten lassen. Der Gegenauffassung ist zu folgen: Der Betrieb, der zu mehreren anderen Spielhallen (die für sich und in ihrer Addition noch keine übermäßige Ausnutzung des Spieltriebs befürchten lassen) hinzutritt und damit die Schwelle zum Übermaß – so schwierig diese Schwelle in der Praxis zu bestimmen sein mag – erreicht, verwirklicht diesen Versagungsgrund. Bei mehreren gleichzeitig gestellten Erlaubnisanträgen müsste u. U. eine Auswahlentscheidung getroffen werden.

69 Ein übermäßiges Ausnutzen wurde bejaht bei einer Massierung von Spielgeräten auf so kleinem Raum (innerhalb einer Spielhalle), dass der Spieler mehrere Geräte gleichzeitig bedienen kann (*BVerwG* GewArch 1994, 109 [110] u. 471; *BVerwG* GewArch 2001, 476; *OVG NRW* GewArch 1991, 301 u. GewArch 1994, 164 [165]), wobei umstritten war und ist, ab welcher Geräteanzahl „übermäßiges" Ausnutzen vorliegt (dazu oben Rdn. 50). In solchen Fällen war freilich schon früher eine Auflage hins. bestimmter baulicher Vorkehrungen das gegenüber einer Erlaubnisversagung mildere Mittel (oben Rdn. 50); heute enthält § 3 II SpielV normative Vorgaben.

70 Der Schutz vor übermäßiger Ausbeutung des Spieltriebes kommt dem einzelnen Spieler nur als Rechtsreflex zugute, sodass insoweit drittschützende Wirkung zu verneinen ist (*Tünnesen-Harmes*, in: Jarass, Wirtschaftsverwaltungsrecht, 3. Aufl. 1997, § 9 Rdn. 50).

71 **c) Schädliche Umwelteinwirkungen.** Zum Begriff der schädlichen Umwelteinwirkungen siehe die Legaldefinition in § 3 I BImSchG. Zu den im öffentlichen Interesse bestehenden Einrichtungen, für die unzumutbare Belästigungen zu verhindern sind, zählen z. B. Kirchen, Krankenhäuser oder Schulen (unnötig eng *OVG NRW* GewArch 1986, 369 [370 f.]). Ein Versagungsgrund ist aber mangels Unzumutbarkeit der Belästigung nicht gegeben, wenn sich eine Kirche und eine Spielhalle an einem weiträumigen Platz gegenüberliegen und daher nur eine Blickverbindung zwischen beiden Gebäuden besteht: Die Entfernung ist dann zu groß, als dass von der Spielhalle eine provozierende Wirkung gegenüber Kirche und Kirchgängern ausgeht (*OVG Bremen* GewArch 1990, 96 [97]).

Die Erlaubnis darf auch aus Gründen versagt werden, die bereits in einem **72** zugunsten des Antragstellers abgeschlossenen Baugenehmigungsverfahren geprüft und als unmaßgeblich betrachtet wurden (**a. A.** *Hahn*, in: Friauf, § 33 i Rdn. 65), da die baurechtliche und die gewerberechtliche Prüfung jeweils eigenständig erfolgen (keine Konzentrationswirkung der Baugenehmigung: *BVerwG* GewArch 1990, 244 [245]; *OVG NRW* GewArch 1995, 124 [125]) und eine Baugenehmigung nicht aus Gründen abgelehnt werden darf, die zum Prüfungsrahmen des § 33 i gehören (*BVerwG* GewArch 1990, 244 [245]; *VGH BW* GewArch 1983, 88). Zur bauplanungsrechtlichen Zulässigkeit von Spielhallen siehe vor § 33 c Rdn. 15 ff.

Ebenso, wie § 3 I BImSchG in Bezug auf die Nachbarschaft **drittschüt-** **73** **zend** ist, gilt dies auch für § 33 i II Nr. 3 (*Hahn*, in: Friauf, § 33 i Rdn. 86; *Frers* GewArch 1989, 73 [74]).

V. Rechtsfolgen bei Pflichtverletzungen

Verstöße gegen die Erlaubnispflicht gem. § 33 i I 1 sind – bei Vorliegen **74** von Vorsatz oder Fahrlässigkeit – Ordnungswidrigkeiten gem. § 144 I Nr. 1 lit. d, IV (dazu *BayObLG* GewArch 1992, 231). Bei beharrlicher Wiederholung liegt eine Straftat gem. § 148 Nr. 1 vor.

Verstöße gegen vollziehbare Auflagen i. S. d. § 33 i I 2 sind gem. § 144 II Nr. 3, IV gleichfalls eine Ordnungswidrigkeit.

Hinzu kommt § 28 I Nr. 7 JuSchG, wonach u. a. die Gestattung des Zutritts **75** von Kindern oder Jugendlichen in eine Spielhalle ordnungswidrig ist. Gem. § 27 II JuSchG macht sich der Gestattende strafbar, wenn er dies aus Gewinnsucht begeht, es beharrlich wiederholt oder wenn ein Kind oder Jugendlicher in seiner Entwicklung dadurch schwer gefährdet wird.

Denkbar sind schließlich wettbewerbsrechtliche Unterlassungsansprüche, **76** wenn ein Spielhallenbetreiber unzulässige Geräte einsetzt (siehe etwa *OLG Hamm* WRP 2005, 1570; siehe § 33 c Rdn. 68).

§ 34 Pfandleihgewerbe

(1) ¹**Wer das Geschäft eines Pfandleihers oder Pfandvermittlers betreiben will, bedarf der Erlaubnis der zuständigen Behörde.** ²**Die Erlaubnis kann mit Auflagen verbunden werden, soweit dies zum Schutze der Allgemeinheit oder der Verpfänder erforderlich ist; unter denselben Voraussetzungen ist auch die nachträgliche Aufnahme, Änderung und Ergänzung von Auflagen zulässig.** ³**Die Erlaubnis ist zu versagen, wenn**

§ 34 Titel II. Stehendes Gewerbe

1. Tatsachen die Annahme rechtfertigen, daß der Antragsteller die für den Gewerbebetrieb erforderliche Zuverlässigkeit nicht besitzt, oder
2. er die für den Gewerbebetrieb erforderlichen Mittel oder entsprechende Sicherheiten nicht nachweist.

(2) ¹Das Bundesministerium für Wirtschaft und Technologie kann durch Rechtsverordnung mit Zustimmung des Bundesrates zum Schutze der Allgemeinheit und der Verpfänder Vorschriften erlassen über den Umfang der Befugnisse und Verpflichtungen bei der Ausübung der in Absatz 1 genannten Gewerbe, insbesondere über
1. den Geltungsbereich der Erlaubnis,
2. die Annahme, Aufbewahrung und Verwertung des Pfandgegenstandes, die Art und Höhe der Vergütung für die Hingabe des Darlehens und über die Ablieferung des sich bei der Verwertung des Pfandes ergebenden Pfandüberschusses,
3. die Verpflichtung, zum Abschluß einer Versicherung gegen Feuerschäden, Wasserschäden, Einbruchsdiebstahl und Beraubung oder über die Verpflichtung, andere Maßnahmen zu treffen, die der Sicherung der Ansprüche der Darlehensnehmer wegen Beschädigung oder Verlustes des Pfandgegenstandes dienen,
4. die Verpflichtung zur Buchführung einschließlich der Aufzeichnung von Daten über einzelne Geschäftsvorgänge sowie über die Verpfänder.

²Es kann ferner bestimmen, daß diese Vorschriften ganz oder teilweise auch auf nichtgewerblich betriebene Pfandleihanstalten Anwendung finden.

(3) **(weggefallen)**

(4) **Der gewerbsmäßige Ankauf beweglicher Sachen mit Gewährung des Rückkaufsrechts ist verboten.**

Literatur: *J. Damrau*, Pfandleihverordnung, Kommentar zur Pfandleihverordnung und zu den Allgemeinen Geschäftsbedingungen im Pfandkreditgewerbe, 2. Aufl. 2005; *ders.*, Zur Aufrechnung seitens der Pfandleiher, GewArch 2004, 177 ff.; *R. Jahn*, Die Änderungen im Gewerberecht durch das Dritte Mittelstands-Entlastungsgesetz, GewArch 2009, 230 ff.; *M. Schulze-Werner*, Zulässigkeit von Nebenbestimmungen im Bereich der genehmigungsbedürftigen, stehenden Gewerbe (§§ 30 bis 34 c, 36 GewO), GewArch 2004, 9 ff.; *M. Schulze-Werner/M. Hendricks*, Die Aufrechnungsmöglichkeiten des gewerblichen Pfandleihers nach Verwertung des Pfandes, GewArch 2000, 269 ff.

Übersicht

	Rdn.
I. Voraussetzungen der Erlaubnispflicht (Abs. 1 S. 1)	1
1. Geschäft; Betreiber	2
2. Pfandleiher	4
3. Pfandvermittler	8
II. Erlaubnis (Abs. 1 S. 1 und 2)	10
1. Erlaubnisinhaber und Erlaubnisinhalt	10
2. Rechtsanspruch; zuständige Behörde	12
3. Nebenbestimmungen; Rücknahme und Widerruf	13

Pfandleihgewerbe **§ 34**

III. Versagungsgründe (Abs. 1 S. 3)	15
1. Unzuverlässigkeit (Nr. 1)	16
2. Fehlender Nachweis erforderlicher Mittel oder Sicherheiten (Nr. 2)	17
IV. Durchführungsverordnung (Abs. 2)	19
V. Verbot des Rückkaufhandels (Abs. 4)	21
VI. Rechtsfolgen bei Pflichtverletzungen	23

I. Voraussetzungen der Erlaubnispflicht (Abs. 1 S. 1)

Erlaubnispflichtig ist gem. § 34 I 1 der Betrieb des Geschäfts eines Pfandleihers oder Pfandvermittlers. Die Erlaubnisnorm ist – abgesehen von einer Anpassung des Abs. 2 S. 1 an die neue Bezeichnung des Bundesministeriums für Wirtschaft und Technologie (Neunte ZuständigkeitsanpassungsVO vom 31. 10. 2006, BGBl. I S. 2407) – in den letzten Jahren nicht verändert worden. **1**

Die Erlaubnispflicht trifft auch **Pfandleiher aus anderen EU-/EWR-Staaten** (vgl. § 4 I 1, der § 34 nicht nennt). § 13 b findet keine Anwendung (siehe § 13 b III, dort Rdn. 22). § 13 a greift ebenfalls nicht, weil § 34 keinen Sachkunde- oder Unterrichtungsnachweis (§ 13 a Rdn. 8) voraussetzt.

1. Geschäft; Betreiber

Geschäft bedeutet hier so viel wie Gewerbe (*Höfling*, in: Friauf, § 34 Rdn. 10; *Meßerschmidt*, in: BeckOK, § 34 Rdn. 2). Nicht darunter fallen öffentliche (z. B. städtische) Leihanstalten (vgl. § 1 Rdn. 23). Nicht-gewerbliche Leihanstalten können jedoch nach Abs. 2 S. 2 dem Anwendungsbereich der Durchführungsverordnung zu § 34 unterworfen werden (unten Rdn. 19). **2**

Betreiber ist derjenige, welcher das Gewerbe auf eigene Rechnung und unter eigener Verantwortlichkeit ausüben will (§ 1 Rdn. 74 ff.). **3**

2. Pfandleiher

Pfandleiher ist, wer gewerbsmäßig Geld als zinsen- und kostenpflichtiges Darlehen gegen Verpfändung (vgl. §§ 1204 ff. BGB) von beweglichen Gegenständen (Faustpfand; also nicht Grundpfandrechte) leiht (*Höfling*, in: Friauf, § 34 Rdn. 11; *Meßerschmidt*, in: BeckOK, § 34 Rdn. 6). Das wirtschaftliche Interesse richtet sich dabei auf eine Anspruchsbefriedigung ohne Anrufung eines Gerichts (*Höfling*, in: Friauf, § 34 Rdn. 13). **4**

Die Verpfändung von Rechten ist nicht erfasst, es sei denn, es handelt sich um die Verpfändung von Wertpapieren, soweit diese wie bewegliche Sachen verpfändet werden (z. B. Inhaberpapiere, § 1293 BGB). Dies ist bei der Inpfandnahme von Inhaberschecks allerdings nicht gegeben, da diese regelmäßig nicht zur sofortigen Verwertung durch den Darlehensgeber bestimmt sind und damit das dem Pfandleihgewerbe eigentümliche Interesse des Darlehensnehmers an der Zurückgewährung des verpfändeten Gegenstandes infolge Tilgung des Darlehens nicht mehr besteht sowie ein dauerhafter Verstoß gegen die §§ 5 I 2, 9 I PfandlV vorprogrammiert ist (*OVG NRW* GewArch 2002, 32 f.; *Höfling*, in: Friauf, § 34 Rdn. 12). **5**

Ennuschat 451

§ 34 Titel II. Stehendes Gewerbe

6 Nicht zum Pfandleihgeschäft gehört das Lombardgeschäft des Bankiers, d. h. das gewerbsmäßige Leihen von Geld gegen Verpfändung von Edelmetallen (in Barren oder fremden Münzen), Wertpapieren und Handelswaren (*Höfling*, in: Friauf, § 34 Rdn. 12; *Marcks*, in: Landmann/Rohmer I, § 34 Rdn. 4). Beleiht ein Pfandleiher ein Warenlager gegen Sicherungsübereignung, so unterliegt er nach § 2 I Nr. 5, III KWG den Vorschriften dieses Gesetzes. Der Verkauf von Waren mit Pfandbestellung für den Verkäufer wegen des Kaufpreises bzw. Kaufpreisrestes ist keine Pfandleihe, da kein Darlehen vorliegt. Ist der Pfandleiher gleichzeitig Versteigerer (§ 34 b), so darf er wegen § 34 b VI Nr. 5 lit. a Sachen, an denen er ein Pfandrecht hat, nicht selbst versteigern.

7 Zum 4. 10. 1960 wurde beim Bundeskartellamt ein Konditionenkartell des Pfandkreditgewerbes angemeldet, dem auch später viele Pfandleiher beigetreten sind; sein Gegenstand sind Allgemeine Geschäftsbedingungen (zu diesen siehe *Marcks*, in: Landmann/Rohmer I, § 34 Rdn. 8). Auch heute verwenden die meisten Pfandleiher diese AGB.

3. Pfandvermittler

8 Pfandvermittler verpfänden die ihnen übergebenen fremden Sachen auf ihren Namen bei einem Pfandleiher oder in einem öffentlichen Leihhaus und zahlen die so erhaltenen Darlehen an die Auftraggeber aus (vgl. *Pr. OVGE* 80, 380 [382]). Boten bzw. Stellvertreter (die nicht im eigenen Namen auftreten) sind keine Pfandvermittler (*Höfling*, in: Friauf, § 34 Rdn. 15; zum Begriff siehe auch *OVG NRW* GewArch 1967, 9 f.).

9 Die Pfandleihverordnung (vgl. Abs. 2 sowie unten Rdn. 19) wurde auf die Pfandvermittler nicht erstreckt; Hintergrund ist die geringe Bedeutung dieses Gewerbezweiges (*Marcks*, in: Landmann/Rohmer I, § 34 Rdn. 9).

II. Erlaubnis (Abs. 1 S. 1 und 2)

1. Erlaubnisinhaber und Erlaubnisinhalt

10 Erlaubnisinhaber ist der Betreiber des Pfandleih- oder -vermittlungsgeschäftes (oben Rdn. 3). Dies kann gleichermaßen eine natürliche wie eine juristische Person sein. Bei nicht rechtsfähigen Personengemeinschaften (insb. OHG, KG) kann nicht die Gesellschaft als solche die Erlaubnis erhalten. Erlaubnisnehmer sind dann vielmehr alle geschäftsführenden Gesellschafter (vgl. oben § 1 Rdn. 76, § 14 Rdn. 41).

11 Die Erlaubnis ist personenbezogen und daher nicht übertragbar (zur Stellvertretung siehe § 47; zum Gesellschafterwechsel bei oHG, KG siehe oben § 14 Rdn. 41). Sie berechtigt bundesweit zum Betrieb des Pfandleih- oder -vermittlungsgeschäftes (näher *Marcks*, in: Landmann/Rohmer I, § 34 Rdn. 14; *Höfling*, in: Friauf, § 34 Rdn. 24).

Pfandleihgewerbe **§ 34**

2. Rechtsanspruch; zuständige Behörde

Auf Erteilung der Erlaubnis (= Verwaltungsakt) besteht ein mittels Verpflichtungsklage einklagbarer Rechtsanspruch, sofern die – abschließenden – Versagungsgründe des Abs. 1 S. 3 nicht vorliegen. 12
Zur zuständigen Behörde siehe § 155 II.

3. Nebenbestimmungen; Rücknahme und Widerruf

Die Erlaubnis kann gem. S. 2 (i. V. m. § 36 I 1. Var. VwVfG) mit **Auflagen** verbunden werden, soweit dies zum Schutze der Allgemeinheit oder der Verpfänder (= Eigentümer der Pfandobjekte oder Darlehensnehmer; vgl. *Fröhler/Kormann* § 34 Rdn. 5) erforderlich ist; dann ist auch die nachträgliche Aufnahme, Änderung oder Ergänzung von Auflagen möglich. Auflagen können sich z. B. auf die Sicherung der verpfändeten Gegenstände vor Verlust (etwa durch Diebstahl) oder Beschädigung beziehen (*Kramer* Der Schutz des Kundenvermögens durch die Gewerbeordnung, 1997, S. 25). Auflagen zu anderen als den in S. 2 genannten Zwecken sowie andere Nebenbestimmungen sind nur innerhalb der engen Grenzen des § 36 I 2. Var. VwVfG zur Sicherstellung der gesetzlichen Voraussetzungen der Erlaubnis möglich. 13

Wird eine Auflage nicht befolgt, liegt gem. § 144 II Nr. 3 eine Ordnungswidrigkeit vor (unten Rdn. 23). In Betracht kommt ferner neben der zwangsweisen Durchsetzung der Auflage ein auf § 49 II Nr. 2 VwVfG gestützter Widerruf der Erlaubnis. 14

Im Übrigen richten sich **Rücknahme** und **Widerruf** der Erlaubnis nach §§ 48 ff. VwVfG. Wird die Aufhebung der Erlaubnis auf ungeordnete Vermögensverhältnisse oder fehlende Mittel und Sicherheiten gestützt, ist ggf. § 12 zu beachten (dort Rdn. 12).

III. Versagungsgründe (Abs. 1 S. 3)

Wenn keiner der abschließend in S. 3 genannten Versagungsgründe vorliegt, besteht ein **Rechtsanspruch** auf Erteilung der Erlaubnis. Hinsichtlich der Versagungsgründe ist der Behörde kein Beurteilungsspielraum eingeräumt. Es handelt sich vielmehr um **gerichtlich voll überprüfbare unbestimmte Gesetzesbegriffe** (*Marcks*, in: Landmann/Rohmer I, § 34 Rdn. 16). 15

1. Unzuverlässigkeit (Nr. 1)

Zum Begriff der Zuverlässigkeit siehe § 35 Rdn. 27 ff. Spezielle Bedenken i. S. d. § 34 I 3 Nr. 1 liegen entsprechend der ratio legis z. B. vor, wenn anzunehmen ist, dass das Gewerbe zur Hehlerei, zum Wucher oder zur Ausnutzung der Unerfahrenheit und des Leichtsinns von Kunden missbraucht werden soll. § 13 b greift nicht (Rdn. 1). 16

Ennuschat

§ 34

2. Fehlender Nachweis erforderlicher Mittel oder Sicherheiten (Nr. 2)

17 Fehlen erforderliche Mittel oder entsprechende Sicherheiten, so ist die Erlaubnis auch bei unverschuldeter Leistungsunfähigkeit zu versagen. Dieser Versagungsgrund bezieht sich nämlich nicht auf den Charakter des Antragstellers (*Höfling*, in: Friauf, § 34 Rdn. 30; *Marcks*, in: Landmann/Rohmer I, § 34 Rdn. 21). Der Nachweis der Mittel oder Sicherheiten obliegt allein dem Antragsteller (vgl. *Fröhler/Kormann* § 34 Rdn. 8 und unten § 36 Rdn. 33). § 13 b greift nicht (Rdn. 1).

18 Das Erfordernis der Nr. 2 ist zum einen von der Erwartung motiviert, dass ein wirtschaftlich leistungsfähiger Pfandverleiher das ihm treuhänderisch übergebene Pfand nicht unterschlägt; hinzu kommt die Sicherung zivilrechtlicher Ersatzansprüche geschädigter Pfandgeber (*Kramer* Der Schutz des Kundenvermögens durch die Gewerbeordnung, 1997, S. 24).

IV. Durchführungsverordnung (Abs. 2)

19 Als Durchführungsverordnung ergangen ist die VO über den Geschäftsbetrieb der gewerblichen Pfandleiher (i. d. F. d. B. vom 1. 6. 1976 [BGBl. I S. 1334; m. nachf. Änd.]), eine Berufsausübungsregelung i. S. v. Art. 12 I 2 GG (*Höfling*, in: Friauf, § 34 Rdn. 40). Sie gilt nicht für Pfandvermittler (oben Rdn. 9) und auch nicht für nicht-gewerbliche Leihanstalten. Der Verordnungsgeber hat insofern also von der Ermächtigung des Abs. 2 S. 2 bislang keinen Gebrauch gemacht. Die Regelung des § 34 II 2 kann sich auf den Kompetenztitel des Art. 74 I Nr. 11 GG stützen, da der Begriff „Gewerbe" ebenso wie der Begriff „Recht der Wirtschaft" weit auszulegen ist (*Höfling*, in: Friauf, § 34 Rdn. 42). Zwar sind die Voraussetzungen in Art. 72 I GG verschärft worden, doch gilt die Regelung nach Art. 125 a GG als „Altrecht" fort (*Höfling*, in: Friauf, § 34 Rdn. 42). Zum Zweck der in Abs. 2 enthaltenen Ermächtigung mit Blick auf den Schutz der Verpfänder näher *Damrau* GewArch 2004, 177 ff.

20 Zum Geltungsbereich der VO siehe § 1 PfandlV. Die PfandlV regelt u. a. Buchführung (§ 3), die Annahme des Pfandes (§ 5), die Aufbewahrung (§ 7), Verwertung (§ 9), Vergütung (§ 10), Überschüsse (§ 11), Versicherung (§ 8). Früher verlangte § 8 PfandlV eine angemessene Versicherung gegen Beraubung, was zu Unsicherheiten hinsichtlich der erforderlichen Versicherungshöhe führte (dazu *Jahn* GewArch 2009, 230 [232]). Mittlerweile ist § 8 neugefasst und verlangt eine Versicherung mindestens zum doppelten Betrag des Pfanddarlehens (so schon *LG Aachen* GewArch 1986, 24 f.). Zur str. Frage der Aufrechnung seitens der Pfandleiher *Schulze-Werner/Hendricks* GewArch 2000, 269 ff.; *Damrau* GewArch 2004, 179 ff. § 9 I PfandlV enthält keine von § 1228 II BGB abweichende Regelung über den Eintritt der Pfandreife (*BGH* GewArch 1988, 20). Siehe zur PfandlV die Kommentierung bei *Höfling*, in: Friauf, nach § 34, zu den Neuerungen infolge des Dritten Mittelstands-Entlastungsgesetz vom 17. 3. 2009 (BGBl. I S. 550) siehe *Jahn* GewArch 2009, 230 ff.

V. Verbot des Rückkaufhandels (Abs. 4)

Beim Rückkaufhandel besteht die Gefahr, dass der ausbedungene Rück- 21
kaufpreis, wie ihn der Verkäufer der Sache dem Rückkaufhändler zu zahlen
hätte, den Verkaufspreis erheblich übersteigt und dass der Händler nach
Ablauf der Rückkauffrist frei über die Sache zu verfügen befugt ist. Damit
könnten die für den Pfandleiher geltenden Vorschriften umgangen werden.
Dieses Verbot ist als Berufsausübungsregelung für den Pfandleiher zu werten
und mit Art. 12 I GG vereinbar (*BGH* GRUR 2009, 886 [888]; *Höfling*, in:
Friauf, § 34 Rdn. 48; *Marcks*, in: Landmann/Rohmer I, § 34 Rdn. 25). Das
Verbot des Rückkaufshandels trifft aber über die Inhaber einer Erlaubnis
nach § 34 a hinaus alle Gewerbetreibenden (so *BGH* GRUR 2009, 886 [887];
Höfling, in: Friauf, § 34 Rdn. 47).

Der Begriff des Rückkaufs i. S. d. § 34 IV ist nicht identisch mit dem 22
Wiederverkauf gem. §§ 456 ff. BGB (*BGH* GRUR 2009, 886 [888]). Für
die Beurteilung der Frage, ob ein Geschäftsmodell vom Verbot des § 34 IV
erfasst wird, ist die wirtschaftliche Bedeutung des Geschäfts maßgeblich und
daher zu prüfen, ob der Sache nach gewerbsmäßig durch Pfandrechte an
beweglichen Sachen gesicherte Darlehen vergeben werden. Das Verbot des
§ 34 IV betrifft alle vertraglichen Gestaltungen, bei denen der Verkäufer dem
gewerblich handelnden Käufer das Eigentum an einer beweglichen Sache
überträgt und sich dieses durch Rückzahlung des Kaufpreises und Erbringung
einer weiteren vertraglich vereinbarten Leistung als Entgelt für die Überlassung des Kapitals und/oder den Verwaltungsaufwand des Käufers wieder
verschaffen kann, die über einen Nutzungsersatz (vgl. §§ 346 I, 347 I BGB)
hinausgeht (so *BGH* GRUR 2009, 886 Ls. 2). Demnach kann u. U. auch ein
Rücktrittsrecht des Ankäufers als Rückkaufhandel gewertet werden (*BGH*
GRUR 2009, 886 [888]; krit. *Schmidt* GewArch 2009, 160 [161]). Rückkaufhandel liegt auch vor, wenn die tatsächliche Übergabe der Sache an den
Händler durch eine Vereinbarung nach § 930 BGB (Besitzkonstitut) ersetzt
wird.

VI. Rechtsfolgen bei Pflichtverletzungen

Der Betrieb eines Pfandleiher- oder -vermittlergeschäftes ohne Erlaubnis 23
ist eine Ordnungswidrigkeit (§ 144 I Nr. 1 lit. e, IV), u. U. sogar Straftat
(§ 148 Nr. 1). Verstöße gegen § 12 a PfandlV stellen eine Ordnungswidrigkeit
gem. § 144 II Nr. 1, IV und u. U. eine Straftat gem. § 148 Nr. 2 dar. Ordnungswidrig ist ferner ein Verstoß gegen vollziehbare Auflagen nach § 34 I
2 (§ 144 II Nr. 3) sowie der Rückkaufhandel (§ 144 II Nr. 2). In Betracht
kommen schließlich die Straftatbestände des § 290 StGB (unbefugter
Gebrauch von Pfandsachen) und des § 291 StGB (Wucher). Ein Verstoß
gegen das Verbot des Rückkaufhandels (§ 34 IV, Rdn. 21) ist eine Marktverhaltensregelung i. S. d. § 4 Nr. 11 UWG (*BGH* GRUR 2009, 886 [887]).

§ 34a Bewachungsgewerbe

(1) ¹Wer gewerbsmäßig Leben oder Eigentum fremder Personen bewachen will (Bewachungsgewerbe), bedarf der Erlaubnis der zuständigen Behörde. ²Die Erlaubnis kann mit Auflagen verbunden werden, soweit dies zum Schutze der Allgemeinheit oder der Auftraggeber erforderlich ist; unter denselben Voraussetzungen ist auch die nachträgliche Aufnahme, Änderung und Ergänzung von Auflagen zulässig. ³Die Erlaubnis ist zu versagen, wenn
1. Tatsachen die Annahme rechtfertigen, daß der Antragsteller die für den Gewerbebetrieb erforderliche Zuverlässigkeit nicht besitzt,
2. er die für den Gewerbebetrieb erforderlichen Mittel oder entsprechende Sicherheiten nicht nachweist oder
3. der Antragsteller nicht durch eine Bescheinigung einer Industrie- und Handelskammer nachweist, daß er über die für die Ausübung des Gewerbes notwendigen rechtlichen Vorschriften unterrichtet worden ist und mit ihnen vertraut ist.

⁴Der Gewerbetreibende darf mit der Durchführung von Bewachungsaufgaben nur Personen beschäftigen, die die Voraussetzungen nach Satz 3 Nr. 1 und 3 erfüllen. ⁵Für die Durchführung folgender Tätigkeiten ist der Nachweis einer vor der Industrie- und Handelskammer erfolgreich abgelegten Sachkundeprüfung erforderlich:
1. Kontrollgänge im öffentlichen Verkehrsraum oder in Hausrechtsbereichen mit tatsächlich öffentlichem Verkehr,
2. Schutz vor Ladendieben,
3. Bewachungen im Einlassbereich von gastgewerblichen Diskotheken.

(2) Das Bundesministerium für Wirtschaft und Technologie kann mit Zustimmung des Bundesrates durch Rechtsverordnung
1. die Anforderungen und das Verfahren für den Unterrichtungsnachweis nach Absatz 1 Satz 3 Nr. 3 sowie Ausnahmen von der Erforderlichkeit des Unterrichtungsnachweises festlegen,
2. die Anforderungen und das Verfahren für eine Sachkundeprüfung nach Absatz 1 Satz 5 sowie Ausnahmen von der Erforderlichkeit der Sachkundeprüfung festlegen und
3. zum Schutze der Allgemeinheit und der Auftraggeber Vorschriften erlassen über den Umfang der Befugnisse und Verpflichtungen bei der Ausübung des Bewachungsgewerbes, insbesondere über
   a) den Geltungsbereich der Erlaubnis,
   b) die Pflichten des Gewerbetreibenden bei der Einstellung und Entlassung der im Bewachungsgewerbe beschäftigten Personen, über die Aufzeichnung von Daten dieser Personen durch den Gewerbetreibenden und ihre Übermittlung an die Gewerbebehörden, über die Anforderungen, denen diese Personen genügen müssen, sowie über die Durchführung des Wachdienstes,
   c) die Verpflichtung zum Abschluß einer Haftpflichtversicherung, zur Buchführung einschließlich der Aufzeichnung von Daten über einzelne Geschäftsvorgänge sowie über die Auftraggeber,

d) die Unterrichtung der zuständigen Behörde durch Gerichte und Staatsanwaltschaften über rechtliche Maßnahmen gegen Gewerbetreibende und ihr Personal, das mit Bewachungsaufgaben betraut ist.
4. die Anforderungen und Verfahren festlegen, die zur Durchführung der Richtlinie 2005/36/EG des Europäischen Parlaments und des Rates vom 7. September 2005 über die Anerkennung von Berufsqualifikationen (ABl. EU Nr. L 255 S. 22, 2007 Nr. L 271 S. 18) Anwendung finden sollen auf Inhaber von in einem Mitgliedstaat der Europäischen Union oder eines Vertragsstaates des Abkommens über den Europäischen Wirtschaftsraum erworbenen Berufsqualifikationen, die im Inland das Bewachungsgewerbe vorübergehend oder dauerhaft ausüben möchten.

(3) Sofern zur Überprüfung der Zuverlässigkeit des Bewachungspersonals nach Absatz 1 Satz 4 von der zuständigen Behörde Auskünfte aus dem Bundeszentralregister nach § 30 Abs. 5, § 31 oder unbeschränkte Auskünfte nach § 41 Abs. 1 Nr. 9 Bundeszentralregistergesetz eingeholt werden, kann das Ergebnis der Überprüfung einschließlich der für die Beurteilung der Zuverlässigkeit erforderlichen Daten an den Gewerbetreibenden übermittelt werden.

(4) Die Beschäftigung einer Person, die in einem Bewachungsunternehmen mit Bewachungsaufgaben beschäftigt ist, kann dem Gewerbetreibenden untersagt werden, wenn Tatsachen die Annahme rechtfertigen, dass die Person die für ihre Tätigkeit erforderliche Zuverlässigkeit nicht besitzt.

(5) [1]Der Gewerbetreibende und seine Beschäftigten dürfen bei der Durchführung von Bewachungsaufgaben gegenüber Dritten nur die Rechte, die Jedermann im Falle einer Notwehr, eines Notstandes oder einer Selbsthilfe zustehen, die ihnen vom jeweiligen Auftraggeber vertraglich übertragenen Selbsthilferechte sowie die ihnen gegebenenfalls in Fällen gesetzlicher Übertragung zustehenden Befugnisse eigenverantwortlich ausüben. [2]In den Fällen der Inanspruchnahme dieser Rechte und Befugnisse ist der Grundsatz der Erforderlichkeit zu beachten.

Literatur: *G. Brauser-Jung/M. Lange*, Das neue Bewachungsgewerberecht auf dem Prüfstand, GewArch 2003, 224 ff.; *F. Hammer*, Private Sicherheitsdienste, staatliches Gewaltmonopol, Rechtsstaatsprinzip und „schlanker Staat", DÖV 2000, 613 ff.; *G. Haurand/J. Vahle*, Die gewerbliche Aufsicht über Detekteien und Bewachungsunternehmen, DVP 1994, 58 ff.; *C. Kassmann*, Zuverlässigkeitsermittlung bei Bewachungspersonal – Darf die Gewerbebehörde auf Erkenntnisse aus anhängigen oder eingestellten Strafverfahren zurückgreifen?, GewArch 2010, 236 ff.; *M. Lange*, Privates Sicherheitsgewerbe in Europa, 2002; *P. Marcks*, Neuerungen im Bewachungsgewerberecht, GewArch 1996, 133 ff.; *R. Pitschas*, Polizei und Sicherheitsgewerbe, 2000; *ders.*, Innere Sicherheit in der EU und europarechtliche Grundlagen des Sicherheitsgewerbes, NVwZ 2002, 519 ff.; *R. Pitschas/R. Stober*, Quo vadis Sicherheitsgewerberecht?; 1998; *F. Roggan*, Rechtsprobleme von privatisierter Sicherheit – Überlegungen zu einem verdrängten Phänomen, KJ 2008, 324 ff.; *J. Ruthig/K. Lehr*, Schwerpunktbereichsklausur – Öffentliches Wirtschaftsrecht: Bewachen will gelernt sein – Genehmigungspflicht und Sachkun-

§ 34a Titel II. Stehendes Gewerbe

denachweis des Gewerberechts, JuS 2007, 932 ff.; *U. Schönleiter*, Das neue Bewacherrecht, GewArch 2003, 1 ff.; *M. Schulte*, Gefahrenabwehr durch private Sicherheitskräfte im Lichte des staatlichen Gewaltmonopols, DVBl. 1995, 130 ff.; *R. Stober*, Staatliches Gewaltmonopol und privates Sicherheitsgewerbe, NJW 1997, 889 ff.; *ders.* (Hrsg.), Empfiehlt sich, das Recht des Privaten Sicherheitsgewerbes zu kodifizieren?, 2000; *ders.*, Zur Qualifizierung der privaten Sicherheitsdienste, GewArch 2002, 129 ff.; *F. Stollmann*, Zur Erlaubnispflichtigkeit von „Homesitting" und „Haushüter"-Agenturen, NWVBl. 1992, 421 ff.; *P. J. Tettinger*, Empfiehlt es sich, das Recht des Sicherheitsgewerbes zu kodifizieren?, NWVBl. 2000, 281 ff.; *J. Vahle*, Zur gewerberechtlichen Einordnung eines Kaufhausdetektivs, DVP 2000, 218; *ders.*, Der (Privat-)Detektiv im öffentlichen und privaten Recht, DVP 2005, 91 ff.

Übersicht

	Rdn.
I. Vorbemerkung	1
II. Voraussetzungen der Erlaubnispflicht (Abs. 1 S. 1)	8
1. Bewachung von Leben oder Eigentum fremder Personen	9
a) Bewachung als Gefahrenabwehr	11
b) Schutz	14
c) Nicht nur Nebenpflicht	19
2. Gewerbsmäßigkeit	21
a) Gewinnerzielungsabsicht	22
b) Selbständigkeit	23
III. Erlaubnis (Abs. 1 und 5)	24
1. Erlaubnisinhaber	24
2. Erlaubnisinhalt	25
3. Nebenbestimmungen (Abs. 1 S. 2)	31
4. Rechtsanspruch; Versagungsgründe (Abs. 1 S. 3)	32
a) Unzuverlässigkeit (Nr. 1)	33
b) Nachweis erforderlicher Mittel oder Sicherheiten (Nr. 2)	34
c) Unterrichtsnachweis (Nr. 3)	35
IV. Bewachungspersonal (Abs. 1 S. 4 und S. 5 und Abs. 4)	37
1. Anforderungen an das Bewachungspersonal (Abs. 1 S. 4 und 5)	37
2. Untersagung der Beschäftigung unzuverlässigen Bewachungspersonals (Abs. 4)	41
V. Durchführungsverordnung (Abs. 2)	45
VI. Übermittlung von Auskünften aus dem Bundeszentralregister (Abs. 3)	46
VII. Rechtsfolgen bei Pflichtverletzungen	47

I. Vorbemerkung

1 Infolge der Kriminalitätsentwicklung hierzulande und angesichts eines gesteigerten Bedrohungsgefühls der Bevölkerung ist in den letzten beiden Jahrzehnten geradezu ein Boom im Bereich des Bewachungsgewerbes zu verzeichnen. Hinzu kommen Tendenzen zur Privatisierung tradierter staatlicher Aufgaben der Gefahrenabwehr, die vor dem Hintergrund des Art. 33 IV GG verfassungsrechtliche Fragen auslösen und im Polizeirecht sub signo Durchbrechung des staatlichen Gewaltmonopols problematisiert werden (vgl.

statt vieler *Bracher* Gefahrenabwehr durch Private, 1987; *Mackeben* Grenzen der Privatisierung der Staatsaufgabe Sicherheit, 2004; *Mahlberg* Gefahrenabwehr durch gewerbliche Sicherheitsunternehmen, 1988; *Jeand'Heur* AöR 119 [1994], 107 ff.; *Rixen* DVBl. 2007, 221 ff.; *Schoch* Jura 2008, 672 [673]; *Schulte* DVBl. 1995, 130 ff.) Immerhin enthalten die ausdrücklich eingeräumten Notrechte wie
— auf strafrechtlicher Ebene Notwehr und Nothilfe (§ 32 StGB) sowie rechtfertigender und entschuldigender Notstand (§§ 34, 35 StGB)
— die Jedermann-Befugnis zur vorläufigen Festnahme eines auf frischer Tat Betroffenen oder Verfolgten gemäß § 127 StPO
— und die zivilrechtlichen Notrechte (§§ 227 ff., 859 f., 904 BGB) gesetzliche Tolerierungen situationsangepasster Durchbrechung des staatlichen Gewaltmonopols aus grundrechtlichen Erwägungen und ist die Bewachung des Lebens oder des Eigentums fremder Personen (Bsp.: Wach- und Schließgesellschaften) bereits seit dem Jahre 1927 – Einfügung eines § 34 a in die Gewerbeordnung durch Gesetz vom 7. 2. 1927 (RGBl. I S. 57) – als Gegenstand gewerblicher Betätigung anerkannt, womit bereits seit mehr als 80 Jahren eine Teil-„Ökonomisierung der inneren Sicherheit" erfolgt ist. In letzterem Kontext geht es in erster Linie um die in einem präventiven Erlaubnisverfahren verankerte Kontrolle der Sicherstellung möglichst hoher Qualitätsstandards im privaten Sicherheitsgewerbe.

Empfehlungen, das gesamte **Sicherheitsgewerberecht** zu kodifizieren, sind vor allem auch in diesem Zusammenhang zu sehen (vgl. *Tettinger* NWVBl. 2000, 281 ff.; *Stober* [Hrsg.] Empfiehlt es sich, das Recht des Privaten Sicherheitsgewerbes zu kodifizieren?, 2000). Bevor man aber weiterreichende rechtspolitische Überlegungen anstellt, sollte man sich mit aller Sorgfalt über das bestehende Normengefüge und die in Lit. u. Rspr. verfolgten Interpretationslinien vergewissern. Auch die Erfahrung aus anderen Gebieten des Wirtschaftsverwaltungsrechts zeigt übrigens, dass die Probleme vielfach weniger in einem Normendefizit als in konsequenter Normenumsetzung und deren Sicherstellung durch behördliche Kontrolle liegen.

Das statistische Bundesamt zählte im Jahre 2006 in Deutschland etwa 2 400 **2** Wach- und Sicherheitsunternehmen mit geschätzten 129 000 Beschäftigten, die einen Umsatz von rund 3, 8 Mrd. Euro erwirtschafteten (vgl. auch die Angaben bei *Schönleiter* GewArch 2003, 1 [2]).

§ 34 a wurde zunächst durch Gesetz vom 28. 10. 1994 (BGBl. I S. 3186) **3** neu gefasst (dazu *Marcks* GewArch 1996, 133 ff.). Die Änderungen des wenig später verabschiedeten Gesetzes vom 23. 11. 1994 (BGBl. I S. 3479) bezogen sich noch auf die vorherige Fassung des § 34 a und waren daher gegenstandslos. Zuletzt wurden die Anforderungen an das **Bewachungsgewerbe** durch Gesetz vom 23. 7. 2002 (BGBl. I S. 2724) verschärft und sodann durch Gesetz vom 11. 10. 2002 (BGBl. I S. 3970) gleich wieder gelockert. Bisweilen scheint beim bundesdeutschen Regulierungsstakkato selbst der Gesetzgeber den Überblick zu verlieren (vgl. auch *Kollmer* NJW 1997, 1131). Die jüngste Novellierung betraf lediglich die Bezeichnung des Verordnungsgebers in Abs. 2 (Neunte ZuständigkeitsanpassungsVO vom 31. 10. 2006, BGBl. I S. 2407).

4 Die durch § 34 a I 1 begründete Erlaubnispflicht ist mit Art. 12 I, 3 I GG vereinbar (*OLG Düsseldorf* GewArch 1998, 199). Art. 12 I GG gebietet eine sorgfältige Anwendung des Verhältnismäßigkeitsgrundsatzes unter maßgeblicher Berücksichtigung der Umstände des Einzelfalles (*VG Neustadt* GewArch 2008, 121 [122]).

5 Nach den terroristischen Anschlägen von New York und Washington am 11. 9. 2001 ist weltweit und auch hierzulande eine Veränderung der Sicherheitsphilosophie zu beobachten, die weite Teile der Rechtsordnung, so auch das Gewerberecht, erfasst. Daher kann es nicht verwundern, dass im Jahre 2002 durch die genannten Gesetze die Anforderungen an im Bewachungsgewerbe arbeitende Personen sowie deren Befugnis zum Führen von Schusswaffen restriktiver gefasst wurden. Sicherheit wird zu einem immer umfassenderen Querschnittsthema und zieht sich – befördert durch eine neue angespannte globale Sicherheitslage – durch alle Bereiche des deutschen Wirtschaftsrechts.

6 Darüber hinaus bewirken grenzüberschreitende Aktivitäten des Sicherheitsgewerbes in Europa und das Selbstverständnis der EU als „Raum der Freiheit, der Sicherheit und des Rechts" (vgl. Art. 67 AEU), dass zunehmend auch **europäisches Unionsrecht** auf diesem Felde Bedeutung gewinnt (vgl. dazu *Pitschas* NVwZ 2002, 519 ff.; *Lange* Privates Sicherheitsgewerbe in Europa, 2002), wenngleich das Recht des Sicherheitsgewerbes bislang nicht harmonisiert worden ist. Die Dienstleistungsrichtlinie (vgl. Einl. Rdn. 125) gilt nicht für das Sicherheitsgewerbe (Art. 2 Nr. 2 lit. k RL 2006/123/EG; dazu *Höfling*, in: Friauf, § 34 a Rdn. 22). Dementsprechend ist auch § 13 b nicht anwendbar (siehe § 13 b III sowie dort Rdn. 22). Anwendbar sind jedoch die **Grundfreiheiten**. Der *EuGH* hat sich im Urteil vom 26. 1. 2006 (C-514/03, GewArch 2006, 117) mit Vorschriften des spanischen Rechts für private Sicherheitsunternehmen befasst und u. a. Folgendes ausgeführt: Der ordre public - Vorbehalt des Art. 46 EG (= Art. 52 AEU) sei nicht einschlägig (Tz. 28). Wenn das nationale Recht ein ausländisches Unternehmen oder dessen Personal einer nationalen Erlaubnispflicht unterwerfe, sei dies ein Eingriff in die Grundfreiheiten (Dienstleistungs-, Niederlassungsfreiheit, Tz. 55 f.), der nicht gerechtfertigt sei, wenn das nationale Recht nicht die Möglichkeit vorsehe, die Anforderungen zu berücksichtigen, die das Unternehmen und sein Personal bereits in ihrem Herkunftsmitgliedstaat erfüllten (Tz. 57). Darüber hinaus erinnert der *EuGH* an die RL 92/51/EWG des Rates vom 18. 6. 1992 über die zweite allgemeine Regelung zur Anerkennung beruflicher Befähigungsnachweise in Ergänzung zur Richtlinie 89/48/EWG (ABl. EG Nr. L 209 vom 24. 7. 1992, S. 25, ber. ABl. EG Nr. L 17 vom 25. 1. 1995, S. 20; Tz. 63); diese ist mittlerweile durch die **Berufsanerkennungsrichtlinie** (RL 2005/36/EG; dazu Einl. Rdn. 123) ersetzt worden. Zudem hat der *EuGH* mehrmals entschieden, dass das Erfordernis der inländischen Staatsangehörigkeit für private Sicherheitskräfte nicht mit dem Gemeinschaftsrecht vereinbar ist (*EuGH* EuZW 1999, 125 [126]; EuZW 2000, 344 [346]; EuZW 2001, 603 [604 f.]).

7 Für **Bewachungsgewerbetreibende aus dem EU-/EWR-Ausland** bedeutet dies: Wenn sie dauerhaft Bewachungsdienstleistungen in Deutschland erbringen, sich also hier niederlassen wollen, benötigen sie die Gewerbeerlaubnis nach § 34 a (*Marcks*, in: Landmann/Rohmer I, § 34 a Rdn. 19). **§ 13 b** ist nicht anwendbar (Rdn. 6). Ausländische Befähigungsnachweise werden im Rahmen von § 5 e BewachV anerkannt; es kann freilich eine ergänzende Unterrichtung nötig sein – namentlich mit Blick auf die rechtlichen Bezüge und ggf. auch auf den „Umgang mit Menschen" (Anlagen 3 und 5 zur BewachV; vgl. *Schönleiter/Stenger* GewArch 2009, 294 [295]). Bei einer nur vorübergehenden grenzüberschreitenden Erbringung von Bewachungsdienstleistungen greift nicht § 4; es gelten **§ 13 a** GewO (siehe dort insb. Abs. 5 Nr. 3) sowie § 5 f BewachV: Eine Erlaubnis nach § 34 a ist – es geht vorliegend um die Ausübung der Dienstleistungsfreiheit – nicht nötig. Erforderlich kann aber eine Eignungsprüfung sein (§ 13 a III; dort Rdn. 26 ff.).

II. Voraussetzungen der Erlaubnispflicht (Abs. 1 S. 1)

Erlaubnispflichtig gem. § 34 a I 1 ist das Bewachungsgewerbe, d. h. das **8** gewerbsmäßige Bewachen von Leben oder Eigentum. § 34 a gilt nur für das stehende Gewerbe (*Marcks*, in: Landmann/Rohmer I, § 34 a Rdn. 15; siehe aber § 55 a I Nr. 7) und nur für eine Bewachungstätigkeit innerhalb des Bundesgebiets (*Schönleiter* GewArch 2004, 57 [60]).

1. Bewachung von Leben oder Eigentum fremder Personen

Über den Wortlaut des § 34 a I 1 hinaus sind nicht nur Leben und Eigentum **9** Schutzgüter des Bewachungsgewerbes, sondern auch Leib, Freiheit und Besitz. Bewachung ist damit der personal und aktiv in tätiger Obhut zu leistende Schutz von Leib, Leben, Freiheit, Eigentum und Besitz fremder Personen vor Gefahren (vgl. *OVG RhPf.* GewArch 1988, 270 f.; *Höfling*, in: Friauf, § 34 a Rdn. 24 ff.; *Marcks*, in: Landmann/Rohmer I, § 34 a Rdn. 7, 9). Nicht erlaubnispflichtig ist der Einsatz eigenen Überwachungspersonals zum Schutze des eigenen Eigentums (z. B. unternehmensinterner Wachdienst); dann gelten für das eingesetzte Personal auch die Erfordernisse der Unterrichtung und Sachkunde (§ 34 a I 3 Nr. 3 u. 5) nicht (dazu *Fischer* GewArch 2005, 62 [64]). Wird jedoch die Bewachungsleistung einem Drittunternehmen übertragen, besteht für den Dritten die Erlaubnispflicht nach § 34 a, selbst dann, wenn das vom Dritten abgestellte Wachpersonal vollständig in die Betriebsabläufe des zu bewachenden Unternehmens eingegliedert wird (*Schönleiter* GewArch 2004, 57 [60]).

Nicht erlaubnispflichtig sind ferner sonstige sicherheitsrelevante Service- **10** dienstleistungen wie z. B. Empfangsdienste, Aufzugsnotdienste, Facilitymanagement etc., die oftmals im Verbund mit Bewachungsdienstleistungen angeboten werden (*Brauser-Jung/Lange* GewArch 2003, 224).

a) Bewachung als Gefahrenabwehr. Strittig ist, ob Bewachung i. S. d. **11** § 34 a lediglich den Schutz vor Angriffen Dritter erfasst (so *Marcks*, in: Landmann/Rohmer I, § 34 a Rdn. 7) oder auch die Bewahrung vor Gefahren, die in der zu bewachenden Person oder Sache selbst wurzeln oder die durch Naturereignisse drohen (*OVG RhPf.* GewArch 1988, 270 [271]; *Fröhler/Kormann* § 34 a Rdn. 1). Dem Wortsinn nach bedeutet Bewachen in Wahrneh-

§ 34a Titel II. Stehendes Gewerbe

mung einer Obhutsfunktion ein Aufpassen darauf, dass nichts geschieht, was aus der Sicht des zu Schützenden nicht geschehen soll oder nicht erlaubt ist (*OVG RhPf.* aaO; *OLG Köln* GewArch 1994, 22 [23]; *Höfling*, in: Friauf, § 34 a Rdn. 37). Bewachung ist deshalb auch eine Abschirmung gegenüber Naturereignissen, Unglücksfällen, Krankheiten, Suizidneigungen etc.

12 Bloße Fürsorge- und Pflegedienste sind keine Bewachung. Daher unterfällt das **Baby-Sitting** nicht § 34 a (*Höfling*, in: Friauf, § 34 a Rdn. 31). Beim Baby-Sitting fehlt es im Übrigen zumeist an der Gewerbsmäßigkeit.

13 Bewachung kann demgegenüber durchaus die Übernahme von **Ordnungsdiensten** durch einen Dritten bei Rock-Konzerten, Sportveranstaltungen u. Ä. sein: Die Ordner sollen auch die Gäste vor Tätlichkeiten anderer Gäste, die Sportler vor angreifenden Zuschauern schützen. Sind die Ordnungskräfte aber Angestellte des Konzertveranstalters, ist in dem Ordnungsdienst nur die Erfüllung einer Nebenpflicht zu sehen, die nicht der Erlaubnispflicht nach § 34 a unterfällt (unten Rdn. 19).

14 **b) Schutz.** Die Obhutsfunktion unterscheidet das Bewachungsgewerbe vom Überwachungsgewerbe (reine Detekteien; vgl. insoweit § 38 Nr. 2).

15 Erforderlich ist eine **personale Obhutstätigkeit** (*Jungk/Deutschland*, in: BeckOK, § 34 a Rdn. 5; *Fischer* GewArch 2006, 109 [112]), d. h. eine menschliche Tätigkeit, welche sich aber durchaus auch technischer Hilfe bedienen kann (etwa durch Einsatz von Überwachungskameras). Bloße Raumüberlassung – z. B. Stahlschrankvertrag, **Schließfachmiete** – reicht nicht aus. Obhutstätigkeit unter gleichzeitiger Raumüberlassung ist aber Bewachung. Dies kann etwa bei bewachten Parkplätzen der Fall sein. Keine Bewachung ist aber durchweg die Überlassung von **PKW-Einstellplätzen**. Dies gilt zunächst bei sog. unbewachten Parkplätzen, aber u. U. auch bei beaufsichtigten Parkplätzen, bei denen vertraglich die Haftung für Schäden oder Verlust zumeist gerade ausgeschlossen und ein reiner Einstell-Vertrag mit bloßer Platzüberlassung geschlossen wird (vgl. *Marcks*, in: Landmann/Rohmer I, § 34 a Rdn. 11). Wird Bewachung geschuldet, kann aber Bewachung i. S. d. § 34 a I 1 bejaht werden, sofern die übrigen Voraussetzungen erfüllt sind.

16 Nur die **tätige Obhut** ist Bewachung. Verlangt wird eine aktive Tätigkeit, z. B. die Beaufsichtigung von gewisser Dauer oder eine in kürzeren Intervallen wiederkehrende Kontrolle (*Marcks*, in: Landmann/Rohmer I, § 34 a Rdn. 9; *Fischer* GewArch 2006, 109 [112]). Daran fehlt es bei den sog. **Haushüter-Agenturen,** die das Grundstück des Auftraggebers täglich ein- oder zweimal für kurze Zeit aufsuchen, den Briefkasten leeren, Rollos hoch- oder hinunterlassen u. Ä. (*Höfling*, in: Friauf, § 34 a Rdn. 29a; **a. A.** *Stollmann* NWVBl. 1992, 421 [423]). Bewachung ist hingegen zu bejahen bei der kontinuierlichen Überwachung von Geschäftshäusern durch Wach- und Schließgesellschaften, wenn die Kontrollen in kürzeren Abständen erfolgen (*Marcks*, in: Landmann/Rohmer I, § 34 a Rdn. 11).

17 Bewachung ist zu verneinen bei dem sog. **Home-Sitting.** Home-Sitter wohnen während der Abwesenheit des Eigentümers in dessen Haus, nehmen Telefonanrufe entgegen, pflegen den Garten etc. Dadurch sollen zwar u. a. Einbrecher abgeschreckt werden. Dies erfolgt aber durch schlichte regelmäßige Anwesenheit i. S. v. Bewohnen, ohne dass der Home-Sitter dem Eigen-

tümer üblicherweise noch eine darüber hinausreichende Bewachung schuldet (ebenso *OVG RhPf.* GewArch 1988, 270 [271]; *VG Koblenz* GewArch 1988, 86 [87]; *Höfling,* in: Friauf, § 34 a Rdn. 28; *Jungk/Deutschland,* in: BeckOK, § 34 a Rdn. 7; **a. A.** *Marcks,* in: Landmann/Rohmer I, § 34 a Rdn. 13; *Stollmann* NWVBl. 1992, 421 [423]). Bewachung ist aber zu bejahen, wenn private Sicherheitsdienste rund um die Uhr ganze Wohnviertel sichern und kontrollieren (*Jungk/Deutschland,* in: BeckOK, § 34 a Rdn. 8; *Haurand/Vahle* DVP 1994, 58 [59]).

Kein Schutz in Gestalt von Bewachung liegt bei schlichter Beobachtung 18 vor, wenn also nach der getroffenen Abrede bei Gefahreintritt der Beobachter nicht eingreifen soll; dann fehlt es an der originären Schutzfunktion (*BayObLG* GewArch 1982, 128). Bewachung liegt aber vor, wenn ein Kaufhausdetektiv einen Ladendieb zunächst beobachten und erst bei hinreichend eindeutiger Beweislage – etwa nach Passieren der Kassenzone – zugreifen soll; dieses Verhalten dient dann nicht nur der Überführung von Tätern, sondern auch und im Wesentlichen dem präventiven Eigentumsschutz (*OVG Nds.* GewArch 1999, 415 f.; *BVerwG* GewArch 2000, 67; *OLG Köln* GewArch 1994, 22 [23]; **a. A.** *OLG Zweibrücken* NVwZ 1987, 448).

c) Nicht nur Nebenpflicht. Die Bewachung muss tätigkeitsprägende 19 Hauptpflicht und darf nicht nur Nebenpflicht aus einem anderen Vertragsverhältnis sein (*Höfling,* in: Friauf, § 34 a Rdn. 40). Keine Bewachung im hier maßgeblichen Sinne liegt daher bei einer **Theatergarderobe** oder einer ausschließlich Gästen vorbehaltenen Tiefgarage eines Hotels vor (*Jungk/Deutschland,* in: BeckOK, § 34 a Rdn. 12). In derartigen Fällen benötigen Theater- oder Hotelbetreiber keine Erlaubnis nach § 34 a I 1. Wird ein **Parkplatz** aber nicht nur Gästen bzw. Kunden, sondern auch Dritten zur Verfügung gestellt, so kann Bewachung vorliegen. Dies kommt etwa bei bewachten Kaufhausparkhäusern in Betracht (*Haurand/Vahle* DVP 1994, 58 [60]; vgl. aber Rdn. 15).

Abweichendes gilt freilich, wenn ein Dritter für das Theater, Hotel oder 20 Kaufhaus die Bewachung von Garderobe oder PKW übernimmt: Dann ist der Dritte u. U. erlaubnispflichtig nach § 34 a I 1, nicht aber der Betreiber des Theaters etc.

2. Gewerbsmäßigkeit

Gewerbsmäßigkeit setzt u. a. Gewinnerzielungsabsicht und Selbständigkeit 21 voraus (§ 1 Rdn. 12 ff., 27 ff.).

a) Gewinnerzielungsabsicht. Erfasst ist nicht nur die entgeltliche Bewa- 22 chung. Auch **unentgeltliche Bewachung** kann gewerbsmäßig betrieben werden, wenn sich der Unternehmer dadurch eine sonstige Gewinnsteigerung erhofft (oben § 1 Rdn. 17). Dies kommt etwa in Betracht bei bewachten Parkplätzen für Kaufhäuser, wenn deren Nutzung für Kunden entweder von vornherein unentgeltlich ist oder das Entgelt mit dem Kaufpreis für erstandene Waren abgegolten ist (*Marcks,* in: Landmann/Rohmer I, § 34 a Rdn. 14); § 34 a greift bei Kundenparkplätzen freilich nur dann, wenn auch seine übrigen Voraussetzungen erfüllt sind (oben Rdn. 15, 19).

23 **b) Selbständigkeit.** Nicht selbständig sind die Personen, die als abhängig Beschäftigte die Bewachung von Räumlichkeiten ihres Arbeitgebers übernehmen (z. B. Werkschutz). Entsprechendes gilt für Kaufhausdetektive: Zählen sie zum Personal des Kaufhauses, unterfallen sie nicht § 34 a. Sind sie selbständig tätig, benötigen sie – bei Vorliegen der übrigen Voraussetzungen – die Erlaubnis nach § 34 a. Sind sie bei einer Agentur beschäftigt, welche für den Kaufhausbetreiber die Bewachung übernimmt, ist diese erlaubnispflichtig. Schließt die Agentur mit dem Kaufhausbetreiber einen Arbeitnehmerüberlassungsvertrag, sodass der Kaufhausdetektiv zwar Beschäftigter der Agentur ist, aber vollständig den Weisungen des Kaufhausbetreibers unterliegt, ist er dem Kaufhauspersonal gleichzustellen – mit der Folge, dass die Agentur keine Erlaubnis nach § 34 a benötigt, sofern auch sonst die Voraussetzungen der Erlaubnispflichtigkeit nicht gegeben sind (vgl. *BAG* GewArch 1979, 244 [246]; *BayObLG* GewArch 1982, 128; *Jungk/Deutschland*, in: BeckOK, § 34 a Rdn. 17). Bei der Arbeitnehmerüberlassung im Allgemeinen ist die Agentur daher nur erlaubnispflichtig, wenn der Entleiher gewerbsmäßig fremdes Leben und Eigentum schützt, wie dies bei der Arbeiterüberlassung an Bewachungsunternehmen immer der Fall ist (*Schönleiter/Draxler* GewArch 2009, 19 [23]).

III. Erlaubnis (Abs. 1 und 5)

1. Erlaubnisinhaber

24 Die Erlaubnis ist personenbezogen und nicht übertragbar; zur Stellvertretung siehe § 47. Sie kann natürlichen und juristischen Personen erteilt werden, auch ausländischen juristischen Personen. Bei nicht-rechtsfähigen Personenmehrheiten (insb. oHG, KG) muss jeder der geschäftsführenden Gesellschafter eine Erlaubnis einholen; die Gesellschaft als solche kann nicht Erlaubnisnehmerin sein (oben § 1 Rdn. 76, § 14 Rdn. 81).

2. Erlaubnisinhalt

25 Die Erlaubnis ist nicht an einen bestimmten Bewachungsbetrieb gebunden und wird, sofern nichts anderes beantragt wird, ohne Einschränkung auf bestimmte Bewachungsobjekte erteilt. Allerdings kann eine Einschränkung des Antrages zweckmäßig sein, um den Nachweis der für den Gewerbebetrieb erforderlichen Mittel oder Sicherheiten zu erleichtern (*Marcks*, in: Landmann/Rohmer I, § 34 a Rdn. 21; *Höfling*, in: Friauf, § 34 a Rdn. 60; vgl. auch Rdn. 34).

26 In räumlicher Hinsicht ist die Erlaubnis unbeschränkt, gilt also in ganz Deutschland (näher *Marcks*, in: Landmann/Rohmer I, § 34 a Rdn. 18).

27 Die Erlaubnis berechtigt zum Betrieb eines Bewachungsgewerbes und ermöglicht ein weites Spektrum von Tätigkeiten (Fahrzeug- und Gebäudebewachung, Schutz militärischer Anlagen, Veranstaltungsdienst, Fluggastkontrolle, Geld- und Werttransporte, Personenschutz). Wie seit der Änderung durch Gesetz vom 23. 7. 2002 (BGBl. I S. 2724) auch Abs. 5 explizit klarstellt, finden die privaten und damit auch gewerblichen Bewachungsbefug-

Bewachungsgewerbe **§ 34a**

nisse ihre Grenze im **staatlichen Gewaltmonopol**; dies freilich nur soweit, wie es seine verfassungsrechtliche Verankerung gefunden hat (vgl. Art. 33 IV GG; dazu näher *BVerfGE* 69, 315 [360]; *Merten* Rechtsstaat und Gewaltmonopol, 1975; *Isensee*, FS Sendler, 1991, S. 39 ff.; *Jungk/Deutschland*, in: BeckOK, § 34 a Rdn. 22; *Tettinger* NWVBl 2000, 281 [282 f.]).

In **Abs.** 5 angesprochene punktuelle spezialgesetzliche Beleihungstatbestände wie in § 5 V LuftSiG für Personenkontrollen in Flughäfen sind daher legitim (vgl. zu § 29 c LuftVG a. F. *Schönleiter* GewArch 2003, 1 [2]). Daneben stehen die des Weiteren aufgeführten individualvertraglich übertragenen Selbsthilferechte sowie die sog. Jedermann-Rechte. 28

Die Bewachungsdienste können sich damit jedenfalls durchgängig auf die Privaten von der Rechtsordnung generell zugebilligten straf- und zivilrechtlichen **Notwehr- und Notstandsvorschriften** (vgl. §§ 32, 34, 35 StGB, §§ 227 ff., 904 BGB) berufen (näher *Marcks*, in: Landmann/Rohmer I, § 34 a Rdn. 42; *Schulte* DVBl. 1995, 130 [133 ff.]; *Stober* GewArch 2002, 129 [134 f]; *Hammer* DÖV 2000, 613 [619 f]). Damit ist aber in Abs. 5 S. 1 nur gesetzlich klargestellt, was bislang ohnedies anerkannt war. Ob der zweite Satz, wonach im Falle der Inanspruchnahme vorgenannter Rechte der Grundsatz der Erforderlichkeit zu beachten ist, eine neue zusätzliche Anforderung darstellt (ablehnend *Schönleiter* GewArch 2003, 1 [2]; zum bisherigen Streitstand *Brauser-Jung/Lange* GewArch 2003, 224 [230 Fn. 60]), ist so sicher nicht. Schließlich enthalten die klassischen Nothilfe-Tatbestände diese Restriktion ohnehin. Beliehene haben darüber hinaus auch den Grundsatz der Verhältnismäßigkeit i. e. S. zu beachten. Die gesetzliche Regelung kann daher auch Verwirrung stiften (für ein Streichung *Stober* GewArch 2002, 129 [135]). 29

Gem. **§ 28 WaffenG** wird bei einem Bewachungsunternehmer gem. § 34 a ein Bedürfnis zum Erwerb, Besitz und Führen anerkannt, wenn er glaubhaft macht, dass Bewachungsaufträge wahrgenommen werden oder werden sollen, die aus Gründen der Sicherung einer gefährdeten Person oder eines gefährdeten Objektes Schusswaffen erfordern (dazu *VGH BW* NVwZ-RR 2010, 352 Ls.). Ein durch Gesetz vom 23. 7. 2002 (BGBl I S. 2724) in § 34 a eingefügter **Abs. 6**, der das Überlassen von Waffen im Rahmen privater Sicherheitsdienstleistungen betraf, war inhaltlich identisch mit § 28 WaffenG und wurde durch Art. 9 u. 19 des Gesetzes vom 11. 10. 2002 (BGBl I S. 3970) mit Wirkung dessen Inkrafttreten zum 1. 4. 2004 aufgehoben. Zum **Schusswaffengebrauch** im Bewachungsgewerbe siehe § 13 II BewachV sowie *Fuchs* GewArch 1998, 60 (61). 30

3. Nebenbestimmungen (Abs. 1 S. 2)

Die Erlaubnis kann mit Auflagen – auch nachträglich – verbunden werden, soweit dies zum Schutz der Allgemeinheit oder der Auftraggeber erforderlich ist. 31

Auflagen, die den genannten Zwecken dienen und verhältnismäßig sind, können sich insb. auf die Erlaubnisvoraussetzungen des S. 3 beziehen, z. B. auf die Höhe der Betriebsmittel oder Sicherheiten.

Auflagen zu anderen Zwecken und andere Nebenbestimmungen sind nur in den engen Grenzen des § 36 I 2. Var. VwVfG zulässig.

4. Rechtsanspruch; Versagungsgründe (Abs. 1 S. 3)

32 Auf die Erteilung der Erlaubnis besteht ein **Rechtsanspruch**, sofern nicht die – abschließenden – Versagungsgründe des S. 3 vorliegen. Die dort enthaltenen unbestimmten Gesetzesbegriffe unterliegen vollständiger gerichtlicher Überprüfung. Maßgeblicher Zeitpunkt für das Vorliegen der Erlaubnisvoraussetzungen ist derjenige der letzten mündlichen Tatsachenverhandlung (*VG München* GewArch 2010, 207).

33 a) **Unzuverlässigkeit (Nr. 1).** Zum Begriff der Zuverlässigkeit siehe § 35 Rdn. 27 ff. Die Annahme fehlender Zuverlässigkeit ist insb. bei einschlägigen – und berücksichtigungsfähigen (§§ 51 f. BZRG; vgl. § 33 c Rdn. 43 ff. sowie *VG Neustadt* GewArch 2008, 121 [123]; *Fischer* GewArch 2006, 109 [112]) – Strafverurteilungen gerechtfertigt, so bei Verurteilung wegen Körperverletzungs-, Eigentums- oder Vermögensdelikten oder wegen Weitergabe von Betriebs- oder Geschäftsgeheimnissen etc. (siehe z. B. *VG München* Urteil vom 30. 2. 2010 – M 16 K 09.5569, juris Rdn. 19). Auch Straftaten aus dem privaten Lebensbereich können die Zuverlässigkeit entfallen lassen, z. B. wenn zu befürchten ist, dass der Gewerbetreibende zu Gewalttätigkeiten neigt (vgl. *VG Neustadt* GewArch 2008, 121 [122]). Die Insolvenz des Geschäftsführers lässt die Zuverlässigkeit einer juristischen Person als Gewerbetreibenden im Grundsatz unberührt (*VG München* GewArch 2010, 207; vgl. § 35 Rdn. 96). Unzuverlässig ist auch der Gewerbetreibende, der nicht in der Lage ist, für die Einhaltung der Bewachungsvorschriften durch seine Mitarbeiter zu sorgen (*Stober* NJW 1997, 889 [893]). Eine über das Unterrichtet- und Vertrautsein nach Nr. 3 hinausreichende Sachkunde kann jedoch nicht über den Umweg der Nr. 1 – Sachkunde als Voraussetzung der Zuverlässigkeit – verlangt werden (*Höfling*, in: Friauf, § 34 a Rdn. 68).

34 b) **Nachweis erforderlicher Mittel oder Sicherheiten (Nr. 2).** Diese Vorschrift dient dem Schutz des Kundenvermögens (*Kramer* Der Schutz des Kundenvermögens durch die Gewerbeordnung, 1997, S. 32 f.). Bei der Bemessung der Höhe der erforderlichen Mittel oder der entsprechenden Sicherheiten hat die Behörde eine Beschränkung des Antrages auf den Schutz einzelner Objekte/Personen zu berücksichtigen.

35 c) **Unterrichtungsnachweis (Nr. 3).** Nach Nr. 3 muss der Antragsteller durch eine Bescheinigung einer IHK nachweisen, dass er über die für die Ausübung des Gewerbes notwendigen rechtlichen Vorschriften unterrichtet worden ist und mit ihnen vertraut ist. Die Einzelheiten zu Unterrichtung und Nachweis sind in §§ 1 bis 5 der **Bewachungsverordnung** vom 10. 7. 2003 (BGBl. I S. 1378) geregelt (dazu näher *Marcks* GewArch 1996, 133 [134 ff.]). Die Unterrichtung ist nur als eine **erste Information** über die für das Bewachungsgewerbe relevanten Rechtsvorschriften und Verhaltensregeln zu verstehen. Es handelt sich nicht um die Vermittlung eigentlicher Fachkunde. Nr. 3 verlangt auch keinen Fachkundenachweis, obwohl dieser von der Interessenvertretung des Wach- und Sicherheitsgewerbes gewünscht wird (*Marcks* GewArch 1996, 133 [134]; zur verfassungsrechtlichen Problematik von Befähigungsnachweisen siehe *Ziekow*, in: Peter/Rhein, Wirtschaft und Recht, 1989, 100 ff.).

Bewachungsgewerbe § 34a

Der Unterricht wird von den Industrie- und Handelskammern – ggf. unter 36
Hinzuziehung externer Referenten – durchgeführt; die Mindestdauer beträgt
bei den Gewerbetreibenden 40 Einheiten zu je 45 Minuten, bei dem beschäftigen Bewachungspersonal 24 Einheiten. Eine Prüfung schließt sich an den Unterricht nicht an. Das gem. Nr. 3 erforderliche „Vertrautsein" muss also – soll es sich nicht lediglich um eine Art „Sitzschein" handeln, der im Ergebnis einer Farce nahe kommt (*Stober* NJW 1997, 889 [895]) – während des Unterrichts festgestellt werden, etwa durch mündliche oder schriftliche Prüfungsfragen oder auch mit Hilfe von multiple-choice-Tests (*Marcks* GewArch 1996, 133 [135]; ähnlich *Jungk/Deutschland*, in: BeckOK, § 34 a Rdn. 38: mündliche und schriftliche Verständnisfragen). Ansonsten würde den deutlichen Formulierungsunterschieden zwischen dieser Anforderung und derjenigen in § 4 I Nr. 4 GastG zur Unterrichtung über die notwendigen lebensmittelrechtlichen Kenntnisse („mit ihnen als vertraut gelten kann") nicht hinreichend Rechnung getragen. Hier bietet also das geltende Recht bereits Ansatzpunkte für eine weniger risikobehaftete Verifikation und auch Extension von fachlichen Anforderungen durch einschlägige rechtspolitische Aktivitäten.

IV. Bewachungspersonal
(Abs. 1 S. 4 und S. 5 und Abs. 4)

1. Anforderungen an das Bewachungspersonal
(Abs. 1 S. 4 und 5)

Der Gewerbetreibende darf mit der Durchführung von Bewachungsaufga- 37
ben nur Personen beschäftigen, die ihrerseits zuverlässig und mit den notwendigen rechtlichen Vorschriften nach Unterrichtung vertraut sind. Durch diese Vorschrift wird letztlich das Erfordernis der **Zuverlässigkeit** auf die Mitarbeiter des Gewerbetreibenden ausgedehnt (*Stober* NJW 1997, 889 [894]). Unzuverlässig sind Mitarbeiter insb. dann, wenn sie wiederholt die ihnen zustehenden Befugnisse überschreiten. Sie dürfen keine Hoheitsbefugnisse beanspruchen und im Rahmen der Bewachung allenfalls professionelle Nothilfe ausüben (*Stober* NJW 1997, 889 [894]; siehe zu den einschlägigen Vorschriften oben Rdn. 27). Eine unzulässige Rechtsüberschreitung wäre es etwa, würden zwangsweise Bettler vertrieben, die sich im öffentlichen Verkehrsraum vor ein Geschäft gesetzt haben und dabei keine individuelle Hausrechtsverletzung begehen.

Der durch Gesetz vom 23. 7. 2002 eingefügte S. 5 verlangt von dem Bewa- 38
chungspersonal, welches die dort genannten Bewachungstätigkeiten konkret ausführt, die Absolvierung einer **Sachkundeprüfung**, nicht dagegen von dem Gewerbetreibenden selbst (*Schönleiter* GewArch 2003, 1 [3]; *Marcks* in: Landmann/Rohmer, § 34 a Rdn. 31). Die Sachkundeprüfung wird von der IHK durchgeführt (§ 5 b BewachV). Schulungen zur Vorbereitung auf die Prüfung kann – anders als bei der Durchführung der Unterrichtung (Rdn. 36) jedermann anbieten (*Fischer* GewArch 2005, 62 [64]).

Unter den öffentlichen Verkehrsraum i. S. d. Nr. 1 fallen beispielsweise Bahnhöfe oder City-Areale, Bereiche, welche bislang nur zurückhaltend

§ 34a Titel II. Stehendes Gewerbe

durch private Sicherheitsunternehmer bewacht wurden (*Stober* GewArch 2002, 129 [133]). Dem Schutz vor Ladendieben nach Nr. 2 dienen von gewerblichen Bewachungsunternehmen angestellte Kaufhausdetektive (siehe Rdn. 18). Unter Nr. 3 fallen Türsteher vor Diskotheken, sofern sie nicht durch diese, sondern durch ein Bewachungsunternehmen angestellt sind. Daraus wird deutlich, dass ansonsten in einer bloßen Zugangskontrolle keine Bewachungstätigkeit zu sehen ist. Keiner Sachkundeprüfung bedürfen daher in der Regel
- Geld- und Werttransportbegleiter
- Pfortendienst, soweit eine Zugangskontrolle und nicht nur reine Informationsvergabe vorgenommen wird
- Bewachungspersonal direkt vor der Bühne (z. B. zum Schutz der Musiker)
- der „Revierwachmann" nach Dienstschluss in verschlossenen öffentlichen Gebäuden und in und um abgezäunten Firmengebäuden
- Personenschützer unabhängig vom öffentlichen oder nichtöffentlichen Verkehrsraum
- der Museumswächter
- Personen, die im Eingangsbereich von Kaufhäusern bewachend tätig sind, gleichwohl keine Funktion für den Schutz vor Ladendieben wahrnehmen (so zutr. *Schönleiter* GewArch 2003, 1 [4]),
- Personen, welche die Einlasskontrolle bei Fest- und Bierzelten durchführen (keine Analogie zu „Diskothek", da S. 5 Nr. 3 als Ausnahmevorschrift zu verstehen und deshalb nicht erweiterungsfähig sei, so *Bund-Länder-Ausschuss „Gewerberecht"*, zit. nach *Schönleiter/Böhme* GewArch 2007, 108 [112]).

39 Hintergrund der Pflicht ist im Falle der Nr. 1 die für Dritte zu Tage tretende Ähnlichkeit zum Tätigkeitsbild des hoheitlich handelnden Polizisten, im Falle der Nrn. 2 und 3 die besonders nahe liegende Neigung bei diesen Bewachungstätigkeiten zu Konflikten mit Dritten, welche zum einen eine Kenntnis der Grenzen der bestehenden Befugnisse (vgl. Abs. 5; Rdn. 29) und zum anderen ein Wissen über Konfliktbewältigungsstrategien voraussetzen.

40 Die Voraussetzungen des Abs. 1 S. 4 und 5 müssen spätestens dann vorliegen, wenn der Beschäftigte das erste Mal mit Aufgaben betraut wird, wie sie in Abs. 1 S. 4 und 5 genannt sind. Dies schließt eine vorherige Beschäftigung nicht aus, etwa im Innendienst oder – z. B. zum Zwecke der Einarbeitung – als passiver Begleiter des Bewachungspersonals; im letztgenannten Fall ist auch eine äußerliche Unterscheidung zum Bewachungspersonal nötig (näher *Fischer* GewArch 2006, 109 [112]).

2. Untersagung der Beschäftigung unzuverlässigen Bewachungspersonals (Abs. 4)

41 Falls das Erfordernis der Zuverlässigkeit bei einer mit der Durchführung von Bewachungsaufgaben beschäftigten Person nicht vorliegt, so kann deren Beschäftigung dem Gewerbetreibenden nach Abs. 4 untersagt werden. Die Bestimmung ist § 21 GastG nachgebildet und dient der schnellen Entfernung unzuverlässigen Personals.

Terminologisch knüpft Abs. 4 an Abs. 1 S. 4 an; dementsprechend erfasst **42** er nur Personen, welche Bewachungstätigkeiten selbst ausführen. Die Weigerung, unzuverlässiges leitendes Personal zu entlassen, kann allerdings eine Untersagung des Gewerbes nach § 35 rechtfertigen (dazu § 35 Rdn. 85 ff.). Zudem erlaubt § 34 a IV der Behörde die Untersagung der Beschäftigung des erfassten Bewachungspersonals nur aufgrund Unzuverlässigkeit (Abs. 1 S. 4 i. V. m. S. 3 Nr. 1; dazu Rdn. 37), nicht aber, falls bei ihm Kenntnis der notwendigen rechtlichen Vorschriften (Abs. 1 S. 4 i. V. m. S. 3 Nr. 3) oder der Sachkundenachweis nach Abs. 1 S. 5 (dazu Rdn. 38) nicht vorliegen.

Die Entscheidung über die Untersagung nach Abs. 4 steht – im Unter- **43** schied zur Untersagungsverfügung nach § 35 I (dazu § 35 Rdn. 125 ff.) – im Ermessen der Behörde. Vor dem Hintergrund aber, dass die durch die Beschäftigung unzuverlässigen Bewachungspersonals verursachten Gefahren regelmäßig den von einem unzuverlässigen Gewerbetreibenden ausgehenden vergleichbar sein dürften, wird im Regelfall eine Ermessensreduzierung hin auf die Untersagung der Beschäftigung vorliegen (*Brauser-Jung/Lange* GewArch 2003, 224 [229 f.])

Die Untersagungsverfügung kann durch den Gewerbetreibenden und des- **44** sen betroffenen Mitarbeiter angefochten werden. Aus der Praxis wird freilich berichtet, dass Gewerbetreibende einer Untersagung zuvorkommen, indem sie schon anlässlich der Anhörung im Rahmen des Untersagungsverfahrens sich von dem betroffenen Mitarbeiter trennen; dadurch scheidet auch eine Anfechtung aus, sodass der Mitarbeiter auf arbeitsrechtliche Schritte gegen seinen Arbeitgeber beschränkt ist (*Fischer* GewArch 2006, 109 [112]).

V. Durchführungsverordnung (Abs. 2)

Auf § 34 a II gestützt ist die Bewachungsverordnung (BewachV) i. d. F. **45** v. 10. 7. 2003 (BGBl. I S. 1378) erlassen worden. In ihr geregelt sind die Unterrichtung (Abs. 2 Nr. 1 i. V. m. Abs. 1 S. 3 Nr. 3) und die Sachkundeprüfung (Abs. 2 Nr. 2 i. V. m. Abs. 1 S. 5) sowie Fragen der Haftpflichtversicherung und der Verpflichtungen bei der Ausübung des Gewerbes (näher *Höfling*, in: Friauf, § 34 a Rdn. 80 ff.; *Marcks* GewArch 1996, 133 ff.). Durch das Gesetz zur Umsetzung der Richtlinie 2005/36/EG über die Anerkennung von Berufsqualifikationen in der Gewerbeordnung vom 12. 12. 2008 (BGBl. I S. 2423) ist § 34 a II um eine Nr. 4 ergänzt worden, um die Anforderungen der Berufsanerkennungsrichtlinie (RL 2005/36/EG) umsetzen zu können (dazu BT-Drs. 16/9996, S. 12 sowie oben Rdn. 7).

VI. Übermittlung von Auskünften aus dem Bundeszentralregister (Abs. 3)

Aus § 34 I 4, IV ergibt sich, dass die Behörde auch die Zuverlässigkeit der **46** Mitarbeiter überprüfen kann. Wenn sie dazu Auskünfte aus dem Bundeszentralregister einholt, kann der Gewerbetreibende ein Interesse an Kenntnis dieser Daten haben, etwa um arbeitsrechtliche Maßnahmen einzuleiten.

§ 34b Titel II. Stehendes Gewerbe

Abs. 4, eingefügt durch Gesetz vom 16. 6. 1998 (BGBl. I S. 1291), schafft für die Übermittlung der Registerauskunft durch die Behörde an den Bewachungsgewerbetreibenden die datenschutzrechtlich notwendige Grundlage. Die Übermittlungsbefugnis wird hierbei auf solche Daten beschränkt, die der Beurteilung der Zuverlässigkeit zugrunde zu legen sind. Die Übermittlung darf daher nicht in der Übersendung der nach § 41 I Nr. 9 BZRG erteilten, unbeschränkten Auskunft oder einer Kopie derselben bestehen (amtl. Begr., BR-Drs. 634/97, S. 28 f.). § 34 a III lässt die allgemeinen Möglichkeiten der Datenerhebung nach § 11 unberührt, sodass den Behörden über die Registerauskunft hinaus auch mit Blick auf strafrechtliche Sachverhalte weitere Ermittlungsmöglichkeiten zur Verfügung stehen (*Kassmann* GewArch 2010, 236 [240]).

VII. Rechtsfolgen bei Pflichtverletzungen

47 Im Falle späterer bzw. später erkannter Unzuverlässigkeit kann die Erlaubnis gem. §§ 48 f. VwVfG aufgehoben werden und gem. § 15 II die Fortführung des Betriebes untersagt werden (*VG Neustadt* GewArch 2008, 121 [123]). Wird die Aufhebung der Erlaubnis auf ungeordnete Vermögensverhältnisse oder fehlende Mittel und Sicherheiten gestützt, ist ggf. § 12 zu beachten (dort Rdn. 12). Eine Ordnungswidrigkeit liegt im Verstoß gegen die Erlaubnispflicht gem. § 34 a I 1 i. V. m. § 144 I Nr. 1 lit. f, IV (zur Höhe des Bußgeldes siehe *OLG Köln* GewArch 1994, 22 [23]); bei beharrlicher Wiederholung liegt sogar eine Straftat vor (§ 148 Nr. 1). Ordnungswidrig ist des Weiteren ein Verstoß gegen die Tatbestände des § 16 BewachV i. V. m. § 144 II Nr. 1; wenn die Voraussetzungen des § 148 Nr. 2 erfüllt sind, ist der Verstoß als Vergehen strafbar. Ordnungswidrig ist schließlich ein Verstoß gegen vollziehbare Auflagen nach § 34 a I 2 und vollziehbare Anordnungen nach § 34 a IV (§ 144 II Nr. 3, IV).

§ 34b Versteigerergewerbe

(1) ¹**Wer gewerbsmäßig fremde bewegliche Sachen, fremde Grundstücke oder fremde Rechte versteigern will, bedarf der Erlaubnis der zuständigen Behörde.** ²**Zu den beweglichen Sachen im Sinne der Vorschrift gehören auch Früchte auf dem Halm und Holz auf dem Stamm.**

(2) (weggefallen)

(3) **Die Erlaubnis kann mit Auflagen verbunden werden, soweit dies zum Schutze der Allgemeinheit, der Auftraggeber oder der Bieter erforderlich ist; unter denselben Voraussetzungen ist auch die nachträgliche Aufnahme, Änderung und Ergänzung von Auflagen zulässig.**

(4) **Die Erlaubnis ist zu versagen, wenn**

1. **Tatsachen, die Annahme rechtfertigen, daß der Antragsteller die für den Gewerbebetrieb erforderliche Zuverlässigkeit nicht besitzt; die erforderliche Zuverlässigkeit besitzt in der Regel nicht, wer**

in den letzten fünf Jahren vor Stellung des Antrages wegen eines Verbrechens oder wegen Diebstahls, Unterschlagung, Erpressung, Betruges, Untreue, Geldwäsche, Urkundenfälschung, Hehlerei, Wuchers oder wegen Vergehens gegen das Gesetz gegen den unlauteren Wettbewerb zu einer Freiheitsstrafe rechtskräftig verurteilt worden ist, oder
2. der Antragsteller in ungeordneten Vermögensverhältnissen lebt; dies ist in der Regel der Fall, wenn über das Vermögen des Antragstellers das Insolvenzverfahren eröffnet worden oder er in das vom Insolvenzgericht oder vom Vollstreckungsgericht zu führende Verzeichnis (§ 26 Abs. 2 Insolvenzordnung, § 915 Zivilprozessordnung) eingetragen ist.

(5) ¹Auf Antrag sind besonders sachkundige Versteigerer mit Ausnahme juristischer Personen von der zuständigen Behörde allgemein öffentlich zu bestellen; dies gilt entsprechend für Angestellte von Versteigerern. ²Die Bestellung kann für bestimmte Arten von Versteigerungen erfolgen, sofern für diese ein Bedarf an Versteigerungsleistungen besteht. ³Die nach Satz 1 öffentlich bestellten Personen sind darauf zu vereidigen, dass sie ihre Aufgaben gewissenhaft, weisungsfrei und unparteiisch erfüllen werden. ⁴Für die Bestellung von Versteigerern mit Qualifikationen, die in einem anderen Mitgliedstaat der Europäischen Union oder in einem anderen Vertragsstaat des Abkommens über den Europäischen Wirtschaftsraum erworben wurden, gilt § 36a entsprechend.

(6) Dem Versteigerer ist verboten,
1. selbst oder durch einen anderen auf seinen Versteigerungen für sich zu bieten oder ihm anvertrautes Versteigerungsgut zu kaufen,
2. Angehörigen im Sinne des § 52 Abs. 1 der Strafprozessordnung oder seinen Angestellten zu gestatten, auf seinen Versteigerungen zu bieten oder ihm anvertrautes Versteigerungsgut zu kaufen,
3. für einen anderen auf seinen Versteigerungen zu bieten oder ihm anvertrautes Versteigerungsgut zu kaufen, es sei denn, daß ein schriftliches Gebot des anderen vorliegt,
4. bewegliche Sachen aus dem Kreis der Waren zu versteigern, die er in seinem Handelsgeschäft führt, soweit dies nicht üblich ist,
5. Sachen zu versteigern,
    a) an denen er ein Pfandrecht besitzt oder
    b) soweit sie zu den Waren gehören, die in offenen Verkaufsstellen feilgeboten werden und die ungebraucht sind oder deren bestimmungsmäßiger Gebrauch in ihrem Verbrauch besteht.

(7) Einzelhändler und Hersteller von Waren dürfen im Einzelverkauf an den Letztverbraucher Waren, die sie in ihrem Geschäftsbetrieb führen, im Wege der Versteigerung nur als Inhaber einer Versteigerererlaubnis nach Maßgabe der für Versteigerer geltenden Vorschriften oder durch einen von ihnen beauftragten Versteigerer absetzen.

(8) Das Bundesministerium für Wirtschaft und Technologie kann durch Rechtsverordnung mit Zustimmung des Bundesrates unter

§ 34b

Titel II. Stehendes Gewerbe

Berücksichtigung des Schutzes der Allgemeinheit sowie der Auftraggeber und der Bieter Vorschriften erlassen über
1. den Umfang der Befugnisse und Verpflichtungen bei der Ausübung des Versteigerergewerbes, insbesondere über
   a) Ort und Zeit der Versteigerung,
   b) den Geschäftsbetrieb, insbesondere über die Übernahme, Ablehnung und Durchführung der Versteigerung,
   c) die Genehmigung von Versteigerungen, die Verpflichtung zur Erstattung von Anzeigen und die dabei den Gewerbebehörden und Industrie- und Handelskammern zu übermittelnden Daten über den Auftraggeber und das der Versteigerung zugrundeliegende Rechtsverhältnis, zur Buchführung einschließlich der Aufzeichnung von Daten über einzelne Geschäftsvorgänge sowie über die Auftraggeber,
   d) die Untersagung, Aufhebung und Unterbrechung der Versteigerung bei Verstößen gegen die für das Versteigerergewerbe erlassenen Vorschriften,
   e) Ausnahmen für die Tätigkeit des Erlaubnisinhabers von den Vorschriften des Titels III;
2. Ausnahmen von den Verboten des Absatzes 6.

(9) **(weggefallen)**

(10) **Die Absätze 1 bis 8 finden keine Anwendung auf**
1. Verkäufe, die nach gesetzlicher Vorschrift durch Kursmakler oder durch die hierzu öffentlich ermächtigten Handelsmakler vorgenommen werden,
2. Versteigerungen, die von Behörden oder von Beamten vorgenommen werden,
3. Versteigerungen, zu denen als Bieter nur Personen zugelassen werden, die Waren der angebotenen Art für ihren Geschäftsbetrieb ersteigern wollen.

Literatur: *H. Arens,* Der Auktionator heute im Binnenmarkt und der EU, GewArch 2010, 27 f.; *ders.,* Allgemeine öffentliche Bestellung eines Auktionators gem. § 34 b Abs. 5 Gewerbeordnung (GewO), GewArch 2007, 192 f.; *P. Bachmann/A. Mayerhöfer,* Internet-Auktionen im Lichte des § 34 b GewO, GewArch 2000, 274 ff.; *M. Brenner/ D. Seifarth,* Die öffentliche Bestellung und Vereidigung als Grundstücksauktionator gemäß § 34 b Abs. 5 S. 2 GewO, GewArch 2008, 292 ff.; *J. Fritzsche/K. Frahm,* Zahlen schon fürs Bieten – Internetauktionen mit kostenpflichtigen Gebotsrechten, WRP 2008, 22 ff.; *D. Heckmann,* E-Commerce: Flucht in den virtuellen Raum? – Zur Reichweite gewerberechtlicher Bindungen des Internethandels, NJW 2000, 1370 ff.; *A. Heilmann,* Versteigerung und Räumungsverkauf wegen Geschäftsaufgabe, WRP 1987, 660 ff.; *U. Jacoby,* Das gewerbliche Versteigerungsrecht und Versteigerungen nach § 825 ZPO, GewArch 1987, 80 ff.; *U. Hösch,* Gewerberechtliche Einordnung von Internetauktionen, GewArch 2002, 257 ff.; *R. Jahn,* Zum Verbringungsverbot des § 12 VerstV beim Versteigerungsnachverkauf, GewArch 1993, 457 ff.; *G. Klinger,* Die gewerberechtliche Beurteilung von sog. Internet-Auktionen – Zugleich ein Beitrag zur rechtsdogmatischen Fortentwicklung des gewerberechtlichen Versteigerungsbegriffs –, DVBl. 2002, 810 ff.; *E. Kopp,* Verordnung zur Neuregelung des Versteigerungsrechts und weiterer gewerberechtlicher Vorschriften, GewArch 2003, 400 ff.; *M. Krugmann,* „Internetauktionen" als Versteigerungen i. S. des § 34 b GewO, GewArch 2001, 651 ff.; *I. M.*

Versteigerergewerbe **§ 34b**

Lindenberg, Internetauktionen im Gewerbe- und Lauterkeitsrecht, 2007; *H. Marx/H. Arens*, Der Auktionator, Kommentar zum Recht der gewerblichen Versteigerung, 1992; *J. O. Merten*, Internet-Auktionen und gewerberechtliches Schutzregime, GewArch 2006, 55 ff.; *J. Möllering*, Der Auktionator mit Fragezeichen, GewArch 2010, 156 f.; *U. Schönleiter*, Internetauktionen sind keine Versteigerungen i. S. d. § 34 b GewO – Beschluss des Bund-Länder-Ausschusses „Gewerberecht" –, GewArch 2000, 49 f.

Übersicht

Rdn.

I. Vorbemerkung	1
II. Voraussetzungen der Erlaubnispflicht (Abs. 1)	4
1. Versteigerung	5
a) Begriff	5
b) Rechtsnatur	11
2. Gewerbsmäßigkeit	17
3. Fremde Sachen oder Rechte	18
III. Erlaubnis (Abs. 1 S. 1 und Abs. 3)	20
1. Zuständige Behörde (Abs. 1 S. 1)	20
2. Erlaubnisinhaber	21
3. Nebenbestimmungen (Abs. 3); Rücknahme und Widerruf	23
IV. Erlaubnisvoraussetzungen; Versagungsgründe (Abs. 4)	24
1. Zuverlässigkeit (Nr. 1)	26
2. Ungeordnete Vermögensverhältnisse (Nr. 2)	27
V. Öffentliche Bestellung besonders sachkundiger Versteigerer (Abs. 5)	30
1. Voraussetzungen der öffentlichen Bestellung	32
a) Versteigerer und deren Angestellte	32
b) Besondere Sachkunde	34
2. Inhalt und Folgen der öffentlichen Bestellung	43
a) Zuständige Behörde	43
b) Allgemeine oder beschränkte Bestellung	45
c) Rechtsanspruch auf Bestellung	46
d) Nebenbestimmungen	47
e) Eid (S. 3)	48
VI. Verbotene Handlungen (Abs. 6)	49
1. Verbote gem. Nrn. 1, 2 und 3	51
2. Verbot gem. Nr. 4	54
a) Anwendungsbereich	54
b) Zweck	56
c) Ausnahme bei Üblichkeit	57
3. Verbot gem. Nr. 5 lit. a	58
4. Verbot gem. Nr. 5 lit. b	59
a) Offene Verkaufsstelle	60
b) Ungebraucht	62
c) Zum Verbrauch bestimmt	65
d) Ausnahmetatbestände	66
VII. Versteigerung eigener Waren durch Einzelhändler und Hersteller im Einzelverkauf an den Letztverbraucher (Abs. 7)	70
1. Anwendungsbereich von Abs. 7	71
2. Anwendung der für Versteigerer geltenden Vorschriften	76
3. Sonderfragen	78
VIII. Verordnungsermächtigung (Abs. 8)	79

§ 34b Titel II. Stehendes Gewerbe

    IX. Ausnahmetatbestände (Abs. 10) 80
       1. Verkäufe durch Kurs- oder Handelsmakler (Nr. 1) 81
       2. Versteigerungen durch Behörden oder Beamte (Nr. 2) 82
       3. Versteigerungen fremder Sachen an Bieter mit Geschäftsbetrieb (Nr. 3) 83
    X. Rechtsfolgen bei Pflichtverletzungen 88

I. Vorbemerkung

1 Der **Gesetzeszweck** des § 34 b besteht primär darin, spezifische Missbrauchsgelegenheiten bei Versteigerungen möglichst einzudämmen, weil die Preisbildung bei Versteigerungen für das Publikum häufig nicht durchsichtig ist und die Abwägungs- und Vergleichsmöglichkeiten in Bezug auf Angebot und Preisgestaltung wegen der besonderen Schnelligkeit und Hektik des Versteigerungsgeschehens regelmäßig nur bedingt gegeben sind (*LG Mannheim* GewArch 1993, 476 [477]). Weitere Gefahren, denen § 34 b begegnen will, ergeben sich aus dem Verbotskatalog des Abs. 6.

2 In jüngerer Zeit hat es folgende **Änderungen im Wortlaut des § 34 b** gegeben: Das Gesetz zur Neuregelung des Versicherungsvermittlerrechts vom 19. 12. 2006 (BGBl. I S. 3232) änderte Abs. 4 Nr. 1 und Abs. 5 (dazu BT-Drs. 16/1935, S. 17). Das in Abs. 8 genannte Ministerium wurde durch die Neunte ZuständigkeitsanpassungsVO vom 31. 10. 2006 (BGBl. I S. 2407) neu bezeichnet. Das Gesetz zur Umsetzung der Dienstleistungsrichtlinie im Gewerberecht vom 17. 7. 2009 (BGBl. I S. 2091) fügte in Abs. 5 den Satz 4 ein (dazu BT-Drs. 16/12784, S. 16). Mit Wirkung zum 1. 1. 2013 wird Abs. 4 Nr. 2 redaktionell an Änderungen der ZPO angepasst (Gesetz zur Reform der Sachaufklärung in der Zwangsvollstreckung vom 29. 7. 2009 [BGBl. I. S. 2258]; dazu BT-Drs. 16/10069, S. 51 sowie unten Rdn. 29).

3 Bei Gewerbetreibenden, die von einer Niederlassung in einem **anderen EU-/EWR-Staat** aus vorübergehend in Deutschland als Versteigerer tätig sein wollen, ist § 4 I 1 zu beachten: Danach sind die Abs. 1, 3, 4, 6 und 7 des § 34 b nicht anzuwenden (siehe § 4 Rdn. 12 sowie unten Rdn. 25, 50, 75). Selbst bei vorübergehender Tätigkeit bleiben die Vorgaben zur öffentlichen Bestellung einschlägig (vgl. auch unten Rdn. 42). Handelt es sich nicht um eine grenzüberschreitende Dienstleistung, sondern um eine Niederlassung in Deutschland, greift § 4 nicht, sodass § 34 a uneingeschränkt anwendbar ist; zu beachten ist dann jedoch § 13 b (unten Rdn. 25). Auf Verordnungsebene betrifft der neue § 11 VerstV (Rdn. 79) die grenzüberschreitende Erbringung von Versteigerungsdienstleistungen (dazu *Glückert* GewArch 2010, 234 [234 f.]).

Zur öffentlichen Bestellung von Versteigerern aus anderen EU-/EWR-Staaten siehe Rdn. 31.

II. Voraussetzungen der Erlaubnispflicht (Abs. 1)

4 Erlaubnispflichtig ist das gewerbsmäßige Versteigern fremder beweglicher Sachen, Grundstücke oder Rechte.

Versteigerergewerbe § 34b

1. Versteigerung

a) Begriff. Eine Versteigerung setzt eine Mehrzahl von Personen voraus, 5
die nach Aufforderung durch den quasi treuhänderisch tätigen Versteigerer
konkurrierend Angebote abgeben, um durch **Zuschlag** (entsprechend der
Annahme, § 156 BGB) eine Sache oder ein Recht zu erwerben. Das Erfordernis eines Zuschlags i. S. d. § 156 BGB wird auch in der VerstV aufgegriffen
(dort § 7).

Die Versteigerung braucht nicht öffentlich stattzufinden (*OLG Oldenburg* 6
GewArch 1990, 171). Die Angebote müssen nicht offen abgegeben werden;
es genügen Gebote auf verdeckten Zetteln, sofern das jeweilige Höchstgebot
vom Versteigerer – wenn auch ohne Angabe des Bieternamens – den übrigen
Teilnehmern mitgeteilt wird, so dass diese die Möglichkeit zum sofortigen
(verdeckten) Überbieten haben (*OLG Oldenburg* aaO). Fehlt die **Möglichkeit sofortigen Überbietens**, handelt es sich nicht um eine Versteigerung.
Der „Auktionator" wird dann zum Makler (*OLG Oldenburg* GewArch 1990,
171).

Noch nicht abschließend geklärt ist, ob **Internet-Auktionen** als Verstei- 7
gerung i. S. d. § 34 b I eingestuft werden können. Dies ist jedenfalls zu verneinen, wenn es bei der konkret zu würdigenden Internet-Auktion an den
Wesensmerkmalen einer Versteigerung fehlt: Nötig sind die aktive Mitwirkung eines treuhänderisch tätigen Versteigerers, die Möglichkeit sofortigen
Überbietens sowie der Vertragsschluss durch Zuschlag. Bei Versteigerungen
nach dem **Modell des Marktführers *eBay*** kommt jedoch der Vertrag durch
(befristetes) Angebot des Verkäufers und Annahme des Käufers (in Form des
Höchstgebotes) zustande. Es handelt sich nicht etwa um einen Zuschlag
durch Zeitablauf. Es liegt damit kein Zuschlag i. S. d. § 156 BGB vor (*BGH*
NJW 2005, 53 [54]; *LG Mainz* NJW 2006, 783; *Staudinger/Schmidt-Bendun*
BB 2005, 732 [733]; *Stern* CR 2005, 57 [59]). Die Tätigkeit von *eBay*
erschöpft sich in der Zurverfügungstellung der Internet-Plattform, ohne dass
eBay sich wie ein Versteigerer aktiv an der Auktion beteiligt. Somit fällt diese
Form der Internet-Auktion nicht in den Anwendungsbereich des § 34 b
GewO (BR-Drs. 147/03, S. 14; *Martini*, in: BeckOK, § 34 b Rdn. 22; *Fritzsche/Frahm* WRP 2008, 22 [30 f.]; *Merten* GewArch 2006, 55 [58]). Der
Schutz der Käufer wird zivilrechtlich durch das auf diese Konstellation
anwendbare Fernabsatzrecht (§§ 312 b ff. BGB) gewahrt (siehe *BGH* NJW
2005, 53 [54]: kein Ausschluss des Widerrufsrecht gem. § 312 d IV Nr. 5
BGB; ebenso *Merten* GewArch 2006, 55 [57 f.]).

Sollten die Wesensmerkmale einer Versteigerung (Rdn. 5 – 7) erfüllt sein, 8
fällt eine Internet-Versteigerung in den Anwendungsbereich von § 34 b I 1
(*LG Hamburg* GewArch 1999, 334 [335]; *Guckelberger* Jura 2007, 598 [601];
Krugmann NVwZ 2001, 651 ff.; *Tettinger* GewArch 2005, 49; wohl auch
Ruthig/Storr Öffentliches Wirtschaftsrecht, 2. Aufl. 2008, Rdn. 374; **a. A.**
KG Berlin GewArch 2001, 378 [379 f.]; *Bleutge*, in: Landmann/Rohmer I,
§ 34 b Rdn. 60; *Bachmann/Mayerhöfer* GewArch 2000, 274 [277]; *Hösch*
GewArch 2002, 257 [259 ff.]; *Schönleiter* GewArch 2000, 49 f.; *Spindler* K&R
2010, 450 [457]). In Betracht kommt dies etwa bei einem Versteigerer, der
eine **Versteigerung im Internet via Livestream** durchführt, an der sich

Ennuschat 475

§ 34b Titel II. Stehendes Gewerbe

die Bieter online beteiligen können (*Martini*, in: BeckOK, § 34 b Rdn. 22). Die Anwendbarkeit von § 34 b I folgt zunächst aus dem Wortlaut, der offen und dynamisch (vgl. BR-Drs. 147/03, S. 13) gefasst ist, ferner aus dem Schutzzweck des § 34 b (Übereilungs- und Übervorteilungsgefahr für die Bieter).

9 Handelt es sich um eine Online-Versteigerung, welche dem Anwendungsbereich des § 34 b I unterfällt, wären die Anforderungen der VerstV zu beachten, die dann freilich kaum zu erfüllen wären (vgl. § 1 VerstV: schriftlicher Vertrag [unten Rdn. 13], § 3 VerstV: Anzeige u. a. des *Ortes* der Versteigerung). Eine Klärung des Rechtsrahmens für Internet-Auktionen durch den Gesetz- und Verordnungsgeber ist daher angezeigt (*Höfling*, in: Friauf, § 34 b Rdn. 21; *Bleutge*, in: Landmann/Rohmer I, § 34 b Rdn. 5b). Siehe zu Online-Auktionen umfassend *Ernst*, in: Spindler/Wiebe, Internet-Auktionen und Elektronische Marktplätze, 2. Aufl. 2005; *Lindenberg* Internetauktionen im Gewerbe- und Lauterkeitsrecht, 2007.

10 **Keine Versteigerung** liegt bei der sog. Einmann-Versteigerung vor, unabhängig davon, ob der Verkäufer seine Annahme eines Kaufangebotes mit der versteigerungstypischen Formel „zum ersten, zum zweiten, zum dritten" annimmt (*Bleutge*, in: Landmann/Rohmer I, § 34 b Rdn. 6a). Keine Versteigerung ist auch der bloße freihändige Verkauf (*OLG Hamm* GewArch 1983, 381 f.; *Höfling*, in: Friauf, § 34 b Rdn. 11) oder Fernbiet-Auktionen bzw. der Versandhandel gegen Höchstgebot, wo also verschiedene Interessenten schriftlich zur Abgabe von Angeboten aufgefordert werden und das Höchstgebot angenommen wird (dazu *Bleutge*, in: Landmann/Rohmer I, § 34 b Rdn. 33). Keine Versteigerung ist schließlich in der sog. Abwärtsversteigerung zu sehen (dazu *Bleutge*, in: Landmann/Rohmer I, § 34 b Rdn. 51). Derartige Veranstaltungen dürfen dann auch nicht als Versteigerung bezeichnet werden. Sie sind nach Auffassung des Bund-Länder-Ausschusses „Gewerberecht" als Glücksspiel einzustufen (*Schönleiter/Stenger/Zerbe* GewArch 2008, 242 [245]).

11 **b) Rechtsnatur.** Die Rechtsbeziehungen im Verhältnis Einlieferer-Versteigerer-Bieter sind zivilrechtlicher Natur, wobei aber öffentlich-rechtliche Vorgaben zu beachten sind.

12 **aa) Rechtsverhältnis Einlieferer/Versteigerer.** Dieses Rechtsverhältnis wird überwiegend als Dienstvertrag, der eine Geschäftsbesorgung zum Inhalt hat, eingeordnet (*Sprau*, in: Palandt, BGB, 70. Aufl. 2011, § 675 Rdn. 31; *Bleutge*, in: Landmann/Rohmer I, § 34 b Rdn. 9a). Wird der Versteigerer im eigenen Namen, aber auf fremde Rechnung tätig, kommt ein Kommissionsvertrag i. S. d. § 383 HGB in Betracht.

13 Gem. § 1 der auf Abs. 8 (unten Rdn. 79) gestützten Verordnung über gewerbsmäßige Versteigerungen (VerstV) vom 24. 4. 2003 (BGBl. I S. 547) darf der Versteigerer nur auf Grund eines schriftlichen Vertrages mit dem Einlieferer tätig werden, wobei der Vertrag gewisse inhaltliche Mindestanforderungen erfüllen muss (Muster bei *Bleutge*, in: Landmann/Rohmer I, § 34 b Rdn. 9a). Verstöße gegen diese Vorgaben lassen jedoch die zivilrechtliche Wirksamkeit des Versteigerungsvertrages unberührt (*Bleutge*, in: Landmann/Rohmer I, § 34 b Rdn. 9a).

Versteigerergewerbe **§ 34b**

bb) Rechtsverhältnis Versteigerer/Bieter. Es handelt sich um einen 14
Kaufvertrag, wobei der Versteigerer entweder im Namen des Einlieferers, d.
h. als dessen Vertreter tätig wird (dann Kaufvertrag zwischen Einlieferer und
Bieter) oder im eigenen Namen (dann Kaufvertrag zwischen Versteigerer als
Kommissionär und Bieter). Der Versteigerung liegen Versteigerungsbedingungen
zugrunde, die als Allgemeine Geschäftsbedingungen zu werten sind.
Diese müssen u. a. die Vorgaben der §§ 305 bis 310 BGB beachten.

Das Zustandekommen des schuldrechtlichen Vertrages richtet sich nach 15
§ 156 BGB, die Eigentumsübertragung nach den allgemeinen Vorschriften,
wobei für bewegliche Sachen § 935 II BGB zu beachten ist. Zum Gewährleistungsausschluss
siehe *Bleutge*, in: Landmann/Rohmer I, § 34 b Rdn. 9 b
m. w. N.

cc) Rechtsverhältnis Einlieferer/Bieter. Wenn der Versteigerer im 16
eigenen Namen tätig wird, bestehen keine schuldrechtlichen Beziehungen
zwischen Einlieferer und Bieter. Handelt der Versteigerer als Vertreter des
Einlieferers, kommt zwischen Einlieferer und Bieter ein Kaufvertrag
zustande. Der Eigentumserwerb richtet sich wiederum nach den allgemeinen
Vorschriften.

2. Gewerbsmäßigkeit

Zum Begriff der Gewerbsmäßigkeit siehe oben § 1 Rdn. 2 ff. Beamtete 17
Versteigerer (Gerichtsvollzieher, Notare) fallen nicht unter § 34 b; vgl. auch
die ausdrückliche Aufführung in Abs. 10 Nr. 2 (unten Rdn. 82).

3. Fremde Sachen oder Rechte

Für die Versteigerung eigener Sachen ist grundsätzlich keine Erlaubnis 18
notwendig. Eine Ausnahme hierzu bildet Abs. 7 (unten Rdn. 70 ff.).

Versteigerungsgegenstände können bewegliche und unbewegliche Sachen 19
sowie alle vermögenswerten Rechte sein, d. h. dingliche und obligatorische
Rechte, auch Patentrechte. Abweichend von § 94 BGB gelten gem. Abs. 1
S. 2 Früchte auf dem Halm und Holz auf dem Stamm als bewegliche Sachen.
Entsprechend der Verkehrssitte können daher die Obsternte, der Grasschnitt
etc. als bewegliche Sachen versteigert werden.

III. Erlaubnis (Abs. 1 S. 1 und Abs. 3)

1. Zuständige Behörde (Abs. 1 S. 1)

Welche Behörde für die Erteilung der Erlaubnis zuständig ist, regelt das 20
jeweilige Landesrecht (vgl. § 155 II); siehe dazu die Auflistung bei *Bleutge*,
in: Landmann/Rohmer I, § 34b Rdn. 30.

2. Erlaubnisinhaber

Erlaubnisnehmer können sowohl natürliche als auch juristische Personen 21
sein (anders § 34 b III 1 a. F.), nicht aber nicht-rechtsfähige Personenmehrhei-

Ennuschat

ten (z. B. OHG, KG). Bei Letzteren müssen alle geschäftsführenden Gesellschafter eine Erlaubnis beantragen (oben § 1 Rdn. 76 ff., § 14 Rdn. 81). Die Erlaubnis ist personengebunden und nicht übertragbar.

22   Zur Stellvertretung siehe § 47. Von der Stellvertretung in Bezug auf die Gewerbebefugnisse i. S. d. § 47 ist die Vertretung des Gewerbetreibenden in einem Versteigerungstermin zu unterscheiden. § 13 VerstV a. F. bestimmte, welche Personen eine Versteigerung leiten dürfen. Grundsätzlich musste der Versteigerer – bzw. bei juristischen Personen deren gesetzlicher Vertreter – die Versteigerung selbst leiten. Infolge der Aufhebung dieser Vorschrift ist nunmehr auch die Leitung der Versteigerung durch Angestellte des Erlaubnisinhabers zulässig (vgl. *Kopp* GewArch 2003, 400 [403]).

3. Nebenbestimmungen (Abs. 3); Rücknahme und Widerruf

23   Gem. Abs. 3 sind zu bestimmten Zwecken und unter Beachtung des Verhältnismäßigkeitsgrundsatzes („erforderlich") Auflagen – auch nachträglich – zulässig. Auflagen zu sonstigen Zwecken und andere Nebenbestimmungen sind nur im engen Rahmen von § 36 I 2. Var. VwVfG möglich. Zu Rücknahme und Widerruf siehe §§ 48 ff. VwVfG und *Höfling*, in: Friauf, § 34 b Rdn. 28 ff. Wird die Aufhebung der Erlaubnis auf ungeordnete Vermögensverhältnisse gestützt, ist ggf. § 12 zu beachten (dort Rdn. 12).

IV. Erlaubnisvoraussetzungen; Versagungsgründe (Abs. 4)

24   Bei Vorliegen der Erlaubnisvoraussetzungen, d. h. bei Fehlen der in Abs. 4 abschließend genannten Versagungsgründe, besteht ein mittels Verpflichtungsklage einklagbarer **Rechtsanspruch** auf Erteilung der Erlaubnis nach § 34 b I 1. Die im Rahmen der Versagungsgründe zur Verwendung gekommenen unbestimmten Gesetzesbegriffe unterliegen **vollständiger gerichtlicher Überprüfung**.

25   Bei der Handhabung des Erlaubnistatbestandes des § 34 b sind von den Allgemeinen Bestimmungen der GewO folgende neue Vorschriften im Blick zu behalten: Zu beachten ist die **Erlaubnisfiktion gem. § 6 a I** (siehe die Erläuterungen dort), falls die Behörde über den Erlaubnisantrag nicht innerhalb einer Frist von drei Monaten entschieden hat. Bei **Gewerbetreibenden aus einem anderen EU-/EWR-Staat** ist § 34 b I, III, IV im Falle vorübergehender Tätigkeit im Inland gem. § 4 I 1 nicht anwendbar (oben Rdn. 3). Anders ist dies bei einer Niederlassung in Deutschland; dann greift § 34 b. Mit Blick auf die Zuverlässigkeit und die Vermögensverhältnisse ist dann zusätzlich **§ 13 b** heranzuziehen (siehe die Erläuterungen dort). **§ 13 a** ist – solange keine öffentliche Bestellung erfolgen soll – irrelevant, da es sich beim reinen Versteigererberuf nicht um einen reglementierten Beruf handelt (§ 13 a Rdn. 8).

1. Zuverlässigkeit (Nr. 1)

Allgemein zur Zuverlässigkeit siehe § 35 Rdn. 27 ff. Nr. 1 enthält eine 26
Reihe von Regelbeispielen für das Vorliegen von Unzuverlässigkeit (vgl.
oben § 33 c Rdn. 38 ff.). Selbst wenn ein Regelbeispiel erfüllt ist, kann aber
Zuverlässigkeit zu bejahen sein; selbst wenn kein Regelbeispiel erfüllt ist,
kann sie aufgrund anderer Tatsachen zu verneinen sein. Die zuständige
Behörde darf ihre Prüfung also nicht mit Feststellung des (Nicht-)Vorliegens
eines Regelbeispiels beenden (*Höfling*, in: Friauf, § 34 b Rdn. 36; oben § 33 c
Rdn. 46). Zur Berechnung der Fünf-Jahres-Frist siehe oben § 33 c Rdn. 42,
zum Verhältnis der Fünf-Jahres-Frist des § 34 b IV Nr. 1 zum Verwertungsverbot des § 51 BZRG siehe oben § 33 c Rdn. 43 ff.

2. Ungeordnete Vermögensverhältnisse (Nr. 2)

§ 34 b IV Nr. 2 enthält einen selbständigen Versagungsgrund. Ungeordnet 27
i. S. d. Nr. 2 sind Vermögensverhältnisse dann, wenn allein schon die Vermögenslage befürchten lässt, dass der Antragsteller seine Versteigerertätigkeit
dazu ausnutzen wird, Bieter oder Auftraggeber in nicht erlaubter Weise zu
schädigen (*Höfling*, in: Friauf, § 34 b Rdn. 38). Geordnete Vermögensverhältnisse setzen jedoch nicht den Besitz ausreichender Mittel voraus. Auch wer
ohne Vermögen und selbst mit Schulden in erheblichem Umfang lebt, kann
geordnete Vermögensverhältnisse aufweisen, wenn die Schuldentilgung u. Ä.
gesichert ist (*Bleutge*, in: Landmann/Rohmer I, § 34 b Rdn. 22). Der Nachweis der Geordnetheit der Vermögensverhältnisse obliegt dem Antragsteller.

Zur Ausfüllung des Tatbestandsmerkmals „ungeordnete Vermögensverhält- 28
nisse" enthält Nr. 2 Regelbeispiele, denen aber lediglich eine Indizfunktion
zukommt, d. h. trotz ihres Vorliegens können geordnete Verhältnisse u. U.
zu bejahen sein und umgekehrt (*Kramer* Der Schutz des Kundenvermögens
durch die Gewerbeordnung, 1997, S. 41; *Höfling*, in: Friauf, § 34 b Rdn. 39;
vgl. oben Rdn. 26). So können ungeordnete Vermögensverhältnisse etwa
auch dann vorliegen, wenn der Gewerbetreibende gegen Steuer- und sozialversicherungsrechtliche Vorschriften verstoßen hat (vgl. *VG Gießen* GewArch
2003, 253 [254]; *VG Meiningen* GewArch 2000, 422 [423]).

Die Regelbeispiele der Nr. 2 sind durch Gesetz vom 5. 10. 1994 (BGBl. 29
I S. 2911) mit Wirkung zum 1. 1. 1999 neu gefasst worden: An die Stelle
des Konkursverfahrens tritt das Insolvenzverfahren. Hintergrund ist, dass zum
1. 1. 1999 die Konkursordnung aufgehoben wurde (vgl. BT-Drs. 12/3803,
S. 104); vgl. dazu auch oben § 12 Rdn. 1 ff. Zum 1. 1. 2013 tritt eine weitere
redaktionelle Anpassung in Kraft; u. a. wird der Verweis auf § 915 ZPO durch
einen Verweis auf § 882 b ZPO ersetzt (oben Rdn. 1).

V. Öffentliche Bestellung besonders sachkundiger Versteigerer (Abs. 5)

Im Zivilrecht sind verschiedentlich sog. öffentliche Versteigerungen vorge- 30
sehen (§§ 383 III, 474 I 2, 966 II, 1235 I BGB, 373 II, 376 III HGB). Diese
können nach § 383 III BGB neben Gerichtsvollziehern und Notaren auch

§ 34b Titel II. Stehendes Gewerbe

durch öffentlich bestellte Versteigerer i. S. d. § 34 b V durchgeführt werden (*Grüneberg*, in: Palandt, BGB, 70. Aufl. 2011, § 383 Rdn. 4), nicht aber durch sonstige Versteigerer (*VG Arnsberg* GewArch 1989, 164 [165]). Der durchführende Versteigerer muss selbst im Falle von § 383 III BGB nicht zugleich Veranstalter der Auktion sein (*BGH* WM 2010, 938). Hintergrund der öffentlichen Bestellung ist, dass bei diesen Versteigerungen die wirtschaftlich Betroffenen keinen Einfluss auf die Preisbildung nehmen können, sodass deren Interessen besonders schutzwürdig sind. Dies rechtfertigt es, derartige Versteigerungen nur besonders berufserfahrenen und vertrauenswürdigen Versteigerern anzuvertrauen. Dabei handelt es sich um eine besondere Qualifikation, die Voraussetzung für einen Ausschnitt aus dem Tätigkeitsfeld von Versteigerern ist, also um eine **Berufsausübungsregelung** (und keine Berufswahlregelung, so auch *Brenner/Seyfarth* GewArch 2008, 292 [293]; *Möllering* GewArch 2010, 156; **a. A.** wohl *Arens* GewArch 2010, 27 [28]: „Zugang"; vgl. die Parallele zu § 36, dort Rdn. 3 f.), die mit Art. 12 I 2 GG im Einklang steht (*VGH BW* GewArch 1989, 163 [164]; *Bleutge*, in: Landmann/Rohmer I, § 34 b Rdn. 26; *Höfling*, in: Friauf, § 34 b Rdn. 42).

31   **Versteigerer (auch Deutsche) mit Sitz im EU-/EWR-Ausland** können ebenfalls öffentlich bestellt werden. Haben sie ihre besondere Sachkunde im Ausland erworben und wollen diese sich in Deutschland niederlassen, um als öffentlich bestellter Versteigerer tätig zu werden, gelten dieselben Vorgaben wie für inländische Versteigerer; hinsichtlich des Nachweises der Sachkunde greift Abs. 5 S. 4 (unten Rdn. 42). Für die nur vorübergehende und gelegentliche Erbringung von Leistungen als öffentlich bestellter Versteigerer durch einen Gewerbetreibenden, der in einem anderen Mitgliedstaat der Europäischen Union oder des EWR-Raumes als dessen Staatsangehöriger rechtmäßig niedergelassen ist, ist **§ 4** nicht anwendbar (vgl. den Wortlaut von § 4 I 1, in dem § 34 b V nicht genannt ist). Es gilt aber § 13 a (*Martini*, in: BeckOK, § 34 b Rdn. 44).

1. Voraussetzungen der öffentlichen Bestellung

32   **a) Versteigerer und deren Angestellte.** Öffentlich bestellt werden können zunächst Versteigerer, d. h. die Inhaber einer Erlaubnis nach § 34 b I – aber nur dann, wenn es sich um natürliche Personen handelt. Juristische Personen sind zwar erlaubnisfähig i. S. d. § 34 I 1 (oben Rdn. 21), aber von einer öffentlichen Bestellung durch den Gesetzeswortlaut explizit ausgeschlossen.

33   Infolge der Erweiterung des Abs. 5 durch das Gesetz zur Neuregelung des Versicherungsvermittlerrechts vom 19. 12. 2006 (BGBl. I S. 3232, oben Rdn. 2) können nunmehr auch besonders sachkundige **Angestellte** öffentlich als Versteigerer bestellt werden, ohne selbst Inhaber einer Gewerbeerlaubnis nach § 34 b zu sein (*Höfling*, in: Friauf, § 34 b Rdn. 40a).

34   **b) Besondere Sachkunde.** Der Antragsteller muss ein besonders sachkundiger Versteigerer sein. Hierbei handelt es sich um einen **gerichtlich voll überprüfbaren unbestimmten Gesetzesbegriff** (*VGH BW* GewArch 1989, 163 [164]; *VG Karlsruhe* GewArch 1990, 171). Besonders sachkundig ist ein Versteigerer dann, wenn er durch fundiertes Fachwissen,

Versteigerergewerbe § 34b

große Berufserfahrenheit und besondere Vertrauenswürdigkeit aus dem Kreis der übrigen Versteigerer deutlich hervorragt (*BVerwG* GewArch 1989, 235; *BayVGH* GewArch 1987, 334; *VG Karlsruhe* GewArch 1990, 171; *Höfling*, in: Friauf, § 34 b Rdn. 44; *Arens* GewArch 2007, 192 f.; *Brenner/Seyfarth* GewArch 2008, 292 [294]).

aa) Fachwissen. Das Fachwissen bezieht sich zum einen auf die einschlä- 35 gigen Rechtsvorschriften bezüglich einer Versteigerung. Zum anderen muss der Versteigerer überdurchschnittliche Grundkenntnisse über Eigenschaften, Qualität und Preise der gängigen Versteigerungsgegenstände besitzen. Ist er nicht allgemein i. S. d. S. 1, sondern für bestimmte Arten von Versteigerungen bestellt (S. 2), muss er in diesem Bereich Spezialkenntnisse haben (*Bleutge*, in: Landmann/Rohmer I, § 34 b Rdn. 27c).

Nach anderer Ansicht muss nur der für bestimmte Versteigerungsarten zu 36 bestellende Versteigerer besondere Branchen- und Warenkenntnisse haben, nicht aber der allgemein zu bestellende, da von letzterem angesichts der Vielzahl der potentiellen Versteigerungsgegenstände keine umfassenden Kenntnisse verlangt werden könnten (so etwa *Marx/Arens* Der Auktionator, 1992, § 34 b GewO Rdn. 83 offen lassend *BayVGH* GewArch 1987, 334; a. A. *Martini*, in: BeckOK, § 34 b Rdn. 45). Diese Auffassung zugrunde gelegt reduziert sich die besondere Sachkunde bei dem allgemein zu bestellenden Versteigerer auf die Kenntnis der einschlägigen Rechts- und Verfahrensvorschriften. § 34 b V verlangt jedoch Sach- und damit mehr als bloße Rechtskunde. Besonders sachkundig – und damit auch besonders vertrauenswürdig – kann daher nur derjenige Versteigerer sein, der in Bezug auf die gängigen Versteigerungsgegenstände überdurchschnittliche Kenntnisse besitzt. In der Praxis lassen sich im Übrigen die meisten Versteigerungsobjekte auf einen überschaubaren Kreis von Gattungen beschränken (etwa Schmuck, Elektrogeräte, Pelze, Teppiche, Möbel u. Ä.).

bb) Berufserfahrung. Die Durchführung einer einzigen Versteigerung 37 vermittelt keine ausreichende Berufserfahrung (*BVerwG* GewArch 1989, 235). Nötig ist vielmehr eine mehrjährige praktische Erfahrung als Versteigerer; eine langjährige Tätigkeit als Makler genügt nicht (*VGH BW* GewArch 1989, 163 [164]). Ausreichende Erfahrung kann auch bei mehrjähriger Tätigkeit nur bejaht werden, wenn jährlich mehrere Versteigerungen durchgeführt worden sind (*Bleutge*, in: Landmann/Rohmer I, § 34 b Rdn. 27c; *Martini*, in: BeckOK, § 34 b Rdn. 46). Allein aus einer beträchtlichen Berufserfahrung kann noch nicht auf die besondere Sachkunde geschlossen werden (*VG Karlsruhe* GewArch 1990, 171 [172]). Fachkenntnisse und Vertrauenswürdigkeit müssen hinzutreten.

Es wird als rechtlich unbedenklich angesehen, das Erreichen eines 38 bestimmten Lebensalters – etwa **Mindestalter** 30 Jahre – festzusetzen (*BVerwG* GewArch 1966, 94 [95]; *OVG NRW* OVGE 21, 214 [220]; *Bleutge*, in: Landmann/Rohmer I, § 34 b Rdn. 27d; *Martini*, in: BeckOK, § 34 b Rdn. 46; zu Recht kritisch *Höfling*, in: Friauf, § 34 b Rdn. 48a mit Blick auf das AGG): Bei einem zu jungen Versteigerer soll die *besondere* (= gesteigerte) Vertrauenswürdigkeit fehlen (siehe § 36 Rdn. 45). **Höchstaltersgrenzen** sind angesichts des Fehlens einer § 36 III vergleichbaren Regelung unzulässig.

§ 34b

39 cc) Vertrauenswürdigkeit. Die öffentliche Bestellung setzt schließlich eine besondere Vertrauenswürdigkeit voraus. Dies verlangt die charakterliche Bewährung des Antragstellers während einer längeren Zeit (*VGH BW* GewArch 1989, 163 [164]) und kann nach h. L. die Festsetzung eines Mindestalters rechtfertigen (oben Rdn. 38).

40 dd) Feststellung der besonderen Sachkunde. Der Behörde kommt zwar kein Beurteilungsspielraum hinsichtlich der Auslegung und Anwendung des unbestimmten Gesetzesbegriffs „besondere Sachkunde" zu. Aber ihr ist von Gesetzes wegen nicht vorgegeben, wie sie die besondere Sachkunde feststellt. Sie darf also im Einzelnen festlegen, auf welche Weise sie die besondere Sachkunde feststellen will (*VGH BW* GewArch 1989, 163 [164]). Insoweit ist ihr mithin ein gewisser verfahrensbezogener Beurteilungsspielraum eingeräumt (*Bleutge*, in: Landmann/Rohmer I, § 34 b Rdn. 27c; *Brenner/Seyfarth* GewArch 2008, 292 [294]; a. A. *Höfling*, in: Friauf, § 34 b Rdn. 49). Dieser wird allerdings dadurch begrenzt, dass die zum Nachweis der besonderen Sachkunde verlangten Belege nicht außer Verhältnis zu denjenigen Sachanforderungen stehen dürfen, die für eine Tätigkeit als öffentlich bestellter Versteigerer legitimerweise zu erwarten sind (*VGH BW* GewArch 1989, 163 [164]; *Brenner/Seyfarth* GewArch 2008, 292 [294]). Die Behörde muss bei ihrer diesbezüglichen Entscheidung hinreichend verdeutlichen, von welchen Begriffsinhalten und Bewertungsmaßstäben sie ausgegangen ist und auf welche konkreten Umstände sie ihre Feststellung stützt (*VG Karlsruhe* GewArch 1990, 171 [172]).

41 Die zuständige Behörde (unten Rdn. 43) kann zur Vorbereitung der Feststellung der besonderen Sachkunde den Antragsteller von einem sachverständig zusammengesetzten Fachgremium prüfen lassen, ohne aber an diese Prüfungsentscheidung gebunden zu sein (vgl. § 36 Rdn. 35). Früher sah Nr. 3.2.5 des Musterentwurfs einer VerstVwV vor, dass dieses Fachgremium „beispielsweise bei der IHK Bonn" eingerichtet werden soll (dazu *Bleutge*, in: Landmann/Rohmer I, § 34 b Rdn. 27c). Hierdurch entstand jedoch ein Engpass im Bestellungsverfahren, der zu beträchtlichen Verzögerungen führte (hierzu *Arens* GewArch 2010, 27 [28]). Im Zuge der Anpassung des Gewerberechts an die Dienstleistungsrichtlinie wurde der Hinweis auf die IHK Bonn im Musterentwurf gestrichen, nicht zuletzt um auch Sachkundenachweise aus dem EU-/EWR-Ausland anerkennen zu können (*Schönleiter/Stenger* GewArch 2009, 294 [298]; siehe sogleich Rdn. 42). Die Verwaltungspraxis zeigt sich ferner im Grundsatz bereit, eine private Zertifizierung – z. B. durch den Bundesverband Deutscher Auktionatoren – in die Entscheidung über die Feststellung der besonderen Sachkunde einfließen zu lassen (*Bund-Länder-Ausschuss* „Gewerberecht", zit. nach *Schönleiter/Böhme* GewArch 2007, 108 [112]). Eine Bindung der Behörde an die privatrechtliche Zertifizierung besteht nicht (§ 36 Rdn. 61).

42 ee) Erwerb der besonderen Sachkunde im EU-/EWR-Ausland. Wurden die einschlägigen Qualifikationen im EU-/EWR-Ausland erworben, greift Abs. 5 S. 4, der auf § 36 a verweist (siehe die Erläuterungen dort). Diese Bestimmung wurde durch das Gesetz zur Umsetzung der Dienstleistungsrichtlinie im Gewerberecht vom 17. 7. 2009 (BGBl. I S. 2091) in Abs. 5 eingefügt (oben Rdn. 2).

2. Inhalt und Folgen der öffentlichen Bestellung

a) Zuständige Behörde. Die für die öffentliche Bestellung zuständige 43 Behörde wird gem. § 155 II durch Landesrecht festgelegt (im Einzelnen *Bleutge*, in: Landmann/Rohmer I, § 34 b Rdn. 30; vgl. ferner unten § 155 Rdn. 7). Die öffentliche Bestellung gilt aber – ebenso wie die Erlaubnis nach Abs. 1 S. 1 – bundesweit.

Wenn die Industrie- und Handelskammern zuständig sind (etwa in NRW 44 gem. Anlage Nr. 1.11 zu § 1 der VO zur Regelung von Zuständigkeiten auf dem Gebiet der Gewerbeüberwachung vom 10. 12. 1974 [GV NRW, S. 1558; m. nachf. Änd.]), können diese nach § 1 IVa IHK-G (eingefügt durch Gesetz vom 23. 7. 1998 [BGBl. I S. 1887]; in Kraft seit 1. 1. 1999) die aus § 34 b V folgenden Aufgaben einvernehmlich einer anderen IHK übertragen oder zu ihrer Erfüllung öffentlich-rechtliche Zusammenschlüsse bilden.

b) Allgemeine oder beschränkte Bestellung. Die Bestellung kann ent- 45 weder allgemein (S. 1) oder auf bestimmte Arten von Versteigerungen beschränkt (S. 2) erfolgen. Nur im Falle des S. 2 muss und darf die zuständige Behörde nach der gesetzlichen Vorgabe prüfen, ob in dem angestrebten Bereich ein Bedarf an Versteigerungsleistungen, d. h. an öffentlichen Versteigerungen (nicht an öffentlich bestellten Versteigerern) besteht. Es handelt sich um eine sog. abstrakte Bedürfnisprüfung (*Bleutge*, in: Landmann/Rohmer I, § 34 b Rdn. 28; *Martini*, in: BeckOK, § 34 b Rdn. 48). Der Bedarf an der öffentlichen Bestellung von Grundstücksversteigerern (nur in Berlin praktiziert; *Arens* GewArch 2010, 27 [28]) wird teils verneint (so *Brenner/Seifarth* GewArch 2008, 292 [298]).

c) Rechtsanspruch auf Bestellung. Nach § 34 b V a. F. stand die öffent- 46 liche Bestellung im behördlichen Ermessen. Nunmehr hat der Versteigerer einen Rechtsanspruch auf Bestellung, sofern die Bestellungsvoraussetzungen gem. S. 1 vorliegen. Im Falle einer erstrebten beschränkten Bestellung i. S. d. § 34 b V 2 besteht der Rechtsanspruch aber vorbehaltlich der genannten abstrakten Bedürfnisprüfung (oben Rdn. 45).
Die Erlaubnisfiktion gem. § 6 a ist auf die öffentliche Bestellung gem. § 34 b V nicht anwendbar.

d) Nebenbestimmungen. Nachdem ein Rechtsanspruch auf Bestellung 47 besteht, sofern die gesetzlichen Voraussetzungen vorliegen, sind Nebenbestimmungen zur Bestellung (= Verwaltungsakt) nur noch in den engen Grenzen des § 36 I 2. Var. VwVfG möglich.

e) Eid (S. 3). Die öffentlich bestellten Versteigerer sind darauf zu vereidi- 48 gen, dass sie ihre Aufgaben gewissenhaft und unparteiisch erfüllen. Der Eid begründet keine Pflichten, sondern bestätigt nur die ohnehin bestehenden Pflichten (vgl. *Tettinger/Pielow* GewArch 1992, 10 zu § 36).

VI. Verbotene Handlungen (Abs. 6)

Der abschließende Katalog verbotener Handlungen gilt für alle Versteige- 49 rer, nicht nur für die besonders sachkundigen i. S. d. Abs. 5. Die Verbote

§ 34b Titel II. Stehendes Gewerbe

sind Berufsausübungsregelungen, die mit Art. 12 I vereinbar sind (*Bleutge*, in: Landmann/Rohmer I, § 34 b Rdn. 31). Verstöße können gem. § 144 III Nr. 2 als Ordnungswidrigkeit sanktioniert werden. Hinzu kommt die Möglichkeit eines auf § 49 II Nr. 3 VwVfG gestützten Widerrufs der Erlaubnis, sofern durch die Zuwiderhandlung die Zuverlässigkeit des Versteigerers entfallen ist (vgl. *VGH BW* GewArch 1987, 295 [296]). Zur Nichtigkeit des zwischen Bieter und Versteigerer geschlossenen Vertrags gem. § 134 BGB führt ein Verstoß gegen die Verbote des § 34 b VI aber nicht, da sie sich nur an den Versteigerer, nicht aber an den Bieter richten (vgl. *OLG Hamm* NJW 2001, 1142 [1145]).

50 Werden **Gewerbetreibende mit einer Niederlassung in einem anderen EU-/EWR-Staat** von dort aus vorübergehend im Inland tätig, gelten gem. § 4 I 1 die Verbote des Abs. 6 nicht (oben Rdn. 3).

1. Verbote gem. Nrn. 1, 2 und 3

51 Nach Nr. 1 darf der Versteigerer nicht als Bieter oder Käufer an der Versteigerung teilnehmen, auch nicht unter Einschaltung eines Mittlers. Nr. 3 verbietet ihm das Kaufen für einen Dritten, es sei denn, dass ein schriftliches Gebot des anderen vorliegt. Schriftlich i. d. S. ist auch ein vorliegendes telegraphisches Gebot (*Bleutge*, in: Landmann/Rohmer I, § 34 b Rdn. 32; offen lassend *BGH* NJW 1981, 1204 [1205]), nicht aber Gebote per E-mail (Ausnahme: § 126 a BGB elektronische Signatur) oder SMS. Nach Nr. 2 dürfen die Angehörigen und Angestellten des Versteigerers nicht auf Käuferseite teilnehmen.

52 Diese Verbote zielen auf die Vermeidung von Interessenkonflikten. Sie sollen die Position des Versteigerers als eines wirtschaftlich neutralen Mittlers und damit dessen Unabhängigkeit gewährleisten.

53 Bei einem Verstoß können sich der Versteigerer sowie dessen Angehörige oder Angestellte nicht auf Nichtigkeit gem. § 134 BGB berufen, da sich das Verbot des § 34 b VI Nr. 3 nur gegen den Versteigerer, nicht aber gegen den Einlieferer richtet (*BGH* NJW 1981, 1204 [1205]).

2. Verbot gem. Nr. 4

54 **a) Anwendungsbereich.** Dieses Verbot erfasst den Fall, dass ein Versteigerer zusätzlich ein Handelsgeschäft betreibt. Dann ist es ihm **grundsätzlich verboten**, bewegliche Sachen aus dem Kreis derjenigen Waren zu versteigern, die er in seinem Handelsgeschäft führt. Zwischen dem Versteigerungsgut und den Waren aus seinem Handelsgeschäft darf keine Gleichartigkeit bestehen (*Wicher* GewArch 1959/60, 199 [203]). Der Versteigerer darf also keine (fremden) Teppiche versteigern, wenn er selbst Teppiche im Sortiment führt; ist ein Angehöriger Inhaber des Teppichgeschäftes, darf er aber Teppiche versteigern (vgl. *Höfling*, in: Friauf, § 34 b Rdn. 53).

55 § 34 VI Nr. 4 ist nicht berührt, wenn ein Versteigerer im Auftrag eines Kraftfahrzeugeinzelhändlers Gebrauchtwagen versteigert, auch dann nicht, wenn die Versteigerung nach außen hin für einen neutralen Beobachter wie eine Versteigerung durch das betreffende Autohaus wirkt (*OVG RhPf.* GewArch 1987, 303); derartige Versteigerungen können aber gegen Vorga-

Versteigerergewerbe **§ 34b**

ben der VerstV verstoßen (vgl. *OLG Düsseldorf* GewArch 1988, 160) oder wettbewerbsrechtlich unzulässig sein (vgl. *BGH* NJW 1988, 2244 f. und *Bleutge,* in: Landmann/Rohmer I, § 34 b Rdn. 50).

b) Zweck. Das Verbot der Nr. 4 soll vorwiegend sicherstellen, dass andere 56 Händler nicht benachteiligt werden, da das Publikum bei Versteigerungen günstigere Preise erwartet als bei Verkäufen in den üblichen Verkaufsstellen.

c) Ausnahme bei Üblichkeit. Eine Ausnahme von dem Verbot lässt 57 Nr. 4 a. E. zu: Bei Üblichkeit ist die Versteigerung zulässig. Der unbestimmte Gesetzesbegriff der „Üblichkeit" ist gerichtlich voll überprüfbar. Üblich ist die Hinzunahme in eigenem Handelsgeschäft geführter Ware bei Versteigerungen von Antiquitäten, Büchern, Briefmarken, Kunstgegenständen, Münzen und ähnlichen, sich vorwiegend an bestimmte Sammler- und Liebhaberkreise wendenden Veranstaltungen. Dadurch wird die Komplettierung von Sammlungen ermöglicht, wodurch das Angebot i. d. R. erst für die Bieter (und damit wiederum für die Auftraggeber) interessant wird (vgl. *Kramer* Der Schutz des Kundenvermögens durch die Gewerbeordnung, 1997, S. 45; *Wicher* GewArch 1959/60, 199 [203]; *Höfling,* in: Friauf, § 34 b Rdn. 54)

3. Verbot gem. Nr. 5 lit. a

Dieses Verbot zielt auf die Trennung zwischen dem Versteigererberuf und 58 der gewerblichen Betätigung als Pfandleiher. Wie die Verbote der Nrn. 1 bis 3 soll Nr. 5 lit. a wirtschaftliche Interessenkonflikte verhüten. Erfasst von Nr. 5 lit. a sind nur **Mobiliarpfandrechte** (*Bleutge,* in: Landmann/Rohmer I, § 34 b Rdn. 35; *Höfling,* in: Friauf, § 34 b Rdn. 55).

4. Verbot gem. Nr. 5 lit. b

Der Versteigerer darf keine Sachen versteigern, die zu den in offenen 59 Verkaufsstellen feilgebotenen Waren gehören und entweder ungebraucht sind oder deren bestimmungsmäßiger Gebrauch in ihrem Verbrauch besteht. Dieses Verbot soll – wie bei Nr. 4 – unlautere Konkurrenz verhindern. Ein Verstoß gegen § 34 b VI Nr. 5 lit. b kann zugleich einen Wettbewerbsverstoß nach § 3 UWG darstellen (zu § 1 UWG a. F. *OLG Karlsruhe* GewArch 1996, 106); Voraussetzung ist aber, dass der Versteigerer bewusst und planmäßig gegen die Vorschrift verstößt, um sich einen ungerechtfertigten Wettbewerbsvorteil zu verschaffen (*LG Hamburg* GewArch 1999, 334 [336]).

a) Offene Verkaufsstelle. Unter einer offenen Verkaufsstelle – ein Geset- 60 zesbegriff, der auch in § 15 a I a. F. (siehe Voraufl. Rdn. 11) zur Verwendung gekommen ist – wird jede Einrichtung verstanden, die, wenn auch nur nebenher, dem Warenverkauf von einer festen, jedermann zugänglichen Stelle aus dient (*Höfling,* in: Friauf, § 34 b Rdn. 57). Auch die Entgegennahme von Warenbestellungen reicht aus. Der Begriff der offenen Verkaufsstelle ist weit auszulegen. Er erfasst neben dem Einzelhandel in sämtlichen Erscheinungsformen auch einfachste Verkaufseinrichtungen. Voraussetzung ist lediglich das Vorhandensein eines festen Verkaufsstandes, etwa Zeitungsverkauf aus einem Kasten oder Brotverkauf durch ein Fenster der Bäckerei.

§ 34b Titel II. Stehendes Gewerbe

61 Nicht in offenen Verkaufsstellen feilgeboten werden z. B. Baustoffe oder Schrott (*Wicher* GewArch 1959/60, 199 [202]).

62 **b) Ungebraucht.** Das Verbot betrifft zunächst ungebrauchte Waren. Gebraucht ist ein Gegenstand nur, wenn er von Letztverbrauchern genutzt wurde (*Höfling*, in: Friauf, § 34 b Rdn. 57). Ein Orientteppich, der vom Hersteller in einen „gebrauchten" Zustand versetzt wurde, um ihn wertvoller zu machen, ist also ungebraucht i. S. d. § 34 b VI Nr. 5 lit. b (*OLG Stuttgart* GewArch 1978, 58 [59]; *Heilmann* WRP 1987, 660 [661]). Ungebraucht sind auch Waren, die durch Lagerung, Ausstellung, Transport etc. schadhaft geworden sind oder durch Strohmänner nur deshalb einige Male benutzt wurden, um sie als gebraucht unter Umgehung des Verbotes nach Nr. 5 lit. b versteigern zu können (*Bleutge*, in: Landmann/Rohmer I, § 34 b Rdn. 36). Ungebraucht sind ferner postfrische Briefmarken, solange sie noch für postalische Zwecke genutzt werden können.

63 Als gebraucht gelten etwa Gebraucht-Kfz oder Waren aus Secondhandshops sowie **Antiquitäten**, letztere unabhängig vom tatsächlichen Gebrauchtsein (*Höfling*, in: Friauf, § 34 b Rdn. 58). Zur Antiquität wird ein Gegenstand (etwa ein Orientteppich) erst dann, wenn er älter als 100 Jahre oder ein Sammlerstück mit besonderem kulturgeschichtlichem, volkskundlichem oder künstlerischem Wert ist (*OLG Stuttgart* GewArch 1987, 58 [59]; vgl. auch *OLG Karlsruhe* GewArch 1996, 106).

64 Die Beweislast für die Frage des Gebrauchtseins liegt beim Versteigerer (so *OLG Karlsruhe* GewArch 1996, 106; *OLG Stuttgart* GewArch 1978, 58 [59], dort allerdings bezogen auf den Unterlassungsanspruch eines Konkurrenten).

65 **c) Zum Verbrauch bestimmt.** Erfasst sind Lebensmittel, Brennmaterial etc. (*Höfling*, in: Friauf, § 34 b Rdn. 59).

66 **d) Ausnahmetatbestände.** Zu Nr. 5 lit. b sieht § 6 VerstV drei Ausnahmetatbestände vor.

67 **aa) Überblick.** Die erste Ausnahme betrifft Versteigerungsgut, das zu einem Nachlass oder zu einer Insolvenzmasse oder zu dem Vermögen gehört. Die zweite Ausnahme lässt Versteigerungen wegen Geschäftsaufgabe zu, auch wenn das Verbot des § 34 b VI Nr. 5 lit. b an sich greift. Die dritte – in der Praxis bedeutsamste – erlaubt öffentliche Versteigerungen aufgrund gesetzlicher Vorschriften (§ 383 III BGB).

68 **bb) Sicherungsübereignung.** Dem letzten Fallkomplex steht die öffentliche Versteigerung von zur Sicherheit an Dritte übereigneten Waren gleich (*BGH* NJW 1973, 246 f.; *VG Arnsberg* GewArch 1988, 58; *VG Düsseldorf* GewArch 1983, 136). Hierin liegt eine gewisse Gefahr der Umgehung des Verbotes nach Nr. 5 lit. b durch fingierte Sicherungsabreden (dazu *Steib* GewArch 1975, 326 f.). Werden **Sicherungsübereignungen** zum Zwecke der Umgehung von § 34 b VI Nr. 5 lit. b getroffen, kann die Versteigerung untersagt werden (*BayVGH* GewArch 1984, 196; *VG Oldenburg* GewArch 1984, 196 f.). Die Versteigerung darf aber auch bei bestehender Sicherungsabrede nur soweit reichen, wie dies zur Befriedigung des Gläubigers nötig ist. Vor allem muss die Versteigerung im konkreten Einzelfall die einzige Verwertungsmöglichkeit für den Pfandgläubiger sein. Daran fehlt es bei der Verwertung eines ausländischen Pfandrechts, wenn nach dem einschlägigen ausländischen Recht ein freihändiger Verkauf möglich ist (*OLG Frankfurt* GewArch 1994, 334 [335]).

cc) Beweislast. Die Beweislast für das Vorliegen eines Ausnahmetatbestandes, insb. für die Wirksamkeit der Sicherungsabrede und Notwendigkeit der Versteigerung, liegt beim Versteigerer (*OVG NRW* GewArch 1991, 27; *VG Arnsberg* GewArch 1988, 58; *VG Düsseldorf* GewArch 1983, 136 [137]; *Bleutge*, in: Landmann/Rohmer I, § 34 b Rdn. 38; *Martini*, in: BeckOK, § 34 b Rdn. 58). Er muss also darlegen und beweisen, dass ein wirksamer Sicherungsvertrag sowie eine entsprechende Forderung bestehen und dazu alle nötigen Einzelheiten mitteilen (Warenliste, Höhe der zu sichernden Forderung, Umfang und Dauer der intendierten Versteigerung); dazu *VG Stade* GewArch 1985, 378 ff.; *VG Arnsberg* GewArch 1988, 58; näher *Höfling*, in: Friauf, § 34 b Rdn. 61. Allein das Berufen auf einen amtsgerichtlichen Beschluss gem. § 825 ZPO genügt nicht (*VG Arnsberg* GewArch 1988, 58; *VG Trier* GewArch 1987, 17; dazu *Jacoby* GewArch 1987, 80 ff.). Wenn sich der Versteigerer auf **ausländische Pfandrechte** beruft, die Pfandsache aber im Inland verwerten will, ist besonders streng zu prüfen, ob nicht eine Umgehung von Nr. 5 lit. b vorliegt (*OVG NRW* GewArch 1991, 27 f.; vgl. auch *OLG Frankfurt* GewArch 1994, 334 ff.). Zum Zwecke der Ermittlung, ob der Versteigerer gegen das Verbot der Nr. 5 lit. b verstößt, kann die Behörde die Versteigerungsgegenstände unter Einschaltung eines Sachverständigen überprüfen (*BayObLG* GewArch 1994, 371 [372]).

VII. Versteigerung eigener Waren durch Einzelhändler und Hersteller im Einzelverkauf an den Letztverbraucher (Abs. 7)

Grundsätzlich wird die Versteigerung eigener Sachen nicht vom Anwendungsbereich des § 34 b erfasst (vgl. Abs. 1: „fremde"; oben Rdn. 4). Eine Ausnahme gilt für Einzelhändler und Hersteller im Einzelverkauf an den Letztverbraucher.

1. Anwendungsbereich von Abs. 7

Abs. 7 bezweckt den Schutz des regulären Absatzweges von Waren (*Fröhler/ Kormann* § 34 b Rdn. 16). Sein Anwendungsbereich ist jedoch in vierfacher Hinsicht beschränkt.

Erstens umfasst Abs. 7 nur Einzelhändler und Hersteller von Waren, also nicht Großhändler; letztere bedürfen für die Versteigerung eigener Waren keiner Erlaubnis nach § 34 b. Einzelhändler ist, wer gewerbsmäßig Waren anschafft und sie in offenen Verkaufsstellen (zu diesem Rechtsbegriff oben Rdn. 60 f.) zum Verkauf an jedermann anbietet (*Höfling*, in: Friauf, § 34 b Rdn. 66).

§ 34b

73 Zweitens sind nur Versteigerungen im Einzelverkauf an den Letztverbraucher erfasst. Versteigerungen eines Herstellers an Groß- oder Einzelhändler sind demnach erlaubnisfrei (*Höfling,* in: Friauf, § 34 b Rdn. 66).

74 Drittens betrifft dies nur Waren, die die Normadressaten in ihrem Geschäftsbereich führen. Waren, die nicht in offenen Verkaufsstellen feilgeboten werden (z. B. Schrott), gehören nicht zum Geschäftsbetrieb eines Einzelhändlers und können daher von diesem versteigert werden, ohne dass § 34 a VII einschlägig ist (*Bleutge,* in: Landmann/Rohmer I, § 34 b Rdn. 40).

75 Und viertens: Werden **Gewerbetreibende mit einer Niederlassung in einem anderen EU-/EWR-Staat** von dort aus vorübergehend im Inland tätig, greift Abs. 7 gem. § 4 I 1 nicht (oben Rdn. 3).

2. Anwendung der für Versteigerer geltenden Vorschriften

76 Wenn die Voraussetzungen des Abs. 7 erfüllt sind, ist eine Versteigerung durch einen Einzelhändler oder Hersteller erlaubnispflichtig i. S. d. Abs. 1 und auch im Übrigen den Versteigerungsvorschriften unterworfen. Dies gilt namentlich für das Versteigerungsverbot in Bezug auf ungebrauchte oder zum Verbrauch bestimmte Sachen nach Abs. 6 Nr. 5 lit. b.

77 Die Erlaubnispflicht nach Abs. 1 kann der von Abs. 7 erfasste Gewerbetreibende vermeiden, indem er die Waren durch einen von ihm beauftragen Versteigerer absetzen lässt. Das Verbot des Abs. 6 Nr. 5 lit. b ist freilich weiterhin zu beachten (vgl. dazu auch *BGH* NJW 1988, 2244 f.).

3. Sonderfragen

78 Die Versteigerung darf an Werktagen während des ganzen Tages – auch außerhalb der Ladenöffnungszeiten – erfolgen (*BGH* NJW 1973, 246; *BayObLG* DÖV 1986, 931 f; dazu *Bleutge,* in: Landmann/Rohmer I, § 34 b Rdn. 42). Das frühere Verbot des § 5 VerstV, an Sonn- und Feiertagen zu versteigern (dazu *OLG Frankfurt* GewArch 1987, 376 f.), ist aus der VerstV gestrichen worden, weil die Föderalismusreform die Kompetenzen für das Ladenschlussrecht den Ländern zugewiesen hat (*Jahn* GewArch 2009, 230 [233]).

VIII. Verordnungsermächtigung (Abs. 8)

79 Von der Ermächtigung gem. Abs. 8 wurde Gebrauch gemacht durch die Verordnung über gewerbsmäßige Versteigerungen (VerstV) vom 24. 4. 2003 (BGBl. I S. 547), die durch die Verordnung zur Anpassung gewerberechtlicher Verordnungen an die Dienstleistungsrichtlinie vom 9. 3. 2010 (BGBl. I S. 264) geändert worden ist (dazu BR-Drs. 25/10; *Glückert* GewArch 2010, 234 ff.). Zum Inhalt siehe ferner *Höfling,* in: Friauf, § 34 b Rdn. 70 ff.; zu Verwaltungsvorschriften der Länder vgl. *Höfling,* in: Friauf, § 34 b Rdn. 78.

IX. Ausnahmetatbestände (Abs. 10)

Abs. 10 nennt drei Ausnahmetatbestände, auf welche die Abs. 1 bis 8 keine 80
Anwendung finden.

1. Verkäufe durch Kurs- oder Handelsmakler (Nr. 1)

Zu den in § 34 b X Nr. 1 angesprochenen Verkäufen zählen die freihändi- 81
gen Verkäufe von Waren, die einen Börsen- oder Marktpreis haben, vgl.
§§ 385, 1221, 1235 BGB, §§ 373 II, 376, 388 II HGB.

2. Versteigerungen durch Behörden oder Beamte (Nr. 2)

Nr. 2 hat nur klarstellende Funktion, da bereits das Tatbestandsmerkmal 82
der Gewerbsmäßigkeit (oben Rdn. 17) bei Versteigerungen durch Behörden
und Beamte fehlt. Abs. 10 Nr. 2 greift nicht schon dann, wenn das Vollstreckungsgericht nach § 825 ZPO anordnet, dass anstelle des Gerichtsvollziehers
ein gewerblich tätiger Sachverständiger die Versteigerung vornehmen soll
(*BayObLG* GewArch 1988, 193; *Bleutge*, in: Landmann/Rohmer I, § 34 b
Rdn. 45b). Abs. 10 Nr. 2 ist schließlich dann nicht einschlägig, wenn der
Gerichtsvollzieher (= Beamter) nicht dienstlich, sondern nebenberuflich tätig
wird (vgl. *BGH* NJW 1988, 2244 f.; *Höfling*, in: Friauf, § 34 b Rdn. 73).

3. Versteigerungen fremder Sachen an Bieter mit Geschäftsbetrieb (Nr. 3)

Hintergrund der Ausnahmeregelung der Nr. 3 ist, dass für den Bieterkreis 83
hier kein Schutzbedürfnis besteht (*Bleutge*, in: Landmann/Rohmer I, § 34 b
Rdn. 45c).

Nr. 3 greift wegen Abs. 7 nur für Versteigerungen *fremder* Sachen im Groß- 84
handel ein (*Höfling*, in: Friauf, § 34 b Rdn. 77). Nicht nötig ist jedoch, dass
die ersteigerten Waren an Endverbraucher weiterveräußert werden sollen
(*Höfling*, in: Friauf, § 34 b Rdn. 76) Dies ergibt sich aus dem Wortlaut der
Nr. 3, der nur verlangt, dass die ersteigerten Waren „für ihren Geschäftsbetrieb" verwendet werden. Möglich ist also etwa die Ersteigerung von Maschinenteilen für den eigenen Maschinenpark u. Ä.

Umstritten ist, ob die Privilegierung nach Abs. 10 Nr. 3 sich darauf 85
beschränkt, dass als Bieter nur Gewerbetreibende des jeweiligen Fachhandels
zugelassen werden, ob also ein **innerer Zusammenhang zwischen den
Versteigerungsgegenständen und dem jeweiligen Geschäftsbetrieb**
bestehen muss. Relevant wird dies z. B. bei einer Versteigerung von Orient-
teppichen, an der auch Freiberufler teilnehmen, etwa um für die Besucher-
zimmer ihrer Kanzlei/Praxis einen repräsentativen Teppich zu erwerben.

Zum Teil wird mit Blick auf den Wortlaut vertreten, dass auch in diesem 86
Fall die Voraussetzungen des Abs. 10 Nr. 3 erfüllt sind (*VG Stuttgart* GewArch
1996, 379 [380]); dieser Auffassung schloss sich auch das *BVerwG* (GewArch
1998, 241 f.) unter Hinweis auf die fehlende Schutzbedürftigkeit der Bieter
an. Nach der Gegenansicht muss ein Mindestzusammenhang zwischen dem

§ 34c Titel II. Stehendes Gewerbe

Versteigerungsgegenstand und dem Geschäftsbetrieb des Bieters bestehen. Die Privilegierung des Abs. 10 Nr. 3 sei nur gerechtfertigt, wenn die Bieter nicht nur wegen ihrer allgemeinen Umsicht im Geschäftsleben, sondern auch wegen ihrer fach- und branchenspezifischen Kenntnisse und Erfahrungen nicht den Schutz des § 34 b benötigten. Nur in diesem Fall sei für die Ausnahmeregelung des § 34 b Raum (*OVG RhPf.* GewArch 1997, 329 [331]; *VGH BW* GewArch 1997, 203 [204]).

87 Der Gegenansicht ist **zuzustimmen** (a. A. *Bleutge*, in: Landmann/Rohmer I, § 34 b Rdn. 45c; *Martini*, in: BeckOK, § 34 b Rdn. 64). Zunächst ist darauf hinzuweisen, dass sich im Wortlaut durchaus Anhaltspunkte für den geforderten Zusammenhang zwischen den Versteigerungsobjekten und dem Geschäftsbetrieb finden lassen: So ist die Einschränkung „der angebotenen Art" sonst bedeutungslos. Vor allem ist die methodische Grundregel zu berücksichtigen, dass eine Ausnahmevorschrift wie Abs. 10 Nr. 3 eng auszulegen ist.

X. Rechtsfolgen bei Pflichtverletzungen

88 Möglich ist zunächst ein gewerbebehördliches Einschreiten nach § 15 II, wenn die Erlaubnis nach Abs. 1 fehlt, oder nach § 9 VerstV, wenn eine einzelne Versteigerung gegen Vorschriften der Abs. 6 oder 7 verstößt. Gegebenenfalls kann die Zuverlässigkeit zu verneinen sein, sodass ein Widerruf der Erlaubnis gem. § 49 II Nr. 3 VwVfG in Betracht kommt (vgl. *Martini*, in: BeckOK, § 34 b Rdn. 59; *VGH BW* GewArch 1987, 295 [296]). Bei Nichterfüllung von Auflagen (§ 34 b III) ist an einen Widerruf gem. § 49 II Nr. 2 VwVfG zu denken.

89 Hinzu kommt § 144 I Nr. 1 lit. g, IV, wonach die Versteigerung ohne erforderliche Erlaubnis ordnungswidrig und nach § 148 Nr. 1 bei beharrlicher Wiederholung sogar strafbar ist. Zuwiderhandlungen gegen vollziehbare Auflagen (Abs. 3), ebenso wie gegen die Verbote der Abs. 6 und 7 stellen Ordnungswidrigkeiten dar (§ 144 II Nr. 3, III, IV). Das Gleiche gilt für Verstöße gegen die VerstV, sofern diese für bestimmte Tatbestände auf § 144 II Nr. 1 verweist; u. U. kommt dann auch eine Strafbarkeit gem. § 148 Nr. 2 in Betracht.

90 Auf die im Rahmen einer Versteigerung geschlossenen Verträge wirken sich demgegenüber weder das Fehlen der erforderlichen Erlaubnis noch ein etwaiger Verstoß gegen die Verbote der Abs. 6 und 7 aus. Da sich die gewerberechtlichen Ordnungsvorschriften nur an den Versteigerer und nicht gegen beide Parteien des zivilrechtlichen Geschäfts richten, stellen sie keine gesetzlichen Verbote i. S. d. § 134 BGB dar (vgl. *OLG Hamm* NJW 2001, 1142 [1145]; *LG Münster* GewArch 2000, 205 [206]).

§ 34c Makler, Anlageberater, Bauträger, Baubetreuer

(1) [1]**Wer gewerbsmäßig**
1. **den Abschluß von Verträgen über Grundstücke, grundstücksgleiche Rechte, gewerbliche Räume oder Wohnräume vermitteln oder die Gelegenheit zum Abschluß solcher Verträge nachweisen,**

Makler, Anlageberater, Bauträger, Baubetreuer § 34c

1a. den Abschluss von Darlehensverträgen vermitteln oder die Gelegenheit zum Abschluss solcher Verträge nachweisen,
2. den Abschluss von Verträgen über den Erwerb von Anteilscheinen einer Kapitalanlagegesellschaft, von ausländischen Investmentanteilen, die im Geltungsbereich des Investmentgesetzes öffentlich vertrieben werden dürfen, von sonstigen öffentlich angebotenen Vermögensanlagen, die für gemeinsame Rechnung der Anleger verwaltet werden, oder von öffentlich angebotenen Anteilen an einer und von verbrieften Forderungen gegen eine Kapitalgesellschaft oder Kommanditgesellschaft vermitteln
3. Anlageberatung im Sinne der Bereichsausnahme des § 2 Abs. 6 Satz 1 Nr. 8 des Kreditwesengesetzes betreiben,
4. Bauvorhaben

   a) als Bauherr im eigenen Namen für eigene oder fremde Rechnung vorbereiten oder durchführen und dazu Vermögenswerte von Erwerbern, Mietern, Pächtern oder sonstigen Nutzungsberechtigten oder von Bewerbern um Erwerbs- oder Nutzungsrechte verwenden,

   b) als Baubetreuer im fremden Namen für fremde Rechnung wirtschaftlich vorbereiten oder durchführen

will, bedarf der Erlaubnis der zuständigen Behörde. ²Die Erlaubnis kann inhaltlich beschränkt und mit Auflagen verbunden werden, soweit dies zum Schutze der Allgemeinheit oder der Auftraggeber erforderlich ist; unter denselben Voraussetzungen ist auch die nachträgliche Aufnahme, Änderung und Ergänzung von Auflagen zulässig.

(2) Die Erlaubnis ist zu versagen, wenn
1. Tatsachen die Annahme rechtfertigen, daß der Antragsteller oder eine der mit der Leitung des Betriebes oder einer Zweigniederlassung beauftragten Personen die für den Gewerbebetrieb erforderliche Zuverlässigkeit nicht besitzt; die erforderliche Zuverlässigkeit besitzt in der Regel nicht, wer in den letzten fünf Jahren vor Stellung des Antrages wegen eines Verbrechens oder wegen Diebstahls, Unterschlagung, Erpressung, Betruges, Untreue, Geldwäsche, Urkundenfälschung, Hehlerei, Wuchers oder einer Insolvenzstraftat rechtskräftig verurteilt worden ist, oder
2. der Antragsteller in ungeordneten Vermögensverhältnissen lebt; dies ist in der Regel der Fall, wenn über das Vermögen des Antragstellers das Insolvenzverfahren eröffnet worden oder er in das vom Insolvenzgericht oder vom Vollstreckungsgericht zu führende Verzeichnis (§ 26 Abs. 2 Insolvenzordnung, § 915 Zivilprozeßordnung) eingetragen ist.

(3) ¹Das Bundesministerium für Wirtschaft und Technologie wird ermächtigt, durch Rechtsverordnung mit Zustimmung des Bundesrates zum Schutze der Allgemeinheit und der Auftraggeber Vorschriften zu erlassen über den Umfang der Verpflichtungen des Gewerbetreibenden bei der Ausübung des Gewerbes, insbesondere über die Verpflichtungen

Ennuschat

§ 34c

Titel II. Stehendes Gewerbe

1. ausreichende Sicherheiten zu leisten oder eine zu diesem Zweck geeignete Versicherung abzuschließen, sofern der Gewerbetreibende Vermögenswerte des Auftraggebers erhält oder verwendet,
2. die erhaltenen Vermögenswerte des Auftraggebers getrennt zu verwalten,
3. nach der Ausführung des Auftrages dem Auftraggeber Rechnung zu legen,
4. der zuständigen Behörde Anzeige beim Wechsel der mit der Leitung des Betriebes oder einer Zweigniederlassung beauftragten Personen zu erstatten und hierbei bestimmte Angaben zu machen,
5. dem Auftraggeber die für die Beurteilung des Auftrages und des zu vermittelnden oder nachzuweisenden Vertrages jeweils notwendigen Informationen schriftlich oder mündlich zu geben,
6. Bücher zu führen einschließlich der Aufzeichnung von Daten über einzelne Geschäftsvorgänge sowie über die Auftraggeber.

²In der Rechtsverordnung nach Satz 1 kann ferner die Befugnis des Gewerbetreibenden zur Entgegennahme und zur Verwendung von Vermögenswerten des Auftraggebers beschränkt werden, soweit dies zum Schutze des Auftraggebers erforderlich ist. ³Außerdem kann in der Rechtsverordnung der Gewerbetreibende verpflichtet werden, die Einhaltung der nach Satz 1 Nr. 1 bis 6 und Satz 2 erlassenen Vorschriften auf seine Kosten regelmäßig sowie aus besonderem Anlaß prüfen zu lassen und den Prüfungsbericht der zuständigen Behörde vorzulegen, soweit es zur wirksamen Überwachung erforderlich ist; hierbei können die Einzelheiten der Prüfung, insbesondere deren Anlaß, Zeitpunkt und Häufigkeit, die Auswahl, Bestellung und Abberufung der Prüfer, deren Rechte, Pflichten und Verantwortlichkeit, der Inhalt des Prüfungsberichts, die Verpflichtungen des Gewerbetreibenden gegenüber dem Prüfer sowie das Verfahren bei Meinungsverschiedenheiten zwischen dem Prüfer und dem Gewerbetreibenden, geregelt werden.

(4) (weggefallen)

(5) Die Absätze 1 bis 3 gelten nicht für
1. Betreuungsunternehmen im Sinne des § 37 Abs. 2 des Zweiten Wohnungsbaugesetzes oder des § 22 c Abs. 2 des Wohnungsbaugesetzes für das Saarland, solange sie diese Eigenschaft behalten,
2. Kreditinstitute, für die eine Erlaubnis nach § 32 Abs. 1 des Gesetzes über das Kreditwesen erteilt wurde, und für Zweigstellen von Unternehmen im Sinne des § 53 b Abs. 1 Satz 1 des Gesetzes über das Kreditwesen,
2a. Kapitalanlagegesellschaften, für die eine Erlaubnis nach § 7 Abs. 1 des Investmentgesetzes erteilt wurde, und Zweigniederlassungen von Unternehmen im Sinne des § 13 Abs. 1 Satz 1 des Investmentgesetzes,
3. Finanzdienstleistungsinstitute in bezug auf Vermittlungstätigkeiten oder Anlageberatung, für die ihnen eine Erlaubnis nach § 32 Abs. 1 des Kreditwesengesetzes erteilt wurde oder nach § 64 e

Ennuschat

Abs. 2 oder § 64 i Abs. 1 des Gesetzes über das Kreditwesen als erteilt gilt,
3a. Gewerbetreibende im Sinne des Absatzes 1 Satz 1 Nr. 2 oder Nr. 3 in bezug auf Vermittlungstätigkeiten oder Anlageberatung nach Maßgabe des § 2 Abs. 10 Satz 1 des Gesetzes über das Kreditwesen,
4. Gewerbetreibende, die lediglich zur Finanzierung der von ihnen abgeschlossenen Warenverkäufe oder zu erbringenden Dienstleistungen den Abschluß von Verträgen über Darlehen vermitteln oder die Gelegenheit zum Abschluß solcher Verträge nachweisen,
5. Zweigstellen von Unternehmen mit Sitz in einem anderen Mitgliedstaat der Europäischen Union, die nach § 53 b Abs. 7 des Kreditwesengesetzes Darlehen zwischen Kreditinstituten vermitteln dürfen, soweit sich ihre Tätigkeit nach Absatz 1 auf die Vermittlung von Darlehen zwischen Kreditinstituten beschränkt,
6. Verträge, soweit Teilzeitnutzung von Wohngebäuden im Sinne des § 481 des Bürgerlichen Gesetzesbuchs gemäß Absatz 1 Satz 1 Nr. 1 nachgewiesen oder vermittelt wird.

Literatur: *M. Drasdo*, MaBV, Gewerberechtliche Vorschriften für Wohnungsunternehmen, Immobilienmakler und Anlagenvermittler, 3. Aufl. 1996; *ders.*, Rechtsfolgen des Verstoßes gegen MaBV-Normen, NJW 2007, 2441 ff.; *ders.*, Die Makler- und Bauträgerverordnung: Das unbekannte (öffentlich-rechtliche) Wesen, NZM 2009, 601 ff.; *ders.*, Anschriftenversendung als Maklertätigkeit, NJW-Spezial 2010, 97; *R. Drozella*, Die Erlaubnispflicht nach § 34 c GewO für die Vermittlung von an Börsen gehandelten Aktien, Warentermingeschäften oder Optionsverträgen, GewArch 1990, 384 ff.; *H. Grziwotz*, Rechtsprechungsübersicht zur Makler- und Bauträgerverordnung, ZfIR 2008, 243 ff.; *H.-D. Lemke*, Unzulässigkeit von Maklertätigkeit an Sonn- und Feiertagen, GewArch 1989, 286 ff.; *P. Marcks*, Makler- und Bauträgerverordnung, 8. Aufl. 2009; *M. Moraht*, Die Entwicklung im Maklerrecht im Jahr 2007, DWW 2008, 127 ff.; *dies.*, Die Entwicklung des Maklerrechts im Jahr 2009, DWW 2010, 162 ff.; *C. Rupp*, Gewerblicher Grundstückshandel, EStB 2004, 382 ff.; *M. Wolf*, Die Erlaubnispflicht gemäß § 34 c GewO bei der Kapitalanlagevermittlung durch den Versicherungsvertrieb, VW 2001, 268 ff.

Übersicht

Rdn.

I. Vorbemerkung	1
II. Erlaubnispflichtige Tatbestände (Abs. 1 S. 1)	3
1. Gewerbsmäßigkeit	5
a) Selbständigkeit	6
b) Dauerhaftigkeit	7
c) Verwaltung eigenen Vermögens	9
d) Freie Berufe	13
2. Tätigkeit als Immobilien- und Darlehensmakler (Nrn. 1, 1a)	15
a) Vermittlung; Nachweis der Gelegenheit zum Abschluss von Verträgen	16
b) Grundstücksmakler (Nr. 1)	19
c) Darlehensverträge (Nr. 1 a)	24

§ 34c

Titel II. Stehendes Gewerbe

  d) Zusammentreffen mehrerer Tätigkeitsfelder i. S. d.
   Nrn. 1, 1 a 26
 3. Tätigkeit als Anlagemakler (Nr. 2) 28
  a) Anteilscheine einer Kapitalgesellschaft oder Investmentaktiengesellschaft 29
  b) Ausländische Investmentanteile 30
  c) Sonstige öffentlich angebotene Vermögensanlagen, die
   für gemeinsame Rechnung der Anleger verwaltet wer-
   den 31
  d) Öffentliche angebotene Anteile an Kapital- oder Kommanditgesellschaften 33
  e) Verbriefte Forderungen gegen Kapital- oder Kommanditgesellschaften 35
 4. Tätigkeit als Anlageberater (Nr. 3) 36
 5. Tätigkeit als Bauträger oder Baubetreuer (Nr. 4) 38
  a) Bauvorhaben 38
  b) Bauherr (Nr. 4 lit. a) 39
  c) Baubetreuer (Nr. 4 lit. b) 44
III. Erlaubnis 47
 1. Erlaubnisnehmer 47
 2. Möglichkeit einer Erlaubnisfiktion gem. § 6 a I i. V. m.
  § 34 c I 1 Nrn. 1, 4 48
 3. Inhaltliche Beschränkung der Erlaubnis (Abs. 1 S. 2) 49
  a) Abgrenzung zur Teilversagung 49
  b) Voraussetzungen 52
  c) Rechtsschutz 53
 4. Auflagen (Abs. 1 S. 2) 54
  a) Auflageninhalt 55
  b) Auftraggeber 56
 5. Weitere Nebenbestimmungen; Rücknahme und Wider-
  ruf 57
IV. Versagungsgründe (Abs. 2) 58
 1. Unzuverlässigkeit (Abs. 2 Nr. 1) 59
  a) Vorverurteilung 60
  b) Unzuverlässigkeit aus sonstigen Gründen 62
 2. Ungeordnete Vermögensverhältnisse (Abs. 2 Nr. 2) 63
 3. Anerkennung ausländischer Unterlagen und Bescheinigun-
  gen (§ 13 b) 64
V. Verordnungsermächtigung (Abs. 3) 65
VI. Ausnahmen (Abs. 5) 67
 1. Betreuungsunternehmen (Nr. 1) 68
 2. Kreditinstitute (Nr. 2) 69
 3. Kapitalanlagegesellschaften (Nr. 2a) 70
 4. Finanzdienstleistungsinstitute (Nr. 3) 71
 5. Anlagemakler- und Anlageberater (Nr. 3a) 72
 6. Vermittlung von Finanzierungsdarlehen (Nr. 4) 73
 7. Zweigstellen europäischer Unternehmen (Nr. 5) 75
 8. Verträge zur Teilnutzung von Wohngebäuden (Nr. 6) 76
VII. Rechtsfolgen bei Pflichtverletzungen 77

Makler, Anlageberater, Bauträger, Baubetreuer § 34c

I. Vorbemerkung

§ 34 c ist durch Art. 1 Nr. 1 des Gesetzes zur Änderung der GewO vom 1
16. 8. 1972 (BGBl. I S. 1465) in die GewO eingefügt worden, seit dem
1. 2. 1973 in Kraft und wiederholt novelliert worden (siehe näher *Marcks*, in:
Landmann/Rohmer I, § 34 c Rdn. 3). Änderungen aus jüngerer Zeit erfolgten durch das Gesetz zur Neuregelung des Versicherungsvermittlerrechts vom
19. 12. 2006 (BGBl. I S. 3232; dazu BT-Drs. 16/1935, S. 17), das Finanzmarktrichtlinie-Umsetzungsgesetz vom 16. 7. 2007 (BGBl. I S. 1330, 1377;
dazu BT-Drs. 16/4028, S. 100), das Investmentänderungsgesetz vom
21. 12. 2007 (BGBl. I S. 3089, 3136; dazu BR-Drs. 274/07, S. 245) sowie
durch das Gesetz zur Umsetzung der Dienstleistungsrichtlinie im Gewerberecht vom 17. 7. 2009 (BGBl. I S. 2091; dazu BT-Drs. 16/12784, S. 16 und
unten Rdn. 15). Zu nennen ist ferner die neue Bezeichnung des in Abs. 3
genannten Ministeriums durch die Neunte ZuständigkeitsanpassungsVO vom
31. 10. 2006 (BGBl. I S. 2407). Mit Wirkung zum 1. 1. 2013 wird Abs. 2
Nr. 2 redaktionell an Änderungen der ZPO angepasst (Gesetz zur Reform
der Sachaufklärung in der Zwangsvollstreckung vom 29. 7. 2009 [BGBl. I
S. 2258]; dazu BT-Drs. 16/10069, S. 51 sowie unten Rdn. 63).

Art. 2 des Änderungsgesetzes vom 16. 8. 1972 trifft für Altunternehmer 2
eine von § 1 II abweichende Sonderregelung. Die Erlaubnis nach § 34 c gilt
demjenigen als erteilt, der ein dort bezeichnetes Gewerbe bei Inkrafttreten
des Änderungsgesetzes befugt ausübt (sog. „fiktive" Erlaubnis). Unbefugt übt
derjenige das Gewerbe aus, dem die Ausübung nach § 35 oder dem früheren
§ 421 StGB untersagt war, oder ein Ausländer, dem die Aufenthaltserlaubnis
nur mit einer spezifischen, andersartigen gewerblichen Befugnis erteilt war,
oder die ausländische juristische Person, der die Zulassung im Inland nach
§ 12 a. F. oder dem früheren § 292 AktG fehlte. Befugt tätige Gewerbetreibende hatten ihren Betrieb unter Angabe der mit der Leitung des Betriebes
oder einer Zweigniederlassung beauftragten Personen zwecks Vermeidung
des Erlöschens der Erlaubnis innerhalb von 6 Monaten, also bis zum
31. 7. 1973, der Erlaubnisbehörde anzuzeigen, die ihnen kostenfrei und
schriftlich die Berechtigung zur Ausübung des Gewerbes zu bestätigen hatte.
Für Rücknahme und Widerruf dieser fiktiven Erlaubnis gelten nach dem
Wegfall des § 53 seit dem 1. 10. 1984 die §§ 48, 49 VwVfG (vgl. *OVG Bremen*
GewArch 1986, 57 [58]).

Für Inhaber einer Erlaubnis gem. § 34 c I 1 Nr. 1 b i. d. F. bis 31. 10. 2007
(= Nr. 2 n. F.) gilt die Übergangsvorschrift des § 157 (siehe die Erläuterungen
dort).

II. Erlaubnispflichtige Tatbestände (Abs. 1 S. 1)

Der Erlaubnistatbestand ist durch die Gesetze vom 16. 7. 2007 und vom 3
21. 12. 2007 (oben Rdn. 1) neu gefasst worden. Die Erlaubnispflicht betrifft
nunmehr gewerbsmäßige Immobilien- und Darlehensmakler (Nr. 1), Anlagemakler (Nr. 2), Anlageberater (Nr. 3), Bauträger (Nr. 4 lit. a) und Bauver-

§ 34c Titel II. Stehendes Gewerbe

mittler (Nr. 4 lit. b). Die Erlaubnispflicht des § 34 c I 1 ist als mit Art. 12 I GG vereinbare subjektive Berufswahlregelung zu werten (*Marcks*, in: Landmann/ Rohmer I, § 34 c Rdn. 69; *Martinez*, in: BeckOK, § 34 c Rdn. 5). Die Erlaubnispflicht nach § 34 c I 1 steht selbstständig neben etwaigen anderen Erlaubnispflichten, z. B. nach dem KWG (*Schönleiter* GewArch 2004, 57 [58]). Teils ordnet § 34 c V an, dass bei Erteilung einer Erlaubnis nach dem KWG die gewerberechtliche Erlaubnis entfällt (näher Rdn. 67 ff.).

4 Zum **Wegfall der Erlaubnispflicht** bei Gewerbetreibenden i. S. d. § 34 c I Nrn. 1 und 4 aus dem **EU-/EWR-Ausland** – die im Inland nur vorübergehend tätig werden wollen – im Rahmen von § 4 siehe Rdn. 19, 38. Die Anzeigepflicht nach § 13 a greift nicht, weil § 34 c keinen Sachkunde- oder Unterrichtungsnachweis voraussetzt (*Höfling*, in: Friauf, § 34 c Rdn. 63c). Zur Anerkennung EU-/EWR-ausländischer Unterlagen und Bescheinigungen gem. § 13 b siehe unten Rdn. 64.

1. Gewerbsmäßigkeit

5 Gewerbsmäßigkeit setzt eine erlaubte, selbständige, auf Dauer angelegte und auf Gewinnerzielung gerichtete Tätigkeit voraus; ausgenommen sind die Urproduktion, die bloße Verwaltung eigenen Vermögens sowie die freien Berufe (allgemein zur Gewerbsmäßigkeit vgl. § 1 Rdn. 2 ff.).

6 **a) Selbständigkeit.** Die notwendige Selbständigkeit ist beim Makler mit Blick auf den Grad der beruflichen Abhängigkeit von einem fremden Betrieb im Einzelfall zu ermitteln. Nicht erforderlich ist, dass der Makler in eigenem Namen handelt oder ein eigenes Maklerbüro betreibt, sofern er nur im stehenden Gewerbe tätig ist (*Höfling*, in: Friauf, § 34 c Rdn. 4; *Marcks*, in: Landmann/Rohmer I, § 34 c Rdn. 15; *Lach* GewArch 1978, 334 f.; a. A. *VG Bremen* GewArch 1978, 333 f.). Auch bei einem als Vermittlungsvertreter für einen Makler tätigen Handelsvertreter kann die erforderliche Selbständigkeit gegeben sein (vgl. *OVG NRW* GewArch 2000, 282 f.).

7 **b) Dauerhaftigkeit.** Besonders bei Bauherren oder Baubetreuern, die nur ein Projekt durchführen, kann das für die Gewerbsmäßigkeit erforderliche Merkmal der fortgesetzten Erwerbshandlung fraglich sein. Dauerhaftigkeit ist dann anzunehmen, wenn das Bauvorhaben so umfangreich ist, dass es sich über einen längeren Zeitraum hinzieht und erheblichen Kapitaleinsatz sowie einen kaufmännisch eingerichteten Apparat voraussetzt (*Marcks*, in: Landmann/Rohmer I, § 34 c Rdn. 7; *Martinez*, in: BeckOK, § 34 c Rdn. 10).

8 Die Dauerhaftigkeit wurde **bejaht** beim Bau und anschließenden Verkauf von vier Eigentumswohnungen (*BFHE* 129, 177 [179]), sechs Reiheneigenheimen (*OLG Düsseldorf* GewArch 1978, 164), vier Häusern mit 21 Wohneinheiten in einem vierjährigen Zeitraum (*OVG Nds.* GewArch 1976, 121 f.), mehrerer Wohnhäuser in einem dreijährigem Zeitraum (*OLG Köln* GewArch 1984, 341); ebenso beim Ankauf eines Grundstückes mit anschließenden Maßnahmen zur Parzellierung und Erschließung zum Zwecke des Verkaufs mit Gewinn (*BFH* DB 1982, 2169).

9 **c) Verwaltung eigenen Vermögens.** Als problematisch erweist sich die Abgrenzung der gewerblichen Tätigkeit als Bauherr i. S. d. § 34 c I 1 Nr. 4

lit. a von der (nichtgewerblichen) Verwaltung eigenen Vermögens. Insoweit kann auf eine Reihe finanzgerichtlicher Entscheidungen als Auslegungshilfe zurückgegriffen werden (siehe oben § 1 Rdn. 72 f.; allgemein zur Heranziehung des Gewerbebegriffs außergewerberechtlicher Normen siehe aber oben § 1 Rdn. 5).

Nach ständiger Rechtsprechung des *BFH* wird bei der Errichtung und dem 10 Verkauf von Wohnobjekten der Bereich der privaten Vermögensverwaltung überschritten, wenn nach dem Gesamtbild der Betätigung und unter Berücksichtigung der Verkehrsauffassung die Ausnutzung substantieller Vermögenswerte durch Umschichtung gegenüber der Nutzung von Grundbesitz im Sinne einer Fruchtziehung aus zu erhaltenden Substanzwerten entscheidend in den Vordergrund tritt (*BFHE* 178, 86 [90]; 197, 240 [243 f.]; 201, 169 [171 f.]; 214, 31 [35]; *BFH* NJW 1991, 382; NJW 1996, 2182; BFH/NV 2007, 234)

Handele es sich um höchstens drei Eigentumswohnungen sei Gewerbsmä- 11 ßigkeit regelmäßig zu verneinen (**„Drei-Objekte-Grenze"**). Werden zwei größere Projekte (etwa Supermärkte) oder vier oder mehr Wohnungen errichtet und veräußert, handele es sich hingegen nicht länger um die bloße Verwaltung eigenen Vermögens, sondern um gewerbliches Handeln. Sollen zwar mehr als drei Wohnungen errichtet, diese jedoch nicht verkauft, sondern anderweitig genutzt (etwa vermietet) werden, liege Vermögensverwaltung vor. Selbst bei anfänglicher Vermietung führe allerdings der Vorbehalt späteren Verkaufs (bedingte Verkaufsabsicht) zur Annahme von Gewerbsmäßigkeit, wenn der Verkauf in engem zeitlichen Zusammenhang mit der Errichtung der Eigentumswohnungen stehe. Dies sei anzunehmen, wenn innerhalb von fünf Jahren nach Errichtung die Wohnungen veräußert werden, bei Hinzutreten weiterer für Gewerblichkeit sprechender Umstände auch noch später. Zum Ganzen siehe *BFH* NJW 1991, 382 f.; NJW 1995, 2944; NJW 1996, 2182 f. sowie den Erlass des BMF vom 26. 3. 2004 (Az.: IV A 6 S 2240 – 46/04 – juris) zur Abgrenzung zwischen privater Vermögensverwaltung und gewerblichem Grundstückshandel. Siehe zur Relevanz der Drei-Objekte-Grenze ferner *BVerfG* NJW 2005, 3060 sowie aus der Praxis der Verwaltungsgerichte z. B. *VG Ansbach* GewArch 1998, 70 (71); *VG Braunschweig* GewArch 2000, 485 (486).

Gewerbsmäßigkeit wurde dementsprechend **verneint** bei dem Bau von 12 drei Appartements als Eigentumswohnungen zur späteren Vermietung innerhalb eines großen Appartement-Sporthotelprojekts (*BGH* GewArch 1979, 303 f.), bei der Errichtung von vier Eigentumswohnungen, von denen nur drei verkauft wurden (*BFH* NJW 1987, 2104). Schlichte Vermögensverwaltung liegt ferner vor bei bloßer Aufteilung eines vorhandenen Gebäudes in mehrere Eigentumswohnungen und anschließendem Verkauf (*BFH* NJW 1991, 382 [383]). Wenn das Gebäude in engem zeitlichen Zusammenhang mit der Umwandlung in Eigentumswohnungen und dem anschließenden Verkauf erworben wurde, liegt aber Gewerbsmäßigkeit vor (*BFH* NJW 1990, 3232); als Anhaltspunkt für die Annahme eines engen zeitlichen Zusammenhangs dient erneut ein Fünf-Jahres-Zeitraum (oben Rdn. 11). Die Drei-Objekte-Grenze darf allerdings nicht als Freigrenze oder Mindestgrenze verstanden werden. So besteht einerseits die Möglichkeit, dass trotz Überschrei-

§ 34c
Titel II. Stehendes Gewerbe

tens der Drei-Objekte-Grenze ein gewerblicher Grundstückshandel nicht anzunehmen ist, wenn eindeutige Anhaltspunkte gegen eine von Anfang an bestehende Veräußerungsabsicht sprechen (*BFHE* 197, 240 [246 f.]) oder nachweislich Umstände vorliegen, die darauf schließen lassen, dass der Steuerpflichtige im Zeitpunkt des Erwerbs oder der Bebauung beabsichtigte, das Objekt langfristig zu vermieten (BFH/NV 2007, 234). Andererseits können auch bei einer Veräußerung von weniger als vier Objekten besondere Umstände auf eine gewerbliche Betätigung schließen lassen (*BFHE* 197, 240 [246 f.]).

13 **d) Freie Berufe.** Angehörige freier Berufe benötigen mangels Gewerbsmäßigkeit keine Erlaubnis nach § 34 c I 1, soweit sie eine der in § 34 c genannten Tätigkeiten in Ausübung – und nicht nur bei Gelegenheit – ihres freien Berufes vornehmen.

14 Wenn ein Rechtsanwalt Darlehen und Grundstücke vermittelt und dabei seine rechtsberatende Tätigkeit völlig in den Hintergrund tritt, ist er nach § 34 c erlaubnispflichtig (vgl. *BGH* DB 1986, 267; *Höfling*, in: Friauf, § 34 c Rdn. 4). Die nicht nur gelegentliche, sondern ständige Ausübung der Maklertätigkeit ist im Übrigen für einen Rechtsanwalt berufsrechtlich unzulässig (vgl. *BGH* NJW 1992, 681 [682]). Ein freier Architekt handelt gewerbsmäßig, wenn er gleichzeitig als Bauherr oder Baubetreuer (dazu Rdn. 40 ff., 45) auftritt und dies nicht nur als ein unbedeutender Annex seiner freiberuflichen Tätigkeit angesehen werden kann (*Marcks*, in: Landmann/Rohmer I, § 34 c Rdn. 53). Die Vermittlung von Eigentumswohnungen gehört nicht zur Berufsausübung eines Steuerberaters und unterliegt daher der Erlaubnispflicht nach § 34 c I 1 (vgl. *BFH* NJW 1984, 1374); dasselbe gilt für eine Tätigkeit als Treuhänder einer Bauherrengemeinschaft (vgl. *BFH* NJW 1990, 71).

2. Tätigkeit als Immobilien- und Darlehensmakler (Nrn. 1, 1a)

15 Durch das Gesetz zur Umsetzung der Dienstleistungsrichtlinie im Gewerberecht vom 17. 7. 2009 wurde die Darlehensvermittlung aus der Nr. 1 ausgeklammert und zu einer Nr. 1a verselbstständigt. Es handelt sich dabei um eine redaktionelle Änderung, die der besseren Übersichtlichkeit dienen soll und dem Umstand Rechnung trägt, dass die Darlehensvermittlung anders als die Tätigkeit der Immobilienmakler von der Anwendung der Dienstleistungsrichtlinie ausgenommen ist (BT-Drs. 16/12784, S. 16). Bedeutsam ist die Aufspaltung im Zusammenhang mit §§ 4 I 1, 6 a (die nur Nr. 1 betreffen) und § 13 b III (der nur für Nr. 1a gilt).

16 **a) Vermittlung; Nachweis der Gelegenheit zum Abschluss von Verträgen.** Vermittlung ist jede auf den Abschluss eines Vertrages abzielende Tätigkeit, auch wenn der Makler im Einzelfall erfolglos bleibt (vgl. den Wortlaut: „vermitteln ... will"; *Höfling*, in: Friauf, § 34 c Rdn. 9; *Martinez*, in: BeckOK, § 34 c Rdn. 11), die Vermittlung nur der Vorbereitung eines Vertragsschlusses dient oder wenn er aufgrund einer Vollmacht für den Auftraggeber selber den Vertrag schließt. Soweit der Makler im eigenen Namen und auf eigene Rechnung handelt und selbst Vertragspartner ist, liegt keine Vermittlung vor (*Martinez*, in: BeckOK, § 34 c Rdn. 2). Erlaubnispflichtig nach § 34 c I Nrn. 1, 1a kann aber ein selbständiger Handelsvertreter (§ 84 I HGB) sein (vgl. *BGH* BB 1982, 1876).

Vermittlung ist z. B. zu bejahen, wenn ein Verein Wohnungssuchende als 17 Mitglieder wirbt und in Zeitungsinseraten einen kostenlosen Nachmieterservice anbietet (*VG Berlin* GewArch 1988, 377).

Auch der bloße **Nachweismakler** (vgl. § 652 I BGB), der seinem Auftrag- 18 geber einen bisher unbekannten Interessenten oder ein Objekt und den künftigen Vertragspartner benennt, sodass der Auftraggeber von sich aus Vertragsverhandlungen aufnehmen kann, bedarf der Erlaubnis. Dies gilt auch, wenn sich die Nachweistätigkeit auf reine **Adressenvermittlung** beschränkt (*BGH* GewArch 1992, 179 [181]; *Höfling*, in: Friauf, § 34 c Rdn. 11; *Drasdo* NJW-Special 2010, 97; zweifelnd *HambOVG* GewArch 1992, 70 zum Fall eines Gewerbetreibenden, der neben der Adressenvermittlung noch das Schreiben von Wohnungsgesuchen für seine Kunden übernahm). Von der Tätigkeit als Vermittler oder Nachweismakler zu unterscheiden ist der bloße **Tippgeber**, welcher selbst bei gewerbsmäßigem Handeln nicht unter § 34 c I fällt; der Tippgeber vermittelt lediglich den Kontakt zu einem Makler (*LG Hamburg* Urteil vom 30. 4. 2010 – 408 O 95/09, juris Rdn. 36; siehe auch § 34 d Rdn. 22).

b) Grundstücksmakler (Nr. 1). Erlaubnispflichtig ist, wer den Abschluss 19 von Verträgen über Grundstücke, grundstücksgleiche Rechte, gewerbliche Räume oder Wohnräume vermitteln oder die Gelegenheit zum Abschluss solcher Verträge nachweisen will. Die Erlaubnispflicht entfällt im Rahmen von § 4 I 1 (dort Rdn. 12) für **Gewerbetreibende mit einer Niederlassung in einem anderen EU-/EWR-Staat**, die von dort aus nur vorübergehend – in Ausübung ihrer Dienstleistungsfreiheit – in Deutschland als Grundstücksmakler tätig sein wollen.

aa) Verträge über Grundstücke. Angesprochen sind insb. Verträge über 20 die Veräußerung eines Grundstücks, die Bestellung von Grundpfandrechten (*VGH BW* GewArch 1997, 368; *Marcks*, in: Landmann/Rohmer I, § 34 c Rdn. 16; *Martinez*, in: BeckOK, § 34 c Rdn. 14; a. A. *Höfling*, in: Friauf, § 34 c Rdn. 12), ferner die Vermietung und Verpachtung von Grundstücken sowie die Begründung von Wohnungseigentum und Teileigentum an nicht Wohnzwecken dienenden Räumen eines Gebäudes.

Zur Vermittlung von Darlehensverträgen, die durch Grundpfandrechte gesichert werden, siehe unten Rdn. 27.

bb) Verträge über grundstücksgleiche Rechte. Zu diesen zählen Erb- 21 baurechte, Rechte an im Schiffsregister eingetragenen Schiffen, aber auch neues (§ 9 I BBergG) sowie altes landesrechtliches Bergwerkseigentum (vgl. §§ 149 I Nr. 1, 151 BBergG) etc.

cc) Verträge über gewerbliche Räume und Wohnräume. Hierzu 22 gehören alle Arten von Raumüberlassungen einschließlich Pacht und Untermiete. Wohnungsvermittler nach § 1 I des Gesetzes zur Regelung der Wohnungsvermittlung vom 4. 11. 1971 (BGBl. I S. 1745, 1747; m. nachf. Änd.; hierzu *Drasdo* NJW-Spezial 2010, 97), wer den Abschluss von Mietverträgen über Wohnräume vermittelt oder die Gelegenheit zum Abschluss von

Mietverträgen über Wohnräume nachweist. Die Vermittlung einzelner Zimmer reicht aus. Auch die sog. **Mitwohnzentralen** unterliegen daher der Erlaubnispflicht nach § 34 c I Nr. 1 lit. a (*Marcks*, in: Landmann/Rohmer I, § 34 c Rdn. 18; *Martinez*, in: BeckOK, § 34 c Rdn. 15). **Nicht** unter § 34 c fällt jedoch der in § 38 Nr. 4 erwähnte „Betrieb von Reisebüros und die Vermittlung von Unterkünften"; letzteres umfasst auch Ferienwohnungen. Zu **Time-Sharing-Modellen** siehe Abs. 5 Nr. 6 (unten Rdn. 76).

23   Auch ein **Hausverwalter** kommt als Wohnungsvermittler in Betracht, wenn er nicht nur gelegentlich, sondern andauernd und gleichmäßig fortgesetzt, also gewerbsmäßig Wohnungen aus dem von ihm verwalteten Bestand vermittelt (*Marcks*, in: Landmann/Rohmer I, § 34 c Rdn. 9; **a. A.** *OLG Hamm* GewArch 1986, 243 [244]). Dasselbe gilt für den Verwalter i. S. d. WohnungseigentumsG. Gewerbsmäßigkeit kann bereits ab drei Vermittlungen pro Jahr vorliegen (*Höfling*, in: Friauf, § 34 c Rdn. 17).

24   **c) Darlehensverträge (Nr. 1 a).** Die Darlehen müssen, wie nunmehr durch die Separierung der Nr. 1 noch deutlicher wird, keinen Bezug zu Grundstücksgeschäften aufweisen. § 34 c I Nr. 1 erfasst nur die Vermittlung von Darlehen, d. h. nicht die Gewährung im eigenen Namen (oben Rdn. 16). Dagegen wird die bloße Nachweistätigkeit (oben Rdn. 18; einschließlich der Adressenvermittlung, vgl. *VG Frankfurt a. M.* WM 2005, 1028 ff.; krit. *v. Livonius* EWiR 2005, 739 f.), auch wenn sie nur im Rahmen eines anderen Gewerbebetriebes ausgeübt wird, von § 34 c erfasst. Einer Erlaubnis bedürfen daher Versicherungs- oder Bausparkassenvertreter, wenn sie über ihre eigentliche Aufgabe hinaus Darlehen vermitteln. Die Vermittlung des Bausparvertrages als solche ist aber keine Darlehensvermittlung i. S. d. § 34 c (*Marcks*, in: Landmann/Rohmer I, § 34 c Rdn. 31 m. w. N.; *Martinez*, in: BeckOK, § 34 c Rdn. 18).

25   Wenn die Darlehensvermittlung oder der Nachweis einer Darlehensmöglichkeit der Finanzierung eines Warenverkaufes oder einer Dienstleistung dient, entfällt die Erlaubnispflicht aber gem. Abs. 5 Nr. 4. Dies gilt etwa für den Nachweis einer Teilzahlungsbank durch Autohändler, Versandhausunternehmen, Kaufhäuser, Fahrschulinhaber, Ehemakler etc.

Zur Vermittlung von Darlehensverträgen, die durch Grundpfandrechte gesichert werden, siehe unten Rdn. 27.

26   **d) Zusammentreffen mehrerer Tätigkeitsfelder i. S. d. Nrn. 1, 1 a.** Jeder der in § 34 c I 1 Nr. 1 genannten Tätigkeiten ist als eigenständiger Erlaubnistatbestand ausgestaltet. Wenn eine Vermittlungstätigkeit mehrere der Tatbestandsmerkmale i. S. d. Nr. 1 erfüllt, muss die Erlaubnis auf alle betroffenen Tatbestandsmerkmale bezogen sein (*VGH BW* GewArch 1997, 368; *Martinez*, in: BeckOK, § 34 c Rdn. 19).

27   Dies ist bedeutsam für die Vermittlung von Darlehensverträgen, die vertragsgemäß durch Grundpfandrechte gesichert werden. Die Maklertätigkeit erfüllt dann das Merkmal „Vermittlung von Verträgen über Grundstücke" bereits dann, wenn die Mitwirkung des Maklers am Darlehensvertrag auch für die Bestellung des Grundpfandrechts förderlich ist. Auf einen speziell auf die Bestellung des Grundpfandrechts gerichteten Maklerauftrag oder eine an diesen Geschäftsvorgang anknüpfende (zusätzliche) Provisionsabrede kommt

es nicht an. Da zugleich das Tatbestandsmerkmal „Vermittlung von Darlehensverträgen" erfüllt ist, bedarf der Makler einer Erlaubnis, die sich auf **beide** Tätigkeitsfelder bezieht (*VGH BW* GewArch 1997, 368).

3. Tätigkeit als Anlagemakler (Nr. 2)

Nr. 2 dehnt die Erlaubnispflicht auf Vermittlungsgeschäfte im Bereich der Kapitalanlagen aus. Zur Vermittlung siehe Rdn. 16. Der bloße Nachweis (Rdn. 18) genügt hier nicht, um den Erlaubnistatbestand zu eröffnen, sodass insoweit Erlaubnisfreiheit vorliegt. Zu beachten ist die Übergangsvorschrift des § 157 (siehe die Erläuterungen dort). 28

a) Anteilscheine einer Kapitalgesellschaft oder Investmentaktiengesellschaft. Angesprochen ist zunächst der Erwerb von inländischen **Kapitalanlagegesellschaften** oder Investmentaktiengesellschaften ausgestellter Urkunden über Ansprüche der Anteilinhaber aus der Beteiligung an dem von der Gesellschaft verwalteten Sondervermögen (vgl. §§ 33, 50, 66, 83, 90 g, 112 und §§ 96, 99 des Investmentgesetzes (InvG) vom 15. 12. 2005 (BGBl. I S. 2676) m. nachf. Änd.). 29

b) Ausländische Investmentanteile. Ausländische Investmentanteile sind nach § 2 IX InvG Anteile an ausländischen Investmentvermögen, die von einem Unternehmen mit Sitz im Ausland ausgegeben werden. Investmentvermögen sind Vermögen zur gemeinschaftlichen Kapitalanlage, die nach dem Grundsatz der Risikomischung in Vermögensgegenständen wie z. B. Wertpapieren und Gründstücken angelegt sind (vgl. §§ 1 a. E., 2 IV InvG). Durch das Gesetz vom 21. 12. 2007 (oben Rdn. 1) wurde der Wortlaut durch den Passus „die im Geltungsbereich des Investmentgesetzes öffentlich vertrieben werden dürfen" hinzugefügt. Dies knüpft an die Bereichsausnahme in § 2 VI 1 Nr. 8 KWG an. Damit soll klargestellt werden, dass der Gewerbetreibende nur solche ausländischen Investmentanteile vertreiben darf, die im Geltungsbereich des Investmentgesetzes öffentlich vertrieben werden dürfen (BR-Drs. 274/07, S. 245; *Martinez*, in: BeckOK, § 34 c Rdn. 21). 30

c) Sonstige öffentlich angebotene Vermögensanlagen, die für gemeinsame Rechnung der Anleger verwaltet werden. Das öffentliche Angebot setzt voraus, dass eine Vielzahl von Personen angesprochen wird, zwischen denen bisher noch keine konkreten persönlichen Beziehungen bestanden, selbst wenn aus Sicht des Vermittlers dieser Personenkreis bereits näher eingegrenzt ist (z. B. bei Postwurfsendungen, gezieltem Anschreiben nach Adressbüchern u. Ä.; näher *Marcks*, in: Landmann/Rohmer I, § 34 c Rdn. 36). Ein öffentliches Angebot kann auch im Internet erfolgen. 31

Kennzeichnend für diese Vermögensanlagen ist, dass die einzelnen Vermögensgegenstände nicht unmittelbar dem einzelnen Anleger zugeordnet werden können, sondern dass ein „gemeinsamer Topf" ohne ein sofort zu verwirklichendes Aussonderungsrecht des einzelnen besteht, der treuhänderisch verwaltet wird. Dazu zählen insb. die sog. **geschlossenen Immobilienfonds**, nicht aber die sog. fondsgebundenen Lebensversicherungen (*Marcks*, in: Landmann/Rohmer I, § 34 c Rdn. 37, 39; *Martinez*, in: BeckOK, § 34 c 32

§ 34c Titel II. Stehendes Gewerbe

Rdn. 22; *Kramer* Der Schutz des Kundenvermögens durch die Gewerbeordnung, 1997, S. 57), ebenso wenig stille Gesellschaften (*BayVGH* GewArch 2003, 251 [252 f.]).

33 **d) Öffentliche angebotene Anteile an Kapital- oder Kommanditgesellschaften.** Zu den genannten Anteilen gehören vor allem in- und ausländische Aktien sowie GmbH-Anteile und KG-Anteile. Nicht erlaubnispflichtig ist hingegen die Vermittlung von an ausländischen Börsen notierten Aktienoptionen an Inländer (*Marcks*, in: Landmann/Rohmer I, § 34 c Rdn. 40; *Martinez*, in: BeckOK, § 34 c Rdn. 25; **a. A.** *Höfling*, in: Friauf, § 34 c Rdn. 27; *Drozella* GewArch 1990, 394 [396]).

34 Aus der Praxis wird folgender Versuch berichtet, die Erlaubnispflicht nach § 34 c I 1 Nr. 2 zu umgehen: Vermittelt werden Anteile an einer KG. Die Anleger sind an der KG nicht unmittelbar beteiligt. Vielmehr ist ein Treuhänder zwischengeschaltet. Dieser fungiert als Kommanditist. Im Innenverhältnis werden die Anleger jedoch in nahezu jeglicher Hinsicht als Kommanditisten behandelt, so etwa im Hinblick auf die Beteiligung an Gewinn und Verlust sowie die Ausübung mitgliedschaftlicher Rechte innerhalb der KG. Wegen dieser faktischen Gleichstellung zum Erwerb eines Kommanditanteils sind die Voraussetzungen des § 34 c I 1 Nr. 2 erfüllt, sodass eine Erlaubnispflicht besteht (*Fischer* GewArch 2006, 109 [113]). Werden die faktischen Unterschiede zum Erwerb eines Gesellschaftsanteils größer, kann sich die rechtliche Bewertung ändern (vgl. *BayVGH* GewArch 2003, 251 [252]: keine Erlaubnispflicht für die Vermittlung atypischer stiller Beteiligungen an einer AG; ebenso *Höfling*, in: Friauf, § 34 c Rdn. 25; *Marcks*, in: Landmann/Rohmer I, § 34 c Rdn. 38b).

35 **e) Verbriefte Forderungen gegen Kapital- oder Kommanditgesellschaften.** Zu den verbrieften Forderungen rechnen die von in- und ausländischen Kapitalgesellschaften emittierten Schuldverschreibungen. „Verbrieft" bedeutet Urkunde mit Wertpapiercharakter, erfasst also z. B. keine Versicherungsscheine.

4. Tätigkeit als Anlageberater (Nr. 3)

36 Der Erlaubnistatbestand der Nr. 3 wurde durch das Gesetz vom 16. 7. 2007 (Rdn. 1) in § 34 c I 1 eingefügt. Die Gesetzesbegründung führt hierzu aus (BT-Drs. 16/4028, S. 100): Damit „wird dem Umstand Rechnung getragen, dass die Anlageberatung in Umsetzung der Finanzmarktrichtlinie nicht mehr als Wertpapiernebendienstleistung, sondern als Hauptdienstleistung qualifiziert wird. Entsprechend der bislang bestehenden Bereichsausnahme im Kreditwesengesetz für die Erlaubnispflichtigkeit der Vermittlung von Investmentanteilen wird auch die entsprechende Anlageberatung in die Ausnahme einbezogen. Das hat zur Konsequenz, dass auch sie künftig, wie die Vermittlung von Investmentanteilen, den Vorgaben der Gewerbeordnung unterliegt." In diesem Sinne nimmt der Gesetzgeber durch den neuen § 2 VI 1 Nr. 8 KWG die Anlageberatung, sofern sich die Finanzdienstleistungen auf Anteile an Investmentvermögen beschränken, von der Anwendung und Erlaubnispflicht des KWG aus und dehnt zugleich die bereits für die Anlage-

Makler, Anlageberater, Bauträger, Baubetreuer § 34c

und Abschlussvermittlung von Investmentanteilen bestehende gewerberechtliche Sonderregelung auf die Anlageberatung zu diesen Produkten aus (*Höfling*, in: Friauf, § 34 c Rdn. 28b; *Martinez*, in: BeckOK, § 34 c Rdn. 31; zur Definition der Anlageberatung vgl. § 1 Abs. 1a S. 2 Nr. 1a KWG). Inhaber einer bis zum 31. 10. 2007 erteilten Erlaubnis nach § 34 c I 1 Nr. 1b a. F. müssen ihre Erlaubnis nicht um den Tatbestand der Anlageberatung erweitern, da die ursprünglichen Erlaubnisse diese bereits mit umfassen (vgl. § 157 und die Erläuterungen dort; *Höfling*, in: Friauf, § 34 c Rdn. 28 c; *Martinez*, in: BeckOK, § 34 c Rdn. 32).

Hinsichtlich des Begriffs „Anlagevermittlung" orientiert sich die Gesetzesbegründung (BT-Drs. 16/4028, S. 100) explizit an der Definition in § 2 III Nr. 4 WpHG. Anlagevermittlung ist danach die Vermittlung von Geschäften über die Anschaffung und die Veräußerung von Finanzinstrumenten. 37

5. Tätigkeit als Bauträger oder Baubetreuer (Nr. 4)

a) Bauvorhaben. Die Erlaubnispflicht nach Nr. 4 gilt diversen Tätigkeiten im Zusammenhang mit Bauvorhaben (= alle Vorhaben des Hoch- und Tiefbaus, unabhängig davon, ob sie dem landesrechtlichen Bauordnungsrecht unterliegen oder nicht), die sich dem Tätigkeitsfeld der Bauträgerschaft (lit. a) oder der Baubetreuung (lit. b) zuordnen lassen. Die Erlaubnispflicht entfällt im Rahmen von § 4 I 1 (dort Rdn. 5 ff.) für **Gewerbetreibende mit einer Niederlassung in einem anderen EU-/EWR-Staat**, die von dort aus nur vorübergehend – in Ausübung ihrer Dienstleistungsfreiheit – in Deutschland als Bauträger oder Baubetreuer tätig sein wollen. 38

b) Bauherr (Nr. 4 lit. a). Wer bei einem Bauvorhaben Bauherr (= Bauträger) ist – eine übrigens nicht nur gewerberechtlich, sondern namentlich auch steuerrechtlich relevante Frage –, lässt sich oft nur nach Lage des Einzelfalles klären. 39

aa) Bauherreneigenschaft. Die verwaltungsgerichtliche Rechtsprechung orientiert sich am Regelungszweck, die Vermögensrisiken des Auftraggebers zu begrenzen, der ohne angemessene Sicherheiten Vorleistungen erbringt (*BVerwG* GewArch 1986, 292). Bauherr ist damit grundsätzlich nicht, wer als Architekt im eigenen Namen und für eigene Rechnung auf dem Grundstück seines Auftraggebers für diesen einen Bau errichtet (*BVerwG* aaO; dort auch zu eng begrenzten Ausnahmefällen). Ansonsten sprechen in Anlehnung an *Marcks*, in: Landmann/Rohmer I, § 34 c Rdn. 43, folgende **Indizien** für die Bauherreneigenschaft: 40

– Steuernder Einfluss auf Planung und Ausführung des gesamten Bauvorhabens,
– Stellung des Bauantrages in eigenem Namen,
– Vertragspartner der an der Herstellung des Bauwerks beteiligten Firmen und Personen,
– Eigentum am Grundstück.

Namentlich die Eigentümerposition wird teilweise als kaum verzichtbar betrachtet (*BVerwG* GewArch 1986, 292 [293]; *Martinez*, in: BeckOK, § 34 c Rdn. 38; **a. A.** *VG Düsseldorf* GewArch 1984, 232 [233]; *Höfling*, in: Friauf, 41

§ 34c

Titel II. Stehendes Gewerbe

§ 34 c Rdn. 39 ff.). Generalbauunternehmer, Generalübernehmer und Lieferanten von Fertighäusern sind im Rahmen ihrer üblichen Tätigkeit wie Bauhandwerker keine Bauherren; näher *Marcks*, in: Landmann/Rohmer I, § 34 c Rdn. 46.

42 bb) **Bauherrentätigkeit.** Der Bauherr muss im eigenen Namen, aber nicht auf eigene Rechnung tätig sein (*Martinez*, in: BeckOK, § 34 c Rdn. 39). Auf fremde Rechnung wird er dann tätig, wenn ein Dritter – in der Regel der Erwerber – die Risiken während der Errichtung der baulichen Anlage trägt.

43 Die Erlaubnispflicht setzt voraus, dass der Bauherr zur Vorbereitung und Durchführung des Bauvorhabens **Vermögenswerte der späteren Nutzungsberechtigten** (z. B. Erwerber, Mieter, Pächter) **verwendet**. Die zur Verwendung gelangenden Vermögenswerte (zumeist Geld) können unterschiedlicher Art sein, müssen aber dem Bauherrn schon im Stadium der Vorbereitung und/oder der Durchführung eines Bauvorhabens zur Verfügung stehen (vgl. den Wortlaut „dazu"); bauabschnittsweise Zahlung genügt. Wenn die Erwerber nur verpflichtet sind, nach Fertigstellung die Kosten zu tragen, aber ihrerseits keine Vorleistungen erbringen, sind sie nicht schutzbedürftig und für den Bauträger besteht keine Erlaubnispflicht (*Höfling*, in: Friauf, § 34 c Rdn. 44; vgl. oben Rdn. 40 zur ratio legis des § 34 c).

44 c) **Baubetreuer (Nr. 4 lit. b).** Baubetreuer ist ein selbständiger Gewerbetreibender, der im Namen und für Rechnung des Bauherrn auftritt und diesem alle Schritte abnimmt oder erleichtert, die er als Bauherr sonst selber tun müsste, um das Bauvorhaben wirtschaftlich vorzubereiten oder durchzuführen (*Martinez*, in: BeckOK, § 34 c Rdn. 40). Technische oder rein planerische Betreuung wird nicht von § 34 c erfasst.

45 Ein Architekt, der sich auf seine Hauptaufgabe konzentriert, nämlich die gestalterische, technische oder wirtschaftliche Planung von Bauwerken und die Beratung, Betreuung und Vertretung des Bauherrn in den mit der Planung zusammenhängenden Fragen sowie die Überwachung der Ausführung, ist kein Baubetreuer i. S. d. § 34 c. Dies gilt auch dann, wenn er als Architekt eines Bauherrn für diesen einzelne Tätigkeiten eines Baubetreuers als Nebenaufgabe übernimmt. Übt er aber diese Arbeit losgelöst von seiner Hauptaufgabe aus, ist er Baubetreuer (*Marcks*, in: Landmann/Rohmer I, § 34 c Rdn. 53).

46 Baubetreuung wird auch im Rahmen der sog. Bauherrenmodelle ausgeübt (näher *Marcks*, in: Landmann/Rohmer I, § 34 c Rdn. 49).

III. Erlaubnis

1. Erlaubnisnehmer

47 Die Erlaubnis ist personenbezogen und nicht übertragbar (näher *Höfling*, in: Friauf, § 34 c Rdn. 62 ff.); zur Stellvertretung siehe § 47. Üben mehrere (natürliche oder juristische) Personen eine erlaubnispflichtige Tätigkeit aus, so ist für jede eine entsprechende Erlaubnis notwendig. Bei Personengesellschaften (oHG, KG) benötigt jeder geschäftsführende Gesellschafter eine

Erlaubnis (vgl. oben § 1 Rdn. 76 ff., § 14 Rdn. 81); die Gesellschaft als solche ist nicht erlaubnisfähig. Die im Rahmen eines sog. Bauherrenmodells erlaubnispflichtige Person ist unter Beachtung der tatsächlichen Funktionsverteilung zu bestimmen (dazu im Einzelnen *Marcks*, in: Landmann/Rohmer I, § 34 c Rdn. 49 ff.). Zum Ganzen näher *Höfling*, in: Friauf, § 34 c Rdn. 51 ff. Zum Wegfall der Erlaubnispflicht bei Gewerbetreibenden i. S. d. § 34 c I Nrn. 1 und 4 aus dem EU-/EWR-Ausland im Rahmen von § 4 siehe Rdn. 19, 38.

2. Möglichkeit einer Erlaubnisfiktion gem. § 6 a I i. V. m. § 34 c I 1 Nrn. 1, 4

Bei den Erlaubnistatbeständen des § 34 c I 1 Nrn. 1 und 4 ist die Möglichkeit einer **Erlaubnisfiktion gem. § 6 a I** (siehe dort Rdn. 2 ff.) zu beachten, wenn der Antrag auf Erteilung der Erlaubnis nicht innerhalb von drei Monaten beschieden worden ist. 48

3. Inhaltliche Beschränkung der Erlaubnis (Abs. 1 S. 2)

a) Abgrenzung zur Teilversagung. Die inhaltliche Beschränkung ist eine – nicht in § 36 VwVfG vorgesehene – Nebenbestimmung, welche letztlich auf eine Teilversagung hinausläuft. Gleichwohl sind inhaltliche Beschränkung und Versagung zu unterscheiden: Die inhaltliche Beschränkung richtet sich nach § 34 c I 2, die Versagung nach § 34 c II. Vor diesem Hintergrund fragt sich, wie inhaltliche Beschränkung und Teilversagung unterschieden werden können. 49

Dabei ist zunächst zu berücksichtigen, dass § 34 c I 1 sechs Gewerbetätigkeiten einer Erlaubnispflicht unterstellt: Grundstücksmakler, Darlehensvermittler, Anlagevermittler, Anlageberater, Bauträger, Baubetreuer. Die Erlaubnis nach Abs. 1 S. 1 bezieht sich dabei nicht automatisch auf alle sechs genannten Bereiche, sondern nur auf den Bereich, den der Antragsteller in seinem Antrag bezeichnet. Werden mehrere Bereiche bezeichnet, ist umstritten, ob dann eine einheitliche (Gesamt-) Erlaubnis (*Marcks*, in: Landmann/ Rohmer I, § 34 c Rdn. 77) oder mehrere Erlaubnisse erteilt werden (*Höfling*, in: Friauf, § 34 c Rdn. 74). Für letzteres sprach § 34 c V Nr. 3 a. F., wonach die Abs. 1 bis 3 nicht für Kursmakler und freie Makler galten, die an einer deutschen Wertpapierbörse mit dem Recht zur Teilnahme am Handel zugelassen waren: Der gesetzgeberische Wille, Kursmakler an deutschen Wertpapierbörsen von der Erlaubnispflicht auszunehmen, wird sich nicht darauf erstreckt haben, dass Kursmakler auch als Grundstücksmakler oder Baubetreuer ohne Erlaubnis tätig sein durften (*Höfling*, in: Friauf, § 34 c Rdn. 74). 50

Geht man deshalb von mehreren Erlaubnissen aus, bedeutet dies für den Fall, dass die Erlaubnis für den einen Bereich erteilt, für den anderen aber abgelehnt wird, dass eine Versagung i. S. d. § 34 c II vorliegt. Eine inhaltliche Beschränkung liegt dann vor, wenn die Erlaubnis innerhalb eines der sechs genannten Bereiche weiter beschränkt wird, z. B. eine Grundstücksmaklererlaubnis auf Wohnräume begrenzt wird (*Höfling*, in: Friauf, § 34 c Rdn. 74; ebenso trotz anderen Ansatzpunktes *Marcks*, in: Landmann/Rohmer I, § 34 c Rdn. 77). 51

§ 34c Titel II. Stehendes Gewerbe

52 **b) Voraussetzungen.** Anders als die Auflage kann eine inhaltliche Beschränkung nicht nachträglich ausgesprochen werden (*Martinez*, in: BeckOK, § 34 c Rdn. 42). Im Übrigen unterliegt sie denselben Voraussetzungen wie eine Auflage, d. h. sie muss für den Schutz der Allgemeinheit oder der Auftraggeber erforderlich sein (unten Rdn. 54). Nicht zulässig ist eine Beschränkung der Erlaubnis auf ein bestimmtes Gebiet oder bestimmte Geschäftsräume. Die Erlaubnis gilt vielmehr stets im gesamten Bundesgebiet.

53 **c) Rechtsschutz.** Anders als bei einer Auflage kommt bei einer inhaltlichen Beschränkung keine isolierte Anfechtungsklage in Betracht (*Martinez*, in: BeckOK, § 34 c Rdn. 42). Rechtsschutz muss vielmehr – nach vorherigem Widerspruch – im Wege der Verpflichtungsklage auf Erteilung einer unbeschränkten Erlaubnis gesucht werden (vgl. *BVerwGE* 69, 37 [39]; *Höfling*, in: Friauf, § 34 c Rdn. 75).

4. Auflagen (Abs. 1 S. 2)

54 Zum Begriff der Auflage vgl. § 36 II Nr. 4 VwVfG. Auflagen – auch nachträgliche – sind zulässig, soweit sie zum Schutz der Allgemeinheit oder der Auftraggeber erforderlich sind. Dabei genügt eine abstrakte Gefährdung der geschützten Rechtsgüter.

55 **a) Auflageninhalt.** In Betracht kommen soll z. B. eine nachträgliche Auflage an einen Bauträger, die Verträge mit den Erwerbern im Einklang mit den Vorgaben der MaBV (dazu unten Rdn. 65 f.) zu gestalten, um so deren Schutzinteressen zu dienen (so jedenfalls *OVG Bremen* GewArch 1986, 327 [329]).

56 **b) Auftraggeber.** Strittig ist die Auslegung des Begriffs „Auftraggeber". Nach einer Ansicht (*Höfling*, in: Friauf, § 34 c Rdn. 70; *Fröhler/Kormann* § 34 c Rdn. 14; *Kramer* Der Schutz des Kundenvermögens durch die Gewerbeordnung, 1997, S. 63) sollen bei Vermittlungs- bzw. Nachweisgeschäften nach Abs. 1 S. 1 Nr. 1 die beiden künftigen Vertragsparteien, also sowohl der Kauf- wie der Verkaufsinteressent für ein Grundstück oder der Darlehensgeber und der Darlehensnehmer, als Auftraggeber anzusehen sein. Eine andere Meinung verlangt dagegen eine vertragliche Beziehung des Auftraggebers zum Makler (*VG Bremen* GewArch 1978, 193). Unter Berufung auf die amtliche Begründung zur Makler- und Bauträgerverordnung (BR-Drs. 786/73, S. 2) – der allerdings für die Auslegung des § 34 c lediglich Indizcharakter zukommen kann – vertritt *Marcks*, in: Landmann/Rohmer I, § 34 c Rdn. 54, die Auffassung, dass von den beiden möglichen Geschäftspartnern nur derjenige als Auftraggeber i. S. d. § 34 c anzusehen sei, dem in diesem Verhältnis die Verbraucherfunktion zukomme (z. B. Grundstückserwerber, Darlehensnehmer). Der Begriff des Auftraggebers sei also nicht in einem privatrechtlichen Sinne zu verstehen (so aber *VG Bremen* aaO), sondern in einem weiteren öffentlich-rechtlich grundierten Sinne. Eine vertragliche Beziehung zum Makler sei daher nicht nötig. Die letztgenannte Ansicht erscheint deshalb vorzugswürdig, weil sie dem Schutzzweck der Norm durch Eingrenzung des Auftraggeberbegriffs auf die Verbraucherposition am ehesten gerecht wird.

5. Weitere Nebenbestimmungen; Rücknahme und Widerruf

Weitere Nebenbestimmungen sind in den engen Grenzen des § 36 I 2. **57** Var. VwVfG zulässig, aber kaum denkbar (*Martinez*, in: BeckOK, § 34 c Rdn. 43). Rücknahme und Widerruf einer Erlaubnis richten sich nach den §§ 48 ff. VwVfG. In Betracht kommt namentlich ein Widerruf wegen nicht erfüllter Auflage nach § 49 II Nr. 2 VwVfG oder gem. § 49 II Nr. 3 VwVfG, falls nach Erteilung der Erlaubnis ein Versagungsgrund i. S. d. Abs. 2 eintritt, etwa eine Verurteilung wegen einer Straftat i. S. d. Abs. 2 Nr. 1 (*BVerwG* GewArch 1993, 414). Das Fernhalten unzuverlässiger Makler aus dem Gewerbe ist ein wichtiges Gemeinschaftsgut, so dass die gem. § 49 II Nr. 3 VwVfG erforderliche Gefährdung des öffentlichen Interesses ohne weiteres gegeben ist (*BVerwG* GewArch 1995, 113 [114]). Wird die Aufhebung der Erlaubnis auf ungeordnete Vermögensverhältnisse oder fehlende Mittel und Sicherheiten gestützt, ist ggf. § 12 zu beachten (dort Rdn. 12).

IV. Versagungsgründe (Abs. 2)

Die Versagungsgründe sind in Abs. 2 abschließend aufgezählt. Ist einer **58** erfüllt, darf die Erlaubnis nicht erteilt werden (zum Widerruf einer bereits erteilten oben Rdn. 57). Liegt kein Versagungsgrund vor, so steht dem Antragsteller ein **Anspruch** auf die erstrebte Erlaubnis zu. Die in Abs. 2 enthaltenen unbestimmten Gesetzesbegriffe unterliegen vollständiger gerichtlicher Überprüfung. Der Behörde ist **kein Beurteilungsspielraum** eingeräumt (*Martinez*, in: BeckOK, § 34 c Rdn. 46). Maßgeblicher Zeitpunkt für die Beurteilung, ob ein Versagungsgrund vorliegt, ist bei der Klage auf Erteilung der Erlaubnis der Zeitpunkt der letzten mündlichen Tatsachenverhandlung (*VG München* Urteil vom 23. 2. 2010 – M 16 K 09.2427, juris Rdn. 17).

1. Unzuverlässigkeit (Abs. 2 Nr. 1)

Zum Begriff der Zuverlässigkeit vgl. § 35 Rdn. 27 ff. Anders als bei § 34 **59** b IV Nr. 1 stellt § 34 c II Nr. 1 auch auf die Zuverlässigkeit der mit der Leitung des Betriebes oder einer Zweigniederlassung (zum Begriff siehe § 14 Rdn. 15 ff.) beauftragten Personen ab. Damit soll verhindert werden, dass unzuverlässige Makler nach außen einen Strohmann vorschieben, aber selbst die Leitung des Betriebes behalten (vgl. BT-Drs. VI/2588, S. 3). Die Betriebs- oder Zweigniederlassungsleiter sind selbst aber nicht erlaubnispflichtig i. S d. § 34 c I 1.

a) Vorverurteilung. § 34 c II Nr. 1 2. Hs. stellt eine Regelvermutung **60** für Unzuverlässigkeit auf: In der Regel fehlt die erforderliche Zuverlässigkeit, wenn in den letzten fünf Jahren vor Antragstellung eine rechtskräftige Verurteilung wegen bestimmter Straftaten vorliegt. Die Fünf-Jahres-Frist knüpft an den Eintritt der Rechtskraft des Strafurteils an. Die lange Dauer eines Strafverfahrens (etwa bis zur Revisionsentscheidung) rechtfertigt für sich keine Fristverkürzung (*HambOVG* GewArch 1985, 266 [267]). Zu beachten

§ 34c

Titel II. Stehendes Gewerbe

ist, dass anders als bei § 34 b IV Nr. 1 keine Verurteilung zu einer Freiheitsstrafe nötig ist; es genügt vielmehr jede Verurteilung (auch ein Strafbefehl). Zum Verhältnis der Fünf-Jahres-Frist des § 34 c II Nr. 1 mit den Fristen des BZRG siehe oben § 33 c Rdn. 43 ff. sowie *Marcks*, in: Landmann/Rohmer I, § 34 c Rdn. 92.

61 Trotz Vorliegens einer Verurteilung kann die Regelvermutung widerlegt werden, wenn aufgrund besonderer Umstände Unzuverlässigkeit nicht zu besorgen ist; Anhaltspunkte dafür können sein: fast fünfjähriges Zurückliegen der Verurteilung zu einer nur geringfügigen Geldstrafe, deutlich länger als fünf Jahre zurückliegende Tat, seitdem langjähriges straffreies Verhalten. Maßgeblich sind stets die Umstände des Einzelfalls. Bei einem Zeitraum von über zehn Jahren spricht einiges dafür, dass die Regelvermutung nicht mehr greift (*BVerwG* GewArch 1993, 414). In Ausnahmefällen kann auch zu berücksichtigen sein, ob die Verurteilung vor dem Strafgericht dem Regelfall entspricht oder nicht. Anhaltspunkte dafür können das Gewicht der Verfehlungen und das Ausmaß des verursachten Schadens sein. Sind diese als gering zu bewerten, kann dies für eine weiterhin bestehende Zuverlässigkeit des Gewerbetreibenden sprechen (dazu *VG Stuttgart* GewArch 2008, 300 f.). Darauf, welche konkrete Tätigkeit der Gewerbetreibende mit der Maklererlaubnis aufzunehmen beabsichtigt, kommt es nicht an. Es spielt also keine Rolle, ob er fremde Gelder betreuen wird, zumal dieser Umstand auch nicht kontrollierbar wäre (*VG Stuttgart* GewArch 2008, 300; siehe auch Rdn. 63 a. E.).

62 **b) Unzuverlässigkeit aus sonstigen Gründen.** Auch bei fehlender berücksichtigungsfähiger Vorverurteilung können Anhaltspunkte für Unzuverlässigkeit bestehen. So ist zwar ein Sachkundenachweis nicht notwendig; sollten aber elementare Grundkenntnisse für den beantragten Gewerbezweig fehlen, so dürften Zweifel an der Zuverlässigkeit bestehen. Dasselbe gilt bei **mangelnder wirtschaftlicher Leistungsfähigkeit**, Säumnis bei **Steuerschulden** (*BayVGH* Beschluss vom 27. 5. 2010 – 22 ZB 10.1039, juris Rdn. 2: maßgeblich ist dabei nur die Vollziehbarkeit des Steuerbescheids, nicht dessen materielle Richtigkeit; *VG München* Urteil vom 7. 1. 2009 – M 16 K 09.2024, juris Rdn. 18; *VG Meiningen* GewArch 2000, 422 [423]), Verletzung sozialversicherungspflichtiger Pflichten, beharrlichen Verstößen gegen einschlägige Verbraucherschutzvorschriften (z. B. bei der Wohnungsvermittlung, dazu *VG Berlin* GewArch 1988, 377 [378]), u. U. auch bei nicht ausdrücklich in Nr. 1 genannten **Straftaten**. Voraussetzung ist jeweils, dass aus den genannten Umständen erkennbar ist, dass der Gewerbetreibende nicht bereit oder fähig ist, sein Gewerbe einwandfrei zu führen; erforderlich ist also jeweils ein spezifischer Bezug zu seinem Gewerbe (*BVerwG* DÖV 1995, 643 [644]; vgl. auch *Marcks*, in: Landmann/Rohmer I, § 34 c Rdn. 88 f.). Wer als Hausverwalter unzuverlässig ist, kann wegen der Nähe der beiden Gewerbe aus denselben Gründen auch als Makler unzuverlässig sein (*BVerwG* DÖV 1995, 643 [644]).

2. Ungeordnete Vermögensverhältnisse (Abs. 2 Nr. 2)

63 Zum Begriff der ungeordneten Vermögensverhältnisse siehe oben § 34 b Rdn. 27 ff. Werden eigene Forderungen geltend gemacht, welche die Vermögenssituation verbessern sollen, ist dies unbeachtlich, solange diese Forderungen nicht substantiiert vorgetragen werden, rechtshängig und bewertbar sind (*BayVGH* GewArch 1987, 296 [297]). Zur Ausfüllung des Tatbestandsmerkmals „ungeordnete Vermögensverhältnisse" enthält Nr. 2 eine widerlegbare Regelvermutung (*BayVGH* Beschluss vom 8. 8. 2008 – 22 ZB 07.3147, juris Rdn. 5; vgl. oben Rdn. 60). Der Verweis auf § 915 ZPO wird mit Wirkung zum 1. 1. 2013 durch einen Verweis auf § 882 b ersetzt werden (oben Rdn. 1). Ungeordnete Vermögensverhältnisse führen unabhängig davon zur Versagung, ob absehbar ist, dass der Gewerbetreibende Fremdgelder (insb. Kundengelder) treuhänderisch entgegen nimmt (*VG München* Urteil vom 9. 10. 2009 – M 16 K 8.5897, juris Rdn. 21); dasselbe gilt für die Frage der Unzuverlässigkeit infolge wirtschaftlicher Leistungsunfähigkeit (Rdn. 61 a. E.).

3. Anerkennung ausländischer Unterlagen und Bescheinigungen (§ 13 b)

Bei der Prüfung der Zuverlässigkeit und der Vermögensverhältnisse sind 64 im Rahmen von § 13 b I ausländische Unterlagen und Bescheinigungen anzuerkennen (siehe die Erläuterungen dort). Dies gilt jedoch gem. § 13 b III (dort Rdn. 22) nicht im Falle der Erlaubnisse nach § 34 b I Nrn. 1a bis 3, im Umkehrschluss also nur für die Nrn. 1 und 4.

V. Verordnungsermächtigung (Abs. 3)

Aufgrund der Ermächtigung in Abs. 3 ergangen ist die Verordnung über 65 die Pflichten der Makler, Darlehens- und Anlagevermittler, Bauträger und Baubetreuer (**Makler- und BauträgerVO – MaBV –**) vom 7. 11. 1990 (BGBl. I 2479), welche durch die Verordnung zur Anpassung gewerberechtlicher Verordnungen an die Dienstleistungsrichtlinie vom 9. 3. 2010 (BGBl. I S. 264) novelliert worden ist (dazu BR-Drs. 25/10 sowie *Glückert* GewArch 2010, 234 [235]; *Morath* DWW 2010, 162 [165]). Zu den Anforderungen in Abs. 3 Nr. 1 vgl. § 2 f. MaBV, zu Nr. 2 § 6 MaBV, zu Nr. 3 § 8 MaBV, zu Nr. 4 § 9 MaBV, zu Nr. 5 § 11 MaBV (zum Begriff des Auftraggebers oben Rdn. 56), zu Nr. 6 § 10 MaBV.

Die MaBV wird von *Drasdo* MaBV, Gewerberechtliche Vorschriften für 66 Wohnungsunternehmen, Immobilienmakler und Anlagenvermittler, 3. Aufl. 1996; *Marcks* Makler- und Bauträgerverordnung, 8. Aufl. 2009; *dems.*, in: Landmann/Rohmer II, Nr. 250; *Höfling*, in: Friauf, Anhang zu § 34 c, erläutert; siehe zu ihr ferner *Kramer* Der Schutz des Kundenvermögens durch die Gewerbeordnung, 1997, S. 66 ff.; *Drasdo* NZM 2009, 601 ff. Zur Musterverwaltungsvorschrift zum Vollzug des § 34 c GewO und der MaBV (**MaBVVwV**) siehe Landmann/Rohmer II Nr. 251 sowie *Schönleiter/Stenger* GewArch 2009, 294 (296).

§ 34c

Titel II. Stehendes Gewerbe

VI. Ausnahmen (Abs. 5)

67 Die in Abs. 5 Nrn. 1 – 6 aufgeführten Stellen bzw. Gewerbetreibenden sind vom Anwendungsbereich des § 34 c ausgenommen, da sie Spezialgesetzen unterliegen. Keine Erlaubnis nach § 34 c benötigen ferner Angehörige freier Berufe, wenn sie eine Tätigkeit i. S. d. § 34 c I 1 ausüben, diese aber Teil ihrer freiberuflichen Tätigkeit und demzufolge nicht gewerblich ist (vgl. oben Rdn. 13). Ausgenommen sind schließlich Versicherungsunternehmen wegen § 6 S. 2.

1. Betreuungsunternehmen (Nr. 1)

68 Die in Nr. 1 vorausgesetzte Privilegierung von Betreuungsunternehmen galt lediglich bis zum 31. 12. 1993. Seitdem sind auch diese Unternehmen erlaubnispflichtig, da zu diesem Zeitpunkt die Sonderregelungen für die gemeinnützigen Unternehmen im Wohnungswesen durch das Steuerreformgesetz 1990 vom 25. 7. 1988 (BGBl. I S. 1093) aufgehoben wurden (näher dazu *Höfling*, in: Friauf, § 34 c Rdn. 114). Heute ist Nr. 1 bedeutungslos.

2. Kreditinstitute (Nr. 2)

69 Kreditinstitute benötigen keine Erlaubnis nach § 34 c I 1, soweit sie bereits eine Erlaubnis nach § 32 I KWG besitzen. Dies gilt auch für Bausparkassen (vgl. § 3 BausparkG; *Höfling*, in: Friauf, § 34 c Rdn. 115). Zweigniederlassungen von Kreditinstituten i. S. d. § 53 b I 1 KWG sind zwar selbst nicht der Erlaubnispflicht nach § 32 KWG unterworfen (vgl. § 53 b KWG), gleichwohl von der Erlaubnispflicht nach § 34 c I 1 befreit (*Höfling*, in: Friauf, § 34 c Rdn. 115), nicht aber von der Anzeigepflicht nach § 14 (vgl. § 53 b I 3 KWG).

3. Kapitalanlagegesellschaften (Nr. 2a)

70 Nr. 2a wurde durch das Gesetz vom 21. 12. 2007 (Rdn. 1) in Abs. 5 eingefügt. Die Gesetzesbegründung führt hierzu aus (BR-Drs. 274/07, S. 245): „In der Vergangenheit benötigten Kapitalanlagegesellschaften als Kreditinstitute keine gewerberechtliche Erlaubnis. Mit dem Wegfall der Kreditinstitutseigenschaft der Kapitalanlagegesellschaft fallen Kapitalanlagegesellschaften nun nicht mehr unter den Ausnahmetatbestand des § 34 c Abs. 5 Nr. 2 der Gewerbeordnung. Eine gewerberechtliche Erlaubnis neben der Erlaubnis nach § 7 Abs. 1 des Investmentgesetzes ist indes nicht geboten. Aus diesem Grund wird ein neuer Ausnahmetatbestand für Kapitalanlagegesellschaften geschaffen. Aufgrund der Regelung in Art. 6 der Richtlinie 85/611/EWG und entsprechend des Ausnahmetatbestandes des § 34 c Abs. 5 Nr. 2 schließt Nr. 2a auch Zweigniederlassungen der genannten Unternehmen ein."

4. Finanzdienstleistungsinstitute (Nr. 3)

71 Nr. 3 wurde mehrfach novelliert, um diesen Ausnahmetatbestand an die jeweilige Fassung des KWG anzupassen. Durch Gesetz vom 22. 10. 1997

(BGBl. I S. 2567) wurde Nr. 3 neu gefasst, um der Novellierung des KWG vom gleichen Tage (BGBl. I S. 2518) Rechnung zu tragen. Wie Kreditinstitute sind seitdem auch Finanzdienstleistungsinstitute (dazu § 1 Ia KWG) von der Erlaubnispflicht nach § 34 c freigestellt, da sie eine Erlaubnis nach § 32 I KWG benötigen bzw. diese Erlaubnis nach § 64 e II KWG als erteilt gilt. Im Jahre 2007 wurde Nr. 3 durch die Gesetze vom 16. 7. 2007 und vom 21. 12. 2007 (Rdn. 1) verändert. Zunächst wurde das Merkmal „Anlageberatung" eingefügt. Dadurch wird klargestellt, dass die Erlaubnispflicht nach der Gewerbeordnung (§ 34 c I 1 Nr. 3) nicht gilt, wenn das Institut von der Möglichkeit Gebrauch gemacht hat, eine Erlaubnis nach dem Kreditwesengesetz zu beantragen (BT-Drs. 16/4028, S. 100). Durch das Gesetz vom 21. 12. 2007 wurde die Bezugnahme auf § 64 i I KWG ergänzt, wonach zum Stichtag 1. 11. 2007 auch die Erlaubnis für die neue Wertpapierdienstleistung der Anlageberatung unter bestimmten Voraussetzungen als erteilt gelten kann (BT-Drs. 16/6874, S. 125).

5. Anlagemakler- und Anlageberater (Nr. 3a)

Nr. 3a wurde durch Gesetz vom 22. 10. 1997 (BGBl. I S. 2567) eingefügt 72 und durch Gesetz vom 21. 12. 2007 (Rdn. 1) geändert. Hierbei handelt es sich um Anpassungen an die Änderungen in Abs. 1 S. 1. Dessen Nr. 2 betrifft Anlagemakler, dessen Nr. 3 Anlageberater. Die Freistellung nach Abs. 5 Nr. 3a betrifft nur Vermittlungs- und Beratungstätigkeiten nach Maßgabe des § 2 X 1 KWG. Für die Grundstücksvermittlung wäre also eine Erlaubnis nach § 34 c nötig (*Martinez*, in: BeckOK, § 34 c Rdn. 56).

6. Vermittlung von Finanzierungsdarlehen (Nr. 4)

Nr. 4 wurde durch Gesetz vom 5. 7. 1976 (BGBl. I S. 1773) zugunsten 73 der Kredit vermittelnden Warenverkäufer (z. B. Kfz-Händler) eingefügt, da diese sonst als Darlehensvermittler erlaubnispflichtig wären. Der Verbraucherschutz wird in diesen Fällen über §§ 491 ff. BGB erreicht.

Nr. 4 gilt seit dem ÄnderungsG vom 23. 11. 1994 auch für Anbieter von 74 Dienstleistungen, die für ihre Kunden Darlehen vermitteln, damit die Kunden das vereinbarte Entgelt entrichten können (z. B. Partnerschaftsvermittler).

7. Zweigstellen europäischer Unternehmen (Nr. 5)

Befreit sind ferner bestimmte Zweigstellen europäischer Unternehmen 75 (näher *Marcks*, in: Landmann/Rohmer I, § 34 c Rdn. 66).

8. Verträge zur Teilnutzung von Wohngebäuden (Nr. 6)

Grundsätzlich unterlägen **Time-Sharing-Modelle**, bei denen für lang- 76 jährige Zeiträume periodisch Nutzungsrechte an Ferienwohnungen vermittelt werden (pro Jahr einige Wochen) dem Anwendungsbereich des § 34 c I 1 lit. a (vgl. *Schmitz/Fuchs* GewArch 1993, 320). Nach der durch Gesetz vom 20. 12. 1996 (BGBl. I S. 2154) eingefügten Nr. 6 gilt dies aber nicht

§ 34d
Titel II. Stehendes Gewerbe

mehr im Anwendungsbereich des Teilzeit-Wohnrechtegesetzes. Dieses Gesetz setzte die sog. Time-Sharing-Richtlinie (94/47/EG v. 26. 10. 1994) in deutsches Recht um (näher *Pinegger/Kraußer* GewArch 1997, 465) und ist mittlerweile in das BGB inkorporiert worden; dementsprechend wurde in Nr. 6 der Verweis auf § 481 BGB aufgenommen (BR-Drs. 558/08, S. 35). Einer Erlaubnis nach § 34 c I bedarf es in diesem Kontext daher nicht. Dies gilt aber nur für § 34 c I 1 Nr. 1, nicht für Nrn. 1a, 4.

VII. Rechtsfolgen bei Pflichtverletzungen

77 Falls ein Versagungsgrund des Abs. 2 nach Erteilung der Erlaubnis eintritt, kann die Behörde die Erlaubnis unter den Voraussetzungen des § 49 II Nr. 3 VwVfG widerrufen (dazu *VG Meiningen* GewArch 2000, 27; *VG Gelsenkirchen* Urteil vom 3. 3. 2008 – 7 K 2187/07, juris Rdn. 17). Zu beachten ist u. U. § 12 (oben Rdn. 57 a. E.). Nach § 49 II Nr. 2 VwVfG kann die Behörde zudem die Erlaubnis widerrufen, falls der Gewerbetreibende einer Auflage, wie z. B. der Aufforderung zur Vorlage von Prüfberichten nach § 16 MaBV, nicht nachkommt (*VG München* Urteil vom 9. 5. 2008 – M 16 K 07.4430, juris Rdn. 17).

78 Wenn eine Erlaubnis fehlt, kann die zuständige Behörde nach § 15 II einschreiten (*VG Berlin* GewArch 1988, 377). Besteht Streit über die Erlaubnispflichtigkeit, kann die Behörde einen feststellenden Verwaltungsakt des Inhalts erlassen, dass eine konkrete Tätigkeit erlaubnisbedürftig ist (*BVerwG* GewArch 1991, 68).

79 Das Fehlen der Erlaubnis führt aber nicht zur Nichtigkeit der zwischen dem Gewerbetreibenden und seinem Auftraggeber geschlossenen zivilrechtlichen Verträge (*BGH* GewArch 1981, 60; *Fricke* GewArch 1975, 255 ff.). In der unerlaubten Gewerbetätigkeit liegt jedoch ein Wettbewerbsverstoß i. S. d. § 3 i. V. m. § 4 Nr. 11 UWG, der durch Unterlassungsklage verfolgt werden kann (*LG Hamburg* Urteil vom 30. 4. 2010 – 408 O 95/09, juris Rdn. 34; *Höfling*, in: Friauf, § 34 c Rdn. 109).

80 Verstöße gegen die Erlaubnispflicht erfüllen ferner den **Ordnungswidrigkeitentatbestand** des § 144 I Nr. 1 lit. h bzw. lit. i, bei beharrlicher Wiederholung sogar den **Straftatbestand** des § 148 Nr. 1. In Betracht kommt zudem gem. § 29 a OWiG die Anordnung des **Verfalls** in Höhe des Wertes des Erlangten (siehe etwa *LG Stuttgart* Beschluss vom 28. 2. 2008 – 19 Qs 110/05 OWi, juris Rdn. 18 ff.; vgl. vor § 143 Rdn. 7). Wer gegen Auflagen nach § 34 c I 2 verstößt, begeht gem. § 144 II Nr. 5 eine Ordnungswidrigkeit. Dasselbe gilt gem. § 144 II Nr. 6 bei Zuwiderhandlungen gegen eine aufgrund § 34 c III erlassene Rechtsverordnung, soweit die Rechtsverordnung für einen bestimmten Tatbestand auf § 144 verweist; unter den Voraussetzungen des § 148 Nr. 2 ist die Zuwiderhandlung strafbar. Zu Ordnungswidrigkeiten im Reise- und Marktgewerbe vgl. § 145 II Nr. 9 und § 146 II Nr. 11a.

§ 34d Versicherungsvermittler

(1) ¹**Wer gewerbsmäßig als Versicherungsmakler oder als Versicherungsvertreter den Abschluss von Versicherungsverträgen vermitteln**

will (Versicherungsvermittler), bedarf der Erlaubnis der zuständigen Industrie- und Handelskammer. ²Die Erlaubnis kann inhaltlich beschränkt und mit Auflagen verbunden werden, soweit dies zum Schutze der Allgemeinheit oder der Versicherungsnehmer erforderlich ist; unter denselben Voraussetzungen sind auch die nachträgliche Aufnahme, Änderung und Ergänzung von Auflagen zulässig. ³In der Erlaubnis ist anzugeben, ob sie einem Versicherungsmakler oder einem Versicherungsvertreter erteilt wird. ⁴Die einem Versicherungsmakler erteilte Erlaubnis beinhaltet die Befugnis, Dritte, die nicht Verbraucher sind, bei der Vereinbarung, Änderung oder Prüfung von Versicherungsverträgen gegen gesondertes Entgelt rechtlich zu beraten; diese Befugnis zur Beratung erstreckt sich auch auf Beschäftigte von Unternehmen in den Fällen, in denen der Versicherungsmakler das Unternehmen berät. ⁵Bei der Wahrnehmung der Aufgaben nach den Sätzen 1 und 2 unterliegt die Industrie- und Handelskammer der Aufsicht der obersten Landesbehörde.

(2) Die Erlaubnis ist zu versagen, wenn
1. Tatsachen die Annahme rechtfertigen, dass der Antragsteller die für den Gewerbebetrieb erforderliche Zuverlässigkeit nicht besitzt; die erforderliche Zuverlässigkeit besitzt in der Regel nicht, wer in den letzten fünf Jahren vor Stellung des Antrages wegen eines Verbrechens oder wegen Diebstahls, Unterschlagung, Erpressung, Betruges, Untreue, Geldwäsche, Urkundenfälschung, Hehlerei, Wuchers oder einer Insolvenzstraftat rechtskräftig verurteilt worden ist,
2. der Antragsteller in ungeordneten Vermögensverhältnissen lebt; dies ist in der Regel der Fall, wenn über das Vermögen des Antragstellers das Insolvenzverfahren eröffnet worden ist oder er in das vom Insolvenzgericht oder vom Vollstreckungsgericht zu führende Verzeichnis (§ 26 Abs. 2 der Insolvenzordnung, § 915 der Zivilprozessordnung) eingetragen ist,
3. der Antragsteller den Nachweis einer Berufshaftpflichtversicherung nicht erbringen kann oder
4. der Antragsteller nicht durch eine vor der Industrie- und Handelskammer erfolgreich abgelegte Prüfung nachweist, dass er die für die Versicherungsvermittlung notwendige Sachkunde über die versicherungsfachlichen, insbesondere hinsichtlich Bedarf, Angebotsformen und Leistungsumfang, und rechtlichen Grundlagen sowie die Kundenberatung besitzt; es ist ausreichend, wenn der Nachweis durch eine angemessene Zahl von beim Antragsteller beschäftigten natürlichen Personen erbracht wird, denen die Aufsicht über die unmittelbar mit der Vermittlung von Versicherungen befassten Personen übertragen ist und die den Antragsteller vertreten dürfen.

(3) ¹Auf Antrag hat die nach Absatz 1 zuständige Behörde einen Gewerbetreibenden, der die Versicherung als Ergänzung der im Rahmen seiner Haupttätigkeit gelieferten Waren oder Dienstleistungen vermittelt, von der Erlaubnispflicht nach Absatz 1 zu befreien, wenn er nachweisen kann, dass

§ 34d

1. er seine Tätigkeit als Versicherungsvermittler unmittelbar im Auftrag eines oder mehrerer Versicherungsvermittler, die Inhaber einer Erlaubnis nach Absatz 1 sind, oder eines oder mehrerer Versicherungsunternehmen ausübt,
2. für ihn eine Berufshaftpflichtversicherung nach Maßgabe des Absatzes 2 Nr. 3 besteht und
3. er zuverlässig sowie angemessen qualifiziert ist und nicht in ungeordneten Vermögensverhältnissen lebt; als Nachweis hierfür ist eine Erklärung der in Nummer 1 bezeichneten Auftraggeber ausreichend, mit dem Inhalt, dass sie sich verpflichten, die Anforderungen entsprechend § 80 Abs. 2 des Versicherungsaufsichtsgesetzes zu beachten und die für die Vermittlung der jeweiligen Versicherung angemessene Qualifikation des Antragstellers sicherzustellen, und dass ihnen derzeit nichts Gegenteiliges bekannt ist.

²Absatz 1 Satz 2 gilt entsprechend.

(4) Keiner Erlaubnis bedarf ein Versicherungsvermittler nach Absatz 1 Satz 1, wenn
1. er seine Tätigkeit als Versicherungsvermittler ausschließlich im Auftrag eines oder, wenn die Versicherungsprodukte nicht in Konkurrenz stehen, mehrerer im Inland zum Geschäftsbetrieb befugten Versicherungsunternehmen ausübt und
2. durch das oder die Versicherungsunternehmen für ihn die uneingeschränkte Haftung aus seiner Vermittlertätigkeit übernommen wird.

(5) Keiner Erlaubnis bedarf ein Versicherungsvermittler nach Absatz 1 Satz 1, wenn er in einem anderen Mitgliedstaat der Europäischen Union oder in einem anderen Vertragsstaat des Abkommens über den Europäischen Wirtschaftsraum niedergelassen ist und die Eintragung in ein Register nach Artikel 3 der Richtlinie 2002/92/EG des Europäischen Parlaments und des Rates vom 9. Dezember 2002 über Versicherungsvermittlung (ABl. EG 2003 Nr. L 9 S. 3) nachweisen kann.

(6) Gewerbetreibende nach den Absätzen 1, 3 und 4 dürfen direkt bei der Vermittlung mitwirkende Personen nur beschäftigen, wenn sie sicherstellen, dass diese Personen über die für die Vermittlung der jeweiligen Versicherung angemessene Qualifikation verfügen, und geprüft haben, ob sie zuverlässig sind.

(7) ¹Gewerbetreibende nach den Absätzen 1, 3 und 4 sind verpflichtet, sich unverzüglich nach Aufnahme ihrer Tätigkeit in das Register nach § 11a Abs. 1 eintragen zu lassen. ²Wesentliche Änderungen der im Register gespeicherten Angaben sind der Registerbehörde unverzüglich mitzuteilen. ³Im Falle des § 80 Abs. 3 des Versicherungsaufsichtsgesetzes wird mit der Mitteilung an die Registerbehörde zugleich die uneingeschränkte Haftung nach Absatz 4 Nr. 2 durch das Versicherungsunternehmen übernommen. ⁴Diese Haftung besteht nicht für Vermittlertätigkeiten nach Löschung der Angaben

Versicherungsvermittler § 34d

zu dem Gewerbetreibenden aus dem Register auf Grund einer Mitteilung nach § 80 Abs. 4 des Versicherungsaufsichtsgesetzes.

(8) ¹Das Bundesministerium für Wirtschaft und Technologie kann im Einvernehmen mit dem Bundesministerium der Justiz, dem Bundesministerium der Finanzen und dem Bundesministerium für Ernährung, Landwirtschaft und Verbraucherschutz durch Rechtsverordnung mit Zustimmung des Bundesrates zur Umsetzung der Richtlinie 2002/92/EG, zur Umsetzung der Richtlinie 2005/36/EG des Europäischen Parlaments und des Rates vom 7. September 2005 über die Anerkennung von Berufsqualifikationen (ABl. EU Nr. L 255 S. 22, 2007 Nr. L 271 S. 18) oder zum Schutze der Allgemeinheit und der Versicherungsnehmer Vorschriften erlassen über
1. den Umfang der Verpflichtungen des Versicherungsvermittlers bei der Ausübung des Gewerbes, insbesondere über
   a) die Informationspflichten gegenüber dem Versicherungsnehmer,
   b) die Verpflichtung, ausreichende Sicherheiten zu leisten oder eine zu diesem Zweck geeignete Versicherung abzuschließen, sofern der Versicherungsvermittler Vermögenswerte des Versicherungsnehmers oder für diesen bestimmte Vermögenswerte erhält oder verwendet,
2. die Inhalte und das Verfahren für eine Sachkundeprüfung nach Absatz 2 Nr. 4, die Ausnahmen von der Erforderlichkeit der Sachkundeprüfung sowie die Gleichstellung anderer Berufsqualifikationen mit der Sachkundeprüfung, die örtliche Zuständigkeit der Industrie- und Handelskammern, die Berufung eines Aufgabenauswahlausschusses,
3. Umfang und inhaltliche Anforderungen an die nach Absatz 2 Nr. 3 erforderliche Haftpflichtversicherung, insbesondere die Höhe der Mindestversicherungssummen, die Bestimmung der zuständigen Stelle im Sinne des § 158c Abs. 2 des Gesetzes über den Versicherungsvertrag, über den Nachweis des Bestehens einer Haftpflichtversicherung und Anzeigepflichten des Versicherungsunternehmens gegenüber den Behörden und den Versicherungsnehmern,
4. die Anforderungen und Verfahren, die zur Durchführung der Richtlinie 2005/36/EG Anwendung finden sollen auf Inhaber von in einem Mitgliedstaat der Europäischen Union oder eines Vertragsstaates des Abkommens über den Europäischen Wirtschaftsraum erworbenen Berufsqualifikationen, die im Inland vorübergehend oder dauerhaft als Versicherungsvermittler tätig werden wollen, und nicht die Voraussetzungen des Absatzes 5 erfüllen.

²In der Rechtsverordnung nach Satz 1 kann ferner die Befugnis des Versicherungsvermittlers zur Entgegennahme und zur Verwendung von Vermögenswerten des Versicherungsnehmers oder für diesen bestimmten Vermögenswerten beschränkt werden, soweit dies zum Schutze des Versicherungsnehmers erforderlich ist. ³In der Rechtsverordnung nach Satz 1 kann bestimmt werden, dass über die Erfül-

§ 34d

lung der Verpflichtungen nach Satz 1 Nr. 1 Buchstabe b Aufzeichnungen zu führen sind und die Einhaltung der Verpflichtungen nach Satz 1 Nr. 1 Buchstabe b auf Kosten des Versicherungsvermittlers regelmäßig oder aus besonderem Anlass zu überprüfen und der Prüfungsbericht der zuständigen Behörde vorzulegen ist, soweit es zur wirksamen Überwachung erforderlich ist; hierbei können die Einzelheiten der Prüfung, insbesondere deren Anlass, Zeitpunkt und Häufigkeit, die Auswahl, Bestellung und Abberufung der Prüfer, deren Rechte, Pflichten und Verantwortlichkeit, der Inhalt des Prüfberichts, die Verpflichtungen des Versicherungsvermittlers gegenüber dem Prüfer sowie das Verfahren bei Meinungsverschiedenheiten zwischen dem Prüfer und dem Versicherungsvermittler, geregelt werden.

(9) Die Absätze 1 bis 8 gelten nicht
1. für Gewerbetreibende, wenn
   a) sie nicht hauptberuflich Versicherungen vermitteln,
   b) sie ausschließlich Versicherungsverträge vermitteln, für die nur Kenntnisse des angebotenen Versicherungsschutzes erforderlich sind,
   c) sie keine Lebensversicherungen oder Versicherungen zur Abdeckung von Haftpflichtrisiken vermitteln,
   d) die Versicherung eine Zusatzleistung zur Lieferung einer Ware oder der Erbringung einer Dienstleistung darstellt und entweder das Risiko eines Defekts, eines Verlusts oder einer Beschädigung von Gütern abdeckt oder die Beschädigung, den Verlust von Gepäck oder andere Risiken im Zusammenhang mit einer bei dem Gewerbetreibenden gebuchten Reise, einschließlich Haftpflicht- oder Unfallversicherungsrisiken, sofern die Deckung zusätzlich zur Hauptversicherungsdeckung für Risiken im Zusammenhang mit dieser Reise gewährt wird,
   e) die Jahresprämie einen Betrag von 500 Euro nicht übersteigt und
   f) die Gesamtlaufzeit einschließlich etwaiger Verlängerungen nicht mehr als fünf Jahre beträgt;
2. für Gewerbetreibende, die als Bausparkasse oder als von einer Bausparkasse beauftragter Vermittler für Bausparer als Bestandteile der Bausparverträge Versicherungen im Rahmen eines Kollektivvertrages vermitteln, die ausschließlich dazu bestimmt sind, die Rückzahlungsforderungen der Bausparkasse aus gewährten Darlehen abzusichern;
3. für Gewerbetreibende, die als Zusatzleistung zur Lieferung einer Ware oder der Erbringung einer Dienstleistung im Zusammenhang mit Darlehens- und Leasingverträgen Restschuldversicherungen vermitteln, deren Jahresprämie einen Betrag von 500 Euro nicht übersteigt.

(10) Die Vorschriften für Versicherungsvermittler gelten auch für Rückversicherungsvermittler.

(11) Die Absätze 1 bis 4, 6, 7 und 9 gelten nicht für Gewerbetreibende, die

§ 34d

a) als natürliche Person ihren Wohnsitz in einem anderen Mitgliedstaat der Europäischen Union oder einem anderen Vertragsstaat des Abkommens über den Europäischen Wirtschaftsraum haben und dort die Tätigkeit der Versicherungsvermittlung ausüben oder
b) als juristische Person ihren satzungsmäßigen Sitz oder, wenn sie gemäß dem für sie geltenden einzelstaatlichen Recht keinen satzungsmäßigen Sitz haben, ihren Hauptverwaltungssitz in einem anderen Mitgliedstaat der Europäischen Union oder einem anderen Vertragsstaat des Abkommens über den Europäischen Wirtschaftsraum haben.

Literatur: *N. Abram*, Schützt das neue Recht den Versicherungsnehmer gegen Folgen einer Pflichtverletzung seines Versicherungsvermittlers?, VersR 2008, 724 ff.; *A. Adjemian u. a.*, Versicherungsvermittler: Erlaubnis und Registrierung nach § 34 d GewO, GewArch 2009, 137 ff. und 186 ff.; *R.M. Beckmann/A. Matusche-Beckmann*, Versicherungsrechts-Handbuch, 2. Aufl. 2009; *M. Beenken*, Unbefriedigende Situation für Makler – Beratung und Vermittlung gegen Honorar, VW 2009, 61; *J. Böckmann/ P. Ostendorf*, Probleme für Versicherungsvermittler bei ihrer Statusbestimmung als Vertreter oder Makler und den daraus resultierenden Informationspflichten nach dem neuen Recht, VersR 2009, 154 ff.; *H. Dörner*, in: Prölss/Martin, Versicherungsvertragsgesetz (VVG), Teil II - Vermittlerrecht, 28. Aufl. 2010; *O. Durstin/A. Peters*, Versicherungsberater und Versicherungsmakler in der rechtspolitischen Entwicklung, VersR 2007, 1456 ff.; *J. Evers/D. Eikelmann*, Alte Hasen & Co.: Nun geht es an deren Bestände, VW 2009, 863 ff.; *R. Harstorff*, Grenzen der Honorarberatung für Versicherungsmakler und Versicherungsberater, VersR 2008, 47 ff.; *Hübner*, Grenzüberschreitende Vermittlung von Versicherungsverträgen, EuZW 2007, 353; *R. Jahn*, Neuregelungen im Bayerischen Gewerbe- und Gaststättenrecht, GewArch 2010, 230 ff.; *R. Jahn/T. Klein*, Überblick über das Gesetz zur Neuregelung des Versicherungsvermittlerrechts, DB 2007, 957 ff.; *M. Jacob*, Versicherungsvermittlung durch Banken und Sparkassen sowie im Strukturbetrieb, VersR 2007, 1164 ff.; *P. Koch*, Der Versicherungsmakler im neuen Vermittlerrecht, VW 2007, 248 ff.; *B. Lensing*, Die Vergütung von Rechtsdienstleistungen des Versicherungsmaklers nach § 34 d Abs. 1 S. 4 GewO, ZfV 2009, 16 ff.; *S. Michaelis*, Vorsicht: Verstoß gegen die Gewerbeordnung. Honorarverträge bei der Beratung von Verbrauchern, VW 2009, 888; *ders.*, Mittels Ventillösung in den Ruin, ZfV 2010, 362 f.; *M. Moraht*, Versicherungsvermittler/-berater: Erste gewerberechtliche Urteile und Beschlüsse zur Erlaubnispflicht und zum Widerruf der Erlaubnis, GewArch 2010, 186 ff.; *J. Möllering*, Übertragung von Aufgaben der Wirtschaftsverwaltung auf Industrie- und Handelskammern, WiVerw 2006, 261 ff.; *P. Reiff*, in: Langheid/Wandt (Hrsg.), Münchener Kommentar zum Versicherungsvertragsgesetz (MüKo-VVG), 2010; *ders.*, Das Gesetz zur Neuregelung des Versicherungsvermittlerrechts, VersR 2007, 717 ff.; *ders.*, Versicherungsvermittlerrecht im Umbruch – Eine Untersuchung im Auftrag der Hamburger Gesellschaft zur Förderung des Versicherungswesens mbH, 2006, S. 56 ff.; *F. Rosenkranz*, Einführung in das Recht der Industrie- und Handelskammern, Jura 2009, 597 ff.; *M. Ruttloff*, Gewerberechtliche Zulässigkeit der Honorarberatung durch Versicherungsmakler unter Berücksichtigung des neuen Versicherungsvermittlerrechts, GewArch 2009, 59 ff.; *U. Schönleiter/K. Sprafke*, Frühjahrssitzung 2010 des Bund-Länder-Ausschusses „Gewerberecht", GewArch 2010, 294 ff.; *U. Schönleiter/F. Draxler*, Herbstsitzung 2008 des Bund-Länder-Ausschusses „Gewerberecht", GewArch 2009, 19 ff.; *U. Schönleiter/A. Stenger*, Frühjahrssitzung 2009 des Bund-Länder-Ausschusses „Gewerberecht", GewArch 2009, 294 ff.; *U. Schönleiter/A. Stenger/M. Zerbe*, Frühjahrssitzung 2008 des Bund-Länder-Ausschusses „Gewerberecht", GewArch 2008, 242 ff.; *U. Schönleiter*, Das neue Versicherungsvermittlerrecht, GewArch 2007, 265 ff.; *H.-P. Schwintowski*, Honorarberatung durch Versicherungsvermittler – Paradigmenwechsel

§ 34d

Titel II. Stehendes Gewerbe

durch VVG und RDG, VersR 2009, 1333 ff.; *M. Werber*, § 6 VVG 2008 und die Haftung des Versicherers für Fehlberatung durch Vermittler, VersR 2008, 285 ff.; *ders.*, Beratungspflichten und Haftungsbeschränkung, VersR 2010, 553 ff.; *M. Zinnert*, Honorarberatung durch Versicherungsmakler – Eine Erwiderung auf den Beitrag von Harstorff VersR 2008, 47, VersR 2008, 313 ff.

Übersicht

	Rdn.
I. Vorbemerkung	1
II. Erlaubnispflichtigkeit der gewerblichen Versicherungsvermittlung (Abs. 1 S. 1)	9
1. Gewerbsmäßigkeit	10
2. Abschluss von Versicherungsverträgen	14
3. Vermittlung	17
4. Versicherungsvermittler	23
a) Versicherungsvertreter	28
b) Versicherungsmakler	32
c) Grundsätzlich keine Kombination der Tätigkeit als Versicherungsvertreter und Versicherungsmakler	34
III. Erlaubnis (Abs. 1)	40
1. Erlaubnisnehmer	42
2. Erlaubnisinhalt (Abs. 1 S. 2 bis 4)	43
a) Angabe des Vermittlertyps (Abs. 1 S. 3)	43
b) Beschränkte Befugnis zur Rechtsberatung (Abs. 1 S. 4)	44
c) Inhaltliche Beschränkung (Abs. 1 S. 2)	49
d) Auflagen und weitere Nebenbestimmungen (Abs. 1 S. 2)	50
3. Erlöschen der Erlaubnis	52
4. Industrie- und Handelskammer als zuständige Erlaubnisbehörde (Abs. 1 S. 1 und 5)	54
5. Erlaubnisverfahren	57
IV. Versagungsgründe (Abs. 2)	59
1. Unzuverlässigkeit (Nr. 1)	62
2. Ungeordnete Vermögensverhältnisse (Nr. 2)	66
3. Nachweis einer Berufshaftpflichtversicherung (Nr. 3)	71
4. Sachkundenachweis (Nr. 4)	75
V. Befreiung von der Erlaubnispflicht (Abs. 3)	80
1. Produktakzessorietät	84
2. Nachweispflichten nach Abs. 3 S. 1 Nrn. 1 bis 3	88
VI. Gebundene Versicherungsvermittler (Abs. 4)	92
1. Ausschließlichkeitsverhältnis (Abs. 4 Nr. 1)	94
2. Haftungsübernahme (Abs. 4 Nr. 2)	97
VII. Versicherungsvermittler mit Niederlassung im EU-/EWR-Ausland und in der Schweiz (Abs. 5)	102
VIII. Angestelltenqualifikation (Abs. 6)	107
IX. Registereintragungspflicht (Abs. 7)	111
X. Verordnungsermächtigung (Abs. 8)	120
XI. Ausnahme vom Anwendungsbereich (Abs. 9)	122
1. Bagatellvermittler (Abs. 9 Nr. 1)	124
2. Vermittlung von Risikolebensversicherungen bei Bauspardarlehen (Abs. 9 Nr. 2)	130
3. Vermittlung von Restschuldversicherungen im Rahmen von Darlehens- und Leasingverträgen (Abs. 9 Nr. 3)	131

Versicherungsvermittler § 34d

XII. Rückversicherungsvermittler (Abs. 10) 132
XIII. Versicherungsvermittler mit Sitz im EU-/EWR-Ausland
 (Abs. 11) 134
XIV. Rechtsfolgen von Pflichtverletzungen 138
 1. Rücknahme und Widerruf der Vermittlererlaubnis oder
  Befreiung 138
 2. Verhinderung der Fortsetzung des Betriebes (§ 15 II) und
  Untersagung (§ 35 I) 141
 3. Straf- und Bußgeldvorschriften 143
 4. Wettbewerbsverstoß bei fehlender Erlaubnis 145
 5. Schadensersatzbegründendes Verhalten des Versicherungsvermittlers 147
XV. Rechtsschutz 148

I. Vorbemerkung

§ 34 d wurde – zusammen mit u. a. § 11 a (Vermittlerregister), § 34 e (Ver- 1
sicherungsberater) und § 156 (Übergangsregelungen) – durch das Gesetz zur
Neuregelung des Versicherungsvermittlerrechts vom 19. 12. 2006 (BGBl. I
S. 3232) mit Wirkung zum 22. 5. 2007 in die GewO eingefügt (dazu BT-
Drs. 16/1935, S. 17 ff.; BT-Drs. 16/3162) und stellt die **Grundvorschrift
des Versicherungsvermittlerrechts** dar (vgl. BT-Drs. 16/1935, S. 17).
Gleichzeitig ist auch die Verordnung über die Versicherungsvermittlung und
-beratung (VersVermV) vom 15. 5. 2007 (BGBl. I S. 733) in Kraft getreten,
die das gewerberechtliche Versichervermittlerrecht durch Detailregelungen
ergänzt. Gesetz und Verordnung setzen – verspätet – die Richtlinie des Europäischen
Parlaments und des Rates über Versicherungsvermittlung um
(Richtlinie 2002/92/EG vom 9. 12. 2002 über Versicherungsvermittlung,
ABl. EG L 9 S. 3 vom 15. 1. 2003, im Folgenden: **Versicherungsvermittlungs-RL**).
Mit der Umsetzung der Richtlinie durch das Gesetz zur Neuregelung
des Versicherungsvermittlerrechts sind auch Änderungen im Versicherungsvertragsgesetz
(VVG) und Versicherungsaufsichtsgesetz (VAG)
hinsichtlich der Beratungs- und Dokumentationspflichten verbunden (im
Einzelnen vgl. *Reiff* Versicherungsvermittlerrecht im Umbruch, 2006,
S. 56 ff.).

Seit seinem Inkrafttreten ist § 34 d wiederholt geändert worden, und zwar 2
durch das Gesetz zur Umsetzung der Richtlinie 2005/36/EG über die Anerkennung
von Berufsqualifikationen in der Gewerbeordnung vom
12. 12. 2008 (BGBl. I S. 2423, dazu BT-Drs. 16/9996, S. 12 und 16/10599,
S. 4; unten Rdn. 120, 134), das Dritte Mittelstandsentlastungsgesetz vom
17. 3. 2009 (BGBl. I S. 550, dazu BT-Drs. 16/10490, S. 19 f.; unten Rdn. 47,
104) und das Gesetz zur Reform der Sachaufklärung in der Zwangsvollstreckung
vom 29. 7. 2009 (BGBl. I S. 2258, dazu BT-Drs. 16/10069, S. 51 und
16/13432, S. 50; unten Rdn. 66). Da auf Unionsebene die Versicherungsvermittlungs-RL
gegenwärtig überprüft wird, sind weitere Änderungen zu
erwarten.

Der **Zweck des Gesetzes** zur Neuregelung des Versicherungsvermittlers 3
ist mit den durch die Richtlinie verfolgten Zielen deckungsgleich (näher

§ 34d

Schönleiter GewArch 2007, 265 [265 f.]). So soll neben der Schaffung eines hohen beruflichen Niveaus der Versicherungsvermittler vor allem der europäische Vermittlermarkt harmonisiert, die grenzüberschreitende Versicherungsvermittlung im Hinblick auf die Dienstleistungs- und Niederlassungsfreiheit gefördert und der Verbraucherschutz verbessert werden (BT-Drs. 16/1935, S. 1; vgl. auch *Hübner* EuZW 2007, 353 [353]).

4   Der Beruf des Versicherungsvermittlers ist in Deutschland weit verbreitet und spielt in der Versicherungswirtschaft eine bedeutende Rolle. So sind derzeit über 258.000 Versicherungsvermittler in das Vermittlerregister eingetragen (Angaben nach www.dihk.de). Für diesen großen Markt der Versicherungsvermittlung haben die mit Wirkung vom 22. 5. 2007 eingeführten Neuregelungen beträchtliche Auswirkungen. Dies betrifft namentlich die Erlaubnispflicht (§ 34 d), aber auch die Registrierungspflicht (§ 11 a; siehe die Erläuterungen dort). Zuvor gab es lediglich die – fortbestehende – Anzeigepflicht nach § 14 I.

5   Aus **verfassungsrechtlicher Sicht** bestehen gegenüber § 34 d keine durchgreifenden Bedenken (*Schulze-Werner*, in: Friauf, § 34 d Rdn. 5; *Schönleiter*, in: Landmann/Rohmer I, § 34 d Rdn. 10 f.). Die Erlaubnispflicht kann als subjektive Berufswahlvoraussetzung durch Aspekte des Verbraucherschutzes, der ein wichtiger Gemeinwohlbelang ist, legitimiert werden; dasselbe gilt für die als Berufsausübungsregelung einzustufende Registrierungspflicht (zu deren Verfassungsmäßigkeit siehe § 11 a Rdn. 3). Zur Wahrung der Verhältnismäßigkeit tragen die Befreiungen und Ausnahmevorschriften im Rahmen des § 34 d sowie die genannten Übergangsregelungen (Rdn. 1) bei. Das Grundrecht der **Berufsfreiheit** gem. Art. 12 I GG ist daher nicht verletzt. Hinzu kommt die Zurückhaltung des BVerfG bei der Überprüfung deutschen Rechts, soweit dieses bindende Vorgaben des EU-Sekundärrechts umsetzt (grundlegend *BVerfGE* 73, 339 [387] – „Solange II"; siehe zum Grundrechtsschutz bei der Umsetzung von Richtlinien durch deutsches Recht *BVerfG* NVwZ 2007, 937 ff.).

6   Zur **Normstruktur** des § 34 d: Abs. 1 normiert einen Erlaubnisvorbehalt, dessen negative Erlaubnisvoraussetzungen in Form von Versagungsgründen in Abs. 2 aufgeführt werden. Abs. 3 ermöglicht eine Befreiung von der Erlaubnispflicht durch Verwaltungsakt. Abs. 4 und 5 enthalten gesetzliche Ausnahmen von der Erlaubnispflicht. Abs. 6 und 7 nennen weitere Pflichten der Versicherungsvermittler, u. a. die Pflicht, sich in das Register nach § 11 a eintragen zu lassen. Detailregelungen für das Versicherungsvermittlergewerbe können durch eine auf Abs. 8 gestützte Rechtsverordnung getroffen werden. Abs. 9 und 11 nehmen Gewerbetreibende in bestimmten Konstellationen von der Anwendung der Vorgaben des § 34 d vollständig oder weitgehend aus. Abs. 10 enthält die Klarstellung, dass die Vorschriften für Versicherungsvermittler auch für die Rückversicherungsvermittler greifen.

7   § 34 d steht in engem **systematischen Zusammenhang mit weiteren Vorschriften**. Innerhalb der GewO ist zunächst **§ 34 e** zu nennen, der Parallelvorschriften für Versicherungsberater enthält. Versicherungsvermittler und Versicherungsberater werden in ein Vermittlerregister eingetragen, das seine zentrale Rechtsgrundlage in **§ 11 a** findet. Für bereits vor Inkrafttreten des § 34 d tätige Versicherungsvermittler gelten Übergangsregelungen (siehe

§ 156 sowie §§ 1 IV, 19 VersVermV, § 80 b VAG). Einzelheiten des gewerblichen Versicherungsvermittlerrechts regelt die **Versicherungsvermittlungsverordnung** (unten Rdn. 120 f.). Außerhalb des Gewerberechts sind insb. die Vorgaben der §§ **59 ff. VVG** (u. a. mit Begriffsbestimmungen sowie Mitteilungs-, Beratungs- und Dokumentationspflichten der Versicherungsvermittler; dazu z. B. *Werber* VersR 2010, 553 ff.) sowie der §§ **80 ff. VAG** (Zusammenarbeit von Versicherungsunternehmen und Versicherungsvermittlern) von Bedeutung.

Zur **Versicherungsvermittlung im Reisegewerbe** siehe §§ 55 a I 8 Nrn. 6, 7 (dort Rdn. 28 f.), 61 a II (dort Rdn. 5), zur Ausübung im **Marktgewerbe** vgl. § 71 b II (dort Rdn. 3). Beachte jeweils auch den Ordnungswidrigkeitentatbestand in § 18 II, III VersVermV (unten Rdn. 143).

II. Erlaubnispflichtigkeit der gewerblichen Versicherungsvermittlung (Abs. 1 S. 1)

Nach § 34 d bedarf derjenige einer Erlaubnis, der gewerbsmäßig als Versi- 9 cherungsmakler oder als Versicherungsvertreter den Abschluss von Versicherungsverträgen vermitteln will.

1. Gewerbsmäßigkeit

Es muss eine gewerbsmäßige Betätigung vorliegen, d. h. die Tätigkeit muss 10 selbständig, erlaubt, auf Gewinnerzielung und auf gewisse Dauer gerichtet sein und es darf sich nicht um Urproduktion, nicht um einen freien Beruf und nicht um die bloße Nutzung und Verwaltung eigenen Vermögens oder andere gewerberechtliche Bagatellen handeln (näher § 1 Rdn. 1 ff.).

Mangels **Selbständigkeit** unterliegen damit Angestellte bzw. Arbeitneh- 11 mer eines Versicherungsunternehmens nicht der Erlaubnispflicht. Soweit allerdings die gleichen Personen neben ihrer beruflichen Tätigkeit bei einem Versicherer in eigener Verantwortung Versicherungen vermitteln und dafür Provisionen von Versicherern erhalten, liegt eine gewerbsmäßige Tätigkeit und damit eine grundsätzliche Erlaubnispflicht vor. Für die Erlaubnisbedürftigkeit ist es unerheblich, ob die Tätigkeit haupt- oder nur nebenberuflich ausgeübt wird (*Schönleiter*, in: Landmann/Rohmer I, § 34 d Rdn. 61).

Bleibt die Vermittlungstätigkeit unter der **Bagatellschwelle**, liegt schon 12 kein Gewerbe vor. Dementsprechend nehmen die IHKs als zuständige Behörde nach internen Richtlinien keine gewerbsmäßige Tätigkeit i. S. d. GewO an, wenn nicht mehr als sechs Versicherungen pro Jahr vermittelt werden und/oder die jährlichen Provisionseinnahmen nicht mehr als 1000 EUR betragen (*Schönleiter*, in: Landmann/Rohmer I, § 34 d Rdn. 61; *Adjemian u. a.* GewArch 2009, 137). Abzugrenzen ist diese Fallkonstellation von den sog. „Bagatellvermittlern" i. S. d. § 34 d IX Nr. 1, bei denen zwar ein (gem. § 14 anzeigepflichtiges) Gewerbe zu bejahen ist, für die aber die Abs. 1 bis 8 § 34 d nicht anwendbar sind, sodass deren Tätigkeit nicht erlaubnisbedürftig ist.

Problematisch ist die Einordnung der Tätigkeit **gesetzlicher Kranken-** 13 **kassen**, wenn diese ihren Mitgliedern private Zusatzversicherungsverträge

§ 34d Titel II. Stehendes Gewerbe

mit privaten Versicherungen vermitteln (vgl. § 194 Ia SGB V) und dafür von diesen einen Aufwendungsersatz erhalten. Der *BFH* hat diese Vermittlungstätigkeit der gesetzlichen Krankenkassen als Betrieb gewerblicher Art eingestuft (*BFH/NV* 2010, 1045 [1046 f.]). Ob die steuerrechtliche Sichtweise auch für das Gewerberecht gilt, ist noch nicht abschließend geklärt (dazu *Moraht* jurisPR-VersR 7/2010 Anm. 1). Im Ergebnis dürfte dies zu verneinen sein: Zwar kann die Wirtschaftstätigkeit von juristischen Personen des öffentlichen Rechts Gewerbe i. S. d. GewO sein (§ 1 Rdn. 23); gesetzliche Krankenversicherungen fallen auch nicht unter § 6 I 2 (dort Rdn. 29) und werden nicht schon deshalb vom Anwendungsbereich der GewO ausgenommen. Wenn aber die Vermittlungstätigkeit der gesetzlichen Krankenversicherung der Erfüllung einer gesetzlich abgestützten Satzungsaufgabe dient, handelt es sich um eine der hoheitlichen Leistungsverwaltung zuzuordnende Aufgabe, die den Gewerbebegriff nicht erfüllt (*Schulze-Werner*, in: Friauf, § 34 d Rdn. 24; **a. A.** *Schönleiter*, in: Landmann/Rohmer I, § 34 d Rdn. 45; siehe oben § 1 Rdn. 24, § 6 Rdn. 29).

2. Abschluss von Versicherungsverträgen

14 Der **Abschluss** eines Versicherungsvertrages muss das Ziel der Tätigkeit sein, ist aber nicht Voraussetzung der Erlaubnisbedürftigkeit, wie sich aus dem Wortlaut ergibt („will", vgl. ferner Art. 2 Nr. 3 Versicherungsvermittlungs-RL sowie § 34 c Rdn. 16).

15 Was ein **Versicherungsvertrag** ist, wird in der GewO nicht gesetzlich definiert. Anhaltspunkte zur Auslegung des Begriffs der Versicherung liefert zunächst § 1 VVG: „Der Versicherer verpflichtet sich mit dem Versicherungsvertrag, ein bestimmtes Risiko des Versicherungsnehmers oder eines Dritten durch eine Leistung abzusichern, die er bei Eintritt des vereinbarten Versicherungsfalles zu erbringen hat. Der Versicherungsnehmer ist verpflichtet, an den Versicherer die vereinbarte Zahlung (Prämie) zu leisten."

16 Reine Anlageprodukte wie z. B. Wertpapiere sind demnach nicht vom Versicherungsbegriff umfasst, da in diesen Fällen kein Risiko des Kunden übernommen wird; in Betracht kommt aber eine Erlaubnisbedürftigkeit nach § 34 c I 1 Nrn. 2, 3. Dagegen wird bei fondsgebundenen Renten- und Lebensversicherungen zumindest immer ein Risiko, nämlich bezüglich des Todes, abgedeckt, sodass § 34 d greift (*Schulze-Werner*, in: Friauf, § 34 d Rdn. 9).

3. Vermittlung

17 Erlaubnispflichtig ist die Vermittlung von Versicherungsverträgen. Zur Bestimmung des Begriffs „Vermittlung" ist im Wege der Auslegung die in Art. 2 Nr. 3 Versicherungsvermittlungs-RL normierte Legaldefinition heranzuziehen, wonach unter Vermittlung das Anbieten, Vorschlagen oder Durchführen anderer Vorbereitungsarbeiten zum Abschließen von Versicherungsverträgen oder das Abschließen von Versicherungsverträgen oder das Mitwirken bei deren Verwaltung und Erfüllung, insbesondere im Schadenfall, zu verstehen ist. Im Übrigen kann an das Verständnis von Vermittlung im Rahmen des § 34 c angeknüpft werden (BT-Drs. 16/1935, S. 17). Unter

§ 34d

Vermittlung fällt demnach die unmittelbar auf den konkreten Vertragsschluss Dritter zielende Tätigkeit (BT-Drs. 16/1935, S. 17; *Schönleiter*, in: Landmann/Rohmer I, § 34 d Rdn. 28 ff.); unerheblich ist, ob der Vertrag tatsächlich zustande kommt (näher § 34 c Rdn. 16). Lediglich vorbereitende Handlungen stellen keine Vermittlung i. S. d. § 34 d dar (*Dörner*, in: Prölss/Martin, VVG, 28. Aufl. 2010, § 34 d GewO Rdn. 7).

Vermittlung bejaht werden kann bei der Tätigkeit eines **Call-Centers**, wenn es ein konkretes Versicherungsprodukt für den Versicherer vertreibt und dabei die potentiellen Versicherungsnehmer berät (*Schulze-Werner*, in: Friauf, § 34 d Rdn. 21; *Adjemian u. a.* GewArch 2009, 137). Etwas anderes gilt, wenn das Call-Center nur Kundendaten aktualisiert oder Termine mit einem Versicherungsvermittler oder Versicherungsunternehmen herstellt. 18

Als Vermittlung kann auch der Vertrieb eines Versicherungspakets eines Versicherers in **Discountmärkten** gewertet werden, jedenfalls soweit für den Erwerb des Versicherungspakets bereits eine Zahlung an den Discounter zu entrichten ist, die mit der Versicherungsprämie für das erste Jahr verrechnet wird (*LG Wiesbaden* NJW-RR 2008, 1572 [1573]). Durch die Einziehung des Kaufpreises in Zusammenhang mit dem Vertrieb an Ort und Stelle hat der Discounter selbst auf den Willensbildungsprozess des Kunden und damit gezielt auf den Abschluss eines Versicherungsvertrages hingewirkt. Soweit ein Kaufpreis dagegen nicht beim Discounter zu entrichten ist und den Kunden das Versicherungspaket in den Märkten lediglich zur kostenlosen Mitnahme ausgelegt wurde, wird sich die Tätigkeit des jeweiligen Discountmarkts auf rein vorbereitende Tätigkeiten beschränken und das Handelsunternehmen als bloßer Tippgeber (Rdn. 22) einzustufen sein, der der Erlaubnispflicht nicht unterliegt (so wohl auch *Schönleiter*, in: Landmann/Rohmer I, § 34 d Rdn. 39). 19

Keine Vermittlung ist die bloße **Verwaltung des Bestandes von bereits vermittelten Versicherungen**. Dies gilt selbst im Falle von Bestandsprovisionen (*Schulze-Werner*, in: Friauf, § 34 d Rdn. 19). Wenn aber die Bestandspflege mit der laufenden Anpassung/Änderung/Neubegründung von Verträgen verknüpft werden soll, handelt es sich um Vermittlung i. S. d. § 34 d (*Ramos*, in: BeckOK, § 34 d Rdn. 27). In Orientierung an Art. 2 Nr. 3 Versicherungsvermittlungs-RL, wonach auch das Mitwirken bei der Verwaltung bzw. Erfüllung des Versicherungsvertrages Versicherungsvermittlung sei, wird von einigen Stimmen schon die bloße Bestandsverwaltung als Versicherungsvermittlung eingestuft (*Schönleiter*, in: Landmann/Rohmer I, § 34 d Rdn. 30; *Evers/Eikelmann* VW 2009, 863 [864]). Solange keine neuen Verträge abgeschlossen oder vorhandene Verträge abgeändert werden sollen, greifen jedoch nicht die Schutzfunktionen von Versicherungsvermittlungs-RL und § 34 d, sodass keine Erlaubnisbedürftigkeit gegeben ist (vgl. auch BT-Drs. 16/1935, S. 17). 20

Aus einer Zusammenschau der Nrn. 1 bis 2 des § 34 c I 1 folgt, dass zwischen der Vermittlung des Abschlusses von Verträgen und dem Nachweis der Gelegenheit zum Abschluss von Verträgen zu unterscheiden ist (vgl. § 34 c Rdn. 28). Anders als bei § 34 c I 1 Nrn. 1, 1 a erfasst der Erlaubnistatbestand des § 34 d I schon seinem Wortlaut nach nicht den Nachweis der Gelegenheit zum Vertragsschluss. **Nicht erlaubnispflichtig** nach § 34 d I 1 ist daher der 21

§ 34d
Titel II. Stehendes Gewerbe

sog. **Nachweisvermittler**, der seinem Auftraggeber lediglich einen bisher unbekannten Interessenten oder den künftigen Vertragspartner benennt, damit der Auftraggeber von sich aus Vertragsverhandlungen aufnehmen kann (*Schönleiter* GewArch 2007, 265 [267]).

22 Ferner ist die Betätigung als sog. **Tippgeber** (Kontaktgeber oder Namhaftmacher; vgl. § 34 c Rdn. 18), der sich darauf beschränkt, Möglichkeiten zum Abschluss von Versicherungsverträgen namhaft zu machen oder Kontakte zwischen einem potentiellen Versicherungsnehmer und einem Vermittler bzw. Versicherungsunternehmen herzustellen, erlaubnisfrei (vgl. BT-Drs. 16/1935, S. 17; *LG Hamburg* Urteil vom 30. 4. 2010 – 408 O 95/09, juris Rdn. 36). Relevant kann dies auch für Betreiber von Internetseiten sein (z. B. sog. **Vergleichsrechner**), welche die Kunden dann über Links zu den Homepages von Versicherungsunternehmen leiten (*Moraht* jurisPR-VersR 6/2010 Anm. 6; *Bund-Länder-Ausschuss „Gewerberecht"*, zit. nach *Schönleiter/Sprafke* GewArch 2010, 294 [297]). Werden die Versicherungsverträge jedoch – jedenfalls aus Sicht der Kunden – auf der Webseite des Betreibers geschlossen, handelt es sich um Online-Vermittlung (*LG Hamburg* Urteil vom 30. 4. 2010 – 408 O 95/09, juris Rdn. 40).

4. Versicherungsvermittler

23 In persönlicher Hinsicht betrifft der Erlaubnistatbestand des § 34 d den **Versicherungsvermittler**. Der Gesetzeswortlaut umreißt den Bedeutungsgehalt von „Versicherungsmittler" durch die Beschreibung, dass dies derjenige ist, wer gewerbsmäßig als Versicherungsmakler oder als Versicherungsvertreter den Abschluss von Versicherungen vermitteln will. Weitere Anhaltspunkte zur Begriffsbestimmung bieten in systematischer Hinsicht die Legaldefinitionen des § 59 I-III VVG sowie die einschlägige Rechtsprechung der Zivilgerichte. Danach ist Versicherungsmittler, wer Kraft rechtsgeschäftlicher Geschäftsbesorgungsmacht für einen anderen Versicherungsschutz ganz oder teilweise beschafft, ausgestaltet oder abwickelt, ohne selbst Versicherungsnehmer oder Versicherer zu sein (*BGH* NJW 1985, 2595 [2595]; *LG Wiesbaden* GewArch 2008, 306 [306]; *LG Hamburg* Urteil vom 30. 4. 2010 – 408 O 95/09, juris Rdn. 35). Dieses Verständnis will der gewerberechtliche Gesetzgeber aufgreifen (vgl. BT-Drs. 16/1935, S. 18).

24 Das **Versicherungsunternehmen** ist Vertragspartner des Versicherungsvertrages und schon deshalb kein Vermittler (Rdn. 17), sodass es nicht der Erlaubnispflicht gem. § 34 d unterfällt (so auch Art. 2 Nr. 3 und 4 der Versicherungsvermittlungs-RL). Im Übrigen ist bei Versicherungsunternehmen § 6 I 2 (dort Rdn. 29) zu beachten, wonach deren Tätigkeit grundsätzlich nicht vom Anwendungsbereich der GewO erfasst wird, weil sie schon der gesonderten Aufsicht durch die BaFin gemäß dem Versicherungsaufsichtsgesetz (VAG) unterworfen sind.

25 Spediteure oder Lagerhalter sind ebenfalls regelmäßig keine Versicherungsvermittler, wenn sie im Rahmen ihrer Berufstätigkeit auftragsgemäß Versicherungsschutz über eine von ihnen als **Versicherungsnehmer** und Prämienschuldner gezeichnete Versicherung (z. B. Transport-General-Police, Lagerversicherung, Fremdunternehmensversicherung) besorgen, indem sie

bei Deklaration das Sacherhaltungsinteresse des versicherten Eigentümers des transportierten oder eingelagerten Gutes versichern (BT-Drs. 16/1935, S. 18).

In Anlehnung an § 59 I-III VVG kennt § 34 d I 1 **zwei Grundtypen von** 26 **Versicherungsvermittlern**: Versicherungsvertreter (unten a) und Versicherungsmakler (unten b). Zur näheren Konkretisierung der beiden können die für das VVG geltenden Legaldefinitionen des Versicherungsvertreters (§ 59 II VVG) und des Versicherungsmaklers (§ 59 III VVG) herangezogen werden (BT-Drs. 16/1935, S. 18).

Für beide Typen gelten die gleichen gewerberechtlichen Erlaubnisvoraus- 27 setzungen. In der Erlaubnis ist jedoch anzugeben, ob sie einem Versicherungsvertreter oder Versicherungsmakler erteilt wird (§ 34 d I 3), wobei dies in der freien Entscheidung des Antragstellers liegt und die zuständige IHK nicht prüft, ob die beantragte Einordnung auch tatsächlich zutrifft (*Schönleiter*, in: Landmann/Rohmer I, § 34 d Rdn. 55). Dabei weicht der Inhalt der Erlaubnis bei einem Versicherungsmakler von der eines Versicherungsvertreters ab (siehe näher § 34 d I 4, Rdn. 44 ff.). Ferner muss die Unterscheidung bei der Eintragung in das Versicherungsvermittlerregister berücksichtigt (§ 5 I Nr. 3 VersVermV) und beim ersten Kundenkontakt in Textform transparent gemacht werden (§ 11 I Nr. 3 VersVermV). Schließlich ist die Differenzierung zivilrechtlich von Bedeutung, indem an den jeweiligen Status des Versicherungsvermittlers unterschiedliche Rechtsfolgen geknüpft werden (vgl. §§ 60, 63 VVG, unten Rdn. 33; näher hierzu *Abram* VersR 2008, 724 ff.; *Werber* VersR 2008, 285 ff.; *Reiff* VersR 2007, 717 [722 ff.]).

Neben den beiden in § 34 d I 1 genannten Grundtypen führt § 34 d noch **weitere Typen von Versicherungsvermittlern** auf. So besteht etwa für sog. produktakzessorische Vermittler die Möglichkeit der Befreiung von der Erlaubnispflicht (Abs. 3, unten Rdn. 80 ff.); gebundene Vermittler sind von der Erlaubnispflicht ausgenommen (Abs. 4, unten Rdn. 92 ff.).

a) Versicherungsvertreter. Nach § 59 II **VVG** ist Versicherungsvertreter, 28 „wer von einem Versicherer oder einem Versicherungsvertreter damit betraut ist, gewerbsmäßig Versicherungsverträge zu vermitteln oder abzuschließen." Ein Versicherungsvertreter ist demnach – im Unterschied zum Versicherungsmakler (Rdn. 32) – auf der Seite des Versicherungsanbieters tätig.

Ein Unterfall des Versicherungsvertreters ist der Versicherungsvermittler 29 i. S. d. § 34 d IV Nr. 1, der seine Tätigkeit ausschließlich im Auftrag eines oder, wenn die Versicherungsprodukte nicht in Konkurrenz stehen, mehrerer Versicherungsunternehmen ausübt. Hierbei handelt es sich um den sog. **gebundenen Versicherungsvertreter** (vgl. Art. 4 III Versicherungsvermittlungs-RL; vgl. ferner *Ramos*, in: BeckOK, § 34 d Rdn. 115; *Schönleiter*, in: Landmann/Rohmer I, § 34 d Rdn. 108; *Adjemian u. a.* GewArch 2009, 186 [186 f.]; *Böckmann/Ostendorf* VersR 2009, 154 [156]) oder Ausschließlichkeitsvertreter (so z. B. *Schulze-Werner*, in: Friauf, § 34 d Rdn. 83 f.; *Michaelis* ZfV 2010, 362 [362]; *Jacob* VersR 2007, 1164 [1164]; *Fetzer* jurisPR-VersR 1/2007 Anm. 4). Sofern die Versicherungsprodukte nicht in Konkurrenz zueinander stehen, wird auch von einem unechten Mehrfirmenvertreter gesprochen; um einen echten Mehrfirmenvertreter handelt es sich, wenn die

§ 34d
Titel II. Stehendes Gewerbe

Versicherungsunternehmen und ihre Produkte in Konkurrenz zueinander stehen (*Reiff*, in: Beckmann/Matusche-Beckmann, Versicherungsrechts-Handbuch, 2. Aufl. 2009, § 5 Rdn. 15 f.; näher zur Frage der Produktkonkurrenz *Dörner*, in: Prölss/Martin, VVG, 28. Aufl. 2010, § 34 d GewO Rdn. 18 ff.). Übernimmt das Versicherungsunternehmen die uneingeschränkte Haftung für die Vermittlungstätigkeit des gebundenen Versicherungsvertreters, entfällt die Erlaubnispflicht (näher Abs. 4; Rdn. 97 ff.).

30 In der Praxis werden Versicherungsvermittler überwiegend als gebundene Versicherungsvertreter tätig. Die Zahl der Versicherungsvertreter und -makler mit Erlaubnis ist vergleichsweise gering (registrierte gebundene [erlaubnisfrei tätige] Versicherungsvertreter: 178.096, registrierte Versicherungsvertreter mit Erlaubnis: 33.744, registrierte Versicherungsmakler mit Erlaubnis: 43.732; Angaben nach www.dihk.de, Stand des Vermittlerregisters: 30. 9. 2010).

31 Die bloß gelegentliche Vertretertätigkeit für ein Versicherungsunternehmen, wie sie vor allem bei der Tätigkeit als Mehrfirmenvertreter anzutreffen ist, bedarf ebenfalls der Erlaubnis (sog. Gelegenheitsvermittler), sofern die gewerberechtliche Bagatellschwelle überschritten wird (oben Rdn. 12) und kein Fall des Abs. 9 Nr. 1 vorliegt (unten Rdn. 124 ff.). Damit unterscheidet sich die Einordnung als Versicherungsvertreter i. S. d. § 34 d von der des handelsrechtlichen Versicherungsvertreters i. S. d. § 92 I i. V. m. § 84 I HGB, der ständig und nicht nur mit der Geschäftsvermittlung für ein Unternehmen betraut ist; ähnliches gilt für das Verhältnis der Begriffe Handelsmakler gem. § 93 I HGB und Versicherungsmakler (vgl. *Koch* VW 2007, 248 [249]).

32 **b) Versicherungsmakler.** Versicherungsmakler ist nach **§ 59 III 1 VVG**, wer gewerbsmäßig für den Auftraggeber die Vermittlung oder den Abschluss von Versicherungsverträgen übernimmt, ohne von einem Versicherer oder von einem Versicherungsvertreter damit betraut zu sein. Als Versicherungsmakler gilt auch, wer gegenüber dem Versicherungsnehmer den Anschein erweckt, Versicherungsmakler zu sein (§ 59 III 2 VVG). Versicherungsmakler erledigen ihre Vermittlungstätigkeit somit im Auftrag der Kunden. Dies ist auch das maßgebliche Abgrenzungskriterium von der Tätigkeit als Versicherungsvertreter (Rdn. 28).

33 Diese Einstufung ist zum einen bedeutsam mit Blick auf die Reichweite der mit der Erlaubnis verknüpften **Befugnisse** (vgl. § 34 d I 4; unten Rdn. 44 ff.), zum anderen für dessen (zivilrechtliche) **Pflichten**: Der Versicherungsmakler ist grundsätzlich verpflichtet, seinem Rat eine hinreichende Zahl von auf dem Markt angebotenen Versicherungsverträgen und von Versicherern zu Grunde zu legen, sodass er nach fachlichen Kriterien eine Empfehlung dahin abgeben kann, welcher Versicherungsvertrag geeignet ist, die Bedürfnisse des Versicherungsnehmers zu erfüllen (näher § 60 I VVG). Ein Pflichtenverstoß kann gem. § 63 VVG Schadensersatzpflichten auslösen (siehe hierzu auch *Schönleiter*, in: Landmann/Rohmer I, § 34 d Rdn. 51 f.; zu zivilrechtlichen Folgen siehe oben Rdn. 27).

34 **c) Grundsätzlich keine Kombination der Tätigkeit als Versicherungsvertreter und Versicherungsmakler.** Für den Versicherungsvermittler besteht **Entscheidungszwang**, sich auf einen der beiden in § 34 d I

Versicherungsvermittler § 34d

1 genannten Vermittlertypen festzulegen. Einer einzelnen Person kann keine Erlaubnis als Versicherungsvertreter und Versicherungsmakler zugleich erteilt werden. Neben dem eindeutigen Wortlaut („oder") und dem Willen des Gesetzgebers (BT-Drs. 16/1935, S. 14) ist dies auch mit Sinn und Zweck der Regelung zu begründen: Die gleiche Person soll nicht zum einen für das Versicherungsunternehmen und gleichzeitig auch für den potentiellen Versicherungsnehmer tätig sein (*Schulze-Werner*, in: Friauf, § 34 d Rdn. 8; so bereits *BGH* VersR 1974, 192 [192 f.]). Der Entscheidungszwang dient somit auch dem von der Versicherungsvermittlungs-RL verfolgten Ziel des Verbraucherschutzes (siehe oben Rdn. 3), da dem Kunden transparent gemacht wird, auf wessen Seite der Versicherungsvermittler tätig ist (BT-Drs. 16/1935, S. 14; *Böckmann/Ostendorf* VersR 2009, 154 [155]; *Reiff* VersR 2007, 717 [723]).

Soweit ein Versicherungsvermittler von einem in den anderen **Vermittler-** 35 **typ wechseln** will, muss er eine neue, entsprechend geänderte Erlaubnis beantragen (vgl. § 34 d I 3) und zudem die Änderung auch im Versicherungsvermittlerregister eingetragen werden (*Schulze/Werner*, in: Friauf, § 34 d Rdn. 57).

In der Praxis gibt es bisweilen eine **Verwischung der Grenzen zwischen** 36 **Makler und Vertreter**. Dies gilt einmal für den Versicherungsmakler, der gelegentlich als Vertreter handelt, was durch **§ 60 I 2, II VVG** ausnahmsweise ermöglicht wird: Danach kann er im Einzelfall vor Abgabe der Vertragserklärung des Versicherungsnehmers diesen ausdrücklich auf eine eingeschränkte Versicherer- und Vertragsauswahl hinweisen und seinen Rat zum Versicherungsabschluss auf diese eingeschränkte Auswahl stützen – wobei die Auswahl sich sogar auf ein einziges Angebot beschränken kann (so *Schönleiter*, in: Landmann/Rohmer I, § 34 d Rdn. 53). Die Pflicht zum ausdrücklichen Hinweis wird nicht durch einen Hinweis in den AGB erfüllt (*Schönleiter*, in: Landmann/Rohmer I, § 34 d Rdn. 53; *Schulze/Werner*, in: Friauf, § 34 d Rdn. 15; **a. A.** *Reiff*, in: MüKO-VVG, 2010, § 60 Rdn. 25). Aus dem Merkmal „Einzelfall" in § 60 I 2 VVG folgt zugleich, dass diese Form der Tätigkeit des Versicherungsmaklers nur einen Randbereich seiner Vermittlungstätigkeit betreffen darf (vgl. *Schönleiter*, in: Landmann/Rohmer I, § 34 d Rdn. 53: Nebengeschäft). Die zivilrechtliche Zulässigkeit wirkt sich zugleich auf die gewerberechtliche Beurteilung aus, sodass ein Makler, der in den Grenzen des § 60 I 2 VVG als Vertreter tätig wird, gegen keine gewerberechtlichen Pflichten verstößt.

Gesetzlich nicht geregelt ist der umgekehrte Fall, wenn ein Versicherungs- 37 vertreter in Einzelfällen wie ein Makler agiert (sog. **Ab-und-zu-Makler**). Teils wird vertreten, ein gelegentlicher Seitenwechsel sei gewerberechtlich zulässig, wenn der Vermittler seinen Kunden darauf hinweise und es sich nicht um einen gebundenen Vermittler i. S. d. Abs. 4 handele, der im Falle des Makelns den Haftungsschirm verlassen würde (so *Schönleiter*, in: Landmann/Rohmer I, § 34 d Rdn. 49). Näher liegt indes die Gegenauffassung, die in Orientierung an Wortlaut und Gesetzeszweck es für unzulässig hält, wenn ein Vertreter als Makler auftritt (*Schulze/Werner*, in: Friauf, § 34 d Rdn. 15; *Ramos*, in: BeckOK, § 34 d Rdn. 21; *Adjemian u. a.* GewArch 2009, 137 [140]; allgemein zu den Gefahren und Konsequenzen einer gemischten

§ 34d Titel II. Stehendes Gewerbe

Tätigkeit als Vertreter und Makler *Böckmann/Ostendorf* VersR 2009, 154 [156 ff.]).

38 Zu beobachten sind ferner Versuche einer **Umgehung der Grenzen zwischen Vertreter und Makler**, indem ein Vermittler sich persönlich etwa für die Versicherungsvertretung entscheidet und zugleich als Geschäftsführer einer juristischen Person (z. B. Ein-Mann-GmbH) fungiert, die als Versicherungsmakler tätig ist. Bei formaler Betrachtung wäre hiergegen nichts einzuwenden (für Zulässigkeit dementsprechend *Ramos*, in: BeckOK, § 34 d Rdn. 22; *Adjemian u. a.* GewArch 2009, 137 [139]). Ratio legis und die erkennbare Missbrauchsgefahr sprechen für eine materielle Betrachtung, sodass das beschriebene Vorgehen wegen Verstoßes gegen § 34 d I 3 gewerberechtlich unzulässig ist (*Schönleiter*, in: Landmann/Rohmer I, § 34 d Rdn. 56; *Schulze/Werner*, in: Friauf, § 34 d Rdn. 8; *Dörner*, in: Prölss/Martin, VVG, 28. Aufl. 2010, § 34 d GewO Rdn. 30; *Böckmann/Ostendorf* VersR 2009, 154 [156]).

39 Eine **gleichzeitige Tätigkeit als Versicherungsvermittler und Versicherungsberater** (§ 34 e) ist ebenfalls unzulässig. Wesentliches Merkmal der Tätigkeit des Versicherungsberaters ist es, dass er seine Tätigkeit unabhängig von der Versicherungswirtschaft ausübt. Diese Unabhängigkeit ist bei einer gewerblichen Tätigkeit in unterschiedlichen Rechtsformen sowohl im Bereich Versicherungsberatung als auch im Bereich Versicherungsvermittlung nicht gewährleistet (*Ramos*, in: BeckOK, § 34 e Rdn. 20; *Adjemian u. a.* GewArch 2009, 137 [140]).

III. Erlaubnis (Abs. 1)

40 Die Erlaubnis nach § 34 d I 1 stellt einen Verwaltungsakt i. S. d. § 35 S. 1 VwVfG dar. Sie ist als präventives Verbot mit Erlaubnisvorbehalt ausgestaltet (siehe hierzu *Maurer* Allgemeines Verwaltungsrecht, 17. Aufl. 2009, § 9 Rn. 51 ff.). Demnach besteht ein **Rechtsanspruch auf Erteilung**, soweit keiner der in § 34 d II abschließend aufgeführten Versagungsgründe vorliegt (näher Rdn. 59 ff.). Der zuständigen Erlaubnisbehörde steht kein Ermessen zu.

41 Unabhängig von der Erlaubnis gelten die Anzeigepflicht (§ 14 I; zur Empfangszuständigkeit siehe unten Rdn. 54 und § 155 II sowie *Ramos*, in: BeckOK, § 34 d Rdn. 6: i. d. R. die Gewerbeämter) und die Registrierungspflicht (§ 34 d VII; dazu Rdn. 111 ff.).

1. Erlaubnisnehmer

42 Die Erlaubnis nach § 34 d ist personenbezogen und nicht übertragbar. Der Inhaber der Erlaubnis kann unter den Voraussetzungen des § 45 einen Stellvertreter bestellen. Die Erlaubnis kann sowohl natürlichen als auch **juristischen Personen** erteilt werden. Bei letztgenannten müssen die personenbezogenen Erlaubnisvoraussetzungen des § 34 d II in der Person der geschäftsführenden Vertreter bzw. Vorstände erfüllt sein müssen (vgl. auch *Jahn/Klein* DB 2007, 957 [957]). Besonderheiten gelten für den Nachweis

Versicherungsvermittler **§ 34d**

der Sachkunde, der durch eine angemessene Anzahl von aufsichtsbeauftragten Vertretern erbracht wird (§ 34 d II Nr. 4 a. E.; unten Rdn. 75 ff.). Bei **Personengesellschaften ohne Rechtspersönlichkeit** (oHG, KG, GmbH & Co. KG, GbR) bedarf jeder geschäftsführende Gesellschafter einer Erlaubnis, die Gesellschaft als solche ist nicht erlaubnisfähig (siehe oben § 1 Rdn. 76 ff., § 14 Rdn. 41, 77; krit. hierzu mit Blick auf Versicherungsvermittler *Adjemian u. a.* GewArch 2009, 186 [189]).

2. Erlaubnisinhalt (Abs. 1 S. 2 bis 4)

a) Angabe des Vermittlertyps (Abs. 1 S. 3). In der Erlaubnis ist anzugeben, ob sie einem Versicherungsvertreter oder einem Versicherungsmakler erteilt wird. Die zuständige IHK prüft nicht, ob der Antragsteller als Versicherungsvertreter oder – makler tätig ist oder sein wird. Die Entscheidung liegt allein beim Gewerbetreibenden. 43

b) Beschränkte Befugnis zur Rechtsberatung (Abs. 1 S. 4). Die Versicherungsmaklern (also nicht: Versicherungsvertretern) erteilte Erlaubnis beinhaltet zudem eine beschränkte Befugnis zur Rechtsberatung (ausführlich zum Ganzen *Lensing* ZfV 2009, 16 ff.; *Rutloff* GewArch 2009, 59 ff.; krit. *Durstin/Peters* VersR 2007, 1456 [1465 f.]: Gefahr von unqualifizierter und/oder interessengeleiteter Beratung). Da die Erbringung außergerichtlicher Rechtsdienstleistungen grundsätzlich dem Rechtsdienstleistungsgesetz genannten Personen, insbesondere Rechtsanwälten, vorbehalten ist, konnte diese Befugnis Versicherungsmaklern nur durch ausdrückliche gesetzliche Regelung (vgl. § 3 RDG) erteilt werden. Die Beratungsbefugnis von Versicherungsmaklern bleibt deutlich hinter den Befugnissen der Versicherungsberater zur außergerichtlichen Beratung und Vertretung (§ 34 e I 3; dort Rdn. 11 f., 16) zurück. 44

aa) Rechtsberatung von Dritten, die nicht Verbraucher sind (§ 34 d I 4 1. Hs.). § 34 I 4 1. Hs. verschafft dem Versicherungsmakler zunächst die Befugnis, Dritte, die nicht Verbraucher sind, gegen gesondertes Entgelt rechtlich bei der Vereinbarung, Änderung oder Prüfung von Versicherungsverträgen zu beraten. 45

Zum Begriff Verbraucher siehe § 13 BGB: Verbraucher ist jede natürliche Person, die ein Rechtsgeschäft zu einem Zwecke abschließt, der weder ihrer gewerblichen noch ihrer selbständigen beruflichen Tätigkeit zugerechnet werden kann. Dritte, welche beraten werden dürfen, sind demnach insb. Gewerbetreibende und Freiberufler (*Beenken* VW 2009, 61 [61]), aber nur in deren beruflicher Sphäre (vgl. § 14 BGB). So kann etwa der Inhaber eines Gewerbebetriebs über Inhalt, Umfang, Abschluss und Kündigung einer Betriebshaftpflicht- oder Gewerbeunfallversicherung sowie über damit verbundene steuerliche Aspekte gegen gesondertes Honorar beraten werden. Die Rechtsberatung muss nicht mit einer konkreten Vermittlungstätigkeit im Zusammenhang stehen, wie sich aus dem Merkmal „Prüfung" ergibt (im Ergebnis ebenso *Schulze-Werner*, in: Friauf, § 34 d Rdn. 16; *Schönleiter*, in: Landmann/Rohmer I, § 34 d Rdn. 60; *Ramos*, in: BeckOK, § 34 d Rdn. 46 f.; *Lensing* ZfV 2009, 16 [18]; *Ruttloff* GewArch 2009, 59; vgl. auch 46

§ 34d Titel II. Stehendes Gewerbe

BT-Drs. 16/1935, S. 18). Der Honoraranspruch entsteht also z. B. auch dann, wenn der Versicherungsvertrag nicht zustande kommt (*Michaelis* VW 2009, 888). Diese sog. Honorarberatung schließt nicht die anschließende Vermittlung des Versicherungsvertrages durch den Versicherungsmakler aus (so auch *Dörner*, in: Prölss/Martin, VVG, 28. Aufl. 2010, § 34 d GewO Rdn. 34; *Ruttloff* GewArch 2009, 59 [63]; *Schwintowski* VersR 2009, 1333 [1334]; *Zinnert* VersR 2008, 313 [313 ff.]; **a. A.** *Harstorff* VersR 2008, 47 [48 f.]).

47   **bb) Rechtsberatung von Beschäftigten (§ 34 d I 4 2. Hs.).** Durch das 3. Mittelstandsentlastungsgesetz vom 17. 3. 2009 (BGBl. I S. 550) wurde die Befugnis zur rechtlichen Beratung durch Einfügen von § 34 d I 4 2. Hs. erweitert. Danach erstreckt sich die Beratungsbefugnis auch auf Beschäftigte von Unternehmen in den Fällen, in denen der Versicherungsmakler das Unternehmen berät. Diese Erweiterung der Beratungsbefugnis wurde erforderlich, da sich in der Praxis gezeigt hat, dass Makler bei Unternehmen, die in Hinblick auf den Abschluss von Gruppen-Versicherungsverträgen oder einer betrieblichen Alterversicherung beraten werden, oftmals auch in die Beratung von Beschäftigten einbezogen werden sollten, da sich im Einzelfall noch weitergehende Fragen stellen (vgl. BT-Drs. 558/08, S. 35).

48   **cc) Rechtsdienstleistungen gem. § 5 I RDG.** Neben der speziellen Regelung des § 34 I 4 bleiben die allgemeinen Vorgaben des Rechtsdienstleistungsgesetzes anwendbar. Relevant ist dies insb. für § 5 I RDG: Danach sind Rechtsdienstleistungen im Zusammenhang mit einer anderen Tätigkeit erlaubt, wenn sie als Nebenleistung zum Berufs- oder Tätigkeitsbild gehören. Ob eine Nebenleistung vorliegt, ist nach ihrem Inhalt, Umfang und sachlichen Zusammenhang mit der Haupttätigkeit unter Berücksichtigung der Rechtskenntnisse zu beurteilen, die für die Haupttätigkeit erforderlich sind. Sind die Voraussetzungen des § 5 I RDG erfüllt, können Versicherungsvermittler über die Grenzen des § 34 d I 4 hinaus auch Verbraucher gegen Entgelt beraten (hierzu ausführlich *Lensing* ZfV 2009, 16 [20 ff.]; ferner *Beenken* VW 2009, 61; *Schwintowski* VersR 2009, 1333 [1335 f.]).

49   **c) Inhaltliche Beschränkung (Abs. 1 S. 2).** Nach § 34 d I 2 kann die Erlaubnis inhaltlich beschränkt werden, soweit dies zum Schutze der Allgemeinheit oder der Versicherungsnehmer erforderlich ist (zur Abgrenzung von der Teilversagung vgl. § 34 c Rdn. 49 ff.). Die Inhaltsbeschränkung ist keine in § 36 VwVfG vorgesehene Nebenbestimmung. Sie steht im Ermessen der Erlaubnisbehörde und kann im Gegensatz zu einer Auflage nicht nachträglich ausgesprochen werden (Bsp.: Beschränkung dahingehend, dass die Erlaubnis nur für die Vermittlung von bestimmten Versicherungen erteilt wird, so *Schönleiter*, in: Landmann/Rohmer I, § 34 d Rdn. 62). Nicht möglich ist eine inhaltlich auf bestimmte Versicherungsprodukte beschränkte Erlaubnis (*Schulze-Werner*, in: Friauf, § 34 d Rdn. 61; *Ramos*, in: BeckOK, § 34 d Rdn. 47; *Schönleiter*, in: Landmann/Rohmer I, § 34 d Rdn. 64).

50   **d) Auflagen und weitere Nebenbestimmungen (Abs. 1 S. 2).** Die Erlaubnis kann nach § 34 d I 2 sowohl bei ihrer Erteilung als auch nachträglich mit Auflagen verbunden werden, soweit dies zum Schutze der Allgemeinheit oder der Versicherungsnehmer erforderlich ist. Unter denselben Vorausset-

zungen sind auch die nachträgliche Aufnahme, Änderung und Ergänzung von Auflagen zulässig (§ 34 d I 2 2. Hs.). Bei der Auflage zu einer Versicherungsvermittlererlaubnis handelt es sich um eine Nebenbestimmung i. S. d. § 36 I 1. Alt. VwVfG (zum Begriff der Auflage vgl. § 36 II Nr. 4 VwVfG).

Auf die Erteilung der Vermittlererlaubnis besteht bei Vorliegen der Erlaub- **51** nisvoraussetzungen ein Rechtsanspruch (Rdn. 40). Daher kommen **weitere Nebenbestimmungen** nur unter den engen Voraussetzungen des § 36 I 2. Alt. VwVfG in Betracht. Möglich sind sie nur, wenn sie sicherstellen sollen, dass die gesetzlichen Voraussetzungen des Verwaltungsakts erfüllt werden. In Betracht kommt eine **aufschiebende Bedingung**, wenn eine Erlaubnisvoraussetzung noch nicht vorliegt. Dem Risiko, dass nach Erlaubniserteilung die gesetzlichen Voraussetzungen nicht (mehr) vorliegen, kann vor dem Hintergrund von Art. 12 I GG nicht durch auflösende Bedingung, Befristung oder Widerrufsvorbehalt, sondern nur durch eine nachträgliche Auflage (Rdn. 50) oder im Wege der §§ 48 f. VwVfG (Rdn. 138 ff.) begegnet werden (vgl. *Schönleiter*, in: Landmann/Rohmer I, § 34 d Rdn. 63; *Schulze-Werner*, in: Friauf, § 34 d Rdn. 66 f.).

3. Erlöschen der Erlaubnis

Die Erlaubnis erlischt durch Rücknahme oder Widerruf (Rdn. 138 ff.) **52** oder durch Verzicht. Auf Grund der Personengebundenheit der Erlaubnis erlischt sie ebenfalls mit dem Tod des Erlaubnisnehmers (u. U. greift dann § 46; siehe die Erläuterungen dort) bzw. dem Wegfall der juristischen Person.

Zum Erlöschen der Erlaubnis führt dagegen nicht die bloße Betriebsauf- **53** gabe oder die Gewerbeabmeldung nach § 14 I. Weder die tatsächliche Ausübung des Gewerbes noch die Gewerbeanmeldung sind Voraussetzung für die Erteilung einer Erlaubnis und können daher auch keine Auswirkung auf die Gültigkeit der Erlaubnis haben (so im Ergebnis auch *Schulze-Werner*, in: Friauf, § 34 d Rdn. 72; *Adjemian u. a.* GewArch 2009, 137 [141]; **a. A.** *Schönleiter*, in: Landmann/Rohmer I, § 34 d Rdn. 12).

4. Industrie- und Handelskammer als zuständige Erlaubnisbehörde (Abs. 1 S. 1 und 5)

Im Gegensatz zu den sonstigen in der GewO normierten Erlaubnispflich- **54** ten sind für die Erteilung der Erlaubnis nach § 34 d I 1 nicht die Gewerbeämter, sondern die **Industrie- und Handelskammern (IHK) zuständig** (zum Anlass dieser Kompetenzzuweisung siehe BT-Drs. 16/1935, S. 18; *Schönleiter* GewArch 2007, 265 [266 f.]). Dabei ist die Zuständigkeit nicht nur auf die Erteilung der Erlaubnis beschränkt, sondern umfasst jegliche auf § 34 d beruhende Befugnis wie die Erlaubnisbefreiung, die Rücknahme, den Widerruf und etwaige Beschränkungen der Zulassung (BT-Drs. 16/1935, S. 18). **Örtlich zuständig** ist die IHK, in deren Kammerbezirk das Unternehmen oder die Betriebsstätte betrieben oder der Beruf oder die Tätigkeit ausgeübt wird oder werden soll (§ 3 I Nr. 2 VwVfG). Je nach landesrechtlicher Regelung kann ihnen auch die parallele Zuständigkeit für Auskunft und Nachschau nach § 29 eingeräumt werden (siehe § 1 VIII GewV Bay; vgl. auch *Jahn*, GewArch 2010, 230 [232 f.]). Gleiches gilt für die Entgegennahme

§ 34d   Titel II. Stehendes Gewerbe

der Anzeige gem. § 14 I (siehe § 1 VII GewV Bay, § 1 II 1 GewZuVO RhPf., Abschnitt III a Abs. 1 der Anordnung zur Durchführung der Gewerbeordnung und gewerberechtlicher Nebenvorschriften der Stadt Hamburg).

55   Dagegen ist den IHK eine Untersagung des Betriebs wegen Unzuverlässigkeit gem. § 35 im Grundsatz verwehrt. Gleiches gilt grundsätzlich auch für eine Verhinderung bzw. Schließung des Betriebs gem. § 15 II 1 GewO wegen fehlender Erlaubnis (vgl. näher unten Rdn. 141 f.). Für diese Maßnahmen sind nach den Zuständigkeitsverordnungen der Länder zur GewO in der Regel die Ordnungsbehörden der Gemeinden zuständig (siehe § 155 Rdn. 7). Allerdings sehen einige Länder eine weitergehende Übertragung ausdrücklich vor. So haben Baden-Württemberg (§ 9 GewOZuVO BW), Bremen (§ 5 GewOZustVO Bremen) und Hessen (§ 1 IX GewOuaZustV HE) die Kompetenz zur Betriebsuntersagung nach § 15 II 1 den für die Erlaubnis zuständigen Behörden übertragen, im vorliegenden Kontext also den IHKs.

56   Die IHKs unterliegen bei der Wahrnehmung ihrer Aufgabe als Erlaubnisbehörde für die Tätigkeit eines Versicherungsvermittlers nach § 34 d I 5 ihrerseits der **Aufsicht** der obersten Landesbehörde, d. h. des zuständigen Landesministeriums (i. d. R. Wirtschaftsministerium, vgl. z. B. § 2 I IHKG BW, § 2 I IHKG NRW). Umstritten ist, ob es sich um **Rechts- oder Fachaufsicht** handelt, die auch eine Überprüfung der fachlichen Zweckmäßigkeit der Aufgabenerfüllung ermöglicht. Nach Ansicht der IHKs und der überwiegenden kammerrechtlichen Spezialliteratur liegt eine bloße Rechtsaufsicht vor, da die Tätigkeit als Erlaubnisbehörde als Bestandteil der den IHK gewährleisteten Selbstverwaltung der Wirtschaft zu fassen sei (vgl. *Hendler* HStR, Bd. VI, § 143 Rdn. 35 f.; *Adjemian u. a.* GewArch 2009, 137 [141]) bzw. eine Fachaufsicht nur bei ausdrücklicher gesetzlicher Zuweisung in Betracht komme (*Möstl* Grundsätze und aktuelle Rechtsfragen der Staatsaufsicht über Kammern, in: Jahrbuch des Kammer- und Berufsrechts 2006, 33 [39 f.]; *Kluth* Verfassungs- und kammerrechtliche Anforderungen an die Ausgestaltung der staatlichen Aufsicht in: Jahrbuch des Kammer- und Berufsrechts 2005, 181 ff.; *Rosenkranz* Jura 2009, 597 [603]; *Möllering* WiVerw 2006, 261 [282 ff.]). Abs. 1 S. 5 wird zudem als bloße Wiederholung der bereits in § 11 I IHKG (Bund) normierten Aufsichtsregelung verstanden, die ausdrücklich nur eine Rechtsaufsicht gewährt. Der grundsätzlichen Abgrenzung von Rechts- und Fachaufsicht entspricht diese Ansicht allerdings nicht, da es sich um eine an sich staatliche Aufgabe der Wirtschaftsverwaltung handelt, die den als Körperschafen des öffentlichen Rechts organisierten IHKs gem. § 34 d I 1 übertragen worden ist und keine genuine Wahrnehmung im Rahmen des Selbstverwaltungsbereichs der IHK darstellt. Die Überwachung gewerberechtlicher Tätigkeit ist ursprünglich eine den Gewerbeämtern als unmittelbar staatlichen Stellen zugewiesene Aufgabe. Näher liegt es daher den obersten Landesbehörden auch eine Zweckmäßigkeitskontrolle zuzubilligen (so im Ergebnis auch *Schönleiter*, in: Landmann/Rohmer I, § 34 d Rdn. 22; *Schulze-Werner*, in: Friauf, § 34 d Rdn. 16). Im Gegensatz zur allgemeinen Aufsicht i. S. d. § 11 I IHK-G, die auf die Rechtsaufsicht beschränkt ist, handelt es sich im Rahmen von § 11 a I 5 daher um eine **Fachaufsicht**. Eine gesetzliche Klarstellung wäre dennoch angezeigt.

5. Erlaubnisverfahren

Die Erlaubnis für die Tätigkeit als Versicherungsvermittler nach Abs. 1 S. 1 57
sowie die Befreiung von der Erlaubnispflicht nach Abs. 3 werden nur auf
Antrag erteilt, den nur der Gewerbetreibende (Rdn. 42) stellen kann. Die
Antragsunterlagen sind bei den IHKs erhältlich und auf deren Internetseiten
abrufbar.

Den Antragsteller treffen nach § 26 II VwVfG die **Mitwirkungspflichten** 58
bei der Ermittlung des Sachverhalts. Hinsichtlich der in Abs. 2 geforderten
Berufshaftpflichtversicherung und des Sachkundenachweises folgt diese Verpflichtung unmittelbar aus Abs. 2 Nr. 3 und 4 (näher *Schönleiter*, in: Landmann/Rohmer I, § 34 d Rdn. 17 ff.; *Schulze-Werner*, in: Friauf, § 34 d Rdn. 64).

IV. Versagungsgründe (Abs. 2)

Die Versagungsgründe des § 34 d II sind als negative Tatbestandsmerkmale 59
ausgestaltet, sodass die Erlaubnis nach § 34 d I 1 zu erteilen ist, wenn keiner
der in § 34 d II Nr. 1 bis 4 genannten Versagungsgründe vorliegt. Die Aufzählung in § 34 d II ist abschließend; andere Gründe können nicht zu einer
Versagung der Erlaubnis führen. Der Antragsteller hat demnach einen
Anspruch auf Erteilung der Erlaubnis, soweit keine Versagungsgründe vorliegen. Auslegung und Anwendung der in Abs. 2 enthaltenen unbestimmten
Gesetzesbegriffe unterliegen vollständiger gerichtlicher Überprüfung. Der
Behörde ist kein Beurteilungsspielraum eingeräumt.

Wenn ein Versagungsgrund vorliegt, ordnet Abs. 2 an, dass die Erlaubnis 60
zu versagen „ist"; insoweit ist kein Ermessen eröffnet und dementsprechend
auch kein Anknüpfungspunkt für eine Verhältnismäßigkeitsprüfung. Dass die
Erlaubnisversagung dem Vermittler die Existenzgrundlage entzieht, ist damit
irrelevant. Das Verbraucherschutzinteresse, welches die gesetzlichen Versagungsgründe legitimiert, wird vom Gesetzgeber höher gewichtet (vgl. *Moraht*
GewArch 2010, 186 [187]). Ohnehin steht es dem Betroffenen frei, seinen
Lebensunterhalt auf andere Weise zu verdienen.

Dennoch können Aspekte der Verhältnismäßigkeit von Belang sein. So 61
muss die Erlaubnisbehörde prüfen, ob **statt** der **Versagung** auch eine **Erteilung unter Auflagen** (Rdn. 50 f.) in Betracht kommt (*Moraht* GewArch
2010, 186 [187]). Wird trotz der nahe liegenden Möglichkeit einer geeigneten und angemessenen Auflage die Erlaubnis schlicht versagt, wäre dies unverhältnismäßig und rechtswidrig (*Schulze-Werner*, in: Friauf, § 34 d Rdn. 32).
Sind die Auflage und deren Kontrolle jedoch mit einem nicht unerheblichen
Verwaltungsmehraufwand verbunden, ist die Versagung nicht unverhältnismäßig (*OVG NRW* Beschluss vom 29. 9. 2009 – 4 B 813/09, juris Rdn. 9).

1. Unzuverlässigkeit (Nr. 1)

Nach § 34 d II Nr. 1 ist die Erlaubnis zu versagen, wenn Tatsachen die 62
Annahme rechtfertigen, dass der Antragsteller nicht die für den Gewerbebetrieb erforderliche Zuverlässigkeit besitzt. Zum Begriff der (Un-)Zu-

§ 34d Titel II. Stehendes Gewerbe

verlässigkeit vgl. § 35 Rdn. 27 ff. Auf Grund der Parallelität der Zuverlässigkeitsprüfung in § 34 c und § 34 d kann eine bereits erteilte Erlaubnis nach § 34 c I 1 als Grundlage für die Erteilung einer Versicherungsvermittlererlaubnis nach § 34 d I 1 dienen und die Prüfung der Zuverlässigkeit des Antragstellers im Rahmen des § 34 d II entbehrlich machen (*Schönleiter*, in: Landmann/ Rohmer I, § 34 d Rdn. 68; *Schulze-Werner*, in: Friauf, § 34 d Rdn. 35; *Schönleiter/Stenger/Zerbe* GewArch 2008, 242 [245]).

63   Zunächst stellt das Gesetz eine **Regelvermutung** für die Unzuverlässigkeit auf, wenn der Antragsteller in den letzten fünf Jahren vor Antragstellung wegen einer **Straftat** rechtskräftig verurteilt worden ist, die einen gewerberechtlichen Bezug beinhaltet. Durch die Aufzählung von Straftaten in der Form von Regelbeispielen wird den Mindestanforderungen in Art. 4 II 1. UAbs. S. 2 Versicherungsvermittlungs-RL Rechnung getragen (BT-Drs. 16/ 1935, S. 18). Die Regelvermutung kann widerlegt werden, wenn auf Grund besonderer Umstände Unzuverlässigkeit nicht begründet werden kann.

64   Eine zweimalige Verurteilung wegen Urkundenfälschung führt auch dann zur Unzuverlässigkeit, wenn Opfern durch Zufall oder durch deren Vorsicht kein materieller Schaden entstanden ist (*VG Freiburg* Beschluss vom 9. 2. 2009 – 4 K 2844/08, juris Rdn. 2 f.).

65   Neben der Regelvermutung kann auch aus **sonstigen Gründen** (zu den Fallgruppen siehe § 35 Rdn. 36 ff.) eine Unzuverlässigkeit des Antragstellers vorliegen. Erforderlich ist ein Bezug zum Versicherungsvermittlergewerbe (zum Gewerbebezug siehe § 35 Rdn. 29) Grundlage der Bewertung können auch Tatsachen sein, die Gegenstand einer Straftat sind, die (noch) nicht rechtkräftig abgeurteilt oder nicht Gegenstand des Katalogs der Regelvermutung ist. Fehlende Sachkunde ist kein Grund, der zur Unzuverlässigkeit führt, weil insoweit in Nr. 4 eine abschließende Regelung besteht.

2. Ungeordnete Vermögensverhältnisse (Nr. 2)

66   Die Erlaubnis ist nach § 34 d II Nr. 2 zu versagen, wenn der Antragsteller in ungeordneten Vermögensverhältnissen lebt. Dies ist in der Regel der Fall, wenn über das Vermögen des Antragstellers das Insolvenzverfahren eröffnet worden oder er in das vom Insolvenzgericht oder vom Vollstreckungsgericht zu führende Schuldnerverzeichnis (§ 26 II InsO, § 915 ZPO [ab dem 1. 1. 2013: § 882 b ZPO]) eingetragen ist. Zum Begriff der ungeordneten Vermögensverhältnisse siehe auch oben § 34 b Rdn. 27 ff. sowie *Höfling*, in: Friauf, § 34 c Rdn. 93 f. Ungeordnete Vermögensverhältnisse sind etwa anzunehmen, wenn der Antragsteller mehrere Einträge in dem vom Insolvenzgericht oder vom Vollstreckungsgericht zu führenden Schuldnerverzeichnis zu verzeichnen hat (vgl. *OVG NRW* Beschluss vom 29. 9. 2009 – 4 B 813/09, juris Rdn. 3, mit Anmerkung von *Moraht* jurisPR-VersR 12/2009 Anm. 1).

67   Der Versagungsgrund des Abs. 2 Nr. 2 dient der Umsetzung von Art. 4 II UAbs. 1 S. 2 Versicherungsvermittlungs-RL im Hinblick auf die dort geforderte „Konkursfreiheit" (BT-Drs. 16/1935, S. 18). Im Falle der Insolvenz ist des Weiteren nach Art. 4 II UAbs. 1 S. 2 a. E. Versicherungsvermittlungs-RL beim Vollzug die Möglichkeit der Rehabilitierung zu beachten. Die nachträgliche Aufhebung (Rücknahme oder Widerruf) der Versicherungsver-

Versicherungsvermittler § 34d

mittlererlaubnis (oder Untersagung wegen Unzuverlässigkeit infolge fehlender wirtschaftlicher Leistungsfähigkeit) wegen Eröffnung der Insolvenz über das Vermögen des Antragstellers führt daher nicht zwangsläufig zum Vorliegen der Regelvermutung des § 34 d II Nr. 2 2. Hs.

Der Versagungsgrund der ungeordneten Vermögensverhältnisse ist verschuldensunabhängig (*VG Koblenz* Beschluss vom 13. 1. 2010 – 3 K 903/09.KO, juris Rdn. 5); fehlendes Verschulden führt nicht etwa zur Widerlegung der Regelvermutung. Die Regelvermutung kann jedoch durch ein detailliertes und tragfähiges Sanierungskonzept widerlegt werden (*Moraht* GewArch 2010, 186 [188]). 68

Selbst beträchtliche Einnahmen aus der Versicherungsvermittlung ändern nichts am Vorliegen ungeordneter Vermögensverhältnisse, jedenfalls dann nicht, wenn nicht ersichtlich ist, dass die Einnahmen zu einer geordneten Bedienung der Schulden führen und/oder es an einem überzeugenden Tilgungsplan fehlt (vgl. *OVG NRW* Beschluss vom 29. 9. 2009 – 4 B 813/09, juris Rdn. 5; *VG Münster* Beschluss vom 5. 6. 2009 – 9 L 242/09, juris Rdn. 19). 69

Zu beachten ist ggf. die **Sperrwirkung von § 12**, welche zunächst im Falle der **Aufhebung der Gewerbeerlaubnis** wegen ungeordneter Vermögensverhältnisse entstehen kann (näher § 12 Rdn. 12 sowie *Adjemian u. a.* GewArch 2009, 137 [141 f.]; *Schulze-Werner*, in: Friauf, § 34 d Rdn. 38 c). Denkbar ist ferner eine analoge Heranziehung von § 12 im Falle der Versagung der **Ersterteilung**, wenn der Vermittler vor Einfügung des § 34 d sein Gewerbe erlaubnisfrei ausüben durfte (*Ramos*, in: BeckOK, § 34 d Rdn. 64; *Schönleiter*, in: Landmann/Rohmer I, § 34 d Rdn. 75; *Adjemian u. a.* GewArch 2009, 137 [141]; *Moraht* GewArch 2010, 186 [189]; offen lassend *VG Münster* Beschluss vom 5. 6. 2009 – 9 L 242/09, juris Rdn. 14; siehe § 12 Rdn. 4). 70

3. Nachweis einer Berufshaftpflichtversicherung (Nr. 3)

Der Antragsteller muss nach § 34 d II Nr. 3 den Nachweis einer Berufshaftpflichtversicherung erbringen. **Umfang und inhaltliche Anforderungen** an die Haftpflichtversicherung sind in den §§ 8 bis 10 VersVermV geregelt, die auf Grund der Ermächtigung des § 34 d VIII 1 Nr. 3 erlassen worden sind. Insbesondere müssen gewisse Mindestversicherungssummen für jeden Versicherungsfall (1.130.000 EUR) und für alle Versicherungsfälle eines Jahres (1.700.000 EUR) durch die Berufshaftpflichtversicherung abgedeckt sein. Nach der Gesetzesbegründung ist die Pflicht zum Abschluss einer Berufshaftpflichtversicherung so zu verstehen, dass sie auch durch eine Gruppenversicherung über Verbände erfüllt werden kann, solange für jeden einzelnen Vermittler die volle Deckungssumme zur Verfügung steht (BT-Drs. 16/1935, S. 18). 71

Das Versicherungsunternehmen hat das Nichtbestehen oder die Beendigung der Berufshaftpflichtversicherung der zuständigen IHK unverzüglich mitzuteilen (§ 10 II VersVermV). Soweit es dieser Verpflichtung nicht nachkommt, haftet es Dritten gegenüber nach § 117 II VVG noch einen Monat nach dem tatsächlichen Ende des Versicherungsverhältnisses weiter (vgl. näher 72

Ennuschat

§ 34d Titel II. Stehendes Gewerbe

Schönleiter, in: Landmann/Rohmer I, § 34 d Rdn. 76 ff.; *Abram* VersR 2008, 724 ff.; kritisch zur aktuellen Fassung des § 10 II VersVermV, da der Wortlaut nicht auch das Ausscheiden eines Versicherungsvermittlers aus einer Gruppenversicherung erfasse, *Adjemian u. a.* GewArch 2009, 137 [142]). Der Versicherungsvermittler muss nach Beendigung des Versicherungsverhältnisses durch den Berufshaftpflichtversicherer sofort eine neue Berufshaftpflichtversicherung abschließen; anderenfalls ist ein Widerruf der Vermittlererlaubnis möglich (*VG München* Beschluss vom 23. 3. 2009 – M 16 S 09.76, juris Rdn. 16; unten Rdn. 139).

73 Während juristische Personen selbst eine Berufshaftpflichtversicherung abschließen können und müssen, haben bei **Personengesellschaften** (GbR, oHG, KG) die geschäftsführenden Gesellschafter als Gewerbetreibende und Erlaubnispflichtige den Versicherungsschutz für die Gesellschaft abzuschließen (siehe auch oben Rdn. 42). Bei mehreren geschäftsführenden Vertretern ist es ausreichend, wenn einer von ihnen den Versicherungsschutz für die Gesellschaft abschließt (*Schulze-Werner*, in: Friauf, § 34 d Rdn. 42).

74 § 9 III 3 VersVermV enthält für **Personenhandelsgesellschaften** (oHG, KG) eine ausdrückliche gesetzliche Regelung. Nach dessen 1. Hs. muss, soweit der Gewerbetreibende in einer oder mehreren Personenhandelsgesellschaften als geschäftsführender Gesellschafter tätig ist, für die jeweilige Personenhandelsgesellschaft jeweils ein Versicherungsvertrag abgeschlossen werden. Der Versicherungsumfang des Versicherungsvertrags kann dabei gem. § 9 III 3 2. Hs. VersVermV auch die Tätigkeiten des Erlaubnisinhabers mit umfassen. Wenn – nur dann – der Versicherungsvertrag der Personengesellschaft dies nicht vorsieht, hat aus Verbraucherschutz- und Transparenzgründen der Gewerbetreibende als Erlaubnispflichtiger zugleich eine eigene Berufshaftpflichtversicherung nachzuweisen (*Schulze-Werner*, in: Friauf, § 34 d Rdn. 43; *Adjemian u. a.* GewArch 2009, 137 [142]).

4. Sachkundenachweis (Nr. 4)

75 Die Erlaubnis wird gem. § 34 d II Nr. 4 nur erteilt, wenn der Antragsteller durch eine vor der IHK abgelegte Prüfung nachweist, dass er die für die Versicherungsvermittlung notwendige Sachkunde besitzt. Das Nähere zum erforderlichen **Inhalt** und dem **Verfahren** hinsichtlich des Sachkundenachweises ist auf Grund der Ermächtigung in § 34 d VIII 1 Nr. 2 in §§ 1 bis 4a VersVermV geregelt. So kann ein Prüfling nunmehr – im Gegensatz zur ersten Fassung der VersVermV – die Sachkundeprüfung gemäß § 34 d II Nr. 4 GewO bei jeder IHK ablegen, soweit die IHK die Sachkundeprüfung anbietet (§ 2 I VersVermV). Gesetzlich nicht vorgeschrieben ist, wie sich der Antragsteller auf die Prüfung vorzubereiten hat, insbesondere sind keine Ausbildungslehrgänge vorgegeben.

76 Die VersVermV sieht **Ausnahmen von der Erforderlichkeit eines Sachkundenachweises** vor. So werden bestimmte in § 4 VersVermV festgelegte Berufsqualifikationen oder deren Nachfolgeberufe als Nachweis der erforderlichen Sachkunde anerkannt. Dafür sind entsprechende akademische Abschlüsse aus anderen EU-/EWR-Staaten ausreichend (*Schönleiter/Sprafke* GewArch 2010, 294 [297], vgl. aber § 4 a VersVermV). Darüber hinaus nor-

miert § 1 IV VersVermV eine Bestandsschutzregelung für Personen, die seit dem 31. 8. 2000 selbständig oder unselbständig ununterbrochen als Versicherungsvermittler oder als Versicherungsberater tätig waren. Diese bedürfen ebenfalls keiner Sachkundeprüfung (vgl. hierzu *Adjemian u. a.* GewArch 2009, 137 [142]).

Den Sachkundenachweis können allerdings nur natürliche Personen 77 erbringen. Demnach müssen für juristische Personen grundsätzlich die vertretungsberechtigten Personen die Sachkunde nachweisen. Insofern enthält § 34 d II Nr. 4 2. Hs. die Möglichkeit der **Delegation des Sachkundenachweises** auf Angestellte des Antragstellers. Danach ist es ausreichend, wenn der Nachweis durch eine angemessene Zahl von beim Antragsteller beschäftigten natürlichen Personen erbracht wird, denen die Aufsicht über die unmittelbar mit der Vermittlung von Versicherungen befassten Personen übertragen ist (für diese gilt gem. Abs. 6 das Erfordernis einer Mindestqualifikation; unten Rdn. 107 ff.) und die den Antragsteller vertreten dürfen (vgl. im Einzelnen *Schulze-Werner*, in: Friauf, § 34 d Rdn. 47 ff.).

Die Delegationsmöglichkeit nach § 34 d II Nr. 4 2. Hs. gilt jedenfalls für 78 juristische Personen, aber auch für Personengesellschaften ohne Rechtspersönlichkeit sowie für natürliche Personen (*Ramos*, in: BeckOK, § 34 d Rdn. 89 u. 94; *Schulze-Werner*, in: Friauf, § 34 d Rdn. 47; *Adjemian u. a.* GewArch 2009, 137 [143]; a. A. wohl *Schönleiter*, in: Landmann/Rohmer I, § 34 d Rdn. 91). Hierfür spricht der offen genug gefasste Wortlaut sowie die Einsicht, dass ein Bedarf an Delegation auch bei natürlichen Personen als Inhabern eines Vermittlungsgewerbeunternehmens sowie Personengesellschaften ohne Rechtspersönlichkeit besteht, wenn diese die eigentliche Vermittlungsarbeit ihren Mitarbeitern überlassen.

Fraglich ist, ob die Delegation der Sachkunde auf eine Aufsichtsperson 79 schon dann möglich ist, wenn es lediglich einen Mitarbeiter gibt, welcher die Vermittlungstätigkeit ausüben soll (verneinend *Ramos*, in: BeckOK, § 34 d Rdn. 94). Im Wortlaut wird der Plural verwendet. Dennoch ist auch bei nur einem Mitarbeiter, der die eigentliche Vermittlungstätigkeit ausübt, denkbar, dass der Gewerbetreibende eine Aufsichtsperson zwischenschaltet; dann ist der Gesetzeszweck auch dann erfüllt, wenn diese den Sachkundenachweis erfüllt (ebenso *Adjemian u. a.* GewArch 2009, 137 [143]).

V. Befreiung von der Erlaubnispflicht (Abs. 3)

Nach § 34 d III besteht für sog. **produktakzessorische Vermittler** – 80 auch Annexvermittler genannt – die Möglichkeit, sich auf Antrag von der Erlaubnispflicht befreien zu lassen. Die Vermittler müssen von dieser Möglichkeit keinen Gebrauch machen (vgl. den Wortlaut: „auf Antrag").

Die Privilegierung der produktakzessorischen Vermittler ist begründet 81 durch den Umstand, dass nur ein geringes Spektrum an Versicherungen angeboten wird und der Vermittler gerade auf Grund seiner Haupttätigkeit die Risiken seines Produkts einschätzen und damit auch die entsprechende Versicherung beurteilen kann (BT-Drs. 16/1935, S. 19). Eine Befreiung nach Abs. 3 kommt in der Praxis insbesondere im Verhältnis zur hohen Anzahl an gebundenen Versicherungsvertretern i. S. d. Abs. 4 nicht oft vor. So sind derzeit 2.870 produktakzessorische Vertreter und 114 produktakzessorische Versicherungsmakler registriert (www.dihk.de, Stand des Vermittlerregisters: 30. 9. 2010).

82 Die Befreiung nach Abs. 3 stellt einen begünstigenden Verwaltungsakt dar, der vom Gewerbetreibenden bei der zuständigen IHK zu beantragen ist. Der Antrag darf nur bei Nichtvorliegen der Voraussetzungen des Abs. 3 abgelehnt werden; der Antragsteller hat einen **Anspruch auf Erteilung der Befreiung**. Abs. 3 S. 2 verweist auf Abs. 1 S. 2 und damit auf die Möglichkeit von Auflagen und inhaltlichen Beschränkungen. Auflagen können das mildere Mittel gegenüber einer Verweigerung oder Aufhebung der Befreiung sein (Rdn. 50).

83 Voraussetzung einer Befreiung ist das Vorliegen einer Akzessorietät zwischen dem zu vermittelnden Versicherungsprodukt und der Haupttätigkeit des Gewerbetreibenden (sog. Produktakzessorietät) sowie der Nachweis des Vorliegens der Erfordernisse der Nrn. 1 bis 3.

1. Produktakzessorietät

84 Antragsberechtigt sind Gewerbetreibende, die die Versicherung als Ergänzung der im Rahmen ihrer Haupttätigkeit gelieferten Waren oder Dienstleistungen vermitteln und dabei nicht bereits nach den strengeren Voraussetzungen des Abs. 9 gänzlich vom Anwendungsbereich des gewerberechtlichen Versicherungsvermittlerrechts ausgenommen sind (sog. Produktakzessorietät).

85 Die Gesetzesbegründung stellt ausdrücklich klar, dass das Merkmal der Produktakzessorietät **eng auszulegen** ist (BT-Drs. 16/1935, S. 19). Dies ist der Systematik des § 34 d III als Ausnahme vom Grundsatz der Erlaubnispflicht geschuldet (*Schulze-Werner*, in: Friauf, § 34 d Rdn. 77) und wird auf Grund der Tatsache, dass durch die Vielzahl von in § 34 d vorgesehenen Ausnahmen in der Praxis die Gefahr der Umkehrung dieses Regel-Ausnahme-Verhältnis besteht, in besonderem Maße von der zuständigen Behörde zu beachten sein. Zwischen der Haupttätigkeit und der Versicherung, die der Antragsteller vermittelt, muss daher ein **enger sachlicher Zusammenhang** bestehen (*Adjemian u. a.* GewArch 2009, 137 [143]).

86 **Akzessorietät** wird **bejaht** für Haftpflicht- und Kaskoversicherungen sowie weiterer im Zusammenhang mit einem Kfz-Kauf abgeschlossener Versicherungen (vgl. *Schulze-Werner*, in: Friauf, § 34 d Rdn. 78). Ebenso soll bei Abschluss eines Darlehensvertrages die Lebensversicherung als Sicherheit für die Bedienung des Darlehens akzessorisch sein (BT-Drs. 16/1935, S. 19).

87 Dagegen liegt nach der Gesetzesbegründung **keine Akzessorietät** vor bei einem Vermittler sog. Strukturvertriebe (BT-Drs. 16/1935, S. 19), ebenso wenig bei der Vermittlung einer Hausratsversicherung durch ein Kreditinstitut anlässlich der Aufnahme eines Hausbaudarlehens oder bei Versicherungen, die als zusätzliche Bausteine eines Finanzierungsmodells eingesetzt werden. Desgleichen sind Rechtsschutzversicherungen grundsätzlich mangels spezifischen Zusammenhangs zwischen dem vertriebenen Produkt bzw. der Dienstleistung nicht akzessorisch (*Schönleiter*, in: Landmann/Rohmer I, § 34 d

Rdn. 99). Soweit ein Gewerbetreibender Ausfuhr- und Kurzzeitkennzeichen für Kraftfahrzeuge herstellt und vertreibt (sog. Schilderpräger), decken zugehörige Kraftfahrzeugversicherungen kein Risiko ab, das mit diesen Produkten – den Kennzeichen – verbunden ist (*VG Arnsberg* Urteil v. 30. 07. 2009 – 1 K 2393/08, juris Rdn. 24; *Moraht* jurisPR-VersR 1/2010 Anm. 2). Gegenstand dieser Versicherungen sind vielmehr diejenigen Risiken, welche aus dem Betrieb der Kraftfahrzeuge erwachsen. Akzessorietät ist in diesen Fällen daher nicht gegeben (vgl. auch *Schönleiter*, in: Landmann/Rohmer I, § 34 d Rdn. 100).

2. Nachweispflichten nach Abs. 3 S. 1 Nrn. 1 bis 3

Produktakzessorische Vermittler sind ferner nur dann von der Erlaubnispflicht zu befreien, wenn sie die in Abs. 3 S. 1 Nrn. 1 bis 3 aufgestellten Nachweise erbringen. Auf Grund dieser an die Versagungsgründe nach Abs. 2 angelehnten und kumulativ zu erfüllenden Nachweise wird die Befreiung auch als „**kleine Erlaubnis**" bezeichnet (so *Schönleiter*, in: Landmann/Rohmer I, § 34 d Rdn. 93). 88

Der Gewerbetreibende muss entweder unmittelbar im Auftrag eines oder mehrerer Versicherungsvermittler, die Inhaber einer Erlaubnis nach Abs. 1 sind, oder im Auftrag eines Versicherungsunternehmens tätig sein. Dies hat der produktakzessorische Vermittler nach Abs. 3 S. 1 Nr. 1 nachzuweisen. Des Weiteren hat der produktakzessorische Vermittler eine Berufshaftpflichtversicherung nach Maßgabe des § 34 d II Nr. 3 beizubringen (Abs. 3 S. 1 Nr. 2). 89

Außerdem ist eine Befreiung nach Abs. 3 S. 1 Nr. 3 1. Hs. zu versagen, wenn nicht nachgewiesen wird, dass der Antragsteller zuverlässig, angemessen qualifiziert und nicht in ungeordneten Vermögensverhältnissen lebt. Die angemessene Qualifikation muss nicht dem Umfang der Sachkundeprüfung nach Abs. 2 Nr. 4 entsprechen; es genügen Kenntnisse, welche hinsichtlich der konkret angebotenen Versicherungspalette angemessen sind (z. B. die Kenntnisse eines Kfz-Händlers über Kfz-Versicherungen; hierzu *Schönleiter*, in: Landmann/Rohmer I, § 34 d Rdn. 106; *Schulze-Werner*, in: Friauf, § 34 d Rdn. 80; *Ramos*, in: BeckOK, § 34 d Rdn. 110). 90

Hinsichtlich der Befreiungsvoraussetzungen trägt grundsätzlich der Antragsteller die **Beweislast**. Lediglich bezüglich des Nachweises der Zuverlässigkeit, der angemessenen Qualifikation und der geordneten Vermögensverhältnisse sieht das Gesetz in Abs. 3 S. 1 Nr. 3 2. Hs. eine Erleichterung vor. So ist eine Erklärung des Versicherers oder Vermittlers, in dessen Auftrag der Antragsteller handelt, ausreichend, dass der Versicherer die Anforderungen entsprechend § 80 II VAG (Zuverlässigkeit und geordnete Lebensverhältnisse des Vermittlers) geprüft und die für die Vermittlung der jeweiligen Versicherung angemessene Qualifikation sichergestellt hat sowie dass derzeit nichts Gegenteiliges bekannt ist (näher *Schulze-Werner*, in: Friauf, § 34 d Rdn. 81 f.). Den Auftraggebern des Versicherungsvermittlers wird damit die Nachweispflicht und damit auch die Verantwortung für das Nichtvorliegen der Befreiungsvoraussetzungen nach Abs. 3 S. 1 Nr. 3 übertragen. Die IHKs müssen 91

§ 34d

diese Voraussetzungen demnach nicht prüfen (*Schönleiter*, in: Landmann/Rohmer I, § 34 d Rdn. 104).

VI. Gebundene Versicherungsvermittler (Abs. 4)

92 Eine unmittelbar im Gesetz wurzelnde Ausnahme vom Grundsatz der Erlaubnispflicht stellt Abs. 4 für den sog. gebundenen Vertreter dar (Versicherungsmakler fallen nicht unter Abs. 4; siehe Rdn. 32 sowie *Schulze-Werner*, in: Friauf, § 34 d Rdn. 83). Voraussetzung der Privilegierung nach Abs. 4 ist, dass der Versicherungsvermittler im Auftrag eines oder, wenn die Versicherungsprodukte nicht in Konkurrenz stehen, mehrerer Versicherungsunternehmen, tätig wird (Ausschließlichkeitsverhältnis nach Abs. 4 Nr. 1) und durch das oder die Versicherungsunternehmen die uneingeschränkte Haftung übernommen wird (Haftungsübernahme nach Abs. 4 Nr. 2). Dabei steht dem nach Nr. 1 gebundenen Vertreter frei, ob er sich um eine Haftungsübernahme seines Versicherungsunternehmen bemüht (Nr. 2) oder eine Erlaubnis nach § 34 d I 1 beantragt (BT-Drs. 16/1935, S. 19). Selbst wenn die Voraussetzungen des Abs. 4 erfüllt sind, steht es dem Vermittler frei, dennoch eine Erlaubnis zu beantragen und zu erhalten (*Ramos*, in: BeckOK, § 34 d Rdn. 130; *Schönleiter*, in: Landmann/Rohmer I, § 34 d Rdn. 111).

93 Abs. 4 ist z. B. relevant für Sparkassen und Banken (als juristische Personen), welche Produkte nur eines Versicherungsunternehmens vertreiben (näher dazu *Jacob* VersR 2007, 1164 ff.).

1. Ausschließlichkeitsverhältnis (Abs. 4 Nr. 1)

94 Der Versicherungsvermittler muss entweder die Versicherungsvermittlung ausschließlich im Auftrag eines Versicherungsunternehmen ausüben oder, soweit er ausschließlich für mehrere Versicherungsunternehmen tätig ist, keine in Konkurrenz stehenden Versicherungsprodukte vermitteln. Der zweitgenannte Fall wird auch als unechter Mehrfirmenvertreter bezeichnet. Der echte Mehrfirmenvertreter, der für mehrere Versicherungsunternehmen Versicherungsprodukte vertreibt, die in Konkurrenz zueinander stehen, oder der Versicherungsmakler, der nicht im Auftrag eines Versicherungsunternehmens tätig wird, können somit die Privilegierung nach Abs. 4 nicht in Anspruch nehmen.

95 Auch Versicherungsvermittler, die mittelbar – d. h. über einen anderen Versicherungsvermittler – ausschließlich für ein oder, wenn die Versicherungsprodukte nicht in Konkurrenz stehen, mehrere Versicherungsunternehmen tätig werden und die übrigen Voraussetzungen erfüllen, bedürfen nach Abs. 4 keiner Erlaubnis. Entscheidend ist die Haftungsübernahmeerklärung eines Versicherungsunternehmens für den Vermittler (BT-Drs. 16/1935, S. 19). Abs. 4 kann auch für einen Versicherungsvermittler greifen, der verschiedene in Konkurrenz stehende Produkte im Auftrag verschiedener rechtlich selbständiger Versicherungsunternehmen vermittelt, selbst wenn die Unternehmen in einem Konzernverbund stehen (ebenso *Schönleiter*, in: Landmann/Rohmer I, § 34 d Rdn. 113 f.; **a. A.** *Schulze-Werner*, in: Friauf, § 34 d

Rdn. 85). Aus Gründen der Rechtsklarheit ist insoweit eine formale Betrachtung angezeigt.

Im Rahmen der Tätigkeit als verbundener Vermittler sind in der Praxis seit langem sog. **Ventilklauseln** in den Verträgen zwischen Vermittler und seiner auftraggebenden Versicherung verbreitet. Danach ist der gebundene Vertreter befugt, den Versicherungsinteressenten auch Produkte dritter Versicherungsunternehmen anzubieten, die nicht zur Produktpalette „seines" Versicherungsunternehmens gehören. Fraglich ist, ob diese Ventillösung auch dann zur Erlaubnisfreiheit nach § 34 d IV führt, wenn nur „sein", aber nicht das dritte Versicherungsunternehmen die Haftung nach Nr. 2 übernimmt. Der Wortlaut spricht dagegen (*Adjemian u. a.* GewArch 2009, 186 [187]). Man könnte indessen darauf abstellen, dass die Ventillösung eine langjährige Praxis bei den gebundenen Vertretern darstellt, der Gesetzgeber jedoch nicht erkennen lässt, diese unterbinden zu wollen (so *OLG Schleswig* GewArch 2010, 357 [358]). Die Kunden wären geschützt, weil die Haftungsübernahme eines Versicherungsunternehmens auch das Vermitteln zugunsten anderer Versicherungsunternehmen erfasst (unten Rdn. 100). Vor diesem Hintergrund neigt die überwiegende Ansicht dazu, dass die Ventilklauseln die Erlaubnisfreiheit nach Abs. 4 nicht entfallen lassen, solange die Vermittlung fremder Versicherungsprodukte nur einen geringen Anteil an der Gesamttätigkeit des Versicherungsvermittlers ausmacht und kein Konkurrenzverhältnis zu den Produkten „seines" Versicherungsunternehmens besteht (*OLG Schleswig* GewArch 2010, 357 [358]; *Ramos*, in: BeckOK, § 34 d Rdn. 121; *Schönleiter*, in: Landmann/Rohmer I, § 34 d Rdn. 115 ff.; *Schulze-Werner*, in: Friauf, § 34 d Rdn. 88). Diese Sichtweise ist praktikabel, steht aber in einem Spannungsverhältnis zum Wortlaut des Abs. 4 (zu den Haftungsgefahren für den gebundenen Vermittler bei Tätigkeiten im Ventilbereich siehe näher *Michaelis* ZfV 2010, 362 ff.).

2. Haftungsübernahme (Abs. 4 Nr. 2)

Des Weiteren müssen nach Abs. 4 Nr. 2 die betroffenen Versicherungsunternehmen die uneingeschränkte Haftung aus der Vermittlungstätigkeit des Vermittlers übernehmen. Die Haftungsübernahme dient dem **Verbraucherschutz** und ersetzt insofern den Nachweis der Berufshaftpflichtversicherung (Abs. 2 Nr. 3). Sowohl für die Zulassungsbehörde als auch für den Vermittler stellt dies eine erhebliche Erleichterung dar. Die Haftungsübernahme erfolgt rechtstechnisch gem. Abs. 7 S. 3 i. V. m. § 80 III VAG durch die Mitteilung der im Register nach § 11 a I zu speichernden Angaben an die zuständige Registerbehörde.

Maßgeblicher Zeitpunkt der Haftungsübernahme ist dabei gemäß dem Wortlaut von Abs. 7 S. 3 der **Zugang der Mitteilung an die Registerbehörde** (*Schulze-Werner*, in: Friauf, § 11 a Rdn. 14 u. § 34 d Rdn. 99; so wohl auch *Ramos*, in: BeckOK, § 34 d Rdn. 153; **a. A.** *Schönleiter*, in: Landmann/Rohmer I, § 34 d Rdn. 142: maßgeblich und konstitutiv für die Haftungsübernahme sei erst die „Zulassungsentscheidung des Registers").

§ 34d Titel II. Stehendes Gewerbe

99   Die uneingeschränkte Haftung besteht bis zur Löschung der Angaben zu dem Gewerbetreibenden aus dem Register auf Grund einer Mitteilung nach § 80 IV VAG (vgl. Abs. 7 S. 4).

100 Soweit der gebundene Vertreter im Auftrag mehrerer Versicherungsunternehmen tätig wird und wenn die Versicherungsprodukte nicht in Konkurrenz stehen (unechter Mehrfirmenvertreter), muss nach dem eindeutigen Wortlaut von Abs. 4 Nr. 2 und von § 80 III VAG jedes einzelne Versicherungsunternehmen die Haftung übernehmen (zur Modifikation im Rahmen der Ventillösung siehe Rdn. 96). Ein Versicherungsunternehmen haftet dabei nach ganz überwiegender Ansicht auch für den durch den gebundenen Vermittler verursachten Vermögensschäden, der bei der Vermittlung von Versicherungsprodukten anderer Versicherungsunternehmen entstanden ist (*OLG Schleswig* GewArch 2010, 357 [358]; *Ramos*, in: BeckOK, § 34 d Rdn. 118; *Schulze-Werner*, in: Friauf, § 34 d Rdn. 89 m. w. N.). Die Haftung ist uneingeschränkt und muss im Außenverhältnis auch bei dolosem Verhalten des Versicherungsvermittlers übernommen werden (so auch *Schulze-Werner*, in: Friauf, § 34 d Rdn. 89; **a. A.** *Schönleiter*, in: Landmann/Rohmer I, § 34 d Rdn. 121).

101 Auch der gebundene Vertreter nach Abs. 4 muss zuverlässig und angemessen qualifiziert sein sowie in geordneten Vermögensverhältnissen leben. Im Unterschied zu Abs. 2 werden diese Kriterien nicht von der zuständigen IHK geprüft, sondern das oder die Versicherungsunternehmen hat/haben gem. § 80 II Nr. 1 VAG dafür Sorge zu tragen und sicherzustellen, dass der gebundene Vermittler diese Eigenschaften erfüllt (*Schulze-Werner*, in: Friauf, § 34 d Rdn. 84; vgl. auch die Gesetzesbegründung BT-Drs. 16/1935, S. 20).

VII. Versicherungsvermittler mit Niederlassung im EU-/ EWR-Ausland und in der Schweiz (Abs. 5)

102 Die Vorschrift des Abs. 5 trägt den Anforderungen der Niederlassungs- und Dienstleistungsfreiheit Rechnung (vgl. Art. 49 u. 56 AEUV). Deshalb bedarf ein Versicherungsvermittler keiner Erlaubnis nach Abs. 1 S. 1, wenn er in einem anderen Mitgliedstaat der Europäischen Union oder in einem anderen Vertragsstaat des Abkommens über den Europäischen Wirtschaftsraum (EWR) niedergelassen ist und zudem die Eintragung in ein Register nach Art. 3 Versicherungsvermittlungs-RL (2002/92/EG) nachweisen kann. Der Nachweis der Registereintragung kann in deutscher Sprache gefordert werden (BT-Drs. 16/1935, S. 20).

103 Die Staatsangehörigkeit der Vermittler, die in den Anwendungsbereich des Abs. 5 fallen, ist ohne Belang.

104 Durch das 3. Mittelstandsentlastungsgesetz vom 17. 3. 2009 (BGBl. I S. 550; dazu BT-Drs. 558/08, S. 36) wird Abs. 5 um einen Halbsatz ergänzt: „Entsprechendes gilt für in der Schweiz niedergelassene und dort in ein Register eingetragene Versicherungsvermittler". Diese Gesetzesänderung tritt allerdings erst mit dem Inkrafttreten eines entsprechenden bilateralen Abkommens zwischen Deutschland und der Schweiz in Kraft (Art. 20 III des 3. Mittelstandsentlastungsgesetzes). Bisher (Stand: Dez. 2010) wurde ein derartiges Abkommen noch nicht geschlossen.

Abs. 5 hindert den Versicherungsvermittler mit Sitz im EU-/EWR-Ausland oder der Schweiz nicht daran, zusätzlich zur Erlaubnis und Registrierung im Heimatstaat auch in Deutschland eine Erlaubnis zu beantragen und sich registrieren zu lassen (*Schulze-Werner*, in: Friauf, § 34 d Rdn. 91; siehe aber Abs. 11; dazu sogleich unter Rdn. 134 ff.). Dies folgt noch nicht zwingend aus dem Wortlaut, wie sich aus einem Vergleich mit § 68 I VwGO ergibt, aus dessen Formulierung „bedarf nicht" zugleich die Unstatthaftigkeit eines Vorverfahrens abgeleitet wird (siehe nur *Kopp/Schenke* VwGO, 16. Aufl. 2009, § 68 Rdn. 16). Die ratio legis des Abs. 5 zielt jedoch auf die Entlastung der Vermittler aus anderen Ländern von deutschen Vorgaben, welche diese Entlastung nicht in Anspruch nehmen müssen. Die Versicherungs-RL steht der doppelten Erlaubnis und Registrierung jedenfalls nicht explizit entgegen (*Schulze-Werner*, in: Friauf, § 34 d Rdn. 91; *Ramos*, in: BeckOK, § 34 d Rdn. 132 ff., 135 u. 138). 105

Etwas anderes gilt freilich im Anwendungsbereich des – im Kontext des Abs. 5 regelmäßig einschlägigen – Abs. 11: Danach gelten die Absätze 1 bis 4, 6, 7 und 9 nicht, sodass eine inländische Erlaubnis (Abs. 1) und Registrierung (Abs. 7) ausscheiden (*Schönleiter*, in: Landmann/Rohmer I, § 34 d Rdn. 133). 106

VIII. Angestelltenqualifikation (Abs. 6)

Versicherungsvermittler nach Abs. 1, 3 und 4 dürfen direkt bei der Vermittlung mitwirkende Personen nur beschäftigen, wenn sie sicherstellen, dass diese Personen über die für die Vermittlung der jeweiligen Versicherung angemessene Qualifikation verfügen, und geprüft haben, ob sie zuverlässig sind. Die Anzahl von Angestellten von Versicherungsvermittlern ist in der Praxis wohl eher gering, da insbesondere die Strukturvertriebe mit selbständigen Gewerbetreibenden arbeiten (vgl. BT-Drs. 16/1935, S. 20). 107

Unter Beschäftigten sind die Angestellten des Versicherungsvermittlers zu fassen, die als nicht selbständige Personen keiner eigenen Erlaubnis bedürfen. Diese müssen unmittelbar bei der Vermittlung von Versicherungen mitwirken. Allerdings ist das Ausmaß der Mitwirkung grundsätzlich nicht relevant. Lediglich untergeordnete Hilfstätigkeiten sollen aber nicht von Abs. 6 erfasst sein (*Schulze-Werner*, in: Friauf, § 34 d Rdn. 94). 108

Die direkt bei der Vermittlung mitwirkenden Angestellten müssen über die für die Vermittlung der jeweiligen Versicherung angemessene Qualifikation verfügen und zuverlässig sein. Die Sicherstellung und Überprüfung dieser Eigenschaften obliegt allein dem Versicherungsvermittler. Die angemessene Qualifikation kann laut Gesetzesbegründung etwa durch speziell zugeschnittene interne oder externe Schulungen gesichert werden (BT-Drs. 16/1935, S. 20). 109

Sofern der Versicherungsvermittler als Arbeitgeber seiner Pflicht zur Sicherstellung und Prüfung der angemessenen Qualifikation und Zuverlässigkeit seiner Angestellten nicht hinreichend nachkommt, kann dies die eigene Unzuverlässigkeit begründen. Bei erlaubnispflichtigen Versicherungsvermittlern nach Abs. 1 kommt dann ein Widerruf der Erlaubnis nach § 49 VwVfG in Betracht. Gleiches gilt für die erteilte Befreiung bei produktakzessorischen 110

§ 34d Titel II. Stehendes Gewerbe

Versicherungsvermittlern nach Abs. 3. Bei der erlaubnisfreien Tätigkeit als gebundener Vertreter nach Abs. 4 kann die Unzuverlässigkeit zur Untersagung des Gewerbes nach § 35 führen. Daneben besteht die Gefahr, dass der Versicherungsvermittler mit möglichen Schadensersatzansprüchen des Kunden konfrontiert wird (vgl. § 63 VVG).

IX. Registereintragungspflicht (Abs. 7)

111 Gewerbetreibende nach Abs. 1, 3 und 4 sind verpflichtet, sich unverzüglich nach Aufnahme ihrer Tätigkeit in das **Vermittlerregister** nach § 11 a I eintragen zu lassen. Zum Zweck des Vermittlerregisters siehe § 11 a Rdn. 6.

112 **Eintragungspflichtig** sind also die erlaubnispflichtigen Versicherungsvermittler (Abs. 1), die von der Erlaubnis befreiten produktakzessorischen Vermittler (Abs. 3) und die kraft Gesetzes erlaubnisfrei tätigen gebundenen Vermittler (Abs. 4).

113 Der Pflicht unterliegen die Gewerbetreibenden, also natürliche und juristische Personen. Hingegen sind **Personengesellschaften** selbst nicht eintragungspflichtig (Rdn. 42). Allerdings wird die Personengesellschaft, in denen der Gewerbetreibende als geschäftsführender Gesellschafter tätig ist, nach der Neufassung der Vorschrift des § 5 S. 1 Nr. 1 VersVermV zusätzlich zum Namen des Gewerbetreibenden eingetragen (zur vorherigen Rechtslage und der Entwicklung hin zur Neufassung vgl. *Ramos*, in: BeckOK, § 34 d Rdn. 145 ff.).

114 **Nicht eintragungspflichtig** sind die nicht unter Abs. 1, 3 und 4 fallenden Vermittler; dies betrifft Vermittler, welche die gewerberechtliche Bagatellschwelle unterschreiten (Rdn. 12), die Bagatellvermittler nach Abs. 9 Nr. 1 (zum Begriff siehe Rdn. 122) sowie die Vermittler aus EU-/EWR-Staaten oder der Schweiz (Abs. 5 und 11; zur Schweiz beachte Rdn. 104).

115 **Registerbehörden** sind gem. § 11 a I 1 die IHKs. Diese sind somit nicht nur die Erlaubnisbehörden, sondern führen gleichzeitig das Vermittlerregister, das beim Deutschen Industrie- und Handelskammertag (DIHK) e. V. als gemeinsame Registerstelle eingerichtet wurde (vgl. § 11 a I 4 [dort Rdn. 9] und § 11 I Nr. 4 VersVermV) und online im Internet verfügbar ist (www.vermittlerregister.org). Die gewerbebezogenen Daten des Versicherungsvermittlers sind im Online-Register frei einsehbar.

116 Die Eintragung erfolgt durch die Registerbehörde (IHK, Rdn. 54) auf die **Mitteilung** der nach § 5 VersVermV erforderlichen Angaben durch den Eintragungspflichtigen (§ 6 I 1 VersVermV). Bei gebundenen Versicherungsvermittlern nach Abs. 4 besteht hinsichtlich der Übermittlung der zu speichernden Angaben die Besonderheit, dass diese durch das Versicherungsunternehmen nach § 80 III VAG erfolgt (§ 6 II VersVermV). Mit dem Zugang dieser Mitteilung an die Registerbehörde wird nach Abs. 7 S. 3 zugleich die uneingeschränkte Haftung durch das Versicherungsunternehmen nach Abs. 4 Nr. 2 übernommen (siehe oben Rdn. 98). Diese Haftung besteht bis zur Löschung der Angaben zu dem Gewerbetreibenden aus dem Register auf Grund einer Mitteilung nach § 80 IV VAG (vgl. Abs. 7 S. 4; oben Rdn. 99).

Versicherungsvermittler **§ 34d**

Die **notwendigen Angaben der Eintragung** ergeben sich aus § 5 Vers- 117
VermV (vgl. näher hierzu § 11 a Rdn. 15, 29, 42). Wesentliche Änderungen
der im Register gespeicherten Angaben sind gem. Abs. 7 S. 2 ebenfalls unverzüglich mitteilungspflichtig (vgl. auch § 6 I 2 VersVermV).

Die Eintragung im Register ist nicht Voraussetzung für die rechtmäßige 118
Aufnahme der Tätigkeit als Versicherungsvermittler und hat insoweit nur
deklaratorische Bedeutung (BT-Drs. 16/1935, S. 20). Der Gewerbetreibende kann seine Tätigkeit zunächst auch ohne die Eintragung in das Register
beginnen. Allerdings hat er sich unverzüglich eintragen zu lassen. Die Frist
zwischen Aufnahme der Tätigkeit und Eintragung muss für den Eintragungspflichtigen zwar angemessen sein. Diese wird jedoch auch unter Heranziehung der Legaldefinition des § 121 BGB, wonach die Mitteilung ohne schuldhaftes Zögern erfolgen muss, regelmäßig sehr kurz sein (*Schulze-Werner*, in:
Friauf, § 34 d Rdn. 98). In der Praxis wird die Frist vor allem für gebundene
Vertreter eine Rolle spielen. Denn bei erlaubnispflichtigen Vermittlern nach
Abs. 1 und produktakzessorischen Vermittlern nach Abs. 3 wird die Mitteilung der zu speichernden Angaben in der Regel bereits mit dem Antrag auf
Erteilung der Erlaubnis bzw. Erlaubnisbefreiung geschehen, da die IHK
sowohl Erlaubnis- als auch Registerbehörde ist.

Konstitutive Bedeutung erlangt die der späteren Eintragung zugrunde lie- 119
gende Mitteilung des Versicherungsunternehmens nach § 80 III VAG jedoch
mit Blick auf die Haftung eines Versicherungsunternehmens für den gebundenen Versicherungsvermittler gem. § 34 d IV Nr. 2, VII 3 (*Moraht* jurisPR-
VersR 5/2010 Anm. 2).

X. Verordnungsermächtigung (Abs. 8)

Abs. 8 ermächtigt das Bundesministerium für Wirtschaft und Technologie 120
im Einvernehmen mit weiteren Fachministerien und mit Zustimmung des
Bundesrates zum Erlass einer Rechtsverordnung zur näheren Ausgestaltung
des gewerblichen Versicherungsmittlerrechts. Die Verordnungsermächtigung
des Abs. 8 wurde durch Art. 1 Nr. 5 b) des Gesetzes zur Umsetzung der
Richtlinie 2005/36/EG des Europäischen Parlaments und des Rates über
die Anerkennung von Berufsqualifikationen in der Gewerbeordnung vom
12. 12. 2008 (BGBl. I S. 2432) um die Nr. 4 erweitert (dazu BT-Drs. 16/
9996, S. 12).

Mit dem Erlass der Verordnung über die Versicherungsvermittlung und 121
-beratung (VersVermV) vom 15. 3. 2007 (BGBl. I S. 733) wurde von der
Ermächtigung Gebrauch gemacht. Näher zur VersVermV siehe z. B. die
Kommentierung zur VersVermV von *Schulze-Werner*, in: Friauf, Anhang zu
§ 34 e.

XI. Ausnahme vom Anwendungsbereich (Abs. 9)

Nach Abs. 9 sind bestimmte Vermittlungstätigkeiten vom Anwendungsbe- 122
reich der Abs. 1 bis 8 des § 34 d und damit insb. von der Erlaubnis- und

§ 34d

Registrierungspflicht ausgenommen. Der Gesetzgeber hat durch Abs. 9 die Vorgabe des Art. 1 II Versicherungsvermittlungs-RL (2002/92/EG), der den Anwendungsbereich der Richtlinie beschränkt, weitgehend unverändert übernommen. Es handelt sich um Tätigkeiten, bei denen auf Grund des unbeachtlichen Umfangs, des geringen Risikos sowie der geringen Höhe der Versicherungsprämie die an den Versicherungsvermittler gestellten Anforderungen unverhältnismäßig wären (BT-Drs. 16/1935, S. 20).

123 Neben dem gewerberechtlichen Anwendungsausschluss sind Bagatellvermittler i. S. d. Abs. 9 Nr. 1 gem. § 66 VVG auch von den zivilrechtlichen Beratungs- und Dokumentationspflichten ausgenommen. Die Tätigkeit als Bagatellvermittler ist dadurch in umfassendem Maße erleichtert. Dagegen sind Vermittler i. S. v. Abs. 9 Nr. 2 und Nr. 3 nicht von den Pflichten des VVG befreit.

1. Bagatellvermittler (Abs. 9 Nr. 1)

124 Die § 34 d I-VIII gelten nicht für sog. Bagatellvermittler. Geprägt ist die Ausnahme dadurch, dass Gewerbetreibende die Versicherungsvermittlung nicht hauptberuflich, sondern nur als Zusatzleistung betreiben, die Jahresprämie gering ist (bis 500 EUR) und es sich nicht um Lebens- oder Haftpflichtversicherungen handelt. Die einzelnen Voraussetzungen der lit. a bis f sind als Ausnahmevorschrift restriktiv auszulegen und müssen kumulativ vorliegen.

125 Die Gesetzesbegründung führt Gewerbetreibende an, bei denen in der Regel der Ausnahmetatbestand des Abs. 9 Nr. 1 erfüllt ist. So sind etwa nicht erlaubnis- und registrierungspflichtig: Kredit- oder Kreditkartenvermittler (z. B. Arbeitslosenversicherung), Reifenhändler (z. B. Reifenversicherung), Brillenhändler (z. B. Kaskoversicherung), Versand- und Einzelhandel (z. B. Garantieversicherung zur Verlängerung der Gewährleistung), Elektrohandel (z. B. Garantie- und Reparaturversicherung), Fahrradhändler (z. B. Fahrradversicherung) und Reisebüros (z. B. Reiserücktritts- und Reisekrankenversicherung).

126 Dagegen fällt die Vermittlung von Haftpflichtversicherungen durch Kfz-Händler im Rahmen eines Kfz-Kaufes nicht unter Abs. 9 Nr. 1 (vgl. Nr. 1 lit. c). Allerdings kann der Gewerbetreibende in diesen Fällen eine Befreiung von der Erlaubnis nach Abs. 3 als produktakzessorischer Vermittler beantragen; dies ändert jedoch nichts an der Registrierungspflicht nach Abs. 7.

127 Entgegen Abs. 9 Nr. 1 lit. c kann nach Abs. 9 Nr. 1 lit. d ausnahmsweise auch bei der Vermittlung einer Haftpflichtversicherung eine Erlaubnis- und Registrierungsfreiheit vorliegen, wenn der Gewerbetreibende eine Haftpflichtversicherung als Zusatzleistung im Zusammenhang mit einer Reisebuchung vermittelt und sofern die Deckung zusätzlich zur Hauptversicherungsdeckung für Risiken im Zusammenhang mit dieser konkreten Reise gewährt wird.

128 Diese Regelung unterscheidet sich von Art. 1 II e) ii) Versicherungsvermittlungs-RL, wonach im Gegensatz zum Wortlaut des Abs. 9 Nr. 1 lit. d auch eine **Lebensversicherung** in den Ausnahmetatbestand einbezogen wird. Dies bedeutet jedoch nicht, dass auch in Abs. 9 Nr. 1 lit. d Lebensversicherungen hineinzulesen sind (so aber *Schönleiter*, in: Landmann/Rohmer I,

§ 34 d Rdn. 127; wie hier *Schulze-Werner*, in: Friauf, § 34 d Rdn. 107). Vielmehr ist der Wortlaut der lit. c und lit. d eindeutig, sodass der Abschluss einer Lebensversicherung selbst im Zusammenhang mit einer Reisebuchung nicht von Abs. 9 erfasst ist. Dies steht nicht im Widerspruch zur Richtlinie, weil diese für eine Lebensversicherung im Kontext einer Reise gerade nicht anwendbar ist und dem deutschen Gesetzgeber daher Gestaltungsspielräume belässt.

Die von lit. d erfasste Unfallversicherung kann jedoch auch Leistungen für den Todesfall einschließen. **129**

2. Vermittlung von Risikolebensversicherungen bei Bauspardarlehen (Abs. 9 Nr. 2)

Des Weiteren bedürfen Gewerbetreibende nach § 34 d IX Nr. 2 keiner Erlaubnis und Registrierung, wenn sie Vermittler von Risikolebensversicherungen bei Bauspardarlehen sind. Laut Gesetzesbegründung sind dies Fälle, bei denen aufgrund spezifischer nationaler Verhältnisse eine Erfassung nach Sinn und Zweck der Richtlinie nicht gerechtfertigt wäre (BT-Drs. 16/1935, S. 20; ebenso *Schulze-Werner*, in: Friauf, § 34 d Rdn. 108 f.; krit. *Dörner*, in: Prölss/Martin, VVG, 28. Aufl. 2010, § 34 d GewO Rdn. 15; *Reiff* VersR 2007, 717 [719]). Bei den im Bausparwesen üblichen Versicherungen, bei denen die Versicherungssumme das vorhandene Restdarlehen abdeckt, handelt es sich faktisch um einen Teil des Bauspardarlehens und nicht um eine Versicherungsvermittlung im eigentlichen Sinne. Die Bausparkasse schließt einen Kollektivvertrag ab, aus dem sich für den Kunden nur im Todesfall ein individualisierter Anspruch ergibt, ansonsten jedoch nicht auf seine persönliche Situation hinsichtlich seiner Gesundheit Bezug genommen wird (BT-Drs. 16/1935, S. 20). **130**

3. Vermittlung von Restschuldversicherungen im Rahmen von Darlehens- und Leasingverträgen (Abs. 9 Nr. 3)

Aus dem Anwendungsbereich des § 34 d fällt ebenfalls die Vermittlung von Restschuldversicherungen im Rahmen von Darlehens- und Leasingverträgen. Danach wird der Anwendungsausschluss im Gegensatz zu Abs. 9 Nr. 2 wie in den Fällen nach Abs. 1 Nr. 1 an eine Höchstgrenze bezüglich der jährlichen Versicherungsprämie von 500 EUR geknüpft. Unter einer Restschuldversicherung i. S. d. Nr. 3 ist nicht eine Lebensversicherung i. S. d. Nr. 1 lit. c, sondern nach der Gesetzesbegründung eine Versicherung sui generis zu verstehen, mit deren Abschluss sich der Verbraucher gegen Arbeitslosigkeit, Arbeitsunfähigkeit, Unfall oder auch Todesfall versichern und damit sich und seine Familie vor einer wirtschaftlichen Notlage schützen kann (BT-Drs. 16/1935, S. 21). Darunter fallen lediglich Restschuldversicherungen, die als Zusatzleistung zur Lieferung einer Ware oder der Erbringung einer Dienstleistung im Zusammenhang mit Verbraucherdarlehen vermittelt werden. **131**

§ 34d   Titel II. Stehendes Gewerbe

XII. Rückversicherungsvermittler (Abs. 10)

132 Die Vorschriften des § 34 d gelten nach Abs. 10 gleichermaßen für die Vermittlung von Rückversicherungen. Die Vorschrift stellt die Umsetzung von Art. 1 I Versicherungsvermittlungs-RL dar, der den Anwendungsbereich der Richtlinie neben Erstversicherungen auch auf Rückversicherungen erstreckt.

133 Eine Rückversicherung ist eine Versicherung der von dem (Erst-)Versicherer übernommenen Gefahr (*Klimke*, in: Prölss/Martin, VVG, 28. Aufl. 2010, § 209 Rdn. 3; *Looschelders*, in: MüKo-VVG, 2010, § 209 Rdn. 27).

XIII. Versicherungsvermittler mit Sitz im EU-/EWR-Ausland (Abs. 11)

134 Zum Zeitpunkt des Inkrafttretens von § 34 d am 22. 5. 2007 war Abs. 11 zunächst nicht Bestandteil der deutschen Umsetzung der Versicherungsvermittlungs-RL. Die Vorschrift wurde erst mit Wirkung vom 18. 12. 2008 durch Art. 1 Nr. 6 des Gesetzes zur Umsetzung der Richtlinie 2005/36/ EG des Europäischen Parlaments und des Rates über die Anerkennung von Berufsqualifikationen in der Gewerbeordnung vom 12. 12. 2008 (BGBl. I S. 2432) eingefügt, auch insoweit aber zur Umsetzung der Versicherungsvermittlungs-RL.

135 Abs. 11 bestimmt, dass § 34 d I-IV, VI, VII und IX (und damit insb. die Erlaubnispflicht [Abs. 1] und die Registrierungspflicht [Abs. 7]) in zwei Konstellationen nicht anwendbar sind. Lit. a betrifft Gewerbetreibende, die als natürliche Person ihren Wohnsitz in einem anderen EU-/EWR-Staat haben und dort die Tätigkeit der Versicherungsvermittlung ausüben. Die Staatsangehörigkeit ist irrelevant. Nötig ist aber die tatsächliche Ausübung des Versicherungsvermittlergewerbes in dem betreffenden anderen EU-/EWR-Staat. Lit. b greift für juristische Personen mit Sitz in einem anderen EU-/ EWR-Staat. Die tatsächliche Ausübung des Vermittlergewerbes im Sitzstaat ist keine Voraussetzung von lit. b.

136 Die Regelung des Abs. 11 ist auch eine Reaktion auf zuvor bestehende Unsicherheiten der Praxis im Umgang mit in Großbritannien gegründeten Gesellschaften in der britischen Rechtsform der Company Limited by Share (Ltd.) (vgl. *Adjemian u. a.* GewArch 2009, 186 [189] sowie *Schönleiter/Draxler* GewArch 2009, 19 [21]; *Schönleiter/Stenger* GewArch 2009, 294 [298]): Wenn diese ausschließlich in Deutschland tätig werden, sind dann die deutschen oder britischen Aufsichtsbehörden zuständig? Diese Frage ist vor dem Hintergrund der Rechtsprechung des EuGH im Sinne der Gründungstheorie zu beantworten (vgl. *EuGH* Urteil v. 9. 3. 1999, Rs. C-212/97, Slg. 1999, I-1459 – *Centros*; *EuGH* Urteil v. 30. 9. 2003, Rs. C-167/01, Slg. 2003, I-10155 – *Inspire Art*; und *EuGH* Urteil vom 5. 11. 2002, Rs.C-208/00, Slg. 2002, I-9919 – *Überseering*; siehe auch § 15 Rdn. 41). Dementsprechend ordnet Abs. 11 an, dass für die ausländische juristische Person § 34 d nicht anwendbar ist. Dies bedeutet, dass etwa die britische Aufsichtsbehörde zuständig ist, sogar dann, wenn die Limited in ihrem Sitzland keine Versicherungsvermittlertätigkeit ausübt (vgl. BT-Drs. 16/10599, S. 5). Bereits in Deutschland eingetragene Limiteds sind unzulässig registriert (näher hierzu *Bund-Länder-Ausschuss „Gewerberecht"*, zit. nach *Schönleiter/Sprafke* GewArch 2010, 294 [297]). Probleme bestehen ferner bei einer Versicherungsvermittlertätigkeit in der Rechtsform der Limited & Co. KG, da die Limited in Deutschland als Komplementärin der Erlaubnis und Registrierung bedarf, hingegen in Großbritannien die Limited tatsächlich nicht als Versicherungsvermittlerin anzusehen ist (hierzu *Adjemian u. a.* GewArch 2009, 186 [189]). Eine Analogie zu § 4 II begegnet Bedenken, weil im Bereich der Eingriffsverwaltung eine Analogie zu Lasten des Betroffenen nach verbreiteter Auffassung unzulässig ist (siehe zum Analogieverbot *BVerfG* NJW 1996, 3146; a. A. *Sachs*, in: ders., GG, Art. 20 Rdn. 121).

Das Verhältnis von Abs. 11 zu Abs. 5 ist vom Gesetzgeber nicht überzeugend ausgestaltet worden. Abs. 11 nimmt Abs. 5 gerade nicht von der Anwendbarkeit aus, lässt dessen Geltung also unberührt. Gewerbetreibende, die unter Abs. 11 fallen, können allerdings selbst auf ihren Antrag hin in Deutschland keine Erlaubnis und keine Registrierung erlangen (so *Schönleiter*, in: Landmann/Rohmer I, § 34 d Rdn. 151; *Schulze-Werner*, in: Friauf, § 34 d Rdn. 112; oben Rdn. 106). Einen eigenständigen Regelungsgehalt hat Abs. 5 somit am ehesten für Vermittler mit Sitz in der Schweiz (vgl. *Ramos*, in: BeckOK, § 34 d Rdn. 170). **137**

XIV. Rechtsfolgen von Pflichtverletzungen

Soweit Versicherungsvermittler ihre Pflichten verletzen, kommen unterschiedliche Rechtsfolgen in Betracht.

1. Rücknahme und Widerruf der Vermittlererlaubnis oder Befreiung

Rücknahme und Widerruf einer Versicherungsvermittlererlaubnis richten sich nach den allgemeinen Bestimmungen der §§ 48, 49 VwVfG (siehe im Einzelnen *Schulze-Werner*, in: Friauf, § 34 d Rdn. 68 ff.). In Betracht kommt vor allem ein Widerruf wegen nicht erfüllter Auflage nach § 49 II Nr. 2 VwVfG oder falls ein Versagungsgrund des Abs. 2 nach Erteilung der Erlaubnis eintritt unter den Voraussetzungen des § 49 II 1 Nr. 3 VwVfG. Wird die Aufhebung der Erlaubnis auf ungeordnete Vermögensverhältnisse gestützt, ist die mögliche **Sperrwirkung des § 12** zu beachten (oben Rdn. 70, § 12 Rdn. 12). **138**

Der Versicherungsvermittler, dessen Berufshaftpflichtversicherer gegenüber der IHK die Beendigung des Versicherungsverhältnisses angezeigt hat, ist verpflichtet, einen neuen Versicherungsnachweis vorzulegen, ansonsten kommt ein Widerruf der Erlaubnis nach § 49 II 1 Nr. 3 VwVfG i. V. m. § 34 d II Nr. 3 in Betracht (*VG München* Beschluss v. 23. 3. 2009 – M 16 S 09.76, juris Rdn. 16; *Moraht*, jurisPR-VersR 2/2010 Anm. 6). **139**

§ 34d Titel II. Stehendes Gewerbe

140 Bei produktakzessorischen Versicherungsvermittlern ist eine **Aufhebung der Befreiung** nach Abs. 3 möglich; Rechtsgrundlagen sind wiederum §§ 48 f. VwVfG.

2. Verhinderung der Fortsetzung des Betriebes (§ 15 II) und Untersagung (§ 35 I)

141 Wenn das Vermittlergewerbe erlaubnispflichtig ist (Abs. 1) und ohne die erforderliche Erlaubnis begonnen wird, kann die Fortsetzung des Betriebs nach § 15 II 1 verhindert werden. Dasselbe gilt für den Fall der Aufhebung der Erlaubnis (Abs. 1) oder Befreiung (Abs. 3). Für die Aufhebung von Erlaubnis und Befreiung ist die IHK als Erlaubnisbehörde zuständig, für die Anordnung nach § 15 II hingegen grundsätzlich die Gewerbeämter, sofern Landesrecht nicht die Zuständigkeit der IHK anordnet (oben Rdn. 55).

142 Wenn das Vermittlungsgewerbe kraft Gesetzes erlaubnisfrei (insb. Abs. 4) und Unzuverlässigkeit gegeben ist, ist das Gewerbe nach § 35 I zu untersagen (ggf. ist die **Sperrwirkung des § 12** zu beachten, siehe oben Rdn. 70, 138). Für die Zuständigkeit gilt das mit Blick auf § 15 II Ausgeführte entsprechend.

3. Straf- und Bußgeldvorschriften

143 Verstöße gegen die Erlaubnispflicht erfüllen den **Ordnungswidrigkeitentatbestand** des § 144 I Nr. 1 lit. j und bei beharrlicher Wiederholung der Zuwiderhandlung sogar den **Straftatbestand** des § 148 Nr. 1. Soweit sich ein Vermittler i. S. d Abs. 1, 3, 7 vorsätzlich oder fahrlässig nicht rechtzeitig in das Vermittlerregister eintragen lässt, handelt er gem. § 144 II Nr. 7 ordnungswidrig. Verstöße gegen die VersVermV können als Ordnungswidrigkeit gem. § 144 II Nr. 1 geahndet werden, soweit die Rechtsverordnung auf § 144 II Nr. 1 verweist; siehe hierzu näher § 18 VersVermV (§ 18 IV VersVermV: u. U. auch Straftat gem. § 148 Nr. 2; § 18 II, III VersVermV: Ordnungswidrigkeitentatbestände für die Vermittlung im Reise- oder Marktgewerbe).

144 Wer für die Verfolgung der Ordnungswidrigkeiten zuständig ist, bestimmt das Landesrecht. Einige Länder haben diese Aufgabe den Industrie- und Handelskammern zugewiesen (so Hessen, Niedersachsen und Sachsen-Anhalt; Angaben nach *Moraht* jurisPR-VersR 7/2010 Anm. 1).

4. Wettbewerbsverstoß bei fehlender Erlaubnis

145 Im unerlaubten Betrieb der Versicherungsvermittlertätigkeit liegt ein **Wettbewerbsverstoß** nach §§ 3, 4 Nr. 11 UWG (*LG Hamburg* Urteil vom 30. 4. 2010 – 408 O 95/09, juris Rdn. 58; *LG Wiesbaden* NJW-RR 2008, 1572 [1572 f.]; *Schönleiter*, in: Landmann/Rohmer I, § 34 d Rdn. 39; *Schulze-Werner*, in: Friauf, § 34 d Rdn. 117). Mitbewerber oder Interessenverbände können in diesem Fall im Rahmen eines UWG-Verfahrens einen Unterlassungsanspruch nach § 8 I, III UWG und Schadensersatzansprüche nach § 9 UWG geltend machen.

146 Demgegenüber wird die Registrierungspflicht – in Parallele zur Situation bei der Anzeigepflicht gem. § 14 I (dort Rdn. 5, 99) – als wettbewerbsrechtlich irrelevante Verhaltensregel eingestuft, sodass ein Verstoß keine Ansprüche gem. §§ 3, 4 I Nr. 11 UWG auslöst (so jedenfalls *LG Limburg* Urteil vom 7. 4. 2010 – 1 O 447/09, juris Rdn. 12; **a. A.** *Moraht* jurisPR-VersR 5/2010 Anm. 2).

5. Schadensersatzbegründendes Verhalten des Versicherungsvermittlers

Der Versicherungsvermittler hat gegenüber dem Versicherungsnehmer Informations-, Mitteilungs- und Beratungspflichten gem. §§ 60 - 62 VVG (näher *Werber* VersR 2010, 553 ff.; *Reiff* VersR 2007, 717 [722 ff.]; *Koch* VW 2007, 248 [252]). Soweit der Versicherungsvermittler diese Pflichten schuldhaft verletzt, kommen Schadensersatzansprüche der Versicherungsinteressenten nach § 63 VVG in Betracht (vgl. näher *Abram* VersR 2008, 724 ff.; *Koch* VW 2007, 248 [252 f.]). 147

XV. Rechtsschutz

Der Antragsteller kann bei Versagung der Erlaubnis nach Abs. 1 S. 1 oder der Befreiung nach Abs. 3 nach erfolglosem Widerspruch (in einigen Ländern nicht mehr erforderlich) im Wege der Verpflichtungsklage ein Vornahmeurteil erreichen, bei dem die IHK verurteilt wird, den begehrten Verwaltungsakt zu erlassen. Sofern gegenüber dem Gewerbetreibenden die Verhinderung der Fortsetzung des Betriebs gem. § 15 II, die Untersagung gem. § 35 oder die Aufhebung der Erlaubnis bzw. Befreiung gem. §§ 48, 49 VwVfG verfügt wurde, ist die Anfechtungsklage – gerichtet auf Aufhebung des belastenden Verwaltungsakts – die statthafte Klageart. 148

Soweit die Erlaubnis oder die Befreiung unter einer Auflage erteilt oder nachträglich mit einer Auflage versehen wurde, kann diese isoliert mit der Anfechtungsklage werden. Dagegen kann eine inhaltliche Beschränkung (§ 34 d I 2) nicht isoliert angefochten werden (zur isolierten Anfechtbarkeit von Nebenbestimmungen vgl. *Maurer* Allgemeines Verwaltungsrecht, 17. Aufl. 2009, § 12 Rdn. 22). Der Antragsteller hat in diesem Fall nach erfolglosem Widerspruchsverfahren im Wege der Verpflichtungsklage auf Erteilung einer uneingeschränkten Erlaubnis zu klagen. 149

Ein Dritter hat keinen Anspruch auf Versagung der Erlaubnis an den Antragstellers. Die Vorschrift des § 34 d vermittelt **keine drittschützende Wirkung**, insbesondere kann eine solche nicht aus den Versagungsgründen des Abs. 2 abgeleitet werden (*Schönleiter*, in: Landmann/Rohmer I, § 34 d Rdn. 26b). 150

§ 34e Versicherungsberater

(1) **¹Wer gewerbsmäßig Dritte über Versicherungen beraten will, ohne von einem Versicherungsunternehmen einen wirtschaftlichen Vorteil zu erhalten oder von ihm in anderer Weise abhängig zu sein (Versicherungsberater), bedarf der Erlaubnis der zuständigen Industrie- und Handelskammer.** ²**Die Erlaubnis kann inhaltlich beschränkt**

§ 34e

Titel II. Stehendes Gewerbe

und mit Auflagen verbunden werden, soweit dies zum Schutze der Allgemeinheit oder der Versicherungsnehmer erforderlich ist; unter denselben Voraussetzungen ist auch die nachträgliche Aufnahme, Änderung und Ergänzung von Auflagen zulässig. ³Die Erlaubnis beinhaltet die Befugnis, Dritte bei der Vereinbarung, Änderung oder Prüfung von Versicherungsverträgen oder bei der Wahrnehmung von Ansprüchen aus dem Versicherungsvertrag im Versicherungsfall rechtlich zu beraten und gegenüber dem Versicherungsunternehmen außergerichtlich zu vertreten. ⁴Bei der Wahrnehmung ihrer Aufgaben nach den Sätzen 1 und 2 unterliegt die Industrie- und Handelskammer der Aufsicht der obersten Landesbehörde.

(2) § 34 d Abs. 2 und 5 bis 8 und 11 sowie die auf Grund des § 34 d Abs. 8 erlassenen Rechtsvorschriften gelten entsprechend.

(3) ¹Versicherungsberater dürfen keine Provision von Versicherungsunternehmen entgegennehmen. ²Das Bundesministerium für Wirtschaft und Technologie kann im Einvernehmen mit dem Bundesministerium der Justiz durch Rechtsverordnung mit Zustimmung des Bundesrates zum Schutze der Allgemeinheit und der Versicherungsnehmer nähere Vorschriften über das Provisionsannahmeverbot erlassen. ³In der Rechtsverordnung nach Satz 2 kann insbesondere bestimmt werden, dass die Einhaltung des Provisionsannahmeverbotes auf Kosten des Versicherungsberaters regelmäßig oder aus besonderem Anlass zu überprüfen und der Prüfungsbericht der zuständigen Behörde vorzulegen ist, soweit es zur wirksamen Überwachung erforderlich ist; hierbei können die Einzelheiten der Prüfung, insbesondere deren Anlass, Zeitpunkt und Häufigkeit, die Auswahl, Bestellung und Abberufung der Prüfer, deren Rechte, Pflichten und Verantwortlichkeit, der Inhalt des Prüfberichts, die Verpflichtungen des Versicherungsberaters gegenüber dem Prüfer sowie das Verfahren bei Meinungsverschiedenheiten zwischen dem Prüfer und dem Versicherungsberater, geregelt werden. ⁴Zur Überwachung des Provisionsannahmeverbotes kann in der Rechtsverordnung bestimmt werden, dass der Versicherungsberater über die Einnahmen aus seiner Tätigkeit Aufzeichnungen zu führen hat.

Literatur: *O. Durstin/A. Peters*, Versicherungsberater und Versicherungsmakler in der rechtspolitischen Entwicklung, VersR 2007, 1456 ff.; *M. Moraht*, Versicherungsvermittler/-berater: Erste gewerberechtliche Urteile und Beschlüsse zur Erlaubnispflicht und zum Widerruf der Erlaubnis, GewArch 2010, 186 ff.; *P. Reiff*, Versicherungsvermittlerrecht im Umbruch – Eine Untersuchung im Auftrag der Hamburger Gesellschaft zur Förderung des Versicherungswesens mbH, 2006, S. 56 ff.; *ders.*, Das Gesetz zur Neuregelung des Versicherungsvermittlerrechts, VersR 2007, 717 ff.; *G. Ring*, Rechtsberatung durch Versicherungsberater nach aktuellem und künftigem Recht, WM 2007, 281 ff.; *U. Schönleiter*, Das neue Versicherungsvermittlerrecht, GewArch 2007, 265 ff.

Übersicht

	Rdn.
I. Vorbemerkung	1
II. Erlaubnispflichtigkeit der Tätigkeit als Versicherungsberater (Abs. 1 S. 1)	9

Versicherungsberater § 34e

1. Gewerbsmäßigkeit	10
2. Tätigkeit als Versicherungsberater	11
a) Versicherungsberatung	11
b) Unabhängigkeit von der Versicherungswirtschaft	14
c) Keine gemischte Tätigkeit als Versicherungsberater und Versicherungsvermittler	17
III. Erlaubnis (Abs. 1)	19
1. Erlaubnisnehmer	21
2. Erlaubnisinhalt (Abs. 1 S. 2, 3)	22
3. Industrie- und Handelskammer als zuständige Erlaubnisbehörde (Abs. 1 S. 4)	26
4. Erlaubnisverfahren	27
IV. Verweis auf § 34 d II, V-VIII, XI sowie auf die VersVermV (Abs. 2)	29
1. Versagungsgründe, § 34 d II	30
2. Sonderregeln für Versicherungsberater aus anderen EU-/EWR-Staaten sowie aus der Schweiz, § 34 d V, XI	32
3. Qualifikation der Beschäftigen, § 34 d VI	34
4. Pflicht zur Eintragung in das Vermittlerregister, § 34 d VII	36
5. Verordnungsermächtigung, § 34 d VIII	37
V. Provisionsannahmeverbot (Abs. 3)	38
VI. Rechtsfolgen von Pflichtverletzungen und Rechtsschutz	40

I. Vorbemerkung

Der deutsche Gesetzgeber hat durch das **Gesetz zur Neuregelung des** 1
Versicherungsvermittlerrechts vom 19. 12. 2006 (BGBl. I S. 3232) mit
Wirkung zum 22. 5. 2007 die Berufszulassung von Versicherungsberatern in
§ 34 e neu geregelt (siehe dazu BT-Drs. 16/1935, S. 21) und damit die Richtlinie des Europäischen Parlaments und des Rates über Versicherungsvermittlung (**2002/92/EG**) vom 9. 12. 2002 (ABl. EG L 9 S. 3 vom 15. 1. 2003,
im Folgenden: Versicherungsvermittlungs-RL) umgesetzt. Die Richtlinie
erstreckt sich über ihren eigentlichen Titel hinaus auch auf die Tätigkeit als
Versicherungsberater (BT-Drs. 16/1935, S. 2, 14, 21; *Schönleiter,* in: Landmann/Rohmer I, § 34 e Rdn. 1; *Reiff* VersR 2007, 717 [729]).

Vor Inkrafttreten des § 34 e war die Tätigkeit als Versicherungsberater im 2
Rechtsberatungsgesetz (RBerG) vom 13. 12. 1935 (RGBl. I S. 1478) geregelt. Das Rechtsberatungsgesetz, das am 1. 7. 2008 durch das Rechtsdienstleistungsgesetz (RDG) vom 12. 12. 2007 (BGBl. I S. 2840) abgelöst wurde,
sah in Art. 1 § 1 I 2 Nr. 2 bereits eine Erlaubnispflicht für Versicherungsberater vor (siehe zur alten Rechtslage *Reiff* Versicherungsvermittlerrecht im
Umbruch, 2006, S. 123 ff. sowie *Ring* WM 2007, 281 [281 ff.]). Die Bezeichnung „(Vorsorge- und) Versicherungsberater" war im Jahre 2005, d. h. unter
der Geltung des alten Rechts, weder durch das RBerG noch durch ein
anderes Gesetz geschützt und, soweit sie für Mitarbeiter einer Versicherung
verwendet wurde, auch nicht irreführend (*BGH* NJW-RR 2009, 1650
[1651]).

Anlässlich der umfassenden Neuregelung des Versicherungsvermittler- 3
rechts hat man die Berufszulassungsregeln für Versicherungsberater nunmehr

§ 34e

Titel II. Stehendes Gewerbe

ins Gewerberecht überführt und in die Systematik des Versicherungsvermittlerrechts integriert. Eine Neuregelung schien ohnehin wegen der hinsichtlich der früheren Regelungen im Rechtsberatungsgesetz bestehenden verfassungsrechtlichen Bedenken notwendig (vgl. hierzu *Schönleiter*, in: Landmann/Rohmer I, § 34 e Rdn. 2; *ders.* GewArch 2007, 265 [270 f.]; kritisch zur Einordnung in die GewO *Ring* WM 2007, 281 [289]). Siehe auch die **Übergangsvorschrift des § 156 III** (dort Rdn. 11 ff.).

4 Zum **Normzweck** der Richtlinie und des nationalen Umsetzungsgesetzes siehe oben § 34 d Rdn. 3, zum **systematischen Zusammenhang mit weiteren Vorschriften** siehe § 34 d Rdn. 7. Seit seinem Inkrafttreten ist § 34 e einmal geändert worden, und zwar durch das Gesetz zur Umsetzung der Richtlinie 2005/36/EG des Europäischen Parlaments und des Rates über die Anerkennung von Berufsqualifikationen in der Gewerbeordnung vom 12. 12. 2008 (BGBl. I S. 2432), das den Verweis in Abs. 2 auf Abs. 11 des § 34 d erweitert hat (dazu BT-Drs. 16/10599, S. 4 f.). Zur Tätigkeit des **Versicherungsberaters im Reisegewerbe** siehe § 55 a I Nrn. 6 und 7 (dort Rdn. 28 f.), § 61 a II (dort Rdn. 5), zur Ausübung im **Marktgewerbe** vgl. § 71 b II (dort Rdn. 3). Zu beachten ist auch der Ordnungswidrigkeitentatbestand in § 18 II, III VersVermV.

5 Die **Normstruktur** des § 34 e orientiert sich am Vorbild des § 34 d: Abs. 1 normiert den Erlaubnistatbestand. Abs. 2 nimmt zentrale Regelungen des § 34 d in Bezug und Abs. 3 betrifft das für das Berufsbild der Versicherungsberater zentrale Verbot, Provisionen von Versicherungsunternehmen entgegen zu nehmen.

6 Die **Eigenständigkeit des Berufsbildes des Versicherungsberaters** ist seit längerem in der Rechtsprechung des BVerfG anerkannt (*BVerfGE* 75, 284 [285 ff.] = NJW 1988, 543 [543 f.]). Daran will der Gesetzgeber anknüpfen und trifft deshalb für Versicherungsberater in § 34 e eine gesonderte Regelung. Hierdurch soll klargestellt werden, dass auch künftig die Tätigkeit als Versicherungsberater mit dem Rechtsanwaltsberuf vereinbar ist (BT-Drs. 16/1935, S. 21). Die Verortung des § 34 e in der GewO verdeutlicht, dass Versicherungsberater ein **Gewerbe** und **keinen freien Beruf** ausüben.

7 Bereits kurz nach seinem Inkrafttreten hat das *BVerfG* zur **Verfassungsmäßigkeit des § 34 e** Stellung bezogen und die Einordnung des Berufes des Versicherungsberaters in die GewO mit Art. 12 I und Art. 3 I GG für vereinbar erklärt (*BVerfG* NJW 2007, 2537 ff.). Das BVerfG führt aus, dass die Novellierung die berufliche Stellung der Versicherungsberater weitestgehend unangetastet lasse, weil das Berufsbild in seinem wesentlichen Gepräge erhalten geblieben sei. Die Ausführungen des *BVerfG* beziehen sich dabei im Kern auf die Frage der systematischen Verortung der Vorgaben für Versicherungsberater in der GewO (und nicht länger im Recht der Rechtsberatung [RBerG a. F.] bzw. Rechtsdienstleistung [RDG]). Hinsichtlich der Frage der Verfassungskonformität der materiellen Regelungen wäre die zurückgenommene Prüfungsintensität des *BVerfG* vor dem Hintergrund bindender Vorgaben des EU-Sekundärrechts im Blick zu behalten (§ 34 d Rdn. 5).

8 Die Anzahl der zugelassenen und registrierten Versicherungsberater ist in Deutschland im Gegensatz zur Anzahl an Versicherungsvermittlern (ca. 258.000) sehr gering. Zur Zeit sind 184 Gewerbetreibende als Versicherungsberater im Vermittlerregister eingetragen (Angaben nach www.dihk.de, Stand des Vermittlerregisters: 30. 9. 2010).

II. Erlaubnispflichtigkeit der Tätigkeit als Versicherungsberater (Abs. 1 S. 1)

Nach § 34 e I 1 bedarf derjenige einer Erlaubnis, der gewerbsmäßig Dritte über Versicherungen beraten will, ohne von einem Versicherungsunternehmen einen wirtschaftlichen Vorteil zu erhalten oder von ihm in anderer Weise abhängig zu sein (Versicherungsberater). 9

1. Gewerbsmäßigkeit

Zur Gewerbsmäßigkeit siehe § 1 Rdn. 1 ff. sowie § 34 d Rdn. 10 ff. 10

2. Tätigkeit als Versicherungsberater

a) Versicherungsberatung. Die GewO enthält in Abs. 1 S. 1 eine **berufsrechtliche Legaldefinition des Versicherungsberaters**. Diese ist deckungsgleich mit der Definition des § 59 IV VVG. Dabei knüpft Abs. 1 an die Beschreibung des Tätigkeitsbereichs des früheren Erlaubnisvorbehalts aus Art. 1 § 1 I 2 Nr. 2 RBerG an, wonach der Versicherungsberater Dritte über Versicherungen berät und außergerichtlich gegenüber Versicherern vertritt. 11

Keine Versicherungsberatung stellt die lediglich gelegentliche Beratung über Versicherungsschutz im Rahmen einer anderen Berufstätigkeit dar (z. B. Steuerexperte oder Buchsachverständiger). So gelten nach Art. 2 Nr. 3 Versicherungsvermittlungs-RL die beiläufige Erteilung von Auskünften im Zusammenhang mit einer anderen beruflichen Tätigkeit, sofern diese nicht zum Ziel hat, den Kunden beim Abschluss oder der Handhabung eines Versicherungsvertrags zu unterstützen, nicht als Versicherungsvermittlung bzw. Versicherungsberatung. 12

Versicherungsberater haben wie Versicherungsvermittler bestimmte Beratungs-, Informations- und Dokumentationspflichten nach dem Versicherungsvertragsgesetz (VVG) zu beachten. Im Gegensatz zum Versicherungsvermittler hat der Versicherungsberater aber nicht die Möglichkeit, seine Beratungsgrundlage gegenüber seinen Kunden einzuschränken (vgl. § 60 VVG). Des Weiteren kommt bei einem Vertrag mit einem Versicherungsberater ein Verzicht des Kunden auf die Beratungs- und Dokumentationspflichten entsprechend § 61 II VVG nicht in Betracht (vgl. auch *Ring* WM 2007, 281 [288 f.]). 13

b) Unabhängigkeit von der Versicherungswirtschaft. Die Legaldefinition in Abs. 1 S. 1 enthält das für Versicherungsberater prägende Merkmal der Unabhängigkeit von der Versicherungswirtschaft (BT-Drs. 16/1935, S. 21). Danach darf der Versicherungsberater von einem Versicherungsunternehmen keinen wirtschaftlichen Vorteil erhalten oder von ihm in anderer Weise abhängig sein (vgl. näher *Schulze-Werner*, in: Friauf, § 34 e Rdn. 5 f.). Die Unabhängigkeit des Versicherungsberaters von der Versicherungswirt- 14

§ 34e

schaft wird in Abs. 3 durch das **Verbot der Provisionsannahme** konkretisiert.

15 Im Gegensatz zur aktuellen Rechtslage hatte die frühere Erlaubnisnorm des Art. 1 § 1 I 2 Nr. 2 RBerG die Unabhängigkeit von der Versicherungswirtschaft nicht ausdrücklich normiert. Allerdings war diese bereits damals immanent für das Berufsbild des Versicherungsberaters und diente wie heute als entscheidendes Abgrenzungskriterium zum Gewerbe des Versicherungsvermittlers gem. § 34 d, insbesondere von der Tätigkeit als Versicherungsmakler, der zwar unter bestimmten Voraussetzungen gem. § 34 d I 4 beratend tätig sein darf (siehe § 34 d Rdn. 44 ff.), allerdings für seine Maklertätigkeit von dem Versicherungsunternehmen eine Provision erhält.

16 Die Versicherungsberatung ist folglich gekennzeichnet durch eine unabhängige und neutrale Beratung und Vertretung in Versicherungsfragen und ist dabei auf die individuellen Bedürfnisse des jeweiligen Mandanten ausgerichtet (vgl. auch *Schulze-Werner*, in: Friauf, § 34 e Rdn. 4). Die Tätigkeit des Versicherungsberaters erfolgt im ausschließlichen Interesse seines Mandanten. Die Beratung wird mit einem Honorar, wie bei einem Rechtsanwalt oder Steuerberater, vergütet. Versicherungsberater gehören den rechtsberatenden Berufen an (vgl. *Durstin/Peters* VersR 2007, 1456 [1459]), womit sich das Honorar anhand des Rechtsanwaltsvergütungsgesetz (RVG) bemisst. Der Versicherungsberater wird in der Praxis daher auch häufig als Honorarberater bezeichnet. Er übt jedoch, anders als Rechtsanwälte oder Steuerberater, keinen freien Beruf aus (oben Rdn. 6).

17 **c) Keine gemischte Tätigkeit als Versicherungsberater und Versicherungsvermittler.** Zur Wahrung der Unabhängigkeit des Versicherungsberaters von der Versicherungswirtschaft ist eine gleichzeitige Tätigkeit als Versicherungsvermittler nicht zulässig (vgl. *Ramos*, in: BeckOK, § 34 e Rdn. 20). Der Versicherungsberater darf keinerlei Bindungen eingehen, die seine neutrale, objektive und unabhängige Tätigkeit einschränken könnten. So kann ein Versicherungsberater nicht zugleich Geschäftsführer eines Versicherungsvermittlungsunternehmens sein (*Ramos*, in: BeckOK, § 34 e Rdn. 20). Auch eine nur gelegentliche, untergeordnete Vermittlungstätigkeit ist ausgeschlossen.

18 Dagegen kann der Versicherungsberater außerhalb des Bereichs der Versicherungsangelegenheiten rechtsberatend auch in einem anderen Sachbereich tätig sein, etwa als Rechtsanwalt oder als Rentenberater i. S. d. § 10 I Nr. 2 RDG (vgl. auch *Ramos*, in: BeckOK, § 34 e Rdn. 18).

III. Erlaubnis (Abs. 1)

19 Die Erlaubnis nach § 34 e I 1 stellt einen Verwaltungsakt i. S. d. § 35 S. 1 VwVfG dar und ist als präventives Verbot mit Erlaubnisvorbehalt ausgestaltet (siehe hierzu *Maurer* Allgemeines Verwaltungsrecht, 17. Aufl. 2009, § 9 Rn. 51 ff.). Es besteht ein Rechtsanspruch auf Erteilung, soweit keiner der in Abs. 2 i. V. m. § 34 d II abschließend aufgeführten Versagungsgründe vorliegt. Der zuständigen Erlaubnisbehörde steht kein Ermessen zu. Zum **Erlöschen der Erlaubnis** siehe § 34 d Rdn. 52 f.

Unabhängig von der Erlaubnis gelten die Anzeigepflicht (§ 14 I; zur Empfangszuständigkeit siehe § 34 d Rdn. 54) und die Registrierungspflicht (Abs. 2 i. V. m. § 34 d VII; dazu Rdn. 35). 20

1. Erlaubnisnehmer

Die Erlaubnis nach § 34 e ist personenbezogen und nicht übertragbar; zum Stellvertreter siehe § 45. Die Erlaubnis kann sowohl **natürlichen** als auch **juristischen Personen** erteilt werden. Bei letztgenannten müssen die Erlaubnisvoraussetzungen des § 34 e II i. V. m. § 34 d II in Person der geschäftsführenden Vertreter bzw. Vorstände erfüllt sein. Ausreichend ist allerdings, wenn der Nachweis der Sachkunde durch eine angemessene Anzahl von aufsichtsbeauftragten Vertretern erbracht wird (§ 34 d II Nr. 4 a. E.; dort Rdn. 77). Bei **Personengesellschaften ohne Rechtspersönlichkeit** (oHG, KG, GmbH & Co. KG) benötigt jeder geschäftsführende Gesellschafter als natürliche Person eine Erlaubnis, die Gesellschaft als solche ist nicht erlaubnisfähig (siehe oben § 1 Rdn. 76 ff., § 14 Rdn. 41, 77; krit. hierzu *Adjemian u. a.* GewArch 2009, 186 [189]). 21

2. Erlaubnisinhalt (Abs. 1 S. 2, 3)

Die Versicherungsberatern erteilte Erlaubnis bezieht sich zunächst darauf, Dritte über Versicherungen zu beraten (Abs. 1 S. 1). Darüber hinaus beinhaltet sie die **Befugnis zur Rechtsberatung**, d. h. die Befugnis, Dritte bei der Vereinbarung, Änderung oder Prüfung von Versicherungsverträgen oder bei der Wahrnehmung von Ansprüchen aus dem Versicherungsvertrag im Versicherungsfall **rechtlich** zu beraten und gegenüber dem Versicherungsunternehmen außergerichtlich zu vertreten (Abs. 1 S. 3). Dritter ist jedermann, unabhängig davon, ob es sich um Gewerbetreibende, Freiberufler, Verbraucher etc. handelt. 22

Die Erlaubnis kann mit einer **inhaltlichen Beschränkung** verknüpft werden, wenn dies zum Schutz der Allgemeinheit oder zum Schutz der Versicherungsnehmer erforderlich ist (Abs. 1 S. 2, dazu § 34 d Rdn. 49). Anders als bei der Auflage ist eine nachträgliche inhaltliche Beschränkung nicht möglich. Im Unterschied zur früheren Erlaubnis nach dem RBerG, die nur für einen bestimmten Ort erteilt wurde (§ 1 1. AVO RBerG), ist der Tätigkeitsbereich des Versicherungsberaters nach den Berufszulassungsregelungen der GewO nicht räumlich beschränkbar (*Schönleiter*, in: Landmann/Rohmer I, § 34 e Rdn. 19). 23

Die Erlaubnis kann nach Abs. 1 S. 2 sowohl bei ihrer Erteilung als auch nachträglich mit **Auflagen** verbunden werden, soweit dies zum Schutze der Allgemeinheit oder der Versicherungsnehmer erforderlich ist. Unter denselben Voraussetzungen sind auch die nachträgliche Aufnahme, Änderung und Ergänzung von Auflagen zulässig (§ 34 e I 2 2. Hs.). 24

Weitere Nebenbestimmungen kommen nur unter den engen Voraussetzungen des § 36 I 2. Alt. VwVfG in Betracht. Im Rahmen des § 34 e scheiden die Befristung, die auflösende Bedingung und der Widerrufsvorbehalt aus (oben § 34 d Rdn. 51; *Schulze-Werner*, in: Friauf, § 34 e Rdn. 25). Es verbleibt 25

§ 34e	Titel II. Stehendes Gewerbe

die Möglichkeit einer aufschiebenden Bedingung, wenn eine Erlaubnisvoraussetzung noch nicht vorliegt.

3. Industrie- und Handelskammer als zuständige Erlaubnisbehörde (Abs. 1 S. 4)

26 Für die Erteilung der Erlaubnis nach § 34 d I 1 sind die Industrie- und Handelskammern (IHK) zuständig (oben § 34 d Rdn. 54); zu Auskunft und Nachschau gem. § 29 siehe § 34 d Rdn. 54. Die IHK unterliegt gem. Abs. 1 S. 4 bei der Wahrnehmung der Aufgabe nach Abs. 1 S. 1 und 2 der Aufsicht der obersten Landesbehörde (Fachaufsicht; näher § 34 d Rdn. 56).

4. Erlaubnisverfahren

27 Die Erlaubnis für die Tätigkeit als Versicherungsberater nach Abs. 1 S. 1 wird nur auf **Antrag** erteilt, den nur der Gewerbetreibende stellen kann (Rdn. 21). Die Antragsunterlagen sind bei den IHKs erhältlich und auf deren Internetseiten abrufbar.

28 Den Antragsteller treffen nach § 26 II VwVfG **Mitwirkungspflichten** bei der Ermittlung des Sachverhalts. Hinsichtlich der in § 34 d II geforderten Berufshaftpflichtversicherung und des Sachkundenachweises folgt diese Verpflichtung unmittelbar aus Abs. 2 Nr. 3 und 4 (*Schulze-Werner*, in: Friauf, § 34 e Rdn. 22; siehe auch *Schönleiter*, in: Landmann/Rohmer I, § 34 d Rdn. 17 ff.).

IV. Verweis auf § 34 d II, V–VIII, XI sowie auf die VersVermV (Abs. 2)

29 Abs. 2 verweist auf mehrere Absätze des § 34 d: Abs. 2 (Versagungsgründe), Abs. 5 (Erlaubnisfreiheit für Versicherungsberater aus anderen EU-/EWR-Staaten sowie aus der Schweiz), Abs. 6 (Beschäftigung von Personen), Abs. 7 (Registrierungspflicht), Abs. 8 (Verordnungsermächtigung) und Abs. 11 (Nichtanwendbarkeit zentraler Regelungen für Versicherungsberater aus anderen EU-/EWR-Staaten). Des Weiteren wird die VersVermV in Bezug genommen. Es handelt sich bei Abs. 2 um einen **dynamischen Verweis**.

1. Versagungsgründe, § 34 d II

30 Nach Abs. 2 gelten durch einen Verweis auf § 34 d II die für Versicherungsvermittler eingeführten Versagungsgründe entsprechend (siehe näher § 34 d Rdn. 59 ff.; vgl. auch zur bisher ergangenen Rechtsprechung *Moraht* GewArch 2010, 186).

31 Das Erfordernis der notwendigen Sachkunde (§ 34 d II Nr. 4) ist im Kontext des § 34 e nicht auf den Versicherungsvermittler, sondern auf den Versicherungsberater bezogen. Denkbar wäre daher, dass der Verordnungsgeber für den Versicherungsberater strengere Anforderungen an die Sachkundeprüfung formuliert als dies beim Versicherungsvermittler der Fall ist. Zurzeit werden jedoch in §§ 34 d, 34 e sowie in der VersVermV hinsichtlich der Sachkunde

keine Unterschiede gemacht. Der Gesetzgeber geht dabei davon aus, dass die normierten Anforderungen an die Sachkunde gerade im Bereich der Versicherungsberatung nur einen absoluten Mindeststandard darstellen und dass unabhängige Versicherungsberater in aller Regel über eine berufliche Qualifikation verfügen werden, die weit über den Mindestanforderungen liege. Die Festlegung strengerer Anforderungen sei nicht nötig, da schon auf Grund der Wettbewerbssituation zu den Versicherungsvermittlern eine tatsächlich höhere Qualifikation des Versicherungsberaters unerlässlich sei (BT-Drs. 16/1935, S. 21; kritisch hierzu *Reiff* Versicherungsvermittlerrecht im Umbruch, 2006, S. 130 f., der das bislang hohe Niveau der Anforderungen an die Sachkunde nach altem Recht durch den undifferenzierten Verweis auf § 34 d II Nr. 4 abgeschwächt sieht).

2. Sonderregeln für Versicherungsberater aus anderen EU-/ EWR-Staaten sowie aus der Schweiz, § 34 d V, XI

§ 34 e II nimmt die Abs. 5 und 11 des § 34 d in Bezug. Konsequenz des **32** Verweises auf **Abs. 11 von** § **34 d** ist, dass für Versicherungsberater aus EU-/ EWR-Staaten die Vorgaben der §§ 34 e, 34 d weitgehend nicht anwendbar sind. Dies betrifft namentlich die Erlaubnis- und Registrierungspflicht (näher § 34 d Rdn. 135).

Der **Abs. 5 von** § **34 d** wird durch dessen Abs. 11 überlagert, sodass Abs. 5 **33** im Wesentlichen nur für Versicherungsberater aus der Schweiz relevant ist (§ 34 d Rdn. 104, 106). Wenn das bilaterale Abkommen in Kraft getreten ist, können Versicherungsberater aus der Schweiz in Deutschland ohne Erlaubnis tätig werden, müssen sich jedoch registrieren lassen (§ 34 d Rdn. 104).

3. Qualifikation der Beschäftigen, § 34 d VI

Versicherungsberater dürfen direkt bei der Vermittlung mitwirkende Perso- **34** nen nur beschäftigen, wenn sie sicherstellen, dass diese Personen über die für die Versicherungsberatung angemessene Qualifikation verfügen, und geprüft haben, ob sie zuverlässig sind. Unter Beschäftigten sind die Angestellten des Versicherungsberaters zu fassen, die als nicht selbständige Personen keiner eigenen Erlaubnis bedürfen. Diese müssen unmittelbar bei der Versicherungsberatung mitwirken. Allerdings ist das Ausmaß der Mitwirkung grundsätzlich nicht relevant. Lediglich untergeordnete Hilfstätigkeiten sollen aber nicht von Abs. 6 erfasst sein (*Schulze-Werner*, in: Friauf, § 34 e Rdn. 32).

Die direkt bei der Beratung mitwirkenden Angestellten müssen über die **35** für die Vermittlung der jeweiligen Versicherung angemessene Qualifikation verfügen und zuverlässig sein. Die Sicherstellung und Überprüfung dieser Eigenschaften obliegt dem Versicherungsberater. Die angemessene Qualifikation kann laut Gesetzesbegründung etwa durch speziell zugeschnittene interne oder externe Schulungen gesichert werden (BT-Drs. 16/1935, S. 20).

Sofern der Versicherungsberater als Arbeitgeber seiner Pflicht zur Sicherstellung und Prüfung der angemessenen Qualifikation und Zuverlässigkeit seiner Angestellten nicht hinreichend nachkommt, kann dies die eigene Unzuverlässigkeit begründen. In diesem Fall kommt ein Widerruf der Erlaubnis nach § 49 II 1 Nr. 3 VwVfG i. V. m. §§ 34 e II, 34 d II Nr. 1 in

§ 34e

Betracht. Daneben besteht die Gefahr, dass der Versicherungsberater mit möglichen Schadensersatzansprüchen des Kunden konfrontiert wird (vgl. § 63 VVG).

4. Pflicht zur Eintragung in das Vermittlerregister, § 34 d VII

36 Nach Abs. 2 i. V. m. § 34 d VII sind Versicherungsberater wie Versicherungsvermittler verpflichtet, sich unverzüglich nach Aufnahme ihrer Tätigkeit in das Vermittlerregister nach § 11 a I eintragen zu lassen. Wesentliche Änderungen der im Register gespeicherten Angaben sind gem. § 34 d VII 2 ebenfalls unverzüglich mitteilungspflichtig (vgl. auch § 6 I 2 VersVermV). Siehe im Übrigen die Erläuterungen bei § 34 d Rdn. 111 ff.

5. Verordnungsermächtigung, § 34 d VIII

37 Der Verweis auf § 34 d VIII betrifft die Verordnungsermächtigung (näher § 34 d Rdn. 120). Mit dem Erlass der Verordnung über die Versicherungsvermittlung und -beratung (VersVermV) vom 15. 3. 2007 (BGBl. I S. 733) wurde von der Ermächtigung Gebrauch gemacht (vgl. im Einzelnen die Kommentierung zur VersVermV von *Schulze-Werner*, in: Friauf, nach § 34 e). So muss etwa im Register gespeichert werden, wenn der Eintragungspflichtige als Versicherungsberater tätig wird (§ 5 I Nr. 3 VersVermV) und beim ersten Kundenkontakt seine Tätigkeit als Versicherungsberater in Textform transparent gemacht werden (§ 11 I Nr. 3 VersVermV).

V. Provisionsannahmeverbot (Abs. 3)

38 Abs. 3 statuiert das sog. Provisionsannahmeverbot, nach dem Versicherungsberater keine Provisionen von Versicherungsunternehmen entgegennehmen dürfen. Dieses das Berufsbild des Versicherungsberaters prägende Merkmal ergibt sich bereits aus Abs. 1 S. 1, stellt jedoch die in der Praxis bedeutendste Fallgruppe der Abhängigkeit von einem Versicherungsunternehmen dar. Der Regelungsgehalt von Abs. 3 S. 1 ist daher eher klarstellender Natur (vgl. *Schulze-Werner*, in: Friauf, § 34 e Rdn. 36).

39 Zur Gewährleistung der Unabhängigkeit des Versicherungsberaters gewährt Abs. 3 S. 2 die Ermächtigung zum Erlass von Rechtsverordnungen hinsichtlich näherer Vorschriften über das Provisionsannahmeverbot. Das Bundesministerium für Wirtschaft und Technologie hat von dieser Ermächtigungsgrundlage Gebrauch gemacht und in §§ 14 III und 15 II VersVermV besondere Regelungen für den Versicherungsberater vorgesehen. So hat der Versicherungsberater gem. § 14 III VersVermV über die üblichen Aufzeichnungspflichten nach § 14 I und II VersVermV hinaus Aufzeichnungen über Art und Höhe der Einnahmen, die er für seine Tätigkeit erhalten hat, den Namen und Vornamen oder die Firma sowie die Anschriften des Leistenden zu machen und die Unterlagen und Belege übersichtlich zu sammeln. Nach § 15 III VersVermV ist der Versicherungsberater verpflichtet, sich auf Anordnung der zuständigen Industrie- und Handelskammer auf die Einhaltung des Provisionsannahmeverbots überprüfen zu lassen.

VI. Rechtsfolgen von Pflichtverletzungen und Rechtsschutz

Bezüglich der möglichen Rechtsfolgen bei Pflichtverletzungen und des Rechtsschutzes kann auf die Erläuterungen zu § 34 d verwiesen werden, siehe dort Rdn. 138 ff., 148 ff. **40**

§ 35 Gewerbeuntersagung wegen Unzuverlässigkeit

(1) ¹Die Ausübung eines Gewerbes ist von der zuständigen Behörde ganz oder teilweise zu untersagen, wenn Tatsachen vorliegen, welche die Unzuverlässigkeit des Gewerbetreibenden oder einer mit der Leitung des Gewerbebetriebes beauftragten Person in bezug auf dieses Gewerbe dartun, sofern die Untersagung zum Schutze der Allgemeinheit oder der im Betrieb Beschäftigten erforderlich ist. ²Die Untersagung kann auch auf die Tätigkeit als Vertretungsberechtigter eines Gewerbetreibenden oder als mit der Leitung eines Gewerbebetriebes beauftragte Person sowie auf einzelne andere oder auf alle Gewerbe erstreckt werden, soweit die festgestellten Tatsachen die Annahme rechtfertigen, daß der Gewerbetreibende auch für diese Tätigkeiten oder Gewerbe unzuverlässig ist. ³Das Untersagungsverfahren kann fortgesetzt werden, auch wenn der Betrieb des Gewerbes während des Verfahrens aufgegeben wird.

(2) Dem Gewerbetreibenden kann auf seinen Antrag von der zuständigen Behörde gestattet werden, den Gewerbebetrieb durch einen Stellvertreter (§ 45) fortzuführen, der die Gewähr für eine ordnungsgemäße Führung des Gewerbebetriebes bietet.

(3) ¹Will die Verwaltungsbehörde in dem Untersagungsverfahren einen Sachverhalt berücksichtigen, der Gegenstand der Urteilsfindung in einem Strafverfahren gegen einen Gewerbetreibenden gewesen ist, so kann sie zu dessen Nachteil von dem Inhalt des Urteils insoweit nicht abweichen, als es sich bezieht auf
1. die Feststellung des Sachverhalts,
2. die Beurteilung der Schuldfrage oder
3. die Beurteilung der Frage, ob er bei weiterer Ausübung des Gewerbes erhebliche rechtswidrige Taten im Sinne des § 70 des Strafgesetzbuches begehen wird und ob zur Abwehr dieser Gefahren die Untersagung des Gewerbes angebracht ist.

²Absatz 1 Satz 2 bleibt unberührt. ³Die Entscheidung über ein vorläufiges Berufsverbot (§ 132a der Strafprozeßordnung), der Strafbefehl und die gerichtliche Entscheidung, durch welche die Eröffnung des Hauptverfahrens abgelehnt wird, stehen einem Urteil gleich; dies gilt auch für Bußgeldentscheidungen, soweit sie sich auf die Feststellung des Sachverhalts und die Beurteilung der Schuldfrage beziehen.

(3a) **(weggefallen)**

(4) ¹Vor der Untersagung sollen, soweit besondere staatliche Aufsichtsbehörden bestehen, die Aufsichtsbehörden, ferner die zuständige Industrie- und Handelskammer oder Handwerkskammer und,

soweit es sich um eine Genossenschaft handelt, auch der Prüfungsverband gehört werden, dem die Genossenschaft angehört. ²Ihnen sind die gegen den Gewerbetreibenden erhobenen Vorwürfe mitzuteilen und die zur Abgabe der Stellungnahme erforderlichen Unterlagen zu übersenden. ³Die Anhörung der vorgenannten Stellen kann unterbleiben, wenn Gefahr im Verzuge ist; in diesem Falle sind diese Stellen zu unterrichten.

(5) (weggefallen)

(6) ¹Dem Gewerbetreibenden ist von der zuständigen Behörde auf Grund eines an die Behörde zu richtenden schriftlichen Antrages die persönliche Ausübung des Gewerbes wieder zu gestatten, wenn Tatsachen die Annahme rechtfertigen, daß eine Unzuverlässigkeit im Sinne des Absatzes 1 nicht mehr vorliegt. ²Vor Ablauf eines Jahres nach Durchführung der Untersagungsverfügung kann die Wiederaufnahme nur gestattet werden, wenn hierfür besondere Gründe vorliegen.

(7) ¹Zuständig ist die Behörde, in deren Bezirk der Gewerbetreibende eine gewerbliche Niederlassung unterhält oder in den Fällen des Absatzes 2 oder 6 unterhalten will. ²Bei Fehlen einer gewerblichen Niederlassung sind die Behörden zuständig, in deren Bezirk das Gewerbe ausgeübt wird oder ausgeübt werden soll. ³Für die Vollstreckung der Gewerbeuntersagung sind auch die Behörden zuständig, in deren Bezirk das Gewerbe ausgeübt wird oder ausgeübt werden soll.

(7a) ¹Die Untersagung kann auch gegen Vertretungsberechtigte oder mit der Leitung des Gewerbebetriebes beauftragte Personen ausgesprochen werden. ²Das Untersagungsverfahren gegen diese Personen kann unabhängig von dem Verlauf des Untersagungsverfahrens gegen den Gewerbetreibenden fortgesetzt werden. ³Die Absätze 1 und 3 bis 7 sind entsprechend anzuwenden.

(8) ¹Soweit für einzelne Gewerbe besondere Untersagungs- oder Betriebsschließungsvorschriften bestehen, die auf die Unzuverlässigkeit des Gewerbetreibenden abstellen, oder eine für das Gewerbe erteilte Zulassung wegen Unzuverlässigkeit des Gewerbetreibenden zurückgenommen oder widerrufen werden kann, sind die Absätze 1 bis 7a nicht anzuwenden. ²Dies gilt nicht für Vorschriften, die Gewerbeuntersagungen oder Betriebsschließungen durch strafgerichtliches Urteil vorsehen.

(9) Die Absätze 1 bis 8 sind auf Genossenschaften entsprechend anzuwenden, auch wenn sich ihr Geschäftsbetrieb auf den Kreis der Mitglieder beschränkt; sie finden ferner Anwendung auf den Handel mit Arzneimitteln, mit Losen von Lotterien und Ausspielungen sowie mit Bezugs- und Anteilscheinen auf solche Lose und auf den Betrieb von Wettannahmestellen aller Art.

Literatur: *M. App*, Zwangsweise Durchsetzung gewerberechtlicher Maßnahmen im Wege der Verwaltungsvollstreckung, KKZ 2006, 45 ff.; *M. Eifert,* „Zuverlässigkeit" als persönliche Tätigkeitsvoraussetzung im Besonderen Verwaltungsrecht, JuS 2004, 565 ff.;

Gewerbeuntersagung wegen Unzuverlässigkeit **§ 35**

M. Einmahl, Gewerberechtliche Unzuverlässigkeit im zusammenwachsenden Europa, GewArch 2004, 408 ff.; *Schaaf,* Offenbarung steuerlicher Daten gegenüber Gewerbeuntersagungsbehörden, GewArch 1990, 337 ff.; *H.-W. Forkel,* § 35 Abs. 1 GewO: Zur Unzuverlässigkeit insbesondere wegen Steuerrückständen, GewArch 2004, 53 ff.; *K.-M. Heß,* Gewerbeuntersagung und Vertretungsberechtigung, GewArch 1994, 360 ff.; *ders.,* Wird die Unzuverlässigkeit im Sinne des § 35 Abs 1 Satz 1 GewO in der Rechtspraxis zu ausufernd angewandt?, GewArch 2009, 89 ff.; *W. Kanther,* Gewerbeuntersagung bei Freiberufler-GmbH?, GewArch 2002, 362 ff.; *M. Kaufmann,* Zur Einstellung des Gewerbebetriebes der nicht rechtsfähigen ausländischen juristischen Person, GewArch 1997, 400 ff.; *K. Klein,* Zum maßgebenden Zeitpunkt für die Sach- und Rechtslage im Verwaltungsprozeß, NVwZ 1990, 633 ff.; *M. Kramer,* Problematik der Wiedergestattung eines Gewerbes nach erfolgter Gewerbeuntersagung, GewArch 2010, 273 ff.; *M. Krugmann,* Unzuverlässigkeit und Verhältnismäßigkeit – Duldung des Betäubungsmittelkonsums durch Gastwirte, GewArch 1995, 398 ff.; *M. Lang,* Die Zuverlässigkeit von Personen- und Kapitalgesellschaften im Umweltrecht, 1997; *H.-W. Laubinger/U. Repkewitz,* Die gewerberechtliche Unzuverlässigkeit und ihre Folgen, VerwArch 89 (1998), 145 ff., 337 ff., 609 ff.; *W. G. Leisner,* Unzuverlässigkeit im Gewerberecht (§ 35 Abs. 1 S. 1 GewO), GewArch 2008, 225 ff.; *J. F. Lindner,* Gewerbeuntersagung wegen Verletzung des Allgemeinen Gleichbehandlungsgesetzes?, GewArch 2008, 436 ff.; *M. Loritz,* Gewerbeuntersagungsverfahren nach § 35 Abs. 1 Satz 1 Gewerbeordnung in der behördlichen Praxis in Baden-Württemberg, VBlBW 2008, 289 ff.; *U. Mager,* Der maßgebliche Zeitpunkt für die Beurteilung der Rechtswidrigkeit einer Gewerbeuntersagung, NVwZ 1996, 134 f.; *J. Rudo,* Mitteilungsrechte der Gewerbebehörden gegenüber Dritten, GewArch 1998, 224 ff. u. 275 ff.; *A. Scheidler,* Gewerbeuntersagungen bei Aktiengesellschaften, GewArch 2005, 445 ff.; *ders.,* Die Wiedergestattung der Gewerbeausübung nach § 35 Abs. 6 GewO aus der Sicht eines Praktikers, GewArch 2007, 135 ff.; *ders.,* Wiedergestattung der Gewerbeausübung, KommP BY 2009, 208 ff.; *R. Strunk,* Gewerbeerlaubnis und steuerliche Bescheinigungen, GewArch 1993, 398 ff.

Übersicht

Rdn.

I. Vorbemerkung 1
  1. Allgemeine Bedeutung 2
  2. Systematische Stellung und Anwendungsbereich 3
    a) Stehendes Gewerbe 3
    b) Anwendbarkeit der GewO gem. § 6 6
    c) Verhältnis zu § 12 7
    d) Verhältnis zu § 15 II GewO und §§ 48 ff. VwVfG 8
    e) Spezialvorschriften zu § 35 GewO 9
    f) Verhältnis zu § 70 StGB 10
II. Voraussetzungen der Gewerbeuntersagung (Abs. 1) 11
  1. Ausübung eines Gewerbes 11
    a) Gewerbe 11
    b) Ausübung 14
  2. Untersagung trotz Betriebsaufgabe (Abs. 1 S. 3) 22
    a) Betriebsaufgabe 23
    b) Fortsetzung 24
    c) Untersagungsverfahren 25
    d) Behördliches Ermessen 26
  3. Unzuverlässigkeit 27
    a) Allgemeines 27
    b) Einzelne Fallgruppen 36

§ 35 — Titel II. Stehendes Gewerbe

    4. Verantwortlicher 83
       a) Natürliche Person als Gewerbetreibender 84
       b) Personenmehrheiten ohne eigene Rechtspersönlichkeit 89
       c) Juristische Personen 94
       d) Mit der Leitung Beauftragter (§ 35 I 1 2. Var.) 99
       e) „Strohmann/Strohfrau-Verhältnis" 107
    5. Erforderlichkeit 117
       a) Schutzgüter 118
       b) Erforderlichkeit 121
       c) Verhältnismäßigkeit i. e. S 122
  III. Die Untersagungsverfügung 125
    1. Entscheidung 125
       a) Maßgeblicher Zeitpunkt 126
       b) Drittschutz 133
    2. Adressaten einer Untersagungsverfügung; mittelbar Betroffene 138
       a) Gewerbetreibende 138
       b) Vertreter, Betriebsleiter 140
       c) Mittelbar Betroffene 141
    3. Sachlicher Regelungsgehalt 143
       a) Gewerbeausübung (Abs. 1 S. 1) 143
       b) Voll- oder Teiluntersagung (Abs. 1 S. 1) 145
       c) Erweiterte Untersagung (Abs. 1 S. 2) 148
    4. Örtlicher und zeitlicher Geltungsbereich 160
       a) Örtlich 160
       b) Zeitlich 161
    5. Nebenbestimmungen 162
    6. Rechtswirkungen der Untersagung 166
       a) Einstellung des Gewerbes 167
       b) Besonderes Vollzugsinteresse 169
       c) Liquidation des Gewerbebetriebes 172
       d) Verhältnis zu Gewerbeerlaubnissen 173
       e) Beendigung der Rechtswirkungen 174
  IV. Stellvertretererlaubnis (Abs. 2) 175
    1. Voraussetzungen der Stellvertretererlaubnis 176
       a) Antrag 176
       b) Untersagung 177
       c) Fortgesetzter Betrieb 178
       d) Gewähr ordnungsgemäßer Betriebsführung 179
    2. Erteilung der Stellvertretererlaubnis 181
       a) Adressat 181
       b) Erlaubnisinhalt 182
       c) Ermessen 183
    3. Erlöschen der Stellvertretererlaubnis 184
  V. Bindung an strafrechtliche Entscheidungen (Abs. 3) 185
    1. Bindungswirkung von Strafurteilen (S. 1) 186
       a) Voraussetzungen der Bindungswirkung 186
       b) Reichweite und Rechtsfolge der Bindungswirkung .. 189
       c) Fehlerfolge 193
    2. Verhältnis zur erweiterten Untersagung (S. 2) 194
    3. Bindungswirkung anderer strafgerichtlicher Entscheidungen (S. 3) 195
       a) Gleichgestellte Entscheidungen 195
       b) Beschränkte Bindungswirkung (S. 3 a. E.) 196

c) Entscheidungen ohne Bindungswirkung 197
4. Zusammenarbeit zwischen Straf- und Gewerbebehörden . 198
VI. Durchsetzung der Untersagungsverfügung(Abs. 5 a. F.) 199
1. Frühere Rechtslage 199
2. Verwaltungsvollstreckung 200
VII. Wiedergestattung (Abs. 6) 202
1. Allgemeines; Verhältnis zu §§ 48, 49 VwVfG 202
2. Voraussetzungen der Wiedergestattung 203
  a) Antrag 203
  b) Wegfall der Unzuverlässigkeit 204
  c) Ablauf der Jahresfrist nach Abs. 6 S. 2 208
  d) Unanfechtbarkeit der Untersagung? 213
3. Entscheidung 216
  a) Rechtsanspruch auf Wiedergestattung 216
  b) Entscheidungsinhalt 217
4. Verhältnis zu Anzeige- und Erlaubnispflichten 220
VIII. Verfahrensregelungen (Abs. 4 und 7) 221
1. Allgemeines 221
2. Anhörungspflichten (Abs. 4) 222
  a) Zweck der Vorschrift 222
  b) Anzuhörende Stellen 223
  c) Durchführung der Anhörung 224
  d) Fehlerfolge bei unterbliebener Anhörung 226
3. Zuständigkeit (Abs. 7) 227
  a) Grundregel 228
  b) Sonderregeln 229
4. Mitteilungsrechte der Gewerbebehörden gegenüber Dritten 230
IX. Untersagung gegen Vertretungsberechtigte undBetriebsleiter (Abs. 7 a) 231
1. Allgemeines 231
2. Verhältnis der Untersagung nach Abs. 1 zu der nach Abs. 7 a (S. 2) 232
  a) Einleitung des Untersagungsverfahrens nach Abs. 7 a .. 233
  b) Fortgang und Abschluss des Untersagungsverfahrens nach Abs. 7 a 236
  c) Keine Anwendbarkeit des Abs. 7 a ohne Untersagungsverfahren nach Abs. 1 239
3. Untersagungsvoraussetzungen 241
  a) Untersagungsadressat 241
  b) Unzuverlässigkeit 242
  c) Erforderlichkeit 243
4. Untersagung 244
  a) Zuständige Behörde 244
  b) Inhalt der Untersagungsverfügung 245
  c) Ermessen 248
X. Nichtanwendbarkeit der Abs. 1 bis 7 a (Abs. 8) 249
1. Erlaubnisfreie Gewerbetätigkeiten (S. 1) 252
2. Erlaubnispflichtige Gewerbetätigkeiten (S. 1) 253
  a) Erlaubnis fehlt 253
  b) Erlaubnis erteilt 255
3. Verhältnis zu strafrechtlichen Berufsverboten (S. 2) 260
XI. Erweiterung des Anwendungsbereichs derAbs. 1 bis 8 (Abs. 9) 261

§ 35   Titel II. Stehendes Gewerbe

   1. Genossenschaften 262
   2. Handel mit Arzneimitteln, Losen etc.; Betrieb von Wettan-
      nahmestellen 263
XII. Rechtsfolgen bei Pflichtverletzungen 264
XIII. Streitwertfestsetzung 265

I. Vorbemerkung

1   Durch das 4. Änderungsgesetz zur GewO vom 5. 2. 1960 (BGBl. I S. 61) wurde § 35 als Generalklausel gefasst. Zu den weiteren Änderungen siehe *Marcks*, in: Landmann/Rohmer I, § 35 Rdn. 4.

1. Allgemeine Bedeutung

2   § 35 ist als **zentrale Untersagungsnorm** der GewO das notwendige Korrelat zur Gewerbefreiheit (*Marcks*, in: Landmann/Rohmer I, § 35 Rdn. 15). Das „Institut der Gewerbeuntersagung", so *BVerwG* NVwZ 2004, 103 (104), diene dem Zweck, Irrtümer und Fehlvorstellungen zu verhindern, die „unmittelbar den ordnungsgemäßen Ablauf des Rechts- oder Wirtschaftsverkehrs betreffen". Da sich die Gewerbeuntersagung nach § 35 nicht auf einen konkreten Gewerbebetrieb, sondern auf die Gewerbetätigkeit des Adressaten im gesamten Geltungsbereich der GewO bezieht, handelt es sich um eine die Berufswahl sperrende Regelung, die sich nur dann als zulässig erweist, wenn sie zum Schutze wichtiger Gemeinschaftsgüter erforderlich ist (*BVerfGE* 7, 377; näher Einl. Rdn. 77). § 35 ist mit Art. 12 I GG als auch mit dem Unionsrecht vereinbar (*BVerwG* GewArch 1996, 411; *OVG Nds.* GewArch 2009, 32 [33]).

2. Systematische Stellung und Anwendungsbereich

3   a) **Stehendes Gewerbe.** Nach der Gesetzessystematik ist § 35 nur auf das stehende Gewerbe anwendbar. Für das Reisegewerbe gilt § 59, für den Marktverkehr § 70 a.

4   Wenn eine auf § 35 basierende Verfügung eine Tätigkeit im stehenden Gewerbe untersagt, erfasst diese Untersagung nicht zugleich ausgeübte Tätigkeiten im Bereich des Reisegewerbes oder Marktverkehrs (*OVG NRW* OVGE 21, 304; *VG Hamb.* GewArch 1973, 290; *Marcks*, in: Landmann/Rohmer I, § 35 Rdn. 12; *Hahn* GewArch 1999, 41; **a. A.** *Laubinger* VerwArch 89 [1998], 145 [167] sowie *VGH BW* GewArch 1994, 473 [474] für eine Gaststätte im Reisegewerbe, da § 1 II GastG ausdrücklich die im Reisegewerbe betriebenen Gaststätten denjenigen im stehenden Gewerbe gleichstelle, so dass über § 31 GastG auch § 35 GewO anwendbar sei; zustimmend *Heß*, in: Friauf, § 35 Rdn. 6). Es dürften freilich kaum Fälle denkbar sein, in denen gleichzeitig die Voraussetzungen des § 35 gegeben sind und eine Gewerbeausübung durch denselben Gewerbetreibenden in Form etwa des Reisegewerbes zulässig wäre. Deshalb ist es zulässig und in der Praxis ratsam, mehrere Untersagungen gegen einen Gewerbetreibenden, der sein Gewerbe in verschiedenen Formen ausübt, in einem Bescheid zusammenzufassen (*Fröhler/Kormann* § 35 Rdn. 2).

Eine **analoge Anwendung** einzelner Teile des § 35 in Untersagungsverfahren nach §§ 59, 70 a ist nicht zulässig (*Brüning*, in: BeckOK, § 35 Rdn. 2; **a. A.** *OVG NRW* GewArch 1981, 11). Dies ergibt sich allerdings nicht schon aus § 35 VIII (so jedoch *OVG NRW* OVGE 21, 304 [308]; wohl auch *Mauer* GewArch 1983, 22), da Reisegewerbe und Marktverkehr nicht unter den Begriff des „einzelnen Gewerbes" zu fassen sind. Hiermit sind vielmehr bestimmte Gewerbezweige, nicht aber spezielle Ausübungsformen gemeint (*Heß*, in: Friauf, § 35 Rdn. 158). Für eine Analogie fehlt es aber an einer planwidrigen Gesetzeslücke. Nach der Novellierung des § 59 durch Gesetz vom 25. 7. 1984 (BGBl. I S. 1008) findet sich in § 59 S. 2 eine ausdrückliche Verweisung auf bestimmte Teile des § 35, so dass im Übrigen von einem die Analogie sperrenden bewussten Schweigen des Gesetzgebers auszugehen ist. Darüber hinaus begegnet eine Analogie grundsätzlichen Bedenken: Die Gewerbeuntersagung stellt einen massiven Eingriff in das Grundrecht der Berufsfreiheit gem. Art. 12 I GG dar. Die Voraussetzungen einer Untersagung müssen sich daher klar und eindeutig aus dem Gesetz ergeben (*OVG NRW* OVGE 21, 304 [308]). Die Schaffung einer Ermächtigungsgrundlage für belastende Verwaltungsakte im Wege der Analogie ist vor diesem Hintergrund nicht zulässig (*BVerfG[K]* DVBl. 1997, 351). Festzuhalten bleibt damit, dass § 35 nur auf das stehende Gewerbe anwendbar ist, soweit nicht eine ausdrückliche gesetzliche Verweisung vorliegt.

b) Anwendbarkeit der GewO gem. § 6. Eine Beschränkung des Anwendungsbereichs des § 35 ergibt sich aus §§ 1 und 6 I S. 1. Eine ausdrückliche Bestimmung i. S. d. § 6 I S. 2 enthält § 35 IX (dazu unten Rdn. 263).

c) Verhältnis zu § 12. § 12 sperrt § 35 und auch die Aufhebung einer Gewerbeerlaubnis aufgrund von Unzuverlässigkeit während des Insolvenzverfahrens (dazu *BayVGH* GewArch 2009, 311 [312]: von der Sperre betroffen ist auch die erweiterte Gewerbeuntersagung nach § 35 I 2); siehe ferner *Brüning*, in: BeckOK, § 35 Rdn. 5 ff. u. § 12 Rdn 2 f.

d) Verhältnis zu § 15 II GewO und §§ 48 ff. VwVfG. Dazu unten Rdn. 251 ff.

e) Spezialvorschriften zu § 35 GewO. Spezialvorschriften sind z. B. § 15 GastG, § 25 PBefG, § 41 WaffG, § 35 II KWG, § 4 ApoG. Dagegen finden etwa § 35 GewO und § 20 BImSchG nebeneinander Anwendung; vgl. *Jarass* BImSchG, 8. Aufl. 2010, § 20 Rdn. 45 m. w. N. Mit Blick auf **Landesrecht** gilt: Soweit die Länder zu gewerberechtlichen Regelungen gesetzgebungsbefugt sind, können sie Spezialvorschriften zu § 35 schaffen oder die bundesrechtliche Norm für entsprechend anwendbar erklären (z. B. § 3 I BbgGastG). Fehlt eine landesrechtliche Vorschrift, greift § 35.

f) Verhältnis zu § 70 StGB. Nicht ausgeschlossen wird die Anwendbarkeit des § 35 nach Abs. 8 S. 2 durch entsprechende strafrechtliche Vorschriften, also etwa wegen eines aufgrund § 70 StGB im Strafurteil ausgesprochenen Berufsverbotes.

§ 35

II. Voraussetzungen der Gewerbeuntersagung (Abs. 1)

1. Ausübung eines Gewerbes

11 a) **Gewerbe.** Zum Gewerbebegriff siehe oben §§ 1 und 6. Wenn die Gewerbsmäßigkeit fehlt, ist § 35 grundsätzlich nicht anwendbar. Eine Ausnahme normiert § 35 **IX**: Danach sind die Abs. 1– 8 auf **Genossenschaften** selbst dann anzuwenden, wenn sie ihren Geschäftsbereich auf den Kreis ihrer Mitglieder beschränken, so dass bei ihnen die Gewinnerzielungsabsicht und damit die Gewerbsmäßigkeit fehlen kann (*Brüning*, in: BeckOK, § 35 Rdn. 4). Alle weiteren Merkmale des Gewerbebegriffs müssen aber auch bei Genossenschaften i. S. d. Abs. 9 erfüllt sein (näher unten Rdn. 262).

12 Eine GmbH kann auch nach ihrer Auflösung wegen Abweisung eines Antrages auf Eröffnung des Insolvenzverfahrens mangels Masse noch ein Gewerbe betreiben (*BVerwG* GewArch 1996, 241 [243]; ebenso *OVG Nds.* Beschluss vom 16. 11. 2006 – 7 ME 128/06, juris Rdn. 5 zur Gesellschaft in Liquidation). Im Kontext einer Insolvenz ist § 12 im Blick zu behalten.

13 § 35 I gilt sowohl gegenüber deutschen als auch gegenüber **ausländischen** Gewerbetreibenden, wenn sie in Deutschland ihr Gewerbe ausüben. Ein Verstoß gegen EU-Recht ist darin nicht zu sehen (*BVerwG* GewArch 1993, 323).

14 b) **Ausübung.** Ein konkretes Gewerbe muss tatsächlich ausgeübt werden (vgl. *BVerwG* GewArch 1982, 302 u. NVwZ 2004, 103). Unerheblich ist dabei, ob das Gewerbe zulässigerweise ausgeübt wird (*Fröhler/Kormann* § 35 Rdn. 6), sofern die Gewerbsmäßigkeit noch zu bejahen und nicht wegen sozialer Unwertigkeit der Tätigkeit zu verneinen ist (dazu § 1 Rdn. 41). Der Anzeige einer Betriebsaufgabe nach § 14 kommt keine konstitutive Bedeutung zu, sodass allein der Umstand der Anzeige der Untersagung nach § 35 I nicht entgegensteht.

15 Die tatsächliche Ausübung ist unproblematisch zu bejahen, wenn die Gewerbetätigkeit während des gesamten Untersagungsverfahrens, d. h. von der Einleitung bis zur Untersagungsverfügung, ausgeübt wird. Schwierigkeiten ergeben sich, wenn das Gewerbe entweder bei Einleitung des Untersagungsverfahrens noch gar nicht ausgeübt wurde oder während des Verfahrens aufgegeben wird.

16 aa) **Spätere Betriebsaufgabe.** Gesetzlich geregelt ist der Fall, dass nach Einleitung des Untersagungsverfahrens der Gewerbebetrieb aufgegeben wird: § 35 I 3 ermöglicht ausnahmsweise, dass nach Betriebsaufgabe ein Untersagungsverfahren fortgesetzt wird (näher unten Rdn. 22 ff.). Grundsätzlich muss aber auch im Zeitpunkt des Erlasses der Untersagungsverfügung das Gewerbe noch tatsächlich ausgeübt werden (*BVerwG* GewArch 1982, 302).

17 bb) **Anfängliches Fehlen der Gewerbeausübung.** Für den Fall des anfänglichen Fehlens der Gewerbeausübung findet sich keine ausdrückliche gesetzliche Regelung. Erkennbar ist immerhin, dass § 35 I 3 voraussetzt, dass im Normalfall der Gewerbebetrieb während des gesamten Untersagungsverfahrens ausgeübt wird und nur für den Fall der nachträglichen Betriebsaufgabe eine Ausnahme zulässt, nicht aber für das anfängliche Fehlen einer Gewerbeausübung.

Daraus folgt, dass schon im Zeitpunkt der Einleitung des Untersagungsverfahrens das Gewerbe ausgeübt werden muss. Es genügt also nicht, dass es erst im Zeitpunkt der Untersagungsentscheidung ausgeübt wird (*Brüning*, in: BeckOK, § 35 Rdn. 15; *Marcks*, in: Landmann/Rohmer I, § 35 Rdn. 25; a. A. OVG NRW GewArch 1991, 383 f.; *Heß*, in: Friauf, § 35 Rdn. 23; *Laubinger* VerwArch 89 [1998], 145 [162]: Es genüge, dass bei Erlass des Widerspruchsbescheides ein Gewerbe betrieben werde). Anderenfalls wäre die Sonderregelung des Abs. 1 S. 3 nicht verständlich, die sich nicht nur auf den Erlass der das Verwaltungsverfahren abschließenden Entscheidung, sondern auf das Verfahren als Entscheidungsprozess bezieht. 18

Für die Gewerbeausübung i. S. d. § 35 I 1 reicht der **Beginn der Gewerbetätigkeit**, welcher in der ersten nach außen wirkenden geschäftlichen Tätigkeit zu sehen ist (näher § 14 Rdn. 36 ff.). Dazu zählen auch konkrete Vorbereitungshandlungen, etwa Beschaffen von Räumen und Personal (*BVerwG* GewArch 1993, 156 [157], das darin den objektiv erkennbar unmittelbar bevorstehenden Betriebsbeginn sieht und ausreichen lässt). Allein die sichere Absicht, ein Gewerbe aufzunehmen, ist nicht ausreichend (*BVerwG* GewArch 1993, 156 [157] u. GewArch 1982, 302; anders noch GewArch 1965, 7). 19

Die **Einleitung des Untersagungsverfahrens** erfolgt nach § 22 VwVfG durch eine zunächst interne Verwaltungsentscheidung, die aber (vgl. § 9 VwVfG) „nach außen" wirken muss. Rein verwaltungsinterne Überlegungen sind daher noch nicht als Einleitung zu werten (vgl. *BayVGH* GewArch 1992, 183). Die erforderliche Außenwirkung setzt nicht zwingend die Verfahrensbeteiligung des Gewerbetreibenden (etwa durch Anhörung nach § 28 VwVfG) voraus. Außenwirkung liegt vielmehr schon dann vor, wenn behördliche Ermittlungen vorgenommen werden, welche den behördeninternen Bereich überschreiten, so bei Befragen von Geschädigten oder Anhörung anderer Behörden gem. § 35 IV oder telefonischen Anfragen bei dem betroffenen Gewerbetreibenden (vgl. *BayVGH* GewArch 1992, 183; *VGH BW* GewArch 1979, 17; *Marcks*, in: Landmann/Rohmer I, § 35 Rdn. 97). 20

cc) **Beweislast.** Die Beweislast für die Frage, ob das Gewerbe tatsächlich ausgeübt wird, liegt bei der Behörde (*BVerwG* GewArch 1982, 302). Ein Indiz hierfür kann die Gewerbeanzeige bzw. -abmeldung sein (*Brüning*, in: BeckOK, § 35 Rdn. 16); zwingend ist dies aber nicht, da die Anzeige keine konstitutive Wirkung hat. 21

2. Untersagung trotz Betriebsaufgabe (Abs. 1 S. 3)

Eine Ausnahme von dem Grundsatz des Abs. 1 S. 1, dass das zu untersagende Gewerbe zum Zeitpunkt des Erlasses der Untersagungsverfügung tatsächlich ausgeübt werden muss, normiert Abs. 1 S. 3. Ein Bedürfnis zur Untersagung auch nach einer Betriebsaufgabe kann bestehen, wenn eine erneute Betriebsaufnahme von vornherein verhindert werden soll. Ohne die Regelung des S. 3 wäre hierfür jeweils ein neues Untersagungsverfahren erforderlich, wenn der Gewerbetreibende sein Gewerbe aufgibt, um der 22

Untersagungsverfügung zu entgehen (vgl. amtl. Begr. BT-Drs. 7/111). Durch S. 3 wird das Verwaltungsverfahren vereinfacht und ein besserer Schutz vor unzuverlässigen Gewerbetreibenden ermöglicht. Diesem Zweck entsprechend hat die Behörde zu prüfen, ob Anhaltspunkte dafür bestehen, dass der Gewerbetreibende im Falle einer Verfahrenseinstellung seine gewerbliche Tätigkeit wieder aufnehmen werde (*OVG NRW* GewArch 2000, 387 f.).

23   a) **Betriebsaufgabe.** Eine Betriebsaufgabe kann z. B. in der Einstellung, dem Verkauf oder der Verpachtung des Gewerbebetriebes liegen. In der Eröffnung des Insolvenzverfahrens über das Vermögen des Gewerbetreibenden als solcher liegt keine Betriebsaufgabe (*BVerwG* NVwZ 2006, 599; *Heß*, in: Friauf, § 35 Rdn. 104). Der bisherige Betrieb wird dann vom Insolvenzverwalter fortgeführt. Stellt dieser den Betrieb später ein, ist darin eine Betriebsaufgabe zu sehen. Zu beachten ist die Sperrung von § 35 I durch § 12 (dazu *BayVGH* GewArch 2009, 311 [312]).

24   b) **Fortsetzung.** S. 3 ermöglicht die Fortsetzung des Untersagungsverfahrens auch bei Betriebsaufgabe während des Verfahrens. Voraussetzung der Anwendbarkeit des S. 3 ist daher, dass bei Verfahrenseinleitung der Betrieb tatsächlich ausgeübt wurde (*HessVGH* GewArch 1984, 22). Zum Begriff der Verfahrenseinleitung siehe oben Rdn. 20 und zum Beginn der Betriebsausübung oben Rdn. 14 ff.

25   c) **Untersagungsverfahren.** S. 3 bezieht sich nur auf die Zeit bis zum Abschluss des Verwaltungsverfahrens (*BVerwG* GewArch 1982, 301; *Marcks*, in: Landmann/Rohmer I, § 35 Rdn. 98), nicht auch auf die Dauer eines sich anschließenden gerichtlichen Verfahrens (so aber *Fröhler/Kormann* § 35 Rdn. 9). Erfährt die Behörde erst in der mündlichen Verhandlung vor Gericht von der Betriebsaufgabe, scheidet daher Abs. 1 S. 3 aus. Die Behörde kann aber an der Untersagung festhalten: Wegen der Möglichkeit einer Wiederaufnahme des Gewerbes kann ein berechtigtes Interesse der Behörde an der Feststellung der Unzuverlässigkeit und an der Untersagung bestehen. Die Rechtmäßigkeit der Untersagungsverfügung bemisst sich dann danach, ob die Gewerbeuntersagung ungeachtet der Aufgabe des Gewerbebetriebs wegen der Möglichkeit einer künftigen Wiederaufnahme erforderlich ist (so *HessVGH* GewArch 2004, 303 f.).

26   d) **Behördliches Ermessen.** Die Anwendung des S. 3 steht im Ermessen der Behörde (*Brüning*, in: BeckOK, § 35 Rdn. 17), wobei es sich um eine Entschließung ohne Verwaltungsaktcharakter handelt, deren Berechtigung nur im Zusammenhang mit der Bewertung der Untersagungsverfügung überprüft werden kann (*BVerwG* GewArch 1982, 303).

3. Unzuverlässigkeit

27   a) **Allgemeines.** Der Begriff der Unzuverlässigkeit ist im Gewerberecht nicht gesetzlich definiert. Angesichts des nahezu unübersehbar breiten Anwendungsbereichs von § 35 ist hier auch auf einen Katalog von Regelbeispielen verzichtet worden (anders etwa bei §§ 33 c II 2, 34 b IV Nr. 1, 34 c II Nr. 1). Nach allgemeiner Ansicht ist gewerberechtlich unzuverlässig, wer

keine Gewähr dafür bietet, dass er in Zukunft sein Gewerbe ordnungsgemäß ausüben wird (*BVerwGE* 65, 1 f. – st. Rspr.; *Marcks*, in: Landmann/Rohmer I, § 35 Rdn. 29; *Laubinger* VerwArch 89 [1998], 145 [148]). Die Beurteilung der (Un-)Zuverlässigkeit erfolgt in zwei Schritten: Zunächst werden Tatsachen (Bezug: Vergangenheit oder Gegenwart) ermittelt, die sodann Grundlage für die Einschätzung sind, ob der Gewerbetreibende seine Tätigkeit fortan ordnungsgemäß ausüben wird (Bezug: Zukunft). Dabei ist der Unzuverlässigkeitsbegriff unter Beachtung des Grundrechts der Berufsfreiheit und des Prinzips der Verhältnismäßigkeit auszulegen (vgl. *VG Schleswig* NJW 2001, 387). Trotz des prognostischen Elementes handelt es sich bei der Unzuverlässigkeit um einen **gerichtlich voll überprüfbaren unbestimmten Gesetzesbegriff ohne Beurteilungsspielraum** (vgl. *BVerwGE* 28, 202 [209 f.]; *HambOVG* GewArch 2009, 363 [365]; *Brüning*, in: BeckOK, § 35 Rdn. 24; *Marcks*, in: Landmann/Rohmer I, § 35 Rdn. 29; *Tettinger* DVBl. 1982, 420 [426]; a. A. *Kienzle* GewArch 1974, 253 [255]).

Kommt der Gewerbetreibende aus dem **EU-/EWR-Ausland**, kann sich die zuständige Behörde auf Grundlage des § 11 b Daten von der ausländischen zuständigen Behörde übermitteln lassen, um die Zuverlässigkeit zu prüfen (§ 11 b Rdn. 18), unabhängig davon, ob der Gewerbetreibende im Inland nur gelegentlich und vorübergehend oder dauerhaft tätig werden will. Unterlagen von ausländischen Behörden, die die Zuverlässigkeit belegen, sind im Rahmen des **§ 13 b** anzuerkennen, soweit dessen Anwendungsbereich nicht durch § 13 b III eingeschränkt ist (dort § 13 b Rdn. 22), d. h. die diesen Dokumenten zugrunde liegenden Tatsachen dürfen nicht doppelt geprüft werden.

aa) Tatsachen. Die Unzuverlässigkeit ist an bestimmte Tatsachen gebunden. Diese in der Vergangenheit liegenden Tatsachen bilden den gegenwärtigen Erkenntnisstand der Behörde und sind damit Grundlage für die zukunftsgerichtete Entscheidung, ob Unzuverlässigkeit dargetan ist. Tatsachen sind nur **Zustände der Vergangenheit oder Gegenwart**, d. h. es muss sich um bereits realisierte Negativa handeln. Nicht ausreichend ist, dass entsprechende Geschehnisse lediglich einzutreten drohen. Auch weit zurückliegende Tatsachen sind grundsätzlich berücksichtigungsfähig (zu Ausnahmen aufgrund von §§ 51 f. BZRG siehe *Hahn* GewArch 1997, 41 [42] sowie unten Rdn. 41 ff.), verlieren aber im Laufe der Zeit an Gewicht. Die Unzuverlässigkeit kann aus Tatsachen gefolgert werden, die vor Beginn der Gewerbeausübung liegen, sofern sie für die Einschätzung des künftigen Verhaltens von Bedeutung sind (*Huber*, in: Schmidt-Aßmann/Schoch [Hrsg.], BesVwR, 14. Aufl. 2008, 3. Kapitel: Öffentliches Wirtschaftsrecht, Rdn. 312). Die Tatsachen können ihre Grundlage in den Feststellungen staatsanwaltschaftlicher Ermittlungsverfahren finden (*VG München* Urteil vom 12. 3. 2007 – M 16 K 06.896, juris Rdn. 48). 28

Die Unzuverlässigkeit ist nicht absolut, sondern mit Blick auf das ausgeübte Gewerbe zu beurteilen (*BVerwG* GewArch 1961, 166). Deshalb müssen die Tatsachen einen **Bezug zum ausgeübten Gewerbe** aufweisen. Dies erfordert aber nicht, dass die Tatsachen im Rahmen (oder gar in den Räumen) des Gewerbebetriebes eingetreten sind (vgl. *Brüning*, in: BeckOK, § 35 29

Rdn. 22). Es genügt, dass aus ihnen auf die Unzuverlässigkeit im ausgeübten Gewerbe zu schließen ist. Wenn eine Tatsache zunächst zur Annahme der Unzuverlässigkeit eines bestimmten Gewerbes führt, kann sie zugleich die Annahme begründen, dass die Unzuverlässigkeit auch für ein anderes Gewerbe besteht (vgl. § 35 I 2 und dazu unten Rdn. 150).

30 Soweit es sich um eine Straftat handelt, ist die entscheidungserhebliche Tatsache nicht in der strafgerichtlichen Verurteilung, sondern in der Straftat selbst zu sehen (*BVerwGE* 24, 34 [36]; *VGH BW* GewArch 1990, 253; *Laubinger* VerwArch 89 [1998], 145 [151]; näher unten Rdn. 37), anders bei §§ 33 c II, 34 b IV Nr. 1, 34 c II Nr. 1, wo auf eine „Verurteilung" abgestellt wird.

31 **bb) Prognosemaßstab.** Die Tatsachen müssen – so § 35 I 1 – die Unzuverlässigkeit „dartun". Die behördliche Entscheidung beinhaltet also eine Prognose, ob in Zukunft ein Fehlverhalten des Gewerbetreibenden in seinem ausgeübten Gewerbe wahrscheinlich ist (*Marcks*, in: Landmann/Rohmer I, § 35 Rdn. 31 f.). Fraglich ist, welcher Prognosemaßstab für dieses „Dartun" gilt. **Bloße Zweifel** an der Zuverlässigkeit oder Vermutungen **reichen** für eine Untersagung **nicht** aus (*VGH BW* GewArch 1974, 135 [136]; *Heß*, in: Friauf, § 35 Rdn. 53), ebenso wenig die schlichte Möglichkeit eines Fehlverhaltens (*Marcks*, in: Landmann/Rohmer I, § 35 Rdn. 32). Andererseits dürfen die Anforderungen an die Wahrscheinlichkeit eines Schadenseintrittes im Interesse des Schutzes der Allgemeinheit nicht zu hoch geschraubt werden. **Feste Gewissheit** einer späteren Pflichtverletzung ist deshalb **nicht nötig**, es genügt die **Wahrscheinlichkeit** (*Marcks*, in: Landmann/Rohmer I, § 35 Rdn. 32). Insoweit reicht auch eine **abstrakte Gefahr** – d. h. eine nach der Lebenserfahrung typischerweise zu bejahende Gefährdungslage ohne Notwendigkeit des Vorliegens einer konkreten Gefahr – für die Schutzgüter des § 35 I (vgl. BT-Drs. 7/111, S. 5; zum Begriff der abstrakten Gefahr siehe *Tettinger/Erbguth/Mann* Besonderes Verwaltungsrecht, 10. Aufl. 2009, Rdn. 467). Im Übrigen richtet sich der Maßstab nach der Wertigkeit der bedrohten Schutzgüter und dem zu erwartenden Schadensausmaß („differenzierter Wahrscheinlichkeitsmaßstab"): Je größer der zu befürchtende Schaden ist, desto niedriger ist das erforderliche Wahrscheinlichkeitsmaß (*VGH BW* GewArch 1993, 416: Unzuverlässigkeit eines Bungee-Jumping-Betreibers). Dann können u. U. schon „beachtliche Zweifel" an der Zuverlässigkeit zur Annahme der Unzuverlässigkeit führen (*VGH BW* GewArch 1990, 253 zu § 4 I Nr. 1 GastG).

32 Die Wahrscheinlichkeitsfeststellung der Behörde als Element ihrer Prognose unterliegt dabei vollständiger gerichtlicher Überprüfung (oben Rdn. 27).

33 Eine **günstige Sozialprognose** im Rahmen einer Strafaussetzung zur Bewährung oder vorzeitigen Haftentlassung führt nicht zwingend zur gewerberechtlichen Zuverlässigkeit, da sich die Sozialprognose nur auf das zukünftige strafrechtsrelevante Verhalten bezieht, die gewerberechtliche Unzuverlässigkeit aber auch auf nicht-strafbaren Verhalten beruhen kann (*Marcks*, in: Landmann/Rohmer I, § 35 Rdn. 32).

Gewerbeuntersagung wegen Unzuverlässigkeit   § 35

cc) Verschuldensunabhängigkeit. Die Gewerbeuntersagung wegen 34 Unzuverlässigkeit ist keine kriminalpolitische Maßnahme (*HessVGH* GewArch 1991, 28 [29]), sondern soll Gefahren für die Allgemeinheit abwehren. Daher kommt es – wie im allgemeinen Polizei- und Ordnungsrecht – auf ein Verschulden des Gewerbetreibenden nicht an (*BVerwGE* 65, 1 [4]; *OVG Nds.* GewArch 2009, 32 [33]; *Marcks*, in: Landmann/Rohmer I, § 35 Rdn. 30). Gerade auch ein Geschäfts- und Schuldunfähiger kann gewerberechtlich unzuverlässig sein (vgl. BT-Drs. 7/111, S. 6). Die maßgeblichen Tatsachen müssen dem Gewerbetreibenden lediglich im ordnungsrechtliche Sinne objektiv-kausal zuzurechnen sein (*Schaeffer* WiVerw 1982, 100 [106]).

dd) Beweislast. Die materielle Beweislast für die Tatsachen, welche die 35 Prognose der Unzuverlässigkeit rechtfertigen, liegt bei der Behörde (*Heß*, in: Friauf, § 35 Rdn. 53 a, 180).

b) Einzelne Fallgruppen. Eine umfängliche Rspr. gilt der schärferen 36 Konturierung des Gesetzesbegriffes der Unzuverlässigkeit, die nur durch Bildung von Fallgruppen gelingen kann (vgl. *Eifert* JuS 2004, 168 ff.).

aa) Straftaten. Eine Gewerbeuntersagung kann nicht allein auf die Tatsa- 37 che einer strafgerichtlichen Verurteilung des Gewerbetreibenden gestützt werden. Vielmehr muss die Behörde den bei der Verurteilung zugrundeliegenden Lebenssachverhalt daraufhin beurteilen, ob sich daraus auf die Unzuverlässigkeit für das ausgeübte Gewerbe oder gar für jede Gewerbetätigkeit schließen lässt (*VGH BW* GewArch 1990, 253). Dies bedeutet zugleich, dass auch ohne Strafbarkeit – etwa bei fehlendem Verschulden oder bei Schuldunfähigkeit – ein Verhalten, das einen Straftatbestand objektiv verwirklicht, zur Annahme der Unzuverlässigkeit führen kann.

Erforderlich ist ein Bezug der Straftat zum ausgeübten Gewerbe (vgl. 38 BVerwGE 36, 288). Dieser **Gewerbebezug** ist bei Eigentums- und Vermögensdelikten für alle Gewerbezweige zu bejahen. Straßenverkehrsdelikte sind grundsätzlich nur für die einschlägigen Gewerbearten – etwa das Taxigewerbe – relevant (*BVerwGE* 13, 326; *HessVGH* NJW 1982, 2459); eine Ausnahme gilt dann, wenn das Straßenverkehrsdelikt auf übergreifende Charaktermängel schließen lässt. Unerlaubte Veranstaltungen von Glücksspielen und Körperverletzungen indizieren die Unzuverlässigkeit von Gastwirten (*VGH BW* GewArch 1990, 253 u. 253 [254]). Wer außerhalb seines Steh-Imbisses mit Drogen handelt, ist mit Blick auf den Gewerbebetrieb des Imbisses unzuverlässig (*VG Gießen* Urteil vom 18. 1. 2008 – 8 E 314/08, juris Rdn. 19). Umgekehrt kann ein bloß räumlicher Gewerbebezug genügen, so bei Drogenhandel im Ladenlokal eines Schallplattenhändlers (*HambOVG* GewArch 1991, 212). Zu weiteren Einzelfällen siehe *Marcks*, in: Landmann/Rohmer I, § 35 Rdn. 39.

Ein **einmaliger Verstoß** gegen Strafgesetze kann Unzuverlässigkeit indi- 39 zieren, wenn es sich um ein gravierendes Delikt handelt (*VG Stuttgart* GewArch 2000, 25 [26]). Auch eine **Mehrzahl** kleinerer Delikte, die jedes für sich genommen, nicht hinreichen, können Indizien für Unzuverlässigkeit sein (vgl. *BVerwG* NJW 1986, 3221; *VGH BW* GewArch 1990, 253 [254]; *Marcks*, in: Landmann/Rohmer I, § 35 Rdn. 38). Unzuverlässigkeit ist insbesondere dann zu bejahen, wenn die Häufung der Straftaten einen Hang zur Missachtung geltender Vorschriften erkennen lässt (*VGH BW* GewArch 1990, 253 [254]; *Heß*, in: Friauf, § 35 Rdn. 58).

40 Im Falle einer Verurteilung besteht eine **Bindung an die Tatsachenfeststellungen des Strafgerichts** nach § 35 III nur insoweit, als die Behörde vom Urteilsinhalt nicht zum Nachteil des Gewerbetreibenden abweichen kann (näher unten Rdn. 185 ff.). Die Behörde muss aber nicht die Rechtskraft einer Verurteilung abwarten. Sie kann vielmehr schon vorher das strafrechtlich relevante Verhalten als Tatsachengrundlage für das Unzuverlässigkeitsverdikt heranziehen. Dies gilt jedenfalls dann, wenn das staatsanwaltschaftliche Ermittlungsverfahren bereits zur Anklageerhebung geführt hat (vgl. *HessVGH* GewArch 1993, 157 [158]; GewArch 1991, 28 [30]). Aber selbst vor Anklageerhebung kann die Gewerbebehörde eine Untersagungsverfügung wegen Unzuverlässigkeit auf das strafbare Verhalten stützen. Dem steht nicht die Unschuldsvermutung (Art. 6 II EMRK) entgegen, da das Strafgericht nicht an die gewerbebehördliche Wertung der Tatsachen gebunden ist (*HessVGH* GewArch 1991, 28 [30]). Siehe auch unten Rdn. 186.

41 Äußerste **zeitliche Grenze** für die Berücksichtigung einer rechtskräftigen Strafverurteilung ist § 51 I BZRG: Danach dürfen Tat und Verurteilung nach Tilgung der Eintragung im Bundeszentralregister nicht mehr zum Nachteil des Betroffenen verwertet werden. Die Tilgung erfolgt gem. §§ 45 ff. BZRG fünf bis fünfzehn Jahre nach der ersten Verurteilung. Zu beachten ist, dass die Tilgung einer Eintragung erst dann erfolgt, wenn für alle sonstigen Eintragungen die Tilgungsvoraussetzungen vorliegen (§ 47 III BZRG, dazu *BVerwG* GewArch 1995, 377).

42 In § 52 I Nr. 4 BZRG findet sich zwar eine Ausnahme vom Verwertungsverbot (vgl. § 33 c Rdn. 44). Diese betrifft einmal den Fall der Zuverlässigkeitsprüfung im Zusammenhang mit einer Erlaubniserteilung (§ 52 I Nr. 4, 1. Hs. BZRG) und zum anderen den Fall der Aufhebung einer gewerberechtlichen Untersagungsverfügung (§ 52 I Nr. 4 2. Hs. BZRG). Die zweitgenannte Variante zielt z. B. auf die Aufhebung einer Untersagungsverfügung nach § 35 VI (dazu unten Rdn. 206). Nicht erfasst ist jedoch die Untersagung einer Gewerbetätigkeit nach § 35 I 1, für die also uneingeschränkt das **Verwertungsverbot nach § 51 I BZRG** gilt (*Heß*, in: Friauf, § 35 Rdn. 59; *Marcks*, in: Landmann/Rohmer I, § 35 Rdn. 41).

43 Unterhalb der aus § 51 I BZRG abzuleitenden äußersten zeitlichen Verwertungsgrenze sind Straftaten bei der Ermittlung der Zuverlässigkeit nach § 35 I 1 zu berücksichtigen (*BVerwG* GewArch 1995, 115). Ihr Gewicht verringert sich aber mit fortschreitender Zeit, so dass trotz der Tat die Zuverlässigkeit bejaht werden kann, wenn der Gewerbetreibende sich seitdem straffrei und auch im Übrigen pflichtgemäß verhalten hat.

44 Die zeitlichen Grenzen des § 33 c II 2 (drei Jahre) oder der §§ 34 b IV Nr. 1, 34 c II Nr. 1 (fünf Jahre) können dabei nicht ohne weiteres in dem Sinne herangezogen werden, dass nach fünf Jahren die Tat kaum noch bei der Zuverlässigkeitsprüfung zu berücksichtigen ist (so aber *Heß*, in: Friauf, § 35 Rdn. 59; *Marcks*, in: Landmann/Rohmer I, § 35 Rdn. 41; wie hier *OVG Nds.* GewArch 2008, 360 mit Blick auf Abs. 6). Dagegen spricht schon, dass die Fristen der §§ 33 c II 2, 34 b IV Nr. 1 und 34 c II Nr. 1 nicht mit

Tatbeendigung, sondern erst mit rechtskräftiger Verurteilung beginnen. Deshalb lassen sich **keine festen Zeiträume** angeben, wann eine Tat nicht mehr Unzuverlässigkeit indiziert (vgl. auch B*VerwG* GewArch 1995, 377). Vielmehr kommt es jeweils auf eine Würdigung der besonderen **Umstände jedes Einzelfalles** an. Zu berücksichtigen sind Zeitablauf, Schwere der Tat, Intensität des Gewerbebezuges, späteres Verhalten etc. (vgl. B*VerwG* GewArch 1993, 414; *BayVGH* NVwZ-RR 2009, 19 [20]).

Späteres Wohlverhalten als solches begründet aber noch keine Zuverläs- 45 sigkeit (*BVerwG* GewArch 1996, 24; vgl. auch *BVerwG* GewArch 1999, 72). Es kann zur Zuverlässigkeit führen, wenn man darin einen Reifeprozess des Gewerbetreibenden erkennen kann. Daran fehlt es, wenn das Wohlverhalten lediglich dazu dient, Strafbewährung etc. zu erlangen (*BVerwG* GewArch 1987, 351). Eine **günstige Sozialprognose** im Rahmen einer Strafaussetzung zur Bewährung oder vorzeitigen Haftentlassung kann Anhaltspunkte für Zuverlässigkeit bieten (*BVerwG* GewArch 1987, 351 [352]; *Marcks*, in: Landmann/Rohmer I, § 35 Rdn. 41); zwingend ist dies aber nicht (*OVG Nds.* NVwZ-RR 2007, 521; *VG Berlin* GewArch 1989, 24; vgl. auch oben Rdn. 33).

Straftaten können auch dann im Rahmen des § 35 I 1 berücksichtigt wer- 46 den, wenn sie **verjährt** sind und deshalb strafrechtlich nicht mehr verfolgt werden können. Voraussetzung ist aber, dass die länger zurückliegende Tat noch die Annahme rechtfertigt, dass der Gewerbetreibende zukünftig unzuverlässig ist. Dies wird nach Ablauf der Verjährungsfrist regelmäßig zu verneinen sein, wenn seitdem keine weiteren Anhaltspunkte entstanden sind, die seine Zuverlässigkeit in Zweifel ziehen.

bb) Ordnungswidrigkeiten. Für Ordnungswidrigkeiten gilt grundsätz- 47 lich dasselbe wie für Straftaten mit nachfolgenden Besonderheiten:

Auch Ordnungswidrigkeiten können Unzuverlässigkeit nur indizieren, wenn sie den nötigen **Gewerbebezug** aufweisen. Gewerberelevant ist z. B. die Verletzung von Aufsichtspflichten in Betrieben (§ 130 OWiG); zu diesen Pflichten gehört auch die Bestellung, sorgfältige Auswahl und Überwachung von Aufsichtspersonen. Eine einzelne Ordnungswidrigkeit ist für sich betrachtet in der Regel nicht besonders schwerwiegend. Unzuverlässigkeit kommt daher am ehesten bei einer Vielzahl kleinerer Gesetzesverstöße in Betracht, wenn dies einen Hang zur Nichtbeachtung geltender Vorschriften erkennen lässt (*OVG Nds.* GewArch 1976, 238; *VG Stuttgart* GewArch 2000, 25 [26]; oben Rdn. 39).

Selbst in ihrer Addition nicht berücksichtigungsfähig sind jedoch **Bagatell-** 48 **verstöße**, die nach § 56 I OWiG mit einem Verwarnungsgeld geahndet werden können (*BVerwG* GewArch 1974, 209 [210]; *Marcks*, in: Landmann/Rohmer I, § 35 Rdn. 43). Berücksichtigungsfähig sind hingegen Ordnungswidrigkeiten i. S. d. § 149 II Nr. 3, selbst wenn deren Geldbuße nicht mehr als 200 Euro beträgt und diese Entscheidungen deshalb nicht in das Gewerbezentralregister eingetragen werden können (näher § 149 Rdn. 26). Die Berücksichtigungsfähigkeit ergibt sich aus § 153 VI, der eine Verwertung erst untersagt, wenn drei Jahre seit Rechtskraft der Bußgeldentscheidung

§ 35

vergangen sind – vorher ist eine Verwertung damit zulässig (*Marcks*, in: Landmann/Rohmer I, § 35 Rdn. 44).

49 **Zeitliche Grenze** der Verwertung bei Ordnungswidrigkeiten ist im Übrigen § 153 V: Nach Tilgung oder bei Tilgungsreife einer Eintragung im Gewerbezentralregister dürfen Tat und Bußgeldentscheidung nicht zum Nachteil des Gewerbetreibenden verwertet werden. Tilgungsreife tritt nach drei (Geldbuße nicht mehr als 300 Euro) oder spätestens fünf Jahren ab rechtskräftiger Bußgeldentscheidung (§ 153 I, II) ein. Vor Eintritt dieses **Verwertungsverbotes** können auch länger zurückliegende Ordnungswidrigkeiten berücksichtigt werden, wobei deren Gewicht mit zunehmender Dauer abnimmt (vgl. oben Rdn. 44, 46). Maßgeblicher Zeitpunkt für den Eintritt des Verwertungsverbotes ist die letzte Behördenentscheidung (insb. der Widerspruchsbescheid); entsteht das Verwertungsverbot erst später (z. B. nach Klageerhebung), bleibt die Verwertung zulässig (*BVerwG* GewArch 1997, 242 [243]).

50 Grundlage für die Entscheidung in Bezug auf die (Un-)Zuverlässigkeit ist – wie bei Straftaten (oben Rdn. 37) – nicht der Bußgeldbescheid, sondern der zugrundeliegende Lebenssachverhalt. Zur Bindungswirkung einer Bußgeldentscheidung siehe § 35 III 3 a. E. und Rdn. 195 ff. Eine rechtskräftige Bußgeldentscheidung ist aber nicht Voraussetzung der Berücksichtigung eines ordnungswidrigen Verhaltens bei der Untersagung nach § 35 I 1 (vgl. oben Rdn. 37). Ebenso wenig muss eine Eintragung im Gewerbezentralregister vorliegen (zumeist erfährt die Gewerbebehörde aber nur durch die Eintragung von der Ordnungswidrigkeit). Bei fehlendem Verschulden liegt zwar keine Ordnungswidrigkeit vor, gleichwohl kann Unzuverlässigkeit zu bejahen sein (oben Rdn. 37). Es müssen aber Tatsachen festgestellt werden, die auf ein künftiges gewerberechtswidriges Verhalten des Gewerbetreibenden hindeuten (*Heß*, in: Friauf, § 35 Rdn. 60 mit Verweis auf *OVG Saarl.* GewArch 2008, 44 zum Gaststättenrecht).

51 **cc) Steuerrückstände.** Auch das Vermögen der öffentlichen Hand unterfällt dem Schutz des § 35 I (*HessVGH* GewArch 1994, 238), so dass nicht unerhebliche Steuerrückstände die Unzuverlässigkeit begründen können (*BVerwGE* 65, 1 [2]; GewArch 1992, 22 f.; *VGH BW* GewArch 1991, 112; *HessVGH* GewArch 1994, 238; *Marcks*, in: Landmann/Rohmer I, § 35 Rdn. 49 m. w. N.). Auf ein Verschulden des Steuerpflichtigen kommt es nicht an (*BVerwGE* 65, 1 [4]; GewArch 1995, 88). Steuerschulden sind auch dann zu berücksichtigen, wenn sie auf Schätzungen (*BVerwG* GewArch 1995, 116; *BayVGH* Beschluss vom 13. 6. 2006 – 22 ZB 06.1392, juris Rdn. 2) oder einer gesetzlichen Haftungsübernahme (*HessVGH* GewArch 1994, 473) beruhen. Erforderlich ist nur die Fälligkeit der Steuerschuld, nicht die materielle Rechtmäßigkeit des Steuerbescheides; dies gilt auch bei Unionsrechtswidrigkeit des Steuerbescheides (*BVerwG* GewArch 1995, 111).

52 Die Nichtabführung **gewerbebezogener Steuern** und insbesondere vom Gewerbetreibenden treuhänderisch für den Staat vereinnahmter Steuern (z. B. Umsatzsteuer [*VG München* Urteil vom 7. 1 2009 – M 16 K 09.2024, juris Rdn. 18]; Lohnsteuer [*BVerwG* GewArch 1982, 301]; Mineralölsteuer) stellt ein gravierendes Fehlverhalten eines Gewerbetreibenden dar. Zu nennen

Gewerbeuntersagung wegen Unzuverlässigkeit **§ 35**

sind aber auch Rückstände **persönlicher Steuern** des Gewerbetreibenden, aus denen allerdings zu folgern sein muss, dass er keine Gewähr dafür bietet, in Zukunft die gewerbebezogenen Steuern ordnungsgemäß zu zahlen (*BVerwG* GewArch 1982, 233 [234]; GewArch 1995, 116). Der Gewerbebezug kann (muss aber nicht, vgl. *BayVGH* Beschluss vom 22. 4. 2004 – 22 CS 04.790, juris Rdn. 8) bei ausschließlich im privaten Bereich anfallenden Steuern zu verneinen sein, so z. B. bei der Kfz-Steuer für einen privaten PKW (*Marcks*, in: Landmann/Rohmer I, § 35 Rdn. 51).

Die Unzuverlässigkeit wegen Steuerrückständen ist unabhängig von einer 53 diesbezüglichen **Strafverurteilung** (*BVerwG* GewArch 1961, 62; *Marcks*, in: Landmann/Rohmer I, § 35 Rdn. 52). Liegt eine Verurteilung vor, sind zusätzlich die Ausführungen zu Rdn. 186 ff. zu beachten.

Steuerrückstände sind dann geeignet, einen Gewerbetreibenden als unzu- 54 verlässig einzustufen, wenn sie sowohl ihrer absoluten Höhe nach als auch im Verhältnis zur steuerlichen Gesamtbelastung des Gewerbetreibenden von Gewicht sind. Auch die Zeitdauer, während derer der Gewerbetreibende seinen steuerlichen Verpflichtungen nicht nachgekommen ist, ist von Bedeutung (*BVerwG* GewArch 1992, 22 u. 232; GewArch 1995, 115). Die Steuerschuld kann zugleich zum Untersagungsgrund mangelnder wirtschaftlicher Leistungsfähigkeit führen (vgl. *HessVGH* GewArch 1994, 238). Feste Grenzen, ab welcher **Höhe der Steuerschuld** Unzuverlässigkeit zu besorgen ist, lassen sich dabei nicht angeben (*BVerwG* GewArch 1999, 72; **a. A.** *Heß*, in: Friauf, § 35 Rdn. 63: 5.000 Euro unter Hinweis auf den Erlass des Bundesministers der Finanzen vom 17. 12. 2004, BStBl. I S. 117). Diese Frage richtet sich vielmehr nach der Gesamtsituation des betroffenen Gewerbetreibenden; zu berücksichtigen ist dabei namentlich die Relation zum Umsatz u. Ä. (*Loritz* GewArch 2008, 289 [290]). In der Rechtsprechung finden sich zumeist Beispiele erheblicher Steuerschulden (z. B. *OVG Berlin-Brandenb.* GewArch 2008, 367: 75.000 Euro; *HessVGH* GewArch 1994, 238: ca. 3,3 Mio. DM). Aber auch bei deutlich geringeren Steuerschulden wurde schon Unzuverlässigkeit bejaht (z. B. *VGH BW* NVwZ-RR 2006, 395 [396]: ca. 6.000 Euro; *VG Gelsenkirchen* Urteil vom 6. 3. 2009 – 7 K 2471/07, juris Rdn. 20: 4.500 Euro; zu noch geringeren Beträgen – z. T. deutlich unterhalb 500 Euro – siehe die Nachweise bei *Marcks*, in: Landmann/Rohmer I, § 35 Rdn. 52). **Verwaltungsvorschriften** legen z. T. für eine Untersagung nach § 35 I Mindestrückstände (z. B. 5.000 DM, heute in entsprechende Euro-Beträge umzurechnen) fest (näher *Heß*, in: Friauf, § 35 Rdn. 63).

Es ist für die Untersagung nach § 35 I 1 **nicht erforderlich**, dass die 55 Behörde zuvor vergeblich eine Zwangsvollstreckung wegen der geschuldeten Steuerforderungen versucht hat, da es ausschließlich Sinn des Untersagungsverfahrens ist, Gewerbetreibende vom Wirtschaftsverkehr fern zu halten, die wegen der Besorgnis einer nicht ordnungsgemäßen Gewerbeausübung eine Gefahr für die Allgemeinheit darstellen, nicht aber, die Gläubigerinteressen der Finanzbehörde zu befriedigen (*BVerwG* GewArch 1982, 234; vgl. auch *BVerwG* GewArch 1999, 31). Unter dem Blickwinkel der **Verhältnismäßigkeit** kann freilich etwas anderes gelten (unten Rdn. 121). Selbst wenn die zuständige Behörde längere Zeit auf die ihr bekannt gewordenen Steuerrückstände nicht reagiert, kann sich der Gewerbetreibende nicht auf den Vertrauenstatbestand einer Duldung berufen; im Gegenteil, die Behörde ist um so mehr zum Einschreiten verpflichtet (*BVerwG* GewArch 1992, 232).

56 Nicht nur Steuerrückstände, auch **sonstige steuerrechtliche Pflichtverstöße** können zur Annahme der Unzuverlässigkeit führen. Dies gilt etwa für die beharrliche Missachtung steuerrechtlicher Erklärungspflichten (*BVerwG* GewArch 1982, 233 [234]; *BVerwGE* 65, 1 [2]; *Laubinger* VerwArch 89 [1998], 145 [152]). Dem steht nicht die Möglichkeit der Finanzbehörden entgegen, fehlende Erklärungen durch Schätzungen (§ 162 AO) zu ersetzen (*Schaeffer* WiVerw 1982, 100 [113 f.]). Die mit erheblicher Verzögerung erfolgte Mitteilung der zum Wegfall der Steuerpflicht führenden Betriebsverlagerung kann ein die Unzuverlässigkeit begründender Umstand sein (*HessVGH* GewArch 1984, 72). Schließlich kann die Unzuverlässigkeit auch daraus abzuleiten sein, dass der Gewerbetreibende nur unter Druck durch Vollziehungsbeamte seine steuerrechtlichen Pflichten erfüllt (*VG Stuttgart* GewArch 2003, 36 [37]). Verstöße gegen bloße Ordnungsvorschriften des Steuerrechts führen für sich nicht zur Unzuverlässigkeit (so *HambOVG* GewArch 2009, 363 [367] zu §§ 146, 147 AO).

57 Zu erwähnen ist schließlich, dass die Finanzbehörden den Gewerbeaufsichtsbehörden Verstöße gegen steuerrechtliche Pflichten mitteilen dürfen (vgl. *BFH* GewArch 2004, 155 ff.; *VG Gießen* GewArch 2005, 426; *Müller* GewArch 1988, 84 ff.). Das **Steuergeheimnis** ist insoweit durch § 30 IV Nr. 5 AO eingeschränkt (*BFH* GewArch 2004, 155 ff.; *BVerwGE* 65, 1 [6]; GewArch 1992, 22 [23]; GewArch 1995, 115; *VGH BW* GewArch 1991, 112 [113]; *VG Gießen* GewArch 2005, 426; *Fischer/Schaaf* GewArch 1990, 337 [342]; *Loritz* VBlBW 2008, 289 [290]; **a. A.** *Arndt* GewArch 1988, 281 [283 ff.]; *Dittmann* Die Verwaltung 21 [1988], 43 [61]), aber nur dann, wenn entweder die Einkommensteuerpflicht allein auf Einkünften aus Gewerbebetrieb beruht oder wenn die Verletzung steuerrechtlicher Pflichten zur Unzuverlässigkeit wegen wirtschaftlicher Leistungsunfähigkeit führen kann (*OVG NRW* GewArch 1988, 87 ff.; *Diefenbach* GewArch 1991, 281 [284]; vgl. auch *Müller* GewArch 1988, 84 ff.). Die Einschränkung des Steuergeheimnisses wird im Übrigen durch § 11 I 1, 2 Nr. 3 bestätigt (*Marcks*, in: Landmann/Rohmer I, § 35 Rdn. 54; siehe § 11 Rdn. 23). Zu Unbedenklichkeitsbescheinigungen der Finanzämter siehe *Strunk* GewArch 1993, 398 ff.

58 Nur durch Vorlage eines tragfähigen **Sanierungskonzeptes**, das eine Abtragung der aufgelaufenen Steuerrückstände **und** das Nichtentstehen neuer Steuerschulden erwarten lässt, kann die Unzuverlässigkeit wieder ausgeräumt werden (*Forkel* GewArch 2004, 53 f.; siehe ferner *BVerwG* GewArch 1997, 244; *HessVGH* GewArch 1997, 151). Bloßer guter Wille (*ThürOVG* GewArch 2006, 472 [473]) oder die einmalige Überweisung von 300 Euro an das Finanzamt reichen hierfür keinesfalls (*BayVGH* Beschluss vom 13. 6. 2006 – 22 ZB 06.1392, juris Rdn. 2). Wenn erkennbar ist, dass Steuerrückstände nur unter dem Druck des Untersagungsverfahrens zeitweilig reduziert werden, führen die Zahlungen nicht zum Wegfall der Unzuverlässigkeit (*VG München* Urteil vom 19. 10. 2007 – M 16 K 07.1253, juris Rdn. 18). Die Betriebsaufgabe – nach Entstehen erheblicher Steuerschulden – führt für sich nicht zur Wiederherstellung der Zuverlässigkeit (*VG Augsburg* Urteil vom 9. 2. 2005 – Au 4 K 04.434, juris Rdn. 16).

dd) Verstöße gegen sozialversicherungsrechtliche Pflichten. Die 59
Nichtabführung von Beiträgen an die gesetzlichen Sozialversicherungsträger
kann die Annahme der Unzuverlässigkeit rechtfertigen (*BVerwGE* 65, 1 [2];
BayVGH GewArch 1992, 181 [182]; *OVG SchlH* NVwZ-RR 1994, 22).
Soweit es sich hierbei um die **Arbeitgeberanteile** der Beiträge für die gesetzlichen Kranken- und Rentenversicherungen handelt, wird eine gewisse
Intensität bzw. Beharrlichkeit gefordert, ebenso für die gesetzliche Unfallversicherung (*Marcks*, in: Landmann/Rohmer I, § 35 Rdn. 55). Ein besonders
schwerwiegender Pflichtverstoß ist bei Nichtweiterleitung treuhänderisch
einbehaltener **Arbeitnehmeranteile** der Kranken- und Rentenversicherung
anzunehmen (*Heß*, in: Friauf, § 35 Rdn. 68), da der Gewerbetreibende damit
ein mangelndes soziales Verantwortungsbewusstsein gegenüber seinen Arbeitnehmern offenbart (*Heß* GewArch 2009, 89 [91]).

Eine schuldhafte Verletzung der Pflichten ist nicht erforderlich (vgl. oben 60
Rdn. 34), ebenso wenig ein vorheriger Beitreibungsversuch (**a. A.** insoweit
Marcks, in: Landmann/Rohmer I, § 35 Rdn. 57); zu berücksichtigen ist freilich jeweils der **Verhältnismäßigkeitsgrundsatz** (unten Rdn. 122 f.). Maßgeblich ist lediglich, ob für die Zukunft ähnliche Verstöße zu befürchten sind.
Zur Bedeutung einer strafrechtlichen Verurteilung siehe oben Rdn. 37 ff. und
BayVGH GewArch 1992, 181 (182).

Zum Teil wird als Maßstab für die Annahme von Unzuverlässigkeit eine 61
Mindesthöhe von 2 500 Euro genannt (*Heß*, in: Friauf, § 35 Rdn. 68); die
Rechtsprechung hat Unzuverlässigkeit jedoch bereits bei niedrigeren
Sozialversicherungsbeitragsrückständen bejaht (Nachweise bei *Marcks*, in:
Landmann/Rohmer I, § 35 Rdn. 57). Eine feste Mindestgrenze für die erforderliche **Intensität** der Pflichtverletzung kann so nicht genannt werden.
Entscheidend ist vielmehr neben der Rückstandshöhe, welche im Übrigen
in Relation zu den Gesamtbeiträgen sowie zu Betriebsgröße und Umsatz
gesetzt werden muss, die Dauer und Häufigkeit der Pflichtverletzung (vgl.
BayVGH GewArch 1992, 181 [182]). Es gilt so ein **flexibler Maßstab**,
vergleichbar mit dem bei Steuerrückständen relevanten Maßstab (oben
Rdn. 54). Als Orientierungswert für die Verhältnismäßigkeitsprüfung kann
dabei durchaus auf die genannte Mindesthöhe von 2 500 Euro zurückgegriffen werden.

Streitig ist, ob Pflichtverstöße der Gewerbetreibenden von den Sozialversi- 62
cherungsträgern an die Gewerbeaufsichtsbehörden **mitgeteilt** werden dürfen. In Kenntnis dieses Streits hat der Bundesgesetzgeber den neugefassten
§ 35 II SGB I i. V. m. §§ 69 I Nr. 1 SGB X dahingehend verstanden, dass zu
den Aufgaben der Sozialversicherungsträger auch die Anzeige an die Gewerbeüberwachungsbehörde gehören könne (vgl. den Bericht des BT-Ausschusses für Arbeit und Sozialordnung, BT-Drs. 8/4022, S. 85). Eine Mitteilung
ist daher zulässig (*BVerwGE* 65, 1 [8]; *Marcks*, in: Landmann/Rohmer I, § 35
Rdn. 55; *Schulze-Werner*, in: Friauf, § 11 Rdn. 23; *Loritz* VBlBW 2008, 289
[290]; **a. A.** *Heß*, in: Friauf, § 35 Rdn. 70 unter Hinweis auf den engen
Wortlaut der genannten Vorschriften; offen lassend *VGH BW* GewArch
1991, 112 [113]).

ee) Mangelnde wirtschaftliche Leistungsfähigkeit. Im Interesse des 63
ordnungsgemäßen und redlichen Wirtschaftsverkehrs muss von einem

§ 35 Titel II. Stehendes Gewerbe

Gewerbetreibenden erwartet werden, dass er bei anhaltender wirtschaftlicher Leistungsunfähigkeit ohne Rücksicht auf die Ursachen seiner wirtschaftlichen Schwierigkeiten seinen Gewerbebetrieb aufgibt (so *BVerwGE* 65, 1 [4]; *ThürOVG* GewArch 2006, 472 [473]); unterlässt er gleichwohl die Betriebsaufgabe, erweist er sich als unzuverlässig. Dieser Unzuverlässigkeitsvorwurf knüpft daher weniger an die Vermögenslosigkeit als solche an, sondern an die unterlassene Betriebsaufgabe. Diese sehr allgemein formulierten Anforderungen werfen zum einen die Frage auf, ob wirtschaftliche Leistungsunfähigkeit für alle Gewerbezweige ein Untersagungsgrund ist. Zum anderen ist zu klären, wann denn überhaupt wirtschaftliche Leistungsunfähigkeit anzunehmen ist. Zu beachten ist überdies die **Sperrwirkung von § 12** im Zusammenhang mit **Insolvenzverfahren** (Rdn. 7, 71).

64 **(1)** Nach einer in der Lit. vertretenen Ansicht stellt wirtschaftliche Leistungsunfähigkeit für sämtliche Gewerbe einen Untersagungsgrund dar (*Marcks*, in: Landmann/Rohmer I, § 35 Rdn. 48). Nach der Gegenauffassung ist sie nur für solche Gewerbe relevant, zu deren Ausübung ausreichende finanzielle Mittel erforderlich sind oder bei denen mit Rücksicht auf die Eigenart des Geschäftsbetriebes, insbesondere die dazugehörige Verwaltung fremder Vermögensteile bzw. treuhänderische Verwaltung von Geldern, eine besondere Vertrauenswürdigkeit verlangt werden muss (*Heß*, in: Friauf, § 35 Rdn. 61; *Kramer* Der Schutz des Kundenvermögens durch die Gewerbeordnung, 1997, S. 136).

65 Vorzugswürdig ist eine **vermittelnde Sichtweise**: Grundsätzlich kann wirtschaftliche Leistungsunfähigkeit für **alle Gewerbe** ein Untersagungsgrund sein (so auch die Rspr., vgl. *BVerwGE* 65, 1 [4]; *HessVGH* GewArch 1993, 157 [158] u. 159; *OVG NRW* NWVBl. 1992, 211). Auch das *BVerfG* billigte es ohne Differenzierung nach dem Gewerbe als verfassungsrechtlich unbedenklich, wenn die gewerberechtliche Unzuverlässigkeit auf die wirtschaftliche Leistungsunfähigkeit gestützt wurde (*BVerfG* GewArch 1995, 242 [243]).

67 Wirtschaftliche Leistungsunfähigkeit als Unzuverlässigkeitsgrund wurde etwa in der Rspr. bejaht bei Händlern, Handwerkern, Fahrschulinhabern, Landschaftsgärtnern, Gastwirten sowie dem Inhaber eines Schreibmaschinenverkaufs- und -reparaturbetriebes (Nachweise bei *Marcks*, in: Landmann/Rohmer I, § 35 Rdn. 48). Dies ermöglicht, dass einem Gewerbetreibenden wegen erwiesener Unzuverlässigkeit in einem Gewerbezweig jegliche Gewerbeausübung untersagt werden kann; die Erweiterung der Untersagung ist dabei auch noch im Widerspruchsverfahren möglich (vgl. *HambOVG* GewArch 1990, 405 [406]).

68 Gleichwohl ist richtigerweise nach der Gewerbeart zu differenzieren. Strengere Anforderungen an die wirtschaftliche Leistungsfähigkeit sind bei den **sog. Vertrauensgewerben** zu stellen. Dies gilt etwa für Gewerbe, bei denen Vorleistungen der Kunden charakteristisch sind (*BVerwGE* 22, 16 [24] für Reise- und Transportvermittlung), oder für Gewerbetreibende, welche typischerweise besonderes persönliches Vertrauen in Anspruch nehmen, so etwa Makler (*BVerwG* GewArch 1972, 150) oder Versicherungsvermittler (*Schaeffer* WiVerw 1982, 100 [109]). Auch Gebrauchtwaren- und Antiquitätenhändler nehmen gängigerweise das Vertrauen in Anspruch, kein Diebesgut

zu verkaufen; auf die Berechtigung dieses Vertrauens ist der Kunde wegen § 935 I BGB nachhaltig angewiesen (vgl. *HessVGH* GewArch 1993, 157 [158]).

Bei den **übrigen Gewerben** gelten weniger strenge Anforderungen. Aber **69** es ist doch zu berücksichtigen, dass mangelnde wirtschaftliche Leistungsfähigkeit für die Zukunft wirtschaftliche Notlagen des Gewerbetreibenden befürchten lassen, die wiederum erfahrungsgemäß häufig Anlass zu Handlungen bieten, welche zur Annahme der Unzuverlässigkeit führen (Nichtabführen der Umsatzsteuer, der Sozialversicherungsbeiträge etc.). In derartigen Fällen muss nicht erst die spätere Pflichtverletzung abgewartet werden, ehe eine Untersagung nach § 35 I 1 in Betracht kommt. Vielmehr kann die Unzuverlässigkeit – zumindest im Falle der **Ausweglosigkeit der wirtschaftlichen Krisensituation** – schon auf die gegenwärtige wirtschaftliche Leistungsunfähigkeit gestützt werden. In der Praxis ergeben sich insoweit freilich Beweis- und Haftungsprobleme, sodass von der Untersagungsmöglichkeit nur besonders behutsam Gebrauch gemacht werden sollte.

(2) Zur Frage, wann **wirtschaftliche Leistungsunfähigkeit** anzunehmen **70** ist: Anhaltspunkte bieten die Versagungstatbestände der §§ 34 I Nr. 2, 34 a I Nr. 2, 34 b IV Nr. 2, 34 c II Nr. 2 und 34 d II Nr. 2 (siehe dazu die Erläuterungen dort). Wirtschaftliche Leistungsunfähigkeit liegt so für **alle Gewerbezweige** vor, wenn der Gewerbetreibende in ungeordneten Vermögensverhältnissen lebt, namentlich im Falle einer **ausweglosen wirtschaftlichen Krise**. An der Ausweglosigkeit fehlt es im Falle eines wirtschaftlich sinnvollen **Sanierungskonzeptes** (vgl. *BVerwG* GewArch 1997, 68; *HessVGH* GewArch 1991, 343; *VGH BW* GewArch 1994, 30 [31]; *ThürOVG* ThürVBl. 2007, 82). Allein der Umstand, nach längerem Zahlungsstillstand wieder mit ratenweiser Schuldenbegleichung begonnen zu haben, führt daher noch nicht zur Zuverlässigkeit; etwas anderes gilt, wenn die Ratenzahlungen Teil eines tragfähigen Sanierungskonzeptes sind. Um die Tragfähigkeit feststellen zu können, muss das Sanierungskonzept einschließlich der finanziellen Verhältnisse, der laufenden Einnahmen und Ausgaben sowie Verbindlichkeiten offengelegt werden (*OVG NRW* Beschluss vom 26. 1. 2004 – 4 B 2469/03, juris Rdn. 4).

Die Ausweglosigkeit ist förmlich festgestellt, wenn ein Insolvenzverfahren **71** eröffnet bzw. mangels Masse nicht eröffnet und der Gewerbetreibende in das Schuldnerverzeichnis eingetragen wurde; dasselbe gilt bei Eintragung in das Schuldnerverzeichnis nach Abgabe der eidesstattlichen Versicherung gem. § 807 ZPO (vgl. *HessVGH* GewArch 1993, 157 [158]) oder dem Erlass eines Haftbefehls zur Erzwingung der eidesstattlichen Versicherung (*VGH BW* GewArch 1994, 30 [31]). Zu beachten ist die **Sperrung von § 35 I durch § 12** (dazu *BayVGH* GewArch 2009, 311 [312]; Rdn. 7). Auch ohne förmliche Eintragung in das Schuldnerverzeichnis oder Eröffnung des Insolvenzverfahrens kann bereits die Zahlungsunfähigkeit oder Überschuldung als solche zur Unzuverlässigkeit führen, ebenso die beharrliche Weigerung des Gewerbetreibenden, seinen Gläubigern Einblick in seine Vermögensverhältnisse zu gewähren, obwohl er dazu gesetzlich verpflichtet ist (z. B. nach § 807 ZPO; *VGH BW* GewArch 1994, 30 [31]; *HessVGH* GewArch 1993, 159), ferner die Nichteinhaltung von Zahlungsverpflichtungen und das Wirtschaften

§ 35 Titel II. Stehendes Gewerbe

ohne sinnvolles und erfolgsversprechendes Sanierungskonzept (*HessVGH* GewArch 1991, 343; *VGH BW* GewArch 1994, 30 [31]). Stellt ein wirtschaftlich leistungsunfähiger Gewerbetreibender einen auf Erteilung der Restschuldbefreiung gerichteten Antrag auf Eröffnung des Insolvenzverfahrens und wird das vereinfachte Verfahren eröffnet, kann hieraus noch kein Beginn zur Bewältigung der Kriese und Wiederherstellung der Leistungsfähigkeit gesehen werden (*OVG NRW* NVwZ-RR 2004, 746; *BayVGH* Beschluss vom 20. 12. 2005 – 22 C 05.3222, juris Rdn. 4).

72 Für die sog. **Vertrauensgewerbe** gelten strengere Anforderungen (oben Rdn. 68). Unzuverlässigkeit infolge wirtschaftlicher Leistungsunfähigkeit kann schon dann vorliegen, wenn dem Gewerbetreibenden nicht diejenigen Mittel zur Verfügung stehen, die er benötigt, um seiner Vertrauensstellung gerecht zu werden.

73 Zu beachten ist, dass wirtschaftliche Leistungsunfähigkeit oft einhergeht mit **anderen Unzuverlässigkeitsgründen**, namentlich der Verletzung von Steuerpflichten u. Ä. (vgl. *HessVGH* GewArch 1993, 159; *HambOVG* GewArch 1990, 405 [406]).

74 **ff) Mangelnde Sachkunde.** Auch mangelnde Sachkunde oder Vorbildung kann zur Gewerbeuntersagung führen. Allerdings ist anerkannt, dass dieser Unzuverlässigkeitstatbestand für sich nur in Ausnahmefällen ausreicht, da ansonsten über die „Hintertür" des § 35 eine verfassungsrechtlich nicht zulässige (*BVerfGE* 19, 330 [338]; 34, 71 [78]; *Laubinger* VerwArch 89 [1998], 145 [155]; *Tettinger* AöR 108 [1983], 92 [120]) allgemeine Sachkundenachweispflicht eingeführt würde (*BVerwGE* 22, 286 [296]; *Heß*, in: Friauf, § 35 Rdn. 74; *Marcks*, in: Landmann/Rohmer I, § 35 Rdn. 60; *Papier* GewArch 1987, 41 [47]). Soweit nicht ausdrücklich gesetzlich eine näher bestimmte Sachkunde vorgeschrieben ist, kann ein Einschreiten nach § 35 nur in Betracht kommen, wenn durch Fehlen der für die ordnungsgemäße Ausübung eines bestimmten Gewerbes erforderlichen elementarsten Kenntnisse und Fähigkeiten besondere Gefahren für die Allgemeinheit verursacht werden; als – freilich wenig lebensnahe – Beispiele werden genannt der Schwimmlehrer, der nicht schwimmen kann, oder der Abbruchunternehmer bar jeglicher Kenntnisse im Baugewerbe (*Marcks*, in: Landmann/Rohmer I, § 35 Rdn. 60 m. w. N.).

75 **gg) Verletzung zivilrechtlicher Pflichten.** Allein die punktuelle Missachtung zivilrechtlicher Pflichten kann nicht Grund für eine Gewerbeuntersagung sein, da § 35 nicht einzelne Gläubiger, sondern die Allgemeinheit schützen soll. Erst wenn der Gewerbetreibende dadurch gleichzeitig Straftaten oder Ordnungswidrigkeiten begeht oder so hartnäckig („notorisch"; so *Knaus* Die gewerberechtliche Unzuverlässigkeit bei Verstößen gegen zivilrechtliche Normen, 1981, S. 191; siehe zu Einzelheiten ebda., S. 97 ff.) Pflichten verletzt, dass – bezogen auf sein Gesamtverhalten – auf charakterliche Mängel geschlossen werden kann, ist eine Untersagung denkbar (*Marcks*, in: Landmann/Rohmer I, § 35 Rdn. 62; *Heß*, in: Friauf, § 35 Rdn. 78; *Schaeffer* WiVerw 1982, 100 [116]). Diese Grundsätze gelten auch für die Verletzung von **Vorschriften des Verbraucherschutzes** sowie von Pflichten aus dem **Allgemeinen Gleichbehandlungsgesetz**, sodass punktuelle Verstöße nicht zur Annahme der Unzuverlässigkeit genügen; anders kann dies bei nachhaltigen und erheblichen Verstößen sein (näher zum AGG *Heß*, in: Friauf, § 35 Rdn. 78; *Lindner* GewArch 2008, 436 [437 f.]; siehe unten Rdn. 119). Wenn der Gewerbetreibende zivilrechtliche Erfüllungspflichten verletzt, kann dies zudem ein Hinweis auf wirtschaftliche Leistungsunfähigkeit sein. Unzuverlässig ist etwa ein Wohnungsverwalter, der unter Ausnutzung der Befreiung von den Beschränkungen des § 181 BGB sich aus den von ihm verwalteten gemeinschaftlichen Geldern ein Darlehen gewährt (*BVerwG* GewArch 1995, 159).

Für **Wettbewerbsverstöße** gilt Entsprechendes (*Marcks*, in: Landmann/ 76 Rohmer I, § 35 Rdn. 62). Wettbewerbswidriges Verhalten kann zugleich öffentlich-rechtliche Vorschriften verletzen und deshalb eine Untersagung rechtfertigen (vgl. *HambOVG* GewArch 1991, 423 [424]: Verstoß gegen Nachtbackverbot). Darüber hinaus können Wettbewerbsverstöße Grund für eine Untersagung sein, wenn das unlautere Verhalten einen großen Umfang angenommen hat und der Kern der gewerblichen Tätigkeit gerade darin besteht, sich in einer gegen § 3 UWG verstoßenden Weise wirtschaftliche Vorteile zu verschaffen (*VG Arnsberg* GewArch 2003, 298 [299]). Unzuverlässig ist daher ein Gewerbetreibender, der in großem Umfang und seit längerem Formulare verteilt, die sitten- und wettbewerbswidrig den Anschein erwecken, dass die Empfänger einem kostenlosen Grundeintrag in ein Online-Branchenverzeichnis zustimmen, während sie in Wirklichkeit einen mit hohen Kosten verbundenen Vertrag unterscheiden (*Pfeifer/Fischer* GewArch 2002, 233 [237]).

hh) Verletzung spezifischer öffentlich-rechtlicher Pflichten. 77 Öffentlich-rechtliche Pflichten dienen regelmäßig (auch) dem Allgemeinwohl, so dass deren Verletzung zur Annahme von Unzuverlässigkeit i. S. d. § 35 I 1 führen kann. Dies gilt etwa für die illegale Beschäftigung ausländischer Arbeitnehmer (z. B. bei fehlender Arbeitserlaubnis; *BVerwG* GewArch 1973, 164 [165]), Verstöße gegen das Arbeitnehmerüberlassungsgesetz i. d. F. vom 3. 2. 1995 (BGBl. I S. 158; zur illegalen Leiharbeit siehe *Heß*, in: Friauf, § 35 Rdn. 79, 146), für beharrliche Verstöße gegen umweltrechtliche Pflichten (sofern nicht spezielle Vorschriften vorgehen; zum Verhältnis von § 20 III BImSchG zu § 35 GewO siehe oben Rdn. 9), für die beharrliche Missachtung des Nachtbackverbotes (*HambOVG* GewArch 1991, 423 [424]), die Missachtung lebensmittelrechtlicher Vorschriften (*BayVGH* GewArch 2003, 78 f.; *BayVGH* GewArch 2003, 335 f.), Verstöße gegen Gesundheitsschutzbestimmungen bei dem Betrieb von Sonnenbänken (*Stober* GewArch 1989, 353 [359]) oder Verstöße gegen Jugendschutzbestimmungen (dazu VG *Karlsruhe* GewArch 2001, 476 ff.).

Untersagungsgrund können auch Verstöße gegen die **öffentliche Ord-** 78 **nung** (zu diesem Begriff näher § 69 a Rdn. 36) sein, wenn diese den Hauptinhalt der gewerblichen Tätigkeit betreffen. Dies wird teils bejaht für **Verbreitung neonazistischen Gedankengutes** unterhalb der Strafbarkeitsschwelle (*BayVGH* GewArch 1994, 239; *VG Arnsberg* GewArch 1999, 247 f.; offen lassend *OVG LSA* Beschluss vom 13. 9. 2007 – 1 M 78/07, juris Rdn. 8). Unzuverlässig kann ferner sein, wer fortgesetzt eine schwere Rassendiskriminierungen begeht (*VG Stuttgart* GewArch 1976, 27 [28]). Allerdings dürfen sich gewerberechtliche Maßnahmen nicht gegen eine politische Gesinnung richten, sondern in erster Linie gegen zu erwartende Rechtsverstöße. Die Unterstützung nicht verbotener Parteien ist legal (*VG Schleswig* NJW 2001, 387 f.). Allein der Umstand, dass ein Gewerbebetrieb Treffpunkt der „rechten Szene" ist und deshalb die „linke Szene" veranlasst, dort die öffentliche Sicherheit zu stören, führt nicht zur Unzuverlässigkeit des Gewerbetreibenden (*VGH BW* NVwZ-RR 2006, 180).

Streitig ist die Einordnung des Betreibens sog. **Laserdrome** (vgl. oben § 33 i Rdn. 31): Überwiegend wird darin ein Verstoß gegen die öffentliche Ordnung i. S. d. ordnungsbehördlichen Generalklausel gesehen (*BVerwG* GewArch 2007, 247 [248]; *OVG NRW* GewArch 1995, 470; *OVG RhPf.* GewArch 1994, 374; **a. A.** *BayVGH* GewArch 1994, 376; *Beaucamp* DVBl. 2005, 1174 [1178 f.]; *Scheidler* GewArch 2005, 312 [317]). In der Lit. wird vereinzelt dann das Betreiben als Unzuverlässigkeitsgrund i. S. d. § 35 I gesehen (so *Heß*, in: Friauf, § 35 Rdn. 79). Näher liegt indessen ein Vorgehen nach dem allgemeinen Polizei- und Ordnungsrecht.

79 **ii) Sonstige Unzuverlässigkeitstatbestände.** Auch verschuldete oder unverschuldete **persönliche Mängel** können Tatsachen sein, welche die Unzuverlässigkeit eines Gewerbetreibenden dartun; in Betracht kommen geistige oder körperliche Gebrechen, Trunkenheit, Verwahrlosung etc. (*Marcks*, in: Landmann/Rohmer I, § 35 Rdn. 61). Nötig ist aber ein Bezug zum konkreten Gewerbe, wobei der persönliche Mangel auch generelle Unzuverlässigkeit bedingen kann.

80 Zur Unzuverlässigkeit führen kann die **Duldung des Rauschgifthandels** unabhängig von der Erfüllung strafrechtlicher Tatbestände (*Marcks*, in: Landmann/Rohmer I, § 35 Rdn. 61 m. w. N.; zur Duldung des Rauschgiftkonsums in einer Gaststätte siehe *Krugmann* GewArch 1995, 398 ff.). Allein das – nicht verbotene oder strafbare – Anbieten von Produkten, die typischerweise oder nur im Zusammenhang mit dem Konsum verbotener Rauschgifte benutzt werden, begründet jedoch noch keine gewerberechtliche Unzuverlässigkeit (vgl. *BayVGH* GewArch 1998, 160). Wer in einer Umgebung, in der häufig Drogenhandel betrieben wird, ein Geschäftslokal betreibt, ist unzuverlässig, wenn er nicht in der Lage ist, den **Missbrauch des Ladenlokals durch die Drogenszene** zu verhindern (*OVG Bremen* NVwZ-RR 2010, 102: ggf. muss er Wachpersonal einsetzen). Unzuverlässigkeit liegt vor, wenn der Gewerbetreibende **gewalttätige Security-Kräfte** einsetzt und deshalb der betroffene Straßenabschnitt in Verruf gebracht wird (*VG Bremen* Beschluss vom 12. 11. 2007 – 5 V 2932/07, juris Rdn. 13).

81 Unzulässig ist ferner, wer mit seinem gewerblichen Verhalten – unterhalb der Strafbarkeitsschwelle – gegen die guten Sitten verstößt (*VGH BW* GewArch 2000, 193 [194]: Ermöglichung sexueller Handlungen in einem der Öffentlichkeit zugänglichen Bereich). In dem Betrieb eines von der Öffentlichkeit abgeschirmten **Swingerclubs** kann kein die Unzuverlässigkeit begründender **Sittenverstoß** gesehen werden (vgl. dazu *BVerwG* NVwZ 2003, 603 f.; *BayVGH* GewArch 2002, 296 f.; *VG Berlin* GewArch 2000, 125 f.; *Haferkorn* GewArch 2002, 145 [146 ff.]; *Pauly/Brehm* GewArch 2000,

50 [58 f.]; *Gurlit* GewArch 2008, 426 [427]; vgl. zu FKK-Club mit gewerblicher Zimmervermietung *BayVGH* GewArch 2004, 491 [492]). Allein der Umstand, dass in einem Betrieb die **Prostitution** gefördert wird, dürfte mittlerweile nicht länger zur Unzuverlässigkeit führen (*BayVGH* GewArch 2009, 256; anders noch *VG Berlin* GewArch 1998, 200 f.; zur Prostitution siehe § 1 Rdn. 42 f.).

Unzuverlässigkeit liegt − unabhängig von einer etwaigen Strafbarkeit − 82 auch vor, wenn ein Gewerbetreibender Personen durch Täuschung dazu bewegt, eine 0190-Nummer anzurufen, um in den Genuss eines Teils der entstehenden Telefongebühren zu gelangen (*VG Oldenburg* GewArch 2000, 487 f.). Die **Ausbeutung von Willensschwachen** führt zur Unzuverlässigkeit (*VG Köln* Beschluss vom 7 .11. 2007 − 1 L 1538/07, juris Rdn. 55). Das Beschimpfen von Kunden führt regelmäßig nicht zur Unzuverlässigkeit (*OVG NRW* GewArch 2008, 362 − Taxifahrer), wohl aber die fehlende Sicherung der Privat- und Intimsphäre von Kundinnen eines Sonnenstudios (*VG München* Urteil vom 12. 3. 2007 − M 16 K 06.896, juris Rdn. 44 f.). Die **Gründung einer ausländischen Scheingesellschaft** kann die Annahme der Unzuverlässigkeit rechtfertigen, wenn dies dazu dient, Gläubiger zu benachteiligen oder sich der gewerberechtlichen Überwachung zu entziehen (*Kaufmann* GewArch 1997, 400 [405]).

4. Verantwortlicher

Da die Unzuverlässigkeit eine persönliche Eigenschaft ist, muss geklärt 83 werden, bei welcher natürlichen Person die Tatsachen vorliegen, die die Unzuverlässigkeit dartun. Hiervon **zu unterscheiden** ist die Frage, wer richtiger Adressat der Untersagungsverfügung ist (dazu unten Rdn. 138 ff.).

a) Natürliche Person als Gewerbetreibender. Wenn der Gewerbetrei- 84 bende eine natürliche Person ist, ist hinsichtlich der Unzuverlässigkeit grundsätzlich auf ihn selbst abzustellen. Im Ausnahmefall kann er die Unzuverlässigkeit anderer Personen in zweifacher Hinsicht zu verantworten haben: Zum einen kann er infolge der Unzuverlässigkeit des Dritten selbst unzuverlässig sein (aa); zum anderen kann ihm die Unzuverlässigkeit des Dritten zuzurechnen sein, ohne dass es auf eigene Unzuverlässigkeit ankommt (bb).

aa) Maßgeblicher Einfluss unzuverlässiger Dritter auf die 85 **Geschäftsführung.** Sind unzuverlässige Dritte für den Gewerbetreibenden mit maßgeblichem Einfluss auf die Geschäftsführung tätig, so liegt hierin eine Unzuverlässigkeit des Gewerbetreibenden selbst, wenn er diese Personen nicht an weiterer Tätigkeit hindert (*BVerwGE* 9, 222; *HambOVG* GewArch 1994, 286; *HessVGH* GewArch 1993, 157 [158]; *VG Gießen* GewArch 2003, 35 f.; *Brüning*, in: BeckOK, § 35 Rdn. 30). Die Unzuverlässigkeit ist entweder darin begründet, dass er dem Dritten Einfluss verschafft oder den vorgefundenen Einfluss nicht beseitigt; auf Verschulden kommt es dabei nicht an.

Erforderlich ist **maßgeblicher Einfluss des Dritten**. Der Einfluss muss 86 auf dem Gebiet des betrieblichen Rechts- und Wirtschaftsverkehrs zutage treten, in dem der Dritte unzuverlässig ist. Daran fehlt es, wenn ein wegen Steuerschulden unzuverlässiger Ehemann im Betrieb seiner Ehefrau aus-

§ 35　　　　　　　　　　　　　　　　　Titel II. Stehendes Gewerbe

schließlich im technischen Betriebsbereich tätig ist (*VGH BW* GewArch 1986, 58 [59]).

87　Dritte können Ehegatten, Verwandte oder sonstige Personen, bei Personenhandelsgesellschaften auch nicht-vertretungsberechtigte Gesellschafter oder sonstige Personen – z. B. Geldgeber – sein. Häufiger Fall ist der **Ehegatte** (vgl. *HambOVG* GewArch 1994, 286; *HessVGH* GewArch 1993, 157 u. 415). Allein die Ehe indiziert jedoch nicht den maßgeblichen Einfluss. Für die Annahme von maßgeblichem Einfluss spricht der Umstand, dass der eine Ehegatte Adressat einer Untersagungsverfügung nach § 35 I wurde und seitdem der andere Ehegatte den Betrieb führt (vgl. *HessVGH* GewArch 1993, 415). Kann die gewerbetreibende Ehefrau ihren Ehemann nicht von gewerbebezogenen Straftaten (Hehlerei in ihrem Gebrauchtschmuckhandel) abhalten, ist sie selbst unzuverlässig (*HambOVG* GewArch 1994, 286 f.).

Zur Zurechnung der Unzuverlässigkeit eines **Strohmannes** siehe unten Rdn. 107 ff.

88　**bb) Zurechnung fremder Unzuverlässigkeit.** Die Unzuverlässigkeit des **Stellvertreters** (§ 45) ist dem Gewerbetreibenden zuzurechnen, ohne dass es darauf ankommt, ob er in eigener Person unzuverlässig ist oder nicht (*Marcks*, in: Landmann/Rohmer I, § 35 Rdn. 68). Vor dem Hintergrund des **Verhältnismäßigkeitsprinzips** (unten Rdn. 97) wird jedoch zumeist eine Teiluntersagung genügen, welche dem Gewerbetreibenden verbietet, die unzuverlässige Person als Stellvertreter zu bestellen; u. U. kann auch eine Untersagung nach Abs. 7a gegen den unzuverlässigen Vertreter oder Betriebsleiter ausreichen, wenn der Gewerbetreibende diese Person dann sofort abberuft (vgl. *HessVGH* GewArch 1998, 289 [291]; näher unten Rdn. 238).

Parallelen ergeben sich bei einem unzuverlässigen **Betriebsleiter** i. S. d. § 35 I 1 2. Var. (näher unten Rdn. 98 ff.).

89　**b) Personenmehrheiten ohne eigene Rechtspersönlichkeit. aa) Gewerbetreibende.** Personengesellschaften ohne eigene Rechtspersönlichkeit sind nicht selbst Gewerbetreibende. Gewerbetreibende – und damit Zurechnungsobjekt hinsichtlich der Unzuverlässigkeit – sind vielmehr bei der **oHG** die Gesellschafter, soweit sie Geschäftsführungs- und Vertretungsbefugnisse haben (*OVG Nds.* GewArch 2009, 32; *HessVGH* GewArch 1991, 343; *Brüning*, in: BeckOK, § 35 Rdn. 26; *Marcks*, in: Landmann/Rohmer I, § 35 Rdn. 64; *Odenthal* GewArch 1991, 206 [209]; **a. A.** *Heß*, in: Friauf, § 35 Rdn. 135: auch die nicht geschäftsführungs- und vertretungsbefugten Gesellschafter ausreichen; offen lassend *BVerwG* GewArch 1993, 156) und bei der **KG** die Komplementäre, soweit sie zur Geschäftsführung und Vertretung befugt sind, und ausnahmsweise auch die Kommanditisten, aber nur wenn ihnen durch den Gesellschaftsvertrag Geschäftsführungs- und Vertretungsbefugnisse eingeräumt wurden, sie also unternehmerisch tätig werden (*BVerwG* GewArch 1993, 156; GewArch 1977, 14 [15]). Bei der **BGB-Gesellschaft** sind grundsätzlich alle Gesellschafter Gewerbetreibende, nicht die Gesellschaft (*OVG Nds.* GewArch 2009, 32). Kein Gewerbetreibender ist derjenige, dessen Beteiligung auf die Einlage von Kapital beschränkt ist, ohne dass er Einfluss auf die Geschäftsführung hat (vgl. *BayVGH* GewArch 1992, 181 [182]). Keine Gewerbetreibenden sind **stille Gesellschafter**. Siehe zur gewerberechtlichen Einordnung von oHG, KG und BGB-Gesellschaft § 1 Rn. 66 ff.

Die **Vorgesellschaft einer GmbH** ist wie eine Personengesellschaft zu 90 behandeln und deshalb nicht Gewerbetreibende; dies sind die unternehmerisch tätigen Gründer (*BVerwG* GewArch 1993, 156; *VGH BW* GewArch 1995, 29 [30]). Wird gleichwohl eine Untersagungsverfügung an die Vor-GmbH gerichtet, ist diese rechtswidrig und durch die Vor-GmbH anfechtbar; diese ist auch beteiligtenfähig gem. § 61 Nr. 2 VwGO (*VGH BW* GewArch 1995, 29 [30]).

Eine Private **Limited** Company (Ltd.) nach dem Recht des Vereinigten 91 Königreichs kann Adressatin einer Untersagungsverfügung nach § 35 I sein (*Marcks*, in: Landmann/Rohmer I, § 35 Rdn. 75c), deren Wirksamkeit sich freilich auf das Gebiet der Bundesrepublik beschränkt (*VG Ansbach* Urteil vom 12. 10. 2007 – AN 4 K 07.01133, juris Rdn. 21; *Mankowski* BB 2006, 1173 [1177]). Maßgeblich für die Beurteilung der Rechtsfähigkeit ist die Gründungstheorie (*VG Ansbach* a. a. O., Rdn. 20; anders noch *VG Leipzig* DÖV 1996, 973: Sitztheorie; zum Hintergrund siehe § 15 Rdn. 41). Wegen der anerkannten Rechtsfähigkeit scheidet eine Untersagung nach § 15 II 2 aus (§ 15 Rdn. 43 f.). Zur Untersagungsverfügung gegen den Director der Limited (der durch Gründung der ausländischen Gesellschaft eine bestehende/drohende gegen ihn gerichtete Untersagung nach § 35 I umgehen will) siehe Rdn. 114 sowie *OVG NRW* GewArch 2005, 486: Die Vorschriften über die handelsregisterrechtliche Anmeldung der inländischen Zweigstelle einer im Ausland ansässigen Gesellschaft mit beschränkter Haftung schließen den Erlass einer Gewerbeuntersagungsverfügung gegen den Geschäftsführer nicht aus. Hiervon zu unterscheiden ist die Frage, ob die Unzuverlässigkeit des Director der Limited der Eintragung der inländischen Zweigstelle in das deutsche Handelsregister entgegensteht (bejahend *BGH* GewArch 2008, 207; *OLG Jena* GewArch 2006, 259 [261]; *AG Limburg* GewArch 2005, 28 f.: keine Eintragungsfähigkeit; ebenso *Marcks*, in: Landmann/Rohmer I, § 35 Rdn. 75c; a. A. *OLG Oldenburg* GewArch 2002, 430; *Mankowski* BB 2006, 1173 [1178]). Zur gewerberechtlichen Unzuverlässigkeit im zusammenwachsenden Europa siehe *Einmahl* GewArch 2004, 408 ff.

bb) Unzuverlässigkeit einzelner Gesellschafter. Wenn nur ein Gesell- 92 schafter unzuverlässig ist, richtet sich die Untersagung nur an ihn (*BVerwG* GewArch 1993, 156 [157]); die anderen Gesellschafter sind auch nicht Beteiligte des Untersagungsverfahrens (*Marcks*, in: Landmann/Rohmer I, § 35 Rdn. 64), können aber nach § 65 I VwGO (nicht Abs. 2!) beigeladen werden.

Die Untersagung gegen einen der Gesellschafter führt dazu, dass die übri- 93 gen Gesellschafter ihr Gewerbe nicht länger zusammen mit ihrem unzuverlässigen Mitgesellschafter ausüben dürfen. Sie müssen entweder ihn unter Beachtung des Gesellschaftsvertrages und der gesellschaftsrechtlichen Vorgaben aus der Gesellschafterstellung entfernen oder zumindest ihn von Geschäftsführung und Vertretung ausschließen; letzteres genügt, da er dann nicht länger Gewerbetreibender ist (siehe oben Rdn. 89 sowie § 14 Rdn. 41, 77 f.). Setzen sie die Gesellschaft mit dem unzuverlässigen Mitgesellschafter fort oder räumen ihm weiterhin maßgeblichen Einfluss auf den Betrieb ein, werden sie in eigener Person unzuverlässig.

94 **c) Juristische Personen.** Die juristische Person ist selbst Gewerbetreibende, nicht aber deren Gesellschafter, Geschäftsführer, Vorstandsmitglieder etc. (allg. Ansicht; *BVerwG* GewArch 1993, 156; *Marcks*, in: Landmann/Rohmer I, § 35 Rdn. 65). Dies gilt unabhängig davon, ob etwa bei einer Ein-Mann-GmbH die Voraussetzungen einer Durchgriffshaftung auf den Alleingesellschafter und -geschäftsführer erfüllt wären. Ein Gesellschafter, Geschäftsführer etc. ist vielmehr nur dann als Gewerbetreibender einzustufen, wenn die juristische Person ihm als Strohmann dient (vgl. *BVerwG* GewArch 1982, 299 [300]; zum Strohmann-Verhältnis unten Rdn. 107 ff.). Zur Rechtslage bei einer Gründungsgesellschaft siehe oben Rdn. 90.

95 **aa) Unzuverlässigkeit der gesetzlichen Vertreter.** Bei der Beurteilung der Unzuverlässigkeit einer juristischen Person ist auf das Verhalten (Tun, Dulden, Unterlassen) der **gesetzlich vertretungsberechtigten Personen** abzustellen (*Heß*, in: Friauf, § 35 Rdn. 30), d. h. bei einer AG (§§ 78 I, 76 AktG), einem eingetragenen Verein (§ 26 BGB) sowie einer Genossenschaft (§§ 24 ff. GenG) auf den **Vorstand** und bei einer GmbH auf den **Geschäftsführer** (§ 35 I GmbHG). Dies gilt namentlich für die Unzuverlässigkeit, die auf Straftaten u. Ä. beruht (näher *Scheidler* GewArch 2005, 445 ff.). Die Unzuverlässigkeit ist dann aber der juristischen Person **als eigene** zuzurechnen; zur Zurechnung fremder Unzuverlässigkeit siehe unten Rdn. 98.

96 Umstritten ist, ob eine Unzuverlässigkeit wegen verhaltensungebundener Gründe (z. B. wirtschaftliche Leistungsunfähigkeit) unmittelbar der juristischen Person als deren Unzuverlässigkeit zugeordnet werden kann, ohne dass auf die gesetzlichen Vertreter abzustellen ist (so *Marcks*, in: Landmann/Rohmer I, § 35 Rdn. 65; *Lang* Die Zuverlässigkeit von Personen- und Kapitalgesellschaften im Umweltrecht, 1997, S. 303). Der Unzuverlässigkeitsvorwurf knüpft jedoch ohnehin weniger an die Vermögenslosigkeit als solche an, sondern an die Fortführung des Betriebes trotz wirtschaftlicher Leistungsunfähigkeit (oben Rdn. 63). Daher bietet es sich auch im Falle objektiver Unzuverlässigkeitsgründe an, den Vorwurf der Unzuverlässigkeit auf ein Verhalten eines Vertretungsberechtigen zu beziehen, welches dann der juristischen Person zuzurechnen ist (ebenso *Heß*, in: Friauf, § 35 Rdn. 30; *Dickersbach* WiVerw 1982, 65 [73]). Zu unterscheiden ist aber zwischen der wirtschaftlichen Leistungs(un)fähigkeit des gesetzlichen Vertreters und der Leistungsfähigkeit der juristischen Person als Gewerbetreibenden: Die Insolvenz des Vertreters begründet nicht ohne weiteres die Unzuverlässigkeit der juristischen Person (*VG München* GewArch 2010, 207; *Marcks*, in: Landmann/Rohmer I, § 35 Rdn. 65).

97 Im Rahmen der **Verhältnismäßigkeitsprüfung** ist zu entscheiden, ob eine (Voll-)Untersagung hinsichtlich des gesamten Gewerbebetriebes nötig ist, ob eine Teiluntersagung mit dem Inhalt genügt, dass die unzuverlässige Person von der Vertretung auszuschließen ist (näher *BVerwG* GewArch 1995, 116 f.; *Marcks*, in: Landmann/Rohmer I, § 35 Rdn. 65 a. E.), oder ob sogar ganz auf eine gegen den Gewerbetreibenden gerichtete Untersagungsverfügung verzichtet werden kann, so u. U. dann, wenn gegen den unzuverlässigen

Vertreter nach Abs. 7a vorgegangen wird und dieser vom Gewerbetreibenden dann sofort abberufen wird (vgl. *HessVGH* GewArch 1998, 289 [291]); siehe auch unten Rdn. 238).

bb) Unzuverlässigkeit Dritter. Die Unzuverlässigkeit von **Stellvertre-** 98
tern und **Betriebsleitern** ist der juristischen Person zuzurechnen (vgl. oben Rdn. 88); insoweit handelt es sich um die Zurechnung fremder Unzuverlässigkeit. Räumen die vertretungsberechtigten Personen unzuverlässigen **Dritten** maßgeblichen Einfluss auf die Geschäftsführung ein, erweisen sich die Vertreter selbst als unzuverlässig und deren Verhalten muss sich die juristische Person unmittelbar als eigene zurechnen lassen (oben Rdn. 95). Der Alleingesellschafter einer GmbH ist Dritter: Wenn die GmbH rechtlich und/oder tatsächlich so strukturiert ist, dass der unzuverlässige Alleingesellschafter maßgeblichen Einfluss auf die Geschäftsführung erlangt, ist die GmbH unzuverlässig (*VGH BW* GewArch 2005, 298 [299]).

Zum **Strohmann**-Verhältnis siehe unten Rdn. 107 ff.; vgl. auch *Lang* Die Zuverlässigkeit von Personen- und Kapitalgesellschaften im Umweltrecht, 1997, S. 303.

d) Mit der Leitung Beauftragter (§ 35 I 1 2. Var.). Nach § 35 I 1 2. 99
Var. kann eine Gewerbeuntersagung auch dann ausgesprochen werden, wenn Tatsachen vorliegen, die die Unzuverlässigkeit einer „mit der Leitung des Gewerbebetriebes beauftragten Person" dartun. Dieser Begriff ermangelt nicht der hinreichenden Bestimmtheit (*OVG NRW* GewArch 1990, 214 [215]).

aa) Beauftragter. Der Beauftragte ist der **Betriebsleiter**, d. h. derjenige, 100
welcher aufgrund seiner Stellung im Betrieb, insbesondere aufgrund des Anstellungsvertrages, den Betrieb tatsächlich leitet (*OVG NRW* GewArch 1990, 214 [215]; *Marcks*, in: Landmann/Rohmer I, § 35 Rdn. 67). Auf die juristische Ausgestaltung des Rechtsverhältnisses kommt es jedoch nicht an (*OVG NRW* GewArch 1992, 143). Irrelevant sind zum Schein getroffene rechtliche Vereinbarungen. Entscheidend sind vielmehr die tatsächlichen Verhältnisse (vgl. *HessVGH* GewArch 1994, 65 [65]). Dabei ist maßgeblich, ob diese Person aufgrund ihrer hervorgehobenen Stellung und entsprechend ihrem Einfluss und ihrer tatsächlichen Verantwortung die Geschicke des Gewerbebetriebes im erklärten oder geduldeten Einvernehmen mit dem Gewerbebetreibenden bestimmt (*OLG Düsseldorf* GewArch 1994, 24).

Zur Annahme der tatsächlichen Betriebsleitung genügt nicht, dass jemand 101
nur für bestimmte Geschäftsbereiche zuständig ist, selbst wenn diese wesentlich sind. Kein Betriebsleiter ist ferner, wer zwar eine selbstständige Entscheidungsbefugnis für alle Bereiche hat, dies aber nur in Eilfällen. Erforderlich ist vielmehr die umfassende selbstständige Betriebsleitung ohne konkrete Weisungs- und Aufsichtsunterworfenheit (*OLG Düsseldorf* GewArch 1994, 24). Bei juristischen Personen können dies z. B. leitende Angestellte unterhalb der Vorstands-/Geschäftsführerebene sein. Bejaht wurde dies bei einem „technischen Leiter" mit Prokura einer GmbH, deren Geschäftsführerin völlig unerfahren war (*BayVGH* GewArch 1989, 131; zur Abgrenzung zum Strohmann-Verhältnis siehe Rdn. 109), sowie bei dem Leiter der deutschen

§ 35 Titel II. Stehendes Gewerbe

Zweigstelle einer im Ausland ansässigen Gesellschaft (*VG Darmstadt* GewArch 2001, 338 f.)

102 Die „Beauftragung" i. S. d. § 35 I 1 2. Var. hat, wie aus dem Wortlaut der Norm zu schließen ist, durch den Gewerbetreibenden zu erfolgen (*Marcks*, in: Landmann/Rohmer I, § 35 Rdn. 67), nicht etwa durch Gesetz. Dies bedeutet, dass die **gesetzlichen Vertreter** juristischer Personen **nicht** unter § 35 I 1 2. Var. fallen (*Heß*, in: Friauf, § 35 Rdn. 31). Möglich ist aber, dass jemand Betriebsleiter und zugleich gesetzlicher Vertreter einer juristischen Person ist (*Marcks*, in: Landmann/Rohmer I, § 35 Rdn. 67).

103 Vom **Stellvertreter** i. S. d. § 45 unterscheidet sich der Beauftragte dadurch, dass letzterer im Gegensatz zum Stellvertreter nicht sämtliche Befugnisse des Gewerbetreibenden wahrnehmen muss. Vielmehr stehen Beauftragter und Gewerbetreibender in ihrer Verantwortung nebeneinander.

104 **bb) Zurechnung der Unzuverlässigkeit.** Die Unzuverlässigkeit des Betriebsleiters ist dem Gewerbetreibenden (als **fremde Unzuverlässigkeit**) zuzurechnen, ohne dass es darauf ankommt, ob der Gewerbetreibende in eigener Person unzuverlässig ist. Insoweit ergeben sich Zurechnungsparallelen zum Stellvertreter (oben Rdn. 88). Ist der Betriebsleiter zugleich gesetzlicher Vertreter (oben Rdn. 95), bedeutet dies, dass dessen Unzuverlässigkeit der juristischen Person zum einen als fremde Unzuverlässigkeit (des Betriebsleiters) und zum anderen als eigene Unzuverlässigkeit (vermittelt durch den gesetzlichen Vertreter) zuzurechnen ist.

105 Unzuverlässig ist insbesondere derjenige Betriebsleiter, der einen Betrieb trotz dessen wirtschaftlicher Leistungsunfähigkeit fortführt (*OVG NRW* GewArch 1992, 143).

106 **cc) Verhältnismäßigkeit.** Vor dem Hintergrund des Verhältnismäßigkeitsprinzips ist in jedem Einzelfall zu prüfen, ob die Untersagung sich auf den gesamten Betrieb zu beziehen oder nur dem Gewerbetreibenden zu verbieten hat, die unzuverlässige Person weiterhin als Betriebsleiter zu beschäftigen (näher *Marcks*, in: Landmann/Rohmer I, § 35 Rdn. 68; siehe auch unten Rdn. 238).

107 **e) „Strohmann/Strohfrau-Verhältnis".** Grundsätzlich ist derjenige Adressat der Gewerbeuntersagungsverfügung, der die Gewerbeanzeige nach § 14 erstattet hat und vielfach auch im Handelsregister eingetragen ist (vgl. *SächsOVG* GewArch 2008, 118 [119]). Besonderheiten gelten bei Strohmann-Verhältnissen. Hintergrund eines Strohmann-Verhältnisses ist oft, dass einem Gewerbetreibenden die Gewerbeausübung untersagt wird und daraufhin ein Dritter (= der Strohmann, z. B. die Ehefrau) den Gewerbebetrieb formal übernimmt, der ehemalige Gewerbetreibende aber faktisch die Betriebsleitung innehat. Hinweise auf ein Strohmann-Verhältnis bestehen, wenn der formale Geschäftsinhaber völlig geschäftsunerfahren ist (vgl. *OLG SchlH* GewArch 1989, 235 [236]) und wenn ausschließlich der Hintermann mit Geschäftspartnern verhandelt, als Ansprechpartner dient, die Geschäftspapiere verwahrt und alle betrieblichen Entscheidungen trifft (vgl. *HessVGH* GewArch 1994, 415). Hinweise auf ein Strohmann-Verhältnis bestehen auch bei einer unmittelbar auf das Bekanntwerden einer drohenden Gewerbeuntersagung folgenden Gründung einer englischen Limited Company als nunmehr alleiniger Gewerbetreibenden (*VG Leipzig* DÖV 1996, 973; zur Ltd. siehe oben Rdn. 91).

aa) Voraussetzungen. Das *BVerwG* (NVwZ 2004, 103 [104]; ebenso z. B. *Marcks*, in: Landmann/Rohmer I, § 35 Rdn. 71) hat die Voraussetzungen zur Annahme eines Strohmann-Verhältnisses wie folgt umrissen: „Von einem ‚Strohmann' spricht man im Gewerberecht, wenn jemand (der Strohmann) zur Verschleierung der tatsächlichen Verhältnisse als Gewerbetreibender vorgeschoben wird, das in Frage stehende Gewerbe in Wirklichkeit aber von einem anderen betrieben wird. Die eine Person gibt nur ihren Namen für den Gewerbebetrieb her und dient dem wahren Gewerbetreibenden als ‚Aushängeschild'.... In der Rechtsprechung ist der Strohmann auch als jederzeit steuerbare Marionette bezeichnet worden, die von dem ‚Hintermann' vorgeschoben wird, um zwecks Täuschung des Rechts- und Wirtschaftsverkehrs die wahren faktisch-wirtschaftlichen Machtverhältnisse zu verschleiern.... Ein Strohmannverhältnis ist nur dann anzunehmen, wenn eine genaue Analyse der Innenbeziehungen erweist, dass ein Gewerbetreibender zu Verschleierung der wirklichen Machtverhältnisse eine natürliche oder juristische Person vorschiebt, die ohne eigene unternehmerische Tätigkeit nur als Marionette des Gewerbetreibenden am Wirtschaftsleben teilnimmt." **108**

Um ein Strohmann-Verhältnis zugrunde legen zu können, verlangt das *BVerwG* (NVwZ 2004, 103 [104]) eine **nach außen wirkende Teilnahme des Strohmanns am Wirtschaftsleben**. Allein die Erstattung der Anzeige nach § 14 I genüge, so das *BVerwG*, nicht (anders noch *HessVGH* GewArch 2003, 197 f. u. GewArch 2003, 424 ff. – die Linie des *HessVGH* befürwortend *Heß*, in: Friauf, § 35 Rdn. 34), nötig sei vielmehr, dass die Geschäfte auch in seinem Namen (nicht notwendig für seine Rechnung) geführt werden müssten: „Kennzeichnend ist danach die Teilnahme des Strohmanns/der Strohfrau am Wirtschaftsleben, die von dem Hintermann gesteuert wird. Das Gewerberecht muss im Interesse der Wirksamkeit des ordnungsrechtlichen Instrumentariums an das äußere Bild der gewerblichen Betätigung anknüpfen.... Deshalb ist nicht das Betreiben des Geschäfts durch den Strohmann/die Strohfrau auf eigene Rechnung kennzeichnend. Wesentlich ist die nach außen gerichtete Betätigung des Strohmanns, namentlich dadurch, dass die Geschäfte in seinem Namen abgewickelt werden und ihn rechtlich binden sollen." **109**

Während das *BVerwG* so quasi eine Untergrenze markiert, die erreicht werden muss, um ein Strohmann-Verhältnis bejahen zu können, ist zugleich zu beachten, dass eine Obergrenze nicht überschritten werden darf: Ein Strohmann-Verhältnis liegt nicht vor, wenn der Gewerbetreibende noch als Verantwortlicher für den Gewerbebetrieb angesehen werden kann, selbst wenn sein Handlungsspielraum – aus welchen Gründen auch immer – stark eingeschränkt ist (*VGH BW* GewArch 2005, 298 [299]). **110**

Im Unterschied zu dem unter Rdn. 85 beschriebenen Dritten mit maßgeblichem Einfluss auf die Geschäftsführung hat der Strohmann faktisch die Geschäftsführung allein inne, ohne dass dem Hintermann Einflussmöglichkeiten verblieben sind. Objektiv stehen daher Dritter mit maßgeblichem Geschäftseinfluss und Strohmann in einem **Stufen-Verhältnis** (mit fließen- **111** dem Übergang) zueinander, wobei beim Strohmann noch das subjektive Verschleierungsmoment hinzukommt (so auch *Brüning*, in: BeckOK, § 35 Rdn. 31). Da der Nachweis eines Strohmann-Verhältnisses angesichts der Verschleierungsbemühungen der Beteiligten oft schwierig ist, stützen die zuständigen Behörden eine Gewerbeuntersagung gegen den Strohmann (i. S. d. Rdn. 109) zumeist darauf, dass dieser einem unzuverlässigen Dritten maßgeblichen Einfluss auf die Geschäftsführung einräumt (vgl. *OVG Nds.* GewArch 2008, 124; *BayVGH* GewArch 1989, 131; *Brüning*, in: BeckOK, § 35 Rdn. 33; *Heß*, in: Friauf, § 35 Rdn. 34; *Marcks*, in: Landmann/Rohmer I, § 35 Rdn. 71). Dies ist wegen des beschriebenen Stufen-Verhältnisses zulässig (ebenso *Frotscher*, in: Schmidt, Öffentliches Wirtschaftsrecht, BT I, 1995, § 1 Rdn. 55).

112   **bb) Rechtsfolgen.** Wenn ein Strohmann-Verhältnis i. S. d. Rdn. 109 bejaht werden kann, gilt Folgendes: Wegen des kollusiven Zusammenwirkens von Strohmann und Hintermann werden **beide** als Gewerbetreibende i. S. d. § 35 angesehen, sodass beide Adressaten von Untersagungsverfügungen sein können (*BVerwGE* 65, 12 [13]; *VGH BW* GewArch 1995, 29 [30]; *VG Sigmaringen* Beschluss vom 18. 5. 2006 – 1 K 635/06, juris Rdn. 24; *Marcks*, in: Landmann/Rohmer I, § 35 Rdn. 72). Ist der Hintermann unzuverlässig, so ergibt sich die Unzuverlässigkeit des Strohmannes bereits daraus, dass er einem Unzuverlässigen missbräuchlich die gewerbliche Tätigkeit ermöglicht (*BVerwGE* 65, 12 [14]; vgl. Rdn. 111). Wird eine Betriebsschließung aufgrund einer allein gegen den Hintermann gerichteten Festsetzungsverfügung durchgesetzt, werden hierdurch keine eigenen Rechte des Strohmanns verletzt (*OVG NRW* GewArch 1984, 378).

113   Wenn ein Strohmann-Verhältnis zu verneinen ist, weil die vorgeschobene Person nicht nach außen erkennbar am Wirtschaftsleben teilnimmt (Rdn. 109), ist nur der Hintermann als Gewerbetreibender einzustufen, nicht die vorgeschobene Person (*BVerwG* NVwZ 2004, 103 [104]): Diese hätte zwar ein Gewerbe angezeigt, dieses aber tatsächlich nicht aufgenommen. Eine Untersagungsverfügung nach § 35 I gegen die vorgeschobene Person ist daher rechtswidrig. In Betracht kommt lediglich ein Bußgeld wegen unrichtiger Anzeige (Ordnungswidrigkeit nach § 146 II Nr. 2). Der Hintermann ist hingegen Gewerbetreibender und tauglicher Adressat einer Untersagungsverfügung. Seine Unzuverlässigkeit folgt aus dem Versuch zur Verschleierung der tatsächlichen Verhältnisse. Eine Ordnungswidrigkeit nach § 146 II Nr. 2 (unterlassene Anzeige) kommt hinzu.

114   **cc) Besonderheiten bei juristischen Personen.** Auch bei juristischen Personen sind Strohmann-Verhältnisse möglich (*VGH BW* GewArch 1986, 381; vgl. auch *BVerwG* GewArch 1975, 101 u. GewArch 1982, 299) und sogar häufig (vgl. *BayVGH* GewArch 1992, 183). Es handelt sich dann um einen Fall des der Verschleierung dienenden **Rechtsformenmissbrauchs**. Ein Strohmann-Verhältnis kann z. B. vorliegen, wenn einem Gewerbetreibenden jede Gewerbeausübung nach § 35 I untersagt worden ist und ihm nunmehr in einer GmbH eine Stellung eingeräumt wird, die einer selbstständigen Gewerbeausübung gleicht (*OLG SchlH* GewArch 1989, 235); Strohmann ist dann die GmbH. Dies gilt umso mehr, wenn eine Kette von Gesell-

schaftsgründungen den Drahtzieher im Hintergrund verschleiern will (*OVG SchlH*. GewArch 1992, 232 [234]) oder wenn mit Missbrauchsabsicht eine ausländische Gesellschaft (z. B. **Limited**) zwischengeschaltet wird (*Heß*, in: Friauf, § 35 Rdn. 139); letzteres liegt z. B. vor, wenn ein Gewerbetreibender sich der Limited bedienen will, um trotz an ihn gerichteter Gewerbeuntersagung seine Tätigkeit fortzusetzen (*OLG Dresden* NStZ 2006, 533). Sowohl die Limited als auch deren Director (der Gewerbetreibende als unzuverlässiger Hintermann) können dann Adressaten von Untersagungsverfügungen sein (*Marcks*, in: Landmann/Rohmer I, § 35 Rdn. 75c; *Mankowski* BB 2006, 1173 [1177 f.]; oben Rdn. 91).

Zu beachten ist jedoch, dass bei einer juristischen Person der Nachweis 115 eines Strohmann-Verhältnisses ungleich schwieriger ist als bei natürlichen Personen (näher *Dickersbach* WiVerw 1982, 65 [72]). So hat eine GmbH als solche Anspruch auf Eintragung in die Handwerksrolle, wenn sie einen geeigneten Betriebsleiter hat, unabhängig von der Qualifikation der Gesellschafter oder Geschäftsführer. Allein der Umstand, dass die geschäftsunerfahrene Ehefrau Mitgesellschafterin und Alleingeschäftsführerin einer Bauunternehmen-GmbH ist und ihren Ehemann, dem zuvor die selbstständige Gewerbeausübung untersagt wurde, zum Betriebsleiter bestellt, indiziert zwar ein Strohmann-Verhältnis, genügt aber noch nicht für eine Gewerbeuntersagung. Vielmehr müssen noch weitere Umstände hinzutreten, so etwa, dass die GmbH-Einlage aus dem Vermögen des Ehemannes entnommen wurde oder das Betriebsgrundstück im Eigentum des Ehemannes steht (*OLG SchlH* GewArch 1989, 235 [236]).

Praktisch sind die Beweisschwierigkeiten heute allerdings von geringerer 116 Bedeutung, da nach § 35 VIIa eine Untersagungsverfügung auch direkt gegen den Hintermann (als Vertretungsberechtigten oder Betriebsleiter) gerichtet werden kann (näher unten Rdn. 231 ff.; vgl. auch *Marcks*, in: Landmann/ Rohmer I, § 35 Rdn. 75).

5. Erforderlichkeit

Nach § 35 I 1 ist die Gewerbeuntersagung nur zulässig, wenn sie „zum 117 Schutz der Allgemeinheit oder der im Betrieb Beschäftigten erforderlich ist". Angesprochen sind damit spezielle Schutzziele sowie der Verhältnismäßigkeitsgrundsatz, der hier auf Tatbestandsseite verortet wird. Wird diesem Genüge getan, steht die Untersagungsverfügung auch mit Art. 12 I GG im Einklang (*BVerwG* GewArch 1993, 155 [156]). Der Maßstab für die Erforderlichkeit ist vor dem Hintergrund der Dogmatik zu Art. 12 I GG zu gewinnen, wonach Eingriffe in die Berufswahlfreiheit nur zulässig sind, wenn und solange sie zum Schutz wichtiger Gemeinschaftsgüter notwendig sind (vgl. *OVG NRW* GewArch 2008, 362).

a) Schutzgüter. Durch die Erforderlichkeitsklausel werden zunächst die 118 Schutzgüter des § 35 definiert, wobei der Begriff „**Allgemeinheit**" auch den Staat selbst umfasst, also etwa das Vermögen der öffentlichen Hand (*HessVGH* GewArch 1976, 92; vgl. oben Rdn. 51 zu Steuerrückständen). § 35 I ist aber **keine Schutznorm für einzelne Vertragsparteien** eines Gewerbetreibenden; diese sind nur reflexartig und mittelbar betroffen (*HessVGH* GewArch

§ 35

Titel II. Stehendes Gewerbe

1991, 28 [29]). Der generelle Gläubiger- und Vertragspartnerschutz ist hingegen ein der Allgemeinheit dienendes Schutzelement des § 35 (vgl. *OVG NRW* GewArch 1992, 143; *VG Arnsberg* GewArch 2003, 298 [299]; oben Rdn. 75). Zulässig ist damit eine Untersagung des Vertriebes von Zucht-Pelztieren, wenn der Gewerbetreibende durch breit gestreute Werbung weite Bevölkerungskreise anspricht, sie zur Pelztierzucht anregen will und dabei völlig überzogene Renditeerwartungen weckt (*HessVGH* GewArch 1991, 28 [30]; siehe auch Rdn. 76 a. E.). Aktionärsinteressen werden nicht von § 35 I erfasst (*Scheidler* GewArch 2005, 445 [450]).

119 Das Merkmal „**der im Betrieb Beschäftigten**" stellt zunächst klar, dass der Arbeitsschutz ein Schutzgut des § 35 I ist. An dieses Merkmal anknüpfend soll zudem die betriebliche Mitbestimmung ein Schutzgut sein (so *Scheidler* GewArch 2005, 445 [448]; krit. *Leisner* GewArch 2008, 225 [229]). Zu den Beschäftigten können auch Stellenbewerber gerechnet werden. Wenn beharrliche Verstöße gegen das **AGG** (oben Rdn. 75) zur Unzuverlässigkeit führen sollten, stellt sich die weitere Frage, ob eine Untersagung nach § 35 I erforderlich ist: Dies soll vielfach zu verneinen sein, weil das AGG ausreichenden Schutz gewähre (so *Lindner* GewArch 2008, 436 [438]).

120 Geschützt werden Rechtsgüter, nicht bloß ideelle Interessen, Anschauungen etc. Dabei ist keine Gefahr für ein konkretes Rechtsgut erforderlich, vielmehr reicht eine abstrakte Gefährdung zentraler Rechtsgüter aus (amtl. Begr., BT-Drs. 7/111, S. 5; *Brüning*, in: BeckOK, § 35 Rdn. 35).

121 b) **Erforderlichkeit.** Der Begriff der Erforderlichkeit ist ein **gerichtlich voll überprüfbarer** unbestimmter Gesetzesbegriff. Erforderlich ist eine Untersagung, wenn zum Schutz der genannten Rechtsgüter kein milderes Mittel ausreicht, das gleich effektiv ist. Als mildere Mittel in Betracht kommen etwa Teiluntersagungen, Auflagen, Überwachung oder Abmahnungen (dazu *BVerwG* GewArch 1977, 385 [387]).

Bei Gefährdung der im Betrieb Beschäftigten und damit zusammenhängenden Pflichtwidrigkeiten (z. B. Nichtabführung von Sozialversicherungsbeiträgen) kann eine Teiluntersagung mit dem Inhalt ausreichen, keine Arbeitnehmer mehr zu beschäftigen.

122 c) **Verhältnismäßigkeit i. e. S.** Des Weiteren muss die Untersagung verhältnismäßig im engeren Sinne sein, d. h. sie darf nicht zu einem Nachteil führen, der zu dem angestrebten Erfolg außer Verhältnis steht. Das aus dem Rechtsstaatsprinzip folgende, mit Verfassungsrang ausgestattete Übermaßverbot (= Verhältnismäßigkeitsgebot i. w. S.), das dieses Verhältnismäßigkeitsprinzip i. e. S. einschließt, ist neben den konkret aufgeführten Tatbestandsvoraussetzungen des § 35 unbeschadet dessen zu beachten, dass einzelne Tatbestandsmerkmale wie das der Erforderlichkeit Ausprägungen dieses Grundsatzes sind (*Marcks*, in: Landmann/Rohmer I, § 35 Rdn. 79).

123 Unverhältnismäßigkeit i. e. S. ist bei Bejahung der Erforderlichkeit nur in extremen Ausnahmefällen anzunehmen (*BVerwG* GewArch 1995, 114 u. 115 [116]; *BayVGH* Beschluss vom 23. 5. 2006 – 22 ZB 06.782, juris Rdn. 3). Allein die drohende Sozialhilfebedürftigkeit begründet noch keine Unverhältnismäßigkeit (*BVerwG* GewArch 1991, 226); auch die Aufgabe eines kleinen Ladengeschäftes ist dem Betroffenen zuzumuten (*BVerwG* GewArch

1995, 117). Der Gewerbetreibende ist in diesen Fällen darauf verwiesen, seinen Lebensunterhalt durch Aufnahme einer abhängigen Beschäftigung zu sichern (*Loritz* VBlBW 2008, 289).

Im Rahmen der Zumutbarkeit sind auch **weitere einschlägige Grund-** 124 **rechte** des Gewerbetreibenden zu berücksichtigen, so etwa die Kunstfreiheit (Art. 5 III 1 GG), wenn im Ladenlokal (auch) selbst hergestellte Kunstwerke vertrieben werden. Eine Gemeinwohlzwecke schützende Gewerbeuntersagung kann freilich ggf. auch die Kunstfreiheit legitimerweise beschränken (näher *HambOVG* GewArch 1991, 212).

III. Die Untersagungsverfügung

1. Entscheidung

Bei der Untersagung gem. § 35 I 1 handelt es sich um eine **gebundene** 125 **Entscheidung**, d. h. der Behörde verbleibt kein Ermessensspielraum. Ob die Untersagungsverfügung als Dauerverwaltungsakt oder als gestaltender Verwaltungsakt einzuordnen ist, ist umstritten. Die heutige Rechtsprechung des *BVerwG* qualifiziert die Untersagung als **Verwaltungsakt mit Dauerwirkung** (*BVerwGE* 65, 1 [3]; GewArch 1991, 110 [111]). Der Streit bezog sich vor allem auf den maßgeblichen Zeitpunkt für die Bestimmung der Rechtmäßigkeit einer Untersagung (dazu unten Rdn. 129); dafür ist er jedoch in den meisten Fällen ohne Belang (*BVerwG* GewArch 1991, 110 [111]; näher *Marcks*, in: Landmann/Rohmer I, § 35 Rdn. 20 f.).

a) **Maßgeblicher Zeitpunkt.** Probleme ergeben sich, wenn die Voraus- 126 setzungen einer Untersagungsverfügung im Zeitpunkt des Behördenhandelns zunächst vorlagen, im Laufe eines sich anschließenden gerichtlichen Verfahrens aber entfallen; ebenso problematisch ist der umgekehrte Fall. Dann fragt sich jeweils, welcher Zeitpunkt für die Beurteilung der Rechtmäßigkeit der Untersagung maßgeblich ist.

aa) **Späterer Entfall der Untersagungsvoraussetzungen.** Nach früherer 127 Rechtsprechung folgte aus der Rechtsnatur der Untersagung als Dauerverwaltungsakt, dass maßgeblicher Zeitpunkt die letzte mündliche Tatsachenverhandlung sei (*BVerwGE* 28, 202 [205]: Möglich sei zumindest eine ex nunc-Aufhebung der Untersagung; weitere Nachw. bei *Marcks*, in: Landmann/Rohmer I, § 35 Rdn. 20). Nach der Gegenansicht war die Untersagung als gestaltender Verwaltungsakt zu qualifizieren, so dass der Zeitpunkt der letzten Behördenentscheidung (= Erlass des Widerspruchsbescheides) entscheidend sei.

Später betonte das *BVerwG*, es gebe keine prozessrechtliche Norm des 128 Inhalts, dass bei der Anfechtungsklage gegen einen Dauerverwaltungsakt stets die Sachlage zum Schluss der letzten mündlichen Tatsachenverhandlung maßgeblich für die Rechtmäßigkeit sei. Vielmehr bestimme das materielle Recht, welcher Zeitpunkt für die Beurteilung der Rechtmäßigkeit zugrunde zu legen sei. Aus § 35 VI folge, dass bei der Untersagung nach § 35 I die Sachlage bei der letzten Behördenentscheidung entscheidend sei (*BVerwGE* 65, 1

[2 ff.]; GewArch 1991, 110 [111]; GewArch 1996, 24; bestätigt durch *BVerfG* NVwZ 1995, 1096).

129 Unabhängig von der Qualifikation der Untersagung als gestaltender Verwaltungsakt oder Dauerverwaltungsakt wird daher heute der **Zeitpunkt der letzten Behördenentscheidung** als maßgeblich angesehen (ebenso *Brüning*, in: BeckOK, § 35 Rdn. 59; *Heß*, in: Friauf, § 35 Rdn. 164; *Marcks*, in: Landmann/Rohmer I, § 35 Rdn. 21; *Huber*, in: Schmidt-Aßmann/Schoch [Hrsg.], BesVwR, 14. Aufl. 2008, 3. Kapitel: Öffentliches Wirtschaftsrecht, Rdn. 314; *Aßfalg* GewArch 1988, 219; *Buhmann* VR 1984, 90 [93]; *Diefenbach* GewArch 1991, 281 [282]; *Scheidler* GewArch 2007, 135 [137]; vgl. auch *Baumeister* Jura 2005, 655 [661]; **a. A.** *Laubinger* VerwArch 89 [1998], 145 [167]; zweifelnd ferner *Klein* NVwZ 1990, 633 ff.). Diese Rechtsprechung ist **mit Art. 12 GG vereinbar** (*BVerfG* GewArch 1995, 242 [243]). Der Zeitpunkt der letzten Behördenhandlung bleibt auch in den Ländern maßgeblich, welche das Vorverfahren abgeschafft haben, wie sich aus dem Regelungszusammenhang von Abs. 1 und Abs. 6 ergibt (*OVG Nds.* NordÖR 2009, 155).

130 Dies bedeutet, dass die spätere Wiedererlangung der Zuverlässigkeit die Rechtmäßigkeit einer behördlicherseits zutreffend auf Unzuverlässigkeit gestützten Untersagungsverfügung nicht berührt; der Gewerbetreibende muss die Wiedergestattung nach Abs. 6 beantragen (näher unten Rdn. 203 ff.). Soweit ein Vorverfahren noch vorgesehen ist, bleibt dem Adressaten einer Untersagungsverfügung immerhin bis zum Erlass des Widerspruchsbescheides Zeit, seine Unzuverlässigkeit zu beseitigen. Die Wiedererlangung der Zuverlässigkeit kann allerdings dazu führen, dass das besondere Vollzugsinteresse nach § 80 II 1 Nr. 4 VwGO zu verneinen ist (Rdn. 171).

131 bb) Späterer Eintritt der Untersagungsvoraussetzungen. Ordnet man die Untersagung als Dauerverwaltungsakt ein, fragt sich zunächst, ob § 35 VI wiederum den Zeitpunkt der letzten Behördenentscheidung für maßgeblich erklärt. Dies wird verneint mit der Begründung, dass § 35 VI nicht den Fall betreffe, dass die Untersagungsvoraussetzungen später einträten (*OVG Nds.* GewArch 1994, 110 f.). Wenn keine materiell-rechtliche Norm den entscheidungserheblichen Zeitpunkt festlegt, greift die allgemeine Regel, dass der **Zeitpunkt der letzten mündlichen Tatsachenverhandlung vor Gericht** maßgeblich ist (*BVerwG* GewArch 1991, 110 [111]; *OVG Nds.* NVwZ-RR 2008, 28 f.; *Laubinger* VerwArch 89 [1998], 145 [169]; **a. A.** *Mager* NVwZ 1996, 134 [135]). Die Anfechtungsklage ist also selbst dann unbegründet, wenn die Untersagungsvoraussetzungen noch nicht bei Erlass von Verfügung und Widerspruchsbescheid vorlagen, sondern erst während des gerichtlichen Verfahrens eingetreten sind.

132 Diejenigen, welche die Untersagung als gestaltenden Verwaltungsakt einordnen, dürften zum gleichen Ergebnis gelangen: Zwar wäre dann grundsätzlich der Zeitpunkt der letzten Behördenentscheidung maßgeblich. Die Anfechtungsklage bliebe gleichwohl ohne Erfolg, da der Betroffene kein berechtigtes Interesse an der Aufhebung einer Untersagungsverfügung haben kann, die umgehend neu erlassen werden muss (*OVG Nds.* GewArch 1986, 196 [197]).

b) Drittschutz. Hinsichtlich der drittschützenden Wirkung des § 35 I 1 **133**
ist zu unterscheiden, welchem Zweck eine Untersagungsverfügung dient.

aa) Schutz der Allgemeinheit. Soweit § 35 I 1 dem Schutz der Allge- **134**
meinheit dient, ist diese Norm **nicht drittschützend.** Dritte – etwa Gläubiger oder Geschäftspartner – haben daher keinen Anspruch auf Erlass einer
Untersagungsverfügung, selbst wenn die Voraussetzungen für eine Untersagung nachgewiesen wurden (*OVG Nds.* GewArch 1985, 95; *HessVGH*
GewArch 1991, 28 [29]).

bb) Schutz der Beschäftigten. Nach dem Wortlaut schützt § 35 I 1 **135**
über die Allgemeinheit hinaus auch die im Betrieb Beschäftigten. Dieser
Personenkreis ist hinreichend individualisierbar, so dass den Betroffenen ein
subjektiv-öffentliches Recht auf Einschreiten gegen den unzuverlässigen
Gewerbetreibenden zusteht, freilich nur dann, wenn die Pflichten, deren
Verletzung zur Unzuverlässigkeit führen, ihrerseits dem Schutz der Beschäftigten dienen (vgl. etwa zur drittschützenden Wirkung der Arbeitszeitvor-
schriften *Hahn* GewArch 2002, 41 [46]). Insoweit ist ein **drittschützender
Charakter** des § 35 I 1 also zu bejahen (so wohl auch *Heß VGH* GewArch
1991, 28 [29]; *Brüning,* in: BeckOK, § 35 Rdn. 62; *Scheidler* GewArch 2005,
445 [452]; **a. A.** *Heß,* in: Friauf, § 35 Rdn. 154). Vereinzelt wird ein
Anspruch auf Einschreiten mangels Rechtsschutzinteresses verneint, da die
Beschäftigten den Betrieb jederzeit verlassen könnten (*Fröhler/Kormann* § 35
Rdn. 55). Eine Kündigung ist aber wegen des mit ihr verbundenen Verlustes
nicht nur zivilrechtlicher Rechtspositionen kein einfacheres und effektiveres
Mittel der Rechtsverfolgung, so dass das Rechtsschutzinteresse durch die
Kündigungsmöglichkeit nicht in Frage gestellt wird.

Die Beschäftigten können sich jedoch nur dann auf die drittschützende **136**
Wirkung von § 35 I 1 berufen, wenn der Gewerbetreibende Pflichten verletzt
hat, welche ihrem Schutz dienen. Ist der Gewerbetreibende also nur wegen
Steuerrückständen unzuverlässig, haben die Beschäftigen keinen Anspruch
auf Einschreiten, wohl aber, wenn er arbeitssicherheitsrechtliche Vorschriften
missachtet.

cc) Drittanfechtung. Von dem Anspruch eines Dritten auf Einschreiten **137**
gegen einen unzuverlässigen Gewerbetreibenden zu unterscheiden ist die
Frage, ob Dritte eine Untersagungsverfügung anfechten können (dazu unten
Rdn. 142).

2. Adressaten einer Untersagungsverfügung; mittelbar Betroffene

a) Gewerbetreibende. Adressat ist grundsätzlich der Gewerbetreibende **138**
selbst, bei gewerbetreibenden juristischen Personen also die juristische Person.
Auch eine wegen Abweisung des Antrages auf Eröffnung des Insolvenzverfahrens aufgelöste GmbH betreibt noch ein Gewerbe und kann Adressatin einer
Untersagungsverfügung sein (*BVerwG* GewArch 1996, 241). Bei **Strohmann**-Verhältnissen sind vielfach Stroh- und Hintermann Gewerbetreibende
und mögliche Adressaten der Untersagungsverfügung (*Marcks,* in: Land-
mann/Rohmer I, § 35 Rdn. 72; oben Rdn. 112).

§ 35 Titel II. Stehendes Gewerbe

139 Bei **Personenvereinigungen ohne eigene Rechtspersönlichkeit** ist die Verfügung nur an die unzuverlässigen verantwortlichen Mitglieder, die als Gewerbetreibende anzusehen sind (oben Rdn. 92), zu richten. Der Bestand der Vereinigung wird hierdurch nicht unmittelbar berührt (näher oben Rdn. 93). Die übrigen Gesellschafter sind daher beim Untersagungsverfahren zunächst nicht beteiligt, können aber gem. § 13 II 1 VwVfG beteiligt werden und im Gerichtsverfahren gem. § 65 I VwGO beigeladen werden (oben Rdn. 92).

140 b) **Vertreter, Betriebsleiter.** Während § 35 I 1 nur die Adressierung einer Untersagungsverfügung an den Gewerbetreibenden selbst ermöglicht, kann nach § 35 VIIa wahlweise/zusätzlich die Untersagung auch gegen Vertretungsberechtigte oder Betriebsleiter ausgesprochen werden (näher unten Rdn. 231 ff.).

141 c) **Mittelbar Betroffene.** Unmittelbare Rechtswirkungen entfaltet die Untersagung nur gegenüber den Adressaten, nicht gegenüber Dritten, welche aber mittelbar betroffen sein können, z. B. Beschäftigte oder Familienangehörige des alleinverdienenden Gewerbetreibenden. Diese faktischen Auswirkungen auf Dritte reichen für eine Klagebefugnis gegen die Untersagungsverfügung jedoch nicht aus (*Marcks*, in: Landmann/Rohmer I, § 35 Rdn. 102).

142 Wenn die Untersagung auf die Unzuverlässigkeit eines Dritten gestützt wird (vgl. oben Rdn. 98), wird dieser zielgerichtet in seinen Grundrechten beeinträchtigt (sog. **Drittbetroffener**) und kann dann die Untersagung anfechten, obwohl sie nicht an ihn adressiert ist (*OVG RhPf.* NVwZ 1987, 425; *VG Köln* GewArch 1981, 230; *Heß*, in: Friauf, § 35 Rdn. 154; *Marcks*, in: Landmann/Rohmer I, § 35 Rdn. 103). Dies kommt namentlich bei einer Teiluntersagung in Betracht, die dem Gewerbetreibenden die Beschäftigung einer bestimmten unzuverlässigen Person verbietet. Eine solche Drittanfechtung kommt auch für den Betriebsleiter oder Vertretungsberechtigten in Frage (*Marcks*, in: Landmann/Rohmer I, § 35 Rdn. 103; siehe auch *Brüning*, in: BeckOK, § 35 Rdn. 61). Sind diese zugleich selbst Adressat einer Untersagungsverfügung (vgl. § 35 VIIa), können sie sowohl die an sie selbst gerichtete als auch die an den Gewerbetreibenden gerichtete Untersagungsverfügung anfechten.

Von der eben geschilderten Drittanfechtung zu unterscheiden ist die Frage, ob Dritte einen Anspruch auf Erlass einer Untersagungsverfügung gegen einen Gewerbetreibenden haben (dazu oben Rdn. 135 f.).

3. Sachlicher Regelungsgehalt

143 a) **Gewerbeausübung (Abs. 1 S. 1).** Die Gewerbeuntersagung verbietet im Regelfall dem Gewerbetreibenden die weitere selbstständige Ausübung der bisher ausgeübten Gewerbeart im stehenden Gewerbe.

Entscheidend ist nicht die konkrete Form der Gewerbeausübung, sondern die (abstrakte) Gewerbeart, wie sie entweder gesetzlich oder durch vorherrschende Branchenauffassung konturiert ist (*Marcks*, in: Landmann/Rohmer I, § 35 Rdn. 81). Maßstab für die Abgrenzung kann § 14 sein: Wenn eine zusätzliche Tätigkeit nach § 14 gesondert anzeigepflichtig wäre, ist sie von der Untersagungsverfügung nicht erfasst (näher § 14 Rdn. 52). Zur Erstreckung auf andere Gewerbearten gem. § 35 I 2 siehe unten Rdn. 148; zum Verhältnis zum Reisegewerbe siehe oben Rdn. 4.

Eine Fortführung durch Stellvertreter o. Ä. ist grundsätzlich nicht zulässig, **144** wie sich aus Abs. 2 ergibt (dazu unten Rdn. 175). Eine unselbstständige Tätigkeit ist trotz Untersagung nach § 35 I 1 grundsätzlich möglich. Etwas anderes gilt, falls die Untersagung gem. § 35 I 2 auch auf unselbstständige Tätigkeiten erstreckt wird (näher unten Rdn. 157 ff.).

b) Voll- oder Teiluntersagung (Abs. 1 S. 1). § 35 I 1 verpflichtet die **145** zuständige Behörde, eine Gewerbeausübung „ganz oder teilweise zu untersagen", „sofern die Untersagung ... erforderlich ist". Soweit eine Teiluntersagung ausreichenden Schutz gewährt, ist nur diese erforderlich. Unter Beachtung des **Verhältnismäßigkeitsgrundsatzes** ist dann eine Volluntersagung unzulässig. Die Frage der Erforderlichkeit unterliegt vollständiger gerichtlicher Überprüfung. Der Behörde ist daher ein in Bezug auf die Entscheidung zwischen Voll- und Teiluntersagung i. S. d. § 35 I 1 weder ein Beurteilungs- noch ein Ermessensspielraum eingeräumt (*Marcks*, in: Landmann/Rohmer I, § 35 Rdn. 82).

Die **Volluntersagung** ist lediglich **ultima ratio**: Sie kommt u. a. in **146** Betracht bei Unzuverlässigkeit infolge von Straftaten (welche nicht nur punktuell die Gewerbeausübung betreffen, vgl. unten Rdn. 147), wirtschaftlicher Leistungsunfähigkeit, Steuerrückständen, fehlender Sachkunde (*Brüning*, in: BeckOK, § 35 Rdn. 42).

Eine **Teiluntersagung** mit dem Verbot der Beschäftigung von Arbeitneh- **147** mern kann etwa bei einem Verstoß gegen sozialversicherungsrechtliche Pflichten auszusprechen sein (*Brüning*, in: BeckOK, § 35 Rdn. 43). Voraussetzung ist aber, dass zu erwarten ist, dass der Gewerbetreibende das Beschäftigungsverbot beachten wird (*Marcks*, in: Landmann/Rohmer I, § 35 Rdn. 84). Es soll auch ausreichen, lediglich die Beschäftigung von Auszubildenden und Minderjährigen zu untersagen, wenn die Unzuverlässigkeit auf einer Verurteilung wegen sexueller Handlungen an anvertrauten weiblichen Auszubildenden beruht (vgl. *OVG Saarl.* GewArch 1976, 299). Je nach Einzelfall kann aus dem Übermaßverbot eine Beschränkung der Untersagung auf die Ausbildung nur männlicher bzw. nur weiblicher Auszubildender folgen. Die Beschränkung einer Untersagung auf das Verbot, ein Ladenlokal zu betreiben, kommt in Betracht, wenn jemand eigene (Kunst-)Produkte verkaufen will, in seinem Ladenlokal aber mit Rauschgift handelte (*HambOVG* GewArch 1991, 212). Zur Teiluntersagung, einen unzuverlässigen Stellvertreter oder Betriebsleiter zu beschäftigen, siehe unten Rdn. 238.

c) Erweiterte Untersagung (Abs. 1 S. 2). Nach § 35 I 2 kann die **148** Untersagung auf unselbstständige Tätigkeiten oder auf andere Gewerbearten erweitert werden. Das gilt gleichermaßen für Voll- wie für Teiluntersagungen.

Die von der Erweiterung betroffenen Gewerbetätigkeiten dürfen im Zeitpunkt der Erweiterung noch nicht ausgeübt werden (*BVerwG* GewArch 1982, 298 [299]; *OVG NRW* GewArch 1998, 113; *VG Chemnitz* LKV 2007, 186; *Brüning*, in: BeckOK, § 35 Rdn. 45). Die Erweiterung wird also **vorsorglich** ausgesprochen. Wird die zusätzliche Gewerbetätigkeit bereits ausge-

§ 35   Titel II. Stehendes Gewerbe

übt, richtet sich deren Untersagung ausschließlich nach S. 1 (*Marcks*, in: Landmann/Rohmer I, § 35 Rdn. 86). Dabei können durch einen Bescheid mehrere Gewerbe untersagt werden. Die Umdeutung einer Untersagung nach § 35 I 2 in eine solche nach § 35 I 1 ist denkbar, scheidet aber aus, wenn der Betroffene die von der erweiterten Untersagung erfassten Tätigkeiten außerhalb des Zuständigkeitsbereichs der Behörde ausübt (*VG Chemnitz* LKV 2007, 186 [187]).

Die Bestimmung des § 35 I 2 ist mit dem Bestimmtheitsgebot vereinbar (*OVG NRW* GewArch 1990, 214 [215]), verletzt weder Art. 12 I GG noch Art. 3 I GG und ist daher verfassungskonform (*BVerwG* GewArch 1993, 155 [156]; GewArch 1995, 116; *Heß* GewArch 1994, 360 [364]).

149   **aa) Gemeinsame Voraussetzungen der Erstreckung.** Die Erweiterung einer Untersagung nach S. 2 setzt zunächst eine **Untersagung nach S. 1** voraus. Diese Akzessorietät ergibt sich schon aus dem Wortlaut („Die Untersagung"). Die Erweiterung einer anfangs nur auf § 35 I 1 gestützten Gewerbeuntersagung auf andere Gewerbe oder unselbstständige Tätigkeiten (§ 35 I 2) kann dabei noch während des Widerspruchsverfahrens erfolgen, soweit dies nach den allgemeinen Grundsätzen der reformatio in peius zulässig ist (*BVerwG* GewArch 1996, 411 [412]; *HambOVG* GewArch 1990, 405 [406]).

150   Weiterhin müssen die die Unzuverlässigkeit des ausgeübten Gewerbes begründenden Tatsachen die Annahme rechtfertigen, dass der Gewerbetreibende auch für andere oder alle Gewerbe oder Tätigkeiten **unzuverlässig** ist. Das kann etwa bei wiederholter Verletzung steuerrechtlicher oder sozialversicherungsrechtlicher Pflichten der Fall sein (vgl. *OVG NRW* GewArch 1981, 165; *Brüning*, in: BeckOK, § 35 Rdn. 49). Wer als Wohnungsverwalter unzuverlässig war (weil er unter Ausnutzung der Befreiung von den Beschränkungen des § 181 BGB sich aus den verwalteten gemeinschaftlichen Geldern ein Darlehen gewährte), kann auch als Makler unzuverlässig sein (*BVerwG* GewArch 1995, 159).

151   Darüber hinaus muss die erweiterte Untersagung zum Schutze der Allgemeinheit oder der Beschäftigten **erforderlich** sein (*BVerwG* GewArch 1995, 116; *Marcks*, in: Landmann/Rohmer I, § 35 Rdn. 91). Diese Voraussetzung ist im Wortlaut des S. 2 zwar nicht ausdrücklich enthalten. Aber es ist anerkannt, dass die Erweiterung nach S. 2 denselben Voraussetzungen unterliegt wie die Untersagung nach S. 1 (*BVerwG* GewArch 1995, 159). Die Erforderlichkeit kann nur dann bejaht werden, wenn nicht auszuschließen ist, dass der Gewerbetreibende seine nach S. 1 untersagte Tätigkeit etwa als Vertretungsberechtigter oder in einem anderen Gewerbe fortsetzen wird (*HessVGH* GewArch 1994, 23; *Dickersbach* WiVerw 1982, 65 [77]).

152   Problematisch ist, wie hoch die **Wahrscheinlichkeit** für ein Ausweichen in andere gewerbliche Tätigkeiten sein muss. Nach der früheren Rechtsprechung des *OVG NRW* (GewArch 1978, 162 u. GewArch 1981, 165 f.) bedurfte es dafür positiver Anhaltspunkte. Demgegenüber wies das *BVerwG* (GewArch 1982, 298 [299]) darauf hin, dass die Wahrscheinlichkeit der anderweitigen Gewerbeausübung schon daraus folge, dass der Gewerbetreibende trotz Unzuverlässigkeit an seiner gewerblichen Tätigkeit festgehalten habe; er habe dadurch seinen Willen bekundet, sich auf jeden Fall irgendwie gewerblich zu betätigen. Im Regelfall sei daher die Erforderlichkeit gegeben, sofern keine besonderen Umstände vorlägen, die es ausschlössen, dass der Gewerbetreibende die andere Tätigkeit in Zukunft ausübe (*BVerwG* GewArch 1995, 116; *HessVGH* GewArch 1994, 23; *Heß*, in: Friauf, § 35 Rdn. 90; *ders.* GewArch 1994, 360 [364]; *Frotscher*, in: Schmidt, Öffentliches Wirtschaftsrecht, BT I, 1995, § 1 Rdn. 100; ebenso *OVG NRW* GewArch 1992, 143). Diese auf die Tatbestandseite bezogene Rechtsprechung des *BVerwG* wird jedoch auf der **Rechtsfolgenseite** relativiert (dazu unten Rdn. 155). Im Übrigen ist ein Ausweichen um so wahrscheinlicher, je ausbildungsintensiver und spezialisierter die bisherige gewerbliche Tätigkeit gewesen ist (*VG München* Urteil vom 19. 10. 2007 – M 16 K 07.1253, juris Rdn. 20).

Ob Erforderlichkeit vorliegt, ist gerichtlich voll überprüfbar (vgl. *BVerwG* **153** GewArch 1982, 298 [299], wo ausdrücklich festgestellt wird, dass der dort vorliegende Sachverhalt für eine Ausnahmesituation – in der kein Ausweichen zu erwarten sei – keine Anhaltspunkte biete); insoweit ist der Behörde **kein Beurteilungsspielraum** eingeräumt.

Wenn die tatbestandlichen Voraussetzungen der Untersagungserstreckung **154** nach § 35 I 2 erfüllt sind, steht die Erstreckung im **Ermessen** der Behörde, wie sich schon aus dem Wortlaut („kann") ergibt (*BVerwG* GewArch 1992, 298 [299]; GewArch 1995, 200; *OVG SchlH.* GewArch 1994, 167 [168]; *Marcks*, in: Landmann/Rohmer I, § 35 Rdn. 93). Die Verwaltung hat daher einen Entscheidungsspielraum bei der Frage, ob sie bereits vor Aufnahme einer anderen Tätigkeit diese vorsorglich untersagt (§ 35 I 2) oder ob sie bis zur Aufnahme einer anderen Gewerbetätigkeit wartet, die sie dann allerdings bei Vorliegen der Voraussetzungen des § 35 I 1 untersagen muss. Aus der Begründung ihrer Entscheidung muss zumindest konkludent erkennbar sein, dass und wie sie von diesem Ermessen Gebrauch gemacht hat (*HessVGH* GewArch 1994, 23 [24]).

Zu den Ermessensschranken zählt u. a. das **Verhältnismäßigkeitsprinzip**: **155** Unter Umständen genügt schon die Erstreckung der Untersagung auf einen Teilbereich (*BVerwG* GewArch 1995, 200). Laut *BVerwG* muss sich die Ermessensentscheidung an den **unterschiedlichen Wahrscheinlichkeitsprognosen**, die hinsichtlich eines Ausweichens auf ein anderes Gewerbe möglich sind, orientieren: Auch wenn die erweiterte Gewerbeuntersagung sich als erforderlich (i. S. d. Rdn. 151) erweise, seien noch verschiedene Grade der Wahrscheinlichkeit anderweitiger Gewerbeausübung möglich (*BVerwG* GewArch 1982, 298 [299]). Dabei dürfe die Behörde im Rahmen der Ermessensentscheidung nicht pauschal unterstellen, dass ein Gewerbetreibender, der bislang in einem bestimmten Bereich tätig gewesen sei, nach Untersagung auf ein anderes Gewerbe oder in eine unselbstständige leitende Tätigkeit ausweichen werde. Der Verwaltungsentscheidung müsse deshalb zumindest konkludent entnommen werden können, die anderweitige Gewerbeausübung sei so wahrscheinlich, dass sich die Untersagung auch darauf erstrecken sollte (*BVerwG* GewArch 1995, 115; *VGH BW* GewArch 1994, 373 [374]; *HessVGH* GewArch 1994, 23 [24]; *VG Stuttgart* GewArch 2003, 36 [37]). Im Ergebnis nähert sich damit die Rechtsprechung des

§ 35
Titel II. Stehendes Gewerbe

BVerwG dem von ihm ausdrücklich abgelehnten früheren Ansatz des *OVG NRW* (oben Rdn. 152).

156 **Maßgeblicher Zeitpunkt** für die Rechtmäßigkeit der Erstreckungsentscheidung nach § 35 I 2 ist die letzte behördliche Entscheidung, d. h. vielfach die Widerspruchsentscheidung (*BVerwG* GewArch 1995, 200 [201]). Werden z. B. Steuerschulden erst während des Gerichtsverfahrens beglichen, bleibt dies für die Beurteilung der Rechtmäßigkeit der erweiterten Untersagung außer Betracht (*BVerwG* GewArch 1995, 115).

157 **bb) Erstreckung auf unselbstständige Tätigkeiten.** Nach der Novellierung des § 35 I 2 durch das 2. WiKG vom 15. 5. 1986 (BGBl. I S. 721) kann die Untersagung auch auf die Tätigkeit als Vertretungsberechtigter eines Gewerbetreibenden oder als mit der Leitung eines Gewerbebetriebes beauftragte Person erstreckt werden. Hierdurch wird in Ergänzung zu Abs. 7a (dazu Rdn. 231 ff.) eine weitere Umgehungsmöglichkeit verschlossen, die z. B. darin bestehen konnte, dass ein von einer Gewerbeuntersagung Betroffener eine GmbH gründete und dort leitend tätig war (vgl. auch amtl. Begr., BT-Drs. 10/318, S. 50). Möglich ist sogar die Erstreckung auf leitende unselbstständige Tätigkeiten **in sämtlichen Gewerbebereichen** (*Heß* GewArch 1994, 360 [363]).

158 **Vertretungsberechtigte** bei juristischen Personen sollen (nur) die gesetzlichen Vertreter (dazu oben Rdn. 95) sein, bei natürlichen Personen auch die rechtsgeschäftlichen Vertreter (*OVG NRW* GewArch 1990, 214 [215]; ebenso *HessVGH* GewArch 1994, 64 [65] zu § 35 VII a). Zum Begriff des **Betriebsleiters** siehe oben Rdn. 100. Eine Tätigkeit als nicht leitender Arbeitnehmer kann nach § 35 I 2 dagegen nicht untersagt werden.

Wirtschaftliche Leistungsunfähigkeit im ausgeübten Gewerbe rechtfertigt auch die Untersagung der Tätigkeit als Vertretungsberechtigter oder Betriebsleiter (*OVG NRW* GewArch 1992, 143).

159 **cc) Erstreckung auf andere selbstständige Gewerbetätigkeiten.** Die Erstreckung auf andere Gewerbebereiche kommt namentlich bei Straftaten in Betracht, welche zur Unzuverlässigkeit in Bezug auf mehrere oder sogar alle Gewerbearten führen (näher *Marcks*, in: Landmann/Rohmer I, § 35 Rdn. 95). Dasselbe gilt im Falle der Verletzung steuerlicher Pflichten (*BVerwG* GewArch 1995, 115) oder bei wirtschaftlicher Leistungsunfähigkeit (*OVG NRW* GewArch 1992, 143).

4. Örtlicher und zeitlicher Geltungsbereich

160 **a) Örtlich.** Eine Untersagung nach § 35 I 1 und 2 gilt im Gebiet der gesamten Bundesrepublik. Eine regionale Begrenzung der Untersagung ist nicht möglich. Schutzzweck der Untersagung ist der Schutz der Allgemeinheit; diese ist nicht regional begrenzt (ebenso *Marcks*, in: Landmann/Rohmer I, § 35 Rdn. 104).

161 **b) Zeitlich.** Auch zeitlich ist die Untersagung nicht begrenzt. Ihre Wirkung endet erst durch einen Aufhebungsakt, i. d. R. durch die Wiedergestattung nach Abs. 6 (dazu unten Rdn. 202 ff.). Zur Befristung siehe Rdn. 162.

§ 35

5. Nebenbestimmungen

Die in § 36 II VwVfG aufgeführten Nebenbestimmungen sind nur zulässig, soweit die Regelung des § 35 nicht entgegensteht. Eine solche Spezialregelung enthält § 35 VI für die Wiedergestattung der Gewerbeausübung. Für eine **Befristung** der Untersagung ist deshalb kein Raum (*Marcks*, in: Landmann/ Rohmer I, § 35 Rdn. 106; *Heß*, in: Friauf, § 35 Rdn. 149; vgl. auch *BayVGH* GewArch 1987, 234). Dasselbe gilt für einen **Widerrufsvorbehalt** (*Marcks*, in: Landmann/Rohmer I, § 35 Rdn. 108; **a. A.** *Heß*, in: Friauf, § 35 Rdn. 151). 162

Eine **aufschiebend bedingte** Untersagung ist nicht möglich, da die Feststellung der Unzuverlässigkeit an bereits geschehene Ereignisse anknüpft und bei Vorliegen der Voraussetzungen nach Abs. 1 S. 1 sofort ausgesprochen werden muss, also nicht von einem zukünftigen Ereignis abhängen kann (*Marcks*, in: Landmann/Rohmer I, § 35 Rdn. 107; *Heß*, in: Friauf, § 35 Rdn. 150; **a. A.** *Laubinger* VerwArch 89 [1998], 145 [186]). 163

Unzulässig sind auch **auflösende Bedingungen**, da insoweit wiederum die Möglichkeit der Wiedergestattung nach Abs. 6 die speziellere Regelung ist (*BayVGH* BayVBl. 1969, 105; *Marcks*, in: Landmann/Rohmer I, § 35 Rdn. 107). Außerdem würde die Hinzufügung von Bedingungen dem Grundsatz der Rechtsklarheit zuwiderlaufen (*BayVGH* BayVBl. 1969, 105). 164

Schließlich kommen auch **Auflagen** nicht in Betracht. Auflagen sollen – quasi als über dem Adressaten hängendes Damokles-Schwert – sicherstellen, dass ihr Inhalt erfüllt wird, um im Genuss eines begünstigenden Verwaltungsaktes zu verbleiben. Sanktion der Nichterfüllung ist – neben der selbstständigen Vollstreckbarkeit des Auflageninhalts – die Widerrufbarkeit des begünstigenden Verwaltungsaktes nach § 49 II Nr. 2 VwVfG. Die Untersagung ist aber ein belastender Verwaltungsakt; sie bei Nichterfüllung der Auflage zu widerrufen, wäre widersinnig (ebenso *Brüning*, in: BeckOK, § 35 Rdn. 44; *Marcks*, in: Landmann/Rohmer I, § 35 Rdn. 109; **a. A.** *Fröhler/Kormann* § 35 Rdn. 70). 165

6. Rechtswirkungen der Untersagung

Die Untersagung wird mit Bekanntgabe (§ 41 VwVfG) an den Adressaten wirksam (§ 43 VwVfG). 166

a) Einstellung des Gewerbes. Jede weitere Ausübung des untersagten Gewerbes ist von diesem Zeitpunkt an – nicht erst mit Bestandskraft der Untersagung – rechtswidrig. Die Einlegung von Rechtsbehelfen der VwGO (Widerspruch, Klage) hat allerdings aufschiebende Wirkung, die ihrerseits von der Behörde durch Anordnung der sofortigen Vollziehung gem. § 80 II 1 Nr. 4 VwGO im öffentlichen Interesse vermieden werden kann (näher unten Rdn. 169 ff.). 167

Wenn ein Betriebsinhaber aufgrund der Untersagung seinen Betrieb einstellt, muss er dies gem. § 14 I 2 Nr. 3 anzeigen (*HambOVG* GewArch 1993, 300 [301]; *Brüning*, in: BeckOK, § 35 Rdn. 64). Die **Anzeigepflicht** gilt auch dann, wenn er den Betrieb wegen einer Anordnung sofortiger Vollzie- 168 hung einstellt, sich aber im Wege der Anfechtungsklage gegen die Untersagung wehren will (*KG* GewArch 1993, 475).

Zur **Durchsetzung** der Untersagungsverfügung siehe unten Rdn. 199 ff.

169   b) **Besonderes Vollzugsinteresse.** Für die Anordnung sofortiger Vollziehung gem. § 80 II 1 Nr. 4 VwGO ist ein besonderes Vollzugsinteresse nötig, das über das Interesse hinausgeht, welches den Verwaltungsakt rechtfertigt (*Kopp/Schenke* VwGO, 16. Aufl. 2009, § 80 Rdn. 92 m. w. N.). Deshalb verlangen Teile der Rechtsprechung zur Rechtfertigung der Anordnung sofortiger Vollziehung, dass zu erwarten sei, dass der Gewerbetreibende sein Fehlverhalten während des Widerspruchs- und Gerichtsverfahrens fortsetze; allein die offenkundige Rechtmäßigkeit der Untersagungsverfügung begründe hingegen noch nicht das Vollzugsinteresse (*VGH BW* NVwZ-RR 2006, 395; *HessVGH* GewArch 1994, 238 u. 1993, 415 [416]). Nach der Gegenauffassung genügt bereits die offensichtliche Rechtmäßigkeit der Untersagungsverfügung (*OVG NRW* GewArch 1981, 129).

170   Der erstgenannten Auffassung ist im Grundsatz zuzustimmen, d. h. es muss ein besonderes Vollzugsinteresse vorliegen. Aber es ist zu beachten, dass dieses besondere Vollzugsinteresse u. U. mit dem allgemeinen Interesse am Erlass des Verwaltungsaktes **zusammenfallen** kann (*Kopp/Schenke* VwGO, 16. Aufl. 2009, § 80 Rdn. 92). Dies wird bei einer Gewerbeuntersagung häufig der Fall sein, da das Unzuverlässigkeitsurteil gerade eine Prognose für das zukünftige Verhalten beinhaltet und somit auch den Zeitraum zwischen Wirksamwerden der Untersagungsverfügung bis zur Bestandskraft erfasst. Wenn sich aus den für die Unzuverlässigkeit maßgeblichen Tatsachen ergibt, dass eine Fortsetzung des Fehlverhaltens auch für die nahe Zukunft zu erwarten ist, dann genügt für die Begründung des Vollzugsinteresses ein entsprechender Hinweis auf die Begründung der Untersagung; wenn das besondere Vollzugsinteresse aufgrund der Feststellungen zur Unzuverlässigkeit evident ist, sind besondere Feststellungen zum Vollzugsinteresse sogar entbehrlich (vgl. *BVerfG* DVBl. 1985, 669 [670]).

171   Ein Zusammenfallen von Vollzugs- und Untersagungsinteresse kann z. B. bejaht werden bei Steuerrückständen, welche sich kontinuierlich und in erheblichem Umfang vergrößern (vgl. *HessVGH* GewArch 1994, 238; GewArch 1993, 377 u. 415 [416]). Das Zusammenfallen ist hingegen zu verneinen, wenn frühere Steuerschulden in jüngster Zeit vollständig zurückgeführt oder vermindert worden sind (*VGH BW* NVwZ-RR 2006, 395 [396]; GewArch 1993, 291 [292]; *HessVGH* GewArch 1992, 103 [104]), u. U. sogar schon dann, wenn die Gefahr eines weiteren Anwachsens der Steuerschulden nicht besteht (*VG Stuttgart* GewArch 2004, 74). Aus dem letztgenannten Beispiel folgt zugleich, dass das Zusammenfallen von Vollzugs- und Untersagungsinteresse von der Behörde stets geprüft werden muss. Wenn ein solches Zusammenfallen nicht bejaht werden kann, genügt eine lediglich formelhafte Begründung für die Anordnung sofortiger Vollziehung nicht (*HessVGH* GewArch 1990, 168).

172   c) **Liquidation des Gewerbebetriebes.** Nach einer älteren Entscheidung des *BVerwG* soll die **Liquidation** eines Gewerbebetriebes ungeachtet der Untersagung erlaubt sein (*BVerwG* GewArch 1965, 7 [8]; ebenso *VG*

Gewerbeuntersagung wegen Unzuverlässigkeit § 35

Köln GewArch 1978, 60 [61]; *Fröhler/Kormann* § 35 Rdn. 58). Dagegen wird eingewandt, dass auch die Liquidation Gewerbeausübung und damit von der Untersagungsverfügung erfasst ist. Die Untersagungsverfügung könne auch nicht die Liquidation gestatten, da darin eine unzulässige Befristung zu sehen wäre (*Marcks*, in: Landmann/Rohmer I, § 35 Rdn. 112). Zum Teil wird differenziert: Die Übernahme neuer oder Erfüllung bestehender Aufträge sei von der Untersagung betroffen und deshalb unzulässig; zulässig sei aber die Entgegennahme von Kundengeldern für bereits erbrachte Leistungen (*Heß*, in: Friauf, § 35 Rdn. 156). Die Liquidation durch einen **Stellvertreter** i. S. d. Abs. 2 (dazu Rdn. 175 ff.) ist jedenfalls zulässig; darin liegt der in der Praxis am ehesten gangbare Weg (siehe auch *Heß*, in: Friauf, § 35 Rdn. 156).

Anders als die Liquidation ist die **Veräußerung des Betriebes** oder von Teilen des Betriebes keine gewerbliche Betätigung und deshalb von der Untersagungsverfügung nicht betroffen (*Marcks*, in: Landmann/Rohmer I, § 35 Rdn. 112; *Heß*, in: Friauf, § 35 Rdn. 156).

d) Verhältnis zu Gewerbeerlaubnissen. Die Untersagung bewirkt nicht **173** unmittelbar das Erlöschen gewerberechtlicher Genehmigungen (*Marcks*, in: Landmann/Rohmer I, § 35 Rdn. 113). Wird die Ausübung eines Handwerks untersagt, ist die Eintragung in die Handwerksrolle, nicht dagegen im Handelsregister (*BVerwG* GewArch 1992, 339 [340]; *OLG Frankfurt* GewArch 1983, 386; vgl. auch *VG Darmstadt* GewArch 1989, 25 [26]) von Amts wegen zu löschen (*VGH BW* GewArch 1981, 95; *Laubinger* VerwArch 89 [1998], 145 [184]).

e) Beendigung der Rechtswirkungen. Die Dauer der Rechtswirkun- **174** gen ergibt sich aus § 43 II VwVfG. Die Untersagung kann beseitigt werden durch Rücknahme (§ 48 VwVfG), Abhilfeentscheidung im Widerspruchsverfahren (§ 72 VwGO), verwaltungsgerichtliche Aufhebung (§ 113 I 1 VwGO) und durch Wiedergestattung nach Abs. 6 (dazu unten Rdn. 202 ff.). Eine im Zeitpunkt der letzten Verwaltungsentscheidung rechtmäßige Untersagung kann dagegen nicht nach § 49 VwVfG widerrufen werden, da Abs. 6 eine demgegenüber abschließende Spezialregelung enthält (*Marcks*, in: Landmann/Rohmer I, § 35 Rdn. 183; **a. A.** *Heß*, in: Friauf, § 35 Rdn. 166; *Laubinger* VerwArch 89 [1998], 145]187]; dazu Rdn. 202).

IV. Stellvertretererlaubnis (Abs. 2)

Um die Fortsetzung eines Gewerbebetriebes auch bei gegenüber dem **175** Gewerbetreibenden erfolgter Untersagung zu ermöglichen, kann diesem auf Antrag gestattet werden, den Betrieb durch einen Stellvertreter (§ 45, siehe dort Rdn. 1) fortzuführen.

1. Voraussetzungen der Stellvertretererlaubnis

a) Antrag. Erforderlich ist zunächst ein Antrag des Gewerbetreibenden, **176** der formlos, auch konkludent, gestellt werden kann (*Marcks*, in: Landmann/ Rohmer I, § 35 Rdn. 123). Dabei muss der in Aussicht genommene Stellvertreter namentlich bezeichnet sein (*Brüning*, in: BeckOK, § 35 Rdn. 68; *Heß*, in: Friauf, § 35 Rdn. 170).

Ohne Antrag kann die Behörde keinen Stellvertreter bestellen. Sie kann freilich den Gewerbetreibenden auf die Möglichkeit der Stellvertretung hinweisen, ist hierzu aber nicht verpflichtet (*BVerwG* GewArch 1963, 129; **a. A.** *Marcks*, in: Landmann/Rohmer I, § 35 Rdn. 123 unter Hinweis auf das Verhältnismäßigkeitsprinzip).

177 **b) Untersagung.** Die Stellvertretererlaubnis setzt eine wirksame Untersagung voraus. Sie kann deshalb nicht vor der Untersagung, sondern frühestens gleichzeitig mit ihr ausgesprochen werden (*Heß*, in: Friauf, § 35 Rdn. 170). Der Antrag kann schon vorher gestellt werden.

178 **c) Fortgesetzter Betrieb.** Nach dem Wortlaut des Abs. 2 soll der Stellvertreter den Betrieb „fortführen". Dies setzt bei engem Wortverständnis einen ununterbrochenen Betrieb voraus. Maßgeblich ist jedoch eine wirtschaftliche Sichtweise, wonach kurzfristige Betriebsstilllegungen infolge der Untersagung der Betriebs-„Fortführung" durch den Stellvertreter nicht entgegenstehen (*Brüning*, in: BeckOK, § 35 Rdn. 66; *Marcks*, in: Landmann/Rohmer I, § 35 Rdn. 124).

179 **d) Gewähr ordnungsgemäßer Betriebsführung.** Der Stellvertreter muss die Gewähr für eine ordnungsgemäße Führung des Gewerbebetriebes bieten. Er muss also zum einen in eigener Person **zuverlässig** und zum anderen vom Gewerbetreibenden **unabhängig** sein, damit nicht dessen Unzuverlässigkeit eine ordnungsgemäße Betriebsführung unmöglich macht (siehe auch *Brüning*, in: BeckOK, § 35 Rdn. 67).

180 Aber selbst wenn diese beiden Voraussetzungen gegeben sind, kann eine ordnungsgemäße Betriebsführung durch **objektive** Umstände ausgeschlossen sein. So kann etwa bei völliger Überschuldung eines Gewerbebetriebes auch ein zuverlässiger Stellvertreter die hiermit verbundenen Gefahren für die Allgemeinheit kaum abwenden (*BVerwG* GewArch 1965, 7 [8]; *Marcks*, in: Landmann/Rohmer I, § 35 Rdn. 127). Ohnedies würde ein Stellvertreter, der trotz fehlender wirtschaftlicher Leistungsfähigkeit einen Betrieb fortführen will, sich seinerseits selbst als unzuverlässig erweisen.

2. Erteilung der Stellvertretererlaubnis

181 **a) Adressat.** Adressat der Erlaubnis ist nicht der Stellvertreter, sondern der Gewerbetreibende.

182 **b) Erlaubnisinhalt.** Die Erlaubnis berechtigt den Gewerbetreibenden, sein Gewerbe durch einen Stellvertreter betreiben zu lassen. Sie gilt nur für einen individuell bestimmten Stellvertreter. Soll dieser ausgewechselt werden, ist eine neue Erlaubnis zu beantragen.

Die Erlaubnis kann nach Maßgabe des § 36 II VwVfG mit **Nebenbestimmungen** verknüpft werden (näher *Marcks*, in: Landmann/Rohmer I, § 35 Rdn. 133).

183 **c) Ermessen.** Bei Vorliegen der Voraussetzungen (oben Rdn. 176 ff.) kann die Stellvertretererlaubnis erteilt werden, d. h. sie steht nach dem Willen

des Gesetzgebers im Ermessen der Behörde (vgl. BT-Drs. 10/1232; ebenso *Marcks*, in: Landmann/Rohmer I, § 35 Rdn. 128; *Heß*, in: Friauf, § 35 Rdn. 172; **a. A.** *Fröhler/Kormann* § 35 Rdn. 76).

3. Erlöschen der Stellvertretererlaubnis

Die Stellvertretererlaubnis wird gegenstandslos, wenn die Gewerbeuntersagung — etwa infolge einer Wiedergestattung nach Abs. 6 — wegfällt; sie ist also akzessorisch zur Untersagung (vgl. *Heß*, in: Friauf, § 35 Rdn. 176). Hinsichtlich Widerruf und Rücknahme gelten die §§ 48 ff. VwVfG. **184**

V. Bindung an strafrechtliche Entscheidungen (Abs. 3)

Um nach einer strafgerichtlichen Entscheidung eine zusätzliche Belastung des Gewerbetreibenden zu vermeiden, sieht § 35 III eine gewisse Bindungswirkung der strafgerichtlichen Entscheidungen für die Gewerbeaufsichtsbehörden bei ihrer Entscheidung über die Gewerbeuntersagung vor und räumt dabei der strafgerichtlichen Entscheidung **Priorität** ein. **185**

Zur Entstehungsgeschichte des Abs. 3 siehe *Marcks*, in: Landmann/Rohmer I, § 35 Rdn. 137 ff.

1. Bindungswirkung von Strafurteilen (S. 1)

a) Voraussetzungen der Bindungswirkung. aa) Strafurteil. Erforderlich ist ein Strafurteil, welches aber — anders als etwa bei § 34 c II Nr. 1 — **nicht rechtskräftig** zu sein braucht (*Brüning*, in: BeckOK, § 35 Rdn. 88). Die Bindungswirkung tritt mit Verkündung des Urteils ein. **186**

Das Strafurteil ist aber nur zu berücksichtigen, wenn es **vor** der Untersagungsverfügung verkündet wurde, wie sich aus dem Wortlaut des § 35 III 1 ergibt („gewesen ist"). Maßgeblicher Zeitpunkt ist der Erlass des Widerspruchsbescheides, wenn ein Vorverfahren durchgeführt wird, sonst der Erlass der Untersagungsverfügung. Wird ein Strafurteil nach Erlass der Untersagungsverfügung, aber noch vor dem Widerspruchsbescheid verkündet, ist es im Rahmen von Abs. 3 zu berücksichtigen (*Brüning*, in: BeckOK, § 35 Rdn. 88). Spätere Strafurteile begründen keine Bindungswirkung. Dies gilt selbst dann, wenn die Untersagung infolge einer Anfechtungsklage noch nicht bestandskräftig geworden ist; auch das Verwaltungsgericht ist dann nicht an das Strafurteil gebunden, sondern muss von der letzten Verwaltungsentscheidung ausgehen.

Bei einem Antrag auf Wiederzulassung nach Abs. 6 ist eine zwischenzeitlich ergangene strafgerichtliche Entscheidung hingegen zu berücksichtigen.

bb) Gegenstand der Urteilsfindung. Ein Sachverhalt unterliegt nur dann der Bindungswirkung des Abs. 3, wenn und soweit er Gegenstand der Urteilsfindung in einem Strafverfahren gegen einen Gewerbetreibenden gewesen ist. Neue Tatsachen können somit uneingeschränkt berücksichtigt werden (siehe auch Rdn. 190). **187**

Strafverfahren und -urteil müssen sich gegen den Adressaten der Gewerbeuntersagung gerichtet haben. Zwar ist der Wortlaut zunächst offen („gegen

§ 35 Titel II. Stehendes Gewerbe

einen Gewerbetreibenden"), wird aber auf Rechtsfolgenseite konkretisiert („zu *dessen* Nachteil"); ebenso *Heß*, in: Friauf, § 35 Rdn. 117.

188 **cc) Aussetzung des Untersagungsverfahrens. Vor** einem Strafurteil darf die Behörde auch Tatsachen verwerten, welche Grundlage des Strafverfahrens sind. Die Unschuldsvermutung i. S. d. Art. 6 II EMRK steht dem nicht entgegen (*HessVGH* GewArch 1991, 28 [30]; *Brüning*, in: BeckOK, § 35 Rdn. 88). Die Behörde ist auch **nicht** zur Aussetzung des Untersagungsverfahrens verpflichtet (*HessVGH* GewArch 1991, 28 [30]; *Heß*, in: Friauf, § 35 Rdn. 122). Gegebenenfalls erweist sich eine Aussetzung aber als sinnvoll, so etwa, wenn alsbald mit einem Strafurteil gerechnet werden kann.

189 **b) Reichweite und Rechtsfolge der Bindungswirkung.** Zum **Vorteil** des Gewerbetreibenden kann die Gewerbebehörde ohne die Beschränkungen des Abs. 3 von einem Strafurteil abweichen. Anlass hierzu wird es aber nur geben, wenn es erhebliche Bedenken gegen die Richtigkeit der strafgerichtlichen Feststellungen gibt, die vom Betroffenen substantiiert geltend gemacht worden sind. Will die Gewerbebehörde zum **Nachteil** des Betroffenen abweichen, normiert Abs. 3 S. 1 hingegen eine Bindung des Strafurteils in drei Punkten (unten aa – cc). Dabei kommt es aus Gründen der Rechtsklarheit nur auf den Urteilstenor und die **schriftlichen Urteilsgründe** an, nicht aber auf die mündliche Urteilsbegründung oder den Akteninhalt (*BayVGH* GewArch 1990, 172; *Marcks*, in: Landmann/Rohmer I, § 35 Rdn. 143). Insgesamt dürfte die praktische Relevanz der Bindungswirkung trotz der umfänglichen Gesetzesvorgaben eher gering sein.

190 **aa) Feststellung des Sachverhalts (Nr. 1).** Nach Abs. 3 S. 1 Nr. 1 darf die Verwaltungsbehörde von der Feststellung des Sachverhalts im Strafurteil nicht zum Nachteil des Gewerbetreibenden abweichen. Dies gilt aber nur, soweit die zu beurteilenden Sachverhalte identisch sind (*Marcks*, in: Landmann/Rohmer I, § 35 Rdn. 144). Stützt die Behörde die Annahme der Unzuverlässigkeit (zusätzlich) auf Tatsachen, die keinen Straftatbestand erfüllen und deshalb auch nicht Gegenstand der strafgerichtlichen Entscheidung sein konnten, greift § 35 III nicht. Der Anwendungsbereich dieser Vorschrift beschränkt sich also auf solche Fälle, in denen die Unzuverlässigkeit auf exakt dieselben Tatsachen gestützt wird, die Gegenstand der strafgerichtlichen Entscheidung waren.

191 **bb) Beurteilung der Schuldfrage (Nr. 2).** Nach Abs. 3 S. 1 Nr. 2 ist die Behörde an die Beurteilung der Schuldfrage gebunden. Die Unzuverlässigkeit ist jedoch verschuldensunabhängig (vgl. oben Rdn. 34). Vor diesem Hintergrund dürfte § 35 III 1 Nr. 2 weitestgehend leer laufen (vgl. auch *Barbey* WiVerw 1982, 82 [96]).

192 **cc) Erforderlichkeit einer Gewerbeuntersagung (Nr. 3).** Abs. 3 S. 1 Nr. 3 bindet die Verwaltungsbehörde an die Prognoseentscheidung des Strafgerichts, ob eine Gewerbeuntersagung erforderlich ist, um die Begehung erheblicher rechtswidriger Taten i. S. d. § 70 StGB durch den Gewerbetreibenden zu verhindern. Dies sind nach § 11 I Nr. 5 StGB nur solche, die den Tatbestand eines Strafgesetzes verwirklichen. Da der Schutz der Allgemeinheit i. S. d. § 35 schon unterhalb der strafrechtlich relevanten Ebene ansetzt, dürfte auch diese Vorschrift kaum praktische Bedeutung haben. So kann etwa ein Ausbilder, der wegen sexueller Handlungen an weiblichen Auszubildenden verurteilt wurde, zugleich für die Ausbildung männlicher Lehrlinge ungeeignet sein, auch wenn insoweit keine Straftaten zu erwarten sind (*OVG Saarl.* GewArch 1976, 299).

Wenn das Strafgericht die Frage eines Berufsverbotes in den Urteilsgründen nicht erörtert hat – etwa weil die Staatsanwaltschaft keinen entsprechenden Antrag gestellt hat –, dann besteht für die Gewerbebehörde keine Bindung hinsichtlich der Frage eines Berufsverbotes (*BayVGH* GewArch 1990, 172 [173]).

c) Fehlerfolge. Eine Untersagungsverfügung, die gegen § 35 III verstößt, **193** ist zwar anfechtbar, aber nicht nichtig (*Brüning*, in: BeckOK, § 35 Rdn. 89; *Marcks*, in: Landmann/Rohmer I, § 35 Rdn. 157).

2. Verhältnis zur erweiterten Untersagung (S. 2)

S. 2 zielt auf den Fall, dass durch Strafurteil ein Berufsverbot ausgesprochen **194** wurde (§§ 70 ff. StGB; Maßregel der Besserung und Sicherung gem. § 61 Nr. 6 StGB). Dann stellt sich die Frage, ob die Gewerbebehörde eine weiterreichende Untersagung nach § 35 I 2 aussprechen darf. Diese Frage wird von § 35 III 2 bejaht: Es besteht keine Bindungswirkung im Hinblick auf die Art der untersagten Gewerbe. Neben der selbstständigen Gewerbetätigkeit kann die Untersagungsverfügung daher auch, abweichend von der strafgerichtlichen Entscheidung, die Tätigkeit als Vertretungsberechtigter oder als mit der Leitung Beauftragter erfassen.

3. Bindungswirkung anderer strafgerichtlicher Entscheidungen (S. 3)

a) Gleichgestellte Entscheidungen. Nach Abs. 3 S. 3 wird dem Strafur- **195** teil eine Reihe weiterer strafgerichtlicher Entscheidungen gleichgestellt. Dies sind das vorläufige Berufsverbot (§ 132 a StPO), der Strafbefehl (§§ 407 ff. StPO), die Ablehnung der Eröffnung der Hauptverhandlung (§ 204 StPO) und gerichtliche Entscheidungen in Bußgeldverfahren nach dem OWiG (§§ 71 f. OWiG).

b) Beschränkte Bindungswirkung (S. 3 a. E.). Für **gerichtliche** **196** **Bußgeldentscheidungen** nach dem OWiG gilt die Gleichstellung jedoch nur, soweit sie sich auf die Feststellung des Sachverhalts und die Beurteilung der Schuldfrage beziehen. Ausgenommen ist damit die Bindungswirkung gem. Abs. 3 S. 1 Nr. 3. Diese bezieht sich auf ein Berufsverbot, welches aber im Rahmen eines Ordnungswidrigkeitenverfahrens ohnehin nicht in Betracht kommt (vgl. § 72 III OWiG). Die Beschränkung hat so lediglich klarstellende Bedeutung (ähnlich *Marcks*, in: Landmann/Rohmer I, § 35 Rdn. 148; *Heß*, in: Friauf, § 35 Rdn. 126).

Auch ohne ausdrückliche gesetzgeberische Klarstellung gilt die Beschränkung in gleicher Weise für den **Strafbefehl**, durch den gem. § 407 II StPO ebenfalls kein Berufsverbot verhängt werden kann (*Marcks*, in: Landmann/ Rohmer I, § 35 Rdn. 148).

197   **c) Entscheidungen ohne Bindungswirkung.** Nicht erfasst von Abs. 3 sind verwaltungsbehördliche Bußgeldentscheidungen (*Marcks*, in: Landmann/Rohmer I, § 35 Rdn. 148), ferner nicht Einstellungsentscheidungen der Staatsanwaltschaft (§§ 153 ff., 170 StPO), selbst wenn sie mit richterlicher Zustimmung erfolgen (*Heß*, in: Friauf, § 35 Rdn. 119, siehe auch *VG München* Urteil vom 12. 3. 2007 – M 16 K 06.896, juris Rdn. 39, 49.). Diese Entscheidungen entfalten keine Bindungswirkung i. S. d. Abs. 3. Die Gewerbebehörde ist also etwa trotz staatsanwaltlicher Einstellung nicht gehindert, eine Untersagungsverfügung zu erlassen.

4. Zusammenarbeit zwischen Straf- und Gewerbebehörden

198   Um der Bindungswirkung von Strafurteilen entsprechen zu können, müssen die Gewerbebehörden davon Kenntnis erlangen. Die Mitteilung erfolgt nach Maßgabe der §§ 13 II, 14 I Nr. 5, 7 Buchstabe b, II EGGVG, Nr. 39 MiStra (Anordnung über Mitteilungen in Strafsachen vom 19. 5. 2008, BAnz. Nr. 126a). Näher dazu *Marcks*, in: Landmann/Rohmer I, § 35 Rdn. 153; *Heß*, in: Friauf, § 35 Rdn. 116.

VI. Durchsetzung der Untersagungsverfügung (Abs. 5 a. F.)

1. Frühere Rechtslage

199   Nach § 35 V a. F. konnte die Ausübung des untersagten Gewerbes durch geeignete Maßnahmen, insbesondere durch Schließung der Geschäfts- und Betriebsräume verhindert werden. In Rechtsprechung und Literatur war sehr **umstritten**, wie die Verfügung nach Abs. 5 rechtlich zu qualifizieren war. Nach verbreiteter Ansicht war die Verfügung nach Abs. 5 eine Maßnahme der Verwaltungsvollstreckung, durch die die Untersagungsverfügung nach Abs. 1 zwangsweise durchgesetzt werden konnte. Nach der Gegenauffassung stellte die Verfügung nach Abs. 5 eine Konkretisierung der Untersagungsverfügung nach Abs. 1 dar; sie sei selbst als vollstreckungsfähiger und -bedürftiger Grundverwaltungsakt zu verstehen gewesen. Unabhängig von der dogmatischen Einordnung stellte sich die Frage, ob die Verfügung nach Abs. 5 a. F. notwendig war. Zum früheren Streitstand siehe die Vorauflage Rdn. 190.

2. Verwaltungsvollstreckung

200   Die durch diese Streitigkeiten bedingte Rechtsunsicherheit wollte der Gesetzgeber durch die Streichung des von ihm als überflüssig empfundenen Abs. 5 a. F. beseitigen (amtl. Begr., BR-Drs. 634/97, S. 30). Die Durchsetzung einer Untersagungsverfügung erfolgt daher ausschließlich nach Maßgabe der **Landes-Verwaltungsvollstreckungsgesetze** (*VG Stuttgart* VBlBW 2001, 496 [497]). In Betracht kommt neben der Schließung der Betriebs- und Geschäftsräume z. B. die Stilllegung betrieblich genutzter

Kraftfahrzeuge (*OVG NRW* GewArch 1991, 31; siehe aber sogleich), ferner die Wegnahme von Arbeitsgeräten (*VGH BW* GewArch 1991, 226 [227]) oder die Festsetzung von Zwangsgeldern.

Die Vollstreckungsmaßnahme muss **verhältnismäßig** sein. Daran fehlt es **201** im Regelfall bei der Stilllegung betrieblich genutzter PKW (*OVG NRW* GewArch 1993, 70 [71]) oder bei einer Zwangsmittelandrohung mit allzu kurz bemessener Abwendungsfrist (*VG Stuttgart* GewArch 2003, 36 [38]: Unangemessenheit einer Vier-Wochen-Frist bei langjährig geführtem und noch tätigem Betrieb). Unverhältnismäßig ist die PKW-Stilllegung jedenfalls dann, wenn der PKW überwiegend privat genutzt wird (*OVG NRW* GewArch 1991, 31). Zur Verhältnismäßigkeit von Zwangsgeldfestsetzungen siehe *OVG SchlH*. NVwZ-RR 1996, 200 f.; *OVG RhPf.* GewArch 1989, 192. Allgemein zur Verwaltungsvollstreckung im Gewerberecht siehe *App* GewArch 1999, 55 ff.; *ders.* KKZ 2006, 45 ff.

Daneben sind die Ordnungswidrigkeitstatbestände der §§ 146 I Nr. 1 lit. a, 148 anwendbar.

VII. Wiedergestattung (Abs. 6)

1. Allgemeines; Verhältnis zu §§ 48, 49 VwVfG

Da die Untersagung nach Abs. 1 unbefristet fortbesteht, auch wenn die **202** Unzuverlässigkeit des Gewerbetreibenden zwischenzeitlich entfällt, sieht Abs. 6 ein besonderes Verfahren zur Wiedergestattung der Gewerbetätigkeit vor, das den allgemeinen Regeln (§§ 49, 51 VwVfG) vorgeht. Der Widerruf einer (rechtmäßigen) Untersagungsverfügung ist also nicht möglich, wohl aber die Rücknahme (§ 48 VwVfG) einer rechtswidrigen Untersagungsverfügung, da insoweit Abs. 6 – der ersichtlich nur berechtigte Untersagungen erfasst – nicht greift (*Marcks*, in: Landmann/Rohmer I, § 35 Rdn. 183; **a. A.** *Brüning*, in: BeckOK, § 35 Rdn. 83; *Heß*, in: Friauf, § 35 Rdn. 166). Eine ungeachtet einer bestehenden Gewerbeuntersagung erstattete und empfangsbestätigte Gewerbeanmeldung ändert nichts an der Rechtswirksamkeit der Untersagung; eine Wiedergestattung kann vielmehr nur im förmlichen Verfahren des Abs. 6 erfolgen (*VG Gelsenkirchen* Urteil vom 9. 1. 2008 – 7 K 1346/07, juris Rdn. 16).

Zur **Verfassungskonformität** dieser Vorschrift siehe *BVerfG* NVwZ 1995, 1096; *BVerwG* GewArch 1991, 110 (111) und unten Rdn. 212.

2. Voraussetzungen der Wiedergestattung

a) Antrag. Um klarzustellen, dass die Wiedergestattung nicht von Amts **203** wegen zu erfolgen hat (was die Behörden erheblich belasten würde, vgl. amtl. Begr., BT-Drs. 7/111, S. 6), wurde das Erfordernis eines **schriftlichen Antrages** in das Gesetz aufgenommen (durch Gesetz vom 13. 2. 1974, BGBl. I S. 161). Damit ist eine Verfahrenseinleitung von Amts wegen ausgeschlossen (§ 22 S. 2 Nr. 2 VwVfG). Mit der Antragspflicht soll allerdings keine Umkehr der **Beweislast** verbunden sein (amtl. Begr., BT-Drs. 7/111, S. 6). Wird der Antrag auf Wiedergestattung abgelehnt, hat die Behörde zu beweisen, dass

§ 35 Titel II. Stehendes Gewerbe

der Antragsteller weiterhin unzuverlässig ist (*Brüning*, in: BeckOK, § 35 Rdn. 78; *Heß*, in: Friauf, § 35 Rdn. 180; *Scheidler* GewArch 2007, 135 [137]). Den Gewerbetreibenden treffen jedoch verfahrensrechtliche Mitwirkungspflichten, sodass er Tatsachen darlegen muss, welche auf die Wiedergewinnung der Zuverlässigkeit schließen lassen (*Kramer* GewArch 2010, 273 [278]).

204 **b) Wegfall der Unzuverlässigkeit.** Die untersagte Gewerbetätigkeit ist wieder zu gestatten, wenn Tatsachen die Annahme rechtfertigen, dass der Untersagungsadressat nicht mehr unzuverlässig ist (zu einzelnen Fallgruppen siehe *Scheidler* GewArch 2007, 135 [138]; *Kramer* GewArch 2010, 273 [274 ff.]). Diese Frage unterliegt **vollständiger gerichtlicher Überprüfung** (*HessVGH* GewArch 1990, 326 [327]; *OVG Bremen* GewArch 2004, 163; *Marcks*, in: Landmann/Rohmer I, § 35 Rdn. 174); zur Beweislast siehe Rdn. 203. Denkbar – aber wenig realistisch – soll über den Wortlaut hinaus ferner sein, dass zwar die Unzuverlässigkeit fortbesteht, aber die Erforderlichkeit der Untersagung entfallen ist (so *Scheidler* GewArch 2007, 135 [139]).

205 **aa) Tatsachen.** Tatsachen i. S. d. Abs. 6 können etwa sein, dass der Antragsteller seinen Zahlungsverpflichtungen (Steuerrückstände etc.) mittlerweile nachgekommen ist (*HessVGH* NJW 1986, 83), sich über einige Zeit nicht neu verschuldet hat und nunmehr in geordneten Vermögensverhältnissen lebt (*Marcks*, in: Landmann/Rohmer I, § 35 Rdn. 174) und seinen steuerrechtlichen Erklärungspflichten nachkommt (*OVG Bremen* GewArch 2004, 163). Eine Schuldenbegleichung nach langjährigem Zahlungsrückstand kurz vor der Berufungsverhandlung im Wiedergestattungsprozess genügt nicht (*Diefenbach* GewArch 1991, 281 [283]).

206 Beruhte die Unzuverlässigkeit auf **Straftaten**, kann sie i. S. d. Abs. 6 entfallen, wenn der Antragsteller sich über längere Zeit straffrei verhalten hat. Die Länge des zur Wiederherstellung der Zuverlässigkeit erforderlichen Zeitraums lässt sich dabei nicht abstrakt festlegen (vgl. oben Rdn. 44). Die in §§ 33 c II 2, 33 d III 2, 34 b IV Nr. 1 etc. genannten Fristen (drei bzw. fünf Jahre) bilden keine Richtwerte für die Konstruktion einer Zuverlässigkeitsvermutung (*OVG Nds.* GewArch 2008, 360). Spätestens mit Tilgung der Eintragung einer Straftat im Bundeszentralregister wird regelmäßig Zuverlässigkeit anzunehmen sein (*OVG Nds.* GewArch 2008, 360; *Scheidler* GewArch 2007, 135 [137]), da dann die Tat nicht mehr zum Nachteil des Antragstellers verwertet werden darf (§ 51 I BZRG; *Brüning*, in: BeckOK, § 35 Rdn. 75). Etwas anderes gilt aber gem. § 52 I Nr. 4 a. E. BZRG, wenn die Wiedergestattung zu einer erheblichen Gefährdung der Allgemeinheit führen würde. Allein eine günstige Sozialprognose bei vorzeitiger Haftentlassung führt nicht zur Annahme von Zuverlässigkeit, da die Sozialprognose sich nur auf strafbares Verhalten bezieht, die gewerberechtliche Unzuverlässigkeit aber schon unterhalb der Strafrechtsschwelle vorliegen kann (*VG Berlin* GewArch 1989, 24; vgl. auch oben Rdn. 33, 45).

207 **bb) Zeitpunkt des Tatsacheneintritts.** Die Tatsachen müssen nach Bekanntgabe der Untersagungsverfügung und im Falle eines Widerspruchs nach Bekanntgabe des Widerspruchsbescheides eingetreten sein. Vorher eingetretene Tatsachen sind im Untersagungsverfahren zu berücksichtigen. Wird

eine vorher eingetretene Tatsache erst später bekannt, ist sie als spätere Tatsache zu behandeln. Der Antrag auf Wiedergestattung – gestützt auf neue Tatsachen – ist auch während eines gegen die Untersagung gerichteten Anfechtungsprozesses möglich (Rdn. 213 ff.).

c) Ablauf der Jahresfrist nach Abs. 6 S. 2. Die Wiedergestattung ist 208 i. d. R. erst ein Jahr nach „Durchführung der Untersagung" möglich.

aa) Beginn und Berechnung der Jahresfrist. Maßgeblicher Zeitpunkt 209 für den Beginn dieser Sperrfrist ist entweder die tatsächliche Einstellung des Betriebes oder die Abgabe der Betriebsführung an einen Stellvertreter nach Abs. 2. Bei Fortführung durch einen Strohmann ist die Untersagung jedoch nicht „durchgeführt" (*OVG NRW* GewArch 1973, 296).

Bei der Jahresfrist muss es sich nicht um einen zusammenhängenden Zeit- 210 raum handeln (*Brüning*, in: BeckOK, § 35 Rdn. 77; *Scheidler* GewArch 2007, 135 [139]). Wenn etwa nach Anordnung der sofortigen Vollziehung einer Untersagungsverfügung der Betrieb eingestellt wird, nach einem erfolgreichen Antrag nach § 80 V VwGO die Gewerbetätigkeit wieder aufgenommen wird, ehe sie nach Rechtskraft einer erfolglosen Anfechtungsklage wieder eingestellt wird, werden die Zeiträume der Betriebseinstellung addiert. Addiert werden kann auch der Zeitraum einer Betriebseinstellung und der einer Fortführung durch einen Stellvertreter nach Abs. 2 (*Marcks*, in: Landmann/Rohmer I, § 35 Rdn. 175).

bb) Verkürzung der Jahresfrist. Die Jahresfrist darf nur aus besonderem 211 Grund verkürzt werden (Abs. 6 S. 2). **Besondere Gründe** können in der besonderen sozialen Situation des Antragstellers, aber auch in Gläubigerinteressen (z. B. Schuldenrückführung) oder Allgemeininteressen (z. B. Schaffung von Arbeitsplätzen) bestehen (*Marcks*, in: Landmann/Rohmer I, § 35 Rdn. 177; *Scheidler* GewArch 2007, 135 [140]). Kein Grund i. S. d. Abs. 6 S. 2 ist die Wiederherstellung der Zuverlässigkeit, da diese ohnehin zwingende Voraussetzung jeder Wiedergestattung ist (*Laubinger/Repkewitz* VerwArch 89 [1998], 337 [340]; *Scheidler* GewArch 2007, 135 [140]).

Wenn ein besonderer Grund vorliegt, muss die Behörde von der Einhal- 212 tung der Jahresfrist absehen. Es handelt sich also um eine **gebundene Entscheidung** (*Heß*, in: Friauf, § 35 Rdn. 181: „Muss"-Vorschrift; *Scheidler* KommP BY 2009, 208 [211]), nicht um eine Ermessensentscheidung. Dem steht nicht der Wortlaut entgegen. Die Formulierung „kann" beinhaltet hier eine (gebundene) Befugniszuweisung (*Laubinger/Repkewitz* VerwArch 89 [1998], 337 [341]). Diese Auslegung ist bereits aus verfassungsrechtlichen Gründen geboten, weil nämlich wegen Art. 12 I GG die Untersagung nur solange aufrechterhalten werden darf, wie es das Gesetz zwingend erfordert (*BVerwG* GewArch 1991, 110 [111]; *OVG NRW* GewArch 1973, 296 [297]; *Marcks*, in: Landmann/Rohmer I, § 35 Rdn. 176; **a. A.** *Frotscher*, in: Schmidt, Öffentliches Wirtschaftsrecht, BT I, 1995, § 1 Rdn. 111: Ermessen). Nur eine solche **verfassungskonforme Auslegung** bietet im Übrigen die Rechtfertigung dafür, bei der Prüfung der Rechtmäßigkeit einer Untersagungsverfügung auf den – frühen – Zeitpunkt der letzten Behördenentscheidung abzustellen (*BVerfG* NVwZ 1995, 1096).

213 **d) Unanfechtbarkeit der Untersagung?** Teilweise wird über die bereits genannten Voraussetzungen hinaus verlangt, dass die Wiedergestattung erst erfolgen dürfe, wenn die Untersagungsverfügung unanfechtbar geworden sei. Vorher bestehe kein Bescheidungsinteresse, da der Betroffene sich zunächst gegen den Untersagungsbescheid wehren müsse (*HessVGH* GewArch 1985, 267 [268]; *Marcks*, in: Landmann/Rohmer I, § 35 Rdn. 175).

214 Dieser Ansicht ist zunächst entgegenzuhalten, dass der Wortlaut auf die tatsächliche Durchführung der Untersagung abstellt, nicht aber auf die Unanfechtbarkeit der Verfügung (ebenso *Heß*, in: Friauf, § 35 Rdn. 179; *Dickersbach* WiVerw 1982, 65 [69]; *Scheidler* GewArch 2007, 135 [139]). Darüber hinaus kann der Gewerbetreibende im Anfechtungsprozess nur das Fehlen von Unzuverlässigkeit im Zeitpunkt der Widerspruchsentscheidung geltend machen (*BVerwGE* 65, 1 u. GewArch 1991, 110 [111]; näher oben Rdn. 129), nicht aber den späteren Wegfall der Unzuverlässigkeit. Gerade angesichts der langen Prozessdauer vor den Verwaltungsgerichten kann sich die Sachlage während eines Rechtsstreits dergestalt ändern, dass selbst bei ursprünglicher Unzuverlässigkeit bereits lange vor Prozessende die Voraussetzungen für eine Wiedergestattung vorliegen. Die nachhaltige Grundrechtsrelevanz der Untersagung erfordert, die Gewerbetätigkeit dann wieder zu gestatten und nicht an formalen Voraussetzungen scheitern zu lassen. Das Erfordernis einer Unanfechtbarkeit kann überdies zu einer unzulässigen faktischen Verkürzung des Rechtsschutzes führen, wenn ein Rechtsstreit die Wiedergestattung für viele Jahre sperren würde und den Betroffenen aus diesem Grund zum Rechtsmittelverzicht zwingt (so auch *Horn* GewArch 1983, 369 [378]; *Scheidler* GewArch 2007, 135 [139]).

215 Vor diesem Hintergrund gilt es zu beachten, dass **Untersagung und Wiedergestattung zwei in ihrer Bewertung voneinander unabhängige Vorgänge** sind: Während für die Untersagung der Zeitpunkt der letzten Behördenentscheidung maßgeblich ist, kommt es für die Wiedergestattung auf den Zeitpunkt der letzten mündlichen Verhandlung vor Gericht an (*HessVGH* GewArch 1990, 326 [327]). Deshalb kann der Gewerbetreibende parallel sich gegen die Untersagung wehren und die Wiedergestattung erstreben (*Kramer* GewArch 2010, 273 [274]; *Scheidler* KommP BY 2009, 208 [211]; *Laubinger/Repkewitz* VerwArch 89 [1998], 337 [338]; siehe auch *Brüning*, in: BeckOK, § 35 Rdn. 76); ggf. erledigt sich dann die gegen die Untersagung gerichtete Anfechtungsklage. Im Rechtsstreit zur Untersagung kann das Gericht auf die Möglichkeit eines Antrags auf Wiedergestattung hinweisen (*Scheidler* GewArch 2007, 135 [137]).

3. Entscheidung

216 **a) Rechtsanspruch auf Wiedergestattung.** Wenn die Voraussetzungen nach Abs. 6 vorliegen, muss die persönliche Ausübung des Gewerbes wiedergestattet werden. Es handelt sich um eine **gebundene Entscheidung**, auf die der Untersagungsadressat einen **Anspruch** hat (*HessVGH* GewArch 1990, 326 [327]; *Brüning*, in: BeckOK, § 35 Rdn. 76; *Heß*, in: Friauf, § 35 Rdn. 184; *Marcks*, in: Landmann/Rohmer I, § 35 Rdn. 179; *Scheidler* GewArch 2007, 135 [136]). Auch die Entscheidung über die Verkürzung

der Jahresfrist nach S. 2 steht nicht im Ermessen der Behörde (näher oben Rdn. 212).

b) Entscheidungsinhalt. Der Umfang der Wiedergestattung korreliert mit dem Inhalt der Untersagung. Letztere wird mit Bekanntgabe der Wiedergestattungsverfügung an den Untersagungsadressaten mit ex nunc-Wirkung in vollem Umfang gegenstandslos. Die Untersagungsverfügung wird zwar nicht förmlich aufgehoben, entfaltet aber keinerlei Rechtswirkung mehr. Der gewerberechtliche Status des Gewerbetreibenden wird wiederhergestellt (*Barbey* WiVerw 1982, 82 [98]). 217

Ist die Unzuverlässigkeit nur teilweise entfallen, kann die Wiedergestattung entsprechend beschränkt werden, d. h. eine **Teil-Wiedergestattung** ist möglich (*Heß*, in: Friauf, § 35 Rdn. 183). Sie kommt etwa in Betracht, wenn eine (Voll-)Untersagung auf mehreren Unzuverlässigkeitsgründen beruhte, von denen bis auf einen alle entfallen sind. Die Wiedergestattung könnte daher etwa die erneute Gewerbeausübung mit der Beschränkung gestatten, keine Minderjährigen zu beschäftigen (siehe ferner *Marcks*, in: Landmann/ Rohmer I, § 35 Rdn. 179). 218

Eine Bedingung oder Befristung darf dagegen nicht erfolgen (*Scheidler* GewArch 2007, 135 [140]). Für Auflagen besteht kein Bedarf wegen der Möglichkeit der Teil-Wiedergestattung (zu **Nebenbestimmungen** näher *Marcks*, in: Landmann/Rohmer I, § 35 Rdn. 180; *Heß*, in: Friauf, § 35 Rdn. 185).

Widerruf oder Rücknahme einer Wiedergestattungsverfügung sind im Sinne der Rechtsklarheit nicht möglich. War die Wiedergestattung rechtswidrig, muss eine neue Untersagungsverfügung ergehen. § 35 I ist gegenüber §§ 48 f. VwVfG insoweit lex specialis (zum Verhältnis von § 35 zu §§ 48 ff. VwVfG siehe unten Rdn. 255 ff.). 219

4. Verhältnis zu Anzeige- und Erlaubnispflichten

Die Wiederaufnahme einer Gewerbetätigkeit nach Wiedergestattung ist anzeigepflichtig nach § 14 (vgl. *KG* GewArch 1993, 475). Wenn nach Untersagung eines bislang erlaubnisfreien Gewerbes dieses durch Gesetzesänderung erlaubnispflichtig wird, berechtigt allein die Wiedergestattung nicht zur Wiederaufnahme der früheren Gewerbetätigkeit. Vielmehr muss der Gewerbetreibende die nunmehr notwendige **Erlaubnis** beantragen (*Marcks*, in: Landmann/Rohmer I, § 35 Rdn. 181). 220

VIII. Verfahrensregelungen (Abs. 4 und 7)

1. Allgemeines

Die nach § 35 möglichen Verwaltungsverfahren, die mit den Verwaltungsakten Gewerbeuntersagung, Stellvertretererlaubnis und Wiedergestattung abschließen, sind Verwaltungsverfahren i. S. d. § 9 VwVfG, so dass die Vorschriften des VwVfG grundsätzlich anwendbar sind, soweit die GewO keine abweichenden Regelungen enthält. Derartige Sonderregeln enthalten die 221

§ 35
Titel II. Stehendes Gewerbe

Abs. 4 und 7. Der frühere Abs. 3 a wurde durch § 29 überflüssig und ist daher aufgehoben worden (Gesetz vom 16. 6. 1998, BGBl. I S. 1291).

2. Anhörungspflichten (Abs. 4)

222 **a) Zweck der Vorschrift.** § 35 IV sieht im Interesse einer vollständigen Sachaufklärung die Anhörung der in Abs. 4 S. 1 genannten Körperschaften rechtzeitig vor dem Erlass der Untersagungsverfügung vor. Diese Vorbereitung einer sachgerechten Entscheidung dient zugleich der Wahrung der Rechte des betroffenen Gewerbetreibenden, so dass Abs. 4 insoweit **drittschützend** ist (vgl. *BVerwG* GewArch 1981, 372).

223 **b) Anzuhörende Stellen.** Die grundsätzliche Anhörungspflicht bezieht sich in erster Linie auf besondere staatliche Aufsichtsbehörden, soweit diese bestehen, z. B. Gewerbeaufsichtsämter auf dem Gebiet des Arbeitsschutzes (siehe § 139 b Rdn. 4), Umweltschutzbehörden, Eichämter, nicht aber etwa die Bundesanstalt für Finanzdienstleistungsaufsicht (§ 6 KWG), da § 35 auf die einschlägigen Gewerbetreibenden wegen spezialgesetzlicher Regelungen keine Anwendung findet (vgl. § 35 KWG, § 87 VAG); siehe dazu *Marcks*, in: Landmann/Rohmer I, § 35 Rdn. 166.

„Ferner" (so der Gesetzestext) sollen die zuständige Industrie- und Handelskammer oder Handwerkskammer und, soweit es sich um eine Genossenschaft i. S. v. § 1 GenG handelt, auch der Prüfungsverband (vgl. § 54 GenG) angehört werden, dem die Genossenschaft zugehört. Zu Organisationsstruktur und Aufgabenbereich von IHK und Handwerkskammer siehe *Tettinger* Kammerrecht, 1997, S. 5 ff., 7 ff. und passim.

224 **c) Durchführung der Anhörung.** Anhörung bedeutet, dass den betreffenden Stellen unter Mitteilung des bis dahin vorliegenden Ermittlungsergebnisses Gelegenheit zur Stellungnahme gegeben wird, ohne dass aber etwa geäußerten Rechtsauffassungen im Ergebnis gefolgt werden müsste. Die Anhörung muss rechtzeitig vor der Untersagung erfolgen.

225 Die Anhörung „soll" erfolgen, d. h. sie **muss** erfolgen, wenn nicht ein triftiger Grund für eine **Ausnahme** vorliegt (*VG Gießen* Urteil vom 18. 2. 2008 – 8 E 314/08, juris Rdn. 15). Einen solchen triftigen Grund bildet z. B. **„Gefahr im Verzug"** i. S. d. S. 3, eine Formel, die in Orientierung an einem gängigen polizeirechtlichen Verständnis auszulegen ist (d. h. eine Sachlage, bei der ein Schaden für ein bedeutendes Rechtsgut eintreten würde, wenn nicht umgehend behördlicherseits eingeschritten würde; vgl. § 3 Nr. 6 SOG LSA, § 2 Nr. 4 nds. SOG, § 54 Nr. 5 thür. OBG). Darüber hinaus sind **weitere triftige Gründe** möglich, so etwa die fehlende Sachdienlichkeit der Anhörung einer Stelle, die zur Sachverhaltsklärung offenkundig nichts oder nichts Neues beitragen kann (*BVerwGE* 22, 286 [296]; *HessVGH* GewArch 1975, 294 [295]). Der Untersagungsbehörde steht insoweit infolge der gesetzlichen Zubilligung einer Ausnahme bei entsprechender Abweichung vom im Gesetz statuierten Regelfall ein eingeschränkter Ermessensspielraum zur Verfügung.

Unterbleibt wegen Gefahr im Verzug die Anhörung, sind die betreffenden Stellen zu unterrichten (Abs. 4 S. 3). Unabhängig von Abs. 4 S. 3 ist **§ 11 V**

Gewerbeuntersagung wegen Unzuverlässigkeit § 35

zu beachten, wonach am Untersagungsverfahren beteiligte öffentliche Stellen informiert werden können oder sogar müssen (näher oben § 11 Rdn. 30 ff.).

d) Fehlerfolge bei unterbliebener Anhörung. Der Gewerbetreibende 226 kann das fehlerhafte Unterbleiben der Anhörung geltend machen. Schon das rechtswidrige Ausbleiben der Anhörung auch nur einer anzuhörenden Stelle führt zur (formellen) Rechtswidrigkeit der Untersagungsverfügung (*Marcks*, in: Landmann/Rohmer I, § 35 Rdn. 170 m. w. N.).

Der Rechtsfehler ist jedoch gem. § 45 I Nr. 5 VwVfG heilbar, wenn die Anhörung nachgeholt wird (*Marcks*, in: Landmann/Rohmer I, § 35 Rdn. 170). Nach der Neufassung des § 45 II ist die Heilung bis zum Abschluss der letzten Tatsacheninstanz eines verwaltungsgerichtlichen Verfahrens möglich. Selbst wenn eine Nachholung unterblieb, kann der Fehler gem. § 46 VwVfG unbeachtlich sein (*BVerwG* GewArch 1981, 372; *BayVGH* Beschluss vom 12. 3. 2007 – 22 ZB 07.169, juris Rdn. 3).

Die anzuhörende Stelle kann eine Anhörung nicht erzwingen, da diese im Untersagungsverfahren keine eigenen Rechte hat.

3. Zuständigkeit (Abs. 7)

Abs. 7, neugefasst durch Gesetz vom 16. 6. 1998 (BGBl. I S. 1291), enthält 227 besondere Bestimmungen für die **örtliche Zuständigkeit** der Gewerbebehörde, die den allgemeinen Regeln des § 155 II (Ermächtigung zu landesrechtlichen Regeln) und des § 3 VwVfG vorgehen, aber **nicht abschließend** sind. Sind nach Abs. 7 mehrere Behörden örtlich zuständig (außer nach Abs. 7 S. 3), greift § 3 II VwVfG; ändert sich die Zuständigkeit während des Verfahrens, ist § 3 III VwVfG anwendbar (*OVG NRW* GewArch 1979, 165 f.; *Heß*, in: Friauf, § 35 Rdn. 191 f.; *Marcks*, in: Landmann/Rohmer I, § 35 Rdn. 187).

Für die **sachliche Zuständigkeit** gilt § 155 II. **§ 6 b** ist hier nicht anwendbar, da dieser nach seiner ratio legis nur dann angewendet werden kann, wenn das Verwaltungsverfahren vom Gewerbetreibenden aus initiiert wird (§ 6 b Rdn. 2). Die Einheitliche Stelle soll als Ansprechpartner dienen, die sachliche Entscheidungsbefugnis bleibt jedoch bei der jeweils zuständigen Behörde.

a) Grundregel. Abs. 7 knüpft in **S. 1 1. Var.** bei ausgeübter Gewerbetä- 228 tigkeit an den Ort der gewerblichen Niederlassung (dazu § 4 III), bei Fehlen einer Niederlassung (**Abs. 7 S. 2**) an den Ort des tatsächlichen oder beabsichtigten Tätigwerdens an.

b) Sonderregeln. Davon abweichende Sonderregeln enthalten S. 1 2. Var. 229 (nur für Verfügungen nach Abs. 2 und 6) und S. 3 (nur für die Vollstreckung der Gewerbeuntersagung): Erstrebt der Gewerbetreibende nach Untersagung die Fortführung des Gewerbes durch einen Stellvertreter (Abs. 2) oder eine Wiedergestattung der Gewerbetätigkeit (Abs. 6) an einem anderen Ort als vor der Untersagung, ist dafür nicht die Untersagungsbehörde zuständig, sondern die Behörde des neuen Ortes (**Abs. 7 S. 1 2. Var.**). **Abs. 7 S. 3** lässt im Interesse eines wirksamen Vollzugs von Vollstreckungsmaßnahmen gegebenenfalls mehrere Zuständigkeiten nebeneinander bestehen.

4. Mitteilungsrechte der Gewerbebehörden gegenüber Dritten

230   Dritte können ein Interesse an Auskünften der Gewerbebehörden über eingeleitete Untersagungsverfahren haben, so z. B. die Geschäftspartner eines möglicherweise unzuverlässigen Gewerbetreibenden. In aller Regel kommt eine Auskunftserteilung jedoch wegen bestehender Geheimhaltungsvorschriften (§ 30 VwVfG, § 4 BDSG bzw. die Landesdatenschutzgesetze) nicht in Betracht (näher *Rudo* GewArch 1998, 224 ff., 275 ff.).

IX. Untersagung gegen Vertretungsberechtigte und Betriebsleiter (Abs. 7 a)

1. Allgemeines

231   Adressat der Untersagungsverfügung ist grundsätzlich der Gewerbetreibende selbst (oben Rdn. 138). Daneben (und u. U. stattdessen; vgl. Rdn. 238) kann nach § 35 VII a (eingefügt durch das 2. Gesetz zur Bekämpfung der Wirtschaftskriminalität vom 15. 5. 1986 [BGBl. I S. 721]) die Untersagung auch gegen Vertretungsberechtigte oder mit der Leitung des Gewerbebetriebes beauftragte Personen ausgesprochen werden. Durch diese Vorschrift sollte eine Gesetzeslücke geschlossen werden, was allein durch die „Strohmann"-Konstruktion nicht abschließend gelungen war, die noch Umgehungsmöglichkeiten offen ließ (amtl. Begr., BT-Drs. 10/318, S. 50 f.; ebenso *HessVGH* GewArch 1994, 64 [65]). Die Regelung des Abs. 7 a ist verfassungsrechtlich unbedenklich (*BVerwG* GewArch 1996, 241 [242]; *Marcks*, in: Landmann/Rohmer I, § 35 Rdn. 194). Gem. § 1 II kann von ihr nicht rückwirkend Gebrauch gemacht werden; eine Untersagung konnte also nicht auf Tatsachen vor Inkrafttreten des Abs. 7 a (1. 8. 1986) gestützt werden, wohl aber auf neue (*BVerwG* GewArch 1996, 241 [243]).

2. Verhältnis der Untersagung nach Abs. 1 zu der nach Abs. 7 a (S. 2)

232   Nach § 35 VIIa 2 kann das Untersagungsverfahren gegen den Vertretungsberechtigten oder Betriebsleiter „unabhängig von dem Verlauf des Untersagungsverfahrens gegen den Gewerbetreibenden *fortgesetzt* werden". Daraus folgern Teile von Literatur und Rechtsprechung, dass zwischen der Untersagung nach Abs. 7 a und der nach Abs. 1 ein Verhältnis strenger Akzessorietät bestehe, so dass die Untersagung gegen den Vertretungsberechtigten eine Untersagung gegen den Gewerbetreibenden voraussetze (so *VGH BW* GewArch 1994, 373 [374] u. 420; *HessVGH* GewArch 1993, 159 [160]; *Marcks*, in: Landmann/Rohmer I, § 35 Rdn. 192). Wortlaut sowie Systematik des § 35 legen jedoch eine **eingeschränkte Akzessorietät** nahe. Dabei ist zu unterscheiden zwischen der Einleitung des Untersagungsverfahrens, dem Fortgang dieses Verfahrens und der Untersagungsentscheidung. Abzulehnen ist die Auffassung, eine Untersagung nach Abs. 7 a gegen den Vertretungsberechtigten sei auch dann möglich, wenn nie ein Untersagungsverfahren i. S. d. Abs. 1 stattgefunden hat (näher unten Rdn. 239 ff.).

Gewerbeuntersagung wegen Unzuverlässigkeit **§ 35**

a) Einleitung des Untersagungsverfahrens nach Abs. 7 a. aa) Einleitung eines Verfahrens nach Abs. 1. Nach dem Wortlaut des S. 2 ist das Untersagungsverfahren nach Abs. 7 a nur in Bezug auf die Fortsetzung unabhängig von einem Untersagungsverfahren gegen den Gewerbetreibenden. Dies bedeutet, dass vor – oder zumindest zeitgleich mit – der Einleitung des Verfahrens nach Abs. 7 a ein Verfahren nach Abs. 1 eingeleitet werden muss (*BVerwG* GewArch 1996, 241 [242]; *HessVGH* GewArch 1998, 289 [290]; *Heß*, in: Friauf, § 35 Rdn. 194 a). Gleichzeitige Einleitung und Verfahrensverbindung sind freilich nicht nötig (*BVerwG* GewArch 1996, 241 [242]).

Großzügiger ist das *OVG NRW* (GewArch 1998, 113): Es genüge, dass spätestens im Zeitpunkt der letzten Verwaltungsentscheidung im Verfahren nach Abs. 7 a ein Verfahren nach Abs. 1 gegen den Gewerbetreibenden eingeleitet sei. Möglich wäre mithin also die Einleitung des Verfahrens nach Abs. 7 a vor der Einleitung des Verfahrens nach Abs. 1. Es ist allerdings äußerst zweifelhaft, ob darin noch eine „Fortsetzung" im Sinne des Abs. 7 a gesehen werden kann. 233

bb) Tatsächliche Gewerbeausübung durch Gewerbetreibenden? Nach Ansicht des *OVG NRW* (GewArch 1993, 161 u. NWVBl. 1996, 153 [154]) genügt es nicht, dass ein Verfahren nach Abs. 1 gegen den Gewerbetreibenden anhängig ist; der Gewerbetreibende müsse vielmehr sein Gewerbe tatsächlich (noch) ausüben. Der Wortlaut des Abs. 7 a gebietet diese Einschränkung nicht. Zum „Verlauf des Untersagungsverfahrens gegen den Gewerbetreibenden" i. S. d. Abs. 7 a S. 2 zählt auch die Entscheidung über die Fortsetzung nach § 35 I 3. Es ist daher durchaus möglich, trotz Betriebsaufgabe das Verfahren nach Abs. 7 a fortzusetzen (*Laubinger* VerwArch 89 [1998], 145 [181]). Dies gilt unabhängig davon, ob das Untersagungsverfahren gegen den Gewerbetreibenden nach Abs. 1 S. 3 fortgesetzt wird. 234

Hingegen verdient ein Judikat des *OVG Nds.* (GewArch 1998, 30 [31]) insoweit Zustimmung, als die Fortsetzung nach Abs. 7 a voraussetzt, dass der Gewerbetreibende bei Einleitung des nach Abs. 1 gegen ihn gerichteten Verfahrens sein Gewerbe noch nicht aufgegeben hat. Im Falle vorheriger Gewerbeaufgabe durfte gegen ihn kein Verfahren eingeleitet werden. Dann ist auch kein Verfahren gegen den Vertretungsberechtigten oder Beauftragten zulässig, soll die beschränkte Akzessorietät des Abs. 7 a nicht umgangen werden. Dies gilt unabhängig davon, ob die Behörde in Bezug auf das Einschreiten nach Abs. 1 von der vorherigen Betriebsaufgabe wusste oder nicht. 235

b) Fortgang und Abschluss des Untersagungsverfahrens nach Abs. 7 a. Von der Einleitung des Untersagungsverfahrens sind sein Fortgang und schließlich sein Abschluss zu unterscheiden, der entweder im Erlass einer Untersagungsverfügung (ggf. mit sich anschließendem Widerspruchsbescheid) oder in einer Verfahrenseinstellung besteht. 236

Die Vertreter einer strengen Akzessorietät verlangen das Vorliegen einer Untersagungsverfügung nach Abs. 1 und stützen ihre Auffassung auf die Formulierung „auch" in S. 1. Dieses Argument führt aber nicht zwingend dazu, dass eine Untersagungsverfügung nach Abs. 7 a eine Untersagungsverfügung gegen den Gewerbetreibenden nach Abs. 1 voraussetzt. Vielmehr weist das

§ 35 Titel II. Stehendes Gewerbe

„auch" zunächst lediglich auf die zusätzliche Untersagungsmöglichkeit gem. Abs. 7 a hin.

237 In S. 2 ist dann deutlich die **Unabhängigkeit des Untersagungsverfahrens nach Abs. 7 a** normiert. Aus verfahrens- oder materiellrechtlichen Gründen kann sich eine völlig unterschiedliche Entwicklung beider Verfahren ergeben (*BVerwG* GewArch 1996, 241 [242]). Dies hat zum einen Konsequenzen in **zeitlicher** Hinsicht. Beide Verfahren müssen nicht zeitgleich zum Abschluss gebracht werden (*BVerwG* GewArch 1996, 241 [242]), die Untersagung nach Abs. 7 a kann vor einer Untersagung nach Abs. 1 ausgesprochen werden (dies räumt auch *HessVGH* GewArch 1993, 415, ein). Die Unabhängigkeit zielt aber auch auf den Verfahrensausgang in **inhaltlicher** Hinsicht, so dass eine **Untersagung nach Abs. 7 a auch ohne Untersagung nach Abs. 1** verfügt werden kann (*Heß*, in: Friauf, § 35 Rdn. 194 a). So entschied auch das *BVerwG* (GewArch 1996, 241 [242]): Eine Verknüpfung beider Verfahren bestehe *nur insoweit*, als die Untersagung nach Abs. 7 a die Einleitung eines Verfahrens gegen den Gewerbetreibenden voraussetze.

238 Diese Sichtweise des Abs. 7 a ermöglicht **gezielteres Einschreiten** der Behörde, wodurch dem Gewicht des Art. 12 I GG angemessen Rechnung getragen werden kann. So kann es bei einer GmbH mit einem unzuverlässigen Geschäftsführer u. U. ausreichen, die Untersagung gegen diesen zu richten, so dass eine (Voll-)Untersagung gegen die GmbH als Gewerbetreibende nicht erforderlich wäre (*Heß*, in: Friauf, § 35 Rdn. 194 a). Wenn die GmbH dann diesen Geschäftsführer sofort abberuft, kann selbst eine Teiluntersagung (des Inhalts, den unzuverlässigen Geschäftsführer nicht länger zu beschäftigen) entbehrlich sein (so *HessVGH* GewArch 1998, 289 [291]; vgl. Rdn. 88, 106, 248).

239 **c) Keine Anwendbarkeit des Abs. 7 a ohne Untersagungsverfahren nach Abs. 1.** Fraglich ist, ob eine Untersagung gegen den Vertretungsberechtigten gem. Abs. 7 a auch dann in Betracht kommt, wenn eine Untersagung nach Abs. 1 gegen den Gewerbetreibenden von vornherein ausscheidet. Relevant wird dies für den Fall des Widerrufs einer Gewerbeerlaubnis, der auf die Unzuverlässigkeit des Betriebsleiters oder Vertretungsberechtigten gestützt wird. Eine auf Abs. 1 gestützte Untersagung gegen den Gewerbetreibenden entfällt gem. Abs. 8.

240 Nach einer früheren Ansicht soll gleichwohl gegen den Betriebsleiter oder Vertretungsberechtigten eine Untersagung nach Abs. 7 a möglich sein (*Heß* GewArch 1994, 360 [362]; anders jetzt *ders.*, in: Friauf, § 35 Rdn. 194a). Dieser Auffassung ist mittlerweile der Boden entzogen worden, nachdem Abs. 8 nunmehr ausdrücklich auch Abs. 7 a für nicht anwendbar erklärt (Gesetz vom 16. 6. 1998, BGBl. I S. 1291). Ohnehin setzt Abs. 7 a erkennbar die Einleitung eines Untersagungsverfahrens gegen den Gewerbetreibenden voraus. Helfen konnte daher schon vor Änderung des Abs. 8 allenfalls eine analoge Heranziehung des Abs. 7 a. Das *BVerfG* lehnt eine Analogie zu Lasten des Bürgers jedoch nicht nur im Straf-, sondern auch im Verwaltungsrecht ab (DVBl. 1997, 351).

3. Untersagungsvoraussetzungen

a) Untersagungsadressat. Untersagungsadressat nach Abs. 7 a sind Vertretungsberechtigte und Betriebsleiter (dazu oben Rdn. 100). Die Vertretungsberechtigten einer juristischen Person bestimmen sich nach den gesetzlichen Vorschriften (gesetzliche Vertreter). Soweit es sich um die Vertretung einer natürlichen Person handelt, können auch rechtsgeschäftliche Vertreter Vertretungsberechtigte i. S. d. Abs. 7 a sein (*HessVGH* GewArch 1994, 64 [65]). 241

b) Unzuverlässigkeit. Diese müssen – wie sich aus S. 3 ergibt – unzuverlässig sein (dazu oben Rdn. 27 ff.). Die Unzuverlässigkeit ist auch im Rahmen des Abs. 7 a verschuldensunabhängig (*HessVGH* GewArch 1993, 159 [160]). Maßgeblicher Zeitpunkt für die Beurteilung der Zuverlässigkeit ist wiederum die letzte Behördenentscheidung, zumeist also der Erlass des Widerspruchsbescheides (*BVerwG* GewArch 1996, 241 [243]; *OVG NRW* GewArch 1993, 161 [162] u. NWVBl. 1996, 153 [155]). Zur Bindungswirkung von Strafurteilen (S. 3) siehe Abs. 3 (oben Rdn. 185 ff.). 242

c) Erforderlichkeit. Die Untersagung nach Abs. 7 a muss schließlich erforderlich sein (zur Erforderlichkeit oben Rdn. 117 ff.). Die Erforderlichkeit ist gegeben, wenn keine besonderen Umstände vorliegen, die es ausschließen, dass der Vertreter oder Betriebsleiter das Gewerbe, in dem er bislang unselbstständig tätig war, zukünftig selbstständig ausübt (*BVerwG* GewArch 1996, 241 [243]; *VGH BW* GewArch 1994, 373 [374]; *VG Arnsberg* GewArch 2003, 298 [299 f.]). Soll dem Vertreter oder Betriebsleiter nach Abs. 7 a S. 3 i. V. m. Abs. 1 S. 2 die unselbstständige Tätigkeit als Vertretungsberechtigter oder Betriebsleiter untersagt werden, muss auch dies erforderlich sein; dasselbe gilt für eine Untersagung weiterer selbstständiger Gewerbetätigkeiten. 243

4. Untersagung

a) Zuständige Behörde. Die zuständige Behörde richtet sich nach Abs. 7 a S. 3 i. V. m. Abs. 7 (dort Rdn. 227 ff.). 244

b) Inhalt der Untersagungsverfügung. aa) Vergleichbare selbstständige Gewerbetätigkeit. Der Wortlaut des Abs. 7 a S. 1 lässt nicht unmittelbar erkennen, ob die konkrete unselbstständige Tätigkeit oder eine vergleichbare selbstständige Gewerbetätigkeit untersagt werden können. Eine an systematischen und teleologischen Erwägungen, vor allem aber an dem Willen des historischen Gesetzgebers ausgerichtete Interpretation spricht für die zweitgenannte Auslegung. Ziel des Abs. 7 a war es zu verhindern, dass nach Untersagung des Gewerbebetriebes einer GmbH deren unzuverlässiger Geschäftsführer die Tätigkeit nunmehr selbst als Gewerbetreibender fortsetzt (*OVG NRW* NWVBl. 1996, 153 [154] unter Hinweis auf amtl. Begr., BT-Drs. 10/318, S. 50 f.). 245

Die Untersagungsverfügung nach Abs. 7 a S. 1 zielt daher nicht auf die Untersagung der konkret ausgeübten unselbstständigen Tätigkeit, sondern auf die Untersagung einer künftigen selbstständigen Gewerbeausübung im 246

§ 35 Titel II. Stehendes Gewerbe

Bereich der bisherigen unselbstständigen Tätigkeit (*BVerwG* GewArch 1996, 241 f.; *OVG NRW* NWVBl. 1996, 153 [154]; *VGH BW* GewArch 1994, 420; *HessVGH* GewArch 1998, 289 [290] u. 1993, 159 [160]; *Hahn* GewArch 1997, 41 [43]). Will die Behörde die Fortsetzung der konkreten unselbstständigen Tätigkeit untersagen, muss sie nach S. 3 i. V. m. Abs. 1 S. 2 vorgehen, d. h. die Untersagungsverfügung darauf **erstrecken** (*VGH BW* GewArch 1994, 420; *OVG NRW* NWVBl. 1996, 153 [154]; *Kempen* NVwZ 1997, 243 [246]). Unabhängig von der Erstreckung muss der Gewerbetreibende den Geschäftsführer, der Adressat einer Untersagungsverfügung nach Abs. 7 a geworden ist, sofort abberufen, um eine an ihn gerichtete Gewerbeuntersagung abzuwenden (*HessVGH* GewArch 1998, 289 [291]).

247 **bb) Erstreckung auf andere Tätigkeiten** (S. 3 i. V. m. Abs. 1 S. 2). Möglich ist ferner eine Erstreckung auf andere selbstständige oder unselbstständige Tätigkeiten (*HessVGH* GewArch 1994, 159 [160]). Dabei gelten die oben unter Rdn. 148 ff. genannten Voraussetzungen einer Erstreckung. In Betracht kommt selbst die Untersagung jedweder Gewerbetätigkeit, sei sie selbstständig oder unselbstständig in leitender Stellung als Vertretungsberechtigter oder Betriebsleiter (*OVG SchlH* NVwZ-RR 1994, 22; *Heß*, in: Friauf, § 35 Rdn. 194 b u. GewArch 1994, 360 [364]; *Hahn* GewArch 1997, 41 [43]).

248 **c) Ermessen.** § 35 VIIa ist im Gegensatz zu Abs. 1 als Ermessensvorschrift formuliert. Dieses Ermessen wird aber eingeschränkt durch das Übermaßverbot und durch das Untersagungsgebot des Abs. 1. Eine **Ermessensreduzierung** auf Null kann etwa vorliegen, wenn nach Abs. 1 zum Schutze der Allgemeinheit ein behördliches Einschreiten zwar nötig ist, es aber ausreicht, gegen den Vertretungsberechtigten vorzugehen (vgl. *HessVGH* GewArch 1998, 289 [291]; oben Rdn. 239), so dass dies im Verhältnis zu einer Untersagung gegenüber dem Gewerbetreibenden selbst das mildere Mittel ist. Dies bedeutet, dass eine Untersagung gegen den Gewerbetreibenden mangels Erforderlichkeit unzulässig ist. Aus der Gesetzessystematik des § 35 folgt dann, dass die Behörde gegen den Vertretungsberechtigten einschreiten muss und für ein Ermessen nach Abs. 7 a kein Raum mehr bleibt.

X. Nichtanwendbarkeit der Abs. 1 bis 7 a (Abs. 8)

249 Abs. 8 bestimmt den Vorrang spezialgesetzlicher Regelungen gegenüber § 35. Grund hierfür ist die größere Sachnähe der auf den jeweiligen Gewerbezweig abgestimmten Spezialvorschriften.

250 **Abs. 8 S. 1** enthält zwei Varianten: Vorrangig sind **erstens** besondere Untersagungs- und Betriebsschließungsvorschriften, welche für einzelne Gewerbe gelten und auf die Unzuverlässigkeit des Gewerbetreibenden abstellen. Vorrangig sind **zweitens** die Rücknahme- und Widerrufsvorschriften, wenn sie die Aufhebung einer Zulassung wegen Unzuverlässigkeit des Gewerbetreibenden ermöglichen. Wenn eine – in sich abschließende – Sonderregelung nach Abs. 8 eingreift, wird § 35 I bis VIIa **vollständig verdrängt**. Dies gilt selbst dann, wenn die Spezialvorschrift keine dem § 35 entsprechenden Regelungen bereithält (*Heß*, in: Friauf, § 35 Rdn. 15; *Marcks*,

in: Landmann/Rohmer I, § 35 Rdn. 198; *Frotscher*, in: Schmidt, Öffentliches Wirtschaftsrecht, BT I, 1995, § 1 Rdn. 66; **a. A.** *Fröhler/Kormann* § 35 Rdn. 127). Aus der Formulierung „**soweit**" ist jedoch zu folgern, dass § 35 dann ergänzend anwendbar ist, wenn die Spezialnorm keine abschließende Regelung enthält, z. B. nur bestimmte Formen der Unzuverlässigkeit regelt (amtl. Begr., BT-Drs. 7/111, S. 7; *Marcks*, in: Landmann/Rohmer I, § 35 Rdn. 196).

Abs. 8 S. 2 regelt das Verhältnis zu Vorschriften, die Gewerbeuntersagungen durch Strafurteil vorsehen. 251

Danach ist – auch mit Blick auf § 15 II – wie folgt zu unterscheiden:

1. Erlaubnisfreie Gewerbetätigkeiten (S. 1)

§ 15 II ist schon dem Wortlaut nach nicht einschlägig. § 35 ist grundsätzlich anwendbar, sofern nicht in Abs. 8 etwas anderes bestimmt ist. Die zweite Variante des Abs. 8 S. 1 entfällt bei erlaubnisfreien Tätigkeiten von vornherein, so dass insoweit § 35 nicht verdrängt werden kann. In Betracht kommt allenfalls die erste Variante von Abs. 8 S. 1. Soweit es besondere auf die Unzuverlässigkeit abstellende Untersagungs- oder Betriebsschließungstatbestände geben sollte, verdrängen diese § 35 Abs. 1 bis 7 a. Im Regelfall fehlen diese jedoch, so dass § 35 uneingeschränkt anwendbar ist. 252

Bezogen auf erlaubnisfreie Gewerbetätigkeiten wird die Durchführung eines Gewerbeuntersagungsverfahrens nach § 35 I nicht infolge von Abs. 8 dadurch ausgeschlossen, dass auf andere Gewerbetätigkeiten zielende Erlaubnisse wegen Unzuverlässigkeit aufgehoben worden sind; vielmehr handelt es sich um getrennt zu betrachtende Gewerbetätigkeiten (*VG Gießen* GewArch 2004, 302 [303]).

2. Erlaubnispflichtige Gewerbetätigkeiten (S. 1)

a) Erlaubnis fehlt. Wenn eine erlaubnispflichtige Tätigkeit ohne Erlaubnis ausgeübt wird, kann die Fortsetzung des Betriebes gem. § 15 II verhindert werden. 253

Die zweite Variante des Abs. 8 S. 1 entfällt mangels aufhebbarer Erlaubnis, so dass insoweit einer Anwendung des § 35 nichts entgegensteht (*BVerwG* GewArch 1982, 299 [301]; *Marcks*, in: Landmann/Rohmer I, § 35 Rdn. 197; *Heß*, in: Friauf, § 35 Rdn. 13; **a. A.** *Beyer* GewArch 1983, 152 [153]).

Wenn es besondere Untersagungs- und Betriebsschließungsvorschriften i. S. d. ersten Variante des Abs. 8 S. 1 geben sollte, verdrängen diese § 35. Anderenfalls ist § 35 anwendbar. § 15 II ist keine Sondervorschrift i. S. d. Abs. 8 S. 1 1. Var.; § 35 I und § 15 II können also durchaus nebeneinander zur Anwendung gelangen (*BVerwG* GewArch 1982, 299 [301]). 254

Wenn ein erlaubnispflichtiges Gewerbe berechtigterweise ohne Erlaubnis betrieben wird, wird § 35 jedenfalls nicht gem. Abs. 8 S. 1 2. Var. verdrängt und ist anwendbar (*Marcks*, in: Landmann/Rohmer I, § 35 Rdn. 197), soweit nicht Abs. 8 S. 1 1. Var. entgegensteht. Beispiel für eine berechtigte Gewerbeausübung ohne Erlaubnis kann ein Unternehmer sein, der ein Gewerbe schon vor Einführung einer Erlaubnispflicht betrieben hatte.

§ 35 Titel II. Stehendes Gewerbe

255 **b) Erlaubnis erteilt.** Solange der Gewerbetreibende eine Erlaubnis hat, ist ein Einschreiten nach § 15 II grundsätzlich nicht möglich. Auf Grundlage des § 15 II kann in diesem Fall nur dann eingeschritten werden, wenn die Berechtigung die konkrete Gewerbeausübung nicht oder nicht in der ausgeübten Form gestattet (*VGH BW* GewArch 1988, 385 f.; *Odenthal* GewArch 2001, 448; siehe auch § 15 Rdn. 19). § 35 wäre anwendbar, sofern nicht nach Abs. 8 etwas anderes gilt. Verdrängt wird § 35 zunächst durch speziellere Untersagungs- und Betriebsschließungsvorschriften, wenn diese auf die Unzuverlässigkeit abstellen (Abs. 8 S. 1 1. Var.).

256 Verdrängt wird § 35 darüber hinaus durch Rücknahme- und Widerrufstatbestände, soweit diese in Bezug auf den konkreten Betrieb eine Aufhebung der Zulassung wegen Unzuverlässigkeit ermöglichen. Dies ist der Fall bei § 15 GastG, § 45 WaffG, § 34 SprengG, § 3 V GüKG, § 25 PBefG, § 4 ApoG (dazu *BVerwG* Buchholz 451.20 § 35 GewO Nr. 43; *OVG Berlin-Bbg.* GewArch 2002, 30 [31]), §§ 35 II Nr. 3 i. V. m. 33 I Nr. 2, 36 KWG sowie nach § 49 II Nr. 3 VwVfG, wenn die Zuverlässigkeit Voraussetzung der Erlaubniserteilung war. Wenn die Erlaubnis nach den vorstehend genannten Vorschriften aufgehoben wird, kann nach § 15 II eingeschritten werden, nicht aber nach § 35 I (*Marcks,* in: Landmann/Rohmer I, § 35 Rdn. 197; vgl. auch *OLG Hamm* GewArch 1990, 173).

257 Probleme wirft die Regelung des Abs. 8 auf, wenn die Fachbehörde die Erlaubnis trotz erkannter Unzuverlässigkeit nicht aufhebt. Ein Vorgehen der Gewerbebehörde nach § 35 I ist wegen Abs. 8 dennoch versperrt (*HambOVG* GewArch 2005, 257). Eine Gesetzesänderung, die der Gewerbebehörde ein Tätigwerden für den Fall der Untätigkeit der Fachbehörde ermöglichen sollte, wurde erwogen, dann aber verworfen (näher *Schönleiter/Stenger/Zerbe* GewArch 2008, 242/243).

258 **Einzelfälle**: Wenn der Inhaber eines Bewachungsgewerbeunternehmens (erlaubnispflichtig nach § 34 a) unzuverlässig wird, ist § 35 nicht anwendbar; stattdessen kann seine Erlaubnis gem. § 49 II Nr. 3 VwVfG widerrufen werden (*OVG SchlH.* GewArch 1994, 167 [168]). Wenn ein Gastwirt unzuverlässig wird, ist nicht § 35, sondern § 15 II GastG einschlägig; setzt der Gastwirt seine Tätigkeit fort, kann nach § 31 GastG i. V. m. § 15 II eingegriffen werden (*VGH BW* GewArch 1995, 427 f.). Handelt es sich um einen Kiosk mit Stehimbiss, sind für den Stehimbiss § 15 II GastG, § 15 II GewO anwendbar, für den Kiosk im Grundsatz § 35 I; beruht die Unzuverlässigkeit auf dem Verkauf von Flaschenbier außerhalb der allgemeinen Ladenöffnungszeiten, ist wegen des engen Sachzusammenhangs mit dem Stehimbiss auch für den Außerhaus-Verkauf Gaststättenrecht heranzuziehen (*VGH BW* GewArch 1995, 427 [428]; *Heß,* in: Friauf, § 35 Rdn. 12). Die arzneimittelrechtlichen Vorschriften über den Widerruf der Herstellungserlaubnis gem. § 18 i. V. m. § 14 AMG schließen die Anwendbarkeit des § 35 im arzneimittelrechtlich geregelten Bereich aus; nur bei Unzuverlässigkeit des Gewerbetreibenden außerhalb des arzneimittelrechtlich geregelten Bereichs, z. B. bei Verstößen gegen steuer- und sozialrechtliche Pflichten (dazu Rdn. 51 ff., 59 ff.), bleibt § 35 anwendbar (*Marcks* GewArch 2000, 488 ff.; **a. A.** HessVGH GewArch 2000, 424). § 35 ist so etwa anwendbar für das erlaubnisfreie Gaststättengewerbe (z. B. § 2 II GastG), nicht aber für das erlaubnispflichtige.

Gewerbeuntersagung wegen Unzuverlässigkeit **§ 35**

Keinen Rücknahme- und Widerrufstatbestand i. S. d. Abs. 8 S. 1 259
2. Var. enthalten § 33 d IV und V, da hierdurch lediglich die für ein einzelnes
anderes Spiel erteilte Erlaubnis aufgehoben, nicht aber die Ausübung des
Gewerbes insgesamt untersagt wird (*Marcks*, in: Landmann/Rohmer I, § 35
Rdn. 195; *Heß*, in: Friauf, § 35 Rdn. 15); § 35 bleibt also anwendbar.

3. Verhältnis zu strafrechtlichen Berufsverboten (S. 2)

Abs. 8 S. 2 hat lediglich **klarstellende** Funktion. Das Verhältnis des straf- 260
rechtlichen Berufsverbotes zur Gewerbeuntersagung ist im Einzelnen in
Abs. 3 geregelt (*Heß*, in: Friauf, § 35 Rdn. 15; zu Abs. 3 siehe oben
Rdn. 185 ff.).

XI. Erweiterung des Anwendungsbereichs der Abs. 1 bis 8 (Abs. 9)

Abs. 9 erweitert den Anwendungsbereich der Abs. 1 bis 8 auf Genossen- 261
schaften, den Handel mit Arzneimitteln sowie auf den Handel mit Lotterielosen u. Ä. und den Betrieb von Wettannahmestellen.

1. Genossenschaften

Soweit Genossenschaften sich gewerblich betätigen, sind die Abs. 1 bis 8 262
ohnehin anwendbar; insoweit hat Abs. 9 lediglich deklaratorische Bedeutung.
Zweifelhaft kann allerdings sein, ob Gewerbsmäßigkeit vorliegt, wenn sich
der Geschäftsbetrieb auf den Kreis der Mitglieder beschränkt (vgl. dazu
HessVGH GewArch 1991, 343 [344]). Abs. 9 stellt klar, dass auch dann die
Abs. 1 bis 8 gelten.

Wenn Gewerbsmäßigkeit von vornherein ausscheidet – so bei der Urproduktion –, unterfällt eine Genossenschaft keinesfalls dem Regelungsbereich
des § 35 (*Marcks*, in: Landmann/Rohmer I, § 35 Rdn. 199 unter Hinweis auf
BT-Drs. III/1304, S. 5). Dies gilt etwa für landwirtschaftliche Genossenschaften. Zum Teil sind derartige Genossenschaften bereits durch § 6 vom Anwendungsbereich der GewO ausgenommen.

2. Handel mit Arzneimitteln, Losen etc.; Betrieb von Wettannahmestellen

§ 35 IX 2. Hs. zielt – jedenfalls mit Blick auf den Handel mit Arzneimitteln 263
und mit Lotterielosen – auf § 6 I 2. Nach Auffassung des Gesetzgebers sollte
insoweit die GewO im Grundsatz nicht anwendbar sein (§ 6 I 2; siehe dort
Rdn. 39 ff.). Eine Ausnahme gilt u. a. für § 35, der für anwendbar erklärt
wurde. In Bezug auf den Handel mit Arzneimitteln greift § 35 aber nur für
den Handel freiverkäuflicher Mittel außerhalb von Apotheken i. S. d. § 50
AMG (*Marcks*, in: Landmann/Rohmer I, § 35 Rdn. 200; *Heß*, in: Friauf,
§ 35 Rdn. 22). Hinsichtlich der Wettannahmestellen (dazu § 6 Rdn. 43; § 14
Rdn. 29) folgt aus Abs. 9 ebenfalls, dass die Behörden im Falle der Unzuverlässigkeit auf das Instrument der Gewerbeuntersagung zugreifen können.

§ 36 Titel II. Stehendes Gewerbe

XII. Rechtsfolgen bei Pflichtverletzungen

264 Gem. § 146 I Nr. 1 handelt ordnungswidrig, wer vorsätzlich oder fahrlässig einer vollziehbaren Anordnung nach § 35 I 1, 2 (ggf. i. V. m. Abs. 7 a und 9) zuwiderhandelt. Bei beharrlicher Wiederholung (§ 148 Nr. 1) oder Gefährdung von Leben oder Gesundheit eines anderen oder fremder Sachen von bedeutendem Wert (§ 148 Nr. 2) liegt sogar eine Straftat vor. Eine Ordnungswidrigkeit begeht gem. § 146 I Nr. 1a, wer gegen eine Auflage zur Stellvertretererlaubnis nach § 35 II verstößt. Ordnungswidrig sind schließlich Verstöße gegen die Auskunftspflicht nach § 35 IIIa (ggf. i. V. m. Abs. 7 a und 9), § 146 II Nr. 4. Zur Geldbuße bei Ordnungswidrigkeiten siehe § 146 III.

Wer gegen ein strafgerichtliches Berufsverbot verstößt, macht sich nach § 145 c StGB strafbar.

XIII. Streitwertfestsetzung

265 Der Streitwert bei einer Gewerbeuntersagung entspricht dem Jahresbetrag des erzielten/erwarteten Gewinns, mindestens jedoch 10 000 Euro (so die Streitwertpraxis des *BayVGH* Beschluss vom 26. 10. 2009 – 22 ZB 08.3372 juris Tenor: 15.000 Euro; Beschluss vom 2. 4. 2009 – 22 ZB 09.514 juris Tenor: 20.000 Euro; *OVG Berlin-Bbg.* Beschluss vom 3. 11. 2009 – 1 S 19.09 juris Tenor: 10.000 Euro; *OVG NRW* NVwZ-RR 1997, 196: 20 000 DM; vgl. aber *BVerwG* GewArch 1993, 325: 15 000 DM). Zum Streitwert bei erweiterten Untersagungen, Schließungsanordnungen etc. siehe ebenfalls *OVG NRW* NVwZ-RR 1997, 196.

§§ 35a und 35b (weggefallen)

§ 36 Öffentliche Bestellung von Sachverständigen

(1) ¹Personen, die als Sachverständige auf den Gebieten der Wirtschaft einschließlich des Bergwesens, der Hochsee- und Küstenfischerei sowie der Land- und Forstwirtschaft einschließlich des Garten- und Weinbaues tätig sind oder tätig werden wollen, sind auf Antrag durch die von den Landesregierungen bestimmten oder nach Landesrecht zuständigen Stellen für bestimmte Sachgebiete öffentlich zu bestellen, sofern für diese Sachgebiete ein Bedarf an Sachverständigenleistungen besteht, sie hierfür besondere Sachkunde nachweisen und keine Bedenken gegen ihre Eignung bestehen. ²Sie sind darauf zu vereidigen, daß sie ihre Sachverständigenaufgaben unabhängig, weisungsfrei, persönlich, gewissenhaft und unparteiisch erfüllen und ihre Gutachten entsprechend erstatten werden. ³Die öffentliche Bestellung kann inhaltlich beschränkt, mit einer Befristung erteilt und mit Auflagen verbunden werden.

(2) **Absatz 1 gilt entsprechend für die öffentliche Bestellung und Vereidigung von besonders geeigneten Personen, die auf den Gebieten der Wirtschaft**

Öffentliche Bestellung von Sachverständigen § 36

1. bestimmte Tatsachen in bezug auf Sachen, insbesondere die Beschaffenheit, Menge, Gewicht oder richtige Verpackung von Waren feststellen oder
2. die ordnungsmäßige Vornahme bestimmter Tätigkeiten überprüfen.

(3) Die Landesregierungen können durch Rechtsverordnung die zur Durchführung der Absätze 1 und 2 erforderlichen Vorschriften über die Voraussetzungen für die Bestellung sowie über die Befugnisse und Verpflichtungen der öffentlich bestellten und vereidigten Sachverständigen bei der Ausübung ihrer Tätigkeit erlassen, insbesondere über

1. die persönlichen Voraussetzungen einschließlich altersmäßiger Anforderungen, den Beginn und das Ende der Bestellung,
2. die in Betracht kommenden Sachgebiete einschließlich der Bestellungsvoraussetzungen,
3. den Umfang der Verpflichtungen des Sachverständigen bei der Ausübung seiner Tätigkeit, insbesondere über die Verpflichtungen
   a) zur unabhängigen, weisungsfreien, persönlichen, gewissenhaften und unparteiischen Leistungserbringung,
   b) zum Abschluß einer Berufshaftpflichtversicherung und zum Umfang der Haftung,
   c) zur Fortbildung und zum Erfahrungsaustausch,
   d) zur Einhaltung von Mindestanforderungen bei der Erstellung von Gutachten,
   e) zur Anzeige bei der zuständigen Behörde hinsichtlich aller Niederlassungen, die zur Ausübung der in Absatz 1 genannten Sachverständigentätigkeiten genutzt werden,
   f) zur Aufzeichnung von Daten über einzelne Geschäftsvorgänge sowie über die Auftraggeber,

und hierbei auch die Stellung des hauptberuflich tätigen Sachverständigen regeln.

(4) Soweit die Landesregierung weder von ihrer Ermächtigung nach Absatz 3 noch nach § 155 Abs. 3 Gebrauch gemacht hat, können Körperschaften des öffentlichen Rechts, die für die öffentliche Bestellung und Vereidigung von Sachverständigen zuständig sind, durch Satzung die in Absatz 3 genannten Vorschriften erlassen.

(5) Die Absätze 1 bis 4 finden keine Anwendung, soweit sonstige Vorschriften des Bundes über die öffentliche Bestellung oder Vereidigung von Personen bestehen oder soweit Vorschriften der Länder über die öffentliche Bestellung oder Vereidigung von Personen auf den Gebieten der Hochsee- und Küstenfischerei, der Land- und Forstwirtschaft einschließlich des Garten- und Weinbaues sowie der Landesvermessung bestehen oder erlassen werden.

Literatur: *W. Bayerlein*, Praxishandbuch Sachverständigenrecht, 4. Auflage 2008; *P. Bleutge*, Der öffentlich bestellte Sachverständige nach § 36 GewO, WiVerw 1988, 1 ff.; *ders.*, Die neuere Rechtsprechung zu § 36 GewO, GewArch 1990, 113 ff.; *ders.*, Die Novellierung des § 36 GewO, GewArch 1994, 447 ff.; *ders.*, Sachverständigenberuf und

Sachverständigenrecht, GewArch 2007, 184 ff.; *ders.*, Die öffentliche Bestellung in der Rechtsprechung, GewArch 2008, 9 ff.; *I. Ecken*, Kraftfahrzeugsachverständige als Gutachter, GewArch 1985, 187 ff.; *R. Jahn*, Zur Höchstaltersgrenze für öffentlich bestellte und vereidigte Sachverständige, GewArch 1991, 247 ff.; *ders.*, Zur Bedürfnisprüfung im Sachverständigenwesen – BVerfG, NJW 1992, 2621, JuS 1993, 643 ff.; *P.-A. Kamphausen*, Zur Sachkundeüberprüfung bei der öffentlichen Bestellung von Sachverständigen (§ 36 GewO), GewArch 1991, 124 ff.; *W. Roeßner*, Öffentlich bestellte IHK-Sachverständige. Eine Studie über die Grundlagen ihrer Tätigkeit und ihre Vergütung, 1984; *R. Scholz*, Für ein Sachverständigengesetz!, ZG 2000, 221 ff.; *M. Schulze-Werner*, Zulässigkeit von Nebenbestimmungen im Bereich der genehmigungsbedürftigen, stehenden Gewerbe (§§ 30 bis 34c, 36 GewO), GewArch 2004, 9 ff.; *ders.*, Zur Prüfung des Bedarfs an Sachverständigenleistungen im Rahmen des § 36 Abs. 1 GewO, GewArch 2005, 181 ff.; *R. Stober*, Zum Beruf des Sachverständigen nach der Novellierung des § 36 GewO, in: Festschrift für K. H. Friauf, 1996, S. 545 ff.; *P. J. Tettinger*, Die öffentliche Bestellung von Sachverständigen (§ 36 I GewO) im Lichte der jüngeren Rechtsprechung, GewArch 1984, 41 ff.; *ders./C. Pielow*, Die aktuelle Rechtsentwicklung bei der öffentlichen Bestellung und Vereidigung von Sachverständigen, GewArch 1992, 1 ff.; *J. Weidhaas*, Die Überprüfung der besonderen Sachkunde von Sachverständigen durch Fachgremien, GewArch 1991, 367 ff.

Übersicht

	Rdn.
I. Vorbemerkung	1
1. Entstehungsgeschichte	1
2. Verfassungsrechtlicher Hintergrund	3
II. Öffentliche Bestellung von Sachverständigen (Abs. 1 S. 1)	5
1. Sachverständige	5
a) Begriff	5
b) Erscheinungsformen	6
c) Kein gesetzlicher Schutz der Bezeichnung	7
2. Öffentliche Bestellung	8
III. Voraussetzungen der öffentlichen Bestellung von Sachverständigen (Abs. 1 S. 1)	11
1. Antrag	12
2. Tätigkeit als Sachverständiger auf bestimmten Gebieten	13
a) Sachverständiger	14
b) Gebiet der Wirtschaft etc.	15
c) Tätigkeit	18
3. Bedarf an Sachverständigenleistungen	19
a) Abstrakte Bedarfsprüfung	20
b) Konkrete Bedürfnisprüfung	23
4. Nachweis besonderer Sachkunde	25
a) Besondere Sachkunde	25
b) Nachweis	32
c) Kein Beurteilungsspielraum	39
5. Keine Bedenken gegen Eignung	40
a) Voraussetzungen der persönlichen Eignung	41
b) Feststellung der persönlichen Eignung	54
c) Bedenken	59
d) Kein Beurteilungsspielraum	60
IV. Bestellungsentscheidung (Abs. 1)	61
1. Zuständige Stelle	62
2. Bestellungsakt	63

§ 36 Öffentliche Bestellung von Sachverständigen

   3. Bestellungsumfang (Abs. 1 S. 1); inhaltliche Beschränkung
      der Bestellung (Abs. 1 S. 3) 64
      a) Bestimmtes Sachgebiet 65
      b) Inhaltliche Beschränkung 66
   4. Nebenbestimmungen (Abs. 1 S. 3) 68
      a) Befristung 69
      b) Auflage 71
      c) Weitere Nebenbestimmungen 73
   5. Eidesleistung (Abs. 1 S. 2) 74
   6. Rücknahme und Widerruf der Bestellung 77
 V. Entsprechende Anwendung (Abs. 2) 80
VI. Rechtsverordnungen (Abs. 3) 81
   1. Altersgrenzen (Nr. 1) 85
      a) Verfassungsrechtlicher Hintergrund 86
      b) Verbot der Altersdiskriminierung gemäß AGG und Unionsrecht 88
      c) Mindestalter 95
      d) Höchstalter 96
   2. Festlegung der Sachgebiete; Bestellungsvoraussetzungen
      (Nr. 2) 101
      a) Festlegung der Sachgebiete 101
      b) Bestellungsvoraussetzungen 102
   3. Sonstige Regelungen 103
      a) Werbeverbote 104
      b) Disziplinarmaßnahmen 105
VII. Satzungen (Abs. 4) 106
   1. Satzungen als Grundrechtsschranke 108
   2. Konkretisierung durch Verwaltungsvorschriften 109
VIII. Ausklammerung der Anwendung der Abs. 1 bis 4 (Abs. 5) .. 110

I. Vorbemerkung

1. Entstehungsgeschichte

Seine heutige Fassung hat § 36 im Wesentlichen durch Gesetz vom **1** 23. 11. 1994 (BGBl. I 3475) erlangt. Zuvor war die öffentliche Bestellung gewerbsmäßig tätiger Sachverständiger in das Ermessen der zuständigen Behörde gestellt. Die Behörden nahmen vormals üblicherweise vor der Bestellung eine konkrete Bedürfnisprüfung vor, prüften also, ob angesichts der vorhandenen Zahl von Sachverständigen Bedarf für die öffentliche Bestellung eines weiteren bestand. Das *BVerfG* entschied, dass diese Verwaltungspraxis unvereinbar mit Art. 12 I GG war (*BVerfGE* 86, 28). Dies war Anlass für die Novellierung des § 36 im Jahre 1994 (hierzu *Bleutge* GewArch 1994, 447 ff.). Seitdem ist die Bestellung nicht länger in das Ermessen der Behörde gestellt. Eine konkrete Bedürfnisprüfung findet nicht statt, wohl aber eine auf den allgemeinen Bedarf an entsprechendem Sachverstand auf einem bestimmten Fachgebiet abstellende, welcher das *BVerfG* verfassungsrechtliche Unbedenklichkeit attestiert hat (näher unten Rdn. 20). Gestrichen wurde das Merkmal „gewerbsmäßig", sodass nunmehr auch freiberufliche sowie angestellte Sachverständige öffentlich bestellt werden können.

§ 36 Titel II. Stehendes Gewerbe

2 Durch Gesetz vom 17. 7. 2009 (BGBl. I 2091) wurde Abs. 3 Nr. 3 lit. e mit Wirkung zum 28. 12. 2009 neu gefasst. Der Gesetzentwurf der Bundesregierung sah zunächst, auch mit Blick auf das Ziel des Bürokratieabbaus (BT-Drs. 16/13190, 14), die ersatzlose Streichung dieser Bestimmung vor (BT-Drs. 16/12784, 16 f.). Der Bundestag griff jedoch einen Vorschlag des Bundesrates (BR-Drs. 16/13190, 6) auf und verabschiedete die jetzige Fassung (siehe die Beschlussempfehlung des Ausschusses für Wirtschaft und Technologie, BT-Drs. 16/13399, 11). Zur Entstehungsgeschichte im Übrigen siehe *Bleutge*, in: Landmann/Rohmer I, § 36 Rdn. 1 ff., zu rechtspolitischen Vorschlägen zur Fortentwicklung des Sachverständigenwesens vgl. *Bleutge* GewArch 2007, 184 [188 ff.]).

2. Verfassungsrechtlicher Hintergrund

3 Nach dem herkömmlichen Verständnis des Art. 12 I GG ist zwischen Berufswahl- und Berufsausübungsbeschränkungen zu unterscheiden (siehe Einl. Rdn. 73 ff.). Die Tätigkeit als Sachverständiger kann Haupt-, Zweit- oder Nebenberuf sein (vgl. *OVG RhPf.* Urteil vom 9. 9. 2009 – 6 A 11097/08, juris Rdn. 19). Die Besonderheit, als öffentlich bestellter Sachverständiger tätig zu sein, füllt für sich **kein eigenes Berufsbild** aus, sondern stellt nur einen Teilbereich der Tätigkeit als Sachverständiger dar (*BVerwG* GewArch 1986, 127), wie sich z. B. aus § 404 II ZPO ergibt, wonach die Tätigkeiten des öffentlich bestellten Sachverständigen in allen Bereichen von sonstigen Sachverständigen ebenfalls ausgefüllt werden können, auch wenn die Gruppe der öffentlich bestellten vor Gericht bevorzugt herangezogen werden sollen.

4 § 36 I ist daher als **Eingriff in die Berufsausübungsfreiheit** zu verstehen (*BVerfGE* 86, 28 [38] = GewArch 1992, 272 [273 f.]; *BayVGH* GewArch 2009, 202 [203]; *Bayerlein*, Praxishandbuch Sachverständigenrecht, 4. Aufl. 2008, § 3 Rdn. 6; *Bleutge* GewArch 2009, 205; zweifelnd *Frotscher* NVwZ 1996, 33 [36]; siehe auch *BVerwG* NJW 2007, 1478: Beeidigung von Dolmetschern sei – in expliziter Parallele zu § 36 GewO – eine Berufsausübungsregelung). Dabei enthält § 36 sowohl subjektive (Sachkunde, Eignung) als auch objektive (Bedarf) Berufsausübungsbeschränkungen. Das *BVerfG* unterscheidet nicht nur bei Eingriffen in die Freiheit der Berufswahl (dazu bereits *BVerfGE* 7, 377 – Apotheken-Urteil), sondern auch bei Eingriffen in die Berufsausübungsfreiheit danach, ob persönliche Eigenschaften und Fähigkeiten des betroffenen Bürgers maßgebend sind (subjektive Merkmale) oder ob es auf objektive Merkmale ankommt, die außerhalb seiner persönlichen Sphäre liegen (*BVerfGE* 86, 28 [40 f.] = GewArch 1992, 272 [273]). Näher zu den verfassungsrechtlichen Vorgaben siehe Einl. Rdn. 76, 93.

II. Öffentliche Bestellung von Sachverständigen (Abs. 1 S. 1)

1. Sachverständige

5 **a) Begriff.** § 36 hat den Zweck, die Auswahl zwischen qualifizierten und unqualifizierten Sachverständigen zu erleichtern; so *BVerfGE* 86, 28 (43).

Öffentliche Bestellung von Sachverständigen § 36

§ 36 enthält aber **keine Legaldefinition** des Sachverständigen; eine solche findet sich auch nicht in den Verfahrensordnungen, wo der Sachverständige als Beweismittel aufgeführt ist (z. B. §§ 402 ff. ZPO, §§ 72 ff. StPO, § 96 I VwGO, § 26 I 2 Nr. 2 VwVfG). Anhaltspunkte finden sich aber u. a. im Wortlaut des § 36, namentlich in Abs. 1 S. 1 (besondere Sachkunde), S. 2 (unabhängig) und in Abs. 2 (Feststellung von Tatsachen, Überprüfung). Die Tätigkeit eines Sachverständigen lässt sich daher beschreiben mit der Prüfung, Beurteilung und Bewertung von Gegenständen, Vorgängen sowie individuellen Leistungen und Verhaltensweisen, die ihm im Einzelfall wegen des besonderen Schwierigkeitsgrades, mit Rücksicht auf seine anerkannten Kenntnisse und Fähigkeiten und im Vertrauen auf seine Unabhängigkeit übertragen wurden (*OLG München* GewArch 1995, 297 [298]; *Bleutge*, in: Landmann/Rohmer I, § 36 Rdn. 11; *Schulze-Werner*, in: Friauf, § 36 Rdn. 9). Als Annex können im Rahmen von § 5 RDG Rechtsdienstleistungen hinzu treten (so *Bleutge* GewArch 2009, 275 [277]).

b) Erscheinungsformen. Dabei kann der Sachverständige nach heutiger **6** Gesetzeslage selbstständig – entweder gewerblich oder freiberuflich – oder unselbstständig, d. h. etwa als Angestellter, hauptberuflich oder nebenberuflich tätig werden. Relevant ist vor allem die **Unterscheidung zwischen freiberuflicher und gewerblicher Tätigkeit**. Dies gilt zwar nicht für § 36, weil diese Norm auch den Freiberufler erfasst (*Bleutge*, in: Landmann/Rohmer I, § 36 Rdn. 9; *Schulze-Werner*, in: Friauf, § 36 Rdn. 12). Aber die Anzeigepflicht nach § 14 betrifft nur den gewerblich tätigen Sachverständigen. Freiberuflich tätig sind solche Sachverständige, deren Sachkunde eine höhere Bildung erfordert (bejaht etwa für Schriftsachverständige, Schiffsbesichtiger), anderenfalls liegt eine gewerbliche Tätigkeit vor (z. B. Kfz-Sachverständiger); näher *Bleutge*, in: Landmann/Rohmer I, § 36 Rdn. 16 m. w. N. Allgemein zur Abgrenzung oben § 1 Rdn. 57 ff. und § 6 Rdn. 15.

c) Kein gesetzlicher Schutz der Bezeichnung. Die Bezeichnung **7** „Sachverständiger" als solche ist gesetzlich nicht geschützt (*Bleutge* GewArch 2007, 184 [186]). Allerdings kann ihre missbräuchliche Verwendung gegen § 5 UWG verstoßen, wenn der Verwender die im allgemeinen Sprachgebrauch und im Rechtsverkehr anerkannten Merkmale nicht erfüllt (vgl. *BGH* GewArch 1984, 397; *OLG München* GewArch 1995, 297 [298]; *OLG Naumburg* GewArch 1998, 421).

2. Öffentliche Bestellung

Die öffentliche Bestellung ist ein **begünstigender Verwaltungsakt**. Sie **8** bedeutet die Zuerkennung einer besonderen Qualifikation, die gegenüber sonstigen Sachverständigen ein herausgehobenes öffentliches Vertrauen in die besondere Sachkunde und Unparteilichkeit dokumentiert (*BVerwG* GewArch 1990, 355; *Bleutge* GewArch 2009, 275 [278]); *Tettinger/Pielow* GewArch 1992, 1). In BVerfGE 86, 28 (37) wird die amtliche Bestätigung der fachlichen Kompetenz und der persönlichen Integrität besonders herausgestellt. Sie soll dem Wirtschaftsverkehr, vor allem aber Behörden und Gerichten, die schnelle und einfache Auswahl von Sachverständigen ermögli-

§ 36

chen, ohne im Einzelfall die Qualifikation überprüfen zu müssen. So sollen z. B. nach § 404 II ZPO, § 73 II StPO, § 98 VwGO öffentlich bestellte Sachverständige bevorzugt herangezogen werden. Bei der Feststellung komplizierter Sachverhalte wird gesetzlich bisweilen das Gutachten eines öffentlich bestellten Sachverständigen verlangt (vgl. § 610 HGB); ebenso bei speziellen Sicherheitsprüfungen (vgl. § 18 MedizingeräteVO). Das Regelungsziel des § 36 GewO a. F. – hieran hat sich durch die Novellierung nichts geändert –, wurde in *BVerfGE* 86, 28 (42) darin gesehen, „im Interesse eines reibungslosen Rechtsverkehrs und einer funktionierenden Rechtspflege allen Behörden, Gerichten und privaten Interessenten für komplizierte Sachverhaltsfeststellungen und Prüfungen kompetente und glaubwürdige Fachleute anzubieten; schwierige und zeitraubende Nachforschungen über den Ruf und die Eignung eines Gutachters sollen durch die öffentliche Bestellung entbehrlich werden …".

9   Die öffentliche Bestellung erfolgt damit **ausschließlich im öffentlichen Interesse** (*BVerwGE* 5, 95 [96]; *OVG RhPf.* GewArch 1985, 195; *VG Gelsenkirchen* Beschluss vom 7. 8. 2009 – 7 L 571/09, juris Rdn. 12; *Tettinger/Pielow* GewArch 1992, 1). Wenngleich aktuelle Zahlen fehlen, ist davon auszugehen, dass Hauptauftraggeber für die Leistungen öffentlich bestellter Sachverständiger die Gerichte sind (vgl. die Angaben bei *Roeßner* Öffentlich bestellte IHK-Sachverständige, 1984, S. 50 f.: Gerichte: 43 % der Aufträge, Versicherungen: 13 %, sonstige private Auftraggeber: 43 %).

10 Einige Sachverständigentätigkeiten dürfen nur durch öffentlich bestellte Sachverständige ausgeübt werden (sog. Vorbehaltsbereich, näher hierzu *Bleutge*, in: Landmann/Rohmer I, § 36 Rdn. 18). Die Bezeichnung „öffentlich bestellter Sachverständiger" ist gemäß § 132 a I Nr. 3 StGB gegen unbefugte Führung strafrechtlich geschützt. Zur Abgrenzung der öffentlich bestellten Sachverständigen von amtlich anerkannten und zertifizierten Sachverständigen siehe *Bleutge*, in: Landmann/Rohmer I, § 36 Rdn. 19 f. und unten Rdn. 108. Die Gewerbeordnung kennt als Anwendungsfall einer öffentlichen Bestellung die Regelung in § 34 b V (dort Rdn. 30 ff.); zu nennen ist ferner § 7 I SpielV.

III. Voraussetzungen der öffentlichen Bestellung von Sachverständigen (Abs. 1 S. 1)

11 Die Voraussetzungen einer öffentlichen Bestellung sind in § 36 I 1 genannt und in den nach Abs. 3 erlassenen Rechtsverordnungen (unten Rdn. 81 ff.) oder den nach Abs. 4 erlassenen Satzungen (unten Rdn. 106 ff.) näher konkretisiert.

1. Antrag

12 Erfordernis einer öffentlichen Bestellung ist zunächst ein Antrag. Es handelt sich also um einen mitwirkungsbedürftigen Verwaltungsakt.

Öffentliche Bestellung von Sachverständigen § 36

2. Tätigkeit als Sachverständiger auf bestimmten Gebieten

Erste materielle Voraussetzung ist, dass eine Person als Sachverständiger auf den Gebieten der Wirtschaft einschließlich des Bergwesens, der Hochsee- und Küstenfischerei sowie der Land- und Forstwirtschaft einschließlich des Garten- und Weinbaus tätig ist oder tätig werden will. 13

a) Sachverständiger. Zum Begriff des Sachverständigen siehe oben Rdn. 5. Nur **natürliche Personen** kommen als Sachverständige in Betracht, wie sich aus dem Erfordernis eines Sachverständigeneides nach Abs. 1 S. 2 ergibt (*Bayerlein*, Praxishandbuch Sachverständigenrecht, 4. Aufl. 2008, § 3 Rdn. 3; *Schulze-Werner*, in: Friauf, § 36 Rdn. 62); juristische Personen sind nicht eidesfähig (vgl. *Bleutge*, in: Landmann/Rohmer I, § 36 Rdn. 56). 14

b) Gebiet der Wirtschaft etc. Sachverständige fallen nur unter § 36, wenn sie auf den in Abs. 1 S. 1 genannten Gebieten tätig sind (anders bis 1994, als gewerblich tätige Sachverständige stets von § 36 a. F. erfasst waren). Das „Gebiet der Wirtschaft" wird in Rechtsprechung und Literatur sehr weit verstanden: Hierzu sollen alle Sachbereiche zählen, die zumindest mittelbar Berührungspunkte zur Wirtschaft aufweisen oder wirtschaftliche (i. S. v. finanzielle) Auswirkungen entfalten (*VG Karlsruhe* GewArch 2008, 399 [400]; *Rickert*, in: BeckOK, § 36 Rdn. 1; *Bleutge*, in: Landmann/Rohmer I, § 36 Rdn. 57; *ders.* GewArch 2008, 401). Genügen soll schon, dass das Ergebnis der sachverständigen Begutachtung Relevanz für zivilrechtliche oder versicherungsrechtliche Auseinandersetzungen hat (*VG Karlsruhe* GewArch 2008, 399 [400]). 15

Keine bestellungsfähigen Gebiete für eine Sachverständigenbestellung i. S. d. § 36 sollen zwar z. B. medizinische bzw. psychologische Fragen oder Fragen des Sports sein (*Rickert*, in: BeckOK, § 36 Rdn. 21, 21.3; *Schulze-Werner*, in: Friauf, § 36 Rdn. 13). Auch diese Sachverhalte können aber wirtschaftliche bzw. finanzielle Dimensionen erhalten. Letzteres kann etwa zu bejahen sein, wenn es um die Klärung der Frage geht, ob ein Materialfehler die Ursache eines Sportunfalls ist (so *Rickert*, in: BeckOK, § 36 Rdn. 21.3 – Fallschirmsport). 16

Im Ergebnis führt das Tatbestandsmerkmal „Gebiet der Wirtschaft" damit kaum zu einer Begrenzung möglicher Gebiete, die Gegenstand einer Sachverständigenbestellung sein können (ähnlich *Bleutge* GewArch 2008, 400 [401]). Gegenstände können z. B. sein: Vermessung und Ermittlung der Ursachen von Verkehrsunfällen, Erstellung von Schriftgutachten oder Abstammungsgutachten und DNA-Profilen (*VG Karlsruhe* GewArch 2008, 399 [400]), Hundewesen (*VG Ansbach* Beschluss vom 7. 2. 2007 – AN 4 S 06.0073), Waffen-, Schuss- und Munitionstechnik (*BayVGH* Urteil vom 23. 6. 2008 – 21 BV 07.585, juris Rdn. 29), Hotel- und Gaststättenbetriebe (*VG Gelsenkirchen* Beschluss vom 7. 8. 2009 – 7 L 571/09, juris Rdn. 14). Gegenwärtig sind Sachverständige für über 275 Sachgebiete bestellt worden (näher www.svv.ihk.de). Einige Gebiete fallen wegen Abs. 5 nicht unter § 36 (unten Rdn. 110 f.). 17

c) Tätigkeit. Die Person muss entweder als Sachverständiger auf einem der genannten Gebiete bereits tätig sein oder dies beabsichtigen. Anders als 18

§ 36

in § 36 a. F. (oben Rdn. 1) fehlt seit Ende 1994 das Merkmal „gewerbsmäßig" in § 36. Deshalb kann die Tätigkeit gewerblich oder freiberuflich, haupt- oder nebenberuflich, selbstständig oder als abhängig Beschäftigter erfolgen (näher *Schulze-Werner*, in: Friauf, § 36 Rdn. 10 ff.; ferner *Bleutge*, in: Landmann/Rohmer I, § 36 Rdn. 151).

3. Bedarf an Sachverständigenleistungen

19 Eine öffentliche Bestellung verlangt nach § 36 I 1, dass für das Sachgebiet „ein Bedarf an Sachverständigenleistungen besteht". Zu unterscheiden ist insoweit zwischen einer abstrakten und einer konkreten Bedarfsprüfung (dazu *Jahn* JuS 1993, 643 ff.).

20 a) **Abstrakte Bedarfsprüfung. aa) Verfassungskonformität.** Bei der abstrakten, fachrichtungsbezogenen Bedarfsprüfung wird untersucht, ob für ein bestimmtes Sachgebiet überhaupt Bedarf an öffentlich bestellten Sachverständigen besteht. Daran mangelt es bei wenig praxisrelevanten Fachgebieten, in denen z. B. mangels Streitfällen besonderer Sachverstand nicht nachgefragt wird (*VG Trier* Urteil vom 29. 4. 2009 – 5 K 760/08.TR, juris Rdn. 25) oder wenn sich das Fachgebiet nicht praktikabel eingrenzen lässt (vgl. *VG Ansbach* GewArch 2001, 75 f.). Dann fehlt jeder Anlass für ein behördliches Tätigwerden. Sollte im seltenen Einzelfall gleichwohl ein Sachverständiger benötigt werden, können sich sachkundige Personen anbieten. Durch die fehlende öffentliche Bestellung erleiden sie keinen Nachteil, da sie insoweit nicht der Konkurrenz öffentlich bestellter Sachverständiger ausgesetzt sind. Auch das *BVerfG* hat deshalb die **Verfassungskonformität einer abstrakten Bedarfsprüfung** festgestellt (*BVerfGE* 86, 28 [41]; zust. *Bleutge* GewArch 2008, 401 [402]):

„Damit soll erkennbar der Aufwand der Ermittlung, Prüfung und Bestellung von Sachverständigen erspart werden, soweit spezialisierter Sachverstand nicht nachgefragt wird. Wenn etwa für ein Sachgebiet selten oder nie Gutachten verlangt werden oder wenn sie von den Sachverständigen eines umfassenderen Sachgebiets ohne Schwierigkeit erstellt werden können, ist ein staatliches Tätigwerden vom Sinn der Regelung her nicht geboten. Hingegen lässt sich § 36 GewO kein Hinweis dafür entnehmen, dass die Kammern bei Vorliegen eines allgemeinen Bedürfnisses berechtigt sein sollen, eine einschränkende Auswahl aus einer Mehrzahl von qualifizierten Bewerbern zu treffen. Hätte der Gesetzgeber staatlichen Stellen die Befugnis zur Verteilung von Wettbewerbsvorteilen einräumen wollen, so hätte er zumindest die Auswahlkriterien und ein rechtsförmiges Auswahlverfahren vorsehen müssen. Solche Mindestanforderungen sind nicht einmal bei staatlich gebundenen Berufen entbehrlich (vgl. *BVerfGE* 73, 280 [295 f.]). So hätte geregelt werden müssen, ob bei der Auswahl die zeitliche Reihenfolge des Antrags, die Dauer der Berufszugehörigkeit oder besondere Qualifikationsmerkmale maßgebend sein sollen. Verfahrensrechtlich bedurfte es der Regelung, auf welche Weise der konkrete Bedarf zu ermitteln ist und wie sich Interessenten informieren und bewerben können (aaO, S. 296 f.). Keinesfalls konnte den einzelnen Industrie- und Handelskammern überlassen bleiben, nach freiem Ermessen zu entscheiden, ob sie die Zahl der öffentlich bestellten Sachverständigen als

bb) Gerichtliche Überprüfbarkeit. Der „Bedarf an Sachverständigen- 21
leistungen für ein bestimmtes Sachgebiet" i. S. d. § 36 I 1 ist ein Tatbestands-
element in Gestalt eines unbestimmten Gesetzesbegriffes. Grundsätzlich
unterliegen solche unbestimmten Gesetzesbegriffe vollständiger gerichtlicher
Überprüfung. In Bezug auf die Feststellung des abstrakten Bedarfs soll aber
der zuständigen Behörde ein gewisser **Beurteilungsspielraum** zukommen
(*VG Karlsruhe* GewArch 2008, 399 [400]; *Rickert*, in: BeckOK, § 36 Rdn. 23;
Bleutge GewArch 2008, 401 [402]). Dieser kann sich auf zwei Aspekte beziehen: zum einen auf den Bedarf als solchen i. S. d. Nachfrageintensität, zum
anderen auf Zuschnitt und Größe des Sachgebietes, für das ein Bedarf im
vorgenannten Sinne geprüft werden soll (*Bleutge*, in: Landmann/Rohmer I,
§ 36 Rdn. 59; *Schulze-Werner* GewArch 2006, 181 [184]).

Ein solcher Beurteilungsspielraum ist freilich schon aus rechtsstaatlichen 22
wie grundrechtlichen Erwägungen begrenzt; vgl. *Stober* FS Friauf, 1996,
S. 562: Zwang zum Tätigwerden, wenn sich objektiv – etwa aufgrund gesetzlicher oder ökonomischer Veränderungen – ein Bedarf abzeichnet (dort allerdings unter Berufung auf eine „Ermessensreduzierung auf Null", was der
vorgenommenen gesetzlichen Veränderung nicht Rechnung trägt). Der abstrakte Bedarf an öffentlich bestellten Sachverständigen ist im Ansatz zunächst
unabhängig von der Zahl der bereits bestellten Sachverständigen zu
beurteilen. Freilich indiziert die bereits erfolgte öffentliche Bestellung des
einen Bedarf für die Bestellung auch anderer Sachverständiger (*Bleutge*
GewArch 2008, 401 [402]). Wenn aber die Behörde durch Erkundigung bei
den Gerichten des Bezirks oder des Landes festgestellt hat, dass mangels
Streitfällen **keine Nachfrage** an der Sachverständigenleistung besteht, ist der
Bedarf an der öffentlichen Bestellung zu verneinen (*VG Trier* Urteil vom
29. 4. 2009 – 5 K 760/08.TR, juris Rdn. 24 f. – kein Bedarf an Sachverständigen für das Hufschlagswesen). Zu Vorgaben für den Zuschnitt des Sachgebietes siehe *BVerwG* GewArch 1973, 263; *Bleutge*, in: Landmann/Rohmer I,
§ 36 Rdn. 59; siehe auch unten Rdn. 65, 101.

b) Konkrete Bedürfnisprüfung. Nach früherer Rechtslage stand die 23
öffentliche Bestellung im Ermessen der Behörde. Im Rahmen der Ermessensausübung nahmen die Behörden eine konkrete Bedürfnisprüfung vor, d. h.
sie ermittelten, ob angesichts der Zahl der bisher bestellten Sachverständigen
Bedarf für die Bestellung eines weiteren bestand. **Begründet** wurde dies
mit der Sicherung eines überschaubaren Angebotes an öffentlich bestellten
Sachverständigen, um etwa Behörden und Gerichten das Auffinden der am
besten geeigneten Sachverständigen zu erleichtern. Angeführt wurden ferner
Aspekte der Qualitätssicherung und -kontrolle: Sachverständige benötigten
eine ausreichende Zahl von Begutachtungen, um ihre Kenntnisse zu erhalten
und motiviert zu sein, diese auszubauen. Auch die Kontrolle der Sachverständigen sei bei einer kleinen Zahl erleichtert.

Die konkrete Bedürfnisprüfung konnte jedoch zu einer Ablehnung des 24
Antrages auf Bestellung aus Gründen führen, die nicht in der Person des
Antragstellers wurzelten und von ihm nicht beeinflussbar waren. Es handelte

sich also um eine **Berufsausübungsregelung in Form einer objektiven Zulassungsschranke**. Dieser Eingriff in Art. 12 I GG kann nur bei besonders strenger Handhabung des Verhältnismäßigkeitsgrundsatzes gerechtfertigt werden. Das *BVerfG* hat jedoch die konkrete Bedürfnisprüfung teils als **ungeeignet** (mit Blick auf die Erleichterung des Auffindens geeigneter Sachverständiger), teils als **nicht erforderlich** (mit Blick auf Qualitätssicherung und -kontrolle: Qualifikationsprüfungen sind das mildere Mittel) und damit als unverhältnismäßig und **verfassungswidrig** eingestuft (*BVerfGE* 86, 28 [42 f.] = GewArch 1992, 272 [274]). Eine konkrete Bedürfnisprüfung ist daher im Rahmen der Bedarfsprüfung i. S. d. § 36 I 1 nicht gestattet (*Rickert*, in: BeckOK, § 36 Rdn. 26; **a. A.** noch zu § 36 a. F. *OVG Nds.* GewArch 1991, 227 [228]). Etwas anderes soll mit Blick auf die Bestimmung von Sachverständigen nach § 4 a I 1 RöV gelten (so *OVG RhPf.* Urteil vom 9. 9. 2009 – 6 A 11097/08, juris Rdn. 23).

4. Nachweis besonderer Sachkunde

25 **a) Besondere Sachkunde.** Zentrales Kriterium für die öffentliche Bestellung von Sachverständigen ist nach § 36 I 1 der Nachweis „besonderer Sachkunde" durch den Bewerber. Die besondere Sachkunde muss die **gesamte Bandbreite des Sachgebietes** abdecken (*VG Leipzig* GewArch 2001, 203).

26 Die – im Gewerberecht gängige, als Berufszugangsschranke jeweils der besonderen Begründung bedürftige – Anforderung der **Sachkunde** umfasst die durch Studium, Ausbildung und/oder praktische Betätigung erworbenen **Spezialkenntnisse**, die vorausgesetzt werden müssen, um sicherzustellen, dass eine Tätigkeit im Einklang mit der Rechtsordnung und ohne Gefährdung des Gemeinwohls ausgeübt wird (*OVG NRW* GewArch 1956, 207). Dabei kann es durchaus sachgerecht sein, ein abgeschlossenes Studium als Nachweis der Spezialkenntnisse zu verlangen (*OVG SchlH.* GewArch 1992, 234 [236]: Studium der Architektur oder des Bauingenieurwesens als Voraussetzung für die öffentliche Bestellung zum Sachverständigen für das Gebiet „Ermittlung von Gebäudeversicherungswerten und -schäden").

27 Sachkunde erstreckt sich auf **Theorie und Praxis**, verlangt also nicht nur ein besonders fundiertes Fachwissen, sondern regelmäßig auch langjährige umfangreiche Erfahrungen in einem ausgeübten Beruf (*VGH BW* GewArch 2007, 160; *VG Freiburg* GewArch 2005, 377; *Bleutge* GewArch 2007, 161; *Tettinger* GewArch 1984, 41 [43]; *Tettinger/Pielow* GewArch 1992, 1 [5]). In *BVerfGE* 86, 28 (43) wird dementsprechend darauf verwiesen, der Sachverständige erwerbe seine Kenntnisse und Erfahrungen nicht erst durch seine Gutachtertätigkeit, sondern vor allem in seinem Ausgangsberuf (ebenso *OVG Nds.* GewArch 2009, 452). Aus dem Erfordernis ausreichender Erfahrung rechtfertigen sich daher auch die Vorgaben einer beruflichen Mindestpraxis durch Vorschriften nach den Abs. 3 und 4 (zum Mindestalter siehe unten Rdn. 45).

28 Der Sachverständige muss eine **besondere** Sachkunde nachweisen. Nicht nötig sind herausragende Fähigkeiten, zumal sonst die Gefahr besteht, mittels überspannter Anforderungen den für eine öffentliche Bestellung in Betracht kommenden Personenkreis so zu reduzieren, dass quasi durch die Hintertür

wieder eine konkrete Bedürfnisprüfung eingeführt wird (*OVG Nds.* GewArch 2009, 452 mit zust. Anm. *Bleutge*). Das Merkmal „besonders" wird vielmehr herkömmlich in dem Sinne verstanden, dass der Sachverständige sich aus dem Kreis seiner Berufskollegen durch **erheblich über dem Durchschnitt liegende Kenntnisse, Fähigkeiten und Erfahrungen** hervortut (vgl. B*VerwGE* 45, 235 [238]; *BayVGH* Urteil vom 23. 6. 2008 – 21 BV 07.585, juris Rdn. 29; *OVG Nds.* GewArch 2009, 452; *OVG NRW* GewArch 1983, 334 [335]; *Bleutge*, in: Landmann/Rohmer I, § 36 Rdn. 61; *Rickert*, in: BeckOK, § 36 Rdn. 27).

Der neue § 36 a I 2 Nr. 2 stellt jedoch auf eine überdurchschnittliche **29** Sachkunde ab, um das Erfordernis der besonderen Sachkunde i. S. d. § 36 I auszufüllen. Aus systematischen Erwägungen wird man daher auch mit Blick auf § 36 nicht erheblich überdurchschnittliche Sachkunde, sondern lediglich (schlicht) überdurchschnittliche Sachkunde verlangen können (im Ergebnis ebenso *VG Gießen* GewArch 2002, 473; *VG Leipzig* GewArch 2001, 203; *Schulze-Werner*, in: Friauf, § 36 Rdn. 92). Eine Absenkung des Qualifikationsniveaus ist damit freilich nicht verbunden: Der Antragsteller muss die Überdurchschnittlichkeit seiner Sachkunde nachweisen, was nur gelingt, wenn seine Sachkunde hinreichend deutlich überdurchschnittlich ist, was regelmäßig nur bei erheblich überdurchschnittlicher Sachkunde der Fall sein dürfte. Für diese Sichtweise spricht auch, dass der Gesetzgeber durch die Einfügung des § 36 a nicht das Qualifikationsniveau der öffentlichen Bestellung i. S. d. § 36 verringern wollte.

Der Sachverständige muss schließlich die **Fähigkeit zur mündlichen und** **30** **schriftlichen Darstellung** haben, d. h. er muss in der Lage sein, das Ergebnis einer Begutachtung für den Auftraggeber, der in der Regel ein Laie (z. B. Richter) ist, verständlich und nachvollziehbar mündlich und schriftlich darzustellen (*VG Hannover* GewArch 2008, 213; *Bleutge*, in: Landmann/Rohmer I, § 36 Rdn. 63; *Tettinger* GewArch 1984, 41 [44]). Nötig sind mithin auch die eine einschlägige differenzierte Artikulation ermöglichenden adäquaten Deutsch-Kenntnisse (*VGH BW* GewArch 1984, 380), worauf auch § 36 a II 2 hinweist (dort Rdn. 24).

Einzelfälle: Ein Kunstsachverständiger muss nicht nur über Kenntnisse **31** auf dem Gebiet der Kunst verfügen, sondern auch kaufmännisches Gespür haben, um Marktentwicklungen abschätzen zu können (*VG Ansbach* GewArch 1971, 129). Allein die Tätigkeit als Kunsthändler vermittelt derartige Kunst- und Marktkenntnisse nicht (*VG Karlsruhe* GewArch 1981, 333 [334]). Spezialkenntnisse und Erfahrungen verlieren bei Nichtgebrauch an Wert, müssen also laufend erneuert werden. Liegen die praktischen Erfahrungen einige Jahre zurück, können sie die besondere Sachkunde nicht mehr vermitteln (*OVG Nds.* GewArch 1977, 377 [378]: 15 Jahre zurückliegende Praxis; *VG Stuttgart* GewArch 1982, 138: drei Jahre). Dabei lassen sich feste Grenzen nicht angeben; zu berücksichtigen ist auch die Entwicklung auf dem jeweiligen Sachgebiet. Entwickelt sich ein völlig neues Sachgebiet, etwa infolge technologischer Veränderungen, so dürfte es insoweit zunächst jedem Sachverständigen an den nötigen Erfahrungen fehlen (*VG Freiburg* GewArch 1986, 92 [93]; *Tettinger/Pielow* GewArch 1992, 1 [5]).

§ 36   Titel II. Stehendes Gewerbe

Im Übrigen bieten die vom Arbeitskreis Sachverständigenwesen beim Deutschen Industrie- und Handelskammertag für viele Sachgebiete ausgearbeiteten Bestellungsvoraussetzungen Anhaltspunkte zur Konkretisierung des Erfordernisses der besonderen Sachkunde (*VG Leipzig* GewArch 2001, 203).

32   **b) Nachweis.** Die Behörde kann im Rahmen gesetzlicher Vorgaben (einschließlich der Vorgaben in Rechtsverordnungen oder Satzungen gem. Abs. 3, 4) die Bestellungsvoraussetzungen im Detail fixieren (*Bleutge*, in: Landmann/Rohmer I, § 36 Rdn. 65), ist dabei aber an das Verhältnismäßigkeitsgebot gebunden (*VG Karlsruhe* GewArch 1990, 171).

33   **aa) Obliegenheit des Bewerbers.** Der Nachweis der besonderen Sachkunde ist dem eindeutigen Wortlaut des § 36 I 1 zufolge und in Abweichung von der sonst im Verwaltungsverfahren üblichen Untersuchungsmaxime (§ 24 VwVfG) vom Bewerber selbst zu erbringen; die **Beweislast** liegt also bei ihm. Er allein besitzt den Überblick über seine bisherigen Aktivitäten und ist deshalb in der Lage, alle von ihm für einschlägig erachteten Unterlagen (z. B. Zeugnisse, Referenzen, Tätigkeitsnachweise) beizubringen. An den ihm obliegenden Nachweis der Sachkunde wird von den Verwaltungsgerichten zu Recht ein durchaus strenger Maßstab angelegt (vgl. *VG Freiburg* GewArch 1986, 92 f.; *VG Hannover* GewArch 2008, 213).

34   **bb) Behördliche Untersuchung.** Wenn die vom Bewerber vorgelegten Unterlagen nicht ausreichen, um die besondere Sachkunde darzutun, ist die Behörde berechtigt, weitere Informationen heranzuziehen oder **von Amts wegen zusätzliche Untersuchungen** vorzunehmen (*Bleutge*, in: Landmann/Rohmer I, § 36 Rdn. 64; *Tettinger/Pielow* GewArch 1992, 1 [5]; zur Behördenpraxis siehe *Weidhaas* GewArch 1991, 367 ff.). Der Bestellungsbehörde steht es dann frei, auf welche Weise sie die besondere Sachkunde des Bewerbers feststellen will (*VGH BW* GewArch 1988, 89 [91]).

35   Insbesondere ist die Bestellungsbehörde befugt, sich durch besondere Fachausschüsse, vor denen der Bewerber in einem **prüfungsähnlichen Verfahren** aufzutreten hat, beraten zu lassen (*BVerwG* GewArch 1997, 68 [69]; *VGH BW* GewArch 1988, 89 [91]). Die Prüfungsentscheidung des Fachausschusses bindet die Verwaltung nicht, ist aber Entscheidungsgrundlage. Der Erlass einer förmlichen Verfahrensordnung für den Prüfungsausschuss ist deshalb nicht nötig (*BayVGH* Beschluss vom 20. 4. 2009 – 22 ZB 08.2449, juris Rdn. 3; *VG Gelsenkirchen* Beschluss vom 7. 8. 2009 – 7 L 571/09, juris Rdn. 15). Einen Anspruch auf Durchführung einer Prüfung hat ein Bewerber nicht (*VGH BW* GewArch 1988, 89 [91]); etwas anderes gilt im Falle einer entsprechenden ständigen Verwaltungspraxis wegen Art. 3 I GG. Prüfung und Votum des prüfenden Fachausschusses müssen transparent sein (vgl. *Bleutge* GewArch 2009, 453 [454]: Punktesystem erforderlich).

36   Es ist gleichermaßen unvermeidlich wie unschädlich, wenn in diesen Fachausschüssen öffentlich bestellte Sachverständige und damit potentielle Konkurrenten des Bewerbers Mitglied sind (*VG Gelsenkirchen* Beschluss vom 7. 8. 2009 – 7 L 571/09, juris Rdn. 18; vgl. auch *BVerfG* NJW-RR 1998, 1001 [1002]: Fachprüfungsausschuss für Fachanwälte). Bestehen unabhängig von dieser potentiellen Konkurrenzsituation Anhaltspunkte für die konkrete

Befangenheit eines Ausschussmitgliedes, greifen die §§ 20 f. VwVfG (dazu *VGH BW* GewArch 1988, 89 [93]).

Die Durchführung einer Prüfung ist nur unter Beachtung des **Verhältnis-** 37 **mäßigkeitsprinzips** zulässig. Sie hat zu entfallen, wenn der Bewerber auch ohne sie seine besondere Sachkunde nachweisen kann (*BVerwG* GewArch 1990, 355 [356]; *Tettinger/Pielow* GewArch 1992, 1 [6]; *Kamphausen* GewArch 1991, 124 [125]). Eine hohe Durchfallquote weist zwar auf die Möglichkeit unverhältnismäßig hoher Prüfungsanforderungen hin (*Tettinger/Pielow* GewArch 1992, 1 [6]), ohne dass aber allein daraus bereits ein zwingender Schluss auf die Unverhältnismäßigkeit möglich wäre (*VGH BW* GewArch 1988, 89 [92]).

Die Behörde kann ferner die Vorlage früherer Gutachten oder, falls diese 38 fehlen, die Anfertigung von **Probegutachten** verlangen (*VG Stuttgart* GewArch 1983, 138 [139]: Vorlage von 10 –12 Gutachten). Möglich ist auch die Einholung von **Referenzen** (siehe unten Rdn. 55).

c) **Kein Beurteilungsspielraum.** Der zuständigen Behörde kommt bei 39 der Überprüfung des der persönlichen Sphäre des Bewerbers zuzurechnenden Merkmals der besonderen Sachkunde (so *BVerfGE* 86, 28 [39]) kein der verwaltungsgerichtlichen Kontrolle entzogener Beurteilungsspielraum zu (*BVerwG* GewArch 1990, 355 [356]; *OVG Nds.* GewArch 2009, 452; *OVG RhPf.* GewArch 1979, 331; *Bayerlein*, Praxishandbuch Sachverständigenrecht, 4. Aufl. 2008, § 3 Rdn. 38; a. A. noch *VGH BW* GewArch 1988, 89 [94]). Eine fachspezifische Einschätzungsprärogative der Verwaltung ist der Vorschrift des § 36 I schon deshalb nicht zu entnehmen, weil mit dem im Gewerberecht traditionell genutzten Kriterium der besonderen Sachkunde keineswegs ein als höchstpersönlich zu qualifizierendes Fachurteil der Behörde gefordert wird. Die Regelung des § 36 I ist auch **nicht mit solchen des eigentlichen Prüfungsrechts zu vergleichen.** Hinzu kommt, dass im Unterschied zum Prüfungsrecht, wo den gesetzlich fundierten und nach besonderen Qualitätsmerkmalen zusammengesetzten Prüfungsausschüssen ein eingeschränkter Beurteilungsspielraum zugestanden wird (dazu *BVerfGE* 84, 34 [53 ff.]; 84, 59 [78 f.]), hier der – gesetzlich ja gar nicht vorausgesetzte – Fachausschuss lediglich eine beratende Funktion hat. Die endgültige Entscheidung über die Sachkunde des Bewerbers liegt nicht bei diesem Gremium, sondern verbleibt bei der Bestellungsbehörde (näher *Tettinger/Pielow* GewArch 1992, 1 [6]).

5. Keine Bedenken gegen Eignung

Weitere zwingende – gleichfalls der persönlichen Sphäre des Bewerbers 40 zuzurechnende (so *BVerfGE* 86, 28 [39]) – Bestellungsvoraussetzung nach § 36 I 1 ist, dass keine Bedenken gegen die (persönliche) Eignung des Bewerbers bestehen. In Orientierung an verfassungsrechtlicher Nomenklatur (vgl. Art. 33 II GG betr. Zugang zum öffentlichen Dienst) umgreift diese Anforderung auch im Gewerberecht alle prägenden Persönlichkeitsmerkmale, welche bei der betreffenden Tätigkeit als unabdingbar vorauszusetzen sind, wie Begabung, physische und psychische Reife, intellektuelle und emotionale Tauglichkeit. Zentrale Eignungskomponenten für die Tätigkeit als öffentlich bestellter Sachverständiger lassen sich auch aus den Vorgaben für den Sachverständigeneid in § 36 I 2 entnehmen, wo von unabhängiger, gewissenhafter und unparteiischer Aufgabenerfüllung die Rede ist.

41 **a) Voraussetzungen der persönlichen Eignung.** Die Voraussetzungen der persönlichen Eignung, deren Konkretisierung laut BVerfGE 86, 28 (40) keine ungewöhnlichen Schwierigkeiten bereitet, lassen sich – freilich nicht überschneidungsfrei – in mehrere Gruppen einteilen (vgl. *Bleutge*, in: Landmann/Rohmer I, § 36 Rdn. 73 ff.; *Tettinger/Pielow* GewArch 1992, 1 [7 f.]).

42 **aa) Zuverlässigkeit und Vertrauenswürdigkeit.** Vorrangige Elemente sind die Persönlichkeitsmerkmale Zuverlässigkeit und uneingeschränkte Vertrauenswürdigkeit.

Die **Vertrauenswürdigkeit fehlt**, wenn ein Sachverständiger im Zusammenwirken mit Dritten durch fiktive Anfragen Bedarf für eine öffentliche Bestellung von Sachverständigen in seinem Bereich vortäuscht (*VG Hannover* GewArch 1982, 268 [269]), wenn er unzutreffende oder unvollständige Angaben gegenüber der Behörde macht (*VG Karlsruhe* GewArch 1982, 156), wenn er Gefälligkeitsgutachten anfertigt (*VG Minden* GewArch 1983, 301), wenn er im Rechts- und Geschäftsverkehr sich fälschlich als öffentlich bestellter Sachverständiger ausgibt (*VG Bayreuth* GewArch 1992, 104), wenn er Telefongespräche unbefugt aufzeichnet oder durch andere Personen mithören lässt (*VG Freiburg* GewArch 2002, 473 [474]).

43 Zur **Zuverlässigkeit** zählt insbesondere die **Gewissenhaftigkeit der Aufgabenerfüllung** (vgl. BT-Drs. 16/12784, 18). Die Zuverlässigkeit fehlt, wenn ein Sachverständiger Gutachten unentschuldigt nicht termingerecht anfertigt oder Gerichtsakten zurückbehält (*OVG NRW* GewArch 1987, 160 [161]). Die Zuverlässigkeit kann generell bei der **Verletzung von Berufspflichten** zu verneinen sein (*Tettinger/Pielow* GewArch 1992, 1 [8]; vgl. auch *VG Karlsruhe* GewArch 1982, 156 [157]: bewusst unvollständige Tatsachenermittlung bei Schadensbegutachtung; *VG Stade* GewArch 1988, 378 ff.: Durchführung oberflächlicher „Fließband-Prüfungen"; *OLG Hamm* WUR 1991, 109: Durchführung der Begutachtung durch Hilfskräfte). Zu diesen und weiteren spezifischen Berufspflichten des Sachverständigen (etwa Pflicht zur persönlichen Gutachtenerstattung, Residenzpflicht) siehe *Bleutge* GewArch 1990, 113 ff.

44 **bb) Charakterliche Reife.** Charakter und Persönlichkeit des Sachverständigen müssen ausreichende Gewähr für die ordnungsgemäße Aufgabenerfüllung bieten. Mangelnde persönliche Integrität oder Charakterstärke, Leichtgläubigkeit, Sendungsbewusstsein u. Ä. schließen die Eignung aus (*Bleutge* WiVerw 1988, 1 [8]), ebenso ein Hang zu unsachlicher, herabsetzender Kritik, übersteigertes Selbstbewusstsein, mangelnde Kooperations- und Dialogbereitschaft (*BayVGH* GewArch 2005, 242). Geboten ist ferner Sachlichkeit, auch im mündlichen und schriftlichen Ausdruck (*OVG NRW* GewArch 1986, 164).

45 Das Erfordernis charakterlicher Reife soll die Festsetzung eines **Mindestalters** (z. B. 30 Jahre) begründen, da jüngere Sachverständige regelmäßig noch gar nicht das eine öffentliche Bestellung rechtfertigende Vertrauen genießen

Öffentliche Bestellung von Sachverständigen § 36

könnten (*Bleutge*, in: Landmann/Rohmer I, § 36 Rdn. 80; zur hier vertretenen a. A. siehe unten Rdn. 95). Zum Minimum beruflicher Erfahrung siehe Rdn. 28.

cc) Straffreiheit. Von einem öffentlich bestellten Sachverständigen muss **46** erwartet werden, dass er nicht erst vor den Schranken der (Straf-)Gesetze haltmacht, sondern bereits im Vorfeld der Grenze des rechtlich Unzulässigen sein Verhalten so einrichtet, dass – gemessen an den Geboten der Fairness, der Korrektheit und der persönlichen Integrität – Zweifel an der Zulässigkeit seines Tuns gar nicht erst aufkommen (*OVG NRW* GewArch 1986, 164 [165]). Vor diesem Hintergrund indiziert Straffreiheit noch nicht die persönliche Eignung. Aber Straffälligkeit kann Bedenken gegen die Eignung auslösen (*VGH BW* GewArch 1986, 329), selbst dann, wenn die strafbare Handlung in einer psychischen Ausnahmesituation begangen wurde (*VG Gelsenkirchen* GewArch 1993, 478 [479]).

Dies gilt aber zunächst nur dann, wenn die Straftat im Zusammenhang **47** mit der Sachverständigentätigkeit steht. Dies ist regelmäßig zu verneinen bei einmalig verwirklichten Verkehrsdelikten, selbst bei Trunkenheitsdelikten eines Verkehrsunfall-Sachverständigen (*VG Stuttgart* GewArch 1987, 379 f.). Der Zusammenhang ist in der Regel zu bejahen bei Vermögensdelikten (*Bleutge*, in: Landmann/Rohmer I, § 36 Rdn. 77), bei Beihilfe zu Delikten, wenn die Beihilfehandlung in der Erstattung eines falschen Gutachtens liegt (*VGH BW* GewArch 1986, 329), bei Diebstählen bei Gelegenheit der Begutachtung (*VG Gelsenkirchen* GewArch 1993, 478 [479]) oder bei Delikten in demjenigen Wirtschaftssektor, in dem auch die Sachverständigenleistungen erbracht werden (*BayVGH* GewArch 2005, 242 [243]: Insolvenzverschleppung des Geschäftsführers eines Bauunternehmens, der zugleich Sachverständiger für Stahlbetonbau ist).

Manche Straftaten sind wiederum von solchem Gewicht, dass unabhängig **48** von der konkreten Tätigkeit Bedenken gegen die charakterliche Eignung bestehen (*BVerwG* GewArch 1992, 64; *OVG Nds.* GewArch 1991, 384; *BayVGH* BauR 2004, 1993). Schließlich können selbst strafrechtliche Marginalien von Belang sein, wenn sie infolge ihrer Häufigkeit auf charakterliche Mängel schließen lassen, so bei wiederholten Verurteilungen wegen Trunkenheit am Steuer (vgl. *BVerwG* GewArch 1992, 64; *OVG Nds.* GewArch 1991, 384 [385]).

Die Behörde kann in der Regel von den strafgerichtlich festgestellten Tatsa- **49** chen ausgehen und muss nicht auf Bestreiten des Sachverständigen hin eine erneute Sachaufklärung betreiben (*BayVGH* GewArch 2005, 242 [243]). Die **Verwertung** von Straftaten ist nach § 51 I BZRG nur möglich, solange eine Verurteilung im Bundeszentralregister eingetragen und nicht zu tilgen ist.

dd) Unabhängigkeit und Unparteilichkeit. Der Sachverständige muss **50** in persönlicher Hinsicht unabhängig sein. Die persönliche Unabhängigkeit steht in keinem unmittelbaren Zusammenhang mit dem Beschäftigungsverhältnis des Sachverständigen. Ist er selbstständiger Gewerbetreibender oder Freiberufler, kann er im Einzelfall infolge wirtschaftlicher Zwänge als abhängig gelten (*Rickert*, in: BeckOK, § 36 Rdn. 37: überwiegende Tätigkeit für einen Auftraggeber); umgekehrt kann ein Angestellter oder Beamter – u.

§ 36 Titel II. Stehendes Gewerbe

U. gerade wegen seiner finanziellen Absicherung – unabhängig sein. Die Unabhängigkeit ist daher in jedem Einzelfall sorgfältig zu prüfen, ohne dass einzelne Berufsgruppen oder Beschäftigungsverhältnisse pauschal Unabhängigkeit resp. Abhängigkeit indizieren (näher *Tettinger/Pielow* GewArch 1992, 1 [7]). Zu strengeren Anforderungen an die Unabhängigkeit von Sachverständigen aufgrund anderer Fachgesetze siehe z. B. *BayVGH* GewArch 2010, 299: Ein bei einer GmbH angestellter Ingenieur kann nicht zugleich eigenverantwortlich und unabhängig als Prüfingenieur für Brandschutz tätig sein.

51 Wer selbstständig tätig ist, darf nicht wirtschaftliche Bindungen eingehen, die seine Unbefangenheit in Frage stellen. Wer angestellt oder verbeamtet ist, muss im Rahmen seiner Sachverständigentätigkeit völlig weisungsfrei sein und im Übrigen über ausreichende zeitliche Unabhängigkeit und die Freiheit der Arbeitseinteilung verfügen. Als öffentlich bestellte Sachverständige kommen somit auch Angehörige des öffentlichen Dienstes in Betracht (*VG SchlH* GewArch 1992, 105 [106]), ebenso Angestellte staatlich beliehener Überwachungsvereine (TÜV, Dekra u. Ä.; *Bleutge*, in: Landmann/Rohmer I, § 36 Rdn. 76), sofern sie von ihrem Dienstherrn für die Sachverständigentätigkeit zeitlich freigestellt sind (*Rickert*, in: BeckOK, § 36 Rdn. 35). Selbst wenn ein abhängig Beschäftigter im Grundsatz unabhängig ist, kann gleichwohl im Einzelfall seine Befangenheit zu besorgen sein, etwa wenn er Sachverhalte begutachten soll, an denen sein Arbeitgeber oder Dienstherr beteiligt ist (*Bleutge* GewArch 2007, 184 [185]). Dann ist aber bei punktuellen Einwänden nicht seine Eignung in Frage gestellt, vielmehr handelt es sich um einen konkreten Interessenkonflikt, der über §§ 20 f. VwVfG zu lösen ist.

52 **ee) Geordnete Vermögensverhältnisse.** Die persönliche Unabhängigkeit ist nur gewährleistet, wenn der Sachverständige in geordneten Vermögensverhältnissen lebt (*BVerwGE* 45, 235 [249]; *Rickert*, in: BeckOK, § 36 Rdn. 38). Dies verlangt nicht Schuldenfreiheit (vgl. oben § 34 b Rdn. 27). Verbindlichkeiten stellen das Geordnetsein der Vermögensverhältnisse solange nicht in Frage, als entweder Sicherheiten vorhanden oder die Rückzahlung gesichert ist. Geordnete Vermögensverhältnisse wurden verneint bei einem Bewerber, der in Höhe von 200 000 DM verschuldet war und daneben fünfmal im Schuldnerverzeichnis eingetragen war (*VG SchlH* GewArch 1989, 63). Bedenken an der Eignung können aber schon weit unterhalb dieser Werte entstehen.

53 **ff) Physische und psychische Belastbarkeit.** Der Sachverständige muss physisch und psychisch zur Ausübung der Sachverständigentätigkeit in der Lage sein. Unter diesem Aspekt ist die generelle Festlegung einer absoluten Altersgrenze (**Höchstalter;** näher *Tettinger/Pielow* GewArch 1992, 1 [8]; sowie unten Rdn. 97) verfassungskonform (*BayVGH* GewArch 2009, 202 [203]; siehe ferner *BVerfG* NJW 1998, 1776 ff. zu Höchstaltersgrenzen für Kassenärzte; *BVerfG* GewArch 2005, 243 ff.; GewArch 2007, 149 ff. für Piloten). Dies gilt insb. dann, wenn hierfür sachliche Gründe nachweisbar sind und Ausnahmen sowie ggf. Übergangsfristen vorgesehen werden. Zu berücksichtigen ist ferner, dass das Erreichen der Altersgrenze dem Sachverständigen nicht die Gutachtertätigkeit als solche untersagt, sondern nur die Tätigkeit als öffentlich bestellter Sachverständiger. Gerade diese Differenzierung erzeugt

allerdings einen Konflikt der Höchstaltersgrenze mit den Anforderungen des AGG und des Unionsrechts (näher Rdn. 88 a ff.).

b) Feststellung der persönlichen Eignung. Die Bestellung darf nicht 54 erfolgen, wenn konkrete Tatsachen vorliegen, die Bedenken gegen die Eignung rechtfertigen. Es gehört ausweislich eines deutlich kontrastierenden Gesetzeswortlautes nicht zu den Obliegenheiten des Bewerbers, seine Eignung nachzuweisen (so nur in Bezug auf die Sachkunde). Vielmehr unterliegt die Behörde hinsichtlich der Bedenken gegen die Eignung uneingeschränkt dem Untersuchungsgrundsatz gem. § 24 VwVfG. Die Behörde trifft die Darlegungs- und die **Beweislast** für diejenigen Tatsachen, aus welchen Bedenken gegen die Eignung abzuleiten sind. Es muss aber nicht positiv festgestellt und bewiesen werden, dass der Bewerber tatsächlich ungeeignet ist (Rdn. 59).

aa) Heranziehung vertraulicher Stellungnahmen. Zu den Untersu- 55 chungsmitteln zählt die Einholung von **Referenzen**, selbst von vertraulichen Stellungnahmen, namentlich aus dem betroffenen Geschäftskreis, auch aus dem Umkreis des Bewerbers. Zweifel an der Eignung können sich so aus der Tatsache herleiten lassen, dass sich mehrere von der Behörde vertraulich befragte Personen gegen die Bestellung des Bewerbers ausgesprochen haben; nicht erforderlich ist, dass die Umfrage nach statistischen Grundsätzen erfolgt (*VG Koblenz* GewArch 1993, 22 [23 f.]).

bb) Wahrung der Vertraulichkeit. Dabei stellt sich oft die äußerst deli- 56 kate verfahrensrechtliche Frage, ob die Bestellungsbehörde ihre Informationen offen zu legen und damit zugleich in der Regel vertrauliche Informationsquellen preiszugeben hat. Die Rechtsprechung hält es traditionell für zulässig, dem Bewerber Auskünfte über vertrauliche Referenzen, Stellungnahmen etc. zu verweigern, da ansonsten diese Informationsquelle alsbald versiegte (*OVG SchlH.* GewArch 1988, 192 f.; *OVG Berlin-Bbg.* GewArch 1971, 155 [156]; *VG SchlH.* GewArch 1982, 25). Dieser Ansicht ist mit zwei Einschränkungen zuzustimmen:

Erstens ist zu berücksichtigen, dass nach § 29 II VwVfG die Verweigerung 57 von Auskünften nur gerechtfertigt ist, wenn anderenfalls die ordnungsgemäße Erfüllung der behördlichen Aufgaben beeinträchtigt würde oder Vorgänge mit Rücksicht auf berechtigte Interessen Dritter geheimhaltungsbedürftig sind. Einer der genannten Gründe wird regelmäßig vorliegen, muss von der Behörde aber in jedem Einzelfall geprüft und begründet werden.

Zweitens darf die Informationszurückhaltung nur so weit reichen, wie sie 58 zum Quellenschutz nötig ist. Zumindest der Inhalt der Stellungnahme muss dem Bewerber zur Kenntnis gebracht werden, soweit nicht daraus schon die Urheberschaft erkennbar ist (*Bleutge*, in: Landmann/Rohmer I, § 36 Rdn. 67). Dies erweist sich schon deshalb als notwendig, weil er nur so die durch die negative Referenz ausgelösten Bedenken gegebenenfalls ausräumen kann.

c) Bedenken. Die Bestellung darf nicht erfolgen, wenn konkrete Tatsa- 59 chen vorliegen, welche Bedenken gegen die Eignung auslösen. Die sichere Feststellung mangelnder Eignung ist also nicht erforderlich. Es reichen vielmehr ernsthafte, seitens des Bewerbers nicht ausräumbare Zweifel aus

§ 36 Titel II. Stehendes Gewerbe

(*BVerwG* GewArch 1975, 333 [335]; *OVG NRW* BauR 2006, 1948). Nötig ist aber die Begründung und Belegung der einschlägigen Bedenken durch konkrete Tatsachen.

Für relevante Bedenken genügt es bereits, wenn der Bewerber in Teilen der Bevölkerungskreise, die seine Dienste als Sachverständiger in Anspruch nehmen können, nicht das uneingeschränkte Vertrauen genießt, dass er als Sachverständiger kompetent und sachgerecht urteilt. Das fehlende Vertrauen muss nicht auf einem konkreten Fehlverhalten beruhen. Es reicht vielmehr ein gewisser **negativer Ruf**, welcher im Übrigen noch nicht einmal allgemein bekannt sein oder geteilt werden muss (*VG Koblenz* GewArch 1993, 22 [23 f.]).

60 **d) Kein Beurteilungsspielraum.** Die Frage, ob Bedenken gegen die Eignung vorliegen, unterliegt vollständiger gerichtlicher Überprüfung (*BVerwG* GewArch 1975, 333 [334]: „nicht Ermessens-, sondern Rechtsentscheidung"; *BayVGH* GewArch 2005, 242; *VG Koblenz* GewArch 1993, 22 [23]; *Bayerlein*, Praxishandbuch Sachverständigenrecht, 4. Aufl. 2008, § 3 Rdn. 38; **a. A.** *VG SchlH.* GewArch 1992, 105 [106]; *VG Bayreuth* GewArch 1992, 104). Der Behörde verbleibt insoweit kein Beurteilungsspielraum. Auch ein administrativer „Prognosespielraum" ist hier abzulehnen, da es in erster Linie nicht um Wahrscheinlichkeitsurteile hinsichtlich zukünftiger Verhaltensweisen einer Person geht, sondern um die Bewertung von Fakten aus Vergangenheit und Gegenwart daraufhin, ob sie Vorbehalte gegenüber einer zukünftigen Betätigung zu tragen vermögen.

IV. Bestellungsentscheidung (Abs. 1)

61 Nach § 36 I 1 a. F. stand die Bestellung im pflichtgemäßen Ermessen der Behörde. 1994 (oben Rdn. 1) wurde § 36 I 1 dahingehend geändert, dass seitdem bei Vorliegen aller Tatbestandsvoraussetzungen ein **Rechtsanspruch** auf Bestellung vorliegt (*Schulze-Werner* GewArch 2004, 9 [10] u. GewArch 2005, 181 [182]). Der Umstand, von einer Zertifizierungsgesellschaft als Sachverständiger zertifiziert worden zu sein, begründet keinen Anspruch auf Bestellung (*OVG Nds.* GewArch 2009, 489 [490]; *VG Hannover* GewArch 2008, 213; zur Zertifizierung von Sachverständigen siehe *Bleutge* GewArch 2007, 184 [187]; *ders.* GewArch 2008, 9 [11]).

1. Zuständige Stelle

62 Die zuständigen Bestellungsbehörden werden gem. § 36 I 1 durch die Landesregierungen oder durch Landesrecht bestimmt. Die Zuständigkeiten sind dabei je nach Gebiet, auf dem der Sachverständige tätig sein will, auf eine Vielzahl von Behörden verteilt; teils handelt es sich um staatliche Behörden, teils um Kammern. So sind in NRW gem. § 1 I i. V. m. Anlage Nr 1.17 der VO zur Regelung von Zuständigkeiten auf dem Gebiete der Gewerbeüberwachung vom 10. 12. 1974 (GVBl. S. 1558; m. nachf. Änd. [vgl. § 155 Rdn. 7]) zuständig: Landesoberbergamt (Bergwesen), Bezirksregierung (Vermessungswesen außerhalb der Landesvermessung), Landwirtschaftskammern

(Land- und Forstwirtschaft einschließlich Garten- und Weinbau) und Industrie- und Handelskammern (alle übrigen Gebiete). Siehe im Übrigen die Nachweise bei *Bleutge*, in: Landmann/Rohmer I, § 36 Rdn. 50 ff.

2. Bestellungsakt

Die Bestellung ist ein an keine besondere Form gebundener begünstigender **Verwaltungsakt** mit Dauerwirkung (*Schulze-Werner*, in: Friauf, § 36 Rdn. 51). Durch die Bestellung wird der Sachverständige zur Erstattung von Gutachten verpflichtet (vgl. §§ 407 I ZPO, 75 I StPO, 98 VwGO, 118 SGG, 82 FGO, 96 III AO); er unterliegt der Schweigepflicht (§ 203 II Nr. 5 StGB). Dabei handelt es sich um eine Inpflichtnahme Privater, da der Sachverständige jeder Behörde und jedem Gericht, aber auch jedem Bürger, im Rahmen seiner Arbeitskapazitäten jederzeit zur Verfügung stehen muss. Die Bestellung verleiht den von ihm erstatteten Gutachten einen erhöhten Wert (*BVerwG* GewArch 1990, 355). In die „Nähe eines Aktes staatlicher Beleihung" gerückt ist der Sachverständige freilich nicht (so aber *Bleutge*, in: Landmann/Rohmer I, § 36 Rdn. 47), da ihm **keine hoheitlichen Kompetenzen** übertragen worden sind (*Bayerlein*, Praxishandbuch Sachverständigenrecht, 4. Aufl. 2008, § 3 Rdn. 4). Die öffentliche Bestellung ist am ehesten als Indienstnahme Privater zu qualifizieren (so *Schulze-Werner*, in: Friauf, § 36 Rdn. 59).

Durch die öffentliche Bestellung erhält der Sachverständige die Befugnis, die Bezeichnung „öffentlich bestellter Sachverständiger" bei seiner Sachverständigentätigkeit zu führen. Außerdem hat er ein Recht auf Entschädigung. Zur Rechtsstellung des öffentlich bestellten Sachverständigen – auch mit Blick auf das Wettbewerbsrecht, Werbung und Bezeichnung – siehe *Bleutge* GewArch 2008, 8 (15 ff.).

3. Bestellungsumfang (Abs. 1 S. 1); inhaltliche Beschränkung der Bestellung (Abs. 1 S. 3)

Nach § 36 I 1 wird der Sachverständige für ein bestimmtes Sachgebiet öffentlich bestellt. Nach S. 3 kann die Bestellung inhaltlich beschränkt werden.

a) Bestimmtes Sachgebiet. § 36 I 1 bezieht sich auf Tätigkeiten als Sachverständiger „auf den Gebieten der Wirtschaft einschließlich des Bergwesens, der Hochsee- und Küstenfischerei sowie der Land- und Forstwirtschaft einschließlich des Garten- und Weinbaus". Niemand kann deutlich überdurchschnittliche Spezialkenntnisse (vgl. oben Rdn. 28) in allen Gebieten des Wirtschaftslebens haben. Deshalb kommt die öffentliche Bestellung von vornherein nur für ein bestimmtes Sachgebiet in Betracht, wie auch § 36 I 1 voraussetzt (*Schulze-Werner*, in: Friauf, § 36 Rdn. 56). Der Umfang eines Sachgebietes kann durch Rechtsverordnung der Landesregierung gem. Abs. 3 Nr. 2 oder durch Satzung einer Bestellungskörperschaft (z. B. IHK) gem. Abs. 4 i. V. m. Abs. 3 Nr. 2 festgelegt werden.

b) Inhaltliche Beschränkung. Nach § 36 I 3 kann die öffentliche Bestellung inhaltlich beschränkt werden. Eine solche **inhaltliche** Beschränkung

§ 36 Titel II. Stehendes Gewerbe

kann zum einen darin liegen, dass die öffentliche Bestellung auf ein enger umgrenztes Sachgebiet festgelegt wird. Denkbar ist auch eine **räumliche** Beschränkung (*Bleutge*, in: Landmann/Rohmer I, § 36 Rdn. 109; wohl auch *Schulze-Werner*, in: Friauf, § 36 Rdn. 57). So kann die Bestellung auf den Bezirk der Bestellungsbehörde beschränkt werden; die Bestellung des verbeamteten Sachverständigen kann den Bezirk seiner Anstellungsbehörde aussparen.

67 Die inhaltliche Beschränkung steht nach § 36 I 3 im Ermessen der Bestellungsbehörde. Zu beachten ist jedoch, dass die inhaltliche Beschränkung eine Teil-Ablehnung des Antrages auf öffentliche Bestellung enthält. Da auf die Bestellung ein Rechtsanspruch besteht, kommt eine inhaltliche Beschränkung nur in Betracht, wenn sie zwingend geboten ist (*Schulze-Werner*, in: Friauf, § 36 Rdn. 57).

4. Nebenbestimmungen (Abs. 1 S. 3)

68 § 36 I 3 nennt Befristung und Auflage als mögliche Nebenbestimmungen einer öffentlichen Bestellung.

69 **a) Befristung.** Befristungen werden in der Praxis zur Überwachung der Tätigkeit der öffentlich bestellten Sachverständigen eingesetzt, da alle Sachverständigen bei jedem Antrag auf Wiederbestellung erneut geprüft werden können (sog. Regelbefristung; *Rickert*, in: BeckOK, § 36 Rdn. 63). Völlig unbedenklich ist dies nicht. Zwar steht die Entscheidung, ob eine Bestellung befristet werden soll, im **Ermessen** der Behörde (vgl. § 36 I 3: „kann"). Aber im Rahmen des Ermessens muss die Behörde dem **Verhältnismäßigkeitsgrundsatz** und der Berufsfreiheit gem. Art. 12 GG Rechnung tragen. Eine laufende Überwachung der Sachverständigen kann aber aus der Sicht der Betroffenen kaum als milderes Mittel akzeptiert werden (so aber *Bleutge*, in: Landmann/Rohmer I, § 36 Rdn. 110; in *BVerfGE* 86, 28 [44] wurde in einer wiederholten Qualifikationsprüfung lediglich das mildere Mittel gegenüber einer konkreten Bedürfnisprüfung gesehen). Unverhältnismäßig wäre es ferner, die Neu-Bestellung von einer erneuten Sachkundeprüfung vor einem Fachausschuss abhängig zu machen, es sei denn, der Sachverständige gab in der Zeit nach der früheren Bestellung Anlass, an seiner Sachkunde zu zweifeln (vgl. *VG Saarlouis* GewArch 1981, 10). Dasselbe gilt für eine umfassende Eignungsprüfung, wenn seit der letzten Bestellung nichts Negatives über den Sachverständigen bekannt geworden ist (*Bleutge*, in: Landmann/Rohmer I, § 36 Rdn. 111).

70 In Betracht kommen Befristungen so am ehesten dann, wenn im Zeitpunkt der Antragstellung noch nicht sicher absehbar ist, ob die Bestellungsvoraussetzungen für einen längeren Zeitraum vorliegen. Dies kann zum einen der Fall sein, wenn die Eignung des Sachverständigen nicht völlig bedenkenfrei ist, das Gewicht der Bedenken aber keine Antragsablehnung rechtfertigte. Zum anderen kann bei neu entstehenden Sachgebieten die Prognose schwierig sein, ob der – nur mit erheblichen Unsicherheitsfaktoren prognostizierte – Bedarf wirklich besteht und anhalten wird. In diesen Fällen kann eine Befristung effektiver sein als ein späterer – eigenständiger Anfechtung unterliegender – Widerruf der Bestellung (dazu unten Rdn. 77 ff.). Nicht möglich ist

eine nachträgliche Befristung (*Schulze-Werner* GewArch 2004, 9 [11]). Zu Sonderfragen der Kettenbefristung siehe *Schulze-Werner*, in: Friauf, § 36 Rdn. 69.

b) Auflage. § 36 I 3 sieht die Möglichkeit von Auflagen vor, wobei – 71 anders als etwa in § 34 c I 2 – die nachträgliche Anordnung einer Auflage nicht vorgesehen ist. Nachträgliche Auflagen sind daher grundsätzlich nicht möglich (*Schulze-Werner* GewArch 2004, 9 [11]; a. A. *Rickert*, in: BeckOK, § 36 Rdn. 65; siehe auch *Bleutge*, in: Landmann/Rohmer I, § 36 Rdn. 112: statt Widerruf [§ 49 VwVfG] einer Bestellung komme eine Auflage als milderes Mittel in Betracht). Etwas anderes gilt, wenn die öffentliche Bestellung mit dem Vorbehalt nachträglicher Auflagen verbunden worden ist, was aber nur im Rahmen von § 36 I 2. Var. VwVfG zulässig wäre (Rdn. 73).

Die Statuierung einer Auflage ist eine **Ermessensentscheidung** (*Bleutge*, 72 in: Landmann/Rohmer I, § 36 Rdn. 112); zu beachten ist wiederum der Verhältnismäßigkeitsgrundsatz. An Auflagen ist insbesondere bei der Verlängerung einer zuvor befristeten Bestellung zu denken, wenn sich Zweifel an der Sachkunde eingestellt haben, diese aber eine Versagung der Verlängerung noch nicht rechtfertigen. Milderes Mittel kann dann die Auflage sein, geeignete Maßnahmen zur Stärkung der besonderen Sachkunde zu treffen, etwa bestimmte Fortbildungsangebote zu nutzen.

c) Weitere Nebenbestimmungen. Weitere Nebenbestimmungen sind 73 nach § 36 I 2. Var. VwVfG nur zulässig, wenn sie sicherstellen sollen, dass die gesetzlichen Voraussetzungen des Verwaltungsaktes erfüllt werden. In Betracht kommt namentlich ein **Widerrufsvorbehalt**, wenn nicht sicher absehbar ist, ob die Bestellungsvoraussetzungen auf längere Sicht vorliegen werden (vgl. oben Rdn. 70; a. A. *Schulze-Werner* GewArch. 2004, 9 [13 f.]).

5. Eidesleistung (Abs. 1 S. 2)

Durch die öffentliche Bestellung wird der Sachverständige zur Eidesleis- 74 tung verpflichtet. Die Wirksamkeit der Bestellung ist hiervon unabhängig. Verweigert der Sachverständige den Eid, kann die Bestellung aber widerrufen werden (§ 49 II Nr. 3 VwVfG).

Der Eid begründet keine Pflichten, sondern bekräftigt lediglich die andern- 75 orts normierten Pflichten, hat also nur eine **deklaratorische Funktion** (vgl. *Tettinger/Pielow* GewArch 1992, 1 [10]). Immerhin enthält die Eidesformulierung Hinweise, welche spezifischen Pflichten den Sachverständigen treffen sollen, wobei diese Pflichten vor allem in den Rechtsverordnungen nach Abs. 3 oder Satzungen nach Abs. 4 präzisiert werden. Zur Eidesformel und zu den Pflichten der weisungsfreien, unabhängigen und persönlichen Aufgabenerledigung siehe *Bleutge* GewArch 1994, 447 ff.

Aus der deklaratorischen Funktion des Eides folgt zugleich, dass der geleis- 76 tete Eid mit Erlöschen der Bestellung hinfällig wird, ohne dass eine Eidesentbindung nötig ist (*VG Oldenburg* GewArch 1979, 92). Wird die Bestellung aber – ohne zwischenzeitliches Erlöschen – erneuert (z. B. bei einer Befristung) oder um weitere Sachgebiete erweitert, ist keine neue Eidesleistung nötig (*Bleutge*, in: Landmann/Rohmer I, § 36 Rdn. 99).

§ 36 Titel II. Stehendes Gewerbe

Aus der Pflicht zur Eidesleistung folgt zwingend, dass nur natürliche, nicht aber juristische Personen öffentlich bestellt werden können (oben Rdn. 14).

6. Rücknahme und Widerruf der Bestellung

77 Für Rücknahme und Widerruf der Bestellung gelten die §§ 48 ff. VwVfG. In Betracht kommt namentlich ein Widerruf nach § 49 II Nr. 2 VwVfG, wenn eine Auflage nicht erfüllt wird, oder nach Nr. 3, wenn nachträglich die Bestellungsvoraussetzungen entfallen sind und ohne den Widerruf das öffentliche Interesse gefährdet würde. Die Bestellungsvoraussetzungen entfallen nicht erst dann, wenn mittlerweile das Fehlen der Eignung etc. feststeht, sondern schon dann, wenn mittlerweile **Bedenken gegen die Eignung** bestehen, die nicht ausgeräumt werden können (*OVG NRW* BauR 2006, 1948). Bei der Entscheidung über die Aufhebung ist der Grundsatz der Verhältnismäßigkeit zu beachten (*Bleutge* GewArch 2008, 9 [13]).

Der Schutz des guten Rufs aller öffentlich bestellten Sachverständigen kann ein überwiegendes öffentliches Interesse an sofortiger Vollziehung der Aufhebung gem. § 80 II 1 Nr. 4 VwGO begründen (*BayVGH* GewArch 2005, 242).

78 Der **Wegfall der Bestellungsvoraussetzungen** wurde z. B. bejaht bei einem Sachverständigen, der nach seiner Bestellung wiederholt Trunkenheitsdelikte begangen hat (*OVG Nds.* NJW 1992, 591 f.), dessen wirtschaftliche Lage sich drastisch verschlechterte (*VG SchlH.* GewArch 1989, 63: 200 000 DM Schulden und fünf Eintragungen im Schuldnerverzeichnis), der im Rahmen seiner Gutachtentätigkeit Pflichtverstöße beging, sog. Gefälligkeitsgutachten erstattete (*VG Minden* GewArch 1983, 301), bewusst inhaltlich unrichtige Gutachten erstellte (*VGH BW* GewArch 1977, 19; GewArch 1986, 329), bei Gelegenheit der Begutachtung Diebstähle beging (*VG Gelsenkirchen* GewArch 1993, 478), sich über Jahre hinweg in krimineller Weise zu Lasten der öffentlichen Hand bereicherte (*VG München* GewArch 1998, 379), Wirtschaftsdelikte im Wirtschaftssektor seiner Sachverständigentätigkeit beging oder Anzeigepflichten gegenüber der Bestellungsbehörde verletzte (*BayVGH* GewArch 2005, 242 [243]). Schwerwiegende Mängel bei der Erstellung von Gutachten rechtfertigen ebenfalls den Widerruf der Bestellung (*OVG NRW* BauR 2006, 1948); dies gilt selbst dann, wenn das Gutachtenergebnis richtig sein sollte (*Bleutge* GewArch 2008, 9 [11]).

79 Wenn eine Straftat Anlass für den Widerruf ist, kann die zuständige Behörde i. d. R. vom Sachverhalt der strafgerichtlichen Entscheidung ausgehen und ist nicht zu weiterer Sachaufklärung verpflichtet (*VGH BW* GewArch 1986, 329; *BayVGH* GewArch 2005, 242 [243]). Im Falle der Verfahrenseinstellung kann dennoch auf die staatsanwaltlichen Akten zurückgegriffen werden (vgl. *VG Gelsenkirchen* GewArch 1993, 478 [479]).

V. Entsprechende Anwendung (Abs. 2)

80 Nach Abs. 2 gelten die Vorgaben des Abs. 1 entsprechend für die öffentliche Bestellung und Vereidigung von besonders geeigneten Personen, welche

auf den Gebieten der Wirtschaft bestimmte Tatsachen in Bezug auf näher bezeichnete Sachen feststellen (Nr. 1) oder die ordnungsgemäße Vornahme bestimmter Tätigkeiten überprüfen (Nr. 2). Abs. 2 zielt auf die Tätigkeit von Güterbestätigern, Schaffern, Wägern, Messern, Brackern, Schauern und Stauern (*Bleutge*, in: Landmann/Rohmer I, § 36 Rdn. 113). Diese Tätigkeiten können jedoch unter Berücksichtigung der Weite der Gesetzesformulierung auch von öffentlich bestellten Sachverständigen i. S. d. Abs. 1 vorgenommen werden. Vor diesem Hintergrund hat Abs. 2 **kaum praktische Bedeutung** (*Schulze-Werner*, in: Friauf, § 36 Rdn. 80).

VI. Rechtsverordnungen (Abs. 3)

Zur Durchführung der Abs. 1 und 2 können die Landesregierungen gem. Abs. 3 Rechtsverordnungen erlassen. Durch Gesetz vom 23. 11. 1994 (BGBl. I S. 3475) wurde dieser Abs. 3 neu gefasst, vor allem erweitert und inhaltlich konkretisiert, um den Anforderungen des Bestimmtheitsgebotes gem. Art. 80 I 2 GG zu entsprechen (vgl. BT-Drs. 12/5826, S. 20). Nach der Einfügung des § 29 (Gesetz vom 16. 6. 1998, BGBl. I S. 1291) konnten lit. g und h (Auskunft und Nachschau) gestrichen werden. Zur Änderung von Nr. 3 lit. e im Jahre 2009 siehe oben Rdn. 2. 81

Von der Ermächtigung des Abs. 3 Gebrauch machten bislang für Teilbereiche die Länder **Baden-Württemberg** (VO über die öffentliche Bestellung von Sachverständigen auf dem Gebiet der Land- und Forstwirtschaft einschließlich des Garten- und Weinbaus vom 21. 12. 1967 [GBl. 1968, S. 3]), **Brandenburg** (VO über die Voraussetzungen für die Bestellung sowie über die Befugnisse und Verpflichtungen der öffentlich bestellten und vereidigten Sachverständigen für die Land und Forstwirtschaft einschließlich des Garten und Weinbaus (Sachverständigenordnung-SVO) vom 20. 1. 2001 [GVBl II S. 14]), **Hessen** (VO über die öffentliche Bestellung von Sachverständigen auf dem Gebiet der Land- und Forstwirtschaft einschließlich des Garten- und Weinbaus vom 20. 12. 2004 [GVBl. I S. 497]), **Mecklenburg-Vorpommern** (VO zur Asbest-Sachverständigen-VO vom 18. 6. 1993 [GVOBl S. 647], Landwirtschaftssachverständigenverordnung vom 26. 8. 1997 [GVOBl S. 324], VO über die öffentliche Bestellung von Sachverständigen nach dem Vieh- und Fleischgesetz vom 17. 9. 1991 [GVOBl S 412]), **Rheinland-Pfalz** (VO über die öffentliche Bestellung von Sachverständigen nach dem Vieh- und Fleischgesetz vom 16. 10. 1992 [GVOBl S 324]), **Sachsen** (Sächsische Landwirtschaftssachverständigenverordnung vom 29. 10. 2001 [GVBl S 694]), **Sachsen-Anhalt** (VO über die öffentliche Bestellung von landwirtschaftlichen Sachverständigen vom 14.10. 1997 [GVBl S. 886], **Schleswig-Holstein** (VO über die öffentliche Bestellung von Sachverständigen nach dem Vieh- und Fleischgesetz vom 5. 7. 1989 [GVOBl S 78]), und **Thüringen** (Landwirtschaftssachverständigenverordnung vom 5. 10. 2005 [GVBl S. 352]); näher dazu *Bleutge*, in: Landmann/Rohmer II Nrn. 272 ff. Die **Hamburger** VO über die öffentliche Bestellung und Vereidigung von Sachverständigen vom 17.10. 1961 (GVBl. S. 327), zul. geändert durch VO vom 9. 4. 1963 (GVBl. S. 42) wurde 1998 und die **Bremer** VO über die 82

§ 36 Titel II. Stehendes Gewerbe

öffentliche Bestellung und Vereidigung von Sachverständigen vom 23. 5. 1977 (GBl. S. 253) wurde 1999 aufgehoben. In den übrigen Ländern bestehen lediglich Satzungen nach Abs. 4 (unten Rdn. 106 ff.).

83 Abs. 3 enthält eine Reihe möglicher **Regelungsgegenstände** für die Rechtsverordnungen nach Abs. 3 (oder Satzungen nach Abs. 4). Näher geregelt werden können die Voraussetzungen für die Bestellung sowie die Befugnisse und Verpflichtungen bei der Ausübung der Tätigkeit, damit insb. die persönlichen und sachlichen Voraussetzungen einer Bestellung (Nrn. 1 und 2), die Pflichten eines öffentlich bestellten Sachverständigen (Nr. 3; zu den Pflichten näher *Bleutge* GewArch 1990, 113 ff. u. GewArch 1994, 447 [449 ff.]) sowie auch die Stellung eines hauptberuflich tätigen öffentlich bestellten Sachverständigen.

84 Die hier nur in den Grundelementen wiedergegebene Aufzählung ist nicht abschließend (vgl. den Wortlaut: „insbesondere"). Zusätzlich kann im Rahmen des eingangs des Absatzes artikulierten Normierungsprogramms etwa geregelt werden, wie sich öffentlich bestellte Sachverständige bezeichnen dürfen bzw. müssen (dazu *OLG Hamm* GewArch 1995, 341). Zur Regelung von **Werbeverboten** siehe unten Rdn. 104. Zur weiteren Konkretisierung durch **Verwaltungsvorschriften** siehe unten Rdn. 109.

In diesem Zusammenhang sind namentlich drei Problemkreise relevant (zu den übrigen Regelungsmöglichkeiten aufgrund der Abs. 3 und 4 siehe *Bleutge*, in: Landmann/Rohmer I, § 36 Rdn. 118 ff.).

1. Altersgrenzen (Nr. 1)

85 Die gem. Art. 80 I GG bzw. dem Rechtsstaatsprinzip erforderliche parlamentsgesetzliche Ermächtigung an den Verordnungs- oder Satzungsgeber zur Festsetzung von Altersgrenzen findet sich in § 36 III Nr. 1. Die Altersgrenzen müssen dem höherrangigen Recht genügen. Neben der Berufsfreiheit gem. Art. 12 I GG sind die Vorgaben des Allgemeinen Gleichbehandlungsgesetzes und des Europäischen Unionsrechts in die Betrachtung einzubeziehen.

86 **a) Verfassungsrechtlicher Hintergrund.** Zur Eignung eines öffentlich bestellten Sachverständigen zählen auch die charakterliche Reife sowie die geistige und körperliche Leistungsfähigkeit. Diese Erfordernisse können die Festlegung von Mindest- und Höchstaltersgrenzen rechtfertigen. Diese betreffen die **Berufsausübungsfreiheit**, nicht jedoch die Berufswahlfreiheit, da der Sachverständige auch nach Erreichen der Altersgrenze noch als Sachverständiger tätig sein kann, nur eben nicht mehr als *öffentlich* bestellter Sachverständiger (oben Rdn. 3 f.).

87 Vor dem Hintergrund von Art. 12 I GG müssen (Höchst-)Altersgrenzen dem **Verhältnismäßigkeitsprinzip** genügen. Sie sind geeignet zu verhindern, dass altersbedingt leistungsunfähig gewordene öffentlich bestellte Sachverständige tätig sind, und stärken damit das Vertrauen der Öffentlichkeit in die öffentliche Bestellung von Sachverständigen. Milderes Mittel im Rahmen der Erforderlichkeitsprüfung könnte das gesetzgeberische Postulat sein, die Leistungsunfähigkeit beim einschlägigen Personenkreis kontinuierlich konkret festzustellen. Bei einer solchen konkreten Feststellung könnten freilich gleichfalls Zweifel an der Eignung angebracht sein: Ab einem gewissen Alter

kann die Leistungsfähigkeit sehr rasch nachlassen, so dass die Kontrollintervalle sehr kurz ausfallen müssten, was wiederum verfahrensunökonomisch wäre. Die Angemessenheit einer generell typisierenden Regelung ist jedenfalls gewahrt, wenn es im Einzelfall **Ausnahmemöglichkeiten** gibt (vgl. *Bleutge*, in: Landmann/Rohmer I, § 36 Rdn. 120 a. E.). Auch ohne diese ist die Angemessenheit stets dann gegeben, wenn sich die spezifische Altersgrenze als sachadäquat erweist, zumal sie der weiteren beruflichen Tätigkeit als (nicht öffentlich bestellter) Sachverständiger nicht entgegen steht. Rechtsprechung und Literatur haben deshalb zu Recht Altersgrenzen auf den verschiedensten Berufsfeldern für **verfassungsmäßig** gehalten (*BVerfG* GewArch 1983, 258; GewArch 1991, 103; NJW 1998, 1776 ff.; GewArch 2005, 243 ff.; GewArch 2007, 149 ff.; *BVerwG* GewArch 1963, 224; *BayVGH* GewArch 2009, 202 [203]; *OVG NRW* GewArch 1990, 52 (53 f.); *VG München* GewArch 2009, 84; *Bleutge*, in: Landmann/Rohmer I, § 36 Rdn. 118 ff.; *Schulze-Werner*, in: Friauf, § 36 Rdn. 83; *Tettinger/Pielow* GewArch 1992, 1 [8]; *Jahn* GewArch 1991, 247 [249]).

b) Verbot der Altersdiskriminierung gemäß AGG und Unionsrecht. Mit Blick auf das **Allgemeine Gleichbehandlungsgesetz** (AGG), dessen Ziel u. a. die Beseitigung von Benachteiligungen wegen des Alters ist (§ 1 AGG), wäre zunächst zu prüfen, ob dessen **Anwendungsbereich** überhaupt eröffnet ist. Allein der Umstand, dass die öffentliche Bestellung ein Hoheitsakt ist, steht der Anwendung nicht entgegen (so aber *Bayerlein* Praxishandbuch Sachverständigenrecht, 4. Aufl. 2008, § 3 Rdn. 109); dementsprechend wendet die Rechtsprechung das AGG etwa auf beamtenrechtliche Höchstaltersvorschriften an, obwohl die Beamtenernennung durch Verwaltungsakt erfolgt (siehe etwa *BVerwG* NVwZ 2010, 251 [254]). 88

Zweifel an der Anwendbarkeit des AGG bestehen indessen insoweit, als § 2 I Nr. 1 AGG auf den „Zugang zu unselbstständiger oder selbstständiger Erwerbstätigkeit" abstellt. Legt man das herkömmliche Verständnis zugrunde, wäre damit der Zugang zu einem Beruf i. S. d. Berufswahl zu verstehen. Die öffentliche Bestellung als Sachverständiger ist jedoch nur als Berufsausübungsregelung zu verstehen (oben Rdn. 4). Konsequenz wäre, dass der Anwendungsbereich des AGG zu verneinen wäre (so *VG München* GewArch 2009, 84 [85]; *Rickert*, in: BeckOK, § 36 Rdn. 62 u. 62.1; *Schulze-Werner*, in: Friauf, § 36 Rdn. 83; *Bleutge* GewArch 2009, 205 u. GewArch 2009, 275 [278]). 89

Allerdings ist zu berücksichtigen, dass das AGG unionsrechtliche Vorgaben umsetzt, sodass unionsrechtliche Vorverständnisse maßgeblich in die Auslegung einzubeziehen sind. Der *EuGH* (NJW 2010, 587 [588 Tz. 33]) hat die Höchstaltersgrenze für Vertragszahnärzte als Berufszugangsregelung eingeordnet, während das *BVerfG* (BVerfGE 11, 30 [42], 12, 144 [147 f.]) insoweit von einer Berufsausübungsregelung ausging (später offen lassend *BVerfG* NJW 1998, 1776 f.; mittlerweile wohl eine Berufswahlbeschränkung annehmend *BVerfG* NZS 2002, 144; NZS 2008, 311). In Parallele hierzu spricht manches dafür, die Vorschriften zur öffentlichen Bestellung unionsrechtlich als Berufszugangsregelung einzustufen. Auch der Gesetzgeber geht davon aus, dass einige Berufsausübungsregelungen nach deutschem Recht im europäi- 90

§ 36

schen Sinne als Berufswahlregelungen zu qualifizieren sind (BT-Drs. 16/ 12784, S. 17 zu § 36 a GewO).

91 Obwohl daher das AGG anwendbar ist (*BVerwG* Urteil vom 26. 1. 2011 – 8 C 45.09), sind unterschiedliche Behandlungen wegen des Alters nicht schlechthin unzulässig. Vielmehr kann gem. §§ 8 I, 10 S. 1 und 2 AGG eine Altersgrenze zulässig sein, wenn sie einem legitimen Ziel dient, erforderlich und angemessen ist. Letztlich gelten damit dieselben Anforderungen wie bei der verfassungsrechtlichen Rechtfertigung des Eingriffs in Art. 12 I GG – mit der Konsequenz, dass bei Anlegung der herkömmlichen Wertungsmaßstäbe hiesiger Rechtsprechung eine Höchstaltersgrenze für öffentlich bestellte Sachverständige nicht gegen das AGG verstößt (*BVerwG* a. a. O.; *BayVGH* GewArch 2009, 202 [205]; *VG Mainz* Beschluss vom 21. 3. 2007 – 6 L 149/ 07.MZ, juris Rdn. 5; *VG München* GewArch 2009, 84 [86]; *Bleutge* GewArch 2009, 205; unten Rdn. 97).

92 Entsprechendes gilt mit Blick auf das Unionsrecht. Die **Richtlinie 2000/ 78/EG** vom 27. 11. 2000 zur Festlegung eines allgemeinen Rahmens für die Verwirklichung der Gleichbehandlung in Beschäftigung und Beruf (ABl. EU L 303/16) zielt zwar u. a. gegen Altersdiskriminierung. Zu klären ist zunächst, ob ihr Anwendungsbereich im vorliegenden Kontext eröffnet ist (oben Rdn. 88 f.: § 2 I Nr. 1 AGG entspricht Art. 3 I lit. a RL 2000/78/EG). Ist dies zu bejahen, ermöglicht auch das Unionsrecht Höchstaltersgrenzen, wenn sie „objektiv und angemessen sind und im Rahmen des nationalen Rechts durch ein legitimes Ziel ... gerechtfertigt sind und die Mittel zur Erreichung dieses Ziels angemessen und erforderlich sind (Art. 6 I RL 2000/78/EG). Dieser Vorgabe, die wiederum auf eine Verhältnismäßigkeitsprüfung hinausläuft, wie sie in vergleichbarer Weise bei Art. 12 I GG nötig ist, würde – legt man die traditionellen Wertungen der hiesigen Rechtsprechung zugrunde – eine Höchstaltersgrenze für öffentlich bestellte Sachverständige gerecht (*BVerwG* [Rdn. 91; *BayVGH* GewArch 2009, 202 [205]; *Schulze-Werner*, in: Friauf, § 36 Rdn. 83).

93 Der *EuGH* (NJW 2010, 587 [590 Tz. 61 f.]) hat allerdings die Höchstaltersgrenze für Vertragszahnärzte (68 Jahre) für unvereinbar mit der RL 2000/ 78/EG erklärt. Er hält es für widersprüchlich, dass die Höchstaltersgrenze dem Schutz der Patienten unter dem Gesichtspunkt der Befähigung der Zahnärzte dienen soll, die Ärzte aber nicht gehindert seien, nach Erreichen der Altersgrenze weiterhin für Privatpatienten tätig zu werden. Dennoch sei es möglich, die Altersgrenze in Übereinstimmung mit der RL 2000/78/EG zu bringen, wenn es andere/weitere Rechtfertigungsgründe gebe (a. a. O., Tz. 63, 73).

94 Vor dem Hintergrund dieser Rechtsprechungslinie des EuGH müssen die Verordnungs- bzw. Satzungsgeber i. S. d. § 36 III, IV die Höchstaltersgrenze sorgsam begründen, um sie unionsrechtlich abzusichern. Denkbar wäre zum einen die Anführung von Gründen, die nicht auf die Leistungsfähigkeit des alternden Sachverständigen abstellen. Bildet die Sorge vor der womöglich nachlassenden Leistungsfähigkeit das zentrale Motiv der Höchstaltersgrenze, steht dies in einem **Spannungsverhältnis zu den Anforderungen der RL 2000/78/EG und des AGG**, das aufgelöst werden kann, wenn die Rechtsverordnung bzw. die Satzung eine ausnahmsweise Verlängerung der öffentlichen Bestellung über die Altersgrenze hinaus ermöglicht. Fortbestehende Leistungsfähigkeit müsste dann einen Rechtsanspruch auf Verlängerung begründen, sofern nicht andere Gründe der Verlängerung entgegenstehen (näher Rdn. 98).

c) Mindestalter. Sachverständige können nur öffentlich bestellt werden, 95 wenn sie ein auf langjährige Berufserfahrung abgestütztes sicheres Urteil abzugeben in der Lage sind und einen hohen Grad charakterlicher Reife aufweisen. Vertreten wird, dass diese Voraussetzung in aller Regel keine Personen erfüllen, die jünger als 30 Jahre sind. Die Festsetzung eines Mindestalters von 30 Jahren sei daher sachgemäß (*Bleutge*, in: Landmann/Rohmer I, § 36 Rdn. 119; *Schulze-Werner*, in: Friauf, § 36 Rdn. 84; vgl. auch *BayVGH* Urteil vom 23. 6. 2008 – 21 BV 07.585, juris Rdn. 29). Gegen diese Sichtweise spricht freilich, dass die Richterinnen und Richter, welche die Expertise des Sachverständigen im Prozess verwerten, mittlerweile vielfach jünger als 30 Jahre sind und ihnen dennoch ein Grad an charakterlicher Reife zugeschrieben wird, der es zulässt, ihnen die Streitentscheidung anzuvertrauen. Daher wird ein starres Mindestalter von 30 Jahren kaum zu rechtfertigen sein, allenfalls als Regelvoraussetzung mit Ausnahmemöglichkeit. Hiervon zu unterscheiden sind die (ausnahmslosen) Erfordernisse fundierten Sachverstands (der regelmäßig nur durch eine entsprechend fundierte und zeitaufwendige Ausbildung erlangt werden kann) und mehrjähriger Berufserfahrung.

d) Höchstalter. aa) Ein Höchstalter gilt nach den meisten Rechtsverord- 96 nungen oder Satzungen gem. Abs. 3 und 4 zum einen für die **erstmalige Bestellung**. Als verfassungsmäßig erachtet wird dabei jedenfalls ein Höchstalter von **62 Jahren** (*VGH BW* GewArch 1993, 199 [200 f.]).

bb) Zum anderen gibt es Höchstaltersgrenzen für die **Fortsetzung der** 97 **Tätigkeit** als öffentlich bestellter Sachverständiger. Für **verfassungsmäßig** gehalten wurde ein Limit bei **68 Jahren** (für von der IHK bestellte Sachverständige; vgl. *BVerfG* GewArch 1991, 103; *BayVGH* GewArch 2009, 202 [203] u. GewArch 1992, 107; *VGH BW* GewArch 1991, 32; *OVG NRW* GewArch 1990, 521 [56]; *VG Freiburg* GewArch 2002, 243 f.; *VG Dessau* GewArch 2001, 76 f.; *Schulze-Werner*, in: Friauf, § 36 Rdn. 86 m. w. N.). Dies schließt weder die Festsetzung höherer Altersgrenzen aus (etwa 70 Jahre; vgl. für von der Handwerkskammer bestellte Sachverständige *OVG Nds.* GewArch 1976, 126; für Prüfingenieur für Baustatik *BVerfG* GewArch 1983, 258) noch diejenige einer etwas tieferen. Klargestellt sei, dass auch nach Überschreiten der Höchstaltersgrenze eine Fortführung der Tätigkeit als Sachverständiger – auch vor Gericht – möglich bleibt, dann aber ohne öffentliche Bestellung. Ungeachtet ihrer Verfassungskonformität steht die Höchstaltersgrenze jedoch in einem **Spannungsverhältnis zum AGG sowie zum Unionsrecht (RL 2000/78/EG)**; näher oben Rdn. 88 ff.

Wenn eine Rechtsverordnung oder Satzung die Möglichkeit einer **aus-** 98 **nahmsweisen Verlängerung** über das Höchstalter hinaus vorsieht, steht diese Entscheidung grundsätzlich im **Ermessen** der Behörde (*BayVGH* GewArch 1992, 107; *Schulze-Werner*, in: Friauf, § 36 Rdn. 86; offen lassend *VG Dessau* GewArch 2001, 76 f.); der Rechtsanspruch nach § 36 I 1 (oben

§ 36 Titel II. Stehendes Gewerbe

Rdn. 61) bezieht sich nur auf die Bestellung innerhalb der tatbestandlichen Vorgaben und damit auch im Rahmen vorgegebener Altersgrenzen. Nach bislang vorherrschender Auffassung ist die körperliche und geistige Leistungsfähigkeit Voraussetzung, aber nicht zwingender Grund für eine Verlängerung (*VG Regensburg* GewArch 1990, 245; *Schulze-Werner*, in: Friauf, § 36 Rdn. 86). Die Vorgaben des AGG sowie des Unionsrechts (RL 2000/78/EG) führen jedoch zu einer **Ermessensreduzierung auf Null**, wenn die körperliche Leistungsfähigkeit gegeben ist (oben Rdn. 93 f).

99 AGG und Unionsrecht belassen indessen Spielräume für andere Belange, die nicht im Kontext der Leistungsfähigkeit stehen (oben Rdn. 93 f.). Denkbar ist es daher, in die Ermessensausübung als Belang einzustellen, ob es noch einen abstrakten Bedarf an Sachverständigen für dieses Gebiet und noch einen konkreten Bedarf für diesen Sachverständigen gibt (a. A. *Bleutge* GewArch 2009, 205). Bezogen auf den konkreten Bedarf könnte im Rahmen des Ermessens z. B. berücksichtigt werden, wie häufig dieser Sachverständige in der letzten Zeit von den Gerichten angefordert worden ist. Insoweit gilt also bei der Verlängerung trotz Überschreitung der Höchstaltersgrenze etwas anderes als bei der erstmaligen Bestellung.

100 Höchstaltersgrenzen können auch für bereits bestellte Sachverständige eingeführt werden, da diese nicht uneingeschränkt darauf vertrauen können, ihre Tätigkeit zeitlich unbegrenzt auszuüben (*BayVerfGH* GewArch 1989, 236 [238]; *VGH BW* NVwZ-RR 1991, 192 [193]; *Schulze-Werner*, in: Friauf, § 36 Rdn. 87). Das Verhältnismäßigkeitsprinzip verlangt dann u. U. angemessene Übergangsfristen.

2. Festlegung der Sachgebiete; Bestellungsvoraussetzungen (Nr. 2)

101 **a) Festlegung der Sachgebiete.** Durch Rechtsverordnung (oder Satzung gem. Abs. 4) kann entweder das Sachgebiet selbst festgelegt werden oder – so in der Praxis – die Bestellungsbehörde zu Konkretisierungen ermächtigt werden. Die Festlegung liegt im pflichtgemäßen **Ermessen** des Verordnungs- resp. Satzungsgebers bzw. der gem. § 155 III ermächtigten Behörde (*Bleutge*, in: Landmann/Rohmer I, § 36 Rdn. 125; *Schulze-Werner*, in: Friauf, § 36 Rdn. 90). Im Rahmen der Ermessensausübung muss eine dem Charakter einer Durchführungsbestimmung entsprechende, die gesetzliche Vorgabe spezifizierende abstrakte Bedarfsprüfung (vgl. oben Rdn. 20) vorgenommen werden.

102 **b) Bestellungsvoraussetzungen.** Bestellungsvoraussetzungen sind Sachkunde und persönliche Eignung. Die Rechtsverordnung (oder Satzung) kann insbesondere inhaltliche Spezifizierungen oder Verfahrensvorgaben zur Feststellung der Sachkunde enthalten, etwa eine Prüfung vorsehen u. Ä. (vgl. oben Rdn. 35). Normiert werden kann auch, dass nur Sachverständige mit beruflicher Niederlassung (oder bei deren Fehlen mit Wohnsitz) im Bezirk der Bestellungsbehörde öffentlich bestellt werden können (*VG Magdeburg* GewArch 1995, 340; *Schulze-Werner*, in: Friauf, § 36 Rdn. 91).

3. Sonstige Regelungen

Nach dem Wortlaut des Abs. 3 („insbesondere") soll der dortigen Aufzählung kein abschließender Charakter zukommen. Unter Berücksichtigung der Vorgaben des Art. 80 I 2 GG ist die Ermächtigung jedoch restriktiv zu handhaben (vgl. *Mann*, in: Sachs, Grundgesetz, 5. Aufl. 2009, Art. 12 Rdn. 115). Anderweitige Regelungen müssen in ihrer Eingriffsintensität mit den in Abs. 3 ausdrücklich genannten Tatbeständen zumindest vergleichbar sein. **103**

a) Werbeverbote. Werbeverbote sind in der Aufzählung des Abs. 3 nicht ausdrücklich genannt, sollen nach einer in der Lit. vertretenen Ansicht gleichwohl möglich sein, soweit dabei etwa marktschreierische Reklame etc. untersagt wird (*Bleutge*, in: Landmann/Rohmer I, § 36 Rdn. 149). Angesichts der restriktiven Rspr. des B*VerfG* zu Werbebeschränkungen im Bereich der freien Berufe (*BVerfGE* 94, 372 ff. u. NJW 1996, 3070 ff. [Apotheker]; *BVerfGE* 85, 248 ff.; *BVerfG* NJW 2006, 282 [Ärzte]; *BVerfGE* 112, 255 (262) [Notare]; *BVerfG* NJW 2004, 2656 (2658); NJW 2008, 1298 [Rechtsanwälte]; DVBl. 1996, 148 [Steuerberater]) dürfte diese Sichtweise jedoch im Lichte des Art. 12 I GG erheblichen Bedenken begegnen (ebenso *Schulze-Werner*, in: Friauf, § 36 Rdn. 113). **104**

b) Disziplinarmaßnahmen. Keinesfalls aber kann in § 36 III eine ausreichende Ermächtigungsgrundlage für derart schwere Eingriffe in Berufsfreiheit und Ehre gesehen werden, wie sie in Disziplinarmaßnahmen liegen (*VG Neustadt/Weinstr.* GewArch 2001, 339 f.). **105**

VII. Satzungen (Abs. 4)

Soweit die Landesregierungen von der Verordnungsermächtigung gem. Abs. 3 keinen Gebrauch gemacht und diese nach § 155 III auch nicht anderen staatlichen Behörden übertragen haben, können Körperschaften des öffentlichen Rechts, die für die öffentliche Bestellung von Sachverständigen zuständig sind, durch Satzung die in Abs. 3 genannten Vorschriften erlassen. Inhaltliche Vorgaben sind daher Abs. 3 zu entnehmen, der von Abs. 4 ausdrücklich in Bezug genommen wird (dazu oben Rdn. 81 ff.). Körperschaften des öffentlichen Rechts i. S. d. Abs. 4 sind insb. die Industrie- und Handelskammern, Architektenkammern etc. Die deutschen Industrie- und Handelskammern haben sich im DIHK auf den **Musterentwurf** einer Satzung verständigt (abgedruckt in Landmann/Rohmer II Nr. 276), die sodann von den einzelnen Kammern als Satzung verabschiedet worden ist. **106**

Abs. 4 in der gegenwärtigen Fassung (vom 23. 11. 1994, BGBl. I S. 2475) knüpft an § 36 IV 2 a. F. an, durch den mit Wirkung zum 1. 5. 1986 erstmals eine ausdrückliche Ermächtigungsgrundlage zum Satzungserlass in § 36 verankert wurde (Gesetz vom 24. 4. 1986, BGBl. I S. 560). Zur Gültigkeit früherer Satzungen, die vor dem 1. 5. 1986 erlassen wurden, siehe 5. Aufl. Rdn. 18. **107**

§ 36 Titel II. Stehendes Gewerbe

1. Satzungen als Grundrechtsschranke

108 Satzungen sind materielle Gesetze und kommen deshalb als Schranken für Grundrechte, namentlich für die Berufsausübungsfreiheit (vgl. Art. 12 I 2 GG), in Betracht (vgl. Einl. Rdn. 71; *Tettinger/Pielow* GewArch 1992, 1 [3]). Dies gilt aber nicht uneingeschränkt. Zwar ist Art. 80 I 2 GG für Satzungen nicht anwendbar. Aus seiner Wesentlichkeitstheorie folgert das *BVerfG* aber, dass eine Satzung, die in Grundrechte eingreift oder zu Grundrechtseingriffen ermächtigt, einer hinreichend bestimmten parlamentarischen Ermächtigung bedarf. Diesem Erfordernis genügt die Fassung des Abs. 4 (ebenso *BayVGH* GewArch 2009, 202).

2. Konkretisierung durch Verwaltungsvorschriften

109 Satzungen nach Abs. 4 (und auch Rechtsverordnungen nach Abs. 3) werden in vielen Fällen durch Richtlinien der Bestellungsbehörden, d. h. durch Verwaltungsvorschriften konkretisiert (*Schulze-Werner*, in: Friauf, § 36 Rdn. 91). Dies ist unbedenklich, soweit lediglich ergänzende verfahrensbezogene Vorgaben formuliert werden (*Tettinger/Pielow* GewArch 1992, 1 [4]; vgl. ferner *BVerfG* GewArch 1990, 355 [356]). Unzulässig wären aber materielle Bestellungsvoraussetzungen, die über die Vorgaben des § 36, der Rechtsverordnungen oder Satzungen hinausgehen, da – prinzipiell nur verwaltungsinterne Wirkung erzielende – Verwaltungsvorschriften keine Grundrechtseingriffe rechtfertigen können (vgl. *BVerwG* NJW 2007, 1478 [1481]; *VG Gießen* GewArch 2002, 474 [475 f.]).

VIII. Ausklammerung der Anwendung der Abs. 1 bis 4 (Abs. 5)

110 § 36 dient als Auffangvorschrift und findet daher keine Anwendung, wenn für Spezialbereiche schon Regelungen auf Bundes- und Länderebene getroffen sind (*Schulze-Werner*, in: Friauf, § 36 Rdn. 108). Dann ist auch § 36 a nicht anwendbar (*Bleutge* GewArch 2009, 275 [280]).

Nicht anwendbar sind §§ 36, 36 a zum einen für den Komplex der Rechtsfigur eines **amtlichen bzw. amtlich anerkannten Sachverständigen**, bei dem (vgl. § 19 II StVZO; § 15 FeV; § 21 GPSG [dazu *Meyer*, in: Landmann/Rohmer II Nr. 50, Erl. zu § 21 GPSG]; aus dem Landesrecht NRW siehe etwa die auf § 85 II Nr. 4 BauO NRW basierende VO über staatlich anerkannte Sachverständige nach der Landesbauordnung vom 29. 4. 2000 [GVBl. S. 422]) ein entscheidendes Merkmal die Betrauung mit hoheitlichen Befugnissen darstellt, während dem öffentlich bestellten und vereidigten Sachverständigen gem. § 36 lediglich ein spezifisches Qualitätstestat für die weitere Wahrnehmung seines bereits ausgeübten Berufs zuerkannt wird (vgl. *Tettinger/Pielow* GewArch 1992, 1 [3]). Zutreffend wurde daher an die „gewollte Vielfalt des Sachverständigenwesens" erinnert und betont, dass § 36 „gerade nicht das Grundgesetz oder die Generalnorm des Sachverständigenrechts" darstellt (*Stober* FS Friauf, 1996, S. 545 [557]).

Öffentliche Bestellung von Sachverständigen aus EU/EWR § 36a

Die Nichtanwendbarkeit gilt zum anderen für **spezielle Regelungen** zum 111
Genre des öffentlich bestellten Sachverständigen. Zu den insoweit vorrangigen Vorschriften des Bundesrechts zählt vor allem **§ 91 I Nr. 8 HandwO**, wonach die Handwerkskammer Sachverständige bestellt und vereidigt (näher *Bleutge*, in: Landmann/Rohmer I, § 36 Rdn. 161). Die Ermächtigung der Handwerkskammer nach § 91 I Nr. 8 HandwO bezieht sich freilich nur auf dort genannte Gutachtenthemen (dazu *BGH* GewArch 1984, 386 mit Anm. *Heck* GewArch 1985, 71). Zu nennen ist ferner **§ 2 III Nr. 1 WiPrO** (vgl. *OVG NRW* GewArch 1982, 266 [267 f.] zu § 2 III WiPrO a. F.) und **§ 34 b Abs. 5** als Vorschrift der Gewerbeordnung (*Schulze-Werner*, in: Friauf, § 36 Rdn. 108). Zu weiteren Bundes- und zu den Landesvorschriften siehe *Bleutge*, in: Landmann/Rohmer I, § 36 Rdn. 161 ff.

Für ambitionierte rechtspolitische Erwägungen im Hinblick auf ein über- 112
greifendes sog. Sachverständigengesetz ist vor diesem Hintergrund kein hinreichender Anlass ersichtlich (so aber *Scholz* ZG 2000, 221 ff.).

§ 36a Öffentliche Bestellung von Sachverständigen mit Qualifikationen aus einem anderen Mitgliedstaat der Europäischen Union oder einem anderen Vertragsstaat des Abkommens über den Europäischen Wirtschaftsraum

(1) ¹**Bei der Bewertung der nach § 36 Absatz 1 geforderten besonderen Sachkunde von Antragstellern sind auch Ausbildungs- und Befähigungsnachweise anzuerkennen, die in einem anderen Mitgliedstaat der Europäischen Union oder in einem anderen Vertragsstaat des Abkommens über den Europäischen Wirtschaftsraum ausgestellt wurden.** ²**Wenn der Antragsteller in einem der in Satz 1 genannten Staaten für ein bestimmtes Sachgebiet**
1. **zur Ausübung von Sachverständigentätigkeiten berechtigt ist, die dort Personen vorbehalten sind, die über eine der besonderen Sachkunde im Sinne des § 36 Absatz 1 im Wesentlichen entsprechende Sachkunde verfügen, oder**
2. **in zwei der letzten zehn Jahre vollzeitig als Sachverständiger tätig gewesen ist und sich aus den vorgelegten Nachweisen ergibt, dass der Antragsteller über eine überdurchschnittliche Sachkunde verfügt, die im Wesentlichen der besonderen Sachkunde im Sinne des § 36 Absatz 1 entspricht,**

ist seine Sachkunde bezüglich dieses Sachgebiets vorbehaltlich des Absatzes 2 als ausreichend anzuerkennen.

(2) ¹**Soweit sich die Inhalte der bisherigen Ausbildung oder Tätigkeit eines Antragstellers auf dem Sachgebiet, für das die öffentliche Bestellung beantragt wird, wesentlich von den Inhalten unterscheiden, die nach § 36 Voraussetzung für die öffentliche Bestellung als Sachverständiger für das betreffende Sachgebiet sind, kann dem Antragsteller nach seiner Wahl eine Eignungsprüfung oder ein Anpassungslehrgang auferlegt werden.** ²**Diese Maßnahme kann insbesondere auch die Kenntnis des deutschen Rechts und die Fähigkeit zur verständlichen Erläuterung fachlicher Feststellungen betreffen.**

§ 36a

(3) ¹Soweit an den Antragsteller nach Absatz 1 Satz 2 in seinem Herkunftsstaat außerhalb der Sachkunde liegende Anforderungen gestellt wurden, die den nach § 36 Absatz 1 geltenden vergleichbar sind, sind diese nicht nochmals nachzuprüfen. ²§ 13 b gilt entsprechend.

(4) ¹Die zuständige Behörde bestätigt binnen eines Monats den Empfang der von dem Antragsteller eingereichten Unterlagen und teilt gegebenenfalls mit, welche Unterlagen noch nachzureichen sind. ²Das Verfahren für die Prüfung des Antrags auf Anerkennung muss innerhalb von drei Monaten nach Einreichen der vollständigen Unterlagen abgeschlossen sein. ³Diese Frist kann in begründeten Fällen um einen Monat verlängert werden. ⁴Bestehen Zweifel an der Echtheit von vorgelegten Bescheinigungen und Nachweisen oder benötigt die zuständige Behörde weitere Informationen, kann sie durch Nachfrage bei der zuständigen Stelle des Herkunftsstaats die Echtheit überprüfen und entsprechende Auskünfte einholen. ⁵Der Fristablauf ist solange gehemmt.

Literatur: *P. Bleutge*, Neuer § 36 a GewO geplant – Bundesregierung legt Gesetzentwurf vor, GewArch 2009, 275 ff.; *ders.*, Öffentliche Bestellung: Ausländische Qualifikationen müssen berücksichtigt werden, Der Bausachverständige 2009/3, 63 ff.; *U. Schönleiter*, Das neue Gesetz zur Umsetzung der Dienstleistungsrichtlinie in der GewO, GewArch 2009, 384 ff.

Übersicht

	Rdn.
I. Vorbemerkung	1
II. Anerkennung von im EWR-Ausland erworbenen Ausbildungs- und Befähigungsnachweisen (Abs. 1 S. 1)	8
III. Anerkennung der im EWR-Ausland erworbenen besonderen Sachkunde ohne inländische Nachprüfung (Abs. 1 S. 2)	12
IV. Anerkennung der im EWR-Ausland erworbenen besonderen Sachkunde nach Eignungsprüfung oder Anpassungslehrgang (Abs. 2)	22
V. Anerkennung der im EWR-Ausland festgestellten Eignung ohne inländische Nachprüfung (Abs. 3)	32
VI. Anerkennungsverfahren (Abs. 4)	35

I. Vorbemerkung

1   § 36 a wurde durch das Gesetz zur Umsetzung der Dienstleistungsrichtlinie im Gewerberecht und in weiteren Rechtsvorschriften vom 17. 7. 2009 (BGBl. I 2091) mit Wirkung zum 28. 12. 2009 in die Gewerbeordnung eingefügt. Neben der schon in der Gesetzesbezeichnung angeführten Richtlinie 2006/123/EG vom 12.12. 2006 über Dienstleistungen im Binnenmarkt (ABl. EU L 176/36) wird die Richtlinie 2005/36/EG vom 7. 9. 2005 über die Anerkennung von Berufsqualifikationen (ABl. EU L 255/18, zul. geändert durch Verordnung vom 6. 4. 2009, ABl. EU L 93/11) umgesetzt (kritisch zu dieser Vorschrift *Bleutge* Der Bausachverständige 2009, 63; *ders.*, in: Land-

mann/Rohmer I, § 36 a Rdn. 5: sie sei überflüssig und werde ihrem Inhalt nach schon längst auf Grundlage des § 36 praktiziert).

Die öffentliche Bestellung von Sachverständigen fällt nach Auffassung des Bundesgesetzgebers in den Anwendungsbereich der genannten Richtlinien: Die Tätigkeit als öffentlich bestellter Sachverständiger ist ein reglementierter Beruf i. S. von Art. 3 I lit. a der RL 2006/123/EG, schon weil die Berufsbezeichnung auf Personen beschränkt ist, die über eine bestimmte Berufsqualifikation verfügen (*Schulze-Werner*, in: Friauf, § 36 a Rdn. 2; a. A. *Bleutge* GewArch 2009, 275 [278]). Nach dem Verständnis der Dienstleistungsrichtlinie (dort Art. 4 Nr. 6) ist unter einer „Genehmigungsregelung" jedes Verfahren zu verstehen, das einen Dienstleistungserbringer verpflichtet, bei einer zuständigen Behörde eine Entscheidung über die Aufnahme oder Ausübung einer Dienstleistungstätigkeit zu erwirken. Die öffentliche Bestellung ist zwar nach deutschem Verständnis lediglich eine Berufsausübungsregelung i. S. d. auf Art. 12 I GG bezogenen Terminologie (§ 36 Rdn. 4), dennoch unionsrechtlich als eine Entscheidung über die Aufnahme einer Dienstleistungstätigkeit i .S. d. Dienstleistungsrichtlinie zu verstehen (so BT-Drs. 16/12784, 17; siehe § 36 Rdn. 91; *Schulze-Werner*, in: Friauf, § 36 a Rdn. 2; a. A. *Bayerlein/Bock*, Praxishandbuch Sachverständigenrecht, 4. Aufl. 2008, § 3 Rdn. 33; *Bleutge* GewArch 2009, 275 [278]; *ders.*, in: Landmann/Rohmer I, § 36 Rdn. 48 und § 36 a Rdn. 3, 6; siehe auch *BayVGH* GewArch 2009, 202 [203]).

Ziel der unionsrechtlichen Vorgaben ist der **Abbau von Hürden beim grenzüberschreitenden Dienstleistungsverkehr**, etwa durch die **Vermeidung von Doppelprüfungen** durch die Behörden im Sitzstaat und die deutschen Behörden (vgl. Erwägungsgrund Nr. 61 RL 2006/123/EG). Der deutsche Gesetzgeber musste daher eine Reihe von Vorschriften der Gewerbeordnung an die Richtlinien anpassen, wollte dabei aber im Grundsatz nur diejenigen Änderungen vornehmen, die unumgänglich waren (vgl. BT-Drs. 16/13190, 6: „1:1-Umsetzung"). Zum entstehungsgeschichtlichen Hintergrund siehe ferner die Begründung des Gesetzentwurfs (BT-Drs.16/12784) sowie *Bleutge* GewArch 2009, 275 ff.; *Schönleiter* GewArch 2009, 384 ff.

In systematischer Hinsicht steht § 36 a in engem Zusammenhang mit der öffentlichen Bestellung von Sachverständigen gem. § 36. Die Vorschrift des § 36 a zielt dabei auf die Verwirklichung der unionsrechtlichen Niederlassungsfreiheit, betrifft also nur **im Inland niedergelassene Sachverständige, die ihre Qualifikationen im EWR-Ausland erworben haben**, nicht aber solche mit Sitz im Ausland, die lediglich in Ausübung ihrer Dienstleistungsfreiheit grenzüberschreitende Sachverständigenleistungen erbringen (BT-Drs. 16/12784, 17). Für Sachverständige ohne inländische Niederlassung, die in Deutschland als öffentlich bestellte Sachverständige tätig werden wollen, greift **§ 13 a** (*Bleutge* GewArch 2009, 275; *ders.*, in: Landmann/Rohmer I, § 36 a Rdn. 1; *Schulze-Werner*, in: Friauf, § 36 a Rdn. 4; *Schönleiter* GewArch 2009, 384 [388]; siehe § 13 a Rdn. 4 ff.). Klargestellt sei, dass die Tätigkeit als Sachverständiger ohne öffentliche Bestellung in Deutschland jedermann, also auch Ausländern, freigestellt ist, ohne dass es behördliche Zulassungen oder Regularien gäbe (*Bleutge* GewArch 2009, 275 [278]; vgl. § 36 Rdn. 7, 97).

§ 36a

Titel II. Stehendes Gewerbe

5   Voraussetzungen der öffentlichen Bestellung eines Sachverständigen sind u. a. der Nachweis besonderer Sachkunde und das Fehlen von Bedenken gegen die Eignung. Für diese Erfordernisse enthält § 36 a spezielle Vorgaben. Neben § 36 a I 1 tritt **§ 13 b**, der sich auf die Anerkennung ausländischer Unterlagen und Bescheinigungen zur Zuverlässigkeit und zu den Vermögensverhältnissen bezieht.

6   § 36 V nimmt einige Bereiche öffentlicher Bestellung vom Anwendungsbereich des § 36 aus. Dann ist auch § 36 a gesperrt (*Bleutge* GewArch 2009, 275 [280]; *ders.*, in: Landmann/Rohmer I, § 36 a Rdn. 7 [mit Hinweisen auf gesetzgeberischen Nachbesserungsbedarf]; *Schulze-Werner*, in: Friauf, § 36 a Rdn. 6).

7   Zur **Regelungsstruktur des § 36 a**: § 36 a I 1 enthält eine Regelung zur Anerkennung von Ausbildungs- und Befähigungsnachweisen, die sodann bei der Bewertung verwendet werden, ob eine besondere Sachkunde i. S. d. § 36 zu bejahen ist. Hiervon unterscheidet sich Abs. 1 S. 2, der sich auf die Anerkennung der besonderen Sachkunde als solche erstreckt. Abs. 2 betrifft gleichfalls die besondere Sachkunde, Abs. 3 die Eignung. Hinzu kommen Verfahrensvorschriften (Abs. 4).

II. Anerkennung von im EWR-Ausland erworbenen Ausbildungs- und Befähigungsnachweisen (Abs. 1 S. 1)

8   § 36 a I 1 stellt auf Ausbildungs- und Befähigungsnachweise ab, die in einem anderen **Mitgliedstaat der EU** (Belgien, Bulgarien, Dänemark, Deutschland, Estland, Finnland, Frankreich, Griechenland, Irland, Italien, Lettland, Litauen, Luxemburg, Malta, Niederlande, Österreich, Polen, Portugal, Rumänien, Schweden, Slowakei, Slowenien, Spanien, Tschechische Republik, Ungarn, Vereinigtes Königreich, Zypern) oder einem anderen **Vertragsstaat des EWR** (Island, Liechtenstein, Norwegen) ausgestellt worden sind. Die **Staatsangehörigkeit** des die öffentliche Bestellung begehrenden Antragstellers ist **ohne Belang** (vgl. § 13 b Rdn. 4). Es können sich daher auch deutsche Sachverständige, die im Ausland Qualifikationen erworben haben, auf § 36 a I 1 berufen (*Bleutge*, in: Landmann/Rohmer I, § 36 a Rdn. 7; *Schulze-Werner*, in: Friauf, § 36 a Rdn. 4). Nötig ist ein inländischer Sitz des Antragstellers (oben Rdn. 4).

9   **Ausbildungs- und Befähigungsnachweise** sind z. B. berufsqualifizierende Hochschulzeugnisse, Abschlussprüfungszeugnisse (vgl. § 37 II 1 BBiG) etc. Der Nachweis muss belegen, dass der Antragsteller fachlich auf die Ausübung des betreffenden Berufs vorbereitet wurde (vgl. § 3 III 3 EU/EWR-Handwerk-Verordnung vom 20. 12. 2007 [BGBl. I 3075]). Gefordert wird damit in der Regel entweder eine bestimmte berufliche Ausbildung (= Ausbildungsnachweis) oder eine spezielle Sachkundeprüfung (= Befähigungsnachweis) oder ggf. auch einschlägige Berufserfahrung (BT-Drs. 16/12784, 17). Die Ausstellung des Nachweises muss „in" einem, nicht durch einen anderen Staat erfolgen, sodass auch privatrechtliche Zertifikate in Betracht kommen.

Öffentliche Bestellung von Sachverständigen aus EU/EWR   § 36a

Im Rahmen ihres Ermessens nach § 26 I VwVfG kann die Behörde nötigenfalls die Vorlage der nötigen **Nachweise im Original, in beglaubigter Kopie oder in beglaubigter Übersetzung** verlangen (z. B. Zeugnisse, *Schulze-Werner*, in: Friauf, § 36 a Rdn. 18), auch wenn dies in § 36 a I – anders als in § 13 b I 2 – nicht explizit klargestellt wird. Hintergrund der Regelung des § 13 b I 2 (auf den § 36 a III 2 – bezogen auf Anforderungen außerhalb der Sachkunde – verweist, unten Rdn. 34) ist die einschränkende Vorgabe des Art. 5 III 2 der Dienstleistungs-RL 2006/123/EG, wonach die Mitgliedstaaten grundsätzlich nicht verlangen dürfen, dass die Nachweise im Original, in beglaubigter Kopie oder in beglaubigter Übersetzung vorgelegt werden, sofern nicht zwingende Gründe des Allgemeininteresses dies erfordern. § 36 a *Absatz 1* setzt jedoch (anders als §§ 13 b, 36 a *Absatz 3*) nicht die Dienstleistungsrichtlinie, sondern die Berufsanerkennungsrichtlinie um (vgl. BT-Drs. 16/12784, 17 f.), die ihrerseits keine Art. 5 III 2 RL 2006/123/EG vergleichbare Vorgabe enthält. Die Gewährleistung des besonderen Vertrauens, das mit einer öffentlichen Bestellung verbunden ist (§ 36 Rdn. 8) wäre zudem zwingender Grund des Gemeinwohls. Bei der Ausübung des Ermessens nach § 26 I VwVfG darf die Behörde inländische Sachverständige jedoch nicht besser behandeln als solche aus dem EU-/EWR-Ausland. 10

Rechtsfolge des § 36 a I 1 ist, dass die im Ausland erworbenen Ausbildungs- und Befähigungsnachweise in die **Bewertung**, d. h. die Beurteilung der Frage einbezogen werden müssen, ob das Erfordernis besonderer Sachkunde i. S. d. § 36 I 1 vom Antragsteller nachgewiesen wird (§ 36 Rdn. 33 f.). Die ausländischen Nachweise haben dabei im Ansatz dieselbe Wertigkeit wie im Inland erworbene Nachweise. Bei der Bewertung der Äquivalenz besteht für die Behörde kein Beurteilungsspielraum (*Schulze-Werner*, in: Friauf, § 36 a Rdn. 9). 11

III. Anerkennung der im EWR-Ausland erworbenen besonderen Sachkunde ohne inländische Nachprüfung (Abs. 1 S. 2)

Anders als Abs. 1 S. 1 betrifft S. 2 nicht die Anerkennung von Nachweisen, sondern die Anerkennung der vom Antragsteller in anderen EU- und EWR-Staaten (oben Rdn. 8) erworbenen besonderen Sachkunde als solche. 12

Die Sachkunde muss sich bei Abs. 1 S. 2 – im Unterschied zu Abs. 2 (unten Rdn. 22 ff.) – auf ein **bestimmtes Sachgebiet** beziehen, das nach § 36 I bestellungsfähig ist (näher § 36 Rdn. 15 ff.). Dies kann ein Sachgebiet sein, für das nach § 36 I schon Sachverständige bestellt worden sind. Denkbar ist auch ein Sachgebiet, das erstmals Gegenstand einer öffentlichen Bestellung ist. 13

Der nach § 36 I 1 nötige Nachweis der besonderen Sachkunde kann gem. § 36 a I 2 in zwei Konstellationen erbracht werden. § 36 a I 2 *Nr. 1* zielt auf Staaten, die Regelungen kennen, die mit der öffentlichen Bestellung von Sachverständigen in Deutschland vergleichbar sind. In Staaten, in denen die öffentliche Bestellung von Sachverständigen nicht geregelt ist und auch keine 14

§ 36a

Titel II. Stehendes Gewerbe

vergleichbaren Regelungen existieren, greift § 36 a I 2 *Nr. 2* (BT-Drs. 16/12784, 17 f.).

15 **§ 36 a I 2 Nr. 1** setzt voraus, dass der Antragsteller in einem anderen EWR-Staat zur usübung von Sachverständigentätigkeiten berechtigt ist, die dort Personen vorbehalten sind, die über eine Sachkunde verfügen, die der besonderen Sachkunde i. S. d. § 36 I im Wesentlichen entspricht. Nötig ist also erstens, dass in dem anderen EWR-Staat eine **Überprüfung der Sachkunde** vorgesehen ist, deren erfolgreiches Absolvieren Voraussetzung der **Berechtigung** zur Ausübung von Sachverständigentätigkeiten ist. Diese Überprüfung kann durch öffentliche Stellen oder durch entsprechend berechtigte private Stellen (z. B. akkreditierte Zertifizierungsstellen) durchgeführt werden. Dementsprechend kann die Berechtigung, die in § 36 a I 2 Nr. 1 genannt ist, öffentlich-rechtlicher oder privatrechtlicher Natur sein.

16 Verlangt ist zweitens, dass die Berechtigung zur Ausübung von Sachverständigentätigkeiten an das Erfordernis von **Sachkunde** geknüpft ist, das der besonderen Sachkunde i. S. d. § 36 I im Wesentlichen entspricht. Die Sachkunde muss daher das gesamte Spektrum des Sachgebietes abdecken, auf fundierten Spezialkenntnissen und praktischen Erfahrungen beruhen (näher § 36 Rdn. 25 ff.).

17 Bei Ausfüllung des Merkmals „**im Wesentlichen**" ist die entsprechende Bestimmung in der Berufsanerkennungsrichtlinie zu beachten (Art. 14 IV RL 2005/36/EG): Danach „sind unter »Fächer, die sich wesentlich unterscheiden«, jene Fächer zu verstehen, deren Kenntnisse eine wesentliche Voraussetzung für die Ausübung des Berufs ist und bei denen die bisherige Ausbildung des Migranten bedeutende Abweichungen hinsichtlich Dauer oder Inhalt gegenüber der im Aufnahmemitgliedstaat geforderten Ausbildung aufweist." Ein wesentlicher Unterschied ist daher anzunehmen, wenn wegen des Fehlens bestimmter Qualifikationsmerkmale oder der Unterschiedlichkeit der tätigkeitsprägenden Sachgebiete nicht mehr mit hinreichender Sicherheit vom Vorliegen der in Deutschland erforderlichen fachlichen Eignung ausgegangen werden kann (so *Schulze-Werner*, in: Friauf, § 36 a Rdn. 13).

18 Durch die Einschränkung „**im Wesentlichen**" sind in materieller Hinsicht nur unbedeutende Abstriche an das Qualifikationsprofil zulässig. Anderenfalls greift Abs. 2 (unten Rdn. 22 ff.). Diese Anforderung läuft darauf hinaus, dass im Verhältnis der im Ausland erworbenen Sachkunde und der besonderen Sachkunde i. S. d. § 36 **nicht Gleichartigkeit, sondern Gleichwertigkeit** verlangt ist (vgl. *Bleutge*, in: Landmann/Rohmer I, § 36 a Rdn. 10 zu § 36 a II). Der Behörde kommt bei der Feststellung der Gleichwertigkeit **kein Beurteilungsspielraum** zu (*Schulze-Werner*, in: Friauf, § 36 a Rdn. 13).

19 **§ 36 a I 2 Nr. 2** setzt voraus, dass der Sachverständige in zwei der letzten zehn Jahre vollzeitig als Sachverständiger tätig gewesen ist und sich aus den vorgelegten Nachweisen ergibt, dass der Antragsteller über eine überdurchschnittliche Sachkunde verfügt, die im Wesentlichen der besonderen Sachkunde i. S. d. § 36 I entspricht. Das Erfordernis der „**zwei Jahre**" kann durch **addierte Zeiträume** erfüllt werden. Nötig ist nach dem eindeutigen Wortlaut eine **Vollzeittätigkeit** (ca. 40 Std./Woche), sodass Nebentätigkeiten selbst dann nicht genügen, wenn sie über einen längeren Zeitraum als zwei Jahre ausgeübt worden sind. Zu den vorzulegenden **Nachweisen** siehe oben

Rdn. 10, zur **Vergleichbarkeit der im Ausland erworbenen Sachkunde** mit der nach § 36 I geforderten besonderen Sachkunde („im Wesentlichen") siehe Rdn. 16 ff.

Wenn ein bestellungsfähiges Sachgebiet betroffen ist (oben Rdn. 13; anderenfalls greift Abs. 2) und die Voraussetzungen der Nr. 1 oder der Nr. 2 erfüllt sind, ordnet § 36 a I 2 als **Rechtsfolge** an, dass die Sachkunde des Betroffenen bezüglich dieses Sachgebietes als ausreichend anzuerkennen ist (kein Ermessen; ebenso *Schulze-Werner*, in: Friauf, § 36 a Rdn. 8). Dies bedeutet, dass die für die öffentliche Bestellung zuständige Behörde den Nachweis der besonderen Sachkunde gem. § 36 I 1 zugrunde legen muss. Hiervon unberührt bleiben die übrigen Tatbestandsvoraussetzungen der öffentlichen Bestellung nach § 36 I (Bedarf an Sachverständigenleistungen, keine Bedenken gegen die Eignung; zu letzterem siehe Abs. 3, unten Rdn. 32). 20

Die Feststellung der Vergleichbarkeit gem. § 36 a I 2 ist eine Verfahrenshandlung i. S. d. § 44 a VwGO und deshalb nicht selbstständig anfechtbar (*Schulze-Werner*, in: Friauf, § 36 a Rdn. 7, 32). 21

IV. Anerkennung der im EWR-Ausland erworbenen besonderen Sachkunde nach Eignungsprüfung oder Anpassungslehrgang (Abs. 2)

Nach Abs. 2 kann dem Antragsteller nach seiner Wahl eine Eignungsprüfung oder ein Anpassungslehrgang auferlegt werden, soweit sich die Inhalte seiner bisherigen Ausbildung oder Tätigkeit auf dem Sachgebiet, für das die öffentliche Bestellung beantragt wird, wesentlich von den Inhalten unterscheiden, die nach § 36 Voraussetzung für die öffentliche Bestellung als Sachverständiger für das betreffende Sachgebiet sind. 22

Bezogen auf die Tatbestandsseite des Abs. 2 kommen damit zwei Konstellationen in Betracht: **(1)** Das Sachgebiet, in dem der Antragsteller im Ausland ausgebildet und/oder tätig gewesen ist, unterscheidet sich seinem inhaltlichen Zuschnitt nach wesentlich von einem bestellungsfähigen Sachgebiet i. S. d. § 36 I. **(2)** Die im Ausland erworbene Sachkunde bleibt wesentlich hinter den Anforderungen des § 36 I an das Vorliegen besonderer Sachkunde zurück. 23

Abs. 2 S. 2 stellt insoweit klar, dass wesentlicher Bestandteil der Sachkunde die Fähigkeit zur verständlichen Erläuterung fachlicher Feststellungen gegenüber dem Auftraggeber ist, z. B. vor Gericht (§ 36 Rdn. 30). Je nach Sachgebiet kann auch die Kenntnis des deutschen Rechts unabdingbare Anforderung an die besondere Sachkunde sein (*Bleutge*, in: Landmann/Rohmer I, § 36 a Rdn. 10). 24

Liegt eine wesentliche Abweichung im inhaltlichen Zuschnitt oder im Anforderungsprofil vor, kommen nach Abs. 2 S. 1 eine Eignungsprüfung oder ein Anpassungslehrgang in Betracht. Diese Regelung setzt Art. 14 I RL 2005/36/EG um (BT-Drs. 16/12784, 18). Zu beachten sind deshalb die unionsrechtlichen Begriffsbestimmungen. 25

Eine **Eignungsprüfung** ist eine ausschließlich die beruflichen Kenntnisse des Antragstellers betreffende und von den zuständigen Behörden durchgeführte Prüfung, mit der die Fähigkeit des Antragstellers, die Tätigkeit als öffentlich 26

§ 36a

bestellter Sachverständiger auszuüben, beurteilt werden soll, vgl. Art. 3 I lit. h RL 2005/36/EG. Weiter heißt es dort: „Zur Durchführung der Prüfung erstellen die zuständigen Behörden ein Verzeichnis der Sachgebiete, die aufgrund eines Vergleichs zwischen der in ihrem Staat verlangen Ausbildung und der bisherigen Ausbildung des Antragstellers von dem Diplom oder sonstigen Ausbildungsnachweisen, über die der Antragsteller verfügt, nicht abgedeckt werden. Bei der Eignungsprüfung muss dem Umstand Rechnung getragen werden, dass der Antragsteller in seinem Heimatmitgliedstaat oder dem Mitgliedstaat, aus dem er kommt, über eine berufliche Qualifikation verfügt. Die Eignungsprüfung erstreckt sich auf Sachgebiete, die aus dem Verzeichnis ausgewählt werden und deren Kenntnis eine wesentliche Voraussetzung für die Ausübung des Berufs im Aufnahmemitgliedstaat ist. Diese Prüfung kann sich auch auf die Kenntnis der sich auf die betreffenden Tätigkeiten im Aufnahmemitgliedstaat beziehenden berufsständischen Regeln erstrecken."

27 Hieraus folgt, dass die Eignungsprüfung nicht vollumfänglich auf alle Anforderungen der besonderen Sachkunde bezogen sein darf. Vielmehr erstreckt sie sich nur auf den Bereich, der nicht schon durch die Ausbildung und/oder Tätigkeit im Ausland abgedeckt ist, bezieht sich also nur auf das Spektrum, in dem die im Ausland erworbene Sachkunde hinter den Anforderungen an die besondere Sachkunde i. S. d. § 36 I zurückbleibt.

28 Unter einem **Anpassungslehrgang** ist Folgendes zu verstehen (Art. 3 I lit. g RL 2005/36/EG): „die Ausübung eines reglementierten Berufs, die in dem Aufnahmemitgliedstaat unter der Verantwortung eines qualifizierten Berufsangehörigen erfolgt und gegebenenfalls mit einer Zusatzausbildung einhergeht. Der Lehrgang ist Gegenstand einer Bewertung." Der Sachverständige ist also bereits in diesem Beruf tätig, aber in Begleitung und unter der Verantwortung eines qualifizierten öffentlich bestellten Sachverständigen. Hinzu kann eine Zusatzausbildung treten. Die Dauer des Anpassungslehrgangs kann höchstens drei Jahre betragen (Art. 14 I lit. a RL 2005/36/EG). Eine Prüfung ist mit dem Anpassungslehrgang nicht verbunden (*Schönleiter* GewArch 2009, 384 [389]; **a. A.** *Bleutge*, in: Landmann/Rohmer I, § 36 a Rdn. 10: die Bestellungskörperschaften dürften auch eine abschließende Prüfung vorsehen).

29 Gem. § 36 a II 1 kann dem Antragsteller nach dessen Wahl eine Eignungsprüfung oder ein Anpassungslehrgang auferlegt werden. Diese Maßnahme kann insbesondere auch die Kenntnis des deutschen Rechts und die Fähigkeit zur verständlichen Erläuterung fachlicher Fertigkeiten betreffen (Abs. 2 S. 2; Rdn. 24). Bei der Ausgestaltung von Eignungsprüfung und Anpassungslehrgang ist der Grundsatz der **Verhältnismäßigkeit** zu beachten. Siehe hierzu auch Art. 14 V RL 2005/36/EG: „Bei der Anwendung des Absatzes 1 [= Verlangen nach Anpassungslehrgang oder Eignungsprüfung] ist nach dem Grundsatz der Verhältnismäßigkeit zu verfahren. Insbesondere muss der Aufnahmemitgliedstaat, wenn er beabsichtigt, dem Antragsteller einen Anpassungslehrgang oder eine Eignungsprüfung aufzuerlegen, zunächst prüfen, ob die vom Antragsteller im Rahmen seiner Berufspraxis in einem Mitgliedstaat oder einem Drittland erworbenen Kenntnisse den wesentlichen Unterschied nach Absatz 4 [im Kontext von § 36 a: das wesentliche Zurückbleiben hinter den Anforderungen an die besondere Sachkunde i. S. d. § 36] ganz oder teilweise ausgleichen."

Die Einräumung einer Wahlmöglichkeit greift die Vorgabe des Art. 14 II 30 RL 2005/36/EG auf. Die Auferlegung ist eine behördliche Verfahrenshandlung i. S. d. § 44 a VwGO und deshalb nicht selbstständig anfechtbar (*Schulze-Werner*, in: Friauf, § 36 a Rdn. 32); dasselbe gilt für die Feststellung des Prüfungsergebnisses. Die Teilnahme an Prüfung oder Lehrgang ist keine Pflicht, sondern eine **Obliegenheit** (§ 36 Rdn. 33): Verweigert sich der Antragsteller, kann darauf die Ablehnung des Antrags auf öffentliche Bestellung gestützt werden (*Schulze-Werner*, in: Friauf, § 36 a Rdn. 28).

Die Einzelheiten zur Durchführung von § 36 a II sind durch Rechtsverord- 31 nung oder Satzung gem. § 36 III Nr. 2, IV (dort Rdn. 81 ff.) zu regeln (näher *Bleutge*, in: Landmann/Rohmer I, § 36 a Rdn. 13 zu den Änderungen in der Muster-Sachverständigenordnung des DIHK). Siehe ferner die Vorgaben in § 36 a IV (unten Rdn. 35 ff.).

V. Anerkennung der im EWR-Ausland festgestellten Eignung ohne inländische Nachprüfung (Abs. 3)

Abs. 1 und 2 betreffen das Erfordernis der besonderen Sachkunde. Die 32 öffentliche Bestellung nach § 36 I 1 verlangt als weitere an die Person des Antragstellers geknüpfte Voraussetzung dessen **Eignung**, die frei von Bedenken feststehen muss. Zur Eignung zählen insbesondere Zuverlässigkeit, Gewissenhaftigkeit und uneingeschränkte Vertrauenswürdigkeit, charakterliche Reife, Straffreiheit, Unabhängigkeit und Unparteilichkeit, geordnete Vermögensverhältnisse sowie physische und psychische Belastbarkeit (näher § 36 Rdn. 41 ff.).

Hierzu bestimmt § 36 a III Folgendes (zum unionsrechtlichen Hintergrund 33 siehe BT-Drs. 16/12784, 18): Soweit an den Antragsteller nach § 36 a I 2 in seinem Herkunftsstaat (oben Rdn. 8) außerhalb der Sachkunde liegende Anforderungen gestellt wurden, die den nach § 36 I geltenden vergleichbar sind, sind diese nicht nochmals nachzuprüfen. Wenn also alle Bestandteile der Eignung in gleichwertiger Weise im Herkunftsstaat festgestellt worden sind, sind diese auch im Rahmen der Entscheidung über die öffentliche Bestellung nach § 36 I zugrunde zu legen. Dasselbe gilt, wenn nur einzelne Bestandteile der Eignung betroffen sind, etwa das Erfordernis geordneter Vermögensverhältnisse.

Zum Nachweis der ausländischen Feststellungen verweist Abs. 3 auf § 13 b; 34 dies stellt sicher, dass Nachweise des Herkunftsstaats entsprechend anerkannt werden (*Bleutge*, in: Landmann/Rohmer I, § 36 a Rdn. 11). Die Feststellung der (fehlenden) Vergleichbarkeit gem. § 36 III ist eine Verfahrenshandlung i. S. d. § 44 a VwGO und deshalb nicht selbstständig angreifbar (*Schulze-Werner*, in: Friauf, § 36 a Rdn. 32).

VI. Anerkennungsverfahren (Abs. 4)

Zuständig für das Anerkennungsverfahren nach Abs. 4 ist die Behörde, 35 die für die öffentliche Bestellung gem. § 36 örtlich und sachlich zuständig ist

§ 38 Titel II. Stehendes Gewerbe

(*Schulze-Werner*, in: Friauf, § 36 a Rdn. 15). Gem. § 6 b i. V. m. §§ 71 a ff. VwVfG kann das Verfahren über eine **einheitliche Stelle** abgewickelt werden (näher *Schulze-Werner*, in: Friauf, § 36 a Rdn. 16).

36 Abs. 4 bezieht sich auf die anzuerkennenden Ausbildungs- und Befähigungsnachweise gem. Abs. 1 S. 1 sowie die weiteren für die Abs. 1 bis 3 relevanten Unterlagen. Wenn ein Antragsteller den Antrag auf öffentliche Bestellung gem. § 36 I 1 stellt, muss ihm binnen eines Monats der Empfang der eingereichten Unterlagen bestätigt und ihm mitgeteilt werden, welche Unterlagen noch nachzureichen sind, damit der Antrag beschieden werden kann (Abs. 4 S. 1).

37 Binnen drei Monaten muss die Behörde über die Anerkennung der im Ausland erworbenen Nachweise etc. entscheiden (Abs. 4 S. 2). Diese Frist beginnt erst mit Vollständigkeit der Unterlagen zu laufen. Sie kann in begründeten Fällen um einen Monat verlängert werden (Abs. 4 S. 3), z. B. dann, wenn dies nötig ist, um die Gleichwertigkeitsprüfung i. S. d. Abs. 1 S. 2 durchzuführen. Der Fristablauf wird gehemmt, wenn die Behörde zur Überprüfung der Echtheit Auskünfte bei ausländischen Behörden einholt (Abs. 4 S. 4 und 5).

38 Diese Fristen beziehen sich zunächst auf den Antrag auf Anerkennung der Ausbildungs- und Befähigungsnachweise (Abs. 1 S. 1), der Gleichwertigkeit im Ausland erworbener Sachkunde (Abs. 1 S. 2, Abs. 2) und der Gleichwertigkeit im Ausland festgestellter Eignung (Abs. 3). Hiervon zu unterscheiden ist der Antrag auf öffentliche Bestellung gem. § 36 I, der noch an weitere Voraussetzungen – außerhalb von Sachkunde und Eignung – geknüpft ist. Die Gesetzesbegründung (BT-Drs. 16/12784, 18) geht dennoch augenscheinlich davon aus, dass Abs. 4 auch „den Antrag auf öffentliche Bestellung" betrifft. Aus Wortlaut und Systematik der §§ 36 f. geht das nicht hervor.

39 Wenn die Behörde die Fristen versäumt, entsteht **keine gesetzliche Fiktion der Anerkennung**. Für eine Fiktion bietet der Wortlaut des Abs. 4 keine ausreichenden Anhaltspunkte. Art. 51 RL 2005/36/EG sieht gleichfalls keine Fiktion, sondern lediglich vor, dass „gegen eine nicht fristgerecht getroffene Entscheidung ... Rechtsbehelfe nach innerstaatlichem Recht eingelegt werden können." Die Anerkennung bezieht sich auf einzelne Genehmigungsvoraussetzungen (Sachkunde, Eignung) der öffentlichen Bestellung. Rechtserhebliche Eigenschaften einer Person wie z. B. Zuverlässigkeit oder Eignung sind nach verbreiteter Ansicht nicht feststellungsfähig (siehe etwa *Kopp/Schenke*, VwGO, 16. Aufl. 2009, § 43 Rdn. 13). Rechtsschutz ist daher im Wege der Verpflichtungsklage, die auf die öffentliche Bestellung gerichtet ist, zu gewähren. Inzident wäre dann die Anerkennung zu prüfen.

§ 37 (weggefallen)

§ 38 Überwachungsbedürftige Gewerbe

(1) ¹**Bei den Gewerbezweigen**
1. **An- und Verkauf von**
   a) **hochwertigen Konsumgütern, insbesondere Unterhaltungselektronik, Computern, optischen Erzeugnissen, Fotoapparaten, Videokameras, Teppichen, Pelz- und Lederbekleidung,**

b) Kraftfahrzeugen und Fahrrädern,
c) Edelmetallen und edelmetallhaltigen Legierungen sowie Waren aus Edelmetall oder edelmetallhaltigen Legierungen,
d) Edelsteinen, Perlen und Schmuck,
e) Altmetallen, soweit sie nicht unter Buchstabe c fallen,

durch auf den Handel mit Gebrauchtwaren spezialisierte Betriebe,
2. Auskunftserteilung über Vermögensverhältnisse und persönliche Angelegenheiten (Auskunfteien, Detekteien),
3. Vermittlung von Eheschließungen, Partnerschaften und Bekanntschaften,
4. Betrieb von Reisebüros und Vermittlung von Unterkünften,
5. Vertrieb und Einbau von Gebäudesicherungseinrichtungen einschließlich der Schlüsseldienste,
6. Herstellen und Vertreiben spezieller diebstahlsbezogener Öffnungswerkzeuge

hat die zuständige Behörde unverzüglich nach Erstattung der Gewerbeanmeldung oder der Gewerbeummeldung nach § 14 die Zuverlässigkeit des Gewerbetreibenden zu überprüfen. ²Zu diesem Zweck hat der Gewerbetreibende unverzüglich ein Führungszeugnis nach § 30 Abs. 5 Bundeszentralregistergesetz und eine Auskunft aus dem Gewerbezentralregister nach § 150 Abs. 5 zur Vorlage bei der Behörde zu beantragen. ³Kommt er dieser Verpflichtung nicht nach, hat die Behörde diese Auskünfte von Amts wegen einzuholen.

(2) Bei begründeter Besorgnis der Gefahr der Verletzung wichtiger Gemeinschaftsgüter kann ein Führungszeugnis oder eine Auskunft aus dem Gewerbezentralregister auch bei anderen als den in Absatz 1 genannten gewerblichen Tätigkeiten angefordert oder eingeholt werden.

(3) Die Landesregierungen können durch Rechtsverordnung für die in Absatz 1 genannten Gewerbezweige bestimmen, in welcher Weise die Gewerbetreibenden ihre Bücher zu führen und dabei Daten über einzelne Geschäftsvorgänge, Geschäftspartner, Kunden und betroffene Dritte aufzuzeichnen haben.

(4) Absatz 1 Satz 1 Nr. 2 gilt nicht für Kreditinstitute und Finanzdienstleistungsinstitute, für die eine Erlaubnis nach § 32 Abs. 1 des Kreditwesengesetzes erteilt wurde, sowie für Zweigniederlassungen von Unternehmen mit Sitz in einem anderen Mitgliedstaat der Europäischen Union, die nach § 53 b Abs. 1 Satz 1 oder Abs. 7 des Gesetzes über das Kreditwesen im Inland tätig sind, wenn die Erbringung von Handelsauskünften durch die Zulassung der zuständigen Behörden des Herkunftsmitgliedstaats abgedeckt ist.

Literatur: *D. Hahn,* Die nach § 38 GewO überwachungsbedürftigen Gewerbe, GewArch 1999, 217 ff.; *G. Heine,* Konzessionspflicht für Reisebüros?, GewArch 2001, 120; *F. Janssen,* Der praktische Vollzug der auf § 38 GewO beruhenden Rechtsvorschriften, GewArch 1967, 193 ff., 217 ff.; *W. Lippstreu,* Aufnahme der Partnervermittlungsagenturen in den Ermächtigungskatalog des § 38 GewO, GewArch 1992, 167 ff.; *A. Peilert,* Das Recht des Auskunftei- und Detekteigewerbes, Berlin 1996; *ders.,* Auskunfteien und Detekteien im System der privaten Gefahrenabwehr, in: R. Pitschas/R. Stober (Hrsg.), Quo vadis Sicherheitsgewerberecht?, 1998, S. 123 ff.

Übersicht

	Rdn.
I. Vorbemerkung	1
1. Konzeption des § 38	1
2. Anwendungsbereich	4
II. Überwachungsbedürftige Gewerbezweige (Abs. 1)	6
1. Betroffene Gewerbezweige (S. 1 Nrn. 1 bis 6)	6
a) An- und Verkaufsbetriebe des Gebrauchtwarenhandels (Nr. 1)	8
b) Auskunfteien und Detekteien (Nr. 2)	19
c) Vermittlung von Eheschließungen, Partnerschaften und Bekanntschaften (Nr. 3)	21
d) Reisebüros; Unterkunftsvermittlung (Nr. 4)	23
e) Vertrieb und Einbau von Gebäudesicherungseinrichtungen; Schlüsseldienste (Nr. 5)	25
f) Herstellen und Vertrieb von Einbruchswerkzeugen (Nr. 6)	26
2. Überprüfung der Zuverlässigkeit (S. 1 und 2)	27
a) Zweck	27
b) Führungszeugnis; Gewerbezentralregisterauskunft	29
III. Einholung von Registerauskünften bei sonstigen Gewerbezweigen (Abs. 2)	30
1. Anwendungsbereich	32
2. Besorgnis der Gefahr	34
IV. Landesrechtsverordnungen zur Buchführung (Abs. 3)	35
1. Buchführung	36
2. Daten über Geschäftsvorgänge, Geschäftspartner, Kunden und Dritte	37
3. Konkretisierung durch Landesrechtsverordnungen	38
V. Ausnahmen (Abs. 4)	39
VI. Rechtsfolgen bei Pflichtverletzungen	40

I. Vorbemerkung

1. Konzeption des § 38

1 § 38 unterliegt seit 1998 (Gesetz vom 16. 6. 1998, BGBl. I S. 1291) einer völlig neuen Konzeption. § 38 a. F. ermächtigte die Länder, für bestimmte überwachungsbedürftige Gewerbe Vorschriften zur Auskunft, Nachschau und Buchführung zu erlassen. Auskunft und Nachschau sind mittlerweile bundesgesetzlich durch § 29 geregelt.

2 Die Gewerbeordnung kannte früher keine Regelungen zur Überprüfung der Zuverlässigkeit bei den überwachungsbedürftigen Gewerben; solche fanden sich lediglich in der Gewerbeanzeigenverwaltungsvorschrift. Um datenschutzrechtliche Bedenken auszuräumen (vgl. § 11 Rdn. 1 f.) wurde in § 38 I eine gesetzliche Grundlage geschaffen (vgl. amtl. Begr., BR-Drs. 634/97, S. 31). Nach 1998 wurde § 38 lediglich durch Gesetz vom 17. 7. 2009 (BGBl. I. S. 2019) geringfügig geändert, indem in Abs. 4 die Wörter „Gesetzes über

das Kreditwesen" durch das Wort „Kreditwesengesetzes" ersetzt worden sind (siehe BT-Drs. 16/12784, S. 18: redaktionelle Änderung).

§ 38 Abs 1 GewO beschreitet einen **Mittelweg zwischen behördlicher** 3 **ex ante- und ex post-Kontrolle** des Gewerbetreibenden (vgl. *Stober* Besonderes Wirtschaftsverwaltungsrecht, 14. Aufl. 2007, S. 81). Bei einer ex ante-Kontrolle (Präventivkontrolle) wird der Marktzutritt an eine vorherige Genehmigung geknüpft, die nur nach einer Zuverlässigkeitsprüfung erteilt wird. Im Falle der ex post-Kontrolle (Repressivkontrolle) ist der Marktzutritt genehmigungsfrei, lediglich das Marktverhalten im Einzelfall wird kontrolliert, zumeist erst dann, wenn es Hinweise auf ein Fehlverhalten gibt. § 38 ermöglicht einen unkontrollierten Marktzutritt, schreibt aber generell und anlassunabhängig eine Zuverlässigkeitsprüfung unmittelbar nach Marktzutritt vor. Im Vergleich zur ex ante-Kontrolle belässt § 38 damit der Gewerbefreiheit mehr Raum (vgl. *Schönleiter*, in: Landmann/Rohmer I, § 38 Rdn. 1).

2. Anwendungsbereich

§ 38 I, II betrifft die Kontrolle bestimmter Gewerbezweige, welche sämtlich 4 **keiner Genehmigung**, wohl aber einer besonderen Überwachung bedürfen. Vor der Föderalismusreform wurde eine Neustrukturierung des Gaststättenrechts als Fallgruppe des § 38 diskutiert (vgl. hierzu *Böhme* GewArch 2006, 185 ff.; *Schönleiter/Böhme* GewArch 2007, 108 [110]). Diese Diskussion hat sich erledigt, seit Art. 74 I Nr. 11 GG den Ländern die Kompetenz im Gaststättenrecht zuweist (Einl. Rdn. 13 f.). Ferner wurde die Zwischenschaltung ausländischer Gesellschaften (z. B. einer Limited) für die gewerbliche Tätigkeit von Inländern als überwachungsbedürftiges Gewerbe i. S. d. § 38 erwogen (dazu *Mankowski* BB 2006, 1173 [1176]).

Für **Gewerbetreibende mit Niederlassung in einem anderen EU-/ EWR-Staat** ist § 38 I, II gem. § 4 I 1 bei einer bloß vorübergehenden Tätigkeit in Deutschland nicht anwendbar (näher § 4 Rdn. 5 ff.). Gleiches gilt für § 13 a, da die in § 38 aufgeführten Tätigkeiten keine regulierten Berufe i. S. v. § 13 a darstellen (dort Rdn. 8).

Mangels Genehmigungsbedürftigkeit ist die systematische Einordnung des 5 § 38 in den Unterabschnitt B des Abschnitts II des Titels II irreführend. Aus der Stellung im Titel II folgt immerhin, dass § 38 nur für das **stehende Gewerbe** gilt. Die Auswahl der überwachungsbedürftigen Gewerbe zeigt, dass Kundenschutz, Kriminalprävention und -aufklärung im Vordergrund stehen (*Schönleiter*, in: Landmann/Rohmer I, § 38 Rdn. 1). Dabei stellt § 38 eine den Vollzug des § 35 unterstützende Bestimmung dar und steht neben der Auskunftspflicht und dem Nachschaurecht des § 29 (so auch *Oberrath* Öffentliches Wirtschaftsrecht, 2005, Rdn. 956).

II. Überwachungsbedürftige Gewerbezweige (Abs. 1)

1. Betroffene Gewerbezweige (S. 1 Nrn. 1 bis 6)

Abs. 1 S. 1 legt zunächst die Gewerbezweige fest, die einer besonderen 6 Überwachung bedürfen. Die – abschließende – Aufzählung entspricht im

§ 38 Titel II. Stehendes Gewerbe

Wesentlichen der des § 38 a. F. Für sonstige Gewerbezweige gilt Abs. 2. Abs. 4 nimmt Kredit- und Finanzleistungsinstitute von der Regelung des Abs. 1 aus.

7 Es kommt nicht auf den Umfang der gewerbsmäßigen Tätigkeit an. Entscheidend ist vielmehr, dass die Pflicht zur Gewerbeanmeldung nach § 14 besteht (*Hahn*, in: Friauf, § 38 Rdn. 9; *Schönleiter*, in: Landmann/Rohmer I, GewO, § 38 Rdn. 6; anders *Moltrecht* GewArch 1955, 83, der aus dem Begriff „Gewerbezweig" auf das Erfordernis eines erheblichen Umfangs der Tätigkeit schloss).

8 **a) An- und Verkaufsbetriebe des Gebrauchtwarenhandels (Nr. 1).** Nr. 1 betrifft den An- und Verkauf bestimmter Warengruppen (lit. a bis e), aber nur dann, wenn er in Betrieben erfolgt, die auf den Handel mit Gebrauchtwaren spezialisiert sind. Unter **An- und Verkauf** resp. **Handel** fällt auch das **Tauschen**.

9 **Gebrauchtwaren** sind solche Waren, die nach der Verkehrsauffassung zwar nicht mehr – da infolge Alters oder Abnutzung im Wert gemindert – als neue Waren anzusehen sind, aber noch ihrem Zweck entsprechend verwendet werden können (vgl. zum gebrauchten Kfz. *BVerwG* GewArch 1961, 7 und zu aus Schrottautos ausgeschlachteten Teilen *OLG Hamm* GewArch 1973, 12). Antiquitäten und Kunstgegenstände fallen nicht unter Nr. 1.

10 **Spezialisiert** ist ein Betrieb, der sich ausschließlich oder ganz überwiegend mit dem Gebrauchtwarenhandel befasst (amtl. Begr., BR-Drs. 634/97, S. 31). Nicht erfasst sind daher Betriebe, die neben dem – vorrangigen – Handel mit Neuwaren auch den An- und Verkauf von Gebrauchtwaren betreiben (z. B. Juweliere, Autohäuser u. Ä.).

Die Überwachungsbedürftigkeit wird angeordnet für folgende **Warengruppen**:

11 **aa) Hochwertige Konsumgüter, Kraftfahrzeuge und Fahrräder (lit. a und b).** Nach § 38 I Nr. 1 a. F. galt jeglicher Handel mit Gebrauchtwaren als überwachungsbedürftig. Der Gesetzgeber beschränkt seit 1998 die Überwachungsbedürftigkeit in **lit. a** auf den Gebrauchthandel hochwertiger **Konsumgüter**. Dazu zählen nach der nicht abschließend zu verstehenden Aufzählung Unterhaltungselektronik (DVD-Recorder, TV-Geräte u. Ä.), Computer, optische Erzeugnisse (Ferngläser, Teleskope), Fotoapparate, Videokameras, Teppiche, Pelz- und Lederbekleidung. Andere Konsumgüter unterfallen lit. a, wenn sie den ausdrücklich genannten Waren gleichzuachten sind, insb. ihnen im Wert entsprechen, z. B. Markenjacken des oberen Preissegments oder PKW-Navigationssysteme.

12 **Hochwertigkeit** ist erst bei einem Neuwert in Höhe ab etwa 100 Euro zu bejahen. Die Hochwertigkeit muss sich aber auch noch im Verkaufswert des gebrauchten Konsumguts erhalten (vgl. *Schönleiter*, in: Landmann/Rohmer I, § 38 Rdn. 14 – in Orientierung an § 56 I Nr. 2 lit. a: Mindestabgabepreis von 40 Euro als Leitlinie). Daran kann es bei technisch veralteten Elektronikgeräten fehlen.

13 Nach **lit. b** ist auch der Handel mit **Kraftfahrzeugen** (PKW, LKW, Motorräder, Quads etc.) und **Fahrrädern** überwachungsbedürftig. Nicht erfasst sind selbstständig fahrende Arbeitsmaschinen. Auf eine Zulassungspflicht nach der StVZO kommt es nicht an (*Hahn*, in: Friauf, § 38 Rdn. 41).

Ein Gebrauchtfahrzeug liegt vor, wenn es bereits im Besitz eines anderen gewesen ist; unerheblich ist die Einstufung als „nicht mehr fabrikneu" (*Schönleiter*, in: Landmann/Rohmer I, § 38 Rdn. 15). Klargestellt sei, dass lit. b nicht greift, wenn es sich um einen Kfz-Händler handelt, der in erster Linie Neufahrzeuge verkauft und Gebrauchtfahrzeuge lediglich in Zahlung nimmt und diese dann weiterveräußert – dann fehlt das Spezialisiertsein (oben Rdn. 10).

Der Handel mit gebrauchten **Kfz-Ersatzteilen** ist dem klaren Wortlaut nach – zumal angesichts der insgesamt recht detaillierten Regelung – nicht unter lit. b zu fassen. Angesichts des Gefährdungspotenzials derartiger Betriebe ist dies rechtspolitisch unbefriedigend, wenngleich ein Vorgehen nach Abs. 2 manche Missstände verhüten kann. Autoradios oder Navigationssysteme, die besonders häufig gestohlen und gehehlt werden, kann man immerhin unter lit. a subsumieren. 14

bb) Edelmetalle, Edelsteine, Schmuck etc. (lit. c und d). Zu den **Edelmetallen** zählen Gold, Silber, Platin und Platinbeimetalle (vgl. §§ 56 I Nr. 2 lit. a, 147 a I Nr. 1). **Edelmetallhaltige Legierungen** entstehen durch deren Verschmelzung (z. B. Rotgold). **Waren aus Edelmetall** sind z. B. Schmuckstücke aus Gold, Silber etc. Nicht erfasst werden Waren mit Edelmetallauflagen, z. B. vergoldete Uhren (*Hahn*, in: Friauf, § 38 Rdn. 42; *Schönleiter* GewArch 1984, 317 [326]). 15

Edelsteine sind ohne künstliche Beeinflussung in der Natur entstandene Mineralien oder organische Stoffe, denen nach der Verkehrsanschauung ein besonderer Wert beigemessen wird. Zu ihnen zählen auch Halbedelsteine. Der Zustand der Steine ist für das Verbot unerheblich. Das Verbot trifft also gleichermaßen den Rohstein, den bearbeiteten Stein mit oder ohne Verbindung mit einem Schmuckstück. Der Begriff **Perlen** umfasst auch Zuchtperlen, nicht aber Glasperlen. Unter **Schmuck** i. d. S. ist nur hochwertiger Schmuck zu verstehen, d. h. nicht billiger Modeschmuck (*Hahn*, in: Friauf, § 38 Rdn. 43: „echter Schmuck"). Dies ergibt sich aus dem systematischen Zusammenhang mit Edelsteinen und Perlen, aber auch daraus, dass bei minderwertigem Gebrauchtschmuck kein besonderes Überwachungsbedürfnis besteht. Es muss sich aber nicht um Schmuck aus Edelmetallen oder mit Edelsteinen handeln. 16

Juweliere, die im Schwerpunkt neuen Schmuck anbieten, fallen nicht unter lit. c und d (oben Rdn. 10). 17

cc) Altmetalle (lit. e). Altmetalle, die nicht unter lit. c fallen, sind unedle Metalle (d. h. alle Metalle und Metalllegierungen einschließlich Eisen und Stahl außer den Edelmetallen), die wegen ihres Materialwertes gehandelt werden (Schrott) und nicht mehr ihrem bisherigen Zweck entsprechend verwendet werden können oder sollen. Von lit. e betroffen sind namentlich Altmetallgroßhändler (Schönleiter, in: Landmann/Rohmer I, § 38 Rdn. 18). 18

b) Auskunfteien und Detekteien (Nr. 2). Auskunfteien und Detekteien sind Unternehmen, die gewerbsmäßig gegen Entgelt Auskünfte privater oder geschäftlicher Natur über Vermögensverhältnisse und persönliche Angelegenheiten Dritter erteilen bzw. Personen beobachten und überwachen. 19

Nicht hierunter fällt die **Bewachung von Personen**, welche erlaubnispflichtig gem. § 34 a ist (zum Begriff „bewachen" siehe *BVerwG* NVwZ-RR 2000, 424). Rechtspolitisch wird diskutiert, für Detekteien eine gewerberechtliche Zulassung einzuführen (dazu *Peilert*, in: Pitschas/Stober, Quo vadis Sicherheitsgewerberecht?, 1998, S. 126 [141 ff.]); in der Novellierung vom 16. 6. 1998 (BGBl. I S. 1291) hat der Gesetzgeber jedoch an der bestehenden Rechtslage festgehalten. Soweit die Tätigkeit der Auskunfteien und Detekteien die Besorgung fremder Rechtsangelegenheiten, insbesondere die Erteilung von Rechtsauskünften mit beinhaltet, ist sie freilich nach Maßgabe des Gesetzes über außergerichtliche Rechtsdienstleistungen (RDG) erlaubnispflichtig (vgl *BVerwG* GewArch 1960, 169 f.; *Schönleiter*, in: Landmann/Rohmer I, § 38 Rdn. 21). Zum Auskunftei- und Detekteigewerbe umfassend *Peilert* Das Recht des Auskunftei- und Detekteigewerbes, 1996.

20 Nr. 2 soll ferner nicht anwendbar sein auf Personen, die ausschließlich für Detekteien Nachforschungen anstellen und nur diesen Auskünfte erteilen (sog. **Rechercheure**; so *Schönleiter*, in: Landmann/Rohmer I, § 38 Rdn. 21). Die „reine **Adressenvermittlung**" ist ebenfalls keine überwachungsbedürftige Tätigkeit gem. § 38 I Nr. 2, da eine Auskunftei i. d. S. begrifflich verlangt, dass Auskünfte über Vermögensverhältnisse u. Ä. erteilt werden (*Schönleiter*, in: Landmann/Rohmer I, § 38 Rdn. 21). § 38 gilt ferner nicht für **Auskünfte von Rechtsanwälten**, Steuerberatern etc. bei Gelegenheit ihrer beruflichen Tätigkeit, da deren Tätigkeit bereits gem. § 6 I 1 nicht vom Anwendungsbereich der Gewerbeordnung erfasst wird (*Hahn*, in: Friauf, § 38 Rdn. 45; für Inkassobüros *Pinegger* GewArch 1999, 463 [468]). Des Weiteren wird der Anwendungsbereich des Abs. 1 Nr. 2 durch Abs. 4 eingeschränkt (unten Rdn. 39).

21 c) **Vermittlung von Eheschließungen, Partnerschaften und Bekanntschaften (Nr. 3).** Vermittlung von Eheschließungen im gewerberechtlichen Sinne ist jede auf das Zusammenführen zweier Personen zum Zwecke des Eingehens einer Ehe abzielende gewerbsmäßige Tätigkeit (*BayVGH* GewArch 1984, 121). Nach früherer Gesetzeslage waren Partnerschafts- und Bekanntschaftsvermittlungen nur überwachungsbedürftig, wenn dies letztlich auf eine Verheiratung zielte. Dies war rechtspolitisch unbefriedigend (dazu *Lippstreu* GewArch 1992, 167 ff.), da sich Ehe- und Partnerschaftsvermittlungsagenturen in ihrem Auftreten und Erscheinungsbild stark angenähert hatten. Alle Umgehungsmöglichkeiten verhindert nunmehr die Neufassung.

22 Erfasst wird lediglich die gewerbsmäßige Vermittlung (*Schönleiter*, in: Landmann/Rohmer I, § 38 Rdn. 25). Sinn und Zweck der Überwachung ist der Schutz des Kunden. Zum einen gelangt die Vermittlungsagentur an höchstpersönliche Daten und Informationen des Kunden, weshalb ein vertrauenswürdiger Umgang hiermit gewährleistet sein muss. Zum anderen werden Kunden solcher Vermittlungsagenturen aufgrund der zivilrechtlichen Besonderheiten des Maklerrechts zu Vorauszahlungen oder langen Vertragsbindungen bestimmt (*Schönleiter*, in: Landmann/Rohmer I, § 38 Rdn. 23; vgl. *BGH* NJW 2008, 982 [983]). Auch der Gesichtspunkt der Verhinderung des Menschenhandels, namentlich im Zusammenhang mit Prostitution, spielt eine wichtige Rolle (*Hahn*, in: Friauf, § 38 Rdn. 47, mit Hinweis auf *Lippstreu* GewArch 1992, 167).

d) Reisebüros; Unterkunftsvermittlung (Nr. 4). Die Tätigkeit eines **Reisebüros** umfasst sowohl das Veranstalten als auch das Vermitteln von Reisen, geht also über den Abschluss von Reiseverträgen i. S. d. § 651 a BGB hinaus. Nicht zur Reisebürotätigkeit zählt die Vermittlung einer Personenmitnahme (sog. Mitfahrzentralen), wie sich aus § 38 I 1 Nr. 8 a. F. ergibt (ebenso *Schönleiter*, in: Landmann/Rohmer I, § 38 Rdn. 28). Eine **Unterkunftsvermittlung** i. S. d. § 38 liegt nur dann vor, wenn es sich um Unterkünfte aus dem Bereich des **Fremdenverkehrs** handelt, wie sich aus der Sachnähe zu den Reisebüros ergibt, die Nr. 7 voraussetzt (*Schönleiter*, in: Landmann/Rohmer I, § 38 Rdn. 29). Nicht von Nr. 7 erfasst sind deshalb Mitwohnzentralen; mangels Gewerbsmäßigkeit nicht erfasst sind schließlich städtische Verkehrsvereine u. Ä. Zur Zuverlässigkeit von Reisevermittlern vgl. *BVerwGE* 22, 16 und GewArch 1961, 166. 23

Zweck der Regelung ist es, die Allgemeinheit vor Gefahren zu schützen, die insb. durch die unlautere Verwaltung oder die missbräuchliche Verwendung der den Gewerbetreibenden regelmäßig vorab anvertrauten Kundengelder eintreten können (vgl. *BGH NJW* 1959, 491 ff; *Heine* GewArch 2001, 120). Auf zivilrechtlicher Ebene ist das durch die Einführung der Sicherungsscheine (§ 651 k BGB) geschehen (*Schönleiter*, in: Landmann/Rohmer I, § 38 Rdn. 27). 24

e) Vertrieb und Einbau von Gebäudesicherungseinrichtungen; Schlüsseldienste (Nr. 5). Ziel der Überwachung nach Nr. 5 ist die Verhinderung von Eigentumsdelikten, die der Gewerbetreibende oder ihm zuzuordnende Personen auf Grund ihrer bei der Gebäudesicherung erlangten Kenntnisse der Örtlichkeit und Sicherung erleichtern könnten (*Schönleiter*, in: Landrohmer/Rohmer I, § 38 Rdn. 31). **Gebäudesicherungseinrichtungen** können Anlagen sein, die mechanisch, akustisch, optisch oder elektronisch funktionieren (*Hahn*, in: Friauf, § 38 Rdn. 56), z. B. Hausalarmanlagen, Türschlösser, Fensterschlösser. Nr. 5 betrifft nur Vertrieb und Einbau, nicht dagegen die Herstellung. Zum Tätigkeitsbereich eines Schlüsseldienstes zählen sowohl das Anfertigen (insb. Nachmachen) von Schlüsseln als auch das Öffnen von Türen. Nicht erfasst werden ferner trotz eines vergleichbaren Schutzbedürfnisses solche Gewerbebetriebe, die sich mit Vertrieb oder Einbau von Sicherheitseinrichtungen für Kraftfahrzeuge befassen (*Hahn*, in: Friauf, § 38 Rdn. 56); siehe aber unten Rdn. 32 zu Abs. 2. 25

f) Herstellen und Vertrieb von Einbruchswerkzeugen (Nr. 6). Spezielle diebstahlsbezogene Öffnungswerkzeuge sind Werkzeuge, die speziell dazu geeignet sind, Öffnungshindernisse (z. B. Türschlösser, Fensterverriegelungen, Kfz.-Schlösser) ohne größere Gewaltanwendung zu überwinden (also nicht Brecheisen), z. B. sog. Zieh-Fix-Geräte, nicht aber Werkzeuge, die lediglich zweckentfremdet zum Einbruch taugen wie etwa Bohrer (*Hahn* GewArch 1999, 217 [222]). Ziel ist auch hier die Verhinderung von Einbrüchen. 26

2. Überprüfung der Zuverlässigkeit (S. 1 und 2)

27 **a) Zweck.** Eine intensivierte Überwachung soll unzuverlässige Personen, denen nach § 35 die Gewerbeausübung untersagt werden kann, im Interesse des Kundenschutzes von der Ausübung dieser Gewerbe fern halten (*BayVGH* GewArch 1984, 121 [122]). Dazu hat die zuständige Behörde **nach Erstattung der Gewerbeanmeldung** oder -ummeldung (§ 14) die Zuverlässigkeit (dazu § 35 Rdn. 27 ff.) des Gewerbetreibenden zu überprüfen. Die Behörde darf die Bescheinigung des Empfangs der Gewerbeanzeige nach § 15 I (sog. Gewerbeschein) jedoch nicht von dem Abschluss der Überprüfung der Zuverlässigkeit abhängig machen. Stellt sie nach Erteilung des Gewerbescheins die Unzuverlässigkeit fest, ist sie auf ein Vorgehen nach § 35 I verwiesen (*Hahn* GewArch 1999, 217 [218 f.]). § 38 I knüpft an die Feststellung der Unzuverlässigkeit also keine eigenständige Rechtsfolge (*Hahn*, in: Friauf, § 38 Rdn. 16).

28 Die behördlichen Überwachungsrechte beschränken sich auf **gewerbepolizeiliche Zwecke** (*Janssen* GewArch 1967, 193 [195]), sie dürfen nicht zur Strafverfolgung Dritter in Anspruch genommen werden (vgl. *BVerwG* GewArch 1971, 153; *OVG NRW* GewArch 1969, 248).

29 **b) Führungszeugnis; Gewerbezentralregisterauskunft.** Zentrales Überwachungsinstrument ist die behördliche Einsicht in Führungszeugnis und Gewerbezentralregister. Zur Ermöglichung ist der Gewerbetreibende verpflichtet, unverzüglich ein **Führungszeugnis** nach § 30 V BZRG und eine Auskunft aus dem **Gewerbezentralregister** nach § 150 V zur Vorlage bei der zuständigen Behörde zu beantragen. **Unverzüglich** bedeutet in Anlehnung an § 121 BGB, dass dies ohne schuldhaftes Zögern geschehen muss (*Hahn*, in: Friauf, § 38 Rdn. 18). Unterlässt der Gewerbetreibende dies, muss die Behörde die Auskünfte von Amts wegen einholen (S. 3). Bei aus dem EU-/EWR-Ausland stammenden Gewerbetreibenden (die sich dauerhaft im Inland niederlassen wollen, vgl. Rdn. 4) ist ggf. auf § 11 b zurückzugreifen. Weitere Instrumente zur Überwachung der Gewerbetreibenden i. S. d. § 38 I sind Auskunft und Nachschau gem. § 29 I Nr. 3 (*Hahn*, in: Friauf, § 38 Rdn. 22; *Stober* Besonderes Wirtschaftsverwaltungsrecht, 14. Aufl. 2007, S. 82).

III. Einholung von Registerauskünften bei sonstigen Gewerbezweigen (Abs. 2)

30 Abs. 2 erweitert die Möglichkeit der Anforderung oder Einholung von Auskünften aus dem Bundeszentral- oder Gewerbezentralregister auf die anderen als die in Abs. 1 genannten gewerblichen Tätigkeiten, aber nur bei begründeter Besorgnis der Gefahr der Verletzung wichtiger Gemeinschaftsgüter. Anders als in Abs. 1 steht hier die Anforderung oder Einholung der Registerauskünfte im Ermessen der zuständigen Behörde.

31 Die systematische Verortung von Abs. 2 in § 38 GewO ist missglückt, weil sich Abs. 2 nicht – wie Abs. 1, 3 und 4 – auf Gewerbezweige, sondern auf gewerbliche Tätigkeiten bezieht (vgl. auch *Hahn* in: Friauf, § 38 Rdn. 64:

Überwachungsbedürftige Gewerbe § 38

„eingeklemmt"; *Stober* Besonderes Wirtschaftsverwaltungsrecht, 14. Aufl 2007, S. 82: „Fremdkörper").

1. Anwendungsbereich

Aus der systematischen Stellung des § 38 ergibt sich, dass nur **stehende** 32 **Gewerbe** von Abs. 2 erfasst sind. Abs. 2 bezieht sich nicht auf Gewerbetreibende, sondern auf gewerbliche Tätigkeiten. Daraus folgt, dass ganze **Gewerbezweige** der Regelung des Abs. 2 unterstellt werden können, die zuständige Behörde also bei jeder An- oder Ummeldung eines Gewerbes – unabhängig von Verdachtsmomenten im Einzelfall – die Vorlage eines Führungszeugnisses etc. verlangen kann. Voraussetzung ist aber, dass für diesen Gewerbezweig ein Abs. 1 entsprechendes Gefährdungspotential bejaht werden kann (amtl. Begr., BR-Drs. 634/97, S. 32). Zu erwägen ist dies etwa für den Handel mit gebrauchten Kfz.-Einzelteilen (vgl. oben Rdn. 13).

Möglich ist ferner, von **Einzelgewerbetreibenden**, die ein an sich als 33 ungefährlich erachtetes Gewerbe anmelden, die Vorlage von Registerauskünften zu verlangen, wenn im Einzelfall ein Gefährdungspotential besteht (vgl. BR-Drs. 634/97, S. 32). Eine Pflicht der Gewerbebehörde zur unverzüglichen Überprüfung der Zuverlässigkeit besteht, anders als nach Abs. 1, nicht. Liegen Tatsachen vor, die auf die Unzuverlässigkeit des Gewerbetreibenden deuten, hat sie freilich zu prüfen, ob ein Einschreiten nach § 35 geboten ist (*Hahn*, in: Friauf, § 38 Rdn. 65).

2. Besorgnis der Gefahr

Eine konkrete Gefahr (vgl. § 51 Rdn. 15) muss noch nicht vorliegen, die 34 Besorgnis genügt. Diese muss aber begründet sein, d. h. es müssen ausreichende Anhaltspunkte für das Entstehen einer Gefahr gegeben sein. Voraussetzung ist in jedem Fall, dass mindestens ein vergleichbares Gefährdungspotenzial wie bei den in Abs 1 angeführten Gewerben gegeben ist (so die Begründung in BT-Drs 13/9109, 16; *Schönleiter*, in: Landmann/Rohmer I, § 38 Rdn. 34). Die Bestimmung wichtiger Gemeinschaftsgüter kann anhand des Katalogs des Abs. 1 erfolgen. Zu ihnen zählen also auch individuelle Rechtsgüter (Eigentum [vgl. Nrn. 1, 5 und 6], Kundenvermögen [vgl. Nr. 4], Privatsphäre [vgl. Nr. 3]), wenn eine unbestimmte Zahl Einzelner gefährdet wird. Wichtiges Gemeinschaftsgut ist ferner die Verhinderung von Straftaten (vgl. Nrn. 1, 5 und 6).

IV. Landesrechtsverordnungen zur Buchführung (Abs. 3)

Die Ermächtigung des Abs. 3 bezieht sich nur auf Gewerbezweige nach 35 Abs. 1, nicht auf die anderen gewerblichen Tätigkeiten gem. Abs. 2.

1. Buchführung

Mit **Buchführung** i. S. d. § 38 III ist nicht nur die Buchführung im 36 kaufmännischen Sinne erfasst, sondern jede Art der Aufzeichnung oder

§ 38 Titel II. Stehendes Gewerbe

Sammlung von Unterlagen unter Einschluss von Prospekten, Inseraten etc. **Sonstige Buchführungspflichten**, etwa aufgrund steuer- oder handelsrechtlicher Vorschriften (z. B. §§ 141 AO, 100, 238 ff. HGB, 33 GenG) bleiben unberührt (*Schönleiter*, in: Landmann/Rohmer I, § 38 Rdn. 37).

2. Daten über Geschäftsvorgänge, Geschäftspartner, Kunden und Dritte

37 Früher war zweifelhaft, ob unter Buchführung auch die Aufzeichnung personenbezogener Daten fiel. Klarheit schuf die Novellierung durch Gesetz vom 23. 11. 1994 (BGBl. I S. 3475), welche die Aufzeichnung von Daten über einzelne Geschäftsvorgänge, Geschäftspartner, Kunden und betroffene Dritte ausdrücklich in die Ermächtigungsgrundlage des § 38 einbezog und auf eine datenschutzrechtlich einwandfreie Basis stellte; die Neufassung des § 38 III übernimmt diese Regelung. **Geschäftspartner** sind gewerbliche Vertragspartner, **Kunden** die privaten Vertragspartner; betroffene **Dritte** sind Nicht-Vertragspartner (*Schönleiter*, in: Landmann/Rohmer I, § 38 Rdn. 38).

3. Konkretisierung durch Landesrechtsverordnungen

38 Die Landesrechtsverordnungen (vgl. § 155 III) können nähere Bestimmungen darüber enthalten, welche Unterlagen wie und wie lange aufbewahrt werden müssen. Grenze der Aufbewahrungspflichten ist die Zumutbarkeit. In zeitlicher Hinsicht wird zumeist eine Aufbewahrungsdauer von drei bis fünf Jahren vorgeschrieben (*Schönleiter*, in: Landmann/Rohmer I, § 38 Rdn. 39). Dem Erfordernis einer ordnungsgemäßen Buchführung kann hier auch eine Loseblattbuchhaltung entsprechen (*OLG Köln* GewArch 1970, 248). Von der Ermächtigung des Abs. 3 haben nur wenige Länder Gebrauch gemacht, wie schon im Gesetzgebungsverfahren erwartet worden war (vgl. amtl. Begr., BR-Drs. 634/97, S. 30 f.). Zwischenzeitlich haben die Länder diese Verordnungen wieder aufgehoben oder jedenfalls die Buchführungspflichten abgeschafft (zuletzt Bayern, so *Jahn* GewArch 2010, 230 [233]).

V. Ausnahmen (Abs. 4)

39 § 38 S. 1 Nr. 2 (betrifft die Auskunftserteilung über Vermögensverhältnisse) gilt nicht für inländische Kredit- und Finanzdienstleistungsinstitute, denen eine Erlaubnis nach § 32 I KWG erteilt wurde. Grund der Exemtion ist, dass diese Institute bereits durch das Bundesaufsichtsamt für Kreditwesen beaufsichtigt werden und daher nicht mehr überwachungsbedürftig i. S. d. § 38 I sind.

Um der Dienstleistungsfreiheit in der Europäischen Union Rechnung zu tragen (vgl. BR-Drs. 634/97, S. 32), gilt die Freistellung auch für Zweigstellen von Unternehmen mit Sitz in einem anderen Mitgliedstaat der EU, die nach § 53 b I 1 oder VII KWG Handelsauskünfte anbieten dürfen.

VI. Rechtsfolgen bei Pflichtverletzungen

Verstöße gegen die nach § 38 III erlassenen Rechtsverordnungen können nach § 144 II Nr. 1 als Ordnungswidrigkeit, bei Gefährdung von Leben oder Gesundheit eines anderen oder fremder Sachen von bedeutendem Wert gem. § 148 Nr. 2 sogar als Straftat sanktioniert werden. **40**

§§ 39 bis 40 (weggefallen)

III. Umfang, Ausübung und Verlust der Gewerbebefugnisse

§ 41 Beschäftigung von Arbeitnehmern

(1) ¹**Die Befugnis zum selbständigen Betrieb eines stehenden Gewerbes begreift das Recht in sich, in beliebiger Zahl Gesellen, Gehilfen, Arbeiter jeder Art und, soweit die Vorschriften des gegenwärtigen Gesetzes nicht entgegenstehen, Lehrlinge anzunehmen.** ²**In der Wahl des Arbeits- und Hilfspersonals finden keine anderen Beschränkungen statt, als die durch das gegenwärtige Gesetz festgestellten.**

(2) **In Betreff der Berechtigung der Apotheker, Gehilfen und Lehrlinge anzunehmen, bewendet es bei den Bestimmungen der Landesgesetze.**

Die Vorschrift ist im Zusammenhang mit dem in § 1 normierten Grundsatz der Gewerbefreiheit zu sehen; die Ausübung eines Gewerbes ist in vielen Fällen ohne die Beschäftigung von Arbeitnehmern kaum denkbar. Wegen der vielfachen Bindung an das Zunftwesen bedurfte die dem Gewerbetreibenden in § 41 I 1 eingeräumte Befugnis, beliebig viele Arbeitnehmer einzustellen, zur Zeit des In-Kraft-Tretens der GewO noch einer ausdrücklichen Festschreibung. Heutzutage wird das Recht des Gewerbetreibenden zur Einstellung von Arbeitskräften bereits durch das Grundrecht der freien Berufsausübung (Art. 12 I GG) verfassungsrechtlich abgesichert (vgl. BVerwGE 23, 280 [284]), weshalb § 41 als überholt angesehen werden kann. **1**

Nach dem Wortlaut des § 41 I 2 wird der Gewerbetreibende in seiner Wahl, Arbeitnehmer einzustellen, **nur durch „das gegenwärtige Gesetz" eingeschränkt**. Bis zum In-Kraft-Treten des Gesetzes zur Umwandlung der EG-Rahmenrichtlinie Arbeitsschutz und weiterer Arbeitsschutz-Richtlinien vom 7. 8. 1996 (BGBl. I S. 1246) enthielt die GewO selbst z. B. in § 120 e eine einschränkende Bestimmung i. S. d. § 41. Inzwischen enthält die GewO kaum noch Bestimmungen, die eine Einschränkung i. S. d. § 41 zulassen. **2**

Entgegen dem Wortlaut des § 41 I können sich Beschränkungen, durch die die Wahl des Gewerbetreibenden zur Einstellung von Arbeitnehmern beschränkt wird, jedoch auch **aus anderen Bundesgesetzen** ergeben (siehe *Heß*, in: Friauf, § 41 Rdn. 5 ff.). Dies ergibt sich aus dem allgemein anerkann- **3** ten Grundsatz, dass jedes Gesetz durch ein späteres geändert oder verdrängt werden kann (vgl. *Schönleiter*, in: Landmann/Rohmer, § 41 Rdn. 4).

4 Ein Überblick über die Beschränkungen der Vertragsfreiheit findet sich in § 105 Rdn. 6 ff.

5 **Abs. 2** wird durch die auf der Grundlage des § 21 Apothekengesetzes erlassene Apothekenbetriebsverordnung vom 9. 2. 1987 verdrängt, die in § 3 den Kreis der in Apotheken zulässigerweise beschäftigten Personen regelt (*Biwer*, in: BeckOK, § 41 Rdn. 4).

§§ 41a und 41b (weggefallen)

§ 42 *(aufgehoben)*

1 Durch Gesetz vom 17. 7. 2009 (BGBl. I S. 2091) ist § 42 mit Wirkung zum 28. 12. 2009 aufgehoben worden.

2 § 42 enthielt Regelungen zur **gewerblichen Niederlassung**. **Abs. 1** bestimmte – nahezu unverändert seit 1869 –, dass derjenige, der zum selbstständigen Betrieb eines stehenden Gewerbes befugt ist, dieses unbeschadet der reisegewerberechtlichen Vorschriften auch außerhalb der Räume seiner gewerblichen Niederlassung ausüben darf. Diese Vorschrift hatte lediglich klarstellenden Charakter (siehe die Vorauflage, § 42 Rdn. 1) und war daher überflüssig (BT-Drs. 16/12784, S. 18). **Abs. 2** enthielt eine Begriffsbestimmung zur gewerblichen Niederlassung, die sich der Sache nach heute in § 4 III findet (dort Rdn. 20 f.).

§§ 42 a bis 44 a (weggefallen)

§ 45 Stellvertreter

Die Befugnisse zum stehenden Gewerbebetrieb können durch Stellvertreter ausgeübt werden; diese müssen jedoch den für das in Rede stehende Gewerbe insbesondere vorgeschriebenen Erfordernissen genügen.

Übersicht

	Rdn.
I. Stellvertreter (1. Hs.)	1
1. Begriff	1
2. Abgrenzungsfragen	2
3. Bestellung eines Stellvertreters	4
II. Ausübung der Gewerbebefugnisse (1. Hs.)	6
1. Handlungen des Stellvertreters	7
2. Handlungen der Behörde	8
3. Umfang der öffentlich-rechtlichen Stellvertretungsmacht	9
a) Beantragung einer Gewerbeerlaubnis	11
b) Gewerbeuntersagung/Betriebsschließung	12
III. Zulässigkeit der Stellvertretung ("können")	15

IV. Anforderungen an den Stellvertreter (2. Hs.)	17
1. Vorgeschriebene Erfordernisse	17
2. Sanktionsmöglichkeiten bei nicht qualifiziertem Stellvertreter	19
a) Untersagung der Beschäftigung des Stellvertreters	20
b) Widerruf der Gewerbeerlaubnis	23

I. Stellvertreter (1. Hs.)

1. Begriff

Stellvertreter ist, wer den Gewerbebetrieb **im Namen und für Rechnung des Inhabers** (= Gewerbetreibenden), im Übrigen aber selbstständig führt (*BVerwG* GewArch 1961, 59 für das Gaststättenrecht). Der Stellvertreter ist selbst nicht Gewerbetreibender. 1

Der Stellvertreter muss im Innenverhältnis befugt sein, im Wesentlichen alle Rechtsgeschäfte für den Gewerbetreibenden abzuschließen und auch gegenüber Behörden entsprechend tätig zu werden, **ohne der Leitung und Aufsicht des Gewerbetreibenden zu unterliegen** (ähnlich *Heß*, in: Friauf, § 45 Rdn. 13). Die Stellvertretung kann sich jedoch auf einzelne Zweige des Gewerbebetriebes, insbesondere auf eine oder mehrere Niederlassungen beschränken.

2. Abgrenzungsfragen

Vom **Gewerbegehilfen** als gewerblichen Arbeitnehmer unterscheidet sich der Stellvertreter durch die Selbstverantwortlichkeit und Selbstständigkeit, die er im Innenverhältnis gegenüber dem Gewerbetreibenden hat. Wer den Betrieb unter Aufsicht und Leitung des Gewerbetreibenden führt oder Teile desselben verwaltet, ist nicht Stellvertreter, sondern Gehilfe; so etwa der Filialleiter (vgl. hierzu *Schulz-Schaeffer* DVBl. 1960, 757 ff.) oder der Werksleiter. Filial- oder Werksleiter können aber **Betriebsleiter** i. S. d. § 35 VIIa sein. Zum Stellvertreter wird ein Betriebsleiter erst, wenn er an Stelle des Gewerbetreibenden, der sich mit der Betriebsleitung selbst nicht befasst und dem Betriebsleiter weder Weisungen erteilt noch ihn beaufsichtigt, tätig wird (dazu *Heß*, in: Friauf, § 45 Rdn. 12; *Marcks*, in: Landmann/Rohmer I, § 45 Rdn. 5). 2

Selbst Gewerbetreibender und kein Stellvertreter ist der **Pächter** eines Gewerbebetriebes, da dieser im eigenen Namen handelt und auch das unternehmerische Risiko selbst trägt (*Heß*, in: Friauf, § 45 Rdn. 14; *Marcks*, in: Landmann/Rohmer I, § 45 Rdn. 5). 3

Keine Stellvertreter i. S. d. § 45 sind die **Organe und gesetzlichen Vertreter juristischer Personen** (*Heß*, in: Friauf, § 45 Rdn. 15). Letztere können jedoch für die durch sie vertretene juristische Personen Stellvertreter i. S. d. § 45 bestellen (*Marcks*, in: Landmann/Rohmer I, § 45 Rdn. 6). Im Übrigen können auch juristische Personen selbst Stellvertreter sein.

3. Bestellung eines Stellvertreters

4 Stellvertreter werden regelmäßig durch **Rechtsgeschäft** bestellt (z. B. Auftrag, Dienstvertrag). Auf die zivilrechtliche Grundlage des Verhältnisses zwischen dem Inhaber des Gewerbebetriebes und dem Stellvertreter kommt es aber für die öffentlich-rechtliche Wirkung der Stellvertretung i. S. d. § 45 nicht an (*Heß*, in: Friauf, § 45 Rdn. 11). Selbst bei Nichtigkeit des zugrundeliegenden Rechtsgeschäfts liegt Stellvertretung i. S. d. § 45 vor (*Biwer*, in: BeckOK, § 45 Rdn. 5).

5 Die Stellvertretung kann ferner auf gesetzlicher Grundlage erfolgen, so bei den sog. **Vertretern kraft Amtes.** Insolvenzverwalter (vgl. hierzu – noch zum Konkursverwalter – *Bitter* BayVBl. 1972, 202 [205]), Nachlassverwalter und Testamentsvollstrecker können also Stellvertreter sein, obwohl sie im eigenen Namen handeln. Die Stellvertretung muss aber zulässig sein und die Vertreter kraft Amtes müssen – ebenso wie rechtsgeschäftlich bestellte Stellvertreter (unten Rdn. 17) – den Erfordernissen des jeweiligen Gewerbes genügen (vgl. BVerwGE 32, 316).

II. Ausübung der Gewerbebefugnisse (1. Hs.)

6 Der Stellvertreter kann die Befugnisse zum stehenden Gewerbebetrieb (dazu unten Rdn. 9 ff.) ausüben. § 45 betrifft dabei nur die **öffentlich-rechtlichen Wirkungen** der Stellvertretung und lässt die zivilrechtlichen Folgen unberührt. Die öffentlich-rechtliche Wirkung der Stellvertretung liegt darin, dass die Handlungen des Stellvertreters dem Gewerbetreibenden zugerechnet werden (*Heß*, in: Friauf, § 45 Rdn. 25).

1. Handlungen des Stellvertreters

7 Dies gilt zum einen für (aktive) Handlungen des Stellvertreters gegenüber der Behörde. Dies bedeutet etwa, dass der Stellvertreter gegenüber der Behörde eine Gewerbeanzeige mit Wirkung für den Gewerbetreibenden erstatten, für ihn Auskünfte erteilen oder Fristverlängerungen beantragen kann (*Heß*, in: Friauf, § 45 Rdn. 25).

2. Handlungen der Behörde

8 Der Wortlaut des § 45 nennt nur die Befugnisse zum Gewerbebetrieb, nicht aber die mit einem Gewerbe verbundenen Pflichten. Der Stellvertreter ist aber für eine ordnungsgemäße Betriebsführung den Behörden gegenüber gleichfalls verantwortlich. Daher können Verfügungen auch an ihn gerichtet werden (*BVerwG* GewArch 1961, 59); der Stellvertreter ist also Empfangsvertreter.

3. Umfang der öffentlich-rechtlichen Stellvertretungsmacht

9 Nach § 45 umfasst die öffentlich-rechtliche Stellvertretungsmacht die Ausübung der Befugnisse zum stehenden Gewerbe. Erfasst sind zumindest alle Befugnisse, welche das **„Wie" der Gewerbeausübung** betreffen. Dazu zählt

etwa auch der Widerruf einer gewährten Sperrzeitverlängerung (*BVerwG GewArch* 1961, 59), die Vornahme von Gewerbeanzeigen, Erteilung von Auskünften, Duldung der Nachschau u. Ä. In diesen Fällen hat die Behörde ein Wahlrecht, ob sie eine Verfügung mit Wirkung für den Gewerbetreibenden an diesen selbst oder an seinen Stellvertreter richtet.

Problematisch ist, ob darüber hinaus der Stellvertreter die Befugnis hat, 10 über das **„Ob" der Gewerbeausübung** zu entscheiden. Relevant wird dies zum einen, wenn er mit Wirkung für den Gewerbetreibenden eine Gewerbeerlaubnis beantragt; zum anderen dann, wenn eine Untersagungs- oder Betriebsschließungsverfügung mit Wirkung für den Vertretenen an ihn adressiert wird.

a) Beantragung einer Gewerbeerlaubnis. Nach einer in der Lit. vertre- 11 tenen Ansicht bezieht sich die Stellvertretung immer auf die Führung eines konkreten Betriebes, sodass die Gründung oder wesentliche Erweiterung nicht von den Stellvertreterbefugnissen umfasst sei. § 45 ermächtige also nicht zur Beantragung einer entsprechenden Erlaubnis. Dem Gewerbetreibenden verbleibe aber die Möglichkeit, den Stellvertreter gem. § 14 VwVfG gesondert zu bevollmächtigen (*Heß*, in: Friauf, § 45 Rdn. 26). Die Gegenauffassung meint, dass § 45 auch die Beantragung von Erlaubnissen erfasse (*Marcks*, in: Landmann/Rohmer I, § 45 Rdn. 7). Für die letztgenannte Auffassung spricht der Wortlaut („Befugnisse *zum* Betrieb"), der auch ein auf den Beginn eines Gewerbebetriebes zielendes Verhalten umfasst.

b) Gewerbeuntersagung/Betriebsschließung. Nach überwiegender 12 Ansicht kann eine Gewerbeuntersagungsverfügung nicht (allein) an den Stellvertreter mit Wirkung für den Gewerbetreibenden adressiert werden; Entsprechendes gilt für Rücknahme und Widerruf einer Gewerbeerlaubnis oder eine Betriebsschließung (*Heß*, in: Friauf, § 45 Rdn. 28; *Marcks*, in: Landmann/Rohmer I, § 45 Rdn. 7). Diese Ansicht verdient Zustimmung. Dies ergibt sich zum einen aus dem Gewicht einer Gewerbeuntersagung, durch welche die gewerberechtliche Grundposition des Gewerbetreibenden völlig beseitigt wird. Zum anderen umfasst der Wortlaut nur die Befugnisse zum Gewerbebetrieb. In erweiternder Auslegung können zwar auch die damit verbundenen Pflichten umfasst sein (oben Rdn. 11), nicht aber ein Verhalten, das gerade nicht auf die Gewerbeausübung zielt, wie § 45 voraussetzt („*zum* Betrieb").

Eine Untersagungsverfügung und ebenso Rücknahme und Widerruf einer 13 Gewerbeerlaubnis sind also an den Gewerbetreibenden zu richten und diesem zuzustellen. Etwas anderes gilt, wenn diesem die Verfügung nicht zugestellt werden kann; dann genügt ausnahmsweise eine Zustellung an den Stellvertreter (*Heß*, in: Friauf, § 45 Rdn. 29).

Wenn eine Untersagungsverfügung an den Gewerbetreibenden gerichtet 14 wird, kann es sinnvoll sein, diese mittels Durchschrift auch dem Stellvertreter bekannt zu geben, zumal dann, wenn die Untersagung auf ein Fehlverhalten oder Charakterdefizite des Stellvertreters gestützt wird (dazu *Heß*, in: Friauf, § 45 Rdn. 24).

III. Zulässigkeit der Stellvertretung („können")

15 Die Stellvertretung ist im stehenden Gewerbe nach § 45 grundsätzlich zulässig. Es liegt grundsätzlich allein in der Entscheidungsmacht des Gewerbetreibenden, ob er einen Stellvertreter einsetzen will. In besonderen Fällen (vgl. § 47) ist die Stellvertretung von einer behördlichen Zustimmung abhängig. In einigen Spezialgesetzen wird eine eigenständige Stellvertretererlaubnis gefordert, so z. B. in § 9 GastG und § 21a WaffG.

16 Stellvertretung ist grundsätzlich nicht zulässig, wenn dem Gewerbetreibenden selbst die Ausübung des Gewerbes untersagt ist. Ihm kann jedoch nach § 35 II erlaubt werden, den Gewerbebetrieb durch einen Stellvertreter fortzuführen (siehe § 35 Rdn. 175 ff.). Zur Fortführung des Gewerbes durch einen Stellvertreter im Todesfall siehe § 46.

§ 45 findet gem. § 34 I KWG auf Kreditinstitute keine Anwendung. Im **Reisegewerbe** fehlt eine dem § 45 entsprechende Vorschrift, sodass dort Stellvertretung unzulässig ist (§ 61 a Rdn. 7; siehe ferner *Biwer*, in: BeckOK, Vorbemerkung zu § 45; *Heß*, in: Friauf, § 45 Rdn. 2; *Marcks*, in: Landmann/Rohmer I, § 45 Rdn. 2).

IV. Anforderungen an den Stellvertreter (2. Hs.)

1. Vorgeschriebene Erfordernisse

17 Wenn der Gewerbetreibende sich für eine Stellvertretung entscheidet, steht die Auswahl des Stellvertreters in seinem Belieben. Nach § 45 2. Hs. müssen jedoch beim Stellvertreter die für das jeweilige Gewerbe vorgeschriebenen Erfordernisse vorliegen (sog. „qualifizierter Stellvertreter"). Damit sind die für die Ausübung des jeweiligen Gewerbes erforderlichen **persönlichen Qualifikationen** gemeint, wie z. B. Sachkundenachweis, Zuverlässigkeit etc. (*Heß*, in: Friauf, § 45 Rdn. 16; *Marcks*, in: Landmann/Rohmer I, § 45 Rdn. 8).

18 Nicht erforderlich für die Person des Stellvertreters sind die **formalen Erfordernisse** für die Gewerbeausübung, wie z. B. Besitz einer Erlaubnis, Konzession oder Genehmigung (*Biwer*, in: BeckOK, § 45 Rdn. 6; *Marcks*, in: Landmann/Rohmer I, § 45 Rdn. 8). Diese müssen lediglich für den Gewerbetreibenden selbst vorliegen.

2. Sanktionsmöglichkeiten bei nicht qualifiziertem Stellvertreter

19 Die Führung eines Gewerbebetriebes durch einen nicht qualifizierten Stellvertreter ist weder für den Gewerbetreibenden noch für den Stellvertreter straf- oder bußgeldbewehrt (*Heß*, in: Friauf, § 45 Rdn. 19). In Betracht kommt aber bei mangelhafter Auswahl und Beaufsichtigung des Stellvertreters eine Ordnungswidrigkeit gem. § 130 OWiG (näher *Heß*, in: Friauf, § 45 Rdn. 20).

a) Untersagung der Beschäftigung des Stellvertreters. Die Beschäfti- 20
gung des ungeeigneten Stellvertreters kann untersagt werden. Als Ermächtigungsgrundlage ist zunächst die ordnungsrechtliche Generalklausel zu erwägen (vgl. *pr. OVG* GewArch Dt. R. 16, 73). Dies setzt jedoch voraus, dass
auch insoweit die Generalklausel des allgemeinen Polizei- und Ordnungsrechts neben verfügbaren Befugnisnormen der Gewerbeordnung noch
anwendbar wäre (für diesen Fall verneinend: *Heß*, in: Friauf, § 45 Rdn. 23).
Angesichts des bestehenden gewerberechtlichen Instrumentariums ist es
angebracht, die **Untersagungsverfügung auf § 35 I** zu stützen (ebenso
Heß, in: Friauf, § 45 Rdn. 24; *Frotscher*, in: Schmidt, Öffentliches Wirtschaftsrecht, BT I, 1995, § 1 Rdn. 48; *Marcks*, in: Landmann/Rohmer I, § 45
Rdn. 9). Danach ist auch eine Teiluntersagung möglich (vgl. § 35 Rdn. 145),
gerichtet auf Untersagung der Beschäftigung des Stellvertreters, wenn dieser
mangels persönlicher Qualifikation unzuverlässig ist. Die Unzuverlässigkeit
des Stellvertreters ist dem Gewerbetreibenden zuzurechnen, ohne dass es auf
dessen eigene Zuverlässigkeit ankommt. Eine Voll-Untersagung gem. § 35 I
stellt sich als unverhältnismäßig dar, wenn die Unzuverlässigkeit des Stellvertreters einziger Untersagungsgrund ist (siehe § 35 Rdn. 106, 238).

Die Untersagungsverfügung ist an den Gewerbetreibenden selbst zu richten 21
(vgl. oben Rdn. 20). Nach § 35 VII a kann eine Untersagungsverfügung u.
U. zusätzlich gegen den Stellvertreter ausgesprochen werden (vgl. oben § 35
Rdn. 231 ff.).

Weist die Behörde den Gewerbetreibenden lediglich darauf hin, dass sie 22
einen Stellvertreter für ungeeignet hält, steht dem Gewerbetreibenden die
Möglichkeit der Feststellungsklage offen, um zu klären, ob die Beschäftigung
des Stellvertreters zulässig ist (vgl. zu vergleichbaren Fallkonstellationen
BVerwGE 4, 363; 14, 202 u. 235; 16, 92; *BayVGH* GewArch 1971, 158).

b) Widerruf der Gewerbeerlaubnis. Sofern das Gewerbe erlaubnis- 23
pflichtig ist, kann die Gewerbeerlaubnis u. U. gem. § 49 II Nr. 3 VwVfG
widerrufen werden, wenn nach Erlaubniserteilung ein unqualifizierter Stellvertreter eingesetzt wird. Ein Teilwiderruf kommt hier aus Gründen der
Rechtsklarheit nicht in Betracht (näher *Heß*, in: Friauf, § 45 Rdn. 24). Der
Widerruf ist an den Gewerbetreibenden selbst zu richten, nicht an seinen
Stellvertreter (oben Rdn. 21).

§ 46 Fortführung des Gewerbes

**(1) Nach dem Tode eines Gewerbetreibenden darf das Gewerbe für
Rechnung des überlebenden Ehegatten oder Lebenspartners durch
einen nach § 45 befähigten Stellvertreter betrieben werden, wenn die
für den Betrieb einzelner Gewerbe bestehenden besonderen Vorschriften nicht etwas anderes bestimmen.**

**(2) Das gleiche gilt für minderjährige Erben während der Minder-
jährigkeit soweit bis zur Dauer von zehn Jahren nach dem Erbfall für
den Nachlaßverwalter, Nachlaßpfleger oder Testamentsvollstrecker.**

**(3) Die zuständige Behörde kann in den Fällen der Absätze 1 und
2 gestatten, daß das Gewerbe bis zur Dauer eines Jahres nach dem**

§ 46 Titel II. Stehendes Gewerbe

Tode des Gewerbetreibenden auch ohne den nach § 45 befähigten Stellvertreter betrieben wird.

Übersicht

	Rdn.
I. Bedeutung des Fortführungsprivilegs	1
II. Fortführung durch den Ehegatten oder Lebenspartner (Abs. 1)	2
1. Tod des Gewerbetreibenden; überlebender Ehegatte oder Lebenspartner	2
2. Fortführung des Gewerbes	4
3. Betrieb durch Stellvertreter für Rechnung des Ehegatten oder Lebenspartner	5
a) Dritter als Stellvertreter	5
b) Ehegatte oder Lebenspartner als Stellvertreter	6
4. Abweichende Bestimmungen	8
5. Rechtsfolgen des Abs. 1	9
a) Erlaubnisfreies Gewerbe	10
b) Erlaubnispflichtiges Gewerbe	12
III. Fortführung durch minderjährige Erben (Abs. 2 1. Var.)	20
1. Minderjähriger Erbe	21
a) Erbenstellung	21
b) Während der Minderjährigkeit	22
2. Gemeinschaftliche Fortführung durch Ehegatten resp. Lebenspartner und Erben	23
IV. Fortführung während der Nachlassregulierung (Abs. 2 2.Var.)	24
V. Fortführung ohne qualifizierten Stellvertreter (Abs. 3)	26
VI. Behördliche Maßnahmen	28
1. Erlaubnisfreies Gewerbe	29
2. Erlaubnispflichtiges Gewerbe	30

I. Bedeutung des Fortführungsprivilegs

1 § 46 erleichtert im Falle des Todes des Gewerbetreibenden – womit grundsätzlich die persönlichen Erlaubnisse erlöschen – dem überlebenden Ehegatten bzw. Lebenspartner, den minderjährigen Erben und den zur Nachlassregelung eingesetzten Personen die Fortführung des Gewerbes, um persönliche Härten und die Zerstörung wirtschaftlicher Werte zu vermeiden (*Heß*, in: Friauf, § 46 Rdn. 4). Die Fortführungsmöglichkeit nach § 46 besteht nur für das stehende Gewerbe.

Zur analogen Heranziehung des § 46 II im Rahmen von § 2 IV AÜG siehe (verneinend) *Wank*, in: Erfurter Kommentar zum Arbeitsrecht, 10. Aufl. 2010, § 2 AÜG Rdn. 10; (bejahend) *Hamann*, jurisPR-ArbR 49/2008, Anm. 3.

II. Fortführung durch den Ehegatten oder Lebenspartner (Abs. 1)

1. Tod des Gewerbetreibenden; überlebender Ehegatte oder Lebenspartner

Dem **Tod** des Gewerbetreibenden steht die Todeserklärung nach § 2 VerschG gleich (*Biwer*, in: BeckOK, § 46 Rdn. 3). 2
Nur der **Ehegatte** oder der **Lebenspartner** nach dem Lebenspartnerschaftsgesetz vom 16. 2. 2001 (BGBl. I S. 266) sind von dem Fortführungsprivileg erfasst, **nicht der Partner einer eheähnlichen Lebensgemeinschaft**. Eine analoge Anwendung ist nicht geboten, da sich die Norm ausdrücklich auf Partnerschaften bezieht, welche staatliche Anerkennung gesucht haben. Persönliche Härten können zwar auch für nichteheliche Lebenspartner entstehen. Diese darf aber der Gesetzgeber in Kauf nehmen, ebenso wie er diese hinnimmt für nicht von Abs. 2 erfasste nicht-erbende oder volljährige Kinder.

Der Ehegatte resp. Lebenspartner muss nach dem eindeutigen Wortlaut des Abs. 1 – im Unterschied zu dem in Abs. 2 genannten Personenkreis – nicht Erbe des Gewerbetreibenden sein (*Heß*, in: Friauf, § 46 Rdn. 12; **a. A.** *Marcks*, in: Landmann/Rohmer I, § 46 Rdn. 5). Eine andere – nicht von § 46 geregelte – Frage ist, ob der nicht als Erbe eingesetzte Ehegatte oder Lebenspartner überhaupt zivilrechtlich zur Fortführung befugt ist. 3

2. Fortführung des Gewerbes

Das Fortführungsrecht nach § 46 setzt voraus, dass der Gewerbetreibende das Gewerbe bei seinem Tode tatsächlich ausgeübt hat; nur dann liegt eine Fortführung und kein Neubeginn vor. Dies ergibt sich zum einen aus dem Wortlaut der amtlichen Überschrift zu § 46 und zum anderen aus dem Zweck der Vorschrift, wonach dem Ehegatten die bestehende Lebensgrundlage nicht entzogen werden soll. 4

Es genügt nicht, dass der verstorbene Ehegatte bzw. Lebenspartner das Gewerbe irgendwann einmal ausgeübt hat und seitdem noch Erlaubnisse fortbestehen (*Biwer*, in: BeckOK, § 46 Rdn. 1; *Marcks*, in: Landmann/Rohmer I, § 46 Rdn. 4). Vor Betriebsbeginn ist schon begrifflich kein Raum für eine Fortführung i. S. d. § 46, unabhängig davon, ob der verstorbene Ehegatte bzw. Lebenspartner bereits eine Erlaubnis zum Betriebsbeginn eingeholt hat (**a. A.** *Heß*, in: Friauf, § 46 Rdn. 22 f., der für das erlaubnisfreie Gewerbe den tatsächlichen Betriebsbeginn fordert und für das erlaubnispflichtige Gewerbe die Erteilung der Erlaubnis genügen lässt und eine Fortführung i. S. d. § 46 auch vor Betriebsbeginn für möglich hält). Der Zeitpunkt des Betriebsbeginns bestimmt sich nach den tatsächlichen Umständen (vgl. oben § 14 Rdn. 36 ff.). Die Anzeige nach § 14 kann ein Hinweis für den Betriebsbeginn sein, ist dafür aber nicht zwingend erforderlich (ebenso *Heß*, in: Friauf, § 46 Rdn. 22).

3. Betrieb durch Stellvertreter für Rechnung des Ehegatten oder Lebenspartner

5 **a) Dritter als Stellvertreter.** § 46 geht davon aus, dass im Falle des Todes des Gewerbetreibenden der Ehegatte oder Lebenspartner nicht in der Lage ist, den Betrieb selbst fortzuführen. Die Fortführung erfolgt dann durch einen Stellvertreter, den der Ehegatte bzw. Lebenspartner benennt und der den Voraussetzungen des § 45 genügen muss (**qualifizierter Stellvertreter**, siehe § 45 Rdn. 17). Gewerbetreibender ist der überlebende Ehegatte bzw. Lebenspartner, nicht der Stellvertreter (*Heß*, in: Friauf, § 46 Rdn. 20).

6 **b) Ehegatte oder Lebenspartner als Stellvertreter.** Entgegen dem Wortlaut kann der Ehegatte oder Lebenspartner das Gewerbe aber auch in eigener Person – quasi als sein eigener Stellvertreter – führen, wenn er die geforderten persönlichen Befähigungen besitzt (*OVG Nds.* GewArch 1961, 214; *Heß*, in: Friauf, § 46 Rdn. 21; *Marcks*, in: Landmann/Rohmer I, § 46 Rdn. 6). Diese Konstellation hat für den überlebenden Ehegatten oder Lebenspartner den Vorteil, dass er selbst den Betrieb fortführt, aber die persönlichen Erlaubnisse, die seinem verstorbenen Ehegatten bzw. Lebenspartner erteilt waren, für ihn fortwirken. Ohne dieses Fortführungsprivileg des § 46 müsste er auf seine Person bezogene neue Erlaubnisse beantragen.

7 Will der Ehegatte oder Lebenspartner ein in § 47 genanntes Gewerbe oder ein solches, für das nach Spezialvorschriften eine **Stellvertretererlaubnis** verlangt wird, selbst als Stellvertreter fortführen, bedarf er einer solchen Erlaubnis, da bei diesen Gewerben von dem für den Gewerbebetrieb Verantwortlichen besondere Qualifikationen verlangt werden und diese Qualifikation vor Aufnahme des Gewerbes von der Behörde zu prüfen ist (im Ergebnis ebenso *Schulz-Schaeffer* MDR 1961, 379; a. A. *Heß*, in: Friauf, § 46 Rdn. 21; *Michel/Kienzle/Pauly* GastG, 14. Aufl. 2003, § 10 Rdn. 8).

4. Abweichende Bestimmungen

8 Die Fortführungsmöglichkeit nach § 46 besteht nicht, soweit besondere Vorschriften etwas anderes bestimmen. Einschränkungen des Ehegattenprivilegs durch besondere Vorschriften bedürfen einer entsprechenden ausdrücklichen Willensbekundung des Gesetzgebers (*BVerwG* GewArch 1966, 68).

Letzteres ist nach § 47 für die dort genannten Gewerbearten der Fall. Außerdem bestehen Sondervorschriften für das Handwerk im Allgemeinen (§ 4 HandwO), für das Verkehrsgewerbe (§ 19 I PBefG, § 8 GüKG) und für das Fahrlehrergewerbe im Besonderen (§ 15 FahrlG). Näher zu den Sondervorschriften siehe *Heß*, in: Friauf, § 46 Rdn. 36 ff.

5. Rechtsfolgen des Abs. 1

9 Der überlebende Ehegatte resp. Lebenspartner tritt vollständig an die Stelle des verstorbenen Gewerbetreibenden und wird selbst zum Gewerbetreibenden.

10 **a) Erlaubnisfreies Gewerbe.** Bei erlaubnisfreien Gewerben folgt aus § 46 I lediglich, dass der überlebende Ehegatte oder Lebenspartner die Fortführung des Gewerbes nicht nach § 14 anzeigen muss (**a. A.** *Biwer*, in: BeckOK, § 46 Rdn. 4; *Heß*, in: Friauf, § 46 Rdn. 9; *Marcks*, in: Landmann/Rohmer I, § 46 Rdn. 3). Dies ergibt sich aus dem Wortlaut des § 14, wonach der Anfang, die Verlegung, die Aufgabe eines Betriebes sowie der Wechsel oder die Ausdehnung des Betriebsgegenstandes, nicht aber die Fortführung des Betriebes anzuzeigen sind. Hinzu kommt, dass anderenfalls § 46 für erlaubnisfreie Gewerbe ohne Bedeutung wäre.

Will der überlebende Ehegatte oder Lebenspartner den Betrieb auf erlaubnispflichtige Tätigkeiten erweitern, benötigt er eine entsprechende Erlaubnis. Zur zeitlichen Komponente des § 46 siehe unten Rdn. 16. Richtet die Behörde Verfügungen an den überlebenden Ehegatten oder Lebenspartner, ist in Bezug auf etwaige in der Person wurzelnde Voraussetzungen auf den überlebenden Ehegatten bzw. Lebenspartners abzustellen (z. B. im Rahmen einer Untersagungsverfügung nach § 35 I). 11

b) Erlaubnispflichtiges Gewerbe. Bei erlaubnispflichtigen Gewerben gestattet § 46 I dem überlebenden Ehegatten oder Lebenspartner die Fortführung des Gewerbes unter weiterem Gebrauchmachen von den für den verstorbenen Gewerbetreibenden bestehenden Erlaubnissen. Neue, an den überlebenden Ehegatten oder Lebenspartner anknüpfende Erlaubnisse sind also nicht erforderlich. 12

aa) Umfang einer fortbestehenden Gewerbeerlaubnis. Die Gewerbeberechtigung des überlebenden Ehegatten bzw. Lebenspartners reicht ebenso weit wie die des verstorbenen (*OVG Nds.* GewArch 1961, 214). Eine dem verstorbenen Ehegatten bzw. Lebenspartner erteilte Gewerbeerlaubnis kann nur für den überlebenden gelten, wenn sie noch bestand, also nicht bestandskräftig zurückgenommen oder widerrufen (dazu unten Rdn. 19) oder durch Fristablauf erloschen ist. 13

Es kommt nicht darauf an, ob der Gewerbetreibende von einer Erlaubnis schon Gebrauch gemacht hat, wenn er nur das Gewerbe überhaupt ausgeübt hat; letzteres ist aber nötig (oben Rdn. 4). Unerheblich ist ferner, ob der überlebende Ehegatte oder Lebenspartner einen Dritten oder sich selbst als Stellvertreter bestellt (oben Rdn. 5 f.). 14

Will der Ehegatte bei der Gewerbeausübung erlaubnispflichtige Veränderungen vornehmen (z. B. Erweiterung, Verlegung in andere Räume), so ist hierfür eine neue, nunmehr auf die Person des überlebenden Ehegatten oder Lebenspartner selbst bezogene Erlaubnis erforderlich (*Heß*, in: Friauf, § 46 Rdn. 28). 15

bb) Zeitliche Begrenzung. Eine zeitliche Begrenzung für die Befugnis des überlebenden Ehegatten bzw. Lebenspartners besteht grundsätzlich nicht. 16

Verstirbt der überlebende Ehegatte oder Lebenspartner, erlischt die Fortführungsbefugnis nach § 46. Im Falle der **Wiederverheiratung** oder -verpartnerung bleibt die Fortführungsbefugnis bestehen. Verstirbt der Ehegatte oder Lebenspartner nach Wiederverheiratung oder -verpartnerung, kann die an den Betrieb des erstverstorbenen Gewerbetreibenden anknüpfende Fortführungsbefugnis nicht gem. § 46 auf den neuen überlebenden Ehegatten bzw. Lebenspartner übergehen, auch nicht auf Erben des zweitverstorbenen

Ehegatten oder Lebenspartners (*Marcks*, in: Landmann/Rohmer I, § 46 Rdn. 8; **a. A.** *Heß*, in: Friauf, § 46 Rdn. 17). Davon unberührt bleibt freilich der Übergang vom zweitverstorbenen Ehegatten bzw. Lebenspartner neu erworbener Erlaubnisse auf den überlebenden Ehegatten bzw. Lebenspartner gem. § 46; entsprechendes gilt für Erben des zweitverstorbenen Ehegatten oder Lebenspartners. Möglich ist ferner, dass im Falle des Versterbens des zunächst überlebenden Ehegatten oder Lebenspartners nunmehr die minderjährigen Erben des erstverstorbenen Ehegatten bzw. Lebenspartners den Betrieb nach § 46 fortführen.

17 Ansonsten ist der Bestand der Befugnis abhängig vom Verhalten des überlebenden Ehegatten resp. Lebenspartners. Sie endet mit der **Aufgabe des Betriebes**, welche auch in einer längeren Unterbrechung zu sehen sein kann. Eine Aufgabe liegt ferner in der **Verpachtung** des Gewerbebetriebes, da dann keine Fortführung für eigene Rechnung mehr gegeben ist. Die Befugnisse des § 46 leben nach Beendigung der Unterbrechung oder Verpachtung nicht wieder auf (*Heß*, in: Friauf, § 46 Rdn. 19; *Marcks*, in: Landmann/Rohmer I, § 46 Rdn. 8).

18 cc) **Rücknahme und Widerruf von Erlaubnissen.** Erlaubnisse, die der verstorbene Ehegatte oder Lebenspartner erhalten hat, können mit Wirkung für den überlebenden Ehegatten bzw. Lebenspartner zurückgenommen oder widerrufen werden, wenn die entsprechenden Voraussetzungen erfüllt sind. Soweit persönliche Voraussetzungen in Frage stehen, ist nur noch auf die Person des überlebenden Ehegatten bzw. Lebenspartners abzustellen, nicht mehr auf den verstorbenen Gewerbetreibenden. Entsprechendes gilt für andere behördliche Verfügungen.

19 Wenn eine Erlaubnis zu Lebzeiten des ursprünglichen Gewerbetreibenden zurückgenommen wurde, dieser den Rücknahme-Verwaltungsakt aber angefochten hat, erledigt sich der Rücknahme-Verwaltungsakt mit dem Tod des Gewerbetreibenden (*Heß*, in: Friauf, § 46 Rdn. 24). Der überlebende Ehegatte oder Lebenspartner steht mithin so, als wäre die Erlaubnis niemals zurückgenommen worden.

III. Fortführung durch minderjährige Erben (Abs. 2 1. Var.)

20 Nach Abs. 2 1. Var. gilt die Fortführungsbefugnis auch für minderjährige Erben. Abs. 2 enthält lediglich eine **Sonderregelung für die Person des Fortführungsberechtigten**. Im Übrigen gilt das zu Abs. 1 Ausgeführte entsprechend.

1. Minderjähriger Erbe

21 a) **Erbenstellung.** Wer Erbe ist, richtet sich nach den **Erbrechtsvorschriften des BGB**. Die Behörde kann zum Nachweis der Fortführungsberechtigung die Vorlage eines Erbscheins verlangen (*Heß*, in: Friauf, § 46 Rdn. 12). Erben sind auch Vor-, Nach- und Ersatzerben, nicht aber Vermächtnisnehmer oder Erbschaftskäufer; unerheblich ist, ob es sich um Erben

Fortführung des Gewerbes § 46

kraft Gesetzes oder kraft letztwilliger Verfügung handelt. Die Fortführungsbefugnis kann in analoger Anwendung des § 46 II auch vom Pfleger der Leibesfrucht (§§ 1912, 1923 II, 2101 BGB) ausgeübt werden (*Heß*, in: Friauf, § 46 Rdn. 12; *Marcks*, in: Landmann/Rohmer I, § 46 Rdn. 10). Nicht erforderlich ist, dass die minderjährigen Erben i. S. d. § 46 II Abkömmlinge des verstorbenen Gewerbetreibenden sind.

Geht im Rahmen der Erbauseinandersetzung der Gewerbebetrieb auf einen Teil der Erben über, erlischt auf Seiten der anderen das Fortführungsrecht (*Marcks*, in: Landmann/Rohmer I, § 46 Rdn. 12). § 46 II lässt im Übrigen die zivilrechtlichen Beziehungen zwischen den Erben untereinander unberührt.

b) Während der Minderjährigkeit. Die Frage der Minderjährigkeit 22 beurteilt sich nach § 2 BGB. Die Fortführungsbefugnis der Erben endet mit dem Eintritt der Volljährigkeit. Sind neben minderjährigen auch volljährige Erben vorhanden, darf das Gewerbe durch den Stellvertreter ohne Erlaubnis nur für Rechnung der minderjährigen fortgeführt werden. Auch der minderjährige Erbe bedarf keines Stellvertreters, wenn er die nach § 45 erforderliche persönliche Qualifikation selbst besitzen sollte; davon unberührt sind alle aus der fehlenden Geschäftsfähigkeit resultierenden Zustimmungserfordernisse.

2. Gemeinschaftliche Fortführung durch Ehegatten resp. Lebenspartner und Erben

Die Fortführung kann gemeinschaftlich durch Ehegatten resp. Lebenspart- 23 ner und minderjährige Erben erfolgen (*Heß*, in: Friauf, § 46 Rdn. 15; *Marcks*, in: Landmann/Rohmer I, § 46 Rdn. 12). Abs. 1 und 2 schließen sich nicht gegenseitig aus. Möglich ist auch die hintereinander geschaltete Fortführung erst durch den Ehegatten oder Lebenspartner, dann durch die minderjährigen Erben des Gewerbetreibenden (oben Rdn. 16).

IV. Fortführung während der Nachlassregulierung (Abs. 2 2.Var.)

Nach Abs. 2 2.Var. sind auch die mit der Regelung des Nachlasses befassten 24 Personen zur Fortführung des Gewerbebetriebes durch einen Stellvertreter befugt. Diese Berechtigung zur Fortführung endet 10 Jahre nach dem Erbfall, da der Gesetzgeber davon ausging, dass spätestens nach dieser Zeit der Betrieb veräußert oder verpachtet sein kann.

Nachlasspfleger i. S. d. Vorschrift ist der Nachlasspfleger i. S. d. § 1960 BGB, nicht der Ergänzungspfleger für den Nachlass nach § 1909 I 2 BGB, da in diesem Fall der Erbe selbst nach § 46 II 1. Var. den Betrieb fortführt. Zum Nachlassverwalter siehe § 1985 I BGB, zum Testamentsvollstrecker §§ 2197 ff. BGB.

Die hier genannten Personen haben – wie auch der Ehegatte bzw. Lebens- 25 partner oder Erbe (oben Rdn. 6) – die Wahl, ob sie selbst oder durch einen Stellvertreter den Betrieb fortführen. Erforderlich ist jeweils, dass die Voraussetzungen des § 45 erfüllt sind. Als Gewerbetreibende gelten in jedem Fall

§ 46 Titel II. Stehendes Gewerbe

der Nachlasspfleger, -verwalter oder Testamentsvollstrecker, nicht der Stellvertreter (*Biwer*, in: BeckOK, § 46 Rdn. 9; *Heß*, in: Friauf, § 46 Rdn. 31).

V. Fortführung ohne qualifizierten Stellvertreter (Abs. 3)

26 Gem. Abs. 3 kann die Behörde dem Fortführungsberechtigten zum einen die Betriebsfortführung durch einen Stellvertreter gestatten, der nicht den Anforderungen des § 45 genügt. Abs. 3 ermöglicht zum anderen die Fortführung des Betriebes durch den Fortführungsberechtigten i. S. d. Abs. 1 und 2, ohne einen Stellvertreter zu bestellen (vgl. oben Rdn. 6), auch wenn der Ehegatte, Lebenspartner, Erbe, Nachlassverwalter etc. selbst den Anforderungen des § 45 nicht genügt (*Heß*, in: Friauf, § 46 Rdn. 32). Beides kommt aber nicht in Betracht, wenn mit einer Gefährdung der Allgemeinheit gerechnet werden muss (*Biwer*, in: BeckOK, § 46 Rdn. 11). Nicht in Frage kommt daher die Fortführung durch einen unzuverlässigen Stellvertreter oder Ehegatten etc. Es kann nur auf den Nachweis besonderer Sachkunde, Befähigung oder Erfahrung verzichtet werden, wenn trotz dieser Defizite mit einer ordnungsgemäßen Betriebsführung zu rechnen ist (*Heß*, in: Friauf, § 46 Rdn. 33; *Marcks*, in: Landmann/Rohmer I, § 46 Rdn. 15).

27 Die Erlaubnis nach Abs. 3 steht im pflichtgemäßen **Ermessen** der Behörde. Die Behörde kann die Gestattung für **höchstens ein Jahr** (keine Verlängerung), aber auch für eine kürzere Frist erteilen. Die Gestattung kann mit einem Widerrufsvorbehalt verbunden werden (*Heß*, in: Friauf, § 46 Rdn. 33).

VI. Behördliche Maßnahmen

28 Eine behördliche Mitwirkung bei der Fortführung des Gewerbebetriebes ist in den Fällen des Abs. 1 und 2 nicht nötig. Die Behörde hat bei Kenntniserlangung (eine Anzeige nach § 14 ist jedoch nicht erforderlich, oben Rdn. 10) aber von Amts wegen zu prüfen, ob die Voraussetzungen für die Fortführung vorliegen. Die §§ 45, 46 selbst bieten der Behörde jedoch keine Ermächtigungsgrundlage zum Eingreifen (*Heß*, in: Friauf, § 46 Rdn. 34). Heranzuziehen sind daher die allgemeinen Eingriffsermächtigungen.

1. Erlaubnisfreies Gewerbe

29 Bei Fortführung eines erlaubnisfreien Gewerbes muss die Behörde eingreifen, wenn die Voraussetzungen einer Untersagungsverfügung nach § 35 I vorliegen (*Biwer*, in: BeckOK, § 46 Rdn. 15). Unzuverlässigkeit kann zu bejahen sein, wenn der Fortführungsberechtigte selbst den Betrieb fortführt, ohne i. S. d. § 45 qualifiziert zu sein, oder einen unqualifizierten Stellvertreter mit der Betriebsführung betraut. Die Unzuverlässigkeit entfällt, wenn eine Gestattung nach Abs. 3 erteilt wurde.

2. Erlaubnispflichtiges Gewerbe

Nur wenn die Voraussetzungen des § 46 erfüllt sind, wirkt die dem verstorbenen Gewerbetreibenden erteilte Erlaubnis auch für den Betriebsnachfolger. Dies bedeutet, dass die Behörde nach § 15 II einschreiten kann, wenn die Voraussetzungen des § 46 nicht gegeben sind. Es wird dann aber zu prüfen sein, ob nicht eine Gestattung nach Abs. 3 in Betracht kommt. **30**

In Anwendung des Verhältnismäßigkeitsprinzips ist ferner zu prüfen, ob dem – nicht i. S. d. § 45 qualifizierten – Betriebsnachfolger die Gelegenheit zur Bestellung eines qualifizierten Stellvertreters zu geben ist (*Biwer*, in: BeckOK, § 46 Rdn. 15). Bis dahin kann nach § 15 II die Fortsetzung des Betriebes verhindert werden (**a. A.** *Heß*, in: Friauf, § 46 Rdn. 35).

Zu Rücknahme und Widerruf von Erlaubnissen, die dem verstorbenen Ehegatten oder Lebenspartner erteilt worden sind, siehe oben Rdn. 18 f.

§ 47 Stellvertretung in besonderen Fällen

Inwiefern für die nach den §§ 33 i, 34, 34 a, 34 b, 34 c und 36 konzessionierten oder angestellten Personen eine Stellvertretung zulässig ist, hat in jedem einzelnen Falle die Behörde zu bestimmen, welcher die Konzessionierung oder Anstellung zusteht.

Übersicht

	Rdn.
I. Vorbemerkung	1
II. Bedeutung für die Stellvertretung nach §§ 45, 46	2
1. Verhältnis zu § 45	2
2. Verhältnis zu § 46	3
III. Behördliche Entscheidung	5
1. Entscheidungsumfang	6
a) Entscheidung über Stellvertretung oder Fortführung	7
b) Entscheidung über Stellvertreter	8
c) Einheitliche Entscheidung	9
2. Behördliches Ermessen	10
3. Adressat; Rechtsschutz	12
IV. Rechtsfolgen bei Pflichtverletzungen	13
1. Ordnungswidrigkeit; Straftat	13
2. Eingreifen nach § 15 II	14

I. Vorbemerkung

Nach § 47 bedarf die Ausübung bestimmter Gewerbe durch einen Stellvertreter einer besonderen behördlichen Zulassung. § 47 durchbricht also den Grundsatz der §§ 45, 46, wonach die Stellvertretung generell zulässig ist. Betroffen sind folgende Gewerbearten: Spielhallen und ähnliche Unternehmen (§ 33 i), Pfandleihgewerbe (§ 34), Bewachungsgewerbe (§ 34 a), Versteigerergewerbe (§ 34 b), Makler, Anlageberater, Bauträger und Baubetreuer (§ 34 c) und öffentlich bestellte Sachverständige (§ 36). **1**

II. Bedeutung für die Stellvertretung nach §§ 45, 46

1. Verhältnis zu § 45

2   Für die in § 47 genannten Gewerbe gilt § 45 nicht. Der Gewerbeausübende kann also nicht ohne behördliche Zulassung einen Stellvertreter mit der Gewerbeausübung betrauen, selbst wenn dieser die nach § 45 erforderlichen persönlichen Qualifikationen aufweist.

2. Verhältnis zu § 46

3   § 47 beschränkt die Möglichkeit des Fortführungsberechtigten, nach § 46 das Gewerbe selbst oder durch einen Stellvertreter fortzuführen.
Soll der Betrieb nach dem Tod des Gewerbetreibenden durch einen Fortführungsberechtigten i. S. d. § 46 unter Einschaltung eines Stellvertreters fortgeführt werden, bedarf die Stellvertretung unstreitig der Zulassung durch die Behörde.

4   Früher umstritten war dies bei der Fortführung durch den Ehegatten, Erben, Nachlassverwalter etc. selbst. Manche hielten eine Stellvertretererlaubnis für entbehrlich (Nachweise in der 5. Aufl. Rdn. 3). Es hat sich jedoch die zutreffende Ansicht durchgesetzt, dass § 47 auch den Fall betrifft, dass der Fortführungsberechtigte i. S. d. § 46 in eigener Person den Betrieb fortführt (*Biwer*, in: BeckOK, § 47 Rdn. 1; *Heß*, in: Friauf, § 47 Rdn. 3 m. w. N.). Der Ehegatte etc. benötigt also eine Zulassung nach § 47. Für diese Ansicht spricht bereits die Systematik des Gesetzes: § 47 geht als Spezialvorschrift der Regelung des § 46 vor, wie im Übrigen auch im Wortlaut des § 46 I a. E. angelegt ist. Vor allem aber ergibt sich das Erfordernis einer Zulassung der Fortführung aus dem Zweck des § 47. Die Ausübung der dort genannten Gewerbe bedarf einer besonderen Zulassung, da an die Person des Gewerbetreibenden erhöhte Anforderungen hinsichtlich Zuverlässigkeit, Sachkunde und Erfahrung zu stellen sind. In einigen Fällen kann die Leistung des Gewerbes ohnehin nur persönlich erbracht werden (so bei § 36). § 47 soll gewährleisten, dass diese Gewerbe nur von geeigneten Personen ausgeübt werden. Vor diesem Hintergrund hat die Behörde nach § 47 auch darüber zu entscheiden, ob eine persönliche Fortführung des Gewerbes durch den nach § 46 Fortführungsberechtigten zuzulassen ist.

III. Behördliche Entscheidung

5   Nötig ist zunächst ein **Antrag**, der auch konkludent in der Benennung eines Stellvertreters i. S. d. § 45 oder § 46 liegen kann (*Biwer*, in: BeckOK, § 47 Rdn. 2; *Heß*, in: Friauf, § 47 Rdn. 5).

1. Entscheidungsumfang

6   Gem. § 47 kommen drei Erlaubnisse in Betracht: (1.) Dem Gewerbetreibenden kann nach § 45 gestattet werden, einen bestimmten Stellvertreter zu benennen. (2.) Dem Fortführungsberechtigten gem. § 46 kann erlaubt wer-

den, den Betrieb durch einen bestimmten Stellvertreter fortzuführen; ihm kann schließlich (3.) gestattet werden, den Betrieb selbst fortzuführen.

a) Entscheidung über Stellvertretung oder Fortführung. In allen drei Fällen muss die Behörde zunächst darüber entscheiden, ob überhaupt eine Stellvertretung (§ 45) oder eine Fortführung (§ 46) zuzulassen ist. Dies wird z. B. abzulehnen sein, wenn kein Bedürfnis für die Bestellung eines Stellvertreters besteht, weil der Gewerbetreibende sein Gewerbe überhaupt nicht ernsthaft weiterbetreiben will (*Heß*, in: Friauf, § 47 Rdn. 8). Der Antrag ist ferner in aller Regel abzulehnen, wenn das Gewerbe nur von dem Gewerbetreibenden persönlich ausgeübt werden kann, so beim öffentlich bestellten Sachverständigen gem. § 36. Etwas anderes kann in besonders gelagerten Fällen gelten, wenn der Sachverständige das Gutachten nahezu erstellt hat und an der Beendigung verhindert ist, ein Stellvertreter dieses aber ohne weiteres vollenden kann (*Biwer*, in: BeckOK, § 47 Rdn. 2; vgl. ferner *Heß*, in: Friauf, § 47 Rdn. 7). 7

b) Entscheidung über Stellvertreter. In einem zweiten Schritt ist zu entscheiden, ob die Person, die als Stellvertreter tätig werden soll, zuzulassen ist. Bei einem Wechsel des Stellvertreters ist eine neue Erlaubnis erforderlich. 8

c) Einheitliche Entscheidung. Die Entscheidung bezieht sich immer auf einen bestimmten Stellvertreter, so dass die Zulässigkeit der Stellvertretung oder Fortführung (oben a) lediglich eine inzident zu prüfende Vorfrage ist. Es handelt sich also um eine einheitliche Entscheidung. Die Stellvertretung kann nicht generell, etwa im Rahmen der Gewerbezulassung, gestattet werden. Vielmehr ist in jedem Bedarfsfall erneut über die Zulassung zu entscheiden (*Heß*, in: Friauf, § 47 Rdn. 6), wie sich aus dem Wortlaut ergibt („in jedem einzelnen Falle"). 9

2. Behördliches Ermessen

Die Entscheidung nach § 47 steht im **Ermessen** der Behörde. Strittig ist, wie stark der Ermessensspielraum der Behörde eingeschränkt ist. Nach einer Ansicht ist die Benennung eines Stellvertreters gem. §§ 45 f. Teil der Gewerbeausübung, so dass der Gewerbetreibende einen Rechtsanspruch auf Zulassung eines Stellvertreters habe, wenn die Stellvertretung nicht den Zwecken der in § 47 genannten Gewerbe zuwiderlaufe (*Marcks*, in: Landmann/Rohmer I, § 47 Rdn. 3, 6; ähnlich *Biwer*, in: BeckOK, § 47 Rdn. 3). Nach der Gegenauffassung komme der Behörde ein weiterer Ermessensspielraum zu, der lediglich dadurch eingeschränkt werde, dass bei der Entscheidung der Gehalt der Berufsfreiheit gem. Art. 12 GG zu berücksichtigen sei (*Heß*, in: Friauf, § 47 Rdn. 6; vgl. auch allg. oben Einl. Rdn. 24 ff.). 10

Der letztgenannten Auffassung ist zuzustimmen. Für sie spricht der Wortlaut des § 47, der eben nicht die Versagung der Stellvertretererlaubnis auf das Vorliegen namentlich genannter Versagungsgründe beschränkt. Im Ergebnis werden sich beide Ansichten gleichwohl kaum unterscheiden, da eine adäquate **Berücksichtigung von Art. 12** dazu führen dürfte, dass eine Versagung der Stellvertretererlaubnis nur zur Erreichung der jeweiligen Normzwecke der in § 47 genannten Vorschriften zulässig ist. 11

§ 48

3. Adressat; Rechtsschutz

12 Adressat der Entscheidung ist (nur) der Gewerbetreibende. Ihm stehen bei Zurückweisung seines Antrages die üblichen Rechtsbehelfe Widerspruch und **Verpflichtungsklage** zur Verfügung (*Marcks*, in: Landmann/Rohmer I, § 47 Rdn. 6). Für eine isolierte Anfechtungsklage des ablehnenden Bescheides fehlt das Rechtsschutzbedürfnis.

Die als Stellvertreter benannte Person ist nicht Adressat der behördlichen Entscheidung. Ihr fehlt die Klagebefugnis, da nicht ihr, sondern nur dem Gewerbetreibenden ein Anspruch auf Entscheidung der Behörde zusteht.

IV. Rechtsfolgen bei Pflichtverletzungen

1. Ordnungswidrigkeit; Straftat

13 Nach § 144 I Nr. 2 handelt der Gewerbetreibende ordnungswidrig, wenn er sein Gewerbe ohne die nach § 47 erforderliche Erlaubnis durch einen Stellvertreter ausüben lässt. Die beharrliche Wiederholung dieser Zuwiderhandlung ist nach § 148 Nr. 1 strafbar.

2. Eingreifen nach § 15 II

14 Neben der Verfolgung der Pflichtverletzung als Ordnungswidrigkeit oder Straftat kommen noch folgende behördliche Maßnahmen in Betracht (dazu *Heß*, in: Friauf, § 47 Rdn. 13 f.): Wenn ein Gewerbetreibender ohne Erlaubnis nach § 47 einen Stellvertreter i. S. d. § 45 einsetzt, kann die Behörde u. U. die Gewerbeerlaubnis gem. § 49 II Nr. 3 VwVfG widerrufen und dann gem. § 15 II eingreifen.

15 Im Falle des § 46 entfällt die bisherige Erlaubnis mit dem Tod des ursprünglichen Gewerbetreibenden. Ohne Stellvertretererlaubnis nach § 47 handelt der Fortführungsberechtigte ohne Gewerbeerlaubnis, so dass ein Eingreifen nach § 15 II möglich ist. Dies gilt sowohl im Falle der Einschaltung eines Dritten als Stellvertreter als auch bei eigenhändiger Fortführung des Betriebes (oben Rdn. 4).

Zur Anwendbarkeit des § 15 II bei bloß formeller Gewerberechtswidrigkeit siehe § 15 Rdn. 22 ff.

§ 48 Übertragung von Realgewerbeberechtigungen

Realgewerbeberechtigungen können auf jede nach den Vorschriften dieses Gesetzes zum Betriebe des Gewerbes befähigten Person in der Art übertragen werden, daß der Erwerber die Gewerbeberechtigung für eigene Rechnung ausüben darf.

I. Vorbemerkung

1 Die Bedeutung der Vorschrift ist gering, da nach § 10 II Realgewerbeberechtigungen nicht mehr begründet werden können. Zum Begriff der Realgewerbeberechtigung siehe § 10 Rdn. 7 f.

II. Übertragung von Realgewerbeberechtigungen

Entgegen dem Wortlaut der Vorschrift regelt § 48 **nicht** die Übertragung von Realgewerbeberechtigungen. Dies ist eine Angelegenheit des Zivilrechts und zwar nach Art. 74 EGBGB des Landesrechts. § 48 enthält insoweit allenfalls eine öffentlich-rechtliche Anerkennung der Übertragbarkeit (*Heß*, in: Friauf, § 48 Rdn. 1; *Schönleiter*, in: Landmann/Rohmer I, § 48 Rdn. 4).

III. Anforderungen an den Erwerber einer Realgewerbeberechtigung

§ 48 enthält öffentlich-rechtliche Anforderungen, welche der Empfänger der zivilrechtlichen Übertragung der Realgewerbeberechtigung erfüllen muss, wenn er die Berechtigung für eigene Rechnung ausüben will: Der Erwerber muss in eigener Person diejenigen Voraussetzungen erfüllen, welche gesetzlich für die konkrete Gewerbetätigkeit vorgeschrieben sind (*Biwer*, in: BeckOK, zu § 48; *Heß*, in: Friauf, § 48 Rdn. 2).

1. Gewerbeausübung in eigener Person

Erforderlich ist grundsätzlich, dass der Erwerber zum Betriebe des konkret in Rede stehenden Gewerbes befähigt sein muss. Diese Befähigung umfasst zum einen die jeweiligen gesetzlich normierten, materiellen, persönlichen und sachbezogenen Voraussetzungen (z. B. Zuverlässigkeit, Eignung, Ausstattung der Räume). Zum anderen muss der Erwerber auch die formellen Voraussetzungen zur Gewerbeausübung erfüllen, insbesondere auch eine eventuell aufgrund anderer Vorschriften nötige gewerberechtliche Erlaubnis beantragen. Bei der Entscheidung über die Erteilung der Erlaubnis hat die Behörde jedoch die prinzipielle Anerkennung bestehender Realrechte durch die GewO zu beachten (vgl. *Schönleiter*, in: Landmann/Rohmer I, § 48 Rdn. 6).

Den Erwerber trifft ferner die Anzeigepflicht nach § 14 (*Heß*, in: Friauf, § 48 Rdn. 3).

2. Gewerbeausübung durch Stellvertreter

Erfüllt der Erwerber die erforderliche persönliche Qualifikation nicht, kann er das Gewerbe bei Vorliegen der formellen Voraussetzungen durch einen nach § 45 befähigten Stellvertreter für seine Rechnung ausüben lassen (*Heß*, in: Friauf, § 48 Rdn. 2).

§ 49 Erlöschen von Erlaubnissen

(1) **(weggefallen)**
(2) **Die Konzessionen und Erlaubnisse nach den §§ 30, 33 a und 33 i erlöschen, wenn der Inhaber innerhalb eines Jahres nach deren**

§ 49

Erteilung den Betrieb nicht begonnen oder während eines Zeitraumes von einem Jahr nicht mehr ausgeübt hat.
(3) **Die Fristen können aus wichtigem Grund verlängert werden.**

Literatur: *H.-J. Odenthal*, Das Erlöschen gewerberechtlicher Erlaubnisse durch Zeitablauf nach hoheitlichen Eingriffen, GewArch 1994, 48 ff.

Übersicht

	Rdn.
I. Vorbemerkung	1
1. Zweck der Vorschrift	2
2. Verfassungsrechtliche Fragestellungen	3
a) Art. 12 GG	3
b) Art. 14 GG	5
c) Art. 74 I Nr. 11 GG	6
II. Erlöschen von Konzessionen und Erlaubnissen (Abs. 2)	7
1. Betroffene Gewerbebereiche	7
2. Voraussetzungen des Erlöschens	8
a) Ausbleibender Betriebsbeginn	8
b) Betriebseinstellung	12
III. Fristverlängerung (Abs. 3)	13
1. Antrag an die zuständige Behörde	13
2. Wichtiger Grund	14
a) Wichtige Gründe	15
b) Keine wichtigen Gründe	16
3. Behördliche Entscheidung	17
a) Ermessensentscheidung	17
b) Dauer der Verlängerungsfrist	18
c) Behördliche Frist	19
IV. Erlöschensgründe außerhalb von § 49	20
1. Allgemeines Verwaltungsverfahrensrecht	21
2. Tod/Wegfall des Erlaubnisnehmers	22
3. Untergang/wesentliche Änderung der Betriebsstätte	23
4. Verzicht	24

I. Vorbemerkung

1 Der frühere Abs. 1 befasste sich mit dem Nichtgebrauchmachen anlagenbezogener Erlaubnisse nach § 24 I Nr. 2 a. F. Durch Gesetz vom 26. 8. 1992 (BGBl. I S. 1564) wurden sowohl § 24 als auch Abs. 1 des § 49 aufgehoben (näher zur Entstehungsgeschichte *Heß*, in: Friauf, § 49 Rdn. 1 ff.). An deren Stelle trat insb. § 18 BImSchG (dazu *Ennuschat*, in: Kotulla, BImSchG, Stand: Aug. 2008, § 18 Rdn. 6 f.).

1. Zweck der Vorschrift

2 Die Einholung einer Genehmigung kann dazu dienen, Wettbewerber von der Betätigung in diesem Bereich abzuschrecken. Vor diesem Hintergrund soll Abs. 2 ein **Horten von Genehmigungen**, von denen kein Gebrauch gemacht wird, verhindern, da dies den Wettbewerb lähmen könnte und somit

Erlöschen von Erlaubnissen **§ 49**

gesamtwirtschaftlich unerwünscht ist (*Heß*, in: Friauf, § 49 Rdn. 4; *Schönleiter*, in: Landmann/Rohmer I, § 49 Rdn. 1).

Hinzu kommt, dass im Falle des Nichtausnutzens einer ortsbezogenen Erlaubnis deren zeitliche Begrenzung es ermöglicht, die Nutzung von Grundstücken an **veränderte Umstände** tatsächlicher oder rechtlicher Art anzupassen (*Odenthal* GewArch 1994, 48 [50]). Anderenfalls wäre bei einmal erteilter Erlaubnis auf unabsehbare Zeit mit einer der Erlaubnis entsprechenden Nutzung zu rechnen; dies ist nicht hinzunehmen, wenn die Genehmigung lediglich auf Vorrat eingeholt wurde (vgl. *Heß*, in: Friauf, § 49 Rdn. 5; *Jarass* GewArch 1980, 177 [185]).

Zu § 49 vergleichbaren **Sonderregelungen** in anderen gewerberechtlichen Gesetzen (z. B. § 8 GastG) siehe *Heß*, in: Friauf, § 49 Rdn. 26.

2. Verfassungsrechtliche Fragestellungen

a) Art. 12 GG. Die Erlaubnisvorbehalte nach §§ 30, 33 a und 33 i sind 3 als Eingriff in die **Berufswahlfreiheit** (Art. 12 GG) einzuordnen, wobei es sich um subjektive Berufszulassungsvoraussetzungen handelt. Im Erlöschen der einmal erteilten Erlaubnis ist deshalb gleichfalls ein Eingriff in die Freiheit der Berufswahl zu sehen. Da das Erlöschen an ein Nicht-Handeln des Gewerbetreibenden anknüpft, liegt wiederum eine **subjektive Berufszulassungsschranke** vor (im Ergebnis ebenso *Heß*, in: Friauf, § 49 Rdn. 6; **a. A.** *Schönleiter*, in: Landmann/Rohmer, § 49 Rdn. 3; *Odenthal* GewArch 1994, 48 [51]: Eingriff in die Berufsausübungsfreiheit).

Dieser Eingriff in Art. 12 GG findet jedoch eine **verfassungsrechtliche** 4 **Rechtfertigung**. Die wichtigen Gemeinschaftsgüter, die es gestatten, die Berufsaufnahme überhaupt von einer Erlaubnis abhängig zu machen, rechtfertigen es auch, für die Fortgeltung einer nicht ausgenutzten Erlaubnis einen Endzeitpunkt zu bestimmen. Eine unverhältnismäßige Belastung für den Gewerbetreibenden ist damit nicht verbunden, zumal er gem. Abs. 3 eine Verlängerung der Frist beantragen kann. § 49 Abs. 2 und 3 sind daher mit Art. 12 GG vereinbar (*BVerwG* GewArch 1987, 272 – zu § 8 GastG; *BVerwGE* 40, 153 [156] – zu § 3 Nr. 4 ApoG; *Heß*, in: Friauf, § 49 Rdn. 6; *Schönleiter*, in: Landmann/Rohmer I, § 49 Rdn. 3; *Odenthal* GewArch 1994, 48 [51]).

b) Art. 14 GG. Ob überhaupt von einem Eingriff in die Eigentumsfreiheit 5 die Rede sein kann, hängt davon ab, ob schon das bloße Innehaben einer Erlaubnis nach §§ 30, 33 a, 33 i als eine von Art. 14 GG erfasste vermögenswerte Rechtsposition (dazu allg. Einl. Rdn. 18 ff.) zu betrachten ist (bejahend *Odenthal* GewArch 1994, 48 [51]; verneinend *BVerwG* GewArch 1987, 272; *BVerwGE* 40, 153 [156]; *Heß*, in: Friauf, § 49 Rdn. 6). Selbst wenn ein Eingriff in Art. 14 GG zu bejahen wäre, fände dieser die vorstehend angedeutete verfassungsrechtliche Rechtfertigung.

c) Art. 74 I Nr. 11 GG. Durch die Föderalismusreform im Jahre 2006 6 (oben Einl. 12 ff.) wurden das Recht der Schaustellung von Personen und der Spielhallen der Landeskompetenz zugewiesen. Soweit keine Landesgesetze an die Stelle von § 33 a bzw. § 33 i treten, ist § 49 II unproblematisch anwendbar

§ 49 Titel II. Stehendes Gewerbe

(Art. 125 a I GG). Neues Landesrecht könnte dann insoweit die Regelung des § 49 II ersetzen.

II. Erlöschen von Konzessionen und Erlaubnissen (Abs. 2)

1. Betroffene Gewerbebereiche

7 Die in Abs. 2 angesprochenen ortsbezogenen Erlaubnisse und Konzessionen betreffen folgende Gewerbearten: Privatkrankenanstalten (§ 30), Schaustellungen von Personen (§ 33 a) sowie Spielhallen und ähnliche Unternehmen (§ 33 i). Das Bewachungsgewerbe, das nach § 49 a. F. noch betroffen war, wurde ausgeklammert, da es hierbei an einer ortsbezogenen Erlaubnis fehle (vgl. amtl. Begr., BT-Drs. 10/1125, S. 17).

2. Voraussetzungen des Erlöschens

8 **a) Ausbleibender Betriebsbeginn.** Die Rechtswirkung des Erlöschens tritt zum einen ein, wenn nicht innerhalb eines Jahres nach Erteilung der Erlaubnis mit dem Betrieb begonnen wurde.

9 **aa) Fristbeginn.** Die Frist beginnt grundsätzlich mit der **Bekanntgabe** (§ 41 VwVfG) der Erlaubnis zu laufen. Zu beachten sind die fingierten Bekanntgabe-Zeitpunkte des § 41 II VwVfG oder der Verwaltungszustellungsgesetze.

Grundsätzlich wird eine Erlaubnis mit Bekanntgabe wirksam (vgl. § 43 I VwVfG). Wird für die sog. innere Wirksamkeit der Erlaubnis, die ja durchaus mit der äußeren Wirksamkeit auseinander fallen kann (siehe dazu allg. *Sachs*, in: Stelkens/Bonk/Sachs, VwVfG, 7. Aufl. 2008, § 43 Rdn. 163 ff.), bei der Erteilung ein Zeitpunkt nach Bekanntgabe festgesetzt (etwa Erlaubniserteilung im Januar, Wirksamwerden erst zum 1.3.), beginnt die Jahresfrist erst am Tag der inneren Wirksamkeit (ebenso *Biwer*, in: BeckOK, § 49 Rdn. 2; *Heß*, in: Friauf, § 49 Rdn. 8).

10 **bb) Fristberechnung.** Die **Fristberechnung** richtet sich nach § 31 VwVfG i. V. m. §§ 187 ff. BGB (dazu *Heß*, in: Friauf, § 49 Rdn. 7; *Kopp/Ramsauer* VwVfG, 11. Aufl. 2010, § 31 Rdn. 14 ff.).

Im Falle der **Drittanfechtung** einer Erlaubnis mit aufschiebender Wirkung wird die Jahresfrist für den Zeitraum der aufschiebenden Wirkung gehemmt, mit der Folge, dass dieser Zeitraum an die Jahresfrist angehängt wird. Entsprechendes gilt für **rechtswidriges behördliches Handeln**, wenn dieses die Inbetriebnahme verhindert (z. B. der sofort vollziehbare Widerruf einer Erlaubnis). Eine Unterbrechung der Jahresfrist – mit der Folge, dass die Jahresfrist mit Unterbrechungsende neu beginnt, ist nicht geboten (**a. A.** *Odenthal* GewArch 1994, 48 [53]; *Schönleiter*, in: Landmann/Rohmer I, § 49 Rdn. 7), da sonst der Gewerbetreibende durch die Drittanfechtung besser gestellt wäre als ohne. Härtefälle können im Übrigen durch Abs. 3 aufgefangen werden.

11 **cc) Betriebsbeginn.** Ein Betriebsbeginn setzt nach außen erkennbare Handlungen voraus, welche die erhaltene Erlaubnis ausnutzen. Dazu zählen auch Vorbereitungshandlungen für die eigentliche Geschäftstätigkeit wie etwa Einstellung von Mitarbeitern, Ankauf von Waren. Die teilweise Betriebsaufnahme reicht als Betriebsbeginn aus, nicht jedoch die bloße Fertigstellung der Betriebsräume. Die Gewerbeanzeige nach § 14 bedeutet für sich noch nicht den Betriebsbeginn (*Heß*, in: Friauf, § 49 Rdn. 15; vgl. § 14 Rdn. 36 ff.).

b) Betriebseinstellung. Die Erlaubnis erlischt ferner, wenn der Betrieb während eines Zeitraums von einem Jahr nicht mehr ausgeübt wird. Der Betrieb muss während dieser Zeit ununterbrochen und vollständig eingestellt sein. Nach Wiederaufnahme des Betriebes beginnt die Frist erneut zu laufen. Voraussetzung ist aber eine tatsächliche Betriebswiederaufnahme. Bloße Wartungs- oder Renovierungsarbeiten oder eine ungesetzliche Inbetriebnahme reichen nicht. Kürzere Betriebsunterbrechungen werden nicht addiert, selbst wenn sie insgesamt weit mehr als ein Jahr betragen (*Heß*, in: Friauf, § 49 Rdn. 17). 12

Keine Betriebseinstellung liegt in der Bestellung eines Stellvertreters nach § 45 oder in der Betriebsfortführung durch einen Berechtigten i. S. d. § 46 (*Biwer*, in: BeckOK, § 49 Rn. 7).

Die Frist beginnt mit der tatsächlichen – vollständigen – Betriebseinstellung. Für die Fristberechnung gilt wiederum § 31 VwVfG.

III. Fristverlängerung (Abs. 3)

1. Antrag an die zuständige Behörde

Nach Abs. 3 kann die Frist verlängert werden. Zuständig hierfür ist die Genehmigungsbehörde. Die Fristverlängerung setzt einen **vor Ablauf der Frist** zu stellenden Antrag voraus; nicht nötig ist, dass die Fristverlängerung vor Fristablauf gewährt wird (*Heß*, in: Friauf, § 49 Rdn. 23). Nach Ablauf der Frist des Abs. 2 kommt allenfalls ein Antrag auf Wiedereinsetzung in Betracht, der nach verbreiteter Ansicht jedoch unzulässig ist, da es sich um eine gesetzliche Ausschlussfrist handelt (*Biwer*, in: BeckOK, § 49 Rdn. 8; *Heß*, in: Friauf, § 49 Rdn. 13; *Schönleiter*, in: Landmann/Rohmer I, § 49 Rdn. 16; a. A. *Michel/Kienzle/Pauly* GastG, 14. Aufl. 2003, § 8 Rdn. 10). 13

2. Wichtiger Grund

Tatbestandsvoraussetzung einer Fristverlängerung ist das Vorliegen eines wichtigen Grundes. Diesbezüglich kommen in erster Linie solche Umstände in Betracht, die dem Erlaubnisinhaber die Fristwahrung unmöglich machen oder sie ihm nur unter Inkaufnahme erheblicher Nachteile gestatten. Das Merkmal „wichtiger Grund" ist ein unbestimmter Gesetzesbegriff, dessen Auslegung **vollständiger gerichtlicher Überprüfung** unterliegt (*Heß*, in: Friauf, § 49 Rdn. 21). 14

a) Wichtige Gründe. Wichtige Gründe in diesem Sinne können sein (dazu *Heß*, in: Friauf, § 49 Rdn. 22): langandauernde und schwere Erkrankung des Erlaubnisinhabers, höhere Gewalt (z. B. Abbrennen des Betriebsge- 15 bäudes), betriebswirtschaftliche Notwendigkeiten (nicht: finanzielle Schwierigkeiten, vgl. unten Rdn. 16), Nachbarwiderspruch oder rechtswidriges Behördenhandeln, wenn dadurch die Inbetriebnahme verhindert wurde (vgl. oben Rdn. 10). Selbst rechtmäßiges hoheitliches Handeln soll zur Annahme eines wichtigen Grundes i. S. d. Abs. 3 führen können, sofern die damit verbundene Betriebseinstellung nicht letztlich dem Erlaubnisinhaber zuzurechnen ist (so *Heß*, in: Friauf, § 49 Rdn. 22 im Anschluss an *Odenthal* GewArch 1994, 48 [52]).

16   **b) Keine wichtigen Gründe.** Kein wichtiger Grund ist in urlaubsbedingter Abwesenheit zu sehen. Dasselbe gilt für die Verbüßung einer Strafhaft, Verhängung eines Berufsverbotes nach § 70 StGB, Gewerbeuntersagung nach § 35 (*Biwer*, in: BeckOK, § 49 Rdn. 11). Ein wichtiger Grund ist regelmäßig auch bei wirtschaftlichen Schwierigkeiten zu verneinen, welche die Inbetriebnahme verzögern; eine Fristverlängerung kommt hier aber in Betracht, wenn die wirtschaftlichen Schwierigkeiten nicht dem Erlaubnisinhaber zuzurechnen sind. Das bloße Erlöschen der Erlaubnis nach Fristablauf stellt als vom Gesetz gewollte Rechtsfolge selbst keinen wichtigen Grund dar.

3. Behördliche Entscheidung

17   **a) Ermessensentscheidung.** Die Entscheidung steht nach gängiger Einschätzung im **Ermessen** der Behörde. Im Gegensatz zu § 18 III BImSchG verlangt § 49 III nicht ausdrücklich, dass die Fristverlängerung nicht dem **Zweck des Gesetzes** entgegenstehen darf. Dieser ist aber im Rahmen der Ermessensausübung mit besonderem Gewicht nachhaltig zu berücksichtigen. Dabei darf allerdings nicht einseitig nur die Rechtsstellung des Erlaubnisinhabers in das Blickfeld gestellt werden, sondern es müssen auch die Interessen der durch die Genehmigung potentiell Beeinträchtigten (Eigentümer der benachbarten Grundstücke) und Allgemeinwohlbelange einbezogen werden (vgl. *OVG NRW* GewArch 1967, 279).

18   **b) Dauer der Verlängerungsfrist.** Die Fristverlängerung kann kürzer, aber auch länger als ein Jahr sein. Letzteres wird angesichts der gesetzlichen Fristfestlegung in Abs. 2 nur ausnahmsweise sach- und damit ermessensgerecht sein. Nicht möglich ist eine unbefristete Verlängerung.

19   **c) Behördliche Frist.** Die nach Abs. 3 gesetzte Frist ist als behördliche Frist i. S. d. § 31 VwVfG zu werten. Die **Fristberechnung** richtet sich daher neben den §§ 187 ff. BGB nach den vorrangigen Spezialregeln des § 31 II, V, VII VwVfG.
Eine **mehrfache Fristverlängerung** ist möglich (§ 31 VII 1 VwVfG). Der Antrag auf nochmalige Verlängerung muss vor Ablauf der Verlängerungsfrist gestellt werden; nach Fristablauf ist aber Wiedereinsetzung grundsätzlich möglich (hier unstreitig, vgl. *Heß*, in: Friauf, § 49 Rdn. 24). Auch eine **rückwirkende Verlängerung** ist gem. § 31 VII 2 VwVfG nicht ausgeschlossen (anders für die gesetzliche Frist des § 49 II; *Biwer*, in: BeckOK, § 49 Rdn. 15).

IV. Erlöschensgründe außerhalb von § 49

Außerhalb des § 49 findet sich noch eine Reihe weiterer Erlöschensgründe (unten 1 bis 4). **Keine Erlöschensgründe** sind jedoch die Nichtausübung bzw. Einstellung des Gewerbebetriebes (anders erst bei Ablauf der Frist nach § 49 II), die Verlegung des Wohn- oder Betriebssitzes, die Gewerbeuntersagung nach § 35, die Anordnung eines Berufsverbotes nach § 70 StGB, die Abgabe der eidesstattlichen Versicherung gem. § 807 ZPO oder § 284 AO, die Insolvenz des Gewerbetreibenden, die Untersagung der weiteren Benutzung der Anlage nach § 51 (näher *Heß*, in: Friauf, § 49 Rdn. 38 ff.).

1. Allgemeines Verwaltungsverfahrensrecht

Eine gewerberechtliche Erlaubnis kann erlöschen wegen Rücknahme bzw. Widerrufs (§§ 48 f. VwVfG), Eintritts einer auflösenden Bedingung (§ 36 II Nr. 2 VwVfG) oder des Endtermins einer Befristung (§ 36 II Nr. 1 VwVfG).

2. Tod/Wegfall des Erlaubnisnehmers

Bei personenbezogenen Erlaubnissen ist der Tod des Erlaubnisinhabers Erlöschensgrund, sofern nicht das Fortführungsprivileg des § 46 eingreift. Erlöschensgrund ist ferner der Wegfall, insb. die Auflösung einer juristischen Person als Erlaubnisträgerin.

3. Untergang/wesentliche Änderung der Betriebsstätte

Bei raum- oder ortsbezogenen Erlaubnissen führen der Untergang oder die wesentliche Änderung der Betriebsstätte zum Erlöschen der bisherigen Erlaubnis. Kein Erlöschensgrund ist, dass einem Dritten für die gleichen Räume eine Erlaubnis erteilt wurde (*BVerwG* GewArch 1977, 22). Werden in einer Spielhalle einzelne (Teil-)Räume nicht mehr zur Aufstellung von Spielgeräten verwendet, führt dies nicht zu einer wesentlichen Änderung der für die Erlaubniserteilung maßgeblichen Räumlichkeiten und damit nicht zum Erlöschen der Spielhallenerlaubnis (*OVG Nds.* NVwZ-RR 2009, 678 f.).

4. Verzicht

Da keine Verpflichtung zum Gebrauchmachen einer Erlaubnis besteht, erlöschen gewerberechtliche Genehmigungen durch Verzicht (*BayVGH* GewArch 1977, 162; *Heß*, in: Friauf, § 49 Rdn. 28; *Schönleiter*, in: Landmann/Rohmer I, § 49 Rdn. 24; **a. A.** *Jarass* GewArch 1980, 177 [185]). Die gewerberechtliche Zulässigkeit eines Verzichts folgt im Übrigen aus § 149 II 2. Wenn ausnahmsweise eine gesetzliche Betriebspflicht besteht, entfällt diese freilich nicht durch Verzicht (relevant etwa für § 69 II).

Eine besondere Formvorschrift für einen Verzicht besteht nicht. Ein Verzicht ist jedoch erst anzunehmen, wenn aus der Erklärung des Inhabers hervorgeht, dass dieser eindeutig und endgültig auf die Erlaubnis verzichtet; der Verzicht ist bedingungsfeindlich (*Heß*, in: Friauf, § 49 Rdn. 30). Bloßes

§ 51 Titel II. Stehendes Gewerbe

Nichtgebrauchmachen von einer Erlaubnis ist kein Verzicht, wie sich aus § 49 II ergibt. Ebenfalls kein Verzicht in diesem verwaltungsrechtlich bestimmten Sinne ist der „Verzicht" auf Zeit zugunsten eines Dritten (*BVerwG* GewArch 1977, 22 [23]).

§ 50 (weggefallen)

§ 51 Untersagung wegen überwiegender Nachteile und Gefahren

¹ **Wegen überwiegender Nachteile und Gefahren für das Gemeinwohl kann die fernere Benutzung einer jeden gewerblichen Anlage durch die zuständige Behörde zu jeder Zeit untersagt werden.** ² **Doch muß dem Besitzer alsdann für den erweislichen Schaden Ersatz geleistet werden.** ³ **Die Sätze 1 und 2 gelten nicht für Anlagen, soweit sie den Vorschriften des Bundes-Immissionsschutzgesetzes unterliegen.**

Übersicht

	Rdn.
I. Anwendungsbereich	1
1. Verhältnis zum Bundes-Immissionsschutzgesetz (S. 3)	2
2. Verhältnis zum allgemeinen Ordnungsrecht	3
a) Subsidiarität des Gewerberechts	4
b) Vorrang des Gewerberechts	5
c) Anfänglich rechtswidriger oder rechtmäßiger Betrieb	6
d) Nebeneinander von § 51 und allgemeinem Ordnungsrecht	7
e) Vorrang des allgemeinen Ordnungsrechts	8
II. Untersagungsvoraussetzungen (S. 1)	11
1. Benutzung einer gewerblichen Anlage	11
2. Überwiegende Nachteile und Gefahren für das Gemeinwohl	14
a) Gefahr	15
b) Nachteile	16
c) Gemeinwohl	17
d) Überwiegen	18
III. Untersagungsentscheidung (S. 1)	21
1. Rechtsnatur, Rechtsweg	21
2. Zuständige Behörde	22
3. Ermessen	23
4. Anspruch Dritter auf behördliches Einschreiten	26
5. Reichweite der Untersagung	27
IV. Schadensersatz (S. 2)	28
1. Schaden	29
2. Berechtigter	30
3. Verpflichteter	31
4. Rechtsweg	32
V. Rechtsfolgen bei Pflichtverletzungen	33

§ 51

I. Anwendungsbereich

Die praktische Bedeutung der Vorschrift ist gering, vor allem wegen der 1
Subsidiarität gegenüber dem Bundes-Immissionsschutzgesetz (§ 51 S. 3).

1. Verhältnis zum Bundes-Immissionsschutzgesetz (S. 3)

Nach S. 3 gilt die Untersagungsermächtigung des § 51 nicht bei Anlagen, 2
soweit sie den Vorschriften des Bundes-Immissionsschutzgesetzes unterliegen.
Damit sind zunächst die nach §§ 4 ff. BImSchG genehmigungsbedürftigen
Anlagen aus dem Anwendungsbereich des § 51 S. 1 und 2 ausgenommen.
Nicht von § 51 S. 1 und 2 erfasst sind ferner alle sonstigen Anlagen (nicht
genehmigungsbedürftige Anlagen i. S. d. § 22 BImSchG), soweit gegen sie
wegen von ihnen ausgehender Immissionen eingeschritten werden soll.
Immissionen sind nach § 3 II BImSchG Luftverunreinigungen, Geräusche,
Erschütterungen, Licht, Wärme, Strahlen und ähnliche Umwelteinwirkungen (näher *Jarass* BImSchG, 8. Aufl. 2010, § 3 Rdn. 15 ff.). Eingriffsgrundlage
ist dann nicht § 51, sondern sind §§ 24, 25 BImSchG.

2. Verhältnis zum allgemeinen Ordnungsrecht

Unstreitig ist jedenfalls, dass § 51 die Anwendung der ordnungsrechtlichen 3
Generalklausel durch die Ordnungsbehörden nicht ausschließt (*BVerwGE* 38,
209 [216]; *Göpl/Brandt* VerwArch 95 [2004], 223 [245]). Im weiteren ist das
Verhältnis von § 51 zum allgemeinen Polizei- und Ordnungsrecht der Länder
umstritten. Dieser Frage kommt in Anbetracht des ohnehin schmalen
Anwendungsbereichs des § 51 besondere Bedeutung zu, da ein Eingriff gem.
§ 51 eine **Schadensersatzpflicht** auslöst (unten Rdn. 28 ff.), während eine
Verfügung gegen den Anlagenbetreiber aufgrund des allgemeinen Polizeiund Ordnungsrechts entschädigungslos hinzunehmen ist, wenn der Anlagenbetreiber als Störer in Anspruch genommen wird (vgl. § 55 PolG BW; § 39
I lit. a OBG NRW).
In Rechtsprechung und Literatur ist eine Reihe von **Abgrenzungskriterien** entwickelt worden.

a) Subsidiarität des Gewerberechts. Nach einer vom *BVerwG* vertrete- 4
nen Auffassung ist § 51 gegenüber den Vorschriften des allgemeinen Polizeiund Ordnungsrechts subsidiär (ebenso z. B. *Göpl/Brandt* VerwArch 95
[2004], 223 [245]). Seine Anwendung komme nur in Betracht, wenn Nachteile und Gefahren nicht aufgrund anderer Rechtsvorschriften abgewehrt
werden könnten (*BVerwGE* 38, 209 [217]).

b) Vorrang des Gewerberechts. Nach anderer Ansicht geht § 51 als 5
spezialgesetzliche Ermächtigung den Bestimmungen des allgemeinen Polizeiund Ordnungsrechts vor (*Vogel* JuS 1961, 91 [93 Fußn. 21]; *Drews/Wacke/
Vogel/Martens* Gefahrenabwehr, 9. Aufl. 1986, S. 172).

c) Anfänglich rechtswidriger oder rechtmäßiger Betrieb. Nach 6
einer weiteren Auffassung (*Fröhler/Kormann* § 51 Rdn. 3) soll das allgemeine

§ 51

Ordnungsrecht auf solche gewerblichen Anlagen anwendbar sein, die von Anfang an rechtswidrig betrieben wurden oder deren Polizeirechtswidrigkeit vom Betreiber zurechenbar verursacht wurde. Anfänglich rechtmäßig betriebene Anlagen, deren jetzige Polizeirechtswidrigkeit auf Änderungen von Vorschriften oder des Umfeldes (z. B. heranrückende Wohnbebauung) beruhten, seien dagegen nach § 51 entschädigungspflichtig zu untersagen.

7   d) **Nebeneinander von § 51 und allgemeinem Ordnungsrecht.** Zu ähnlichen Ergebnissen gelangt eine Ansicht, welche beide Vorschriften nebeneinander anwenden will (*Fröhler* Das Recht am eingerichteten und ausgeübten Gewerbebetrieb, 1972, S. 37 ff.; *ders.* GewArch 1972, 113 [116]). Aber in Orientierung an § 51 sei auch bei ordnungsbehördlichen Verfügungen Schadensersatz zuzusprechen, wenn die Polizeirechtswidrigkeit erst später eingetreten und dem Betreiber nicht zuzurechnen sei. Dem Staat dürfe mit Blick auf das Willkürverbot kein Wahlrecht zwischen entschädigungslosem und entschädigungspflichtigem Eingriff zugestanden werden.

8   e) **Vorrang des allgemeinen Ordnungsrechts.** Im Ansatz ist der Auffassung des *BVerwG* zuzustimmen. Auszugehen ist dabei von dem Grundsatz, dass das allgemeine Polizei- und Ordnungsrecht auch auf gewerbliche Anlagen anzuwenden ist. Die Gewerbefreiheit berechtigt nicht zur polizeirechtswidrigen Gewerbeausübung (*BVerwGE* 38, 209 [216]). Ordnungsrechtliche Vorschriften enthalten regelmäßig zulässige Beschränkungen der Berufsfreiheit (vgl. *BVerfGE* 9, 213 [219 f.]; 28, 364 [373]; *BVerwGE* 38, 209 [213]). Daher sind Verfügungen zur Beseitigung einer ordnungsrechtlichen Störung grundsätzlich auch entschädigungslos hinzunehmen (vgl. *BGHZ* 45, 22 [28]; *Biwer*, in: BeckOK, § 51 Rdn. 4; *Salewski*, in: Landmann/Rohmer I, § 51 Rdn. 17). Diese Eingriffsmöglichkeit für die allgemeinen Ordnungsbehörden soll durch § 51 nicht beschnitten werden, zumal für die Untersagung nach § 51 andere Behörden zuständig sind.

9   § 51 erlangt so erst dann Bedeutung, wenn eine polizeirechtliche Verfügung unzulässig wäre (ebenso *Biwer*, in: BeckOK, § 51 Rdn. 4; *Gröpl/Brandt* VerwArch 95 [2004], 223 [246]), weil eine polizeirechtlich relevante Gefahr (noch) nicht besteht, weil die Polizeiverfügung aus Gründen des Übermaßverbotes einen unzulässigen Eingriff in die Berufsfreiheit darstellte oder als gegen Art. 14 III 2 GG verstoßender enteignender Eingriff einzustufen wäre (so wohl auch *BVerwGE* 38, 209 [217]). Diese Schwelle ist aber nicht erst dann erreicht, wenn das Gewerbe seiner Natur nach nicht an einen anderen Ort verlegt werden kann (so aber – zu eng – BVerwGE 38, 209 [214 f.]), sondern daneben auch dann, wenn zwar die tatbestandlichen Voraussetzungen für ein behördliches Einschreiten vorliegen, die Ordnungsbehörde ihr Ermessen aber pflichtgemäß dahingehend ausgeübt hat, nicht einzuschreiten.

10   Hier kann gleichwohl ein Eingreifen der zuständigen Gewerbebehörde nach § 51 in Betracht kommen, insbesondere dann, wenn die Unerträglichkeit eines gegenwärtigen Zustandes ihre eigentliche Ursache in Planungsfehlern hat, wie dies übrigens häufig bei den sog. Schweinemäster-Fällen, die früher den Hauptanwendungsbereich dieser Norm gebildet hatten (vgl. *OVG NRW* OVGE 11, 250; siehe nunmehr aber S. 3), zu beobachten war (vgl. auch *Salewski*, in: Landmann/Rohmer I, § 51 Rdn. 19). Für den betroffenen

Gewerbetreibenden wäre es in vergleichbaren Fällen freilich angebracht, schon frühzeitig vorbeugenden Rechtsschutz in Anspruch zu nehmen, um die heraufbeschworenen Konflikte in einem früheren Entwicklungsstadium durch Beharren auf adäquater Bauleitplanung zu vermeiden (vgl. *Tettinger/ Erbguth/Mann* Besonderes Verwaltungsrecht, 10. Aufl. 2009, Rdn. 472 f.).

II. Untersagungsvoraussetzungen (S. 1)

1. Benutzung einer gewerblichen Anlage

Im Rahmen seines Anwendungsbereichs ist § 51 auf alle gewerblichen 11 Anlagen anwendbar. Dieser Anwendungsbereich wird durch S. 3 (Vorrang des BImSchG; oben Rdn. 2) und ohnehin durch § 6 (Rdn. 13) begrenzt; nicht anwendbar ist § 51 auch auf Anlagen, die den §§ 17, 18 AtomG unterliegen.

Anlagen sind hier jedenfalls Betriebsstätten und sonstige ortsfeste Einrich- 12 tungen, deren Nutzung auf längere Dauer berechnet ist (vgl. § 3 V Nr. 1 BImSchG; eine auch hier relevante Erweiterung beinhalten die dortigen Nrn. 2 u. 3; vgl. auch *Biwer*, in: BeckOK, § 51 Rdn. 1; *Salewski*, in: Landmann/Rohmer I, § 51 Rdn. 3).

Die Anlage muss schließlich ausweislich des Wortlautes („fernere" Benutzung) bereits **benutzt** werden. An einer solchen Benutzung fehlt es bei einem erkundeten Bodenschätzevorkommen, das lediglich gewerblich abgebaut werden könnte; dies gilt auch dann, wenn früher einmal ein Steinbruch betrieben wurde (*BVerwG* GewArch 1967, 248).

Zum Begriff **„gewerblich"** siehe § 1 Rdn. 1 ff. Mangels Gewerblichkeit 13 scheidet § 51 aus, wenn es sich um eine schlechthin gemeinschaftsschädliche Tätigkeit handelt (*VG Stuttgart* NVwZ 2004, 1519 f.). Dasselbe gilt für Anlagen, die illegal betrieben werden (*Salewski*, in: Landmann/Rohmer I, § 51 Rdn. 7; *Biwer*, in: BeckOK, § 51 Rdn. 5). Trotz Gewerblichkeit ist § 51 nicht auf Anlagen anwendbar, die solchen Erwerbsarten dienen, für die nach § 6 die Gewerbeordnung nicht gilt (*Salewski*, in: Landmann/Rohmer I, § 51 Rdn. 4).

2. Überwiegende Nachteile und Gefahren für das Gemeinwohl

Die Untersagung kann wegen überwiegender Nachteile und Gefahren für 14 das Gemeinwohl erfolgen. Bei diesen Untersagungsvoraussetzungen handelt es sich um **unbestimmte Gesetzesbegriffe**, deren Auslegung in vollem Umfang gerichtlicher Kontrolle unterliegt (*Salewski*, in: Landmann/Rohmer I, § 51 Rdn. 14).

a) Gefahr. Der Gefahrenbegriff ist hier i. S. d. Polizei- und Ordnungs- 15 rechts zu verstehen (*Biwer*, in: BeckOK, § 51 Rdn. 8; *Salewski*, in: Landmann/ Rohmer I, § 51 Rdn. 15; **a. A.** *Gröschner*, in: GewPolR, S. 190 f.: spezifischer, das allgemeine Polizei- und Ordnungsrecht modifizierender Gefahrbegriff, unter Hinweis auf § 16 I a. F.; eine solche Extension erscheint jedoch unnötig mit Blick auf die ohnehin zu einer Vorverlegung der Eingriffsschwelle führende parallele Tatbestandsalternative der „Nachteile") und

§ 51

umschreibt eine Sachlage, in der bei ungehindertem Geschehensablauf ein Zustand oder ein Verhalten mit hinreichender Wahrscheinlichkeit in absehbarer Zeit zu einem Schaden hinsichtlich der einschlägigen Rechtsgüter führt (vgl. *BVerwG* NJW 1970, 1890 [1892]; *Tettinger/Erbguth/Mann* Besonderes Verwaltungsrecht, 10. Aufl. 2009, Rdn. 463). Es muss sich um eine konkrete Gefahr handeln (*Salewski*, in: Landmann/Rohmer I, § 51 Rdn. 15).

16 **b) Nachteile.** Nachteile sind negative Einwirkungen im Vorfeld der Gefahr (vgl. *BVerwG* GewArch 1968, 5), Beeinträchtigungen rechtlich relevanter Interessen, die nicht schon eine Rechtsgutverletzung implizieren (vgl. *Jarass* BImSchG, 8. Aufl. 2010, § 3 Rdn. 28). Erfasst sind auch Vermögenseinbußen (*Salewski*, in: Landmann/Rohmer I, § 51 Rdn. 15).

17 **c) Gemeinwohl.** Mit Gemeinwohl als Schutzziel ist **jedes öffentliche Interesse** gemeint (*Biwer*, in: BeckOK, § 51 Rdn. 10). So können sich Nachteile für das Gemeinwohl auch aus Nachteilen für Bevölkerungsgruppen oder Einzelne ergeben, insb. bei Gefährdung von Individualrechtsgütern wie Leben und Gesundheit. Belang des Gemeinwohls kann auch die öffentliche Ordnung sein (*Gröpl/Brandt* VerwArch 95 [2004], 223 [249 f.], mit Blick auf die Untersagung von Laserdromen).

18 **d) Überwiegen.** Eine Untersagung kommt nur bei überwiegenden Nachteilen und Gefahren in Betracht. Das Merkmal „überwiegend" bezieht sich sowohl auf die Nachteile als auch auf die Gefahren.

19 **aa) Abwägung.** Es ist eine Abwägung vorzunehmen zwischen dem zu schützenden öffentlichen Interesse einerseits und andererseits dem Interesse des Betreibers, seine gewerbliche Anlage weiter zu nutzen. Dieses Interesse kann auch durch Art. 14 I GG grundrechtlich geschützt sein, nach verbreiteter Auffassung in Gestalt des Rechts am eingerichteten und ausgeübten Gewerbebetrieb (siehe oben Einl. Rdn. 18 ff.). Entscheidend kommt es auf die Wertigkeit des konkret gefährdeten Interesses, die Intensität seiner Gefährdung und die Wahrscheinlichkeit seiner Schädigung an (*Biwer*, in: BeckOK, § 51 Rdn. 11; *Salewski*, in: Landmann/Rohmer I, § 51 Rdn. 16).

Im Rahmen der Abwägung ist die sich aus der Untersagung ergebende Entschädigungspflicht noch nicht zu berücksichtigen (*Biwer*, in: BeckOK, § 51 Rdn. 11; a. A. *Fröhler/Kormann* § 51 Rdn. 2).

Das Abwägungsergebnis unterliegt vollständiger gerichtlicher Überprüfung (oben Rdn. 14).

20 **bb) Insb.: Überwiegende Nachteile.** Besondere Bedeutung kommt dem Überwiegen in Bezug auf die Nachteile zu. Soweit Nachteile ein Eingreifen rechtfertigen, wird die Eingriffsschwelle gegenüber der polizeirechtlichen Gefahr vorverlegt. Vor diesem Hintergrund ist ein **deutliches Übergewicht der Nachteile** bei der Abwägung zu verlangen. Der Begriff „überwiegender Nachteil" entspricht so dem des schweren Nachteils i. S. d. § 21 I Nr. 5 BImSchG.

III. Untersagungsentscheidung (S. 1)

1. Rechtsnatur, Rechtsweg

Die Untersagung erfolgt durch **Verwaltungsakt**. Für diesbezügliche Streitigkeiten ist insoweit der **Verwaltungsrechtsweg** einschlägig (*Biwer*, in: BeckOK, § 51 Rdn. 12; *Salewski*, in: Landmann/Rohmer I, § 51 Rdn. 27); zum Rechtsweg bei Streitigkeiten in Bezug auf den Schadensersatz siehe unten Rdn. 32.

21

2. Zuständige Behörde

Die für die Untersagung zuständige Behörde ist nach § 155 II zu bestimmen; sie ist nicht (notwendig) identisch mit der nach allgemeinem Ordnungsrecht zuständigen Behörde.

22

3. Ermessen

Bei Vorliegen der Untersagungsvoraussetzungen liegt die Entscheidung darüber, ob eine Untersagung ausgesprochen wird, im Ermessen der Behörde (*Biwer*, in: BeckOK, § 51 Rdn. 14; *Salewski*, in: Landmann/Rohmer I, § 51 Rdn. 11). Je nach Wertigkeit der betroffenen Rechtsgüter kann nach den anerkannten Grundsätzen des allgemeinen Verwaltungsrechts eine Ermessensreduzierung auf Null vorliegen (vgl. unten Rdn. 26).

23

Bei der Ausübung des Ermessens ist neben den Nachteilen, die der weitere Betrieb für das Gemeinwohl mit sich bringt, die Höhe des zu leistenden **Schadensersatzes** zu berücksichtigen. Dieses Kriterium verliert aber umso mehr an Bedeutung, je größer die Beeinträchtigung des Gemeinwohls ist (*Salewski*, in: Landmann/Rohmer I, § 51 Rdn. 11).

24

Bei der Entscheidung ist stets auch das rechtsstaatliche **Übermaßverbot** zu beachten. Zu fragen ist also, ob die Beeinträchtigung des Gemeinwohls nicht durch ein milderes Mittel abgestellt werden kann (z. B. Teiluntersagung). Als mildere Mittel kommen auch behördliche Maßnahmen unterhalb der Schwelle einer Untersagung in Betracht. Diese sind als **Minus zur Untersagung** zulässig, auch wenn sie nicht ausdrücklich in § 51 genannt sind. Zu denken ist etwa an Auflagen für den Betrieb der Anlage wie Anlagenänderung oder Anbringung von Schutzvorkehrungen. Gegebenenfalls hat die für die Untersagung nach § 51 zuständige Behörde bei den Ordnungsbehörden auf den Erlass einer u. U. im Ergebnis milderen Ordnungsverfügung hinzuwirken.

25

4. Anspruch Dritter auf behördliches Einschreiten

Grundsätzlich soll § 51 nur das öffentliche Interesse („Gemeinwohl") schützen, so dass von der Anlage betroffenen Nachbarn kein Anspruch auf hierauf abgestüztes behördliches Einschreiten zusteht (*Biwer*, in: BeckOK, § 51 Rdn. 15). Wenn **im Ausnahmefall** das zu schützende Gemeinwohl auch Interessen Einzelner umfassen sollte, kann § 51 **drittschützende Wirkung** entfalten. Sofern dann, insb. im Falle einer Gefährdung hoch einzustu-

26

fender Rechtsgüter wie Leben oder Gesundheit, eine behördliche Pflicht zum Einschreiten bestehen sollte (Ermessensreduzierung auf Null), hätten die betroffenen Nachbarn einen Anspruch auf behördliches Einschreiten in Gestalt einer Untersagung (vgl. zum Polizeirecht *Tettinger/Erbguth/Mann* Besonderes Verwaltungsrecht, 10. Aufl. 2009, Rdn. 547). Bei derartig gravierenden Sachverhalten dürfte i. d. R. aber eine entschädigungslos hinzunehmende Ordnungsverfügung geboten sein (vgl. oben Rdn. 8 f.).

5. Reichweite der Untersagung

27 Mit der Untersagung wird die fernere Benutzung der Anlage unzulässig. Mit ihr kann aber weder die Beseitigung oder Abtrennung stillgelegter Anlagen verlangt noch die Errichtung neuer Anlagen verhindert werden. Sie lässt auch gewerberechtliche Genehmigungen unberührt.

IV. Schadensersatz (S. 2)

28 Mit der Untersagung entsteht ein Schadensersatzanspruch.

1. Schaden

29 Der Ersatzanspruch des § 51 S. 2 ist nicht – wie im Falle der Enteignung gem. Art. 14 III 2 GG – auf eine angemessene Entschädigung gerichtet, sondern auf Schadensersatz. Dieser umfasst gem. §§ 249 ff. BGB den gesamten Schaden, einschließlich des entgangenen Gewinns (§ 252 BGB). Nicht zu berücksichtigen sind jedoch erst geplante Erweiterungen der Anlage (*Biwer*, in: BeckOK, § 51 Rdn. 18; *Salewski*, in: Landmann/Rohmer I, § 51 Rdn. 24).

Die **Beweislast** für Vorliegen und Umfang eines Schadens liegt beim Besitzer („erweislich").

2. Berechtigter

30 Berechtigter dieses Anspruchs ist gem. § 51 S. 2 der **Besitzer** der Anlage. Besitz umfasst den unmittelbaren und den mittelbaren Besitz. Ist eine Anlage von ihrem Eigentümer verpachtet, kommt ein Schadensersatzanspruch sowohl des Eigentümers (Verpächters) als auch des Pächters in Betracht (ebenso *Biwer*, in: BeckOK, § 51 Rdn. 19; *Salewski*, in: Landmann/Rohmer I, § 51 Rdn. 25).

3. Verpflichteter

31 Die GewO regelt nicht, wer den Schadensersatz zu leisten hat. Einschlägig sind daher die allgemeinen Grundsätze des öffentlich-rechtlichen Schadensersatz- und Entschädigungsrechts. Danach ist diejenige Körperschaft schadensersatzpflichtig, die durch die Untersagung begünstigt wird. Dies ist zum einen derjenige öffentliche Aufgabenträger, dessen Aufgabe durch das Eingreifen nach § 51 erledigt wird, zum anderen auch der Träger, in dessen Interesse der Eingriff erfolgte (vgl. *BGHZ* 72, 211 [213 f.]). Mehrere Begünstigte

haften als Gesamtschuldner (*Salewski*, in: Landmann/Rohmer I, § 51 Rdn. 26).

4. Rechtsweg

Für Streitigkeiten um Schadensersatz nach S. 2 ist der **ordentliche** 32
Rechtsweg eröffnet (*Salewski*, in: Landmann/Rohmer I, § 51 Rdn. 27).

V. Rechtsfolgen bei Pflichtverletzungen

Die Benutzung einer Anlage trotz Untersagung stellt eine Ordnungswid- 33
rigkeit nach § 146 I Nr. 2 dar. Werden hierdurch Leben oder Gesundheit
eines anderen oder fremde Sachen von bedeutendem Wert gefährdet, so liegt
eine Straftat nach § 148 Nr. 2 vor.

§ 52 Übergangsregelung

Die Bestimmung des § 51 findet auch auf die zur Zeit der Verkündung des gegenwärtigen Gesetzes bereits vorhandenen gewerblichen Anlagen Anwendung; doch entspringt aus der Untersagung der ferneren Benutzung kein Anspruch auf Entschädigung, wenn bei der früher erteilten Genehmigung ausdrücklich vorbehalten worden ist, dieselbe ohne Entschädigung zu widerrufen.

Der Vorschrift kommt keine Bedeutung mehr zu, da sie allein Anlagen aus der Zeit vor 1869 betrifft.

§§ 53 bis 54 (weggefallen)

Titel III. Reisegewerbe

Vor §§ 55 ff.

Literatur: *G. Honig*, „Reisegewerbe" und Scheinarbeitnehmer, GewArch 1991, 10 ff.; *F. Hüpers*, Reisegewerbe und handwerklicher Befähigungsnachweis, GewArch 2004, 230 ff.; *S. Korte*, Vom goldenen Boden des Reisehandwerks, GewArch 2010, 265 ff.; *L. Müller*, Verordnung über die Anzeigen nach § 14 und § 55 c der Gewerbeordnung, GewArch 1979, 326 f.; *B. Odenkirchen/H. Schaal*, Das Reisegewerbe als Sonderform des Direktvertriebs, GewArch 1980, 73 ff.; *dies.*, Die Erteilung der Reisegewerbekarte, VR 1980, 221 ff.; *H.-J. Papier*, Pressefreiheit und gewerberechtlicher Erlaubnisvorbehalt nach § 55 I für den ambulanten Zeitungshandel, AfP 1981, 249 ff.; *ders.*, Verwaltungsrechtliche Anforderungen und Beschränkungen des Vertriebs von Fertigbrillen, GewArch 1987, 41 ff.; *K.-J. Schmelz*, Verbesserung des Verbraucherschutzes im Konsumentenkreditrecht? – § 56 Nr. 6 GewO, § 1 HausTWG, § 7 VerbrKredG, NJW 1991, 1219 f.; *R. Stober*, Grundrechte und Erlaubnisbedürftigkeit im Reisegewerbe – OLG Düsseldorf, NJW 1979, 327 und BGH, NJW 1978, 1867 –, JuS 1980, 182 ff.; *T. Tschentscher/M.-T. Madl*, Reisegewerbekartenpflicht und so genannte „Hauspartys" als moderne Form des Direktvertriebs, GewArch 1996, 448 ff.; *J. Zmarzlik*, Verkauf von leicht verderblichen Waren, insbesondere von Speiseeis, im ambulanten Gewerbe während der Ladenschlusszeit, GewArch 1981, 287 f.; *M. Zillmer/L. Heinemann*, Reisegewerbliche Ausnahmebewilligung für ausländische juristische Personen, NordÖR 2008, 521 ff.

I. Systematischer Standort und Entwicklung des Reisegewerberechts

Die Gewerbeordnung unterteilt die gewerblichen Tätigkeiten in drei **1** Arten: das stehende Gewerbe (Titel II, §§ 14 ff.), das Reisegewerbe (Titel III, §§ 55 ff.) und das Messe-, Ausstellungs- und Marktgewerbe (Titel IV, §§ 64 ff.). Ein stehendes Gewerbe ist immer dann zu bejahen, wenn weder ein Reise- noch ein Messe-, Ausstellungs- oder Marktgewerbe vorliegt.

Hintergrund der Sonderstellung des Reisegewerberechts war ursprünglich **2** ein erhebliches Misstrauen (*Korte*, in: Friauf, vor § 55 Rdn. 21; *Odenkirchen/Schaal* GewArch 1980, 73), das der Gesetzgeber diesem Gewerbezweig entgegenbrachte. In jüngerer Zeit wuchs die Erkenntnis, dass das Reisegewerbe einen weitgehend **seriösen Wirtschaftszweig mit beachtlicher Wirtschaftskraft** darstellt (BR-Drs. 40/83, S. 11; zur ökonomischen Bedeutung siehe *Korte*, in: Friauf, vor § 55 Rdn. 8 ff.; *Tschentscher/Madl* GewArch 1996, 448 [449]). Deshalb wurde durch das Gesetz zur Änderung des Titels III der GewO und anderer gewerberechtlicher Vorschriften vom 25. 7. 1984 (BGBl. I S. 1008) das Reisegewerberecht der §§ 55 ff. **liberalisiert** und zugleich entbürokratisiert (siehe zu den Änderungen im Einzelnen 5. Aufl. Rdn. 4 ff.; *Korte*, in: Friauf, vor § 55 Rdn. 20 ff.). Eine weitere Deregulierung erfolgte durch das Zweite Gesetz zum Abbau bürokratischer Hemmnisse insbesondere in der mittelständischen Wirtschaft vom 7. 9. 2007 (BGBl. I S. 2246), wodurch die Reisegewerbekartenpflichtigkeit auf den Prinzipal reduziert

§ 55 Titel III. Reisegewerbe

worden ist (näher § 55 Rdn. 1, 10 f.; *Korte*, in: Friauf, vor § 55 Rdn. 28 ff.). Allerdings sind nach wie vor mit dem Reisegewerbe andere Risiken als mit dem stehenden Gewerbe verbunden, sodass eine völlige Angleichung nicht erfolgte. Insoweit ist eine „Schlechterstellung" des Reisegewerbes auch mit Blick auf Art. 12 und 3 GG im Ansatz verfassungsrechtlich unbedenklich (§ 55 Rdn. 4).

II. Systematik des Reisegewerberechts

3   § 55 I enthält eine Legaldefinition des Begriffs „Reisegewerbe". Abs. 2 normiert die grundsätzliche Erlaubnispflicht; die Erlaubnis wird im Gesetz Reisegewerbekarte genannt. Gem. §§ 55 a, 55 b sind verschiedene Tätigkeiten reisegewerbekartenfrei, manche von ihnen aber nach § 55 c anzeigepflichtig. Nach § 56 ist eine Reihe von Tätigkeiten im Rahmen eines Reisegewerbes verboten. § 57 enthält in Bezug auf die Erteilung der Reisegewerbekarte den Versagungsgrund der Unzuverlässigkeit. Reisegewerbekartenfreie Tätigkeiten können gem. § 59 wegen Unzuverlässigkeit untersagt werden. Die behördliche Verhinderung der Ausübung einer Reisegewerbetätigkeit regelt § 60 d. Hinzu treten noch innerhalb der §§ 55 ff. Spezial- und Detailregelungen sowie Spezialgesetze außerhalb der GewO (näher *Korte*, in: Friauf, vor § 55 Rdn. 102 ff.).

4   Nach Aufhebung des § 55 d a. F. durch Gesetz vom 23.11. 1994 (BGBl. I S. 3475) sind Ausländer Deutschen in Bezug auf das Reisegewerbe gleichgestellt (dazu *Stober/Korte*, in: Friauf, Erl. zu § 55 d a. F.).

Die Vorschriften der §§ 55 ff. gelten gleichermaßen für den Einzel- wie für den Großhandel (*OVG RhPf.* GewArch 1997, 329 [330]).

III. Verbraucherschutz

5   Ein zentrales Anliegen der reisegewerberechtlichen Bestimmungen ist der **Verbraucherschutz** (BT-Drs. 16/4391, 35; *BVerfG* GewArch 2000, 480 [481]; *Schulze-Fielitz* NVwZ 1993, 1157 [1160]), welcher durch außergewerberechtliche Bestimmungen verstärkt wird, so etwa durch die zivilrechtlichen Vorschriften zum Schutz der Verbraucher bei Haustürgeschäften und ähnlichen Geschäften (§§ 312 ff. BGB). Die Geltendmachung der zivilrechtlichen Ansprüche setzt jedoch voraus, dass der Kunde erfahren kann, wer sein Anspruchsgegner ist, was wiederum durch das Gewerberecht gesichert werden soll (*Stenger* GewArch 2007, 448 [450]).

§ 55 Reisegewerbekarte

(1) **Ein Reisegewerbe betreibt, wer gewerbsmäßig ohne vorhergehende Bestellung außerhalb seiner gewerblichen Niederlassung (§ 4 Absatz 3) oder ohne eine solche zu haben**
1. Waren feilbietet oder Bestellungen aufsucht (vertreibt) oder ankauft, Leistungen anbietet oder Bestellungen auf Leistungen aufsucht oder

2. **unterhaltende Tätigkeiten als Schausteller oder nach Schaustellerart ausübt.**

(2) **Wer ein Reisegewerbe betreiben will, bedarf der Erlaubnis (Reisegewerbekarte).**

(3) **Die Reisegewerbekarte kann inhaltlich beschränkt, mit einer Befristung erteilt und mit Auflagen verbunden werden, soweit dies zum Schutze der Allgemeinheit oder der Verbraucher erforderlich ist; unter denselben Voraussetzungen ist auch die nachträgliche Aufnahme, Änderung und Ergänzung von Auflagen zulässig.**

Literatur: *W. Dürr,* Kuriosum Reisegewerbe im Handwerk, GewArch 2011, 8 ff.; S. Gatavis, Rechtliche Maßnahmen gegen so genannte „Drückerkolonnen", GewArch 2002, 400 ff.; *G. Honig,* „Reisegewerbe" und Scheinarbeitnehmer, GewArch 1991, 10 ff.; *S. Korte,* Vom goldenen Boden des Reisehandwerks, GewArch 2010, 265 ff.; *M. Müller,* Tupperpartys und andere Hauspartys aus der Sicht des Reisegewerberechts, GewArch 1999, 12 ff.; *H. Steib,* Handwerk im Reisegewerbe erleichtert – Anmerkungen zum Beschluss des Bundesverfassungsgerichts vom 27. 9. 2000 – 1 BvR 2176/98 –, GewArch 2001, 57; *A. Stenger,* Zweites Mittelstandsentlastungsgesetz: Beitrag aus dem Gewerberecht, GewArch 2007, 448 ff.; *T. Tschentscher/M.-T. Madl,* Reisegewerbekartenpflicht und so genannte „Hauspartys" als moderne Form des Direktvertriebs, GewArch 1996, 448 ff.

Übersicht

	Rdn.
I. Vorbemerkungen	1
II. Reisegewerbe (Abs. 1)	6
1. Abgrenzung zum stehenden Gewerbe	7
2. Gemeinsame Voraussetzungen der Nrn. 1 und 2	10
a) Gewerbsmäßigkeit	10
b) Ohne vorhergehende Bestellung	15
c) Außerhalb der gewerblichen Niederlassung oder ohne gewerbliche Niederlassung	28
3. Feilbieten von Waren etc. (Abs. 1 Nr. 1)	34
a) Vertrieb von Waren	35
b) Ankauf von Waren	42
c) Anbieten von Leistungen	43
d) Aufsuchen von Bestellungen auf Leistungen	46
4. Unterhaltende Tätigkeit als Schausteller (Abs. 1 Nr. 2)	48
a) Selbstständigkeit	48
b) Unterhaltende Tätigkeit	49
c) Als Schausteller oder nach Schaustellerart	50
III. Erlaubnispflicht (Abs. 2)	51
IV. Erlaubniserteilung	52
1. Rechtsanspruch	52
2. Inhaltliche Beschränkungen; Nebenbestimmungen (Abs. 3)	53
a) Allgemeine Voraussetzungen	54
b) Inhaltliche Beschränkung	56
c) Befristung	57
d) Auflage	58
V. Rechtsfolgen bei Pflichtverletzungen	59

§ 55 Titel III. Reisegewerbe

I. Vorbemerkungen

1 Früher kannte das Reisegewerberecht einen modifizierten Gewerbebegriff: Gem. § 55 I Nr. 1 wurde auch das unselbstständige Vertreiben von Waren, wenn es in eigener Person erfolgte, als gewerbsmäßig eingestuft (näher Voraufl. Rdn. 2; Entsprechendes galt bis 1984 auch für § 55 I Nr. 2, dazu BT-Drs. 16/4391, 36). Diese Besonderheit entfiel im Zuge der Novellierung der GewO durch das Zweite Gesetz zum Abbau bürokratischer Hemmnisse insbesondere in der mittelständischen Wirtschaft vom 7. 9. 2007 (BGBl. I S. 2246; dazu *Stenger* GewArch 2007, 448 ff.). Seither gilt das allgemeine Verständnis von Gewerbe auch im Reisegewerberecht (unten Rdn. 10 f., 34).

2 Durch das Gesetz zur Umsetzung der Dienstleistungsrichtlinie im Gewerberecht vom 17. 7. 2009 (BGBl. I S. 2091) wurde mit Wirkung zum 28. 12. 2009 u.a. § 42 aufgehoben, sodass der darauf bezogene Verweis in § 55 Abs. 1 ebenfalls angepasst werden musste; nunmehr wird auf § 4 III verwiesen (unten Rdn. 29 ff.). Ferner wurde § 4 in die GewO eingefügt, wonach § 55 II, III auf **Reisegewerbetreibende aus einem anderen EU-/ EWR-Staat**, die nur vorübergehend in Deutschland tätig werden, grundsätzlich nicht anwendbar ist (näher § 4 Rdn. 5 ff.). Handelt es sich bei dem ausgeübten Gewerbe auch nicht um ein solches, für das ein gesonderter Sachkunde- oder Unterrichtungsnachweis vorausgesetzt wird, ist auch keine Anzeige nach § 13 a notwendig. Bei der Zuverlässigkeitsprüfung sind – außer bei § 60a (vgl. dort Rn. 9) – nach § 13 b ausländische Unterlagen anzuerkennen, wenn sie für die Beurteilung der Zuverlässigkeit von Bedeutung sind.

3 Den Gesetzeszweck des § 55 hat das *BVerfG* wie folgt umrissen (GewArch 2000, 480 [481]): „Der Zweck des vom Gesetzgeber in § 55 GewO aufgestellten Verbots mit Erlaubnisvorbehalt besteht darin, die Allgemeinheit und die Kunden vor den Risiken zu schützen, die durch eine Geschäftstätigkeit außerhalb einer ständigen gewerblichen Niederlassung oder ohne gewerbliche Niederlassung entstehen: Der Reisegewerbetreibende ist bei Rückfragen oder bei Reklamationen schwerer greifbar."

4 Die Tätigkeit im Reisegewerbe – etwa der Vertrieb von Waren – stellt sich dabei nicht als eigenständiges Berufsbild, sondern lediglich als Modalität der Berufsausübung dar (vgl. *BVerfG* GewArch 2000, 480 [481], welches auf einen „vernünftigen Gemeinwohlbelang" abstellt und damit eine Formulierung verwendet, die kennzeichnend für die Rechtfertigung von Eingriffen in die Berufsausübung ist; a. A. *Schönleiter*, in: Landmann/Rohmer I, § 55 Rdn. 2: „Berufszugangsbeschränkung"; *Korte*, in: Friauf, § 55 Rdn. 22: „subjektive Berufszulassungsregel"). Der Eingriff in die **Berufsausübungsfreiheit**, der mit der Erlaubnispflicht verbunden ist, kann daher durch jeden vernünftigen Gemeinwohlbelang verfassungsrechtlich gerechtfertigt werden. Der Schutz der Allgemeinheit und der Kunden vor unlauteren Geschäftsmethoden sind solche vernünftigen Gemeinwohlbelange (*BVerfG* GewArch 2000, 480 [481]).

5 Aus Sicht des **Unionsrechts** ist das Verbot, Waren im Reisegewerbe zu vertreiben, als bloße Verkaufsmodalität und nicht als produktbezogene Regelung i. S. d. Keck-Rechtsprechung einzuordnen. Daher ist in Verboten oder

sonstigen Beschränkungen des Reisegewerbes keine Beeinträchtigung der Warenverkehrsfreiheit zu sehen, solange die Restriktionen diskriminierungsfrei sind (*EuGH* NJW 2006, 2540 [2541]; die Unionsrechtskonformität der §§ 55 ff. bejahend *OVG Nds.* GewArch 2010, 408 [409]).

II. Reisegewerbe (Abs. 1)

Abs. 1 enthält eine **Legaldefinition** des Reisegewerbes. Es muss eine der 6 in Nr. 1 oder Nr. 2 abschließend aufgezählten Tätigkeiten vorliegen (*Rossi*, in: BeckOK, § 55 Rdn. 3). Gemeinsame Voraussetzung ist, dass die Tätigkeit gewerbsmäßig, ohne vorhergehende Bestellung und außerhalb der gewerblichen Niederlassung des Betreibenden oder ohne eine solche ausgeübt wird. Abs. 1 leistet damit die Abgrenzung zum stehenden Gewerbe.

1. Abgrenzung zum stehenden Gewerbe

Mit gewisser Vergröberung können folgende **Abgrenzungskriterien** 7 genannt werden: **(1)** Beim stehenden Gewerbe tritt der Kunde an den Unternehmer heran (und sei es z. B. telefonisch), beim Reisegewerbe kommt der Unternehmer unangemeldet zum möglichen Kunden, d. h. die **Initiative geht vom Reisegewerbetreibenden** aus (*BVerfG[K]* GewArch 2000, 480 [482]; GewArch 2007, 294 [295]; *Schönleiter*, in: Landmann/Rohmer I, § 55 Rdn. 17; *Honig* GewArch 1991, 10 [13]; *Steib* GewArch 2001, 57; siehe auch BT-Drs. 16/4391, 35). Wirbt der Inhaber eines stehenden Betriebes und einer Reisegewerbekarte auf externen Werbetafeln unter Angabe von Telefonnummer und E-Mail-Adresse etc. um Kundenaufträge, geht die Initiative für konkrete Geschäfte von den Kunden aus, sodass sein stehendes Gewerbe betroffen ist (*OLG Jena* GewArch 2009, 208).

(2) Ein typisches Reisegewerbe liegt ferner vor, wenn der Gewerbetrei- 8 bende – außerhalb seiner Niederlassung oder ohne eine solche zu haben – eine **temporäre An- und/oder Verkaufsstelle** errichtet (z. B. in der Fußgängerzone, in einem Hotel oder in den Geschäftsräumen eines Dritten) und dort auf Kunden wartet. Dies gilt selbst dann, wenn der Unternehmer nicht unangekündigt an die Kunden herantritt (sodass die Gefahr der Überrumpelung kaum besteht), womöglich sogar in der Tagespresse auf seinen Stand werbend hingewiesen hat. Wenn die Kunden ihn daraufhin aufsuchen, beruht die gewerbliche Tätigkeit nicht auf einer vorherigen Bestellung des Kunden (*OVG Berlin-Bbg.* GewArch 2010, 248; *HambOVG* GewArch 2007, 84; *OVG Nds.* GewArch 2009, 415 [Ls.] und Beschluss vom 13. 8 2010 – 7 ME 60/10, juris Rdn. 4; *VG Hannover* GewArch 2010, 364 [365]; **a. A.** *LG Kassel* Urteil vom 6. 3. 2009 – 12 O 4197/08, juris Rdn. 15 ff.). Etwas anderes gilt, wenn es sich um einen Anwendungsfall der §§ 64 ff. (Markt- und Messegewerbe) handelt. Eine dem Reisegewebe zuzuordnende temporäre An-/Verkaufsstelle liegt auch dann vor, wenn der Gewerbetreibende im Ladenlokal eines Dritten zwar eine Fläche angemietet hat, die jedoch nicht für den dauernden Gebrauch seines Gewerbes geeignet ist (*VG Minden* Urteil vom 25. 3. 2009 – 3 K 224/09, juris Rdn. 22, 27). Liegt nach den genannten

§ 55 Titel III. Reisegewerbe

Maßstäben ein Reisegewerbe vor, wird es nicht dadurch zum stehenden Gewerbe, dass der Reisegewerbetreibende im Geschäftslokal eines Dritten tätig wird, der dort dieselbe Tätigkeit im stehenden Gewerbe ausübt (*OVG Nds.* GewArch 2010, 408: An- und Verkauf von Gold).

9 **(3) Kein Abgrenzungskriterium** ist hingegen im **Zeitpunkt der Ausführung einer Leistung** zu sehen (teils anders *Korte* GewArch 2010, 265 [268]); siehe hierzu *OVG NRW* GewArch 2004, 32 (33): „Die früher in der Rspr. und Kommentarliteratur vertretene Auffassung, eine nicht sofortige, sondern in Absprache mit dem Kunden auf einen späteren Zeitpunkt verlegte Ausführung handwerklicher Leistungen werde von dem Tatbestandsmerkmal des Aufsuchens von Bestellungen auf Leistungen nicht umfasst, kann nach der Rspr. des BVerfG nicht mehr aufrecht erhalten werden. Danach ist eine dahingehende Auslegung von § 55 I Nr. 1 GewO, dass beim ‚Aufsuchen von Bestellungen auf Leistungen' die Bereitschaft zur sofortigen Leistungserbringung gefordert wird, mit Art. 12 I GG nicht vereinbar; vielmehr setze dieser Tatbestand gerade voraus, dass die Erfüllung erst in einem gewissen zeitlichen Abstand erfolge; dem Schutzzweck des § 55 GewO, die Verbraucher vor unlauteren Geschäftsmethoden zu schützen, werde nicht nur genügt, wenn der Reisegewerbetreibende in der Lage sei, die gewerblichen Leistungen sofort auszuführen, sondern auch dann, wenn er sie erst mit einer gewissen zeitlichen Verzögerung erbringe."

2. Gemeinsame Voraussetzungen der Nrn. 1 und 2

10 **a) Gewerbsmäßigkeit.** Seit 2007 (Rdn. 1) gilt auch im Reisegewerbe der allgemeine gewerberechtliche Gewerbebegriff (§ 1 Rdn. 1 ff.). Zuvor waren Angestellte, die für den Prinzipal in eigener Person i. S. d. Nr. 1 tätig waren, reisegewerbekartenpflichtig. Für den Bereich der Schausteller wurde bereits 1984 die Erlaubnispflicht auf den Prinzipal beschränkt (§ 55 I Nr. 2). Diese Regelung habe sich, so die Begründung zur Novelle 2007 (BT-Drs. 16/4391, 36), in der Praxis bewährt und wurde daher auf die Nr. 1 erweitert. Sollten dennoch Missstände durch unzuverlässige Angestellte im Reisegewerbe auftreten, kann die Behörde gem. § 60 dem Prinzipal die Beschäftigung unzuverlässiger Personen im Reisegewerbe untersagen (siehe die Erläuterungen dort). Die Neuregelung bedeutet eine beträchtliche Erleichterung für den Prinzipal, der zuvor für jeden im Außendienst eingesetzten Mitarbeiter rechtzeitig eine Reisegewerbekarte beantragen musste (Gebühr: 350 Euro) und dadurch beschränkt war, flexibel auf sich ändernden Umsatz und Personalbedarf zu reagieren (*Stenger* GewArch 2007, 448 [449]).

11 Denkbar und in der Praxis zu beobachten sind **Strohmann-Konstellationen**, in denen ein Gewerbetreibender im stehenden Gewerbe vorgeschoben wird, um das Reisegewerbe eines anderen zu verschleiern, wenn etwa ein reisender Goldankäufer für einige Tage im Rahmen einer Sonderaktion im Ladenlokal eines stehenden Goldankäufers tätig wird (näher *VG Hannover* GewArch 2010, 364 f.).

12 **aa) Künstlerische Tätigkeit.** Vom Gewerbebegriff ausgenommen sind die **freien Berufe**, d. h. die freie wissenschaftliche, künstlerische oder schriftstellerische Tätigkeit sowie persönliche Dienstleistungen höherer Art. Des-

halb fällt selbst bei Vorliegen von Gewinnerzielungsabsicht etwa der Verkauf selbst gefertigter Bilder oder Scherenschnitte in einer Fußgängerzone nicht unter § 55, weil dies Teil der Kunstausübung ist (*VGH BW* GewArch 1988, 370 [371]; bestätigt durch *BVerwG* DVBl. 1990, 163). Entsprechendes gilt für Straßenmusikanten (*Schönleiter*, in: Landmann/Rohmer I, § 55 Rdn. 24). Siehe auch unten Rdn. 37 und § 1 Rdn. 60 ff.

bb) Urproduktion. Wenn eine Gärtnerei oder ein landwirtschaftlicher 13 Betrieb selbst gezüchtete Blumen am Straßenrand verkauft, ist dies Ausfluss der Urproduktion und damit kein Gewerbe (*Rossi*, in: BeckOK, § 55 Rdn. 6). Der Weiterverkauf angekaufter Blumen unterfällt jedoch dem Gewerbebegriff, so dass „fliegende Blumenhändler" grundsätzlich eine Reisegewerbekarte benötigen (vgl. *Fuchs* GewArch 1998, 60 [63]).

cc) Dauerhaftigkeit. Wie jede Gewerbetätigkeit muss auch die Reisege- 14 werbetätigkeit auf Dauer oder zumindest auf Wiederholung angelegt sein. Die entsprechende Absicht wird etwa durch das Schalten eines Zeitungsinserates indiziert (*OLG Frankfurt* NJW 1992, 246 [247]). An der Wiederholungsabsicht fehlt es jedoch, wenn der Inhaber eines Ladengeschäftes, Karten, die er wider Erwarten im Vorverkauf nicht absetzen konnte, zum Abendverkaufspreis vor der Veranstaltungshalle anbietet (*OLG Stuttgart* NJW 1989, 411; **a. A.** *OLG Hamm* GewArch 1994, 168 [169], das die Gewerbsmäßigkeit bejaht und schon in dem Verkauf mehrerer Tickets das Erfordernis der Wiederholung erfüllt sieht).

b) Ohne vorhergehende Bestellung. Die Bestellung bezieht sich auf 15 den Besuch des Reisegewerbetreibenden (*Korte*, in: Friauf, § 55 Rdn. 96). „Ohne vorherige Bestellung" bedeutet, dass der Gewerbetreibende unangemeldet zum Kunden und nicht der Kunde zu ihm kommt (*VGH BW* GewArch 1995, 159 [160]). Es darf keine vorherige Terminvereinbarung erfolgt sein oder ein entsprechender Kundenwunsch vorliegen (vgl. *BGH* NJW 1983, 868 f.).

aa) Bestellung. Für das Merkmal der „Bestellung" kann auf die für § 312 16 III Nr. 1 BGB geltenden Maßstäbe zurückgegriffen werden (dazu *Grüneberg*, in: Palandt, BGB, 70. Aufl. 2011, § 312 Rdn. 24).

Eine Bestellung setzt **erstens** voraus, dass **Ort und Zeit sowie die Art der Waren oder Leistungen hinreichend bestimmt** sind. Werden Waren oder Leistungen anderer Art als die bestellten angeboten, greift Abs. 1. Für die Beurteilung, ob es sich um andere Waren als die in der Bestellung genannten handelt, ist darauf abzustellen, ob das Angebot den Kunden in eine Situation bringt, die typischerweise die **Gefahr der Überrumpelung** in sich birgt (*BGH* GewArch 1990, 97 [98]). Dieses Kriterium gilt auch für Ort und Zeit des Kontaktes. Wenn der Kunde mit dem ortsunkundigen Gewerbetreibenden verabredete, sich in einem bekannten Restaurant zu treffen, um dann zur Wohnung des Kunden zu fahren, in der die Verhandlungen geführt werden sollen, dann aber diese entgegen der ursprünglichen Verabredung schon im Restaurant selbst stattfinden, besteht die Gefahr der Überrumpelung, sodass es an einer vorherigen Bestellung fehlt (vgl. *OLG Dresden* NJW 1995, 1164 zum HausTWG).

§ 55

17 **Zweitens** muss der Kunde dem Gewerbetreibenden einen Geschäftsabschluss in Aussicht stellen; ob es dann tatsächlich zu einem Vertragsschluss kommt, ist unerheblich (*Schönleiter*, in: Landmann/Rohmer I, § 55 Rdn. 36; *Korte*, in: Friauf, § 55 Rdn. 99). Es genügt aber nicht, wenn der Kunde den Gewerbetreibenden zu sich bestellt, um sich lediglich informieren zu lassen.

18 Problematisch sind die sog. **Haus-Partys**. Dabei lädt eine Privatperson in Absprache mit dem Vertreter eines Direktvertriebsunternehmens Bekannte in ihre Wohnung ein. Z. T. schreibt der Gewerbetreibende die von der Privatperson benannten Gäste gezielt an, fordert aber dazu auf, noch weitere Personen mitzubringen. Der Firmenvertreter führt dann Waren vor. Anschließend besteht die Möglichkeit zum direkten Kauf oder zur Bestellung der vorgeführten Waren.

19 Nach **einer Ansicht** liegt eine vorherige Bestellung und damit **kein Reisegewerbe** i. S. d. § 55 vor (*VGH BW* GewArch 1997, 333; *VG Stuttgart* GewArch 1996, 244 [245]; *Guckelberger* Jura 2007, 598 [605]; *Tschentscher/Madl* GewArch 1996, 448 [453]). Die Bestellung wird folgendermaßen konstruiert: Indem der private Gastgeber zunächst Bekannte etc. anspreche, fordere er sie zur Abgabe einer „Bestellung" auf. Wenn die Bekannten ihrerseits Interesse bekunden, eingeladen zu werden, werde diese „Bestellung" vom Gastgeber an den Gewerbetreibenden weitergeleitet. Hinzu komme, so diese Ansicht, dass der Schutzzweck des § 55 bei dieser Form des Direktvertriebes nicht tangiert sei, da niemand überrumpelt zu werden drohe. Diese Bewertung gelte auch für diejenigen weiteren Personen, die von den zunächst Eingeladenen auf eigene Initiative zur Haus-Party mitgebracht würden, da diese sich die Bestellung der Eingeladenen zu Eigen machten. Außerdem sei der Anteil dieser Kunden schon quantitativ so vernachlässigenswert, dass allein dadurch keine Reisegewerbekartenpflicht ausgelöst werden könne.

20 Nach der **Gegenansicht** fehlt es an der vorhergehenden Bestellung schon deshalb, weil die Gäste einer Haus-Party keine konkreten Kaufabsichten vor Besuch der Veranstaltung hätten (*Korte*, in: Friauf, § 55 Rdn. 129; *Rossi*, in: BeckOK, § 55 Rdn. 8a; *Schönleiter*, in: Landmann/Rohmer I, § 55 Rdn. 35; *Müller* GewArch 1999, 12 ff.; vgl. auch *Fuchs* GewArch 1994, 316 [319] zum Bericht des Bund-Länder-Ausschusses „Gewerberecht"). Zum Teil wird auf eine provozierte Bestellung (dazu unten Rdn. 25 ff.) abgestellt (etwa *Knauth* WM 1986, 509 [516]).

21 Dieser Auffassung ist im Ergebnis **zuzustimmen**: Zunächst spricht gegen die erstgenannte Ansicht, dass der ohnedies reichlich konstruiert erscheinende Bestellungsakt sich jedenfalls in Bezug auf die von eingeladenen Gästen mitgebrachten weiteren Personen zur Fiktion verflüchtigt. Auf deren Anzahl kann es dabei – entgegen *VGH BW* GewArch 1997, 333 (334) – nicht ankommen, da die Schutzfunktion des § 55 nicht an ein Mindestquorum geknüpft ist. Hinzu kommt, dass auch bei Verkaufspartys der Schutzzweck des § 55 berührt ist. Denn es ist gerade Ziel der Veranstaltung, den Verkaufscharakter in den Hintergrund zu rücken, indem eine private Party-Atmosphäre geschaffen werden soll. Gerade hierdurch entsteht doch die – noch durch gezielt erzeugte gruppendynamische Prozesse verstärkte – Gefahr der Überrumpelung von Party-Teilnehmern (vgl. auch *Korte*, in: Friauf, § 55 Rdn. 130; *Masuch*, in: Münchener Kommentar zum BGB, 5. Aufl. 2007,

§ 312 Rdn. 59). Schließlich ist auf die **Parallelregelung des § 312 BGB** hinzuweisen: Nach dem ausdrücklichen Willen des Gesetzgebers (BT-Drs. 10/2876, S. 11) sollten Käufer auch bei Verkaufspartys vom Widerrufsrecht des § 312 I Nr. 1 BGB profitieren (ebenso *Rossi*, in: BeckOK, § 55 Rdn. 8a). Dieser Gesetzeszweck wäre vereitelt, wenn das Widerrufsrecht bei Verkaufspartys gem. § 312 III Nr. 1 BGB („Verhandlung auf vorhergehende Bestellung des Kunden") ausgeschlossen wäre. Der Widerrufsausschluss gem. § 312 III Nr. 1 BGB muss daher restriktiv ausgelegt werden (*Masuch*, in: Münchener Kommentar zum BGB, 5. Aufl. 2007, § 312 Rdn. 93). Dies gilt entsprechend für § 55 I GewO (*Teske* ZIP 1986, 624 [633]). Die Reisegewerbekartenpflichtigkeit entfällt selbst dann nicht, wenn das in Rede stehende Unternehmen ohnehin großzügige Widerrufsfristen gewährt.

Soll die Vorführung nur der Warenpräsentation dienen, ohne dass Bestellungen entgegengenommen oder Verkäufe getätigt werden, fehlt es freilich an den Voraussetzungen des § 55 I Nr. 1 (unten Rdn. 38 ff.). **22**

bb) Form der Bestellung. Die Bestellung kann auch konkludent erfolgen, z. B. durch regelmäßigen Bezug einer bestimmten Art von Waren zu einer gewissen Zeit (*VG Düsseldorf* GewArch 1984, 339). Das bloße Abschicken einer Werbeantwortkarte, nach deren Inhalt man nicht mit einem Vertreterbesuch rechnen muss, reicht nicht, ebenso wenig schlichtes Schweigen auf eine schriftliche oder telefonische Besuchsankündigung (ebenso *Schönleiter*, in: Landmann/Rohmer I, § 55 Rdn. 31). **23**

cc) Besteller. Die Bestellung muss von dem Aufgesuchten selbst oder von einem für ihn Vertretungsberechtigten abgegeben sein. Wird die Ware oder Leistung auch anderen Personen als dem Besteller angeboten, ist für diese das Merkmal „ohne vorherige Bestellung" erfüllt. Vereinbart der Reisegewerbetreibende nur mit einem Ehegatten den Hausbesuch, so liegt im Verhältnis zum anderen keine vorhergehende Bestellung vor (*BGH* GewArch 1991, 137 [138]). **24**

dd) Provozierte Bestellung. Eine vorherige Bestellung liegt nicht vor, wenn die Bestellung vom Reisegewerbetreibenden provoziert worden ist, weil der spätere Hausbesuch dann ebenso die Gefahr eines unüberlegten Vertragsschlusses in sich birgt wie ein völlig unangekündigter Besuch. **25**

Eine solche **provozierte Bestellung** liegt vor, wenn die Initiative zu der Bestellung eindeutig vom Gewerbetreibenden ausgeht und aufgrund der Gesamtumstände des Falles dem Schutzzweck der §§ 55 ff. nicht mehr Genüge getan wird (*LG Münster* GewArch 1986, 1281; vgl. auch *BGH* GewArch 1978, 372). Ein Provozieren wurde bejaht, wenn der Gewerbetreibende den Kunden anruft und dann der Kunde auf Nachfrage sich mit einem Hausbesuch einverstanden erklärt oder eine Einladung von sich aus ausspricht (*BGH* GewArch 1990, 129); ferner dann, wenn für den Hausbesuch ein anderer Anlass vorgeschoben wird, etwa die Aushändigung eines Preisausschreibengewinns, um dies zum Anlass für ein Kaufgespräch zu nehmen (*Knauth* WM 1986, 509 [515]; *Teske* ZIP 1986, 6245 [633]). **26**

Kein Provozieren i. d. S. ist in einem Zeitungsinserat des Gewerbetreibenden zu sehen, welches die Kunden zur Kontaktaufnahme auffordert (*BGH* **27**

§ 55 Titel III. Reisegewerbe

GewArch 1990, 97; **a. A.** *OLG Frankfurt* NJW 1992, 246 [247]). Eine Provokation wurde auch verneint, als eine Bank sich zwar erstmalig auf eigene Initiative an einen Kunden wandte und diesem einen Hausbesuch vorschlug, der Kunde sich aber seinerseits zuvor an einen Kreditvermittler gewandt hatte, der wiederum Kontakt zur betreffenden Bank aufgenommen hatte (*BGH* GewArch 1989, 92 [93]). In diesen Fällen fehlt es an dem Überrumpelungsmoment.

28   **c) Außerhalb der gewerblichen Niederlassung oder ohne gewerbliche Niederlassung.** Für die Zuordnung einer Tätigkeit zum Reisegewerbe ist das Vorhandensein einer gewerblichen Niederlassung unerheblich. § 55 Abs. 1 GewO verweist hinsichtlich der gewerblichen Niederlassung auf § 4 III und stellt klar, dass ein Reisegewerbe vorliegt, wenn zwar eine eigene gewerbliche Niederlassung vorhanden ist, die genannten Tätigkeiten aber außerhalb dieser (oder ohne eine solche zu haben) ohne vorhergehende Bestellung erfolgen. Deshalb kann ein selbstständiger Gewerbetreibender, der eine gewerbliche Niederlassung besitzt, hinsichtlich seiner Außentätigkeit unter das Reisegewerbe fallen (*OVG NRW* GewArch 2004, 32 [33 f.]). Zum Begriff der gewerblichen Niederlassung siehe im Einzelnen § 4 Rdn. 20 f.

29   **aa) Außerhalb der gewerblichen Niederlassung.** Eine Tätigkeit außerhalb der gewerblichen Niederlassung liegt vor, wenn ein unmittelbarer räumlicher Zusammenhang fehlt. Ein Umherziehen von Haus zu Haus ist nicht erforderlich. Die Tätigkeit von einer fremden Niederlassung aus ist genauso zu behandeln wie die Tätigkeit außerhalb der (eigenen)/ohne (eigene) Niederlassung (*Korte* GewArch 2010, 265 [267]).

Nicht außerhalb der gewerblichen Niederlassung sind Aktivitäten unter Mitbenutzung eines Teils der öffentlichen Straße vor dem Geschäftslokal und die Telefon-Werbung (*Rossi*, in: BeckOK, § 55 Rdn. 11; zu wettbewerbsrechtlichen Problemen siehe *BGHZ* 54, 188 ff.; *Korte*, in: Friauf, vor § 55 Rdn. 78 ff.).

30   Bei **mobilen Verkaufsständen** kann eine Abgrenzung zwischen Reisegewerbe und stehendem Gewerbe (gewerbliche Niederlassung) im Einzelfall schwierig sein. Reisegewerbe ist zu bejahen, wenn der Standort der Verkaufsstätte in gewissen zeitlichen Abständen wechselt (z. B. Eiswagen). Wird hingegen immer ein und derselbe Standplatz angefahren oder der Wagen für einen längeren Zeitraum an einer bestimmten Stelle aufgestellt (z. B. Imbisswagen an öffentlicher Straße, *OVG NRW* GewArch 1988, 169 [170]), so kann es sich bereits um eine gewerbliche Niederlassung handeln (vgl. auch § 4 Rdn. 20 f.). Ist ein mobiler Verkaufsstand nicht als gewerbliche Niederlassung zu qualifizieren, liegt Reisegewerbe auch dann vor, wenn der Gewerbetreibende dort passiv auf Kunden wartet, die an ihn herantreten (oben Rdn. 8).

31   Als Mindestmaß der Benutzungsdauer wird vielfach ein Zeitraum von 6 Wochen genannt (*Korte*, in: Friauf, § 55 Rdn. 78; *Lässig* GewArch 1987, 184 [185]; strenger *Schönleiter*, in: Landmann/Rohmer I, § 55 Rdn. 48: einige Monate genügen nicht). Ein Eiswagen, der einen bestimmten Platz nur an besonders schönen Tagen im Sommer aufsucht, wird noch nicht zur betrieblichen Niederlassung, sodass ein Reisegewerbe vorliegt (*VG Berlin* GewArch

Reisegewerbekarte **§ 55**

1987, 204). Ein Kiosk an einer auf mehrere Monate angelegten Baustelle ist kein Reisegewerbe (*OLG Hamm* GewArch 1962, 56), wohl aber ein Imbisswagen bei einer nur wenige Tage andauernden Kirmes, soweit nicht die §§ 64 ff. greifen (*OVG NRW* GewArch 1984, 130).

Eine temporäre An-/Verkaufsstelle liegt auch dann vor, wenn der Gewerbetreibende dauerhaft im Ladenlokal eines Dritten eine Fläche anmietet und dies zum Gegenstand einer Gewerbeanzeige nach § 14 I macht, die Fläche aber nicht geeignet ist, als dauerhafter Mittelpunkt eines stehenden Gewerbes zu dienen (*VG Minden* Urteil vom 25. 3. 2009 – 3 K 224/09, juris Rdn. 22, 26 ff.). 32

bb) Ohne gewerbliche Niederlassung. Diese Variante dient der Klarstellung, da der durch § 55 angesprochene Personenkreis in der Regel nicht über eine gewerbliche Niederlassung verfügen wird (*Korte*, in: Friauf, § 55 Rdn. 71). 33

3. Feilbieten von Waren etc. (Abs. 1 Nr. 1)

Nach früherer Gesetzeslage konnte die reisegewerbliche Tätigkeit i. S. d. Nr. 1 auch unselbstständig erbracht werden; nötig war allerdings ein Handeln in eigener Person (zur Novellierung 2007 siehe oben Rdn. 1, 10). **Juristische Personen** können nicht in eigener Person handeln (*BVerwGE* 22, 32; *VG Braunschweig* GewArch 1990, 23 [24]) und konnten deshalb seinerzeit kein Reisegewerbe i. S. d. § 55 I Nr. 1 betreiben. Lediglich die für sie handelnden natürlichen Personen, die ggf. unselbstständig, aber in eigener Person tätig wurden und die Waren feilboten, übten das Reisegewerbe aus und benötigten eine Reisegewerbekarte (dazu Vorauf. Rdn. 25). Nach heutiger Rechtslage ist nur der Prinzipal reisegewerbekartenpflichtig (oben Rdn. 1, 10). Dieser kann aber nunmehr auch im Falle des § 55 I Nr. 1 eine juristische Person sein (*Rossi*, in: BeckOK, § 55 Rdn. 13; *Schönleiter* GewArch 2008, 109 [112]), auch eine solche mit Sitz im Ausland (*Zillmer/Heinemann* NordÖR 2008, 521). Zur (fehlenden) Gewerbefähigkeit von oHG, KG, GbR etc. siehe § 1 Rdn. 76 ff. 34

a) Vertrieb von Waren. Erfasst werden sowohl das Feilbieten von Waren als auch das Aufsuchen von Bestellungen für Waren. Beide Tätigkeitsformen fasst der Gesetzgeber unter dem Begriff „Vertrieb" zusammen. 35

aa) Ware. Ware ist jede bewegliche Sache, die geeignet ist, Gegenstand des Handelsverkehrs zu sein (*BayObLG* GewArch 1964, 274); hierunter fallen also keine Grundstücke und grundstücksgleichen Rechte. 36

Eine Abgrenzung muss hier auch zum **Dienstleistungsgewerbe** erfolgen. So vertreibt z. B. ein Schlüsseldienst nicht die von ihm angefertigten Schlüssel als Ware, sondern bietet vielmehr eine Leistung an, deren Endprodukt der fertige Schlüssel ist.

Dagegen fallen **Kunstwerke** unter den Begriff der Waren und damit deren Vertrieb grundsätzlich auch unter die Vorschriften der GewO. Dem stehen verfassungsrechtliche Vorgaben nicht entgegen. Zwar garantiert Art. 5 III GG die Freiheit der Kunst uneingeschränkt. In den Schutzbereich dieser Norm fallen aber nur der Werkbereich (die Erstellung des Kunstwerkes), das Kunst- 37

Ennuschat

werk selbst und dessen kommunikative Verbreitung (Wirkbereich), nicht aber der Aspekt der wirtschaftlichen **Verwertung** (vgl. B*VerfGE* 31, 229 [239 f.]; 49, 382 [392]; 71, 162 [176]); insoweit sind andere Grundrechte einschlägig (so zutreffend *Jarass*, in: Jarass/Pieroth, GG, 11. Aufl. 2011, Art. 5 Rdn. 107). Geschieht eine solche Verwertung durch Dritte, liegt eine gewerbliche Tätigkeit vor. Vertreibt der Künstler seine **eigenen** – vorher geschaffenen – Kunstwerke, liegt hingegen kein Gewerbe vor (*OVG NRW* GewArch 1987, 235; *Korte*, in: Friauf, § 55 Rdn. 64; *Schönleiter*, in: Landmann/Rohmer I, § 55 Rdn. 23; siehe auch oben § 1 Rdn. 61 m. w. N.). Die Anfertigung des Kunstwerkes selbst (Straßenmusik, Scherenschnitte u. Ä.) zählt ebenfalls zur künstlerischen Tätigkeit, die nicht gewerblich ist (*VGH BW* GewArch 1988, 370 [371]; oben Rdn. 12).

Zu **Presseerzeugnissen** vgl. § 55 a I Nr. 10 (§ 55 a Rdn. 39).

38 **bb) Feilbieten.** Die Ware wird feilgeboten, wenn sie zur sofortigen Übergabe nach Kaufabschluss bereitgehalten wird. Eine ausdrückliche Aufforderung zum Kauf (Feilbieten i. e. S.) ist nicht erforderlich; es genügt das Feilhalten (vgl. *BayObLG* GewArch 1962, 6). Nicht erforderlich ist auch, dass es tatsächlich zum Abschluss eines Kaufvertrages kommt (*OLG Hamm* GewArch 1994, 168 [169]).

Kein Feilbieten liegt vor, wenn die Ware nur nach Muster verkauft wird (vgl. *BVerwGE* 22, 32 [34]). Dann wird aber zumeist ein Aufsuchen von Bestellungen zu bejahen sein (unten Rdn. 39). Das bloße Werben für bestimmte Waren ohne Verkaufsmöglichkeit ist kein Feilbieten. Werden jedoch anschließend Bestellungen angenommen, kann wiederum ein Aufsuchen von Bestellungen gegeben sein (*Rossi*, in: BeckOK, § 55 Rdn. 16).

39 **cc) Aufsuchen von Bestellungen auf Waren.** Ein Aufsuchen von Bestellungen bedeutet das Bemühen, Verträge über die Lieferung von Waren abzuschließen, sei es, dass der Vertrag direkt mit dem Reisegewerbetreibenden abgeschlossen, sei es, dass er z. B. durch Ausfüllen einer Bestellkarte (bindendes Vertragsangebot) seitens des Kunden vorbereitet wird.

40 Ausreichend sind alle eine Bestellung unmittelbar vorbereitenden Maßnahmen, z. B. Vorführung von Proben, Abhaltung von werbenden Vorträgen (*BayObLG* GewArch 1960, 209). Auch die Tätigkeit von sog. „Drückerkolonnen", d. h. Menschen, die in Fußgängerzonen Passanten offensiv ansprechen, damit diese eine Zeitschrift abonnieren, fällt hierunter (*Gatawis* GewArch 2002, 400 [401 f.]). An der **Unmittelbarkeit** fehlt es aber, wenn lediglich die spätere Verkaufstätigkeit vorbereitet wird, etwa durch Verabredung eines Termins. Dasselbe gilt im Falle einer reinen **Werbeveranstaltung** ohne Möglichkeit, Bestellungen aufzugeben (*Rossi*, in: BeckOK, § 55 Rdn. 17). Beschränkt sich der Werber auf die Anpreisung der Ware, vermeidet jede Verhandlung über Liefermöglichkeiten und überlässt es den Interessenten, auf welchem Wege sie sich die Ware beschaffen, so handelt es sich um eine nicht § 55 unterfallende Werbeveranstaltung, selbst wenn auf Fragen Hinweise auf eine auswärtige Verkaufsstelle gegeben werden (*BayObLG* GewArch 1978, 337 f.).

Zielt die Werbung aber auf sofortigen Vertragsschluss, so liegt ein Aufsuchen 41
von Bestellungen vor. Dies trifft im Regelfall zu bei der Werbung für **Buchgemeinschaften**, Vertriebsringe u. Ä. (*Korte*, in: Friauf, § 55 Rdn. 144).

b) Ankauf von Waren. Ankauf von Waren ist der Erwerb gegen – auch 42
geringes – Entgelt unabhängig vom geplanten späteren Verwendungszweck
der Waren. Auch ein Eintauschen genügt. Es reicht das auf Abschluss eines
entsprechenden Vertrages gerichtete Verhalten; unerheblich ist das tatsächliche Zustandekommen (*Schönleiter*, in: Landmann/Rohmer I, § 55 Rdn. 72).

c) Anbieten von Leistungen. Eine Leistung bietet derjenige an, der 43
dem Publikum unmittelbar oder auf schlüssige Weise seine **Bereitschaft
zur sofortigen Leistungserbringung** zur Kenntnis bringt (*Schönleiter*, in:
Landmann/Rohmer I, § 55 Rdn. 80). Es genügt, dass lediglich eine Teilleistung sofort erbracht werden kann (*BayObLG* GewArch 1964, 274). Dann
muss es sich aber um wesentliche Teilleistungen handeln; bloß vorbereitende
Arbeiten genügen nicht (*VGH BW* GewArch 1995, 475 [477]). Als Teilleistung einer Malerarbeit reicht die Grundierung nicht. Bei Zimmerer-, Holzbau- und Bedachungsarbeiten wird die Bereitschaft zur sofortigen Leistungserbringung wegen des Planungsaufwandes etc. regelmäßig fehlen (*VGH BW*
GewArch 1995, 159 [160]; *OVG NRW* GewArch 1999, 32).

Zur Abgrenzung zwischen stehendem Gewerbe und Reisegewerbe im 44
Handwerksbereich siehe oben Rdn. 9 sowie *BVerfG* GewArch 2000, 480
[482]; GewArch 2007, 294 [295]; *Dürr* GewArch 2011, 8 ff.; *Honig* GewArch
1991, 10 ff.; *Hüpers* GewArch 2004, 230 ff.; *Korte* GewArch 2010, 265 ff.

Die umfassende Ausübung eines Handwerks im Reisegewerbe hat Ausnahmecharakter, da ohne Vorhandensein einer Werkstatt i. S. eines stehenden
Betriebes Umfang und Ausmaß möglicher Leistungen eingeschränkt sind
(*BVerfG* GewArch 2007, 294). Je nach betroffenem Handwerk besteht daher
die Vermutung eines stehenden Betriebes (*BayVGH* GewArch 2006, 33 [34];
vgl. auch *OLG Jena* GewArch 2009, 208: Systembruch). Möglich ist dennoch, dass die volle Kunstfertigkeit eines Vollhandwerkers auch im Reisegewerbe eingesetzt wird (*BVerfG* GewArch 2007, 294; *VG Weimar* GewArch
2006, 34).

Im Übrigen kann es sich im Rahmen von § 55 I Nr. 1 um eine **Tätigkeit** 45
jedweder Art handeln, z. B. Reparaturarbeiten an Elektrogeräten oder
Schuhen etc., Schlüsseldienst, Fotoaufnahmen (jedenfalls bei Sofortbildern;
vgl. unten Rdn. 46) von Passanten, Schulkindern oder Ausflugsschiffspassagieren (sofern nicht künstlerisch, vgl. oben Rdn. 37), Videoaufnahmen eines
Teilnehmers an einer (Sport-)Veranstaltung. Bietet der Fotograf an, später
Nachbestellungen weiterer Abzüge entgegenzunehmen, zählen diese weiteren Tätigkeiten nicht mehr zum Reisegewerbe (*Honig* GewArch 1991, 10
[14]). Diskutiert wird die Einordnung der **Prostitution** im Straßenstrich als
Reisegewerbe (näher *Gurlit* GewArch 2008, 426 [428]; *Renzikowski*
GewArch 2008, 432 [435]; siehe ferner § 1 Rdn. 42 f.).

d) Aufsuchen von Bestellungen auf Leistungen. Ein Aufsuchen von 46
Bestellungen auf Leistungen liegt vor, wenn die entsprechende Tätigkeit erst
in einem gewissen **zeitlichen Abstand** erfolgen soll (*Rossi*, in: BeckOK,

§ 55 Rdn. 20). Es ist demnach nicht erforderlich, dass der Gewerbetreibende bereit und in der Lage ist, die Leistung sofort zu erbringen (*BVerfG[K]* GewArch 2000, 480 [481 f.]); zu nennen ist etwa der Vertrieb von Reisen (§ 56 a Rdn. 14). Durch diese Regelung werden die Abgrenzungsschwierigkeiten zum Anbieten einer Leistung für die Praxis weitgehend bedeutungslos. So ist die Tätigkeit eines Fotografen, der ohne ausdrückliche Bestellung Aufnahmen von Passanten oder Teilnehmern einer Veranstaltung macht, um diesen die Fotos nach kurzfristiger Entwicklung anzubieten, jedenfalls wegen des Aufsuchens von Bestellungen auf Leistungen reisegewerbekartenpflichtig. Zum **Reisehandwerk** siehe Rdn. 44.

47 Die schlichte **Werbung von Mitgliedern für gemeinnützige Vereine** und Organisationen fällt nicht unter § 55 I Nr. 1, weil es an einem Leistungsaustauschverhältnis fehlt und jedenfalls der evtl. vorhandene wirtschaftliche Vorteil, der mit der Mitgliedschaft verbunden ist, nicht im Vordergrund steht (so *Fischer* GewArch 2006, 109 [114] zu Rettungsflugwacht, DRK etc.). Dies gilt selbst dann, wenn die Werbung durch gewerbsmäßig tätige Werbekolonnen erfolgt. Anders stellt sich die Rechtslage dar, wenn bei dem zu werbenden Mitglied typischerweise die mit der Mitgliedschaft verknüpften wirtschaftlichen Vorteile im Vordergrund stehen, z. B. bei der Mitgliedschaft in Automobilclubs (*Fischer* a. a. O.)

4. Unterhaltende Tätigkeit als Schausteller (Abs. 1 Nr. 2)

48 **a) Selbstständigkeit.** Reisegewerbekartenpflichtig ist nur der selbstständige, d. h. eigenverantwortliche, nicht weisungsgebundene und im eigenen Namen handelnde Schausteller. Dies ist in der Regel der Betriebsinhaber. Nicht nötig ist die Tätigkeit in eigener Person (wie nunmehr auch bei Nr. 1). Den Betriebsinhaber vertretende Familienmitglieder oder Mitarbeiter benötigen, ebenso wie unselbstständig handelnde Beschäftigte, keine eigene Reisegewerbekarte. Es genügt, dass sie bei Abwesenheit des Betriebsinhabers eine Zweitschrift seiner Karte bei sich führen (vgl. § 60 c II).

49 **b) Unterhaltende Tätigkeit.** Der Begriff der unterhaltenden Tätigkeit ist **weit** zu verstehen und umfasst nach der Gesetzesbegründung (BT-Drs. 10/1125, S. 18) beinahe jede Art von Vergnügungen, wie sie üblicherweise auf Volksfesten zu finden sind. Neben Fahrgeschäften (wie z. B. Achterbahn, Karussell, Autoscooter etc.) werden auch Puppenspiele, Schaukästen aller Art, Show-Vorführungen etc. erfasst, ebenso Bungee-Jumping (*Schmitz/Fuchs* GewArch 1993, 320 [322]).

Nicht zur unterhaltenden Tätigkeit zählen der Verkauf von Waren und Anbietungen von Dienstleistungen. Dann kann aber § 55 I Nr. 1 einschlägig sein. Für die Abgrenzung kommt es bei Mischformen darauf an, ob Umstände hinzutreten, die darauf berechnet sind, die Schau- oder Spiellust des Publikums anzureizen (*BVerwG* GewArch 1961, 33; *Korte*, in: Friauf, § 55 Rdn. 168). Relevant kann dies etwa für die Verlosung von Waren werden.

50 **c) Als Schausteller oder nach Schaustellerart.** Durch die Formulierung „als Schausteller oder nach Schaustellerart" soll zum Ausdruck gebracht werden, dass Veranstaltungen mit überwiegend musikalischem, künstleri-

schem oder sportlichem Charakter (wie z. B. Pop-Konzerte, Volkstanz-, Karnevals- oder Sportveranstaltungen) nicht unter diese Vorschrift fallen, da das Landesrecht insoweit ausreichende Regelungen bereithält (vgl. BT-Drs. 10/1125, S. 18). Siehe in diesem Kontext auch § 33 a I 2 und hierzu die Kommentierung in Rdn. 24 ff.

III. Erlaubnispflicht (Abs. 2)

Abs. 2 normiert ausdrücklich, dass der Reisegewerbetreibende (natürliche 51 oder juristische Person) einer Erlaubnis bedarf. Die Erlaubnis wird im Gesetz **Reisegewerbekarte** genannt. §§ 55 a und 55 b führen bestimmte Tätigkeiten auf, die kraft gesetzlicher Regelung reisegewerbekartenfrei sind. Bei Abs. 2 handelt es sich um ein Verbot mit Erlaubnisvorbehalt, das auch unter Berücksichtigung des Art. 12 GG aufgrund der mit dem Reisegewerbe verbundenen spezifischen Gefahren gerechtfertigt ist (oben Rdn. 4). Die Reisegewerbekarte ersetzt nicht andere Erlaubnisse, die also gesondert zu beantragen sind, z. B. eine Straßensondernutzungserlaubnis o. Ä. Liegen andere Erlaubnisse vor, gilt u. U. Reisegewerbekartenfreiheit (z. B. § 55 a I Nr. 7). Für **Reisegewerbetreibende aus einem anderen EU-/EWR-Staat** entfällt gem. § 4 I 2 bei einer bloß vorübergehenden Tätigkeit in Deutschland grundsätzlich die Reisegewerbekartenpflicht (oben Rdn. 2); deshalb ist auch Abs. 3 nicht anwendbar.

Eine Stellvertretung i. S. d. § 45 ist nicht möglich (§ 45 Rdn. 16, § 61 a Rdn. 7).

IV. Erlaubniserteilung

1. Rechtsanspruch

Bei der Erteilung der Reisegewerbekarte handelt es sich um einen **Verwaltungsakt**, auf den der Antragsteller einen **Anspruch** hat, soweit nicht Versagungsgründe (dazu § 57) vorliegen. Für die Erlaubnis kann nach den landesrechtlichen Bestimmungen eine Gebühr erhoben werden (zur Höhe siehe *Stenger* GewArch 2007, 448 [450]: 350 Euro). Zu beachten ist die **Erlaubnisfiktion nach § 6 a I** (dort Rdn. 4 ff.), wenn der Antrag auf Erteilung der Erlaubnis nicht innerhalb einer Frist von drei Monaten beschieden ist. 52

2. Inhaltliche Beschränkungen; Nebenbestimmungen (Abs. 3)

Die Reisegewerbekarte ist grundsätzlich uneingeschränkt auf Lebenszeit 53 zu erteilen, soweit nicht die Voraussetzungen des Abs. 3 (i. V. m. § 36 I 1. Var. VwVfG) oder des § 36 I 2. Var. VwVfG vorliegen. Abs. 3 nennt inhaltliche Beschränkungen, Befristungen und Auflagen. Gem. § 36 I 2. Var. VwVfG sind weitere Nebenbestimmungen nur zulässig, wenn sie sicherstellen sollen, dass die gesetzlichen Voraussetzungen der Reisegewerbeerlaubnis erfüllt werden.

§ 55 Titel III. Reisegewerbe

54 **a) Allgemeine Voraussetzungen. aa) Zeitpunkt der Beschränkung.** Die Beschränkungen nach Abs. 3 können mit der Erteilung der Reisegewerbekarte verknüpft oder nachträglich hinzugefügt werden. Möglich ist auch die nachträgliche Änderung oder Ergänzung von Beschränkungen.

55 **bb) Zweck der Beschränkungen; Verhältnismäßigkeit.** Die Beschränkungen müssen dem Schutz der Allgemeinheit oder der Verbraucher dienen. Sie müssen ferner zur Erreichung dieses Zweckes „erforderlich" sein, d. h. – schon im Hinblick auf Art. 12 GG – dem **Verhältnismäßigkeitsgebot** entsprechen. Je höher das gefährdete Schutzgut ist, desto geringer sind dabei die Anforderungen an den Wahrscheinlichkeitsgrad eines Schadenseintritts.

56 **b) Inhaltliche Beschränkung.** Grundsätzlich gilt die Reisegewerbekarte im gesamten Bundesgebiet und für alle Reisegewerbe. Eine inhaltliche Beschränkung kann sich auf den Ort der Tätigkeit oder auf Art oder Umfang der von Abs. 1 Nr. 1 und Nr. 2 erfassten Tätigkeiten beziehen. Namentlich bei der inhaltlichen Beschränkung ist auf das Übermaßverbot zu achten, insbesondere darauf, ob nicht eine dem Reisegewerbetreibenden weniger belastende Maßnahme, die den angestrebten Zweck ebenfalls erreicht, in Frage kommt.

57 **c) Befristung.** Befristung ist die Festsetzung eines dem Datum nach bestimmten oder doch, ohne dass dies von zukünftigen ungewissen Ereignissen abhängen würde, bestimmbaren Zeitpunktes, bis zu dem die Reisegewerbekarte Gültigkeit haben soll, z. B. bis zum 31. 12. 2016 oder bis 3 Jahre nach dem Datum der Ausstellung.

58 **d) Auflage.** Eine Auflage ist eine zusätzliche, selbstständig erzwingbare hoheitliche Anordnung in Form eines Ge- oder Verbotes (*BVerwG* DVBl. 1982, 376; *Schönleiter*, in: Landmann/Rohmer I, § 55 Rdn. 113), die in der Regel auf ein bestimmtes Tun, Dulden oder Unterlassen gerichtet ist. Sie kann selbstständig mit den Mitteln des Verwaltungszwangs durchgesetzt werden oder aber gem. § 49 II Nr. 2 VwVfG die Befugnis zum Widerruf der Erteilung der Reisegewerbekarte geben. Bloße Hinweise auf bestehende Pflichten o. ä. sind keine Auflagen (*Kopp/Ramsauer* VwVfG, 11. Aufl. 2010, § 36 Rdn. 33). Zu Auflagen für Bungee-Jumping-Betreiber siehe *Pinegger/Kraußer* GewArch 1998, 465 (467).

V. Rechtsfolgen bei Pflichtverletzungen

59 Das Betreiben eines Reisegewerbes ohne Reisegewerbekarte erfüllt einen Ordnungswidrigkeitentatbestand (§ 145 I Nr. 1); bei beharrlicher Wiederholung (§ 148 Nr. 1) oder bei Gefährdung von Leben oder Gesundheit eines anderen oder fremder Sachen von bedeutendem Wert (§ 148 Nr. 2) liegt eine Straftat vor. Die Ausübung eines Reisegewerbes ohne die erforderliche Reisegewerbekarte kann nach § 60 verhindert werden. Die Tätigkeit ohne Reisegewerbekarte fällt ferner in den Anwendungsbereich des SchwarzArbG (dazu *Spatscheck/Fraedrich* NZBau 2007, 673 [674]).

§ 55a Reisegewerbekartenfreie Tätigkeiten

(1) **Einer Reisegewerbekarte bedarf nicht, wer**
1. gelegentlich der Veranstaltung von Messen, Ausstellungen, öffentlichen Festen oder aus besonderem Anlaß mit Erlaubnis der zuständigen Behörde Waren feilbietet;
2. selbstgewonnene Erzeugnisse der Land- und Forstwirtschaft, des Gemüse-, Obst- und Gartenbaues, der Geflügelzucht und Imkerei sowie der Jagd und Fischerei vertreibt;
3. Tätigkeiten der in § 55 Abs. 1 Nr. 1 genannten Art in der Gemeinde seines Wohnsitzes oder seiner gewerblichen Niederlassung ausübt, sofern die Gemeinde nicht mehr als 10 000 Einwohner zählt;
4. *(aufgehoben)*
5. auf Grund einer Erlaubnis nach § 4 des Milch- und Margarinegesetzes Milch oder bei dieser Tätigkeit auch Milcherzeugnisse abgibt;
6. Versicherungsverträge als Versicherungsvermittler im Sinne des § 34d Abs. 3, 4 oder 5 oder Bausparverträge vermittelt oder abschließt oder Dritte als Versicherungsberater im Sinne des § 34 e in Verbindung mit § 34d Abs. 5 über Versicherungen berät; das Gleiche gilt für die in dem Gewerbebetrieb beschäftigten Personen;
7. ein nach Bundes- oder Landesrecht erlaubnispflichtiges Gewerbe ausübt, für dessen Ausübung die Zuverlässigkeit erforderlich ist, und über die erforderliche Erlaubnis verfügt;
8. *(aufgehoben)*
9. von einer nicht ortsfesten Verkaufsstelle oder einer anderen Einrichtung in regelmäßigen, kürzeren Zeitabständen an derselben Stelle Lebensmittel oder andere Waren des täglichen Bedarfs vertreibt; das Verbot des § 56 Abs. 1 Nr. 3 Buchstabe b findet keine Anwendung;
10. Druckwerke auf öffentlichen Wegen, Straßen, Plätzen oder an anderen öffentlichen Orten feilbietet.

(2) Die zuständige Behörde kann für besondere Verkaufsveranstaltungen Ausnahmen von dem Erfordernis der Reisegewerbekarte zulassen.

Übersicht

	Rdn.
I. Vorbemerkung	1
1. Entstehungsgeschichte	1
2. Anwendungsbereich	2
II. Gesetzliche Ausnahmen von der Reisegewerbekartenpflicht (Abs. 1)	4
1. Feilbieten von Waren gelegentlich bestimmter Veranstaltungen oder aus besonderem Anlass mit Erlaubnis der zuständigen Behörde (Nr. 1)	4
a) Veranstaltungen i. S. d. Nr. 1	5

Ennuschat

b) Gelegentlich der Veranstaltung 6
c) Besonderer Anlass 10
d) Erlaubnis 11
e) Sonstige Genehmigungen 16
2. Vertrieb selbstgewonnener Erzeugnisse (Nr. 2) 17
   a) Erzeugnisse der Land- und Forstwirtschaft 18
   b) Gemüse-, Obst- und Gartenbau 19
   c) Geflügelzucht, Imkerei, Jagd, Fischerei 20
   d) Selbstgewonnen 21
   e) Vertrieb 22
3. Tätigkeit in kleiner Heimatgemeinde (Nr. 3) 23
4. Blindenwaren 24
5. Abgabe von Milch oder Milcherzeugnissen (Nr. 5) 27
6. Vermittlung und Abschluss von Versicherungen und Bausparverträgen; Versicherungsberatung (Nr. 6) 28
7. Ausübung eines erlaubnispflichtigen Gewerbes (Nr. 7) 30
8. Bankgeschäfte 33
9. Mobile Verkaufsstelle für Lebensmittel etc. (Nr. 9) 35
   a) Nicht ortsfeste Verkaufsstelle; andere Einrichtung 35
   b) Regelmäßiger, kürzerer Zeitabstand; dieselbe Stelle 36
   c) Vertrieb von Lebensmitteln und anderen Waren des täglichen Bedarfs 37
   d) Sonstige Genehmigungen 38
10. Feilbieten von Druckwerken (Nr. 10) 39
    a) Druckwerke 39
    b) Öffentliche Orte 40
    c) Feilbieten 41
    d) Verfassungsrechtlicher Hintergrund 42
III. Reisegewerbekartenfreiheit kraft behördlicher Ausnahme (Abs. 2) 44
1. Besondere Verkaufsveranstaltungen 45
2. Zulassungsadressat 46
3. Behördliche Entscheidung 47
   a) Zuständigkeit 47
   b) Entscheidungsinhalt 48

I. Vorbemerkung

1. Entstehungsgeschichte

1   Die heutige Fassung der Vorschrift geht im Wesentlichen auf das Vierte Bundesgesetz zur Änderung der Gewerbeordnung vom 5. 2. 1960 (BGBl. S. 61) zurück. Im Weiteren wurde sie mehrfach geringfügig geändert (näher *Schönleiter*, in: Landmann/Rohmer I, § 55a Rdn. 1 f.; *Stober/Korte*, in: Friauf, § 55 a Rdn. 4 ff.). Ihre jetzige Fassung fand die Norm durch das Zweite Gesetz zum Abbau bürokratischer Hemmnisse insbesondere in der mittelständischen Wirtschaft vom 7. 9. 2007 (BGBl. I S. 2246). Eine Deregulierung soll namentlich die Ausdehnung der Nr. 7 – zuvor begrenzt auf §§ 34 a, 34 b, 34 c – auf sämtliche gewerberechtliche Erlaubnistatbestände bewirken, um die Duplizität der gewerberechtlichen Zuverlässigkeitsprüfungen im stehenden Gewerbe und im Reisegewerbe zu vermeiden (BT-Drs. 16/4391, 35 ff.; siehe unten Rdn. 31).

2. Anwendungsbereich

Der in § 55 II aufgestellte Grundsatz, dass zur Ausübung eines Reisegewer- 2
bes eine Reisegewerbekarte vonnöten ist, wird durch § 55 a (und § 55 b)
durchbrochen. Die in § 55 a genannten Tätigkeiten unterliegen als **Reisegewerbe** aber den übrigen Vorgaben des Titels III, soweit nicht ausdrücklich
etwas anderes bestimmt ist oder eine Vorschrift an den Besitz einer Reisegewerbekarte anknüpft.

Wenn ein Reisegewerbetreibender eine **Mischleistung** anbietet, von der 3
nur der eine Teil einen der Privilegierungstatbestände des § 55 a (oder § 55
b) erfüllt, der andere jedoch nicht, richtet sich die Reisegewerbekartenfreiheit
nach dem Schwerpunkt der Leistung (*Rossi*, in: BeckOK, § 55 a Rdn. 1;
Stober/Korte, in: Friauf, § 55 a Rdn. 16; siehe unten Rdn. 28). Handelt es
sich nicht um eine Mischleistung, sondern um ein Bündel von Leistungen,
ist jede gesondert auf die Reisegewerbekartenpflichtigkeit zu untersuchen.
Nach Streichung des § 55 d gilt § 55 a uneingeschränkt auch für Ausländer.

II. Gesetzliche Ausnahmen von der Reisegewerbekartenpflicht (Abs. 1)

1. Feilbieten von Waren gelegentlich bestimmter Veranstaltungen oder aus besonderem Anlass mit Erlaubnis der zuständigen Behörde (Nr. 1)

Gelegentlich der in Nr. 1 aufgeführten Veranstaltungen (unten a/b) oder 4
aus besonderem Anlass (unten c) dürfen Waren ohne Reisegewerbekarte
feilgeboten werden, sofern eine entsprechende Erlaubnis der zuständigen
Behörde (unten d) vorliegt. Hierdurch soll ermöglicht werden, die bei diesen
Anlässen aufgrund der größeren Menschenansammlung regelmäßig verstärkt
auftretende Nachfrage nach Gütern des kurzfristigen Bedarfs zu befriedigen.

Zum Begriff des **Feilbietens von Waren** siehe § 55 Rdn. 38. Dienstleistungen sind von Nr. 1 nicht erfasst (*Schönleiter*, in: Landmann/Rohmer I,
§ 55a Rdn. 7; *Stober/Korte*, in: Friauf, § 55 a Rdn. 24).

a) Veranstaltungen i. S. d. Nr. 1. Zu **Messen** siehe § 64 Rdn. 1 ff., zu 5
Ausstellungen § 65 Rdn. 1 ff. **Öffentliche Feste** sind Veranstaltungen, zu
denen ein großer Publikumskreis Zugang hat und die der allgemeinen
Verlustierung dienen. Darunter fallen Volksfeste i. S. d. § 60 b, aber auch
vergleichbare Veranstaltungen, wenngleich diese nicht alle für ein Volksfest
erforderlichen Merkmale erfüllen, z. B. Schützenfest, Hundertjahrfeier, Karnevalsumzug, Kirchweihfest etc. (ebenso *Schönleiter*, in: Landmann/Rohmer
I, § 55 a Rdn. 9; *Stober/Korte*, in: Friauf, § 55 a Rdn. 34).

b) Gelegentlich der Veranstaltung. Das Merkmal „gelegentlich" 6
bezieht sich nicht etwa auf die Häufigkeit des Feilbietens von Waren, sondern
angesichts eines insoweit eindeutigen Wortlauts auf den Kontext der Veranstaltung. Insoweit ist zu unterscheiden zwischen Messen und Ausstellungen
einerseits und öffentlichen Festen andererseits.

§ 55a

7   **aa) Messen, Ausstellungen.** Von dem Privilegierungstatbestand der Nr. 1 werden nicht diejenigen Waren erfasst, die primärer Gegenstand der Messe oder Ausstellung sind, also z. B. nicht die auf einer Möbel-Messe ausgestellten und angebotenen Möbel etc. Privilegiert sind lediglich Waren, die gelegentlich auf der Messe oder Ausstellung feilgeboten werden, z. B. Speisen und Getränke (nicht aber Kostproben i. S. d. § 68 a), auch Souvenirs, Postkarten, Zeitschriften etc.

8   Problematisch ist, ob ein örtlicher Anbieter (z. B. ein Spielwarenhändler) nach Nr. 1 privilegiert ist, wenn er seine innerhalb des Spektrums der Veranstaltung liegenden Waren bei einer vor Ort stattfindenden (Spielwaren-)Messe feilbietet (bejahend *Schönleiter*, in: Landmann/Rohmer I, § 55a Rdn. 11). Mit dem Wortlaut der Nr. 1 – die als Ausnahmevorschrift zudem eng auszulegen ist – dürfte eine Privilegierung in diesem Fall nicht vereinbar sein, zumal die Begünstigung örtlicher Anbieter abschließend in Nr. 3 geregelt wird.

9   **bb) Öffentliche Feste.** Bei öffentlichen Festen, die nicht dem Verkauf oder der Ausstellung bestimmter Waren dienen, ist das Feilbieten jedweder Waren reisegewerbekartenfrei (*Schönleiter*, in: Landmann/Rohmer I, § 55 a Rdn. 10; *Stober/Korte*, in: Friauf, § 55 a Rdn. 34); anderenfalls liefe Nr. 1 für öffentliche Feste leer.

10 **c) Besonderer Anlass.** Ein besonderer Anlass liegt vor, wenn die Tätigkeit an ein kurzfristiges, nicht häufig auftretendes und nicht alltägliches Ereignis anknüpft, das zunächst in keinem Zusammenhang mit der Tätigkeit steht (*BVerwG* GewArch 1989, 342). Letztlich umfasst das Merkmal „aus besonderem Anlass" generalklauselartig alle Veranstaltungen, die zwar nicht von den bereits aufgeführten Begriffen erfasst sind, nach dem Sinn und Zweck der Nr. 1 (vgl. Rdn. 4) aber ebenfalls unter diese Regelung fallen sollen, z. B. Sportveranstaltungen, Staatsbesuche, aber auch Großdemonstrationen (*Rossi*, in: BeckOK, § 55 a Rdn. 4). Privilegiert sind dann Warenangebote, die als Annex zur Veranstaltung zu werten sind (*Schönleiter*, in: Landmann/Rohmer I, § 55a Rdn. 13; *Stober/Korte*, in: Friauf, § 55 a Rdn. 38).

11 **d) Erlaubnis.** Die Befreiung von der Reisegewerbekartenpflicht tritt – für alle Anwendungsfälle der Nr. 1 (*Schönleiter*, in: Landmann/Rohmer I, § 55 a Rdn. 12) – erst dann ein, wenn eine Erlaubnis der zuständigen Behörde (zur Zuständigkeit: § 155 II) vorliegt. Wer bereits Inhaber einer Reisegewerbekarte ist, bedarf einer Erlaubnis i. S. d. § 55 a I Nr. 1 nicht.

12 **aa) Verwaltungsakt.** Bei der Erlaubnis handelt es sich um einen begünstigenden Verwaltungsakt, der auch in Form einer Allgemeinverfügung denkbar ist (*Rossi*, in: BeckOK, § 55 a Rdn. 5; *Stober/Korte*, in: Friauf, § 55 a Rdn. 50; **a. A.** *Schönleiter*, in: Landmann/Rohmer I, § 55 a Rdn. 14), z. B. bei einer generellen Zulassung eines nach allgemeinen Merkmalen bestimmbaren Personenkreis (vgl. § 35 S. 2 VwVfG).

Die Erlaubnis regelt das zulässige Warenangebot sowie Zeit und Ort des Feilbietens. Tätigkeiten außerhalb des Erlaubnisumfangs sind reisegewerbekartenpflichtig. Im Rahmen des § 36 II VwVfG kann diese Erlaubnis mit Nebenbestimmungen versehen werden.

bb) Ermessen. Der Behörde ist bei der Erlaubniserteilung ein Ermessensspielraum eingeräumt. Zu berücksichtigen sind dabei die von Art und Ort der Veranstaltung abhängenden Versorgungsbedürfnisse sowie Auswirkungen der Erlaubnis auf ihren Ablauf. Nicht möglich ist die Erlaubnis von Tätigkeiten, die nach § 56 im Reisegewerbe verboten sind.

cc) Versagung wegen Unzuverlässigkeit. Problematisch ist, ob eine solche Erlaubnis wegen Unzuverlässigkeit versagt werden kann. Dem **Wortlaut** nach bietet die GewO dafür keine Ermächtigungsgrundlage: Der Versagungstatbestand des § 57 bezieht sich nur auf die Erteilung der Reisegewerbekarte gem. § 55 II, nicht auf die Erlaubnis nach § 55 a I Nr. 1; § 59 regelt die Untersagung reisegewerbekartenfreier Tätigkeiten, nicht aber die Versagung einer Erlaubnis.

Dieser Befund führt zu wenig sinnvollen Ergebnissen, wenn die Behörde mangels Verfügbarkeit eines Versagungstatbestandes eine Erlaubnis erteilen müsste, um sodann eine auf § 59 gestützte Untersagungsverfügung zu erlassen. Die Problemlösung liegt darin, dass man entweder **§ 57 analog** auf die Versagung der Erlaubnis anwendet (dagegen aber *Stober/Korte*, in: Friauf, § 55 a Rdn. 46) oder die Frage der Zuverlässigkeit im Rahmen der **Ermessensausübung** nach § 55 a I Nr. 1 berücksichtigt (*Rossi*, in: BeckOK, § 55 a Rdn. 5; im Ergebnis ähnlich *Laubinger/Repkewitz* VerwArch 89 [1998], 609 [623]). Letzteres ist durch das Fehlen eines Versagungstatbestandes nicht ausgeschlossen. Nur im Falle einer Erlaubniserteilung durch Allgemeinverfügung könnte auf § 59 rekurriert werden.

e) Sonstige Genehmigungen. Bei gewerblicher Nutzung eines Verkaufswagens sind straßen- und straßenverkehrsrechtliche Vorgaben zu beachten (zur Notwendigkeit einer **Sondernutzungserlaubnis** für das Aufstellen von Imbissständen auf öffentlichen Straßenraum anlässlich einer Großdemonstration siehe *VGH BW* GewArch 1994, 230 = NVwZ-RR 1994, 370).

2. Vertrieb selbstgewonnener Erzeugnisse (Nr. 2)

Nr. 2 privilegiert den Vertrieb selbstgewonnener Erzeugnisse aus bestimmten Bereichen. Durch Gesetz vom 7. 9. 2007 (BGBl. I S. 2246) wurde die Nr. 2 redaktionell an die Beschränkung der Reisegewerbekartenpflichtigkeit auf den Prinzipal angepasst, sodass die Einbeziehung der im Erzeugerbetrieb beschäftigen Personen entfallen konnte (BT-Drs. 16/4391, 37).

a) Erzeugnisse der Land- und Forstwirtschaft. Zu den Erzeugnissen der **Landwirtschaft** zählen solche, die im Wege der Urproduktion aufgrund der Bewirtschaftung des Bodens gewonnen werden. Erzeugnisse der Viehzucht fallen nicht darunter; dies ergibt sich aus der – sonst überflüssigen – Aufzählung der Geflügelzucht und der Imkerei. Nicht zu den Erzeugnissen der Landwirtschaft zählen Mineralien (Torf, Sand etc.). Dies gilt auch dann, wenn diese in einem landwirtschaftlichen Nebenbetrieb gewonnen werden (insoweit **a. A.** *Stober/Korte*, in: Friauf, § 55 a Rdn. 63; *Schönleiter*, in: Landmann/Rohmer I, § 55 a Rdn. 19).

Unter Erzeugnisse der **Forstwirtschaft** fallen z. B. die von den Grundstücksbesitzern geschlagenen Tannenbäume oder Kaminholz.

§ 55a
Titel III. Reisegewerbe

19 **b) Gemüse-, Obst- und Gartenbau.** Der Gemüse-, Obst- und Gartenbau wird ebenfalls durch Nr. 2 privilegiert. Mangels ausdrücklicher Erwähnung – anders als etwa in § 56 III 2 – fallen der Weinbau und der Verkauf von Wein nicht darunter. Der Vertrieb von Trauben oder Traubensaft ist aber kein Weinbau und unterfällt daher der Nr. 2 (ebenso *Stober/Korte*, in: Friauf, § 55 a Rdn. 65).

20 **c) Geflügelzucht, Imkerei, Jagd, Fischerei.** Erzeugnisse der Geflügelzucht sind nicht nur das Fleisch, sondern auch Eier, Federn etc.

Die Privilegierung des Vertriebes von Erzeugnissen aus der Jagd und Fischerei bezieht sich nicht auf Erzeugnisse, die mittels einer Jagd- oder Fischwilderei (§§ 292 f. StGB) erlangt wurden (*Schönleiter*, in: Landmann/Rohmer I, § 55 a Rdn. 21; *Stober/Korte*, in: Friauf, § 55 a Rdn. 66).

21 **d) Selbstgewonnen.** Selbstgewonnene Erzeugnisse i. S. v. Nr. 2 sind nur solche, die von Anbietern aus eigener Produktion gewonnen oder darin hergestellt worden sind. Der Vertrieb verarbeiteter Produkte ist dann von Nr. 2 erfasst, wenn sie aus ausschließlich selbst erzeugten Grundstoffen bestehen, im Betrieb des Erzeugers hergestellt sind und die Grenze zu fabrikmäßiger Herstellung nicht überschritten ist. Erzeugnisse der Jagd oder Fischerei müssen vom Berechtigten (Pächter) oder von einem von ihm Beauftragten erlangt werden (*Rossi*, in: BeckOK, § 55 a Rdn. 8).

22 **e) Vertrieb.** Vertreiben i. S. d. § 55 a I Nr. 2 umfasst das Feilbieten und Aufsuchen von Bestellungen auf Waren, wie sich aus § 55 I Nr. 1 ergibt.

3. Tätigkeit in kleiner Heimatgemeinde (Nr. 3)

23 Nr. 3 bezieht sich **erstens** ausschließlich auf die in § 55 I Nr. 1 genannten Tätigkeiten (§ 55 Rdn. 34 ff.).

Zweitens darf die Tätigkeit nur in derjenigen Gemeinde stattfinden, in welcher der Gewerbetreibende entweder seinen Wohnsitz oder den Sitz seiner gewerblichen Niederlassung hat. Wohnsitz ist der gewöhnliche Aufenthaltsort, d. h. dort, wo der Betroffene seinen Lebensmittelpunkt hat; unerheblich ist, wo er förmlich gemeldet ist. Zum Begriff der gewerblichen Niederlassung siehe § 4 Rdn. 20 f. Wenn Wohnsitz und Betriebssitz auseinander fallen, gilt die Privilegierung – bei entsprechender Größe der Gemeinden – für beide betroffene Gemeinden (*Schönleiter*, in: Landmann/Rohmer I, § 55 a Rdn. 26; *Stober/Korte*, in: Friauf, § 55 a Rdn. 76).

Drittens darf die betreffende Gemeinde nicht mehr als 10.000 Einwohner zählen.

4. Blindenwaren

24 Die frühere Nr. 4 nahm Blindenwaren von der Reisegewerbekartenpflichtigkeit aus. Diese Privilegierung rechtfertigte sich daraus, dass ohnehin eine behördliche Erlaubnis – in Form des Blindenwaren-Vertriebsausweises – nötig war (Voraufl. Rdn. 24 ff.).

25 Durch Gesetz vom 7. 9. 2007 (BGBl. I S. 2246) wurde Nr. 4 aufgehoben. Hintergrund ist die Aufhebung des Blindenwarenvertriebsgesetzes durch Art. 30 desselben Gesetzes (zu den Motiven siehe BT-Drs. 16/4391, 42).

Da der Vertrieb von Blindenwaren seitdem nicht mehr einer spezialgesetz- 26
lichen Erlaubnis unterfällt, entstand wiederum Bedarf an gewerberechtlicher
Kontrolle, soweit es um den Vertrieb im Reisegewerbe geht. Soweit Gewerbetreibende noch über einen **Blindenwarenvertriebsausweis** verfügen, ist
eine Reisegewerbekarte wegen Nr. 7 nicht nötig (*Rossi*, in: BeckOK, § 55 a
Rdn. 12; im Ergebnis ebenso *Schönleiter*, in: Landmann/Rohmer I, § 55 a
Rdn. 30: Umdeutung des Blindenwartenvertriebsausweises in die Reisegewerbekarte).

5. Abgabe von Milch oder Milcherzeugnissen (Nr. 5)

Hintergrund der Privilegierung nach Nr. 5 ist die Notwendigkeit einer 27
Erlaubnis für die Milchabgabe nach § 4 I Milch- und MargarineG vom
25. 7. 1990 (BGBl. I S. 1471; mit nachf. Änd.). Die Abgabe von Milcherzeugnissen ist nur dann erlaubt, wenn zugleich auch Milch abgegeben wird,
wie sich aus dem Wortlaut ergibt („**bei dieser Tätigkeit**"). Dabei genügt
die generelle Tätigkeit der Milchabgabe; nicht nötig ist, dass der einzelne
Kunde neben Milcherzeugnissen auch Milch kauft. **Milcherzeugnisse** sind
Produkte wie Butter, Käse, Joghurt, Rahm etc. Unter **Abgabe** ist nur der
Verkauf mit sofortiger Übergabe (ggf. in Form eines Ausschenkens) zu verstehen, nicht der Vertrieb im Übrigen, also nicht das Aufsuchen von Bestellungen (*Schönleiter*, in: Landmann/Rohmer I, § 55 a Rdn. 32; *Stober/Korte*, in:
Friauf, § 55 a Rdn. 93).

Der Wortlaut der Nr. 5 wurde im Zuge der Novelle 2007 redaktionell an
den Wegfall der Reisegewerbekartenpflicht für Beschäftige angepasst (vgl.
Rdn. 17).

6. Vermittlung und Abschluss von Versicherungen und Bausparverträgen; Versicherungsberatung (Nr. 6)

Die Nr. 6 wurde durch das Gesetz zur Neuregelung des Versicherungsver- 28
mittlerrechts vom 19. 12. 2006 (BGBl. I S. 3232) neu gefasst. Wer als Versicherungsvermittler oder Versicherungsberater im stehenden Gewerbe tätig
ist, benötigt für die Tätigkeit im Reisegewerbe daher keine Reisegewerbekarte; dasselbe gilt für die Vermittlung und den Abschluss von Bausparverträgen. Hintergrund ist die staatliche Aufsicht für Versicherungen und Bausparkassen (*Rossi*, in: BeckOK, § 55 a Rdn. 15). Die Reisegewerbekartenfreiheit
greift selbst dann, wenn seine Tätigkeit im stehenden Gewerbe erlaubnisfrei
ist. Die Erleichterungen, die für das stehende Gewerbe gelten, greifen damit
auch für das Reisegewerbe und werden auf Angestellte erweitert (siehe näher
BT-Drs. 16/3162, 10).

Die Privilegierung kommt nicht **Mischtätigkeiten** zu, bei denen das Ver- 29
sicherungs- und Bausparelement nur eine untergeordnete Rolle spielt (ebenso
zur zivilrechtlichen Parallele des Haustürwiderrufs *BGH* GewArch 1995,
477). So erstreckt sich das Privileg z. B. nicht auf einen Schlüsselfunddienst,
der im Falle eines endgültigen Schlüsselverlustes die Kosten für die Auswechslung der Türschlösser u. Ä. übernimmt (*Schönleiter*, in: Landmann/Rohmer
I, § 55 a Rdn. 40). Wenn im Zusammenhang mit der Versicherung oder dem
Bausparvertrag ein Darlehen vermittelt wird (nur zulässig, wenn insoweit

§ 55a

unentgeltlich für den Kunden, § 56 I Nr. 6, dort Rdn. 34), unterfällt dies nicht der Nr. 6 (*Schönleiter*, in: Landmann/Rohmer I, § 55 a Rdn. 40; *Stober/Korte*, in: Friauf, § 55 a Rdn. 100).

7. Ausübung eines erlaubnispflichtigen Gewerbes (Nr. 7)

30 Zahlreiche Gewerbearten sind auch außerhalb einer Tätigkeit im Reisegewerbe erlaubnispflichtig – mit der Zuverlässigkeit als zentraler Erlaubnisvoraussetzung. Die damit verbundene gewerbebehördliche Überwachung bietet zugleich eine hinreichende Kontrolle für die Tätigkeit im Reisegewerbe. Nr. 7 ist nur bei Erlaubnistatbeständen anwendbar, welche die Zuverlässigkeit als Voraussetzung enthalten, unabhängig davon, ob es sich um Normen im Bundes- oder Landesrecht handelt (zur Verlagerung gewerberechtlicher Gesetzgebungskompetenzen auf die Landesebene im Zuge der Föderalismusreform siehe Einl. Rdn. 13 f.). Die Erlaubnistatbestände i. S. d. Nr. 7 betreffen zumeist das stehende Gewerbe, was aber (im Gegensatz zu Nr. 7 a. F.) nicht Voraussetzung der Anwendbarkeit der Nr. 7 ist, wie sich aus dem Wortlaut und der Entstehungsgeschichte (BT-Drs. 16/4391, 35) ergibt. So greift Nr. 7 z. B. im Falle einer nach Gaststättenrecht erlaubnispflichtigen Reisegaststätte mit Alkoholausschank (§§ 1 II, 2 I 1 GastG; §§ 1, 2 BremGastG). Siehe ferner § 56 I Nr. 3 lit. b Rdn. 23 ff. und § 68 a Rdn. 14 f.

31 Klargestellt sei, dass die Spezialgesetze, die den Erlaubnistatbestand für das stehende Gewerbe enthalten, die Ausübung der Tätigkeit im Reisegewerbe ausschließen oder beschränken können (BT-Drs. 16/4391, 36 unter Hinweis auf § 22 IV Nr. 1 SprengG).

32 Die jetzige Fassung fand Nr. 7 durch das Zweite Gesetz zum Abbau bürokratischer Hemmnisse insbesondere in der mittelständischen Wirtschaft vom 7. 9. 2007 (BGBl. I S. 2246). Zuvor war die Regelung auf einzelne Erlaubnistatbestände (§§ 34 a, 34 b, 34 c) begrenzt. Sie ist jetzt im Sinne von Deregulierung und Bürokratieabbau auf alle gewerberechtlichen Erlaubnistatbestände erweitert worden, um die Duplizität von Zuverlässigkeitsprüfungen zu vermeiden (BT-Drs. 16/4391, 35 f.; *Stenger* GewArch 2007, 448 [450]).

8. Bankgeschäfte

33 Nach Nr. 8 a. F. wurden bis 2007 Bankgeschäfte in nicht ortsfesten Geschäftsräumen dem Privilegierungstatbestand des § 55 a unterstellt. Dies war seinerzeit nötig, weil die dort beschäftigten Personen selbst reisegewerbekartenpflichtig waren. Nach Novellierung des § 55 I Nr. 1 ist nunmehr nur noch der Prinzipal reisegewerbekartenpflichtig. Auf diesen sind ohnehin Erlaubnispflichten nach dem KWG anwendbar, sodass infolge der Neufassung der Nr. 7 die Nr. 8 entbehrlich wurde und gestrichen werden konnte (vgl. BT-Drs. 16/4391, 35 ff.).

34 In Nr. 8 a. F. fand sich als weitere Regelung die Aussage, dass in seinem Anwendungsbereich einige Verbote des § 56 nicht greifen. Diese Privilegierung ist nunmehr in § 56 IV enthalten (dort Rdn. 43).

9. Mobile Verkaufsstelle für Lebensmittel etc. (Nr. 9)

a) Nicht ortsfeste Verkaufsstelle; andere Einrichtung. Nicht ortsfest 35
sind solche Verkaufsstellen, die mobil zum Vertrieb genutzt werden können,
wie Motorfahrzeuge, Anhänger etc. (vgl. *VG Arnsberg* GewArch 1980, 228).
Das Merkmal „andere Einrichtungen" soll als Auffangtatbestand alle dem
Sinn und Zweck dieser Regelung entsprechenden sonstigen Verkaufsmöglichkeiten erfassen, wie etwa tragbare Behältnisse, auch Stände, die schnell
auf- und abgebaut werden können (*Rossi*, in: BeckOK, § 55 a Rdn. 18).

b) Regelmäßiger, kürzerer Zeitabstand; dieselbe Stelle. Das zeitliche 36
Erfordernis ist erfüllt, wenn der Verkauf in bestimmten, nicht zu großen
Abständen (wöchentlich, max. zwei Wochen) in stets wiederkehrendem
Rhythmus stattfindet. In räumlicher Hinsicht muss der Verkauf stets an derselben Stelle, d. h. innerhalb eines eng begrenzten, leicht überschaubaren Raumes stattfinden.

c) Vertrieb von Lebensmitteln und anderen Waren des täglichen 37
Bedarfs. Zum Begriff Lebensmittel siehe § 67 Rdn. 9, zu Waren des täglichen Bedarfs § 67 Rdn. 19. Das Merkmal „Vertrieb" ist in § 55 I Nr. 1 legaldefiniert (oben § 55 Rdn. 35 ff.); umfasst sind das Feilbieten der Ware sowie
das Aufsuchen von Bestellungen auf Waren.

Das an sich im Reisegewerbe bestehende Verbot, alkoholische Getränke
zu vertreiben (§ 56 I Nr. 3 lit. b), findet auf § 55 a I Nr. 9 keine Anwendung,
wie ein durch Gesetz vom 16. 6. 1998 (BGBl. I S. 1291) angehängter Halbsatz bestimmt (siehe auch § 56 Rdn. 27). Wegen dieser Novellierung konnte
die Rechtsverordnung über Ausnahmen von den Verboten des Vertriebes
bestimmter Waren im Reisegewerbe vom 30. 11. 1962 (BGBl. I S. 695) als
überflüssig aufgehoben werden (vgl. amtl. Begr., BR-Drs. 634/97, S. 33).

d) Sonstige Genehmigungen. Bei gewerblicher Nutzung eines Ver- 38
kaufswagens sind straßen- und straßenverkehrsrechtliche Vorgaben zu beachten (zur Notwendigkeit einer Sondernutzungserlaubnis siehe bejahend *OLG
Stuttgart* NVwZ 1984, 468; vgl. aber auch *BVerfG* DVBl. 1985, 49).

10. Feilbieten von Druckwerken (Nr. 10)

a) Druckwerke. Der Begriff des Druckwerkes stimmt mit dem der **Lan-** 39
despressegesetze überein (vgl. § 7 I PresseG NRW: „alle mittels der Buchdruckerpresse oder eines sonstigen zur Massenherstellung geeigneten Vervielfältigungsverfahrens hergestellten und zur Verbreitung bestimmten Schriften,
besprochenen Tonträger, bildlichen Darstellungen mit und ohne Schrift,
Bildträger und Musikalien mit Text und Erläuterungen"); dazu *Sedelmeier*, in:
Löffler, Presserecht, 5. Aufl. 2006, § 7 Rdn. 15 ff.; *Löffler/Ricker* HdbPresseR,
5. Aufl. 2005, 12. Kap. Rdn. 3 ff.

b) Öffentliche Orte. Der Privilegierungstatbestand erfasst nur das Feil- 40
bieten von Druckwerken an öffentlichen Orten. Das Merkmal „öffentlich"
bezieht sich dabei nicht auf eine öffentlich-rechtliche Widmung, sondern auf
die **allgemeine Zugänglichkeit**. Öffliche Orte sind neben den ausdrücklich genannten Wegen, Straßen und Plätzen daher auch Einkaufspassa-

gen, Kaufhausparkplätze, das Foyer einer Universität etc. (*Schönleiter*, in: Landmann/Rohmer I, § 55 a Rdn. 60).

Nicht privilegiert ist damit der Haus-zu-Haus-Verkauf von Druckwerken; insoweit bedarf der Verkäufer einer Reisegewerbekarte.

41 **c) Feilbieten.** Allein das Feilbieten, d. h. nur der Verkauf bei sofortiger Übergabe des Druckwerkes (vgl. oben § 55 Rdn. 38), ist von Nr. 10 erfasst, nicht das Aufsuchen von Bestellungen (vgl. § 55 I Nr. 1). Dies bedeutet, dass die Werbung von Abonnenten weiterhin wegen der damit verbundenen spezifischen Gefahren aus der Sicht des Verbraucherschutzes eine Reisegewerbekarte erfordert. Bei unentgeltlicher Weitergabe – etwa von Informationsbroschüren – fehlt es an einem Feilbieten (vgl. *Rossi*, in: BeckOK, § 55 a Rdn. 21; *Stober/Korte*, in: Friauf, § 55 a Rdn. 129).

42 **d) Verfassungsrechtlicher Hintergrund.** Die Einfügung der Nr. 10 durch Gesetz vom 25. 7. 1984 (BGBl. I S. 1008) entschärfte einen jahrelangen Streit, ob das Erfordernis einer Reisegewerbekarte für den Verkauf von Presseerzeugnissen mit der Zulassungsfreiheit der Landespressegesetze (vgl. etwa § 2 PresseG NRW) und der verfassungsrechtlichen Garantie der Pressefreiheit in Art. 5 I 2 GG zu vereinbaren ist (vgl. dazu *BGH* NJW 1978, 1868; *Stober/Korte*, in: Friauf, § 55 a Rdn. 126).

43 Dieses Problem stellt sich aber weiterhin für den Haus-zu-Haus-Verkauf sowie für die Werbung von Abonnenten (vgl. oben Rdn. 40). Ein Verstoß gegen **Landespresserecht** ist zu verneinen, da § 55 mangels spezifischen Bezugs zum Presserecht eine allgemeine Vorschrift auf dem Gebiet des Wirtschaftsrechts ist, für die dem Bund die konkurrierende Gesetzgebungskompetenz zusteht. Der Schutzbereich des **Art. 5 I 2 GG** ist zwar durch das Erfordernis einer Reisegewerbekarte berührt. Es handelt sich bei § 55 aber um eine allgemeine, d. h. nicht spezifisch pressebezogene Regelung und damit um eine gemäß Art. 5 II GG zulässige Einschränkung, die angesichts der nunmehrigen differenzierten Behandlung des Vertriebs von Presseerzeugnissen auch im Lichte des Verfassungsrechtsgutes der Pressefreiheit bedenkenfrei ist, weil eben gerade der Verkauf an der Haustür und die Werbung für Abonnements mit vielfältigen Gefahren für den Verbraucher verbunden sind, sodass der Verbraucherschutz insoweit konsequenten Vorrang verdient (vgl. dazu *BGH* NJW 1978, 1867; für Reisegewerbekartenpflicht beim Feilbieten von Druckwerken an der Haustür auch *Rossi*, in: BeckOK, § 55 a Rdn. 22; *Schönleiter*, in: Landmann/Rohmer I, § 55 a Rdn. 60).

III. Reisegewerbekartenfreiheit kraft behördlicher Ausnahme (Abs. 2)

44 Abs. 1 formuliert generelle gesetzliche Ausnahmen von der Reisegewerbekartenpflicht. Abs. 2 ermöglicht zusätzlich punktuelle behördliche Ausnahmen von dem Erfordernis der Reisegewerbekarte.

Reisegewerbekartenfreie Tätigkeiten **§ 55a**

1. Besondere Verkaufsveranstaltungen

Mit „besondere Verkaufsveranstaltungen" gemeint sind nicht die nach § 69 **45** festgesetzten Veranstaltungen des Titels IV. Für diese ist aufgrund der Marktfreiheit ohnehin keine Reisegewerbekarte erforderlich (vgl. Vorbem. zu Titel IV Rdn. 4). Gemeint sind vielmehr andere – nicht festgesetzte – Verkaufsveranstaltungen wie z. B. sog. Privatmärkte mit einem marktähnlichen Verkauf gebrauchter Pkw etc.

2. Zulassungsadressat

Eine Befreiung kann entweder dem Veranstalter oder den Veranstaltungs- **46** teilnehmern erteilt werden (*Schönleiter*, in: Landmann/Rohmer I, § 55 a Rdn. 65 **a. A.** *Stober/Korte*, in: Friauf, § 55 a Rdn. 140; vgl. unten Rdn. 48). Nur diejenigen Veranstaltungsteilnehmer können Adressat sein, die Waren verkaufen, auf die sich die Veranstaltung bezieht; bei einem Gebrauchtwagen-Privatmarkt gilt dies also für Gebrauchtwagenverkäufer. Wer gelegentlich dieser Veranstaltung andere Waren feilbieten will, benötigt eine Erlaubnis nach Abs. 1 Nr. 1 (*Schönleiter*, in: Landmann/Rohmer I, § 55 a Rdn. 66).

Keine Befreiung kann für die Ausübung unterhaltender Tätigkeiten i. S. d. § 55 I Nr. 2 erteilt werden, da es dann an einer „Verkaufs"-Veranstaltung fehlt.

3. Behördliche Entscheidung

a) Zuständigkeit. Die Befreiung wird von der nach Landesrecht zuständi- **47** gen Behörde erteilt, § 155 II.

b) Entscheidungsinhalt. Die Ausnahme kann generell für die **Veranstal-** **48** **tung** insgesamt gewährt werden. Voraussetzung ist ein entsprechender **Antrag**, den der Veranstalter stellen kann (vgl. oben Rdn. 46). Die Befreiung gilt aber auch dann nur, soweit dem Veranstaltungszweck entsprechende Waren verkauft werden, also nicht für Warenverkäufe „gelegentlich" der Veranstaltung (oben Rdn. 6) oder für die Ausübung unterhaltender Tätigkeiten.

Die Befreiung kann auch einzelnen Teilnehmern gewährt werden; Antrag- **49** steller sind dann die Teilnehmer selbst (**a. A.** *Schönleiter*, in: Landmann/Rohmer I, § 55 a Rdn. 65; *Stober/Korte*, in: Friauf, § 55 a Rdn. 140: Nur der Veranstalter sei antragsbefugt; die Befreiung könne von ihm aber entweder für die Veranstaltung insgesamt oder für die einzelnen Teilnehmer beantragt werden).

Die Entscheidung wird als **begünstigender Verwaltungsakt** erteilt, wobei der Behörde **Ermessen** eingeräumt ist. Als Ermessensdirektive resp. Ermessensgrenze fungiert insbesondere der allgemeine Gleichheitssatz (Art. 3 I GG), d. h. die Behörde darf bei der Befreiung in ihren Maßstäben grundsätzlich nicht zwischen einzelnen Teilnehmern differenzieren, zumal die Privilegierung nach Abs. 2 veranstaltungsbezogen ist (*Schönleiter*, in: Landmann/Rohmer I, § 55 a Rdn. 65).

§ 55b Weitere reisegewerbekartenfreie Tätigkeiten, Gewerbelegitimationskarte

(1) Eine Reisegewerbekarte ist nicht erforderlich, soweit der Gewerbetreibende andere Personen im Rahmen ihres Geschäftsbetriebes aufsucht.

(2) ¹Personen, die für ein Unternehmen mit Sitz im Geltungsbereich dieses Gesetzes geschäftlich tätig sind, ist auf Antrag von der zuständigen Behörde eine Gewerbelegitimationskarte nach dem in den zwischenstaatlichen Verträgen vorgesehenen Muster für Zwecke des Gewerbebetriebes in anderen Staaten auszustellen. ²Für die Erteilung und die Versagung der Gewerbelegitimationskarte gelten § 55 Abs. 3 und § 57 entsprechend, soweit nicht in zwischenstaatlichen Verträgen oder durch Rechtsetzung dazu befugter überstaatlicher Gemeinschaften etwas anderes bestimmt ist.

I. Vorbemerkung

1   Die beiden Absätze des § 55 b betreffen völlig unterschiedliche Regelungsmaterien. Der erste Absatz ergänzt die Privilegierungstatbestände des § 55 a, der zweite befasst sich mit der Gewerbelegitimationskarte für international tätige Reisegewerbetreibende.

II. Weitere reisegewerbekartenfreie Tätigkeiten (Abs. 1)

2   Gem. Abs. 1 ist das Aufsuchen anderer Personen im Rahmen ihres Geschäftsbetriebes generell reisegewerbekartenfrei. Da es sich bei den Kunden dann nicht um Letztverbraucher handelt, entfallen die eine Reisegewerbekartenpflicht (mit)begründenden Erwägungen des Verbraucherschutzes.

1. Privilegierter Personenkreis

3   Privilegiert kann jeder Gewerbetreibende sein, der ein Reisegewerbe betreibt. Siehe hierzu § 55 Rdn. 6 ff.

4   Bis 2007 enthielt Abs. 1 noch einen zweiten Satz, wonach der Anwendungsbereich der Privilegierung auf Handlungsreisende und andere Personen, die im Auftrag und im Namen eines Gewerbetreibenden tätig werden, erstreckt wurde. Dies war seinerzeit nötig, weil gem. § 55 I Nr. 1 a. F. auch unselbständig Handelnde der Reisegewerbekartenpflicht unterworfen waren. Mit der Beschränkung der Reisegewerbekartenpflichtigkeit auf den Prinzipal (dazu § 55 Rdn. 1, 10 f.) wurde die Bestimmung des § 55 b I 2 überflüssig und konnte durch das Zweite Gesetz zum Abbau bürokratischer Hemmnisse insbesondere in der mittelständischen Wirtschaft vom 7. 9. 2007 (BGBl. I S. 2246) gestrichen werden (BT-Drs. 16/4391, 37).

Weitere reisegewerbekartenfreie Tätigkeiten § 55b

2. Aufsuchen anderer Personen im Rahmen ihres Geschäftsbetriebes

a) Andere Personen. Die anderen Personen müssen einen Geschäftsbetrieb haben (dazu unten Rdn. 6). Nicht nötig ist ein Gewerbebetrieb. Es kann sich also auch um Inhaber freiberuflicher Praxen, landwirtschaftlicher Höfe oder auch Vertreter von Behörden handeln (BT-Drs. III/318, 22). 5

b) Im Rahmen ihres Geschäftsbetriebes. Geschäftsbetrieb ist hier weniger im streng räumlichen Sinne, etwa als Sitz, Niederlassung o. ä., zu verstehen, sondern eher im funktionalen Sinne als Basis einer geschäftlichen, regelmäßig auf Erzielung von Gewinn gerichteten Tätigkeit (*Schönleiter*, in: Landmann/Rohmer I, § 55 b Rdn. 7; *Stober/Korte*, in: Friauf, § 55 b Rdn. 17). Auch **öffentliche Aufgabenträger** können einen Geschäftsbetrieb i. S. d. § 55 b I haben, wenn sie sich **wirtschaftlich betätigen** (vgl. dazu etwa für den kommunalen Sektor § 107 I 3 GO NRW: „Als wirtschaftliche Betätigung ist der Betrieb von Unternehmen zu verstehen, die als Hersteller, Anbieter oder Verteiler von Gütern oder Dienstleistungen am Markt tätig werden, sofern die Leistung ihrer Art nach auch von einem Privaten mit der Absicht der Gewinnerzielung erbracht werden könnte."), wobei hier die Rechtsform des kommunalen (Eigenbetrieb, Regiebetrieb, Eigengesellschaft oder Anstalt des öffentlichen Rechts) oder eines von anderen Hoheitsträgern betriebenen Unternehmens keine Rolle spielt. Im Rahmen **fiskalischer Hilfsgeschäfte der Verwaltung** ist der entsprechende Behördensitz maßgeblich. 6

Die Tatbestandsfassung „im Rahmen des Geschäftsbetriebes" beschränkt deshalb die Privilegierung nicht auf ein Aufsuchen am Geschäfts- oder Behördensitz (anders die Fassung bis 1960: „in deren Geschäftsräumen"). Möglich ist vielmehr ein Aufsuchen an jedem beliebigen Ort, namentlich auch am **privaten Wohnsitz** (ebenso *Schönleiter*, in: Landmann/Rohmer I, § 55 b Rdn. 9; *Stober/Korte*, in: Friauf, § 55 b Rdn. 21). Zu beachten ist freilich, dass bei vorheriger Vereinbarung eines vom Geschäftssitz abweichenden Treffpunktes wegen vorhergehender Bestellung i. S. d. § 55 I bereits eine Tätigkeit des Reisegewerbes zu verneinen sein kann, sodass eine Befreiung von der Reisegewerbekartenpflicht ohnehin nicht in Betracht kommt. 7

Das Merkmal „im Rahmen des Geschäftsbetriebes" beschränkt freilich zugleich den Kreis der angebotenen Waren und Leistungen: Diese müssen für den Aufgesuchten aufgrund der Art seines Betriebes üblicherweise von Interesse sein (*Rossi*, in: BeckOK, § 55 b Rdn. 3). Die Tätigkeit darf sich daher nicht – auch nicht zusätzlich – auf solche Geschäfte erstrecken, die keinen **Zusammenhang mit dem Geschäftsbetrieb** aufweisen (z. B. Versicherung zu privaten Zwecken). Wenn ein Angebot unteilbar ist und zugleich auf geschäftliche wie auf private Bedürfnisse des Aufgesuchten zielt, richtet sich die Frage der Privilegierung nach dem Schwerpunkt. Wenn sowohl geschäftsrelevante als auch Waren und Leistungen für den Privatgebrauch angeboten werden, bleibt die Privilegierung für das geschäftsbezogene Angebot erhalten, weil § 55 b I – anders als § 56 IV – nicht das Merkmal „ausschließlich" kennt. 8

Ennuschat

§ 55c   Titel III. Reisegewerbe

III. Gewerbelegitimationskarte (Abs. 2)

1. Zweck

9   Die in Abs. 2 geregelte internationale Gewerbelegitimationskarte zielt **nur auf die gewerbliche Tätigkeit im Ausland**, befreit aber nicht von einer eventuellen Reisegewerbekartenpflicht für eine Tätigkeit im Inland (*Schönleiter*, in: Landmann/Rohmer I, § 55 b Rdn. 13; *Stober/Korte*, in: Friauf, § 55 b Rdn. 36). Dies ergibt sich aus dem eindeutigen Wortlaut des Abs. 2 S. 1: „für Zwecke des Gewerbebetriebes in anderen Staaten".

10 Die nach Art. 10 des Genfer Internationalen Abkommens zur Vereinfachung der Zollförmlichkeiten vom 9. 11. 1923 (RGBl. II 1925 S. 672) vereinbarte Muster-Gewerbelegitimationskarte dient der Erleichterung der Ausübung des ambulanten Gewerbes in Drittländern. Das Genfer Abkommen gilt etwa im Verhältnis zu europäischen Signatarstaaten wie Großbritannien, Belgien, Dänemark, Griechenland, Italien, Luxemburg, aber auch zu Ägypten, Australien, Israel und anderen Staaten (näher *Schönleiter*, in: Landmann/Rohmer I, § 55 b Rdn. 14).

2. Karteninhaber (S. 1)

11 In Übereinstimmung mit diesem Abkommen ist die Gewerbelegitimationskarte jeder Person, die für ein Unternehmen mit Sitz im Geltungsbereich der GewO tätig wird, zu erteilen. Inhaber kann auch ein ausländischer Geschäftsreisender sein, sofern er im Ausland für ein inländisches Unternehmen tätig werden soll.

3. Erteilung und Versagung der Karte (S. 2)

12 Spezielle Regelungen für die Erteilung oder Versagung können aufgrund zwischenstaatlicher Verträge oder durch zur Rechtsetzung dazu befugte überstaatliche Gemeinschaften erfolgen. Zu diesen Gemeinschaften zählt insbesondere die Europäische Gemeinschaft. Ansonsten gelten die §§ 55 III und 57 entsprechend.

§ 55c Anzeigepflicht

[1]**Wer als Gewerbetreibender auf Grund des § 55 a Abs. 1 Nr. 3, 9 oder 10 einer Reisegewerbekarte nicht bedarf, hat den Beginn des Gewerbes der zuständigen Behörde anzuzeigen, soweit er sein Gewerbe nicht bereits nach § 14 Abs. 1 bis 3 anzumelden hat.** [2]**§ 14 Abs. 1 Satz 2 und 3, Abs. 4 bis 8 und 10 bis 13 sowie § 15 Abs. 1 gelten entsprechend.**

Literatur: L. *Müller*, Verordnung über die Anzeigen nach § 14 und § 55 c der Gewerbeordnung, GewArch 1979, 326 f.

Anzeigepflicht § 55c

I. Zweck der Anzeigepflicht

§ 55 c begründet eine Anzeigepflicht für bestimmte reisegewerbekarten- 1
freie Tätigkeiten und dient damit einer wirksamen **Gewerbeüberwachung**. Bei den übrigen reisegewerbekartenfreien Tätigkeiten konnte von der Anzeigepflicht abgesehen werden, weil insoweit bereits aufgrund anderweitig erforderlicher Erlaubnisse oder vorhandener Aufsichtsinstanzen eine ausreichende Kontrolle gegeben ist.

II. Voraussetzungen der Anzeigepflicht (S. 1)

1. Gewerbetreibender

Seit der Novellierung von § 55 b durch das Zweite Gesetz zum Abbau 2
bürokratischer Hemmnisse insbesondere in der mittelständischen Wirtschaft vom 7. 9. 2007 (BGBl. I S. 2246; näher § 55 Rdn. 1, 10 f.) gilt im Reisegewerberecht (und deshalb auch für § 55 b) der allgemeine gewerberechtliche Gewerbebegriff, sodass nur selbstständig Tätige erfasst werden. Deshalb konnte das früher in § 55 b S. 1 enthaltene Merkmal „selbständig" durch dieses Gesetz gestrichen werden (BT-Drs. 16/4391, 37).

Für **Reisegewerbetreibende aus einem anderen EU-/EWR-Staat** ist § 4 I 2 zu beachten, wonach § 55 c unter dort näher bestimmten Voraussetzungen nicht anwendbar ist (siehe § 4 Rdn. 5 ff., § 55 Rdn. 1).

2. Reisegewerbekartenfreiheit gem. § 55 a I Nrn. 3, 9 oder 10

Anzeigepflichtig sind nur diejenigen Gewerbetreibenden, die zwar ein Rei- 3
segewerbe ausüben, aber dafür nach § 55 a I Nrn. 3, 9 oder 10 nicht reisegewerbekartenpflichtig sind.

3. Anzeigepflichtige Vorgänge (S. 2)

Ausdrücklich in S. 1 genannt ist der **Beginn** des Gewerbes. Aus der Ver- 4
weisung in S. 2 auf § 14 I 2 ergibt sich, dass auch die örtliche **Verlegung** und die **Beendigung** der Reisegewerbetätigkeit sowie der **Wechsel des Geschäftsgegenstandes** anzeigepflichtig sind.

4. Entfall der Anzeigepflicht nach § 55 c

Die Anzeigepflicht nach § 55 c entfällt, wenn ohnehin eine Anzeigepflicht 5
nach § 14 I – III besteht; dies gilt unabhängig von der Erfüllung der Pflicht nach § 14 I – III (*Schönleiter*, in: Landmann/Rohmer I, § 55 c Rdn. 9; *Stober/ Korte*, in: Friauf, § 55 c Rdn. 16). Relevant wird dies für Inhaber eines – nach § 14 anzeigepflichtigen – stehenden Gewerbebetriebes, die außerhalb ihrer gewerblichen Niederlassung ein Reisegewerbe betreiben (vgl. § 55 I). Die (ggf. unnötige) Anzeige nach § 55 c ersetzt nicht die Anzeige nach § 14.

III. Formvorgaben; Folgen der Anzeige (S. 2)

6 Für die Anzeige gelten die Formvorgaben des § 14 IV i. V. m. § 55 c S. 2. Die für die Entgegennahme der Anzeige zuständige Behörde (dazu § 61) muss den Empfang der Anzeige innerhalb von drei Tagen bescheinigen (S. 2 i. V. m. § 15 I). Im Übrigen richten sich die Folgen nach den durch S. 2 in Bezug genommenen Vorschriften sowie nach den hierzu ergangenen Verwaltungsvorschriften (wiedergegeben bei Landmann-Rohmer II Nrn. 12 und 380).

IV. Rechtsfolgen bei Pflichtverletzungen

7 Ein Verstoß gegen die Anzeigepflicht ist eine Ordnungswidrigkeit gem. § 145 III Nr. 1.

§ 55d (weggefallen)

§ 55e Sonn- und Feiertagsruhe

(1) ¹**An Sonn- und Feiertagen sind die in § 55 Abs. 1 Nr. 1 genannten Tätigkeiten mit Ausnahme des Feilbietens von Waren und gastgewerblicher Tätigkeiten im Reisegewerbe verboten, auch wenn sie unselbständig ausgeübt werden.** ²**Dies gilt nicht für die unter § 55 b Abs. 1 fallende Tätigkeit, soweit sie von selbständigen Gewerbetreibenden ausgeübt wird.**

(2) **Ausnahmen können von der zuständigen Behörde zugelassen werden.**

I. Vorbemerkung

1 § 55 e ergänzt die Regelungen des Sonn- und Feiertagsrechts sowie des Ladenschlussrechts der Länder durch ein gewerberechtliches Verbot und trägt dem **verfassungsrechtlichen Schutz der Sonn- und Feiertage** (Art. 140 GG i. V. m. Art. 139 WRV) Rechnung. Hinzu tritt, wie aus Abs. 1 S. 2 ersichtlich ist, der Arbeitnehmerschutz. § 55 e soll den redlichen Unternehmer vor der Konkurrenz derjenigen Wettbewerber schützen, die sich mit Blick auf den Sonn- und Feiertagsschutz nicht rechtmäßig verhalten, um ihm die Beachtung der Sonn- und Feiertagsruhe faktisch zu erleichtern (so BT-Drs. 16/4391, 37).

II. Reichweite der Sonn- und Feiertagsruhe (Abs. 1)

1. Sonn- und Feiertage

2 Welche Tage gesetzliche Feiertage sind, regelt das jeweilige Landesrecht.

2. Verbotene Tätigkeiten (S. 1)

Das Verbot des § 55 e betrifft von vornherein lediglich Tätigkeiten des 3
Reisegewerbes, nicht aber Veranstaltungen des Titels IV. Für Volksfeste ist
das Verbot des § 55 e gem. § 60 b II zwar anwendbar, aber bedeutungslos,
weil kennzeichnend für Volksfeste gerade diejenigen Tätigkeiten sind, die
vom Verbot augenommen werden (*Rossi*, in: BeckOK, § 55 e Rdn. 4).
Grundsätzlich sind alle in § 55 I Nr. 1 genannten Tätigkeiten verboten
(Ausnahmen: Rdn. 4 und 5). Die selbstständige unterhaltende Tätigkeit als
Schausteller oder nach Schaustellerart (§ 55 I Nr. 2) fällt also nicht unter das
spezielle Verbot des § 55 e, kann gleichwohl anderen Beschränkungen des
Sonn- und Feiertagsrechts sowie des Ladenschlussrechts unterworfen sein.

a) Verbotsausnahme für das Feilbieten von Waren. Ausdrücklich von 4
diesem speziellen gewerberechtlichen Verbot ausgenommen ist das Feilbieten
von Waren im Reisegewerbe. Dies bedeutet aber nicht, dass das Feilbieten
von Waren an Sonn- und Feiertagen auch dann erlaubt wäre, wenn in anderen
Gesetzen normierte Beschränkungen greifen (*OLG Düsseldorf* GewArch
1988, 391). Für das sonn- und feiertägliche Feilhalten von Waren finden sich
schließlich ausführliche Regelungen bereits in den Ladenschlussgesetzen der
Länder (*Rossi*, in: BeckOK, § 55 e Rdn. 7).

b) Verbotsausnahme für gastgewerbliche Tätigkeiten. Durch das 5
Zweite Gesetz zum Abbau bürokratischer Hemmnisse insbesondere in der
mittelständischen Wirtschaft vom 7. 9. 2007 (BGBl. I S. 2246) ist die gastgewerbliche Tätigkeit in den Bereich aufgenommen worden, der vom Verbot
des § 55 e I 1 ausgeklammert wird. Damit wird der bisherige Rechtszustand
fortgesetzt, der sich früher aus der Regelung des § 13 GastG ergab, wonach
das Reisegaststättengewerbe i. S. d. § 1 II GastG nicht den Vorschriften des
Titels III der GewO unterstellt war und deshalb auch § 55 e keine Anwendung fand (*Rossi*, in: BeckOK, § 55 e Rdn. 7).

c) Verbotene sonstige Tätigkeiten i. S. d. § 55 e I Nr. 1. Sonstige 6
Tätigkeiten i. S. d. § 55 e I Nr. 1 sind gewerberechtlich verboten. Das Verbot
gilt unabhängig vom Bestehen einer Reisegewerbekartenpflicht. Verboten
sind also generell das Aufsuchen von Bestellungen auf Waren oder Leistungen,
der Ankauf von Waren sowie das Anbieten von Leistungen. Dieses Verbot
bezieht sich sowohl auf die selbstständige (siehe aber unten Rdn. 7) als **auch**
auf die **unselbstständige Tätigkeit**, wie S. 1 a. E. bestimmt (relevant für
beschäftige Personen i. S. d. § 60).

3. Gesetzliche Ausnahme (S. 2)

Nicht vom Verbot des § 55 e I 1 erfasst wird das Aufsuchen von Personen 7
im Rahmen ihres Geschäftsbetriebes (dazu § 55 b Rdn. 2 ff.) durch den selbstständigen Gewerbetreibenden in eigener Person. Insoweit dient § 55 e primär
dem Arbeitnehmerschutz (*Stober/Korte*, in: Friauf, § 55 e Rdn. 9).

III. Behördliche Ausnahme (Abs. 2)

8   Gem. § 55 e II kann die zuständige Behörde im Einzelfall (auch durch Allgemeinverfügung) Ausnahmen zulassen. Die Entscheidung liegt im pflichtgemäßen **Ermessen** der jeweiligen Behörde, die vor allem Sinn und Zweck des § 55 e vor dem Hintergrund des Art. 140 GG i. V. m. Art. 139 WRV, den Einfluss der beantragten Tätigkeit auf die Sonn- und Feiertagsruhe, Art. 3 GG und das Verhältnismäßigkeitsprinzip zu beachten hat. Grundsätzlich ist eine Ausnahme nur gerechtfertigt, wenn sie nach Abwägung aller betroffenen Belange sich als notwendig erweist (*Schönleiter*, in: Landmann/Rohmer I, § 55 e Rdn. 11; *Stober/Korte*, in: Friauf, § 55 e Rdn. 50). Nicht jeder Verbraucherwunsch begründet die Notwendigkeit einer Ausnahme (vgl. *OVG NRW* NWVBl. 1994, 147 [148]).

9   Bei Erteilung einer Erlaubnis ist den kollidierenden – z. B. religiösen – Belangen Rechnung zu tragen. Regelmäßig geboten sind etwa Beschränkungen zumindest für die Zeiten der Hauptgottesdienste (vgl. *Stober/Korte*, in: Friauf, § 55 e Rdn. 50); an stillen Feiertagen gelten nach dem Landesfeiertagsrecht noch weiterreichende Beschränkungen (dazu *OVG NRW* NWVBl. 1994, 144 ff. – Starlight Express am Karfreitag; **a. A.** *Stober/Korte* NWVBl. 1993, 121 ff.). Siehe in diesem Zusammenhang auch zur Verfassungswidrigkeit der Adventssonntagsregelung des Berliner Ladenöffnungsgesetzes *BVerfG* GewArch 2010, 29 ff.

IV. Rechtsfolgen bei Pflichtverletzungen

10   Verstöße gegen § 55 e führen gem. § 145 III Nr. 2 zu einer **Ordnungswidrigkeit**; hinzutreten können Ordnungswidrigkeiten nach dem Ladenschlussrecht.

Die **Untersagung** einer gem. § 55 e unzulässigen Reisegewerbetätigkeit kann wegen des fehlenden Verweises nicht auf § 60 d gestützt werden, wohl aber auf das **allgemeine Polizei- und Ordnungsrecht** (*Schönleiter*, in: Landmann/Rohmer I, § 55 e Rdn. 16; *Stober/Korte*, in: § 55 e Rdn. 56).

§ 55f Haftpflichtversicherung

Das Bundesministerium für Wirtschaft und Technologie wird ermächtigt, durch Rechtsverordnung mit Zustimmung des Bundesrates zum Schutze der Allgemeinheit und der Veranstaltungsteilnehmer für Tätigkeiten nach § 55 Abs. 1 Nr. 2, die mit besonderen Gefahren verbunden sind, Vorschriften über die Verpflichtung des Gewerbetreibenden zum Abschluß und zum Nachweis des Bestehens einer Haftpflichtversicherung zu erlassen.

1   Diese 1984 neu eingefügte Vorschrift enthält für das Bundesministerium für Wirtschaft und Technologie die Ermächtigung zum Erlass einer Verordnung. Sie ist als Schaustellerhaftpflichtverordnung (SchauHV) vom

17.12. 1984 (BGBl. I S. 1598), geändert durch Gesetz vom 10. 11. 2001 (BGBl. I S. 2992), am 1. 1. 1985 in Kraft getreten (dazu näher *Rossi*, in: BeckOK, § 55 e Rdn. 3 ff.; *Stober/Korte*, in: Friauf, § 55 f Rdn. 3 ff.). Die Verpflichtung zum Abschluss einer Haftpflichtversicherung bezieht sich dabei ausschließlich auf Tätigkeiten i. S. d. § 55 I Nr. 2.

Angesichts der immer risikoreicheren neuen Fahrgeschäfte („Looping", „Bungee-Jumping") begegnet diese Norm im Hinblick auf Art. 12 GG im Grundsatz **keinen verfassungsrechtlichen Bedenken**, da es sich um eine reine Berufsausübungsregelung handelt, die den Schutz der Besucher bezweckt. Problematischer würde sich die Situation jedoch darstellen, wenn sich kein Versicherer fände, der das Risiko abzudecken bereit wäre. Relevant soll dies zunächst für Veranstalter von Bungee-Jumping geworden sein. Mittlerweile bieten aber einige Versicherungsunternehmen entsprechende Versicherungen an (dazu *Stober/Korte*, in: Friauf, § 55 f Rdn. 15; *Schmitz/Fuchs* GewArch 1993, 320 [322]; *Fuchs* GewArch 1995, 102 [104 f.]), sodass die aufgeworfene Frage vorerst im Theoretischen verbleibt.

2

§ 56 Im Reisegewerbe verbotene Tätigkeiten

(1) **Im Reisegewerbe sind verboten**
1. **der Vertrieb von**
   a) (weggefallen)
   b) **Giften und gifthaltigen Waren; zugelassen ist das Aufsuchen von Bestellungen auf Pflanzenschutzmittel, Schädlingsbekämpfungsmittel sowie auf Holzschutzmittel, für die nach baurechtlichen Vorschriften ein Prüfbescheid mit Prüfzeichen erteilt worden ist,**
   c) (weggefallen)
   d) **Bruchbändern, medizinischen Leibbinden, medizinischen Stützapparaten und Bandagen, orthopädischen Fußstützen, Brillen und Augengläsern; zugelassen sind Schutzbrillen und Fertiglesebrillen,**
   e) (weggefallen)
   f) **elektromedizinischen Geräten einschließlich elektronischer Hörgeräte; zugelassen sind Geräte mit unmittelbarer Wärmeeinwirkung,**
   g) (weggefallen)
   h) **Wertpapieren, Lotterielosen, Bezugs- und Anteilscheinen auf Wertpapiere und Lotterielose; zugelassen ist der Verkauf von Lotterielosen im Rahmen genehmigter Lotterien zu gemeinnützigen Zwecken auf öffentlichen Wegen, Straßen oder Plätzen oder anderen öffentlichen Orten,**
   i) **Schriften, die unter Zusicherung von Prämien oder Gewinnen vertrieben werden;**
2. **das Feilbieten und der Ankauf von**
   a) **Edelmetallen (Gold, Silber, Platin und Platinbeimetallen) und edelmetallhaltigen Legierungen in jeder Form sowie Waren mit**

Edelmetallauflagen; zugelassen sind Silberschmuck bis zu einem Verkaufspreis von 40 Euro und Waren mit Silberauflagen,
b) Edelsteinen, Schmucksteinen und synthetischen Steinen sowie von Perlen;
c) *(aufgehoben)*
3. das Feilbieten von
a) (weggefallen)
b) alkoholischen Getränken; zugelassen sind Bier und Wein in fest verschlossenen Behältnissen, alkoholische Getränke im Sinne von § 67 Abs. 1 Nr. 1 zweiter und dritter Halbsatz und alkoholische Getränke, die im Rahmen und für die Dauer einer Veranstaltung von einer ortsfesten Betriebsstätte zum Verzehr an Ort und Stelle verabreicht werden;
c) (weggefallen)
d) (weggefallen)
e) (weggefallen)
f) *(aufgehoben)*
4. (weggefallen)
5. *(aufgehoben)*
6. der Abschluß sowie die Vermittlung von Rückkaufgeschäften (§ 34 Abs. 4) und die für den Darlehensnehmer entgeltliche Vermittlung von Darlehensgeschäften.

(2) ¹Das Bundesministerium für Wirtschaft und Technologie kann durch Rechtsverordnung mit Zustimmung des Bundesrates Ausnahmen von den in Absatz 1 aufgeführten Beschränkungen zulassen, soweit hierdurch eine Gefährdung der Allgemeinheit oder der öffentlichen Sicherheit oder Ordnung nicht zu besorgen ist. ²Die gleiche Befugnis steht den Landesregierungen für den Bereich ihres Landes zu, solange und soweit das Bundesministerium für Wirtschaft und Technologie von seiner Ermächtigung keinen Gebrauch gemacht hat. ³Die zuständige Behörde kann im Einzelfall für ihren Bereich Ausnahmen von den Verboten des Absatzes 1 mit dem Vorbehalt des Widerrufs und für einen Zeitraum bis zu fünf Jahren zulassen, wenn sich aus der Person des Antragstellers oder aus sonstigen Umständen keine Bedenken ergeben; § 55 Abs. 3 und § 60 c Abs. 1 gelten für die Ausnahmebewilligung entsprechend.

(3) ¹Die Vorschriften des Absatzes 1 finden auf die in § 55 b Abs. 1 bezeichneten gewerblichen Tätigkeiten keine Anwendung. ²Verboten ist jedoch das Feilbieten von Bäumen, Sträuchern und Rebenpflanzgut bei land- und forstwirtschaftlichen Betrieben sowie bei Betrieben des Obst-, Garten- und Weinanbaues.

(4) Absatz 1 Nr. 1 Buchstabe h, Nr. 2 Buchstabe a und Nr. 6 findet keine Anwendung auf Tätigkeiten in einem nicht ortsfesten Geschäftsraum eines Kreditinstituts oder eines Unternehmens im Sinne des § 53 b Abs. 1 Satz 1 oder Abs. 7 des Kreditwesengesetzes, wenn in diesem Geschäftsraum ausschließlich bankübliche Geschäfte betrieben werden, zu denen diese Unternehmen nach dem Kreditwesengesetz befugt sind.

§ 56 Im Reisegewerbe verbotene Tätigkeiten

Literatur: *Th. Körber/K. Heinlein*, Das Ticket-Urteil des BGH und seine Auswirkungen auf den Handel mit Eintrittskarten, WRP 2009, 266 ff.; *H.-J. Papier*, Verwaltungsrechtliche Anforderungen und Beschränkungen des Vertriebs von Fertigbrillen, GewArch 1987, 41 ff.; *K.-J. Schmelz*, Verbesserung des Verbraucherschutzes im Konsumentenkreditrecht? – § 56 Nr. 6 GewO, § 1 s HausTWG, § 7 VerbrKredG, NJW 1991, 1219 f.

Übersicht

	Rdn.
I. Vorbemerkung	1
1. Entstehungsgeschichte und Zweck	1
2. Systematische Einordnung und Aufbau der Vorschrift	2
3. Verfassungsrechtlicher Hintergrund	3
4. Verbote außerhalb des § 56	4
II. Verbotene Tätigkeiten (Abs. 1)	5
1. Vertrieb bestimmter Waren (Nr. 1)	5
a) Gifte und gifthaltige Waren (Nr. 1 lit. b)	6
b) Bruchbänder etc. (Nr. 1 lit. d)	8
c) Elektromedizinische Geräte und elektronische Hörgeräte (Nr. 1 lit. f)	9
d) Wertpapiere, Lotterielose etc. (Nr. 1 lit. h)	11
e) Schriftenvertrieb unter Zusicherung von Prämien oder Gewinnen (Nr. 1 lit. i)	14
2. Feilbieten und Ankauf bestimmter Waren (Nr. 2)	15
a) Edelmetalle (Nr. 2 lit. a)	16
b) Edel- und Schmucksteine, synthetische Steine (Nr. 2 lit. b)	18
c) Bäume, Sträucher, Rebenpflanzgut (Nr. 2 lit. c a. F.)	22
3. Feilbieten alkoholischer Getränke (Nr. 3 lit. b)	23
a) Bier und Wein in fest verschlossenen Behältnissen	25
b) Alkoholische Getränke i. S. d. § 67 I Nr. 1	26
c) Verabreichung zum Verzehr an Ort und Stelle bei Veranstaltungen	27
d) Ausnahmen im Einzelfall gem. Abs. 2 S. 3	31
4. Verbotene Dienstleistungen (Nr. 6)	32
III. Ausnahmeregelungen (Abs. 2)	35
1. Rechtsverordnung auf Bundesebene (S. 1)	36
2. Rechtsverordnungen auf Landesebene (S. 2)	38
3. Behördliche Einzelfallentscheidungen (S. 3)	39
a) Ausnahmevoraussetzungen	40
b) Ausnahmeerteilung	41
IV. Privilegierte Tätigkeiten (Abs. 3 und 4)	42
V. Rechtsfolgen bei Pflichtverstößen	46
1. Ordnungswidrigkeiten, Straftatbestände	46
2. Zivilrecht	47
a) § 823 II BGB	47
b) § 138 I BGB	48
c) § 134 BGB	49
d) §§ 3, 4 Nr. 11 UWG	52

§ 56 Titel III. Reisegewerbe

I. Vorbemerkung

1. Entstehungsgeschichte und Zweck

1 Die Fassung des § 56 geht im Wesentlichen auf die 4. Novelle vom 5. 2. 1960 zurück (BGBl. I S. 61). In den folgenden Jahren wurde der Verbotskatalog im Sinne einer Entbürokratisierung erheblich gekürzt (näher *Stober/Korte*, in: Friauf, § 56 Rdn. 3 ff.). Durch Gesetz vom 17.12. 1990 (BGBl. I S. 2840) ist § 56 I Nr. 6 neu gefasst worden. Dadurch wurde der Kreditwirtschaft ermöglicht, Darlehensverträge im Reisegewerbe abzuschließen (dazu unten Rdn. 33). Weniger bedeutsame Änderungen des § 56 II erfolgten durch Gesetz vom 23. 11. 1994 (BGBl. I S. 3475). Durch Gesetz vom 16. 6. 1998 (BGBl. I S. 1291) wurde die Regelung gestrafft und im Detail liberalisiert. Weitere Änderungen enthielten das Zweite und das Dritte Gesetz zum Abbau bürokratischer Hemmnisse in der mittelständischen Wirtschaft (Gesetze vom 7. 9. 2007, BGBl. I S. 2246 [unten Rdn. 43], und vom 17.3. 2009, BGBl. I S. 550 [unten Rdn. 27]).

Die aufrechterhaltenen Verbote dienen vornehmlich dem **Verbraucherschutz** und der **Vermeidung strafbarer Handlungen** im Reisegewerbe.

2. Systematische Einordnung und Aufbau der Vorschrift

2 § 56 betrifft Tätigkeiten im Reisegewerbe. Deshalb müssen die tatbestandlichen Voraussetzungen des § 55 I erfüllt sein, damit eine Tätigkeit nach § 56 verboten ist (*OLG Köln* GewArch 1993, 168).

Abs. 1 des § 56 nennt die verbotenen Tätigkeiten. Nach Abs. 2 können Ausnahmen durch Rechtsverordnung oder Einzelfallregelung getroffen werden. Abs. 3 und 4 enthalten privilegierende Sonderregelungen für Reisegewerbetreibende, die andere Personen im Rahmen ihres Geschäftsbetriebes aufsuchen, und für mobile Geschäftsräume von Kreditinstituten.

3. Verfassungsrechtlicher Hintergrund

3 Die Verbote des § 56 sind als **Berufsausübungsregelungen** zu qualifizieren (§ 55 Rdn. 4; *Schönleiter*, in: Landmann/Rohmer I, § 56 Rdn. 3). Sie sind durch hinreichende Gründe des Allgemeinwohls gerechtfertigt und zumutbar, deshalb mit Art. 12 I GG vereinbar. Auch ein Verstoß gegen Art. 3 I GG liegt nicht vor. Zwar ist insofern eine Ungleichbehandlung zu konstatieren, als die in § 56 genannten Verbote nur das Reisegewerbe, nicht aber das stehende Gewerbe betreffen. Die Unterschiede zwischen beiden Gewerbeformen – namentlich die Bedürfnisse des Verbraucherschutzes – stellen jedoch einen sachlichen Differenzierungsgrund dar. § 56 erweist sich daher als verfassungsgemäß (*OVG NRW* NJW 2006, 2137 – zu § 56 I Nr. 1 lit. h; *Stober/Korte*, in: Friauf, § 56 Rdn. 38 f.; *Schönleiter*, in: Landmann/Rohmer I, § 56 Rdn. 3).

4. Verbote außerhalb des § 56

Außerhalb des § 56 finden sich weitere Verbote für das Reisegewerbe. **4** Diese folgen einmal aus **bundesrechtlichen Spezialgesetzen** (z. B. § 51 ArzneimittelG, § 35 III Nr. 1 WaffG, § 22 IV Nr. 1 SprengG). Ein Verbot kann sich ferner aus **§ 138 BGB** ergeben. Im konkreten Fall sittenwidrig kann etwa der Vertrieb von Grabsteinen im Reisegewerbe sein (*BVerfGE* 32, 311; *BGHZ* 56, 18).

Zu **zivil- und wettbewerbsrechtlichen Folgen** eines Verstoßes gegen § 56 siehe unten Rdn. 47 ff.

II. Verbotene Tätigkeiten (Abs. 1)

1. Vertrieb bestimmter Waren (Nr. 1)

Nr. 1 verbietet (nur) den Vertrieb. **Vertrieb** i. S. d. Nr. 1 ist nach der **5** Legaldefinition des § 55 I Nr. 1 das Feilbieten von Waren oder Aufsuchen von Bestellungen. Nr. 1 verbietet also nicht den Ankauf.

a) Gifte und gifthaltige Waren (Nr. 1 lit. b). Das Verbot des Vertriebes **6** von **Giften** u. Ä. bezweckt den Gesundheitsschutz. Als Auslegungshilfe für den Begriff „Gift" kann § 3 a I Nr. 7 ChemG (i. d. F. vom 2. 7. 2008 [BGBl. I S. 1146]) i. V. m. § 4 I Nrn. 6 f. GefahrstoffVO (i. d. F. vom 23. 12. 2004 [BGBl. I S. 3758]; m. nachf. Änd.) herangezogen werden (*Schönleiter*, in: Landmann/Rohmer I, § 56 Rdn. 16).

Zugelassen ist wegen des geringeren Gefährlichkeitsgrades das **Aufsuchen von Bestellungen** auf bestimmte Gifte resp. gifthaltige Waren, nicht aber das Feilbieten.

Pflanzenschutzmittel sind Stoffe, die dazu bestimmt sind, Pflanzen vor **7** Schadorganismen oder Krankheiten bzw. Pflanzenerzeugnisse vor Schadorganismen zu schützen (§ 2 Nr. 9 PflanzenschutzG i. d. F. d. B. vom 14. 5. 1998 [BGBl. I S. 971]); zur Regelung des Vertriebes vgl. ebenfalls dieses Gesetz. **Schädlingsbekämpfungsmittel** i. S. d. Nr. 1 lit. b sind nur solche, die zur Anwendung kommen, soweit Schädlinge an Pflanzen auftreten; bei Schädlingen, die Menschen oder Tiere befallen, gilt das Arzneimittelgesetz. Die zugelassenen **Holzschutzmittel** sind aufgeführt im Holzschutzmittelverzeichnis (hrsg. vom Deutschen Institut für Bautechnik).

b) Bruchbänder etc. (Nr. 1 lit. d). Nr. 1 lit. d erfasst medizinische **8** Hilfsmittel, die nicht unter das Arzneimittelgesetz fallen. **Zugelassen** ist hingegen der Vertrieb von Schutzbrillen; dazu zählen Brillen für Schweiß-, Stein- und Schleifarbeiten etc., aber auch Sonnenbrillen, die nicht der Korrektur von Sehfehlern dienen. Gegen eine analoge Anwendung auf den Vertrieb von Fertigbrillen im Versandhandel *Papier* GewArch 1987, 41 f.

c) Elektromedizinische Geräte und elektronische Hörgeräte (Nr. 1 **9** **lit. f).** Elektromedizinische Geräte i. S. d. Nr. 1 lit. f sind Geräte, die medizinischen Zwecken dienen und elektrische Energie in irgendeiner Form verwenden, ohne dass diese selbst unmittelbar auf den menschlichen Körper bei der Verwendung des Gerätes einwirken muss (*BVerwG* GewArch 1966, 157;

§ 56   Titel III. Reisegewerbe

OVG NRW GewArch 1965, 161), z. B. Ultraschallgeräte, Bestrahlungsgeräte, Ultraviolett- oder Infrarotbestrahlungen, Niederfrequenzgeräte etc.; Hörgeräte sind ausdrücklich aufgeführt.

10   **Zugelassen** sind Geräte mit unmittelbarer Wärmewirkung, z. B. Rotlichtlampe, Heizkissen. Sie dürfen aber keine darüber hinausgehende Funktion haben (nicht zugelassen sind also Rotlichtlampen mit UV-Licht, Höhensonnen). Die Wärmewirkung muss unmittelbar sein; an der Unmittelbarkeit fehlt es bei Vibrationsmassageheizkissen und Handmassageheizgeräten (*BVerwG* GewArch 1966, 157; *BayVGH* GewArch 1966, 159).

11   **d) Wertpapiere, Lotterielose etc. (Nr. 1 lit. h). Wertpapiere** sind Urkunden, die ein privates Recht in der Weise verbriefen, dass es ohne diese Urkunde nicht geltend gemacht werden kann, z. B. Inhaberschuldverschreibungen, Kommunalobligationen, Pfandbriefe, Aktien, Investmentanteile (*Schönleiter* GewArch 1984, 321), Wechsel, Schecks, aber auch abweichend vom engen Urkundenbegriff sog. kleine Inhaberpapiere i. S. d. § 807 BGB, wie z. B. Eintrittskarten für eine Sport- oder Musikveranstaltung (*OVG NRW* NJW 2006, 2137; *BayVGH* GewArch 1978, 293; *BayObLG* GewArch 1979, 167; *OLG Hamm* GewArch 1994, 168; *OLG Stuttgart* GewArch 1988, 330 [331]; *Schönleiter*, in: Landmann/Rohmer I, § 56 Rdn. 41; *Körber/Heinlein* WRP 2009, 266 [268]; wenn der Berechtigte auf der Eintrittskarte namentlich genannt ist, handelt es sich um ein Legitimationspapier i. S. d. § 808 BGB, siehe *Gutzeit* BB 2006, 113 [114]; *Körber/Heinlein* a. a O., S. 270), nicht aber bloße Beweiszeichen. Zum Begriff der **Lotterielose** siehe § 6 Rdn. 39 ff.

12   Das Verbot soll der mit einem Vertrieb von Wertpapieren (einschließlich Eintrittskarten) im Reisegewerbe erhöhten Gefahr von Verfälschungen und Diebstählen begegnen, zumal gerade bei Papierprodukten Manipulationen und Verfälschungen leichter möglich sind als bei anderen Waren (*OVG NRW* NJW 2006, 2137). Das Verbot greift nicht für den Online-Vertrieb von Eintrittskarten (*Gutzeit* BB 2006, 113 [114]).

13   Das Verbot der Nr. 1 lit. h gilt nicht ausnahmslos. **Zugelassen** ist der Verkauf von Lotterielosen im Rahmen genehmigter Lotterien zu gemeinnützigen Zwecken auf öffentlichen Plätzen. Öffentlich ist ein Platz, wenn er der Allgemeinheit zugänglich ist. Dies kann auch ein Bahnhof oder eine Gaststätte sein (*Stober/Korte*, in: Friauf, § 56 Rdn. 65). Von der Ausnahmeregelung nicht erfasst ist aber der Haus-zu-Haus-Verkauf. Eine weitere Ausnahme vom Verbot findet sich in **Abs. 4** für nicht ortsfeste Geschäftsräume von Kreditinstituten (unten Rdn. 43).

14   **e) Schriftenvertrieb unter Zusicherung von Prämien oder Gewinnen (Nr. 1 lit. i).** Welcher Art die Prämie oder der Gewinn ist oder ob Prämie oder Gewinn gegen besondere Bezahlung geliefert werden, ist gleichgültig. Erfasst sind auch sog. Schneeball-Systeme (*Rossi*, in: BeckOK, § 56 Rdn. 10). Durch dieses Verbot soll insbesondere Betrügereien vorgebeugt werden (*Stober/Korte*, in: Friauf, § 56 Rdn. 67).

2. Feilbieten und Ankauf bestimmter Waren (Nr. 2)

15   Nr. 2 verbietet (nur) das Feilbieten und den Ankauf, nicht aber das Aufsuchen von Bestellungen. Der in Zeitungen angekündigte vorübergehende

Ankauf von Edelmetallen in den Räumen eines Hotels ist als Reisegewerbe (dazu § 55 Rdn. 8) nach Nr. 2 unzulässig (*OVG Berlin-Bbg.* GewArch 2010, 248; *HambOVG* GewArch 2007, 84 f.; *OVG Nds.* GewArch 2009, 415 [Ls.] und Beschluss vom 13.8.2010 – 7 ME 60/10, juris Rdn. 4; *VG Hannover* GewArch 2010, 364 f.; *VG Minden* Urteil vom 25. 3. 2009 – 3 K 224/09, juris Rdn. 22; *LG Düsseldorf* WRP 2009, 1314).

a) Edelmetalle (Nr. 2 lit. a). Das Verbot der Nr. 2 lit. a dient der Verhinderung von Straftaten, insbesondere von Hehlerei und Betrug (*OVG Nds.* GewArch 2010, 408). Das Verbot gilt nicht für mobile Bankgeschäftsräume (Abs. 4, unten Rdn. 43). 16

Edelmetalle werden durch die Klammeraufzählung abschließend spezifiziert (*Rossi*, in: BeckOK, § 56 Rdn. 12). Platinbeimetalle sind Iridium, Osmium, Palladium, Rhodium und Ruthenium. Gleichgültig ist, ob es sich um unbearbeitetes oder bearbeitetes Material (etwa Schmuckstücke) handelt. Die entsprechenden Legierungen werden ebenso wie Waren mit Edelmetallauflagen (z. B. Vergoldungen) erfasst.

Zugelassen sind aber Waren mit Silberauflagen sowie – eingefügt durch Gesetz vom 16. 6. 1998 (BGBl. I S. 1291) – Silberschmuck bis zu einem Verkaufspreis von 40 Euro. Derartige Materialien werden namentlich für **Modeschmuck** verwendet. Das Feilbieten von ohnedies geringerwertigem Modeschmuck im Straßenhandel gefährdet weder ernstlich Verbraucherinteressen noch leistet es der Hehlerei Vorschub, sodass ein Verbot dem Gesetzgeber nicht erforderlich erschien (*Rossi*, in: BeckOK, § 56 Rdn. 13; *Stober/ Korte*, in: Friauf, § 56 Rdn. 72). 17

b) Edel- und Schmucksteine, synthetische Steine (Nr. 2 lit. b). Edelsteine sind ohne künstliche Beeinflussung in der Natur entstandene Mineralien oder organische Stoffe, denen nach der Verkehrsanschauung ein besonderer Wert beigemessen wird. Zu ihnen zählen auch Halbedelsteine. Unter **Schmucksteinen** ist dasselbe wie unter Edelsteinen zu verstehen, so dass sich ihre Aufführung eigentlich als überflüssig erweist. 18

Synthetische Steine werden durch chemisch-technische Verfahren hergestellt und stimmen mit der Mineralart, nach der sie benannt werden, nicht nur äußerlich, sondern auch den wesentlichen chemischen und physikalischen Eigenschaften nach überein. Keine synthetischen Steine i. d. S. sind nur äußerlich übereinstimmende Nachbildungen. 19

Der Begriff **Perlen** umfasst auch Zuchtperlen, nicht aber Glasperlen. 20

Der Zustand der Steine ist für das Verbot unerheblich. Das Verbot trifft also gleichermaßen den Rohstein sowie den bearbeiteten Stein mit oder ohne Verbindung mit einem Schmuckstück (*Schönleiter*, in: Landmann/Rohmer I, § 56 Rdn. 63). Zum Verbotszweck siehe Rdn. 16. 21

c) Bäume, Sträucher, Rebenpflanzgut (Nr. 2 lit. c a. F.). Durch das Dritte Gesetz zur Änderung der Gewerbeordnung vom 24. 8. 2002 (BGBl. I S. 3412) wurde das frühere Verbot, Bäume, Sträucher und Rebenpflanzgut im Reisegewerbe feilzubieten und anzukaufen, aufgehoben. Der Gesetzgeber hielt das Verbot nicht mehr für erforderlich, um die Verbreitung kranken und ungeeigneten Pflanzengutes zu verhindern (näher BT-Drs. 14/8796, S. 20 f.). 22

3. Feilbieten alkoholischer Getränke (Nr. 3 lit. b)

23 Für die in Nr. 3 lit. b aufgeführten alkoholischen Getränke ist (nur) das **Feilbieten** verboten, nicht aber der Ankauf oder das Aufsuchen von Bestellungen. Dabei sind **alkoholische Getränke** zum Trinken bestimmte alkoholhaltige Flüssigkeiten, auch wenn ihnen Obstsäfte beigemischt sind oder wenn sie erst nach dem Verkauf infolge ihrer natürlichen Fortentwicklung alkoholhaltig werden (z. B. Jungbier oder Federweißer), einschließlich Bier und Wein. Seit dem Dritten Mittelstandsentlastungsgesetz (Rdn. 1) verwendet der Gesetzgeber nicht länger das – inhaltsgleiche, aber missverständliche – Merkmal „geistiges" Getränk.

24 Es gibt jedoch verschiedene **Verbotsausnahmen**; siehe nachstehend a) bis d). Außerdem ist § 56 I Nr. 3 lit. b nicht auf den Alkoholausschank im Marktgewerbe anwendbar (*Schönleiter*, in: Landmann/Rohmer I, § 56 Rdn. 26). Ausnahmslos zu beachten ist das generelle Verbot des § 9 JuSchG, Alkohol an Jugendliche abzugeben.

25 **a) Bier und Wein in fest verschlossenen Behältnissen.** Zugelassen sind Bier und Wein, wenn sie in fest verschlossenen Behältnissen (z. B. Flaschen oder Dosen, nicht Becher, auch nicht Bierhumpen mit Deckel) verkauft werden.

26 **b) Alkoholische Getränke i. S. d. § 67 I Nr. 1.** Ferner nicht vom Verbot erfasst sind alkoholische Getränke, soweit sie aus **selbst gewonnenen Erzeugnissen des Weinbaus**, der Landwirtschaft oder des Obst- und Gartenbaus hergestellt worden sind (näher § 67 Rdn. 11).

27 **c) Verabreichung zum Verzehr an Ort und Stelle bei Veranstaltungen.** Durch das Dritte Mittelstandsentlastungsgesetz (Rdn. 1) wurde eine weitere Ausnahme zum Verbot des Feilbietens alkoholischer Getränke normiert. Hintergrund ist die Aufhebung des § 13 GastG, der früher Reisegaststätten i. S. d. § 1 II GastG von der Geltung des Titels III der GewO ausgenommen hat, sodass auch das Verbot des § 56 Nr. lit. b den Reisegastwirt nicht betraf, sofern er die Voraussetzungen des § 1 II GastG erfüllte. Der Regelungsgehalt des § 13 GastG a. F. i. V. m. § 1 II GastG ist nunmehr in § 56 Nr. 3 lit. b eingefügt worden (BT-Drs. 16/11622, 7; näher *Schönleiter*, in: Landmann/Rohmer I, § 56 Rdn. 77 f.).

28 Die **Bundesgesetzgebungskompetenz** für diese Regelung kann ungeachtet der Neufassung des Art. 74 I Nr. 11 GG durch die Föderalismusreform bejaht werden. Zwar ist das Gaststättenrecht mittlerweile der Landeskompetenz zugeordnet worden (Einl. Rdn. 13 f.). Die neue Landesgesetzgebungskompetenz greift jedoch nur soweit, als die Materie einen spezifischen Regionalbezug aufweist (Einl. Rdn. 13 f.). Daran fehlt es bei Reisegaststätten, die deshalb als Teil des Reisegewerbes weiterhin Recht der Wirtschaft i. S. d. Art. 74 I Nr. 11 GG sind (BT-Drs. 16/11622, 7; *Rossi*, in: BeckOK, § 56 Rdn. 13; *Schönleiter*, in: Landmann/Rohmer I, § 55 Rdn. 47; *Jahn* GewArch 2009, 230 [232]).

29 Zu den **tatbestandlichen Voraussetzungen der Verbotsausnahme**: Nötig ist zunächst eine Betriebsstätte, die für die Dauer einer Veranstaltung ortsfest ist. Unter einer Veranstaltung können z. B. Straßenfeste oder Volksmärkte fallen (*Jahn* GewArch 2009, 230 [232]). Eine **Betriebsstätte** liegt vor, wenn sie bis auf das Zeitmoment mit Betrieben im stehenden Gewerbe nach Art, Anlage und Einrichtung vergleichbar ist (*Metzner* GastG, 6. Aufl. 2001, § 1 Rdn. 130). **Ortsfest** ist sie, wenn sie wie Jahrmarktbuden oder Festzelte fest mit dem Erdboden verbunden sind (*Michel/Kienzle/Pauly* GastG, 14. Aufl. 2003, § 1 Rdn. 68), ohne dass sie auf Dauer errichtet ist. Ferner sind fahrbare Imbisswagen ortsfest, wenn sie für die Dauer der Veranstaltung an einem Ort bleiben (*Metzner* GastG, 6. Aufl. 2001, § 1 Rdn. 130).

Das Feilbieten der alkoholischen Getränke fällt nur dann nicht unter das 30 Verbot des § 56 I Nr. 3 lit. b, wenn sie zum **Verzehr an Ort und Stelle** verabreicht werden. Der Begriff ist in erster Linie räumlich zu verstehen, enthält aber auch eine zeitliche Bestimmung im Sinne eines sofortigen Verzehrs; nicht erforderlich ist, dass besondere Vorrichtungen für den Verzehr an Ort und Stelle wie Abstell- oder Sitzgelegenheiten bereitgestellt werden (*Metzner* GastG, 6. Aufl. 2001, § 1 Rdn. 52; *Michel/Kienzle/Pauly* GastG, 14. Aufl. 2003, § 1 Rdn. 45; siehe ferner § 68 a Rdn. 8).

d) Ausnahmen im Einzelfall gem. Abs. 2 S. 3. Nach früherer Rechts- 31 lage konnten weitere Ausnahmen nur aus besonderem Anlass zugelassen werden (vgl. dazu *BVerwG* GewArch 1989, 342). Mittlerweile können auch ohne besonderen Anlass Ausnahmen im Einzelfall zugelassen werden (Abs. 2 S. 3; unten Rdn. 39 ff.).

4. Verbotene Dienstleistungen (Nr. 6)

Verboten sind der Abschluss sowie die Vermittlung von Rückkaufgeschäf- 32 ten (§ 34 IV, dort Rdn. 22) und die für den Darlehensnehmer entgeltliche Vermittlung von Darlehensgeschäften. Im Falle der Gewerbsmäßigkeit sind diese im stehenden Gewerbe (§ 34 IV) gleichermaßen wie im Reisegewerbe (§ 56 I Nr. 6) verboten.

Nach Nr. 6 a. F. waren **Darlehensgeschäfte** im Reisegewerbe grundsätz- 33 lich verboten und nur dann erlaubt, wenn sie im Zusammenhang mit einem Warenverkauf oder einem Bausparvertrag standen. Hintergrund dieses Verbotes war es, finanziell minderbemittelte Bevölkerungsschichten vor übereilten Entscheidungen zu schützen (BT-Drs. 4/318). Dieser Übereilungsschutz wird nunmehr durch die Widerrufsrechte der §§ 312 ff. BGB (zuvor: des Haustürwiderrufs- und des Verbraucherkreditgesetzes) erreicht. Deshalb konnte die Verbotsreichweite der Nr. 6 durch das Gesetz vom 17. 12. 1990 (BGBl. I S. 2840) erheblich beschränkt werden. Verboten ist nunmehr lediglich die für den Darlehensnehmer entgeltliche Vermittlung von Darlehensgeschäften. Im Übrigen sind Darlehensgeschäfte reisegewerberechtlich zulässig. Damit wurde zugleich eine Schlechterstellung der Kreditwirtschaft gegenüber der Versicherungswirtschaft beseitigt (kritisch hierzu *Schmelz* NJW 1991, 1219 f.).

Der **Darlehensbegriff** umfasst sowohl das Gelddarlehen i. S. d. § 488 34 BGB als auch das Sachdarlehen gem. § 607 BGB; erfasst sind auch die Pfandleihgeschäfte i. S. d. § 34 I (*Stober/Korte*, in: Friauf, § 56 Rdn. 81). Kein Darlehensgeschäft i. d. S. ist ein Bürgschaftsvertrag (*BGH* GewArch 1989, 64). **Keine Vermittler** i. S. d. Nr. 6 sind die Außendienstmitarbeiter der Kredit-

§ 56 Titel III. Reisegewerbe

institute, die als Angestellte oder Handelsvertreter arbeiten. Eine Vermittlung ist nur verboten, wenn sie **für den Darlehensnehmer entgeltlich** ist. Zu prüfen ist jeweils, ob überhaupt ein Reisegewerbe vorliegt, was im Falle einer vorhergehenden Bestellung zu verneinen ist (dazu *BGH* GewArch 1993, 377; § 55 Rdn. 15 ff.).

III. Ausnahmeregelungen (Abs. 2)

35   Abs. 2 sieht Ausnahmeregelungen durch Rechtsverordnung oder durch Einzelfallentscheidung vor.

1. Rechtsverordnung auf Bundesebene (S. 1)

36   S. 1 enthält eine Verordnungsermächtigung für das Bundesministerium für Wirtschaft und Technologie mit Zustimmung des Bundesrates. Voraussetzung ist, dass durch die Ausnahme eine Gefährdung der Allgemeinheit oder der öffentlichen Sicherheit oder Ordnung (zu diesen im Polizeirecht gebräuchlichen und in diesem Sinne näher zu konkretisierenden unbestimmten Gesetzesbegriffen siehe noch § 69 a Rdn. 18 ff., 36 ff.) nicht zu besorgen ist.

37   Von dieser Ermächtigung wurde bislang, soweit ersichtlich, lediglich einmal Gebrauch gemacht durch Verordnung vom 30. 11. 1962 (BGBl. I S. 695), welche jedoch wegen der Neufassung des § 55 a I Nr. 9 aufgehoben wurde (Art. 4 I des Zweiten Gesetzes zur Änderung der GewO vom 16. 6. 1998 [BGBl. I S. 1291]).

2. Rechtsverordnungen auf Landesebene (S. 2)

38   Soweit von der Ermächtigung des S. 1 kein Gebrauch gemacht wird, sind die Landesregierungen zum Erlass von Verordnungen befugt. Voraussetzung ist wiederum das Fehlen einer Gefährdung der Allgemeinheit oder der öffentlichen Sicherheit oder Ordnung. Nach § 155 III können die Landesregierungen die Verordnungsermächtigung auf andere Landesbehörden delegieren.

3. Behördliche Einzelfallentscheidungen (S. 3)

39   Schließlich sind behördliche Ausnahmegenehmigungen an sich nach § 56 I verbotener Tätigkeiten möglich.

40   **a) Ausnahmevoraussetzungen.** Seit der Novellierung durch Gesetz vom 16. 6. 1998 (BGBl. I S. 1291) ist nunmehr einzige Voraussetzung, dass keine Bedenken gegen die Ausnahmeerteilung bestehen. Diese können in der Person des Antragstellers oder in sonstigen Umständen wurzeln. Letztlich gilt wiederum die Voraussetzung des S. 1, wonach keine Gefährdung der Allgemeinheit oder der öffentlichen Sicherheit oder Ordnung zu besorgen sein darf.

41   **b) Ausnahmeerteilung.** Die Ausnahme wird durch schriftlichen **Verwaltungsakt** erteilt. Die Erteilung steht im pflichtgemäßen **Ermessen** der Behörde. Die Ausnahmebewilligung ist mit einem Widerrufsvorbehalt (§ 36

II Nr. 3 VwVfG) zu versehen und auf längstens fünf Jahre zu befristen. Nach § 55 III, auf den § 56 II 3 verweist, sind inhaltliche Beschränkungen oder Auflagen möglich, auch nachträglich. Gemäß dem ebenfalls in Bezug genommenen § 60 c I muss der Gewerbetreibende die Ausnahmebewilligung mit sich führen.

Zu Besonderheiten der Ausnahmeerteilung an ausländische juristische Personen siehe *Zillmer/Heinemann* NordÖR 2008, 521 ff.

IV. Privilegierte Tätigkeiten (Abs. 3 und 4)

Durch **Abs. 3** werden die Tätigkeiten nach § 55 b I begünstigt, d. h. für Gewerbetreibende, Handelsreisende und Handelsvertreter, die andere Personen im Rahmen ihres Geschäftsbetriebes aufsuchen. Für diese Tätigkeiten gilt das Verbot des Abs. 1 nicht. Verboten ist aber nach § 56 III 2 das Feilbieten von Bäumen, Sträuchern und Rebenpflanzgut bei land- und forstwirtschaftlichen Betrieben sowie bei Betrieben des Obst-, Garten- und Weinbaus. **42**

Abs. 4 wurde durch das Zweite Gesetz zum Abbau bürokratischer Hemmnisse insbesondere in der mittelständischen Wirtschaft vom 7. 9. 2007 (BGBl. I S. 2246) eingefügt. Der neue Absatz knüpft an die vorherige Regelung des § 55 a I Nr. 8 a. E. an, die durch das gleiche Gesetz aufgehoben worden ist (§ 55 a Rdn. 32), und soll weiterhin **Kreditinstitute mit mobilen Zweigstellen** begünstigen (BT-Drs. 16/4391, 37). **43**

Kreditinstitute sind gem. § 1 I 1 KWG Unternehmen, die Bankgeschäfte betreiben, wenn der Umfang dieser Geschäfte einen in kaufmännischer Weise eingerichteten Geschäftsbetrieb erfordert. Ihnen gleichgestellt sind Unternehmen gem. § 53 b I 1, VII KWG, d. h. Kreditinstitute und ähnliche Unternehmen mit Sitz in einem anderen EU- oder EWR-Mitgliedstaat. Zum Begriff „**nicht ortsfester Geschäftsraum**" siehe § 55 a Rdn. 35. Die Privilegierung betrifft nur bestimmte Verbote des § 56 I (Nr. 1 lit. h, Nr. 2 lit. a, Nr. 6) und greift nur dann, wenn in den mobilen **Geschäftsräumen ausschließlich banktypische Geschäfte** betrieben werden. **44**

Außerhalb von Abs. 3 und 4 gibt es **weitere Ausnahmen von § 56 I**, so in § 55 a I Nr. 9. **45**

V. Rechtsfolgen bei Pflichtverstößen

1. Ordnungswidrigkeiten, Straftatbestände

Verstöße gegen § 56 sind nach § 145 II Nrn. 2 bis 6 ordnungswidrig (vgl. dazu *OLG Köln* GewArch 1993, 168). Unter den Voraussetzungen des § 148 Nrn. 1 oder 2 kann auch eine Straftat vorliegen. **46**

2. Zivilrecht

a) § 823 II BGB. § 56 I ist ein **Schutzgesetz i. S. d. § 823 II BGB** (*Stober/Korte*, in: Friauf, § 56 Rdn. 96). **47**

§ 56a

Titel III. Reisegewerbe

48 **b) § 138 I BGB.** Ein Verstoß gegen § 56 I kann zugleich als **sittenwidrig** zu bewerten sein; vgl. oben Rdn. 4. Zu **§ 817 S. 2 BGB** siehe *BGH* NJW 1993, 2108 f.

49 **c) § 134 BGB.** Ein Gesetzentwurf, für Verstöße gegen § 56 generell die Nichtigkeitsfolge anzuordnen (BT-Drs. 9/2294) scheiterte (dazu *Stober/Korte*, in: Friauf, § 56 Rdn. 27). Nichtigkeit könnte sich aber aus § 134 BGB ergeben. Die Frage, ob es sich um ein Verbotsgesetz i. S. d. § 134 BGB handelt, ist separat für die einzelnen Regelungen des Abs. 1 zu entscheiden (*Schönleiter*, in: Landmann/Rohmer I, § 56 Rdn. 4; **a. A.** *Fröhler/Kormann* § 56 Rdn. 2: § 56 sei generell kein Verbotsgesetz i. S. d. § 134 BGB). Maßgeblich ist der jeweils durch Auslegung zu ermittelnde Normzweck (*BGH* NJW 1985, 1020). Insbesondere spielt die Abgrenzung von einer bloßen Ordnungsvorschrift eine Rolle; bei letzterer lässt ein Verstoß die Gültigkeit des Rechtsgeschäfts unberührt (*BGH* NJW 1968, 2286).

50 Besonders praxisrelevant war die Qualifizierung eines Verstoßes gegen § 56 I **Nr. 6 a. F.** Nach jahrzehntelanger Diskussion (Nachweise bei *Stober/Korte*, in: Friauf, § 56 Rdn. 33) entschied der *BGH* erstmals 1978, dass ein Verstoß gegen § 56 I Nr. 6 a. F. zur Nichtigkeit des geschlossenen Darlehensvertrages führt. Grund der Einstufung der Nr. 6 a. F. als Verbotsgesetz i. S. d. § 134 BGB war dabei die Gefahr eines übereilten und nicht bedachten Vertragsschlusses (*BGHZ* 71, 358; NJW 80, 1514; 83, 868; 84, 229). Nachdem durch das Haustürwiderrufsgesetz (in Kraft seit 1. 5. 1986; siehe heute §§ 312 ff. BGB) den Kunden ein Widerrufsrecht eingeräumt wurde, konnte der Gefahr übereilter Vertragsschlüsse auch ohne die Nichtigkeitsfolge begegnet werden. Dementsprechend ordnete der *BGH* später Nr. 6 (a. F.) dann nicht mehr als Verbotsgesetz ein, wenn der Vertrag nach dem 1. 5. 1986 geschlossen wurde (*BGH* BB 1996, 551; *OLG Hamm* NJW 1993, 2159); (nur) bei vorher geschlossenen Verträgen liegt Nichtigkeit vor (*BGH* NJW 1992, 425). Mit der Neufassung der Nr. 6 – wodurch Darlehensverträge auch im Reisegewerbe geschlossen werden können – hat diese Diskussion nunmehr weitestgehend an Bedeutung verloren.

51 Bei der **Nr. 2 lit. a und b** spricht der Schutzzweck der Norm für eine Qualifikation als Verbotsgesetz (**a. A.** *OLG Düsseldorf* MDR 1972, 321; *Stober/Korte*, in: Friauf, § 56 Rdn. 31). Bei den übrigen Regelungen dürfte es sich eher um Ordnungsvorschriften handeln.

52 **d) §§ 3, 4 Nr. 11 UWG.** Ein Verstoß gegen § 56 I Nr. 2 ist ein Wettbewerbsverstoß i. S. d. § 4 Nr. 11 UWG, für den durch die bloße Einstellung des angekündigten Verkaufs die Wiederholungsgefahr nicht beseitigt wird (*LG Düsseldorf* WRP 2009, 1314 – Goldankauf in Hotel).

§ 56a Ankündigung des Gewerbebetriebs, Wanderlager

(1) ¹**Die Veranstaltung eines Wanderlagers zum Vertrieb von Waren oder Dienstleistungen ist zwei Wochen vor Beginn der für den Ort der Veranstaltung zuständigen Behörde anzuzeigen, wenn auf die Veranstaltung durch öffentliche Ankündigung hingewiesen werden soll; in der öffentlichen Ankündigung sind die Art der Ware oder**

Dienstleistung, die vertrieben wird, und der Ort der Veranstaltung anzugeben. ²Im Zusammenhang mit Veranstaltungen nach Satz 1 dürfen unentgeltliche Zuwendungen (Waren oder Leistungen) einschließlich Preisausschreiben, Verlosungen und Ausspielungen nicht angekündigt werden. ³Die Anzeige ist in zwei Stücken einzureichen; sie hat zu enthalten
1. den Ort und die Zeit der Veranstaltung,
2. den Namen des Veranstalters und desjenigen, für dessen Rechnung die Waren oder Dienstleistungen vertrieben werden, sowie die Wohnung oder die gewerbliche Niederlassung dieser Personen,
3. den Wortlaut und die Art der beabsichtigten öffentlichen Ankündigungen.

⁴Das Wanderlager darf an Ort und Stelle nur durch den in der Anzeige genannten Veranstalter oder einen von ihm schriftlich bevollmächtigten Vertreter geleitet werden; der Name des Vertreters ist der Behörde in der Anzeige mitzuteilen.

(2) Die nach Absatz 1 zuständige Behörde kann die Veranstaltung eines Wanderlagers untersagen, wenn die Anzeige nach Absatz 1 nicht rechtzeitig oder nicht wahrheitsgemäß oder nicht vollständig erstattet ist oder wenn die öffentliche Ankündigung nicht den Vorschriften des Absatzes 1 Satz 1 zweiter Halbsatz und Satz 2 entspricht.

Literatur: *E. Beyer*, Gewerbliche Niederlassung und Wanderlager, GewArch 1976, 80 ff.

Übersicht

	Rdn.
I. Vorbemerkung	1
II. Anzeigepflicht für Wanderlager (Abs. 1)	5
1. Wanderlager	6
a) Feste Verkaufsstelle	7
b) Vorübergehend	8
c) Einzelfälle	9
2. Vertrieb von Waren oder Dienstleistungen	13
3. Anzeigepflicht (S. 1, 3 und 4)	15
4. Vorgaben für die Ankündigung (S. 1 2. Hs., S. 2)	19
5. Leitung der Veranstaltung eines Wanderlagers (S. 4)	21
III. Untersagung der Veranstaltung eines Wanderlagers (Abs. 2)	22
1. Untersagungsvoraussetzungen	22
2. Untersagungsentscheidung	23
IV. Rechtsfolgen bei Pflichtverletzungen	24

I. Vorbemerkung

Durch das Gesetz zur Umsetzung der Dienstleistungsrichtlinie im Gewerberecht und in weiteren Rechtsvorschriften vom 17. 7. 2009 (BGBl. S. S. 2091) wurde mit Wirkung zum 28. 12. 2009 der frühere Absatz 1 des § 56 a aufgehoben. Der Begriff „Wanderlager" in Absatz 1 n. F. (= Abs. 2 a. F.) 1

§ 56a Titel III. Reisegewerbe

wurde zudem erweitert, sodass nicht mehr nur der Vertrieb von Waren, sondern auch der Vertrieb von Dienstleistungen erfasst wird. Hinzu kommen redaktionelle Anpassungen in Absatz 2 n. F. (= Abs. 3 a. F.).

2 In Absatz 1 a. F. waren Pflichten normiert, die unabhängig vom Vorliegen eines Wanderlagers galten. Sie schrieben für öffentliche Ankündigungen, die für Zwecke der Gewerbebetriebes erlassen werden (§ 56 I 1 a. F.), und für die Nutzung von Verkaufsstellen oder anderer Einrichtungen des Reisegewerbebetriebes (§ 56 I 2 a. F.) bestimmte Angaben vor (Name des Gewerbetreibenden etc.; siehe näher die Voraufl. Rdn. 1 ff.).

3 Der Gesetzgeber hat durch dasselbe Gesetz vom 17. 7. 2009 (Rdn. 1) die Regelung des § 6 c in die GewO eingefügt und hielt deshalb § 56 I a. F. für überflüssig (BT-Drs. 16/12784, 18): „Die Informationspflichten sollen umfassend in der auf der Grundlage von § 6 c zu erlassenden Rechtsverordnung geregelt werden. Die Aufhebung des § 56 a [Absatz 1] erfolgt im Vorgriff auf diese Regelung."

4 Für **Reisegewerbetreibende aus einem anderen EU-/EWR-Staat** ist § 4 I 2 zu beachten, wonach § 56 a unter dort näher bestimmten Voraussetzungen nicht anwendbar ist (siehe § 4 Rdn. 5 ff., § 55 Rdn. 1).

II. Anzeigepflicht für Wanderlager (Abs. 1)

5 Die Anzeigepflicht für Wanderlager mit den vorgesehenen Einschränkungen ist eine mit Blick auf Art. 12 I GG zulässige Berufsausübungsregelung (*BVerfG* GewArch 1970, 33).

1. Wanderlager

6 Ein Wanderlager ist gegeben, wenn von einer **festen Verkaufsstelle** im Reisegewerbe, also außerhalb der gewerblichen Niederlassung und außerhalb des Messe- oder Marktverkehrs, Waren vertrieben werden (*OVG RhPf.* GewArch 1997, 329 [330]). Entscheidend ist, dass dieser Vertrieb **vorübergehend** erfolgt (*BVerwG* GewArch 1993, 162), wobei sich die Bewertung nach der Verkehrsauffassung, der Branchenüblichkeit und den Umständen des Einzelfalls richtet (vgl. *OLG Stuttgart* GewArch 1975, 190 [192]; *OLG Hamm* GewArch 1982, 131 ff.).

7 **a) Feste Verkaufsstelle.** Als feste Verkaufsstelle kommt jede Verkaufsstätte in Betracht, sofern sie für eine gewisse Zeit an einem Ort aufgestellt wird. Auch Fahrzeuge können so feste Verkaufsstelle sein (*Schönleiter*, in: Landmann/Rohmer I, § 56 a Rdn. 24).

8 **b) Vorübergehend.** Der Vertrieb muss vorübergehend sein, da sonst eine gewerbliche Niederlassung i. S. d. § 4 III und damit ein stehendes Gewerbe vorliegt. Ab einer Dauer von 6 Wochen wird man häufig von einem stehenden Gewerbe ausgehen können (so die Verwaltungspraxis, wiedergegeben bei *Schönleiter*, in: Landmann/Rohmer I, § 56 a Rdn. 25; siehe § 55 Rdn. 31). Auch im Falle regelmäßiger Wiederkehr in kurzen Intervallen kann ein stehendes Gewerbe zu bejahen sein (zur Abgrenzung siehe oben § 1 Rdn. 10; § 55 Rdn. 30 f.).

c) **Einzelfälle.** Ein Wanderlager kann sowohl Veranstaltungen erfassen, 9
die für die Öffentlichkeit allgemein zugänglich sind, als auch Veranstaltungen,
zu denen nur ein abgegrenzter Personenkreis förmlich zugelassen wird. Eine
Verkaufsveranstaltung, die sich ausschließlich an individuell angeschriebene
Selbständige und Freiberufler richtet (im konkreten Fall freilich mehrere
tausend Angeschriebene), kann ein Wanderlager sein. Dies gilt auch dann,
wenn die Kunden aufgrund ihrer allgemeinen Geschäftserfahrung des Schutzes des § 56 a I nicht oder kaum bedürfen (*OVG RhPf.* GewArch 1997, 329
[330 f.]).

Ein Wanderlager liegt insbesondere dann vor, wenn die Veranstaltung von 10
vornherein auf die einmalige Ausschöpfung eines bestimmten Kundenkreises
angelegt ist (*OLG Koblenz* GewArch 1984, 58 f.; 83, 192 f.; *OLG Hamm*
GewArch 1982, 130 ff.), wie dies etwa i. d. R. bei den sog. **Kaffeefahrten**
der Fall ist. Bei einer Kaffeefahrt mit einer Verkaufsveranstaltung, die im
Ausland angekündigt werden und stattfinden soll, gilt § 56 a nicht (*Schönleiter*,
in: Landmann/Rohmer I, § 56 a Rdn. 28); vgl. aber Rdn. 16.

Auch wenn dabei häufig ein bestimmter Raum (z. B. **Gaststätte**) über 11
längere Zeit gemietet ist, um dort in bestimmten Intervallen Verkaufsveranstaltungen abzuhalten, wird es zumeist an einer gewerblichen Niederlassung
gem. § 4 III fehlen (vgl. *BayVGH* GewArch 1975, 121 f.; *Beyer* GewArch
1976, 80 ff.). Der Einordnung als Wanderlager steht nicht entgegen, dass
die Veranstaltung auch dem Ziel der Absatzförderung des Gastwirtes dient
(*BVerwG* GewArch 1993, 162).

Von einer gewerblichen Niederlassung i. S. d. § 4 III kann bei einer Ver- 12
kaufsstelle ferner dann nicht gesprochen werden, wenn diese jederzeit und
ohne weiteren Aufwand verlegt werden kann und die Kunden nicht davon
ausgehen können, den Inhaber auf absehbare Zeit dort auch ohne besondere
Vereinbarung oder Einladung aufsuchen zu können (*VG Berlin* GewArch
1986, 336 ff.).

2. Vertrieb von Waren oder Dienstleistungen

Ein Wanderlager i. S. d. § 56 a I muss zum Vertrieb (legaldefiniert in § 55 13
I Nr. 1) von Waren oder Dienstleistungen bestimmt sein. Ein **Vertrieb von
Waren** liegt auch vor, wenn die Veranstaltung anders bezeichnet wird, etwa
bei einer „Teppich-Schau". Er kann selbst dann zu bejahen sein, wenn bei
einer Veranstaltung Kunstwerke sowohl ausgestellt als auch verkauft werden
(*VG Freiburg* GewArch 2001, 246 ff.; siehe auch § 1 Rdn. 60 ff.). Ein Vertrieb
i. S. d. § 56 a I kann ferner bei Versteigerungen bejaht werden (*OVG RhPf.*
GewArch 1997, 329 [332]); zum Verhältnis zu § 34 b siehe § 61 a Rdn. 5 ff.
sowie *OVG RhPf.* GewArch 1997, 329 (332 f.).

Durch Gesetz vom 17. 7. 2009 (BGBl. I S. 2091; oben Rdn. 1) ist der 14
Begriff „Wanderlager" um den **Vertrieb von Dienstleistungen** erweitert
worden. Der Terminus „Dienstleistung" ist in ähnlicher Weise zu verstehen
wie die „Leistung" i. S. d. § 55 I Nr. 1 (dort Rdn. 45). Der Gesetzgeber hat
insb. den Vertrieb von Reisen im Auge (BR-Drs. 284/1/09, S. 8 f.).

§ 56a Titel III. Reisegewerbe

3. Anzeigepflicht (S. 1, 3 und 4)

15 Die Anzeigepflicht besteht nur, wenn auf die Veranstaltung des Wanderlagers durch öffentliche Ankündigung hingewiesen werden soll (S. 1). In Orientierung an der Legaldefinition der öffentlichen Wiedergabe eines Werkes in § 15 III UrhG ist das Merkmal „öffentlich" erfüllt, wenn eine unbestimmte Vielzahl von Personen auf eine Veranstaltung hingewiesen werden soll, die durch gegenseitige Beziehungen weder persönlich untereinander noch mit dem Gewerbetreibenden verbunden sind (*BVerwGE* 42, 161 ff.; *OVG RhPf.* GewArch 1997, 329 [330]; *OLG Koblenz* GewArch 1984, 58; *VG Koblenz* GewArch 1990, 21 [22]; *VG Braunschweig* GewArch 1990, 23 [24]; *VG Berlin* GewArch 1986, 129). Eine bloße Zweckgemeinschaft schließt die Öffentlichkeit nicht aus, sodass eine vereinsinterne Ankündigung, zumal wenn sie auch den Familienangehörigen der Vereinsmitglieder gilt, „öffentlich" i. S. d. § 56 a I ist (*VG Koblenz* GewArch 1990, 21 [22]; *VG Braunschweig* GewArch 1990, 23 [24] – zu § 56 a I a. F.). Öffentlichkeit ist selbst dann zu bejahen, wenn überwiegend Einladungen an frühere Teilnehmer geschickt werden, da diese weder mit dem Gewerbetreibenden noch untereinander persönlich verbunden sind (*Schönleiter/Draxler* GewArch 2009, 19 [23]). Öffentlich ist die Ankündigung auch, wenn sie lediglich an wenige Personen gerichtet ist, die aber als Multiplikatoren fungieren sollen, etwa bei einer an einen Verein zur Weiterleitung an die Mitglieder und deren Familienangehörigen gerichteten Einladung (*OVG Nds.* GewArch 1991, 431).

16 Die Ankündigung kann durch Plakate, Anzeigen, Rundschreiben, Handzettel usw. erfolgen. Die Verteilung von Einladungskarten an interessierte Bewohner bestimmter Wohnblöcke reicht aus (*BVerwGE* 41, 161), ebenso die Versendung persönlich adressierter Einladungsbriefe, in denen dazu aufgefordert wird, eine bestimmte Anzahl namentlich zu benennender Gäste mitzubringen (*BayObLG* GewArch 2001, 77 [78]); *VG Berlin* GewArch 1986, 129). Es ist dabei nicht erforderlich, dass der Zweck der Veranstaltung bereits aus der Ankündigung ersichtlich ist (*BayObLG* GewArch 2001, 77 f.).

17 Die Anzeigepflicht besteht auch dann, wenn das Wanderlager im Ausland durchgeführt werden soll, die öffentliche Ankündigung aber in der Bundesrepublik Deutschland erfolgt (*Ambs*, in: Erbs/Kohlhaas, § 56 a Rdn. 8; *OLG Oldenburg* GewArch 2000, 67 f.). **Anzeigepflichtig ist der Veranstalter** des Wanderlagers, d. h. derjenige, der den Vertrieb in eigener Person oder durch einen Vertreter (dazu S. 4) vornimmt. Der Veranstalter muss nicht identisch mit demjenigen sein, für dessen Rechnung die Waren vertrieben werden (vgl. S. 3 Nr. 2). Veranstalter können auch juristische Personen sein (dazu *Stober/Korte*, in: Friauf, § 56 a Rdn. 70; § 55 Rdn. 51).

18 Die Anzeige ist zwei Wochen vor Beginn der für den Ort der Veranstaltung zuständigen Behörde zu erstatten. **Maßgeblicher Zeitpunkt** für die Berechnung der Zwei-Wochen-Frist ist der Eingang der Anzeige bei der Behörde (*Schönleiter*, in: Landmann/Rohmer I, § 56 a Rdn. 43). Aus dem Wortlaut („hingewiesen werden soll") ergibt sich schließlich, dass die Anzeige vor der Ankündigung erfolgen muss.

Für die Anzeige gelten im Übrigen die Vorgaben des S. 3. Soll ein Vertreter tätig werden, ist zusätzlich dessen Name der Behörde mitzuteilen (S. 4).

4. Vorgaben für die Ankündigung (S. 1 2. Hs., S. 2)

Zunächst gelten die Vorgaben des Abs. 1 S. 1. Darüber hinaus müssen in der Ankündigung die **Art der Ware**, die vertrieben werden soll, und der Ort der Veranstaltung angegeben werden (Abs. 2 S. 1 2. Hs.). Erforderlich ist zum einen die **konkrete Bezeichnung** der zu vertreibenden Waren; es genügt etwa nicht lediglich die Angabe: „Das aktuellste aus der Möbelbranche". Dabei muss zum Ausdruck kommen, dass es sich um eine Verkaufs- und nicht um eine reine Informationsveranstaltung handelt (*HessVGH* GewArch 1977, 90 ff.). Zum anderen ist seit der 3. GewO-Novelle vom 24. 8. 2002 (BGBl. I S. 3412) die Angabe auch des Veranstaltungsortes erforderlich. Damit soll der Verbraucher vor sog. Überraschungsfahrten, bei denen er über den eigentlichen Veranstaltungsort bewusst im Ungewissen gelassen wird, geschützt werden (Gesetzesbegründung, BT-Drs. 14/8796, S. 21).

19

Unentgeltliche Zuwendungen, Preisausschreiben, Verlosungen und Ausspielungen dürfen nicht angekündigt werden (§ 56 a I 2). Diese Beschränkung ist mit Art. 12 I GG vereinbar (*BVerfG* GewArch 1970, 33). Abs. 1 verbietet nur die Ankündigung, nicht aber die tatsächliche Gewährung unentgeltlicher Zuwendungen; u. U. kann letzteres aber einen Verstoß gegen § 3 UWG bedeuten (*OLG Hamm* GewArch 1982, 130). Gegen Abs. 1 S. 2 wird auch dann verstoßen, wenn die unentgeltliche Zuwendung nicht nur auf der Veranstaltung selbst, sondern auch anderweitig (z. B. per Telefon, im Internet) eingelöst werden kann (*Bund-Länder-Ausschuss „Gewerberecht"*, zit. nach *Schönleiter/Sprafke* GewArch 2010, 294 [295]).

20

5. Leitung der Veranstaltung eines Wanderlagers (S. 4)

Grundsätzlich muss der Veranstalter (oben Rdn. 15) selbst die Veranstaltung leiten (S. 4). Möglich ist auch die Leitung durch einen schriftlich bevollmächtigten Vertreter, dessen Namen der Behörde im Rahmen der Anzeige mitzuteilen ist. Insbesondere für juristische Personen ist diese Möglichkeit relevant, weil sie nur durch ihre gesetzlichen Vertreter handlungsfähig sind (vgl. *Stober/Korte*, in: Friauf, § 56 a Rdn. 70).

21

III. Untersagung der Veranstaltung eines Wanderlagers (Abs. 2)

1. Untersagungsvoraussetzungen

Voraussetzung einer Untersagung ist entweder das Fehlen einer fristgerecht, wahrheitsgemäß und vollständig erstatteten Anzeige oder eine öffentliche Ankündigung, die nicht den Vorgaben des Abs. 1 S. 1 a. E., S. 2 (oben Rdn. 19) entspricht.

22

2. Untersagungsentscheidung

Die Untersagungsverfügung (**Verwaltungsakt**) steht im **Ermessen** der Behörde. Das **Verhältnismäßigkeitsprinzip** kann es gebieten, dem Veran-

23

Ennuschat

stalter Gelegenheit zu geben, den Verstoß in angemessener Zeit zu korrigieren (*HessVGH* GewArch 1977, 90 ff.).
Adressat der Untersagung ist grundsätzlich der Veranstalter. Einem anderem darf die Durchführung eines Wanderlagers dann untersagt werden, wenn der Veranstalter der Behörde unbekannt ist und jener durch sein Auftreten in der Öffentlichkeit oder durch die öffentliche Ankündigung den Anschein erweckt, Veranstalter zu sein (*BVerwG* GewArch 1973, 261).

Angesichts der zumeist kurz bevorstehenden Veranstaltung dürfte regelmäßig die **sofortige Vollziehung** der Untersagung anzuordnen sein (ebenso *Stober/Korte*, in: Friauf, § 56 a Rdn. 94).

IV. Rechtsfolgen bei Pflichtverletzungen

24 Ein Verstoß gegen diese Vorschrift ist eine **Ordnungswidrigkeit** gem. § 145 III Nrn. 6 – 9. Zivilrechtlich können sich Konkurrenten u. U. auf § 3 UWG berufen (näher *Schönleiter*, in: Landmann/Rohmer I, § 56 a Rdn. 29; *Stober/Korte*, in: Friauf, § 56 a Rdn. 74 a. E.).

§ 57 Versagung der Reisegewerbekarte

(1) **Die Reisegewerbekarte ist zu versagen, wenn Tatsachen die Annahme rechtfertigen, daß der Antragsteller die für die beabsichtigte Tätigkeit erforderliche Zuverlässigkeit nicht besitzt.**

(2) **Im Falle der Ausübung des Bewachungsgewerbes und des Gewerbes der Makler, Bauträger und Baubetreuer, des Versicherungsvermittlergewerbes sowie des Versicherungsberatergewerbes gelten die Versagungsgründe des § 34 a, § 34 c oder § 34 d auch in Verbindung mit § 34 e entsprechend.**

(3) **Die Ausübung des Versteigerergewerbes als Reisegewerbe ist nur zulässig, wenn der Gewerbetreibende die nach § 34 b Abs. 1 erforderliche Erlaubnis besitzt.**

I. Vorbemerkung

1 Die Vorschrift wurde zunächst durch Gesetz vom 25. 7. 1984 (BGBl. I S. 1008) inhaltlich weitgehend den § 35 angeglichen. Die vorher in §§ 57, 57 a. F. im Einzelnen aufgeführten Versagungsgründe erschienen verzichtbar, weil es sich nur um Regelbeispiele der Unzuverlässigkeit handelte. Durch Gesetz vom 24. 8. 2002 (BGBl. I S. 3412) wurden Abs. 2 und 3 angefügt. Das Gesetz zur Neuregelung des Versicherungsvermittlerrechts vom 19. 12. 2006 (BGBl. I S. 3232) ergänzte Absatz 2 um die Bezugnahme auf §§ 34 d, 34 e. Eine redaktionelle Anpassung erfolgte schließlich durch das Zweite Gesetz zum Abbau bürokratischer Hemmnisse insbesondere in der mittelständischen Wirtschaft vom 7. 9. 2007 (BGBl. I S. 2246), wodurch das nunmehr überflüssige Merkmal „selbständig" gestrichen werden konnte (BT-Drs. 16/4391, 37; vgl. § 55 Rdn. 1, 10 f.).

II. Versagung der Reisegewerbekarte (Abs. 1 und 2)

§ 57 ist nur anwendbar, wenn eine Tätigkeit reisegewerbekartenpflichtig und ein Antrag auf Erteilung der Reisegewerbekarte gestellt ist. Die Reisegewerbekartenpflicht besteht grundsätzlich bei jedem Reisegewerbe (§ 55 II); Ausnahmen regeln die §§ 55 a, 55 b. Für vorübergehend in Deutschland tätige **Reisegewerbetreibende aus einem anderen EU-/EWR-Staat** besteht wegen § 4 I S. 2 grundsätzlich keine Reisegewerbekartenpflicht. Ihnen kann eine solche Karte daher auch nicht versagt werden (siehe § 59 Rdn. 4).

1. Allgemeiner Versagungsgrund der Unzuverlässigkeit (Abs. 1)

§ 57 I benennt die Unzuverlässigkeit als allgemeinen Grund der Versagung der Reisegewerbekarte für jede Tätigkeit im Reisegewerbe. Bei der Anwendung von § 57 ist zu berücksichtigen, dass die Kunden eines Reisegewerbetreibenden – verglichen mit dem stehenden Gewerbe – in erhöhtem Maße schutzbedürftig sind (*VG München* Urteil vom 20. 1. 2009 – M 16 K 08.3082, juris Rdn. 15 – zu wirtschaftlichen Leistungsfähigkeit).

Voraussetzung der Versagung nach Abs. 1 ist das Vorliegen konkreter Tatsachen, welche die Annahme der Unzuverlässigkeit des Antragstellers rechtfertigen. Der Begriff der (Un-)Zuverlässigkeit in § 57 deckt sich mit dem in § 35 (*BVerwG* GewArch 1995, 88); siehe näher § 35 Rdn. 27 ff. sowie *Laubinger/Repkewitz* VerwArch 89 (1998), 609 ff. Unzuverlässigkeitsgründe für das Reisegewerbe sind z. B. wiederholtes Erschleichen des Zugangs zur Wohnung von Kunden, unwahre Behauptungen über den Warenwert etc. Unzuverlässigkeit kann auch dann vorliegen, wenn ein Reisegewerbetreibender gegenüber Behörden und Gerichten ein untragbares Verhalten zeigt (Beleidigungen, Erpressung, Prozessbetrug, Leugnung des Holocausts) und zu erwarten ist, dass er sich gegenüber Kunden ebenso verhalten wird (*BayVGH* Beschluss vom 23. 5. 2006 – 22 ZB 06.952, juris Rdn. 6).

War einem Antragsteller die gleiche Tätigkeit im stehenden Gewerbe bereits untersagt oder eine notwendige Erlaubnis versagt oder wieder entzogen worden, ergibt sich daraus keine bindende Wirkung für die beantragte Reisegewerbekarte (a. A. *Laubinger/Repkewitz*, aaO, S. 611). In der Regel werden aber die Voraussetzungen des § 57 gegeben sein.

2. Versagungsgründe für das Gewerbe der Bewacher, Makler, Bauträger und Baubetreuer, Versicherungsvermittler und Versicherungsberater (Abs. 2)

§ 57 II verschärft die Voraussetzungen der Erteilung der Reisegewerbekarte für Bewachungsunternehmer, Immobilienmakler, Bauträger und Baubetreuer sowie Versicherungsvermittler und Versicherungsberater, indem sie nicht nur von der Zuverlässigkeit des Gewerbetreibenden, sondern durch Verweis auf §§ 34 a, 34 c, 34 d, 34 e auch von den dort genannten – insbesondere finanziellen – zusätzlichen Voraussetzungen abhängig gemacht wird. Es handelt sich quasi um eine Transferbestimmung (so BT-Drs. 16/1935, 21), deren

§ 57 Titel III. Reisegewerbe

Notwendigkeit aus der strikten Trennung zwischen den einzelnen Titeln der GewO folgt.

3. Behördliche Entscheidung

7 Bei Vorliegen der tatbestandlichen Voraussetzungen ist die Reisegewerbekarte zu versagen. Maßgeblich ist der Zeitpunkt der letzten behördlichen Entscheidung (*VG Gelsenkirchen* Urteil vom 6. 3. 2009 – 7 K 2471/07, juris Rdn. 17). Der Behörde ist **kein Ermessen** eingeräumt.

III. Entziehung der Reisegewerbekarte

8 § 57 I und II regelt die Versagung der Reisegewerbekarte. Die nachträgliche Entziehung richtet sich nach den **§§ 48, 49 VwVfG**. Im Falle der nachträglichen Unzuverlässigkeit kommt § 49 II Nr. 3 VwVfG als Widerrufstatbestand in Betracht. Erforderlich ist dann erstens, dass nunmehr ein Versagungsgrund i. S. d. § 57 vorliegt, und zweitens, dass ohne Widerruf das öffentliche Interesse gefährdet wird. Dies ist der Fall, wenn die weitere Tätigkeit des Reisegewerbetreibenden eine **konkrete** Gefahr für die Allgemeinheit oder wichtige Gemeinschaftsgüter bedeutet (vgl. *BVerwG* NVwZ 1992, 565 f.; *VGH BW* GewArch 1989, 94 u. 166).

9 Daran fehlt es bei einer Verurteilung eines Reisegewerbetreibenden wegen gefährlicher Körperverletzung, wenn kein Bezug zu seinem Reisegewerbe besteht (*VGH BW* GewArch 1989, 94). Eine konkrete Gefahr kann aber bejaht werden bei einem Bungee-Jumping-Veranstalter, der Sicherheitsvorschriften nicht beachtet (*VGH BW* GewArch 1993, 416 [417] u. 1994, 421 [422]).

Im Falle wirtschaftlicher Leistungsunfähigkeit als Entziehungsgrund ist ggf. die **Sperrwirkung von § 12** zu beachten (dort Rdn. 12).

10 Im Gegensatz zur Versagung steht die Entziehung der Reisegewerbekarte nach §§ 48 f. VwVfG im **Ermessen** der Behörde. Zu beachten ist der Grundsatz der **Verhältnismäßigkeit**; dieser kann selbst dann gewahrt sein, wenn der Reisegewerbetreibende infolge der Entziehung der Reisegewerbekarte auf Sozialhilfe angewiesen wäre (*OVG Saarl.* Beschluss vom 3. 7. 2006 – 1 Q 7/06, juris Rdn. 6; *VG Gelsenkirchen* Urteil vom 6. 3. 2009 – 7 K 2471/07, juris Rdn. 18). Der Widerruf einer Reisegewerbekarte unterliegt trotz Fehlens von Ermessenserwägungen nicht der gerichtlichen Aufhebung, wenn sich der Widerruf unter den konkreten Umständen des Einzelfalls als einzig ermessensfehlerfreie Entscheidung darstellt (*OVG Saarl.* Beschluss vom 3. 7. 2006 – 1 Q 7/06, juris Rdn. 5).

IV. Unzulässigkeit von Wanderversteigerungen (Abs. 3)

11 Voraussetzung für die Ausübung der Versteigerertätigkeit im Reisegewerbe ist nach dem durch Gesetz vom 24. 8. 2002 (BGBl. I S. 3412) eingefügten Abs. 3 das Vorliegen einer Erlaubnis nach § 34 b für die Ausübung im stehenden Gewerbe. Allerdings bedarf der Gewerbetreibende in diesem Fall gem.

§ 55 a I Nr. 7 keiner Reisegewerbekarte, sodass § 57 III keinen Versagungsgrund darstellt. Der Regelungsgehalt des § 57 III geht vielmehr dahin, eine ausschließlich im Reisegewerbe ausgeübte Versteigerertätigkeit, d. h. so genannte Wanderversteigerungen, gänzlich zu verbieten (*Schönleiter*, in: Landmann/Rohmer I, § 57 Rdn. 19; *Stober/Korte*, in: Friauf, § 57 Rdn. 66; vgl. auch § 70 a Rdn. 5).

Für **Reisegewerbetreibende aus einem anderen EU-/EWR-Staat** ist § 4 I 2 zu beachten, wonach § 57 III unter dort näher bestimmten Voraussetzungen nicht anwendbar ist (siehe § 4 Rdn. 5 ff., § 55 Rdn. 1).

V. Rechtsfolgen bei Pflichtverletzungen

Wer trotz Versagung oder nach Entziehung der Reisegewerbekarte eine reisegewerbekartenpflichtige Tätigkeit ausübt, verstößt gegen § 55 II und begeht eine Ordnungswidrigkeit nach **§ 145 I Nr. 1** und u. U. eine Straftat nach **148 Nr. 1 oder 2**. Ordnungswidrig ist ferner gem. **§ 145 I Nr. 2a** die Ausübung des Versteigerergewerbes entgegen § 57 III. 12

Die Gewerbeausübung kann zudem nach § 60 d (i. V. m. § 55 II) verhindert werden.

§§ 57a und 58 (weggefallen)

§ 59 Untersagung reisegewerbekartenfreier Tätigkeiten

¹**Soweit nach § 55 a oder § 55 b eine Reisegewerbekarte nicht erforderlich ist, kann die reisegewerbliche Tätigkeit unter der Voraussetzung des § 57 untersagt werden.** ²**§ 35 Abs. 1 Satz 2 und 3, Abs. 3, 4, 6, 7 a und 8 gilt entsprechend.**

I. Vorbemerkung

§ 59 ist die Parallelnorm zu § 35 I für den Bereich des Reisegewerbes. Dementsprechend ist § 59 dem § 35 nachgebildet und nimmt ihn in weiten Teilen in Bezug. Der **Anwendungsbereich** richtet sich nach § 59 S. 2 i. V. m. § 35 VIII (siehe dort Rdn. 249 ff.). Danach tritt § 59 zurück, wenn für einzelne Gewerbe besondere Untersagungsvorschriften bestehen, die auf die Unzuverlässigkeit abstellen. Die zweite Variante des § 35 VIII 1, welche auf eine Zulassung abstellt, läuft für § 59, der gerade die Reisegewerbekartenfreiheit voraussetzt, leer. 1

Die Untersagungsmöglichkeit nach § 59 ist mit der Berufs- und Gewerbefreiheit nach Art. 12 I GG vereinbar und auch im Übrigen **verfassungskonform** (*VGH BW* GewArch 1994, 194 [195]). 2

II. Untersagungsvoraussetzungen

1. Reisegewerbliche Tätigkeit

3 § 59 verlangt zunächst eine reisegewerbliche, d. h. eine selbstständige Tätigkeit (§ 55 Rdn. 1, 10 f.). Die Untersagung der Tätigkeit von Beschäftigten richtet sich nach § 60 (siehe die Erläuterungen dort).

2. Reisegewerbekartenfreiheit

4 Die Tätigkeit muss nach den §§ 55 a oder 55 b reisegewerbekartenfrei sein. Die aus § 4 I 2 folgende Reisegewerbekartenfreiheit für **Reisegewerbetreibende aus dem EU-/EWR-Ausland** führt nicht zur Anwendung von § 59; mangels Planwidrigkeit scheidet auch eine Analogie aus. Deutsche Behörden müssen sich dann vielmehr an die Behörde des Sitzstaates wenden (§ 4 Rdn. 4).

5 Wenn eine Reisegewerbekarte erforderlich und erteilt ist, gilt nicht § 59. Im Falle der Unzuverlässigkeit kann die Reisegewerbekarte nach §§ 48 f. VwVfG entzogen werden und dann die Gewerbeausübung nach § 60 d i. V. m. § 55 II verhindert werden. Eine irrtümlich erteilte Reisegewerbekarte steht der Untersagung nach § 59 nicht entgegen; zusätzlich ist dann die Reisegewerbekarte nach § 48 VwVfG zu entziehen.

3. Voraussetzung des § 57

6 Weitere Untersagungsvoraussetzung ist die **Unzuverlässigkeit** des Reisegewerbetreibenden. Zum Begriff der (Un-)Zuverlässigkeit siehe oben § 57 Rdn. 3 sowie § 35 Rdn. 27 ff. Die für den Fall der Unzuverlässigkeit infolge ungeordneter Vermögensverhältnisse mögliche **Sperrwirkung von § 12** ist zu beachten.

III. Untersagungsentscheidung

1. Ermessen; Verhältnismäßigkeit

7 Liegen die Untersagungsvoraussetzungen vor, entscheidet die zuständige Behörde (§ 61) – anders als bei der Untersagung nach § 35 I – nach pflichtgemäßen **Ermessen**, ob die Tätigkeit untersagt werden soll (*VGH BW* GewArch 1994, 194). Die Untersagung erfolgt durch **Verwaltungsakt**. Im Rahmen der Ermessensausübung ist insb. das **Verhältnismäßigkeitsprinzip** zu beachten.

8 Vor diesem Hintergrund kann es geboten sein, die Untersagung auf einzelne Tätigkeiten – namentlich auf die konkret ausgeübte – zu beschränken (*VGH BW* GewArch 1994, 194; *Stober/Korte*, in: Friauf, § 59 Rdn. 21).

2. Inbezugnahme von § 35 I 2 und 3, III, IV, VIIa (S. 2)

9 Für das Untersagungsverfahren und die Untersagungsentscheidung finden einige Vorgaben des § 35 entsprechende Anwendung. Zu dem ebenfalls in Bezug genommenen § 35 VI siehe unten Rdn. 11, zu § 35 VIII oben Rdn. 1.

So kann entsprechend § 35 I 2 und 3 die Untersagung auf andere als 10
die bisher ausgeübten Tätigkeiten erstreckt (vgl. § 35 Rdn. 150 ff.) und das
Verfahren auch dann noch fortgesetzt werden, wenn der Gewerbetreibende
seine Tätigkeit aufgegeben hat (näher § 35 Rdn. 22 ff.). Die Untersagung
einer reisegewerblichen Tätigkeit kann insbesondere auf Tätigkeiten im stehenden Gewerbe erstreckt werden. Nach § 35 VII a kann die Untersagung
auch gegen Vertretungsberechtigte oder mit der Leitung des Reisegewerbebetriebes beauftragte Personen ausgesprochen werden (§ 35 Rdn. 231 ff.).
Zur Bindung an strafgerichtliche Urteile gem. § 35 III siehe dort Rdn. 185 ff.,
zu § 35 IV dort Rdn. 222 ff.

IV. Wiedergestattung (§ 35 VI i. V. m. § 59 S. 2)

Die Untersagung der Reisegewerbetätigkeit erfolgt unbefristet (*BayVGH* 11
GewArch 1987, 234; *Stober/Korte*, in: Friauf, § 59 Rdn. 32). Möglich ist eine
Wiedergestattung entsprechend § 35 VI (dazu § 35 Rdn. 202 ff.). Daraus, dass
der Gewerbetreibende der behördlichen Gewerbeuntersagung nachkommt,
erwächst ihm kein Anspruch auf Wiedergestattung (vgl. *BVerwG* NVwZ
1983, 288).

V. Rechtsfolgen bei Pflichtverletzungen

Verstöße gegen eine Untersagungsverfügung nach § 59 können als Ord- 12
nungswidrigkeit (§ 145 I Nr. 3) und unter den Voraussetzungen des § 148
Nr. 1 oder 2 sogar als Straftat geahndet werden.
Die Fortführung des Reisegewerbes trotz Untersagung kann nach § 60 d
verhindert werden.

§ 60 Beschäftigte Personen

Die Beschäftigung einer Person im Reisegewerbe kann dem Gewerbetreibenden untersagt werden, wenn Tatsachen die Annahme rechtfertigen, dass die Person die für ihre Tätigkeit erforderliche Zuverlässigkeit nicht besitzt.

Literatur: *A. Stenger*, Zweites Mittelstandsentlastungsgesetz: Beitrag aus dem Gewerberecht, GewArch 2007, 448 ff; *S.-C. Lenski*, Die neue Beschäftigungsuntersagung im Reisegewerbe, GewArch 2008, 388 ff.

I. Vorbemerkung

Bis zum Jahr 1984 regelte § 60 die Geltungsdauer und den näheren Inhalt 1
der Reisegewerbekarte an sich (näher hierzu *Schönleiter*, in: Landmann/Rohmer I, § 60 Rdn. 2). Nach der Aufgabe dieser Regelung blieb § 60 23 Jahre
lang ohne Regelungsgehalt. Der neue § 60 wurde durch das Zweite Gesetz
zum Abbau bürokratischer Hemmnisse insbesondere in der mittelständischen
Wirtschaft vom 7. 9. 2007 in die GewO eingefügt (BGBl. I S. 2246).

§ 60

2   **Normzweck** ist die Flankierung der durch das gleiche Gesetz durchgeführten Änderungen im Reisegewerberecht, insb. der Angleichung des reisegewerblichen Gewerbebegriffs an den allgemeinen gewerberechtlichen Gewerbebegriff: Nach § 55 I Nr. 1 GewO muss nunmehr nur noch der selbstständig tätige Gewerbetreibende, also der Prinzipal eines Reisegewerbes, eine Reisegewerbekarte beantragen und nicht mehr (auch) seine Beschäftigten (siehe dazu § 55 Rdn. 1 f.). Dass eine solche Regelung zur Gewährleistung der Zuverlässigkeit ausreichend ist, hat der Gesetzgeber im Bereich des Gaststättenrechts bereits durch § 21 I GastG und bei den Schaustellern durch § 55 I Nr. 2 GewO festgestellt. Die positiven Erfahrungen aus diesen Bereichen wollte er auf das Reisegewerbe übertragen (BT-Drs. 16/4391, S. 36; *Stenger* GewArch 2007, 448 [449]).

3   Trotz der Beschränkung der Reisegewerbekartenpflicht soll grundsätzlich die Zuverlässigkeit aller in diesem Gewerbe tätigen Personen gewährleistet sein. Daher musste die Möglichkeit geschaffen werden, die Zuverlässigkeit der unselbstständigen Mitarbeiter zu überprüfen und ggf. deren Beschäftigung zu untersagen.

II. Untersagungsvoraussetzungen

4   Da die Vorschrift § 21 I GastG nachgebildet ist, kann bei der Bestimmung der Tatbestandsvoraussetzungen an gaststättenrechtliche Einsichten angeknüpft werden. Unter **Beschäftigung** ist daher jede unselbstständige Tätigkeit zu verstehen, unabhängig von einer Vergütung oder der rechtlichen Ausgestaltung des Beschäftigungsverhältnisses (*Lenski* GewArch 2008, 388 [391]). Der Wortlaut der Vorschrift geht davon aus, dass die Person bereits beschäftigt ist. Eine Untersagung ist aber schon dann möglich, wenn eine Beschäftigung unmittelbar bevorsteht (*Rossi*, in: BeckOK, § 60 Rdn. 2). Nur natürliche **Personen** können Beschäftigte sein (*Rossi*, in: BeckOK, § 60 Rdn. 2: „in eigener Person").

5   Der Begriff des **Reisegewerbes** ist in § 55 I Nrn. 1 und 2 legaldefiniert. Daher wird die „im Reisegewerbe beschäftigte Person" als Person definiert, die unselbstständig eine in § 55 I Nr. 1 oder Nr. 2 GewO genannte Tätigkeit ausübt, unabhängig davon, ob sie dafür eine Vergütung erhält oder wie ihr Beschäftigungsverhältnis ausgestaltet ist (*Lenski* GewArch 2008, 388, [391]). § 60 greift sowohl im Anwendungsbereich der Reisegewerbekartenpflicht als **auch im reisegewerbekartenfreien Reisegewerbe**. Unter dem **Gewerbetreibenden** ist der Prinzipal zu verstehen, der das Reisegewerbe betreibt.

6   In Parallele zu §§ 35, 57 müssen Tatsachen die Annahme rechtfertigen, dass die beschäftigte Person die für ihre Tätigkeit erforderliche **Zuverlässigkeit** nicht besitzt. Unzuverlässig ist, wer keine Gewähr dafür bietet, dass er seine gewerberechtlich relevante Tätigkeit für den Prinzipal in Zukunft ordnungsgemäß ausübt (näher § 35 Rdn. 27). Die Zuverlässigkeit darf nur im Hinblick auf die **konkrete Tätigkeit** im **konkreten Reisegewerbe** beurteilt werden. Daher sind unterschiedliche Anforderungen an die jeweils notwendige Zuverlässigkeit denkbar (*Rossi*, in: BeckOK, § 60 Rdn. 3). Es handelt sich bei der Beurteilung der Zuverlässigkeit um eine Prognoseentscheidung, die

Veranstaltung von Spielen § 60a

gerichtlich vollständig überprüfbar ist (vgl. *Schönleiter,* in: Landmann/Rohmer I, § 57 Rdn. 5; siehe auch § 35 Rdn. 27 und 32).

III. Untersagungsverfügung

§ 60 GewO räumt der zuständigen Behörde **Ermessen** ein. Die Behörde 7 muss den Verhältnismäßigkeitsgrundsatz beachten und deshalb z. B. eine funktional begrenzte Untersagung erwägen (*VGH BW* NVwZ-RR 1994, 389; *Rossi,* in: BeckOK, § 60 Rdn. 4). Die Untersagungsverfügung ist ein Verwaltungsakt und ist an den Prinzipal, nicht an den Beschäftigten zu richten.

Wenn es sich um ein reisegewerbekartenpflichtiges Gewerbe handelt, 8 kommt auch eine **nachträgliche Auflage gem.** § 55 III in Betracht, die unzuverlässige Person nicht länger zu beschäftigen (*Rossi, in:* BeckOK, § 60 Rdn. 4). Beide Möglichkeiten stehen nebeneinander (anders *Lenski* GewArch 2008, 388 [392 f.]: § 60 verdränge als speziellere Norm insoweit die Auflage gem. § 55 III). Vorteil der nachträglichen Auflage ist deren Bußgeldbewehrung (unten Rdn. 10).

IV. Folgen eines Verstoßes gegen die Beschäftigungsuntersagung

Sanktionsmöglichkeit der Verwaltung für einen Verstoß gegen eine Ver- 9 fügung nach § 60 GewO ist der Widerruf der Reisegewerbekarte des Prinzipals nach § 49 VwVfG bzw. die Untersagung der reisegewerbekartenfreien Tätigkeit nach § 59 GewO, wenn die Missachtung der Verfügung zur Unzuverlässigkeit des Prinzipals selbst führt (*Lenski* GewArch 2008, 388 [393]).

Der Verstoß gegen die Verfügung nach § 60 ist **nicht bußgeldbewehrt.** 10 Hierin liegt ein Unterschied zur nachträglichen Auflage nach § 55 III (*Lenski* GewArch 2008, 388 [391]). Der vorsätzliche oder fahrlässige Verstoß gegen eine solche Auflage (siehe Rdn. 8) kann nach § 145 II Nr. 7, III mit einem Bußgeld von bis zu 2.500 EUR geahndet werden.

§ 60a Veranstaltung von Spielen

(1) **(weggefallen)**

(2) ¹**Warenspielgeräte dürfen im Reisegewerbe nur aufgestellt werden, wenn die Voraussetzungen des § 33 c Abs. 1 Satz 2 erfüllt sind.** ²**Wer im Reisegewerbe ein anderes Spiel im Sinne des § 33 d Abs. 1 Satz 1 veranstalten will, bedarf der Erlaubnis der für den jeweiligen Ort der Gewerbeausübung zuständigen Behörde.** ³**Die Erlaubnis darf nur erteilt werden, wenn der Veranstalter eine von dem für seinen Wohnsitz oder in Ermangelung eines solchen von dem für seinen gewöhnlichen Aufenthaltsort zuständigen Landeskriminalamt erteilte Unbedenklichkeitsbescheinigung oder einen Abdruck der Unbedenklichkeitsbescheinigung im Sinne des § 33 e Abs. 4 besitzt.**

§ 60a

Titel III. Reisegewerbe

⁴ § 33 d Abs. 1 Satz 2, Abs. 3 bis 5, die §§ 33 e, 33 f Abs. 1 und 2 Nr. 1 sowie die §§ 33 g und 33 h gelten entsprechend.

(3) ¹ Wer im Reisegewerbe eine Spielhalle oder ein ähnliches Unternehmen betreiben will, bedarf der Erlaubnis der für den jeweiligen Ort der Gewerbeausübung zuständigen Behörde. ² § 33 i gilt entsprechend.

(4) Die Landesregierungen können durch Rechtsverordnung das Verfahren bei den Landeskriminalämtern (Absatz 2 Satz 3) regeln.

I. Vorbemerkung

1   § 60 a bezieht sich auf **reisegewerbliche Tätigkeiten** i. S. d. § 55 I Nr. 2, d. h. auf unterhaltende Tätigkeiten als Schausteller oder nach Schaustellerart (*Marcks*, in: Landmann/Rohmer I, § 60 a Rdn. 4).

Abs. 1 a. F., der eine besondere Erlaubnis für die Veranstaltung von Lustbarkeiten normierte, ist durch Gesetz vom 25. 7. 1984 (BGBl. I 1008) ersatzlos gestrichen worden. Für diese Tätigkeit genügt seitdem das Innehaben der Reisegewerbekarte. Der Aufrechterhaltung der öffentlichen Sicherheit und Ordnung auf den durch § 60 a I a. F. hauptsächlich betroffenen Volksfesten wird durch Spezialvorschriften (z. B. immissionsschutzrechtliche, feuer- und verkehrspolizeiliche Bestimmungen; baurechtliche Vorschriften über den Auf- und Abbau sog. fliegender Bauten) hinreichend Rechnung getragen. In Bezug auf die spezifischen Gefahren des Bungee-Jumpings wurde freilich eine Wiedereinführung des Abs. 1 erwogen (dazu *Fuchs* GewArch 1995, 102 [105]).

Durch Gesetz vom 23. 11. 1994 (BGBl. I S. 3475) wurde Abs. 4 geringfügig verändert, da die Delegationsermächtigung des Abs. 4 2. Hs. a. F. durch § 155 III n. F. überflüssig wurde.

II. Spielgeräte (Abs. 2)

2   Abs. 2 unterscheidet zwischen Warenspielgeräten (S. 1) und anderen Spielen i. S. d. § 33 d I 1 (S. 2). Gemeinsame Voraussetzung ist, dass die Aufstellung der Spielgeräte bzw. Veranstaltung der Spiele im Rahmen des **Reisegewerbes** eines Gewerbetreibenden erfolgt (oben Rdn. 1).

1. Warenspielgeräte (S. 1)

3   § 60 a II 1 nimmt die Voraussetzungen des § 33 c I 2 in Bezug. **§ 33 c I** betrifft „Spielgeräte", d. h. Geldspiel- und Warenspielgeräte; gemeinsame Voraussetzung ist, dass es sich um Glücks- und nicht um Geschicklichkeitsspiele handelt (vgl. § 33 c Rdn. 8 f.). **§ 60 a II 1** bezieht sich jedoch lediglich auf die Aufstellung von Warenspielgeräte, **nicht** auf **Geldspielgeräte** (*Rossi*, in: BeckOK, § 60 a Rdn. 2). Bei letzteren besteht der Gewinn in Geld. Sie dürfen gem. § 1 II Nr. 1 der in Anhang 2 abgedruckten SpielV i. d. F. vom 27. 1. 2006 (BGBl. I S. 280) auf Volks-, Schützenfesten und ähnlichen Veranstaltungen, Jahrmärkten oder Spezialmärkten nicht aufgestellt werden.

Veranstaltung von Spielen **§ 60a**

Bei **Warenspielgeräten** besteht der Gewinn in Waren (dazu § 33 c 4
Rdn. 10). Sie dürfen gem. § 60 a II 1 i. V. m. § 33 c I 2 aufgestellt werden,
wenn die Bauart von der Physikalisch-Technischen Bundesanstalt zugelassen
ist (zur **Bauartzulassung** näher § 33 c Rdn. 25, § 33 e Rdn. 2 ff.).
Anwendbar sind gem. S. 4 ferner die §§ 33 f I, II Nr. 1, 33 g und 33 h
(siehe die Erläuterungen dort). Die auf § 33 f I gestützte **SpielV** regelt u. a.
die zulässigen Aufstellungsorte für Warenspielgeräte sowie den Nachweis der
Bauartzulassung am Gerät etc. (dazu *Stober/Korte*, in: Friauf, § 60 a
Rdn. 56 f.).

2. Andere Spiele i. S. d. § 33 d I 1 (S. 2, 3 und 4)

a) Erlaubnispflicht (S. 2). Für andere Spiele mit Gewinnmöglichkeit 5
i. S. d. § 33 d I 1 (dazu dort Rdn. 3 ff.) ist gem. § 60 a II 2 wegen der
besonderen Gefährdung zusätzlich zur Reisegewerbekarte eine gesonderte
Erlaubnis erforderlich. Im Rahmen des § 60 a II 2 soll nach verbreiteter
Auffassung eine einzige Erlaubnis genügen, die sämtliche anderen Spiele
erfasst (so *Marcks*, in: Landmann/Rohmer I, § 60 a Rdn. 12; *Rossi*, in:
BeckOK, § 60 a Rdn. 4; Voraufl. Rdn. 4). In Parallele zu § 33 d (dort
Rdn. 22), wo für jedes Spiel eine gesonderte Erlaubnis nötig ist, liegt es
jedoch näher, auch im Reisegewerbe die Erlaubnis an ein bestimmtes Spiel
zu knüpfen (ebenso *Stober/Korte*, in: Friauf, § 60 a Rdn. 61).

b) Erlaubnisvoraussetzungen. aa) Unbedenklichkeitsbescheini- 6
gung (S. 3). Die Erlaubnis ist von der zuständigen Behörde zu erteilen,
wenn der Veranstalter eine Unbedenklichkeitsbescheinigung des zuständigen
Landeskriminalamtes (oder Abdruck davon) besitzt (S. 3). Diese Unbedenklichkeitsbescheinigung wird nur erteilt, wenn gewährleistet ist, dass der Spieler keine unangemessenen Verluste in kurzer Zeit erleidet (§ 18 SpielV). Zum
Verfahren siehe Abs. 4 (unten Rdn. 13).

Bestimmte **unbedenkliche Spiele** können gem. § 5 a SpielV i. V. m. Nr. 1 7
lit. a der Anlage zu § 5 a SpielV (u. a.) auf Volksfesten, Schützenfesten und
ähnlichen Veranstaltungen ohne die Unbedenklichkeitsbescheinigung erlaubt
werden. Dabei handelt es sich vor allem um turniermäßige Geschicklichkeitsspiele (z. B. Preisskat [siehe aber § 33 h Rdn. 94], Preisbillard), aber auch
einige Glücksspiele (näher *Stober/Korte*, in: Friauf, § 60 a Rdn. 44 ff.). Die
meisten Spiele i. S. d. § 60 a II 2 werden hiernach privilegiert, so dass nur
für wenige eine Unbedenklichkeitsbescheinigung erforderlich ist.

bb) Zuverlässigkeit (S. 4). Gem. § 60 a II 4 i. V. m. § 33 d III ist die 8
Erlaubnis im Falle der Unzuverlässigkeit des Antragstellers zu versagen. Bei
Gewerbetreibenden aus dem EU-/EWR-Ausland ist zu beachten, dass
§ 13 b hier nicht greift (§ 13 b III, dort Rdn. 22).

c) Erlaubniserteilung. Wenn die Erlaubnisvoraussetzungen vorliegen, 9
muss die Erlaubnis erteilt werden; der Behörde ist kein Ermessen eingeräumt.
Der Antragsteller – der Spielveranstalter – hat einen entsprechenden **Rechtsanspruch**. Die Erlaubnis kann mit **Auflagen** verbunden werden (S. 4 i. V. m.
§ 33 d I 2). Für **Rücknahme und Widerruf** gelten die Regelungen des
§ 33 d IV und V (siehe dort Rdn. 34 ff.).

Ennuschat

§ 60b Titel III. Reisegewerbe

10 d) **Verweisung (S. 4).** Gem. S. 4 gelten die §§ 33 d I 2, III – V, 33 e, 33 f I, II Nr. 1, 33 g und 33 h entsprechend (siehe Erläuterungen dort).

III. Spielhallen und ähnliche Unternehmen (Abs. 3)

11 Wer im Reisegewerbe (dazu § 55 I; dort Rdn. 6 ff.) eine Spielhalle oder ein ähnliches Unternehmen (zu den Begriffen siehe § 33 i Rdn. 8 ff.) betreiben will, bedarf zusätzlich zur Reisegewerbekarte der Erlaubnis der für den jeweiligen Ort der Gewerbeausübung zuständigen Behörde. Im Übrigen gilt § 33 i entsprechend (siehe Erläuterung dort). Bei **Gewerbetreibenden aus dem EU-/EWR-Ausland** ist zu beachten, dass § 13 b hier – anders als im Falle des § 33 i (dort Rdn. 57) – nicht greift (§ 13 b III, dort Rdn. 22).

12 Auch nach Ausklammerung des Rechts der Spielhallen aus Art. 74 I Nr. 11 GG zählt die Regelung des Reise-Spielhallenrechts mangels Regionalbezugs weiterhin zur konkurrierenden Gesetzgebung (*Stober/Korte*, in: Friauf, § 60 a Rdn. 17; *Höfling/Rixen* GewArch 2008, 1 (7); vgl. auch *Schneider* GewArch 2009, 343 [350]; näher Einl. Rdn. 13 f., § 33 i Rdn. 4).

IV. Landesrechtsverordnungen (Abs. 4)

13 Die Landesregierungen können durch Rechtsverordnung (nur) das Verfahren bei den Landeskriminalämtern regeln. Die Verordnungsermächtigung kann gem. § 155 III auf andere Behörden übertragen werden.

Von der Verordnungsermächtigung gem. § 60 a IV hat kein Land Gebrauch gemacht (*Marcks*, in: Landmann/Rohmer I, § 60 a Rdn. 20).

V. Rechtsfolgen bei Pflichtverletzungen

14 Wer gegen § 60 a verstößt, begeht gem. § 145 I Nr. 4 eine Ordnungswidrigkeit und bei Vorliegen der Voraussetzungen der § 148 Nr. 1 oder 2 sogar eine Straftat. Entsprechendes gilt für den Verstoß gegen eine nach § 60 a II 4 i. V. m. § 33 f I oder 33 g Nr. 2 erlassene Rechtsverordnung, wenn diese für einen bestimmten Tatbestand auf diese Bußgeldvorschrift verweist (Ordnungswidrigkeit gem. § 145 II Nr. 1, Straftat gem. § 148 I Nr. 1 oder Nr. 2).

§ 60b Volksfest

(1) **Ein Volksfest ist eine im allgemeinen regelmäßig wiederkehrende, zeitlich begrenzte Veranstaltung, auf der eine Vielzahl von Anbietern unterhaltende Tätigkeiten im Sinne des § 55 Abs. 1 Nr. 2 ausübt und Waren feilbietet, die üblicherweise auf Veranstaltungen dieser Art angeboten werden.**

(2) **§ 68 a Satz 1 erster Halbsatz und Satz 2, § 69 Abs. 1 und 2 sowie die §§ 69 a bis 71 a finden entsprechende Anwendung; jedoch bleiben die §§ 55 bis 60 a und 60 c bis 61 a sowie 71 b unberührt.**

§ 60b

Literatur: *U. Fastenrath,* Die Zulassung ortsfremder (einschließlich EG-ausländischer) Schausteller und Anbieter zu Volksfesten und Märkten, NWVBl. 1992, 51 ff.; *C. Gröpl,* Privatisierung von Messen, Märkten und Volksfesten, GewArch 1995, 367 ff.; *C. L. Lässig,* Die Vergabe von Standplätzen auf kommunalen Volksfesten, NVwZ 1983, 18 ff.; *M. Mauer,* Volksfeste in Ladengeschäften – Zu Verweisungen der Art des § 60 b Abs. 2 GewO, GewArch 1982, 13 ff.; *R. Pitschas,* Die Zulassung von Schaustellern zu Volksfesten nach Gewerbe- und bayerischem Gemeinderecht, BayVBl. 1982, 641 ff.; *H.-A. Roth,* Rechtliche Probleme der Zulassung von Schaustellern zu Volksfesten, Spezialmärkten und Jahrmärkten, WiVerw 1985, 46 ff.; *T. Schalt,* Der Zulassungsanspruch des Schaustellers zu Volksfesten und Märkten in der verwaltungsgerichtlichen Rechtsprechung, GewArch 1981, 150 ff.; *ders.,* Aktuelle Rechtsprechung zum Zulassungsanspruch des Schaustellers zu Volksfesten, GewArch 1991, 409 ff.; *W. Spannowsky,* Vergabe von Standplätzen auf Volksfesten, Messen und Märkten an EU-ausländische Anbieter, GewArch 1995, 265 ff.; *H. Vogel,* Begriff und Privilegierung des Volksfestes nach § 60 b GewO, GewArch 1977, 362 ff.; *B. Widera,* Zur Bewerberauswahl der Gemeinden bei der Veranstaltung von Märkten und Volksfesten, VR 1986, 17 ff.

Übersicht

Rdn.

I. Volksfest (Abs. 1) 1
  1. Regelmäßig wiederkehrende Veranstaltung 2
  2. Zeitliche Begrenzung 5
  3. Vielzahl von Anbietern 6
  4. Unterhaltende Tätigkeit i. S. d. § 55 I Nr. 2; Feilbieten
    volksfesttypischer Waren 7
    a) Unterhaltende Tätigkeit 8
    b) Feilbieten volksfesttypischer Waren 9
II. Anwendbare Vorschriften (Abs. 2) 11
  1. Anwendung von Vorschriften des Titels IV (Abs. 2 1. Hs.) 12
    a) § 68 a S. 1 1. Hs., S. 2 12
    b) §§ 69 –71 a 13
  2. Anwendung von Vorschriften des Titels III (Abs. 2 2. Hs.) 20
  3. Sonstige einschlägige Rechtsvorschriften 21
III. Rechtsfolgen bei Pflichtverletzungen 22

I. Volksfest (Abs. 1)

Abs. 1 enthält eine Legaldefinition des Begriffes Volksfest. **1**

1. Regelmäßig wiederkehrende Veranstaltung

Dem weitgefassten Begriff **Veranstaltung** kommt neben den übrigen Tat- **2** bestandsmerkmalen eines Volksfestes keine eigenständige spezifizierende Bedeutung zu (*Wagner,* in: Friauf, § 60 b Rdn. 4). **Veranstalter** können sowohl natürliche wie auch juristische Personen sein (näher § 69 Rdn. 14).

Die Veranstaltung soll in **regelmäßigen Abständen** stattfinden. Die Länge **3** des zeitlichen Abstandes zwischen zwei Veranstaltungen ist – anders als etwa in § 68 I, II: „in größeren Abständen" – nicht festgelegt. Daher können Volksfeste sowohl in kurzer als auch in längerer zeitlicher Reihung stattfinden.

§ 60b   Titel III. Reisegewerbe

Volksfest i. S. d. § 60 b I kann auch die **erstmalige Veranstaltung** sein, selbst dann, wenn eine Wiederholung vom Erfolg der ersten Veranstaltung abhängig gemacht wird (*Rossi*, in: BeckOK, § 60 b Rdn. 2).

4   Aufgrund der Einschränkung „im Allgemeinen" sind Abweichungen vom bisherigen Rhythmus möglich. Diese Einschränkung ermöglicht zugleich die Einordnung **einmaliger Veranstaltungen** als Volksfest i. S. d. § 60 b (*Wagner*, in: Friauf, § 60 b Rdn. 6).

2. Zeitliche Begrenzung

5   Die Veranstaltung muss zeitlich begrenzt sein, wobei die Veranstaltungsdauer vom Veranstalter festgelegt wird. Eine Dauerveranstaltung, wie z. B. ein Freizeit- oder Vergnügungspark, fällt jedenfalls nicht unter diesen Begriff (*Wagner*, in: Friauf, § 60 b Rdn. 5; *Schönleiter*, in: Landmann/Rohmer I, § 60 b Rdn. 10).

3. Vielzahl von Anbietern

6   Zur Erfüllung des Merkmals „Vielzahl von Anbietern" ist keine feste Mindestgröße vorgegeben. Vielzahl ist immerhin mehr als Mehrzahl. Die als ausreichend anzusehende Anzahl kann je nach Einzugsbereich der Veranstaltung und Jahreszeit verschieden sein. In der Regel wird man – in Orientierung an Nr. 10.1 ReisegewVwV a. F. – von **mindestens sechs Anbietern** ausgehen können (*Wagner*, in: Friauf, § 60 b Rdn. 7; *Schönleiter*, in: Landmann/Rohmer I, § 60 b Rdn. 9).

4. Unterhaltende Tätigkeit i. S. d. § 55 I Nr. 2; Feilbieten volksfesttypischer Waren

7   Bei Volksfesten stehen unterhaltende Tätigkeiten im Vordergrund; aus diesem Grunde hat der Gesetzgeber Volksfeste nicht den Veranstaltungen in Titel IV (Messen, Ausstellungen, Märkte) zugeordnet (*Vogel* GewArch 1977, 362 [363]).

8   **a) Unterhaltende Tätigkeit.** Zu den unterhaltenden Tätigkeiten i. S. d. § 55 I Nr. 2 siehe dort Rdn. 49; erfasst sind Schaugeschäfte (Wachsfigurenkabinett), Fahrgeschäfte (Karussell), Geschicklichkeitsgeschäfte (Schießbude), Belustigungsgeschäfte (Irrgarten), Musikdarbietungen (soweit ihnen kein besonderer künstlerischer Wert zukommt, z. B. Drehorgel; anderenfalls ist die Tätigkeit keine nach Schaustellerart) etc.

9   **b) Feilbieten volksfesttypischer Waren.** Abs. 1 benennt klassische Elemente von Tätigkeiten auf einem Volksfest und damit auch das Feilbieten von Waren (dazu § 55 Rdn. 38), die üblicherweise auf Veranstaltungen dieser Art angeboten werden. Das Merkmal „üblicherweise" beschränkt zum einen das in Betracht kommende **Warenangebot**. Es umfasst nur solche Waren, die herkömmlich auf Volksfesten angeboten werden; neuartige Waren müssen den herkömmlichen vergleichbar sein oder aus der Sicht der Besucher dem Charakter der Veranstaltung unter Berücksichtigung der Dynamik der Entwicklung innerhalb kurzer Zeit bereits entsprechend hohe Akzeptanz erreicht

haben. Waren, die üblicherweise auf Volksfesten angeboten werden, sind z. B. Eis, heiße Würstchen, Süßigkeiten, kleineres Spielzeug etc.

Zum anderen umreißt das Merkmal „üblicherweise" den zulässigen **Umfang** des Warenangebotes im Verhältnis zu den unterhaltenden Tätigkeiten. Der Schwerpunkt der Veranstaltung muss auf der Darbietung unterhaltender Tätigkeiten liegen. Tritt der Verkauf von Waren in den Vordergrund, handelt es sich um einen Jahrmarkt i. S. d. § 68 II (dort Rdn. 22 ff.; *Rossi*, in: BeckOK, § 60 b Rdn. 8). Das Warenangebot muss also als Annex zum Unterhaltungsangebot erscheinen. Eine Veranstaltung kann im Übrigen auch dann als Volksfest i. S. d. § 60 b einzuordnen sein, wenn ausschließlich unterhaltende Tätigkeiten angeboten werden (*Schönleiter*, in: Landmann/Rohmer I, § 60 b Rdn. 5). 10

II. Anwendbare Vorschriften (Abs. 2)

Durch die Verweisung in Abs. 2 werden Volksfeste den in Titel IV geregelten Veranstaltungen teilweise gleichgestellt. Die größte Bedeutung hat dabei die **Erstreckung der marktrechtlichen Festsetzungsregelungen auf Volksfeste** (*Wagner*, in: Friauf, § 60 b Rdn. 11; *Schönleiter*, in: Landmann/Rohmer I, § 60 b Rdn. 2). Dennoch finden hier alle Vorschriften des Titels III Anwendung, sodass die Wirkkraft der „Marktfreiheit" (dazu vor §§ 64 ff. Rdn. 5) jedenfalls insoweit ihre Grenze findet (zur Wechselwirkung zwischen dem ersten und zweiten Halbsatz des § 60 b II siehe *Mauer* GewArch 1982, 13 ff.). 11

1. Anwendung von Vorschriften des Titels IV (Abs. 2 1. Hs.)

a) § 68 a S. 1 1. Hs., S. 2. Infolge der Verweisung auf § 68 a S. 1 1. Hs., S. 2 dürfen auch auf Volksfesten alkoholfreie Getränke und zubereitete Speisen zum Verzehr an Ort und Stelle verabreicht werden (näher § 68 a Rdn. 8), ohne dass die Vorschriften des Gaststättengesetzes anwendbar sind. Bei alkoholischen Getränken greifen, wenn deren Voraussetzungen vorliegen, §§ 1 II, 2 I GastG, sodass eine Gaststättenerlaubnis nötig ist, jedoch keine Reisegewerbekarte (§ 55 a I Nr. 7, dort Rdn. 38); zu beachten ist ferner § 56 I Nr. 3 lit. b (dort Rdn. 23 ff.), womit der Gesetzgeber den Ausschank alkoholischer Getränke auf Volksfesten ermöglichen wollte (BT-Drs. 16/11622, S. 7; *Wagner*, in: Friauf, § 68 a Rdn. 12). 12

b) §§ 69 – 71 a. Aufgrund der Verweisung auf §§ 69 – 71 a können Volksfeste ebenso wie die in Titel IV geregelten Veranstaltungen auf Antrag des Veranstalters von der zuständigen Behörde **festgesetzt** werden. 13

aa) Anspruch auf Festsetzung. Voraussetzung der Festsetzung ist, dass alle in Abs. 1 aufgeführten Merkmale gegeben sind. In diesem Falle besteht ein **Anspruch des Veranstalters auf Festsetzung** (näher unten § 69 Rdn. 28). 14

Sind die Voraussetzungen nicht erfüllt (etwa weil auch volksfestatypische Waren angeboten werden sollen), ist die Festsetzung abzulehnen. Die Festsetzung ist ferner **abzulehnen**, wenn die Durchführung des Volksfestes dem 15

§ 60b — Titel III. Reisegewerbe

öffentlichen Interesse widerspricht (§ 69 a I Nr. 3). Dies ist etwa der Fall, wenn die vorgesehenen Öffnungszeiten mit Sperrzeiten- und Immissionsschutzrecht nicht vereinbar sind (vgl. *BVerwGE* 77, 70; auch zum Nachbarschutz).

16 Mit der Festsetzung kommt der Veranstalter in den Genuss der sog. „Marktprivilegien", d. h. zu einer Freistellung von zahlreichen gewerbe- und arbeitsrechtlichen Vorschriften (vgl. vor §§ 64 ff. Rdn. 4). Dem steht allerdings durch die Verweisung auf § 69 II auch eine Durchführungspflicht des Veranstalters gegenüber (vgl. BT-Drs. 8/1863, S. 11; § 69 Rdn. 50).

17 Lässt der Veranstalter ein Volksfest nicht festsetzen und führt es in rein privatrechtlicher Form durch, so müssen alle gewerberechtlichen Vorschriften beachtet werden.

18 **bb) Teilnehmer am Volksfest.** Für die Teilnehmer an festgesetzten Volksfesten (= Anbieter von Waren oder Unterhaltungsdarbietungen) ergeben sich aus der Verweisung auf **§ 70** Vorteile. Danach besteht grundsätzlich für jedermann, der dem Teilnehmerkreis der festgesetzten Veranstaltung angehört, ein **Teilnahmerecht**. Zur Rechtsstellung von EU-Ausländern (dazu allg. bereits Einl. Rdn. 104 ff.) im vorliegenden Kontext siehe *Spannowsky* GewArch 1995, 265 ff.; *Fastenrath* NWVBl. 1992, 51 [55 ff.].

19 Die **Nichtzulassung** einzelner Teilnehmer ist nur aus sachlich gerechtfertigten Gründen zulässig; bei einem Bewerberüberhang ist ein sachgerechtes Auswahlkonzept erforderlich (dazu *VG Gelsenkirchen* GewArch 1988, 242 ff.; *Pitschas* BayVBl. 1982, 641 [645]; *Roth* WiVerw 1985, 46 [51 ff.]; *Schalt* GewArch 1991, 409 [411 ff.]; *Widera* VR 1986, 186 ff.; vgl. ferner § 70 Rdn. 40 ff.). Zur Haftung der Gemeinde gegenüber einem nicht zugelassenen Anbieter bei fehlerhafter Auswahl siehe *OLG Hamm* NWVBl. 1992, 448 ff., das im konkreten Fall zwar eine Amtspflichtverletzung bejahte, aber das Verschulden verneinte.

Daneben darf der Veranstalter eine Vergütung nur für bestimmte Leistungen von den Anbietern verlangen (vgl. § 71 Rdn. 5 ff., 17 ff.).

2. Anwendung von Vorschriften des Titels III (Abs. 2 2. Hs.)

20 Eine wesentliche Einschränkung im Vergleich zu den Veranstaltungen des Titels IV ergibt sich aber aus dem zweiten Halbsatz, wonach alle Regelungen des Titels III auf Volksfeste anwendbar bleiben. Es tritt also für die Anbieter gerade keine Befreiung von der Reisegewerbekartenpflicht, wie es auf Messen und Märkten der Fall ist, ein. Etwas anderes gilt, wenn der Privilegierungstatbestand des § 55 a I Nr. 1 greift (dort Rdn. 4).

3. Sonstige einschlägige Rechtsvorschriften

21 Bei Volksfesten sind noch zahlreiche weitere Vorschriften zu beachten, etwa aus dem Bauordnungsrecht (Vorschriften über fliegende Bauten, dazu *Wichmann* GewArch 1995, 149 ff.), aus dem Lebensmittelrecht etc. (näher *Wagner*, in: Friauf, § 60 b Rdn. 28).

III. Rechtsfolgen bei Pflichtverletzungen

Verstöße gegen die in Abs. 2 in Bezug genommenen Vorschriften aus dem Titel IV können z. T. nach § 146 II Nrn. 7–9 als Ordnungswidrigkeit geahndet werden. 22

§ 60c Mitführen und Vorzeigen der Reisegewerbekarte

(1) ¹Der Inhaber einer Reisegewerbekarte ist verpflichtet, sie während der Ausübung des Gewerbebetriebes bei sich zu führen, auf Verlangen den zuständigen Behörden oder Beamten vorzuzeigen und seine Tätigkeit auf Verlangen bis zur Herbeischaffung der Reisegewerbekarte einzustellen. ²Auf Verlangen hat er die von ihm geführten Waren vorzulegen.

(2) ¹Der Inhaber der Reisegewerbekarte, der die Tätigkeit nicht in eigener Person ausübt, ist verpflichtet, den im Betrieb Beschäftigten eine Zweitschrift oder eine beglaubigte Kopie der Reisegewerbekarte auszuhändigen, wenn sie unmittelbar mit Kunden in Kontakt treten sollen; dies gilt auch, wenn die Beschäftigten an einem anderen Ort als der Inhaber tätig sind.² Für den Inhaber der Zweitschrift oder der beglaubigten Kopie gilt Absatz 1 Satz 1 entsprechend.

(3) ¹Im Fall des § 55a Abs. 1 Nr. 7 hat der Gewerbetreibende oder der von ihm im Betrieb Beschäftigte die Erlaubnis, eine Zweitschrift, eine beglaubigte Kopie oder eine sonstige Unterlage, auf Grund derer die Erteilung der Erlaubnis glaubhaft gemacht werden kann, mit sich zu führen. ²Im Übrigen gelten die Absätze 1 und 2 entsprechend.

Übersicht

	Rdn.
I. Vorbemerkung	1
II. Pflichten des Inhabers einer Reisegewerbekarte (Abs. 1)	2
1. Inhaber einer Reisegewerbekarte	3
2. Ausübung des Gewerbebetriebes	4
3. Beisichführen und Vorzeigen der Reisegewerbekarte (S. 1)	5
4. Einstellung der Tätigkeit (S. 1)	7
5. Vorlage der geführten Waren (S. 2)	9
III. Pflichten des Prinzipals und der Beschäftigten (Abs. 2)	10
IV. Pflichten des Prinzipals und der Beschäftigten im Fall des § 55 a I Nr. 7 (Abs. 3)	15
V. Rechtsfolgen bei Pflichtverletzungen	19

I. Vorbemerkung

§ 60 c bezweckt eine wirksame Kontrolle des Reisegewerbes und ist eine verfassungskonforme Berufsausübungsregelung (*Stober/Korte*, in: Friauf, § 60 c Rdn. 9). Durch das Zweite Gesetz zum Abbau bürokratischer Hemmnisse 1

§ 60c   Titel III. Reisegewerbe

insbesondere in der mittelständischen Wirtschaft vom 7. 9. 2007 (BGBl. I S. 2246) ist Absatz 2 neu gefasst und Absatz 3 angefügt worden.

II. Pflichten des Inhabers einer Reisegewerbekarte (Abs. 1)

2   Nach Absatz 1 treffen den Inhaber einer Reisegewerbekarte während der Ausübung des Gewerbebetriebes vier spezifische Pflichten: (1.) Mitführen und (2.) Vorzeigen der Karte, (3.) vorläufige Einstellung der Tätigkeit bis zu ihrer Herbeischaffung und (4.) Vorlage der von ihm geführten Waren. Diese Pflichten betreffen in erster Linie den Inhaber einer Reisegewerbekarte, der das Reisegewerbe in eigener Person ausübt; anderenfalls greift Absatz 2.

1. Inhaber einer Reisegewerbekarte

3   Adressat der Verpflichtung ist der Inhaber einer Reisegewerbekarte. Voraussetzung ist darüber hinaus, dass die Tätigkeit tatsächlich reisegewerbekartenpflichtig ist (§ 55 II). Handelt es sich etwa um eine nach §§ 55 a oder § 55 b privilegierte Tätigkeit, entfallen die Pflichten nach § 60 c auch dann, wenn der Gewerbetreibende für seine Tätigkeit eine Reisegewerbekarte beantragt und erhalten hat (*Stober/Korte*, in: Friauf, § 60 c Rdn. 13).

Darüber hinaus gilt § 60 c I über § 56 II 3 2. Hs. auch für eine Ausnahmebewilligung i. S. d. § 56 II 3 1. Hs.

2. Ausübung des Gewerbebetriebes

4   Die Pflichten gem. Abs. 1 bestehen nur während der Ausübung des Gewerbebetriebes, d. h. allen Aktivitäten, die unmittelbar mit der reisegewerblichen Tätigkeit zusammenhängen. Dazu zählt die Ausübung der in § 55 II genannten Tätigkeiten selbst ebenso wie die An- und Abfahrt zum Ort der Gewerbeausübung, das Be- und Entladen, Ein- und Verpacken etc. (*Stober/Korte*, in: Friauf, § 60 c Rdn. 13; *Schönleiter*, in: Landmann/Rohmer I, § 60 c Rdn. 6).

3. Beisichführen und Vorzeigen der Reisegewerbekarte (S. 1)

5   Die Pflicht zum Beisichführen und zur Vorlage der Reisegewerbekarte – im Original – dient der Sicherstellung jederzeitiger Kontrollmöglichkeit. Das Verlangen der zuständigen Behörde nach Vorlage der Karte ist, da es eine verbindliche behördliche Konkretisierung der gesetzlichen Vorlagepflicht beinhaltet, ein belastender **Verwaltungsakt** (*Fröhler/Kormann* § 60 c Rdn. 2), der auch mündlich erfolgen kann (vgl. § 37 II 1 VwVfG). Dessen Erlass steht im pflichtgemäßen Ermessen der Behörde. Die Durchsetzung der Vorlagepflicht kann mit den Mitteln des Verwaltungszwangs erreicht werden. Hinzu tritt die Möglichkeit der Verfügung einer vorläufigen Einstellung der Tätigkeit nach § 60 c I 1 a. E. (unten Rdn. 7); besitzt der Reisegewerbetreibende keine (gültige) Reisegewerbekarte, greift nicht § 60 c I 1 a. E., sondern § 60 d (siehe aber unten Rdn. 8).

6   Die Vorzeigepflicht gem. § 60 c I 1 besteht nur gegenüber der zuständigen Behörde (§ 155 II), nicht gegenüber Privatpersonen, also etwa nicht gegen-

über dem Veranstalter eines Volksfestes (*Rossi*, in: BeckOK, § 60 c Rdn. 3). Es entspricht freilich dem Gesetzeszweck, dem Reisegewerbetreibenden zu ermöglichen, sich gegenüber Kunden oder anderen Dritten als gewerberechtlich legitimiert auszuweisen (BT-Drs. 16/4391, 37).

4. Einstellung der Tätigkeit (S. 1)

Wenn der Gewerbetreibende seine Karte nicht bei sich führt, kann die zuständige Behörde ihm aufgeben, bis zur Herbeischaffung der Karte die Gewerbetätigkeit einzustellen. Dabei handelt es sich um einen – mündlich möglichen – Verwaltungsakt, dessen Erlass im Ermessen der Behörde steht. Diese Verfügung ist im Übrigen auch möglich, wenn der Gewerbetreibende die Karte zwar bei sich führt, sich aber weigert, sie vorzuzeigen; das Merkmal „Herbeischaffung" zielt letztlich auf das Vorzeigen. 7

Folgt der Gewerbetreibende der Verfügung, die Tätigkeit vorläufig einzustellen, nicht, kann die Behörde die Fortführung des Gewerbebetriebes gem. § 60 d verhindern. 8

Die Verfügung vorläufiger Einstellung nach § 60 c I 1 setzt die (noch wirksame) Erteilung einer Reisegewerbekarte voraus. Wenn der Gewerbetreibende angibt, seine Reisegewerbekarte nicht dabei zu haben, die Behörde es aber für möglich hält, dass er überhaupt keine Karte hat, kann sie die Verfügung alternativ auf § 60 c I 1 oder auf § 60 d i. V. m. § 55 II stützen (*Schönleiter*, in: Landmann/Rohmer I, § 60 c Rdn. 9; a. A. *Stober/Korte*, in: Friauf, § 60 c Rdn. 18).

5. Vorlage der geführten Waren (S. 2)

Die Pflicht zur Vorlage der mitgeführten Waren soll die Prüfung ermöglichen, ob nichtzugelassene Waren im Sortiment sind. Das Vorlageverlangen ist gleichfalls ein im pflichtgemäßen behördlichen Ermessen stehender und mündlich möglicher Verwaltungsakt (*Fröhler/Kormann* § 60 c Rdn. 2), der im Wege des Verwaltungszwangs durchgesetzt werden kann; hinzu kommt die Möglichkeit eines Bußgeldbescheides (unten Rdn. 19). Die Nichtvorlage der Waren rechtfertigt aber keine Verfügung, den Betrieb bis zur Vorlage einzustellen. Dies ergibt sich bereits aus einem Vergleich des Wortlauts der Sätze 1 und 2; auch § 60 d nimmt nur § 60 I 1 in Bezug, nicht aber Satz 2. 9

III. Pflichten des Prinzipals und der Beschäftigten (Abs. 2)

Absatz 2 a. F. betraf nur das Schaustellergewerbe i. S. d. § 55 I Nr. 2, bei dem schon nach früherer Gesetzesfassung lediglich der Prinzipal reisegewerbekartenpflichtig war, nicht jedoch dessen Personal. Der 2007 neu gefasste Absatz 2 (oben Rdn. 1) knüpft an die mit demselben Gesetz geänderte Fassung des § 55 I Nr. 1 an, wonach nunmehr auch dort nur der Prinzipal reisegewerbekartenpflichtig ist, nicht hingegen die für ihn im Reisegewerbe tätigen Beschäftigten. Trotz des Entfalls der Reisegewerbekartenpflicht für die Beschäftigten will der Gesetzgeber den Behörden Überwachungsmöglichkeiten sichern und hat deshalb den Anwendungsbereich des früheren 10

§ 60c

Absatzes 2 auf alle reisegewerblichen Tätigkeitsbereiche erweitert (BT-Drs. 16/4391, 37).

11 Der **Inhaber der Reisegewerbekarte**, der die Tätigkeit nicht in eigener Person ausübt, ist verpflichtet, den im Betrieb Beschäftigten eine Zweitschrift oder eine beglaubigte Kopie auszuhändigen, wenn sie unmittelbar mit dem Kunden in Kontakt treten sollen. Wenn ein Gewerbetreibender neben dem Reisegewerbe auch im stehenden Gewerbe tätig ist, greift diese Pflicht nur für diejenigen Beschäftigten, die innerhalb des Reisegewerbes unmittelbaren Kundenkontakt aufnehmen sollen.

12 § 60 c II 1 2. Hs. hebt hervor, dass die Pflicht auch dann gilt, wenn die Beschäftigten an einem anderen Ort als der Inhaber tätig sind. Daraus folgt, dass das die Pflicht begründende Merkmal „nicht in eigener Person ausübt" auf einen konkreten Ort zu beziehen ist: Wird der Inhaber zwar in eigener Person tätig, setzt jedoch Beschäftigte innerhalb des Reisegewerbes mit unmittelbaren Kontakt an einem anderen Ort ein, trifft ihn mit Blick auf diese Beschäftigte die Pflicht des Abs. 2 (*Stober/Korte*, in: Friauf, § 60 c Rdn. 26).

13 Abs. 2 a. F. ließ nur die Zweitschrift der Reisegewerbekarte zu (mehrere Zweitschriften sind möglich, *Stenger* GewArch 2007, 448 [449]). Nunmehr genügt auch eine beglaubigte Kopie, nicht jedoch andere Nachweise oder Glaubhaftmachungen, wie sich im Umkehrschluss aus Abs. 3 ergibt.

14 Die **Beschäftigten** wiederum müssen gem. Abs. 2 S. 2 die Pflichten des Abs. 1 S. 1 erfüllen, d. h. die Zweitschrift mitführen, auf Verlangen vorzeigen etc. Dies gilt aber nur im Falle der Abwesenheit des Betriebs- und Reisegewerbekarteninhabers; ist er anwesend und damit in eigener Person tätig, treffen ihn die Pflichten nach Abs. 1.

IV. Pflichten des Prinzipals und der Beschäftigten im Fall des § 55 a I Nr. 7 (Abs. 3)

15 Nach § 55 a I Nr. 7 entfällt die Reisegewerbekartenpflicht, wenn der Reisegewerbetreibende schon über eine Erlaubnis verfügt, die sich auf das entsprechende stehende Gewerbe erstreckt (näher § 55 a Rdn. 30 ff.). Um die Überprüfung der reisegewerblichen Tätigkeit zu erleichtern, ordnet **§ 60 c III 1** daher an, dass dann die Erlaubnis, eine Zweitschrift, eine beglaubigte Kopie oder eine sonstige Unterlage, die als äquivalenter Nachweis der Erlaubnis zu dienen vermag, mitgeführt wird.

16 Zur **Glaubhaftmachung** in Form einer **sonstigen Unterlage** kommen im Ansatz alle Mittel in Betracht, die sofort präsentiert werden können (vgl. § 294 II ZPO), zur Herstellung der Plausibilität führen und ähnliche Beweiskraft entfalten wie eine Zweitschrift oder beglaubigte Kopie der Erlaubnis. Zu denken ist aber etwa an behördliche Schreiben – im Original oder in beglaubigter Kopie –, aus denen sich die Existenz der Erlaubnis ergibt.

17 Eine schlichte Kopie der Erlaubnis ist keine „sonstige Unterlage", weil andernfalls das Merkmal „beglaubigt" überflüssig wäre. Außerdem käme es sonst zu einer Unstimmigkeit bei der Anwendung von § 60 c III 2: Es wäre wenig sinnvoll, bei Absatz 3 eine schlichte Kopie genügen zu lassen, die dann aber gem. Absatz 2 als beglaubigte Kopie den Beschäftigten auszuhändigen

wäre. Eine mündliche Erklärung des Betroffenen scheidet als Mittel der Glaubhaftmachung schon deshalb aus, weil § 60 c III eine „Unterlage", also etwas Verkörpertes verlangt, das ggf. gem. § 60 c I 1, III 2 herbei geschafft werden kann.

§ 60 c III 2 verweist zunächst auf Absatz 1, relevant für die Präsentation der Unterlage oder der Waren gegenüber Behörden und die vorläufige Einstellung der Tätigkeit, ferner auf Absatz 2, d. h. auf die Aushändigung einer Zweitschrift oder beglaubigten Kopie der Unterlage i. S. d. Absatz 3 an die Beschäftigten und deren Pflichten. **18**

V. Rechtsfolgen bei Pflichtverletzungen

Ordnungswidrig handelt, wer die Reisegewerbekarte oder sonstige in § 60 c II 2, III 2 genannte Unterlagen nicht bei sich führt oder nicht vorzeigt, den Betrieb trotz Einstellungsverfügung fortsetzt (§ 145 III Nr. 3) oder Waren nicht vorlegt (§ 145 III Nr. 4). Dasselbe gilt, wenn der Betriebsinhaber seinen Beschäftigten entgegen § 60 c II 1 keine Zweitschrift oder beglaubigte Kopie aushändigt (§ 145 III Nr. 10) oder die in § 60 III 1 genannten Unterlagen nicht bei sich führt (§ 145 III Nr. 11). **19**

§ 60d Verhinderung der Gewerbeausübung

Die Ausübung des Reisegewerbes entgegen § 55 Abs. 2 und 3, § 56 Abs. 1 oder 3 Satz 2, § 60 a Abs. 2 Satz 1 oder 2 oder Abs. 3 Satz 1, § 60 c Abs. 1 Satz 1, auch in Verbindung mit Abs. 2 Satz 2, § 61 a Abs. 2 oder entgegen einer auf Grund des § 55 f erlassenen Rechtsverordnung kann von der zuständigen Behörde verhindert werden.

I. Vorbemerkung

§ 60 d enthält eine spezialgesetzliche Ermächtigungsgrundlage für behördliche Maßnahmen zur Verhinderung rechtswidriger Reisegewerbeausübung in Parallele zu §§ 15 II und 35 V a. F. (dazu § 35 Rdn. 199 ff.; *Laubinger/ Repkewitz* VerwArch 89 [1998], 609 [619 f.]). Zuvor konnten die zuständigen Behörden bei Verstößen – neben der weiterhin bestehenden Möglichkeit der Verhängung eines Bußgeldes – lediglich auf die ordnungsrechtliche Generalklausel zurückgreifen, was in der Praxis zu nicht unerheblichen Vollzugsschwierigkeiten geführt hat. **1**

Die Regelung des § 60 d ist als sachgerechte und zumutbare Berufsausübungsregelung verfassungsrechtlich unbedenklich.

II. Tatbestandliche Voraussetzungen

1. Ausübung des Reisegewerbes

Es muss sich um ein Reisegewerbe i. S. d. § 55 I handeln. Zum Begriff der Ausübung siehe § 60 c Rdn. 4. **2**

§ 60d Titel III. Reisegewerbe

2. Rechtsverstoß

3 **a) Aufzählung des § 60 d.** Folgende Verstöße nennt § 60 d: (1.) Ausübung einer Reisegewerbetätigkeit, ohne die erforderliche Reisegewerbekarte zu besitzen (§ 55 II), (2.) Ausübung einer Reisegewerbetätigkeit unter Verstoß gegen eine inhaltliche Beschränkung oder Nebenbestimmung der Reisegewerbekarte, (3.) Aufstellen von Spielgeräten ohne die erforderliche Erlaubnis (§ 60 a II 1, 2), (4.) Betrieb einer Spielhalle ohne erforderliche Erlaubnis (§ 60 a III), (5.) Verletzung der in § 60 c I 1, II 2 genannten Pflichten, (6.) Verletzung von Vorschriften über das Gewerbe der Bewacher, Versteigerer, Makler, Bauträger und Baubetreuer, Versicherungsvermittler und -berater (§ 61 a II), (7.) Nichtabschluss einer Haftpflichtversicherung i. S. d. § 55 f i. V. m. der SchaustellerhaftpflichtVO vom 17. 12. 1984 (BGBl. I S. 1598, m. nachf. Änderungen).

4 **b) Sonstige Rechtsverstöße.** Fraglich ist, ob § 60 d auch zu behördlichen Maßnahmen ermächtigt, wenn gegen andere als die ausdrücklich genannten Rechtsnormen verstoßen wird. Dagegen spricht, dass im Bereich der Eingriffsverwaltung die analoge Heranziehung von Ermächtigungsgrundlagen auf verfassungsrechtliche Bedenken stößt (vgl. *BVerfG* DVBl. 1997, 351). **Grundsätzlich** ist § 60 d also **nur in den ausdrücklich genannten Fällen** anwendbar. Sonstige Rechtsverstöße rechtfertigen keine Verhinderung der Gewerbeausübung.

5 Dies gilt zunächst für Verstöße gegen Normen der GewO. Wenn etwa ein Gewerbetreibender die Vorlage der mitgeführten Waren i. S. d. § 60 c I 2 verweigert, kann die Behörde die Gewerbeausübung nicht nach § 60 d verhindern, da § 60 d lediglich § 60 c I 1 in Bezug nimmt. Entsprechendes gilt für Vorschriften gewerberechtlicher Nebengesetze und außergewerberechtlicher Gesetze. Verstöße gegen das UWG können mithin nicht durch § 60 d verhindert werden, sofern nicht zugleich eine der in § 60 d genannten Vorgaben missachtet wird.

6 Eine **Ausnahme** gilt für in gewerberechtlichen Nebengesetzen enthaltene **Spezialvorschriften** zu den in § 60 d genannten Normen der GewO. So ist § 60 d auch dann anwendbar, wenn die gemäß einem gewerberechtlichen Nebengesetz (als lex specialis zu § 55 II) erforderliche Erlaubnis für eine reisegewerbliche Tätigkeit fehlt (*Stober/Korte*, in: Friauf, § 60 d Rdn. 25 f.). Dasselbe gilt für ein in einem gewerberechtlichen Nebengesetz enthaltenes Verbot einer reisegewerblichen Tätigkeit (lex specialis zu § 56). § 60 d ist jedoch nur dann anwendbar, wenn das gewerberechtliche Nebengesetz nicht selbst eine abschließende Regelung enthält.

7 Gerechtfertigt ist diese Erweiterung des Anwendungsbereiches des § 60 d vor folgendem Hintergrund: § 60 d ist als **Parallelnorm** zu den das stehende Gewerbe betreffenden **§§ 15 II, 35 V a. F.** zu verstehen. Bei § 15 II ist anerkannt, dass diese Norm auch anwendbar ist, wenn in einem gewerberechtlichen Nebengesetz eine Erlaubnispflicht vorgesehen ist (oben § 15 Rdn. 15). Dann kann für § 60 d nichts anderes gelten (*Schönleiter*, in: Landmann/Rohmer I, § 60 d Rdn. 4; *Stober/Korte*, in: Friauf, § 60 d Rdn. 25; **a. A.** *Rossi*, in: BeckOK, § 60 d Rdn. 3).

III. Rechtsfolge: Maßnahmen zur Verhinderung

1. Rechtscharakter der Verhinderung gem. § 60 d

Wenn die Voraussetzungen gegeben sind, kann die Behörde die Gewerbeausübung verhindern. Dies erfolgt durch belastenden **Verwaltungsakt** (vgl. *Stober/Korte*, in: Friauf, § 60 d Rdn. 43), der im Ermessen der Behörde steht. Das **Ermessen** umfasst sowohl das Entschließungs- als auch das Auswahlermessen. Zu beachten ist jeweils das Übermaßverbot resp. der **Verhältnismäßigkeitsgrundsatz** i. w. S., der als Ausfluss des Rechtsstaatsprinzips mit seinen Komponenten der Tauglichkeit, der Notwendigkeit und der Verhältnismäßigkeit i. e. S. eine bindende tatbestandliche Restriktion für Verwaltungsmaßnahmen darstellt und zugleich als Direktive und Schranke für die Ermessensausübung fungiert. Milderes Mittel zur Bekämpfung eines Verstoßes gegen § 55 II kann etwa die Erteilung der Reisegewerbekarte sein, wenn die entsprechenden Voraussetzungen erfüllt sind. Die Verhinderung i. S. d. § 60 d dürfte sich hier dann lediglich auf den Zeitraum bis zur Erteilung der Karte erstrecken.

2. Verhinderungsmaßnahmen

§ 60 d ermächtigt zu einer Verfügung, die beanstandete Tätigkeit einzustellen. Missachtet der Gewerbetreibende diese Verfügung, kann sie im Wege der Verwaltungsvollstreckung nach den einschlägigen Landesgesetzen durchgesetzt werden. § 60 d ist also Grundverwaltungsakt für die Verwaltungsvollstreckung, aber nicht selbst Vollstreckungsmaßnahme (*Stober/Korte*, in: Friauf, § 60 d Rdn. 41).

3. Drittschutz

Ein subjektiv-öffentliches Recht im Sinne eines Anspruchs Dritter auf Einschreiten wäre § 60 d nur insoweit zu entnehmen, als der verletzten Norm selbst drittschützender Charakter zukäme. Eine Begünstigung von Konkurrenten mag zwar als reiner Rechtsreflex gelegentlich vorkommen, ist aber in dem Schutz der Allgemeinheit dienenden Reisegewerberecht sicherlich nicht vom Gesetzgeber gewollt. Auch soweit die in Bezug genommenen Vorschriften dem Verbraucherschutz dienen sollen, wird damit ein generelles Schutzziel verfolgt, nicht aber der einzelne Verbraucher geschützt. Zumindest im Regelfall ist daher § 60 d **nicht drittschützend** (so – ohne Einschränkung – *Stober/Korte*, in: Friauf, § 60 d Rdn. 44; *Schönleiter*, in: Landmann/Rohmer I, § 60 d Rdn. 10).

Soweit sich im Ausnahmefall eine der in Bezug genommenen Vorschriften als auch drittschützend erweisen sollte, käme dem betroffenen Dritten allerdings lediglich ein formelles subjektiv öffentliches Recht im Sinne eines Anspruchs auf ermessensfehlerfreie Entscheidung zu. Ein Anspruch auf Verhinderung der Gewerbeausübung bestünde nur im – kaum denkbaren – Falle einer Ermessensreduzierung auf Null.

§ 61 Örtliche Zuständigkeit

¹Für die Erteilung, die Versagung, die Rücknahme und den Widerruf der Reisegewerbekarte, für die in §§ 55 c und 56 Abs. 2 Satz 3 sowie in §§ 59 und 60 genannten Aufgaben und für die Erteilung der Zweitschrift der Reisegewerbekarte ist die Behörde örtlich zuständig, in deren Bezirk der Betroffene seinen gewöhnlichen Aufenthalt hat. ²Ändert sich während des Verfahrens der gewöhnliche Aufenthalt, so kann die bisher zuständige Behörde das Verfahren fortsetzen, wenn die nunmehr zuständige Behörde zustimmt.

Literatur: *M. Zillmer/L. Heinemann*, Reisegewerbliche Ausnahmebewilligung für ausländische juristische Personen, NordÖR 2008, 521 ff.

I. Vorbemerkung

1 § 61 betrifft die **örtliche Zuständigkeit** und ist in seinem Anwendungsbereich eine Spezialregelung zu § 3 I Nr. 2 VwVfG, die den Besonderheiten des Reisegewerbes Rechnung trägt, indem nicht an den sich stets ändernden Tätigkeitsort, sondern an den Aufenthaltsort angeknüpft wird. § 61 berührt **nicht** die **sachliche Zuständigkeit**, welche sich gem. § 155 II nach Landesrecht bestimmt. In der Regel handelt es sich um die örtliche Ordnungsbehörde.

2 Durch das Zweite Gesetz zum Abbau bürokratischer Hemmnisse insbesondere in der mittelständischen Wirtschaft vom 7. 9. 2007 (BGBl. I S. 2246) ist § 61 um den Verweis auf den durch dasselbe Gesetz in die GewO eingefügten § 60 ergänzt worden (dazu BT-Drs. 16/4391, 37).

II. Zuständigkeitsregelung nach S. 1

1. Anwendungsbereich

3 § 61 enthält eine Bestimmung der örtlichen Zuständigkeit nur für die ausdrücklich genannten Aufgaben (§§ 55 c, 56 II 3, 59, 60, Erteilung der Zweitgewerbekarte); es handelt sich um eine **abschließende Aufzählung**. In den übrigen Fällen (z. B. § 55 a I Nr. 1, II, 55 e II, 56 I Nr. 3 lit. b) ist die allgemeine Zuständigkeitsregelung des § 3 I Nr. 2 VwVfG einschlägig.

2. Gewöhnlicher Aufenthalt

4 Für die Zuständigkeit nach § 61 S. 1 kommt es darauf an, wo der Betroffene seinen gewöhnlichen Aufenthalt hat. Dieser ist dort, wo der **Schwerpunkt seiner Lebensverhältnisse** liegt. Abzustellen ist insoweit allein auf die tatsächlichen Verhältnisse, nicht darauf, wo die betreffende Person gemeldet ist. Entscheidend ist, an welchem Ort sich der Gewerbetreibende am längsten oder am häufigsten aufhält.

5 Wenn es an einem Ort des gewöhnlichen Aufenthalts fehlen sollte, ist § 61 nicht anwendbar, sodass gem. § 3 I Nr. 2 VwVfG diejenige Behörde örtlich

zuständig ist, in deren Bezirk die Tätigkeit ausgeübt wird (*Stober/Korte*, in: Friauf, § 61 Rdn. 40). Dasselbe gilt, wenn der gewöhnliche Aufenthalt im Ausland ist (vgl. *Zillmer/Heinemann* NordÖR 2008, 521 [522], die für eine entsprechende Anwendung von Satz 2 plädieren).

III. Zuständigkeitsregelung nach S. 2

Ändert sich nach Verfahrenseinleitung (dazu § 35 Rdn. 20) und vor Verfahrensbeendigung der gewöhnliche Aufenthaltsort, so kann die bisher zuständige Behörde das Verfahren fortsetzen, wenn die nunmehr zuständige Behörde zustimmt. Das Zustimmungserfordernis entfällt, wenn der Gewerbetreibende jeden gewöhnlichen Aufenthaltsort aufgibt. **6**

§ 61a Anwendbarkeit von Vorschriften des stehenden Gewerbes für die Ausübung als Reisegewerbe

(1) **Für die Ausübung des Reisegewerbes gilt § 29 entsprechend.**

(2) [1]**Für die Ausübung des Bewachungsgewerbes, des Versteigerergewerbes, des Gewerbes der Makler, Bauträger und Baubetreuer, des Versicherungsvermittlergewerbes sowie des Versicherungsberatergewerbes gelten § 34 a Abs. 1 Satz 4 und Abs. 2 bis 5, § 34 b Abs. 5 bis 8 und 10, § 34 c Abs. 3 und 5, § 34 d Abs. 6 bis 10, § 34 e Abs. 2 bis 3 sowie die auf Grund des § 34 a Abs. 2, des § 34 b Abs. 8, des § 34 c Abs. 3, des § 34 d Abs. 8 und des § 34 e Abs. 3 erlassenen Rechtsvorschriften entsprechend.** [2]**Die zuständige Behörde kann für die Versteigerung leicht verderblicher Waren für ihren Bezirk Ausnahmen zulassen.**

I. Vorbemerkung

§ 61 a ist durch die Novelle vom 25. 7. 1984 (BGBl. I S. 1008) eingefügt und durch die Gesetze vom 23. 7. 2002 (BGBl. I S. 2724) und vom 24. 8. 2002 (BGBl. I S. 3412) mit Wirkung vom 1. 1. 2003 umgestaltet worden. Die seinerzeitige Regelung des Abs. 2 S. 1 war gesetzestechnisch verunglückt und mit Unsicherheiten verknüpft (dazu Vorauf. Rdn. 1). Klarheit hat der Gesetzgeber durch die Neufassung des Abs. 2 S. 1 im Gesetz zur Neuregelung des Versicherungsvermittlerrechts vom 16. 12. 2006 (BGBl. I S. 3232) geschaffen. **1**

II. Auskunft und Nachschau (Abs. 1)

Der durch Gesetz vom 24. 8. 2002 (BGBl. I S. 3412) eingefügte Absatz 1 erklärt § 29 für das Reisegewerbe insgesamt für anwendbar. **Auskunft und Nachschau** sind damit nicht nur bei reisegewerbekartenpflichtigen Tätigkeiten, sondern auch bei **Gewerbetreibenden**, die zwar ein Reisegewerbe **2**

§ 61a

ausüben, jedoch hierfür keine Reisegewerbekarte benötigen, möglich (*Schönleiter*, in: Landmann/Rohmer I, § 61 a Rdn. 7). Die Verletzung der Auskunftspflicht stellt eine Ordnungswidrigkeit gem. § 146 II Nr. 4 dar. Zur Nachschau im Reisegewerbe siehe *BayVGH* GewArch 2006, 34 ff.

3 Fraglich ist, ob auch die im Reisegewerbe eingesetzten **Beschäftigten** eines Reisegewerbetreibenden von § 61 a I erfasst werden. Zum Zeitpunkt der Einfügung von § 61 a I in die GewO war dies unproblematisch der Fall: Seinerzeit war nicht nur der Prinzipal, sondern waren auch dessen im Reisegewerbe eingesetzten Mitarbeiter reisegewerbekartenpflichtig (§ 55 Rdn. 10 f.). Damit verbunden war ein modifizierter Gewerbebegriff, der auch die unselbstständige Tätigkeit dem Reisegewerbe zuordnete (§ 55 Rdn. 1). Damals lag also bei einer unselbstständigen Tätigkeit die „Ausübung des Reisegewerbes" i. S. d. § 61 a I vor. Seit 2007 gilt auch im Reisegewerbe der allgemeine Gewerbebegriff. Dennoch soll sich an der Anwendbarkeit von § 29 auf die Beschäftigten nichts geändert haben (so *Stenger* GewArch 2007, 448 [449]). Dass § 61 a I weiterhin die unselbstständige Ausübung des Reisegewerbes erfasst (so *Rossi*, in: BeckOK, § 60 c Rdn. 1), ergibt sich nicht aus dem Wortlaut, weil der Begriff „Ausübung" in der GewO stets im Kontext mit einer Gewerbetätigkeit steht (vgl. etwa §§ 15 I, 35 I, 60 c I, 60 d I). Aus den Gesetzgebungsmaterialien kann ebenfalls nicht auf die Fortgeltung von § 61 a I für Beschäftigte geschlossen werden (anders *Stenger* a. a. O. unter Verweis auf BR-Drs. 68/07, S. 92 f., was aber in diesem Zusammenhang unergiebig ist). Man könnte allenfalls darauf abstellen, dass § 29 im Wortlaut unverändert geblieben ist und ihm deshalb trotz der Novellierung des § 55 im Jahre 2007 weiterhin Inhalt und Anwendungsbereich des Jahres 2002 zuzuschreiben sind. Näher liegt indessen, dass die Veränderungen des Regelungsumfeldes – hier namentlich die Neufassung des § 55 I Nr. 1 – bei gleich bleibendem Wortlaut eine Verkleinerung des Anwendungsbereichs bewirkt haben.

4 Von der Nachschau zu unterscheiden ist eine **Durchsuchung**, die durch das Amtsgericht z. B. bei Verdacht des Verstoßes gegen das SchwarzArbG angeordnet werden kann. Wegen der erheblichen Grundrechtsrelevanz ist der Grundsatz der Verhältnismäßigkeit sorgsam zu beachten; milderes Mittel können z. B. Auskünfte (auch beim Auftraggeber des Gewerbetreibenden) sein (*BVerfG* GewArch 2007, 294).

III. Anwendbarkeit von Vorschriften zum stehenden Gewerbe (Abs. 2)

5 **Absatz 2 Satz 1** erklärt bestimmte Vorschriften über das stehende Gewerbe für die Ausübung des Bewachungsgewerbes, des Versteigerergewerbes, des Gewerbes der Makler, Bauträger und Baubetreuer sowie der Versicherungsvermittler und Versicherungsberater als Reisegewerbe für anwendbar. Dabei gelten die materiellrechtlichen Normen auch dann entsprechend, wenn die Tätigkeit gem. § 55 a I Nr. 7 bereits aufgrund des Vorliegens einer entsprechenden Erlaubnis für das stehende Gewerbe keiner zusätzlichen Reisegewerbekarte bedarf. Aufgrund des Verbots der Ausübung des Versteige-

rungsgewerbes ohne Erlaubnis für das stehende Gewerbe gem. § 57 III ist die Verweisung bzgl. des Versteigerungsgewerbes sogar ausschließlich für die Gewerbeausübung außerhalb der gewerblichen Niederlassung von Bedeutung. Siehe im Einzelnen zu den in Bezug genommenen Vorschriften die dortigen Erläuterungen.

Zu beachten ist, dass § 61 a I und II die dort genannten Bestimmungen **6** für **neben** den Vorschriften über das Reisegewerbe entsprechend anwendbar erklärt und nicht etwa die Anwendung der speziellen das Reisegewerbe betreffenden Bestimmungen ausschließt (so *OVG RhPf.* GewArch 1997, 329 [332] für das Verhältnis von § 56 a II zu § 34 b). Das Postulat der **entsprechenden Anwendung** bedeutet Aufforderung zur Lückenschließung durch Heranziehung der genannten Normen unter Berücksichtigung der Besonderheiten des nunmehrigen Kontextes (vgl. *H. Schneider* Gesetzgebung, 3. Auflage 2002, Rdn. 376).

Hingewiesen sei darauf, dass § 61 a nicht auf § 45 verweist. **Stellvertretung** **7** **ist im Reisegewerbe** daher **nicht möglich** (*Biwer*, in: BeckOK, Vorbem. zu § 45; *Marcks*, in: Landmann/Rohmer I, § 45 Rdn. 2).

Dem Ausnahmetatbestand des **Absatzes 2 Satz 2** kann – obgleich er **8** sprachlich an den früheren nur für Wanderversteigerer geltenden § 56 I Nr. 3 lit. f (a. F.) anknüpft (siehe dazu die 6. Aufl. 1999, § 56 Rdn. 23) – nicht die Bedeutung einer Ausnahme vom Verbot der Ausübung der Wanderversteigerung gem. § 57 III beigemessen werden (so aber *Schönleiter*, in: Landmann/Rohmer I, § 61 a Rdn. 14). Dies würde auch eine systemwidrige Privilegierung der Wanderversteigerer gegenüber den gewerblich niedergelassenen Versteigerern bedeuten. Vielmehr ergibt sich aus der systematischen Stellung des § 61 a II Satz 2, dass lediglich Ausnahmen von den durch § 61 a II Satz 1 in Bezug genommenen Vorschriften zugelassen werden dürfen, so beispielsweise die Versteigerung von Lebensmitteln unter Erteilung einer Ausnahme vom Verbot des § 34 b VI Nr. 5 b. Dabei ist die Ausnahme auf bestimmte leicht verderbliche Waren zu beschränken und steht im Ermessen der zuständigen Behörde.

§§ 62 und 63 (weggefallen)

Titel IV. Messen, Ausstellungen, Märkte

Vor §§ 64 ff.

Literatur: *A. Bardenz*, Rechtsfragen des Trödelmarktes, GewArch 1998, 53 ff.; *Chr. Braun*, Zulassung auf Märkten und Veranstaltungen, NVwZ 2009, 747 ff.; *H.-C. v. Ebner*, Spezialmärkte, GewArch 1980, 156 ff.; *U. Fastenrath*, Die Zulassung ortsfremder (einschließlich EG-ausländischer) Schausteller und Anbieter zu Volksfesten und Märkten, NWVBl. 1992, 51 ff.; *P. Frers*, Die Konkurrentenklage im Gewerberecht, DÖV 1988, 670 ff.; *ders.*, Die Nachbarklage im Gewerberecht, GewArch 1989, 73 ff.; *C. Gröpl*, Privatisierung von Messen, Märkten und Volksfesten, GewArch 1995, 367 ff.; *R. Gröschner*, Kriegsspielzeug – eine Frage der Freiheit von Herstellern, Händlern und Käufern, GewArch 1984, 107 ff.; *ders.*, Kriegsspielzeug und Messerecht, NJW 1983, 2178 ff.; *H. Hilderscheid*, Erzwungene Doppelvergabe von Standflächen auf festgesetzten Veranstaltungen, GewArch 2007, 129 ff.; *ders.*, Passivlegitimation und Rechtsweg bei Klagen auf Zulassung zu festgesetzten Veranstaltungen, GewArch 2008, 54 ff.; *U. Hösch*, Rechtsschutz gegen die Nichtzulassung zu festgesetzten Märkten, GewArch 1996, 402 ff.; *R. Jahn*, Zur Vereinbarkeit von Märkten mit dem Sonn- und Feiertagsschutz, NVwZ 1991, 1057 ff.; *F. Ley*, Rechtshandbuch der Märkte und Volksfeste, 2008; *W. Krafczyk*, Spezialmärkte „in größeren Zeitabständen" – ein Auslegungsproblem, GewArch 1988, 261 ff.; *H. Kresse/K. Engelsberger*, Recht der Messewirtschaft, 2006; *C. L. Lässig*, Die Vergabe von Standplätzen auf kommunalen Volksfesten, NVwZ 1983, 18 ff.; *M. Mauer*, Volksfeste in Ladengeschäften – Zu Verweisungen der Art des § 60 b Abs. 2 GewO, GewArch 1982, 13 ff.; *K. Meyer-Hentschel/R. Rindermann*, Musterungen und Hausmessen im Handel, GewArch 1978, 319 ff.; *dies.*, Das neue Recht der Messen, Ausstellungen und Märkte in der Bewährung, GewArch 1979, 113 ff.; *dies.*, Märkte, Messen, Ausstellungen, 1980; *L. Müller*, Neuordnung des Titels IV der Gewerbeordnung – Messen, Ausstellungen und Märkte –, GewArch 1976, 353 ff.; *R. Pitschas*, Die Zulassung von Schaustellern zu Volksfesten nach Gewerbe- und bayerischem Gemeinderecht, BayVBl. 1982, 641 ff.; *H.-A. Roth*, Rechtliche Probleme der Zulassung von Schaustellern zu Volksfesten, Spezialmärkten und Jahrmärkten, WiVerw 1985, 46 ff.; *T. Schalt*, Der Zulassungsanspruch des Schaustellers zu Volksfesten und Märkten in der verwaltungsgerichtlichen Rechtsprechung, GewArch 1981, 150 ff.; *ders.*, Aktuelle Rechtsprechung zum Zulassungsanspruch des Schaustellers zu Volksfesten, GewArch 1991, 409 ff.; *W. G. Schmitz*, Marktfreiheit bei Messen und Ausstellungen und ihre Grenzen, GewArch 1977, 76 ff.; *ders.*, Festsetzbarkeit von Musterungen als Messen oder Ausstellungen, GewArch 1979, 80 ff.; *F.-K. Scholtissek*, Zum Verbot von Märkten an Sonn- und Feiertagen, GewArch 1991, 250 ff.; *W. Spannowsky*, Vergabe von Standplätzen auf Volksfesten, Messen und Märkten an EU-ausländische Anbieter, GewArch 1995, 265 ff.; *B. Widera*, Zur Bewerberauswahl der Gemeinden bei der Veranstaltung von Märkten und Volksfesten, VR 1986, 17 ff.; *K.-L. Wirth*, Marktverkehr, Marktfestsetzung, Marktfreiheit, 1985; *ders.*, Das Institut der Festsetzung nach § 69 Gewerbeordnung, GewArch 1986, 46 ff.; *ders.*, Die Festsetzung von Märkten in gemeindlicher Trägerschaft, GewArch 1986, 186 ff.

I. Entwicklung des Titels IV

1 Titel IV der GewO wurde durch Gesetz vom 5. 7. 1976 (BGBl. I S. 1773) neu geregelt (dazu *Müller* GewArch 1976, 353 ff.). Durch diese Gesetzesnovellierung sollte der bis dahin mit „Marktverkehr" überschriebene Teil der

Vor §§ 64 ff. Titel IV. Messen, Ausstellungen, Märkte

GewO den heutigen wirtschaftlichen Gegebenheiten angepasst werden. Neben den bis dahin bereits einbezogenen Messen, Jahr-, Wochen- und Spezialmärkten werden nunmehr auch Großmärkte und Ausstellungen erfasst, allesamt deshalb als volkswirtschaftlich besonders förderungswürdig betrachtete Veranstaltungen, weil sie der Markttransparenz dienen und Wettbewerb fördern. Zu weiteren Änderungen des Titels IV siehe *Wagner*, in: Friauf, vor Titel IV Rdn. 15 ff.; zur neuen Verteilung der Gesetzeskompetenzen infolge der Föderalismusreform siehe unten Rdn. 15.

II. Systematische Einordnung und Systematik des Titels IV

1. Stellung innerhalb der GewO

2   Die gewerbliche Teilnahme an Veranstaltungen i. S. d. Titels IV ist weder stehendes Gewerbe (Titel II) noch Reisegewerbe (Titel III). Die Vorschriften des Titels IV – wie die der Titel II und III – bilden eine in sich geschlossene Regelung, sodass Vorschriften anderer Titel nicht anwendbar sind, sofern nicht etwas anderes (etwa in § 71 b) ausdrücklich bestimmt ist (*Wagner*, in: Friauf, vor Titel IV Rdn. 30). Dies hat etwa zur Konsequenz, dass die Teilnahme an einer festgesetzten Veranstaltung i. S. d. Titels IV keiner Reisegewerbekarte bedarf (*Kresse/Engelsberger*, Recht der Messewirtschaft, 2006, S. 124).

2. Aufbau des Titels IV

3   Der Titel IV enthält zunächst Legaldefinitionen der bereits genannten (Rdn. 1) Veranstaltungstypen (§§ 64 – 68), um Rechtsunsicherheiten zu beseitigen. Sind die im Gesetz aufgeführten Voraussetzungen erfüllt, hat der Antragsteller einen Rechtsanspruch auf Festsetzung der Veranstaltung (§ 69). § 69 a betrifft die Ablehnung, § 69 b die Änderung und Aufhebung einer Festsetzung.

4   **a) Marktprivilegien.** Mit der Festsetzung kommen die Veranstaltungsteilnehmer in den Genuss der damit verbundenen Sonderregelungen, der sog. Marktprivilegien. Diese bestehen vor allem in der **Befreiung von den Vorschriften des Titels II und III** der GewO (vgl. oben Rdn. 2; siehe aber § 71 b), ferner in günstigeren Ladenschlusszeiten (vgl. § 10 I LadÖG BW) und Arbeitszeitregelungen (vor allem in Bezug auf die Beschäftigung an Sonn- und Feiertagen, vgl. § 10 I Nr. 9 ArbZG) sowie in einer Lockerung von Jugendarbeitsvorschriften (§ 16 II Nr. 2 JArbSchG). Zu weiteren Sonderregelungen außerhalb der GewO für Veranstaltungen i. S. d. Titels IV der GewO siehe *Wagner*, in: Friauf, vor Titel IV Rdn. 41 ff.; zur historischen Entwicklung der Marktprivilegien vgl. *Wagner*, in: Friauf, vor Titel IV Rdn. 27 f.

5   **b) Marktfreiheit.** Der klassische Grundsatz der „Marktfreiheit" gilt auch weiterhin uneingeschränkt. Jeder, der dem Teilnehmerkreis der entsprechenden Veranstaltung angehört, hat ein Teilnahmerecht und kann im Einzelfall nur aus sachlich gerechtfertigten Gründen ausgeschlossen werden (§ 70). Ist

Vorbemerkungen zu §§ 64 ff. **Vor §§ 64 ff.**

ein Teilnehmer unzuverlässig, kann ihm die Teilnahme von der zuständigen Behörde untersagt werden (§ 71). Von dem Recht auf Teilnahme ist das Recht auf Festsetzung zu unterscheiden; letzteres kommt nur dem Veranstalter, nicht den möglichen Teilnehmern zu (*OVG RhPf.* GewArch 1992, 237 [238]; unten § 69 Rdn. 26 f.).

c) Bestandsschutz. Wird eine Veranstaltung festgesetzt, erlangt sie einen 6 je nach Veranstaltungstyp unterschiedlichen Bestandsschutz. Die Vorschriften des § 28 I 2 Infektionsschutzgesetz vom 20. 7. 2000 (BGBl. I S. 1045; m. nachf. Änd.) und der §§ 18, 28 TierSeuchenG i. d. F. vom 22. 6. 2004 (BGBl. I S. 1260; m. nachf. Änd.) ermöglichen es allerdings, die Durchführung festgesetzter Veranstaltungen zu verbieten (näher *Wagner*, in: Friauf, vor Titel IV Rdn. 28).

3. Abgrenzungsfragen

a) Privatmärkte. Titel IV der GewO schreibt nicht vor, dass die dort 7 geregelten Veranstaltungstypen nur nach erfolgter Festsetzung durchgeführt werden dürfen. Möglich sind auch sog. Privatmärkte. Ohne Festsetzung entfallen aber die Marktprivilegien (oben Rdn. 4). Dies gilt auch für Veranstaltungen, die nicht festsetzungsfähig sind, weil sie nicht alle der in §§ 64 ff. genannten Voraussetzungen erfüllen. Die Veranstaltung als solche ist, wenn es sich um Gewerbe handelt, stehendes Gewerbe (*OVG LSA* Beschluss vom 24. 4. 2006 – 2 M 174/06, juris Rdn. 6; *Marcks*, in: Landmann/Rohmer, § 14 Rdn. 29; *Wagner*, in: Friauf, vor Titel IV Rdn. 23). Die Tätigkeit der gewerblich tätigen Beschicker eines Privatmarktes unterfällt dem Reisegewerbe (*BayObLG* DÖV 1994, 75 zum Waffenvertrieb auf einem Privatmarkt; siehe ferner *Kresse/Engelsberger*, Recht der Messewirtschaft, 2006, S. 102).

Von Privatmärkten wiederum abzugrenzen sind **rein private Veranstal-** 8 **tungen,** die nicht von gewerbetreibenden Personen durchgeführt werden und auf die angesichts ihrer Grundkonzeption von vornherein die Regelungen der GewO keine Anwendung finden. Dies betrifft etwa den Weihnachtsbasar eines Vereins u. Ä. (näher *Wagner*, in: Friauf, vor Titel IV Rdn. 23; *Jahn* NVwZ 1991, 1057 f.).

b) Börsen. Auf Börsen finden die Vorschriften des Titels IV keine Anwen- 9 dung (*Wagner*, in: Friauf, vor Titel IV Rdn. 24). Unter einer Börse versteht man die organisierte, regelmäßig in verhältnismäßig kurzen Zeitabständen stattfindende Zusammenführung von Angebot und Nachfrage in vertretbaren, typischerweise nicht zur Stelle gebrachten Gegenständen nach grundsätzlich einheitlichen Geschäftsbedingungen mit dem Ziel, Vertragsabschlüsse zwischen im Regelfall allein zum Handel zugelassenen Kaufleuten zu ermöglichen; kennzeichnend ist ein **organisiertes Handelssystem** ohne individuelle Kontakte zwischen Käufer und Verkäufer (*Baumbach/Hopt* HGB, 34. Aufl. 2010, Einl. BörsG Rdn. 1; *Groß* Kapitalmarktrecht, 4. Aufl. 2009, § 2 Rdn. 2 ff.). Die Errichtung einer Börse bedarf der Erlaubnis der Börsenaufsichtsbehörde (§ 3 I BörsenG). Siehe zum Begriff „Börse" ferner § 2 BörsenG.

Im Gegensatz dazu werden bei den Veranstaltungen des Titels IV der 10 GewO vorwiegend individuell oder zumindest nach individuellem Muster bestimmte Waren angeboten, wobei häufig nicht nur Kaufleute zugelassen sind; vor allem werden die Geschäftsabschlüsse ohne Zwischenschaltung eines Handelssystems unmittelbar von Käufer und Verkäufer getätigt (näher *Schönleiter*, in: Landmann/Rohmer I, vor § 64 Rdn. 9).

11 **Börsenähnliche Veranstaltungen,** die nicht den Begriff der Börse i. S. d. § 2 BörsenG erfüllen, können den Regelungen der §§ 64 ff. unterfallen (*Beck* in: Schwark/Zimmer, Kapitalmarktrechts-Kommentar, 4. Aufl. 2010, § 1 BörsG Rdn. 5 f.). Manche Veranstaltungen werden schließlich auch ohne Börsenähnlichkeit manchmal als Börsen bezeichnet („Reisebörse", „Stellenbörse", „Bierbörse"). Dann ist wiederum die Anwendbarkeit der §§ 64 ff. (und ggf. § 60 b) zu prüfen. So kann z. B. eine „Bierbörse" als Ausstellung oder als Volksfest einzustufen sein; möglich ist aber auch, dass es sich um einen Privatmarkt außerhalb der §§ 64 ff. handelt (z. B. private Autobörse; vgl. *Arndt/Fetzer*, in: Steiner, BesVwR, 8. Aufl. 2006, VI Rdn. 257; oben Rdn. 7).

12 **c) Schlachtvieh- und Fleischmärkte.** Für Schlachtvieh- und Fleischmärkte galten früher nicht die Vorschriften des Titels IV der GewO, sondern die speziellen Vorgaben des **Vieh- und Fleischgesetzes** i. d. F. vom 21. 3. 1977 (BGBl. I S. 477). Die Spezialvorschriften sind gestrichen worden, sodass nunmehr § 66 auf Großmärkte für Schlachtvieh und Fleisch anwendbar ist (näher § 66 Rdn. 9).

III. Vollzugsregeln; Übergangsregelung

13 Bund und Länder haben sich im Rahmen des Bund-Länder-Ausschusses „Gewerberecht" auf den Musterentwurf einer **Allgemeinen Verwaltungsvorschrift für den Vollzug des Titels IV der Gewerbeordnung (MarktgewVwV)** verständigt (*Landmann/Rohmer* II, Nr. 550). In jüngerer Zeit sind zwar kaum noch Landesverwaltungsvorschriften zu registrieren, welche den Musterentwurf aufgreifen und umsetzen. Dennoch wird der Musterentwurf in der Verwaltungspraxis als Anhaltspunkt für eine fachgerechte Umsetzung der GewO beachtet (*Schönleiter*, in: Landmann/Rohmer I, vor § 64 Rdn. 17; *Wagner*, in: Friauf, vor Titel IV Rdn. 60) und dementsprechend im Bund-Länder-Ausschuss laufend an die Entwicklung in Gesetzgebung und Rechtsprechung angepasst.

14 Eine **Übergangsregelung** für Veranstaltungen i. S. d. §§ 64 – 68, die aufgrund alter Berechtigung durchgeführt oder aufgrund einer alten Regelung zur dauernden Durchführung festgesetzt worden sind, enthält Art. 2 I des Änderungsgesetzes vom 5. 7. 1976 (BGBl. I S. 1773); näher *Schönleiter*, in: Landmann/Rohmer I, vor § 64 Rdn. 11.

IV. Neuverteilung der Gesetzeskompetenzen im Recht der Messen, Ausstellungen und Märkte

15 Durch die Föderalismusreform 2006 wurde Art. 74 I Nr. 11 GG dahingehend geändert, dass das Recht der Messen, der Ausstellungen und der Märkte aus dem Recht der Wirtschaft ausgeklammert worden ist (Einl. Rdn. 13 f.). Gem. Art. 125 a I GG gelten die §§ 64 ff. als Bundesrecht fort, bis sie durch Landesrecht ersetzt werden. Bislang sind in den Ländern keine entsprechenden Gesetzesvorhaben zu verzeichnen. Nicht in den in Art. 74 I Nr. 11 GG aufgenommen wurde das „Recht der Volksfeste". Insoweit bleibt es bei der Kompetenz des Bundes auch hinsichtlich der Verweisungen auf Vorschriften des Titels IV (*Wagner*, in: Friauf, vor Titel IV Rdn. 17 a).

Ungeklärt ist die Reichweite der neuen Gesetzgebungskompetenz der Länder. Das BMWi vertritt die Auffassung, dass die Veranstaltungstypen Messe, Ausstellung und Markt verfassungsrechtlich vorgeprägt seien, und zwar in Orientierung an den §§ 64 ff. Hieran seien die Länder gebunden. Die Länder dürften überdies bestehende bundesrechtliche Privilegierungen, die an die Festsetzung einer Veranstaltung anknüpfen, nicht zur Disposition stellen (wiedergegeben nach *Schönleiter/Böhme* GewArch 2007, 108 [110]; siehe auch *Wagner*, in: Friauf, vor Titel IV Rdn. 17 a; a. A. *Höfling/Rixen*, GewArch 2008, 1 [8]). **16**

Namentlich mit Blick auf die Veranstaltungen mit überregionaler Ausstrahlung (z. B. größere Messen und Ausstellungen) ist die Verlagerung der Gesetzgebungskompetenz auf die Länder als Irrweg anzusehen (vgl. auch *Wagner*, in: Friauf, vor Titel IV Rdn. 17a). Allerdings stehen den Ländern über das Kommunalrecht (kommunale Einrichtungen) und das Straßenrecht (Sondernutzung) ohnehin Regelungskompetenzen mit beträchtlicher Relevanz für Märkte zu, zumal dann, wenn es sich nicht um festgesetzte Veranstaltungen handelt. Insoweit könnte eine landesrechtliche Regelung u. U. dazu beitragen, äußerlich vergleichbare Sachverhalte (z. B. festgesetzte und nicht festgesetzte Wochenmärkte) einem einheitlichen Regelungsregime zu unterstellen (vgl. *Höfling/Rixen* GewArch 2008, 1 [8]). **17**

§ 64 Messe

(1) **Eine Messe ist eine zeitlich begrenzte, im allgemeinen regelmäßig wiederkehrende Veranstaltung, auf der eine Vielzahl von Ausstellern das wesentliche Angebot eines oder mehrerer Wirtschaftszweige ausstellt und überwiegend nach Muster an gewerbliche Wiederverkäufer, gewerbliche Verbraucher oder Großabnehmer vertreibt.**

(2) **Der Veranstalter kann in beschränktem Umfang an einzelnen Tagen während bestimmter Öffnungszeiten Letztverbraucher zum Kauf zulassen.**

Übersicht

	Rdn.
I. Begriff der Messe (Abs. 1)	1
1. Zeitlich begrenzte Veranstaltung	2
a) Veranstaltung	3
b) Zeitlich begrenzt	4
2. Im Allgemeinen regelmäßige Wiederkehr	5
3. Vielzahl von Ausstellern	8
4. Wesentliches Angebot	12

5. Eines oder mehrerer Wirtschaftszweige		16
6. Ausstellung und Vertrieb überwiegend nach Muster		17
a) Ausstellung		18
b) Vertrieb nach Muster		19
7. Abnehmerkreis		21
II. Erweiterung des Abnehmerkreises auf Letztverbraucher (Abs. 2)		23

I. Begriff der Messe (Abs. 1)

1 Durch die Definition der „Messe" in § 64 ist dieser Begriff **nicht gesetzlich geschützt**, d. h. die Führung dieser Bezeichnung ist als solche nicht genehmigungspflichtig. Über Streitfälle ist nach Maßgabe des Wettbewerbsrechts (§§ 3 ff. UWG) zu befinden (vgl. *OLG Karlsruhe* WRP 1988, 475 ff.; *LG Köln* GRUR 1951, 79; *Koopmann/Schmidt*, in: BeckOK § 64 Rdn. 1; *Wagner*, in: Friauf, § 64 Rdn. 3).

1. Zeitlich begrenzte Veranstaltung

2 Die Messe ist zunächst einmal als eine zeitlich begrenzte Veranstaltung beschrieben.

3 **a) Veranstaltung.** Das weit ausgreifende Merkmal **„Veranstaltung"** hat keine eigenständige spezifizierende Bedeutung; die maßgeblichen Kriterien der zeitlichen und örtlichen Begrenzung sind im Gesetz selbst enthalten (*Wagner*, in: Friauf, § 64 Rdn. 4). **Veranstalter** ist derjenige, welcher die Veranstaltungskonzeption bestimmt und so denn auch mit den Ausstellern etc. die Standflächenverträge abschließt (*Koopmann/Schmidt*, in: BeckOK § 64 Rdn. 5; näher § 69 Rdn. 14). Veranstalter können natürliche oder juristische Personen sein.

4 **b) Zeitlich begrenzt.** Das Merkmal der zeitlichen Begrenzung schließt Dauerveranstaltungen (etwa ständige Muster„messen") als Messe i. S. d. § 64 aus. Die Veranstaltungsdauer sowie Anzahl und Art der Veranstaltungstage werden vom Veranstalter festgelegt. Die zulässige Höchstdauer richtet sich nach dem Zweck der Privilegierung von Messen in § 64: Ziel ist die erhöhte Markttransparenz durch Konzentration des Angebotes (vgl. *Wagner*, in: Friauf, § 64 Rdn. 5). Feste Grenzen lassen sich dabei nicht angeben. Zu berücksichtigen sind der Veranstaltungszweck sowie Tradition und Handelsbräuche.

2. Im Allgemeinen regelmäßige Wiederkehr

5 Eine Messe wird des Weiteren als eine im Allgemeinen regelmäßig wiederkehrende Veranstaltung apostrophiert. Messen sollen also in regelmäßigen Abständen stattfinden. Dieses Erfordernis wird allerdings sogleich durch die Formulierung „im Allgemeinen" (die sich im Übrigen nur auf die regelmäßige Wiederkehr, nicht auf die sonstigen Merkmale bezieht) **zweifach relativiert**.

Zum einen kann der Veranstalter ohne Begründung vom bisherigen Veran- 6
staltungsrhythmus abweichen. Insoweit bezieht sich die Einschränkung „im
Allgemeinen" auf das Merkmal **„regelmäßig".**

Zum anderen relativiert die Formulierung „im Allgemeinen" das Erforder- 7
nis der **Wiederkehr.** Daher sind auch erstmalig oder einmalig stattfindende
Messen zulässig und von § 64 erfasst, zumal die regelmäßige Wiederkehr nicht
nachgewiesen werden muss (vgl. BT-Drs. 7/3859, S. 11; MarktgewVwV zu
§ 64 2.1.1; *Koopmann/Schmidt*, in: BeckOK § 64 Rdn. 9; *Kresse/Engelsberger*,
Recht der Messewirtschaft, 2006, S. 106; siehe auch oben § 60 b Rdn. 3 f.).

3. Vielzahl von Ausstellern

Wann eine Vielzahl von Ausstellern i. S. d. § 64 gegeben ist, lässt sich nicht 8
generalisierend bestimmen. Maßgeblich für die Festlegung einer Mindestzahl
kann allein der Gesetzeszweck des § 64 sein, d. h. die Gewährleistung von
Markttransparenz. Vor diesem Hintergrund hat das Merkmal der Vielzahl
nur eine eingeschränkte eigenständige Bedeutung; das Schwergewicht
liegt auf dem Merkmal der Ausstellung des wesentlichen Angebotes eines
oder mehrerer Wirtschaftszweige (dazu unten Rdn. 12 ff.).

Mithin ist von einer Vielzahl auszugehen, wenn die Messe in solcher Zahl
beschickt wird, dass ein hinreichender Überblick über das Angebot des betreffenden Wirtschaftszweiges möglich ist.

Entscheidend ist die Betriebsgrößenstruktur des jeweiligen Wirtschafts- 9
zweiges: Sind in einem Wirtschaftszweig nur wenige Großunternehmen tätig,
genügen wenige Aussteller. Bei einer mittelständisch geprägten Marktstruktur
sind mehr Aussteller erforderlich (ebenso *Kresse/Engelsberger*, Recht der Messewirtschaft, 2006, S. 106). Dann genügt für eine Messe i. S. d. § 64 nicht,
wenn auf einer Veranstaltung nur wenige Unternehmen vertreten sind; dies
gilt selbst dann, wenn diese Unternehmen als Marktführer zu bezeichnen
sind und durchaus bereits das wesentliche Angebot dieses Wirtschaftszweiges
repräsentieren (*Koopmann/Schmidt*, in: BeckOK § 64 Rdn. 12). Insoweit
kommt dem Erfordernis der Vielzahl eine gewisse eigenständige Bedeutung
zu.

Die Teilnahme einer Vielzahl von Ausstellern genügt. **Vollständigkeit** der 10
einschlägigen Anbieter ist **nicht erforderlich.** Unschädlich ist daher auch
das Fehlen eines marktführenden Unternehmens, sofern die übrigen Voraussetzungen des § 64 (namentlich die Ausstellung des wesentlichen Angebotes
dieses Wirtschaftszweiges) erfüllt sind (vgl. MarktgewVwV zu § 64 2.1.2).

An der Vielzahl fehlt es bei einer sog. **Hausmesse,** bei der ein Veranstalter 11
selbst sein Warenangebot ausstellt und seinen Kunden anbietet. Derartigen
Veranstaltungen fehlt das Merkmal der Marktfreiheit; sie sind nicht als Messe
festsetzungsfähig (*Meyer-Hentschel/Rindermann* GewArch 1978, 319 ff.;
Schmitz GewArch 1979, 80 ff.; dazu auch *Wagner*, in: Friauf, § 64 Rdn. 3a).

4. Wesentliches Angebot

Durch die tatbestandliche Anforderung, es müsse das wesentliche Angebot 12
eines oder mehrerer Wirtschaftszweige ausgestellt sein, soll einerseits eine
liberale Handhabung der Festsetzung ermöglicht werden, sofern die Messe

§ 64   Titel IV. Messen, Ausstellungen, Märkte

der Markttransparenz und der Wettbewerbsförderung dient, andererseits aber einem vermehrten Auftreten leistungsschwacher Messen vorgebeugt werden (BT-Drs. 7/3859, S. 10).

13   Das Merkmal „wesentlich" ist erfüllt, wenn das Angebot eines Wirtschaftszweiges **annähernd vollständig**, d. h. ohne ins Gewicht fallende Lücken ausfällt (*Kresse/Engelsberger*, Recht der Messewirtschaft, 2006, S. 100; *Wagner*, in: Friauf, § 64 Rdn. 9). Maßstab für die Auslegung ist das im Inland zu registrierende Angebot, wobei freilich durch die unionsrechtliche Gewährleistung eines Binnenmarktes (Art. 3 III EU, 26 AEU) eine Öffnung erfolgt ist und des Weiteren zu berücksichtigen ist, dass das hiesige Marktangebot zunehmend bereits durch internationale Anbieter bestimmt wird. Maßstab zum Verständnis des Merkmals „wesentliches Angebot" bleibt dennoch das Inland, nur ist bei seiner Ausfüllung die wachsende internationale Dimension des nationalen Marktes zu beachten (ähnlich *Koopmann/Schmidt*, in: BeckOK § 64 Rdn. 15).

14   Vollständigkeit der Anbieter ist nicht erforderlich; das Fehlen einzelner Anbieter ist unschädlich (vgl. oben Rdn. 10). Die Ausstellung eines nur repräsentativen Angebotes genügt nicht, wie sich aus einem Vergleich mit § 65 ergibt.

15   Das Merkmal „**Vertrieb**" kann sich auf Waren und auf Dienstleistungen beziehen (vgl. den durch Gesetz vom 17. 7. 2009 neu gefassten § 56 a I [dort Rdn. 14]). Das Messeangebot kann sich daher sowohl auf **Waren** als auch auf **Dienstleistungen** erstrecken (*Koopmann/Schmidt*, in: BeckOK § 64 Rdn. 15; *Schönleiter*, in: Landmann/Rohmer I, § 64 Rdn. 5; *Wagner*, in: Friauf, § 64 Rdn. 14).

5. Eines oder mehrerer Wirtschaftszweige

16   Ob sich das Angebot auf einen oder mehrere Wirtschaftszweige bezieht, hängt von der Veranstaltungskonzeption ab. Zur Abgrenzung eines „Wirtschaftszweiges" können sowohl herstellungs- als auch nachfrage- bzw. verwendungsorientierte Begriffskategorien herangezogen werden. Anhaltspunkte bieten die vom Statistischen Bundesamt jährlich herausgegebene Systematik der Wirtschaftszweige und die Verbrauchsstatistik (Statistisches Bundesamt [Hrsg.]: Fachserie 15, Wirtschaftsrechnungen, Reihe 1, Einnahmen und Ausgaben ausgewählter privater Haushalte).

6. Ausstellung und Vertrieb überwiegend nach Muster

17   Die Legaldefinition der Messe verlangt sowohl eine Ausstellung als auch einen Vertrieb, und zwar letzteres überwiegend nach Muster.

18   **a) Ausstellung.** Das Schwergewicht einer Messe muss damit auf der Ausstellung von Mustern liegen. Ausstellung meint **Präsentation** der Angebote, regelmäßig in körperlicher Form (eben durch Muster oder auch Modelle), wobei aber auch der Einsatz klassischer und neuer Medien (Video-Vorführung, Computer-Simulation etc.) möglich ist (*Koopmann/Schmidt*, in: BeckOK § 64 Rdn. 18).

b) Vertrieb nach Muster. Der Vertrieb (Rdn. 15) muss überwiegend 19
nach Muster erfolgen. Dadurch soll sichergestellt werden, dass Interessenten
sich an Ort und Stelle einen Überblick über das Marktangebot verschaffen
können. Ein Vertrieb nach Katalog ist daneben (nur) in beschränktem
Umfang möglich, ebenso der Verkauf der Ausstellungsstücke selbst (MarktgewVwV zu § 64 2.1.4). Eine Übergabe der Exponate kann in der Regel
aber erst nach Beendigung der Messe erfolgen, da ansonsten kein Vertrieb
nach Muster mehr geschieht.

Bei Dienstleistungen ist ein Vertrieb nach Muster von einem Vertrieb nach 20
Katalog danach abzugrenzen, ob über die bloße Katalogauslage hinaus an Ort
und Stelle eine detaillierte Leistungsbeschreibung möglich ist (vgl. *Wagner*, in:
Friauf, § 64 Rdn. 16).

7. Abnehmerkreis

Verkauft werden darf grundsätzlich (Ausn.: Abs. 2) nur an die in Abs. 1 21
aufgelisteten Abnehmer, also an gewerbliche Wiederverkäufer, gewerbliche
Verbraucher oder Großabnehmer. **Gewerbliche Wiederverkäufer** sind
Gewerbetreibende, welche die Waren zur Weiterveräußerung erwerben, etwa
Groß- und Einzelhändler sowie Handelsvertreter. **Gewerbliche Verbraucher** sind solche Gewerbetreibende, die Waren der auf der Messe ausgestellten
Art in ihrem Betrieb verwenden. Diesen Gewerbetreibenden gleichgestellt
werden **Großabnehmer**, die ihrerseits aber nicht gewerblich tätig sein müssen. Großabnehmer sind solche Abnehmer von Waren und Dienstleistungen,
die Aufträge größeren Umfangs erteilen, wobei entscheidend darauf abzustellen ist, dass eine mit den ersten beiden Gruppen vergleichbare Abnahmegröße
vorhanden ist (MarktgewVwV zu § 64 2.1.5). Als Großabnehmer kommen
etwa Krankenhäuser, Altersheime, Kindergärten etc. in Betracht. Zu den
Begriffen vgl. *BGH* GewArch 1978, 63 (64); GewArch 1990, 286 (287).

Der Abnehmerkreis kann durch **Abs. 2** „in beschränktem Umfang" erwei- 22
tert werden. § 64 I steht im Übrigen der Zulassung von Besuchern zu reinen
Besichtigungszwecken – ohne Kauf – nicht entgegen (*Wagner*, in: Friauf, § 64
Rdn. 18).

II. Erweiterung des Abnehmerkreises auf Letztverbraucher (Abs. 2)

Abs. 2 ermöglicht dem Veranstalter – in strengerer Formulierung, als dies 23
§ 66 beim Großmarkt vorsieht – nur **ausnahmsweise** die Zulassung des
Verkaufs an Letztverbraucher (vgl. § 13 BGB). Entscheidend ist, dass die
Zulassung von Letztverbrauchern die Ausnahme bleibt und die Veranstaltung
ihren **Charakter als Messe** erhält. Solange dies gewahrt ist, müssen die
Zulassungsvoraussetzungen des Abs. 2 (beschränkter Umfang, einzelne Tage,
bestimmte Öffnungszeiten) entgegen dem insoweit missverständlichen Wortlaut nicht kumulativ erfüllt sein (*Koopmann/Schmidt*, in: BeckOK § 64
Rdn. 23). Möglich ist also durchaus etwa ein einmaliger ganztägiger Verkauf
an Letztverbraucher (ohne Beschränkung der Öffnungszeiten; ebenso *Wagner*,
in: Friauf, § 64 Rdn. 19).

Ennuschat

§ 65

24   Wenn der Veranstalter Letztverbraucher zulässt, obliegt es ihm, die Tage und Öffnungszeiten zu bestimmen; das Ladenschlussrecht ist insoweit nicht anwendbar (vgl. § 10 I LadÖG BW). Diese Bestimmungen werden zwar von der Festsetzung nicht erfasst. Aber der Veranstalter muss im Antrag auf Festsetzung angeben, in welchem Umfang er Letztverbraucher zum Kauf zulassen will, da anderenfalls nicht geprüft werden kann, ob die Festsetzungsvoraussetzungen erfüllt sind.

Sollen Letztverbraucher in zu großem Umfang zugelassen werden, ist der Antrag auf Festsetzung abzulehnen. Stellt sich der zu große Umfang nach Festsetzung heraus, kommt eine Aufhebung nach § 69 b in Betracht.

Zur Zulassung von Letztverbrauchern zur bloßen Besichtigung – ohne Kauf – siehe oben Rdn. 22.

§ 65 Ausstellung

Eine Ausstellung ist eine zeitlich begrenzte Veranstaltung, auf der eine Vielzahl von Ausstellern ein repräsentatives Angebot eines oder mehrerer Wirtschaftszweige oder Wirtschaftsgebiete ausstellt und vertreibt oder über dieses Angebot zum Zweck der Absatzförderung informiert.

I. Begriff der Ausstellung

1   Der Begriff der Ausstellung umfasst eine Vielzahl unterschiedlicher Veranstaltungsformen. Wesentlich ist, dass der Gesamteindruck der Veranstaltung von Ausstellungsgütern geprägt wird.

2   Im **Unterschied zur Messe** gelten folgende Besonderheiten: Die Ausstellung muss nicht auf regelmäßige Wiederkehr angelegt sein. Nicht nötig ist der Vertrieb von Waren oder Leistungen. Ausgestellt sein muss nicht das wesentliche Angebot, es genügt ein repräsentatives. Es muss sich nicht um das Angebot eines Wirtschaftszweiges handeln, es genügt das Angebot eines Wirtschaftsgebietes.

3   Der Kreis der Angebotsadressaten wird nicht spezifiziert. Letztverbraucher können uneingeschränkt zugelassen werden (*Koopmann/Schmidt*, in: BeckOK, Vorbem. zu § 65); dem Veranstalter bleibt es aber unbenommen, einschränkende Regelungen zu treffen.

Zur Abgrenzung vom Großmarkt siehe § 66 Rdn. 1.

II. Tatbestandsmerkmale einer Ausstellung

1. Zeitlich begrenzte Veranstaltung

4   Wie bei der Messe ist eine zeitliche Begrenzung der Veranstaltung erforderlich (vgl. § 64 Rdn. 4), wobei die Veranstaltungsdauer der Veranstalter (dazu § 64 Rdn. 3) bestimmt. Anders als bei einer Messe ist für eine Ausstellung nicht eine regelmäßige Wiederkehr der Veranstaltung gefordert.

2. Vielzahl von Ausstellern

Auf einer Ausstellung muss eine solche Anzahl von Anbietern auftreten, dass den Besuchern eine hinlängliche Vergleichsmöglichkeit zwischen den Angeboten eines oder mehrerer Wirtschaftszweige oder -gebiete gegeben ist. Die dazu konkret erforderliche Anzahl differiert nach Art des Wirtschaftsgebietes oder -zweiges. Siehe zu diesem Merkmal im Übrigen § 64 Rdn. 8 ff.

Auch wenn die Veranstaltung das Angebot eines bestimmten Wirtschaftsgebietes ausstellen soll, ist nicht nötig, dass die Aussteller (überwiegend) aus der betreffenden Region stammen. Entscheidend für den regionalen Bezug ist der Inhalt des Angebotes, nicht die Person des Anbietenden (*BVerwG* GewArch 1987, 124; a. A. *VG Hamb.* GewArch 1984, 381: mindestens drei Viertel aller teilnehmenden Aussteller müssen aus der betreffenden Region stammen). Ausnahmsweise möglich ist die Begrenzung auf regionale oder lokale Aussteller im Rahmen des § 70 II (*Wagner*, in: Friauf, § 65 Rdn. 3; vgl. § 70 Rdn. 23 sowie MarktgewerbeVwV zu § 70 3.4.2.2.4).

3. Repräsentatives Angebot

Eine Ausstellung liegt nur vor, wenn sie ein repräsentatives Angebot enthält. Nötig ist ein charakteristischer, typischer Ausschnitt aus dem Angebot des Wirtschaftszweiges oder -gebietes (BT-Drs. 7/3859 zu § 65; *VG Braunschweig* GewArch 1986, 338 f.). **Maßstab für die Repräsentativität** ist also der jeweilige Wirtschaftszweig oder das betroffene Wirtschaftsgebiet (näher unten Rdn. 9 ff.).

„Repräsentativ" i. S. d. § 65 verlangt weniger als „wesentlich" i. S. d. § 64. Die Ausstellung des (nahezu) vollständigen Angebotes ist also nicht erforderlich, wohl aber die Möglichkeit für den Besucher, sich eine **Marktübersicht** zu verschaffen. Die bloß zufällige Zusammenstellung verschiedener Sortimente und Waren genügt nicht (vgl. *BayVGH* GewArch 1984, 198 für eine „Verkaufsausstellung + Leistungsschau, Industrie – Handwerk – Handel. Für die ganze Familie, Konsum + Investition", auf der u. a. Antiquitäten, Autopolitur, Bausanierungen, Wasserenthärter, Weine und Zeitungen angeboten werden sollten). Für ein derartiges „Sortiment des bunten Zufalls" (*BayVGH* GewArch 1984, 198) kommt dann allenfalls die Festsetzung als Jahrmarkt in Betracht (*Wagner*, in: Friauf, § 65 Rdn. 4).

4. Wirtschaftszweig oder -gebiet

a) Wirtschaftszweig. Zum Begriff des Wirtschaftszweiges siehe § 64 Rdn. 16. Wenn eine Handelsvereinigung eine **Musterschau** veranstaltet, handelt es sich zumeist nicht um eine Ausstellung i. S. d. § 65. Ziel derartiger Veranstaltungen ist häufig nicht die Darbietung eines repräsentativen Angebotes des gesamten Wirtschaftszweiges, sondern die Präsentation des Angebotes der Mitglieder dieser Vereinigung in einem möglichst marktgängigen Verkaufskonzept (näher *Wagner*, in: Friauf, § 65 Rdn. 5; *Schmitz* GewArch 1979, 80 [83 f.]). Das Angebot kann aber repräsentativ werden, wenn der Mitgliederbestand der Handelsvereinigung seinerseits für den Wirtschaftszweig repräsentativ ist und sich dies im Angebot der Veranstaltung widerspiegelt.

10 **b) Wirtschaftsgebiet.** Bei dem Begriff des Wirtschaftsgebietes handelt es sich um ein wirtschaftsgeographisches, nicht an der räumlichen Verwaltungsstruktur ausgerichtetes Abgrenzungskriterium, das sowohl kleinere Räume (z. B. Schwarzwald, Stadt Köln) als auch Ländergrenzen überschreitende Regionen mehrerer Bundesländer in den Blick nimmt (z. B. Deutscher Küstenraum, Rhein-Main-Region). Unter Berücksichtigung der Entwicklungen innerhalb des europäischen Binnenmarktes kommen auch über das Territorium eines EU-Mitgliedstaates hinaus reichende regionale Gebietsfestlegungen in Betracht (z. B. Saar-Lor-Lux).

11 Ein repräsentatives Angebot liegt nur dann vor, wenn die Veranstaltung nach ihrem prägenden Gesamteindruck zumindest einen charakteristischen, typischen Ausschnitt aus dem Angebot des betreffenden Wirtschaftsgebietes vermittelt (*HambOVG* GewArch 1986, 129 ff.). Strittig ist, ob ein **regionaltypisches Gepräge** nötig ist. Das *BVerwG* hält dies für entbehrlich. Es genüge, dass dargeboten wird, was in der Region angeboten wird, unabhängig davon, ob Vergleichbares auch in anderen Regionen angeboten werde (*BVerwG* GewArch 1987, 124 [125]). Gegen diese Ansicht ist einzuwenden, dass dann jede Eingrenzbarkeit des Angebotes verloren geht, so dass Markttransparenz gerade nicht erzielt werden könnte. Letzteres ist nur möglich, wenn entweder die spezifischen Angebote eines bestimmten Wirtschaftszweiges repräsentativ ausgestellt werden oder die spezifischen Angebote einer bestimmten Region. Ein regionaltypisches Gepräge in Form der Gebietsbezogenheit des Angebotes ist daher gerade auch angesichts der unionsrechtlichen Stärkung der Regionen (vgl. Art. 5 III EU, 300 AEU) sehr wohl nötig (ebenso *Wagner*, in: Friauf, § 65 Rdn. 4 a; *Schönleiter*, in: Landmann/Rohmer I, § 65 Rdn. 5 b), wobei freilich das Monitum des *BVerwG*, zuvor müsse Klarheit über die geographische Abgrenzung der betreffenden Region bestehen (aaO, S. 124), berechtigt erscheint; nicht erforderlich ist im vorliegenden Kontext freilich Singularität im Sinne einer Unverwechselbarkeit des Angebotes.

5. Ausstellung und Vertrieb oder Information zum Zwecke der Absatzförderung

12 **a) Ausstellung.** Zum für die Ausstellung prägenden Begriff des Ausstellens siehe § 64 Rdn. 18. Ausstellungsobjekte können Waren und Dienstleistungen sein (*Wagner*, in: Friauf, § 65 Rdn. 9).

Die Tätigkeit der Aussteller wird in zweifacher Weise gesetzlich durch ergänzende Aktivitäten dergestalt fixiert, dass zur reinen Ausstellung noch entweder Vertrieb oder Information zum Zwecke der Absatzförderung hinzu treten müssen.

13 **b) Vertrieb.** Der Begriff Vertrieb ist wie bei § 64 (dort Rdn. 19) angebotsbezogen, in jedem Falle also weiter als in § 55 I Nr. 1 auszulegen. Auch Dienstleistungen können i. S. d. § 65 vertrieben werden (z. B. Tourismus-Ausstellung).

14 **c) Information zum Zwecke der Absatzförderung.** Der Vertrieb ist auf unmittelbaren Absatz gerichtet. Für eine Ausstellung i. S. d. § 65 genügt es aber, dass seitens der Aussteller über das Angebot (vgl. insoweit Rdn. 7) zum Zwecke der Absatzförderung Informationen geboten werden, der Absatz damit also nur **mittelbar** gefördert wird. Eine Ausstellung liegt daher auch dann vor, wenn die ausgestellten Waren und Leistungen weder sofort erworben noch bestellt werden können. Voraussetzung ist nur, dass die Aussteller sich im Anschluss an die Ausstellung eine individuelle Absatzsteigerung erhoffen. Dies kann etwa bejaht werden bei einer Herstellermesse, wenn die Besucher später bei dem Einzelhändler Waren erwerben sollen, die dieser beim Hersteller bestellt; auch bei einer an Ärzte gerichteten Medikamenten-Ausstellung, wenn erhofft wird, dass diese später die ausgestellten Medikamente verschreiben (*Wagner*, in: Friauf, § 65 Rdn. 10).

Keine dem Gewerberecht zuzurechnende Ausstellung i. S. d. § 65 ist eine 15 **reine Informationsveranstaltung** (z. B. über Umweltschutz, Gesundheitsfürsorge), die gar nicht auf Absatzförderung bedacht ist (BT-Drs. 7/3859 zu § 65; *Schönleiter*, in: Landmann/Rohmer I, § 65 Rdn. 7).

§ 66 Großmarkt

Ein Großmarkt ist eine Veranstaltung, auf der eine Vielzahl von Anbietern bestimmte Waren oder Waren aller Art im wesentlichen an gewerbliche Wiederverkäufer, gewerbliche Verbraucher oder Großabnehmer vertreibt.

I. Begriff eines Großmarktes

1. Veranstaltung

Zum Begriff der Veranstaltung siehe § 64 Rdn. 3. Ein Großmarkt als 1 Absatzeinrichtung kann zeitlich begrenzt oder – im Unterschied zu den Veranstaltungen nach §§ 64, 65, 67, 68 – als Dauereinrichtung betrieben werden.

2. Vielzahl von Anbietern

Das Erfordernis der Vielzahl von Anbietern dient als Unterscheidungs- 2 merkmal zum Großhandel, bei dem in der Regel nur ein Anbieter auftritt. Eine Vielzahl ist gegeben, sobald eine gewisse **Markttransparenz** gewährleistet ist, also dem Abnehmer ausreichende Vergleichsmöglichkeiten zwischen den Angeboten ermöglicht sind (*Wagner*, in: Friauf, § 66 Rdn. 4). Eine generelle Mindestzahl lässt sich dabei nicht festlegen; das Minimum richtet sich vielmehr nach Umfang und Art der angebotenen Erzeugnisse sowie dem Einzugsbereich der Veranstaltung (vgl. MarktgewVwV Nr. 2.2.2; *Schönleiter*, in: Landmann/Rohmer I, § 66 Rdn. 7). Siehe im Übrigen § 64 Rdn. 8 ff.

3. Vertrieb bestimmter Waren oder von Waren aller Art

a) Vertrieb. Der Begriff Vertrieb bezieht sich hier – anders als bei §§ 64 f. – 3 § 55 I Nr. 1 entsprechend (dort Rdn. 35 ff.), wie sich aus dem Wortlaut ergibt, allein auf „Waren". Er umfasst alle Arten des Verkaufs, also neben dem Handverkauf auch den Verkauf nach Muster, Katalog oder Ähnlichem.

4   **b) Warenangebot.** Im Gegensatz zu Messen und Ausstellungen sind nach dem eindeutigen Wortlaut des § 66 **Dienstleistungen** als Marktgegenstand ausgeschlossen. Der Kreis der in Betracht kommenden **Waren** ist grundsätzlich unbegrenzt. Das jeweilige Warenangebot bestimmt der Veranstalter; üblich sind etwa frische Lebensmittel und Blumen. Ein Großmarkt kann aber auch für andere Warenarten, z. B. technische Geräte, festgesetzt werden.

4. Abnehmerkreis

5   Der Verkauf muss „im Wesentlichen" an gewerbliche Wiederverkäufer, gewerbliche Verbraucher oder Großabnehmer erfolgen (zu den Begriffen siehe § 64 Rdn. 21). Dies bedeutet, dass der Verkauf an **Letztverbraucher** im Grundsatz, aber nicht ausnahmslos unzulässig ist.
6   Nicht zulässig ist, Letztverbraucher regelmäßig, wenngleich in nur geringem Umfange, zuzulassen. Dies ergibt sich aus der Entstehungsgeschichte. In der Regierungsbegründung hieß es zunächst „überwiegend" (näher *Wagner*, in: Friauf, § 66 Rdn. 7).
7   Ausnahmsweise zulässig ist der Verkauf an Letztverbraucher bei **Vorliegen eines besonderen wirtschaftlichen Bedürfnisses**, z. B. bei einem Restverkauf leicht verderblicher Lebensmittel. Der Veranstalter muss schon in seinem Antrag auf Festsetzung angeben, in welchem Umfang er Letztverbraucher zulassen will (*Koopmann/Schmidt*, in: BeckOK, § 66 Rdn. 6; *Wagner*, in: Friauf, § 66 Rdn. 10).
8   Wenn Letztverbraucher ausnahmsweise zugelassen werden, müssen die allgemeinen **Ladenschlusszeiten** beachtet werden. Anders als bei Veranstaltungen nach §§ 64 II, 65 ist der Verkauf an Letztverbraucher nur während der allgemeinen Ladenöffnungszeiten möglich (§ 10 II LadÖG BW; vgl. *BGH* GewArch 1978, 63 [66 f.]).

II. Anwendbarkeit auf Großmärkte für Schlachtvieh und Fleisch

9   Großmärkte für Schlachtvieh und Fleisch unterlagen früher nicht den §§ 65, 69 ff., sondern es galten die Spezialregelungen des **Vieh- und Fleischgesetzes** i. d. F. vom 21. 3. 1977 (BGBl. I S. 477) für die Lebendvermarktung von Schlachttieren und die Vermarktung von Fleisch auf Großmärkten. Mittlerweile finden in Deutschland keine Schlachtviehgroßmärkte mehr statt und auch Fleischgroßmärkte haben an Bedeutung verloren (BT-Drs. 16/6964, S. 11; näher *Wagner*, in: Friauf, § 66 Rdn. 2). Durch § 19 des neuen **Fleischgesetzes** i. d. F. vom 9. 4. 2008 (BGBl. I S. 714 [1025]) wurden die genannten Spezialregelungen deshalb ersatzlos gestrichen. § 66 ist nun auf Fleischgroßmärkte anwendbar.

§ 67 Wochenmarkt

(1) Ein Wochenmarkt ist eine regelmäßig wiederkehrende, zeitlich begrenzte Veranstaltung, auf der eine Vielzahl von Anbietern eine oder mehrere der folgenden Warenarten feilbietet:
1. Lebensmittel im Sinne des § 1 des Lebensmittel- und Bedarfsgegenständegesetzes mit Ausnahme alkoholischer Getränke; zugelassen sind alkoholische Getränke, soweit sie aus selbstgewonnenen Erzeugnissen des Weinbaus, der Landwirtschaft oder des Obst- und Gartenbaues hergestellt wurden; der Zukauf von Alkohol zur Herstellung von Likören und Geisten aus Obst, Pflanzen und anderen landwirtschaftlichen Ausgangserzeugnissen, bei denen die Ausgangsstoffe nicht selbst vergoren werden, durch den Urproduzenten ist zulässig;
2. Produkte des Obst- und Gartenbaues, der Land- und Forstwirtschaft und der Fischerei;
3. rohe Naturerzeugnisse mit Ausnahme des größeren Viehs.

(2) Die Landesregierungen können zur Anpassung des Wochenmarktes an die wirtschaftliche Entwicklung und die örtlichen Bedürfnisse der Verbraucher durch Rechtsverordnung bestimmen, daß über Absatz 1 hinaus bestimmte Waren des täglichen Bedarfs auf allen oder bestimmten Wochenmärkten feilgeboten werden dürfen.

Übersicht

	Rdn.
I. Begriff des Wochenmarktes (Abs. 1)	1
1. Zeitlich begrenzte Veranstaltung	2
2. Regelmäßige Wiederkehr	3
3. Vielzahl von Anbietern	6
4. Feilbieten	7
5. Zugelassene Warenarten	8
a) Lebensmittel (Nr. 1)	9
b) Produkte des Obst- und Gartenbaus etc. (Nr. 2)	12
c) Rohe Naturerzeugnisse (Nr. 3)	13
II. Erweiterung des Kreises zulässiger Warenarten (Abs. 2)	16
1. Anpassung des Wochenmarktes an die wirtschaftliche Entwicklung und die örtlichen Bedürfnisse der Verbraucher	17
2. Bestimmte Waren des täglichen Bedarfs	18
a) Bestimmte Waren	18
b) Täglicher Bedarf	19
3. Über Absatz 1 hinaus	20
a) Keine Beschränkung des Warensortiments	20
b) Alkoholische Getränke; größeres Vieh	21
c) Sonstige Verbote	22
4. Bestimmung durch Rechtsverordnung	23
a) Verordnungsgeber; Verfahren	23
b) Ermessen	25
III. Rechtsfolgen bei Pflichtverletzungen	27

§ 67 Titel IV. Messen, Ausstellungen, Märkte

I. Begriff des Wochenmarktes (Abs. 1)

1   Der Wochenmarkt dient vorwiegend zur Versorgung der Bevölkerung mit den täglichen Lebensmitteln. Zur Verfassungskonformität des § 67 siehe unten Rdn. 8 und 26.

1. Zeitlich begrenzte Veranstaltung

2   Im Unterschied zum Großmarkt muss der Wochenmarkt eine zeitlich begrenzte Veranstaltung sein; siehe dazu § 64 Rdn. 4.

2. Regelmäßige Wiederkehr

3   Der Wochenmarkt muss turnusmäßig stattfinden. Dabei muss der Wochenmarkt aber **nicht**, wie der Wortlaut nahe zu legen scheint, **einmal wöchentlich** veranstaltet werden. Er kann auch in kürzeren (mehrfach wöchentlich) oder längeren Intervallen (einmal monatlich) stattfinden (*Schönleiter*, in: Landmann/Rohmer I, § 67 Rdn. 6 a). Der zeitliche Maximalabstand zwischen zwei Veranstaltungen dürfte bei einem Monat anzusiedeln sein. Eine tägliche Veranstaltung scheidet aus, wie sich aus einem Vergleich mit § 66 ergibt (*Wagner*, in: Friauf, § 67 Rdn. 3). Bei der Prüfung, ob der zeitliche Minimalabstand eingehalten wird, sind gleichartige Veranstaltungen an gleichem Ort in die Betrachtung einzubeziehen, auch wenn diese nicht festgesetzt sein sollten (*VG Darmstadt* GewArch 2007, 384; siehe § 68 Rdn. 7 ff.).

4   Während die Messe i. S. d. § 64 nur „im Allgemeinen" regelmäßig wiederkehren muss, fehlt diese Einschränkung beim Wochenmarkt gem. § 67. Erforderlich ist damit eine **strikte Regelmäßigkeit**, d. h. der Verbraucher muss sich darauf verlassen können, dass zu bestimmten Zeiten der Wochenmarkt stattfindet. Einmalige Veranstaltungen können – anders als bei § 64 – nicht unter § 67 fallen.

5   Im Übrigen beurteilen sich die Anforderungen an die regelmäßige Wiederkehr nach dem bisherigen Veranstaltungsgeschehen. Bei erstmaligem Antrag auf Festsetzung ist die regelmäßige Wiederkehr glaubhaft zu machen (*Schönleiter*, in: Landmann/Rohmer I, § 67 Rdn. 6b).

3. Vielzahl von Anbietern

6   An das Merkmal der Vielzahl von Anbietern werden keine hohen Anforderungen gestellt. Entscheidend ist hier weniger die Herstellung von Markttransparenz (so bei §§ 64 – 66), sondern die Versorgung der Bevölkerung. Die als ausreichend anzusehende Zahl richtet sich nach Einzugsbereich des Wochenmarktes, Angebotsumfang, Jahreszeit etc. (siehe auch § 64 Rdn. 8 ff.). Die Verwaltungspraxis verlangt für den Regelfall mindestens zwölf Anbieter (vgl. MarktgewVwV zu § 67 2.4.2) und stellt dabei grundsätzlich nur auf gewerblich tätige Beschicker ab (*Fischer* GewArch 2006, 109 [114]). Landwirte, die selbst gewonnene Erzeugnisse der Urproduktion verkaufen, können ungeachtet dessen mitgezählt werden (*Schönleiter*, in: Landmann/Rohmer I, § 67 Rdn. 7 a; *Wagner*, in: Friauf, § 67 Rdn. 5), da sie die Versorgung

Wochenmarkt § 67

der Bevölkerung in gleicher Weise sicherstellen. Die Mindestzahl von zwölf Anbietern ist im Wortlaut nicht angelegt. Die ratio legis ließe auch kleinere Anbieterzahlen zu, wenn dies zur Versorgung der Bevölkerung genügt.

4. Feilbieten

Feilbieten bedeutet, dass die Ware an Ort und Stelle vorhanden ist und dem Käufer übergeben wird (vgl. § 55 Rdn. 38). Sonstige Verkaufsformen (Entgegennahme von Bestellungen, Kauf nach Muster, Katalog etc.) sind zwar grundsätzlich möglich, nehmen aber nicht an den Marktprivilegien teil (*OLG Frankfurt* GewArch 1990, 280 f.). Für sie gelten also die Privilegien der Festsetzung nach § 69 I selbst dann nicht, wenn der Gewerbetreibende im Besitz einer Reisegewerbekarte ist. Entsprechendes gilt für sonstige Tätigkeiten, die auf Wochenmärkten angeboten werden (etwa Werkverträge, z. B. Scherenschleifen). 7

5. Zugelassene Warenarten

Der Kreis der auf dem Wochenmarkt zugelassenen Warenarten ist in Abs. 1 Nrn. 1 – 3 **abschließend** geregelt. Abs. 2 ermöglicht aber Ausnahmen. 8

Wenn eine Warenart nicht nach § 67 zulässig ist, bedeutet dies nicht, dass lediglich die Marktprivilegien nicht gelten. Vielmehr darf diese Ware überhaupt nicht auf einem Wochenmarkt verkauft werden. Dieses – sanktionsbewehrte (unten Rdn. 28) – Verbot gilt auch dann, wenn der Gewerbetreibende im Besitz einer Reisegewerbekarte ist. Die Beschränkung des zulässigen Warensortiments nach § 67 I ist verfassungskonform und verstößt insb. nicht gegen Art. 12 I GG (*BVerwG* GewArch 1965, 223 [224]; *Wagner*, in: Friauf, § 67 Rdn. 7).

a) Lebensmittel (Nr. 1). Lebensmittel sind alle Stoffe oder Erzeugnisse, die dazu bestimmt sind oder von denen nach vernünftigem Ermessen erwartet werden kann, dass sie in verarbeitetem (z. B. Würste), teilweise verarbeitetem (z. B. saure Gurken) oder unverarbeitetem Zustand (z. B. Obst) von Menschen aufgenommen werden. Zu Lebensmitteln zählen auch alle Stoffe, die dem Lebensmittel bei seiner Herstellung oder Ver- oder Bearbeitung absichtlich zugesetzt werden (§ 2 II LFGB i. V. m. Art. 2 der Verordnung [EG] Nr. 178/2002; dazu *Rathke*, in: Zipfel/Rathke, Lebensmittelrecht, Loseblatt-Kommentar, Stand: Juli 2009, C 101 zu Art. 2 der Verordnung [EG] Nr. 178/2002). Zugelassen sind auch Getränke. 9

Ausdrücklich **ausgenommen** wurde aus Gründen der öffentlichen Sicherheit und Ordnung das Feilbieten alkoholischer Getränke (vgl. BT-Drs. 7/3859, S. 12 zu § 67). Denkbar sind ferner Spezialgesetze, welche den Verkauf bestimmter Lebensmittel auf Märkten verbieten (so früher § 13 HackfleischVO; aufgehoben durch die Tierische Lebensmittel-HygieneVO vom 9. 8. 2007 (BGBl. I S. 1816, 1828)). 10

Durch Gesetz vom 16. 6. 1998 (BGBl. I S. 1291) wurde das **Alkoholverbot gelockert**: Nunmehr sind alkoholische Getränke zugelassen, soweit sie aus selbst gewonnenen Erzeugnissen des Weinbaus, der Landwirtschaft oder des Obst- und Gartenbaus hergestellt wurden. Damit soll Winzern und Land- 11

§ 67 Titel IV. Messen, Ausstellungen, Märkte

wirten die Vermarktung selbst erzeugter alkoholischer Getränke auf Wochenmärkten ermöglicht werden. Die Vermarktung kann durch den Winzer oder Landwirt selbst erfolgen, aber auch durch Erzeugervereinigungen oder Markthändler (vgl. amtl. Begr., BR-Drs. 634/97, S. 35). Erforderlich ist jedoch stets der **enge Zusammenhang zur Urproduktion**. Das Getränk muss durch den Urproduzenten selbst aus eigenerzeugten Produkten hergestellt werden (*Koopmann/Schmidt*, in: BeckOK, § 67 Rdn. 10; *Schönleiter*, in: Landmann/Rohmer I, § 67 Rdn. 13). Lediglich der Zukauf von Alkohol zur Herstellung von Obstlikören und Obstgeisten, bei denen die Ausgangsstoffe nicht selbst vergoren werden, ist zulässig. Nicht nötig ist, dass es sich um lokale Urproduzenten handelt.

12 **b) Produkte des Obst- und Gartenbaus etc. (Nr. 2).** Zu den Produkten des Obst- und Gartenbaus, der Land- und Forstwirtschaft und der Fischerei zählen Erzeugnisse, die in den genannten Bereichen gewonnen oder erzeugt werden, ohne dass sie vom Erzeuger selbst verkauft werden müssten (*BVerwG* GewArch 1965, 225). Dazu gehören sowohl die Grund- oder Ausgangserzeugnisse (Kartoffeln, Obst etc.) also auch die aus diesen Erzeugnissen durch Be- oder Verarbeitung gewonnenen Waren (etwa Mehl, Konfitüre etc.). Erfasst ist auch das Feilbieten von Fleisch (zu den Besonderheiten des Fleischgroßhandels siehe oben § 66 Rdn. 9).

Während die bisher genannten Produkte zugleich unter Nr. 1 subsumiert werden können, gibt es einige Produkte, die nur unter Nr. 2 fallen, etwa Hundefutter (vgl. *OVG NRW* GewArch 1987, 59 f.) oder Blumen.

13 **c) Rohe Naturerzeugnisse (Nr. 3).** Bei rohen Naturerzeugnissen handelt es sich um solche Produkte aus dem In- oder Ausland, die entweder noch ihre natürliche Beschaffenheit aufweisen oder lediglich in herkömmlicher Weise für den Verkauf gereinigt oder zugerichtet (zerschnitten, zerstoßen, zermahlen, getrocknet etc.) sind. Das Merkmal „**roh**" ist bei einer darüber hinausgehenden Zubereitung, Be- oder Verarbeitung aber nicht länger erfüllt (*Koopmann/Schmidt*, in: BeckOK, § 67 Rdn. 13).

14 Erzeugnisse i. S. d. Nr. 3 können zugleich Lebensmittel i. S. d. Nr. 1 und/ oder Produkte i. S. d. Nr. 2 sein. Von Nr. 3 erfasst sind etwa Kartoffeln, Obst, Gewürze (auch zermahlen), Kräuter u. Ä., auch lebendes Kleinvieh (unten Rdn. 15). Freiverkäufliche **Arzneimittel** dürfen, soweit es sich bei ihnen um rohe Naturerzeugnisse handelt, unter den Voraussetzungen der §§ 50, 51 ArzneimittelG ebenfalls auf dem Wochenmarkt vertrieben werden (z. B. Heilkräuter).

15 Von Nr. 3 ausdrücklich ausgenommen ist das **größere Vieh**. Zu dieser Ausnahmekategorie zählen Rindvieh und Pferde, nicht dagegen Kälber, Schweine, Schafe, Ziegen, Federvieh etc. (*Schönleiter*, in: Landmann/Rohmer I, § 67 Rdn. 19; *Wagner*, in: Friauf, § 67 Rdn. 11.1). Siehe zu Groß- und Schlachtvieh auch § 66 Rdn. 9.

II. Erweiterung des Kreises zulässiger Warenarten (Abs. 2)

16 Abs. 2 bietet die Möglichkeit, durch Rechtsverordnung den Kreis zulässiger Warenarten über Abs. 1 hinaus zu erweitern.

Wochenmarkt § 67

1. Anpassung des Wochenmarktes an die wirtschaftliche Entwicklung und die örtlichen Bedürfnisse der Verbraucher

Die Erweiterung des Kreises zulässiger Warenarten muss zur Anpassung 17
des Wochenmarktes an die wirtschaftliche Entwicklung und die örtlichen
Bedürfnisse der Verbraucher erfolgen (**Verordnungsziel**). Dabei handelt es
sich um unbestimmte Gesetzesbegriffe, bei deren Umsetzung nur, soweit
wirtschaftspolitische Aspekte involviert sind, dem Verordnungsgeber eine
gewisse Einschätzungsprärogative belassen ist. Eine maßgebliche Begrenzung
besteht darin, dass der **Charakter als Wochenmarkt** erhalten bleiben muss
(*Schönleiter*, in: Landmann/Rohmer I, § 67 Rdn. 21).

2. Bestimmte Waren des täglichen Bedarfs

a) **Bestimmte Waren.** Es muss sich um Waren handeln. Nicht erfasst 18
sind also Dienstleistungen. Die Erweiterung darf nicht generell alle Waren
erfassen, sondern muss die betreffenden Warenarten konkret bezeichnen
(„bestimmte").

b) **Täglicher Bedarf.** Waren des täglichen Bedarfs umfassen Gegenstände 19
des regelmäßig wiederkehrenden Bedarfs, bei denen ein sich ständig – nicht
notwendig täglich – erneuerndes Anschaffungsbedürfnis besteht (z. B. Haushaltswaren, Alltagskleidung). Nicht erfasst sind Luxuswaren.

3. Über Absatz 1 hinaus

a) **Keine Beschränkung des Warensortiments.** Nach dem eindeutigen 20
Wortlaut („über Absatz 1 hinaus") ist eine Angebotserweiterung bezweckt,
dagegen eine Beschränkung des Warenangebotes nicht möglich. Auf die
Ermächtigung des § 67 II können auch keine abfallrechtlichen Pflichten,
etwa zur Rücknahme und Entsorgung von Transportverpackungen, gestützt
werden (*Wagner*, in: Friauf, § 67 Rdn. 13; vgl. dazu *OVG NRW* GewArch
1995, 81 ff.). Damit sind umweltrechtlich motivierte Restriktionen auf dem
Abfallsektor außerhalb der hierfür maßgeblichen Regulative des Abfallrechts
(siehe *BVerfG* NJW 1998, 2341) auch insoweit abgeblockt.

b) **Alkoholische Getränke; größeres Vieh.** Umstritten ist, ob durch 21
Rechtsverordnung i. S. d. § 67 II auch alkoholische Getränke und größeres
Vieh auf Wochenmärkten zugelassen werden können (bejahend *Wagner*, in:
Friauf, § 67 Rdn. 15). Der Wille des Gesetzgebers ging dahin, dass die Erweiterung auf alkoholische Getränke **nicht möglich** sein soll (BT-Drs. 7/3859,
S. 12). Dieser Wille hat im Gesetzeswortlaut ausreichenden Niederschlag
gefunden. Die Formulierung „über Absatz 1 hinaus" deutet eher auf eine
Ermächtigung hin, durch Rechtsverordnung quasi den Katalog des Abs. 1 um
weitere Nummern zu erweitern, nicht aber die ausdrücklich angeordneten
Verbote in Nr. 1 und Nr. 3 zu konterkarieren. Dafür spricht im Übrigen
der Gesetzeszweck der Verbote. So dient das Verbot, alkoholische Getränke
feilzubieten, dem Schutz der öffentlichen Sicherheit und Ordnung. Dieser
Schutzzweck ist auch dem Verordnungsgeber nach Abs. 2 vorgegeben. Festzuhalten ist daher, dass eine Rechtsverordnung die Verbote des Abs. 1 Nrn. 1,

§ 67 Titel IV. Messen, Ausstellungen, Märkte

3 nicht aufheben kann (ebenso *Koopmann/Schmidt*, in: BeckOK, § 67 Rdn. 16; *Schönleiter*, in: Landmann/Rohmer I, § 67 Rdn. 23).

22 **c) Sonstige Verbote.** Verbote außerhalb der Gewerbeordnung können durch eine Rechtsverordnung nach § 67 II ebenfalls nicht aufgehoben werden (*Wagner*, in: Friauf, § 67 Rdn. 15); dies gilt etwa für § 35 III Nr. 2 WaffG.

Nach § 56 vom Reisegewerbe ausgeschlossene Waren können aber mittels Rechtsverordnung in das zulässige Warensortiment eines Wochenmarktes einbezogen werden, da die Beschränkungen der Titel II und III auf die Normen des Titels IV nicht anwendbar sind, sofern dies nicht ausdrücklich angeordnet wird (vgl. vor § 64 Rdn. 4).

4. Bestimmung durch Rechtsverordnung

23 **a) Verordnungsgeber; Verfahren.** Zuständiger Verordnungsgeber ist gem. § 67 II zunächst die Landesregierung; über § 155 III kann sie diese Ermächtigung auf jede andere Landesbehörde übertragen und auch zur Weiterübertragung ermächtigen

24 Da eine Erweiterung des Warenkataloges sowohl für Marktbeschicker als auch für Verbraucher und Einzelhandel wichtig ist, sollten vor Erlass einer entsprechenden Rechtsverordnung die IHK, Verbraucherverbände und Einzelhandelsorganisationen gehört werden. Nur so kann berechtigterweise festgestellt werden, dass eine adäquate Umsetzung des Verordnungsziels (oben Rdn. 17) erfolgt. Vor diesem Hintergrund wird man diese Anhörung als notwendige Verfahrensvorgabe ansehen können, auch wenn sie in § 67 II nicht ausdrücklich angeordnet ist (*Schönleiter*, in: Landmann/Rohmer I, § 67 Rdn. 25; *Wagner*, in: Friauf, § 67 Rdn. 17).

25 **b) Ermessen.** Der Verordnungserlass (das „Ob") ist in das Ermessen der zuständigen Behörde gestellt. Die Gültigkeitsdauer der Verordnung kann befristet werden. Veranstalter, Marktbeschicker und Verbraucher haben **keinen Anspruch** auf Erlass einer Rechtsverordnung.

26 Für die potentiellen Regelungsinhalte sind die in den unbestimmten Gesetzesbegriffen enthaltenen Vorgaben (siehe Rdn. 17) maßgeblich. Im Verordnungswege können danach für die einzelnen örtlichen Wochenmärkte durchaus unterschiedliche Regelungen getroffen werden. Selbst wenn bestimmte Waren in einzelnen Orten zugelassen sind, in anderen hingegen nicht, liegt darin kein Verstoß gegen Art. 3 I GG, soweit nur in adäquater Weise auf örtliche Gewohnheiten und Bedürfnisse abgestellt wird (*BVerwG* GewArch 1956, 215).

III. Rechtsfolgen bei Pflichtverletzungen

27 Waren, die nicht durch Abs. 1 oder durch Verordnung nach Abs. 2 zugelassen sind, dürfen auf Wochenmärkten nicht feilgeboten werden (oben Rdn. 8). Gegen das Feilbieten unzulässiger Artikel auf dem Wochenmarkt können die zuständigen Ordnungsbehörden einschreiten; Ermächtigungsgrundlage ist die **ordnungsrechtliche Generalklausel**. Die Berufung eines Marktbeschickers auf ggf. jahrelange Duldung des rechtswidrigen Zustandes ist demge-

genüber ausgeschlossen, da ein Vertrauen auf rechtswidrige Behördeninaktivität nicht geschützt wird.

Hinzu kommt, dass das Feilhalten unzulässiger Waren auf einem Wochenmarkt in § 146 II Nr. 5 als **Ordnungswidrigkeit** bedroht ist (*BVerwG* GewArch 1965, 223; *OVG NRW* GewArch 1966, 125). 28

§ 68 Spezialmarkt und Jahrmarkt

(1) Ein Spezialmarkt ist eine im allgemeinen regelmäßig in größeren Zeitabständen wiederkehrende, zeitlich begrenzte Veranstaltung, auf der eine Vielzahl von Anbietern bestimmte Waren feilbietet.

(2) Ein Jahrmarkt ist eine im allgemeinen regelmäßig in größeren Zeitabständen wiederkehrende, zeitlich begrenzte Veranstaltung, auf der eine Vielzahl von Anbietern Waren aller Art feilbietet.

(3) Auf einem Spezialmarkt oder Jahrmarkt können auch Tätigkeiten im Sinne des § 60 b Abs. 1 ausgeübt werden; die §§ 55 bis 60 a und 60 c bis 61 a bleiben unberührt.

Übersicht

	Rdn.
I. Vorbemerkung	1
II. Begriff des Spezialmarktes (Abs. 1)	2
1. Zeitlich begrenzte Veranstaltung	2
2. Im Allgemeinen regelmäßig in größeren Zeitabständen wiederkehrend	3
a) Regelmäßige Wiederkehr	3
b) Größere Zeitabstände	4
c) Im Allgemeinen	10
3. Vielzahl von Anbietern	14
4. Feilbieten bestimmter Waren	15
a) Allgemeines	16
b) Weihnachtsmärkte	18
c) Antikmärkte	19
III. Begriff des Jahrmarktes (Abs. 2)	22
1. Größerer Zeitabstand	23
2. Waren aller Art	25
IV. Zulässigkeit von Tätigkeiten i. S. d. § 60 b I (Abs. 3)	27
1. Erfasste Tätigkeiten	28
2. Anwendbarkeit der §§ 55 – 60 a, 60 c – 61 a	30

I. Vorbemerkung

§ 68 betrifft zwei unterschiedliche Markttypen, nämlich Spezial- und Jahrmärkte. Kennzeichnend für einen Spezialmarkt als Verkaufsveranstaltung ist, dass nur bestimmte Waren feilgeboten werden; bei einem Jahrmarkt hingegen sind es Waren aller Art. Bei beiden Veranstaltungen hat jedermann Zutritt. Bei einem Spezialmarkt – nicht bei Jahrmärkten – darf von den Besuchern ein Eintrittsentgelt verlangt werden (vgl. § 71). 1

II. Begriff des Spezialmarktes (Abs. 1)

1. Zeitlich begrenzte Veranstaltung

2   Zu diesem Merkmal siehe § 64 Rdn. 2 ff.

2. Im Allgemeinen regelmäßig in größeren Zeitabständen wiederkehrend

3   **a) Regelmäßige Wiederkehr.** Die Veranstaltung soll in einem festen Turnus stattfinden. Zweck ist dabei – anders als bei dem Wochenmarkt – der Schutz der Interessen nicht der Besucher, sondern der Beschicker. Diesen soll eine langfristige Terminplanung ermöglicht werden (*Wagner*, in: Friauf, § 68 Rdn. 8).

Grundsätzlich muss der Veranstalter erkennen lassen, dass er wiederholte („wiederkehrend") Veranstaltungen plant (*VG Gelsenkirchen* GewArch 1989, 94 [95]). Dieses Erfordernis wird aber durch das Merkmal „im Allgemeinen" eingeschränkt (unten Rdn. 10 ff.).

4   **b) Größere Zeitabstände. aa) Mindestzeitraum.** Bei dem Merkmal eines größeren Zeitabstandes in Abs. 1 handelt es sich um einen gerichtlich voll überprüfbaren unbestimmten Gesetzesbegriff (*BVerwG* GewArch 1991, 180; *Krafczyk* GewArch 1988, 261 [263]). Er ist gegeben, wenn zwischen den einzelnen Veranstaltungen mindestens ein Zeitraum von **etwa einem Monat** liegt (*BVerwG* GewArch 1991, 180 [182]; *OVG RhPf.* GewArch 1986, 231 [232]; *VG Augsburg*, GewArch 2005, 83 und Beschluss vom 9. 12. 2008 – Au 4 E 08.1674, juris Rdn. 15; *Wagner*, in: Friauf, § 68 Rdn. 11; *Krafczyk* GewArch 1988, 261 [263]; MarktgewVwV Nr. 2.5.1; **a. A.** *VG Koblenz* GewArch 1986, 232 [233]; *VG Düsseldorf* NVwZ 1984, 262 f.: zwei bis drei Monate). Tendenzen in der Verwaltungspraxis, bei der Festsetzung den Mindestabstand von einem Monat zu unterlaufen (vgl. Rdn. 21: 2-Wochen-Rhythmus; siehe ferner den Sachverhalt bei *SächsOVG* Beschluss vom 27. 3. 2009 – 3 B 625/07, juris Rdn. 3: wöchentlich), ist entgegen zu treten.

5   Mit Blick auf den **Sonn- und Feiertagsschutz** (dazu näher § 69 a Rdn. 29 ff.) kann aber eine Verlängerung des Mindestabstandes zwischen zwei Spezialmärkten sachgerecht sein (vgl. *BVerwG* NVwZ 1991, 1079; *HambOVG* DÖV 1992, 220).

6   Sollten bei einem Spezialmarkt über einen längeren Zeitraum hinweg gelegentlich zwei bis vier Tage am vollen Monatsabstand zu einem vorausgehenden oder einem nachfolgenden gleichartigen Spezialmarkt fehlen, erweist sich dies als unschädlich (*BVerwG* GewArch 1991, 180 [182]). Insoweit ist die Festsetzung möglich, ohne dass auf die Einschränkung „im Allgemeinen" zurückgegriffen werden muss (dazu unten Rdn. 10 ff.).

7   **bb) Bestimmung des Zeitabstandes.** Fraglich ist, auf welche Veranstaltungen bei der Bestimmung des Zeitabstandes abzustellen ist. Dieses Problem stellt sich, wenn zwei **konkurrierende Spezialmärkte** zwar für sich jeweils im Monats-, bei übergreifender Betrachtung aber im Halbmonatsabstand

Spezialmarkt und Jahrmarkt　　　　　　　　　　　　　　　　　§ 68

veranstaltet werden. Nach einer Ansicht ist auf den bestimmten Spezialmarkt abzustellen, der durch den Veranstalter, den Veranstaltungsort und das Warensortiment individualisiert wird (*Wagner*, in: Friauf, § 68 Rdn. 10; *Krafczyk* GewArch 1988, 261 [263]). Dies führt aber dazu, dass konkurrierende (ortsgleiche oder benachbarte) Spezialmärkte in ihrer Addition faktisch zu einer Dauereinrichtung werden könnten. Dies widerspräche dem Gesetzeszweck des § 68 I, wonach die Häufigkeit von Spezialmärkten begrenzt werden soll. Deshalb sind Spezialmärkte anderer Veranstalter am selben Ort mit gleichem Warenangebot in die Ermittlung des Zeitabstandes einzubeziehen (*BVerwG* GewArch 1991, 180 [182]; *VG Hannover* GewArch 1996, 25 [26]; *Schönleiter*, in: Landmann/Rohmer I, § 68 Rdn. 3a); dies gilt auch dann, wenn die konkurrierende Veranstaltung nicht festgesetzt wird (*VG Darmstadt* GewArch 2007, 384; näher § 69 a Rdn. 39).

Am **selben Ort** finden zwei konkurrierende Veranstaltungen statt, wenn **8** sie – bei kleineren Gemeinden – innerhalb derselben Gemeinde oder – bei größeren Gemeinden – innerhalb desselben Ortsteils veranstaltet werden, sofern der Ortsteil eine deutlich abgegrenzte Siedlungsstruktur aufweist und deshalb bei natürlicher Betrachtungsweise als selbstständige Ortschaft in Erscheinung tritt (*BVerwG* GewArch 1991, 180 [182]; *OVG NRW* GewArch 1993, 163 [164]). Ein **gleiches Warenangebot** liegt vor, wenn im Wesentlichen vergleichbare Warengruppen präsentiert und deshalb ganz überwiegend derselbe Kundenkreis angesprochen wird. Entsprechendes gilt, wenn ein Veranstalter seine Spezialmärkte an **wechselnden Orten** oder mit leicht verändertem Warenangebot veranstaltet (vgl. *OVG NRW* GewArch 1993, 163 f.).

Die vorstehenden Ausführungen betreffen den Fall, dass mehrere in Reihe **9** geschaltete Veranstaltungen faktisch zu einer Dauereinrichtung führen, jedenfalls das Erfordernis des Mindestabstands von einem Monat unterlaufen. Hiervon zu unterscheiden ist die Konstellation mehrerer gleichartiger Veranstaltungen, die zeitgleich, womöglich sogar in unmittelbarer Nachbarschaft, durchgeführt werden sollen. Diese Parallelveranstaltungen führen zu keinem Verstoß gegen das Erfordernis des größeren Zeitabstandes (*VG Augsburg* GewArch 2005, 83).

c) Im Allgemeinen. aa) Soll-Vorschrift. Die Einschränkung „im All- **10** gemeinen" bezieht sich sowohl auf das Tatbestandsmerkmal „regelmäßig wiederkehrend" als auch auf das Merkmal „in größeren Zeitabständen", nicht aber auf die übrigen Erfordernisse des § 68 I, wie sich aus der Satzstruktur ergibt (*BVerwG* GewArch 1991, 180 [182]). Durch diese Formulierung wird § 68 I letztlich zur **Soll-Vorschrift** (*BVerwG* GewArch 1991, 180 [182]).

Dies bedeutet, dass eine Veranstaltung als Spezialmarkt festgesetzt werden **11** kann, obwohl die Regelmäßigkeit oder der zeitliche Mindestabstand nicht strikt eingehalten werden sollen. Die Einschränkung „im Allgemeinen" ermöglicht schließlich auch die Festsetzung **einmaliger** Veranstaltungen als Spezialmarkt (vgl. *VG Gelsenkirchen* GewArch 1989, 94 [95] zum Jahrmarkt).

bb) Ermessen. Die Zulässigkeit einer Abweichung von den Erfordernis- **12** sen der Regelmäßigkeit und des Monatsabstandes steht im pflichtgemäßen **Ermessen** der Behörde (*BVerwG* GewArch 1991, 180 [182]). Macht die

Behörde von diesem Ermessen keinen Gebrauch, ist die Ablehnung der Festsetzung ermessensfehlerhaft.

13   Eine Abweichung ist nur möglich, wenn **besondere Umstände** vorliegen, die einen Sonderfall begründen. Diese Gründe können sowohl punktuelle Ausnahmen rechtfertigen, etwa die einmalige Verkürzung der Monatsfrist wegen bevorstehenden Beginns der Urlaubszeit, als auch sich auf längere Zeiträume beziehen, so wenn gemäß einer örtlichen Tradition ein Spezialmarkt für lebendes Kleinvieh häufiger als monatlich abgehalten werden soll (*BVerwG* GewArch 1991, 180 [182] unter Hinweis auf die amtl. Begr., BT-Drs. 7/3859 zu § 68).

3. Vielzahl von Anbietern

14   Mit Blick auf das beschränkte Warensortiment bei einem Spezialmarkt und die damit verbundene relative Anbieterknappheit können an dieses Tatbestandsmerkmal keine strengen Anforderungen gestellt werden. Eine Vielzahl wird jedenfalls bei einem bis zwei Dutzend Anbietern gegeben sein (BT-Drs. 7/3859, S. 13 zu § 68), die Verwaltungspraxis verlangt für den Regelfall **ein Dutzend** Anbieter (vgl. MarktgewVwV Nr. 2.5.2). Zu berücksichtigen sind grundsätzlich nur gewerbliche Anbieter (*Fischer* GewArch 2006, 109 [114]). Daneben können aber auch private Anbieter zur Teilnahme an einem Spezialmarkt zugelassen werden (*Wagner*, in: Friauf, § 68 Rdn. 12; *Schönleiter*, in: Landmann/Rohmer I, § 68 Rdn. 5). Die Mindestzahl von zwölf Anbietern wird weder nach Wortlaut noch Sinn und Zweck gefordert, sodass auch kleinere Anbieterzahlen in Betracht kommen können.

4. Feilbieten bestimmter Waren

15   Zum „Feilbieten" siehe oben § 55 Rdn. 38 ff.

16   a) **Allgemeines.** Der Begriff der „bestimmten Waren" ist eng auszulegen, um eine **Abgrenzung namentlich zum Jahrmarkt** zu ermöglichen (*VG Münster* GewArch 1982, 28; *Kresse/Engelsberger*, Recht der Messewirtschaft, 2006, S. 38). Erforderlich ist eine gewisse **Spezialisierung des Warenangebotes in eine bestimmte Richtung**.

17   Diese ist jedenfalls gegeben, wenn lediglich Waren einer bestimmten **Gattung** angeboten werden (z. B. Möbel, Münzen). Werden mehrere Warengruppen angeboten, müssen die Waren zumindest ein **gemeinsames prägendes Merkmal** aufweisen (*VG Düsseldorf* GewArch 1988, 193 [194]; *VG Arnsberg* GewArch 1984, 199 [200]; *Schönleiter*, in: Landmann/Rohmer I, § 68 Rdn. 7; *Wagner*, in: Friauf, § 68 Rdn. 17). Dieses Merkmal kann die Beschaffenheit der Waren betreffen (z. B. Töpferwaren), sich auf den Verwendungszweck der Waren beziehen (z. B. Sportartikel) oder auf das Alter der Waren abstellen, sofern diese Eigenschaft verkehrswesentlich ist (*VG Düsseldorf* GewArch 1988, 193 [194]). Als problematisch erwiesen hat sich vor allem die Einordnung von Weihnachts- und Antiquitätenmärkten.

18   b) **Weihnachtsmärkte.** Ein Spezialmarkt ist jedenfalls dann zu bejahen, wenn Weihnachtsartikel im engeren Sinne angeboten werden, so Weihnachtsbäume, -schmuck, -gebäck etc. Schwieriger wird es, wenn weitere

Artikel angeboten werden, die sich zwar als Weihnachtsgeschenk eignen (etwa Modeschmuck, Glasprodukte, Tücher, Kinderspielzeug), für sich betrachtet aber keinen spezifischen Bezug zur Weihnachtszeit aufweisen. Teils wird dann, weil es sich um einen nach heutigen Verhältnissen typischen Weihnachtsmarkt handelt, in der Veranstaltung dennoch ein Spezialmarkt gesehen (z. B. *VG Köln* NVwZ-RR 2009, 327); in geringem Umfang könne sogar ein gewisses Randsortiment ohne jeden Weihnachtsbezug zugelassen werden, solange der Grundcharakter als Weihnachtsmarkt insgesamt nicht beeinträchtigt werde (*Schönleiter*, in: Landmann/Rohmer I, § 68 Rdn. 9; *Wagner*, in: Friauf, § 68 Rdn. 17a). Näher liegt es indes, derartige Weihnachtsmärkte wegen des weiten Spektrums unterschiedlicher Waren und damit mangels Bestimmtheit des Warenangebots als Jahrmarkt einzustufen (vgl. *OVG Nds.* NVwZ-RR 2005, 813 [814]).

c) Antikmärkte. Eine Festsetzung als Spezialmarkt ist jedenfalls dann **19** möglich, wenn die angebotenen Waren sich nur auf eine bestimmte Warengruppe (etwa Bücher, Schmuck, Möbel) oder eine begrenzte Epoche (Barock, Biedermeier, Jugendstil, 1870 − 1930) beziehen (*VG Wiesbaden* NVwZ 1982, 640; *VG Arnsberg* GewArch 1984, 199 [200]). Die Verwaltungspraxis bejaht die Festsetzung als Spezialmarkt darüber hinaus auch dann, wenn Waren verschiedener Gattungen und Epochen gleichzeitig angeboten werden (etwa Möbel, Schmuck, Bücher, Münzen, Geschirr und Besteck verschiedener Epochen, die insgesamt mehrere Jahrhunderte umfassen und bis nahe an die Gegenwart reichen). Zur Voraussetzung gemacht wird lediglich, dass die Waren „antik", d. h. nicht neu hergestellt und wegen ihres Alters wertvoller als schlichte Gebrauchtwaren sind (zustimmend *Schönleiter*, in: Landmann/Rohmer I, § 68 Rdn. 9; enger *VG Düsseldorf* NVwZ 1984, 262 f.; *VG Münster* GewArch 1982, 28 f.; *Wagner*, in: Friauf, § 68 Rdn. 17 b, 17 c).

Soweit es sich nur um ein unwesentliches Randsortiment handelt, soll auch **20** der Verkauf von **Neuwaren** der Festsetzung eines Antiquitätenmarktes als Spezialmarkt nicht entgegenstehen (etwa Möbelpflegemittel bei Antikmöbelmarkt). Die Verwaltungspraxis ist dabei äußerst großzügig und lässt sogar zu, dass Neuwaren bis zu einem Drittel des gesamten Marktangebotes ausmachen (dazu mit Recht kritisch *Wagner*, in: Friauf, § 68 Rdn. 17c); werde dieser Anteil überschritten, komme nur die Festsetzung als Jahrmarkt in Betracht.

Als schwierig gestaltet sich auch die Abgrenzung von − als Spezialmarkt fest- **21** zusetzenden − Antikmärkten und **Trödelmärkten**. Ein Trödel- oder Flohmarkt liegt vor, wenn neben − regelmäßig minderwertigen oder wertgeminderten − Neuwaren vor allem **Gebrauchtwaren**, die nicht wegen ihres Alters als besonders wertvoll anzusehen sind, angeboten werden. Trödelmärkte sind als Jahrmärkte festzusetzen (*HessVGH* GewArch 2007, 342; *ThürOVG* DÖV 1996, 965; *VG Ansbach* GewArch 2001, 248; *Bardenz* GewArch 1998, 53 [54]; **a. A.** v. *Ebner* GewArch 1980, 156 [159]; *Knöll* GewArch 1979, 334 f.) − mit der Folge, dass dann von den Besuchern kein Eintrittsentgelt verlangt werden darf (vgl. § 71 Rdn. 6). Die Verwaltung setzt sich aber auch hier häufig über die gesetzliche Typisierung hinweg, geriert sich als großzügig und setzt Trödelmärkte als Spezialmärkte fest (vgl. *Schönleiter/Stenger* GewArch 2009, 294 [295]).

§ 68 Titel IV. Messen, Ausstellungen, Märkte

Abzulehnen ist die teils zu beobachtende Verwaltungspraxis, gleich gelagerte Veranstaltungen desselben Veranstalters im Wechsel als Jahr- und als Spezialmarkt festzusetzen, um einen Zwei-Wochen-Rhythmus zu ermöglichen (dazu *Schönleiter/Stenger* GewArch 2009, 294 [295]).

III. Begriff des Jahrmarktes (Abs. 2)

22 Ein Jahrmarkt unterscheidet sich von einem Spezialmarkt durch das breitere Warenangebot (unten 2) und hat dem Wortlaut nach im Übrigen dieselben Tatbestandsmerkmale wie ein Spezialmarkt (dazu oben Rdn. 2 ff.). Fraglich ist allerdings, ob das Merkmal „größere Zeitabstände" in Abs. 2 ebenso wie in Abs. 1 zu interpretieren ist (unten 1).

1. Größerer Zeitabstand

23 Nicht zuletzt aus der gesetzlichen Formulierung „Jahr"-markt könnte man schließen, dass der größere Zeitabstand i. S. d. Abs. 2 wenn nicht ein Jahr, so doch zumindest einen Teil eines Jahres, also ein halbes Jahr oder jedenfalls ein Vierteljahr betragen muss (so *OVG RhPf.* GewArch 1986, 373; *VG Gelsenkirchen* GewArch 1989, 94 [95]). Dies führte dazu, das Merkmal „größere Zeitabstände" in Abs. 2 anders zu interpretieren als im insoweit wortgleichen Abs. 1 (so denn auch ausdrücklich *VG Gelsenkirchen* GewArch 1987, 236 [237]; vgl. ferner *OVG RhPf.* GewArch 1986, 373 [374]).

24 Die Bezeichnung „Jahrmarkt" knüpft jedoch lediglich an eine traditionelle Terminologie an, wobei bisweilen als „Jahrmarkt" bezeichnete Veranstaltungen schon im 19. Jahrhundert durchaus häufiger als vierteljährlich stattfanden (näher *Koopmann/Schmidt*, in: BeckOK, § 68 Rdn. 16; *Wagner*, in: Friauf, § 68 Rdn. 25). Die Bezeichnung ist daher nicht maßgeblich. Als entscheidend erweist sich bei Abs. 1 gleichermaßen wie bei Abs. 2 die Abgrenzung zum Wochenmarkt gem. § 67. Vor diesem Hintergrund ist auch bei Abs. 2 ein größerer Zeitabstand bei **etwa einem Monat** anzuerkennen (*BVerwG* GewArch 1991, 180 [182]; *OVG SchlH.* GewArch 1994, 239 [241]; *HambOVG* NVwZ 1991, 184). § 69 a I Nr. 3 i. V. m. dem Sonn- und Feiertagsschutz (dazu näher § 69 a Rdn. 29 ff.) kann aber einer monatlichen Festsetzung im Wege stehen und einen Mindestabstand von drei Monaten zwischen zwei sonntäglichen Trödelmärkten akzeptabel erscheinen lassen (*HambOVG* GewArch 1990, 406 [407]; vgl. auch *BVerwG* NVwZ 1991, 1079).

2. Waren aller Art

25 Der Jahrmarkt unterscheidet sich vom Spezialmarkt ausschließlich durch das Warenangebot. Sollen auf einem „Antikmarkt" neben wertvolleren älteren Gegenständen in wesentlichem Umfang auch Neuwaren oder Gebrauchtwaren, deren Wert durch das Alter nicht gesteigert wird, angeboten werden, so liegt ein **Floh- oder Trödelmarkt** vor (*HambOVG* GewArch 1988, 380 [381]), der nicht als Spezial-, sondern nur als Jahrmarkt festgesetzt werden kann (näher oben Rdn. 21). Auf Jahrmärkten dürfen Waren aller Art angeboten werden, mit Ausnahme solcher Waren, deren Vertrieb gesetzlich

verboten ist (z. B. Schusswaffen [§ 35 III Nr. 2 WaffG]; vgl. dazu *BayObLG* GewArch 1993, 417 f.).

Zum Teil wird vertreten, dass der Anteil an **Neuwaren**, die typischerweise 26 im Einzelhandel angeboten werden, auf solchen Märkten nicht zu groß werden dürfe. Anderenfalls werde der Einzelhandel (im stehenden Gewerbe) – z. B. durch die Bindung an Ladenschlusszeiten – gegenüber der Konkurrenz auf Jahrmärkten unbillig benachteiligt. Hinzunehmen sei grundsätzlich nur ein Anteil der Neuwaren am Jahrmarktangebot i. H. v. 10 % (so *Bardenz* GewArch 1998, 53 [57]). Mit dem klaren Wortlaut des § 68 II („Waren aller Art") ist diese Ansicht freilich nicht ohne weiteres zu vereinbaren.

IV. Zulässigkeit von Tätigkeiten i. S. d. § 60 b I (Abs. 3)

Auf einem Spezial- oder Jahrmarkt können auch Tätigkeiten i. S. d. § 60 27 b I ausgeübt werden.

1. Erfasste Tätigkeiten

Erfasst sind damit folgende Tätigkeiten: unterhaltende Tätigkeiten i. S. d. 28 § 55 I Nr. 2 und das Anbieten volksfesttypischer Waren. Zum Begriff der **unterhaltenden Tätigkeiten** (etwa Karussel, Drehorgelspiel etc.) siehe § 55 Rdn. 49. **Volksfesttypische Waren** sind – unabhängig vom Gegenstand eines Spezialmarktes – etwa Eis, geröstete Mandeln, Luftballons etc. (näher § 60 b Rdn. 9). Im Rahmen eines Jahrmarktes dürfen diese Gegenstände ohnehin angeboten werden („Waren aller Art"), so dass Abs. 3 insoweit nicht einschlägig ist (vgl. unten Rdn. 30).

§ 60 b I umfasst **keine gewerblichen Leistungen**. Daher können diese 29 bei einem festgesetzten Spezial- oder Jahrmarkt grundsätzlich nicht zugelassen werden (*Schönleiter*, in: Landmann/Rohmer I, § 68 Rdn. 17; *Wagner*, in: Friauf, § 68 Rdn. 34). Außerhalb des Normzwecks werden freilich ausnahmsweise solche gewerblichen Leistungen als tolerabel angesehen, die traditionell auf derartigen Veranstaltungen erbracht werden (z. B. Erstellung von Horoskopen [zum Gewerbecharakter siehe § 1 Rdn. 45] oder Ähnliches).

2. Anwendbarkeit der §§ 55 – 60 a, 60 c – 61 a

Gem. § 68 Abs. 3 2. Hs. bleiben die Vorschriften der §§ 55 – 60 a, 60 c – 30 61 a unberührt. Dies bedeutet, dass für die Tätigkeiten i. S. d. Abs. 3 diese Vorschriften aus dem Titel III anwendbar sind. Dies ist namentlich von Bedeutung für die **Reisegewerbekartenpflicht**. In Bezug auf das Feilbieten von Waren i. S. d. § 60 b I ist zu beachten, dass Abs. 3 insoweit nur den Spezialmarkt betrifft (oben Rdn. 28), sodass bei einem Jahrmarkt die Reisegewerbekartenpflicht für alle Warenanbieter entfällt.

§ 68a Verabreichen von Getränken und Speisen

¹**Auf Märkten dürfen alkoholfreie Getränke und zubereitete Speisen, auf anderen Veranstaltungen im Sinne der §§ 64 bis 68 Kostpro-**

§ 68a Titel IV. Messen, Ausstellungen, Märkte

ben zum Verzehr an Ort und Stelle verabreicht werden. ²Im übrigen gelten für das Verabreichen von Getränken und zubereiteten Speisen zum Verzehr an Ort und Stelle die allgemeinen Vorschriften.

Übersicht

	Rdn.
I. Vorbemerkung	1
II. Voraussetzungen der Privilegierung (S. 1)	4
1. Privilegierung auf Märkten (S. 1 1. Hs.)	5
a) Märkte	5
b) Alkoholfreie Getränke und zubereitete Speisen	6
c) Verabreichung	7
d) Verzehr an Ort und Stelle	8
2. Privilegierung auf anderen Veranstaltungen (S. 1 2. Hs.)	11
a) Andere Veranstaltungen i. S. d. §§ 64–68	11
b) Kostproben	12
c) Verabreichung zum Verzehr an Ort und Stelle	13
III. Reichweite der Privilegierung (S. 2)	14

I. Vorbemerkung

1 § 68 a S. 1 eröffnet zunächst unter bestimmten Voraussetzungen die generelle Möglichkeit, auf näher bestimmten Veranstaltungen alkoholfreie Getränke und Speisen sowie Kostproben anzubieten, ohne dass dies unter die Vorgaben der §§ 64–68 subsumiert werden muss. Indem diese Angebote unter Titel IV fallen, entfallen zugleich die Restriktionen des Reisegewerberechts (insb. das Erfordernis der Reisegewerbekarte), sodass § 68 a S. 1 insoweit den Zugang zu den allgemeinen **Marktprivilegien** eröffnet (vor § 64 Rdn. 4).

2 Solange das Gaststättenrecht auch das Angebot von alkoholfreien Getränken und Speisen unter Erlaubnisvorbehalt stellte, wirkte § 68 a S. 1 zugleich als besonderes Marktprivileg, indem in seinem Anwendungsbereich die Notwendigkeit einer Gaststättenerlaubnis entfiel (*Schönleiter*, in: Landmann/Rohmer I, § 68 a Rdn. 14). Dem Wortlaut des S. 1 lässt sich diese Genehmigungsfreiheit zwar nicht ohne weiteres entnehmen; sie ergibt sich jedoch aus S. 2. Heute folgt die gaststättenrechtliche Erlaubnisfreiheit des Angebotes alkoholfreier Getränke und von Speisen allerdings schon aus § 2 II GastG, ohne dass insoweit der Rückgriff auf § 68 a S. 1 nötig wäre. Etwas anderes gilt für entgeltliche Kostproben alkoholischer Getränke (Rdn. 12), welche nach §§ 1 II, 2 I GastG erlaubnispflichtig wären; hiervon befreit § 68 S. 1 (*Wagner*, in: Friauf, § 68 a Rdn. 1).

3 Als Ausnahmebestimmung ist § 68 a **eng auszulegen**.

II. Voraussetzungen der Privilegierung (S. 1)

4 S. 1 unterscheidet zwischen Märkten und anderen Veranstaltungen i. S. d. §§ 64–68.

Verabreichen von Getränken und Speisen § 68a

1. Privilegierung auf Märkten (S. 1 1. Hs.)

a) Märkte. Unter „Märkte" i. S. d. § 68 a fallen der Groß- (§ 66), Wochen- (§ 67), Spezial- (§ 68 I) und Jahrmarkt (§ 68 II). Über § 60 b II ist § 68 a S. 1 1. Hs. und S. 2 auch für **Volksfeste** anwendbar. 5
Voraussetzung der Genehmigungsfreiheit nach § 68 a S. 1 ist aber jeweils, dass es sich um eine nach § 69 **festgesetzte Veranstaltung** handelt (*OVG NRW* GewArch 1984, 130 f.; vgl. ferner BT-Drs. 7/3859, S. 9, 13). Bei einer nicht festgesetzten Veranstaltung unterfällt eine Reisegaststätte unter bestimmten Voraussetzungen sowohl § 1 II GastG (erlaubnispflichtig nur beim Ausschank von Alkohol, § 2 I GastG) als auch dem Reisegewerbe (siehe oben § 55 a Rdn. 30, § 56 Rdn. 27.).

b) Alkoholfreie Getränke und zubereitete Speisen. Die zugelassenen Getränke müssen alkoholfrei sein (Bsp.: Säfte und Limonade, auch alkoholfreies Bier, nicht aber sog. Light-Bier). Zubereitete Speisen sind alle **zum alsbaldigen Verzehr essfertig gemachte** Speisen, wie etwa gegrillte Hähnchen, Pommes frites, Bratwürste, Waffeln (*Wagner*, in: Friauf, § 68 a Rdn. 6). Speisen, die ohne Zubereitung essbar sind (z. B. Obst), können im Rahmen des jeweils zulässigen Warenangebotes des konkreten Marktes vertrieben werden. Dasselbe gilt für Speisen, deren Zubereitung nicht auf den alsbaldigen Verzehr zielt (z. B. Brot, Eis am Stiel). 6

c) Verabreichung. Verabreicht wird ein Getränk oder eine Speise durch Übergabe; darunter fällt auch die Selbstbedienung (*Metzner* GastG, 6. Aufl. 2001, § 1 Rdn. 44). Umfasst sind dabei sowohl die entgeltliche wie die unentgeltliche Abgabe (*VGH BW* GewArch 2000, 155). 7

d) Verzehr an Ort und Stelle. Eine Verabreichung zum Verzehr an Ort und Stelle ist zu bejahen, wenn ein **enger räumlicher Zusammenhang zwischen Abgabe- und Verzehrort** besteht, d. h. wenn der Verzehr in der Nähe der Abgabestelle erfolgt. Eine unmittelbare räumliche Verbindung oder das Vorhandensein besonderer Einrichtungen, die dem Verzehr am Ort der Abgabe dienen, ist nicht erforderlich (*OVG NRW* GewArch 1984, 130 f.; *Michel/Kienzle/Pauly* GastG, 14. Aufl. 2003, § 1 Rdn. 45). 8

Der räumliche Zusammenhang wird in der Regel zu **bejahen** sein, wenn die zubereitete Speise oder das Getränk in einer Form verabreicht werden, die den sofortigen Verzehr erfordert (z. B. Ausschank in Gläsern) oder nahe legt (z. B. Fischbrötchen in Serviette, Würstchen auf Pappe). Dasselbe gilt, wenn Vorrichtungen bereitgehalten werden, welche auf sofortigen Verzehr zielen, wie etwa Servietten- oder Senfspender, Plastikgeschirr (*OVG NRW* GewArch 1984, 130 f.; *Wagner*, in: Friauf, § 68 a Rdn. 9). 9

Der räumliche Zusammenhang ist aber zu **verneinen**, wenn der Verzehr zwar am Ort der Ausgabe beginnt, dann aber typischerweise im Weitergehen erfolgt (z. B. Zuckerwatte, Popcorn). Dann liegt kein Verzehr an Ort und Stelle, sondern ein **Verzehr im Weitergehen** vor (*Metzner* GastG, 6. Aufl. 2001, § 1 Rdn. 65). Das Marktprivileg des § 68 a greift dann nicht. Das Gaststättenrecht findet auf den Verzehr im Weitergehen ebenfalls keine Anwendung (vgl. § 1 I Nr. 2 GastG, § 1 I BbgGastG, § 1 BremGastG, § 1 I ThürGastG). Wenn und soweit das Verabreichen der Speise oder des Geträn- 10

§ 69 Titel IV. Messen, Ausstellungen, Märkte

kes ein Vertrieb oder Feilbieten von Waren i. S. d. §§ 66 – 68 ist (zu bejahen stets bei Jahrmärkten, i. d. R. auch bei Wochenmärkten), kommen dem Anbieter im Übrigen die daraus folgenden Marktprivilegien zu (insb. die Reisegewerbekartenfreiheit). Bei einem Volksfest unterliegt der Anbieter aber der Reisegewerbekartenpflicht (vgl. § 60 b Rdn. 20). Zum Ganzen siehe *Wagner*, in: Friauf, § 68 a Rdn. 10.

2. Privilegierung auf anderen Veranstaltungen (S. 1 2. Hs.)

11 a) **Andere Veranstaltungen i. S. d. §§ 64–68.** Erfasst sind – festgesetzte (oben Rdn. 5) – Messen und Ausstellungen i. S. v. §§ 64, 65, nicht aber Volksfeste, da § 60 b II nur auf § 68 a S. 1 1. Hs. verweist. Fehlt die Festsetzung, sind die allgemeinen gaststättenrechtlichen Vorschriften sowie das Reisegewerberecht anwendbar (Rdn. 5).

12 b) **Kostproben.** Kostproben sind zum Verzehr geeignete, in kleineren Mengen (entgeltlich oder unentgeltlich) abgegebene Waren, die den Zweck haben, zum Kauf der entsprechenden Ware anzuregen (*Kresse/Engelsberger*, Recht der Messewirtschaft, 2006, S. 113). Möglich sind auch alkoholische Getränke als Kostprobe (z. B. bei Weinausstellung).

13 c) **Verabreichung zum Verzehr an Ort und Stelle.** Siehe oben Rdn. 8.

III. Reichweite der Privilegierung (S. 2)

14 Nach § 68 a S. 1 entfällt für die Verabreichung entgeltlicher alkoholischer Kostproben die Genehmigungspflicht nach §§ 1 II, 2 I, II, 12 GastG (hierin erschöpft sich letztlich die privilegierende Wirkung des § 68 a); andere Vorschriften des Gaststättengesetzes sind gem. § 68 a S. 2 weiterhin anwendbar (näher *Schönleiter*, in: Landmann/Rohmer I, § 68 a Rdn. 15). Von § 68 a unberührt bleiben ferner lebensmittel- und hygienerechtliche Vorschriften (*Wagner*, in: Friauf, § 68 a Rdn. 17). Schließlich kommen Anbieter, die die Voraussetzungen des § 68 a S. 1 erfüllen, in den Genuss der allgemeinen Marktprivilegien (näher oben vor § 64 Rdn. 4).

15 Wenn die Voraussetzungen des § 68 a S. 1 nicht vorliegen, greifen die allgemeinen Vorschriften für das Gaststättengewerbe; hierbei kann es sich um stehendes Gewerbe handeln (Messerestaurant) oder um eine Reisegaststätte i. S. d. § 1 II GastG (oben Rdn. 5).

§ 69 Festsetzung

(1) ¹**Die zuständige Behörde hat auf Antrag des Veranstalters eine Veranstaltung, die die Voraussetzungen der §§ 64, 65, 66, 67 oder 68 erfüllt, nach Gegenstand, Zeit, Öffnungszeiten und Platz für jeden Fall der Durchführung festzusetzen.** ²**Auf Antrag können, sofern Gründe des öffentlichen Interesses nicht entgegenstehen, Volksfeste, Großmärkte, Wochenmärkte, Spezialmärkte und Jahrmärkte für**

einen längeren Zeitraum oder auf Dauer, Messen und Ausstellungen für die innerhalb von zwei Jahren vorgesehenen Veranstaltungen festgesetzt werden.

(2) Die Festsetzung eines Wochenmarktes, eines Jahrmarktes oder eines Spezialmarktes verpflichtet den Veranstalter zur Durchführung der Veranstaltung.

(3) Wird eine festgesetzte Messe oder Ausstellung oder ein festgesetzter Großmarkt nicht oder nicht mehr durchgeführt, so hat der Veranstalter dies der zuständigen Behörde unverzüglich schriftlich anzuzeigen.

Literatur: *Chr. Donhauser*, Neue Akzentuierungen bei der Vergabe von Standplätzen auf gemeindlichen Volksfesten und Märkten, NVwZ 2010, 931 ff.; *Chr. Steinweg*, Verwaltungsaktscharakter einer zugunsten des eigenen Verwaltungsträgers vorgenommenen marktverkehrsrechtlichen Festsetzung nach § 69 Abs. 1 GewO, GewArch 2004, 101 ff.

Übersicht

	Rdn.
I. Vorbemerkung	1
1. Bedeutung der Festsetzung	1
2. Verhältnis zum Kommunalrecht	3
a) Kommunalrechtliche Widmung	3
b) Anspruch auf Zulassung	5
c) Auswahlermessen	7
3. Verhältnis zu anderen Erlaubnissen	12
II. Festsetzung (Abs. 1)	13
1. Festsetzungsvoraussetzungen (S. 1)	13
a) Antrag des Veranstalters	13
b) Voraussetzungen der §§ 64 ff.	18
c) Nichtvorliegen eines Ablehnungsgrundes gem. § 69 a I	19
2. Festsetzungsentscheidung	20
a) Zuständige Behörde	20
b) Festsetzungsinhalt	21
c) Rechtsnatur	22
d) Rechtsschutz	28
e) Verhältnis der Festsetzung zu Genehmigungserfordernissen	32
3. Festsetzungsdauer (Abs. 1 S. 2)	33
a) Antrag	34
b) Kein entgegenstehendes öffentliches Interesse	35
c) Ermessen	41
4. Kommune als Veranstalterin	47
a) Verwaltungsakt	47
b) Abgrenzungsfragen	49
III. Durchführungspflicht (Abs. 2)	50
1. Indienstnahme Privater	51
2. Kommune als Veranstalterin	52
3. Rechtsfolgen bei Pflichtverletzungen	53
IV. Anzeigepflicht (Abs. 3)	54

§ 69 Titel IV. Messen, Ausstellungen, Märkte

I. Vorbemerkung

1. Bedeutung der Festsetzung

1   Die Festsetzung ist Voraussetzung der **Marktprivilegien** (dazu oben vor § 64 Rdn. 4). Die in §§ 64 – 68 genannten Veranstaltungen und Volksfeste i. S. d. § 60 b können allerdings auch ohne Festsetzung gewissermaßen als Privateinrichtung durchgeführt werden. Es müssen dann aber alle punktuellen gewerblichen Vorschriften beachtet werden (vor § 64 Rdn. 7).

2   Die Festsetzung begründet ferner einen gewissen **Bestandsschutz** für die Veranstaltung (§ 69 b), dem allerdings bei Wochen-, Spezial- und Jahrmärkten eine **Durchführungspflicht** gegenübersteht (Abs. 2; unten Rdn. 50 ff.). Die Festsetzung ist **keine Beleihung** des Veranstalters (*Hilderscheid* GewArch 2008, 54 [55]).

2. Verhältnis zum Kommunalrecht

3   a) **Kommunalrechtliche Widmung.** Häufig soll eine Veranstaltung an einem Ort stattfinden, der eine öffentliche Einrichtung i. S. d. Kommunalrechts ist (z. B. Marktplatz, Festwiese). Solche öffentlichen Einrichtungen liegen vor, wenn sie von der Gemeinde im öffentlichen Interesse unterhalten und durch einen gemeindlichen **Widmungsakt** der allgemeinen Benutzung durch die Einwohner zugänglich gemacht werden (*VGH BW* NVwZ-RR 1997, 123 f.; *OVG SchlH* NordÖR 2004, 152 [153]; *SächsOVG* SächsVBl. 2005, 256 [257]; GewArch 2007, 346 [347]). Dieser Widmungsakt ist nicht formgebunden und kann u. U. konkludent erfolgt sein. Indizien für eine Widmung sind Einrichtungszweck, Zulassungspraxis, Gebührenerhebung, haushaltsrechtliche Behandlung (näher *Tettinger/Erbguth/Mann* BesVwR, 9. Aufl. 2010, Rdn. 237).

4   Die kommunalrechtliche **Widmung ersetzt nicht die Festsetzung** i. S. d. § 69 I (*Wagner*, in: Friauf, § 69 Rdn. 37; *Wirth* GewArch 1986, 186 [188]; **a. A.** *Pitschas* BayVBl. 1982, 641 [644]).

Eine Veranstaltung an einem als öffentliche Einrichtung gewidmeten Ort kann nur festgesetzt werden, wenn sie ihrer Art nach von der jeweiligen kommunalrechtlichen Widmung umfasst ist (siehe auch § 69 a Rdn. 20). Zur Verfassungsmäßigkeit einer gemeindlichen Marktsatzung über nach der GewO festgesetzte Märkte siehe *BayVerfGH* NVwZ 1984, 232.

5   b) **Anspruch auf Zulassung.** Ob der **Veranstalter** einen Anspruch auf Benutzung einer öffentlichen Einrichtung für eine Veranstaltung i. S. d. §§ 64 – 68, 60 b hat, richtet sich nach den einschlägigen **kommunalrechtlichen Vorgaben** (z. B. § 10 GemO BW, § 8 GO NRW). Ein Zulassungsanspruch wird danach regelmäßig dann anzunehmen sein, wenn der Antragsteller (1.) ortsansässig ist oder zwar auswärts wohnt, aber im Gemeindegebiet eine gewerbliche Niederlassung hat („Forensen", vgl. OVG NRW OVGE 21, 70 [74]), (2.) die Veranstaltung von der Widmung gedeckt ist und (3.) kein Ausschlussgrund (etwa Kapazitätserschöpfung) besteht. Ist der Veranstalter ortsfremd, hat er bei entsprechender Zulassungspraxis zumindest einen

Anspruch auf ermessensfehlerfreie Zulassungsentscheidung (vgl. *VGH BW* GewArch 1996, 215). Wird er zugelassen, bedeutet dies lediglich, dass er den Platz für seine Veranstaltung verwenden kann. Die Festsetzung i. S. d. § 69 ist damit noch nicht erfolgt.

Davon zu unterscheiden ist der **Zulassungsanspruch der Beschicker** 6 und Aussteller, der sich bei einer festgesetzten Veranstaltung nach § 70 richtet. Bei einer nicht festgesetzten Veranstaltung in einer gemeindlichen Einrichtung und einem kommunalen Veranstalter kann sich ein Zulassungsanspruch hingegen nur auf die jeweiligen kommunalrechtlichen Normen stützen; dazu *OVG Saarl.* GewArch 1988, 203 f.

c) **Auswahlermessen.** Wenn zwei Veranstalter zeitgleich konkurrierende 7 Veranstaltungen in ein und derselben öffentlichen Einrichtung durchführen wollen, kommt der Gemeinde ein Auswahlermessen zu, wen sie nach Kommunalrecht zur Benutzung zulässt. Dieses Auswahlermessen muss die Gemeinde auch ausüben, wenn ein privater Veranstalter zu einer gemeindlichen Veranstaltung in Konkurrenz tritt (*HessVGH* GewArch 2004, 482 [483]; *Wagner*, in: Friauf, § 69 Rdn. 9). Wenn zwei Veranstaltungen zwar nicht zeitgleich, aber doch im zeitnahen Abstand stattfinden sollen, ist keine Kapazitätserschöpfung i. S. d. üblichen Restriktionen des kommunalrechtlichen Zulassungsanspruchs gegeben. Eine Auswahl erweist sich dennoch als nötig, wenn die kumulative Festsetzung beider Veranstaltungen deshalb nicht möglich ist, weil es dann am erforderlichen Zeitabstand fehlt (z. B. bei § 68; dazu näher § 68 Rdn. 23; § 69 a Rdn. 5, 39, 41). Wenn eine öffentliche Einrichtung also z. B. der Nutzung für einen Wochenmarkt gewidmet ist, folgt aus dieser Widmung zugleich, dass die Einrichtung einem Dritten insoweit nur zur Nutzung überlassen wird, wenn die Veranstaltung auch als Wochenmarkt festgesetzt werden kann. Es liegt also im Ermessen der Gemeinde, in welchem Umfang sie die Einrichtung der Öffentlichkeit zur Verfügung stellt (*Wagner*, in: Friauf, § 69 Rdn. 8).

Die Gemeinde muss **sachgerechte Auswahlkriterien** verwenden (*Pielow*, 8 in: BeckOK, § 69 Rdn. 28), die sich wiederum an der Widmung der öffentlichen Einrichtung ausrichten müssen. In der Rechtsprechung wird teils eine **öffentliche Ausschreibung** mit festgelegten Auswahlkriterien und eine daran orientierte Auswahl gefordert (so zur Festsetzung *VG Köln* NVwZ-RR 2009, 337).

In Betracht kommen formelle (**Los**, **Rotation**) und materielle Kriterien, 9 wobei letztere am Veranstalter (z. B. das Kriterium „**bekannt und bewährt**") oder an der Veranstaltung (**Attraktivität**) anknüpfen können (vgl. mit Blick auf § 69 *VG Hannover* GewArch 2008, 303; *VG Köln* NVwZ-RR 2009, 327 [328 f.]). Wird auf die Attraktivität abgestellt, richtet sich deren Beurteilung nach dem Widmungszweck der Einrichtung.

Allein das Abstellen auf das Kriterium „bekannt und bewährt" kann den 10 **Grundsatz der Wettbewerbsneutralität** verletzen, da dann Vorrangstellungen einzelner Veranstalter verfestigt werden. Bedenklich ist daher ein Auswahlverfahren, dessen zentraler Bestandteil eine Umfrage unter Marktbeschickern ist, um dadurch den am besten geeigneten Marktveranstalter zu ermitteln (gebilligt aber durch *VG Hannover* GewArch 2008, 303): Hier ist zu befürchten, dass ein bekannter und bewährter Veranstalter den Vorzug erhält und Neubewerber unangemessen benachteiligt werden (vgl. *Schönleiter*, in: Landmann/Rohmer I, § 69 Rdn. 14; *Wagner*, in: Friauf, § 69 Rdn. 9).

11 Mit dem Grundsatz der Wettbewerbsneutralität lässt sich eine sog. Schutzfrist, welche die Attraktivität einer Veranstaltung durch ein befristetes Verbot gleichartiger Nutzungen der Einrichtung erhöhen soll, nur dann vereinbaren, wenn die zu schützende Veranstaltung dem öffentlichen Interesse dient und durch eine konkurrierende Nutzung der betreffenden Einrichtung in ihrem Bestand gefährdet wird, so *HessVGH* NJW 1987, 145 („Versteigerungshalle"); großzügiger demgegenüber *OVG NRW* NVwZ 1987, 51 („Zirkusveranstaltungen") mit Blick auf das Ziel der „Sicherung eines attraktiven Unterhaltungsangebotes" (näher *Wagner*, in: Friauf, § 69 Rdn. 9).

3. Verhältnis zu anderen Erlaubnissen

12 Die Festsetzung entfaltet **keine Konzentrationswirkung** (*Guckelberger* Jura 2007, 598 [605]), ersetzt also andere Erlaubnisse nicht. So können Veranstaltungen auf öffentlichem Straßenraum nach **Straßenrecht** als Sondernutzung (vgl. insoweit *Grote*, in: Kodal/Krämer, Straßenrecht, 6. Aufl. 1999, S. 693 ff. m. w. N.) oder nach **Straßenverkehrsrecht** gem. § 29 II StVO (dazu *Hentschel* Straßenverkehrsrecht, 40. Aufl. 2009, § 29 StVO Rdn. 4) erlaubnispflichtig sein.

Eine festgesetzte Veranstaltung kann noch einer Erlaubnis oder Befreiung nach **landesrechtlichem Sonn- und Feiertagsrecht** bedürfen (*HessVGH* GewArch 1998, 242 [243]; unten § 69 a Rdn. 29 ff.).

II. Festsetzung (Abs. 1)

1. Festsetzungsvoraussetzungen (S. 1)

13 a) **Antrag des Veranstalters.** Die Festsetzung kann nur auf Antrag des Veranstalters erfolgen. Die Behörde kann den auf die Festsetzung mehrerer Marktveranstaltungen gerichteten Antrag grundsätzlich von Amts wegen bezüglich der einzelnen Veranstaltungen aufspalten (*VG Gelsenkirchen* GewArch 1987, 236 f.; siehe aber unten Rdn. 46).

14 aa) **Veranstalter.** Veranstalter ist diejenige natürliche oder juristische Person, die nach den für die betreffende Veranstaltung geltenden Teilnahmebestimmungen gegenüber den Ausstellern, Anbietern und Besuchern Rechte erwirbt und Verpflichtungen eingeht (vgl. MarktgewVwV Nr. 3.1.1). Entscheidend ist, wer tatsächlich die maßgeblichen Entscheidungen trifft (insb. über den Abschluss der Standmietverträge entscheidet) und das **wirtschaftliche Risiko** trägt (*Pielow*, in: BeckOK, § 69 Rdn. 3; *Wagner*, in: Friauf, § 69 Rdn. 23). Nimmt der Antragsteller faktisch nicht die vorstehend umrissene Person ein, etwa weil er einem Dritten Konzeption und Durchführung der Veranstaltung einschließlich der Auswahl der Beschicker vollständig überlässt, fehlt es an der Veranstaltereigenschaft i.S.d. §§ 64 ff., sodass der Antrag nach § 69 a I Nr. 1 abzulehnen ist (§ 69 a Rdn. 3). Der Veranstalter muss nicht selbst Gewerbetreibender sein (*Pielow*, in: BeckOK, § 69 Rdn. 3; *Schönleiter*,

Festsetzung **§ 69**

in: Landmann/Rohmer I, 69 Rdn. 8; *Wagner,* in: Friauf, § 69 Rdn. 25; **a. A.** *Fischer* GewArch 2006, 109 [114]). Veranstalter können daher auch Kommunen sein (siehe unten Rdn. 47 ff.).

In Anlehnung an das Verständnis zum Gewerbetreibenden (vgl. § 1 **15** Rdn. 74 ff.) können nichtrechtsfähige Personengesellschaften und nichtrechtsfähige Vereine nicht selbst Veranstalter sein. Bei einer oHG, KG oder BGB-Gesellschaft wären demnach die geschäftsführenden Gesellschafter als Veranstalter einzustufen (ebenso *Wagner,* in: Friauf, § 69 Rdn. 2).

bb) Antragsform und -inhalt. Für den Antrag ist keine besondere **16 Form** vorgeschrieben. Da er aber die zur Beurteilung der Veranstaltung notwendigen Angaben enthalten muss, ist er normalerweise schriftlich bei der zuständigen Behörde (§ 155 II) zu stellen.

Zum **Antragsinhalt** zählen alle Angaben, die für die Festsetzung erforder- **17** lich sind. Dies sind gem. § 69 I I zunächst der genaue Gegenstand der Veranstaltung, die Dauer, Öffnungszeiten (zum Verhältnis zum Ladenschlussgesetz siehe vor § 64 Rdn. 4) und der genaue Veranstaltungsort. Zum anzugebenden Gegenstand der Veranstaltung gehören auch Art und Umfang der angebotenen Waren, die Anzahl der Aussteller sowie der erwartete Teilnehmerkreis (zur Klassifizierung anhand der Legaldefinitionen der §§ 64 ff.).

b) Voraussetzungen der §§ 64 ff. Materielle Festsetzungsvoraussetzung **18** ist, dass die geplante Veranstaltung unter eine der Legaldefinitionen gem. §§ 64 ff. (Messe, Ausstellung, Groß-, Wochen-, Spezial- oder Jahrmarkt) subsumiert werden kann (*HambOVG* GewArch 1986, 129 f.). Gem. **§ 60 b II** kann auch ein Volksfest festgesetzt werden.

c) Nichtvorliegen eines Ablehnungsgrundes gem. § 69 a I. Negative **19** Voraussetzung der Festsetzung ist, dass keiner der Ablehnungsgründe des § 69 a I gegeben ist (dazu § 69 a Rdn. 2 ff.).

2. Festsetzungsentscheidung

a) Zuständige Behörde. Die Zuständigkeit zur Festsetzung richtet sich **20** nach Landesrecht (§ 155 II). Zu beachten ist die **Festsetzungsfiktion nach § 6 a II** (dort Rdn. 4 ff.), wenn der Antrag auf Festsetzung nicht innerhalb einer Frist von drei Monaten beschieden ist.

Förmliche **Anhörungspflichten** bestehen nicht, da es sich nicht um einen belastenden Verwaltungsakt i. S. d. § 28 I VwVfG handelt. Die Verwaltungspraxis praktiziert freilich die Beteiligung anderer Behörden (vgl. MarktgewVwV Nr. 3.1.2; näher *Wagner,* in: Friauf, § 69 Rdn. 19). Ein Verstoß gegen diese Praxis oder gegen etwaige Verwaltungsvorschriften ist aber für sich rechtlich irrelevant.

b) Festsetzungsinhalt. Die Festsetzung erstreckt sich auf **Gegenstand,** **21 Zeit, Öffnungszeiten und Platz** der durchzuführenden Veranstaltung. Zum Gegenstand zählt namentlich das Warenangebot. Der Festsetzungsinhalt bestimmt die Reichweite der Durchführungspflicht nach Abs. 2 (unten Rdn. 50 ff.). Zu Rechtsfolgen des Abweichens einer Veranstaltung vom Fest-

setzungsinhalt siehe § 69 b Rdn. 27 ff. sowie *Wagner*, in: Friauf, § 69 Rdn. 45 a.
Zur **Ablehnung** einer Festsetzung siehe § 69 a.

22 c) **Rechtsnatur.** Die Festsetzung erfolgt **für jeden Fall der Durchführung** (siehe aber § 69 I 2; unten Rdn. 33). Eine besondere Form der Festsetzung ist nicht vorgeschrieben; sie erfolgt aber sinnvollerweise durch **schriftlichen Bescheid**.
Hinsichtlich der Rechtswirkungen der Festsetzung ist zwischen dem Veranstalter und den Beschickern zu unterscheiden.

23 aa) **Rechtswirkungen für Veranstalter.** Gegenüber dem Veranstalter handelt es sich um einen begünstigenden und zugleich belastenden **Verwaltungsakt** (*Schönleiter*, in: Landmann/Rohmer I, § 69 Rdn. 22), und zwar selbst dann, wenn die Festsetzung durch eine Gemeinde zugunsten der Gemeinde selbst als Veranstalterin erteilt wird (*HessVGH* GewArch 2003, 426 f.; *Steinweg* GewArch 2004, 101 ff.). Die **Begünstigung** liegt nicht in der Erteilung einer Genehmigung, da die Veranstaltungen i. S. d. §§ 64 ff. auch ohne Festsetzung möglich sind (näher *Wagner*, in: Friauf, § 69 Rdn. 35). Die begünstigende Wirkung entfaltet sich vielmehr in einem gewissen Bestandsschutz (vgl. § 69 b). Diese Begünstigung ermöglicht die Verbindung der Festsetzung mit Auflagen gem. § 69 a II (vgl. § 36 II Nr. 4 VwVfG: „Begünstigten"). Die mit der Festsetzung gesetzlich verknüpfte **Belastung** liegt entweder in der Durchführungspflicht nach Abs. 2 (für Wochen-, Jahr- und Spezialmärkte; unten Rdn. 50 ff.) oder in den Anzeigepflichten nach Abs. 3 (für Messen, Ausstellungen und Großmärkte). Hinzu treten u. U. die Beschränkungen des § 71. Die Festsetzung enthält **keine Beleihung** des Veranstalters (*Hilderscheid* GewArch 2008, 54 [55]).

24 bb) **Rechtswirkungen für Beschicker und Besucher.** Die Festsetzung enthält eine Zustandsregelung, die eine bestimmte rechtserhebliche Eigenschaft des Marktes – Unterwerfung unter die Vorschriften des Titels IV der GewO – begründet und dadurch Rechte der **Beschicker und Aussteller** begründet. Sie haben einen Anspruch gegen den Veranstalter auf Zulassung (§ 70 I; sog. Marktfreiheit). Nach Zulassung kommen sie in den Genuss der sog. Marktprivilegien. **Besucher** haben nach § 71 u. U. ein Recht auf entgeltfreien Besuch.

25 Wegen dieser **dinglichen** und widmungsähnlichen Wirkung weist die Festsetzung insoweit Züge einer **Allgemeinverfügung** i. S. d. § 35 S. 2 VwVfG auf (*Pielow*, in: BeckOK, § 69 Rdn. 19; *Schönleiter*, in: Landmann/Rohmer I, § 69 Rdn. 25; *Wagner*, in: Friauf, § 69 Rdn. 36; *Wirth* GewArch 1986, 46 [48]; teils **a. A.** *Frotscher*, in: Schmidt, Öffentliches Wirtschaftsrecht, BT I, 1995, § 1 Rdn. 171: Allgemeinverfügung nur bei Kommune als Veranstalterin).

26 cc) **Verwaltungsakt mit Mehrfachwirkung.** Die Festsetzung ist damit ein Verwaltungsakt mit Mehrfachwirkung (*Pielow*, in: BeckOK, § 69 Rdn. 20; *Schönleiter*, in: Landmann/Rohmer I, § 69 Rdn. 25; **a. A.** *Hösch* GewArch 1996, 402 [403]: einfacher Verwaltungsakt gegenüber dem Veranstalter): Gegenüber dem Veranstalter ist sie ein zugleich begünstigender und belasten-

Festsetzung **§ 69**

der Verwaltungsakt (Verwaltungsakt mit Doppelwirkung); gegenüber den Beschickern und Besuchern wirkt sie ähnlich einer dinglichen Allgemeinverfügung.

dd) Gebühren. Die Festsetzung ist gebührenpflichtig (zur Bemessung siehe *HambOVG* GewArch 1989, 132). 27

d) Rechtsschutz. aa) Veranstalter. Bei der Festsetzung handelt es sich um eine **gebundene Entscheidung**. Wenn die jeweiligen Voraussetzungen der §§ 64 – 68, 60 b erfüllt sind und kein Ablehnungsgrund i. S. d. § 69 a vorliegt, muss die Festsetzung erfolgen; zu Auflagen siehe § 69 a Rdn. 46 ff. Der Veranstalter hat in diesem Fall einen **Rechtsanspruch**, den er mit der Verpflichtungsklage gerichtlich durchsetzen kann. Zum Rechtsschutz gegen Maßnahmen nach §§ 69 a, 69 b siehe dort. 28

bb) Aussteller, Beschicker, Besucher. In Bezug auf die Rechte der Aussteller etc. ist zu trennen zwischen der Rechtslage vor und nach erfolgter Festsetzung (vgl. *OVG RhPf.* GewArch 1992, 237 [238]). Rechte der Aussteller und Beschicker (u. U. auch der Besucher, vgl. § 71) entstehen erst im Falle einer und nach Maßgabe dieser Festsetzung (Rdn. 24). Bei im Vorfeld anzustellenden Erwägungen im Interesse dieses Personenkreises handelt es sich um einen bloßen **Rechtsreflex**. Bis zur Festsetzung existiert keine Norm, die (auch) ihre Interessen schützen soll. Potenzielle Aussteller, Beschicker und Besucher haben daher **keinen Anspruch auf Festsetzung**, sodass sie von vornherein nicht klagebefugt sind (*OVG RhPf.* GewArch 1992, 237; *OVG Berlin* DVBl. 1965, 530 [532]; *OVG NRW* GewArch 1957, 29 [31]; *VG Berlin* GewArch 1985, 337; *Wagner*, in: Friauf, § 69 Rdn. 42; *Schönleiter*, in: Landmann/Rohmer I, § 69 Rdn. 28; *Wirth* Marktverkehr, Marktfestsetzung, Marktfreiheit, 1985, S. 148; *ders.* GewArch 1986, 46 [49]; *Müller* GewArch 1976, 353 [358]). Sie haben auch gegen den prospektiven Veranstalter keinen Anspruch darauf, dass dieser einen Antrag auf Festsetzung stellt (*OVG RhPf.* GewArch 1992, 237). 29

Zum Rechtsschutz der Aussteller gegen eine Aufhebung der Festsetzung nach § 69 b siehe dort Rdn. 26. Zum Anspruch der Veranstaltungsteilnehmer auf Erlass von Auflagen i. S. d. § 69 a I Nr. 3 siehe § 69 a Rdn. 55.

cc) Anwohner. Anwohnern kann unter bestimmten Voraussetzungen zur Durchsetzung anerkannter nachbarrechtlicher Positionen eine Klagebefugnis für eine Anfechtungsklage gegen die Festsetzung einer Veranstaltung oder für eine Verpflichtungsklage auf Erlass von Auflagen zustehen (*Frers* GewArch 1989, 73 [74 f.]; näher § 69 a Rdn. 55). Hinzu kommt nach Festsetzung die Möglichkeit zivilrechtlicher Klagen gegen den Veranstalter etwa zur Abwehr von Lärmbelästigungen (vgl. §§ 1004 I, 906 I BGB; dazu *BGH* NJW 1990, 2465 ff.). 30

dd) Örtlicher Handel. Veranstaltungen i. S. d. §§ 64 – 68 können zur Konkurrenz des örtlichen Einzel- und Großhandels werden. Die wirtschaftlichen Interessen des örtlichen Handels werden aber durch §§ 64 ff. nicht geschützt, sodass eine Anfechtungsklage gegen die Festsetzung schon mangels 31

§ 69 Titel IV. Messen, Ausstellungen, Märkte

Klagebefugnis ausscheidet. Eine **Ausnahme** gilt für den Fall des § 69 a I Nr. 4 (dazu § 69 a Rdn. 42).

32   e) **Verhältnis der Festsetzung zu Genehmigungserfordernissen.** Die Festsetzung ersetzt nicht nach anderen gesetzlichen Vorschriften erforderliche Erlaubnisse.

3. Festsetzungsdauer (Abs. 1 S. 2)

33   Grundsätzlich erfolgt nach dem Gesetzeswortlaut (S. 1) eine Festsetzung „für jeden Fall der Durchführung" einzeln (oben Rdn. 22). Auf Antrag können jedoch nach S. 2, sofern Gründe des öffentlichen Interesses nicht entgegenstehen, Volksfeste und Märkte für einen längeren Zeitraum oder auf Dauer, Messen und Ausstellungen für die innerhalb von zwei Jahren vorgesehenen Veranstaltungen festgesetzt werden. S. 2 ermöglicht also, was insbesondere bei wöchentlich stattfindenden Märkten üblich ist, eine auf längere Sicht hin erfolgende Festsetzung.

34   a) **Antrag.** Voraussetzung der auf längere Sicht hin erfolgenden Festsetzung ist ein entsprechender Antrag des Veranstalters, der mit dem Antrag nach S. 1 verbunden werden kann.

35   b) **Kein entgegenstehendes öffentliches Interesse.** Negative Tatbestandsvoraussetzung der auf längere Sicht hin erfolgenden Festsetzung ist, dass nicht Gründe des öffentlichen Interesses entgegenstehen. Bei dem Begriff des öffentlichen Interesses handelt es sich um einen unbestimmten Gesetzesbegriff, der **vollständiger gerichtlicher Prüfung** unterliegt.

36   Bei der Auslegung kann zunächst auf die in § 69 a I Nr. 3 enthaltenen Beispiele öffentlicher Interessen („insbesondere") zurückgegriffen werden. Zu den öffentlichen Interessen zählen auch **städte- und verkehrsplanerische Erwägungen** (*Wagner*, in: Friauf, § 69 Rdn. 34).

37   Ferner besteht ein öffentliches Interesse an einem **fairen Wettbewerb konkurrierender Veranstaltungen**, sodass sich deshalb eine zu lange Festsetzungsdauer in Kombination mit kurzen Zeitabständen zwischen zwei Veranstaltungen verbietet, wenn anderenfalls konkurrierende Veranstaltungen nicht festgesetzt werden könnten (*OVG RhPf.* GewArch 1987, 338 [339]; *Schönleiter*, in: Landmann/Rohmer I, § 69 Rdn. 11). Dieses Problem stellt sich insb. dann, wenn man für die Ermittlung des „größeren Zeitabstandes" i. S. d. § 68 nicht nur auf eine bestimmte, sondern auch auf die konkurrierende Veranstaltung abstellt (dazu § 68 Rdn. 7). Vor diesem Hintergrund wird eine Festsetzung auf Dauer nur in Betracht kommen, wenn die Kommune selbst die Veranstaltung im Einklang mit dem Kommunal(wirtschafts)recht im Rahmen der Daseinsvorsorge durchführen will (§ 69 a Rdn. 39 a. E.; *Ley* Rechtshandbuch der Märkte und Volksfeste, 2008, Rdn. 154).

38   Der Behörde ist bei Vorliegen besonderer Umstände gestattet, vor Festsetzung einer Veranstaltung, zumal für mehrere Termine, **abzuwarten**, ob noch andere Veranstalter ähnliche Veranstaltungen festsetzen lassen wollen, um zu verhindern, dass die zuerst festgesetzte Veranstaltung die Festsetzung der nachfolgenden verhindert und dadurch der Wettbewerb beeinträchtigt wird (*VG Ansbach* GewArch 1998, 114; *Wagner*, in: Friauf, § 69 Rdn. 34). Demge-

genüber unzulässig sind aber eigenständige Anfragen der Behörde bei etwaigen Konkurrenten.
Über das (passive) Abwarten i. S. d. Rdn. 38 hinaus wird vielfach ein (aktives) **Markterkundungsverfahren** angezeigt sein, um für den Fall einer längerfristigen oder gar dauerhaften Festsetzung zu ermitteln, ob es andere Interessenten gibt. Wenn auch ohne Markterkundung feststeht, dass mit mehreren Interessenten zu rechnen sein wird oder nicht auszuschließen ist, dass innerhalb des Zeitraums der Festsetzung ein anderer Interessent sich einstellen könnte, ist die Festsetzungsbehörde zur **öffentlichen Ausschreibung** der Festsetzung gehalten. Dies folgt zum einen aus den Grundfreiheiten des Unionsrechts (*VG Köln* NVwZ-RR 2009, 327 [328]): Wenn etwa die Kommune (als Festsetzungsbehörde) ein Interesse an der Durchführung der Veranstaltung durch einen Dritten hat (z. B. bei einem traditionellen Weihnachtsmarkt), ist die Festsetzung als Dienstleistungskonzession zu verstehen, die zwar nicht dem europäisierten Vergaberecht unterfällt (*Wagner*, in: Friauf, § 69 Rdn. 34; *Donhauser* NVwZ 2010, 931 [935]), wegen der Geltung der Grundfreiheiten dennoch eine transparente und nachvollziehbare Auswahlentscheidung unter den Interessenten verlangt. Diese Transparenz ist am ehesten durch eine öffentliche Ausschreibung mit festgelegten Auswahlkriterien und daran orientierter Auswahl zu erreichen. Zum anderen verlangt auch die Gewerbefreiheit nach § 1 eine transparente und sachlich begründete Auswahl, sodass auch deutsches Recht eine öffentliche Ausschreibung zumindest nahe legt (*VG Köln* NVwZ-RR 2009, 327 [329]). 39

Wenn die Kommune selbst die Veranstaltung durchführen will und die Festsetzung begehrt, kommt ihr regelmäßig ein Vorrang vor privaten Konkurrenten zu (§ 69 a Rdn. 39 a. E.), weil die Durchführung traditioneller und traditionsbildender Volksfeste, Weihnachtsmärkte u.ä. zur kommunalen Daseinsvorsorge zählt. Nach Auffassung des *BVerwG* dürfen sich Kommunen dieser Aufgabe zudem nicht entledigen, sodass nur eine formelle oder funktionale Privatisierung (mit hinreichenden Einwirkungsmöglichkeiten der Kommune) möglich ist, nicht jedoch eine materielle (*BVerwG* GewArch 2009, 484 [486]; zu Recht hierzu krit. *Donhauser* NVwZ 2010, 931 [934]; *Schoch* DVBl. 2009, 1533 ff.; *Winkler*, JZ 2009, 1169 ff.). 40

c) Ermessen. Wenn kein öffentliches Interesse entgegensteht, steht die Festsetzung für einen längeren Zeitraum (anders die Festsetzung für die einzelne Durchführung; siehe oben Rdn. 28) im Ermessen der Behörde. 41

aa) Ermessensgrenzen. Ermessensgrenzen bestehen darin, dass bei Messen und Ausstellungen die Festsetzung längstens für die innerhalb von zwei Jahren (ab Beginn der ersten Veranstaltung; vgl. *Schönleiter*, in: Landmann/Rohmer I, § 69 Rdn. 10) vorgesehenen Veranstaltungen erfolgen kann. Damit ist sichergestellt, dass sich wandelnden Verhältnissen sowie etwaigen Änderungen des Charakters der Veranstaltung ausreichend Rechnung getragen werden kann. Bei Volksfesten und sämtlichen Märkten kann die Festsetzung nicht nur für einen längeren Zeitraum, sondern sogar auf Dauer erfolgen. 42

§ 69 Titel IV. Messen, Ausstellungen, Märkte

43 **bb) Ermessensdirektiven.** Im Übrigen hat sich die Ermessensausübung nach dem Charakter der jeweiligen Veranstaltung zu richten. Einen traditionsreichen kommunalen Markt wird man durchaus auf Dauer festsetzen können. Neu entstehende Märkte sollten aus Gründen der Wettbewerbssicherung nicht zu langfristig festgesetzt werden, um Monopolen vorzubeugen. Zum Auswahlermessen bei Anträgen auf Festsetzung konkurrierender, sich gegenseitig ausschließender Veranstaltungen siehe § 69 a Rdn. 6 ff.

44 **cc) Entscheidungsmöglichkeiten.** Das Ermessen bezieht sich nur auf die Festsetzungsdauer als solche, nicht auf die Festsetzung einzelner Durchführungstermine innerhalb des Zeitraums. Die Behörde kann also zum einen antragsgemäß die Festsetzung auf einen längeren Zeitraum erstrecken, zum anderen den Antrag völlig ablehnen oder die Festsetzung nur auf einen Teil des beantragten Zeitraums erstrecken.

45 Diese **Teilablehnung** des Antrags nach S. 2 kommt aber nur in Betracht, wenn der Antrag als Minus auch eine teilweise Festsetzung der Verlängerungsdauer umfasst. Daran kann es fehlen, wenn der Antragsteller erkennen lässt, dass für ihn nur die antragsgemäße Festsetzungsdauer wirtschaftlich sinnvoll ist („alles oder nichts"; *VG Gelsenkirchen* GewArch 1987, 236).

46 Die Behörde kann jedoch weder andere Termine festsetzen (dafür fehlt es schon am Antrag) noch einzelne Termine innerhalb des Zeitraums streichen, indem sie etwa nur jeden zweiten festsetzt (*OVG RhPf.* GewArch 1986, 231 [232]; *Schönleiter*, in: Landmann/Rohmer I, § 69 Rdn. 13; *Wagner*, in: Friauf, § 69 Rdn. 33). Möglich ist nur, die Festsetzung auf den ersten Termin zu begrenzen (also den Antrag nach S. 2 abzulehnen) oder den Festsetzungszeitraum kürzer anzusetzen als beantragt (etwa statt beantragter zehn Termine innerhalb eines Jahres nur die ersten fünf).

4. Kommune als Veranstalterin

47 **a) Verwaltungsakt.** Auch von den Kommunen selbst durchgeführte Märkte können festgesetzt werden und unterfallen dann den gleichen Voraussetzungen und Rechtsfolgen wie festgesetzte Märkte privater Veranstalter. Ist die Gemeinde nach der landesrechtlichen Zuständigkeitsverteilung zugleich Festsetzungsbehörde und Veranstalterin, fehlt es in Bezug auf den Veranstalter als Adressaten an der für einen Verwaltungsakt erforderlichen Außenwirkung. Die erfolgte Festsetzung führt aber sehr wohl zur Unterstellung der kommunalen Marktveranstaltung unter die Vorgaben des Titels IV der GewO und begründet insb. Rechte der Beschicker und Aussteller. Die Festsetzung ist also weiterhin Voraussetzung der Marktfreiheit und -privilegien. Sie ist deshalb bei der gebotenen differenzierten Betrachtung (siehe oben Rdn. 26) aus der Adressatenperspektive aus Sicht der veranstaltenden Kommune eine intrakorporative Organisationsmaßnahme, hingegen aus der Sicht der Beschicker und Aussteller als zugleich externe Wirkungen implizierende Maßnahme in Gestalt einer **dinglichen Allgemeinverfügung** und damit als **Verwaltungsakt** zu qualifizieren (ebenso *Wagner*, in: Friauf, § 69 Rdn. 36; *Frotscher*, in: Schmidt, Öffentliches Wirtschaftsrecht, BT I, 1995, § 1 Rdn. 171; **a. A.** *Ehlers*, in: Achterberg/Püttner, BesVwR I, 2. Aufl. 2000, Kap. 1 § 2 Rdn. 76; *Widera*, VR 1986, 17 [18]; *Hösch* GewArch 1996, 402 [404]: kein Verwal-

Festsetzung **§ 69**

tungsakt). Auch bei einer Kommune als Veranstalterin haben die potenziellen Beschicker oder Aussteller gegen sie kein subjektiv-öffentliches Recht auf Festsetzung (*OVG RhPf.* GewArch 1992, 237).

Wenn eine kommunale **Eigengesellschaft** Veranstalterin ist (dazu *Gröpl* 48 GewArch 1995, 367 [370]), stellt die Festsetzung auch im Verhältnis der Festsetzungsbehörde zur Veranstalterin, dem Tochterunternehmen als einer eigenständigen Rechtsträgerin, einen Verwaltungsakt dar.

b) Abgrenzungsfragen. Anhand objektiver Kriterien ist zu ermitteln, 49 ob eine gewerberechtliche Festsetzung erfolgt ist, ob eine öffentliche Einrichtung i. S. d. Kommunalrechts vorliegt (dazu Rdn. 3) oder ob die Gemeinde lediglich einen „Privatmarkt" durchführt. Die bloße Veröffentlichung von Anmelde- und Teilnahmebestimmungen der durchzuführenden Veranstaltung reicht dabei zur Annahme einer Festsetzung nach § 69 nicht aus (*BayVGH* GewArch 1982, 98). Ebenso wenig ersetzt eine kommunalrechtliche Widmung des Marktes zu einer öffentlichen Einrichtung eine gewerberechtliche Festsetzung (ausführlich dazu *Wirth* Marktverkehr, Marktfestsetzung, Marktfreiheit, 1985, S. 149 ff.). Selbst bei Wahl einer privatrechtlichen Organisations- resp. Handlungsform bleibt die Gemeinde als Teil der vollziehenden Gewalt i. S. v. Art. 1 III GG aber an die Grundrechte und des Weiteren auch an allgemeine Grundsätze des Verwaltungshandelns − wie Respektierung der Kompetenzgrenzen und allg. Abgabenprinzipien − gebunden (*BGHZ* 52, 325 [327 f.]; *Jarass*, in: ders./Pieroth, GG, Art. 1 Rdn. 38; *Tettinger/Erbguth/Mann* BesVwR, 9. Aufl. 2010, Rdn. 256; siehe auch unten § 71 Rdn. 13, 15).

III. Durchführungspflicht (Abs. 2)

Für den Veranstalter eines **Wochen-, Jahr- oder Spezialmarktes oder** 50 **eines Volksfestes** (vgl. § 60 b II) ergibt sich nach Maßgabe der Festsetzung eine Durchführungspflicht im zeitlich und örtlich festgesetzten Rahmen. Diese unbedingte Verpflichtung besteht bis zur Aufhebung oder Änderung der Festsetzung durch die zuständige Behörde nach § 69 b III 2.

Für andere Veranstaltungen besteht keine Durchführungspflicht, aber die Anzeigepflicht nach Abs. 3 (unten Rdn. 54).

1. Indienstnahme Privater

Rechtlich handelt es sich bei der Durchführungspflicht um eine Indienst- 51 nahme Privater − nicht Beleihung mangels Übertragung hoheitlicher Befugnisse auf den Veranstalter −, da dem Veranstalter auf gesetzlicher Grundlage bestimmte Handlungspflichten auferlegt werden. Privates Verhalten wird im öffentlichen Interesse durch die Statuierung bestimmter Verhaltenspflichten gemeinwohlkonform gelenkt (dazu *Wirth* Marktverkehr, Marktfestsetzung, Marktfreiheit, 1985, S. 126 ff.; allgemein B*VerfGE* 22, 380 [383]; 30, 292 [310 ff.]). Zwar kann dadurch der Schutzbereich des Art. 12 GG bei einem privaten Veranstalter tangiert werden (**a. A.** *Wirth* aaO, S. 127 f.), es handelt sich aber lediglich um eine **Berufsausübungsregelung**, die sich auf ver-

§ 69a Titel IV. Messen, Ausstellungen, Märkte

nünftige Gründe des Allgemeinwohls (Schutz der Beschicker, Aussteller und Besucher) stützen kann und zumutbar erscheint, mithin im Ergebnis gerechtfertigt ist, zumal der Veranstalter es durch seine Antragstellung selbst in der Hand hat, diese Rechtsfolgen herbeizuführen oder nicht (ebenso *Pielow*, in: BeckOK, § 69 Rdn. 47).

2. Kommune als Veranstalterin

52 Tritt eine Kommune selbst als Veranstalterin auf, so ist mit Blick auf die gesetzlich statuierte Durchführungspflicht eine Verletzung von **Art. 28 II 1 GG** nicht gegeben, da auch hier an eine Eigeninitiative angeknüpft wird und zudem der Kernbereich der kommunalen Selbstverwaltungsgarantie gar nicht berührt wird (*Pielow*, in: BeckOK, § 69 Rdn. 48; *Wirth* Marktverkehr, Marktfestsetzung, Marktfreiheit, 1985, S. 127 f.).

3. Rechtsfolgen bei Pflichtverletzungen

53 Die – nicht bußgeldbewehrte – Pflicht nach Abs. 2 kann im Wege des **Verwaltungszwangs** durchgesetzt werden.

Ansprüche potenzieller Beschicker gegen den die Durchführungspflicht verletzenden Veranstalter können sich – ggf. neben vertraglichen Ansprüchen – aus § 823 II BGB i. V. m. § 69 II ergeben; Abs. 2 ist **Schutzgesetz i. S. d. § 823 II BGB** (*Schönleiter*, in: Landmann/Rohmer I, § 69 Rdn. 39; *Wagner*, in: Friauf, § 69 Rdn. 49).

IV. Anzeigepflicht (Abs. 3)

54 Für Großmärkte, Ausstellungen und Messen besteht keine Durchführungspflicht. Wird eine dieser Veranstaltungen nicht mehr durchgeführt, muss der Veranstalter dies der zuständigen Behörde (§ 155 II) unverzüglich (= ohne schuldhaftes Zögern) schriftlich anzeigen. Anderenfalls liegt eine **Ordnungswidrigkeit** gem. § 146 II Nr. 6 vor.

Darüber hinaus sind auch **vertragliche Schadensersatzansprüche** der Aussteller resp. Beschicker gegen den Veranstalter möglich.

§ 69a Ablehnung der Festsetzung, Auflagen

(1) **Der Antrag auf Festsetzung ist abzulehnen, wenn**
1. **die Veranstaltung nicht die in den §§ 64, 65, 66, 67 oder 68 aufgestellten Voraussetzungen erfüllt,**
2. **Tatsachen die Annahme rechtfertigen, daß der Antragsteller oder eine der mit der Leitung der Veranstaltung beauftragten Personen die für die Durchführung der Veranstaltung erforderliche Zuverlässigkeit nicht besitzt,**
3. **die Durchführung der Veranstaltung dem öffentlichen Interesse widerspricht, insbesondere der Schutz der Veranstaltungsteilnehmer vor Gefahren für Leben oder Gesundheit nicht gewährleistet**

Ablehnung der Festsetzung, Auflagen § 69a

ist oder sonstige erhebliche Störungen der öffentlichen Sicherheit oder Ordnung zu befürchten sind oder
4. die Veranstaltung, soweit es sich um einen Spezialmarkt oder einen Jahrmarkt handelt, vollständig oder teilweise in Ladengeschäften abgehalten werden soll.

(2) Die zuständige Behörde kann im öffentlichen Interesse, insbesondere wenn dies zum Schutz der Veranstaltungsteilnehmer vor Gefahren für Leben oder Gesundheit oder sonst zur Abwehr von erheblichen Gefahren für die öffentliche Sicherheit oder Ordnung erforderlich ist, die Festsetzung mit Auflagen verbinden; unter denselben Voraussetzungen ist auch die nachträgliche Aufnahme, Änderung und Ergänzung von Auflagen zulässig.

Übersicht

Rdn.

I. Vorbemerkung 1
II. Ablehnung der Festsetzung (Abs. 1) 2
  1. Ablehnungsentscheidung 2
  2. Nichterfüllung der jeweiligen Voraussetzungen der §§ 64 – 68 (Nr. 1) 3
    a) Falschbezeichnung 4
    b) Konkurrierende Veranstaltungen 5
  3. Unzuverlässigkeit (Nr. 2) 11
  4. Entgegenstehendes öffentliches Interesse (Nr. 3) 14
    a) Schutz der Veranstaltungsteilnehmer vor Gefahren für Leben oder Gesundheit 15
    b) Öffentliche Sicherheit 18
    c) Öffentliche Ordnung 36
    d) Sonstige öffentliche Interessen 39
  5. Veranstaltungen in Ladengeschäften (Nr. 4) 42
    a) Spezial- oder Jahrmarkt 43
    b) Vollständig oder teilweise 44
    c) In Ladengeschäften 45
III. Auflagen (Abs. 2) 46
  1. Voraussetzungen 47
    a) Öffentliches Interesse 47
    b) Adressat 50
  2. Ermessen 51
  3. Rechtsschutz 55
  4. Rechtsfolgen bei Pflichtverletzungen 56

I. Vorbemerkung

§ 69 a gilt zunächst für die Veranstaltungen der §§ 64 – 68. Über § 60 b II finden die Versagungsgründe auch auf **Volksfeste** Anwendung. **1**

Die unbestimmten Gesetzesbegriffe in § 69 a unterliegen vollständiger gerichtlicher Kontrolle.

II. Ablehnung der Festsetzung (Abs. 1)

1. Ablehnungsentscheidung

2 Liegt einer der in Abs. 1 **abschließend** aufgezählten Ablehnungsgründe vor, so muss die Behörde die Festsetzung ablehnen; es handelt sich also um eine **gebundene Entscheidung**. Damit hat die Behörde folgende Entscheidungsmöglichkeiten: (1.) antragsgemäße Festsetzung, wenn kein Ablehnungsgrund vorliegt; (2.) (Voll-)Ablehnung bei Vorliegen eines Ablehnungsgrundes; (3.) Festsetzung mit Auflage gem. Abs. 2.

Die Behörde darf aber nicht von dem Festsetzungsantrag abweichen und etwa eine Veranstaltung, die zu unzulässiger Zeit oder an unzulässigem Ort stattfinden soll, zur zulässigen Zeit resp. zum zulässigen Ort festsetzen. Dann wäre der Veranstalter zur Durchführung einer Veranstaltung verpflichtet (§ 69 II), die er in dieser Art und Weise überhaupt nicht beabsichtigt (*BVerwG* GewArch 1987, 201 [202]).

2. Nichterfüllung der jeweiligen Voraussetzungen der §§ 64 – 68 (Nr. 1)

3 Die Ablehnung muss erfolgen, wenn die Veranstaltung nicht einem der in §§ 64 – 68 oder § 60 b aufgeführten Typen entspricht (*HambOVG* GewArch 1986, 129 ff.) oder der Antragsteller nicht der Veranstalter ist (§ 69 Rdn. 14). Bei einem Gemisch aus verschiedenen Merkmalen ist eine Festsetzung nicht möglich.

4 **a) Falschbezeichnung.** Bei einer objektiv falschen Bezeichnung der Veranstaltung im Antrag (z. B. Messe statt Ausstellung) kann eine Festsetzung unter dem richtigen Typus erfolgen, sofern der Veranstalter nicht auf einer Festsetzung entsprechend seinem Antrag beharrt (ebenso *Kresse/Engelsberger*, Recht der Messewirtschaft, 2006, S. 105). Die Behörde soll nicht ohne Weiteres befugt sein, die Verwendung einer der Festsetzung widersprechenden und damit falschen Bezeichnung zu untersagen, da die betreffenden Bezeichnungen als solche nicht gesetzlich geschützt sind so vielfach auch für Privatmärkte genutzt werden (vgl. *Vollmöller*, in: Schmidt/Vollmöller, Kompendium Öffentliches Wirtschaftsrecht, 3. Aufl. 2007, § 8 Rdn. 62). Wenn Wirtschaftskreise glauben, gegen eine unrichtige Bezeichnung wegen irreführender Werbung vorgehen zu sollen, so muss dies zivilgerichtlich im Rahmen der Rechtsschutzmöglichkeiten des UWG geschehen (*Wagner*, in: Friauf, § 69 a Rdn. 3; *Schönleiter*, in: Landmann/Rohmer I, § 69 a Rdn. 2).

5 **b) Konkurrierende Veranstaltungen.** Probleme ergeben sich, wenn zwei konkurrierende Veranstalter die Festsetzung für vergleichbare Veranstaltungen beantragen, die zeitlich und örtlich so nahe beieinander stattfinden sollen, dass es bei gesamtheitlicher Betrachtung am größeren Zeitabstand i. S. d. § 68 fehlt (zur Berücksichtigung konkurrierender Veranstaltungen bei der Berechnung des Zeitabstandes siehe § 68 Rdn. 7 ff.). Für sich hätte jede der Veranstaltungen die Voraussetzungen des § 68 I oder II erfüllt, sodass die Veranstalter einen Rechtsanspruch auf Festsetzung hätten. Berücksichtigt man

Ablehnung der Festsetzung, Auflagen § 69a

jeweils die andere Veranstaltung, läge ein Ablehnungsgrund i. S. d. § 69 a I Nr. 1 vor (vgl. *VG Augsburg* GewArch 2005, 83). Will man nicht auf Nr. 1 abstellen, gelangt man über Nr. 3 (öffentliches Interesse) ebenfalls zur Ablehnung (so *OVG Nds.* NVwZ-RR 2008, 776).

Nach § 69 steht die Entscheidung der Festsetzung zwar nicht im Ermessen 6
der Behörde (dort Rdn. 28). Die Festsetzung beider Veranstaltungen wäre aber gesetzeswidrig und darum rechtlich unzulässig, die Ablehnung beider Festsetzungsanträge unsinnig. Vor diesem Hintergrund kommt der Behörde in diesem Fall ein **Auswahlermessen** zu (*OVG Nds.* NVwZ-RR 2008, 776), welche Veranstaltung sie festsetzt. Die Festsetzungsbehörde muss **sachgerechte Auswahlkriterien** verwenden. In der Rechtsprechung werden teils eine **öffentliche Ausschreibung** mit festgelegten Auswahlkriterien und eine daran orientierte Auswahl gefordert (*VG Köln* NVwZ-RR 2009, 337).

Soweit die Anträge auf einmalig stattfindende Veranstaltungen abzielen, 7
wird man es für sachgerecht halten können, dem zeitlich früheren zulässigen Antrag stattzugeben (**Prioritätsprinzip**; so *VG Gelsenkirchen* GewArch 1989, 94 [96]; *VG Köln* NVwZ-RR 2009, 337); mit Stattgabe entsteht dann der Ablehnungsgrund des § 69 a I Nr. 1 für den anderen Antrag. Bei als wiederholt stattfindend konzipierten Veranstaltungen soll eine **Rotation** in Betracht kommen (*VG Köln* NVwZ-RR 2009, 337; *Wagner*, in: Friauf, § 69 Rdn. 34). Darüber hinaus werden auch materielle Auswahlkriterien (**Attraktivität des Veranstaltungskonzepts**) verwendet (*VG Hannover* GewArch 2008, 303; *VG Köln* NVwZ-RR 2009, 337).

Gegenüber der Einbeziehung der Attraktivität der festzusetzenden Veran- 8
staltung in die Auswahlentscheidung bestehen jedoch Bedenken. Das Prüfprogramm der Festsetzungsbehörde wird durch § 69 a umrissen; die Attraktivität der Veranstaltung zählt hierzu grundsätzlich nicht. Bei der Auswahl zur Festsetzung von Wochenmärkten wird man immerhin darauf abstellen können, dass diese der Versorgung der Bevölkerung mit frischen Lebensmitteln dienen (*OVG Nds.* NVwZ-RR 2008, 776 [777]), sodass die Qualität des Beitrags zur Versorgung ein Auswahlkriterium sein kann. Die Festsetzungsbehörde kann bei ihrer Auswahlentscheidung im Übrigen lediglich Aspekte berücksichtigen, welche im Zusammenhang mit den gewerberechtlichen Gefahrenabwehrzwecken stehen. Hierzu können z. B. **Auf- und Abbau- oder Finanzierungspläne** zählen (vgl. *VG Köln* NVwZ-RR 2009, 337), um den Bewerber zu ermitteln, der die ordnungsgemäße Durchführung der Veranstaltung am ehesten gewährleistet.

Das alleinige Abstellen auf das Kriterium „**bekannt und bewährt**" genügt 9
vor dem Hintergrund von Wettbewerbsgleichheit und Marktfreiheit jedoch nicht, weil sonst Newcomer einen Wettbewerbsnachteil gegenüber Altbewerbern haben (*VG Köln* NVwZ-RR 2009, 337). Bedenklich wäre daher ein Auswahlverfahren, dessen zentraler Bestandteil eine Umfrage unter Marktbeschickern ist, um dadurch den am besten geeigneten Marktveranstalter zu ermitteln (gebilligt durch *VG Hannover* GewArch 2008, 303; siehe aber *OVG Nds.* NVwZ-RR 2008, 776 [777]: Umfrage sei nur Entscheidungs*hilfe* gewesen). Hier ist zu befürchten, dass ein bekannter und bewährter Veranstalter den Vorzug erhält und Neubewerber unangemessen benachteiligt werden.

§ 69a Titel IV. Messen, Ausstellungen, Märkte

10   Von der Auswahlentscheidung der Festsetzungsbehörde ist die Zulassungsentscheidung der Kommune zu unterscheiden, wenn die Veranstaltung nur unter Nutzung einer kommunalen Einrichtung möglich ist. Die Kommune kann bei der Auswahl, welchem Bewerber sie ihre Einrichtung überlässt, entsprechend dem Widmungszweck Attraktivitätsaspekte berücksichtigen (§ 69 Rdn. 9).

3. Unzuverlässigkeit (Nr. 2)

11   Die erforderliche Zuverlässigkeit fehlt, wenn aufgrund von Tatsachen Anhaltspunkte dafür bestehen, dass der Gewerbetreibende nach dem Gesamteindruck seines bisherigen Verhaltens **bei der Durchführung der Veranstaltung** die öffentliche Sicherheit oder Ordnung verletzt, namentlich Rechtsgüter der Allgemeinheit oder Einzelner gefährden wird (*BVerwGE* 36, 288; NJW 1979, 772; NVwZ 1982, 503; *HessVGH* GewArch 1984, 22). Zur Zuverlässigkeit siehe im Übrigen § 35 Rdn. 27 ff.

12   Der Ablehnungsgrund des § 69 a I Nr. 2 ist zunächst erfüllt, wenn der **Antragsteller** unzuverlässig ist (zum Veranstalter siehe § 69 Rdn. 14 f.). Wird der Antrag von einer juristischen Person gestellt, ist auf die Zuverlässigkeit des gesetzlichen Vertreters abzustellen. Die Unzuverlässigkeit eines **Dritten** genügt, wenn dieser mit im Wesentlichen eigenverantwortlicher Regelung und Abwicklung der Veranstaltung betraut ist (ebenso *Kresse/Engelsberger*, Recht der Messewirtschaft, 2006, S. 108). Der ausdrücklichen Beauftragung steht es gleich, wenn der Veranstalter entsprechende Tätigkeiten eines Dritten duldet. Die Ausübung bloßer Hilfstätigkeiten im Vorbereitungsstadium reicht nicht.

13   § 69 a I Nr. 2 ist **nicht drittschützend**, sodass eine Drittanfechtung der Festsetzung mangels Klagebefugnis ohne Aussicht auf Erfolg ist (*OVG NRW* GewArch 1985, 382 [383]; *Pielow*, in: BeckOK, § 69 a Rdn. 7).

4. Entgegenstehendes öffentliches Interesse (Nr. 3)

14   Der Begriff „öffentliches Interesse" wird durch die beiden Beispiele in Nr. 3 konkretisiert, aber nicht abschließend umrissen.

15   **a) Schutz der Veranstaltungsteilnehmer vor Gefahren für Leben oder Gesundheit.** Nötig sind konkrete und **unmittelbar drohende Gefahren** für Leben oder Gesundheit; unterhalb der Schwelle zur unmittelbaren Gefahr für Leben und Gesundheit kann aber bereits eine Gefahr für die öffentliche Sicherheit vorliegen (*Wagner*, in: Friauf, § 69 a Rdn. 11).

16   Eine Ablehnung der Festsetzung kommt etwa in Betracht bei einer zu erwartenden Nichteinhaltung einschlägiger Hygieneschutzbestimmungen. Zu prüfen ist jedoch, ob nicht Auflagen nach Abs. 2 genügen, den Gesundheitsschutz sicherzustellen. Kann dies bejaht werden, liegt kein Ablehnungsgrund i. S. d. Nr. 3 vor.

17   § 69 a I Nr. 3 ist mit Blick auf den Schutz der Veranstaltungsteilnehmer eine **drittschützende** Norm (*Pielow*, in: BeckOK, § 69 a Rdn. 10). Daraus ergibt sich in Bezug auf den **Rechtsschutz**, dass die Veranstaltungsteilnehmer gegen die konkrete Ausgestaltung einer Festsetzung klagebefugt sein können,

Ablehnung der Festsetzung, Auflagen § 69a

wenn ihr Schutz vor konkreten Gefahren für Leben und Gesundheit nicht gegeben ist. Dieser Anspruch wird sich freilich in aller Regel nur auf Modifizierung der Festsetzung – etwa durch Beifügung von Auflagen – richten (unten Rdn. 55). Zum Rechtsschutz gegen eine Festsetzung siehe im Übrigen § 69 Rdn. 28 ff.

b) Öffentliche Sicherheit. Der Begriff der öffentlichen Sicherheit deckt 18 sich mit dem des allgemeinen Polizei- und Ordnungsrechts (*OVG NRW* GewArch 1984, 24 ff.; *Pielow*, in: BeckOK, § 69 a Rdn. 11). Die öffentliche Sicherheit gem. § 69 a I Nr. 3 umfasst mithin den **Bestand des Staates und seiner Einrichtungen, den Schutz der gesamten Rechtsordnung sowie den Schutz individueller Rechte und Rechtsgüter** (wie Leben, Gesundheit, Freiheit, Ehre und Vermögen). Die Festsetzung scheidet also aus, wenn die Durchführung der Veranstaltung zu einem **Verstoß gegen Bundes- oder Landesrecht** führt (vgl. *BVerwG* GewArch 2006, 164 [165]; Einzelfälle unten Rdn. 20 ff.). Soweit diese Rechtsnormen Drittschutz vermitteln, ist auch § 69 a I Nr. 3 drittschützend (*VG Köln* NWVBl. 2009, 233).

Allerdings verlangt § 69 a I Nr. 3 eine **erhebliche Störung** der öffentli- 19 chen Sicherheit. Nicht jeder Rechtsverstoß rechtfertigt damit eine Ablehnung der Festsetzung. Auch insoweit kann aber an gängige polizeirechtliche Einsichten angeknüpft werden, wo die Eingriffsschwelle partiell auf die Abwehr erheblicher Gefahren angehoben wurde (vgl. § 6 I Nr. 1 PolG NRW, § 15 I Nrn. 2 u. 3 PolG Bremen), worin dann nur Gefahren für bedeutsame Rechtsgüter wie Bestand des Staates, Leben, Gesundheit, Freiheit oder nicht unwesentliche Vermögenswerte einbezogen sein sollen (vgl. § 2 Nr. 3 c PolG Bremen, § 3 Nr. 3c SOG LSA, § 2 Nr. 1 NGefAG Nds., § 54 Nr. 3c OBG Thür.). Bei unerheblichen Störungen wäre eine Veranstaltung mangels Ablehnungsgrundes festzusetzen.

aa) Kommunalrecht, Straßenrecht. Eine Festsetzung ist nach § 69 a I 20 Nr. 3 abzulehnen, wenn es für ihre Durchführung Rechtshindernisse gibt, die insb. im Kommunal- und im Straßenrecht wurzeln können, z. B. wenn die Veranstaltung in einer öffentlichen Einrichtung stattfinden soll, deren Widmungszweck derartige Veranstaltungen keinesfalls zulässt; (vgl. oben § 69 Rdn. 4) oder wenn eine erforderliche straßenrechtliche Sondernutzungserlaubnis fehlt (*VG Darmstadt* GewArch 2007, 384). Allein die straßenrechtliche Erlaubnisfähigkeit genügt nicht zur Festsetzung; die Erlaubnis muss vielmehr vorliegen (oder im Falle der Festsetzung fingiert werden, wie es manche kommunale Satzungen vorsehen).

Aus dem Erfordernis einer kommunalrechtlichen Zulassung oder einer 21 straßenrechtlichen Sondernutzungserlaubnis folgt **kein Drittschutz**. Die Platzierung eines Weihnachtsmarktstandes vor dem Schaufenster eines Ladengeschäfts in einer Entfernung von 2,75m beeinträchtigt nicht den Anliegergebrauch des Ladeninhabers (*OVG RhPf* GewArch 2006, 82).

bb) Baurecht. Volksfeste, Jahrmärkte und ähnliche Veranstaltungen sind 22 wegen ihrer kurzen Dauer grundsätzlich in jedem Baugebiet zulässig (*VGH BW* DVBl. 1990, 1122; *VG Düsseldorf* GewArch 1981, 265 [266]). Ein Trödelmarkt (regelmäßig Jahrmarkt i. S. d. § 68 II, dort Rdn. 25) ist weder ein

§ 69a Titel IV. Messen, Ausstellungen, Märkte

großflächiger Einzelhandelsbetrieb noch ein Einkaufszentrum i. S. d. § 11 III BauNVO (*OVG NRW* GewArch 1995, 495). Für Messen und Ausstellungen sind besondere Baugebiete vorgesehen (§ 11 II BauNVO). Sie sind aber auch außerhalb dieser Gebiete nicht ausgeschlossen (vgl. § 11 III BauNVO).

23 **cc) Sperrzeiten.** In den einzelnen Bundesländern finden sich auf § 18 I GastG gestützte Rechtsverordnungen mit Sperrzeitregelungen (etwa § 9 GastV BW: Sperrzeit für öffentliche Vergnügungsstätten von 3 Uhr bis 6 Uhr; § 18 II GastV RhPf.: Sperrzeit für Volksfeste und Jahrmärkte von 22 Uhr bis 6 Uhr). Die Sperrzeiten gelten für die gesamte Veranstaltung, d. h. für alle Anbieter und Aussteller (*OVG NRW* GewArch 1985, 382 [383]). Die Festsetzungsbehörde ist an die Sperrzeiten gebunden und muss einen gegen Sperrzeiten verstoßenden Antrag nach § 69 I Nr. 3 ablehnen (*BVerwG* GewArch 1987, 201). Wenn die Festsetzung dagegen verstößt, ist sie rechtswidrig. Eine Verlängerung der Sperrzeiten ist zwar möglich; darüber entscheidet aber die für die Sperrzeitregelungen zuständige Behörde.

24 Die Sperrzeitregelungen dienen u. a. dem Schutz der Nachtruhe der Nachbarn und sind insoweit **drittschützend**, sodass eine Anfechtung der Festsetzung durch diesen Personenkreis in Betracht kommt (*BVerwG* GewArch 1987, 201 [202]; *OVG NRW* GewArch 1985, 382 [383]; *Schönleiter*, in: Landmann/Rohmer I, § 69 a Rdn. 4; *Frers* GewArch 1989, 73 [74 f.]).

25 **dd) Immissionsschutz.** Die Festsetzungsbehörde muss die Vorgaben des Immissionsschutzrechts beachten. Ein Volksfest oder ein Markt ist für die Zeit der Veranstaltung eine vom **BImSchG** erfasste genehmigungsfreie Anlage i. S. d. §§ 22 I, 3 V 1 Nr. 1 BImSchG, sodass nach dem Stand der Technik vermeidbare schädliche Umwelteinwirkungen verhindert bzw. auf ein Mindestmaß beschränkt werden müssen (*VG Köln* NWVBl. 2009, 233). Ferner sind nach den jeweiligen **Landes-Immissionsschutzgesetzen** zur Nachtzeit Betätigungen verboten, welche die Nachtruhe zu stören geeignet sind (vgl. § 9 I LImSchG NRW: von 22 Uhr bis 6 Uhr); die Benutzung von Tongeräten darf Unbeteiligte (insb. Anwohner) auch tagsüber nicht erheblich belästigen (vgl. § 10 I LImSchG NRW). Zur Gewinnung von Anhaltspunkten zur **Ermittlung der Erheblichkeit** der Umwelteinwirkungen gem. § 3 I BImSchG oder der Belästigung i. S. d. landesimmissionsschutzrechtlichen Vorgaben wird häufig auf die Hinweise zur Beurteilung der durch Freizeitanlagen verursachten Geräusche des Länderausschusses für Immissionsschutz (sog. **LAI-Freizeitlärm-Richtlinie** [NVwZ 1997, 469]) zurückgegriffen (etwa *OVG Nds.* GewArch 1996, 117 f.; GewArch 1995, 173 f.; *VG Köln* NWVBl. 2009, 233), daneben auf die **VDI-Richtlinie 2058**, Blatt 1 (*OVG Nds.* a. a. O), die inzwischen zurückgezogen worden ist (vgl. *Spies* GewArch 2004, 453 [454]), oder die nach § 48 BImSchG normkonkretisierende Verwaltungsvorschrift (vgl. *BVerwGE* 90, 163 [166]; 129, 209 [211]; *Jarass* BImSchG, 8. Aufl. 2010, § 48 Rdn. 15) **TA Lärm** (näher *Wagner*, in: Friauf, § 69 a Rdn. 18).

26 Möglich sind **Ausnahmen** im Einzelfall (z. B. § 9 II LImSchG NRW) oder durch örtliche Rechtsverordnung (vgl. § 9 III LImSchG NRW: Ausnahme-VO bei Vorliegen eines öffentlichen Bedürfnisses oder besonderer örtlicher Verhältnisse für Messen, Märkte, Volksfeste etc.). Die Zuständigkeit

Ablehnung der Festsetzung, Auflagen § 69a

zur Ausnahmeregelung richtet sich nach dem jeweiligen Landes-Immissionsschutzrecht; die für die gewerberechtliche Festsetzung zuständige Behörde kann – muss aber nicht – identisch mit der für den Immissionsschutz zuständigen Behörde sein. So ist in NRW gem. § 14 I LImSchG NRW die örtliche Ordnungsbehörde zuständig für Ausnahmeregelungen nach § 9 II LImSchG NRW (die Gemeinde für Rechtsverordnungen nach § 9 III LImSchG NRW). Die örtliche Ordnungsbehörde ist zugleich zuständig für die Festsetzung von Volksfesten und Märkten, in kreisfreien und Großen kreisangehörigen Städten auch für die Festsetzung von Messen und Ausstellungen; im Übrigen ist jedoch die Zuständigkeit der Kreisordnungsbehörde gegeben (VO zur Übertragung von Ermächtigungen, zur Regelung von Zuständigkeiten und Festlegungen auf dem Gebiet des Gewerberechts vom 17. 11. 2009 [GV NRW S. 24]; m. nachf. Änd.).

Liegt keine Ausnahmeregelung vor, muss der Antrag auf Festsetzung einer 27 durch ihren Lärm störenden Veranstaltung nach § 69 a I Nr. 3 **abgelehnt** werden, wenn Auflagen nach Abs. 2 (unten Rdn. 53) zur Störungsabwehr nicht genügen. Wird eine erkennbar bereits nach ihrer Konzeption durch Lärm störende Veranstaltung festgesetzt, ist die Festsetzung rechtswidrig.

§ 69 a I Nr. 3 i. V. m. den immissionsschutzrechtlichen Vorgaben, welche 28 u. a. die Nachbarn schützen sollen, ist insoweit **drittschützend** (*VG Köln* NWVBl. 2009, 233; *Wagner*, in: Friauf, § 69 a Rdn. 21). Eine Klage wird aber vielfach nur Aussicht auf Erfolg haben, wenn sie sich nicht gegen die Festsetzung insgesamt richtet, sondern auf Auflagen i. S. d. Abs. 2 zielt.

ee) Sonn- und Feiertagsrecht. Das Gewerberecht regelt nicht die Zuläs- 29 sigkeit von Veranstaltungen i. S. d. §§ 64 – 68, 60 b an Sonn- und Feiertagen; einschlägig ist das jeweilige Landes-Sonn- und Feiertagsrecht (*BVerwG* GewArch 1995, 117; *Jahn* NVwZ 1991, 1057 [1058 f.]). Siehe hierzu im Übrigen §§ 9 –13 ArbZG.

Die an das öffentliche Publikum gerichteten Veranstaltungsformen der 30 §§ 64 – 68, 60 b beinhalten regelmäßig öffentlich bemerkbare Arbeiten, die geeignet sein können, die Sonn- und Feiertagsruhe zu stören (*VG Neustadt* GewArch 2009, 320 u. GewArch 2010, 204; *Schönleiter*, in: Landmann/Rohmer I, § 69 a Rdn. 4a). Eine Störung ist zu bejahen, wenn die Veranstaltung durch Kaufgeschäfte geprägt wird und deshalb einen typisch **werktäglichen Charakter** hat (so regelmäßig bei Flohmärkten *BVerwG* GewArch 1991, 302; *OVG NRW* GewArch 1990, 279 [280]; *OVG RhPf*. GewArch 1988, 174 [175 f.]; *VGH BW* GewArch 1989, 64 [65]; *VG Hannover* GewArch 1996, 25; *VG Neustadt* GewArch 2009, 320; **a. A.** *BayVGH* GewArch 1987, 71 [72]). Entscheidend ist das Gewinnstreben der Beteiligten; Gewerbsmäßigkeit ist nicht nötig (*VG Hannover* GewArch 1995, 341 [342]; *VG Würzburg* GewArch 1991, 433). Eine Störung liegt auch dann vor, wenn die Kaufgeschäfte in einer Halle stattfinden (*VG Hannover* GewArch 1995, 341 [342]).

Stehen **Unterhaltungszwecke** im Vordergrund und dient die Veranstal- 31 tung damit überwiegend der Freizeitbetätigung, dann fehlt es an einem Verstoß gegen den Sonn- und Feiertagsschutz (*Wagner*, in: Friauf, § 69 a Rdn. 16; *Scholtissek* GewArch 1991, 250 [251]). Allein der Umstand, dass der Besuch eines Flohmarktes von vielen als Freizeitbetätigung und Unterhaltung ver-

§ 69a

standen wird, ändert jedoch nichts an dem werktäglichen und durch Kaufgeschäfte geprägten Charakter derartiger Veranstaltungen (*VG Neustadt* GewArch 2009, 320). Auch ein Erotik-Spezialmarkt stellt eine typisch werktägliche Betätigung dar (*VG Stuttgart* GewArch 1998, 115).

32 Erweist sich eine Veranstaltung als mit dem jeweiligen Landes-Sonn- und Feiertagsrecht **unvereinbar**, ist eine Festsetzung abzulehnen (*BVerwG* GewArch 1991, 302; *VG Hannover* GewArch 1995, 341 [342 f.]). Eine dennoch erfolgte Festsetzung befreit für sich nicht von der Beachtung der sonn- und feiertagsrechtlichen Bestimmungen (*HessVGH* GewArch 1998, 242 [243]; *VG Ansbach* GewArch 2001, 248 [249 f.]; *Schönleiter*, in: Landmann/Rohmer I, § 69 a Rdn. 4a).

33 Grundsätzlich ist eine Veranstaltung, die gegen das Sonn- und Feiertagsrecht verstößt, nur festsetzungsfähig, wenn zuvor eine entsprechende **Befreiung** eingeholt wurde. Manche der Landes-Feiertagsgesetze nehmen aber solche Tätigkeiten von dem Verbot der Sonntagsarbeit aus, die nach Bundes- oder Landesrecht zugelassen sind (z. B. § 4 Nr. 1 FTG NRW, § 6 I hess. FTG; anders etwa in Baden-Württemberg; weitere Nachweise bei *Wagner*, in: Friauf, § 69 a Rdn. 14; *Stollenwerk* GewArch 2009, 321 f.). Die gewerberechtliche Festsetzung ist eine derartige Zulassung (*OVG NRW* GewArch 1990, 279 [280]; *OVG SchlH* GewArch 1994, 239 [240 f.]; *VG Schleswig* GewArch 2001, 121; *Schönleiter*, in: Landmann/Rohmer I, § 69 a Rdn. 4 a; *Wagner*, in: Friauf, § 69 a Rdn. 14 f.; *Pinegger/Kraußer* GewArch 1998, 465 [468]; wohl auch *BVerwG* GewArch 1991, 302; **a. A.** *ThürOVG* DÖV 1996, 965 [966]; *OVG Nds.* GewArch 1993, 201 [202]; *HambOVG* DÖV 1992, 220 [221]; *VG Neustadt* GewArch 2009, 320 und GewArch 2010, 204). Es handelt sich in solchen Konstellationen um ein weiteres – hier durch das jeweils sorgfältig auszulegende Landesrecht ermöglichtes – **Marktprivileg**. Fehlt eine landesrechtliche Regelung, wonach die Festsetzung per se zur Befreiung führt, kommt ggf. noch eine gesonderte Befreiung durch die für das Feiertagsrecht zuständige Behörde in Betracht.

34 Führt die Festsetzung kraft Gesetzes zur Befreiung, muss die Festsetzungsbehörde das Feiertagsrecht angemessen berücksichtigen (*HambOVG* GewArch 1990, 406) und im Benehmen mit der für die sonst für die Befreiung zuständigen Behörde entscheiden. Dies bedeutet etwa, den Gottesdienst störende Veranstaltungen erst nach der Hauptgottesdienstzeit zuzulassen; am Totensonntag sind Weihnachtsmärkte unter freiem Himmel unzulässig (*HessVGH* GewArch 1998, 242 [243] zu § 8 I Nr. 3 hess. FTG).

35 § 69 a I Nr. 3 i. V. m. dem jeweiligen Sonn- und Feiertagsrecht vermittelt grundsätzlich **keinen Drittschutz** (*Wagner*, in: Friauf, § 69 a Rdn. 21; *Stollenwerk* GewArch 2009, 321 [322]; offen lassend *VG Ansbach* GewArch 2001, 248 [250 f.]); denkbar erscheint jedoch eine drittschützende Wirkung zugunsten von Kirchen(gemeinden) mit Blick auf diejenigen feiertagsrechtlichen Vorschriften, die zu Störungen von Gottesdiensten geeignete Handlungen verbieten (so *Pahlke* WiVerw 1988, 69 [99]).

Zum Sonn- und Feiertagsschutz bei nicht festgesetzten Märkten siehe *Jahn* NVwZ 1991, 1057 (1058).

36 **c) Öffentliche Ordnung.** Der Begriff der öffentlichen Ordnung gem. § 69 a I Nr. 3 ist gleichfalls anerkanntermaßen (vgl. Rdn. 18) im Sinne der

Polizeirechtsdogmatik auszulegen, umfasst also alle nicht durch positive Rechtsnormen, sondern durch ungeschriebene Regeln erfassten Verhaltensweisen, die nach den jeweils herrschenden sozialen und sittlichen Anschauungen zu den unerlässlichen Voraussetzungen für ein gedeihliches menschliches Zusammenleben gehören (*BVerfG* NVwZ 2008, 671 [673]).

An der Legitimität dieses polizei- und ordnungsrechtlichen Schutzgutes **37** wurde in der Lit. Kritik geäußert wegen der Bezugnahme auf gesellschaftliche Anschauungen, ohne dass diese im positiven Recht ihre Verankerung hätten finden müssen (vgl. namentlich *Denninger*, in: Lisken/Denninger, HdbPolR, 4. Aufl. 2007, E 36). Die Judikatur hingegen sieht in der Formel „öffentliche Ordnung" einen **wertausfüllungsbedürftigen unbestimmten Gesetzesbegriff mit rechtsstaatlich hinreichender Bestimmtheit** (vgl. *BVerwG* DVBl. 1970, 504; GewArch 2007, 247 [248]; siehe auch *BVerfGE* 54, 143 [144 f.]; 69, 315 [352]; *BVerfG* NVwZ 2008, 671 [673]). Schließlich handelt es sich um einen anerkannten klassischen, verfassungsorientiert interpretierten polizeirechtlichen Terminus. Immerhin findet diese Formel denn auch verbreitete Verwendung in der Rechtsordnung, so in der GewO nicht nur hier in § 69 a I Nr. 3 und II, sondern auch in §§ 56 II, 71 a, des Weiteren etwa in § 19 GastG, § 9 II Nr. 4 AufenthG, § 15 I VersammlG, § 29 I LuftVG, sogar als Verfassungsbegriff in Art. 13 VII und 35 II GG.

Die öffentliche Ordnung könnte je nach Konzeption u. U. durch eine **38** **Pornografiemesse** verletzt sein, wenn man einen Verstoß gegen das Anstandsgefühl aller billig und gerecht Denkenden zu konstatieren hat. Es muss sich gem. § 69 a I Nr. 3 aber um eine **erhebliche** Störung der öffentlichen Ordnung handeln. Durch entsprechend dezente Aufbereitung könnte die Erheblichkeit zu verneinen und damit selbst eine die öffentliche Ordnung (nicht erheblich) verletzende Veranstaltung festzusetzen sein. Klargestellt sei, dass grundsätzlich ein **Erotikmarkt**, bei dem kommerzielle Anbieter einschlägige Produkte an Erwachsene verkaufen, als Spezialmarkt festsetzungsfähig ist (vgl. *VG Stuttgart* GewArch 1998, 115). Eine gewisse räumliche Nähe eines Trödelmarktes zu einem Friedhof begründet allein noch keinen Verstoß gegen die öffentliche Ordnung (*VG Augsburg* GewArch 2005, 83 [84]).

d) Sonstige öffentliche Interessen. Wenn mehrere Anträge auf Festset- **39** zung eines Wochenmarktes vorliegen, deren gleichzeitige Zulassung sich nach Ort, Zeit und/oder Gegenstand ausschließt, kann entweder auf Nr. 1 abgestellt werden (oben Rdn. 5) oder auf Nr. 3 (so *OVG Nds.* NVwZ-RR 2008, 776). Nr. 3 greift zudem, wenn eine der **konkurrierenden Veranstaltungen** nicht festgesetzt werden soll, dennoch beide ein vergleichbares Gepräge aufweisen (z. B. ein kommunaler Markt auf kommunalrechtlicher Grundlage in Konkurrenz zu einem Festsetzungsbegehren eines privaten Marktveranstalters). Ein derartiges Konkurrenzverhältnis ist in das Auswahlermessen im Rahmen der Festsetzung einzustellen (*HessVGH* GewArch 2004, 482 [483]; *VG Darmstadt* GewArch 2007, 384 [385]). An der Durchführung eines kommunalen Marktes (mit oder ohne Festsetzung), der im Rahmen der Daseinsvorsorge angeboten wird und den kommunal(wirtschafts)rechtlichen Anforderungen entspricht, besteht ein öffentliches Interesse, das der Festsetzung des konkurrierenden privaten Marktes regelmäßig widerspricht (vgl. *BVerwG*

§ 69a Titel IV. Messen, Ausstellungen, Märkte

GewArch 2006, 164 [165]; *VG Minden* Urteil vom 26.4. 2007 – 3 K 660/06, juris Rdn. 30; *Hahn* JR 2006, 367 [370]).

40 Die Ablehnung eines Antrages auf Festsetzung kommt ferner aus straßenverkehrsrechtlichen Gründen in Betracht, um etwa ein ansonsten unvermeidliches **Verkehrschaos** zu verhindern (*OVG NRW* GewArch 1990, 279; *Schönleiter*, in: Landmann/Rohmer I, § 69 a Rdn. 4) oder aus feuerpolizeilichen Gründen, um einen ausreichenden **Brandschutz** zu gewährleisten (*BezG Dresden* GewArch 1991, 428). Da die Festsetzung von Veranstaltungen dazu dient, den Wettbewerb durch Marktprivilegien zu fördern, verstößt eine Veranstaltung, die von vornherein den Ausstellerkreis auf eine geschlossene Gruppe beschränkt, gegen den Grundsatz des freien Marktzugangs **(Marktfreiheit)** und damit gegen ein öffentliches Interesse i. S. d. § 69 a I Nr. 3 (ebenso *Pielow*, in: BeckOK, § 69 a Rdn. 14; *Schönleiter*, in: Landmann/Rohmer I, § 69 a Rdn. 4; **a. A.** *Wagner*, in: Friauf, § 69 a Rdn. 10); etwas anderes gilt, wenn die Teilnehmerbeschränkung nach § 70 II sachlich gerechtfertigt ist.

41 **Unzulässig** ist freilich eine Ablehnung aus messe- oder handelspolitischen Gesichtspunkten (etwa Schutz des örtlichen Einzelhandels), da **Konkurrenzschutz**, gerade auch vor dem Hintergrund des Art. 12 GG (vgl. *Tettinger* AöR 108 [1983], 92 [115]; oben Einl. Rdn. 58), keine hier einschlägige staatliche Aufgabe ist (ebenso *Schönleiter*, in: Landmann/Rohmer I, § 69 a Rdn. 4; *Wagner*, in: Friauf, § 69 a Rdn. 10; **a. A.** *Fröhler/Kormann* § 69 a Rdn. 5). Daher ist es möglich, gleichartige und zeitgleiche Veranstaltungen nebeneinander festzusetzen, selbst dann, wenn sie in unmittelbarer Nachbarschaft durchgeführt werden (*VG Augsburg* GewArch 2005, 83; § 68 Rdn. 9; *Wagner*, in: Friauf, § 69 a Rdn. 10). Zur Verhinderung faktischer Monopolstellungen durch eine zu lange Festsetzungsdauer siehe § 69 I 2 (dort Rdn. 43).

5. Veranstaltungen in Ladengeschäften (Nr. 4)

42 Nr. 4 will Wettbewerbsverzerrungen unter Ausnutzung von Marktprivilegien vermeiden. Verhindert werden soll z. B., dass die in Einkaufszentren ansässigen Einzelhandelsgeschäfte unter Verwendung ihrer Ladengeschäfte eigene Märkte veranstalten, um so u. a. die Regelungen des Ladenschlussgesetzes zu umgehen. Für die betroffenen Konkurrenten ist § 69 I Nr. 4 **drittschützend** (*Wagner*, in: Friauf, § 69 a Rdn. 24).

43 **a) Spezial- oder Jahrmarkt.** Nr. 4 betrifft zunächst nur Spezial- und Jahrmärkte. Problematisch ist die Beurteilung von **Volksfesten** i. S. d. § 60 b. Trotz der Verweisung in § 60 b II ist Nr. 4 auf Volksfeste grundsätzlich nicht anwendbar, da bei ihnen die Gefahr von Wettbewerbsverzerrungen gerade nicht auftritt (im Einzelnen *Mauer* GewArch 1982, 13 ff.). Etwas anderes kann im Einzelfall dann gelten, wenn bei einer solchen Veranstaltung der nach § 60 b zulässige Warenverkauf das Unterhaltungsangebot überwiegt (*Pielow*, in: BeckOK, § 69 a Rdn. 30; *Schönleiter*, in: Landmann/Rohmer I, § 69 a Rdn. 5 a).

Ablehnung der Festsetzung, Auflagen § 69a

b) Vollständig oder teilweise. Es reicht aus, wenn ein nicht unwesentlicher Teil der Veranstaltung in Ladengeschäften durchgeführt wird. 44

c) In Ladengeschäften. Fraglich ist, ob der Ablehnungsgrund der Nr. 4 auch dann erfüllt ist, wenn die Veranstaltung (bzw. ein nicht unwesentlicher Teil von ihr) in nur einem *einzelnen* Ladengeschäft stattfindet. Nach Sinn und Zweck der Norm ist dies zu bejahen (ebenso *Schönleiter*, in: Landmann/Rohmer I, § 69 a Rdn. 5). 45

III. Auflagen (Abs. 2)

Abs. 2 ermächtigt zur Verbindung der Festsetzung mit Auflagen, wenn 46 dies im öffentlichen Interesse ist. Möglich sind nach Abs. 2 a. E. auch die nachträgliche Aufnahme, Änderung oder Ergänzung von Auflagen. Außerhalb von Abs. 2 sind Nebenbestimmungen gem. § 36 I 2. Var. VwVfG nur zulässig, wenn sie sicherstellen sollen, dass die gesetzlichen Voraussetzungen der Festsetzung erfüllt werden (näher *Wagner*, in: Friauf, § 69 a Rdn. 33).

1. Voraussetzungen

a) Öffentliches Interesse. Die Erteilung einer Auflage nach Abs. 2 muss 47 im öffentlichen Interesse erfolgen, wobei die hiermit angesprochenen Gemeinwohlelemente durch zwei Beispiele nähere Konturen gewinnen. Diese in Abs. 2 normierte tatbestandliche Voraussetzung entspricht ungeachtet kleinerer sprachlicher Abweichungen inhaltlich dem Ablehnungsgrund des Abs. 1 Nr. 3 (*Wagner*, in: Friauf, § 69 a Rdn. 27; *Schönleiter*, in: Landmann/Rohmer I, § 69 a Rdn. 7; näher oben Rdn. 14 ff.).

Bei beiden das Vorliegen einer Gefahr implizierenden Beispielstatbeständen 48 ist eine **konkrete Gefahrenlage** erforderlich. Diese Anforderung ist nur erfüllt, wenn konkrete Anhaltspunkte dafür bestehen, dass die im einzelnen konkreten Einzelfall in Frage stehende Veranstaltung in bestimmter Hinsicht dem öffentlichen Interesse zuwiderläuft, was seinen Grund auch in der Person des Veranstalters haben kann (*OVG RhPf.* GewArch 1988, 20; *Pielow*, in: BeckOK, § 69 a Rdn. 33).

Mangels konkreter Gefahrenlage ist die Auflage, auf einem Jahrmarkt oder 49 einer Spielzeugmesse kein Kriegsspielzeug zu verkaufen, unzulässig (*Wagner*, in: Friauf, § 69 a Rdn. 28; *Schönleiter*, in: Landmann/Rohmer I, § 69 a Rdn. 7; *Gröschner* GewArch 1984, 107 [110] u. NJW 1983, 2178 [2179 f.]). Unzulässig ist ferner eine Auflage, vor Beginn der Veranstaltung ein endgültiges Teilnehmerverzeichnis vorzulegen, wenn diese Auflage losgelöst vom Einzelfall gleichförmig für eine Vielzahl von Veranstaltungen erlassen wird (*OVG RhPf.* GewArch 1988, 20 [21]).

b) Adressat. Adressat einer Auflage ist ausschließlich der Veranstalter. 50 Auflageninhalt kann aber die diesen treffende Verpflichtung sein, auf die Beschicker und Aussteller in bestimmter Weise einzuwirken (*Pielow*, in: BeckOK, § 69 a Rdn. 34; *Schönleiter*, in: Landmann/Rohmer I, § 69 a Rdn. 9). Darüber hinaus kann die Auflage gegenüber den Beschickern – wie die Festsetzung auch (oben § 69 Rdn. 25) – als dingliche Allgemeinverfügung wirken (*Wagner*, in: Friauf, § 69 a Rdn. 34).

2. Ermessen

51 Die Erteilung einer Auflage steht nach dem klaren Wortlaut – insoweit deutlich kontrastierend zur Formulierung in Abs. 1 – im Ermessen der Behörde (*Wagner*, in: Friauf, § 69 a Rdn. 29; *Schönleiter*, in: Landmann/Rohmer I, § 69 a Rdn. 6; **a. A.** *Fröhler/Kormann* § 69 a Rdn. 8). Das **Verhältnismäßigkeitsprinzip** ist sorgfältig zu beachten, wobei sich dieses in zweifacher Hinsicht auswirken kann:

52 Zum einen ist zu prüfen, ob der Auflageninhalt erforderlich oder ob eine mildere Auflage möglich ist.

53 Zum anderen kann das Verhältnismäßigkeitsprinzip das Ermessen der Behörde dahin gehend einengen, dass sie zur Erteilung einer Auflage verpflichtet ist, etwa dann, wenn ohne Auflage die Festsetzung gem. § 69 a I Nr. 3 abzulehnen wäre, die Auflage aber zur Wahrung der hier wie dort maßgeblichen öffentlichen Interessen genügt.

54 Eine Festsetzung unter Auflagen statt Ablehnung der Festsetzung erweist sich freilich nur dann als zulässig, wenn die betreffenden Auflagen nicht den **Charakter der Veranstaltung** verändern (ebenso *Pielow*, in: BeckOK, § 69 a Rdn. 35). Auflagen in Bezug auf Gegenstand, Zeit, Öffnungszeiten und Platz kommen daher kaum in Betracht (*Wagner*, in: Friauf, § 69 a Rdn. 30). Möglich sind etwa Schallschutzauflagen oder verhaltensbezogene Anordnungen.

3. Rechtsschutz

55 Die Auflage ist durch den Veranstalter grundsätzlich selbstständig anfechtbar (näher *Kopp/Ramsauer* VwVfG, 11. Aufl. 2010, § 36 Rdn. 61, 63; *Pielow*, in: BeckOK, § 69 a Rdn. 36); nach Durchführung der Veranstaltung kommt eine Fortsetzungsfeststellungsklage in Betracht (*OVG RhPf.* GewArch 1988, 20). Nachbarn können auf Erteilung einer Auflage klagen, wenn sie im Rahmen des § 69 a I Nr. 3 klagebefugt sind (oben Rdn. 24, 28), ebenso Veranstaltungsteilnehmer (oben Rdn. 17).

4. Rechtsfolgen bei Pflichtverletzungen

56 Wer einer vollziehbaren Auflage zuwiderhandelt, handelt **ordnungswidrig** gem. § 146 II Nr. 7. Unabhängig davon – und neben der Verhängung eines Bußgeldes – können Auflagen selbstständig im Wege des Verwaltungszwangs durchgesetzt werden. Die Nichterfüllung einer Auflage kann darüber hinaus zum Widerruf der Festsetzung gem. § 49 II Nr. 2 VwVfG führen.

§ 69b Änderung und Aufhebung der Festsetzung

(1) **Die zuständige Behörde kann in dringenden Fällen vorübergehend die Zeit, die Öffnungszeiten und den Platz der Veranstaltung abweichend von der Festsetzung regeln.**

§ 69b

(2) ¹Die zuständige Behörde hat die Festsetzung zurückzunehmen, wenn bei ihrer Erteilung ein Ablehnungsgrund nach § 69 a Abs. 1 Nr. 3 vorgelegen hat; im übrigen kann sie die Festsetzung zurücknehmen, wenn nachträglich Tatsachen bekannt werden, die eine Ablehnung der Festsetzung gerechtfertigt hätten. ²Sie hat die Festsetzung zu widerrufen, wenn nachträglich ein Ablehnungsgrund nach § 69 a Abs. 1 Nr. 3 eintritt; im übrigen kann sie die Festsetzung widerrufen, wenn nachträglich Tatsachen eintreten, die eine Ablehnung der Festsetzung rechtfertigen würden.

(3) ¹Auf Antrag des Veranstalters hat die zuständige Behörde die Festsetzung zu ändern; § 69 a gilt entsprechend. ²Auf Antrag des Veranstalters hat die zuständige Behörde die Festsetzung aufzuheben, die Festsetzung eines Wochenmarktes, Jahrmarktes oder Volksfestes jedoch nur, wenn die Durchführung der Veranstaltung dem Veranstalter nicht zugemutet werden kann.

Übersicht

	Rdn.
I. Vorbemerkung	1
1. Durchbrechung der Bindungswirkung einer Festsetzung	1
2. Verhältnis zu §§ 48 ff. VwVfG	2
3. Spezialregelungen	3
II. Vorübergehende Änderung der Festsetzung (Abs. 1)	4
1. Dringende Fälle	5
2. Änderungsumfang	6
3. Änderungsentscheidung	7
4. Rechtsschutz	8
III. Rücknahme und Widerruf der Festsetzung (Abs. 2)	10
1. Abgrenzung Rücknahme/Widerruf	10
2. Rücknahme (S. 1)	12
a) Ablehnungsgrund nach § 69 a I Nr. 3	13
b) Ablehnungsgrund nach § 69 a I Nrn. 1, 2 oder 4	15
c) Anwendung von Vorgaben des § 48 VwVfG	18
3. Widerruf der Festsetzung (S. 2)	21
a) Ablehnungsgrund nach § 69 a I Nr. 3	22
b) Ablehnungsgründe nach § 69 a I Nrn. 1, 2 oder 4	23
c) Anwendung von Vorgaben des § 49 VwVfG	25
4. Rechtsschutz	26
IV. Änderung und Aufhebung auf Antrag des Veranstalters (Abs. 3)	27
1. Änderung der Festsetzung auf Antrag des Veranstalters (S. 1)	28
2. Aufhebung der Festsetzung auf Antrag des Veranstalters (S. 2)	30
a) Messe, Ausstellung, Groß- und Spezialmarkt	31
b) Wochen- und Jahrmärkte; Volksfeste	32
3. Rechtsschutz	33

§ 69b Titel IV. Messen, Ausstellungen, Märkte

I. Vorbemerkung

1. Durchbrechung der Bindungswirkung einer Festsetzung

1 Die nach § 69 erfolgte Festsetzung ist sowohl für die Behörde (sog. Bestandsschutz, oben § 69 Rdn. 23) als auch für den Veranstalter bindend (etwa in Bezug auf die Durchführungspflicht nach § 69 II). § 69 b betrifft Ausnahmen von dieser Bindungswirkung.

2. Verhältnis zu §§ 48 ff. VwVfG

2 § 69 b regelt Änderung und Aufhebung (= Rücknahme und Widerruf) einer Festsetzung. Daneben sind §§ 48 ff. VwVfG in Bezug auf die grundsätzliche Möglichkeit einer Rücknahme oder eines Widerrufs nicht anwendbar, wohl aber in Bezug auf Fristerfordernisse oder Entschädigungsregelungen (näher unten Rdn. 18 ff.).

3. Spezialregelungen

3 Mit Blick auf Viehseuchen enthalten §§ 18, 28 TierSG Spezialregelungen.

II. Vorübergehende Änderung der Festsetzung (Abs. 1)

4 Die Behörde kann in der Festsetzung nicht vom Antrag in Bezug auf Zeit, Öffnungszeiten, Platz etc. abweichen (oben § 69 a Rdn. 2). Nach erfolgter Festsetzung kann sie aber gem. Abs. 1 in dringenden Fällen vorübergehend die Zeit, die Öffnungszeiten und den Platz abweichend von der Festsetzung regeln.

1. Dringende Fälle

5 Dringende Fälle i. S. d. Abs. 1 sind außergewöhnliche Sachlagen, bei denen die Durchführung der Veranstaltung am vorgesehenen Ort und Zeitpunkt nicht möglich ist (z. B. Überschwemmung, Staatsbesuch, längerfristige oder nicht aufschiebbare Bauarbeiten). Sobald die Sachlage sich normalisiert, entfallen die Voraussetzungen der Änderung, die dann sofort rückgängig zu machen ist.

2. Änderungsumfang

6 Es können nur **Zeit, Öffnungszeiten und Platz der Veranstaltung** geändert werden, nicht etwa deren Gegenstand. In zeitlicher Hinsicht muss eine **vorübergehende** Änderung intendiert sein, d. h., es muss sich um zeitlich begrenzte Umstände handeln, die nicht von Dauer sind. Im Falle der Notwendigkeit einer **dauerhaften** Abweichung von der Festsetzung kommt Abs. 1 nicht in Betracht. Möglich ist dann erstens ein Widerruf gem. Abs. 2 S. 2 und – wenn ein entsprechender Antrag vorliegt – eine Neufestsetzung gem. § 69 I. Zweitens kann der Veranstalter eine Festsetzungsänderung ver-

Änderung und Aufhebung der Festsetzung **§ 69b**

langen (§ 69 b III 1). In diesem Fall ist auch eine dauerhafte Änderung möglich, da diese vom Willen des Veranstalters gedeckt wird (*Wagner*, in: Friauf, § 69 b Rdn. 24).

3. Änderungsentscheidung

Die Änderung erfolgt durch **Verwaltungsakt** gegenüber dem Veranstalter; wegen der Dringlichkeit wird dieser zumeist für sofort vollziehbar zu erklären sein (§ 80 II 1 Nr. 4 VwGO). 7
Die Entscheidung steht im **Ermessen** der zuständigen (§ 155 II) Behörde. Zu beachten ist der **Verhältnismäßigkeitsgrundsatz**.

4. Rechtsschutz

Der **Veranstalter** kann die Änderungsentscheidung anfechten (ggf. mittels Antrag nach § 80 V VwGO). Bei Wegfall der die Dringlichkeit indizierenden Umstände hat er einen Rechtsanspruch auf Rückgängigmachung der Änderungsfestsetzung. 8

Abs. 1 ist nicht drittschützend, sodass für **Besucher und Beschicker** keine Rechtsschutzmöglichkeiten bestehen (*VG Berlin* GewArch 1985, 337; *Pielow*, in: BeckOK, § 69 b Rdn. 4). 9

III. Rücknahme und Widerruf der Festsetzung (Abs. 2)

1. Abgrenzung Rücknahme/Widerruf

Die Rücknahmeregelung des S. 1 zielt auf den Fall schon im Zeitpunkt der Festsetzung vorliegender Ablehnungsgründe. Der Widerruf betrifft nachträglich sich einstellende Ablehnungsgründe. Erforderlich sind neue Tatsachen, d. h. solche, die erst nach Festsetzung entstehen, nicht solche, die schon bei Festsetzung vorlagen, aber nicht erkannt wurden. Nur eine Rücknahme, nicht ein Widerruf, kommt also in Betracht, wenn im Zeitpunkt der Festsetzung ein Ablehnungsgrund vorlag, die Behörde diesen aber infolge Tatsachenunkenntnis oder Rechtsirrtums nicht erkannt hat (unten Rdn. 13 ff.). 10

Sowohl Rücknahme als auch Widerruf der Festsetzung sind **Verwaltungsakte**. Beruhen Rücknahme und Widerruf auf der Unzuverlässigkeit infolge wirtschaftlicher Leistungsunfähigkeit, ist die mögliche **Sperrwirkung von § 12** zu beachten (dort Rdn. 12). 11

2. Rücknahme (S. 1)

S. 1 regelt die Rücknahme und unterscheidet zwischen den Ablehnungsgründen des § 69 a I Nr. 3 einerseits und der Nrn. 1, 2 und 4 andererseits. 12

a) Ablehnungsgrund nach § 69 a I Nr. 3. Wenn sich nach Festsetzung herausstellt, dass bei Vornahme der Festsetzung ein Ablehnungsgrund i. S. d. § 69 a I Nr. 3 bereits vorgelegen hat, **muss** die Behörde die Festsetzung zurücknehmen. Vertrauensgesichtspunkte können nach dem eindeutigen Wortlaut nicht auf Ebene der Rücknahmeentscheidung berücksichtigt wer- 13

§ 69b Titel IV. Messen, Ausstellungen, Märkte

den (a. A. *Wagner*, in: Friauf, § 69 b Rdn. 9, der für eine verfassungskonforme Auslegung plädiert), wohl aber zu einer Entschädigung gem. § 48 III VwVfG führen.

14 Eine **teleologische Reduktion** der an sich zwingenden Rechtsfolge des § 69 b II 1 i. V. m. § 69 a I Nr. 3 ist geboten für den Fall, dass zwar im Zeitpunkt der Festsetzung ein Ablehnungsgrund vorlag, dieser sich bis zur Durchführung aber erledigt hat. Dann wäre eine Rücknahme widersinnig (*Schönleiter*, in: Landmann/Rohmer I, § 69 b Rdn. 7).

15 **b) Ablehnungsgrund nach § 69 a I Nrn. 1, 2 oder 4.** Im Falle des Vorliegens eines der übrigen Ablehnungsgründe des § 69 a I bereits zum Zeitpunkt der Festsetzung steht die Rücknahme im **Ermessen** der Behörde. Zweifelhaft ist, inwieweit Gesichtspunkte des **Vertrauensschutzes** zu berücksichtigen sind.

16 Mit Blick auf den **Veranstalter** ist dies problematisch, wenn man mit der überwiegenden Ansicht § 48 III VwVfG für anwendbar hält (unten Rdn. 18). Im Rahmen von § 48 III VwVfG ist umstritten, ob die Frage des Vertrauensschutzes nur im Rahmen der Entschädigung (so *BVerwGE* 85, 79 [80]; GewArch 1987, 274 [275]; *HessVGH* NVwZ-RR 1993, 350) oder schon im Rahmen des Rücknahmeermessens zu beachten ist (*Kopp/Ramsauer* VwVfG, 11. Aufl. 2010, § 48 Rdn. 137 ff.). Selbst wenn man ein schutzwürdiges Vertrauen des Veranstalters hier grundsätzlich berücksichtigen will (so etwa *Wagner*, in: Friauf, § 69 b Rdn. 12), wird die Schutzwürdigkeit des Vertrauens zumeist zu verneinen sein (*Pielow*, in: BeckOK, § 69 b Rdn. 9; *Schönleiter*, in: Landmann/Rohmer I, § 69 b Rdn. 14).

17 Die **Aussteller** werden zwar von der Festsetzung und ihrer Rücknahme nur reflexartig betroffen, was aber nicht ausschließt, ihr Vertrauen (etwa in Bezug auf erbrachte Aufwendungen) in die Ermessensentscheidung einzubeziehen (*Wagner*, in: Friauf, § 69 b Rdn. 13). Ein Anspruch auf fehlerfreie Ermessensausübung steht ihnen jedoch nicht zu (oben Rdn. 9).

18 **c) Anwendung von Vorgaben des § 48 VwVfG. aa) § 48 III VwVfG.** Die Entschädigungsregelung des § 48 III ist anwendbar (*Wagner*, in: Friauf, § 69 b Rdn. 14). Entschädigungsberechtigt kann aber nur der **Veranstalter** als Adressat der Rücknahmeverfügung sein, nicht ein nur reflexhaft betroffener Aussteller oder Beschicker (*Schönleiter*, in: Landmann/Rohmer I, § 69 b Rdn. 14). Ein schutzwürdiges Vertrauen des Veranstalters i. S. d. § 48 III VwVfG wird freilich zumeist zu verneinen sein.

19 **bb) § 48 IV VwVfG.** Anwendbar ist nach verbreiteter Ansicht die Fristbestimmung des § 48 IV VwVfG (*Wagner*, in: Friauf, § 69 b Rdn. 14; *Schönleiter*, in: Landmann/Rohmer I, § 69 b Rdn. 13); näher liegt es, dass § 48 IV VwVfG nur im Fall der Ermessensrücknahme und nicht im Fall des § 69 a I Nr. 3 greift. Die Rücknahmefrist beginnt erst zu laufen, wenn der Behörde alle entscheidungserheblichen Tatsachen vorliegen **und** sie (= der innerbehördlich zuständige Amtsträger) die Rechtswidrigkeit der Festsetzung erkannt hat („Entscheidungsfrist, nicht Bearbeitungsfrist"; vgl. *BVerwGE* 70, 356 [362, 364]; *BVerwG* NJW 2007, 1478 [1482]).

Wenn die Behörde die einen Ablehnungsgrund begründenden Tatsachen **20** also kannte, sie aber fehlerhaft würdigte, liegt ein Rücknahmegrund i. S. d. § 69 b II 1 vor. Die Rücknahmefrist beginnt in dem Zeitpunkt, in dem die Behörde die fehlerhafte Würdigung korrigiert und den Ablehnungsgrund erkennt.

3. Widerruf der Festsetzung (S. 2)

Auch der Widerruf unterscheidet zwischen den einzelnen Ablehnungs- **21** gründen.

a) Ablehnungsgrund nach § 69 a I Nr. 3. Wenn sich nachträglich ein **22** Ablehnungsgrund nach § 69 a I Nr. 3 einstellt, **muss** die Behörde die Festsetzung widerrufen (**a. A.** *Wagner*, in: Friauf, § 69 b Rdn. 16, der im Wege verfassungskonformer Auslegung trotz des eindeutigen Wortlautes Vertrauensgesichtspunkte berücksichtigen will). Das Vertrauen des Veranstalters auf den Bestand der Festsetzung kann aber zu einer Entschädigung nach § 49 VI VwVfG führen (unten Rdn. 25).

Von der Rechtsprechung gebilligt wurde etwa ein Widerruf aus Gründen des Brandschutzes (*BezG Dresden* GewArch 1991, 428).

b) Ablehnungsgründe nach § 69 a I Nrn. 1, 2 oder 4. Bei einem der **23** sonstigen Ablehnungsgründe des § 69 a I steht der Widerruf im **Ermessen** der Behörde. Mithin stellt sich wiederum die Frage, ob hierbei Vertrauensgesichtspunkte zu berücksichtigen sind. Trotz der Entschädigungsmöglichkeit wird dies überwiegend bejaht (*Wagner*, in: Friauf, § 69 b Rdn. 18; *Schönleiter*, in: Landmann/Rohmer I, § 69 b Rdn. 11; zur Parallelfrage bei § 49 II VwVfG siehe *Kopp/Ramsauer* VwVfG, 11 Aufl. 2010, § 49 Rdn. 30). Im Rahmen des Ermessens zu berücksichtigen ist einmal das Vertrauen des Veranstalters, aber auch das der Aussteller, Beschicker und Besucher. Nur der **Veranstalter** hat aber einen Anspruch auf fehlerfreie Ermessensausübung und ggf. Entschädigung.

Zu prüfen ist stets, ob trotz des Ablehnungsgrundes die Festsetzung einer **24** anderen Veranstaltung i. S. d. §§ 64 – 69, 60 b möglich ist. Bejahendenfalls kann die Behörde einen entsprechenden Antrag anregen, nicht aber von sich aus tätig werden (*Wagner*, in: Friauf, § 69 b Rdn. 17).

c) Anwendung von Vorgaben des § 49 VwVfG. Anwendbar sind **25** sowohl die **Fristbestimmung** des § 49 II 2 i. V. m. § 48 IV VwVfG als auch die **Entschädigungsregelung** des § 49 VI VwVfG (*Wagner*, in: Friauf, § 69 b Rdn. 19; *Schönleiter*, in: Landmann/Rohmer I, § 69 b Rdn. 13 f.). Die Jahnsfrist des § 49 II 2 i.V.m § 48 IV VwVfG greift nur im Fall des Ermessenswiderrufs (Rdn. 19).

4. Rechtsschutz

Nur der **Veranstalter** kann eine Rücknahme oder einen Widerruf anfech- **26** ten, nicht aber die nur reflexhaft betroffenen Beschicker, Aussteller und Besucher (*VG Berlin* GewArch 1985, 337; *Pielow*, in: BeckOK, § 69 b Rdn. 15; *Schönleiter*, in: Landmann/Rohmer I, § 69 b Rdn. 2; **a. A.** *Wagner*, in: Friauf,

§ 69b Titel IV. Messen, Ausstellungen, Märkte

§ 69 b Rdn. 34; *Wirth* Marktverkehr, Marktfestsetzung, Marktfreiheit, 1985, S. 161: Drittschutz für Beschicker und Aussteller, nicht aber für Besucher).

IV. Änderung und Aufhebung auf Antrag des Veranstalters (Abs. 3)

27 Die Änderung nach Abs. 1 und die Aufhebung nach Abs. 2 betrafen Entscheidungen von Amts wegen. Abs. 3 ergänzt die möglichen Szenarien um eine Antragsberechtigung des Veranstalters.

1. Änderung der Festsetzung auf Antrag des Veranstalters (S. 1)

28 Auf Antrag des Veranstalters hat die zuständige Behörde die Festsetzung zu ändern. Dabei kommt ihr **kein Ermessen** zu. Im Gegensatz zur Änderung nach Abs. 1 ermöglicht Abs. 3 S. 1 auch auf Dauer angelegte Änderungen, sogar gewisse Änderungen des Veranstaltungsgegenstandes.
Gem. S. 2 2. Hs. gilt § 69 a entsprechend. Dies bedeutet, dass die Behörde das Nichtvorliegen der zwingenden Ablehnungsgründe des § 69 a I überprüfen muss; auch Auflagen i. S. d. § 69 a II sind möglich.
Beispiele für Änderungsfestsetzungen sind die Verlegung des Veranstaltungsplatzes, die Verlängerung oder Verkürzung der Öffnungszeiten, die Erweiterung des Sortiments etc.

29 **Kein Fall des S. 1** liegt vor, wenn der Antrag auf **wesentliche Änderungen** abzielt, etwa eine völlige Auswechslung des Veranstaltungsgegenstandes (Jahrmarkt statt Spezialmarkt). Dann muss der Veranstalter einen Antrag auf Aufhebung nach S. 2 stellen und zugleich die Festsetzung der neuen Veranstaltung beantragen (*Pielow*, in: BeckOK, § 69 b Rdn. 18; *Wagner*, in: Friauf, § 69 b Rdn. 24 a). Zu prüfen ist, ob ein nach Abs. 3 S. 1 eingereichter Änderungsantrag entsprechend umgedeutet werden kann; verneinendenfalls sind die nötigen Anträge behördlicherseits anzuregen.

2. Aufhebung der Festsetzung auf Antrag des Veranstalters (S. 2)

30 Die Voraussetzungen einer Aufhebung richten sich nach dem Veranstaltungstyp.

31 **a) Messe, Ausstellung, Groß- und Spezialmarkt.** Bei einer Messe oder Ausstellung, einem Groß- oder Spezialmarkt genügt zur Aufhebung der Antrag des Veranstalters. Er hat dann einen Rechtsanspruch auf Aufhebung der Festsetzung. Der Behörde ist kein Ermessen eröffnet.
Dies ermöglicht dem Veranstalter eines Spezialmarktes die unproblematisch zu erlangende Befreiung von der Durchführungspflicht des § 69 II. Veranstalter von Messen, Ausstellungen und Großmärkten haben die Wahl, ob sie die Aufhebung der Festsetzung begehren oder lediglich anzeigen, die Veranstaltung nicht mehr durchzuführen (§ 69 III).

32 **b) Wochen- und Jahrmärkte; Volksfeste.** Bei Wochen- und Jahrmärkten sowie bei Volksfesten ist die Aufhebung auf Antrag nur möglich, wenn

die Durchführung der Veranstaltung dem Veranstalter nicht zugemutet werden kann. **Unzumutbarkeit** ist im vorliegenden Kontext (zu diesem Begriff *Schönleiter,* in: Landmann/Rohmer I, § 69 b Rdn. 18; vgl. ferner *Tettinger* Rechtsanwendung und gerichtliche Kontrolle im Wirtschaftsverwaltungsrecht, 1980, S. 488 f.) ein unbestimmter Gesetzesbegriff, der gerichtlich voll überprüfbar ist. Wirtschaftliche (Einnahmen decken die Kosten der Veranstaltung nicht) oder organisatorische Gründe (Veranstaltungsplatz wird anderweitig benötigt) können zur Bejahung der Unzumutbarkeit führen. Es ist aber stets ein **strenger Maßstab** anzulegen.

Die Aufhebung der Festsetzung befreit die Veranstalter von der Durchführungspflicht nach § 69 II.

3. Rechtsschutz

Gegen die Ablehnung der Änderung oder Aufhebung kann der **Veranstalter** im Wege der Verpflichtungsklage vorgehen. Zum Teil wird vertreten, dass potentielle Beschicker und Aussteller die erfolgte Aufhebung anfechten können, wenn eine Gemeinde zugleich Veranstalterin und Festsetzungsbehörde ist (so *Wagner,* in: Friauf, § 69 b Rdn. 34). Aber selbst in diesem Fall sind die Beschicker etc. nur reflexartig betroffen, sodass sie sich auf ein subjektiv öffentliches Recht nicht berufen können (*Pielow,* in: BeckOK, § 69 b Rdn. 24). In Betracht kommen allenfalls zivilrechtliche Ansprüche.   33

§ 70 Recht zur Teilnahme an einer Veranstaltung

(1) **Jedermann, der dem Teilnehmerkreis der festgesetzten Veranstaltung angehört, ist nach Maßgabe der für alle Veranstaltungsteilnehmer geltenden Bestimmungen zur Teilnahme an der Veranstaltung berechtigt.**

(2) **Der Veranstalter kann, wenn es für die Erreichung des Veranstaltungszwecks erforderlich ist, die Veranstaltung auf bestimmte Ausstellergruppen, Anbietergruppen und Besuchergruppen beschränken, soweit dadurch gleichartige Unternehmen nicht ohne sachlich gerechtfertigten Grund unmittelbar oder mittelbar unterschiedlich behandelt werden.**

(3) **Der Veranstalter kann aus sachlich gerechtfertigten Gründen, insbesondere wenn der zur Verfügung stehende Platz nicht ausreicht, einzelne Aussteller, Anbieter oder Besucher von der Teilnahme ausschließen.**

Literatur: *A. Bardenz,* Rechtsfragen des Trödelmarktes, GewArch 1998, 53 ff.; *Chr. Braun,* Zulassung auf Märkten und Veranstaltungen, NVwZ 2009, 747 ff.; *C. Donhauser,* Neue Akzentuierungen bei der Vergabe von Standplätzen auf gemeindlichen Volksfesten und Märkten, NVwZ 2010, 931 ff.; *U. Fastenrath,* Die Zulassung ortsfremder (einschließlich EG-ausländischer) Schausteller und Anbieter zu Volksfesten und Märkten, NWVBl. 1992, 51 ff.; *P. Frers,* Die Konkurrentenklage im Gewerberecht, DÖV 1988, 670 ff.; *C. Gröpl,* Privatisierung von Messen, Märkten und Volksfesten, GewArch 1995, 367 ff.; *Chr. Heitsch,* Der gewerberechtliche Zulassungsanspruch zu Volksfesten, GewArch 2004, 225 ff.; *H. Hilderscheid,* Erzwungene Doppelvergabe von Standflächen auf festgesetzten Veranstaltungen, GewArch 2007, 129 ff.; *ders.,* Passivlegitimation und

§ 70 Titel IV. Messen, Ausstellungen, Märkte

Rechtsweg bei Klagen auf Zulassung zu festgesetzten Veranstaltungen, GewArch 2008, 54 ff.; *U. Hösch*, Rechtsschutz gegen die Nichtzulassung zu festgesetzten Märkten, GewArch 1996, 402 ff.; *C. L. Lässig*, Die Vergabe von Standplätzen auf kommunalen Volksfesten, NVwZ 1983, 18 ff.; *S. E. Meßmer*, Standvergabe zwischen Sondernutzung und Gewerberecht – VGH Mannheim, NVwZ-RR 2001, 159, JuS 2002, 755 ff.; *ders.*, „Marktveranstaltungen" auf der Grundlage von Sondernutzungserlaubnissen und zulässige Auswahlkriterien, GewArch 2002, 409 ff.; *R. Pitschas*, Die Zulassung von Schaustellern zu Volksfesten nach Gewerbe- und bayerischem Gemeinderecht, BayVBl. 1982, 641 ff.; *K. Rennert*, Konkurrentenklagen bei begrenztem Kontingent, DVBl. 2009, 1333 ff.; *H.-A. Roth*, Rechtliche Probleme der Zulassung von Schaustellern zu Volksfesten, Spezialmärkten und Jahrmärkten, WiVerw 1985, 46 ff.; *T. Schalt*, Der Zulassungsanspruch des Schaustellers zu Volksfesten und Märkten in der verwaltungsgerichtlichen Rechtsprechung, GewArch 1981, 150 ff.; *ders.*, Aktuelle Rechtsprechung zum Zulassungsanspruch des Schaustellers zu Volksfesten, GewArch 1991, 409 ff.; *ders.*, Der Zulassungsanspruch des Schaustellers zu Volksfestveranstaltungen – Neuere Entwicklungen der Rechtsprechung, GewArch 2002, 137 ff.; *Chr. Sieber/M. Gramsch*, Der Zulassungsanspruch nach § 70 Abs. 1 GewO – Das Problem bleibt „bekannt und bewährt", GewArch 2008, 199 ff.; *W. Spannowsky*, Vergabe von Standplätzen auf Volksfesten, Messen und Märkten an EU-ausländische Anbieter, GewArch 1995, 265 ff.; *Chr. Weißenberger*, Die Zweistufentheorie im Wirtschaftsverwaltungsrecht, GewArch 2009, 417 ff. u. 465 ff.; *B. Widera*, Zur Bewerberauswahl der Gemeinden bei der Veranstaltung von Märkten und Volksfesten, VR 1986, 17 ff.

Übersicht

	Rdn.
I. Vorbemerkung	1
1. Marktfreiheit	1
2. Verhältnis zu anderen Regelungen	3
a) Kommunalrechtlicher Zulassungsanspruch	3
b) Sonstige Vorgaben	6
II. Teilnahmeanspruch (Abs. 1)	7
1. Jedermann	7
2. Zugehörigkeit zum Teilnehmerkreis	8
3. Teilnahmebestimmungen	10
a) Präzisierung des Teilnehmerkreises	10
b) Rechtsnatur	11
4. Berechtigung und Anspruchsgegner	13
III. Gruppenbezogene Beschränkungsmöglichkeiten (Abs. 2)	14
1. Verhältnis zu Abs. 1	14
2. Beschränkungsvoraussetzungen	16
a) Allgemeines	16
b) Beschränkung auf bestimmte Aussteller-, Anbieter- und Besuchergruppen	17
c) Erforderlich für Erreichung des Veranstaltungszwecks	18
d) Keine Diskriminierung gleichartiger Unternehmen	20
IV. Ausschluss einzelner Interessenten von der Veranstaltung (Abs. 3)	24
1. Verfassungs- und Unionsrechtmäßigkeit	25
2. Ausschluss von Anbietern, Ausstellern und Besuchern durch den Veranstalter vor und während der Veranstaltung	28
3. Ausschlussgrund	30
a) Sachlich gerechtfertigte Ausschlussgründe	31

b) Nicht sachlich gerechtfertigte Ausschlussgründe 35
c) Insbesondere: Platzmangel als Ausschlussgrund 36
4. Rechtsweg bei Streitigkeiten 61
   a) Privater Veranstalter 62
   b) Öffentlich-rechtlicher Veranstaltungsträger 63
   c) Exkurs: Nicht festgesetzte Veranstaltungen 69
5. Rechtsmittel abgelehnter (Mit-)Bewerber 71
   a) Anfechtungsklage 73
   b) Verpflichtungsklage 76
   c) Fortsetzungsfeststellungsklage 80
   d) Amtshaftungsprozess 82

I. Vorbemerkung

1. Marktfreiheit

§ 70 enthält den Grundsatz der Marktfreiheit, der – ungeachtet ihrer **1** Größe – alle in Titel IV geregelten Veranstaltungen – und Volksfeste nach § 60 b – bei Festsetzung erfasst (*OVG Nds.* NJW 2003, 531 [533]). Teilweise wird der Grundsatz der Marktfreiheit als ungeschriebenes Tatbestandsmerkmal einer jeden in Titel IV aufgeführten Veranstaltung aufgefasst (*Schönleiter*, in: Landmann/Rohmer I, § 70 Rdn. 2).

Die Marktfreiheit (= Teilnahmeanspruch nach § 70 I) gilt freilich nicht **2** unbeschränkt. Sie wird vielmehr **begrenzt** durch die für alle Veranstaltungsteilnehmer geltenden Bestimmungen (§ 70 I) sowie durch die Vorschriften der Abs. 2 und 3.

2. Verhältnis zu anderen Regelungen

a) Kommunalrechtlicher Zulassungsanspruch. § 70 normiert den **3** Anspruch auf Teilnahme an einer festgesetzten Veranstaltung i. S. d. §§ 64 – 68, 60 b. Das Kommunalrecht der Länder enthält durchweg Anspruchsgrundlagen auf Zulassung zur Benutzung öffentlicher Einrichtungen (zum Begriff siehe § 69 Rdn. 3). **Öffentliche Einrichtung** kann sowohl ein gemeindlicher Platz (etwa ein Marktplatz, eine Festwiese oder eine Stadthalle) als auch eine gemeindliche Veranstaltung selbst (prominentes Beispiel: Münchener Oktoberfest) sein (*Braun* NVwZ 2009, 747 [748]).

Beansprucht ein **privater Veranstalter** einen bestimmten öffentlichen **4** Platz für seine Veranstaltung, richtet sich sein diesbezüglicher Anspruch nach den jeweiligen kommunalrechtlichen Vorgaben. Zusätzlich muss er einen gewerberechtlichen Festsetzungsanspruch nach § 69 i. V. m. §§ 64 ff. geltend machen. Wenn seine Veranstaltung festgesetzt ist, haben Beschicker gegen den Veranstalter einen Teilnahmeanspruch nach § 70; ein Rückgriff auf den landesrechtlichen kommunalrechtlichen Zulassungsanspruch scheidet aus (*VGH BW* GewArch 2001, 420). Ohne Festsetzung gilt für etwaige Teilnahmeansprüche Privatrecht, ggf. Wettbewerbsrecht.

Ist die **Gemeinde** selbst Veranstalterin, kommt als Anspruchsgrundlage **5** der Beschicker etc. auf Teilnahme sowohl § 70 als auch Kommunalrecht in Betracht. § 70 verlangt jedoch eine Festsetzung; fehlt diese, gilt allein Kom-

§ 70   Titel IV. Messen, Ausstellungen, Märkte

munalrecht (vgl. *BayVGH* GewArch 1982, 98 ff. zum Münchener Oktoberfest). Liegt eine Festsetzung vor, verdrängt § 70 die parallelen kommunalrechtlichen Vorgaben. Begründet wurde dies bislang mit dem Vorrang der bundesrechtlichen Norm (*VGH BW* GewArch 2001, 420; *VG Hannover* GewArch 2006, 475; *VG Stuttgart* GewArch 2008, 302). Wenn künftig ein Land das Recht der Messen und Märkte selbst regeln sollte (vor § 64 Rdn. 15), müsste es auch das Verhältnis des landesrechtlichen Marktrechts zum Kommunalrecht bestimmen. Im Zweifel wird von der Spezialität des Marktrechts gegenüber dem Kommunalrecht auszugehen sein.

Zum **Rechtsweg** siehe unten Rdn. 61 ff.

6   **b) Sonstige Vorgaben.** Zu beachten sind ferner kartellrechtliche Vorgaben, namentlich das **kartellrechtliche Diskriminierungsverbot gem. § 20 GWB**, sofern der Veranstalter eine marktbeherrschende Stellung hat. Das Kartellrecht ist neben § 70 anwendbar (näher *Wagner*, in: Friauf, § 70 Rdn. 4 ff.). Zu denken ist schließlich an **europarechtliche** Vorgaben wie Art. 106 I, II sowie Art. 107 AEU (dazu *Spannowsky* GewArch 1995, 265 ff.; *Hösch* GewArch 1996, 402 [407]).

II. Teilnahmeanspruch (Abs. 1)

1. Jedermann

7   Der Begriff „jedermann" umfasst zunächst alle **natürlichen Personen**, unabhängig von Staatsangehörigkeit, Wohnsitz, Lebensalter oder Geschäftsfähigkeit. Für Ausländer können aber spezielle Beschränkungen im Ausländerrecht vorgesehen sein, etwa in Gestalt in einer Aufenthaltsgenehmigung vorgesehener Auflagen (vgl. Einl. Rdn. 105 ff.). EU-Ausländer sind Inländern grundsätzlich gleichgestellt (näher *Spannowsky* GewArch 1995, 265 ff.)

Teilnahmeberechtigt können auch **juristische Personen** oder sonstige sein (*Schönleiter*, in: Landmann/Rohmer I, § 70 Rdn. 4; *Wagner*, in: Friauf, § 70 Rdn. 12; *Braun* NVwZ 2009, 747 [748]).

2. Zugehörigkeit zum Teilnehmerkreis

8   Dem Teilnehmerkreis der Veranstaltung gehört an, wer bei abstrakter Betrachtung mit Blick auf die **Legaldefinitionen** in §§ 64 – 68, 60 b zu den jeweils angesprochenen Teilnehmern zu rechnen ist. Dies sind neben Ausstellern und Beschickern auch Besucher (vgl. die Beschränkungsmöglichkeiten in Abs. 2).

9   Eine Eingrenzung ergibt sich aus der **Festsetzung**, welche auch den Gegenstand der Veranstaltung festlegt. Inhaber des Teilnahmeanspruchs kann nur sein, wessen Angebot vom festgesetzten Gegenstand der Veranstaltung gedeckt ist. Zum Teilnehmerkreis einer Möbel-Ausstellung (§ 65) zählen also nur Möbelhersteller, nicht etwa Kraftfahrzeughersteller, soweit diese nicht spezielle Möbeltransporter im Angebot führen.

Recht zur Teilnahme an einer Veranstaltung **§ 70**

3. Teilnahmebestimmungen

a) Präzisierung des Teilnehmerkreises. Die Teilnahmeberechtigung 10
gilt nach Maßgabe der für alle Veranstaltungsteilnehmer geltenden Bestimmungen zur Teilnahme an der Veranstaltung. Die Bestimmungen des Veranstalters (zum Veranstalter siehe § 69 Rdn. 14 f.) können den Teilnehmerkreis näher präzisieren, etwa indem bei einer Bekleidungsmesse nur Aussteller mit Herren-Oberbekleidung zugelassen werden können. In derartigen Fällen erfolgt die Begrenzung des Teilnehmerkreises jedoch bereits durch die Festsetzung (oben Rdn. 9).

b) Rechtsnatur. Bei den Teilnahmebestimmungen kann es sich sowohl 11
um privatrechtliche Vertragstexte als auch um öffentlich-rechtliche Normen (etwa Satzung einer Gemeinde als Veranstalterin) handeln. Bisweilen sind noch alte Marktordnungen (gem. § 69 i. d. F. bis 1976) vorhanden, wenngleich diese zwischenzeitlich weitestgehend an Bedeutung verloren haben. Näher zur Rechtsnatur sowie zum Rechtsweg siehe unten Rdn. 61 ff.

Unabhängig von der Rechtsnatur müssen die Teilnahmebestimmungen 12
die Vorgaben der Festsetzung beachten. Handelt es sich um privatrechtliche Bestimmungen, können §§ 305 ff. BGB einschlägig sein (*OLG München* GewArch 1989, 330 [331]; *Wagner*, in: Friauf, § 70 Rdn. 22; *Braun* NVwZ 2009, 747 [749]).

4. Berechtigung und Anspruchsgegner

Wer die genannten Voraussetzungen erfüllt, ist grundsätzlich zur Teilnahme 13
an der Veranstaltung berechtigt. Einschränkungen folgen aus den Abs. 2 und 3. Der Teilnahmeanspruch richtet sich gegen den Veranstalter. Teils wird vertreten, Veranstalter sei, wer faktisch die Zulassungsentscheidung treffe (*VG Stuttgart* GewArch 2007, 438), oder derjenige, welcher nach außen die Zulassung erteile (*Hilderscheid* GewArch 2008, 54 [55 f.]). Die Systematik der §§ 69, 70 legt eine andere Sichtweise nahe: Veranstalter i. S. d. § 70 ist derjenige, der die Festsetzung gem. § 69 beantragt und erhalten hat (§ 69 Rdn. 14).

III. Gruppenbezogene Beschränkungsmöglichkeiten (Abs. 2)

1. Verhältnis zu Abs. 1

Die Normsystematik deutet zunächst darauf hin, Abs. 2 als Beschränkung 14
der Marktfreiheit gem. Abs. 1 aufzufassen. Dies würde bedeuten, dass nach Abs. 1 jeder Warenhersteller etwa zu einem Spielzeug-Spezialmarkt einen Zulassungsanspruch hätte, der erst durch Abs. 2 auf Spielzeughersteller beschränkt würde (so wohl die amtl. Begr., BT-Drs. 7/3859, S. 16). Die Grenzen zwischen Abs. 1 und 2 sind jedoch **fließend**, da die Beschränkung nach Abs. 2 durch die Teilnahmebestimmungen erfolgt (unten Rdn. 16), die wiederum bereits im Rahmen des Abs. 1 zu beachten sind („nach Maßgabe"): Bei näherem Hinsehen wäre daher schon nach Abs. 1 der Anspruch eines Baumaschinenherstellers auf Teilnahme an dem Spielwaren-Spezialmarkt zu verneinen.

§ 70   Titel IV. Messen, Ausstellungen, Märkte

15   Vor diesem Hintergrund ist Abs. 2 zwar eine Beschränkung der Marktfreiheit, **konkretisiert** aber letztlich nur die schon in **Abs. 1** angelegte Einschränkung „nach Maßgabe der für alle Veranstaltungsteilnehmer geltenden Bestimmungen zur Teilnahme an der Veranstaltung".

2. Beschränkungsvoraussetzungen

16   a) **Allgemeines.** Die nach Abs. 2 erfolgten Beschränkungen sind in die **Teilnahmebestimmungen** aufzunehmen (*Wagner*, in: Friauf, § 70 Rdn. 28; *Schönleiter*, in: Landmann/Rohmer I, § 70 Rdn. 8). Sie dürfen der **Festsetzung** nicht widersprechen (*Wagner*, in: Friauf, § 70 Rdn. 26; *Schönleiter*, in: Landmann/Rohmer I, § 70 Rdn. 7; *Braun* NVwZ 2009, 747 [749]), also nicht etwa auf einem Umweg das Warensortiment verkleinern.

17   b) **Beschränkung auf bestimmte Aussteller-, Anbieter- und Besuchergruppen.** Beispiel für eine Beschränkung auf **Aussteller- oder Anbieterseite** ist die Begrenzung der Teilnahmemöglichkeit für Großhändler. Denkbar – aber häufig unzulässig (näher unten Rdn. 23) – sind ferner ortsbezogene (nur ortsansässige Aussteller) oder persönliche (nur Verbandsmitglieder) Zulassungsschranken.

Beschränkungen auf **Besucherseite** können etwa die Teilnahme auf Großabnehmer begrenzen oder Letztverbraucher nur zum Besuch, nicht aber zum Kauf zulassen.

18   c) **Erforderlich für Erreichung des Veranstaltungszwecks.** Den Veranstaltungszweck bestimmt der Veranstalter. Maßgeblich ist dabei die dem Festsetzungsantrag zugrunde liegende, einem der gesetzlich vorgegebenen Markttypen zuzuordnende Veranstaltungskonzeption (vgl. dazu etwa die Fallkonstellation bei *Tettinger* NWVBl. 1996, 238 f.). Die Beschränkung muss geeignet und erforderlich zur Erreichung des Veranstaltungszwecks sein. Ob Eignung und Erforderlichkeit gegeben sind, ist in vollem Umfang **gerichtlich überprüfbar** (*Wagner*, in: Friauf, § 70 Rdn. 29).

19   Die **Bejahung der Erforderlichkeit** kann sich insb. aus **wirtschaftlichen** Erwägungen ergeben. So müssen etwa Messen angesichts der hohen Kosten in möglichst kurzer Zeit durchgeführt und große Besuchermassen, welche die Gespräche und Verhandlungen mit den eigentlich ins Visier genommenen Fachbesuchern behindern, fern gehalten werden (vgl. BT-Drs. 7/3859, S. 16; *Kresse/Engelsberger*, Recht der Messewirtschaft, 2006, S. 117; *Schmitz* GewArch 1977, 76 [78]). Nötig kann eine Beschränkung ferner für die **Schärfung des Veranstaltungsprofils** im Sinne erhöhter Markttransparenz sein. Wenn etwa eine Kunst- und Antiquitätenmesse speziell der Förderung des nicht versteigernden Kunsthandels dient, kann der Ausschluss versteigernder Kunsthändler erforderlich sein (*OLG München* GewArch 1989, 330 [332]). Der Ausschluss von Sportbekleidungsherstellern von einer Bekleidungsmesse kann sich als erforderlich erweisen, um das Veranstaltungsprofil gegenüber bestehenden Sportartikelmessen zu schärfen (*Schmitz* GewArch 1977, 76 [77]). **Nicht erforderlich** für die Erreichung des Veranstaltungszwecks einer Spielwarenmesse ist hingegen der pauschale Ausschluss von Kriegsspielzeugherstellern (so *Gröschner* NJW 1983, 2178 [2181]).

Recht zur Teilnahme an einer Veranstaltung **§ 70**

d) Keine Diskriminierung gleichartiger Unternehmen. Gleichartige 20
Unternehmen dürfen nicht ohne sachlichen Grund ungleich behandelt werden. Das Diskriminierungsverbot des § 70 II entspricht dem kartellrechtlichen Diskriminierungsverbot des **§ 20 GWB**, richtet sich aber an jeden, nicht nur an marktbeherrschende Veranstalter.

aa) Gleichartige Unternehmen. Die Gleichartigkeit beurteilt sich nach 21
der **wirtschaftlichen Funktion** des betroffenen Unternehmens, bezogen auf die jeweilige Veranstaltung. Gleichartig können auf Anbieterseite einer internationalen Baumaschinen-Messe in- und ausländische Hersteller, Importeure oder Handelsvertreter von Herstellern sein (ähnlich *Wagner*, in: Friauf, § 70 Rdn. 32; *Schönleiter*, in: Landmann/Rohmer I, § 70 Rdn. 9).

bb) Ungleichbehandlung. Jede Ungleichbehandlung ist rechtfertigungs- 22
bedürftig, unabhängig davon, ob sie sich unmittelbar oder nur mittelbar auswirkt.

cc) Sachlicher Grund. Kein sachlicher Grund für eine Ungleichbe- 23
handlung ist die Mitgliedschaft in einem Verband. Es geht also nicht an, die Zulassung zu einer Messe von der **Verbandszugehörigkeit** abhängig zu machen (*Wagner*, in: Friauf, § 70 Rdn. 34). Eine sog. „Musterung" eines Verbandes für seine Mitglieder kann daher nicht als Messe oder Ausstellung festgesetzt werden (vgl. § 64 Rdn. 8, § 65 Rdn. 5). Entsprechendes gilt regelmäßig für die **Ortsansässigkeit** der Aussteller (*Schmitz* GewArch 1977, 76 [79]; vgl. § 65 Rdn. 6). Eine Ausnahme kann greifen, wenn die Veranstaltung ihrer Natur nach an lokale Gegebenheiten anknüpft, z. B. ein kleines Weinfest, das der Pflege der lokalen Weinbautradition gilt (vgl. *VG Neustadt* GewArch 2010, 39 [41]; *Storr*, in: BeckOK, § 70 Rdn. 20: Regionalmesse).

IV. Ausschluss einzelner Interessenten von der Veranstaltung (Abs. 3)

Während § 70 II gruppenspezifische Einschränkungen des in den Blick 24
genommenen Teilnehmerkreises ermöglicht, räumt § 70 III dem Veranstalter die – weiterreichende – Befugnis ein, einzelne Interessenten aus bestimmten, sachlich gerechtfertigten Gründen von der Veranstaltung auszuschließen (*Frotscher*, in: Schmidt, Öffentliches Wirtschaftsrecht, BT I, 1995, § 1 Rdn. 182; *Wagner*, in: Friauf, § 70 Rdn. 36). Zum Ausschluss und zu weiteren Anordnungen seitens der Behörde siehe § 70 a Rdn. 1.

1. Verfassungs- und Unionsrechtmäßigkeit

Bei dieser Möglichkeit des Ausschlusses einzelner Interessenten und Teil- 25
nehmer nach Abs. 3 aus sachlich gerechtfertigten Gründen durch den Veranstalter handelt es sich für Anbieter und Aussteller um eine Berufsausübungsregelung, die mit **Art. 12 I GG** im Einklang steht, da diese Einschränkung auf dem Gemeinwohlinteresse an dem ordnungsgemäßen Ablauf der Veranstaltung basiert (*BVerwG* GewArch 1959/60, 30; 1965, 30; *VGH BW* Urteil

Ennuschat

§ 70 Titel IV. Messen, Ausstellungen, Märkte

vom 1. 10. 2009 – 6 S 99/90, juris Rdn. 19 [= DÖV 2010, 147 Ls.] u. ESVGH 56, 169; *Braun* NVwZ 2009, 747 [749]).

26 Kritisiert wird von Teilen der Literatur die Unbestimmtheit der Norm, weil die Ausschlussgründe vom Gesetzgeber nicht einzeln aufgeführt wurden (etwa *Lässig* NVwZ 1983, 18 [20]; vgl. auch *Wagner*, in: Friauf, § 70 Rdn. 37). Ein Verstoß gegen das verfassungsrechtliche **Bestimmtheitsgebot** liegt darin jedoch nicht, da der unbestimmte Gesetzesbegriff „sachlich gerechtfertigte Gründe" im Wege der Auslegung bestimmbar und durch langjährige Rechtsprechungspraxis auch bestimmt worden ist (im Ergebnis ebenso *VGH BW* GewArch 1979, 335 [336]; *Schönleiter*, in: Landmann/Rohmer I, § 70 Rdn. 12).

27 Sofern ein grenzüberschreitender Bezug vorliegt, muss die Ablehnungsentscheidung nach § 70 III auch den **EU-Grundfreiheiten** gerecht werden. Die Grundfreiheiten verpflichten jedenfalls öffentliche, u. U. sogar private Veranstalter. Das europäische Vergaberecht greift nicht, weil die Standplatzvergabe allenfalls als Dienstleistungskonzession einzuordnen wäre (*Braun* NVwZ 2009, 747; *Donhauser* NVwZ 2010, 931 [935]). Wenn die Auswahlentscheidung den Anforderungen des § 70 III genügt, werden Grundfreiheiten nicht verletzt.

2. Ausschluss von Anbietern, Ausstellern und Besuchern durch den Veranstalter vor und während der Veranstaltung

28 Einzeln ausgeschlossen werden können sowohl Anbieter und Aussteller als auch Besucher der Veranstaltung (vgl. *HessVGH* GewArch 1993, 162 [163]). Der Ausschluss erfolgt durch den Veranstalter. Unabhängig davon kann die zuständige Behörde gem. § 70 a einzelnen Ausstellern oder Anbietern (nicht Besuchern) die Teilnahme untersagen.

29 Zumeist wird der Ausschluss bereits im Vorfeld der Veranstaltung erfolgen, etwa infolge von Kapazitätserschöpfung (näher unten Rdn. 36 ff.). Möglich ist aber auch ein Ausschluss während der Veranstaltung, wenn z. B. ein Besucher einer Großmarkthalle eine heftige verbale Auseinandersetzung mit dem Pförtner am Eingangstor anzettelt (*HessVGH* GewArch 1993, 162 [163]) oder ein Aussteller in erheblicher Weise gegen die Teilnahmebestimmungen verstößt (*Wagner*, in: Friauf, § 70 Rdn. 38). Insb. bei einem Ausschluss während der Veranstaltung ist mit besonderem Nachdruck der Verhältnismäßigkeitsgrundsatz zu beachten (unten Rdn. 34).

3. Ausschlussgrund

30 Der Ausschluss muss den Grundsätzen der Marktfreiheit und Marktgleichheit (bei öffentlichen Veranstaltern auch den Grundrechten aus Art. 12 I und 3 I GG) genügen und darf daher nur aus sachlich gerechtfertigtem Grund erfolgen. Das Vorliegen eines Ausschlussgrundes unterliegt im Grundsatz (zum Auswahlermessen bei Kapazitätserschöpfung siehe unten Rdn. 36 ff.) vollständiger gerichtlicher Überprüfung.

31 **a) Sachlich gerechtfertigte Ausschlussgründe.** Ein sachlich gerechtfertigter Grund ist gegeben, wenn **nachprüfbare Kriterien** vorhanden sind,

aus denen sich die Sachgerechtigkeit des Ausschlusses oder der Nichtzulassung nach dem Sinn und Zweck der Veranstaltung herleiten lässt.

aa) Einzelfälle. Sachliche Gründe liegen z. B. vor, wenn auch die zuständige Behörde nach § 70 a zur Untersagung der Teilnahme berechtigt wäre, d. h. im Falle der **Unzuverlässigkeit** eines Ausstellers oder Anbieters (*VG Hannover* GewArch 2008, 405 [406]; siehe dazu § 70 a Rdn. 3 u. § 35 Rdn. 27 ff.). Nötig ist dabei die **Veranstaltungsbezogenheit** des Sachverhalts, auf den die Unzuverlässigkeit gestützt wird (*OVG Bremen* NVwZ-RR 2007, 171). Mangelnde Zuverlässigkeit ist etwa zu bejahen, wenn ein Anbieter wiederholt gegen die Teilnahmebestimmungen (vgl. *HessVGH* GewArch 1994, 287 [289]), gegen Verbraucherschutzvorschriften oder gegen Immissionsschutzvorschriften verstoßen hat und zu befürchten ist, dass er auch in Zukunft entsprechende Verstöße nicht unterlässt (vgl. die Fallkonstellation bei *Tettinger* NWVBl. 1996, 238 f.). In derartigen Fällen ist dem Veranstalter, der das wirtschaftliche Risiko des Gelingens einer Veranstaltung trägt, nicht zuzumuten, dass einzelne Aussteller die gesamte Veranstaltung in Misskredit bringen (*Wagner*, in: Friauf, § 70 Rdn. 47). Ein Verstoß gegen die Teilnahmebestimmungen kann aber nur zum Ausschluss führen, wenn der Veranstalter diese selbst noch einhält (*HessVGH* GewArch 1993, 248 [249]). Rechtsfehlerhaft ist eine Zulassungsrichtlinie, wonach Bewerber, die Platzgelder, Gebühren oder Steuern irgendwelcher Art schulden, zwingend ausgeschlossen werden (*VG Gießen* GewArch 2004, 164 [165]); hier sind die Erfordernisse der Veranstaltungsbezogenheit und der Verhältnismäßigkeit nicht beachtet. Selbst wenn die Schwelle zur Zuverlässigkeit übersprungen wird, also kein Ausschlussgrund vorliegt, kann das unterschiedliche Ausmaß der Zuverlässigkeit ein Auswahlkriterium sein (Rdn. 45).

Ein Besucher kann bei **Störungen der Veranstaltung** ausgeschlossen werden (*HessVGH* GewArch 1993, 162 [163]). Zum **Platzmangel** (Kapazitätserschöpfung) als Ausschlussgrund siehe unten Rdn. 36 ff.

bb) Verhältnismäßigkeit. Die Teilnahme an einer Veranstaltung kann für Aussteller, Anbieter, aber auch Besucher (etwa eines Großmarktes) von erheblicher wirtschaftlicher Bedeutung sein. Deshalb muss ein Ausschluss dem Grundsatz der Verhältnismäßigkeit genügen. Dies bedeutet, dass die zu konstatierenden Verstöße gegen die Teilnahmebestimmungen oder die registrierten Störungen ein gewisses Gewicht aufweisen müssen (*HessVGH* GewArch 1994, 287 [289]), der Veranstalter den Auszuschließenden in der Regel zunächst **abmahnen** muss (*HessVGH* GewArch 1994, 287 [289]; *Wagner*, in: Friauf, § 70 Rdn. 50) und ein Ausschluss u. U. **nicht auf Dauer** erfolgen darf (*HessVGH* GewArch 1993, 162 [163]).

b) Nicht sachlich gerechtfertigte Ausschlussgründe. Nicht gerechtfertigt ist angesichts der gesetzlichen Anordnung des Rechts zur Teilnahme in § 70 I („jedermann") und angesichts der bewussten Abkehr von potentiellen kommunalrechtlichen Privilegierungen (vgl. dazu oben § 69 Rdn. 5) ein Ausschluss, wenn dieser auf die **Ortsfremdheit** gestützt wird (siehe aber zur vorgelagerten Begrenzung auf lokale Anbieter im Rahmen von § 70 II oben Rdn. 23 und zu lokalen Aspekten im Rahmen der anschließenden Auswahl nach Attraktivität unten Rdn. 54). Dasselbe gilt für den Ausschluss mit der Begründung, bereits der Ehegatte sei zugelassen worden (*BVerwG* GewArch 1984, 266 [267]; *OVG Bremen* GewArch 1993, 480 [481]); sachlich gerechtfertigt kann es aber sein, bei Platzknappheit die Zulassung eines Bewerbers auf einen Stand zu begrenzen (*OVG Bremen* GewArch 1993, 480 [481]; unten Rdn. 51).

36 **c) Insbesondere: Platzmangel als Ausschlussgrund.** Häufig können Anbieter nicht zugelassen werden, weil der vorhandene Raum nicht für alle Bewerber ausreicht, namentlich bei Volksfesten mit starker Publikumsresonanz.

37 **aa) Platzerschöpfung.** Der Ausschlussgrund „Platzmangel" setzt zunächst voraus, dass der vorhandene Platz tatsächlich erschöpft ist, d. h. bei sachgerechter Gestaltung muss das potentielle Platzangebot voll ausgenutzt werden („**Verpflichtung zur optimalen Mängelverwaltung**", *OVG Saarl.* GewArch 1992, 236 [237]; *Storr*, in: BeckOK, § 70 Rdn. 23). Was zum „Platz" zählt, ergibt sich aus der Festsetzung. Es liegt also keine Platzerschöpfung vor, wenn der Veranstalter einen von der Festsetzung umfassten Straßenzug nicht nutzen will (*VG Gießen* Beschluss vom 21. 11. 2006 – 8 G 3890/06, juris Rdn. 18). Ob Platzerschöpfung vorliegt, kann im Übrigen nur mit Blick auf die jeweilige Platzkonzeption beantwortet werden (*VGH BW* ESVGH 56, 169 [170]). Eine Zurückbehaltung von Platzreserven ist unzulässig (*OVG Saarl.* GewArch 1992, 236 [237]; *Schalt* GewArch 1981, 150 f.), zulässig sind aber Sicherheitspolster beim Zuschnitt der Standflächen, um Lücken mit kleinen Geschäften füllen zu können (*VG Oldenburg* NVwZ-RR 2005, 127 [128]). Teilweise wird sogar vertreten, der Veranstalter sei verpflichtet zu prüfen, ob nicht kleinere Standplätze vergeben werden könnten, um so mehr Bewerbern die Zulassung zu ermöglichen (*Wagner*, in: Friauf, § 70 Rdn. 52 a. E.; *Widera* VR 1986, 17 [19]; **a. A.** *BayVGH* GewArch 2003, 120 [121]; *BezG Erfurt* LKV 1993, 236; *Schönleiter*, in: Landmann/Rohmer I, § 70 Rdn. 17).

38 Die Aussteller haben jedoch **keinen Anspruch auf Erweiterung bestehender oder Schaffung neuer Kapazitäten** (*BayVGH* GewArch 2003, 120 [121]; *Storr*, in: BeckOK, § 70 Rdn. 20). Ein solcher leitet sich weder aus § 70 noch aus kommunalrechtlichen Vorschriften oder gar aus Art. 12 I GG ab. Vielmehr liegt es im Gestaltungsbereich des Veranstalters, die Größe der Veranstaltung festzulegen, zumal er das wirtschaftliche Risiko trägt.

39 Die Kapazitätserschöpfung muss zum **Zeitpunkt** des Marktbeginns gegeben sein (*VG Ansbach* GewArch 1984, 201 [202]). Sagen bereits zugelassene Aussteller ihre Teilnahme wieder ab, so muss der frei gewordene Raum unter den abgewiesenen Bewerbern – ggf. nach erneuter Auswahl – verteilt werden.

40 **bb) Auswahlkriterien.** Im Falle der Kapazitätserschöpfung muss der Veranstalter (Rdn. 13, 56) eine Auswahl unter den vorhandenen Bewerbern treffen. Die Auswahl orientiert sich notwendig an der **Veranstaltungskonzeption**, welche ihrerseits im **gerichtlich nur eingeschränkt überprüfbaren Gestaltungsermessen des Veranstalters** steht (*OVG NRW* GewArch

1991, 435; *VG Minden* Urteil vom 6.5. 2009 – 3 K 772/09, juris Rdn. 16). Eine **Änderung des Gestaltungswillens** soll nach einer Auffassung auch noch nach Ausschreibung und nach Eingang der Bewerbungen um Standplätze zulässig sein (so *VGH BW* Urteil vom 1. 10. 2009 – 6 S 99/09, juris Rdn. 26 [= DÖV 2010, 147 Ls.]). Nach anderer Ansicht gehöre es zu einer den Grundrechtsschutz sichernden Verfahrensgestaltung, dass die Vergaberichtlinien transparent seien und den Bewerbern so rechtzeitig bekannt gegeben werden, dass sie sich darauf einstellen können (*OVG Nds.* DVBl. 2010, 61; *VG Oldenburg* NVwZ-RR 2005, 127 [128]); diese Sichtweise stünde späteren Änderungen entgegen. Der zweitgenannten Ansicht ist im Grundsatz zuzustimmen. Änderungen des Veranstaltungskonzepts kommen nur ausnahmsweise in Betracht, z. B. dann, wenn deren Notwendigkeit sich aus der Bewerberlage ergibt, wenn es etwa für ein im Veranstaltungskonzept enthaltenes Angebot (Bsp.: Riesenrad) keinen Bewerber gibt, sodass das Konzept modifiziert werden muss.

Das **Gestaltungsermessen** bezieht sich in einem ersten Schritt auf die **Platz- und Veranstaltungskonzeption** (*VGH BW* ESVGH 56, 169 [170]), d. h. die Festlegung, welche Arten von Angeboten in welcher Anzahl der Veranstalter will (z. B. fünf Süßigkeitenstände und drei Bierstände auf einem Jahrmarkt, vgl. *VG Gelsenkirchen* GewArch 1988, 242 [243]; Festlegung, ob auf einer Messe nur Damenoberbekleidung oder auch Miederwaren Gegenstand der Veranstaltung sein sollen, *Schmitz* GewArch 1977, 76 [77]) oder nicht will (z. B. keine Go-Cart-Bahn auf Jahrmarkt wegen des großen Platzbedarfs, *VG Gelsenkirchen* Beschluss vom 22. 6. 2009 – 7 L 531/09, juris Rdn. 9 ff.). Dieser Gestaltungsspielraum ist gerichtlich nur sehr eingeschränkt überprüfbar. Wenn sich das Angebot eines Beschickers schon nicht in das Gesamtkonzept einfügt, kann die Zulassung ungeachtet von Attraktivität oder Neuheit abgelehnt werden (*VG Gelsenkirchen* Beschluss vom 22. 6. 2009 – 7 L 531/09, juris Rdn. 9 ff.). 41

In einem zweiten Schritt muss er für jede Angebotssparte eine Auswahl zwischen den Bewerbern treffen, wenn es einen Bewerberüberhang gibt. Auch diese Auswahl steht in engem Zusammenhang mit der Veranstaltungskonzeption. Deshalb ist dem Veranstalter ein **Auswahlermessen**, das gerichtlich nur eingeschränkt überprüfbaren Bandbreite zulässiger Erwägungen (*OVG NRW* GewArch 1994, 25 [26]; *BayVGH* GewArch 1991, 230; *VG Hannover* GewArch 2009, 82), eröffnet. 42

Das Auswahlermessen unterliegt aber den **Bindungen aus dem Willkürverbot und der Marktfreiheit** (*VG Braunschweig* NVwZ-RR 2008, 391 [392]; *VG Hannover* GewArch 2009, 82). Erforderlich sind **Transparenz und Nachvollziehbarkeit der Auswahl;** es muss sich um **sachgerechte Auswahlkriterien** handeln (*VGH BW* Urteil vom 1. 10. 2009 – 6 S 99/09, juris Rdn. 21 [= DÖV 2010, 147 Ls.]; *VG Stuttgart* GewArch 2002, 330 ff.). Die Auswahlentscheidung muss zudem auf einem zutreffend ermittelten Sachverhalt beruhen, wobei als Entscheidungsgrundlage die eingereichten Antragsunterlagen genügen (*OVG NRW* GewArch 1994, 25 [26]). Diese Anforderungen unterliegen eingeschränkter gerichtlicher Nachprüfung (vgl. *OVG Saarl.* GewArch 1992, 236 [237]). Im Interesse der Organisationsstraf- 43

§ 70 Titel IV. Messen, Ausstellungen, Märkte

fung und der Verfahrenstransparenz liegt es durchaus, für die Antragstellung **Ausschlussfristen** zu setzen (*BezG Erfurt* LKV 1993, 236).

44 Ein bestimmter **Auswahlmodus** ist normativ nicht vorgegeben. Zur Auswahl der Bewerber wurden daher bislang die unterschiedlichsten Kriterien herangezogen (vgl. die Zusammenstellung bei *Braun* NVwZ 2009, 747 [750 ff.]; *Heitsch* GewArch 2004, 225 [228 f.]). Grundsätzlich kommen formelle (Priorität, Los, Rotation) und materielle Kriterien in Betracht, wobei letztere personenbezogen an den Anbieter („bekannt und bewährt", Leistungsfähigkeit, Zuverlässigkeit, Ortsansässigkeit) oder sachbezogen an das Angebot (Attraktivität, Neuheit) anknüpfen können.

45 (1) Das Ausmaß von **Zuverlässigkeit** (Rdn. 32 a. E.) und **Leistungsfähigkeit** des Beschickers können sachgerechte Auswahlkriterien sein. In der Praxis werden diese Kriterien häufig auf das Auswahlkriterium **„bekannt und bewährt"** verkürzt. Die Bekanntheit und Bewährtheit überträgt sich nicht auf eine andere Person, etwa den Betriebsübernehmer, selbst wenn es sich dabei um ein im Betrieb mitarbeitendes Familienmitglied handelt (*VG Braunschweig* NVwZ-RR 2008, 391 [392]). Eine strikte und kontinuierliche Abstützung der Auswahl auf das Kriterium „bekannt und bewährt" würde allerdings dazu führen, dass der Kreis der Marktbeschicker zementiert wird und Neubewerber praktisch keine Teilnahmechance haben (vgl. *OVG Nds.* GewArch 2002, 428 [429 f.]). Allein dieses Merkmal zur Abgrenzung heranzuziehen ist daher mit Blick auf Art. 12 I GG unzulässig und ermessensfehlerhaft (*BVerwG* GewArch 1984, 265; *VG Braunschweig* NVwZ-RR 2008, 391 [392]; *VG Hannover* GewArch 2008, 405 [406]; *VG Minden* GewArch 2008, 126).

46 **Neubewerbern** muss vielmehr grundsätzlich schon bei der konkret in Rede stehenden Veranstaltung (so zu Recht *VG Mainz* GewArch 2010, 313), spätestens in einem erkennbaren zeitlichen Turnus bzw. in absehbarer Zeit (so *BVerwG* GewArch 1984, 265 [266]; *VGH BW* ESVGH 56, 169 [174]) eine **reale Zulassungschance** eröffnet werden. An einer solchen fehlt es selbst dann, wenn eine Bevorzugung neuer Unternehmer mit besonderer Anziehungskraft vorgesehen ist, da dann noch immer bei vergleichbar attraktiven Angeboten der Neubewerber keine Chance auf Zulassung hat (*OVG NRW* GewArch 1991, 113 [114]; *OVG Nds.* GewArch 2002, 428 [429 f.]).

47 Immerhin kann das Kriterium „bekannt und bewährt" bei der Auswahl ergänzend herangezogen werden (*VGH BW* ESVGH 56, 169 [172 f.]; *VG Gießen* GewArch 2004, 164 [165]; siehe ferner *Siebert/Gramsch* GewArch 2008, 199 ff.; **a. A.** *Schmidt-Preuß* Kollidierende Privatinteressen im Verwaltungsrecht, 1992, S. 408 f.). Unzulässig ist dies allerdings dann, wenn die vorrangigen Kriterien faktisch keine Auswahl zulassen, weil alle Bewerber diesen Kriterien mehr oder weniger in gleicher Weise entsprechen. Dann würde die Auswahlentscheidung im Ergebnis doch nur auf das Kriterium „bekannt und bewährt" gestützt, sodass Neubewerber unangemessen benachteiligt werden (*VG Hannover* GewArch 2008, 405 [406]). In Betracht kommt die **ergänzende Heranziehung von „bekannt und bewährt"** hingegen für den Fall bekanntermaßen fehlender Bewährung: Frühere Schwierigkeiten bei der Marktabwicklung unterhalb der Schwelle der Unzuverlässigkeit (zum Ausschluss wegen Unzuverlässigkeit siehe Rdn. 32) können so bei der Auswahl berücksichtigt werden (*VGH BW* GewArch 1991, 344 ff.; *VG Hannover* GewArch 2008, 405 [406]), nicht aber punktuelle Ereignisse minderer Gewichtigkeit wie einer bloßen lautstarken Auseinandersetzung mit Kollegen (*VG Würzburg* GewArch 2003, 336 [338]) oder geringfügige Rückstände bei Platzgeldern. Insgesamt kommt dem Kriterium „bekannt und bewährt" nur ein untergeordnetes Gewicht zu (*Schönleiter*, in: Landmann/Rohmer I, § 70 Rdn. 22; *Wagner*, in: Friauf, § 70 Rdn. 56).

(2) Ein weiteres gängiges Kriterium für die Auswahlentscheidung ist die **Attraktivität** (*OVG NRW* GewArch 1994, 25; *BayVGH* GewArch 1991, 230 [231]; *VG Hannover* GewArch 2009, 82 [83]; GewArch 2004, 228 f.) oder **Neuheit** des Angebots (vgl. *VG Gelsenkirchen* Beschluss vom 22. 6. 2009 – 7 L 531/09, juris Rdn. 11). Maßgeblicher Bezugspunkt ist zunächst die **Attraktivität des Angebotes**, so schwierig diese im Einzelfall zu bestimmen und zu vergleichen sein mag (vgl. *OVG NRW* GewArch 1994, 25: Fassadengestaltung, Beleuchtung, Lichteffekte; *VG Mainz* GewArch 2010, 313: Optik). Bei der Beurteilung der Attraktivität darf nicht auf Einzelaspekte – etwa die Neuwertigkeit der Fahrzeuge eines Autoscooter-Fahrgeschäfts – abgestellt werden, sondern ist das Geschäft insgesamt zu bewerten (*VG Gießen* GewArch 2010, 161). In Betracht kommt ferner, auf die **Attraktivität des Anbieters** abzustellen (z. B. Branchenführer; vgl. *Wirth* Marktverkehr, Marktfestsetzung, Marktfreiheit, 1985, S. 200); dann besteht aber die Gefahr, mittels des Kriteriums der Attraktivität im Ergebnis zu problematischen Auswahlkriterien wie „bekannt und bewährt" (Rdn. 46) oder „ortsansässig" zu gelangen (Rdn. 54). 48

Zu beachten ist ferner, dass die Attraktivität nicht nur isoliert für jeden Stand, sondern auch mit Blick auf die **Gesamtkonzeption der Veranstaltung** zu bewerten ist. Der Veranstalter darf auf ein **ausgewogenes Waren- und Leistungsangebot** achten (*BezG Erfurt* LKV 1993, 236). Dies kann dazu führen, dass ein – bei isolierter Betrachtung – weniger attraktives Geschäft den Vorzug erhält, weil es sich seiner Art nach eher in das Veranstaltungskonzept einfügt (*OVG NRW* GewArch 1991, 435). Dies gilt entsprechend für die **räumliche Konzeption**, so dass die Zulassung eines vergleichsweise attraktiveren Geschäfts abgelehnt werden kann, wenn es für den vorgesehenen Raum zu groß ist (*OVG NRW* GewArch 1991, 435; ferner oben Rdn. 41 zur [zu] großen Go-Cart-Bahn). Dabei steht die Raumkonzeption – ebenso wie die Gesamtkonzeption – im Gestaltungsermessen des Veranstalters. 49

Die Rechtsprechung billigt deshalb zu Recht dem Veranstalter, der das wirtschaftliche Risiko trägt, einen weiten **Beurteilungsspielraum** zu, da es sich jedenfalls partiell um subjektive Vorstellungen und damit um ein Werturteil handelt (*BVerwG* GewArch 1965, 30 [31]; *VGH BW* Urteil vom 1. 10. 2009 – 6 S 99/09, juris Rdn. 21 [= DÖV 2010, 147 Ls.]; *VG Gelsenkirchen* Beschluss vom 11. 7. 2008 – 7 L 689/08, juris Rdn. 16; *Storr*, in: BeckOK, § 70 Rdn. 31 f.; kritisch *Wagner*, in: Friauf, § 70 Rdn. 58). Erforderlich ist nur, dass das Attraktivitätsurteil auf sachlichen Kriterien beruht (*OVG NRW* GewArch 1991, 435). Dies ist jedenfalls dann zu bejahen, wenn ein differenziertes Bewertungsschema an verschiedene Ausstattungsmerkmale anknüpft, diese sachgerecht gewichtet und zu einem nachvollziehbaren und 50

§ 70 Titel IV. Messen, Ausstellungen, Märkte

plausiblen Auswahlergebnis führt (vgl. *VG Hannover* GewArch 2009, 82 [83]; siehe das Beispiel eines Punktesystems bei *VG Oldenburg* Urteil vom 9. 9. 2009 – 12 A 1552/09, juris Rdn. 5). Dies bedeutet jedoch nicht, dass der Veranstalter zwingend über ein ausgeklügeltes und vorab bekannt gemachtes Mess- und Bewertungsinstrument für die Ermittlung und den Vergleich der Attraktivität der einzelnen Angebote verfügen muss (vgl. *VG Mainz* GewArch 2010, 313; siehe auch *VG Oldenburg* GewArch 2008, 413: Die Veranstalterin sei nicht gezwungen, die Berücksichtigung der Fahrbahngröße auf ein lineares, prozentuales oder schematisch nach einzelnen Quadratmetern beruhendes System zu stützen).

51 (3) Die Ablehnung einer **Doppelbewerbung** (Ablehnung der Zweitbewerbung, wenn der Teilnehmer bereits mit einem anderen Stand zugelassen ist) begegnet grundsätzlich keinen Bedenken, sofern die Zulassungsanträge tatsächlich von ein und derselben Person stammen (*VG Hannover* GewArch 2008, 405). Unverhältnismäßig wäre der völlige Ausschluss des Bewerbers aufgrund der Doppelbewerbung (*VG Hannover* GewArch 2008, 405). Nicht sachgerecht ist angesichts der Wertungsvorgabe des Art. 6 I GG eine ablehnende Auswahlentscheidung, die sich daran orientiert, dass bereits der Ehegatte an der Veranstaltung teilnimmt (*BVerwG* GewArch 1984, 226 f.; vgl. oben Rdn. 35). Dies gilt selbst dann, wenn die Eheleute den Gewinn aus der jeweiligen selbstständigen Tätigkeit gemeinsam verwenden (*VGH BW* GewArch 1982, 229 f.). Zwingend ist der Ausschluss von Doppelbewerbungen im Übrigen nicht. Sachgerecht kann es also auch sein, einen Bewerber mit zwei – attraktiveren – Ständen zuzulassen und einen anderen wegen des unattraktiveren Angebotes abzulehnen (*VG Gelsenkirchen* GewArch 1988, 242 [243]).

52 (4) Als weiteres sachgerechtes Kriterien wird die zeitliche Reihenfolge der Anmeldungen gebilligt (Windhundverfahren oder **Prioritätssystem**; *BayVGH* NVwZ 1982, 120 [121]; *VGH BW* GewArch 1979, 337; *Storr*, in: BeckOK, § 70 Rdn. 41; *Schmitz* GewArch 1977, 76 [79]; vgl. auch BT-Drs. 7/3859, S. 16 zu § 70). Dieses Auswahlkriterium hat zwar den Vorteil der Wertneutralität und Willkürfreiheit, verlangt aber besonders sorgfältige Regelungen der Einzelheiten des Anmeldeverfahrens und sichert zudem in keiner Weise die Attraktivität einer Veranstaltung. Wird es als alleiniges Kriterium eingesetzt, sind daher sachgerechte Teilnahmeentscheidungen in vielen Fällen nicht zu erwarten (*Schönleiter*, in: Landmann/Rohmer I, § 70 Rdn. 23).

53 Denselben Bedenken ausgesetzt sind die gleichfalls bereits in der Rechtsprechung gebilligten Auswahlmodi des **Losverfahrens** (*BVerwG* NVwZ-RR 2006, 786; *OVG Nds.* NVwZ-RR 2006, 177 [178]; vgl. auch *VG Chemnitz* GewArch 1996, 158 [159]) oder **rollierender Systeme** (turnusmäßige Berücksichtigung der Bewerber mit zeitweiligem Ausschluss nach erfolgter Zulassung; *BVerwG* GewArch 1976, 379 [381]; *VG Braunschweig* NVwZ-RR 2008, 391 [392]; hierzu *Schönleiter*, in: Landmann/Rohmer I, § 70 Rdn. 23). Eine Auslosung kommt insb. in Betracht, wenn zu erwarten ist, dass alle Angebote für einen bestimmten Stand in etwa gleich attraktiv sind (so bejaht für Autoscooter, vgl. *BVerwG* NVwZ-RR 2006, 786; *VG Hannover* GewArch 2009, 33). Die Verlosung kann zugleich die Nachrücker bestimmen, falls der Geloste ausfällt. Die Bewerber haben keinen Anspruch auf

Recht zur Teilnahme an einer Veranstaltung **§ 70**

Anwesenheit bei einem unter Zeugen durchgeführten Losverfahren zur Standplatzvergabe (*VG Minden* GewArch 2008, 126). Die Vergabe eines Standplatzes im Losverfahren ist nicht an ein bestimmtes Fahrgeschäft gebunden, wenn der Veranstalter die Vergabeentscheidung allein an die Person des Bewerbers geknüpft hat; d. h. der geloste Bewerber kann z. B. im Falle eines Defektes seines Fahrgeschäfts ersatzweise ein anderes Fahrgeschäft einsetzen (*VG Hannover* GewArch 2009, 33).

(5) Regelmäßig **nicht sachgerecht** ist die **Bevorzugung ortsansässiger** 54 **Unternehmen**, da dies bereits im Ansatz mit dem Prinzip der Marktfreiheit nicht vereinbar ist (*VG Minden* GewArch 2008, 126; *Wagner*, in: Friauf, § 70 Rdn. 59; *Fastenrath* NWVBl. 1992, 51; **a. A.** *Fröhler/Kormann* § 70 Rdn. 8). Dasselbe gilt für den Auswahlmaßstab „ortsbezogene Attraktivität", die u. a. auf den guten Ruf eines Anbieters in der jeweiligen Kommune abstellt (*BayVGH* GewArch 2004, 248 [251] mit zust. Anm. *Schalt*). Ausnahmsweise kann eine Auswahl nach Attraktivität dennoch an lokale Gegebenheiten anknüpfen, so z. B. bei einem kleinen Weinfest, das der Pflege der lokalen Weinbautradition gilt (*VG Neustadt* GewArch 2010, 39 [41]; ähnlich *Storr*, in: BeckOK, § 70 Rdn. 33.1); vorgelagert wäre die Frage, ob der Ausstellerkreis nach § 70 II ausnahmsweise auf lokale Anbieter eingegrenzt wird (oben Rdn. 23; vgl. ferner Rdn. 35).

(6) Häufig empfiehlt sich eine **Kombination mehrerer Kriterien** (*Frot-* 55 *scher*, in: Schmidt, Öffentliches Wirtschaftsrecht, BT I, 1995, § 1 Rdn. 186): In einem ersten Schritt erfolgt eine Reduzierung der Bewerberzahl durch sachgerecht aufgelistete anlage- und personenbezogene Kriterien. In einem zweiten Schritt kann dann auf ein rollierendes System oder ein Losverfahren zurückgegriffen werden (*VG Minden* GewArch 2008, 126; *Schönleiter*, in: Landmann/Rohmer I, § 70 Rdn. 24; *Wagner*, in: Friauf, § 70 Rdn. 60). Diesen beiden Schritten sollte die Einführung einer Ausschlussfrist für die Antragstellung vorgeschaltet werden (siehe oben Rdn. 43), wodurch sich im Übrigen auch die Bewerberzahl verringern dürfte (vgl. *BezG Erfurt* LKV 1993, 236).

cc) Auswahlverfahren und Auswahlentscheidung. Die Auswahlent- 56 scheidung muss vom Veranstalter (Rdn. 13) getroffen werden, ihm zumindest zugerechnet werden können (*VG Stuttgart* NVwZ 2007, 614).

Die Festlegung von Auswahlverfahren und Vergabekriterien bei einer 57 **kommunalen Veranstaltung** ist regelmäßig kein Geschäft der laufenden Verwaltung i. S. d. kommunalrechtlichen Vorschriften (*VG Oldenburg* NVwZ-RR 2005, 127 [128]) und muss daher durch eine Satzung oder durch Richtlinien des Gemeinderates erfolgen (*BayVGH* GewArch 2003, 340 [341]; *VGH BW* Urteil vom 1. 10. 2009 – 6 S 99/09, juris Rdn. 20 [= DÖV 2010, 147 Ls.]; **a. A.** noch *OVG NRW* GewArch 1994, 25). Vorbehaltlich entgegenstehender Regelungen in der jeweiligen Gemeindeordnung kann die Festlegung der Auswahlkriterien an einen Ratsausschuss delegiert werden (*VGH BW* Urteil vom 1. 10. 2009 – 6 S 99/09, juris Rdn. 20 [= DÖV 2010, 147 Ls.]), nicht aber an kommunalrechtlich nicht vorgesehene Organe (*BayVGH* GewArch 2004, 248 [249]: sog. Volksfestbeirat; *Donhauser* NVwZ 2010, 931 [932]). Nach *OVG NRW* GewArch 1994, 25 (**a. A.** *VGH BW*

GewArch 1991, 35) soll es unerheblich sein, welche Stelle die Vergabekriterien festlegt, wenn nur die Auswahlentscheidung der zuständigen Stelle ermessensfehlerfrei sei.

58 Von der Festlegung der Auswahlkriterien zu unterscheiden ist deren Anwendung. Die Auswahlentscheidung kann daher durch die Verwaltungsspitze (Bürgermeister) erfolgen (*VGH BW* Urteil vom 1. 10. 2009 – 6 S 99/09, juris Rdn. 23 [= DÖV 2010, 147 Ls.]). Die Auswahlentscheidung kann durch Verwaltungshelfer (z. B. eine kommunale GmbH) vorbereitet werden, solange die eigentliche Entscheidung bei der Verwaltung verbleibt (*VGH BW* Urteil vom 1. 10. 2009 – 6 S 99/09, juris Rdn. 31 f. [= DÖV 2010, 147 Ls.]). Veranstalter bleibt in diesen Fällen die Gemeinde. Der Grundsatz des fairen Verfahrens verbietet die Mitwirkung von Mitbewerbern an der (Vorbereitung der) Entscheidung über Auswahl bzw. Ausschluss von Anbietern und Ausstellern (*VG Stuttgart* GewArch 2002, 200 f.; *Braun* NVwZ 2009, 747 [748]).

59 Bei **privaten Veranstaltern** ist gleichfalls eine vorherige verbindliche Festlegung der Kriterien erforderlich, die den Bewerbern auf Anfrage zugänglich gemacht werden muss. Zum Teil wird – de lege ferenda – für alle Veranstaltungen die gesetzliche Fixierung der Auswahlkriterien verlangt (etwa *Roth* WiVerw 1985, 46 [58]).

60 Für die **Begründung der Auswahlentscheidung** gilt Folgendes: Ist eine **Gemeinde** Veranstalterin, muss sie ihre Ablehnungsentscheidung gem. § 39 I VwVfG begründen (*VGH BW* Urteil vom 1. 10. 2009 – 6 S 99/09, juris Rdn. 23 [= DÖV 2010, 147 Ls.]). Dabei muss sich aus der Begründung ergeben, anhand welcher Kriterien die Gemeinde die Bewerber ausgewählt und welche Gründe zur Ablehnung des betroffenen Bewerbers geführt haben. Die Begründung muss dem erfolglosen Bewerber rechtzeitig, spätestens mit dem Abschluss des verwaltungsbehördlichen Verfahrens gegeben werden (*OVG Nds.* GewArch 2009, 415). Auch bei einem **privaten Veranstalter** ist eine Begründung erforderlich, weil nur so dem abgelehnten Bewerber eine effektive Verfolgung seiner aus § 70 I ableitbaren Rechte ermöglicht wird (*Schönleiter*, in: Landmann/Rohmer I, § 70 Rdn. 10; *Braun* NVwZ 2009, 747 [748]). Wegen des Fehlens einer § 39 I VwVfG vergleichbaren Norm wird es hier aber genügen, wenn die ablehnende Entscheidung erst auf Verlangen des abgewiesenen Bewerbers begründet wird.

4. Rechtsweg bei Streitigkeiten

61 § 70 hat zwar seinen Standort in einem öffentlich-rechtlichen Normenkomplex, der GewO, ist aber keine öffentlich-rechtliche Norm in dem Sinne, dass sie als streitentscheidende Norm in allen von ihr abgedeckten Konstellationen stets zur Eröffnung des Verwaltungsrechtswegs führte. Sie hat vielmehr eine **ambivalente Rechtsnatur** (*OLG Frankfurt/M.* GewArch 2007, 87; *Wagner*, in: Friauf, § 70 Rdn. 61; *Storr*, in: BeckOK, § 70 Rdn. 49; krit. *Hilderscheid* GewArch 2008, 54 [55]). Bei Streitigkeiten zwischen Veranstalter und Teilnehmern über das Recht der Teilnahme bestimmt sich der Rechtsweg nach der **Rechtsnatur des Teilnahmeverhältnisses**, welches sich wiederum nach dem Rechtscharakter der Teilnahmebestimmungen richtet (*OLG Frankfurt/M.* GewArch 2007, 87).

a) Privater Veranstalter. Wird die Veranstaltung von einem Privaten 62 betrieben, ist stets der **ordentliche Rechtsweg** (§ 13 GVG) eröffnet (*OVG Nds.* GewArch 2005, 258). Dem Privaten werden durch die Festsetzung als privatrechtsgestaltendem Verwaltungsakt keine hoheitlichen Befugnisse verliehen; die Festsetzung ist **keine Beleihung** des Veranstalters (*Wagner*, in: Friauf, § 70 Rdn. 61; *Hilderscheid* GewArch 2008, 54 [55]; **a. A.** *Fröhler/Kormann* § 70 Rd. 4, 9; *Hösch* GewArch 1996, 402 [405]). Die Teilnahmebestimmungen können demnach nur **privatrechtlich** sein. Zu Vertragsfragen siehe *BGH* GewArch 2008, 251 mit Anm. *Hilderscheid*, zu Fragen zivilprozessualen einstweiligen Rechtsschutzes *AG Hannover* GewArch 2007, 343 f.

Zu **Privatpersonen als Verrichtungsgehilfen der Gemeinde** siehe unten Rdn. 68.

b) Öffentlich-rechtlicher Veranstaltungsträger. Ein öffentlich-rechtli- 63 cher Veranstaltungsträger (z. B. eine Kommune) hat ein **Wahlrecht**, ob er die Teilnahmebestimmungen öffentlich-rechtlich oder zivilrechtlich ausgestaltet.

aa) Öffentlich-rechtliche Teilnahmebestimmungen. Entscheidet er 64 sich für öffentlich-rechtliche Teilnahmebestimmungen – z. B. auf Grundlage einer Satzung unter Nutzung hoheitlicher Handlungsinstrumentarien –, so ist gem. § 40 I 1 VwGO der **Verwaltungsrechtsweg** eröffnet (*HambOVG* GewArch 1987, 303 [304]; *VG Neustadt* GewArch 2010, 39 [40]). Ist die Zuordnung zum öffentlichen Recht nicht eindeutig, muss diese Frage im Wege der Auslegung geklärt werden; Indizien für eine öffentlich-rechtliche Qualifizierung sind: Bescheid, Gebühr statt Mietentgelt, Elemente hoheitlicher Benutzungsordnung statt AGB. In Zweifelsfällen ist aber nicht am Wortlaut zu hängen, sondern dem durch entsprechende Verwaltungspraxis belegten Willen des öffentlich-rechtlichen (kommunalen) Veranstalters Rechnung zu tragen. Zu Änderungen der Verwaltungspraxis vgl. etwa *VGH BW* NVwZ 1998, 540 f.

bb) Privatrechtliche Teilnahmebestimmungen. Sind die Teilnahme- 65 bestimmungen privatrechtlich ausgestaltet (etwa durch AGB) und wird die Kommune im Rahmen der Daseinsvorsorge, d. h. unmittelbar zur Erfüllung öffentlicher Aufgaben tätig, so ist unter sinngemäßer Heranziehung der sog. **Zwei-Stufen-Theorie** zu differenzieren (*Storr*, in: BeckOK, § 70 Rdn. 52; **a. A.** *VG Neustadt* GewArch 2008, 361; *Hilderscheid* GewArch 2008, 54 [61]: einheitlich zivilrechtliches Rechtsverhältnis):

Soweit die **Zulassung als solche** (das „Ob", erste Stufe) in Streit steht, 66 ist der **Verwaltungsrechtsweg** eröffnet (vgl. *BVerwGE* 32, 333 [334]; *HessVGH* GewArch 1994, 287). Gerade wenn eine gewerberechtlich festgesetzte Veranstaltung – wie dies regelmäßig der Fall sein dürfte – als öffentliche Einrichtung i. S. d. Kommunalrechts zu qualifizieren ist (oben Rdn. 3), stellt sich die Grund-Entscheidung über die Zulassung als Verwaltungsakt dar. Dieser muss nicht ausdrücklich separiert ergehen, sondern kann auch – konkludent – in dem Angebot auf Abschluss eines privatrechtlichen Standvertra-

§ 70 Titel IV. Messen, Ausstellungen, Märkte

ges liegen (*Wirth* Marktverkehr, Marktfestsetzung, Marktfreiheit, 1985, S. 207; *Lässig* NVwZ 1983, 19 f.).

67 Die konkrete Ausgestaltung der Rechtsbeziehungen während des Ablaufs der Veranstaltung (das „Wie", zweite Stufe; z. B.: Mietpreiszahlung, Reinigungspflichten etc.) beurteilt sich demgegenüber nach Privatrecht (siehe hierzu *BGH* GewArch 2008, 251 mit Anm. *Hilderscheid*).

68 Die vorstehende Unterscheidung gilt auch, wenn die Gemeinde eine **Privatperson als Verwaltungshelfer bzw. Verrichtungsgehilfen** zwischenschaltet, etwa eine von ihr beherrschte juristische Person des Privatrechts (*VGH BW* Urteil vom 1. 10. 2009 – 6 S 99/09, juris Rdn. 28 ff. [= DÖV 2010, 147 Ls.]) oder eine Privatperson (z. B. Festwirt), die gegenüber der Gemeinde kraft Vertrags weisungsgebunden ist (*BayVGH* GewArch 1988, 245 [246]). In diesen Fällen ist die Privatperson lediglich verlängerter Arm der Gemeinde, die Veranstalterin bleibt. Kann die Privatperson nicht als verlängerter Arm der Kommune betrachtet werden, handelt es sich um einen privaten Veranstalter i. S. d. Rdn. 62 (vgl. *OVG Nds.* GewArch 2005, 258). Zu Rechtsfragen der **Privatisierung kommunaler Märkte** siehe BVerwG GewArch 2009, 484; *Gröpl* GewArch 1995, 367 ff.

69 c) **Exkurs: Nicht festgesetzte Veranstaltungen.** Bei nicht festgesetzten Veranstaltungen gilt § 70 nicht (oben Rdn. 1). Für den Rechtsweg bei Zulassungsstreitigkeiten ist wiederum zwischen Privatpersonen und öffentlich-rechtlichen Akteuren als Veranstalter zu unterscheiden. Bei einem privaten Veranstalter ist der ordentliche Rechtsweg gegeben. Bei einem öffentlich-rechtlichen Veranstaltungsträger ist der Streit um die Zulassung als solche selbst bei privatrechtlichen Teilnahmebestimmungen öffentlich-rechtlich zu beurteilen, zumal dann, wenn es sich um eine öffentliche Einrichtung i. S. d. Kommunalrechts handelt (*BayVGH* GewArch 1988, 245; *VG Neustadt* GewArch 2010, 39 [40]). Auf der Stufe des „wie" richtet der Rechtsweg sich nach der Rechtsnatur der Teilnahmebestimmungen.

70 Bei einem Bewerberüberhang können die für § 70 III entwickelten Auswahlkriterien auf die kommunalrechtliche Zulassungsentscheidung im Ansatz übertragen werden, wobei jedoch ortsansässige Bewerber bevorzugt zugelassen werden dürfen (*BayVGH* GewArch 1986, 241 f.).

5. Rechtsmittel abgelehnter (Mit-)Bewerber

71 Bei einem **privaten Veranstalter** kann der abgelehnte Bewerber vor dem Zivilgericht auf Zulassung klagen und ggf. eine einstweilige Verfügung (§ 935 ZPO) zu erwirken suchen (*Wagner*, in: Friauf, § 70 Rdn. 63; zu kartellrechtlichen Streitigkeiten *ders.* Rdn. 64). Im einstweiligen Rechtsschutz kann allerdings nicht die Abgabe einer Willenserklärung erreicht werden, sodass ein hierauf gerichteter Antrag unzulässig ist (*OLG Zweibrücken* GewArch 2009, 362; **a. A.** *AG Hannover* GewArch 2007, 343 f.).

72 Für Streitigkeiten mit einem **öffentlich-rechtlichen Veranstaltungsträger** im Wege verwaltungsgerichtlicher Klagen ist unabhängig von der Rechtsschutzform ein betroffenes subjektiv-öffentliches Recht zu ermitteln, welches sich aus § 70 I ergibt (*Tettinger* NWVBl. 1996, 238; vgl. auch

Hess VGH GewArch 1994, 287 [288]), ggf. auch auf Art. 12 I GG abgestützt werden kann (dazu näher *Frers* DÖV 1988, 670 [678 f.]).

a) Anfechtungsklage. Zu erwägen ist zunächst eine Anfechtungsklage 73 gegen die Zulassung eines Konkurrenten. Die Zulassung eines Bewerbers ist aber kein Verwaltungsakt mit Doppelwirkung in dem Sinne, dass ein bestimmter Mitbewerber ausgeschlossen wird. Sie schließt die Zulassung eines weiteren Bewerbers auf einem bereits vergebenen Platz nicht rechtlich, sondern nur tatsächlich aus. Widerspruch und Anfechtungsklage nicht zugelassener Bewerber gegen die Zulassung von Konkurrenten sind daher offensichtlich unzulässig und bewirken keinen Suspensiveffekt nach § 80 I 1 VwGO (so *VGH BW* NVwZ 1984, 254 f.; a. A. *Hösch* GewArch 1996, 402 [404]).

Hinzu kommt, dass kein Bewerber Anspruch auf Zuweisung eines 74 bestimmten Platzes hat (*Hess VGH* GewArch 1993, 248), sodass ein abgelehnter Bewerber unter den vielen Teilnehmern kaum einen bestimmten benennen kann, der zu seinen Lasten zugelassen worden sein soll. Widerspruch und Anfechtungsklage sowie ein Antrag nach § 80 V VwGO haben daher regelmäßig **keine Aussicht auf Erfolg.**

Etwas anderes kann gelten, wenn ausnahmsweise für einen bestimmten 75 Teilnahmeplatz nur zwei Bewerber in Frage kommen, sodass eine echte Konkurrenz-Situation vorliegt (etwa wenn bei einem Volksfest ein Riesenrad vorgesehen ist, aber zwei Bewerber vorhanden sind; dazu *Kopp/Schenke* VwGO, 16. Aufl. 2009, § 113 Rdn. 210; *Schalt* GewArch 1991 409 [411] m. w. N.).

b) Verpflichtungsklage. Unbegründet ist in aller Regel eine Klage auf 76 Zuweisung eines bestimmten Standplatzes (*Hess VGH* GewArch 1993, 248). Eine Verpflichtungsklage auf Zulassung kann von vornherein nur erfolgversprechend sein, wenn das Auswahlermessen des Veranstalters auf Null reduziert ist (*VG Oldenburg* NVwZ-RR 2005, 127 [130]). Am ehesten kommt eine Verpflichtungsklage – bzw. im vorläufigen Rechtsschutzverfahren ein Antrag nach § 123 I VwGO – in Betracht, die auf **Neubescheidung,** d. h. auf erneute Handhabung des Auswahlermessens gerichtet ist.

Problematisch ist es, wie es sich auswirkt, wenn nach Ablehnung eines 77 Bewerbers bereits alle Standplätze vergeben worden sind. Nach verbreiteter Auffassung ist ein Anspruch auf Neubescheidung dann schon deshalb unbegründet, weil die Zulassung tatsächlich wegen bereits erfolgter Platzvergabe unmöglich geworden ist; die Verpflichtungsklage laufe dann ohne gleichzeitige Drittanfechtungsklage „ins Leere" (so *OVG Nds.* DVBl. 2010, 61; vgl. ferner *SächsOVG* GewArch 1999, 249 f.; *Schönleiter*, in: Landmann/Rohmer I, § 70 Rdn. 28). Diese Verkürzung des Primärrechtsschutzes stellt aber einen Verstoß gegen Art. 19 IV GG dar (*BVerfG[K]* NJW 2002, 3691 f.). Daher ist eine Klage (und ein Antrag nach § 123 I VwGO) auf **Neubescheidung auch im Falle der Kapazitätserschöpfung** möglich (*VG Hannover* GewArch 2008, 405 [407]; *VG Oldenburg* NVwZ-RR 2005, 127 [130]; *Braun* NVwZ 2009, 747 [752]). Es ist dem Veranstalter zuzumuten, infolge rechtswidriger Bevorzugung zugelassene Teilnehmer – ggf. gegen Schadensersatz – wieder auszuschließen (*Hess VGH* GewArch 1993, 248; *VG Hannover* GewArch 2008, 405 [407]), zumal er durch Widerrufs- oder Kündigungsvorbehalte hierfür Vorsorge treffen kann. Zu den Konsequenzen einer gerichtlich erzwungenen Doppelvergabe einer Standfläche siehe *Hilderscheid* GewArch 2007, 129 ff.

78 Die **gleichzeitige Erhebung einer Drittanfechtungsklage** ist entsprechend der genannten Kammerentscheidung des BVerfG (NJW 2002, 3691) nicht nötig (ebenso *VG Hannover* GewArch 2008, 405; **a. A.** *BayVGH* BayVBl. 2011, 23 [24]; *OVG Nds.* GewArch 2010, 245; *OVG Berlin-Bdg.* Beschluss vom 30. 11. 2010 – 1 S 107.10, juris Rdn. 8 – angesichts dieser obergerichtlichen Judikatur dürfte freilich die gleichzeitige Erhebung der Drittanfechtungsklage anzuraten sein); für diese Sichtweise spricht schon die Überlegung, dass der abgelehnte Bewerber vielfach nicht in der Lage sein wird, denjenigen zugelassenen Mitbewerber zu identifizieren, der ihm gegenüber ermessensfehlerhaft den Vorzug erhalten hat (z. B. bei einem großen Volksfest mit Dutzenden von Bierständen). Etwas anderes gilt bei einer echten Konkurrenzsituation mit nur zwei in Betracht kommenden Bewerbern (Rdn. 75) oder für den Fall, dass im Ablehnungsbescheid derjenige benannt ist, der ihm gegenüber den Vorzug erhalten hat (*Guckelberger* Jura 2007, 598 [606]). In diesen Fällen kann und muss die Verpflichtungsklage mit einer Drittanfechtungsklage verbunden werden. Für die Drittanfechtungsklage besteht jedoch nur dann ein Rechtsschutzbedürfnis, wenn das Verpflichtungsbegehren in eigener Sache Aussicht auf Erfolg bietet (*Rennert* DVBl. 2009, 1333 [1339]).

79 Regelmäßig wird das Ziel der **Neubescheidung** vor endgültiger Platzvergabe im Wege **einstweiligen verwaltungsgerichtlichen Rechtsschutzes** nach § 123 I VwGO verfolgt werden müssen. Eine Entscheidung nach § 123 I VwGO darf zwar grundsätzlich nicht die Entscheidung in der Hauptsache vorwegnehmen; dies ist aber im Interesse effektiven Rechtsschutzes (Art. 19 IV GG) dann angebracht, wenn dem abgelehnten Bewerber sonst unzumutbare Nachteile entstünden (*VG Gelsenkirchen* GewArch 1988, 242 [244]; *Tettinger* NWVBl. 1996, 238 [239]). Ein Antrag gem. § 123 I VwGO auf **Zulassung** kommt nur dann in Betracht, wenn insoweit eine Ermessensreduzierung auf Null wahrscheinlich ist und die Zeit nicht mehr für eine Neubescheidung durch den Veranstalter reicht (vgl. *VG Gelsenkirchen* Beschluss vom 10. 7. 2008 – 7 L 731/08, juris Rdn. 6).

80 **c) Fortsetzungsfeststellungsklage.** Nach Durchführung der Veranstaltung kommt eine Fortsetzungsfeststellungsklage analog § 113 Abs. 1 S. 4 VwGO in Betracht, und zwar als **Fortsetzung der Verpflichtungsklage in eigener Sache** (auf Zulassung). Die Fortsetzungsfeststellungsklage ist auch bei Erledigung vor Klageerhebung möglich. Für die Fortsetzung der Drittanfechtungsklage fehlt es hingegen am Fortsetzungsfeststellungsinteresse; sie wäre unzulässig (*Rennert* DVBl. 2009, 1333 [1340 Fn. 69]).

81 Das besondere **Fortsetzungsfeststellungsinteresse** kann in einer Wiederholungsgefahr zu sehen sein, wenn der abgelehnte Bewerber befürchten muss, auch bei der nächsten Veranstaltung infolge desselben Auswahlfehlers nicht zugelassen zu werden (*VGH BW* Urteil vom 1. 10. 2009 – 6 S 99/09, juris Rdn. 17). Allein das Interesse, einen späteren Amtshaftungsprozess vorzubereiten, begründet jedoch regelmäßig kein Fortsetzungsfeststellungsin-

teresse; etwas anderes gilt nur, wenn im Zeitpunkt der Erledigung (= Durchführung der Veranstaltung) bereits eine Klage rechtshängig war **und** „Früchte des Prozesses" schon in greifbare Nähe gerückt waren (*VGH BW* NVwZ 1997, 198 [200]).

d) Amtshaftungsprozess. Möglich ist schließlich ein vor den Zivilgerichten zu führender Amtshaftungsprozess (Art. 34 GG i. V. m. § 839 BGB); dazu *OVG Bremen* GewArch 1993, 480; *OLG Hamm* NWVBl. 1992, 448 ff. § 70 ist kein Schutzgesetz i. S. d. § 823 II BGB (*Schönleiter*, in: Landmann/ Rohmer I, § 70 Rdn. 33). 82

§ 70a Untersagung der Teilnahme an einer Veranstaltung

(1) **Die zuständige Behörde kann einem Aussteller oder Anbieter die Teilnahme an einer bestimmten Veranstaltung oder einer oder mehreren Arten von Veranstaltungen im Sinne der §§ 64 bis 68 untersagen, wenn Tatsachen die Annahme rechtfertigen, daß er die hierfür erforderliche Zuverlässigkeit nicht besitzt.**

(2) **Im Falle der selbständigen Ausübung des Bewachungsgewerbes, des Gewerbes der Makler, Bauträger und Baubetreuer, des Versicherungsvermittlergewerbes sowie des Versicherungsberatergewerbes auf einer Veranstaltung im Sinne der §§ 64 bis 68 gelten die Versagungsgründe des §§ 34 a, 34 c oder 34 d auch in Verbindung mit § 34 e entsprechend.**

(3) **Die selbständige Ausübung des Versteigerergewerbes auf einer Veranstaltung im Sinne der §§ 64 bis 68 ist nur zulässig, wenn der Gewerbetreibende die nach § 34 b Abs. 1 erforderliche Erlaubnis besitzt.**

Übersicht

	Rdn.
I. Vorbemerkung	1
II. Untersagungsvoraussetzungen	2
1. Veranstaltung i. S. d. §§ 64 – 68	2
2. Unzuverlässigkeit (Abs. 1)	3
3. Versagungsgründe für das Gewerbe der Bewacher, Makler, Bauträger, Baubetreuer, Versicherungsvermittler und -berater (Abs. 2)	4
4. Unzulässigkeit von Wanderversteigerungen (Abs. 3)	5
III. Untersagungsentscheidung	6
1. Zuständige Behörde	6
2. Untersagungsadressat	7
3. Untersagungsinhalt	8
a) In sachlicher Hinsicht	8
b) In räumlicher Hinsicht	10
c) In zeitlicher Hinsicht	11
4. Ermessen	12
5. Wiedergestattung	13
6. Rechtsschutz	14
IV. Rechtsfolgen bei Pflichtverletzungen	15

§ 70a

I. Vorbemerkung

1 Die Titel II, III und IV stellen im Grundsatz jeweils in sich abgeschlossene Regelungsbereiche dar. § 70 a steht so als notwendige Ergänzung in Parallele zu den §§ 35, 57, 59. Die Möglichkeit behördlicher Untersagung gem. § 70 a besteht unabhängig von der Möglichkeit des Veranstalters, einen Teilnehmer nach § 70 III – auch wegen Unzuverlässigkeit (§ 70 Rdn. 32) – auszuschließen.

Unterhalb zur Schwelle der Untersagung (Ausschluss von der Veranstaltung) können behördliche Anordnungen gegen Marktbeschicker (z. B. auf Räumung einer unberechtigt in Anspruch genommenen Fläche) auf das **allgemeine Polizei- und Ordnungsrecht**, ggf. i. V. m. einer kommunalen Marktsatzung, gestützt werden (*VG Neustadt* GewArch 2006, 385 [386]: Räumungsanordnung durch Marktaufseher).

II. Untersagungsvoraussetzungen

1. Veranstaltung i. S. d. §§ 64 – 68

2 Es muss sich um eine Veranstaltung i. S. d. §§ 64 – 68 handeln. Dazu zählen die Messen, Ausstellungen, Groß-, Wochen-, Spezial und Jahrmärkte. Aufgrund der ausdrücklichen Verweisung des § 60 b II ist § 70 a auch für **Volksfeste** i. S. d. § 60 b I anwendbar (ebenso *Storr*, in: BeckOK, § 70 a Rdn. 1; *Wagner*, in: Friauf, § 70 a Rdn. 11).

Davon zu unterscheiden ist die Frage, inwieweit § 70 a zur Untersagung **volksfesttypischer Tätigkeiten nach § 68 III** auf einem Spezial- oder Jahrmarkt ermächtigt (dazu unten Rdn. 7).

2. Unzuverlässigkeit (Abs. 1)

3 Abs. 1 nennt als Untersagungsgrund für jedes Gewerbe die fehlende Zuverlässigkeit (zum Begriff § 35 Rdn. 27 ff.) des Ausstellers oder Anbieters, wenn dieser also nicht die Gewähr für eine ordnungsgemäße und den Vorschriften entsprechende Teilnahme an der Veranstaltung bietet (BT-Drs. 7/3859, S. 16 f. zu § 70 a). Die Höhe der zu stellenden Anforderungen richtet sich nach Eigenart und Besonderheiten der Veranstaltung.

Eine Untersagungsverfügung nach § 35 oder §§ 57, 59 bedeutet nicht zwangsläufig, dass der Betroffene auch i. S. d. § 70 a unzuverlässig ist (*Wagner*, in: Friauf, § 70 a Rdn. 17a). Die Bindung des § 35 III an Strafurteile findet in der Regelung des § 70 a keine Entsprechung.

3. Versagungsgründe für das Gewerbe der Bewacher, Makler, Bauträger, Baubetreuer, Versicherungsvermittler und -berater (Abs. 2)

4 Der durch die 3. GewO-Novelle vom 24. 8. 2002 (BGBl. I S. 3412) eingefügte und durch das Gesetz zur Neuregelung des Versicherungsvermittlerrechts vom 19. 12. 2006 (BGBl. I S. 3232) ergänzte Abs. 2 verweist für die selbstständige Ausübung des Gewerbes der Bewacher, Makler, Bauträger und Baubetreuer sowie der Versicherungsvermittler und -berater auf die Versagungsgründe der §§ 34 a, 34 c, 34 d und 34 e. Es handelt sich hierbei um eine Transferbestimmung für die Fälle, dass die genannten Gewerbe im Marktgewerbe ausgeübt werden, die wegen der strikten Trennung der einzelnen Teile der GewO erforderlich ist (BT-Drs. 16/1935, S. 21).

Anders als in § 57 II bedeutet das Gebot der entsprechenden Anwendung in § 70 a II jedoch nicht eine Erweiterung der Gründe der Versagung einer Erlaubnis (so aber *Schönleiter*, in: Landmann/Rohmer, § 70 a Rdn. 24); dies ergibt sich aus Überschrift des § 70 a und Gesamtzusammenhang der Regelungen. Vielmehr ermächtigt § 70 a II die zuständige Behörde bei Vorliegen eines Versagungsgrundes gem. §§ 34 a, 34 c, 34 d, 34 e dem Anbieter die Teilnahme an einer Veranstaltung i. S. der §§ 64 bis 68 zu untersagen.

4. Unzulässigkeit von Wanderversteigerungen (Abs. 3)

Ähnlich dem § 57 III (dazu § 57 Rdn. 10) enthält auch § 70 a III ein Verbot 5 der ausschließlich im Marktgewerbe ausgeübten Versteigerertätigkeit, d. h. der so genannten Wanderversteigerungen. Allerdings ist auch hier wiederum nur die selbstständige Gewerbeausübung erfasst.

III. Untersagungsentscheidung

1. Zuständige Behörde

Die Zuständigkeit richtet sich gem. **§ 155 II** nach Landesrecht. 6

2. Untersagungsadressat

Adressat der Untersagung kann nur der Anbieter oder Aussteller sein, nicht 7 der Veranstalter oder Besucher. Eine Untersagung ist bereits vor Zulassung des Adressaten durch den Veranstalter nach § 70 möglich (*Wagner*, in: Friauf, § 70 a Rdn. 9).

3. Untersagungsinhalt

a) In sachlicher Hinsicht. Die Untersagung kann sich auf die Teilnahme 8 an einer bestimmten Veranstaltung, an einer Art von Veranstaltungen und an mehreren Arten von Veranstaltungen erstrecken. Veranstaltungen i. S. d. § 70 a sind zum einen die in §§ 64 – 68 genannten, zum anderen Volksfeste i. S. d. § 60 b I (vgl. § 60 b II; oben Rdn. 2).

Die nach **§ 68 III** auf Spezial- und Jahrmärkten volksfesttypischen Tätig- 9 keiten können jedoch nur teilweise nach § 70 a untersagt werden. Für die Anbieter von Tätigkeiten i. S. d. § 55 I Nr. 2 ist aufgrund der abschließenden Regelung in Titel III die Anwendung des § 70 a ausgeschlossen (**a. A.** *Wagner*, in: Friauf, § 70 a Rdn. 2, 12). Für Anbieter von Waren, die auf Veranstaltungen des Titels IV ausnahmsweise keine Reisegewerbekarte benötigen, ist § 70 a dagegen anwendbar, da ein Entzug der Reisegewerbekarte gerade nicht

§ 70a   Titel IV. Messen, Ausstellungen, Märkte

automatisch zum Ausschluss von der Teilnahme an dieser Veranstaltung führen würde.

10   **b) In räumlicher Hinsicht.** Die Untersagungsverfügung gilt grundsätzlich bundesweit (*Schönleiter*, in: Landmann/Rohmer I, § 70 a Rdn. 20). Eine örtliche Beschränkung ist allenfalls dann denkbar, wenn hierfür besondere Gründe vorliegen und auf solche Weise mit Sicherheit der Zweck der Untersagungsverfügung erreicht werden kann und ein Unterlaufen ausgeschlossen ist (ebenso *Wagner*, in: Friauf, § 70 a Rdn. 16).

11   **c) In zeitlicher Hinsicht.** Der Wortlaut des § 70 a sieht keine zeitliche Begrenzung der Untersagung vor. Zielt die Untersagung auf alle Veranstaltungen oder eine bestimmte Veranstaltungsart, handelt es sich um einen **Dauerverwaltungsakt**. Vor dem Hintergrund des Verhältnismäßigkeitsprinzips ist die Möglichkeit einer **Befristung** zu erwägen (*Wagner*, in: Friauf, § 70 a Rdn. 14), aber nur dann, wenn sichergestellt ist, dass nach Zeitablauf die Untersagungsvoraussetzungen entfallen.

Zur **Wiedergestattung** siehe unten Rdn. 13.

4. Ermessen

12   Die Untersagung nach § 70 a steht im pflichtgemäßen Ermessen der Behörde. Im Rahmen des Ermessens ist insb. der Grundsatz der **Verhältnismäßigkeit** zu beachten. Dies kann zu einer zeitlichen (Befristung, oben Rdn. 11), räumlichen (auf Teile des Bundesgebietes beschränkt, vgl. oben Rdn. 10) oder sachlichen Beschränkung (nur bestimmte Veranstaltung) der Untersagung führen.

In das Ermessen einzubeziehen sind im Übrigen die wirtschaftlichen Nachteile für den Adressaten sowie die bedrohten Schutzgüter der Allgemeinheit oder Dritter (*Schönleiter*, in: Landmann/Rohmer I, § 70 a Rdn. 11).

5. Wiedergestattung

13   Bei Wegfall der Untersagungsvoraussetzungen kann der Betroffene einen Antrag auf Wiederzulassung stellen. Aus Art. 12 I GG ergibt sich dann ein **Rechtsanspruch** auf Gestattung der Wiederaufnahme (*Wagner*, in: Friauf, § 70 a Rdn. 15). Rechtlicher Anknüpfungspunkt ist § 51 I Nr. 1 VwVfG, wobei mit Blick auf Art. 12 I GG das gem. § 49 I VwVfG eingeräumte Ermessen auf Null reduziert ist.

6. Rechtsschutz

14   Gegen eine Untersagung kann sich der Aussteller mit Widerspruch und Anfechtungsklage sowie ggf. mit einem Antrag nach § 80 V VwGO wehren.

IV. Rechtsfolgen bei Pflichtverletzungen

15   Wer entgegen einer vollziehbaren Untersagungsverfügung an einer Veranstaltung teilnimmt, handelt gem. **§ 146 II Nr. 8** ordnungswidrig. Gem. **§ 146**

Vergütung **§ 71**

II Nr. 9 begründet auch ein Verstoß gegen § 70 a III eine Ordnungswidrigkeit, ohne dass hierfür eine Untersagungsverfügung Voraussetzung wäre.

§ 70b (weggefallen)

§ 70 b betraf die Anbringung von Namen und Firma und lautete: „Auf **1** Veranstaltungen im Sinne der §§ 65 bis 68 finden die Vorschriften des § 15 a über die Anbringung des Namens und der Firma entsprechende Anwendung." § 70 b wurde durch das Gesetz zur Umsetzung der Dienstleistungsrichtlinie im Gewerberecht vom 17. 7. 2009 (BGBl. I S. 2091) mit Wirkung zum 28. 12. 2009 aufgehoben. Die Norm lief schon zuvor einige Zeit leer, weil die in Bezug genommene Vorschrift des § 15 a bereits durch das Dritte Mittelstandsentlastungsgesetz vom 17. 3. 2009 (BGBl. I S. 550) weggefallen war (siehe oben 14 Rdn. 34; §§ 15 a, 15 b Rdn. 2).

§ 71 Vergütung

¹**Der Veranstalter darf bei Volksfesten, Wochenmärkten und Jahrmärkten eine Vergütung nur für die Überlassung von Raum und Ständen und für die Inanspruchnahme von Versorgungseinrichtungen und Versorgungsleistungen einschließlich der Abfallbeseitigung fordern.** ²**Daneben kann der Veranstalter bei Volksfesten und Jahrmärkten eine Beteiligung an den Kosten für die Werbung verlangen.** ³**Landesrechtliche Bestimmungen über die Erhebung von Benutzungsgebühren durch Gemeinden und Gemeindeverbände bleiben unberührt.**

Übersicht

	Rdn.
I. Vergütung bei Volksfesten, Wochen- und Jahrmärkten (S. 1)	1
1. Veranstalter	2
2. Volksfeste, Wochen- und Jahrmärkte	3
3. Vergütungsumfang („nur für …")	5
a) Vergütungstatbestände	7
b) Vergütungshöhe	11
c) Rechtsnatur der Vergütung	14
II. Beteiligung an Kosten der Werbung (S. 2)	17
1. Volksfeste und Jahrmärkte	17
2. Kosten für die Werbung	19
3. Beteiligung	20
III. Landesrechtliche Bestimmungen (S. 3)	21

I. Vergütung bei Volksfesten, Wochen- und Jahrmärkten (S. 1)

Der Veranstalter darf gem. § 71 S. 1 bei Volksfesten, Wochenmärkten und **1** Jahrmärkten eine Vergütung nur für die Überlassung von Raum und Ständen und für die Inanspruchnahme von Versorgungseinrichtungen und Versorgungsleistungen einschließlich der Abfallbeseitigung fordern.

1. Veranstalter

2 Zum Begriff des Veranstalters siehe § 64 Rdn. 3.

2. Volksfeste, Wochen- und Jahrmärkte

3 § 71 ermächtigt nicht etwa den Veranstalter gesetzlich dazu, eine Vergütung zu verlangen, sondern **beschränkt** sein im Ansatz durch Art. 12 I GG grundrechtlich gewährleistetes (vgl. Einl. Rdn. 25) Recht, eine Vergütung zu fordern. Diese Beschränkung bezieht sich nur auf Volksfeste, Wochen- und Jahrmärkte. Bei den nicht von § 71 erfassten Messen, Ausstellungen, Groß- und Spezialmärkten liegt es hingegen nach wie vor im Belieben des Veranstalters, für welche Leistungen, von wem und in welcher Höhe er ein Entgelt verlangt (vgl. BT-Drs. 7/3859, S. 17). Er kann dann sowohl Standgeld von Beschickern als auch Eintrittsgeld von Besuchern verlangen. Dabei kann die Höhe des Eintrittspreises für bestimmte Besuchergruppen differieren (z. B. bei einer Messe: höhere Eintrittspreise für Letztverbraucher als für gewerbliche Wiederverkäufer; vgl. MarktgewVwV Nr. 3.4.2.3.1). Neben der Möglichkeit, hierdurch einen erheblichen Teil der Veranstaltungskosten zu decken, kann so seitens des Veranstalters sichergestellt werden, dass die Veranstaltung in erster Linie von ernsthaften Interessenten beschickt und besucht wird.

4 Wenn es sich um einen **kommunalen Veranstalter** handelt, sind freilich kommunalabgabenrechtliche Vorgaben für die Vergütungsbemessung zu beachten (vgl. unten Rdn. 13, 15).

3. Vergütungsumfang („nur für ...")

5 Bei Volksfesten, Wochen- und Jahrmärkten darf der Veranstalter eine Vergütung **nur** für die in S. 1 genannten Leistungen verlangen. Die Regelung der S. 1 und 2 ist abschließend. Für **sonstige Leistungen** – vorbehaltlich der Kostenbeteiligung nach S. 2 (unten Rdn. 17 ff.) – darf der Veranstalter daher **keine Vergütung** fordern. Zuwiderlaufende vertragliche Vereinbarungen sind nichtig nach **§ 134 BGB** (*Wagner*, in: Friauf, § 71 Rdn. 21).

6 Dies bedeutet, dass die Erhebung eines **Eintrittsgeldes** bei den in S. 1 genannten Veranstaltungen **unzulässig** ist (vgl. BT-Drs. 7/3859, S. 17 zu § 71). Unzulässig ist ferner eine Beteiligung des Veranstalters am Umsatz der Beschicker (*Wagner*, in: Friauf, § 71 Rdn. 8).

7 **a) Vergütungstatbestände. aa) Überlassung von Raum und Ständen.** Eine Vergütung kann verlangt werden für die Überlassung von Raum (d. h. Zuweisung eines abgegrenzten Teils des Markt- oder Festplatzes) an den einzelnen Anbieter und von Ständen, soweit solche – etwa in standardisierter Form zur Gewährleistung eines einheitlichen Erscheinungsbildes – vom Veranstalter zur Verfügung gestellt werden.

8 **bb) Inanspruchnahme von Versorgungseinrichtungen und -leistungen.** Die Inanspruchnahme von **Versorgungseinrichtungen** umfasst

Vergütung **§ 71**

den Anschluss an das Strom- und Wassernetz (*Wagner*, in: Friauf, § 71 Rdn. 7); nicht einbezogen sind aber die Kosten der Herstellung der Versorgungseinrichtung (BT-Drs. 7/3859, S. 17 zu § 71).

Das Merkmal „**Versorgungsleistungen**" umfasst, wie sich aus der ausdrücklichen Einbeziehung der Abfallbeseitigung ergibt („einschließlich"), auch Entsorgungsleistungen. Eine Vergütung kann also verlangt werden für die Versorgung mit Strom und Wasser sowie die Entsorgung von Abwasser und Abfall. 9

Zu den Versorgungsleistungen zählen aber auch anteilige **Gemeinkosten** für Marktmeister und Marktverwalter, Abschreibungen u. Ä., soweit ein unmittelbarer Zusammenhang mit der jeweiligen Veranstaltung besteht; vgl. MarktGewVwV Nr. 3.4.2.3.2. 10

b) Vergütungshöhe. Die Höhe der Vergütung regelt § 71 nicht ausdrücklich, doch deuten der Begriff Vergütung und seine Spezifizierung auf den unmittelbaren Zusammenhang zwischen erbrachter Leistung und Entgelt. Das abgabenrechtliche Äquivalenzprinzip, dessen Heranziehung hier mit Blick auf dessen rechtsstaatliche Fundierung als Ausfluss des Verhältnismäßigkeitsprinzips im Abgabenrecht sowie die restriktive Gesamttendenz der vorliegenden Norm nahe liegt, auch wenn kein Gebührentatbestand im eigentlichen Sinne vorliegt, verlangt ein angemessenes Verhältnis von Entgelt und konkret erbrachter Leistung des Veranstalters, zumal der Gesetzestext ausdrücklich an eine „Inanspruchnahme" anknüpft. Diese enge **Kostenorientierung** betrifft eben gerade die Vergütung für die **Inanspruchnahme von Versorgungseinrichtungen und -leistungen.** 11

Bei dem Entgelt für die **Überlassung von Raum und Stand** ist hingegen eine gleichermaßen streng kostenorientierte Berechnung jedenfalls bei **privaten Veranstaltern** nicht angebracht, da der Veranstalter naturgemäß gewinnorientiert tätig wird. Insoweit kann die Bestimmung der Vergütungshöhe den Marktmechanismen überlassen werden. Der Veranstalter wird hierüber zumindest die ihm entstehenden Kosten (etwa Benutzungsgebühren, Personalkosten) zu decken suchen. 12

Bei **kommunalen Veranstaltern** darf die Gewinnerzielung ohnedies nicht im Vordergrund stehen (vgl. *Held/Winkel* GO NRW, 2. Aufl. 2009, § 107 Anm. 3.1.1.). Ein Auswärtigenzuschlag ist gebührenrechtlich nicht zulässig, u. U. aber kommunalrechtlich ein „Einheimischenabschlag", wenn dieser durch die Verrechnung eines kommunalen Zuschusses für ortsansässige Beschicker und Aussteller mit der zu errichtenden Vergütung erreicht wird (vgl. *BVerwGE* 104, 60 – Musikschule). Im Anwendungsbereich von Art. 107 AEU (sub signo kommunale Beihilfe) wären freilich die dortigen Anforderungen zu erfüllen. 13

c) Rechtsnatur der Vergütung. Bei **privaten** Veranstaltern ist die Vergütung naturgemäß stets privatrechtlicher Natur. 14

Bei **kommunalen** Veranstaltern kann sie – unter Heranziehung der sog. Zwei-Stufen-Theorie – sowohl öffentlich-rechtlich (Gebühr) als auch zivilrechtlich (Entgelt) einzuordnen sein. Ist sie öffentlich-rechtlich zu qualifizieren, sind die Vorgaben des kommunalen Gebührenrechts unmittelbar anwendbar; bei privatrechtlicher Ausgestaltung sind die Grundlinien der ein- 15

§ 71 Titel IV. Messen, Ausstellungen, Märkte

schlägigen Vorgaben aber ebenfalls zu beachten („keine Flucht ins Privatrecht", vgl. *BGH* NJW 1985, 197 [200] zur kommunalen Löschwasserversorgung; *Schönleiter*, in: Landmann/Rohmer I, § 71 Rdn. 3).

16 Nach der Rechtsnatur der Vergütung bestimmt sich dann der **Rechtsweg** für einschlägige Streitigkeiten.

II. Beteiligung an Kosten der Werbung (S. 2)

1. Volksfeste und Jahrmärkte

17 Für **Volksfeste und Jahrmärkte** besteht nach S. 2 darüber hinaus noch ergänzend die Option, neben der Vergütungsmöglichkeit nach S. 1 eine Beteiligung an den Kosten für die Werbung zu verlangen. Im Gegensatz zu S. 1 sind **Wochenmärkte** nicht erfasst. Von deren Beschickern kann also keine Beteiligung an den Kosten der Werbung für einen Wochenmarkt verlangt werden. Dies schließt Werbung nicht aus; dann wird der Veranstalter die hierbei entstandenen Kosten neben anderen Kosten (z. B. kommunale Benutzungsgebühren) allenfalls in die Standentgelte einfließen lassen können.

18 Für nicht in S. 1 genannte Veranstaltungen – **Messen, Ausstellungen, Groß- und Spezialmärkte** – gilt S. 2 gleichfalls nicht, d. h. eine Beteiligung an den Kosten der Werbung ist ohnedies möglich (vgl. oben Rdn. 3).

2. Kosten für die Werbung

19 Entgegen der Pauschalformulierung im Gesetzestext dürften nur solche Kosten für die Werbung umlegungsfähig sein, die zu der Größe und Bedeutung der Veranstaltung nicht außer Verhältnis stehen (also nicht bundesweite Werbung für Dorfkirmes).

3. Beteiligung

20 Ein bestimmter Verteilungsschlüssel ist durch § 71 S. 2 nicht vorgegeben. Möglich ist daher sowohl eine Verteilung nach Köpfen als auch eine am Umsatz oder der Standgröße orientierte Berechnung.

III. Landesrechtliche Bestimmungen (S. 3)

21 S. 3 lässt landesrechtliche Bestimmungen über die Erhebung von **Benutzungsgebühren** durch Gemeinden und Gemeindeverbände, wie sie durchgängig in Kommunalabgabengesetzen enthalten sind, ausdrücklich unberührt. Diese Bestimmung ist namentlich bei kommunaler Veranstaltungsträgerschaft relevant, aber auch bei der Nutzung öffentlicher Plätze und Gebäude. Bei diesbezüglichen Rechtsstreitigkeiten ist der Verwaltungsrechtsweg eröffnet.

22 **Steuerrechtliche Regelungen** wie Vergnügungssteuergesetze werden von der gewerberechtlichen Norm ohnehin nicht tangiert (zur Landeszuständigkeit für die Erhebung der Vergnügungsteuer vgl. *BVerfGE* 40, 56 ff.).

§ 71a Öffentliche Sicherheit oder Ordnung

Den Ländern bleibt es vorbehalten, Vorschriften zur Aufrechterhaltung der öffentlichen Sicherheit oder Ordnung auf Veranstaltungen im Sinne der §§ 64 bis 68 zu erlassen.

Die Regelung hat lediglich **deklaratorische Bedeutung** (*Wagner*, in: Friauf, § 71 a Rdn. 1), ist also keine eigenständige Ermächtigungsgrundlage (*Schönleiter*, in: Landmann/Rohmer I, § 71 a Rdn. 1). Hierfür fehlt es bereits an der Gesetzgebungskompetenz des Bundes. Klargestellt wird so nur, dass nach wie vor landesrechtliche Bestimmungen zur Aufrechterhaltung der öffentlichen Sicherheit oder Ordnung auf den genannten Veranstaltungen ergehen können (vgl. MarktgewVwV Nr. 4.); einschlägig sind namentlich die Landesbauordnungen mit VersammlungsstättenVO, Verordnungen zur Verhütung von Bränden etc. 1

Allerdings dürfen solche landesrechtlichen Vorschriften nicht zur Umgehung oder Aushöhlung der speziellen Regelungen des Titels IV der GewO führen. 2

§ 71b Anwendbarkeit von Vorschriften des stehenden Gewerbes für die Ausübung im Messe-, Ausstellungs- und Marktgewerbe

(1) **Für die Ausübung des Messe-, Ausstellungs- und Marktgewerbes gilt § 29 entsprechend.**

(2) [1] **Für die Ausübung des Bewachungsgewerbes, des Versteigerergewerbes und des Gewerbes der Makler, Bauträger und Baubetreuer gelten § 34 a Abs. 1 Satz 4, § 34 a Abs. 2 bis 4 , § 34 b Abs. 5 bis 8 und 10, § 34 c Abs. 3 und 5 sowie die auf Grund des § 34 a Abs. 2, des § 34 b Abs. 8 und des § 34 c Abs. 3 erlassenen Rechtsvorschriften entsprechend.** [2] **Die zuständige Behörde kann für die Versteigerung leicht verderblicher Waren für ihren Bezirk Ausnahmen zulassen.**

§ 71 b wurde durch das Gesetz zur Neuregelung des Versicherungsvermittlerrechts vom 19. 12. 2006 (BGBl. I S. 3232) geändert, wodurch zugleich handwerkliche Mängel der früheren Fassung des Abs. 2 (dazu Vorauﬂ. Rdn. 1) beseitigt worden sind. 1

Abs. 1 erklärt § 29 für das gesamte **Messe-, Ausstellungs- und Marktgewerbe** für entsprechend anwendbar. Aufgrund § 71 b I i. V. m. § 29 bestehen Auskunfts- und Nachschaurechte gegenüber allen Beschickern, nicht aber gegenüber Veranstaltern (*Schönleiter*, in: Landmann/Rohmer I, § 71 b Rdn. 8). Da die Veranstalter im stehenden Gewerbe tätig sind, leiten sich die entsprechenden Rechte ihnen gegenüber unmittelbar aus § 29 ab. Die Verletzung der Auskunftspflicht stellt eine Ordnungswidrigkeit gem. § 146 II Nr. 4 dar. 2

Abs. 2 Satz 1 fungiert als eine Transferbestimmung (BT-Drs. 16/1935, S. 21), sodass die dort in Bezug genommenen, für das stehende Gewerbe geltenden Vorschriften auch dann anwendbar sind, wenn die Tätigkeit als 3

§§ 72 bis 104u   Titel IV. Messen, Ausstellungen, Märkte

Bewacher, Versteigerer, Makler, Bauträger und -betreuer sowie als Versicherungsvermittler und -betreuer im Marktgewerbe ausgeübt wird. Aufgrund des Verbots der Ausübung des Versteigerungsgewerbes ohne Erlaubnis für das stehende Gewerbe gem. § 70 a III ist die Verweisung bzgl. des Versteigerungsgewerbes ausschließlich für die Gewerbeausübung außerhalb der gewerblichen Niederlassung von Bedeutung. Siehe im Einzelnen zu den in Bezug genommenen Vorschriften die dortigen Erläuterungen.

4   Dem Ausnahmetatbestand des § 71 b II Satz 2 kann nicht die Bedeutung einer Ausnahme vom Verbot der Ausübung der Wanderversteigerung gem. § 57 III beigemessen werden (so aber *Schönleiter* in: Landmann/Rohmer I, Rdn. 13). Vielmehr ergibt sich aus der systematischen Stellung des § 71 b II Satz 2, dass lediglich Ausnahmen von den durch § 71 b II Satz 1 in Bezug genommenen Vorschriften zugelassen werden dürfen (siehe auch § 61 a Rdn. 5). Dabei ist die Ausnahme auf bestimmte leicht verderbliche Waren zu beschränken und steht im Ermessen der zuständigen Behörde.

Titel V. Taxen

§§ 72 bis 80 (weggefallen)

Titel VI. Innungen, Innungsausschüsse, Handwerkskammern, Innungsverbände

§§ 81 bis 104n (weggefallen)

Titel VIa. Handwerksrolle

§§ 104o bis 104u (weggefallen)

Titel VII. Arbeitnehmer

Vor §§ 105 ff.

I. Vorgeschichte

Am Anfang der Entwicklung des Arbeitsrechts gab es keine allgemeinen **1** Vorschriften für alle Arbeitnehmer, sondern nur Spezialregelungen für die einzelnen Branchen. Diese Rechtszersplitterung hat sich teilweise bis heute erhalten; so sind Besonderheiten für Arbeitnehmer in Handelsbetrieben im HGB geregelt, die Gewerbeordnung enthielt Besonderheiten für Arbeitnehmer in Gewerbebetrieben. Die unterschiedlichen Standorte lassen sich jedenfalls zum Teil durch die Verschiedenheit der Lebenssachverhalte in unterschiedlichen Branchen erklären. Andererseits haben sich die Verhältnisse im Laufe der Zeit weitgehend angenähert, so dass die Arbeitnehmer heute unabhängig von der Brache mehr Gemeinsamkeiten als Unterschiede aufweisen. Diese Entwicklung brachte die Forderung nach allgemeinen für alle Arbeitnehmer geltenden Regelungen mit sich. Die angemessene Lösung bestünde darin, die allgemeinen Bestimmungen des Arbeitsrechts in einem **Arbeitsvertragsgesetz** zu kodifizieren und weitestgehend auf Spezialgesetze zu verzichten.

Der erste Versuch, das Arbeitsrecht in einem Arbeitsvertragsgesetz zu kodi- **2** fizieren, wurde bereits in der Weimarer Zeit unternommen (RABl. 1923, S. 498 ff.). Im Jahre 1977 hat die Arbeitsgesetzbuchkommission einen Entwurf für ein Arbeitsgesetzbuch vorgelegt (Arbeitsgesetzbuchkommission – Allgemeines Arbeitsvertragsrecht, hrsg. vom Bundesminister für Arbeit und Sozialordnung, 1977); er war politisch jedoch nicht durchsetzbar.

Neu belebt wurde die Reformdiskussion im Zuge der deutschen Wieder- **3** vereinigung. Die Vertreter der DDR forderten im Hinblick auf das bei ihnen geltende AGB, dass es für ganz Deutschland ein Arbeitsvertragsgesetz geben sollte. Hierzu hat eine Professorengruppe auf dem 59. DJT 1992 den **Entwurf eines Arbeitsvertragsgesetzes** vorgestellt (59. DJT Bd. I/D). In der Folgezeit wurde er einerseits in einem sächsischen Entwurf für ein Arbeitsvertragsgesetz aufgegriffen (BR-Drs. 293/95) und andererseits in einem nordrhein-westfälischen Entwurf (BR-Drs. 671/96). Im Bundesrat wurden die Entwürfe nicht weiter beraten.

Nunmehr haben *Henssler* und *Preis* einen neuen Diskussionsentwurf für **4** ein Arbeitsvertragsgesetz vorgelegt (NZA 2007, Beilage zu Heft 21).

II. Entstehung der §§ 105 ff.

Während der Gedanke, ein allgemeines Arbeitsvertragsgesetz zu schaffen, **5** danach politisch fallengelassen wurde, kam die Idee auf, ersatzweise einige allgemeine Vorschriften in die Gewerbeordnung einzustellen.

Vor §§ 105 ff. Titel VII. Arbeitnehmer

6   Die **Gewerbeordnung** enthielt seit jeher einige **arbeitsrechtliche Regelungen**. Sie galten jedoch, entsprechend ihrem Standort, nur für gewerbliche Arbeitnehmer (zu dem Begriff des „gewerblichen Arbeitnehmers" vgl. 6. Aufl. vor § 105 Rdn. 4 ff.). Dabei wurden in diesen eigentlich speziellen Vorschriften Rechte und Ansprüche geregelt, die für alle Arbeitsverhältnisse bedeutsam waren: Zeugnisanspruch, Lohnzahlungsgrundsätze, Wettbewerbsverbote, Weisungsrecht des Arbeitgebers und schließlich der Grundsatz der Vertragsfreiheit. Es war allerdings nicht sachgerecht, diese Grundprinzipien nur für die gewerblichen Arbeitnehmer zu regeln. Man hätte sie aus der GewO herausnehmen und in einem Arbeitsvertragsgesetz oder im BGB zusammenfassen können. Statt dessen hat sich der Gesetzgeber für die Gewerbeordnung als Standort für einige allgemeine arbeitsrechtliche Vorschriften entschieden.

7   Das Vorhaben wurden im Zuge einer umfassenden Reform der Gewerbeordnung umgesetzt. Der Bundestag hat am 7. 6. 2002 den Entwurf des Dritten Gesetzes zur Änderung der Gewerbeordnung und sonstiger gewerberechtlicher Vorschriften verabschiedet. Der Bundesrat hat dem Gesetz am 12. 7. 2002 zugestimmt. Es ist am 1. 1. 2003 in Kraft getreten (BGBl. I S. 3412).

III. Ziele und Auswirkungen der Reform

1. Ziele des Gesetzgebers

8   Mit der Reform verfolgte der Gesetzgeber die Ziele der **Rechtsbereinigung** und der **Deregulierung** (BT-Drs. 14/8796, S. 1 und 16). In der früheren Fassung der Gewerbeordnung (Titel VII) enthaltene arbeitsrechtliche Bestimmungen waren sowohl sprachlich als auch teilweise inhaltlich nicht mehr zeitgemäß. Deshalb sollten u. a. die arbeitsrechtlichen Bestimmungen auf wenige unverzichtbare und verständliche Normen reduziert werden, die nach Inhalt und Sprache der modernen Arbeitswelt angepasst werden sollten.

2. Umsetzung durch die §§ 105 – 110 n. F.

9   Im Zuge der Gesetzesänderung wurden die arbeitsrechtlichen Vorschriften der GewO grundlegend neu gefasst. Diejenigen von ihnen, die im heutigen Arbeitsrecht überflüssig geworden sind, sind ersatzlos **weggefallen** (zu Einzelheiten s. Voraufl. unter V.).

10   Von den übrig gebliebenen wurden einige in sprachlich modernisierter Form und mit fast unverändertem Inhalt in das neue Gesetz **übernommen**. Das gilt z. B. für den Zeugnisanspruch des Arbeitnehmers, der früher in § 113 a. F. geregelt war und nunmehr in § 109 n. F. zu finden ist, sowie für § 105, der zwar sprachlich völlig neu gefasst wurde, inhaltlich jedoch nach wie vor noch den Grundsatz der Vertragsfreiheit im Arbeitsrecht postuliert.

11   Bei anderen Normen wird zwar ebenfalls an bereits vorhandene (Teil-)Regelungen in der alten GewO angeknüpft (vgl. § 121 a. F. zum Weisungsrecht oder § 133 f a. F. zum nachvertraglichen Wettbewerbsverbot); im Ergebnis jedoch weisen die neuen Vorschriften zur gleichen Thematik (vgl.

z. B. §§ 106, 110 n. F.) sowohl sprachlich als auch inhaltlich grundlegende **Unterschiede** auf. Soweit es um den Themenkomplex „Lohn" geht, tritt die Zielsetzung des Gesetzgebers besonders deutlich zutage: Was vor der Reform in einer Vielzahl von zum Teil schwer lesbaren und veralteten Normen geregelt war, wird nunmehr durch die §§ 107, 108 n. F. ersetzt.

3. Anwendungsbereich

a) Durch die Gesetzesänderung erhält die Gewerbeordnung eine Doppelfunktion, was insbesondere durch die Änderung des § 6 GewO deutlich wird. Die Norm wurde in zwei Absätze aufgeteilt, wobei der erste Absatz im Wesentlichen den Inhalt des § 6 a. F. wiedergibt. Der neu eingeführte **§ 6 II** bestimmt, dass die Vorschriften des Abschnitts 1 des Titels VII auf **alle Arbeitnehmer** anwendbar sind. 12

b) Ergänzt werden die §§ 105 – 110 GewO zum einen durch die Vorschriften des **BGB**. Die BGB-Normen zum Dienstvertrag kommen allerdings nur dann zur Anwendung, wenn die GewO keine spezialgesetzlichen Regelungen enthält (*Ankersen*, in: Boemke, Einl. Rdn. 34). Darüber hinaus sind auch **arbeitsrechtliche Vorschriften** in anderen Gesetzen neben den §§ 105 – 110 anwendbar. 13

c) Schließlich wurde durch die Novelle der GewO die durch den Einigungsvertrag herbeigeführte unterschiedliche Geltung der GewO in **Ost und West** aufgehoben (dazu *Neumann* AuR 2002, 216 f.). 14

4. Verhältnis zur bisherigen Rechtslage

a) Da der Gesetzgeber an vielen Stellen des Titels VII eine inhaltliche Umgestaltung vorgenommen hat, stellt sich die Frage, ob mit der Gesetzesänderung auch eine **Änderung der Rechtslage** herbeigeführt werden sollte. Dies ist ausweislich der Gesetzesbegründung **nicht beabsichtigt** gewesen (BT-Drs. 14/8796, S. 16 und 26). Vielmehr sollte in den neuen Bestimmungen die umfassende Kasuistik des BAG zum Regelungsinhalt dieser arbeitsrechtlichen Prinzipien kodifiziert werden. Der Gesetzgeber war der Ansicht, dass dieser Rechtsprechung bei Wegfall der arbeitsrechtlichen Bestimmungen in der GewO die Grundlage entzogen würde (BT-Drs. 14/8796, S. 16). 15

b) Davon zu unterscheiden ist die Frage, ob nicht in einigen Teilfragen dennoch eine Rechtsänderung eingetreten ist. Fest steht jedenfalls, dass die Reform, trotz der gegenteiligen Zielsetzung des Gesetzgebers, einige **Streitfragen geschaffen** hat (vgl. § 109 bezüglich Anwendungsbereich des § 630 BGB, § 110 bezüglich Verweisung auf den verfassungswidrigen § 75 III HGB sowie § 107 bezüglich Anwendungsbereich). 16

IV. Beurteilung der Reform

Die Deregulierung und die Rechtsbereinigung der GewO waren seit langem notwendig, so dass die Zielsetzung des Gesetzgebers insoweit zu begrüßen ist. Dieses Anliegen ist durch die ersatzlose Streichung der überflüssig gewordenen Vorschriften des Titels VII sowie durch die endgültige Ausglie- 17 derung der arbeitsschutzrechtlichen Vorschriften zumindest teilweise umgesetzt worden (so auch *Ankersen*, in: Boemke, Einl. Rdn. 14).

1. Inhalt der Normen

18   Allerdings bietet die inhaltliche Ausgestaltung der neuen Regelungen vielfach Anlass zur **Kritik** (s. dazu *Abeln/Steinkühler* AuA 2003, 15 [19]; *Bauer/Opolony* BB 2002, 1590 [1594]; *Wisskirchen* DB 2002, 1886 [1889]). Das erklärte Ziel des Gesetzgebers, die Rechtsprechung des BAG gesetzlich zu fixieren, um damit Rechtsklarheit und Rechtssicherheit zu schaffen, ist nur ansatzweise erreicht worden. Die Regelungen sind teilweise unvollständig und sorgen eher für Rechtsunsicherheit statt für Rechtsklarheit (z. B. wurden in § 106 die Grenzen des Direktionsrechts nicht geregelt, so dass weiterhin auf § 315 III BGB zurückgegriffen werden muss). Teilweise wurde aber auch Überflüssiges in den Normentext aufgenommen (z. B. der Hinweis auf die Geltung des Nachweisgesetzes in § 105 S. 2).

2. Rechtssystematische Bedenken

19   Der Schwerpunkt der Kritik richtet sich gegen die Entscheidung des Gesetzgebers, die grundlegenden Prinzipien des Arbeitsvertragsrechts in einem Gesetz mit vorwiegend öffentlich-rechtlicher Ausrichtung zu verankern. Dieser Entschluss ist in der Literatur zu Recht auf nahezu einstimmige Ablehnung gestoßen (vgl. nur *Ankersen*, in: Boemke, Einl. Rdn. 16; *Schöne* NZA 2002, 829; *Wisskirchen* DB 2002, 1889). In der Tat ist die **Einbeziehung allgemeiner Regelungen in ein Spezialgesetz** rechtssystematisch bedenklich und gesetzestechnisch ein Missgriff (so auch *Bauer/Opolony* BB 2002, 1590). Solange es kein Arbeitsgesetzbuch gibt, wäre das BGB der richtige Standort für die Regelung arbeitsrechtlicher Grundprinzipien. Es kann von rechtlich nicht vorgebildeten Arbeitgebern und Arbeitnehmern wohl kaum erwartet werden, dass sie auf der Suche nach Regelungen des allgemeinen Arbeitsvertragsrechts die GewO aufschlagen.

20   Demnach wird die **Rechtszersplitterung**, die ohnehin ein Problem für die Anwendung des Arbeitsvertragsrechts darstellt, durch die Gesetzesänderung weiter vertieft (*Ankersen*, in: Boemke, Einl. Rdn. 16). Grundregeln zum Arbeitsvertrag sind nach wie vor über BGB, HGB, GewO und diverse arbeitsrechtliche Sondergesetze verstreut. Deshalb ist nach wie vor die Forderung nach einem allgemeinen Arbeitsgesetzbuch berechtigt.

I. Allgemeine arbeitsrechtliche Grundsätze

§ 105 Freie Gestaltung des Arbeitsvertrages

[1]**Arbeitgeber und Arbeitnehmer können Abschluss, Inhalt und Form des Arbeitsvertrages frei vereinbaren, soweit nicht zwingende gesetzliche Vorschriften, Bestimmungen eines anwendbaren Tarifvertrages oder einer Betriebsvereinbarung entgegenstehen.** [2]**Soweit**

Freie Gestaltung des Arbeitsvertrages § 105

die Vertragsbedingungen wesentlich sind, richtet sich ihr Nachweis nach den Bestimmungen des Nachweisgesetzes.

Übersicht

	Rdn.
I. Vorgeschichte	1
II. Grundsatz der Vertragsfreiheit	3
III. Beschränkungen der Vertragsfreiheit	6
1. Gesetzliche Vorschriften	6
2. Tarifvertrag	12
3. Betriebsvereinbarung	20
IV. Einzelfragen	22
1. Abschlussfreiheit	23
2. Formfreiheit	45
3. Inhaltsfreiheit	51
V. Die Rechtsfolgen von Verstößen	63
1. Zwingendes Gesetzesrecht	63
2. Tarifvertrag	64
3. Betriebsvereinbarung	65
VI. Das Nachweisgesetz	66

I. Vorgeschichte

In der Vorgängervorschrift (§ 105 a. F.) hatte es geheißen: „Die Festsetzung 1 der Verhältnisse zwischen den selbständigen Gewerbetreibenden und den gewerblichen Arbeitnehmern ist, vorbehaltlich der durch Bundesgesetz begründeten Beschränkungen, Gegenstand freier Übereinkunft".

Diese Normierung des **Grundsatzes der Vertragsfreiheit** geht auf die 2 preußischen Reformen von 1810 zurück, durch die der Lohn der gewerblichen Arbeitnehmer nach Jahrhunderten obrigkeitlicher Fürsorge erstmals Gegenstand der freien Übereinkunft der Vertragsparteien wurde. Durch das Dritte Gesetz zur Änderung der GewO v. 24. 8. 2002 sollte auch § 105 sprachlich modernisiert und an die Verhältnisse der modernen Arbeitswelt angepasst werden (BT-Drs. 14/8796, S. 16).

II. Grundsatz der Vertragsfreiheit

Der in § 105 S. 1 genannte Grundsatz gilt seit jeher allgemein für **bürger-** 3 **lich-rechtliche Verträge**. Grundsätzlich ist die Vertragsfreiheit verfassungsrechtlich abgesichert durch Art. 2 I GG (*Murswiek*, in: Sachs, GG, Art. 2 Rdn. 55 a), und stellt sich als Konkretisierung der durch Art. 2 I GG gewährleisteten allgemeinen Handlungsfreiheit dar (s. etwa *BVerfGE* 8, 274 [328]; 29, 260 [226]; 34, 269 [281]; *BAG* AP Nr. 30, 34, 38, 41 zu § 242 BGB Gleichbehandlung). Der Grundsatz gilt auch für das **Arbeitsrecht** als einen Teil des Bürgerlichen Rechts. Hieran könnten insoweit Zweifel bestehen, als nach allgemeinem Verständnis hier – ebenso wie z. B. im Mietrecht – generell eine Ungleichgewichtslage bestehen soll (vgl. *Dieterich* RdA 1995, 129 [134 f.]). Daraus könnte sich ergeben, dass das Prinzip der Vertragsfreiheit im

Arbeitsrecht nur eingeschränkt gilt. Das ist in dieser Allgemeinheit jedoch nicht der Fall. Gesetze, Tarifverträge, Betriebsvereinbarungen und Richterrecht haben durch ein dichtes Netz von Rechtssätzen den Arbeitnehmerschutz verwirklicht. Das bedeutet: Für ein freies Aushandeln bleibt auf Grund dessen von vornherein nur wenig Spielraum; so weit aber eine vertragliche Ausgestaltung möglich ist, findet eine weitgehende Inhaltskontrolle statt.

4 Die Vertragsfreiheit der Arbeitsvertragsparteien wird vor allem durch **Art. 12 GG** garantiert; Art. 2 I tritt als subsidiär zurück, wenn die freie Entfaltung der Persönlichkeit – wie in diesem Fall – durch spezielle Grundrechte geschützt wird. Deshalb entspricht es der allgemeinen Auffassung, dass die persönliche Entfaltung auf dem beruflichen Sektor als eine spezielle Ausprägung der allgemeinen Handlungsfreiheit durch das insoweit gegenüber Art. 2 I speziellere Grundrecht des Art. 12 GG geschützt wird (so auch *Buchner*, in: MünchArbR, § 30 Rdn. 6; *Tettinger/Mann*, in: Sachs, GG, Art. 12 Rdn. 162). Teilweise wird jedoch die Vertragsfreiheit des Arbeitgebers auch auf Art. 2 GG gestützt (*Linck*, in: Schaub, § 34 Rdn. 21). Die Rspr. des BVerfG ist insoweit uneinheitlich; oft wird hilfsweise neben Art. 12 auch Art. 2 I herangezogen (vgl. *BVerfGE* 50, 290 ff.; zustimmend *Neumann*, in: Landmann/Rohmer I, § 105 Rdn. 4; vgl. zur Arbeitgeberfreiheit *BVerfGE* 86, 122 [130]; anders *BVerfGE* 99, 202 [211]).

5 Der Grundsatz der Vertragsfreiheit umfasst zunächst die Abschlussfreiheit, d. h. sowohl der Arbeitgeber als auch der Arbeitnehmer dürfen grundsätzlich frei entscheiden, ob und mit wem sie einen Vertrag abschließen. Auch der Vertragsinhalt fällt grundsätzlich in den Schutzbereich der Vertragsfreiheit.

III. Beschränkungen der Vertragsfreiheit

1. Gesetzliche Vorschriften

6 Nach § 105 S. 1 beschränken **zwingende gesetzliche Vorschriften** die Vertragsfreiheit. Sie finden sich vor allem in den §§ 611 ff. BGB sowie in einer Fülle arbeitsrechtlicher Spezialgesetze.

7 Zu den zwingenden gesetzlichen Vorschriften gehört aber auch **unmittelbar anwendbares Europarecht**, d. h. die Normen des AEUV und Verordnungen nach Art. 288 AEUV (ex 249 EGV). Des Weiteren gehören dazu andere Rechtssätze des Primärrechts, wie die Grundfreiheiten der EU sowie allgemeine Rechtsgrundsätze des Gemeinschaftsrechts.

8 Hingegen bedürfen **Richtlinien** nach Art. 288 Abs. 3 AEUV (ex Art. 249 Abs. 3 EGV) erst der Umsetzung durch die Mitgliedstaaten und schränken somit die Vertragsfreiheit nicht unmittelbar ein. Allerdings sind die Gerichte verpflichtet, das nationale Recht richtlinienkonform auslegen, was im Ergebnis zu einer mittelbaren Einschränkung führt. Soweit der Staat Arbeitgeber ist, ist er unter bestimmten Voraussetzungen unmittelbar zur europarechtskonformen Anwendung noch nicht oder falsch umgesetzter Richtlinien verpflichtet (vgl., auch zur Frage der Drittwirkung gegenüber Privaten, *Wank* ZRP 2003, 414 ff.).

9 Das **Grundgesetz** bindet die Vertragsparteien nicht unmittelbar, da die Grundrechte – von Art. 9 III 2 GG abgesehen – nach ganz überwiegender Auffassung im Verhältnis von Privatpersonen untereinander nicht unmittelbar anwendbar sind. Dennoch wirken sie nach heute nahezu einhelliger Auffassung allgemein bei der Gesetzesauslegung und auch bei der Konkretisierung von Generalklauseln in die Privatrechtssphäre ein (*BVerfGE* 55 [84]; 7, 198 [230]; *BAG* NZA 1985, 702 [703 f.]; *Richardi*, in: MünchArbR, § 12 Rdn. 1 ff.; *Müller-Glöge*, in: MünchKommBGB, § 611 Rdn. 275 ff.; *Zöllner/Loritz/Hergenröder* Arbeitsrecht, § 6 I). Der in diesem Zusammenhang üblicherweise verwandten Figur der „mittelbaren Drittwirkung" der Grundrechte im Privatrecht bedarf es insoweit nicht. Es handelt sich vielmehr um einen Anwendungsfall der „rangkonformen Auslegung" (*Wank* Die Auslegung von Gesetzen, 4. Aufl. 2008, S. 57 ff.) in Form der **verfassungskonformen Auslegung**. Diese wiederum erscheint in den beiden Formen der verfassungskonformen Auslegung als Inhaltsbestimmung und als Inhaltskontrolle (s. *Schlaich/Korioth* Das Bundesverfassungsgericht, 7. Aufl. 2007, Rdn. 440 ff.; *Wank*, Grenzen richterlicher Rechtsfortbildung, 1978, S. 97, 104 ff.). Für die verbreitet angenommene Beschränkung der Grundrechtswirkung auf Generalklauseln besteht somit kein Anlass. Vielmehr ergreift die verfassungskonforme Auslegung alle unterverfassungsrechtlichen Vorschriften.

Die **einfachgesetzlichen** arbeitsrechtlichen Vorschriften sind nach ihrem Charakter als Arbeitnehmerschutzvorschriften weitgehend **zwingendes Recht**, auch ohne dass das im Gesetzeswortlaut immer zum Ausdruck kommt. In manchen Fällen sind sie einseitig zwingend, d. h. es darf nur zu Gunsten des Arbeitnehmers davon abgewichen werden, aber nicht zu Gunsten von Arbeitgebern (für dieses Phänomen gibt es keinen Fachausdruck, das „Günstigkeitsprinzip" betrifft nur das Verhältnis von Tarifverträgen und Betriebsvereinbarungen zum Individualarbeitsvertrag, nicht das von Gesetzen zum Arbeitsvertrag). Das gilt für z. B. die Mindesturlaubsfestsetzung in § 3 BUrlG. Einige einseitig zwingenden Vorschriften (§ 622 IV BGB, § 13 BUrlG, § 17 BetrAVG, § 22 TzBfG, § 4 IV EFZG, § 7 ArbZG, § 3 I Nr. 3 S. 2 AÜG) lassen eine Abweichung zu Lasten des Arbeitnehmers in Tarifverträgen ausdrücklich zu (tarifdispositives Gesetzesrecht; dazu *Waas*, FS Birk, 2008, S. 899 ff.). Nach diesen Vorschriften sind Abweichungen vom zwingenden Recht in der Regel auch für nicht tarifgebundene Arbeitsvertragsparteien möglich, sofern die Arbeitsverträge auf den Inhalt von Tarifverträgen Bezug nehmen. 10

Dispositive Rechtsnormen (z. B. §§ 615, 616 BGB) lassen abweichende Regelungen sowohl zu Gunsten als auch zu Lasten des Arbeitnehmers zu. Diese Vorschriften schränken die Vertragsfreiheit nicht ein, sie sind vielmehr das Ergebnis der Vertragsfreiheit. Dennoch erfüllt das dispositive Recht eine Leitbildfunktion: es spiegelt die Idealvorstellung des Gesetzgebers wider (*Boemke*, in: Boemke, § 105 Rdn. 12; *Preis* Der Arbeitsvertrag, C I Rdn. 13). Diese Idealvorstellung ist z. B. bei der Inhaltskontrolle von allgemeinen Arbeitsbedingungen zu berücksichtigen (vgl. § 307 BGB). 11

2. Tarifvertrag

Einschränkungen der Vertragsfreiheit können sich außer aus dem Gesetz aus Tarifverträgen ergeben. Das setzt allerdings voraus, dass die Arbeitsvertragsparteien tarifgebunden sind. 12

§ 105 Titel VII. Arbeitnehmer

13 Tarifgebunden sind nach **§ 3 I TVG** die Mitglieder der Tarifvertragsparteien, d. h. der Arbeitnehmer muss Mitglied der vertragsschließenden Gewerkschaft und der Arbeitgeber Mitglied des zuständigen Arbeitgeberverbandes sein. Tarifgebunden kann nach § 3 I TVG auch der einzelne Arbeitgeber sein, der einen Firmentarifvertrag (Haustarifvertrag) abschließt.

14 Tarifbindung kann aber auch ohne eine derartige Mitgliedschaft eintreten. Das ist zum einen der Fall nach **§ 3 II TVG** im Hinblick auf diejenigen Rechtsnormen, die betriebliche oder betriebsverfassungsrechtliche Fragen regeln. Diese Vorschriften gelten für den gesamten Betrieb, dessen Arbeitgeber tarifgebunden ist. Es kommt nicht darauf an, ob die einzelnen Arbeitnehmer Gewerkschaftsmitglieder sind (dazu *Oetker* in: Wiedemann, TVG, § 3 Rdn. 163 ff.).

15 Eine Tarifbindung der Nichtmitglieder kann sich des Weiteren nach **§ 5 TVG** in den Fällen ergeben, in denen der Tarifvertrag für allgemeinverbindlich erklärt worden ist. Nach § 5 IV 4 TVG werden alle Betriebe im Geltungsbereich des für allgemeinverbindlich erklärten Tarifvertrages erfasst; die Tarifbindung erstreckt sich auch auf bisher nicht tarifgebundene Arbeitgeber und Arbeitnehmer (*Wank*, in: Wiedemann, TVG, § 5 Rdn. 1 ff.). Ähnliche Erstreckungen von Tarifverträgen auf Nicht-Verbandsmitglieder können sich aus dem Arbeitnehmer-Entsendegesetz und aus dem Mindestarbeitsbedingungengesetz ergeben (s. *Thüsing* (Hrsg.), AEntG 2010).

16 Den genannten Vorschriften über die Bindungswirkung von Tarifverträgen ist gemeinsam die **normative Wirkung**. Nach § 4 I 1 gelten die Rechtsnormen von Tarifverträgen über Inhalt, Abschluss oder Beendigung von Arbeitsverhältnissen unmittelbar und zwingend zwischen den beiderseits Tarifgebundenen. Es handelt sich um eine gesetzesgleiche Wirkung.

17 Davon zu unterscheiden ist die schuldrechtliche Wirkung von Tarifverträgen durch **Bezugnahmeklauseln** (s. Rdn. 60). In den meisten Betrieben wenden Arbeitgeber Tarifverträge auch auf diejenigen Arbeitnehmer an, die nicht Mitglieder einer Gewerkschaft sind. Das geschieht über Arbeitsverträge, in denen auf den einschlägigen Tarifvertrag verwiesen wird. Dadurch wird eine einheitliche Gestaltung der Arbeitsbedingungen ermöglicht sowie eine Vereinfachung des Arbeitsvertrages erreicht. Einheitliche Löhne halten außerdem viele Arbeitnehmer davon ab, einer Gewerkschaft beizutreten. Die durch die Verweisung erzeugte Geltung des Tarifvertrags für einen Nichttarifgebundenen ist allerdings weder unmittelbar noch zwingend i. S. d. § 4 I 1 TVG. Vielmehr handelt es sich bei einer solchen Verweisung um eine individualvertragliche Vereinbarung, die lediglich schuldrechtliche Wirkung entfaltet.

18 Da Tarifverträge den **Inhalt, den Abschluss und die Beendigung von Arbeitsverhältnissen** regeln können, § 1 I TVG, können sie sich auf all das erstrecken, was gem. § 105 S. 1 Inhalt der individualrechtlichen Vertragsfreiheit ist. Damit sind tarifvertragliche Regelungen zum Abschluss, zur Form und zum Inhalt des Arbeitsvertrages möglich. So können Tarifverträge z. B. vorsehen, dass Arbeitsverträge – auch wenn das im Gesetz nicht vorgesehen ist – zur Wirksamkeit der Schriftform bedürfen.

19 Für das Verhältnis zwischen Tarifverträgen und Individualvereinbarungen ist das **Günstigkeitsprinzip**, § 4 III TVG, zu beachten. Danach kann von den Vorschriften eines Tarifvertrages insoweit abgewichen werden, als die individualvertragliche Regelung für den Arbeitnehmer günstiger ist. Die Frage, wie dieser Günstigkeitsvergleich zu treffen ist, ist in Rechtsprechung und Literatur streitig (Einzelheiten bei *Wank* in: Wiedemann, TVG, § 4 Rdn. 381 ff.).

3. Betriebsvereinbarung

Auch Betriebsvereinbarungen können aufgrund ihrer unmittelbaren und zwingenden Wirkung (§ 77 IV 1 BetrVG) die Vertragsfreiheit beschränken. Während der Inhalt von Tarifverträgen im Rahmen des § 1 TVG den gesamten Bereich des Arbeitsverhältnisses erfassen kann, ergeben sich für den Inhalt von Betriebsvereinbarungen gesetzliche Beschränkungen. Insofern ist zwischen der erzwingbaren und der freiwilligen Betriebsvereinbarung zu unterscheiden. Eine erzwingbare **Mitbestimmung** des Betriebsrats besteht insbes. nach § 87 BetrVG für die dort im Einzelnen aufgezählten 13 Regelungsbereiche. Darüber hinaus können nach § 88 BetrVG freiwillige Betriebsvereinbarungen abgeschlossen werden. 20

Auch im Verhältnis von Betriebsvereinbarungen zu Individualvereinbarungen gilt das **Günstigkeitsprinzip**. Das Ergebnis ist allgemein anerkannt. Richtigerweise lässt es sich aus einer Analogie zu § 4 III TVG ableiten (vgl. – mit anderer Begründung – *BAG* AP Nr. 17 zu § 77 BetrVG 1972). 21

IV. Einzelfragen

§ 105 S. 1 gliedert die Vertragsfreiheit auf in Abschlussfreiheit, Formfreiheit und Inhaltsfreiheit. Es geht also um die Fragen, ob und mit wem der Arbeitgeber einen Vertrag eingehen kann, ob der Abschluss, die Änderung und die Beendigung des Arbeitsvertrages der Form bedürfen und welchen Inhalt der Arbeitsvertrag hat. 22

1. Abschlussfreiheit

Grundsätzlich können sowohl der Arbeitgeber als auch der Arbeitnehmer frei entscheiden, ob und mit wem sie einen Arbeitsvertrag schließen. Die Entscheidungsfreiheit des Arbeitnehmers, die durch Art. 12 GG gesichert ist, findet ihre Schranken vor allem in der tatsächlichen Situation auf dem Arbeitsmarkt. Aufgrund der auch dem Arbeitgeber grundsätzlich zustehenden Abschlussfreiheit können Arbeitnehmer gegen Arbeitgeber aus Art. 12 GG keinen Anspruch auf Einstellung herleiten; ein dahingehendes Recht auf Arbeit gibt es nicht (*Wank* Das Recht auf Arbeit, 1980). 23

a) Die generell bestehende Abschlussfreiheit wird teilweise durch zwingende **gesetzliche Vorschriften** eingeschränkt. 24

aa) Insbesondere hat der Arbeitgeber bei der Einstellung bestehende **Diskriminierungsverbote** zu beachten. Sie knüpfen an unterschiedliche Merkmale von Bewerbern an. 25

Unzulässig ist nach Art. 9 III 2 GG eine Diskriminierung von **Gewerkschaftsmitgliedern** bei der Einstellung. 26

§ 105

27 Das Allgemeine Gleichbehandlungsgesetz hat einen Schutz für Bewerber und Bewerberinnen für einen Arbeitsplatz (§ 6 I 2 AGG) im Hinblick auf acht in **§ 1 AGG** aufgezählte **Merkmale** gebracht, die teilweise als Merkmalspaare gesehen werden müssen: Rasse und ethnische Herkunft, Geschlecht und sexuelle Identität, Religion und Weltanschauung, ferner Behinderung sowie Alter. Unterbleibt eine Einstellung aus einem der genannten Gründe, ohne dass ein Rechtfertigungsgrund eingreift, kommt ein Zahlungsanspruch des Bewerbers oder der Bewerberin gegen den Arbeitgeber in Betracht.

28 Ein **Rechtfertigungsgrund** kann sich insbes. aus § 8 AGG im Hinblick auf eine wesentliche und entscheidende **berufliche Anforderung** ergeben. Dieser Rechtfertigungsgrund wird in der Rechtsprechung allerdings nur in wenigen Fällen anerkannt (z. B. Schauspieler für eine männliche Rolle). Weitere Rechtfertigungsgründe in Fällen unmittelbarer Benachteiligung (§ 3 I AGG) ergeben sich aus § 9 (betr. Religion), § 10 (betr. Alter) und § 5 (betr. positive Maßnahmen). Ein Erfüllungsanspruch auf Einstellung ist nach § 15 VI AGG ausgeschlossen.

29 Der **materielle Schaden** des Bewerbers oder der Bewerberin ist nach § 15 I AGG zu ersetzen. Insoweit ist Verschulden erforderlich.

30 Bezüglich des **immateriellen Schadens** ist zu unterscheiden: Wäre der Bewerber oder die Bewerberin bei diskriminierungsfreiem Vorgehen eingestellt worden, so ist eine „angemessene Entschädigung" in Geld zu leisten, deren Höhe im Ermessen des Gerichts steht, § 15 II AGG.

31 Auf Grund der (schwer nachvollziehbaren) Rechtsprechung des EuGH (EuGH 22. 4. 1997 AP BGB § 611 a Nr. 13) besteht ein Entschädigungsanspruch auch dann, wenn der Bewerber oder die Bewerberin, etwa wegen fehlender fachlicher Qualifikation, „auch bei benachteiligungsfreier Auswahl nicht eingestellt worden wäre", § 15 II 2 AGG (Nicht-Bestqualifizierte). Allerdings ist in diesem Fall der Entschädigungsanspruch auf drei Monatsgehälter begrenzt. Nach der Rechtsprechung des EuGH (EuGH aaO - Draempaehl) kommt es nicht darauf an, ob den Arbeitgeber ein Verschulden trifft!

32 Für Bewerber oder Bewerberinnen bietet § 22 AGG eine Beweiserleichterung; sie brauchen den Zusammenhang zwischen einen Grund aus § 1 AGG und dem Verhalten des Arbeitgebers nicht zu beweisen, sondern nur Indizien dafür zu beweisen (dazu *Windel* RdA 2007, 1).

33 Die auf der EuGH-Rechtsprechung beruhende Rechtslage animiert gerade dazu, sich auch ohne ernsthafte Absicht zu bewerben und, wenn dem Arbeitgeber beim Bewerbungsverfahren ein Fehler unterläuft, ihn auf Entschädigung zu verklagen. In diesen Fällen wird aber ein Anspruch mit Recht verneint (s. *Wank*, in: Festschrift für Richardi, 2007, S. 441 ff.).

34 Besonders geschützt sind **schwangere Bewerberinnen**, vgl. § 3 I 2 AGG. Ein Fragerecht des Arbeitgebers besteht insoweit nicht. Einem Arbeitgeber ist es verwehrt, eine schwangere Bewerberin aus diesem Grunde abzulehnen, selbst in Fällen, in denen sie für eine befristete Beschäftigung vorgesehen ist und wegen Schwangerschaft diese Beschäftigung nicht ausüben kann sowie in Fällen, in denen zwingendes Recht für die Beschäftigung Schwangerer verbietet, so dass sie aus diesem Grunde ihre Arbeit nicht antreten kann (*EuGH* NJW 2002, 123 f. = AP Nr. 3 zu RL 92/85/EWG; *EuGH* NZA 2003, 373; *EuGH* AP Nr. 18 zu § 611a BGB).

Freie Gestaltung des Arbeitsvertrages § 105

bb) **Abschlussgebote** kommen im Arbeitsrecht nur ausnahmsweise vor. 35
Eine solche Ausnahme stellt **§ 78 a II BetrVG** dar, wonach das Arbeitsverhältnis mit einem Auszubildenden, der Mitglied des Betriebsrats oder einer Jugend- oder Auszubildendenvertretung ist, nach der Beendigung des Ausbildungsverhältnisses automatisch begründet wird.

Eine Form von Abschlusszwang ergibt sich aus dem Weiterbeschäftigungs- 36
anspruch nach **§ 102 V BetrVG** sowie aus dem durch Rechtsfortbildung entwickelten sog. allgemeinen Weiterbeschäftigungsanspruch (*BAG* AP Nr. 14 zu § 611 BGB; dazu *Wank*, in: MünchArbR, § 99 Rdn, 58 ff.).

Nach § 613 a BGB geht im Falle eines rechtsgeschäftlichen **Betriebsüber-** 37
gangs die Arbeitgeberstellung auf den Erwerber über. Dadurch wird jedoch dem Arbeitnehmer kein neuer Vertragspartner aufgedrängt, da er gem. § 613 a VI BGB den Übergang des Arbeitsverhältnisses durch einen Widerspruch binnen eines Monats verhindern kann.

Im Bereich der **Arbeitnehmerüberlassung** fingiert § 10 I 1 AÜG ein 38
Arbeitsverhältnis zwischen dem Leiharbeitnehmer und dem Entleiher, wenn das Arbeitsverhältnis zwischen einem Verleiher und einem Leiharbeitnehmer aufgrund fehlender Genehmigung nicht wirksam zustande gekommen ist. Eine Widerspruchsmöglichkeit ist hier – anders als bei § 613 a BGB – nicht vorgesehen. Eine analoge Anwendung der Rspr. zu § 613 a BGB scheidet jedoch nach überwiegender und richtiger Auffassung aus, da ein etwaiger Widerspruch des Arbeitnehmers nichts an der Unwirksamkeit des Arbeitsverhältnisses mit dem Verleiher ändern könnte. Im Schrifttum wird dem Arbeitnehmer statt dessen die Möglichkeit einer außerordentlichen Kündigung zugebilligt. Richtigerweise ist dem Arbeitnehmer das Abwarten der Kündigungsfrist zuzumuten (*Wank*, in: ErfK, § 10 AÜG Rdn. 19 a. E.).

Kein Abschlusszwang besteht hingegen im Hinblick auf **Behinderte** nach 39
SGB IX. Zwar ist der Arbeitgeber nach § 71 I SGB IX zur Erfüllung einer Schwerbehindertenquote verpflichtet; erfüllt er jedoch die Quote nicht, so wird er durch Zahlung einer Ausgleichsabgabe von dieser Verpflichtung befreit (zum Fragerecht betr. Behinderung s. *Thüsing/Lambrich* BB 2002, 1146).

Im Übrigen müssen die Vertragsparteien auch beim Abschluss eines 40
Arbeitsvertrages die **allgemeinen BGB-Vorschriften** über die Wirksamkeit von Verträgen beachten. Wie bei allen Rechtsgeschäften ist auch beim Abschluss eines Arbeitsvertrages Geschäftsfähigkeit der Vertragspartner Wirksamkeitsvoraussetzung, § 105 BGB. Bei minderjährigen Arbeitnehmern ermöglicht § 113 BGB die Ermächtigung zum Vertragsabschluss durch die gesetzlichen Vertreter. Mit dieser Ermächtigung erlangt der Minderjährige die unbeschränkte Geschäftsfähigkeit für alle Rechtsgeschäfte, die typischerweise mit der Eingehung, Erfüllung oder Aufhebung eines Dienst- oder Arbeitsvertrags zusammenhängen (*Linck*, in: Schaub, § 34 Rdn. 40).

cc) Bei gesetzlichen Verboten sind **Abschlussverbote** und Beschäftigungs- 41
verbote zu unterscheiden. Abschlussverbote untersagen den Vertragsschluss als solchen, während Beschäftigungsverbote nur die Erfüllung der vertraglichen Verpflichtung, also die Beschäftigung, verbieten (*Müller-Glöge*, in: MünchKommBGB, § 611 Rdn. 614; *Linck*, in: Schaub, § 34 Rdn. 71 ff.). Die Unterscheidung hat praktische Bedeutung, da der Arbeitsvertrag nur bei

§ 105

Verstoß gegen ein Abschlussverbot nach § 134 BGB nichtig ist. Ob die Norm den Abschluss oder nur die Erfüllung des Arbeitsvertrags verbieten will, ist eine Frage der Auslegung (dazu eingehend *Buchner*, in: MünchArbR, § 30 Rdn. 46-96). Abschlussverbote enthalten z. B. §§ 2 I, 5 I, 7 I JArbSchG, die den Abschluss von Arbeitsverträgen mit Kindern und Jugendlichen unter 15 Jahren verbieten. Nach der (früheren) Rechtsprechung des BAG sollte auch ein Arbeitsvertrag mit einer Schwangeren, der ausschließlich nach §§ 4, 8 MuSchG verbotene Tätigkeiten zum Inhalt hat, nichtig gem. § 134 BGB sein (*BAG* AP Nr. 2 zu § 4 MuSchG). Die Rechtsprechung kann nach den Entscheidungen des EuGH nicht mehr aufrechterhalten werden (*EuGH* NZA 1994, 609).

42 dd) Bei einem Verstoß gegen ein **Beschäftigungsverbot** bleibt der Vertrag als solcher wirksam. Da die Leistung dauernd nicht erbracht werden kann, ist das allgemeine Leistungsstörungsrecht (§§ 275, 311 a, 326 I BGB) anzuwenden (*Boemke*, in: Boemke, § 105 Rdn. 27).

43 Gem. § 99 I BetrVG muss der Arbeitgeber vor jeder Neueinstellung die **Zustimmung des Betriebsrats** einholen. Der Betriebsrat kann die Zustimmung aus einem der in § 99 II BetrVG aufgezählten Gründe verweigern. Der Vertrag wird dadurch nicht unwirksam; die Zustimmungsverweigerung durch den Betriebsrat kann aber ein Beschäftigungsverbot begründen (*Thüsing*, in: Richardi, BetrVG-Kommentar, 12. Aufl. 2009, § 99 Rdn. 294; *Zöllner/Loritz/Hergenröder* Arbeitsrecht, § 50 II 5 a).

44 b) Die Abschlussfreiheit kann durch **Tarifverträge** eingeschränkt werden, die z. B. Verpflichtungen des Arbeitgebers zur Beschäftigung bestimmter Arbeitnehmergruppen oder Wiedereinstellungsklauseln enthalten (*Preis*, in: ErfK, § 611 BGB Rdn. 321, 328).

2. Formfreiheit

45 a) Der **Abschluss** eines Arbeitsvertrages ist nach dem Gesetz weiterhin formfrei möglich. Eine Abweichung ergibt sich allerdings aus dem Nachweisgesetz (NachwG), auf dessen Geltung § 105 S. 2 GewO ausdrücklich hinweist (s. unter VI).

46 Änderungen des Arbeitsvertrages unterliegen ebenfalls nicht einer gesetzlichen Schriftform. Dagegen sieht § 623 BGB für die Beendigung von Arbeitsverhältnissen durch **Kündigung** oder Auflösungsvertrag die Schriftform als Wirksamkeitsvoraussetzung vor. Dasselbe gilt nach § 14 IV TzBfG für Befristungsklauseln, nach § 21 TzBfG für auflösend bedingte Arbeitsverträge sowie nach §§ 74 ff. HGB i. V. m. § 110 GewO für Wettbewerbsverbote.

47 b) Formvorschriften für Abschluss und Änderung von Arbeitsverträgen sowie für einzelne Vertragsklauseln können sich aus **Tarifverträgen** ergeben. Dabei sind konstitutive und deklaratorische Formvorschriften zu unterscheiden. Deklaratorische Formvorschriften lassen die Wirksamkeit des Vertrags unberührt; sie dienen allein der Beweiserleichterung. Demgegenüber führt die Nichtbeachtung der konstitutiven Formvorschriften gem. § 125 S. 1 BGB zur Nichtigkeit des Vertrags (*BAG* AP Nr. 1 zu § 4 MTB II; AP Nr. 4 zu § 4 BAT; AP Nr. 1 zu § 54 BMTG II; *Linck*, in: Schaub, § 34 Rdn. 62). Ob im Einzelfall eine konstitutive oder eine deklaratorische Formvorschrift vorliegt, ist eine Auslegungsfrage. Im Zweifel ist davon auszugehen, dass eine Formvorschrift für den Abschluss des Arbeitsvertrags deklaratorischen Charakter haben soll (*BAG* AP Nr. 2 zu § 4 TVG Formvorschriften; *Deinert*, in: Däubler (Hrsg.), Kommentar zum TVG, 2. Aufl. 2006, § 4 Rdn. 500; *Linck*, in: Schaub, § 34 Rdn. 57). Dagegen haben Formvorschriften in Verfallklauseln über die Geltendmachung von Ansprüchen im Zweifel konstitutive Bedeutung (*Deinert*, in: Däubler, TVG, § 4 Rdn. 502; *Wank*, in: Wiedemann, TVG, § 4 Rdn. 308).

c) Da **Betriebsvereinbarungen** nur für Personen gelten, die bereits im Betrieb beschäftigt sind, können sie keine Formvorschriften für Vertragsabschlüsse enthalten (*Boemke*, in: Boemke, § 105 Rdn. 30; a. A. *Linck*, in: Schaub, § 34 Rdn. 56). 48

d) Schließlich kann die Einhaltung einer bestimmten Form durch die **Arbeitsverträge** selbst vorgeschrieben sein. Auch in solchen Fällen muss durch Auslegung ermittelt werden, ob die Formvorschrift konstitutive oder deklaratorische Bedeutung hat. Wird jedoch das Arbeitsverhältnis trotz Nichteinhaltung der Form in Vollzug gesetzt, so ist im Zweifel davon auszugehen, dass nur eine deklaratorische Form gewollt war (vgl. zum Ganzen *Linck*, in: Schaub, § 34 Rdn. 65 ff.). 49

Für Änderungen des Arbeitsvertrages wird häufig eine **Schriftformklausel** vereinbart. Sie kann im Einzelfall auch mündlich aufgehoben werden. Grundsätzlich ist der Arbeitgeber vor unbeabsichtigten Verstößen nicht einmal durch eine sog. doppelte Schriftformklausel geschützt („Von dieser Schriftformklausel kann nur schriftlich abgewichen werden"; *BAG* AP Nr. 63 zu § 242 BGB Betriebliche Übung); etwas anderes gilt allerdings im Hinblick auf eine betriebliche Übung. 50

3. Inhaltsfreiheit

a) Manche vertragliche Pflichten sind notwendiger Inhalt des Arbeitsvertrags, wie z. B. die Vergütungspflicht sowie die Pflicht des Arbeitgebers, den Arbeitnehmer auch tatsächlich zu beschäftigen, und können deshalb von den Vertragsparteien **nicht abbedungen** werden. Die Arbeitsvertragsparteien können auch nicht durch die Bezeichnung als „Dienstvertrag" über die Rechtsform des Vertrags entscheiden. Entscheidend ist vielmehr die tatsächliche Rechtsnatur des Vertrages (*Wank* Arbeitnehmer und Selbständige, 1988, S. 102 ff.); Indiz hierfür ist die Art, wie der Vertrag vollzogen wird (st. Rspr. des *BAG* AP Nr. 16, 53, 74, 90 zu § 611 BGB Abhängigkeit). 51

b) Darüber hinaus können Arbeitgeber und Arbeitnehmer den Inhalt des Arbeitsvertrags grundsätzlich frei vereinbaren. Es ist jedoch kaum möglich, die Fülle der arbeitsrechtlichen Vorschriften aufzuzählen, aus denen sich **Beschränkungen der Inhaltsfreiheit** ergeben. Ziel dieser Beschränkungen ist es, das dem Arbeitsverhältnis innewohnende Kräfteungleichgewicht und die sich daraus ergebende strukturelle Unterlegenheit des Arbeitnehmers auszugleichen. 52

Eine Benachteiligung von Arbeitnehmern aus einem der in **§ 1 AGG** genannten Gründe gegenüber Nicht-Merkmalsträgern ist unzulässig. Als Rechtsfolgen kommen u.a. Erfüllungsansprüche, Beseitigungs- und Unterlas- 53

§ 105

sungsansprüche sowie Schadensersatzansprüche oder Entschädigungsansprüche nach § 15 I und II AGG sowie ein Leistungsverweigerungsrecht nach § 14 AGG in Betracht.

54 Die Vereinbarung **unterschiedlicher Löhne** für gleiche oder gleichwertige Arbeit im Hinblick auf Merkmalsträger nach § 1 AGG und Nicht-Merkmalsträger ist unzulässig (§§ 7 II, 6, 1 AGG), und zwar auch dann, wenn für einen Merkmalsträger besondere Schutzvorschriften gelten, § 8 II AGG. Bedeutsam ist dies insbes. im Hinblick auf die Lohngleichheit von Mann und Frau (früher übersichtlich geregelt in § 612 III BGB). Erfasst vom Diskriminierungsverbot wird sowohl eine unmittelbare Benachteiligung, § 3 I AGG, als auch eine mittelbare Benachteiligung, § 3 II AGG. Sie kommt insbesondere in Betracht, wenn Teilzeitbeschäftigte gegenüber Vollzeitbeschäftigten benachteiligt werden und die Teilzeitbeschäftigung ganz überwiegend von Frauen ausgeübt wird.

55 bb) In Bezug auf **Schwerbehinderte** enthält das SGB IX eine Reihe von zwingenden Spezialvorschriften, z. B. Anspruch auf Zusatzurlaub nach § 125 SGB IX oder Freistellung von der Mehrarbeit nach § 124 SGB IX (s. *Koch*, in: Schaub, § 178 Rdn. 45 ff.). Im Übrigen verweist § 81 II SGB IX im Hinblick auf Diskriminierungen auf das AGG.

56 dd) Des Weiteren finden sich zwingende gesetzliche Vorschriften zum Inhalt von Arbeitsverträgen in einer Reihe von **Arbeitsschutzgesetzen,** z. B. zur Arbeitszeit das Arbeitszeitgesetz, zum Urlaub das Bundesurlaubsgesetz, zum Mutterschutz das Mutterschutzgesetz usw. Eine inhaltliche Beschränkung von Arbeitsverträgen im Hinblick auf die Möglichkeit, eine Befristung zu vereinbaren, enthält § 14 TzBfG.

57 ee) **Tarifverträge** können durch eine positive Bestimmung von Vertragsinhalten sowie durch Verbote bestimmter Vertragsinhalte durch sog. negative Inhaltsnormen die Inhaltsfreiheit beschränken (*Wiedemann* TVG, § 1 Rdn. 314 ff.).

58 ff) Schließlich findet seit der Schuldrechtsreform eine weitgehende **Inhaltskontrolle von Arbeitsverträgen nach den §§ 305 ff. BGB** statt. Bis dahin enthielt § 23 AGBG eine Bereichsausnahme für das Arbeitsrecht. Das bedeutete jedoch nicht, dass damit eine Inhaltskontrolle von Arbeitsverträgen ausgeschlossen sein sollte; sie erfolgte vielmehr über die §§ 138, 242 BGB (*Preis* Der Arbeitsvertrag, C I Rdn. 67) sowie über eine analoge Heranziehung der AGBG-Normen (s. u. a. *BAG* AP Nr. 1 zu § 3 AGB-Gesetz = NZA 1996, 702).

59 In **§ 310 IV 2 BGB** wurden Arbeitsverträge in den Anwendungsbereich der §§ 305 ff. aufgenommen mit der Maßgabe, dass die Besonderheiten des Arbeitsrechts angemessen berücksichtigt werden müssen. Insoweit muss allerdings unterschieden werden zwischen **Allgemeinen Arbeitsbedingungen** einerseits und Individualarbeitsverträgen andererseits. Die AGB-Kontrolle bezieht sich grundsätzlich nur auf Allgemeine Arbeitsbedingungen, m. a. W. auf allgemeine Geschäftsbedingungen im Arbeitsrecht (s. *Thüsing/Leder* BB 2004, 42). Aber die §§ 305 c II, 306 bis 309 BGB sind auf vorformulierte Vertragsbedingungen auch dann anzuwenden, wenn sie nur zu einmaligen Verwendung bestimmt sind und soweit der Verbraucher aufgrund der Vorformulierungen auf ihren Inhalt keinen Einfluss nehmen konnte. Eine Überprü-

Freie Gestaltung des Arbeitsvertrages § 105

fung nach §§ 138, 242 BGB scheidet daneben aus (*BAG* AP BGB § 310 Nr. 1). Für Individualarbeitsverträge, auf die die §§ 305 ff. BGB nicht anzuwenden sind, verbleibt es wie bisher bei der Inhaltskontrolle nach §§ 138, 242 BGB (zweifelnd *Hoffmann*, in Pielow, GewO, § 105 Rdn. 65; zu AGB im Arbeitsrecht s. *Wank/Maties* Jura 2010, 1 ff. m. w. N.).

Im Hinblick auf die **Bezugnahmeklauseln** macht die Verweisung in § 310 IV 3 BGB auf § 307 III BGB deutlich, dass Tarifverträge, Dienst- und Betriebsvereinbarungen den Rechtsvorschriften i. S. d. § 307 III BGB gleichstehen. Daraus folgt, dass zumindest bei Globalverweisungen auf den jeweils einschlägigen Tarifvertrag keine Inhaltskontrolle nach den §§ 305 ff. BGB stattfindet. Einzelverweisungen sowie Verweisungen auf branchenfremde Tarifverträge unterliegen hingegen der vollen Inhaltskontrolle nach den §§ 307 ff. BGB (*Däubler* NZA 2001, 1329 [1335]; *Preis*, in: Festschrift für Wiedemann, 2002, S. 425 ff.). Andernfalls besteht die Gefahr, dass nur die für Arbeitgeber günstigen Regelungen übernommen werden und dadurch die ausgewogene tarifliche Gesamtlösung unterlaufen wird. Die Bezugnahmeklausel als solche kann stets einer Transparenzkontrolle nach § 307 I 2, III 2 BGB unterzogen werden. 60

Die **Klauselverbote** der §§ 308 f. BGB können nur eingeschränkt für das Arbeitsrecht fruchtbar gemacht werden, da sie sich vorwiegend auf Kauf- und Werkverträge beziehen und im Arbeitsrecht nicht passen. Andere Klauselverbote betreffen allgemein das Vertragsrecht und sind deshalb auch bei Arbeitsverträgen zu beachten. Das gilt z. B. für § 308 Nr. 4 BGB (Änderungsvorbehalt, dazu *BAG* 11. 10. 2006 NJW 2007, 536), § 308 Nr. 5 und 6 BGB (Erklärungs- und Zugangsfiktionen), § 309 Nr. 12 und 13 BGB (Beweislaständerungen und Formerfordernisse). § 312 BGB betr. Widerrufsrecht bei Haustürgeschäften findet auf arbeitsrechtliche Aufhebungsverträge keine Anwendung (*BAG* NZA 2004, 597; allg. s. *Däubler u.a.* AGB-Kontrolle im Arbeitsrecht, 2. Aufl. 2008). 61

Sind besondere Klauselverbote nach §§ 308 f. nicht einschlägig, so kann die Klausel dennoch wegen Verstoßes gegen **§ 307 BGB** unwirksam sein, wenn sie zu einer unangemessenen Benachteiligung des Arbeitnehmers führt. Im Falle des § 307 II Nr. 1 kommt auch die Leitbildfunktion des dispositiven Rechts zum Tragen. So darf z. B. das Entgeltrisiko bei Betriebsstörungen nicht abweichend von § 615 BGB auf den Arbeitnehmer abgewälzt oder § 616 BGB vollständig abbedungen werden (*Boemke*, in: Boemke, § 105 Rdn. 100). 62

V. Die Rechtsfolgen von Verstößen

1. Zwingendes Gesetzesrecht

Gesetzliche Vorschriften sprechen teilweise unmittelbar die Rechtsfolge der Nichtigkeit oder der Unwirksamkeit aus (so z. B. § 138 BGB), teilweise ergibt sich die Nichtigkeit aus einem Regelungskomplex (z. B. §§ 126 ff. i. V. m. § 125 BGB). Erklärt eine Vorschrift nur die Unzulässigkeit eines Rechtsgeschäfts, so ergibt sich i. V. m. § 134 BGB dessen Nichtigkeit. Die Unwirksamkeit von Vorschriften in Allgemeinen Arbeitsbedingungen, die 63 gegen zwingendes Gesetzesrecht verstoßen, ergibt sich unmittelbar aus den einschlägigen Bestimmungen (s. z. B. § 307 I 1 BGB).

2. Tarifvertrag

64 Die Rechtsfolgen von Verstößen gegen **Tarifverträge** sind nicht geregelt. Einigkeit besteht darüber, dass die individualvertragliche Regelung von der tariflichen verdrängt wird. Nicht abschließend geklärt ist, ob das Rechtsgeschäft in diesem Fall auch nichtig ist. Überwiegend wird jedoch der Vorrang der Tarifnorm angenommen und nicht die Nichtigkeit des Rechtsgeschäfts („Anwendungsvorrang"; *BAG* AP Nr. 43 zu § 77 BetrVG 1972 unter IV 2 a; *Wank*, in: Wiedemann TVG, § 4 Rdn. 370). Der Unterschied zwischen Nichtigkeit und Anwendungsvorrang wird bedeutsam, wenn die Tarifnorm nicht mehr gilt; dann lebt das bis dahin gleichsam ruhende Rechtsgeschäft wieder auf.

3. Betriebsvereinbarung

65 Entsprechendes gilt für Verstöße von Rechtsgeschäften gegen **zwingende Betriebsvereinbarungen**. In manchen Fällen regelt das Gesetz die Rechtsfolge eines Verstoßes gegen Mitbestimmungsrechte des Betriebsrats unmittelbar, so § 102 II 3 BetrVG im Hinblick auf die Anhörung vor der Kündigung. In anderen Fällen enthält das BetrVG eine eigenständige Regelung, so z. B. in §§ 99, 100 BetrVG. In wieder anderen Fällen ist dem BetrVG keine Aussage zu den arbeitsvertragsrechtlichen Konsequenzen zu entnehmen. Herrschend ist hier die Theorie der Wirksamkeitsvoraussetzung, d. h. ein Rechtsgeschäft, das gegen das Mitbestimmungsrecht des Betriebsrats verstößt, ist unwirksam (*Fitting* Kommentar zum BetrVG, 25. Aufl. 2010, § 87 Rdn. 599).

VI. Das Nachweisgesetz

66 § 105 S. 2 hat keinen eigenen Aussagewert, sondern er verweist nur auf die Geltung des **Nachweisgesetzes**. Dieses Gesetz enthält in gewisser Weise eine Ausnahme von der Formlosigkeit des Arbeitsvertrages. Zwar bedarf danach der Arbeitsvertrag als solcher nicht der Schriftform; der Arbeitnehmer hat aber einen Anspruch auf Aushändigung einer schriftlichen Aufstellung über die wesentlichen Vertragsbedingungen. Dieser gesetzlichen Anforderung kommt der Arbeitgeber am besten dadurch nach, dass er von vorneherein einen schriftlichen Arbeitsvertrag schließt, der die **wesentlichen Arbeitsbedingungen** aufzählt.

67 Welche Vertragsbedingungen wesentlich sind, ergibt sich scheinbar eindeutig aus § 2 NachwG. Man könnte meinen, dass angesichts der Aufzählung von 10 Punkten alles Wesentliche erfasst ist. EuGH, BAG und Literatur sind jedoch (vgl. § 2 S. 2 „mindestens") der Meinung, die Regelung sei **nicht abschließend**. Jeder Arbeitgeber, der sämtliche in § 2 S. 2 NachwG genannten Punkte beachtet, läuft Gefahr, dass er einen Punkt übersehen hat, der in dieser Aufzählung zwar nicht enthalten, aber für das konkrete Arbeitsverhält-

nis wesentlich ist (krit. *Wank*, in: Hanau/Steinmeyer/Wank, Handbuch des europäischen Arbeits- und Sozialrechts, 2002, § 18 Rdn. 24 m. w. N.).

Allerdings sieht das Nachweisgesetz keine besonderen **Rechtsfolgen** bei Nichteinhaltung vor. Es gelten somit die allgemeinen Regeln des Zivil- und Zivilprozessrechts (*Preis*, in: ErfK, NachwG Einf. Rdn. 11). Hat der Arbeitgeber schuldhaft keinen oder einen fehlerhaften Nachweis erteilt, so haftet er dem Arbeitnehmer zumindest theoretisch auf Erfüllung oder auf Schadensersatz aus § 280 I BGB, wobei sich bereits die Bezifferung des Schadens als problematisch erweisen wird, da der Arbeitnehmer i. d. R. nicht den Nachweis günstigerer Vertragsbedingungen führen kann. Sollte der Beweis jedoch erbracht werden, entfällt auch der Schaden, denn der Arbeitgeber muss dann schon auf der Ebene der Primäransprüche die günstigeren Arbeitsbedingungen erfüllen (*Preis*, in: ErfK, NachwG Einf. Rdn. 13). 68

Umstritten ist, ob die Verletzung der Nachweispflicht darüber hinaus zu einer Beweislastumkehr zu Lasten des Arbeitgebers führt (vgl. Meinungsübersicht bei *Preis*, in: ErfK, NachwG Einf. Rdn. 22 f.). Zumindest führt jedoch die entsprechende Anwendung der allgemeinen zivilprozessualen Grundsätze über Beweisvereitelung, §§ 427, 444 ZPO, zu einer **Beweiserleichterung**, die im Ergebnis einer Beweislastumkehr nahe kommt (ausführlich dazu *Preis*, in: ErfK, NachwG Einf. Rdn. 22 f.; s. auch *Wank*, in: Hanau/Steinmeyer/ Wank, aaO, § 18 Rdn. 30 ff.). 69

§ 105a *Arbeiten an Sonn- und Feiertagen*

Zum Arbeiten an Sonn- und Feiertagen können die Gewerbetreibenden die Arbeitnehmer nicht verpflichten. Arbeiten, welche nach den Bestimmungen dieses Gesetzes auch an Sonn- und Feiertagen vorgenommen werden dürfen, fallen unter die vorstehende Bestimmung nicht.

(aufgehoben)

§§ 105b –105j (aufgehoben, nicht abgedruckt)

Die §§ 105 a – 105 j enthielten für gewerbliche Betriebe Vorschriften zum öffentlich-rechtlichen Arbeitszeitrecht. Daneben galt die Arbeitszeitordnung (AZO) von 1938. Durch das am 1. 7. 1994 in Kraft getretene Arbeitszeitrechtsgesetz vom 6. 6. 1994 (BGBl. I S. 1170) sind die genannten Vorschriften in der GewO ebenso wie die AZO aufgehoben worden. Zur Sicherheit hat der Gesetzgeber die Vorschriften später noch einmal aufgehoben, nämlich durch Gesetz vom 23. 11. 1994 (in Kraft getreten am 1. 2. 1995). Nunmehr findet sich eine grundsätzlich für alle Arbeitnehmer und alle Beschäftigungsbereiche geltende Regelung des Arbeitszeitrechts im Arbeitszeitgesetz (abgedruckt unten Anhang 12). Für diese klassische Regelungsmaterie des Gewerberechts soll eine Darstellung des Arbeitszeitrechts dennoch beibehalten werden.

§ 105 a

Titel VII. Arbeitnehmer

Übersicht

	Rdn.
I. Die Regelung des Arbeitszeitrechts	1
II. Das Arbeitszeitgesetz	4
1. Geltungsbereich	4
2. Arbeitszeit	7
3. Werktägliche Höchstarbeitszeit	13
4. Ruhepausen	23
5. Ruhezeiten	27
6. Nacht- und Schichtarbeit	33
7. Sonn- und Feiertagsruhe	41

I. Die Regelung des Arbeitszeitrechts

1   Im Hinblick auf Arbeitszeitregelungen für Arbeitnehmer muss unterschieden werden zwischen dem öffentlich-rechtlichen Arbeitszeitrecht und dem privatrechtlichen Arbeitszeitrecht. Das **öffentlich-rechtliche Arbeitszeitrecht** ist Teil des sozialen Arbeitsschutzrechts (zum Begriff sozialer Arbeitsschutz s. *Wank* EAS B 6000 Rdn. 3). Es gibt insbesondere zum Schutz der Sicherheit und der Gesundheit der Arbeitnehmer den zeitlichen (Höchst-) Rahmen vor, innerhalb dessen Arbeitnehmer beschäftigt werden dürfen, und regelt das Verbot sowie die Zulässigkeit von Sonn- und Feiertagsarbeit. Die Einhaltung des öffentlich-rechtlichen Arbeitszeitrechts wird durch die Aufsichtsbehörden der Länder überwacht, die zugleich ermächtigt sind, die zur Durchsetzung der öffentlich-rechtlichen Arbeitszeitvorschriften erforderlichen Maßnahmen durch Verwaltungsakt anzuordnen. Adressat der Verpflichtungen aus dem öffentlich-rechtlichen Arbeitszeitrecht ist der Arbeitgeber, der auch die bußgeldrechtliche und strafrechtliche Verantwortung für die Einhaltung der Schutzvorschriften trägt.

2   Wann der einzelne Arbeitnehmer seine Arbeit zu leisten hat, wie lange er arbeiten muss und welche Vergütung er erhält, ergibt sich demgegenüber aus dem **privatrechtlichen Arbeitszeitrecht.** Geregelt wird das privatrechtliche Arbeitszeitrecht durch Tarifverträge, die insbesondere die Dauer der zulässigen Arbeitszeit festlegen (z. B. 35-Stunden-Woche), sowie durch Betriebsvereinbarungen, die die Lage der täglichen Arbeitszeit und die Verteilung der Arbeitszeit auf die einzelnen Wochentage bestimmen. Soweit sich Dauer, Lage und Vergütung der Arbeitszeit nicht aus Kollektivvereinbarungen ergeben, obliegt es den Parteien des Arbeitsvertrages, dies **individuell** zu vereinbaren. Fehlt im Arbeitsvertrag eine Vereinbarung über die Dauer und Lage der Arbeitszeit, so gilt im Zweifel die betriebsübliche Arbeitszeit (*BAG* AP Nr. 2 zu § 611 BGB Lohnanspruch).

3   Öffentlich-rechtliches und privatrechtliches Arbeitszeitrecht sind allerdings insofern miteinander **verknüpft**, als die den Arbeitgeber betreffenden öffentlich-rechtlichen Arbeitszeitpflichten zugleich solche aus dem Arbeitsverhältnis sind. Im Folgenden geht es nur um das öffentlich-rechtliche Arbeitszeitrecht. Es findet sich im Arbeitszeitrechtsgesetz (AZRG), einem Mantelgesetz, das als wesentlichsten Teil das Arbeitszeitgesetz (ArbZG) enthält.

Arbeitszeitrecht § 105 a

II. Das Arbeitszeitgesetz

Literatur: *Anzinger/Koberski*, Arbeitszeitgesetz, 3. Aufl. 2009; *Buschmann/Ulber*, Arbeitszeitgesetz, 6. Aufl. 2009; *Dobberahn*, Das neue Arbeitszeitrechtsgesetz in der Praxis, 2. Aufl. 1994; *Linnenkohl/Rauschenberg*, Arbeitszeitgesetz, 2. Aufl. 2004; *Neumann/Biebl*, Arbeitszeitgesetz, 15. Aufl. 2008; *Roggendorff*, Arbeitzeitgesetz, 1994; *Wank*, in: ErfK, ArbZG, 11. Aufl. 2011

1. Geltungsbereich

Der **persönliche Geltungsbereich** des ArbZG (abgedr. im Anhang unter 4 12.) bezieht sich grundsätzlich auf alle Arbeitnehmer, gleichgültig ob gewerbliche, kaufmännische oder andere. Nur bestimmte Personengruppen oder Bereiche sind in § 18 I ArbZG ausgenommen, so leitende Angestellte, Leiter von öffentlichen Dienststellen, Arbeitnehmer in häuslicher Gemeinschaft mit von ihnen betreuten Personen sowie der liturgische Bereich der Kirchen und Religionsgemeinschaften. Sonderregelungen enthalten für Jugendliche das Jugendarbeitsschutzgesetz (JArbSchG), für Mütter das Mutterschutzgesetz (MuSchG) und für Arbeitnehmer auf Kauffahrteischiffen das Seemannsgesetz. Darüber hinaus gelten Sonderregelungen auch für die Beschäftigung in der Luftfahrt und der Binnenschifffahrt (§§ 20, 21 ArbZG).

Der **sachliche Geltungsbereich** des ArbZG bezieht sich auf die Privat- 5 wirtschaft und auf den nicht-hoheitlichen öffentlichen Dienst. Für den hoheitlichen öffentlichen Dienst bestimmt § 19 ArbZG, dass §§ 3 bis 13 ArbZG nicht gelten und dass die für Beamten geltenden Regelungen auf ihn übertragen werden können.

Räumlich gilt das ArbZG für das Gebiet der Bundesrepublik Deutschland 6 **(Territorialitätsprinzip).** Die Bestimmungen des ArbZG gelten somit für alle Arbeitnehmer, die auf dem Gebiet der Bundesrepublik Deutschland beschäftigt sind. Umgekehrt gilt das ArbZG nicht für diejenigen Arbeitnehmer, die im Ausland beschäftigt werden (*BAG* DB 1991, 865).

2. Arbeitszeit

Arbeitszeit i. S. d. ArbZG ist nach der Legaldefinition des § 2 I 1 ArbZG 7 die Zeit vom Beginn bis zum Ende der Arbeit ohne die Ruhepausen, wobei Arbeitszeiten bei mehreren Arbeitgebern **zusammenzurechnen** sind. Die Arbeitszeit beginnt nicht bereits mit dem Betreten des Betriebsgeländes, sondern erst mit der Aufnahme oder dem Bereithalten der Arbeitsleistung an dem fraglichen Arbeitsplatz (*Neumann/Biebl* § 2 Rdn. 11; *Roggendorff* § 2 Rdn. 31; a. A. *Buschmann/Ulber* § 2 Rdn. 3).

Die **Wegezeit,** also die Zeit, die der Arbeitnehmer von seiner Wohnung 8 zur Arbeitsstelle und zurück benötigt, zählt grundsätzlich nicht zur Arbeitszeit (*BAG* AP Nr. 2 zu § 611 BGB Wegezeit). Ebenfalls keine gesetzliche Arbeitszeit ist die **Dienstreisezeit,** es sei denn, dass der Arbeitnehmer durch die Dienstreise selbst seine vertraglichen Verpflichtungen erbringt (z. B. als Kraftfahrer) oder aber während der Dienstreise die Hauptleistung aus seinem Arbeitsverhältnis erfüllt (z. B. Bearbeitung der mitgeführten Akten).

§ 105 a

9   Neben der **Vollarbeit** unterscheidet man Arbeitszeiten, in denen der Arbeitnehmer seine Arbeitsleistung nicht in vollem Umfang zur Verfügung stellt. Hierzu zählen
    – Arbeitsbereitschaft
    – Bereitschaftsdienst
    – Rufbereitschaft.
    Während Arbeitsbereitschaft eindeutig zur Arbeitszeit rechnet und Rufbereitschaft eindeutig nicht, war die Einordnung des Bereitschaftsdienstes lange umstritten.

10 Um eine Arbeitsleistung minderer Intensität handelt es sich bei der **Arbeitsbereitschaft.** Die weithin geläufige Definition der Arbeitsbereitschaft als „Zeit wacher Aufmerksamkeit im Zustand der Entspannung" ist eine Leerformel. Zutreffender ist es, die Arbeitsbereitschaft als „Bereithalten zur Arbeitstätigkeit, um ggf. von sich aus tätig zu werden", zu definieren; so *Gitter* ZfA 1983, 375 [406]. Wie sich aus § 7 I Nr. 1 Buchst. a ArbZG ergibt, zählt die Arbeitsbereitschaft zur Arbeitszeit i. S. d. ArbZG.

11 Nicht zur gesetzlichen Arbeitszeit zählen Zeiten der **Rufbereitschaft.** Unter Rufbereitschaft sind solche Zeiten zu verstehen, in denen der Arbeitnehmer verpflichtet ist, sich zu Hause oder an einer frei gewählten Stelle bereitzuhalten, damit er die Arbeit im Bedarfsfall alsbald aufnehmen kann (vgl. *BAG* AP Nr. 5 zu § 7 AZO; *BVerwG* NZA 1988, 881). Nur die tatsächlich geleistete Arbeitszeit gilt als Arbeitszeit.

12 Nicht zur Arbeitszeit i. S. d. ArbZG gehörte bis Ende 2003 der **Bereitschaftsdienst.** Bereitschaftsdienst liegt vor, wenn sich der Arbeitnehmer für Zwecke des Betriebs an einer bestimmten Stelle innerhalb oder außerhalb des Betriebs aufhält, um erforderlichenfalls seine volle Arbeitstätigkeit aufnehmen zu können (vgl. *BAG* AP Nr. 5 zu § 7 AZO). In mehreren Urteilen hat der EuGH im Hinblick auf die EG-Richtlinie Arbeitszeit entschieden, dass der Bereitschaftsdienst nicht zur Ruhezeit, sondern zur Arbeitszeit gehört (*EuGH* 3. 10. 2000, AP Nr. 2 zu EWG-RL Nr. 93/104 (Simap) = EAS RL 93/104/EWG Art. 2 Nr. 1 (Anm. *Wank*); *EuGH* 5. 10. 2004, AP EWG-RL Nr. 93/104 Nr. 12 (Pfeiffer); 9. 9. 2003, Rs. C-151/02 (Jaeger) EAS RL 93/1003/EWG Art. 2 Nr. 2 (Anm. *Wank*); zum Ganzen *Wank* ZRP 2003, 414). Da eine europarechtskonforme Auslegung nicht möglich war (*BAG* AP Nr. 12 zu § 611 BGB Arbeitsbereitschaft), wurde das ArbZG zum 1. 1. 2004 geändert (BGBl. 2003 I S. 3002 [3005 f.]); nunmehr gehört der Bereitschaftsdienst zur Arbeitszeit.

3. Werktägliche Höchstarbeitszeit

13 a) Nach § 3 S. 1 ArbZG darf die **werktägliche** Arbeitszeit **grundsätzlich 8 Stunden** nicht überschreiten. Damit ergibt sich bei 6 Werktagen (Montag bis Samstag) eine zulässige **wöchentliche** Arbeitszeit von höchstens **48 Stunden.** Im Unterschied zu der früher geltenden Regelung in § 3 AZO schreibt § 3 S. 1 ArbZG den Acht-Stunden-Tag jedoch nicht als gesetzliche Regelarbeitszeit fest. Die werktägliche Arbeitszeit darf nach § 3 S. 2 ArbZG vielmehr auf bis zu 10 Stunden verlängert werden. Voraussetzung ist jedoch, dass diese Verlängerung innerhalb eines bestimmten **Ausgleichszeitraums** ausgli-

chen wird. Gem. § 3 S. 2 ArbZG steht dem Arbeitgeber wahlweise ein Ausgleichszeitraum von **6 Monaten** oder **24 Wochen** zu.

aa) Der Arbeitgeber kann statt des gesetzlichen Ausgleichszeitraums auch einen **kürzeren Ausgleichszeitraum** wählen, wobei auch der Wechsel von einem Ausgleichszeitraum zu einem anderen Ausgleichszeitraum zulässig ist. Wie sich aus der Formulierung des § 3 S. 2 ArbZG ergibt („innerhalb"), kommt als Ausgleichszeitraum jedoch nur ein zusammenhängender Zeitraum in Betracht (*Anzinger/Koberski* § 3 Rdn. 30). 14

bb) Nach § 7 I Nr. 1 b sind die Tarifvertragsparteien und ggf. die Betriebspartner befugt, einen von § 3 S. 2 abweichenden, d. h. auch **längeren Ausgleichszeitraum** für die Verlängerung der Arbeitszeit von 8 auf 10 Stunden festzulegen. Obwohl der Gesetzeswortlaut keine zeitliche Begrenzung des Ausgleichszeitraumes vorsieht, ist aufgrund der richtlinienkonformen Auslegung der Norm eine Obergrenze von 12 Monaten (vgl. Art. 17 IV der ArbeitszeitRL 93/104/EG, Art. 19 II RL 2003/88/EG) anzunehmen. 15

cc) Der Ausgleich braucht nicht immer im Nachhinein zu erfolgen (a. A. *Buschmann/Ulber* § 3 Rdn. 7; *Roggendorff* § 3 Rdn. 12). Er kann vielmehr auch dadurch geschehen, dass die Tage mit kürzerer Arbeitszeit am Anfang liegen (so *Anzinger/Koberski* § 3 Rdn. 33; *Dobberahn* Rdn. 32; *Erasmy* NZA 1994, 1105 [1106]. Die noch in der amtlichen Begründung des Regierungsentwurfs enthaltene Formulierung, dass der Ausgleich auf die Durchschnittsgrenze von 8 Stunden „innerhalb der **folgenden** 6 Kalendermonate bzw. 24 Wochen" zu erfolgen hat (BT-Drs. 12/5888 S. 24), ist nicht in die Gesetzesfassung eingeflossen. Der Gesetzgeber hat somit bewusst davon abgesehen, in § 3 S. 2 ArbZG Vorgaben für die Wahl des Ausgleichszeitraums vorzunehmen (vgl. auch *Neumann/Biebl* § 3 Rdn. 9). 16

b) Eine Verlängerung der werktäglichen Arbeitszeit über die 10-Stunden-Obergrenze hinaus ist **grundsätzlich unzulässig**. Eine Ausnahme von diesem Grundsatz sieht § 7 I Nr. 1 Buchst. a ArbZG vor. Danach kann in einem Tarifvertrag oder auf Grund eines Tarifvertrages in einer Betriebs- oder Dienstvereinbarung die Arbeitszeit über 10 Stunden werktäglich verlängert werden, wenn in die Arbeitszeit regelmäßig und in erheblichem Umfang Arbeitsbereitschaft oder Bereitschaftsdienst fällt. Wann Arbeitsbereitschaft und Bereitschaftsdienst im erheblichen Umfang vorliegen, ist nach deren Anteil an der Gesamtarbeitszeit zu beurteilen. In der Literatur zur früheren Gesetzesfassung wurden unterschiedliche Schwellenwerte vorgeschlagen: von 25 % – 30 % (*Roggendorff* § 7 Rdn. 36) über mehr als 30 % (*Neumann/Biebl* § 7 Rdn. 18; *Wank*, in: ErfK, § 7 ArbZG Rdn. 6) bis zu mehr als 50 % (*Buschmann/Ulber* § 7 Rdn. 8). Nunmehr fließt auch der für den Arbeitnehmer weniger belastende Bereitschaftsdienst in die Berechnung mit ein. Es wäre daher denkbar, die Untergrenze für den für die Arbeitszeitverlängerung maßgeblichen Anteil an Bereitschaftsdienst und Arbeitsbereitschaft niedriger anzusetzen. 17

c) Nach § 7 IIa sind die Tarifvertragsparteien und ggf. die Betriebspartner befugt, die Arbeitszeit auch **ohne Ausgleich** über 8 Stunden zu verlängern, wenn in die Arbeitszeit regelmäßig und in erheblichem Umfang Arbeitsbereitschaft oder Bereitschaftsdienst fällt **und** durch besondere Regelungen sichergestellt wird, dass die **Gesundheit der Arbeitnehmer nicht gefähr-** 18

det wird. Als „besondere Regelungen" kommen hier ähnlich wie bei § 6 ArbZG Vereinbarungen über verlängerte Ruhezeiten oder arbeitsmedizinische Untersuchungen, die Begrenzung der Arbeitszeitverlängerung auf bestimmte Personen sowie die Festlegung von Höchstarbeitszeiten in Betracht (*Reim* DB 2004, 186 [188]).

19 Des Weiteren muss der Arbeitnehmer in die Verlängerung der Arbeitszeit nach Abs. 2 a **schriftlich eingewilligt** haben, § 7 VII 1 ArbZG. Eine konkludente Einwilligung, etwa durch widerspruchslose Arbeitsaufnahme, ist somit nicht möglich. Laut Gesetzesbegründung ist die Einwilligung nur dann wirksam, wenn sie freiwillig erfolgt ist, was in erster Linie durch die Schriftform und das Widerrufsrecht in § 7 VII 2 gewährleistet werden soll (BT-Drs. 15/1587, S. 36). An der Freiwilligkeit der Einwilligung dürfte es aber auch dann mangeln, wenn der Arbeitgeber im Vorstellungsgespräch die Einstellung des Bewerbers von der Abgabe der Einwilligungserklärung abhängig macht (so auch *Reim* DB 2004, 186 [188]). Gem. § 7 VII 3 darf der Arbeitgeber den Arbeitnehmer nicht benachteiligen, weil dieser die Zustimmung verweigert oder von seinem Widerrufsrecht Gebrauch gemacht hat. Nach § 7 VIII 1 ArbZG darf die so verlängerte Arbeitszeit 48 Stunden wöchentlich im Durchschnitt von zwölf Kalendermonaten nicht überschreiten.

20 Die Neuregelung ist problematisch, da der Staat damit die Erfüllung seiner Verpflichtungen im Hinblick auf die Sicherheit und den Gesundheitsschutz der Arbeitnehmer vollständig den **Tarifvertragsparteien übertragen** hat, anstatt selbst die erforderlichen Sicherungsmaßnahmen zu treffen (kritisch hierzu *Buschmann* AuR 2004, 4).

21 d) Eine weitere Ausnahme von der 10-Stunden-Obergrenze sieht das ArbZG ferner in **außergewöhnlichen Fällen** vor, § 14 I, II ArbZG. Voraussetzung ist nach § 14 III, dass die Arbeitszeit 48 Stunden wöchentlich im Durchschnitt von 6 Kalendermonaten oder 24 Wochen nicht überschreitet.

22 Nach § 15 I Nr. 1, 2 ArbZG kann die **Aufsichtsbehörde** die Verlängerung der Arbeitszeit über 10 Stunden hinaus für kontinuierliche Schichtbetriebe, für Bau- und Montagestellen sowie für Saison- und Kampagnebetriebe bewilligen.

4. Ruhepausen

23 Gem. § 4 ArbZG ist die **Mindestdauer** der Ruhepausen nach der Dauer der Arbeitszeit gestaffelt. Sie beträgt bei einer Arbeitszeit von mehr als 6 bis zu 9 Stunden **30 Minuten** und bei einer Arbeitszeit von mehr als 9 Stunden **45 Minuten**. Gem. § 4 S. 2 ArbZG können die Ruhepausen in Zeitabschnitte von jeweils **mindestens 15 Minuten** aufgeteilt werden.

24 Eine Legaldefinition der **Ruhepause** enthält das ArbZG nicht. Nach der Rechtsprechung des BAG sind Ruhepausen im Voraus feststehende oder doch zumindest vorhersehbare Unterbrechungen der Arbeitszeit, in denen der Arbeitnehmer weder Arbeit zu leisten noch sich dafür bereitzuhalten braucht, sondern frei darüber verfügen kann, wo und wie er diese Ruhezeit verbringen will (*BAG* NZA 1993, 752).

25 **Keine Ruhepausen** i. S. d. § 4 ArbZG sind unvorhergesehene, kurze Betriebsunterbrechungen und Unterbrechungen der Arbeit aus technischen

Gründen (*BAG* DB 1961, 207). Ebenfalls nicht zu den Ruhepausen zählen Zeiten der Arbeitsbereitschaft (*Neumann/Biebl* § 4 Rdn. 2). Demgegenüber sind Zeiten der Rufbereitschaft als Ruhepausen anzuerkennen. Der Arbeitnehmer kann sich während der Rufbereitschaft nämlich dem Zweck der Ruhepause entsprechend erholen. Anders ist die Rechtslage beim Bereitschaftsdienst: Entgegen der im Schrifttum zur früheren Rechtslage vertretenen Ansicht (*Roggendorff* § 4 Rdn. 10) dürfen Ruhepausen wohl nicht mehr in die Zeiten des Bereitschaftsdienstes, der ja nunmehr zur Arbeitszeit gehört, gelegt werden (*Anzinger/Koberski* § 3 Rdn. 66 ff.).

Abweichend von § 4 S. 2 ArbZG können die Tarifvertragsparteien oder aufgrund eines Tarifvertrages die Betriebspartner in einer Betriebs- oder Dienstvereinbarung in Schicht- und Verkehrsbetrieben **Kurzpausen** von weniger als 15 Minuten zulassen, wenn die Kurzpausen von **angemessener Dauer** sind, § 7 I Nr. 2 ArbZG. Weitere Abweichungen von der Mindestpausenregelung des § 4 ArbZG sind nach Maßgabe der §§ 7 II Nr. 3 und 4, 14 ArbZG zulässig. 26

5. Ruhezeiten

Gem. § 5 I ArbZG ist den Arbeitnehmern nach Beendigung der täglichen Arbeitszeit eine ununterbrochene Ruhezeit von **mindestens 11 Stunden** zu gewähren. Der Begriff der Ruhezeit ist gesetzlich nicht definiert. Allgemein wird unter Ruhezeit die Zeit zwischen dem Ende der Arbeitszeit eines Arbeitstages und ihrem Wiederbeginn an nächsten Arbeitstag verstanden (*BAG* AP Nr. 12 zu § 6 AZO; *Anzinger/Koberski* § 5 Rdn. 5; *Roggendorff* § 5 Rdn. 10). Der EuGH hat in seinem Urteil in der Rs. C-151/02 vom 9. 9. 2003 (Jaeger) EAS RL 93/104/EG Art. 2 Nr. 2 (Anm. *Wank*) = DB 2003, 2066 (*Wurmnest*) = BB 2003, 2003 (*Franzen*) = EuZW 2003, 665 (*Schunder*) die europarechtlichen Anforderungen an die Ruhezeit konkretisiert. Danach darf der Arbeitnehmer während der Ruhezeit gegenüber seinem Arbeitgeber keiner Verpflichtung unterliegen, die ihn daran hindert, frei und ohne Unterbrechung seinen eigenen Interessen nachzugehen. 27

Ob Zeiten des Bereitschaftsdienstes oder der Rufbereitschaft zu den Ruhezeiten zählen dürfen, ist in der Literatur umstritten (verneinend *Anzinger/Koberski* § 5 Rdn. 15; *Buschmann/Ulber* § 5 Rdn. 4; bejahend *Dobberahn* Rdn. 63; *Roggendorff* § 5 Rdn. 11). Richtigerweise muss jedoch im Lichte der vom EuGH aufgestellten Anforderungen an die Ruhezeit zwischen Bereitschaftsdienst und Rufbereitschaft unterschieden werden. Der EuGH ordnet den **Bereitschaftsdienst** – verstanden als persönliche Anwesenheit am Arbeitsplatz unabhängig von tatsächlicher Inanspruchnahme – der Arbeitszeit zu. Demgegenüber wird betont, dass Arbeitnehmer in der Rufbereitschaft wesentlich freier über ihre Zeit verfügen und ihren eigenen Interessen nachgehen können. Diese unterschiedliche Behandlung durch den EuGH dürfte dafür sprechen, dass die Zeiten der **Rufbereitschaft,** soweit es nicht zu einer tatsächlichen Inanspruchnahme kommt, als Ruhezeiten anzurechnen sind. Für dieses Ergebnis spricht auch die Änderung im Wortlaut des § 5 III ArbZG. Auch arbeitsfreie Zeiten, wie Urlaubstage oder sonstige Tage der Freistellung von der Arbeit, sind Ruhezeiten i. S. d. § 5 I ArbZG. 28

§ 105 a

29 Um Übermüdung und Überlastung des Arbeitnehmers durch die Kumulierung aufeinanderfolgender Arbeitsperioden zu vermeiden, muss die Ruhezeit unmittelbar im Anschluss an die Arbeitszeit folgen. Sie muss dem Arbeitnehmer **ununterbrochen** nach Beendigung der täglichen Arbeitszeit gewährt werden. Eine Unterbrechung der Ruhezeit, auch wenn sie nur kurzfristig oder während der Rufbereitschaft erfolgt, führt dazu, dass eine neue ununterbrochene Ruhezeit von 11 Stunden zu gewähren ist.

30 Gem. § 5 II ArbZG darf der Arbeitgeber die elfstündige Ruhezeit in Krankenhäusern und anderen Einrichtungen zur Behandlung, Pflege und Betreuung von Personen, in Gaststätten und anderen Einrichtungen zur Bewirtung und Beherbergung, in Verkehrsbetrieben, beim Rundfunk sowie in der Landwirtschaft und in der Tierhaltung auf bis zu **10 Stunden verkürzen.** Voraussetzung ist jedoch, dass jede Verkürzung der Ruhezeit innerhalb eines Kalendermonats oder innerhalb von 4 Wochen durch Verlängerung einer anderen Ruhezeit auf mindestens zwölf Stunden ausgeglichen wird.

31 Eine Verkürzung von weniger als einer Stunde muss nicht notwendigerweise durch eine Verlängerung einer anderen Ruhezeit auf 12 Stunden ausgeglichen werden (so aber *Anzinger/Koberski* § 5 Rdn. 31; *Roggendorff* § 5 Rdn. 19). Zulässig ist vielmehr eine **Gesamtabrechnung**, d. h. mehrere Verkürzungen von weniger als einer Stunde dürfen zusammengefasst und dann durch eine Verlängerung einer anderen Ruhezeit auf mindestens 12 Stunden ausgeglichen werden (*Dobberahn* Rdn. 64; *Neumann/Biebl* § 5 Rdn. 5). Dafür spricht, dass es anderenfalls zu einer Überkompensation kommen würde, die sich weder aus dem Wortlaut des § 5 II ArbZG noch aus dessen Zweck herleiten lässt.

32 § 7 I Nr. 3 ArbZG gestattet den Tarifvertragsparteien und auf Grund eines Tarifvertrages den Betriebspartnern, die elfstündige Mindestruhezeit des § 5 I ArbZG auf bis zu **9 Stunden zu verkürzen**, wenn die Art der Arbeit dies erfordert und die Kürzung der Ruhezeit ausgeglichen wird. Des Weiteren können die Tarifvertragsparteien oder ggf. die Betriebspartner die Mindestruhezeit von 11 Stunden bei Vorliegen von Rufbereitschaft den Besonderheiten dieses Dienstes anpassen. Der Gesundheitsschutz der Arbeitnehmer muss jedoch durch einen entsprechenden Zeitausgleich gewährleistet sein. Weitere Abweichungen von der elfstündigen Mindestruhezeit können die Tarifvertragsparteien nach Maßgabe des § 7 II Nr. 2 bis 4 ArbZG zulassen. In den Fällen des § 14 ArbZG sind Abweichungen von § 5 ArbZG auch ohne Tarifvertrag zulässig. Schließlich können die Aufsichtsbehörden nach § 15 I Nr. 3 und 4 ArbZG Abweichungen von § 5 ArbZG bewilligen.

6. Nacht- und Schichtarbeit

33 § 6 I ArbZG verpflichtet den Arbeitgeber, die Arbeitszeit der Nacht- und Schichtarbeitnehmer nach den gesicherten **arbeitswissenschaftlichen Erkenntnissen** über die **menschengerechte Gestaltung der Arbeit** festzulegen (zum Begriff der menschengerechten Gestaltung der Arbeit s. *Anzinger*, in: MünchArbR, § 300 Rdn. 18 ff.). Als **gesichert** sind arbeitswissenschaftliche Erkenntnisse anzusehen, wenn sie methodisch und ggf. statistisch abgesichert sind, die Fachleute vorherrschend der Meinung sind, dass die

Arbeitszeitrecht **§ 105 a**

Erkenntnisse den Zielen des Arbeitsschutzes oder der menschengerechten Gestaltung der Arbeit entsprechen und sie auch angemessen realisierbar sind (*Anzinger*, in: MünchArbR, § 300 Rdn. 21).

§ 6 II 1 ArbZG wiederholt den in § 3 S. 1 ArbZG enthaltenen Grundsatz **34** des Acht-Stunden-Tages auch für Nachtarbeitnehmer. Nach § 6 II 2 ArbZG darf die werktägliche Arbeitszeit ebenfalls auf bis zu 10 Stunden verlängert werden. Abweichend von § 3 ArbZG ist der Zeitraum für den Ausgleich auf die Durchschnittsgrenze von 8 Stunden werktäglich allerdings auf **einen Kalendermonat oder 4 Wochen** reduziert. Eine Verlängerung des Ausgleichszeitraums für Nachtarbeitnehmer ist gem. § 7 I Nr. 4 b ArbZG jedoch in einem Tarifvertrag oder auf Grund eines Tarifvertrages in einer Betriebsvereinbarung zulässig. In den Fällen des § 7 II Nr. 2 bis 4 ArbZG kann in einem Tarifvertrag oder aufgrund eines Tarifvertrages in einer Betriebsvereinbarung auch die Verlängerung der Arbeitszeit der Nachtarbeitnehmer über 10 Stunden zugelassen werden. Von § 6 II ArbZG abweichende Regelungen sind ferner in den Fällen des § 14 ArbZG zulässig. Schließlich kann die Aufsichtsbehörde nach § 15 I Nr. 1 und 2 ArbZG Abweichungen von § 6 II ArbZG zulassen.

§ 6 III ArbZG räumt dem Nachtarbeitnehmer einen Anspruch darauf ein, **35** sich **vor Aufnahme der Beschäftigung** und danach in regelmäßigen Abständen von nicht weniger als **drei Jahren arbeitsmedizinisch untersuchen** zu lassen. Nachtarbeitnehmer **über 50 Jahre** können sich der Wiederholungsuntersuchung **jährlich** unterziehen. § 6 III ArbZG gibt den Nachtarbeitnehmern einen Anspruch auf arbeitsmedizinische Untersuchung, begründet jedoch keine Pflicht zur Gesundheitsuntersuchung. Die Kosten der arbeitsmedizinischen Untersuchung sind gem. § 6 III 3 ArbZG vom Arbeitgeber zu tragen. Die Kostentragungspflicht entfällt, wenn der Arbeitgeber die Untersuchung für den Arbeitnehmer kostenlos durch einen Betriebsarzt oder einen überbetrieblichen Dienst von Betriebsärzten anbietet, der Arbeitnehmer die Untersuchung aber gleichwohl durch einen Arzt seiner Wahl durchführen lässt.

In den in § 6 IV Buchst. a bis c ArbZG aufgeführten Fällen, insbesondere **36** also wenn nach arbeitsmedizinischer Feststellung die weitere Verrichtung von Nachtarbeit den Arbeitnehmer in seiner Gesundheit gefährdet, hat der Arbeitnehmer grundsätzlich gegen den Arbeitgeber einen Anspruch, auf einen geeigneten **Tagesarbeitsplatz umgesetzt** zu werden. Der Begriff des Tagesarbeitsplatzes ist im ArbZG nicht definiert. Aus einem Umkehrschluss zu § 2 III ArbZG ergibt sich jedoch, dass Tagesarbeitsplatz jeder Arbeitsplatz ist, bei dem die Arbeit im Regelfall außerhalb der gesetzlich festgelegten Nachtzeit von 23 bis 6 Uhr zu erbringen ist (*Anzinger/Koberski* § 6 Rdn. 54).

Ein Anspruch des Nachtarbeitnehmers auf Umsetzung auf einen Tages- **37** arbeitsplatz entfällt, wenn der Umsetzung **dringende betriebliche Erfordernisse** entgegenstehen. **Dringend** sind die dem Umsetzungsanspruch entgegenstehenden betrieblichen Gründe, wenn die Umsetzung des Nachtarbeitnehmers auf einen Tagesarbeitsplatz bei Abwägung der beiderseitigen Interessen dem Betrieb aus technischen, organisatorischen oder wirtschaftlichen Gründen nicht zumutbar ist (vgl. *Roggendorff* § 6 Rdn. 36). Der für den Nachtarbeitnehmer geeignete Tagesarbeitsplatz muss als Arbeitsplatz tatsäch-

§ 105 a Titel VII. Arbeitnehmer

lich zur Verfügung stehen. Der Arbeitgeber ist also nicht verpflichtet, einen neuen Tagesarbeitsplatz einzurichten (*Dobberahn* Rdn. 88). Soweit es dem Arbeitgeber zumutbar ist, kann er jedoch verpflichtet sein, einen gesunden Arbeitnehmer in die Nachtschicht umzusetzen, um dem Umsetzungsverlangen eines Nachtarbeitnehmers nachzukommen, bei dem eine Gesundheitsgefährdung i. S. d. § 6 IV 1 Buchst. a ArbZG festgestellt wurde.

38 Sofern der Arbeitgeber dem Umsetzungsverlangen des Nachtarbeitnehmers wegen entgegenstehender dringender betrieblicher Erfordernisse nicht entsprechen will, ist er nach § 6 IV 2 ArbZG verpflichtet, den Betriebsrat oder Personalrat zu hören. Die Anhörung ist **Wirksamkeitsvoraussetzung** für die Ablehnung eines Versetzungsverlangens aus dringenden betrieblichen Erfordernissen (*Neumann/Biebl* § 6 Rdn. 23).

39 Nachtarbeitnehmern steht gem. § 6 V ArbZG für die mit der Nachtarbeit verbundenen Beeinträchtigungen ein **angemessener Ausgleich** zu, sofern nicht bereits auf Grund tarifvertraglicher Regelungen ein Ausgleich erfolgt. Der Ausgleich kann als Zeitausgleich in Form freier Tage oder in Form von Zuschlägen auf das Bruttoarbeitsentgelt für die in Nachtarbeit geleistete Zeit erfolgen. Da der Wortlaut des § 6 V ArbZG keine Rangfolge der Ausgleichsmöglichkeiten vorschreibt, steht es grundsätzlich im billigen Ermessen des Arbeitgebers, welchen Ausgleich er wählt (*BAG* AP Nr. 4 zu § 6 ArbZG; a. A. *Buschmann/Ulber* § 6 Rdn. 19, nach deren Ansicht der Arbeitgeber verpflichtet ist, den Ausgleich vorrangig in Form von freien Tagen zu gewähren). Ist im Betrieb des Arbeitgebers ein Betriebsrat gewählt, so hat der Betriebsrat nach § 87 I Nr. 7 und Nr. 10 BetrVG darüber mitzubestimmen, ob ein Ausgleich für Nachtarbeit durch bezahlte freie Tage oder durch Entgeltzuschlag zu gewähren ist (*BAG* DB 1997, 1825).

40 Nachtarbeitnehmern ist gem. § 6 VI ArbZG der gleiche Zugang zur betrieblichen Weiterbildung und zu aufstiegsfördernden Maßnahmen zu gewähren wie allen anderen Arbeitnehmern. Kann ein Nachtarbeitnehmer an solchen Maßnahmen wegen der Beschäftigung in Nachtarbeit nicht teilnehmen, so hat der Arbeitgeber die Arbeit so umzuorganisieren (z. B. durch Änderung des Schichtplans), dass auch Nachtarbeitnehmer Zugang zu den betrieblichen Förderungsmaßnahmen haben.

7. Sonn- und Feiertagsruhe

41 Die gesetzliche Ausgestaltung der Sonn- und Feiertagsruhe, die bisher weitgehend in den §§ 105 a ff. GewO enthalten war, befindet sich nunmehr im Dritten Abschnitt (§§ 9 bis 13) des ArbZG. § 9 I ArbZG enthält ein **grundsätzliches Verbot** der Beschäftigung von Arbeitnehmern an Sonntagen und gesetzlichen Feiertagen. Der Begriff der Beschäftigung umfasst nicht nur die Beschäftigung in Vollarbeit, sondern **jede Art** der Beschäftigung. Verboten ist daher sowohl die Beschäftigung in Arbeitsbereitschaft, Bereitschaftsdienst und Rufbereitschaft als auch die Weiterbildung von Arbeitnehmern im Betrieb (vgl. *BayObLG* BB 1986, 880). Eine unzulässige Beschäftigung liegt auch dann vor, wenn der Arbeitgeber sie nur zulässt oder duldet (*BayObLG* GewArch 1981, 386).

Arbeitszeitrecht § 105 a

Die **Dauer** des Beschäftigungsverbots deckt sich mit dem Kalendersonntag 42
oder dem Kalenderfeiertag und beträgt für jeden Sonn- und Feiertag 24
Stunden. Bei zwei aufeinander folgenden Sonn- und Feiertagen beträgt die
Dauer des Beschäftigungsverbots 48 Stunden. Die noch in § 105 b I 2 GewO
enthaltene Regelung, wonach die den Arbeitnehmern zu gewährende Ruhe
für zwei aufeinander folgende Sonn- und Feiertage im Regelfall nur mindestens 36 Stunden zu dauern braucht, hat der Gesetzgeber nicht übernommen.

In mehrschichtigen Betrieben mit regelmäßiger Tag- und Nachtschicht 43
kann nach § 9 II ArbZG der Beginn oder das Ende der Sonn- und Feiertagsruhe um bis zu 6 Stunden vor- oder zurückverlegt werden. Zulässig ist
allerdings nur eine Verlegung, nicht aber eine Verkürzung der 24stündigen
Sonn- oder Feiertagsruhe. Die Zulässigkeit der Verlegung der Sonn- und
Feiertagsruhe setzt voraus, dass in den auf den Beginn der Ruhezeit folgenden
24 Stunden „**der Betrieb ruht**". Nicht ausreichend ist, dass die Ruhezeit
von 24 Stunden nur den einzelnen Arbeitnehmern gewährt wird (so aber
Dobberahn Rdn. 98). Erforderlich ist vielmehr eine **objektive Betriebsruhe**
(*Anzinger/Koberski* § 9 Rdn. 46; *Neumann/Biebl* § 9 Rdn. 6; *Roggendorff* § 15
Rdn. 15). Dies ergibt sich zum einen aus dem Wortlaut des § 9 II ArbZG,
der auf den Betrieb als Ganzes abstellt. Für diese Ansicht spricht zudem, dass
auch für die im Wortlaut identische Vorläufernorm eine objektive Betriebsruhe von 24 Stunden verlangt wurde.

Das Beschäftigungsverbot des § 9 I ArbZG gilt grundsätzlich auch für 44
Kraftfahrer und Beifahrer. § 9 III ArbZG gestattet jedoch die Vorverlegung
der 24stündigen Sonn- und Feiertagsruhe um bis zu 2 Stunden.

§ 10 I ArbZG lässt in einem an die technische und soziale Entwicklung 45
angepassten Katalog von insgesamt 16 Ausnahmetatbeständen Durchbrechungen vom Beschäftigungsverbot des § 9 I ArbZG zu. Die Ausnahmen
bedürfen keiner Bewilligung durch die zuständigen Aufsichtsbehörden, sondern gelten **kraft Gesetzes**. Ob im Einzelfall einer der Ausnahmetatbestände
vorliegt, hat der **Arbeitgeber selbst zu prüfen.** Nimmt der Arbeitgeber
eine der Ausnahmeregelungen für sich in Anspruch, trägt er für das Vorliegen
des Ausnahmetatbestandes die ordnungswidrigkeiten- und strafrechtliche
Verantwortung (§§ 22 I Nr. 5, 23 I ArbZG). Bei Auslegungszweifeln kann er
nach § 13 III Nr. 1 ArbZG durch die Aufsichtsbehörde feststellen lassen, ob
eine Beschäftigung nach § 10 I ArbZG zulässig ist.

Sämtliche Ausnahmetatbestände des § 10 I ArbZG setzen voraus, dass die 46
Arbeiten nicht an Werktagen vorgenommen werden können. Der Gesetzgeber hat damit die Regelung des früheren § 105 c I Nr. 3 GewO auf alle
Ausnahmetatbestände erstreckt. Für die Beurteilung, ob Arbeiten nicht auf
Werktage verlegt werden können, kann auf die zu § 105 c Nr. 3 und 4 GewO
entwickelten Maßstäbe zurückgegriffen werden (*Anzinger/Koberski* § 10
Rdn. 23; a. A. *Neumann/Biebl* § 10 Rdn. 5). Das Erfordernis der fehlenden
Verschiebbarkeit der Arbeiten auf einen Werktag ist demnach nicht nur
erfüllt, wenn die Arbeiten aus rein technischen Gründen nicht auf Werktage
verlagert werden können, sondern auch dann, wenn die Vornahme dieser
Arbeiten an Werktagen für den Betrieb **unverhältnismäßige** wirtschaftliche
oder soziale **Nachteile** zur Folge hätte (*Anzinger/Koberski* § 10 Rdn. 24;

§ 105 a

Dobberahn Rdn. 100; *Roggendorff* § 10 Rdn. 16; a. A. *Buschmann/Ulber* § 10 Rdn. 3).

47 Abweichend vom Beschäftigungsverbot des § 9 I ArbZG gestattet § 10 II ArbZG die Beschäftigung von Arbeitnehmern an Sonn- und Feiertagen mit Produktionsarbeiten, wenn die infolge der Unterbrechung der Produktion nach § 10 I Nr. 14 ArbZG zulässige Beschäftigung der Arbeitnehmer mit Reinigungs-, Instandhaltungs- und Vorbereitungsarbeiten den Einsatz von mehr Arbeitnehmern als bei durchgehender Produktion erfordern würde.

48 Des Weiteren dürfen gem. § 10 III ArbZG Arbeitnehmer an Sonn- und Feiertagen in **Bäckereien** und Konditoreien für bis zu drei Stunden mit der Herstellung und dem Austragen oder Ausfahren von Konditorwaren und an diesem Tag mit dem Verkauf von Bäckereiwaren beschäftigt werden.

49 Für Arbeitnehmer, die zulässigerweise an Sonn- oder Feiertagen beschäftigt werden, sieht § 11 ArbZG eine Reihe von Ausgleichsregelungen vor. Nach § 11 I ArbZG müssen **mindestens 15 Sonntage** im Jahr beschäftigungsfrei bleiben. Für die Mindestzahl von 15 beschäftigungsfreien Sonntagen kommt es dabei allein auf die Zahl der **tatsächlich beschäftigungsfreien** Sonntage an. Auch beschäftigungsfreie Sonntage im Urlaub oder in Zeiten sonstiger Arbeitsbefreiung sind somit anzurechnen (*Neumann/Biebl* § 11 Rdn. 4; *Roggendorff* § 11 Rdn. 6). Mit dem Bezugszeitraum von einem Jahr ist nicht das Kalenderjahr gemeint. Der Arbeitgeber kann den Bezugszeitraum eines Jahres vielmehr auch in einer anderen üblichen Weise wählen.

50 Die Vorschriften über **Arbeitszeiten**, Ruhepausen, Ruhezeiten sowie über Nacht- und Schichtarbeit gelten für die Beschäftigung an Sonn- und Feiertagen entsprechend (§ 11 II ArbZG).

51 Gem. § 11 III 1 ArbZG ist dem Arbeitnehmer für jeden Sonntag, an dem er beschäftigt wird, ein **Ersatzruhetag** an einem Werktag zu gewähren. Der Ersatzruhetag muss dem Arbeitnehmer innerhalb eines den Beschäftigungstag einschließenden Zeitraums von zwei Wochen gewährt werden. Als Ersatzruhetag kommt jeder Werktag, also auch ein Samstag, in Betracht. Der Ersatzruhetag braucht nicht auf einen Beschäftigungstag zu fallen (so aber *Buschmann/Ulber* § 11 Rdn. 7). Dass Ersatzruhetag jeder Werktag sein kann, unabhängig davon, ob dieser Werktag für den Arbeitnehmer ohnehin frei ist oder nicht, folgt aus der Zielsetzung der Vorschrift, die lediglich sicherstellen will, dass Arbeitnehmer wenigstens einen arbeitsfreien Tag in der Woche haben (vgl. BT-Drs. 12/5888, S. 30).

52 § 11 IV ArbZG verpflichtet den Arbeitgeber, den Ersatzruhetag grundsätzlich unmittelbar in Verbindung mit einer Ruhezeit nach § 5 ArbZG zu gewähren. Damit soll eine grundsätzliche Wochenruhe von 35 Stunden sichergestellt werden. Soweit technische oder arbeitsorganisatorische Gründe (z. B. Schichtwechsel) der Gewährung des Ersatzruhetages mit einer Ruhezeit nach § 5 ArbZG entgegenstehen, kann die Mindestruhezeit **ausnahmsweise** auf bis zu **24 Stunden** verkürzt werden.

53 § 12 ArbZG gestattet den **Tarifvertragsparteien** oder auf Grund eines Tarifvertrages den Betriebsparteien durch Betriebsvereinbarung nach Maßgabe dieser Vorschrift, Abweichungen von den Ausgleichsregelungen des § 11 ArbZG zuzulassen.

§ 106 Weisungsrecht des Arbeitgebers

¹Der Arbeitgeber kann Inhalt, Ort und Zeit der Arbeitsleistung nach billigem Ermessen näher bestimmen, soweit diese Arbeitsbedingungen nicht durch den Arbeitsvertrag, Bestimmungen einer Betriebsvereinbarung, eines anwendbaren Tarifvertrages oder gesetzliche Vorschriften festgelegt sind. ²Dies gilt auch hinsichtlich der Ordnung und des Verhaltens der Arbeitnehmer im Betrieb. ³Bei der Ausübung des Ermessens hat der Arbeitgeber auch auf Behinderungen des Arbeitnehmers Rücksicht zu nehmen.

Übersicht

	Rdn.
I. Allgemeines	1
II. Weisungsrecht und Vertragsänderung	4
III. Inhalt und Umfang des Weisungsrechts	7
IV. Grenzen des Weisungsrechts	13
1. Gesetzliche Vorschriften	13
2. Tarifverträge und Betriebsvereinbarungen	18
3. Billiges Ermessen	19
4. Betriebliche Übung	23
5. Konkretisierung der Leistungspflicht	24
6. Selbstbindung des Arbeitgebers	25
V. Erweiterung des Weisungsrechts	26
VI. Rechtsfolgen	31
1. Rechtmäßige Weisungen	31
2. Rechtswidrige Weisungen	33
VII. Ermessensausübung in einem bestimmten Sinne	35
VIII. Ordnung im Betrieb	37
IX. Rücksichtnahme auf Behinderungen	40

I. Allgemeines

Das Weisungsrecht des Arbeitgebers (Direktionsrecht) war schon seit jeher **1** als eines der wichtigsten Bestandteile des Arbeitsverhältnisses **allgemein anerkannt** (vgl. zuletzt *BAG* AP Nr. 63 zu § 611 BGB Direktionsrecht). In der Literatur wird teilweise geltend gemacht, dass es einer gesetzlichen Fixierung eigentlich nicht bedurft hätte (so *Abeln/Steinkühler* AuA 2003, 15 [16]; *Bauer/Opolony* BB 2002, 1590 [1591]; *Wisskirchen* DB 2002, 1886; s. auch *BAG* NZA 2010, 327). Dem Gesetzgeber erschien jedoch die Einführung des § 106 GewO, der Inhalt und Grenzen des Direktionsrechts gesetzlich bestimmt, im Interesse der Rechtsklarheit und Rechtssicherheit erforderlich (BT-Drs. 14/8796 S. 24). Eine Änderung der Rechtslage tritt durch die Kodifikation nicht ein (*Kessler*, in: Boemke, § 106 Rdn. 1).

Eine gesetzliche Regelung fand das Weisungsrecht früher nur in **§ 121** **2** **GewO a. F.** (dazu 6. Aufl. § 121 GewO a. F.). Die Vorschrift stellte die Gehorsamspflicht der gewerblichen Arbeitnehmer in den Vordergrund und schränkte das Direktionsrecht des Arbeitgebers lediglich im Hinblick auf die häuslichen Arbeiten in dessen Haushalt ein. Gem. § 6 II gilt § 106 nun für alle Arbeitnehmer.

3   Das Weisungsrecht ergibt sich zwingend daraus, dass die Einzelheiten der Arbeitsleistung zumeist nicht im Voraus durch Vertrag bestimmt werden können und dass Inhalt des Arbeitsvertrages gerade die **Leistung nach Weisungen** des Arbeitgebers ist (vgl. *Zöllner/Loritz/Hergenröder* Arbeitsrecht, § 6 I 8). Insofern unterscheidet sich das Weisungsrecht des Arbeitgebers vom Weisungsrecht beispielsweise des Bestellers im Rahmen eines Werkvertrages. Der Arbeitnehmer ist den Zielen des Arbeitgebers unterworfen. Da der Arbeitgeber das unternehmerische Risiko trägt, muss er auch konkrete Weisungen erteilen können.

II. Weisungsrecht und Vertragsänderung

4   Das Weisungsrecht muss abgegrenzt werden gegenüber der Vertragsänderung. Ob eine Maßnahme des Arbeitgebers der einen oder der anderen Kategorie zuzuordnen ist, bestimmt sich nach dem Inhalt des jeweiligen Arbeitsvertrages. Alles was der Vertrag an Rechten des Arbeitgebers vorsieht, kann durch Ausübung des Weisungsrechts konkretisiert werden. Eine Konkretisierung ergibt sich auch durch das jeweilige Berufsbild (*BAG* 23. 2. 2010 – 9 AZR 3/09 AfP 2010, 514). Ist eine Maßnahme des Arbeitgebers dagegen nicht durch den Vertrag gedeckt, so kann der Arbeitgeber sie nur in Form einer Änderung des Vertrages durchsetzen. Dazu steht ihm sowohl eine einvernehmliche Lösung zur Verfügung (der Änderungsvertrag) als auch eine einseitige Lösung in Form der Änderungskündigung (§ 2 KSchG). Will man Vertragsänderung und Ausübung des Weisungsrechts voneinander abgrenzen, so muss man sich fragen, ob es sich um eine für den Arbeitnehmer **wesentliche Veränderung seiner Arbeitsbedingungen** handelt; in diesem Fall scheidet eine Qualifizierung als Ausübung des Weisungsrechts aus (*BAG* 23. 2. 2010 – 9 AZR 3/09). Dieser Maßstab wird von Rechtsprechung und Literatur vielfach verkannt. So wurde in der Rechtsprechung beispielsweise die Versetzung von der Tagesschicht in die Nachtschicht als bloße Ausübung des Weisungsrechts qualifiziert (*BAG* AP Nr. 54 zu § 611 BGB Direktionsrecht; *LAG* Berlin LAGE Nr. 9 zu § 611 BGB Direktionsrecht; *LAG* Köln LAGE Nr. 1 zu § 611 BGB 2002 Direktionsrecht), obwohl die Änderung der Arbeitszeit in diesem Umfang wesentlich in das Vertragsgefüge eingreift (s. auch unten V.).

5   Der **Umfang des Direktionsrechts** hängt zunächst davon ab, wie präzise die einzelnen Pflichten des Arbeitnehmers im Arbeitsvertrag umschrieben sind. Wird die Tätigkeit im Arbeitsvertrag genau festgelegt, bleibt für die Ausübung des Weisungsrechts wenig Spielraum (*Preis*, in: ErfK, § 106 GewO Rdn. 5). Eine Tätigkeitszuweisung durch den Arbeitgeber stellt dann nur die Umsetzung des Arbeitsvertrages dar, so dass eine Überprüfung des billigen Ermessens entfällt (*Neumann*, in: Landmann/Rohmer I, § 106 Rdn. 8; *Schöne* NZA 2002, 829 [830]; *Wisskirchen* DB 2002, 1886 [1887]). Um in diesem Fall eine Änderung der Arbeitsbedingungen herbeizuführen, muss der Arbeitgeber mit dem Arbeitnehmer eine Änderungsvereinbarung treffen oder ihm

eine Änderungskündigung aussprechen (*Kessler*, in: Boemke, § 106 Rdn. 9; *Lakies* BB 2003, 364). Die Weisung, an einem vom Arbeitgeber gewünschten Gespräch zur Änderung des Arbeitsvertrages teilzunehmen, betrifft jedoch keinen der von § 106 GewO abgedeckten Bereiche und ist nicht vom Umfang des Direktionsrechts umfasst (*BAG* AP Nr. 3 zu § 106 GewO).

Bei einer nur rahmenmäßig umschriebenen Leistungspflicht kann der 6 Arbeitgeber sein Direktionsrecht im Rahmen des **billigen Ermessens** ausüben (*BAG* AP Nr. 63 zu § 611 BGB Direktionsrecht; AP Nr. 6 zu § 106 GewO). So kann der Arbeitnehmer je nach Tätigkeitsbezeichnung im Arbeitsvertrag angewiesen werden, jede Arbeit zu leisten, die von allen Arbeitnehmern der bezeichneten Gruppe (z. B. Hilfsarbeiter) zu erbringen ist (*Kessler*, in: Boemke, § 106 Rdn. 58). Das Direktionsrecht des Arbeitgebers erstreckt sich auf alle Tätigkeiten, die die Merkmale der Vergütungsgruppe erfüllen, in der der Arbeitnehmer eingestuft ist. Das bedeutet jedoch nicht, dass der Arbeitnehmer mittels Weisungsrechts mit Tätigkeiten einer niedrigeren Vergütungsgruppe betraut werden darf, auch nicht bei unveränderter Vergütung (*BAG* AP Nr. 19, 22, 44, 49 zu § 611 BGB Direktionsrecht). Vielmehr müssen alle ihm übertragenen Tätigkeiten gleichwertig sein. Ob das der Fall ist, bestimmt sich mangels anderer Anhaltspunkte nach der auf den Betrieb abgestellten Verkehrsauffassung und dem sich daraus ergebenden Sozialbild (*BAG* AP Nr. 44 zu § 611 BGB Direktionsrecht; *Reichold*, in: MünchArbR, § 36 Rdn. 35).

III. Inhalt und Umfang des Weisungsrechts

Durch Ausübung des Direktionsrechts kann der Arbeitgeber gem. § 106 7 S. 1 **Inhalt, Ort und Zeit** hinsichtlich der vertraglich geschuldeten Arbeitsleistung genauer festlegen (so schon die st. Rspr. des BAG, vgl. nur *BAG* AP Nr. 26 zu § 611 BGB Direktionsrecht). Dabei steht ihm grds. ein weiter Gestaltungsspielraum zu (*BAG* AP Nr. 17 zu § 611 BGB Direktionsrecht).

Der **Ort der Arbeitsleistung** ergibt sich in erster Linie aus dem Arbeits- 8 vertrag. Das Recht des Arbeitgebers, dem Arbeitnehmer unterschiedliche Leistungsorte zuzuweisen, kann sich mangels ausdrücklicher Vereinbarung im Arbeitsvertrag aus der Eigenart der Tätigkeit (z. B. Außendienstmitarbeiter) ergeben. Im Zweifel muss die Arbeitspflicht im Betrieb des Arbeitgebers erfüllt werden, wobei dem Arbeitnehmer jeder beliebige Arbeitsplatz im Betrieb zugewiesen werden darf, an dem er die geschuldete Tätigkeit verrichten kann. Der individualrechtliche Begriff der Versetzung setzt nicht notwendig die Zuordnung zu einem anderen Betrieb voraus (*BAG* AP Nr. 5 zu § 106 GewO). Neben der Frage, ob eine Versetzung vom Weisungsrecht gedeckt ist, ist die Frage eines Mitwirkungsrechts des Betriebsrats nach § 99 BetrVG zu berücksichtigen.

Soweit das Direktionsrecht des Arbeitgebers hinsichtlich der **Arbeitszeit** 9 besteht, kann es sich sowohl auf die Dauer als auch auf die Lage der Arbeitszeit beziehen. Die vertraglich festgelegte Dauer der Arbeitszeit kann nicht einseitig kraft Weisungsrechts geändert werden, da sonst eine Umgehung des Kündigungsschutzes durch eine Reduzierung der Arbeitszeit möglich wäre (*BAG*

§ 106 Titel VII. Arbeitnehmer

AP Nr. 6 zu § 2 KSchG 1969; *Preis*, in: ErfK, § 106 GewO Rdn. 20). Auch die Anordnung von Überstunden ist ohne eine ausdrückliche einzel- oder kollektivvertragliche Regelung grds. nicht möglich. Ebenfalls unzulässig ist nach zutr. herrschender Auffassung die Einführung von Kurzarbeit mittels Weisung (*BAG* AP Nr. 1 zu § 15 BAT-O; *Preis*, in: ErfK, § 611 BGB Rdn. 658). Wenn die Vertragsparteien das Weisungsrecht des Arbeitgebers hinsichtlich der Verteilung der Arbeitszeit einschränken wollen, müssen sie dafür eine klare Regelung wählen (*BAG* NJW 2010, 394; zur Sonntagsarbeit s. *Preis/Ulber* NZA 2010, 729).

10 Die Bestimmung der **Lage der Arbeitszeit**, d. h. des Zeitpunkts, zu dem die Arbeit beginnt und endet, kann durch Weisung erfolgen, soweit keine vertragliche Festlegung oder betriebliche Übung vorliegt (*BAG* AP Nr. 11 zu § 4 BAT, Nr. 48, 54 zu § 611 BGB Direktionsrecht; *Preis*, in: ErfK, § 106 GewO Rdn. 19).

11 Die Ausübung des Weisungsrechts erfolgt in der Regel durch eine einseitige empfangsbedürftige **Willenserklärung des Arbeitgebers** z. B. zu Beginn des Arbeitsverhältnisses (*BAG* AP Nr. 70 zu § 611 BGB Direktionsrecht; *Kessler*, in: Boemke, § 106 Rdn. 6). Im Laufe der Beschäftigung können wechselnde Marktbedingungen, neue Produktionstechniken oder andere Organisationsformen eine Änderung der Tätigkeit erforderlich machen (BT-Drs. 14/8796, S. 24).

12 Der Arbeitgeber kann sich innerhalb der obengenannten Grenzen (s. Rdn. 4) im Arbeitsvertrag das Recht vorbehalten, die Arbeitsbedingungen einseitig abzuändern. Bedeutung erlangt das **einseitige Leistungsbestimmungsrecht** des Arbeitgebers bei der Festsetzung und Herabsetzung von Lohnbestandteilen, Ausschüttung von Prämien, Anrechnung von Beschäftigungszeiten, Sondervergütungen usw. (*Preis*, in: ErfK, § 611 BGB Rdn. 384 ff. mit zahlreichen Rspr.-Nachweisen; s. auch Rdn. 27).

IV. Grenzen des Weisungsrechts

1. Gesetzliche Vorschriften

13 Gesetzliche Vorschriften bestehen nicht nur im Hinblick auf Abschluss und Inhalt von Arbeitsverträgen, sondern teilweise auch im Hinblick auf die **Ausübung von Weisungen**. Das Weisungsrecht wird in erster Linie eingeschränkt durch Arbeitnehmerschutzbestimmungen wie § 4 MuSchG, § 81 IV Nr. 4 SGB IX, §§ 22 – 24 JArbSchG oder die Arbeitszeitbeschränkungen des ArbZG.

14 Weitere Schranken enthalten die **§§ 134, 138 BGB**: Eine Weisung, die gegen ein gesetzliches Verbot oder die guten Sitten verstößt, ist nichtig. Auch § 241 II BGB, der die Vertragsparteien zur Rücksichtnahme auf die gegenseitigen Interessen verpflichtet, begrenzt das Direktionsrecht des Arbeitgebers. Das Transparenzgebot des § 307 I 2 BGB verlangt vom Arbeitgeber nicht, alle Einzelheiten im Voraus zu regeln (*BAG* AP Nr. 11 zu § 611 BGB Film).

15 Eine gesetzliche Einschränkung des Weisungsrechts ergibt sich auch aus **§ 7 I AGG**. Der Arbeitgeber darf Arbeitnehmer nicht wegen eines der in § 1 AGG genannten Merkmale bei der Ausübung von Weisungen benachteiligen.

Weisungsrecht des Arbeitgebers § 106

Als gesetzliche Vorschriften schränken auch die Normen des BetrVG, die **16** das Mitbestimmungsrecht des Betriebsrats regeln, das Weisungsrecht des Arbeitgebers ein (BT-Drs. 14/8796, S. 24). Eine Weisung, die unter Missachtung der **Mitbestimmungsrechte** erfolgt, ist daher nach Ansicht des BAG und herrschender Lehre unwirksam (sog. Theorie der Wirksamkeitsvoraussetzung, *BAG* AP Nr. 5 zu § 84 ArbGG 1979; *Reichold*, in: MünchArbR, § 36 Rdn. 25; a. A. die sog. Theorie der erzwingbaren Mitbestimmung: *Richardi* BetrVG-Kommentar, 12. Aufl. 2009, § 87 Rdn. 104 ff.). Durch diese Rechtsfolge soll verhindert werden, dass der Arbeitgeber durch den Gebrauch von arbeitsvertraglichen Gestaltungsmöglichkeiten das zwingende Mitbestimmungsrecht des Betriebsrats umgeht (*Kessler*, in: Boemke, § 106 Rdn. 30). Darüber hinaus stellt die Unwirksamkeit der Weisung eine Sanktion gegen die Verletzung der Mitbestimmungsrechte dar (*BAG (GS)* AP Nr. 51 zu § 87 BetrVG 1972 Lohngestaltung; zum Zustimmungsersetzungsverfahren s. *BAG* 16. 3. 2010 NZA 2010, 1028).

Als gesetzliche Vorschriften kommen nicht nur spezifisch arbeitsrechtliche **17** Normen in Betracht, sondern auch Vorschriften aus dem **Gewerberecht** und aus dem Strafrecht. So darf der Arbeitgeber Arbeitnehmer nicht zu Arbeiten verpflichten, die gegen öffentlich-rechtliche oder strafrechtliche Vorschriften verstoßen.

2. Tarifverträge und Betriebsvereinbarungen

Einschränkungen des Weisungsrechts können sich des Weiteren aus Tarif- **18** verträgen und aus Betriebsvereinbarungen ergeben (*BAG* AP Nr. 26 zu § 611 BGB Direktionsrecht; AP Nr. 2 zu § 2 BAT SR 2 r). In Betracht kommen dabei u. a. Regelungen über Versetzungen, Konkretisierung von arbeitsvertraglichen Nebenpflichten sowie die kollektivrechtliche Festlegung der Arbeitszeit (*Reichold*, in: MünchArbR, § 36 Rdn. 25). Dabei ist das Günstigkeitsprinzip zu beachten: Eine Weisung, die für den Arbeitnehmer günstiger ist als die kollektivrechtliche Regelung, ist zulässig.

3. Billiges Ermessen

Soweit Gesetze, Tarifverträge und Betriebsvereinbarungen dem Arbeitge- **19** ber einen **Spielraum** für Weisungen lassen, ist er dennoch nicht bezüglich des Inhalts der Weisung frei. Seine Weisung muss vielmehr „billigem Ermessen" entsprechen. Bereits vor der Gesetzesnovelle war jede Weisung gem. § 315 III BGB an den Grenzen des billigen Ermessens zu messen (*BAG* AP Nr. 26, 27, 36, 45 zu § 611 BGB Direktionsrecht; s. auch *Reichold*, in MünchArbR, § 36 Rdn. 26). Rechtsprechung und Literatur zu der Einschränkung des Weisungsrechts gem. § 315 BGB gelten unverändert weiter. Billiges Ermessen ist dadurch gekennzeichnet, dass der Arbeitgeber die wesentlichen Umstände des Falles abgewogen und die beiderseitigen Interessen berücksichtigt hat (*BAG* AP Nr. 11 zu § 4 BAT).

Bei der Interessenabwägung sind sowohl die Interessen des Arbeitnehmers **20** (*BAG* AP Nr. 64 zu § 611 BGB Direktionsrecht) als auch der Betriebszweck sowie das Interesse des Arbeitgebers an einem geordneten Arbeitsablauf angemessen zu berücksichtigen. Auf der Arbeitnehmerseite sind vor allem die

§ 106

Grundrechte zu beachten (sog. mittelbare Drittwirkung von Grundrechten; s. § 105 Rdn. 9). Eine einseitige Anordnung des Arbeitgebers kann insbesondere in das allgemeine Persönlichkeitsrecht (Art. 2 I GG), die Meinungsfreiheit (Art. 5 I und 2 GG), die Freiheit von Kunst und Wissenschaft (Art. 5 III GG) oder in die Glaubens- und Gewissensfreiheit des Arbeitnehmers (Art. 4 GG) eingreifen.

21 Nach dem Schutzzweck des Art. 4 GG ist eine Weisung des Arbeitgebers, die den Arbeitnehmer in einen vermeidbaren Glaubens- oder **Gewissenkonflikt** bringt, unzulässig (*BAG* AP Nr. 27 zu § 611 BGB Direktionsrecht). Der Arbeitnehmer braucht sich daher nicht auf § 275 III BGB zu stützen. In diesem Fall bedeutet die Weigerung des Arbeitnehmers, einer Weisung nachzukommen, keinen Vertragsbruch. Nur wenn die Weisung ihrerseits wirksam ist, insbes. wenn der Arbeitgeber im Hinblick auf die Betriebsabläufe auf die Wünsche des Arbeitnehmers nicht eingehen kann, muss sich der Arbeitnehmer auf § 275 III BGB berufen. In diesem Fall kann allerdings die Lohnzahlungspflicht des Arbeitgebers gem. § 326 BGB entfallen. Eine Gewissensentscheidung ist nach dem sog. subjektiven Gewissensbegriff jede ernsthafte an den Kategorien „gut" und „böse" orientierte Entscheidung, die der Einzelne für sich als unbedingt verpflichtend ansieht (*BVerfGE* 12, 45 ff.). Die Richtigkeit der Entscheidung spielt keine Rolle; sie wird lediglich einer Plausibilitätskontrolle unterzogen (*Reichold*, in: MünchArbR, § 36 Rdn. 27). Der Ausgang der Interessenabwägung hängt auch davon ab, ob der Gewissenskonflikt für den Arbeitnehmer voraussehbar war. Besteht die Möglichkeit, dem Gewissenskonflikt durch Zuweisung einer anderen Arbeit auszuweichen, ist der Arbeitgeber grds. verpflichtet, davon Gebrauch zu machen. In diesem Fall ist eine Kündigung wegen Arbeitsverweigerung unwirksam. Besteht eine solche Möglichkeit hingegen nicht und ist auch in Zukunft mit unvermeidbaren Gewissenskonflikten zu rechnen, kommt eine personenbedingte Kündigung in Betracht (ausführlich dazu *Dieterich*, in: ErfK, Art. 4 GG Rdn. 25 f.; *Kessler*, in: Boemke, § 106 Rdn. 34 ff.; *Preis* Arbeitsrecht, § 15 III 3).

22 Liegt kein Eingriff in die Grundrechte des Arbeitnehmers vor, genießt das **betriebliche Interesse** des Arbeitgebers grds. den Vorrang (*BAG* AP Nr. 2 zu § 613 BGB). Grundrechtskollisionen können sich auch im Bereich von Weisungen in Bezug auf die Ordnung im Betrieb ergeben (hierzu und zu den Mitbestimmungsrechten des Betriebsrats unter VIII): Hinsichtlich der Anordnung eines Rauchverbots ist die unternehmerische Gestaltungsfreiheit (Art. 2, 12, 14 GG) gegenüber dem Recht des Arbeitnehmers auf freie Entfaltung seiner Persönlichkeit (Art. 2 I GG) abzuwägen (*BAG* AP Nr. 28 zu § 87 BetrVG 1972 Ordnung des Betriebes; *LAG Hessen* NZA-RR 2001, 77, [78]). Bezüglich eines Verbots, als Verkäuferin in einem Kaufhaus ein islamisches Kopftuch zu tragen, ist die Glaubensfreiheit gegenüber der Unternehmerfreiheit grundsätzlich vorrangig (*BAG* NZA 2003, 483 [486]). Eine Rechtfertigung des an Lehrerinnen öffentlicher Grund- und Hauptschulen gerichteten Verbots von religiös motiviertem Kopftuchtragen im Unterricht ergibt sich allerdings aus der verfassungsrechtlich gebotenen Rücksichtnahme des Staates auf die Glaubensfreiheit schulpflichtiger Kinder und ihrer Eltern (*BVerwG* NJW 2002, 3344). Allerdings bedarf es einer Rechtsgrundlage im Landesrecht (*BVerfG* NJW 2003, 3111 ff.). Für eine Einschränkung des dem Arbeit-

4. Betriebliche Übung

Auch das regelmäßig wiederholte Verhalten des Arbeitgebers, aus dem seine Arbeitnehmer schließen können, eine Leistung oder Vergünstigung werde ihnen auch in Zukunft gewährt (betriebliche Übung) kann zur Einschränkung des Direktionsrechts führen. Bei der Begründung eines Anspruchs aus betrieblicher Übung kommt es auf einen Verpflichtungswillen des Arbeitgebers nicht an. Der Anspruch aus betrieblicher Übung entsteht nicht, wenn der Arbeitgeber ausdrücklich unter Widerrufsvorbehalt leistet. Der Widerruf kann jedoch auch in diesem Fall nur in den Grenzen des billigen Ermessens ausgeübt werden (st. Rspr., vgl. *BAG* AP Nr. 45, 53, 54, 55 zu § 242 BGB Betriebliche Übung). Macht der Arbeitgeber von seinem Weisungsrecht jahrelang keinen Gebrauch, so kann allein daraus noch nicht auf eine betriebliche Übung geschlossen werden (*BAG* AP Nr. 1 zu § 611 BGB Arbeitszeit; Nr. 61 zu § 611 BGB Direktionsrecht).

5. Konkretisierung der Leistungspflicht

Das Weisungsrecht des Arbeitgebers kann auch dadurch eingeschränkt werden, dass sich eine ursprünglich allgemein gefasste Leistungspflicht durch jahrelange praktische Übung auf eine bestimmten Tätigkeit konkretisiert hat (*BAG* AP Nr. 18 zu § 1 KSchG 1969 Soziale Auswahl); *Lakies* BB 2003, 364 [365]; *Preis* Arbeitsrecht § 18 VI 5). Der Zeitablauf allein reicht jedoch nicht aus, um das Direktionsrecht des Arbeitgebers einzuschränken. Hinzu kommen müssen besondere Umstände, aus denen sich die Vorstellung der Parteien ergibt, der Arbeitnehmer solle künftig nur noch diese Tätigkeit verrichten (*BAG* AP Nr. 2, 17 zu § 611 BGB Direktionsrecht; ausführlich dazu *Reichold*, in: MünchArbR, § 36 Rdn. 16).

6. Selbstbindung des Arbeitgebers

Der Arbeitgeber kann sich bei der Ausübung des Weisungsrechts durch eine Erklärung gegenüber dem Arbeitnehmer selbst binden oder die Ausübung auf bestimmte Fälle beschränken (*BAG* AP Nr. 52 zu § 611 BGB Direktionsrecht; *Kessler*, in: Boemke § 106 Rdn. 19).

V. Erweiterung des Weisungsrechts

In Rspr. und Lit. ist vielfach von einem erweiterten Direktionsrecht die Rede. Die Formulierung ist missverständlich, und auch die daraus gezogenen Folgerungen sind teilweise unzutreffend. Die Grenzziehung zwischen **Vertragsänderung und Direktionsrecht** (s. o. Rdn. 4) ist der Parteidisposition entzogen. Richtig ist nur, dass je nach Art der Arbeit und nach den speziellen Vereinbarungen für den Arbeitgeber einseitige Leistungsbestimmungsrechte bestehen können, die weiter gehen als im Normalfall (s. o. Rdn. 12).

§ 106 Titel VII. Arbeitnehmer

27   Das Direktionsrecht des Arbeitgebers kann z. B. durch arbeitsvertragliche oder tarifliche Umsetzungs-, Versetzungs- und Anpassungsklauseln **erweitert** werden (*BAG* AP Nr. 23 zu § 24 BAT; *Preis* Arbeitsrecht, § 18 VI 5). Dabei ist zu beachten, dass solche Klauseln eine Umgehung des Kündigungsschutzes ermöglichen (*BAG* AP Nr. 45 zu § 611 Direktionsrecht; *Hunold* NZA-RR 2001, 337, [338]). So unterliegt die **vorübergehende** Zuweisung einer **höherwertigen Tätigkeit** aufgrund eines vertraglich oder tariflich vereinbarten Leistungsbestimmungsrechts nach neuester BAG-Rspr. der Kontrolle nach billigem Ermessen (*BAG* AP Nr. 23 zu § 24 BAT). Bisher nahm das BAG bei einer vorübergehenden oder vertretungsweisen Übertragung einer tariflich höherwertigen Tätigkeit (nur) eine Rechtsmissbrauchskontrolle vor. Unter Heranziehung der zur Befristung von Arbeitsverträgen entwickelten Grundsätze (vgl. § 14 TzBfG) sah das BAG die vorübergehende Übertragung dann als rechtsmissbräuchlich an, wenn sie nicht durch einen sachlichen Grund gerechtfertigt war. Diese Rspr. (zuletzt *BAG* ZTR 1997, 413) hat das BAG nunmehr aufgegeben. Die Rechtslage bei einer Befristung ist nicht mit der bei einer vom Direktionsrecht des Arbeitgebers gedeckten Maßnahme vergleichbar. Das Erfordernis eines sachlichen Grundes ist in dem erhöhten Schutzbedürfnis des Arbeitnehmers begründet, der durch die Befristung den Kündigungsschutz verliert. Ein solches Schutzbedürfnis besteht bei einer Maßnahme, die sich im Rahmen des arbeitsvertraglichen Direktionsrechts hält, nicht, da sie den Inhalt und den Bestand des Arbeitsvertrages nicht berührt. Vielmehr ist – so das BAG – eine vorübergehende Übertragung einer höherwertigen Tätigkeit aufgrund eines erweiterten Weisungsrechts einer „doppelten" Billigkeitskontrolle zu unterziehen: Es ist zunächst zu klären, ob die Übertragung als solche billigem Ermessen entspricht. In einem zweiten Schritt ist zu prüfen, ob es dem billigen Ermessen entspricht, die Tätigkeit nur vorübergehend zu übertragen.

28   Bei einem vertraglich oder tariflich vereinbarten Leistungsbestimmungsrecht muss nicht nur die Ausübung des Weisungsrechts dem billigen Ermessen entsprechen **(Ausübungskontrolle)**. Vielmehr ist darüber hinaus zu prüfen, ob das Leistungsbestimmungsrecht selbst wirksam vereinbart wurde **(Inhaltskontrolle)**. Zwar scheidet bei einem tariflich vereinbarten Leistungsbestimmungsrecht gem. § 310 IV 3 BGB eine Inhaltskontrolle nach §§ 305, 307 BGB aus. Das bedeutet jedoch nicht, dass solche Klauseln insgesamt keiner Billigkeitskontrolle nach § 315 BGB unterliegen. Vielmehr hat die erweiterte Leistungsbestimmung durch den Arbeitgeber nach § 106 nach billigem Ermessen zu erfolgen. § 106 sieht also keine Ausnahmen vor, auch nicht für Tarifverträge (zum Ganzen *Hromadka* Anm. zu BAG RdA 2003, 237 ff.; *Klinkhammer*, in: Schmidt (Hrsg.), Jahrbuch des Arbeitsrechts 2006, S. 63 [73 f.]). Allerdings hat das BAG jüngst seine bisherige Rechtsprechung bestätigt (*BAG* AP Nr. 88 zu § 315 BGB), nach der die Ausübung eines tarifvertraglich begründeten Leistungsbestimmungsrechts (hier: das Recht zur Absenkung der regelmäßigen Arbeitszeit) nicht am Maßstab von § 315 III BGB, § 106 GewO zu messen sei, wenn der tarifvertraglichen Regelung nicht entnommen werden könne, dass eine Änderung nur bei Abwägung der wesentlichen Umstände und unter angemessener Berücksichtigung der beiderseitigen Interessen der Vertragsparteien erfolgen könne. Der Arbeitge-

ber sei dann bei der Ausübung des freien Ermessens lediglich gehalten, die allgemeinen Schranken der Rechtsausübung, insbesondere den arbeitsrechtlichen Gleichbehandlungsgrundsatz, die Willkür- und Maßregelungsverbote sowie den Grundsatz von Treu und Glauben zu beachten. (Zur Kontrolle eines erweiterten Weisungsrechts in einem Formulararbeitsvertrag nach § 307 BGB s. *BAG* AP Nr. 4 zu § 6 ATG).

In einigen Sonderfällen (**Schwerbehinderung**) (zu Unrecht auch bei Krankheit, *BAG* AP Nr. 124 zu § 615 BGB) und beim **Mutterschutz** (*BAG* AP Nr. 2 zu § 14 SchwbG 1986; AP Nr. 2 zu § 81 SGB IX) führt die Tatsache, dass ein Arbeitnehmer aus bestimmten Gründen die vertraglich geschuldete – oder eine andere durch Ausübung des Direktionsrecht anzuordnende – Leistung nicht erbringen kann, dazu, dass der Arbeitgeber einerseits berechtigt und andererseits verpflichtet ist, eine angemessene andere, auch vom Arbeitsvertrag abweichende Arbeit anzubieten (s. auch *BAG* AP Nr. 4 zu § 241 BGB m. Anm. *Verstege*). Entgegen der Ansicht des BAG ist dafür aber die Änderungskündigung nicht das geeignete Mittel. 29

Eine vorübergehende Erweiterung des Direktionsrechts kann sich außerdem in **Notsituationen** ergeben (dazu ausführlich *Hunold*, in: AR-Blattei SD 600 Direktionsrecht Rdn. 172 ff.). 30

VI. Rechtsfolgen

1. Rechtmäßige Weisungen

Eine rechtmäßige Weisung konkretisiert die Leistungspflicht des Arbeitnehmers und muss von ihm befolgt werden (zu weiteren Rechtsfolgen s. *BAG* NJW 2010, 795). Bei Nichtbefolgung einer rechtmäßigen Weisung kann der Arbeitnehmer seinen Lohnanspruch verlieren; ihm kann – nach Abmahnung – ordentlich oder evtl. außerordentlich gekündigt werden (*BAG* AP Nr. 24 zu § 611 BGB Direktionsrecht). Darüber hinaus kann der Arbeitgeber ggf. Schadensersatzansprüche geltend machen. Das Risiko des **Irrtums** über die Rechtmäßigkeit der Weisung trägt grds. der Arbeitnehmer (*BAG* AP Nr. 24 zu § 123 GewO; *BAG* AP Nr. 58 zu Art. 9 GG Arbeitskampf). 31

Eine Weisung, die den Arbeitnehmer in einen unvermeidbaren Gewissenskonflikt im Sinne des Art. 4 GG bringt, ist nicht bereits aus diesem Grunde unwirksam (vgl. Rdn. 21). Der Arbeitnehmer kann aber in solchen Fällen die Einrede der **Unzumutbarkeit** gem. § 275 III BGB geltend machen. Die Berufung auf § 275 III BGB führt nicht nur zum Wegfall der Arbeitspflicht, sondern gem. § 326 I BGB auch zum Erlöschen der Zahlungsverpflichtung des Arbeitgebers. Dieses Ergebnis erscheint gerecht, denn eine wahre Gewissensentscheidung erkennt man auch an der Bereitschaft, die mit der Entscheidung verbundenen Nachteile hinzunehmen (*Henssler*, AcP 190(1990), 555). 32

2. Rechtswidrige Weisungen

Eine unzulässige Weisung ist unwirksam. Der Arbeitnehmer hat in solchen Fällen ein **Leistungsverweigerungsrecht** (*Wank*, in: Festschrift für P. Schwerdtner, 2003, S. 247 [253]). Als Rechtsgrundlage hierfür kommen sowohl 33

§ 106

spezielle gesetzliche Leistungsverweigerungsrechte (§ 14 AGG, § 21 VI GefStoffV) als auch das Zurückbehaltungsrecht aus § 273 I BGB in Betracht (vgl. *BAG* AP Nr. 1 zu § 62 HGB). Der Lohnanspruch bleibt gem. §§ 611, 615 BGB bestehen. Übt der Arbeitnehmer berechtigterweise sein Zurückbehaltungsrecht aus, so ist eine Kündigung wegen Arbeitsverweigerung unzulässig.

34 Der Arbeitnehmer kann außerdem wegen Verletzung der arbeitsvertraglichen Pflichten durch den Arbeitgeber – je nach Schwere und Häufigkeit der unzulässigen Weisungen – den Arbeitsvertrag ordentlich oder außerordentlich **kündigen.** Soweit die unzulässige Weisung beim Arbeitnehmer einen Schaden verursacht hat, kann er bei Verschulden des Arbeitgebers **Schadensersatz** nach § 280 I BGB verlangen.

VII. Ermessensausübung in einem bestimmten Sinne

35 § 106 gibt keinen Anspruch auf Ausübung des Ermessens in einem bestimmten Sinne. Die Vorschrift normiert nur Schranken des Ermessens; d. h. eine Weisung, die sich in dem durch § 106 gesteckten Rahmen hält, ist wirksam. Der Arbeitgeber hat unter mehreren Möglichkeiten ein **Wahlrecht** (*Bauer/Opolony* BB 2002, 1590 [1591]; *Schöne* NZA 2002, 829 [831]). Zum Direktionsrecht bei Pandemie s. *Falter* FS Bauer, 2010, S. 291.

36 Diese Funktion des § 106 ist vor dem Hintergrund der im **Referentenentwurf** vorgesehenen Formulierung des § 106 S. 3 bedeutsam. Dort hatte es geheißen: „Bei der Ausübung des Ermessens hat der Arbeitgeber insbesondere auf Behinderungen des Arbeitnehmers Rücksicht zu nehmen, die Möglichkeit zu prüfen, ob dem Arbeitnehmer ein Bereich eigener Verantwortung übertragen werden kann und darauf zu achten, dass der Arbeitnehmer entsprechend seinen Fähigkeiten eingesetzt wird". Das hätte die Auffassung begünstigt, dass der Arbeitnehmer einen dahingehenden Anspruch gegen seinen Arbeitgeber hat. Bei dieser Normauslegung bestünde jedoch die Gefahr, dass z. B. Arbeitgeber im Wege der Klage dazu gezwungen werden, Arbeitnehmer zu befördern. Da das nicht beabsichtigt war, wurde dieser Satz nicht in die endgültige Fassung aufgenommen (dazu *Schöne* NZA 2002, 829 [831]). Zwar bringt die Gesetzesbegründung zum Ausdruck, dass der Arbeitgeber im Sinne eines partnerschaftlichen Miteinanders dem Arbeitnehmer einen eigenverantwortlichen Entscheidungsspielraum einräumen und ihn entsprechend seinen Fähigkeiten im Betrieb einsetzen soll (BT-Drs. 14/8796, S. 24). Diese personalpolitische Überlegung fand jedoch im Gesetz keinen Niederschlag und ist somit als unverbindlich anzusehen (so auch *Bauer/Opolony* BB 2002, 1590 [1591]). Allerdings ist durch die Rspr. der allgemeine Beschäftigungsanspruch des Arbeitnehmers aufgrund der Wertentscheidung der Art. 1 und 2 GG gesichert (*BAG* AP Nr. 14 zu § 611 BGB Beschäftigungspflicht).

VIII. Ordnung im Betrieb

37 Während vor der Einführung des § 106 S. 2 GewO (BT-Drs. 14/8796, S. 24) die Rechtslage noch unklar war (*Bergmann/Faas* NZA 2004, 241; *Fahrig*

Die Einführung eines Verhaltenskodexes und das Whistleblowing, 2010), umfasst nunmehr das Weisungsrecht des Arbeitgebers gem. § 106 S. 2 GewO die **Ordnung** sowie das **Verhalten** der Arbeitnehmer **im Betrieb**. Das Zusammenarbeiten im Rahmen einer betrieblichen Organisation erfordert außer den einzelnen Anweisungen im Hinblick auf die Arbeitsaufgabe auch allgemeine Regeln bezüglich der Zusammenarbeit, der Ordnung und der Organisation. So gilt z. B. die Regelung über eine Torkontrolle oder über ein Rauchverbot für alle Arbeitnehmer oder jedenfalls für eine Reihe von Arbeitnehmern, ohne sich auf die konkret durchgeführte Arbeit zu beziehen.

Gerade im Hinblick auf die genannten Regelungstatbestände ist immer **38** auch das **Mitbestimmungsrecht** des Betriebsrats, insbes. nach § 87 I Nr. 1 und Nr. 6 BetrVG, zu beachten. Die Neuregelung ist keine gesetzliche Bestimmung i. S. d. § 87 I Einleitungssatz BetrVG (*Bauer/Opolony* BB 2002, 1590 [1591]) und schränkt somit das Mitbestimmungsrecht des Betriebsrats nicht ein. Unter die mitbestimmungspflichtigen Angelegenheiten des § 87 I Nr. 1 BetrVG fallen beispielsweise Alkohol- und Rauchverbote (*BAG NZA* 1987, 250 [251]; *BAG* AP Nr. 14 zu § 87 BetrVG 1972 Ordnung des Betriebes), Tor- und Taschenkontrollen (*BAG* AP Nr. 28 zu § 87 BetrVG 1972 Ordnung des Betriebes) oder der Erlass einer Parkplatzordnung (*BAG* AP Nr. 23 zu § 87 BetrVG 1972 Ordnung des Betriebes). Ein Unternehmen ohne Betriebsrat kann allein auf der Grundlage des Direktionsrechts einen sog. Verhaltenskodex einführen, soweit dies individualrechtlich möglich ist (*Fahrig* aaO s. 76 ff.; vgl. schon *Richter* DB 2989, 2430 [2431]).

Dem Weisungsrecht des Arbeitgebers unterliegt grundsätzlich nur das **Verhalten im Betrieb**, wie es § 106 S. 2 ausdrücklich betont. In bestimmten **39** Ausnahmefällen kann sich das Weisungsrecht allerdings auch auf das außerdienstliche Verhalten beziehen. Das ist insbes. möglich im Hinblick auf Mitarbeiter in Führungspositionen, deren Erscheinungsbild dem Unternehmen zugerechnet wird, sowie insbes. bei Tendenzunternehmen oder bei kirchlichen Einrichtungen, die im Zusammenhang mit ihrer Tendenz oder mit der kirchlichen Lehre auch außerdienstliches Verhalten Weisungen unterwerfen dürfen. Auch soweit der Arbeitgeber dem Arbeitnehmer für sein außerdienstliches Verhalten keine Weisungen erteilen darf, kann sich das Verhalten arbeitsvertraglich auswirken (*Wank* Anm. zu BAG SAE 1998, 310).

IX. Rücksichtnahme auf Behinderungen

Das in S. 1 genannte billige Ermessen erfordert, dass der Arbeitgeber auf **40** die **körperlichen und geistigen Voraussetzungen** bei den einzelnen Arbeitnehmern Rücksicht nimmt. Insofern hebt S. 3 die Behinderung des Arbeitnehmers als ein typisches Beispiel heraus. Aus dieser Hervorhebung im Gesetz ergibt sich keine Verpflichtung des Arbeitgebers, der Behinderung des Arbeitnehmers bei der Interessenabwägung ein besonderes Gewicht beizumessen (*Bauer/Opolony* BB 2002, 1590 [1591]; *Kessler*, in: Boemke, § 106 Rdn. 48). § 106 S. 3 GewO knüpft an den Schutzgedanken von Art. 3 III GG und § 81 SGB IX an (BT-Drs. 14/8796, S. 24). Aus diesen Normen lässt sich lediglich ein Benachteiligungsverbot, jedoch kein Anspruch auf eine begünstigende Behandlung herleiten (*Wisskirchen* DB 2002, 1886 [1887]). Eine Definition der Behinderung enthält die Norm nicht, aber die Gesetzesbegründung geht von der Definition der Behinderung in § 2 I SGB IX aus (BT-Drs. 14/8796, S. 24). Die sich aus Art. 5 der zu Grunde liegenden EG-Richtlinie 2000/78/EG ergebende Förderpflicht wurde in § 81 Abs. 4 SGB IX geregelt, wie z. B. im Hinblick auf behinderungsgerechte Einrichtungen.

§ 107 Berechnung und Zahlung des Arbeitsentgelts

(1) **Das Arbeitsentgelt ist in Euro zu berechnen und auszuzahlen.**

(2) ¹**Arbeitgeber und Arbeitnehmer können Sachbezüge als Teil des Arbeitsentgelts vereinbaren, wenn dies dem Interesse des Arbeitnehmers oder der Eigenart des Arbeitsverhältnisses entspricht.** ²**Der Arbeitgeber darf dem Arbeitnehmer keine Waren auf Kredit überlassen.** ³**Er darf ihm nach Vereinbarung Waren in Anrechnung auf das Arbeitsentgelt überlassen, wenn die Anrechnung zu den durchschnittlichen Selbstkosten erfolgt.** ⁴**Die geleisteten Gegenstände müssen mittlerer Art und Güte sein, soweit nicht ausdrücklich eine andere Vereinbarung getroffen worden ist.** ⁵**Der Wert der vereinbarten Sachbezüge oder die Anrechnung der überlassenen Waren auf das Arbeitsentgelt darf die Höhe des pfändbaren Teils des Arbeitsentgelts nicht übersteigen.**

(3) ¹**Die Zahlung eines regelmäßigen Arbeitsentgelts kann nicht für die Fälle ausgeschlossen werden, in denen der Arbeitnehmer für seine Tätigkeit von Dritten ein Trinkgeld erhält.** ²**Trinkgeld ist ein Geldbetrag, den ein Dritter ohne rechtliche Verpflichtung dem Arbeitnehmer zusätzlich zu einer dem Arbeitgeber geschuldeten Leistung zahlt.**

Übersicht

	Rdn.
I. Auswirkungen der Gesetzesnovelle	1
II. Geldzahlungsgebot	2
III. Sachbezüge	4
IV. Kreditierungsverbot	7
V. Anrechnungsvereinbarungen	11
VI. Trinkgeld	16
VII. Rechtsfolgen von Verstößen	18

I. Auswirkungen der Gesetzesnovelle

1   Bestimmungen, die den Lohn betreffen, waren bis zur Gesetzesnovelle in §§ 114 a bis 119 b geregelt (s. vor §§ 105 Rdn. 6, 20). Die §§ 114 a bis 114 d waren schon vorher praktisch bedeutungslos (s. 6. Aufl. § 114 d). Die Kernaussagen des § 115, nämlich das Truckverbot (= Tauschverbot), die Bestimmung der Währung (§ 115 I a. F.) sowie das Kreditierungsverbot (§ 115 II a. F.) sind in § 107 eingegangen. **Entfallen** sind dagegen folgende Regelungen:

Berechnung und Zahlung des Arbeitsentgelts § 107

- Verbot der Lohnauszahlung in Gaststätten, § 115 a a. F.,
- Rechtsfolgen bei Verstößen gegen § 115 a. F. in §§ 116 a. F., 117 I a. F.,
- Verbot von Lohnverwendungsabreden, § 117 II a. F.,
- Unklagbarkeitsregelung, § 118 a. F.,
- Erweiterung des Adressatenkreises, §§ 119, 119 b a. F.,
- Berechnung der Lohnzahlung, § 119 a.

Diese Vorschriften stammen noch aus der Zeit vor Inkrafttreten des BGB und waren aufgrund bereits vorhandener Regelungen im allgemeinen Zivilrecht längst überflüssig geworden.

II. Geldzahlungsgebot

§ 107 I übernimmt die früher in § 115 I a. F geregelten Vorschriften über 2
die Berechnung und Auszahlung des Arbeitsentgelts in Euro. Durch die Regelung soll verhindert werden, dass der Arbeitnehmer statt des vereinbarten Arbeitsentgelts **Surrogate an Zahlungs statt** erhält, z. B. Waren oder Naturalien (*Neumann*, in: Landmann/Rohmer I, § 107 Rdn. 16 f.) Die in § 115 I a. F. außerdem enthaltene Verpflichtung, den Lohn in bar auszuzahlen, wurde nicht übernommen. Diese Regelung stammt aus dem Jahre 1869, als die Möglichkeiten des bargeldlosen Zahlungsverkehrs noch unbekannt waren. Deshalb galt das Barzahlungsgebot bereits vor der Gesetzesnovelle als überholt und wurde im Wege der teleologischen Auslegung überspielt (s. 6. Auflage Rdn. 2).

Da der Euro die offizielle Währung ist, ist die Verpflichtung zur **Zahlung** 3
in Euro selbstverständlich. Abweichungen sind aber möglich (*Neumann*, in: Landmann/Rohmer I, § 107 Rdn. 14; *Preis*, in: ErfK, § 107 GewO Rdn. 2; *Schöne* DB 2002, 1887; a. A. *Bauer/Opolony* BB 2002, 1590 [1592]; *Boemke*, in: Boemke, § 107 Rdn. 10). Auch wenn der Arbeitsvertrag nach internationalem Privatrecht dem deutschen Recht unterliegt (s. *Wank*, in: Hanau/Steinmeyer/Wank, Handbuch des europäischen Arbeits- und Sozialrechts, 2000, § 31 Rdn. 16 ff.), kann beispielsweise für Mitarbeiter, die für längere Zeit ins Ausland entsandt werden, die Auszahlung des Lohnes in der Landeswährung vorgesehen werden.

III. Sachbezüge

§ 107 II 1 erlaubt es den Arbeitsvertragsparteien grundsätzlich, Sachbezüge 4
als Teil des Arbeitsentgelts zu vereinbaren. Diese Vorschrift stellt eine Ausnahme vom Geldzahlungsgebot dar (*Boemke*, in: Boemke, § 107 Rdn. 17; *Neumann*, in: Landmann/Rohmer I, § 107 Rdn. 33). Sachbezüge werden in der Gesetzesbegründung als geldwerte Gegenstände definiert, die der Arbeitgeber dem Arbeitnehmer als Entgelt überlässt (BT-Drs. 14/8796, S. 24).

Zulässig ist die Vereinbarung von Sachbezügen einmal, wenn dies dem 5
Interesse des Arbeitnehmers entspricht. Das ist z. B. der Fall, wenn Firmeneigentum vom Arbeitnehmer privat genutzt oder mitgenutzt werden darf. So kann der Arbeitgeber einen Pkw, einen Telefonanschluss, ein Mobil-

§ 107   Titel VII. Arbeitnehmer

telefon oder ein Notebook zur privaten Mitbenutzung überlassen und den Wert der Überlassung auf den Lohn anrechnen. Bei der Ermittlung der Interessenlage ist aus Praktikabilitätsgründen ein objektiver Maßstab anzusetzen (*Bauer/Opolony* BB 2002, 1590 [1593]; *Boemke*, in: Boemke, § 107 Rdn. 18.)

6 Die Vereinbarung von Sachbezügen ist auch zulässig, wenn es der **Eigenart des Arbeitsverhältnisses** entspricht. Das ist insbes. bei Deputaten der Fall. So können Arbeitnehmer in Brauereien, Unternehmen in den Bereichen Textil oder Süßwaren oder in der Gastronomie ein monatliches Kontingent frei oder verbilligt zur Verfügung erhalten. Entspricht die Vereinbarung von Sachbezügen der Eigenart des Arbeitsverhältnisses, kommt es auf das Arbeitnehmerinteresse nicht mehr an. Der Wert der vereinbarten Sachleistung darf gem. § 107 II 5 die Höhe des pfändbaren Teils des Arbeitsentgelts nicht überschreiten.

IV. Kreditierungsverbot

7 Das früher in § 115 II 1 a. F. geregelte Kreditierungsverbot ist in § 107 II 2 übernommen worden. Danach ist es dem Arbeitgeber grundsätzlich verboten, den Arbeitnehmern Waren zu kreditieren. Ziel dieser Regelung ist es, die Umgehung des Truckverbots zu verhindern (*BAG* DB 1979, 1848; *Stahlhacke/Bleistein* GewO-Kommentar, Stand 1989, § 115 Anm. IV). Bei wörtlicher Anwendung sind dadurch auch Personaleinkäufe auf Kredit verboten. Ein Bedürfnis für diesen Schutz besteht nicht. Das Kreditierungsverbot knüpft an den Gedanken des Abs. 1 an, wonach es dem Arbeitgeber grundsätzlich verwehrt ist, seiner Lohnzahlungspflicht ganz oder teilweise durch Warenleistungen nachzukommen. Bareinkäufe, die unabhängig von der Lohnauszahlung erfolgen, unterliegen keinen derartigen Beschränkungen (*BGH* NJW 1975, 1515; *Neumann*, in: Landmann/Rohmer I, § 107 Rdn. 45). Ob insoweit ein Personalrabatt gezahlt wird und in welcher Höhe, ist Sache der Regelung im Arbeitsvertrag, wobei das Mitbestimmungsrecht des Betriebsrats aus § 87 I Nr. 10 BetrVG zu beachten ist.

8 § 107 II 2 gilt nunmehr gem. § 6 II GewO **für alle Arbeitsverhältnisse;** § 154 I Nr. 2 GewO a. F., wonach die §§ 113 bis 119 b a. F. auf Handlungsgehilfen nicht anwendbar sind, ist weggefallen.

9 Streitig ist, ob die in letzter Zeit häufig praktizierte Vereinbarung von **Aktienoptionsplänen**, die eine Stundung des Aktienkaufpreises vorsieht, von § 107 II 2 erfasst ist. Da sich das Kreditierungsverbot nur auf „Waren" und damit nur auf bewegliche Sachen bezieht, sind Wertpapiere ebenso wie Grundstücke und Forderungen nach dem allgemeinen Sprachgebrauch vom Verbot ausgenommen (*Bauer/Opolony* BB 2002, 1590 [1592]; *Neumann*, in: Landmann/Rohmer I, § 107 Rdn. 42; wohl auch *Lembke* BB 2001, 1469 [1476]; vgl. *Preis*, in: ErfK, § 107 GewO Rdn. 4).

10 § 107 II 2 GewO greift nicht ein, wenn der Arbeitnehmer beim Arbeitgeber Waren auf Kredit kauft und der Kaufpreis durch ein **Kreditinstitut** gestundet wird. Dies gilt auch dann, wenn der Arbeitgeber mit dem Kreditinstitut in ständiger Geschäftsverbindung steht (*BAG* AP Nr. 3 zu § 115 GewO; a. A. *Boemke*, in: Boemke, § 107 Rdn. 25, der darin eine Umgehung des Verbots sieht).

V. Anrechnungsvereinbarungen

Eine weitere Ausnahme vom Geldzahlungsgebot ist in § 107 II 3 geregelt. **11** Danach ist es dem Arbeitgeber gestattet, Arbeitnehmern Waren in Anrechnung auf den Lohn zu überlassen. Die früher in § 115 II GewO enthaltene Beschränkung auf bestimmte Waren ist mit der Gesetzesnovelle weggefallen.

Voraussetzung für die Anrechnung ist eine **Einigung** zwischen Arbeitgeber **12** und Arbeitnehmer über den Erwerb bestimmter Waren (§ 433 BGB) sowie darüber, dass der Kaufpreis auf den Lohn angerechnet werden soll. Eine einseitige Ersetzungsbefugnis des Arbeitgebers besteht nicht (*Bauer/Opolony* BB 2002, 1590 [1593]; *Boemke*, in: Boemke, § 107 Rdn. 28).

Der **Preis** für die Waren darf den durchschnittlichen Selbstkostenpreis **13** nicht übersteigen. Der Selbstkostenpreis ist der Preis, zu dem der Arbeitgeber die Ware veräußern kann, ohne Gewinn oder Verlust zu machen (*Bauer/ Opolony* BB 2002, 1590 [1593]).

Grundsätzlich müssen die Waren **mittlerer Art und Güte** sein. Zur Ausle- **14** gung dieser Vorschrift kann auf § 243 I BGB zurückgegriffen werden. Eine andere Vereinbarung ist zulässig, muss aber ausdrücklich geschlossen werden. Das kann auch mündlich geschehen, jedoch empfiehlt sich eine schriftliche Abmachung. So kann der Arbeitgeber z. B. Luxusartikel anbieten, da – anders als bei Sachbezügen – der Arbeitnehmer im Einzelfall frei entscheiden kann, bei wem er kauft. Umgekehrt kann der Arbeitgeber auch minderwertige Waren anbieten (z. B. kostengünstige Ware zweiter Wahl bei einem Porzellanhersteller oder bei einem Textilunternehmen).

Die Preise für Sachbezüge oder Waren werden auf den Lohn „**angerech- 15 net**". Dieser Fachausdruck ist von der Aufrechnung zu unterscheiden. Der Arbeitgeber leistet insoweit an Erfüllungs statt, § 364 II BGB (so wohl auch *Schöne* NZA 2002, 829 [831]). Der Anrechnungsbetrag darf die Höhe des pfändbaren Teils des Arbeitsentgelts nicht übersteigen, § 107 II 5. Damit soll erreicht werden, dass der Arbeitnehmer den zum Leben notwendigen Lohn in bar und nicht in Naturalien erhält.

VI. Trinkgeld

Abs. 3 bezüglich Trinkgeld wurde aufgrund einer Empfehlung des Aus- **16** schusses für Wirtschaft und Technologie eingefügt (BT-Drs. 14/9254). Die Besteuerung von Trinkgeldern wurde 2002 durch das „Gesetz zur Steuerfeststellung von Arbeitnehmergeldern" beseitigt. Eine Vertragsabrede, nach der der Lohn allein durch Trinkgelder abgegolten wird, führt damit zu steuerlichen Vorteilen. Das wird durch Abs. 3 nicht gänzlich ausgeschlossen. Geregelt ist nur, dass der Arbeitnehmer daneben auch ein regelmäßiges Arbeitsentgelt erhalten muss.

Soweit die Bezahlung durch Trinkgelder erfolgt, erhält der Arbeitsvertrag **17** einen **werkvertraglichen Einschlag**; das Einkommen des Arbeitnehmers ist dann abhängig einmal von seiner Leistung und der darauf beruhenden Zufriedenheit des Gastes, andererseits aber hängt es auch von Umständen ab,

§ 108

die nicht vom Arbeitnehmer beeinflussbar sind (wie nachlassende Konjunktur, schlechte Küche). Es widerspricht dem Grundgedanken des Arbeitsvertrages, den Lohn von solchen eigentlich unternehmerischen Risiken abhängig zu machen (*Wank* Anm. zu *BAG* RdA 2002, 112). Zumindest muss der Arbeitnehmer ein angemessenes Festgehalt erhalten; darauf können dann Trinkgelder angerechnet werden. Unzulässig ist folglich das in Spielbanken häufig verwendete Troncsystem, wenn der Croupier ausschließlich von dem Trinkgeldaufkommen (Tronc) vergütet wird (*Lembke*, in: HWK, § 107 GewO, Rdn. 76; *Becker*, in: Däubler/Hjort/Hummel/Wolmerath, ArbR, § 107 GewO, Rdn. 16).

VII. Rechtsfolgen von Verstößen

18 Eine Rechtsfolgenregelung enthält § 107 (anders als §§ 116 –118 a. F.) nicht, so dass insoweit die allgemeinen bürgerlichrechtlichen Grundsätze gelten. Regelmäßige Rechtsfolge ist daher gem. § 134 BGB die Nichtigkeit der Abmachung. Daraus folgt, dass beispielsweise eine Abrede über die Kreditierung von Waren **nichtig** ist (vgl. *Boemke*, in: Boemke, § 107 Rdn. 23). Anders als nach § 118 a. F. wäre aber eine Zurückforderung der Ware nach Bereicherungsrecht grundsätzlich möglich. In den Fällen des § 107 II 3 ist eine Anrechnungsvereinbarung über einen höheren als den Selbstkostenpreis nur hinsichtlich des den Selbstkostenpreis überschreitenden Betrags nichtig, im Übrigen aber wirksam (*Bauer/Opolony* BB 2002, 1590 [1593]; *Boemke*, in: Boemke, § 107 Rdn. 30).

19 Die Regelung des § 119 a. F. im Hinblick auf die mit dem Gewerbetreibenden gleichzustellenden Personen ist zwar weggefallen. Das ändert aber an der bisherigen Rechtsfolge insofern nichts, als dem Arbeitgeber das Verhalten seiner **Mitarbeiter** nach Stellvertretungsrecht zugerechnet wird. Werden dagegen nicht im Betrieb beschäftigte Familienmitglieder für andere Gewerbetreibende in das verbotene Geschäft eingebunden, so kann nunmehr nur noch auf den Gedanken der Umgehung zurückgegriffen werden.

§ 108 Abrechnung des Arbeitsentgelts

(1) ¹**Dem Arbeitnehmer ist bei Zahlung des Arbeitsentgelts eine Abrechnung in Textform zu erteilen.** ²**Die Abrechnung muss mindestens Angaben über Abrechnungszeitraum und Zusammensetzung des Arbeitsentgelts enthalten.** ³**Hinsichtlich der Zusammensetzung sind insbesondere Angaben über Art und Höhe der Zuschläge, Zulagen, sonstige Vergütungen, Art und Höhe der Abzüge, Abschlagszahlungen sowie Vorschüsse erforderlich.**

(2) **Die Verpflichtung zur Abrechnung entfällt, wenn sich die Angaben gegenüber der letzten ordnungsgemäßen Abrechnung nicht geändert haben.**

(3) ¹**Das Bundesministerium für Arbeit und Soziales bestimmt das Nähere zum Inhalt und Verfahren der Entgeltbescheinigung nach Absatz 1, die auch zu Zwecken nach dem Sozialgesetzbuch verwen-**

det werden kann nach Maßgabe des § 97 Abs. 1 des Vierten Buches Sozialgesetzbuch. ²Der Arbeitnehmer kann vom Arbeitgeber zur Vorlage dieser Bescheinigung gegenüber Dritten eine weitere Entgeltbescheinigung verlangen, die sich auf die Angaben beschränkt, die zu diesem Zweck notwendig sind.

I. Frühere Regelung

Die Regelung war bisher in § 134 II a. F. enthalten, war jedoch gem. 1
§ 133 h auf Betriebe mit in der Regel mindestens zwanzig Arbeitnehmern beschränkt. In der Literatur war die Pflicht zur Erteilung einer Abrechnung, gestützt auf die Fürsorgepflicht, als arbeitsvertragliche Nebenpflicht des Arbeitgebers auch auf andere Betriebe ausgedehnt worden (letztmalig *Schaub* in Schaub, 10. Aufl. 2002, § 72 Rdn. 4).

II. Neue Regelung

Durch die Neuregelung wird die Abrechnungspflicht einheitlich für alle 2
Arbeitsverhältnisse unabhängig von der Größe des Betriebs vorgeschrieben. Jeder Arbeitnehmer soll in die Lage versetzt werden, die Zusammensetzung seines Lohns zu überprüfen und nachzuvollziehen. Daher muss die Lohnabrechnung gem. § 108 I 2 mindestens Angaben über die Zusammensetzung des Lohns und den Abrechnungszeitraum enthalten. S. 2 konkretisiert diese Anforderungen durch Aufzählung der (Mindest-)Angaben zur Lohnzusammensetzung.

Maßgeblich für die Erteilung der Abrechnung ist der **Zeitpunkt der Aus-** 3
zahlung, bei Barzahlung also die Übergabe, bei bargeldloser Zahlung der Zeitpunkt des Eingangs auf dem Konto des Arbeitnehmers (BAG AP Nr. 1 zu § 108 GewO; *Schöne* NZA 2002, 829 [832]).

Die Abrechnung muss in **Textform** erbracht werden, § 126 b BGB. Sie 4
braucht daher nicht schriftlich zu erfolgen, sie kann auch nach einem Abrechnungssystem gefertigt werden. Eine Übermittlung der Abrechnung per Fax oder E-Mail ist ebenfalls zulässig.

§ 108 II bestimmt, dass eine neue Aufstellung **nicht erforderlich** ist, sofern 5
sich gegenüber der letzten Abrechnung nichts geändert hat. Mit dieser Regelung soll der unnötige bürokratische Aufwand für den Arbeitgeber vermieden werden.

Eine Verletzung der Abrechnungspflicht ist **sanktionslos**. Der Arbeitneh- 6
mer kann aber notfalls auf Erfüllung klagen und aus dem Urteil vollstrecken.

§ 109 Zeugnis

(1) ¹Der Arbeitnehmer hat bei Beendigung eines Arbeitsverhältnisses Anspruch auf ein schriftliches Zeugnis. ²Das Zeugnis muss mindestens Angaben zu Art und Dauer der Tätigkeit (einfaches Zeugnis) enthalten. ³Der Arbeitnehmer kann verlangen, dass sich die Angaben

§ 109

Titel VII. Arbeitnehmer

darüber hinaus auf Leistung und Verhalten im Arbeitsverhältnis (qualifiziertes Zeugnis) erstrecken.

(2) ¹Das Zeugnis muss klar und verständlich formuliert sein. ²Es darf keine Merkmale oder Formulierungen enthalten, die den Zweck haben, eine andere als aus der äußeren Form oder aus dem Wortlaut ersichtliche Aussage über den Arbeitnehmer zu treffen.

(3) Die Erteilung des Zeugnisses in elektronischer Form ist ausgeschlossen.

Übersicht

	Rdn.
I. Auswirkungen der Novellierung der Gewerbeordnung auf das Zeugnisrecht	1
1. Bisherige Rechtslage	1
2. Neue Regelung	2
3. Auswirkungen auf § 630 BGB	3
II. Voraussetzungen des Zeugnisanspruchs	4
1. Anspruchsberechtigte	4
2. Anspruchsgegner	5
3. Arbeitsverhältnis	6
III. Form	10
IV. Zeugnisarten	11
1. Einfaches Zeugnis	11
2. Qualifiziertes Zeugnis	13
3. Verhältnis von qualifiziertem zu einfachem Zeugnis	15
V. Allgemeines Verbot der Kennzeichnung von Zeugnissen	16
VI. Berichtigung, Widerruf	17
1. Berichtigung	17
2. Widerruf	18
VII. Rechtsfolgen einer Verletzung der Zeugnispflicht	19
1. Klage und Zwangsvollstreckung	19
2. Schadensersatz	20

I. Auswirkungen der Novellierung der Gewerbeordnung auf das Zeugnisrecht

1. Bisherige Rechtslage

1   Das Zeugnisrecht war **früher in verschiedenen Vorschriften** geregelt, nämlich in § 630 BGB, § 73 HGB, § 113 GewO und in § 8 BBiG. Rechtsprechung und Lehre gingen allerdings davon aus, dass unabhängig von der konkreten Vorschrift allgemeine Gedanken für alle Bereiche gelten. Der Gesetzgeber hat mit dem Dritten Gesetz zur Änderung der Gewerbeordnung vom 24. 08. 2002 eine Rechtsbereinigung und Deregulierung vorgenommen (BT-Drs. 14/8796, S. 16). Das Recht auf Ausstellung eines Zeugnisses ist seit dem 1. 1. 2003 nur noch in § 630 BGB, § 109 GewO und § 16 BBiG geregelt.

Zeugnis § 109

2. Neue Regelung

Die Regelungen in § 109 I und II GewO geben den Inhalt des **früheren** 2
§ 113 I bis III GewO wieder. Im Abs. 1 werden die Begriffe des „einfachen"
und des „qualifizierten" Zeugnisses definiert. § 109 II GewO ergänzt den
bereits in § 113 III GewO a. F. enthaltenen Rechtsgedanken um die allgemeine Verpflichtung, das Zeugnis klar und verständlich zu formulieren (krit.
dazu *Schöne* NZA 2002, 832; *Bauer/Opolony* BB 2002, 1594, da die Begriffe
„klar" und „verständlich" nicht justiziabel seien). § 109 III GewO entspricht
§ 630 S. 3 BGB. Ersatzlos gestrichen wurde § 113 IV GewO a. F., der den
Zeugnisanspruch des gesetzlichen Vertreters minderjähriger Arbeitnehmer
regelte. Der Gesetzgeber hielt die Vorschrift für nicht mehr praxisrelevant
(BT-Drs. 14/8796, S. 25). Nach § 16 I BBiG steht dem Auszubildenden
selbst und nicht seinem gesetzlichen Vertreter der Zeugnisanspruch zu. Für
minderjährige Arbeitnehmer, die keine Auszubildenden sind, ergeben sich
nunmehr keine Besonderheiten.

3. Auswirkungen auf § 630 BGB

§ 630 BGB ist um den S. 4 ergänzt worden: „**Wenn der Verpflichtete ein** 3
Arbeitnehmer ist, findet § 109 der Gewerbeordnung Anwendung."
Anscheinend geht der Gesetzgeber davon aus, dass § 630 BGB auch weiterhin
für andere Personen als für Arbeitnehmer bedeutsam ist. Die Frage war in
der Literatur zum früheren Recht sehr umstritten. Ausgehend vom Wortlaut
des § 630 BGB bejahte ein Teil der Literatur den Zeugnisanspruch des freien
Dienstnehmers (*Hohmeister* NZA 1998, 571 [572 ff.]; *Schaub* Arbeitsrechts-Handbuch, 9. Aufl. 2000, § 146 Rdn. 1; *Kraft*, in: Soergel Kommentar zum
BGB, Band 4/1, 12. Aufl. 1997, § 630 Rdn. 4). Einige Autoren sehen sich
nun durch den Gesetzgeber in dieser Annahme bestätigt, da die Norm sonst
weitgehend ohne Anwendungsbereich und damit überflüssig wäre (so *Bauer/
Opolony* BB 2002, 1590 [1594]; *Neumann*, in: Landmann/Rohmer I, § 109
Rdn. 7). Andere vertraten zur früheren Rechtslage die Ansicht, dass es einen
Zeugnisanspruch für (selbstständige) Dienstnehmer nicht gibt (*Belling*, in:
Erman, Handkommentar zum BGB, 10. Aufl. 2000, § 630 Rdn. 3; *Göldner*
Grundlagen des Zeugnisrechts, 1989, S. 21; *Wank*, in: MünchArbR, 2. Aufl.,
§ 128 Rdn. 3). An dieser Auffassung ist auch nach der Gesetzesänderung
festzuhalten, da der Dienstverpflichtete weisungsungebunden ist und seine
Tätigkeit frei gestalten kann, so dass es dem Dienstberechtigten praktisch
unmöglich ist, seine Führung und Leistung abschließend zu beurteilen.
Zudem können freie Dienstnehmer unmittelbar mit dem Ergebnis ihrer Leistung werben und sind somit für ihr berufliches Fortkommen nicht auf ein
Zeugnis angewiesen. Aus der Praxis sind keine Zeugnisse beispielsweise für
selbstständige Tennislehrer, Klavierlehrer oder Ärzte bekannt. Bedeutung hat
§ 630 BGB nur für **Arbeitnehmerähnliche**. Auf sie ist die Vorschrift unmittelbar anwendbar.

II. Voraussetzungen des Zeugnisanspruchs

1. Anspruchsberechtigte

4 § 109 n. F. gilt nunmehr **für alle Arbeitnehmer**, wie sich aus § 6 II GewO und, übereinstimmend, aus § 630 S. 4 BGB ergibt. Für Organmitglieder juristischer Personen ergibt sich der Zeugnisanspruch weiterhin aus § 630 BGB n. F., sofern man diese – wie die h. M. – als Dienstnehmer und nicht als Arbeitnehmer ansieht (s. zum Meinungsstreit *Wank*, in: Festschrift für H. Wiedemann, 2002, S. 587 [588 ff.]), sonst aus § 109 GewO.

2. Anspruchsgegner

5 Der Zeugnisanspruch richtet sich **gegen den Arbeitgeber**. Er kann sich zur Erfüllung seiner Verpflichtung durch einen im Betrieb Beschäftigten vertreten lassen; dieser muss aber erkennbar ranghöher sein als der Anspruchsberechtigte (*BAG* AP Nr. 27 zu § 630 BGB; *LAG Düsseldorf* DB 1969, 534; *LAG Köln* NZA 1995, 685; *Preis*, in: Staudinger (2002), § 630 Rdn. 22; differenzierend *Henssler*, in: MünchKommBGB, § 630 Rdn. 51, nach dessen Ansicht bei einfachen Zeugnissen auch ein nicht ranghöherer Vertreter ausreicht). Bei Insolvenz bleibt der Anspruch gegenüber dem Gemeinschuldner bestehen (*BAGE* 19, 146 [152]). Etwas anderes gilt jedoch dann, wenn der Insolvenzverwalter den Arbeitnehmer weiter beschäftigt hat. In diesem Fall ist der Insolvenzverwalter zur Ausstellung des Zeugnisses verpflichtet, und zwar unabhängig von der Dauer der Weiterbeschäftigung (*BAG* NJW 1991, 1971; *LAG Köln* LAGE § 55 InsO Nr. 4; ebenso *Müller*, in: Boemke, § 109 Rdn. 13; a. A. *Preis*, in: Staudinger (2002), § 630 Rdn. 24, wonach das Zeugnis nur dann vom Insolvenzverwalter auszustellen ist, wenn der Arbeitnehmer noch lange Zeit nach Insolvenzeröffnung im Betrieb tätig ist, den der Insolvenzverwalter fortführt).

3. Arbeitsverhältnis

6 a) Der Zeugnisanspruch setzt ein **Arbeitsverhältnis** voraus. Anders als § 630 BGB verlangt § 109 kein „dauerndes" Arbeitsverhältnis. Der Anspruch besteht daher auch bei einer Beschäftigungszeit von nur wenigen Tagen (vgl. *LAG Düsseldorf* DB 1963, 1260; *Schleßmann* BB 1988, 1320). Bei einem Leiharbeitsverhältnis besteht der Zeugnisanspruch gegenüber dem Verleiher, da nur zwischen ihm und dem Leiharbeitnehmer ein Arbeitsverhältnis besteht. Mängel des Arbeitsvertrages, wie etwa Nichtigkeit oder Anfechtbarkeit, berühren den Zeugnisanspruch grundsätzlich nicht (*Preis*, in: Staudinger (2002), § 630 Rdn. 4; *Schleßmann*, S. 46; *Henssler*, in: MünchKommBGB, § 630 Rdn. 10).

7 b) Nach § 109 I 1 hat der Arbeitnehmer erst „bei Beendigung eines Arbeitsverhältnisses" Anspruch auf ein Zeugnis; in § 113 I a. F. hieß es „beim Abgang". Aus dieser Formulierung ist gefolgert worden, dass der Anspruch erst mit der Beendigung des Arbeitsverhältnisses erwachse. Da diese Auffassung den Bedürfnissen des Arbeitnehmers, sich schon während der Kündi-

gungsfrist nach einer neuen Stelle umzusehen, nicht gerecht wird, besteht der Anspruch auf Ausstellung eines Zeugnisses nach heute allgemeiner Auffassung schon **vor der Beendigung des Arbeitsverhältnisses.** Nach dem Zweck des Zeugnisanspruchs ist bei einem unbefristeten Arbeitsverhältnis auf den Zeitpunkt der Kündigung oder, wenn die Kündigung bereits vor Beginn der einschlägigen Kündigungsfrist erklärt wird, auf den Beginn der Kündigungsfrist abzustellen (*Preis,* in: Staudinger (2002), § 630 Rdn. 13; *Linck,* in: Schaub § 146 Rdn. 7; *Wank,* in: MünchArbR, § 105 Rdn. 5; weitergehend *Schleßmann,* S. 53, der bei einer Kündigung vor Beginn der Kündigungsfrist bereits die Bekanntgabe der Kündigungsabsicht für die Entstehung des Zeugnisanspruchs ausreichen lässt). Bei einem befristeten Arbeitsverhältnis besteht der Anspruch von dem Zeitpunkt an, zu dem bei Annahme eines unbefristeten Arbeitsverhältnisses hätte gekündigt werden müssen (*Becker-Schaffner* BB 1989, 2105 [2108]; *Wank,* in: MünchArbR, § 105 Rdn. 6; ebenso *Schleßmann,* S. 56), allerdings mit der Einschränkung, dass die Tätigkeit von einiger Dauer war. Da sich Verhalten und Leistung bis zur tatsächlichen Beendigung des Arbeitsverhältnisses ändern können, ist der Arbeitgeber berechtigt, das Zeugnis als „vorläufiges" oder dergleichen zu bezeichnen (*Müller-Glöge,* in: ErfK, § 109 GewO Rdn. 8; *Henssler,* in: MünchKommBGB, § 630 Rdn. 14; a. A. *Preis,* in: Staudinger (2002), § 630 Rdn. 13). Der Arbeitnehmer hat in diesen Fällen einen Anspruch darauf, dass ihm bei oder alsbald nach der Beendigung des Arbeitsverhältnisses ein endgültiges Zeugnis ausgehändigt wird (*Becker-Schaffner* BB 1989, 2105 [2108]). Er ist jedoch verpflichtet, bei oder nach Erhalt des endgültigen Zeugnisses das vorläufige Zeugnis zurückzugeben, da für das berufliche Fortkommen ein Zeugnis pro Arbeitsverhältnis ausreicht (*Müller,* in: Boemke, § 109 Rdn. 5; a. A. *Schleßmann,* S. 55, da ein rechtliches Interesse des Arbeitgebers an der Rückgabe nicht ersichtlich sei). Der Anspruch auf Ausstellung eines endgültigen Zeugnisses besteht auch dann, wenn der Arbeitnehmer eine **Kündigungsschutzklage** erhebt (*BAG* BB 1987, 1816). Darin liegt kein Widerspruch zur Klageerhebung (*Wank,* in: MünchArbR, § 105 Rdn. 8).

c) Bei Vorliegen eines berechtigten Interesses sowie aufgrund tariflicher 8 oder arbeitsvertraglicher Regelungen kann der Arbeitnehmer bereits während eines Beschäftigungsverhältnisses einen Anspruch auf ein sog. **Zwischenzeugnis** haben (*Müller,* in: Boemke, § 109 Rdn. 7 m. w. N; *Neumann,* in: Landmann/Rohmer I, § 109 Rdn. 16). Ein solches Interesse besteht beispielsweise dann, wenn der Arbeitnehmer einen neuen Vorgesetzten bekommt oder die Stelle innerhalb des Unternehmens wechselt (*BAG* NZA 1999, 894), bei einem Betriebsübergang oder wenn das Arbeitsverhältnis längere Zeit ruhen wird (*Linck,* in: Schaub § 146 Rdn. 9; weitere Beispiele bei *Haag/ Amann* AiB 2003, 536 [537]). Regelmäßig ist der Arbeitgeber beim Endzeugnis an den Inhalt des Zwischenzeugnisses gebunden (*BAG* AP Nr. 33 zu § 630 BGB). Zur **dienstlichen Beurteilung** s. *BAG* AP Nr. 3 zu § 611 BGB Personalakte.

d) **Fällig** wird der Anspruch auf Zeugniserteilung erst mit dem Verlangen 9 nach Zeugniserteilung (*Müller,* in: Boemke, § 109 Rdn. 16; *Schleßmann,* S. 53), wobei dem Arbeitgeber allerdings eine angemessene Bearbeitungszeit

§ 109

für die Ausstellung des Zeugnisses zuzubilligen ist. Im Falle einer fristlosen Kündigung muss das Zeugnis sofort erteilt werden.

III. Form

10 Das Zeugnis muss **schriftlich** erteilt werden und unterschrieben sein. Die elektronische Form ist nach § 109 III ausgeschlossen. Das Zeugnis muss die im Geschäftsleben üblichen Mindestanforderungen erfüllen, d. h. es muss sauber und ordentlich geschrieben sein und darf keine Flecken, Radierungen, Verbesserungen, Durchstreichungen oder Ähnliches enthalten (*Linck*, in: Schaub § 146 Rdn. 16; *Schleßmann* S. 126). Im Zeugnis ist die genaue Firmenbezeichnung des Arbeitgebers anzugeben. Werden im Geschäftszweig des Arbeitgebers für schriftliche Äußerungen üblicherweise Firmenbögen verwendet und verwendet der Arbeitgeber solches Geschäftspapier, so muss das Zeugnis auf Firmenbogen geschrieben sein (*BAG* BB 1993, 1439). Durch die äußere Form darf nicht der Eindruck erweckt werden, der Aussteller distanziere sich vom buchstäblichen Wortlaut seiner Erklärung (*BAG* BB 1993, 1439). Um Verwechslungen mit Gleichnamigen zu verhindern, muss die Person des Arbeitnehmers genau bezeichnet werden. Neben dem Familiennamen und dem Vornamen müssen auch Geburtsdatum und Geburtsort angegeben werden. Das Zeugnis muss das Ausstellungsdatum enthalten (*Neumann*, in: Landmann/Rohmer I, § 109 Rdn. 13); bei Verzug des Arbeitgebers besteht ein Anspruch auf Rückdatierung (*Müller*, in Boemke, § 109 Rdn. 32). Eine Verpflichtung des Arbeitgebers, das Zeugnis mit der Überschrift „Zeugnis" zu versehen, besteht nicht (*Preis*, in: Staudinger (2002), § 630 Rdn. 29; *Henssler*, in: MünchKommBGB, § 630 Rdn. 46; a. A. *Schleßmann*, S. 129).

IV. Zeugnisarten

1. Einfaches Zeugnis

11 a) Nach § 109 I 2 und 3 kann der Arbeitnehmer bei Vorliegen der Voraussetzungen für den Zeugnisanspruch wahlweise ein einfaches oder ein qualifiziertes Zeugnis verlangen. Im **einfachen Zeugnis** wird – neben den oben genannten Daten – nur die Art und Dauer des Arbeitsverhältnisses angegeben. Die **Art der Beschäftigung** muss so vollständig und genau beschrieben werden, dass sich künftige Arbeitgeber ein klares Bild machen können (*BAG* AP Nr. 11 zu § 630 BGB). Hat der Arbeitnehmer an mehreren Stellen im Betrieb oder Unternehmen gearbeitet, so sind diese Tätigkeiten in einem einheitlichen Zeugnis zusammenzufassen (*LAG* Frankfurt DB 1969, 887).

12 b) Im Hinblick auf die **Dauer** ist die rechtliche Dauer maßgebend. Kurze Unterbrechungen, z. B. durch Krankheit oder Urlaub, sind im Zeugnis nicht zu nennen. Ebenfalls nicht im einfachen Zeugnis zu erwähnen ist der Grund des Ausscheidens, es sei denn, dass der Arbeitnehmer dies selbst verlangt (z. B. beim Ausscheiden auf eigenen Wunsch; *Neumann*, in: Landmann/Rohmer I, § 109 Rdn. 19).

2. Qualifiziertes Zeugnis

a) Auf Verlangen des Arbeitnehmers erstreckt sich das Arbeitszeugnis auch 13
auf Leistung und Verhalten (früher: Führung) im Arbeitsverhältnis (**qualifiziertes Zeugnis**). Hinsichtlich des Verhaltens ist das dienstliche (Sozial-)Verhalten des Arbeitnehmers gegenüber Vorgesetzten, Kollegen und Kunden zu beurteilen (*Müller*, in: Boemke, § 109 Rdn. 43). Bei den Angaben über die Leistung ist auf Art, Schwierigkeiten und Umfang der Arbeit sowie auf Qualität und Tempo der Arbeit einzugehen. Kriterien für die Beurteilung der Leistung sind die Arbeitsbereitschaft, die Arbeitsbefähigung, die Arbeitsweise sowie der Arbeitserfolg (s. näher *Schleßmann* S. 98 f.). Für eine Erwähnung im Zeugnis kommen nur berufstypische Merkmale in Betracht (*BAG* AP Nr. 1 zu § 109 GewO (*Schleßmann*)).

b) Arbeitszeugnisse müssen einerseits **wahr** sein (*BAG* AP Nr. 1 zu § 73 14
HGB); andererseits ist an Zeugnisse **der Maßstab des Wohlwollens** eines verständigen Arbeitgebers anzulegen, um dem Arbeitnehmer das Fortkommen im Berufsleben zu erleichtern (*BAG* AP Nr. 11 zu § 630 BGB; *LAG Düsseldorf* DB 1976, 2310; *Henssler*, in: MünchKommBGB, § 630 Rdn. 41; *Preis*, in: Staudinger (2000), § 630 Rdn. 44). Die Wahrheitspflicht geht dem Wohlwollensgrundsatz vor. Ein falsches Zeugnis kann das berechtigte Interesse der künftigen Arbeitgeber an dessen Zuverlässigkeit verletzen und Schadensersatzansprüche gegen den Aussteller begründen. Dem Arbeitgeber steht bei der Beurteilung von Leistung und Verhalten des Arbeitnehmers ein weiter Beurteilungsspielraum zu. Er muss sich aber an die allgemeinen Grundsätze des Zeugnisrechts und die Verkehrssitte halten und sich der allgemeinen Zeugnissprache bedienen (*Müller*, in: Boemke, § 109 Rdn. 44; vgl. *Müller-Glöge*, in: ErfK, § 109 Rdn. 30, der eine Beurteilung nach objektivierten Maßstäben verlangt). Wenn der Arbeitnehmer mit seiner Beurteilung nicht einverstanden ist, hat er die Tatsachen vorzutragen und zu beweisen, die eine bessere Schlussbeurteilung rechtfertigen sollen (*BAG* RdA 2005, 181 (Anm. *Gäntgen*)). Ein Anspruch darauf, dass ein Zeugnis mit einer Dankes- oder Wunschformel abgeschlossen wird, besteht wohl auch in Bezug auf § 109 GewO nicht (zweifelnd *LAG Düsseldorf* NZA-RR 2009, 177 (a. A. Anm. *Fahrig*)). Die dahingehende BAG-Rechtsprechung (*BAG* AP Nr. 26 zu § 630 BGB) bezieht sich auf § 630 BGB.

3. Verhältnis von qualifiziertem zu einfachem Zeugnis

Der Arbeitnehmer hat ein Wahlrecht, ob er vom Arbeitgeber ein einfaches 15
oder ein qualifiziertes Zeugnis verlangt. Hat er zunächst nur ein einfaches Zeugnis gefordert und erhalten, kann er später trotzdem ein qualifiziertes Zeugnis Zug um Zug gegen Rückgabe des alten Zeugnisses verlangen (*Müller-Glöge*, in: ErfK, § 109 GewO Rdn. 6; *Wank*, in: MünchArbR, § 105 Rdn. 17). Problematischer sind die Fälle, in denen der Arbeitnehmer, nachdem er ein qualifiziertes Zeugnis bekommen hat, doch lieber nur ein einfaches Zeugnis haben will (etwa weil die Beurteilung seiner Leistung und/oder seines Verhaltens für ihn ungünstig ausfiel). In diesem Fall besteht kein Anspruch, da er durch die Erfüllung des weitergehenden Anspruchs untergegangen ist (*Müller-Glöge*, in: ErfK, § 109 GewO Rdn. 6; a. A. *Göldner*, Grund-

§ 109

lagen des Zeugnisrechts, 1989, S. 40; *Schleßmann*, S. 67; *Henssler*, in: Münch-KommBGB, § 630 Rdn. 24). Für den Arbeitgeber kann es jedoch günstiger sein, der Forderung des Arbeitnehmers zu entsprechen, wenn er das Risiko einer Zeugnisklage vermeiden möchte.

V. Allgemeines Verbot der Kennzeichnung von Zeugnissen

16 § 109 II 2 GewO verbietet es dem Arbeitgeber, die Zeugnisse mit Merkmalen zu versehen, die der Kennzeichnung des Arbeitnehmers dienen sollen, ohne dass dies aus dem Wortlaut des Zeugnisses ersichtlich ist (zu Beispielen für die Verwendung von Geheimzeichen s. *Huber*, Das Arbeitszeugnis in Recht und Praxis, 1991, S. 57 f. , 145 ff.). Dagegen verbietet § 109 II 2 nicht die Verwendung von Ausdrücken, deren Bedeutung zwar nicht jedermann verständlich ist, die jedoch in den betreffenden Kreisen von Arbeitgebern und Arbeitnehmern bekannt sind (*Neumann,* in: Landmann/Rohmer I, § 109 Rdn. 32; s. auch zur Zeugnissprache *Haag/Amann* AiB 2003, 536 [538 ff.]; *Schulz*, Arbeitszeugnisse, 8. Aufl. 2009, S. 106 ff.). Die Auslassung einer branchenüblichen Bescheinigung von Leistungen oder Eigenschaften des Arbeitnehmers ist als (versteckter) Hinweis für den Leser des Zeugnisses (beredtes Schweigen) zu bewerten (*BAG* AP Nr. 1 zu § 109 GewO = EzA Nr. 7 zu § 109 GewO (Anm. *Müller*)).

VI. Berichtigung, Widerruf

1. Berichtigung

17 Der Arbeitnehmer hat einen Anspruch auf Ausstellung eines Zeugnisses, das formell und inhaltlich zutreffend und in der Bewertung mindestens zutreffend ist. Bleibt das erteilte Zeugnis hinter diesen Anforderungen zurück, kann der Arbeitnehmer vom Arbeitgeber Berichtigung des Zeugnisses verlangen (*Preis* Arbeitsrecht, § 72 I 2 b). Erfüllt der Arbeitgeber den Berichtigungsanspruch nicht, kann der Arbeitnehmer vor dem Arbeitsgericht auf Berichtigung klagen (*Linck*, in: Schaub § 146 Rdn. 32 f.; *Wank*, in: MünchArbR, § 105 Rdn. 30).

2. Widerruf

18 Der Arbeitgeber kann seinerseits das Zeugnis widerrufen, wenn er sich bei dessen Ausstellung im Irrtum befand. Eine Anfechtung dagegen ist nicht möglich, da das Zeugnis keine Willenserklärung, sondern eine Wissenserklärung ist (*Wank*, in: MünchArbR, § 105 Rdn. 25). Der Arbeitgeber ist für seinen Irrtum beweispflichtig (*Linck*, in: Schaub § 146 Rdn. 36).

VII. Rechtsfolgen einer Verletzung der Zeugnispflicht

1. Klage und Zwangsvollstreckung

Hat der Arbeitgeber seine Zeugnispflicht durch Nichterfüllung oder Schlechterfüllung verletzt, kann der Arbeitnehmer auf Erfüllung oder Berichtigung klagen. Die Vollstreckung wird nach § 888 ZPO durch Androhung von Zwangsgeld und Zwangsstrafen durchgeführt. Wird dem Kläger auf dessen Antrag im Urteil eine Geldentschädigung zugesprochen, wenn der Zeugnisanspruch nicht innerhalb einer bestimmten Frist erfüllt wird, ist die Zwangsvollstreckung nach § 888 ausgeschlossen (*Linck*, in: Schaub § 146 Rdn. 34). 19

2. Schadensersatz

Bei einer verschuldeten Verletzung der Zeugnispflicht durch den Arbeitgeber hat der Arbeitnehmer einen Anspruch auf Schadensersatz nach §§ 280 II, 286 oder § 280 I BGB. 20

Der Arbeitgeber kann sich darüber hinaus **gegenüber Dritten** nach § 826 BGB schadensersatzpflichtig machen, wenn er wissentlich unwahre Angaben im Zeugnis gemacht hat, das Bewusstsein der Möglichkeit schädlicher Folgen hatte und diese billigend in Kauf genommen hat (bedingter Vorsatz). Anspruchsberechtigt ist vor allem der Folgearbeitgeber, der den Arbeitnehmer aufgrund eines zu positiven Zeugnisses eingestellt hat. 21

§ 110 Wettbewerbsverbot

¹**Arbeitgeber und Arbeitnehmer können die berufliche Tätigkeit des Arbeitnehmers für die Zeit nach Beendigung des Arbeitsverhältnisses durch Vereinbarung beschränken (Wettbewerbsverbot).** ²**Die §§ 74 bis 75 f des Handelsgesetzbuches sind entsprechend anzuwenden.**

I. Frühere Regelung

Ein nachvertragliches Wettbewerbsverbot war bisher in §§ 74 ff. HGB für kaufmännische Angestellte und in § 133 f GewO für gewerbliche Arbeitnehmer geregelt. Da die Regelung des § 133 f GewO offenkundig unzureichend war, drängte sich schon früh die Frage auf, ob Wettbewerbsverbote für technische Angestellte nach den §§ 74 bis 75 f HGB beurteilt werden können oder ob zumindest eine analoge Anwendung dieser Bestimmungen in Betracht kommt. Nachdem die Rspr. jahrelang eine entsprechende Anwendung der §§ 74 ff. HGB auf die technischen Angestellten abgelehnt hatte (s. etwa BAG AP Nr. 4 zu § 133 f GewO), wandte sie zunächst einzelne Rechtsgedanken der §§ 74 ff. HGB auf die technischen Angestellten an (*BAG* AP Nr. 18, 21 zu § 74 HGB; AP Nr. 18, 19, 21 zu § 133 f GewO). Seit 1969 wandte das BAG, dem die überwiegende Lehre dabei gefolgt ist, die dem Wortlaut nach 1

§ 110

nur für Handlungsgehilfen geltenden §§ 74 ff. **HGB analog** auf alle Arbeitnehmer an (ständige Rspr. seit *BAG* AP Nr. 24 zu § 611 BGB Konkurrenzklausel; zu den Einzelheiten s. Voraufl. § 133 f Rdn. 2).

II. Heutige Regelung

1. Allgemeines

2   Durch die analoge Anwendung der §§ 74 ff. HGB durch das BAG war § 133 f GewO praktisch gegenstandslos geworden. § 110 GewO n. F., der den § 133 f GewO a. F. ersetzt, dient allein der Klarstellung und bringt keine Änderung der materiellen Rechtslage mit sich. Durch die Verweisung auf die §§ 74 ff. HGB wird die höchstrichterliche Rspr. nachvollzogen und die Anwendbarkeit der §§ 74 ff. HGB auf alle Arbeitnehmer gesetzlich festgeschrieben (BT-Drs. 14/8796, S. 26; *Düwell* DB 2002, 2270 f.). Nach Ansicht des BGH (NJW 2003, 1864) gelten die Vorschriften auch für Arbeitnehmerähnliche (zu Organmitgliedern s. *Kann/Kaluweit* BB 2010, 2050).

2. Gegenstand und Form der Wettbewerbsabrede

3   Gegenstand des Wettbewerbsverbots ist eine Vereinbarung zwischen Arbeitgeber und Arbeitnehmer, die den Arbeitnehmer für die Zeit **nach Beendigung** des Arbeitsverhältnisses in seiner beruflichen Tätigkeit beschränkt. Durch die Wettbewerbsabrede kann dem Arbeitnehmer jede Tätigkeit in einem Konkurrenzunternehmen verboten sein (unternehmensbezogene Konkurrenzklausel). Die Wettbewerbsabrede kann sich jedoch auch auf das Verbot nur bestimmter Tätigkeiten in einem Konkurrenzunternehmen beschränken (partielle Konkurrenzklausel).

4   Die Wettbewerbsabrede muss gemäß § 74 I HGB **schriftlich** vereinbart werden (§ 126 BGB); zusätzlich muss die Urkunde, die sämtliche Abreden enthält, dem Arbeitnehmer ausgehändigt werden. Bei Nichteinhaltung der Formvorschriften ist die Abrede gemäß § 125 S. 1 BGB nichtig (*Neumann*, in: Landmann/Rohmer I, § 110 Rdn. 21; *Gründel/Tietze*, in: Boemke, § 110 Rdn. 19).

3. Inhalt der Wettbewerbsabrede

5   Der Inhalt der Wettbewerbsabrede ist nicht Gegenstand freier Übereinkunft, sondern unterliegt sowohl im Hinblick auf das Wettbewerbsverbot als auch im Hinblick auf die Karenzentschädigung **Grenzen**, die sich aus §§ 74 ff. HGB ergeben. Werden diese Grenzen überschritten, so unterscheidet das Gesetz im Hinblick auf die Rechtsfolgen zwischen Nichtigkeit und Unverbindlichkeit. Ist ein Wettbewerbsverbot **unverbindlich,** so kann sich nur der Arbeitgeber nicht auf die Vereinbarung berufen. Dem Arbeitnehmer steht dagegen ein **Wahlrecht** zu. Er kann sich für die Einhaltung des Wettbewerbsverbots entscheiden mit der Folge, dass ihm auch die Karenzentschädigung zusteht (ständige Rspr. seit *BAG* AP Nr. 36 zu § 74 HGB (anders noch *BAG* AP Nr. 26 bis 29, 32, 33 zu § 74 HGB); *Buchner* Wettbewerbsverbote während

Wettbewerbsverbot § 110

und nach Beendigung des Arbeitsverhältnisses, 1995, Rdn. C 278; s. Meinungsübersicht bei *Bauer/Diller* Wettbewerbsverbote, Rdn. 71 ff.). Er kann sich aber auch von dem Wettbewerbsverbot lösen. In diesem Fall verliert er zugleich seinen Anspruch auf die Karenzentschädigung (vgl. *BAG* AP Nr. 24 zu § 611 BGB Konkurrenzklausel).

Bei **nichtigen Wettbewerbsverboten** ergeben sich für keine der Parteien 6 Ansprüche aus der Wettbewerbsvereinbarung.

Das Wettbewerbsverbot ist zum einen dann unverbindlich, wenn es nicht 7 (mehr) dem Schutz der **berechtigten geschäftlichen Interessen** des Arbeitgebers dient (§ 74 a I 1 HGB). Das berechtigte Interesse des Arbeitgebers setzt stets eine konkrete Beziehung zwischen der Tätigkeit des Arbeitnehmers und dem untersagten Wettbewerb voraus (*BAG* AP Nr. 16 zu § 133 f GewO). Es ist dann gegeben, wenn das Verbot dem Schutz von Betriebsgeheimnissen dient oder den Einbruch in den Kunden- und Lieferantenkreis verhindern soll (*BAG* AP Nr. 5 zu § 74 a HGB). An einem berechtigten Interesse des Arbeitgebers fehlt es, wenn dem Arbeitnehmer lediglich der Arbeitsplatzwechsel erschwert werden soll (*BAG* AP Nr. 21 zu § 133 f GewO; *BAG* DB 1996, 481). Das berechtigte Interesse des Arbeitgebers kann auch nachträglich wegfallen, wie z. B. im Falle der Veräußerung des Unternehmens durch den Arbeitgeber (*BAG* BB 1966, 497). In diesen Fällen behält jedoch der Arbeitnehmer den Anspruch auf die Karenzentschädigung, wenn er sich weiterhin an das Wettbewerbverbot hält (BAG NZA 2010, 1175; *Bauer/Diller*, Rdn. 487 m. w. N.).

Gemäß § 74 a I 2 HGB ist ein Wettbewerbsverbot unverbindlich, soweit 8 es unter Berücksichtigung der gewährten Entschädigung nach Ort, Zeit oder Gegenstand eine **unbillige Erschwerung des Fortkommens** des Arbeitnehmers enthält. Zwischen den auferlegten Beschränkungen und der gewährten Entschädigung ist eine umfassende Abwägung der Interessen des Arbeitgebers einerseits und des Arbeitnehmers andererseits vorzunehmen (*BAG* AP Nr. 19 zu § 133 f GewO). Von einer unbilligen Erschwerung ist im Regelfall dann auszugehen, wenn dem Arbeitnehmer jede sinnvolle Verwertung seiner Arbeitskraft unmöglich gemacht wird, ohne dass dies durch eine entsprechend hohe Karenzentschädigung ausgeglichen wird (*Etzel*, in: Ensthaler (Hrsg.), Gemeinschaftskommentar zum Handelsgesetzbuch, 7. Aufl. 2007, §§ 74 – 75 d Rdn. 39). Im Übrigen kann ein Wettbewerbsverbot um so eher als wirksam anerkannt werden, je höher die zugesagte Karenzentschädigung ist (*BAG* AP Nr. 19 zu § 133 f GewO).

Das Wettbewerbsverbot ist schließlich auch dann unverbindlich, wenn es 9 sich auf einen längeren Zeitraum als **zwei Jahre** nach Beendigung des Arbeitsverhältnisses erstreckt (§ 74 a I 3 HGB). Die Unverbindlichkeit gilt jedoch nur für den zwei Jahre überschreitenden Zeitraum (*BAG* AP Nr. 25 zu § 123 BGB).

Die Wirksamkeit einer Wettbewerbsabrede ist davon abhängig, dass sich 10 der Arbeitgeber zugleich zur Zahlung einer **Karenzentschädigung** verpflichtet (zur Höhe der Karenzentschädigung *BAG* AP Nr. 83 zu § 74 HGB). Die Höhe der Karenzentschädigung richtet sich nach der zuletzt bezogenen vertragsgemäßen Vergütung; das gilt auch im Falle der Elternzeit (*BAG* NZA 2009, 962). Sieht die Wettbewerbsabrede überhaupt keine Karenzentschädi-

§ 110
Titel VII. Arbeitnehmer

gung vor, so steht das nach § 74 II HGB unverbindliche Wettbewerbsverbot einem nichtigen Wettbewerbsverbot gleich, d. h. der Arbeitnehmer kann keine Entschädigung verlangen und braucht sich an das Wettbewerbsverbot nicht zu halten (*BAG* NJW 1995, 151). Hat der Arbeitgeber dagegen dem Arbeitnehmer keine dem § 74 II HGB entsprechende Mindestentschädigung zugesagt oder ist die Verpflichtung zur Zahlung einer Karenzentschädigung unter Bedingungen erfolgt, so ist die Wettbewerbsabrede nicht nichtig, sondern für den Arbeitnehmer unverbindlich (vgl. Rdn. 5). Nach § 74 II HGB muss die Karenzentschädigung mindestens die Hälfte des zuletzt bezogenen Entgelts erreichen.

11 War ein Arbeitnehmer zum Zeitpunkt seines Ausscheidens mit einer bis zum Ende der Elternzeit ermäßigten Wochenarbeitszeit beschäftigt, so führt das nicht dazu, dass für die Berechnung einer Karenzentschädigung das vor dem Eintritt der Elternzeit gezahlte Entgelt für eine Vollzeittätigkeit zugrunde zu legen ist. § 74 b II HGB ist nicht einschlägig. Eine dahingehende Karenzregelung ist auch nach Art. 6 III GG nicht zu beanstanden (*BAG* EzA Nr. 71 zu § 74 HGB). Die Vereinbarung eines Wettbewerbsverbots mit einem minderjährigen Arbeitnehmer ist gemäß § 74 a II HGB stets nichtig, auch dann, wenn der **Minderjährige** die Vereinbarung mit Zustimmung des gesetzlichen Vertreters oder der gesetzliche Vertreter sie für den Minderjährigen abgeschlossen hat (vgl. *BAG* AP Nr. 1 zu § 90 a HGB). Die §§ 305 ff. BGB finden grundsätzlich gem. § 310 IV 2 BGB auf Musterarbeitsverträge oder auf von § 310 III Nr. 2 erfasste Arbeitsverträge Anwendung, die ein Wettbewerbsverbot enthalten. Umstritten ist jedoch, ob und inwieweit hinsichtlich nachvertraglicher Wettbewerbsverbote ein grundsätzlicher Vorrang der §§ 74 ff. HGB besteht (dafür *LAG Hamm* NZA-RR 2003, 513; vgl. auch *Hoffmann/Schulte*, in: Pielow, GewO § 110, Rdn. 97).

4. Lösung vom Wettbewerbsverbot gemäß § 75 HGB

12 Ist der Arbeitnehmer wegen vertragswidrigen Verhaltens des Arbeitgebers zur außerordentlichen Kündigung berechtigt, steht ihm nach § 75 I HGB ein Wahlrecht bezüglich der (gesamten) Wettbewerbsabrede zu. Die **außerordentliche Kündigung durch den Arbeitgeber** sollte dagegen nach § 75 III HGB zum Entfallen des Entschädigungsanspruchs unter Aufrechterhaltung des Wettbewerbsverbots führen. Wegen Verstoßes gegen Art. 3 GG wurde § 75 III vom BAG für verfassungswidrig und nichtig erklärt (*BAG* AP Nr. 6 zu § 75 HGB). Die dadurch entstandene Regelungslücke hat das BAG im Wege der Analogie zum Lösungsrecht des Arbeitnehmers in § 75 I HGB geschlossen.

13 Die nunmehr ins Gesetz aufgenommene Verweisung in § 110 S. 2 GewO erfasst jedoch zumindest formal auch § 75 III HGB. Es stellt sich somit die Frage, ob der Gesetzgeber die Regelung des § 75 III HGB bestätigen wollte. Dies ist zu bezweifeln, da gerade die Übernahme der BAG-Rspr. beabsichtigt war (BT-Drs. 14/8796, S. 26). Gegen diese Annahme spricht auch, dass die Parallelregelung für Handelsvertreter in § 90 a II 2 HGB a. F. inzwischen vom BVerfG unter Bezugnahme auf das BAG-Urteil für verfassungswidrig erklärt (*BVerfGE* 81, 242) und vom Gesetzgeber durch eine andere Regelung

(§ 90 a III HGB) ersetzt wurde. Vielmehr muss es sich bei der Verweisung auf § 75 III HGB um ein redaktionelles Versehen handeln, so dass weiterhin der Lösung des BAG zu folgen ist (*Gründel/Tietze*, in: Boemke, § 110 Rdn. 3, 50; so wohl auch *Neumann*, in: Landmann/Rohmer I, § 110 Rdn. 49); zur Beendigung eines Wettbewerbsverbots durch Aufhebungsvertrag s. *BAG* AP Nr. 81 zu § 74 HGB.

5. Wettbewerbsverbot und Ausgleichsklauseln in Aufhebungsverträgen sowie in gerichtlichen und außergerichtlichen Vergleichen

Klauseln in Aufhebungsverträgen, gerichtlichen und außergerichtlichen Vergleichen, mit denen „alle beiderseitigen Ansprüche aus dem Arbeitsverhältnis abgegolten" sein sollen, können auch dann ein nachvertragliches Wettbewerbsverbot umfassen, wenn der Zusatz „nach seiner Beendigung, seien sie bekannt oder unbekannt" fehlt (*BAG* EzA Nr. 40 zu § 74 HGB). 14

§§ 111 bis 132a (weggefallen)

§ 120a *Betriebssicherheit*

(1) Die Gewerbeunternehmer sind verpflichtet, die Arbeitsräume, Betriebsvorrichtungen, Maschinen und Gerätschaften so einzurichten und zu erhalten und den Betrieb so zu regeln, dass die Arbeitnehmer gegen Gefahren für Leben und Gesundheit so weit geschützt sind, wie es die Natur des Betriebs gestattet.

(2) Insbesondere ist für genügendes Licht, ausreichenden Luftraum und Luftwechsel, Beseitigung des bei dem Betrieb entstehenden Staubes, der dabei entwickelten Dünste und Gase sowie der dabei entstehenden Abfälle Sorge zu tragen.

(3) Ebenso sind diejenigen Vorrichtungen herzustellen, welche zum Schutze der Arbeitnehmer gegen gefährliche Berührungen mit Maschinen oder Maschinenteilen oder gegen andere in der Natur der Betriebsstätte oder des Betriebs liegende Gefahren, namentlich auch gegen die Gefahren, welche aus Fabrikbränden erwachsen können, erforderlich sind.

(4) Endlich sind diejenigen Vorschriften über die Ordnung des Betriebs und das Verhalten der Arbeitnehmer zu erlassen, welche zur Sicherung eines gefahrlosen Betriebs erforderlich sind.

(5) Die Absätze 1–4 gelten entsprechend für Versicherungsunternehmen, einschließlich derjenigen Versicherungsunternehmen, die kein Gewerbe betreiben.
(Die Vorschrift ist seit dem 8. 8. 1996 außer Kraft.)

§ 120 a, die frühere Grundnorm des technischen Arbeitsschutzrechts, wurde durch Art. 4 Nr. 1 des Gesetzes zur Umsetzung der EG-Rahmenrichtlinie Arbeitsschutz und weiterer Arbeitsschutz-Richtlinien vom 7. 8. 1996 (BGBl. I S. 1246) aufgehoben. An seine Stelle ist das Arbeitsschutzgesetz getreten. Die weiteren in der GewO enthaltenen Vorschriften des sog. technischen Arbeitsschutzes, nämlich die §§ 120 b bis f, galten zunächst weiterhin

§ 120a

und wurden im Zuge der Dritten GewO-Novelle zum 31. 12. 2003 (BGBl. I S. 3412) aufgehoben. Seitdem enthält die GewO keine Vorschriften zum technischen Arbeitsschutz mehr. Dennoch wird hier aus rechtssystematischen Erwägungen das **technische Arbeitsschutzrecht** einschließlich des Arbeitsschutzgesetzes in seinen Grundzügen dargestellt.

Übersicht

	Rdn.
I. Technischer Arbeitsschutz – Begriffsbestimmung	1
II. EU-Arbeitsschutzrecht	3
III. Systematik des deutschen Arbeitsschutzrechts	8
IV. Das Arbeitsschutzgesetz	14
1. Zielsetzung und Anwendungsbereich	15
2. Pflichten des Arbeitgebers	19
a) Grundpflichten	20
b) Beachtung allgemeiner Grundsätze	25
c) Gefährdungsbeurteilung und Dokumentation	32
d) Berücksichtigung der Befähigung	43
e) Koordinierung von Arbeitsschutzmaßnahmen	44
f) Spezielle Regelungen für besondere Gefahren	46
g) Vorkehrungen für Notfälle	51
h) Weitere Arbeitgeberpflichten	54
3. Pflichten und Rechte der Beschäftigten	57
4. Verordnungsermächtigungen	61
5. Durchführung und Überwachung	64
V. Einzelne Sachbereiche des technischen Arbeitsschutzes	66
1. Arbeitsstätten	66
2. Arbeitsmittel	78
3. Gefahrstoffe	85
4. Organisation	89

I. Technischer Arbeitsschutz – Begriffsbestimmung

1   Der technische Arbeitsschutz ist Teil des Arbeitsschutzrechts, dem neben dem technischen Arbeitsschutzrecht der soziale Arbeitsschutz sowie der Arbeitszeitschutz zugeordnet werden. Während der soziale Arbeitsschutz den besonderen Schutz für bestimmte Arbeitnehmergruppen umfasst, geht es beim technischen Arbeitsschutz um die Verhütung von Unfällen bei der Arbeit sowie den Schutz der Arbeitnehmer vor arbeitsbedingten Gesundheitsgefahren. Neben diesem klassischen Kernbereich des technischen Arbeitsschutzrechts wird dem technischen Arbeitsschutz auch die **menschengerechte Gestaltung der Arbeit** zugerechnet. Sie zielt darauf ab, bestimmte psychische oder physische Belastungen, die zwar nicht unmittelbar krankheitsverursachend anzusehen sind, die aber doch das psychische oder physische Wohlbefinden beeinträchtigen können, zu vermeiden (*Kohte*, in: MünchArbR, § 288 Rdn. 5; *Zöllner/Loritz/Hergenröder* Arbeitsrecht, § 30 IV; *Zöllner* RdA 1973, 212 ff.). Der klassische Bereich des technischen Arbeitsschutzes einschließlich der menschengerechten Gestaltung der Arbeit wird auch als **betrieblicher Arbeitsschutz** bezeichnet (*Wlotzke* RdA 1992, 85 [86 f.]).

Anders als der betriebliche Arbeitsschutz setzt der sog. **vorgreifende** **Arbeitsschutz**, der ebenfalls dem technischen Arbeitsschutzrecht zugeordnet wird, nicht erst beim betrieblichen Geschehen an, sondern betrifft Regelungen und Anforderungen, die bereits bei der Herstellung und Vermarktung von technischen Erzeugnissen und Gefahrstoffen zu beachten sind (*Streffer* Sozialer Arbeitsschutz, 1995, S. 54 [55]; *Wlotzke* RdA 1992, 85 [86]). Adressaten des vorgreifenden Arbeitsschutzes sind nicht Arbeitgeber und Arbeitnehmer, sondern Hersteller, Importeure und ggf. Händler, die technische Erzeugnisse in den Verkehr bringen (*Kohte*, in: MünchArbR, § 288 Rdn. 4). Der vorgreifende Arbeitsschutz verfolgt neben dem Schutz der Arbeitnehmer in der Regel auch weitergehende Ziele, wie z. B. den Verbraucherschutz, den Umweltschutz oder den allgemeinen Gesundheitsschutz.

II. EU-Arbeitsschutzrecht

Dem technischen Arbeitsschutzrecht der Bundesrepublik Deutschland liegt kein geschlossenes Konzept zugrunde, sondern es ist in einem mehr als ein Jahrhundert dauernden Entwicklungsprozess entstanden. Besondere Bedeutung kommt dabei dem EU-Arbeitsschutzrecht zu. Der Gemeinschaftsgesetzgeber hat das technische Arbeitsschutzrecht nämlich durch Richtlinien, die von den Mitgliedstaaten in innerstaatliches Recht umzusetzen waren oder noch umzusetzen sind, weitgehend durchnormiert und damit das deutsche Arbeitsschutzrecht maßgeblich beeinflusst. Die auf dem Gebiet des technischen Arbeitsschutzrechts erlassenen Richtlinien lassen sich unterteilen in die Gruppe der unmittelbar das betriebliche Geschehen betreffenden **Arbeitsschutzrichtlinien** nach Art. 114 AEU (früher Art. 95 EGV) und in die Gruppe der mittelbar auch dem Arbeitsschutz zugute kommenden produktbezogenen **Binnenmarktrichtlinien** nach Art. 115 AEU (früher Art. 94 EGV).

Die Arbeitsschutzrichtlinien enthalten nur **Mindestvorschriften.** Die Mitgliedstaaten sind somit nicht gehindert, weitergehende Maßnahmen zum Schutz der Gesundheit und Sicherheit der Arbeitnehmer beizubehalten oder festzulegen, soweit diese mit dem AEUV vereinbar sind. Die wichtigste auf Art. 118 a EGV a. F. gestützte Arbeitsschutzrichtlinie ist die Richtlinie 89/391/EWG des Rates vom 12. Juni 1989 zur Verbesserung der Sicherheit und des Gesundheitsschutzes der Arbeitnehmer bei der Arbeit (ABl. EG Nr. L 183 vom 29. Juni 1989, S. 1). Bei ihr handelt es sich um eine **Rahmenrichtlinie,** die quasi das Grundgesetz des technischen Arbeitsschutzrechts darstellt (*Wlotzke* RdA 1992, 85 [91]). Art. 16 dieser Rahmenrichtlinie bestimmt, dass der Rat auf der Grundlage eines auf Art. 118 a EGV a. F. beruhenden Vorschlags der Kommission **Einzelrichtlinien,** u. a. für die im Anhang der Richtlinie aufgeführten Bereiche, erlässt. Zur Ausfüllung der Rahmenrichtlinie hat der Rat bisher eine Reihe von Einzelrichtlinien erlassen (zu den Einzelrichtlinien s. näher *Börgmann*, in: Oetker/Preis, Europäisches Arbeits- und Sozialrecht, Teil B Nr. 6200 m. w. N.; *Wank*, in: Hanau/Steinmeyer/Wank, Deutsches und europäisches Arbeitsrecht, 2002, § 18 Rdn. 430 ff.). Neben den Einzelrichtlinien sind weitere den Schutz der Arbeitnehmer vor

§ 120a

Gefahrstoffen betreffende Richtlinien erlassen worden. Praktisch bedeutsam ist vor allem die Änderungsrichtlinie 91/328/EWG des Rates vom 25. Juni 1991 (ABl. EG Nr. L 206 vom 29. Juli 1991, S. 16). Durch sie wurden die in der Asbest-Richtlinie 83/477/EWG (ABl. EG Nr. L 263 vom 24. September 1983, S. 25) festgesetzten Grenzwerte für die zulässige Asbestkonzentration in der Luft herabgesetzt sowie die Verwendungsverbote für Asbest ausgedehnt (zur Asbest-Richtlinie s. näher *Wank*, in: Hanau/Steinmeyer/Wank, Deutsches und europäisches Arbeitsrecht, 2002, § 18 Rdn. 705 ff.).

5 Weitere Richtlinien betreffen die medizinische Versorgung auf **Schiffen**, den Gesundheitsschutz von Arbeitnehmern mit befristetem Arbeitsverhältnis oder in einem Leiharbeitsverhältnis sowie den Schutz Jugendlicher (s. näher *Wank*, in: Oetker/Preis, Europäisches Arbeits- und Sozialrecht (EAS), B Nr. 6200 Rdn. 42 ff.; *ders.*, in: Hanau/Steinmeyer/Wank § 18 Rdn. 251 ff.; 285 ff., 369 ff.).

6 Die auf der Grundlage des Art. 100 EGV und seit 1987 auf der Grundlage des Art. 100 a EGV a. F. erlassenen Binnenmarkt-Richtlinien betreffen vor allem das Inverkehrbringen von **gefährlichen Stoffen** und Zubereitungen, Maschinen, Schutzausrüstungen und Schutzsystemen sowie Betriebsmitteln (s. den Überblick bei *Wank* EAS, Rdn. 45 ff.; *ders.*, in: Hanau/Steinmeyer/Wank § 98 Rdn. 661 ff.).

7 Der deutsche Gesetzgeber hat die auf Art. 118 a EGV a. F. gestützten Arbeitsschutzrichtlinien sowie die arbeitsschutzrelevanten Binnenmarktrichtlinien überwiegend in deutsches Recht umgesetzt (zum Stand der **Umsetzung** s. *Börgmann*, o. Rdn. 4; *Kollmer*, in: Oetker/Preis, Europäisches Arbeits- und Sozialrecht, Teil B Nr. 6300 und 6400). Auf dem Gebiet des Chemikalienrechts trat am 1. 6. 2007 die neue EU-Chemikalienverordnung, die sog. REACH-Verordnung (Registration, Evaluation and Authorisation of Chemicals) in Kraft. Danach sollen auf dem europäischen Markt nur noch Chemikalien verwendet werden, deren Ungefährlichkeit für Mensch und Umwelt durch ausreichende wissenschaftliche Informationen gesichert ist („No Data, No Market") . Dabei werden die Hersteller und Importeure, aber auch nachgeschaltete Anwender und Händler im Wege der Beweislastumkehr verpflichtet, die Informationen über die sichere Verwendung von Chemikalien aufzuzeigen und an die Kunden weiterzuleiten. Die REACH-Verordnung löst über 40 Richtlinien und Verordnungen ab, die den Umgang mit Chemikalien in der EU geregelt haben. Zugleich hat die neue Europäische Chemikalien-Argentur (ECHA) in Helsinki mit der Umsetzung der Bestimmungen begonnen. Sie soll vor allem den Unternehmen die Informationen zur Verfügung stellen, wie sie die Anforderungen der Verordnung erfüllen können.

III. Systematik des deutschen Arbeitsschutzrechts

8 Das technische Arbeitsschutzrecht der Bundesrepublik Deutschland ist, da ihm kein geschlossenes Konzept zugrunde liegt, nur schwer zu systematisieren. Vom Normgeber ausgehend, lässt sich das technische Arbeitsschutzrecht in das staatliche und das autonome Arbeitsschutzrecht untergliedern.

§ 120a

Das **staatliche Arbeitsschutzrecht** umfasst die Gesamtheit der vom Bund 9
und den Ländern erlassenen Normen, durch die dem Arbeitgeber, dem
Arbeitnehmer oder auch Dritten öffentlich-rechtliche Pflichten zum Schutz
der Arbeitnehmer vor Gefahren für ihre Gesundheit oder Sicherheit auferlegt
werden (vgl. *Kohte*, in: MünchArbR, § 288 Rdn. 1). Das staatliche Arbeitsschutzrecht ist **unabdingbar,** d. h. der Arbeitnehmer kann auf seine Einhaltung nicht verzichten. Überwacht und durchgesetzt wird das staatliche
Arbeitsschutzrecht durch die zuständigen Arbeitsschutzbehörden der Länder,
vor allem die Gewerbeaufsichtsämter (s. § 21 I 1 ArbSchG; dazu *Kohte*, in:
MünchArbR, § 290 Rdn. 83).

Zum öffentlich-rechtlichen **autonomen Arbeitsschutzrecht** gehören 10
die von den gesetzlichen Unfallversicherungsträgern gem. § 15 SGB VII erlassenen Unfallverhütungsvorschriften. Träger der gesetzlichen Unfallversicherung sind neben den Eigenunfallversicherungsträgern (Bund, Bundesagentur
für Arbeit, Länder, Gemeinden, Gemeindeverbände) die Berufsgenossenschaften. Sie sind neben ihrer regionalen Gliederung auch fachlich gegliedert.
Die von den Berufsgenossenschaften erlassenen Unfallverhütungsvorschriften
werden gem. § 17 I SGB VII von Aufsichtspersonen überwacht, die die
Berufsgenossenschaften in der erforderlichen Zahl zu beschäftigen haben
(§ 18 I SGB VII). Zur Erfüllung ihrer Pflichten aufgrund der Unfallverhütungsvorschriften sowie zur Abwendung besonderer Unfall- und Gesundheitsgefahren können die Berufsgenossenschaften im Einzelfall Anordnungen
treffen (§ 17 I 2 SGB VII).

Ergänzt wird das öffentlich-rechtliche technische Arbeitsschutzrecht durch 11
Normen des **privatrechtlichen Arbeitsschutzes**. Ziel des privatrechtlichen
Arbeitsschutzes ist es, den Schutz der Gesundheit und Sicherheit der Arbeitnehmer durch die Begründung arbeitsvertraglicher Rechte und Pflichten zu
gewährleisten. Im Unterschied zum öffentlich-rechtlichen Arbeitsschutz, der
von den Aufsichtsbehörden überwacht und erforderlichenfalls durch behördliche Zwangsmaßnahmen durchgesetzt wird, muss der Arbeitnehmer die
Erfüllung privatrechtlicher Arbeitsschutzpflichten selbst durchsetzen.

Die grundlegende Norm des privaten Arbeitsschutzes ist **§ 618 BGB,** der 12
die arbeitsschutzbezogene Fürsorgepflicht des Arbeitgebers statuiert. § 618
BGB deckt sich inhaltlich mit der früheren und inzwischen aufgehobenen
Grundnorm des technischen Arbeitsschutzrechts, dem § 120 a. § 618 ist mit
den öffentlich-rechtlichen Arbeitsschutzvorschriften eng verknüpft (*Wank*,
in: ErfK, § 618 BGB Rdn. 3 ff.). Nach allgemeiner Auffassung konkretisieren
die öffentlich-rechtlichen Arbeitsschutzvorschriften nämlich den vom Arbeitgeber nach § 618 I BGB einzuhaltenden Standard, soweit sie geeignet sind,
den Gegenstand einer arbeitsvertraglichen Vereinbarung zu bilden (s. dazu
grundlegend *Nipperdey*, in: Die Reichsgerichts-Praxis im deutschen Rechtsle-
ben, Bd. 4, 1929, S. 203 ff.; *Herschel* RdA 1978, 69 [72 ff.]; *Wlotzke* Festschrift
für Hilger und Stumpf, 1983, S. 723 [738 ff.]). Der enge Zusammenhang
zwischen dem öffentlich-rechtlichen Arbeitsschutz und dem privatrechtlichen Arbeitsschutz kommt insbesondere auch in den Beteiligungsrechten
des Betriebsrats im Bereich des öffentlich-rechtlichen Arbeitsschutzes zum
Ausdruck (vgl. §§ 80 I Nr. 1, 87 I Nr. 7, 88, 89 BetrVG).

§ 120a

13 Inhaltlich lässt sich der öffentlich-rechtliche technische Arbeitsschutz in die **Sachbereiche** Arbeitsstätten, Arbeitsmittel und Arbeitsverfahren, Gefahrstoffe und Arbeitsorganisation untergliedern (zu den einzelnen Sachbereichen s. unter V).

IV. Das Arbeitsschutzgesetz

Literatur: *Pieper,* Arbeitsschutzrecht, 4. Aufl. 2009; *Koll/Janning/Pinter,* Arbeitsschutzgesetz, Loseblattkommentar, Stand: Juli 2008; *Kollmer,* Arbeitsschutzgesetz, 2005; *Nöthlichs,* Arbeitsschutz und Arbeitssicherheit, Loseblattkommentar, Stand: März 2008; *Pieper,* Das Arbeitsschutzgesetz, AuR 1996, S. 465; *Wank,* Kommentar zum technischen Arbeitsschutz (TAS)-ArbSchG, 1999; *ders.*, in: ErfK-ArbSchG; *Wlotzke,* Das neue Arbeitsschutzgesetz – zeitgemäßes Grundlagengesetz für den betrieblichen Arbeitsschutz, NZA 1996, S. 1017

14 Die Grundpflichten des Arbeitgebers auf dem Gebiet des betrieblichen Arbeitsschutzes, die für gewerbliche Arbeitnehmer früher in § 120 a geregelt waren, werden nunmehr durch das Arbeitsschutzgesetz – **ArbSchG** – vom 7. 8. 1996 (BGBl. I S. 1246), zuletzt geändert durch Art. 15 Abs. 89 des Gesetzes vom 5. 2. 2009 (BGBl. I S. 160), festgelegt, das im Folgenden dargestellt wird.

1. Zielsetzung und Anwendungsbereich

15 § 1 I 1 ArbSchG umschreibt das Schutzziel des Gesetzes, nämlich die **Sicherheit und den Gesundheitsschutz** der Beschäftigten bei der Arbeit durch Maßnahmen des Arbeitsschutzes zu sichern und zu verbessern. Anders als der Entwurf eines Arbeitsschutzrahmengesetzes (s. dazu *Wank* DB 1996, 1134 ff.) zielt das ArbSchG nicht auf eine grundlegende Neuregelung des betrieblichen Arbeitsschutzes ab, sondern beschränkt sich darauf, die Richtlinie 89/391/EWG des Rates vom 12. Juni 1989 über die Durchführung von Maßnahmen zur Verbesserung der Sicherheit und des Gesundheitsschutzes der Arbeitnehmer bei der Arbeit (ABl. EG Nr. L 183 vom 29. 6. 1989, S. 1; nachfolgend Rahmenrichtlinie 89/391/EWG abgekürzt) sowie die Richtlinie 91/383/EWG des Rates vom 25. Juni 1991 zur Ergänzung der Maßnahmen zur Verbesserung der Sicherheit und des Gesundheitsschutzes von Arbeitnehmern mit befristetem Arbeitsverhältnis oder Leiharbeitsverhältnis (ABl. EG Nr. L 206 vom 29. 7. 1991, S. 19) „im Verhältnis 1 : 1" in nationales Recht umzusetzen.

16 Während von § 120 a nur gewerbliche Arbeitnehmer erfasst wurden, ist der Anwendungsbereich des ArbSchG in Übereinstimmung mit Art. 2 I der Rahmenrichtlinie 89/391/EWG weit gefasst. Nach § 1 I 2 ArbSchG gilt das Gesetz in **allen Tätigkeitsbereichen.** Das ArbSchG gilt somit für alle bei einem Arbeitgeber Beschäftigten. Wer zu den Beschäftigten i. S. d. ArbSchG zählt, ist in § 2 II ArbSchG aufgelistet. Danach sind Beschäftigte nicht nur die Arbeitnehmer, und zwar auch die im öffentlichen Dienst beschäftigten Arbeiter und Angestellten, sondern auch die zu ihrer Berufsausbildung Beschäftigten, arbeitnehmerähnliche Personen i. S. d. § 5 I ArbGG, Beamte, Richter, Soldaten sowie die in Werkstätten für Behinderte Beschäftigten.

Arbeitsschutzrecht § 120a

Vom Anwendungsbereich des ArbSchG **ausgenommen** sind die **Hausan-** 17
gestellten in privaten Haushalten (§ 1 II 1 ArbSchG). Das ArbSchG gilt
ferner nicht für die Beschäftigten auf Seeschiffen und im Bergbau, allerdings
nur soweit für sie entsprechende Rechtsvorschriften bestehen (§ 1 II 2
ArbSchG). Vom Geltungsbereich des Gesetzes nicht erfasst werden darüber
hinaus die in Heimarbeit Beschäftigten (§ 2 II Nr. 3 Halbs. 2 ArbSchG).
Durch das ArbSchG soll in bestehende Arbeitsschutzvorschriften für spezi- 18
elle Arbeitsschutz- oder Gefahrenbereiche nicht eingegriffen werden. § 1
III 1 ArbSchG bestimmt deshalb, dass die in **anderen Rechtsvorschriften**
enthaltenen Arbeitsschutzpflichten durch das ArbSchG unberührt bleiben.
Das gilt nach § 1 III 2 ArbSchG auch für die Pflichten der Beschäftigten.
Ebenfalls durch das ArbSchG unberührt bleiben Gesetze, die andere Personen
als Arbeitgeber zu Maßnahmen des Arbeitsschutzes verpflichten (§ 1 III 3
ArbSchG). Zu diesen Gesetzen gehören z. B. solche, die neben dem Arbeitsschutz noch andere Ziele, wie den allgemeinen Gesundheitsschutz, Verbraucherschutz oder Umweltschutz, verfolgen (s. Begr. RegE, BT-Drs. 13/3540,
S. 14).

2. Pflichten des Arbeitgebers

Die Arbeitsschutzpflichten des Arbeitgebers sind im 2. Abschnitt des 19
ArbSchG (§§ 3 bis 14) festgelegt. Die Vorschriften sind eng an die Vorgaben
der Rahmenrichtlinie 89/391/EWG angelehnt und überlassen dem Arbeitgeber durch weit gefasste Formulierungen bewusst Spielraum für an die Situation der Betriebe angepasste Schutzmaßnahmen (s. Begr. RegE, BT-Drs. 13/
3540, S. 12).

a) Grundpflichten. Nach § 3 I 1 ArbSchG hat der Arbeitgeber die erfor- 20
derlichen Maßnahmen des Arbeitsschutzes unter Berücksichtigung der
Umstände zu treffen, die Sicherheit und Gesundheit der Beschäftigten bei
der Arbeit beeinflussen. Mit dieser **Kernaussage,** die für den gewerblichen
Bereich früher in § 120 a geregelt war, wird die Verantwortlichkeit des Arbeitgebers für den betrieblichen Arbeitsschutz herausgestellt. § 3 I 1 ArbSchG
besagt allerdings nicht, welche Arbeitsschutzmaßnahmen der Arbeitgeber zu
treffen hat. Auch § 2 I ArbSchG, der den Begriff Maßnahmen des Arbeitsschutzes als „Maßnahmen zur Verhütung von Unfällen bei der Arbeit und
arbeitsbedingten Gesundheitsgefahren einschließlich Maßnahmen der menschengerechten Gestaltung der Arbeit" definiert, gibt nur die zu erreichenden
Ziele an, erklärt jedoch nicht, durch welche Maßnahmen diese Ziele zu
erreichen sind. § 3 I 1 ArbSchG ist somit eine **arbeitsschutzrechtliche
Generalklausel.** Zu den vom Arbeitgeber zu treffenden Maßnahmen gehören vor allem solche, die zur Erfüllung der staatlichen Arbeitsschutzvorschriften sowie der Unfallverhütungsvorschriften geeignet und erforderlich sind
(*Koll/Janning/Pinter* § 3 Rdn. 4 f.).

Während § 120 a I GewO noch bestimmt hatte, dass die Verpflichtung des 21
Arbeitgebers nur insoweit bestehe, „wie es die Natur des Betriebes gestattet",
fehlt in § 3 I 1 ArbSchG eine solche Einschränkung. Daraus darf jedoch nicht
geschlossen werden, dass der Arbeitgeber alle erforderlichen Arbeitsschutzmaßnahmen zu treffen verpflichtet ist, die technisch oder wirtschaftlich mög-

§ 120a

Titel VII. Arbeitnehmer

lich sind. Dass die Verpflichtung des Arbeitgebers, Arbeitsschutzmaßnahmen zu treffen, nicht grenzenlos sein kann, ergibt sich schon aus dem aus dem Rechtsstaatsprinzip abgeleiteten Verhältnismäßigkeitsprinzip (so auch *Koll/ Janning/Pinter* § 3 Rdn. 6). Dem Verhältnismäßigkeitsgrundsatz entsprechend darf der Arbeitgeber ein **akzeptables Risiko** hinnehmen (vgl. BT-Drs. 13/ 3540, S. 16). Welches Risiko noch hinnehmbar ist, ergibt sich aus einem Abwägungsprozess. Je schwerer ein möglicher Schaden für den Beschäftigten sein kann, desto stärker müssen infolgedessen die Maßnahmen sein, die seinen Eintritt verhindern (vgl. Begr. RegE, BT-Drs. 13/3540, S. 18). Die vom Arbeitgeber hinzunehmenden Kosten für Maßnahmen zum Schutz der Beschäftigten vor Unfällen bei der Arbeit und arbeitsbedingten Gesundheitsgefahren durch die Arbeit werden somit durch die Schwere des möglichen Schadens und durch seine Eintrittswahrscheinlichkeit bestimmt (s. auch Rdn. 26).

22 § 3 I 2 ArbSchG verpflichtet den Arbeitgeber, die von ihm getroffenen Arbeitsschutzmaßnahmen auf ihre **Wirksamkeit zu überprüfen** und erforderlichenfalls sich verändernden Gegebenheiten **anzupassen**. Ein konkretes Verfahren oder eine bestimmte Frist für die Überprüfung der Wirksamkeit der Maßnahme sind nicht vorgegeben. Aus dem Schutzzweck der Norm, Unfälle bei der Arbeit und arbeitsbedingte Gesundheitsgefahren zu verhindern, ergibt sich jedoch, dass die **Kontrollen rechtzeitig und umfassend** erfolgen müssen. Eine Anpassung an veränderte Gegebenheiten kann u. a. aufgrund einer neuen Gefahrenbeurteilung, aufgrund geänderter Umstände beim Beschäftigten, der z. B. bestimmte Belastungen nicht mehr vertragen kann, oder einer Fortentwicklung der Sicherheitstechnik geboten sein (s. auch Begr. RegE, BT-Drs. 13/3540, S. 16). Bei der Anpassung der Arbeitsschutzmaßnahmen hat der Arbeitgeber eine Verbesserung von Sicherheit und Gesundheitsschutz der Beschäftigten anzustreben (§ 3 I 3 ArbSchG).

23 Damit die Arbeitsschutzmaßnahmen nach Abs. 1 durchgeführt werden können, verpflichtet § 3 II Nr. 1 ArbSchG den Arbeitgeber, für eine **geeignete Organisation** zu sorgen und die **erforderlichen Mittel bereitzustellen**. Die Pflicht zur Schaffung einer „geeigneten Organisation" betrifft nicht die Betriebsorganisation als Ganzes, sondern die innerbetriebliche Organisation des Arbeitsschutzes (*Koll/Janning/Pinter* § 3 Rdn. 16). In Betrieben, die dem Arbeitssicherheitsgesetz unterfallen, wird die Verpflichtung des Arbeitgebers aus § 3 II Nr. 1 ArbSchG weitgehend durch die Vorschriften des Arbeitssicherheitsgesetzes konkretisiert (*Pieper* AuR 1996, 465 [468]). Durch § 3 II Nr. 2 ArbSchG werden dem Arbeitgeber weitere Organisationspflichten auferlegt. Danach hat der Arbeitgeber Vorkehrungen zu treffen, damit die Arbeitsschutzmaßnahmen erforderlichenfalls bei allen Tätigkeiten und eingebunden in die betrieblichen Führungsstrukturen beachtet werden. Es müssen zudem die Voraussetzungen geschaffen werden, damit die Beschäftigten ihren Mitwirkungspflichten nachkommen können.

24 Gem. § 3 III ArbSchG dürfen die **Kosten** für die Arbeitsschutzmaßnahmen nicht den Beschäftigten auferlegt werden. Zu den Kosten i. S. d. § 3 III ArbSchG gehören auch die Kosten für persönliche Schutzausrüstungen.

25 **b) Beachtung allgemeiner Grundsätze.** § 4 ArbSchG verpflichtet den Arbeitgeber dazu, bei jeder Arbeitsschutzmaßnahme von den in Nr. 1 bis

Arbeitsschutzrecht § 120a

8 aufgestellten **allgemeinen Grundsätzen** auszugehen. Wenn durch die Grundsätze auch keine Rangfolge vorgeschrieben wird (a. A. *Pieper* ArbSchR, § 4 ArbSchG Rdn. 5; *Nöthlichs* Kennzahl 4016 S. 3), so liegt ihnen gleichwohl eine sinnvolle und logische Abfolge zugrunde, die vom Arbeitgeber zu berücksichtigen ist (vgl. *Koll/Janning/Pinter* § 4 Rdn. 6).

§ 4 Nr. 1 ArbSchG verpflichtet den Arbeitgeber, die Arbeit so zu gestalten, 26 dass eine Gefährdung für Leben und Gesundheit der Beschäftigten möglichst vermieden wird. Aus der Formulierung **„Gefährdung"** wird deutlich, dass sich Arbeitsschutzmaßnahmen nicht nur auf die Bekämpfung zu erwartender Gefahren beschränken dürfen, sondern dass eine wirksame Prävention früher ansetzen muss. Gefährdung bezeichnet im Gegensatz zur Gefahr nämlich schon die bloße Möglichkeit eines Schadens oder einer gesundheitlichen Beeinträchtigung ohne bestimmte Anforderungen an deren Ausmaß oder Eintrittswahrscheinlichkeit (Begr. RegE, BT-Drs. 13/3540, S. 16). Da eine absolute Sicherheit bei der Arbeit im Sinne eines Ausschlusses jedweder Gefährdung jedoch nicht möglich ist, enthält Nr. 1 die Einschränkung, dass Gefährdungen **möglichst vermieden** werden sollen. Der Gesetzgeber geht also davon aus, dass es ein Risiko gibt, das noch hinnehmbar (akzeptabel) ist. Welches Risiko im Einzelfall noch akzeptabel ist, bestimmt sich, soweit Spezialvorschriften fehlen, nach dem die gesamte Rechtsordnung beherrschenden Verhältnismäßigkeitsgrundsatz. Je schwerwiegender die möglichen Folgen sind, umso geringer ist das Maß, das an die Eintrittswahrscheinlichkeit des möglichen Schadens zu stellen ist (Begr. RegE, BT-Drs. 13/3540, S. 16). Eine hohe Eintrittswahrscheinlichkeit für einen schweren Schaden verpflichtet zu besonderen Vorkehrungen.

Ist eine Gefährdung nicht (völlig) zu vermeiden, so muss der Arbeitgeber 27 die verbleibenden Gefährdungen **möglichst** mindern, d. h. der Arbeitgeber muss die verbleibenden Gefährdungen so gering wie möglich halten (*Kittner/ Pieper* ArbSchR, § 4 ArbSchG Rdn. 5). Zur Risikominimierung gehört beispielsweise, dass der Arbeitgeber Arbeitsmittel, Verfahren und Arbeitsstoffe mit einem möglichst geringen Gefährdungspotential wählt (*Nöthlichs* Kennzahl 4016 S. 4 f.).

Nach § 4 Nr. 3 ArbSchG hat der Arbeitgeber bei seinen Arbeitsschutzmaß- 28 nahmen den Stand der Technik, Arbeitsmedizin und Hygiene sowie sonstige gesicherte arbeitswissenschaftliche Erkenntnisse zu **„berücksichtigen"**. Aus dieser Formulierung ergibt sich, dass die genannten Rechtsbegriffe nicht als Schutzniveau rechtsverbindlich festgelegt werden; der Arbeitgeber ist lediglich verpflichtet, dieses Schutzniveau in seine Überlegungen, welche Arbeitsschutzmaßnahmen getroffen werden sollen, einzubeziehen (*Nöthlichs* Kennzahl 4016 S. 6; *Wilhelm*, in: Kollmer § 4 Rdn. 11; a. A. wohl *Pieper* ArbSchR, § 4 ArbSchG Rdn. 7 b).

§ 4 Nr. 4 ArbSchG verlangt vom Arbeitgeber eine betriebliche **Arbeits-** 29 **schutzplanung**. Ziel dieser Planung soll es sein, Technik, Arbeitsorganisation, sonstige Arbeitsbedingungen, soziale Beziehungen sowie den Einfluss der Umwelt auf den Arbeitsplatz sachgerecht zu verknüpfen. Die Umstände, die die Arbeit beeinflussen, dürfen somit nicht isoliert auf die Gegebenheiten des einzelnen Arbeitsplatzes ausgerichtet sein, sondern sie müssen die Wechselbeziehungen innerhalb des gesamten Arbeitssystems berücksichtigen (Begr.

RegE, BT-Drs. 13/3540, S. 16). Unter „soziale Beziehungen" ist das sicherheitsgemäße Verhalten der Beschäftigten untereinander zu verstehen (*Nöthlichs* Kennzahl 4016, S. 12 a). Umwelteinflüsse können sowohl betriebsinterne als auch externe Einflüsse auf den Arbeitspatz sein, wie z. B. Emissionen von benachbarten Anlagen oder Verkehrslärm.

30 § 4 Nr. 8 ArbSchG lässt **geschlechtsspezifische Regelungen** nur zu, wenn dies aus biologischen Gründen zwingend geboten ist. Damit wird dem heutigen Verständnis der Gleichberechtigungsvorschriften im Allgemeinen Gleichbehandlungsgesetz (AGG) Rechnung getragen, wonach Sondervorschriften des Arbeitsschutzes für Frauen nur in engen Ausnahmen zulässig sind (vgl. *BVerfG* AP Nr. 2 zu § 19 AZO = NJW 1992, 964 zur Verfassungswidrigkeit des § 19 AZO, der für Arbeiterinnen ein Nachtarbeitsverbot enthielt).

31 Zu den weiteren **allgemeinen Grundsätzen** des § 4 ArbSchG gehören: Gefahrenbekämpfung an der Quelle; Vorrang objektiver Arbeitsschutzmaßnahmen vor individuellen Schutzmaßnahmen; Berücksichtigung spezieller Gefahren für besonders schutzwürdige Beschäftigungsgruppen und Erteilung geeigneter Anweisungen an die Beschäftigten.

32 **c) Gefährdungsbeurteilung und Dokumentation.** Um das betriebliche Gefährdungspotential hinreichend erfassen zu können, verpflichtet § 5 I ArbSchG den Arbeitgeber, die für die Beschäftigten mit ihrer Arbeit verbundenen Gefährdungen **zu beurteilen**. Die Beurteilung setzt zunächst die Ermittlung der Gefährdungen voraus, denen Beschäftigte bei ihrer Arbeit ausgesetzt sein können. An die Ermittlung der Gefährdungen schließt sich die Bewertung der Gefährdung an (*Koll/Janning/Pinter* § 5 Rdn. 3). Der Begriff der Gefährdung deckt sich mit dem in § 3 Nr. 1 ArbSchG (s. o. Rdn. 26).

33 Wie die Gefährdungsbeurteilung zu erfolgen hat, ist im Gesetz nicht geregelt. Wegen der sehr unterschiedlichen betrieblichen Verhältnisse ist ein einheitliches Verfahren zur Durchführung der Beurteilung auch kaum praktikabel (vgl. *Koll* Festschrift für Wlotzke, 1996, S. 701 [706]).

34 § 5 II ArbSchG schreibt daher vor, dass der Arbeitgeber die Beurteilung je nach Art der Tätigkeiten vorzunehmen hat. Eine Erleichterung enthält § 5 II 2 ArbSchG, wonach es bei **gleichartigen Arbeitsbedingungen** ausreicht, die Gefährdungsbeurteilung nur an einem Arbeitsplatz oder bei einer Tätigkeit vorzunehmen. § 5 III ArbSchG enthält eine beispielhafte Aufzählung der Arbeitsbedingungen, durch die sich eine Gefährdung für die Beschäftigten ergeben kann. Die Aufzählung soll dem Arbeitgeber als Anhaltspunkt für die von ihm vorzunehmende Gefährdungsbeurteilung dienen (Begr. RegE, BT-Drs. 13/3540, S. 17).

35 Mit der Pflicht des Arbeitgebers zur **Dokumentation** der Gefährdungsbeurteilung soll die betriebliche Arbeitsschutzsituation für den Arbeitgeber selbst, die mit Arbeitsschutzaufgaben befassten innerbetrieblichen Stellen sowie die Aufsichtsorgane **transparent** gemacht werden. Nach § 6 I ArbSchG muss der Arbeitgeber über Unterlagen verfügen, die Aufschluss geben über das Ergebnis der Gefährdungsbeurteilung nach § 5 ArbSchG, die vom Arbeitgeber festgelegten Maßnahmen des Arbeitsschutzes (§ 3 I

Arbeitsschutzrecht **§ 120a**

ArbSchG) sowie das Ergebnis der Überprüfung der Wirksamkeit der Arbeitsschutzmaßnahmen (§ 3 I 2 ArbSchG).

§ 6 I 1 ArbSchG enthält eine Auflistung der Angaben, die die Dokumenta- 36 tion enthalten muss. Die Auflistung ist abschließend. Die Dokumentation braucht auch keine Angaben über die Vorgehensweise und die Voraussetzungen der Gefährdungsbeurteilung zu enthalten (*Nöthlichs* Kennzahl 4020 S. 3).

Die Dokumentation hat unter Berücksichtigung der **Art der Tätigkeiten** 37 und der **Zahl der Beschäftigten** zu erfolgen. Im Übrigen hat es der Gesetzgeber der Eigenverantwortung des Arbeitgebers überlassen, wie er seiner Dokumentationspflicht nachkommt. Zulässig ist insbesondere auch der Rückgriff auf die Berichte der betrieblichen Sicherheitsexperten (Begr. RegE, BT-Drs. 13/3530, S. 17).

§ 6 I 2 ArbSchG erleichtert dem Arbeitgeber die Dokumentationspflicht. 38 Danach braucht das Ergebnis der Gefährdungsbeurteilung nicht für jeden einzelnen Arbeitsplatz oder für jede Tätigkeit in einem gesonderten Dokument festgehalten zu werden, wenn **gleichartige Gefährdungssituationen** vorliegen. In diesen Fällen ist es ausreichend, wenn die Unterlagen zusammengefasste Angaben über die Arbeitsplätze oder Tätigkeiten enthalten. Gleichartige Gefährdungssituationen sind dann anzunehmen, wenn sich die Gefährdungen der Arbeitnehmer in Bezug auf die einzelnen Arbeitsplätze oder die einzelnen Tätigkeiten nur unwesentlich voneinander unterscheiden (*Pieper* ArbSchR, § 6 ArbSchG Rdn. 2; vgl. *Koll/Janning/Pinter* § 6 Rdn. 7).

Die Modalitäten der Aufbewahrung der Dokumentation werden durch das 39 ArbSchG nicht vorgegeben. Nach § 6 I 1 ArbSchG müssen die Unterlagen lediglich **verfügbar** sein. Die Verfügbarkeit ist gegeben, wenn der Arbeitgeber in der Lage ist, die Dokumente den betrieblichen Aufsichtsorganen und der Überwachungsbehörde auf Verlangen in angemessener Zeit zur Einsicht vorzulegen (*Nöthlichs* Kennzahl 4020 S. 5). Die Dokumentation kann auf Datenträgern erfasst werden (*Koll/Janning/Pinter* § 6 Rdn. 3; *Nöthlichs* Kennzahl 4020 S. 5).

§ 6 I 3 1. Halbs. ArbSchG enthält eine Erleichterung für Kleinbetriebe. 40 Danach brauchen Arbeitgeber mit **bis zu 10 Beschäftigten** grundsätzlich nicht über eine Dokumentation i. S. d. § 6 I 1 ArbSchG zu verfügen, soweit in sonstigen Rechtsvorschriften nichts anderes bestimmt ist. Diese Vorschrift verstößt nach einer Entscheidung des EuGH (NZA 2002, 321) gegen die EG-Richtlinie 89/391/EWG. Nach § 6 S. 4 ArbSchG werden bei der Feststellung der Zahl der Beschäftigten Teilzeitbeschäftigte mit einer regelmäßigen wöchentlichen Arbeitszeit von nicht mehr als zwanzig Stunden mit 0,5 Beschäftigten und solche mit nicht mehr als 30 Stunden mit 0,75 berücksichtigt. Mit dieser „pro-rata-temporis"-Regelung soll verhindert werden, dass die Einstellung von Teilzeitbeschäftigten behindert wird (Begr. RegE, BT-Drs. 13/5107, S. 31).

Unabhängig von der Frage der Gemeinschaftsrechtswidrigkeit des § 6 I 3 41 1. Halbs. ArbSchG ergibt sich aus dieser Ausnahmeregelung keine Befreiung von der **Gefährdungsbeurteilung** nach § 5 ArbSchG. Nach § 6 I 3 2. Halbs. ArbSchG können die zuständigen Behörden bei besonderen Gefährdungssituationen im Betrieb anordnen, dass eine Dokumentation verfügbar sein muss. Damit wird der Tatsache Rechnung getragen, dass die Anzahl der

§ 120a

Titel VII. Arbeitnehmer

Beschäftigten nichts über die Unfallgefährdung aussagt. Ob die zuständige Behörde bei Vorliegen besonderer Gefährdungssituationen von ihrem Recht, eine Dokumentation zu verlangen, Gebrauch macht, steht in ihrem pflichtgemäßen Ermessen.

42 § 6 II ArbSchG verpflichtet Arbeitgeber, **Unfälle** in ihrem Betrieb **zu erfassen**, bei denen ein Beschäftigter getötet oder so verletzt wird, dass er stirbt oder für mehr als drei Tage arbeits- oder dienstunfähig wird. Unfälle i. S. d. § 6 II ArbSchG sind Unfälle bei der Arbeit. Nicht erfasst werden die in § 8 II SGB VII als Arbeitsunfälle definierten „Wegeunfälle". Bei der Berechnung der Tage der Arbeits- oder Dienstunfähigkeit zählen alle dem Unfalltag folgenden Kalendertage mit. § 6 II ArbSchG steht im engen Zusammenhang mit § 193 I SGB VII, der Unternehmer verpflichtet, Unfälle von Versicherten in ihrem Unternehmen dem zuständigen Unfallversicherungsträger anzuzeigen, wenn Versicherte getötet oder so verletzt sind, dass sie mehr als drei Tage arbeitsunfähig sind. Im Gegensatz zu § 193 I SGB VII enthält § 6 II ArbSchG jedoch keine Anzeige-, sondern lediglich eine Erfassungspflicht.

43 **d) Berücksichtigung der Befähigung.** Nach § 7 ArbSchG ist der Arbeitgeber verpflichtet, bei der Übertragung von Aufgaben auf Beschäftigte zu berücksichtigen, ob diese zur Einhaltung der zu beachtenden Bestimmungen und Maßnahmen befähigt sind. Mit Befähigung ist die körperliche und geistige Befähigung gemeint (*Koll/Janning/Pinter* § 7 Rdn. 4). Zu den **körperlichen Befähigungen,** deren Fehlen oder Einschränkung der Übertragung von Arbeiten auf einen Beschäftigten entgegenstehen können, gehören z. B. die Sehfähigkeit, die Hörfähigkeit, der Geruchssinn sowie Körpermaße und Körperkräfte. Zu den zu berücksichtigenden **geistigen Befähigungen** zählen die Auffassungsgabe, die Konzentrations- und Koordinationsfähigkeit sowie das Reaktionsvermögen.

44 **e) Koordinierung von Arbeitsschutzmaßnahmen.** § 8 ArbSchG enthält Bestimmungen zur Abwendung besonderer Gefahren, die sich dadurch ergeben können, dass Beschäftigte verschiedener Arbeitgeber zeitlich und örtlich gemeinsam auf einer Arbeitsstätte tätig werden. Nach § 8 I 1 ArbSchG haben die Arbeitgeber bei der Durchführung der Sicherheits- und Gesundheitsbestimmungen **zusammenzuarbeiten.** Wie die Zusammenarbeit zu erfolgen hat, wird in § 8 I 2 ArbSchG konkretisiert. Danach müssen die Arbeitgeber sich insbesondere gegenseitig und ihre Beschäftigten über die mit den Arbeiten verbundenen Gefahren für Sicherheit und Gesundheit der Beschäftigten **unterrichten** und Maßnahmen zur Verhütung dieser Gefahren **abstimmen**. Wird eine Abstimmung zwischen den verschiedenen Arbeitgebern über die zu treffenden Maßnahmen nicht erzielt, so bleibt jeder Arbeitgeber voll dafür verantwortlich, dass seine Beschäftigten nicht durch die Beschäftigten anderer Arbeitgeber gefährdet werden (*Nöthlichs* Kennzahl 4024 S. 3).

45 § 8 II ArbSchG verpflichtet den Arbeitgeber, der in seinem Betrieb Beschäftigte von Fremdfirmen, z. B. für Reinigungs- und Reparaturarbeiten, einsetzt, sich zu vergewissern, dass auch die Beschäftigten anderer Arbeitgeber in geeigneter Weise angewiesen worden sind. Art und Weise sowie Umfang der Pflicht des Betriebsinhabers, sich über eine angemessene **Unterrichtung des Fremdpersonals** zu vergewissern, richten sich entsprechend dem Verhältnismäßigkeitsgrundsatz nach der Gefährlichkeit der im Betrieb anfallenden Tätigkeiten (Begr. RegE, BT-Drs. 13/3530, S. 17). Soweit es sich bei dem Fremdpersonal um den Einsatz von Leiharbeitnehmern handelt, geht § 11 VI AÜG dem § 8 II als speziellere Norm vor (s. näher *Wank* TAS-ArbSchG, § 8 Rdn. 5).

f) Spezielle Regelungen für besondere Gefahren. Nach § 9 I 46 ArbSchG hat der Arbeitgeber Maßnahmen zu treffen, damit nur Beschäftigte Zugang zu besonders gefährlichen Arbeitsbereichen haben, die zuvor geeignete Anweisungen erhalten haben. Als **besonders gefährliche Arbeitsbereiche** i. S. d. § 9 I ArbSchG sind solche Bereiche zu qualifizieren, in denen die Beschäftigten Gefahren ausgesetzt sind, denen mit der allgemeinen Unterweisung nach § 12 ArbSchG oder der üblichen Sicherheitskennzeichnung nicht hinreichend begegnet werden kann (*Nöthlichs* Kennzahl 4026 S. 3; *Wank* TAS-ArbSchG, § 9 Rdn. 1).

§ 9 II ArbSchG enthält Sondervorschriften für diejenigen Beschäftigten, 47 die einer „**unmittelbaren erheblichen Gefahr**" ausgesetzt sind. Damit ist eine Sachlage gemeint, bei der der Eintritt eines Schadens sehr wahrscheinlich ist oder sein Eintritt nicht mehr abgewendet werden kann und der Schaden nach Art oder Umfang besonders schwer ist (Begr. RegE, BT-Drs. 13/3540, S. 18).

Zum einen hat der Arbeitgeber für eine möglichst frühzeitige Unterrich- 48 tung der Beschäftigten zu sorgen, die einer unmittelbaren erheblichen Gefahr ausgesetzt sind oder sein können (§ 9 II 1 ArbSchG). Die Unterrichtung muss sowohl die möglichen Gefahren als auch die bereits getroffenen oder noch zu treffenden Schutzmaßnahmen umfassen. Des Weiteren muss der Arbeitgeber auch Vorsorge für **Eilfälle** treffen. Wenn der zuständige Vorgesetzte nicht erreichbar ist, müssen die Beschäftigten bei unmittelbar erheblicher Gefahr für die eigene Sicherheit oder die Sicherheit anderer Personen selbst die geeigneten Maßnahmen zur Gefahrenabwehr und Schadensbegrenzung ergreifen können (§ 9 II 2 ArbSchG). Die Kenntnisse der Beschäftigten und die vorhandenen technischen Mittel sind dabei zu berücksichtigen.

Bestand die Gefahr objektiv und haben die Beschäftigten ungeeignete 49 Maßnahmen ergriffen, dürfen ihnen hieraus **keine Nachteile** entstehen, es sei denn, dass sie vorsätzlich oder grob fahrlässig gehandelt haben (§ 9 II 3 ArbSchG). Das Verbot der Nachteilszufügung gilt für Schlechterstellungen jeder Art, wie z. B. ungünstigere Arbeitsbedingungen, geringere Entlohnung oder verschlechterte Aufstiegschancen. Von dieser Regelung unberührt bleiben die Grundsätze, die in der arbeitsgerichtlichen Rspr. für die Haftung der Beschäftigten für dem Arbeitgeber in Ausübung der Arbeit entstandene Schäden entwickelt worden sind (Begr. RegE, BT-Drs. 13/3540, S. 18). Danach wird insbesondere bei normaler Fahrlässigkeit der Schaden unter Berücksichtigung aller Umstände zwischen Arbeitgeber und Arbeitnehmer aufgeteilt (vgl. *BAG* AP Nr. 106 zu § 611 BGB Haftung des Arbeitnehmers; *Kittner/Pieper* ArbSchR, § 9 ArbSchG Rdn. 8; *Preis*, in: ErfK, § 619 a BGB Rdn. 7 ff. m. w. N.).

§ 120a

50 Nach § 9 III 1 ArbSchG muss der Arbeitgeber Maßnahmen treffen, die es den Beschäftigten bei unmittelbarer erheblicher Gefahr ermöglichen, ihre Arbeit einzustellen und sich durch sofortiges Verlassen der Arbeitsplätze in Sicherheit zu bringen. Den Beschäftigten dürfen hierdurch keine Nachteile entstehen (§ 9 III 2 ArbSchG). Hält die unmittelbare erhebliche Gefahr an, darf der Arbeitgeber die Beschäftigten nur in besonders begründeten Ausnahmefällen auffordern, ihre Tätigkeit wieder aufzunehmen (§ 9 III 3 ArbSchG). Ein **begründeter Ausnahmefall** kann z. B. zu bejahen sein, wenn sich andernfalls die Gefahr für die übrige Belegschaft stark erhöhen würde (zum Entfernungsrecht des Arbeitnehmers s. näher *Wank* TAS-ArbSchG, § 9 Rdn. 8 ff.).

51 g) **Vorkehrungen für Notfälle.** § 10 I ArbSchG verlangt vom Arbeitgeber, bestimmte Vorkehrungen für die Sicherheit und den Gesundheitsschutz des Beschäftigten nach Eintritt einer Notfallmaßnahme zu treffen. Die Vorkehrungen beziehen sich auf die Erste Hilfe, die Brandbekämpfung und die Evakuierung der Beschäftigen in Katastrophenfällen. Wie sich aus § 10 I 2 ArbSchG ergibt, müssen die Vorkehrungen nicht nur zum Schutz der Beschäftigten, sondern auch zum Schutz sonstiger im Betrieb anwesender Personen, wie z. B. Kunden und Besucher, erfolgen (*Albertz*, in: Kollmer § 10 Rdn. 30; a. A. *Nöthlichs* Kennzahl 4028 S. 2). Die Vorkehrungen sind entsprechend der Art der Arbeitsstätte und der Tätigkeiten sowie der Zahl der Beschäftigten zu treffen.

52 Nach § 10 I 3 ArbSchG hat der Arbeitgeber des Weiteren dafür zu sorgen, dass im Notfall die erforderlichen **Verbindungen zu außerbetrieblichen Stellen** eingerichtet sind. Zu den außerbetrieblichen Stellen im Sinne dieser Vorschrift gehören vorrangig solche aus den Bereichen der Ersten Hilfe, der medizinischen Notversorgung, der Bergung und der Brandbekämpfung (z. B. Ärzte, Krankenhäuser, Feuerwehr).

53 § 10 II ArbSchG verlangt vom Arbeitgeber, diejenigen Beschäftigten zu **benennen**, die Aufgaben der Ersten Hilfe, Brandbekämpfung und Evakuierung der Beschäftigten übernehmen. Da der Gesetzgeber keine Stelle angibt, der gegenüber die Benennung zu erfolgen hat, ist mit Benennung vielmehr eine „Ernennung" gemeint. Die Anzahl der zu ernennenden Personen muss ebenso wie deren Ausbildung und Ausrüstung in einem angemessenen Verhältnis zur Zahl der Beschäftigten und zu den bestehenden besonderen Gefahren stehen (§ 10 II 2 ArbSchG). Vor der Benennung der Beschäftigten, die Aufgaben der Ersten Hilfe, Brandbekämpfung und Evakuierung der Beschäftigten übernehmen, hat der Arbeitgeber den Betriebsrat zu hören (§ 10 II 3 ArbSchG). § 95 II SGB IX, wonach die Schwerbehindertenvertretung vom Arbeitgeber in allen Angelegenheiten, die einen einzelnen Schwerbehinderten oder die Schwerbehinderten als Gruppe berühren, rechtzeitig und umfassend zu unterrichten und vor einer Entscheidung zu hören ist, bleibt unberührt (Begr. RegE, BT-Drs. 13/3540, S. 19). § 10 II 4 ArbSchG stellt klar, dass auch der Arbeitgeber selbst die Aufgaben der Ersten Hilfe, Brandbekämpfung und Evakuierung übernehmen kann, wenn er über die erforderliche Ausbildung und Ausrüstung verfügt. Da die Zahl der Personen, die Aufgaben der Ersten Hilfe, Brandbekämpfung und Evakuierung der

Beschäftigten übernehmen, in einem angemessenen Verhältnis zur Zahl der Beschäftigten stehen muss, kommt die Aufgabenwahrnehmung durch den Arbeitgeber selbst im Regelfall jedoch nur für Kleinbetriebe in Betracht (*Pieper* ArbSchR, § 10 ArbSchG Rdn. 5).

h) Weitere Arbeitgeberpflichten. Nach § 11 ArbSchG hat der Arbeitge- 54
ber es den Beschäftigten **auf ihren Wunsch** zu ermöglichen, sich je nach den Gefahren für ihre Sicherheit und Gesundheit bei der Arbeit regelmäßig arbeitsmedizinisch untersuchen zu lassen. Die Verpflichtung entfällt, wenn auf Grund der Beurteilung der Arbeitsbedingungen entsprechend § 5 ArbSchG sowie der getroffenen Arbeitsschutzmaßnahmen mit einer Gesundheitsgefährdung nicht zu rechnen ist (zu weiteren Einzelheiten s. *Wank* TAS-ArbSchG, § 11).

§ 12 I 1 ArbSchG verpflichtet den Arbeitgeber, die Beschäftigten über 55
Sicherheit und Gesundheitsschutz bei der Arbeit während ihrer Arbeitszeit **ausreichend** und **angemessen zu unterweisen**. Damit Beschäftigte eine Gesundheitsgefährdung erkennen und entsprechend den vorgesehenen Maßnahmen auch handeln können, verlangt § 12 I 2 ArbSchG, dass die Unterweisung auf die **individuelle Arbeitssituation** des Beschäftigten zugeschnittene Informationen, Erläuterungen und Anweisungen enthalten muss. Die Unterweisung muss vor Aufnahme der Tätigkeit erfolgen. Später ist erneut Unterweisungen vorzunehmen, wenn Veränderungen im Aufgabengebiet erfolgen, neue Arbeitsmittel oder neue Technologien eingeführt werden oder sich im Übrigen erhebliche Veränderungen bei der Gefahrensituation ergeben. Die Unterweisung muss ferner an die Gefährdungsentwicklung angepasst sein und erforderlichenfalls regelmäßig wiederholt werden (§ 12 I 4 ArbSchG). Im Falle einer Arbeitnehmerüberlassung trifft die Pflicht zur Unterweisung den Entleiher (§ 12 II 1 ArbSchG). Gem. § 12 II 3 ArbSchG hat der Entleiher die Unterweisung unter Berücksichtigung der Qualifikation und der Erfahrung der Leiharbeitnehmer vorzunehmen (zum Unterweisungsrecht s. näher *Wank* TAS-ArbSchG, § 12).

Für Arbeitnehmer, die in den Anwendungsbereich des Betriebsverfassungs- 56
gesetzes fallen, ist die Verpflichtung des Arbeitgebers, sie vor Beginn der Beschäftigung über die Unfall- und Gesundheitsgefahren sowie über die Maßnahmen und Einrichtungen zur Abwendung dieser Gefahren zu belehren, in **§ 81 I 2 BetrVG** geregelt. Diese spezialgesetzlich geregelte Verpflichtung stimmt mit der Unterweisungspflicht des Arbeitgebers nach § 12 ArbSchG überein (*Albertz*, in: Kollmer § 12 Rdn. 3). Im Bereich des öffentlichen Dienstes fehlt es in den Personalvertretungsgesetzen an einer dem § 81 I BetrVG entsprechenden spezialgesetzlichen Vorschrift über die Unterrichtung der einzelnen Beschäftigten. § 14 I ArbSchG bestimmt daher für den öffentlichen Dienst, dass die Beschäftigten vor Beginn der Beschäftigung und bei Veränderungen in ihren Arbeitsbereichen über Gefahren für Sicherheit und Gesundheit sowie entsprechende Schutzmaßnahmen zu unterrichten sind. Des Weiteren sind in Betrieben des öffentlichen Dienstes, in denen keine Beschäftigtenvertretung besteht, die Beschäftigten zu allen Maßnahmen des Arbeitsschutzes zu hören (§ 14 II ArbSchG).

§ 120a Titel VII. Arbeitnehmer

3. Pflichten und Rechte der Beschäftigten

57 Bis zum Inkrafttreten des ArbSchG waren öffentlich-rechtliche Verhaltenspflichten für Beschäftigte lediglich in verschiedenen Unfallverhütungsvorschriften (z. B. §§ 14 bis 17 VBG 1 „Allgemeine Vorschriften") sowie vereinzelt auch in staatlichen Arbeitsschutzvorschriften enthalten (z. B. § 19 V 3 GefStoffV). Mit § 15 I ArbSchG wird erstmals eine **generelle Vorsorgeverantwortung der Beschäftigten** für die eigene Sicherheit und Gesundheit eingeführt (*Wlotzke* NZA 1996, 1017 [1022]). § 15 I 1 ArbSchG verpflichtet die Beschäftigten, nach ihren Möglichkeiten sowie gemäß der Unterweisung und Weisung des Arbeitgebers für ihre Sicherheit und Gesundheit bei der Arbeit Sorge zu tragen. Nach § 15 I 2 ArbSchG sind die Beschäftigten des Weiteren verpflichtet, nach ihren Möglichkeiten sowie gemäß der Unterweisung und Weisung des Arbeitgebers für die Sicherheit und Gesundheit der Personen zu sorgen, die von ihren Handlungen oder Unterlassungen bei der Arbeit betroffen sind. Aus der einschränkenden Formulierung, dass die Personen „bei der Arbeit" betroffen sein müssen, ergibt sich im Umkehrschluss zu § 9 II 2 ArbSchG, der diese Einschränkung nicht enthält, dass zu den Personen i. S. d. § 15 I 2 ArbSchG **nur Beschäftigte** gehören, nicht aber auch Lieferanten, Kunden und Besucher (*Nöthlichs* Kennzahl 4038 S. 3).

58 § 15 II ArbSchG konkretisiert die Grundverpflichtungen der Beschäftigten aus Abs. 1. Danach haben die Beschäftigten insbesondere Maschinen, Geräte, Werkzeuge, Arbeitsstoffe, Transport- und Arbeitsmittel sowie die zur Verfügung gestellten persönlichen Schutzausrüstungen **bestimmungsgemäß zu verwenden**. Wie die Mittel bestimmungsgemäß zu verwenden sind, ergibt sich vor allem aus der Unterweisung des Arbeitgebers. Soweit eine Unterweisung über die bestimmungsgemäße Verwendung nicht erfolgt ist, kommt es darauf an, was üblich ist (vgl. § 15 VBG 1 „Allgemeine Vorschriften").

59 § 16 I ArbSchG verlangt von den Beschäftigten, dass sie dem Arbeitgeber oder dem zuständigen Vorgesetzten jede von ihnen festgestellte unmittelbare erhebliche Gefahr für die Sicherheit und Gesundheit sowie jeden an den Schutzsystemen festgestellten Defekt unverzüglich **melden**. Gem. § 16 II 1 ArbSchG sind die Beschäftigten ferner verpflichtet, gemeinsam mit dem Betriebsarzt und der Fachkraft für Arbeitssicherheit den Arbeitgeber darin **zu unterstützen**, die Sicherheit und den Gesundheitsschutz zu gewährleisten und seine Pflichten entsprechend den behördlichen Auflagen zu erfüllen. Unbeschadet ihrer Meldepflicht nach § 16 I ArbSchG sollen die Beschäftigten die von ihnen festgestellten Gefahren für Sicherheit und Gesundheit und Mängel an den Schutzsystemen auch der Fachkraft für Arbeitssicherheit, dem Betriebsarzt oder dem Sicherheitsbeauftragten mitteilen (§ 16 II 2 ArbSchG).

60 § 17 ArbSchG hebt zwei Rechte der Beschäftigen hervor. Zum einen räumt er den Beschäftigten das Recht ein, dem Arbeitgeber zu allen Fragen der Sicherheit und des Gesundheitsschutzes bei der Arbeit Vorschläge zu unterbreiten (§ 17 I 1 ArbSchG). Das **Vorschlagsrecht** ist nicht auf die Sicherheit des eigenen Arbeitsplatzes beschränkt (so aber *Nöthlichs* Kennzahl 4042 S. 2). Nach dem eindeutigen Wortlaut gilt das Vorschlagsrecht nämlich für alle Fragen der Sicherheit und des Gesundheitsschutzes „bei der Arbeit" und nicht nur im Hinblick „auf den Arbeitsplatz". § 17 II 1 ArbSchG gewährt den Beschäftigten zudem ein **außerbetriebliches Beschwerderecht**. Danach können sie sich nach Maßgabe des Abs. 2 an die zuständige Behörde wenden, wenn sie aufgrund konkreter Anhaltspunkte der Auffassung sind, dass die vom Arbeitgeber getroffenen Maßnahmen und bereitgestellten Mittel nicht ausreichen, um die Sicherheit und den Gesundheitsschutz zu gewährleisten. Anders als das Entfernungsrecht nach § 9 III ArbSchG setzt das außerbetriebliche Beschwerderecht **keine objektive Gefahr** voraus. Es genügt, wenn der Beschäftigte Tatsachen vortragen kann, aus denen sich die mögliche Pflichtverletzung des Arbeitgebers sowie die daraus resultierende konkrete Gefahr herleiten lässt. § 17 II ArbSchG verlangt, dass sich der Beschäftigte vor Ausübung des außerbetrieblichen Beschwerderechts zunächst an den Arbeitgeber wendet, um auf eine Beseitigung des pflichtwidrigen Zustandes hinzuwirken, und dass der Arbeitgeber der Beschwerde des Beschäftigten nicht abgeholfen hat. Bei einer nur vermeintlich bestehenden Gefahr ist der Beschwerde abgeholfen, wenn der Arbeitgeber die Tatsachen, die die Annahme einer Gefahr begründen, entkräftet (*Nöthlichs* Kennzahl 4042 S. 5). Handelt es sich dagegen um eine objektiv bestehende Gefahr, setzt die Abhilfe voraus, dass die für den Beschäftigten bestehende Gefahr in angemessener Frist beseitigt wurde. Das Beschwerderecht des § 17 II ArbSchG gilt nur gegenüber der zuständigen Behörde. **Zuständige Behörde** ist die nach Landesrecht zuständige Aufsichtsbehörde für den öffentlich-rechtlichen Arbeitsschutz, in der Regel also das Gewerbeaufsichtsamt, sowie der jeweilige Unfallversicherungsträger. Gem. § 17 II 2 ArbSchG dürfen dem Beschäftigten aus der Wahrnehmung des außerbetrieblichen Beschwerderechts keine Nachteile entstehen (s. näher zum außerbetrieblichen Beschwerderecht *Wank* TAS-ArbSchG, § 17).

4. Verordnungsermächtigungen

§ 18 I ArbSchG **ermächtigt** die Bundesregierung, durch **Rechtsverord-** 61
nung die Pflichten der Arbeitgeber und der Beschäftigten im Arbeitsschutz nach dem Zweiten und Dritten Abschnitt des ArbSchG näher zu bestimmen. § 18 II ArbSchG enthält eine **beispielhafte**, nicht abschließende **Aufzählung** möglicher Regelungstatbestände (vgl. Begr. RegE, BT-Drs. 15/3540, S. 20). In § 19 ArbSchG wird die Bundesregierung ermächtigt, über die Festlegungen in § 18 ArbSchG hinaus, Rechtsverordnungen zur Durchführung von Rechtsakten des Rates oder der Kommission der EG, von Beschlüssen internationaler Organisationen sowie von zwischenstaatlichen Vereinbarungen auf dem Gebiet der Sicherheit und des Gesundheitsschutzes bei der Arbeit Rechtsverordnungen zu erlassen (zu den Zweifeln, ob die Verordnungsermächtigungen in §§ 18, 19 ArbSchG dem Bestimmtheitsgebot des Art. 20 GG genügen, s. *Wank*, TAS-ArbSchG, § 18 Rdn. 3 ff., 19 Rdn. 2). Auf der Grundlage des § 19 ArbSchG hat die Bundesregierung zwischenzeitlich mehrere Arbeitsschutzrichtlinien durch Verordnungen in das deutsche Recht umgesetzt (s. dazu *Wank* TAS-ArbSchG, B I. bis V.).

Gem. § 2 II Nr. 4 ArbSchG werden grundsätzlich auch **Beamte** vom 62
persönlichen Geltungsbereich des ArbSchG erfasst. Da dem Bund die Gesetzgebungskompetenz jedoch nur hinsichtlich der Bundesbehörden zusteht,

§ 120a
Titel VII. Arbeitnehmer

bleibt es für die Landesbehörden bei der Zuständigkeit der jeweiligen Landesgesetzgeber. § 20 I ArbSchG stellt daher klar, dass für die Beamten der Länder, Gemeinden und sonstigen Körperschaften, Anstalten und Stiftungen des öffentlichen Rechts das Landesrecht bestimmt, ob und inwieweit die nach § 18 ArbSchG erlassenen Rechtsverordnungen gelten.

63 Da in bestimmten Tätigkeitsbereichen des öffentlichen Dienstes (z. B. Polizei, Bundeswehr, Katastrophenschutz) die öffentlich-rechtlichen Pflichten und die Anforderungen des Arbeitsschutzes miteinander in Konflikt geraten können, bestimmt § 20 II ArbSchG, dass, je nach Zuständigkeit, die Bundesressorts oder die Länder durch Rechtsverordnung regeln können, dass Vorschriften des ArbSchG ganz oder zum Teil nicht anzuwenden sind, soweit öffentliche Belange dies zwingend erfordern. In den Rechtsverordnungen ist zugleich festzulegen, wie die Sicherheit und der Gesundheitsschutz bei der Arbeit auf andere Weise gewährleistet werden.

5. Durchführung und Überwachung

64 Gem. § 21 I 1 ArbSchG ist die Überwachung der Einhaltung des Gesetzes eine **staatliche Aufgabe.** Zuständig für die Überwachung des ArbSchG und der aufgrund dieses Gesetzes erlassenen Rechtsverordnungen sind entsprechend dem Verfassungsgrundsatz des Art. 83 GG grundsätzlich die zuständigen Landesbehörden. Die zuständigen Behörden sind jedoch nicht nur zur Überwachung verpflichtet, sondern sie sind außerdem verpflichtet, die Arbeitgeber bei der Erfüllung ihrer Pflichten zu beraten (§ 21 I 2 ArbSchG). Das erforderliche Instrumentarium, das den Behörden zur Durchführung des ArbSchG zusteht, ist in § 22 ArbSchG geregelt. Nach § 22 III 1 Nr. 1 ArbSchG kann die Aufsichtsbehörde insbesondere durch Anordnung (Verwaltungsakt) festlegen, welche Maßnahmen der Arbeitgeber und die verantwortlichen Personen oder die Beschäftigten zur Erfüllung ihrer Pflichten aus dem ArbSchG zu treffen haben (zu den weiteren Einzelheiten der Durchführung und Überwachung durch die staatlichen Behörden s. *Wank*, TAS-ArbSchG, § 22). Überwachung und Vollzug des betrieblichen Arbeitsschutzes obliegt neben den staatlichen Behörden auch den gesetzlichen Unfallversicherungsträgern. Aufgaben und Befugnisse der Unfallversicherungsträger auf dem Gebiet des Arbeitsschutzes ergeben sich jedoch nicht aus dem ArbSchG, sondern, wie § 21 II ArbSchG klarstellt, aus dem Sozialgesetzbuch. § 21 III ArbSchG verpflichtet die Aufsichtsbehörden und die Träger der gesetzlichen Unfallversicherung, bei der Überwachung **eng zusammenzuwirken** und den Erfahrungsaustausch zu fördern. Sie haben sich gegenseitig über durchgeführte Betriebsbesichtigungen und deren wesentliche Ergebnisse zu unterrichten. Eine wesentliche Neuerung ergibt sich aus § 21 IV ArbSchG, der die **Delegation** von staatlichen Arbeitsschutzaufgaben auf die Träger der gesetzlichen Unfallversicherung ermöglicht. Danach kann die für den Arbeitsschutz zuständige oberste Landesbehörde mit Trägern der gesetzlichen Unfallversicherung vereinbaren, dass diese in näher zu bestimmenden Tätigkeitsbereichen die Einhaltung des Gesetzes und seiner Verordnungen ganz oder nur hinsichtlich bestimmter Vorschriften anstelle der Landesbehörden überwachen.

Nach § 25 I Nr. 1 ArbSchG handelt **ordnungswidrig**, wer vorsätzlich 65
oder fahrlässig einer Rechtsverordnung nach §§ 18 I oder § 19 ArbSchG
zuwiderhandelt, soweit sie für einen bestimmten Tatbestand auf die Bußgeldvorschrift des § 25 I Nr. 1 ArbSchG verweist. Nach § 25 Nr. 2 ArbSchG
macht sich ferner bußgeldpflichtig, wer als Arbeitgeber oder als verantwortliche Person einer vollziehbaren Anordnung nach § 22 III ArbSchG oder als
Beschäftigter einer vollziehbaren Anordnung nach § 22 III 1 Nr. 1 ArbSchG
zuwiderhandelt. Ordnungswidrigkeiten nach § 25 I Nr. 1 und 2 lit. b
ArbSchG können mit einer Geldbuße bis zu 5 000 €, Verstöße der Arbeitgeber gegen behördliche Anordnungen (§ 25 I Nr. 2 lit. a ArbSchG) mit einer
Geldbuße bis zu 25 000 € geahndet werden. Darüber hinaus qualifiziert § 26
ArbSchG unter den dort genannten Voraussetzungen bestimmte in § 25
genannte Handlungen als Straftaten, die mit Freiheitsstrafe bis zu einem Jahr
oder mit Geldstrafe von 5 bis zu 360 Tagessätzen bestraft werden.

V. Einzelne Sachbereiche des technischen Arbeitsschutzes

1. Arbeitsstätten

Die neue Arbeitsstättenverordnung wurde am 12. 8. 2004 erlassen. Sie enthält nur noch acht Paragrafen und damit 50 Paragrafen weniger als die 66
Arbeitsstättenverordnung vom 20. 3. 1975. Gewollt war eine 1:1-Umsetzung
der europäischen Arbeitsstättenrichtlinie (Richtlinie 89/654/EWG vom
30. 11. 1989 über Mindestvorschriften für Sicherheit und Gesundheitsschutz
in Arbeitsstätten), die durch eine deutlich geringere Regelungsdichte mehr
Raum für flexible, betriebsnahe Lösungen schaffen sollte (krit. hierzu *Faber*
AiB 2006, 528 ff.).

Die außer Kraft gesetzten §§ 120 a und 120 b GewO begründeten nur
allgemein gehaltene Schutzpflichten des Arbeitgebers zur Abwehr von Gefahren für Leben und Gesundheit der Arbeitnehmer, die von der Einrichtung
und der Unterhaltung von Arbeitsstätten ausgehen. Zur Konkretisierung dieser Vorschriften sind verschiedene Verordnungen erlassen worden, deren
wichtigste die auf §§ 120 e, 139 h gestützte **Arbeitsstättenverordnung** –
ArbStättV – vom 12. 8. 2004 (BGBl. I S. 2179) ist, zuletzt geändert durch
Art. 9 der Verordnung vom 18. 12. 2008 (BGBl. I S. 2768). Der Wegfall der
Verordnungsermächtigung in § 139 h GewO lässt die Wirksamkeit der auf
ihrer Grundlage erlassenen Verordnung jedoch unberührt, da nichts dafür
spricht, dass die ArbStättV mit der neuen Gesetzeslage unvereinbar ist oder
allein keine sinnvolle Regelung darstellt (zur Fortgeltung der ArbStättV nach
Außerkrafttreten des § 139 h GewO s. näher *BVerwG* NZA 1997, 482 = AP
ArbStättV § 3 Nr. 1).

Ziel der ArbStättV ist es, Leben und Gesundheit der Arbeitnehmer gegen 67
Gefahren zu schützen, die von der Beschaffenheit und vom Betrieb von
Arbeitsstätten ausgehen. Der **Begriff** der **Gesundheit** ist nicht definiert.
Nach zutreffender Auffassung umfasst er auch die durch Arbeitsbedingungen
beeinflussbaren psychischen Befindlichkeiten, insbesondere psychosomatische Zustände (*BVerwG* NZA 1997, 482).

§ 120a Titel VII. Arbeitnehmer

68 Der **Begriff** der **Arbeitsstätte** ist in § 2 I bis IV ArbStättV definiert. Danach ist der Begriff Arbeitsstätte weit zu verstehen. Er umfasst Arbeitsräume in Gebäuden einschließlich Ausbildungsstätten, Arbeitsplätze auf dem Betriebsgelände im Freien, Baustellen, Verkaufsstände im Freien sowie Wasserfahrzeuge und schwimmende Anlagen auf Binnengewässern. Außerdem gehören dazu Räume und bauliche Anlagen, die in einem notwendigen Zusammenhang mit der Arbeitsstätte stehen, wie z. B. Verkehrswege und Pausen-, Bereitschafts- und Liegeräume. Bis zum Inkrafttreten der Verordnung zur Umsetzung von EG-Einzelrichtlinien zur EG-Rahmenrichtlinie Arbeitsschutz vom 4. 12. 1996 (BGBl. I S. 1841) galt die ArbStättV nur für gewerbliche Unternehmen. Durch Art. 4 der genannten Verordnung ist der **Anwendungsbereich** der ArbStättV in Übereinstimmung mit der Richtlinie 89/654/EWG des Rates vom 30. 11. 1989 über Mindestvorschriften für Sicherheit und Gesundheitsschutz in Arbeitsstätten (ABl. EG Nr. L 393 vom 30. 12. 1989, S. 13; s. näher zu dieser Richtlinie *Börgmann*, in: Oetker/Preis, Europäisches Arbeits- und Sozialrecht, Teil B Nr. 6200) grundsätzlich auf alle Arbeitsstätten in Bereichen, in denen Beschäftigte im Sinne des § 2 II ArbSchG beschäftigt werden, insbesondere also auch auf Arbeitsstätten im öffentlichen Dienst, **ausgeweitet** worden. § 8 I Nr. 2 ArbStättV sieht allerdings für am 20. 12. 1996 bereits bestehende Arbeitsstätten, die bisher nicht in den Geltungsbereich der Arbeitsstättenverordnung fielen, eine **relative Bestandsschutzklausel** vor. Danach brauchen diese Arbeitsstätten lediglich den Mindestanforderungen des Anhangs II der Richtlinie 89/654/EWG zu entsprechen.

69 § 3 I ArbStättV fasst die dem Arbeitgeber obliegenden Pflichten in Form einer **Generalklausel** zusammen. Danach ist der Arbeitgeber verpflichtet, die Arbeitsstätte nach dieser Verordnung, den sonst geltenden Arbeitsschutz- und Unfallverhütungsvorschriften und nach den allgemein anerkannten sicherheitstechnischen, arbeitsmedizinischen und hygienischen Regeln sowie den sonstigen gesicherten arbeitswissenschaftlichen Erkenntnissen einzurichten und zu betreiben sowie den dort beschäftigten Arbeitnehmern Räume und Einrichtungen so zur Verfügung zu stellen, wie es in der Arbeitsstättenverordnung vorgesehen ist (Einzelheiten bei *Pieper* ArbSchR, ArbStättV S. 321 ff./Anhang zu § 3 Abs. 1 Rdn. 1 ff.; *Kollmer* ArbStättV, 3. Aufl. 2009, § 3 Rdn. 2 ff.).

70 § 5 (§ 3 a a. F.) **ArbStättV** betrifft den **Nichtraucherschutz** im Betrieb. Nach § 5 I ist der Arbeitgeber verpflichtet, Maßnahmen zum wirksamen Schutz der Nichtraucher vor Gesundheitsgefahren durch Tabakrauch zu treffen. Entgegen dem früheren Verständnis des Raucherschutzes stellt die Norm nicht darauf ab, ob eine konkrete Gesundheitsgefahr durch den Tabakrauch vorliegt. Vielmehr liegt dem § 5 I die Erkenntnis zugrunde, dass das Passivrauchen stets eine Gesundheitsgefahr begründet (dazu *Wank*, in: ErfK, § 618 BGB Rdn. 17 m. w. N). In § 5 II wird die Verpflichtung des Arbeitgebers für Arbeitsstätten mit **Publikumsverkehr** eingeschränkt, so dass der Arbeitgeber dem Publikum das Rauchen nach dieser Vorschrift dort nicht verbieten muss, wo es der Natur der Dienstleistung widersprechen würde, wie z. B. in einer Bar (*Wank*, in: ErfK, § 618 Rdn. 19). Allerdings ist diese Ausnahme aufgrund der in den Bundesländern in Kraft getretenen Nichtraucherschutzgesetze

Arbeitsschutzrecht **§ 120a**

nahezu bedeutungslos. Der Pflicht aus Abs. 1 kann der Arbeitgeber durch organisatorische, raumbezogene und lüftungstechnische Maßnahmen nachkommen. Ein generelles Rauchverbot lässt sich aus § 5 I jedoch nicht herleiten. Vielmehr soll den Rauchern das Rauchen in dafür vorgesehenen Raucherzonen ermöglicht werden.

Für Einrichtungen des Bundes, Verkehrsmittel des öffentlichen Personenverkehrs und für Personenbahnhöfe der öffentlichen Eisenbahnen ergibt sich ein Nichtraucherschutz aus dem **Bundesnichtraucherschutzgesetz** v. 20. 7. 2007 (BGBl. I S. 1595). Für eine Regelung des Nichtraucherschutzes in anderen öffentlichen Gebäuden sowie der Gastronomie haben die Länder die Gesetzgebungskompetenz. Alle 16 Bundesländer haben von dieser Kompetenz Gebrauch gemacht. 71

Das **NiSchG NRW** z. B. sieht ein Rauchverbot für alle Gebäude und sonstigen vollständig umschlossenen Räume vor, die nicht ausschließlich privat genutzt werden. Von dem Gesetz werden öffentliche Einrichtungen, Gesundheits- und Sozialeinrichtungen, Erziehungs- und Bildungseinrichtungen, Sporteinrichtungen, Kultur- und Freizeiteinrichtungen, Flughäfen und Gaststätten (auch sog. „Ein-Raum-Gaststätten") erfasst. Das Rauchverbot für Gaststätten ist im Gegensatz zu dem in den übrigen Einrichtungen geltenden Verbot nicht zum 1. 1. 2008 in Kraft getreten, sondern gilt erst seit dem 1. 7. 2008. Nach §§ 3 II, 4 NiSchG NRW können die genannten Einrichtungen sog. Raucherräume einrichten. Bei Gaststätten darf dieser Bereich allerdings nur einen untergeordneten Teil der Betriebsfläche darstellen. Verantwortlich für die Umsetzung des Rauchverbots ist der Leiter der Einrichtung oder der Gaststättenbetreiber (Arbeitgeber, Dienstherr). Auch vor Inkrafttreten des NiSchG bestand die Zuständigkeit des Arbeitgebers oder Dienstherren zur Anordnung und Durchsetzung des Rauchverbots; § 5 II NiSchG NRW soll diese Rechtspflicht klarstellen. 72

Eine **staatliche Kontrolle** soll eher nachrangig im Wege von Stichproben oder anlassbezogen vorgenommen werden. Zwar stellen die Landesnichtraucherschutzgesetze einen Eingriff in die Grundrechte aus Art. 2 I, 12 I und 14 I GG dar (vgl. Begründung des Regierungsentwurfs zum NiSchG NRW); dieser Eingriff kann aber grundsätzlich aus Gründen des vorbeugenden Gesundheitsschutzes gerechtfertigt werden. Anlässlich der Überprüfung der Verfassungsmäßigkeit des baden-württembergischen NiSchG hat das *BVerfG* (*BVerfGE* 121, 317 ff.) dem Gestaltungsspielraum des Gesetzgebers insoweit Grenzen aufgezeigt, als entweder ein grundsätzliches Rauchverbot ohne Ausnahmen zu gelten hat (vgl. auch den Nichtannahmebeschluss *BVerfG* NJW 2008, 2701 zu den gesetzlichen Regelungen Bayerns über das Rauchverbot in Gaststätten) oder die Ausnahmen dem Gleichheitsgrundsatz genügen müssen (Art. 12 I i. V. m. Art. 3 I GG). Dies sei nicht der Fall, wenn die Regelungen derart ausgestaltet sind, dass zwar zusätzliche separate Raucherräume gestattet sind, nicht dagegen das Rauchen in Einraumkneipen zugelassen wird. Im konkreten Fall wurde dem Gesetzgeber eine Neuregelung bis zum 31. 12. 2009 aufgegeben (*BVerfGE* 121, 1317 ff.; zur Ablehnung des Erlasses einer einstweiligen Anordnung gegen das hessische NiSchG *BVerfG* NJW 2008, 638). Für sonstige, private Gebäude, die nicht von den Nichtraucherschutzgesetzen erfasst sind, können sowohl ein Rauchverbot als auch sonstige 73

§ 120a   Titel VII. Arbeitnehmer

Maßnahmen zum Schutz der Nichtraucher wie bisher auf **§ 5 I ArbStättV oder § 618 BGB** gestützt werden.

74   Die alte Arbeitsstättenverordnung hatte § 3 I ArbStättV durch zahlreiche, u. a. in Maßzahlen ausgedrückte Mindestvorgaben für die Beschaffenheit von Arbeitsstätten (Raumgröße und -temperatur, zulässige Lautstärke usw.) konkretisiert. Die **neue Arbeitsstättenverordnung** verzichtet gänzlich auf die Regelung der Einzelheiten und beschränkt sich auf die Bestimmung von Schutzzielen unter Verwendung von unbestimmten Rechtsbegriffen. Der frühere § 3 I Nr. 1 ArbStättV verwies u. a. auf die sonst geltenden Arbeitsschutz- und Unfallverhütungsvorschriften, wozu auch das ArbSchG gehört. Nach § 4 Nr. 3 ArbSchG hat der Arbeitgeber bei Arbeitsschutzmaßnahmen u.a. den Stand von Technik, Arbeitsmedizin und Hygiene zu berücksichtigen. Die neue Verordnung verzichtet darauf, den Arbeitgeber bei der Umsetzung der Verordnung an den neuesten Stand der Technik zu binden. Die §§ 3 ff. ArbStättV enthalten keine Detailregelungen, sondern nur **Schutzziele**. Deren Ausführung und Konkretisierung erfolgt vor allem durch die Arbeitsstätten-Regeln nach § 7 III Nr. 1 ArbStättV. Sie werden von einem Ausschuss für Arbeitsstätten aufgestellt, der beim Bundesministerium für Arbeit und Soziales aus Vertretern aller beteiligten Kreise gebildet wird (§ 7 I ArbStättV). Der Arbeitgeber hat gem. § 3 I 2 ArbStättV die nach § 7 IV erlassenen Regeln des Bundesministeriums für Arbeit und Soziales zu beachten. Nach § 7 ArbStättV wird vom Bundesministerium für Arbeit und Soziales ein Ausschuss für Arbeitsstätten gebildet, der unter anderem die Regeln für die Erfüllung der Anforderungen der ArbStättV entwickeln soll.

75   Der noch flexibleren Anwendung der ArbStättV dient § 3 III ArbStättV. Nach § 3 III Nr. 1 ArbStättV kann die zuständige Behörde auf schriftlichen Antrag des Arbeitgebers **Ausnahmen** von den in § 3 I ArbStättV genannten Regeln zulassen, wenn der Arbeitgeber ebenso wirksame Maßnahmen trifft. Darüber hinaus enthält § 3 III Nr. 2 die Möglichkeit einer Ausnahme in einem besonderen Härtefall.

§ 3 II ArbStättV ist neu und betrifft den Schutz von Arbeitnehmern mit **Behinderungen**. Der Arbeitgeber muss den besonderen Bedürfnissen dieser Beschäftigten im Hinblick auf die Beschaffenheit von Arbeitsstätten Rechnung tragen, insbesondere Barrierefreiheit gewährleisten.

76   Neben der ArbStättV besteht eine weitere die arbeitsstättenrechtlichen Vorschriften der früheren GewO ergänzende Arbeitsschutzverordnung, nämlich die Verordnung über Arbeiten in Druckluft (**Druckluftverordnung**) vom 4. 10. 1972 (BGBl. I S. 1909; zuletzt geändert durch Art. 6 der Verordnung vom 18. 12. 2008). Die Richtlinie 92/57/EWG des Rates vom 24. 6. 1992 über die auf zeitlich begrenzte oder ortsveränderliche **Baustellen** anzuwendenden Mindestvorschriften für die Sicherheit und den Gesundheitsschutz (die sog. Baustellensicherheitsrichtinie, ABl. EG Nr. L 245 vom 26. 8. 1992, S. 6) ist eine Einzelrichtlinie im Sinne von Art. 16 I der Rahmenrichtlinie 89/391/EWG (s. o. Rdn. 4). Sie zielt darauf ab, geeignete bauliche oder organisatorische Entscheidungen schon bei der Vorbereitung eines Bauprojektes sicherzustellen, um so Arbeitnehmer vor den besonderen Gefahren, denen sie auf zeitlich begrenzten oder ortsveränderlichen Baustellen ausgesetzt sind, zu schützen (zu den Einzelheiten dieser Richtlinie s. *Börgmann*,

Arbeitsschutzrecht **§ 120a**

in: Oetker/Preis, Europäisches Arbeits- und Sozialrecht, Teil B Nr. 6200, Rdn. 12 ff.). Die Umsetzung der Baustellen-Richtlinie ist durch die am 1. 7. 1998 in Kraft getretene Baustellenverordnung (**BaustellV**) vom 10. 6. 1998 (BGBl. I S. 1283, zuletzt geändert durch Art. 15 V vom 23. 12. 2004, BGBl. I, S. 3758) erfolgt (zur BaustellV s. *Kollmer* NJW 1998, 2534 ff.; *ders.*, Baustellenverordnung, 2. Aufl. 2004).

Neben den staatlichen Rechtsvorschriften gibt es zahlreiche von den 77 Berufsgenossenschaften erlassene **Unfallverhütungsvorschriften**, die Anforderungen an die Einrichtung und Unterhaltung von Arbeitsstätten enthalten, wie z. B. die Unfallverhütungsvorschrift „Bauarbeiten" (BGV C 22) oder die Unfallverhütungsvorschrift „Lärm" (BGV B 3).

2. Arbeitsmittel

Die GewO selbst enthält keine Vorschriften zur Abwehr von Gefahren für 78 Leben und Gesundheit der Arbeitnehmer, die von Arbeitsmitteln ausgehen. Auch in der außer Kraft gesetzten Grundvorschrift des § 120 a GewO waren lediglich allgemein gehaltene Schutzpflichten des Arbeitgebers im Hinblick auf Arbeitsmittel normiert. Dass Arbeitnehmer nur sicherheitstechnisch einwandfreie Arbeitsmittel verwenden, wurde erstmals 1968 durch das Gesetz über technische Arbeitsmittel (**Maschinenschutzgesetz**) sichergestellt. Dieses Gesetz hat seitdem mehrere Novellierungen erfahren und wurde 1979 in **Gerätesicherheitsgesetz (GSG)** umbenannt. Das Gerätesicherheitsgesetz in der Fassung der Bekanntmachung vom 23. 10. 1992 (BGBl. I S. 1793, geändert durch Gesetz vom 14. 9. 1994, BGBl. I S. 2325) galt bis zum 30. 4. 2004. Am 1. 5. 2004 wurde das GSG durch das Geräte- und Produktsicherheitsgesetz (**GPSG**) vom 6. 1. 2004 (BGBl. I S. 2, zuletzt geändert durch Art. 3 Abs. 33 G. v. 7. 7. 2005, BGBl. I, S. 1970) abgelöst. Mit dem GPSG werden das Gerätesicherheitsgesetz (GSG) und das Produktsicherheitsgesetz (ProdSG) von 1997 zum Zwecke der Rechtsvereinfachung in einem Gesetz zusammengeführt (dazu *Klindt*, NJW 2004, 465; *Potinecke*, DB 2004, 55). Zugleich dient das GPSG der Umsetzung der Richtlinie über allgemeine Produktsicherheit 2001/95/EG ins nationale Recht. Nicht betroffen von der Gesetzesnovelle ist das zivilrechtliche Produkthaftungsgesetz (ProdHaftG), das die Schadenshaftung der Hersteller für fehlerhafte Produkte regelt.

Das GPSG ist dem **vorgreifenden Arbeitsschutz** zuzurechnen. Anders 79 als der betriebliche Arbeitsschutz setzt der vorgreifende Arbeitsschutz nicht erst beim betrieblichen Geschehen an, sondern verlagert die Verantwortung für die sichere Beschaffenheit der im Betrieb eingesetzten technischen Arbeitsmittel auf die Hersteller, Importeure und ggf. Händler, die technische Erzeugnisse in den Verkehr bringen. Neben dem Arbeitsschutz verfolgt der vorgreifende Arbeitsschutz in der Regel auch weitergehende Ziele, wie z. B. den Verbraucherschutz, den Umweltschutz oder den allgemeinen Gesundheitsschutz.

Gem. § 1 I GPSG gilt das Gesetz für das Inverkehrbringen von Produkten, 80 worunter nach § 2 I GPSG technische Arbeitsmittel und Verbraucherprodukte zu verstehen sind. Technische Arbeitsmittel i. S. d. GPSG sind nach der Legaldefinition des § 2 II GPSG **Arbeitseinrichtungen.** Die Arbeitsein-

§ 120a

richtungen müssen zudem **verwendungsfertig** sein, was dann der Fall ist, wenn die Arbeitseinrichtungen bestimmungsgemäß verwendet werden können, ohne dass weitere Teile eingefügt zu werden brauchen. Zu den verwendungsfähigen Arbeitseinrichtungen gehören insbesondere Werkzeuge, Arbeitsgeräte, Arbeits- und Kraftmaschinen, Hebe- und Fördereinrichtungen sowie Beförderungsmittel. Im Unterschied zum GSG ist der Anwendungsbereich des GPSG hinsichtlich der technischen Arbeitsmittel auf solche Arbeitseinrichtungen beschränkt, die bestimmungsgemäß ausschließlich bei der Arbeit verwendet werden. Dadurch soll die Abgrenzung zu dem Begriff der Verbraucherprodukte in Abs. 3 erleichtert werden (vgl. den Verbraucherbegriff in § 13 BGB). Andererseits wurde der Begriff der technischen Arbeitsmittel in § 2 II GPSG auf die Zubehörteile, wie z. B. Werkzeugaufsätze für Roboteranlagen, erstreckt.

81 **Kernvorschrift** des GPSG ist **§ 4 GPSG**. Danach ist hinsichtlich der sicherheitstechnischen Anforderungen und sonstigen Voraussetzungen für das Inverkehrbringen von technischen Arbeitsmitteln zwischen dem durch EG-Richtlinien harmonisierten und dem EU-rechtlich nicht harmonisierten Bereich zu differenzieren. Für den **EU-harmonisierten** Bereich müssen technische Arbeitsmittel, die in den Verkehr gebracht werden, den Anforderungen der einzelnen Verordnungen nach § 3 I GPSG, mit denen die jeweiligen EU-Richtlinien in das deutsche Recht umgesetzt werden, entsprechen. Des Weiteren dürfen Leben und Gesundheit oder sonstige in den Rechtsverordnungen aufgeführte Rechtsgüter der Benutzer oder Dritter bei bestimmungsgemäßer Verwendung (legaldefiniert in § 2 V) oder vorhersehbarer Fehlanwendung (legaldefiniert in § 2 VI) nicht gefährdet werden. Die Erweiterung des Regelungsbereichs in § 4 GPSG gegenüber § 3 I 1 GSG auf vorhersehbare Fehlanwendungen erfolgte in Umsetzung der Produktsicherheitsrichtlinie 2001/95/EG.

82 Im **nicht** EU-rechtlich **harmonisierten Bereich** dürfen technische Arbeitsmittel gem. § 4 II 1 GPSG nur in den Verkehr gebracht werden, wenn sie so beschaffen sind, dass bei ihrer bestimmungsgemäßen Verwendung oder vorhersehbaren Fehlanwendung Sicherheit und Gesundheit von Verwendern oder Dritten nicht gefährdet werden. In § 4 II 2 Nr. 1 bis 4 GPSG werden beispielhaft Kriterien aufgezählt, die bei der Beurteilung der Sicherheit eines Produkts zu berücksichtigen sind.

83 Gestützt auf das GSG sind zahlreiche Verordnungen ergangen, die den Sachbereich technische Arbeitsmittel mehr oder weniger stark betreffen. Zu den arbeitsschutzrechtlich bedeutsamsten Verordnungen gehören:
– die Dritte Verordnung zum Gerätesicherheitsgesetz (Maschinenlärminformations-Verordnung – 3. GSGV) vom 18. 1. 1991 (BGBl. I S. 146), jetzt Verordnung zur Umsetzung der EG-Richtlinien 2002/44/EG und 2003/10/EG zum Schutz der Beschäftigten vor Gefährdungen durch Lärm und Vibrationen vom 6. 3. 2007 (BGBl. I Nr. 8 vom 8. 3. 2007 S. 261).
– die Achte Verordnung zum Gerätesicherheitsgesetz (Verordnung über das Inverkehrbringen von **persönlichen Schutzausrüstungen** – 8. GSGV) vom 20. 2. 1997 (BGBl. I S. 316), zuletzt geändert durch Gesetz vom 6. 1. 2004 (BGBl. I S. 2)

Arbeitsschutzrecht **§ 120a**

- die Neunte Verordnung zum Gerätesicherheitsgesetz (**Maschinenverordnung** – 9. GSGV) vom 12. 5. 1993 (BGBl. I S. 704, zuletzt geändert durch Art. 1 der Verordnung vom 18. 6. 2008, BGBl. I S. 1060).

In Umsetzung mehrerer EG-Richtlinien hat der Bundesgesetzgeber am 27. 9. 2002 eine Verordnung über Sicherheit und Gesundheitsschutz bei der Bereitstellung von Arbeitsmitteln und deren Benutzung bei der Arbeit, über Sicherheit beim Betrieb überwachungspflichtiger Anlagen und der Organisation des betrieblichen Arbeitsschutzes (Betriebssicherheitsverordnung – **BetrSichV**) erlassen (BGBl. I S. 3777, zuletzt geändert durch Art. 8 der Verordnung vom 18. 12. 2008, BGBl. I S. 2768). Mit deren Inkrafttreten am 2. 10. 2002 wurde die Arbeitsmittelbenutzungsverordnung (AMBV) vom 11. 3. 1997 aufgehoben. **84**

3. Gefahrstoffe

Dem Schutz der Arbeitnehmer vor Gefahren für Leben und Gesundheit, die von Gefahrstoffen ausgehen, dient vor allem die auf das Gesetz zum Schutz vor gefährlichen Stoffen (Chemikaliengesetz) in der Fassung vom 2. 7. 2008 (BGBl. I S. 1146) gestützte Verordnung über gefährliche Stoffe (**Gefahrstoffverordnung** – GefStoffV) in der Fassung vom 23. 12. 2004 (BGBl. I S. 3758), zuletzt geändert durch Art. 2 der Verordnung vom 28. 12. 2008 (BGBl. I S. 2768). Die GefStoffV enthält sowohl dem vorgreifenden Arbeitsschutz als auch dem betrieblichen Arbeitsschutz zuzurechnende Vorschriften. Die Vorschriften zur Einstufung, Kennzeichnung und Verpackung (§ 5 GefStoffV) betreffen das Inverkehrbringen von Gefahrstoffen und sind damit an Hersteller, Einführer und ggf. Händler gerichtet. Den eigentlichen arbeitsschutzrechtlichen Teil der GefStoffV enthalten die an den Arbeitgeber adressierten Vorschriften über Herstellungs- und Verwendungsverbote (§ 18 GefStoffV), über die einzelnen zu treffenden Maßnahmen zum Schutz der Arbeitnehmer (§§ 7-17 GefStoffV) sowie über die Unterrichtung und Unterweisung der Arbeitnehmer im Hinblick auf den Umgang mit Gefahrstoffen (§ 14 GefStoffV). **85**

Arbeitsschutzrechtliche **Kernvorschrift** der GefStoffV ist **§ 8 I GefStoffV**. Nach § 8 I 1 GefStoffV hat der Arbeitgeber, der mit Gefahrstoffen umgeht, die Gesundheit und die Sicherheit der Beschäftigten bei allen Tätigkeiten mit Gefahrstoffen sicherzustellen und die erforderlichen Maßnahmen nach dem Arbeitsschutzgesetz und zusätzlich die in dieser Verordnung genannten Maßnahmen zu treffen. Der Hauptschwerpunkt der Gefahrstoffverordnung ist die durchzuführende Gefährdungsbeurteilung. Arbeitstätigkeiten mit Gefahrstoffen werden bestimmten Schutzstufen zugeordnet. Zunächst muss der Arbeitgeber prüfen, ob Tätigkeiten mit Gefahrstoffen durchgeführt werden oder Gefahrstoffe bei bestimmten Tätigkeiten entstehen oder freigesetzt werden. Im Anschluss daran folgt eine Gefährdungsbeurteilung. Danach bemisst sich, welche Schutzmaßnahmen der Arbeitgeber zu treffen hat. Die Gefahrstoffverordnung sieht verschiedene Schutzstufen vor, die hierarchisch aufeinander aufbauen und in Maßnahmepaketen zusammengefasst sind. Sämtliche Tätigkeiten mit Gefahrstoffen werden jetzt in vier Schutzstufen unterteilt, die in §§ 8 - 11 GefStoffV geregelt sind. **86**

§ 120a   Titel VII. Arbeitnehmer

87   Neben dem Chemikaliengesetz und der GefStoffV gibt es eine Reihe weiterer Verordnungen, die zwar nicht vorrangig den Arbeitsschutz zum Ziel haben, aber zumindest mittelbar auch dem Schutz der Arbeitnehmer vor Gefahren für Leben und Gesundheit, die von Gefahrstoffen ausgehen, dienen. Hierzu zählen insbesondere folgende Verordnungen:
- Verordnung über Prüfnachweise und sonstige Anmelde- und Mitteilungsunterlagen nach dem Chemikaliengesetz (**Prüfnachweisverordnung – ChemPrüfV**) vom 1. 8. 1994 (BGBl. I S. 1877), zuletzt geändert durch Gesetz vom 20. 5. 2008 (BGBl. I S. 922)
- Verordnung über Verbote und Beschränkungen des Inverkehrbringens gefährlicher Stoffe, Zubereitungen und Erzeugnisse nach dem Chemikaliengesetz (**Chemikalien-Verbotsverordnung – ChemVerbotsV**) vom 13. 6. 2003 (BGBl. I S. 2233), zuletzt geändert durch Verordnung vom 21. 7. 2008 (BGBl. I S. 1328)
- Verordnung über die Mitteilungspflichten nach § 16 e des Chemikaliengesetzes zur Vorbeugung und Information bei Vergiftungen (**Giftinformationsverordnung – ChemGiftInfoV**) in der Fassung vom 31. 7. 1996 (BGBl. I S. 1198), zuletzt geändert durch Art. 4 Verordnung vom 11. 7. 2006 (BGBl. I S. 1575)
- Zwölfte Verordnung zur Durchführung des Bundes-Immissionsschutzgesetzes (**Störfall-Verordnung**) in der Fassung vom 8. 6. 2005 (BGBl. I S. 1598).

88   Weitere den Sachbereich Gefahrstoffe betreffende Schutzpflichten des Arbeitgebers sind in zahlreichen von den Berufsgenossenschaften erlassenen Unfallverhütungsvorschriften enthalten, wie z. B. in der Unfallverhütungsvorschrift „Umgang mit krebserzeugenden Gefahrstoffen" (VBG 113).

Auf dem Gebiet des Chemikalienrechts ist am 1. 7. 2007 die neue EU-Chemikalienverordnung, die sog. **REACH-Verordnung** (Registration, Evaluation and Authorisation of Chemicals) in Kraft getreten. Danach sollen auf dem europäischen Markt nur noch Chemikalien verwendet werden, deren Ungefährlichkeit für Mensch und Umwelt durch ausreichende wissenschaftliche Informationen gesichert ist (das Motto lautet: „No Data, No Market"). Dabei werden die Hersteller und Importeure (aber auch nachgeschaltete Anwender und Händler) im Wege der Beweislastumkehr verpflichtet, die Informationen über die sichere Verwendung von Chemikalien aufzuzeigen und an die Kunden weiterzuleiten. Die REACH-Verordnung löst über 40 Richtlinien und Verordnungen ab, die den Umgang mit Chemikalien in der EU geregelt hatten.

4. Organisation

89   Die innerbetriebliche Organisation des Arbeitsschutzes wird in erster Linie durch das als **Rahmengesetz** konzipierte Gesetz über Betriebsärzte, Sicherheitsingenieure und andere Fachkräfte für Arbeitssicherheit (**Arbeitssicherheitsgesetz** – ASiG) vom 12. 12. 1973 (BGBl. I S. 1885 zuletzt geändert durch Art. 226 Verordnung vom 31. 10. 2006, BGBl. I, S. 2407) geregelt. Ziel des Arbeitssicherheitsgesetzes ist es, dass die dem Arbeitsschutz und der Unfallverhütung dienenden Vorschriften den besonderen Betriebsverhältnissen entsprechend angewandt und die gesicherten arbeitsmedizinischen und sicherheitstechnischen Erkenntnisse zur Verbesserung des Arbeitsschutzes und der Unfallverhütung verwirklicht werden (vgl. *Pieper* ArbSchR, ASiG Rdn. 7 ff.). Des Weiteren sollen die zu treffenden Arbeitsschutzmaßnahmen einen möglichst hohen Wirkungsgrad erreichen (§ 1 S. 3 Nr. 3 ASiG). Zur Verwirklichung dieses Gesetzeszwecks verpflichtet das ASiG den Arbeitgeber, nach Maßgabe dieses Gesetzes **Betriebsärzte und Fachkräfte für Arbeitssicherheit** zu bestellen, die den Arbeitgeber beim Arbeitsschutz und bei der Unfallverhütung unterstützen sollen.

Adressat des ASiG ist der **Arbeitgeber**, d. h. jeder Unternehmer, der Arbeitnehmer beschäftigt. Eine Sonderregelung gilt für den öffentlichen Dienst, für den die Bestimmungen des ASiG nicht unmittelbar gelten (vgl. dazu *Pieper* ArbSchR, ASiG Rdn. 17 f.). Nach § 16 ASiG ist der **öffentliche Dienst** jedoch verpflichtet, einen den Grundsätzen des Arbeitssicherheitsgesetzes **gleichwertigen** arbeitsmedizinischen und sicherheitstechnischen **Arbeitsschutz** zu gewährleisten. 90

Die Verantwortlichkeit des Arbeitgebers für den Arbeitsschutz wird durch das Arbeitssicherheitsgesetz nicht in Frage gestellt. Betriebsärzte und Fachkräfte für Arbeitssicherheit haben bloße **Unterstützungsfunktion**, sie sind also ausschließlich dem Arbeitgeber gegenüber verantwortlich (BAG AP Nr. 12 a § 8 ASiG). Aus dem Arbeitssicherheitsgesetz ergibt sich keine Verantwortlichkeit der Betriebsärzte und Fachkräfte für Arbeitssicherheit (*Kliesch/Nöthlichs/Wagner* Arbeitssicherheitsgesetz, 1978, § 1 Anm. 14). 91

§§ 2 I, 5 I ASiG verpflichten den Arbeitgeber, Betriebsärzte und Fachkräfte für Arbeitssicherheit schriftlich zu bestellen, soweit dies im Hinblick auf die in diesen Vorschriften genannten Kriterien erforderlich ist. Ob und in welchem Umfang ein Betriebsarzt bestellt werden muss, hat der Arbeitgeber also grundsätzlich selbst zu beurteilen. Ist wegen der Betriebsart und der damit für die Arbeitnehmer verbundenen Unfall- und Gesundheitsgefahren die Bestellung eines Betriebsarztes oder einer Fachkraft für Arbeitssicherheit erforderlich, so muss der Arbeitgeber die sog. **Einsatzzeiten ermitteln**. Sie bestimmen die jährlich für einen Arbeitnehmer zu erbringenden Stundenzahlen durch den betreuenden Betriebsarzt oder die Fachkraft für Arbeitssicherheit (Einzelheiten bei *Kittner/Pieper* ArbSchR, ASiG Rdn. 40 ff.). 92

Maßgebende Bezugsgröße für die in §§ 2 I, 5 I ASiG enthaltene Verpflichtung des Arbeitgebers, Betriebsärzte und Fachkräfte für Arbeitssicherheit zu bestellen, ist der **Betrieb**, nicht das Unternehmen (vgl. BSG BlStSozArbR 1981, 80). Besteht ein Unternehmen aus mehreren Betrieben, so ist der Arbeitgeber verpflichtet, für jeden Betrieb gesondert zu prüfen, ob die Voraussetzungen der §§ 2 I, 5 I ASiG erfüllt sind und somit für den jeweiligen Betrieb Betriebsärzte oder Fachkräfte für Arbeitssicherheit bestellt werden müssen. 93

Das ASiG ist als Rahmengesetz konzipiert. Durch die mit § 21 ASiG geschaffene Ermächtigung in § 15 I Nr. 6 SGB VII wurden die Träger der gesetzlichen Unfallversicherung ermächtigt, Vorschriften über die Maßnahmen zu erlassen, die der Unternehmer zur Erfüllung der sich aus dem ASiG ergebenden Verpflichtungen zu treffen hat. Die Berufsgenossenschaften haben von dieser Ermächtigung Gebrauch gemacht und in den **Unfallverhü-** 94

§ 120a

tungsvorschriften „Betriebsärzte" und „Sicherheitsingenieure und andere Fachkräfte für Arbeitssicherheit" (Berufsgenossenschaftliche Vorschrift für Sicherheit und Gesundheit bei der Arbeit, BGV A2) die sich aus §§ 2 I, 5 I ASiG ergebende Verpflichtung präzisiert. Sie regeln, ab welcher Beschäftigtenzahl Betriebsärzte einzustellen sind sowie die Einsatzzeit der Betriebsärzte pro Jahr und Arbeitnehmer.

95   Die Bestellung ist der **Organisationsakt**, durch den dem Betriebsarzt oder der Fachkraft für Arbeitssicherheit die Stellung im Betrieb zugewiesen wird. Von diesem Organisationsakt zu unterscheiden ist das zivilrechtliche Verpflichtungsverhältnis (*Nöthlichs* Kennzahl 4064 S. 5). Die Vertragsform, in der der Betriebsarzt zur Wahrnehmung der ihm übertragenen Aufgaben verpflichtet wird, ist im ASiG nicht vorgeschrieben. In Betracht kommen grundsätzlich **drei Gestaltungsmöglichkeiten**: Der Arbeitgeber stellt den Betriebsarzt als Arbeitnehmer ein oder er verpflichtet einen freiberuflich tätigen Arzt oder er betraut einen überbetrieblichen Dienst von Betriebsärzten oder Fachkräften für Arbeitssicherheit (§ 19 ASiG). Welche der drei Gestaltungsmöglichkeiten der Arbeitgeber wählt, steht ihm frei, sofern nicht ausnahmsweise durch Satzung der Berufsgenossenschaften die Verpflichtung begründet ist, einen überbetrieblichen Dienst in Anspruch zu nehmen. In Betrieben mit Betriebsrat hat der Arbeitgeber allerdings die Beteiligungsrechte des Betriebsrats zu wahren (§ 9 III ASiG, § 87 I Nr. 7 BetrVG).

96   Die Betriebsärzte haben den Arbeitgeber in allen Fragen des Gesundheitsschutzes zu unterstützen. § 3 I 2 ASiG nennt beispielhaft eine Reihe von Aufgaben, die von den Betriebsärzten wahrzunehmen sind. Die **Aufgaben** der Fachkräfte ergeben sich aus § 6 S. 1 ASiG. Sie haben den Arbeitgeber in allen Fragen der Arbeitssicherheit einschließlich der menschengerechten Gestaltung der Arbeit zu unterstützen. § 6 S. 2 ASiG zählt vier Bereiche auf, die zu den typischen Aufgabenbereichen der Fachkräfte für Arbeitssicherheit zählen.

97   Nach § 9 I ASiG haben die Betriebsärzte und Fachkräfte für Arbeitssicherheit mit dem Betriebsrat **zusammenzuarbeiten**. Zur Zusammenarbeit verpflichtet sind nach § 10 ASiG auch Betriebsärzte und Fachkräfte für Arbeitssicherheit. Der organisatorische Rahmen für die Zusammenarbeit aller im Betrieb mit Arbeitsschutzaufgaben betrauten Personen wird durch § 11 ASiG geschaffen. Danach hat der Arbeitgeber in Betrieben mit mehr als zwanzig Beschäftigten, in denen Betriebsärzte oder Fachkräfte für Arbeitssicherheit bestellt sind, einen **Arbeitsschutzausschuss** zu bilden.

98   Die **Zusammensetzung** des Arbeitsschutzausschusses wird in § 11 S. 2 ASiG zwingend vorgeschrieben. Kraft Gesetzes sind Mitglieder des Arbeitsschutzausschusses der Arbeitgeber oder sein Beauftragter sowie zwei vom Betriebsrat bestimmte Betriebsratsmitglieder. Dem Arbeitsschutzausschuss gehören des Weiteren mindestens ein Betriebsarzt, eine Fachkraft für Arbeitssicherheit sowie ein Sicherheitsbeauftragter an.

99   Der Arbeitsschutzausschuss hat die Aufgabe, Angelegenheiten des Arbeitsschutzes und der Unfallverhütung zu beraten. Der Umfang der Beratungsaufgaben ergibt sich aus den Aufgabenkatalogen in den §§ 3 und 6 ASiG. Der Arbeitsschutzausschuss ist ein reines **Beratungsgremium**, das keine den Arbeitgeber bindenden Entscheidungen durch mehrheitlichen Beschluss tref-

fen kann. Nach § 11 S. 4 ASiG hat der Arbeitsschutzausschuss mindestens einmal **vierteljährlich zusammenzutreten** (zum ASiG s. eingehend *Wank* TAS-ASiG m. w. N.).

Der organisatorischen Sicherstellung des innerbetrieblichen (technischen) Arbeitsschutzes dient neben den Vorschriften des Arbeitssicherheitsgesetzes vor allem auch § 16 II ArbSchG. Danach sind die **Beschäftigten verpflichtet**, gemeinsam mit dem Betriebsarzt und der Fachkraft für Arbeitssicherheit den Arbeitgeber darin zu unterstützen, die Sicherheit und den Gesundheitsschutz zu gewährleisten und seine Pflichten entsprechend den behördlichen Auflagen zu erfüllen. Des Weiteren sollen die Beschäftigten die von ihnen festgestellten Gefahren für Sicherheit und Gesundheit und Mängel an den Schutzsystemen auch der Fachkraft für Arbeitssicherheit, dem Betriebsarzt oder dem Sicherheitsbeauftragten mitteilen. 100

II. Meistertitel

§ 133 Befugnis zur Führung des Baumeistertitels

Die Befugnis zur Führung des Meistertitels in Verbindung mit einer anderen Bezeichnung, die auf eine Tätigkeit im Baugewerbe hinweist, insbesondere des Titels Baumeister und Baugewerksmeister, wird durch Rechtsverordnung der Bundesregierung mit Zustimmung des Bundesrates geregelt.

Die Vorschrift entspricht § 133 I 1 a. F. 1

Aufgrund der Ermächtigung des § 133 II 1 a. F. erging die Verordnung 2 über die Berechtigung zur Führung der Berufsbezeichnung „Baumeister" (**Baumeisterverordnung**) vom 1. 4. 1931 (RGBl. I S. 131; zuletzt geändert durch Verordnung vom 25. 5. 1960, BGBl. I S. 315). Da der Titel „Baumeister" in der Praxis kaum Bedeutung erlangte, wurde die Baumeisterverordnung mit Wirkung vom 1. 1. 1981 durch die Verordnung zur Ablösung der Baumeisterverordnung vom 2. 4. 1979 (BGBl. I S. 419) aufgehoben. Die Berufsbezeichnung „Baumeister" darf jedoch auch nach dem 1. 1. 1981 von den Personen weitergeführt werden, die bis dahin die Berechtigung zur Führung des Baumeistertitels erworben haben.

Von der Ermächtigung des § 133 II 2 ist kein Gebrauch gemacht worden. 3

Die allgemeine Regelung zur Führung des Meistertitels findet sich in der 4 **Handwerksordnung** (24. 9. 1998, BGBl. I, S. 3074; 2006, I S. 209; zuletzt geändert durch Art. 2 des Gesetzes vom 17. 7. 2009, BGBl. I, S. 2091). Durch das Dritte Gesetz zur Änderung der Handwerksordnung und anderer handwerklicher Vorschriften, BGBl. 2003 S. 2934, und durch das Gesetz zur Änderung der Handwerksordnung und zur Förderung von Kleinunternehmen, BGBl. 2003 S. 2933, die zum 1. 1. 2004 in Kraft getreten sind, wurden insb. folgende Neuregelungen umgesetzt: Der Meisterzwang ist auf 41 Handwerke beschränkt worden (Anlage A zum Gesetz zur Ordnung im Handwerk). Erfahrene Gesellen können sich auch in diesen Berufen ohne Meisterbrief selbständig machen, wenn sie in ihrem Handwerk mindestens sechs

§ 139b

Titel VII. Arbeitnehmer

Jahre tätig waren, davon vier in leitender Stellung. Die übrigen 53 Handwerke sind seitdem zulassungsfrei.

§§ 133a bis 139aa (weggefallen)

III. Aufsicht

§ 139b Gewerbeaufsichtsbehörde

(1) ¹Die Aufsicht über die Ausführung der Bestimmungen der auf Grund des § 120 e oder des § 139 h erlassenen Rechtsverordnungen ist ausschließlich oder neben den ordentlichen Polizeibehörden besonderen von den Landesregierungen zu ernennenden Beamten zu übertragen. ²Denselben stehen bei Ausübung dieser Aufsicht alle amtlichen Befugnisse der Ortspolizeibehörden, insbesondere das Recht zur jederzeitigen Besichtigung und Prüfung der Anlagen zu. ³Die amtlich zu ihrer Kenntnis gelangenden Geschäfts- und Betriebsverhältnisse der ihrer Besichtigung und Prüfung unterliegenden Anlagen dürfen sie nur zur Verfolgung von Gesetzwidrigkeiten und zur Erfüllung von gesetzlich geregelten Aufgaben zum Schutz der Umwelt den dafür zuständigen Behörden offenbaren. ⁴Soweit es sich bei Geschäfts- und Betriebsverhältnissen um Informationen über die Umwelt im Sinne des Umweltinformationsgesetzes handelt, richtet sich die Befugnis zu ihrer Offenbarung nach dem Umweltinformationsgesetz.

(2) Die Ordnung der Zuständigkeitsverhältnisse zwischen diesen Beamten und den ordentlichen Polizeibehörden bleibt der verfassungsmäßigen Regelung in den einzelnen Ländern vorbehalten.

(3) ¹Die erwähnten Beamten haben Jahresberichte über ihre amtliche Tätigkeit zu erstatten. ²Diese Jahresberichte oder Auszüge aus denselben sind dem Bundesrat und dem Deutschen Bundestag vorzulegen.

(4) Die auf Grund der Bestimmungen der auf Grund des § 120 e oder des § 139 h erlassenen Rechtsverordnung auszuführenden amtlichen Besichtigungen und Prüfungen müssen die Arbeitgeber zu jeder Zeit, namentlich auch in der Nacht, während des Betriebs gestatten.

(5) Die Arbeitgeber sind ferner verpflichtet, den genannten Beamten oder der Polizeibehörde diejenigen statistischen Mitteilungen über die Verhältnisse ihrer Arbeitnehmer zu machen, welchen vom Bundesministerium für Arbeit und Soziales durch Rechtsverordnung mit Zustimmung des Bundesrates oder von der Landesregierung unter Festsetzung der dabei zu beobachtenden Fristen und Formen vorgeschrieben werden.

(5 a) **(weggefallen)**

(6) ¹Die Beauftragten der zuständigen Behörden sind befugt, die Unterkünfte, auf die sich die Pflichten der Arbeitgeber nach § 40 a

der Arbeitsstättenverordnung und nach den auf Grund des § 120 e Abs. 3 erlassenen Rechtsverordnungen beziehen, zu betreten und zu besichtigen. ²Gegen den Willen der Unterkunftsinhaber ist dies jedoch nur zur Verhütung dringender Gefahren für die öffentliche Sicherheit oder Ordnung zulässig. ³Das Grundrecht der Unverletzlichkeit der Wohnung (Artikel 13 des Grundgesetzes) wird insoweit eingeschränkt.

(7) Ergeben sich im Einzelfall für die für den Arbeitsschutz zuständigen Landesbehörden konkrete Anhaltspunkte für
1. eine Beschäftigung oder Tätigkeit von Ausländern ohne erforderlichen Aufenthaltstitel nach § 4 Abs. 3 des Aufenthaltsgesetzes, eine Aufenthaltsgestattung oder eine Duldung, die zur Ausübung der Beschäftigung berechtigen, oder eine Genehmigung nach § 284 Abs. 1 des Dritten Buches Sozialgesetzbuch,
2. Verstöße gegen die Mitwirkungspflicht nach § 60 Abs. 1 Satz 1 Nr. 2 des Ersten Buches Sozialgesetzbuch gegenüber einer Dienststelle der Bundesagentur für Arbeit, einem Träger der gesetzlichen Kranken-, Pflege-, Unfall- oder Rentenversicherung oder einem Träger der Sozialhilfe oder gegen die Meldepflicht nach § 8a des Asylbewerberleistungsgesetzes,
3. Verstöße gegen das Gesetz zur Bekämpfung der Schwarzarbeit,
4. Verstöße gegen das Arbeitnehmerüberlassungsgesetz,
5. Verstöße gegen Vorschriften des Vierten und Siebten Buches Sozialgesetzbuch über die Verpflichtung zur Zahlung von Sozialversicherungsbeiträgen,
6. Verstöße gegen das Aufenthaltsgesetz,
7. Verstöße gegen die Steuergesetze,

unterrichten sie die für die Verfolgung und Ahndung der Verstöße nach den Nummern 1 bis 7 zuständigen Behörden, die Träger der Sozialhilfe sowie die Behörden nach § 71 des Aufenthaltsgesetzes.

(8) In den Fällen des Absatzes 7 arbeiten die für den Arbeitsschutz zuständigen Landesbehörden insbesondere mit folgenden Behörden zusammen:
1. den Agenturen für Arbeit,
2. den Trägern der Krankenversicherung als Einzugsstellen für die Sozialversicherungsbeiträge,
3. den Trägern der Unfallversicherung,
4. den nach Landesrecht für die Verfolgung und Ahndung von Verstößen gegen das Gesetz zur Bekämpfung der Schwarzarbeit zuständigen Behörden,
5. den in § 71 des Aufenthaltsgesetzes genannten Behörden,
6. den Finanzbehörden,
7. den Behörden der Zollverwaltung,
8. den Rentenversicherungsträgern,
9. den Trägern der Sozialhilfe.

Literatur: *J. Ennuschat*, Behördliche Nachschau in Geschäftsräume und die Unverletzlichkeit der Wohnung gem. Art. 13 GG, AöR 127 (2002), 252 ff.; *N. Kollmer*,

§ 139b
Titel VII. Arbeitnehmer

Umweltinformationsgesetz und Gewerbeaufsicht, GewArch 1995, 46 ff.; *ders.*, Recht des Betriebsinhabers auf Geheimhaltung seiner Betriebs- und Geschäftsverhältnisse durch die Arbeitsschutzbehörden, RdA 1997, 155 ff.; *A. Roßnagel/J. Bizer*, Geheimnis- und Datenschutz der Gewerbeaufsichtsakten und die Aufgabe der Altlastenerhebung, GewArch 1992, 121 ff.

Übersicht

	Rdn.
I. Vorbemerkung	1
II. Gewerbeaufsichtsbehörden (Abs. 1 und 2)	3
1. Pflicht zur Einrichtung (Abs. 1 S. 1)	3
a) Besondere Beamte	3
b) Bestimmungen der auf Grund des § 120 e oder des § 139 h erlassenen Rechtsverordnungen	4
2. Zuständigkeitsbereich der Gewerbeaufsichtsbehörden (Abs. 1 S. 1, Abs. 2)	5
a) Zuständigkeit	5
b) Verhältnis zu den allgemeinen Polizei- und Ordnungsbehörden	6
3. Befugnisse der Gewerbeaufsichtsbehörden (Abs. 1 S. 2)	7
4. Handlungsformen der Gewerbeaufsicht	9
a) Unselbständige Verfügungen	10
b) Selbständige Einzelanordnungen	13
c) Bußgeldverfahren	15
III. Revisionsrecht (Abs. 1 S. 2, Abs. 4 und 6)	16
1. Vereinbarkeit mit Art. 13 GG	17
a) § 139 b I 2, IV	18
b) § 139 b VI	19
2. Betreten und Prüfen von Betriebsanlagen (Abs. 1 S. 2, Abs. 4)	20
a) Voraussetzungen des Revisionsrechts nach Abs. 1 S. 2, Abs. 4	20
b) Gestattungspflicht des Arbeitgebers (Abs. 4)	24
c) Rechtsfolgen bei Pflichtverletzungen	27
3. Betreten und Prüfen von Gemeinschaftsunterkünften (Abs. 6)	28
a) Zeitpunkt; Kontrollgegenstand	28
b) Gestattung des Arbeitgebers	29
c) Einwilligung der Unterkunftsinhaber	30
IV. Verschwiegenheitspflicht (Abs. 1 S. 3 und 4)	32
1. Reichweite der Verschwiegenheitspflicht	33
2. Ausnahmen von der Verschwiegenheitspflicht	35
3. Auskünfte nach dem Umweltinformationsgesetz	36
4. Akteneinsicht des Betroffenen	38
V. Jahresberichte (Abs. 3)	39
VI. Mitteilungspflichten der Arbeitgeber (Abs. 5)	40
VII. Weitere Pflichten der Gewerbeaufsichtsämter (Abs. 7 und 8)	41

I. Vorbemerkung

1 Während die Überwachung der Einhaltung der gewerberechtlichen Vorschriften gemeinhin den nach Landesrecht zuständigen Ordnungsbehörden obliegt, ist die Aufsicht über die Ausführung bestimmter Vorschriften in der GewO – ausschließlich oder neben den ordentlichen Polizei- und Ordnungsbehörden – (vgl. zur Ordnung der Zuständigkeiten im Einzelnen Abs. 2) speziellen Gewerbeaufsichtsbehörden übertragen. Dieses Postulat einer besonderen Gewerbeaufsicht wurde 1891 in die Gewerbeordnung eingefügt und seitdem vielfach novelliert (zuletzt redaktionelle Anpassungen durch Gesetz vom 30. 7. 2004 [BGBl. I S. 1950] sowie durch die 9. ZuständigkeitsanpassungsVO vom 31. 10. 2006 [BGBl. I S. 2407]). In den neuen Ländern galt § 139 b zunächst mit der Maßgabe, dass bis zur Aufnahme der Aufsichtstätigkeit durch die zuständigen Landesbehörden die Aufsichtsaufgaben nach § 139 b durch diejenigen staatlichen Stellen wahrgenommen wurden, die für die Kontrolle der Einhaltung der entsprechenden Arbeitsschutzvorschriften nach DDR-Recht zuständig waren (EinigungsV vom 31. 8. 1990, BGBl. II S. 889, 1028); zu den heutigen Zuständigkeitsvorgaben siehe § 155 Rdn. 7.

Die in § 139 b in Bezug genommenen Vorschriften sind vielfach entfallen 2 oder novelliert worden; betroffen sind die Abs. 1, 4 und 6 (unten Rdn. 4, 28). Unverständlich bleibt, dass der Gesetzgeber die zahlreichen Novellierungen der GewO in den letzten Jahren nicht zur redaktionellen Überarbeitung des § 139 b genutzt hat.

II. Gewerbeaufsichtsbehörden (Abs. 1 und 2)

1. Pflicht zur Einrichtung (Abs. 1 S. 1)

a) Besondere Beamte. Die Länder sind nach Abs. 1 S. 1 zunächst einmal 3 verpflichtet, spezielle Gewerbeaufsichtsaufgaben besonderen, hierfür zu ernennenden Beamten zu übertragen, d. h. Gewerbeaufsicht kann nicht im Nebenamt wahrgenommen werden.

b) Bestimmungen der auf Grund des § 120 e oder des § 139 h erlas- 4 **senen Rechtsverordnungen.** § 139 b bezieht sich lediglich auf die Überwachung der Einhaltung der dort ausdrücklich genannten Vorschriften, womit insbesondere auf die Arbeitsstättenverordnung verwiesen werden sollte. Insoweit wurden durch das Dritte GewO-ÄndG vom 24. 8. 2002 (BGBl. I 3412) kleinere Änderungen vorgenommen, die wie folgt begründet wurden (BT-Drs. 14/8796, S. 26): „Bei den Änderungen in den Absätzen 1, 3 und 4 des § 139 b GewO handelt es sich um notwendige Anpassungen, die aus der Neugestaltung des Titels VII folgen. Dabei wurde auf eine behördliche Überprüfung (durch die Gewerbeaufsicht) über die nach dem neuen § 108 GewO vorgeschriebenen Modalitäten über die Abrechnung des Arbeitsentgelts verzichtet. Nach dem früheren Recht war dies gemäß § 139 b Abs. 1 a. F. i. V. m. § 134 a. F. GewO möglich; dies wurde von den Gewerbeaufsichtsbehörden in den letzten Jahren nicht mehr praktiziert. Eine behördliche Aufsicht scheint auch nicht notwendig. In Streitfällen können Beschäftigte ihren Anspruch auf Erteilung einer dem § 108 GewO entsprechenden schriftlichen Abrechnung zivilrechtlich durchsetzen. Nachdem aber die Arbeitsstättenverordnung nicht mehr auf einer gewerberechtlichen Ermächtigung beruht, sondern auf § 18 ArbSchG und die im Gesetzestext aufgeführten §§ 120 e,

§ 139b

Titel VII. Arbeitnehmer

139 h GewO im Zuge der Novellierung vom 24. 8. 2002 (vgl. Rdn. 1) gestrichen wurden, besteht hier dringender Änderungsbedarf im Sinne der Rechtsklarheit. Die Aufsicht in Bezug auf die übrigen gewerberechtlichen Vorgaben obliegt den nach Landesrecht zuständigen Behörden (vgl. § 155 II). Die Gewerbeaufsicht i. S. d. § 139 b ist daher eine **Arbeitsschutzaufsicht**. Dementsprechend fungieren in einigen Ländern die Arbeitsschutzämter als Gewerbeaufsichtsbehörden i. S. d. § 139 b (*Lorenz*, in: Leinemann, § 139 b Rdn. 11 f.).

2. Zuständigkeitsbereich der Gewerbeaufsichtsbehörden (Abs. 1 S. 1, Abs. 2)

5 **a) Zuständigkeit.** Der Zuständigkeitsbereich umfasst zunächst die in § 139 b in Bezug genommenen Rechtsverordnungen, soweit diesen nicht lediglich zivilrechtliche Bedeutung zukommt. Außerhalb der GewO bestehen u. a. folgende weitere, auf Bundesrecht beruhende Zuständigkeiten: § 20 II 1 MuSchG, § 22 LSchlG oder § 19 I 3 AtomG (vgl. *Lorenz*, in: Leinemann, § 139 b Rdn. 15). Durch Landesrecht kann § 139 b in Bezug genommen werden, um den Gewerbeaufsichtsbehörden weitere Aufgaben zu übertragen (vgl. z. B. § 13 I 2 LadÖG BW).

6 **b) Verhältnis zu den allgemeinen Polizei- und Ordnungsbehörden.** § 139 b I 1 schreibt den Ländern zwar die Einrichtung einer besonderen Gewerbeaufsichtsbehörde vor (oben Rdn. 3), lässt aber zu, dass diese ihre Aufsicht neben den allgemeinen Polizei- und Ordnungsbehörden ausübt. Die Ordnung der Zuständigkeitsverhältnisse zwischen der besonderen Gewerbeaufsichtsbehörde und den allgemeinen Polizei- und Ordnungsbehörden bleibt nach Abs. 2 – angesichts der grundgesetzlichen Aufgabenverteilung („Polizeihoheit" der Länder) nur konsequent – den Ländern überlassen (*Martinez*, in: BeckOK, § 139 b Rdn. 4).

3. Befugnisse der Gewerbeaufsichtsbehörden (Abs. 1 S. 2)

7 Bei den Gewerbeaufsichtsbehörden handelt es sich um Sonderordnungs- bzw. -polizeibehörden, denen nach Abs. 1 S. 2 „alle amtlichen Befugnisse der Ortspolizeibehörden" zustehen, d. h. nicht nur die Befugnisse der allgemeinen Polizei- und Ordnungsbehörden, sondern auch die des ggf. vorhandenen Polizeivollzugsdienstes (*Kahl*, in: Landmann/Rohmer I, § 139 b Rdn. 18). Allgemein zur Organisation der Polizei- und Ordnungsverwaltung in den einzelnen Ländern näher *Tettinger/Erbguth/Mann* Besonderes Verwaltungsrecht, 10. Auflage 2009, § 19 m. w. N. Die Gewerbeaufsichtsbehörde kann sich so namentlich auf die **ordnungsrechtliche Generalklausel** (etwa § 14 I OBG NRW) als Befugnisnorm stützen (*Lorenz*, in: Leinemann, § 139 b Rdn. 37 verweist auch auf sog. unselbständige Verfügungen). Nach anderer Ansicht stellt § 139 b I 2 selbst eine bundesrechtliche Eingriffsermächtigung im Sinne der ordnungsrechtlichen Generalklausel dar, ohne dass auf die – inhaltsgleiche – landesrechtliche Vorschrift zurückgegriffen werden müsste (*Wacke*, in: Külz/Naumann [Hrsg.], Staatsbürger und Staatsgewalt, Bd. II,

1963, S. 161 [186]). In der Sache bedeutet dies jedoch keinen Unterschied (dazu *BVerwG* GewArch 1990, 25 [26] m. w. N.).

Der Rückgriff auf die „amtlichen Befugnisse der Ortspolizeibehörden" ist **8** auch dann möglich, wenn den Gewerbeaufsichtsbehörden Kompetenzen durch **Spezialgesetze außerhalb der GewO** zugewiesen sind und dort ausdrücklich auf die Befugnisse nach § 139 b verwiesen wird (z. B. § 19 I 3 AtomG [dazu *VG Schleswig* Beschluss vom 13. 2. 2007 – 12 B 85/06, juris Rdn. 33], § 22 II LSchlG [siehe auf Länderebene etwa § 13 I 2 LadÖG BW]), nicht jedoch, wenn eine solche Verweisung fehlt. Dann richten sich die Befugnisse ausschließlich nach der Spezialnorm.

4. Handlungsformen der Gewerbeaufsicht

Zur Erfüllung ihrer Aufgaben als Sonderpolizeibehörden stehen den **9** Gewerbeaufsichtsbehörden nach klassischer Betrachtung – die Separierung von selbständiger und unselbständiger Verfügung erscheint heute verzichtbar – im wesentlichen **drei Handlungsformen** zur Verfügung:

a) Unselbständige Verfügungen. Genannt wird erstens das Instrument **10** der gesetzeswiederholenden Verfügung in Gestalt eines Verwaltungsaktes (sog. **unselbständige Verfügung**; dazu *Drews/Wacke/Vogel/Martens* Gefahrenabwehr, 9. Aufl. 1986, S. 411 ff.). Diese Verfügungen wiederholen dem Adressaten gegenüber eine im Gesetz schon ausdrücklich normierte Pflicht und schaffen damit die Möglichkeit einer zwangsweisen Durchsetzung (unten Rdn. 14). Bezogen auf die durch § 139 b I 2 in Bezug genommene ordnungsrechtliche Generalklausel (etwa § 14 OBG NRW) bedeutet dies, dass im Verstoß gegen die gesetzliche Pflicht bereits eine Störung der öffentlichen Sicherheit liegt, ohne dass es einer darüber hinausreichenden Gefahr bedarf (*Kahl*, in: Landmann/Rohmer I, § 139 b Rdn. 22).

Solche Verfügungen sind auch dann zulässig, wenn der Verstoß gegen die **11** gesetzliche Verbotsnorm zugleich bußgeldbedroht ist (*Lorenz*, in: Leinemann, § 139 b Rdn. 37). Dies ergibt sich aus den unterschiedlichen Zwecken beider Maßnahmen. Das Bußgeldverfahren dient der Ahndung von Verstößen in der Vergangenheit; die gegebenenfalls zwangsweise durchsetzbare Verfügung ist präventiv ausgerichtet und soll die Einhaltung der gesetzlichen Normen in Zukunft sichern (*BayVGH* DÖV 1982, 251; vgl. auch *VG Ansbach* GewArch 1980, 378).

Möglich ist etwa, vom Arbeitgeber die Aushändigung von Schlüsseln zu **12** verlangen, um ungehindert die Betriebsräume kontrollieren zu können. Die Schlüsselherausgabe erfüllt dann die gesetzliche Gestattungspflicht (Abs. 4). Angesichts des Verhältnismäßigkeitsgrundsatzes ist dies aber nur zulässig bei wiederholten Gesetzesverstößen und beharrlicher Erschwerung von Kontrollen (*HambOVG* GewArch 1991, 423).

b) Selbständige Einzelanordnungen. Selbständige Einzelanordnungen **13** (dazu allg. *Drews/Wacke/Vogel/Martens* Gefahrenabwehr, 9. Aufl. 1986, S. 410 f.) konkretisieren allgemeine gesetzliche Vorgaben für den Einzelfall oder sind auf Beseitigung von Störungen gerichtet. Rechtsgrundlage hierfür ist nicht § 139 b, sondern eine spezielle Ermächtigungsnorm.

§ 139b
Titel VII. Arbeitnehmer

14   Die **Vollstreckung** sowohl der selbständigen wie der unselbständigen Verfügungen richtet sich nach dem jeweiligen Landesverwaltungsvollstreckungsgesetz.

15   **c) Bußgeldverfahren.** Soweit den Gewerbeaufsichtsbehörden durch das jeweilige Landesrecht auch die Durchführung von Bußgeldverfahren zugewiesen ist (§ 36 II OWiG), kommt dies als weitere Handlungsform in Betracht.

III. Revisionsrecht (Abs. 1 S. 2, Abs. 4 und 6)

16   Den Gewerbeaufsichtsbeamten steht nach Abs. 1 S. 2 und Abs. 4 ein sog. **Revisionsrecht** zu, d. h. die Befugnis, die zu überwachenden Betriebe und Anlagen während des Betriebs jederzeit zu besichtigen und zu prüfen. Hinzuweisen ist allerdings auf die Tatsache, dass aufgrund des Wegfalls der §§ 120 e und 139 h GewO auch bezüglich Abs. 4 dringender Änderungsbedarf besteht (vgl. Rdn. 4). Nach Abs. 6 ist auch die Revision von Unterkünften möglich.

1. Vereinbarkeit mit Art. 13 GG

17   Diese Rechte verstoßen nicht gegen **Art. 13 GG** (*HambOVG* GewArch 1991, 423; *Lorenz*, in: Leinemann, § 139 b Rdn. 22; *Kahl*, in: Landmann/Rohmer I, § 139 b Rdn. 37).

18   **a) § 139 b I 2, IV.** Dies gilt zunächst für das **Betreten des Betriebes** nach § 139 b I 2, IV. Zwar fallen Arbeits-, Betriebs- und Geschäftsräume auch unter den Begriff der Wohnung i. S. d. Art. 13 GG (vgl. grundlegend *BVerfGE* 32, 54 [69 ff.]). Revisionen dienen jedoch nicht der zielgerichteten Suche nach Personen oder Sachen (*Ennuschat* AöR 127 [2002], 252 [269 f.]), sodass es sich nicht um Durchsuchungen handelt und keine richterliche Anordnung nach Art. 13 II GG nötig ist (*BVerfGE* 32, 54 [73]). Auch die strengen Rechtfertigungsanforderungen des Art. 13 VII GG müssen nach verbreiteter Auffassung nicht erfüllt sein, da es sich bei behördlichen Revisionen und Nachschauen um keine Eingriffe und Beschränkungen i. S. d. Art. 13 VII GG handele (*BVerfG* NVwZ 2007, 1049 [1050]; abweichend *Ennuschat* aaO, 274); einschlägig sei vielmehr Art. 2 I GG (*BVerfGE* 32, 54 [76]). Für das Revisions- oder Nachschaurecht genüge daher eine gesetzliche Grundlage und die Beachtung des Verhältnismäßigkeitsgrundsatzes (*BVerfGE* 32, 54 [76 f.]; *HambOVG* GewArch 1991, 423 f.; *Kahl*, in: Landmann/Rohmer I, § 139 b Rdn. 37, *Ennuschat* aaO, 287 f.). Andere gelangen zum selben Ergebnis, indem sie darauf abstellen, dass Nachschau und Revision wegen ihrer im Vergleich zur Durchsuchung schwachen Eingriffsintensität keine vorherige richterliche Anordnung i. S. d. Art. 13 II GG benötigten; vielmehr genüge die Möglichkeit nachträglicher gerichtlicher Kontrolle (*Kühne*, in: Sachs, GG, 5. Aufl. 2009, Art. 13 Rdn. 52).

19   **b) § 139 b VI.** Auch § 139 b VI ist mit Art. 13 GG vereinbar. Die **Gemeinschaftsunterkünfte** sind Wohnungen i. S. d. Art. 13 I GG (vgl.

Gewerbeaufsichtsbehörde **§ 139b**

Kunig, in: v. Münch/Kunig, GG, 5. Aufl. 2000, Art. 13 Rdn. 15). Grundrechtsträger sind damit die Arbeitnehmer. Soweit die Revision mit deren Willen erfolgt, liegt entweder schon kein Eingriff oder eine rechtfertigende Einwilligung vor. Erfolgt das Betreten der Beamten gegen den Willen der Unterkunftsbewohner, ist dies durch Art. 13 VII GG („zur Verhütung dringender Gefahren für die öffentliche Sicherheit und Ordnung") i. V. m. § 139 b VI 2 gerechtfertigt.

2. Betreten und Prüfen von Betriebsanlagen (Abs. 1 S. 2, Abs. 4)

a) Voraussetzungen des Revisionsrechts nach Abs. 1 S. 2, Abs. 4.
aa) Anlass. Ein besonderer Anlass für eine Besichtigung und Prüfung gem. 20
§ 139 b I 2, IV ist nicht nötig; möglich und geboten sind vielmehr **auch Routinekontrollen**.

bb) Betrieb. Die Revision ist nur **während des Betriebes** möglich. Der 21
Betrieb eines Unternehmens bleibt im Gang, solange er nicht vollständig stillgelegt ist (*KG* GewArch 1987, 305). Möglich ist daher eine Revision auch dann, wenn im Betrieb gerade eine Arbeitspause eingelegt wird (*Lorenz,* in: Leinemann, § 139 b Rdn. 21). Wenn innerhalb einer Unternehmensniederlassung ein Teil des Betriebes – etwa die Fertigung – ruht, ein anderer Teil aber weiter läuft – etwa der Versand –, dann gilt die Niederlassung als „in Betrieb" und ist in allen Teilen der Besichtigung und Prüfung unterworfen (*KG* GewArch 1987, 305).

cc) Zeitpunkt. Die Revision kann im Übrigen **jederzeit**, auch zur 22
Nachtzeit erfolgen. Die Revision muss **nicht angekündigt** werden (*KG* GewArch 1987, 305 [306]). Soweit es sich lediglich um Routinekontrollen handelt, kann eine kurzfristige Ankündigung für eine vertrauensvolle Zusammenarbeit zwischen Behörde und Betrieb sinnvoll sein (so *Lorenz,* in: Leinemann, § 139 b Rdn. 19). Unangekündigte Revisionen begründen jedoch keine Rechtsverstöße.

dd) Hinzuziehung der Betriebsräte. Damit der Betriebsrat seine Über- 23
wachungsaufgabe nach § 89 I BetrVG wahrnehmen kann, sind die Gewerbeaufsichtsbehörden verpflichtet, den Betriebsrat oder die von ihm bestimmten Mitglieder des Betriebsrates bei allen Fragen des Arbeitsschutzes, insb. bei Besichtigungen und Unfalluntersuchungen hinzuzuziehen (§ 89 II 1 BetrVG).

b) Gestattungspflicht des Arbeitgebers (Abs. 4). aa) Inhalt. Gestat- 24
tungspflicht i. S. d. Abs. 4 bedeutet, dass der Arbeitgeber die Revision zu dulden hat. Auch bloß verbale Zutrittsverbote ohne darüber hinausreichende körperliche Behinderung bedeuten einen Pflichtverstoß (vgl. *BayObLG* GewArch 1986, 26).

Je nach Lage des Einzelfalls wird man gewisse **Mitwirkungspflichten**, 25
die zur Durchführung einer sinnvollen Revision erforderlich sind, bejahen müssen. Dazu zählen etwa die Pflichten, allgemeine Auskünfte über Lage und Zugangsmöglichkeiten von Betriebsräumen zu erteilen oder verschlossene

§ 139b

Räume zu öffnen (*Lorenz*, in: Leinemann, § 139 b Rdn. 20). Nötig ist ferner die Anwesenheit oder zumindest Erreichbarkeit des Arbeitgebers oder einer von ihm beauftragten Person, um etwaigen Mitwirkungspflichten nachkommen zu können. Eine Vorlagepflicht für Unterlagen (Geschäftsbücher, Lohnbücher etc.) ist jedoch – im Unterschied zu § 29 II – nicht von der Gestattungspflicht erfasst (*Kahl*, in: Landmann/Rohmer I, § 139 b Rdn. 39; **a. A.** *OLG Dresden* JW 1929, 3029).

26 **bb) Adressat.** Die Gestattungspflicht trifft nicht nur den Gewerbetreibenden (= Arbeitgeber i. S. d. Abs. 4) und seine Stellvertreter, sondern alle Personen, die im Rahmen ihrer betrieblichen Tätigkeit die tatsächliche Gewalt über den Gewerbebetrieb ausüben (vgl. *BayObLG* GewArch 1959/60, 219). Nicht gestattungspflichtig sind sonstige Personen, die rein tatsächlich die Möglichkeit zur Öffnung von Türen etc. haben, ohne vom Betriebsinhaber dazu bestellt zu sein (*OLG Koblenz* GewArch 1983, 160 f.: Sohn des Betriebsinhabers, der nicht im Betrieb tätig und auch sonst nicht von seinem Vater beauftragt war).

27 **c) Rechtsfolgen bei Pflichtverletzungen.** Wird die Gestattung verweigert, kann der Kontrollbeamte eine **Duldungsverfügung** erlassen. Diese kann dann im Wege des **Verwaltungszwangs** durchgesetzt werden. Ob der Kontrollbeamte selbst dazu berechtigt ist, richtet sich nach dem jeweiligen Landesrecht (*Lorenz*, in: Leinemann, § 139 b Rdn. 22). Zu möglichen Zwangsmaßnahmen (z. B. Aufbrechen von Türen, Festsetzung eines Zwangsgeldes) siehe *HambOVG* GewArch 1991, 423 (424 f.).

Zugleich begeht der Gestattungspflichtige eine **Ordnungswidrigkeit** gem. § 147 II Nr. 1.

3. Betreten und Prüfen von Gemeinschaftsunterkünften (Abs. 6)

28 **a) Zeitpunkt; Kontrollgegenstand.** Die Kontrollbeamten dürfen auch Gemeinschaftsunterkünfte (§ 120 c II) betreten und prüfen. Im Gegensatz zur Revision nach § 139 b I 2, IV fehlt die Ermächtigung, die Kontrollen „zu jeder Zeit", „namentlich in der Nacht" durchzuführen. Die Kontrollen dürfen daher **nicht zur Unzeit** erfolgen; Anhaltspunkte kann § 104 StPO liefern.

Kontrollgegenstand ist die Überprüfung der in Abs. 6 genannten **Arbeitgeberpflichten** aus § 40 a der ArbeitsstättenVO sowie aus den auf – den inzwischen gestrichenen – § 120 e GewO gestützten Rechtsverordnungen. Im Zuge der Novellierung der ArbeitsstättenVO (Zustimmung des Bundesrates erfolgte am 9. 7. 2004) ist § 40 a durch § 6 Abs. 5 ArbeitsstättenVO ersetzt und erheblich verkürzt worden, so dass hier ebenfalls dringender Änderungsbedarf besteht.

29 **b) Gestattung des Arbeitgebers.** Der Arbeitgeber muss den Beamten den Zutritt in die von ihm zur Verfügung gestellten Gemeinschaftsunterkünfte gestatten. Die Gestattungspflicht fehlt zwar im Wortlaut des § 139 b VI, ergibt sich jedoch aus dem Ordnungswidrigkeitentatbestand des § 147 II Nr. 1.

Gewerbeaufsichtsbehörde **§ 139b**

c) **Einwilligung der Unterkunftsinhaber.** Der Gesetzgeber geht in 30 Abs. 6 S. 1 von einer **Einwilligung** der Unterkunftsinhaber aus. Fehlt diese, so kann die Kontrolle gem. S. 2 auch gegen deren Willen erfolgen, wenn dies zur Verhütung dringender Gefahren für die öffentliche Sicherheit oder Ordnung erforderlich ist. Dabei handelt es sich um eine **Duldungs-, nicht um eine Gestattungspflicht.** Voraussetzung der Duldungspflicht ist hier – anders als bei Abs. 1 S. 2, Abs. 4 – eine entsprechende **Duldungsverfügung**, die nötigenfalls durch Verwaltungszwang durchgesetzt werden kann.

Zuwiderhandlungen des Unterkunftsinhabers sind nach der GewO **nicht** 31 **bußgeldbewehrt** (*Kahl*, in: Landmann/Rohmer I, § 139 b Rdn. 50). § 147 II Nr. 1 knüpft an die verweigerte Gestattung des Arbeitgebers an. Der Arbeitnehmer kann diesen Ordnungswidrigkeitentatbestand daher allenfalls als Gehilfe (§ 14 OWiG) seines Arbeitgebers erfüllen.

IV. Verschwiegenheitspflicht (Abs. 1 S. 3 und 4)

Nach früherer Gesetzesfassung waren die Gewerbeaufsichtsbeamten zur 32 grundsätzlichen Geheimhaltung der amtlich zu ihrer Kenntnis gelangten Geschäfts- und Betriebsverhältnisse der ihrer Revision unterliegenden Anlagen verpflichtet. Durch Gesetz v. 28. 6. 1990 (BGBl. I S. 1221) wurde S. 3 dahingehend geändert, dass die Aufsichtsbeamten ihre amtlich erlangten Kenntnisse nur zu bestimmten Zwecken anderen zuständigen Behörden offenbaren dürfen. Die Neufassung ist damit aus einer anderen Perspektive heraus formuliert, ordnet aber weiterhin eine grundsätzliche Verschwiegenheitspflicht an, welche über die allgemeinen beamten- und verfahrensrechtlichen Verschwiegenheits- und Geheimhaltungspflichten (§ 37 Beamtenstatusgesetz, § 30 VwVfG) hinausreicht (*Lorenz*, in: Leinemann, § 139 b Rdn. 28; *Kollmer* RdA 1997, 155 [158]; *Roßnagel/Bizer* GewArch 1992, 121 [122]).

1. Reichweite der Verschwiegenheitspflicht

Die Verschwiegenheitspflicht betrifft alle amtlich zur Kenntnis gelangten 33 Geschäfts- und Betriebsverhältnisse der der Revision unterliegenden Anlagen. Der Begriff **„Geschäfts- und Betriebs*verhältnisse*"** ist dabei **im weitesten Sinne** zu verstehen (*Kollmer* RdA 1997, 155 [157]). Nach anderer Ansicht sind lediglich Geschäfts- und Betriebs*geheimnisse* geschützt (*Roßnagel/Bizer* GewArch 1992, 121 [122]); gegen diese Verengung spricht jedoch der eindeutige Wortlaut.

Die Verschwiegenheitspflicht besteht – vorbehaltlich des Umweltinforma- 34 tionsgesetzes (unten Rdn. 36 f.) – stets gegenüber Privaten und grundsätzlich auch gegenüber Behörden (zu den Ausnahmen siehe unten Rdn. 35). Daraus folgt zugleich ein **Zeugnisverweigerungsrecht** des Gewerbeaufsichtsbeamten gem. § 383 I Nr. 6 ZPO, § 98 VwGO. In Straf- und Bußgeldverfahren, die eine Verletzung der in § 139 b in Bezug genommenen Pflichten des Gewerbetreibenden zum Gegenstand haben, besteht jedoch kein Zeugnisverweigerungsrecht, weil dort eine dem § 383 I Nr. 6 ZPO entsprechende Vorschrift fehlt (*Kahl*, in: Landmann/Rohmer I, § 139 b Rdn. 27; *Lorenz*, in: Leinemann, § 139 b Rdn. 29).

§ 139b Titel VII. Arbeitnehmer

2. Ausnahmen von der Verschwiegenheitspflicht

35 Eine Mitteilung amtlich erlangter Kenntnisse an andere Behörden ist nach § 139 b I 3 nur dann möglich, wenn dies entweder der Verfolgung von Gesetzeswidrigkeiten oder der Erfüllung gesetzlicher Aufgaben zum Schutz der Umwelt dient. Darüber hinaus soll eine Tatsachenmitteilung an andere Behörden dann möglich sein, wenn deren Ermittlungsgegenstand ebenfalls der Arbeitsschutz ist (*Lorenz*, in: Leinemann, § 139 b Rdn. 28).
Eine Pflicht zur Offenbarung der nicht von der Verschwiegenheitspflicht umfassten Kenntnisse normiert § 139 b I 3 nicht.

3. Auskünfte nach dem Umweltinformationsgesetz

36 § 139 b I 4 (eingefügt durch das Umweltinformationsgesetz vom 8. 7. 1994 [BGBl. I S. 1490]) stellt klar, dass ungeachtet des § 139 b I 3 Auskünfte nach dem UIG möglich sind. Befugnis und Pflicht zur Auskunfterteilung richten sich dann nach den einschlägigen Vorschriften des UIG; der Schutz von Betriebsgeheimnissen ist in § 8 UIG geregelt (dazu *Schrader*, in: Schomerus/Schrader/Wegener, UIG, 2. Aufl. 2002, § 8 Rdn. 19 ff.). Zur Frage, inwieweit die Gewerbebehörden zu Auskünften nach dem UIG verpflichtet sind, siehe *Kollmer* GewArch 1995, 46 ff.; *ders.* RdA 1997, 155 (162).

37 Vor Geltung des UIG hatte *OVG NRW* NVwBl. 1994, 458 den Anspruch eines Gewerbetreibenden auf Akteneinsicht in die immissionsschutzrechtlichen Genehmigungsunterlagen konkurrierender Unternehmen verneint.

4. Akteneinsicht des Betroffenen

38 Dem Gewerbetreibenden selbst steht gem. § 29 VwVfG grundsätzlich ein Recht auf Akteneinsicht zu, soweit nicht die in § 29 II VwVfG genannten Ausnahmen greifen. Der Unternehmer hat dabei keinen Anspruch auf Akteneinsicht, um den Namen des Informanten eines Gewerbeaufsichtsbeamten zu erfahren (*VG Ansbach* GewArch 1979, 20; *Lorenz*, in: Leinemann, § 139 b Rdn. 30).

V. Jahresberichte (Abs. 3)

39 Nach Abs. 3 haben die Gewerbeaufsichtsbeamten über ihre Tätigkeit Jahresberichte zu erstatten. Diese werden zu Landesberichten zusammengestellt und veröffentlicht. Das Bundesministerium für Wirtschaft und Arbeit gibt jährlich eine Zusammenstellung aller Landesberichte heraus (*Lorenz*, in: Leinemann, § 139 b Rdn. 32), welche dem Bundesrat und dem Deutschen Bundestag vorgelegt wird (*Kahl*, in: Landmann/Rohmer I, § 139 b Rdn. 34).

VI. Mitteilungspflichten der Arbeitgeber (Abs. 5)

40 Auf der Grundlage des Abs. 5 ist die Verordnung über die Verpflichtung der Arbeitgeber zur Mitteilung an die für die Gewerbeaufsicht zuständigen Landesbehörden vom 16. 8. 1968 (BGBl. I S. 981) ergangen (dazu *Kahl*, in:

(weggefallen) §§ 139c bis 142

Landmann/Rohmer II/780). Zur Verfassungsmäßigkeit statistischer Mitteilungspflichten siehe *BVerwG* BB 1969, 247 zum IndustriestatistikG.

Bei Verstoß gegen diese Mitteilungspflicht liegt eine **Ordnungswidrigkeit** gem. § 147 II Nr. 2 vor.

VII. Weitere Pflichten der Gewerbeaufsichtsämter (Abs. 7 und 8)

Die Abs. 7 und 8 begründen eine Mitwirkungspflicht der für den Arbeitsschutz zuständigen Landesbehörden bei der Bekämpfung der illegalen Beschäftigung in ihren verschiedenen Erscheinungsformen. Bei konkreten Anhaltspunkten für im Einzelnen aufgeführte Gesetzesverstöße besteht eine Pflicht zur Unterrichtung (Abs. 7) und zur Zusammenarbeit (Abs. 8) mit den dort aufgeführten oder sonst zuständigen Behörden (näher *Kahl*, in: Landmann/Rohmer I, § 139 b Rdn. 52 ff.). 41

§§ 139c bis 139m (weggefallen)

Titel VIII. Gewerbliche Hilfskassen

§§ 140–141f (weggefallen)

Titel IX. Statutarische Bestimmungen

§ 142 (weggefallen)

Titel X. Straf- und Bußgeldvorschriften

Vor §§ 143 ff.

Literatur: *F. Ambs*, in: Erbs/Kohlhaas, Strafrechtliche Nebengesetze, Bd. II, Loseblattkommentar, Stand: Juli 2010, G 59.

I. Vorbemerkung

Die §§ 143 ff. enthalten Ordnungswidrigkeitentatbestände (§ 144 –147 b) **1**
und Straftatbestände (§§ 148 –148 b), wobei § 143 bereits durch Gesetz vom 26. 8. 1992 (BGBl. I S. 1564) aufgehoben wurde. Da diese Vorschriften an die einzelnen Normen der Titel II bis IV der GewO anknüpfen, führen materielle Änderungen der GewO häufig zu redaktionellen Anpassungen der §§ 143 ff.

Die in Titel X enthaltenen Bußgeld- und Strafbestimmungen sanktionieren **2**
mit Ausnahme der §§ 147 a, 147 b, 148 a, 148 b (dazu unten Rdn. 13 f.) Verstöße gegen durch Vorschriften der GewO oder der auf ihr beruhenden Rechtsverordnungen auferlegte Pflichten. Da auf die Sanktionsnormen bereits bei den einzelnen Vorschriften hingewiesen wurde, kann an dieser Stelle auf eine Erläuterung verzichtet werden. Ausführliche Kommentierungen der gewerberechtlichen Strafnormen finden sich bei *Ambs*, in: Erbs/Kohlhaas, Strafrechtliche Nebengesetze, Stand: Juli 2010, G 59; siehe ferner zu den §§ 143 ff. die Erläuterungen bei *Kahl*, in: Landmann/Rohmer I und *Ambs*, in: Friauf.

Soweit die Nichtbefolgung eines Verwaltungsaktes (etwa einer Auflage) als **3**
Ordnungswidrigkeit oder Straftat sanktioniert werden soll, ist zu beachten, dass dies zwar nicht die Rechtmäßigkeit, wohl aber die **Wirksamkeit** (= Nicht-Nichtigkeit) **und Vollziehbarkeit des Verwaltungsaktes** erfordert (*Ambs*, in: Friauf, Vorbem. Titel X Rdn. 5). Knüpft die Ordnungswidrigkeit oder Straftat an das Fehlen eines Verwaltungsaktes (etwa einer Erlaubnis) an, dann fehlt es an der Tatbestandsverwirklichung, wenn die – behördenintern bereits verfügte – Erlaubnis lediglich wegen eines Behördenfehlers nicht dem Gewerbetreibenden bekannt gegeben wurde (näher *OLG Thür.* GewArch 1997, 327 [329]).

II. Ordnungswidrigkeitentatbestände (§§ 144 –147 b)

1. Grundsätzliche Anwendbarkeit des OWiG

Für die Verfolgung der Ordnungswidrigkeiten gilt grundsätzlich das OWiG **4**
(vgl. hierzu im Einzelnen *Göhler* OWiG, 15. Aufl. 2009). Dies betrifft vor allem die Grundlagen der Ahndung (§§ 8 ff., etwa Vorsatz und Fahrlässigkeit [§ 10], Irrtum [§ 11] und Beteiligung [§ 14]), ferner die Möglichkeit der Festsetzung von Bußgeldbescheiden gegen juristische Personen und Personenver-

Vor §§ 143 ff. Titel X. Straf und Bußgeldvorschriften

einigungen (§ 30, vgl. *AG Cottbus* Beschluss vom 26. 3. 2009 – 66 OWi 305/ 07, juris Rdn. 10) sowie das Zusammentreffen mehrerer Gesetzesverletzungen (Tateinheit gem. § 19 und Tatmehrheit gem. § 20).

5 Zum **Verbotsirrtum** sei klargestellt (*LG Essen* Urteil vom 26. 3. 2007 – 56 KLs 7/06, juris Rdn. 299 f.): Wer ein Gewerbe betreiben will, ist verpflichtet, sich über die einschlägigen Berufsvorschriften zu informieren. Diese **Unterrichtungspflicht** umfasst auch die Pflicht, sich im Falle einer Gewerbeuntersagung über deren Fortbestand und die Möglichkeiten der Wiedergestattung zu erkundigen. Diese Pflicht verletzt ein Gewerbetreibender, wenn er (z. B. nach einer Gewerbeuntersagung oder bei einem erlaubnispflichtigen Gewerbe) keinen Rechtsrat einholt, vielmehr lediglich die Gewerbeanzeige erstattet und darauf vertraut, die zuständige Behörde werde ihn ggf. korrigieren oder gegen ihn einschreiten. Der Gewerbetreibende befindet sich dann in einem vermeidbaren Verbotsirrtum, welcher der Annahme von Vorsatz nicht entgegensteht.

6 Die Verfolgung von Ordnungswidrigkeiten liegt – anders als die Verfolgung von Straftaten – im pflichtgemäßen **Ermessen der Verfolgungsbehörde** (§ 47 I OWiG). Die **Zuständigkeit** folgt aus den §§ 35 ff. OWiG i. V. m. landesrechtlichen Vorschriften (dazu näher *Kahl*, in: Landmann/Rohmer I, vor § 144 Rdn. 14; *Ambs*, in: Friauf, Vorbem. Titel X Rdn. 16).

7 Zu beachten ist, dass Ordnungswidrigkeiten zum sog. **Vermögensverfall gem. § 29 a OWiG** führen können, d. h. der Wert des durch die Tathandlung unmittelbar Erlangten kann eingezogen werden (näher *Schröder* GewArch 2009, 396 ff.). Relevant kann dies z. B. für einen Makler sein, der ohne die nötige Erlaubnis nach § 34 c Immobiliengeschäfte betreibt (*LG Stuttgart* Beschluss vom 28. 2. 2008 – 19 Qs 110/05 OWi, juris Rdn. 24). Eine Ordnungswidrigkeit gem. § 146 II Nr. 1 i. V. m. § 14 I (im Fall: Unterlassen der Gewerbeanzeige bei einem kommerziellen eBay-Verkäufer) ist hingegen keine Grundlage für einen Vermögensverfall i. S. d. § 29 a OWiG, weil die Nichtanzeige als solche keine unmittelbaren Vermögensvorteile bewirkt hat (*LG Tübingen* NJW 2006, 3447 [3448]).

2. Abweichungen vom OWiG

8 In Abweichung von § 17 I OWiG können die Geldbußen nach der GewO je nach Schwere des Tatbestandes bis zu 50 000 Euro betragen. Im Übrigen ist § 17 OWiG für die Bemessung der Höhe der Geldbuße jedoch anwendbar. Für die Bemessung der Höhe der Geldbuße sind grundsätzlich Feststellungen zur Einkommens- und Vermögenssituation des Betroffenen erforderlich (*OLG Hamm* Beschluss vom 2. 1. 2008 – 3 Ss OWi 872/07, juris Rdn. 9 zu § 144).

3. Nebeneinander von Bußgeld- und Verwaltungsverfahren

9 Die Möglichkeit, Verstöße gegen die GewO im Wege des Bußgeldverfahrens zu verfolgen, besteht neben der Möglichkeit, die durch die GewO auferlegten Pflichten selbst durch Verwaltungsmaßnahmen durchzusetzen. Eine Rangfolge besteht nicht (vgl. *BVerwG* NJW 1977, 722; *BayVGH* DÖV 1982, 251; vgl. ferner *OVG Berlin-Bbg.* Beschluss vom 16. 11. 2009 – 1 S 137.09,

Vorbemerkungen zu §§ 143 ff. **Vor §§ 143 ff.**

juris Rdn. 9). Zur Durchsetzung einer Geldbuße wegen unerlaubter Gewerbeausübung im Falle der Insolvenz siehe *Wieser* DZWir 2007, 72 ff.

III. Straftatbestände (§§ 148 –148 b)

Die Straftatbestände des § 148 bauen auf den dort in Bezug genommenen 10
Ordnungswidrigkeitentatbeständen auf. Als Straftat werden bewertet nach
§ 148 Nr. 1 die beharrliche Wiederholung bestimmter Verstöße und nach
§ 148 Nr. 2 Zuwiderhandlungen gegen bestimmte Vorschriften, die zu einer
Gefährdung eines anderen oder fremder beweglicher Sachen von bedeutendem Wert geführt haben.

Beharrliches Wiederholen verlangt zunächst eine wiederholte Begehung 11
(mindestens zweimalig; *Ambs*, in: Friauf, § 148 Rdn. 4; *Kirchesch*, in:
BeckOK, § 148 Rdn. 5). Beharrlichkeit ist anzunehmen, wenn der Täter
durch einen erneuten Verstoß seine rechtsfeindliche Einstellung gegenüber
den in Frage kommenden Vorschriften erkennen lässt, obwohl er schon
wegen der Folgen von Zuwiderhandlungen Erfahrungen gesammelt haben
müsste. Die bloße Wiederholung einer Gesetzesverletzung begründet noch
keine Beharrlichkeit. Erforderlich, aber nicht ausreichend ist, dass
der Täter vorsätzlich handelte. Zusätzlich müssen noch besondere Umstände
hinzutreten, aus denen sich die **Unbelehrbarkeit des Täters** ergibt (*Ambs*,
in: Friauf, § 148 Rdn. 4).

Die **Gefährdung** i. S. d. § 148 Nr. 2 ist als konkrete Gefahr zu verstehen 12
(*Kahl*, in: Landmann/Rohmer I, § 148 Rdn. 5). Wann ein bedeutender Wert
vorliegt, richtet sich nach der Verkehrsauffassung. Liegt der Wert unter 250 –
300 Euro, dürfte kaum von einem bedeutenden Wert ausgegangen werden
können (*Ambs*, in: Friauf, § 148 Rdn. 10).

Zu den §§ 148 a, 148 b siehe sogleich unter Rdn. 14.

IV. Besonderheiten der §§ 147 a, 147 b, 148 a, 148 b

Die §§ 147 a, 147 b, 148 a, 148 b beziehen sich – anders als die übrigen 13
Tatbestände des Titels X – nicht auf in den Titeln II bis IX der GewO
enthaltene Verhaltenspflichten.

§ 147 a I normiert das Verbot, von Minderjährigen gewerbsmäßig Edelme- 14
talle, Edelsteine u. Ä. zu erwerben. Verstöße gegen dieses Handlungsverbot
werden durch Abs. 2 als Ordnungswidrigkeit sanktioniert. **§ 147 b** bezieht
sich auf in § 651 k IV, V BGB enthaltene Pflichten. Pflichtverstöße können
als Ordnungswidrigkeit geahndet werden. **§ 148 a** stellt die Verletzung von
Prüferpflichten unter Strafe, **§ 148 b** die fahrlässige Hehlerei von Edelmetallen und Edelsteinen.

§ 144

§ 143 (weggefallen)

§ 144 Verletzung von Vorschriften über erlaubnisbedürftige stehende Gewerbe

(1) Ordnungswidrig handelt, wer vorsätzlich oder fahrlässig
1. ohne die erforderliche Erlaubnis
   a) (weggefallen)
   b) nach § 30 Abs. 1 eine dort bezeichnete Anstalt betreibt,
   c) nach § 33 a Abs. 1 Satz 1 Schaustellungen von Personen in seinen Geschäftsräumen veranstaltet oder für deren Veranstaltung seine Geschäftsräume zur Verfügung stellt,
   d) nach § 33 c Abs. 1 Satz 1 ein Spielgerät aufstellt, nach § 33 d Abs. 1 Satz 1 ein anderes Spiel veranstaltet oder nach § 33 i Abs. 1 Satz 1 eine Spielhalle oder ein ähnliches Unternehmen betreibt,
   e) nach § 34 Abs. 1 Satz 1 das Geschäft eines Pfandleihers oder Pfandvermittlers betreibt,
   f) nach § 34 a Abs. 1 Satz 1 Leben oder Eigentum fremder Personen bewacht,
   g) nach § 34 b Abs. 1 fremde bewegliche Sachen, fremde Grundstücke oder fremde Rechte versteigert,
   h) nach § 34 c Abs. 1 Satz 1 Nr. 1 oder Nummer 1a den Abschluß von Verträgen der dort bezeichneten Art vermittelt oder die Gelegenheit hierzu nachweist, nach § 34 c Abs. 1 Satz 1 Nr. 4 als Bauherr oder Baubetreuer Bauvorhaben in der dort bezeichneten Weise vorbereitet oder durchführt, nach § 34 c Abs. 1 Satz 1 Nr. 3 Anlageberatung betreibt oder
   i) nach § 34 c Abs. 1 Satz 1 Nr. 2 den Abschluss von Verträgen der dort bezeichneten Art vermittelt,
   j) nach § 34 d Abs. 1 Satz 1, auch in Verbindung mit § 34 d Abs. 10, den Abschluss von Verträgen der dort bezeichneten Art vermittelt oder
   k) nach § 34 e Abs. 1 Satz 1 über Versicherungen berät oder
2. ohne eine nach § 47 erforderliche Erlaubnis das Gewerbe durch einen Stellvertreter ausüben läßt.

(2) Ordnungswidrig handelt auch, wer vorsätzlich oder fahrlässig
1. einer auf Grund des § 33 f Abs. 1 Nr. 1, 2 oder 4, § 33 g Nr. 2, § 34 Abs. 2, § 34 a Abs. 2, § 34 b Abs. 8, § 34 d Abs. 8 Satz 1 Nr. 1 oder 3, Satz 2 oder 3, § 34 e Abs. 3 Satz 3 oder 4 oder § 38 Abs. 3 erlassenen Rechtsverordnung zuwiderhandelt, soweit sie für einen bestimmten Tatbestand auf diese Bußgeldvorschrift verweist,
2. entgegen § 34 Abs. 4 bewegliche Sachen mit Gewährung des Rückkaufsrechts ankauft,
3. einer vollziehbaren Auflage nach § 33 a Abs. 1 Satz 3, § 33 c Abs. 1 Satz 3, § 33 d Abs. 1 Satz 2, § 33 e Abs. 3, § 33 i Abs. 1 Satz 2, § 34 Abs. 1 Satz 2, § 34 a Abs. 1 Satz 2, § 34 b Abs. 3, § 34 c Abs. 1

Satz 2 oder § 36 Abs. 1 Satz 3 oder einer vollziehbaren Anordnung nach § 33 c Abs. 3 Satz 3 oder § 34 a Abs. 4, zuwiderhandelt,
4. ein Spielgerät ohne die nach § 33 c Abs. 3 Satz 1 erforderliche Bestätigung der zuständigen Behörde aufstellt oder
5. einer vollziehbaren Auflage nach § 34 c Abs. 1 Satz 2 zuwiderhandelt,
6. einer Rechtsverordnung nach § 34 c Abs. 3 oder einer vollziehbaren Anordnung auf Grund einer solchen Rechtsverordnung zuwiderhandelt, soweit die Rechtsverordnung für einen bestimmten Tatbestand auf diese Bußgeldvorschrift verweist,
7. entgegen § 34 d Abs. 7 Satz 1, auch in Verbindung mit § 34 e Abs. 2, sich nicht oder nicht rechtzeitig eintragen lässt oder
8. entgegen § 34 e Abs. 3 Satz 1, auch in Verbindung mit einer Rechtsverordnung nach Satz 2, eine Provision entgegennimmt.

(3) Ordnungswidrig handelt ferner, wer vorsätzlich oder fahrlässig bei einer Versteigerung einer Vorschrift des § 34 b Abs. 6 oder 7 zuwiderhandelt.

(4) Die Ordnungswidrigkeit kann in den Fällen des Absatzes 1 Nr. 1 Buchstabe i mit einer Geldbuße bis zu fünfzigtausend Euro, in den Fällen des Absatzes 1 Nr. 1 Buchstabe a bis h, j bis k, Nr. 2 und des Absatzes 2 Nr. 5 bis 8 mit einer Geldbuße bis zu fünftausend Euro, in den Fällen des Absatzes 2 Nr. 1 bis 4 mit einer Geldbuße bis zu zweitausendfünfhundert Euro, in den Fällen des Absatzes 3 mit einer Geldbuße bis zu eintausend Euro geahndet werden.

§ 145 Verletzung von Vorschriften über das Reisegewerbe

(1) Ordnungswidrig handelt, wer vorsätzlich oder fahrlässig
1. ohne Erlaubnis nach § 55 Abs. 2
   a) eine Tätigkeit nach § 34 c Abs. 1 Satz 1 Nr. 2 oder
   b) eine sonstige Tätigkeit als Reisegewerbe betreibt,
2. einer auf Grund des § 55 f erlassenen Rechtsverordnung zuwiderhandelt, soweit sie für einen bestimmten Tatbestand auf diese Bußgeldvorschrift verweist,
2a. entgegen § 57 Abs. 3 des Versteigerergewerbe als Reisegewerbe ausübt,
3. einer vollziehbaren Anordnung nach § 59 Satz 1, durch die
   a) eine reisegewerbliche Tätigkeit nach § 34 c Abs. 1 Satz 1 Nr. 2 oder
   b) eine sonstige reisegewerbliche Tätigkeit untersagt wird, zuwiderhandelt oder
4. ohne die nach § 60 a Abs. 2 Satz 2 oder Abs. 3 Satz 1 erforderliche Erlaubnis ein dort bezeichnetes Reisegewerbe betreibt.

(2) Ordnungswidrig handelt auch, wer vorsätzlich oder fahrlässig
1. einer auf Grund des § 60 a Abs. 2 Satz 4 in Verbindung mit § 33 f Abs. 1 oder § 33 g Nr. 2 erlassenen Rechtsverordnung zuwiderhan-

§ 145

Titel X. Straf und Bußgeldvorschriften

delt, soweit sie für einen bestimmten Tatbestand auf diese Bußgeldvorschrift verweist,
2. Waren im Reisegewerbe
   a) entgegen § 56 Abs. 1 Nr. 1 vertreibt,
   b) entgegen § 56 Abs. 1 Nr. 2 feilbietet oder ankauft oder
   c) entgegen § 56 Abs. 1 Nr. 3 feilbietet,
3. (weggefallen)
4. (weggefallen)
5. *(aufgehoben)*
6. entgegen § 56 Abs. 1 Nr. 6 Rückkauf- oder Darlehensgeschäfte abschließt oder vermittelt,
7. einer vollziehbaren Auflage nach
   a) § 55 Abs. 3 auch in Verbindung mit § 56 Abs. 2 Satz 3 zweiter Halbsatz,
   b) § 60 a Abs. 2 Satz 4 in Verbindung mit § 33 d Abs. 1 Satz 2 oder
   c) § 60 a Abs. 3 Satz 2 in Verbindung mit § 33 i Abs. 1 Satz 2 zuwiderhandelt,
8. einer Rechtsverordnung nach § 61 a Abs. 2 Satz 1 in Verbindung mit § 34 a Abs. 2, § 34 b Abs. 8, § 34 d Abs. 8 Satz 1 Nr. 1 oder 3, Satz 2 oder 3 oder § 34 e Abs. 3 Satz 3 oder 4 oder einer vollziehbaren Anordnung auf Grund einer solchen Rechtsverordnung zuwiderhandelt, soweit die Rechtsverordnung für einen bestimmten Tatbestand auf diese Bußgeldvorschrift verweist oder
9. einer Rechtsverordnung nach § 61 a Abs. 2 Satz 1 in Verbindung mit § 34 c Abs. 3 oder einer vollziehbaren Anordnung auf Grund dieser Rechtsverordnung zuwiderhandelt, soweit die Rechtsverordnung für einen bestimmten Tatbestand auf diese Bußgeldvorschrift verweist.

(3) Ordnungswidrig handelt ferner, wer vorsätzlich oder fahrlässig
1. entgegen § 55 c eine Anzeige nicht, nicht richtig, nicht vollständig oder nicht rechtzeitig erstattet,
2. an Sonn- oder Feiertagen eine im § 55 e Abs. 1 bezeichnete Tätigkeit im Reisegewerbe ausübt,
3. entgegen § 60 c Abs. 1 Satz 1, auch in Verbindung mit § 56 Abs. 2 Satz 3 zweiter Halbsatz oder § 60 c Abs. 2 Satz 2 oder Abs. 3 Satz 2, die Reisegewerbekarte oder eine dort genannte Unterlage nicht bei sich führt oder nicht oder nicht rechtzeitig vorzeigt oder eine dort genannte Tätigkeit nicht oder nicht rechtzeitig einstellt,
4. entgegen § 60 c Abs. 1 Satz 2, auch in Verbindung mit § 56 Abs. 2 Satz 3, die geführten Waren nicht vorlegt,
5. *(aufgehoben)*
6. entgegen § 56 a Absatz 1 Satz 1 die Veranstaltung eines Wanderlagers nicht, nicht richtig, nicht vollständig oder nicht rechtzeitig anzeigt oder die Art der Ware oder der Dienstleistung oder den Ort der Veranstaltung in der öffentlichen Ankündigung nicht angibt,

7. entgegen § 56a Absatz 1 Satz 2 unentgeltliche Zuwendungen einschließlich Preisausschreiben, Verlosungen oder Ausspielungen ankündigt,
8. entgegen § 56a Absatz 1 Satz 4 als Veranstalter ein Wanderlager von einer Person leiten läßt, die in der Anzeige nicht genannt ist,
9. einer vollziehbaren Anordnung nach § 56a Absatz 2 zuwiderhandelt,
10. entgegen § 60c Abs. 2 Satz 1 eine Zweitschrift oder eine beglaubigte Kopie der Reisegewerbekarte nicht oder nicht rechtzeitig aushändigt oder
11. entgegen § 60c Abs. 3 Satz 1 eine dort genannte Unterlage nicht mit sich führt.

(4) Die Ordnungswidrigkeit kann in den Fällen des Absatzes 1 Nr. 1 Buchstabe a und Nr. 3 Buchstabe a mit einer Geldbuße bis zu fünfzigtausend Euro, in den Fällen des Absatzes 1 Nr. 1 Buchstabe b, Nr. 2, 2a, 3 Buchstabe b, Nr. 4 und des Absatzes 2 Nr. 9 mit einer Geldbuße bis zu fünftausend Euro, in den Fällen des Absatzes 2 Nr. 1 bis 8 mit einer Geldbuße bis zu zweitausendfünfhundert Euro, in den Fällen des Absatzes 3 mit einer Geldbuße bis zu eintausend Euro geahndet werden.

§ 146 Verletzung sonstiger Vorschriften über die Ausübung eines Gewerbes

(1) Ordnungswidrig handelt, wer vorsätzlich oder fahrlässig
1. einer vollziehbaren Anordnung
   a) nach § 35 Abs. 1 Satz 1 oder 2,
   b) nach § 35 Abs. 7a Satz 1, 3 in Verbindung mit Abs. 1 Satz 1 oder 2 oder
   c) nach § 35 Abs. 9 in Verbindung mit den in den Buchstaben a oder b genannten Vorschriften
   zuwiderhandelt,
1a. einer mit einer Erlaubnis nach § 35 Abs. 2, auch in Verbindung mit Abs. 9, verbundenen vollziehbaren Auflage zuwiderhandelt oder
2. entgegen einer vollziehbaren Anordnung nach § 51 Satz 1 eine gewerbliche Anlage benutzt.

(2) Ordnungswidrig handelt ferner, wer vorsätzlich oder fahrlässig
1. einer Rechtsverordnung nach § 6c oder einer vollziehbaren Anordnung auf Grund einer solchen Rechtsverordnung zuwiderhandelt, soweit die Rechtsverordnung für einen bestimmten Tatbestand auf diese Bußgeldvorschrift verweist,
2. entgegen § 14 Abs. 1 bis 4 eine Anzeige nicht, nicht richtig, nicht vollständig oder nicht rechtzeitig erstattet,
3. entgegen § 14 Absatz 3 Satz 2 oder Satz 3 eine dort genannte Angabe nicht, nicht richtig, nicht vollständig, nicht in der vorgeschriebenen Weise oder nicht rechtzeitig anbringt,

§ 147   Titel X. Straf und Bußgeldvorschriften

4. entgegen § 29 Abs. 1, auch in Verbindung mit Abs. 4, jeweils auch in Verbindung mit § 61a Abs. 1 oder § 71b Abs. 1, eine Auskunft nicht, nicht richtig, nicht vollständig oder nicht rechtzeitig erteilt,
5. im Wochenmarktverkehr andere als nach § 67 Abs. 1 oder 2 zugelassene Waren feilbietet,
6. entgegen § 69 Abs. 3 eine Anzeige nicht, nicht richtig oder nicht rechtzeitig erstattet,
7. einer vollziehbaren Auflage nach § 69 a Abs. 2, auch in Verbindung mit § 60 b Abs. 2 erster Halbsatz, zuwiderhandelt,
8. einer vollziehbaren Anordnung nach § 70 a Abs. 1, auch in Verbindung mit § 60 b Abs. 2, zuwiderhandelt, durch die die Teilnahme an einer dort genannten Veranstaltung
    a) zum Zwecke der Ausübung einer Tätigkeit nach § 34c Abs. 1 Satz 1 Nr. 2 oder
    b) zum Zwecke der Ausübung einer sonstigen gewerbsmäßigen Tätigkeit
   untersagt wird,
9. entgegen § 70 a Abs. 3 das Versteigerergewerbe auf einer Veranstaltung im Sinne der §§ 64 bis 68 ausübt,
10. (aufgehoben)
11. einer Rechtsverordnung nach § 71 b Abs. 2 Satz 1 in Verbindung mit § 34 a Abs. 2, § 34 b Abs. 8, § 34 d Abs. 8 Satz 1 Nr. 1 oder 3, Satz 2 oder 3 oder § 34 e Abs. 3 Satz 3 oder 4 oder einer vollziehbaren Anordnung auf Grund einer solchen Rechtsverordnung zuwiderhandelt, soweit die Rechtsverordnung für einen bestimmten Tatbestand auf diese Bußgeldvorschrift verweist,
11a. einer Rechtsverordnung nach § 71 b Abs. 2 Satz 1 in Verbindung mit § 34 c Abs. 3 oder einer vollziehbaren Anordnung auf Grund dieser Rechtsverordnung zuwiderhandelt, soweit die Rechtsverordnung für einen bestimmten Tatbestand auf diese Bußgeldvorschrift verweist oder
12. entgegen einer nach § 133 Abs. 2 Satz 1 ergangenen Rechtsverordnung die Berufsbezeichnung "Baumeister" oder eine Berufsbezeichnung führt, die das Wort "Baumeister" enthält und auf eine Tätigkeit im Baugewerbe hinweist.

(3) Die Ordnungswidrigkeit kann in den Fällen des Absatzes 2 Nr. 8 Buchstabe a mit einer Geldbuße bis zu fünfzigtausend Euro, in den Fällen des Absatzes 1 und 2 Nr. 11a mit einer Geldbuße bis zu fünftausend Euro, in den Fällen des Absatzes 2 Nr. 4 und 7 mit einer Geldbuße bis zu zweitausendfünfhundert Euro, in den übrigen Fällen des Absatzes 2 mit einer Geldbuße bis zu eintausend Euro geahndet werden.

§ 147 Verletzung von Arbeitsschutzvorschriften

(1) Ordnungswidrig handelt, wer vorsätzlich oder fahrlässig
1. eine Besichtigung oder Prüfung nach § 139 b Abs. 1 Satz 2, Abs. 4, Abs. 6 Satz 1 oder 2 nicht gestattet oder

2. entgegen § 139 b Abs. 5 eine vorgeschriebene statistische Mitteilung nicht, nicht richtig, nicht vollständig oder nicht rechtzeitig macht.

(2) Die Ordnungswidrigkeit kann mit einer Geldbuße geahndet werden.

§ 147a Verbotener Erwerb von Edelmetallen und Edelsteinen

(1) Es ist verboten, von Minderjährigen gewerbsmäßig
1. Edelmetalle (Gold, Silber, Platin und Platinbeimetalle), edelmetallhaltige Legierungen sowie Waren aus Edelmetall oder edelmetallhaltigen Legierungen oder
2. Edelsteine, Schmucksteine, synthetische Steine oder Perlen
zu erwerben.

(2) ¹Ordnungswidrig handelt, wer vorsätzlich oder fahrlässig Gegenstände der in Absatz 1 bezeichneten Art von Minderjährigen gewerbsmäßig erwirbt. ²Die Ordnungswidrigkeit kann mit einer Geldbuße bis zu fünftausend Euro geahndet werden.

§ 147b Verbotene Annahme von Entgelten für Pauschalreisen

(1) Ordnungswidrig handelt, wer entgegen § 651 k Abs. 4 Satz 1, auch in Verbindung mit Absatz 5 Satz 2 des Bürgerlichen Gesetzbuchs, ohne Übergabe eines Sicherungsscheins oder ohne Nachweis einer Sicherheitsleistung eine Zahlung des Reisenden auf den Reisepreis fordert oder annimmt.

(2) Die Ordnungswidrigkeit kann mit einer Geldbuße bis zu fünftausend Euro geahndet werden.

§ 148 Strafbare Verletzung gewerberechtlicher Vorschriften

Mit Freiheitsstrafe bis zu einem Jahr oder mit Geldstrafe wird bestraft, wer
1. eine in § 144 Abs. 1, § 145 Abs. 1, 2 Nr. 2 oder 6 oder § 146 Abs. 1 bezeichnete Zuwiderhandlung beharrlich wiederholt oder
2. durch eine in § 144 Abs. 1 Nr. 1 Buchstabe b, Abs. 2 Nr. 1, § 145 Abs. 1, Abs. 2 Nr. 1 oder 2 oder § 146 Abs. 1 bezeichnete Zuwiderhandlung Leben oder Gesundheit eines anderen oder fremde Sachen von bedeutendem Wert gefährdet.

§ 148a Strafbare Verletzung von Prüferpflichten

(1) Mit Freiheitsstrafe bis zu drei Jahren oder mit Geldstrafe wird bestraft, wer als Prüfer oder als Gehilfe eines Prüfers über das Ergebnis einer Prüfung nach § 16 Abs. 1 oder 2 der Makler- und Bauträgerverordnung falsch berichtet oder erhebliche Umstände im Bericht verschweigt.

§ 148b

(2) Handelt der Täter gegen Entgelt oder in der Absicht, sich oder einen anderen zu bereichern oder einen anderen zu schädigen, so ist die Strafe Freiheitsstrafe bis zu fünf Jahren oder Geldstrafe.

§ 148b Fahrlässige Hehlerei von Edelmetallen und Edelsteinen

Wer gewerbsmäßig mit den in § 147 a Abs. 1 bezeichneten Gegenständen Handel treibt oder gewerbsmäßig Edelmetalle und edelmetallhaltige Legierungen und Rückstände hiervon schmilzt, probiert oder scheidet oder aus den Gemengen und Verbindungen von Edelmetallabfällen mit Stoffen anderer Art Edelmetalle wieder gewinnt und beim Betrieb eines derartigen Gewerbes einen der in § 147 a Abs. 1 bezeichneten Gegenstände, von dem er fahrlässig nicht erkannt hat, daß ihn ein anderer gestohlen oder sonst durch eine gegen ein fremdes Vermögen gerichtete rechtswidrige Tat erlangt hat, ankauft oder sich oder einem Dritten verschafft, ihn absetzt oder absetzen hilft, um sich oder einen anderen zu bereichern, wird mit Freiheitsstrafe bis zu einem Jahr oder mit Geldstrafe bestraft.

Titel XI. Gewerbezentralregister

Vor §§ 149 ff.

Literatur: *J. Kühnen*, Nochmals: Gewerbezentralregisterauszug und Vergabeverfahren, NZBau 2007, 762 f.; *M. Mauer*, Fragen aus Titel XI – Gewerbezentralregister – der Gewerbeordnung, GewArch 1980, 212 ff.; *K. Rebmann/S. Uhlig*, Bundeszentralregistergesetz, Gewerbezentralregister, Verkehrszentralregister und ergänzende Bestimmungen, 1985; *R. Schulze*, Gesetz zur Änderung der Gewerbeordnung und über die Einrichtung eines Gewerbezentralregisters, GewArch 1974, 373 ff.; *D. Uwer/N. Hübschen*, Gewerbezentralregisterauszug und Vergabeverfahren. Zur Umgehung beschränkter Auskunftsansprüche öffentlicher Auftraggeber, NZBau 2007, 757 ff.; *U. Wolff*, Die Aufgaben des Gewerbezentralregisters, GewArch 1999, 17 ff.

I. Entstehungsgeschichte; Zweck des Gewerbezentralregisters

§§ 149 –153 b sind durch Gesetz vom 13. 6. 1974 (BGBl. I S. 1281) in die **1** GewO eingefügt worden. Nachdem das 2. Gesetz zur Reform des Strafrechts vom 4. 7. 1969 (BGBl. I S. 717) zu einer Trennung des Ordnungsrechts vom Kriminalrecht geführt hatte, waren mit Wirkung vom 1. 1. 1975 die früheren Strafvorschriften der GewO (Titel X) überwiegend in Bußgeldvorschriften umgewandelt worden. Damit verbunden war eine Entlastung des Bundeszentralregisters, da dort Ordnungswidrigkeiten nicht aufzunehmen sind (vgl. § 3 BZRG). Die zuständigen Verwaltungsbehörden sind bei gewerberechtlichen Maßnahmen gegen unzuverlässige oder ungeeignete Gewerbetreibende freilich nach wie vor auf Kenntnisse über gewerbebezogene Ordnungswidrigkeiten angewiesen. Deshalb wurde als Beitrag zur Bekämpfung der Wirtschaftskriminalität (*Schulze* GewArch 1974, 373 [374]) ein besonderes Gewerbezentralregister errichtet.

II. Behördenorganisation

Aufgrund finanzieller Erwägungen (BT-Drs. 7/626, S. 15) wurde das **2** Gewerbezentralregister 1976 nicht dem Bundesamt für gewerbliche Wirtschaft in Frankfurt a. M., sondern dem Generalbundesanwalt beim Bundesgerichtshof – Dienststelle Bundeszentralregister – in Berlin (Registerbehörde) zugeordnet (Voraufl. Rdn. 2). Durch das Gesetz zur Errichtung und zur Regelung der Aufgaben des Bundesamts für Justiz vom 17. 12. 2006 (BGBl. I S. 3171) wurde ein **Bundesamt für Justiz** als Bundesoberbehörde mit Sitz in Bonn geschaffen. Dadurch sollte der Generalbundesanwalt entlastet und in der Wahrnehmung seiner Kernfunktion als Strafverfolgungsbehörde gestärkt werden (BR-Drs. 258/06, S. 12). Das Bundesamt für Justiz fungiert innerhalb Deutschlands und im internationalen Rechtsverkehr als zentrale Registerbehörde und führt das Bundeszentralregister (§ 1 I BZRG) und das Gewerbezentralregister (§ 149 I; unten § 149 Rdn. 1).

Vor §§ 149 ff. Titel XI. Gewerbezentralregister

III. Regelungssystematik

3 § 149 II und § 151 nennen die einzutragenden Tatsachen. Einzutragende Tatsachen sind dem Gewerbezentralregister von Gerichten und Behörden gem. § 153 a mitzuteilen. §§ 150, 150 a und 150 b regeln die Erteilung von Auskünften über im Gewerbezentralregister eingetragene Tatsachen an den Betroffenen, an Behörden und an wissenschaftliche Forschungseinrichtungen. § 153 betrifft die Tilgung, § 152 die Entfernung von Eintragungen aus dem Register.

IV. Verhältnis zu Bundes- und Verkehrszentralregister

4 Das Verhältnis zum **Verkehrszentralregister** regelt § 149 II 2, wonach eine in das Verkehrszentralregister einzutragende Entscheidung oder Verzichtserklärung nicht in das Gewerbezentralregister eingetragen wird (näher § 149 Rdn. 33). Für das Verhältnis zum **Bundeszentralregister** ist § 10 II BZRG maßgebend: Danach sind Entscheidungen nicht in das Bundeszentralregister aufzunehmen, wenn sie bereits in das Gewerbezentralregister eingetragen sind. Für das Bundeszentralregister verbleiben so die Entscheidungen ohne Gewerbebezug (vgl. § 149 Rdn. 4).

V. Keine ergänzende Anwendung des BZRG

5 Gewerbezentralregister und Bundeszentralregister werden zwar durch *eine* Registerbehörde geführt; diese Verbindung ist jedoch ausschließlich organisatorischer und verwaltungstechnischer Art. Das Gewerbezentralregister wird im Übrigen selbstständig geführt. Diese entsprechend der speziellen Normierung in der GewO selbständige Stellung verbietet es, Vorschriften bezüglich des Bundeszentralregisters ergänzend heranzuziehen. Ausgeschlossen ist auch eine entsprechende Anwendung von Bestimmungen des BZRG (*Ambs*, in: Friauf, § 149 Rdn. 1), sofern die GewO diese nicht explizit anordnet (so z. B. im Fall von § 153 VI 3 oder § 155a).

VI. Rechtsweg

6 Außenwirksame Entscheidungen der Registerbehörde – z. B. die Weigerung, einem Auskunftsverlangen nach § 150 oder einem Entfernungs- bzw. Tilgungsantrag nach §§ 152, 153 nachzukommen – sind Ausfluss öffentlich-rechtlicher Verwaltungstätigkeit, mithin als Verwaltungsakte einzustufen. Die Rechtskontrolle der Registerführung erfolgt demnach durch die **Verwaltungsgerichtsbarkeit** (h. M., vgl. *Ambs*, in: Friauf, § 149 Rdn. 2). Soweit die Verwaltungsaktsqualität mangels Regelung zu verneinen sein sollte (so *Kahl*, in: Landmann/Rohmer I, § 149 Rdn. 2, für die Auskunftserteilung), ändert dies nichts am öffentlich-rechtlichen Charakter der Maßnahme.

Diese Maßnahmen sind also **nicht** als **Justizverwaltungsakte** einzustufen, 7
gegen die der ordentliche Rechtsweg nach § 23 I EGGVG eröffnet wäre (so
aber *Rebmann/Uhlig* BZRG, 1985, § 149 GewO Rdn. 7 f.). Dies ergibt sich
aus dem mit der Einrichtung des Gewerbezentralregisters verfolgten Zweck,
durch zentrale Registrierung von Verwaltungs- und Bußgeldentscheidungen
den zuständigen Behörden die zur Erfüllung ihrer überwiegend präventiven
Verwaltungsaufgaben notwendigen Unterlagen und Erkenntnisquellen an die
Hand zu geben. Gegen die Zuweisung des Gewerbezentralregisters zur Strafrechtspflege (so noch *Rebmann/Uhlig* aaO Rdn. 9) spricht zudem § 150 a II,
wo Organen der Strafrechtspflege nur ein eingeschränktes Auskunftsrecht
zugestanden wird. Die Einrichtung des Bundesamts für Justiz bekräftigt die
Trennung des Gewerbezentralregisters von der Strafrechtspflege (oben
Rdn. 2).

§ 149 Einrichtung eines Gewerbezentralregisters

(1) **Das Bundesamt für Justiz (Registerbehörde) führt ein Gewerbezentralregister.**

(2) ¹**In das Register sind einzutragen**
1. **die vollziehbaren und die nicht mehr anfechtbaren Entscheidungen einer Verwaltungsbehörde, durch die wegen Unzuverlässigkeit oder Ungeeignetheit**
    a) **ein Antrag auf Zulassung (Erlaubnis, Genehmigung, Konzession, Bewilligung) zu einem Gewerbe oder einer sonstigen wirtschaftlichen Unternehmung abgelehnt oder eine erteilte Zulassung zurückgenommen oder widerrufen,**
    b) **die Ausübung eines Gewerbes, die Tätigkeit als Vertretungsberechtigter einer Gewerbetreibenden oder als mit der Leitung eines Gewerbebetriebes beauftragte Person oder der Betrieb oder die Leitung einer sonstigen wirtschaftlichen Unternehmung untersagt,**
    c) **ein Antrag auf Erteilung eines Befähigungsscheines nach § 20 des Sprengstoffgesetzes abgelehnt oder ein erteilter Befähigungsschein entzogen oder**
    d) **im Rahmen eines Gewerbebetriebes oder einer sonstigen wirtschaftlichen Unternehmung die Befugnis zur Einstellung oder Ausbildung von Auszubildenden entzogen oder die Beschäftigung, Beaufsichtigung, Anweisung oder Ausbildung von Kindern und Jugendlichen verboten**
    wird,
2. **Verzichte auf eine Zulassung zu einem Gewerbe oder einer sonstigen wirtschaftlichen Unternehmung während eines Rücknahme- oder Widerrufsverfahrens,**
3. **rechtskräftige Bußgeldentscheidungen, insbesondere auch solche wegen einer Steuerordnungswidrigkeit, die**
    a) **bei oder in Zusammenhang mit der Ausübung eines Gewerbes oder dem Betrieb einer sonstigen wirtschaftlichen Unternehmung oder**

§ 149 Titel XI. Gewerbezentralregister

b) bei der Tätigkeit in einem Gewerbe oder einer sonstigen wirtschaftlichen Unternehmung von einem Vertreter oder Beauftragten im Sinne des § 9 des Gesetzes über Ordnungswidrigkeiten oder von einer Person, die in einer Rechtsvorschrift ausdrücklich als Verantwortlicher bezeichnet ist,
begangen worden ist, wenn die Geldbuße mehr als 200 Euro beträgt,
4. rechtskräftige strafgerichtliche Verurteilungen wegen einer Straftat nach den §§ 10 und 11 des Schwarzarbeitsbekämpfungsgesetzes, nach den §§ 15 und 15 a des Arbeitnehmerüberlassungsgesetzes oder nach § 266 a Abs. 1, 2 und 4 des Strafgesetzbuches, die bei oder im Zusammenhang mit der Ausübung eines Gewerbes oder dem Betrieb einer sonstigen wirtschaftlichen Unternehmung begangen worden ist, wenn auf Freiheitsstrafe von mehr als drei Monaten oder Geldstrafe von mehr als 90 Tagessätzen erkannt worden ist.

²Von der Eintragung sind Entscheidungen und Verzichte ausgenommen, die nach § 28 des Straßenverkehrsgesetzes in das Verkehrszentralregister einzutragen sind.

Übersicht

	Rdn.
I. Einrichtung des Gewerbezentralregisters (Abs. 1)	1
II. Registerinhalt (Abs. 2)	2
1. Allgemeines; Eintragungsfähigkeit	2
2. Verwaltungsentscheidungen (S. 1 Nr. 1)	5
a) Gemeinsame Eintragungsvoraussetzungen	6
b) Entscheidungen gem. lit. a	16
c) Entscheidungen gem. lit. b	18
d) Entscheidungen gem. lit. c	21
e) Entscheidungen gem. lit. d	22
3. Verzichtserklärungen (S. 1 Nr. 2)	23
4. Bußgeldentscheidungen (S. 1 Nr. 3)	25
a) Ordnungswidrigkeiten des Gewerbetreibenden (lit. a)	29
b) Ordnungswidrigkeiten Dritter (lit. b)	32
5. Strafgerichtliche Verurteilungen (S. 1 Nr. 4)	33
6. Eintragungen ins Verkehrszentralregister (Abs. 2 S. 2)	35

I. Einrichtung des Gewerbezentralregisters (Abs. 1)

1   Registerbehörde ist gem. § 149 I das Bundesamt für Justiz. Zur Geschichte des Gewerbezentralregisters siehe vor §§ 149 ff. Rdn. 1 f. Im Register sind keineswegs sämtliche Gewerbetreibende aufgeführt (Rdn. 2). Zum Stichtag 31. 12. 2008 waren im Register 266.451 natürliche und 22.856 juristische Personen mit 396.802 bzw. 28.029 Eintragungen erfasst (Angaben nach www.bundesjustizamt.de).

II. Registerinhalt (Abs. 2)

1. Allgemeines; Eintragungsfähigkeit

Welche Entscheidungen und Verzichtserklärungen in das Gewerbezentral- 2
register einzutragen sind, wird in § 149 II – und für einige Sonderfälle in
§ 151 – **abschließend** aufgezählt.

Entscheidendes Kriterium in sachlicher Hinsicht ist der **Gewerbebezug**, 3
d. h. ob die Verwaltungsentscheidungen ein Gewerbe (vgl. § 1 Rdn. 2 ff.)
oder eine sonstige wirtschaftliche Unternehmung betreffen. Der Begriff
„sonstige wirtschaftliche Unternehmung" ist in § 149 II aufgenommen worden, um auch Entscheidungen im Gewerbezentralregister erfassen zu können,
die keine Gewerbebetriebe i. e. S. betreffen (BT-Drs. 7/626, S. 13). Betriebe
des Bergbaus (vgl. § 6) werden daher ebenso erfasst wie die industriell oder
gewerbsmäßig betriebene Land- und Forstwirtschaft. Gerade das Kriterium
des Gewerbebezuges dient der Abgrenzung zum Aufgabenbereich des Bundeszentralregisters (§ 10 II BZRG). Soweit die Voraussetzungen für eine Eintragung in das Gewerbezentralregister nicht bestehen, führt die Auffangvorschrift des § 10 II BZRG dazu, dass diese Informationen im
Bundeszentralregister eingetragen werden.

In persönlicher Hinsicht können **natürliche Personen** mit Blick auf alle 4
Eintragungstatbestände des § 149 II betroffen sein. **Juristische Personen**
können nicht Adressat einer strafgerichtlichen Verurteilung i. S. d. § 149 II
Nr. 4 (vgl. *Ambs*, in: Friauf, § 149 Rdn. 19; *Kahl*, in: Landmann/Rohmer I,
§ 149 Rdn. 13), wohl aber einer Bußgeldentscheidung gem. § 149 II Nr. 3
sein (vgl. § 30 OWiG); für sie relevant sind ferner § 149 I Nr. 1 und 2. Für
Personenvereinigungen ohne eigene Rechtspersönlichkeit (oHG, KG,
nichtrechtsfähiger Verein, BGB-Gesellschaft) gilt Folgendes: Sie sind keine
Gewerbetreibenden (§ 1 Rdn. 76 ff.) und deshalb nicht Adressat von Verwaltungsentscheidungen nach § 149 II Nr. 1 (Ausnahme: z. B. § 2 I 2 GastG).
Sie können keine Verzichtserklärungen nach § 149 II Nr. 2 abgeben. Sie
können aber gem. § 30 OWiG Adressat eines Bußgeldbescheids sein und
deshalb nach § 149 II Nr. 3 eingetragen werden; strafgerichtliche Verurteilungen scheiden wiederum aus (siehe zu Personenvereinigungen im Kontext
von § 149 auch *Ambs*, in: Friauf, § 149 Rdn. 19).

2. Verwaltungsentscheidungen (S. 1 Nr. 1)

§ 149 II 1 Nr. 1 erfasst einen weiten Kreis verwaltungsbehördlicher Ent- 5
scheidungen. Die Eintragung einer derartigen Entscheidung kann im Falle
der Erledigung der Verwaltungsentscheidung das Rehabilitationsinteresse für
eine Fortsetzungsfeststellungsklage rechtfertigen (*BVerwG* GewArch 1991,
104).

a) Gemeinsame Eintragungsvoraussetzungen. Diese Entscheidungen 6
sind sämtlich nur eintragungsfähig, wenn sie (sofort) vollziehbar oder nicht
mehr anfechtbar sind, von einer Verwaltungsbehörde getroffen wurden und
sich auf die Unzuverlässigkeit oder Ungeeignetheit eines Gewerbetreibenden
oder Unternehmers beziehen.

Ennuschat

§ 149 Titel XI. Gewerbezentralregister

7 **aa) Entscheidungen einer Verwaltungsbehörde.** § 149 II 1 Nr. 1 bezieht sich auf Verwaltungsakte i. S. d. § 35 S. 1 VwVfG.

8 **bb) Unanfechtbarkeit.** Unanfechtbar sind Verwaltungsentscheidungen nach Ablauf der Rechtsmittelfristen oder im Falle einer bestätigenden letztinstanzlichen Gerichtsentscheidung.

9 **cc) Vollziehbarkeit.** Die Merkmale „vollziehbar" und „nicht mehr anfechtbar" müssen nicht kumulativ erfüllt sein, wie sich bereits aus dem Wortlaut der Nr. 1 ergibt („die vollziehbaren und *die* nicht mehr anfechtbaren Entscheidungen"). Hinzu kommt, dass im Falle der Unanfechtbarkeit stets auch die Vollziehbarkeit gegeben ist, sodass das Merkmal „vollziehbar" dann überflüssig wäre. Es genügt daher das **alternative Vorliegen** eines der beiden Merkmale (**a. A.** *Kahl*, in: Landmann/Rohmer I, § 149 Rdn. 6).

10 Neben unanfechtbaren sind auch vollziehbare Entscheidungen einzutragen, um so zu verhindern, dass ein Gewerbetreibender durch Einlegung aussichtsloser Rechtsmittel den Eintritt der Unanfechtbarkeit u. U. um Jahre hinauszögert und zwischenzeitlich bei anderen Behörden gewerberechtliche Erlaubnisse erlangen kann (BT-Drs. 7/626, S. 29).

11 Die Vollziehbarkeit richtet sich nach § 80 VwGO und ist zu bejahen, wenn der Verwaltungsakt bereits unanfechtbar ist (oben Rdn. 8) oder einer der Fälle des **§ 80 II VwGO** vorliegt, insb. die sofortige Vollziehbarkeit gem. § 80 II 1 Nr. 4 VwGO angeordnet ist. Die Eintragungsfähigkeit entfällt, wenn vor Eintragung die Vollziehbarkeit infolge behördlicher (§ 80 IV VwGO) oder gerichtlicher Entscheidung (§ 80 V VwGO) entfällt. Entfällt die Vollziehbarkeit erst nach Eintragung, ist die Eintragung aus dem Register zu entfernen (§ 152 III).

12 Nicht vollziehbar sind jedoch **versagende Entscheidungen**, wie etwa die Ablehnung eines Antrages auf Zulassung zu einem Gewerbe. Eintragungsfähigkeit entsteht in diesen Fällen daher erst mit Unanfechtbarkeit (*Ambs*, in: Friauf, § 149 Rdn. 9; *Kahl*, in: Landmann/Rohmer I, § 149 Rdn. 6).

13 **dd) Unzuverlässigkeit oder Ungeeignetheit.** Die Verwaltungsentscheidungen müssen auf der Unzuverlässigkeit und/oder Ungeeignetheit des Betreffenden beruhen. Die zur Anwendung kommende Norm muss nicht ausdrücklich die Begriffe unzuverlässig/ungeeignet verwenden. Ausreichend sind auch sinnentsprechende Formulierungen wie fehlende, mangelnde, nicht nachgewiesene Zuverlässigkeit/Eignung (*Kahl*, in: Landmann/Rohmer I, § 149 Rdn. 7).

14 Zum Begriff der **Unzuverlässigkeit** siehe § 35 Rdn. 27 ff. Die **Ungeeignetheit** kann sich aus fachlichen, körperlichen oder geistigen Defiziten ergeben bzw. ganz allgemein an persönliche Merkmale anknüpfen, wie u. a. § 24 HandwO, § 8 I 1 Nr. 2 SprengG zeigen (*Kahl*, in: Landmann/Rohmer I, § 149 Rdn. 7). Fehlende Sachkunde (zum Begriff § 36 Rdn. 25) kann u. U. Ungeeignetheit begründen (*Kahl*, in: Landmann/Rohmer I, § 149 Rdn. 7; **a. A.** *Fröhler/Kormann* § 149 Rdn. 6). Wer unzuverlässig ist, dem fehlt es an der persönlichen Eignung. Die Zuverlässigkeit stellt sich daher als spezielle Eignungskomponente dar, so dass die gesetzestechnische Parallelsetzung von Unzuverlässigkeit und Ungeeignetheit missglückt ist.

Unzuverlässigkeit und/oder Ungeeignetheit müssen **tragender Grund** 15
der Entscheidung sein. Hieran fehlt es, wenn etwa die Verwaltungsmaßnahme lediglich einen ordnungsgemäßen Betrieb der Gaststätte gewährleisten will (z. B. bei § 15 III GastG). Auch Entscheidungen nach §§ 8, 16 HandwO, § 15 II GewO sowie § 31 GastG i. V. m. § 15 II GewO, § 11 GastG sind nicht nach § 149 II 1 Nr. 1 eintragungsfähig (u. U. aber nach Nr. 3).

b) Entscheidungen gem. lit. a. Erfasst sind zum einen Entscheidungen, 16
die den Antrag auf Erteilung einer gewerberechtlichen Erlaubnis, Genehmigung etc. ablehnen, zum anderen solche, die erteilte Erlaubnisse oder Genehmigungen u. Ä. zurücknehmen oder widerrufen. Eintragungsvoraussetzung ist nicht, dass ein Antrag in vollem Umfang abgelehnt wird. Es genügt eine **Teilablehnung**, nicht aber bloße Bedingungen, Auflagen oder Widerrufsvorbehalte, die einem positiven Bescheid beigefügt sind.

Vor dem Hintergrund von § 149 II Nr. 1 lit. a besteht an einer Anfech- 17
tungsklage gegen den Widerruf einer gewerberechtlichen Erlaubnis selbst dann ein Rechtsschutzinteresse, wenn die Erlaubnis wegen Nichtausübung des Gewerbes erloschen sein sollte (§ 49 II GewO, § 8 GastG): Die Aufhebung des Widerrufs verhindert die Eintragung und den mit ihr einhergehenden Makel, der die weitere gewerbliche Tätigkeit zumindest erschwert (*VG Berlin* Urteil vom 16. 8. 2007 – 4 A 242.06, juris Rdn. 17).

c) Entscheidungen gem. lit. b. Hauptanwendungsfälle des § 149 II 1 18
Nr. 1 lit. b sind diejenigen des **§ 35**, daneben aber auch Entscheidungen auf der Grundlage gewerberechtlicher Nebengesetze (vgl. Rdn. 31 sowie BT-Drs. 7/626, S. 15). Eine **Teiluntersagung** (z. B. ein Beschäftigungsverbot) genügt (*Kahl*, in: Landmann/Rohmer I, § 149 Rdn. 8).

Solange ein derartiges Beschäftigungsverbot eine unbestimmte Vielzahl 19
von Personen betrifft, begegnet die wortgetreue Eintragung des Verbotes keinen Bedenken. Etwas anderes gilt, wenn namentlich oder sonst eindeutig bezeichnete Personen (z. B. Ehegatte) nicht beschäftigt werden dürfen. Damit nicht bei Auskunftsersuchen die Persönlichkeitsrechte eines unbeteiligten Dritten beeinträchtigt werden, ist in solchen Fällen nur der Zusatz „Beschäftigungsverbot einer bestimmten Person" einzutragen (*Kahl*, in: Landmann/Rohmer I, § 149 Rdn. 8).

Die einzutragende Untersagung kann auch auf das Verhalten eines **Dritten** 20
(z. B. Stellvertreter) gestützt werden (näher § 35 Rdn. 85 ff.). Die Eintragung nach § 149 II 1 Nr. 1 lit. b bezieht sich dann lediglich auf den Namen des Erlaubnisinhabers. Der Name des Dritten kann nach § 151 I Nr. 2 eintragungspflichtig sein.

d) Entscheidungen gem. lit. c. Da der Umgang mit Sprengstoff zum 21
Schutz der Allgemeinheit besondere Zuverlässigkeit/Eignung erfordert (BT-Drs. 7/626, S. 15), sind gem. § 149 II Nr. 1 lit. c die Ablehnung eines Antrages auf Erteilung eines Befähigungsscheines nach § 20 SprengG und der Entzug eines solchen Scheines einzutragen.

e) Entscheidungen gem. lit. d. Die besondere Schutzbedürftigkeit der 22
betreffenden Personengruppen verlangt die Eintragung des Entzuges der Befugnis zur Einstellung oder Ausbildung von Auszubildenden (z. B. § 24

Ennuschat

§ 149 Titel XI. Gewerbezentralregister

HandwO) und des Verbotes der Beschäftigung, Beaufsichtigung, Anweisung oder Ausbildung von Kindern und Jugendlichen (z. B. gem. § 27 II JArbSchG) nach § 149 II 1 Nr. 1 lit. d.

3. Verzichtserklärungen (S. 1 Nr. 2)

23   Wenn ein Rücknahme- oder Widerrufsverfahren wegen Unzuverlässigkeit oder Ungeeignetheit eingeleitet worden ist, versuchen Gewerbetreibende häufig, den drohenden Konsequenzen durch einen Verzicht auf bisherige Rechte zu entgehen (BT-Drs. 7/626, S. 15). Damit dies nicht zur Umgehung der Eintragungspflicht führt, erfasst § 149 II 1 Nr. 2 auch solche Verzichtserklärungen. So können sich bei einem erneuten, gewerberechtlich relevanten Antrag auf Grund entsprechender Eintragungen Anhaltspunkte für fehlende Zuverlässigkeit oder Geeignetheit ergeben.

24   Voraussetzung der Anwendbarkeit der Nr. 2 ist jedoch, dass das Rücknahme- bzw. Widerrufsverfahren bereits begonnen hat und noch nicht – durch Einstellung – beendet wurde (vgl. den Wortlaut: „während"). Über den Wortlaut hinaus ist zu verlangen, dass das Rücknahme- oder Widerrufsverfahren wegen fehlender Zuverlässigkeit/Eignung eingeleitet worden ist (ebenso *Ambs*, in: Friauf, § 149 Rdn. 18). Diese Beschränkung ergibt sich aus der ratio legis der Nr. 2, welche lediglich die Umgehung der Nr. 1 verhindern soll.

4. Bußgeldentscheidungen (S. 1 Nr. 3)

25   Durch § 149 II 1 Nr. 3 werden **rechtskräftige Bußgeldentscheidungen wegen Ordnungswidrigkeiten** erfasst. In Betracht kommen grundsätzlich alle Ordnungswidrigkeiten. Ausdrücklich genannt sind Steuerordnungswidrigkeiten. Bei Verkehrsordnungswidrigkeiten ist jedoch § 149 II 2 zu beachten (dazu unten Rdn. 33).

26   Eintragungspflicht nach § 149 II 1 Nr. 3 besteht nur, wenn die **Geldbuße mehr als 200 Euro** beträgt. Das Erfordernis der Mindesthöhe von 200 Euro schließt nicht aus, dass weniger gravierende Ordnungswidrigkeiten die Unzuverlässigkeit eines Gewerbetreibenden begründen, so wenn aus der Vielzahl und Regelmäßigkeit der Verstöße auf einen Hang zur Missachtung der einschlägigen gewerberechtlichen Vorschriften geschlossen werden kann (vgl. oben § 35 Rdn. 47 f.). Die auf die Unzuverlässigkeit gestützte Entscheidung ist dann nach § 149 II 1 Nr. 1 einzutragen.

27   Für den Fall einer Geldbußenentscheidung, die mehrere Geldbußen für in Tatmehrheit verwirklichte Handlungen zusammenfasst (vgl. § 20 OWiG), ordnet § 151 III an, dass nur diejenige Einzel-Geldbuße eingetragen wird, die für sich 200 Euro übersteigt (§ 151 Rdn. 10).

28   Im Weiteren unterscheidet Nr. 3 zwischen Ordnungswidrigkeiten, die der Gewerbetreibende in eigener Person begangen hat, und solchen, die von einem Dritten, etwa einem Vertreter oder Beauftragten, begangen wurden.

29   **a) Ordnungswidrigkeiten des Gewerbetreibenden (lit. a).** Voraussetzung der Eintragungsfähigkeit ist der Gewerbe- oder Unternehmensbezug der Ordnungswidrigkeit. Der Gewerbe- bzw. Unternehmensbezug erfordert,

Einrichtung eines Gewerbezentralregisters § 149

dass die Ordnungswidrigkeit entweder „bei" oder „in Zusammenhang" mit der Gewerbe- oder Unternehmenstätigkeit begangen wurde.

„Bei" der Gewerbetätigkeit wird eine Ordnungswidrigkeit begangen, 30 wenn der Bußgeldtatbestand eine gewerbliche Tätigkeit voraussetzt oder die gewerbliche Tätigkeit unmittelbar die Ordnungswidrigkeit verwirklicht. Die Ordnungswidrigkeit steht „in Zusammenhang" mit der Gewerbetätigkeit, wenn diese dazu dient, die Ordnungswidrigkeit vorzubereiten, unmittelbar zu fördern oder sie anschließend auszunutzen oder zu verdecken (*BayObLG GewArch* 1996, 69 [70]). Der „Zusammenhang" muss ein sachlicher sein; ein – eher zufälliger – bloß örtlicher oder zeitlicher Zusammenhang, d. h. ein Handeln bei Gelegenheit der Gewerbetätigkeit, genügt nicht (dazu auch *Ambs*, in: Friauf, § 149 Rdn. 19). Die ordnungswidrige Entsorgung von Altreifen eines überwiegend gewerblich genutzten PKW reicht so nicht aus (ebenso *Kahl*, in: Landmann/Rohmer I, § 149 Rdn. 13).

Wenn dieser Gewerbe- bzw. Unternehmensbezug gewahrt ist, sind auch 31 Bußgeldentscheidungen eintragungsfähig, die sich auf Normen außerhalb der GewO stützen.

b) Ordnungswidrigkeiten Dritter (lit. b). Auch andere Personen als 32 der (selbständige) Gewerbetreibende sind eintragbar, wenn sie als Vertreter oder Beauftragter i. S. d. § 9 OWiG anzusehen sind. Bei der Eintragung dieses Personenkreises ist auf deren besondere Stellung hinzuweisen. Auch wenn eine Rechtsvorschrift jemanden ausdrücklich als Verantwortlichen bezeichnet (z. B. § 19 SprengG, § 31 StrahlenschutzVO), ist dieser bei Verhängung entsprechender Sanktionen einzutragen.

In diesen Fällen muss der Verstoß aber bei Ausübung des Gewerbes begangen worden sein; es genügt – anders als bei lit. a – nicht, dass die Ordnungswidrigkeit nur im Zusammenhang mit der Gewerbetätigkeit steht.

5. Strafgerichtliche Verurteilungen (S. 1 Nr. 4)

Nach § 149 II 1 Nr. 4 GewO werden seit dem 1. 4. 2004 (Drittes Gesetz 33 für moderne Dienstleistungen am Arbeitsmarkt vom 23. 12. 2003, BGBl. I S. 2848) rechtskräftige strafgerichtliche Verurteilungen wegen bestimmter Straftaten eingetragen. Das Gesetz zur Intensivierung der Bekämpfung der Schwarzarbeit und damit zusammenhängender Steuerhinterziehung vom 23. 7. 2004 (BGBl. I S. 1842) erweiterte wenig später den Kreis der eintragungspflichtigen Straftatbestände. Die Gesetzestexte von den in § 149 II 1 Nr. 4 genannten §§ 10 und 11 des Schwarzarbeitsbekämpfungsgesetzes sind an die Stelle von § 406 SGB III (Beschäftigung von Ausländern ohne Genehmigung und zu ungünstigen Arbeitsbedingungen) und § 407 SGB III (Beschäftigung von Ausländern ohne Genehmigung in größerem Umfang) getreten. Weitere von Nr. 4 erfasste Straftatbestände sind §§ 15 und 15 a des Arbeitnehmerüberlassungsgesetzes (Ausländische Leiharbeitnehmer ohne Genehmigung; Entleihe von Ausländern ohne Genehmigung) sowie § 266 a I, II, IV StGB (Vorenthalten und Veruntreuung von Arbeitsentgelt, insb. von Sozialversicherungsbeiträgen).

Die in Nr. 4 genannten Straftaten müssen bei oder im Zusammenhang mit 34 der Ausübung eines Gewerbes oder dem Betrieb einer sonstigen wirtschaftli-

§ 150   Titel XI. Gewerbezentralregister

chen Unternehmung begangen worden sein (näher Rdn. 30). Weitere Voraussetzung für die Eintragung ist, dass auf Freiheitsstrafe von mehr als drei Monaten oder Geldstrafe von mehr als 90 Tagessätzen erkannt wurde. Sie erfolgt neben der Eintragung in das Bundeszentralregister (BR-Drs. 557/03, S. 361). Dementsprechend orientiert sich nach § 153 II die Tilgung der Angaben im Gewerbezentralregister nach den Vorschriften, die für das Bundeszentralregister gelten. Der Einblick in das Gewerbezentralregister verschafft damit z. B. öffentlichen Auftraggebern Informationen, die früher nur im Bundeszentralregister enthalten waren (dazu *Kahl*, in: Landmann/Rohmer I, § 149 Rdn. 14).

6. Eintragungen ins Verkehrszentralregister (Abs. 2 S. 2)

35   Die Eintragungspflicht entfällt gem. § 149 II 2 bei Entscheidungen und Verzichten, die nach § 28 StVG in das Verkehrszentralregister einzutragen sind. Nachdem Bußgeldentscheidungen nach § 36 I des Gesetzes über das Fahrlehrerwesen (vom 25. 8. 1969, BGBl. I S. 1336; m. nachf. Änd.) und § 20 I des Kraftfahrsachverständigengesetzes (vom 22. 12. 1971, BGBl. I S. 2086; m. nachf. Änd.) seit dem 1. 6. 1983 nicht mehr in § 28 Nr. 2 StVG aufgeführt sind, müssen diese in das Gewerbezentralregister eingetragen werden (*Kahl*, in: Landmann/Rohmer I, § 149 Rdn. 4).

§ 150 Auskunft auf Antrag des Betroffenen

(1) Auf Antrag erteilt die Registerbehörde einer Person Auskunft über den sie betreffenden Inhalt des Registers.

(2) ¹Der Antrag ist bei der gemäß § 155 Abs. 2 bestimmten Behörde zu stellen. ²Der Antragsteller hat seine Identität und, wenn er als gesetzlicher Vertreter handelt, seine Vertretungsmacht nachzuweisen; er kann sich bei der Antragstellung nicht durch einen Bevollmächtigten vertreten lassen. ³Die Behörde nimmt die Gebühr für die Auskunft entgegen, behält davon drei Achtel ein und führt den Restbetrag an die Bundeskasse ab.

(3) ¹Wohnt der Antragsteller außerhalb des Geltungsbereichs dieses Gesetzes, so kann er den Antrag unmittelbar bei der Registerbehörde stellen. ²Absatz 2 Satz 2 gilt entsprechend.

(4) Die Übersendung der Auskunft an eine andere Person als den Betroffenen ist nicht zulässig.

(5) ¹Für die Vorbereitung der Entscheidung über einen Antrag auf Zulassung zu einem Gewerbe oder einer sonstigen wirtschaftlichen Unternehmung, auf Erteilung eines Befähigungsscheins nach § 20 des Sprengstoffgesetzes oder zur Überprüfung der Zuverlässigkeit nach § 38 Abs. 1 kann die Auskunft auch zur Vorlage bei einer Behörde beantragt werden. ²Wird die Auskunft zur Vorlage bei einer Behörde beantragt, ist sie der Behörde unmittelbar zu übersenden. ³Die Behörde hat dem Betroffenen auf Verlangen Einsicht in die Auskunft zu gewähren.

Auskunft auf Antrag des Betroffenen § 150

I. Auskunftsanspruch (Abs. 1)

§ 150 I gewährt jeder Person ein **subjektiv-öffentliches Recht** auf Aus- 1
kunft über den sie betreffenden Inhalt des Gewerbezentralregisters. Die
behördliche Ablehnung der Auskunftserteilung ist als Verwaltungsakt einzuordnen, sodass der Auskunftsanspruch mittels der **Verpflichtungsklage** vor
dem Verwaltungsgericht durchsetzbar ist (**a. A.** *Kirchesch*, in: BeckOK, § 150
Rdn. 3: allgemeine Leistungsklage; vgl. auch § 15 Rdn. 8).

1997 wurden insgesamt 383 931 Auskünfte erteilt, davon 300 798 auf 2
Antrag des Betroffenen (zumeist zur Vorlage bei einer Behörde) und 82 918
auf Antrag einer Behörde (*Fuchs/Demmer*, GewArch 1998, 372 [373]).

1. Anspruchsberechtigter

Anspruch auf Auskunftserteilung hat derjenige, der durch den Inhalt des 3
Registers unmittelbar betroffen ist. Anspruchsinhaber kann jede natürliche
Person (und zwar unabhängig von Staatsangehörigkeit und – anders als § 42
S. 1 BZRG – vom Alter), jede juristische Person und jede Handelsgesellschaft
oder sonstige Personenvereinigung sein.

§ 150 regelt i. V. m. §§ 150 a f. die Auskunftspflicht und die Auskunftsbe- 4
fugnis der Registerbehörde **abschließend**. **Dritte** können daher **keinen
Anspruch** auf Auskunftserteilung haben (*Ambs*, in: Friauf, § 150 Rdn. 1).
Dies gilt auch für Arbeitgeber, die sich über einen Bewerber informieren
wollen (*Thum/Szczesny* BB 2007, 2405 [2407]). Auskünfte an Dritte wären
rechtswidrig und können u. U. Schadensersatzpflichten auslösen (*Fröhler/Kormann* § 150 Rdn. 1). Dies gilt auch für **Behörden** außerhalb der §§ 150 V,
150 a. Schließlich hat auch der **gesetzliche Vertreter** keinen eigenständigen
Auskunftsanspruch (**a. A.** *Ambs*, in: Friauf, § 150 Rdn. 1). Dieser gilt zwar
als Antragsteller, kann aber lediglich für den Betroffenen einen Antrag stellen
(§ 150 II 2). Die Auskunft ist dann nur an den Betroffenen zu übersenden
(Abs. 4).

2. Auskunftsinhalt

Die zu erteilende Auskunft umfasst **alle** im Gewerbezentralregister vorhan- 5
denen und noch nicht tilgungsreifen (vgl. § 153 V 2) Eintragungen. Eine
beschränkte Selbstauskunft ist nicht möglich (*Uwer/Hübschen* NZBau 2007,
757 [759]). Dem Betroffenen bleibt jedoch unbenommen, Teile der Auskunft
zu schwärzen, ehe er sie Dritten vorlegt (*Kühnen* NZBau 2007, 762 [763]).

II. Antragstellung (Abs. 2 und 3)

Die Auskunftserteilung erfolgt nur auf Antrag (Abs. 1). Vorgaben zur 6
Antragstellung enthalten die Abs. 2 und 3. Regelungsvorbild ist dabei § 30
II 2, III BZRG. Einzelheiten regeln zwei allgemeine Verwaltungsvorschriften
zur Durchführung des Titels XI – Gewerbezentralregister – der Gewerbeordnung (wiedergegeben bei www.bundesjustizamt.de; vgl. § 153 b Rdn. 2).

§ 150 Titel XI. Gewerbezentralregister

1. Zuständige Behörde (Abs. 2 S. 1, Abs. 3)

7   Bei ausländischem Wohnsitz des Antragstellers ist der Antrag unmittelbar bei der Registerbehörde zu stellen (Abs. 3). Wohnt der Antragsteller im Inland, muss er den Antrag bei der gem. § 155 II durch die Länder bestimmten Behörde stellen. Im Einzelnen sind folgende Behörden zuständig (die Liste [Stand: Sept. 2010] beruht auf den einschlägigen Datenbanken sowie ergänzenden Auskünften der Landesministerien):
Baden-Württemberg:
Die Gemeinden (§ 8 II Nr. 8 VO über Zuständigkeiten nach der Gewerbeordnung [GewOZuVO] vom 16. 12. 1985 [GBl. S. 582, ber. 1986 S. 160], zul. geändert durch Art. 9 Gebührenrechts-NeuregelungsG vom 14. 12. 2004 [GBl. S. 895]).
Bayern:
Die Gemeinden (§ 1 III der VO zur Durchführung der GewO vom 9. 2. 2010 [GBl. S. 103)].
Berlin:
Die Bezirksämter und der Polizeipräsident (Nrn. 21 II, 23 VI der Anlage zum Allgemeinen Sicherheits- und Ordnungsgesetz in der Fassung vom 11. 10. 2006 [GVBl. S. 930], zul. geändert durch Gesetz vom 3. 6. 2010 [GVBl. S. 285]).
Brandenburg:
Die Ordnungsbehörden (§ 1 I i. V. m. Anlage Nr. 1.45 der VO über die Zuständigkeit im Gewerberecht [GewRZV] vom 17. 8. 2009 [GVBl. II S. 527]).
Bremen:
Die Ortspolizeibehörden (§ 2 der VO über die Zuständigkeiten nach der Gewerbeordnung vom 23. 10. 1990 [GBl. S. 441], zul. geändert durch Art. 1 ÄndVo vom 23. 3. 2010 [GBl. S. 272]: „Die Ortspolizeibehörde ist zuständige Behörde für die Durchführung der Titel I bis IV der Gewerbeordnung und der darauf beruhenden Rechtsverordnungen, soweit in § 3 dieser Verordnung oder in anderen Rechtsvorschriften und Bestimmungen nichts anderes geregelt ist.").
Hamburg:
Die Bezirksämter (Abs. 1 der Anordnung zur Durchführung der Gewerbeordnung vom 5. 6. 2007, verkündet als Artikel 2 der Anordnung über Zuständigkeiten auf dem Gebiet des Arbeitsschutz- und Gewerberechts vom 5. 6. 2007 [Amtl. Anz. S. 1385, 1386], zul. geändert durch Anordnung vom 16. 9. 2008 [Amtl. Anz. S. 1889, 1893]).
Hessen:
Die Gemeindevorstände (§ 1 I Nr. 2 der VO über Zuständigkeiten nach der Gewerbeordnung und dem Gaststättengesetz sowie über den Betrieb von Straußwirtschaften vom 20. 6. 2002 [GVBl. I S. 395], zul. geändert durch Gesetz vom 15. 12. 2009 (GVBl. I S. 716, 724), gültig bis 31. 12. 2012).
Mecklenburg-Vorpommern:
Die Meldebehörden, z. T. die örtlichen Ordnungsbehörden (LandesVO über die Regelung von Zuständigkeiten im allgemeinen Gewerberecht –

Auskunft auf Antrag des Betroffenen **§ 150**

GewRZustVO – vom 21. 9. 1992 [GVOBl. S. 561], zuletzt geändert durch VO vom 10. 12. 2007 [GVOBl. S. 403]).

Niedersachsen:
Die Meldebehörde, bei der der Antragsteller mit einer Wohnung gemeldet ist (§ 1 I i. V. m. Verzeichnis Nr. 1.16 der Anlage der VO über die Regelung der Zuständigkeiten auf dem Gebiet des Wirtschaftsrechts sowie in anderen Rechtsgebieten vom 18. 11. 2004 [GVBl. S. 482], zul. geändert durch § 21 Abs. 2 Verkehr-ZuständigkeitsVO vom 3. 8. 2009 [GVBl. S. 316]).

Nordrhein-Westfalen:
Die örtlichen Ordnungsbehörden (§ 2 I i. V. m. Verzeichnis Nr. 1.42 der Anlage zur VO zur Übertragung von Ermächtigungen, zur Regelung von Zuständigkeiten und Festlegungen auf dem Gebiet der Gewerbeüberwachung vom 17. 11. 2009 [GVBl. S. 626], zul. geändert durch VO vom 12. 1. 2010 [GVBl. S. 24]), gültig bis 31. 12. 2014.

Rheinland-Pfalz:
Die Gemeindeverwaltung der verbandsfreien Gemeinde, die Verbandsgemeindeverwaltung sowie in kreisfreien und großen kreisangehörigen Städten die Stadtverwaltung (§ 1 S. 1 Nr. 4 der VO über Zuständigkeiten im Gewerberecht vom 30. 1. 2001 [GVBl. S. 43], zul. geändert durch VO vom 19. 12. 2006 [GVBl. S. 450]).

Saarland:
Die Gemeinde, bei der der Antragsteller mit einer Wohnung gemeldet ist; bei Befreiung von der Meldepflicht bei der Meldebehörde des gewöhnlichen (§ 1 I. V. m. Verzeichnis Nr. 1.79 der 3. VO zur Durchführung der GewO vom 7. 2. 2003 [ABl. S. 73], zul. geändert durch Gesetz vom 21. 11. 2007 [ABl. S. 2393]).

Sachsen:
Gemäß § 4 Nr. 2 SächsGewODVO ist die Gemeinde die zuständige Behörde im Sinne von § 150 Abs. 2 Satz 1 der Gewerbeordnung. Örtlich zuständig ist die Gemeinde, bei der der Antragsteller mit einer Haupt- oder Nebenwohnung gemeldet ist, bei Befreiung von der Meldepflicht die Gemeinde, in der er sich gewöhnlich aufhält.

Sachsen-Anhalt:
Die Meldebehörden (§ 1 I i. V. m. Verzeichnis Nr. 1.48 der VO über die Regelung von Zuständigkeiten im Immissions-, Gewerbe- und Arbeitsschutzrecht sowie in anderen Rechtsgebieten [ZustVO GewAIR] vom 14. 6. 1994 [GVBl. S. 636, ber. S. 889], zul. geändert durch Gesetzes vom 5. 11. 2009 [GVBl. LSA S. 514, 519]).

Schleswig-Holstein:
Bürgermeisterinnen und Bürgermeister der amtsfreien Gemeinden sowie Amtsvorsteher als örtliche Ordnungsbehörden (§ 1 i. V. m. dem Verzeichnis Nr. 3.6.9 der Anlage der VO zur Bestimmung der zuständigen Behörden nach der GewO vom 19. 1. 1998 [GewO-ZustVO], [GVOBl. S. 27], zul. geändert durch VO vom 12. 12. 2007 [GVOBl. S. 621]).

Thüringen:
Die unteren Gewerbebehörden (§ 2 der VO zur Regelung von Zuständigkeiten und zur Übertragung von Ermächtigungen im allgemeinen Gewerberecht, Handwerksrecht, Schornsteinfegerrecht, Blindenwarenrecht, dem

§ 150 Titel XI. Gewerbezentralregister

Gesetz zur Bekämpfung der Schwarzarbeit und der VO über Orderlagerscheine [ZustErmVO] vom 9. 1. 1992 [GVBl. S. 45], zul. geändert durch VO vom 14. 3. 2006 [GVBl. S. 159]).

2. Antragsteller (Abs. 2 S. 2)

8   Begehrt eine **natürliche Person** Auskunft, kann sie nur selbst oder durch einen gesetzlichen (nicht durch einen rechtsgeschäftlichen) Vertreter den Antrag stellen. Der Antrag für eine **juristische Person** muss durch einen gesetzlichen Vertreter erfolgen. Handelt ein gesetzlicher Vertreter, gilt er als Antragsteller; er muss jedoch seine gesetzliche Vertretungsmacht nachweisen. Der Antragsteller muss zudem seine Identität nachweisen.

3. Gebühren (Abs. 2 S. 3)

9   Die Auskunftserteilung ist gebührenpflichtig (13 Euro).

III. Auskunftserteilung (Abs. 4 und 5)

1. Übersendung an den Betroffenen (Abs. 4)

10   Mit Ausnahme der Fälle des Abs. 5 wird die Auskunft über Eintragungen nur dem Betroffenen selbst übersandt. Dies gilt selbst im Falle gesetzlicher Vertretung. Eine Übersendung der Auskunft an den gesetzlichen Vertreter ist also nach dem eindeutigen Wortlaut des Abs. 4 („Betroffener", nicht etwa „Antragsteller" oder „gesetzlicher Vertreter") nicht möglich (ebenso *Fröhler/Kormann* § 150 Rdn. 2; **a. A.** *Ambs*, in: Friauf, § 150 Rdn. 1: Der gesetzliche Vertreter habe einen eigenständigen Auskunftsanspruch). Davon unberührt bleibt die Frage, ob der Vertreter kraft seiner gesetzlichen Vertretungsmacht berechtigt ist, die übersandte Auskunft einzusehen. Telefonische Auskünfte sind – mangels einer Möglichkeit zur Identitätskontrolle – nicht zulässig (*Wolff* GewArch 1999, 17 [20]).

11   Dem Betroffenen steht jedoch frei, die Selbstauskunft Dritten oder ausländischen Behörden (unten § 150 a Rdn. 22) zugänglich zu machen. Deutsche Behörden dürfen die Vorlage einer Selbstauskunft nicht verlangen (unten § 150 a Rdn. 9, 10). Ein Arbeitgeber darf von einem Bewerber die Vorlage der Registerauskunft nur verlangen, wenn es um eine Tätigkeit mit besonderer Vertrauensstellung handelt (*Thum/Szczesny* BB 2007, 2405 [2407]).

2. Auskunft zur Vorlage bei einer Behörde (Abs. 5)

12   Bei Überprüfung der Zuverlässigkeit nach § 38 I, bei Anträgen zur Zulassung zu einem Gewerbe oder einem sonstigen wirtschaftlichen Unternehmen sowie auf Erteilung eines Befähigungsscheines gem. § 20 SprengG kann eine Auskunft zur Vorlage bei einer Behörde beantragt werden. Diese Auskunft ist dann **unmittelbar der Behörde zu übersenden**, die über die Zuverlässigkeit, den Zulassungsantrag oder Antrag nach § 20 SprengG zu entscheiden hat (Abs. 5 S. 2). Diese Behörde hat dann auf Verlangen des Antragstellers Einsicht in die Auskunft zu gewähren (S. 3; vgl. § 7 der 1. GZRVwV).

§ 150a Auskunft an Behörden oder öffentliche Auftraggeber

(1) ¹Auskünfte aus dem Register werden für
1. die Verfolgung wegen einer
   a) in § 148 Nr. 1,
   b) in § 404 Abs. 1, 2 Nr. 3 des Dritten Buches Sozialgesetzbuch, in § 8 Abs. 1 des Schwarzarbeitsbekämpfungsgesetzes, in § 23 Abs. 1 und 2 des Arbeitnehmer-Entsendegesetzes, § 18 Abs. 1 und 2 des Mindestarbeitsbedingungengesetzes und in § 16 Abs. 1 bis 2 des Arbeitnehmerüberlassungsgesetzes
   bezeichneten Ordnungswidrigkeit,
2. die Vorbereitung
   a) der Entscheidung über die in § 149 Abs. 2 Nr. 1 Buchstabe a und c bezeichneten Anträge,
   b) der übrigen in § 149 Abs. 2 Nr. 1 Buchstabe a bis d bezeichneten Entscheidungen,
   c) von Verwaltungsentscheidungen auf Grund des Straßenverkehrsgesetzes, des Fahrlehrergesetzes, des Fahrpersonalgesetzes, des Binnenschiffahrtsaufgabengesetzes oder der auf Grund dieser Gesetze erlassenen Rechtsvorschriften über Eintragungen, die das Personenbeförderungsgesetz oder das Güterkraftverkehrsgesetz betreffen,
3. die Vorbereitung von Rechtsvorschriften und allgemeinen Verwaltungsvorschriften, insoweit nur in anonymisierter Form,
4. die Vorbereitung von vergaberechtlichen Entscheidungen über strafgerichtliche Verurteilungen und Bußgeldentscheidungen nach § 21 Abs. 1 des Schwarzarbeitsbekämpfungsgesetzes, 23 Abs. 1 und 2 des Arbeitnehmer-Entsendegesetzes und § 18 Abs. 1 und 2 des Mindestarbeitsbedingungengesetzes,

erteilt. ²Auskunftsberechtigt sind die Behörden und öffentlichen Auftraggeber im Sinne des § 98 Nr. 1 bis 3 und 5 des Gesetzes gegen Wettbewerbsbeschränkungen, denen die in Satz 1 bezeichneten Aufgaben obliegen.

(2) Auskünfte aus dem Register werden ferner
1. den Gerichten und Staatsanwaltschaften über die in § 149 Abs. 2 Nr. 1 und 2 bezeichneten Eintragungen für Zwecke der Rechtspflege, zur Verfolgung von Straftaten nach § 148 Nr. 1, nach § 95 Abs. 1 Nr. 4 des Aufenthaltsgesetzes und § 12 Abs. 4 Nr. 2 des Jugendschutzgesetzes auch über die in § 149 Abs. 2 Nr. 3 bezeichneten Eintragungen,
2. den Kriminaldienst verrichtenden Dienststellen der Polizei für Zwecke der Verhütung und Verfolgung der in § 74c Abs. 1 Nr. 1 bis 6 des Gerichtsverfassungsgesetzes aufgeführten Straftaten über die in § 149 Abs. 2 Nr. 1 und 2 bezeichneten Eintragungen,
3. den zuständigen Behörden für die Aufhebung der in § 149 Abs. 2 Nr. 3 bezeichneten Bußgeldentscheidungen, auch wenn die Geldbuße weniger als 200 Euro beträgt,

§ 150a Titel XI. Gewerbezentralregister

4. den nach § 81 Abs. 10 des Gesetzes gegen Wettbewerbsbeschränkungen zuständigen Behörden zur Verfolgung von Ordnungswidrigkeiten nach § 81 Abs. 1 bis 3 des Gesetzes gegen Wettbewerbsbeschränkungen die in § 149 Abs. 2 Nr. 3 bezeichneten Eintragungen, erteilt.

(3) Auskünfte über Bußgeldentscheidungen wegen einer Steuerordnungswidrigkeit dürfen nur in den in Absatz 1 Nr. 1 und 2 genannten Fällen erteilt werden.

(4) Die auskunftsberechtigten Stellen haben den Zweck anzugeben, für den die Auskunft benötigt wird.

(5) Die nach Absatz 1 Satz 2 auskunftsberechtigten Stellen haben dem Betroffenen auf Verlangen Einsicht in die Auskunft aus dem Register zu gewähren.

(6) Die Auskünfte aus dem Register dürfen nur den mit der Entgegennahme oder Bearbeitung betrauten Bediensteten zur Kenntnis gebracht werden.

Übersicht

	Rdn.
I. Vorbemerkung	1
II. Auskünfte an Behörden und öffentliche Auftraggeber (Abs. 1)	3
1. Verfolgung bestimmter Ordnungswidrigkeiten (S. 1 Nr. 1)	3
2. Vorbereitung bestimmter Verwaltungsentscheidungen (Abs. 1 S. 1 Nr. 2)	4
3. Vorbereitung von Rechts- und allgemeinen Verwaltungsvorschriften (Abs. 1 S. 1 Nr. 3)	6
4. Vorbereitung von vergaberechtlichen Entscheidungen (Abs. 1 S. 1 Nr. 4)	8
5. Auskunftsberechtigte Behörden und öffentliche Auftraggeber (S. 2)	10
III. Auskünfte an Gerichte, Staatsanwaltschaften und Kriminalpolizei, Gnadenbehörden sowie Kartellbehörden (Abs. 2)	11
1. Auskünfte an Gerichte, Staatsanwaltschaften und Kriminalpolizei (Nrn. 1 und 2)	11
2. Auskünfte an Gnadenbehörden (Nr. 3)	12
3. Auskünfte an Kartellbehörden (Nr. 4)	14
IV. Sonderregelung für Bußgeldentscheidungen wegen Steuerordnungswidrigkeiten (Abs. 3)	15
V. Verfahrensvorgaben (Abs. 4 bis 6)	16
1. Zweckangabe (Abs. 4)	16
2. Einsichtnahme des Betroffenen (Abs. 5)	17
3. Datenschutz (Abs. 6)	19
VI. Weitergabe an ausländische Behörden	22

I. Vorbemerkung

1 Der mehrfach novellierte (vgl. Rdn. 8, 14; näher *Kahl*, in: Landmann/Rohmer I, § 150 a Rdn. 1) § 150 a regelt **abschließend** die Erteilung einer

Auskunft aus dem Gewerbezentralregister an Behörden, öffentliche Auftraggeber und Gerichte. Anderen Stellen oder für andere als die aufgeführten Zwecke steht das Gewerbezentralregister nicht zur Verfügung. Weiterreichende Auskunftsmöglichkeiten des BZRG finden keine (entsprechende) Anwendung (vgl. vor § 149 Rdn. 5).

Dabei legt § 150 a fest, (1.) welcher Stelle (2.) für welchen Zweck (3.) in welchem Umfang Auskünfte erteilt werden. Wenn die Voraussetzungen des § 150 a erfüllt sind, muss die Registerbehörde die gewünschte Auskunft erteilen; ein Ermessen ist ihr nicht eingeräumt. 1994 wurden 143 334 Auskünfte an Behörden erteilt (*Fuchs/Demmer* GewArch 1995, 325 [326]). **2**

II. Auskünfte an Behörden und öffentliche Auftraggeber (Abs. 1)

1. Verfolgung bestimmter Ordnungswidrigkeiten (S. 1 Nr. 1)

Durch die Auskunftsmöglichkeit für die Verfolgung der in Nr. 1 bezeichneten Ordnungswidrigkeiten soll eine Vereinfachung und Beschleunigung der Ermittlungsverfahren erreicht werden (*Kahl*, in: Landmann/Rohmer I, § 150 a Rdn. 2). In diesen Fällen wird der für die Verfolgung zuständigen Stelle (§ 150 a I 2 i. V. m. §§ 35 ff. OWiG) der **gesamte Eintragungsinhalt** mitgeteilt. **3**

2. Vorbereitung bestimmter Verwaltungsentscheidungen (Abs. 1 S. 1 Nr. 2)

Zunächst enthält Nr. 2 in dem Katalog der Buchst. a – c eine Reihe von Verwaltungsentscheidungen, zu deren Vorbereitung die zuständige Behörde bzw. der öffentliche Auftraggeber (Abs. 1 S. 2) eine Auskunft aus dem Gewerbezentralregister einholen kann. **4**

Bei den Buchst. a und b wird eine unbeschränkte Auskunft erteilt. Lediglich bei § 150 a I Nr. 2 lit. c, wodurch die Regelung des § 30 I Nr. 2 StVG ergänzt wird, beschränkt sich die Auskunft inhaltlich auf solche Eintragungen, die das Personenbeförderungs- oder das Güterkraftverkehrsgesetz „betreffen", also aufgrund dieser beiden Gesetze erfolgt sind (*Ambs*, in: Friauf, § 150 a Rdn. 5). **5**

3. Vorbereitung von Rechts- und allgemeinen Verwaltungsvorschriften (Abs. 1 S. 1 Nr. 3)

Um das im Gewerbezentralregister gesammelte Datenmaterial für die Vorbereitung von Rechts- und Verwaltungsvorschriften nutzbar zu machen, eröffnet § 150 a I 1 Nr. 3 auch insoweit eine Auskunftsmöglichkeit. Dabei dürfen aber nur in Statistiken zusammengefasste oder anonymisierte Angaben weitergegeben werden (*Kahl*, in: Landmann/Rohmer I, § 150 a Rdn. 5; *Ambs*, in: Friauf, § 150 a Rdn. 6). **6**

Kontinuierliche Informationsbedürfnisse werden i. d. R. durch die in monatlichen Abständen erscheinende Geschäftsanfallstatistik und durch die **7**

§ 150a Titel XI. Gewerbezentralregister

jährliche Eintragungsstatistik der Registerbehörde abgedeckt, die allen zuständigen Behörden zur Verfügung gestellt werden. Sondererhebungen können darüber hinaus gegen Kostenerstattung beim Bundesministerium für Justiz beantragt werden (vgl. § 7 II 1. GZRVwV und Nr. 9 2. GZRVwV).

4. Vorbereitung von vergaberechtlichen Entscheidungen (Abs. 1 S. 1 Nr. 4)

8   Nr. 4 gelangte durch das Gesetz zur Erleichterung der Bekämpfung von illegaler Beschäftigung und Schwarzarbeit vom 23. 7. 2002 (BGBl. I S. 2787) in § 150 a I und wurde seitdem mehrfach novelliert, zuletzt durch das Erste Gesetz zur Änderung des Gesetzes über die Festsetzung von Mindestarbeitsbedingungen vom 22. 4. 2009 (BGBl. I S. 818). Die in Nr. 4 genannten Straf- und Bußgeldtatbestände sind bei der Vergabe öffentlicher Aufträge bedeutsam und deshalb den öffentlichen Auftraggebern i. S. d. § 98 Nr. 1 bis 3, 5 GWB mitzuteilen. Damit korrespondiert etwa die Vorschrift des § 21 I 4 Schwarzarbeitsbekämpfungsgesetz, die ebenfalls eine Auskunftspflicht für Vergabestellen begründet (*Kirchesch*, in: BeckOK, § 150 a Rdn. 9)

9   Die öffentlichen Auftraggeber erhalten durch § 150 a I 1 Nr. 4 nur einen Teil der Informationen, die im Gewerbezentralregister enthalten sind. Sie dürfen diese gesetzliche Beschränkung nicht dadurch umgehen, dass sie von den Bietern die Vorlage umfassender Selbstauskünfte gem. § 150 I verlangen (Rdn. 10; *Kühnen* NZBau 2007, 762; *Uwer/Hübschen* NZBau 2007, 757 [761]).

5. Auskunftsberechtigte Behörden und öffentliche Auftraggeber (S. 2)

10 S. 2 stellt klar, dass nur die Behörden und öffentlichen Auftraggeber auskunftsberechtigt sind, denen die in S. 1 bezeichneten Aufgaben obliegen. Behörden und öffentliche Auftraggeber dürfen diese Schranken auch nicht dadurch umgehen, dass sie einen Betroffenen zur Vorlage einer Selbstauskunft auffordern.

III. Auskünfte an Gerichte, Staatsanwaltschaften und Kriminalpolizei, Gnadenbehörden sowie Kartellbehörden (Abs. 2)

1. Auskünfte an Gerichte, Staatsanwaltschaften und Kriminalpolizei (Nrn. 1 und 2)

11 Gerichten, Staatsanwaltschaften sowie der Kriminalpolizei räumt Abs. 2 Nrn. 1 und 2 **nur eingeschränkte Auskunftsmöglichkeiten** ein. Durch diese Beschränkung des Auskunftsrechts soll dem Umstand Rechnung getragen werden, dass das Gewerbezentralregister vorrangig gewerberechtlichen Zwecken dient. Ein uneingeschränktes Recht auf Auskunft über Bußgeldentscheidungen zum Zwecke der Strafverfolgung hätte letztlich dazu geführt, dass eine Geldbuße wie eine Vorstrafe zuungunsten des Betroffenen wirken

könnte (BT-Drs. 7/626, S. 33). Einer solchen faktischen Vermengung von Ordnungswidrigkeiten- und Strafrecht wurden auch verfassungsrechtliche Bedenken entgegengehalten (*Schulze* GewArch 1974, 373 [378]).

2. Auskünfte an Gnadenbehörden (Nr. 3)

Diejenigen Behörden, die über den Erlass einer Geldbuße wegen einer Ordnungswidrigkeit (§ 149 II Nr. 3) entscheiden, haben ein **unbeschränktes Auskunftsrecht** in Bezug auf diese Entscheidungen, nicht aber in anderen Gnadensachen.

Das Auskunftsrecht besteht auch dann, wenn die Geldbuße weniger als 200 Euro beträgt. Durch diese Ergänzung der Nr. 3 (Gesetz vom 23. 11. 1994, BGBl. I S. 3475) stellt der Gesetzgeber nunmehr klar, dass das Auskunftsrecht selbst dann besteht, wenn die zu erlassene Geldbuße überhaupt nicht im Gewerbezentralregister eingetragen ist.

3. Auskünfte an Kartellbehörden (Nr. 4)

Durch das Siebte Gesetz zur Änderung des Gesetzes gegen Wettbewerbsbeschränkungen vom 7. 7. 2005 (BGBl. I S. 1954) wurde Nr. 4 in § 150 a II eingefügt (siehe hierzu BT-Drs. 15/3640, S. 71). Behörden i. S. d. § 81 X GWB sind demnach die Kartellbehörden des Bundes (Bundeskartellamt und Bundesministerium für Wirtschaft) und der Länder (*Kirchesch*, in: BeckOK, § 150 a Rdn. 10). Die Auskunftsberechtigung ist in zweifacher Hinsicht beschränkt. Zum einen muss die erlangte Auskunft der Verfolgung bestimmter Ordnungswidrigkeiten gem. § 81 I – III GWB dienen; zum anderen können nur die in § 149 II Nr. 3 bezeichneten Eintragungen mitgeteilt werden.

IV. Sonderregelung für Bußgeldentscheidungen wegen Steuerordnungswidrigkeiten (Abs. 3)

Auskünfte über Bußgeldentscheidungen wegen einer Steuerordnungswidrigkeit dürfen nur in den in Abs. 1 Nrn. 1 und 2 genannten Fällen erteilt werden. In den Fällen des Abs. 2 dürfen entsprechende Eintragungen daher nicht mitgeteilt werden.

V. Verfahrensvorgaben (Abs. 4 bis 6)

1. Zweckangabe (Abs. 4)

Die Abs. 1 und 2 beschränken das Auskunftsrecht als solches und z. T. auch seinen Umfang auf bestimmte Zwecke. Ob diese Zwecke verfolgt werden, muss die Registerbehörde prüfen. Daher ist die Angabe des konkreten Auskunftszweckes gem. Abs. 4 jedem Auskunftsersuchen beizufügen, um der Registerbehörde die Prüfung zu ermöglichen, inwieweit der angegebene Zweck eine Auskunftserteilung rechtfertigt. Die Zweckangabe dient zugleich der Selbstkontrolle der auskunftsersuchenden Behörde.

§ 150b Titel XI. Gewerbezentralregister

2. Einsichtnahme des Betroffenen (Abs. 5)

17   Der Betroffene, über den Auskunft nach § 150 a I erteilt worden ist, hat ein **Recht zur Einsichtnahme** in die Registerauskunft (Abs. 5). Nach der diesbezüglichen Verwaltungsvorschrift (§ 7 I 1. GZRVwV) muss die Behörde den Betroffenen von der Auskunftserteilung unterrichten, wenn sie eine gegen ihn gerichtete Entscheidung i. S. d. § 149 II Nr. 1 beabsichtigt und dadurch die Erfüllung öffentlicher Aufgaben nicht erschwert wird. Zugleich muss sie dem Betroffenen mitteilen, wo er die Auskunft auf sein Verlangen einsehen kann. Diese Information ist sinnvoll, damit der Betroffene von seinem Einsichtnahmerecht Gebrauch machen kann.

18   Es ist jedoch darauf hinzuweisen, dass das Einsichtnahmerecht nach § 150 a V ohne die in der Verwaltungsvorschrift genannten Beschränkungen verbürgt ist.

3. Datenschutz (Abs. 6)

19   Bei dieser Bestimmung handelt es sich um eine **Schutznorm zugunsten des betroffenen Gewerbetreibenden**.

20   Im öffentlichen Dienst stehende Personen sind nach außen hin ohnedies zu Verschwiegenheit über die ihnen dienstlich bekannt gewordenen geheimhaltungsbedürftigen Tatsachen verpflichtet (vgl. z. B. § 67 I BBG). § 150 a VI erweitert die Verschwiegenheitspflicht dahingehend, dass auch innerhalb der Behörde nur solche Personen vom Inhalt der Auskunft Kenntnis erhalten dürfen, die mit der Angelegenheit unmittelbar dienstlich befasst sind.

21   Das Weitergabeverbot betrifft auch andere Behörden, unabhängig davon, ob diese selbst auskunftsberechtigt wären (*Ambs*, in: Friauf, § 150 a Rdn. 14). Wenn diese Daten aus dem Gewerbezentralregister benötigen, müssen sie die Registerbehörde selbst um Auskunft ersuchen.

VI. Weitergabe an ausländische Behörden

22   Da § 150 a abschließend bestimmt, welchen Behörden für welche Zwecke Auskünfte erteilt werden dürfen, ist eine Auskunftserteilung an ausländische Stellen nicht möglich – auch nicht mittelbar über deutsche Behörden (oben Rdn. 20); etwas anderes gilt bei abweichenden völkerrechtlichen Vereinbarungen (vgl. § 8 I 1. GZRVwV).

23   Ausländischen Behörden ist es aber (anders als deutschen, Rdn. 8) – jedenfalls nach deutschem Recht – nicht verwehrt, Antragstellern die Einholung einer Selbstauskunft aus dem Gewerbezentralregister zur Auflage zu machen (*Mauer* GewArch 1980, 212 [220]).

§ 150b Auskunft für die wissenschaftliche Forschung

(1) **Die Registerbehörde kann Hochschulen, anderen Einrichtungen, die wissenschaftliche Forschung betreiben, und öffentlichen Stellen Auskunft aus dem Register erteilen, soweit diese für die**

Auskunft für die wissenschaftliche Forschung § 150b

Durchführung bestimmter wissenschaftlicher Forschungsarbeiten erforderlich ist.

(2) Die Auskunft ist zulässig, soweit das öffentliche Interesse an der Forschungsarbeit das schutzwürdige Interesse des Betroffenen an dem Ausschluß der Auskunft erheblich überwiegt.

(3) Die Auskunft wird in anonymisierter Form erteilt, wenn der Zweck der Forschungsarbeit unter Verwendung solcher Informationen erreicht werden kann.

(4) [1]Vor Erteilung der Auskunft wird von der Registerbehörde zur Geheimhaltung verpflichtet, wer nicht Amtsträger oder für den öffentlichen Dienst besonders Verpflichteter ist. [2]§ 1 Abs. 2 und 3 des Verpflichtungsgesetzes findet entsprechende Anwendung.

(5) [1]Die personenbezogenen Informationen dürfen nur für die Forschungsarbeit verwendet werden, für die die Auskunft erteilt worden ist. [2]Die Verwendung für andere Forschungsarbeiten oder die Weitergabe richtet sich nach den Absätzen 1 bis 4 und bedarf der Zustimmung der Registerbehörde.

(6) [1]Die Informationen sind gegen unbefugte Kenntnisnahme durch Dritte zu schützen. [2]Die wissenschaftliche Forschung betreibende Stelle hat dafür zu sorgen, daß die Verwendung der personenbezogenen Informationen räumlich und organisatorisch getrennt von der Erfüllung solcher Verwaltungsaufgaben oder Geschäftszwecke erfolgt, für die diese Informationen gleichfalls von Bedeutung sein können.

(7) [1]Sobald der Forschungszweck es erlaubt, sind die personenbezogenen Informationen zu anonymisieren. [2]Solange dies noch nicht möglich ist, sind die Merkmale gesondert aufzubewahren, mit denen Einzelangaben über persönliche oder sachliche Verhältnisse einer bestimmten oder bestimmbaren Person zugeordnet werden können. [3]Sie dürfen mit den Einzelangaben nur zusammengeführt werden, soweit der Forschungszweck dies erfordert.

(8) Wer nach den Absätzen 1 bis 3 personenbezogene Informationen erhalten hat, darf diese nur veröffentlichen, wenn dies für die Darstellung von Forschungsergebnissen über Ereignisse der Zeitgeschichte unerläßlich ist.

(9) Ist der Empfänger eine nicht-öffentliche Stelle, gilt § 38 des Bundesdatenschutzgesetzes mit der Maßgabe, daß die Aufsichtsbehörde die Ausführung der Vorschriften über den Datenschutz auch dann überwacht, wenn keine hinreichenden Anhaltspunkte für eine Verletzung dieser Vorschriften vorliegen oder wenn der Empfänger die personenbezogenen Informationen nicht in Dateien verarbeitet.

Übersicht

	Rdn.
I. Vorbemerkung	1
II. Auskunftsempfänger (Abs. 1)	3
1. Hochschulen	4

Ennuschat 1007

§ 150b

2. Einrichtungen zur wissenschaftlichen Forschung 5
3. Öffentliche Stellen 6
III. Auskunftsvoraussetzungen (Abs. 1 bis 4) 7
   1. Erforderlichkeit (Abs. 1, 3) 7
   2. Öffentliches Interesse (Abs. 2) 10
   3. Verpflichtung zur Geheimhaltung (Abs. 4) 14
IV. Erteilung der Auskunft (Abs. 1, 3) 15
V. Verwendung der Auskunft (Abs. 5, 7, 8) 16
   1. Verwendung für andere Arbeiten; Weitergabe an Dritte
     (Abs. 5) 16
   2. Anonymisierung (Abs. 7) 17
   3. Veröffentlichung personenbezogener Informationen
     (Abs. 8) 18
     a) Ereignisse der Zeitgeschichte 19
     b) Unerlässlich für die Darstellung von Forschungsergebnissen 20
     c) Keine Zustimmungserfordernisse 22
VI. Sicherung gegen unbefugte Kenntnisnahme (Abs. 6) 23
VII. Nicht-öffentliche Stellen (Abs. 9) 24

I. Vorbemerkung

1 § 150 b wurde durch Gesetz vom 23. 11. 1994 (BGBl. I S. 3475) in die GewO eingefügt, als sich zeigte, dass in der wissenschaftlichen Forschung ein Bedürfnis nach der Zugänglichmachung von Informationen aus dem Gewerbezentralregister besteht, das angesichts der restriktiven Regelung des § 150 f. nicht befriedigt werden konnte. Zugleich sollte den Erfordernissen des Datenschutzes Rechnung getragen werden (vgl. BT-Drs. 12/5826, S. 22). Die Norm ist durch das Gesetz zur Errichtung und zur Regelung der Aufgaben des Bundesamts für Justiz vom 17. 12. 2006 (BGBl. I S. 3171) redaktionell an die neue Registerbehörde (Bundesamt für Justiz statt Generalbundesanwalt; vor §§ 149 ff. Rdn. 2) angepasst worden (BR-Drs. 258/06, S. 24).

2 § 150 b ist eine abschließende bereichsspezifische Datenschutzregelung, welche den vergleichbaren bundes- und landesrechtlichen Datenschutzvorschriften (§ 42 a II BZRG, § 28 II Nr. 3, VI Nr. 4 BDSG, § 28 DSG NRW) vorgeht (*Ambs*, in: Friauf, § 150 b Rdn. 1).

II. Auskunftsempfänger (Abs. 1)

3 Auskünfte nach § 150 b können gem. Abs. 1 folgende Stellen erhalten: (1.) Hochschulen, (2.) andere Einrichtungen, die wissenschaftliche Forschungen betreiben und (3.) öffentliche Stellen.

1. Hochschulen

4 Zur Auslegung des Begriffs „**Hochschulen**" kann weiterhin auf die Legaldefinition des § 1 HRG zurückgegriffen werden. Erfasst sind auch nichtstaatliche Hochschulen (vgl. § 1 i. V. m. § 70 HRG), wie sich im Übrigen aus Abs. 9 ergibt.

2. Einrichtungen zur wissenschaftlichen Forschung

Das Merkmal „wissenschaftliche Forschung" kann zum einen in 5 Anlehnung an die Legaldefinition in § 3 b Nr. 8 ChemikalienG i. d. F. vom 2. 7. 2008 (BGBl. I S. 1146) interpretiert werden (vgl. *Ambs*, in: Friauf, § 150 b Rdn. 2); zum anderen kann die Auslegung des Art. 5 III 1 GG durch die Rechtsprechung des *BVerfG* herangezogen werden. Danach fällt unter Wissenschaft alles, was nach Inhalt und Form als ernsthafter Versuch zur Ermittlung der Wahrheit anzusehen ist (*BVerfGE* 90, 1 [13 f.]; 111, 333 [354]). Entscheidend ist damit eine gewisse Methodenstrenge sowie der Einsatz entsprechend qualifizierten Personals.

Es kann sich sowohl um staatliche wie um nicht-staatliche Einrichtungen handeln (vgl. Abs. 9).

3. Öffentliche Stellen

Die Terminologie des § 150 b orientiert sich am BDSG. Zur Ausfüllung des 6 Merkmals „öffentliche Stellen" kann daher **§ 2 I – III BDSG** herangezogen werden (vgl. § 11 Rdn. 5). Die Auskunftsberechtigung besteht nur, wenn diese Stellen tatsächlich wissenschaftliche Forschungsarbeiten durchführen; anderenfalls würden die Schranken des § 150 a umgangen.

III. Auskunftsvoraussetzungen (Abs. 1 bis 4)

1. Erforderlichkeit (Abs. 1, 3)

Die Auskunft aus dem Gewerbezentralregister muss gem. Abs. 1 erforder- 7 lich für die Durchführung einer bestimmten wissenschaftlichen Forschungsarbeit sein. Vor der Auskunft muss also eine konkrete wissenschaftliche Arbeit bereits begonnen sein, deren Fortgang von der Auskunftserteilung abhängig ist. Zu den Forschungsarbeiten zählen auch Promotionen und Habilitationen (*OLG Hamm* JR 1997, 170 [172]).

Je nach Forschungszweck kann lediglich eine Teilauskunft erforderlich sein 8 (vgl. den Wortlaut: „soweit").

Nach Abs. 3 wird die Auskunft in anonymisierter Form erteilt, wenn der 9 Zweck der Forschungsarbeit unter Verwendung solcher Informationen erreicht werden kann; nicht anonymisierte Daten sind dann nicht erforderlich i. S. d. Abs. 1.

2. Öffentliches Interesse (Abs. 2)

Allein die Bejahung der Erforderlichkeit rechtfertigt noch nicht die Aus- 10 kunft. Zusätzlich nötig ist, dass das öffentliche Interesse an der Forschungsarbeit entgegenstehende schutzwürdige Interessen des Betroffenen erheblich überwiegt.

Zum Teil wird verlangt, das **öffentliche Interesse** müsse einen engen 11 Bezug zu einem konkreten und bedeutenden Allgemeininteresse haben (*OLG Hamm* JR 1997, 170 [172] zu § 28 II 1 DSG NRW). Dem Wortlaut lässt sich diese Einschränkung jedoch nicht entnehmen (*Duttge* NJW 1998,

1615 [1617]). Bei der Forschung an staatlichen Institutionen (insb. Universitäten) ist das öffentliche Interesse stets gegeben. Angesichts der Wertentscheidung des Art. 5 III GG ist aber grundsätzlich bei jeder Forschungsarbeit im vorstehend beschriebenen Sinne von einem öffentlichen Interesse auszugehen. Das öffentliche Interesse kann sehr wohl auch an privaten Forschungsarbeiten bestehen, soweit davon ausgegangen werden kann, dass diese der fachwissenschaftlichen Diskussion zugänglich gemacht werden.

12 Im Falle effektiver Anonymisierung stehen keine schutzwürdigen Interessen von Betroffenen entgegen. Bei fehlender Anonymisierung ist in Bezug auf das **erhebliche Überwiegen** ein durchaus strenger Maßstab anzulegen. Der Gesetzgeber hat sich mit dieser Formulierung schließlich für einen **grundsätzlichen Vorrang des Persönlichkeitsrechts vor der Wissenschaftsfreiheit** entschieden (*OLG Hamm* JR 1997, 170 [172]; kritisch *Schlüchter/Duttge* JR 1997, 173 [175]), wobei freilich die Frage der Schutzwürdigkeit des geltend gemachten Interesses des Betroffenen ihrerseits wiederum im Lichte des Art. 5 III GG sorgfältig zu untersuchen ist.

13 Zu prüfen ist konsequenterweise im Sinne des Übermaßverbotes auch, ob nur für einen Teil der Forschungsarbeit und/oder einen Teil der begehrten Auskunft das erhebliche Überwiegen bejaht werden kann.

3. Verpflichtung zur Geheimhaltung (Abs. 4)

14 Nach Feststellung der Zulässigkeit der Auskunft, aber noch vor ihrer Erteilung wird der Auskunftsempfänger entsprechend § 1 II, III Verpflichtungsgesetz zur Geheimhaltung verpflichtet, wenn er nicht ohnehin – z. B. als Amtsträger – dazu verpflichtet ist.

IV. Erteilung der Auskunft (Abs. 1, 3)

15 Die Erteilung der Auskunft steht trotz der Formulierung „kann" **nicht** im **Ermessen** der Registerbehörde (a. A. *Kirchesch*, in: BeckOK, § 150 b Rdn. 8). Vielmehr ist die Auskunft zu erteilen, wenn die Voraussetzungen der Abs. 1 und 2 erfüllt sind, und zwar – je nach Erforderlichkeit – in anonymisierter oder nicht-anonymisierter Form (Rdn. 9). § 150 b vermittelt den auskunftsberechtigten Stellen bei Vorliegen der Auskunftsvoraussetzungen einen einklagbaren **Anspruch**.

V. Verwendung der Auskunft (Abs. 5, 7, 8)

1. Verwendung für andere Arbeiten; Weitergabe an Dritte (Abs. 5)

16 Die personenbezogenen Informationen dürfen gem. Abs. 5 S. 1 nur für die konkret bestimmte Forschungsarbeit verwendet werden, welche Grundlage der Auskunftserteilung war. Eine Verwendung für andere Arbeiten desselben Empfängers oder eine Weitergabe an Dritte setzt eine erneute **Zustimmung der Registerbehörde** voraus (Abs. 5 S. 2). Diese Zustim-

mung ist wiederum ein Verwaltungsakt. Sie darf nur unter den Voraussetzungen der Abs. 1 bis 4 erteilt werden. Für effektiv anonymisierte Informationen gelten diese Beschränkungen nicht.

2. Anonymisierung (Abs. 7)

Nach Abs. 7 sind personenbezogene Informationen zu anonymisieren, 17 sobald der Forschungszweck dies erlaubt. Zuvor sind die personenbezogenen Merkmale nach Möglichkeit gesondert aufzubewahren.

3. Veröffentlichung personenbezogener Informationen (Abs. 8)

Gem. Abs. 8 ist eine Veröffentlichung der erlangten Auskünfte grundsätz- 18 lich nur in anonymisierter Form möglich. Personenbezogene Informationen dürfen ausnahmsweise veröffentlicht werden, wenn dies für die Darstellung von Forschungsergebnissen über Ereignisse der Zeitgeschichte unerlässlich ist. Eine ähnliche Regelung enthält z. B. § 28 IV Nr. 2 DSG NRW.

a) Ereignisse der Zeitgeschichte. Der Begriff „Zeitgeschichte" kann 19 in Anlehnung an § 23 I Nr. 1 KunstUrhG („Bildnisse aus dem Bereich der Zeitgeschichte") ausgelegt werden. Danach wird neben der jüngsten Vergangenheit auch die Gegenwart zur Zeitgeschichte gerechnet (vgl. *BGH* WRP 2010, 642 [647 f.]). Eine Person der Zeitgeschichte i. S. d. § 23 I Nr. 1 KunstUrhG ist anzunehmen, wenn sie derart in das Blickfeld der Öffentlichkeit getreten ist, dass der Allgemeinheit ein durch ein echtes Informationsbedürfnis gerechtfertigtes Interesse an einer bildlichen Darstellung zuzubilligen ist (vgl. *BGH* WRP 2009, 1269 [1271 f.]; WRP 2010, 642 [648]). Auf Ereignisse der Zeitgeschichte i. S. d. § 150 b übertragen bedeutet dies, dass in Bezug auf das an der Person des Gewerbetreibenden anknüpfende Ereignis ein besonderes Informationsbedürfnis der Allgemeinheit bestehen muss.

b) Unerlässlich für die Darstellung von Forschungsergebnissen. 20 Die Veröffentlichung darf nicht allein wirtschaftlich motiviert sein (vgl. *BGH* WRP 2007, 83 [85] zu § 23 I Nr. 1 KunstUrhG). Vielmehr muss an ihr ein solides wissenschaftliches Interesse bestehen.

Gefordert ist ferner eine strenge Prüfung der **Erforderlichkeit** („unerläss- 21 lich"). Wenn das Veröffentlichungsinteresse entgegenstehende schutzwürdige Interessen des Betroffenen nicht eindeutig überwiegt, ist die Publikation nicht unerlässlich. Letztlich gibt das Merkmal „unerlässlich" damit eine ähnliche Abwägung wie Abs. 2 vor.

c) Keine Zustimmungserfordernisse. Für die Veröffentlichung ist − 22 anders als bei der Weitergabe gem. Abs. 5 S. 2 − keine Zustimmung der Registerbehörde nötig. Berücksichtigt man die relativ zur Weitergabe an einen einzelnen ungleich größere Beeinträchtigung, die mit einer allgemein zugänglichen Veröffentlichung verbunden ist, erscheint das fehlende Zustimmungserfordernis als systemwidrig.

§ 151 Titel XI. Gewerbezentralregister

VI. Sicherung gegen unbefugte Kenntnisnahme (Abs. 6)

23   Abs. 6 enthält einige organisatorische Vorkehrungen gegen die unbefugte Kenntnisnahme personenbezogener Informationen durch Dritte.

VII. Nicht-öffentliche Stellen (Abs. 9)

24   Zum Begriff der nicht-öffentlichen Stelle siehe § 2 IV BDSG. Für Auskünfte an nicht-öffentliche Stellen gelten zunächst die Abs. 1 bis 8 und zusätzlich Abs. 9, der § 38 BDSG – mit gewissen Maßgaben – für anwendbar erklärt.

§ 151 Eintragungen in besonderen Fällen

(1) In den Fällen des § 149 Abs. 2 Nr. 1 Buchstabe a und b ist die Eintragung auch bei
1. dem Vertretungsberechtigten einer juristischen Person,
2. der mit der Leitung des Betriebs oder einer Zweigniederlassung beauftragten Person,

die unzuverlässig oder ungeeignet sind, vorzunehmen, in den Fällen des § 149 Abs. 2 Nr. 1 Buchstabe b jedoch nur, sofern dem Betroffenen die Ausübung eines Gewerbes oder die Tätigkeit als Vertretungsberechtigter eines Gewerbetreibenden oder als mit der Leitung eines Gewerbebetriebes beauftragte Person nicht selbst untersagt worden ist.

(2) Wird eine nach § 149 Abs. 2 Nr. 1 eingetragene vollziehbare Entscheidung unanfechtbar, so ist dies in das Register einzutragen.

(3) Sind in einer Bußgeldentscheidung mehrere Geldbußen festgesetzt (§ 20 des Gesetzes über Ordnungswidrigkeiten), von denen nur ein Teil einzutragen ist, so sind lediglich diese einzutragen.

(4) In das Register ist der rechtskräftige Beschluß einzutragen, durch den das Gericht hinsichtlich einer eingetragenen Bußgeldentscheidung die Wiederaufnahme des Verfahrens anordnet (§ 85 Abs. 1 des Gesetzes über Ordnungswidrigkeiten).

(5) ¹Wird durch die endgültige Entscheidung in dem Wiederaufnahmeverfahren die frühere Entscheidung aufrechterhalten, so ist dies in das Register einzutragen. ²Andernfalls wird die Eintragung nach Absatz 4 aus dem Register entfernt. ³Enthält die neue Entscheidung einen einzutragenden Inhalt, so ist dies mitzuteilen.

I. Vorbemerkung

1   § 151 ist als Ergänzung zu § 149 konzipiert. Abs. 1 und 2 beziehen sich auf § 149 II 1 Nr. 1, Abs. 3 – 5 auf § 149 II 1 Nr. 3.

II. Erweiterte Eintragungspflicht (Abs. 1)

1. Normzweck

§ 151 I erweitert die Eintragungspflicht nach § 149 II 1 Nr. 1 lit. a und b: **2** Nicht nur der Gewerbetreibende selbst, sondern auch ein Dritter ist danach einzutragen, wenn dieser unzuverlässig oder ungeeignet ist. Diese Erweiterung der Eintragungspflicht stellt sicher, dass der Dritte – der sich als unzuverlässig oder ungeeignet erwiesen hat und letztendlich für die Eintragung der Firma nach § 149 verantwortlich ist – nicht durch Orts- oder Betriebswechsel in eigener Person eine gewerberechtliche Zulassung oder Erlaubnis erschleicht (BT-Drs. 7/626, S. 16 f.).

2. Eintragungsvoraussetzungen

Die erweiterte Eintragungspflicht ist an folgende Voraussetzungen **3** geknüpft:

a) Fall des § 149 II 1 Nr. 1 lit. a/b. Es muss eine einzutragende Ent- **4** scheidung nach § 149 II 1 Nr. 1 lit. a oder b vorliegen.

b) Unzuverlässigkeit oder Ungeeignetheit bestimmter Dritter. Die **5** einzutragende Entscheidung muss auf der Unzuverlässigkeit (dazu § 35 Rdn. 27 ff.) oder Ungeeignetheit (dazu § 36 Rdn. 40 ff.) bestimmter, in § 151 I genannter Dritter beruhen: Dritter kann entweder der Vertretungsberechtigte einer juristischen Person sein (Nr. 1; etwa Geschäftsführer einer GmbH) oder eine mit der Leitung des Betriebes oder einer Zweigstelle beauftragte Person (Nr. 2; dazu § 35 Rdn. 99).

Die erweiterte Eintragungspflicht gem. § 151 I Nrn. 1 und 2 ist auf die **6** dort genannten Fälle beschränkt und **nicht erweiterungsfähig** (*Ambs*, in: Friauf, § 151 Rdn. 1; *Kahl*, in: Landmann/Rohmer I, § 151 Rdn. 1). Daher sind Personen, die lediglich persönlichkeitsbestimmten Einfluss auf den Gewerbetreibenden haben, nicht eintragungsfähig. Dies gilt etwa für den Ehegatten oder auch für Kommanditisten mit Einfluss auf die Geschäftsführung. Stellvertreter i. S. d. § 45 oder § 9 GastG sind aber eintragbar, da sie Betriebsleitern i. S. d. § 151 I Nr. 2 vergleichbar sind und ihnen auch äquivalente gewerberechtliche Befugnisse zustehen (*Ambs*, in: Friauf, § 151 Rdn. 1; *Kahl*, in: Landmann/Rohmer I, § 151 Rdn. 1).

c) Keine Doppeleintragung. In den Fällen des § 149 II 1 Nr. 1 lit. b **7** erfolgt die Eintragung des Dritten nur, wenn diesem die Gewerbeausübung oder die Tätigkeit als Vertretungsberechtigter oder Betriebsleiter nicht in eigener Person untersagt wurde, etwa nach § 35 VIIa (*Ambs*, in: Friauf, § 151 Rdn. 2; *Kirchesch*, in: BeckOK, § 151 Rdn. 3). In diesem Fall erfolgt ohnehin die Eintragung des Dritten, da dieser selbst Adressat einer einzutragenden Entscheidung ist.

d) Rechtsfolge. Wenn die Eintragungsvoraussetzungen des § 151 I erfüllt **8** sind, wird die einzutragende Entscheidung nicht nur in Bezug auf den

§ 152　Titel XI. Gewerbezentralregister

Gewerbetreibenden (z. B. GmbH), sondern auch bezüglich des Dritten (z. B. Geschäftsführer) in das Gewerbezentralregister eingetragen.

III. Eintragung der Unanfechtbarkeit (Abs. 2)

9　Nach § 149 II 1 Nr. 1 sind bereits „bloß" vollziehbare, aber noch anfechtbare Entscheidungen einzutragen. Gem. § 151 II ist der Eintritt der Unanfechtbarkeit nachzutragen.

IV. Sonderregelungen für die Eintragung von Bußgeldentscheidungen (Abs. 3 bis 5)

1. Zusammentreffen mehrerer Geldbußen (Abs. 3)

10　§ 20 OWiG bestimmt für den Fall der Tatmehrheit die gesonderte Festsetzung einer Geldbuße für jede selbstständig verwirklichte Ordnungswidrigkeit. Diese Mehrheit von Geldbußen wird in einer Bußgeldentscheidung zusammengefasst. Nach § 151 III sind nur diejenigen Geldbußen einzutragen, die für sich den Voraussetzungen des § 149 II 1 Nr. 3 entsprechen (§ 149 Rdn. 27).

2. Eintragung im Wiederaufnahmeverfahren (Abs. 4 und 5)

11　§ 151 IV, V ist § 16 I, II BZRG nachgebildet und regelt die registerrechtlichen Folgen eines gerichtlichen Wiederaufnahmeverfahrens.

12　**a) Anordnung der Wiederaufnahme (Abs. 4).** Die Rechtskraft des Wiederaufnahmebeschlusses beseitigt gem. § 85 I OWiG i. V. m. § 370 II StPO die frühere Entscheidung. Die rechtskräftige Anordnung der Wiederaufnahme ist einzutragen. Da eine dem § 32 II Nr. 9 BZRG entsprechende Vorschrift fehlt, muss die Auskunft über die von der Wiederaufnahme betroffenen eingetragenen Entscheidung weiterhin uneingeschränkt erteilt werden, freilich mit dem Vermerk über die Wiederaufnahme.

13　**b) Abschluss des Wiederaufnahmeverfahrens (Abs. 5).** Nach Abschluss des Wiederaufnahmeverfahrens ist nach § 151 V zu verfahren. Bei Aufrechterhaltung der früheren Entscheidung ist dieses einzutragen, wobei der Vermerk nach Abs. 4 erhalten bleibt (S. 1). Im Falle teilweiser Aufhebung wird die gesamte bisherige Eintragung entfernt und der aufrecht erhaltene Teil neu eingetragen (S. 3). Bei einer Aufhebung in vollem Umfang ist der gesamte frühere Eintrag einschließlich des Wiederaufnahmevermerks nach Abs. 4 vollständig zu entfernen (S. 2).

§ 152 Entfernung von Eintragungen

(1) **Wird eine nach § 149 Abs. 2 Nr. 1 eingetragene Entscheidung aufgehoben oder eine solche Entscheidung oder ein nach § 149 Abs. 2 Nr. 2 eingetragener Verzicht durch eine spätere Entscheidung gegenstandslos, so wird die Entscheidung oder der Verzicht aus dem Register entfernt.**

Entfernung von Eintragungen §152

(2) Ebenso wird verfahren, wenn die Behörde eine befristete Entscheidung erlassen hat oder in der Mitteilung an das Register bestimmt hat, daß die Entscheidung nur für eine bestimmte Frist eingetragen werden soll, und diese Frist abgelaufen ist.

(3) Das gleiche gilt, wenn die Vollziehbarkeit einer nach § 149 Abs. 2 Nr. 1 eingetragenen Entscheidung auf Grund behördlicher oder gerichtlicher Entscheidung entfällt.

(4) Eintragungen, die eine über 80 Jahre alte Person betreffen, werden aus dem Register entfernt.

(5) Wird ein Bußgeldbescheid in einem Strafverfahren aufgehoben (§ 86 Abs. 1, § 102 Abs. 2 des Gesetzes über Ordnungswidrigkeiten), so wird die Eintragung aus dem Register entfernt.

(6) ¹Eintragungen über Personen, deren Tod der Registerbehörde amtlich mitgeteilt worden ist, werden ein Jahr nach dem Eingang der Mitteilung aus dem Register entfernt. ²Während dieser Zeit darf über die Eintragungen keine Auskunft erteilt werden.

(7) ¹Eintragungen über juristische Personen und Personenvereinigungen nach § 149 Abs. 2 Nr. 1 und 2 werden nach Ablauf von zwanzig Jahren seit dem Tag der Eintragung aus dem Register entfernt. ²Enthält das Register mehrere Eintragungen, so ist die Entfernung einer Eintragung erst zulässig, wenn für alle Eintragungen die Voraussetzungen der Entfernung vorliegen.

I. Vorbemerkung

Der Gesetzgeber unterscheidet beim Gewerbezentralregister wie beim Bundeszentralregister zwischen der Entfernung (§ 152) und der Tilgung (§ 153) einer Eintragung. Die in § 152 sowie in § 153 V 1 geregelte Entfernung erfolgt durch Löschung der zu entfernenden Eintragungen aus dem Registerbestand. 1

Hierdurch soll zum einen erreicht werden, dass gegenstandslose Eintragungen den Registerbestand nicht unnötig belasten. Zum anderen erfolgt die Entfernung im Interesse des Betroffenen, dem bei Vorliegen der Voraussetzungen des § 152 ein **Anspruch auf Entfernung** der Eintragung zusteht (*VG Gießen* DVBl. 2010, 325 Ls.; *Fröhler/Kormann* § 152; siehe auch *Kirchesch*, in: BeckOK, § 152 Rdn. 2 ff.; **a. A.** *Kahl*, in: Landmann/Rohmer I, § 152 Rdn. 1). Zur Durchsetzung des Entfernungsanspruchs ist der Rechtsweg zu den Verwaltungsgerichten eröffnet (vgl. oben vor §§ 149 ff. Rdn. 6). 2

Entfernung und Tilgung sind in §§ 152, 153 abschließend geregelt. Anders als das BZRG (vgl. §§ 25 I, 39 I, 49 I, 63 III BZRG) sehen die Bestimmungen über das Gewerbezentralregister nicht die Möglichkeit vor, Eintragungen auf Grund gesonderter Anordnung vorzeitig zu tilgen. Da Eintragungen keine gnadenfähigen Rechtsakte darstellen (*Rebmann/Uhlig* BZRG, 1985, § 152 GewO Rdn. 8), scheidet auch die vorzeitige Entfernung/Tilgung aufgrund eines Gnadenerweises aus (*Kahl*, in: Landmann/Rohmer I, § 152 Rdn. 1). 3

§ 152 Titel XI. Gewerbezentralregister

4 Das Vorliegen der Entfernungsvoraussetzungen bewirkt zugleich eine **Eintragungssperre**, d. h. eine noch nicht eingetragene Entscheidung darf nicht mehr eingetragen werden.

II. Entfernung von Verwaltungsentscheidungen (Abs. 1– 3)

5 § 152 I – III ist § 19 II BZRG nachgebildet (*Ambs*, in: Friauf, § 152 Rdn. 1). Wenn durch eine nachträgliche Entscheidung oder zeitliche Befristung eine eingetragene Entscheidung aufgehoben, entfallen oder sonst gegenstandslos geworden ist oder deren Vollziehbarkeit weggefallen ist, so muss diese gem. § 152 I – III aus dem Gewerbezentralregister entfernt werden. Ein Gewerbetreibender kann die Entfernung einer Entscheidung über seine Unzuverlässigkeit aus dem Gewerbezentralregister verlangen, wenn eine spätere Entscheidung einer anderen Behörde die Zuverlässigkeit (hier: für den gewerblichen Güterkraftverkehr) bestandskräftig feststellt (*VG Gießen* DVBl. 2010, 325 Ls.).

6 § 152 I 1. Var. verlangt eine vollständige Aufhebung; bei einer Teilaufhebung ist die bisherige Eintragung entsprechend der neuen Entscheidung zu ändern (*Ambs*, in: Friauf, § 152 Rdn. 2; *Kirchesch*, in: BeckOK, § 152 Rdn. 6). § 152 I 1 2. Var. betrifft den Fall, dass eine nicht formell aufgehobene Entscheidung dadurch gegenstandslos wird, dass die neue (spätere) Entscheidung einen entgegengesetzten Inhalt hat.

III. Entfernung wegen Altersgrenze (Abs. 4)

7 Abs. 4 entspricht § 24 II BZRG, wobei die Altersgrenze aber auf 80 Jahre herabgesetzt wird. Selbst wenn gegenüber einem über 80 Jahre alten Betroffenen gewerberechtlich vorgegangen wird, so ist die Entscheidung nicht eintragbar. Zweck der Vorschrift ist es, die Registerführung zu vereinfachen. Aufgrund der relativ kurzen Tilgungsfristen ist deren praktische Bedeutung aber gering.

IV. Entfernung im Strafverfahren aufgehobener Bußgeldbescheide (Abs. 5)

8 Da der Erlass eines Bußgeldbescheides keinen Strafklageverbrauch bewirkt (*Göhler* OWiG, 15. Aufl. 2009, § 84 Rdn. 3 f.), kann gegen den Betroffenen noch ein Strafverfahren durchgeführt werden. Im Falle rechtskräftiger Verurteilung ist die vorherige Bußgeldentscheidung aufzuheben (§§ 86 I, 102 II OWiG) und die Eintragung im Gewerbezentralregister nach § 152 V zu entfernen.

V. Entfernungen im Todesfall (Abs. 6)

9 Abs. 6 stellt in Entsprechung zu § 24 I BZRG klar, dass Tote – nach Ablauf einer Jahresfrist nach dem Tod – nicht im Gewerbezentralregister zu führen

Tilgung von Eintragungen § 153

sind. Die Jahresfrist dient dazu, eine Mitteilung vom Tod eines Gewerbetreibenden auf ihre Richtigkeit zu überprüfen (*Ambs*, in: Friauf, § 152 Rdn. 7).

VI. Entfernungen nach Zeitablauf (Abs. 7)

Der Gesetzgeber geht davon aus, dass nach Ablauf von 20 Jahren eine 10
Eintragung über eine juristische Person oder Personenvereinigung ohne Informationsgehalt für gegenwärtige gewerbebehördliche Entscheidungen ist. Sie ist daher zu entfernen, wenn nicht in der Zwischenzeit neue Eintragungen hinzugekommen sind. Die Entfernung erfolgt also erst dann, wenn für alle Eintragungen die Entfernungsvoraussetzungen vorliegen, u. U. also erst nach Ablauf von 20 Jahren nach der letzten Eintragung.

§ 153 Tilgung von Eintragungen

(1) Die Eintragungen nach § 149 Abs. 2 Nr. 3 sind nach Ablauf einer Frist
1. von drei Jahren, wenn die Höhe der Geldbuße nicht mehr als 300 Euro beträgt,
2. von fünf Jahren in den übrigen Fällen
zu tilgen.

(2) ¹Eintragungen nach § 149 Abs. 2 Nr. 4 sind nach Ablauf einer Frist von fünf Jahren zu tilgen. ²Ohne Rücksicht auf den Lauf der Frist nach Satz 1 wird eine Eintragung getilgt, wenn ihre Tilgung im Zentralregister nach § 49 des Bundeszentralregistergesetzes angeordnet wird.

(3) ¹Der Lauf der Frist beginnt bei Eintragungen nach Absatz 1 mit der Rechtskraft der Entscheidung, bei Eintragungen nach Absatz 2 mit dem Tag des ersten Urteils. ²Dieser Zeitpunkt bleibt auch maßgebend, wenn eine Entscheidung im Wiederaufnahmeverfahren rechtskräftig abgeändert worden ist.

(4) Enthält das Register mehrere Eintragungen, so ist die Tilgung einer Eintragung erst zulässig, wenn bei allen Eintragungen die Frist des Absatzes 1 oder 2 abgelaufen ist.

(5) ¹Eine zu tilgende Eintragung wird ein Jahr nach Eintritt der Voraussetzungen für die Tilgung aus dem Register entfernt. ²Während dieser Zeit darf über die Eintragung keine Auskunft erteilt werden.

(6) ¹Ist die Eintragung im Register getilgt worden oder ist sie zu tilgen, so dürfen die Ordnungswidrigkeit und die Bußgeldentscheidung nicht mehr zum Nachteil des Betroffenen verwertet werden. ²Dies gilt nicht, wenn der Betroffene die Zulassung zu einem Gewerbe oder einer sonstigen wirtschaftlichen Unternehmung beantragt, falls die Zulassung sonst zu einer erheblichen Gefährdung der Allgemeinheit führen würde, oder der Betroffene die Aufhebung einer die Ausübung des Gewerbes oder einer sonstigen wirtschaftli-

§ 153 Titel XI. Gewerbezentralregister

chen Unternehmung untersagenden Entscheidung beantragt. ³Hinsichtlich einer getilgten oder zu tilgenden strafgerichtlichen Verurteilung gelten die §§ 51 und 52 des Bundeszentralregistergesetzes.

(7) **Absatz 6 ist entsprechend anzuwenden auf rechtskräftige Bußgeldentscheidungen wegen Ordnungswidrigkeiten im Sinne des § 149 Abs. 2 Nr. 3, bei denen die Geldbuße nicht mehr als 200 Euro beträgt, sofern seit dem Eintritt der Rechtskraft der Entscheidung mindestens drei Jahre vergangen sind.**

Übersicht

	Rdn.
I. Vorbemerkung	1
II. Tilgungsvoraussetzungen (Abs. 1 – 4)	2
1. Fristlänge (Abs. 1 u. 2)	3
2. Fristbeginn (Abs. 3)	4
3. Besonderheiten bei mehreren Eintragungen (Abs. 4)	5
a) Normzweck	6
b) Hemmungsvoraussetzungen	7
III. Rechtsfolgen der Tilgung (Abs. 5 u. 6)	9
1. Tilgungsreife, Überliegefrist, Entfernung (Abs. 5)	9
a) Tilgungsreife	9
b) Überliegefrist	10
c) Entfernung	12
2. Verwertungsverbot (Abs. 6)	13
IV. Sonderregelung für nicht eintragungsfähige Bußgeldentscheidungen (Abs. 7)	17

I. Vorbemerkung

1 Die Tilgung von Eintragungen ist in § 153, neu gefasst durch Gesetz vom 23. 12. 2003 (BGBl. I S. 2848), abschließend bestimmt (*Kahl*, in: Landmann/Rohmer I, § 153 Rdn. 1). Eine Tilgung kommt gem. § 153 I nur für die Eintragung von Bußgeldentscheidungen i. S. d. § 149 II 1 Nr. 3 sowie für strafgerichtliche Verurteilungen (§ 149 II 2 Nr. 4), nicht dagegen für sonstige Entscheidungen in Betracht. Der Grund für diese unterschiedliche Behandlung wird in der **Resozialisierung** gesehen, welche mangels diskriminierender Wirkung sonstiger Eintragungen nur bei eingetragenen Bußgeldentscheidungen und Strafverurteilungen zum Tragen kommen könne (amtl. Begr., BT-Drs. 7/626, S. 34). Wer sich bewährt, indem er eine bestimmte Zeit nicht in gewerberechtlich relevanter Weise ordnungswidrig handelt, soll durch Tilgung für die Zukunft vor Nachteilen der Eintragung bewahrt werden.

II. Tilgungsvoraussetzungen (Abs. 1 – 4)

2 Die Tilgung einer Eintragung einer Bußgeldentscheidung (§ 149 II 1 Nr. 3) oder strafgerichtlichen Verurteilung (§ 149 II 1 Nr. 4) verlangt den Ablauf einer Frist.

§ 153 Tilgung von Eintragungen

1. Fristlänge (Abs. 1 u. 2)

Für die Fristlänge bei Bußgeldentscheidungen stellt Abs. 1 auf die Höhe 3
der verhängten Geldbuße ab: 3 Jahre bei Geldbußen bis einschließlich 300
Euro (Nr. 1), 5 Jahre bei sonstigen Geldbußen (Nr. 2). Für Strafverurteilungen greift Abs. 2: Hier gilt eine Fristlänge von 5 Jahren (Abs. 2 S. 1). Unabhängig hiervon wird die Eintragung einer Straftat immer dann getilgt, wenn
ihre Tilgung nach § 49 BZRG angeordnet wird.

2. Fristbeginn (Abs. 3)

Anknüpfungspunkt für den Fristbeginn bei Bußgeldentscheidungen ist 4
wegen der relativ kurzen Tilgungsfristen gem. § 153 III 1 1. Var. der Tag des
Eintritts der Rechtskraft (*Ambs*, in: Friauf, § 153 Rdn. 2; anders § 36 BZRG:
Zeitpunkt des Erlasses der Entscheidung). Für Strafurteile ist nicht die
Rechtskraft, sondern der Tag des ersten Urteils maßgeblich (§ 153 III 1 2.
Var.; *Kirchesch*, in: BeckOK, § 153 Rdn. 4). S. 2 ordnet an, dass diese beiden
Zeitpunkte auch dann maßgeblich bleiben, wenn die Bußgeldentscheidung
oder das Strafurteil im Wiederaufnahmeverfahren rechtskräftig abgeändert
worden ist. Hintergrund dieser Regelung ist, dass ohne S. 2 die Tilgungsreife
u. U. hinausgezögert wird.

3. Besonderheiten bei mehreren Eintragungen (Abs. 4)

Trotz Fristablaufs i. S. d. Abs. 1 und 2 kann die Tilgungsreife fehlen, wenn 5
mehrere Eintragungen vorliegen. Nach Abs. 4, der § 47 III 1 BZRG entspricht, ist dann die Tilgung der Eintragung, bezüglich der Fristablauf zu
bejahen ist, nur zulässig, wenn auch bei allen anderen Eintragungen
die jeweiligen Fristen abgelaufen sind.
Abs. 4 führt dazu, dass entweder alle Bußgeldeintragungen getilgt werden
oder keine (sog. Grundsatz der **Unteilbarkeit der Tilgung von Bußgeld-Eintragungen**, vgl. *Ambs*, in: Friauf, § 153 Rdn. 4; *Kirchesch*, in: BeckOK,
§ 153 Rdn. 6).

a) **Normzweck.** Durch die Hemmung der Tilgung soll verhindert wer- 6
den, dass im Falle beharrlicher Wiederholung von Zuwiderhandlungen das
Vorliegen einer Straftat nach § 148 Nr. 1 wegen zu früher Tilgung früherer
Eintragungen nicht mehr festgestellt werden kann (BT-Drs. 7/1685, S. 4).

b) **Hemmungsvoraussetzungen.** Eine spätere Eintragung hemmt die 7
Tilgung der früheren nur, wenn die später eingetragene Entscheidung vor
Eintritt der Tilgungsreife (i. S. d. Abs. 1 bis 3) der früheren Eintragung
Rechtskraft erlangt hat (*Ambs*, in: Friauf, § 153 Rdn. 4). Maßgeblicher Zeitpunkt ist die Tilgungsreife der früheren Eintragung: Wird eine spätere Entscheidung erst nach Tilgungsreife der früheren Eintragung rechtskräftig, wird
die frühere Eintragung getilgt, selbst wenn die Frist nach Abs. 5 noch nicht
abgelaufen war (*Ambs*, in: Friauf, § 153 Rdn. 4).

Hemmende Eintragungen i. S. d. Abs. 4 sind **nur Eintragungen über** 8
Geldbußen (§ 149 II 1 Nr. 3) und Strafurteile (§ 149 II 1 Nr. 4), nicht die

§ 153

Eintragungen von Verwaltungsentscheidungen und Verzichten. Diese Beschränkung folgt aus dem Verweis in Abs. 4 auf Abs. 1 und 2.

III. Rechtsfolgen der Tilgung (Abs. 5 u. 6)

1. Tilgungsreife, Überliegefrist, Entfernung (Abs. 5)

9 a) **Tilgungsreife.** Mit dem Vorliegen der Tilgungsvoraussetzungen tritt Tilgungsreife ein, die aber noch nicht zur sofortigen Tilgung (= Entfernung aus dem Register) führt.

10 b) **Überliegefrist.** Vielmehr beginnt mit Tilgungsreife eine einjährige Überliegefrist (S. 1). Die Überliegefrist dient der Rechtsklarheit (*Kahl*, in: Landmann/Rohmer I, § 153 Rdn. 4) und soll verhindern, dass eine frühere Eintragung getilgt wird, weil die Mitteilung über eine später verhängte rechtskräftige Bußgeldentscheidung – die bei rechtzeitiger Mitteilung die Hemmung des § 153 IV ausgelöst hätte – zu spät bei der Registerbehörde eingeht (*Kahl*, in: Landmann/Rohmer I, § 153 Rdn. 4). Dieses kommt in der Praxis durchaus häufiger vor, weil die Ein-Monats-Frist für die Mitteilung an die Registerbehörde (dazu näher § 153 a Rdn. 4) durch die hierfür zuständigen Stellen nicht immer eingehalten wird.

11 Da im Normalfall auch nach Ablauf der Überliegefrist sich die Tilgungsreife der Eintragung bestätigt, wäre es unbillig, wenn in diesem Zeitraum die tilgungsreife Eintragung anderen Stellen mitgeteilt wird. Deshalb bestimmt S. 2, dass während der Überliegefrist über die tilgungsreife Eintragung keine Auskunft erteilt werden darf.

12 c) **Entfernung.** Die Tilgung besteht in der Entfernung der zu tilgenden Bußgeldentscheidung aus dem Register. Der Betroffene hat einen vor den Verwaltungsgerichten einklagbaren **Anspruch auf Entfernung** (*Fröhler/Kormann* § 153 Rdn. 3; *Kirchesch*, in: BeckOK, § 153 Rdn. 9).

2. Verwertungsverbot (Abs. 6)

13 Durch Änderungsgesetz vom 25. 7. 1984 (BGBl. I S. 1008) ist Abs. 6 (seinerzeit Abs. 5) neu eingefügt worden. Während sich dieser Absatz zunächst nur auf Bußgeldentscheidungen bezog, erfasst er seit dem Gesetz vom 23. 12. 2003 (oben Rdn. 1) auch Strafurteile gem. § 149 II 1 Nr. 4.

14 Für **Bußgeldentscheidungen** gelten die Sätze 1 und 2. In Orientierung am Vorbild des § 51 I und § 52 I Nr. 4 BZRG gilt gem. Abs. 6 S. 1 ein gesetzlich ausdrücklich geregeltes **absolutes Verwertungsverbot**. Voraussetzung ist, dass die Eintragung entweder getilgt (= entfernt) oder zumindest tilgungsreif ist (S. 1). Maßgeblicher Zeitpunkt für den Eintritt des Verwertungsverbotes ist die letzte Behördenentscheidung (*OVG Saarl.* GewArch 2008, 44), i. d. R. also der Widerspruchsbescheid. Entsteht das Verwertungsverbot erst später (z. B. nach Klageerhebung), bleibt die Verwertung zulässig (*BVerwG* GewArch 1997, 242 [243]).

15 Eine Einschränkung des absoluten Verwertungsverbotes enthält § 153 VI 2, der § 52 I Nr. 4 BZRG nachgebildet ist. Die Verwertung ist aber nur unter den dort genannten weiteren Voraussetzungen zulässig. Eine Erweiterung dieser Ausnahme ist nicht möglich (*Ambs*, in: Friauf, § 153 Rdn. 5).

Für **strafgerichtliche Verurteilungen** gilt Abs. 6 S. 3, der auf die §§ 51, 16 52 BZRG verweist, die ebenfalls ein absolutes Verwertungsverbot vorsehen.

IV. Sonderregelung für nicht eintragungsfähige Bußgeldentscheidungen (Abs. 7)

Nach § 149 II 1 Nr. 3 sind Bußgeldentscheidungen nur in das Gewerbe- 17 zentralregister einzutragen, wenn die Geldbuße mehr als 200 Euro beträgt. Das Verwertungsverbot des Abs. 6 S. 1 kann daher von vornherein nicht anwendbar sein. Die unbegrenzte Verwertungsmöglichkeit wäre jedoch systemwidrig. Deshalb ordnet Abs. 7 ein absolutes Verwertungsverbot für diese Bußgeldentscheidungen an, wenn seit dem Eintritt der Rechtskraft der Entscheidung mindestens drei Jahre vergangen sind. Vorher können auch nicht eintragungsfähige Bußgeldentscheidungen zur behördlichen bzw. gerichtlichen Feststellung der Unzuverlässigkeit führen (*VG Neustadt* Beschluss vom 9. 3. 2009 – 4 L 100/09.NW, juris Rdn. 20; siehe ferner § 35 Rdn. 47 ff.).

Abs. 7 nimmt Abs. 6 in Bezug. Daher gilt die Ausnahme von dem Verwer- 18 tungsverbot (Abs. 6 S. 2) auch für Abs. 7 (ebenso *Kirchesch*, in: BeckOK, § 153 Rdn. 15).

§ 153a Mitteilungen zum Gewerbezentralregister

(1) ¹**Die Behörden und die Gerichte teilen dem Gewerbezentralregister die einzutragenden Entscheidungen, Feststellungen und Tatsachen mit.** ²**§ 30 der Abgabenordnung steht den Mitteilungen von Entscheidungen im Sinne des § 149 Abs. 2 Nr. 3 nicht entgegen.**

(2) **Erhält die Registerbehörde eine Mitteilung über die Änderung des Namens einer Person, über die das Register eine Eintragung enthält, so ist der neue Name bei der Eintragung zu vermerken.**

I. Regelung des § 153 a

1. Mitteilungspflicht (Abs. 1)

§ 153 a Abs. 1 legt fest, dass nicht die Registerbehörde die einzutragenden 1 Entscheidungen, Feststellungen und Tatsachen nach §§ 149, 151 erhebt, sondern die Behörden und Gerichte dies mitzuteilen haben. Wer im Einzelnen dieser Mitteilungspflicht nachkommen muss, wird in § 153 a nicht dargelegt (unten Rdn. 4).

Das Steuergeheimnis gem. § 30 AO schließt nach § 153 a S. 2 eine Mittei- 2 lung rechtskräftiger Bußgeldentscheidungen (§ 149 II 1 Nr. 3) an die Registerbehörde nicht aus. Die Registerbehörde darf jedoch gem. § 150 a III nur eingeschränkt Auskunft erteilen.

§ 153b Titel XI. Gewerbezentralregister

2. Namensänderungen (Abs. 2)

3 Durch das Justizmitteilungsgesetz vom 18. 6. 1997 (BGBl. I S. 1430) wurde Abs. 2 neu eingefügt, um klarzustellen, dass im Falle einer Namensänderung der alte Namen weiter geführt und der neue zusätzlich vermerkt wird (*Ambs*, in: Friauf, § 153 a Rdn. 8).

II. Konkretisierung durch Verwaltungsvorschrift

4 Zur Konkretisierung der Mitteilungspflicht nach § 153 a dient die 1. GZRVwV, welche auf § 153 b beruht (dort Rdn. 2). Mitteilungspflichtige Behörden sind in § 1 genannt. Nach § 3 hat die Mitteilung binnen eines Monats zu erfolgen. Stellt ein Gericht oder eine Behörde – z. B. nach Erhalt einer Registerauskunft – fest, dass eine Registereintragung fehlerhaft oder unvollständig ist, so ist der Registerbehörde gem. § 4 die Ergänzung oder Berichtigung unverzüglich mitzuteilen. Gem. § 9 sind spezielle Vordrucke zu verwenden. Die 2. GZRVwV – Ausfüllanleitung – enthält Vorgaben für die Ausfüllung der Vordrucke. Diese Verwaltungsvorschriften sind z. B. wiedergegeben bei www.bundesjustizamt.de; siehe ferner § 153 b Rdn. 2.

§ 153b Verwaltungsvorschriften

¹Die näheren Bestimmungen über den Aufbau des Registers trifft das Bundesministerium der Justiz im Einvernehmen mit dem Bundesministerium für Wirtschaft und Technologie. ²Soweit die Bestimmungen die Erfassung und Aufbereitung der Daten sowie die Auskunftserteilung betreffen, werden sie von der Bundesregierung mit Zustimmung des Bundesrates getroffen.

1 Die in § 153 b enthaltene Ermächtigung zum Erlass allgemeiner Verwaltungsvorschriften ist durch Art. 84 II und 86 GG gedeckt. Ermöglicht wird durch sie eine flexible Anpassung der Registerführung an organisatorische, technische oder rechtliche Veränderungen. Da die Verwaltungsvorschriften lediglich behördeninterne Richtlinien und Anweisungen enthalten, binden sie die Gerichte bei ihrer Entscheidung nicht (*Kahl*, in: Landmann/Rohmer I, § 153 b Rdn. 1).

2 Bisher sind erlassen worden:
– Erste allgemeine Verwaltungsvorschrift zur Durchführung des Titels XI – Gewerbezentralregister – der Gewerbeordnung (1. GZRVwV); wiedergegeben bei www.bundesjustizamt.de; *Landmann/Rohmer* II, Nr. 851; *Friauf* Anhang I. 20;
– Zweite allgemeine Verwaltungsvorschrift zur Durchführung des Titels XI – Gewerbezentralregister – der Gewerbeordnung (2. GZRVwV – Ausfüllanleitung); wiedergegeben bei www.bundesjustizamt.de; *Landmann/Rohmer* II, Nr. 852; *Friauf* Anhang I. 21.

Schlussbestimmungen

§§ 154, 154a (weggefallen)

§ 155 Landesrecht, Zuständigkeiten

(1) Wo in diesem Gesetz auf die Landesgesetze verwiesen ist, sind unter den letzteren auch die verfassungs- oder gesetzmäßig erlassenen Rechtsverordnungen zu verstehen.

(2) Die Landesregierungen oder die von ihnen bestimmten Stellen bestimmen die für die Ausführung dieses Gesetzes und der nach diesem Gesetz ergangenen Rechtsverordnungen zuständigen Behörden, soweit in diesem Gesetz nichts anderes bestimmt ist.

(3) Die Landesregierungen werden ermächtigt, ihre Befugnis zum Erlass von Rechtsverordnungen auf oberste Landesbehörden und auf andere Behörden zu übertragen und dabei zu bestimmen, dass diese ihre Befugnis durch Rechtsverordnung auf nachgeordnete oder ihrer Aufsicht unterstehende Behörden weiter übertragen können.

(4) (weggefallen)

(5) Die Senate der Länder Berlin, Bremen und Hamburg werden ermächtigt, zuständige öffentliche Stellen oder zuständige Behörden von mehreren Verwaltungseinheiten für Zwecke der Datenverarbeitung als einheitliche Stelle oder Behörde zu bestimmen.

I. Landesgesetze (Abs. 1)

1 Abs. 1 soll der Klarstellung dienen, dass bei Verweisungen auf Landesgesetze Gesetze im materiellen Sinne gemeint sind, also jegliches gültige Landesrecht. Entgegen dem Wortlaut sind dabei nicht nur Parlamentsgesetze und Rechtsverordnungen in Blick genommen, sondern auch Satzungen (*Martinez*, in: BeckOK, § 155 Rdn. 1). Verordnungs- oder Satzungsgeber können Verwaltungsstellen aller Ebenen im Land sein (*Schönleiter*, in: Landmann/Rohmer I, § 155 Rdn. 6 f.).

II. Zuständigkeitsregelungen (Abs. 2)

2 Nach § 155 II bestimmen die Landesregierungen oder die von ihnen bestimmten Stellen diejenigen Behörden, welche für die Ausführung der GewO und der auf ihr beruhenden Rechtsverordnungen zuständig sind, soweit in der GewO nichts anderes bestimmt ist. Zu berücksichtigen ist, dass die Länder neben den zuständigen Behörden auch eine **einheitliche Stelle** i. S. v. § 6 b zu benennen haben. Auch diese ist nach § 6 b für die Entgegennahme von Erklärungen u. ä. zuständig, solange und soweit dies die Länder nicht aufgrund ihrer Ermächtigung in § 6 b S. 2 wirksam ausgeschlossen haben (vgl. hierzu § 6 b Rdn. 9).

§ 155 Schlussbestimmungen

1. Landesregierungen

3 Die Zuständigkeitsbestimmung muss nicht notwendigerweise durch die Landesregierung als Kollegialorgan erfolgen. „Landesregierung" i. S. d. § 155 II ist vielmehr dahingehend zu verstehen, dass entweder die **Landesregierung** als solche **oder** ein **Landesministerium** die Bestimmung vornimmt. Ob die Landesregierung oder ein Landesministerium tätig wird, richtet sich nach dem jeweiligen Landesverfassungs- und -organisationsrecht (*Schönleiter*, in: Landmann/Rohmer I, § 155 Rdn. 12).

4 Darüber hinaus kann nach § 155 II die Landesregierung – oder das Landesministerium – eine **weitere Stelle** bestimmen, welche die weitere Zuständigkeitsverteilung festlegt. Hinsichtlich der Zuständigkeitsregelung steht den Landesregierungen also ausdrücklich das Recht der **Delegation** zu.

5 Möglich ist schließlich auch, dass das **Parlament** als für die Landesgesetzgebung generell zuständiges Organ die Bestimmung selbst vornimmt (vgl. Auflistung bei *Schönleiter*, in: Landmann/Rohmer I, § 155 Rdn. 16 ff.).

2. Bestimmen

6 Einzige Grenze des Bestimmungsrechts ist der Vorbehalt bestehender Zuständigkeitsvorschriften in der GewO, etwa in § 35 VII. Im Übrigen steht es im Ermessen der Landesregierung oder der von ihr bestimmten Stelle, welche Zuständigkeitsverteilung sie vornimmt. Dies betrifft sowohl in vertikaler Richtung die behördlichen Hierarchieebenen als auch in horizontaler Richtung die Verteilung der Zuständigkeiten auf allgemeine Verwaltung, Polizei- und Sonderverwaltung (vgl. *OVG RhPf.* GewArch 1989, 192 f.).

7 Das auf der Grundlage des Abs. 2 entstandene Zuständigkeitsrecht ist sehr uneinheitlich und in der überwiegenden Anzahl der Bundesländer auch in sich stark zersplittert und **unübersichtlich**. Im Einzelnen existieren, soweit ersichtlich, folgende Zuständigkeitsfestlegungen (die folgende Auflistung [Stand: Sept. 2010] beruht auf den einschlägigen Datenbanken sowie ergänzenden Auskünften der Ministerien der Länder; eine Auflistung der Regelungen zur „**Einheitlichen Stelle**" i. S. v. § 6 b findet sich bei *Heß*, in: Friauf, § 6 b Rdn. 10; *Luch/Schulz* GewArch 2010, 225 ff.):

Baden-Württemberg: (1) VO über Zuständigkeiten nach der Gewerbeordnung (GewOZuVO) vom 16. 12. 1985 (GBl. S. 582, ber. 1986 S. 160), zul. geändert durch Gesetz vom 14. 12. 2004 (GBl. S. 895).
(2) Zu §§ 143 ff.: VO über Zuständigkeiten nach dem Gesetz über Ordnungswidrigkeiten (OWiZuV) vom 2. 2. 1990 (GBl. S. 73, ber. S. 268), zul. geändert durch VO vom 11. 5. 2010 (GBl. S. 406, 410).

Bayern: (1) VO zur Durchführung der Gewerbeordnung (GewV) vom 9. 2. 2010 (GVBl. S. 103).
(2) Verordnung über die Zuständigkeit und Organisation der Gewerbeaufsichtsämter vom 21. 12. 2004 (GVBl. S. 547).
(3) Gesetz über die Zuständigkeit zum Vollzug von Vorschriften auf dem Gebiet des Arbeitsschutzes, der Anlagen- und Produktsicherheit und des Chemikalienrechts vom 24. 7. 1998 (GVBl. S. 423), zuletzt geändert durch Gesetz vom 9. 7. 2007 (GVBl S. 442).

Landesrecht, Zuständigkeiten § 155

(4) Gesetz über die Aufgaben und Befugnisse der Bayerischen Staatlichen Polizei (Polizeiaufgabengesetz – PAG) vom 14. 9. 1990 (GVBl. S. 397), zul. geändert durch Gesetz vom 22. 4. 2010 (GVBl. S. 190).
(5) Verordnung über die Zuständigkeit und Organisation der Gewerbeaufsichtsämter, vom 21. 12. 2004 (GVBl S. 547).
(6) Zu §§ 143 ff.: VO über die Zuständigkeiten im Ordnungswidrigkeitenrecht (ZuVOWiG) vom 21. 10. 1997 (GVBl. S. 727), zul. geändert durch VO vom 9. 2. 2010 (GVBl. S. 103).
Berlin: (1) Anlage zum Allgemeinen Sicherheits- und Ordnungsgesetz in der Fassung vom 11. 10. 2006 (GVBl. S.930), zul. geändert durch Gesetz vom 3. 6. 2010 (GVBl. S. 285).
(2) VO über sachliche Zuständigkeiten für die Verfolgung und Ahndung von Ordnungswidrigkeiten (ZuständigkeitsVO-OWiG) vom 29. 2. 2000 (GVBl. S. 249), zul. geändert durch Verordnung vom 4. 5. 2010 (GVBl. S. 265).
Brandenburg: (1) Verordnung über Zuständigkeiten im Gewerberecht (Gewerberechtszuständigkeitsverordnung – GewRZV) vom 17. 8. 2009, (GVBl. II S. 527).
(2) Verordnung zur Regelung von Zuständigkeiten auf dem Gebiet des Arbeitsschutzes (Arbeitsschutzzuständigkeitsverordnung – ASZV) vom 24. 6. 2005, (GVBl. II S. 382), zul. geändert durch Art. 1 Erste ÄndVO vom 5. 2. 2009 (GVBl. II S. 86).
(3) Verordnung über wirtschaftsrechtliche Zuständigkeiten und Zuständigkeiten zur Zulassung von Rohrfernleitungen (WiZV) vom 7. 9. 2009, (GVBl. II S. 604).
(4) VO zur Regelung von Zuständigkeiten auf dem Gebiet des allgemeinen Arbeitsschutzes vom 24. 6. 2005 (GVBl. II S. 382).
Bremen: (1) VO über die Zuständigkeiten nach der Gewerbeordnung vom 23. 10. 1990 (GBl. S. 441), zul. geändert durch Art. 1 ÄndVO vom 23. 3. 2010 (GBl. S. 272).
(2) VO über die Gewerbeaufsichtsämter in Bremen und Bremerhaven vom 21. 10. 1952 (GBl. S. 111).
(3) Zu den nach § 120 e erlassenen VOen:
– Bek. über die nach der Druckluftverordnung zuständigen Behörden vom 15. 9. 1998 (ABl. S. 537)
– Bek. über die nach der VO über Arbeitsstätten zuständigen Behörden vom 15. 1. 2008 (GBl. S.10)
(4) Zu § 139 b V: Bek. der zuständigen Behörden nach der VO über die Verpflichtung der Arbeitgeber zu Mitteilungen an die für die Gewerbeaufsicht zuständigen Landesbehörden vom 19. 11. 1968 (ABl. S. 347).
(5) Zu §§ 143 ff.:
– VO über die für die Verfolgung und Ahndung von Ordnungswidrigkeiten nach § 147 der Gewerbeordnung zuständigen Behörden vom 23. 2. 1993 (GBl. S. 93).
– VO über die für die Verfolgung und Ahndung von Ordnungswidrigkeiten nach den §§ 144, 145, 146, 147 a und 147 b der Gewerbeordnung zuständigen Behörden vom 25. 6. 1996 (GBl. S. 188).

§ 155 Schlussbestimmungen

Hamburg: (1) Anordnung zur Durchführung der Gewerbeordnung und gewerberechtlicher Nebenvorschriften, vom 5. 6. 2007, verkündet als Artikel 2 der Anordnung über Zuständigkeiten auf dem Gebiet des Arbeitsschutz- und Gewerberechts vom 5. 6. 2007 (Amtl. Anz. S. 1385, 1386); zul. geändert durch Anordnung vom 27. 4. 2010 (Amtl. Anz. S. 817).

(2) Anordnung über Zuständigkeiten auf Märkten und Volksfesten vom 1. 10. 1985 (Amtl. Anz. S. 1989, 2012), zul. geändert durch Anordnung vom 27. 4. 2010 (Amtl. Anz. S. 817).

(3) Anordnung über Zuständigkeiten für die Verfolgung von Ordnungswidrigkeiten vom 2. 9. 1975 (Amtl. Anz. S. 1337), zul. geändert durch Anordnung vom 21. 11. 2006 (Amtl. Anz. S. 2813, 2821).

(4) Anordnung über Zuständigkeiten auf dem Gebiet des Arbeitsschutzrechts, vom 5. 6. 2007, verkündet als Artikel 1 der Anordnung über Zuständigkeiten auf dem Gebiet des Arbeitsschutz- und Gewerberechts vom 5. 6. 2007 (Amtl. Anz. S. 1385).

Hessen: (1) VO über Zuständigkeiten nach der Gewerbeordnung und dem Gaststättengesetz sowie über den Betrieb von Straußwirtschaften vom 20. 6. 2002 (GVBl. I S. 395), zul. geändert durch Gesetz vom 15. 12. 2009 (GVBl. I S. 716, 724), gültig bis 31. 12. 2012.

(2) Verordnung über die öffentliche Bestellung von Sachverständigen auf dem Gebiet der Land- und Forstwirtschaft, des Garten- und Weinbaus sowie der Fischerei vom 20. 12. 2004 (GVBl. I S. 497), zul. geändert durch Art. 20 Hess. G zur Ums. der RL 2006/123/EG des Europäischen Parlaments und des Rates vom 12. 12. 2006 über Dienstleistungen im Binnenmarkt und zur Änd. von Rechtsvorschriften vom 15. 12. 2009 (GVBl. I S. 716, 726); gültig bis 31. 12. 2014.

(3) Verordnung über Zuständigkeiten auf dem Gebiet des Arbeitsschutzes, der Sicherheitstechnik, der Produktsicherheit und des Medizinprodukterechts (Arbeitsschutzzuständigkeitsverordnung - ArbSchZV) vom 8. 7. 2003, (GVBl. I S. 206), zul. geändert durch Art. 1 Dritte ÄndVO vom 15. 12. 2009 (GVBl. I S. 747), gültig bis 31. 12. 2014.

(4) Verordnung zur Übertragung von Ermächtigungen der Landesregierung im Bereich der hessischen Landesverwaltung (Delegationsverordnung) vom 12. 12. 2007 (GVBl. S. 859), gültig bis 31. 12. 2012.

(5) Verordnung zur Übertragung von Ermächtigungen der Landesregierung zum Erlass von Rechtsverordnungen und zur Bestimmung von Zuständigkeiten zur Ausführung von Bundesrecht und Rechtsvorschriften der Europäischen Gemeinschaften in den Bereichen Landwirtschaft, Forsten und Naturschutz (Zuständigkeitsverordnung Landwirtschaft, Forsten und Naturschutz) vom 2. 6. 1999 (GVBl. S. 319), zul. geändert durch Artikel 2 der Verordnung vom 14. 12. 2009 (GVBl. I S. 739), gültig bis 31. 12. 2014.

Mecklenburg-Vorpommern: (1) VO über die Regelung von Zuständigkeiten im allgemeinen Gewerberecht – GewRZustVO – vom 21. 9. 1992 (GVBl. S. 571), zul. geändert durch VO vom 10. 12. 2007 (GVBl. S. 403, 404)

(2) Verordnung über die Zuständigkeiten im Arbeitsschutz nach dem Arbeitsschutzgesetz und der Gewerbeordnung (Arbeitsschutz-Zuständigkeits-

Landesrecht, Zuständigkeiten **§ 155**

verordnung – ArbSch ZustVO M-V) vom 23. 10. 1997, (GVOBl. S. 667), zul. geändert durch VO vom 10. 12. 2007 (GVOBl. 403, 404).

(3) Landesverordnung zur Übertragung der Ermächtigung aus § 36 Abs. 3 der Gewerbeordnung für den Bereich der Land- und Forstwirtschaft einschließlich des Gartenbaus und der Fischerei (Sachverständigen-Ermächtigungs-Landesverordnung – (Landwirtschaft) vom 8. 1. 1997 (GVBl. S.15), gültig bis 31. 12. 2013.

(4) Landesverordnung zur Übertragung der Ermächtigungen zur Bestimmung der Zuständigkeiten im Arbeitsschutz (Landesarbeitsschutz-Ermächtigungsübertragungsverordnung – LArbSchErmächtÜbertrVO M-V) vom 22. 10. 1997 (GVBl. S. 666).

(5) VO über die Zuständigkeiten im Arbeitsschutz nach dem Arbeitsschutzgesetz und der Gewerbeordnung vom 23. 10. 1997 (GVOBl. S. 667), zul. geändert durch VO vom 10. 12. 2007 (GVBl. S. 403, 404).

Niedersachsen: (1) Verordnung über Zuständigkeiten auf dem Gebiet des Wirtschaftsrechts sowie in anderen Rechtsgebieten (ZustVO-Wirtschaft) vom 18. 11. 2004 (GVBl. S. 482), zul. geändert durch VO vom 3. 8. 2009 (GVBl. S. 316).

(2) Verordnung über Zuständigkeiten auf den Gebieten des Arbeitsschutz-, Immissionsschutz-, Sprengstoff-, Gentechnik- und Strahlenschutzrechts sowie in anderen Rechtsgebieten (ZustVO-Umwelt-Arbeitsschutz) vom 27. 10. 2009 (GVBl. S. 374).

(3) Gesetz über die Regelung von Zuständigkeiten im Gewerbe- und Arbeitsschutzrecht sowie in anderen Rechtsgebieten vom 26. 4. 1965 (GVBl. S. 91), zul. geändert durch Gesetz vom 20. 2. 2009 (GVBl. 24).

Nordrhein-Westfalen: (1) Verordnung zur Übertragung von Ermächtigungen, zur Regelung von Zuständigkeiten und Festlegungen auf dem Gebiet des Gewerberechts (Gewerberechtsverordnung - GewRV) vom 17. 11. 2009 (GVBl. S. 626), zul. geändert durch VO vom 12. 1. 2010 (GVBl. S. 24), gültig bis 31. 12. 2014.

(2) Verordnung zur Regelung von Zuständigkeiten und Verfahren auf dem Gebiet des Krankenhauswesens (KHZVV) vom 21. 10. 2008, (GVBl. S. 642).

Rheinland-Pfalz: (1) Verordnung über Zuständigkeiten im Gewerberecht vom 30. 1. 2001 (GewZuVO) (GVBl 2001, S. 43), zul. geändert durch VO vom 19. 12. 2006 (GVBl. S. 450).

(2) VO über die Zuständigkeiten auf dem Gebiet des Arbeits-, und des technischen Gefahrenschutzes (AGSchZuVO) vom 26. 9. 2000 (GVBl. S. 379).

(3) VO über die Zuständigkeit der allgemeinen Ordnungsbehörden vom 31. 10. 1978 (GVBl. S. 695), zul. geändert durch VO vom 12. 10. 1999 (GVBl. S. 325).

(4) VO zur Übertragung von Ermächtigungen nach der Gewerbeordnung vom 4. 3. 1991 (GVBl. S. 84).

Saarland: (1) Erste VO zur Durchführung der Gewerbeordnung (1. GewVO) vom 25. 3. 1975 (Amtbl. S. 497), zul. geändert durch VO vom 24. 1. 2006 (Amtsbl. S. 174).

(2) Dritte VO zur Durchführung der Gewerbeordnung (3. GewVO) vom 7. 2. 2002 (ABl. S. 822), zul. geändert durch das Gesetz vom 21. 11. 2007 (Amtsbl. S. 2393).

§ 155   Schlussbestimmungen

(3) VO zur Regelung von Zuständigkeiten nach dem Gesetz über die Mindestanforderungen an Unterkünfte für Arbeitnehmer vom 13. 2. 1974 (ABl. S. 234), zul. geändert durch VO vom 24. 1. 2006 (Amtsbl. S. 174).

(4) Zu den nach § 120 e erlassenen VOen:
– VO zur Regelung von Zuständigkeiten nach der VO über Arbeiten in Druckluft vom 13. 2. 1974 (ABl. S. 235), zul. geändert durch VO vom 24. 1. 2006 (Amtsbl. S. 174).
– VO zur Regelung von Zuständigkeiten nach der VO über Arbeitsstätten (Arbeitsstättenverordnung – ArbStättV) vom 8. 2. 1983 (ABl. S. 134), zul. geändert durch VO vom 24. 1. 2006 (Amtsbl. S. 174).

Sachsen: (1) VO zur Durchführung der Gewerbeordnung (SächsGewO – DVO) vom 28. 1. 1992 (GVBl. S. 40), zul. geändert durch Verordnung vom 27. 6. 2008 (GVBl. S. 414).

(2) Verordnung der Sächsischen Staatsregierung über Zuständigkeiten nach dem Gesetz über Ordnungswidrigkeiten (Ordnungswidrigkeiten-Zuständigkeitsverordnung – OWiZuVO) vom 16. 7. 2008 (GVBl. S.481), zul. geändert durch Artikel 2 der Verordnung vom 18. 1. 2010 (GVBl. S. 24).

(3) Verordnung der Sächsischen Staatsregierung und des Sächsischen Staatsministeriums für Wirtschaft und Arbeit über die Zuständigkeiten auf dem Gebiet des Arbeitsschutzes (Sächsische Arbeitsschutzzuständigkeitsverordnung – SächsArbSchZuVO) vom 6. 7. 2008 (GVBl. S. 416).

(4) Verordnung der Sächsischen Staatsregierung zur Ausführung des Gaststättengesetzes (Gaststättenverordnung – GastVO) vom 16. 6. 1992 (GVBl.S.295), zul. geändert durch Verordnung vom 27. 6. 2008 (GVBl. S. 413).

Sachsen-Anhalt: (1) VO über die Regelung von Zuständigkeiten im Immissions-, Gewerbe- und Arbeitsschutzrecht sowie in anderen Rechtsgebieten (ZustVO GewAIR) vom 14. 6. 1994 (GVBl. S. 636, ber. S. 889), zul. geändert durch Gesetzes vom 5. 11. 2009 (GVBl. LSA S. 514, 519).

(2) Gesetz über die Regelung von Zuständigkeiten im Immissions-, Gewerbe- und Arbeitsschutzrecht sowie anderen Rechtsgebieten vom 8. 5. 1991 (GVBl. S. 81), zul. geändert durch Gesetz vom 18. 11. 2005 (GVBl. LSA S. 698, 709).

(3) ZuständigkeitsVO für das Arbeitsschutzrecht (ArbSch-ZustVO) vom 2. 7. 2009 (GVBl. S. 346).

(4) VO zur Übertragung der Ermächtigung nach § 67 Abs. 2 der Gewerbeordnung vom 20. 5. 1992 (GVBl. S. 372).

Schleswig-Holstein: (1) VO zur Bestimmung der zuständigen Behörden nach der Gewerbeordnung vom 19. 1. 1988 (GVOBl. S. 27), zul. geändert durch VO vom 12. 12. 2007 (GVOBl. S. 621).

(2) Zu §§ 143 ff.: VO zur Bestimmung der zuständigen Behörden für die Verfolgung und Ahndung von Ordnungswidrigkeiten (OWiZuVO) vom 22. 1. 1988 (GVOBl. S. 32), zul. geändert durch VO vom 10. 2. 2010 (GVOBl. S. 340).

Thüringen: (1) VO zur Regelung von Zuständigkeiten und zur Übertragung von Ermächtigungen im allgemeinen Gewerberecht, Handwerksrecht, Schornsteinfegerrecht, Blindenwarenrecht, dem Gesetz zur Bekämpfung der Schwarzarbeit und der VO über Orderlagerscheine (ZustErmGeVO) vom

Versagung der Auskunft zu Zwecken des Zeugenschutzes **§ 155a**

9. 1. 1992 (GVBl. S. 45), zul. geändert durch VO vom 27. 2. 2009 (GVBl. S. 277).
(2) Verordnung zur Regelung von Zuständigkeiten und zur Übertragung von Ermächtigungen auf dem Gebiet des Arbeitsschutzes (ThürASZustVO) vom 24. 3. 2006 (GVBl. S. 210, zul. geändert durch VO vom 20. 4. 2010 (GVBl. S. 154).

III. Delegationsbefugnis in Bezug auf Rechtsverordnungen (Abs. 3)

1. (Erst-)Übertragung

§ 155 III ermächtigt die Landesregierungen, ihre Befugnis zum Erlass von 8 Rechtsverordnungen zu delegieren. Gemeint ist hier – anders als in Abs. 2 – die **Landesregierung als Kollegialorgan**. Dies ergibt sich daraus, dass die Landesministerien (= oberste Landesbehörden) Delegationsempfänger sind. Weitere Delegationsempfänger können alle weiteren Landesbehörden sein.

Die Delegation kann durch Rechtsverordnung erfolgen. Nötig ist dies aber 9 nicht, da in Abs. 3 nur für die Subdelegation die Form der Rechtsverordnung vorgeschrieben ist.

2. Weiterübertragung

Der Delegationsempfänger kann die Verordnungsermächtigung weiter auf 10 nachgeordnete oder seiner Aufsicht unterstehende Behörden übertragen. Dies ist jedoch nur möglich, wenn er dazu von der Landesregierung ausdrücklich ermächtigt wurde. Die Subdelegation muss durch Rechtsverordnung erfolgen, wie § 155 III ausdrücklich anordnet.

IV. Sonderregelungen für Stadtstaaten (Abs. 5)

Die Stadtstaatenklausel des Abs. 5 hat keine Bedeutung mehr, da im Gesetz 11 nicht länger von höheren Verwaltungsbehörden die Rede ist, sondern von den jeweils zuständigen Landesbehörden (*Martinez*, in: BeckOK, § 155 Rdn. 26).

§ 155a Versagung der Auskunft zu Zwecken des Zeugenschutzes

Für die Versagung der Auskunft zu Zwecken des Zeugenschutzes gilt § 44 a des Bundeszentralregistergesetzes entsprechend.

Der durch Gesetz vom 23. 4. 2002 (BGBl. I S. 1406) eingefügte § 155 a 1 verweist auf die Zeugenschutzvorschriften des § 44 a BZRG. Dementsprechend ist die Registerbehörde verpflichtet, den Datensatz einer im Gewerbezentralregister eingetragenen Person zu sperren, sofern dies nach Mitteilung der Zeugenschutzstelle zu ihrem Schutz als Zeuge erforderlich ist. Daraufhin kann die Registerbehörde die Erteilung einer Auskunft über diese Daten

Ennuschat

verweigern, wenn nicht überwiegende öffentliche oder schutzwürdige Drittinteressen bestehen. Sofern dies nach Darlegung der Zeugenschutzstelle zum Schutze einer nicht eingetragenen Person erforderlich ist, wird ein besonderer Personendatensatz angelegt, über den Auskünfte nicht erteilt werden.

§ 156 Übergangsregelungen

(1) **Gewerbetreibende, die vor dem 1. Januar 2007 Versicherungen im Sinne des § 34 d Abs. 1 vermittelt haben, bedürfen bis zum 1. Januar 2009 keiner Erlaubnis. Abweichend von § 34 d Abs. 7 hat in diesem Fall auch die Registrierung bis zu dem Zeitpunkt zu erfolgen, ab dem die Erlaubnispflicht besteht. Wenn die Voraussetzungen des § 34 d Abs. 4 vorliegen, gilt Satz 1 entsprechend für die Registrierungspflicht nach § 34 d Abs. 7.**

(2) **Versicherungsvermittler im Sinne des Absatzes 1 Satz 1 sind verpflichtet, eine Haftpflichtversicherung nach § 34 d Abs. 2 Nr. 3 abzuschließen und für die Dauer ihrer Tätigkeit aufrechtzuerhalten, es sei denn, die Voraussetzungen des § 34 d Abs. 4 liegen vor. Die zuständige Behörde hat die Versicherungsvermittlung zu untersagen, wenn die erforderliche Haftpflichtversicherung nach § 34 d Abs. 2 Nr. 3 nicht nachgewiesen werden kann.**

(3) **Abweichend von Absatz 1 müssen Personen mit einer Erlaubnis zur Besorgung fremder Rechtsangelegenheiten auf dem Gebiet der Versicherungsberatung (Artikel 1 § 1 Abs. 1 Nr. 2 des Rechtsberatungsgesetzes) die Erlaubnis nach § 34 e Abs. 1 zugleich mit der Registrierung nach § 34 d Abs. 7 beantragen. Wird die Erlaubnis unter Vorlage der bisherigen Erlaubnisurkunde beantragt, so erfolgt keine Prüfung der Sachkunde, der Zuverlässigkeit und der Vermögensverhältnisse nach § 34 d Abs. 2 Nr. 1, 2 und 4. Die Erlaubnis nach dem Rechtsberatungsgesetz erlischt mit der bestandskräftigen Entscheidung über den Erlaubnisantrag nach § 34 e Abs. 1. Bis zu diesem Zeitpunkt gilt sie als Erlaubnis nach § 34 e Abs. 1.**

Literatur: *J. Evers/D. Eikelmann*, Alte Hasen & Co.: Nun geht es an deren Bestände, VW 2009, 863 ff.; *U. Schönleiter*, Das neue Versicherungsvermittlerrecht, GewArch 2007, 265 ff.

I. Vorbemerkung

1   Die Regelung des § 156 wurde durch das **Gesetz zur Neuregelung des Versicherungsvermittlerrechts vom 19. 12. 2006** (BGBl. I S. 3232) mit Wirkung zum 22. 5. 2007 in der GewO neu gefasst (siehe dazu BT-Drs. 16/1935, S. 22; zu Sinn und Zweck des Gesetzes vgl. näher § 34 d Rdn. 3). Mit dem Gesetz wurde der Beruf des Versicherungsvermittlers und -beraters einer gewerberechtlichen Erlaubnis- und Registrierungspflicht unterworfen. Grundlegende Neuregelungen finden sich in § 11 a (Vermittlerregister), § 34 d (Versicherungsvermittler) und § 34 e (Versicherungsberater). Im Zuge dessen war eine Übergangsregelung für Versicherungsvermittler und Versi-

Übergangsregelungen **§ 156**

cherungsberater, die bereits vor dem Inkrafttreten des gewerblichen Versicherungsvermittlerrechts am 22. 5. 2007 als solche tätig waren, erforderlich, um den betroffenen Gewerbetreibenden und Behörden Zeit zu geben, sich auf die neue Rechtslage einzustellen (vgl. BT-Drs. 16/1935, S. 22).

Neben § 156 finden sich weitere Übergangsregelungen für Versicherungs- 2 vermittler und -berater in § 80 b VAG sowie in §§ 1 IV, 19 VersVermV (im Einzelnen vgl. *Schönleiter*, in: Landmann/Rohmer I, § 156 Rdn. 3 ff.).

Mit Ablauf des 31. 12. 2008 hat § 156 im Wesentlichen nur noch für 3 anhängige Rechtsstreitigkeiten Relevanz (vgl. auch *Dörner*, in: Prölss/Martin, VVG, 28. Aufl. 2010, Anmerkung zu § 156 GewO).

II. Übergangsregelung für vor dem 1. 1. 2007 bereits tätige Versicherungsvermittler (Abs. 1)

Bis zum 1. 1. 2009 bedurften Versicherungsvermittler, die bereits vor dem 4 1. 1. 2007 tätig waren, keiner Erlaubnis (Abs. 1 S. 1) und Registrierung (Abs. 1 S. 2). Dies betraf Versicherungsvermittler, die an sich einer Erlaubnis gem. § 34 d I oder einer Erlaubnisbefreiung als produktakzessorische Vermittler gem. § 34 d III bedurften. Der nach § 34 d VII eigentlich unverzüglichen Verpflichtung zur Registrierung war nach Abs. 1 S. 2 bis zum Beginn der Erlaubnispflicht am 1. 1. 2009 nachzukommen.

Die nicht der Erlaubnispflicht unterliegenden gebundenen Versicherungs- 5 vermittler (§ 34 d IV) mussten sich nach Abs. 1 S. 3 erst ab dem 1. 1. 2009 gem. § 34 d VII registrieren lassen.

Versicherungsvermittler, die ihre Tätigkeit nach dem 1. 1. 2007, aber vor 6 dem Inkrafttreten des § 34 d am 22. 5. 2007 erstmalig aufgenommen haben, fallen nicht unter die Übergangsregelung und durften ab dem 22. 5. 2007 ihr Gewerbe nur unter den Voraussetzungen des § 34 d fortführen (*Schulze-Werner*, in: Friauf, § 156 Rdn. 2).

In der Praxis sahen gemäß einem Beschluss des Bund-Länder-Ausschusses 7 Gewerberecht die Gewerbebehörden gegenüber Versicherungsvermittlern von gewerberechtlichen Maßnahmen bis zum 31. 3. 2009 ab, sofern diese spätestens bis zum 31. 12. 2008 einen Antrag auf Gewerbeerlaubnis bzw. -befreiung eingereicht hatten (*Evers/Eikelmann* VW 2009, 863 [863]).

III. Erforderlichkeit einer Berufshaftpflichtversicherung für Altvermittler nach Abs. 1 (Abs. 2)

Zwar bestand bis zum 1. 1. 2009 für bereits vor dem 1. 1. 2007 tätige 8 Versicherungsvermittler nach Abs. 1 S. 1 keine Erlaubnis- und Registrierungspflicht. Allerdings waren sie nach Abs. 2 S. 1 verpflichtet, seit dem 22. 5. 2007 eine Berufshaftpflichtversicherung gem. § 34 d II Nr. 3 abzuschließen und aufrecht zu erhalten. Gebundene Versicherungsvermittler nach § 34 d IV traf nach Abs. 2 S. 1 a. E. diese Verpflichtung nicht, da bei ihnen bereits eine Haftungsübernahme durch das Versicherungsunternehmen gem. § 34 d IV Nr. 2 vorlag (vgl. näher hierzu § 34 d Rdn. 97 ff.).

Ennuschat

§ 156 Schlussbestimmungen

9 Das Bestehen der Berufshaftpflichtversicherung mussten die Versicherungsvermittler nach Abs. 1 S. 1 der zuständigen Industrie- und Handelskammer nicht nachweisen. Diese Verpflichtung wurde anderweitig gewährleistet. Entscheidend war diesbezüglich das Zusammenspiel mit der Überprüfungspflicht der Versicherungsunternehmen nach der parallel eingeführten Vorschrift des § 80 b VAG, wonach Versicherungsunternehmen mit Versicherungsvermittlern nur zusammenarbeiten dürfen, wenn der Versicherungsvermittler eine Berufshaftpflichtversicherung im Sinne des § 34 d II Nr. 3 der Gewerbeordnung nachweisen kann (BT-Drs. 116/1935, S. 22).

10 Nach Abs. 2 S. 2 musste die zuständige Behörde, soweit der Versicherungsvermittler nach Abs. 1 S. 1 keine Berufshaftpflichtversicherung nachweisen konnte, das Gewerbe untersagen (vgl. hierzu § 34 d Rdn. 71). Insofern stellte diese Ermächtigung einen gegenüber § 35 spezielleren Untersagungstatbestand dar. Da weder der Versicherungsvermittler noch das Versicherungsunternehmen verpflichtet waren, gegenüber der zuständigen Behörde einen Nachweis über das Vorliegen einer Berufshaftpflichtversicherung zu erbringen, war der praktische Anwendungsbereich des Abs. 2 S. 2 letztlich sehr gering (so *Schulze-Werner*, in: Friauf, § 156 Rdn. 4).

IV. Übergangsregelung für vor dem 1. 1. 2007 bereits tätige Versicherungsberater (Abs. 3)

11 Im Gegensatz zur Tätigkeit als Versicherungsvermittler war die Tätigkeit als Versicherungsberater bereits vor Inkrafttreten der gewerberechtlichen Erlaubnis- und Registrierungspflicht zum 22. 5. 2007 nach Art. 1 § 1 I Nr. 2 Rechtsberatungsgesetz (RBerG) von einer behördlichen Erlaubnis abhängig. Dieser Konstellation trägt Abs. 3 Rechnung.

12 Nach Abs. 3 S. 1 mussten Versicherungsberater, die vor dem 1. 1. 2007 mit einer Erlaubnis nach dem RBerG tätig waren, bis zum 1. 1. 2009 die gewerberechtliche Erlaubnis nach § 34 e I zugleich mit der Registrierung nach § 34 d VII beantragen. Der Gesetzgeber hat aufgrund der geringen Anzahl an Versicherungsberatern die Möglichkeit der Trennung von Erlaubnis- und Registrierungsverfahren entsprechend der Übergangsregelung für Versicherungsvermittler nach Abs. 1 nicht für notwendig gehalten (vgl. BT-Drs. 16/1935, S. 22). Aus dem systematischen Zusammenhang mit Abs. 1 S. 1 und aus Sinn und Zweck des Abs. 3 als Übergangsregelung geht hervor, dass für Versicherungsberater ebenfalls der 1. 1. 2009 als Stichtag gilt (*Schulze-Werner*, in: Friauf, § 156 Rdn. 5; **a. A.** *Schönleiter*, in: Landmann/Rohmer I, § 156 Rdn. 11).

13 Soweit die Erlaubnis nach § 34 e I unter Vorlage der bisherigen Erlaubnisurkunde beantragt wurde, hat die zuständige Industrie- und Handelskammer als Erlaubnisbehörde (vgl. § 34 e Rdn. 26) eine stark eingeschränkte Prüfung der Erlaubnisvoraussetzungen vorgenommen. Nach Abs. 3 S. 2 erfolgte keine Prüfung der Sachkunde, der Zuverlässigkeit und der Vermögensverhältnisse. Allerdings hatte der Antragsteller demzufolge den Nachweis einer Berufshaftpflichtversicherung zu erbringen, vgl. § 34 e II i. V. m. § 34 d II Nr. 3.

Nach Abs. 3 S. 3 ersetzte die gewerberechtliche Erlaubnis die Erlaubnis 14
nach dem Rechtsberatungsgesetz mit der bestandskräftigen Entscheidung
über den Erlaubnisantrag. Bis zu diesem Zeitpunkt galt die Erlaubnis nach
dem RBerG als Erlaubnis nach § 34 e I, vgl. Abs. 3 S. 4. Nach dem Willen
des Gesetzgebers konnten nach Inkrafttreten des § 34 e am 22. 5. 2007
Erlaubnisse nach dem Rechtsberatungsgesetz nicht mehr erteilt werden (BT-
Drs. 116/1935, S. 22).

§ 157 Übergangsregelung zu § 34 c

**Für einen Gewerbetreibenden, der am 1. November 2007 eine
Erlaubnis für den Abschluss von Verträgen im Sinne des § 34 c Abs. 1
Satz 1 Nr. 2 hat, gilt die Erlaubnis für die Anlageberatung im Sinne
des § 34 c Abs. 1 Satz 1 Nr. 3 als zu diesem Zeitpunkt erteilt.**

§ 157 wurde durch das Dritte Gesetz zum Abbau bürokratischer Hemm- 1
nisse insbesondere in der mittelständischen Wirtschaft (Drittes Mittelstandsentlastungsgesetz) vom 17. 3. 2009 (BGBl. I. S. 550) in die GewO eingefügt.
Anlass der Regelung des § 157 ist die Einführung einer Erlaubnispflicht für
das Gewerbe des Anlageberaters im Sinne des § 34 c I 1 Nr. 3 durch das
am 1. 11. 2007 in Kraft getretene Finanzmarktrichtlinie-Umsetzungsgesetz
(BGBl. I S. 1330). Die Einführung einer separaten Erlaubnispflicht wurde
aufgrund der Richtlinie 2004/39/EG über Märkte für Finanzinstrumente
(ABl. EU Nr. L 145/1) notwendig, wonach die Anlagenberatung neben der
Vermittlung als selbständige Finanzdienstleistung einzuordnen ist (Artikel 4
I Nr. 4 der Richtlinie).

§ 157 stellt eine gewerberechtliche Bestandsschutzregelung für Anlagebera- 2
ter dar (vgl. BT-Drs. 16/10490, S. 16; *Jahn* GewArch 2009, 230 [232]). Mit
der Regelung wird für diejenigen Gewerbetreibenden, die zum Zeitpunkt
des 31. 10. 2007 über eine Erlaubnis zur Vermittlung im Sinne des § 34 c I
1 Nr. 2 (§ 34c I 1 Nr. 1 b a. F.) verfügten, fingiert, dass diese Erlaubnis auch
die seit dem 1. 11. 2007 erforderliche Erlaubnis für das Gewerbe der Anlageberatung mit umfasst. Laut der Gesetzesbegründung (BT-Drs. 16/10490,
S. 20) „kann davon ausgegangen werden, dass der Gewerbetreibende, dem
die Erlaubnis für die Vermittlung nach § 34 c I 1 Nr. 1 b a. F. erteilt worden
war, auch die Voraussetzungen für die bis zum 1. November 2007 erlaubnisfreie Anlagenberatung erfüllt hat."

Die Regelung des § 157 entspricht der Regelung des § 64 i I 1 KWG für 3
die nach dem KWG erteilten Erlaubnisse.

Sachregister

Die fetten Zahlen bezeichnen die Paragraphen,
die mageren Zahlen die Randnummern; E steht für Einleitung.

Absatzförderung 65 14
Ab-und-zu-Makler 34d 37
Akteneinsicht 139b 37
Alkohol 55a 30; **56** 23 ff.; **67** 10, 21; **68a** 14
Allgemeines Gleichbehandlungsgesetz 35 75, 119; **36** 88 ff.
Allgemeinverfügung 69 25, 47
Allgemeinzugänglichkeit bestimmter Daten 14 152 ff.
Altersgrenzen 34b 38; **36** 85 ff.
Altmetall 38 18
Analogie 12 4; **35** 5; **46** 2; **55a** 15
Anbieten von Leistungen 55 43
Anbieter, Vielzahl von A. **67** 6; **68** 14
Anbringung von Namen und Firma 14 34; **15a** 2
Andere Spiele mit Gewinnmöglichkeit 33d 1 ff.
– Unbedenklichkeitsbescheinigung **33d** 26 ff.
Angebot, repräsentatives **65** 7 f.
Anhörungspflicht 35 222 ff.
Ankauf von Waren 55 42
Ankündigung 56a 2
Anlage 51 12
– Anlagenbenutzungsuntersagung **51** 1 ff.
– Drittschutz **15** 29
– Rechtsschutz **15** 34 ff.
– Teilschließung **15** 28
Anmeldung 14 4, 93
Anordnung der sofortigen Vollziehung 35 166 ff.
Anpassungslehrgang 36a 28 ff.
Antikmarkt 68 19 ff.
Antiquität 34b 63
Anwohner 69 30
Anzeige
– keine konstitutive Wirkung **14** 2, 35
Anzeigepflicht 14 1 f.; **35** 168; **55c** 1; **56a** 15 ff.
– Abmeldung von Amts wegen **14** 61 ff.
– Anzeigepflichtiger **14** 75 ff.
– anzeigepflichtige Tätigkeit **14** 9 ff.
– anzeigepflichtige Vorgänge **14** 35 ff.
– Rechtsfolgen bei Pflichtverletzungen **14** 87 ff.
– Sonderregelung für Arzneimittel- und Lotterieloshandel **14** 27 ff.
– Umfang der Anzeigepflicht **14** 35 ff.
– Verwendung der Daten **14** 102 ff.
Apotheke 1 68; **6** 7 ff.; **14** 28; **41** 5
Arbeitnehmer 6 49 ff.
Arbeitnehmerfreizügigkeit E 118
Arbeitsbereitschaft 105a 10
Arbeitsentgelt 107 1 ff.
Abrechnung 108 1 ff.
Arbeitsrecht, kollektives **105** 12 ff.
Arbeitsschutz E 126 ff.; **139b** 23
– Arbeitsmittel **120a** 78 ff.
– Arbeitsschutzgesetz **120a** 14 ff.
– Arbeitssicherheitsgesetz **120a** 89 ff.
– Arbeitsstättenverordnung **120a** 66 ff.
– betrieblicher A. **120a** 1
– deutsches Arbeitsschutzrecht **120a** 8 ff.
– EG-Arbeitsschutzrecht **120a** 3 ff.
– Gefahrstoffverordnung **120a** 85 ff.
– Gerätesicherheitsgesetz **120a** 78 ff.
– Organe **120a** 89 ff.
– technischer A. **120a** 1 ff., 66 ff.
– vorgreifender A. **120a** 2, 79
Arbeitsschutzamt 139b 3
Arbeitsschutzaufsicht 139b 4
Arbeitsschutzgesetz 120a 14 ff.
Arbeitsschutzpflicht des Arbeitgebers 120a 19 ff.
Arbeitsschutzplanung 120a 29
Arbeitssicherheitsgesetz 120a 84 ff.
Arbeitsstätte 120a 66 ff.
Arbeitsstättenverordnung 120a 66 ff.
Arbeitsvertrag 105 1 ff.
– Abschlussfreiheit **105** 23 ff.
– Beschränkung der Vertragsfreiheit **105** 6 ff.
– Formfreiheit **105** 45 ff.
– Inhaltsfreiheit **105** 51 ff.
Arbeitsvertragsgesetz vor 105 1 ff.
Arbeitszeitgesetz 105a 4 ff.
Arbeitszeitrecht 105a 1 ff.
– Arbeitszeitgesetz **105a** 4 ff.
– öffentlich-rechtliches A. **105a** 1

Sachregister fette Zahl = Paragraph/magere Zahl = Randnummer

– privatrechtliches A. **105a** 2
Arzneimittel 6 9; **14** 27; **35** 247, 263; **67** 14
Arzt 30 1
Astrologie 1 45
Attraktivität 69 9; **69a** 7; **70** 48
Auflage 33a 17; **33c** 27 ff., 59; **33e** 32; **33i** 44, 53; **34** 13; **34c** 54 ff.; **34d** 50; **34e** 24; **35** 165; **36** 71; **55** 58; **69 a** 46 ff.
Aufsicht 139b 1
Aufsteller 33c 20 ff.
Aufsuchen 55 39
– A. von Bestellungen auf Leistungen **55** 46
– A. von Bestellungen auf Waren **55** 39
Ausbeutung des Spieltriebes 33f 1; **33i** 48 ff.
Ausbildungs- und Befähigungsnachweise 36a 9
Auskunft 11 8; **38** 1; **139b** 25
– A. aus dem Gewerbezentralregister **150a** 1 ff.
– A. zur Vorlage bei einer Behörde **150** 12 ff.
– Auskunftsanspruch **150** 1
– Auskunftserteilung **150** 10 ff.
– Auskunftspflicht **29** 1, 12 ff.
Auskunftei 38 19
Ausland 35 13; siehe Gewerbetreibender
Ausländer E 31 f., 104; **1** 83, 88, 97; **4** 5; **15** 11; **36a** 4; **vor 55 ff.** 4; **55a** 3; **70** 7
Ausländischer Wohnsitz 150 7
Ausschluss von Anbietern, Ausstellern und Besuchern 70 28
Ausschreibung
– öffentliche A. **69** 8, 39; **69a** 6
Aussteller 64 8 ff.; **65** 5
Ausstellung 55a 7; **65** 1 ff., 12; **69** 18; **69b** 31; **71b** 2
Auswahlentscheidung 69 39; **69a** 8 ff.; **70** 56 ff.
Auswahlermessen 69 7 ff.; **69a** 6; **70** 42
Auswandererberater 6 25
Automatenaufstellung 1 36; **14** 30; **15a** 2
Automatisiertes Verfahrens zum Abruf von Daten 14 147 ff.

Baby-Sitting 34a 12
Bäckerei 105a 48

Bagatellcharakter 1 70 f.
Bagatell-Fall 1 13, 70 f.
Bagatellvermittler 34d 124 ff.
Barzahlungsgebot 107 2
Bauartzulassung vor 33c 6; **33c** 25, 48; **33e** 2 ff.
Baubetreuer 34c 44; **47** 1; **57** 6; **61 a** 5; **70a** 4; **71b** 3
Bauherr 34c 39 ff.
Bauherrenmodell 34c 47, 49
Baum 56 22
Baumeister 133 1
Bauplanungsrecht 33a 75; **vor 33c** 15; **33i** 62; **69a** 20
Baurecht 69a 22
Bausparkasse 55a 28
Bausparvertrag 34c 33; **34 d** 130 ff.; **55a** 28 f.
Baustelle 120a 76
Bauträger 47 1; **57** 6; **61a** 5; **70a** 4; **71b** 3
Bedarf, täglicher **67** 19
Bedarfsprüfung
– abstrakte B. **36** 20
– konkrete B. **36** 23
Beeinträchtigung, faktische **E** 26
Befristung 33a 21; **33c** 63; **33e** 31; **33i** 43; **35** 162; **36** 69; **55** 57
Beharrliches Wiederholen vor 143 ff. 11
Bekanntheit 69 9; **69a** 9; **70** 45 ff.
Beleihung 69 23; **70** 62
Bereitschaftsdienst 105a 12
Bergwesen 6 27 f.
Berufsbetreuer 1 68
Berufsausübungsregelung 34b 30; **36** 4; **55** 4; **55 c** 3; **69** 51
Berufsbild E 46 ff.
Berufsfreiheit E 16, 24 ff.; **1** 96
– Berufsausübungsfreiheit **E** 51; **34b** 49; **34d** 5; **36** 4, 86
– Berufsverbot **35** 192 ff., 260, 264
– Berufswahl **E** 50
– objektive Berufszulassungsvoraussetzung **E** 76
– subjektive Berufszugangsvoraussetzung **E** 76
Berufsgeheimnis 11a 46 ff.
Berufshaftpflichtversicherung 34d 71 ff.
Berufsqualifikationen
– Nachprüfung **13a** 25
– Anerkennung **13b** 4
Beschäftigter 35 119; **36** 18

fette Zahl = Paragraph/magere Zahl = Randnummer **Sachregister**

Beschäftigung 60 4
Beschäftigung von Arbeitnehmern 41 1 ff.
Beschränkungen, inhaltliche 34c 49 ff.; 34d 49; 55 53 ff.
Beschwerderecht 120a 60
Bestandsschutz vor 64 6; 69 2; 69b 1
Bestellung des Kunden 55 8, 16 ff., 21
– provozierte B. 55 25 ff.
Bestellung, öffentliche 36 11 ff.
Bestimmtheit E 67
Besucher 70 17
Betriebsaufgabe 14 35, 47, 55 ff., 62, 66, 89; 35 16, 23
Betriebsbeginn 14 36 ff., 35 19; 49 11
Betriebseinstellung 49 12
Betriebsleiter 35 88, 98, 100 ff., 140, 158, 232 ff.; 45 2
Betriebsrat 139b 23
Betriebsstätte 56 29
– offene B. 15a 2
Betriebsvereinbarung 105 20 ff., 65
Bettler 1 44
Beurteilungsspielraum 11 18; 11 a 25, 35; 14 14; 29 16; 30 37; 33a 30; 33e 11; 34 15; 34b 34; 34c 58; 34d 59; 35 27, 153; 36 21, 39, 60; 36a 18; 70 50
Bewachungsgewerbe 34a 1 ff.; 47 1; 55a 30; 70a 4; 71b 3
– Durchführungsverordnung 34a 45
– Erlaubnis 34a 24
– Versagung der Erlaubnis 34a 32
Bewährtheit 69 9; 69 a 9; 70 45 ff.
Beweisfunktion 15 2
Beweislast 34d 91; 35 21, 35, 203; 36 33, 54; 51 29
Bezugnahmeklausel 105 17, 60
BGB-Gesellschaft 1 76 f.; 14 41, 77; 35 89
Bierlieferungsvertrag 10 3
Billard vor 33c 3; 33i 23
– Billard-Café 33i 23
Bindungswirkung
– B. anderer strafgerichtlicher Entscheidungen 35 195
– B. von Strafurteilen 35 186 ff.
Binnenmarkt 64 13; 65 10
Blindenware 55a 24 ff.
Blindenwarenvertriebsausweis 55a 26 ff.
Börse vor 64 9
Bosman-Urteil E 109, 118

Bowling vor 33c 3
Bruchband 56 8
Buchführung 38 1, 36
Buchgemeinschaft 55 41
Bundesamt für Justiz vor 149 ff. 2
Bundeskriminalamt 33e 1
Bundesstatistik 14 150 f.
Bundeszentralregister vor 149 1, 4
Bungee-Jumping 35 31; 55f 2; 57 9; 60a 1
Bußgeldentscheidung 149 25 ff.

Call-Center 34d 18

Damen-Boxen 33a 27, 64
Darlehensgeschäft 56 33
Daseinsvorsorge 1 24
Datenschutz 11 1 ff., 18; 11a 4; 14 102 ff. 136; 38 2, 37; 150a 19 ff.; 150b 1
– Datenerhebung 11 5 ff., 18 ff., 23
– Datenverarbeitung 11 25 ff.
Datenübermittlung 11 30 ff.; 14 116, 11b 13
– an öffentliche Stellen 14 109 ff.
– an nicht-öffentliche Stellen 14 138 ff.
– sonstige D. 14 146
Datenverwendung 14 102 ff.
Dauercampingplatz 1 73
Dauerhaftigkeit 1 8 ff.; 34c 7; 55 14
Dauerverwaltungsakt 15 35; 35 127 ff.
Delegationsbefugnis 155 8 f.
Deregulierung E 29
Detektei 38 14
Dialysestation 30 15
Dienstleistung 66 4
– Informationspflichten-Verordnung (DL-InfoV) 6c 3
Dienstleistungsfreiheit E 32, 113, 115 ff.
Dienstleistungsrichtlinie 4 1 ff.; 6a 1 ff.; 6b 1 ff.; 6c 1 ff.; 11b 1 ff.; 13a 9; 13b 1 ff.; 36a 2
Dienstreisezeit 105a 8
Direktionsrecht des Arbeitgebers 106 1 ff.
Dirnenwohnheim 1 45
Diskriminierung 70 20
Diskriminierungsverbot
– arbeitsrechtliches 105 25 ff.
– kartellrechtliches 70 6
Disziplinarmaßnahmen 36 105
Doppelbewerbung 70 51

1037

Sachregister   fette Zahl = Paragraph/magere Zahl = Randnummer

Drei-Objekte-Grenze 1 72; **34c** 11
Drittanfechtung 35 137; **49** 10
Drittbetroffener 35 142
Drittschutz 15 29 ff.; **30** 35, 55, 59; **33a** 18, 73; **33i** 66, 70, 73; **34d** 150; **35** 133 ff., 222; **51** 26; **60d** 10 f.; **69a** 13, 17, 24, 28, 35, 42; **69b** 9, 26
Drogenszene
– Missbrauch des Lokals durch D. **35** 80
Druckluftverordnung 120a 76
Druckwerke 55a 39
Durchführungspflicht 69 2, 50 ff.

Edelmetall 38 15; **56** 16; **vor 143 ff.** 14; **147a; 148b**
Edelstein 38 15 f.; **56** 18; **143 ff.** 14; **147a; 148b**
Ehegatte 35 87; **46** 2; **47** 4
Ehe- und Partnerschaftsvermittlungsagenturen 38 21
Eid 34b 48
Eigengesellschaft, kommunale **69** 48
Eignung 36 40 ff.
Eignungsprüfung 11b 42; **36a** 22 ff.
Einbruchswerkzeug 38 26
Einheitliche Stelle 6b 4; **35** 227; **36a** 35; **155** 7
Ein-Mann-GmbH 1 33
Eintragungspflicht 151 1
Eintragungssperre 152 4
Einwilligung der Unterkunftsbewohner 139b 29
Einwirkungen, faktische **E 57** ff.
Einzelanordnung, selbständige **139b** 13
Entfernung einer Eintragung 152 1 ff.
Erbe 46 20 ff.; **47** 4
Erlaubnis, fiktive **34c** 2
Erlöschen von Konzessionen und Erlaubnissen 49 7 ff.
Ermessen 11 35; **11a** 27; **11b** 28; **13b** 13; **14** 126, 136, 145; **15** 20; **30** 32; **34b** 46; **34d** 49; **35** 26, 154, 183, 248; **36** 69, 72; **46** 27; **47** 10 f.; **49** 17; **51** 23; **55a** 13, 49; **55e** 8; **56a** 23; **57** 7; **59** 7; **60c** 5; **60d** 8; **67** 25; **68** 12; **69** 41; **69a** 51; **69b** 7, 28; **vor 143 ff.** 6; **150b** 15
Erotikmarkt 69a 38
Ersatzruhetag 105a 51
Erzeugnisse, selbstgewonnene **55a** 21
Europäische Aktiengesellschaft 1 75

Europäisches Unionsrecht E 119 ff., 132
Europäische Grundrechte-Charta E 121 f.
EU-Arbeitsschutzrecht 120a 3 ff.
EU-Richtlinien 105 8
EU-Sekundärrecht E 101 ff.
Experimentierklauseln 13 2 ff.

Fähre 33i 60
Fahrschule 6 19
Feiertag 55e 1 ff.
Feilbieten 55 38; **67** 7
Ferienwohnung 1 72 f.
Fernuniversität 6 18
Fernunterricht 6 18
Feste, öffentliche **55a** 5, 9
Festsetzung 60b 14; **69** 1 ff., 13 ff.
– Ablehnung der F. **69a** 2 ff.
– Änderung der F. **69b** 4 ff.
– Änderung und Aufhebung der F. **69b** 1 ff.
– Auflage **69a** 46 ff.
– Durchführungspflicht **69** 50
– Festsetzungsdauer **69** 33 ff.
– Festsetzungsentscheidung **69** 20 ff.
– Festsetzungsinhalt **69** 21 ff.
– Festsetzungsvoraussetzungen **69** 13 ff.
– Kommune als Veranstalterin **69** 47, 52
– Verhältnis zur kommunalrechtlichen Widmung **69** 3
Finanzbehörden 14 100 f.
Fischerei 6 4; **55a** 20
Fleisch 66 9
Flohmarkt 69a 30
Föderalismusreform E 14; **vor 33c** 7; **33h** 3; **33i** 2 ff.; **33a** 2; **vor 64 ff.** 15 ff.
Forensen 69 5
Forstwirtschaft 55a 18
Fortführungsprivileg 46 1 ff.
– Fortführung durch Ehegatten **46** 2 ff.
– Fortführung durch minderjährige Erben **46** 20 ff.
– Fortführung ohne qualifizierten Stellvertreter **46** 26 ff.
– Fortführung während der Nachlassregulierung **46** 24 ff.
Forum shopping 13 8
Foto-Loge 33a 58
Fotomodell 1 37
Freier Beruf E 112; **1** 57 ff.; **6** 15, 21, 35; **34c** 13; **36** 6, 15; **55** 10

fette Zahl = Paragraph/magere Zahl = Randnummer **Sachregister**

Freispiele 33c 14; **33f** 12
Frischzellen 30 41
Führungszeugnis 38 29
Fun Games 33c 11; **33f** 12

Gartenbau 55a 19
Gaststätte 33c 53; **33i** 17 ff.; **35** 4, 80, 252, 258; **56a** 11; **115a** 1
Gebrauchtwarenhandel 38 8
Gebundener Vermittler 34d 92 ff.
Gebühr 7 13; **15** 12
Gefahr 38 34; **51** 15; **69a** 48
Gefährdungsbeurteilung 120a 32 ff.
Gefahrstoffverordnung 120a 85 ff.
Geflügelzucht 55a 20
Geheimhaltung 150b 14
Geldspielgerät 60a 3
Gemeinkosten 71 10
Gemeinnütziger Verein 55 47
Gemeinsame Stelle 11a 9
Gemeinschaftsunterkunft 139b 19, 28 ff.
Gemeinwohl 51 17
Gemüsebau 55a 19
Genehmigungsfiktion 6a 10
Generalbundesanwalt vor 149 ff. 2
Genossenschaft 35 11, 262
Geräte, elektromedizinische **56** 9
Gerätesicherheitsgesetz 120a 78 ff.
Gesamtbild 1 3, 13, 32
Geschäfte, banküblichen **55a** 33
Geschäftsbetrieb 55b 6
Geschäftsbuch 139b 25
Geschäftsführer 35 95
Geschäftsraum 33a 13; **56** 44
Geschicklichkeitsspiel 33d 3 ff.
Gesellschafter, stiller **35** 89
Gesellschafterwechsel 14 41, 79
Gesetzlicher Vertreter 35 95 ff.; 102, 104, 158, 241; **150** 8, 10
Gestaltungsermessen 70 40
Gestattung des Arbeitgebers 139b 29
Getränke, geistige **56** 23 f.
Gewerbe, stehendes **15** 15; **15b** 2; **vor 30** 1; **35** 3; **42** 1
Gewerbeanzeige 14
Gewerbeanzeigestatistik 14 133
Gewerbeaufsicht 139b 1 ff.
Gewerbebegriff 1 2 ff.; **33c** 3 ff.
– Dauerhaftigkeit **1** 8 ff.
– Erlaubtsein **1** 38
– freier Beruf **1** 57 ff.
– Gewinnerzielungsabsicht **1** 12 ff.

– Nutzung und Verwaltung eigenen Vermögens **1** 69 ff.
– Selbständigkeit **1** 27 ff.
– Urproduktion **1** 50 ff.
Gewerbefreiheit 1 79 ff., 96
Gewerbegehilfe 45 2
Gewerbelegitimationskarte 55b 9 ff.
Gewerbeordnung, deutsche Rechtsentwicklung E 8 ff.
Gewerbeordnung, österreichische E 9
Gewerbepolizei E 4
Gewerbeschein 15 1 ff.
– Gebühr **15** 10 ff.
– Versagung **15** 7 ff.
Gewerbesteuer 7 12
– preußisches Gewerbesteueredikt **E** 9
Gewerbetreibender 1 74 ff.
– aus dem EU-/EWR-Ausland **4** 5, 7, 15; **13a** 4 ff.; **13b** 4; **14** 6; **30** 5; **34** 1; **34a** 7; **34b** 25, 31, 42, 50, 75; **34c** 4, 19, 38; **35** 27; **38** 4; **55** 2, 51; **55c** 2; **56a** 4; **57** 2, 11; **59** 4; **60 a** 8, 11
– Ausländer **1** 83
– juristische Person des Zivilrechts **1** 84
– juristische Person des öffentlichen Rechts **1** 84
– Personenmehrheiten ohne Rechtsfähigkeit **1** 76, 86; **14** 81; **35** 89 ff.; **69** 15
Gewerbeuntersagung 15 14 ff.; **35** 2 ff.; **59** 3; **70a** 2 ff.
– Anlagenbenutzungsuntersagung **51** 1 ff.
– Bindung an strafrechtliche Entscheidungen **35** 185
– Durchsetzung der Untersagungsverfügung **35** 199
– erweiterte Untersagung **35** 150 ff.
– Fortsetzung des Untersagungsverfahrens **35** 24
– Stellvertretererlaubnis **35** 157 ff.
– Teiluntersagung **35** 145 ff.
– Untersagung gegen Vertretungsberechtigte und Betriebsleiter **35** 231
– Untersagung trotz Betriebsaufgabe **35** 22 ff.
– Untersagungsverfügung **35** 125 ff.
– Unzuverlässigkeit **35** 27 ff.
– Wiedergestattung **35** 202 ff.
Gewerbezentralregister 15 5; **38** 29; **vor 149** 1 ff.; **153b** 2
– Auskunft an Behörden **150a** 3 ff.

Sachregister   fette Zahl = Paragraph/magere Zahl = Randnummer

- Auskunft für die wissenschaftliche Forschung **150b** 1
- Auskunftsanspruch **150** 1 ff.
- Eintragungen in besonderen Fällen **151** 1 ff.
- Entfernung von Eintragungen **152** 1 ff.
- Mitteilungen zum Gewerbezentralregister **153a** 1 ff.
- Registerinhalt **149** 2 ff.
- Tilgung von Eintragungen **153** 1 ff.
- Verwaltungsvorschriften **153b** 1 ff.

Gewerbliche Hilfskasse 140 1
Gewinn 1 13; **56** 14
- Gewinnerzielungsabsicht **1** 12 ff.
- Gewinnerzielung der öffentlichen Hand **1** 23 ff.

Gewinnspiel im Rundfunk 33d 17
Gift 56 6
Glücksspiel 33c 8; **33d** 4 ff.; **33e** 18; **33h** 80 ff.
- Vermittlung **1** 45
- staatlicher Anbieter **1** 25

Gotcha 33i 31
Groß- und Einzelhandel E 113
Großabnehmer 64 21
Großmarkt 66 1 ff.; **69** 18; **69b** 31
Grundfreiheiten des AEUV E 102; **70** 27
Grundrechte-Charta der EU E 121 f.
Gute Sitten 33a 32 ff.

Hackfleisch 67 10
Haftungsübernahme 34d 97 ff.
Handelsgärtnerei 1 56
Handwerkskarte 15 11
Handy-Spiele 33c 19; **33d** 16
Hausangestellter 120a 17
Haushüter-Agenturen 34a 16
Hausmesse 64 11
Haus-Party 55 18 ff.
Hebamme E 36; **6** 36
Heilberuf 6 31 ff.; **30** 1
Heilhilfsberuf 6 33 f.
Heilpraktiker 1 68; **6** 33
Hochschule 150b 4
Höchstalter 34b 38; **36** 53, 97 ff.
Höchstarbeitszeit 105a 13 ff.
Holzschutzmittel 56 7
Home-Sitting 34a 17
Honorarberatung 34d 45 f.; **34e** 16
Hörgeräte 56 9
Hygiene 30 50

Imkerei 55a 20
Immissionsschutz 69a 25
Immobilienfond, geschlossener **34c** 32
Indienstnahme Privater 69 51
Industrie- und Handelskammer E 6 f.; **11a** 7 f.; **34d** 54 ff.; **34e** 26; **35** 223
Informationelle Selbstbestimmung 11 2
Informationsveranstaltung 65 15
Inhaltliche Beschränkung 34d 49; **34e** 23; **36** 66
Inländerdiskriminierung 4 3; **6b** 10
Insolvenz 12 1 ff.
Internet-Auktion 34b 6 ff.
Internet-Café 33i 22
Internet-Casino 33h 4
Internet-Gewinnspiel 33h 29 ff.
Internet-Terminal 33c 18; **33i** 20
Investmentaktiengesellschaft 34c 29 f.

Jagd 55a 20
Jahresbericht 139b 39
Jahrmarkt 68 22 ff.; **69** 18; **69a** 43; **69b** 32
Jugendschutz 33a 18; **vor 33c** 11; **33i** 45, 64
Jugendsekte 1 20 f.
Juristische Person E 33 ff.; **1** 78, 84 f., 95, 98; **14** 75; **29** 3; **35** 94 ff., 114 ff., 138; **36** 14; **55** 34; **69** 14; **70** 7
- ausländische jur. Pers. **15** 41 ff.
- jur. Pers. des öffentlichen Rechts **E** 34

Justizverwaltungsakt vor 149 7

Kaffeefahrt 56 a 10
Kammern E 6 f.; **35** 223
Kapazitätserschöpfung 70 33, 77
Kapitalanlagegesellschaften 14 41, 82; **34c** 70
Kartellbehörden 150a 14
Kaufhausdedektiv 34a 23
Kiosk 55 23
Kommanditgesellschaft (KG) 1 76, 78; **14** 19, 41, 77 ff.; **35** 89
Kommerzielle Sterbehilfe 1 44
Kommunalrecht 70 3
Kommune 69 47, 52
Konkurrenzklausel 110 1 ff.
Konkurrenzschutz 15 31; **69a** 35
Konzentrationswirkung 69 12
Konzession 30 27 ff.

fette Zahl = Paragraph/magere Zahl = Randnummer **Sachregister**

Koordinierung von Arbeitschutzmaßnahmen 120a 44 f.
Kosmetikzentrum 30 11
Kosten der Werbung 71 17
Kostprobe 68a 12
Krankenhaus 30 8, 18, 24
Krankenkraftwagen 6 47
Kranker 30 9
Kredit- und Finanzdienstleistungsinstitute 38 39
Kreditierungsverbot 107 7
Kriegsspielzeug 33i 30, 47; 69a 49
Kunst 1 60 ff.; 33a 25; 35 124; 36 31; 55 12, 27 ff.

Ladengeschäft 69a 42
Ladenschlusszeit 66 8
LAI-Freizeitlärm-Richtlinie 69a 25
Landesrecht 1 89, 95; 155 1 ff.
Landwirtschaft 55a 18
Laserdrome 33i 31, 33; 35 78
Lebensmittel 55a 35; 67 9
Lebenspartner 46 2 f., 9 ff.
Leiharbeit, illegale 35 77
Leistungsfähigkeit, wirtschaftliche 35 63 ff., 96, 146, 159
Leistungsverwaltung 1 24
Letztverbraucher 64 23 f.; 66 5
Liliputaner-Catchen 33a 65
Limited Company 34d 136; 35 91
Liquidation 35 172
Live-PC-Peep-Show 33a 9
Live-Show 33a 56
Live-Video-Peep-Show 33a 9
Loshandel 6 42; 14 29; 33h 76; 35 263
Losverfahren 69 9; 70 53
Lotterie 6 39 ff.; 14 27 ff.; vor 33c 7; 33h 5 ff.; 35 263; 56 11
– Vertrieb von Lotterielosen 6 39 ff.
Luxemburg-Protokoll 11a 30

Makler 34c 15; 35 68; 47 1; 57 6; 70a 4; 71b 3
Markt 68a 5
Markterkundungsverfahren 69 39
Marktfreiheit vor 64 5; 69a 39; 70 1, 54
Marktgewerbeverwaltungsvorschrift vor 64 13
Marktprivileg 60b 14; vor 64 4; 67 8; 68a 1; 69 1; 69a 33
Markttransparenz vor 64 1; 64 8 ff., 12; 66 2; 67 6

Medizinische Versorgung 30 43 ff.
Mehrfirmenvertreter 34d 29, 94, 100
Menschenwürde 33a 39 f.
Messe 55a 7; 64 1 ff.; 69 18; 69b 31; 71b 2
Milch- und Milcherzeugnisse 55a 27
Minderjähriger 14 76; 15 11
Mindestalter 34b 38; 36 45, 95
Mischtätigkeiten 55a 3, 29
Mitfahrzentrale 1 10; 38 23
Mitteilung 35 62
Mitteilungspflicht 14 100 f.; 139b 40; 153a 1
Mittelstandsentlastungsgesetz 34d 2, 47, 104
Mitwirkungspflicht 29 29; 30 38
Mitwohnzentrale 34c 22
Modeschmuck 56 17
Monopol E 86; 1 94; 7 2; 33h 22, 37 f., 42, 51 f., 58, 68, 77, 96
Musterschau 65 9

Nachhilfeunterricht 6 18
Nachschau 29 1, 22 ff.; 38 1; 139b 18
Nacht- und Schichtarbeit 105a 33 ff.
Nachteil 51 15
Nachweisgesetz 105 66 ff.
Nachweisvermittler 34d 21
Namensänderung 153a 3
Namensangabe im Schriftverkehr 15b 3
Naturerzeugnis, rohes 67 13
Nebenbestimmung 30 34; 33a 16, 22; 33c 58, 62; 33d 24; 33e 30 f.; 33i 40; 34a 31; 34b 23, 47; 34c 49, 57; 34d 50 f.; 34e 25 f.; 35 162, 182, 218; 36 68, 73; 69a 46 ff.
Nebengewerbe 3 6 ff.
Nebentätigkeit 6 24
Neuheit 70 48
Nichtrechtsfähiger Verein 1 76; 14 77
Niederlassung 14 12; 36a 4; 55 28 ff.
Niederlassungsfreiheit E 32, 111; 3 4; 4 7; 6c 4

Oben-ohne-Lokal 33a 8
Obliegenheit 36 33
Obst- und Gartenbau 55a 19; 67 12
Oddset-Wetten 33h 15
Offene Handelsgesellschaft (oHG) 1 67, 78; 14 19, 41 f., 77, 81; 35 89; 69 15
Öffentliche Einrichtung 70 3

1041

Sachregister   fette Zahl = Paragraph/magere Zahl = Randnummer

Öffentliche Hand 1 23
Öffentliches Interesse 69 33; **69a** 14, 47
Öffentliche Sicherheit oder Ordnung 33a 36; **33i** 32; **35** 78; **69a** 18 ff., 36 ff.
Öffentliche Stellen
– Datenübermittlung an ö. S. **14** 109 ff.
Online-Spielbanken 33h 65
Online-Spiele vor 33c 8 ff.; **33c** 18; **33d** 13 ff.; **33h** 97 ff.; **33i** 34
Online-Spielhallen 33c 18; **33i** 11, 20
Ordner 34a 13
Ordnungsbehörde 139b 6
Ordnungswidrigkeit 14 91; **29** 32; **33a** 82; **33c** 66; **33d** 47; **33e** 34; **33f** 19; **33i** 74; **34** 23; **34a** 47; **34b** 49, 89; **34c** 80; **34d** 143; **35** 47 ff., 201, 264; **38** 40; **45** 19; **47** 13; **51** 33; **55** 59; **55c** 7; **55e** 10; **56** 46; **56a** 24; **57** 12; **59** 12; **60a** 14; **60b** 22; **60c** 19; **67** 28; **69** 54; **69a** 56; **70a** 15; **139b** 27; **143** ff. 1 ff.; **151** 10
Ortsansässigkeit 70 23, 54
Ortsfremdheit 70 35

Parkplatz 34a 19
Peep-Show 33a 10, 41 ff., 59
PEP-Systeme 33c 11
Perle 38 16; **56** 20
Personenvereinigung, nicht-rechtsfähige **1** 76, 86; **14** 41, 77 ff., **35** 139
Pfandleihgewerbe 34 1 ff.; **47** 1
– Erlaubnis **34** 10
– Pfandleiher **34** 4 ff.
– Pfandvermittler **34** 8 ff.
– Verbot des Rückkaufshandels **34** 21
– Versagung der Erlaubnis **34** 15
Pfandvermittler 34 8 ff.
Pferdewette 33h 12
Pflanzenschutzmittel 56 7
Pflegepersonal 30 47
Physikalisch-Technische Bundesanstalt 33e 1
Platzerschöpfung 70 37
Polizei- und Ordnungsrecht 1 91; **15** 37 ff.; **33b** 3; **33c** 65; **45** 20; **51** 3; **55e** 10; **67** 27; **69a** 37; **139b** 6
– Generalklausel **33a** 36; **33i** 32; **35** 78; **69a** 18 ff., 36 ff.
Poker 33d 10 f.; **33e** 19; **33h** 91 ff.; **33i** 25
Preisskat 33d 9 f.; **33g** 3; **33h** 94 f.
Prinzipal 55 10; **60c** 10 ff.; **61a** 3

Prioritätsprinzip 69a 7; **70** 52
Privatkrankenanstalt 30 1 ff.; **49** 7
– Benutzungsverhältnis **30** 20
– kommunale Krankenhaus-GmbH **30** 24 f.
– Konzession **30** 27 ff.
– Organisationsform **30** 21
– Privatentbindungsanstalt **30** 26
– Privatnervenklinik **30** 26
– Rechtsform des Trägers **30** 22
Privatmarkt vor 64 7
Produktakzessorischer Vermittler 34d 80 ff.
Prognosemaßstab 35 31
Promotionsberater 1 68
Prostitution E 44; **1** 42, 48; **35** 81
Provisionsannahmeverbot 34e 14, 38 f.
Prüfung 36 35

Quasar-Anlage 33i 31

Räumungsverkauf 34b 78
Rauschgift 35 80, 147
Realgewerbeberechtigung 10 7, 9; **39a** 1; **48** 1
Realrecht 10 7 f., 10, 12 ff.
Rebenpflanzgut 56 22
Recht am eingerichteten und ausgeübten Gewerbebetrieb E 18; **1** 100
Recht auf informationelle Selbstbestimmung 11 1, 18; **11a** 3; **14** 95
Recht zur Teilnahme an einer Veranstaltung 70 1 ff.
– Ausschluss von der Veranstaltung **70** 24
– Auswahlkriterien **70** 40
– Beschränkungsmöglichkeit **70** 14
– Platzmangel als Ausschlussgrund **70** 36
– Rechtsmittel abgelehnter Mitbewerber **70** 71 ff.
– Rechtsweg bei Streitigkeiten **70** 61 ff.
– Teilnahmeanspruch **70** 7
– Untersagung der Teilnahme **70a** 1 ff.
Rechtsanspruch 15 7; **33c** 33, 51; **33d** 25; **33e** 10; **33h** 4; **34** 12, 15; **34a** 32; **34b** 24, 46; **34c** 59; **34d** 40; **34e** 19; **36** 61; **55** 52; **69** 28; **150** 1, 4; **152** 2
Rechtsbeistand 6 22
Rechtsberatung 34d 44 ff.; **34e** 16, 18, 22
Rechtsdienstleistung 34d 48

fette Zahl = Paragraph/magere Zahl = Randnummer **Sachregister**

Rechtsformänderung 14 42
Rechtsformenmissbrauch 35 114
Rechtsverordnung E 70; **36** 81; **33f** 1 ff.; **38** 1, 35, 38; **56** 36 ff.; **60a** 13; **67** 23; **120a** 61; **155** 1
Rechtsweg 70 61 ff.
Rechtswidrigkeit 15 21 ff.
– formelle R. **15** 22 ff.
– materielle R. **15** 21
Referenzen 36 55
Reform der arbeitsrechtlichen Vorschriften vor 105 1 ff.
Regelbeispiel 33c 38 ff.; **34b** 26, 28
Regelungsvorbehalt E 64
Regelvermutung 34c 61; **34d** 63
Registerauskünfte 38 30; **150** 1 ff.; **150a** 1 ff.; **150b** 1 ff.
Registerbehörde
– Industrie- und Handelskammern **11a** 7
– Aufsicht **11a** 10
Reglementierter Beruf 11b 10, **13a** 7
Reisebüro 38 23
Reisegewerbe vor 55 1 ff.; **55** 1 ff.
– Anbieten von Leistungen **55** 43
– Anzeigepflicht **55c** 1
– außerhalb der gewerblichen Niederlassung **55** 29 ff.
– Haftpflichtversicherung **55f** 1
– Haus-Parties **55** 18 ff.
– Mitführen und Vorzeigen der Reisegewerbekarte **60c** 5 ff.
– öffentliche Ankündigung **56a** 2
– ohne vorhergehende Bestellung **55** 15 ff.
– örtliche Zuständigkeit **61** 1
– provozierte Bestellung **55** 25 ff.
– Reisegewerbekarte **55** 51 ff.
– reisegewerbekartenfreie Tätigkeit **55a** 1 ff.
– Sonn- und Feiertagsruhe **55e** 2 ff.
– unterhaltende Tätigkeit als Schausteller **55** 48 ff.
– Untersagung der Beschäftigung einer Person **60** 4 ff.
– Untersagung reisegewerbekartenfreier Tätigkeiten **59** 1 ff.
– verbotene Tätigkeiten **56** 5 ff.
– Verhinderung der Gewerbeausübung **60d** 1
– Versagung der Reisegewerbekarte **57** 2
– Vertrieb von Waren **55** 35 ff.
– weitere reisegewerbekartenfreie Tätigkeiten **55b** 1 ff.
Reisegewerbekarte 55 51 ff.; **55a** 2 ff.; **55b** 2 ff.; **60c** 1 ff.
– Entziehung der R. **57** 6
– Versagung der R. **57** 2
Reisehandwerk 55 44
Religionsgemeinschaft 1 20; **14** 4
Repetitor 1 65; **6** 17
Resozialisierung 153 1
Revisionsrecht 139b 16 ff.
Richterliche Auslegung E 28
Rollierendes System 70 53
Rotation 69 9; **69a** 7
Rückgriff 69a 25
Rückkauf 34 21; **56** 34
Rücknahme 33c 64; **33d** 34 ff., 45; **33e** 24; **34c** 57; **34d** 138; **35** 259; **36** 77; **69b** 10 ff.
Rückversicherung 34d 133
– Rückversicherungsvermittler **34d** 132
Rückwirkung 1 106 ff.
Rufbereitschaft 105a 11
Ruhepause 105a 23 ff.
Ruhezeit 105a 27 ff.

Sachbezüge 107 4 ff.
Sachkunde vor 30 4; **34a** 38; **34b** 34 ff., 40; **34c** 63; **34d** 75; **34e** 31; **35** 74, 146; **36** 102; **47** 4
– besondere S. **36** 25
Sachkundenachweis 34d 75 ff.; **34e** 31; **36** 35 ff.; **45** 17
– Delegation des S. **34d** 77 ff.
Sachverständiger 1 66; **29** 6; **36** 1 ff.; **47** 1
– amtlich anerkannter S. **36** 110
– Bestellungsentscheidung **36** 61 ff.
– Durchführungsverordnung **36** 81 ff.
– Eidesleistung **36** 74 ff.
– Nachweis besonderer Sachkunde **36** 25 ff.
– öffentliche Bestellung **36** 8
– Satzungen **36** 106 ff.
– Zuverlässigkeit **36** 42 ff.
Samenbank 1 44
Sammelbesteller 1 10
Satzung E 71; **36** 104; **155** 1
Schadensersatz 34d 147; **51** 24, 28 ff.
Schädlingsbekämpfungsmittel 56 7
Schausteller 55 48 ff.; **68** 28
Schaustellerhaftpflichtverordnung 55f 1

1043

Sachregister   fette Zahl = Paragraph/magere Zahl = Randnummer

Schaustellung von Personen 33a 7; **49** 7
- Damen-Boxen **33a** 27 f., 64
- Live-Video-Peep-Show **33a** 9
- Live-PC-Peep Show **33a** 9, 62
- Peep-Show **33a** 10, 41 ff., 59,
- Striptease-Show **33a** 10, 66
- Verstoß gegen gute Sitten **33a** 32 ff.
- Video-Peep-Show **33a** 9, 62
- Wrestling **33a** 27
- Zwergenwerfen **33a** 29, 63

Scheinselbständiger 1 28 f.
Schilderpräger 34d 87
Schlachtvieh- und Fleischmarkt vor 64 12; **66** 4, 9
Schlachtvieh 66 9
Schließfachmiete 34a 15
Schlüsseldienst 38 25
Schmuck 38 15, 17
Schornsteinfegerrealrecht 39a 1 ff.; **48** 1
Schusswaffengebrauch 34a 30
Schwarzarbeit 1 40; **14** 10
Scientology 1 20, 74
Security-Kräfte, gewalttätige **35** 80
Seelotse 6 26
Selbständigkeit 1 27 ff.; **34c** 6; **55** 48
Sicherheitsgewerbe 34a 1 ff.
Sicherungsübereignung 34b 68
Sittenwidrigkeit 1 42 f., 45, 47; **14** 5; **33a** 12, 32 ff.
Skat 33d 9 f.; **33g** 3; **33h** 94 f.
Skilehrer 6 18
Societas Europaea 1 75
Sonn- und Feiertagsrecht 55e 1 ff.; **68** 5; **69a** 29 ff.; **105a** 41 ff.
Sozialprognose 35 33, 45
Sozialversicherungsbeitrag 35 59
Sperrzeit 69a 33
Spezialmarkt 68 2 ff.; **69** 18; **69a** 43; **69b** 31
Spiel vor 33c 2 ff.; **60a** 5
Spielbank E 43; **1** 93; **vor 33c** 7; **33h** 2 ff.
Spielgerät vor 33c 6; **33c** 7 ff.; **33f** 9 ff.; **60a** 2
Spielgeräte mit Gewinnmöglichkeit 33c 1 ff.
- Bauartzulassung **33c** 25; **33e** 2 ff.
- Bestätigung **33c** 48
- Erlaubnis **33c** 23
- Gewinnmöglichkeit **33c** 10
- Spielgerät **33c** 7
- Versagung der Erlaubnis **33c** 35 ff.

Spielhalle vor 33c 17 ff.; **33c** 65; **33i** 8 ff.; **47** 1; **49** 7; **60a** 11
- Mehrfachspielhalle **vor 33c** 20 f.; **33i** 13 ff.; 68

Spielzeitverlängerung 33c 14
Spontanübermittlung 11b 23
Sport 33a 27; **vor 33c** 2 ff.
Sportstätte 33c 55; **33i** 23
Sportwette 33d 9; **33h** 96
Statutarische Bestimmungen 142 1
Stehendes Gewerbe 14 12 ff.; **38** 5, 32
Stellvertreter 1 35; **35** 88, 99, 103, 144, 172; **45** 1 ff.; **46** 5 ff.
- Anforderungen **45** 17
- Reisegewerbe **45** 16; **61a** 7
- Umfang der öffentlich-rechtlichen Stellvertretungsmacht **45** 9 ff.
- Zulässigkeit der Stellvertretung **45** 15 ff.

Stellvertretererlaubnis 35 175 ff.
Steuergeheimnis 35 57
Steuerrückstand 35 51 ff.
Störfallverordnung 120a 87
Strafbefehl 35 196
Straffreiheit 36 46 ff.
Strafklageverbrauch 152 8
Straftat 33c 39, 66; **33d** 47; **33f** 19; **33h** 16; **34** 23; **34a** 47; **34b** 89; **34c** 80; **34d** 143; **35** 30, 37 ff., 146, 159, 206, 264; **38** 40; **47** 13; **51** 33; **55** 59; **56** 46; **57** 12; **59** 12; **60a** 14; **vor 143 ff.** 1 ff., 10 ff.
Straßenrecht 69 12; **69a** 20 f.
Straßenverkehrsrecht 69 12
Strauch 56 22
Streitwert 14 90; **15** 36; **35** 265
Striptease-Show 33a 10, 26, 66, 76, 81
Strohmann 1 33, 74; **11** 6; **14** 84; **15** 16; **35** 87, 107 ff., 114 ff., 138, 231
Stufenlehre des BVerfG (zu Art. 12 GG) **E** 73
Swingerclub 1 45; **35** 81

TA Lärm 69a 25
Tagesklinik 30 15
- gynäkologische T. **30** 17

Tanzlustbarkeit 33b 1 ff.
Tarifvertrag 105 12 ff., 64
Tatsache 35 28, 203
Teilablehnung 69 45
Teilnahmebestimmungen 70 10

fette Zahl = Paragraph/magere Zahl = Randnummer **Sachregister**

Teiluntersagung **35** 88, 97, 145 ff.; **149** 18
Teil-Wiedergestattung **35** 218
Telefonsex **1** 42
Tendenz, berufsregelnde **E** 58
Theatergarderobe **34a** 19
Tilgung einer Eintragung **152** 1 ff., **153** 1
Tippgeber **34d** 19, 22
Trauerredner **1** 63
Trinkgeld **107** 16 f.
Trödelmarkt **68** 21, 25
Truckverbot **107** 1
Trunkenheit **35** 79

Übergangsregelungen **156** 1 ff.; **157**
Überwachungsbedürftiges Gewerbe **38** 2
Umwelteinwirkung, schädliche **33i** 71
Umweltinformationsgesetz **139b** 36
Unabhängigkeit **36** 50 ff.
Unbedenklichkeitsbescheinigung vor **33c** 6; **33d** 26 ff.; **33e** 6 ff.; **60a** 6
Unfallverhütungsvorschrift **120a** 10
Unterhaltungsspiel **33i** 29 ff.
Unterkunftsvermittlung **38** 23
Unternehmen
– gemischtwirtschaftliches U. **E** 35
– öffentlich-rechtliches U. **1** 23; **14** 129
Unternehmensberater **1** 68; **6** 23
Unterrichtstätigkeit **1** 64 ff.
Unterrichtswesen **6** 12 ff.
Unterrichtungsnachweis **34a** 35
Unterrichtungspflicht vor **143** ff. 5
Unzumutbarkeit **69b** 32
Unzuverlässigkeit **30** 39, 41; **33a** 31; **33c** 35 ff.; **33d** 29 ff.; **34** 16; **34a** 33; **34c** 59 ff.; **34d** 62 ff.; **34e** 30; **35** 27 ff., 242; **46** 29; **55a** 14; **57** 3; **70** 32; **70a** 3; **149** 13; **151** 5
Urproduktion **1** 50 ff.; **6** 4; **35** 262; **55** 13; **67** 11

VDI-Richtlinie **69a** 25
Ventilklausel **34d** 96
Veranstalter **60b** 14; **64** 3; **69** 13
Veranstaltung **64** 3; **65** 4
– börsenähnliche V. **vor 64** 11
Veranstaltungsprofil **70** 19
Verbotsirrtum vor **143** ff. 5
Verbotsgesetz i. S. d. § 134 BGB **56** 51
Verbraucher, gewerblicher **64** 21

Verbraucherschutz **E** 13; **34d** 3; **35** 75; vor **55** 5; **55c** 1; **56** 1; **70b** 1
Verein **1** 78
Vereinbarungen, freiwillige selbstbeschränkende vor **33c** 12; **33i** 1
Verfahrenseinleitung **35** 20
Verfassungskonforme Auslegung **105** 9 ff.
Verfassungsrecht, kollidierendes **E** 72
Verfügung, unselbständige **139b** 10
Vergleichsrechner **34d** 22
Vergnügungsstätte **33a** 76; vor **33c** 17 f.
Vergnügungssteuer vor **33c** 18 ff.
Vergütung **71** 1 ff.
Verhältnismäßigkeit **E** 82 ff.; **11** 1; **15** 20 ff.; **29** 29, 31; **33a** 19, 79; **34d** 61; **35** 55, 61, 88, 97, 106, 117 ff., 145, 155, 201; **36** 32, 37, 69, 87; **46** 30; **55** 55; **56a** 23; **59** 7; **60d** 8; **69a** 51, **69b** 7; **70** 29, 34; **70a** 12; **139b** 12
Verkaufsstand, mobiler **55** 30
Verkaufsstelle **56a** 6
– offene V. **34b** 60
Verkehrszentralregister vor **149** 4; **149** 35
Vermittlerregister **11a** 1 ff.; **34d** 111 ff.; **34e** 36
– Zweck **11a** 6
– Registerbehörde **11a** 7; **34d** 115
– Registereintragungspflicht **34d** 111 ff.; **34e** 36
Vermögensverfall vor **143** ff. 7
Vermögensverhältnisse, ungeordnete **12** 12 f.; **34b** 27 ff.; **34c** 63; **34d** 66 ff.; **34e** 30
Versagungsgrund **15** 9 ff.; **33a** 30; **33c** 33; **33d** 29; **33i** 56; **34** 15; **34a** 32; **34b** 24; **34d** 59 ff.; **34e** 30 f.; **35** 27 ff.
Verschwiegenheitspflicht **139b** 32 ff.
Versicherungsberater **34e** 1 ff.
– Unabhängigkeit von der Versicherungswirtschaft **34e** 14 ff.
Versicherungsmakler **34d** 32 f.
Versicherungsunternehmen **6** 29; **34d** 24, 72, 94, 97, 100
Versicherungsvermittler **34d** 1 ff., 23 ff.
– Versicherungsvertreter **34d** 28 ff.
– Versicherungsmakler **34d** 32 ff.
– Erlaubnis **34d** 40 ff.
– Versagungsgründe **34d** 59 ff.

1045

Sachregister fette Zahl = Paragraph/magere Zahl = Randnummer

Versicherungsvermittlerverordnung 11a 45; 34d 7, 121; 34e 37
Versicherungsvertrag 34d 15; 55a 28
Versicherungsvertreter 34d 28 ff.
– gebundener V. 34d 29 f., 92
Versorgung, medizinische 30 44 ff.
Versorgung, pflegerische 30 47
Versorgungseinrichtung 71 8
Versorgungsleistung 71 9
Versteigerer 34b 1 ff.; 47 1; 55a 29
– öffentlich bestellter V. 34b 30 ff.
Versteigerung 34b 5 ff.
Versteigerungsgewerbe 34b 1 ff.; 71b 3
– öffentliche Bestellung besonders sachkundiger Versteigerer 34b 30 ff.
– verbotene Handlungen 34b 49 ff.
– Versteigerung eigener Waren 34b 70 ff.
Vertragsfreiheit 105 3 ff.
Vertrauensgewerbe 35 68, 72
Vertrauensschutz 1 106
Vertrauenswürdigkeit 34b 39; 36 42 ff.
Vertreter 35 140, 232 ff.
– gesetzlicher V. 35 95, 102, 158
– V. kraft Amtes 45 5
Vertrieb 65 13; 66 3
– V. überwiegend nach Muster 64 17 ff.
– V. von Dienstleistungen 56 a 14
– V. von Waren 55 35 ff.
Vertriebsmittler 1 34
Verwaltung eigenen Vermögens 1 69 ff.; 34c 9
Verwaltungsakt 14 88; 15 1, 32; 29 12; 33c 30, 50; 33e 5, 9, 24; 33i 40; 35 125; 36 8, 63; 51 21; 55 52; 55a 12, 49; 56 41; 56a 23; 59 7; 60c 5; 60d 8; 69 23, 47; 69b 7; 150 1
Verwaltungsentscheidung 149 5
Verwaltungsgebühr 7 13; 15 12
Verwaltungsrecht E 96 f.
Verwaltungsvollstreckung 14 88; 15 32; 35 199 ff.
Verwaltungsvorschrift E 98; 34b 79; 34c 66; 36 109; 153a 4; 153b 1
Verwaltungszusammenarbeit 11b 3
Verwaltungszwang 29 33
Verwertungsverbot 33c 43; 35 42, 49; 153 13
Verzehr an Ort und Stelle 68a 8
Verzicht 49 24 f.; 149 23
Video-Peep-Show 33a 9, 62
Vieh 67 15

Viehzucht 6 44 ff.; 11b 35
Volksfest 55a 5; 60b 1 ff.; 68a 5; 69 18, 33; 69a 1, 43; 69b 32
Volkszählungs-Urteil 11 2, 31; 14 73, 102, 133; 11b 2
Vollzugsinteresse 35 169 ff.
Vorbereitungshandlungen 14 37 ff.
Vorkehrung für Notfälle 120a 51
Vorsorgeverantwortung der Beschäftigten 120a 57 ff.
Vorzeigepflicht 60c 6

Wanderlager 56a 5 ff.
Wanderversteigerer 61a 8; 70a 5
Ware 64 15; 66 4
– W. des täglichen Bedarfs 55a 37
– volksfesttypische W. 68 28
Warenspielgerät 60a 3
Wegezeit 105a 8
Weihnachtsbasar vor 64 8
Weihnachtsmarkt 68 18
Weisungsrecht 106 1 ff.
– Behinderung 106 40
– Ermessensausübung 106 19 ff., 35
– Grenzen 106 13 ff.
– Inhalt und Umfang 106 7 ff., 26 ff., 35 ff.
– Rechtsfolgen 106 31 ff.
– und Vertragsänderung 106 4
Werbeverbot 36 84, 104
Wertpapier 56 11
Wesentlichkeitstheorie E 68
Wettannahmestelle 6 43; 35 263
Wettbewerbsneutralität 69 10 f.
Wettbewerbsverbot 110 1 ff.
Wettbewerbsverstoß 34d 145 f.; 56 52
Widerruf 33c 64; 33d 37 ff., 45; 33e 24; 34c 57; 34d 138 f.; 35 259; 36 77; 69b 10 ff.
Widerrufsvorbehalt 35 162; 36 73
Widerspruch 35 166
Widmung, kommunalrechtliche 69 3
Wiederaufnahme 151 12
Wiedergestattung 35 202 ff.; 59 11; 70a 13
Wiederverkäufer, gewerblicher 64 21
Wirtschaftsgebiet 65 10
Wirtschaftsverfassung E 21
Wirtschaftszweig 64 16; 65 9
Wissenschaftliche Forschung 150b 1, 5
Wissenschaftsfreiheit 150b 12
Wochenmarkt 67 1 ff.; 69 18; 69b 32
Wohnung 139b 17

fette Zahl = Paragraph/magere Zahl = Randnummer **Sachregister**

Wrestling 33a 27
ZDF 1 24
Zeitabstand, größerer **68** 4, 23
Zeitgeschichte 150b 19
Zeugnis 109 1 ff.
– einfaches Z. **109** 11 f.
– qualifiziertes Z. **109** 13 ff.
Zeugnisverweigerungsrecht 139b 34
Zivilrecht 35 75
Zulassungsbeschränkung 1 88
Zuständigkeit 35 227; **36** 62; **61** 1; **150** 7; **155** 6 f.

Zuverlässigkeit vor 30 4; **33i** 56; **34b** 26; **35** 27 ff.; **36** 42 ff.; **38** 2, 27; **45** 17; **47** 4
Zwangs- und Bannrecht 7 1 ff.; **8** 2; **10** 3, 5
– Begriff **7** 4
– Bierlieferungsdienstbarkeit **10** 6
– Bierlieferungsvertrag **10** 3
Zweigniederlassung 14 15 ff.; **15** 44
Zweigstelle 14 20 ff.
Zwei-Stufen-Theorie 70 65
Zwergenweitwurf 33a 10, 29, 63